FÍSICA GERAL

PARA O ENSINO MÉDIO
VOLUME ÚNICO

2.ª edição

FÍSICA GERAL

PARA O ENSINO MÉDIO
VOLUME ÚNICO

2.ª edição

ROQUE MATIAS   **& ANDRÉ FRATTEZI**

Estudou Física
e Matemática na UCB – DF
Professor de Física do
Ensino Médio e de
cursos pré-vestibulares

Estudou Física
na UnB – DF
Professor de Física do
Ensino Médio e de
cursos pré-vestibulares

Direção Geral:	Julio E. Emöd
Supervisão Editorial:	Maria Pia Castiglia
Coordenação Editorial:	Grasiele L. Favatto Cortez
Revisão de Texto:	Estevam Vieira Lédo Jr.
Revisão dos Exercícios:	Pedro de Souza Lobo Almeida
	Marcos Kanso El Ghaouri
Revisão de Provas:	Patricia Aguiar Gazza
	Isabela Zanoni Morgado
	Hacsa Mariano Franco
Editoração Eletrônica:	Mônica Roberta Suguiyama
Auxiliar de Produção:	Maitê Acunzo
Capa e Ilustrações:	Uenderson Rocha
Impressão e Acabamento:	Cromosete Gráfica e Editora Ltda.

Dados Internacionais de Catalogação na Publicação (CIP)
(Câmara Brasileira do Livro, SP, Brasil)

Matias, Roque
  Física geral para o ensino médio : volume único /
Roque Matias & André Frattezi . - - 2. ed. - -
São Paulo : HARBRA, 2011.

  Bibliografia.
  ISBN 978-85-294-0387-8

  1. Física (Ensino médio) I. Frattezi, André.
II. Título.

10-11237   10-11237

Índices para catálogo sistemático:
1. Física : Ensino médio 530.07

FÍSICA GERAL PARA O ENSINO MÉDIO – volume único – 2.ª edição
Copyright © 2011 por **editora HARBRA** ltda.
Rua Joaquim Távora, 779
04015-001   São Paulo – SP
Promoção: (0.xx.11) 5084-2482 e 5571-1122. Fax: (0.xx.11) 5575-6876
Vendas: (0.xx.11) 5084-2403, 5571-0276 e 5549-2244. Fax: (0.xx.11) 5571-9777

Todos os direitos reservados. Nenhuma parte desta edição pode ser utilizada ou reproduzida –
em qualquer meio ou forma, seja mecânico ou eletrônico, fotocópia, gravação etc. –
nem apropriada ou estocada em sistema de banco de dados, sem a expressa autorização da editora.

ISBN 978-85-294-0387-8

Impresso no Brasil   *Printed in Brazil*

Conteúdo

Apresentação 1

1 Introdução à Física 2
- **1.1.** Os Ramos da Física 2
- **1.2.** Como Medir as Grandezas da Física 3
- **1.3.** Padrões de Comprimento, Massa e Tempo 4
- **1.4.** Ordem de Grandeza 8
- **1.5.** Algarismos Significativos 10

2 Introdução à Cinemática Escalar 16
- **2.1.** Introdução 16
- **2.2.** Conceito de Movimento 16
- **2.3.** Ponto Material e Referencial 17
- **2.4.** Trajetória 18
- **2.5.** Posição e Deslocamento 18
- **2.6.** Função Horária das Posições 20
- **2.7.** Velocidade Escalar Média 21
- **2.8.** Velocidade Instantânea 23
- **2.9.** Aceleração Escalar Média 24
- **2.10.** Classificações Usuais dos Movimentos 25

3 Estudo dos Movimentos 30
- **3.1.** Movimento Retilíneo Uniforme 30
- **3.2.** Movimento Retilíneo Uniformemente Variado 36

4 Aplicações do Movimento Uniformemente Variado 50
- **4.1.** Queda dos Corpos 50
- **4.2.** Queda Livre dos Corpos 50
- **4.3.** A Aceleração da Gravidade 52
- **4.4.** As Funções Horárias que Descrevem o Movimento de Queda Livre ... 52
- **4.5.** Lançamento Vertical no Vácuo 54

5 Vetores 60
- **5.1.** Introdução 60
- **5.2.** Orientação Espacial (Direção e Sentido) 61
- **5.3.** Conceito de Vetor 62
- **5.4.** Operações com Vetores 64
- **5.5.** Decomposição Cartesiana de um Vetor 70

6 Cinemática Vetorial 76
- **6.1.** Introdução 76
- **6.2.** Vetor Posição ($\vec{r}$) 76
- **6.3.** Vetor Deslocamento ($\Delta \vec{r}$) 77
- **6.4.** Velocidade Vetorial 78
- **6.5.** Aceleração Vetorial Média 81
- **6.6.** Composição de Movimentos 86

7 Lançamentos 92
- **7.1.** Introdução 92
- **7.2.** Lançamento Horizontal 93
- **7.3.** Lançamento Oblíquo 96

8 Movimento Circular 104
- **8.1.** Introdução 104
- **8.2.** Grandezas Angulares 104
- **8.3.** Posição Angular (φ) 105
- **8.4.** Velocidade Angular Média e Velocidade Angular Instantânea 106
- **8.5.** Aceleração Angular Média e Aceleração Angular Instantânea 108
- **8.6.** Movimento Circular Uniforme (MCU) 109

9 As Leis do Movimento 120
- **9.1.** Introdução 120
- **9.2.** Massa 120
- **9.3.** O Conceito de Força 121
- **9.4.** Primeira Lei de Newton: a Lei da Inércia 124
- **9.5.** Segunda Lei de Newton: Princípio Fundamental da Dinâmica 126
- **9.6.** Terceira Lei de Newton: Princípio da Ação e Reação 130
- **9.7.** Duas Forças Importantes em nosso Estudo 131

10 Resistências Passivas 142
- **10.1.** Força de Atrito de Escorregamento 142
- **10.2.** Força Elástica 150

11 Aplicações das Leis de Newton e Dinâmica em Trajetória Curvilínea 158
- **11.1.** Introdução 158
- **11.2.** Resultante Centrípeta 158
- **11.3.** Outras Aplicações das Leis de Newton 165

12 Estática de Ponto Material e Estática de Corpo Rígido 174
- **12.1.** Introdução 174
- **12.2.** Equilíbrio de Ponto Material 174
- **12.3.** Centro de Massa 178

- **12.4.** Momento Escalar de uma Força 181
- **12.5.** Equilíbrio do Corpo Extenso Rígido 183

13 Trabalho de uma Força e Potência 190

- **13.1.** Introdução 190
- **13.2.** Trabalho de uma Força Constante 191
- **13.3.** Unidade de Trabalho de uma Força no SI 191
- **13.4.** Trabalho de uma Força Variável 192
- **13.5.** Potência 196

14 Energia Mecânica 202

- **14.1.** Introdução 202
- **14.2.** Trabalho da Força Resultante: Energia de Movimento 203
- **14.3.** Energia Potencial 206
- **14.4.** Energia Mecânica 210
- **14.5.** Lei da Conservação da Energia Mecânica 211

15 Quantidade de Movimento e Impulso de uma Força 218

- **15.1.** Quantidade de Movimento ou Momento Linear 218
- **15.2.** Uma Grandeza Vetorial que se Conserva 220
- **15.3.** Impulso de uma Força Constante 222
- **15.4.** Impulso de uma Força Variável 223
- **15.5.** Lei da Conservação da Quantidade de Movimento 226
- **15.6.** Colisões 229

16 Hidrostática 238

- **16.1.** Introdução 238
- **16.2.** Massa Específica 238
- **16.3.** Densidade Relativa 239
- **16.4.** Pressão Média 240
- **16.5.** Pressão Hidrostática (Pressão Exercida por uma Coluna Líquida) 241
- **16.6.** Teorema de Stevin 243
- **16.7.** Pressão Atmosférica e Barômetro de Torricelli 244
- **16.8.** Manômetro 245
- **16.9.** Princípio dos Vasos Comunicantes 246
- **16.10.** Princípio de Pascal 248
- **16.11.** Princípio de Arquimedes: o Empuxo 249

17 Gravitação Universal 256

- **17.1.** Uma Pequena História da Gravitação 256
- **17.2.** As Leis de Kepler 257
- **17.3.** A Lei da Gravitação de Newton 261
- **17.4.** Satélites em Órbitas Circulares 264
- **17.5.** Imponderabilidade no Espaço 264
- **17.6.** Influências do Movimento de Rotação da Terra sobre o Peso 265

18 Termometria 272
- 18.1. Introdução à Termologia 272
- 18.2. Noções Básicas 273
- 18.3. Escalas Termométricas 275
- 18.4. Dilatação Térmica de Sólidos e Líquidos 281
- 18.5. Dilatação Térmica dos Líquidos 285

19 Calorimetria 292
- 19.1. Introdução 292
- 19.2. Capacidade Térmica e Calor Específico 294
- 19.3. O Calor Sensível e seu Cálculo 296
- 19.4. As Mudanças de Fase da Matéria 299
- 19.5. Quantidade de Calor Latente 300
- 19.6. As Leis da Fusão 301
- 19.7. Os Processos de Vaporização 301
- 19.8. Influência da Pressão 302
- 19.9. Princípio da Igualdade das Trocas de Calor 306
- 19.10. Calorímetro 306
- 19.11. Equivalente em Água 307
- 19.12. Processos de Propagação de Calor 309

20 Calorimetria – Os Diagramas de Fase da Matéria 322
- 20.1. Introdução 322
- 20.2. O Diagrama de Fases 322
- 20.3. Temperatura de Mudança de Fase e Pressão 323
- 20.4. O Ponto Crítico. Gás e Vapor 327
- 20.5. Pressão Máxima de Vapor 328
- 20.6. Umidade Relativa ou Grau Higrométrico do Ar 329
- 20.7. Evaporação da Água e Umidade Relativa 330

21 Comportamento Térmico dos Gases 336
- 21.1. Introdução 336
- 21.2. Gás Perfeito ou Ideal 336
- 21.3. Estado de um Gás. A Equação de Clapeyron 337
- 21.4. Lei Geral dos Gases Perfeitos 340
- 21.5. Mistura Física de Gases Perfeitos 341
- 21.6. Transformações Gasosas Particulares 342
- 21.7. Teoria Cinética dos Gases. Interpretação Molecular da Temperatura .346
- 21.8. A Energia Interna de um Gás Perfeito 347

22 Termodinâmica 352
- 22.1. Introdução 352
- 22.2. Lei de Joule 352
- 22.3. Trabalho nas Transformações Gasosas 353
- 22.4. Primeira Lei da Termodinâmica 356
- 22.5. Transformações Termodinâmicas Particulares 357
- 22.6. Ciclos 358

	22.7. Segunda Lei da Termodinâmica	362
	22.8. Máquinas Térmicas	362
	22.9. Máquinas Frigoríficas	364
	22.10. Máquinas de Carnot	365

23 Introdução à Óptica Geométrica 374

- 23.1. Introdução 374
- 23.2. Fontes e Meios 374
- 23.3. Princípios da Óptica Geométrica 376
- 23.4. Consequências do Princípio da Propagação Retilínea da Luz 376
- 23.5. Sistemas Ópticos 380
- 23.6. Reflexão da Luz 381
- 23.7. Espelhos Esféricos 388

24 Refração da Luz 402

- 24.1. Introdução 402
- 24.2. Índice de Refração 403
- 24.3. Leis da Refração 405
- 24.4. Reflexão Interna Total 409
- 24.5. Dioptro Plano 412
- 24.6. Lâmina de Faces Paralelas 416
- 24.7. Prisma Óptico 419
- 24.8. Dispersão da Luz 421

25 Lentes Esféricas 430

- 25.1. Introdução 430
- 25.2. Nomenclatura 430
- 25.3. Comportamento Óptico das Lentes Esféricas Delgadas 431
- 25.4. Focos de uma Lente Esférica Delgada 433
- 25.5. Estudo Gráfico das Lentes Esféricas 436
- 25.6. Estudo Analítico 439
- 25.7. Aumento Linear Transversal 440
- 25.8. Equação dos Pontos Conjugados 440
- 25.9. Convergência da Lente Esférica Delgada 443
- 25.10. Equação dos Fabricantes de Lentes 444

26 A Óptica da Visão Humana 450

- 26.1. O Olho Humano 450
- 26.2. Instrumentos Ópticos 456

27 Movimentos Oscilatórios 466

- 27.1. Introdução 466
- 27.2. Movimento Harmônico Simples (MHS) 467

28 Ondas e Óptica Física 482

- 28.1. Propagação de Energia – Ondas – Introdução 482
- 28.2. Classificação dos Pulsos 483

- 28.3. Ondas Periódicas 486
- 28.4. Equação Fundamental da Ondulatória 487
- 28.5. A Fórmula de Taylor 488
- 28.6. Equação de uma Onda Periódica 491
- 28.7. Reflexão e Refração de Ondas em uma Corda 492
- 28.8. Ondas na Superfície de um Líquido 494
- 28.9. Difração e Interferência 498
- 28.10. Experimento das duas Fendas 504
- 28.11. Polarização 505
- 28.12. Ressonância 505

29 Acústica 512

- 29.1. As Ondas Sonoras 512
- 29.2. Frequência e Velocidade das Ondas Sonoras 513
- 29.3. Sensação Auditiva e Intensidade Sonora 515
- 29.4. Altura de um Som 517
- 29.5. Timbre de um Som 518
- 29.6. Reflexão das Ondas Sonoras 518
- 29.7. Cordas Vibrantes 522
- 29.8. Colunas de Ar Vibrante 525
- 29.9. Efeito Doppler 529

30 Introdução à Eletricidade 538

- 30.1. Introdução 538
- 30.2. Carga Elétrica e suas Propriedades 539
- 30.3. Condutores e Isolantes 542
- 30.4. Processos de Eletrização 543
- 30.5. Eletroscópios 546
- 30.6. Força Elétrica e a Lei de Coulomb 548
- 30.7. Curiosidades 551

31 Campo Elétrico 560

- 31.1. Introdução 560
- 31.2. Vetor Campo Elétrico 562
- 31.3. Campo Elétrico Criado por uma Carga Puntiforme 564
- 31.4. Campo Elétrico Criado por Várias Cargas Puntiformes 565
- 31.5. Linhas de Força do Campo Elétrico 568

32 Potencial Elétrico e Energia Potencial Elétrica 574

- 32.1. Potencial Elétrico 574
- 32.2. Trabalho da Força Elétrica em um Campo Elétrico Uniforme 575
- 32.3. Diferença de Potencial Elétrico 576
- 32.4. Energia Potencial Elétrica de um Par de Cargas Puntiformes 579
- 32.5. Potencial Elétrico no Campo Criado por uma Carga Puntiforme 580
- 32.6. Potencial Elétrico no Campo de um Sistema de Cargas 581
- 32.7. Propriedades do Potencial Elétrico 583
- 32.8. Superfícies Equipotenciais 584

33 — Condutor Isolado e em Equilíbrio Eletrostático 590

- 33.1. Introdução 590
- 33.2. Distribuição das Cargas Elétricas em Excesso em um Condutor Isolado e em Equilíbrio Eletrostático 591
- 33.3. Propriedades do Condutor Isolado e em Equilíbrio Eletrostático 591
- 33.4. Condutor Esférico em Equilíbrio Eletrostático 592
- 33.5. Densidade Superficial de Carga 595
- 33.6. Poder das Pontas 596
- 33.7. Capacidade Eletrostática de um Condutor Isolado 596
- 33.8. Equilíbrio Elétrico de Condutores 598
- 33.9. Energia Elétrica Armazenada em um Condutor 599
- 33.10. Blindagem Eletrostática – Gaiola de Faraday 600

34 — Corrente Elétrica 604

- 34.1. Introdução 604
- 34.2. Sentido da Corrente Elétrica 605
- 34.3. Intensidade da Corrente Elétrica 606
- 34.4. Os Efeitos da Corrente Elétrica 608
- 34.5. Potencial Elétrico, Tensão Elétrica ou Diferença de Potencial (ddp) 612
- 34.6. Potência Elétrica 613

35 — Circuitos de Corrente Contínua 620

- 35.1. Circuito Elétrico Simples 620
- 35.2. Resistência Elétrica 624
- 35.3. Resistor 625
- 35.4. A Primeira Lei de Ohm 626
- 35.5. A Segunda Lei de Ohm 629
- 35.6. Resistor Variável 630
- 35.7. Identificação de Resistores – Código de Cores 632
- 35.8. Supercondutores 633
- 35.9. Potência Dissipada em um Resistor – Efeito Joule 634

36 — Associação de Resistores 638

- 36.1. Introdução 638
- 36.2. Associação de Resistores em Série 638
- 36.3. Associação de Resistores em Paralelo 641
- 36.4. Associação Mista de Resistores 644
- 36.5. Fusíveis de Segurança 646
- 36.6. Curto-Circuito de um Resistor 648
- 36.7. Medidas Elétricas 654

37 — Geradores Elétricos 660

- 37.1. Introdução 660
- 37.2. Geradores de Corrente Contínua 660
- 37.3. Equação do Gerador 662
- 37.4. Gerador em Aberto e Gerador em Curto-Circuito 663
- 37.5. Curva Característica do Gerador 663

37.6. Circuito Gerador-Resistor – Lei de Pouillet 665
37.7. As Potências e o Rendimento de um Gerador Elétrico 666
37.8. Associação de Geradores 668

38 Receptores Elétricos 674

38.1. Introdução 674
38.2. Resistência Interna de um Receptor 675
38.3. Rendimento de um Receptor 676
38.4. Curva Característica de um Receptor 676
38.5. Circuito Elétrico Gerador-Resistor-Receptor 677
38.6. Nó, Ramo e Malha de um Circuito Elétrico 678

39 Capacitores 684

39.1. Armazenamento de Cargas 684
39.2. Capacitor 685
39.3. Capacitância de um Capacitor (C) 686
39.4. Energia Potencial Elétrica Armazenada por um Capacitor 686
39.5. Capacitor Plano 688
39.6. Associação de Capacitores 690

40 Magnetismo e Fonte de Campo Magnético 698

40.1. Histórico 698
40.2. Os Ímãs e suas Propriedades 698
40.3. Campo Magnético 700
40.4. Campo Magnético dos Ímãs 701
40.5. Fontes de Campo Magnético 705

41 Força Magnética 716

41.1. Força Magnética sobre uma Carga Móvel em Campo Magnético Uniforme 716
41.2. Movimento de uma Carga em um Campo Magnético Uniforme 719
41.3. Força Magnética sobre um Condutor Retilíneo Imerso em um Campo Magnético Uniforme 723
41.4. Força entre Condutores Paralelos 726

42 Indução Eletromagnética 734

42.1. Introdução 734
42.2. Fluxo de Indução Magnética 735
42.3. Corrente Elétrica Induzida e Força Eletromotriz Induzida 736
42.4. A Lei de Faraday 739
42.5. A Lei de Lenz 741
42.6. A Lei de Faraday-Neumann 743
42.7. A Corrente Alternada 745
42.8. Valor Eficaz e Potência Média da Corrente Alternada 747
42.9. Transformador de Voltagem 749

43 — Ondas Eletromagnéticas 758
43.1. Introdução 758
43.2. O Espectro das Ondas Eletromagnéticas 760

44 — Noções de Física Moderna 770
44.1. Problemas e Contradições 770
44.2. Planck e o *Quantum* de Energia 770
44.3. Einstein e o *Quantum* de Luz 773
44.4. Bohr e os Níveis de Energia 775
44.5. Compton: Luz como Partículas 779
44.6. De Broglie: Elétrons como Ondas 780
44.7. Princípio de Indeterminação 781
44.8. A Relatividade de Einstein 782
44.9. Partículas Fundamentais 792

Apêndices

Gabarito dos Exercícios Propostos e Complementares *800*
Referências Bibliográficas *815*
Valores das Funções Trigonométricas *816*

Apresentação

Cientes da grande diversidade de nossas escolas, especialmente no tocante à abrangência de conteúdo e à carga horária, preparamos um texto, em **volume único**, que cumpre as necessidades de todo o ensino de Física no Ensino Médio, mais comumente atendido por obras publicadas em três volumes.

Procuramos escrevê-lo com ênfase nos conceitos básicos da Física, levando em consideração as suas leis gerais e a importância dessa disciplina no Ensino Médio e no cotidiano do aluno, que, normalmente, apresenta muita dificuldade nessa área.

Todo o conteúdo deste livro foi elaborado tendo em mente a produção de um trabalho que constitua um auxílio real aos estudos e à aprendizagem dos estudantes em outras disciplinas e nas atividades que eles desenvolvem no dia a dia. Para que esse propósito possa ser concretizado, elaboramos o livro **FÍSICA GERAL PARA O ENSINO MÉDIO** com as seguintes características:

- O texto é dividido em 44 capítulos, compreendendo desde conceitos fundamentais da Física até noções básicas de Física Moderna, apresentando sempre informações, modelos e aplicações dessa ciência em nosso cotidiano.
- A obra está dividida nos seguintes grandes tópicos: Cinemática, Dinâmica, Estática, Hidrostática, Termologia, Óptica Geométrica, Ondas e Óptica Física, Eletrostática, Eletrodinâmica, Eletromagnetismo e Noções Gerais de Física Moderna.
- Sempre que necessário ou oportuno, destacamos informações relevantes dentro de um quadro ou *box*.
- Ao longo dos capítulos são resolvidos, detalhadamente, vários problemas ou situações-exemplo, com os objetivos de concretizar os raciocínios descritos no texto e de orientar os estudantes na resolução de outros exercícios e situações que exigem do aluno determinadas habilidades para tratar o assunto apresentado no texto.
- O livro foi elaborado com o objetivo de, a cada aula teórica ministrada, fazer corresponder uma próxima aula com resolução de exercícios pertinentes.
- Há, em média, 50 exercícios por capítulo, distribuídos em duas categorias:

✓ **exercícios propostos**, localizados ao longo do texto (sempre que necessário) e distribuídos em ordem crescente de dificuldade. Esses exercícios devem ser resolvidos em sala de aula, à medida que a carga horária o permitir. Há exercícios de nível básico, para fixação, e um grande número de questões reproduzidas ou adaptadas de exames vestibulares de todo o país;

✓ **exercícios complementares e questões de vestibulares**, que formam um grupo de exercícios mais exigentes, possibilitando ao estudante, ao final de cada capítulo, aplicar os conceitos e princípios a situações um pouco mais complexas, que desenvolvem algumas habilidades adicionais e permitem maior aprofundamento na aplicação do modelo aprendido.

Colocamo-nos à disposição de todos os colegas para quaisquer esclarecimentos, discussões, sugestões e críticas, que, certamente, contribuirão para tornar este material muito mais importante para o processo ensino-aprendizagem de nossos educandos.

Os autores

1 Introdução à Física

1.1. Os Ramos da Física

A Física é uma ciência fundamental que se preocupa com a compreensão dos fenômenos naturais, baseada, principalmente, em observações e experimentos, quer qualitativos, quer quantitativos. Seu objetivo é descobrir o menor número de leis fundamentais que, organizadas em teorias abrangentes, possam ser usadas para prever fenômenos e desenvolver tecnologias.

Aparentemente, o homem sempre teve curiosidade pelos fenômenos da natureza – o movimento dos corpos celestes, a formação do arco-íris ou das nuvens – e isso resultou no surgimento da Física.

O estudo da Física, embora às vezes difícil, é muito atraente: a longo prazo, nada pode ser mais atraente do que compreender como funciona o mundo em que vivemos.

1.1.1. O que é Física?

A palavra *física* provém do vocábulo grego *physiké*, que significa "coisas naturais" e transformou-se historicamente no termo empregado para designar o estudo dos fenômenos da natureza. Até o início do século XIX, utilizou-se também a expressão "Filosofia Natural".

A Física evoluiu à medida que nosso conhecimento acerca da natureza aumentou. No princípio, as únicas fontes de informação eram os nossos sentidos, por isso os fenômenos observados foram classificados de acordo com o modo como eram sentidos. A **luz** foi relacionada com a ação de ver, e assim se desenvolveu a **Óptica**; ao ato de ouvir associou-se o **som**, de cujo estudo nasceu a **Acústica**; o estudo do **calor** e das sensações térmicas gerou a chamada **Termologia**; o **movimento** é o mais comum dos fenômenos observados diretamente, e a ciência que o estuda, a **Mecânica**, desenvolveu-se antes de qualquer outro ramo da Física. O **Eletromagnetismo**, por não estar diretamente relacionado com nenhuma experiência sensorial (apesar de ser responsável pela maior parte delas), apenas no século XIX apareceu como um ramo organizado da Física.

O ser humano sempre se preocupou em conhecer os fenômenos da natureza.

DIGITALVISION

Por tudo isso, a Física foi, para efeito de estudo, dividida em ramos (conhecidos como *clássicos*): Mecânica, Termodinâmica, Acústica, Óptica e Eletromagnetismo. A Mecânica foi, com toda propriedade, o princípio-guia para o desenvolvimento dos demais.

A partir do final do século XIX, assistiu-se a uma profunda revolução conceitual, liderada por nomes como Max Planck e Albert Einstein, que modificou os nossos pontos de vista e os métodos de abordagem dos problemas de Física, assim como a nossa compreensão dos fenômenos naturais, em particular da estrutura da matéria. Construíram-se as Teorias da **Relatividade** e da **Mecânica Quântica**. Essas novas teorias, que representam uma visão mais unificada dos fenômenos naturais, evoluíram para o que se tem chamado "Física Moderna" e exigiram a reavaliação dos ramos "clássicos". Não obstante, a "Física Moderna" não é um ramo novo: é uma perspectiva "moderna", ou nova, de estudo dos fenômenos naturais, baseada em uma compreensão mais profunda da estrutura da natureza. Evidentemente, a Física contemporânea necessitará, a cada instante, de uma revisão e reavaliação das ideias e dos princípios anteriores. Apesar das divisões em ramos com fins didáticos, a Física constituirá sempre um todo, que se deve considerar de uma maneira unificada, consistente e lógica. Por conseguinte, diremos que:

A Física é uma ciência cujo objetivo é o estudo dos componentes da matéria e de suas interações mútuas. Em termos desses componentes e interações, o cientista procura oferecer modelos descritivos das propriedades gerais da matéria, assim como dos demais fenômenos naturais que observamos.

Você Sabia?

Na atualidade, a Física é muito importante do ponto de vista prático. Ela desenvolve ou dá origem a técnicas que podem ser usadas em quase todas as áreas da investigação, pura ou aplicada. O astrônomo necessita de técnicas de óptica, de espectroscopia e de radiotransmissão. O geólogo recorre a métodos gravimétricos, acústicos, nucleares e mecânicos que o oceanógrafo, o meteorólogo e o sismólogo também podem utilizar. Os hospitais modernos contam com laboratórios que utilizam as mais avançadas técnicas da Física. Em Medicina são empregados, de forma rotineira, os ultrassons, o *laser*, a ressonância magnética nuclear e os radioisótopos. Em resumo, quase todas as atividades de investigação, incluindo áreas como Arqueologia, Paleontologia, História e Arte, não podem dispensar as técnicas modernas da Física. Isso proporciona ao físico um grato incentivo para avançar não só no seu conhecimento da natureza, mas também na sua contribuição para o progresso social da humanidade.

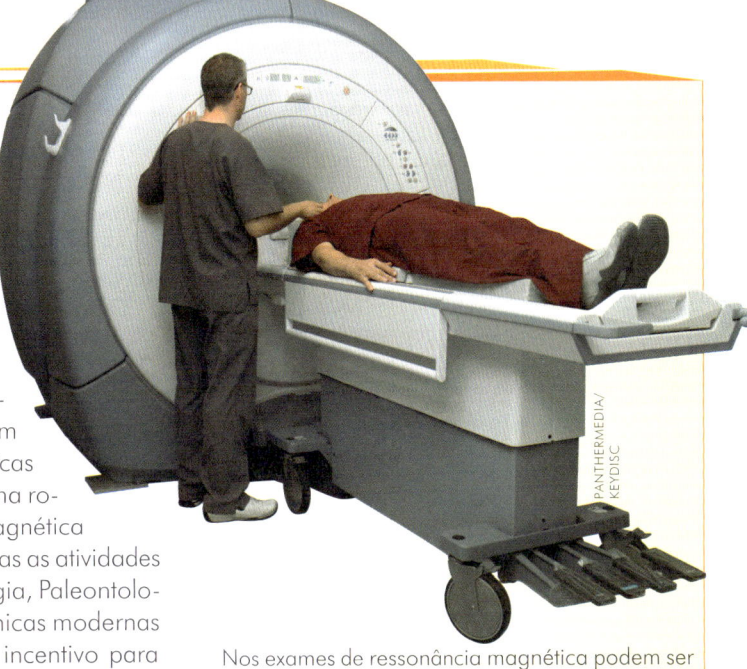

Nos exames de ressonância magnética podem ser obtidas, por meio de campos magnéticos, imagens em alta definição de qualquer parte do corpo humano.

1.2. Como Medir as Grandezas da Física

Medir significa comparar uma grandeza com outra, tomada como padrão. A Física baseia-se em medições para estudar os fenômenos. Qual a temperatura ambiente? Quantas calorias você ingere durante uma refeição? Quantos centímetros uma formiga percorre em um minuto? Qual o valor da velocidade da luz? A lista do que podemos medir parece interminável.

Quando começamos a estudar Física, precisamos medir grandezas, como o comprimento, o tempo e a massa. Sempre há perguntas envolvendo medidas: qual a distância da sua casa à escola? Quanto tempo você gasta para ir de sua casa à farmácia do seu bairro? Qual a sua massa?

Para descrever o valor de uma grandeza física, inicialmente definimos uma **unidade**, isto é, uma medida cujo valor será igual a um e passará a representar um **padrão**, ou seja,

IMPORTANTE

Um processo de medição é uma comparação entre duas grandezas físicas de mesma espécie. Nesse processo, a grandeza a ser medida é comparada com um padrão que se chama unidade de medida ou simplesmente unidade, verificando-se quantas vezes a unidade está contida na grandeza a ser medida.

uma referência com a qual devem ser comparadas todas as demais medidas dessa grandeza. Por exemplo, quando você responde à pergunta "qual a sua idade?" com a frase "tenho 16 anos", está usando uma unidade chamada "ano", que foi criada e definida como um padrão para se medir esse intervalo de tempo.

Algumas grandezas físicas são tidas como **fundamentais**, por exemplo, comprimento, tempo, massa, intensidade de corrente elétrica, temperatura. Outras grandezas são derivadas, como velocidade, aceleração, força, potência, impulso etc.

Vamos, em seguida, definir alguns padrões adotados para poder prosseguir no nosso estudo de Física.

> "Tenho afirmado, muitas vezes, que, quando podemos medir aquilo de que falamos e exprimi-lo em números, ficamos conhecendo algo referente ao assunto; porém, quando não podemos exprimi-lo em números, nosso conhecimento não é satisfatório nem frutífero; ele pode ser apenas um início de conhecimento, mas nosso pensamento dificilmente terá atingido o estágio científico, qualquer que seja o assunto em questão."
>
> William Thomson, Lord Kelvin

PENSE E RESPONDA

Quais as principais unidades de tempo, massa e comprimento que você usa diariamente?

1.3. Padrões de Comprimento, Massa e Tempo

Em 1960, um comitê internacional estabeleceu regras para definir os padrões das grandezas fundamentais. O sistema desde então estabelecido é uma generalização do sistema métrico e é denominado Sistema Internacional de unidades (SI). Nesse sistema, as unidades de *massa*, de *comprimento* e de *tempo* são, respectivamente, o *quilograma*, o *metro* e o *segundo*.

Outras unidades fundamentais do Sistema Internacional de unidades são o ampère, o kelvin, a candela e o mol. Essas sete unidades constituem a base do SI, sendo consideradas dimensionalmente independentes (isto é, a definição de cada uma delas pode ser feita sem nenhuma referência às demais). Veja a Tabela 1-1.

Observe que, de acordo com as convenções do SI, os nomes, por extenso, de todas as unidades têm de ser grafados com iniciais minúsculas; os símbolos, porém, quando se referem a nomes próprios ou títulos nobiliárquicos, são escritos com letras maiúsculas (como o kelvin, K) ou inicial maiúscula, se exigem mais de uma letra (como o pascal, Pa).

Tabela 1-1. Unidades de base usadas no Sistema Internacional (SI) e seus símbolos oficiais.

Grandeza	Unidade	
	Nome	Símbolo
Comprimento	metro	m
Massa	quilograma	kg
Tempo	segundo	s
Intensidade de corrente elétrica	ampère	A
Temperatura termodinâmica	kelvin	K
Quantidade de matéria	mol	mol
Intensidade luminosa	candela	cd

1.3.1. Comprimento

A partir de 1790, a reboque da Revolução Francesa, foi criado o sistema métrico decimal, que procurava unificar padrões e procedimentos de medida. Como peça fundamental desse novo sistema, o **metro** (abreviatura m) foi definido como um décimo milionésimo da distância entre o polo Norte

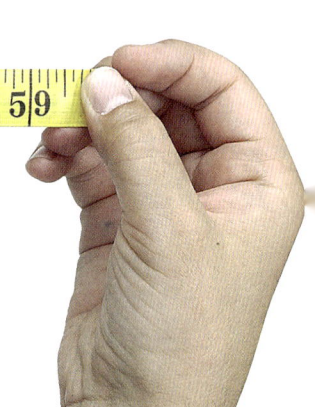

Ao medir um comprimento usando uma trena, fita métrica ou régua, estamos determinando quantas vezes esse comprimento é maior do que uma unidade escolhida.

e o equador terrestre. Mais tarde, por razões de ordem prática, essa definição do padrão foi abandonada e o metro passou a ser definido como a distância entre duas finas linhas gravadas perto das extremidades de uma barra de platina iridiada, chamada metro padrão, que era guardada no *Bureau* Internacional de Pesos e Medidas, perto de Paris.

Com o decorrer do tempo e o desenvolvimento da ciência e da tecnologia, tornou-se necessária a criação de um padrão mais preciso. Em 1960, o metro foi redefinido como 1.650.763,73 comprimentos de onda de certa luz vermelho-alaranjada emitida por átomos de criptônio-86 em tubo de descarga gasosa. Esse número foi escolhido para corresponder, dentro do possível, ao comprimento da velha barra do metro padrão.

Em 1983, a necessidade de precisão na tomada de medidas chegou a tal ponto que mesmo o padrão de criptônio-86 se tornou pouco satisfatório e o SI adotou a definição atual: o metro é a distância percorrida pela luz, no vácuo, durante um intervalo de tempo igual a $\frac{1}{299.792.458}$ de segundo.

A distância indicada na placa de sinalização está sendo medida em um múltiplo da unidade fundamental de comprimento.

O metro é um padrão adequado apenas para medidas não muito extensas (como o comprimento de uma sala de aula, a altura de um edifício, o comprimento de sua casa). Para medidas muito maiores (como a distância da Terra à Lua) ou muito menores (como o diâmetro de um átomo), é preciso usar múltiplos e submúltiplos, como os apresentados na Tabela 1-2. Veja também a Tabela 1-3 para conhecer os prefixos correspondentes a alguns múltiplos de 10.

TABELA 1-2. Múltiplos e submúltiplos do metro.

Múltiplo ou submúltiplo	Símbolo	Equivalência
Quilômetro	km	1 km = 10^3 m
Decímetro	dm	1 dm = 10^{-1} m
Centímetro	cm	1 cm = 10^{-2} m
Milímetro	mm	1 mm = 10^{-3} m
Micrômetro	μm	1 μm = 10^{-6} m

TABELA 1-3. Prefixos das unidades SI.

Nome	Símbolo	Fator de multiplicação da unidade
Yotta	Y	10^{24} = 1 000 000 000 000 000 000 000 000
Zetta	Z	10^{21} = 1 000 000 000 000 000 000 000
Exa	E	10^{18} = 1 000 000 000 000 000 000
Peta	P	10^{15} = 1 000 000 000 000 000
Tera	T	10^{12} = 1 000 000 000 000
Giga	G	10^9 = 1 000 000 000
Mega	M	10^6 = 1 000 000
Quilo	k	10^3 = 1 000
Hecto	h	10^2 = 100
Deca	da	10
Deci	d	10^{-1} = 0,1
Centi	c	10^{-2} = 0,01
Mili	m	10^{-3} = 0,001
Micro	μ	10^{-6} = 0,000 001
Nano	n	10^{-9} = 0,000 000 001
Pico	p	10^{-12} = 0,000 000 000 001
Femto	f	10^{-15} = 0,000 000 000 000 001
Atto	a	10^{-18} = 0,000 000 000 000 000 001
Zepto	z	10^{-21} = 0,000 000 000 000 000 000 001
Yocto	y	10^{-24} = 0,000 000 000 000 000 000 000 001

ATENÇÃO

Você precisa saber operar com potências. Se não sabe, procure fazer uma revisão rápida:

- Produto de potências de mesma base:
  $a^m \cdot a^n = a^{m+n}$
- Quociente entre potências de mesma base:
  $\frac{a^m}{a^n} = a^{m-n}$
- Potência inversa: $\frac{1}{a^n} = a^{-n}$
- Potência de potência: $(a^m)^n = a^{m \cdot n}$

PENSE E RESPONDA

Você já tem noção de medidas de comprimento. Então, responda:

- Quantos metros tem a altura da porta de entrada de sua residência?
- Quantos metros tem o comprimento da sua sala de aula?
- Qual o comprimento do seu cabelo?

Exercícios Resolvidos

1. Converta para metro(s):

a) 25 km   b) 20 cm   c) 4 mm

Resolução:

a) 1 km $= 10^3$ m, então, 25 km $= 25 \cdot 10^3$ m $= 2,5 \cdot 10^4$ m

b) 1 cm $= 10^{-2}$ m, assim, 20 cm $= 20 \cdot 10^{-2}$ m $= 2,0 \cdot 10^{-1}$ m

c) 1 mm $= 10^{-3}$ m, assim, 4 mm $= 4 \cdot 10^{-3}$ m

2. Converta para quilômetro(s):

a) 2.500 m   b) 700 cm   c) 50 mm

Resolução:

a) 1 km $= 10^3$ m, então, 1 m $= 10^{-3}$ km
Portanto, 2.500 m $= 2.500 \cdot 10^{-3}$ km $= 2,5$ km

b) 1 cm $= 10^{-2}$ m $= (10^{-2} \cdot 10^{-3})$ km $= 10^{-5}$ km
Assim, 700 cm $= 700 \cdot 10^{-5}$ km $= 7 \cdot 10^{-3}$ km

c) 1 mm $= 10^{-3}$ m $= (10^{-3} \cdot 10^{-3})$ km $= 10^{-6}$ km
Assim, 50 mm $= 50 \cdot 10^{-6}$ km $= 5 \cdot 10^{-5}$ km

3. Efetue as seguintes transformações:

a) 1 m^2 em cm^2

b) 2 m^3 em cm^3

c) 4 cm^2 em mm^2

d) 6 m^3 em mm^3

Resolução:

Relembrando as conversões de unidades estudadas nas séries anteriores, temos:

$$\begin{cases} 1\text{ m} = 10^2\text{ cm} \Rightarrow 1\text{ cm} = 10^{-2}\text{ m} \\ 1\text{ m} = 10^3\text{ mm} \Rightarrow 1\text{ mm} = 10^{-3}\text{ m} \\ 1\text{ cm} = 10^1\text{ mm} \Rightarrow 1\text{ mm} = 10^{-1}\text{ cm} \end{cases}$$

Então,

a) 1 m$^2 = 1 \cdot (10^2\text{ cm})^2 = 10^4$ cm^2

b) 2 m$^3 = 2 \cdot (10^2\text{ cm})^3 = 2 \cdot 10^6$ cm^3

c) 4 cm$^2 = 4 \cdot (10^1\text{ mm})^2 = 4 \cdot 10^2$ mm^2

d) 6 m$^3 = 6 \cdot (10^3\text{ mm})^3 = 6 \cdot 10^9$ mm^3

Exercícios Propostos

4. Efetue as seguintes conversões:

a) $2,0$ mm em m
b) $1,24$ m em cm
c) $3,32$ dm em km
d) $3,0$ m^2 em dm^2
e) $5,0$ mm^2 em m^2
f) $5,21$ km^2 em cm^2
g) $3,8$ cm^2 em m^2
h) $2,0$ dam^2 em dm^2
i) $3,0$ mm^3 em dm^3
j) $4,3$ cm^3 em m^3
k) $4,3$ cm^3 em dm^3
l) $3,4$ dm^3 em mm^3
m) $2,0$ mm^3 em m^3
n) $4,31$ km^3 em m^3
o) $2,74$ dm^3 em m^3

5. Um terreno tem as seguintes medidas: 25 m de largura e 40 m de comprimento. Calcule, em km^2, a área desse terreno.

6. A espessura de uma folha de papel é de 0,05 mm. Oitocentas folhas iguais a essa formam uma pilha cuja altura tem medida equivalente a quanto do metro?

7. Definimos um litro como o volume de um cubo de aresta medindo 1,0 dm, ou seja, 1,0 L equivale a 1,0 dm^3. Qual o volume, em metro cúbico, ocupado por 20 L de uma dada substância?

8. Um sólido apresenta as seguintes dimensões: 2,4 dm de comprimento, 2,0 cm de largura e 40 mm de espessura. Determine, em litros, o volume ocupado por esse sólido.

9. Em um laboratório de química, um tubo de ensaio cilíndrico tem área da base medindo 2,25 cm^2. Um aluno usa o tubo de ensaio para medir uma dada substância. Esse aluno colocou a substância dentro do tubo de ensaio e mediu com uma régua a altura atingida pela substância, que foi de 12 cm. Determine, em mL, o volume ocupado pela substância.

10. Quantos litros comporta, aproximadamente, uma caixa-d'água cilíndrica com base de 2 metros de diâmetro e 80 cm de altura?

1.3.2. Massa

A unidade de massa, o **quilograma** (abreviatura kg), foi definida como a massa de um cilindro de platina iridiada, depositado no *Bureau* Internacional de Pesos e Medidas, em Sèvres, nos arredores de Paris. Esse padrão de massa foi feito em 1887 e nunca sofreu alteração. Para todos os fins práticos, é igual à massa de 10^{-3} m^3 de água destilada à temperatura de 4 °C. A massa de 1 m^3 de água é, por conseguinte, 10^3 kg, a essa temperatura.

Por motivos históricos, o nome da unidade SI de massa contém o prefixo quilo (é a única exceção) e, por isso, os múltiplos e submúltiplos dessa unidade são formados com base no grama. A tonelada métrica, abreviada t, corresponde a 10^3 kg.

A balança indica quantas vezes a massa sobre ela é maior do que a unidade padrão.

Exercícios Resolvidos

11. Converta para grama(s):

a) 2,5 kg b) 60 mg

RESOLUÇÃO:

a) 1 kg = 10^3 g, então, 2,5 kg = $2,5 \cdot 10^3$ g

b) 1 mg = 10^{-3} g, então,

60 mg = $60 \cdot 10^{-3}$ g
= $6 \cdot 10^1 \cdot 10^{-3}$ g = $6 \cdot 10^{-2}$ g

12. Sabe-se que 1 g de água ocupa 1 cm^3; qual a massa-d'água, em kg, contida em um recipiente cujo volume é de 200 L?

RESOLUÇÃO:

Sabemos que
1 L = 1 dm^3 = 10^3 cm^3, isto é,
1 L = 10^3 cm^3. Portanto,
200 L = $200 \cdot 10^3$ cm^3 = $2 \cdot 10^5$ cm^3

Assim, podemos efetuar uma regra de três simples:

1 g .... 1,0 cm^3

M .... $2 \cdot 10^5$ cm^3

$\therefore$ M = $2 \cdot 10^5$ g = $2 \cdot 10^2$ kg

13. Bombons de 20,0 g estão armazenados em sacos de 20,0 kg. Separando os bombons em embalagens de 5 unidades, qual o número de embalagens que cada saco permite preparar?

RESOLUÇÃO:

- Se cada bombom tem 20,0 g de massa, então 5 unidades têm $(5 \cdot 20,0)$ g = 100 g = 0,10 kg.

- Número de embalagens = $\frac{20,0}{0,10}$ = 200. Portanto, cada saco permite preparar 200 embalagens.

Exercícios Propostos

14. Efetue as seguintes conversões:

a) 2,0 kg em g
b) 3,7 dg em mg
c) 4,8 g em mg
d) 2,46 g em kg
e) 7,86 mg em kg
f) 8.000 mg em kg
g) 7.800 g em kg

15. Um pequeno corpo tem massa de 6 g. Determine sua massa em quilogramas e em miligramas.

16. Um tomate tem, em média, 90 g de massa. Quantos tomates há em 4,5 kg?

17. Sabendo-se que 13,4 g de mercúrio ocupam 1 cm^3, qual a massa, em gramas, ocupada por 20 L dessa substância?

18. Sabendo que 10^3 kg de água ocupam 1 m^3, calcule o volume, em litros, ocupado por 10^9 kg de água.

19. Calcule, em mL, o volume ocupado por 500 g de ar a 20 °C e sob pressão de 1 atmosfera (atm). Considere que 1 m^3 de ar, nessas condições, tem massa de 1,2 kg.

20. Qual a massa de água, em kg, contida em uma caixa-d'água de 1.000 L? Considere o volume de 1 cm^3 de água com massa de 1,0 g.

1.3.3. Tempo

Antes de 1960, o padrão de tempo era o **segundo** (abreviatura s), definido como $\left(\frac{1}{60}\right) \cdot \left(\frac{1}{60}\right) \cdot \left(\frac{1}{24}\right)$ do dia solar médio (algo que não pôde ser definido com exatidão). Em 1967, a unidade de tempo *segundo* foi redefinida em função de uma frequência característica de uma espécie particular de transição do átomo de césio, que passou a ser o "relógio de frequência" e, hoje, o segundo é a duração de 9.192.631.770 períodos da oscilação correspondente à transição entre os dois níveis hiperfinos do estado fundamental do átomo de césio-133 em repouso.

Usamos minuto e hora como múltiplos práticos (fora do SI): 1 min = 60 s; 1 h = 60 min = = 3.600 s.

O relógio solar (gnômon), baseado no movimento aparente do Sol, foi muito importante nas observações astronômicas até a Idade Média e o Renascimento.

O cronômetro manual permite que meçamos pequenos intervalos de tempo, como segundos, com precisão.

Exercícios Resolvidos

21. Quantas horas, minutos e segundos há em 18,40 h?

RESOLUÇÃO:
$$18{,}40\,h = 18\,h + 0{,}40\,h$$
Transformando 0,40 h em minutos, temos:
$$0{,}40\,h = (0{,}40 \cdot 60)\,min = 24\,min$$
Portanto, 18,40 h = 18 h 24 min.

22. São 14h17min14s. Quanto tempo falta para as 22h30min do mesmo dia?

RESOLUÇÃO:
22h30min = 22h29min60s. Podemos encontrar o tempo pedido efetuando a seguinte subtração:

$$22h29min60s - 14h17min14s = 8h12min46s$$

23. A maratona de São Paulo é completada pelo 1.º colocado em 2h35min. Se a largada ocorreu às 8h22min, qual o instante de chegada?

RESOLUÇÃO:
O instante de chegada nessa maratona é encontrado efetuando a seguinte adição:
$$8h22min + 2h35min = 10h57min$$
Assim, o primeiro colocado nessa maratona chegou às 10h57min.

Exercícios Propostos

24. Quantas horas, minutos e segundos há em:
a) 14,5 h? b) 12,42 h? c) 14 h 16,2 min?

25. Determinado evento tem duração de 3 h e 21 s. Quantos minutos durou o evento?

26. O mostrador de um relógio digital indica que em Brasília são 10h23min37s. Em Manaus, o relógio digital da cidade indica que são 8h18min50s. Considerando a diferença de fuso entre as duas cidades e supondo não estar em horário de verão, em quanto o relógio de Manaus está atrasado?

27. Em uma maratona, o 1.º colocado da competição realiza a prova em 1 h 37 min 48 s, enquanto o 2.º colocado completa a maratona em 1 h 38 min 56 s. Quanto tempo o 1.º colocado dessa competição chegou à frente do 2.º colocado?

28. Se a velocidade de um carro é de 72 km/h, qual o valor dessa velocidade em m/s?

29. Um motociclista consegue imprimir a sua moto uma velocidade média de 30 m/s. Expresse, em km/h, o valor dessa velocidade.

30. Uma formiga desenvolve uma velocidade média de 7,2 cm/s. Qual a velocidade média dessa formiga em m/s? E em km/h?

Exercícios Complementares

31. Conceitue grandeza física. Dê exemplos usando o seu cotidiano.

32. Qual a unidade padrão de comprimento? Essa unidade padrão admite múltiplos e submúltiplos? Cite exemplos.

33. Qual a relação entre a unidade padrão de comprimento (o metro) e os seus múltiplos e submúltiplos?

34. Quantos centímetros tem um metro? Como podemos definir um centímetro em função da unidade padrão de comprimento (o metro)?

35. A unidade de massa (o grama) admite múltiplos e submúltiplos? Cite exemplos.

36. Quantos gramas tem um quilograma? Como podemos definir um grama de massa em função da sua unidade padrão (o quilograma)?

37. A unidade padrão de tempo admite múltiplos? Cite exemplos.

38. Quantos segundos tem uma hora? E um dia? E um ano (1 ano = 365 dias)?

39. Qual a sua idade? Como você expressaria sua idade em função da unidade padrão de tempo (o segundo)?

40. Cite outras unidades de medida de comprimento que você conhece. Qual a relação dessas unidades de medida com a unidade padrão de comprimento (o metro)?

1.4. Ordem de Grandeza

Quando trabalhamos com grandezas físicas, muitas vezes não precisamos nos preocupar com valores exatos. Podemos apenas avaliar, com aproximação, um resultado ou uma medida.
Um recurso que facilita os cálculos muito longos, em uma avaliação, é a utilização das *ordens de grandeza*.

Por definição, **ordem de grandeza** de um número é a potência de dez mais próxima desse número. Assim, para obter a ordem de grandeza de um número N qualquer, em primeiro lugar, o escrevemos em notação científica, ou seja, no formato

$$N = x \cdot 10^n,$$
em que $1 \leq x < 10$ e n é um número inteiro.

Em seguida, devemos comparar x com o ponto médio do intervalo de $1 \; (= 10^0)$ a 10^1. Em outras palavras, devemos comparar o valor de x com o valor $10^{0,5}$ (Figura 1-1).

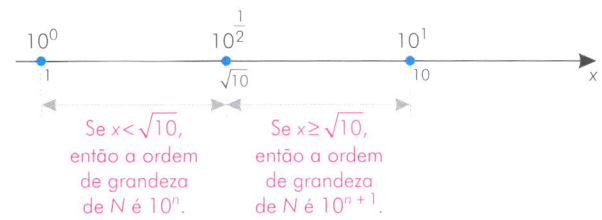

Figura 1-1.

ATENÇÃO

Como a escala de potências de dez é logarítmica, a metade do intervalo não é intuitiva. Observe que, entre duas potências de dez sucessivas com expoentes inteiros, a metade deve corresponder à potência semi-inteira intermediária: a metade do intervalo entre 10^x e $10^{(x+1)}$ é, então, marcada pela potência $10^{x,5}$.

Observe que $10^{0,5} = 10^{\frac{1}{2}} = \sqrt{10} \cong 3,16$ é, aproximadamente, o ponto médio do intervalo $[10^0, 10^1]$ em uma escala logarítmica.

A partir dessa comparação,

- se $x < \sqrt{10}$, então a ordem de grandeza de N é 10^n
- se $x \geq \sqrt{10}$, então a ordem de grandeza de N é 10^{n+1}

Exercícios Resolvidos

41. Dê a ordem de grandeza dos seguintes resultados:
 a) 20 cm b) 1.376 m c) $7,5 \times 10^5$ kg

RESOLUÇÃO:
a) Colocando o resultado obtido em potência de 10, temos: 20 cm = $2,0 \cdot 10^1$ cm. Como $2,0 < 3,16$, a ordem de grandeza de $2,0$ é 10^0. Portanto, a ordem de grandeza de $2,0 \cdot 10^1$ cm é $10^0 \cdot 10^1$ cm, que é 10^1 cm.

b) Colocando o resultado obtido em potência de 10, temos: 1.376 m = $1,376 \cdot 10^3$ m. Como $1,376 < 3,16$, a ordem de grandeza de $1,376$ é 10^0. Portanto, a ordem de grandeza de $1,376 \cdot 10^3$ m é $10^0 \cdot 10^3$ m, que é 10^3 m.

c) Como $7,5 > 3,16$, a ordem de grandeza de $7,5$ é 10^1. Portanto, a ordem de grandeza de $7,5 \cdot 10^5$ kg é $10^1 \cdot 10^5$ kg, que é 10^6 kg.

42. Qual a ordem de grandeza, em anos, da vida média de um homem na Terra?

RESOLUÇÃO:
O homem vive, em média, 60 anos.

Colocando esse valor estimado em notação científica, temos que: 60 anos = $6,0 \cdot 10^1$ anos. Como $6,0 > 3,16$, a ordem de grandeza de $6,0$ é 10^1. Portanto, a ordem de grandeza de $6,0 \cdot 10^1$ anos é $10^1 \cdot 10^1$ anos, que é 10^2 anos.

43. Estime, em kg, a ordem de grandeza da massa de um lutador de boxe peso-pesado.

RESOLUÇÃO:
A massa de um lutador de boxe na classe peso-pesado é por volta de 120 kg. Colocando esse valor estimado em notação científica, temos que: 120 kg = $1,20 \cdot 10^2$ kg. Como $1,20 < 3,16$, a ordem de grandeza de $1,20$ é 10^0. Portanto, a ordem de grandeza de $1,20 \cdot 10^2$ kg é $10^0 \cdot 10^2$ kg, que é 10^2 kg.

Exercícios Propostos

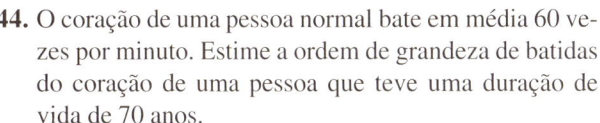

44. O coração de uma pessoa normal bate em média 60 vezes por minuto. Estime a ordem de grandeza de batidas do coração de uma pessoa que teve uma duração de vida de 70 anos.

45. Uma pessoa despende em média 50 L de água por dia em suas atividades. Estime a ordem de grandeza de litros de água despendidos por uma pessoa nos seus 70 anos de vida.

46. Estime a ordem de grandeza da população brasileira atual.

47. Qual a ordem de grandeza do número de gotas de água necessário para encher uma lata de 20 L? (Nota: o volume de uma gota de água é estimado em 1,0 mm³.)

Exercícios Propostos

48. O Censo Escolar brasileiro de 2005 totalizou 5.046.776 alunos no Ensino Médio, sendo que, destes, 83.695 encontrava-se no Distrito Federal. Qual a ordem de grandeza desses números?

49. Qual a ordem de grandeza, em km, da distância que separa as duas cidades mais distantes do Brasil? Considere que essas cidades estão separadas por uma distância de, aproximadamente, 4.320 km.

50. Qual a ordem de grandeza do número de voltas que o ponteiro dos segundos de um relógio efetua em um mês?

51. Admita que você acompanhe todos os gols marcados no campeonato brasileiro de futebol. Qual a ordem de grandeza do número de gols que ocorrerá nesse campeonato?

52. Qual a ordem de grandeza do número de alunos de sua escola?

1.5. Algarismos Significativos

Quando medimos uma grandeza, o valor determinado tem precisão limitada por fatores como a incerteza experimental associada a qualquer instrumento, a habilidade do experimentador e o número de medições efetuadas.

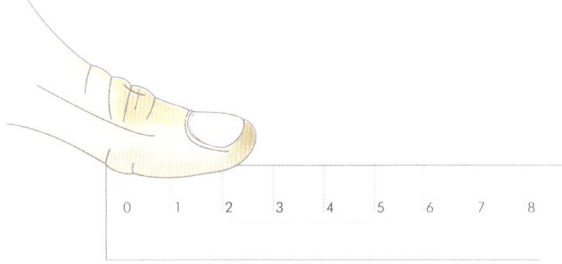

FIGURA 1-2.

Suponhamos que você esteja efetuando uma medida qualquer com uma régua comum, cuja menor divisão é de 1 mm, mas que essas divisões tenham sido apagadas em decorrência do uso. Assim, essa régua tem apenas divisões de 1 cm e tornou-se uma régua centimetrada (Figura 1-2). Quando expressamos uma medida de 8,6 cm, o valor decimal dessa medida deve ser mais bem avaliado, pois a régua não possui divisões inferiores a 1 cm.

Se utilizarmos essa régua para medir o comprimento de um polegar (veja a figura), poderemos afirmar que a leitura será um valor maior que 2 cm. A ausência de marcações a intervalos menores não possibilita avaliar exatamente quantos milímetros o comprimento do polegar é maior que 2 cm. *Esse é, portanto, o único algarismo correto*, pois não há dúvida sobre o seu valor. Entretanto, podemos fazer uma estimativa de quanto o polegar é maior que 2 cm. No caso da medição da figura, podemos estimar que o comprimento do polegar supera 2 cm em 6 mm. Como outro avaliador poderia ter feito uma estimativa diferente, dizemos que *esse algarismo é duvidoso*. Assim, ao expressarmos o valor do comprimento do polegar como 2,6 cm, estamos apresentando um resultado com 2 algarismos com significado. Dizemos que, na medida, os algarismos 2 e 6 são **significativos**, sendo 2 o algarismo correto e 6 o algarismo duvidoso.

Se um aluno tivesse anotado que o comprimento desse polegar valia 2 cm, ele não teria utilizado corretamente a régua, pois teria deixado de utilizar a precisão do instrumento. Caso outro aluno tivesse avaliado o comprimento em 2,63 cm, ele teria cometido um erro por excesso, pois, se já existe dúvida a respeito do algarismo 6 (indicador de milímetros), o que dizer sobre a estimativa do algarismo 3 (indicador de décimos de milímetros)? A medida 2,63 cm para esse comprimento não é mais precisa: ela está errada!

Exemplos

1. Quando efetuamos uma medida de uma barra com uma régua graduada em milímetros e obtemos 15,62 cm, os algarismos 1, 5 e 6 são os corretos e o 2 é o algarismo avaliado. Portanto, essa medida tem quatro algarismos significativos.

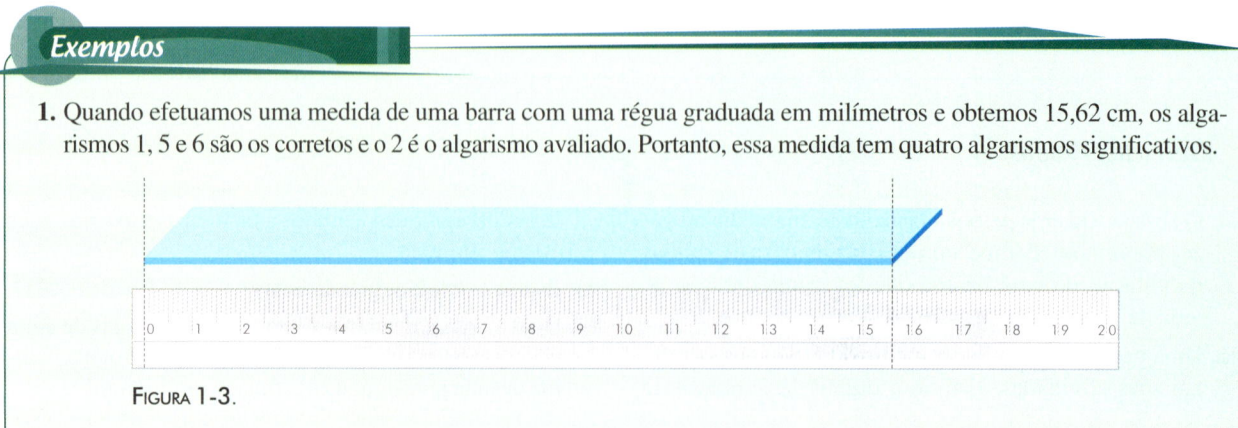

FIGURA 1-3.

2. Um aluno está realizando uma medida, no laboratório de química, usando um béquer cuja menor divisão equivale a 0,1 mL. A expressão adequada da medida da coluna de líquido é de 3,68 mL.

Nela, os algarismos 3 e 6 são corretos e o 8 é o duvidoso. Então, a medida realizada tem três algarismos significativos.

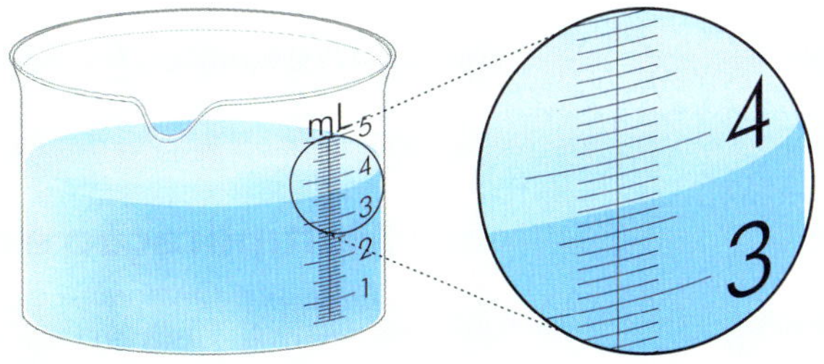

OBSERVAÇÕES:

- Toda medida apresenta imprecisão.
- Toda medida deve apresentar um, e apenas um, algarismo duvidoso.
- O algarismo *zero* só é significativo se estiver situado à direita de um algarismo significativo.

FIGURA 1-4.

3. A medida expressa por 0,076 mm tem apenas dois algarismos significativos (7 e 6).
4. A medida expressa por 0,402 mL tem três algarismos significativos (4, 0 e 2).

OBSERVAÇÃO: É possível que, em uma medida, a presença de zero em uma resposta seja interpretada erroneamente. Por exemplo, suponhamos que a massa de um corpo tenha como medida 7.600 g. Esse valor pode ser ambíguo para o leitor, que não sabe se os zeros estão somente localizando a vírgula decimal ou se constituem algarismos significativos da medida. Com o propósito de eliminar essa ambiguidade, é útil adotar a notação científica para indicar o número de algarismos significativos. Nesse caso, escreveríamos a leitura indicada como $7,6 \times 10^3$ g, se na medida fossem considerados dois algarismos significativos, e $7,60 \times 10^3$ g, se fossem considerados três algarismos significativos (o instrumento dessa segunda medida tem maior precisão).

1.5.1. Arredondamento

Nas operações com algarismos significativos, muitas vezes necessitamos considerar uma aproximação da medida com um número menor de algarismos significativos; tal processo chama-se **arredondamento** (esse processo não pode ser confundido com a simples eliminação dos algarismos excedentes, que é denominado **truncamento**).

Por simplicidade, vamos adotar a seguinte regra:

- se o primeiro algarismo a ser eliminado for *4* ou *menos*, o arredondamento será para *cima*.
- se o primeiro algarismo a ser eliminado for *5* ou *mais*, o arredondamento será para *baixo*.

Assim, por exemplo, se temos de deixar os valores com apenas 2 algarismos significativos: $7,84 \cong 7,8$ e $7,87 \cong 7,9$, de acordo com o critério usado para arredondamento.

Se o número tiver de ser escrito com menos algarismos do que a parte inteira possui, devemos recorrer às potências de 10. Por exemplo, o produto entre 85,7 e 9,8 é igual a 839,86, mas deve ser escrito com apenas dois algarismos significativos. Como a parte inteira tem três algarismos (*8*, *3* e *9*), deve-se, primeiramente, expressá-lo em notação científica ($8,3986 \times 10^2$), e, a seguir, arredondá-lo para apenas dois algarismos significativos, ficando expresso como $8,4 \times 10^2$.

1.5.2. Operações com algarismos significativos
Adição e subtração

Antes de efetuar a operação, devemos arredondar os valores, de forma que todos eles possuam o mesmo número de casas decimais. Escolhe-se como referência o número com *menos casas decimais*.

Como exemplo, veja ao lado a soma de três medidas de comprimento, feitas por instrumentos diferentes: 47,186 m; 107,4 m e 68,93 m.

Assim, a operação ao lado é escrita S = 47,2 m + 107,4 m + 68,9 m e tem como resultado *S = 223,5 m*.

```
  47,2 m
 107,4 m  +
  68,9 m  +
 ───────
 223,5 m
```

OBSERVAÇÃO: Na hipótese de pelo menos uma das parcelas não ter casa decimal, todas as demais deverão ser arredondadas para valores inteiros.

Multiplicação e divisão

Opera-se normalmente e *escreve-se o resultado final* com um número de algarismos significativos igual ao do fator que tiver *menor quantidade de algarismos significativos*. Veja, por exemplo, o cálculo da medida da área da face de uma porta, que tem a forma retangular, medindo 2,083 m de comprimento e 0,817 m de largura:

$$S = \underbrace{(2{,}083\,\text{m})}_{\text{quatro algarismos significativos}} \cdot \underbrace{(0{,}817\,\text{m})}_{\text{três algarismos significativos}} = \underbrace{1{,}70\,\text{m}^2}_{\text{três algarismos significativos}}$$

O resultado obtido deve ser arredondado para ficar com 3 algarismos significativos, que correspondem ao número de algarismos significativos do fator 0,817 m. Por isso, devemos arredondar o resultado, dando como resposta 1,70 m².

Caso se esteja utilizando uma equação, os números puros não podem ser levados em conta como referência para a determinação dos algarismos significativos. Por exemplo, a área de um triângulo é dada por $S = \dfrac{b \cdot h}{2}$, em que b é a medida da base e h, a altura relativa àquela base. Para um triângulo de base 2,36 cm e altura 11,45 cm, o cálculo da área será:

$$S = \frac{2{,}36\,\text{cm} \cdot 11{,}45\,\text{cm}}{2} = 13{,}511\,\text{cm}^2$$

O resultado será escrito $S = 13{,}5\,cm^2$ (de modo que tenha apenas três algarismos significativos, como o fator 2,36 cm), pois o número 2, no denominador, não serviu de parâmetro para a determinação do número de algarismos significativos da resposta. Ele pertence à equação, não é resultado de medição.

Exercícios Propostos

53. Escreva o número de algarismos significativos de cada medida a seguir:

a) 3,729
b) 3,0240
c) 0,0032
d) 0,20300
e) 0,00315

54. Determine o número de algarismos significativos das seguintes medidas efetuadas:

a) 67 mm
b) $3{,}00 \times 10^7$ m/s
c) $4{,}26 \times 10^{-2}$ s
d) 0,308 m
e) 0,0004 mm

55. A temperatura de uma pessoa foi medida com dois termômetros diferentes, encontrando-se 36,8 °C e 36,80 °C.

a) Quantos algarismos significativos tem a primeira medida?
b) Qual a medida mais precisa? Por quê?

56. Faça os arredondamentos necessários de modo que cada medida a seguir seja expressa com três algarismos significativos:

a) 4,237
b) 8,5437
c) 5,3267
d) 7,36428
e) 2,98561

57. Efetue as operações indicadas, sabendo que todos os números a seguir estão representados por algarismos significativos.

a) $623{,}252 - 32{,}42 =$
b) $53{,}251 + 4{,}12 + 32{,}44 =$
c) $\dfrac{3{,}125 \times 12{,}34}{2{,}25} =$
d) $(5{,}25)^2 =$
e) $\sqrt{0{,}81} =$

58. Uma folha de papel A4 teve as suas dimensões laterais medidas com uma régua milimetrada, encontrando-se os seguintes valores: altura = 297,3 mm e base = 209,8 mm. Determine, em mm², a área dessa folha, utilizando apenas algarismos significativos na resposta.

59. Um terreno residencial mede 40 m de comprimento e 25 m de largura. Determine, em m², a área desse terreno usando apenas algarismos significativos na resposta.

60. Uma placa circular maciça teve o seu diâmetro medido com uma régua centimetrada, obtendo-se a medida de 16,4 cm. Utilizando apenas algarismos significativos, calcule:

a) a área de uma face do disco, em cm²;
b) o comprimento da circunferência do disco, em mm.

61. Um aluno trabalha em um laboratório fazendo pesquisas; em cada experimento realiza algumas medidas e efe-

Exercícios Propostos

tua operações básicas na sua calculadora científica. A seguir, são apresentadas algumas respostas que aparecem no mostrador dessa calculadora. Faça os arredondamentos necessários para que respeitem as regras dos algarismos significativos.

a) $4,8 \times 7,81 = 37,488$
b) $4,9326 \div 3,14 = 1,57089$
c) $7,84 - 3,432 = 4,408$
d) $3,547 + 5,32 = 8,867$
e) $(7,23 + 4,3 - 1,650) \div 3,2 = 3,0875$

62. Uma pequena esfera tem diâmetro de 20 cm. Sabendo-se que o volume de uma esfera de raio R é calculado usando a fórmula $V = \dfrac{4}{3} \pi \cdot R^3$, calcule, em cm³, o volume dessa esfera. Dê sua resposta com apenas dois algarismos significativos.

Leitura Complementar

BREVE CRONOLOGIA DA FÍSICA

Os primeiros "físicos" foram os filósofos gregos que, entre 650 e 250 a.C., sistematizaram conhecimentos cuja influência se faz sentir ainda nos dias atuais (por exemplo, predições de eclipses, ideia de átomo, observação das marés).

A Física, como uma ciência específica, começou a se desenvolver com os estudos astronômicos realizados a partir dos séculos XVI e XVII por Giordano Bruno, Nicolau Copérnico, Tycho Brahe, Johannes Kepler e Galileu Galilei.

No início do século XVII, estudos sobre a atmosfera, por Blaise Pascal, a medição da pressão, por Evangelista Torricelli, e enunciados de leis dos gases, por Robert Boyle, deram à Física um grande impulso. Em 1687, Isaac Newton publicou *Philosophiae Naturalis Principia Mathematica* (Princípios Matemáticos da Filosofia Natural), no qual enunciou os princípios fundamentais da Mecânica e a lei da gravitação universal. O *Principia*, como é muitas vezes citado, é a primeira codificação axiomática da história da ciência e uma das mais importantes obras da história da Física, que influenciou o desenvolvimento posterior de todas as ciências. Somente no início do século XX sua teoria da gravitação foi substituída por outra, mais abrangente, a Teoria da Relatividade Geral, elaborada por Albert Einstein.

Os fenômenos ópticos e as teorias sobre a natureza da luz tiveram grande desenvolvimento com os trabalhos de Newton e Christiaan Huygens, no século XVII. Ambos estudaram a luz, mas propuseram teorias distintas para explicá-la: Newton propôs a concepção de que a luz era constituída de minúsculas partículas; Huygens propunha que a luz era um tipo especial de onda.

No século XVIII, desenvolveram-se os primeiros conhecimentos de Termologia, notadamente os conceitos de calor e de temperatura. Thomas Newcomen construiu um tipo de máquina, movida a vapor-d'água, para tirar água do fundo das minas de carvão inglesas. Essa máquina foi, depois, aperfeiçoada por James Watt e alterou profundamente o modo de produção industrial.

Na segunda metade do século XVIII, com base em observações de fenômenos elétricos, são enunciadas algumas leis da Eletrostática por Charles A. de Coulomb. No fim desse mesmo século, Benjamin Franklin estudou a eletrização e entendeu os raios como descargas elétricas. Na transição do século XVIII para o século XIX, Alessandro Volta construiu a pilha elétrica, o que permitiu a William Nicholson e a Johann Ritter a obtenção da eletrólise da água.

Galileu Galilei.

Na primeira metade do século XIX, Georg Ohm relacionou a corrente elétrica à resistência de fios, e Hans C. Oersted estabeleceu uma ligação entre os fenômenos elétricos e os magnéticos. A partir daí, André M. Ampère, Michael Faraday e James C. Maxwell construíram a teoria do eletromagnetismo, que possibilitou uma enorme transformação no modo de vida das pessoas, com a utilização progressiva do motor elétrico tanto na produção industrial quanto no trabalho doméstico.

Albert Einstein.

Os últimos anos do século XIX foram agitados e testemunharam grandes debates, que foram se fechando nos primeiros anos do século XX: a hipótese quântica, de Max Planck, a explicação do efeito fotoelétrico, por Albert Einstein, a explicação da radioatividade, por Ernest Rutherford e Frederick Soddy. Na primeira metade do século XX, o estabelecimento da Física Quântica e o da Teoria da Relatividade Geral representaram uma transformação tão importante na compreensão dos fenômenos físicos que se instituiu um marco: toda a Física antes de 1900 é chamada **Clássica**, opondo-se à **Física Moderna**, após a hipótese quântica.

Max Planck.

Exercícios Complementares

63. Você e seu colega efetuam, separadamente, a medida do comprimento da capa do livro de Física, usando, de preferência, instrumentos diferentes (réguas com divisões diferentes). Qual(is) o(s) valor(es) encontrado(s)? Se os valores encontrados forem diferentes, procure identificar pelo menos dois fatores que ocasionaram essa diferença.

64. Nos dias atuais, podemos efetuar a medida de uma grandeza usando instrumentos digitais ou manuais. Qual deles é mais eficiente? Por quê?

65. Em um laboratório de química, um aluno registrou a medida de uma massa, tomada adequadamente, como 20 kg. Em seguida, escreveu-a como 20.000 g. Essa reescrita está correta? Se não, como deveria ser escrita?

66. Para a ciência, qual a importância de se conhecer os algarismos significativos de uma medida?

67. Algumas pessoas usam o valor da aceleração da gravidade como 10 m/s^2 e outras o indicam como sendo 10,0 m/s^2. Existe diferença entre essas duas indicações?

68. Você faz a medida de uma pista e obtém como resultado 2,0 km. Quantos algarismos significativos tem essa medida? Se você quisesse expressar essa medida em metros, qual seria o procedimento correto?

69. (UNESP) O intervalo de tempo de 2,4 minutos equivale, no Sistema Internacional de unidades (SI), a:
a) 24 segundos.
b) 124 segundos.
c) 144 segundos.
d) 160 segundos.
e) 240 segundos.

70. Para descobrir as leis que governam os fenômenos naturais, os cientistas devem realizar medidas das grandezas envolvidas nesses fenômenos. Lorde Kelvin, grande físico inglês do século XIX, salientou a importância da realização de medidas no estudo das ciências por meio das seguintes palavras: "Sempre afirmo que, se você puder medir aquilo de que estiver falando e conseguir expressá-lo em números, você conhece alguma coisa sobre o assunto; mas quando você não pode expressá-lo em números, seu conhecimento é pobre e insatisfatório...".
Julgue a veracidade das afirmações seguintes.
(1) A unidade de comprimento, de acordo com o SI, é o quilômetro (km).
(2) A unidade padrão de tempo, no SI, não admite múltiplos e submúltiplos.
(3) O ano-luz é uma unidade de comprimento que não faz parte do SI, usada para medir distâncias de objetos muito afastados de nós.
(4) A unidade de massa, grama (g), não é unidade padrão, de acordo com o SI.
(5) Denominamos grandeza física algo suscetível de ser comparado e medido.

71. Julgue a veracidade das afirmações seguintes.
(1) Um maratonista parte às 10h37min21s e completa a corrida em 1 h 25 min 56 s. O instante de chegada do maratonista é 12h3min17s.
(2) Uma planta cresce 1,2 cm por dia. Em sete semanas e um dia a planta cresce 60 cm.
(3) Uma máquina produz 10 cm de fita magnética por segundo. Então, no mesmo ritmo de produção, 48.300 m de fita magnética são produzidos em 1 h 20 min 30 s.
(4) Um indivíduo anda 1,0 km a cada 10 min. Então, no mesmo ritmo (com as mesmas passadas), 2,6 km são percorridos em 20 min 12 s.
(5) Um avião que voa 120 km em 10 min é acompanhado em uma tela de radar, na qual cada 100 m de distância são representados por 0,27 cm. Em média, em 1,0 s, o ponto luminoso que mostra o avião move-se na tela 5,40 mm.

72. (ENEM) SEU OLHAR
Gilberto Gil, 1984

Na eternidade
Eu quisera ter
Tantos anos-luz
Quantos fosse preciso
Pra cruzar o túnel
Do tempo do seu olhar

Gilberto Gil usa na letra da música a palavra composta ANOS-LUZ. O sentido prático, em geral, não é obrigatoriamente o mesmo que na ciência. Na Física, um ano-luz é uma medida que relaciona a velocidade da luz e o tempo de um ano e que, portanto, se refere a:
a) tempo.
b) aceleração.
c) distância.
d) velocidade.
e) luminosidade.

73. Algumas vezes não é possível especificar uma medida de maneira precisa, como a duração da vida do homem no planeta ou o intervalo de tempo que a luz leva para atravessar uma vidraça. Nesses casos, costuma-se utilizar a ordem de grandeza, que consiste em procurar a potência de dez mais próxima do valor da medida. Com base nos seus conhecimentos sobre medidas, julgue a veracidade dos itens a seguir.
(1) A ordem de grandeza do número 822 é 10^3.
(2) A ordem de grandeza do número 8×10^{-6} é 10^{-5}.
(3) A população analfabeta no Brasil tem ordem de grandeza de 10^7 habitantes.
(4) Uma medida adequadamente feita e representada em um experimento resultou no registro experimental massa = três toneladas (3 t). Para escrever essa medida no SI, tanto faz escrever m = 3.000 kg como $m = 3 \times 10^3$ kg.
(5) A mortalidade infantil anual no Brasil atinge número da ordem de grandeza de 10^5 crianças.

Exercícios Complementares

74. (PUC) Você está viajando a uma velocidade de 1 km/min. Sua velocidade, em km/h, é:

a) 3.600 b) $\dfrac{1}{60}$ c) 3,6 d) 60 e) $\dfrac{1}{3.600}$

75. (PUC) O volume do tanque de combustível de um Boeing 767 é de 90.000 L. Sabemos que a queima de 1 litro desse combustível de aviação libera 35,0 MJ de energia (um megajoule equivale a um milhão de joules). Por outro lado, a explosão de um quiloton de dinamite (mil toneladas de TNT) libera $4,2 \times 10^{12}$ J de energia. Se o tanque de combustível do Boeing, por um terrível acidente, explodisse, equivaleria a quantos quilotons de TNT?

a) 1,34   c) $7,5 \times 10^2$ e) $1,08 \times 10^7$
b) 0,75   d) $1,34 \times 10^3$

76. (Cesgranrio – RJ) Alguns experimentos realizados por virologistas demonstram que um bacteriófago (vírus que parasita e se multiplica no interior de uma bactéria) é capaz de formar 100 novos vírus em apenas 30 minutos. Se introduzirmos 1.000 bacteriófagos em uma colônia suficientemente grande de bactérias, qual a ordem de grandeza do número de vírus existentes após 2 horas?

a) 10^7 b) 10^8 c) 10^9 d) 10^{10} e) 10^{11}

77. (UFPE) Em um hotel com 200 apartamentos, o consumo médio de água por apartamento é de 100 litros por dia. Qual a ordem de grandeza do volume que deve ter o reservatório do hotel, em metros cúbicos, para abastecer todos os apartamentos durante um dia?

a) 10^1 b) 10^2 c) 10^3 d) 10^4 e) 10^5

78. Para medir grandezas, como comprimento, largura, massa, temperatura, velocidade etc., a Física usa alguns instrumentos. Mas qualquer que seja o instrumento utilizado nas medidas, sempre existem erros, pois, além do algarismo correto (ou algarismos corretos), sempre existe um algarismo duvidoso no número que representa a medida efetuada. No resultado de uma medida devem figurar somente os algarismos corretos e o primeiro algarismo avaliado, sendo denominados algarismos significativos.

Os itens a seguir referem-se à teoria de algarismos significativos. Avalie a sua veracidade.

(1) A altura de uma mesa foi medida com duas trenas diferentes, obtendo-se os resultados de 80,2 cm e 80,17 cm. A medida 80,2 cm é mais precisa.

(2) Na medida 8,03 m há três algarismos significativos.

(3) O volume de uma gota de óleo é da ordem de 0,0301 mL. Nessa medida temos cinco algarismos significativos.

(4) Na medida de massa igual a 7,3 kg ($7,3 \times 10^3$ g) há apenas dois algarismos significativos.

(5) A leitura de uma medida física fornecida por instrumentos digitais pode ser diferente da leitura fornecida por instrumentos não digitais.

79. No corpo humano, encontramos medidas extremamente pequenas e também extremamente grandes. Um adulto possui de 5 a 6 L de sangue, que possuem 25 trilhões de glóbulos vermelhos. Colocados lado a lado, em seus infinitesimais 0,007 mm de diâmetro, esses glóbulos vermelhos formariam uma linha de mais de 160.000 km, capaz de dar quatro voltas na Terra. Através de sua superfície, esses glóbulos vermelhos absorvem e liberam oxigênio. Por serem tão pequenos, vão a toda parte do corpo humano; por serem tão numerosos, cobrem uma área muito maior do que esse corpo.

BARCO, Luiz. A magia dos grandes números. *Superinteressante*. São Paulo, ano 2, n.º 1, 1988. p. 26.

Com base no texto acima, julgue a veracidade das afirmações a seguir.

(1) A medida de comprimento 160.000 km está corretamente expressa em notação científica como $1,6 \times 10^5$ km.

(2) A medida do diâmetro de cada glóbulo vermelho é 7×10^{-3} mm.

(3) Um adulto possui, em média, 5,5 L de sangue, ou seja, $5,5 \times 10^{-3}$ m³ de sangue.

(4) De acordo com o texto, o raio da Terra é de aproximadamente $2,0 \times 10^4$ km.

(5) A medida do raio do glóbulo vermelho é aproximadamente igual a $3,5 \times 10^{-5}$ cm (considere o formato do glóbulo vermelho esférico).

2 Introdução à Cinemática Escalar

2.1. Introdução

Iniciaremos aqui o estudo da **Mecânica**, que é o ramo da Física em que se estuda o movimento.

Estudar o movimento significa, antes de tudo, entender como os objetos se movem. É necessário sabermos descrever, de modo preciso e quantitativo, como esses objetos se deslocam com o passar do tempo. Por exemplo, quando observamos uma pedra que cai, não basta dizer que ela se move cada vez mais rapidamente à medida que se aproxima do solo; é preciso fazer medidas de tempo e de espaço, para especificar onde a pedra se encontra em cada instante, de modo que possamos entender quais são as causas que a fazem mover-se e de que maneira efetivamente se move.

A Mecânica se divide, para efeitos de estudo, em:

- **Cinemática** – parte da Mecânica que descreve os movimentos, sem investigar suas causas;
- **Dinâmica** – parte da Mecânica que propõe modelos para a causa dos movimentos e suas alterações;
- **Estática** – parte da Mecânica em que se estudam os sistemas físicos em equilíbrio.

Neste capítulo, iniciaremos o estudo da **Cinemática**. Procuraremos nos preocupar apenas com os movimentos e as grandezas físicas que podem descrevê-los, como velocidade, espaço percorrido, tempo e aceleração.

2.2. Conceito de Movimento

Quando estudamos um assunto cientificamente, devemos tomar muito cuidado com a escolha do vocabulário utilizado, pois as palavras podem representar conceitos específicos, integrando um jargão (e, portanto, só apresentando um sentido especial, próprio, em meio a determinado grupo de pessoas). No caso da Física, por exemplo, a palavra *movimento* adquire significado mais preciso e restrito do que o geral, usado no dia a dia: *movimento* é sempre um conceito relativo, ou seja, só faz sentido falar em movimento de um corpo em relação a um *referencial*. Veja, por exemplo, o caso de um passageiro sentado em uma poltrona de um ônibus que percorre uma avenida; para um físico, descrevê-lo como em movimento, em relação a um poste na avenida, ou parado, em relação ao motorista do ônibus, são atitudes igualmente plausíveis e úteis.

Velocidade, deslocamento, aceleração. Para o estudo de um objeto em movimento esses conceitos são fundamentais.

As ideias de "em movimento" ou "parado" levam em conta a mudança, ou não, da localização do corpo em relação a um ponto que sirva de referência, com o decorrer do tempo. Assim, um corpo está **em movimento** quando a sua posição, em relação a determinado ponto de referência, varia com o tempo. Por outro lado, se a sua posição relativa não variar com o decorrer do tempo, o objeto encontra-se **em repouso** relativo. *Repouso* e *movimento* são conceitos relativos, isto é, dependem do deslocamento do corpo em relação ao outro corpo que lhe serve de referência. Uma árvore e uma casa estão, em geral, em repouso em relação à Terra, e em movimento em relação ao Sol. Quando um ônibus passa por uma parada, dizemos que ele está em movimento em relação à parada; no entanto, um passageiro que nele viaja poderia afirmar que a parada está em movimento em relação ao ônibus (Figuras 2-1A e 2-1B).

FIGURA 2-1A. Do ponto de vista do observador na parada de ônibus.

FIGURA 2-1B. Do ponto de vista do observador que viaja no ônibus.

2.3. Ponto Material e Referencial

O conceito de movimento que usamos no item anterior depende de outros conceitos ainda não definidos. Uma dificuldade no conceito de movimento é a escolha do corpo que serve de referência. Não há dúvida de que um poste serve de referência para percebermos se um corpo está ou não em movimento em relação a ele. Mas essa é uma avaliação pouco precisa. Não é possível uma descrição matemática do movimento utilizando a distância de um poste como referência. Suponha que alguém afirme que uma pessoa está, em um certo instante, a 20 m de um poste. É impossível, por exemplo, definir a posição de alguém em relação ao poste com essa única informação – existem infinitas possibilidades para essa localização.

Para que se possa estudar adequadamente o movimento, é necessário introduzir dois novos conceitos que se inter-relacionam: *ponto material* e *sistema de referência* ou *referencial*.

Para descrever o movimento, o observador deve definir um *sistema de referência* em relação ao qual o movimento é analisado. Podemos considerar um sistema de referência como um objeto ou conjunto de objetos em repouso em relação ao ponto de vista do observador. Para efetuar as medições de variação da posição de um objeto qualquer em relação a esse referencial, podemos definir um conjunto de eixos de coordenadas associados a ele e, então, faremos as medidas de posição da mesma forma como fazemos na matemática.

Ponto material é um corpo – no seu sentido restrito de porção limitada de matéria – cujas dimensões podem ser desprezadas quando comparadas às demais dimensões envolvidas na situação em estudo, de modo que ele possa ser representado, para todos os efeitos práticos, por um único ponto, no qual se concentraria toda a sua massa (esse ponto é chamado de centro de massa do corpo). Ao longo de nosso estudo de Cinemática e de Dinâmica, salvo em casos nos quais se observe explicitamente o contrário, todos os corpos serão tratados como pontos materiais. O modelo de ponto material (ou de partícula, como às vezes é chamado) é muito útil quando não nos interessam movimentos complexos como os de rotação. Quando as dimensões do corpo interessam, ou não podem ser desconsideradas, ele é chamado **corpo extenso**.

Referencial é o lugar geométrico onde está localizado um observador em relação ao qual um dado fenômeno é estudado (entenda como um local, ou ponto de vista, de onde uma pessoa, uma câmera ou um sensor de qualquer tipo poderia estar acompanhando o desenrolar de um fenômeno ou processo qualquer). Por exemplo, quando o movimento é estudado em relação a um referencial preso à Terra, imaginemos um observador ligado a ela e nos transmitindo as imagens do fenômeno como ele as vê.

> **IMPORTANTE**
>
> Em nosso estudo, definiremos a posição de um corpo sempre em relação a determinado referencial. Conceituaremos movimento, repouso e grandezas como velocidade e aceleração. Na ausência de escolha explícita de um referencial, admite-se um referencial solidário à Terra.

2.4. Trajetória

A ideia de trajetória é aparentemente simples: é o conjunto de sucessivos pontos que um móvel ocupa no decorrer do tempo. Esses pontos (cada um dos quais representa a posição do móvel) são determinados em relação ao referencial adotado. Contudo, a forma da trajetória descrita por um móvel depende desse referencial.

Consideremos, por exemplo, um avião que voa horizontalmente, em linha reta, com velocidade constante. Em determinado instante, um pequeno objeto cai do compartimento de bagagem, localizado acima da cabeça dos passageiros. Um passageiro que, em frente, do outro lado do corredor, observa a queda do objeto, assegura que o viu descrever uma trajetória retilínea e vertical, até tocar o chão. Entretanto, se uma pessoa na superfície da Terra pudesse acompanhar a queda do objeto, enquanto o avião passasse à sua frente, ela veria o objeto descrever uma trajetória curvilínea. No primeiro caso, dizemos que o movimento do objeto estava sendo observado no referencial do avião e, no segundo caso, no referencial da Terra.

2.5. Posição e Deslocamento

Como já foi observado, vamos nos restringir ao estudo dos corpos rígidos de dimensões desprezíveis em relação aos referenciais considerados (modelo de ponto material). Dessa forma, para um dado referencial, será possível definir com precisão a posição do móvel em cada instante e a trajetória por ele descrita, ao longo de um intervalo de tempo.

Inicialmente, o nosso estudo simplificará os movimentos estudados, e nos concentraremos em movimentos em trajetórias retilíneas.

Consideremos um ponto material deslocando-se sobre determinada trajetória retilínea, onde se fixou o eixo s como sistema de referência (veja a Figura 2-2, na qual A, B e C representam três posições particulares). Sobre essa trajetória, indicaremos um sentido e fixaremos, arbitrariamente, a origem 0 (zero) para a medida dos segmentos. A posição de um móvel, em cada instante, é a medida algébrica do segmento orientado que liga a origem 0 ao ponto em que se encontra o móvel.

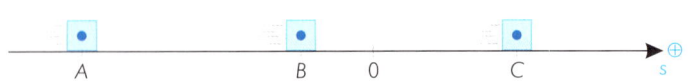

Figura 2-2. Representação do movimento de um ponto material.

Adotaremos s para representar posições, t para representar instantes e o símbolo "0" subscrito designando "inicial": assim, t_0 registra o instante em que iniciamos a cronometragem; a posição ocupada pelo móvel nesse instante, chamada posição inicial, será s_0. Qualquer outra posição em qualquer instante (t) será notada s.

O valor atribuído à posição do móvel não coincide, necessariamente, com o do espaço percorrido pelo móvel até o instante considerado: indica, simplesmente, as coordenadas do ponto em relação à origem do sistema de referência adotado.

Nas rodovias, a principal forma de localização são as placas correspondentes aos marcos quilométricos. Por exemplo, uma placa com a indicação **"km 321"** informa que aquele ponto da rodovia está situado a **321 km** de um ponto adotado como origem, que é chamado **marco zero** da rodovia.

> **ATENÇÃO**
>
> Para facilitar a visualização, representaremos, como é usual, os corpos em estudo como pequenos quadrados, em geral referidos como "blocos". Convém destacar que, rigorosamente, estamos descrevendo o movimento de um ponto que representa o corpo. O quadrado lembra, ainda, que nosso estudo simplificado não considera rotações.

A placa marcando quilômetro 321 indica determinada posição em uma estrada, tomando como referência o início oficial da rodovia (quilômetro 0).

Esquematicamente, usamos uma linha orientada, representando a trajetória, na qual indicamos as posições de interesse, como mostra a Figura 2-3. Observe que, diferentemente do que ocorre em rodovias reais, pode ser do nosso interesse incluir posições negativas. Adotaremos a ponta de seta para designar o sentido em que crescem os valores das posições.

Veja este exemplo, no noticiário:

FIGURA 2-3. Posições (em quilômetros): $s_A = -30$ km, $s_B = -10$ km, $s_C = +20$ km, $s_D = +40$ km, $s_E = +50$ km.

Globo Online (22/2/2004)

(...) O acidente com o ônibus da viação Itapemirim, que ia de Fortaleza para Salvador, ocorreu por volta das 4h deste sábado, no quilômetro 5 da rodovia BR-116. (...)

No intervalo de tempo $\Delta t = t - t_0$, o ponto material passa da posição inicial s_0 à posição s. Essa variação de posições do ponto material nesse intervalo de tempo é denominada **deslocamento** do móvel e notada Δs. (Observe o uso do símbolo Δ: ele significa *variação*, de modo que, sempre que escrevemos ΔX, isso equivale a uma diferença $X - X_0$, entre dois valores extremos de um intervalo.) A medida do deslocamento (Δs) em determinado intervalo de tempo é obtida pela diferença algébrica entre as posições final (s) e inicial (s_0) ocupadas pelo móvel nesse intervalo de tempo.

Veja como tudo isso é utilizado: suponha que um pequeno trecho retilíneo da corrida de um atleta seja representado esquematicamente, como mostra a Figura 2-4. Associa-se uma semirreta orientada s à trajetória, marcando-se, nela, os extremos s_0 e s, ocupados pelo ponto material que representa o atleta, nos instantes t_0 e t, respectivamente.

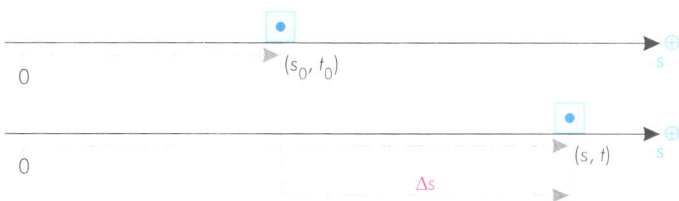

FIGURA 2-4.

> **IMPORTANTE**
>
> No cálculo do deslocamento escalar*, só importam a posição final e a posição inicial; não interessa o modo pelo qual o móvel realizou seu movimento.

Podemos calcular o deslocamento do atleta a partir da medida de sua posição em relação ao ponto de partida (origem). Para cada instante, temos um valor para a posição ocupada pelo móvel. Entre dois instantes quaisquer, o deslocamento do móvel é dado por:

$$\Delta s = s_2 - s_1$$

> Denomina-se *função* qualquer relação de dependência entre duas variáveis,
>
> $$y = f(x),$$
>
> que associa a cada valor do argumento x um único valor da função $f(x)$. Isso pode ser feito especificando, por meio de uma equação, uma relação gráfica entre diagramas representando os dois conjuntos, uma regra de associação ou uma tabela de correspondência. Por simplicidade, chamamos *função horária* qualquer função cujo argumento x é a variável tempo.

Assim, para o que nos interessa aqui, uma *função horária* descreve o comportamento de uma dada grandeza no decorrer do tempo.

2.6. Função Horária das Posições

Será denominada função horária dos espaços toda relação do tipo $s = f(t)$ (que descreve a posição ou o espaço em função do tempo).

É comum, dada uma função horária, fazermos menção ao sistema de unidades para o qual ela é válida, como nos exemplos seguintes:

- $s = 2 + 3t$ (SI)
- $s = 4 - 5t^2$ (CGS)
- $s = 2e^{5t}$ (SI)

> **ATENÇÃO**
>
> CGS é um sistema de unidades de medida que utiliza como base o centímetro para comprimento, o grama para massa e o segundo para tempo. Caiu em desuso com a adoção do SI.

Esse tipo de relação tem a finalidade de fornecer a localização do móvel em sua trajetória em cada instante t.

Tomemos a função $s = 4 - 5t^2$ (CGS) como exemplo e para ela determinemos a posição do móvel nos instantes $t_1 = 2$ s e $t_2 = 4$ s.

$$s_1 = 4 - 5t_1^2 = 4 - 5 \cdot (2)^2 \Rightarrow s_1 = -16 \text{ cm}$$
$$s_2 = 4 - 5t_2^2 = 4 - 5 \cdot (4)^2 \Rightarrow s_2 = -76 \text{ cm}$$

O deslocamento, ou variação de espaço, Δs, no intervalo de tempo considerado, seria:

$$\Delta s = s_2 - s_1 \Rightarrow \Delta s = -76 - (-16) \Rightarrow \Delta s = -60 \text{ cm}$$

Exercícios Propostos

1. Quando você está viajando de automóvel, observa que as árvores da encosta da estrada passam por você em sentido contrário ao movimento descrito pelo automóvel. Quem está em movimento em relação ao seu automóvel: você ou as árvores?

2. O velocímetro de um carro em determinado instante indica a velocidade de 120 km/h.
   Podemos afirmar que esse carro está em movimento? Justifique.

---

* Do latim *escala*, escada, diz-se de qualquer grandeza cujas medidas ficam plenamente descritas com um número real e uma unidade de medida.

Exercícios Propostos

3. Dois carros, A e B, deslocam-se em uma estrada plana e reta, ambos no mesmo sentido. O carro A desenvolve uma velocidade constante de 60 km/h e o carro B, um pouco mais à frente, desenvolve também uma velocidade constante de 60 km/h.

a) A distância entre A e B está variando?
b) Para um observador no carro A, o carro B está em repouso ou em movimento? Justifique.

4. Um ponto material encontra-se na posição 50 m de uma trajetória retilínea. Podemos afirmar que esse ponto material percorreu 50 m? Justifique.

5. O piloto de uma aeronave, que voa horizontalmente e com velocidade escalar constante, em certo instante deixa cair um pacote de alimentos sobre uma ilha. Despreze o efeito do ar. Qual a forma da trajetória descrita pelo pacote:

a) em relação à aeronave?
b) em relação a um ponto fixo na superfície da Terra, abaixo da aeronave?

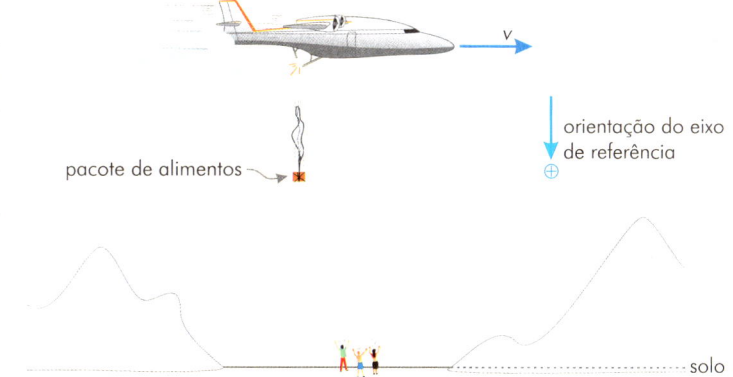

6. Uma pessoa, fazendo sua caminhada diária, percorre uma pista, e a função horária de seu movimento é dada por $s = 500 + 2t$, para s em metros e t em segundos. Determine:

a) o espaço inicial, isto é, a posição da qual a pessoa parte no instante em que inicia a caminhada ($t_0 = 0$);
b) o espaço no instante $t = 250$ s;
c) o instante em que a pessoa atinge a posição 1.200 m;
d) a variação de espaço entre os instantes $t_1 = 100$ s e $t_2 = 200$ s.

2.7. Velocidade Escalar Média

Suponha que, viajando de automóvel, você observe que passa pelo marco "km 150" às 10h, e que, às 12h, está passando pelo "km 290" da mesma rodovia. Você pode ter uma ideia da velocidade média que o motorista imprimiu ao veículo, fazendo o seguinte cálculo:

$$velocidade\ média = \frac{espaço\ percorrido}{tempo\ gasto} = \frac{290 - 150}{12 - 10} = \frac{140\ km}{2\ h} = 70\ km/h$$

O valor obtido da expressão anterior apenas nos dá a ideia da rapidez com que foi feito esse percurso. Em alguns pontos do trecho descrito acima, o veículo pode ter se deslocado com velocidade muito maior ou muito menor que 70 km/h; pode, até mesmo, ter ficado parado durante certo intervalo de tempo. A velocidade média de um móvel pode ser interpretada como o valor da velocidade constante que um segundo móvel deveria manter para fazer o mesmo percurso no mesmo intervalo de tempo que o móvel em estudo.

O exemplo anterior foi apresentado nessa introdução de maneira não muito técnica. A seguir, vamos discutir de maneira mais precisa os termos, conceitos e definições utilizados.

Conceitua-se **deslocamento** como a medida da distância entre duas posições ocupadas pelo corpo em movimento, sobre uma dada trajetória. Essa medida costuma ser obtida entre duas referências, como marcos quilométricos de uma estrada. Veja a Figura 2-5.

FIGURA 2-5. O deslocamento é a distância entre duas posições extremas ocupadas pelo móvel, no intervalo desejado, em dada trajetória.

O conceito de **velocidade escalar** fornece a ideia numérica da rapidez com que o corpo se movimenta (o valor acrescido de uma unidade de medida) e em que orientação ele o faz (indicada pelo sinal). Essa velocidade pode estar relacionada a um intervalo de tempo, quando é denominada velocidade escalar média, ou a um instante – representado por um intervalo de tempo infinitamente pequeno –, quando é então denominada **velocidade escalar instantânea**.

Consideremos um corpo deslocando-se ao longo de uma trajetória, como representa a Figura 2-6.

FIGURA 2-6. $A\ (s_0;\ t_0)$ Δs $B\ (s;\ t)$

Velocidade escalar média (v_m) de um móvel é, por definição, a razão entre o deslocamento escalar (Δs) e o intervalo de tempo (Δt) gasto para percorrê-lo.

Assim, a expressão matemática da **velocidade escalar média** é:

$$v_m = \frac{\Delta s}{\Delta t}$$

> **ATENÇÃO**
> A velocidade escalar média corresponde a uma velocidade a ser mantida constante pelo móvel, durante todo o trajeto, para que ele o percorra no mesmo intervalo de tempo.

O intervalo de tempo (Δt) é a diferença entre o instante inicial t_0 e o instante final t, correspondente ao início e ao fim do percurso, e é representado pela expressão:

$$\Delta t = t - t_0$$

Notemos que, sendo Δt uma grandeza essencialmente positiva, v_m terá, sempre, o mesmo sinal de Δs.

A partir da definição de v_m, podemos estabelecer suas unidades de medida:

Grandeza*	SI	CGS
$[v_m] = \dfrac{[\Delta s]}{[\Delta t]}$	$\dfrac{m}{s}$	$\dfrac{cm}{s}$

> **ATENÇÃO**
> Para fazermos as conversões m/s para km/h e vice-versa, poderemos usar o esquema abaixo:
>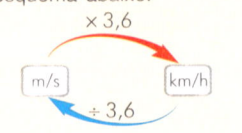

É comum, devido ao uso diário, expressarmos a velocidade em km/h; podemos relacionar essa unidade com a unidade de velocidade do Sistema Internacional, como segue:

$$1\,\frac{km}{h} = \frac{1.000\ m}{3.600\ s} \Rightarrow 1\,\frac{km}{h} = \frac{1}{3,6}\,\frac{m}{s}$$

Ou, ainda,

$$1\,\frac{m}{s} = 3,6\,\frac{km}{h}$$

Exemplos

Veja as transformações a seguir:

$$72\,\frac{km}{h} = \frac{72\ m}{3,6\ s} = 20\,\frac{m}{s}$$

$$108\,\frac{km}{h} = \frac{108\ m}{3,6\ s} = 30\,\frac{m}{s}$$

$$35\,\frac{m}{s} = 35 \cdot 3,6\,\frac{km}{h} = 126\,\frac{km}{h}$$

$$60\,\frac{m}{s} = 60 \cdot 3,6\,\frac{km}{h} = 216\,\frac{km}{h}$$

* A notação [x] é lida "a unidade da grandeza x".

Exercícios Resolvidos

7. Em uma maratona, um atleta percorre uma pista de 43 km em 2 h 40 min. Qual a velocidade escalar média, em m/s, desse atleta no referido percurso?

Resolução:

$\Delta s = 43 \text{ km} = 43.000 \text{ m}$

$\Delta t = 2 \text{ h } 40 \text{ min} = (2 \cdot 3.600) \text{ s} + (40 \cdot 60) \text{ s}$

$\Delta t = 7.200 \text{ s} + 2.400 \text{ s} = 9.600 \text{ s}$

$v_m = \dfrac{\Delta s}{\Delta t} = \dfrac{43.000}{9.600} \cong 4,48 \text{ m/s}$

8. Um automóvel percorre 30 km. Na primeira metade desse percurso, sua velocidade escalar média é de 75 km/h e, na segunda metade, é o dobro da sua velocidade escalar média durante a primeira metade. Qual a velocidade escalar média, em km/h, do automóvel ao realizar esse percurso de 30 km?

Resolução:

Veja o esquema:

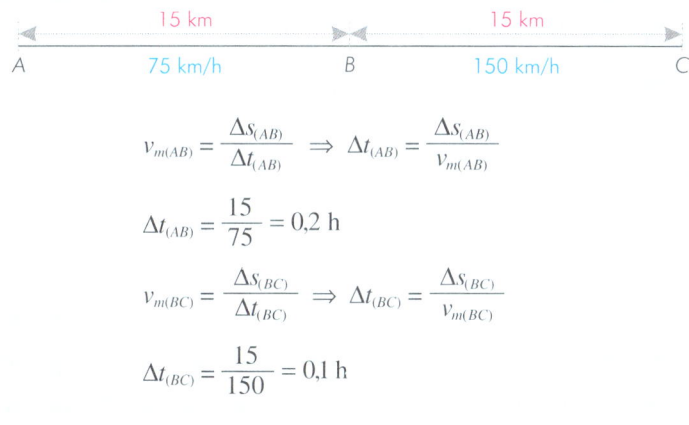

$v_{m(AB)} = \dfrac{\Delta s_{(AB)}}{\Delta t_{(AB)}} \Rightarrow \Delta t_{(AB)} = \dfrac{\Delta s_{(AB)}}{v_{m(AB)}}$

$\Delta t_{(AB)} = \dfrac{15}{75} = 0,2 \text{ h}$

$v_{m(BC)} = \dfrac{\Delta s_{(BC)}}{\Delta t_{(BC)}} \Rightarrow \Delta t_{(BC)} = \dfrac{\Delta s_{(BC)}}{v_{m(BC)}}$

$\Delta t_{(BC)} = \dfrac{15}{150} = 0,1 \text{ h}$

(I) $\Delta t_{AC} = \Delta t_{AB} + \Delta t_{BC} = 0,2 + 0,1 = 0,3 \text{ h}$

(II) $\Delta s_{AC} = 30 \text{ km}$

(III) $v_{m(AC)} = \dfrac{\Delta s_{AC}}{\Delta t_{AC}} \Rightarrow v_{m(AC)} = \dfrac{30}{0,3} = 100 \text{ km/h}$

2.8. Velocidade Instantânea

Consideremos que um móvel descreva certa trajetória, com velocidade variável, e que queiramos saber a sua velocidade no instante em que ele estiver passando por determinada posição. Para determinarmos o valor dessa velocidade, deveremos tomar dois pontos infinitamente próximos, ou seja, deveremos considerar Δs e Δt infinitamente pequenos, mas não nulos.

Consideremos o deslocamento do automóvel que transporta você no percurso da sua casa à escola, e que a realização desse percurso seja feita com uma velocidade muito variável. Se dividirmos o comprimento total do trajeto descrito pelo automóvel pelo intervalo de tempo gasto, encontraremos a velocidade média determinada para o percurso; se olharmos para o velocímetro, teremos ali registrada, a cada instante, muito aproximadamente, a velocidade "real", ou seja, a **velocidade escalar instantânea**.

O velocímetro indica a velocidade com que o móvel se desloca em determinado instante.

O conceito de **velocidade escalar instantânea** é, de certa forma, uma idealização matemática, pois o cálculo da velocidade é sempre feito pelo deslocamento entre dois instantes; no caso da velocidade instantânea, esses dois instantes são tão próximos que praticamente coincidem, e nos permitem falar na velocidade em certo instante. Dessa forma, sempre poderemos obter valores aproximados, que serão tanto melhores quanto menor for o intervalo de tempo que os aparelhos e técnicas que utilizamos nos permitirem medir.

Exercícios Propostos

9. Um carro, ao percorrer 400 km, mantém a média de 100 km/h nos primeiros 250 km e de 60 km/h nos outros 150 km. Calcule, em km/h, a velocidade escalar média desse carro no percurso total.

10. Um senhor sai de sua casa, às 7h da manhã, para um compromisso marcado para as 9h, em uma cidade situada a 200 km de sua casa. Após percorrer 120 km, chega a um restaurante às 8h15min e para para tomar café. No restaurante, encontra um velho amigo com quem conversa muito e se assusta ao perceber que já são 8h30min. Com que velocidade média, em km/h, esse senhor deverá fazer o percurso restante para chegar no horário previsto?

11. O gráfico a seguir representa o movimento de uma partícula que se desloca ao longo de uma trajetória retilínea. Com base nos dados fornecidos por esse gráfico, julgue as afirmações seguintes.

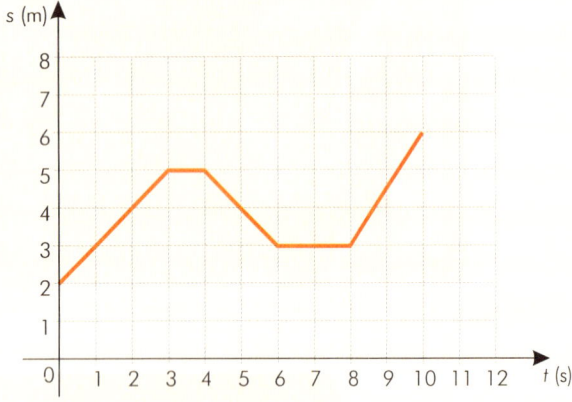

(1) A velocidade escalar média da partícula entre os instantes $t_1 = 4$ s e $t_2 = 6$ s é de -1 m/s.

(2) O módulo do deslocamento da partícula entre os instantes $t_1 = 4$ s e $t_2 = 10$ s é de 1 m.

(3) A distância total percorrida por essa partícula desde o instante $t_1 = 0$ até $t_2 = 10$ s vale 8 m.

(4) Entre os instantes $t_1 = 3$ s e $t_2 = 4$ s, a partícula tem velocidade escalar média nula.

12. A posição (s) e a velocidade (v) de uma partícula que se move ao longo do eixo s são dadas, em função do tempo (t), pelas equações: $s = 2 + 3t^2 + 4t^3$ e $v = 6t + 12t^2$, em unidades do SI. Considerando esses dados, julgue a veracidade das afirmações seguintes.

(1) O deslocamento escalar da partícula entre os instantes $t_1 = 0$ e $t_2 = 2$ s é 44 m.

(2) A velocidade escalar média da partícula entre os instantes $t_1 = 1$ s e $t_2 = 3$ s é 64 m/s.

(3) A velocidade escalar instantânea da partícula em $t = 2$ s é igual a 60 m/s.

(4) Entre os instantes $t_1 = 0$ e $t_2 = 2$ s, a velocidade escalar da partícula está diminuindo.

13. Uma moto se desloca de um ponto A até um ponto B de uma estrada com velocidade escalar média $v_1 = 50$ km/h. A seguir, desloca-se do ponto B até o ponto C com velocidade escalar média $v_2 = 70$ km/h. Sabendo que os dois trechos são percorridos no mesmo intervalo de tempo, determine a velocidade escalar média da moto no percurso de A até C.

2.9. Aceleração Escalar Média

Na maioria dos exemplos da vida cotidiana, a velocidade de um móvel varia em intensidade e/ou direção. Diz-se, então, que o corpo possui aceleração. Como exemplo, podemos considerar um automóvel, cujo velocímetro esteja indicando, em certo instante, uma velocidade de 50 km/h. Se, após 1 s, a indicação do velocímetro passar para 60 km/h, poderemos dizer que a velocidade do carro variou de 10 km/h em 1 s, ou, em outras palavras, o carro sofreu uma aceleração. O conceito de aceleração está sempre relacionado com mudança na velocidade.

Para definirmos matematicamente a aceleração, consideremos um móvel descrevendo uma trajetória retilínea tal que, no instante t_0, sua velocidade seja v_0 e, no instante t, sua velocidade seja v. Nesses termos, define-se **aceleração escalar média** (a_m) no trecho em consideração como a razão entre a variação de velocidade escalar sofrida pelo móvel (Δv) e o respectivo intervalo de tempo (Δt).

Assim, a expressão matemática da **aceleração escalar média** é:

$$a_m = \frac{\Delta v}{\Delta t} = \frac{v - v_0}{t - t_0}$$

Sendo Δt uma grandeza essencialmente positiva, a_m terá, sempre, o mesmo sinal de Δv. Como unidades de medida de aceleração, teremos:

Grandeza	SI	CGS
$[a_m] = \dfrac{[\Delta v]}{[\Delta t]}$	$\dfrac{m}{s^2} = m \cdot s^{-2}$	$\dfrac{cm}{s^2} = cm \cdot s^{-2}$

Dizer que um móvel tem aceleração de 10 m/s², por exemplo, equivale a dizer que, a cada segundo, a velocidade desse móvel varia 10 m/s.

Quando um ponto material está se deslocando de tal maneira que sua aceleração média, medida em diferentes intervalos de tempo, não se mantém constante, dizemos que o ponto material possui aceleração variável. A aceleração do ponto material pode variar em módulo e/ou direção. Nesse caso, precisamos determinar a sua aceleração em cada instante, denominada **aceleração escalar instantânea**. A diferença entre aceleração média e instantânea é análoga à que existe entre velocidade média e velocidade instantânea.

Exercícios Resolvidos

14. Qual a aceleração escalar média, em m/s², de um veículo que consegue variar sua velocidade de 0 a 100 km/h em um intervalo de tempo de 2,5 s?

Resolução:
$\Delta v = v - v_0 = 100 - 0 = 100$ km/h $\div 3,6 \cong 27,8$ m/s
$\Delta t = 2,5$ s
$a_m = ?$

$a_m = \dfrac{\Delta v}{\Delta t} \Rightarrow a_m = \dfrac{27,8}{2,5} \Rightarrow a_m \cong 11,1$ m/s²

15. Em uma pista muito longa e reta um veículo que se deslocava a 36 km/h começou a acelerar, atingindo a velocidade de 180 km/h. Para isso, é necessário que sua aceleração escalar média tenha módulo igual a 5,0 m/s². Calcule, em segundos, o intervalo de tempo necessário para que o veículo consiga essa variação de velocidade com essa aceleração escalar média.

Resolução:
$\Delta v = v - v_0 = 180 - 36 = 144$ km/h $\div 3,6 = 40$ m/s
$a_m = 5,0$ m/s²
$\Delta t = ?$

$a_m = \dfrac{\Delta v}{\Delta t} \Rightarrow 5,0 = \dfrac{40}{\Delta t}$

$\therefore \Delta t = 8,0$ s

2.10. Classificações Usuais dos Movimentos

2.10.1. Quanto ao sentido

Movimento progressivo

Quando um corpo se desloca em determinada trajetória, o movimento pode concordar ou não com a orientação dada à trajetória. Assim, um móvel que se desloque ao longo da trajetória, no sentido crescente dos valores associados às posições, apresentará velocidade positiva. Nesse caso, denominamos o movimento descrito pelo móvel como sendo **progressivo** (o nome significa que as posições progridem, crescem em valor, com o passar do tempo). Veja a Figura 2-7.

Figura 2-7. Movimento progressivo.

Movimento retrógrado (ou regressivo)

FIGURA 2-8. Movimento regressivo.

Se o móvel estiver se deslocando no sentido decrescente da indicação dos marcos da trajetória, dizemos que ele está se movendo no sentido negativo da trajetória, e, consequentemente, sua velocidade é negativa; o movimento descrito pelo móvel é dito **retrógrado** ou **regressivo**. Veja a Figura 2-8.

2.10.2. Quanto à relação entre velocidade e aceleração

Um movimento muito particular é aquele em que, em todos os instantes, a velocidade escalar do móvel apresenta o mesmo valor absoluto: ele é denominado **movimento uniforme**. Um movimento no qual os valores da velocidade escalar instantânea variam, no decorrer do tempo, é chamado movimento **variado**, classificação usualmente subdividida em **acelerado** e **retardado**.

Movimento acelerado

Um movimento é dito **acelerado** quando o valor absoluto da velocidade instantânea aumenta com o passar do tempo. Verificamos que, nesse caso, a velocidade escalar v e a aceleração escalar a têm o mesmo sinal. Tenha cuidado para não confundir essa classificação com a anterior, que usa outro critério. Veja, por exemplo, as duas situações esquematizadas a seguir.

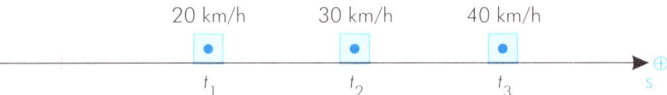

FIGURA 2-9. Situação I.

- O movimento descrito pelo ponto material da Figura 2-9 é **acelerado**, pois o valor absoluto de sua velocidade instantânea aumenta com o passar do tempo (os instantes representados são tais que $t_3 > t_2 > t_1$, mas, por simplicidade, as três posições foram representadas superpostas).
- O movimento descrito pelo ponto material também é **progressivo**, pois ele se desloca no mesmo sentido escolhido para a orientação da trajetória.

FIGURA 2-10. Situação II.

- O movimento descrito pelo ponto material da Figura 2-10 é **acelerado** (o valor absoluto de sua velocidade instantânea aumenta com o passar do tempo).
- O movimento descrito pelo ponto material também é **retrógrado**, pois ele se desloca no sentido oposto ao adotado para a trajetória.

Analisando os exemplos citados, podemos concluir que, se $v > 0$ (**movimento progressivo**) e crescente, então $\Delta v > 0$ e, consequentemente, $a > 0$; analogamente, $v < 0$ (**movimento retrógrado**) e decrescente implica $\Delta v < 0$ e, consequentemente, $a < 0$. Podemos concluir que, se v e a têm **mesmo sinal**, o movimento é **acelerado**.

Movimento retardado

Um movimento é dito **retardado** quando o valor absoluto da velocidade instantânea diminui com o passar do tempo. Vejamos duas situações particulares a seguir, análogas às estudadas no tópico anterior, e as conclusões a que chegamos.

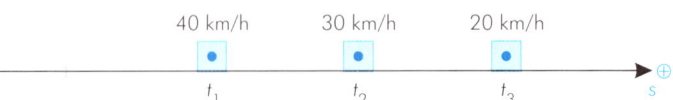

FIGURA 2-11. Situação I.

- O movimento descrito pelo ponto material da Figura 2-11 é **retardado**, pois o valor absoluto de sua velocidade instantânea diminui com o passar do tempo.
- O movimento descrito pelo ponto material também é **progressivo**, pois ele se desloca no mesmo sentido orientado da trajetória.

- O movimento descrito pelo ponto material da Figura 2-12 é **retardado**, pois o valor absoluto de sua velocidade instantânea diminui com o passar do tempo.
- O movimento descrito pelo ponto material também é **retrógrado**, pois ele se desloca no sentido oposto ao da trajetória.

O estudo dos movimentos descritos permite concluir que se o movimento for progressivo, com velocidade escalar positiva e decrescente, então $\Delta v < 0$ e, consequentemente, $a < 0$; se o movimento for retrógrado, com velocidade escalar negativa e crescente, então $\Delta v > 0$ e, consequentemente, $a > 0$. Em resumo: se **v** e **a** têm **sinais diferentes**, o movimento é **retardado**.

Para exemplificar as ideias apresentadas, considere as tabelas velocidade *versus* tempo apresentadas ao lado. Em cada uma delas utilizaremos um valor de aceleração escalar constante, a fim de simplificar a discussão.

A julgar apenas pelos dados apresentados, a Tabela 2-1 refere-se a um movimento estritamente progressivo, uma vez que as velocidades apresentadas são todas positivas; já a Tabela 2-2 mostra-nos um movimento retrógrado, pois $v < 0$. Mas, em ambos os casos, temos movimentos acelerados, pois o valor absoluto da velocidade aumenta no decorrer do tempo.

Podemos ainda determinar o valor da aceleração nos dois casos:

Tabela 2-1: $a_1 = \dfrac{\Delta v}{\Delta t} = \dfrac{30 - 10}{6 - 2} \Rightarrow a_1 = +5 \text{ m/s}^2$

Tabela 2-2: $a_2 = \dfrac{\Delta v}{\Delta t} = \dfrac{-18 - (-6)}{6 - 0} \Rightarrow a_2 = -2 \text{ m/s}^2$

Voltando à análise dos movimentos, percebemos que a Tabela 2-1 nos apresenta um movimento no qual $v > 0$, ou seja, o movimento é progressivo e, como **v** e **a** têm sinais iguais, o movimento é acelerado.

A Tabela 2-2 mostra-nos que $v < 0$, ou seja, o movimento é retrógrado e, mais ainda, como **v** e **a** têm mesmo sinal, o movimento é acelerado.

Vejamos mais dois outros movimentos particulares. De acordo com a Tabela 2-3, observamos que $v > 0$, ou seja, o movimento é progressivo; o movimento correspondente à Tabela 2-4 é retrógrado, pois $v < 0$. Repare ainda que, de acordo com a Tabela 2-3, o módulo da velocidade diminui no decorrer do tempo; esse movimento será, então, retardado, o mesmo ocorrendo com o movimento representado pela Tabela 2-4.

FIGURA 2-12. Situação II.

TABELA 2-1.

v (m/s)	t(s)
10	2
20	4
30	6

TABELA 2-2.

v (m/s)	t(s)
−6	0
−12	3
−18	6

TABELA 2-3.

v (m/s)	t(s)
20	2
16	4
12	6

TABELA 2-4.

v (m/s)	t(s)
−15	1
−12	4
−9	7

Exercício Resolvido

16. Um ponto material desloca-se em linha reta com velocidades que obedecem à seguinte função horária: $v = 15 + 2t$, com aceleração escalar constante de 2 m/s^2, em unidades SI. Pede-se:

a) A velocidade do ponto material no instante $t = 4$ s.

b) No instante $t_0 = 0$, o movimento do ponto material é progressivo ou retrógrado? Acelerado ou retardado?

c) O instante em que o ponto material atinge a velocidade de 25 m/s.

RESOLUÇÃO:

a) Substituindo $t = 4$ s na função $v = 15 + 2t$, temos:
$v = 15 + 2 \cdot (4) \Rightarrow v = 15 + 8 \Rightarrow v = 23 \text{ m/s}$

b) No instante $t_0 = 0$, a velocidade escalar do ponto material é: $v = 15 + 2 \cdot (0) \Rightarrow v = 15 \text{ m/s}$, portanto, $v > 0$; então, o movimento descrito por ele, nesse instante, é progressivo, e como v e a têm mesmo sinal, esse movimento também é acelerado.

c) Substituindo $v = 25$ m/s na função $v = 15 + 2t$, temos:
$25 = 15 + 2t \Rightarrow 2t = 25 - 15 \Rightarrow 2t = 10 \Rightarrow t = 5 \text{ s}$

Exercícios Propostos

17. Em uma pista muito longa e reta, um veículo que se deslocava a 36 km/h começou a acelerar, atingindo a velocidade de 180 km/h em apenas 8,0 s.

Calcule a aceleração escalar média desse veículo, em m/s².

Exercícios Propostos

18. Um carro está viajando ao longo de uma estrada, com velocidade escalar de 90 km/h. Ao observar à sua frente um congestionamento de trânsito, o motorista aciona os freios do veículo e reduz sua velocidade escalar para 54 km/h em 4,0 s. Qual a aceleração escalar média do veículo durante a freada, em m/s²?

19. Um ponto material movimenta-se obedecendo à seguinte função horária da velocidade: $v = 10 - 4{,}0t$, com as variáveis v e t em unidades SI e com aceleração escalar constante de $-4{,}0$ m/s².

a) Qual a velocidade do ponto material no instante 2,0 s?

b) Classifique o movimento em progressivo ou retrógrado e em acelerado ou retardado no instante 2,0 s.

20. Um ponto material em movimento retilíneo tem a velocidade escalar dada por $v = -10t + 5t^2$, com t em segundos e v em metros por segundo. A aceleração escalar média do ponto material entre os instantes $t_1 = 1{,}0$ s e $t_2 = 2{,}0$ s é:

a) 15 m/s²   b) −15 m/s²   c) 5 m/s²   d) −5 m/s²   e) zero

Exercícios Complementares

21. Você saiu de sua casa e deslocou-se até a esquina, onde há uma panificadora, sempre em linha reta, percorrendo 200 m. Retornou a sua casa seguindo a mesma trajetória. Qual o seu deslocamento escalar, em metros, no percurso total descrito por você? E o espaço total percorrido?

22. Em determinado percurso, um automóvel desenvolveu uma velocidade escalar constante de 72 km/h na primeira metade e de 90 km/h na segunda metade, andando sempre no mesmo sentido. Determine a velocidade escalar média, em km/h, desse automóvel em todo o percurso.

23. Durante um teste de desempenho de um novo modelo de automóvel, o piloto percorreu os primeiros dois terços da rodovia na velocidade escalar média de 120 km/h e o restante a 150 km/h. Qual a velocidade escalar média, em km/h, desenvolvida pelo automóvel durante o teste completo?

24. Nas barreiras eletrônicas de Brasília, a velocidade máxima permitida é de 50 km/h. Trafegando pelo eixo sul, um motorista viu-se obrigado a reduzir a velocidade de 80 km/h para 50 km/h em apenas 10 s. Determine a aceleração escalar média desse veículo em $\frac{km/h}{s}$.

25. Um rapaz dirige uma moto a uma velocidade de 72 km/h, quando aciona os freios e para em $\frac{1}{2}$ min. Calcule, em unidades SI, a aceleração escalar média da moto no intervalo de tempo citado.

26. O caderno "Veículos" do *Correio Braziliense* divulgou dados referentes a um teste comparativo entre o Fiat Palio 1.6 e o Corsa GLS 1.6. A tabela abaixo mostra alguns dados obtidos no teste.

nome/modelo do veículo	0 a 100 km/h em	40 km/h a 100 km/h em
Palio 1.6	11,2 s	19,8 s
Corsa GLS 1.6	13 s	29,4 s

Com base nos dados fornecidos pela tabela, determine:

a) a aceleração escalar média de cada veículo, em m/s², para arrancar de 0 a 100 km/h;

b) a aceleração escalar média de cada veículo, em m/s², na retomada da velocidade de 40 km/h para 100 km/h.

27. (UFPE) O gráfico abaixo descreve o movimento retilíneo de um ponto material, em que v (m/s) são suas velocidades e t (s), os instantes correspondentes.

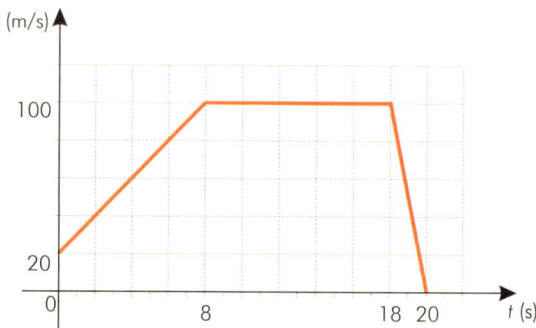

Com base nos dados fornecidos pelo diagrama acima, responda às questões (I) e (II) a seguir.

(I) A velocidade escalar média do ponto material nos 20 s de movimento é:

a) 79 m/s
b) 100 m/s
c) 50 m/s
d) 25 m/s
e) 60 m/s

(II) O movimento descrito pelo ponto material no intervalo de tempo $0 < t < 20$ s é:

a) sempre acelerado.
b) sempre progressivo.
c) em alguns trechos é retardado.
d) nulo em algum trecho.
e) é sempre retardado.

28. O gráfico a seguir representa a velocidade em função do tempo para uma partícula em movimento retilíneo.

Exercícios Complementares

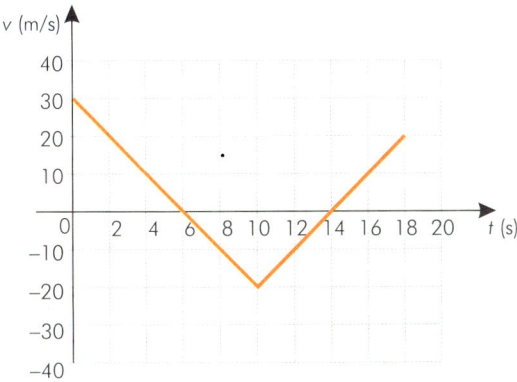

Com base nesse gráfico, julgue a veracidade das afirmações seguintes.

(1) No instante $t_1 = 6$ s, a velocidade escalar da partícula é nula.
(2) No intervalo entre $t_1 = 2$ s e $t_2 = 4$ s, a velocidade escalar da partícula é negativa.
(3) No intervalo entre $t_1 = 0$ e $t_2 = 6$ s, a aceleração escalar da partícula vale -5 m/s^2.
(4) Entre $t_1 = 12$ s e $t_2 = 14$ s, a aceleração escalar da partícula é positiva.
(5) O deslocamento escalar da partícula no intervalo entre $t_1 = 0$ e $t_2 = 6$ s vale 45 m.
(6) O valor da velocidade escalar da partícula no instante $t = 4$ s não volta a se repetir em nenhum instante posterior.

29. (UnB – DF) Julgue os itens a seguir.

(1) Um vigia, acompanhando um jogo de futebol em seu rádio, ouviu uma interferência (chiado), que julgou ser devida a um relâmpago. A confirmação veio 2 segundos mais tarde, quando se assustou com um forte trovão. Pode, então, concluir-se que o raio "caiu" a pouco mais de 660 metros (m) do vigia. Considere o módulo da velocidade de propagação do som no ar igual a 330 m/s.
(2) Um ônibus parte de Brasília às 18h com destino a São Paulo, onde chega às 5h30min do dia seguinte. Sabendo-se que o ônibus fez três paradas de trinta minutos cada uma, durante a viagem, pode dizer-se que sua velocidade escalar média, contando apenas os trechos em que ele estava em movimento, foi de 80 km/h. Considere a distância Brasília–São Paulo igual a 1.000 km.
(3) Um avião, em uma pista de decolagem, atinge a velocidade de 360 km/h em 25 segundos. Um cavalo de corrida, em um hipódromo, atinge a velocidade de 16 m/s em 4 segundos. Supondo que ambos partam do repouso, conclui-se que ambos têm a mesma aceleração média em seus respectivos tempos de aceleração.
(4) Suponha que a velocidade média da Tartaruga seja 20 cm/s e a de Aquiles, 4 m/s. Com essas velocidades, Aquiles perdeu uma corrida contra a Tartaruga, em um percurso de 100 metros de comprimento, por ter permitido que ela partisse 8 minutos antes dele.
(5) Um avião decola de Brasília com destino a Porto Alegre. Após 1 h 45 min de voo, o piloto, que esperava estar sobrevoando o Estado de Santa Catarina, descobre estar ainda no espaço aéreo do Paraná, a 1.505 km de Brasília. Sabendo-se que a velocidade de cruzeiro (velocidade em relação ao ar) desse avião é de 900 km/h, o piloto conclui que enfrentou um vento contrário, cuja velocidade média foi de 40 km/h.

30. Encontramos, em uma pesquisa realizada por determinada revista científica, os seguintes dados: uma lesma desloca-se com velocidade média de 1,5 mm/s, o bicho-preguiça com velocidade de 2 m/min no solo, enquanto o guepardo, um dos animais mais velozes, atinge velocidades superiores a 30 m/s. A velocidade média de uma pessoa em passo normal é de aproximadamente 1,5 m/s. Já os atletas olímpicos nas provas de 100 m rasos desenvolvem velocidades médias de 36 km/h. O módulo da velocidade de propagação do som no ar é de 340 m/s. Os aviões supersônicos superam os 2.000 km/h em voos comerciais. Com base nos dados fornecidos pelo enunciado, julgue a veracidade das afirmações seguintes.

(1) Um atleta olímpico em uma prova de 100 m rasos atinge uma velocidade média sete vezes maior do que a velocidade média de uma pessoa em passo normal.
(2) Considere um automóvel trafegando em uma estrada com uma velocidade média de 100 km/h. Podemos afirmar que esse automóvel poderia ser ultrapassado por um guepardo.
(3) Os aviões supersônicos recebem essa denominação porque, mesmo em voos comerciais, eles atingem velocidades médias superiores à velocidade do som no ar.
(4) Um avião vai de São Paulo a Recife em 1 h 30 min. A distância entre essas cidades é de aproximadamente 3.000 km. Podemos afirmar que esse avião é supersônico.

31. Para multar motoristas com velocidade superior a 90 km/h, um guarda rodoviário, munido de binóculo e cronômetro, aciona o cronômetro quando avista o automóvel passando pelo marco A e faz a leitura no cronômetro quando vê o veículo passar pelo marco B, situado a 1.500 m de A. Um motorista passa por A a 144 km/h e mantém essa velocidade durante 10 segundos, quando percebe a presença do guarda. Que velocidade média, em km/h, deverá manter em seguida, para não ser multado?

32. Um carro, movendo-se em trajetória retilínea com velocidade escalar constante de 34 m/s, passa por um observador, em repouso em relação ao solo. Após 5,5 s, o observador ouve o som do impacto do carro contra um obstáculo. Considerando que a velocidade de propagação do som no ar é constante e de módulo igual a 340 m/s, determine, em metros, a que distância do observador se encontra o obstáculo.

3. Estudo dos Movimentos

3.1. Movimento Retilíneo Uniforme

3.1.1. Introdução

O movimento retilíneo e uniforme é o movimento mais simples que se pode estudar, resumindo-se ao estudo da variação da posição de um ponto material no decorrer do tempo. Embora movimentos em trajetórias retilíneas longas sejam difíceis de se encontrar no cotidiano, bem como móveis que apresentam velocidade constante durante um tempo considerável, muitos movimentos complexos podem ser fracionados, para estudo, em pequenos trechos retilíneos com velocidades constantes.

Muitas vezes, quando estamos viajando, observamos que o velocímetro do carro (indicador de velocidade) registra, durante determinado intervalo de tempo, sempre o mesmo valor para a velocidade. Quando isso acontece, dizemos que o carro realiza um **Movimento Uniforme** (a palavra "uniforme" indica que o *valor* da velocidade permanece constante).

Como exemplo, suponhamos um automóvel movendo-se com seu velocímetro indicando, durante todo o tempo em que foi observado, uma velocidade de 80 km/h. Lendo essa informação como "80 km em cada hora", você pode escrever que:

- em 1,0 h, o carro percorrerá 80 km;
- em 2,0 h, o carro percorrerá 160 km;
- em 3,0 h, o carro percorrerá 240 km;
- em 4,0 h, o carro percorrerá 320 km etc.

Então, acrescentando a exigência de que a trajetória se mantenha retilínea, definimos **Movimento Retilíneo Uniforme** (MRU) como sendo o movimento que apresenta as seguintes propriedades:

- o móvel percorre espaços iguais em intervalos de tempo iguais. Isto é, o deslocamento escalar (Δs) do móvel é proporcional ao intervalo de tempo (Δt) correspondente (Figura 3-1);

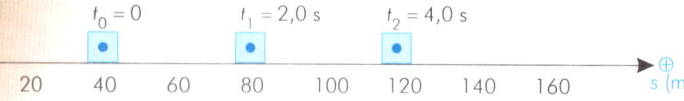

FIGURA 3-1. A figura representa um móvel em movimento uniforme. A cada intervalo de tempo igual a 2,0 s, o móvel percorre 40 m.

Em uma corrida, enquanto os atletas se deslocam em linha reta com velocidade constante, eles estão realizando um Movimento Retilíneo Uniforme.

- a velocidade escalar do móvel é constante e não nula;
- a sua aceleração escalar é nula, pois o módulo da velocidade escalar não varia ao longo do tempo;
- a velocidade escalar instantânea (v) do móvel é igual a sua velocidade escalar média (v_m) em qualquer intervalo de tempo.

3.1.2. Função horária das posições: $s = f(t)$

Suponha que um corpo, considerado como ponto material, esteja em movimento em relação a certo referencial. À medida que o tempo transcorre, a posição desse ponto material varia para um referencial adotado. A função que relaciona as posições (s) aos correspondentes instantes (t) recebe o nome **função horária das posições**.

Consideremos um ponto material deslocando-se ao longo de uma trajetória retilínea com velocidade escalar constante. Para estabelecer a função da posição do ponto material em MRU, em relação ao tempo, é necessário, inicialmente, estabelecer adequadamente o sistema de referência (Figura 3-2).

Figura 3-2. Referencial para estudo do MRU: a origem 0; a posição inicial s_0 no instante $t_0 = 0$; a velocidade v; a posição s no instante t.

Nesse sistema de referência estão fixadas a origem 0 e a posição inicial s_0, medida no instante $t_0 = 0$, a partir dessa origem. Estão representados também o valor algébrico da velocidade v e a posição s do ponto material no instante t.

Com base na definição de velocidade escalar média, escrevemos:

$$v_m = \frac{\Delta s}{\Delta t} \Rightarrow v_m = \frac{s - s_0}{t - t_0}$$

Adotando, por simplicidade, $t_0 = 0$ (o que equivale a ligar o cronômetro no início do percurso), como a velocidade escalar média (v_m) é, por hipótese, igual à velocidade escalar instantânea (v), podemos escrever:

$$v = \frac{s - s_0}{t} \Rightarrow v \cdot t = s - s_0 \Rightarrow s = s_0 + v \cdot t$$

$$\boxed{s = s_0 + v \cdot t}$$

Função horária das posições em um Movimento Uniforme.

Essa é a função da posição ocupada por um móvel em relação ao tempo no MU. Ela permite obter a posição s (variável dependente) do ponto material para cada instante t (variável independente). Os termos v e s_0 são constantes.

Vejamos, como exemplo, a função horária $s = -20 + 4t$, para as posições medidas em metros (m) e os instantes t em segundos (s); note que, para $t_0 = 0$, temos $s_0 = -20$ m; para $t_1 = 1,0$ s, temos $s_1 = -16$ m; para $t_2 = 2,0$ s, temos $s_2 = -12$ m etc. Portanto, conhecendo-se a função horária da posição de um móvel, podemos determinar a sua posição em cada instante.

Um corpo em MRU terá sua posição dada pela função horária $s = s_0 + v \cdot t$.

Exercício Resolvido

1. Dadas as funções horárias a seguir, determine, em unidades SI, a posição inicial e a velocidade escalar dos móveis no instante $t_0 = 0$. Qual o tipo de movimento descrito por cada um dos móveis?

a) $s_1 = 10 + 4t$
b) $s_2 = -20 + 2,5t$
c) $s_3 = 4,0 - 2t$
d) $s_4 = -6 + 1,5t$
e) $s_5 = -8 - 5t$

Resolução:
Comparando cada função dada com a função
$$s = s_0 + v \cdot t,$$
temos que:

a) $s_0 = 10$ m e $v = 4$ m/s ($v > 0$, movimento progressivo)
b) $s_0 = -20$ m e $v = 2,5$ m/s ($v > 0$, movimento progressivo)
c) $s_0 = 4,0$ m e $v = -2$ m/s ($v < 0$, movimento retrógrado)
d) $s_0 = -6$ m e $v = 1,5$ m/s ($v > 0$, movimento progressivo)
e) $s_0 = -8$ m e $v = -5$ m/s ($v < 0$, movimento retrógrado)

3.1.3. Diagramas horários do movimento retilíneo uniforme

O estudo de um movimento pode também ser feito por meio dos diagramas correspondentes às funções que o descrevem.

As funções permitem um tratamento algébrico mais condensado e os diagramas permitem a melhor visualização da forma como variam as grandezas que descrevem o movimento.

Diagrama posição *versus* tempo (s × t)

Para um movimento uniforme, a função horária das posições é linear (ou do 1.º grau na variável *t*), o que significa que, no diagrama posição *versus* tempo, o gráfico que representa o movimento de um ponto material é um segmento de reta inclinada; é crescente, se o movimento descrito pelo ponto material for *progressivo* ($v > 0$), e é decrescente, se o movimento descrito por ele for *retrógrado* ($v < 0$). Veja a Figura 3-3.

> **IMPORTANTE**
> $s_0 \stackrel{N}{=}$ coeficiente linear da reta
> $v \stackrel{N}{=}$ coeficiente angular da reta

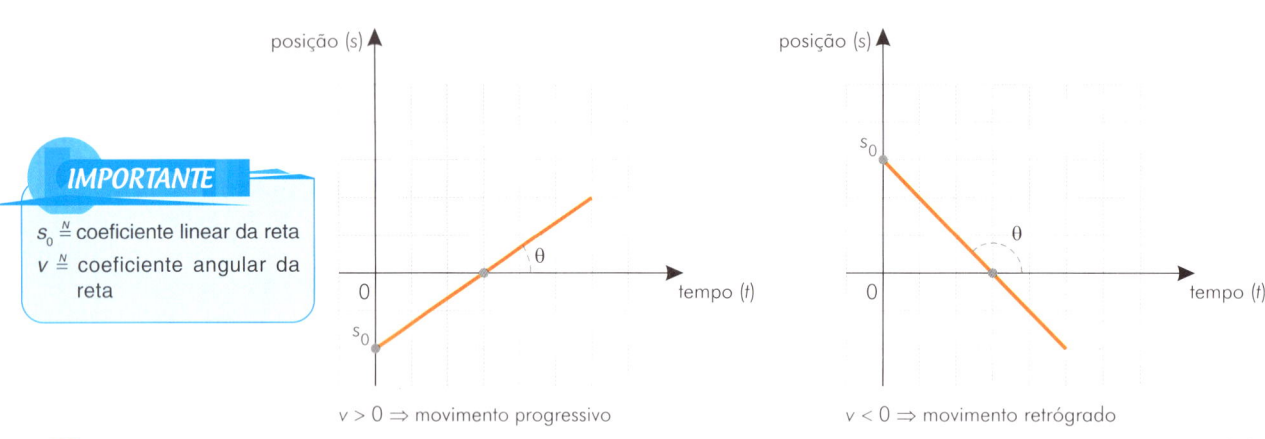

$v > 0 \Rightarrow$ movimento progressivo $v < 0 \Rightarrow$ movimento retrógrado

Figura 3-3.

> **IMPORTANTE**
> A notação "$\stackrel{N}{=}$" lê-se "numericamente igual a", e significa que devemos ignorar as unidades de medida que eventualmente acompanham os números que estão sendo igualados. Assim, na expressão "$v \stackrel{N}{=}$ tg θ", a velocidade tem unidade, mas a tangente não a tem (é adimensional); ao igualá-las, por meio do símbolo "$\stackrel{N}{=}$", estamos dizendo que apenas o valor numérico está sendo considerado.

Propriedades:
- Observe que, no diagrama $s \times t$, o gráfico que representa o movimento uniforme de um móvel é um segmento de *reta oblíqua* que corta o eixo das ordenadas no ponto $(0; s_0)$, em que s_0 é o *coeficiente linear da reta*. A declividade da reta determina o valor da velocidade escalar (v), interpretado geometricamente como *coeficiente angular da reta*.
- Do ponto de vista da Trigonometria, a declividade da reta é a tangente do ângulo θ, ou seja, tg $\theta \stackrel{N}{=} \dfrac{\Delta s}{\Delta t}$ ∴ $v \stackrel{N}{=}$ tg θ.
- O ponto material tem velocidade escalar positiva se $0° < \theta < 90°$ e velocidade escalar negativa se $90° < \theta < 180°$.

Portanto, a velocidade escalar instantânea de um móvel, em dado instante, no movimento uniforme, é numericamente igual à declividade da reta tangente à curva no diagrama espaço *versus* tempo, naquele instante.

Diagrama velocidade *versus* tempo (v × t)

Para um movimento uniforme, a velocidade escalar do móvel é constante e não nula; então, a velocidade é representada, em relação ao tempo, por uma função constante. Portanto, no diagrama velocidade *versus* tempo, o gráfico que representa a velocidade escalar do móvel é um segmento de *reta paralelo* ao eixo das abscissas (eixo dos tempos). Essa reta é representada acima do eixo dos tempos, se a velocidade for positiva, ou abaixo do eixo dos tempos, se for negativa, como mostram os diagramas da Figura 3-4.

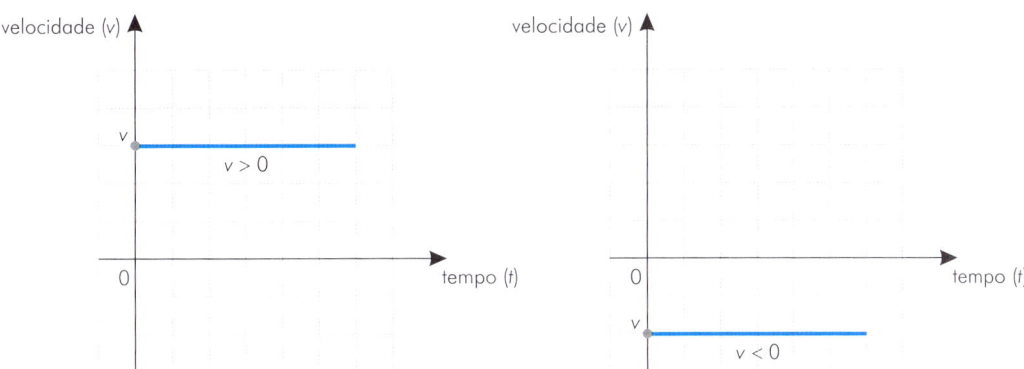

FIGURA 3-4.

PROPRIEDADE:
- Como a velocidade escalar, em um Movimento Uniforme, é representada por uma função constante, verificamos que, no intervalo de tempo considerado, a área delimitada entre a curva e o eixo das abscissas (eixo dos tempos) representa, numericamente, o deslocamento escalar do móvel (Δs). Veja a Figura 3-5.

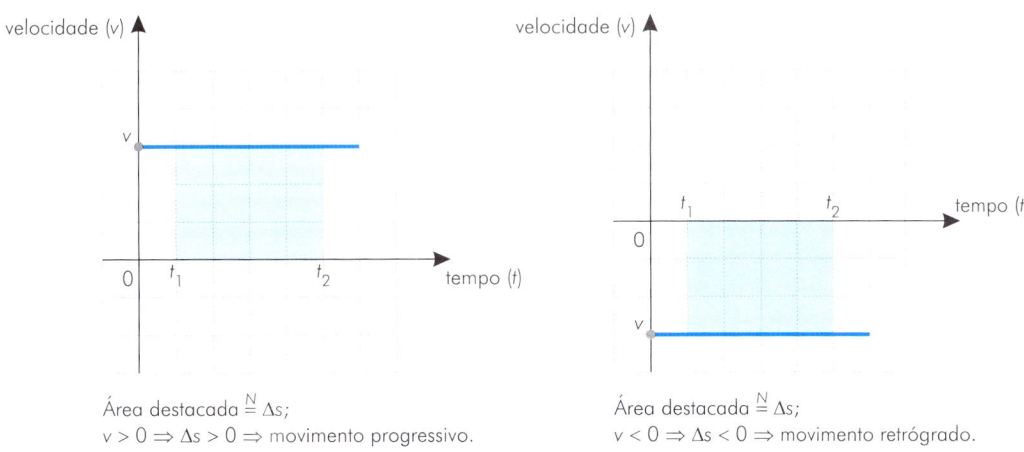

Área destacada $\stackrel{N}{=} \Delta s$;
$v > 0 \Rightarrow \Delta s > 0 \Rightarrow$ movimento progressivo.

Área destacada $\stackrel{N}{=} \Delta s$;
$v < 0 \Rightarrow \Delta s < 0 \Rightarrow$ movimento retrógrado.

FIGURA 3-5.

Diagrama aceleração *versus* tempo (a × t)

Se a velocidade escalar do móvel é constante e a sua aceleração escalar é *nula*, o gráfico $a \times t$ é um segmento de reta cuja direção coincide com a do eixo das abscissas (eixo dos tempos). Veja a Figura 3-6.

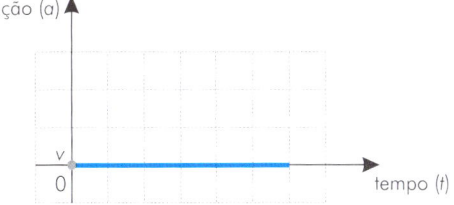

FIGURA 3-6.

Exercício Resolvido

2. Uma partícula desloca-se em Movimento Retilíneo Uniforme, e a função horária dos espaços que descreve esse movimento é dada por $s = 60 - 10t$, com os espaços medidos em metros e os instantes, em segundos.

a) Qual a posição da partícula no instante 2 s?

b) Em que instante a partícula passa pela origem dos espaços?

c) Faça um esboço do gráfico da posição *versus* tempo entre os instantes 4 s e 8 s.

Resolução:

a) Para $t = 2$ s, temos:
$$s = 60 - 10 \cdot (2) \Rightarrow s = 60 - 20 \Rightarrow s = 40 \text{ m}$$

b) No instante em que a partícula passa pela origem, temos $s = 0$. Assim,
$$0 = 60 - 10t \Rightarrow 10t = 60 \Rightarrow t = 6 \text{ s}$$

c) Observe a tabela:

t (s)	4	5	6	7	8
s (m)	20	10	0	−10	−20

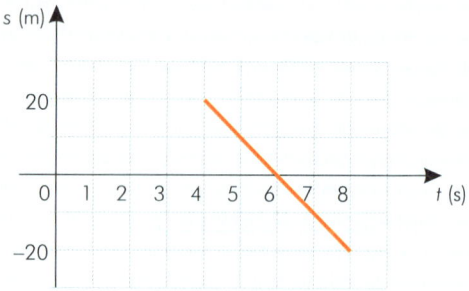

Exercícios Propostos

3. Uma partícula realiza um Movimento Retilíneo e Uniforme cujos espaços são descritos pela função horária $s = -20 + 5t$, em unidades SI.

a) Qual a posição inicial (posição da partícula no instante $t_0 = 0$) e a velocidade escalar da partícula?

b) Em que instante a partícula passa pela origem dos espaços?

c) Faça o esboço dos gráficos: posição *versus* tempo, velocidade *versus* tempo e aceleração *versus* tempo para os 6 s iniciais de movimento da partícula.

4. Um móvel percorre uma trajetória retilínea com velocidade escalar constante e está a 40 m da origem de um eixo de coordenada fixado nessa reta no instante $t_0 = 0$. Depois de 10 s, ele está a 100 m da origem. Veja a figura abaixo.

Determine, em unidades SI:

a) a velocidade escalar do móvel;
b) a função da posição em relação ao tempo;
c) a posição ocupada pelo móvel no instante 15 s;
d) o instante em que o móvel passa pela posição 250 m.

5. Dois móveis, A e B, deslocam-se sobre a mesma trajetória e seus espaços, medidos a partir da mesma origem, variam com o tempo de acordo com o diagrama ao lado.

a) Qual o tipo de movimento (progressivo ou retrógrado) descrito por cada um dos móveis?

b) Determine a função horária que descreve o movimento de cada um dos móveis.

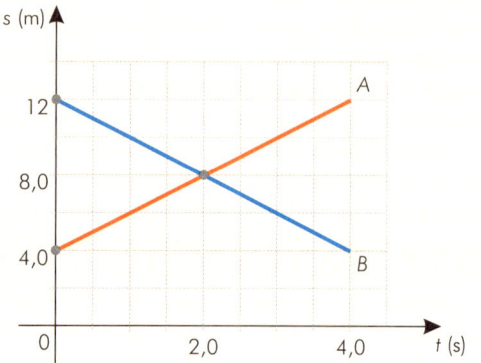

Exercício Resolvido

6. Dois trens, A e B, de 200 m e 240 m de comprimento, respectivamente, deslocam-se em trilhos retilíneos e paralelos com velocidades escalares constantes iguais a $v_A = 18$ km/h e $v_B = -21{,}6$ km/h. O maquinista do trem A registra os exatos instantes em que se inicia e em que termina a passagem entre os trens. Calcule, em segundos, o intervalo de tempo entre os instantes registrados pelo maquinista.

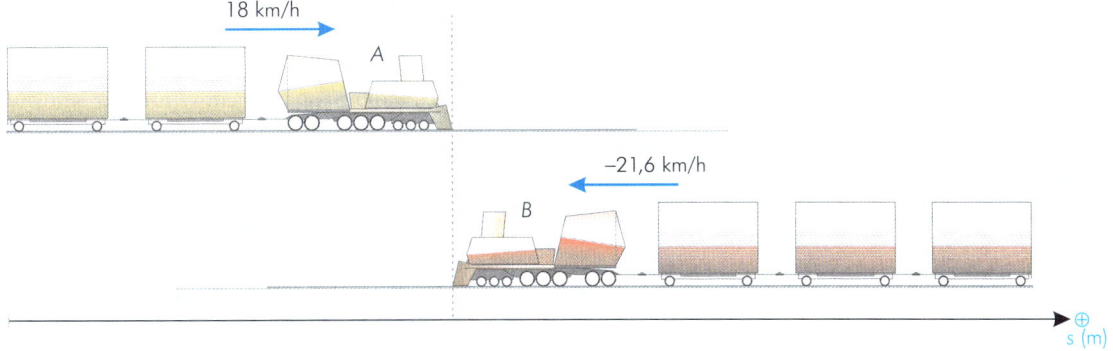

RESOLUÇÃO:
Situação esquemática do instante em que se inicia o cruzamento entre os trens.

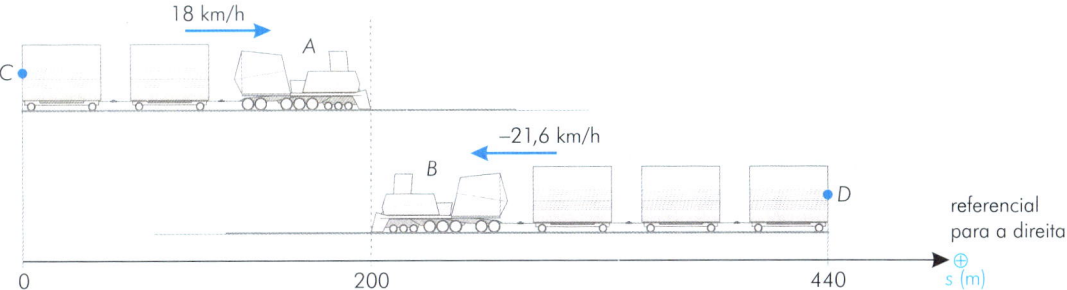

De acordo com a figura acima, no instante $t_0 = 0$ temos, para os pontos C e D, os seguintes parâmetros:

Ponto C
Posição inicial: $s_{0(C)} = 0$
Velocidade escalar: $v_C = 18$ km/h $= 5{,}0$ m/s
Função horária dos espaços: $s_C = s_{0(C)} + v_C \cdot t \Rightarrow s_C = 0 + 5{,}0t \Rightarrow s_C = 5{,}0t$

Ponto D
Posição inicial: $s_{0(D)} = 440$ m
Velocidade escalar: $v_D = -21{,}6$ km/h $= -6{,}0$ m/s
Função horária dos espaços: $s_D = s_{0(D)} + v_D \cdot t \Rightarrow s_D = 440 - 6{,}0t$

No instante em que os pontos C e D estão emparelhados (término do cruzamento entre os trens), temos: $s_C = s_D$.
Portanto:
$$5{,}0t = 440 - 6{,}0t \Rightarrow 5{,}0t + 6{,}0t = 440 \Rightarrow 11t = 440 \Rightarrow t = 40 \text{ s}$$

Exercícios Propostos

7. Dois pequenos móveis, A e B, deslocam-se sobre uma mesma reta e em sentidos opostos com velocidades escalares constantes e de módulos, respectivamente, iguais a 5,0 m/s e 3,0 m/s. Em determinado instante, a distância entre os dois móveis é de 20 m. Quantos segundos, contados a partir desse instante, são necessários para que os dois móveis colidam?

8. Duas cidades, A e B, distam 450 km entre si. Da cidade A parte um veículo I em direção à cidade B e, no mesmo instante, parte da cidade B outro automóvel II em direção à cidade A. Considerando que os automóveis se deslocam com velocidades constantes de módulos iguais a $v_I = 40$ km/h e $v_{II} = 60$ km/h, em quanto tempo os veículos irão se encontrar e a que distância da cidade A se dará o encontro?

Exercícios Propostos

9. Dois trens, A e B, de 150 m de comprimento cada um, deslocam-se sobre trilhos paralelos com velocidades escalares constantes e de módulos respectivamente iguais a 20 m/s e 10 m/s.

  a) Sabendo-se que os trens se movimentam em sentidos opostos e que em determinado instante $t_0 = 0$ se inicia a passagem de um trem pelo outro, calcule o intervalo de tempo consumido, em segundos, e a distância, em metros, percorrida pelo trem A durante a ultrapassagem.

  b) Sabendo-se que os trens se movimentam no mesmo sentido e que em determinado instante $t_0 = 0$ se inicia a ultrapassagem entre eles, calcule o intervalo de tempo consumido, em segundos, e a distância percorrida, em metros, pelo trem A durante a ultrapassagem.

10. (UFPE) Em uma corrida de 400 m, as posições dos dois primeiros colocados são, aproximadamente, funções lineares do tempo, como indicado no gráfico abaixo. Sabendo-se que a velocidade do primeiro colocado é 2% maior do que a do segundo, qual a velocidade, em m/s, do vencedor?

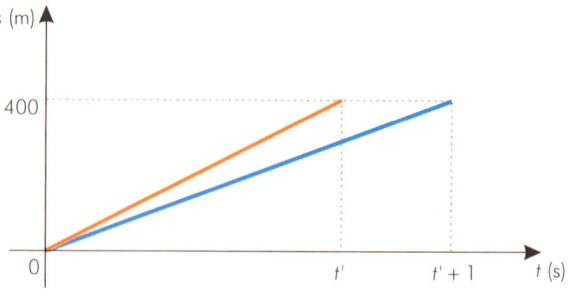

3.2. Movimento Retilíneo Uniformemente Variado

3.2.1. Introdução

Na realidade, os meios de transporte movem-se com velocidades escalares e acelerações escalares que variam. Se a aceleração escalar de um móvel varia com o tempo, o movimento pode ser complexo e difícil de ser analisado. Entre as situações que podemos citar, estão as que ocorrem nas partidas dos veículos, até que atinjam uma velocidade uniforme, ou nas chegadas, até que parem; as pistas dos aeroportos são dimensionadas para que os aviões possam adquirir a velocidade necessária para decolar ou para que possam parar ao final da aterrissagem; em uma corrida de Fórmula 1, os carros variam significativamente sua velocidade em pequenos intervalos de tempo.

Você Sabia?

As pistas dos aeroportos devem ter dimensões que permitam aos aviões decolarem e pousarem em segurança.

O movimento de uma partícula com aceleração constante é razoavelmente comum na natureza. Por exemplo, nas proximidades da Terra, corpos em queda livre caem com uma aceleração que pode ser considerada constante, cujo módulo é de aproximadamente 10 m/s², provocada pela ação da gravidade (Figura 3-7).

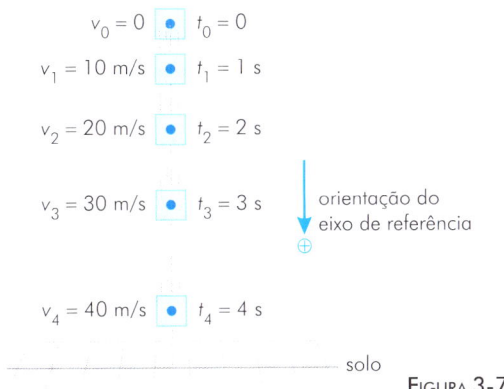

FIGURA 3-7.

> **ATENÇÃO**
>
> No SI, a razão $\dfrac{\Delta v}{\Delta t}$ tem como unidade:
>
> $$\dfrac{m/s}{s} = \dfrac{m}{s} \cdot \dfrac{1}{s} = m/s^2$$
>
> Ela exprime o quanto a velocidade escalar varia, em m/s, a cada segundo decorrido.

Podemos identificar vários outros exemplos de movimento em que a velocidade escalar tem a mesma variação em intervalos de tempo iguais, sem que a trajetória seja retilínea, como no caso exemplificado. O movimento retilíneo com variação uniforme da velocidade (MRUV) apresenta as seguintes propriedades:

- a trajetória descrita pelo móvel é retilínea;
- o módulo da velocidade escalar do móvel varia proporcionalmente aos respectivos intervalos de tempo;
- a aceleração escalar é constante e não nula e, portanto, a aceleração escalar instantânea (a) do móvel é igual à sua aceleração escalar média (a_m) em qualquer intervalo de tempo;
- a velocidade escalar média do móvel entre dois instantes quaisquer é dada pela média aritmética das suas velocidades nos instantes considerados: se, no instante t_1, sua velocidade escalar é v_1 e, no instante t_2, sua velocidade escalar é v_2, a velocidade escalar média entre os instantes t_1 e t_2 é dada por:

$$v_m = \dfrac{v_1 + v_2}{2}$$

> **IMPORTANTE**
>
> Para o Movimento Uniformemente Variado, a velocidade escalar média de um móvel entre dois instantes quaisquer é igual à média aritmética das velocidades desse móvel nos instantes considerados.

3.2.2. Função horária da velocidade: $v = f(t)$

A função horária da velocidade do ponto material em MRUV é a expressão matemática que fornece a velocidade v desse ponto material em qualquer instante t. Para obter essa função, consideremos um móvel que se desloca, ao longo de uma trajetória, com aceleração escalar constante. No instante $t_0 = 0$, a velocidade escalar do móvel notada é v_0 e no instante final do tempo de estudo, t, a sua velocidade escalar é v. A Figura 3-8 representa esquematicamente a situação, fixando um sistema de referência orientado.

FIGURA 3-8. Sistema de referência para a função horária da velocidade do ponto material em MRUV. A velocidade no instante $t_0 = 0$ é v_0 e a velocidade no instante t é v.

Assim, podemos escrever, com base na definição de aceleração escalar média:

$$a_m = \dfrac{\Delta v}{\Delta t} \implies a_m = \dfrac{v - v_0}{t - t_0}$$

Como a aceleração escalar instantânea é igual à aceleração escalar média ($a_m = a$) e tomando o instante em que o cronômetro foi acionado como $t_0 = 0$, temos:

$$a = a_m = \frac{v - v_0}{t - t_0} \Rightarrow a \cdot t = v - v_0 \therefore v = v_0 + a \cdot t$$

Essa função estabelece como varia a velocidade escalar de um móvel no decorrer do tempo no Movimento Uniformemente Variado, sendo que v_0 e a são constantes e a cada valor de t corresponde um valor de v.

$$v = v_0 + a \cdot t$$

Função horária da velocidade do MRUV.

3.2.3. Diagrama velocidade *versus* tempo

A função horária da velocidade de um móvel que descreve um Movimento Uniformemente Variado é do 1.º grau, linear na variável t. Por ser uma função do 1.º grau na variável t, o gráfico que descreve a velocidade desse móvel é um segmento de reta oblíqua, que pode ser crescente ou decrescente, conforme o sinal da aceleração escalar seja positivo ou negativo, respectivamente (Figura 3-9).

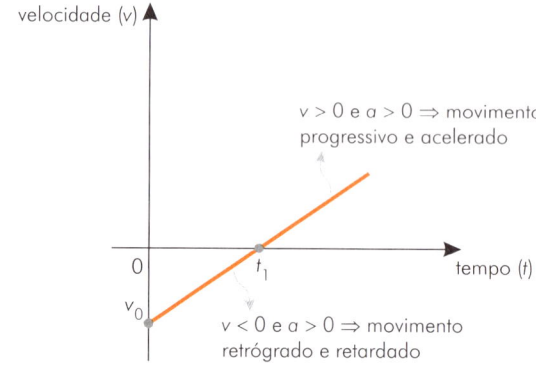

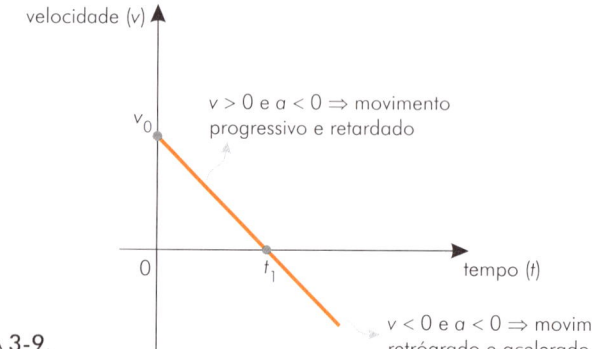

Figura 3-9.

Propriedades:
- O gráfico $v \times t$ do MUV é um segmento de reta inclinada que corta o eixo das ordenadas no ponto $(0; v_0)$, em que v_0 é o coeficiente linear da reta. A declividade da reta determina o valor da aceleração escalar (a), representada pelo coeficiente angular da reta.
- No diagrama velocidade *versus* tempo, a área delimitada entre o gráfico e o eixo das abscissas (eixo dos tempos) representa, numericamente, o deslocamento escalar do móvel (essa propriedade já foi vista no capítulo anterior).

Exercício Resolvido

11. Uma partícula desloca-se sobre dada trajetória, obedecendo à seguinte função horária da velocidade: $v = 10 + 2t$, em unidades SI.
   a) Qual a velocidade escalar da partícula e a sua aceleração escalar no instante $t_0 = 0$?
   b) Qual a velocidade escalar da partícula nos instantes $t_1 = 3$ s e $t_2 = 8$ s?
   c) Qual a velocidade escalar média da partícula entre os instantes $t_1 = 3$ s e $t_2 = 8$ s?
   d) Faça o esboço do gráfico velocidade *versus* tempo, para essa partícula, entre os instantes $t_0 = 0$ e $t_3 = 5$ s.

Resolução:

a) O movimento descrito pela partícula é uniformemente variado, pois a função horária da sua velocidade é do 1.° grau, no parâmetro t: $v = v_0 + a \cdot t$.

Comparando a função $v = 10 + 2t$ com a função $v = v_0 + a \cdot t$, temos: $v_0 = 10$ m/s e $a = 2$ m/s².

b) Para $t_1 = 3$ s: $v_1 = 10 + 2 \cdot (3) \Rightarrow v_1 = 10 + 6 \Rightarrow v_1 = 16$ m/s

Para $t_2 = 8$ s: $v_2 = 10 + 2 \cdot (8) \Rightarrow v_2 = 10 + 16 \Rightarrow v_2 = 26$ m/s

c) Sabemos que no MUV a velocidade escalar média entre dois instantes quaisquer é igual à média aritmética das velocidades escalares nos instantes considerados. Assim, temos:

$$v_m = \frac{v_1 + v_2}{2} \Rightarrow v_m = \frac{16 + 26}{2} \Rightarrow v_m = 21 \text{ m/s}$$

d) Fazendo a tabela das velocidades escalares:

t (s)	0	1	2	3	4	5
v (m/s)	10	12	14	16	18	20

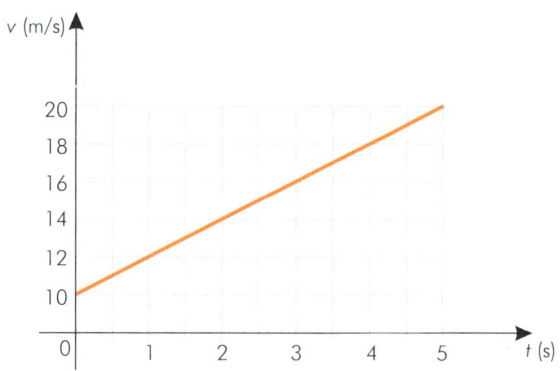

Exercícios Propostos

12. Uma partícula desloca-se sobre dada trajetória obedecendo à função horária da velocidade $v = 6,0 - 3,0t$, em unidades SI. Pede-se:
   a) a velocidade escalar inicial e a aceleração escalar do móvel;
   b) a velocidade escalar do móvel no instante 8,0 s;
   c) o instante em que sua velocidade escalar é de -12 m/s;
   d) o instante em que o móvel inverte seu sentido de movimento;
   e) o esboço do gráfico velocidade *versus* tempo para os 4 s iniciais de movimento dessa partícula.

13. Um móvel realiza um Movimento Uniformemente Variado cuja função horária da velocidade é $v = 8,0 - 2,0t$, para v em m/s e t em segundos.
   a) Em que instante a velocidade do móvel se anula? O que ocorre nesse instante?
   b) Entre que instantes o movimento descrito pelo móvel é progressivo e entre que instantes é retrógrado?
   c) Entre que instantes o movimento descrito pelo móvel é acelerado e entre que instantes é retardado?
   d) Calcule a velocidade escalar média desse móvel entre os instantes $t_0 = 0$ e $t_1 = 5,0$ s.

Exercícios Propostos

14. Em uma estrada de rodagem, um automóvel, que para efeito de estudos pode ser considerado ponto material, manteve-se em Movimento Retilíneo Uniformemente Variado. No diagrama abaixo, representou-se a sua velocidade em função do tempo. Pede-se:

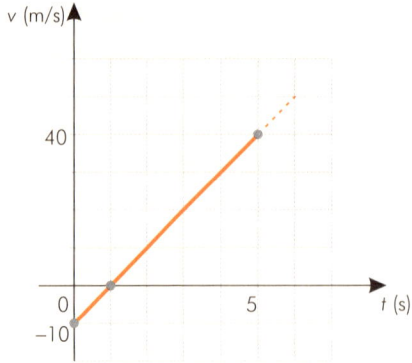

a) o módulo da aceleração escalar média desse móvel;
b) a função horária da velocidade do automóvel;
c) o instante em que o automóvel inverte o seu sentido de movimento;
d) a sua velocidade escalar no instante 8,0 s;
e) o deslocamento escalar do automóvel nos instantes 0 e 10 s.

15. No diagrama horário abaixo, temos a velocidade escalar do movimento de uma partícula, que durou 10 s.

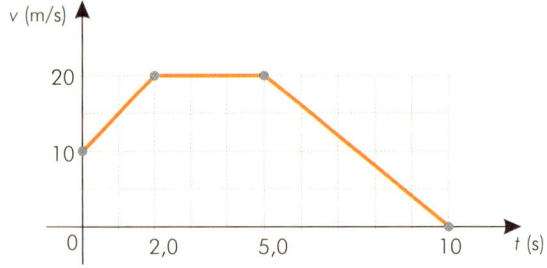

Com base nesse diagrama, responda ao que se pede.
a) Qual a distância percorrida pela partícula no intervalo de tempo de 0 a 10 s?
b) Qual a velocidade escalar média da partícula no intervalo de tempo de 0 a 10 s?
c) Qual o trecho em que o movimento descrito pela partícula é retardado? E qual o trecho em que o movimento descrito pela partícula é uniforme?
d) Determine o módulo da aceleração escalar da partícula no instante 9,0 s.
e) Determine a função horária da velocidade da partícula no intervalo 5,0 s < t < 10 s.

3.2.4. Função horária dos espaços: s = f(t)

Consideremos um ponto material deslocando-se ao longo de uma trajetória com aceleração escalar constante. No instante $t_0 = 0$, sua posição escalar é s_0 (posição inicial) e sua velocidade escalar é v_0 (velocidade inicial). No instante t, sua posição escalar é s e sua velocidade escalar é v; também é estabelecido o sistema de referência (Figura 3-10).

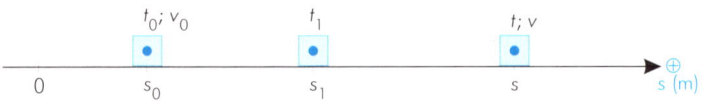

Figura 3-10. Sistema de referência para o MRUV: 0 é a origem; s_0, v_0 e t_0 são a posição, a velocidade e o instante iniciais, respectivamente; s é a posição no instante t.

A função horária dos espaços do ponto material em MRUV possibilita a determinação da sua posição s em qualquer instante t.

Como a velocidade escalar média do móvel que descreve movimento uniformemente variado é dada pela média aritmética das velocidades escalares nos instantes considerados, segue que:

$$\frac{\Delta s}{\Delta t} = \frac{v + v_0}{2} \Rightarrow \frac{s - s_0}{t} = \frac{v + v_0}{2} \quad \text{(equação I)}$$

$$v = v_0 + a \cdot t \quad \text{(equação II)}$$

Substituindo v da equação II na equação I e tomando $t_0 = 0$, temos:

$$\frac{s - s_0}{t} = \frac{(v_0 + a \cdot t) + v_0}{2} \Rightarrow s - s_0 = \frac{2v_0 \cdot t + a \cdot t^2}{2}$$

$$s - s_0 = v_0 \cdot t + \frac{1}{2} a \cdot t^2 \therefore s = s_0 + v_0 \cdot t + \frac{1}{2} a \cdot t^2$$

$$\boxed{s = s_0 + v_0 \cdot t + \frac{1}{2} a \cdot t^2} \quad \text{Função horária das posições no MRUV.}$$

3.2.5. Diagrama espaço *versus* tempo ($s \times t$)

A função horária do espaço de um móvel que se desloca em Movimento Uniformemente Variado é do tipo $s = s_0 + v_0 \cdot t + \frac{1}{2} a \cdot t^2$. Por ser uma função do 2.º grau em t, o gráfico que descreve as posições desse móvel é um arco de **parábola**, que pode ter sua **concavidade voltada para cima** ou **para baixo**, conforme o sinal da aceleração escalar seja **positivo** ou **negativo**, respectivamente (Figura 3-11).

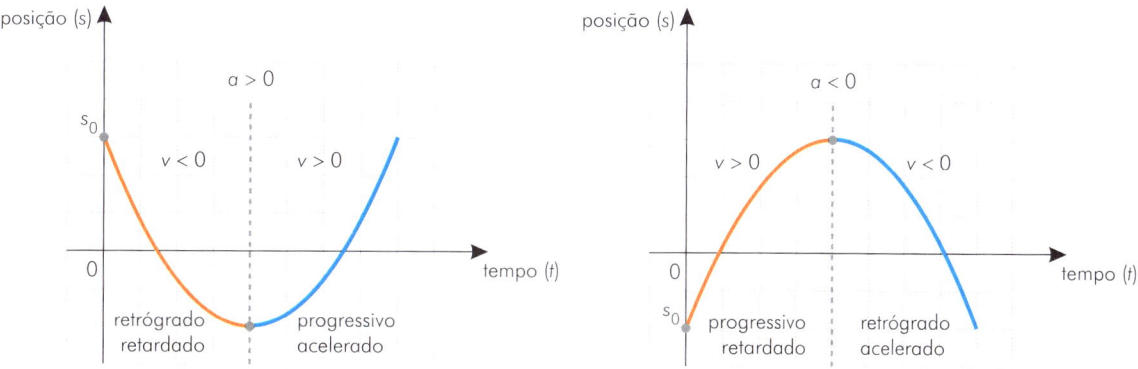

FIGURA 3-11.

PROPRIEDADES:

- No diagrama, colocamos as posições s no eixo das ordenadas e os instantes t no eixo das abscissas. Assim, os pontos em que a curva corta o eixo das abscissas (raízes da função) representam, na descrição do movimento, os instantes em que o ponto material passa pela origem dos espaços ($s = 0$). Os pontos de ordenada máxima ou mínima representam os instantes t em que o ponto material está mais distante ou mais próximo da origem.
- No ponto de máximo ou de mínimo da função (que corresponde ao vértice da parábola) ocorre a inversão do movimento. Ou seja, nesse ponto, a velocidade escalar do ponto material é momentaneamente nula.

3.2.6. Diagrama aceleração *versus* tempo (*a* × *t*)

Como no MUV a aceleração escalar do móvel é constante e não nula, o gráfico (*a* × *t*) é um segmento de reta paralela ao eixo das abscissas (eixo dos tempos). Veja a Figura 3-12.

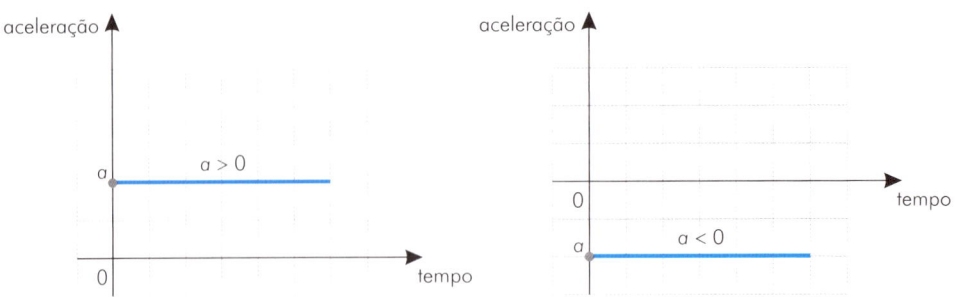

Figura 3-12.

> **Propriedade:**
> - Como a aceleração escalar, no Movimento Uniformemente Variado, é uma função constante do tempo, verificamos que, no intervalo de tempo considerado, a área delimitada entre o gráfico e o eixo das abscissas (eixo dos tempos) representa, numericamente, a variação da velocidade escalar do móvel.

Exercício Resolvido

16. A figura abaixo mostra de forma esquemática um carrinho de pequenas dimensões deslocando-se ao longo de uma trajetória orientada da esquerda para a direita. Um cronômetro foi acionado quando o carrinho passou, em movimento acelerado, pela posição –2 m, com velocidade escalar de módulo igual a 3 m/s. No instante 1 s, o carrinho passou pela posição *P* com velocidade escalar de módulo *v*. A aceleração escalar do carrinho permaneceu constante durante todo o movimento no percurso considerado.

a) Qual o módulo da aceleração escalar do carrinho, em m/s²?
b) Qual a função horária das posições ocupadas pelo carrinho?
c) Qual o módulo da velocidade escalar *v* do carrinho ao passar pelo ponto *P*, em m/s?

Resolução:

a) Como a aceleração escalar do carrinho é constante, o movimento descrito por ele é uniformemente variado. Assim, temos:

$$s = s_0 + v_0 \cdot t + \frac{1}{2} a \cdot t^2$$

$$10 = -2 + 3 \cdot (1) + \frac{1}{2} a \cdot (1)^2$$

$$10 = -2 + 3 + \frac{a}{2}$$

$$10 = 1 + \frac{a}{2} = (10 - 1) \cdot 2 = a \therefore a = 18 \text{ m/s}^2$$

b) A função horária das posições ocupadas por esse carrinho é do tipo: $s = s_0 + v_0 \cdot t + \frac{1}{2} a \cdot t^2$. Substituindo $s_0 = -2$ m, $v_0 = 3$ m/s e $a = 18$ m/s² na função dada acima, temos:

$$s = -2 + 3t + \frac{1}{2} \cdot 18 t^2 \therefore s = -2 + 3t + 9t^2$$

Exercício Resolvido

c) A função horária das velocidades do carrinho é: $v = v_0 + a \cdot t$. Assim, substituindo $v_0 = 3$ m/s e $a = 18$ m/s² na função dada, temos:

$$v = 3 + 18t$$

Para $t = 1$ s:

$$v = 3 + 18 \cdot (1)$$
$$v = 3 + 18 \therefore v = 21 \text{ m/s}$$

3.2.7. Equação de Torricelli

Muitas vezes, resolvemos alguns tipos de problema do Movimento Retilíneo Uniformemente Variado usando a função horária dos espaços e a da velocidade. Assim, é interessante que conheçamos uma equação que relaciona diretamente a velocidade v ao espaço s, obtida inicialmente por Torricelli (1608-1647), por volta de 1644.

Para obter a equação de Torricelli, eliminamos a variável t entre a função horária dos espaços e a função horária da velocidade (para isso, isolamos a variável t na função horária da velocidade e substituímos esse valor na função horária dos espaços).

Da função horária da velocidade, dada por $v = v_0 + a \cdot t$, escrevemos $t = \dfrac{v - v_0}{a}$ e, em seguida, substituímos na função horária dos espaços, $s = s_0 + v_0 \cdot t + \dfrac{1}{2} a \cdot t^2$. Então:

$$s - s_0 = v_0 \cdot \left(\dfrac{v - v_0}{a}\right) + \dfrac{1}{2} a \cdot \left(\dfrac{v - v_0}{a}\right)^2$$

$$s - s_0 = \dfrac{v_0 \cdot v - v_0^2}{a} + \dfrac{a \cdot (v^2 - 2v \cdot v_0 + v_0^2)}{2a^2}$$

$$\Delta s = \dfrac{v^2 - v_0^2}{2a} \therefore v^2 = v_0^2 + 2a \cdot \Delta s$$

$$\boxed{v^2 = v_0^2 + 2a \cdot \Delta s}$$

Essa é a equação de Torricelli, que poderá nos ajudar muito na resolução de problemas.

Exercício Resolvido

17. Um veículo desloca-se com velocidade escalar de módulo igual a 90 km/h quando o seu condutor avista um obstáculo à sua frente. Nesse instante, o veículo começa a ser freado com aceleração escalar constante de módulo igual a 5 m/s². Qual a distância mínima que separa o veículo do obstáculo no momento em que foi iniciada a freagem para que não ocorra a colisão do veículo com o obstáculo? Dê sua resposta em unidade SI.

Resolução:
Dados:
- velocidade escalar inicial: $v_0 = 90$ km/h $= 25$ m/s
- velocidade na iminência da colisão: $v = 0$
- aceleração escalar: $a = -5$ m/s²
- deslocamento escalar: $\Delta s = ?$

Aplicando a equação de Torricelli:

$$v^2 = v_0^2 + 2a \cdot \Delta s$$
$$0^2 = 25^2 + 2 \cdot (-5) \cdot \Delta s$$
$$0 = 625 - 10 \cdot \Delta s \Rightarrow 10 \cdot \Delta s = 625 \therefore \Delta s = 62{,}5 \text{ m}$$

Exercícios Propostos

18. Um ponto material desloca-se em linha reta ao longo de sua trajetória. No instante em que o cronômetro foi acionado, ele se encontrava na posição 20 m, tinha velocidade escalar de módulo igual a 12 m/s e se deslocava no mesmo sentido orientado da trajetória.

Sabendo que o ponto material se deslocava com aceleração escalar constante e igual a 4,0 m/s², pede-se, em unidades SI:

a) a função horária das posições ocupadas por esse ponto material;
b) a sua função horária da velocidade;
c) a posição do ponto material no instante 6,0 s;
d) a velocidade escalar média do ponto material entre os instantes 2,0 s e 6,0 s.

19. Um automóvel está em um sinal de trânsito. Quando o sinal abre, o automóvel parte com aceleração escalar constante de módulo igual a 3,0 m/s². No instante em que o automóvel começa a se movimentar, passa por ele uma moto, que se move com velocidade escalar constante de 15 m/s.

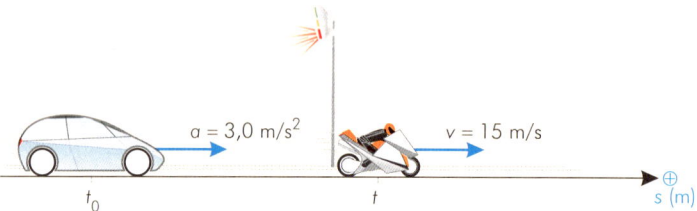

Considerando que os movimentos se mantenham inalterados, determine, em unidades SI:

a) em quanto tempo, após a abertura do sinal, o automóvel alcança a moto;
b) a distância que o automóvel percorre desde a partida até alcançar a moto.

20. Consideremos uma partícula em Movimento Retilíneo Uniformemente Variado, cujo diagrama horário da posição está representado abaixo.

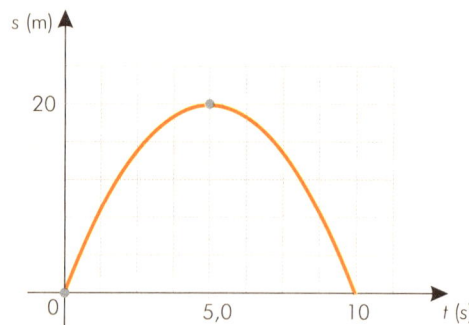

Pede-se, em unidades SI:

a) os valores da posição inicial, velocidade escalar inicial e aceleração escalar da partícula;
b) o instante em que a partícula inverte seu sentido de movimento;
c) os instantes em que a partícula passou pela origem dos espaços;
d) a função horária dos espaços;
e) a posição da partícula no instante 7,0 s;
f) a função horária da velocidade;
g) a velocidade escalar da partícula no instante 2,0 s;
h) um esboço do gráfico $v \cdot t$ e $a \cdot t$;
i) a variação de velocidade do ponto material no intervalo de tempo de 5,0 s a 10 s, com base no diagrama $a \cdot t$.

21. Dois móveis, A e B, realizam movimentos cujos espaços são descritos pelas seguintes funções horárias, em unidades SI:

$$s_A = 3,0t^2 + 6,0t + 3,0$$
$$s_B = 1,0t^2 + 12,0t - 4,0$$

Determine, em segundos, o instante em que os móveis têm a mesma velocidade.

Exercícios Propostos

22. Um avião percorre uma pista de decolagem, em movimento uniformemente acelerado, partindo do repouso. Sabendo-se que o avião precisa atingir uma velocidade de 270 km/h para poder levantar voo e que sua aceleração escalar é de 1,8 m/s², determine, em metros, o comprimento mínimo da pista para que esse avião decole sem nenhum problema.

23. Um motorista, dirigindo seu veículo à velocidade escalar constante de 72,0 km/h, em uma avenida retilínea, vê a luz vermelha do semáforo acender quando está a 35,0 metros do cruzamento. Suponha que entre o instante em que ele vê a luz vermelha e o instante em que aciona os freios decorra um intervalo de tempo de 0,50 s. Admitindo-se que a aceleração escalar produzida pelos freios, nesse veículo, seja constante, para que o carro pare exatamente no cruzamento, o módulo dessa aceleração escalar deve ser, em m/s², de:

a) 2,0 b) 4,0 c) 6,0 d) 8,0 e) 10,0

24. (PAS – UnB – DF) O texto a seguir refere-se aos itens de 1 a 7.

O movimento das composições do metrô é controlado por meio de um sistema eletrônico. O programa determina que o movimento entre duas estações seja dividido em três trechos retilíneos e governado pelas seguintes equações horárias de posição (x representa a posição do móvel e t o instante de tempo, sendo suas respectivas unidades o metro e o segundo):

- primeiro trecho: $x = 0 + 0t + 1,5t^2$
- segundo trecho: $x = 96 + 24t$
- terceiro trecho: $x = 4.000 + 24t - 1t^2$, ao final do qual a composição para.

Com o auxílio do texto, julgue os itens **1** e **2** e de **4** a **7**. No item **3**, faça o que se pede, desconsiderando a parte fracionária do resultado obtido após efetuar todos os cálculos solicitados.

(1) A composição inicia o primeiro trecho com velocidade igual a zero.
(2) O movimento no segundo trecho ocorre com velocidade constante.
(3) Determine, em metros, um décimo da distância entre as duas estações.
(4) O primeiro trecho termina com velocidade igual a 96 km/h.
(5) A composição gasta 10 s no primeiro trecho.
(6) O terceiro trecho tem comprimento maior que o primeiro trecho.
(7) A composição gasta menos de 3 minutos no segundo trecho.

Exercícios Complementares

25. Um ponto material, percorrendo uma reta com velocidade constante, está a 50 m da origem O dessa reta no instante $t_0 = 0$. No instante $t = 5,0$ s, ele está a 150 m desse ponto. Tomando o ponto O como origem do eixo das abscissas, determine, em unidades SI:

a) a velocidade escalar do ponto material;
b) a função horária dos espaços ocupados pelo ponto material;
c) as posições ocupadas pelo ponto material nos instantes $t_1 = 2,0$ s, $t_2 = 10$ s e $t_3 = 30$ s;
d) o esboço do gráfico posição *versus* tempo para esse ponto material;
e) o instante em que o ponto material passa pela posição 1,0 km;
f) o esboço do gráfico velocidade *versus* tempo para esse ponto material.

26. Dois pontos materiais, A e B, percorrem uma trajetória retilínea, conforme as funções horárias $s_A = 30 + 20t$ e $s_B = 90 - 10t$, sendo a posição s medida em metros e o tempo t em segundos. Com base nessas funções horárias, julgue a veracidade dos itens a seguir.

(1) O encontro entre os dois pontos materiais ocorre 4,0 s após a partida.
(2) A distância que separa os dois pontos materiais no instante $t_0 = 0$ é de 60 m.
(3) O movimento descrito pelo ponto material B é progressivo.
(4) Ambos os pontos materiais descrevem um movimento uniforme.
(5) No instante $t = 2,2$ s, a distância entre os pontos materiais é de 8,0 m.

Exercícios Complementares

27. (UEL – PR) Duas cidades, A e B, distam entre si 400 km. Da cidade A parte um móvel P, dirigindo-se à cidade B; no mesmo instante, parte de B outro móvel, Q, dirigindo-se à cidade A. Os móveis P e Q executam movimentos uniformes e suas velocidades escalares são de 30 km/h e 50 km/h, respectivamente. A distância da cidade A ao ponto de encontro dos móveis P e Q vale:

a) 120 km c) 200 km e) 250 km
b) 150 km d) 240 km

28. Um trem de carga de 240 m de comprimento, que se desloca com velocidade escalar constante de 72 km/h, gasta 0,50 min para atravessar completamente um túnel. Qual o comprimento desse túnel?

a) 200 m b) 250 m c) 300 m d) 360 m e) 485 m

29. (AFA – SP) Considere dois veículos deslocando-se em sentidos opostos, numa mesma rodovia. Um tem velocidade escalar constante de 60 km/h e o outro de 90 km/h, em valor absoluto. Um passageiro, viajando no veículo mais lento, resolve cronometrar o tempo decorrido até que os veículos se cruzem e encontra o intervalo de 30 segundos. Determine a distância, em metros, de separação dos veículos, no início da cronometragem. Despreze as dimensões dos veículos.

30. Dois trens, A e B, de comprimento 100 m e 200 m, respectivamente, percorrem a mesma trajetória, no mesmo sentido, com movimentos uniformes. O trem A parte no instante $t_0 = 0$ com velocidade escalar de 6,0 m/s; o trem B parte do mesmo ponto, 20 s depois, com velocidade escalar de 10 m/s. Depois de quanto tempo, após a partida do trem A, ocorreu a ultrapassagem total entre os móveis, em segundos?

31. A distância inicial entre dois automóveis é de 225 km. Se eles andam um de encontro ao outro com velocidades escalares constantes de valores absolutos de 60 km/h e 90 km/h, encontrar-se-ão ao fim de:

a) 1,0 h d) 1,0 h e 50 min
b) 1,0 h e 15 min e) 2,0 h e 30 min
c) 1,0 h e 30 min

32. O gráfico abaixo ilustra a posição s, em função do tempo t, de uma pessoa caminhando em linha reta durante 400 segundos. Com base nos dados fornecidos pelo gráfico, assinale a afirmação correta.

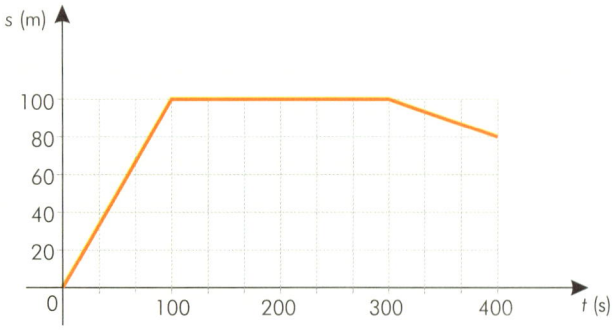

a) A velocidade escalar da pessoa no instante $t = 200$ s vale 0,5 m/s.
b) Em nenhum instante a pessoa parou.
c) A distância total percorrida pela pessoa durante os 400 segundos foi 120 m.
d) O deslocamento escalar da pessoa durante os 400 segundos foi igual a 180 m.
e) O valor de sua velocidade escalar no instante $t_1 = 50$ s é menor do que no instante $t_2 = 350$ s.

33. (UFJF – MG) O gráfico abaixo representa aproximadamente a posição de um carro em função do tempo em um movimento unidimensional.

Sobre este movimento podemos afirmar que:

a) o movimento descrito pelo carro é sempre progressivo;
b) a velocidade do carro é nula entre os instantes 3 s e 6 s;
c) a velocidade do carro é a mesma nos instantes 4 s e 5 s;
d) o carro está parado entre os instantes 4 s e 5 s;
e) a velocidade do carro é nula entre os instantes 1 s e 2 s.

34. (UFSC) Num desenho animado que passa na televisão, no canal Cartoon Network, o ratinho Jerry afasta-se de sua toca em busca de alimento, percorrendo uma trajetória retilínea. No instante $t = 11$ s, o gato Tom pula sobre o caminho do ratinho Jerry e ambos disparam a correr: o ratinho Jerry retornando sobre a mesma trajetória em busca de segurança da toca e o gato Tom em sua perseguição. O diagrama posição (d) versus tempo (t) mostra as posições do gato e do ratinho em todo o percurso. Considere que no instante $t = 0$ o ratinho partiu da posição $d = 0$, isto é, da sua toca.

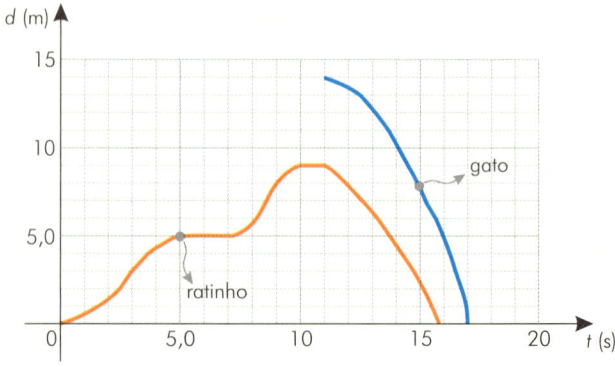

Exercícios Complementares

Sobre a situação descrita são feitas as proposições a seguir. Julgue-as quanto à veracidade.

(1) O movimento descrito pelo ratinho Jerry é desprovido de aceleração em todo o percurso descrito por ele.
(2) O gato Tom encontrava-se a 5,0 m do ratinho quando começou a persegui-lo.
(3) O módulo da velocidade média do ratinho, durante a perseguição, é menor que o do gato.
(4) O ratinho não foi alcançado pelo gato durante a perseguição.
(5) Através do gráfico podemos concluir que a trajetória descrita pelo gato é curvilínea.

35. (UFPE) Um terremoto normalmente dá origem a dois tipos de ondas, s e p, que se propagam pelo solo com velocidades distintas. No gráfico a seguir está representada a variação no tempo da distância percorrida por cada uma das ondas a partir do epicentro do terremoto. Com quantos minutos de diferença essas ondas atingirão uma cidade situada a 1.500 km de distância do ponto 0?

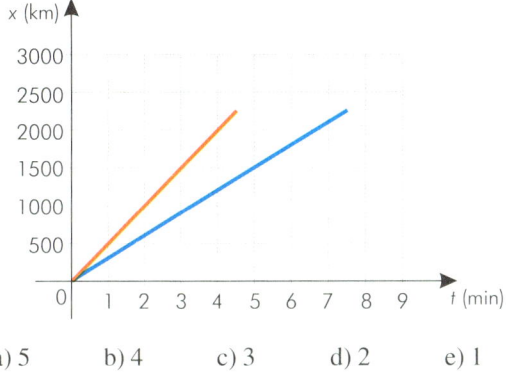

a) 5   b) 4   c) 3   d) 2   e) 1

36. (UFMG) Marcelo Negrão, numa partida de vôlei, deu uma cortada na qual a bola partiu com uma velocidade de 126 km/h. Sua mão golpeou a bola a 3,0 m de altura, sobre a rede, e ela tocou o chão do adversário a 4,0 m da base da rede, como mostra a figura. Nessa situação, pode-se considerar, com boa aproximação, que o movimento da bola é retilíneo e uniforme.

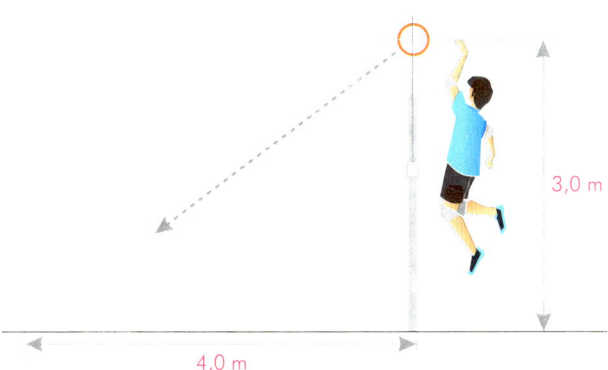

Considerando essa aproximação, pode-se afirmar que o tempo decorrido entre o golpe do jogador e o toque da bola no chão é de:

a) $\dfrac{1}{7}$ s   c) $\dfrac{3}{35}$ s   e) $\dfrac{5}{126}$ s

b) $\dfrac{2}{63}$ s   d) $\dfrac{4}{35}$ s

37. (UFG – GO) Um trem A, de 150 metros de comprimento, deslocando-se do sul para o norte, começa a atravessar uma ponte férrea de pista dupla, no mesmo instante em que um outro trem B, de 500 metros de comprimento, que se desloca do norte para o sul, inicia a travessia da mesma ponte. O maquinista do trem A observa que o mesmo se desloca com velocidade escalar constante de módulo igual a 36 km/h, enquanto o maquinista do trem B verifica que o seu trem está a uma velocidade constante de módulo igual a 72 km/h, ambas as velocidades medidas em relação ao solo. Um observador, situado em uma das extremidades da ponte, observa que os trens completam a travessia da ponte ao mesmo tempo.

Com base nos dados fornecidos pelo enunciado, julgue a veracidade das afirmações seguintes.

(1) Como o trem B tem o dobro da velocidade do trem A, ele leva a metade do tempo para atravessar a ponte, independentemente do comprimento dela.
(2) O módulo da velocidade do trem A, em relação ao trem B, é de 108 km/h.
(3) Não podemos calcular o comprimento da ponte, pois não foi fornecido o tempo gasto pelos trens para atravessá-la.
(4) O comprimento da ponte é 200 metros.
(5) Os trens atravessam a ponte em 35 segundos.
(6) O módulo da velocidade do trem B, em relação ao trem A, é de 108 km/h.
(7) O comprimento da ponte é 125 metros e os trens a atravessam em 15 segundos.

38. Um móvel desloca-se ao longo de uma trajetória retilínea, em determinado sentido, com aceleração constante. No instante $t_0 = 0$, a sua velocidade é de 5,0 m/s; no instante $t = 10$ s, a sua velocidade é de 25 m/s. Determine, em unidades SI:

a) o tipo de movimento (acelerado ou retardado) desse móvel;
b) a sua aceleração;
c) a função horária da velocidade;
d) a função horária dos espaços descritos por esse móvel, adotando que no instante $t = 0$ sua posição é $s_0 = 0$;
e) a velocidade do móvel no instante 6,0 s;
f) a posição ocupada por esse móvel no instante 4,0 s.

39. Um automóvel, no instante $t_0 = 0$, encontra-se em repouso ocupando a posição 150 m de uma trajetória. Sabendo-se que o movimento descrito pelo automóvel, a partir desse instante, é uniformemente variado com aceleração de módulo igual a 4,0 m/s², determine, em m/s, a velocidade escalar do automóvel no instante 30 s.

Exercícios Complementares

40. Uma bolinha de gude é abandonada, a partir do repouso, de uma altura de 20 m em relação ao solo. Sabendo que a bolinha de gude cai com aceleração constante de módulo igual a 10 m/s², determine, em unidades SI, o instante e o módulo da velocidade com que a bolinha atinge o solo.

41. Uma esfera é lançada do solo, verticalmente para cima, com velocidade escalar inicial de 30 m/s. Adotando como origem do sistema de referência o solo e sua orientação para cima, que o movimento descrito pela esfera é retilíneo uniformemente variado, retardado e que o módulo da aceleração da esfera é de 10 m/s², pede-se, em unidades SI:

a) a função horária dos espaços que descreve o movimento da esfera;
b) o instante em que a velocidade escalar da esfera é de 20 m/s;
c) a altura máxima que foi atingida pela esfera.

42. Dois móveis, A e B, descrevem movimentos em relação a determinado referencial, cujas funções horárias do espaço, válidas no SI, são, respectivamente: $s_A = 6,0 + 2,0t$ e $s_B = 4,0 + 1,0t^2$. Sabendo que os movimentos se realizam sobre uma mesma trajetória, determine, em unidades SI (se necessário, use $\sqrt{3} = 1,7$):

a) o instante em que os móveis se encontram;
b) o espaço correspondente à posição do encontro dos móveis;
c) o módulo da velocidade do móvel B no instante do encontro com o móvel A.

43. Um móvel está percorrendo uma trajetória retilínea, com velocidade constante de 180 km/h, quando, ao passar por um ponto A da sua trajetória, adquire movimento retardado com aceleração constante de módulo igual a 5,0 m/s². Determine, em m/s, a velocidade escalar do móvel quando este passa pelo ponto B da trajetória, sabendo-se que a distância entre A e B é de 160 m.

44. (IME – RJ) De dois pontos A e B situados sobre a mesma vertical, respectivamente, a 45 m e 20 m do solo, deixam-se cair, no mesmo instante, duas esferas, conforme mostra a figura a seguir. Uma prancha se desloca no solo, horizontalmente, com movimento uniforme. As esferas atingem a prancha em pontos que distam 2,0 m. Considere que as esferas caem com aceleração constante de módulo igual a 10 m/s² e determine, em m/s, a velocidade escalar da prancha.

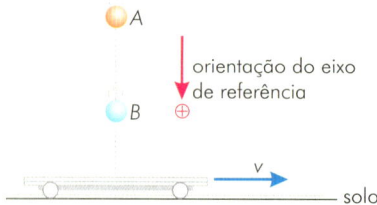

45. Dois trens de carga, um carregado de explosivos e outro carregado de combustível nuclear, cada qual com velocidade escalar de módulo igual a 72 km/h, seguem em linha reta aproximando-se um do outro sobre os mesmos trilhos. Os maquinistas dos dois trens percebem simultaneamente o perigo no momento em que a distância entre os trens é de 150 m. Suponha que os dois maquinistas percam, simultaneamente, o mesmo intervalo de tempo de 0,20 s desde o instante mencionado acima até o momento em que os freios são acionados. A ação dos freios é uniforme e igual nos dois trens, ou seja, os módulos de suas desacelerações são iguais, o que faz cada trem parar após percorrer 50 m. Com base nos dados fornecidos pelo enunciado, julgue a veracidade das afirmações a seguir.

(1) A colisão dos trens será inevitável.
(2) Os trens param 5,20 s após os maquinistas perceberem o perigo, não havendo, portanto, colisão.
(3) A colisão ocorre 10,40 s após os maquinistas perceberem o perigo.
(4) Os trens param a 42 m um do outro.

46. Um móvel, partindo do repouso, sai da extremidade A de um segmento AB de 300 m, com aceleração escalar constante de 3,0 m/s², rumo à extremidade B. Outro móvel parte da mesma extremidade A, cinco segundos depois, também com aceleração escalar constante de 3,0 m/s². Calcule, em m/s, a velocidade escalar inicial do segundo móvel, sabendo que ele alcança o primeiro no ponto médio do segmento AB.

47. Três carros percorrem uma estrada plana e reta, com as velocidades em função do tempo representadas pelo gráfico ao lado. No instante $t_0 = 0$, os três carros passam por um semáforo. A 140 m desse semáforo, há outro sinal luminoso permanentemente vermelho. Quais os carros que ultrapassarão o segundo sinal?

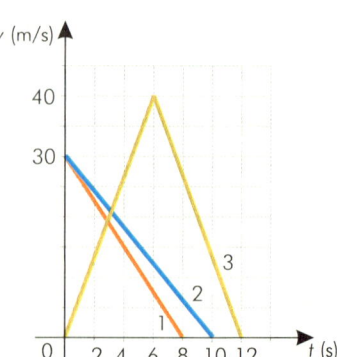

Exercícios Complementares

48. Um móvel que se desloca sobre uma trajetória retilínea tem posição, no decorrer do tempo, dada pelo gráfico abaixo.

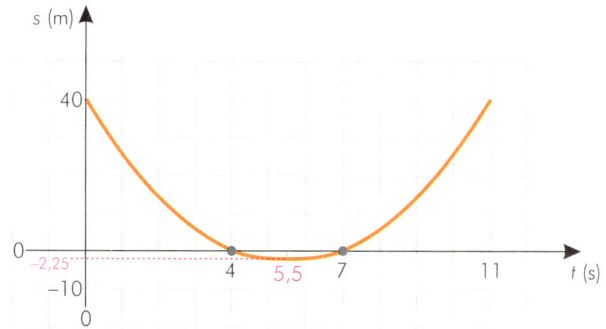

Determine, em unidades SI:
a) a posição inicial do móvel;
b) os instantes em que o móvel passa pela origem dos espaços;
c) o instante em que o móvel inverte seu sentido de movimento;
d) a posição do móvel no instante em que inverte seu sentido de movimento;
e) o intervalo de tempo em que o movimento descrito pelo móvel é acelerado.

49. (UnB – DF) O gráfico a seguir representa a velocidade em função do tempo para um corpo em movimento retilíneo. Com base nesta representação, julgue os itens a seguir.

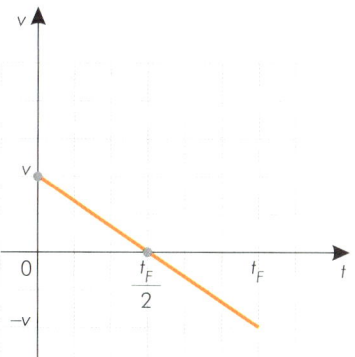

(1) De 0 a $\dfrac{t_F}{2}$ o movimento é acelerado.
(2) De $\dfrac{t_F}{2}$ a t_F o movimento é retardado.
(3) A aceleração escalar do móvel é constante.
(4) O gráfico pode representar a velocidade de um corpo em queda livre, abandonado a partir do repouso.
(5) O gráfico pode representar a velocidade de uma pedra lançada verticalmente para cima que volta ao solo.

50. (UnB – DF) Uma partícula A move-se ao longo da linha $y = d$, onde $d = 30$ m, com velocidade constante de módulo igual a 3,0 m/s, paralela ao eixo x. Uma segunda partícula B parte da origem, com velocidade inicial nula e aceleração constante e igual a 0,40 m/s², no mesmo instante em que a partícula A passa pelo eixo y. Qual deve ser o ângulo θ, entre a aceleração a e o eixo y, para que as partículas A e B possam colidir?

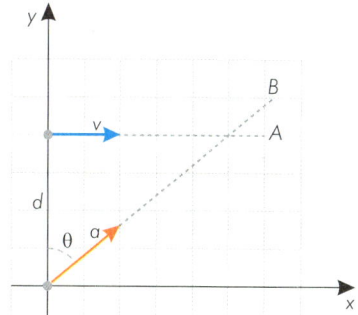

51. (UnB – DF) Um motorista cuidadoso trafega na L2 Norte, na altura da UnB, a 60 km/h, como estabelece a legislação de trânsito, quando viu acender a luz de advertência do semáforo, momento em que pressionou suavemente os freios, de forma a imprimir uma desaceleração constante no seu veículo de 1.500 kg de massa. Decorridos 5,0 s, o carro encontrava-se a 20 km/h, instante em que o motorista viu, pelo espelho retrovisor, um outro veículo se aproximando em velocidade alta e constante. Temeroso de ser abalroado por trás, acelerou o seu carro e, em 2,0 s, retornou à velocidade anterior e ultrapassou o semáforo ainda com a luz amarela.

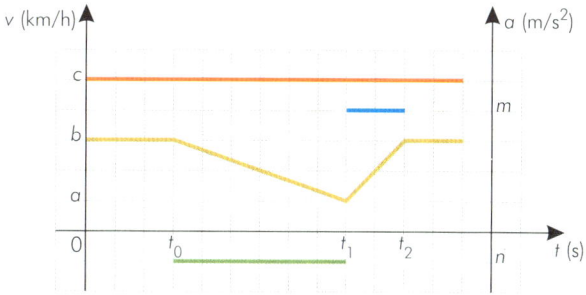

O outro veículo, apesar de trafegar com maior velocidade, ultrapassou o semáforo com a luz vermelha, sendo seu condutor, por isso, multado por um policial que se encontrava no local munido de um radar. O policial esboçou no gráfico representado acima a evolução das acelerações e velocidades dos dois veículos.

Com relação ao gráfico apresentado, julgue os itens seguintes:

(1) n corresponde à declividade do segmento de reta que une os pontos de coordenadas (t_0, b) e (t_1, a).
(2) c é a aceleração do veículo conduzido pelo motorista imprudente.
(3) entre os instantes t_0 e t_2, o motorista cuidadoso percorreu uma distância superior a 75 m.
(4) o produto $m \cdot (t_2 - t_1)$ corresponde à variação de velocidade do veículo do motorista prudente no intervalo de tempo entre t_1 e t_2.

4 Aplicações do Movimento Uniformemente Variado

4.1. Queda dos Corpos

Entre os diversos movimentos que ocorrem na natureza, houve sempre interesse no estudo do movimento de queda dos corpos próximos à superfície terrestre. Quando abandonamos um objeto de certa altura, podemos verificar que, ao cair, o módulo de sua velocidade escalar aumenta com o decorrer do tempo, isto é, o seu movimento é acelerado. Se lançamos o objeto para cima, o módulo de sua velocidade diminui com o decorrer do tempo, isto é, o movimento de subida de um corpo próximo da superfície terrestre é retardado.

O grande filósofo Aristóteles, aproximadamente 300 anos antes de Cristo, acreditava que, abandonando corpos leves e pesados de uma mesma altura, seus tempos de queda não seriam iguais: os corpos mais pesados alcançariam o solo antes dos mais leves. A crença nessa afirmação perdurou por quase 2 mil anos. Isso ocorreu em virtude da grande influência do pensamento aristotélico em várias áreas do conhecimento. Um estudo mais minucioso do movimento de queda dos corpos só veio a ser realizado pelo grande físico Galileu Galilei, no século XVII.

Há uma história lendária que diz que Galileu descobriu esse efeito ao perceber que dois corpos, de massas diferentes, abandonados simultaneamente da torre inclinada de Pisa, na Itália, atingiram o solo no mesmo instante. Apesar da evidência das experiências realizadas por Galileu, muitos dos seguidores do pensamento aristotélico não se deixaram convencer, sendo Galileu alvo de perseguições por pregar ideias consideradas revolucionárias.

4.2. Queda Livre dos Corpos

Como você já deve ter percebido muitas vezes, ao deixarmos cair uma pedra e uma folha de papel, a pedra cai mais depressa, como afirmava Aristóteles, que dizia que corpos de massas diferentes abandonados de uma mesma altura tinham seus tempos de queda diferentes, sendo que os corpos mais pesados alcançariam o solo antes dos mais leves. Entretanto, podemos mostrar que isso se dá porque o ar exerce um efeito retardador na queda de qualquer objeto e que esse efeito apresenta maior influência sobre o movimento da folha de papel do que sobre o movimento da pedra. De fato, se deixarmos cair a pedra e a folha de papel dentro de um tubo do qual se retirou o ar, verificaremos que os dois objetos caem simultaneamente, como afirmava Galileu (Figura 4-1).

A torre inclinada de Pisa, na Itália, é famosa pelos experimentos sobre a queda dos corpos, que teriam sido realizados por Galileu Galilei.

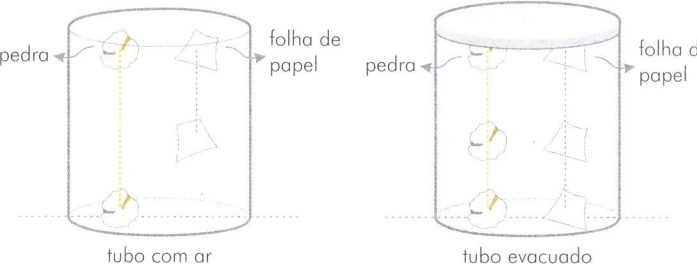

FIGURA 4-1.

> **IMPORTANTE**
>
> O termo *queda livre* é usado para movimentos verticais de descida sob ação exclusiva da gravidade.

Você deve estar se perguntando como é possível pensarmos em queda de um corpo sem considerar a resistência do ar. De fato, em algumas situações é fundamental a resistência do ar; por exemplo, no salto de um paraquedista. Já em outras situações, como no lançamento de uma pequena esfera de aço, o ar interfere tão pouco no seu movimento que pode ser desprezado. Então, para uma esfera de metal, uma pedra ou até mesmo determinado pedaço de madeira, a queda no ar ocorre, praticamente, como se os corpos estivessem caindo no vácuo; isto é, abandonados de uma mesma altura, no ar, esses corpos caem simultaneamente.

Em uma situação do dia a dia, se você deixasse cair, ao mesmo tempo, uma bolinha de tênis e uma folha de papel, com certeza a bolinha chegaria primeiro ao solo. Isso acontece porque o ar impõe uma resistência maior ao movimento da folha de papel; no entanto, se você amassasse a folha, transformando-a em uma pequena bola, de modo que diminuísse sua superfície, a resistência imposta pelo ar diminuiria, e o papel cairia quase tão rápido quanto a bolinha. Na ausência de ar, isto é, no vácuo, a bolinha e o papel chegariam juntos ao solo.

Uma pena e uma maçã, submetidas à gravidade no vácuo, caem ao mesmo tempo.

Leitura Complementar

Galileu Galilei (1564-1642), físico e astrônomo italiano, investigou o movimento dos corpos em queda livre (inclusive o dos projéteis) e o movimento de um corpo sobre um plano inclinado. Estabeleceu o conceito de movimento relativo e notou que as oscilações de um pêndulo poderiam ser usadas para medições de intervalos de tempo. Depois da invenção do telescópio, disse: "Tenho agora prova visual do que já sabia por meio do meu entendimento". Galileu fez muitas descobertas importantes em Astronomia: descobriu quatro luas de Júpiter e muitas estrelas, investigou a natureza da superfície da Lua, descobriu as manchas do Sol e as fases de Vênus e mostrou que a Via Láctea era constituída por enorme número de estrelas.

Por mais estranho e intrigante que possa parecer, o fato é que, no vácuo, todos os corpos, quando abandonados de certa altura, atingirão o solo ao mesmo tempo e com a mesma velocidade, independentemente de sua massa, formato ou do material de que são feitos.

Em 2 de agosto de 1971, uma experiência que comprovava a teoria descrita por Galileu foi realizada na superfície lunar pelo astronauta David Scott. Ele soltou, simultaneamente, um martelo de geólogo e uma pena de falcão, e os dois corpos caíram emparelhados no solo lunar, comprovando, assim, séculos depois, a afirmação de Galileu sobre a queda dos corpos no vácuo. O movimento vertical para baixo, descrito por um corpo nas proximidades do solo, que ocorra no vácuo ou quando se considere desprezível a resistência imposta pelo ar, é chamado *queda livre*.

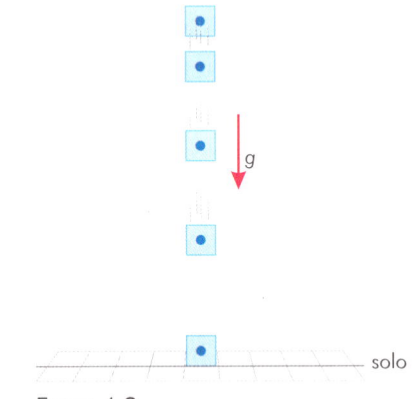

FIGURA 4-2.

4.3. A Aceleração da Gravidade

Conforme já foi dito, o movimento de queda livre é um movimento provido de aceleração. Galileu conseguiu, com suas experiências, verificar que esse é um *Movimento Uniformemente Variado*, isto é, na queda livre o corpo tem *aceleração constante*. Essa aceleração, denominada **aceleração da gravidade**, é representada pelo símbolo g (Figura 4-2).

A aceleração da gravidade não é a mesma em todos os lugares da Terra. Ela varia com a latitude e com a altitude. Ela aumenta quando se passa do equador ($g = 9,78039$ m/s²) para os polos ($g = 9,83217$ m/s²). Ela diminui quando se vai da base de uma montanha para o seu cume.

O valor da *aceleração da gravidade* (g) em um lugar situado ao nível do mar e à latitude de 45° chama-se **aceleração normal da gravidade**.

Se trabalharmos com apenas dois algarismos significativos, poderemos considerar o valor de (g) como o mesmo para todos os lugares da Terra. Esse valor é $g = 9,8$ m/s².

Para facilitar os cálculos, usaremos, muitas vezes, o valor aproximado $g = 10$ m/s².

Na Lua, o homem está submetido a um sexto da gravidade que atua sobre ele na superfície da Terra.

4.4. As Funções Horárias que Descrevem o Movimento de Queda Livre

O movimento de **queda livre** não existe no nosso cotidiano porque é impossível evitar a influência da resistência do ar. É possível obtê-lo em laboratório em um dispositivo conhecido como tubo de Newton, no qual se consegue o vácuo retirando-se o ar com uma bomba de sucção. No entanto, pode-se considerar, com boa aproximação, como sendo um movimento de queda livre o movimento descrito por um pequeno corpo maciço de forma esférica, caindo de uma pequena altura próxima da superfície da Terra.

Durante o movimento de *queda livre*, uma única força age sobre o corpo: o seu peso. Como, no caso, a força peso age no mesmo sentido do movimento, teremos um Movimento Retilíneo Uniformemente Variado Acelerado (MRUV). Dessa forma, podemos usar as funções matemáticas que o descrevem, vistas no capítulo anterior.

Para facilitar o estudo do movimento de queda livre, podemos substituir algumas variáveis:

- Como a trajetória descrita pelo corpo é sempre retilínea e vertical, a variável s, que representa a posição, será substituída pela variável H, associada ao eixo vertical.
- O módulo da aceleração do corpo em queda é igual ao módulo da aceleração da gravidade (g).
- O eixo de referência é um eixo vertical, orientado para baixo, com a origem fixada no ponto onde o corpo será abandonado.
- Nas condições acima: a posição inicial do corpo é nula ($H_0 = 0$); a sua velocidade escalar inicial é nula ($v_0 = 0$); e, como a aceleração da gravidade (g) é orientada verticalmente para baixo, o seu valor será sempre positivo (Figura 4-3).

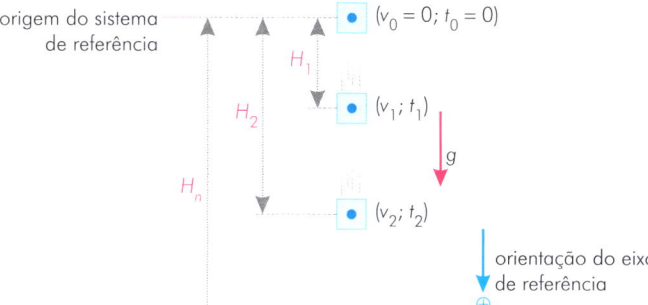

Figura 4-3. Sistema de referência para o movimento de queda livre, com orientação do eixo de referência de cima para baixo.

A Tabela 4-1 reúne as principais funções do MRUV e as funções do movimento de queda livre.

Tabela 4-1. Principais funções do MRUV e de queda livre.

Funções	MRUV	Queda livre
Posição em relação ao tempo	$s = s_0 + v_0 \cdot t + \frac{1}{2} a \cdot t^2$	$H = \frac{1}{2} g \cdot t^2$
Velocidade em relação ao tempo	$v = v_0 + a \cdot t$	$v = g \cdot t$
Velocidade em relação à posição (equação de Torricelli)	$v^2 = v_0^2 + 2a \cdot \Delta s$	$v^2 = 2g \cdot \Delta H$

Exercício Resolvido

1. Um objeto de pequenas dimensões é abandonado, a partir do repouso, de uma altura de 90 m em relação ao solo. Despreze quaisquer efeitos de forças resistivas durante o movimento de queda do objeto e adote o módulo da aceleração da gravidade local igual a 10 m/s².

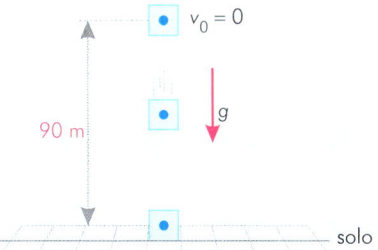

a) Calcule, em m/s, o módulo da velocidade com que o objeto atinge o solo.
b) Qual o intervalo de tempo de duração da queda do objeto, em segundos?

Resolução:
O movimento descrito pelo objeto durante a queda é uniformemente variado, com aceleração constante e de módulo igual a 10 m/s². De acordo com o referencial adotado, temos os seguintes dados: $v_0 = 0$; $a = g = 10$ m/s²; $h_0 = 0$ e $H = 90$ m.

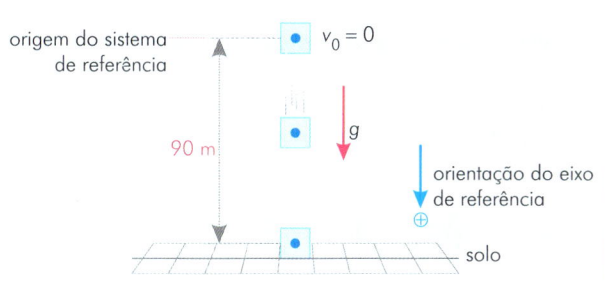

a) Usando a equação de Torricelli:

$$v^2 = v_0^2 + 2a \cdot \Delta s \Rightarrow v^2 = 0^2 + 2 \cdot 10 \cdot 90$$

$$v = \sqrt{1.800}$$

$$v = 30 \cdot \sqrt{2} \text{ m/s} \cong 42,4 \text{ m/s}$$

b) Usando a função horária das posições ocupadas pelo objeto:

$$H = h_0 + v_0 \cdot t + \frac{1}{2} a \cdot t^2$$

$$90 = 0 + 0t + \frac{1}{2} \cdot 10 t^2$$

$$90 = 5t^2$$

$$\frac{9}{5} = t^2 \Rightarrow t = \sqrt{18} \therefore t = 3 \cdot \sqrt{2} \text{ s} \cong 4,24 \text{ s}$$

Exercícios Propostos

2. Um pequeno objeto é abandonado, a partir do repouso, do alto de uma torre de telefonia celular de 180 m de altura em relação ao solo. Considere o módulo da aceleração da gravidade igual a 10 m/s², despreze todas as resistências passivas durante a queda do objeto, adote como origem dos espaços o ponto onde o objeto foi abandonado e o sentido do eixo de referência desse ponto para o solo. Pede-se:

> **IMPORTANTE**
> Não se esqueça de adotar o referencial com origem e orientação.

a) a função horária das posições ocupadas pelo objeto no seu movimento de queda;
b) a sua função horária da velocidade;
c) o instante, em segundos, em que o objeto atinge o solo, contado a partir do instante em que o objeto foi abandonado;
d) o módulo da velocidade escalar do objeto ao atingir o solo, em m/s.

3. Um corpo é abandonado, a partir do repouso, do alto de um edifício e gasta 3,0 s para chegar ao solo. Considere o módulo da aceleração da gravidade de 10 m/s² e despreze a resistência do ar.

a) Qual é a altura, em metros, do edifício?
b) Qual é o módulo da velocidade escalar, em m/s, com que o corpo atinge o solo?
c) Esboce os gráficos posição *versus* tempo e velocidade *versus* tempo que descrevem o movimento desse corpo.

4. Uma pequena esfera de chumbo é abandonada, a partir do repouso, de uma altura de 1,8 m acima da superfície da água de uma piscina e atinge o seu fundo 0,8 s após o abandono. Sabe-se que abaixo da superfície da água a esfera se move com a mesma velocidade escalar com que a atingiu. Abandona-se novamente a esfera do mesmo lugar, com a piscina vazia. Qual o tempo gasto para a esfera atingir o fundo da piscina, em segundos? Considere o módulo da aceleração da gravidade igual a 10,0 m/s². Despreze quaisquer efeitos de forças resistivas nas situações de queda da esfera no ar.

5. De um telhado caem gotas de chuva, separadas por intervalos de tempo iguais entre si. No momento em que a 5.ª gota se desprende, a 1.ª toca o solo. Qual é a distância, em metros, que separa as duas últimas gotas (4.ª e 5.ª) nesse instante, se a altura do telhado é de 20 m? Considere o módulo da aceleração da gravidade igual a 10,0 m/s² e despreze a resistência do ar durante a queda das gotas.

4.5. Lançamento Vertical no Vácuo

Vejamos, agora, o movimento de um corpo lançado verticalmente para cima, ou para baixo, com velocidade inicial (v_0), próximo da superfície da Terra. Desprezando a resistência do ar, observamos que, à medida que o corpo sobe, o módulo de sua velocidade escalar vai diminuindo até ela se tornar nula, instante em que tem início o movimento de descida em queda livre. À medida que ele desce, o módulo de sua velocidade escalar vai aumentando até atingir seu valor máximo quando estiver na iminência de atingir o solo.

Qualquer corpo lançado verticalmente para cima ou para baixo, quando desprezamos a resistência do ar, sofre uma aceleração ou desaceleração constante, cujo módulo é igual ao módulo da aceleração de qualquer corpo que cai em queda livre. Então, podemos afirmar que esses corpos descrevem Movimento Retilíneo Uniformemente Variado (MRUV), que obedecem às funções matemáticas já descritas anteriormente.

Para cada situação, é necessário que inicialmente se estabeleçam a orientação do eixo de referência e o ponto que vai ser tomado como origem desse eixo de referência.

Se o eixo de referência for orientado para cima, a aceleração da gravidade (g) terá seu valor sempre negativo, independentemente do movimento de descida ou de subida do corpo, porque a orientação dessa aceleração é sempre vertical para baixo (Figuras 4-4A e 4-4B).

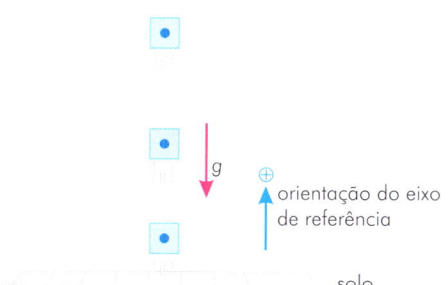
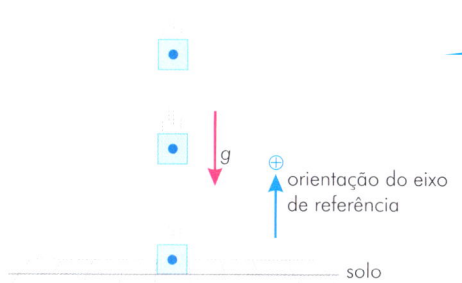

IMPORTANTE
Se o eixo de referência for orientado para cima – não importa se o corpo está subindo ou descendo –, a aceleração da gravidade será sempre negativa.

Figura 4-4A. Durante a **subida**, o movimento descrito pelo corpo tem velocidade escalar positiva ($v > 0$) e aceleração da gravidade negativa ($g < 0$), portanto, o seu movimento é retardado.

Figura 4-4B. Durante a **descida**, o movimento descrito pelo corpo tem velocidade escalar negativa ($v < 0$) e aceleração da gravidade negativa ($g < 0$), portanto, o seu movimento é acelerado.

Se o eixo de referência for orientado para baixo, a aceleração da gravidade (g) terá seu valor sempre positivo, independentemente do movimento de descida ou de subida do corpo, porque a orientação dessa aceleração é sempre vertical para baixo (Figuras 4-5A e 4-5B).

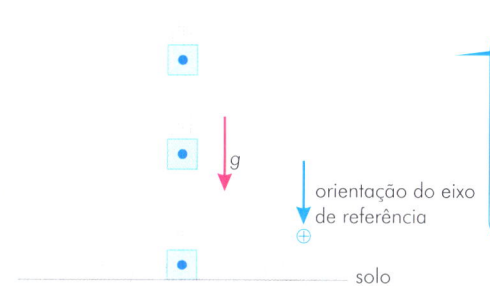

IMPORTANTE
Se o eixo de referência for orientado para baixo – não importa se o corpo está subindo ou descendo –, a aceleração da gravidade será sempre positiva.

Figura 4-5A. Durante a **subida**, o movimento descrito pelo corpo tem velocidade escalar negativa ($v < 0$) e aceleração da gravidade positiva ($g > 0$), portanto, o seu movimento é retardado.

Figura 4-5B. Durante a **descida**, o movimento descrito pelo corpo tem velocidade escalar positiva ($v > 0$) e aceleração da gravidade positiva ($g > 0$), portanto, o seu movimento é acelerado.

No estudo dos movimentos verticais, devemos usar as funções matemáticas do Movimento Uniformemente Variado (MUV), com as seguintes modificações nos símbolos das grandezas envolvidas:

- Como a trajetória descrita pelo corpo é sempre retilínea e vertical, a variável s, que representa a posição, será substituída pela variável H, associada ao eixo vertical.
- O módulo da aceleração do corpo em movimento é igual ao módulo da aceleração da gravidade (g).
- O eixo de referência é um eixo vertical, orientado para cima ou para baixo conforme a escolha feita pelo aluno na hora das aplicações. Essa escolha deve ser feita com o intuito de facilitar o seu trabalho.
- A origem do sistema de referência também é escolha do aluno na hora da aplicação, seguindo o descrito no tópico anterior.

IMPORTANTE
As funções usadas são:
$$H = H_0 + v_0 \cdot t + \frac{1}{2} g \cdot t^2$$
ou
$$\Delta H = v_0 \cdot t + \frac{1}{2} g \cdot t^2$$
$$v = v_0 + g \cdot t$$
$$v^2 = v_0^2 + 2g \cdot \Delta H$$

Exercício Resolvido

6. Uma pedra, no instante $t_0 = 0$, é lançada verticalmente para cima a partir de um ponto situado 25 m acima do solo, suposto horizontal, em um local onde a aceleração da gravidade tem módulo igual a 10 m/s². A velocidade de lançamento da pedra tem módulo igual a 20 m/s e a resistência do ar sobre a pedra pode ser desprezada.

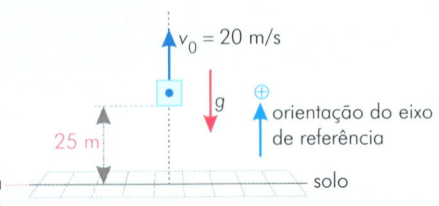

a) Calcule, em segundos, o instante em que a pedra atinge a altura máxima, contado a partir do instante de lançamento.
b) Calcule, em metros, a altura máxima atingida pela pedra em relação ao solo.
c) Calcule, em segundos, o instante em que a pedra atinge o solo, contado a partir do instante de lançamento.
d) Calcule, em m/s, o módulo da velocidade da pedra no instante em que ela atinge o solo.

Resolução:

O movimento descrito pela pedra durante a queda é uniformemente variado, com aceleração constante e de módulo igual a 10 m/s². De acordo com o referencial adotado, temos os seguintes dados:

$$v_0 = 20 \text{ m/s}; \quad a = -g = -10 \text{ m/s}^2; \quad h_0 = 25 \text{ m}$$

As funções horárias que descrevem o movimento da pedra, de acordo com o referencial adotado, são:

I) Função horária das posições ocupadas pela pedra:

$$H = h_0 + v_0 \cdot t + \frac{1}{2} a \cdot t^2$$
$$H = 25 + 20t - 5t^2$$

II) Função horária da velocidade:

$$v = v_0 + a \cdot t \Rightarrow v = 20 - 10t$$

a) No instante em que a pedra atinge a altura máxima, $v = 0$. Portanto:

$$0 = 20 - 10t \Rightarrow t = 2 \text{ s}$$

b) A altura máxima pode ser obtida substituindo $t = 2$ s na função $H = 25 + 20t - 5t^2$. Portanto:

$$H_{máx.} = 25 + 20 \cdot (2) - 5 \cdot (2)^2$$
$$H_{máx.} = 25 + 40 - 20$$
$$H_{máx.} = 45 \text{ m}$$

c) No instante em que a pedra atinge o solo, temos que $H = 0$. Então:

$$0 = 25 + 20t - 5t^2 \Rightarrow t^2 - 4t - 5 = 0$$

Resolvendo a equação:

$$\Delta = b^2 - 4ac$$
$$\Delta = (-4)^2 - 4 \cdot (1) \cdot (-5) = 16 + 20 = 36$$
$$t = \frac{-b \pm \sqrt{\Delta}}{2a} = \frac{-(-4) \pm \sqrt{36}}{2 \cdot (1)} = \frac{4 \pm 6}{2}$$
$$t' = \frac{4+6}{2} = 5 \text{ s}$$
$$t'' = \frac{4-6}{2} = -1 \text{ (não convém)}$$

Portanto, a pedra permanece em movimento durante um intervalo de tempo de 5,0 s.

d) Substituindo $t = 5$ s na função $v = 20 - 10t$, encontramos a velocidade escalar da pedra no instante em que ela atinge o solo. Então:

$$v = 20 - 10 \cdot (5) \Rightarrow v = 20 - 50 \therefore v = -30 \text{ m/s}$$

Sendo assim, o módulo da velocidade escalar da pedra no instante em que ela atinge o solo é igual a 30 m/s.

Exercícios Propostos

IMPORTANTE
Quando você adotar o referencial, já pode colocar o sinal das grandezas escalares com que está trabalhando.

7. Uma pequena esfera é lançada verticalmente para cima, a partir do solo, com velocidade escalar inicial de módulo 40 m/s. Desprezando as resistências passivas e considerando o módulo da aceleração da gravidade igual a 10 m/s², pedem-se, em unidades SI:

a) o instante em que a esfera atinge a altura máxima, contado a partir do instante de lançamento;
b) a altura máxima atingida pela esfera, em relação ao solo;
c) o intervalo de tempo gasto pela esfera para retornar ao solo, contado a partir do instante em que ela foi lançada;
d) os esboços dos gráficos das velocidades e das posições ocupadas por esse móvel nos diagramas $v \cdot t$ e $s \cdot t$, respectivamente, no intervalo de tempo de 8 s. Considere a origem das posições no ponto de lançamento e o eixo de referência orientado para cima.

Exercícios Propostos

8. Um avião integrante de uma esquadrilha faz exercícios de treinamento para uma apresentação. Em uma das manobras, o piloto, a 50 m do solo, inclina o avião quase na vertical, subindo com velocidade constante de módulo igual a 360 km/h. Após alguns segundos, observa-se que um parafuso se desprende de alguma parte do avião, chegando ao solo após 25 s, contados a partir do exato momento em que ele se desprende do avião. Despreze a resistência do ar, considere a trajetória do avião na manobra retilínea e determine, em metros, a altura, em relação ao solo, da qual o parafuso se desprendeu do avião. Considere o módulo da aceleração da gravidade igual a 10,0 m/s².

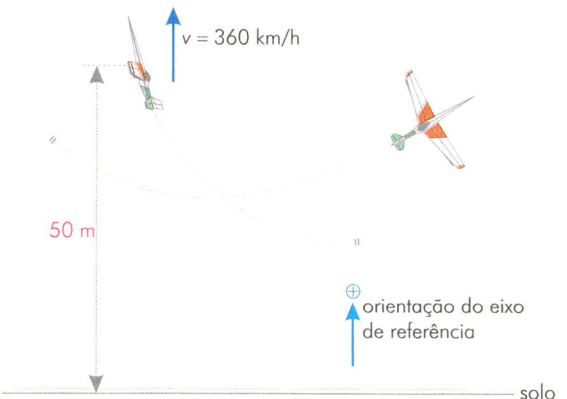

9. Um menino debruçado sobre a sacada de seu apartamento lança um objeto verticalmente para baixo e, cronometrando o tempo de queda desse objeto, verifica que ele gasta 3 s para atingir o solo.

Sabendo que a distância que separa o ponto de lançamento e o solo (suposto horizontal) é 90 m, determine, em m/s, o módulo da velocidade de lançamento do objeto. Considere o módulo da aceleração da gravidade igual a 10 m/s² e despreze a resistência do ar.

10. Um estudante, desejando testar por si mesmo a lei da gravidade, atira-se do alto de um arranha-céu de 500 m, levando um cronômetro em sua mão. Depois de 1,0 segundo, o Super-Homem aparece e lança-se do mesmo local para salvá-lo.

Determine qual deve ser o módulo da velocidade inicial do Super-Homem, em m/s, a fim de agarrar o estudante justamente antes de tocar o solo.

Na situação descrita, despreze a resistência do ar e considere o módulo da aceleração do Super-Homem igual ao módulo de qualquer corpo caindo livremente, próximo da superfície da Terra.

Considere o módulo da aceleração da gravidade igual a 10 m/s².

Exercícios Complementares

11. Uma pequena esfera de metal é abandonada, de certa altura, e cai verticalmente em queda livre em direção ao solo, supostamente horizontal. Sabe-se que a velocidade com que a esfera atinge o solo tem módulo igual a 60 m/s. Desprezando a resistência do ar e considerando o módulo da aceleração da gravidade de 10 m/s², determine, em metros, a medida da altura, em relação ao solo, da qual a esfera foi abandonada.

12. Um menino, ao brincar próximo a um poço, abandona uma pedra e 9,0 s depois ouve o som emitido quando a pedra atinge a superfície tranquila da água do poço. Sabendo que o som se propaga no ar com velocidade de módulo igual a 320 m/s, que a profundidade do poço é de 320 m, que o módulo da aceleração da gravidade é de 10 m/s² e que a resistência do ar pode ser desprezada, pede-se, em unidades SI:

a) o intervalo de tempo gasto pelo som para chegar até o menino, contado a partir do instante em que a pedra atinge a superfície da água;

b) o intervalo de tempo gasto pela pedra para atingir a superfície da água;

c) o módulo da velocidade com que a pedra atinge a superfície da água.

13. Um garoto que se encontra em uma ponte está 20 m acima da superfície de um rio. No instante em que a proa (parte da frente) de um barco, com movimento retilíneo e uniforme, atinge a vertical que passa pelo garoto, ele abandona uma pedra, que atinge o barco em um ponto localizado a 4,2 m do ponto visado. Desprezando a resistência do ar e considerando o módulo da aceleração da gravidade igual a 10 m/s², determine, em m/s, o módulo da velocidade do barco em relação a um observador fixo no solo.

14. Uma torneira mal fechada pinga a intervalos de tempo iguais. A figura ao lado mostra a situação no instante em que uma das gotas está se soltando. Supondo que cada pingo abandone a torneira com velocidade escalar nula e desprezando a resistência do ar, qual a razão $\dfrac{A}{B}$ entre as distâncias mostradas na figura (fora de escala)? Considere o módulo da aceleração da gravidade de 10 m/s².

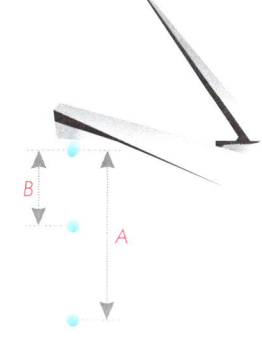

Exercícios Complementares

15. Sabemos que a distância que um corpo percorre em queda livre, quando abandonado a partir do repouso, é diretamente proporcional ao quadrado do tempo gasto para percorrê-la. Ou seja, ela pode ser expressa pela função matemática $H = 0,5g \cdot t^2$, em que g é o módulo da aceleração da gravidade local. Sabendo que uma pequena esfera é abandonada de determinada altura, em um local em que a aceleração da gravidade tem módulo igual a 10 m/s^2, qual a distância, em metros, que ela percorrerá entre os instantes $t_1 = 0,2$ s e $t_2 = 0,3$ s, contados a partir do momento em que ela foi solta?

16. (UNICAMP – SP) Um malabarista de circo deseja ter três bolas no ar em todos os instantes. Ele arremessa uma bola a cada 0,4 s. Considere o módulo da aceleração da gravidade igual a 10,0 m/s^2 e despreze a resistência do ar durante o movimento descrito pelas bolas.
 a) Quanto tempo cada bola permanece no ar, em segundos?
 b) Qual o módulo da velocidade inicial com que o malabarista deve lançar cada bola para cima, em m/s?
 c) A que altura se elevará cada bola em relação às suas mãos, em metros?

17. Uma pedra é lançada verticalmente para cima, com velocidade escalar de módulo igual a 54 km/h, a partir de um ponto P, situado 20 m acima do solo. Considere o módulo da aceleração da gravidade igual a 10,0 m/s^2 e despreze a resistência do ar durante todo o movimento da pedra. Determine, em unidades SI:
 a) o intervalo de tempo gasto pela pedra para atingir a altura máxima;
 b) a altura máxima atingida pela pedra em relação ao solo;
 c) o módulo da velocidade da pedra imediatamente antes de atingir o solo.

18. De dois pontos, A e B, situados sobre a mesma vertical, respectivamente, a 45 m e 20 m da superfície de uma prancha, deixam-se cair, no mesmo instante, duas pequenas esferas. A prancha desloca-se no solo, suposto plano e horizontal, com movimento uniforme. Observa-se que as esferas atingem essa prancha em pontos que distam 2,0 m. Nessas condições, supondo o módulo da aceleração da gravidade de 10 m/s^2 e desprezando a resistência do ar, qual o módulo da velocidade escalar da prancha, em m/s?

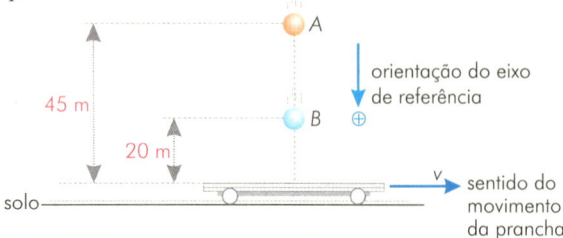

19. Um corpo é abandonado em um ponto O, em uma região onde se pode considerar desprezível a resistência do ar, e os pontos A, B, C e D são tais que decorrem tempos iguais entre as passagens do corpo por dois pontos consecutivos quaisquer.

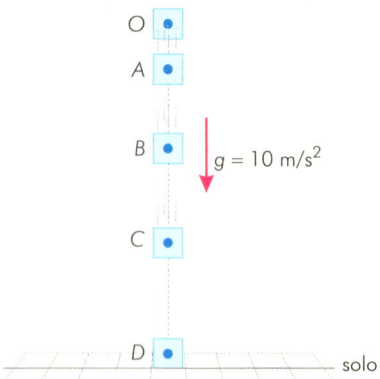

Sendo a medida do segmento $OD = 720$ m, determine, em metros, a medida do segmento BC. Considere o módulo da aceleração da gravidade igual a 10,0 m/s^2 e despreze a resistência do ar durante todo o movimento do corpo.

20. Um elevador desce, com velocidade escalar de módulo 2,0 m/s, quando o cabo de sustentação se rompe. Qual o módulo da velocidade escalar do elevador, em m/s, após a queda livre de 0,25 m? Considere o módulo da aceleração da gravidade de 10 m/s^2.

21. Uma pedra é lançada verticalmente para cima, do topo de um edifício suficientemente alto, com velocidade de módulo 29,4 m/s. Decorridos 4,0 s, deixa-se cair outra pedra da mesma posição de lançamento da primeira. Contando a partir do instante de lançamento da segunda, desprezando-se a resistência do ar e considerando o módulo da aceleração da gravidade de 9,80 m/s^2, qual o instante, em segundos, em que a primeira pedra passará pela segunda?

22. De um helicóptero que desce verticalmente é abandonado um pequeno objeto, em um ponto a 100 m do solo. Sabendo que o objeto leva 4,0 s para atingir o solo e supondo o módulo da aceleração da gravidade de 10 m/s^2, desprezando a resistência do ar, qual o módulo da velocidade escalar, em m/s, de descida do helicóptero no momento em que o objeto é abandonado?

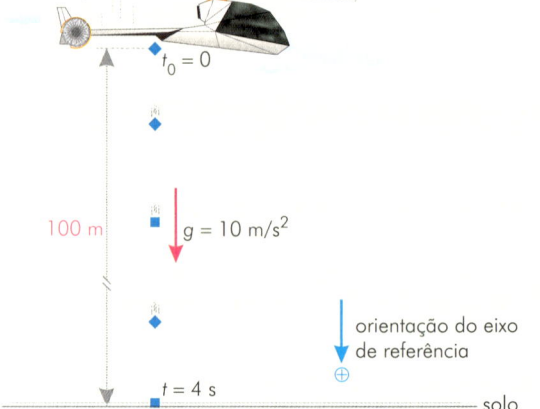

Exercícios Complementares

23. Uma pedra é arremessada verticalmente, para cima, com velocidade escalar inicial de 60 m/s. Após 1,0 s, uma segunda pedra é arremessada, também de baixo para cima, com velocidade de mesmo módulo e da mesma posição de lançamento da primeira pedra. Desprezando a resistência do ar e considerando o módulo da aceleração da gravidade de 10 m/s², determine, em unidades SI:

   a) o instante de encontro entre as pedras, contado a partir do instante em que a primeira pedra foi lançada;
   b) o deslocamento sofrido pela primeira pedra até o instante de encontro, em relação à posição de lançamento;
   c) o módulo das velocidades escalares das pedras no instante de encontro.

24. A seguir são feitas afirmações sobre o movimento de pequenos corpos próximos da superfície terrestre, desprezando qualquer ação de forças resistivas durante o movimento desses corpos. Julgue a veracidade dessas afirmações.

   (1) Enquanto uma pedra sobe verticalmente no campo gravitacional terrestre, depois de ter sido lançada para cima, o módulo da sua aceleração escalar aumenta.
   (2) Um corpo lançado verticalmente de baixo para cima possui, no ponto de altura máxima, velocidade e aceleração nulas.
   (3) Uma torneira, situada a uma altura de 1,0 m acima do solo, pinga lentamente à razão de três gotas por minuto. O módulo da velocidade de cada gota ao atingir o solo é de 20 m/s. Considere o módulo da aceleração da gravidade igual a 10 m/s².
   (4) Dois objetos são abandonados de uma mesma altura e caem em queda livre próximo da superfície terrestre. Podemos afirmar que o corpo de maior massa atingirá o solo primeiro.
   (5) Um objeto lançado verticalmente para cima na superfície lunar atinge uma altura máxima superior àquela atingida se fosse lançado na superfície terrestre, com a mesma velocidade de lançamento.

25. Julgue a veracidade das afirmações a seguir.

   (1) Um tijolo cai do alto de um prédio em construção e leva 4,0 s para atingir o solo. Considerando o módulo da aceleração da gravidade de 10 m/s² e desprezando-se as resistências impostas pelo ar ao movimento descrito pelo tijolo, podemos afirmar que a velocidade escalar desse tijolo, imediatamente antes de atingir o solo, tem módulo inferior a 100 km/h.
   (2) Um objeto, ao ser lançado verticalmente para cima, atinge a altura máxima em um intervalo de tempo Δt. Em qualquer situação, esse objeto gasta o mesmo intervalo de tempo Δt para retornar da altura máxima até o ponto de lançamento.
   (3) Um corpo é lançado, verticalmente para baixo, do alto de uma elevação de 90 m de altura, com velocidade escalar inicial de módulo igual a 20 m/s. O módulo da velocidade escalar e a altura do corpo, 2,0 s após o lançamento, valem, respectivamente, 40 m/s e 60 m. Despreze a resistência do ar e considere o módulo da aceleração da gravidade de 10 m/s².
   (4) O módulo da velocidade escalar de um corpo em queda livre independe da massa desse corpo.
   (5) Um malabarista lança para cima uma bola que deve retornar às suas mãos após 2,0 s. Desprezando a resistência do ar e considerando o módulo da aceleração da gravidade de 10 m/s², a distância mínima do teto do palco às mãos do artista é de 10 m.

26. (UnB – DF) No salto de paraquedas, o paraquedista é acelerado durante um certo intervalo de tempo, até atingir uma velocidade da ordem de 150 a 200 km/h, dependendo do peso e da área do seu corpo, quando, então, o paraquedas é aberto e o conjunto sofre uma força contrária ao movimento, que o faz desacelerar até uma velocidade constante bem menor, da ordem de 5 km/h, que permite uma aterrissagem tranquila.

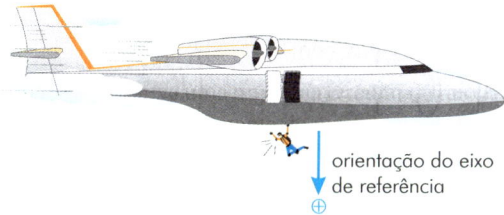
orientação do eixo de referência

Com o auxílio dessas informações, julgue a veracidade das afirmações seguintes.

   (1) Em um salto normal, conforme o descrito, a aceleração resultante sobre o paraquedista, imediatamente antes de ele tocar o solo, é igual à aceleração da gravidade.
   (2) No momento em que o paraquedista deixa o avião, sua velocidade inicial vertical de queda é nula e, nesse caso, a única força vertical que age sobre o seu corpo é a gravitacional.
   (3) Considerando o módulo da aceleração da gravidade igual a 10,0 m/s² e desprezando a resistência do ar, o paraquedista que salta do avião e mantém o paraquedas fechado por 6 s atinge, ao final desse período, uma velocidade escalar de módulo superior a 200 km/h.
   (4) Do instante em que o paraquedas se abre completamente até a chegada ao solo, o conjunto é desacelerado pela resistência do ar; nessa situação, a força contrária ao movimento é sempre maior ou igual à força da gravidade.
   (5) Para um observador em repouso no solo, a trajetória descrita pelo paraquedista desde o instante em que salta do avião até o paraquedas se abrir é retilínea.
   (6) A velocidade horizontal com que o avião está se deslocando, no momento do salto, não interfere no tempo gasto pelo paraquedista até atingir o solo.

5 Vetores

5.1. Introdução

Existem, em Física, grandezas cujas medidas, para ficarem perfeitamente caracterizadas, necessitam da identificação de sua intensidade (um número seguido de uma unidade de medida) e de sua orientação espacial (direção e sentido). Essas grandezas são denominadas **grandezas vetoriais**[*], em oposição às **grandezas escalares**, cuja descrição satisfatória é conse-guida apenas com o fornecimento de uma intensidade.

Se, por exemplo, uma partícula se desloca da posição A para a posição B, independentemente do caminho percorrido, seu deslocamento pode ser representado pelo segmento orientado de reta $\overrightarrow{AB}$ (Figura 5-1). O sentido do *deslocamento* será indicado por uma flecha, cuja origem está em A e a extremidade está em B (assim, é possível distinguir se, deslocando-se entre A e B, o móvel o fez de A para B ou de B para A, que são ditos os dois *sentidos* da *direção* que passa por A e por B).

FIGURA 5-1.

Dizer que a jogadora Thaisa, do Brasil, "arremessou" a bola não é suficiente para caracterizar o movimento. É preciso, para isso, sabermos a direção, o sentido e o módulo da força aplicada sobre a bola.
(Foto de 01/08/2009 – Brasil × Alemanha, Grand Prix, 2009. Ginásio do Macaranãzinho, Rio de Janeiro.)

[*] Do latim *vector*, "o que arrasta para" ou "o que leva a".
FERNANDO DONASCI/FOLHAPRESS

Portanto, deslocamento é uma *grandeza vetorial*, porque, para descrevê-lo completamente, é preciso não só dizer que distância a partícula percorreu, como também sua direção e seu sentido (Figura 5-2).

Outro exemplo é a velocidade, pois, para descrever o movimento de um corpo, é preciso identificar a intensidade da velocidade (quão rapidamente ele se desloca) e a sua orientação (de onde ele vem, para onde ele vai).

Suponha que, por exemplo, você peça a seu colega que se levante da cadeira e se desloque 2 m. Ele provavelmente vai perguntar: — Para onde? Isso quer dizer que apenas o valor numérico dessa grandeza não foi suficiente para caracterizá-la claramente.

São exemplos de grandezas vetoriais: velocidade, aceleração, deslocamento, posição e muitas outras que você ainda vai estudar, como quantidade de movimento, impulso de uma força etc.

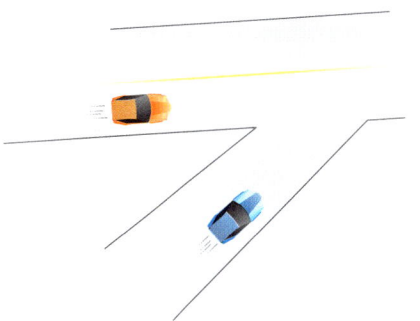

Figura 5-2. As setas indicam a orientação das pistas de rolamento dos veículos.

Outras grandezas, como o tempo, por exemplo, ficam perfeitamente caracterizadas apenas por sua intensidade. Essas grandezas são ditas *escalares*. Se você estuda um fenômeno e descreve sua duração com a informação "15 minutos", por exemplo, já apresentou uma ideia completa de que intervalo de tempo se trata, sem que seja necessária qualquer outra indicação (em particular, não cabem perguntas sobre a orientação).

São exemplos de grandezas escalares: massa, volume, comprimento, temperatura, densidade etc.

Muitas vezes, uma grandeza de natureza vetorial é tratada como se fosse escalar. Isso pode ser feito desde que a sua orientação seja desnecessária ou previamente determinada, sem que haja possibilidade de confusão. Até este ponto, por exemplo, tratamos o deslocamento, a velocidade e a aceleração como escalares, porque estudávamos apenas os movimentos nas trajetórias mais simples, retilíneas. Sendo o movimento unidimensional, a direção está previamente definida e podemos, sem perda de rigor ou detalhe, substituir o sentido por um sinal (+ ou –). Repare, porém, que a grandeza não deixou de ser vetorial: é como se disséssemos que, na situação em estudo, podemos nos preocupar apenas com sua intensidade (e, eventualmente, se necessário, associamos sinais para representar sentidos opostos).

As grandezas vetoriais têm um tratamento matemático um tanto mais exigente que as grandezas escalares e, para que possamos estudá-las, precisaremos introduzir o conceito de *vetor*. Antes disso, precisamos recordar algumas noções da Geometria.

5.2. Orientação Espacial (Direção e Sentido)

Dizemos que duas retas têm a *mesma direção* quando elas são *paralelas*. Dois ou mais segmentos de reta têm a mesma **direção** quando eles estão sobre a mesma reta ou estão sobre retas paralelas, ou seja, a direção de um segmento de reta é a mesma da reta suporte desse segmento (Figura 5-3). Quando não forem esses os casos, as retas terão direções diferentes (Figura 5-4).

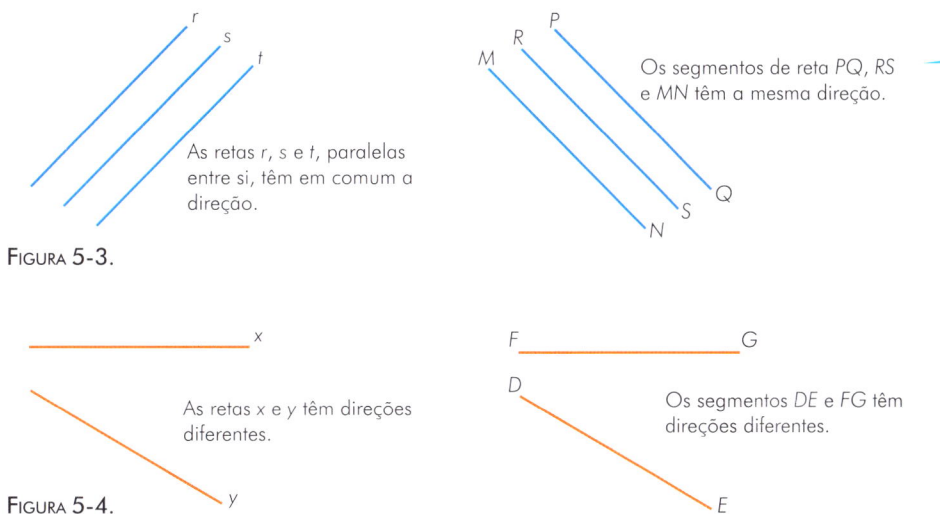

As retas r, s e t, paralelas entre si, têm em comum a direção.

Figura 5-3.

Os segmentos de reta PQ, RS e MN têm a mesma direção.

IMPORTANTE

Podemos definir *direção* como o que existe em comum às retas de um feixe de paralelas.

As retas x e y têm direções diferentes.

Os segmentos DE e FG têm direções diferentes.

Figura 5-4.

As setas nos indicam a direção a seguir.

Consideremos um segmento de reta AB. Sobre esse segmento podemos imaginar dois sentidos de percurso: um de A para B, outro de B para A. Então, podemos considerar dois segmentos com orientações diferentes: o segmento orientado $\vec{AB}$ e o segmento orientado $\vec{BA}$ (Figura 5-5).

IMPORTANTE

Podemos definir *sentido* como uma das maneiras possíveis de orientar determinada direção.

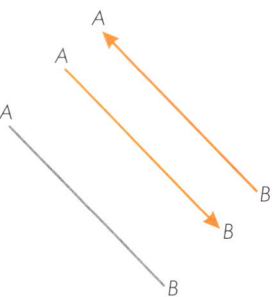

Figura 5-5.

Os segmentos orientados $\vec{MN}$ e $\vec{PQ}$, representados na Figura 5-6, têm a mesma direção, ou seja, a direção da reta r, e sentidos opostos, enquanto $\vec{CD}$ e $\vec{RS}$ têm a mesma direção e o mesmo sentido.

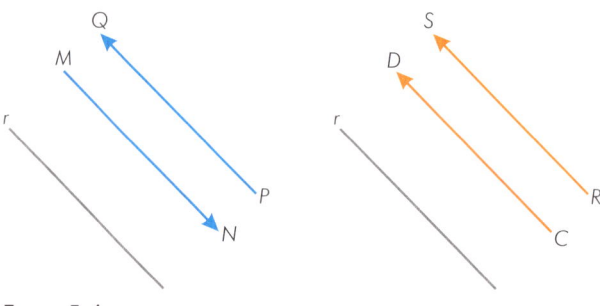

Figura 5-6.

Repare que adotamos, de forma natural e intuitiva, as seguintes notação e nomenclatura: dado um segmento orientado $\vec{AB}$, A é a **origem** e B é a **extremidade**. Veja a Figura 5-7.

Figura 5-7.

Um segmento orientado $\vec{AB}$, em que A coincide com B, é chamado *segmento nulo*. Na realidade, o segmento nulo corresponde a um ponto e, como tal, admite qualquer direção e sentido.

Chama-se **módulo** do segmento orientado $\vec{AB}$ o comprimento de AB, em alguma unidade u (ou a distância entre A e B). O módulo de $\vec{AB}$ pode ser indicado por AB ou $|\vec{AB}|$.

Na Figura 5-8, o segmento $\vec{AB}$ tem comprimento unitário u. O segmento orientado $\vec{MN}$ tem comprimento 2 u, então, o módulo do segmento orientado $\vec{MN}$ é $MN = |\vec{MN}| = 2$ u. Da mesma forma, temos: $CD = |\vec{CD}| = 5$ u.

Figura 5-8.

5.3. Conceito de Vetor

Quando trabalhamos com grandezas vetoriais, utilizamos a *álgebra vetorial*, que opera com um ente matemático denominado *vetor* (o que a torna diferente da álgebra regular, ou comum, que opera apenas com números).

Para o que nos interessa, podemos conceituar **vetor** como o ente matemático que representa o conjunto dos segmentos orientados de reta que têm o mesmo módulo, a mesma direção e o mesmo sentido (veja a Figura 5-9).

5.3.1. Representações de vetores (representação geométrica e notação)

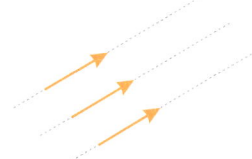

Figura 5-9.

Representa-se o vetor $\vec{AB}$ por um segmento orientado de reta com origem em A e extremidade em B. O comprimento desse segmento representa o módulo do vetor em uma escala de representação gráfica. Se o vetor $\vec{AB}$ estiver representando uma grandeza vetorial, podemos usar a notação $\vec{V}$, em que a letra que representa a grandeza é escrita com uma seta em cima (a seta é *sempre* horizontal e para a direita, não tendo nenhuma ligação com a orientação do vetor). Veja a Figura 5-10.

As características que definem um vetor são:

- intensidade ou módulo;
- direção;
- sentido.

Figura 5-10. Representação geométrica do vetor $\vec{V}$, com origem em A e extremidade em B.

A **intensidade** (ou **módulo**, ou **magnitude**) de um vetor é a medida que obtemos quando o comparamos com outro de mesma espécie, considerado como unidade. Por exemplo: o módulo da velocidade de um carro em certo instante é de 70 km/h, se o vetor velocidade adotado como unitário (isto é, de módulo 1 km/h) estiver contido 70 vezes no vetor considerado.

A **direção** de um vetor é a mesma da reta suporte do segmento orientado que o representa. Para sabermos a direção de um vetor, basta sabermos a direção da sua reta suporte.

O **sentido** de um vetor é para onde aponta sua extremidade.

5.3.2. Alguns vetores particulares

Dois ou mais vetores são ditos *iguais* (ou equipolentes) se, e somente se, possuem módulos iguais, a mesma direção e o mesmo sentido (Figura 5-11).

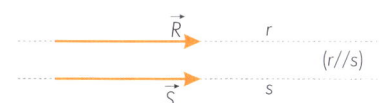

Figura 5-11. Os vetores $\vec{R}$ e $\vec{S}$ são iguais, pois têm intensidades iguais, mesma direção e mesmo sentido.

Dois vetores são diferentes quando pelo menos uma dessas características é diferente (Figura 5-12).

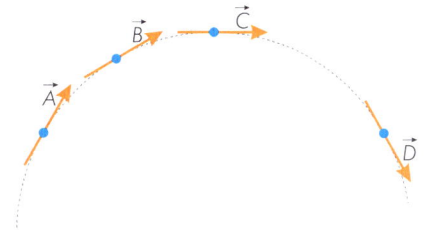

Figura 5-12. Os vetores $\vec{A}$, $\vec{B}$, $\vec{C}$ e $\vec{D}$ são diferentes, pois eles têm direções e sentidos diferentes.

Nesta imagem, as setas indicam a orientação da velocidade nos pontos considerados.

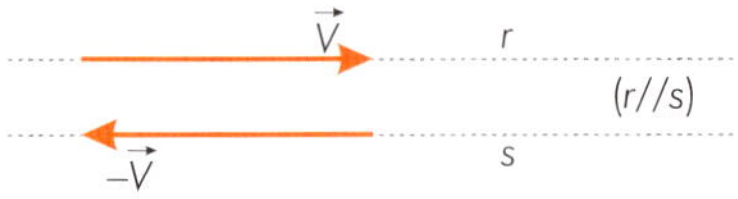

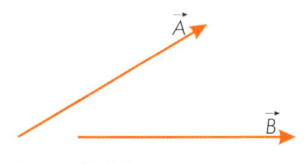

Figura 5-13.

Chama-se **vetor oposto** ou **vetor simétrico de um vetor** $\vec{V}$ o vetor $-\vec{V}$, que possui igual módulo, mesma direção e sentido oposto ao de $\vec{V}$ (Figura 5-13).

Define-se **vetor nulo** como sendo o conjunto de todos os segmentos nulos. O vetor nulo é notado por $\vec{0}$, tem intensidade nula e admite qualquer orientação.

5.4. Operações com Vetores

Você já está habituado a operar com grandezas escalares e sabe, portanto, que elas se adicionam de acordo com as regras comuns da Álgebra. Por exemplo: se você tem uma área de 2.000 m² e compra o terreno vizinho, de 1.000 m² de área, a sua área agora será de 3.000 m².

Devemos prestar muita atenção quando operamos com vetores, pois o mecanismo da operação é diferente da operação com números, uma vez que não envolve apenas valores numéricos, mas também orientações espaciais. Portanto, as regras para a álgebra de vetores são diferentes das utilizadas para a álgebra dos números.

5.4.1. Adição de vetores

Podemos efetuar operações matemáticas como adição e subtração com os vetores. Consideremos dois vetores $\vec{A}$ e $\vec{B}$, representados pelos segmentos mostrados na Figura 5-14.

O **vetor soma** ou **vetor resultante** ($\vec{S}$) dos dois vetores citados, tal que

Figura 5-14.

$$\vec{S} = \vec{A} + \vec{B}$$

pode ser obtido, em geral, com a ajuda da *regra do polígono*, que é um método gráfico.

Vamos representar o vetor $\vec{S}$ da operação acima seguindo passo a passo a regra do polígono.

Regra do polígono

Para obter $\vec{S}$, usamos o seguinte processo:

1.º – desenhamos o segmento representativo do vetor $\vec{A}$ usando como origem um ponto qualquer do plano;
2.º – desenhamos em seguida o segmento representativo do vetor $\vec{B}$, de maneira que sua origem coincida com a extremidade do vetor $\vec{A}$;
3.º – o vetor soma $\vec{S}$ será representado pelo segmento orientado cuja origem coincide com a do vetor $\vec{A}$ e cuja extremidade coincide com a do vetor $\vec{B}$.

IMPORTANTE

Para encontrar o vetor *soma* ou vetor *resultante* $\vec{S}$, de dois vetores $\vec{A}$ e $\vec{B}$, traçamos o vetor $\vec{B}$ de modo que sua origem coincida com a extremidade do vetor $\vec{A}$. Unindo a origem do vetor $\vec{A}$ à extremidade do vetor $\vec{B}$, obtemos o vetor soma $\vec{S}$ (Figura 5-15).

Como a **soma de vetores** é **comutativa**, o procedimento pode ser feito em qualquer ordem: se traçarmos o vetor $\vec{A}$ de modo que sua origem coincida com a extremidade do vetor $\vec{B}$, unindo a origem do vetor $\vec{B}$ à extremidade do vetor $\vec{A}$, obteremos o vetor soma $\vec{S}$.

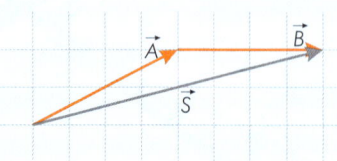

Figura 5-15. Representação geométrica do vetor $\vec{S}$.

O procedimento pode ser generalizado para a adição de mais de dois vetores; basta lembrar que a origem de cada novo vetor a ser acrescido deve coincidir com a extremidade do anterior.

Observação: O vetor nulo pode ser entendido como resultado de uma adição vetorial em que a extremidade do último vetor-parcela coincida com a origem do primeiro. Veja a Figura 5-16.

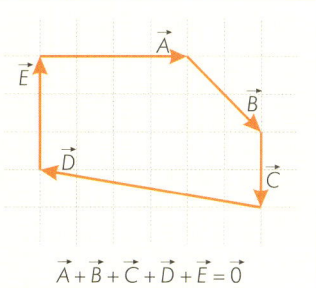

Figura 5-16. $\vec{A} + \vec{B} + \vec{C} + \vec{D} + \vec{E} = \vec{0}$

Exercício Resolvido

1. Na figura abaixo são dados quatro vetores, $\vec{A}$, $\vec{B}$, $\vec{C}$ e $\vec{D}$. Obtenha, geometricamente, o vetor *soma* ou *resultante* ($\vec{S}$), dado por: $\vec{S} = \vec{A} + \vec{B} + \vec{C} + \vec{D}$.

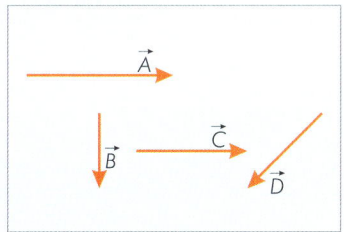

Resolução:

Representação geométrica do vetor soma ($\vec{S}$)

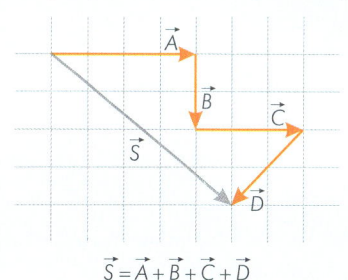

$\vec{S} = \vec{A} + \vec{B} + \vec{C} + \vec{D}$

Módulo do vetor soma ou resultante $|\vec{S}|$

Como já foi dito, a adição de vetores distingue-se da adição algébrica e, em geral, o módulo da soma **não** é igual à soma dos módulos. Sem conhecermos as direções e os sentidos dos vetores, não poderemos determinar o vetor soma $\vec{S}$ e, consequentemente, o seu módulo. Vejamos os seguintes casos particulares.

Adição de vetores de mesma direção e sentido

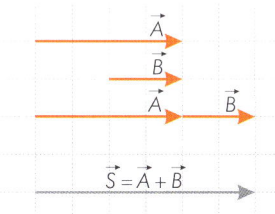

Neste caso, o módulo do vetor $\vec{S}$ é dado por:

$$|\vec{S}| = |\vec{A} + \vec{B}| = |\vec{A}| + |\vec{B}|$$

Adição de vetores de mesma direção e sentidos opostos

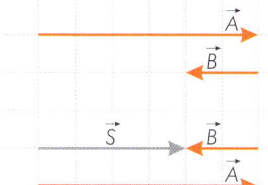

Neste caso, o módulo do vetor $\vec{S}$ é dado por:

$$|\vec{S}| = |\vec{A} + \vec{B}| = |\vec{A}| - |\vec{B}|$$

Em particular, a soma de dois vetores simétricos resulta no **vetor nulo**.

> **Observação:** No caso geral, para quaisquer outras direções e sentidos que os vetores $\vec{A}$ e $\vec{B}$ tenham, o módulo do vetor *soma* ou *resultante* $\vec{S} = \vec{A} + \vec{B}$ estará sempre entre $|\vec{A}| - |\vec{B}|$ e $|\vec{A}| + |\vec{B}|$.
> Ou seja,
> $$|\vec{A}| - |\vec{B}| \leq |\vec{A} + \vec{B}| \leq |\vec{A}| + |\vec{B}|$$

Exercício Resolvido

2. Duas grandezas vetoriais são representadas por dois vetores que têm módulos de 8 unidades e 10 unidades. Qual o valor máximo que podemos obter para o vetor soma desses dois vetores e em que condição? E o valor mínimo?

Resolução:

I) O valor *máximo* obtido quando adicionamos esses dois vetores é de 18 unidades e ocorre quando eles têm mesma direção e mesmo sentido.

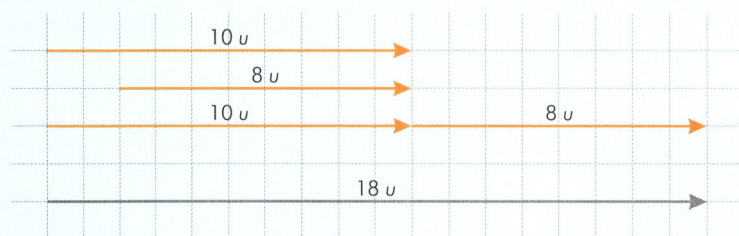

II) O valor *mínimo* obtido quando adicionamos esses dois vetores é de 2 unidades e ocorre quando eles têm mesma direção e sentidos opostos.

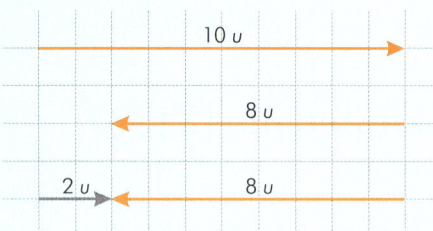

Adição de vetores de direções diferentes: a regra do paralelogramo

Outra maneira de se obter graficamente o vetor soma de dois vetores não colineares é mostrada no procedimento a seguir. Os segmentos orientados que representam os vetores a serem somados são traçados de modo que suas origens coincidam. Traçando-se um paralelogramo que tenha esses segmentos como lados, o vetor soma $\vec{S}$ será dado pela diagonal desse paralelogramo que parte da origem comum dos dois vetores. Costumamos denominar esse processo de *regra do paralelogramo*. Os dois processos apresentados para a determinação do vetor soma de dois vetores são equivalentes e conduzem ao mesmo resultado, desde que os vetores não tenham a mesma direção (nesse caso, não é possível desenhar um paralelogramo).

Consideremos dois vetores $\vec{A}$ e $\vec{B}$, representados pelos segmentos indicados na Figura 5-17. Com os segmentos representados, podemos traçar um *paralelogramo* e, assim, obter o vetor *soma* ou *resultante* $\vec{S}$ dos vetores $\vec{A}$ e $\vec{B}$.

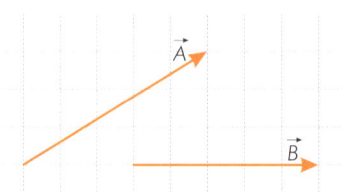

Figura 5-17.

O vetor $\vec{S}$ é representado como o segmento de reta orientado que tem origem na origem comum dos vetores e direção coincidente com a da diagonal do paralelogramo que passa pela origem comum, e seu módulo pode ser obtido por

$$|\vec{S}|^2 = |\vec{A}|^2 + |\vec{B}|^2 + 2 \cdot |\vec{A}| \cdot |\vec{B}| \cdot \cos \alpha$$

em que α é o ângulo entre os sentidos positivos dos dois vetores (Figura 5-18).

ATENÇÃO

Para obter a soma de mais de dois vetores pela regra do paralelogramo, devemos fazer a adição de dois em dois: a soma dos dois primeiros é adicionada ao terceiro, a nova soma é adicionada ao quarto e assim por diante.

Figura 5-18. Representação geométrica do vetor $\vec{S}$.

Conhecendo-se o ângulo θ indicado, podemos aplicar a lei dos cossenos para determinar o módulo do vetor soma $\vec{s}$.

$$|\vec{S}|^2 = |\vec{A}|^2 + |\vec{B}|^2 - 2 \cdot |\vec{A}| \cdot |\vec{B}| \cdot \cos \theta$$

Como $\theta + \alpha = 180°$ (θ e α são ângulos suplementares), $\cos \theta = -\cos \alpha$, de onde

$$|\vec{S}|^2 = |\vec{A}|^2 + |\vec{B}|^2 + 2 \cdot |\vec{A}| \cdot |\vec{B}| \cdot \cos \alpha$$

Exercício Resolvido

3. Na figura ao lado estão representados os vetores $\vec{a}$ e $\vec{b}$, com $|\vec{a}| = 6$ u e $|\vec{b}| = 4$ u. Determine o módulo do vetor soma $\vec{s} = \vec{a} + \vec{b}$. Use $\cos 75° \cong 0,26$.

Resolução:
Para determinar o módulo do vetor soma $\vec{s} = \vec{a} + \vec{b}$, primeiramente temos de obter geometricamente o vetor $\vec{s}$ e, para isso, podemos usar tanto a regra do polígono como a do paralelogramo.
Vamos usar a regra do paralelogramo para obter geometricamente o vetor $\vec{s}$:

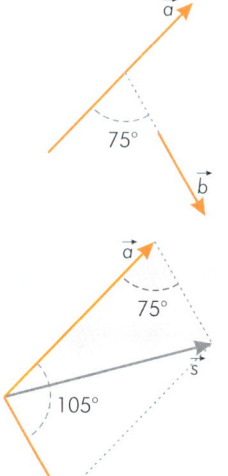

Vamos obter o módulo do vetor $\vec{s}$ aplicando a lei dos cossenos no triângulo destacado. Assim, temos:

$$|\vec{s}|^2 = |\vec{a}|^2 + |\vec{b}|^2 - 2 \cdot |\vec{a}| \cdot |\vec{b}| \cdot \cos 75°$$
$$|\vec{s}|^2 = 6^2 + 4^2 - 2 \cdot 6 \cdot 4 \cdot 0,26$$
$$|\vec{s}|^2 = 36 + 16 - 12,48 \Rightarrow |\vec{s}| = \sqrt{39,52} \therefore |\vec{s}| \cong 6,29 \text{ u}$$

Também é possível usar o ângulo formado entre os vetores. Basta lembrar que $\cos 105° = -\cos 75°$

$$|\vec{s}|^2 = |\vec{a}|^2 + |\vec{b}|^2 + 2 \cdot |\vec{a}| \cdot |\vec{b}| \cdot \cos 105°$$
$$|\vec{s}|^2 = 6^2 + 4^2 + 2 \cdot 6 \cdot 4 \cdot (-0,26)$$
$$|\vec{s}|^2 = 36 + 16 - 12,48$$
$$|\vec{s}| = \sqrt{39,52} \therefore |\vec{s}| \cong 6,29 \text{ u}$$

5.4.2. Subtração de vetores

Analogamente à soma, podemos efetuar a subtração entre dois vetores. Consideremos dois vetores quaisquer $\vec{A}$ e $\vec{B}$. Seja a diferença entre $\vec{A}$ e $\vec{B}$ um vetor $\vec{D}$ tal que $\vec{D} = \vec{A} - \vec{B}$. Essa expressão pode ser escrita da seguinte maneira: $\vec{D} = \vec{A} + (-\vec{B})$, ou seja, para subtrair $\vec{B}$ de $\vec{A}$, adiciona-se $\vec{A}$ ao vetor oposto de $\vec{B}$. Veja a Figura 5-19.

IMPORTANTE

Lembre-se de que os vetores $\vec{B}$ e $-\vec{B}$ são simétricos, isto é, têm intensidades iguais, mesma direção e sentidos opostos.

Figura 5-19.

Exercício Resolvido

4. Considere dois vetores $\vec{a}$ e $\vec{b}$ mostrados na figura abaixo. Determine o vetor $\vec{d}$ tal que $\vec{d} = \vec{a} - \vec{b}$ e que os módulos dos vetores são: $|\vec{a}| = 3$ u e $|\vec{b}| = 5$ u. Use $\cos 37° \cong 0{,}8$.

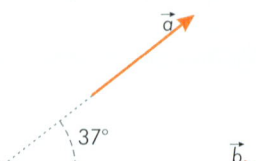

Resolução:
Para determinar o módulo do vetor soma $\vec{d} = \vec{a} - \vec{b}$, inicialmente temos de obter geometricamente o vetor $\vec{d}$ e, para isso, podemos usar tanto a regra do polígono como a do paralelogramo.

Vamos usar a regra do paralelogramo para obter geometricamente o vetor $\vec{d}$:

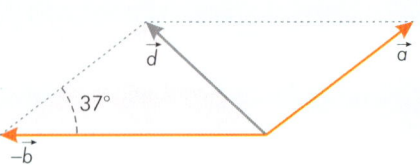

Vamos obter o módulo do vetor aplicando a lei dos cossenos no triângulo destacado. Assim, temos:

$|\vec{d}|^2 = |\vec{a}|^2 + |\vec{b}|^2 - 2 \cdot |\vec{a}| \cdot |\vec{b}| \cdot \cos 37°$

$|\vec{d}|^2 = 3^2 + 5^2 - 2 \cdot 3 \cdot 5 \cdot 0{,}8$

$|\vec{d}|^2 = 9 + 25 - 24 \Rightarrow |\vec{d}| = \sqrt{10}$ u $\cong 3{,}16$ u

5.4.3. Produto de um vetor por um número real

Multiplicando-se um vetor $\vec{V}$ por um número real k, não nulo, obtém-se como produto um vetor $\vec{X}$ com as seguintes características:

1.ª – a *direção* do vetor $\vec{X}$ será a mesma do vetor $\vec{V}$, qualquer que seja o valor de k, não nulo;
2.ª – o *sentido* do vetor $\vec{X}$ será o mesmo do vetor $\vec{V}$, se $k > 0$, ou contrário ao sentido de $\vec{V}$, se $k < 0$;
3.ª – o *módulo* do vetor $\vec{X}$ será dado pelo produto do valor absoluto de k pelo módulo do vetor $\vec{X}$, ou seja, $|\vec{X}| = |k| \cdot |\vec{V}|$.

> **IMPORTANTE**
> $0 \cdot \vec{V} = \vec{0}$
> o produto de qualquer vetor pelo número zero é igual ao vetor nulo.

Exemplos

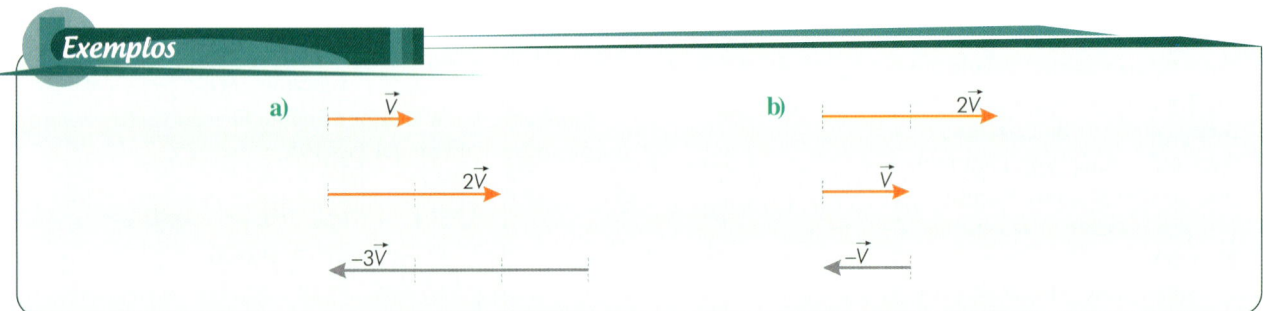

Exercício Resolvido

5. Observe o vetor abaixo e determine o seu módulo, considerando que cada quadrícula tem um centímetro de lado.

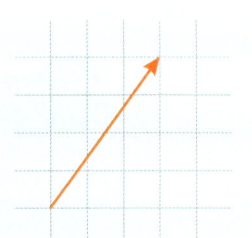

Resolução:
Já que foi dada a medida do lado da quadrícula, podemos construir um triângulo retângulo, em que o vetor indicado é a hipotenusa desse triângulo.
Aplicando o teorema de Pitágoras, temos:

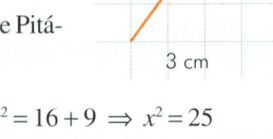

$x^2 = 4^2 + 3^2 \Rightarrow x^2 = 16 + 9 \Rightarrow x^2 = 25$

$|x| = \sqrt{25} \therefore |x| = 5$ cm

Exercícios Propostos

6. Assinale a opção que contém apenas grandezas escalares.
   a) Tempo, força e massa.
   b) Deslocamento, velocidade e posição.
   c) Posição, tempo e área.
   d) Volume, temperatura e pressão.
   e) Aceleração, velocidade e força.

7. A figura abaixo apresenta diversos segmentos orientados. Quantos vetores estão representados?

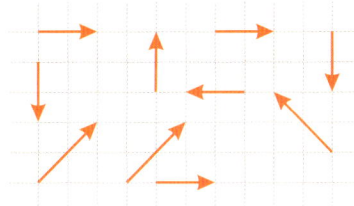

8. Considere os vetores representados na figura a seguir. Cada quadrícula tem 1,0 cm de lado.

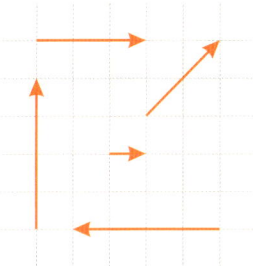

IMPORTANTE
As regras para a álgebra dos números são diferentes das regras para a álgebra dos vetores.

   a) Determine, graficamente, o vetor soma dos vetores dados. Use a regra do polígono.
   b) Calcule o módulo do vetor $\vec{s}$.

9. São dados dois vetores, $\vec{a}$ e $\vec{b}$, de módulos $|\vec{a}| = 8$ u e $|\vec{b}| = 6$ u. Determine graficamente o vetor soma ($\vec{S} = \vec{a} + \vec{b}$) e calcule o seu módulo.

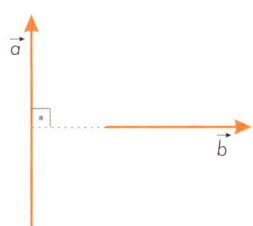

10. Dois vetores, $\vec{A}$ e $\vec{B}$, têm módulos iguais a 4 e 5 unidades, respectivamente. Determine o módulo do vetor *soma* ou *resultante* ($\vec{S} = \vec{A} + \vec{B}$) nos seguintes casos:
   a) os vetores $\vec{A}$ e $\vec{B}$ têm mesma direção e sentido;
   b) os vetores $\vec{A}$ e $\vec{B}$ têm mesma direção e sentidos opostos;
   c) os vetores $\vec{A}$ e $\vec{B}$ formam entre si um ângulo de 60°.

11. Na figura ao lado estão representados os vetores $\vec{A}$ e $\vec{B}$, com $|\vec{A}| = 8$ e $|\vec{B}| = 10$. Determine o módulo do vetor *soma* ou *resultante* $\vec{S}$, tal que $\vec{S} = \vec{A} + \vec{B}$.
Considere cos 30° = 0,86.

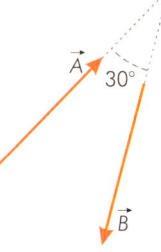

12. Consideremos dois vetores, $\vec{a}$ e $\vec{b}$, formando entre si um ângulo de 120°, de modo que $|\vec{a}| = |\vec{b}|$. Sendo $\vec{S}$ o vetor *soma* ou *resultante*, dado por $\vec{S} = \vec{a} + \vec{b}$, e cos 120° = –0,50, mostre que $|\vec{S}| = |\vec{a}| = |\vec{b}|$.

13. Dois vetores, $\vec{x}$ e $\vec{y}$, formam entre si um ângulo de 90°. Sabendo que $|\vec{x}| = 6$ e $|\vec{y}| = 8$, calcule o módulo do vetor soma, dado por $\vec{S} = \vec{x} + \vec{y}$.

14. A figura a seguir mostra cinco vetores que estão dispostos em um plano. Determine o módulo do vetor soma dos cinco vetores dados, considerando que cada quadrícula mede 2,0 cm.

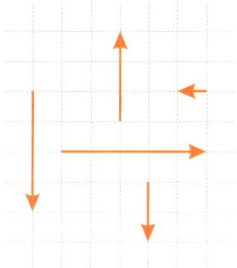

15. São dados dois vetores, $\vec{X}$ e $\vec{Y}$, tais que $|\vec{X}| = 10$ e $|\vec{Y}| = 6$. Obtenha o vetor diferença $\vec{D}$, dado por $\vec{D} = \vec{X} - \vec{Y}$, nos seguintes casos:
   a) os dois vetores, $\vec{X}$ e $\vec{Y}$, têm a mesma direção e o mesmo sentido;
   b) os dois vetores, $\vec{X}$ e $\vec{Y}$, têm a mesma direção e sentidos opostos;
   c) os dois vetores, $\vec{X}$ e $\vec{Y}$, formam entre si um ângulo de 45°. Considere a aproximação cos 45° = 0,7.

16. Considere os vetores $\vec{a}$ e $\vec{b}$, em que $|\vec{a}| = 3$ e $|\vec{b}| = 2$. Determine o módulo do vetor $\vec{X}$, tal que $\vec{X} = 2\vec{a} + 4\vec{b}$, sabendo que os vetores $\vec{a}$ e $\vec{b}$ são perpendiculares entre si.

17. São dados dois vetores, $\vec{r}$ e $\vec{s}$, de módulos respectivamente iguais a 4 e 2. Os vetores estão dispostos como mostra a figura ao lado. Determine o módulo do vetor $\vec{V}$, dado por: $\vec{V} = \frac{1}{2}\vec{r} - 3\vec{s}$. Considere a aproximação: cos 37° = 0,80.

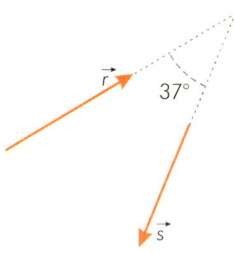

18. Calcule o ângulo formado por dois vetores de módulos 5 unidades e 6 unidades, cujo vetor soma tem módulo $\sqrt{61}$ unidades.

5.5. Decomposição Cartesiana de um Vetor

Qualquer vetor pode ser considerado como a *soma* ou *resultante* de dois outros vetores quaisquer.

Consideremos um vetor $\vec{V}$ não nulo. Em um plano definido por um par de eixos cartesianos ortogonais, o vetor $\vec{V}$ pode ser *decomposto*, isto é, expresso pela soma de dois vetores mutuamente perpendiculares, denominados componentes cartesianas do vetor $\vec{V}$, em que $\vec{V}_x$ é a componente do vetor $\vec{V}$ na direção do eixo x e $\vec{V}_y$ é a componente do vetor $\vec{V}$ na direção do eixo y. Observe na Figura 5-20 que, graficamente, o processo de decomposição cartesiana é um processo inverso ao da soma de dois vetores ortogonais, feito de acordo com a regra do paralelogramo.

Figura 5-20.

Qualquer vetor pode ser escrito na forma

$$\vec{V} = \vec{V}_x + \vec{V}_y$$

em que $\vec{V}_x$ e $\vec{V}_y$ são componentes desse vetor.

- $\operatorname{sen} \theta = \dfrac{V_y}{V} \quad \therefore \quad V_y = V \cdot \operatorname{sen} \theta$

- $\cos \theta = \dfrac{V_x}{V} \quad \therefore \quad V_x = V \cdot \cos \theta$

- $V^2 = V_x^2 + V_y^2$

Exercício Resolvido

19. Uma partícula possui velocidade escalar de 50 m/s, cuja direção forma com a horizontal um ângulo de 37°, como mostra a figura a seguir. Considere as seguintes aproximações: sen 37° = 0,60 e cos 37° = 0,80.

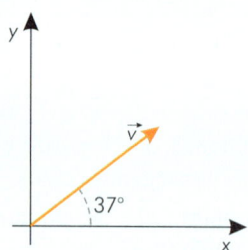

Determine o módulo das componentes do vetor velocidade $\vec{v}$, em relação ao eixo x e ao eixo y.

Resolução:
Decompondo o vetor velocidade ($\vec{v}$) em relação aos eixos x e y, temos:

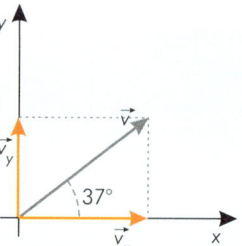

Aplicando as relações trigonométricas no triângulo destacado a seguir, obtemos os módulos dos componentes $\vec{v}_x$ e $\vec{v}_y$ do vetor velocidade ($\vec{v}$).

$\operatorname{sen} 37° = \dfrac{v_y}{50} \Rightarrow 0{,}60 = \dfrac{v_y}{50}$

$v_y = 0{,}60 \cdot 50 \quad \therefore \quad v_y = 30 \text{ m/s}$

$\cos 37° = \dfrac{v_x}{50} \Rightarrow 0{,}80 = \dfrac{v_x}{50}$

$v_x = 0{,}80 \cdot 50 \quad \therefore \quad v_x = 40 \text{ m/s}$

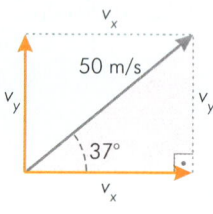

Exercícios Propostos

20. Um vetor $\vec{a}$, de módulo igual a 80 unidades, está representado na figura ao lado. Obtenha as componentes de $\vec{a}$ nas direções das retas x e y.

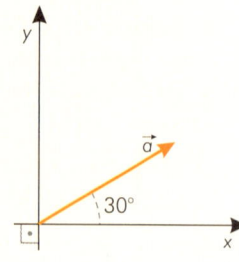

21. Determine as coordenadas dos componentes dos vetores $\vec{a}$, $\vec{b}$, $\vec{c}$, $\vec{d}$ e $\vec{e}$ segundo os eixos x e y. O lado de cada quadrícula tem medida de uma unidade.

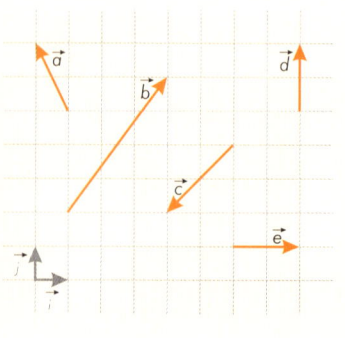

Exercícios Propostos

22. Um avião voa 20,0 km na direção 45° a nordeste, em seguida 30,0 km diretamente a leste e, então, 10,0 km a norte. A que distância do ponto de partida se encontra o avião? Considere que sen 45° = cos 45° = 0,71.

5.5.1. Vetores unitários

Associando ao eixo x um vetor $\vec{i}$, de módulo unitário, que apresente a mesma orientação do eixo, a componente $\vec{V}_x$ poderá, assim, ser escrita na forma:

$$\vec{V}_x = V_x \cdot \vec{i}$$

em que V_x é o número real (positivo, negativo ou nulo) denominado projeção do vetor $\vec{V}$ no eixo x. Se a componente $\vec{V}_x$ tiver o mesmo sentido do eixo x, a projeção V_x será um número positivo; se tiver sentido contrário, V_x será negativo. Se $\vec{V}$ for perpendicular ao eixo x, sua projeção V_x será nula.

Analogamente, associando ao eixo y um vetor $\vec{j}$, de módulo unitário, com a mesma orientação do eixo, a componente $\vec{V}_y$ poderá, assim, ser escrita na forma:

$$\vec{V}_y = V_y \cdot \vec{j}$$

em que V_y é o número real (positivo, negativo ou nulo) denominado projeção do vetor $\vec{V}$ no eixo y. Se a componente $\vec{V}_y$ tiver a mesma orientação do eixo y, a projeção V_y será um número positivo; se tiver sentido contrário, V_y será negativo. Se $\vec{V}$ for perpendicular ao eixo y, sua projeção V_y será nula.

> **IMPORTANTE**
>
> Todo vetor de módulo unitário associado a um eixo (com mesma direção e sentido) é denominado *versor*.
> Assim, todo vetor no plano pode ser representado, em termos das projeções cartesianas de suas componentes e dos versores $\vec{i}$ e $\vec{j}$, por uma expressão do tipo
>
> $$\vec{V} = V_x \cdot \vec{i} + V_y \cdot \vec{j}$$

Exercício Resolvido

23. Considere os vetores representados a seguir, sabendo que cada quadrícula mede 1,0 cm de lado.

Determine o módulo do vetor *soma* ou *resultante* $\vec{S}$, dado por $\vec{S} = \vec{A} + \vec{B} + \vec{C} + \vec{D}$.

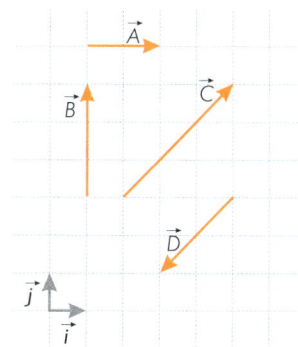

Resolução:
Da figura, obtemos:

$\vec{A} = 2\vec{i}$
$\vec{B} = 3\vec{j}$
$\vec{C} = 3\vec{i} + 3\vec{j}$
$\vec{D} = -2\vec{i} - 2\vec{j}$

Assim, a resultante $\vec{S}$ é dada por:

$\vec{S} = \vec{A} + \vec{B} + \vec{C} + \vec{D}$
$\vec{S} = (2\vec{i}) + (3\vec{j}) + (3\vec{i} + 3\vec{j}) + (-2\vec{i} - 2\vec{j})$
$\vec{S} = 3\vec{i} + 4\vec{j}$

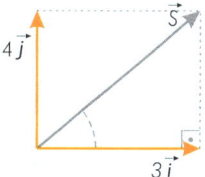

Como os módulos de $\vec{i}$ e $\vec{j}$ são iguais a 1, temos:

$|\vec{S}|^2 = 4^2 + 3^2 \Rightarrow |\vec{S}|^2 = 16 + 9$
$|\vec{S}| = \sqrt{25} \therefore |\vec{S}| = 5\,\text{cm}$

Exercícios Propostos

24. No gráfico a seguir estão representados os vetores $\vec{A}$, $\vec{B}$, $\vec{C}$, $\vec{D}$, $\vec{E}$ e $\vec{F}$. Determine as expressões desses vetores em função dos versores $\vec{i}$ e $\vec{j}$ e, em seguida, obtenha a resultante dos vetores por meio de suas projeções nas direções dos versores $\vec{i}$ e $\vec{j}$.

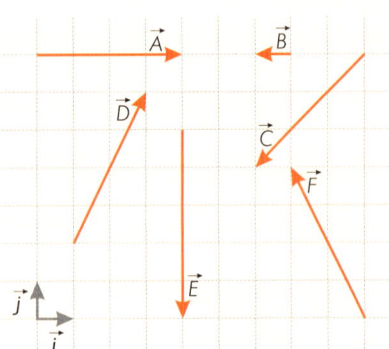

25. São dados os seguintes vetores: $\vec{A} = 2\vec{i} + 3\vec{j}$ e $\vec{B} = 1\vec{i} - 2\vec{j}$.
  a) Determine o módulo de cada vetor.
  b) Escreva a expressão para o vetor soma, dado por
  $$\vec{S} = 2\vec{A} + \frac{1}{2}\vec{B}.$$
  c) Escreva a expressão para o vetor diferença, dado por
  $$\vec{D} = \vec{A} - \vec{B}.$$

26. No gráfico a seguir estão representados os vetores $\vec{A}$, $\vec{B}$, $\vec{C}$ e $\vec{D}$.

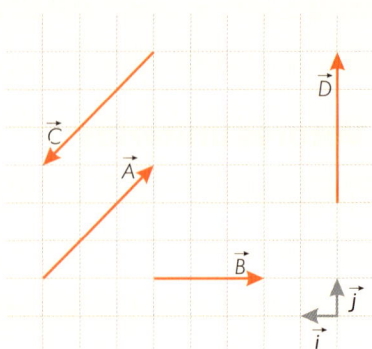

Determine, em função dos versores $\vec{i}$ e $\vec{j}$, a expressão do vetor $\vec{S}$ nos seguintes casos:

a) $\vec{S} = \vec{A} + \dfrac{1}{3}\vec{B}$

b) $\vec{S} = \vec{A} + \vec{B} + \vec{C} + \vec{D}$

c) $\vec{S} = 2\vec{B} - 3\vec{C}$

d) $\vec{S} = \dfrac{1}{3}\vec{C} + \dfrac{1}{3}\vec{A} - \dfrac{2}{3}\vec{D}$

27. O vetor representativo de certa grandeza física possui módulo igual a 2. As componentes ortogonais desse vetor medem $\sqrt{3}$ e 1. Qual a medida do ângulo que o vetor forma com a sua componente de maior intensidade?

Exercícios Complementares

28. Qual a diferença entre uma grandeza escalar e uma grandeza vetorial?

29. Em nosso cotidiano, lidamos tanto com grandezas físicas escalares quanto com vetoriais. Cite três exemplos de grandezas físicas que você conhece do seu dia a dia que são escalares e três que são vetoriais.

30. Quantas direções e sentidos uma reta determina no espaço?

31. Três vetores de módulos diferentes são coplanares. O vetor soma desses três vetores pode ser o vetor nulo? Exemplifique.

32. Dois vetores de módulos 9 unidades e 12 unidades são somados. Sabendo-se que os vetores são perpendiculares entre si, qual o módulo do vetor soma desses dois vetores?

33. Duas forças de 120 newtons e 40 newtons de intensidade são aplicadas em um ponto material. Qual o menor valor que podemos obter para o vetor soma dessas forças? Em que situação isso ocorre? O módulo dessa resultante (vetor soma) pode ser de 140 newtons?

34. Seis vetores fecham um hexágono regular, dando uma resultante nula (vetor soma nulo). Se trocarmos o sentido de três deles, alternadamente, qual será o módulo do vetor soma? Admita que cada vetor componente tenha módulo A.

35. O produto de um escalar por um vetor pode ser o vetor nulo? Justifique sua resposta.

36. Quando é que dois vetores são simétricos?

37. Qual das opções abaixo contém apenas grandezas vetoriais?
  a) Pressão, tempo, espaço e altura.
  b) Deslocamento, velocidade, posição e aceleração.
  c) Força, temperatura, tempo e velocidade.
  d) Comprimento, massa, peso e volume.
  e) Volume, densidade, massa e aceleração.

38. A seguir são feitas afirmações sobre operações com vetores. Julgue a veracidade dessas afirmações.
  (1) A adição vetorial é uma operação comutativa.
  (2) É possível encontrar uma disposição espacial para três vetores coplanares e de mesmo módulo, tal que o vetor soma desses três vetores seja nulo.
  (3) A soma vetorial de um vetor de 18 unidades com um vetor de 5 unidades pode ser um vetor de intensidade igual a 12 unidades.

Exercícios Complementares

(4) O vetor soma de dois vetores não nulos pode ser nulo se os vetores não têm a mesma direção.

39. São dados dois vetores, $\vec{a}$ e $\vec{b}$, de módulos respectivamente iguais a 8 e 10 unidades. Qual dos valores abaixo não pode representar o módulo do vetor soma de $\vec{a}$ e $\vec{b}$, dado por $\vec{s} = \vec{a} + \vec{b}$?

a) 18   b) 2   c) 4   d) 10   e) 20

40. Dados dois vetores, $\vec{x}$ e $\vec{y}$, de módulos respectivamente iguais a 4 e 6 unidades, é correto afirmar sempre que:

a) $|\vec{x} + \vec{y}| = 10$
b) $|\vec{x} - \vec{y}| = 2$
c) $\vec{y} > \vec{x}$
d) $2 \le |\vec{x} + \vec{y}| \le 10$
e) $4 \le |\vec{x} + \vec{y}| \le 6$

41. Dois vetores, $\vec{x}$ e $\vec{y}$, têm mesmo módulo e estão arranjados de tal forma que o ângulo formado entre eles é de 120°. Sabendo que o módulo de cada vetor é seis unidades, determine o módulo do vetor soma $\vec{s} = \vec{x} + \vec{y}$.

a) 12 u   b) 8 u   c) 6 u   d) 10 u   e) $6\sqrt{2}$ u

42. (UnB – DF) Considere um relógio com mostrador circular de 10 cm de raio cujo ponteiro dos minutos tem comprimento igual ao raio do mostrador. Considere esse ponteiro como um vetor de origem no centro do relógio e direção variável. Calcule, em centímetros, o módulo da soma dos três vetores determinados pela posição desse ponteiro quando o relógio marca exatamente 12 horas, 12 horas e 20 minutos e, por fim, 12 horas e 40 minutos.

a) 30 cm   b) 10 cm   c) 20 cm   d) 0   e) 5 cm

43. Um caminhão de entregas anda 5,0 km para o leste, em seguida, 4,0 km para o sul e, finalmente, 2,0 km para o oeste. Qual o módulo do vetor deslocamento efetuado pelo caminhão?

a) 4,0 km   b) 1 1 km   c) 5,0 km   d) 6,0 km   e) 10 km

44. Uma bola é chutada por um jogador com velocidade inicial de 108 km/h, formando um ângulo θ com o solo. Qual o valor da intensidade da componente horizontal da velocidade inicial da bola? Considere as seguintes igualdades: sen θ = 0,60 e cos θ = 0,80.

a) 86,4 km/h
b) 64,8 km/h
c) 108 km/h
d) 100 km/h
e) 80 km/h

45. Julgue a veracidade das afirmações a seguir.

(1) Dados dois vetores, $\vec{A}$ e $\vec{B}$, o módulo do vetor soma de ambos pode ser igual ao módulo do vetor diferença entre ambos.
(2) Conhecidos os módulos de dois vetores com 2 unidades e 5 unidades, o vetor soma terá módulo igual a 3 unidades ou a 8 unidades.

(3) Os vetores $3\vec{i}$ e $2,4\vec{j}$ são mutuamente ortogonais.
(4) O vetor $2\vec{i} + 2\vec{j}$ forma um ângulo de 45° com o eixo das abscissas.

46. Sabendo que $\vec{P}//\vec{N}$ e $\vec{M}//\vec{R}$, qual é a relação entre $\vec{M}$, $\vec{N}$, $\vec{P}$ e $\vec{R}$, representados na figura?

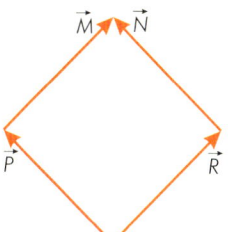

a) $\vec{M} + \vec{N} + \vec{P} + \vec{R} = \vec{0}$
b) $\vec{P} + \vec{M} = \vec{R} + \vec{N}$
c) $\vec{P} + \vec{R} = \vec{M} - \vec{N}$
d) $\vec{P} - \vec{R} = \vec{M} - \vec{N}$
e) $\vec{P} + \vec{R} + \vec{N} = \vec{M}$

47. (UnB – DF) A figura abaixo representa alguns vetores; sabe-se que: $|\vec{v}_2| = 8$ un e $|\vec{v}_3| = |\vec{v}_5| = 6$ un.

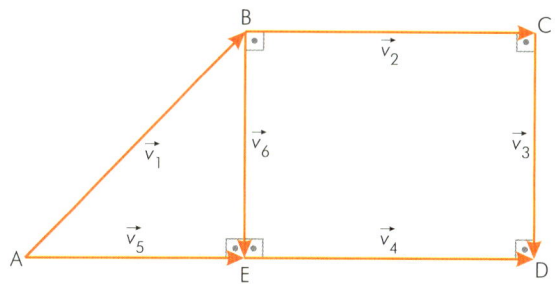

Analise, com essas informações, a veracidade dos itens a seguir:

(1) $\vec{v}_1 + \vec{v}_6 + \vec{v}_5 = 0$
(2) $\vec{v}_6 + \vec{v}_4 - \vec{v}_3 = \vec{v}_2$
(3) $\vec{v}_5 + \vec{v}_4 - \vec{v}_6 = \vec{AC}$
(4) $|\vec{v}_6 - \vec{v}_5| = 6\sqrt{2}$ un
(5) $|\vec{v}_1 + \vec{v}_2 + \vec{v}_3| = 14$ un

48. (FEI – SP) Ao se determinar a resultante de seis vetores de mesmo módulo k, pelo método do polígono, foi obtido um hexágono regular dando resultante nula. Se trocarmos o sentido de três deles, alternadamente, a resultante terá módulo igual a:

a) $2k$
b) zero
c) $6k$
d) $2\sqrt{3}k$
e) $\sqrt{\dfrac{3}{2}}k$

Exercícios Complementares

49. Na figura abaixo estão representados cinco vetores de mesma origem, cujas extremidades estão sobre os vértices de um hexágono regular com lados de 5,0 cm. Calcule o módulo da resultante desses vetores.

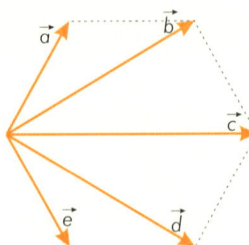

50. (UnB – DF) Quatro vetores, iguais em módulo e representando uma certa grandeza física, estão dispostos no plano $(x; y)$ como mostrado na figura, tal que $\alpha = 30°$ e $\beta = 60°$.

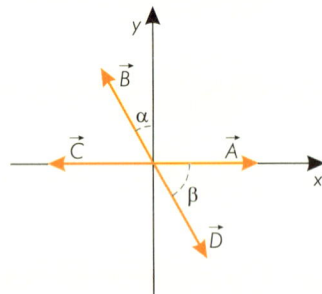

Julgue os itens abaixo.

(1) $\vec{A} + \vec{B} + \vec{C} + \vec{D} = \vec{0}$
(2) O resultado de $\vec{A} + \vec{B} + \vec{C} + \vec{D}$ só pode ser nulo se os vetores coincidirem com os semieixos x e y
(3) A soma dos módulos $|\vec{A}| + |\vec{B}| + |\vec{C}| + |\vec{D}|$ é nula
(4) A soma algébrica das projeções dos quatro vetores sobre o eixo x é nula
(5) É correto escrever que $\vec{A} = -\vec{C}$
(6) É correto escrever que $\vec{B} - \vec{D} = \vec{0}$
(7) É correto escrever que $\vec{A} + \vec{D} = \vec{B} + \vec{C}$

51. Os vetores $\vec{x} + \vec{y}$ são descritos pelas expressões $\vec{x} = 2\vec{i} - 4\vec{j}$ e $\vec{y} = -3\vec{i} + 2\vec{j}$. O módulo do vetor soma $\vec{S}$, dado por $\vec{S} = \vec{x} + \vec{y}$, é igual a:

a) 5   b) $\sqrt{5}$ c) $\sqrt{3}$ d) 4   e) $2\sqrt{5}$

52. No diagrama abaixo está representado o vetor $\vec{a}$. Determine a expressão que representa esse vetor, em função dos versores $\vec{i}$ e $\vec{j}$.

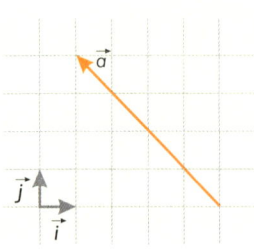

a) $\vec{a} = 4\vec{i} + 5\vec{j}$
b) $\vec{a} = 2\vec{i} + 3\vec{j}$
c) $\vec{a} = -3\vec{i} + 5\vec{j}$
d) $\vec{a} = -4\vec{i} + 4\vec{j}$
e) $\vec{a} = -4\vec{i} - 5\vec{j}$

53. Dados os vetores $\vec{A}$, $\vec{B}$, $\vec{C}$ e $\vec{D}$ da figura abaixo, obtenha o vetor $\vec{X}$, tal que $\vec{X} = 2\vec{A} - \vec{B} + 3\vec{C} - \frac{1}{4}\vec{D}$.

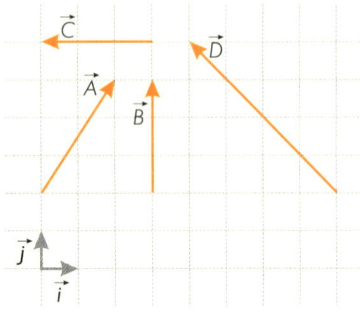

a) $\vec{X} = 4\vec{i} + 8\vec{j}$
b) $\vec{X} = -4\vec{i} + 2\vec{j}$
c) $\vec{X} = \vec{i} + \vec{j}$
d) $\vec{X} = 8\vec{i} - 4\vec{j}$
e) $\vec{X} = -5\vec{i} - 4\vec{j}$

54. Considere o conjunto de vetores representados geometricamente no arranjo abaixo para julgar a veracidade de cada uma das afirmações a seguir.

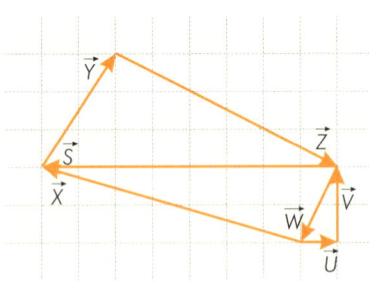

1) $\vec{Y} + \vec{Z} = \vec{S}$
2) $\vec{X} + \vec{W} = -(\vec{Y} + \vec{Z})$
3) $\vec{Y} + \vec{W} + \vec{Z} = -\vec{X}$
4) $\vec{S} - \vec{X} = \vec{U} + \vec{V}$
5) $\vec{U} + \vec{V} + \vec{S} + \vec{X} = \vec{0}$
6) $-\vec{U} + \vec{X} + \vec{Y} + \vec{Z} - \vec{V} = \vec{0}$

Exercícios Complementares

55. São dados os vetores:
$\vec{A} = 3\vec{i} - 2\vec{j}$
$\vec{B} = -4\vec{i} + 3\vec{j}$
$\vec{C} = 5\vec{i} - 2\vec{j}$

Sendo $\vec{i}$ e $\vec{j}$ versores ortogonais, resolva a equação:
$\vec{C} - 2\vec{B} = \vec{A} - 3\vec{X}$.

56. Determine o vetor soma ($\vec{S}$) dos vetores $\vec{a}$ e $\vec{b}$ representados na figura ao lado em função dos vetores ortogonais $\vec{i}$ e $\vec{j}$. São dados: $|\vec{a}| = 12$, $|\vec{b}| = 6$, sen 30° = cos 60° = 0,50 e cos 30° = sen 60° = 0,85.

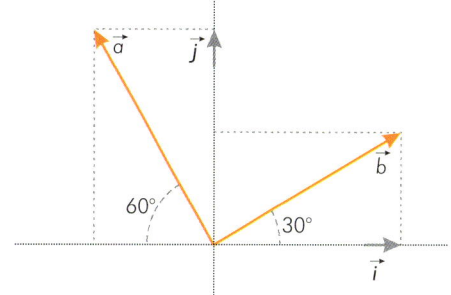

6 Cinemática Vetorial

6.1. Introdução

Nos capítulos anteriores, tratamos algumas grandezas vetoriais como escalares. Daqui por diante é necessário que essas grandezas tenham um tratamento vetorial, para que o seu entendimento seja completo. Sabemos que grandezas como **posição**, **deslocamento**, **velocidade** e **aceleração**, para ficarem perfeitamente caracterizadas, necessitam que se conheçam tanto a sua *intensidade* como a sua *orientação espacial*.

6.2. Vetor Posição ($\vec{r}$)

O **vetor posição** permite localizar uma partícula em relação a um sistema de referência, independentemente da trajetória percorrida por ela. Esse vetor tem origem no ponto O (arbitrariamente escolhido) e extremidade no ponto onde se encontra a partícula, em cada instante considerado.

Considere um ponto material movendo-se ao longo de uma trajetória, como mostrado na Figura 6-1, em que os pontos A e B representam as posições do ponto material em diferentes instantes. A posição desse ponto material é descrita pelo vetor posição $\vec{r}$, com origem em O e extremidade no ponto considerado.

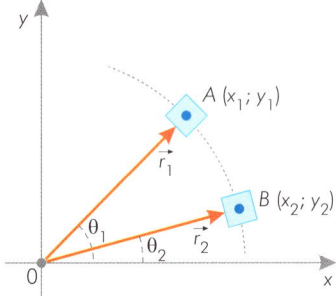

FIGURA 6-1.

Quando a trajetória de um ponto material não for conhecida previamente, podemos definir, em cada instante de seu movimento, o vetor posição ($\vec{r}$) desse ponto material. Fixamos a origem do nosso referencial em um ponto O e construímos um sistema cartesiano ortogonal xOy, como aquele mostrado no exemplo acima. Definimos o vetor posição ($\vec{r}$) de um ponto material como sendo o vetor representado pelo segmento orientado com origem em O e extremidade no ponto de coordenadas $(x; y)$ onde o ponto material se encontra, no instante t em estudo.

Ao chutar uma bola, o vetor posição da bola, independentemente de seu percurso, terá sua origem no ponto do gramado onde ela estava assentada no momento em que o jogador a chutou.

Consideremos um jogador de futebol com a bola no pé durante uma jogada. Podemos identificar a posição do jogador, em relação ao centro do campo, adotando o centro do campo como a origem (O) do sistema e procurar identificar as coordenadas cartesianas do ponto em que o jogador se encontra, em relação ao centro do campo. Veja a Figura 6-2.

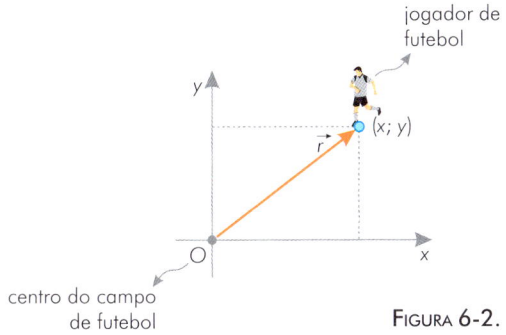

FIGURA 6-2.

6.3. Vetor Deslocamento ($\Delta \vec{r}$)

Consideremos um ponto material deslocando-se ao longo de uma trajetória, como mostra a Figura 6-3.

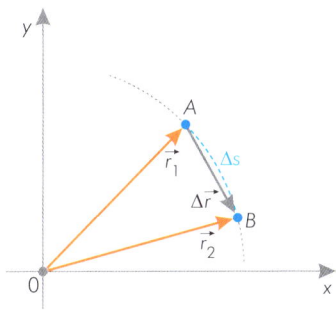

FIGURA 6-3.

IMPORTANTE

O vetor deslocamento ($\Delta \vec{r}$) de A para B é o vetor que tem origem no ponto A e extremidade no ponto B.

No deslocamento do ponto material de A para B, o arco $\widehat{AB}$ representa o seu *deslocamento escalar*, enquanto o segmento orientado de reta $\overline{AB}$ representa o seu *vetor deslocamento* ($\Delta \vec{r}$).

O deslocamento vetorial do ponto material, quando ele se move de A para B, é a variação $\Delta \vec{r}$ do vetor posição $\vec{r}$. Usando a regra do polígono na figura acima, podemos escrever: $\Delta \vec{r} + \vec{r}_1 = \vec{r}_2 \therefore \Delta \vec{r} = \vec{r}_2 - \vec{r}_1$.

Logo, o *vetor deslocamento* $\Delta \vec{r}$ é dado pela diferença entre os vetores $\vec{r}_2$ e $\vec{r}_1$:

$$\Delta \vec{r} = \vec{r}_2 - \vec{r}_1$$

Comparando os módulos do deslocamento vetorial, $\Delta \vec{r}$, e do deslocamento escalar, Δs, vemos que o módulo do deslocamento vetorial nunca excede o módulo do deslocamento escalar, isto é, $|\Delta \vec{r}| \leq |\Delta s|$.

IMPORTANTE

O módulo do deslocamento vetorial, $\Delta \vec{r}$, é menor do que o módulo do deslocamento escalar, Δs, quando o ponto material está descrevendo trajetórias curvilíneas; esses módulos são iguais nas trajetórias retilíneas, mantido o sentido constante.

Exercício Resolvido

1. Um indivíduo caminha 180 m de sul para norte; a seguir, desloca-se 240 m de oeste para leste.
   a) Qual é o módulo do vetor deslocamento do indivíduo nesse percurso?
   b) Qual é o valor do deslocamento escalar do indivíduo nesse percurso?

Exercício Resolvido

Resolução:

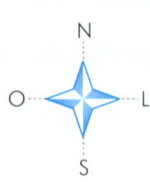

a) $|\Delta\vec{r}|^2 = (180)^2 + (240)^2$

$|\Delta\vec{r}|^2 = 3{,}24 \cdot 10^4 + 5{,}76 \cdot 10^4$

$|\Delta\vec{r}|^2 = 9{,}00 \cdot 10^4$

$|\Delta\vec{r}| = \sqrt{9{,}00 \cdot 10^4}$ ∴ $|\Delta\vec{r}| = 3{,}00 \cdot 10^2\,m = 300\,m$

b) $|\Delta s| = 180 + 240 = 420\,m$

6.4. Velocidade Vetorial

Considerada vetorialmente, a grandeza *velocidade média* ($\vec{v}_m$) é definida como a razão entre o vetor deslocamento, $\Delta\vec{r}$, e o intervalo de tempo considerado, Δt (que é um escalar sempre positivo). Velocidade média de um móvel é, então, um conceito que envolve módulo, direção e sentido. Sua direção e sentido são os de $\Delta\vec{r}$ e seu módulo é dado pela razão entre o módulo do vetor deslocamento ($\Delta\vec{r}$) e o respectivo intervalo de tempo (Δt) gasto pelo móvel para percorrê-lo.

A *velocidade vetorial média* não nos dá detalhes sobre o tipo de movimento entre os pontos A e B, nem sobre a forma da trajetória, já que envolve apenas as posições e os instantes extremos (início e fim) do trecho em estudo (Figura 6-4).

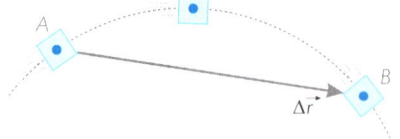

Figura 6-4.

$$\vec{v}_m = \frac{\Delta\vec{r}}{\Delta t}$$

Exercício Resolvido

2. Um navio está localizado em uma ilha cuja posição é a origem do sistema de coordenadas. Suponha que ele viaje durante 3 horas para a direção norte, com velocidade constante de valor igual a 10 km/h, e depois desloque-se para leste, com velocidade constante e igual a 20 km/h durante 2 horas.

a) Ao final, a que distância, em km, ele estará da sua posição inicial?
b) Qual o módulo da sua velocidade vetorial média, em km/h, em todo o trajeto?
c) Calcule, em km, o deslocamento escalar do navio.
d) Calcule, em km/h, a velocidade escalar média do navio, em todo o trajeto descrito.

Resolução:

a) Aplicando o Teorema de Pitágoras no triângulo retângulo a seguir, temos:

$|\Delta\vec{r}|^2 = 30^2 + 40^2$

$|\Delta\vec{r}|^2 = 900 + 1.600$

$|\Delta\vec{r}| = \sqrt{2.500}$

$|\Delta\vec{r}| = 50\,km$

b) $|\vec{v}_m| = \dfrac{|\Delta\vec{r}|}{\Delta t}$

$|\vec{v}_m| = \dfrac{50}{5}$

$|\vec{v}_m| = 10\,km/h$

c) $|\Delta s| = 30 + 40$ ∴ $|\Delta s| = 70\,km$

d) $|v_m| = \dfrac{\Delta s}{\Delta t}$

$|v_m| = \dfrac{70}{5}$ ∴ $|v_m| = 14\,km/h$

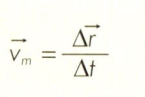

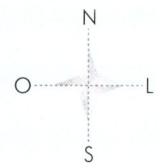

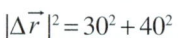

Pode-se definir o **vetor velocidade instantânea**, $\vec{v}$, no ponto A, como o limite para o qual tende a velocidade vetorial média quando o ponto B é tomado cada vez mais próximo de A.

Quando o ponto B se aproxima do ponto A, a direção do vetor deslocamento, $\Delta\vec{r}$, tende para a direção da tangente à trajetória em A, de modo que o vetor velocidade instantânea, $\vec{v}$, é, em qualquer ponto, *tangente* à trajetória nesse ponto (Figura 6-5).

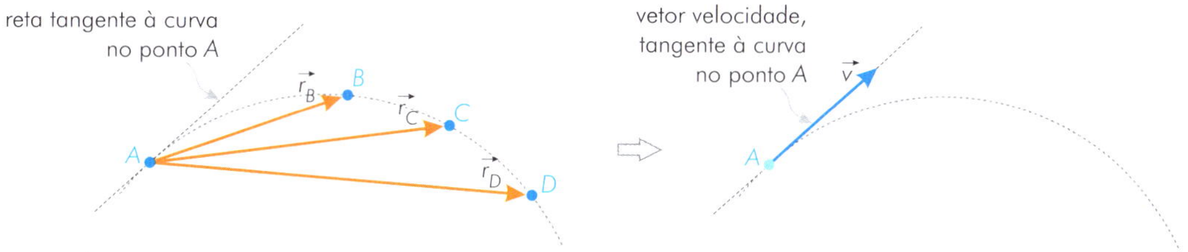

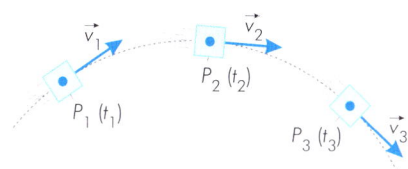

Figura 6-5.

Lembre-se de que um vetor varia quando varia qualquer um dos seus elementos (módulo, direção, sentido). Desse modo, se um móvel descreve uma curva, mesmo que o módulo da velocidade seja constante, sua velocidade vetorial já está variando, pois em cada ponto da curva a velocidade vetorial tem uma direção diferente (Figura 6-6).

A seguir, vamos caracterizar o vetor velocidade em alguns movimentos particulares.

> **IMPORTANTE**
>
> A velocidade vetorial instantânea, $\vec{v}$, tem as seguintes características:
>
> - **direção**: a mesma da reta tangente à trajetória no ponto considerado;
> - **sentido**: o mesmo do movimento;
> - **módulo**: igual ao da velocidade escalar instantânea.

Figura 6-6. Observe que os vetores têm orientações diferentes.

1.º – Movimento retilíneo e uniforme

Como a trajetória é retilínea, a velocidade mantém constante a direção; como o movimento é uniforme, a velocidade da partícula terá sempre o mesmo módulo e sentido (Figura 6-7).

Nesse caso, podemos afirmar que $|\vec{v}_1| = |\vec{v}_2| = |\vec{v}_3|$ e $\vec{v}_1 = \vec{v}_2 = \vec{v}_3$ e, assim, podemos dizer que a velocidade da partícula é constante.

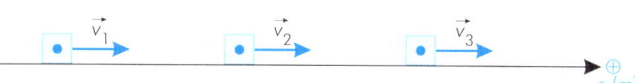

Figura 6-7. Trajetória retilínea descrita pela partícula.

2.º – Movimento circular e uniforme

Como a trajetória descrita pela partícula é circular, a direção de sua velocidade muda de cada ponto para o ponto vizinho; como o movimento é uniforme, o módulo da sua velocidade é constante. Então, nesse caso, a velocidade da partícula é variável, pois muda de direção a cada instante de movimento (Figura 6-8).

Podemos afirmar que $|\vec{v}_1| = |\vec{v}_2|$ e $\vec{v}_1 \neq \vec{v}_2$; portanto, a velocidade da partícula não é constante.

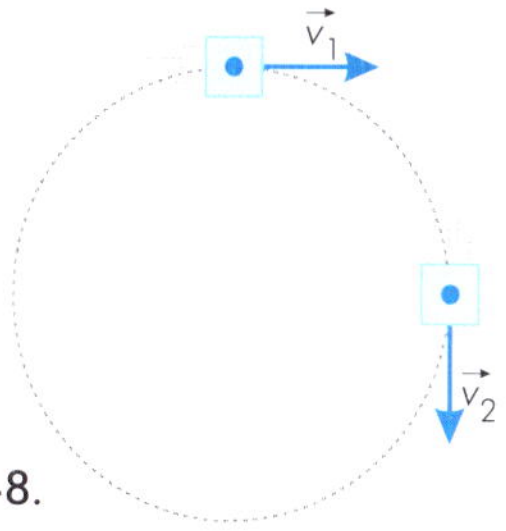

Figura 6-8.

3.º – Movimento retilíneo e uniformemente variado (MRUV)

Pelo fato de a trajetória ser retilínea, a direção da velocidade de uma partícula em MRUV é constante. Como o movimento é variado, o módulo de sua velocidade varia com o decorrer do tempo, aumentando (se o movimento descrito por ela for **acelerado**) ou diminuindo (se o movimento for **retardado**). Veja a Figura 6-9.

> **IMPORTANTE**
>
> - O movimento é dito **acelerado** quando o módulo da velocidade do móvel aumenta com o decorrer do tempo.
> - O movimento é dito **retardado** quando o módulo da velocidade do móvel diminui com o decorrer do tempo.

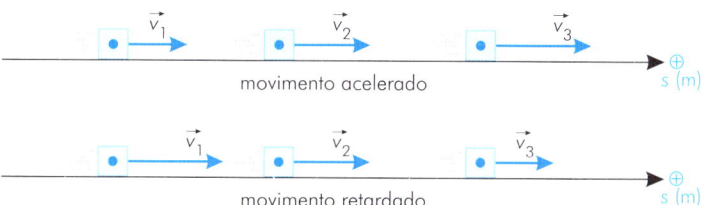

$\vec{v}_1 \neq \vec{v}_2 \neq \vec{v}_3$ e $|\vec{v}_1| < |\vec{v}_2| < |\vec{v}_3|$

$\vec{v}_1 \neq \vec{v}_2 \neq \vec{v}_3$ e $|\vec{v}_1| > |\vec{v}_2| > |\vec{v}_3|$

Figura 6-9.

4.º – Movimento circular e uniformemente variado

Como a trajetória descrita pela partícula é circular, a direção de sua velocidade varia constantemente; além disso, como o movimento é uniformemente variado, o módulo da sua velocidade varia (de maneira uniforme) ao longo do tempo. Assim, a velocidade da partícula é variável, por mudar de direção a cada instante de movimento. Nesse caso, o módulo da velocidade deve variar proporcionalmente aos respectivos intervalos de tempo (Figura 6-10).

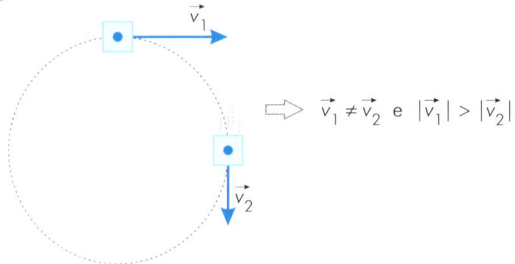

> **IMPORTANTE**
> Uma grandeza vetorial só pode ser considerada constante se não houver variação de nenhuma de suas características (intensidade, direção e sentido). Assim, a velocidade vetorial é constante *apenas* no movimento *retilíneo* e *uniforme*.

movimento circular retardado

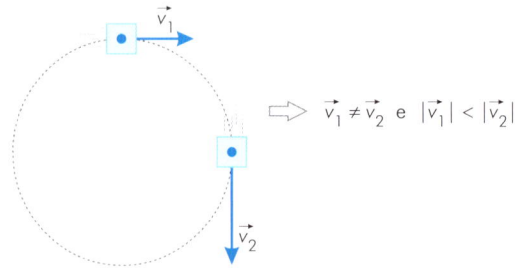

Figura 6-10. movimento circular acelerado

Exercícios Propostos

3. O motorista de um automóvel realizou uma pequena viagem, percorrendo inicialmente 6 km, de norte para sul; em seguida, vira-se e percorre 3 km de leste para oeste; por fim, anda 2 km de sul para norte. Nesse momento, qual a distância que separa o motorista do ponto de partida, em km?

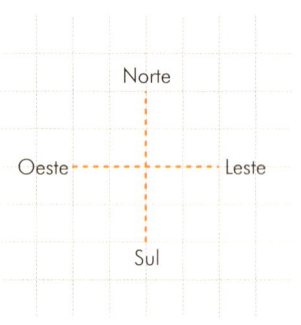

4. Uma pessoa, para ir de sua residência à farmácia do bairro, efetua os deslocamentos sucessivos mostrados na figura a seguir.

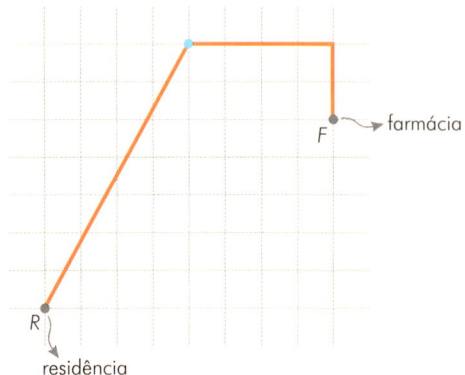

Determine, *em metros*, a medida do vetor deslocamento da pessoa para ir de sua residência à farmácia. Cada quadrícula tem seus lados medindo 0,5 cm e os deslocamentos foram representados na escala de 1 cm : 50 m.

5. Uma partícula move-se sobre uma superfície plana horizontal. Ela parte de um ponto A, move-se 10 m para o norte em trajetória retilínea e, em seguida, move-se 15 m para o leste, também em trajetória retilínea, quando chega a um ponto B, gastando 5 segundos nessa viagem. Calcule, em unidades SI, os módulos:

a) do espaço percorrido pela partícula;
b) do vetor deslocamento dessa partícula entre os pontos A e B;
c) da sua velocidade escalar média;
d) da sua velocidade vetorial média.

Exercícios Propostos

6. Um ponto material descreve uma trajetória circular de 30 cm de raio, percorrendo um quarto dessa circunferência em 10 s. Determine, em unidades SI, para esse ponto material, no intervalo de tempo citado, os módulos:

a) do deslocamento escalar;
b) da velocidade escalar média;
c) do vetor deslocamento.

7. Um móvel executa um movimento circular de raio 10 m. No instante $t_0 = 0$, ele se encontra no ponto A da figura e no instante $t_1 = 4{,}0$ s, passa pelo ponto B.

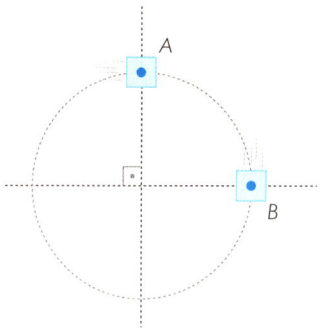

Determine, em unidades SI:

a) a velocidade escalar média do móvel no intervalo de tempo considerado;
b) o vetor velocidade média do móvel no mesmo intervalo de tempo.

8. Um móvel percorre uma trajetória circular de 2,0 m de raio com velocidade escalar constante de módulo igual a 5,0 m/s. Após quanto tempo ele percorre três quartos dessa circunferência? Considere a seguinte igualdade: $\pi = 3{,}14$.

9. Um ponto material move-se com velocidade escalar constante sobre uma circunferência de 30 m de raio, gastando 18 segundos para completar uma volta nessa circunferência. Considere a aproximação $\pi \cong 3$ e, para um intervalo de tempo de 3 s, determine, em unidades SI, os módulos:

a) da variação de espaços escalares do ponto material;
b) do vetor deslocamento do ponto material;
c) da sua velocidade escalar média;
d) da sua velocidade vetorial média.

6.5. Aceleração Vetorial Média

No capítulo em que estudamos os movimentos variados, definimos a aceleração escalar média (a_m) como sendo o quociente entre a variação da velocidade escalar ($\Delta v = v_2 - v_1$) e o respectivo intervalo de tempo ($\Delta t = t_2 - t_1$).

De modo análogo, podemos definir a *aceleração vetorial média* ($\vec{a}_m$). Consideremos uma partícula que no instante t_1 tem velocidade $\vec{v}_1$ e no instante t_2 tem velocidade $\vec{v}_2$. A *aceleração vetorial média* ($\vec{a}_m$) é assim definida:

$$\vec{a}_m = \frac{\Delta \vec{v}}{\Delta t} = \frac{\vec{v}_2 - \vec{v}_1}{t_2 - t_1}$$

Pela regra do polígono, obtemos o vetor variação de velocidade ($\Delta \vec{v}$). Veja a Figura 6-11.

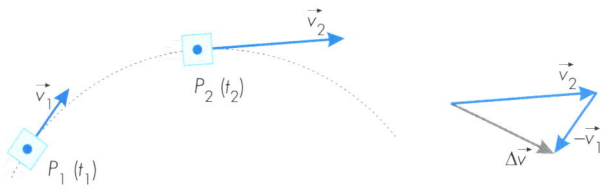

Figura 6-11.

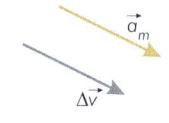

IMPORTANTE

A aceleração vetorial média ($\vec{a}_m$) tem a mesma orientação da variação de velocidade ($\Delta \vec{v}$).

Então, podemos escrever:

$$\vec{v}_2 + (-\vec{v}_1) = \Delta \vec{v} \quad \therefore \quad \Delta \vec{v} = \vec{v}_2 - \vec{v}_1$$

- A *aceleração vetorial instantânea* ($\vec{a}$) pode ser entendida como sendo uma aceleração vetorial média, quando o intervalo de tempo Δt é infinitamente pequeno.
- Sempre que houver variação da velocidade vetorial, $\vec{v}$, haverá aceleração vetorial $\vec{a}$.

- A velocidade vetorial $\vec{v}$ pode variar em módulo e em direção. Para facilitar a análise, a aceleração vetorial $\vec{a}$ em um dado ponto da trajetória é decomposta em duas acelerações componentes: uma tangente à trajetória, denominada **aceleração tangencial** ($\vec{a}_t$), que está relacionada à variação do módulo do vetor velocidade $\vec{v}$, e outra, normal à trajetória, denominada **aceleração normal** ou **centrípeta** ($\vec{a}_{cp}$), relacionada à variação da direção do vetor velocidade $\vec{v}$.

6.5.1. Características da componente tangencial da aceleração

- Mede a rapidez com que o *módulo* do vetor velocidade varia;
- tem módulo igual ao módulo da aceleração escalar;
- tem sua direção sempre tangente à trajetória;
- o sentido do vetor aceleração tangencial ($\vec{a}_t$) é o mesmo do vetor velocidade ($\vec{v}$), se o movimento for **acelerado** e contrário ao de $\vec{v}$, se o movimento for **retardado** (Figura 6-12).
- o módulo do vetor aceleração tangencial ($\vec{a}_t$) é nulo nos movimentos *uniformes*.

FIGURA 6-12.

6.5.2. Características da componente centrípeta da aceleração

- Mede a rapidez com que a *direção* do vetor velocidade varia;
- tem direção radial e aponta sempre para o centro da trajetória;
- tem módulo dado por $|\vec{a}_{cp}| = \dfrac{v^2}{R}$, em que $\vec{v}$ é a velocidade instantânea e R é o raio da trajetória descrita pelo móvel.
- nos movimentos retilíneos, a direção do vetor velocidade não varia, portanto, a aceleração centrípeta é nula. A aceleração centrípeta só existe em movimentos de trajetórias curvas e independe do tipo de movimento.

Como determinar o vetor aceleração ($\vec{a}$)?

1) Você já sabe determinar o vetor ($\vec{a}_t$):
    - é tangente à trajetória;
    - é orientado no sentido do movimento (se acelerado) ou em sentido oposto ao movimento (se retardado);
    - seu módulo é igual ao valor absoluto da aceleração escalar.

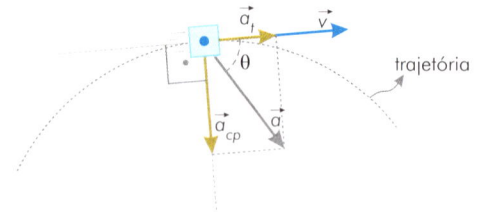

FIGURA 6-13.

2) Você também já sabe como determinar o vetor $\vec{a}_{cp}$ (acompanhe pela Figura 6-13):
    - é normal à trajetória;
    - é orientado para o centro da trajetória;
    - seu módulo é dado pela equação $|\vec{a}_{cp}| = \dfrac{v^2}{R}$.

3) Você sabe, ainda, que $\vec{a}_t$ e $\vec{a}_{cp}$ são ortogonais.

$$\vec{a} = \vec{a}_t + \vec{a}_{cp}$$

Assim, usando o teorema de Pitágoras, podemos escrever que:

$$|\vec{a}|^2 = |\vec{a}_t|^2 + |\vec{a}_{cp}|^2$$

$$\operatorname{tg}\theta = \dfrac{|\vec{a}_{cp}|}{|\vec{a}_t|}$$

Resumo das características dos movimentos

a) Movimento retilíneo ($\vec{a}_{cp} = \vec{0}$)
   - uniforme ($\vec{a}_t = \vec{0}$)
   - uniformemente variado ($\vec{a}_t$ = constante)
     - acelerado ($\vec{a}_t$ e $\vec{v}$ têm mesmo sentido)
     - retardado ($\vec{a}_t$ e $\vec{v}$ têm sentidos opostos)
   - variado qualquer ($\vec{a}_t$ = variável)

b) Movimento curvilíneo ($\vec{a}_{cp} \neq \vec{0}$)
   - uniforme ($\vec{a}_t = \vec{0}$)
   - uniformemente variado ($\vec{a}_t$ = constante)
     - acelerado ($\vec{a}_t$ e $\vec{v}$ têm mesmo sentido)
     - retardado ($\vec{a}_t$ e $\vec{v}$ têm sentidos opostos)
   - variado qualquer ($\vec{a}_t$ = variável)

Exercícios Resolvidos

10. Uma partícula percorre uma trajetória circular de raio igual a 200 m, com movimento uniformemente variado cuja função horária das velocidades é dada por $v = 4 + 6t$, em unidades SI. Determine, para essa partícula, no instante 6 s:

a) o módulo de sua velocidade;
b) o módulo da componente tangencial da sua aceleração;
c) o módulo da componente centrípeta (ou radial) da sua aceleração;
d) o módulo de sua aceleração.

RESOLUÇÃO:

a) Substituindo $t = 6$ s na função $v = 4 + 6t$, temos:
$$v = 4 + 6 \cdot (6) \Rightarrow v = 40 \text{ m/s}$$

b) A componente tangencial da aceleração tem módulo igual ao da aceleração escalar da partícula. Podemos obter a aceleração escalar da partícula comparando a função $v = 4 + 6t$ com $v = v_0 + at$.

Assim, temos: $v_0 = 4$ m/s e $a_t = 6$ m/s².

c) $|\vec{a}_c| = \dfrac{v^2}{R} \Rightarrow |\vec{a}_c| = \dfrac{40^2}{200} \therefore |\vec{a}_c| = 8 \text{ m/s}^2$

d) Observe a representação geométrica ao lado. Pelo esquema, podemos calcular o módulo da aceleração ($\vec{a}$) da partícula aplicando o teorema de Pitágoras no triângulo destacado.

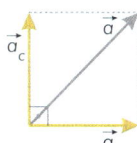

Assim, temos:
$$|\vec{a}|^2 = |\vec{a}_t|^2 + |\vec{a}_c|^2 \Rightarrow |\vec{a}|^2 = 6^2 + 8^2 \Rightarrow |\vec{a}|^2 = 100$$
$$|\vec{a}| = \sqrt{100} \therefore |\vec{a}| = 10 \text{ m/s}^2$$

11. Um corpo descreve uma trajetória circular de raio R com velocidade escalar constante de módulo v. Nessas condições, a aceleração à qual o corpo fica submetido vale 8,0 m/s². Se o raio da curva fosse $2R$ e a velocidade do corpo fosse $3v$ (constante), qual seria o valor da aceleração?

RESOLUÇÃO:

A aceleração do corpo é igual a sua componente centrípeta, pois o módulo do vetor velocidade desse corpo é constante. Assim, a componente tangencial da sua aceleração é nula. Portanto:

I. $|\vec{a}_1| = |\vec{a}_{c(1)}| = \dfrac{v_1^2}{R_1} \Rightarrow 8 = \dfrac{v^2}{R}$

II. $|\vec{a}_2| = |\vec{a}_{c(2)}| = \dfrac{v_2^2}{R_2} \Rightarrow |\vec{a}_2| = \dfrac{(3v)^2}{2R}$

$$|\vec{a}_2| = \dfrac{9}{2} \cdot \dfrac{v^2}{R}$$

Comparando as equações (I) e (II), temos:
$$|\vec{a}_2| = \dfrac{9}{2} \cdot 8 \therefore |\vec{a}_2| = 36 \text{ m/s}^2$$

Exercícios Propostos

12. Julgue os itens a seguir.

(1) Afirmar que dado movimento é circular e uniforme significa dizer que a velocidade do ponto material em questão é constante.

(2) Em uma volta completa dada em uma circunferência, a razão entre os módulos do deslocamento vetorial e do deslocamento escalar é nula.

(3) Um móvel em movimento circular e uniforme está acelerado, pois sua velocidade varia com o tempo.

Exercícios Propostos

(4) No movimento circular e uniforme, a aceleração tangencial é nula e a aceleração centrípeta é não nula.

13. (UnB – DF) Julgue os itens a seguir.
  (1) Velocidade é um vetor tangente à trajetória, cujo sentido é o sentido do movimento e cujo módulo é igual ao da velocidade escalar do móvel.
  (2) Sempre que um móvel tem o módulo de sua velocidade constante, então sua aceleração vetorial é nula.
  (3) Um movimento uniforme apresenta o vetor velocidade sempre constante.
  (4) O vetor aceleração centrípeta não nulo nunca será constante em relação ao tempo.

14. (UnB – DF) Julgue os itens a seguir.
  (1) Quando um móvel descreve uma curva, se o movimento for uniforme, não existirá aceleração centrípeta.
  (2) Não se pode ter um movimento curvilíneo em que a aceleração vetorial seja constante.
  (3) Sempre que um móvel tem o módulo de sua velocidade constante, então a sua aceleração vetorial será nula.
  (4) Se um ponto material descreve uma trajetória parabólica com movimento uniforme, então o vetor aceleração será constante em módulo.

15. Um ponto material percorre uma trajetória circular de raio igual a 4,0 m, com movimento uniformemente variado cuja função horária dos espaços lineares é dada por $s = 6 - 4t + 5t^2$, em unidades SI. Determine para esse ponto material, no instante 2,0 s, os módulos da:
  a) velocidade vetorial;
  b) aceleração tangencial;
  c) aceleração centrípeta;
  d) aceleração vetorial.

16. Um ponto material percorre uma trajetória circular de 20 m de raio, com movimento uniformemente variado cuja aceleração escalar tem módulo igual a 5,0 m/s². Sabendo que no instante $t_0 = 0$ sua velocidade escalar é nula, determine, no instante 3,0 s, o módulo da sua aceleração vetorial, em m/s².

17. Um ponto material percorre uma trajetória circular de raio $R = 18$ m, com movimento uniformemente variado cuja aceleração escalar é 6,0 m/s². Sabendo que, no instante $t_0 = 0$, sua velocidade é nula, calcule, em unidades SI, no instante $t = 2,0$ s, os módulos da:
  a) velocidade vetorial;
  b) aceleração tangencial;
  c) aceleração normal ou centrípeta;
  d) aceleração vetorial.

18. A velocidade escalar de uma partícula varia com o tempo, como indica o gráfico da figura. A partícula descreve uma trajetória circular de raio $R = 27$ m. Pede-se, em m/s², o módulo do vetor aceleração dessa partícula no instante $t = 2,0$ s.

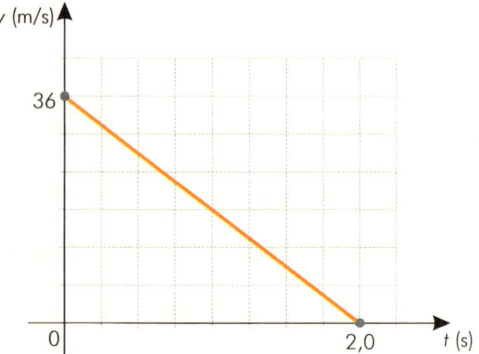

Exercícios Complementares

19. O deslocamento de uma partícula em um intervalo de tempo pode ter um módulo menor que a distância percorrida pela partícula ao longo da sua trajetória? Explique.

20. O vetor velocidade pode mudar de direção sem modificar o seu módulo? Se for possível, dê um exemplo.

21. Pode um corpo ter velocidade escalar constante e vetor velocidade variável? Justifique.

22. Se um corpo tem velocidade dirigida para o sul e aceleração para o sudeste, a trajetória descrita por esse corpo pode ser retilínea? Justifique.

23. Se um movimento é uniforme, por que a aceleração tangencial é nula, independentemente da trajetória descrita pelo corpo?

24. Para certa partícula em movimento, os vetores velocidade instantânea ($\vec{v}$) e aceleração instantânea ($\vec{a}$) sempre formam entre si um ângulo θ, sendo $0° < \theta < 90°$.
  a) Qual é a trajetória do movimento?
  b) Qual é o módulo da aceleração tangencial em função de a e de θ?
  c) Qual é o módulo da aceleração normal em função de a e de θ?

25. Em qual (ou quais) dos movimentos enumerados a seguir existe aceleração?
  I – movimento retilíneo uniforme
  II – movimento retilíneo variado
  III – movimento circular uniforme
  IV – movimento circular variado

26. Julgue os itens a seguir.
  (1) Se o vetor velocidade se mantém constante, em dado movimento, pode-se afirmar, acertadamente, que o movimento é uniforme e que a trajetória seguida pelo corpo é retilínea.

Exercícios Complementares

(2) Quando se diz que um movimento é *uniforme*, isso quer dizer que o módulo da velocidade não pode variar.

(3) Se tratarmos a órbita da Lua em torno da Terra como de forma circular, então é correto afirmar que a velocidade da Lua é constante.

(4) Se, em determinado movimento, o vetor velocidade e o vetor aceleração são paralelos, conclui-se que se trata de um movimento variado.

27. (UnB – DF) Julgue os itens a seguir.

(1) Movimentos uniformes não apresentam aceleração.

(2) Se um movimento apresenta aceleração centrípeta e aceleração tangencial, então ele é curvilíneo e variado.

(3) Um carro está descrevendo um trecho curvo de uma estrada plana, horizontal. Trata-se, certamente, de um movimento dotado de aceleração.

(4) Num dado movimento, constata-se que a aceleração coincide com sua componente normal, e que esta tem intensidade constante; é certo afirmar que só pode se tratar de um movimento circular e uniforme.

(5) Havendo apenas aceleração radial, o movimento só pode ser retilíneo não uniforme (embora não seja possível dizer se é acelerado ou retardado).

28. Julgue os itens a seguir.

(1) Um ponto material está em movimento retilíneo e uniformemente variado quando sua aceleração vetorial for constante e não nula.

(2) Se a velocidade de um carro aumenta monotonamente com o tempo, então sua aceleração está necessariamente também aumentando.

(3) Se a trajetória seguida por um corpo é retilínea, então não pode haver uma componente centrípeta da aceleração.

(4) As componentes normal e tangencial do vetor aceleração são mutuamente ortogonais.

29. (UnB – DF – modificada) A trajetória de uma partícula no plano *xy* segue um arco de circunferência, deslocando-se do ponto *A* para o ponto *B*, como mostra a figura abaixo, em um intervalo de tempo igual a 5,0 s. No ponto *A*, o vetor velocidade tem módulo igual a 3,0 m/s e está orientado paralelamente ao eixo *x*. No ponto *B*, o vetor velocidade tem módulo igual a 4,0 m/s e está orientado paralelamente ao eixo *y*.

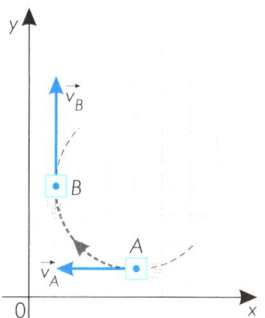

Baseando-se nos dados fornecidos pelo enunciado, julgue a veracidade das afirmações seguintes.

(1) O módulo da componente do vetor aceleração média, paralela ao eixo *x*, no trecho *AB*, vale 0,6 m/s^2.

(2) O vetor aceleração média, no trecho *AB*, tem direção radial e aponta para o centro de curvatura do arco de circunferência.

(3) Supondo que o módulo do vetor velocidade se mantenha constante ao longo da trajetória circular, nesse caso, o vetor aceleração estará sempre paralelo ao vetor velocidade.

30. Um móvel desloca-se sobre um trecho circular de uma pista de 6,0 m de raio; em dado instante, sua velocidade escalar vale 6,0 m/s, conforme se constata na leitura de um medidor. Outro instrumento acusa aceleração escalar instantânea valendo 8,0 m/s^2. Calcule, em unidade SI, a intensidade da aceleração instantânea do móvel.

31. Um ponto material parte do repouso e percorre uma trajetória circular em movimento variado, com aceleração escalar constante de 3,0 m/s^2. O raio de sua trajetória é de 9,0 m. Determine a intensidade da aceleração vetorial do movimento no instante 2,0 s.

32. Uma pedra prende-se no pneu de um automóvel que está com velocidade uniforme de 90 km/h. Supondo que o pneu não patine nem escorregue e que o sentido de movimento do automóvel seja positivo, no referencial adotado, qual o valor algébrico máximo da velocidade da pedra em relação ao solo, em km/h?

33. Para cada movimento abaixo, associe a situação da velocidade vetorial correspondente:

A) retilíneo   D) curvilíneo e uniforme
B) uniforme   E) curvilíneo variado
C) retilíneo e uniforme   F) retilíneo variado

I – ( ) O vetor velocidade é constante em módulo.
II – ( ) O vetor velocidade é constante em direção.
III – ( ) O vetor velocidade é constante em módulo e direção.
IV – ( ) O vetor velocidade é variável em módulo e direção.
V – ( ) O vetor velocidade é constante em módulo e variável em direção.
VI – ( ) O vetor velocidade é variável em módulo e constante em direção.

34. Julgue a veracidade dos itens a seguir.

(1) O módulo do vetor velocidade é igual ao módulo da velocidade escalar.

(2) O módulo do vetor aceleração é igual ao módulo da aceleração escalar.

(3) O módulo da aceleração tangencial é igual ao módulo da aceleração escalar.

(4) A direção do vetor velocidade é sempre tangente à trajetória.

Exercícios Complementares

35. Analise as proposições e assinale:
   a) se todas estiverem corretas;
   b) se apenas I e II estiverem corretas;
   c) se apenas II e III estiverem corretas;
   d) se apenas III estiver errada.

   I – O vetor velocidade de um móvel pode mudar de sentido, sem que mude o sentido de seu vetor aceleração.

   II – O módulo do vetor velocidade de um móvel pode permanecer constante, sem que sua aceleração seja nula.

   III – A direção do vetor velocidade de um móvel pode mudar, mesmo que o módulo de seu vetor aceleração seja constante.

   IV – Nos movimentos retilíneos, a aceleração normal é sempre constante.

6.6. Composição de Movimentos

6.6.1. Introdução

A maioria dos movimentos que você observa no seu dia a dia não é composta de movimentos simples de serem descritos matematicamente; na verdade, quando dois ou mais movimentos simples diferentes se realizam simultaneamente, suas descrições matemáticas são complexas. Por exemplo, consideremos um avião voando, com certa velocidade, em um local onde o ar esteja parado em relação à superfície da Terra, sem ventos. Se começar a ventar, o avião estará sujeito a dois movimentos: seu movimento em relação ao ar, que lhe é proporcionado pelos motores, e o movimento do ar, em relação à Terra, que também desloca o avião. Situações como essa, em que um corpo possui, simultaneamente, duas ou mais velocidades em relação a um observador, são encontradas frequentemente.

Um avião voando pode estar em movimento ou em repouso, dependendo do referencial.

6.6.2. Composição de movimentos por mudança de referencial

Seja A um corpo que se movimenta em relação a outro corpo B, o qual, por sua vez, se move em relação ao observador O, conforme se vê na Figura 6-14.

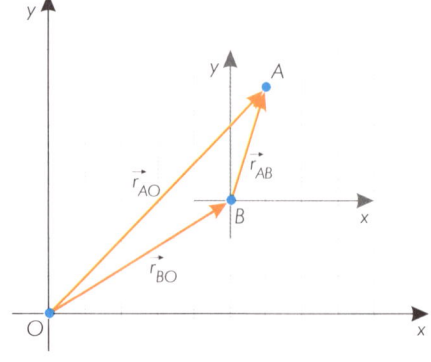

$\vec{r}_{AB}$ = vetor posição do corpo A em relação ao corpo B (vetor posição relativo).

$\vec{r}_{BO}$ = vetor posição do corpo B em relação ao observador O (vetor posição de arrastamento).

$\vec{r}_{AO}$ = vetor posição do corpo A em relação ao observador O (vetor posição absoluto).

FIGURA 6-14.

Podemos concluir que a velocidade do corpo A em relação ao corpo B é igual à diferença vetorial entre as velocidades dos corpos A e B, nessa ordem, em relação ao observador O, como segue.

Da figura, $\vec{r}_{AO} = \vec{r}_{BO} + \vec{r}_{AB}$; dividindo a expressão por Δt, obtemos uma relação entre as velocidades, que podemos escrever como $\vec{v}_{AO} = \vec{v}_{BO} + \vec{v}_{AB}$, de onde $\vec{v}_{AB} = \vec{v}_{AO} - \vec{v}_{BO}$.

Como já vimos, a *posição* e a *velocidade* de um corpo dependem do referencial adotado. Por exemplo: ao caminhar dentro de um ônibus em movimento, temos uma velocidade em relação ao ônibus e outra velocidade diferente em relação à estrada. O movimento do passageiro em relação aos demais passageiros do ônibus, que estão sentados nas poltronas fixas, é denominado **movimento relativo**; o movimento que o passageiro teria se estivesse parado em relação aos outros passageiros, que estão sentados nas poltronas fixas do ônibus, é denominado **movimento de arrastamento**, representado pelo movimento de translação do ônibus em relação à Terra. O movimento do passageiro em relação à Terra é denominado **movimento absoluto** ou **resultante**.

Suponha um barco cuja velocidade em relação à água, proporcionada por seus motores, é $\vec{v}_{BC}$. Esse barco se movimenta em um rio cuja correnteza, em relação às margens, tem uma velocidade $\vec{v}_{CT}$. Queremos saber qual a velocidade do barco em relação às margens do rio, $\vec{v}_{BT}$. Vejamos, a seguir, como se relacionam esses vetores-velocidade, estudando alguns casos particulares.

1.º Caso: o barco está descendo o rio

O barco está animado, simultaneamente, por duas velocidades. Portanto, ele se movimentará (em relação à Terra) com uma velocidade $\vec{v}_{BT}$, que é a resultante de $\vec{v}_{BC}$ e $\vec{v}_{CT}$. Nesse caso, $\vec{v}_{BC}$ e $\vec{v}_{CT}$ são vetores de mesma direção e de mesmo sentido. Então, o módulo da velocidade do barco, em relação à Terra, é dado por:

$$|\vec{v}_{BT}| = |\vec{v}_{BC}| + |\vec{v}_{CT}|$$

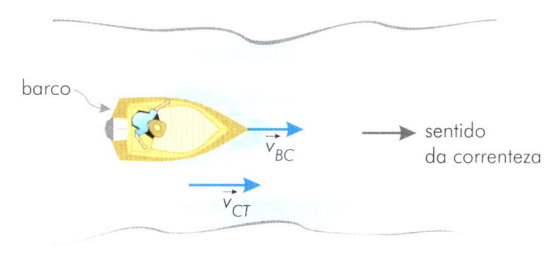

2.º Caso: o barco está subindo o rio

O barco está animado, simultaneamente, por duas velocidades. Portanto, ele se movimentará (em relação à Terra) com uma velocidade $\vec{v}_{BT}$, que é a resultante de $\vec{v}_{BC}$ e $\vec{v}_{CT}$. Nesse caso, $\vec{v}_{BC}$ e $\vec{v}_{CT}$ são vetores de mesma direção e de sentidos opostos. Então, o módulo da velocidade do barco, em relação à Terra, é dado por:

$$|\vec{v}_{BT}| = |\vec{v}_{BC}| - |\vec{v}_{CT}|$$

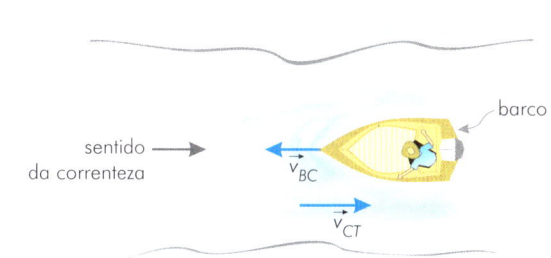

3.º Caso: o eixo do barco está orientado perpendicularmente às margens do rio

O barco está animado, simultaneamente, por duas velocidades. Portanto, ele se movimentará (em relação à Terra) com uma velocidade $\vec{v}_{BT}$, que é a resultante de $\vec{v}_{BC}$ e $\vec{v}_{CT}$. Nesse caso, $\vec{v}_{BC}$ e $\vec{v}_{CT}$ são vetores ortogonais. Então, o módulo da velocidade do barco, em relação à Terra, é dado por:

$$|\vec{v}_{BT}|^2 = |\vec{v}_{BC}|^2 + |\vec{v}_{CT}|^2$$

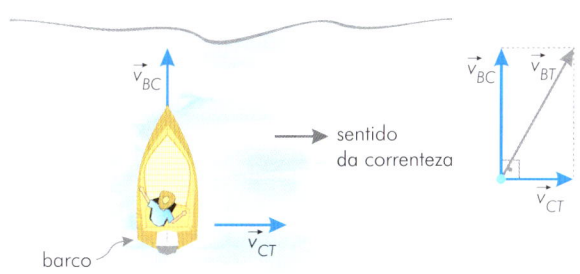

Esquemas dos vetores-velocidade do barco.

4.º Caso: o eixo do barco está orientado de modo que forma um ângulo θ com as margens do rio, tal que 0° < θ < 90°

O barco está animado, simultaneamente, por duas velocidades. Portanto, ele se movimentará (em relação à Terra) com uma velocidade $\vec{v}_{BT}$, que é a resultante de $\vec{v}_{BC}$ e $\vec{v}_{CT}$. Nesse caso, $\vec{v}_{BC}$ e $\vec{v}_{CT}$ são vetores de direções diferentes que não são ortogonais. Então, o módulo da velocidade do barco, em relação à Terra, é dado por:

$$|\vec{v}_{BT}|^2 = |\vec{v}_{BC}|^2 + |\vec{v}_{CT}|^2 + 2 \cdot |\vec{v}_{BC}| \cdot |\vec{v}_{CT}| \cdot \cos \theta$$

Esquema dos vetores-velocidade do barco.

Exercícios Resolvidos

36. Um avião tem velocidade média de 720 km/h em relação ao ar. Esse avião deve sair de uma localidade e dirigir-se a outra, situada 2.560 km ao sul do local de partida. Calcule, em horas, o intervalo de tempo necessário para que essa viagem seja realizada, sabendo que sopra um vento de sul para norte com velocidade média de 80 km/h em relação ao solo.

Resolução:

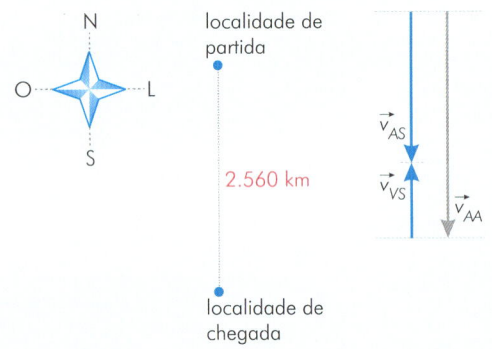

$\vec{v}_{AS}$ = velocidade do avião em relação ao solo.
$\vec{v}_{AA}$ = velocidade do avião em relação ao ar.
$\vec{v}_{VS}$ = velocidade do vento em relação ao solo.

A velocidade do avião em relação ao ar ($\vec{v}_{AA}$) tem sentido oposto à velocidade do vento em relação ao solo ($\vec{v}_{VS}$). Assim, a soma vetorial ($\vec{v}_{AS} = \vec{v}_{AA} + \vec{v}_{VS}$) tem módulo dado por:

$$|\vec{v}_{AS}| = |\vec{v}_{AA}| - |\vec{v}_{VS}| \Rightarrow |\vec{v}_{AS}| = 720 - 80 = 640 \text{ km/h}$$

Para um referencial fixo no solo, a distância percorrida pelo avião, para ir de uma localidade a outra, é Δs = 2.560 km. Assim, temos:

$$|\vec{v}_{AS}| = \frac{\Delta s}{\Delta t}$$

$$640 = \frac{2.560}{\Delta t} \Rightarrow \Delta t = \frac{2.560}{640} \therefore \Delta t = 4 \text{ h}$$

37. (FUVEST – SP) Um disco rola sobre uma superfície plana horizontal sem deslizar, em sentido anti-horário, de modo que a velocidade $\vec{v}_O$ do centro do disco em relação à Terra tem módulo $|\vec{v}_O| = 20$ m/s. Em relação à superfície horizontal, qual o módulo da velocidade

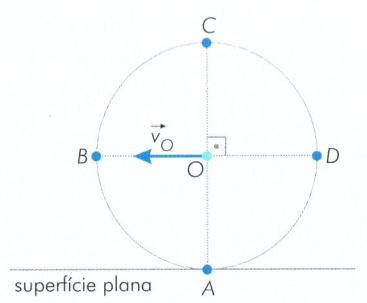

a) do ponto A ($\vec{v}_A$)?
b) do ponto B ($\vec{v}_B$)?
c) do ponto C ($\vec{v}_C$)?
d) do ponto D ($\vec{v}_D$)?

Resolução:
O movimento da roda em relação à Terra pode ser decomposto em dois movimentos: um de rotação em torno do centro O e outro de translação horizontal.

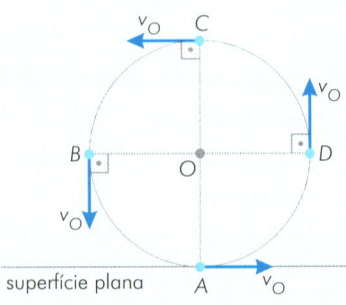

No esquema a seguir, estão representados os vetores velocidade em cada ponto.

Exercícios Resolvidos

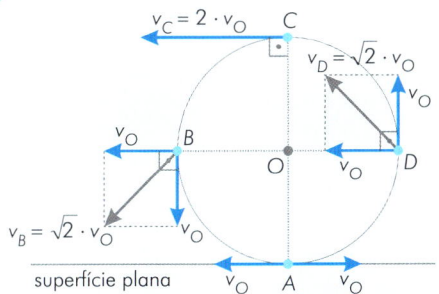

a) $|\vec{v}_A| = 0$

b) $|\vec{v}_B|^2 = |\vec{v}_O|^2 + |\vec{v}_O|^2$
$|\vec{v}_B|^2 = 20^2 + 20^2 \therefore |\vec{v}_B| = 20\sqrt{2}$ m/s

c) $|\vec{v}_C| = 2 \cdot |\vec{v}_O| = 2 \cdot 20 = 40$ m/s

d) $|\vec{v}_D|^2 = |\vec{v}_O|^2 + |\vec{v}_O|^2$
$|\vec{v}_D|^2 = 20^2 + 20^2 \therefore |\vec{v}_D| = 20\sqrt{2}$ m/s

Exercícios Propostos

38. Dois carros, A e B, movem-se no mesmo sentido por uma estrada plana e retilínea, estando o carro A à frente do carro B. Os módulos de suas velocidades, em relação a um referencial fixo no solo, são respectivamente iguais a $v_A = 80$ km/h e $v_B = 60$ km/h.
Qual é o módulo da velocidade do carro A em relação ao do carro B, em km/h?

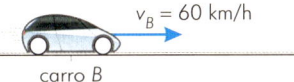
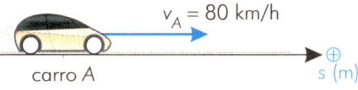

39. Duas partículas, X e Y, movem-se por estradas planas e retilíneas, estando a partícula X com velocidade escalar de módulo igual a 30 km/h e a partícula Y com velocidade escalar de módulo igual a 40 km/h. Sabendo que as velocidades das partículas X e Y são ortogonais entre si, determine, em km/h, o módulo da velocidade da partícula X em relação ao da partícula Y.

40. Um barco a motor sobe um rio contra a correnteza. Sua velocidade, em relação a um referencial fixo na margem desse rio, é constante e vale 12 km/h. O mesmo barco descendo o rio, deslocando-se a favor da correnteza, desenvolve velocidade constante de 26 km/h em relação a um referencial fixo na margem.
Qual é a velocidade do barco em relação à água, em km/h?

41. Um barco a motor a toda potência desenvolve velocidade de 10 m/s em relação às águas do rio. A correnteza do rio tem velocidade de 6,0 m/s em relação às margens. Supondo que o rio tenha margens paralelas, determine, em unidades SI, a velocidade do barco, em relação às margens, se:
a) o barco descer o rio paralelamente às margens;
b) o barco subir o rio paralelamente às margens;
c) o barco atravessar o rio mantendo seu eixo de simetria perpendicular às margens;
d) o barco atravessar o rio alcançando a margem oposta em um ponto exatamente em frente ao ponto de partida, e, para isso, tiver seu eixo de simetria formando um ângulo de, aproximadamente, 127° com o sentido de movimento da correnteza do rio.

42. Um avião sobrevoa um aeroporto, com seu eixo apontado para o sul, com velocidade escalar de módulo igual a 180 km/h, em relação ao ar. Os instrumentos do aeroporto registram um vento de 90 km/h em relação ao solo. Com base nos dados fornecidos pelo enunciado, julgue a veracidade das afirmações a seguir.
(1) A velocidade escalar do avião, em relação ao solo, tem módulo igual a 270 km/h quando o vento sopra no sentido sul.
(2) A velocidade escalar do avião, em relação ao solo, tem módulo igual a 90 km/h quando o vento sopra no sentido leste.
(3) A distância percorrida pelo avião, em relação ao solo, em um intervalo de tempo de 12 min, é de 54 km quando o vento sopra no sentido sul.
(4) O avião gasta 2,0 h para percorrer a distância de 180 km, quando o vento sopra no sentido norte.

43. Um bote A motorizado viaja para o norte a 12 km/h, e outro bote B, também motorizado, viaja para o leste a 12 km/h. Sabendo que a velocidade relativa de A com relação a B é a diferença entre as velocidades de A e B, nessa ordem, julgue as afirmações a seguir.
(1) O vetor velocidade de A relativo a B é, em módulo, igual ao módulo do vetor velocidade de B em relação a A.
(2) O vetor velocidade de A relativo a B é, em módulo, igual a 24 km/h e aponta para o noroeste.
(3) O vetor velocidade de B relativo a A aponta para o sudeste.
(4) O vetor velocidade de A relativo a B é igual ao vetor velocidade de B em relação a A.

Exercícios Complementares

44. Um vagão apresenta velocidade cujo módulo é v, relativa ao solo. Um passageiro situado no interior do vagão move-se paralelamente ao eixo central desse vagão com velocidade também constante e de módulo v em relação ao vagão. Qual o módulo da velocidade do passageiro em relação ao solo, em função de v?

45. Um avião sobrevoa uma cidade com velocidade constante de módulo v em relação ao solo, tendo direção e sentido de leste para oeste. O vento sopra com direção e sentido do norte para o sul, com velocidade $v/5$. Qual a velocidade do avião em relação ao vento, em função de v? Indique, se possível, sua direção e sentido.

46. Um barco a remo aponta perpendicularmente para a margem de um rio. O remador pode impelir o barco com uma velocidade $v_{BC} = 3{,}0$ m/min em relação à água. A velocidade da correnteza em relação à margem é de $v_{CT} = 4{,}0$ m/min.

a) Faça um esquema da situação descrita acima e represente as velocidades $\vec{v}_{BC}$ e $\vec{v}_{CT}$, graficamente, por vetores.

b) Determine, em m/min, a intensidade do vetor que representa a velocidade do barco em relação às margens.

c) Se a largura do rio é de 90 m, qual é a distância entre o ponto de chegada do barco e o ponto diretamente oposto ao de partida, em metros?

47. Uma lancha tem, rio abaixo, velocidade de 11,0 m/s e, rio acima, velocidade de 9,0 m/s, ambas em relação a um referencial fixo à margem do rio.

a) Qual a velocidade da lancha em relação ao rio, em m/s?
b) Qual a velocidade do rio, em m/s?

48. (UnB – DF) Um pescador rema perpendicularmente às margens de um rio com velocidade de módulo 3,0 km/h em relação às águas. As águas do rio possuem velocidade de 4,0 km/h em relação às margens. Determine, em km/h, a velocidade do pescador em relação às margens.

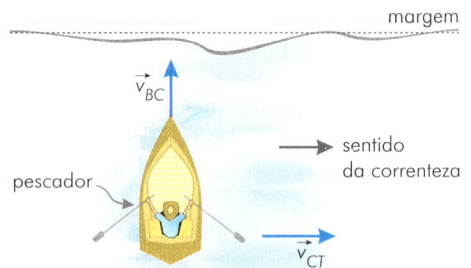

49. (FUVEST – SP) Um barco alcança a velocidade de 36 km/h, em relação às margens do rio, quando se desloca no sentido da correnteza e de 24 km/h quando se desloca em sentido contrário ao da correnteza. Determine, em km/h, a velocidade do barco em relação às águas e a velocidade das águas em relação às margens.

50. Sob chuva que cai verticalmente, uma pessoa caminha horizontalmente com velocidade de 10,0 m/s, inclinando o guarda-chuva a 30°, em relação à vertical, para resguardar-se o melhor possível. Calcule o módulo da velocidade da chuva em relação ao solo. Considere a seguinte aproximação: tg 60° = 1,7.

51. Um barco atravessa um rio seguindo a menor distância entre as margens, que são paralelas. Sabendo que a largura do rio é de 2,0 km, que a travessia é feita em 15 minutos e que a velocidade da correnteza é de 6,0 km/h, qual é o módulo da velocidade do barco em relação à água, em km/h?

52. Entre as cidades A e B existem sempre correntes de ar que vão de A para B com velocidade de 50 km/h. Um avião, voando em linha reta com velocidade de 150 km/h, em relação ao ar, demora 4,0 h para ir da cidade B até a cidade A. Determine, em km, a distância entre essas duas cidades.

53. Dois trens, A e B, percorrem trilhos paralelos com velocidade de 65 km/h e 80 km/h, respectivamente, em relação ao solo. Calcule, em km/h, a velocidade do trem B em relação ao trem A nos seguintes casos:

a) os trens movem-se no mesmo sentido;
b) os trens movem-se em sentidos opostos.

Exercícios Complementares

54. Um trem passa por uma estação com velocidade de 108 km/h. Uma esfera rola ao longo do piso de um vagão com velocidade igual a 54 km/h. Calcule, em km/h, a velocidade da esfera em relação a um observador parado na plataforma da estação, nos seguintes casos:

a) a esfera move-se em sentido concordante com o do trem;
b) a esfera move-se perpendicularmente ao movimento do trem.

55. (UnB – DF) Uma pedra se engasta no pneu de um automóvel que está com velocidade de 150 km/h. Supondo que o pneu não patine nem escorregue, e que o sentido de movimento do automóvel seja positivo no referencial adotado, qual o valor algébrico máximo da velocidade da pedra em relação ao solo, em quilômetros por hora (km/h)? Divida o resultado obtido por 10.

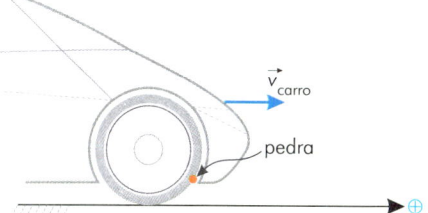

7. Lançamentos

7.1. Introdução

Quem quer que tenha observado o movimento de uma bola de futebol chutada por um goleiro até o campo adversário (ou de qualquer outro corpo pesado lançado no ar) terá visto o movimento de um projétil. Quando a direção da velocidade inicial é arbitrária, a bola move-se ao longo de uma trajetória curva. Essa forma muito comum de movimento é simples de analisar, desde que possam ser feitas as duas seguintes suposições:

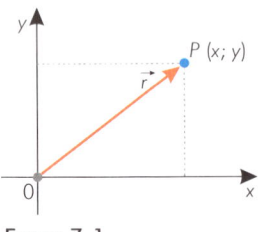

Figura 7-1.

1.ª – Quando um ponto material realiza um movimento bidimensional, normalmente, as duas coordenadas de posição (x e y) variam com o decorrer do tempo. Uma maneira simples de descrever matematicamente um movimento como esse usa o princípio da independência dos movimentos simultâneos, proposto por Galileu Galilei: o movimento descrito segundo um dos eixos é independente do movimento realizado segundo o outro. Dessa forma, podem-se estabelecer as funções matemáticas do movimento para cada coordenada do ponto material, obtendo-se o movimento real por meio da composição dos movimentos descritos por essas duas coordenadas (Figura 7-1).

2.ª – Conforme vimos anteriormente, um ponto material abandonado de certa altura, ou lançado verticalmente nas proximidades da superfície terrestre e em uma situação na qual seja possível desprezarmos a resistência do ar, realiza movimento uniformemente variado, com aceleração escalar de módulo constante e igual ao módulo da aceleração da gravidade ($\vec{g}$). Podemos verificar que a aceleração da gravidade ($\vec{g}$) tem direção vertical e sentido para baixo. Ao estudarmos o lançamento não vertical, vamos considerar que os movimentos ocorram em pequenas alturas, para as quais possamos desprezar a curvatura da Terra e, assim, supor que o solo é plano e horizontal. Com isso, poderemos admitir que o módulo da aceleração da gravidade é constante em toda a

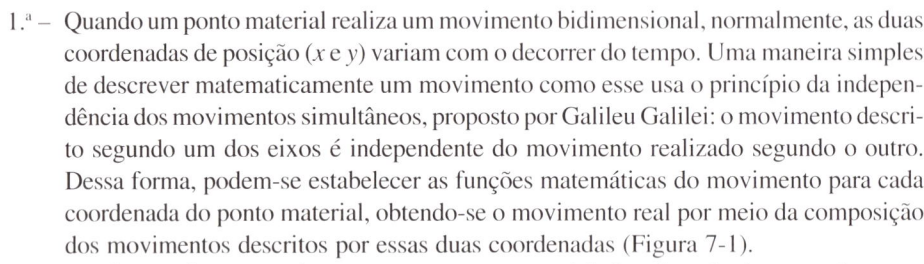

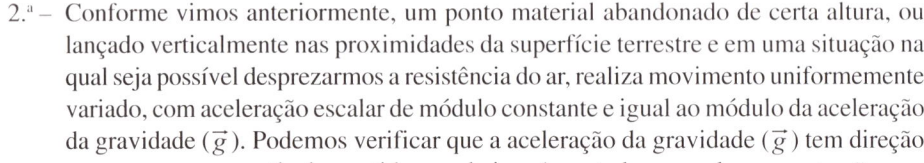

A fotografia estroboscópica exibe claramente a trajetória parabólica que caracteriza o lançamento oblíquo, como no caso do esqueitista ao lado.

região, ou seja, a aceleração da gravidade ($\vec{g}$) tem mesmo módulo, mesma direção e mesmo sentido em todos os pontos dessa região (Figura 7-2).

Por simplicidade, dividiremos os lançamentos não verticais que ocorrem próximos à superfície terrestre em dois casos: **lançamento horizontal** e **lançamento oblíquo**.

7.2. Lançamento Horizontal

Considere um corpo lançado horizontalmente nas proximidades da superfície terrestre e despreze a resistência do ar. Pode ser, por exemplo, o movimento de uma bola que, rolando sobre a mesa com velocidade $\vec{v}$, atinge a borda e se projeta no espaço (Figura 7-3). A trajetória curvilínea descrita pela bola, em relação à Terra, é um arco de parábola.

De acordo com o princípio da independência dos movimentos simultâneos de Galileu, podemos considerar o movimento descrito pela bola como resultante da composição de dois movimentos mais simples e que ocorrem simultaneamente: uma queda livre na vertical e um movimento uniforme horizontal.

A velocidade da bola pode ser decomposta, em cada instante de movimento, em duas componentes: a componente na direção horizontal ($\vec{v}_x$) e a componente na direção vertical ($\vec{v}_y$). Veja Figura 7-4.

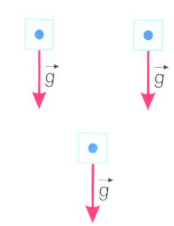

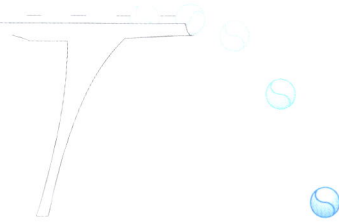

Figura 7-2.

Figura 7-3.

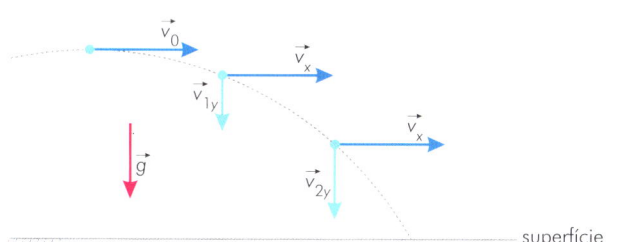

Figura 7-4.

IMPORTANTE

"Quando um corpo está sob a ação de dois movimentos perpendiculares entre si, cada um deles só depende da velocidade naquela direção."

Galileu Galilei

O *movimento de queda livre* (já visto anteriormente) é um movimento que ocorre sob a ação exclusiva da gravidade; trata-se de um *movimento uniformemente variado*, pois sua aceleração escalar durante a queda, a aceleração da gravidade, mantém-se constante.

O *movimento horizontal* descrito pela bola durante a queda é um *movimento uniforme*, pois, na direção horizontal, não existe aceleração.

Esse movimento pode, então, ser descrito pelas funções já vistas nos estudos dos movimentos uniforme e uniformemente variado. Para facilitar o estudo desse movimento, podemos substituir algumas variáveis (Figura 7-5):

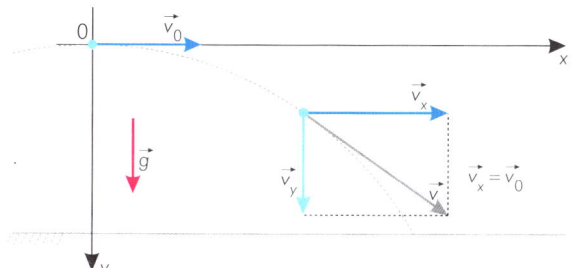

Figura 7-5.

A bola de golfe, ao cair no buraco, descreve um arco de parábola.

Você Sabia?

Nas ações humanitárias, em que alimentos são lançados de uma aeronave, o lançamento é oblíquo, em relação à superfície da Terra, e sua trajetória é parabólica.

- como, na direção do eixo y, a trajetória descrita pelo corpo é retilínea e vertical, substituímos a variável s, que representa a posição, pela variável H, associada ao eixo vertical;
- como, no eixo x, a trajetória descrita pelo corpo é retilínea e horizontal, substituímos a variável s, que representa a posição, pela variável X, associada ao eixo horizontal;
- o módulo da aceleração do corpo em queda é igual ao módulo da aceleração da gravidade ($\vec{g}$);
- os eixos de referência são o eixo vertical (y), orientado para baixo, com a origem fixada no ponto onde o corpo será abandonado, e o eixo horizontal (x), orientado para o lado do lançamento, com a mesma origem do eixo vertical.

Nessas condições, na direção vertical, a posição inicial do corpo é nula ($H_0 = 0$); a sua velocidade escalar inicial é nula ($v_{0y} = 0$) e, como a aceleração da gravidade é orientada verticalmente para baixo, o seu valor será sempre positivo. Na direção horizontal, sua velocidade é constante ($v_x = v_0$).

A Tabela 7-1 reúne as principais funções do movimento descrito pelo corpo.

TABELA 7-1. Decomposição das principais funções do movimento.

Funções	Movimento horizontal (MU)	Movimento vertical (MUV)
Posição em função do tempo	$X = v_0 \cdot t$	$H = \dfrac{1}{2} g \cdot t^2$
Velocidade em função do tempo	v_0	$v_y = g \cdot t$
Velocidade em função da posição	v_0	$(v_y)^2 = 2g \cdot \Delta H$

No movimento horizontal, $\vec{v_0}$ é a componente horizontal da velocidade, que não depende do tempo; t é a variável independente, que representa cada instante do movimento; e X é a posição horizontal em cada instante.

No movimento vertical, $\vec{v_y}$ é a componente vertical da velocidade $\vec{v}$; t é a variável independente, que representa cada instante do movimento; g é o módulo da aceleração da gravidade; e H é a posição do móvel na vertical, em cada instante, em relação à origem do sistema de referência.

Exercício Resolvido

1. Uma partícula é lançada horizontalmente com velocidade inicial de módulo $v_0 = 36$ km/h, de um ponto O situado 50 m acima do solo, suposto horizontal. Despreze a resistência do ar e considere a aceleração da gravidade de módulo igual a 10 m/s².

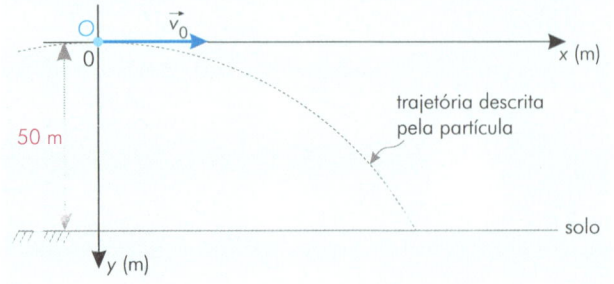

a) Determine, em segundos, o instante em que a partícula atinge o solo, contado a partir do instante de lançamento.

b) Calcule, em metros, a distância entre a vertical que passa pelo ponto de lançamento da partícula e o ponto onde ela atinge o solo. *Essa distância é denominada alcance horizontal da partícula.*

c) Calcule, em m/s, o módulo da componente vertical da velocidade da partícula no instante em que ela atinge o solo.

d) Calcule, em m/s, o módulo da velocidade da partícula no instante em que ela atinge o solo.

Exercício Resolvido

Resolução:
Dados:
- $v_{0x} = 36$ km/h $= 10$ m/s
- $v_{0y} = 0$
- $a = g = 10$ m/s²

Como foi adotado um sistema de coordenadas com origem no ponto O, com o eixo x orientado para a direita e o eixo y orientado para baixo, escrevemos assim as funções horárias das abscissas x e das ordenadas y:

$$x = x_0 + v_{0x} \cdot t \Rightarrow x = 0 + 10t \therefore x = 10t$$

$$y = y_0 + v_{0y} \cdot t + \frac{1}{2} a \cdot t^2$$

$$y = 0 + 0t + \frac{1}{2} \cdot 10t^2 \therefore y = 5t^2$$

a) No momento em que a partícula atinge o solo, temos $y = 50$ m. Substituindo esse valor na função horária $y = f(t)$, temos:

$$y = 5t^2 \Rightarrow 50 = 5t^2 \Rightarrow t^2 = \frac{50}{5} \Rightarrow t^2 = 10$$

$$t = \sqrt{10} \text{ s} \cong 3,16 \text{ s}$$

b) Sabemos que $x = 10t$ e $t = \sqrt{10}$ s. Assim, teremos:

$$x = 10 \cdot \sqrt{10} \text{ m} \cong 31,6 \text{ m}$$

c) $v_y = v_{0y} + a \cdot t$. No instante $t_0 = 0$, $v_{0y} = 0 \therefore v_y = 10t$. Assim, para $t = \sqrt{10}$ s, teremos:

$$v_y = 10 \cdot \sqrt{10} \frac{\text{m}}{\text{s}} \cong 31,6 \frac{\text{m}}{\text{s}}$$

d) A componente v_x mantém-se constante durante todo o movimento da partícula. Assim, no momento em que a partícula atinge o solo,

$$|\vec{v}|^2 = (10)^2 + (10 \cdot \sqrt{10})^2$$
$$|\vec{v}|^2 = 100 + 1.000$$
$$|\vec{v}| = \sqrt{1.100}$$
$$|\vec{v}| = 10 \cdot \sqrt{11} \text{ m/s}$$

Exercícios Propostos

2. Um avião precisa soltar um saco de mantimentos a um grupo de sobreviventes que está em uma balsa. A velocidade horizontal do avião é constante e tem módulo igual a 540 km/h, em relação à balsa, e sua altitude é de 2.000 m. Despreze a resistência do ar, considere o módulo da aceleração da gravidade igual a 10 m/s² e determine, em unidades SI:

a) o intervalo de tempo gasto para os mantimentos atingirem o alvo;
b) a distância entre a vertical que passa pelo ponto de lançamento do saco de mantimentos e o ponto onde ele atinge o solo.

3. Um avião de guerra está voando horizontalmente, a uma altitude de 18 km, com velocidade de 1.980 km/h, quando abandona uma grande massa de explosivos. Desprezando a resistência do ar e considerando o módulo da aceleração da gravidade igual a 10 m/s², determine, em unidades SI:

a) o intervalo de tempo que os explosivos levam para atingir o solo;
b) a distância entre a vertical que passa pelo ponto de lançamento dos explosivos e o ponto onde eles atingem o solo;
c) o módulo da velocidade dos explosivos ao atingirem o solo.

Exercícios Propostos

4. Uma bola é lançada horizontalmente, com velocidade escalar de módulo igual a 50 m/s, de um ponto situado a 80 m de altura, em relação ao solo.

Desprezando a resistência do ar e considerando o módulo da aceleração da gravidade igual a 10 m/s², determine, em unidades SI:

a) o intervalo de tempo que a bola gasta para atingir o solo e a distância entre a vertical que passa pelo ponto de lançamento da bola e o ponto onde ela atinge o solo;
b) o módulo da componente vertical da velocidade da bola ao atingir o solo;
c) o módulo da velocidade da bola ao atingir o solo.

5. No instante $t_0 = 0$, uma partícula é lançada horizontalmente com velocidade cujo módulo é igual a 40 m/s, de um ponto O, situado 600 m acima do solo, em uma região em que o módulo da aceleração da gravidade é igual a 10 m/s². Desprezando a resistência do ar e adotando o eixo de referência para baixo com a origem no ponto O, como mostra a figura ao lado, pedem-se, em unidades SI:

a) o instante em que a partícula atinge o solo;
b) a distância entre a vertical que passa pelo ponto de lançamento da partícula e o ponto onde ela atinge o solo;
c) a equação da trajetória;
d) os gráficos da abscissa x e da ordenada y, em função do tempo;
e) os gráficos dos módulos das componentes da velocidade (v_x e v_y), em função do tempo.

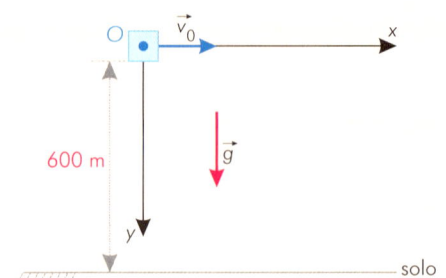

6. Uma bolinha rola sobre uma mesa com velocidade constante de módulo igual a 12 m/s. A altura da mesa é 0,60 m e o módulo da aceleração da gravidade é igual a 10 m/s². Desprezando a resistência do ar, calcule, em metros, a distância d entre o pé da mesa e o ponto onde a bolinha atinge o solo.

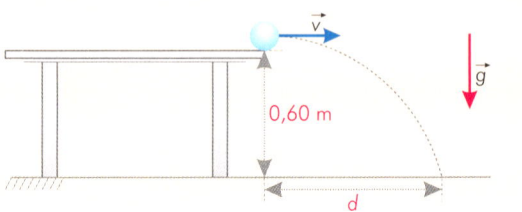

7.3. Lançamento Oblíquo

Consideremos uma bola chutada por um jogador de futebol, durante um lançamento para um colega. A Figura 7-6 ilustra a situação e a trajetória descrita pela bola durante o movimento.

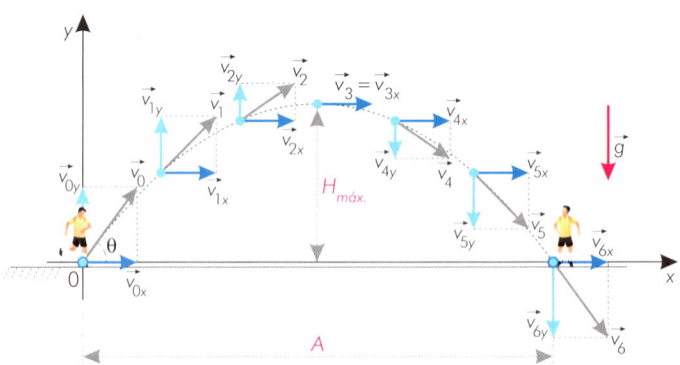

FIGURA 7-6.

A trajetória descrita pela bola, em relação à Terra, desprezando-se a resistência do ar e considerando que a aceleração da gravidade seja constante, é um arco de parábola.

De acordo com o princípio da simultaneidade dos movimentos, o movimento descrito pela bola pode ser considerado como uma superposição de um lançamento vertical para cima e de um movimento horizontal.

O **movimento de lançamento vertical** é um movimento que ocorre sob a ação exclusiva da gravidade. Portanto, trata-se de um **movimento uniformemente variado**, pois sua aceleração escalar, a aceleração da gravidade, mantém-se constante.

O **movimento horizontal** descrito pela bola durante o lançamento é um **movimento uniforme**, pois, na direção horizontal, não existe aceleração.

O movimento resultante da composição desses dois movimentos é, portanto, **retardado durante a subida** e **acelerado durante a descida**.

Definimos as seguintes notações e nomenclaturas (Figura 7-7):

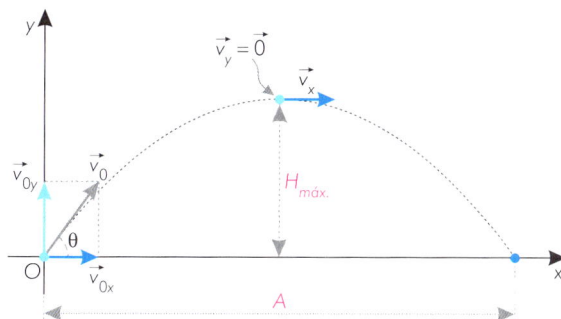

FIGURA 7-7.

- *ângulo de tiro* (θ): é o ângulo formado pela velocidade inicial $\vec{v}_0$ e a direção horizontal;
- *alcance horizontal* (A): é a distância entre o ponto de lançamento (O) e o ponto onde a partícula volta ao plano de lançamento;
- *flecha* ($H_{máx.}$): é a altura máxima atingida pela partícula;
- *velocidade de lançamento* ($\vec{v}_0$): é a velocidade inicial, com a qual o móvel foi lançado;
- *tempo de voo* (T_{total}): é o tempo durante o qual o móvel realiza o movimento, retornando ao plano de lançamento.

Observe, portanto, que o alcance horizontal da partícula corresponde ao deslocamento horizontal realizado durante o tempo de voo dessa partícula.

Utilizando o princípio da simultaneidade dos movimentos, podemos trabalhar com as componentes da velocidade inicial do movimento ($\vec{v}_0$).

Veja as igualdades válidas para esse diagrama (Figura 7-8):

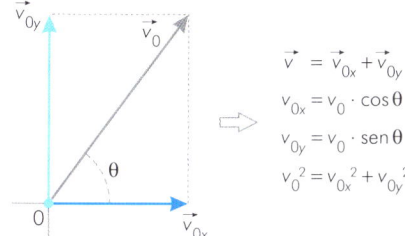

FIGURA 7-8.

$$\vec{v} = \vec{v}_{0x} + \vec{v}_{0y}$$
$$v_{0x} = v_0 \cdot \cos\theta$$
$$v_{0y} = v_0 \cdot \mathrm{sen}\,\theta$$
$$v_0^2 = v_{0x}^2 + v_{0y}^2$$

> **ATENÇÃO**
>
> Os vetores $\vec{v}_{0x}$ e $\vec{v}_{0y}$ são as componentes do vetor velocidade inicial, $\vec{v}_0$, na direção horizontal (eixo x) e na direção vertical (eixo y).

Para escrever as funções que representam os movimentos vistos segundo a direção horizontal e segundo a direção vertical, adotaremos as mesmas notações usadas na unidade anterior e inverteremos a orientação do eixo y (por conveniência):

- como, na direção do eixo y, a trajetória descrita pelo corpo é retilínea e vertical, substituímos a variável s, que representa a posição, pela variável H, associada ao eixo vertical;
- como, no eixo x, a trajetória descrita pelo corpo é retilínea e horizontal, substituímos a variável s, que representa a posição, pela variável X, associada ao eixo horizontal;
- o módulo da aceleração do corpo em queda é igual ao módulo da aceleração da gravidade ($\vec{g}$);
- os eixos de referência são o eixo vertical (y), orientado para cima, com a origem fixada no ponto onde o corpo será lançado, e o eixo horizontal (x), orientado para o lado do lançamento, com a mesma origem do eixo vertical.

Nessas condições, a posição inicial do corpo é nula ($H_0 = 0$) e, como a aceleração da gravidade é orientada verticalmente para baixo, o seu valor será sempre negativo.

A Tabela 7-2 reúne as principais funções do movimento descrito pelo corpo.

TABELA 7-2. Decomposição das principais funções do movimento.

Funções	Movimento horizontal (MU)	Movimento vertical (MUV)
Posição em função do tempo	$X = (v_0 \cdot \cos \theta) \cdot t$	$H = (v_0 \cdot \operatorname{sen} \theta)t - \dfrac{1}{2} g \cdot t^2$
Velocidade em função do tempo	$v_0 \cdot \cos \theta$	$v_y = (v_0 \cdot \operatorname{sen} \theta) - g \cdot t$
Velocidade em função da posição	$v_0 \cdot \cos \theta$	$(v_y)^2 = (v_0 \cdot \operatorname{sen} \theta)^2 - 2g \cdot \Delta H$

OBSERVAÇÕES: Uma análise matemática das funções leva à descoberta de que, para um lançamento oblíquo nas proximidades da superfície terrestre, sem resistência do ar, valem as seguintes particularidades (Figura 7-9):

- o valor do alcance horizontal é o maior possível quando o ângulo de tiro for de 45°;
- o alcance horizontal é o mesmo para dois ângulos complementares de lançamento.

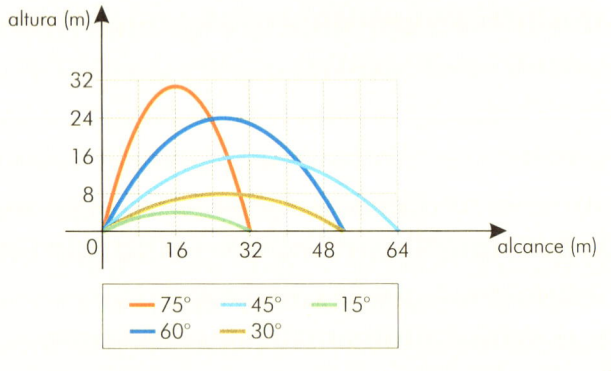

FIGURA 7-9.

Exercício Resolvido

7. Uma pequena esfera é lançada para cima, de um ponto situado 20 m acima do solo, suposto horizontal, segundo um ângulo de 30° com a horizontal, com velocidade inicial de módulo $v_0 = 20$ m/s. Despreze a resistência do ar e considere o módulo da aceleração da gravidade igual a 10 m/s². São dadas as seguintes aproximações: sen 30° = 0,50 e cos 30° = 0,86.

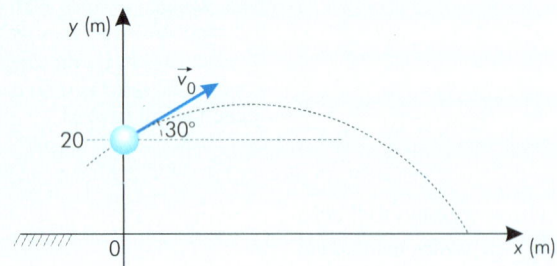

Pede-se:

a) Adotando a origem das abscissas x e das ordenadas y no ponto de coordenadas (0, 0) e esses eixos orientados conforme a figura acima, determine as funções da abscissa x e da ordenada y ocupadas pela partícula, em unidades SI.
b) A função horária da velocidade da esfera no eixo y, nas condições do item a.
c) O instante em que a esfera atinge a altura máxima, contado a partir do instante de lançamento.
d) Calcule, em metros, a altura máxima atingida pela esfera em relação ao solo.
e) O intervalo de tempo, em segundos, gasto pela esfera, desde o instante de lançamento até atingir o solo.

RESOLUÇÃO:

a) Na direção do eixo x, a esfera desloca-se em movimento uniforme, com função horária dos espaços do tipo:
$$x = x_0 + v_{0x} \cdot t \Rightarrow x = 0 + v_0 \cdot \cos 30° \cdot t$$
$$x = 20 \cdot 0{,}86t \therefore x = 17{,}2t$$

b) Na direção do eixo y, a esfera desloca-se em movimento uniformemente variado, com função horária dos espaços do tipo:
$$y = y_0 + v_{0y} \cdot t + \frac{1}{2} a \cdot t^2$$
$$y = 20 + v_0 \cdot \operatorname{sen} 30° \cdot t + \frac{1}{2} (-g) \cdot t^2$$
$$y = 20 + 20 \cdot \frac{1}{2} t + \frac{1}{2} \cdot (-10) t^2$$
$$y = 20 + 10t - 5t^2$$

A função horária da velocidade da esfera no eixo y é do tipo:
$$v_y = v_{0y} + a \cdot t \Rightarrow v_y = v_0 \cdot \operatorname{sen} 30° + (-g) \cdot t$$
$$v_y = 20 \cdot \frac{1}{2} + (-10)t$$
$$v_y = 10 - 10t$$

Exercício Resolvido

c) No instante em que a esfera atinge a altura máxima, temos $v_y = 0$. Como $v_y = 10 - 10t$, então,

$$0 = 10 - 10t$$
$$10t = 10$$
$$t = \frac{10}{10} \therefore t = 1 \text{ s}$$

d) Substituindo $t = 1$ s na função horária dos espaços $y = 20 + 10t - 5t^2$, temos:

$$y = 20 + 10 \cdot (1) - 5 \cdot (1)^2$$
$$y = 20 + 10 - 5$$
$$y = 25 \text{ m}$$

Logo, a altura máxima atingida pela esfera em relação ao solo é: $H_{máx.} = 25$ m

e) No instante em que a esfera atinge o solo, temos $y = 0$. Então,

$$0 = 20 + 10t - 5t^2$$
$$t^2 - 2t - 4 = 0$$
$$\Delta = (-2)^2 - 4 \cdot (1) \cdot (-4)$$
$$\Delta = 4 + 16$$
$$\Delta = 20$$
$$t = \frac{-(-2) \pm \sqrt{20}}{2 \cdot (1)}$$
$$t = \frac{2 \pm 2\sqrt{5}}{2}$$
$$t' = 1 + \sqrt{5} \Rightarrow t' \cong 3{,}24 \text{ s}$$
$$t'' = 1 - \sqrt{5} \Rightarrow t'' = -1{,}23 \text{ (não convém)}$$

Resposta: a partícula atinge o solo no instante 3,24 s.

Exercícios Propostos

8. De um ponto em uma torre situada a 50 m de altura, em relação ao solo, lança-se, formando um ângulo θ com a horizontal, um projétil, com velocidade de módulo igual a 20 m/s. Despreze os efeitos resistivos do ar e considere o módulo da aceleração da gravidade igual a 10 m/s².

São dadas as seguintes aproximações: sen $\theta = 0{,}80$ e cos $\theta = 0{,}60$. Calcule, em unidades SI:

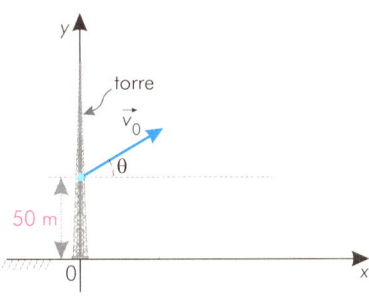

a) o tempo que o projétil leva para atingir o solo, suposto horizontal;
b) o alcance horizontal do projétil;
c) a projeção vertical da velocidade do projétil no instante em que ele atinge o solo;
d) a projeção horizontal da velocidade do projétil no instante em que ele atinge o solo;
e) o módulo da velocidade do projétil no instante em que ele atinge o solo.

9. Uma bola é lançada para cima, a partir do solo, segundo um ângulo de 60° com a horizontal, com velocidade inicial de módulo igual a 400 m/s. Desprezando os efeitos resistivos do ar e considerando o módulo da aceleração da gravidade igual a 10 m/s², calcule, em unidades SI:

a) o tempo gasto pela bola para retornar ao nível de lançamento;
b) a maior altura atingida pela bola;
c) o alcance horizontal da bola.

10. No instante $t_0 = 0$, uma partícula é lançada de um ponto O do solo (suposto plano e horizontal) com velocidade inicial de módulo igual a 100 m/s, que forma com o eixo horizontal um ângulo agudo θ. Sendo sen $\theta = 0{,}60$ e cos $\theta = 0{,}80$, considerando desprezíveis os efeitos resistivos do ar e o módulo da aceleração da gravidade igual a 10 m/s², determine, em unidades SI:

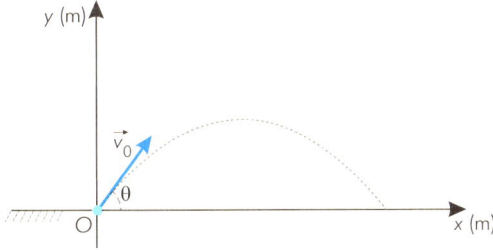

a) as funções horárias da abscissa x e da ordenada y da partícula;
b) a função horária da componente vertical da velocidade;
c) as coordenadas da partícula no instante 3,0 s, supondo que, nesse instante, a partícula não tenha atingido o solo;
d) o módulo da velocidade da partícula no instante 3,0 s.

11. Uma partícula é lançada de um ponto O do solo, no instante $t_0 = 0$, com velocidade $\vec{v}_0$, formando um ângulo θ com a horizontal. São dados: o módulo da aceleração da gravidade igual a 10 m/s², o módulo da veloci-

Exercícios Propostos

dade $\vec{v}_0$ igual a 200 m/s, sen θ = 0,80 e cos θ = 0,60. Desprezando os efeitos do ar e adotando um sistema de coordenadas de origem em O, calcule:

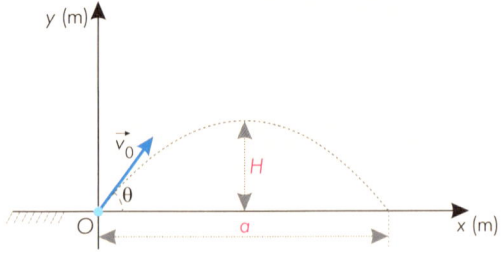

a) o instante em que a partícula atinge o vértice da trajetória;
b) o instante em que a partícula atinge o solo;
c) o alcance horizontal da partícula;
d) a altura máxima atingida pela partícula;
e) o módulo da velocidade da partícula ao atingir o vértice da trajetória.

12. Um projétil é lançado com velocidade inicial de módulo igual a 100 m/s, formando um ângulo de 30° acima da horizontal. Depois de quanto tempo, em segundos, ele passará por um ponto da sua trajetória situado 80 m (distância vertical) acima do ponto de lançamento? Despreze os efeitos do ar e considere o módulo da aceleração da gravidade igual a 10 m/s².

13. Ao bater o tiro de meta, um goleiro chuta a bola, inicialmente parada, de forma que ela alcance a maior distância possível. No chute, o pé do goleiro fica em contato com a bola durante um curtíssimo intervalo de tempo e a bola atinge um ponto do campo a uma distância de 40 m em relação ao ponto onde foi chutada. Despreze os efeitos do ar e considere o módulo da aceleração da gravidade igual a 10 m/s².

a) Qual o ângulo de tiro com que o goleiro chutou a bola?
b) Qual o módulo da velocidade com que a bola iniciou o movimento, em m/s?

14. Da linha de fundo, uma jogadora de vôlei saca a bola com uma velocidade de 15 m/s de uma altura de 2,0 m, com ângulo de 15° com a horizontal. Verifique se a bola passa pela rede e cai dentro da quadra. A altura da rede de vôlei é 2,4 m (feminino) e a quadra tem 18 m de comprimento. Despreze a resistência do ar e considere o módulo da aceleração da gravidade igual a 10 m/s².

Exercícios Complementares

15. De uma mesa, deixa-se cair uma esfera X e, ao mesmo tempo, lança-se uma esfera Y horizontalmente, conforme mostra a figura abaixo. Despreze a resistência do ar e considere o campo gravitacional constante na região.

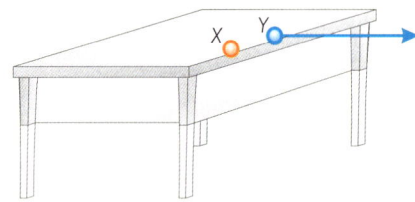

Com base nas informações acima, julgue os itens a seguir.
(1) A esfera de maior massa chegará primeiro ao solo.
(2) A esfera Y chegará primeiro ao solo, independentemente das massas.
(3) A esfera X chegará primeiro ao solo, independentemente das massas.
(4) As duas esferas chegarão ao solo com a mesma velocidade, se tiverem a mesma massa.
(5) As duas esferas chegarão ao solo ao mesmo tempo.

16. Um pequeno corpo, de 20 g de massa, desce ao longo da superfície curva mostrada na figura, e cai em um ponto situado a uma distância d da borda da superfície, 0,40 s depois de abandoná-la. Sabendo que o bloco abandona a superfície curva com velocidade horizontal de módulo igual a 2,0 m/s, que a resistência do ar pode ser desprezada e que o módulo da aceleração da gravidade é igual a 10 m/s², determine, em unidades SI:

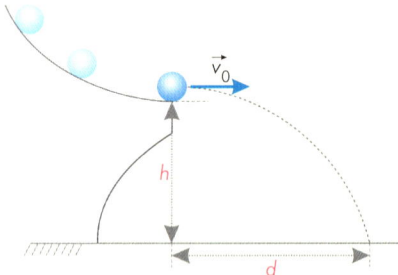

a) a altura h da queda;
b) o alcance horizontal d.

17. Uma bala é disparada horizontalmente, de uma altura de 4,0 m, com velocidade inicial de 200 m/s. Qual a distância horizontal, em metros, que a bala percorre antes de atingir o solo? Despreze os efeitos resistivos do ar e considere o módulo da aceleração da gravidade igual a 10 m/s².

18. Um transporte supersônico voa horizontalmente, a uma altitude de 2,0 km, com velocidade escalar de 2.500 km/h,

Exercícios Complementares

quando um motor se desprende dessa aeronave. Despreze os efeitos resistivos do ar e considere o módulo da aceleração da gravidade igual a 10 m/s². Determine, em unidades SI:

a) o tempo que leva o motor para atingir o solo;
b) a distância horizontal coberta pelo motor até atingir o solo;
c) a distância entre o motor e a aeronave (admitindo que esta continue a voar como se nada tivesse acontecido) quando o motor atinge o solo.

19. Durante uma manifestação de alunos de uma universidade brasileira, de um ponto P, a uma altura de 1,8 m, lançou-se horizontalmente uma bomba de gás lacrimogêneo, que atingiu os pés de um aluno universitário a 24 m de distância, como indica a figura. Despreze os efeitos resistivos do ar, considere o módulo da aceleração da gravidade igual a 10 m/s² e determine o módulo da velocidade com que a bomba foi lançada do ponto P, em m/s.

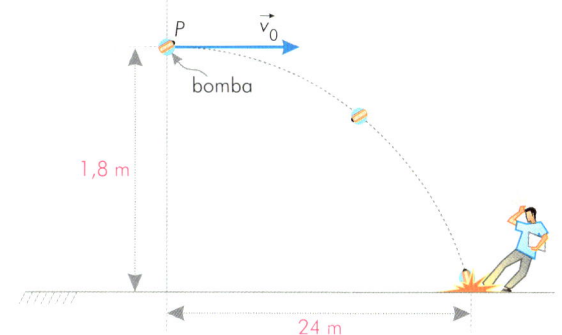

20. Uma pedra é arremessada horizontalmente, do alto de uma torre, e atinge o solo à distância de 18 m, medida a partir da base da torre. Despreze os efeitos resistivos do ar e considere o módulo da aceleração da gravidade igual a 10 m/s². Sabendo que a torre tem 45 m de altura, determine, em unidades SI;

a) o módulo da velocidade com que a pedra foi arremessada;
b) o módulo da velocidade com que a pedra atinge o solo.

21. Um avião, voando horizontalmente a uma altura h, desloca-se paralelamente e no mesmo sentido de um carro que se move no solo, suposto horizontal.

No instante t, o carro e o avião encontram-se sobre a mesma vertical, com velocidades constantes e iguais a 72 km/h e 360 km/h, respectivamente. No mesmo instante, é lançado do carro um projétil com velocidade inicial igual a 300 m/s, com a intenção de atingir o avião. Despreze a resistência do ar e considere o módulo da aceleração da gravidade igual a 10 m/s².

Com base nos dados fornecidos pelo enunciado, julgue a veracidade dos itens seguintes.

(1) O valor máximo da altura h para que o avião seja atingido não pode ser calculado, pois falta saber qual o ângulo entre a direção inicial do projétil e a horizontal.
(2) Qualquer que seja o ângulo entre a direção inicial do projétil e a horizontal, o avião não será atingido.
(3) O valor máximo da altura h para que o avião seja atingido é único e vale, aproximadamente, 8.000 m.
(4) Existem dois valores do ângulo entre a direção inicial do projétil e a direção horizontal para cada valor possível da altura h.
(5) Nas condições anteriores, com certeza o avião não será atingido pelo projétil.

22. Um canhão dispara dois projéteis, A e B, sendo que a massa do projétil A é o dobro da massa do projétil B. Nessas condições, julgue a veracidade das afirmações seguintes.

(1) O alcance do projétil B é maior do que o do projétil A.
(2) Os dois projéteis, A e B, têm o mesmo alcance horizontal.
(3) O projétil de massa maior permanece mais tempo no ar.
(4) Se o módulo da velocidade vetorial inicial de lançamento dos dois projéteis for o mesmo, o tempo de permanência no ar depende do ângulo de lançamento.
(5) Se os projéteis A e B forem lançados com a mesma velocidade, ao de menor ângulo de lançamento deverá corresponder o maior alcance.

23. Um projétil é lançado obliquamente no vácuo, em um local onde o campo gravitacional é suposto constante. A respeito desse lançamento, julgue a veracidade dos itens seguintes.

(1) No ponto mais alto da trajetória, a velocidade do projétil é nula.
(2) Em nenhum instante do movimento, a aceleração gravitacional é igual à componente centrípeta da aceleração do projétil.
(3) Lançamentos feitos com a mesma velocidade e ângulos de lançamentos complementares atingem, verticalmente, a mesma altura máxima.
(4) O alcance horizontal máximo do projétil, para determinada velocidade de lançamento, ocorre para um ângulo de tiro igual a 45°.

Exercícios Complementares

(5) O módulo da velocidade com que o projétil atinge o plano de lançamento é igual ao módulo da sua velocidade de lançamento.

24. Considere um projétil arremessado obliquamente, como se vê na figura abaixo. A respeito desse movimento, julgue os itens a seguir.

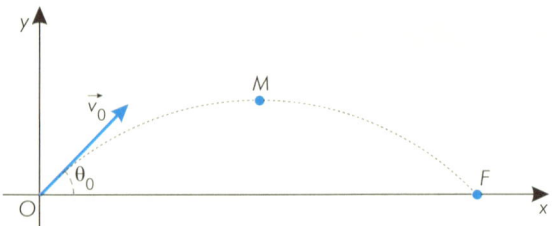

(1) No trecho OM, os vetores velocidade e aceleração do projétil são ortogonais.
(2) O movimento da projeção horizontal do projétil é uniformemente variado.
(3) No trecho OM, a aceleração do projétil é crescente.
(4) No ponto de altura máxima (M), a velocidade do projétil é nula.
(5) No trecho MF, a aceleração faz um ângulo agudo com a velocidade do projétil.

25. Uma pedra é jogada livremente para cima em uma direção que forma um ângulo de 30° com a horizontal no campo gravitacional terrestre, considerado uniforme. Escolha a opção que completa corretamente a sentença: na ausência de atrito com o ar, no ponto mais alto alcançado pela pedra, o módulo de
a) sua aceleração é nula.
b) sua velocidade é nula.
c) sua aceleração atinge um mínimo, mas não nulo.
d) sua velocidade atinge um valor mínimo, mas não nulo.
e) seu vetor posição, em relação ao ponto de lançamento, é máximo.

26. Uma bola está parada sobre o gramado de um campo de futebol, suposto plano, na posição indicada por A. Um jogador chuta a bola para cima, imprimindo-lhe velocidade inicial $\vec{v}_0$, de módulo igual a 8,0 m/s, e que faz com a horizontal um ângulo de 60°. A bola sobe e desce, atingindo o solo novamente, na posição indicada por B. Despreze a resistência do ar e considere o módulo da aceleração da gravidade igual a 10 m/s². Determine a distância entre as posições A e B.

27. Um jogador de futebol imprime a uma bola uma velocidade máxima de 20 m/s. Se o ângulo de tiro for de 45°, o módulo da aceleração da gravidade for de 10 m/s² e considerando desprezível a resistência do ar, o alcance máximo atingido pela bola será de:
a) 20 m
b) 10 m
c) 40 m
d) 60 m
e) 14 m

28. Um jogador de basquete, parado, lança obliquamente a bola da altura de 1,80 m, com velocidade de 10 m/s, formando um ângulo de 60° acima da horizontal, para outro jogador, situado a 9,0 m dele. Considere o módulo da aceleração da gravidade igual a 10 m/s² e despreze a resistência do ar. A que altura do chão a bola está, quando chega o jogador?

29. Um corpo é lançado obliquamente para cima, formando um ângulo de 30° com a horizontal. Sabendo que o tempo de permanência do corpo no ar é 6,0 s, calcule o módulo da velocidade de lançamento do corpo. Considere o módulo da aceleração da gravidade igual a 10 m/s² e despreze a resistência do ar.

30. Do alto de uma torre são lançados, no mesmo instante, dois corpos, A e B, com velocidades iniciais iguais e inclinações distintas de 30° e 60°, respectivamente. Observa-se que ambos atingem o solo (suposto horizontal) no mesmo ponto. Desprezando a resistência do ar, qual a relação entre os tempos de queda t_A/t_B, respectivamente, dos corpos A e B?

31. Durante um exercício de segurança contra incêndio, um bombeiro segurou a mangueira d'água formando um ângulo de 45° com a horizontal. Sabendo-se que a aceleração local da gravidade tem módulo igual a 10 m/s² e que a velocidade de saída do jato d'água é de 20 m/s, pode-se afirmar que serão atingidos os objetos situados a uma distância máxima, na direção horizontal, do bico da mangueira, de:

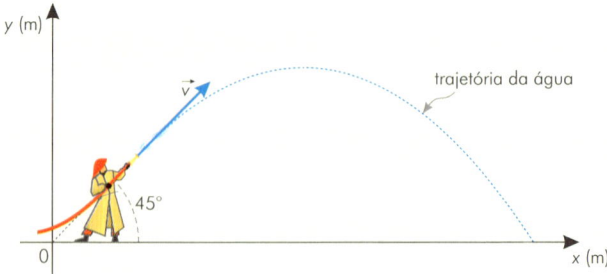

a) 70 m
b) 40 m
c) 50 m
d) 60 m
e) 65 m

32. Perto da superfície da Terra, dá-se um tiro de canhão com ângulo de tiro θ_0 (ascendente) e velocidade $\vec{v}_0$ (na

Exercícios Complementares

boca da peça). O alcance é pequeno, em comparação com o raio da Terra. Despreze os efeitos do ar e julgue a veracidade dos itens seguintes.

(1) O alcance horizontal do tiro é proporcional a $\vec{v}_0$.
(2) O módulo da velocidade de descida da partícula na trajetória é proporcional ao ângulo de tiro.
(3) Todos os planos horizontais entre o nível da boca do canhão e o ponto mais alto da trajetória são atravessados pela bola duas vezes (exceto no ponto mais alto), com velocidades de módulos iguais.
(4) Na Lua, com o mesmo θ_0 e a mesma velocidade $\vec{v}_0$, o alcance seria maior.
(5) Aumentando-se θ_0 (de 0° a 90°), o alcance horizontal do projétil aumenta.

33. (FUVEST – SP) Um menino de 40 kg de massa está sobre um *skate* que se move com velocidade constante de 3,0 m/s, numa trajetória retilínea horizontal. Defronte de um obstáculo, ele salta e, após 1,0 s, cai sobre o *skate* que, durante todo o tempo, mantém a velocidade de 3,0 m/s. Desprezando-se eventuais forças de atrito, pede-se a altura máxima que o menino atingiu no seu salto, tomando como referência a base do *skate*. Considere o módulo da aceleração da gravidade igual a 10 m/s².

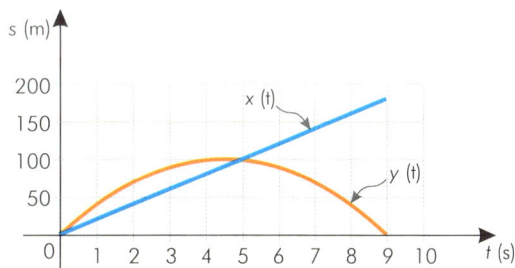

34. (UFPE) O gráfico ao lado representa os sucessivos valores (expressos em metros) das distâncias horizontal $x(t)$ e vertical $y(t)$ percorridas por uma bala disparada por um canhão. Se no instante $t = 5$ s a distância, em metros, da bala para o canhão vale R, qual o valor numérico de seu quadrado, R^2?

a) $1,0 \cdot 10^4$
b) $2,0 \cdot 10^4$
c) $3,0 \cdot 10^4$
d) $4,0 \cdot 10^4$
e) $5,0 \cdot 10^4$

8 Movimento Circular

8.1. Introdução

Em nosso cotidiano, temos vários exemplos de movimentos cujas trajetórias são circulares. É o caso do movimento de um ponto de um disco, de uma roda de motocicleta, de uma roda-gigante em um parque de diversões, dos ponteiros de um relógio etc., em torno de um eixo.

Para descrever os movimentos circulares, precisaremos definir novas grandezas cinemáticas: deslocamento angular, velocidade angular e aceleração angular, de maneira análoga ao que foi feito para as grandezas escalares deslocamento, velocidade e aceleração, no estudo do movimento linear.

8.2. Grandezas Angulares

Consideremos um móvel realizando movimento circular para determinado ponto de vista. Isso quer dizer que o observador vê o ponto mudar de posição, continuamente, mas mantendo-se equidistante de um ponto, no mesmo plano do movimento, dito *centro* do movimento. Seja P_0 a posição inicial desse móvel (posição ocupada por ele no instante em que inicia a descrição do movimento, $t_0 = 0$) e P a posição ocupada por ele no instante t. Vamos adotar a origem da trajetória no ponto O e o sentido positivo do referencial como sendo anti-horário (Figura 8-1).

Um ponto fixo em uma roda de motocicleta, por exemplo, descreve movimento circular em relação aos respectivos eixos de rotação.

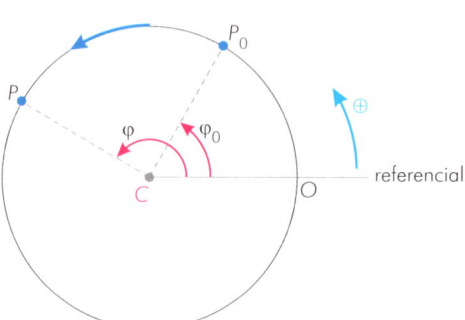

FIGURA 8-1. Ponto material em movimento circular.

- A medida do arco $\overarc{OP}$ indica a posição linear inicial (s_0) do móvel que descreve a trajetória circular, enquanto a medida do ângulo φ_0 indica a sua correspondente posição angular inicial.
- A medida do arco $\overarc{OP}$ indica a posição (s) do móvel definida ao longo da trajetória circular, para um instante t qualquer, enquanto a medida do ângulo φ indica a sua correspondente posição angular.
- De modo inteiramente análogo ao que foi feito no estudo dos movimentos retilíneos, no qual o deslocamento linear desse móvel é dado por

$$\Delta s = s - s_0$$

no movimento circular há uma correspondente expressão para o deslocamento angular,

$$\Delta \varphi = \varphi - \varphi_0$$

Podemos relacionar as grandezas lineares (escalares) e as suas respectivas grandezas angulares, como se faz em matemática. A medida um radiano (1 rad) corresponde à medida de um ângulo central θ que, na circunferência, determina um arco de comprimento s, que tem medida igual à do raio R da circunferência.

Assim, obtém-se uma grandeza *angular* em função da grandeza *escalar* correspondente, e vice-versa, relacionando-as pelo raio da trajetória circular:

$$\text{grandeza angular} = \frac{\text{grandeza linear}}{\text{raio}}$$

IMPORTANTE

As grandezas *escalares* são medidas sobre a trajetória seguida pelo móvel, usando a escala adotada; as medidas *angulares* são tomadas por um observador posicionado no centro, que acompanha o deslocamento do ponto material.

8.3. Posição Angular (φ)

Tomando uma trajetória circular de raio R e adotando a origem dos espaços lineares no ponto O para a medição da posição escalar (s) sobre o arco de circunferência, definimos a posição angular (φ) como sendo a razão entre a medida s do comprimento do arco da circunferência e o raio R dessa circunferência.

$$\varphi = \frac{s}{R}$$

Se a posição linear (s) e o raio (R) da circunferência são medidos nas mesmas unidades, a posição angular (φ) é dada em radianos.

Exercícios Resolvidos

1. Calcule a medida, em radianos e em graus, de um ângulo central que corresponde a um arco cuja medida é igual a 10 cm, em uma circunferência de 50 cm de raio.

RESOLUÇÃO:

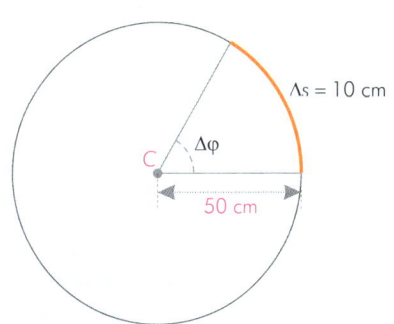

I) medida do ângulo em radianos:

$$\Delta\varphi = \frac{\Delta s}{R} \Rightarrow \Delta\varphi = \frac{10 \text{ cm}}{50 \text{ cm}} \Rightarrow \Delta\varphi = 0{,}2 \text{ rad}$$

II) medida do ângulo em graus:

$$\pi \text{ rad} \cong 3{,}14 \quad\rule{1cm}{0.4pt}\quad 180°$$
$$0{,}2 \text{ rad} \quad\rule{1cm}{0.4pt}\quad \Delta\varphi$$

$$\Delta\varphi = \frac{0{,}2 \text{ rad} \times 180°}{3{,}14 \text{ rad}} \cong 11{,}46°$$

Exercícios Resolvidos

2. Uma partícula descreve um arco de circunferência de raio 20 m. Qual a medida, em metros, desse arco, sabendo que o ângulo central que corresponde a ele é igual a $\frac{\pi}{3}$ rad?

Resolução:

$\Delta\varphi = \frac{\pi}{3}$ rad $\cong \frac{3,14}{3}$ rad $\cong 1,047$ rad

$\Delta\varphi = \frac{\Delta s}{R} \Rightarrow 1,047 = \frac{\Delta s}{20}$

$\Delta s = 1,047 \cdot 20 \therefore \Delta s \cong 21$ m

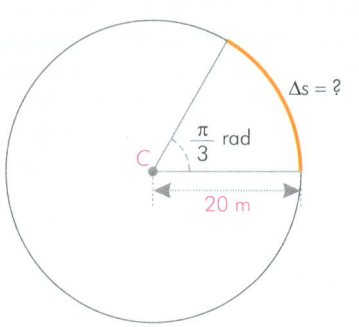

Exercícios Propostos

Observação: Quando necessário, use a aproximação $\pi = 3,14$.

3. Qual a medida, em radianos e em graus, do ângulo central que corresponde ao arco de medida 1,0 cm em uma circunferência de 2,0 cm de raio?

4. Qual a medida, em radianos, do ângulo central que corresponde ao comprimento de uma circunferência de raio R?

5. Qual a medida, em graus, de um ângulo central que mede 1,00 rad? Dê como resposta o valor aproximado, com apenas três algarismos significativos.

6. Se você descreve um arco de 20 cm em uma circunferência de 5,0 cm de raio, qual a medida, em radianos e em graus, do ângulo central que corresponde a esse arco?

7. Em uma pista de atletismo circular de 200 m de raio, um atleta descreve um arco cujo ângulo central correspondente é de 30°. Qual a medida, em metros, do arco descrito pelo atleta?

8. Qual a medida, em radianos e em graus, de um ângulo central que corresponde a um arco de 4,0 cm em uma circunferência de 10 cm de raio?

9. Em uma pista circular de 300 m de raio, um ciclista descreve um ângulo central de 60°. Determine, em metros, a medida do arco que corresponde ao ângulo descrito pelo ciclista.

8.4. Velocidade Angular Média e Velocidade Angular Instantânea

Consideremos um móvel deslocando-se ao longo de uma trajetória circular de raio R, que tem origem no ponto O e orientação no sentido anti-horário.

Sendo a trajetória circular, às posições inicial (s_0) e final (s) correspondem ângulos centrais φ_0 e φ, que são denominados, respectivamente, posição angular inicial e posição angular final (Figura 8-2).

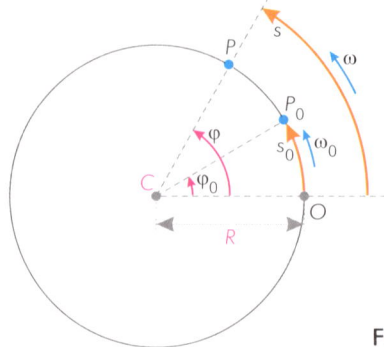

Figura 8-2.

No brinquedo conhecido como "chapéu mexicano", que gira em uma trajetória circular, entre a posição de um corpo que se desloca e a posição inicial determina-se um ângulo central.

Do mesmo modo que definimos a velocidade escalar média $\left(v_m = \dfrac{\Delta s}{\Delta t}\right)$, definimos a velocidade angular média (ω_m) como o quociente entre o deslocamento angular ($\Delta\varphi$) e o correspondente intervalo de tempo (Δt). Assim, escrevemos:

$$\omega_m = \dfrac{\Delta\varphi}{\Delta t}$$

em que $\Delta\varphi = \varphi - \varphi_0$, de modo inteiramente análogo ao que foi feito no estudo dos movimentos retilíneos. A velocidade angular média (ω_m) é medida em radianos por segundo (rad/s).

Também podemos estabelecer uma relação entre a velocidade linear média (v_m) e a velocidade angular média (ω_m):

ATENÇÃO
No SI, a unidade da velocidade angular é rad/s.

$$\varphi_0 = \dfrac{s_0}{R} \; ; \; \varphi = \dfrac{s}{R}, \text{ então } \Delta\varphi = \dfrac{\Delta s}{R}$$

Substituindo na equação da velocidade angular média,

$$\omega_m = \dfrac{\Delta\varphi}{\Delta t} \Rightarrow \omega_m = \dfrac{\dfrac{\Delta s}{R}}{\Delta t} \Rightarrow \omega_m = \dfrac{\Delta s}{\Delta t \cdot R} \quad \text{(equação I)}$$

$$v_m = \dfrac{\Delta s}{\Delta t} \quad \text{(equação II)}$$

IMPORTANTE
A velocidade linear leva em consideração a *distância* percorrida na unidade de tempo; a velocidade angular leva em consideração o *ângulo* descrito na unidade de tempo.

Comparando as duas equações acima, podemos escrever as relações:

$$\omega_m = \dfrac{v_m}{R} \Rightarrow v_m = \omega_m \cdot R$$

lembrando que as velocidades instantâneas não passam de velocidades médias determinadas para intervalos de tempo muito pequenos, isto é, Δt tendendo a zero ($\Delta t \to 0$).

$$v = \omega \cdot R$$

Exercícios Resolvidos

10. Um ponto material descreve uma trajetória circular de raio 5 cm. Esse ponto material ocupa, no instante $t_0 = 0$, a posição angular $\varphi_0 = \dfrac{\pi}{3}$ rad e, no instante $t = 2$ s, a posição angular $\varphi = \dfrac{2\pi}{3}$ rad. Se necessário, use $\pi = 3{,}14$. Para esse ponto material, calcule o que se pede:
a) Qual o deslocamento linear, em cm, no intervalo de tempo de 2 s?
b) Qual a velocidade angular média, em rad/s?
c) Qual o módulo da velocidade linear média (ou velocidade escalar média), em cm/s?

Resolução:
Dados:
- $R = 5$ cm
- $\varphi_0 = \dfrac{\pi}{3}$ rad
- $\varphi = \dfrac{2\pi}{3}$ rad
- $\Delta\varphi = \varphi - \varphi_0 = \dfrac{2\pi}{3} - \dfrac{\pi}{3} = \dfrac{\pi}{3}$ rad
- $\Delta t = 2$ s

a) $\Delta\varphi = \dfrac{\Delta s}{R} \Rightarrow \dfrac{\pi}{3} = \dfrac{\Delta s}{5}$

$\Delta s = \dfrac{5\pi}{3}$ cm $\cong 5{,}23$ cm

b) $\omega_m = \dfrac{\Delta\varphi}{\Delta t} \Rightarrow \omega_m = \dfrac{\dfrac{\pi}{3}}{2} = \dfrac{\pi}{6}$ rad/s $\cong 0{,}52$ rad/s

c) $v_m = \dfrac{\Delta s}{\Delta t} \Rightarrow v_m = \dfrac{\dfrac{5\pi}{3}}{2} = \dfrac{5\pi}{6}$ cm/s $\cong 2{,}62$ cm/s

Exercícios Resolvidos

11. Uma partícula descreve uma trajetória circular de raio $R = 4$ cm, com velocidade escalar constante, e de módulo igual a 12π cm/s. Calcule, em rad/s, a velocidade angular dessa partícula.

Resolução:
Dados:
- $R = 4$ cm
- $v = 12\pi$ cm/s
- $\omega = ?$

$v = \omega \cdot R$
$12\pi \, (\text{cm/s}) = \omega \cdot 4 \, (\text{cm})$

$\omega = \dfrac{12\pi \, (\text{cm/s})}{4 \, (\text{cm})} \Rightarrow \omega = 3\pi$ rad/s

8.5. Aceleração Angular Média e Aceleração Angular Instantânea

Da mesma maneira como definimos a aceleração linear média $\left(a_m = \dfrac{\Delta v}{\Delta t}\right)$, definimos a aceleração angular média (γ_m) pelo quociente entre a variação da velocidade angular ($\Delta\omega$) e o correspondente intervalo de tempo (Δt). Escrevemos:

$$\gamma_m = \dfrac{\Delta\omega}{\Delta t}$$

Você Sabia?

Quando a roda-gigante começa a girar, apresenta aceleração angular.

- A aceleração angular média é medida em radianos por segundo ao quadrado (rad/s²).
- A aceleração angular instantânea (γ) é igual à aceleração angular média quando o intervalo de tempo Δt tende a zero ($\Delta t \to 0$).

A relação entre a aceleração linear média (a_m) e a aceleração angular média (γ_m) é obtida como segue.
Como $v_0 = \omega_0 \cdot R$, $v = \omega \cdot R$, então $\Delta v = \Delta\omega \cdot R$.

- Da definição, $\gamma_m = \dfrac{\Delta\omega}{\Delta t} \Rightarrow \gamma_m = \dfrac{\frac{\Delta v}{R}}{\Delta t} \Rightarrow \gamma_m = \dfrac{\Delta v}{\Delta t \cdot R}$

- Sendo $a_m = \dfrac{\Delta v}{\Delta t}$ a aceleração linear média, então as grandezas aceleração linear média (a_m) e aceleração angular média (γ_m) se relacionam da seguinte maneira:

$$\gamma_m = \dfrac{a_m}{R} \Rightarrow a_m = \gamma_m \cdot R$$

- A mesma relação pode ser estabelecida entre a aceleração linear instantânea (a) e a aceleração angular instantânea (γ), que são as acelerações do móvel quando o intervalo de tempo Δt tende a zero ($\Delta t \to 0$). Assim,

$$a = \gamma \cdot R$$

A Tabela 8-1 apresenta as principais relações entre grandezas angulares e lineares.

Tabela 8-1. Relações entre grandezas angulares e lineares.

Grandeza linear		Grandeza angular		Relação
Espaço linear (s)	m	Espaço angular (φ)	rad	$s = \varphi \cdot R$
Velocidade linear (v)	m/s	Velocidade angular (ω)	rad/s	$v = \omega \cdot R$
Aceleração linear (a)	m/s²	Aceleração angular (γ)	rad/s²	$a = \gamma \cdot R$

Exercícios Propostos

Observação: Quando necessário, use a aproximação $\pi = 3,14$.

12. Uma partícula descreve uma trajetória circular de 20 m de raio, percorrendo 60 m em um intervalo de tempo de 5,0 s. Determine, em unidades SI, o deslocamento angular e a velocidade angular média da partícula nesse intervalo de tempo.

13. Um móvel com velocidade linear constante, de módulo igual a 25π cm/s, descreve uma trajetória circular de 6,25 cm de raio. Qual a velocidade angular desse móvel, em rad/s?

14. Consideremos um corpo movimentando-se em trajetória circular de 5,0 m de raio. No instante $t_1 = 2,0$ s, sua posição angular é $\varphi_1 = \dfrac{\pi}{6}$ rad e no instante $t_2 = 8,0$ s, a posição ocupada pelo corpo é $\varphi_2 = \dfrac{\pi}{4}$ rad. Determine para esse corpo:

    a) o deslocamento angular nesse intervalo de tempo, em radianos;
    b) a velocidade angular média, em rad/s;
    c) a velocidade escalar média, em m/s.

15. Um ponto material percorre uma circunferência de raio igual a 6,0 m, completando $\dfrac{1}{6}$ de volta em um intervalo de tempo de 2,0 s. Determine, em unidades SI:

    a) a velocidade angular média do ponto material nesse intervalo de tempo;
    b) a velocidade escalar média do ponto material no intervalo de tempo citado;
    c) o intervalo de tempo gasto pelo ponto material para efetuar uma volta completa.

16. (FUVEST – SP) O raio do cilindro de um carretel mede 2,0 cm. Uma pessoa, em 10 s, desenrola uniformemente 50 cm de linha que está em contato com o cilindro.

    a) Qual o valor da velocidade linear, em cm/s, de um ponto da superfície do cilindro?
    b) Qual o valor da velocidade angular, em rad/s, de um ponto P, distante 4,0 cm do eixo de rotação?

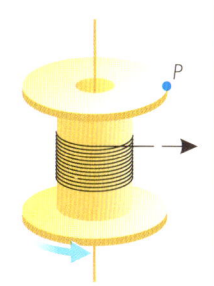

17. As pás de um motor atingem a velocidade angular de 8,0 rad/s em 4,0 s, contados a partir do instante em que o motor foi acionado.

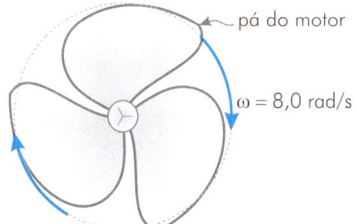

    Com base nesses dados, determine:

    a) a aceleração angular média das pás desse motor no intervalo de tempo citado, em rad/s²;
    b) a aceleração linear média de um ponto situado a 20 cm do eixo de rotação do motor, no intervalo de tempo citado, em cm/s².

18. Em 12 segundos, um móvel realiza um movimento circular com aceleração linear constante de módulo igual a 5,0 m/s², sendo 50 cm o raio da trajetória. Se o móvel no instante $t_0 = 0$ tem velocidade linear de módulo igual a 2,0 m/s, determine, em rad/s, a sua velocidade angular no instante 12 s.

8.6. Movimento Circular Uniforme (MCU)

Consideremos um móvel descrevendo uma circunferência de raio R em movimento uniforme, ou seja, o móvel percorre espaços escalares iguais em intervalos de tempo iguais (Figura 8-3). No caso particular do Movimento Circular Uniforme (MCU), o intervalo de tempo para que este móvel realize uma volta completa na circunferência é sempre o mesmo.

O Movimento Circular Uniforme (MCU), assim definido, é dito periódico, pois, a cada volta completada, repete-se com as mesmas características. Vamos ressaltar algumas características desse movimento:

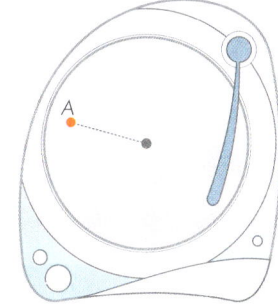

Figura 8-3.

- a velocidade escalar (ou linear) tem módulo constante e diferente de zero;
- a aceleração escalar (ou linear), que corresponde ao módulo da aceleração tangencial, é nula;
- a função horária das posições lineares é do primeiro grau na variável t, do tipo $s = s_0 + v \cdot t$;
- a função horária das posições angulares também é do primeiro grau na variável t e podemos obtê-la da seguinte maneira: seja um móvel realizando um movimento circular uniforme no sentido anti-horário, adotado como positivo (Figura 8-4). A função horária das posições lineares do movi-

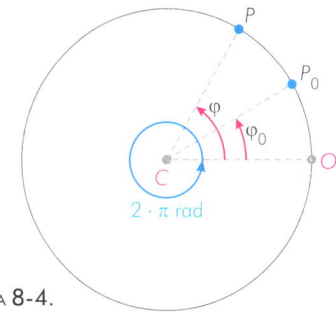

Figura 8-4.

mento uniforme é $s = s_0 + v \cdot t$; dividindo-se todos os termos dessa equação pelo raio R da circunferência, temos:

$$\frac{s}{R} = \frac{s_0}{R} + \frac{v}{R}t$$

Sendo $\frac{s}{R} = \varphi$, $\frac{s_0}{R} = \varphi_0$ (espaço angular) e $\frac{v}{R} = \omega$, obtemos:

$$\varphi = \varphi_0 + \omega \cdot t$$

Função horária dos espaços angulares do MCU.

8.6.1. Período e frequência

Período (T) é o menor intervalo de tempo para o movimento repetir-se com as mesmas características. Para o movimento circular uniforme, é o intervalo de tempo decorrido para que o móvel efetue uma volta completa na circunferência.

Exemplos

a) Em um relógio, o ponteiro dos minutos descreve um movimento periódico: de 1,0 h em 1,0 h esse ponteiro passa pela mesma posição, repetindo as mesmas características. Assim, seu período é igual a 1,0 h.
b) A Lua tem período de revolução em torno da Terra de 27,3 dias, isto é, a cada 27,3 dias, o movimento de translação da Lua em torno da Terra se repete, com as mesmas características.
c) O movimento de translação da Terra em torno do Sol tem período de 365 dias, 6 h e 14 min, isto é, a cada novo intervalo de tempo igual a esse, o movimento de translação da Terra em torno do Sol se repete identicamente.

A Lua vista sobre o horizonte da Terra, fotografada pelos membros da Expedição 10, da Estação Orbital Internacional. (*Internacional Spacestation Imagery*)

Frequência (f) é o número de vezes que um fenômeno periódico se repete na unidade de tempo. Para o movimento circular uniforme, ela corresponde ao número de voltas que o móvel realiza por unidade de tempo.

Exemplos

a) A frequência cardíaca média de uma pessoa normal em repouso é de 80 batimentos por minuto.
b) Se a frequência de rotação do eixo de um motor elétrico é 1.400 rpm, isso quer dizer que o eixo do motor realiza 1.400 rotações por minuto.
c) A frequência escolar de um estudante é o número de vezes que ele comparece a uma aula na unidade de tempo (frequência mensal, frequência semanal).

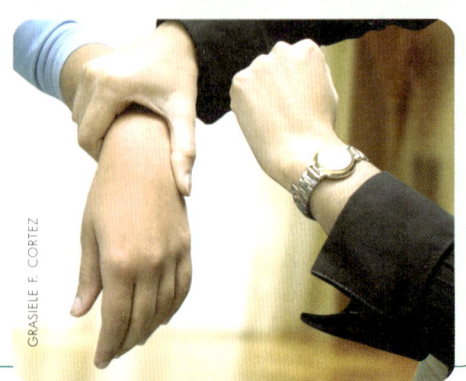

8.6.2. Relação entre o período (T) e a frequência (f)

Já vimos que a frequência (f) é o número de vezes que o fenômeno periódico se repete na unidade de tempo, e o período é o intervalo de tempo gasto para que o fenômeno periódico se repita uma vez. Assim, podemos estabelecer uma relação entre essas grandezas da seguinte forma:

Intervalo de tempo	n.º de vezes que o fenômeno se repete
(período) T	1 (vez)
(unidade de tempo) 1	f (vezes) (frequência)

Resolvendo a regra de três estabelecida, temos:

$$f \cdot T = 1 \Rightarrow f = \frac{1}{T} \text{ ou } T = \frac{1}{f}$$

É importante percebermos que o período de um movimento e a sua frequência são grandezas inversamente proporcionais, isto é, quanto menor o período do movimento, maior a sua frequência.

As unidades usuais para se medir período (T) são: segundo (s), minuto (min), hora (h). As unidades mais usuais para se medir frequência (f) são: rotações por minuto (rpm) e ciclos por segundo. No Sistema Internacional de unidades (SI), o ciclo por segundo é chamado hertz (Hz).

A relação entre as unidades de frequência rotações por minuto (rpm) e hertz (Hz) é:

$$1 \frac{\text{rotação}}{\text{minuto}} = \frac{1 \text{ rotação}}{60 \text{ s}} = \frac{1}{60} \text{ Hz}$$

8.6.3. Relações entre as velocidades, o período e a frequência no MCU

Podemos relacionar facilmente a velocidade angular desse móvel com o seu período. Sabemos que o período do movimento circular uniforme é o menor intervalo de tempo gasto pelo móvel para realizar uma volta completa na circunferência.

Para uma volta completa, o deslocamento angular do móvel ($\Delta\varphi$) é igual a 2π radianos e o intervalo de tempo (Δt) é igual ao período (T) do movimento circular uniforme. Como a velocidade angular média é igual à velocidade angular instantânea no MCU, podemos escrever: $\omega = \frac{\Delta\varphi}{\Delta t}$, e, já que $\Delta\varphi = 2\pi$ rad e $\Delta t = T$, então:

$$\omega = \frac{2\pi}{T}$$ Velocidade angular em função do período no MCU.

Dessa relação, podemos obter a velocidade linear (v), pois já conhecemos a relação entre ela e a velocidade angular (ω). Como $v = \omega \cdot R$ e $\omega = \frac{2\pi}{T}$, teremos:

$$v = \frac{2\pi R}{T}$$ Velocidade linear em função do período no MCU.

Observe que $2\pi R$ é o comprimento da circunferência descrita pelo móvel, enquanto T é o período do movimento.

Ao ser posto para tocar, o número de vezes que o CD gira, por unidade de tempo, é chamado *frequência* e o tempo gasto para dar uma volta é o *período*.

Como conhecemos a relação entre período (T) do movimento e a sua frequência (f), podemos obter a velocidade angular e, logicamente, a velocidade linear do MCU em função da frequência do movimento.

Como $f = \dfrac{1}{T}$, as velocidades linear e angular relacionam-se com a frequência pelas seguintes equações:

$$v = \dfrac{2\pi R}{T} = 2\pi R \cdot \dfrac{1}{T} \quad \therefore \quad v = 2\pi R f$$

$$\omega = \dfrac{2\pi}{T} = 2\pi \cdot \dfrac{1}{T} \quad \therefore \quad \omega = 2\pi f$$

8.6.4. Aceleração centrípeta no MCU

Como o movimento é uniforme, o módulo da *aceleração tangencial* (aceleração escalar) é nulo, mas, devido ao fato de o movimento ser circular, deve existir uma *aceleração centrípeta* que determine a variação na direção da velocidade linear em cada instante de movimento do móvel.

A Figura 8-5 mostra como variam a direção e o sentido da velocidade de uma partícula que descreve um movimento circular e uniforme no sentido anti-horário e da aceleração centrípeta em três pontos distintos. Observe que a velocidade linear é sempre tangente à trajetória, já que a aceleração centrípeta tem direção radial, ou seja, é sempre perpendicular à velocidade da partícula em cada ponto da trajetória. Tanto a aceleração centrípeta como a velocidade linear da partícula têm módulos constantes, mas que variam continuamente no decorrer do tempo em direção e sentido.

Já vimos, no capítulo sobre cinemática vetorial, que o módulo da aceleração centrípeta (a_{cp}) é dado por:

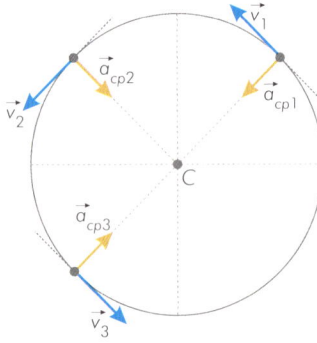

FIGURA 8-5.

$$a_{cp} = \dfrac{v^2}{R}$$

ATENÇÃO
No SI, a unidade da aceleração centrípeta é m/s².

Podemos obter o módulo da aceleração centrípeta em função da velocidade angular do movimento. Substituindo $v = \omega \cdot R$ na equação $a_{cp} = \dfrac{v^2}{R}$, obtemos:

$$a_{cp} = \dfrac{(\omega \cdot R)^2}{R} \Rightarrow a_{cp} = \dfrac{\omega^2 \cdot R^2}{R} \quad \therefore \quad a_{cp} = \omega^2 \cdot R$$

$$a_{cp} = \omega^2 \cdot R$$

Aceleração centrípeta em função da velocidade angular e do raio da trajetória no MCU.

Exercícios Resolvidos

19. Uma partícula realiza um movimento circular uniforme obedecendo à função horária dos espaços lineares $s = 4 + 5t$, em unidades SI. A trajetória descrita pela partícula tem raio igual a 2 m.

a) Determine o espaço angular e a velocidade angular da partícula no instante $t_0 = 0$.

b) Obtenha a função horária do espaço angular do movimento descrito pela partícula.

c) Qual o período e qual a frequência do movimento? Use $\pi = 3,14$.

d) Calcule o módulo da aceleração centrípeta da partícula.

Exercícios Resolvidos

RESOLUÇÃO:

a) No instante $t_0 = 0$, a partícula encontra-se na posição inicial s_0, com velocidade linear constante v. Comparando a função dada, $s = 4 + 5t$, com $s = s_0 + v \cdot t$, temos que: $s_0 = 4$ m e $v = 5$ m/s.

O espaço angular inicial é dado por:

$$\varphi_0 = \frac{s_0}{R} \Rightarrow \varphi_0 = \frac{4}{2} \therefore \varphi_0 = 2 \text{ rad}$$

A velocidade angular é constante e vale:

$$\omega = \frac{v}{R} \Rightarrow \omega = \frac{5}{2} \therefore \omega = 2,5 \text{ rad/s}$$

b) Com os valores obtidos no item a, podemos escrever a função horária dos espaços angulares.

$$\varphi = \varphi_0 + \omega \cdot t$$
$$\varphi = 2 + 2,5t$$

c) Podemos aplicar as relações encontradas no capítulo.

$$\omega = \frac{2\pi}{T} \Rightarrow 2,5 = \frac{2 \cdot 3,14}{T}$$

$$T = \frac{6,28}{2,5} \therefore T \cong 2,5 \text{ s}$$

$$f = \frac{1}{T} \Rightarrow f = \frac{1}{2,5}$$

$$f = 0,4 \text{ Hz}$$

d) Aplicando a fórmula $a_c = \dfrac{v^2}{R}$, podemos obter o módulo da aceleração centrípeta da partícula. Assim,

$$a_c = \frac{v^2}{R} \Rightarrow a_c = \frac{5^2}{2}$$

$$a_c = \frac{25}{2} \therefore a_c = 12,5 \text{ m/s}^2$$

---

20. (ESAL – MG) Um disco circular de 50 cm de raio gira em torno de seu eixo com uma frequência de 240 rpm. Calcule o tempo gasto para um ponto de sua periferia percorrer 2 km. Use $\pi = 3,14$.

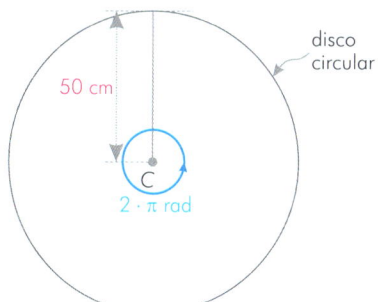

RESOLUÇÃO:

Dados:
- $R = 50$ cm $= 0,5$ m
- $f = 240$ rpm $= \dfrac{240}{60}$ Hz $= 4$ Hz
- $\Delta s = 2$ km $= 2.000$ m
- $\Delta t = ?$

(I) Vamos obter o módulo da velocidade linear de um ponto da periferia desse disco.

$$v = \frac{2\pi R}{T} = 2\pi \cdot R \cdot f$$
$$v = 2 \cdot 3,14 \cdot 0,5 \cdot 4 \therefore v = 12,56 \text{ m/s}$$

(II) Como o movimento descrito por um ponto da periferia desse disco é circular e uniforme, o módulo da sua velocidade linear instantânea é igual ao módulo da sua velocidade linear média. Portanto,

$$v_m = \frac{\Delta s}{\Delta t} \Rightarrow 12,56 = \frac{2.000}{\Delta t} \Rightarrow \Delta t = \frac{2.000}{12,56} \therefore \Delta t \cong 159,2 \text{ s}$$

Exercícios Propostos

Observação: Quando necessário, use a aproximação $\pi = 3,14$.

21. Um ponto material descreve uma circunferência de 12 cm de raio, com velocidade linear de módulo constante. Sabe-se que o ponto material realiza uma volta completa nessa circunferência em 20 s. Calcule, em unidades SI, para o movimento desse ponto material,

a) a frequência;
b) a velocidade angular;
c) o módulo da velocidade linear;
d) o módulo da aceleração centrípeta.

22. Considere a Terra uma esfera de raio $6,4 \cdot 10^3$ km em seu movimento de rotação ao redor do seu eixo imaginário que passa pelos polos.

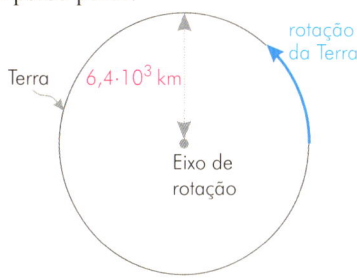

Vista axial da Terra.

Exercícios Propostos

Para esse movimento da Terra, determine:

a) o período do movimento de rotação da Terra, em horas;
b) a velocidade angular de um ponto situado na superfície terrestre sobre a linha do equador, em rad/h;
c) a velocidade linear do ponto citado no item anterior, em km/h.

23. Um móvel descreve um movimento circular uniforme em uma circunferência de 5,0 m de raio, efetuando uma volta completa a cada 2,0 s. Sabendo que o cronômetro é acionado no momento em que o móvel passa pela origem da trajetória, determine para esse móvel, em unidades SI:

a) a frequência do movimento;
b) a velocidade angular do móvel;
c) a função horária do espaço angular;
d) a aceleração centrípeta do móvel.

24. Um móvel descreve um movimento circular com velocidade tangencial de módulo constante. A trajetória tem 4,0 m de raio. A frequência do movimento é de 120 rpm. Para o movimento descrito pelo móvel, determine, em unidades SI:

a) o período;
b) a velocidade angular;
c) o módulo da velocidade linear;
d) o módulo da aceleração centrípeta.

25. Um móvel descreve um movimento circular regido pela função horária dos espaços lineares $s = 12 + 4,0t$, com as grandezas medidas em unidades SI. Sabendo que o raio da trajetória é 2,0 m, determine:

a) a função horária do espaço angular;
b) o período e a frequência;
c) a velocidade angular;
d) quantas voltas completas o móvel realiza em 1 minuto.

26. Duas partículas percorrem uma circunferência de 40 cm de raio no mesmo sentido e com velocidades lineares constantes de valores $v_1 = 3,0$ m/s e $v_2 = 2,0$ m/s. Sabendo que, no instante $t_0 = 0$, as duas partículas estão ocupando pontos diametralmente opostos, determine, em segundos, o instante em que ocorre o primeiro encontro entre elas.

8.6.5. Transmissão de movimento circular uniforme

Uma roda a girar pode *transmitir* seu movimento a outra por contato direto (as duas são mantidas em um mesmo plano e tangenciam-se) ou indireto (por meio de uma correia que enlaça a ambas).

Veja a Figura 8-6. A primeira situação é utilizada quando se deseja inverter o sentido de rotação, e a transmissão por correia, quando se deseja manter o sentido da rotação original.

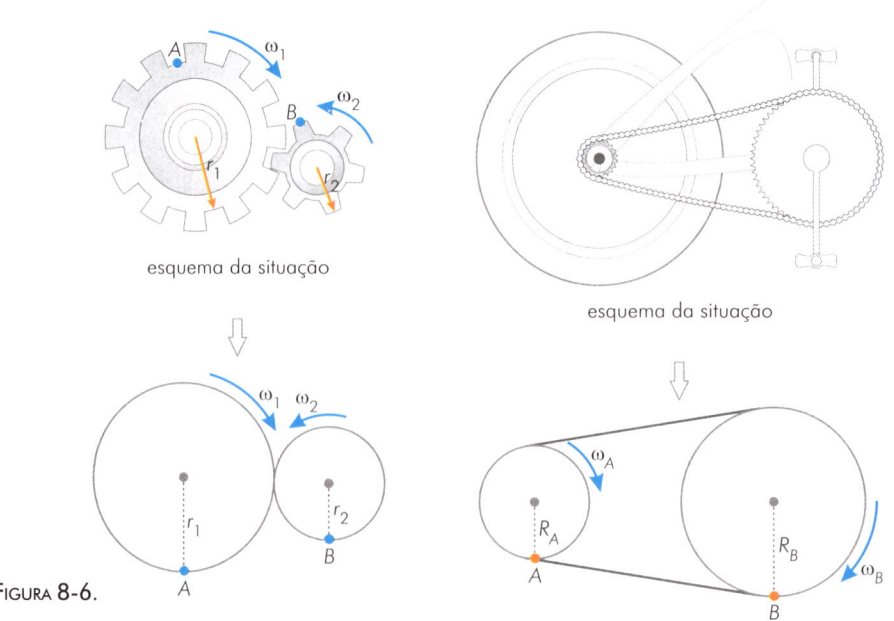

FIGURA 8-6.

A transmissão do movimento circular entre duas rodas, dois discos ou duas polias, por meio do contato tangencial, pode, para evitar deslizamento, valer-se de engrenagens, cujos dentes se encaixem perfeitamente. Também no outro caso é possível o uso de engrenagens, substituindo-se a correia por uma corrente cujos elos se adaptem aos dentes das engrenagens, como ocorre, por exemplo, nas bicicletas.

Em ambas as situações, as velocidades lineares dos pontos periféricos das duas rodas são iguais, em cada instante. Assim, considerando os pontos A e B destacados nos esquemas anteriores, em módulo,

$$v_A = v_B$$

Considerando que $v_A = \omega_A \cdot R_A$ e $v_B = \omega_B \cdot R_B$, ao substituirmos na igualdade acima, obtemos:

$$\omega_A \cdot R_A = \omega_B \cdot R_B$$

o que significa que a velocidade angular é inversamente proporcional ao raio da roda, isto é, a roda de menor raio tem maior velocidade angular.

Se os movimentos de rotação descritos pelos pontos da periferia das rodas são uniformes, então: $\omega_A = 2\pi \cdot f_A$ e $\omega_B = 2\pi \cdot f_B$, de onde, substituindo essas igualdades na expressão anterior, obtém-se $2\pi \cdot f_A \cdot R_A = 2\pi \cdot f_B \cdot R_B \Rightarrow f_A \cdot R_A = f_B \cdot R_B$

$$f_A \cdot R_A = f_B \cdot R_B$$

Outro tipo de transmissão, que mantém sempre o sentido do movimento de rotação e a velocidade angular das rodas ou engrenagens utilizadas, é a transmissão *coaxial*, isto é, aquela em que as rodas apresentam um eixo comum. Nesse caso, a roda de maior raio apresentará menor velocidade linear nos pontos de sua periferia (Figura 8-7).

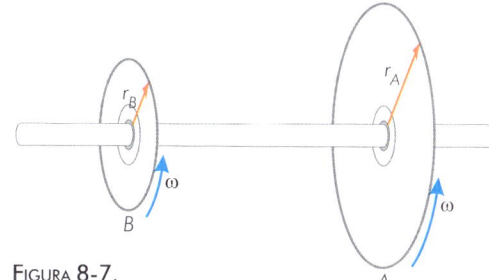

Figura 8-7.

Exercícios Resolvidos

27. Duas polias, *a* e *b*, estão acopladas entre si por meio de uma correia, como mostra a figura a seguir. A polia *a*, de raio 20 cm, gira em torno de seu eixo, levando um intervalo de tempo de 8 s para efetuar uma volta completa.

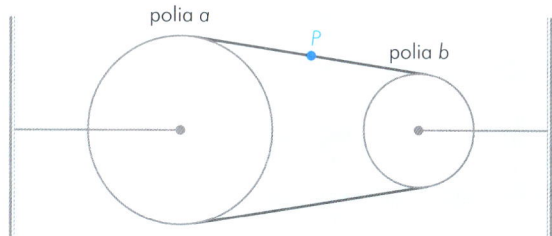

Suponha que não haja deslizamento entre as polias e a correia e que o raio da polia *b* seja de 5 cm.

a) Qual a frequência de rotação da polia de menor raio, em cm?
b) Qual o módulo da velocidade linear de um ponto *P* da correia, em cm/s?
c) Qual a velocidade linear de um ponto da periferia da polia *b*, em cm/s?

Resolução:

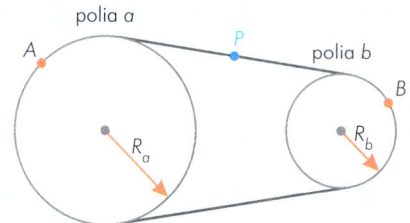

a) Se não há deslizamento entre a correia e as polias, os pontos *P*, *A* e *B* têm a mesma velocidade linear:

$$v_A = v_B$$
$$2\pi \cdot R_a \cdot f_A = 2\pi \cdot R_b \cdot f_B$$
$$R_a \cdot f_A = R_b \cdot f_B$$
$$20 \cdot \frac{1}{8} = 5 f_B \Rightarrow f_B = \frac{20}{40} \therefore f_B = 0,5 \text{ Hz}$$

b) $v_P = v_A = 2\pi \cdot R_a \cdot f_A$

$$v_P = 2\pi \cdot 20 \cdot \frac{1}{8} \Rightarrow v_P = 5\pi \text{ cm/s} \cong 15,7 \text{ cm/s}$$

c) $v_B = v_P = v_A = 5\pi$ cm/s $\cong 15,7$ cm/s

Exercícios Resolvidos

28. Dois discos, A e B, presos a um eixo, giram com frequência de 120 rpm. Os raios dos discos A e B, R_A e R_B, respectivamente, obedecem à relação $R_A = 4R_B$.

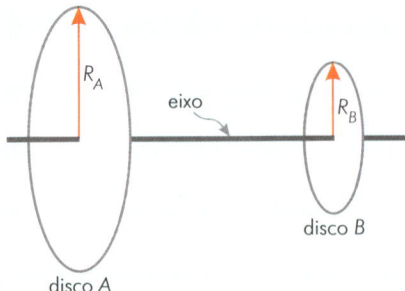

disco A / eixo / disco B

a) Qual a velocidade angular do disco A, em rad/s?
b) Qual a razão entre a velocidade angular do disco A e a do disco B?
c) Qual a razão entre a velocidade linear do disco A e a do disco B?

Resolução:

a) A velocidade angular do disco A pode ser obtida por:

$$\omega_A = 2\pi \cdot f_A$$

$$\omega_A = 2\pi \cdot \frac{120}{60}$$

$$\omega_A = 4\pi \text{ rad/s}$$

b) Como os discos A e B estão presos pelo mesmo eixo, eles possuem a mesma velocidade angular. Assim,

$$\omega_A = \omega_B \Rightarrow \frac{\omega_A}{\omega_B} = 1$$

c) Se $\omega_A = \omega_B$,

$$\frac{v_A}{R_A} = \frac{v_B}{R_B} \Rightarrow \frac{v_A}{v_B} = \frac{R_A}{R_B}$$

$$\frac{v_A}{v_B} = \frac{4R_B}{R_B} \therefore \frac{v_A}{v_B} = 4$$

Exercícios Propostos

Observação: Quando necessário, use a aproximação $\pi = 3{,}14$.

29. Duas polias, A e B, cujos raios valem respectivamente 20 cm e 80 cm, estão interligadas por meio de uma correia inextensível. Se a polia A está girando com frequência de 60 rpm, determine, em hertz, a frequência de rotação da polia B, sabendo que, entre a correia e as polias, não há deslizamento.

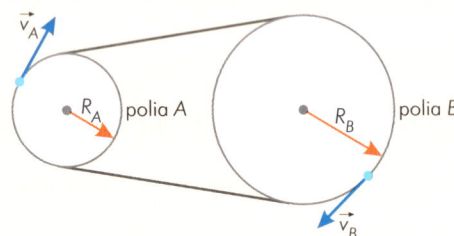

30. (FUVEST – SP) No esquema abaixo, uma polia gira em torno de um eixo. A velocidade escalar do ponto A é 10 cm/s e a do ponto B é 50 cm/s. Determine, em cm, a medida do diâmetro da polia, sabendo que o segmento $\overline{AB}$ mede 20 cm.

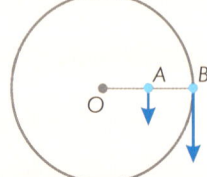

31. Os discos da figura a seguir estão ligados por uma correia, de modo que o movimento do disco A é transmitido para o disco B. A correia não desliza em relação aos discos. O disco maior tem frequência de 120 rpm e raio de 20 cm. Para o disco menor, cujo raio é de 5,0 cm, determine, em unidades SI:

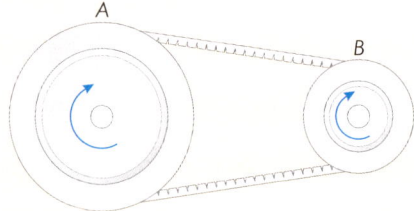

a) a frequência;
b) o período;
c) a velocidade angular;
d) o módulo da velocidade de um ponto de sua periferia.

32. As polias dentadas da figura abaixo têm raios $R_1 = 20$ cm, $R_2 = R_3 = 40$ cm. Sabendo que a velocidade angular da polia (1) é constante e igual a 4π rad/s, calcule:

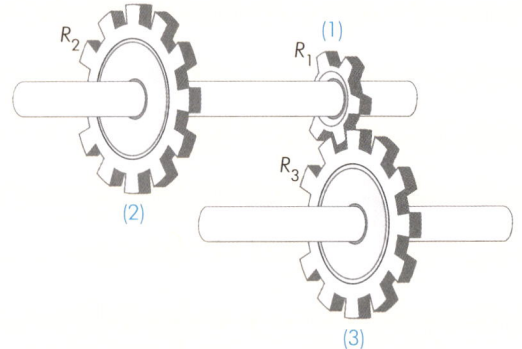

a) a velocidade angular das polias (2) e (3), em rad/s;
b) o módulo da velocidade linear das polias (2) e (3), em cm/s.

Exercícios Complementares

Observação: Quando necessário, use a aproximação $\pi = 3{,}14$.

33. Considerando a Terra no seu movimento de rotação e seu raio igual a $6{,}4 \cdot 10^3$ km, responda ao que se pede.

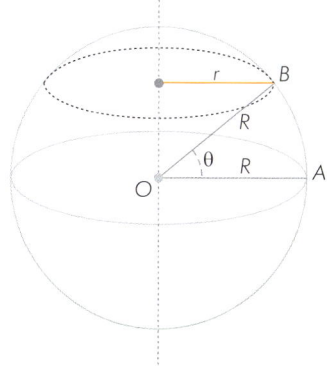

a) Qual a velocidade escalar de um ponto A da superfície terrestre situado no equador, em relação ao eixo de rotação da Terra, em km/h?

b) Qual seria o valor da velocidade escalar de um ponto B da superfície terrestre, na latitude de 60°, em km/h?

34. A velocidade angular de uma roda aumenta a partir do repouso e, ao fim de 15 s, é de 30π rad/s. Determine, em unidades SI:

a) a variação da velocidade angular da roda nesse intervalo de tempo;

b) a aceleração angular média dessa roda, nesse intervalo de tempo;

c) a aceleração linear média de um ponto situado a 80 cm do eixo de rotação da roda.

35. Um móvel realiza um movimento circular uniforme obedecendo à função horária do espaço linear $s = 8{,}0 + 5{,}0t$, em unidades do Sistema Internacional (SI). O raio da trajetória descrita pelo móvel é de 2,0 m. Determine:

a) o espaço angular inicial e a velocidade angular do móvel;

b) a função horária do espaço angular do movimento;

c) o período e a frequência do movimento;

d) o número de voltas que o móvel realiza em um intervalo de tempo de 50 s.

36. Uma partícula descreve um movimento circular uniforme, cuja função horária do espaço angular é $\varphi = \dfrac{\pi}{3} + \pi \cdot t$, com as grandezas medidas em unidades SI. Para esse movimento, determine:

a) a posição angular do móvel no instante $t_0 = 0$;

b) o período e a frequência;

c) o intervalo de tempo necessário para a partícula completar 4 voltas.

37. Em uma pista circular de um velódromo, dois ciclistas correm no mesmo sentido. O ciclista A parte com velocidade angular de $0{,}5\pi$ rad/s e o ciclista B, com velocidade angular de $1{,}50\pi$ rad/s, dois segundos após a largada do ciclista A, deslocando-se no mesmo sentido que ele. Determine o instante em que eles vão se encontrar pela primeira vez, contando a partir da largada do ciclista A.

38. Dois carrinhos de autorama percorrem duas pistas concêntricas, realizando movimentos circulares uniformes. Os carrinhos cruzam-se a cada 15 segundos, quando se movem no mesmo sentido, e a cada 5,0 segundos, quando se movem em sentidos contrários. Determine, para cada carrinho:

a) a velocidade angular, em rad/s;

b) o período, em segundos;

c) a velocidade linear, em m/s, sabendo que a pista externa, onde está o carrinho mais rápido, tem 30 cm de raio e a outra, 15 cm de raio.

39. Para determinarmos a velocidade escalar média dos projéteis expelidos pelo cano de uma metralhadora, utilizamos um disco que gira a uma frequência constante de 0,50 Hz. As marcas produzidas no disco por dois disparos consecutivos determinam um arco de 72°. Considerando que a arma está a 100 m do disco e que ela dispara 120 projéteis por minuto, determine, em m/s, o módulo da velocidade linear do projétil.

40. Duas engrenagens de uma mesma máquina estão ligadas por uma corrente, de modo que o movimento de uma acarreta o movimento da outra, sem deslizar. A engrenagem maior tem frequência de 60 rotações por minuto e raio 10 cm. Para a engrenagem menor, cujo raio é 4 cm, determine, em unidades SI:

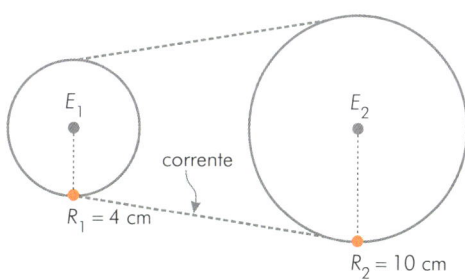

a) a frequência e o período;

b) a velocidade angular;

c) a velocidade linear de um ponto da periferia.

41. Um móvel realiza um movimento circular uniforme em uma pista de 400 cm de raio, com frequência de 15 rpm. Determine, em unidades SI:

a) o período do movimento descrito pelo móvel;

b) a velocidade angular do móvel;

c) o módulo da velocidade escalar do móvel;

d) o módulo da aceleração centrípeta do móvel.

42. Uma partícula executa um movimento uniforme sobre uma circunferência de 20 cm de raio. Ela percorre um quarto da circunferência em 2,0 s. Qual a frequência e o período do movimento, em unidades SI?

43. Um móvel descreve uma circunferência de 5,0 m de raio, obedecendo à função horária do espaço linear $s = 10 + 5{,}0t$, com as grandezas medidas em unidades SI. A respeito desse movimento, julgue a veracidade das afirmações seguintes.

Exercícios Complementares

(1) A função horária do espaço angular é dada por $\varphi = 2,0 + 5,0t$, em que φ é o ângulo varrido pelo móvel e t é o tempo medido.

(2) A frequência do móvel vale, aproximadamente, $0,16\,Hz$.

(3) O móvel descreve um movimento uniforme e, portanto, não possui aceleração.

(4) O móvel possui aceleração constante de módulo igual a $5,0\,m/s^2$.

44. Dois móveis, A e B, realizam movimentos circulares e uniformes em uma mesma trajetória de 10 m de raio, conforme mostra a figura ao lado, sendo o móvel A o mais rápido. No instante $t_0 = 0$, eles estão defasados de um ângulo π rad. Os

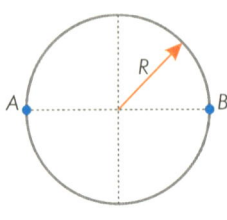

móveis, a partir desse instante, encontram-se pela primeira vez em dois minutos, quando se movem no mesmo sentido, e em meio minuto, quando se movem em sentidos opostos. Sobre o movimento desses móveis, julgue a veracidade das afirmações a seguir.

(1) Os períodos dos movimentos descritos pelos móveis A e B valem, respectivamente, 96 s e 160 s.

(2) As acelerações dos móveis são nulas.

(3) A partir do primeiro encontro, quando os móveis se deslocam no mesmo sentido, eles levam quatro minutos para se encontrarem novamente.

(4) A partir do primeiro encontro, quando os móveis se deslocam em sentidos contrários, eles levam um minuto para se encontrarem novamente.

45. Dois discos estão presos pelos seus centros a um mesmo eixo que executa $3 \cdot 10^3$ rpm. A distância entre os dois discos é de 2,0 m. Dispara-se uma arma, de modo que o projétil se mova paralelamente ao eixo e perfure os dois discos. Para a distância determinada, o movimento do projétil pode ser considerado como retilíneo e uniforme, com velocidade de módulo igual a $8,0 \cdot 10^2$ m/s. Qual o deslocamento angular de uma perfuração em relação à outra, em radianos?

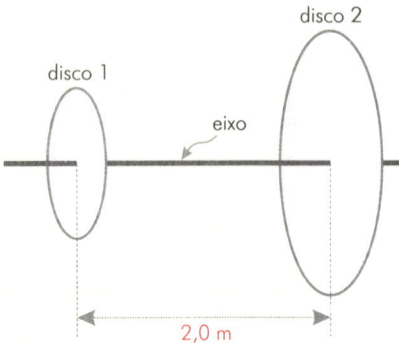

46. O motor do mecanismo esquematizado movimenta a engrenagem A no sentido indicado (anti-horário) com frequência de 150 rpm, sendo os raios das engrenagens A, B e C iguais, respectivamente, a 5,0 cm, 10 cm e 4,0 cm.

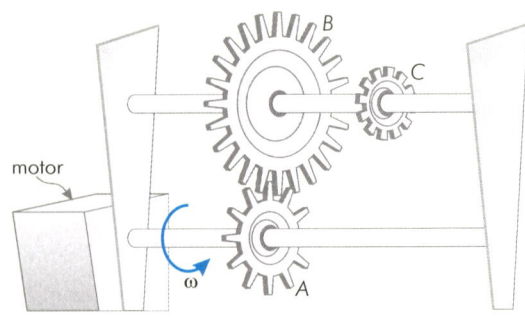

Para a situação descrita, determine:

a) o sentido do movimento das engrenagens B e C;

b) a frequência e a velocidade angular das engrenagens B e C, em hertz;

c) o módulo da velocidade linear de um ponto periférico das engrenagens B e C, em cm/s.

47. Qual dos pontos da Terra tem maior velocidade angular: um ponto da superfície ou outro situado 100 km abaixo? Qual deles tem maior velocidade linear?

48. Uma polia, de 50 cm de raio, gira com velocidade angular constante de 20 rad/s. Um ponto A está situado a uma distância de 10 cm do eixo de rotação da polia. Outro ponto B está situado na periferia da polia.

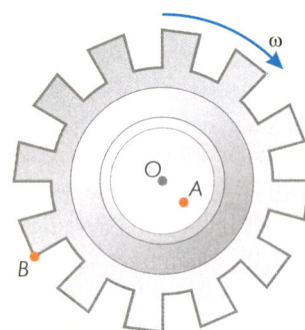

a) Qual a velocidade angular de cada ponto da polia, em rad/s?

b) Qual o módulo da velocidade linear dos pontos A e B, em cm/s?

c) Qual o módulo da aceleração centrípeta dos pontos A e B, em cm/s²?

49. A figura na página seguinte mostra, de maneira esquemática, um redutor de velocidade constituído por quatro engrenagens. A engrenagem 1 está ligada ao eixo de entrada do redutor, enquanto a engrenagem 4 está ligada ao eixo de saída. Observe que as engrenagens 1 e 2 estão acopladas entre si, o mesmo ocorrendo com as engrenagens 3 e 4. As engrenagens 2 e 3 estão presas ao mesmo eixo. Sabendo que a frequência de rotação de entrada é $f_1 = 1.200$ rpm, determine, em hertz, a

Exercícios Complementares

frequência de rotação de saída (f_4). Considere as distâncias $d_1 = d_3 = 5{,}0$ cm, $d_2 = d_4 = 10$ cm.

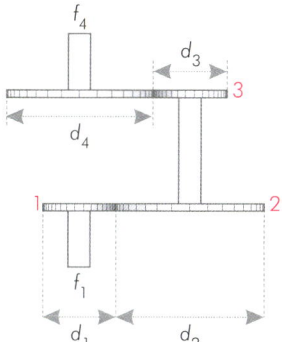

50. (UFMG) A figura abaixo mostra três engrenagens, E_1, E_2 e E_3, fixas pelos seus centros e de raios R_1, R_2 e R_3, respectivamente. A relação entre os raios é $R_1 = R_3 < R_2$. A engrenagem da esquerda (E_1) gira no sentido horário, com período T_1.

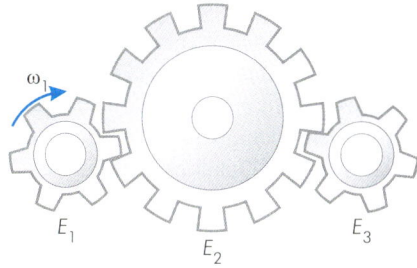

Sendo T_2 e T_3 os períodos de E_2 e E_3, respectivamente, pode-se afirmar que as engrenagens vão girar de tal maneira que:

a) $T_1 = T_2 = T_3$, com E_3 girando em sentido contrário a E_1.
b) $T_1 = T_3 \neq T_2$, com E_3 girando em sentido contrário a E_1.
c) $T_1 = T_2 = T_3$, com E_3 girando no mesmo sentido de E_1.
d) $T_1 = T_3 \neq T_2$, com E_3 girando no mesmo sentido de E_1.

51. (UNICAMP – SP) Considere as três engrenagens acopladas simbolizadas na figura a seguir. A engrenagem A tem 50 dentes e gira no sentido horário, indicado na figura, com velocidade angular de 100 rpm (rotações por minuto). A engrenagem B tem 100 dentes e a C tem 20 dentes.

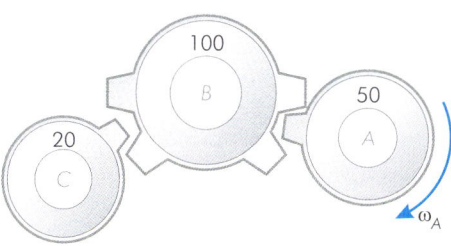

a) Qual é o sentido de rotação da engrenagem C?
b) Quanto vale a velocidade tangencial da engrenagem A em dentes/min?
c) Qual é a velocidade angular de rotação (em rpm) da engrenagem B?

52. (FUVEST – SP) Num toca fitas, a fita F do cassete passa em frente da cabeça de leitura C, com uma velocidade constante $v = 4{,}80$ cm/s. O diâmetro do núcleo dos carretéis vale 2,0 cm. Com a fita completamente enrolada num dos carretéis, o diâmetro externo do rolo de fita vale 5,0 cm. A figura adiante representa a situação em que a fita começa a se desenrolar do carretel A e a se enrolar no núcleo do carretel B.

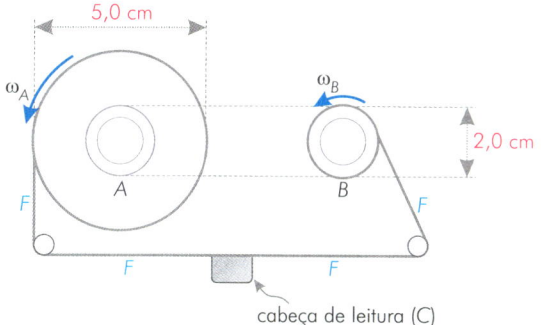

Enquanto a fita é totalmente transferida de A para B, o número de rotações completas, por segundo (rps), do carretel A:

a) varia de 0,32 a 0,80 rps.
b) varia de 0,96 a 2,40 rps.
c) varia de 1,92 a 4,80 rps.
d) permanece igual a 1,92 rps.
e) varia de 11,5 a 28,8 rps.

53. (UFRN) Satélites de comunicação captam, amplificam e retransmitem ondas eletromagnéticas. Eles são normalmente operados em órbitas que lhes possibilitam permanecer imóveis em relação às antenas transmissoras e receptoras fixas na superfície da Terra. Essas órbitas são chamadas geoestacionárias e situam-se a uma distância fixa do centro da Terra.

A partir do que foi descrito, pode-se afirmar que, em relação ao centro da Terra, esse tipo de satélite e essas antenas terão:

a) a mesma velocidade linear, mas períodos de rotação diferentes.
b) a mesma velocidade angular e o mesmo período de rotação.
c) a mesma velocidade angular, mas períodos de rotação diferentes.
d) a mesma velocidade linear e o mesmo período de rotação.

9 As Leis do Movimento

9.1. Introdução

A Mecânica Clássica, ou Newtoniana, sustenta uma teoria do movimento que relaciona as ideias de massa e de força às grandezas cinemáticas – *deslocamento*, *velocidade* e *aceleração*. As leis do movimento que apresentamos aqui são generalizações decorrentes de uma análise cuidadosa dos movimentos que observamos à nossa volta e das extrapolações das observações para certas experiências ideais ou simplificadas. Essas leis foram formalmente estabelecidas pela primeira vez por Isaac Newton (1642-1727), embora Galileu Galilei já as houvesse sugerido de maneira diferente. Todos os fenômenos da Mecânica Clássica podem ser descritos mediante a utilização de três leis simples, em seu conjunto denominadas **Leis de Newton** do movimento. As Leis de Newton relacionam a aceleração de um corpo à sua massa e às forças que atuam sobre ele. Essas leis são válidas para pontos materiais que se movem com pequenas velocidades em comparação à velocidade da luz.

A Mecânica Newtoniana passou a ser chamada de Mecânica Clássica a partir do surgimento da Mecânica Relativística e da Mecânica Quântica. A Mecânica Relativística procura descrever os movimentos de partículas com velocidades muito altas, comparáveis à velocidade da luz, enquanto a Mecânica Quântica estuda os fenômenos atômicos e nucleares.

Tradicionalmente, dividimos o estudo da Mecânica Clássica em Cinemática, Estática e Dinâmica. A Cinemática *descreve* os movimentos, sem se preocupar com suas causas; a Estática estuda os corpos em *equilíbrio* e as condições de equilíbrio; a Dinâmica procura estudar as causas dos movimentos, ou seja, *propor modelos* que permitam explicar como e por que um movimento ocorre, bem como prever em que condições um movimento ocorrerá de determinada maneira.

9.2. Massa

É uma propriedade inerente aos corpos. Associamos a cada corpo um valor de massa pela comparação com um corpo padrão, isto é, um corpo cuja massa é arbitrariamente considerada unitária.

No Sistema Internacional de unidades, a massa é medida em **quilograma (kg)**. O quilograma padrão está guardado no *Bureau* Internacional de Pesos e Medidas, em Sèvres, França. Trata-se de um bloco cilíndrico feito de 90% de platina e 10% de irídio, com diâmetro da base e altura iguais a 3,9 cm.

A Dinâmica propõe modelos para relacionar os movimentos às interações entre os corpos.

Então, quando dizemos que um corpo tem 5,0 kg de massa, estamos dizendo que a massa desse corpo é igual a 5 vezes a do quilograma padrão.

O **grama (g)** e a **tonelada (t)** são muito usados no nosso cotidiano. Um grama é um milésimo de quilograma (1 g = 10^{-3} kg) e uma tonelada (ou tonelada métrica) equivale a mil quilogramas (1 t = 10^3 kg).

9.3. O Conceito de Força

Todo mundo tem o entendimento básico do conceito de força, obtido com base em experiências cotidianas. Quando se puxa ou se empurra um corpo, é exercida uma força sobre ele. Falamos em força, por exemplo, quando jogamos ou chutamos uma bola. Nesses exemplos, a palavra *força* está associada ao resultado da atividade muscular de uma pessoa e a certa mudança no estado de movimento de um corpo.

Quando você está sentado, lendo um livro, haverá forças atuando? É possível que você empurre um bloco de pedra, mas não consiga movê-lo; o que aconteceu com a força que você aplicava à pedra? Que forças mantêm os movimentos orbitais? Após a obra de Newton, respondemos a essas perguntas associando a variação da velocidade de um corpo a forças não contrabalançadas. Então, se um corpo se move com velocidade constante (isto é, em movimento retilíneo e uniforme), não há necessidade de nenhuma força para a manutenção do movimento. Uma vez que somente uma força pode provocar a variação de velocidade, podemos imaginar as forças como agentes capazes de produzir acelerações.

Vejamos outro exemplo: quando você aperta uma bola de borracha, ou dá um soco em um saco de areia, os corpos sofrem certa deformação (Figura 9-1). Mesmo corpos mais rígidos, como os automóveis, serão mais ou menos deformados sob a ação de forças exercidas sobre eles por outros corpos.

Isaac Newton, cientista e matemático inglês, ficou famoso por seus estudos sobre os movimentos e sobre a luz.

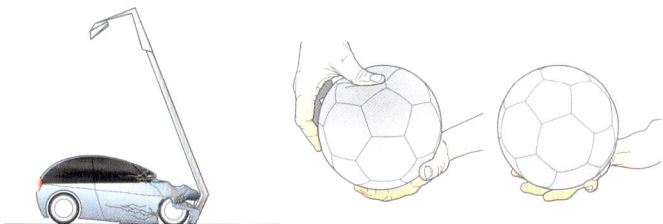

Figura 9-1. Quando uma força atua sobre um corpo, deformando-o, as deformações podem ter caráter permanente, como é o caso de colisões envolvendo veículos, ou não, como ocorre ao apertar-se uma bola de borracha.

Em resumo:

> **Força** é o agente físico capaz de alterar o estado de movimento (ou de repouso) de um corpo ou capaz de provocar nele uma deformação.

No Sistema Internacional de unidades, a intensidade da força é medida em **newton** (N): uma força de 1 N é a força não contrabalançada que provoca uma aceleração de 1 m/s² quando aplicada a um corpo de 1 kg de massa.

A força que a lâmina do patim exerce sobre o gelo, durante o deslocamento do patinador, é um exemplo de força de contato.

Força é uma grandeza vetorial, ou seja, para ficar perfeitamente caracterizada, é necessário que se conheça a sua intensidade, a sua direção (linha de ação) e o seu sentido (Figura 9-2).

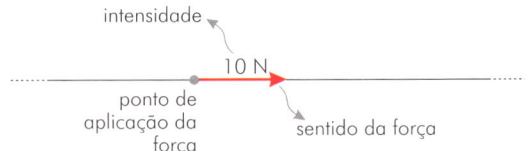

Figura 9-2. A reta suporte da força indica a direção de aplicação da força.

As forças podem ser classificadas como forças de contato ou como forças de campo.

Forças de contato são as forças que só existem enquanto durar o contato entre os corpos. Como exemplo, podemos citar a força que aplicamos a uma cadeira quando estamos sentados nela, a força que aplicamos no chão quando caminhamos, a força que um jarro exerce sobre uma mesa, a força trocada entre o pé de um jogador e uma bola no momento do chute. Os apoios e os escorregamentos, por exemplo, envolvem forças de contato.

Forças de campo são as forças que atuam mesmo quando os corpos se encontram a distância, não necessitando de contato direto entre eles. São exemplos as forças gravitacionais (como as que atuam em um corpo que cai, após ter sido abandonado próximo à superfície da Terra), as forças elétricas (entre cargas) e as forças magnéticas (como as dos ímãs).

Normalmente, um corpo está sujeito à ação de várias forças, simultaneamente. Para determinar o efeito de todas as forças sobre o corpo, podemos, hipoteticamente, substituí-las, todas, por uma única força capaz de produzir a mesma situação.

> **Força resultante** é a força que produz o mesmo efeito produzido por todas as forças que agem simultaneamente sobre um corpo.

Para determinar a força resultante, usamos as regras de adição vetorial vistas no capítulo de vetores.

Para n forças que atuam simultaneamente em dado corpo, a resultante dessas forças ($\vec{F}_R$) é obtida pela soma vetorial dessas n forças (Figura 9-3).

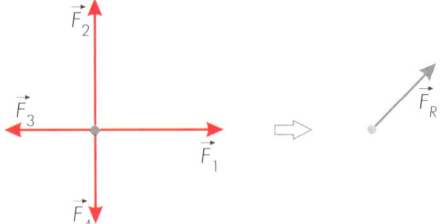

Figura 9-3.

Assim, podemos escrever:

$$\vec{F}_R = \vec{F}_1 + \vec{F}_2 + \vec{F}_3 + ... + \vec{F}_n = \sum_{i=1}^{n} \vec{F}_i$$

Exercício Resolvido

1. Em uma partícula estão aplicadas apenas duas forças, $\vec{F}_1$ e $\vec{F}_2$, de intensidades respectivamente iguais a 12 N e 16 N. Determine a intensidade da resultante dessas forças quando elas:

a) atuam na mesma direção e no mesmo sentido;
b) atuam na mesma direção e em sentidos opostos;
c) são concorrentes e perpendiculares entre si;
d) são concorrentes, mas formam entre si um ângulo de 60°.

Resolução:

a) Representação geométrica das forças que atuam na partícula na situação do item:

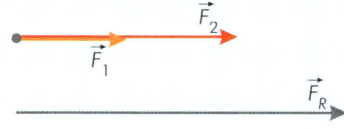

$$\vec{F}_R = \vec{F}_1 + \vec{F}_2$$

Como $\vec{F}_1$ e $\vec{F}_2$ têm a mesma direção e o mesmo sentido, a intensidade de $\vec{F}_R$ é dada por:

$$|\vec{F}_R| = |\vec{F}_1| + |\vec{F}_2| \Rightarrow |\vec{F}_R| = 12 + 16$$

$$|\vec{F}_R| = 28\,\text{N}$$

A força resultante ($\vec{F}_R$) tem as seguintes características:
- intensidade: 28 N
- direção: a mesma de $\vec{F}_1$ e $\vec{F}_2$
- sentido: o mesmo de $\vec{F}_1$ e $\vec{F}_2$

b) Representação geométrica das forças que atuam na partícula na situação do item:

$$\vec{F}_R = \vec{F}_1 + \vec{F}_2$$

Como $\vec{F}_1$ e $\vec{F}_2$ têm a mesma direção e sentidos opostos, a intensidade de $\vec{F}_R$ é dada por:

$$|\vec{F}_R| = |\vec{F}_2| - |\vec{F}_1| \Rightarrow |\vec{F}_R| = 16 - 12$$

$$|\vec{F}_R| = 4\,\text{N}$$

A força resultante ($\vec{F}_R$) tem as seguintes características:
- intensidade: 4 N
- direção: a mesma de $\vec{F}_1$ e $\vec{F}_2$
- sentido: o mesmo de $\vec{F}_2$

c) Representação geométrica das forças que atuam na partícula na situação do item:

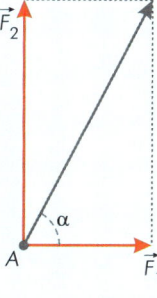

$$\vec{F}_R = \vec{F}_1 + \vec{F}_2$$

Como $\vec{F}_1$ e $\vec{F}_2$ têm direções perpendiculares entre si, a intensidade de $\vec{F}_R$ é dada por:

$$|\vec{F}_R|^2 = |\vec{F}_1|^2 + |\vec{F}_2|^2 \Rightarrow |\vec{F}_R|^2 = 12^2 + 16^2$$

$$|\vec{F}_R|^2 = 144 + 256$$

$$|\vec{F}_R| = \sqrt{400} \therefore |\vec{F}_R| = 20\,\text{N}$$

A força resultante ($\vec{F}_R$) tem as seguintes características:
- intensidade: 20 N
- direção: faz um ângulo α com $\vec{F}_1$, tal que

$$\alpha = \text{arctg}\,\frac{|\vec{F}_2|}{|\vec{F}_1|} \Rightarrow \alpha = \text{arctg}\,\frac{16}{12}$$

$$\alpha = \text{arctg}\,\frac{4}{3} \therefore \alpha = 53{,}1°$$

- sentido: de A para B

d) Representação geométrica das forças que atuam na partícula na situação do item:

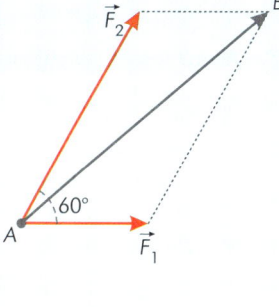

$$\vec{F}_R = \vec{F}_1 + \vec{F}_2$$

Como $\vec{F}_1$ e $\vec{F}_2$ têm direções que formam entre si ângulo de 60°, a intensidade de $\vec{F}_R$ é dada por:

$$|\vec{F}_R|^2 = |\vec{F}_1|^2 + |\vec{F}_2|^2 + 2 \cdot |\vec{F}_1| \cdot |\vec{F}_2| \cdot \cos 60°$$

$$|\vec{F}_R|^2 = 12^2 + 16^2 + 2 \cdot 12 \cdot 16 \cdot \frac{1}{2}$$

$$|\vec{F}_R|^2 = 144 + 256 + 192$$

$$|\vec{F}_R| = \sqrt{592} \therefore |\vec{F}_R| \cong 24{,}3\,\text{N}$$

A força resultante ($\vec{F}_R$) tem as seguintes características:
- intensidade: 24,3 N
- direção: da reta que contém o segmento $\overline{AB}$
- sentido: de A para B

Exercícios Propostos

2. As figuras a seguir representam forças aplicadas a um ponto material. Determine a intensidade, a direção e o sentido da resultante dessas forças em cada caso. Cada quadrícula tem lado cuja medida corresponde a 2 N.

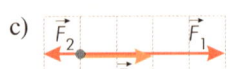
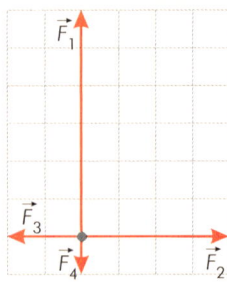
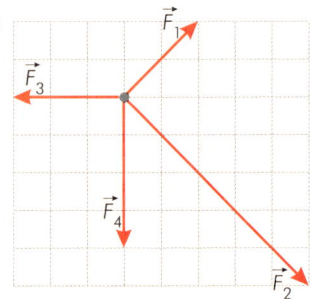

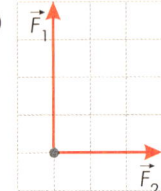
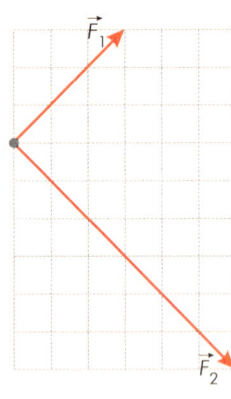

3. Duas forças atuam em uma mesma partícula e têm intensidades iguais a 20 N e 30 N. Qual a mínima e a máxima intensidade da resultante dessas duas forças? Justifique brevemente.

4. Duas forças de intensidades 9 N e 12 N atuam em uma partícula, formando entre si um ângulo de 90°. Calcule a intensidade de uma terceira força que deve ser aplicada a essa partícula para que a resultante sobre ela seja nula.

5. Quatro forças atuam em uma partícula, como mostra a figura ao lado. Usando o método da decomposição vetorial, calcule a intensidade da resultante desse conjunto de forças.

Use as aproximações: sen 30° = 0,5; cos 30° = 0,8; sen 45° = cos 45° = 0,7.

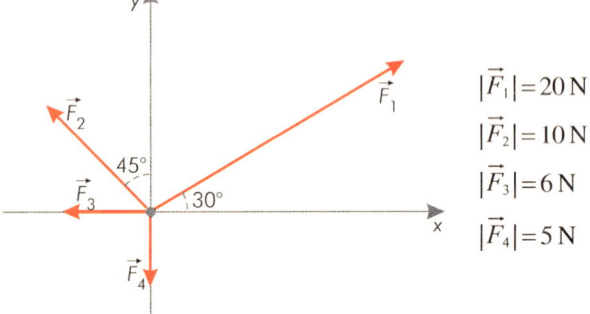

9.4. Primeira Lei de Newton: a Lei da Inércia

Uma partícula em repouso permanecerá em repouso, e uma partícula em movimento continuará em movimento, com velocidade constante (isto é, em movimento retilíneo uniforme), a menos que sobre ela atuem forças externas de resultante não nula.

De maneira simples, podemos dizer que, quando a força resultante que atua sobre uma partícula é nula, a sua aceleração é nula: se $\Sigma \vec{F} = \vec{0}$, então $\vec{a} = \vec{0}$. De acordo com essa lei, uma partícula isolada (uma partícula que não interage com a sua vizinhança) ou está em **repouso** ou está em **movimento retilíneo uniforme**. Essas duas situações são chamadas, em seu conjunto, **equilíbrio de**

ponto material. Para certo referencial, o estado de repouso de um ponto material caracteriza o equilíbrio estático, e o movimento retilíneo uniforme caracteriza o equilíbrio dinâmico.

Resumidamente, a Primeira Lei de Newton pode ser enunciada da seguinte maneira:

$$\vec{F}_R = \vec{0} \Rightarrow \text{equilíbrio} \begin{cases} \text{estático (repouso): } \vec{v} = \vec{0} \\ \text{ou} \\ \text{dinâmico (MRU): } \vec{v} \text{ cte} \neq \vec{0} \end{cases} \Rightarrow \vec{a} = \vec{0}$$

Quando você se encontra no interior de um ônibus que se desloca com velocidade constante e, em dado instante, freia bruscamente, você tende a continuar em movimento, com a mesma velocidade, em relação ao solo, com que o ônibus se deslocava. Assim, se não estiver preso, você se desloca para a frente, em relação ao ônibus.

Em uma prova de hipismo, quando o cavalo resolve não saltar um obstáculo e para repentinamente na hora do salto, é muito comum o cavaleiro continuar em movimento e cair à frente do animal (Figura 9-4).

FIGURA 9-4.

Para desfazer uma situação de equilíbrio, como a das pedras desta foto, é necessário que uma força externa passe a atuar sobre o sistema.

Pense nesses exemplos e observe outras situações parecidas no seu cotidiano. Elas nos mostram que os corpos resistem a alterações no seu estado de equilíbrio. Chamamos **inércia** a propriedade da matéria relacionada com a tendência de um corpo a permanecer em repouso ou em movimento retilíneo uniforme. No contexto da Primeira Lei de Newton, a **massa** corresponde à medida da inércia de um corpo: quanto maior é a massa de um corpo, mais ele resiste a entrar em movimento (se estiver em repouso) ou a alterar a sua velocidade (se estiver em movimento). Em outras palavras, quanto maior for a massa de um corpo, menor será o valor de sua aceleração sob a ação de dada força resultante a ele aplicada.

9.4.1. Referenciais inerciais

Ao enunciar a lei da inércia, devemos indicar a que ou a quem é referido o movimento da partícula livre. Admitimos que o movimento da partícula é relativo a um observador que seja, ele próprio, uma partícula ou sistema livre, isto é, não sujeito a interações com o resto do universo. Esse observador é dito um **observador inercial** e o sistema de referência que utiliza recebe a denominação de **sistema inercial de referência**. Diferentes observadores inerciais podem encontrar-se em movimento uniforme relativo. Assim, uma partícula livre que está em repouso em relação a um observador inercial pode ser considerada em movimento com velocidade constante em relação a outros observadores inerciais.

Quando um carro faz uma curva, em relação à superfície da Terra, o vetor velocidade varia, ou seja, não é constante. Isso significa que o carro fazendo uma curva não é um referencial inercial, pois está em movimento provido de aceleração.

> **Referencial inercial** é um sistema de coordenadas para o qual vale a Primeira Lei de Newton.

A Terra, devido ao seu movimento de rotação, não pode ser, rigorosamente, considerada um referencial inercial. Contudo, quando estudamos movimentos de pequena duração, podemos desprezar os efeitos de sua rotação e considerar a Terra um referencial inercial.

Exercícios Propostos

6. Em qual(is) situação(ões) a seguir a resultante das forças que atuam em uma partícula deve ter intensidade nula?

(I) A partícula descreve movimento retilíneo uniformemente variado.
(II) Quando a partícula está inicialmente em repouso e é colocada em movimento.
(III) Para manter a partícula em um movimento retilíneo uniforme.
(IV) Para que a partícula descreva movimento circular.
(V) Quando a partícula está inicialmente em movimento e é desacelerada até o repouso.

7. Três forças coplanares, de intensidades 3 N, 4 N e 5 N, atuam simultaneamente em um ponto material. Julgue a veracidade das afirmações seguintes.

(1) Em hipótese alguma a intensidade da força resultante pode superar 12 N.
(2) Se a resultante das forças é nula, então duas delas são mutuamente ortogonais.
(3) Elas somente admitem resultante nula se forem colineares.
(4) A resultante das forças citadas tem intensidade igual a 12 N.
(5) O ponto material em questão não pode estar em equilíbrio, pois sofre a ação de forças.

8. Sabendo que força é uma grandeza vetorial, julgue a veracidade das afirmações a seguir.

(1) Duas forças somente se equilibram se forem representadas por vetores simétricos.
(2) A resultante de duas forças iguais tem o dobro da intensidade de uma delas.
(3) É certamente impossível somar duas forças de intensidades iguais a 13 N (cada uma) e obter uma resultante de 13 N.
(4) A resultante das forças e a velocidade associada a uma partícula em movimento são vetores coplanares e colineares.

9. Segundo Camões: "Não há cousa, a qual natural sendo que não queira perpétua o seu estado". Considerando a linguagem da época, sabemos que Camões referia-se à lei da inércia. Baseando-se nos conhecimentos atuais desse princípio, julgue a veracidade dos itens seguintes.

(1) A velocidade de uma partícula só pode ser variada se ela estiver sob a ação de uma força resultante não nula.
(2) Se a resultante das forças que agem em uma partícula for nula, dois estados cinemáticos serão possíveis: repouso ou movimento retilíneo uniforme.
(3) Uma partícula poderá descrever um movimento acelerado sempre que a resultante das forças que atuam sobre ela for nula.
(4) Uma partícula que descreve um movimento circular uniforme terá sobre si a ação de uma resultante não nula.

10. A intensidade da resultante das forças necessárias para manter um ponto material em movimento retilíneo e uniforme:

a) é proporcional à sua massa.
b) depende da sua velocidade.
c) é zero.
d) é igual à soma algébrica das intensidades das forças que atuam nesse ponto material.
e) é proporcional ao deslocamento realizado pelo ponto material.

9.5. Segunda Lei de Newton: Princípio Fundamental da Dinâmica

A Primeira Lei de Newton diz o que ocorre com um ponto material quando a resultante de todas as forças externas que atuam sobre ele é nula: ou ele permanece em repouso, ou se move sobre uma linha reta com velocidade constante. A Segunda Lei de Newton relata o que ocorre quando a força resultante sobre ele *não* é nula.

Imagine que você esteja empurrando um corpo sobre uma superfície horizontal lisa (de modo que os atritos possam ser desconsiderados). Verifica-se que, quando você aplica determinada força resultante horizontal $\vec{F}$ sobre o corpo, ele se desloca com certa aceleração $\vec{a}$ (Figura 9-5). Aplicando uma força de módulo duas vezes o da anterior, a aceleração do corpo duplica. Se a força for de $3\vec{F}$, a aceleração será triplicada. Observações como essas permitiram concluir que a aceleração de um corpo é **diretamente proporcional** à força resultante que age sobre ele (Figura 9-6).

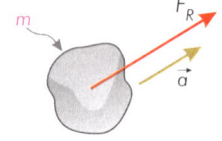

m = massa do corpo
FIGURA 9-5.

FIGURA 9-6.

Essas observações estão resumidas na Segunda Lei de Newton, que afirma que a aceleração de um corpo é diretamente proporcional à força resultante que atua sobre ele, o que pode ser escrito vetorialmente como

$$\vec{F}_{resultante} = m \cdot \vec{a}$$

Equação fundamental da Dinâmica.

Estação Espacial Internacional, em órbita ao redor da Terra.

Em resumo, podemos enunciar a Segunda Lei de Newton da seguinte maneira:

A resultante das forças externas que atuam em um corpo produz, na sua direção e sentido, uma aceleração de intensidade proporcional à da resultante aplicada.

Também se pode verificar experimentalmente que, se uma mesma força $\vec{F}$ for aplicada a um corpo de massa m, sobre uma superfície sem atrito, provocando uma aceleração $\vec{a}$, provocará uma aceleração $\dfrac{\vec{a}}{2}$ em um corpo com o dobro da massa, em idêntica situação. Um corpo com massa $3m$ sofrerá uma aceleração $\dfrac{\vec{a}}{3}$, com a mesma força, e assim sucessivamente.

Observe que, sendo nula a força resultante, a Segunda Lei mostra que $\vec{a} = \vec{0}$; vemos ocorrer uma situação de equilíbrio quando $\vec{v}$ é constante, o que é coerente com a Primeira Lei, como seria de esperar.

9.5.1. Força peso

Já estamos acostumados a observar a queda de corpos abandonados nas proximidades da superfície terrestre, sem apoio. Sabemos que esse movimento é acelerado, com aceleração igual à aceleração gravitacional. A força exercida pela Terra sobre um corpo em suas proximidades é denominada *peso* desse corpo. Com boa aproximação, essa força aponta para o centro da Terra (ignorando-se o fato de a distribuição de massa na Terra não ser homogênea) e tem intensidade proporcional à intensidade do campo gravitacional da Terra no ponto em que está o corpo (Figura 9-7).

Um corpo em queda livre tem uma aceleração $\vec{g}$ dirigida para o centro da Terra; adotando para a força peso a notação $\vec{P}$ e aplicando a Segunda Lei de Newton a um corpo em queda livre, como $\vec{a} = \vec{g}$ e $\vec{F}_R = \vec{P}$, segue:

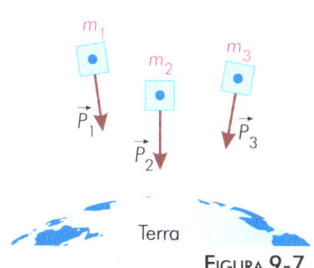

FIGURA 9-7.

$$\vec{P} = m \cdot \vec{g}$$

Rigorosamente, o valor da aceleração gravitacional ($\vec{g}$) varia com a altitude e com a latitude. Por exemplo, os corpos têm peso menor nas altitudes elevadas em relação ao nível do mar, porque a intensidade da aceleração da gravidade ($\vec{g}$) diminui com o aumento da distância ao centro da Terra. Fica claro, dessa maneira, que o peso, diferentemente da massa, não é uma propriedade inerente ao corpo.

Até a criação do SI, em 1960, utilizava-se uma unidade de força definida com base na força peso:

Um quilograma-força (kgf) é o peso de um corpo de **um quilograma de massa**, na gravidade padrão, isto é, em um local onde a aceleração gravitacional é de 9,8 m/s². Assim, vale a conversão: **1 kgf = 9,8 N**.

Exercícios Resolvidos

11. Um pequeno bloco de massa $m = 2,5$ kg está submetido à ação exclusiva de duas forças horizontais e constantes, $\vec{F}_1$ e $\vec{F}_2$, como mostra a figura a seguir.

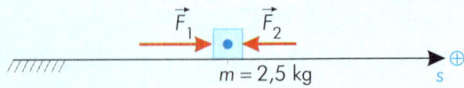

Sabendo que as intensidades de $\vec{F}_1$ e de $\vec{F}_2$ valem, respectivamente, 100 N e 75 N, e que esse bloco não realiza movimento de rotação, caracterize a aceleração adquirida por esse bloco, em unidade SI.

RESOLUÇÃO:

Como $|\vec{F}_1| > |\vec{F}_2|$, o bloco é acelerado horizontalmente para a direita por uma força resultante $\vec{F}_R$, cuja intensidade é dada por:

$$|\vec{F}_R| = |\vec{F}_1| - |\vec{F}_2|$$
$$|\vec{F}_R| = 100 - 75$$
$$|\vec{F}_R| = 25 \text{ N}$$

A aceleração ($\vec{a}$) do bloco tem seu módulo calculado pelo Princípio Fundamental da Dinâmica ou Segunda Lei de Newton:

$$|\vec{F}_R| = m \cdot |\vec{a}| \Rightarrow 25 = 2,5 \cdot |\vec{a}| \Rightarrow |\vec{a}| = \frac{25}{2,5}$$
$$|\vec{a}| = 10 \text{ m/s}^2$$

De acordo com a Segunda Lei de Newton, a força resultante ($\vec{F}_R$) e a aceleração ($\vec{a}$) produzida por ela têm sempre a mesma direção e o mesmo sentido. Portanto, as características da aceleração ($\vec{a}$) são:

- intensidade: 10 m/s²
- direção: horizontal
- sentido: da esquerda para a direita da folha

12. Uma partícula de massa $m = 40$ g tem movimento retilíneo e acelerado sob a ação de duas forças, $\vec{F}_1$ e $\vec{F}_2$, constantes e perpendiculares entre si. Sabendo que as intensidades de $\vec{F}_1$ e de $\vec{F}_2$ valem, respectivamente, 8 N e 6 N, e que no instante $t_0 = 0$ a partícula tem velocidade inicial $\vec{v}_0$, cujo módulo é $|\vec{v}_0| = 0$ (a partícula foi impulsionada por essas forças a partir do repouso), como está esquematizado na figura abaixo, calcule:

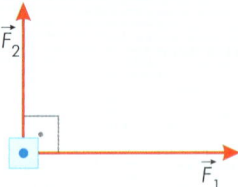

a) em m/s², o módulo da aceleração da partícula;
b) em m/s, o módulo da velocidade escalar da partícula no instante $t = 3$ s;
c) em metros, o deslocamento da partícula entre os instantes $t_0 = 0$ e $t = 3$ s.

RESOLUÇÃO:

Devemos, inicialmente, calcular a intensidade da resultante das forças que atuam nessa partícula. Aplicando o teorema de Pitágoras no triângulo retângulo da figura, temos:

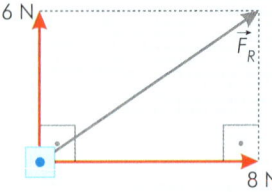

$$|\vec{F}_R|^2 = 6^2 + 8^2 \Rightarrow |\vec{F}_R|^2 = 36 + 64$$
$$|\vec{F}_R|^2 = 100$$
$$|\vec{F}_R| = \sqrt{100} \therefore |\vec{F}_R| = 10 \text{ N}$$

A massa da partícula no SI é:

$$m = 40 \text{ g} = \frac{40}{1.000} \text{ kg} = 0,04 \text{ kg}$$

a) A aceleração ($\vec{a}$) da partícula tem seu módulo calculado pelo Princípio Fundamental da Dinâmica ou Segunda Lei de Newton:

$$|\vec{F}_R| = m \cdot |\vec{a}| \Rightarrow 10 = 0,04 \cdot |\vec{a}|$$
$$|\vec{a}| = \frac{10}{0,04}$$
$$|\vec{a}| = 250 \text{ m/s}^2$$

b) O movimento descrito pela partícula é uniformemente variado e sabemos que a função horária da velocidade desse movimento é do tipo:

$$v = v_0 + a \cdot t$$

Assim, $v = 0 + 250t \Rightarrow v = 250t$
Para $t = 3$ s, $v = 250 \cdot 3 \Rightarrow v = 750$ m/s

c) Podemos escrever para o movimento descrito por essa partícula que:

$$\Delta s = v_0 \cdot t + \frac{1}{2} a \cdot t^2$$
$$\Delta s = 0t + \frac{1}{2} \cdot 250 t^2$$

Para $t = 3$ s, $\Delta s = 0 + \frac{1}{2} \cdot 250 \cdot 3^2$
$$\Delta s = 125 \cdot 9 \therefore \Delta s = 1.125 \text{ m}$$

Exercícios Propostos

13. Com base na Segunda Lei de Newton, foram feitas as afirmações seguintes. Julgue-as quanto à veracidade.

(1) Massa e aceleração são grandezas diretamente proporcionais.
(2) A intensidade da força peso de um corpo é a mesma em qualquer parte da superfície terrestre.
(3) Em um lugar onde a aceleração da gravidade é normal, um corpo de peso 45 kgf tem massa de 45 kg.
(4) A unidade de força no SI é igual a 9,8 vezes a unidade de força no Sistema Técnico (kgf).
(5) Se, na equação fundamental da dinâmica, multiplicarmos a força e a aceleração por um fator k (diferente de zero), a massa também será multiplicada por esse fator k.

14. Um corpo de pequenas dimensões e de 10 kg de massa encontra-se em repouso sobre um plano horizontal muito liso. Em determinado momento, é aplicada a esse corpo uma força horizontal $\vec{F}$, constante e de intensidade igual a 20 N. Sabendo que a resultante das forças que atuam nesse corpo é a força $\vec{F}$ e que o corpo somente realiza movimento de translação, determine, em unidades SI:

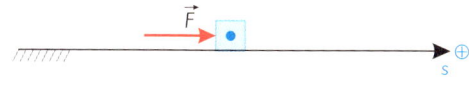

a) a aceleração adquirida pelo corpo e caracterize-a;
b) o módulo da velocidade escalar desse corpo 4,0 s após a aplicação da força $\vec{F}$;
c) a distância percorrida pelo corpo no intervalo de tempo de 2,0 s após a aplicação da força $\vec{F}$.

15. Um corpo de pequenas dimensões e de 50 kg de massa encontra-se sobre um plano horizontal liso e desloca-se com velocidade escalar constante e de módulo igual a 10 m/s. Em determinado instante, aplica-se a esse corpo uma força $\vec{F}$, horizontal e oposta ao movimento que o corpo estava descrevendo, com intensidade igual a 100 N. O corpo somente realiza movimento de translação. Determine, em unidades SI:

a) a distância percorrida pelo corpo ao fim de 2,0 s, contados a partir do instante em que se aplicou a força $\vec{F}$;
b) o intervalo de tempo gasto para que o corpo pare, contado a partir do instante em que se aplicou a força $\vec{F}$.

16. Na figura abaixo, o corpo A, de 200 kg de massa, é submetido à ação exclusiva de duas forças, $\vec{F}_1$ e $\vec{F}_2$, que formam um ângulo reto entre si. As forças têm intensidades iguais a 30 N e 40 N, respectivamente. Determine, em unidades SI, o módulo da aceleração adquirida pelo corpo A devido à ação das forças $\vec{F}_1$ e $\vec{F}_2$. Despreze as dimensões do corpo A.

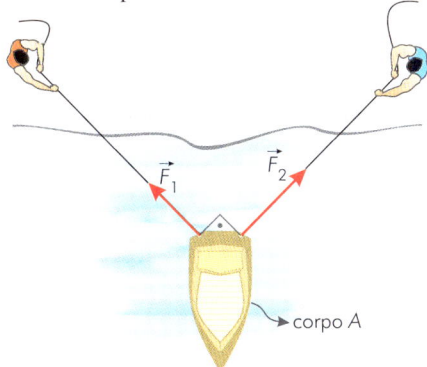

17. (FUVEST – SP) Um ponto material está submetido à ação exclusiva de um sistema de três forças coplanares e concorrentes. As intensidades de duas delas são 5 N e 20 N. A intensidade da terceira força, f, para que haja equilíbrio desse ponto material, deve satisfazer a desigualdade:

a) $f \geq 5$ N
b) 15 N $\leq f \leq 25$ N
c) 5 N $\leq f \leq 20$ N
d) $f \leq 25$ N
e) $f \leq 5$ N

18. Uma bola está em repouso na marca do pênalti quando um jogador, ao chutá-la, aplica uma força $\vec{F}$, fazendo-a sair com uma velocidade de 108 km/h. Sabendo que a bola tem massa de 600 g e que a duração do contato do pé do jogador com a bola foi de $2,0 \cdot 10^{-3}$ s, calcule, em unidades SI:

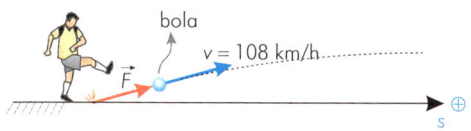

a) o módulo da aceleração média adquirida pela bola;
b) a intensidade da força média trocada entre o pé do jogador e a bola.

19. (VUNESP – SP) Um corpo de dimensões desprezíveis e de massa m pode deslocar-se ao longo de uma reta horizontal sem encontrar qualquer resistência. O gráfico a seguir representa o módulo da aceleração a desse corpo, em função da intensidade F da força aplicada, que atua sempre na direção da reta horizontal.

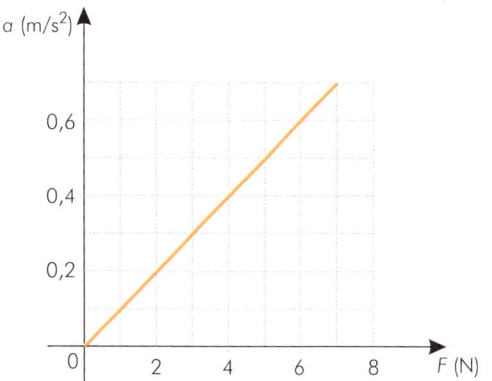

Com base no gráfico, é possível concluir que a massa m do corpo, em kg, é igual a:

a) 10   b) 6,0   c) 2,0   d) 0,4   e) 0,1

Exercícios Propostos

20. (FUVEST – SP) Um corpo de massa $m = 10$ kg, inicialmente à velocidade escalar $v_0 = 5{,}0$ m/s, é solicitado por uma força $\vec{F}$ que atua na direção e no sentido do movimento, e varia com o tempo da forma vista no gráfico a seguir.

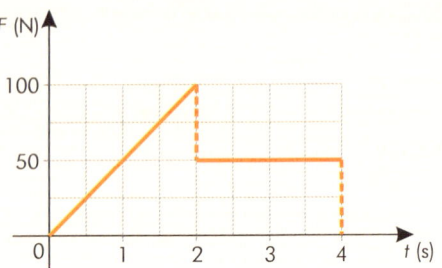

a) Determine o módulo de uma força constante capaz de produzir no corpo a mesma variação de velocidade que a força $\vec{F}$ proporcionou, desde que atue na direção e no sentido do movimento, durante 4,0 s.

b) Determine o módulo da velocidade escalar do corpo ao fim dos 4,0 s.

21. Uma partícula de massa 3,0 kg encontra-se em movimento vertical e retardado sob a ação exclusiva de duas forças: o seu peso $\vec{P}$ e uma força $\vec{F}$, constantes, como esquematizado na figura ao lado. Sabendo que a intensidade da força $\vec{F}$ é de 15 N e que o módulo da aceleração da gravidade é 10 m/s², calcule, em m/s², o módulo da aceleração da partícula.

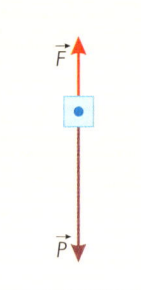

Você Sabia?

A Terra exerce uma força de atração sobre seu satélite, a Lua, e esta exerce sobre a Terra uma força de reação, de igual magnitude, mas em sentido oposto.

9.6. Terceira Lei de Newton: Princípio da Ação e Reação

As forças sempre ocorrem aos pares, sendo resultado da interação entre dois corpos. Por exemplo, os sistemas Terra-Lua e Sol-Terra movem-se sob a interação gravitacional recíproca.

Não apenas as forças de campo ocorrem dessa forma. Quando você chuta uma bola, por exemplo, há uma interação entre o seu pé e a bola. Quando alguém empurra um armário, também há uma interação entre a pessoa e o armário que ela está empurrando.

A Terceira Lei de Newton afirma que, quando há interação entre dois corpos, as forças sempre aparecem aos pares. Se um corpo 1 exerce uma força sobre um corpo 2, o corpo 2 exerce sobre 1 uma força de mesma intensidade, mesma direção e sentido oposto (Figura 9-8).

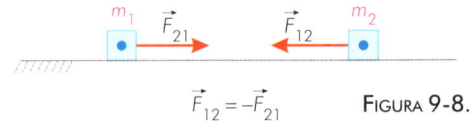

FIGURA 9-8.

Resumidamente, podemos enunciar a Terceira Lei de Newton assim:

> As forças sempre ocorrem aos pares, de tal forma que a cada ação corresponde uma reação de mesma intensidade, de mesma direção e de sentido oposto.

Sobre as forças de um par ação-reação, fazemos as seguintes observações:

- é irrelevante decidir qual das forças é a ação e qual é a reação;
- elas não se equilibram, pois estão sendo aplicadas em corpos distintos;
- sempre que existir uma força de ação, existirá também uma força de reação, de mesma natureza, de mesma intensidade, mesma direção e sentido oposto agindo simultaneamente;
- os efeitos provocados por cada uma delas podem ser diferentes, porque dependem dos corpos em que elas estão sendo aplicadas e das situações em que se encontram.

Exemplos

PARES AÇÃO-REAÇÃO:

Quando um jogador chuta uma bola, a força ($\vec{F}$) que seu pé aplica na bola no momento do chute e a força ($-\vec{F}$) que a bola está aplicando no seu pé formam um par ação-reação.

Quando um satélite está em órbita em torno da Terra, a força com que a Terra atrai o satélite ($\vec{F}_{TS}$) e a força com que o satélite atrai a Terra ($\vec{F}_{ST}$) formam um par ação-reação (Figura 9-9).

Quando você anda, o seu pé exerce uma força no chão ($\vec{F}_{PC}$) enquanto o chão exerce uma força no seu pé ($\vec{F}_{CP}$). Essas forças formam um par ação-reação, apresentando mesma intensidade, mesma direção e sentidos opostos.

Durante uma colisão entre um veículo e um poste, o veículo exerce uma força sobre o poste ($\vec{F}_{VP}$), enquanto o poste exerce uma força sobre o veículo ($\vec{F}_{PV}$). Essas forças formam um par ação-reação.

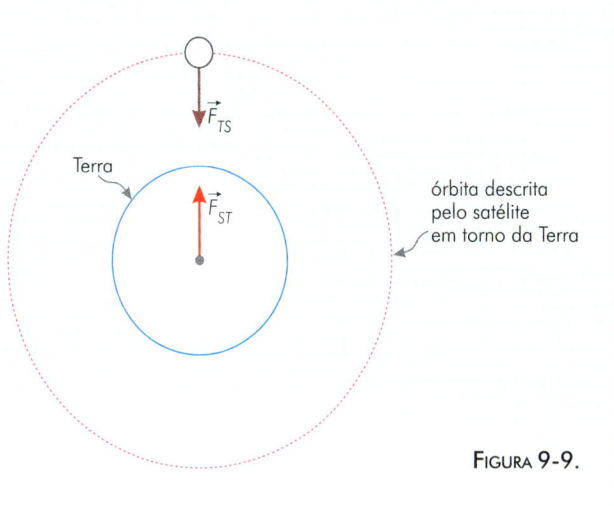

FIGURA 9-9.

9.7. Duas Forças Importantes em nosso Estudo

- **Componente normal da força de contato** ou simplesmente **força normal** ($\vec{N}$): é uma componente da força de contato que se caracteriza por ser perpendicular às superfícies em contato que se comprimem.

Exemplo

Consideremos um livro que repousa sobre uma superfície plana e horizontal, como o tampo de uma mesa. A superfície de apoio exerce no livro uma força vertical para cima; a reação exercida pelo livro na mesa é vertical, apontando para baixo (Figura 9-10).

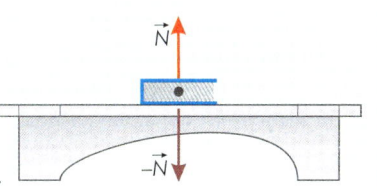

FIGURA 9-10.

- **Forças de tração** ($\vec{T}$): são forças que puxam, exercidas ao longo de fios, cordas, barbantes e cabos flexíveis, praticamente inextensíveis e de massa desprezível relativamente às massas dos demais corpos envolvidos no sistema em estudo. Esses elementos recebem o nome genérico de **fios ideais**. Eles desempenham, nas estruturas em que estão presentes, o papel de **transmissores** de esforços de uma extremidade a outra.

Exemplo

Consideremos um carrinho sendo puxado por um menino, por meio de um cordel, como mostra a Figura 9-11. O sistema poderia ser descrito dizendo-se que o menino puxa o cordel que, por sua vez, puxa o carrinho.

Observe, na figura, os pares de ação e reação:
- menino-puxa-cordel e cordel-puxa-menino;
- cordel-puxa-carrinho e carrinho-puxa-cordel.

FIGURA 9-11.

Muitas vezes, usamos sistemas de polias (ou roldanas) para facilitar a aplicação de forças através de fios. Uma polia é dita ideal se tem inércia desprezível e está livre de qualquer tipo de atrito; sua função é modificar a direção do fio sem alterar a intensidade da força de tração transmitida na corda que passa por ela.

Exercícios Propostos

22. Um ponto material de 5,0 kg de massa encontra-se em repouso sobre uma superfície horizontal perfeitamente lisa. Em dado instante, uma força $\vec{F}$, de intensidade 50 N, passa a atuar sobre esse ponto material na direção horizontal e no sentido para a direita, como mostra a figura ao lado. Despreze a ação das forças resistivas, considere o módulo da aceleração da gravidade igual a 10 m/s² e determine, em unidades SI:

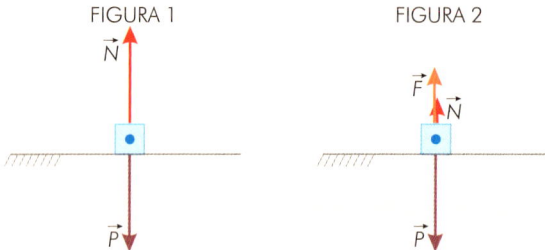

a) a intensidade da força de reação normal que a superfície exerce sobre o ponto material;
b) o módulo da aceleração adquirida pelo ponto material;
c) o módulo da velocidade desse ponto material 5,0 s após a aplicação da força $\vec{F}$;
d) o deslocamento sofrido pelo ponto material no intervalo de tempo de 5,0 s, contados a partir do instante de aplicação da força $\vec{F}$.

23. Um pequeno bloco de 50 kg de massa repousa sobre uma superfície horizontal sob a ação de duas forças: a força peso ($\vec{P}$) e a força normal que a superfície exerce sobre ele (Figura 1). Em dado instante, passa a atuar sobre esse bloco uma força ($\vec{F}$) de intensidade 200 N, na direção vertical e no sentido para cima (Figura 2).

FIGURA 1   FIGURA 2

Sabendo que o módulo da aceleração da gravidade é de 10 m/s², determine, em newtons, a intensidade da força normal ($\vec{N}$) nos dois casos descritos.

24. Um pequeno bloco, de massa igual a 8,0 kg, desloca-se sobre uma superfície horizontal sem atrito sob a ação de uma força $\vec{F}$ de 80 N de intensidade, que forma com o plano horizontal um ângulo de 37°, como mostra a figura ao lado. Considere as seguintes aproximações: sen 37° = 0,6, cos 37° = 0,8, sendo o módulo da aceleração da gravidade de 10 m/s².

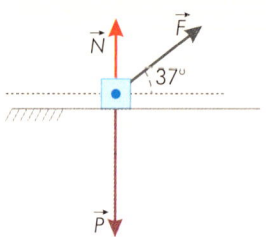

Pedem-se, em unidades SI:

a) a intensidade da força normal da superfície sobre o bloco;
b) o módulo da aceleração adquirida pelo bloco;
c) o módulo da velocidade do bloco no instante 2,0 s, sabendo que, no instante em que a força $\vec{F}$ foi aplicada, o bloco se encontrava em repouso.

Exercício Resolvido

25. A figura ao lado representa dois pequenos blocos, A e B, de massas respectivamente iguais a 3 kg e 5 kg, sobre uma superfície horizontal sem atrito. No bloco A é aplicada uma força $\vec{F}$ constante e horizontal, cuja intensidade é de 40 N.

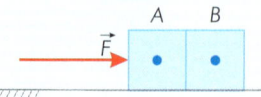

Determine, em unidades SI:

a) a intensidade da aceleração adquirida pelo bloco B;
b) a intensidade da força que o bloco A exerce sobre o bloco B.

Resolução:
Inicialmente, devemos representar todas as forças que atuam em cada bloco separadamente.

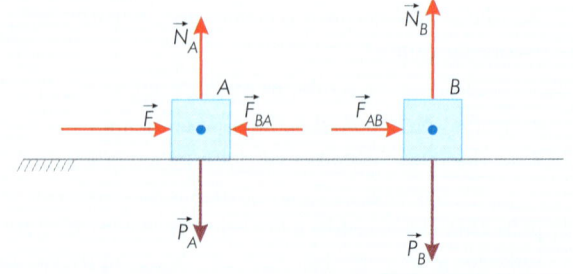

Exercício Resolvido

Como em cada bloco não existe aceleração na vertical, a normal e a força peso se equilibram. Mas na direção horizontal as forças não se equilibram.

Os dois blocos deslocam-se com a mesma aceleração $\vec{a}$.

bloco A: $F_{R(A)} = m_A \cdot a \Rightarrow F - F_{BA} = m_A \cdot a$
bloco B: $F_{R(B)} = m_B \cdot a \Rightarrow F_{AB} = m_B \cdot a$

Resolvendo o sistema acima:

$$F = m_A \cdot a + m_B \cdot a \Rightarrow F = (m_A + m_B) \cdot a$$

a) Substituindo os dados do enunciado na equação acima, teremos:

$$40 = (3 + 5)a \Rightarrow 40 = 8a \Rightarrow a = 5 \text{ m/s}^2$$

Portanto, o módulo da aceleração $\vec{a}_B$ do bloco B é igual a 5 m/s².

b) $F_{AB} = m_B \cdot a \Rightarrow F_{AB} = 5 \cdot 5 \Rightarrow F_{AB} = 25$ N

Portanto, a intensidade da força que o bloco A exerce sobre o bloco B ($\vec{F}_{AB}$) é igual a 25 N.

Exercícios Propostos

26. Os corpos A e B, de pequenas dimensões e de massas respectivamente iguais a 2,0 kg e 8,0 kg, encontram-se apoiados sobre uma superfície plana e perfeitamente lisa. Uma força $\vec{F}$, constante e de intensidade igual a 40 N, é aplicada sobre o corpo A, conforme indicado na figura. Considere o módulo da aceleração da gravidade igual a 10 m/s².

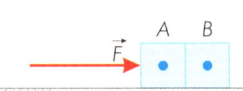

Determine, em unidades SI:

a) a intensidade da força normal trocada entre a superfície e o corpo A;
b) o módulo da aceleração adquirida pelo corpo A;
c) a intensidade da força que o corpo A exerce em B.

27. O esquema ao lado representa um conjunto de três pequenos blocos, A, B e C, de massas 1,0 kg, 2,0 kg e 3,0 kg, respectivamente, em um plano horizontal sem atrito. Sobre o bloco A, é aplicada uma força horizontal $\vec{F}$, constante e de intensidade igual a 12 N, que vai movimentar o sistema.

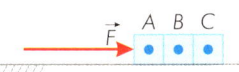

Determine, em unidades SI:

a) o módulo da aceleração do sistema;
b) as intensidades das forças que cada bloco exerce sobre o outro;
c) a intensidade da resultante das forças que atuam no bloco B.

28. Dois pequenos blocos, A e B, de massas respectivamente iguais a $m_A = 8$ kg e $m_B = 12$ kg, estão inicialmente em repouso sobre uma superfície plana e horizontal sem atrito, interligados por um fio ideal, como mostra a figura a seguir. No instante $t_0 = 0$ aplica-se ao bloco B uma força constante e horizontal, $\vec{F}$, de intensidade igual a 80 N.

Considere que os blocos realizam apenas movimento de translação, devido à aplicação da força $\vec{F}$, e calcule, em unidades SI:

a) o módulo da aceleração adquirida pelos blocos;
b) a intensidade da força de tração que atua no fio;
c) o módulo da velocidade adquirida pelo bloco B no instante 4 s;
d) o deslocamento que o bloco A sofreu entre os instantes $t_0 = 0$ e $t = 4$ s.

Exercício Resolvido

29. Um pequeno bloco 1 apoia-se sobre uma superfície horizontal e bem polida. Por meio de um fio ideal, que passa por uma roldana também ideal, ele se liga ao pequeno bloco 2, que pende verticalmente. As massas dos blocos são, respectivamente, $m_1 = 6$ kg e $m_2 = 12$ kg. Considere o módulo da aceleração da gravidade igual a 10 m/s².

Calcule, em unidades SI:

a) o módulo da aceleração adquirida pelos blocos;
b) a intensidade da força de tração que atua no fio;
c) a intensidade da força que o fio exerce na polia.

Exercício Resolvido

RESOLUÇÃO:
Inicialmente, devemos representar todas as forças que atuam em cada bloco separadamente. Como no bloco 1 não existe aceleração na vertical, a normal e a força peso se equilibram.

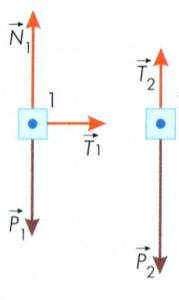

Os dois blocos deslocam-se com a mesma aceleração $\vec{a}$ e o fio ideal transmite aos dois blocos forças de mesma intensidade, ou seja, $|\vec{T}_1| = |\vec{T}_2| = T$.

bloco 1: $F_{R(1)} = m_1 \cdot a \Rightarrow T = m_1 \cdot a$
bloco 2: $F_{R(2)} = m_2 \cdot a \Rightarrow P_2 - T = m_2 \cdot a$

Resolvendo o sistema acima:

$$P_2 = m_1 \cdot a + m_2 \cdot a$$
$$m_2 \cdot g = (m_1 + m_2) \cdot a$$

a) Substituindo os dados do enunciado na equação acima, temos:

$$12 \cdot 10 = (6 + 12)a$$
$$120 = 18a$$
$$a = \frac{120}{18} = \frac{20}{3} \cong 6{,}67 \text{ m/s}^2$$

Portanto, o módulo da aceleração $\vec{a}$ dos blocos é, aproximadamente, 6,67 m/s².

b) $T = m_1 \cdot a \Rightarrow T = 6 \cdot \dfrac{20}{3} \Rightarrow T = 40$ N

c) Observe o esquema das forças que o fio exerce na polia abaixo.

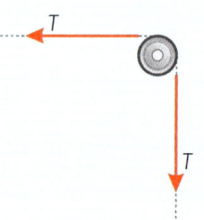

No centro de massa da polia, as forças podem ser esquematizadas assim:

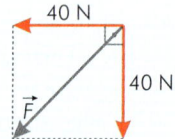

Aplicando o teorema de Pitágoras no triângulo retângulo acima, temos:

$$|\vec{F}|^2 = 40^2 + 40^2$$
$$|\vec{F}| = \sqrt{2 \cdot 40^2}$$
$$|\vec{F}| = 40 \cdot \sqrt{2} \text{ N} \cong 56{,}6 \text{ N}$$

Exercícios Propostos

30. Na figura ao lado, o corpo A repousa sobre a superfície horizontal. O fio que une os corpos e a polia por onde ele desliza são ideais. Sabendo que as massas dos corpos A e B são respectivamente iguais a 20 kg e 5,0 kg e que o módulo da aceleração da gravidade é igual a 10 m/s², despreze as dimensões dos corpos e determine, em unidades SI:

a) a intensidade da força de tração que atua no fio 2 que une os corpos;
b) a intensidade da força de reação normal da superfície horizontal sobre o bloco A;
c) a intensidade da força de tração que atua no fio 1.

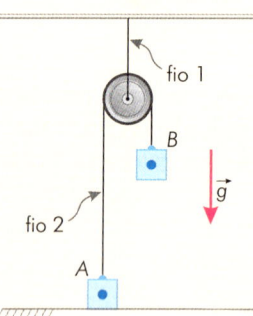

IMPORTANTE
A polia ideal muda a direção do fio, mas transmite integralmente a intensidade da força aplicada.

31. No arranjo experimental da figura ao lado, o fio que une os corpos é perfeitamente flexível e de peso desprezível. Desprezam-se os atritos e a massa da roldana. São dadas a massa do corpo A igual a 6,0 kg e a massa do corpo B igual a 14 kg. Sabendo que o dinamômetro D tem peso desprezível, determine, *em newtons*, a sua indicação após os corpos entrarem em movimento somente pela ação dos pesos de suas massas. Considere o módulo da aceleração da gravidade igual a 10 m/s².

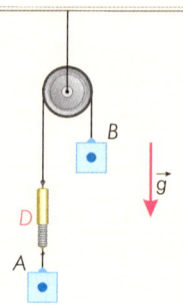

IMPORTANTE
O dinamômetro indica a intensidade da força de tração que atua no fio.

Exercícios Propostos

32. A figura a seguir mostra um corpo de massa igual a 90 kg, sobre uma mesa horizontal, ligado por uma corda a um segundo corpo de massa igual a 60 kg. Despreze a massa da corda, bem como todas as forças de atrito. Considere o módulo da aceleração da gravidade igual a 10,0 m/s².

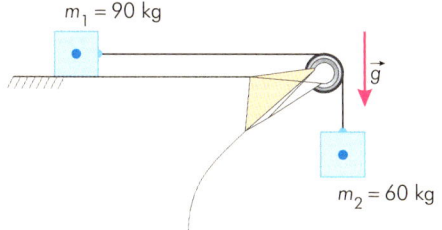

a) Determine, em m/s², o módulo da aceleração do corpo de massa 60 kg.
b) Determine, em newtons, a intensidade da força de tração no fio que une os corpos.
c) Determine, em newtons, a intensidade da força resultante trocada entre o fio e a polia.

33. A figura abaixo mostra três pequenos blocos, A, B e C, que estão ligados por fios ideais que passam por duas polias que podem ser consideradas ideais. A superfície horizontal de apoio do bloco B é perfeitamente lisa e as massas dos blocos são respectivamente iguais a 2,0 kg, 3,0 kg e 5,0 kg. Considere o módulo da aceleração da gravidade igual a 10 m/s², o dinamômetro D de peso desprezível e determine, em unidades SI:

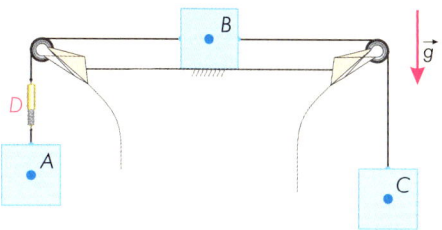

a) o módulo da aceleração adquirida pelo bloco A;
b) a indicação do dinamômetro D;
c) a intensidade da resultante das forças que atuam no bloco B.

Exercício Resolvido

34. Três pequenos blocos estão ligados por meio de cordas que podem ser consideradas ideais, conforme indica a figura ao lado. Outra corda, também ideal, é amarrada ao bloco superior e puxada por uma força constante $\vec{F}$. Os blocos são atraídos pela gravidade da Terra em um local onde seu módulo é igual a 10 m/s².

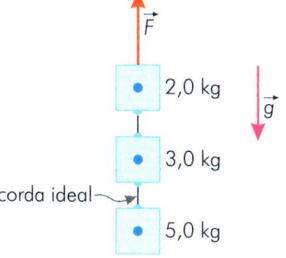

a) Qual a intensidade da força $\vec{F}$ para manter os blocos suspensos, em newtons?
b) Qual a intensidade da força $\vec{F}$ para que o conjunto de blocos suba verticalmente acelerado, com aceleração de módulo igual a 2,0 m/s²?

Resolução:
a) Vamos representar todas as forças que estão atuando em cada bloco.

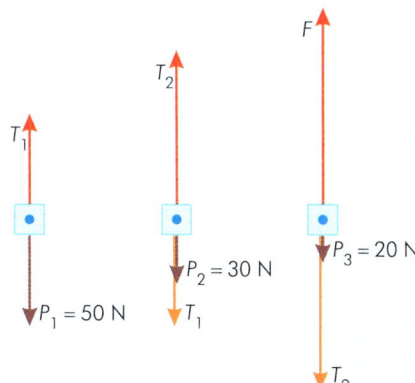

Em uma situação de equilíbrio, a resultante das forças que atuam em cada bloco é nula. Para que essa situação ocorra, é necessário que:

- $T_1 = P_1 = 50$ N
- $T_2 = T_1 + P_2 \Rightarrow T_2 = 50 + 30 \Rightarrow T_2 = 80$ N
- $F = T_2 + P_3 \Rightarrow F = 80 + 20 \Rightarrow F = 100$ N

Resposta: Para que os corpos fiquem suspensos, é necessário que a força $\vec{F}$ tenha intensidade igual a 100 N.

Exercício Resolvido

b) Observe os esquemas a seguir.

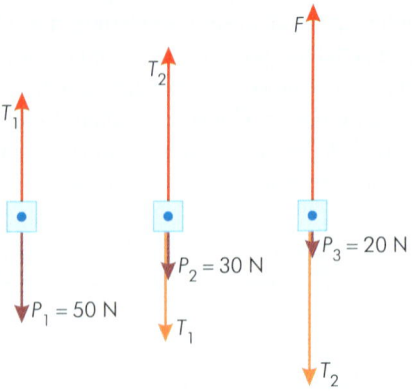

Para que o sistema de blocos suba verticalmente acelerado com aceleração constante e de módulo igual a 2,0 m/s², é necessário que:

$$T_1 > P_1;\ T_2 > (T_1 + P_2);\ F > (T_2 + P_3)$$

Dessa maneira, podemos escrever para cada bloco:

Bloco de massa 5,0 kg:

$$F_{R(1)} = m_1 \cdot a \Rightarrow T_1 - 50 = 5{,}0 \cdot 2{,}0$$
$$T_1 = 10 + 50 \Rightarrow T_1 = 60\ \text{N}$$

Bloco de massa 3,0 kg:

$$F_{R(2)} = m_2 \cdot a \Rightarrow T_2 - (30 + T_1) = 3{,}0 \cdot 2{,}0$$
$$T_2 - (30 + 60) = 6{,}0 \Rightarrow T_2 = 90 + 6{,}0$$
$$T_2 = 96\ \text{N}$$

Bloco de massa 2,0 kg:

$$F_{R(3)} = m_3 \cdot a \Rightarrow F - (20 + T_2) = 2{,}0 \cdot 2{,}0$$
$$F - (20 + 96) = 4{,}0$$
$$F = 116 + 4{,}0 \Rightarrow F = 120\ \text{N}$$

Resposta: Para que o sistema de blocos suba verticalmente e acelerado com aceleração constante e de módulo igual a 2,0 m/s², é necessário que a força $\vec{F}$ tenha intensidade igual a 120 N.

Exercício Proposto

35. A figura ao lado mostra um sistema formado por três pequenos blocos, A, B e C, de massas respectivamente iguais a 40 kg, 50 kg e 10 kg, interligados por fios ideais. O atrito entre o bloco A e o plano horizontal é desprezível e a polia pode ser considerada ideal. Considere o módulo da aceleração da gravidade igual a 10 m/s².

Com base nos dados fornecidos pelo enunciado, julgue a veracidade das afirmações seguintes.

(1) A aceleração adquirida pelo bloco B tem direção vertical, sentido para baixo e módulo igual a 6,0 m/s².
(2) A intensidade da força de tração que atua no fio 1 é igual a 240 N.
(3) A intensidade da força de tração que atua no fio 2 é igual a 40 N.
(4) A resultante das forças que atuam no bloco B tem direção vertical, sentido para baixo e módulo igual a 200 N.
(5) Se uma força de intensidade 400 N atuar no bloco A, na direção horizontal e no sentido para a esquerda, esse bloco fica em equilíbrio.

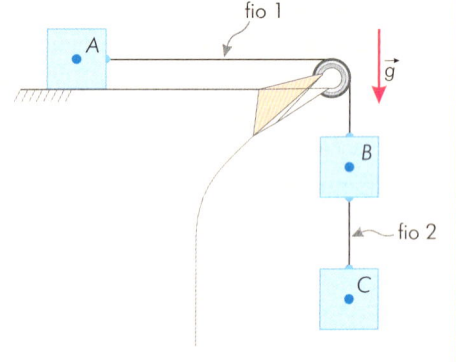

Exercício Resolvido

36. Em um laboratório de física, realizamos um experimento em que um pequeno bloco de 0,2 kg de massa é abandonado (a partir do repouso) sobre um plano inclinado no qual o atrito pode ser considerado desprezível. Sabendo que o ângulo formado entre a superfície inclinada e o plano horizontal é de 30°, sendo o módulo da aceleração da gravidade igual a 10 m/s², sen 30° = 0,50 e cos 30° = 0,86, determine, em unidades SI:

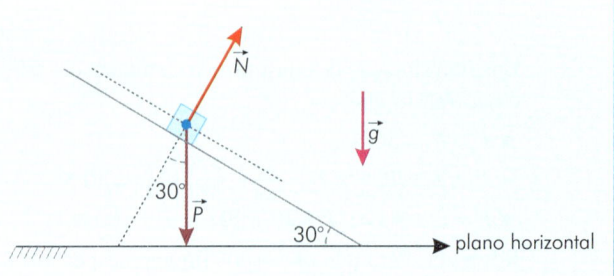

Exercício Resolvido

a) as intensidades das componentes da força peso na direção normal e tangencial ao plano inclinado;
b) a intensidade da força normal que a superfície inclinada exerce sobre o bloco.
c) o módulo da aceleração adquirida pelo bloco.

Resolução:

Inicialmente, vamos efetuar a decomposição da força peso do bloco ao longo dos eixos x e y. Observe a figura abaixo:

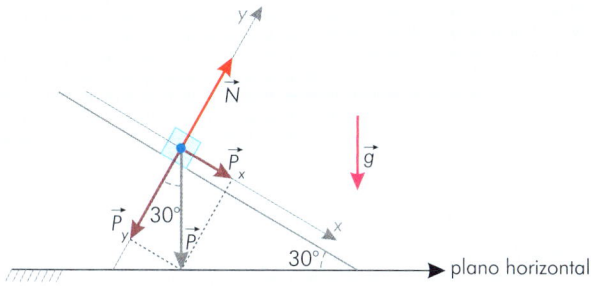

A intensidade da força peso do bloco é dada por:

$$P = m \cdot g$$
$$P = 0,2 \cdot 10$$
$$P = 2,0 \text{ N}$$

a) No triângulo retângulo da figura podemos escrever:

$$\text{sen } 30° = \frac{P_x}{P} \Rightarrow P_x = P \cdot \text{sen } 30°$$

$$P_x = 2,0 \cdot \frac{1}{2} \Rightarrow P_x = 1,0 \text{ N}$$

$$\cos 30° = \frac{P_y}{P} \Rightarrow P_y = P \cdot \cos 30°$$

$$P_y = 2,0 \cdot 0,86 \Rightarrow P_y = 1,72 \text{ N}$$

b) Na direção do eixo y o bloco não possui aceleração; assim sendo, a resultante das componentes das forças que estão sobre esse eixo deve ser nula. Então:

$$N = P_y \Rightarrow N = 1,72 \text{ N}$$

c) No eixo x,

$$\vec{F}_{R(x)} = \vec{P}_x \therefore |\vec{F}_{R(x)}| = |\vec{P}_x|$$

Assim sendo:

$$m \cdot a = 1,0 \Rightarrow 0,2a = 1,0$$

$$a = \frac{1,0}{0,2} \therefore a = 5,0 \text{ m/s}^2$$

Exercícios Propostos

37. A figura ao lado mostra um arranjo experimental em que dois blocos, A e B, são ligados por um fio ideal que passa por uma polia, também ideal. O bloco B desliza sobre um plano inclinado de $60°$, em relação à horizontal, em que o atrito entre as superfícies em contato pode ser considerado desprezível.

Sendo as massas dos blocos A e B, respectivamente, iguais a 2,0 kg e 3,0 kg e o módulo da aceleração da gravidade igual a 10 m/s², determine, em unidades SI:

a) o módulo da aceleração adquirida pelos blocos;
b) a intensidade da força de tração que atua no fio que une os blocos.

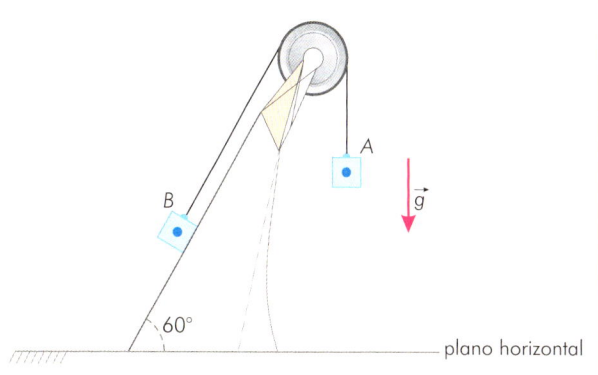

Use sen $60° = 0,86$ e cos $60° = 0,50$.

38. A figura ao lado mostra um corpo de 60 kg de massa que é puxado por uma força constante $\vec{F}$ paralela ao plano inclinado de $28°$ (sen $28° = 0,45$ e cos $28° = 0,90$), em relação ao plano horizontal. Despreze qualquer tipo de atrito e considere o módulo da aceleração da gravidade igual a 10 m/s². Determine, em newtons, a intensidade da força $\vec{F}$ para que:

a) o corpo se movimente com velocidade constante;
b) o corpo suba o plano acelerado com aceleração de módulo igual a 0,8 m/s².

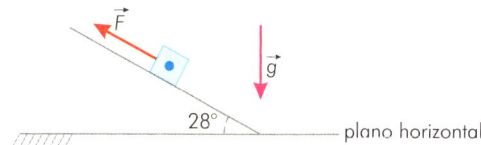

Exercícios Propostos

39. (UnB – DF) Calcule a razão $\frac{m_1}{m_2}$ das massas dos blocos para que, em qualquer posição, o sistema sem atrito representado na figura esteja sempre em equilíbrio. Multiplique o valor calculado por 10 e despreze a parte fracionária de seu resultado, caso exista.

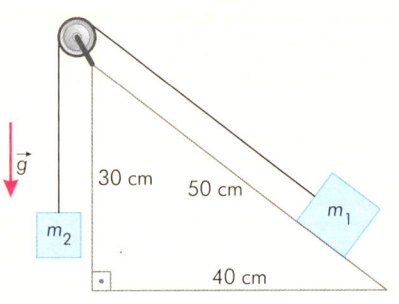

Exercícios Complementares

40. Se um corpo não tem aceleração, é possível concluir que não existem forças atuando sobre ele?

41. É possível que um corpo se mova em uma curva sem que atue sobre ele uma força?

42. Um passageiro, sentado na parte de trás de um ônibus, reclama que foi atingido por um objeto vindo da parte da frente do ônibus, quando houve uma freada brusca. Se você fosse juiz nesse caso, qual seria sua atitude? Por quê?

43. Se o ouro fosse vendido a peso, onde você preferiria comprá-lo, na praia de Copacabana ou na cidade de Teresópolis? Se fosse vendido pela massa, você teria preferência por algum desses lugares? Por quê?

44. Uma exploradora espacial está em uma nave, em pleno espaço, longe de qualquer estrela ou planeta, quando observa uma grande rocha, amostra de um planeta desconhecido, que flutua na cabine da nave. Ela deve empurrá-la com suavidade ou deve impeli-la com força, bruscamente, para o compartimento de carga? Por quê?

45. Nas seguintes situações, identificar os pares ação-reação: um homem dando um passo; uma bola atingindo um garoto; um goleiro defendendo um pênalti; uma rajada de vento batendo em uma janela.

46. Em uma tentativa de enunciar a Terceira Lei de Newton, um estudante afirma que as forças de ação e reação têm mesma intensidade, mesma direção e sentidos opostos. Sendo assim, como pode haver uma força resultante não nula agindo sobre um corpo?

47. Uma bola é lançada para cima com certa velocidade inicial. Sendo a resistência do ar desprezada, qual a força resultante sobre a bola ao atingir metade da sua altura máxima?

48. Na afirmação "visto que o carro se encontra em repouso, não existem forças agindo sobre ele", há alguma incorreção? Se há, como seria corrigida essa proposição?

49. A Mecânica Clássica apoia-se em três princípios, normalmente conhecidos como as três leis de Newton. As afirmações que seguem se referem a esses três princípios. Julgue-as quanto à veracidade.

(1) Sendo a inércia uma propriedade geral dos corpos, podemos afirmar que todos os corpos têm a mesma inércia.

(2) No caso do choque de um caminhão com um automóvel, não podemos aplicar o princípio da ação e reação (Terceira Lei de Newton), visto que, nesse caso, a ação do caminhão sobre o automóvel é maior que a reação deste sobre aquele; o "estrago" em cada um deles demonstra essa realidade.

(3) Quando alguém pergunta o peso de outra pessoa e esta responde: "peso 70 quilos", sabemos que a afirmação não está fisicamente correta, pois o peso é uma grandeza vetorial e a massa (quilos) é uma grandeza escalar.

50. Por vários séculos, os homens acreditavam que um corpo só poderia ser mantido em movimento se existisse uma força atuando sobre ele. Era um raciocínio incorreto, segundo o qual o estado natural de um corpo era somente o repouso. Mas o italiano Galileu Galilei (1564-1642) descobriu que o estado natural de uma partícula não era apenas o repouso, mas também o movimento retilíneo uniforme. Segundo esse sábio, uma partícula, por si só, não altera a sua velocidade vetorial, isto é, se a força resultante externa for nula, ele não consegue modificar o seu estado de repouso ou de movimento retilíneo uniforme. Essa ideia, apresentada por Galileu, é conhecida como Princípio da Inércia ou Primeira Lei de Newton, pois foi estruturada pelo inglês Isaac Newton (1642-1727). De acordo com essa lei, julgue a veracidade dos itens a seguir.

(1) Quando um ônibus parte, os passageiros em pé dentro dele sentem-se "atirados" para trás em relação ao ônibus, devido à inércia dos passageiros que tendem a se manter em repouso em relação à Terra.

(2) Quando o automóvel contorna uma curva, em movimento uniforme, os ocupantes têm a impressão de que estão sendo "atirados" para o lado oposto ao do centro da curva, em relação ao automóvel. Isso ocorre porque a velocidade vetorial é tangente à trajetória, em relação à Terra.

Exercícios Complementares

(3) A Primeira Lei da Mecânica Newtoniana só é verificada para observadores em repouso.

(4) É possível um corpo permanecer em repouso enquanto é aplicada sobre ele uma força externa.

51. (UnB – DF) Dirigir em alta velocidade é sempre um perigo, que se torna ainda maior, mesmo quando o automóvel se encontra em excelente estado de conservação. O conhecimento de alguns princípios físicos é de grande utilidade para que se entendam e se evitem muitos acidentes de trânsito. Julgue os itens seguintes, relacionados à utilização de alguns princípios da Física.

(1) Em uma freada brusca, o uso do cinto de segurança é de vital importância porque ele impede que a velocidade de movimento do motorista seja alterada.

(2) Se, ao entrar em uma curva de uma estrada, a resultante das forças sobre o carro torna-se nula, a sua velocidade variará em direção e sentido e, portanto, o carro será capaz de fazer a curva.

(3) Na arrancada, a força resultante aplicada ao carro pelo chão é responsável pela variação de sua velocidade.

(4) Ao se utilizar uma máquina simples (roldana, alavanca, plano inclinado etc.), realiza-se uma força bem menor, daí a facilidade de seu manuseio. É por isso que se consegue levantar um automóvel usando-se um macaco mecânico.

52. Segundo os fundamentos da mecânica newtoniana, conhecendo-se as forças que atuam em um objeto, é possível determinar o seu estado de movimento. Com auxílio dessa afirmação, julgue os itens a seguir.

(1) Uma pessoa sentada em uma cadeira de encosto vertical, com a coluna ereta, as pernas dobradas à frente da cadeira e sem o uso das mãos, só conseguirá levantar-se se inclinar o corpo para a frente.

(2) Um objeto lançado verticalmente para cima atinge o equilíbrio, momentaneamente, no ponto mais alto de sua trajetória.

(3) Todo corpo em equilíbrio encontra-se em repouso.

53. Julgue a veracidade das afirmações seguintes.

(1) Uma pessoa tem peso de intensidade igual a 400 N. Ele atrai a Terra com uma força de intensidade 400 N.

(2) Em curvas fechadas, um piloto da Fórmula Indy sofre a ação de uma força que o "desvia" da trajetória retilínea.

(3) Não é necessária a atuação de uma força resultante não nula quando um ponto material passa do estado de movimento retilíneo e uniforme para o estado de repouso.

(4) A inércia é a propriedade da matéria em que todos os corpos tendem a manter o seu estado de repouso ou de movimento retilíneo uniforme.

(5) Um ponto material encontra-se sob a ação de uma força resultante nula. Ele está necessariamente em movimento retilíneo uniforme.

54. (UFPR) Sobre um ponto material atuam três forças, conforme mostra a figura abaixo.

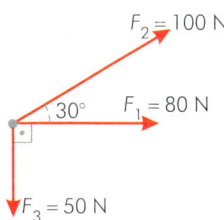

Considerando sen 30° = 0,50 e cos 30° = 0,87, a alternativa que indica corretamente o módulo, a direção e o sentido da resultante do sistema de forças que atuam no ponto material é:

a) 135 N, inclinada 11,7° com a horizontal.
b) 135 N, na horizontal para a direita.
c) 167 N, inclinada 11,7° com a horizontal.
d) 167 N, na horizontal para a direita.
e) 167 N, na horizontal para a esquerda.

55. Três forças coplanares estão aplicadas em um ponto material de 5,0 kg de massa, formando entre si ângulos de 120°, como mostra a figura a seguir. Sabendo que as intensidades das forças são constantes e valem 50 N, 50 N e 20 N, calcule, em m/s², o módulo da aceleração escalar adquirida por esse ponto material.

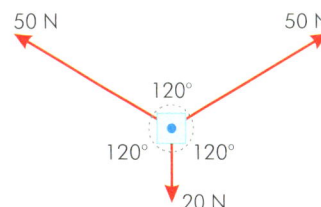

56. (UFRN) Quatro blocos idênticos, de massa m cada um, são empurrados sobre uma mesa sem atrito por uma força $\vec{F}$, conforme mostra a figura a seguir.

Sendo F o módulo da força $\vec{F}$, podemos afirmar que a aceleração do bloco 4 tem módulo igual a:

a) $\dfrac{0,25F}{m}$

b) $\dfrac{0,75F}{m}$

c) $\dfrac{F}{m}$

d) $\dfrac{3F}{m}$

e) $\dfrac{5F}{m}$

Exercícios Complementares

57. O dispositivo esquematizado na figura a seguir é denominado máquina de Atwood. Nela, veem-se dois pequenos blocos, A e B, de massas respectivamente iguais a M e m, com M > m. A polia está presa ao teto da sala e não sofre nenhum movimento de rotação. O fio que liga os blocos é inextensível e de massa desprezível. A aceleração da gravidade local tem módulo igual a g. Despreze qualquer tipo de atrito.

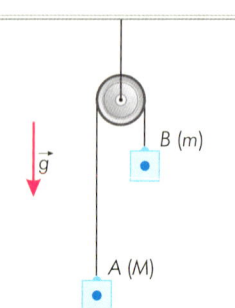

Se em determinado momento a máquina entra em movimento, pedem-se, em função dos dados fornecidos no enunciado:

a) o módulo da aceleração dos blocos;
b) a intensidade da força que traciona o fio.

58. (UnB – DF) A figura abaixo mostra um sistema em equilíbrio estático, constituído por dois corpos cilíndricos suspensos por uma polia de massa desprezível e isenta de atrito, por meio de um fio de massa desprezível. Os corpos são formados por quatro discos idênticos, cada um com massa m. Em determinado instante, esse equilíbrio é rompido, pois o disco 1 desprende-se do corpo 1. Passado um intervalo de tempo Δt, o disco 2 solta-se do corpo 2. Sabendo que a aceleração da gravidade terrestre tem módulo igual a g, julgue os itens abaixo.

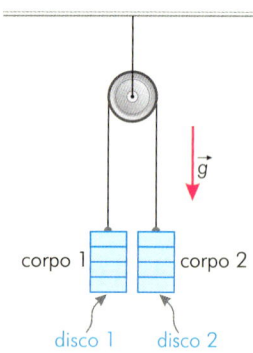

(1) A aceleração do sistema durante o intervalo de tempo Δt, descrito no enunciado acima, tem valor $\frac{g}{7}$.
(2) A tensão no fio, durante o intervalo de tempo Δt acima descrito, vale $\frac{18g}{7}$.
(3) Após o disco 2 desprender-se, a aceleração do sistema vale g.
(4) A tensão no fio, após o disco 2 soltar-se, é nula.

59. (UnB – DF – modificada) Considere o sistema massa-polias da figura a seguir. Despreze toda forma de atrito, levando em conta que o bloco de massa m está sob a ação da força peso, que g é o módulo da aceleração da gravidade terrestre, que a guia metálica, passando por um orifício no bloco, impede a rotação dele com atrito nulo e que as polias têm massa desprezível. Determine, em função dos dados fornecidos pelo enunciado, a intensidade da força resultante que atua no bloco.

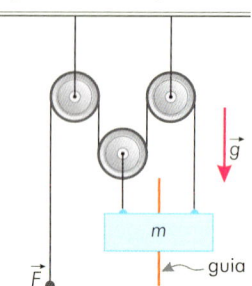

60. No conjunto esquematizado na figura a seguir, temos três pequenos blocos, A, B e C, de massas respectivamente iguais a 2 kg, 3 kg e 5 kg. Os fios que unem os blocos podem ser considerados ideais, despreza-se qualquer tipo de atrito e considera-se o módulo da aceleração da gravidade igual a 10 m/s².

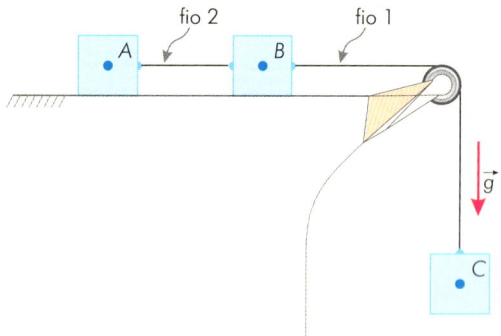

Determine, em unidades SI:
a) o módulo da aceleração do bloco A;
b) a intensidade da força de tração no fio 1;
c) a intensidade da força de tração no fio 2.

61. Um pequeno bloco desce acelerado sobre um plano inclinado, como mostra a figura a seguir. O ângulo formado entre o plano inclinado e o plano horizontal é θ e o módulo da aceleração da gravidade local é g. Prove que o módulo da aceleração com que o bloco desce o plano é: $a = g \cdot \text{sen}\, \theta$.

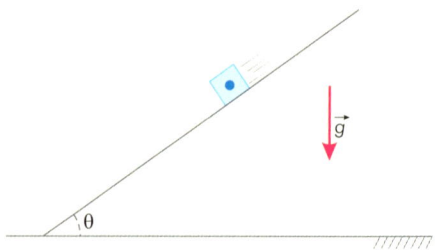

Exercícios Complementares

62. O sistema esquematizado na figura a seguir é abandonado a partir do repouso. A polia e o fio que une os corpos podem ser considerados ideais e o atrito entre o corpo A e a superfície é desprezível. As massas dos corpos A e B são respectivamente iguais a 4 kg e 6 kg.

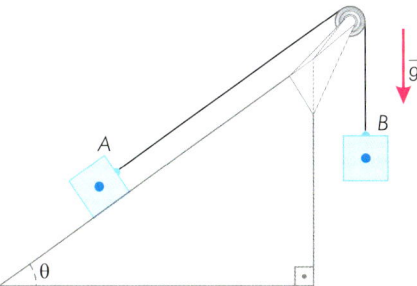

Sendo θ o ângulo formado entre o plano e a superfície horizontal, sen θ = 0,6, cos θ = 0,8 e o módulo da aceleração da gravidade igual a 10 m/s², calcule, em unidades SI:

a) o módulo da aceleração adquirida pelo corpo B;
b) a intensidade da força de tração no fio que une os corpos;
c) a intensidade da força exercida pelo fio sobre a polia.

63. Os corpos A e B, esquematizados na figura a seguir, de massas respectivamente iguais a 2 kg e 6 kg, sobem uma rampa em movimento uniforme, devido à força $\vec{F}$ paralela ao plano inclinado de 30° com a horizontal. Despreze qualquer tipo de atrito e considere o módulo da aceleração da gravidade igual a 10 m/s². Calcule, em unidade de SI, a intensidade da força $\vec{F}$. Use sen 30° = 0,50 e cos 30° = 0,80.

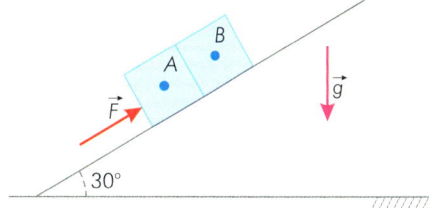

10. Resistências Passivas

10.1. Força de Atrito de Escorregamento

Quando a superfície de um corpo desliza sobre a superfície de outro corpo, isto é, quando há movimento relativo entre as superfícies em contato, cada um dos corpos exerce sobre o outro uma força de contato. A componente dessa força na direção tangente às superfícies dos corpos, que se opõe ao deslizamento ou à tendência de deslizamento relativo, recebe o nome de **força de atrito de escorregamento (ou de deslizamento)**. Veja a Figura 10-1.

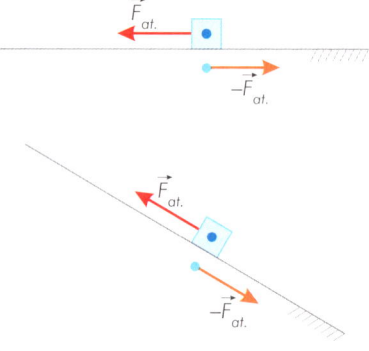

FIGURA 10-1. As forças representadas nas situações ilustradas são as componentes tangenciais das forças de contato atuando nas duas superfícies (em cada figura) e constituem um par ação-reação. Elas são denominadas **forças de atrito**.

Estudando microscopicamente as superfícies de contato, percebemos a existência de rugosidades e aderências provocadas pela compressão mútua. Por mais liso que um corpo possa nos parecer, microscopicamente ele apresenta irregularidades. No plano atômico, mesmo a superfície mais cuidadosamente polida está longe de ser perfeitamente lisa. Vejamos, por exemplo, um bloco apoiado em uma mesa, como mostra a Figura 10-2. Imaginemos ampliada a região limitada pela pequena circunferência.

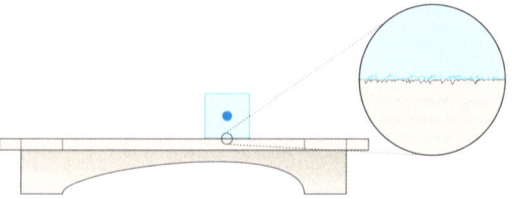

FIGURA 10-2.

A superfície dos esquis exerce sobre a neve uma força de contato, de mesma intensidade e de sentido oposto ao da força que a neve exerce sobre os esquis.

Isso permite formular um modelo mecânico simples para justificar o atrito: as duas superfícies se interpenetram e isso dificulta o deslizamento de uma superfície em relação à outra. Essa é uma das causas do atrito, mas não é a única. Devemos considerar também as forças de adesão ou de coesão entre as moléculas dos dois corpos em contato (a força é dita de **coesão** quando os dois corpos são feitos do mesmo material e de **adesão** quando os materiais são diferentes).

> **Você Sabia?**
> Uma superfície de contato, ainda que muito lisa, apresenta, microscopicamente, irregularidades.

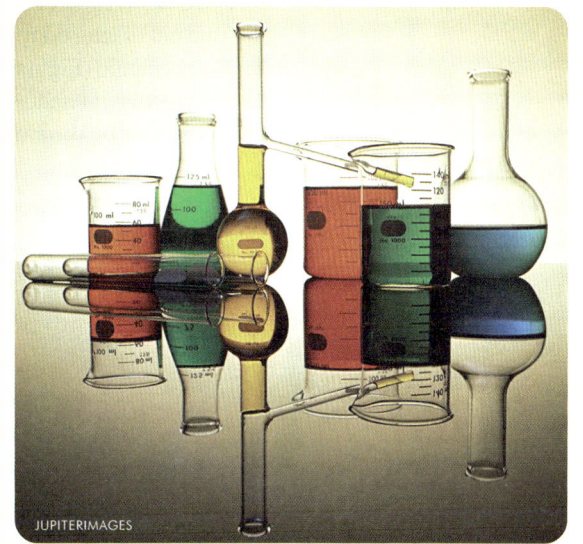

10.1.1. O modelo experimental

Para estudar a força de atrito, realizamos experimentos como o que segue. Apoiamos um corpo de massa m sobre um plano horizontal e fazemos atuar no corpo uma força tal que apresente uma componente paralela a uma direção de possível deslizamento; essa componente chama-se **força solicitadora** e é ela que procura colocar um dos corpos em movimento em relação ao outro. Para simplificar, seja a força solicitadora representada na Figura 10-3, $\vec{F}$, variável em intensidade e horizontal.

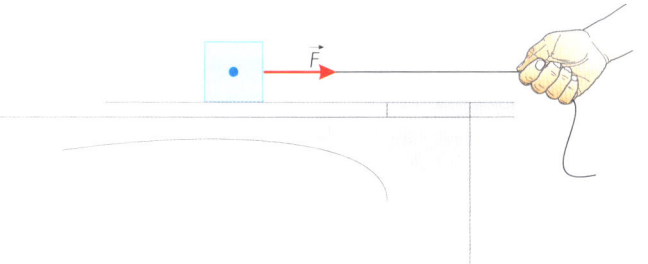

> **IMPORTANTE**
> Enquanto não houver deslizamento, a intensidade da força de atrito é igual à intensidade da força solicitadora.

Figura 10-3.

Aumentamos gradativamente a intensidade da força $\vec{F}$, a partir de zero. A experiência revela-nos que, até determinado instante, o corpo não deslizará em relação à superfície de apoio. O nosso modelo explica esse fato afirmando que a força $\vec{F}$ é equilibrada pela *força de atrito estático*, $\vec{F}_{at.(E)}$, e isso vai ocorrer enquanto não houver deslizamento relativo entre as superfícies dos corpos em contato (Figura 10-4). Vemos, dessa forma, que uma característica importante da força de atrito estático é que seu módulo é variável, pois, à medida que a intensidade da força $\vec{F}$ cresce, a intensidade da força de atrito estático ($\vec{F}_{at.(E)}$) também cresce, até certo limite experimental, após o qual ocorre deslizamento.

Figura 10-4. Corpo em repouso, sofrendo a ação da força de atrito.

Isso significa que a força de atrito estático ($\vec{F}_{at.(E)}$), além de ser variável, tem um *limite máximo*, que ocorre na iminência do deslizamento. Por isso, a força que atua nesse momento é denominada **força de atrito estático máxima** ($\vec{F}_{at.\,máx.}$) ou simplesmente **força de atrito de destaque**. No instante em que a força solicitadora, $\vec{F}$, atinge a intensidade máxima da força de atrito estático, o corpo fica na *iminência de deslizar*; isso quer dizer que, desse instante em diante, com qualquer aumento na intensidade de $\vec{F}$, o corpo começará a deslizar sobre o apoio (Figura 10-5).

Uma vez iniciado o movimento, a força de atrito passa a ser denominada **força de atrito cinético** ou **dinâmico** ($\vec{F}_{at.(D)}$).

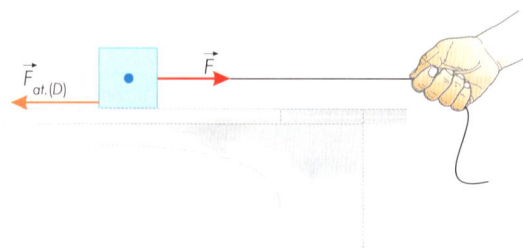

Figura 10-5. Corpo em movimento sofrendo ação da força de atrito.

A experiência permite verificar que a força de atrito cinético tem intensidade praticamente constante, não dependendo da intensidade da força solicitadora nem da velocidade de deslizamento.

10.1.2. Leis do atrito de escorregamento

Conclui-se dos experimentos que, para todos os efeitos práticos,

- a intensidade da força de atrito estático máxima ($\vec{F}_{at.\,máx.}$) é diretamente proporcional à intensidade da força normal de compressão ($\vec{N}$) entre as superfícies em contato. Escrevemos, adotando como constante de proporcionalidade μ_e, chamado coeficiente de atrito estático,

$$F_{at.\,máx.} = \mu_e \cdot N$$

- a intensidade da força de atrito dinâmico ($\vec{F}_{at.(D)}$) é diretamente proporcional à intensidade da força normal de compressão ($\vec{N}$) entre as superfícies em contato. Escrevemos, adotando como constante de proporcionalidade μ_d, chamado coeficiente de atrito dinâmico,

$$F_{at.(D)} = \mu_d \cdot N$$

- os coeficientes de atrito estático (μ_e) e dinâmico (μ_d) são, como se pode ver a partir das equações, adimensionais; eles dependem da natureza das duas superfícies em contato e do seu estado de polimento. Não dependem, entretanto, em primeira aproximação, da área de contato entre as superfícies. O coeficiente de atrito cinético não depende também (dentro de certos limites) da velocidade relativa das superfícies;

- para um mesmo par de superfícies, $\mu_d \leq \mu_e$.

Depois de iniciada a descida em um tobogã, sobre o corpo age uma força de atrito dinâmico.

A Tabela 10-1 mostra os valores aproximados de coeficientes de atrito entre alguns pares de superfícies:

Tabela 10-1. Valores aproximados de coeficientes de atrito (rugosidades arbitrárias).

Materiais	Coeficiente de atrito estático (μ_e)	Coeficiente de atrito dinâmico (μ_d)
Cobre sobre ferro fundido	1,1	0,3
Borracha sobre concreto (secos)	1,0	0,8
Vidro sobre vidro	0,9	0,4
Aço sobre aço	0,7	0,6
Bronze sobre aço	0,5	0,4
Borracha sobre concreto (molhados)	0,3	0,25
Esqui encerado sobre neve (0 °C)	0,1	0,05
Teflon sobre teflon	0,04	0,04
Teflon sobre aço	0,04	0,04

A Figura 10-6 mostra o comportamento experimental da força de atrito entre duas superfícies em contato, em função da força solicitadora (o diagrama **não** descreve uma evolução temporal e está propositadamente com a escala horizontal exagerada no trecho que representa a entrada do corpo em movimento, para evitar a descontinuidade do gráfico).

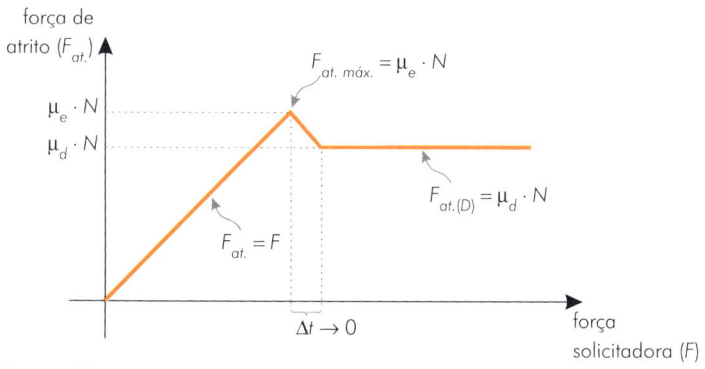

Figura 10-6.

> **IMPORTANTE**
>
> Observe que, quando a força solicitadora excede a força máxima de atrito estático, o bloco entra em movimento sobre a superfície e o atrito passa a ser cinético.

Exercícios Resolvidos

1. Um pequeno bloco tem massa igual a 12 kg e repousa sobre uma superfície horizontal. Os coeficientes de atrito estático e dinâmico entre o bloco e a superfície são respectivamente iguais a 0,5 e 0,3. Considere o módulo da aceleração da gravidade igual a 10 m/s². No instante $t_0 = 0$, aplica-se ao bloco uma força $\vec{F}$, horizontal e constante, como indicado na figura a seguir.

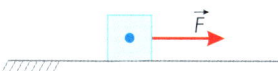

a) Determine, em newtons, a intensidade da força de atrito nos seguintes casos:

(I) $|\vec{F}| = 0$ (II) $|\vec{F}| = 50\,\text{N}$ (III) $|\vec{F}| = 96\,\text{N}$

b) Calcule, em m/s², o módulo da aceleração escalar do bloco no caso (III).

Resolução:

a) Representamos graficamente as forças que atuam no bloco em cada caso.

Caso (I)

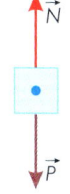

Como a força $\vec{F}$ tem intensidade nula, não há solicitação de movimento; então, não há força de atrito atuando no bloco ($|\vec{F}_{at.}| = 0$).

Exercícios Resolvidos

Caso (II)

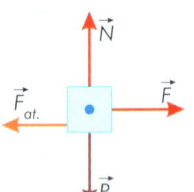

- A intensidade da força peso do bloco:

$$P = m \cdot g \Rightarrow P = 12 \cdot 10$$
$$P = 120 \text{ N}$$

- A intensidade da força normal trocada entre as superfícies em contato:

$$N = P \Rightarrow N = 120 \text{ N}$$

- A intensidade da força de atrito estática máxima (força de atrito de destaque):

- $F_{at.(destaque)} = \mu_e \cdot N$
  $F_{at.(destaque)} = 0{,}5 \cdot 120 \Rightarrow F_{at.(destaque)} = 60 \text{ N}$

Enquanto a intensidade da força $\vec{F}$ não superar 60 N, o bloco continuará em repouso, o atrito será estático e a intensidade da força de atrito será igual à intensidade da força $\vec{F}$.

Logo, se $F = 50 \text{ N} < 60 \text{ N}$, teremos:

$$F_{at.(estático)} = F = 50 \text{ N} \therefore F_{at.(estático)} = 50 \text{ N}$$

Caso (III)

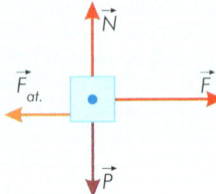

Usando os dados do caso (II), podemos concluir que, se

$$F = 96 \text{ N} > 60 \text{ N},$$

o bloco entrará em movimento e o atrito será dinâmico. Logo,

$F_{at.(dinâmico)} = \mu_d \cdot N$
$F_{at.(dinâmico)} = 0{,}3 \cdot 120 \therefore F_{at.(dinâmico)} = 36 \text{ N}$

b)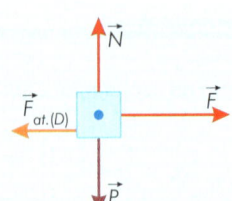

A resultante é dada pela soma vetorial de todas as forças que atuam no bloco. Assim,

$$\vec{F}_R = \vec{P} + \vec{N} + \vec{F} + \vec{F}_{at.(D)}$$

Como $N = P$, teremos:

$F_R = F - F_{at.(D)}$
$m \cdot a = F - F_{at.(D)} \Rightarrow 12a = 96 - 36 \Rightarrow 12a = 60$
$a = 5 \text{ m/s}^2$

2. (PUC – SP) Um pequeno bloco de 60 kg de massa é puxado por uma pessoa que aplica uma força $\vec{F}$ constante, que forma com a horizontal um ângulo de 37° e que tem intensidade 100 N. O coeficiente de atrito dinâmico entre o bloco e a superfície horizontal é igual a 0,1.

Sabendo que o módulo da aceleração da gravidade é igual a 10 m/s², que sen 37° = 0,6 e cos 37° = 0,8, calcule, em unidades SI:

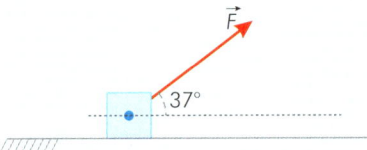

a) a intensidade da força normal de contato entre o bloco e a superfície horizontal;
b) a intensidade da força de atrito trocada entre o bloco e a superfície horizontal;
c) o módulo da aceleração adquirida pelo bloco.

Resolução:

Vamos, inicialmente, representar graficamente as forças que atuam no bloco.

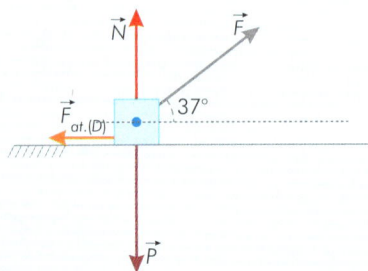

Devemos estabelecer um sistema de eixos ortogonais, x e y, e, em seguida, decompor a força $\vec{F}$.

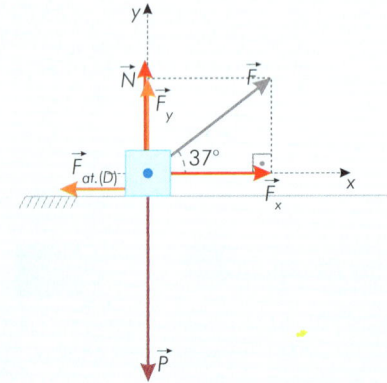

$P = m \cdot g \Rightarrow P = 60 \cdot 10 \Rightarrow P = 600 \text{ N}$

$\cos 37° = \dfrac{F_x}{F} \Rightarrow 0{,}8 = \dfrac{F_x}{100} \Rightarrow F_x = 80 \text{ N}$

$\text{sen } 37° = \dfrac{F_y}{F} \Rightarrow 0{,}6 = \dfrac{F_y}{100} \Rightarrow F_y = 60 \text{ N}$

a) Na direção do eixo y, o bloco não apresenta aceleração; sendo assim, a intensidade da componente da força resultante nessa direção é nula e, para isso, é necessário que:

Exercícios Resolvidos

$F_{R(y)} = 0 \Rightarrow N + F_y = P$

$N + 60 = 600$

$N = 600 - 60 \therefore N = 540\ N$

b) $F_{at.(D)} = \mu_d \cdot N$

$F_{at.(D)} = 0{,}1 \cdot 540 \therefore F_{at.(D)} = 54\ N$

c) Na direção do eixo x, a intensidade da componente da força resultante pode ser calculada aplicando-se a Segunda Lei de Newton:

$F_{R(x)} = m \cdot a$

$F_x - F_{at.(D)} = m \cdot a$

$80 - 54 = 60a$

$a = \dfrac{26}{60} \Rightarrow a = \dfrac{13}{30}\ m/s^2 \therefore a \cong 0{,}43\ m/s^2$

3. (FUVEST – SP) No sistema indicado na figura a seguir, temos duas polias fixas, por onde os fios que interligam os blocos podem correr livremente. Os fios podem ser considerados ideais. O sistema permanece em repouso graças à força de atrito entre o bloco de 10 kg e a superfície de apoio.

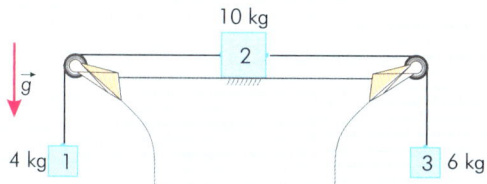

Determine, em newtons, a intensidade da força de atrito entre o bloco de massa 10 kg e a superfície de apoio, para que o sistema permaneça em equilíbrio. Considere o módulo da aceleração da gravidade igual a 10 m/s².

RESOLUÇÃO:

Representação geométrica das forças que atuam em cada bloco:

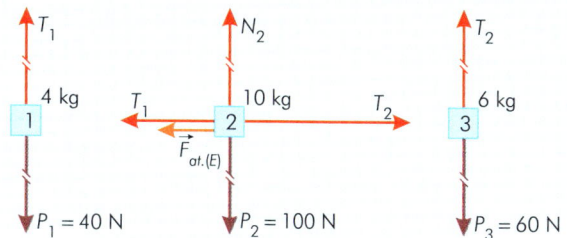

Para que o sistema fique em equilíbrio, é necessário que a intensidade da resultante das forças que atuam em cada bloco seja nula; assim,

- para o bloco 1:

$T_1 = P_1$

$T_1 = 40\ N$

- para o bloco 3:

$T_2 = P_3$

$T_2 = 60\ N$

- para o bloco 2:

$N_2 = P_2 = 100\ N$

$T_1 + F_{at.(E)} = T_2$

$40 + F_{at.(E)} = 60$

$F_{at.(E)} = 20\ N$

Exercícios Propostos

4. Um bloco de 40 kg de massa é empurrado por uma força $\vec{F}$, horizontal e constante, cuja intensidade é de 200 N, conforme mostra a figura a seguir. Sabendo que a velocidade do bloco é mantida constante e que o módulo da aceleração da gravidade é igual a 10 m/s², determine o coeficiente de atrito dinâmico entre o bloco e a superfície de apoio, também horizontal.

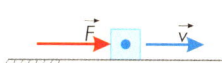

5. Um bloco de 8,0 kg de massa é lançado sobre um plano horizontal, com velocidade de módulo igual a 20 m/s, e percorre 50 m, até parar. Sabendo que a força de atrito é a única força que desacelera o bloco e que o módulo da aceleração da gravidade é igual a 10 m/s², calcule o coeficiente de atrito dinâmico, suposto constante, entre o bloco e o plano horizontal.

6. Os pequenos blocos A e B estão inicialmente em repouso, apoiados sobre uma superfície horizontal e pos-

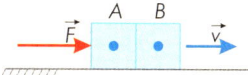

suem massas respectivamente iguais a 3,0 kg e 2,0 kg. Sendo $\vec{F}$ uma força horizontal constante, de intensidade 100 N, aplicada sobre o bloco A, $\mu_d = 0{,}2$ o coeficiente de atrito dinâmico entre os blocos e a superfície, e o módulo da aceleração da gravidade igual a 10 m/s², determine, em unidades SI:

a) a intensidade da força de atrito trocada entre cada bloco e a superfície;
b) o módulo da aceleração adquirida pelos blocos;
c) a intensidade da força de contato trocada entre os blocos.

7. A respeito de situações envolvendo atrito de deslizamento entre superfícies sólidas, julgue a veracidade das afirmações seguintes.

(1) A força de atrito que age sobre um corpo em repouso, chamada estática, tem módulo variável.
(2) Para um mesmo par de superfícies em contato, a força de atrito cinético é menor, em geral, do que a força de atrito estático máxima.

Exercícios Propostos

(3) Para dado referencial, um corpo desliza para a direita; então, a força de atrito age sobre ele para a esquerda, para o mesmo referencial.

(4) Em dada situação, a força necessária para manter um corpo em movimento, sobre um apoio horizontal rugoso, é igual a 80 N. Então, se esse mesmo corpo estiver em repouso, sobre a mesma superfície, uma força igual a 80 N é suficiente para colocá-lo em movimento.

(5) Um corpo de peso igual a 400 N está apoiado sobre uma superfície horizontal, inicialmente em repouso. Em certo instante passa a atuar sobre esse corpo uma força $\vec{F}$, paralela ao plano, de módulo igual a 100 N. Sendo os coeficientes de atrito entre as superfícies em contato iguais a 0,2 e 0,3, podemos garantir que o corpo sofre a ação de uma força de atrito de 80 N e move-se acelerado.

8. Para julgar as afirmações a seguir, considere os conceitos de força de atrito estático e de força de atrito cinético ou dinâmico.

(1) Quando, ao empurrar uma estante cheia de livros, você percebe que ela ainda permanece em repouso, isso indica que a força de atrito estático que atua na estante tem a mesma intensidade que a força aplicada. Além disso, podemos afirmar que a força de atrito atua como uma força de resistência e irá se equilibrar com a força por você aplicada.

(2) Ao aplicarmos uma força de intensidade 60 N em um bloco que está inicialmente em repouso sobre uma superfície plana e horizontal, percebemos que ele ainda permanece em repouso; se, porém, sabemos que a massa do bloco é 20 kg e que o coeficiente de atrito estático entre o bloco e a superfície é 0,30, podemos afirmar que ele se encontra na iminência de mover-se.

(3) É verdadeiro afirmar que o coeficiente de atrito independe da natureza dos sólidos que estão em contato, assim como do estado de polimento das superfícies em contato.

(4) Dois alunos resolveram fazer uma experiência para comprovar a presença da força de atrito. Em uma mesa, apoiaram um livro e, por intermédio de uma força $\vec{F}$, puseram-no em movimento com velocidade de módulo v_0. Após cessar a ação da força, eles observaram que a intensidade da velocidade diminuiu até parar ($v = 0$). Os alunos concluíram, então, que a força de resistência oposta ao movimento relativo entre o livro e a mesa só poderia ser a força de atrito dinâmico, sendo, nesse momento, a força resultante que atuava sobre o livro, imprimindo-lhe a desaceleração observada.

9. Dois blocos, A e B, de massas respectivamente iguais a $m_A = 10$ kg e $m_B = 15$ kg, estão ligados por um fio ideal, que passa por uma polia sem atrito, como indica a figura ao lado. Entre o bloco A e o plano de apoio existe atrito de coeficiente $\mu_d = 0,5$. Considere o módulo da aceleração da gravidade igual a 10 m/s².

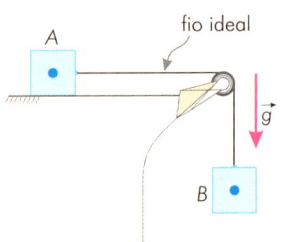

Determine, em unidades SI:

a) o módulo da aceleração adquirida pelo bloco A;
b) a intensidade da força de tração que atua no fio que une os blocos.

10. Dois blocos idênticos, A e B, estão sujeitos a forças ($\vec{F}$ e $-\vec{F}$), como se vê na figura a seguir, sendo o bloco A puxado e o bloco B empurrado. Sabe-se que os dois blocos estão em movimento e que o coeficiente de atrito dinâmico (μ_d) entre os blocos e a superfície horizontal é o mesmo.

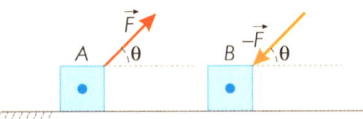

Com base em sua análise, julgue a veracidade das afirmações seguintes.

(1) A força de atrito entre o bloco A e o plano de apoio é menor que a força de atrito entre o bloco B e o plano.
(2) A aceleração dos blocos A e B, em relação à Terra, é a mesma.
(3) A força normal que age no bloco A tem intensidade dada por: $N_A = P_A - F \cdot \text{sen } \theta$.
(4) A força $\vec{F}$, aplicada no bloco A, é igual à força $-\vec{F}$, aplicada no bloco B.

11. Os corpos A e B do esquema a seguir têm massas respectivamente iguais a 3,0 kg e 7,0 kg. Sendo os coeficientes de atrito estático e dinâmico iguais a $\mu_e = 0,5$ e $\mu_d = 0,2$, o módulo da aceleração da gravidade de 10,0 m/s² e admitindo que os fios e a polia são ideais, determine:

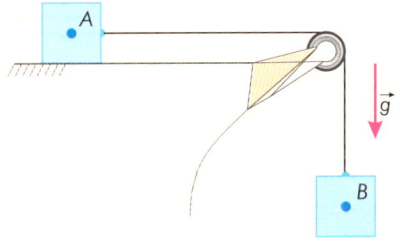

a) se haverá ou não movimento;
b) o módulo da aceleração do sistema, em m/s²;
c) a intensidade da força de tração que atua no fio, em newtons.

Exercícios Propostos

12. Qual deve ser a massa mínima do corpo A para que o sistema da figura abaixo permaneça em repouso, sendo que o coeficiente de atrito estático entre a superfície do corpo C e a superfície do corpo A é igual a 0,2, que o coeficiente de atrito estático entre a superfície do corpo A e o plano horizontal de apoio é igual a 0,1, e que as massas dos corpos B e C são, respectivamente, iguais a 2,0 kg e 5,0 kg? Considere o módulo da aceleração da gravidade igual a 10 m/s².

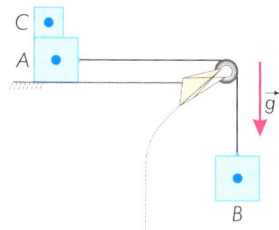

14. O gráfico da velocidade × tempo, a seguir, representa o movimento retilíneo de um carro de 600 kg de massa em uma estrada molhada. No instante 6,0 s, o motorista vê um engarrafamento à sua frente e pisa no freio. O carro, então, com as rodas travadas, desliza na pista até parar completamente. Despreze a resistência do ar e considere o módulo da aceleração da gravidade igual a 10 m/s².

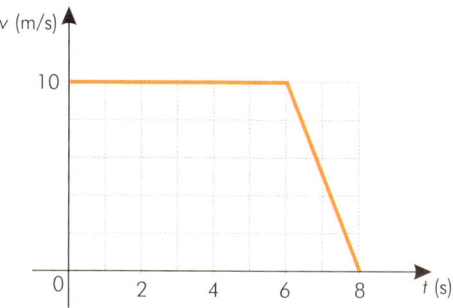

a) Determine, em m/s², o módulo da desaceleração do carro no instante 7,0 s.
b) Qual o valor do coeficiente de atrito entre os pneus do carro e a pista?
c) Calcule, em metros, o deslocamento do carro no intervalo de tempo de 8,0 s.

13. Um caminhão, levando um baú solto na carroceria, faz uma curva horizontal de raio 125 m. Sendo o coeficiente de atrito estático entre o baú e a carroceria igual a 0,5, determine, *em km/h*, a velocidade máxima que o caminhão pode desenvolver na curva, sem que o baú deslize.

15. (PAS – UnB – DF) Na Figura I, o objeto que está sobre o plano inclinado é um bloco de massa m e os coeficientes de atrito cinético e estático que atuam sobre esse bloco são, respectivamente, μ_c e μ_e. Em todas as situações, considere que cordas e polias são ideais e que o módulo da aceleração da gravidade local é igual a 10,0 m/s². Em II, a massa total do sistema carrinho de mão e carga de tijolos nele contida é 50 kg.

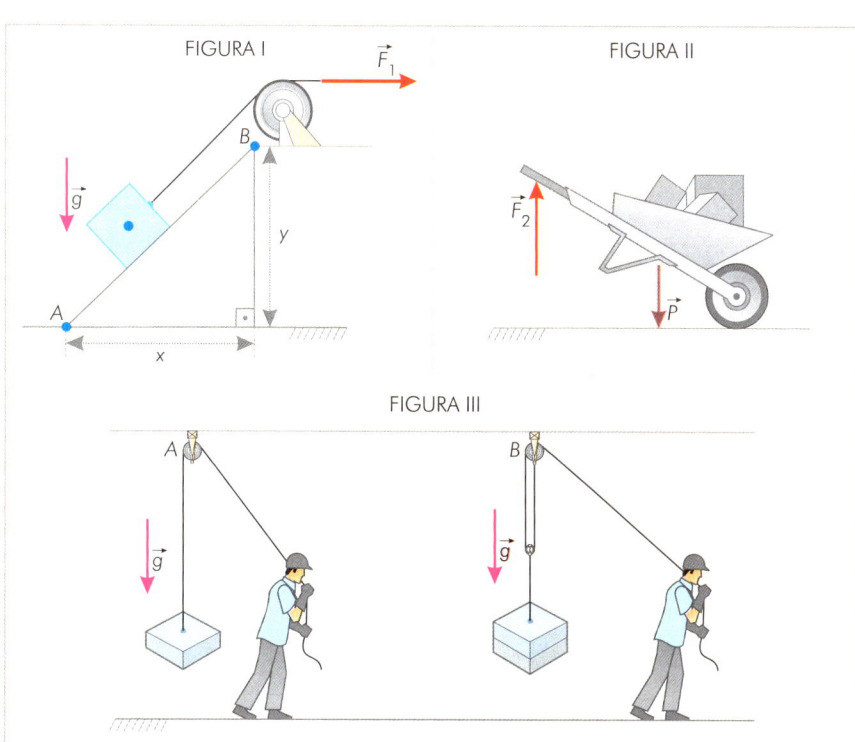

Exercícios Propostos

Com base nas situações descritas e ilustradas no texto, julgue as afirmações de **1** a **6**.

(1) Na Figura I, quanto menor for o ângulo de inclinação do plano inclinado em relação à horizontal, maior será a intensidade da força de tração F_1, a ser empregada para elevar o bloco com velocidade constante.

(2) Na Figura I, se o ângulo entre o plano inclinado e a horizontal for igual a 55°, então $y > x$.

(3) Na Figura II, o módulo da força F_2, necessária para manter o carrinho em equilíbrio estável, é menor que o módulo da força P, correspondente ao peso do carrinho, acrescido do peso de sua carga.

(4) No sistema de polias apresentado na Figura III, caso o homem na posição A tracione a corda com uma força de intensidade igual a 490 N, ele será capaz de erguer uma carga com peso de intensidade 500 N.

(5) No sistema de polias da Figura III, o homem na posição B terá de puxar 2 m de corda para erguer uma carga desde o piso até uma altura de 1 m.

(6) No sistema de polias da Figura III, o homem na posição B terá de puxar a corda com uma força de tração com intensidade superior a 500 N para erguer uma carga com peso de intensidade igual a 1.000 N.

10.2. Força Elástica

As molas são muito comuns em nosso dia a dia. Enrolando um fio rígido em torno de um lápis, você produz uma mola helicoidal (em forma de hélice cilíndrica). A força que uma mola exerce, quando ligeiramente comprimida ou esticada, pode ser descrita macroscopicamente como uma força que tende a trazer a mola de volta ao seu comprimento inicial ou natural. É importante saber que há um limite da deformação, além do qual a mola não retorna ao comprimento inicial ou natural, e ela ficará permanentemente deformada. Nosso estudo abrange apenas deformações bem aquém desse limite.

Considere uma mola helicoidal, muito leve, disposta horizontalmente e ligada a um bloco apoiado em uma superfície horizontal. Quando a mola não está tensionada, não exerce nenhuma força sobre o bloco. Quando a mola está esticada, ela exerce uma força sobre o bloco. Quanto maior a deformação da mola, maior a intensidade da força que ela exercerá sobre o bloco (lembre-se: estamos estudando situações que não provocam deformações permanentes na mola). Denominamos **força elástica** a força com a qual uma mola reage a uma força externa que a comprime ou que a distende. A reação da mola age no sentido de desfazer a alteração provocada em sua forma e é, por isso, qualificada como *restauradora*.

Podemos medir a intensidade da força elástica a partir da deformação sofrida por ela. Apliquemos uma força à extremidade livre da mola, que provoque nela uma deformação x. Como a força elástica é uma reação, no sentido de só surgir em decorrência de outra (mas, cuidado, elas são simultâneas) nas situações de interesse, isto é, no equilíbrio ou muito próximo dele, ela tem a mesma intensidade e sentido oposto ao da força que deforma a mola.

Observamos que, dentro de certos limites, a deformação x é diretamente proporcional

Quanto maior a compressão da mola, mais intensa é a força elástica com que a mola reage.

à intensidade da força aplicada à extremidade da mola, sendo que, quanto maior é a intensidade da força aplicada à mola, tanto maior é a deformação provocada (Figura 10-7).

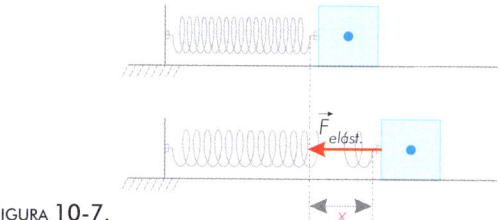

FIGURA 10-7.

> **IMPORTANTE**
> A força elástica é dita **restauradora**, isto é, sua orientação aponta sempre para a posição de equilíbrio da mola.

Podemos construir um diagrama força × deformação (como a força elástica e a força externa que deforma a mola têm intensidades iguais, o gráfico é o mesmo para ambas), como mostra a Figura 10-8.

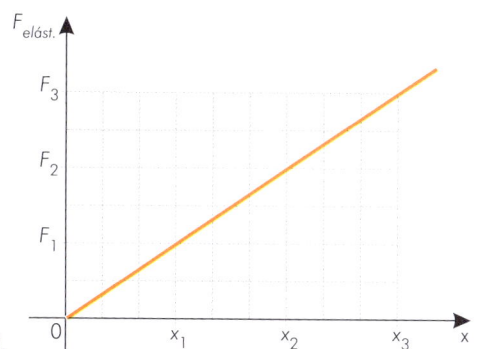

FIGURA 10-8.

> **ATENÇÃO**
> A constante elástica corresponde, numericamente, ao declive do gráfico e é medida, no SI, em N/m.

O gráfico experimental nos revela uma proporção direta:

$$\frac{F_1}{x_1} = \frac{F_2}{x_2} = \frac{F_3}{x_3} = \ldots = \text{constante}$$

logo, as grandezas $F_{elást.}$ e x são diretamente proporcionais:

$$F_{elást.} \propto x \Rightarrow \frac{F_{elást.}}{x} = k$$

$$F_{elást.} = k \cdot x$$

Essa lei de proporcionalidade foi enunciada pelo cientista Robert Hooke (1635-1703), recebendo, por isso, o nome de Lei de Hooke. Ela permite calcular o módulo da força elástica em termos da deformação sofrida:

$$\boxed{F_{elást.} = k \cdot x}$$ Equação da Lei de Hooke, em módulo.

Nessa expressão, $F_{elást.}$ é a intensidade da força elástica que a mola exerce em cada instante em que ela está sendo deformada (essa força tem intensidade igual à da força $\vec{F}$ que está deformando a mola nos instantes considerados), medida em newtons (N); x é a deformação sofrida pela mola, medida, no SI, em metros (m); k é uma constante de proporcionalidade, característica da mola, medida, no SI, em newtons por metro (N/m).

O **dinamômetro** é um instrumento utilizado para medir intensidade de forças. Um dinamômetro simples é, basicamente, uma mola previamente calibrada que, ao ser submetida a uma força, sofre uma deformação. Conhecendo-se a deformação sofrida pela mola e sua constante de elasticidade, pode-se obter a intensidade da força aplicada.

Existem basicamente dois tipos de dinamômetro: os que são acionados por força de tração e os que funcionam por compressão (Figura 10-9).

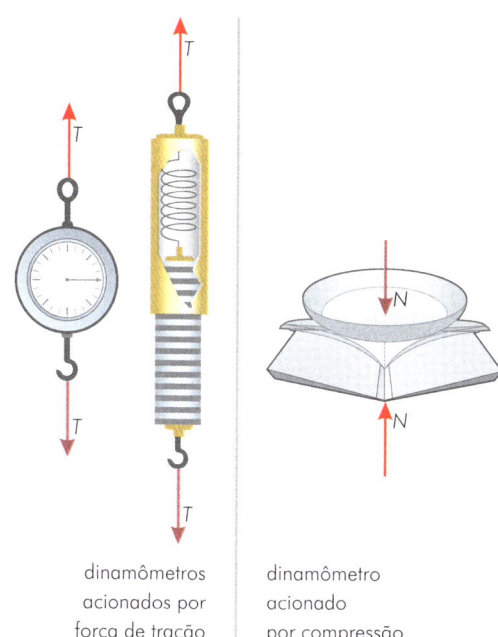

dinamômetros acionados por força de tração

dinamômetro acionado por compressão

FIGURA 10-9.

Exercício Resolvido

16. O esquema a seguir mostra dois pequenos blocos, A e B, que são abandonados a partir do repouso. Esses blocos têm massas, respectivamente, iguais a $m_A = 12$ kg e $m_B = 8$ kg. Os fios e a mola são ideais, o módulo da aceleração da gravidade é 10 m/s² e a constante elástica da mola é $k = 200$ N/m. Calcule, em centímetros, a deformação da mola durante o movimento.

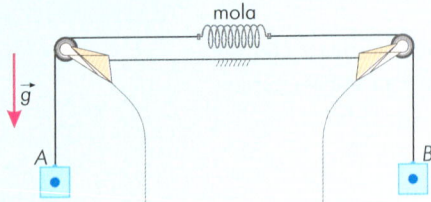

Resolução:

Vamos representar geometricamente as forças que atuam nos blocos A e B.

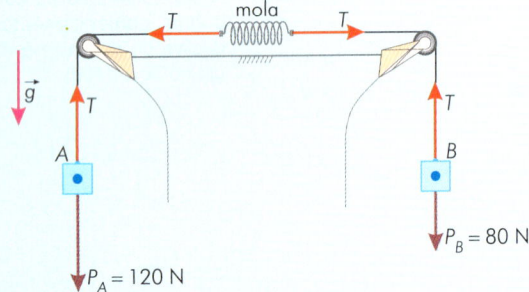

Como a mola e o fio são ideais, a força exercida em cada extremidade da mola tem intensidade igual à intensidade da força de tração que atua no fio. Assim, vamos calcular a intensidade da força de tração que atua no fio.

Bloco A:
$$F_{R(A)} = m_A \cdot a \Rightarrow P_A - T = m_A \cdot a$$
$$120 - T = 12a$$
$$120 - 12a = T \quad \text{(equação I)}$$

Bloco B:
$$F_{R(B)} = m_B \cdot a \Rightarrow T - P_B = m_B \cdot a$$
$$T - 80 = 8a$$
$$8a + 80 = T \quad \text{(equação II)}$$

Comparando as equações (I) e (II), encontramos a aceleração de movimento dos blocos. Assim, temos:

$$120 - 12a = 8a + 80$$
$$120 - 80 = 12a + 8a$$
$$20a = 40 \Rightarrow a = 2 \text{ m/s}^2$$

Substituindo $a = 2$ m/s² na equação (II), encontramos o valor da força de tração que atua no fio. Portanto,

$$8 \cdot (2) + 80 = T \Rightarrow T = 16 + 80$$
$$T = 96 \text{ N}$$
$$F_{(elást.)} = T \Rightarrow k \cdot x = T$$
$$200x = 96$$
$$x = 0,48 \text{ m} \therefore x = 48 \text{ cm}$$

Exercícios Propostos

17. Um pequeno bloco encontra-se em equilíbrio, pendurado na extremidade de uma mola ideal por fios que podem ser considerados ideais. A massa do bloco é de 8,0 kg e a constante elástica da mola é de 200 N/m. Considere o módulo da aceleração da gravidade igual a 10 m/s² e determine, *em centímetros*, a deformação da mola na situação de equilíbrio.

18. Uma mola ideal tem constante elástica de 6.000 N/m. Um pequeno corpo de massa m encontra-se preso na extremidade dessa mola no plano vertical. Quando o corpo está suspenso, em equilíbrio estático, a mola está deformada em 20 cm. Considerando o módulo da aceleração da gravidade igual a 10 m/s², determine:

a) a massa m do corpo, em quilogramas;
b) a intensidade da força $\vec{F}$ que deve ser aplicada ao corpo, na direção e no sentido da força peso, para que a mola fique deformada em 30 cm, em relação à sua posição de equilíbrio (mola não deformada).

19. No sistema representado na figura abaixo, os blocos A e B têm massas iguais a 8,0 kg cada um. Os fios e a mola são ideais, a aceleração da gravidade tem módulo igual a 10 m/s² e a constante elástica da mola é de 50 N/cm. Calcule, *em centímetros*, a deformação da mola.

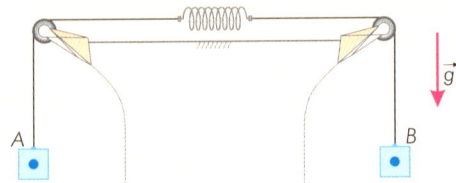

Exercícios Propostos

20. Determine a indicação do dinamômetro em cada uma das situações ao lado. Considere o módulo da aceleração da gravidade igual a 10 m/s².

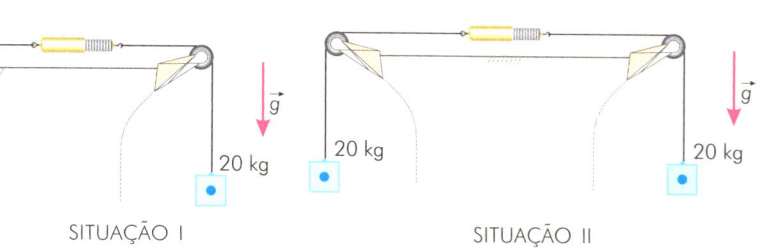

SITUAÇÃO I   SITUAÇÃO II

21. Na situação esquematizada na figura a seguir, os fios e a polia são ideais e não existe atrito entre o bloco B e o plano de apoio. Enquanto o bloco B desliza sobre o plano horizontal de apoio, a mola M, de massa desprezível, encontra-se deformada em 4 cm. As massas dos blocos A e B são $m_A = 6$ kg e $m_B = 4$ kg. Considere o módulo da aceleração da gravidade igual a 10 m/s² e determine, em N/m, o valor da constante elástica da mola.

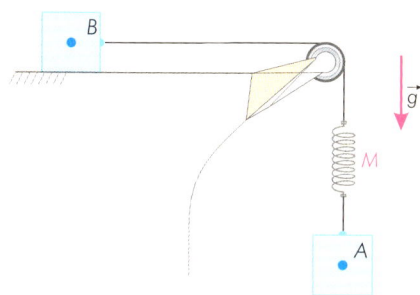

22. Na figura a seguir, as massas dos blocos A e B são iguais a $m_A = 10$ kg e $m_B = 15$ kg. Os fios, a polia e a mola são ideais. O coeficiente de atrito dinâmico entre o bloco A e o plano de apoio é igual a 0,2. Considere o módulo da aceleração da gravidade igual a 10 m/s² e as aproximações sen 50° = 0,7 e cos 50° = 0,6.

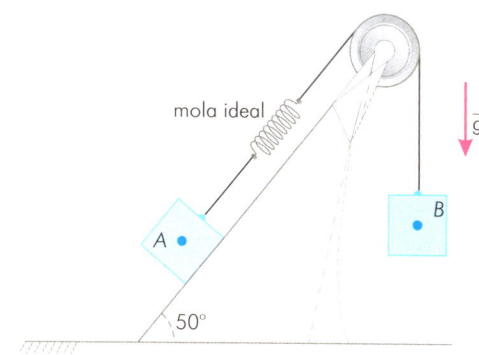

Durante o movimento acelerado de subida do bloco A, a mola encontra-se deformada em 20 cm. Calcule, em N/m, a constante elástica da mola nas condições acima.

Exercícios Complementares

23. (ITA – SP) Uma locomotiva de massa M está ligada a um vagão de massa $\frac{2M}{3}$, ambos sobre trilhos horizontais e retilíneos. O coeficiente de atrito estático entre as rodas da locomotiva e os trilhos é μ, e todas as demais fontes de atritos podem ser desprezadas. Ao se pôr a locomotiva em movimento, sem que suas rodas patinem sobre os trilhos, a máxima aceleração que ela pode imprimir ao sistema formado por ela e pelo vagão vale:

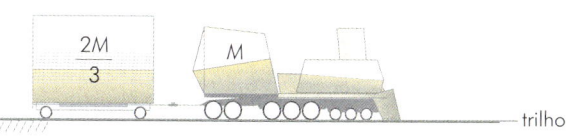

a) $\frac{3\mu g}{5}$ c) μg e) $\frac{5\mu g}{3}$

b) $\frac{2\mu g}{3}$ d) $\frac{3\mu g}{2}$

24. (ITA – SP) Dois blocos, de massas $m_1 = 3{,}0$ kg e $m_2 = 5{,}0$ kg, deslizam sobre um plano, inclinado de 60° com relação à horizontal, encostados um no outro, com o bloco 1 acima do bloco 2. Os coeficientes de atrito cinético entre o plano inclinado e os blocos são $\mu_{1C} = 0{,}4$ e $\mu_{2C} = 0{,}6$, respectivamente para os blocos 1 e 2. Considerando o módulo da aceleração da gravidade igual a 10 m/s², a aceleração a_1 do bloco 1 e a força F_{12} que o bloco 1 exerce sobre o bloco 2 são, respectivamente,

a) 6,0 m/s²; 1,9 N.
b) 0,4 m/s²; 3,2 N.
c) 1,1 m/s²; 17 N.
d) 8,5 m/s²; 26 N.
e) 8,5 m/s²; 42 N.

25. (PUC) Uma criança de 30 kg de massa começa a descer um escorregador inclinado de 30° em relação ao solo horizontal. O coeficiente de atrito dinâmico entre o escorregador e a roupa da criança é $\frac{\sqrt{3}}{3}$ e a aceleração local da gravidade tem módulo igual a 10 m/s². Após o início da descida, como é o movimento da criança enquanto escorrega?

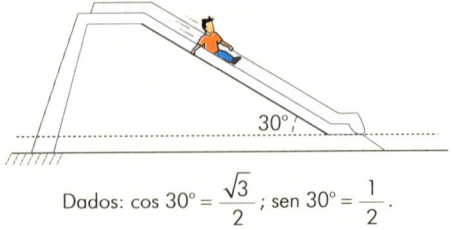

Dados: $\cos 30° = \frac{\sqrt{3}}{2}$; $\text{sen } 30° = \frac{1}{2}$.

a) Não há movimento nessas condições.
b) Desce em movimento acelerado.
c) Desce em movimento uniforme e retilíneo.
d) Desce em movimento retardado até o final.
e) Desce em movimento retardado e para antes do final do escorregador.

26. (FUVEST – SP – modificada) Um caminhão transporta um bloco de ferro de 3.000 kg, trafegando horizontalmente e em linha reta, com velocidade constante. O motorista vê o sinal (semáforo) ficar vermelho e aciona os freios, aplicando uma desaceleração de 3,0 m/s². O bloco não escorrega. O coeficiente de atrito estático entre o bloco e a carroceria do caminhão é igual a 0,40. Considere o módulo da aceleração da gravidade igual a 10 m/s².

a) Qual a intensidade da força que a carroceria aplica sobre o bloco durante a desaceleração, em newtons?
b) Qual a intensidade máxima da desaceleração que o caminhão pode ter para o bloco não escorregar sobre a carroceria do caminhão, em m/s²?

27. O sistema indicado na figura a seguir, em que as polias são ideais, permanece em repouso graças à força de atrito entre o corpo de 10 kg de massa e a superfície de apoio. Considere o módulo da aceleração da gravidade igual a 10 m/s². Podemos afirmar que a intensidade da força de atrito trocada entre a superfície do corpo de 10 kg de massa e a superfície do plano horizontal de apoio é:

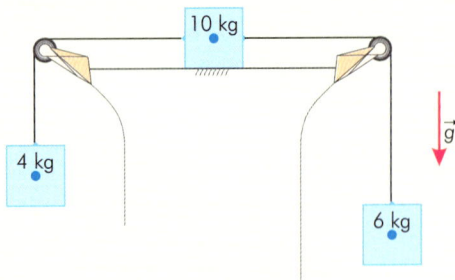

a) 20 N
b) 10 N
c) 100 N
d) 60 N
e) 40 N

28. (UnB – DF) Na figura a seguir, o coeficiente de atrito cinético entre o bloco de 120 N e a superfície do plano é igual a 0,4, e é igual a 0,2 entre os dois blocos. O atrito na polia e a massa da corda que une os dois blocos são desprezíveis. Calcule, *em newtons*, o módulo da força $\vec{F}$ necessária para provocar um movimento uniforme no bloco inferior, desconsiderando a parte fracionária do resultado, caso exista.

29. Um carro de 800 kg de massa desce uma rampa inclinada de 60°. Determine, em m/s², o módulo da aceleração do carro, sabendo que o coeficiente de atrito entre o carro e a rampa é constante e igual a 0,4. Considere o módulo da aceleração da gravidade igual a 10 m/s² e use a aproximação $\sqrt{3} = 1,7$.

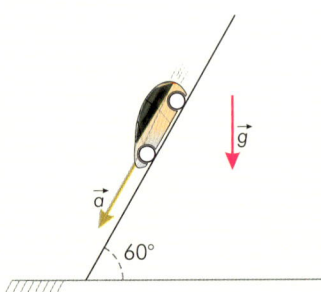

30. Um bloco de 20 kg de massa desliza sobre um plano inclinado, como esquematizado nas figuras a seguir.

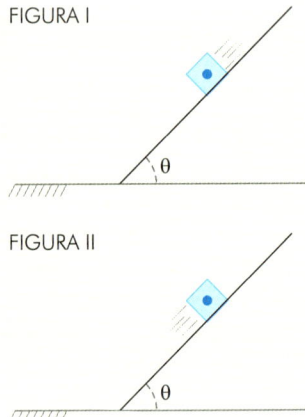

Sabendo que o coeficiente de atrito entre o bloco e a superfície do plano é igual a 0,2 e que sen θ = 0,8, cos θ = 0,6 e que o módulo da aceleração da gravidade é igual a 10 m/s², determine, em unidades SI, o módulo da aceleração desse bloco quando:

a) ele estiver descendo pelo plano inclinado (Figura I);
b) ele estiver subindo pelo plano inclinado (Figura II).

Exercícios Complementares

31. No sistema da figura ao lado, o bloco A tem massa $m_A = 10$ kg, o bloco B tem massa $m_B = 15$ kg e $\alpha = 30°$. Qual deve ser o coeficiente de atrito entre as superfícies em contato, do bloco B com o plano inclinado, para que os blocos se desloquem com movimento uniforme? Considere o módulo da aceleração da gravidade igual a 10 m/s²; o peso da corda, o atrito no eixo da roldana e a massa da roldana são desprezíveis. Use a aproximação $\sqrt{3} = 1,7$.

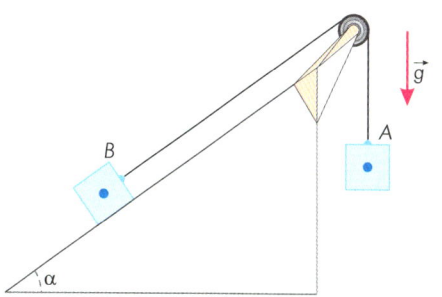

32. Tenta-se, sem sucesso, deslocar uma caixa de peso $\vec{P}$, cuja intensidade é igual a 50 N, em repouso sobre um plano horizontal com atrito, aplicando-lhe uma força $\vec{F}$ de intensidade igual a 200 N, na direção da haste, cujo sentido está indicado na figura a seguir. Despreze a massa da haste. Use a aproximação $\sqrt{3} = 1,7$.
 a) Faça um esquema de todas as forças que agem sobre a caixa e identifique claramente a origem de cada uma delas. Escreva o valor, em newtons, da resultante dessas forças ($\vec{F}_R$).
 b) Qual o valor da força de atrito entre a caixa e o plano (em newtons)?
 c) Qual o valor mínimo do coeficiente de atrito?

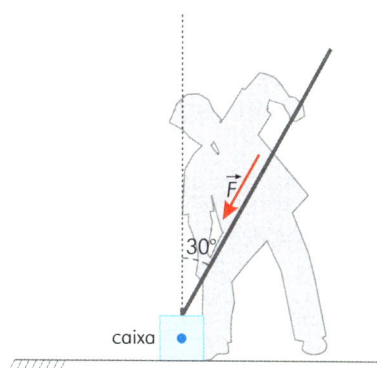

33. (PUC – SP) Nessa figura, está representado um bloco de 2,0 kg de massa sendo pressionado, perpendicularmente, contra a parede por uma força $\vec{F}$. O coeficiente de atrito estático entre a superfície do bloco e a superfície da parede vale 0,5, e o cinético vale 0,3. Considere o módulo da aceleração da gravidade igual a 10 m/s².

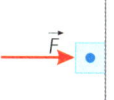

Se a força $\vec{F}$ tem intensidade igual a 50 N, então a reação normal e a força de atrito que atua sobre o bloco valem, respectivamente,
 a) 20 N e 6,0 N.
 b) 20 N e 10 N.
 c) 50 N e 20 N.
 d) 50 N e 25 N.
 e) 70 N e 35 N.

34. (FUVEST – SP) O gráfico mostra as elongações sofridas por duas molas, M_1 e M_2, em função da força aplicada. Quando essas molas são distendidas sobre uma superfície horizontal perfeitamente lisa, a elongação sofrida por M_2 é igual a 3,0 cm. Examine o gráfico e responda:

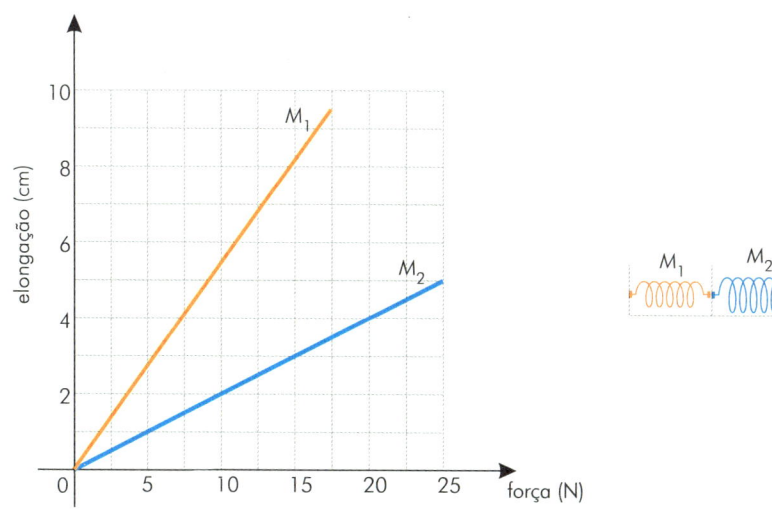

a) qual é a intensidade da força, em newtons, que está distendendo M_2?
b) qual a medida da elongação, em centímetros, sofrida por M_1?

Exercícios Complementares

35. (FUVEST – SP) O gráfico abaixo representa o comportamento da intensidade da força aplicada em uma mola, em função da deformação x sofrida por ela.

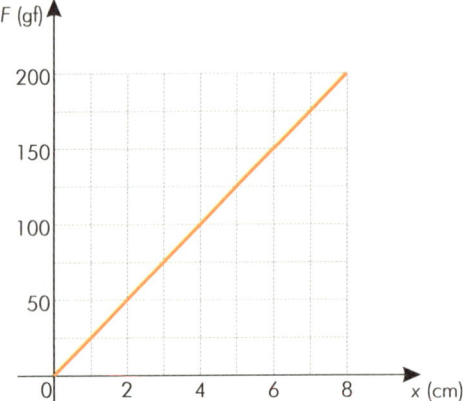

As intensidades das forças deformadoras, em gramas-força, foram obtidas pendurando corpos na mola. Calcule, em centímetros, a deformação x da mola na situação a seguir, supondo que não haja danos à mola e que o sistema esteja em equilíbrio estático.

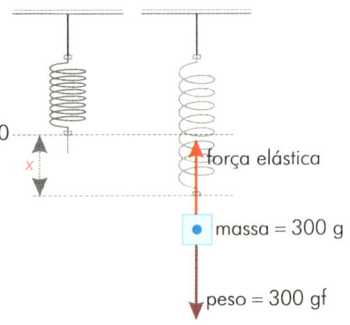

36. Julgue a veracidade das afirmações a seguir.
(1) A constante elástica de uma mola depende da natureza do material de que é feita a mola.
(2) O gráfico que representa o comportamento da intensidade da força aplicada em uma mola, em função da deformação sofrida por ela, é uma reta paralela ao eixo que indica as deformações sofridas pela mola.
(3) A força elástica é uma força de campo.
(4) Suponhamos que a constante elástica de uma mola seja igual a 100 N/m; isso significa dizer que para deformar essa mola em 1 cm é necessária uma força de 1 N de intensidade.

37. O sistema representado na figura a seguir está em equilíbrio. O bloco A tem massa 4,0 kg, a aceleração da gravidade tem módulo 10 m/s², não há atrito e a mola é ideal. Determine a deformação da mola, sabendo que sua constante elástica é 50 N/m.

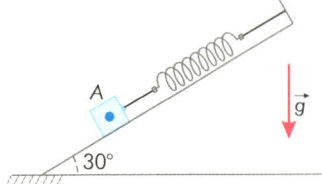

38. (FUVEST – SP) Um corpo de massa igual a 3,0 kg está em equilíbrio estático sobre um plano inclinado, suspenso por um fio de massa desprezível preso a uma mola fixa no solo, como mostra a figura abaixo. O comprimento natural da mola (sem carga) é 1,2 m e, ao sustentar estaticamente o corpo, ela se distende, atingindo o comprimento 1,5 m. Despreze os atritos, considere o módulo da aceleração da gravidade de 10 m/s² e determine a constante elástica da mola.

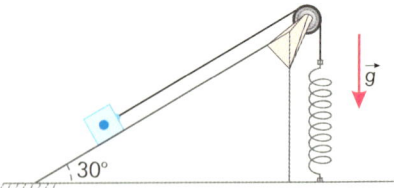

39. No sistema mostrado na figura a seguir, o bloco tem massa igual a 5,0 kg. A constante elástica da mola vale 2,0 N/cm. Considere que o fio, a mola e a roldana são ideais. Na situação de equilíbrio, qual a deformação da mola, em centímetros? Considere o módulo da aceleração da gravidade igual a 10 m/s².

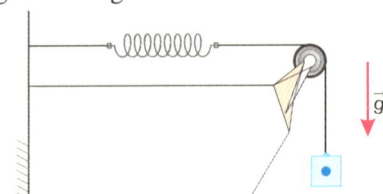

Exercícios Complementares

40. (UFPE) Uma mola de constante elástica k é comprimida de uma distância x em relação à sua posição de equilíbrio. Quando a mola é liberada, um bloco de massa m, a ela encostado, percorre uma distância d numa superfície COM ATRITO, até parar, conforme a figura a seguir. No instante em que o bloco abandona a mola, sua velocidade escalar tem módulo dado por $v = \sqrt{\dfrac{k \cdot x^2}{m}}$.

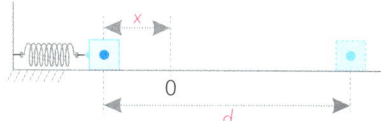

O gráfico que melhor representa a distância d em função da compressão x da mola é:

a)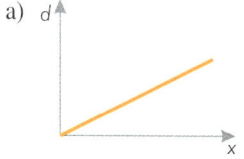

b)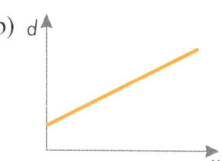

c)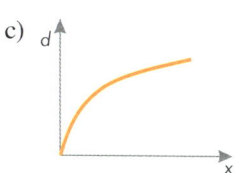

d)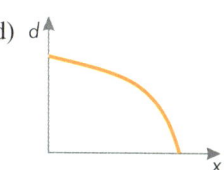

e)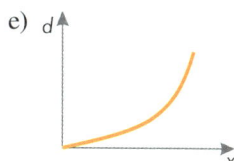

Aplicações das Leis de Newton e Dinâmica em Trajetória Curvilínea

11.1. Introdução

Os efeitos do movimento circular apresentam interesse tanto do ponto de vista lúdico, na concepção dos brinquedos dos parques de diversões, por exemplo, quanto do ponto de vista tecnológico e científico: as centrífugas que participam do processo de secagem das roupas ou as que separam substâncias de misturas, a inclinação das pistas dos velódromos ou autódromos em curvas de alta velocidade, os ventos, as correntes marítimas e até mesmo os movimentos planetários podem ser entendidos com base no estudo do movimento circular. Veja a Figura 11-1.

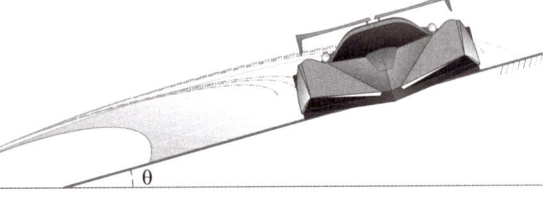

Figura 11-1. As leis de Newton permitiram estudar, equacionar e compreender esses efeitos e aplicações.

11.2. Resultante Centrípeta

Um corpo em movimento circular está necessariamente sujeito à ação da aceleração centrípeta, como já foi visto em capítulo anterior. A Segunda Lei de Newton associa a cada componente da aceleração uma componente da força resultante, na mesma orientação daquela componente da aceleração.

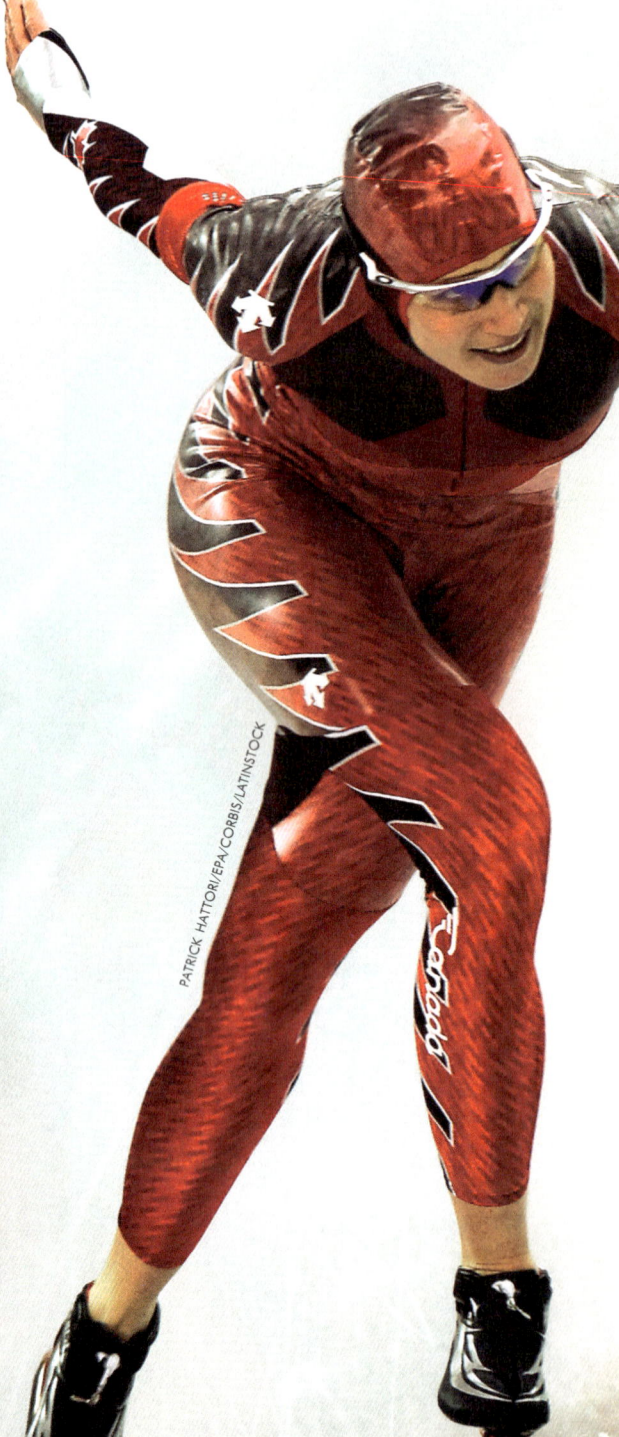

As pistas ovais, como as destinadas à determinados tipos de corrida de carros, precisam levar em conta os efeitos do movimento circular.

Se o corpo em estudo apresenta movimento circular uniforme, então não há componente tangencial da aceleração e, portanto, a força resultante coincide com a componente centrípeta (Figura 11-2). A essa força resultante, que produz a aceleração centrípeta no corpo em movimento circular uniforme, denominamos **resultante centrípeta** ($\vec{F}_{cp}$). Em outras palavras, se $\vec{a} = \vec{a}_{cp}$, então $\vec{F}_R = \vec{F}_{cp}$. Assim, a Segunda Lei de Newton pode ser escrita, para o movimento circular uniforme de um corpo de massa m, como:

$$\vec{F}_{cp} = m \cdot \vec{a}_{cp}$$

FIGURA 11-2.

Um corpo de massa m em MCU está sujeito exclusivamente a uma aceleração orientada para o centro da trajetória. Pela Segunda Lei de Newton, a força resultante atua na mesma direção e no mesmo sentido da aceleração. Essa resultante ($\vec{F}_R$) é a força centrípeta ($\vec{F}_{cp}$).

É importante destacar que a força resultante, que chamamos de centrípeta, **não** é um novo tipo de força. Do mesmo modo que as forças resultantes em geral, a resultante centrípeta é apenas a soma vetorial das forças que efetivamente estão agindo.

Em resumo, concluímos que a relação entre as forças que agem em um movimento circular e uniforme de raio R deve ser tal que produza uma resultante do tipo centrípeta $\vec{F}_{cp}$, de intensidade $|\vec{F}_{cp}|$. Assim, escrevemos:

$$|\vec{F}_{cp}| = m \cdot |\vec{a}_c| = m \cdot \frac{v^2}{R}$$

OBSERVAÇÃO: Nas descrições de sistemas dinâmicos a partir de referenciais não inerciais, surgem forças que não representam interações; por derivarem do caráter não inercial do referencial, elas são chamadas **forças inerciais** (antigamente, eram frequentemente chamadas de forças "fictícias"). Um exemplo comum, muito importante, é a força centrífuga, impressão que um corpo em rotação ou em revolução tem de estar sendo "empurrado para fora" radialmente, isto é, tendendo a se afastar do centro. Essa impressão é interpretada por um referencial inercial como efeito de inércia, sendo, portanto, uma tendência de escapar pela tangente à trajetória.

Exercícios Resolvidos

1. Faz-se girar um corpo de massa 200 g por meio de um fio, que pode ser considerado ideal, de 50 cm de comprimento, em um plano horizontal.

Determine, em newtons, a intensidade da força que a pessoa deve exercer sobre o fio, de modo que o corpo efetue cinco voltas completas por segundo. Use a aproximação $\pi^2 = 10$.

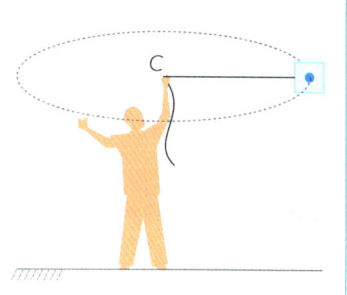

Exercícios Resolvidos

RESOLUÇÃO:

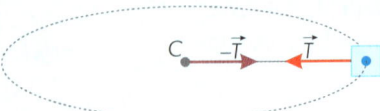

Dados:
- massa: $m = 200$ g $= 0,200$ kg
- raio: $R = 0,50$ m
- frequência: $f = 5$ Hz
- lembrete: $v = \omega \cdot R$ e $\omega = 2\pi \cdot f$

A força de tração no fio $\vec{T}$ faz o papel da resultante centrípeta que mantém a massa em movimento circular uniforme. Assim, temos:

$$T = F_{cp} = \frac{m \cdot v^2}{R} = \frac{m}{R} \cdot (\omega \cdot R)^2$$

$$T = \frac{m}{R} \cdot (2\pi \cdot f \cdot R)^2 \implies T = m \cdot 4\pi^2 \cdot f^2 \cdot R$$

$$T = 0,200 \cdot 4 \cdot 10 \cdot 5^2 \cdot 0,50 \therefore T = 100 \text{ N}$$

2. Um pequeno objeto de 4,0 kg de massa, preso à extremidade de um fio de 50 cm de comprimento, gira no sentido anti-horário em um plano horizontal sobre uma mesa perfeitamente lisa. Sabemos que a intensidade da força de tração que atua no fio não pode exceder 800 N. Qual o módulo da velocidade escalar máxima com que o objeto pode girar, em m/s?

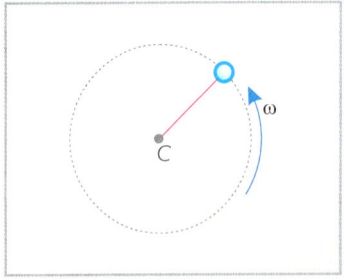

mesa lisa (vista superior)

RESOLUÇÃO:

Dados:
- massa: $m = 4,0$ kg
- raio: $R = 50$ cm $= 0,50$ m
- intensidade da força de tração: $T = 800$ N

O esquema a seguir mostra o sistema de forças que age no objeto. Como o movimento do objeto é horizontal, então as forças peso do objeto ($\vec{P}$) e a força normal de contato entre o objeto e a superfície ($\vec{N}$) se anulam. Assim, a força de tração no fio ($\vec{T}$) é a resultante centrípeta:

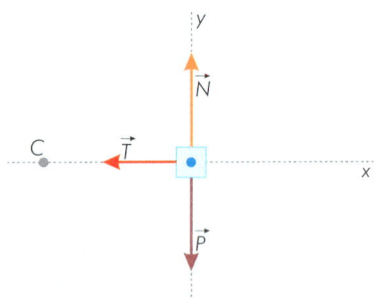

$$T = F_{cp} = \frac{m \cdot v^2}{R}$$

$$800 = \frac{4 \cdot v_{máx.}^2}{0,5}$$

$$v_{máx.}^2 = 100$$

$$v_{máx.} = \sqrt{100}$$

$$v_{máx.} = 10 \text{ m/s}$$

Exercícios Propostos

3. Quando tratamos das forças no movimento circular, é comum encontrarmos referências a uma força denominada centrífuga. Por exemplo, uma pequena esfera presa a um fio ideal gira em uma trajetória circular, sob a ação de uma força centrípeta ($\vec{F}_{cp}$), exercida pelo fio. Algumas pessoas costumam supor que também atua na esfera outra força, $\vec{F}_{cf}$, dirigida radialmente para fora da trajetória, denominada força centrífuga. Essa força, segundo essas pessoas, estaria equilibrando a força centrípeta ($\vec{F}_{cp}$). Baseando-se nesse tema, julgue a veracidade das afirmações seguintes.

(1) Evidentemente, essa força centrífuga ($\vec{F}_{cf}$) não pode existir, de acordo com as leis de Newton, pois, se assim fosse, a resultante das forças que atuam na esfera seria nula e ela não poderia estar descrevendo uma trajetória circular. Seu movimento deveria ser retilíneo e uniforme.

(2) Provavelmente, essa interpretação se deve ao fato de a partícula em movimento circular estar em equilíbrio para um observador na Terra.

(3) A força centrífuga referida no texto justifica o fato observado de uma pedra em movimento circular presa a um barbante passar a se mover para fora, na direção do raio da trajetória, caso o barbante se rompa.

(4) Uma partícula de massa 2,0 kg descreve um movimento circular e uniforme de raio igual a 4,0 m sobre uma superfície horizontal sem atrito. A força que traciona o fio possui intensidade de 200 N. Caso o fio se rompa, a partícula passará a descrever um movimento retilíneo com velocidade de módulo igual a 20 m/s.

Exercícios Propostos

4. Quando um satélite artificial se encontra em órbita em torno da Terra, podemos considerar que a única força que atua sobre ele é a força da gravidade. Supondo que a órbita descrita pelo satélite seja circular, a força que a Terra exerce sobre ele está dirigida para o centro da trajetória, que coincide com o centro da Terra. Baseando-se no tema acima, julgue a veracidade das afirmações seguintes.

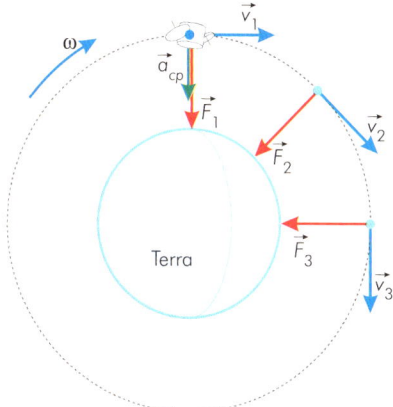

(1) No movimento descrito pelo satélite, a aceleração a que ele está submetido é constante.
(2) Se, em determinado instante, a atração da Terra sobre o satélite deixasse de existir, o satélite, por inércia, passaria a deslocar-se em movimento retilíneo e uniforme, na direção tangente à trajetória naquele instante.
(3) A força que a Terra exerce sobre o satélite tem como efeito mudar continuamente a direção da velocidade do satélite, obrigando-o a descrever sua trajetória circular em torno da Terra.
(4) Em um lançamento de projétil, que é um movimento curvilíneo, a força centrípeta não é igual ao peso em nenhum ponto da trajetória.

5. Um pequeno bloco de 4,0 kg de massa, preso à extremidade de um fio, descreve, sobre uma mesa horizontal e perfeitamente lisa, um movimento circular de raio igual a 50 cm, com velocidade escalar constante e igual a 3,0 m/s. Determine, em newtons, a intensidade da força de tração que atua no fio que mantém o bloco na trajetória.

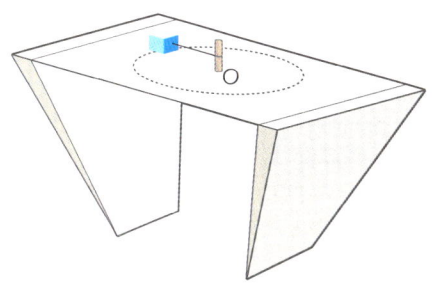

Exercício Resolvido

6. Na figura abaixo está esquematizado o corte vertical de um trecho de uma rodovia. Os raios de curvatura nos pontos A e B são iguais a 200 m. Um automóvel de massa 500 kg percorre esse trecho e, nos pontos A e B, tem velocidade de módulo igual a 72 km/h. Determine as intensidades das forças normais que a pista aplica no automóvel nos pontos A e B. Considere o módulo da aceleração da gravidade igual a 10 m/s².

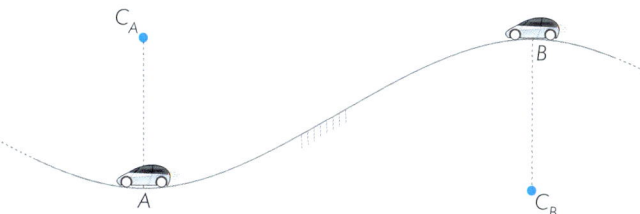

Resolução:
As forças que atuam no objeto nos pontos A e B estão esquematizadas na figura ao lado.

Dados:
- massa do objeto: $m = 500$ kg
- velocidade escalar do objeto nos pontos A e B:
  $v = 72$ km/h $= 20$ m/s
- aceleração da gravidade: $g = 10$ m/s²
- raios: $R_A = R_B = 200$ m

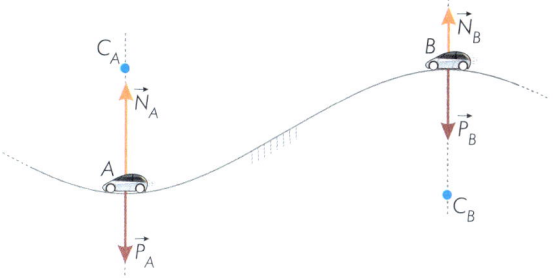

Exercício Resolvido

Na posição do ponto A, de acordo com a Segunda Lei de Newton,

$$F_{R(A)} = m \cdot a_{cp} \Rightarrow N_A - P_A = m \cdot \frac{v_A^2}{R_A}$$

$$N_A - 5.000 = 500 \cdot \frac{20^2}{200}$$

$$N_A = 1.000 + 5.000$$

$$N_A = 6.000 \text{ N}$$

Na posição do ponto B, de acordo com a Segunda Lei de Newton,

$$F_{R(B)} = m \cdot a_{cp} \Rightarrow P_B - N_B = m \cdot \frac{v_B^2}{R_B}$$

$$5.000 - N_B = 500 \cdot \frac{20^2}{200} \Rightarrow 5.000 - N_B = 500 \cdot \frac{20^2}{200}$$

$$5.000 - 1.000 = N_B$$

$$N_B = 4.000 \text{ N}$$

Exercícios Propostos

7. Um veículo tem massa de 10 toneladas e passa pelo ponto inferior de uma depressão com velocidade escalar de módulo igual a 54 km/h. O raio da curva que forma a depressão é de 10 m. Determine, em newtons, a intensidade da força de reação normal da pista no veículo nesse ponto. Considere o módulo da aceleração da gravidade igual a 10 m/s².

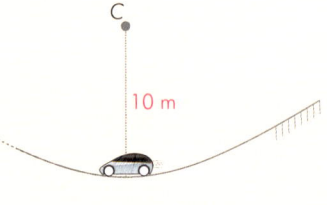

8. Um veículo de 1.600 kg de massa percorre um trecho de estrada (desenhada em corte na figura abaixo e contida em um plano vertical) em lombada, com velocidade de módulo igual a 72 km/h. Considere o módulo da aceleração da gravidade igual a 10 m/s² e determine, em newtons, a intensidade da força normal que o leito da estrada exerce no veículo quando ele passa pelo ponto mais alto da lombada.

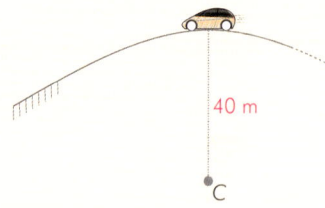

9. O "globo da morte" é um espetáculo muito comum em circos. Consiste em uma superfície esférica rígida, geralmente de grades metálicas, que é percorrida internamente por um motociclista, conforme mostra a figura a seguir. Determine a velocidade mínima que o motociclista deve imprimir à moto ao passar pelo ponto mais alto para que não perca o contato com a superfície esférica. Considere o módulo da aceleração da gravidade igual a 10 m/s² e o raio R da trajetória de 3,6 m.

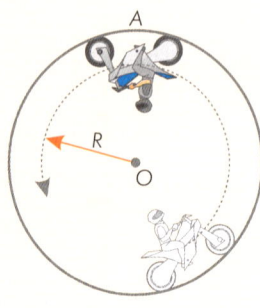

10. (PAS – UnB – DF) Dentro do globo, uma pessoa pilota uma motocicleta. Em sua trajetória, o piloto fica, eventualmente, de cabeça para baixo. Considere que a trajetória do movimento realizado pelo motociclista esteja contida em um plano vertical que passa pelo centro do globo e que os pontos A, B, C e D, ilustrados na figura abaixo, façam parte dessa trajetória. O raio R da trajetória mostrada é igual a 5 m, a massa do piloto somada à da moto é igual a 150 kg e a aceleração local da gravidade tem módulo 10 m/s².

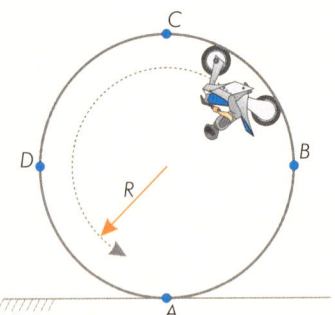

Com base nos dados fornecidos pelo enunciado, julgue a veracidade dos itens seguintes.

(1) O motociclista descreve um movimento circular com velocidade escalar constante.
(2) A velocidade escalar do motociclista no ponto A é o dobro da velocidade escalar dele no ponto C.
(3) Se, no ponto C, a velocidade escalar do motociclista for de 36 km/h, então o módulo da força de reação do globo sobre o sistema piloto-moto será igual ao do peso desse sistema.
(4) O módulo da força centrípeta atuante no sistema piloto-moto no ponto A é igual a $N - P$, em que P é a intensidade do peso do sistema piloto-moto e N é a intensidade da força normal de contato da estrutura do globo.

11. Um avião descreve um *looping* em um plano vertical, com velocidade escalar de módulo igual a 720 km/h, em um local em que a aceleração da gravidade é igual a 10 m/s².

Exercícios Propostos

Para que, no ponto mais baixo da trajetória, a intensidade da força que o piloto exerce no banco seja o triplo da de seu peso, é necessário que o raio do *looping* seja igual a:

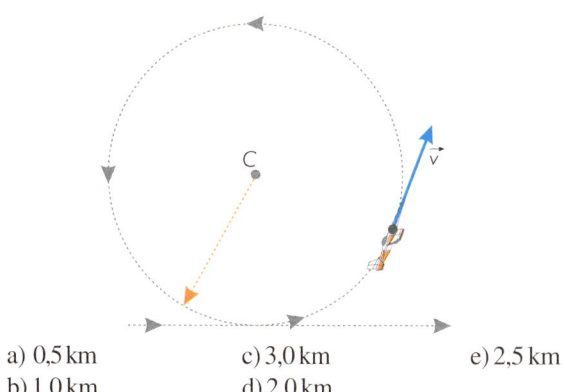

a) 0,5 km
b) 1,0 km
c) 3,0 km
d) 2,0 km
e) 2,5 km

12. Uma pedra amarrada em um fio de 40 cm de comprimento é posta a girar em um plano vertical. Considere o módulo da aceleração da gravidade igual a 10 m/s² e determine a mínima velocidade que a pedra deve ter no ponto mais alto da trajetória descrita por ela para que permaneça nessa trajetória.

a) 1,0 m/s
b) 2,0 m/s
c) 3,0 m/s
d) 4,0 m/s
e) zero

13. Um carro de 1.000 kg de massa percorre uma pista plana com velocidade de módulo igual a 90 km/h. Esse carro percorre uma curva de 100 m de raio, mantendo sempre a velocidade de 90 km/h. Sabendo que a curva não tem elevação e considerando o módulo da aceleração da gravidade igual a 10 m/s², determine o menor coeficiente de atrito entre os pneus do carro e a pista, para não haver derrapagem.

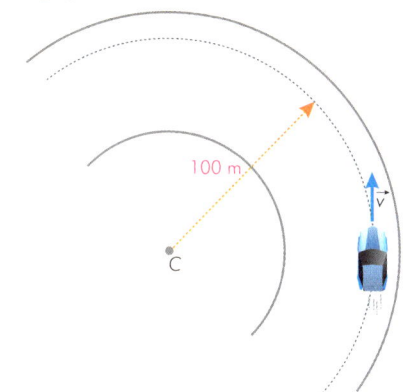

Exercício Resolvido

14. O esquema ao lado mostra um pêndulo simples de comprimento $L = 50$ cm e com uma esfera de massa 500 g, oscilando entre os pontos A e B. A massa pendular passa pela posição mais baixa (ponto C) com velocidade de 5,0 m/s. Considere o fio ideal e determine, em unidade SI, a intensidade da força de tração no fio quando ele passa pelo ponto C. Considere o módulo da aceleração da gravidade igual a 10 m/s².

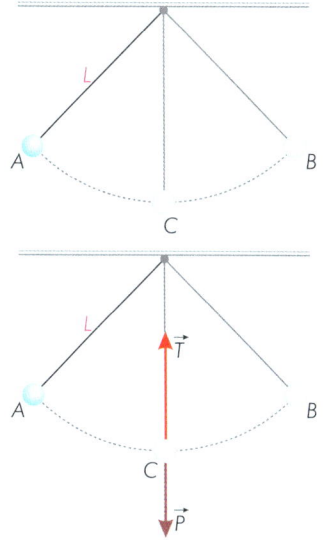

Resolução:
Dados:
- massa pendular: $m = 500$ g $= 0,500$ kg
- raio da curva: $R = L = 50$ cm $= 0,50$ m
- aceleração da gravidade: $g = 10$ m/s²
- velocidade escalar da massa pendular ao passar pelo ponto C: $v = 5,0$ m/s

Aplicando a Segunda Lei de Newton quando a massa pendular passa pelo ponto C,

$$F_R = m \cdot a \Rightarrow T - P = m \cdot a_{cp}$$

$$T - m \cdot g = m \cdot \frac{v^2}{R} \Rightarrow T - 0,500 \cdot 10 = 0,500 \cdot \frac{5,0^2}{0,50}$$

$$T - 5,0 = 25 \therefore T = 30 \text{ N}$$

Forças agindo na massa pendular: peso ($\vec{P}$) e força de tração ($\vec{T}$).

Exercícios Propostos

15. Um pêndulo simples, de comprimento $L = 1,00$ m, oscila em condições ideais, passando pela posição mais baixa da trajetória descrita com dada velocidade, de módulo v. Sendo a massa pendular igual a 2,0 kg, o módulo da aceleração da gravidade igual a 10 m/s² e sabendo que, ao passar por esse ponto, o fio de sustentação da massa pendular encontra-se tracionado com uma força de intensidade igual a 70 N, calcule, em m/s, o valor de v.

Exercícios Propostos

16. No esquema ao lado, temos um pêndulo simples de comprimento $L = 0,8$ m e massa pendular igual a 500 g, oscilando entre os pontos A e B. O módulo da velocidade da esfera ao passar pelo ponto C indicado é igual a 8 m/s. Considere o módulo da aceleração da gravidade igual a 10 m/s² e que sen $\theta = 0,6$ e cos $\theta = 0,8$.

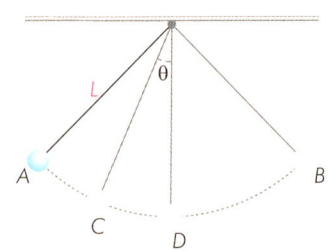

a) Determine, em newtons, a intensidade da força de tração que atua no fio quando a massa pendular passa pelo ponto C.
b) Calcule, em m/s², o módulo da componente tangencial da aceleração da massa pendular ao passar pelo ponto C.
c) Se a massa pendular passa pelo ponto D com velocidade escalar de módulo igual a 12 m/s, calcule, em newtons, a intensidade da força de tração que atua no fio quando a massa pendular passa por esse ponto.

Exercício Resolvido

17. Uma pequena esfera, de 400 g de massa, amarrada em uma das extremidades de um fio inextensível de 2,5 m de comprimento, constitui um pêndulo cônico, como mostrado na figura a seguir. A esfera descreve uma circunferência horizontal de 1,5 m de raio. Sendo o módulo da aceleração da gravidade igual a 10 m/s², sen 37° = 0,6, cos 37° = 0,8, determine, em unidades SI:

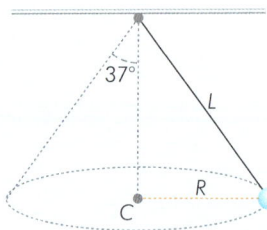

a) a intensidade da força de tração que atua no fio;
b) o módulo da velocidade escalar da esfera;
c) a velocidade angular da esfera.

Resolução:

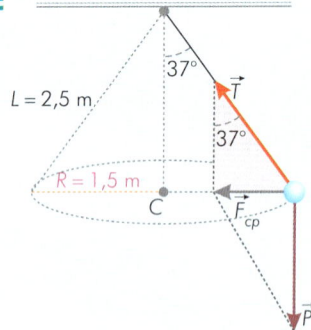

Dados:
- massa pendular: $m = 400$ g $= 0,400$ kg
- raio da curva: $R = 1,5$ m
- aceleração da gravidade: $g = 10$ m/s²

a) No triângulo sombreado,

$$\cos 37° = \frac{P}{T} \Rightarrow 0,8 = \frac{0,400 \cdot 10}{T}$$

$$T = \frac{4,0}{0,8} \therefore T = 5,0 \text{ N}$$

b) Podemos usar novamente o triângulo sombreado:

$$\text{sen } 37° = \frac{F_{cp}}{T}$$

$$T \cdot \text{sen } 37° = \frac{m \cdot v^2}{R}$$

$$5,0 \cdot 0,6 = \frac{0,400 \cdot v^2}{1,5}$$

$$v^2 = \frac{5,0 \cdot 0,6 \cdot 1,5}{0,4} \Rightarrow v = \sqrt{11,25} \therefore v \cong 3,35 \text{ m/s}$$

c) Podemos aplicar a relação:

$$v = \omega \cdot R$$

$$3,35 = \omega \cdot 1,5$$

$$\omega = \frac{3,35}{1,5} \therefore \omega \cong 2,23 \text{ rad/s}$$

Exercícios Propostos

18. Um fio de 40 cm de comprimento e uma esfera de 170 g de massa constituem um pêndulo cônico, como mostrado na figura ao lado. Considere o módulo da aceleração da gravidade igual a 10 m/s², sen 30° = 0,5 e cos 30° = 0,85.

Determine, em unidades SI:

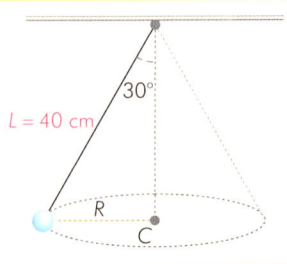

a) a intensidade da força de tração que atua no fio;
b) o módulo da velocidade escalar da esfera;

Exercícios Propostos

c) a velocidade angular da esfera;
d) a frequência do movimento pendular.

19. Um pêndulo cônico de comprimento 50 cm realiza um movimento circular uniforme em um plano horizontal. A massa pendular é igual a 400 g e o módulo da aceleração da gravidade é igual a 10 m/s^2. Admita sen 40° = 0,64 e cos 40° = 0,76 e determine, em unidades SI:

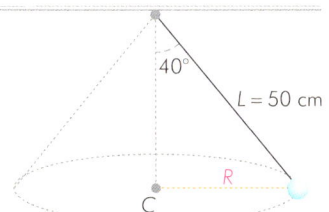

a) a intensidade da força de tração que atua no fio, suposto ideal;
b) o módulo da velocidade escalar da massa pendular;
c) a velocidade angular da massa pendular.

20. Um dos brinquedos mais apreciados nos parques de diversão é o rotor. Com o rotor em repouso, as pessoas entram nele e colocam-se de costas contra a parede, apoiadas no piso. Por meio de um motor, o sistema entra em acelerado movimento de rotação. A partir de certa velocidade escalar, o piso é abaixado e as pessoas, dentro do rotor, perdem o apoio nos pés; mas elas não caem, porque estão fortemente comprimidas contra a parede e o atrito é suficiente para impedir o deslizamento. Considerando que o coeficiente de atrito estático entre as roupas de uma pessoa e a parede é igual a 0,2, que a menor velocidade escalar que o rotor deve ter é de 10 m/s para que se possa baixar o piso e que o módulo da aceleração da gravidade é 10 m/s^2, a medida do raio do rotor é, em metros:

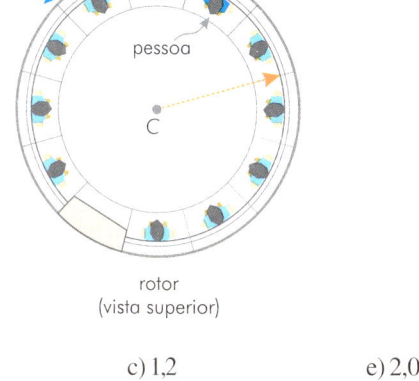

rotor
(vista superior)

a) 1,6   c) 1,2   e) 2,0
b) 1,0   d) 1,8

21. Com base nos dados do exercício 20, calcule, em rad/s, a velocidade angular do rotor.

11.3. Outras Aplicações das Leis de Newton

11.3.1. Sistema de polias

Polias e roldanas, como já comentamos, são dispositivos usados para modificar a direção de aplicação de uma força, em geral produzindo situações de maior conforto ou facilidade. Trata-se de uma roda por cuja periferia passa uma corda, correia, corrente ou cabo. Polias cujo centro não se move, em relação ao sistema de referência, enquanto o dispositivo gira são chamadas **polias fixas**; do contrário, são ditas **polias móveis**.

Sistemas ou associações de polias fixas e móveis facilitam o levantamento de pesos, permitindo diminuir o valor da força aplicada na extremidade livre do cabo. Na Figura 11-3, a polia 1, presa ao teto, é fixa; as polias 2, 3 e 4 são móveis. Nesse exemplo, uma força aplicada de modo que mantenha o sistema em sucessões de estados de equilíbrio (isto é, a carga sobe em movimento uniforme) é de um oitavo do peso da carga. Faça a distribuição das forças de tração e comprove!

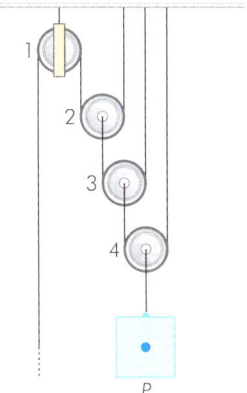

FIGURA 11-3.

Roldanas e polias têm inúmeras aplicações, sendo muito usadas para a movimentação de cargas.

Exercício Resolvido

22. O sistema representado na figura ao lado encontra-se em equilíbrio. Se o peso do bloco e o do operador são, respectivamente, iguais a 300 N e 700 N e considerando os fios e as polias ideais, determine, em unidades SI:

a) a intensidade da força vertical aplicada pelo operador ao fio;
b) a intensidade da força normal do apoio que atua no operador.

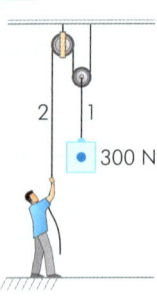

Resolução:

a) Inicialmente, devemos representar geometricamente as forças que atuam no bloco e na polia móvel.
Como o fio é ideal, a força $\vec{F}$ aplicada pelo homem no fio tem intensidade igual à da tração T_2. Assim, temos que:

$$T_2 + T_2 = T_1$$
$$2T_2 = 300$$
$$T_2 = 150 \text{ N}$$

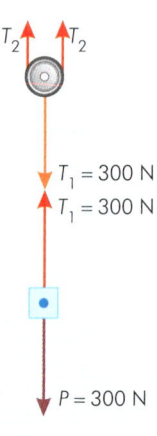

Então, a intensidade da força $\vec{F}$, vertical, que o homem deve exercer no fio para manter o sistema em equilíbrio, tem intensidade igual a 150 N.

b) As forças que atuam no homem são: o seu peso ($\vec{P}_{pessoa}$), a força ($\vec{F}$) e a força normal de contato com a superfície ($\vec{N}$).

$$F + N = P_{pessoa}$$
$$150 + N = 700$$
$$N = 700 - 150 \therefore N = 550 \text{ N}$$

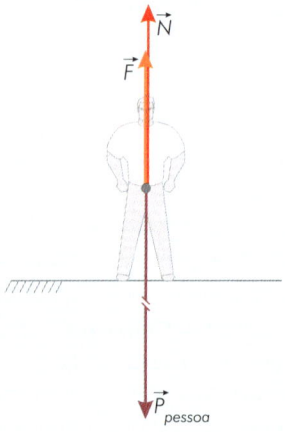

Exercícios Propostos

23. Uma boa aplicação das polias na construção civil é o sistema de polias móveis para divisão de forças. Veja o esquema ao lado.
Determine, em newtons, a intensidade da força que o homem deve exercer no fio para manter em equilíbrio estático o corpo suspenso, cujo peso tem 200 N de intensidade. Considere os fios e as polias ideais e despreze qualquer forma de atrito.

24. No esquema ao lado, os blocos A e B têm massas, respectivamente, iguais a 10 kg e 40 kg. As polias e o fio são ideais e o módulo da aceleração da gravidade é igual a 10 m/s². Determine, em unidades SI:

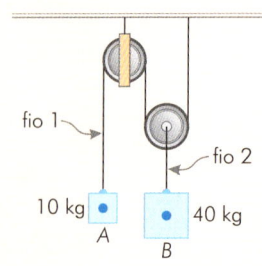

a) o módulo da aceleração adquirida pelos blocos;
b) a intensidade das forças de tração que atuam nos fios 1 e 2.

25. (UnB – DF) Pela associação de roldanas fixas e móveis, uma pessoa pode levantar pesos muito grandes, acima de sua capacidade muscular. Por isso, veem-se, com frequência, sistemas de roldana sendo utilizados em canteiros de obras de construção civil. Suponha que a figura ao lado represente o sistema utilizado pelos operários de uma obra, para erguer, do solo até o segundo pavimento, um elevador de material de construção, com peso de 100 kgf.

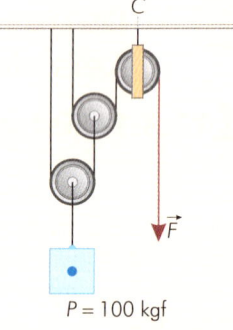

Com base na associação mostrada na figura, julgue os itens que seguem.

(1) Se o peso das polias for desprezível, um operário deverá aplicar uma força F igual a 25 kgf para equilibrar o sistema.
(2) Se cada polia pesar 0,5 kgf, a força F que equilibrará o sistema será de 26,5 kgf.
(3) Supondo que cada polia tenha um peso de 0,5 kgf, a reação do suporte, no ponto C, será igual a 51,25 kgf.

11.3.2. Peso aparente

Dinamômetros, como já vimos, medem a intensidade da força responsável por deformar sua mola. Assim, nos casos em que o peso não é a única força atuando na vertical ou nos casos em que o sistema a ser medido apresenta aceleração vertical (e, portanto, deixa de ser um sistema de referência inercial), a tentativa de usar dinamômetros para determinar o peso do corpo não resulta no valor correto. Para resolver esse problema, distinguimos entre **peso** (força gravitacional exercida pela Terra em corpos nas suas proximidades) e **peso aparente** (valor indicado pelo dinamômetro). Nas situações de interesse, o peso aparente corresponde ao valor da tração exercida no dinamômetro (se o corpo é nele pendurado, como acontece nas balanças para peixes) ou da componente normal de contato trocada entre a balança e o corpo (quando o corpo se apoia na balança, como ocorre em uma balança comum, de banheiro).

Um caso particular de muito interesse é o da chamada **microgravidade** (situação em que um corpo em órbita apresenta a aceleração centrípeta coincidente com a da gravidade), que, por se tratar de uma queda livre permanente, produz a sensação de flutuação, isto é, peso aparente nulo (imponderabilidade).

Você Sabia?

As balanças de banheiro são dinamômetros: medem, a rigor, pesos aparentes.

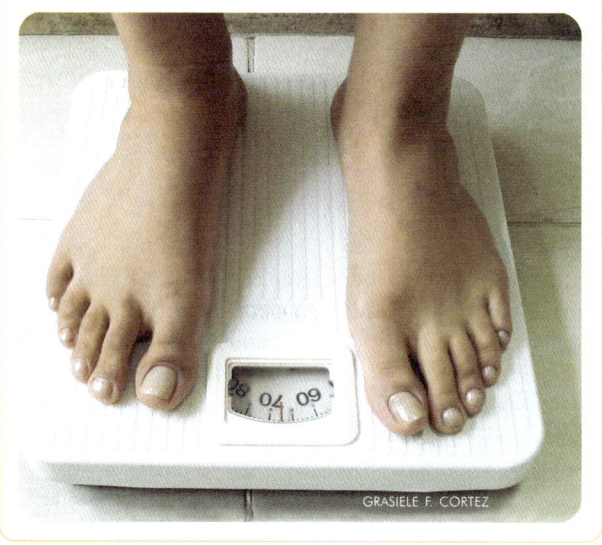

Astronauta em laboratório norte-americano de microgravidade (avião KC-135), durante manobra.

Exercício Resolvido

26. Uma pessoa de 70 kg de massa está sobre uma "balança" de molas do tipo que é usado em farmácias, dentro de um elevador, em uma região em que o módulo da aceleração da gravidade é igual a 10 m/s². Supondo que o mostrador da balança esteja graduado em newtons, calcule a indicação da balança (peso aparente da pessoa) quando o elevador sobe em movimento retardado com aceleração de módulo igual a 2,0 m/s².

Resolução:
Inicialmente, devemos representar as forças que estão atuando na pessoa durante o movimento do elevador. São elas: força peso ($\vec{P}$) e força normal de contato ($\vec{N}_p$).

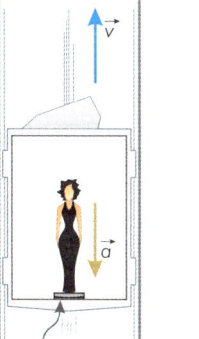

balança de molas

Como o elevador e, consequentemente, a pessoa sobem em movimento retardado, a intensidade da força peso da pessoa é maior que a da força normal de contato: $P > N_P$.

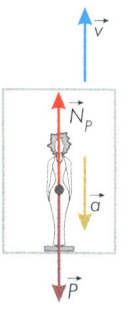

Aplicando a Segunda Lei de Newton, temos:

$$F_R = m \cdot a$$
$$P - N_P = m \cdot a$$
$$m \cdot g - N_P = m \cdot a$$
$$70 \cdot 10 - N_P = 70 \cdot 2$$
$$700 - N_P = 140$$
$$700 - 140 = N_P \therefore N_P = 560 \text{ N}$$

Assim, o peso aparente da pessoa tem intensidade igual a 560 N.

Exercícios Propostos

27. Um menino de 45 kg de massa está de pé sobre o piso de um elevador que desce acelerado, com aceleração de módulo igual a 3,0 m/s². Considere o módulo da aceleração da gravidade igual a 10 m/s² e determine, em newtons, a intensidade da força de compressão que o menino exerce no piso do elevador.

28. Uma pessoa de 60 kg de massa está de pé sobre uma balança de mola fixa no piso de um elevador, como mostra a figura ao lado. Considere o módulo da aceleração da gravidade igual a 10 m/s² e determine a indicação da balança (peso aparente da pessoa), em unidades SI, nos seguintes casos:

a) o elevador está em repouso;
b) o elevador sobe em movimento retilíneo e uniforme;
c) o elevador sobe em movimento uniformemente acelerado, com aceleração de módulo igual a 2,0 m/s²;
d) o elevador desce em movimento uniformemente acelerado, com aceleração de módulo igual a 2,0 m/s²;
e) o elevador sobe em movimento uniformemente retardado, com aceleração de módulo igual a 2,0 m/s²;
f) o elevador desce em movimento uniformemente retardado com aceleração de módulo igual a 2,0 m/s².

balança de molas

29. Um cabo de sustentação de determinada carga resiste a uma força de tração máxima de intensidade igual a 2.500 N. Considere o módulo da aceleração da gravidade igual a 10 m/s². Determine, em m/s², o módulo máximo da aceleração que se poderá imprimir a uma carga de 125 kg de massa, sem romper o cabo, em duas situações:

a) a carga está em movimento ascendente acelerado;
b) a carga está em movimento descendente retardado.

30. Um dinamômetro calibrado em newtons está preso ao teto de um elevador parado, em relação ao solo, pendendo verticalmente. Um pequeno corpo é pendurado nesse dinamômetro, que indica, quando em equilíbrio, 500 N. O elevador entra em movimento e, em determinado instante, o dinamômetro indica 300 N. Sendo o módulo da aceleração da gravidade igual a 10 m/s², o que se pode dizer sobre o movimento do elevador, nesse instante?

11.3.3. Acelerômetro

Um pêndulo pode ser utilizado como um dispositivo muito simples para medir a aceleração de um carro em relação à Terra, por exemplo. Devido à inércia da massa pendular, ela tende a apresentar um deslocamento angular oposto ao sentido da aceleração do corpo em que a extremidade do fio se prende. Pode-se, facilmente, relacionar o ângulo que o fio faz (desde que não seja grande o suficiente para que o fio se encurve notavelmente) à aceleração do carro. Esse dispositivo é denominado **acelerômetro**.

Exercícios Propostos

31. Uma pequena esfera de massa 2,0 kg encontra-se pendurada no teto de um carro que se desloca em linha reta em movimento acelerado, como mostra a figura ao lado. Determine, em newtons, a intensidade da força de tração no fio que sustenta a esfera quando ela se encontra na posição indicada. Considere o módulo da aceleração da gravidade igual a 10 m/s², o fio que sustenta a esfera ideal, despreze a resistência do ar e adote as seguintes aproximações: cos 30° = 0,86, sen 30° = 0,5, tg 30° = 0,57.

32. Um vagão está em movimento e, no seu interior, um pêndulo simples permanece na posição indicada na figura ao lado. Determine, em m/s², o módulo da aceleração do vagão. Considere o módulo da aceleração da gravidade igual a 10 m/s², tg α = 0,58 e despreze a resistência do ar.

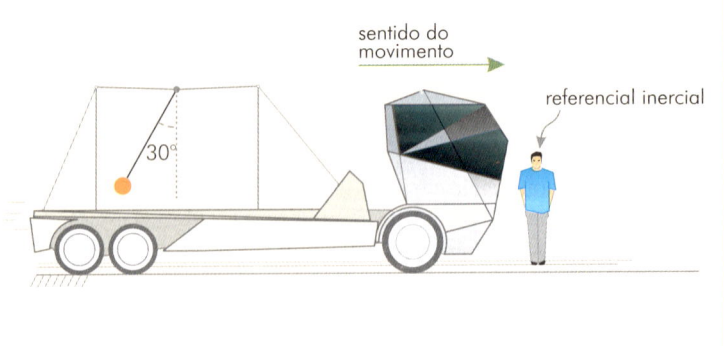

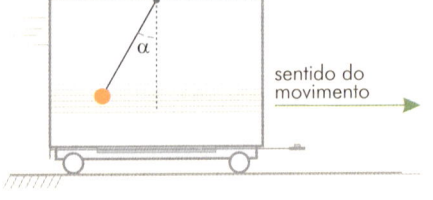

11.3.4. Forças de arraste (atrito com fluidos)

Quando um corpo se move através de um fluido (ar ou água, por exemplo), o fluido exerce sobre o corpo uma força de resistência, chamada **força de arraste**, que tende a reduzir a velocidade do corpo. Essa força de arraste depende da forma do corpo, das propriedades do fluido e da velocidade do corpo em relação ao fluido. Como a força de atrito, a força de arraste não é fácil de ser entendida. Diferentemente da força de atrito dinâmico de deslizamento, a força de arraste aumenta quando a velocidade do corpo aumenta, de forma nem sempre linear. No caso de pequenas velocidades, a força de arraste é aproximadamente proporcional à velocidade do corpo; no caso de velocidades mais elevadas, é aproximadamente proporcional ao quadrado da velocidade, como mostra a experiência descrita a seguir.

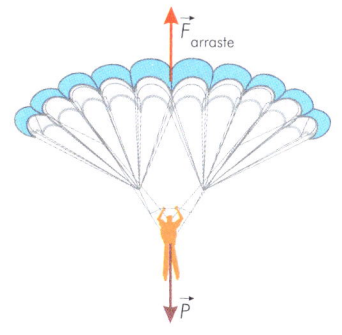

FIGURA 11-4.

Consideremos um corpo que parte do repouso e cai sob a influência da força da gravidade, que vamos admitir ser constante, e de uma força de arraste de módulo $b \cdot v^n$, em que b e n são constantes (Figura 11-4). Então, tendo sobre o corpo uma força constante para baixo de intensidade $m \cdot g$, e uma força para cima de intensidade $b \cdot v^n$, podemos adotar um referencial com orientação positiva para baixo e, de acordo com a Segunda Lei de Newton, obter a seguinte relação:

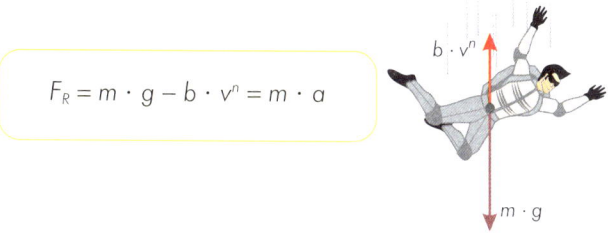

$$F_R = m \cdot g - b \cdot v^n = m \cdot a$$

De forma geral, a intensidade da força de resistência $\vec{R}$ imposta por um fluido a um corpo em movimento com velocidade de módulo v é dada pela equação

$$R = b \cdot v^n$$

em que b é uma constante que depende da natureza do fluido, da forma do corpo e da área de secção transversal na direção perpendicular ao movimento e n é uma constante que depende do valor da velocidade.

A força de arraste, atuando no paraquedas aberto e em queda, age reduzindo a velocidade de queda.

Velocidade limite ou terminal

Se um corpo está em queda livre, a única força atuando sobre ele é o seu peso, $\vec{P}$, e o movimento descrito por ele é uniformemente acelerado, com velocidade de módulo crescente. Contudo, se o corpo cair no ar, devido à força de resistência, $\vec{R}$, sua velocidade não será sempre crescente. A intensidade da força resultante de $\vec{P}$ e $\vec{R}$ (já vista anteriormente) é dada por

$$F_R = P - R \implies F_R = m \cdot g - b \cdot v^n$$

Então, a intensidade da força resultante diminui à medida que aumenta o módulo da velocidade, pois o módulo da força de resistência aumenta, nessas circunstâncias.

Assim, à medida que a intensidade da força de resistência cresce com a velocidade, a intensidade da força resultante decresce e o módulo da aceleração é cada vez menor: a velocidade escalar do corpo tem módulo que *tende* para um valor *limite* v_L, ao mesmo tempo que F_R tende a zero. Essa velocidade v_L, chamada **velocidade limite** ou **velocidade terminal**, é muitas vezes praticamente atingida na queda de um corpo no ar: é o caso de gotas de chuva originadas de grandes altitudes, que não ultrapassam 9 m/s ao caírem.

Quando, para todos os efeitos práticos, o movimento do corpo atinge a *velocidade limite* ou *velocidade terminal*, o corpo adquire movimento praticamente uniforme.

Em queda livre, o corpo está sob a ação de uma força vertical para baixo, cuja intensidade é igual a sua massa multiplicada pela aceleração da gravidade.

Exercício Resolvido

33. Uma pequena esfera de 40 kg de massa é lançada verticalmente para baixo, com velocidade escalar de módulo igual a 5,0 m/s, em uma região em que a aceleração da gravidade tem módulo de 10 m/s². Admita que a força de resistência do ar ($\vec{F}_r$) que atua na partícula durante a queda tenha módulo dado por $F_r = 4{,}0v^2$, em unidades SI. Discuta como se comporta a velocidade da partícula.

Resolução:

Apenas duas forças estão atuando sobre a esfera. São elas: a força peso ($\vec{P}$) e a força de resistência do ar ($\vec{F}_r$). Inicialmente, vamos calcular o módulo da velocidade escalar limite da partícula. Quando a partícula atingir a velocidade limite, as forças que atuam na partícula devem obedecer à relação:

$$F_r = P \Rightarrow 4{,}0 v_L^2 = m \cdot g \Rightarrow 4{,}0 v_L^2 = 40 \cdot 10$$

$$4{,}0 v_L^2 = 400 \quad \therefore \quad v_L = 10 \text{ m/s}$$

O módulo da velocidade limite (v_L) é maior que o módulo da velocidade inicial de lançamento da esfera (v_0). Isso significa que, inicialmente, teremos $F_R < P$ e que o movimento é acelerado. A velocidade da esfera deve ir aumentando até atingir a velocidade limite. A partir desse instante, a velocidade da esfera torna-se constante. Veja o esboço do gráfico velocidade × tempo.

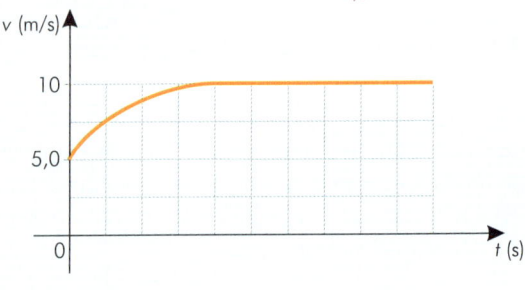

Exercícios Propostos

34. Um paraquedista de massa 64 kg atinge a velocidade limite de 180 km/h com os braços e as pernas estendidos. Considere o módulo da aceleração da gravidade igual a 10 m/s².
  a) Qual o módulo da força de arraste máxima para cima que atua sobre o paraquedista, em newtons?
  b) Se a força de arraste for dada por $R = b \cdot v^2$, qual o valor da constante b?

35. Uma pequena partícula de poluição cai no ar com a velocidade limite de $2{,}0 \cdot 10^{-4}$ m/s. A partícula tem massa de 10^{-10} g e a força de resistência é dada por $R = b \cdot v^2$. Qual o valor da constante b? Considere o módulo da aceleração da gravidade igual a 10 m/s².

36. Um paraquedista totalmente equipado, tendo massa igual a 100 kg, salta de uma grande altura e cai em "queda livre". A força de resistência do ar que atua no

Exercícios Propostos

paraquedista tem intensidade $R = 40v^2$ (SI), em que v é o módulo da velocidade do paraquedista. Considerando o módulo da aceleração da gravidade de 10 m/s², determine o módulo da máxima velocidade atingida pelo paraquedista durante a queda, em m/s.

37. (PAS – UnB – DF) No salto de paraquedas, como ilustra o desenho ao lado, o paraquedista cai e é acelerado durante um certo intervalo de tempo, até atingir uma velocidade da ordem de 150 km/h a 200 km/h, dependendo do seu peso e da área do seu corpo, quando, então, o paraquedas é aberto e o conjunto sofre a ação de uma força contrária ao movimento, que o faz desacelerar até uma velocidade constante bem menor, da ordem de 5 km/h, que permite um pouso tranquilo. Com o auxílio dessas informações, julgue os itens a seguir.

(1) Em um salto normal, conforme o descrito, a aceleração resultante sobre o paraquedista, imediatamente antes de ele tocar o solo, tem módulo igual ao da aceleração da gravidade.
(2) No instante em que o paraquedista cai do avião, sua velocidade inicial vertical de queda é nula e, nesse caso, a única força vertical que age sobre o seu corpo é a gravitacional.
(3) Considerando a aceleração da gravidade com módulo igual a 10 m/s² e desprezando a resistência do ar, o paraquedista que cai do avião e mantém o paraquedas fechado por 10 s atinge, ao final desse período, uma velocidade escalar de módulo igual a 36 km/h.
(4) Do instante em que o paraquedas abre completamente até a chegada ao solo, o conjunto é desacelerado pela resistência do ar; nessa situação, a intensidade da força contrária ao movimento é sempre menor ou igual à da força da gravidade.

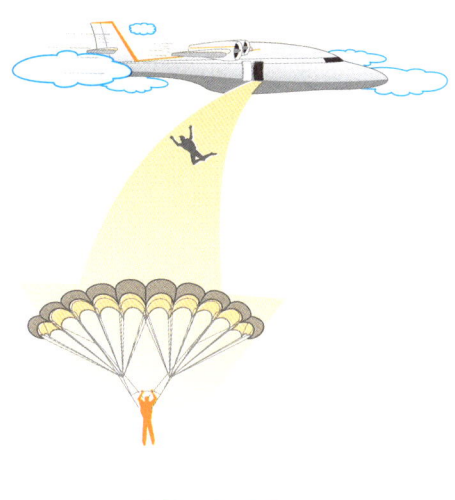

Exercícios Complementares

38. (UFMG) A figura mostra um carro fazendo uma curva horizontal plana, de raio $R = 50$ m, em uma estrada asfaltada. O módulo da velocidade do carro é constante e suficientemente baixo para que se possa desprezar a resistência do ar sobre ele. Considere o módulo da aceleração da gravidade igual a 10 m/s².

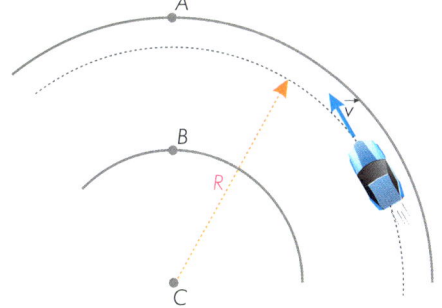

a) Cite as forças que atuam sobre o carro e desenhe, na figura, vetores indicando a direção e o sentido de cada uma dessas forças.
b) Supondo valores numéricos razoáveis para as grandezas envolvidas, determine o módulo da velocidade que o carro pode ter nessa curva.
c) O carro poderia ter uma velocidade maior nessa curva se ela fosse inclinada. Indique, nesse caso, se a parte externa da curva, ponto A, deve ser mais alta ou mais baixa que a parte interna, ponto B. Justifique sua resposta.

39. (FUVEST – SP) Em uma estrada, um automóvel de 800 kg de massa com velocidade escalar constante de módulo igual a 72 km/h aproxima-se de um fundo de vale, conforme esquema a seguir. Considere o módulo da aceleração da gravidade local igual a 10 m/s².

Sabendo que o raio de curvatura nesse fundo de vale é 20 m, a força de reação da estrada sobre o carro é, em newtons, aproximadamente,

a) $2,4 \cdot 10^5$ c) $1,6 \cdot 10^5$ e) $1,6 \cdot 10^4$
b) $2,4 \cdot 10^4$ d) $8,0 \cdot 10^5$

40. (PUC) Um cubo de gelo de massa igual a 100 g é abandonado, a partir do repouso, da beira de uma tigela hemisférica de raio 45 cm. Considerando desprezível o atrito entre o gelo e a superfície interna da tigela, sendo o módulo da aceleração da gravidade igual a 10 m/s² e sabendo que, ao passar pelo ponto mais baixo da traje-

Exercícios Complementares

tória, a velocidade escalar do cubo de gelo tem módulo igual a $\sqrt{2}$ m/s, é correto afirmar que a intensidade da componente normal da força de contato trocada entre o bloco de gelo e o fundo da tigela:

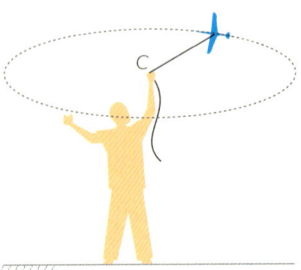

a) é nula.
b) tem valor igual a 144 N.
c) tem sempre o mesmo valor, qualquer que seja o raio da tigela.
d) não depende da massa do cubo de gelo.
e) será tanto maior quanto maior for a massa do cubo de gelo.

41. Um avião de brinquedo é posto a girar em um plano horizontal, preso a um fio de comprimento 4,0 m. Sabe-se que o fio suporta uma força de tração horizontal máxima de valor 20 N. Sendo a massa do avião 0,8 kg, a intensidade máxima da velocidade que ele pode ter, sem que ocorra o rompimento do fio, é igual a:

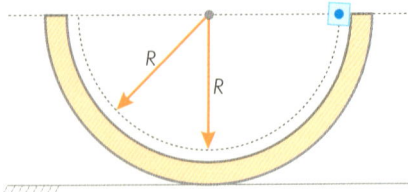

a) 10 m/s   b) 8 m/s   c) 5 m/s   d) 12 m/s   e) 16 m/s

42. (UnB – DF – modificada) Nas corridas de Fórmula 1, nas montanhas-russas dos parques de diversão e mesmo nos movimentos curvilíneos da vida diária (movimentos de automóveis, aviões etc.), as forças centrípetas desempenham papéis fundamentais. A respeito dessas forças, julgue os itens que seguem.

(1) A reação normal de uma superfície nunca pode exercer o papel de força centrípeta.
(2) Em uma curva, a velocidade de um carro sempre varia em direção e sentido, mas não necessariamente em intensidade.
(3) A "força centrífuga" que age em um objeto em movimento circular é um exemplo de força inercial.
(4) Para que um carro faça uma curva em uma estrada, necessariamente a resultante das forças que nele atuam não pode ser nula.

43. Uma pedra, presa a um barbante, está girando em um plano horizontal a 5,0 m de altura, quando ocorre a ruptura do barbante. A partir desse instante, a componente horizontal do deslocamento da pedra até que ela atinja o solo é de 8,0 m. Considere o módulo da aceleração da gravidade igual a 10 m/s² e despreze a resistência do ar.

A velocidade da pedra no instante de ruptura do barbante tem módulo, em m/s, igual a

a) 1,6   b) 4,0   c) 5,0   d) 8,0   e) 16

44. Um carro consegue fazer uma curva plana e horizontal, de raio 100 m, com velocidade constante de 72 km/h. Sendo o módulo da aceleração da gravidade igual a 10 m/s², o mínimo coeficiente de atrito estático entre os pneus do carro e a pista deve ser:

a) 0,20   b) 0,25   c) 0,30   d) 0,35   e) 0,40

45. A figura ao lado mostra um pêndulo de peso P, preso a um fio inextensível. O pêndulo é abandonado do ponto A, no qual o fio se encontra na horizontal, e se movimenta para baixo, passando com velocidade escalar $v = \sqrt{2g \cdot R}$ pelo ponto B, que é o ponto mais baixo da trajetória. Desprezando-se forças de resistência, o valor da tração (T) no fio quando a esfera do pêndulo passar pelo ponto B será:

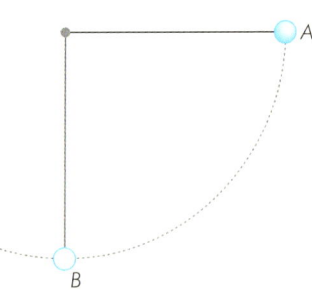

a) $T = P$ b) $T = 2P$ c) $T = 3P$ d) $T = \dfrac{P}{3}$ e) $T = \dfrac{P}{2}$

46. Uma atração muito popular nos circos é o "globo da morte", que consiste em uma gaiola de forma esférica no interior da qual se movimenta uma pessoa pilotando uma motocicleta. Considere um globo de raio efetivo $R = 3,6$ m.

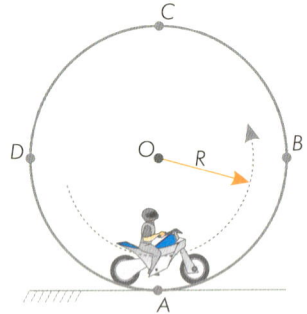

a) Faça um diagrama das forças que atuam sobre a motocicleta nos pontos A, B, C e D, indicados na figura acima, sem incluir as forças de atrito. Para efeitos práticos, considere o conjunto piloto + motocicleta como sendo um ponto material.
b) Qual o módulo da velocidade mínima que a motocicleta deve ter ao passar pelo ponto C para não perder o contato com o interior do globo?

47. Suponha que dois objetos idênticos façam um movimento circular uniforme, de mesmo raio, mas que um dos objetos dê sua volta duas vezes mais rapidamente do que o outro. A força centrípeta necessária para manter o objeto mais rápido nessa trajetória é:

a) a mesma que a força centrípeta necessária para manter o objeto mais lento.
b) um quarto da força centrípeta necessária para manter o objeto mais lento.
c) a metade da força centrípeta necessária para manter o objeto mais lento.

Exercícios Complementares

d) o dobro da força centrípeta necessária para manter o objeto mais lento.
e) quatro vezes maior do que a força centrípeta necessária para manter o objeto mais lento.

48. A figura a seguir ilustra uma menina em um balanço. Sendo T_A, T_B e T_C as tensões na corda do balanço nas posições indicadas e θ_1 maior que θ_2, a afirmação CORRETA é:

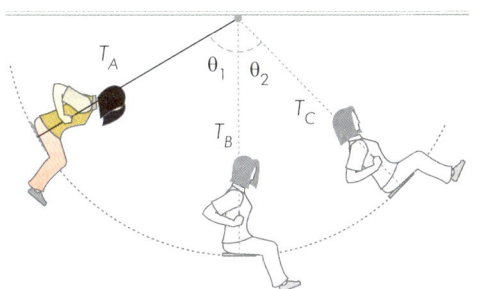

a) $T_A > T_B > T_C$ c) $T_B > T_C > T_A$ e) $T_A = T_B = T_C$
b) $T_C > T_B > T_A$ d) $T_A > T_C > T_B$

49. A figura ao lado mostra um bloco de peso igual a 700 N apoiado em um plano horizontal, sustentando um corpo de 400 N de peso por meio de uma corda inextensível, que passa por um sistema de roldanas consideradas ideais. O módulo da força do plano sobre o bloco é:

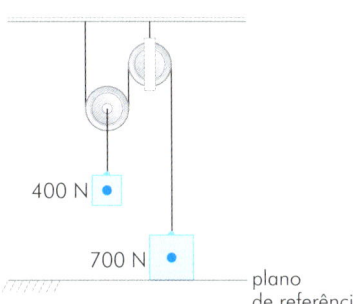

a) 1.100 N b) 500 N c) 100 N d) 300 N e) 900 N

50. No arranjo representado no esquema ao lado, as polias e os fios são ideais. Considere o módulo da aceleração da gravidade local igual a 10 m/s² e também os valores indicados no esquema. As trações nos fios 1 e 2, em newtons, são, respectivamente,

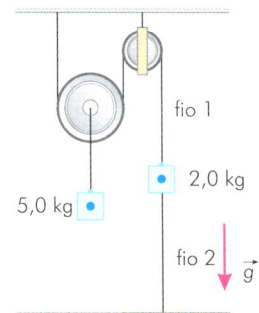

a) 0,50 e 2,5   d) 25 e 5,0
b) 2,5 e 0,50   e) 25 e 25
c) 5,0 e 25

51. Dois blocos, A e B, encontram-se interligados por um fio ideal que passa por roldanas também ideais. Sendo a massa do bloco A igual a 20 kg, a massa do bloco B, de 10 kg e, ainda, considerando o atrito entre o bloco A e o plano horizontal

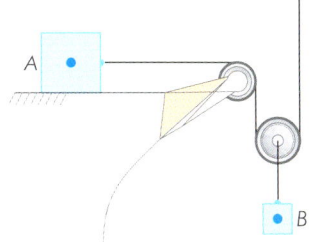

desprezível, determine a relação entre os módulos das acelerações adquiridas pelos blocos. Considere o módulo da aceleração da gravidade igual a 10 m/s².

52. Um homem de 80 kg de massa está sobre uma "balança" calibrada em newtons, no interior de um elevador. Considerando o módulo da aceleração da gravidade de 10 m/s², determine a indicação registrada pela "balança", sabendo que o elevador descreve movimento uniformemente variado com aceleração de módulo 2,0 m/s², nos seguintes casos:

a) o elevador sobe acelerado;
b) o elevador sobe retardado.

53. Um elevador começa a subir, a partir do andar térreo, com aceleração de módulo igual a 5,0 m/s². Qual será o peso aparente de um homem de 60 kg de massa que se encontra sobre o piso do elevador?
Considere o módulo da aceleração da gravidade de 10 m/s² e divida o resultado obtido por 10.

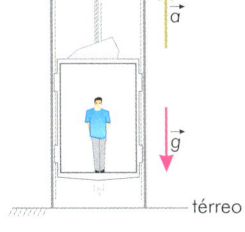

54. Em um elevador, há uma "balança" graduada em newtons. Um homem de 60 kg de massa, sobre a balança, lê 720 N quando o elevador sobe com certa aceleração e 480 N quando desce com a mesma aceleração em módulo. Qual a intensidade das acelerações do elevador e da gravidade local, em m/s²?

55. Um vagão move-se sobre trilhos retos e horizontais, com movimento uniformemente acelerado. Preso ao teto do vagão há um pêndulo simples que se mantém em repouso em relação ao vagão, formando um ângulo de 37° com a vertical. Sabendo que a massa da partícula presa ao fio é de 2,0 kg, que o módulo da aceleração da gravidade é de 10 m/s² e que valem as aproximações sen 37° = 0,6, cos 37° = 0,8 e tg 37° = 0,75, determine:

a) a intensidade da força de tração que atua no fio que sustenta a massa pendular;
b) o módulo da aceleração do vagão.

56. Um automóvel de 800 kg de massa desloca-se em um trecho retilíneo de uma rodovia. A intensidade máxima da força motora que o motor do carro pode exercer é 1.500 N. Admita que as forças de resistência ao movimento do carro se reduzam praticamente à resistência do ar, R, que é dada por $R = 1{,}5v^2$, em que v é o módulo da velocidade do carro, ambas medidas em unidades SI. Calcule a velocidade limite do automóvel nessas condições.

57. Uma partícula com 2,0 kg de massa movimenta-se em trajetória retilínea no interior de um fluido. A força resultante que atua na partícula tem intensidade dada por $F_R = 8{,}0 - 0{,}10v$, em unidades SI, em que v é o módulo da velocidade da partícula. Calcule o módulo da velocidade máxima atingida pela partícula.

12. Estática de Ponto Material e Estática de Corpo Rígido

Fotografia da dupla acrobática "Akróbatus", reproduzida com permissão. (www.akrobatus.com)

12.1. Introdução

A **Estática** é o ramo da Mecânica em que se investigam as condições sob as quais um corpo fica em equilíbrio. Por serem situações diferentes, estudamos separadamente as condições de equilíbrio para corpos que podem ser tratados como pontos materiais e para corpos que não podem ser assim considerados (corpos rígidos e corpos fluidos).

Lembremo-nos de que uma força aplicada a um corpo pode modificar seu estado de movimento. No caso mais geral, a aplicação de uma única força altera tanto o estado de movimento de translação como o de rotação. Quando várias forças são aplicadas simultaneamente, seus efeitos sobre o movimento podem ser cancelados, resultando não haver mudança nem na translação nem na rotação. Quando isso acontece, dizemos que ele está "em equilíbrio", isto é, que o corpo, como um todo: *(1) está em repouso ou move-se em linha reta com velocidade constante; (2) não tem rotação ou gira com velocidade escalar constante.*

> **IMPORTANTE**
>
> **Translação:** movimento em que todos os pontos do corpo se deslocam paralelamente e mantêm as mesmas distâncias entre si.
>
> **Rotação:** movimento em que todos os pontos do corpo descrevem simultaneamente trajetórias circulares em torno de um eixo.

12.2. Equilíbrio de Ponto Material

De acordo com o *princípio da inércia*, se a resultante das forças que agem sobre um ponto material é nula, esse ponto material está em repouso ou em movimento retilíneo e uniforme.

A Estática estuda o conjunto de forças que atuam sobre um corpo em equilíbrio.

Em resumo:

Se $\vec{F}_R = \vec{0} \Rightarrow$ o ponto material está em equilíbrio... $\begin{cases} \text{... estático (repouso): } \vec{v} = \vec{0} \\ \text{ou} \\ \text{... dinâmico (MRU): } \vec{v} = \text{cte} \neq \vec{0} \end{cases} \Rightarrow \vec{a} = \vec{0}$

Os problemas de Estática, de maneira geral, consistem em determinar forças que agem sobre o ponto material em equilíbrio. Para resolvê-los, devemos impor a condição de que a resultante das forças seja nula. Um método eficiente, que utiliza as projeções ortogonais dos vetores, é descrito a seguir.

12.2.1. Método das projeções

Considere um ponto material sob a ação de um sistema de forças coplanares, $\vec{F}_1, \vec{F}_2, ..., \vec{F}_n$. Seja O$xy$ um sistema cartesiano de referência, situado no mesmo plano das forças. Se a resultante das forças for nula ($\vec{F}_R = \vec{0}$), decorre que suas projeções nos eixos Ox e Oy são nulas ($\vec{F}_{Rx} = \vec{0}$ e $\vec{F}_{Ry} = \vec{0}$). Veja, na Figura 12-1, um exemplo com quatro forças atuando simultaneamente em um ponto material em equilíbrio.

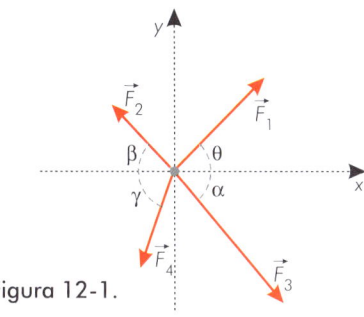

Figura 12-1.

Você Sabia?

Para que a pessoa se mantenha parada em pé, como na foto, é preciso que a resultante das forças que atuam sobre ela seja nula.

Componentes cartesianas:
- $F_{1x} = F_1 \cdot \cos\theta$ e $F_{1y} = F_1 \cdot \text{sen } \theta$
- $F_{2x} = F_2 \cdot \cos\beta$ e $F_{2y} = F_2 \cdot \text{sen } \beta$
- $F_{3x} = F_3 \cdot \cos\alpha$ e $F_{3y} = F_3 \cdot \text{sen } \alpha$
- $F_{4x} = F_4 \cdot \cos\gamma$ e $F_{4y} = F_4 \cdot \text{sen } \gamma$

No equilíbrio, $F_{1x} + F_{3x} = F_{2x} + F_{4x}$ e $F_{1y} + F_{2y} = F_{3y} + F_{4y}$. Em geral,

$\vec{F}_R = \vec{0} \Leftrightarrow \begin{cases} \vec{F}_{Rx} = \vec{F}_{1x} + \vec{F}_{2x} + ... + \vec{F}_{nx} = \vec{0} \\ \text{e} \\ \vec{F}_{Ry} = \vec{F}_{1y} + \vec{F}_{2y} + ... + \vec{F}_{ny} = \vec{0} \end{cases}$

Se um ponto material sujeito à ação de um sistema de forças coplanares estiver em equilíbrio, as somas algébricas das projeções dessas forças sobre dois eixos perpendiculares e pertencentes ao plano das forças serão nulas.

Exercícios Resolvidos

1. O sistema esquematizado na figura a seguir está em equilíbrio e na iminência de movimento. Determine o coeficiente de atrito estático entre a superfície do corpo A e o plano inclinado. Os corpos A e B têm massas respectivamente iguais a $m_A = 60$ kg e $m_B = 40$ kg e a aceleração da gravidade tem módulo de 10 m/s². Considere sen 37° = 0,6 e cos 37° = 0,8 e que o fio e a polia são ideais.

Resolução:

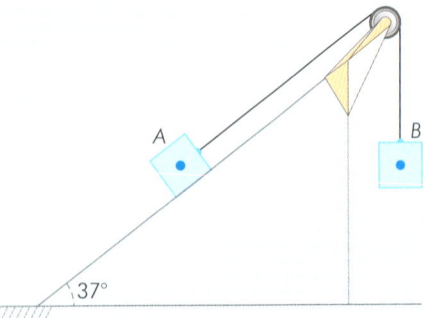

Representação das forças que atuam nos corpos e a decomposição da força peso:

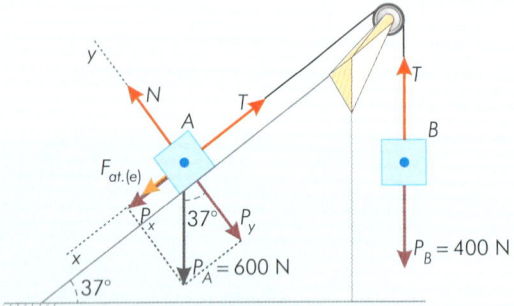

No corpo B:

$$T = P_B \Rightarrow T = 400 \text{ N}$$

No corpo A:

$$P_x = P_A \cdot \text{sen } 37° \Rightarrow P_x = 600 \cdot 0,6 \Rightarrow P_x = 360 \text{ N}$$

Como $T < P_x$, para que ocorra o equilíbrio do sistema, a força de atrito que atua no corpo A deve ter a mesma direção e o sentido da componente $\vec{P}_x$.

$$\begin{cases} \Sigma F_x = 0 \Rightarrow T - (P_x + F_{at.(e)}) = 0 \\ T = P_A \cdot \text{sen } 37° + F_{at.(e)} \\ T = 600 \cdot 0,6 + \mu_e \cdot N \quad \text{(equação I)} \\ \Sigma F_y = 0 \Rightarrow N - P_y = 0 \Rightarrow N = P_A \cdot \cos 37° \\ N = 600 \cdot 0,8 \Rightarrow N = 480 \text{ N} \quad \text{(equação II)} \end{cases}$$

Substituindo o valor da normal ($N = 480$ N) na equação I, encontramos o valor do coeficiente de atrito estático entre o corpo A e a superfície do plano inclinado. Assim, temos:

$$T = 600 \cdot 0,6 + \mu_e \cdot N$$
$$400 = 360 + \mu_e \cdot 480 \Rightarrow 40 = \mu_e \cdot 480 \therefore \mu_e \cong 0,08$$

2. Determine, em newtons, a intensidade da força de tração nos cabos AB e AD para garantir o equilíbrio do bloco de massa igual a 250 kg esquematizado na figura a seguir. Considere o módulo da aceleração da gravidade igual a 10 m/s² e os fios de sustentação ideais. Considere que sen 30° = 0,5 e cos 30° = 0,86.

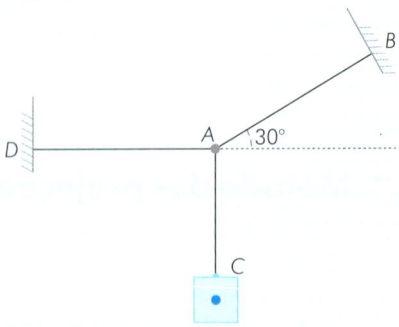

Resolução:
Para resolver este problema, devemos considerar o equilíbrio do ponto A, que está sujeito às forças dos cabos AB e AD. O bloco pendurado tem peso de 2.500 N, que é suportado pelo cabo CA. Portanto, conforme mostrado na figura a seguir, existem três forças concorrentes no ponto A. As forças $\vec{T}_B$ e $\vec{T}_D$ têm módulos desconhecidos, porém direções conhecidas, e o fio AC exerce uma força no ponto A, para baixo, de intensidade igual a 2.500 N.

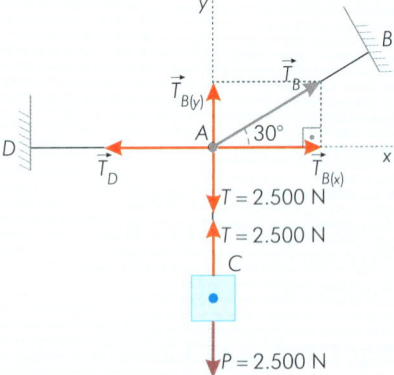

Os módulos das forças de tração $\vec{T}_B$ e $\vec{T}_D$ podem ser obtidos a partir das duas equações escalares de equilíbrio, $\Sigma F_x = 0$ e $\Sigma F_y = 0$. Para aplicar essas equações, a força de tração, $\vec{T}_B$, deve ser decomposta.
Assim,

$$\Sigma F_x = 0 \Rightarrow T_B \cdot \cos 30° - T_D = 0 \quad \text{(equação I)}$$
$$\Sigma F_y = 0 \Rightarrow T_B \cdot \text{sen } 30° - 2.500 = 0 \quad \text{(equação II)}$$

Resolvendo a equação II, obtemos o valor T_B:

$$T_B \cdot 0,5 - 2.500 = 0$$
$$T_B \cdot 0,5 = 2.500 \therefore T_B = 5.000 \text{ N}$$

Substituindo o valor $T_B = 5.000$ N na equação I, encontramos o valor T_D:

$$T_B \cdot \cos 30° - T_D = 0 \Rightarrow 5.000 \cdot 0,86 - T_D = 0$$
$$T_D = 4.300 \text{ N}$$

Exercícios Propostos

3. Um bloco A, com 200 N de peso, é mantido em equilíbrio por meio da montagem de três fios, conforme mostra a figura a seguir. Determine, em newtons, a intensidade da força de tração em cada fio. Considere as seguintes aproximações: sen 37° = cos 53° = 0,60 e sen 53° = cos 37° = 0,80.

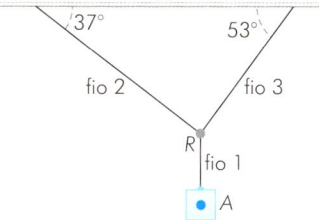

4. O sistema da figura abaixo encontra-se em equilíbrio; a polia e os fios de ligação são ideais. Nessas condições, determine, em newtons, a intensidade da força peso do bloco 1, sabendo que a intensidade da força peso do bloco 2 é de 80 N. São dadas as seguintes aproximações: cos 53° = sen 37° = 0,60 e cos 37° = sen 53° = 0,80.

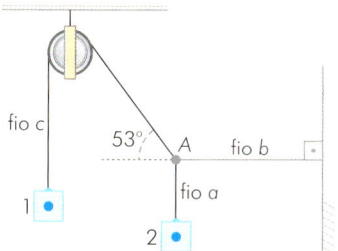

5. (FUVEST – SP) A figura ao lado mostra dois blocos, A e B, de massas respectivamente iguais a 2,0 kg e 4,0 kg, ligados por um fio que passa por uma roldana. O bloco B está apoiado no solo. Supondo desprezíveis os atritos e considerando o módulo da aceleração da gravidade de 10 m/s², determine, em unidades SI:

a) a intensidade da força de tração que atua no fio;
b) a intensidade da força exercida pelo solo sobre o bloco B.

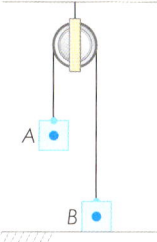

6. (PUC – SP) Um lustre de 0,5 kg de massa é sustentado por dois fios que formam entre si um ângulo de 60°. Qual o módulo da força de tração em cada fio? Considere o módulo da aceleração da gravidade de 10 m/s², cos 30° = sen 60° = 0,87 e sen 30° = cos 60° = 0,50.

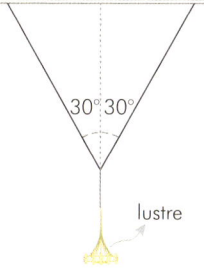

7. A figura a seguir mostra uma técnica usada pelos montanhistas para descer ao longo de faces rochosas verticais. O montanhista senta em uma cadeira de cordas e a corda de descida passa por um dispositivo, de atrito desprezível, preso a essa cadeira. Suponha que a rocha seja perfeitamente lisa e que os pés do montanhista a empurrem horizontalmente. Se o peso do montanhista for de 800 N, calcule a intensidade da força de tração na corda e a força que os seus pés exercem na face da rocha. Considere as seguintes aproximações: sen 15° = cos 75° = 0,26 e sen 75° = cos 15° = 0,96.

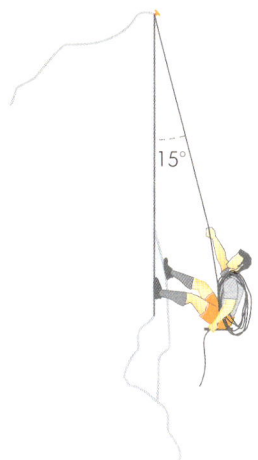

8. (PAS – UnB – DF) Na praia, é comum encontrar pessoas que praticam o *paraglider* – uma espécie de paraquedas rebocado por um barco. Considere que, em um dia calmo e sem vento, um barco reboca uma pessoa de 80 kg em um *paraglider*, a uma altura constante e igual a 20 m acima da superfície da água, mantendo a velocidade constante.

Nessas condições, e considerando o módulo da aceleração da gravidade igual a 10 m/s², julgue a veracidade das afirmações seguintes.

(1) A resultante das forças atuando sobre a pessoa é nula.
(2) A componente vertical da força exercida pelo *paraglider* sobre a pessoa é maior que 800 N.
(3) Se a extremidade da corda presa ao *paraglider* fizer um ângulo de 60° com a horizontal, então a tração na corda será, em módulo, o dobro da intensidade da força horizontal de arraste (resistência do ar).

12.3. Centro de Massa

Centro de massa de um conjunto de diversas partículas é um ponto onde pode ser considerada concentrada toda a massa do sistema, para efeito de cálculos. Isto é, o centro de massa sofre a atuação da força resultante da soma vetorial das forças externas que atuam no sistema.

Consideremos um corpo qualquer, sob a ação de um conjunto de forças simultâneas. Se toda a massa do corpo puder ser considerada concentrada em um ponto, no qual age a resultante de todas as forças, esse ponto é denominado **centro de massa** do corpo (Figuras 12-2A e 12-2B). Isso significa que, toda vez que representamos um corpo como um ponto material, usamos o seu centro de massa.

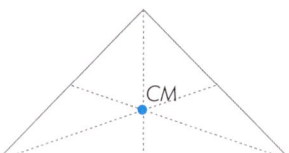

Figura 12-2A. Uma chapa homogênea de forma quadrada tem o centro de massa no centro geométrico do quadrado (intersecção das bissetrizes dos ângulos internos).

Figura 12-2B. Uma chapa homogênea de forma triangular tem o centro de massa no baricentro do triângulo (intersecção das medianas).

12.3.1. Determinação das coordenadas do centro de massa

Consideremos um sistema formado por n partículas separadas umas das outras, de massas $m_1, m_2, m_3, ..., m_n$ (um sistema desse tipo é dito **discreto**). Adotemos um sistema de eixos cartesianos de referência (Figura 12-3).

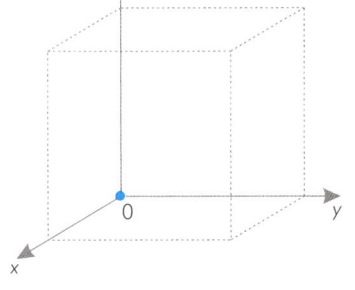

Figura 12-3.

- No sistema discreto de n partículas, a massa total (M) é a soma das massas das partículas constituintes,

$$M = m_1 + m_2 + m_3 + ... + m_n = \sum m_i$$

- As coordenadas do centro de massa (CM) são as médias das coordenadas das partículas constituintes, ponderadas pelas respectivas massas:

  - abscissa do centro de massa $(x_{CM}) = \dfrac{m_1 \cdot x_1 + m_2 \cdot x_2 + ... + m_n \cdot x_n}{m_1 + m_2 + ... + m_n}$

  - ordenada do centro de massa $(y_{CM}) = \dfrac{m_1 \cdot y_1 + m_2 \cdot y_2 + ... + m_n \cdot y_n}{m_1 + m_2 + ... + m_n}$

  - cota do centro de massa $(z_{CM}) = \dfrac{m_1 \cdot z_1 + m_2 \cdot z_2 + ... + m_n \cdot z_n}{m_1 + m_2 + ... + m_n}$

Assim, tratar uma distribuição discreta de matéria como ponto material equivale a criar um corpo equivalente, com a massa total do sistema concentrada em um ponto, cujas coordenadas são as do seu centro de massa.

Casos particulares

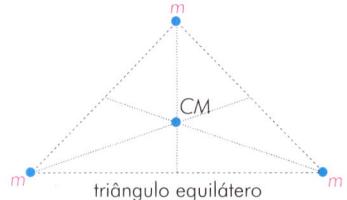
triângulo equilátero

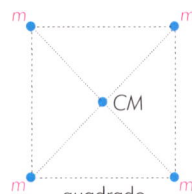
quadrado

1.º) Em um sistema constituído por um conjunto de partículas de massas iguais, distribuídas nos vértices de uma figura geométrica plana regular, o centro de massa coincidirá com o centro geométrico da figura.

2.º) Em um sistema constituído por um número par de partículas de massas iguais, que admita um ponto de simetria, equidistante de cada duas das partículas, o centro de massa coincidirá com esse ponto.

retângulo

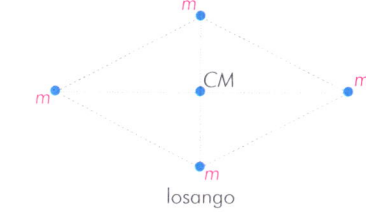
losango

3.º) Um corpo homogêneo (isto é, uma distribuição *contínua* de massa) que admite um ponto de simetria tem o seu centro de massa coincidente com o seu centro geométrico.

esfera homogênea

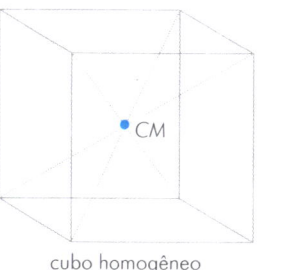
cubo homogêneo

Exercício Resolvido

9. No sistema esquematizado na figura a seguir, as partículas A, B e C têm massas, respectivamente, iguais a $m_A = 4$ kg, $m_B = 1$ kg e $m_C = 5$ kg.

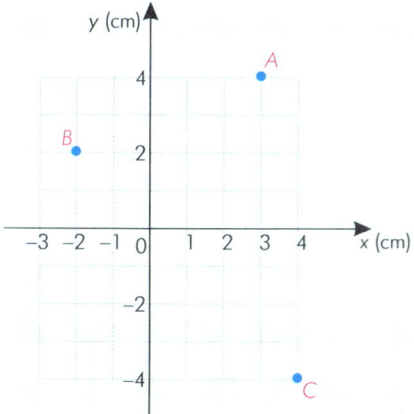

Obtenha as coordenadas do centro de massa desse sistema.

Resolução:
Da figura, tiramos que:

$$x_A = 3 \text{ cm}; x_B = -2 \text{ cm}; x_C = 4 \text{ cm}$$
$$y_A = 4 \text{ cm}; y_B = 2 \text{ cm}; y_C = -4 \text{ cm}$$

Assim, as coordenadas do centro de massa (CM) são dadas por:

$$x_{CM} = \frac{m_A \cdot x_A + m_B \cdot x_B + m_C \cdot x_C}{m_A + m_B + m_C}$$

$$x_{CM} = \frac{4 \cdot (3) + 1 \cdot (-2) + 5 \cdot (4)}{4 + 1 + 5} = 3 \text{ cm}$$

$$y_{CM} = \frac{m_A \cdot y_A + m_B \cdot y_B + m_C \cdot y_C}{m_A + m_B + m_C}$$

$$y_{CM} = \frac{4 \cdot (4) + 1 \cdot (2) + 5 \cdot (-4)}{4 + 1 + 5} = -\frac{1}{5} \text{ cm}$$

Resposta: as coordenadas do centro de massa são:
$$\left(3 \text{ cm}; -\frac{1}{5} \text{ cm}\right)$$

Exercícios Propostos

10. Três partículas, dispostas em um plano cartesiano, têm as seguintes massas e coordenadas:

- partícula A: 2,0 kg (3,0 m; 2,0 m);
- partícula B: 3,0 kg (1,0 m; −4,0 m);
- partícula C: 4,0 kg (−3,0 m; 5,0 m).

Determine o centro de massa desse sistema.

11. Determine as coordenadas do centro de massa do sistema de partículas de massas $m_1 = 10$ kg, $m_2 = 10$ kg, $m_3 = 5$ kg e $m_4 = 25$ kg, esquematizado na figura abaixo.

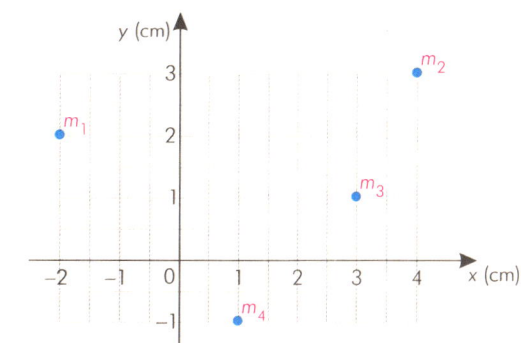

Exercício Resolvido

12. A figura a seguir representa uma chapa homogênea de espessura uniforme. Determine as coordenadas do centro de massa (CM) dessa chapa.

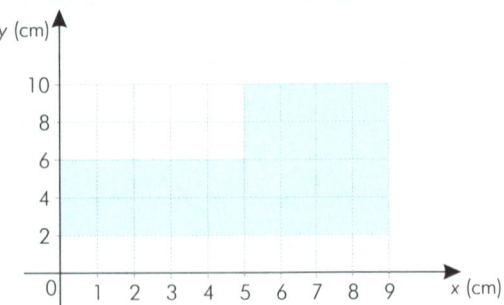

Resolução:

Podemos dividir a chapa em um retângulo e um quadrado, como indicado na figura a seguir (observe as escalas diferentes em y e x).

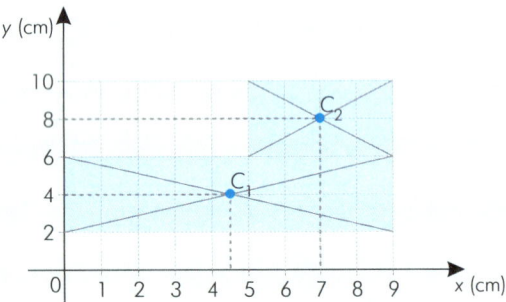

O retângulo, que fica localizado na parte inferior da figura, tem centro de massa C_1, cujas coordenadas são: $x_1 = 4{,}5$ cm e $y_1 = 4$ cm.

O quadrado, que fica localizado na parte superior da figura, tem centro de massa C_2, cujas coordenadas são: $x_2 = 7$ cm e $y_2 = 8$ cm.

Agora, devemos determinar o centro de massa do sistema formado pelas partículas C_1 e C_2.

Como a placa é homogênea e de espessura uniforme, sua densidade superficial, μ, é constante. Então,

$$\mu = \frac{m_1}{A_1} = \frac{m_2}{A_2}$$

Assim, $m_1 = \mu \cdot A_1$ e $m_2 = \mu \cdot A_2$:

$$x_{CM} = \frac{m_1 \cdot x_1 + m_2 \cdot x_2}{m_1 + m_2}$$

$$x_{CM} = \frac{\mu \cdot A_1 \cdot x_1 + \mu \cdot A_2 \cdot x_2}{\mu \cdot A_1 + \mu \cdot A_2} = \frac{A_1 \cdot x_1 + A_2 \cdot x_2}{A_1 + A_2}$$

$$y_{CM} = \frac{m_1 \cdot y_1 + m_2 \cdot y_2}{m_1 + m_2}$$

$$y_{CM} = \frac{\mu \cdot A_1 \cdot y_1 + \mu \cdot A_2 \cdot y_2}{\mu \cdot A_1 + \mu \cdot A_2} = \frac{A_1 \cdot y_1 + A_2 \cdot y_2}{A_1 + A_2}$$

Como demonstramos, sendo a placa homogênea e de espessura uniforme, podemos usar as áreas no lugar das massas. Assim,

$$A_1 = (9 \text{ cm}) \cdot (4 \text{ cm}) = 36 \text{ cm}^2$$
$$A_2 = (4 \text{ cm}) \cdot (4 \text{ cm}) = 16 \text{ cm}^2$$

As coordenadas do centro de massa (CM) da placa são:

$$x_{CM} = \frac{A_1 \cdot x_1 + A_2 \cdot x_2}{A_1 + A_2} \Rightarrow x_{CM} = \frac{36 \cdot 4{,}5 + 16 \cdot 7}{36 + 16}$$

$x_{CM} = 5{,}27$ cm

$$y_{CM} = \frac{A_1 \cdot y_1 + A_2 \cdot y_2}{A_1 + A_2} \Rightarrow x_{CM} = \frac{36 \cdot 4 + 16 \cdot 8}{36 + 16}$$

$y_{CM} = 5{,}23$ cm

Resposta: as coordenadas do centro de massa da placa são (5,27 cm e 5,23 cm).

Exercícios Propostos

13. Determine a abscissa e a ordenada do centro de massa de uma chapa homogênea de espessura uniforme que se encontra esquematizada na figura a seguir.

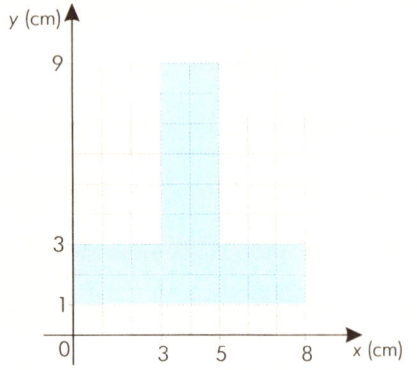

14. (UnB – DF) Admitindo, no sistema de coordenadas da figura adiante, que cada quadradinho tenha 10 cm de lado, determine as coordenadas do centro de massa do sistema constituído de duas placas homogêneas, uma circular e a outra triangular, cujas massas são iguais.

Calcule, em centímetros, o valor da soma das coordenadas obtidas e despreze a parte fracionária de seu resultado, caso exista.

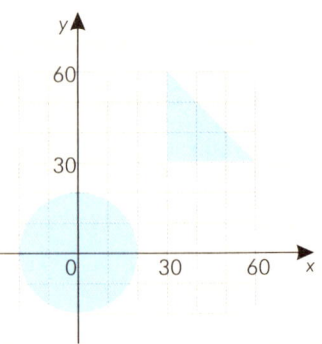

Exercícios Propostos

15. (UnB – DF) Na figura a seguir, que representa uma placa homogênea, admita que cada quadrado tenha lado igual a 10 cm. Determine, em centímetros, a soma das coordenadas do ponto correspondente ao centro de massa da placa. Desconsidere a parte fracionária de seu resultado, caso exista.

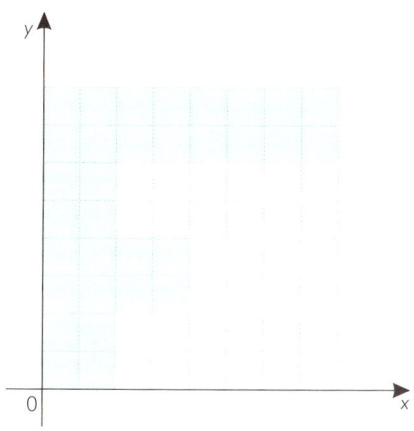

16. Determine a localização do centro de massa da placa homogênea indicada na figura.

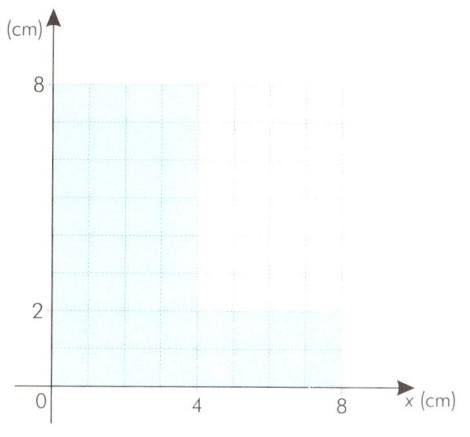

12.4. Momento Escalar de uma Força

Quando um corpo extenso está sujeito à ação de forças de resultante não nula, ele pode adquirir movimento de translação, de rotação ou ambos, simultaneamente.

Consideremos um corpo sujeito à ação de duas forças, $\vec{F}_1$ e $\vec{F}_2$, como mostra a Figura 12-4.

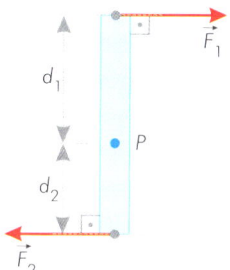

FIGURA 12-4.

IMPORTANTE

A distância entre um ponto e uma reta é o comprimento do menor segmento de reta que se pode traçar do ponto à reta considerada; esse segmento é, portanto, **sempre perpendicular** à reta.

Seja P um ponto arbitrariamente escolhido, que chamaremos de polo. Define-se o **momento de uma força $\vec{F}$ em relação a um polo P** como o produto do módulo de $\vec{F}$ pela distância entre P e a reta suporte de $\vec{F}$ (ou linha de ação de $\vec{F}$); associa-se ao momento de cada força um sinal, distinguindo se, em relação ao polo escolhido, a força em questão tende a provocar no corpo uma rotação no sentido horário ou no sentido anti-horário.

Assim, no exemplo acima, a linha de ação de $\vec{F}_1$ está à distância d_1 do polo e a linha de ação de $\vec{F}_2$, à distância d_2. Os momentos M_1 e M_2 das forças em relação ao polo P serão os produtos:

$$M_1 = +F_1 \cdot d_1 \quad \text{e} \quad M_2 = -F_2 \cdot d_2$$

A aplicação da força na extremidade da chave de boca permite desenroscar o parafuso com menor esforço.

Nesse caso, adotamos o sinal (+) para a tendência de girar o corpo no sentido anti-horário e (–) para o sentido horário. Um corpo é dito em *equilíbrio de rotação* se a soma dos momentos de todas as forças nele atuantes for nula.

No SI, a unidade de momento de uma força é newton × metro ($N \cdot m$).

Para todos os efeitos práticos, o termo *torque* é sinônimo de *momento de uma força*.

A rotação imposta pelo motor faz o torno para vasos girar, permitindo ao artesão produzir suas peças.

Exercícios Resolvidos

17. Considere as forças atuantes sobre a barra AB, de comprimento 8,5 m, indicadas na figura ao lado. Considere que as forças que tendem a provocar rotação no sentido anti-horário realizam momento positivo e no sentido horário, momento negativo. As intensidades das forças são: $F_1 = 40$ N, $F_2 = 10$ N, $F_3 = 20$ N, $F_4 = 50$ N e $F_5 = 15$ N. Determine, em unidades SI:

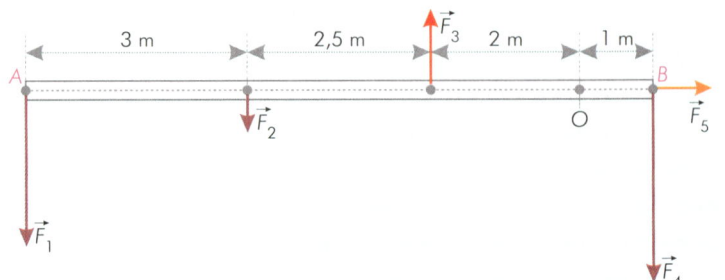

a) o momento de cada uma das forças em relação ao ponto O;
b) o momento resultante das forças em relação ao ponto O.

Resolução:

a) $M_{F_1, O} = +F_1 \cdot d_{\overline{F_1, O}} = +40 \cdot 7,5 = +300$ N $\cdot$ m $\qquad M_{F_4, O} = -F_4 \cdot d_{\overline{F_4, O}} = -50 \cdot 1 = -50$ N $\cdot$ m

$M_{F_2, O} = +F_2 \cdot d_{\overline{F_2, O}} = +10 \cdot 4,5 = +45$ N $\cdot$ m $\qquad M_{F_5, O} = +F_5 \cdot d_{\overline{F_5, O}} = +15 \cdot 0 = 0$

$M_{F_3, O} = -F_3 \cdot d_{\overline{F_3, O}} = -20 \cdot 2 = -40$ N $\cdot$ m

b) O momento resultante de um sistema de forças em relação ao ponto O é a soma algébrica dos momentos das forças componentes em relação ao ponto O. Então,

$$\Sigma M_{R(O)} = +300 + 45 + (-40) + (-50) + 0 = +255 \text{ N} \cdot \text{m}$$

Como a soma algébrica dos momentos das forças aplicadas em relação ao ponto O é positiva, a barra gira no sentido anti-horário em torno do ponto O.

18. Binário ou conjugado é um sistema constituído por duas forças de intensidades iguais, de mesma direção e de sentidos opostos, mas cujas linhas de ação estão separadas por uma distância x não nula, denominada braço do binário. O momento do binário é obtido pela relação $M_b = \pm F \cdot x$, qualquer que seja o polo adotado.

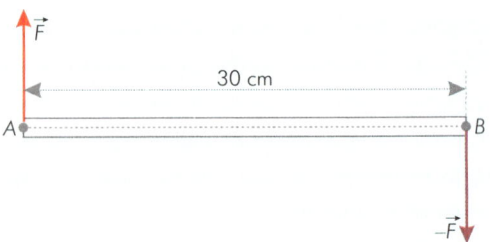

Com base nas informações acima, determine, em unidades SI, o momento do binário na figura ao lado, sabendo que a intensidade da força $\vec{F}$ é igual a 200 N e o comprimento do segmento $\overline{AB}$ é 30 cm.

Resolução:

Adotando a mesma convenção do exercício anterior, o momento das forças deve ser negativo, já que a rotação tem sentido horário:

$$M_b = -F \cdot x \Rightarrow M_b = -200 \cdot 0,3 \therefore M_b = -60 \text{ N} \cdot \text{m}$$

Exercícios Propostos

19. Considere as forças atuantes sobre a barra AB, de comprimento 12 m, indicadas na figura ao lado. Considere que as forças que tendem a provocar rotação no sentido anti-horário realizam momento positivo e, no sentido horário, momento negativo. As intensidades das forças são: $F_1 = 100$ N, $F_2 = 50$ N, $F_3 = 60$ N, $F_4 = 200$ N e $F_5 = 10$ N. Determine, em unidades SI:
a) o momento de cada uma das forças em relação ao ponto O;
b) o momento resultante das forças em relação ao ponto O;
c) o sentido de movimento da barra em relação ao ponto O, devido à ação das forças representadas.

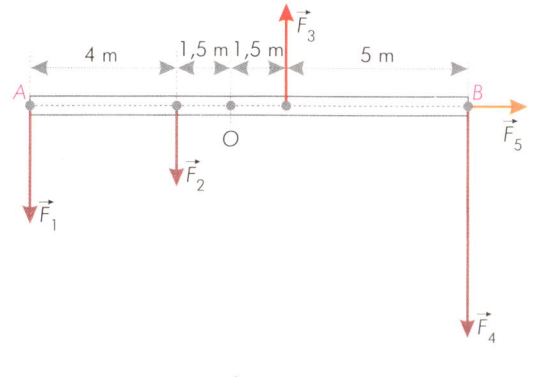

20. Na figura ao lado, determine, em unidades SI, os momentos das forças dadas em relação ao ponto O. Considere que as forças que tendem a provocar rotação no sentido anti-horário realizam momento positivo e, no sentido horário, momento negativo.

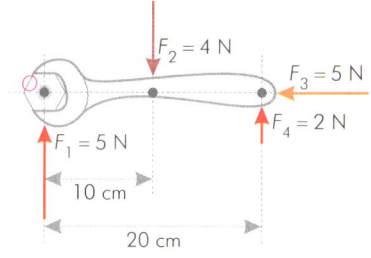

21. Com base nas informações dos resultados obtidos no exercício 20, determine o sentido de rotação (horário ou anti-horário) da porca do parafuso.

22. Determine, em relação ao ponto O, o momento das forças coplanares indicadas na figura. Em seguida, determine o momento resultante dessas forças em relação ao mesmo ponto.

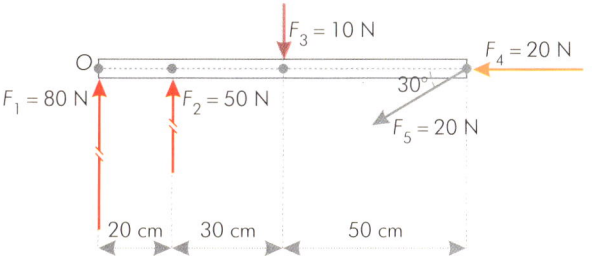

23. Em um corpo esférico de 50 cm de raio, atuam forças de intensidades $F_1 = 40$ N e $F_2 = 60$ N, de modo que constituem dois binários. Determine o momento de cada um desses binários (use a convenção de sinais adotada nos exercícios anteriores) e indique o sentido em que esse corpo vai girar.

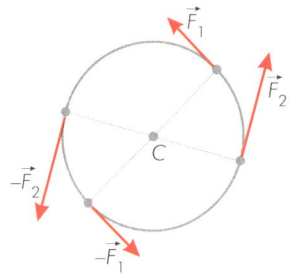

12.5. Equilíbrio do Corpo Extenso Rígido

Um corpo é **rígido** se as posições relativas de suas partículas constituintes não mudam significativamente durante o tempo de estudo. Consideremos um corpo rígido sujeito à ação de um sistema de forças coplanares; esse corpo é dito **em equilíbrio** quando está simultaneamente em equilíbrio de translação (repouso ou MRU) e em equilíbrio de rotação (repouso ou rotação uniforme).

Para garantir o equilíbrio do corpo extenso rígido sujeito a um sistema de forças, devemos impor duas condições **simultâneas**. Veja a seguir.

Nas balanças antropométricas, a medida da massa do indivíduo é obtida por meio do equilíbrio de um corpo extenso (neste caso uma barra graduada), por meio da distribuição de pesos.

1.ª) A resultante do sistema de forças deve ser nula:

$$\vec{F}_R = \vec{0} \Rightarrow \vec{F}_1 + \vec{F}_2 + \vec{F}_3 + ... + \vec{F}_n = \vec{0}$$ Equilíbrio de translação.

2.ª) A soma algébrica dos momentos das forças do sistema, em relação a um polo arbitrário, deve ser nula. Isto é,

$$M_{F1} + M_{F2} + M_{F3} + ... + M_{Fn} = 0$$ Equilíbrio de rotação.

Exercícios Resolvidos

24. Sobre uma barra homogênea AB de 10 m de comprimento e massa 40 kg estão colocadas duas cargas, C_1 e C_2, de massas, respectivamente, iguais a 10 kg e 50 kg, a 2 m e a 3 m da extremidade A, como mostra a figura ao lado. A barra encontra-se em equilíbrio na horizontal, apoiada nas extremidades A e B por dois apoios. Determine, em newtons, a intensidade das reações dos apoios sobre ela. Considere o módulo da aceleração da gravidade igual a 10 m/s².

Resolução:

A figura ao lado representa geometricamente as forças que atuam na barra:

Equação (I): sejam N_A e N_B as reações de apoio. Aplicando as condições de equilíbrio, temos:

$\Sigma \vec{F} = \vec{0} \Leftrightarrow N_A + N_B = 100 + 500 + 400$

$N_A + N_B = 1.000$ N

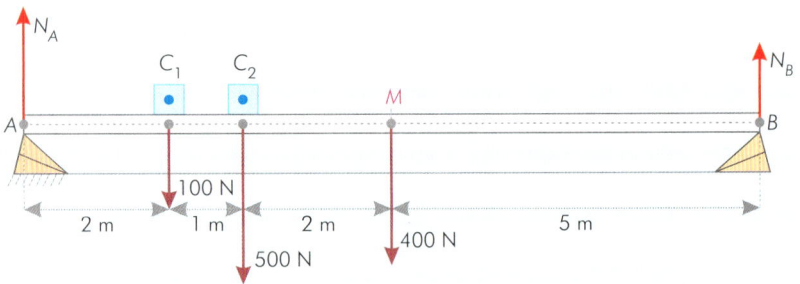

Equação (II): consideremos agora a soma dos momentos das forças em relação ao polo A. Essa soma algébrica deve ser nula, para que tenhamos equilíbrio. Portanto,

$$\Sigma M_{(F, A)} = 0 \Rightarrow -100 \cdot 2 + (-500 \cdot 3) + (-400 \cdot 5) + N_B \cdot 10 = 0 \Rightarrow -10 \cdot N_B = -200 - 1.500 - 2.000$$

$N_B = \dfrac{3.700}{10} \quad \therefore \quad N_B = 370$ N

Substituindo esse valor na equação (I), obtemos:

$$N_A + 370 = 1.000 \Rightarrow N_A = 1.000 - 370 \therefore N_A = 630 \text{ N}$$

Resposta: os valores das reações normais dos apoios nos pontos A e B são, respectivamente: $N_A = 630$ N e $N_B = 370$ N.

25. O sistema esquematizado na figura ao lado está em equilíbrio estático na horizontal. O ponto A representa a articulação em torno da qual a barra AB, homogênea, de comprimento 2 m e peso de intensidade igual a 400 N, pode girar. Os fios são ideais e o peso do bloco pendurado tem intensidade 100 N. O comprimento $\overline{AC}$ é 1,5 m. Considere as seguintes aproximações: sen 30° = 0,5 e cos 30° = 0,86.

a) Determine, em newtons, a intensidade da força de tração no fio.
b) Determine, em newtons, a intensidade da componente vertical da força resultante da articulação na barra.

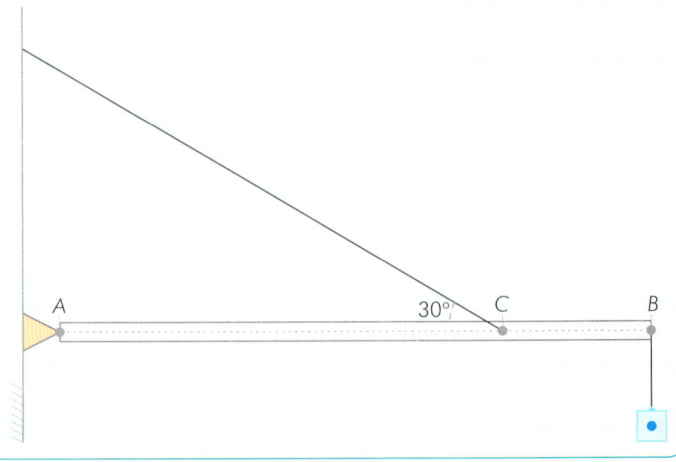

Exercícios Resolvidos

RESOLUÇÃO:

Representação geométrica das forças que atuam na barra:

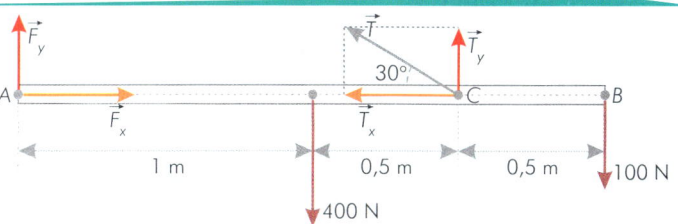

- na figura acima, estamos supondo que as componentes $\vec{F}_x$ e $\vec{F}_y$ têm os sentidos indicados. Se os cálculos resultam em valor negativo para a intensidade da componente $\vec{F}_y$, o seu sentido é contrário ao indicado, mas o módulo é o que for encontrado.

- $\text{sen } 30° = \dfrac{T_y}{T} \Rightarrow 0,5 = \dfrac{T_y}{T} \Rightarrow T_y = 0,5T$; $\cos 30° = \dfrac{T_x}{T} \Rightarrow 0,86 = \dfrac{T_x}{T} \Rightarrow T_x = 0,86T$

Equação (I): com a barra em equilíbrio, temos:

$$\Sigma \vec{F}_{R(x)} = \vec{0} \Leftrightarrow F_x = 0,86T$$
$$\Sigma \vec{F}_{R(y)} = \vec{0} \Leftrightarrow F_y + 0,5T = 400 + 100 \Rightarrow F_y + 0,5T = 500 \text{ N}$$

Equação (II): considerando agora a soma algébrica dos momentos das forças em relação ao polo A, que deve ser nula para que haja equilíbrio, temos:

$$\Sigma M_{(F,A)} = 0 \Rightarrow -400 \cdot 1 + T_y \cdot 1,5 + (-100 \cdot 2) = 0 \Rightarrow T \cdot 0,5 \cdot 1,5 = 600 \Rightarrow T = \dfrac{600}{0,75} \therefore T = 800 \text{ N}$$

Substituindo esse valor na equação (I), obtemos:

$$F_y + 0,5 \cdot 800 = 500 \Rightarrow F_y = 100 \text{ N}$$

Resposta: o valor da força de tração que atua no fio é $T = 800$ N e a intensidade da componente vertical da força que a articulação exerce na barra é $F_y = 100$ N.

Exercícios Propostos

26. Uma barra AB homogênea tem peso de intensidade 500 N, 8,0 m de comprimento e está em equilíbrio na horizontal. O bloco C tem peso de intensidade 100 N e dista 6,0 m do apoio A. A distância entre os pontos de apoio $\overline{AD}$ é de 5,0 m. Calcule, em newtons, a intensidade da força de reação do apoio no ponto D.

27. Um homem de 700 N de peso encontra-se sobre uma escada de 300 N de peso, no seu ponto médio. Supondo que a parede seja lisa em B e que haja uma escora em A, impedindo o deslizamento, determine, em newtons, as reações da parede e da escora. Considere o homem em repouso, verticalmente, e que os degraus da escada são horizontais.

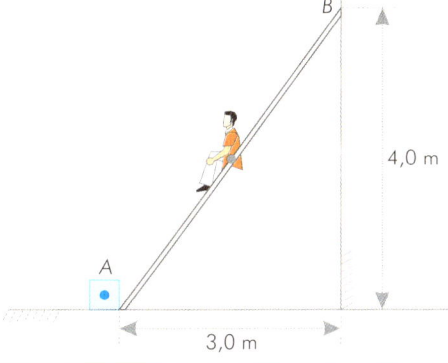

28. (UnB – DF) Uma prancha de 27 m está suportada em dois apoios – A e B – respectivamente a 1,8 m e 5,4 m das extremidades, conforme indicado na figura abaixo. Sobre ela um homem de 60 kg caminha no sentido de A para B. Determine, **em decímetros**, a máxima distância x, medida a partir do ponto de apoio B, que pode ser percorrida por ele, sem produzir descolamento na prancha. Para isso assuma que a massa da prancha é igual a 40 kg e $g = 10$ m/s². Desconsidere a parte fracionária do resultado encontrado, caso exista.

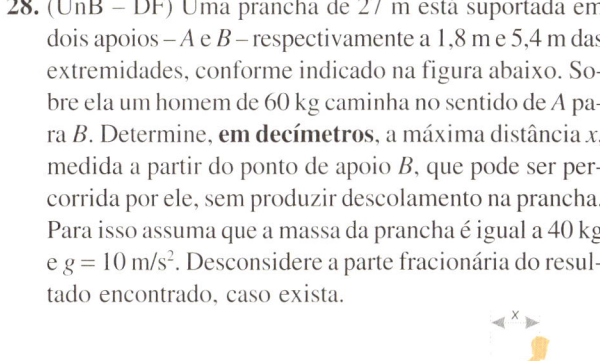

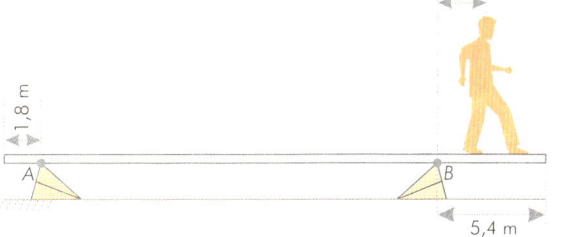

Exercícios Propostos

29. (UnB – DF) O princípio de funcionamento de uma dada balança envolve a utilização de uma peça rígida, de massa desprezível, posicionada horizontalmente e apoiada em um ponto localizado entre os extremos da peça, como mostra a figura abaixo. Na extremidade esquerda do braço da balança, é colocado um objeto cuja massa M será determinada. Na extremidade direita, são suspensos objetos de massas padronizadas M_1 e M_2, de valores iguais a 1,0 g e 10 g, respectivamente. Os braços esquerdo e direito da balança medem, respectivamente, 5,0 cm e 10 cm. X_1 e X_2 são as posições das massas M_1 e M_2 sobre o braço direito da balança na condição de leitura.

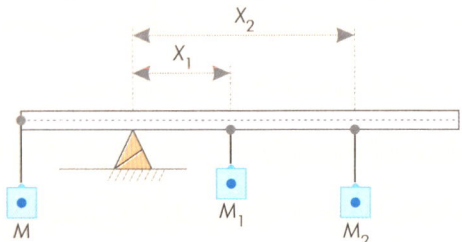

Julgue os itens a seguir.

(1) Supondo $M_1 = M_2 = \dfrac{M}{2}$, a única possibilidade de que uma situação de equilíbrio seja obtida é fazer $X_1 = X_2 = 2,5$ cm.
(2) As forças aplicadas sobre a barra são os pesos dos três corpos de massas M, M_1 e M_2.
(3) No caso de uma barra de massa não desprezível, o valor de sua massa altera a posição de equilíbrio dos blocos.
(4) A soma dos torques produzidos pelos pesos dos blocos anula-se quando o sistema está em equilíbrio, se tais torques são calculados em relação ao ponto de apoio da barra.

30. Uma barra rígida, homogênea, de comprimento $2L$ e massa $m = 6,0$ kg, está apoiada em dois pontos, disposta horizontalmente, como na figura a seguir. Calcule a menor intensidade da força $\vec{F}$ (em newtons) para que a força exercida pela barra sobre o apoio 1 seja nula. Considere o módulo da aceleração da gravidade de 10,0 m/s².

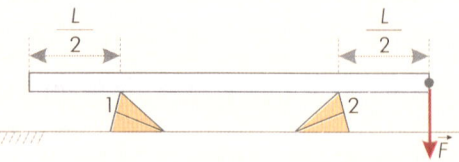

31. (PAS – UnB – DF) Uma brincadeira corrente entre estudantes refere-se ao estado de sonolência ou cansaço, quando ocorre a popular *pescada*. Um indivíduo em estado de sonolência, ao relaxar a musculatura do pescoço, permite que a cabeça decline levemente para a frente e para baixo, até que o cérebro, disparando seus mecanismos de defesa, restabelece a tensão muscular em reação brusca, parando a cabeça e evitando a queda iminente.

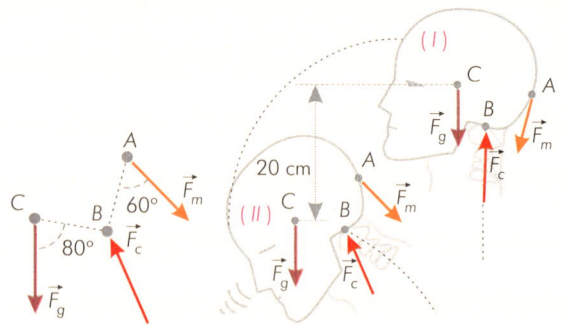

Observe o desenho esquemático acima, que ilustra a cabeça e o pescoço de um indivíduo em posição ereta normal (situação I) e no ponto mais baixo de uma autêntica *pescada* (situação II, 20 cm abaixo da posição normal). Considere que os músculos do pescoço prendem-se ao crânio no ponto A, que a coluna vertebral sustenta a cabeça por meio do ponto de contato B e que toda a massa da cabeça esteja concentrada no ponto C, denominado centro de massa. Considerando o diagrama de forças que ilustra a situação II, sabendo que sen 60° < sen 80° e supondo que a cabeça pesa 50 N, julgue os itens a seguir.

(1) Para que a cabeça se mantenha em equilíbrio na situação I, é necessário que o torque aplicado pela força peso em torno do ponto B seja exatamente contrabalançado pelo torque dos músculos do pescoço que atuam no ponto A, também em relação ao ponto B.
(2) A força que os músculos do pescoço têm de exercer sobre o ponto A do crânio para manter a cabeça em equilíbrio na situação II é superior a 50 N.
(3) Para levar a cabeça da situação II para a situação I, os músculos do pescoço não realizam nenhuma força.

32. Uma esfera, cujo peso tem intensidade $10 \cdot \sqrt{3}$ N e cujo raio R é suspenso por meio de um fio de comprimento igual a $2R$, apoia-se em uma parede vertical sem atrito. Determine, em newtons, as intensidades da força de tração no fio e da força que a parede exerce na esfera.

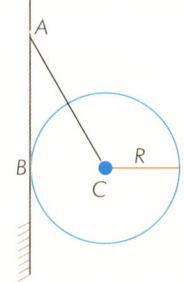

33. (PAS – UnB – DF) O sarilho é constituído de um cilindro horizontal sobre o qual se enrola uma corda. O cilindro é girado por meio de uma manivela. O sarilho é utilizado para elevar cargas pesadas, como, por exemplo, para tirar água de um poço. No sarilho representado na figura, o braço da manivela tem comprimento a igual a cinco vezes o raio do cilindro, b. Determine a intensidade da força, em newtons, que um operador deve exercer sobre a manivela para equilibrar um balde de água com 16 kg de massa. Despreze a parte fracionária do resultado, caso exista.

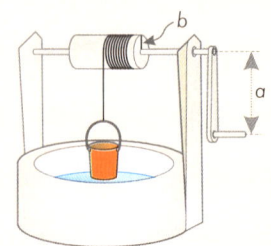

Exercícios Complementares

34. (UNICAMP – SP) Quando um homem está deitado numa rede (de massa desprezível), as forças que esta aplica na parede formam um ângulo de 30° com a horizontal, e a intensidade de cada uma é de 60 kgf (ver figura abaixo).

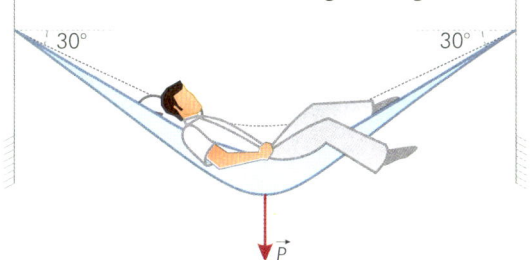

a) Qual é a intensidade da força peso do homem, em kgf?
b) O gancho da parede foi mal instalado e resiste apenas até 130 kgf. Quantas crianças de 30 kg a rede suporta? (Suponha que o ângulo não mude.)

35. (PUC – SP) Um bloco de peso P é suspenso por dois fios de massa desprezível, presos a paredes em A e B, como mostra a figura ao lado. Pode-se afirmar que o módulo da força que tensiona o fio preso em B vale:

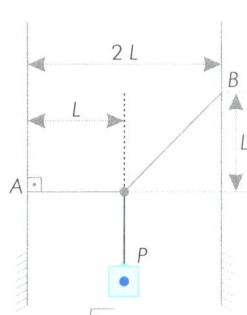

a) $\dfrac{P}{2}$ b) $\dfrac{P}{\sqrt{2}}$ c) P d) $\sqrt{2}\,P$ e) $2P$

36. (UNICAMP – SP – modificada) Três cilindros iguais, A, B e C, cada um com massa M e raio R, são mantidos empilhados, com seus eixos horizontais, por meio de muretas laterais verticais, como mostra a figura ao lado. Desprezando qualquer efeito de atrito, determine, em função de M e g:

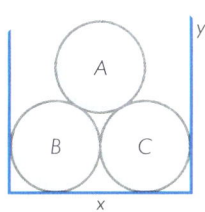

a) o módulo da força que o cilindro A exerce sobre o cilindro B;
b) o módulo da força que o piso (x) exerce sobre o cilindro B;
c) o módulo da força que a mureta (y) exerce sobre o cilindro C.

37. No sistema ao lado, qual a intensidade da força que deverá ser feita na corda 1 para levantar com velocidade constante uma massa de 200 kg? Considere os fios e as polias ideais, despreze qualquer tipo de atrito e, se necessário, use o módulo da aceleração da gravidade igual a 10 m/s².

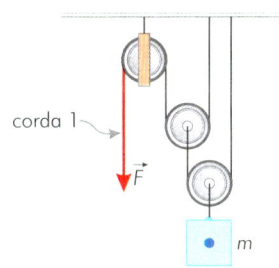

a) 500 N b) 800 N c) 200 kgf d) 500 kgf e) 800 kgf

38. Um corpo de peso P encontra-se em equilíbrio, devido à ação da força $\vec{F}$, como indica a figura abaixo.

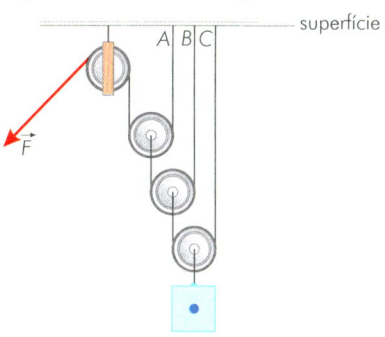

Os pontos A, B e C são pontos de contato entre os fios e a superfície. Considere os fios e as polias ideais e despreze qualquer tipo de atrito. As forças que a superfície exerce sobre os fios nos pontos A, B e C são, respectivamente,

a) $\dfrac{P}{8}, \dfrac{P}{4}, \dfrac{P}{2}$ d) $P, \dfrac{P}{2}, \dfrac{P}{4}$

b) $\dfrac{P}{8}, \dfrac{P}{2}, \dfrac{P}{4}$ e) iguais a P

c) $\dfrac{P}{2}, \dfrac{P}{4}, \dfrac{P}{8}$

39. O sistema representado na figura ao lado está em equilíbrio. Desprezam-se todos os atritos; os fios e as polias são ideais. Determine, em newtons, a intensidade da força peso do bloco A.

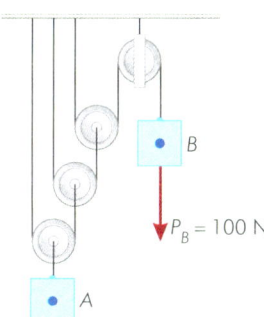

40. Em uma placa retangular de 100 cm × 200 cm, são cortados setores circulares de mesmo raio, resultando na peça mostrada na figura. A placa tem espessura uniforme e é construída de um material homogêneo. Determine, em centímetros, as coordenadas x e y do centro de massa da peça.

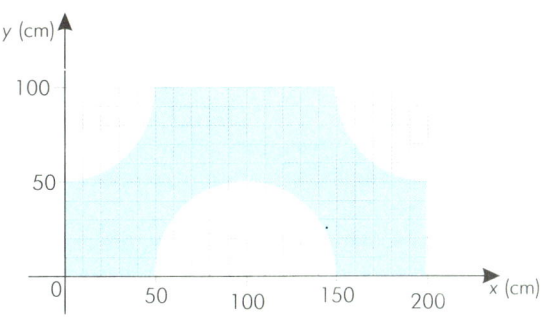

41. (UNICAMP – SP) Um homem de 80 kg de massa quer levantar um objeto usando uma alavanca rígida e leve. Os braços da alavanca têm 1,0 m e 3,0 m de comprimento.

a) Qual a maior massa que o homem consegue levantar usando a alavanca e o seu próprio peso?

Exercícios Complementares

b) Neste caso, qual a força exercida sobre a alavanca no ponto de apoio?

42. (UnB – DF – modificada) As forças, como toda grandeza vetorial, têm módulo, direção e sentido. Assim, na análise de diagrama de forças devem-se levar em consideração as suas componentes, segundo direções preestabelecidas. Julgue os itens a seguir, referentes ao conceito de força e a suas aplicações.

FIGURA I

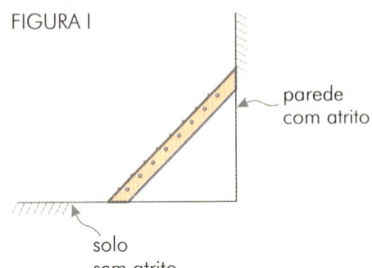

FIGURA II

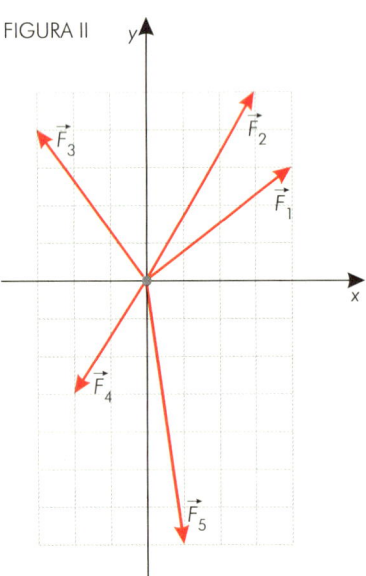

FIGURA III

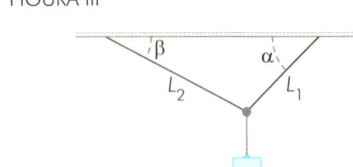

(1) Uma escada comum apoiada no solo e em uma parede, nas condições mostradas na Figura I, não estará em equilíbrio.
(2) Considerando que as forças representadas no diagrama da Figura II atuam em um mesmo ponto e que o lado de cada quadradinho representa 1 N, a força resultante tem módulo igual a 5 N e faz um ângulo de 45° com o eixo x.
(3) Se A e B são as intensidades de duas forças quaisquer, então $|A + B| \geq |A - B|$.
(4) Se um bloco de massa m está suspenso pelos fios L_1 e L_2, conforme mostra a Figura III, e $\alpha > \beta$, é correto afirmar que a intensidade da força de tração no fio L_1 é maior que a intensidade da força de tração no fio L_2.

43. (UnB – DF – modificada) A figura a seguir mostra esquematicamente um exercício indicado para pacientes em recuperação de trauma acidental.

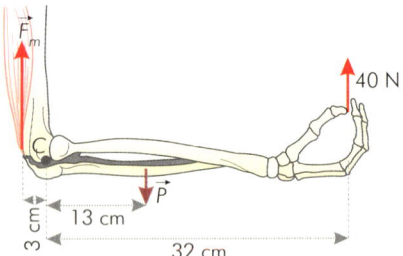

O paciente tem de estender o cotovelo, puxando repetidas vezes um cabo que ele segura pela mão. Nesse exercício, o cabo transmite uma força de 40 N, e o sistema antebraço-mão apresenta massa igual a 1,5 kg. O ponto de inserção do tríceps braquial encontra-se a 3 cm do cotovelo – indicado na figura pelo ponto C. O centro de massa do sistema antebraço-mão está localizado a 13 cm de C e o cabo, a 32 cm desse ponto. Com base nesse modelo e considerando a aceleração da gravidade $g = 9{,}8$ m/s², julgue os itens a seguir.

(1) Para que o sistema permaneça em equilíbrio mecânico, é necessário que a força de intensidade F_m, exercida pelo músculo, seja superior a 380 kg · m · s^{-2}.
(2) Considere que uma pessoa tenha capacidade de suportar, de acordo com o esquema ilustrado, uma tensão no cabo de 100 N. Caso a distância entre o ponto de inserção do músculo no osso e o ponto C fosse aumentada para 5 cm, seria esperado que essa pessoa passasse a ter capacidade de suportar uma força de intensidade F_m, inferior a 580 N.
(3) A fixação dos componentes da alavanca mostrada na figura é feita por tendões.
(4) Na situação descrita, cada fibra muscular do músculo indicado está submetida a uma força de mesma intensidade de F_m.

44. Uma escada de material homogêneo está apoiada sobre um piso e encostada a uma parede, conforme mostra a figura ao lado. A escada tem peso de intensidade igual a 200 N e mede 5,0 m de comprimento. Sabe-se que essa escada fica em equilíbrio quando forma com a horizontal um ângulo de 45° e, nesse caso, sobre ela agem as forças indicadas. Determine os momentos dessas forças em relação ao ponto O.

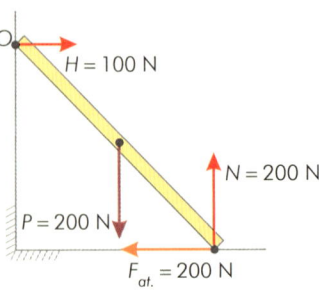

Exercícios Complementares

45. Uma tábua uniforme de 3 m de comprimento é usada como gangorra por duas crianças com massas 25 kg e 54 kg. Elas sentam sobre as extremidades da tábua, de modo que o sistema fica em equilíbrio quando apoiado em uma pedra distante 1,0 m da criança mais pesada. Qual a massa, em quilogramas, da tábua? Considere o módulo da aceleração da gravidade igual a 10 m/s².

46. Dois garotos, Pedro e Bruno, encontram-se sentados sobre uma gangorra, como esquematizado na figura ao lado. Pedro, pesando 500 N, está a 1,5 m do eixo de rotação da gangorra, enquanto Bruno, pesando 470 N, encontra-se a 1,6 m desse eixo. Determine, em unidades SI:
a) o torque, ou momento resultante, em relação ao eixo de rotação;
b) para que lado a gangorra cairá.

47. A barra ao lado é homogênea, de secção constante, e está apoiada nos pontos A e B. A reação no apoio A é R_A = 200 kN, F_1 = 100 kN e F_2 = 500 kN. Qual é a intensidade da força peso da barra?
a) 300 kN   c) 100 kN   e) 10 kN
b) 200 kN   d) 50 kN

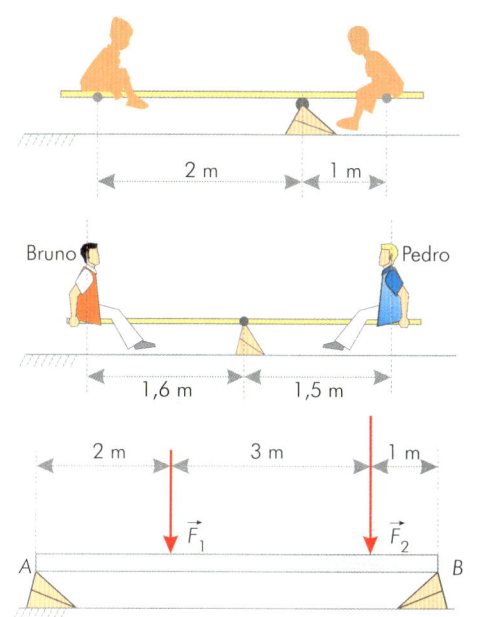

48. (FUVEST – SP) A Figura 1 mostra o braço de uma pessoa na horizontal que sustenta um bloco de 10 kg de massa em sua mão. Na figura, estão indicados os ossos úmero e rádio (que se articulam no cotovelo) e o músculo bíceps. A Figura 2 mostra um modelo mecânico equivalente: uma barra horizontal articulada em O, em equilíbrio, sustentando um bloco de 10 kg de massa. A articulação em O é tal que a barra pode girar livremente, sem atrito, em torno de um eixo perpendicular ao plano da figura em O. Na Figura 2 estão representados por segmentos orientados:
- a força $\vec{F}$, exercida pelo bíceps sobre o osso rádio, atuando a 4,0 cm da articulação O;
- a força $\vec{f}$ exercida pelo osso úmero sobre a articulação O;
- o peso $\vec{p}$ do sistema braço-mão, de massa igual a 2,3 kg e aplicado em seu centro de massa, a 20 cm da articulação O;
- o peso $\vec{p}$ do bloco, cujo centro de massa se encontra a 35 cm da articulação O.

Calcule, em newtons, o módulo da força $\vec{F}$ exercida pelo bíceps sobre o osso rádio, considerando o módulo da aceleração da gravidade igual a 10 m/s².

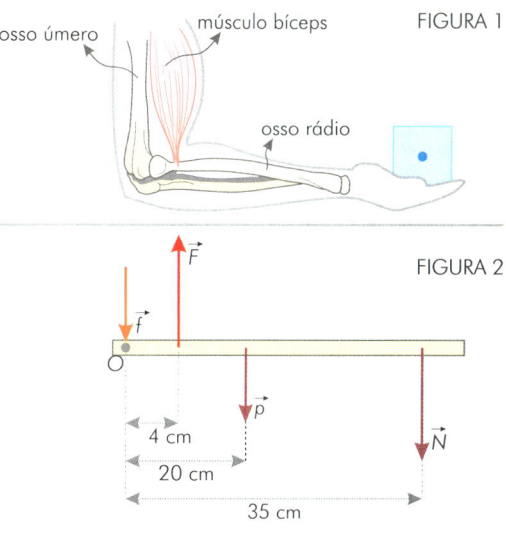

49. (UNICAMP – SP) O bíceps é um dos músculos envolvidos no processo de dobrar nossos braços. Esse músculo funciona num sistema de alavanca, como é mostrado nas figuras ao lado. O simples ato de equilibrarmos um objeto na palma da mão, estando o braço em posição vertical e o antebraço em posição horizontal, é o resultado de um equilíbrio das seguintes forças: o peso P do objeto, a força F que o bíceps exerce sobre um dos ossos do antebraço e a força C que o osso do braço exerce sobre o cotovelo. A distância do cotovelo até a palma da mão é a = 0,30 m e a distância do cotovelo ao ponto em que o bíceps está ligado a um dos ossos do antebraço é d = 0,04 m. O objeto que a pessoa está segurando tem massa M = 2,0 kg. Despreze o peso do antebraço e da mão. Considere o módulo da aceleração da gravidade igual a 10 m/s². Determine a intensidade:
a) da força $\vec{F}$ que o bíceps deve exercer no antebraço;
b) da força $\vec{C}$ que o osso do braço exerce nos ossos do antebraço.

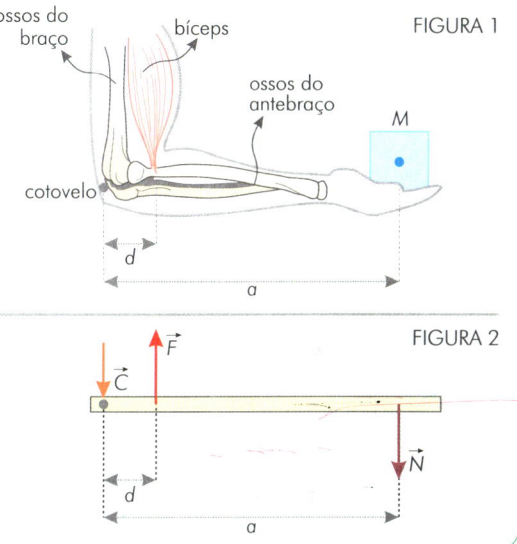

13 — Trabalho de uma Força e Potência

13.1. Introdução

Na linguagem cotidiana, a palavra **trabalho** está ligada à noção de esforço despendido, seja muscular, seja intelectual. Em Física, quando falamos em *trabalho de uma força*, estamos nos referindo ao efeito de uma força ao longo de um deslocamento.

A expressão provavelmente deriva de situações em que o aumento da força aplicada nos dá a sensação de exigir mais trabalho, da mesma forma que uma mesma força aplicada ao longo de um deslocamento maior.

Quando erguemos um corpo, tracionando-o por meio de um sistema corda-polia, o ponto de aplicação da força de tração sofre um deslocamento: dizemos que houve realização de trabalho (Figura 13-1A). Se, a seguir, deixamos o corpo cair livremente, o ponto de aplicação da força peso sofre um deslocamento e, novamente, falamos em realização de trabalho (Figura 13-1B).

Figura 13-1A. Realização de trabalho.

Figura 13-1B. Realização de trabalho.

Durante um deslocamento, há forças que atuam sobre o corpo que se move. Ao efeito dessas forças, ao longo do deslocamento, dá-se o nome de "trabalho".

13.2. Trabalho de uma Força Constante

Considere uma força constante $\vec{F}$ atuando em um ponto material que sofre um deslocamento $\vec{d}$, como mostra a Figura 13-2.

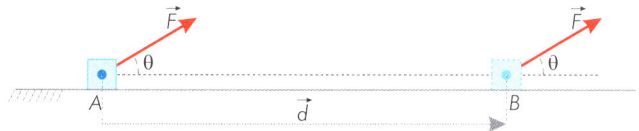

FIGURA 13-2.

O **trabalho da força** ao longo do deslocamento ($\tau_{\vec{F}}$) é, por definição, a *grandeza escalar* que obtemos multiplicando a intensidade da força ($\vec{F}$), a intensidade do deslocamento ($\vec{d}$) e o cosseno do ângulo (cos θ) formado entre as orientações da força e do deslocamento.

$$\tau_{\vec{F}}^{A \to B} = F \cdot d \cdot \cos \theta$$

Um estudo da equação que define o trabalho permite escrever:

- se θ é agudo (0° ≤ θ < 90°), o trabalho é **positivo** ($\tau_{\vec{F}}^{A \to B} > 0$), realizado pela força cuja componente $\vec{F}_x$ atua no sentido do deslocamento, isto é, a força favorece o deslocamento do corpo no qual age (por isso, o trabalho positivo é dito *motor*). Veja a Figura 13-3;

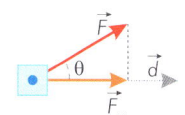

(0° ≤ θ < 90°)
trabalho motor: $\tau_{\vec{F}}^{A \to B} > 0$

FIGURA 13-3.

- se θ é obtuso ou raso (90° < θ ≤ 180°), o trabalho é **negativo** ($\tau_{\vec{F}}^{A \to B} < 0$), realizado pela força cuja componente $\vec{F}_x$ atua no sentido oposto ao deslocamento, isto é, a força dificulta o deslocamento do corpo no qual age (sendo, por isso, chamado *resistente*). Veja a Figura 13-4;

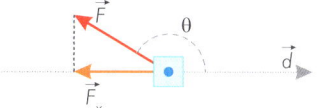

(90° < θ ≤ 180°)
trabalho resistente: $\tau_{\vec{F}}^{A \to B} < 0$

FIGURA 13-4.

- se o deslocamento ($\vec{d}$) e a força ($\vec{F}$) possuem direções perpendiculares entre si (θ = 90°), o trabalho é **nulo**, isto é, não há componente $\vec{F}_x$ na direção do deslocamento; então, nessas condições, a força em estudo não influi no deslocamento do corpo e não realiza trabalho na direção considerada. Veja a Figura 13-5.

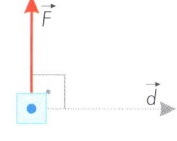

(θ = 90°)
trabalho nulo: $\tau_{\vec{F}}^{A \to B} = 0$

FIGURA 13-5.

13.3. Unidade de Trabalho de uma Força no SI

A análise dimensional imediatamente fornece: [trabalho] = [força] × [deslocamento], isto é, no SI, a unidade de trabalho é o produto newton × metro. Essa unidade é chamada joule (J), em homenagem a James P. Joule (1818-1889), um industrial inglês que fez importantes trabalhos em Física. Assim, um joule corresponde ao trabalho realizado pela força de um newton, ao longo de um deslocamento de um metro, sendo a força paralela ao deslocamento. (Figura 13-6).

θ = 0°
1,0 J = 1,0 N · 1,0 m

FIGURA 13-6.

13.4. Trabalho de uma Força Variável

Quando a força varia durante o deslocamento, o trabalho realizado por ela envolve a utilização de técnicas matemáticas superiores. Em casos simples, pode-se calcular o trabalho por meio da área delimitada entre o gráfico e o eixo das abscissas, no diagrama $F_t \times d$ (intensidade da componente tangencial da força em função dos valores do deslocamento $\vec{d}$). Veja a Figura 13-7.

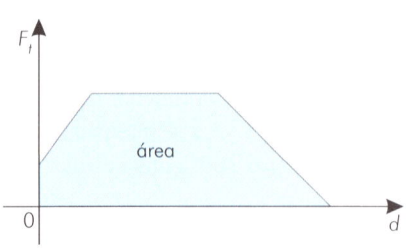

Figura 13-7. O módulo do trabalho realizado pela força $\vec{F}$ é numericamente igual à área delimitada entre a curva e o eixo das abscissas, no diagrama $F_t \times d$.

$$\tau_{\vec{F}} \stackrel{N}{=} \text{área}_{(F_t \times d)}$$

13.4.1. Casos particulares

A seguir, serão analisados alguns casos de realização (ou não) de trabalho por forças diversas.

1.º) Trabalho de uma força $\vec{F}$, paralela ao deslocamento $\vec{d}$ ($\vec{F} /\!/ \vec{d}$); como os sentidos são iguais,

$$\theta = 0° \Rightarrow \tau_{\vec{F}} = F \cdot d$$

2.º) Trabalho da força $\vec{F}$, antiparalela ao deslocamento $\vec{d}$ ($\vec{F} /\!/ -\vec{d}$); como os sentidos são opostos,

$$\theta = 180° \Rightarrow \tau_{\vec{F}} = -F \cdot d$$

3.º) Trabalho da força peso $\vec{P}$: consideremos o corpo de massa m representado na Figura 13-8 sendo deslocado da posição inicial A até a posição final B, ao longo da trajetória indicada pela linha contínua.

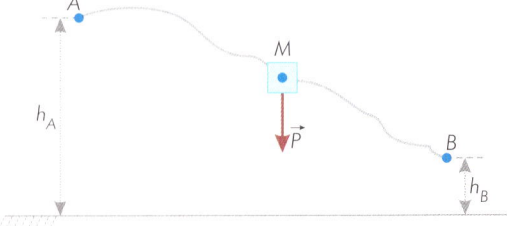

Figura 13-8.

Em um deslocamento horizontal, o trabalho da força peso (perpendicular ao deslocamento) é nulo.

Quando o corpo percorre um trecho horizontal, a força peso é perpendicular ao deslocamento; portanto, o trabalho da força peso é nulo.

Quando o corpo percorre um trecho vertical, a força peso tem a mesma direção do deslocamento. Nesse caso, o trabalho da força peso é dado por:

$$\tau_{\vec{P}}^{A \to B} = \pm m \cdot g \cdot h$$

em que m é a massa do corpo, g é a aceleração da gravidade local e h é o desnível, medido na vertical, entre os pontos extremos da trajetória.

- O trabalho da força peso será motor ($\tau_P^{A \to B} = +m \cdot g \cdot h$) se o corpo estiver descendo (a força peso favorece o movimento de descida).
- O trabalho da força peso será resistente ($\tau_P^{A \to B} = -m \cdot g \cdot h$) se o corpo estiver subindo (a força peso dificulta o movimento de subida).
- O trabalho da força peso **não** depende da trajetória descrita pelo corpo durante o deslocamento, mas **apenas** do desnível h entre os pontos extremos da trajetória e do peso do corpo (Figura 13-9).

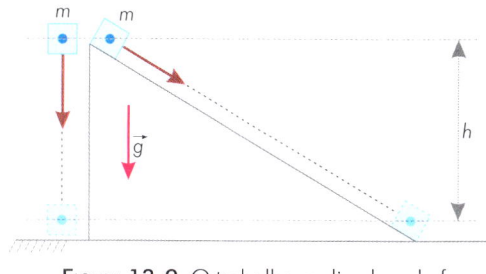

Figura 13-9. O trabalho realizado pela força peso não depende da trajetória seguida pelo corpo (apenas da diferença de altura).

4.º) Trabalho da força elástica $\vec{F}_{elást.}$: a força elástica ($\vec{F}_{elást.}$) é exercida por uma mola quando deformada; seu sentido se opõe à deformação, de tal modo que tende a restituir a mola à posição inicial e sua intensidade é diretamente proporcional ao valor da deformação (Δx) provocada na mola (Figura 13-10).

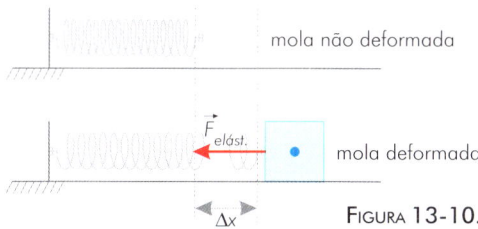

Figura 13-10.

Como a força elástica tem intensidade variável, de acordo com o deslocamento sofrido pela extremidade livre da mola ($F_{elást.} = k \cdot \Delta x$), o trabalho dessa força deve ser calculado com o uso do gráfico de $F_{elást.}$ em função da deformação Δx, da forma como já vimos.

O gráfico da força elástica (Figura 13-11) em função da deformação é *linear*, pois trata-se de uma função do primeiro grau.

Do gráfico, podemos escrever que:

$$|\tau_{\vec{F}_{elást.}}| = \frac{\Delta x \cdot k \cdot \Delta x}{2} \Rightarrow |\tau_{\vec{F}_{elást.}}| = \frac{k \cdot (\Delta x)^2}{2}$$

$$\boxed{\tau_{\vec{F}_{elást.}} = \pm \frac{k \cdot (\Delta x)^2}{2}}$$

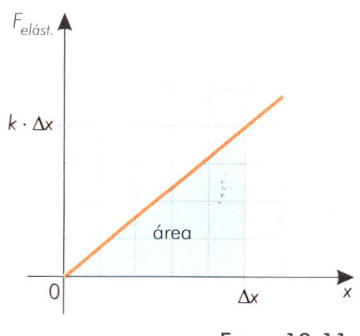

Figura 13-11.

- Uma força elástica utilizada para atirar um projétil (uma flecha, por exemplo) realiza trabalho *positivo*; enquanto o arco está sendo armado, o trabalho da força elástica é resistente.

5.º) Trabalho da força resultante $\vec{F}_R$: quando várias forças ($\vec{F}_1, \vec{F}_2, \vec{F}_3, ..., \vec{F}_n$) atuam sobre um corpo que sofre um deslocamento, o trabalho da força resultante ($\tau_{\vec{F}_R}$) é dado pela soma algébrica dos trabalhos $\tau_{\vec{F}_1}, \tau_{\vec{F}_2}, \tau_{\vec{F}_3}, ..., \tau_{\vec{F}_n}$ (Figura 13-12).

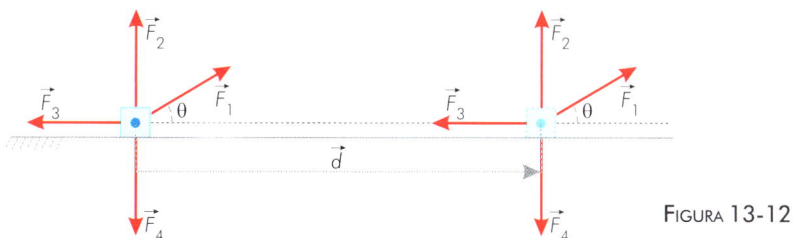

Figura 13-12.

Como o trabalho de uma força é uma *grandeza escalar*, podemos escrever algebricamente (isto é, com os sinais) os trabalhos de todas as forças que atuam sobre o bloco, obtendo:

$$\boxed{\tau_{\vec{F}_R} = \tau_{\vec{F}_1} + \tau_{\vec{F}_2} + \tau_{\vec{F}_3} + ... + \tau_{\vec{F}_n}}$$

Exercícios Resolvidos

1. Uma pessoa arrasta um caixote de 5 kg de massa sobre uma superfície horizontal. As forças que atuam no caixote são constantes e estão esquematizadas na figura abaixo. O movimento que o caixote realiza é horizontal, o coeficiente de atrito dinâmico entre a superfície do caixote e a superfície horizontal é igual a 0,2 e a força $\vec{F}$ tem intensidade de 80 N. Considere o módulo da aceleração da gravidade igual a 10 m/s² e as seguintes aproximações: sen 37° = 0,6 e cos 37° = 0,8.

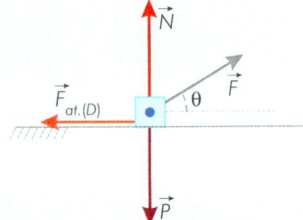

a) Determine, em unidades SI, o(s) trabalho(s) das forças esquematizadas, para um deslocamento de 5 m.
b) Determine, em unidades SI, o trabalho realizado pela resultante das forças que atuam no caixote no deslocamento de 5 m.

RESOLUÇÃO:

a) (I) O trabalho realizado pela força $\vec{F}$:
$$\tau_{\vec{F}} = F \cdot d \cdot \cos 37° \Rightarrow \tau_{\vec{F}} = 80 \cdot 5 \cdot 0,8$$
$$\tau_{\vec{F}} = 320 \text{ J}$$

(II) Os trabalhos da força peso ($\vec{P}$) e da força normal ($\vec{N}$) são nulos, pois essas forças são perpendiculares ao deslocamento do caixote.
$$\tau_{\vec{P}} = \tau_{\vec{N}} = 0$$

(III) Para calcular o trabalho realizado pela força de atrito ($\vec{F}_{at.(D)}$) devemos, primeiramente, calcular a intensidade dessa força.
$$F_{at.(D)} = \mu_D \cdot N \Rightarrow F_{at.(D)} = \mu_D \cdot (P - F_y)$$
$$F_{at.(D)} = \mu_D \cdot (m \cdot g - F \cdot \text{sen } 37°)$$
$$F_{at.(D)} = 0,2 \cdot (5 \cdot 10 - 80 \cdot 0,6)$$
$$F_{at.(D)} = 0,2 \cdot (50 - 48)$$
$$F_{at.(D)} = 0,2 \cdot 2 = 0,4 \text{ N}$$
$$\tau_{\vec{F}_{at.(D)}} = F_{at.(D)} \cdot \Delta s \cdot \cos 180°$$
$$\tau_{\vec{F}_{at.(D)}} = 0,4 \cdot 5 \cdot (-1) = -2,0 \text{ J}$$

b) O trabalho realizado pela resultante das forças que atuam no caixote é dado pela soma algébrica dos trabalhos realizados por essas forças, no deslocamento de 5 m.
$$\tau_{\vec{F}_R} = \tau_{\vec{F}} + \tau_{\vec{P}} + \tau_{\vec{N}} + \tau_{\vec{F}_{at.(D)}}$$
$$\tau_{\vec{F}_R} = 320 + 0 + 0 + (-2,0) \therefore \tau_{\vec{F}_R} = 318 \text{ J}$$

2. Um pequeno bloco de 40 kg de massa é abandonado, a partir do repouso, do ponto mais alto de um plano inclinado, de comprimento 20 m, como esquematizado na figura ao lado. Durante a descida, atuam nesse bloco três forças: o peso ($\vec{P}$), a força normal ($\vec{N}$) e uma força de atrito cinético ($\vec{F}_{at.(C)}$) de intensidade igual a 60 N. Considere o módulo da aceleração da gravidade igual a 10 m/s², sen 30° = 0,5 e cos 30° = 0,86.

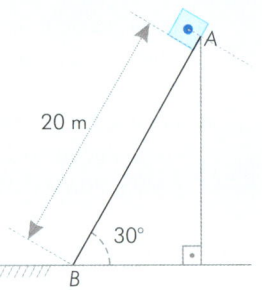

Durante o deslocamento AB, calcule, em unidades SI:

a) o trabalho realizado por cada uma das forças;
b) o trabalho realizado pela resultante das forças.

RESOLUÇÃO:

Representação geométrica das forças: peso do bloco ($\vec{P}$), a força normal de contato entre as superfícies ($\vec{N}$) e uma força de atrito cinético ($\vec{F}_{at.(C)}$):

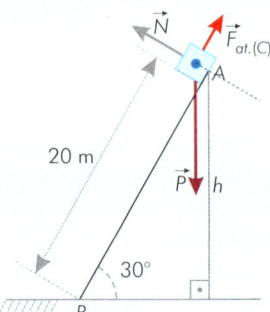

Dados:
- $m = 40$ kg
- a intensidade da força peso:
  $P = m \cdot g \Rightarrow P = 40 \cdot 10 \therefore P = 400$ N
- $F_{at.(C)} = 60$ N
- sen $30° = \dfrac{h}{20} \Rightarrow 0,5 = \dfrac{h}{20} \therefore h = 10$ m

a) (I) O trabalho realizado pela força peso, durante a descida do bloco:
$$\tau_{\vec{P}} = +m \cdot g \cdot h$$
$$\tau_{\vec{P}} = +40 \cdot 10 \cdot 10 \therefore \tau_{\vec{P}} = +4.000 \text{ J}$$

(II) A força normal ($\vec{N}$) não realiza trabalho durante o movimento de descida do bloco, pois ela é perpendicular ao deslocamento descrito por esse bloco.

(III) O trabalho realizado pela força de atrito, durante a descida do bloco:
$$\tau_{\vec{F}_{at.(C)}} = F_{at.(C)} \cdot d_{AB} \cdot \cos 180°$$
$$\tau_{\vec{F}_{at.(C)}} = 60 \cdot 20 \cdot (-1) \therefore \tau_{\vec{F}_{at.(C)}} = -1.200 \text{ J}$$

b) O trabalho realizado pela resultante das forças que atuam no caixote é dado pela soma algébrica dos trabalhos realizados pelas forças que atuam no caixote, no deslocamento de 20 m.
$$\tau_{\vec{F}_R} = \tau_{\vec{P}} + \tau_{\vec{N}} + \tau_{\vec{F}_{at.(C)}}$$
$$\tau_{\vec{F}_R} = +4.000 + 0 + (-1.200) \therefore \tau_{\vec{F}_R} = +2.800 \text{ J}$$

Exercícios Propostos

3. O bloco esquematizado na figura a seguir desloca-se horizontalmente. Sejam $\vec{F}_1$ e $\vec{F}_2$ duas forças entre as diversas forças que agem no bloco. Sendo $F_1 = F_2 = 70$ N, $\cos 60° = -\cos 120° = 0{,}50$, calcule, em joules, os trabalhos que $\vec{F}_1$ e $\vec{F}_2$ realizam em um deslocamento $\vec{d}$, de módulo igual a 4,0 m.

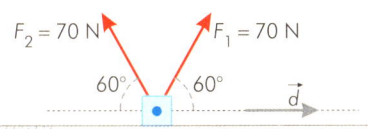

4. O bloco da figura a seguir, de peso $\vec{P}$ de intensidade igual a 140 N, é arrastado ao longo do plano horizontal pela força $\vec{F}$, de intensidade constante e igual a 200 N, da posição R até a posição S. O segmento $\overline{RS}$ tem medida igual a 10 m, a força de atrito $\vec{F}_{at.}$ tem intensidade 20 N, $\cos \theta = 0{,}80$ e $\sen \theta = 0{,}60$.

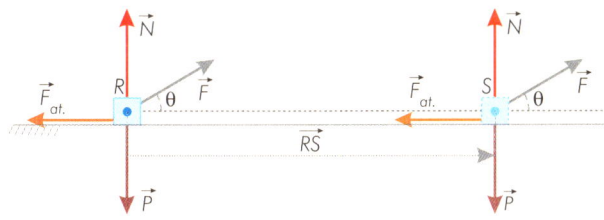

Determine, em unidades SI:
a) o trabalho que cada força realiza no deslocamento $\overline{RS}$;
b) o trabalho realizado pela resultante das forças nesse deslocamento.

5. Um carro de 1.000 kg de massa é arrastado por um cabo, conforme mostra a figura abaixo. Considere o módulo da aceleração da gravidade igual a 10 m/s². A força de resistência ao movimento tem intensidade igual a 10% da intensidade da força peso do carro e a força transmitida pelo cabo tem intensidade igual a 20% do mesmo peso. Determine, em joules, o trabalho realizado pela resultante das forças que atuam no carro durante um deslocamento de 100 m.

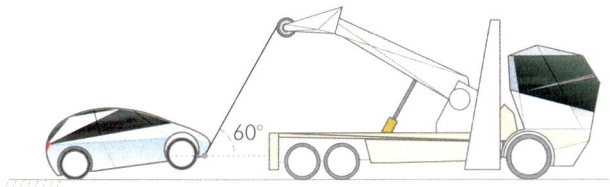

6. Um bloco de 10 kg de massa desliza em uma superfície horizontal, sem atrito, com velocidade constante. A seguir, passa por uma região rugosa, onde se desloca 5,0 m até parar. Sendo o coeficiente de atrito cinético entre o bloco e a superfície rugosa igual a 0,40, calcule, em joules, o trabalho realizado pela força de atrito nesses 5,0 m de deslocamento. Considere o módulo da aceleração da gravidade igual a 10 m/s².

7. O diagrama $F \times d$ representa a variação da intensidade da força resultante que atua sobre um corpo. Sabendo que $\vec{F}$ tem a mesma direção e o mesmo sentido do deslocamento, calcule, em joules, o trabalho realizado por essa força, entre as posições 0 e 10 m.

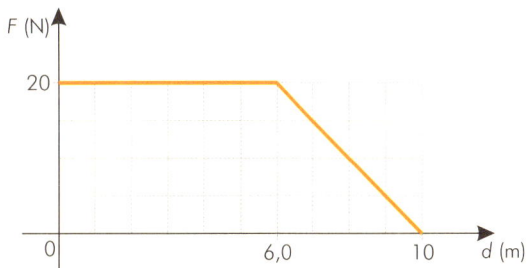

8. Uma partícula de 10 kg de massa desloca-se sobre um plano horizontal perfeitamente liso, a partir do repouso. Sobre essa partícula age uma força, na direção do deslocamento, cuja intensidade é fornecida pelo diagrama força *versus* posição, a seguir.

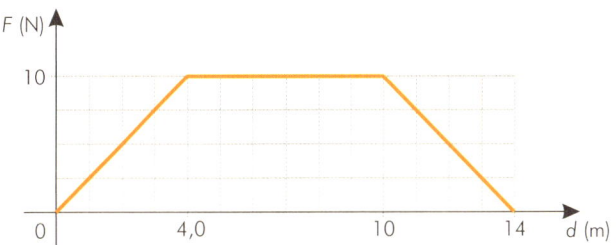

Determine:
a) o tipo de movimento descrito pela partícula em cada trecho;
b) o módulo da aceleração escalar da partícula quando esta se encontra a 6 m da posição em que começou a aplicação da força;
c) o trabalho realizado pela força no deslocamento do seu ponto de aplicação, de 0 a 14 m.

9. Um pequeno corpo de 6 kg de massa é lançado para cima, a partir da base de um plano inclinado de 10 m de comprimento que forma com o plano horizontal um ângulo de 27°. O corpo para exatamente no ponto mais alto do plano e, em seguida, retorna à base. Considere o módulo da aceleração da gravidade igual a 10 m/s², sen 27° = 0,45 e cos 27° = 0,9.

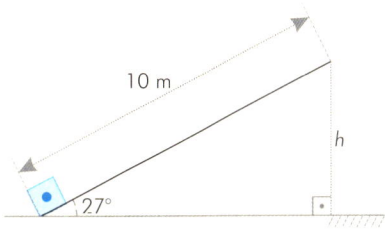

Exercícios Propostos

Determine, em unidades SI:
a) a altura h do plano inclinado;
b) o trabalho realizado pela força peso do corpo durante a subida;
c) o trabalho realizado pela força peso do corpo durante a descida;
d) o trabalho realizado pela força normal de contato entre a superfície do corpo e o plano, durante o movimento de ascendência.

10. Uma pessoa suspende um bloco de 50 kg de massa, com velocidade constante, por meio de uma corda de massa desprezível, a uma altura de 2 m em relação ao solo. Supondo a polia ideal e o módulo da aceleração da gravidade igual a 10 m/s², determine, em joules, o trabalho realizado pelo homem.

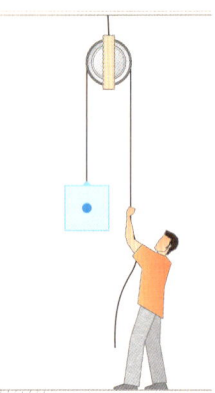

11. Uma mola de constante elástica $k = 100$ N/m é esticada, por uma força tensora $\vec{F}$, desde sua posição de equilíbrio até uma posição em que seu alongamento é de 20,0 cm, com velocidade escalar constante.

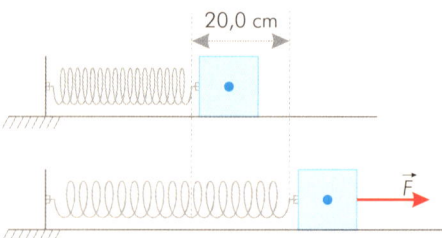

Determine, em joules:
a) o trabalho realizado pela força elástica para deformar a mola de 20 cm;
b) o trabalho realizado pela força tensora ($\vec{F}$) empregada no deslocamento referido.

12. A mola representada na figura ao lado tem constante elástica $k = 200$ N/m e, na situação mostrada, não se encontra deformada.

Determine, em joules, o trabalho realizado pela força elástica nos deslocamentos:

a) de $x = 0$ a $x = 2{,}0$ cm;
b) de $x = -2{,}0$ cm a $x = 0$;
c) de $x = -2{,}0$ cm a $x = 2{,}0$ cm.

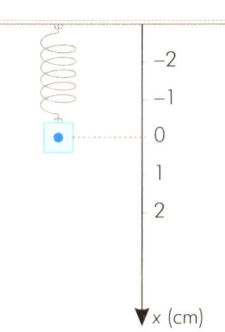

13.5. Potência

Na definição do trabalho de uma força, não se leva em consideração o tempo gasto para realizá-lo. Na vida prática, muitas vezes, o conhecimento desse tempo pode ser importante, pois, de maneira geral, temos interesse em que determinado trabalho seja realizado no menor tempo possível. Entre duas máquinas que realizem o mesmo trabalho, com a mesma perfeição, podemos preferir a mais rápida. Nesse sentido, conceituamos **potência** como a grandeza escalar que mede a *taxa temporal* com que um trabalho é realizado.

Considere uma força $\vec{F}$ que atua em um corpo em um intervalo de tempo Δt e realiza um trabalho $\tau_{\vec{F}}$. Denomina-se potência média da força $\vec{F}$, no intervalo de tempo Δt, o quociente:

$$Pot_{(m)} = \frac{\tau_{\vec{F}}}{\Delta t}$$

A potência de um guindaste é o trabalho que ele realiza em uma unidade de tempo.

Por exemplo: se um trabalho de 100 J for realizado em 20 s, a potência será igual a 5,0 J/s; se for realizado em 5,0 s, a potência será igual a 20 J/s. Logo, para um mesmo trabalho, quanto menor o intervalo de tempo, maior a potência. Essa é a ideia que dá origem à definição de potência.

Você Sabia?

A máquina a vapor trouxe importante desenvolvimento no século XIX para a industrialização e os meios de transporte.

13.5.1. Unidade de potência

No SI, a unidade de potência é o **joule por segundo**, que denominamos **watt (W)**, em homenagem ao aperfeiçoador da máquina a vapor, o escocês James Watt (1736-1819).

- Um múltiplo muito usado do watt é o quilowatt (kW), tal que
  $1 \text{ kW} = 10^3 \text{ W}$.

- Embora não pertencentes ao SI, são usuais as seguintes unidades de potência:
  cavalo-vapor (cv): 1 cv ≅ 735 W;
  horse-power (HP): 1 HP ≅ 746 W.

13.5.2. Relação entre potência e velocidade

Vamos estabelecer a relação entre *potência* e *velocidade*, no caso particular em que um ponto material se movimenta retilineamente, sob a ação de uma força constante $\vec{F}$ paralela ao deslocamento $\vec{d}$, como mostra a Figura 13-13.

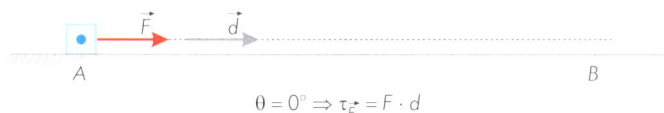

$\theta = 0° \Rightarrow \tau_{\vec{F}} = F \cdot d$

FIGURA 13-13.

A potência média da força $\vec{F}$ no intervalo de tempo Δt é dada por:

$$Pot_{(m)} = \frac{\tau_{\vec{F}}}{\Delta t}$$
$$Pot_{(m)} = F \cdot \frac{d}{\Delta t}$$
$$Pot_{(m)} = F \cdot v_m$$

em que v_m é a velocidade média do ponto material no intervalo de tempo Δt.

$$\boxed{Pot_{(m)} = F \cdot v_m}$$

Quando o intervalo de tempo gasto na realização de um trabalho é muito pequeno ($\Delta t \rightarrow 0$), fica caracterizada a potência instantânea. Nesse caso, sendo v_i a velocidade instantânea do ponto material, vale

$$\boxed{Pot_{(i)} = F \cdot v_i}$$

13.5.3. Rendimento

Você já deve ter percebido que, na natureza, qualquer processo apresenta certa taxa de desperdício. Isso quer dizer que, na prática, nada pode ser aproveitado integralmente. A eficiência (ou rendimento) de um processo está ligada ao aproveitamento de um trabalho ou à potência desenvolvida.

Definimos **rendimento** (η) de um sistema físico como a grandeza que mede o percentual de trabalho total (τ_T) do sistema que foi convertido em trabalho útil (τ_u).

$$\eta = \frac{\tau_{útil}}{\tau_{total}} \quad \text{ou} \quad \eta = \frac{Pot_{(útil)}}{Pot_{(total)}}$$

OBSERVAÇÕES:
- O rendimento é adimensional (não tem unidade). É expresso geralmente em porcentagem, bastando, para isso, multiplicar a razão encontrada por 100%.
- O rendimento de um sistema físico real é sempre inferior a 1 (isto é, inferior a 100%), pois, devido à dissipação de energia, a potência útil é, na prática, sempre menor que a recebida.

Em todo trabalho, há um percentual de dissipação. Em uma escada rolante, por exemplo, como em todos os outros sistemas que realizam trabalho, parte do trabalho da força motora é perdida na forma de calor.

Exercícios Resolvidos

13. O quilowatt-hora é o trabalho realizado, em 1 hora, pela força desenvolvida por um dispositivo de potência igual a 1 quilowatt. Qual a relação entre quilowatt-hora (kWh) e joule (J)?

RESOLUÇÃO:
$1 \text{ kWh} = 1 \text{ kW} \cdot 1 \text{ h} = 10^3 \text{ J} \cdot \text{s}^{-1} \cdot 3,6 \cdot 10^3 \text{ s}$
$1 \text{ kWh} = 3,6 \cdot 10^6 \text{ J}$

14. Uma escada rolante transporta passageiros do andar térreo A ao andar superior B, com velocidade constante. A escada tem comprimento total igual a 15 m, degraus em número de 75 e inclinação igual a 30°. Considere o módulo da aceleração da gravidade igual a 10 m/s² e as aproximações sen 30° = 0,5 e cos 30° = 0,8.
Determine, em unidades SI:

a) o trabalho realizado pela força motora necessária para elevar um passageiro de 80 kg de massa de A para B;
b) a potência correspondente ao item anterior, empregada pelo motor que aciona o mecanismo, efetuando o transporte em 30 s;
c) o rendimento do motor, cuja potência total é 400 W.

RESOLUÇÃO:
Dados:
- $m = 80$ kg
- $g = 10$ m/s²
- $\Delta s_{AB} = 15$ m

Vamos calcular a altura H entre os dois pavimentos:
$\text{sen } 30° = \dfrac{H}{15} \implies 0,5 \cdot 15 = H \therefore H = 7,5$ m

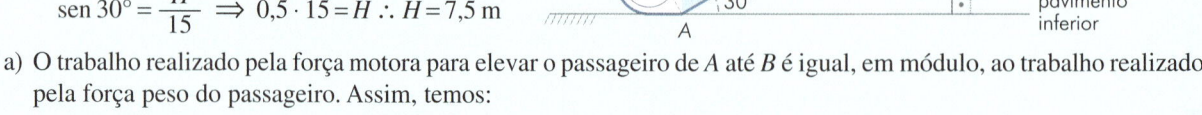

a) O trabalho realizado pela força motora para elevar o passageiro de A até B é igual, em módulo, ao trabalho realizado pela força peso do passageiro. Assim, temos:

$\tau_{\vec{P}} = -m \cdot g \cdot H \implies \tau_{\vec{P}} = -80 \cdot 10 \cdot 7,5 \implies \tau_{\vec{P}} = -6.000$ J

Então, o trabalho realizado pela força motora ($\vec{F}$) da escada para elevar o passageiro do pavimento inferior até o pavimento superior, com velocidade escalar constante, é $\tau_{\vec{F}} = 6.000$ J.

Exercícios Resolvidos

b) $Pot_{(útil)} = \dfrac{\tau_{\vec{F}}}{\Delta t} \Rightarrow Pot_{(útil)} = \dfrac{6.000}{30} \therefore Pot_{(útil)} = 200$ W

c) $\eta = \dfrac{Pot_{(útil)}}{Pot_{(total)}} \Rightarrow \eta = \dfrac{200}{400} \Rightarrow \eta = 0,5 \therefore \eta = 50\%$

15. Um automóvel percorre uma estrada retilínea com velocidade constante de 108 km/h. Sabendo que a resultante das forças de resistência ao movimento tem intensidade igual a 1.000 N, determine, em watts, a potência útil desenvolvida pelo motor.

Resolução:
Dados:
- velocidade escalar do automóvel: $v = 108$ km/h $= 30$ m/s
- força motora: $F = 1.000$ N

$$Pot_{(útil)} = F_m \cdot v \Rightarrow Pot_{(útil)} = 1.000 \cdot 30 \therefore Pot_{(útil)} = 3 \cdot 10^4 \text{ W}$$

Exercícios Propostos

16. Para arrastar um corpo de 100 kg entre dois pontos, com movimento uniforme, um motor de potência igual a 500 W opera durante 2,0 min. Determine, em joules, o trabalho realizado pela força motora.

17. Um corpo de 30 kg de massa desliza em um plano inclinado de 3,0 m de altura e atinge a sua base em 5,0 s. Considere o módulo da aceleração da gravidade de 10,0 m/s² e determine, em unidades SI:
a) o trabalho realizado pelo peso do corpo no citado intervalo de tempo;
b) a potência média do peso do corpo no intervalo de tempo de 5,0 s.

18. A figura abaixo mostra um homem transportando uma carga de 40 kg de massa, com velocidade constante. A corda e a polia são ideais e o módulo da aceleração da gravidade é de 10,0 m/s². Considerando um deslocamento realizado pelo corpo de 5,0 m e que esse deslocamento ocorreu em 10 s, determine, em unidades SI:

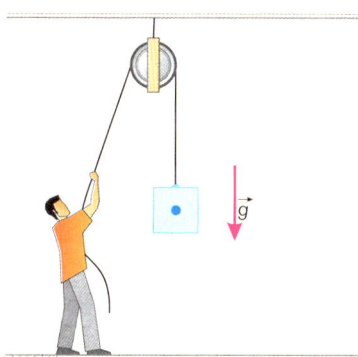

a) o trabalho realizado pela força motora exercida pelo homem;
b) a potência desenvolvida pelo homem.

19. (FUVEST – SP) Uma partícula parte do repouso, sob a ação de uma força constante paralela à direção da velocidade. A partícula, de 2,0 kg de massa, percorre 30 m e atinge a velocidade de 108 km/h. Determine, em unidades SI:
a) o trabalho realizado pela força, no deslocamento de 30 m;
b) a potência média da força;
c) a potência instantânea da força, no instante em que a velocidade é de 36 km/h.

20. Com a crescente verticalização das construções, tanto residenciais quanto comerciais, os meios de elevação mecanizados, como elevadores e escadas rolantes, têm uso cada vez mais frequente.

Determinada escada rolante transporta passageiros do andar térreo ao andar superior, com velocidade escalar constante. Quando parada, a escada tem comprimento total igual a 20 m, degraus visíveis em número de 50 e inclinação, em relação à horizontal, igual a 30°.

Um passageiro de 50 kg de massa é transportado por essa escada, do térreo ao andar superior, em 40,0 s.

Considere o módulo da aceleração da gravidade igual a 10 m/s² e, com base nas informações acima, julgue as afirmações a seguir.

(1) O trabalho da força motora usada para elevar o passageiro no trecho citado tem módulo igual a 10^4 J.
(2) A potência empregada pelo motor que aciona o mecanismo, efetuando o transporte do passageiro no trecho citado, é 125 W.
(3) Caso o passageiro suba do térreo ao andar superior de elevador, o trabalho realizado pela sua força peso será maior do que se ele subisse de escada rolante.
(4) Cada degrau da escada tem 20 cm de altura.
(5) Para um passageiro em cima do degrau em movimento, é correto afirmar que o módulo da força normal trocada entre o passageiro e o degrau é igual ao módulo do seu peso.

Exercícios Propostos

21. Um carro de massa 500 kg parte do repouso em uma superfície horizontal e polida. Despreze qualquer dissipação e suponha que o motor exerça uma força constante e paralela à direção da velocidade. Após percorrer 400 m, o carro atinge a velocidade de 90 km/h. Determine, em watts:

a) a potência média da força motora no percurso de 400 m;
b) a potência instantânea quando o carro atinge a velocidade escalar de módulo igual a 90 km/h.

22. O elevador E da figura ao lado tem massa igual a 4 toneladas, incluindo sua carga. Ele está ligado a um contrapeso C, de 3 toneladas, e é acionado por um motor elétrico M, de 80% de rendimento. Determine a potência requerida pelo motor quando o elevador se move para cima com velocidade constante, de módulo igual a 2,0 m/s. Considere o módulo da aceleração da gravidade de 10 m/s^2.

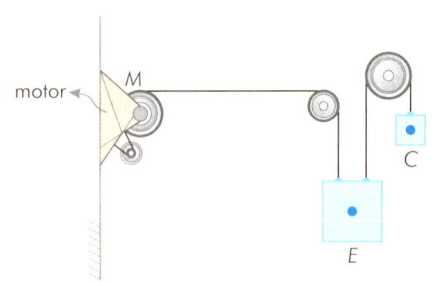
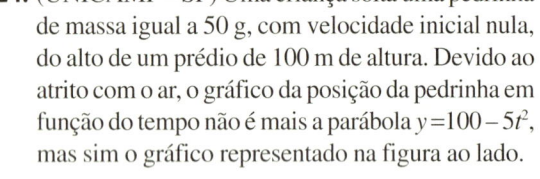

Exercícios Complementares

23. Sob a ação de uma força constante, um corpo de massa igual a 4,0 kg adquire, a partir do repouso, a velocidade de 10 m/s.

a) Qual é o trabalho realizado por essa força, em joules?
b) Se o corpo se deslocou 25 m, qual o valor da força aplicada, em newtons?

24. (UNICAMP – SP) Uma criança solta uma pedrinha de massa igual a 50 g, com velocidade inicial nula, do alto de um prédio de 100 m de altura. Devido ao atrito com o ar, o gráfico da posição da pedrinha em função do tempo não é mais a parábola $y = 100 - 5t^2$, mas sim o gráfico representado na figura ao lado.

a) Com que velocidade a pedrinha bate no chão, em m/s?
b) Qual é o trabalho, em joules, realizado pela força de atrito entre $t_0 = 0$ e $t = 11$ segundos?

25. Um corpo de massa 5 kg é retirado de um ponto A e levado para um ponto B, distante 40 m na horizontal e 30 m na vertical. Qual é o módulo do trabalho realizado pela força peso?

a) 2.500 J   b) 2.000 J   c) 900 J   d) 500 J   e) 1.500 J

26. Certa máquina M_1 eleva verticalmente um corpo de massa $m_1 = 1,0$ kg a 20,0 m de altura em 10,0 s, em movimento uniforme. Outra máquina, M_2, acelera em uma superfície horizontal, sem atrito, um corpo de massa $m_2 = 3,0$ kg, desde o repouso até a velocidade de 10,0 m/s, em 2,0 s.

a) De quanto foi o trabalho realizado por cada uma das máquinas, em joules?
b) Qual a potência média desenvolvida por cada máquina, em watts?

27. Um bloco de massa M desliza uma distância L ao longo de uma prancha inclinada, formando um ângulo θ em relação à horizontal. Se o módulo da aceleração da gravidade vale g, podemos afirmar que, durante a descida do bloco, o trabalho realizado por sua força peso vale:

a) $M \cdot g \cdot L$
b) $M \cdot g \cdot L \operatorname{tg} \theta$
c) $M \cdot g \cdot L \operatorname{sen} \theta$
d) $M \cdot g \cdot L \cos \theta$
e) $M \cdot g \cdot L \sec \theta$

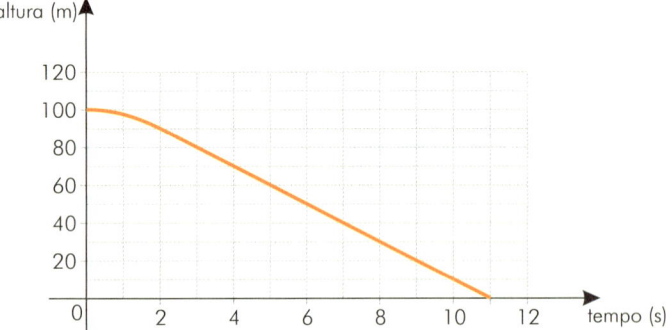

28. Em um teste de desempenho de um veículo de 600 kg de massa, verificou-se que ele pode atingir a velocidade de 72 km/h, partindo do repouso, em 4,0 s, com aceleração constante nesse percurso. Sabendo que a potência consumida pelo veículo foi de $7,5 \cdot 10^4$ W, determine:

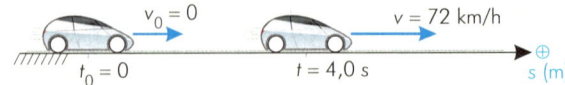

a) a potência útil do veículo no intervalo de tempo de 4,0 s, em watts;
b) o rendimento do motor nesse intervalo de tempo.

Exercícios Complementares

29. (FUVEST – SP) Uma caixa-d'água, cuja capacidade volumétrica é de 2.000 litros, está situada 6,0 m de altura acima de um reservatório. Uma bomba, funcionando 20 minutos, eleva verticalmente a água, enchendo completamente a caixa. Considere a densidade volumétrica da água igual a 1,0 kg/L e o módulo da aceleração da gravidade de 10 m/s².

a) Supondo o fluxo de água constante, determine o trabalho total realizado pela bomba para levar a água à caixa.

b) Se a bomba possui rendimento de 80%, determine a potência do motor.

30. A pedido de um físico, um homem sustentou, durante dois minutos, uma pesada carga de massa igual a 25 kg, mantida parada acima de sua cabeça, apoiada nesta e nas duas mãos erguidas. Em seguida, mantendo a carga na mesma posição, o homem andou lentamente por trinta segundos, percorrendo dois metros sobre o piso horizontal, em linha reta. A aceleração da gravidade local era de 9,8 m/s², e o pobre homem tinha 1,60 m de altura. Calcule o trabalho (em unidades SI) realizado pelo homem ao longo dos 2 min e 30 s para sustentar a carga.

31. (UnB – DF) Um turista foi viajar, levando uma mala de 15 kg e, para chegar ao aeroporto, precisou tomar um ônibus. Considerando o módulo da aceleração da gravidade igual a 10,0 m/s², julgue os itens seguintes.

(1) Era muito cedo e, no ponto de ônibus, fazia frio. O turista esfregou vigorosamente as palmas das mãos. Nesse caso, houve a realização de trabalho.

(2) Em seguida, preocupado com a mala, o turista, parado no ponto de ônibus, segurou-a suspensa (sem contato com o solo) durante 5 minutos. Nesse período em que o turista segurou a mala em seus braços, não houve a realização de trabalho externo.

(3) O ônibus chegou e parou em frente ao ponto, a 5,0 m de distância. O turista, levando a mala, correu uma distância horizontal de 5,0 m, em 2 segundos, com velocidade constante, para alcançar o ônibus. Então, foram transferidos 30 J de energia para a mala.

(4) Para subir os degraus do ônibus, o turista levantou a mala a uma altura de 0,80 m do solo. Houve, então, a realização de trabalho e a transferência de 120 J de energia para a mala.

32. (UnB – DF) Uma hidrelétrica gera $5,0 \cdot 10^9$ W de potência elétrica, utilizando-se de uma queda-d'água de 100 m. Suponha que o gerador aproveite 100% da energia fornecida pela queda-d'água e que a represa colete 20% de toda a chuva que cai em uma região de $4,0 \cdot 10^5$ km². Considere que um ano tem $3,2 \cdot 10^7$ s e que a densidade da água é de $1,0 \cdot 10^3$ kg/m³. Julgue os itens a seguir.

(1) Será necessária uma vazão de água (fluxo de água) de $5,0 \cdot 10^3$ m³/s para a hidrelétrica fornecer a potência de $5,0 \cdot 10^9$ W.

(2) Em um ano passa pela hidrelétrica o volume de $1,6 \cdot 10^{11}$ m³ d'água. Considere a vazão d'água constante e igual a $5,0 \cdot 10^3$ m³/s.

(3) A hidrelétrica produz $1,5 \cdot 10^7$ kWh de energia elétrica num intervalo de tempo de 3,0 h.

(4) Mantendo-se as condições acima, poderíamos aumentar a energia elétrica produzida pela represa aumentando a queda-d'água.

33. Um pêndulo é constituído de uma esfera de massa 2,0 kg, presa a um fio de massa desprezível e comprimento 2,0 m, que pende do teto conforme mostra a figura ao lado. O pêndulo oscila, formando um ângulo máximo de 60° com a vertical.

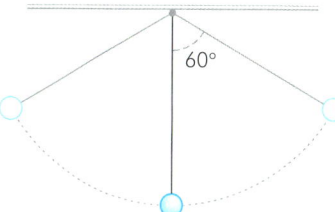

Nessas condições, o trabalho realizado pela força de tração que o fio exerce sobre a esfera, entre a posição mais baixa e a mais alta, em joules, vale:

a) 20   b) 10   c) zero   d) –10   e) –20

34. (UNITAU – SP) Um exaustor, ao descarregar grãos do porão de um navio, ergue-os até uma altura de 10,0 m e depois os lança com uma velocidade de 4,00 m/s. Se os grãos são descarregados à razão de 2,00 kg por segundo, conclui-se que, para realizar esta tarefa, o motor do exaustor deve ter uma potência mínima de (considere o módulo da aceleração da gravidade igual a 10 m/s²):

a) $1,96 \cdot 10^2$ W. c) $2,00 \cdot 10^2$ W. e) 16 W.
b) $2,16 \cdot 10^2$ W. d) $1,00 \cdot 10^2$ W.

35. (UNICAMP – SP) Uma hidrelétrica gera $5,0 \cdot 10^9$ W de potência elétrica utilizando-se de uma queda-d'água de 100 m. Suponha que o gerador aproveite 100% da energia da queda-d'água e que a represa colete 20% de toda a chuva que cai em uma região de $4,0 \cdot 10^5$ km². Considere que 1 ano tem $32 \cdot 10^6$ segundos e que o módulo da aceleração da gravidade vale 10 m/s².

a) Qual a vazão de água (m³/s) necessária para fornecer os $5,0 \cdot 10^9$ W?

b) Quantos mm de chuva devem cair por ano nesta região para manter a hidrelétrica operando nos $5,0 \cdot 10^9$ W?

36. Uma cama de hospital possui um sistema rosca-manivela para elevá-la. A manivela possui um braço de 0,20 m. Em 40,0 s, uma enfermeira gira a manivela 20 voltas completas, com velocidade angular constante, para elevar verticalmente um peso total de 320 N a uma altura de 0,50 m. Desprezando as perdas por atrito, determine, em unidades SI:

a) o trabalho realizado pela enfermeira;
b) a potência desenvolvida pela enfermeira;
c) a velocidade angular da manivela;
d) o módulo da força exercida pela enfermeira na extremidade do braço da manivela, supondo-a constante.

14 Energia Mecânica

14.1. Introdução

A palavra **energia** faz parte de nosso cotidiano. É muito comum falarmos sobre produção e consumo de energia; sabe-se que ela é essencial à vida. As fontes das quais obtemos energia, como o Sol, o petróleo e outros combustíveis, são essenciais para nos mantermos vivos e para que prossiga a busca por novas fontes, para substituir as que já estão quase esgotadas.

Embora a Ciência não seja capaz de dizer o que é energia, essa é uma das palavras preferidas por todos os que pretendem dar a seu discurso uma conotação científica. Energia parece estar em todo lugar, com os mais diversos significados, muitas vezes inadequados, do ponto de vista científico. É importante lembrar que, embora não se saiba o que é energia, conhecem-se muitas de suas manifestações.

Apesar disso, a ideia está tão arraigada em nosso cotidiano que praticamente a aceitamos sem definição. Fisicamente, costuma-se dizer que "a energia é a capacidade de realizar trabalho", o que constitui, pelo menos, um modo de começar o estudo da energia.

Lançamento de ônibus espacial no cabo Kennedy, Flórida, EUA. Para ser lançado ao espaço, tem de sair do solo com uma enorme quantidade de energia de movimento.

A palavra *energia* vem do grego, significando quase literalmente "no trabalho", e foi usada, em Física, pela primeira vez, por Thomas Young (1773-1829), em 1807, em meio a uma confusão de tentativas de descrever os fenômenos naturais com as grandezas força, força viva, trabalho, impacto, impulso, entre outras.

De Thomas Young até os dias de hoje, muitas manifestações de energia foram nomeadas, identificadas, relacionadas. Você já deve ter percebido diversas formas: energia química, energia mecânica, energia térmica, energia elétrica, energia atômica, energia nuclear etc. Daqui por diante, falaremos de algumas formas de energia, procurando descrevê-las de modo claro e objetivo, visando às aplicações.

Thomas Young (1773-1829).

14.2. Trabalho da Força Resultante: Energia de Movimento

Consideremos um corpo de massa m, com velocidade $\vec{v_0}$, sobre uma superfície horizontal. A partir de determinado instante, escolhido como início do estudo, uma força resultante $\vec{F_R}$, constante e paralela à velocidade inicial (por simplicidade), passa a atuar sobre o corpo (Figura 14-1). Mantidas essas condições, em um instante qualquer o corpo terá uma velocidade $\vec{v}$ e terá sofrido um deslocamento $\vec{d}$.

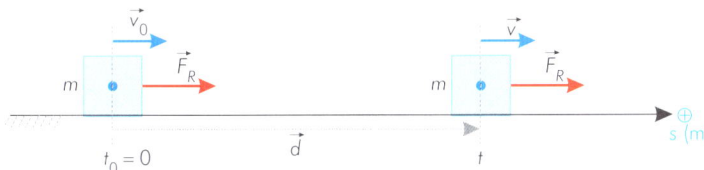

Figura 14-1.

O trabalho realizado pela força resultante ($\vec{F_R}$), constante, ao longo do deslocamento $\vec{d}$, é dado por

$$\tau_{\vec{F_R}} = F_R \cdot d \cdot \cos 0°, \text{ em que } \cos 0° = 1$$

De acordo com o princípio fundamental da dinâmica (Segunda Lei de Newton), em módulo,

$$F_R = m \cdot a \implies \tau_{\vec{F_R}} = m \cdot a \cdot d \qquad \text{(equação I)}$$

A equação de Torricelli pode ser reescrita da seguinte forma:

$$v^2 = v_0^2 + 2 \cdot a \cdot d \implies v^2 - v_0^2 = 2 \cdot a \cdot d \implies a \cdot d = \frac{v^2 - v_0^2}{2} \qquad \text{(equação II)}$$

Substituindo a equação (II) na equação (I), obtém-se, finalmente,

$$\tau_{\vec{F_R}} = m \cdot a \cdot d \implies \tau_{\vec{F_R}} = m\left(\frac{v^2 - v_0^2}{2}\right) \implies \tau_{\vec{F_R}} = \frac{m \cdot v^2}{2} - \frac{m \cdot v_0^2}{2} \qquad \text{(equação III)}$$

A grandeza física escalar $\dfrac{m \cdot v^2}{2}$, que aparece nesse desenvolvimento, veio *do trabalho* e está *ligada ao movimento*; foi, por isso, denominada *energia cinética*. Podemos defini-la como segue: um corpo de massa m (Figura 14-2), dotado de velocidade instantânea v, para certo referencial, apresenta uma *energia cinética* E_c, dada por

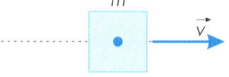

Figura 14-2.

$$E_c = \dfrac{m \cdot v^2}{2}$$

O resultado obtido na página anterior (equação III) é frequentemente chamado **Teorema da Energia Cinética**, e pode ser enunciado da seguinte maneira: o trabalho da resultante das forças agentes em um corpo entre dois instantes quaisquer é igual à variação de sua energia cinética naquele intervalo de tempo, ou, simbolicamente,

$$\tau_{\vec{F}_R} = E_{c\,(final)} - E_{c\,(inicial)} \;\Rightarrow\; \tau_{\vec{F}_R} = \Delta E_c$$

Embora tenha sido obtido para um caso particular, o teorema da energia cinética é válido para qualquer tipo de movimento.

Exercícios Resolvidos

1. Um pequeno corpo movimenta-se sobre um plano horizontal, sem atrito. A massa do corpo é igual a 8 kg. A velocidade escalar do corpo varia com o tempo, conforme esquematizado no gráfico ao lado. Determine, em unidades SI:

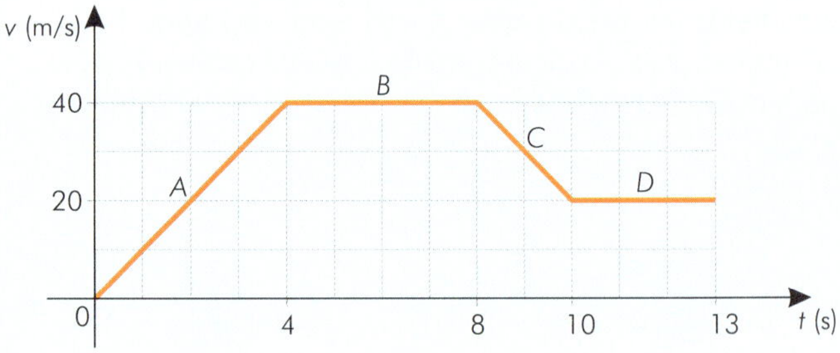

a) o trabalho realizado pela força resultante que age no corpo no trecho A;
b) o trabalho realizado pela força resultante que age no corpo no trecho D;
c) o trabalho realizado pela força resultante que age no corpo entre os instantes 8 s e 13 s de movimento;
d) o trabalho realizado pela força resultante necessário para parar o corpo, a partir do instante 12 s.

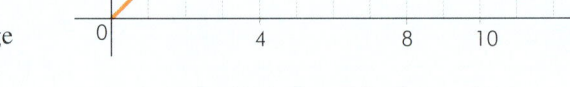

Resolução:

a) No trecho A, a velocidade escalar do corpo passa do valor inicial $v_0 = 0$ ao valor final $v = 40$ m/s. Aplicando, para esse trecho, o teorema da energia cinética, obtemos:

$$\tau_{\vec{F}_R} = \Delta E_c \;\Rightarrow\; \tau_{\vec{F}_R} = \dfrac{m \cdot v^2}{2} - \dfrac{m \cdot v_0^2}{2}$$

$$\tau_{\vec{F}_R} = \dfrac{8 \cdot 40^2}{2} - \dfrac{8 \cdot 0^2}{2} \quad \therefore \quad \tau_{\vec{F}_R} = 6.400 \text{ J}$$

b) No trecho D, como a velocidade escalar do corpo permaneceu constante, não houve variação da energia cinética; logo, $\tau_{\vec{F}_R} = 0$.

c) Aplicando o teorema da energia cinética entre os instantes 8 s e 13 s de movimento do corpo:

$$\tau_{\vec{F}_R} = \Delta E_c \;\Rightarrow\; \tau_{\vec{F}_R} = \dfrac{m \cdot v^2}{2} - \dfrac{m \cdot v_0^2}{2}$$

$$\tau_{\vec{F}_R} = \dfrac{8 \cdot 20^2}{2} - \dfrac{8 \cdot 40^2}{2} \quad \therefore \quad \tau_{\vec{F}_R} = -4.800 \text{ J}$$

d) O gráfico mostra que, no instante $t = 12$ s, a velocidade escalar do corpo vale 20 m/s. O trabalho da força resultante, necessário para parar o corpo, é obtido pelo teorema da energia cinética:

$$\tau_{\vec{F}_R} = \Delta E_c \;\Rightarrow\; \tau_{\vec{F}_R} = \dfrac{m \cdot v^2}{2} - \dfrac{m \cdot v_0^2}{2}$$

$$\tau_{\vec{F}_R} = \dfrac{8 \cdot 0^2}{2} - \dfrac{8 \cdot 20^2}{2} \quad \therefore \quad \tau_{\vec{F}_R} = -1.600 \text{ J}$$

Exercícios Resolvidos

2. Um menino de 20 kg de massa é abandonado no alto de um tobogã, passando pelo ponto A com velocidade escalar $v_A = 4{,}0$ m/s e pelo ponto B com velocidade escalar $v_B = 10$ m/s. Durante o movimento, o menino esteve sob a ação de apenas três forças: o peso ($\vec{P}$), a força normal ($\vec{N}$) e a força de atrito ($\vec{F}_{at.(D)}$). Sendo o módulo da aceleração da gravidade igual a 10 m/s², calcule, em joules, o trabalho realizado pela força de atrito no trecho AB.

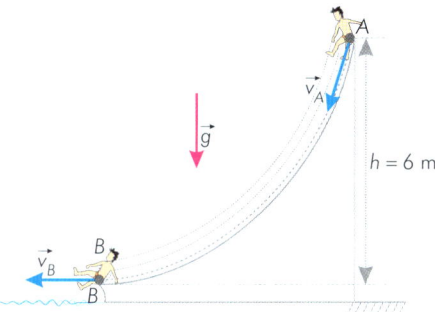

Resolução:
Veja a representação geométrica das forças que atuam no menino, durante a descida pelo tobogã.

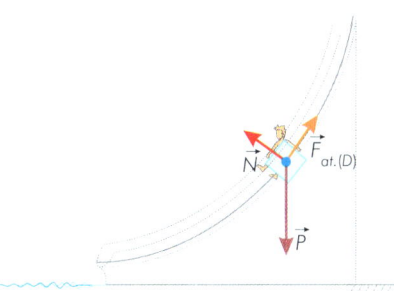

As energias cinéticas do menino nos pontos A e B são:

$$E_{c(A)} = \frac{m \cdot v_A^2}{2}$$

$$E_{c(A)} = \frac{20 \cdot 4{,}0^2}{2}$$

$$E_{c(A)} = 160 \text{ J}$$

$$E_{c(B)} = \frac{m \cdot v_B^2}{2}$$

$$E_{c(B)} = \frac{20 \cdot 10^2}{2} \Rightarrow E_{c(B)} = 1.000 \text{ J}$$

O trabalho da força normal ($\vec{N}$) é nulo, pois essa força é perpendicular ao deslocamento do menino.

O trabalho realizado pela força peso ($\vec{P}$) é:

$$\tau_{\vec{P}} = m \cdot g \cdot h$$
$$\tau_{\vec{P}} = 20 \cdot 10 \cdot 6$$
$$\tau_{\vec{P}} = 1.200 \text{ J}$$

O trabalho realizado pela força resultante é dado por:

$$\tau_{\vec{F}_R} = \tau_{\vec{P}} + \tau_{\vec{N}} + \tau_{\vec{F}_{at.(D)}}$$

De acordo com o teorema da energia cinética,

$$E_{c(B)} - E_{c(A)} = \tau_{\vec{P}} + \tau_{\vec{N}} + \tau_{\vec{F}_{at.(D)}}$$

$$1.000 - 160 = 1.200 + 0 + \tau_{\vec{F}_{at.(D)}}$$

$$840 - 1.200 = \tau_{\vec{F}_{at.(D)}} \therefore \tau_{\vec{F}_{at.(D)}} = -360 \text{ J}$$

Resposta: o trabalho realizado pela força de atrito que atua no menino é igual a –360 J.

Exercícios Propostos

3. Um corpo de massa 5,0 kg, sujeito à ação de forças, teve sua velocidade aumentada de 4,0 m/s para 6,0 m/s. Calcule, em unidades SI:

a) a energia cinética do corpo no instante em que sua velocidade é de 4,0 m/s;

b) a variação da energia cinética do corpo entre as velocidades de 4,0 m/s e 6,0 m/s;

c) o trabalho realizado pela força resultante que motivou essa variação de velocidade.

4. Um bloco de massa 5,0 kg encontra-se em repouso sobre uma superfície horizontal lisa. A partir de certo instante, passa a agir sobre o bloco uma força horizontal cuja intensidade F varia, em função da posição d, de acordo com o diagrama ao lado. Determine, em unidades SI:

a) o trabalho realizado pela força resultante no deslocamento de 0 a 15 m;

b) a variação da energia cinética do bloco no deslocamento de 0 a 15 m;

c) a velocidade escalar do bloco ao passar pela posição 15 m.

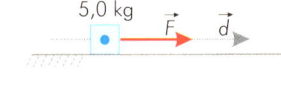
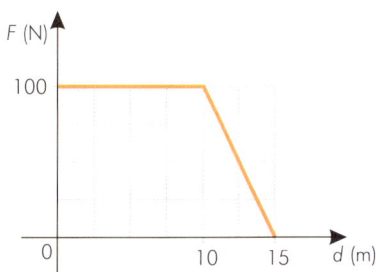

Exercícios Propostos

5. Um pequeno bloco de 5,0 kg de massa encontra-se em repouso sobre uma superfície horizontal perfeitamente lisa. A partir de certo instante, passa a agir sobre o bloco uma força horizontal cuja intensidade F varia, em função da posição s, de acordo com o diagrama ao lado. Determine, em m/s, a velocidade escalar do bloco quando este passa pela posição 20 m.

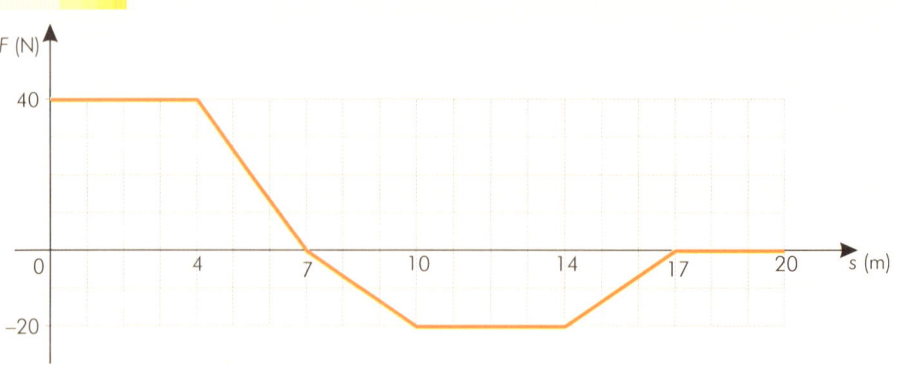

6. Um bloco de massa 8,0 kg é lançado sobre uma superfície horizontal, com velocidade escalar de 10,0 m/s. O bloco para, devido ao atrito, após percorrer a distância de 5,0 m. A figura ao lado mostra um esquema da situação descrita. Determine, em unidades SI:

a) o trabalho realizado pela força de atrito;
b) a intensidade da força de atrito que atua no bloco;
c) o coeficiente de atrito dinâmico, admitido constante, entre o bloco e a superfície. Considere o módulo da aceleração da gravidade de 10,0 m/s².

7. Um bloco com 3,0 kg de massa desliza sobre uma superfície horizontal, sem atrito, com velocidade escalar constante de 10 m/s. A partir de certo instante, o bloco inicia a subida de uma rampa e atinge a altura máxima de 1,0 m.

Sabendo que existe atrito entre o bloco e a rampa e que o módulo da aceleração da gravidade é de 10,0 m/s², calcule, em joules:

a) o trabalho realizado pela força peso no deslocamento $\overline{AB}$;
b) o trabalho realizado pela força de atrito durante a subida da rampa.

14.3. Energia Potencial

Em 1803, Lazare Carnot (1753-1823), um militar francês, associou um corpo erguido a certa altura à capacidade que ele apresentava de poder realizar trabalho; criou a expressão *força viva latente*, no sentido de que havia algo armazenado no sistema físico. Após o trabalho de Thomas Young, a grandeza passou a chamar-se *energia potencial*. A **energia potencial** de um sistema de corpos representa o trabalho que o sistema pode realizar devido à posição relativa de suas partes, ou seja, a energia potencial de um sistema de corpos é um tipo de "energia armazenada", que pode vir a ser convertida em energia cinética.

Existem vários tipos de energia potencial, como a energia potencial gravitacional, a energia potencial elástica, a energia potencial elétrica etc.

Nas usinas hidrelétricas, a energia potencial gravitacional acumulada na água é utilizada para gerar a energia elétrica que nós usamos no dia a dia.

14.3.1. Energia potencial gravitacional

Suponhamos uma situação simples, envolvendo um corpo de massa m, em uma região onde a aceleração gravitacional tem intensidade g. Em dado instante, considerado inicial, abandonamos o corpo na posição A, e ele cai, espontaneamente, passando instantes depois pelo ponto B, como mostra a Figura 14-3.

O trabalho realizado pela força peso para deslocar esse corpo do ponto A até o ponto B é dado, de acordo com a definição, por:

$$\tau_{\vec{P}} = P \cdot d \cdot \cos 0° \Rightarrow \tau_{\vec{P}} = m \cdot g \cdot (h_A - h_B) \Rightarrow \tau_{\vec{P}} = m \cdot g \cdot h_A - m \cdot g \cdot h_B$$

Observe a semelhança dessa última expressão com a do teorema da energia cinética. Em ambas, um trabalho é igualado à variação de determinada grandeza. Nesse último caso, a grandeza também veio do *trabalho* e está associada à *gravidade*, representando uma *possibilidade* de apresentar-se como energia cinética. Disso derivou a denominação *energia potencial gravitacional*.

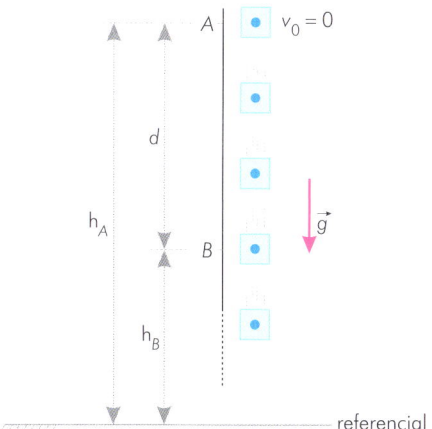

Figura 14-3.

Dizemos que a grandeza escalar $m \cdot g \cdot h_A$ corresponde a uma forma de energia do corpo de massa m, no instante em que sua posição é h_A e $m \cdot g \cdot h_B$ é uma forma de sua energia, no instante em que sua posição é h_B. As medidas das posições citadas obviamente dependem do referencial adotado.

Assim, a essa forma de energia associada à posição ocupada por um corpo, em relação a dado referencial, denominamos **energia potencial gravitacional** ($E_{p(g)}$), definida como segue:

$$E_{p(g)} = m \cdot g \cdot h$$

14.3.2. Energia potencial elástica

A Figura 14-4 mostra um corpo de massa m encostado em uma mola de constante elástica k. O corpo é deslocado de modo que a mola sofra uma deformação x.

Como a força elástica tem intensidade variável, o trabalho realizado por ela, após o sistema ser liberado, para deslocar espontaneamente o corpo do ponto A até o ponto B, é numericamente igual à área da figura delimitada entre o gráfico e o eixo das abscissas (eixo x), no diagrama força elástica *versus* elongação (Figura 14-5).

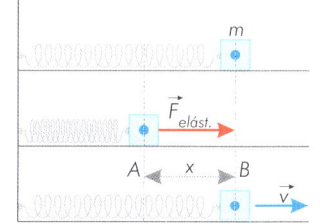

Figura 14-4.

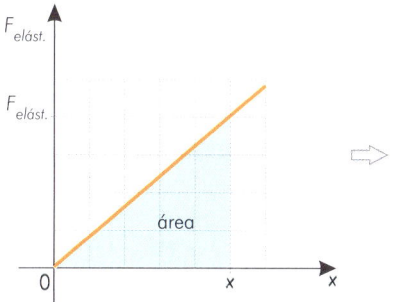

Figura 14-5. Força elástica *versus* elongação.

$$|\tau_{\vec{F}_{elást.}}| \stackrel{N}{=} \text{área do triângulo}$$

$$|\tau_{\vec{F}_{elást.}}| = \frac{\Delta x \cdot k \cdot \Delta x}{2} \Rightarrow |\tau_{\vec{F}_{elást.}}| = \frac{k \cdot (\Delta x)^2}{2}$$

$$\tau_{\vec{F}_{elást.}} = \pm \frac{k \cdot (\Delta x)^2}{2} \text{; como } x_0 = 0, \text{ temos}$$

$$\tau_{\vec{F}_{elást.}} = \pm \frac{k \cdot x^2}{2}$$

A força elástica realizou um trabalho mecânico para deslocar o corpo do ponto A até o ponto B. Analogamente ao que já fizemos com os dois casos anteriores, podemos concluir que a grandeza escalar $\frac{k \cdot x^2}{2}$ corresponde a uma forma de energia do sistema, no instante em que a deformação da mola é x, em relação à posição de equilíbrio.

Nesse brinquedo, a energia potencial elástica armazenada na mola que suporta o boneco é responsável por lançá-lo para fora da caixa, quando ela se abre.

A energia potencial elástica ($E_{p(e)}$) corresponde ao trabalho realizado pela força elástica durante a passagem da mola de uma situação em que ela esteja deformada para uma situação em que ela não esteja deformada:

$$E_{p(e)} = \frac{k \cdot x^2}{2}$$

em que k é a constante elástica da mola, medida em N/m, x é a deformação da mola, medida em metros (m) e $E_{p(e)}$ é a energia potencial elástica, medida em joules (J).

14.3.3. Teorema das energias potenciais

O trabalho realizado por certas forças, ditas **conservativas**, independe da trajetória descrita pelo corpo, dependendo apenas da posição inicial e da posição final ocupada pelo corpo, em relação ao referencial adotado.

Nos itens anteriores (14.3.1 e 14.3.2), vimos que o trabalho realizado pela força peso e pela força elástica no deslocamento do corpo de A para B independe da trajetória descrita pelo corpo entre esses dois pontos, e corresponde à diferença das energias potenciais do sistema, entre os pontos A e B:

$$\tau_{AB} = E_{p(A)} - E_{p(B)}$$

Essa expressão – que serve para as duas energias potenciais de que tratamos – é conhecida como **Teorema das Forças Conservativas** ou **Teorema das Energias Potenciais**. Em consonância com esses resultados, dizemos que as forças gravitacional e elástica são *conservativas*.

Os sistemas evoluem, *espontaneamente*, no sentido que faz diminuir a sua energia potencial (dito ao contrário: um processo é chamado de **forçado** quando evolui no sentido que provoca aumento de sua energia potencial).

Ao saltar para fora da água, o golfinho ganha energia potencial gravitacional, obtida da energia cinética com que nadava.

Exercícios Resolvidos

8. Um pequeno objeto de 20 kg de massa encontra-se preso ao teto de uma sala, como mostra a figura abaixo. Considere o módulo da aceleração da gravidade igual a 10 m/s² e determine, em joules, a energia potencial gravitacional do objeto em relação:

a) ao ponto A;   b) ao ponto B.

Resolução:

a) Sendo $h = 2{,}8$ m e $h_0 = 1{,}8$ m, então a altura do objeto em relação ao ponto A é $h_A = h - h_0 = 2{,}8 - 1{,}8 = 1{,}0$ m.

$$E_{p(g)}(A) = m \cdot g \cdot h_A$$
$$E_{p(g)}(A) = 20 \cdot 10 \cdot 1{,}0 \therefore E_{p(g)}(A) = 200 \text{ J}$$

b) Neste caso, a altura do objeto em relação ao ponto B é $h_B = h = 2{,}8$ m.

$$E_{p(g)}(B) = m \cdot g \cdot h_B$$
$$E_{p(g)}(B) = 20 \cdot 10 \cdot 2{,}8 \therefore E_{p(g)}(B) = 560 \text{ J}$$

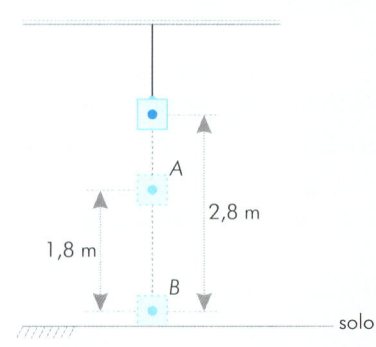

Exercícios Resolvidos

9. Um pequeno bloco de 40 kg de massa encontra-se em repouso em um ponto situado 15 m acima da superfície da Terra. Determine, em joules, o trabalho realizado por uma máquina para colocá-lo em repouso em um ponto situado 50 m acima da superfície da Terra. Considere o módulo da aceleração da gravidade igual a 10 m/s².

Resolução:
Como não há variação de energia cinética do bloco, o trabalho realizado pela máquina é, em módulo, igual ao trabalho realizado pela força peso do bloco no deslocamento citado.

O trabalho realizado pela força peso pode ser calculado usando o teorema da energia potencial. Assim,

$$\tau_{\vec{P}} = E_{p(g)}(A) - E_{p(g)}(B) \Rightarrow \tau_{\vec{P}} = m \cdot g \cdot h_A - m \cdot g \cdot h_B$$

$$\tau_{\vec{P}} = 40 \cdot 10 \cdot 15 - 40 \cdot 10 \cdot 50$$

$$\tau_{\vec{P}} = 6.000 - 20.000 \therefore \tau_{\vec{P}} = -14.000 \text{ J}$$

Portanto, o trabalho realizado pela máquina é igual a 14.000 J.

---

10. Um corpo está em equilíbrio, preso a uma mola vertical e ideal, como mostra a figura abaixo.

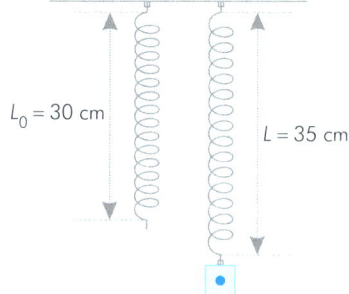

O comprimento natural da mola é $L_0 = 30$ cm. Na situação mostrada, o comprimento da mola é $L = 35$ cm, a massa do corpo é igual a 2 kg e o módulo da aceleração da gravidade é igual a 10 m/s². Calcule, em unidades SI:
a) a constante elástica da mola;
b) a energia potencial elástica do sistema;
c) o trabalho realizado pela força elástica na deformação da mola.

Resolução:
a)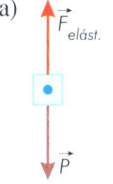

- A deformação da mola é
$$x = L - L_0 = 35 - 30 = 5 \text{ cm} = 0{,}05 \text{ m}$$

- Como o corpo suspenso está em equilíbrio, a resultante das forças que atuam nele é nula. Logo,

$$F_{elást.} = P \Rightarrow k \cdot x = m \cdot g$$

$$k \cdot 0{,}05 = 2 \cdot 10$$

$$k = 400 \text{ N/m}$$

b) $E_{p(e)} = \dfrac{k \cdot x^2}{2}$

$$E_{p(e)} = \frac{400 \cdot (5 \cdot 10^{-2})^2}{2} = \frac{400 \cdot 25 \cdot 10^{-4}}{2}$$

$$E_{p(e)} = 0{,}5 \text{ J}$$

c) Aplicando o teorema da energia potencial, temos:

$$\tau_{\vec{F}_{elást.}} = E_{p(I)} - E_{p(F)}$$

$$\tau_{\vec{F}_{elást.}} = \frac{k \cdot x_0^2}{2} - \frac{k \cdot x^2}{2}$$

$$\tau_{\vec{F}_{elást.}} = \frac{400 \cdot 0^2}{2} - \frac{400 \cdot (5 \cdot 10^{-2})^2}{2}$$

$$\tau_{\vec{F}_{elást.}} = -0{,}5 \text{ J}$$

Exercícios Propostos

11. Um esquiador de 60 kg de massa desliza sobre patins em uma superfície gelada, cujo perfil é representado na figura ao lado. Considerando o módulo da aceleração da gravidade de 10,0 m/s², determine, em joules:
a) a energia potencial do sistema nos pontos A e B, em relação ao referencial adotado;
b) o trabalho realizado pela força peso do esquiador no seu deslocamento de A para B.

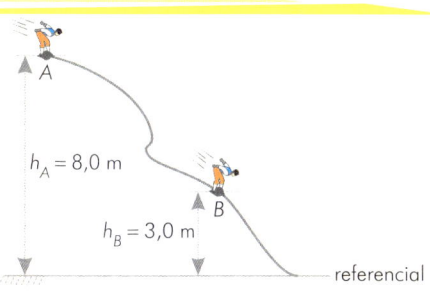

Exercícios Propostos

12. (PUC – SP) Um rapaz toma um elevador no térreo para subir até seu apartamento no 5.º andar, enquanto seu irmão, desejando manter a forma atlética, resolve subir pela escada. Sabendo que a massa de cada um deles é igual a 60 kg e que cada andar está 4,0 m acima do anterior, ao final da subida, qual será a energia potencial gravitacional de cada um em relação ao térreo, em joules? Considere o módulo da aceleração da gravidade de 10 m/s².

13. Quando deformada de 40 cm, a mola helicoidal da figura a seguir exerce no bloco uma força elástica de intensidade 200 N. Determine, em unidades SI:

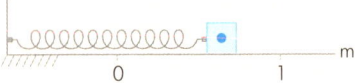

a) a constante elástica da mola, suposta ideal;
b) a energia potencial elástica armazenada pelo sistema, quando a mola estiver esticada de 90 cm;
c) o trabalho realizado pela força elástica no deslocamento do corpo da posição 40 cm para a posição 90 cm.

14. Um corpo de 6 kg de massa, preso à extremidade de uma mola, está em equilíbrio. A mola tem comprimento original de 20 cm; quando deformada, na nova situação de equilíbrio, seu comprimento passa a ser de 30 cm. Considere o módulo da aceleração da gravidade igual a 10 m/s² e determine, em unidades SI:

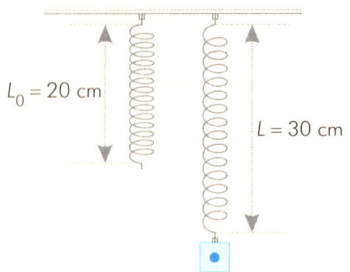

a) o valor da constante elástica da mola;
b) a energia potencial elástica do sistema;
c) o trabalho realizado pela força elástica na deformação da mola.

Você Sabia?

Um jovem caindo de *bungee jumping*: durante a queda, a energia potencial gravitacional converte-se gradualmente em energia cinética.

PANTHERMEDIA/KEYDISC

14.4. Energia Mecânica

Toda energia associada ao movimento ou à possibilidade de haver movimento é denominada **energia mecânica**. Um corpo caindo tem, a cada instante, energia cinética, decorrente da sua velocidade, e energia potencial gravitacional, decorrente da altura em relação ao referencial adotado. Se estiver preso a um corpo elástico, como a corda de um *bungee jumping*, ele pode apresentar também energia potencial elástica.

Assim, em termos da Física Clássica, podemos dizer que a *energia mecânica* de um sistema é constituída por duas parcelas: *energia cinética* e *energia potencial*, sendo que essa última pode se apresentar armazenada no sistema sob as modalidades *gravitacional* e *elástica*.

Então, em Mecânica Clássica, temos:

$$\text{Energia mecânica} \begin{cases} \text{Energia cinética: } E_c = \dfrac{m \cdot v^2}{2} \\ \text{Energia potencial} \begin{cases} \text{gravitacional: } (E_{p(g)}) = m \cdot g \cdot h \\ \text{elástica: } (E_{p(e)}) = \dfrac{k \cdot x^2}{2} \end{cases} \end{cases}$$

$$E_m = E_c + E_p$$

14.5. Lei da Conservação da Energia Mecânica

Desde os estudos experimentais de Christian Huygens (1629-1695), publicados em 1699, sabemos que, durante a evolução de um sistema físico, a energia mecânica pode ser modificada, mas dela nada se perde. Durante um século e meio, muitos trabalhos, nas mais diversas áreas, convergiram para a formulação, por Hermann von Helmholtz (1821-1894), em 1847, de uma lei fundamental chamada **lei da conservação da energia**. Quando ela é encarada como um dos pilares da construção do universo, referimo-nos a ela como **Princípio da Conservação da Energia**.

Voltemos às forças *conservativas*: elas foram assim denominadas por causa dessa lei. Sistemas em que apenas as forças conservativas realizam trabalho conservam a energia mecânica (observe que o sistema pode apresentar outras forças, desde que elas não realizem trabalho). Na Mecânica, como vimos, as forças gravitacional e elástica são conservativas. Então, sistemas nos quais apenas essas duas forças realizam trabalho apresentam a energia mecânica inicial igual à energia mecânica final. Veja estes exemplos:

À medida que o patinador sobe a rampa, sua energia potencial aumenta e a cinética diminui.

- Suponha um ponto material lançado verticalmente para cima, no vácuo, nas proximidades da superfície da Terra; à medida que ele sobe, sua energia potencial aumenta e sua energia cinética diminui, de tal maneira que a soma algébrica da sua energia potencial com a sua energia cinética permanece sempre *constante*. Ao descer, a energia potencial é gradualmente transformada em energia cinética (Figura 14-6).

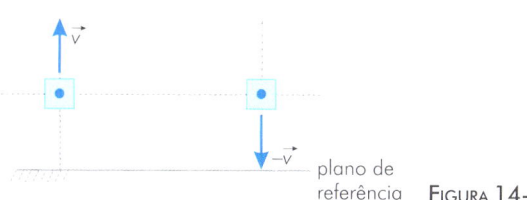

Figura 14-6.

- Em um sistema massa-mola sem atrito, quando o bloco é deslocado do ponto de referência *(O)* e depois abandonado, verificamos a conservação da energia mecânica em qualquer ponto durante seu movimento oscilatório (Figura 14-7).

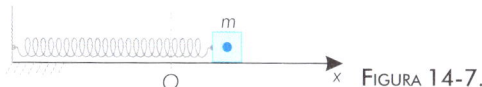

Figura 14-7.

- Se houver trabalho de forças não conservativas, a energia mecânica não se conservará, isto é, ela pode diminuir ou aumentar. As forças não conservativas cujo trabalho provoca diminuição da energia mecânica são denominadas **forças dissipativas**. É o caso da força de atrito de escorregamento e da força de resistência do ar (Figuras 14-8A e 14-8B).

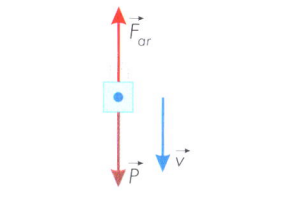

Figura 14-8A. Um bloco em queda, com atuação da resistência do ar ($\vec{F}_{ar}$).

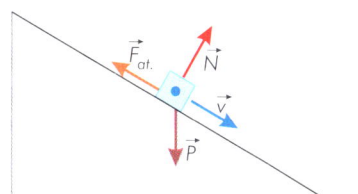

Figura 14-8B. Um bloco descendo um plano inclinado, com atuação da força de atrito ($\vec{F}_{at.}$).

Suponha que um corpo em movimento tenha, em um ponto A, energia cinética $E_{c(A)}$, energia potencial gravitacional $E_{p(g)(A)}$ e energia potencial elástica $E_{p(e)(A)}$; ao passar por outro ponto, B, ele terá energia cinética $E_{c(B)}$, energia potencial gravitacional $E_{p(g)(B)}$ e energia potencial elástica $E_{p(e)(B)}$. Se apenas forças conservativas realizarem trabalho, a lei da conservação da energia mecânica garante que:

$$E_{c(A)} + E_{p(g)(A)} + E_{p(e)(A)} = E_{c(B)} + E_{p(g)(B)} + E_{p(e)(B)}$$

As situações em que o princípio da conservação da energia mecânica é válido são ideais; rigorosamente, elas são raríssimas. Forças dissipativas, como a resistência do ar e os atritos, são praticamente inevitáveis. Para esses sistemas, o trabalho realizado pelas forças dissipativas corresponde à diferença entre a energia mecânica final e inicial do corpo, desde que o sistema não permita a entrada de energia:

$$\tau_{\vec{F}_{dis.}} = (E_{M(F)}) - (E_{M(I)})$$

Ao descer a montanha, o esquiador transforma boa parte da sua energia potencial gravitacional em energia cinética, de acordo com a lei da conservação da energia.

Exercícios Resolvidos

15. (FUVEST – SP) Numa montanha-russa, um carrinho com 200 kg de massa é abandonado, a partir do repouso, de um ponto situado a 10 m de altura em relação a um ponto pertencente ao solo, suposto horizontal. Supondo desprezível o atrito entre o carrinho e a superfície da montanha-russa e o módulo da aceleração da gravidade igual a 10 m/s², determine:

a) o módulo da velocidade do carrinho ao passar pelo ponto B;
b) a energia cinética do carrinho ao passar pelo ponto C, que está a 6,0 m de altura, em relação ao solo.

Resolução:
Desprezando as perdas passivas (resistência do ar e atritos), o sistema é conservativo. Assim, temos:

$$E_{M(A)} = E_{M(B)} = E_{M(C)}$$

a) Usando a igualdade acima, encontramos o valor da grandeza que se pede. Então,

$$E_{M(A)} = E_{M(B)}$$
$$E_{c(A)} + E_{p(A)} = E_{c(B)} + E_{p(B)}$$
$$\frac{m \cdot v_A^2}{2} + m \cdot g \cdot h_A = \frac{m \cdot v_B^2}{2} + m \cdot g \cdot h_B$$
$$m \cdot (0 + 10 \cdot 10) = m \cdot \left(\frac{v_B^2}{2} + 10 \cdot 0\right)$$
$$100 = \frac{v_B^2}{2} \Rightarrow v_B^2 = 200$$
$$|v_B| = \sqrt{200} \therefore |v_B| = 10\sqrt{2} \text{ m/s} \cong 14{,}1 \text{ m/s}$$

Exercícios Resolvidos

b) Analogamente,

$$E_{M(A)} = E_{M(C)} \Rightarrow E_{c(A)} + E_{p(A)} = E_{c(C)} + E_{p(C)}$$

$$\frac{m \cdot v_A^2}{2} + m \cdot g \cdot h_A = E_{c(C)} + m \cdot g \cdot h_C$$

$$0 + 200 \cdot 10 \cdot 10 = E_{c(C)} + 200 \cdot 10 \cdot 6$$

$$0 + 20.000 - 12.000 = E_{c(C)} \therefore E_{c(C)} = 8.000 \text{ J}$$

16. Um pequeno bloco de 2,0 kg de massa é mantido em repouso, comprimindo uma mola ideal, de constante elástica igual a 1.800 N/m. Despreze os atritos e suponha que, na situação descrita na figura a seguir, a compressão da mola seja de 10 cm. Calcule, em m/s, o módulo da velocidade do bloco ao passar por B, depois de liberada a mola.

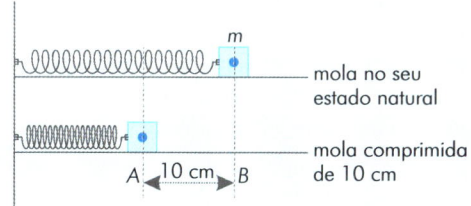

RESOLUÇÃO:
Desprezando as perdas passivas (resistência do ar e atritos), o sistema é conservativo. Assim, temos:

$$E_{M(A)} = E_{M(B)}$$

Usando a igualdade acima, encontramos o módulo da velocidade do bloco ao passar pelo ponto B:

$$E_{M(A)} = E_{M(B)} \Rightarrow E_{c(A)} + E_{p(A)} = E_{c(B)} + E_{p(B)}$$

$$\frac{m \cdot v_A^2}{2} + \frac{k \cdot x_A^2}{2} = \frac{m \cdot v_B^2}{2} + \frac{k \cdot x_B^2}{2}$$

$$0 + \frac{1.800 \cdot (0,1)^2}{2} = \frac{2,0 \cdot v_B^2}{2} + 0$$

$$0 + 9,0 = 1,0 v_B^2 + 0 \Rightarrow |v_B| = \sqrt{9,0} \therefore |v_B| = 3,0 \text{ m/s}$$

17. (FUVEST – SP – modificada) A figura ao lado mostra o esquema de um pequeno bloco, de massa igual a 2,0 kg, comprimindo em 20 cm uma mola ideal de constante elástica cujo valor é igual a 4.000 N/m. Liberando o sistema bloco-mola, o bloco é impulsionado e sobe ao longo da trajetória indicada, até atingir uma altura máxima de 1,5 m, em relação ao nível de partida. Considere o módulo da aceleração da gravidade igual a 10 m/s² e determine, em joules, o trabalho realizado pelas forças dissipativas que atuam no bloco, no percurso citado.

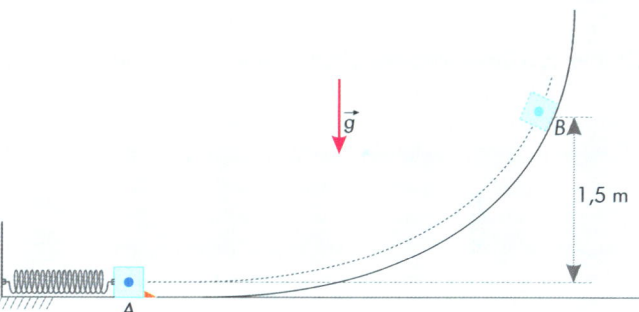

RESOLUÇÃO:
O trabalho realizado pelas forças dissipativas, no deslocamento do bloco de A para B, é dado por:

$$\tau_{\vec{F}_{dis.}} = E_{M(B)} - E_{M(A)}$$

Aplicando a relação acima, temos:

$$\tau_{\vec{F}_{dis.}} = E_{M(B)} - E_{M(A)}$$

$$\tau_{\vec{F}_{dis.}} = (E_{c(B)} + E_{p(B)}) - (E_{c(A)} + E_{p(A)})$$

$$\tau_{\vec{F}_{dis.}} = \left(\frac{m \cdot v_B^2}{2} + m \cdot g \cdot h_B\right) - \left(\frac{m \cdot v_A^2}{2} + \frac{k \cdot x^2}{2}\right)$$

$$\tau_{\vec{F}_{dis.}} = (0 + 2 \cdot 10 \cdot 1,5) - \left(0 + \frac{4.000 \cdot (0,2)^2}{2}\right)$$

$$\tau_{\vec{F}_{dis.}} = 30 - 80 \therefore \tau_{\vec{F}_{dis.}} = -50 \text{ J}$$

Exercícios Propostos

18. Um pequeno bloco de 2,0 kg de massa é abandonado, a partir do repouso, de um ponto A situado sobre uma guia, conforme esquematizado na figura a seguir.

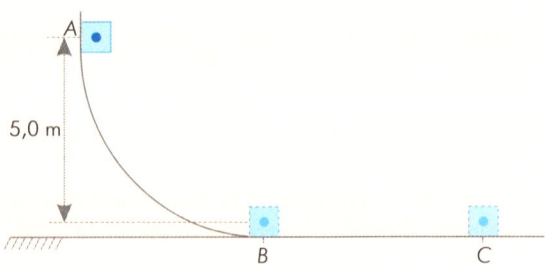

Supondo o módulo da aceleração da gravidade igual a 10,0 m/s² e que não haja atrito no trecho AB, mas que exista atrito entre o bloco e a guia no trecho BC (nível de referência), determine, em unidades SI:
a) a energia mecânica do bloco no ponto A;
b) a velocidade escalar do bloco no ponto B;
c) o trabalho realizado pela força de atrito no trecho BC, sendo que o bloco para no ponto C.

19. (FEI – SP) Um corpo de 10 kg de massa é arremessado horizontalmente de uma mesa. Ele inicia o seu movimento com velocidade de 10 m/s e abandona a mesa com velocidade de 5,0 m/s. Determine, em joules, o trabalho realizado pela força de atrito que age no corpo.

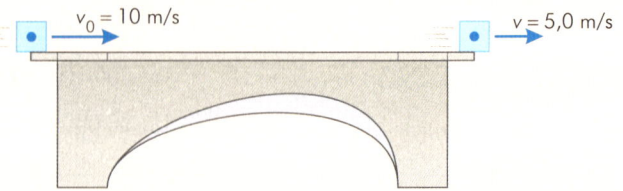

20. Um projétil de 2,0 kg de massa é lançado obliquamente para cima, com energia cinética inicial de 100 J. No ponto mais alto da trajetória do projétil, a sua velocidade é de 5,0 m/s. Sabendo que o módulo da aceleração da gravidade é igual a 10 m/s², determine, em metros, a altura máxima atingida pelo projétil. Despreze todos os atritos.

21. (FUVEST – SP) Uma montanha-russa tem uma altura máxima de 30 m. Considere que um carrinho de 200 kg de massa é colocado inicialmente em repouso no topo da montanha. Despreze todos os atritos e considere o módulo da aceleração da gravidade de 10 m/s².
a) Qual a energia potencial do carrinho, em relação ao solo, no instante inicial?
b) Qual a energia cinética do carrinho, no instante em que a altura, em relação ao solo, é de 15 m?

22. Em uma montanha-russa, um carrinho passa com velocidade de valor igual a 3,0 m/s pelo ponto A, que está a 5,0 m de altura, conforme mostra a figura ao lado. Supondo que não haja forças de resistência do ar e de atrito com a superfície, qual deve ser a intensidade da velocidade do carrinho ao passar pelo ponto C, que está a 4,0 m de altura, em m/s? Considere o módulo da aceleração da gravidade de 10 m/s².

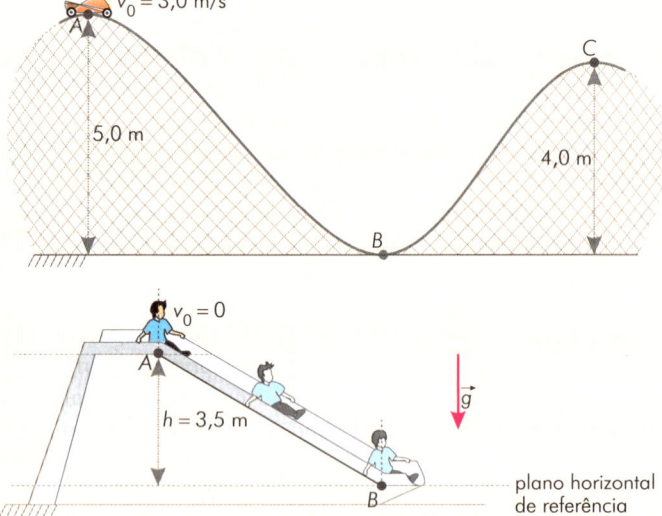

23. Uma criança encontra-se a 3,5 m do solo, em repouso, em um escorregador. Começa a escorregar de modo que, durante a descida, há uma perda de 30% da energia mecânica inicial. Calcule, em m/s, a velocidade escalar da criança ao chegar ao solo. Considere o módulo da aceleração da gravidade de 10 m/s².

24. Um pequeno bloco de 5,0 kg de massa desloca-se, sem atrito, sobre uma superfície horizontal, com velocidade escalar de módulo igual a 20 m/s, atingindo uma mola, suposta ideal, de constante elástica cujo valor é $2 \cdot 10^3$ N/m, conforme esquematizado na figura ao lado. Determine, em metros, a máxima deformação que pode sofrer a mola.

25. (UFV – MG) Uma esfera de 2,0 kg de massa é abandonada, a partir do repouso, de uma altura de 5,0 m, sobre uma mola vertical que tem uma extremidade presa ao solo. A constante elástica da mola é de 80 N/m. Supondo a aceleração da gravidade de 10 m/s², determine, em cm, a máxima deformação sofrida pela mola. Despreze as perdas de energia mecânica.

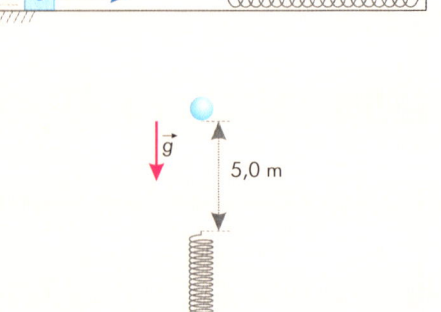

Exercícios Propostos

26. (UnB – DF) A transformação de um tipo de energia em outro e a eficiência da conversão de energia em trabalho e de trabalho em energia são fenômenos de grande importância, que ocorrem em processos físicos, químicos e biológicos. Com relação ao assunto, julgue os itens seguintes.

(1) Um torneio de cabo de guerra é uma tradicional disputa em que os concorrentes são divididos em dois grupos, sendo que cada um deles, segurando uma das extremidades de uma corda, aplica força em sentido oposto à aplicada pelo outro grupo. Vence a disputa aquele que conseguir fazer o adversário cruzar uma faixa central, estabelecida como referência. Nessas condições, o time perdedor, apesar do esforço efetuado, realiza trabalho negativo.

(2) Um mergulhador de 65 kg salta de uma plataforma de 10 m de altura. O trabalho realizado pela força gravitacional para movê-lo, da plataforma até a superfície da água, imprime ao mergulhador uma velocidade superior a 45 km/h.

(3) A massa e a energia cinética são propriedades intrínsecas a qualquer corpo.

(4) A lei da conservação da energia só é válida para sistemas fechados, ou seja, para sistemas que não se encontram em um campo externo.

(5) A força gravitacional e a força elástica são exemplos de forças conservativas.

(6) Uma pessoa que sobe uma escada ganha energia potencial gravitacional e perde energia química na forma de calor. Quando desce a mesma escada, perde energia potencial gravitacional, ganhando energia cinética. Portanto, se a pessoa souber controlar o ritmo de subida da escada, de modo a não gastar mais energia do que ganha, poderá subir e descer escadas infinitamente, sem se cansar.

27. (UnB – DF) A questão do fornecimento de energia elétrica em regiões remotas é sempre uma dificuldade para pequenas comunidades. Existem diversas soluções para esse problema, sendo que, entre elas, podem-se citar pequenos geradores a gasolina ou a óleo diesel e pequenas usinas com base em energia solar ou em energia hidráulica proveniente de pequenas quedas-d'água. Suponha que um pequeno fazendeiro deseje manter sua geladeira, que consome 200 W, em funcionamento. Em sua propriedade, cujos equipamentos solicitam no total 10 kW, existe um pequeno riacho que, em um determinado trecho, possui aproximadamente 1,0 m de profundidade e 2,0 m de largura. Jogando um pequeno graveto na correnteza, ele observou que, neste trecho, o graveto percorre cerca de 20 cm em um segundo.

Levando em conta essa situação, e considerando a densidade da água igual a 1,0 kg/L, julgue os itens abaixo.

(1) Do ponto de vista energético, a julgar pela energia cinética disponível na quantidade de água contida em 20 cm do riacho, ou seja, na quantidade de água que flui durante um segundo no trecho citado, conclui-se que o riacho pode ser capaz de fornecer os 200 W necessários à geladeira. Portanto, pode-se pensar no uso de uma fonte geradora hidráulica para suprir as necessidades do fazendeiro.

(2) Se o riacho fosse duas vezes mais volumoso, seria possível quadruplicar o fornecimento de energia.

(3) Se o fazendeiro construir uma pequena barragem em outro ponto do riacho, para aproveitar um desnível de 5,0 m no terreno, fazendo uso da mesma quantidade de água por segundo descrita, a energia potencial que a barragem poderá fornecer será suficiente para garantir o funcionamento de todos os seus equipamentos elétricos.

28. (UnB – DF) Um bloco escorrega por uma pista com extremidades elevadas e uma parte central plana, de comprimento L, conforme representa a figura a seguir. O atrito nas partes elevadas é nulo, mas, na parte plana, o coeficiente de atrito dinâmico é igual a 0,10. Se o bloco inicia o movimento, a partir do repouso, no ponto A, que se encontra a uma altura $h = \dfrac{3L}{4}$ acima da parte plana da pista, calcule o número de vezes que ele percorrerá a distância L. Despreze a parte fracionária de seu resultado, caso exista.

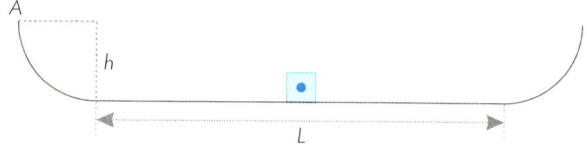

Exercícios Complementares

29. (FUVEST – SP – modificada) O diagrama velocidade *versus* tempo representa o movimento de um carro de 600 kg de massa numa estrada molhada. No instante $t = 4{,}0$ s, o motorista vê um engarrafamento à sua frente e pisa imediatamente o freio. O carro então, com as rodas travadas, desliza na pista até parar. Determine, em newtons, a intensidade da força de atrito que atua no carro durante a freada.

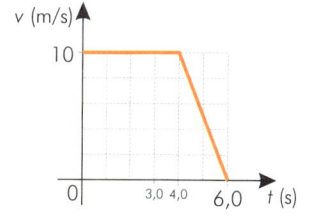

Exercícios Complementares

30. (PUC – SP – modificada) A força resultante que atua sobre uma partícula de massa igual a 100 g, em movimento retilíneo, na direção e no sentido de sua velocidade, varia com a posição d da partícula, como indicado no gráfico a seguir.

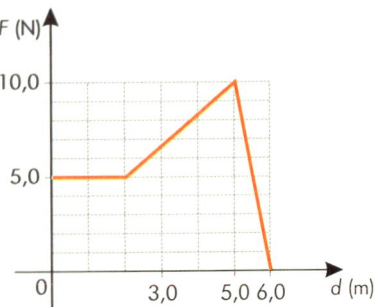

Sabendo que a energia cinética da partícula era de 10,0 J ao passar por $d = 0$, determine, em unidades SI:

a) a posição da partícula no momento em que sua velocidade atingiu o valor máximo e o valor dessa velocidade;

b) a aceleração adquirida pela partícula quando estava a 2,0 m da origem do movimento.

31. (UNESP– modificada) Um bloco de madeira, de massa 0,40 kg, mantido em repouso sobre uma superfície plana, horizontal e perfeitamente lisa, está comprimindo uma mola contra uma parede rígida, como mostra a figura abaixo.

Quando o sistema é liberado, a mola se distende, impulsiona o bloco e este adquire, ao abandoná-la, uma velocidade escalar de 2,0 m/s. Determine, em joules, o trabalho realizado pela força exercida pela mola, ao distender completamente, empurrando o bloco.

32. Um corpo de 8,0 kg de massa move-se em linha reta sobre uma superfície horizontal, sem atrito. Em um ponto de sua trajetória, sua velocidade escalar é de 4,0 m/s e, depois que ele percorreu 3,0 m, sua velocidade escalar passa a ser de 8,0 m/s, na mesma direção. Determine, em newtons, a intensidade da força resultante que atua no corpo, supondo-a constante.

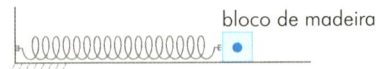

33. Um jogador fora do campo de beisebol atira uma bola, de massa 250 g, com velocidade escalar inicial de módulo 35 m/s. Imediatamente antes de outro jogador pegá-la à mesma altura, a sua velocidade escalar tem módulo de 30 m/s. Determine, em joules, o trabalho realizado pela força de resistência do ar sobre a bola.

34. Um jogador de voleibol, ao dar um saque, comunica à bola uma velocidade inicial de 10 m/s. A bola, cuja massa é de 400 g, passa a se mover sob a ação exclusiva do campo gravitacional terrestre, atingindo uma altura máxima de 3,2 m em relação à linha horizontal que passa pela posição inicial da bola. Determine, em m/s, o módulo da velocidade da bola ao passar pelo ponto mais alto da trajetória. Desconsidere o movimento de rotação da bola e considere o módulo da aceleração da gravidade local igual a 10 m/s².

35. Um conceituado médico legista realizou testes de balística com um revólver calibre 38, encontrado no quarto de uma vítima, assassinada em sua residência. Para a realização dos testes, o médico legista utilizou bala de 10,0 g, atingindo normalmente a parede do quarto. É sabido que tal arma dispara balas com velocidade cujo valor é de 600 m/s. Ele observou que as balas penetraram 20,0 cm naquela parede. Com base nessas informações, julgue os itens a seguir.

(1) A bala, ao chocar-se contra a parede do quarto, possui energia cinética que desaparece totalmente depois de penetrar 0,20 m.

(2) O trabalho da força média de resistência da parede é negativo; portanto, pode ser classificado como trabalho resistente.

(3) A intensidade da força média de resistência oposta pela parede à penetração, supostamente constante, é de 9.000 N.

(4) O médico legista utilizou também outro tipo de arma para realizar os testes: uma pistola 765 com balas de 10,0 g, que são disparadas com velocidade de valor 700 m/s. Atirando na mesma parede, observou que a penetração era inferior à da bala do revólver calibre 38.

36. (UnB – DF) Um garoto aponta uma espingarda de brinquedo para uma árvore, com objetivo de derrubar uma fruta que se encontra a uma altura de 2,0 m da linha horizontal que passa pelo final do cano da espingarda. O dispositivo interno da arma, que dispara o projétil de massa igual a 5,0 gramas, consiste em uma mola que é comprimida de 20 cm e presa, sendo solta por um mecanismo ligado ao gatilho. O projétil atinge a fruta no ponto mais alto de sua trajetória, com velocidade de 12 m/s. Calcule o valor, em N/m, da constante elástica da mola. Despreze a ação de quaisquer forças dissipativas e considere o módulo da aceleração da gravidade local igual a 10 m/s².

37. A mola da figura a seguir possui uma constante elástica $k = 280$ N/m e está inicialmente comprimida de 10 cm. Uma bola de $2{,}0 \cdot 10^{-2}$ kg encontra-se encostada na mola no instante em que esta é abandonada. Desprezando as

Exercícios Complementares

eventuais forças dissipativas, determine a intensidade da velocidade da bola quando esta passa pelo ponto D. Considere o raio R de medida igual a 1,0 m e o módulo da aceleração da gravidade igual a 10 m/s².

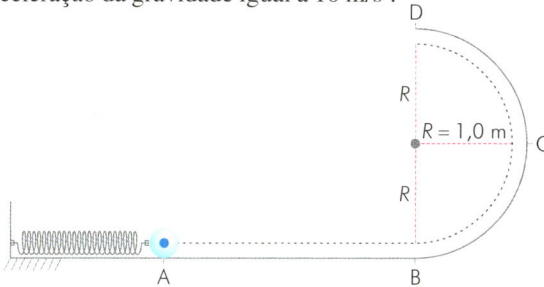

38. A Mecânica Clássica apoia-se em alguns princípios de conservação. Um dos mais importantes é o da conservação da energia mecânica. Admitimos, por exemplo, uma partícula em queda livre nas vizinhanças da superfície terrestre. Temos aí um sistema mecânico conservativo no qual a energia mecânica deve permanecer constante. Baseando-se no que foi exposto acima, julgue a veracidade dos itens a seguir.

(1) De fato, durante a queda livre de um corpo, a energia cinética da partícula aumenta, enquanto a energia potencial gravitacional diminui em igual quantidade. Isso faz a soma da energia cinética mais a energia potencial gravitacional não variar, implicando energia mecânica constante.

(2) Se a partícula é abandonada, a partir do repouso, de uma altura de 60 metros, então sua velocidade, quando se encontra a 10 metros do chão, tem intensidade igual a 3,0 m/s.

(3) Suponha que a partícula à qual se refere o enunciado foi abandonada, a partir do repouso, de uma altura igual a 20 m, em uma região onde a resistência do ar não é desprezível. Sendo de 20% a perda de energia mecânica, então a partícula chegará ao solo com velocidade de módulo igual a 5,0 m/s.

39. Um bloco de ferro de massa 490 kg cai de uma altura de 5,0 m, atingindo uma estaca, que afunda 4,0 cm no solo. Tome como nível de referência o topo da estaca, como esquematizado na figura a seguir. Despreze todas as forças dissipativas e considere o módulo da aceleração da gravidade igual a 10 m/s².

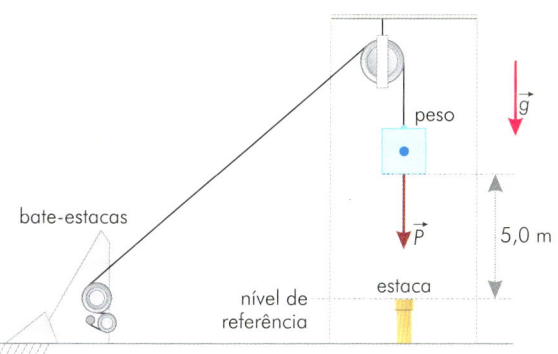

Com base nessas informações e nos dados da figura, julgue os itens a seguir.

(1) A energia potencial armazenada pelo bloco (em relação ao nível de referência) antes de cair era de 24,5 J.

(2) A energia cinética adquirida pelo bloco é equivalente à sua perda de energia potencial gravitacional durante a queda.

(3) O trabalho realizado pelo peso do bloco, para deslocá-lo até o nível de referência, é de $2,45 \cdot 10^4$ J.

(4) A intensidade média da força exercida na estaca ao longo do seu deslocamento é de $6,125 \cdot 10^5$ N.

40. Uma bola metálica cai da altura de 1,0 m sobre um chão duro. A bola repica no chão várias vezes, conforme mostra a figura seguinte. Em cada colisão, a bola perde 20% de sua energia mecânica. Despreze a resistência do ar e considere o módulo da aceleração da gravidade local igual a 10 m/s².

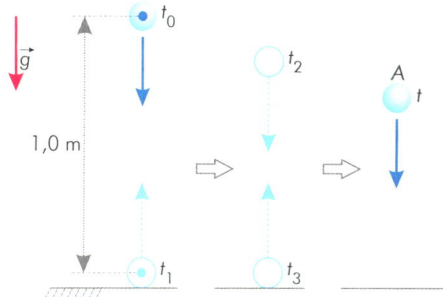

a) Qual é a altura máxima que a bola atinge após duas colisões (ponto A)?

b) Qual é a velocidade com que a bola atinge o chão na terceira colisão?

41. No esporte conhecido como "ioiô humano", o praticante, preso à extremidade de uma corda elástica, cai da beira de uma plataforma para as águas de um rio. Sua queda é interrompida, a poucos metros da superfície da água, pela ação da corda elástica, que tem a outra extremidade firmemente presa à beira da plataforma. Suponha que, nas condições citadas acima, a distensão máxima sofrida pela corda, quando usada por um atleta de peso 750 N, é de 10 m, e que seu comprimento, quando não distendida, é de 30 m. Despreze o atrito com o ar e a massa da corda, e considere igual a zero o valor da velocidade do atleta no início da queda.

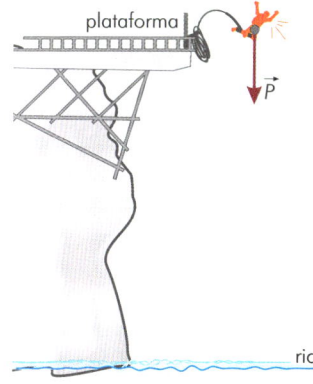

a) A que distância da plataforma está o atleta, quando chega ao ponto mais próximo da água?

b) Qual o valor da constante elástica da corda?

15 Quantidade de Movimento e Impulso de uma Força

15.1. Quantidade de Movimento ou Momento Linear

Existem situações em que o início do movimento de um objeto depende da interação com outro objeto já em movimento. O pé que atinge uma bola de futebol em repouso, por exemplo, a faz adquirir um movimento que lhe é atribuído pelo jogador. Em um jogo de bolas de gude, o movimento das bolas paradas pode ser obtido a partir do choque com outra, em geral posta em movimento por um jogador. A mesma situação pode ser observada no bilhar: para movimentar uma bola colorida, o jogador não a toca diretamente com o taco. Ele bate o taco em uma bola neutra, para que esta colida com alguma outra bola, colorida, que deve adquirir o movimento desejado.

Essas situações sugerem que, em um choque entre dois objetos, há uma troca de *algo* associado ao movimento; uma *quantidade* ou grandeza que é preciso definir.

Em um jogo de bilhar, por exemplo, uma bola pode mover-se na direção da reta que passa por seu centro e pelo centro de outra bola, com a qual ela acaba por chocar-se; nessa situação, chamada choque ou colisão frontal, a bola que estava parada inicia um movimento e a outra para, *como se algo fosse transferido* integralmente para a bola que estava em repouso.

Como exemplo de movimento acoplado, podemos entender o movimento de um avião movido a hélices: para que ele se desloque em um sentido, deve empurrar o ar em sentido oposto (esses aviões têm dificuldade de voar em altitudes onde o ar é mais rarefeito, porque suas hélices não funcionam com a mesma eficiência). Um nadador avança ao empurrar a água para trás.

Nadar ou remar, por exemplo, é empurrar a água no sentido oposto àquele em que você se desloca.

Os foguetes comportam-se diferentemente dos aviões ou dos nadadores. Para se deslocarem, lançam gases para fora com grande velocidade. A mudança de direção do movimento está associada à direção e ao sentido do lançamento do gás (Figura 15-1).

Quando uma criança, usando patins, arremessa uma pedra para a frente, ela adquire um movimento em sentido oposto. Quanto mais pesada for essa pedra ou quanto maior for sua velocidade, maior será a velocidade de recuo da criança (Figura 15-2).

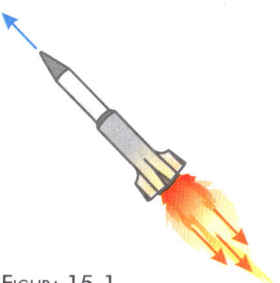

FIGURA 15-1.

FIGURA 15-2.

Se considerarmos a criança e a pedra formando um sistema, antes do arremesso não há movimento; porém, após o arremesso, a pedra avança em um sentido e a criança recua em sentido oposto.

A situação é igual à de um canhão que, atirando balas para a frente, recua com velocidade de módulo menor que a da bala (Figura 15-3). Se o mesmo canhão atirasse uma bala de massa maior que a da anterior, seria maior o seu recuo. Se conseguíssemos lançar horizontalmente uma bala com massa igual à massa do canhão, a experiência confirma que a sua velocidade de recuo teria praticamente o mesmo valor da velocidade da bala.

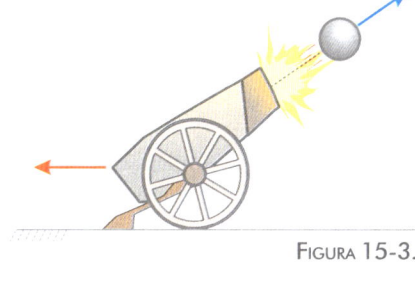

FIGURA 15-3.

Nas situações em que o início do movimento de um objeto depende da interação com outro já em movimento, admitimos que há intercâmbio de algo entre eles. Nos casos em que um movimento surge acoplado a outro, quando ambos os objetos estavam inicialmente parados, podemos imaginar um modelo no qual esse algo apareça simultaneamente nos dois objetos, que passam a se movimentar em sentidos opostos, como se o aparecimento de um movimento buscasse "compensar" o do outro.

Tanto o intercâmbio como o acoplamento se baseiam na ideia de que algo procura conservar-se: estamos investigando os movimentos, procurando neles algo que não varie.

O que é esse "algo"? No final do século XVII, encontramos na obra de Newton e outros (René Descartes, Leibniz) o nome **quantidade de movimento**. Hoje, usamos o mesmo nome ou **momento linear**. Com base na ideia de que, durante uma interação, a quantidade de movimento se conserva, rediscutiremos as situações já descritas.

Por exemplo, no caso do choque frontal entre duas bolas de bilhar, interpretamos que a bola incidente possui uma quantidade de movimento que é integralmente transferida para a bola que estava inicialmente em repouso. Ou seja, embora o movimento de cada bola tenha variado, modificando a quantidade de movimento de cada uma, a quantidade de movimento do sistema, constituído pelas duas bolas, antes e depois da interação, manteve-se inalterada.

No caso do canhão, antes do tiro não há quantidade de movimento no sistema. Após o tiro, a bala adquire determinada quantidade de movimento em certo sentido, e o canhão recua, isto é, adquire instantânea e simultaneamente quantidade de movimento no sentido oposto.

Antes e depois da colisão entre duas bolas de bilhar, a quantidade de movimento do sistema não se modifica.

Para que haja conservação, imediatamente após o tiro as quantidades de movimento da bala e do canhão devem ter a mesma intensidade e, para que sua soma seja nula, devemos atribuir-lhes sinais opostos.

15.2. Uma Grandeza Vetorial que se Conserva

Quando ocorre uma colisão frontal entre um carro que se movimenta com pequena velocidade e um muro de uma casa, o carro, em geral, recua um pouco (Figura 15-4). Se em lugar do carro fosse um ônibus, com a mesma velocidade, provavelmente o muro seria destruído e o ônibus continuaria avançando instantes após a colisão.

Se o carro da situação anterior estiver se movimentando com grande velocidade e colidir frontalmente com um muro, seu movimento após a colisão deverá ser diferente. Poderá destruir o muro e continuar seu movimento instantes após a colisão. Desse modo, podemos afirmar que, para certa massa, a quantidade de movimento é maior para velocidades maiores.

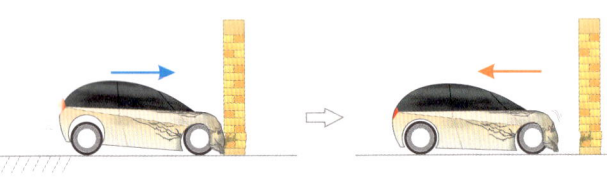

FIGURA 15-4.

Na descrição dos movimentos que surgem acoplados, associamos uma orientação. Quando afirmamos, por exemplo, que um nadador empurra a água para trás e avança para a frente e que, quanto mais água ele empurra, maior será sua velocidade, estamos afirmando que a velocidade do nadador tem uma direção e um sentido enquanto a velocidade da porção de água empurrada tem a mesma direção, mas sentido oposto. Da mesma forma, podemos dizer que a velocidade de um avião tem a mesma *direção* que a velocidade do ar que ele desloca, porém, o *sentido* de suas velocidades é oposto.

De tudo o que falamos, podemos concluir que a quantidade de movimento de um corpo é uma grandeza *vetorial*, que depende do valor da *massa* e da *velocidade* do corpo, no referencial adotado.

Nas situações discutidas anteriormente (uma criança sobre patins atirando uma pedra, um canhão lançando balas, uma jogada de bilhar e um jogo de bolas de gude), buscamos indícios que nos permitem afirmar que a quantidade de movimento dos sistemas permanece a mesma, durante o intervalo de tempo que envolve a interação, isto é, do instante *imediatamente anterior* até o instante *imediatamente posterior* à interação.

A maioria das colisões, entretanto, não é frontal. Em um jogo de bilhar ou em um jogo de bolas de gude, por exemplo, uma bola pode bater em outra "um pouco de lado" ou "de raspão" e as duas se afastam em direções diferentes. Contudo, mesmo nessas situações, a quantidade de movimento do sistema – tratada como grandeza vetorial – mostrou que se conserva, em todas as aplicações que foram experimentadas.

Por sua generalidade ou universalidade, a **conservação da quantidade de movimento** no sistema é um dos princípios fundamentais de conservação no contexto da Física. É utilizado para calcular a velocidade de recuo das armas; para projetar foguetes espaciais e máquinas industriais ou até na descoberta de partículas integrantes dos átomos ou dos núcleos atômicos e de corpos celestes (que, por diferentes razões, não são visíveis, mas cujos efeitos mecânicos podemos calcular).

O avião em movimento e o ar deslocado por ele têm a mesma direção, porém sentidos opostos.

Consideremos um corpo de massa *m* que, em certo instante, possui velocidade $\vec{v}$ em relação a dado referencial. Denominamos **quantidade de movimento** ou **momento linear** desse corpo a grandeza vetorial dada pelo produto da massa (*m*) do corpo pela sua velocidade ($\vec{v}$), no referencial adotado.

Matematicamente, definimos a quantidade de movimento $\vec{Q}$ com o produto

$$\vec{Q} = m \cdot \vec{v}$$

Dessa maneira, podemos concluir que o vetor $\vec{Q}$ tem as seguintes características:

- direção: coincidente com a direção da velocidade $\vec{v}$;
- sentido: igual ao da velocidade $\vec{v}$ (pois *m* é positivo);
- módulo: $Q = m \cdot v$;
- unidade no SI: $[Q] = kg \cdot m \cdot s^{-1}$.

Independentemente de como uma bola atinge a outra, há conservação da quantidade de movimento do sistema, em um intervalo de tempo pequeno, no qual o choque ocorre.

Exercícios Resolvidos

1. Uma partícula de 3 kg de massa desloca-se em movimento uniformemente variado, com velocidades que obedecem à função horária: $v = 10 - 2t$, em unidades SI. Sabendo que o movimento da partícula tem direção horizontal e sentido da esquerda para a direita, determine a quantidade de movimento da partícula no instante 2 s.

direção horizontal

RESOLUÇÃO:
No instante $t = 2$ s, a velocidade escalar da partícula tem módulo igual a: $v = 10 - 2 \cdot (2) \Rightarrow v = 10 - 4 \Rightarrow v = 6$ m/s.

A intensidade da quantidade de movimento da partícula no instante $t = 2$ s é dada por: $Q = m \cdot v$. No instante $t = 2$ s, temos:

$$Q = 3 \cdot 6 \Rightarrow Q = 18 \text{ kg} \cdot \text{m/s}.$$

As características da quantidade de movimento da partícula no instante $t = 2$ s são:

- intensidade: $Q = 18$ kg · m/s.
- direção: horizontal (mesma direção do movimento da partícula).
- sentido: da esquerda para a direita (mesmo do movimento da partícula).

2. Duas partículas, *A* e *B*, de massas $m_A = 2,0$ kg e $m_B = 3,0$ kg, deslocam-se sobre uma superfície horizontal, com velocidades escalares constantes de sentidos opostos. Em determinado instante, os módulos das velocidades dessas partículas são, respectivamente, iguais a 54 km/h e 72 km/h. Determine, nesse instante, em unidades SI, o valor da quantidade de movimento do sistema formado pelas partículas *A* e *B*.

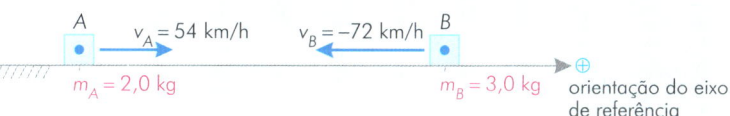

RESOLUÇÃO:

A quantidade de movimento do sistema é dada pela soma vetorial: $\vec{Q}_{sistema} = \vec{Q}_A + \vec{Q}_B \Rightarrow \vec{Q}_{sistema} = m_A \cdot \vec{v}_A + m_B \cdot \vec{v}_B$.
Adotando o eixo de coordenadas orientado da esquerda para a direita, calculamos o módulo da quantidade de movimento do sistema. Veja o esquema.

$Q_{sistema} = 2,0 \cdot (15) + 3,0 \cdot (-20)$
$Q_{sistema} = 30 - 60 \Rightarrow Q_{sistema} = -30$ kg · m/s

Resposta: a quantidade de movimento do sistema tem módulo igual a 30 kg · m/s, na direção horizontal e no sentido da direita para a esquerda.

Exercícios Propostos

3. Uma partícula de massa 2,0 kg possui, em certo instante, velocidade $\vec{v}$, de direção horizontal, sentido da direita para a esquerda e módulo de 20 m/s. Caracterize, nesse instante, o vetor quantidade de movimento da partícula.

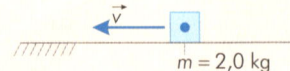

4. (UNESP) Um objeto de 0,5 kg de massa está se deslocando ao longo de uma trajetória retilínea com aceleração constante de módulo igual a 0,30 m/s². Se o objeto partiu do repouso, o módulo da sua quantidade de movimento, em kg · m/s, ao fim de 8,0 s, é:

a) 0,80   b) 1,2   c) 1,6   d) 2,0   e) 2,4

5. Um pequeno corpo de 3,0 kg de massa realiza um movimento uniformemente variado, cujas posições obedecem à função horária $s = 4,0 + 3,0t + 2,0t^2$, para os espaços medidos em metros e os instantes em segundos. Determine, em kg · m/s, o módulo da quantidade de movimento do corpo no instante $t = 4,0$ s.

6. (FUVEST – SP) Um menino de 40 kg de massa está sobre um *skate* que se move com velocidade constante de 3,0 m/s numa trajetória retilínea horizontal. Defronte de um obstáculo, ele salta e após 1,0 s cai sobre o *skate*, que durante todo o tempo mantém a velocidade de 3,0 m/s.

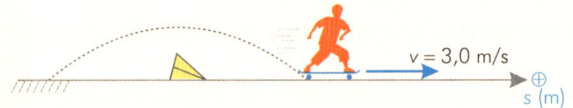

Desprezando eventuais forças de atrito, determine, em unidades SI:

a) a altura que o menino atingiu no seu salto, tomando como referencial base o solo;
b) a quantidade de movimento do menino no ponto mais alto de sua trajetória.

7. Duas partículas, A e B, de massas iguais a $m_A = 6$ kg e $m_B = 4$ kg, estão em movimento sobre uma superfície horizontal perfeitamente lisa, com velocidades escalares de módulos respectivamente iguais a $v_A = 10$ m/s e $v_B = 8$ m/s. Determine a quantidade de movimento do sistema formado pelas partículas A e B, quando

a) elas se movimentarem na mesma direção e sentido;
b) elas se movimentarem na mesma direção, porém em sentidos opostos;
c) seus movimentos forem mutuamente perpendiculares.

Você Sabia?

A intensidade da força com que a jogadora atinge a bola é diretamente proporcional à variação da velocidade que esta adquire e, portanto, à variação de sua quantidade de movimento.

15.3. Impulso de uma Força Constante

Podem ocorrer variações na quantidade de movimento de um corpo quando há uma variação na sua *massa*, ou na sua *velocidade*, ou em ambas. Se a quantidade de movimento muda enquanto a massa se mantém constante, como ocorre na maioria dos casos, então houve variação na velocidade, ou seja, o corpo foi submetido a uma aceleração. E o que produz a aceleração? A resposta é: uma força. Quanto mais intensa a força que atua em um objeto, maior será a variação ocorrida na sua velocidade e, consequentemente, na sua quantidade de movimento.

Outro fator a ser considerado na variação da quantidade de movimento é o tempo durante o qual atua a força. Aplique uma força brevemente a um carro enguiçado e você conseguirá produzir apenas uma pequena alteração; aplique a mesma força por um tempo prolongado e resultará em uma variação maior da quantidade de movimento. Uma força mantida por um longo período produz maior alteração na quantidade de movimento que a mesma força aplicada brevemente. Assim, para alterar a quantidade de movimento de um corpo, são importantes tanto a força como o tempo durante o qual ela atua. O nome que se dá ao produto da força pelo intervalo de tempo de sua atuação é *impulso* da força.

Consideremos uma *força constante* $\vec{F}$ atuando em um ponto material durante certo intervalo de tempo Δt (Figura 15-5). O **impulso** ($\vec{I_F}$) dessa força constante, nesse intervalo de tempo, é a grandeza vetorial definida pelo produto dessa força ($\vec{F}$) pelo intervalo de tempo de sua aplicação (Δt):

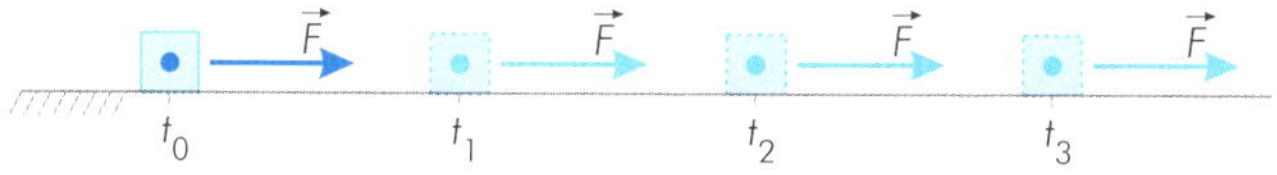

$$\vec{I_F} = \vec{F} \cdot \Delta t$$

Figura 15-5.

ATENÇÃO

Sempre que você exercer uma força resultante sobre algo, estará também exercendo um impulso.

A aceleração decorrente depende da força resultante; a variação do momento linear depende tanto da força resultante como do intervalo de tempo durante o qual essa força atua.

Dessa forma, podemos concluir que o vetor $\vec{I_F}$ tem as seguintes características:

- direção: coincidente com a direção da força $\vec{F}$;
- sentido: o mesmo da força $\vec{F}$ (pois Δt é positivo);
- intensidade: $I_{\vec{F}} = F \cdot \Delta t$;
- unidade no SI: $[I_{\vec{F}}] = N \cdot s$.

15.4. Impulso de uma Força Variável

Quando uma força $\vec{F}$, de direção constante, mas de intensidade variável, atua no sistema em estudo, o cálculo da intensidade do impulso dessa força exige artifícios de cálculo superior. Aqui, recorreremos ao gráfico que descreve o comportamento da intensidade da força no decorrer do tempo: o módulo do impulso dessa força, no intervalo de tempo considerado, corresponde, numericamente (isto é, esquecendo-se as unidades), à área da figura delimitada entre a curva e o eixo das abscissas, no diagrama $F \times t$ (Figura 15-6).

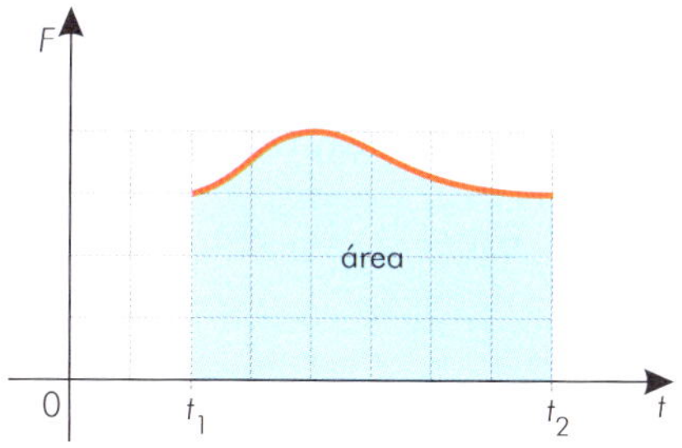

$$I_{\vec{F}} \stackrel{N}{=} \text{área}_{(F \times t)}$$

Figura 15-6. A intensidade do impulso de uma força é numericamente igual à área delimitada entre a curva e o eixo das abscissas, no diagrama $F \times t$.

15.4.1. Teorema do impulso

Já observamos que a modificação da quantidade de movimento de um objeto está relacionada à aplicação de uma força, o que é o mesmo que dizer que está relacionada à aplicação de um impulso. Agora, vamos relacionar essas duas grandezas.

Consideremos um bloco de massa m submetido a um conjunto de forças cuja resultante é $\vec{F_R}$, suposta constante e de mesma direção que a velocidade (Figura 15-7).

De acordo com a Segunda Lei de Newton,

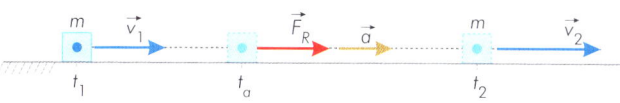

Figura 15-7.

$$\vec{F_R} = m \cdot \vec{a} \Rightarrow \vec{F_R} = m \cdot \frac{\Delta \vec{v}}{\Delta t}$$

$$\vec{F_R} \cdot \Delta t = m \cdot (\vec{v_2} - \vec{v_1}) \Rightarrow \vec{F_R} \cdot \Delta t = m \cdot \vec{v_2} - m \cdot \vec{v_1}$$

Usando

$\vec{I_{F_R}} = \vec{F_R} \cdot \Delta t$
$\vec{Q_1} = m \cdot \vec{v_1}$ segue $\vec{I_F} = \Delta \vec{Q}$ ou $\vec{I_F} = \vec{Q}_{final} - \vec{Q}_{inicial}$
$\vec{Q_2} = m \cdot \vec{v_2}$

IMPORTANTE

Assim enunciamos o teorema do impulso:

O impulso da força resultante atuando em um corpo durante um intervalo de tempo é igual à variação da quantidade de movimento do corpo no mesmo intervalo de tempo.

Observações:

- Embora tenhamos demonstrado o teorema do impulso para um caso particular – força resultante constante e paralela ao vetor velocidade –, ele é válido em qualquer situação.
- Pela relação de igualdade entre impulso de uma força e variação da quantidade de movimento, podemos concluir que a unidade de medida do impulso (N · s) é equivalente à unidade de medida de quantidade de movimento (kg · m/s).
- Observe que o teorema do impulso relaciona uma força a seu efeito *ao longo do tempo*, enquanto o teorema da energia cinética relaciona uma força a seu efeito *ao longo do espaço*.

Exercícios Resolvidos

8. Uma partícula de 4,0 kg de massa, inicialmente em repouso sobre o solo, é puxada verticalmente para cima por uma força constante $\vec{F}$, de intensidade igual a 100 N, durante 4 s. Considerando o módulo da aceleração da gravidade igual a 10 m/s² e desprezando a resistência do ar, determine, em m/s, o módulo da velocidade da partícula ao fim do citado intervalo de tempo.

RESOLUÇÃO:

Apenas duas forças atuam na partícula: o peso ($\vec{P}$) e a força aplicada ($\vec{F}$).

- Intensidade da força peso: $P = m \cdot g$
  $P = 4{,}0 \cdot 10 \Rightarrow P = 40\text{ N}$
- Intensidade da resultante das forças:
  $F_R = F - P \Rightarrow F_R = 100 - 40$
  $F_R = 60\text{ N}$

Aplicando o teorema do impulso, temos:
$$\vec{I}_{\vec{F}_R} = \Delta \vec{Q} \Rightarrow \vec{F}_R \cdot \Delta t = \vec{Q}_F - \vec{Q}_I$$

Então,
$F_R \cdot \Delta t = m \cdot v - m \cdot v_0$
$60 \cdot 4{,}0 = 4{,}0v - 4{,}0 \cdot 0$
$240 = 4{,}0v \therefore v = 60\text{ m/s}$

9. Um corpo de 2,0 kg de massa, inicialmente em repouso sobre um plano horizontal, fica submetido a uma força $\vec{F}$ resultante, também horizontal, cuja intensidade varia com o tempo de acordo com o gráfico a seguir.

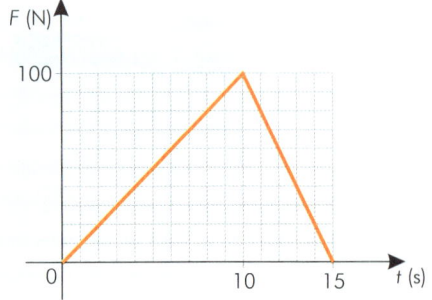

Calcule, em unidades SI:

a) a intensidade do impulso da força $\vec{F}$ entre os instantes $t_0 = 0$ e $t = 15$ s;
b) o módulo da velocidade do corpo no instante em que a força $\vec{F}$ volta a ter intensidade nula;
c) o trabalho realizado pela força entre os instantes $t_0 = 0$ e $t = 15$ s.

RESOLUÇÃO:

a) O gráfico de F em função do tempo t delineia um triângulo. O impulso da força $\vec{F}$ é numericamente igual à área delimitada pelo gráfico e o eixo das abscissas (no caso acima, a área de um triângulo).

$$I_{\vec{F}} \stackrel{N}{=} \text{área do triângulo}$$
$$I_{\vec{F}} = \frac{15 \cdot 100}{2}$$
$$I_{\vec{F}} = 750\text{ N} \cdot \text{s}$$

b) Pelo teorema do impulso,

$$\vec{I}_{\vec{F}} = \Delta \vec{Q}$$
$$\vec{I}_{\vec{F}} = \vec{Q}_F - \vec{Q}_I$$
$$I_{\vec{F}} = m \cdot v_{15} - m \cdot v_0$$
$$750 = 2v_{15} - 2 \cdot 0$$
$$v_{15} = 375\text{ m/s}$$

c) Pelo teorema da variação da energia cinética,

$$\tau_{\vec{F}_R} = \Delta E_c = \frac{m \cdot v_{15}^2}{2} - \frac{m \cdot v_0^2}{2}$$
$$\tau_{\vec{F}} = \frac{2 \cdot (375)^2}{2} - \frac{2 \cdot (0)^2}{2}$$
$$\tau_{\vec{F}} = 140.625\text{ J}$$

Exercícios Propostos

10. (PAS – UnB – DF) Durante uma partida de futebol, conhecimentos de Física podem explicar alguns lances. Com base em seus conhecimentos, julgue a veracidade dos itens a seguir.

(1) Na cobrança de um pênalti, o jogador altera a quantidade de movimento da bola, que, por sua vez, é novamente alterada quando o goleiro faz a defesa.

(2) A força que o jogador exerce sobre a bola, ao chutá-la, tem intensidade maior do que a intensidade da força que a bola exerce sobre o pé do jogador.

(3) Se, em determinado lance da partida, a bola cai verticalmente, de uma altura razoável, a força com que ela interage com o chão terá módulo igual ao do seu peso.

(4) Suponha que, após uma falta mal batida, a bola caia no fosso do estádio, que está cheio de água, e fique flutuando, sem oscilar nem girar. Nessa condição, a bola estará em equilíbrio.

11. (UnB – DF) Dirigir em alta velocidade é mais perigoso em dias chuvosos, mesmo quando o automóvel se encontra em excelente estado de conservação. Julgue os itens a seguir.

(1) Em uma freada brusca, o uso do cinto de segurança é de vital importância porque ele impede que a quantidade de movimento do motorista seja alterada.

(2) Se, após entrar em uma curva de uma estrada, a resultante das forças sobre o carro tornar-se nula, a sua quantidade de movimento variará em direção e sentido e, portanto, o carro será capaz de fazer a curva.

(3) Na arrancada, a força resultante aplicada ao carro pelo chão é responsável pela variação de sua energia cinética.

12. (UnB – DF) Em geral, os trapezistas de um circo são protegidos por redes para ampará-los em caso de uma eventual queda. Com relação aos movimentos de um trapezista, e considerando a aceleração da gravidade com módulo igual a 10 m/s², julgue os itens a seguir.

(1) Em uma queda, o trapezista adquire uma certa quantidade de movimento que é eliminada pelo impulso exercido pela rede de proteção, no ponto mais baixo da queda.

(2) No caso de uma queda, o solo exerceria um impulso sobre o trapezista de módulo maior que o do impulso exercido pela rede sobre ele. Por esse motivo, se o trapezista cair diretamente sobre o solo, pode sofrer um acidente fatal.

(3) Em uma queda sobre uma rede de proteção ou diretamente sobre o solo, a interação do trapezista com a rede é mais demorada. Dessa forma, o tempo decorrido para que a ação dessa força de contato torne a quantidade de movimento nula é muito maior na queda sobre a rede do que sobre o solo.

13. Um jogador de vôlei, ao sacar uma bola de 400 g de massa, aplica-lhe uma força média de intensidade igual a $1,0 \cdot 10^2$ N, durante um intervalo de tempo de $1,6 \cdot 10^{-1}$ s. Calcule, em m/s, o módulo da velocidade da bola imediatamente após a aplicação dessa força.

14. O diagrama a seguir mostra a intensidade de uma força resultante $\vec{F}$ de direção constante aplicada a uma partícula de massa $m = 3,5$ kg, que se encontrava inicialmente em repouso, em função do tempo.

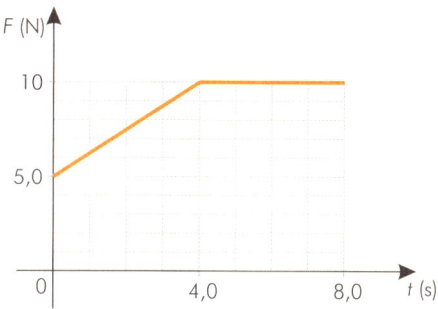

Determine, em unidades SI:

a) a intensidade do impulso da força $\vec{F}$ entre os instantes $t_0 = 0$ e $t = 8,0$ s;

b) o módulo da velocidade da partícula no instante $t = 8,0$ s.

15. Uma partícula de massa 2,0 kg movimenta-se com velocidade constante de 5,0 m/s. A partir de dado instante $t_0 = 0$, passa a atuar sobre essa partícula uma força $\vec{F}$, de direção constante, paralela ao deslocamento e cuja intensidade varia com o tempo, de acordo com o gráfico a seguir.

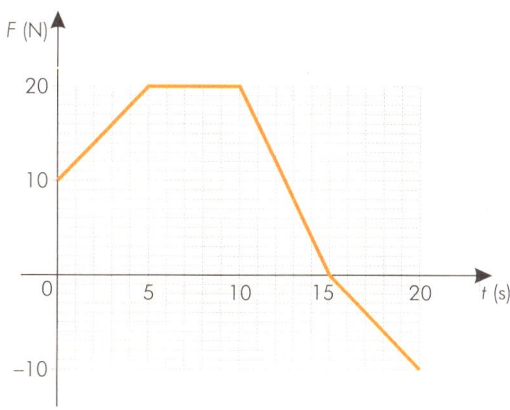

Desprezando a resistência do ar, determine, em m/s, o módulo da velocidade escalar da partícula nos instantes $t_1 = 10$ s, $t_2 = 15$ s e $t_3 = 20$ s.

16. Um pequeno corpo com 5 kg de massa descreve um movimento retilíneo, em um referencial, de acordo com a função horária do espaço $s = 2t + 4t^2$. Determine, em unidades SI, a intensidade do impulso da força resultante que acelera esse corpo no intervalo de tempo de $t_0 = 0$ a $t = 10$ s.

Exercícios Propostos

17. Uma bola de bilhar com 100 g de massa atinge perpendicularmente uma tabela, com velocidade de módulo igual a 2,0 m/s, e rebate com velocidade de módulo igual a 1,5 m/s. Determine, em unidades SI:

a) o módulo da variação da quantidade de movimento da bola de bilhar;

b) a intensidade da força média aplicada pela tabela à bola, sabendo que a rebatida durou $10 \cdot 10^{-3}$ s.

18. Em uma partida de beisebol, a bola, que se desloca horizontalmente, atinge o taco do jogador com velocidade de módulo igual a 15 m/s. O impulso da força do jogador faz a bola adquirir uma velocidade de módulo igual 20 m/s, em uma direção perpendicular, após a tacada. A massa da bola é de 0,10 kg. Determine, em unidades SI, a intensidade do impulso que o taco do jogador imprime à bola. Despreze o peso da bola durante a interação entre ela e o taco.

15.5. Lei da Conservação da Quantidade de Movimento

Consideremos dois blocos, A e B, deslocando-se na mesma direção e em sentidos opostos. A Figura 15-8 mostra um possível comportamento dos blocos antes e após a colisão.

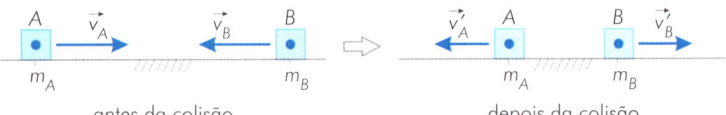

Figura 15-8.   antes da colisão   depois da colisão

Se o sistema, durante a interação, não sofre a ação de força resultante externa, então, do teorema do impulso, podemos escrever:

$$\vec{I}_{F_R} = \vec{0} \Rightarrow \vec{Q}_I = \vec{Q}_F \Rightarrow m_A \cdot \vec{v}_A + m_B \cdot \vec{v}_B = m_A \cdot \vec{v'}_A + m_B \cdot \vec{v'}_B$$

Isso quer dizer que a quantidade de movimento total do sistema *imediatamente antes* da interação é igual à quantidade de movimento total do sistema *imediatamente após* a interação – ela se conserva.

Um sistema livre da ação de força resultante externa é dito **mecanicamente isolado**; assim, podemos enunciar o resultado obtido acima, chamado **lei da conservação da quantidade de movimento**:

> A quantidade de movimento de um sistema mecanicamente isolado é constante.

A lei de conservação da quantidade de movimento (ou momento linear) é uma lei tão fundamental na natureza que, algumas vezes, é chamada **princípio da conservação da quantidade de movimento**.

> **Observações:**
> - Um sistema é dito mecanicamente isolado se a resultante das forças externas que atuam nele pode ser desprezada. Há vários casos possíveis, entre os quais podemos destacar: ausência de forças externas; as forças externas existem, mas se cancelam; as forças externas não contrabalançadas são relativamente pouco intensas; a interação é breve demais para que as forças externas possam se manifestar de maneira notável.

IMPORTANTE

A quantidade de movimento de um objeto ou sistema só se conserva se forem relevantes as forças internas, isto é, trocadas entre partes do sistema.

- A quantidade de movimento de um sistema pode permanecer constante ainda que a energia mecânica não permaneça: os princípios de conservação (da energia mecânica e da quantidade de movimento) são independentes.

Não se esqueça: a quantidade de movimento de um sistema constituído por *n* elementos é a soma *vetorial* das quantidades de movimento de todos os elementos:

$$\vec{Q}_{sistema} = \vec{Q}_1 + \vec{Q}_2 + \vec{Q}_3 + ... + \vec{Q}_n$$

Exercícios Resolvidos

19. Em uma pista de patinação, Cláudio, uma criança de 40 kg de massa, encontra-se em repouso sobre patins e, em dado instante, empurra Jeremias, seu pai, de massa M, que também se encontrava em repouso sobre patins. Devido ao empurrão, a velocidade adquirida por Jeremias tem módulo igual à metade do módulo da velocidade adquirida por Cláudio. Calcule, em kg, a massa M de Jeremias.

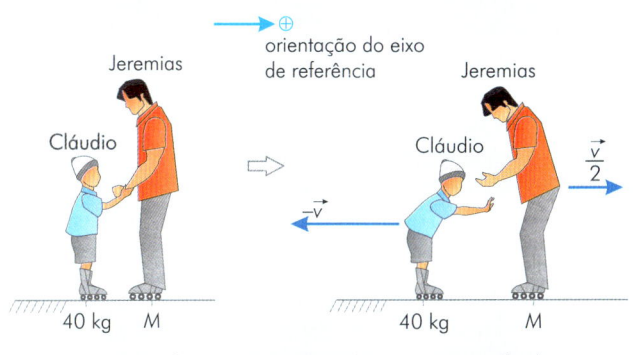

Resolução:
Utilizando o princípio da conservação da quantidade de movimento, temos:

$$\vec{Q}_I = \vec{Q}_F \Rightarrow m_C \cdot \vec{v}_{I(C)} + m_J \cdot \vec{v}_{I(J)} = m_C \cdot \vec{v}_{F(C)} + m_J \cdot \vec{v}_{F(J)}$$

$$40 \cdot 0 + M \cdot 0 = 40 \cdot (-v) + M \cdot \left(+\frac{v}{2}\right)$$

$$0 = -40v + \frac{M \cdot v}{2} \Rightarrow M \cdot \frac{v}{2} = 40v \therefore M = 80 \text{ kg}$$

Resposta: a massa M de Jeremias tem valor 80 kg.

20. Dois pequenos corpos, A e B, de massas $m_A = 4$ kg e $m_B = 6$ kg, estão em repouso ligados por um fio ideal, tendo uma mola comprimida entre eles, apenas encostada nos corpos. O fio que liga os corpos é cortado e o corpo A adquire velocidade de módulo igual a 2,0 m/s.

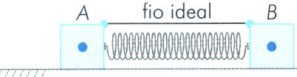

Supondo a mola ideal e desprezando o atrito entre os blocos e a superfície, determine, em unidades SI:
a) a velocidade escalar adquirida pelo corpo B;
b) a energia potencial elástica armazenada no sistema antes de o fio ser cortado.

Resolução:

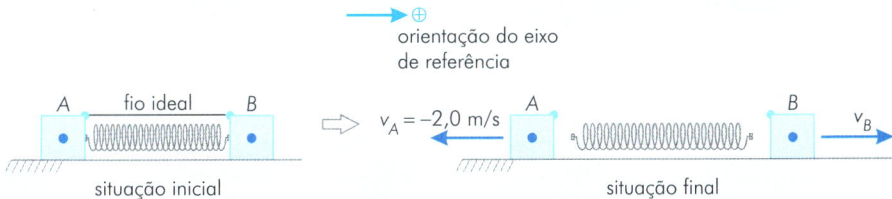

a) Aplicando o princípio da conservação da quantidade de movimento, temos:

$$\vec{Q}_I = \vec{Q}_F \Rightarrow m_A \cdot \vec{v}_{I(A)} + m_B \cdot \vec{v}_{I(B)} = m_A \cdot \vec{v}_{F(A)} + m_B \cdot \vec{v}_{F(B)}$$

$$4 \cdot 0 + 6 \cdot 0 = 4 \cdot (-2,0) + 6 v_{F(B)} \Rightarrow 0 = -8,0 + 6 v_{F(B)}$$

$$v_{F(B)} = \frac{8,0}{6} = \frac{4,0}{3} \text{ m/s} \cong 1,3 \text{ m/s}$$

Exercícios Resolvidos

b) Pelo princípio da conservação da energia mecânica, temos:

$$E_{M(I)} = E_{M(F)} \Rightarrow E_{p(e)} = \frac{m_A \cdot (v_{F(A)})^2}{2} + \frac{m_B \cdot (v_{F(B)})^2}{2}$$

$$E_{p(e)} = \frac{4 \cdot (-2,0)^2}{2} + \frac{6 \cdot \left(\frac{4}{3}\right)^2}{2} \Rightarrow E_{p(e)} = 8,0 + \frac{16}{3} \therefore E_{p(e)} = \frac{40}{3} \text{ J} \cong 13,3 \text{ J}$$

Exercícios Propostos

21. Dois pequenos carrinhos, 1 e 2, têm 4,0 kg de massa cada um e deslocam-se sobre uma mesma trajetória retilínea com velocidades constantes cujos módulos estão indicados na figura ao lado. Determine, em unidades SI:

a) o módulo da quantidade de movimento inicial do sistema constituído pelos dois carrinhos;
b) o módulo da quantidade de movimento do sistema constituído pelos dois carrinhos, imediatamente após colidirem;
c) a velocidade escalar dos carrinhos imediatamente após a colisão, se eles se mantiverem juntos.

22. Duas partículas, 1 e 2, de massas $m_1 = 6,0$ kg e $m_2 = 4,0$ kg, deslocam-se em uma mesma trajetória retilínea em sentidos opostos, com velocidades de módulos respectivamente iguais a 8,0 m/s e 5,0 m/s. As partículas se chocam e, imediatamente após a colisão, a partícula 1 passa a deslocar-se com velocidade de módulo igual a 2,0 m/s. Determine, em m/s, o módulo da velocidade escalar da partícula 2, imediatamente após a colisão.

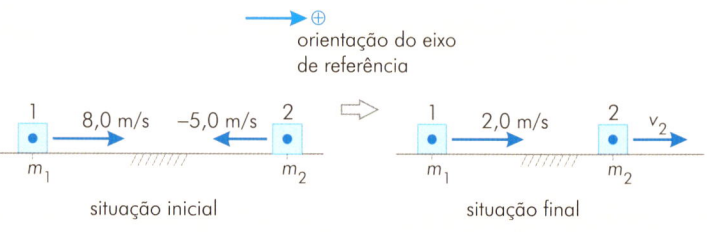

23. Com base nos dados da situação do exercício 22, calcule, em joules, a quantidade de energia que foi dissipada pelo sistema durante a colisão entre as partículas.

24. Um homem e um menino movimentam-se com patins, em uma mesma linha, em sentidos opostos. O homem desloca-se com velocidade de módulo igual a 2 m/s; o menino, com velocidade de módulo igual a 3 m/s. Ao se encontrarem, eles se abraçam. A massa do menino é 40 kg e a do homem, 60 kg. O que acontece com o movimento dos dois no momento do abraço?

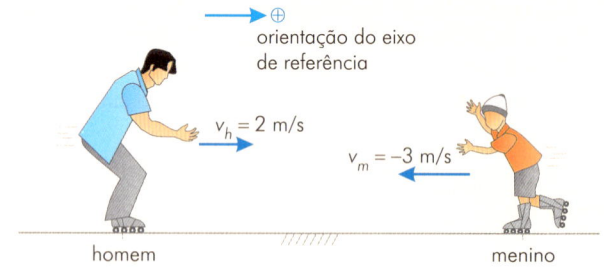

25. Um automóvel, de 900 kg de massa e velocidade escalar de 36 km/h, é atingido na traseira por um caminhão com massa de 2.100 kg e com velocidade escalar de 72 km/h. Devido ao choque, o caminhão reduz sua velocidade para 54 km/h. Determine, em km/h, a velocidade escalar do automóvel imediatamente após a colisão.

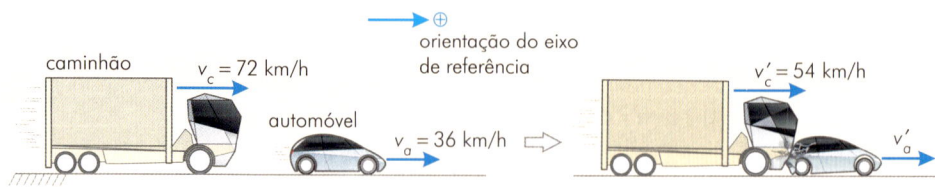

Exercícios Propostos

26. Duas partículas, A e B, têm massas, respectivamente, iguais a 0,5 kg e 1,0 kg. Elas percorrem uma mesma trajetória orientada, retilínea, e suas velocidades escalares são dadas, em função do tempo, pelo diagrama velocidade *versus* tempo, ao lado.

   a) Determine, em kg · m/s, o módulo da quantidade de movimento do sistema formado pelas partículas A e B, no instante 1,0 s.

   b) Determine, em kg · m/s, o módulo da quantidade de movimento do sistema formado pelas partículas A e B, no instante 4 s.

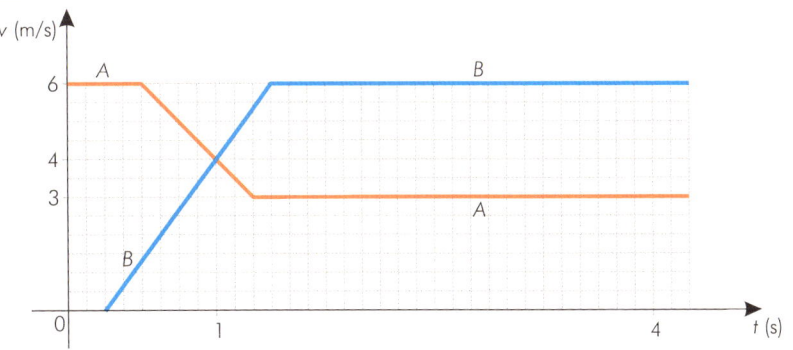

15.6. Colisões

Denominamos **colisões** os choques mecânicos entre dois corpos, que constituem uma interação rápida (relativamente breve) e violenta (as forças trocadas são relativamente muito intensas). Nesse breve intervalo de tempo, os corpos trocam entre si forças de intensidade relativamente muito maiores do que as ações externas, o que nos permite considerar que o sistema é isolado.

Levando-se em conta que os sistemas podem ser considerados mecanicamente isolados, pelo menos entre um instante imediatamente anterior e outro imediatamente posterior à colisão, a quantidade de movimento do sistema conserva-se em toda colisão, isto é,

$$\vec{Q}_{antes} = \vec{Q}_{depois}$$

para qualquer que seja a colisão.

O conceito de colisão é intuitivo. Em Física, entendemos colisão como sendo a interação – quase sempre breve – entre dois corpos; na foto, é o momento da batida do carro de teste contra o anteparo.

15.6.1. Fases do choque

A colisão entre dois corpos pode ser dividida em três fases:

- **fase de aproximação**:

- **fase de interação**: A •• B

- **fase de afastamento**:

Na fase de aproximação, os corpos estão animados de velocidades $\vec{v}_A$ e $\vec{v}_B$; então, o sistema tem energia cinética inicial dada por $E_{c(i)} = E_{c(A)} + E_{c(B)}$, ou seja,

$$E_{c(inicial)} = \frac{m_A \cdot (v_A)^2}{2} + \frac{m_B \cdot (v_B)^2}{2}$$

A fase de interação pode ser dividida em duas etapas, chamadas *deformação* e *restituição*. Na etapa de deformação, parte da energia cinética inicial é transformada em energia potencial elástica e, eventualmente, outra parte pode ser dissipada por atritos internos, transformando-se em energia térmica. Na etapa de restituição, a energia armazenada na forma potencial é desenvolvida (restituída), transformando-se novamente em energia cinética.

Na fase de afastamento, os corpos são animados de velocidades $\vec{v'}_A$ e $\vec{v'}_B$; então, o sistema tem energia cinética final dada por $E_{c(f)} = E'_{c(A)} + E'_{c(B)}$, donde

$$E_{c\,(final)} = \frac{m_A \cdot (v'_A)^2}{2} + \frac{m_B \cdot (v'_B)^2}{2}$$

A energia dissipada na fase de interação é dada pela diferença entre a energia cinética inicial e a energia cinética final do sistema. Assim, temos:

$$E_{dissipada} = E_{c\,(inicial)} - E_{c\,(final)}$$

15.6.2. Coeficiente de restituição

É uma grandeza adimensional que caracteriza a elasticidade dos corpos envolvidos em um choque direto e permite medir a variação da energia cinética.

Por definição, o **coeficiente de restituição** (*e*) é a razão entre o módulo da velocidade relativa de afastamento entre os corpos e o módulo da velocidade relativa de aproximação entre os corpos.

$$e = \frac{|v_{rel.\,(afast.)}|}{|v_{rel.\,(aprox).}|} \Rightarrow e = \frac{|v'_A - v'_B|}{|v_A - v_B|}$$

No equacionamento de problemas, é mais conveniente escrever o coeficiente de modo a evitar o uso de valor absoluto:

$$e = \frac{v'_A - v'_B}{v_B - v_A}$$

15.6.3. Tipos de choque

a) **Choque perfeitamente elástico** – assim denominamos as colisões em que as forças agentes na fase de interação são exclusivamente elásticas e, portanto, conservativas. Nesse tipo de colisão, toda a energia cinética consumida na etapa de deformação reaparece na fase de restituição. O coeficiente de restituição é, portanto, 100%, isto é, igual a 1. Trata-se de um tipo de colisão em rigor muito difícil no mundo macroscópico.

$$|v_{afast.}| = |v_{aprox.}| \Rightarrow e = 1$$
$$E_{c\,(inicial)} = E_{c\,(final)}$$

b) **Choque parcialmente elástico** – colisão em que, além das forças elásticas, agem, na fase de interação, forças dissipativas oriundas de atritos internos. Parte da energia cinética consumida na deformação dos corpos é dissipada como energia térmica. A maioria das colisões do mundo macroscópico é desse tipo.

$$|v_{afast.}| < |v_{aprox.}| \Rightarrow 0 < e < 1$$
$$E_{c\,(inicial)} > E_{c\,(final)}$$

c) **Choque inelástico** (ou **anelástico** ou **plástico**) – toda energia cinética consumida na deformação é dissipada como energia térmica. Assim, não há restituição, e os corpos não se afastam um do outro imediatamente após a colisão, o que quer dizer que o coeficiente de restituição é nulo. (Atenção: a energia dissipada não corresponde, necessariamente, a toda a energia cinética do sistema. Se o sistema se move, no referencial adotado, ainda há energia cinética no sistema, embora toda a energia consumida na deformação tenha se dissipado. A energia *dissipada* é máxima, o que não quer dizer, necessariamente, total.)

$$|v_{afast.}| = 0 \Rightarrow e = 0$$
$$E_{c(inicial)} >>> E_{c(final)}$$

Em resumo:

Principais tipos de choque	Coeficiente de restituição	Energia cinética	Quantidade de movimento
Choque perfeitamente elástico	$e = 1$	Conservação de energia cinética	Constante $\vec{Q}_{antes} = \vec{Q}_{depois}$
Choque parcialmente elástico	$0 < e < 1$	Há dissipação de energia	Constante $\vec{Q}_{antes} = \vec{Q}_{depois}$
Choque inelástico	$e = 0$	Dissipação máxima de energia (corpos não se separam)	Constante $\vec{Q}_{antes} = \vec{Q}_{depois}$

Exercícios Resolvidos

27. Um carro de 1.500 kg de massa encontra-se parado em um sinal de trânsito, quando é abalroado na sua traseira por outro carro, de 1.000 kg de massa, com velocidade escalar de módulo igual a 90 km/h. Imediatamente após a colisão, os dois carros movem-se juntos. Calcule:

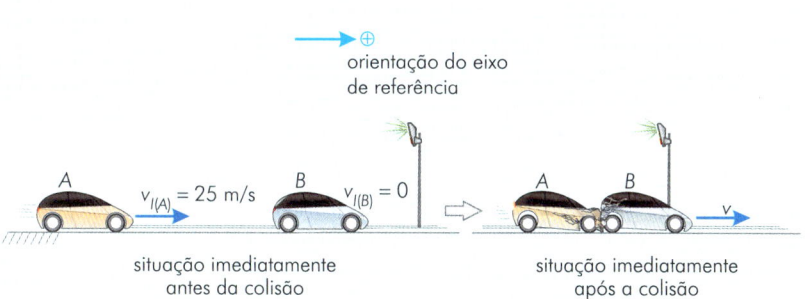

a) em m/s, o módulo da velocidade de cada um dos carros imediatamente após a colisão;

b) em joules, a quantidade de energia dissipada durante a colisão entre os carros.

Resolução:

a) Sabendo que os carros permanecem juntos logo após a colisão e aplicando o princípio da conservação da quantidade de movimento, temos:

$$\vec{Q}_I = \vec{Q}_F \Rightarrow m_A \cdot \vec{v}_{I(A)} + m_B \cdot \vec{v}_{I(B)} = m_A \cdot \vec{v}_{F(A)} + m_B \cdot \vec{v}_{F(B)}$$

$$1.000 \cdot 25 + 1.500 \cdot 0 = 1.000 \cdot v + 1.500 \cdot v \rightarrow 25.000 + 0 = 2.500 \cdot v \therefore v = 10 \text{ m/s}$$

b) $E_{dis.} = E_{cin.(I)} - E_{cin.(F)} \Rightarrow E_{dis.} = \left(\dfrac{m_A \cdot (v_{I(A)})^2}{2} + \dfrac{m_B \cdot (v_{I(B)})^2}{2} \right) - \left(\dfrac{m_A \cdot (v_{F(A)})^2}{2} + \dfrac{m_B \cdot (v_{F(B)})^2}{2} \right)$

$E_{dis.} = \left(\dfrac{1.000 \cdot (25)^2}{2} + \dfrac{1.500 + (0)^2}{2} \right) - \left(\dfrac{1.000 \cdot (10)^2}{2} + \dfrac{1.500 \cdot (10)^2}{2} \right) \Rightarrow E_{dis.} = (312.500) - (50.000 + 75.000)$

$E_{dis.} = 187.500$ J   ou $E_{dis.} = 1,875 \cdot 10^5$ J

Exercícios Resolvidos

28. O esquema ao lado representa a situação de duas partículas, A e B, imediatamente antes de sofrerem um choque direto e elástico. Determine, em m/s, os módulos das velocidades escalares das partículas imediatamente após o choque.

RESOLUÇÃO:
Vamos, inicialmente, adotar um eixo orientado para atribuir sinais às velocidades (e às quantidades de movimento).

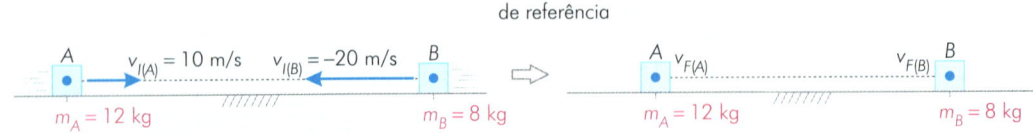

situação imediatamente antes do choque

situação imediatamente após o choque (não sabemos o sentido das velocidades das partículas)

(I) Aplicando o princípio da conservação da quantidade de movimento, temos:

$$\vec{Q}_I = \vec{Q}_F \Rightarrow m_A \cdot \vec{v}_{I(A)} + m_B \cdot \vec{v}_{I(B)} = m_A \cdot \vec{v}_{F(A)} + m_B \cdot \vec{v}_{F(B)}$$

$$12 \cdot (+10) + 8 \cdot (-20) = 12 v_{F(A)} + 8 v_{F(B)} \Rightarrow 12 v_{F(A)} + 8 v_{F(B)} = -40$$

$$3 v_{F(A)} + 2 v_{F(B)} = -10$$

(II) O enunciado diz que o choque é elástico; portanto, o coeficiente de restituição é igual a 1. Assim, aplicando a definição do coeficiente de restituição:

$$e = \frac{v_{F(A)} - v_{F(B)}}{v_{I(B)} - v_{I(A)}} \Rightarrow 1 = \frac{v_{F(A)} - v_{F(B)}}{-20 - (+10)} \Rightarrow v_{F(A)} - v_{F(B)} = -30$$

Resolvendo o sistema:

$$\begin{cases} 3 v_{F(A)} + 2 v_{F(B)} = -10 \\ v_{F(A)} - v_{F(B)} = -30 \end{cases}$$

$$3 \cdot (-30 + v_{F(B)}) + 2 v_{F(B)} = -10 \Rightarrow -90 + 3 v_{F(B)} + 2 v_{F(B)} = -10 \Rightarrow 5 v_{F(B)} = 80 \therefore v_{F(B)} = 16 \text{ m/s}$$

Substituindo $v_{F(B)} = 16$ m/s na equação II, temos:

$$v_{F(A)} - 16 = -30 \Rightarrow v_{F(A)} = -14 \text{ m/s}$$

Resposta: Os módulos das velocidades são: $v_{F(A)} = 14$ m/s e $v_{F(B)} = 16$ m/s. O fato de $v_{F(A)} < 0$ significa que o sentido de movimento da partícula A, após o choque, é oposto ao sentido do referencial adotado. Então, o movimento descrito pelas partículas após o choque tem o sentido esquematizado na figura ao lado.

situação imediatamente após o choque e os sentidos das velocidades

Exercícios Propostos

29. (UFV – MG – modificada) As figuras representam dois pequenos corpos de aço, imediatamente antes e após colidirem frontal e unidimensionalmente.

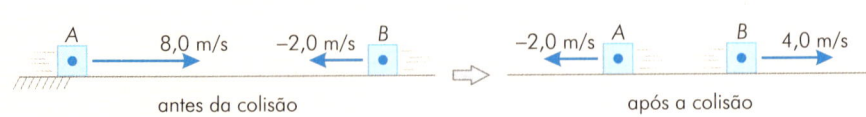

antes da colisão

após a colisão

a) Calcule a razão m_A/m_B entre as massas das esferas.
b) Determine o coeficiente de restituição e classifique o choque.

Exercícios Propostos

30. Um bloco de madeira com 10 kg de massa repousa sobre uma superfície horizontal sem atrito e é atingido por um projétil de 10 g de massa com velocidade escalar de 200 m/s. No impacto, o projétil aloja-se no bloco. Determine:

a) o tipo de choque;
b) a velocidade do bloco após o impacto, em m/s;
c) a perda de energia cinética durante o choque, em joules.

31. Uma esfera A, de massa 2,0 kg e velocidade escalar de 10 m/s, choca-se frontalmente com outra esfera B, de massa 3,0 kg e velocidade escalar de 5,0 m/s, que se deslocava em sentido contrário. Sabendo que o coeficiente de restituição desse choque vale $\frac{1}{5}$, determine, em m/s, os módulos das velocidades das esferas após a colisão.

32. A figura a seguir mostra o corpo A, de massa 6,0 kg e velocidade de módulo 10 m/s, chocando-se com o corpo B, de massa 8,0 kg, inicialmente em repouso. Sendo o choque perfeitamente elástico, determine, em m/s, os módulos das velocidades dos corpos A e B após a colisão.

33. Um bloco de massa 990 g encontra-se em repouso em um trecho plano e horizontal de uma pista muito lisa. Logo à frente do bloco, a pista apresenta uma rampa, igualmente lisa, em que se pode desconsiderar a existência de atritos (veja figura). O bloco recebe o impacto de uma bala de revólver, de massa 10 g, que se aloja nele. Após o impacto, o bloco desliza sobre a pista, subindo a rampa até a altura de 0,8 m. Considere o módulo da aceleração da gravidade igual a 10 m/s². Calcule, em m/s, o módulo da velocidade da bala ao atingir o bloco.

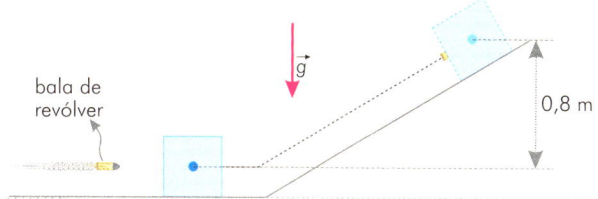

34. A figura abaixo mostra uma esfera A que, partindo do repouso, desliza (sem rolar) ao longo de uma rampa de altura $H = 20$ m e, a seguir, ao longo de um plano horizontal, ambos sem atrito. Em dado ponto do plano horizontal, a esfera A choca-se com uma esfera B, de mesma massa, presa ao teto por um fio ideal. O choque é parcialmente elástico, com coeficiente de restituição de 0,4. Considerando o módulo da aceleração da gravidade de 10 m/s², determine, em unidades SI:

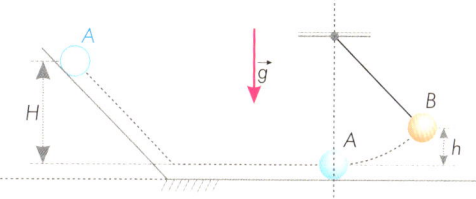

a) a velocidade com que a esfera A desliza no plano horizontal antes do choque;
b) as velocidades de A e de B imediatamente após o choque;
c) a altura máxima h atingida pela esfera B após o choque com a esfera A.

Exercícios Complementares

35. Um objeto com 500 g de massa está deslocando-se ao longo de uma trajetória retilínea, com aceleração escalar constante de módulo igual a $3 \cdot 10^{-1}$ m/s². Se o objeto partiu do repouso, determine, em unidades do SI, o módulo da quantidade de movimento adquirida pelo objeto, ao final de 8,0 s de movimento.

36. Uma partícula de 4,0 kg de massa realiza um movimento obedecendo à seguinte função horária da velocidade: $v = 10 - 4,0t$, em unidades do SI. Determine, em kg · m/s, o módulo da quantidade de movimento da partícula no instante 6,0 s.

37. Um caminhão, um carro pequeno e uma moto percorrem uma trajetória retilínea. Os três têm a mesma velocidade, que pode ser considerada constante; suponha o atrito desprezível. Em certo instante, inicia-se uma descida bem íngreme. Todos os veículos resolvem economizar combustível e descem na "banguela". Desprezando as perdas de energia por atrito, podemos afirmar que:

a) a quantidade de movimento dos três permanece igual até o término da descida, pois eles não têm aceleração.
b) a aceleração do caminhão é maior, por isso sua quantidade de movimento é maior.
c) o carro e a moto têm velocidade menor, mas têm a mesma quantidade de movimento.
d) a velocidade final dos três é a mesma, mas as quantidades de movimento são diferentes.
e) colocando os elementos em ordem decrescente dos módulos das suas acelerações, temos: moto, carro e caminhão.

Exercícios Complementares

38. Uma força que atua em certo corpo de massa igual a 2,0 kg tem a intensidade da projeção F_x, na direção do movimento do corpo, variando com o tempo, de acordo com o gráfico ao lado. Determine, em unidades SI:
a) a intensidade do impulso da força no intervalo de 0 a 4 s;
b) a variação da quantidade de movimento sofrida pelo corpo entre os instantes 4 s e 8 s;
c) a velocidade escalar do corpo no instante 8 s, sabendo que, no instante $t_0 = 0$, o corpo se encontrava em repouso.

39. Uma bola de 0,4 kg de massa é lançada contra uma parede. Ao atingi-la, a bola está movendo-se horizontalmente para a esquerda com velocidade de módulo igual a 30 m/s, sendo rebatida horizontalmente para a direita, com velocidade de módulo igual a 20 m/s. Determine, em N · s, a intensidade do impulso devido à força exercida pela parede sobre a bola.

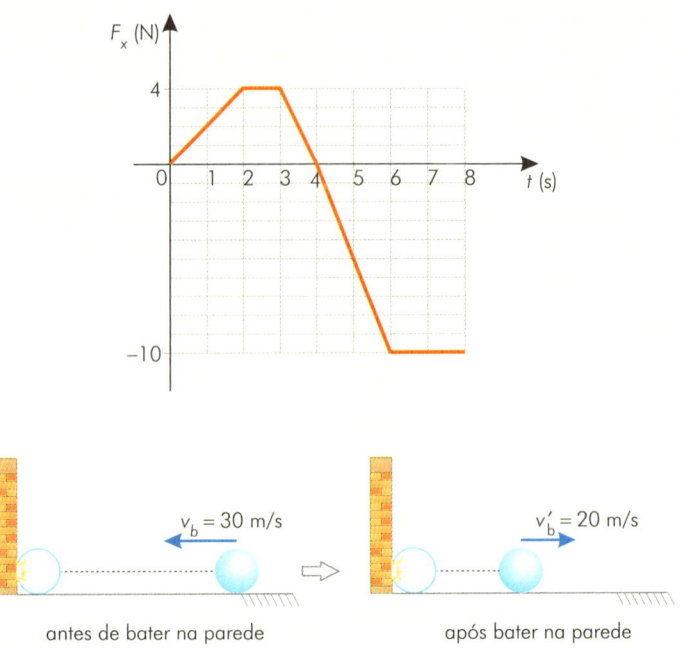

40. Uma bola de massa 1,0 kg cai verticalmente e atinge o solo horizontal com velocidade de módulo 25 m/s. Imediatamente após a colisão com o solo, a bola tem velocidade vertical de módulo 10 m/s. A interação entre a bola e o solo durou $5,0 \cdot 10^{-2}$ s. Determine a intensidade da força média que a bola exerceu sobre o solo.

41. Uma bola de 0,10 kg de massa está inicialmente em repouso, quando é batida por um taco, passando a ter uma velocidade de módulo igual a 50 m/s. Se o taco e a bola estiveram em contato durante 0,002 s, qual a intensidade da força média que atuou sobre a bola, em newtons?

42. (UnB – DF) Em geral acredita-se que um carro seguro é aquele que não se deforma quando colide. Este é um critério exclusivamente econômico de quem está pensando apenas no custo do conserto. Do ponto de vista dos ocupantes, isto representaria um perigo. Quando um carro colide com um obstáculo, a força que ele sofre tem mesma intensidade e sentido oposto à que ele exerce (Terceira Lei de Newton). Então, para uma certa colisão (brusca variação da quantidade de movimento), quanto maior o tempo de contato, menor será a força que os ocupantes receberão ao colidirem contra o painel e o para-brisa (teorema do impulso). Este tempo de contato entre os objetos em colisão dependerá da capacidade de deformação do material utilizado para produzir o carro (lataria, para-choque, para-brisa e painel). É preciso compatibilizar rigidez e flexibilidade para se estabelecer um "carro seguro". Desta forma, determine a intensidade da força média, suposta constante, que os ocupantes de um carro de 1.200 kg (massa do conjunto, carro mais ocupantes) experimentariam após colidirem contra um muro de concreto, com uma velocidade de 72 km/h, sabendo que o impacto durou cerca de 10 s.

43. (UnB – DF) Antes de chutar uma bola, o jogador transfere uma quantidade de movimento para o pé. No choque entre o pé e a bola, quase toda essa quantidade de movimento passa para a bola. Para bater uma falta com bola parada, os jogadores costumam "tomar impulso", ou seja, correr antes de chutar. Dessa forma, a velocidade do jogador é somada com a velocidade do seu pé, o que resulta em maior quantidade de movimento para o choque.

Sobre os conceitos físicos abordados no texto são feitas as afirmações abaixo. Julgue-as quanto a sua veracidade.

(1) Ao chutar uma bola, um jogador aplica uma força de intensidade igual a 600 N, num intervalo de tempo igual a $1,5 \cdot 10^{-1}$ s; portanto, ele transfere para a bola uma quantidade de movimento de valor igual a 90 kg · m/s.

(2) Se dois corpos possuem mesma velocidade, é correto afirmar que suas quantidades de movimento são iguais.

(3) Duas partículas de mesma massa trocam de velocidade quando colidem elasticamente.

(4) Um corpo é lançado verticalmente para cima com velocidade inicial de valor igual a 10 m/s. Sendo o valor de sua massa igual a 1,0 kg, a intensidade do impulso da força peso entre o instante inicial e o instante em que o corpo atinge o ponto mais alto da trajetória vale 10 N · s.

Exercícios Complementares

44. Um corpo de massa $m_1 = 6{,}0$ kg, movendo-se com velocidade escalar de módulo igual a $v_1 = 19$ m/s, está em rota de colisão com um segundo corpo, de massa $m_2 = 4{,}0$ kg e velocidade escalar de módulo $v_2 = 20$ m/s, que se desloca na mesma direção, porém em sentido oposto. Após a colisão, os corpos permanecem unidos. Qual o módulo da velocidade dos corpos após a colisão?

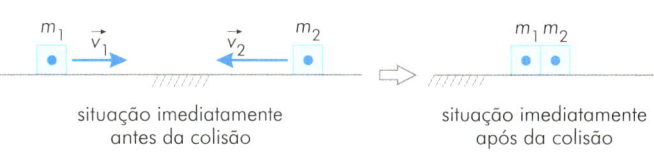

situação imediatamente antes da colisão

situação imediatamente após da colisão

45. (FUVEST – SP) Um vagão **A**, de massa 10.000 kg, move-se com velocidade inicial igual a 0,40 m/s sobre trilhos horizontais sem atrito, até colidir com um outro vagão **B**, de massa 20.000 kg, inicialmente em repouso. Após a colisão, o vagão **A** fica parado. Qual a energia cinética final do vagão **B**, em joules?

46. (UnB – DF) Um pescador inexperiente, desanimado com os resultados obtidos em um dia de pescaria, resolveu relembrar os seus conhecimentos de Física. Sendo assim, ele abandonou a vara de pesca, passando a observar cuidadosamente o que acontecia ao seu redor; fixou a atenção nas águas calmas e cristalinas do lago e observou a movimentação de um peixe grande, de 5 kg, que estava por ali, em busca de alimento.

Julgue os itens seguintes, a respeito das reflexões do pescador.

(1) O peixe observado pesa menos de 5 N.
(2) Se o peixe observado pelo pescador, nadando a 1 m/s, engole um outro peixe de 0,25 kg, que vinha nadando distraído em sua direção, em sentido oposto, de modo que, após esse belo almoço, o peixe grande fica parado em função do choque, então a velocidade do peixe menor, antes de ser engolido, era de 4 m/s.
(3) Se uma pequena pedra for atirada, a partir da margem do lago, com o objetivo de acertar o peixe, ao atingir a superfície da água, a pedra não necessariamente começará a afundar.

47. (UnB – DF) A estação MIR é mantida em órbita, em torno da Terra. De tempo em tempo, a tripulação é trocada e, em períodos menores, naves de abastecimento são enviadas à estação. Tanto para a troca de tripulação como para abastecimento, é necessário que as naves realizem certas manobras para se unirem à Estação Orbital de modo preciso e cauteloso. No espaço não há ar para fornecer o oxigênio que possibilite a queima do combustível necessário para que estas naves realizem tais manobras através de turbinas ou hélices. No entanto, foguetes e outras naves que carregam, além do combustível, o oxigênio necessário para sua queima podem assim realizar manobras no vazio cósmico lançando os gases da combustão nas direções desejadas, através de dispositivos próprios. Por exemplo, para desacelerar, o foguete lança os gases em alta velocidade no mesmo sentido do seu movimento. Para virar à esquerda, os gases são lançados para a direita. Dessa forma é possível realizar manobras. As afirmações abaixo referem-se aos mesmos Princípios e Leis físicas que o texto acima. Desta forma, julgue-as quanto a sua veracidade.

(1) Quando dois ou mais corpos interagem e na interação participam apenas forças internas, a quantidade de movimento total se conserva.
(2) Um homem e um menino movimentam-se com patins, com velocidades constantes, numa mesma linha, em sentidos opostos. O homem vem com velocidade de módulo igual a 2,0 m/s; e o menino, com velocidade de módulo 3,0 m/s. Ao se encontrarem, eles se abraçam e portanto param de se movimentar, considerando desprezível o atrito entre as superfícies em contato.
(3) Oitenta por cento da massa total de foguete interplanetário é combustível. Supondo que o combustível seja eliminado com velocidade média de módulo 1,0 km/s, em relação à Terra, e não levando em consideração a força de resistência do ar nem a força gravitacional, então o módulo da velocidade final do foguete é 6,0 km/s.

48. Na figura, temos um bloco de massa 132 g, inicialmente em repouso, preso a uma mola de constante elástica $1{,}6 \cdot 10^6$ N/m, podendo deslocar-se sem atrito sobre a mesa em que se encontra. Atira-se um projétil de massa 12 g que encontra o bloco horizontalmente, com velocidade de módulo 200 m/s, incrustando-se nele. Determine a máxima deformação (x) que a mola experimenta.

Exercícios Complementares

49. (FUVEST – SP – modificada) Um motorista imprudente dirigia um carro a uma velocidade $v_0 = 120$ km/h, no trecho retilíneo de uma avenida e não viu um outro carro de mesma massa parado no sinal a sua frente, conforme a figura a seguir. Não conseguindo frear, colide frontalmente com o carro parado e o arrasta por uma distância d, medida pela perícia. O motorista que causou o acidente mentiu e afirmou estar dirigindo a 60 km/h quando ocorreu a colisão. Considere iguais as massas dos carros e de seus ocupantes.

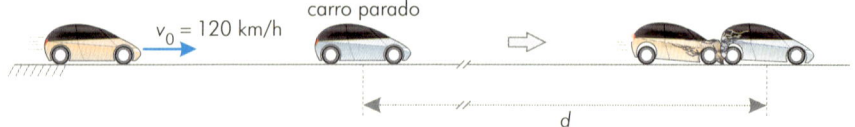

a) Mostre que a velocidade dos carros imediatamente após a colisão é igual à metade da velocidade v_0 do carro que estava em movimento.
b) Calcule a fração da distância d que os carros teriam percorrido após a colisão, caso o motorista estivesse dizendo a verdade.

50. (UnB – DF) Uma esfera 1 é abandonada a partir do repouso, de uma altura h, em uma guia. Esta guia é dividida em duas partes com as mesmas dimensões, sendo que na primeira parte o atrito é desprezível. Na segunda parte só existe atrito na parte plana de comprimento $h/4$, cujo coeficiente de atrito possui valor igual a 0,4. No centro é colocada uma outra esfera 2. As duas esferas chocam-se frontalmente.

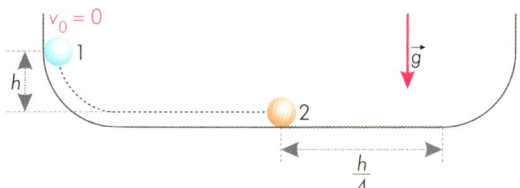

Os itens a seguir referem-se à situação proposta acima. Julgue-os quanto a sua veracidade.

(1) Se as esferas tiverem a mesma massa, a esfera 1 irá parar após o choque e a esfera 2 atingirá, no lado 2, a altura h.
(2) Se a colisão for perfeitamente elástica e as esferas possuírem mesma massa, então ocorrerão 10 colisões entre as esferas até elas pararem.
(3) Supondo que durante a colisão ocorra uma perda de energia de 50%, a esfera 2 atingirá uma altura igual a $2h/3$.
(4) Se as esferas tiverem a mesma massa, e a colisão for perfeitamente elástica, a esfera 1 voltará à posição de origem e a esfera 2 atingirá, no lado 2, a altura $h/4$.

51. (UnB – DF) Considere que dois carros de mesma massa m colidiram frontalmente. Imediatamente antes da colisão, ambos estavam com velocidades de módulos iguais a v em relação ao asfalto. Suponha que apenas forças internas agiram sobre esse sistema e admita que a colisão foi inelástica.

Com base nessa situação e desconsiderando a energia gasta na deformação dos carros, julgue os itens de 1 a 3.

(1) Nas condições apresentadas, o sistema formado pelos dois carros possuía, antes da colisão, quantidade de movimento total igual a $2mv$.
(2) Após a colisão, a quantidade de movimento do sistema não se conservou.
(3) A energia cinética do sistema formado pelos dois carros era igual a $2mv^2$ no momento da colisão.

52. (UnB – DF)

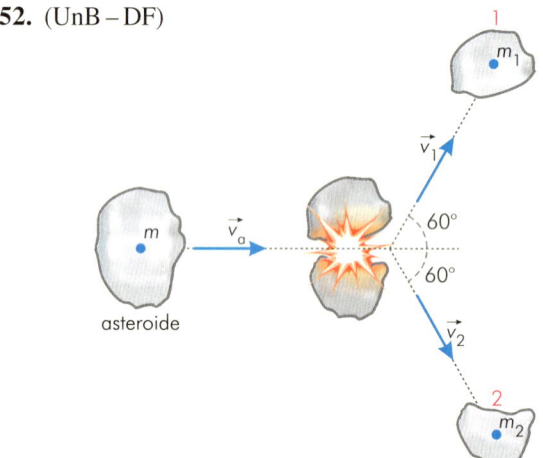

Suponha que um asteroide tenha massa m e se desloque à velocidade constante $v_a = 28$ km/s. Suponha, ainda, que ele venha a explodir e que, dessa explosão, resultem apenas dois fragmentos, 1 e 2, de massas m_1 e m_2, como mostra a figura acima, que adquirem velocidades v_1 e v_2, respectivamente, sem rotação, com $v_1 = 2v_2$. Julgue os itens.

(1) A massa do fragmento 2 será três vezes maior que a massa do fragmento 1.
(2) A velocidade do fragmento 1 será três vezes superior a v_a.
(3) A energia cinética do fragmento 1 será menor que a energia cinética do asteroide antes da explosão.

Exercícios Complementares

53. (PAS – UnB – DF) Um malabarista deixa uma bola cair no solo. Ela cai inicialmente de uma altura $h_0 = 2,00$ m, quica e atinge uma altura $h_1 = 1,28$ m, conforme descrito na figura. Julgue os itens a seguir.

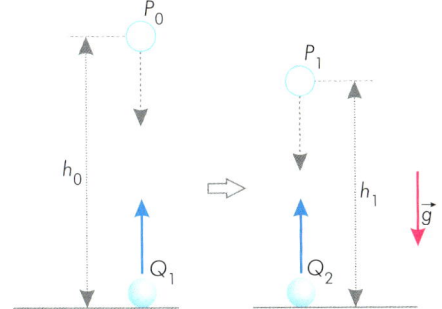

(1) Definindo o coeficiente de restituição entre a bola observada e o solo no i-ésimo choque com o solo como sendo $n_i = \sqrt{\dfrac{h_i}{h_{i-1}}}$, é correto concluir que $n_1 > 0,7$.

(2) Em cada choque com o solo, a bola perde menos de 30% de sua energia mecânica.

(3) Considerando que, durante o movimento da bola, o coeficiente de restituição da bola se mantenha constante, é correto concluir que as alturas atingidas pela bola após sucessivas colisões com o solo estão em progressão geométrica.

(4) Sabendo que P_1 é o ponto mais alto da trajetória da bola entre Q_1 e Q_2, conclui-se que, nesse ponto, a bola terá peso nulo.

(5) Não é possível repetir esse tipo de movimento com bolas dentro de um ônibus espacial em órbita em torno da Terra.

16 Hidrostática

16.1. Introdução

Hidrostática é o ramo da Física que estuda as propriedades relacionadas aos fluidos (líquidos ou gases) sob ação da gravidade em equilíbrio estático.

Um fluido é uma substância que pode escoar, não apresenta forma própria e assume, sempre, a forma de qualquer recipiente que a contém.

Alguns fluidos representam um papel fundamental em nosso cotidiano; alguns deles, vitais, circulam em nosso corpo. Em nossos carros, há fluidos nos pneus, no tanque de combustível, nas câmaras de combustão do motor, nos sistemas de freios e de direção, no sistema de ar-condicionado etc.

Neste capítulo, estudaremos as propriedades relacionadas aos líquidos em equilíbrio. Consideraremos um modelo em que líquidos são incompressíveis, com volume definido, sem viscosidade (isto é, sem atrito interno) e não aderentes à superfície do recipiente que os contenha.

16.2. Massa Específica

A **massa específica**, também chamada **densidade absoluta**, de uma substância é a razão entre a massa (m) de uma porção compacta e homogênea dessa substância e o volume (V) ocupado por ela. Escrevemos

$$\mu = \frac{m}{V}$$

em que m é a massa da porção de substância e V é o volume ocupado por ela.

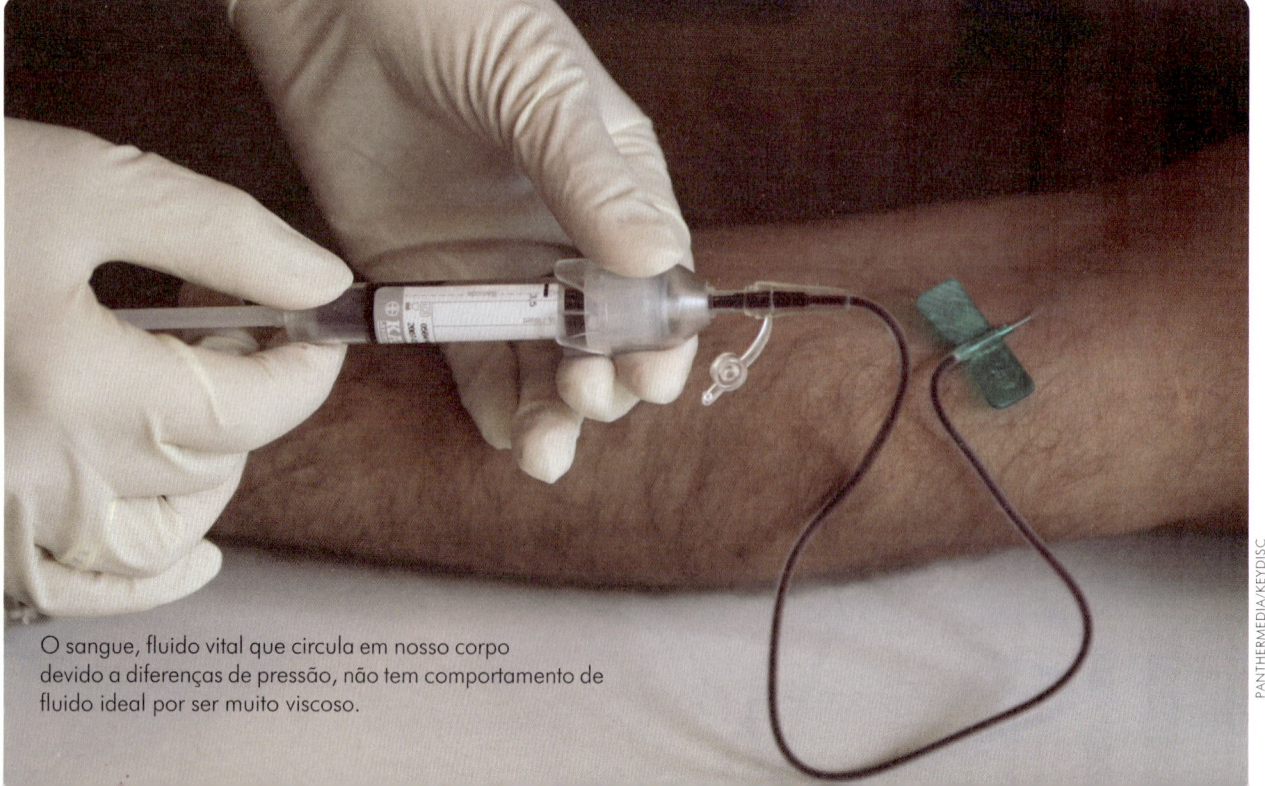

O sangue, fluido vital que circula em nosso corpo devido a diferenças de pressão, não tem comportamento de fluido ideal por ser muito viscoso.

OBSERVAÇÕES:
- Unidades de massa específica:

No SI	No CGS	Outras
kg/m³	g/cm³	kg/L, g/mL

- A *massa específica* (ou *densidade absoluta*) de uma substância (μ) não é necessariamente igual à *densidade de um corpo* (d) composto exclusivamente dessa substância. Elas são diferentes quando o corpo não é maciço: se o corpo possui em seu interior espaços vazios, ele ocupa um volume maior do que ocuparia se fosse compacto.
- Um **quilograma** (kg) é a massa de um decímetro cúbico (1 dm³) de água a 4 °C. Portanto, nessa temperatura, a densidade absoluta da água vale 1 kg/dm³ = 1 kg/L.
- Tenha clareza de que a massa específica é definida para uma *substância* e que a densidade é definida para um *corpo*; observe o exemplo a seguir. Suponha que você tenha uma porção de determinada substância, o ferro, por exemplo, cuja *massa específica* é 7,8 g/cm³. De posse de determinada quantidade desse ferro, você poderá moldar vários corpos de densidades diferentes, dependendo dos espaços vazios que deixar no interior de cada um desses corpos (Figura 16-1). Assim, é claro que a densidade de um bloco maciço feito com esse ferro é maior do que a densidade de uma caixa feita com a mesma massa desse ferro (porque a caixa ocupará um volume maior que o do bloco).

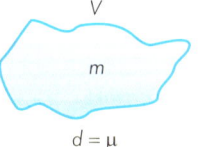 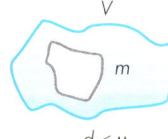 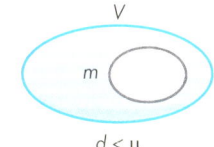

FIGURA 16-1.

TABELA 16-1. Massa específica média de algumas substâncias.

	(g/cm³)	(kg/m³)
Água	1,0	1.000
Gelo	0,9	920
Álcool	0,8	790
Alumínio	2,7	2.700
Ferro	7,8	7.800
Chumbo	11,2	11.200
Mercúrio	13,6	13.600

16.3. Densidade Relativa

É a razão entre a densidade absoluta de uma substância e a de outra, tomada como padrão. A densidade relativa da substância A em relação à substância B ($\mu_{A,B}$) é um número puro, cujo valor independe do sistema de unidades escolhido para medir as densidades absolutas, desde que as duas sejam medidas no mesmo sistema de unidades.

$$\mu_{A,B} = \frac{\mu_A}{\mu_B}$$

Em virtude das densidades relativas, o gelo flutua na água. A parte submersa de um *iceberg* é cerca de nove vezes a parte visível.

FOTOS: PANTHERMEDIA/KEYDISC

Você Sabia?

As pranchas para esqui permitem a uma pessoa andar sobre a neve macia sem afundar, pois aumentam a área sobre a qual a força será exercida.

PANTHERMEDIA/KEYDISC

16.4. Pressão Média

Consideremos uma força $\vec{F}$ aplicada em uma superfície cuja área de atuação é S, como mostra a Figura 16-2.

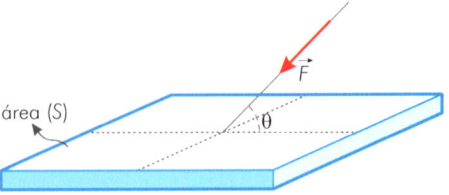

Figura 16-2.

Pressão média (p_m) é a grandeza escalar definida pela razão entre a intensidade da componente da força normal à superfície e a área (S) dessa superfície.

$$p_m = \frac{F \cdot \text{sen}\,\theta}{S}$$

Observações:

- Unidades de pressão:

No SI	No CGS	Outras
N/m²	dyn/cm²	atm, mmHg, cmHg, psi, bar

- A unidade N/m² é denominada pascal (Pa) e a unidade dyn/cm² é denominada bária (ba ou b).
- 1 Pa = 10 ba.
- A pressão pode ser medida em atmosfera (atm), que é definida como a pressão média exercida pela atmosfera ao nível do mar, a 45° de latitude norte e à temperatura de 15 °C.
- 1 atm = 1,013 · 10⁵ Pa.
- 1 bar = 10⁵ Pa ≅ 0,987 atm.

Exercícios Resolvidos

1. Uma amostra de certa substância apresenta 60 gramas de massa e volume de 5,0 cm³. Determine, em g/cm³ e em kg/m³, a densidade absoluta dessa substância.

Resolução:

A densidade de uma substância é dada por $d = \frac{m}{V}$. Sendo $m = 60$ g e $V = 5,0$ cm³, a densidade dessa substância é:

$$d = \frac{60 \text{ g}}{5,0 \text{ cm}^3} \Rightarrow d = 12 \text{ g/cm}^3$$

Convertendo as unidades, temos:

$$d = 12 \cdot \frac{10^{-3} \text{ kg}}{10^{-6} \text{ cm}^3} \Rightarrow d = 1,2 \cdot 10^4 \text{ kg/m}^3$$

2. Dois líquidos homogêneos, de densidades 4,0 g/cm³ e 1,8 g/cm³, são misturados. Determine, em g/cm³, a densidade da mistura, sabendo que são misturadas massas iguais desses líquidos.

Resolução:

Se as massas são iguais, os volumes são diferentes. Aplicando o conceito de densidade, temos:

$$d_1 = \frac{m_1}{V_1} \Rightarrow V_1 = \frac{m_1}{d_1}$$

$$d_2 = \frac{m_2}{V_2} \Rightarrow V_2 = \frac{m_2}{d_2}$$

Como $m_1 = m_2 = m$, a densidade da mistura será dada por:

Exercícios Resolvidos

$$d_{mist.} = \frac{m+m}{V_1+V_2} \Rightarrow d_{mist.} = \frac{2m}{\frac{m}{d_1}+\frac{m}{d_2}}$$

$$d_{mist.} = \frac{2m}{m \cdot \left(\frac{1}{4,0}+\frac{1}{1,8}\right)} \Rightarrow d_{mist.} = \frac{2}{\frac{1,8+4,0}{7,2}}$$

$$d_{mist.} = \frac{2 \cdot 7,2}{5,8} \therefore d_{mist.} \cong 2,48 \text{ g/cm}^3$$

3. Uma bailarina, cujo peso tem intensidade igual a 500 N, apoia-se na ponta de seu pé, de modo que a área de contato com o solo é de 2,5 cm². Sendo a pressão atmosférica equivalente a 10⁵ N/m², de quantas atmosferas é o acréscimo de pressão devido à bailarina, nos pontos de contato com o solo?

Resolução:
A força normal exercida pela bailarina sobre o solo tem a mesma intensidade do seu peso, uma vez que ela está em equilíbrio. Assim, o acréscimo de pressão é:

$$\Delta p = \frac{F_m}{\text{área}}$$

$$\Delta p = \frac{500 \text{ N}}{2,5 \cdot 10^{-4} \text{ m}^2}$$

$$\Delta p = 200 \cdot 10^4$$

$$\Delta p = 20 \cdot 10^5 \text{ N/m}^2$$

Como 10^5 N/m² equivale a aproximadamente 1 atm, temos:

$$\Delta p = \frac{20 \cdot 10^5}{10^5}$$

$$\Delta p = 20 \text{ atm}$$

Exercícios Propostos

4. Um bloco de ferro maciço tem o formato de um cubo, cuja aresta é de 100 mm. A massa específica do ferro é igual a 7,8 g/cm³. Determine, em kg, a massa desse bloco.

5. Três líquidos homogêneos, A, B e C, com densidades respectivamente iguais a 1 g/cm³, 2 g/cm³ e 0,80 g/cm³, são misturados. Determine, em g/cm³, a densidade da mistura nos seguintes casos:
   a) são misturadas massas iguais dos líquidos;
   b) são misturados volumes iguais dos líquidos.

6. Uma pessoa tem peso de intensidade igual a 800 N e está sentada em uma cadeira cujo peso tem intensidade de 40 N e cujas quatro pernas têm área de base igual a 4,0 cm² cada uma. Determine, em pascal, a pressão média que a cadeira exerce no chão, quando a pessoa não apoia os pés no chão.

7. A área de contato de um dos pneus de um automóvel com o solo vale 100 cm². Para uma calibração adequada dos pneus desse automóvel, cuja massa é de 800 kg, determine a pressão manométrica, em pascal (Pa). Considere o módulo da aceleração da gravidade igual a 10 m/s².

8. (UNICAMP – SP) A unidade de medida de pressão de um calibrador de pneus é a "libra-força por polegada quadrada" ou "psi". Sabe-se que 1 libra-força = 4,45 N e 1 pol = 2,54 cm. Ao parar num posto de combustível, um motorista, numa linguagem informal, pede para regular a pressão dos pneus de seu carro em 30 "libras", isto é, em 30 "libras-força por polegada quadrada". Transforme essa pressão para N/m².

16.5. Pressão Hidrostática (Pressão Exercida por uma Coluna Líquida)

Consideremos um recipiente cilíndrico cuja área da base é S. Um líquido de massa específica μ é colocado no interior do recipiente até uma altura h, em um local onde o módulo da aceleração da gravidade é g (Figura 16-3).

Em virtude do seu peso ($\vec{P}$), esse fluido exerce no fundo do recipiente uma pressão dada por:

$$p = \frac{P}{S} = \frac{m \cdot g}{S} \qquad \text{(equação I)}$$

$$\text{Como } \mu = \frac{m}{V} \Rightarrow m = \mu \cdot V \qquad \text{(equação II)}$$

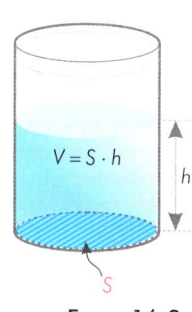

Figura 16-3.

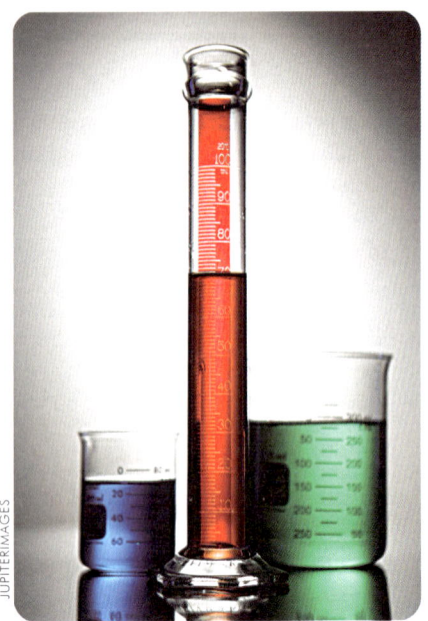

Sob uma mesma pressão atmosférica, as três colunas de líquido exercem pressões nos fundos dos recipientes que não dependem das áreas, apenas da *altura* e da *densidade*.

Substituindo a equação (II) em (I), temos:

$$p = \frac{\mu \cdot V \cdot g}{S}$$

Mas $V = S \cdot h$, logo

$$p_{coluna} = \mu \cdot g \cdot h$$

A essa pressão, exercida em um ponto devido à coluna líquida, em virtude de seu peso, denomina-se **pressão hidrostática**.

> **Observações:**
> - A *pressão hidrostática* depende da natureza do líquido (dada pela massa específica, μ), do local onde o recipiente se encontra (dado pela aceleração da gravidade, g) e da altura (h) da coluna de líquido; ela *não* depende da área da base (S) do recipiente nem de sua forma.
> - A pressão que o ar exerce nos corpos situados na superfície terrestre é denominada **pressão atmosférica**. Seu valor, ao nível do mar, é aproximadamente igual a $1{,}0 \cdot 10^5$ Pa.
> - Sabendo que a densidade da água é $\mu = 1{,}0 \cdot 10^3$ kg/m^3 e que o módulo da aceleração da gravidade é $g = 10$ m/s^2, uma coluna de água de 10 m de profundidade exerce uma pressão igual à pressão atmosférica normal. Escrevemos 1 atm = 10 m.c.a. (metros de coluna de água, unidade usual de pressão hidrostática em engenharia).

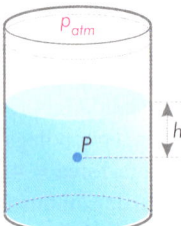

Figura 16-4.

16.5.1. Pressão total em um ponto de um líquido

Quando o recipiente que contém o líquido em estudo é aberto para a atmosfera, cada ponto do líquido é pressionado pela coluna líquida acima dele, que, por sua vez, é pressionada pela atmosfera. Levando isso em consideração, vamos determinar a pressão total p em um ponto P, situado a uma profundidade h, em um líquido em equilíbrio (Figura 16-4).

A **pressão total** p no ponto P é a soma da pressão que o ar exerce na superfície (pressão atmosférica) com a pressão da coluna líquida de altura h. Assim,

$$p = p_{atm} + p_{coluna} \quad \therefore \quad p = p_{atm} + \mu \cdot g \cdot h$$

É prático considerar a origem do referencial na superfície do líquido e orientá-lo para baixo, medindo a coluna de água como *profundidade*.

O gráfico da pressão p em função da profundidade h é retilíneo, conforme mostra a Figura 16-5. Note que, quando $h = 0$, valor assumido para a superfície do líquido, temos $p = p_{atm}$.

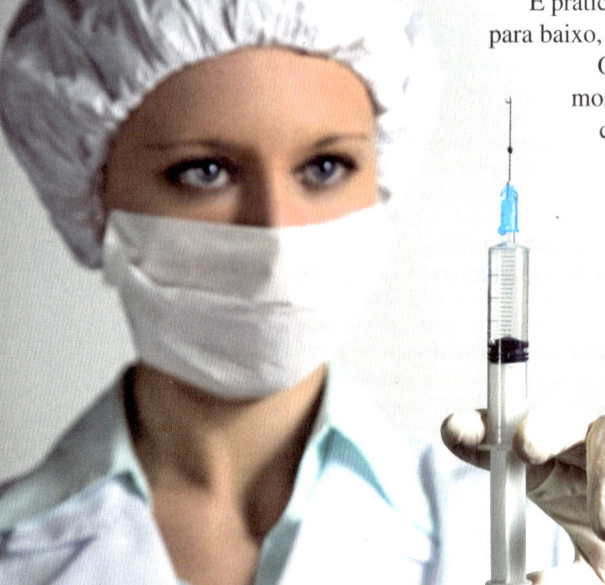

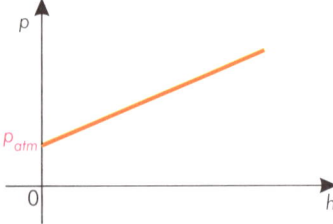

Figura 16-5.

O êmbolo de uma seringa exerce sobre o fluido uma **pressão**, que é transmitida a todos os pontos do líquido.

16.6. Teorema de Stevin

Consideremos um líquido homogêneo, em equilíbrio, sujeito unicamente à ação da gravidade. Sejam dois pontos, A e B, situados no interior do líquido, separados por um desnível h.

Consideremos agora um cilindro do mesmo líquido, de modo que cada uma de suas bases contenha os pontos A e B, respectivamente (Figura 16-6).

■ Na condição de equilíbrio do líquido, temos:

$$F_B = F_A + P \quad \text{e} \quad P = m \cdot g = \mu \cdot V \cdot g = \mu \cdot S \cdot h \cdot g$$
$$F_B = F_A + \mu \cdot S \cdot h \cdot g$$

■ Dividindo ambos os membros por S (área da secção reta do cilindro), segue que

$$\frac{F_B}{S} = \frac{F_A}{S} + \frac{\mu \cdot S \cdot h \cdot g}{S} \Rightarrow p_B = p_A + \mu \cdot g \cdot h$$

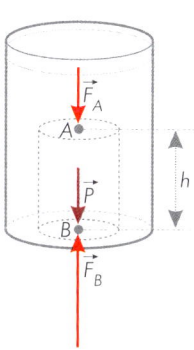

FIGURA 16-6.

em que p_B é a pressão no ponto B e p_A é a pressão no ponto A.

Esse resultado, que fornece a diferença de pressão entre dois níveis no interior de um líquido, em presença de gravidade, isto é,

$$\boxed{p_B - p_A = \mu \cdot g \cdot h}$$

é chamado **Teorema de Stevin** – em homenagem a Simon Stevin (1548-1620), matemático belga que o provou, em 1586 – e, às vezes, **Princípio Fundamental da Hidrostática**.

■ Dois pontos de uma mesma porção de um mesmo líquido em equilíbrio, se estiverem no mesmo nível, estão submetidos à mesma pressão.
■ A **diferença de pressão** entre dois pontos de um líquido homogêneo em equilíbrio é dada pela pressão exercida pela coluna de líquido entre eles.

Exercícios Resolvidos

9. Um recipiente contém um líquido homogêneo, de densidade 0,6 g/cm³. Considerando o módulo da aceleração da gravidade igual a 10 m/s², calcule, em pascal:

a) a pressão hidrostática a 50 cm de profundidade;
b) a diferença de pressão entre dois pontos que estão a profundidades de 60 cm e 40 cm.

RESOLUÇÃO:

a) $\mu = 0{,}6$ g/cm³ $= 0{,}6 \cdot 10^3$ kg/m³
$h = 50$ cm $= 0{,}50$ m
$g = 10$ m/s²

$p_{hid.} = \mu \cdot g \cdot h \Rightarrow p_{hid.} = 0{,}6 \cdot 10^3 \cdot 10 \cdot 0{,}50$

$p_{hid.} = 3{,}0 \cdot 10^3$ Pa

b) $\Delta h = 0{,}6 - 0{,}4 \Rightarrow \Delta h = 0{,}2$ m

$\Delta p = \mu \cdot g \cdot \Delta h \Rightarrow \Delta p = 0{,}6 \cdot 10^3 \cdot 10 \cdot 0{,}2$

$\Delta p = 1{,}2 \cdot 10^3$ Pa

10. (UNICAMP – SP) A pressão em cada um dos quatro pneus de um automóvel de 800 kg de massa é de 30 libras-força/polegada quadrada. Adote 1,0 libra = 0,5 kg; 1,0 polegada = 2,5 cm, a densidade da água é igual a 10^3 kg/m³, 1 kgf = 9,8 N e o módulo da aceleração da gravidade é igual a 9,8 m/s². A pressão atmosférica é equivalente à de uma coluna de 10 m de água.

a) Quantas vezes a pressão dos pneus é maior do que a atmosférica?
b) Supondo que a força devida à diferença entre a pressão do pneu e a atmosférica, agindo sobre a parte achatada do pneu, equilibre a força de reação do chão, calcule, em cm², a área da parte achatada de cada pneu.

RESOLUÇÃO:

a) A pressão atmosférica (p_{atm}) é equivalente à pressão hidrostática de uma coluna de água de 10 m de altura. Assim,

$p_{atm} = \mu \cdot g \cdot h \Rightarrow p_{atm} = 10^3 \cdot 10 \cdot 10$

$p_{atm} = 10^5$ Pa

A pressão (p) no interior do pneu é:

$p = 30 \cdot \dfrac{\text{libra-força}}{(\text{pol})^2} \Rightarrow p = 30 \cdot \dfrac{0{,}5 \text{ kgf}}{(2{,}5 \text{ cm})^2}$

$p = 30 \cdot \dfrac{0{,}5 \cdot 9{,}8 \text{ N}}{(2{,}5 \cdot 10^{-2})^2 \text{ m}^2}$

$p = 2{,}35 \cdot 10^5$ Pa

Comparando as duas pressões, podemos perceber que a pressão no interior dos pneus é 2,35 vezes a pressão atmosférica.

Exercícios Resolvidos

b) Pelo enunciado, a força devida à diferença entre as pressões equilibra a força normal (F_N) de reação do chão no pneu. Assim, temos:

$$p - p_{atm} = \frac{F}{4S}$$

$$2{,}35 \cdot 10^5 - 1{,}0 \cdot 10^5 = \frac{F_N}{4 \cdot S}$$

$$1{,}35 \cdot 10^5 = \frac{800 \cdot 10}{4 \cdot S}$$

$$S = \frac{8 \cdot 10^3}{4 \cdot 1{,}35 \cdot 10^5}$$

$$S \cong 1{,}48 \cdot 10^{-2} \text{ m}^2$$

$$S \cong 148 \text{ cm}^2$$

Exercícios Propostos

11. Um reservatório contém água, cuja densidade é 10^3 kg/m^3, até uma altura de 8,0 m. A pressão atmosférica local é 10^5 N/m^2 e a aceleração da gravidade tem módulo igual a 10 m/s^2. Determine, em pascal, a pressão no fundo do reservatório.

12. Um tubo de 1,0 m de comprimento, cheio de mercúrio, cuja densidade é $1{,}36 \cdot 10^4$ kg/m^3, em um local onde a aceleração da gravidade tem módulo de 9,8 m/s^2, é emborcado em uma cuba contendo o mesmo metal. Calcule, em pascal, a pressão exercida por uma coluna de mercúrio cuja altura é de 760 mm.

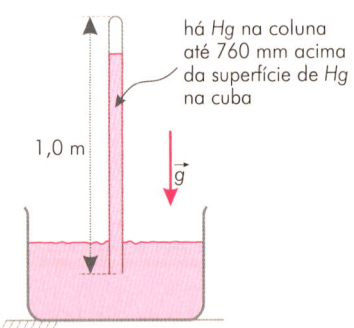

13. (Olimpíada Brasileira de Física) Um submarino navega no mar. O gráfico a seguir representa a pressão total que o submarino suporta, em função do tempo, durante 30 minutos de navegação. Considera-se a densidade da água salgada praticamente igual à da água-doce (1,0 g/cm^3).

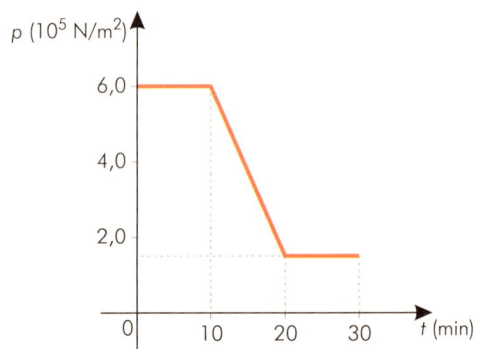

Pode-se afirmar que o submarino:

a) atinge uma profundidade máxima de 50 m.
b) mergulhou no instante $t = 10$ min.
c) suporta, no instante $t = 25$ min, uma pressão hidrostática de $1{,}0 \cdot 10^5$ N/m^2.
d) atinge a profundidade máxima de 60 m.
e) não navega na superfície do mar.

14. Em um lago, considere os pontos A e B, de profundidades 20 m e 30 m, respectivamente. A densidade da água é igual a 1,0 g/cm^3, a pressão atmosférica é $1{,}0 \cdot 10^5$ N/m^2, e o módulo da aceleração da gravidade é igual a 10 m/s^2. Determine, em pascals, a diferença de pressão entre os pontos A e B.

15. A figura ao lado mostra três recipientes, A, B e C, contendo água em equilíbrio, até uma altura h. Todos os recipientes têm a mesma área de base.

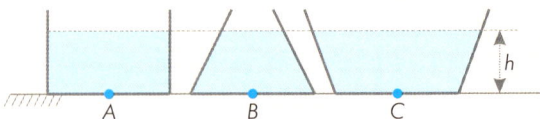

a) Compare as pressões p_A, p_B e p_C exercidas no fundo dos recipientes.
b) Compare as intensidades F_A, F_B e F_C das forças exercidas pela água no fundo dos recipientes.

16.7. Pressão Atmosférica e Barômetro de Torricelli

A pressão que o ar exerce nos corpos situados na superfície terrestre é a **pressão atmosférica**. A medida da pressão atmosférica é facilmente feita com um aparelho denominado *barômetro*. Vamos descrever o barômetro utilizado por Evangelista Torricelli (1608-1647) e como ele evidenciou a existência da pressão exercida pelo ar.

O **barômetro de Torricelli** é constituído essencialmente de um tubo de vidro longo, da ordem de 1 m, e de uma cuba já contendo certa quantidade de mercúrio. O tubo de vidro é completamente cheio de mercúrio. A superfície aberta é tampada com o dedo. A seguir, o tubo é invertido na cuba e o dedo é retirado. O nível do mercúrio desce até se estabilizar em uma altura h, acima da superfície do mercúrio na cuba. Na região do tubo, acima da coluna de mercúrio, tem-se a *câmara barométrica*, região de pressão muito baixa (Figura 16-7).

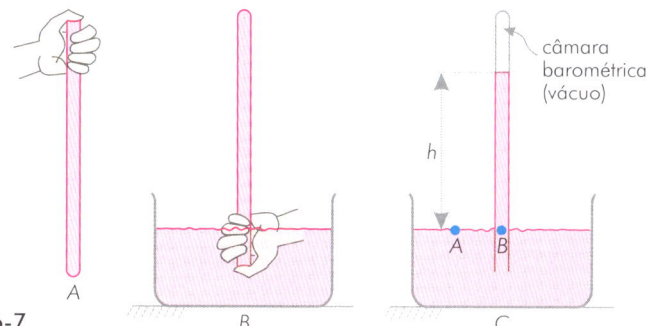

FIGURA 16-7.

Os barômetros medem a pressão atmosférica, que indica a possibilidade de mudança climática. Baixa pressão indica ar pouco denso, elevando-se. Ao subir, o ar se resfria e a umidade que eventualmente carrega se condensa, podendo precipitar-se sob a forma de chuva.

Como explicar o fato de o mercúrio se estabilizar no tubo a uma altura h? Torricelli concluiu que o ar atmosférico exerce sobre a superfície livre do mercúrio na cuba uma pressão capaz de sustentar a coluna de mercúrio no tubo.

De fato, como nos mostra o teorema de Stevin, os pontos A e B, situados no mesmo plano horizontal e no mesmo líquido, suportam a mesma pressão, isto é, $p_A = p_B$. Mas p_A é a pressão atmosférica (p_{atm}) e p_B é a pressão da coluna de mercúrio de altura h. Logo, $p_{atm} = \mu_{Hg} \cdot g \cdot h$.

Ao nível do mar, em um local onde o módulo da aceleração da gravidade é $g = 9,8$ m/s², à temperatura de 15 °C, obtém-se $h = 76$ cm. Portanto, a pressão atmosférica, nas condições descritas, é de 76 cmHg. Essa pressão é denominada **pressão atmosférica normal**. Agora, vamos obter o valor dessa pressão em pascal: $p_{atm} = \mu_{Hg} \cdot g \cdot h$. Sendo $\mu_{Hg} = 13,6 \cdot 10^3$ kg/m³, $g = 9,8$ m/s² e $h = 76$ cm $= 0,76$ m, vem que a pressão de 1 atm = 76 cmHg = $1,013 \cdot 10^5$ Pa.

16.8. Manômetro

Para medirmos a pressão exercida por um gás, utilizamos aparelhos denominados **manômetros** (do grego, *manós* = gás, na acepção científica). Na Figura 16-8, representamos um manômetro de tubo aberto para a atmosfera. O líquido em equilíbrio contido no tubo é, geralmente, o mercúrio.

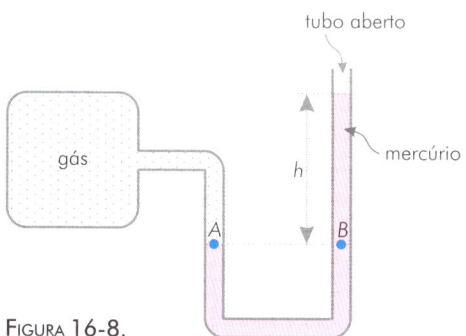

FIGURA 16-8.

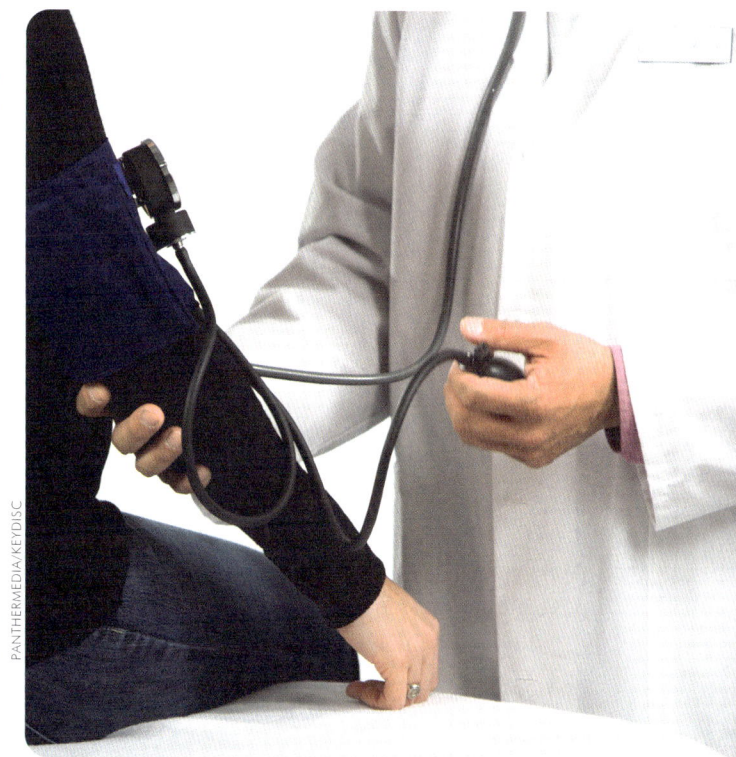

O teorema de Stevin afirma que os pontos A e B, situados no mesmo plano horizontal e no mesmo líquido, suportam a mesma pressão, isto é, $p_A = p_B$. Mas p_A é a pressão do gás ($p_{gás}$) e p_B é a soma da pressão atmosférica (o tubo aberto) com a pressão da coluna de mercúrio de altura h. Logo,

$$p_{gás} = p_{atm} + \mu_{liq.} \cdot g \cdot h$$

A pressão sanguínea é medida por um aparelho chamado esfigmomanômetro (do grego, *sphygmós* = pulsação + *manós* = gás + *métron* = medida).

16.9. Princípio dos Vasos Comunicantes

Quando dois líquidos imiscíveis (que não se misturam) são colocados em um mesmo recipiente, eles se dispõem de modo que o líquido de maior densidade ocupe a parte de baixo e o de menor densidade a parte de cima. Pelo teorema de Stevin, temos:

$$p_A = p_B \Leftrightarrow p_{atm} + \mu_1 \cdot g \cdot h_1 = p_{atm} + \mu_2 \cdot g \cdot h_2$$

$$\boxed{\mu_1 \cdot h_1 = \mu_2 \cdot h_2}$$

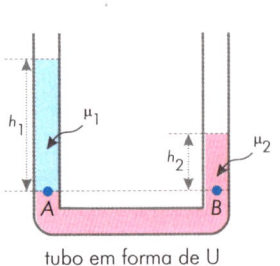

Figura 16-9. tubo em forma de U

(*as alturas são inversamente proporcionais às densidades dos respectivos líquidos*): sendo $\mu_1 < \mu_2$, resulta $h_1 > h_2$, isto é, ao líquido menos denso corresponde uma coluna de altura maior, medida a partir da superfície de separação. Veja a Figura 16-9.

Exercícios Resolvidos

16. Três líquidos imiscíveis estão em equilíbrio em um tubo em forma de U, como indica o esquema a seguir. São dadas as densidades $\mu_1 = 0{,}50$ g/cm³ e $\mu_2 = 3{,}0$ g/cm³. Considerando as distâncias assinaladas na figura, determine, em g/cm³, a densidade do líquido 3.

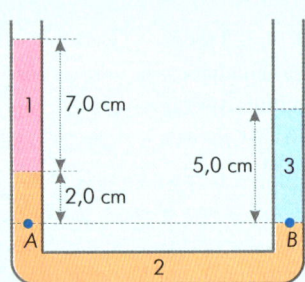

RESOLUÇÃO:

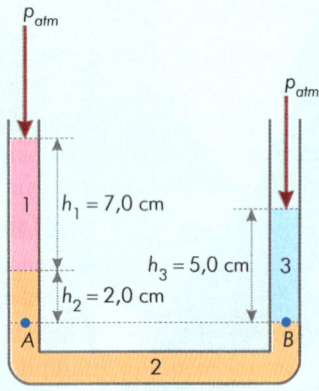

Pelo teorema de Stevin, os pontos A e B estão submetidos à mesma pressão: $p_A = p_B$. Assim, temos:

$p_{atm} + \mu_1 \cdot g \cdot h_1 + \mu_2 \cdot g \cdot h_2 = p_{atm} + \mu_3 \cdot g \cdot h_3$

$\mu_1 \cdot h_1 + \mu_2 \cdot h_2 = \mu_3 \cdot h_3 \Rightarrow 0{,}50 \cdot 7{,}0 + 3{,}0 \cdot 2{,}0 = \mu_3 \cdot 5{,}0$

$3{,}5 + 6{,}0 = \mu_3 \cdot 5{,}0 \Rightarrow \mu_3 = \dfrac{9{,}5}{5{,}0}$

$\mu_3 = 1{,}9$ g/cm³

17. A figura a seguir representa um balão contendo gás, conectado a um tubo aberto com mercúrio. Se a pressão atmosférica local é de 76 cmHg, determine a pressão do gás, em cmHg.

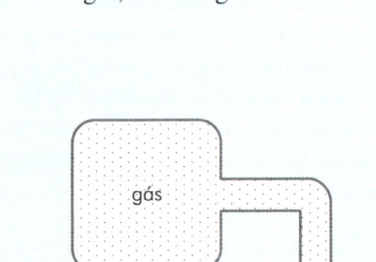

RESOLUÇÃO:

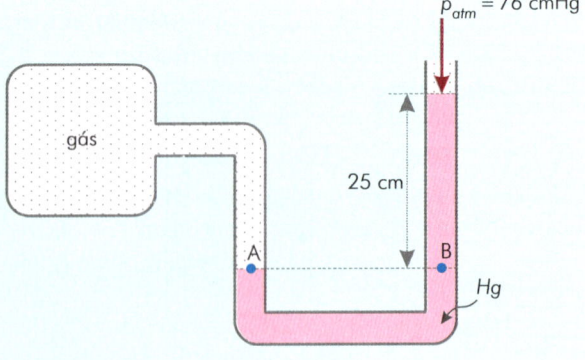

O desnível de mercúrio nos dois ramos é $h = 25$ cm. A pressão atmosférica é $p_{atm} = 76$ cmHg. Os pontos A e B estão submetidos à mesma pressão: $p_A = p_B$. Assim, temos:

$p_A = p_B \Rightarrow p_{gás} = p_{atm} + p_{hid.\ do\ Hg}$

$p_{gás} = 76$ cmHg $+ 25$ cmHg $\therefore p_{gás} = 101$ cmHg

Exercícios Propostos

18. A experiência de Torricelli é realizada em um local onde a aceleração da gravidade tem módulo igual a 9,8 m/s², à temperatura de 15 °C, quando a densidade do mercúrio é $13,6 \cdot 10^3$ kg/m³. A altura da coluna de mercúrio obtida é 70 cm.

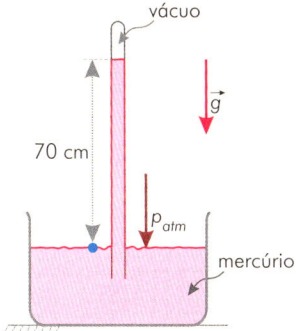

a) Determine a pressão atmosférica local, em Pa (N/m²) e em atm.
b) A experiência em questão foi realizada ao nível do mar? Justifique sua resposta.

19. O dispositivo da figura é um manômetro de tubo fechado que consiste em um tubo recurvado contendo mercúrio. A extremidade aberta é conectada a um recipiente que contém um gás cuja pressão se quer medir, e, na outra extremidade, reina o vácuo. O sistema encontra-se em um local onde o módulo da aceleração da gravidade é igual a 9,8 m/s². A densidade do mercúrio é $13,6 \cdot 10^3$ kg/m³. Determine, em pascal, a pressão do gás.

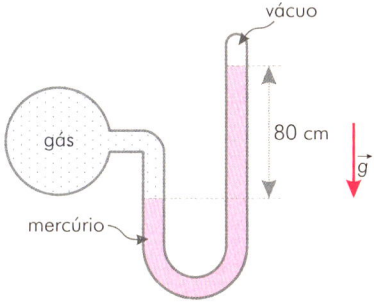

20. O dispositivo da figura é um manômetro de tubo aberto que permite medir a pressão do gás do botijão. No local, a pressão atmosférica é igual a 76 cmHg = $1,0 \cdot 10^5$ N/m². Considere o módulo da aceleração da gravidade igual a 10 m/s² e a massa específica do mercúrio igual a 13,6 g/cm³. Determine a pressão exercida pelo gás, em atm e em N/m².

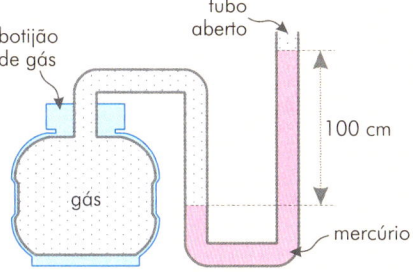

21. Um tubo em forma de U contém água e óleo de densidades 1,0 g/cm³ e 0,80 g/cm³, respectivamente. Sendo de 20 cm a altura da coluna de óleo, determine, em cm, a altura (h) da coluna de água medida acima do nível de separação entre os líquidos.

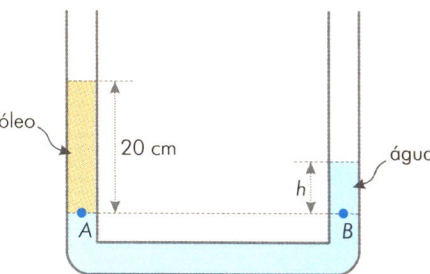

22. (ESPM – SP) Um tubo em forma de U contém mercúrio, água e óleo, de densidades respectivamente iguais a 13,6 g/cm³, 1,0 g/cm³ e 0,80 g/cm³. Determine, em cm, o valor da altura h.

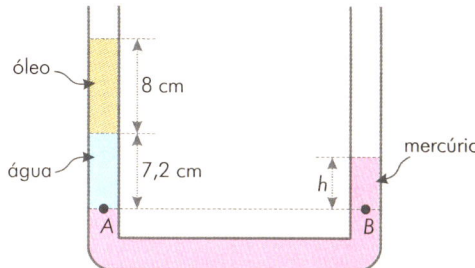

23. (PUC – RJ – modificada) Em um vaso em forma de cone truncado, são colocados três líquidos imiscíveis. O mais leve ocupa o volume cuja altura vale 2 cm; o de densidade intermediária ocupa um volume de altura igual a 4 cm e o mais pesado ocupa um volume de altura igual a 6 cm. A área da superfície inferior do vaso mede 20 cm² e a área da superfície livre do líquido que está na primeira camada superior vale 40 cm². O módulo da gravidade local é igual a 10 m/s². Supondo que as densidades dos líquidos sejam 1,5 g/cm³, 2 g/cm³ e 14 g/cm³, respectivamente, qual é a intensidade da força extra exercida sobre o fundo do vaso, devida à presença dos líquidos?

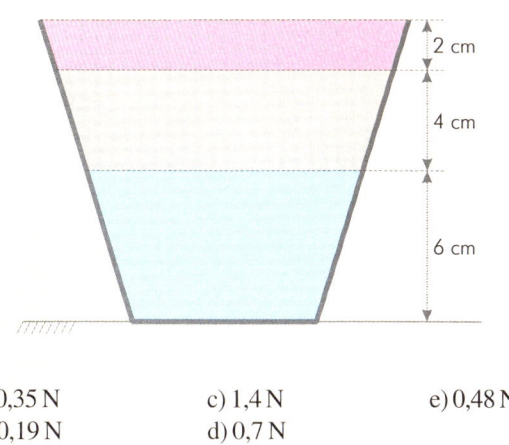

a) 0,35 N c) 1,4 N e) 0,48 N
b) 0,19 N d) 0,7 N

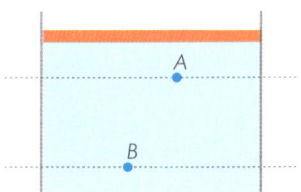

FIGURA 16-10.

16.10. Princípio de Pascal

O matemático, físico e filósofo francês Blaise Pascal (1623-1662) estudou a transmissão de pressões através dos líquidos, estabelecendo experimentalmente, em 1648, que, para um líquido de massa específica μ confinado e em equilíbrio, a variação de pressão provocada em um ponto do líquido transmite-se integralmente para todos os pontos do líquido e atua normalmente em todos os pontos das paredes internas do recipiente que o contém.

Como o líquido é incompressível e está confinado, qualquer variação de pressão em um ponto qualquer A acarreta a mesma variação em qualquer outro ponto B (Figura 16-10).

$$\Delta p_A = \Delta p_B$$

O princípio de Pascal é aplicado em equipamentos que multiplicam forças e as transmitem a outro ponto de aplicação. São exemplos comuns o macaco hidráulico, o freio hidráulico e a prensa hidráulica, que foi inventada pelo próprio Pascal.

16.10.1. Prensa hidráulica

A **prensa hidráulica** constitui-se de um tubo preenchido por um líquido confinado entre dois êmbolos de áreas diferentes.

Quando uma força $\vec{F}_1$ é aplicada no êmbolo 1, produz um incremento de pressão na região do líquido em contato com esse êmbolo. Como o incremento de pressão se transmite integralmente a todos os pontos do líquido, ele atua, no êmbolo 2, com uma força $\vec{F}_2$, de intensidade proporcional à área desse êmbolo (Figura 16-11). Os acréscimos de pressão, Δp, são dados por:

$$\Delta p_1 = \frac{F_1}{S_1} \quad \text{e} \quad \Delta p_2 = \frac{F_2}{S_2}$$

Pelo princípio de Pascal, $\Delta p_1 = \Delta p_2$. Então,

$$\frac{F_1}{S_1} = \frac{F_2}{S_2}$$

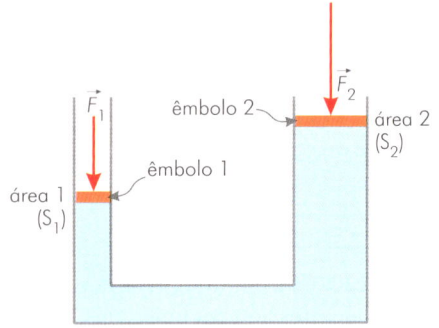

$\vec{F}_1$: força aplicada sobre o êmbolo 1.
$\vec{F}_2$: força aplicada sobre o êmbolo 2.
S_1: área de secção transversal do êmbolo 1.
S_2: área de secção transversal do êmbolo 2.

FIGURA 16-11.

O freio hidráulico e a direção hidráulica de um automóvel funcionam com base nesse princípio, assim como o elevador hidráulico de um posto de gasolina. Dispositivos hidráulicos também podem ser encontrados em máquinas pesadas e em aviões. Além de poderem ser utilizados como verdadeiras alavancas hidráulicas, esses dispositivos hidráulicos também servem para transmitir forças para lugares distantes e de difícil acesso.

Uma alavanca hidráulica (assinalada pela seta branca) é o que propicia a movimentação da pá de uma escavadeira.

Exercício Resolvido

24. (UFPE) O diâmetro d do braço de um elevador hidráulico usado para levantar carros é de 0,5 m. Qual deve ser o diâmetro do êmbolo, em milímetros, no outro braço, utilizado para equilibrar uma massa de 1.000 kg (carro + plataforma), se aplicarmos uma força $\vec{F}$ de intensidade igual a 1,0 N? Considere o módulo da aceleração da gravidade igual a 10 m/s².

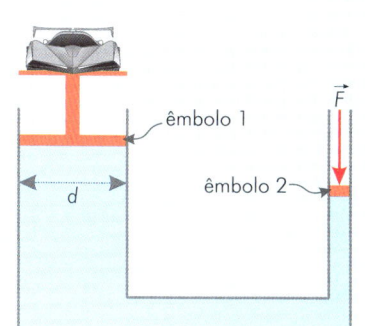

RESOLUÇÃO:

Aplicando o princípio de Pascal, temos:

$$\frac{F_1}{S_1} = \frac{F_2}{S_2}$$

$$\frac{P}{\pi \cdot R_1^2} = \frac{F}{\pi \cdot R_2^2} \Rightarrow \frac{m \cdot g}{\left(\dfrac{d}{2}\right)^2} = \frac{F}{R_2^2} \Rightarrow \frac{1.000 \cdot 10}{(0,25)^2} = \frac{1}{R_2^2}$$

$$R_2^2 = \frac{625 \cdot 10^{-4}}{10^4} \Rightarrow R_2^2 = 625 \cdot 10^{-8}$$

$$R_2 = \sqrt{625 \cdot 10^{-8}} \quad \therefore \quad R_2 = 25 \cdot 10^{-4} \text{ m}$$

O raio do êmbolo menor é $R_2 = 25 \cdot 10^{-4}$ m, então seu diâmetro é:

$$d_2 = 2R_2 \Rightarrow d_2 = 2 \cdot 25 \cdot 10^{-4}$$

$$d_2 = 50 \cdot 10^{-4} \text{ m} \quad \therefore \quad d_2 = 5 \text{ mm}$$

16.11. Princípio de Arquimedes: o Empuxo

Decorre imediatamente do princípio de Stevin que um corpo qualquer imerso em um fluido está sujeito a pressões diferentes nas porções superior e inferior, pois estão a profundidades diferentes. A pressão média exercida na porção inferior, dirigida para cima, é maior que a pressão exercida para baixo, na porção superior, já que a pressão aumenta com a profundidade, no interior de um líquido em equilíbrio. Um único registro, escrito por volta de 25 a.C. por Vitruvius, um arquiteto grego, atribui a Arquimedes (ca. 287 a.C.-212 a.C.) a observação de que esse fato geraria uma força resultante oposta à gravidade, exercida pelo fluido no corpo. Essa força, hoje denominada **empuxo**, é a responsável por manter porções do fluido em equilíbrio. O que Arquimedes notou é, de fato, muito simples: quando um corpo é imerso (total ou parcialmente) em um fluido, ele passa a ocupar um volume antes ocupado pelo fluido e, portanto, ele *desloca* uma porção do fluido. A força exercida no corpo pelo fluido em torno é, então, a mesma força que mantinha a porção posteriormente deslocada em equilíbrio, no seio do fluido. Tudo isso pode ser resumido com o seguinte enunciado, hoje chamado princípio de Arquimedes:

> Em presença de gravidade, um corpo imerso (parcial ou totalmente) em um fluido em equilíbrio sofre a ação de uma força, chamada *empuxo*, de direção vertical e de sentido de baixo para cima, com ponto de aplicação no centro de gravidade do volume de fluido deslocado, cuja intensidade é igual à do peso do volume de fluido deslocado.

A mulher flutua porque o seu peso é equilibrado pelo empuxo exercido pela água.

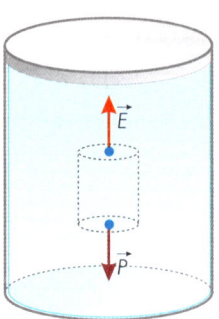

FIGURA 16-12.

A intensidade do empuxo ($\vec{E}$) é igual à do peso de fluido deslocado pelo corpo ($\vec{P}_F$) e pode ser expressa em função da densidade do fluido (μ_F) e do volume do fluido deslocado (V_F). Na Figura 16-12, imagine um cilindro do próprio fluido, em equilíbrio. Como os módulos das forças verticais são iguais,

$$E = P_F \Rightarrow E = m_F \cdot g \Rightarrow \boxed{E = \mu_F \cdot V_F \cdot g}$$

o que significa que o empuxo *não depende do corpo imerso no fluido*.

A intensidade do peso do corpo ($\vec{P}_C$) imerso no fluido pode ser expressa em função da densidade do corpo (μ_C) e do seu volume (V_C), como segue:

$$P_C = m_C \cdot g; \text{ como } m_C = \mu_C \cdot V_C, \text{ então, } P_C = \mu_C \cdot V_C \cdot g$$

- Quando um corpo é totalmente imerso em um fluido em equilíbrio, está sujeito à ação de duas forças: o peso do corpo, $\vec{P}_C$, e o empuxo, $\vec{E}$, exercido pelo fluido.

16.11.1. Três casos importantes

Vamos abandonar um corpo totalmente imerso no interior de um líquido em equilíbrio. As forças que agem no corpo são o empuxo, $\vec{E}$, de intensidade $E = \mu_L \cdot V_F \cdot g$, exercido pelo fluido, e o peso, $\vec{P}_C$, de intensidade $P_C = m_C \cdot g$, ou $P_C = \mu_C \cdot V_C \cdot g$, exercido pela Terra, em que μ_C é a densidade do corpo.

Como o corpo foi abandonado totalmente imerso no líquido, temos $V_F = V_C$, que indicaremos simplesmente por V. Assim, temos:

$$E = \mu_L \cdot V \cdot g$$
$$P_C = \mu_C \cdot V \cdot g$$

Há três situações possíveis:

1. $\mu_C = \mu_L$: nesse caso, $P_C = E$, e o corpo fica em equilíbrio em qualquer posição em que for colocado no interior do líquido.
2. $\mu_C > \mu_L$: nesse caso, $P_C > E$, e o corpo fica sob ação da força resultante $P_C - E$, denominada **peso aparente**: $P_{ap.} = P_C - E$. Assim, o corpo afunda e somente haverá equilíbrio quando o corpo atingir o fundo do recipiente.
3. $\mu_C < \mu_L$: nesse caso, $P_C < E$, e o corpo sobe, sob ação da força resultante $E - P_C$, que é denominada **força ascensional**: $F_{asc.} = E - P_C$. Quando o corpo atinge a superfície livre do líquido, à medida que ele sai do líquido, o volume de líquido deslocado diminui e, em consequência, a intensidade do empuxo vai se tornando menor. O equilíbrio ocorre quando a intensidade do empuxo se torna igual à intensidade do peso do corpo. Portanto, o corpo fica em equilíbrio, flutuando, parcialmente imerso. Por isso, a *condição de flutuação* de um corpo é que sua densidade seja menor que a do fluido em que ele foi colocado.

Exercícios Resolvidos

25. Um pequeno objeto com massa de 8 kg e volume de 200 cm³ é imerso totalmente dentro da água. Considere o módulo da aceleração da gravidade igual a 10 m/s² e a densidade da água de 1,0 g/cm³.

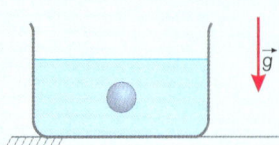

a) Calcule, em newtons, a intensidade da força do empuxo que a água exerce no objeto.
b) Calcule, em m/s², o módulo da aceleração do objeto, desprezando o atrito entre o objeto e a água.

Resolução:
Dados:
- $m = 8$ kg
- $V = 200$ cm³ $= 200 \cdot 10^{-6}$ m³ $= 2,00 \cdot 10^{-4}$ m³
- $g = 10$ m/s²
- $\mu_{água} = 1,0$ g/cm³ $= 1,0 \cdot 10^3$ kg/m³

Exercícios Resolvidos

a) A intensidade da força do empuxo é dada por:

$E = \mu_{água} \cdot V_{água\ deslocado} \cdot g$

$E = 1,0 \cdot 10^3 \cdot 2,00 \cdot 10^{-4} \cdot 10 \therefore E = 2,00\ N$

b) No objeto atuam duas forças: peso ($\vec{P}$) e empuxo ($\vec{E}$), cuja direção e sentidos estão representados na figura ao lado. Como $P > E$, a resultante dessas forças tem direção vertical e sentido de cima para baixo. Assim,

$F_R = m \cdot a \Rightarrow P - E = m \cdot a$

$m \cdot g - E = m \cdot a$

$8 \cdot 10 - 2,00 = 8a \Rightarrow a = \dfrac{78}{8} \therefore a = 9,75\ m/s^2$

Resposta: o módulo da aceleração adquirida pelo objeto é igual a $9,75\ m/s^2$.

26. Um corpo sólido flutua em um líquido de densidade igual a $3,0\ g/cm^3$, de modo que três quartos de seu volume permanecem submersos. Determine, em g/cm^3, a densidade do corpo.

Resolução:

- O corpo flutua com $\dfrac{3}{4}$ de seu volume submersos. Mas o volume submerso do corpo corresponde ao volume do líquido que ele desloca. Assim, $V_{líquido\ deslocado} = \dfrac{3}{4} V$, sendo V o volume do corpo.

- No corpo atuam duas forças: peso ($\vec{P}$) e empuxo ($\vec{E}$), cuja direção e sentidos estão representados na figura a seguir.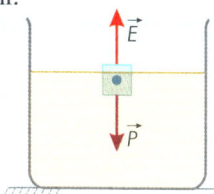

Na situação de equilíbrio, $P = E$. Logo,

$m_C \cdot g = \mu_L \cdot \dfrac{3}{4} V \cdot g$

$\mu_C \cdot V \cdot g = \mu_L \cdot \dfrac{3}{4} V \cdot g$

$\mu_C \cdot V \cdot g = 3,0 \cdot \dfrac{3}{4} V \cdot g$

$\mu_C = \dfrac{9,0}{4} \therefore \mu_C = 2,25\ g/cm^3$

Resposta: a densidade do corpo é igual a $2,25\ g/cm^3$.

Exercícios Propostos

27. Considere a prensa hidráulica da figura, em que temos um óleo confinado na região delimitada pelos êmbolos 1 e 2, de áreas iguais a $140\ cm^2$ e $40\ cm^2$, respectivamente. Sobre o êmbolo menor, aplica-se uma força de intensidade 20 N que o desloca 21 cm. Determine:

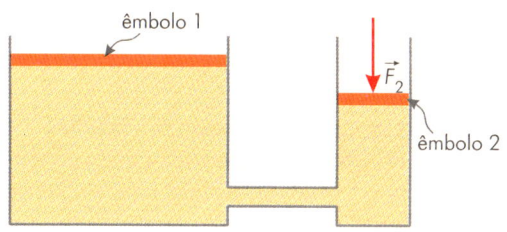

a) a intensidade da força que atua sobre o êmbolo maior, em newtons;

b) o deslocamento sofrido pelo êmbolo maior durante a aplicação da força, em centímetros.

28. (PAS – UnB – DF) A fabricação de tijolos pode ser feita por meio da utilização de prensas hidráulicas, conforme o esquema mostrado na figura. Considere que A_1 e A_2 são as áreas das secções transversais dos pistões cilíndricos e que F_1 e F_2 são os respectivos módulos das forças que atuam sobre esses pistões, nos sentidos mostrados na figura. Despreze o peso dos pistões, atritos e vazamentos e considere o líquido incompressível e com densidade igual a $0,89\ kg/L$ e o módulo da aceleração local da gravidade igual a $10\ m/s^2$.

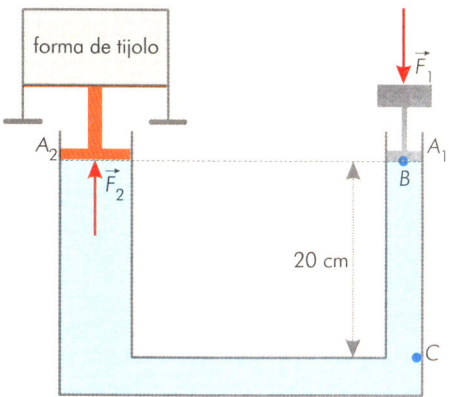

Julgue a veracidade das afirmações seguintes.

(1) O funcionamento da prensa hidráulica baseia-se no princípio de Arquimedes.

(2) Se a força F_1 for nula, a pressão no ponto C, devida à altura da coluna de líquido B–C, será menor que $500\ N/m^2$.

(3) Se $A_2 = 10A_1$ e $F_1 = 200\ N$, então F_2 tem módulo igual a $1.000\ N$.

(4) É possível calcular o trabalho realizado pela prensa na fabricação do tijolo conhecendo-se o volume, a temperatura e a massa do tijolo. Para isso, deve-se utilizar a equação dos gases ideais.

Exercícios Propostos

29. A figura ao lado representa um sistema hidráulico. Os diâmetros dos êmbolos menor e maior são, respectivamente, iguais a 10 cm e 100 cm. Qual deverá ser, em newtons, a intensidade da força aplicada à alavanca, de peso desprezível, para manter erguido o automóvel de peso $8,0 \cdot 10^3$ N? Os pesos dos êmbolos são desprezíveis.

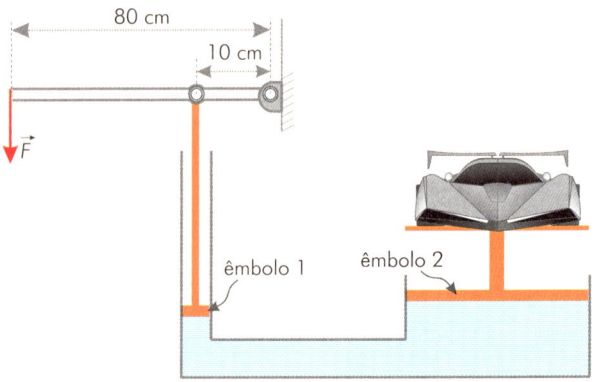

30. Uma pedra mergulhada em um rio vai ao fundo. Isso ocorre porque:
a) o teorema de Arquimedes só é válido para corpos de densidade menor que a da água.
b) a massa da pedra é muito maior que a massa da água.
c) a densidade da pedra é maior que a densidade da água.
d) a aceleração da gravidade é maior no interior da água.
e) logo depois de mergulhada, a pressão atuante na pedra é maior na parte superior do que na inferior.

31. Um bloco de ferro flutua em mercúrio, parcialmente imerso, porque:
a) o volume de mercúrio deslocado é maior que o volume do bloco de ferro.
b) o peso total do mercúrio é maior que o peso do bloco de ferro.
c) o ferro está em uma temperatura mais alta.
d) o mercúrio tem densidade menor que a do ferro.
e) o mercúrio tem densidade maior que a do ferro.

32. Um garoto segura uma bexiga de 10 g, cheia de gás, exercendo sobre o barbante uma força para baixo de intensidade 0,1 N. Nessas condições,
a) a pressão no interior da bexiga é menor que a pressão atmosférica.
b) a pressão no interior da bexiga é maior que a pressão atmosférica local.
c) o empuxo que a bexiga sofre vale 0,1 N.
d) a densidade média da bexiga é menor que a do ar que a envolve.
e) a densidade média da bexiga é maior que a do ar que a envolve.

33. (PAS – UnB – DF) O Rei Heron, que viveu por volta do ano 250 a.C., entregou 1 kg de ouro para que um ourives confeccionasse uma coroa mas, como diz a história, o rei suspeitou que o ourives tivesse adicionado certa quantidade de prata à coroa. Saber se isso de fato ocorreu ou não ficou conhecido como o problema do Rei Heron, resolvido por Arquimedes. Hoje, esse problema pode ser resolvido usando-se um dinamômetro (um aparelho semelhante à balança suspensa dos vendedores de peixe), juntamente com a utilização de propriedades dos líquidos, especificamente o empuxo. Considerando as densidades do ouro, da prata e da água iguais a 20 g/cm³, 10 g/cm³ e 1 g/cm³, respectivamente, e que a aceleração da gravidade tem módulo de 10 m/s², julgue os itens seguintes.

(1) O módulo do peso aparente de qualquer corpo imerso em um fluido e em repouso é igual ao módulo do seu peso fora do fluido subtraído do módulo do empuxo.
(2) O princípio físico a ser evocado para a solução do problema do Rei Heron é o princípio de Pascal, o qual estabelece que a pressão na parte superior de um corpo totalmente imerso é maior do que a pressão na parte inferior do mesmo.
(3) O peso aparente de 1 kg de ouro maciço imerso em água e em repouso tem módulo de 9,5 N, enquanto que o de 1 kg de prata maciça tem módulo de 9 N.
(4) Se o ourives tivesse adicionado uma parte de prata para cada parte de ouro, então o peso aparente da coroa (suposta maciça) imersa na água seria inferior a 9 N.

34. Um bloco de madeira flutua, mantendo dois terços do seu volume embaixo d'água, cuja densidade é 1,0 g/cm³. Calcule a densidade da madeira.

35. Um corpo de massa 10 kg está totalmente imerso em um fluido de densidade $1,0 \cdot 10^2$ kg/m³. Sendo o volume do corpo 0,010 m³ e o módulo da aceleração da gravidade de 10 m/s², determine, em unidades SI:
a) a densidade do corpo;
b) o peso aparente do corpo;
c) o módulo da aceleração do movimento do corpo no interior do líquido, desprezando atritos.

36. (UnB – DF) Um barco de $1,0 \cdot 10^3$ kg flutua na água, transportando $5,0 \cdot 10^2$ kg de carga. Considerando a densidade da água igual a 1,0 g/cm³, determine o volume da água deslocado pelo barco. Dê a resposta em centenas de litros.

Exercícios Complementares

37. (UNICAMP – SP – modificada) Impressionado com a beleza da jovem modelo (1,70 m de altura e 55 kg), um escultor de praia fez sua (dela) estátua de areia do mesmo tamanho que o modelo. Adotando valores razoáveis para os dados que faltam no enunciado,

a) estime o volume da estátua (em litros);
b) estime a quantidade de grãos de areia que foram usados na escultura.

38. (UNICAMP – SP) Admita que a diferença de pressão entre as partes de baixo e de cima de uma asa-delta seja dada por:

$$\Delta p = \frac{1}{2} \rho v^2$$

onde ρ = densidade do ar = 1,2 kg/m³ e v = a velocidade da asa em relação ao ar.

a) Indique um valor razoável para a área média da superfície de uma asa-delta típica.
b) Qual é a diferença de pressão, ΔP, em pascal, para que a asa-delta sustente uma massa total de 100 kg (asa + pessoa)?
c) Qual é o módulo da velocidade da asa-delta na situação do item (b), em m/s?

39. O comandante de um jumbo decide elevar a altitude de voo de 9.000 m para 11.000 m. Com relação à anterior, nesta segunda altitude:

a) a distância do voo será menor.
b) o empuxo que o ar exerce sobre o avião será maior.
c) a densidade do ar será menor.
d) a temperatura externa será maior.
e) a pressão atmosférica será maior.

40. Um tijolo, com as dimensões indicadas, como mostra a figura ao lado, é colocado sobre uma mesa com tampo de borracha, inicialmente da maneira mostrada em 1 e, posteriormente, da maneira mostrada em 2. Na situação 1, o tijolo exerce sobre a mesa uma força F_1 e uma pressão p_1; na situação 2, a força e a pressão exercidas são F_2 e p_2. Nessas condições, pode-se afirmar que:

a) $F_1 = F_2$ e $p_1 = p_2$
b) $F_1 = F_2$ e $p_1 > p_2$
c) $F_1 = F_2$ e $p_1 < p_2$
d) $F_1 > F_2$ e $p_1 > p_2$
e) $F_1 < F_2$ e $p_1 < p_2$

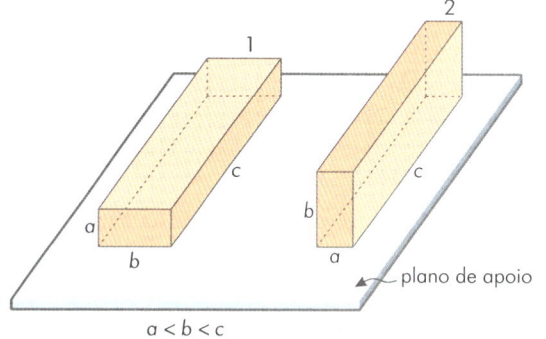

41. (FUVEST – SP) Um avião que voa a grande altura é pressurizado, para conforto dos passageiros. Para evitar sua explosão é estabelecido o limite máximo de 0,5 atmosfera para a diferença entre a pressão interna no avião e a externa. O gráfico representa a pressão atmosférica p em função da altura H acima do nível do mar. Se o avião voa a uma altura de 7.000 metros e é pressurizado até o limite, os passageiros ficam sujeitos a uma pressão igual à que reina na atmosfera a uma altura de aproximadamente:

a) 0 m
b) 1.000 m
c) 2.000 m
d) 5.500 m
e) 7.000 m

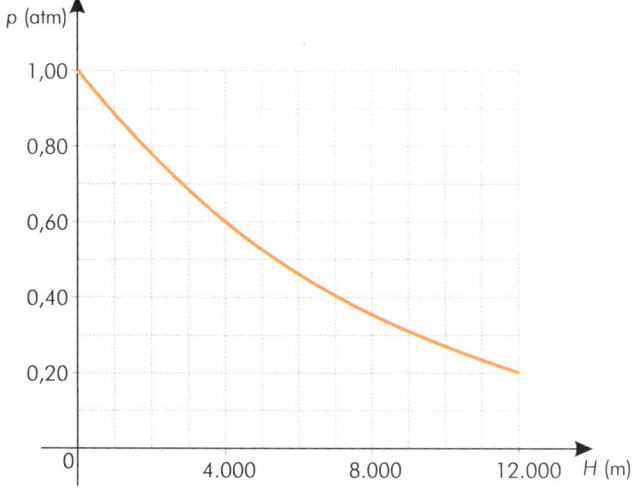

42. Um tubo na forma de U, parcialmente cheio de água, está montado sobre um carrinho que pode mover-se sobre trilhos horizontais e retilíneos, como mostram as figuras adiante. Quando o carrinho se move com aceleração constante para a direita, a figura que melhor representa a superfície do líquido é:

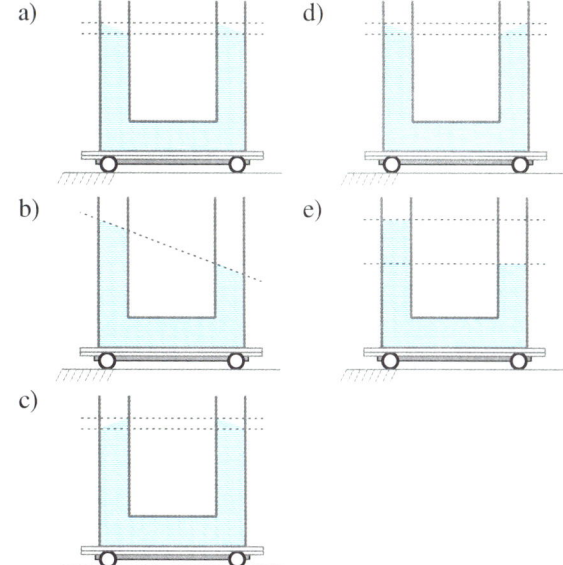

Exercícios Complementares

43. Um mergulhador persegue um peixe 5,0 m abaixo da superfície de um lago. O peixe foge da posição A e se esconde em uma gruta na posição B, conforme mostra a figura ao lado. A pressão atmosférica na superfície da água é igual a $p_0 = 1,0 \cdot 10^5 \, N/m^2$. Adote o módulo da aceleração da gravidade igual a 10 m/s².

a) Qual a pressão sobre o mergulhador?
b) Qual a variação de pressão sobre o peixe nas posições A e B?

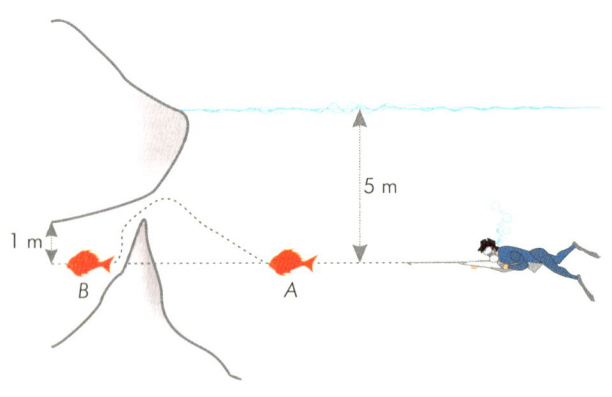

44. (UNICAMP – SP) A transfusão de sangue é feita ligando-se à veia do paciente um tubo que está conectado a uma bolsa de plasma. A bolsa situa-se a uma altura aproximada de 1,0 m acima do braço do paciente. A pressão venosa é 4 mmHg. Despreze a pressão do ar no interior da bolsa de plasma. Dados: densidade do plasma = 1 g/cm³; densidade do mercúrio = 13,6 g/cm³; pressão atmosférica = 750 mmHg e módulo da aceleração da gravidade igual a 10 m/s².

a) Qual a pressão do plasma ao entrar na veia, em mmHg?
b) O que aconteceria se o tubo fosse ligado a uma artéria, cuja pressão média é 100 mmHg?

45. (UNICAMP – SP) Suponha que o sangue tenha a mesma densidade que a água e que o coração seja uma bomba capaz de bombeá-lo a uma pressão de 150 mmHg acima da pressão atmosférica. Considere uma pessoa cujo cérebro está 50 cm acima do coração e adote, para simplificar, 1 atm = 750 mmHg. Dados: densidade da água = 1 g/cm³; densidade do mercúrio = 13,6 g/cm³ e o módulo da aceleração da gravidade = 10 m/s².

a) Até que altura o coração consegue bombear o sangue?
b) Suponha que essa pessoa esteja em outro planeta. A que aceleração gravitacional máxima ela pode estar sujeita, para que ainda receba sangue no cérebro?

46. O princípio de Pascal afirma que:

a) a pressão no interior de um líquido independe da profundidade;
b) as moléculas de um líquido atraem-se fortemente;
c) todos os líquidos possuem mesma pressão hidrostática;
d) a pressão de um ponto, no fundo de um frasco cheio de líquido, depende da área do fundo do frasco;
e) a pressão aplicada a um líquido em equilíbrio transmite-se integralmente a todos os pontos do líquido e das paredes do frasco que o contém.

47. (UnB – DF) Um lago contém água até uma altura de 15 m. Um corpo com densidade de 4,0 g/cm³ e massa 3,0 kg é abandonado na superfície livre da água. Desprezando a viscosidade da água e admitindo o módulo da aceleração da gravidade de 10 m/s², determine o módulo da velocidade do corpo ao atingir o fundo do lago.

48. Uma esfera de volume 2,0 cm³ tem massa $m_1 = 2,5$ g. Ela está completamente mergulhada em água e presa, por um fio fino, a um dos braços de uma balança de braços iguais, como mostra a figura a seguir. É sabido que o volume ocupado por 1,0 g de água é de 1,0 cm³. Então, a massa m_2 que deve ser suspensa no outro braço da balança para mantê-la em equilíbrio é:

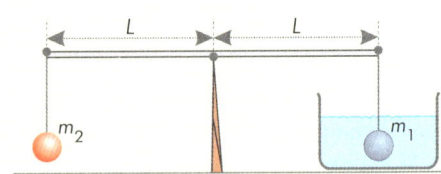

a) 0,2 g   b) 0,3 g   c) 0,4 g   d) 0,5 g   e) 0,6 g

49. *Icebergs* são blocos de gelo flutuantes que se desprendem das geleiras polares. Se apenas 10% do volume de um *iceberg* fica acima da superfície do mar e se a massa específica da água do mar vale 1,03 g/cm³, podemos afirmar que a massa específica do gelo do *iceberg*, em g/cm³, vale, aproximadamente:

a) 0,10   b) 0,90   c) 0,93   d) 0,97   e) 1,00

50. (UFC – CE) O bloco maciço, de 0,01 m³, está preso ao fundo do tanque, que contém água, por um fio de náilon, conforme mostra a figura abaixo.

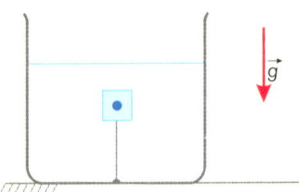

Se a densidade do bloco é 0,50 g/cm³, determine, em newtons, a intensidade da força de tração no fio. Consi-

Exercícios Complementares

dere o módulo da aceleração da gravidade de 10 m/s² e a densidade da água de 1,0 g/cm³.

51. (FUVEST – SP – modificada) Duas esferas, *A* e *B*, ligadas por um fio inextensível de massa e volume desprezíveis encontram-se em equilíbrio, imersas na água contida num recipiente, conforme ilustra a figura. A esfera *A* possui volume de 20 cm³ e densidade igual a 5,0 g/cm³. A esfera *B* possui massa de 120 g e densidade igual a 0,60 g/cm³.

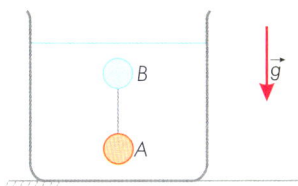

Sendo de 1,0 g/cm³ a densidade da água e o módulo de aceleração da gravidade igual a 10 m/s², determine:

a) a intensidade do empuxo sobre a esfera *B*;

b) a intensidade da força de tração no fio que une as esferas.

52. (UnB – DF) Entre alguns efeitos fisiológicos da variação da pressão, podem-se citar a necessidade de equalização das pressões nos dois lados dos tímpanos de um mergulhador, para se evitar ruptura, e o efeito da postura na pressão sanguínea. A girafa, por exemplo, por ser um animal com altura média de 5,0 m e ter o coração localizado, aproximadamente, 2,0 m abaixo da cabeça, sofre significativas variações na pressão arterial quando se deita, se levanta ou abaixa a cabeça. Julgue os itens a seguir, considerando os seguintes dados: densidade da água = $1,00 \cdot 10^3$ kg/m³; densidade do sangue = $1,06 \cdot 10^3$ kg/m³; pressão atmosférica = $1,014 \cdot 10^5$ N/m²; e aceleração da gravidade igual a 9,8 m/s².

(1) Sabendo que os pulmões de uma pessoa podem funcionar sob uma diferença de pressão de até 1/20 da pressão atmosférica, então, se usar apenas um tubo que lhe permita respiração via oral, um mergulhador poderá permanecer submerso, com segurança, a uma profundidade aproximadamente de 0,75 m.

(2) Se um tanque para mergulho, com capacidade para 20 L, contém ar sob uma pressão de $1,5 \cdot 10^7$ N/m², então o volume de ar à pressão atmosférica necessário para enchê-lo será superior a 2.500 L.

(3) Em uma girafa de altura média, a diferença de pressão hidrostática sanguínea entre o coração e a cabeça é igual à existente entre o coração e os pés.

(4) A diferença de pressão hidrostática sanguínea entre a cabeça e os pés de uma girafa de altura média é superior a $5,0 \cdot 10^4$ N/m².

17 Gravitação Universal

17.1. Uma Pequena História da Gravitação

O astro central de nosso sistema planetário é o Sol. Os planetas movimentam-se em torno dele na seguinte ordem crescente de afastamento: Mercúrio, Vênus, Terra, Marte, Júpiter, Saturno, Urano e Netuno. Veja a Figura 17-1.

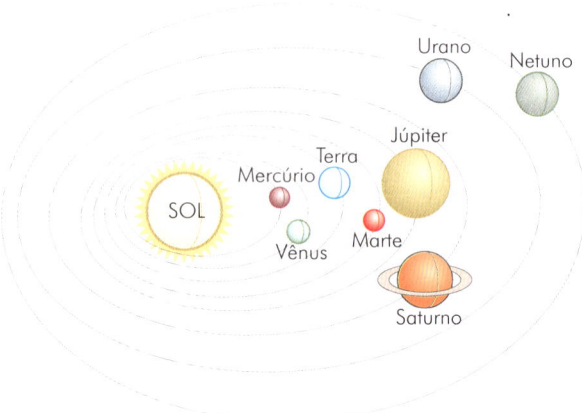

Figura 17-1. O Sistema Solar.

O movimento orbital de cada planeta em torno do Sol é um movimento de **translação**, e o movimento do planeta em torno de um eixo que passa por ele é um movimento de **rotação**.

Vamos, neste capítulo, estudar as principais leis que regem os movimentos dos planetas. Essas leis resultaram de milhares de anos de observações. Egípcios, caldeus, fenícios, babilônios e outros povos antigos procuraram entender os movimentos dos astros, motivados por interesses diferentes, muitas vezes ligados a atividades humanas como a agricultura e a navegação. As primeiras explicações para os movimentos dos corpos celestes evocavam a intervenção de deuses e apresentavam cunho religioso, místico e mítico.

O estudo propriamente científico dos astros iniciou-se com os filósofos da Grécia Antiga que, pela primeira vez, tentaram explicar os movimentos dos corpos celestes sem recorrer a mitos ou à religião. São deles as primeiras descrições do nosso sistema planetário.

O astrônomo grego Cláudio Ptolomeu (ca. 85-ca. 160) propôs um sistema planetário **geocêntrico**, que considerava a Terra no centro do Universo. No modelo ptolomaico, a Lua e o Sol descreveriam órbitas circulares em torno da Terra. Quanto aos demais planetas, podemos dizer, de for-

Foto de Saturno e detalhe dos anéis (telescópio Hubble, 2004).

ma simplificada, que cada um descreveria órbita circular em torno de um centro que, por sua vez, descreveria outra órbita circular em torno da Terra (Figura 17-2).

Durante muito tempo o sistema de Ptolomeu manteve-se aceito sem refutações. Somente no século XVI foram levantadas novas hipóteses sobre o Universo. O polonês Nicolau Copérnico (1473-1543) propôs ser o Sol o centro do Universo (por isso, seu sistema planetário é dito **heliocêntrico**). Os seis planetas então conhecidos, Mercúrio, Vênus, Terra, Marte, Júpiter e Saturno, nessa ordem, descreveriam órbitas circulares em torno do Sol.

Galileu Galilei (1564-1642) foi um ardente defensor das ideias copernicanas. A utilização de instrumentos ópticos de forma sistemática nas observações astronômicas permitiu-lhe obter fortes evidências a favor do sistema planetário heliocêntrico de Copérnico. Uma dessas evidências foi sua descoberta dos satélites de Júpiter. Se havia corpos (satélites) que giravam em torno de um planeta (Júpiter), a Terra não poderia ser o centro do Universo.

Coube a um jovem astrônomo alemão, Johannes Kepler (1571-1630), determinar de forma definitiva como os planetas se movem em torno do Sol. Discípulo e assistente do astrônomo dinamarquês Tycho Brahe (1546-1601), Kepler herdou os registros das pacientes e precisas observações de seu mestre, que lhe permitiram, após muito estudo e trabalho, enunciar três leis empíricas que descrevem o movimento planetário.

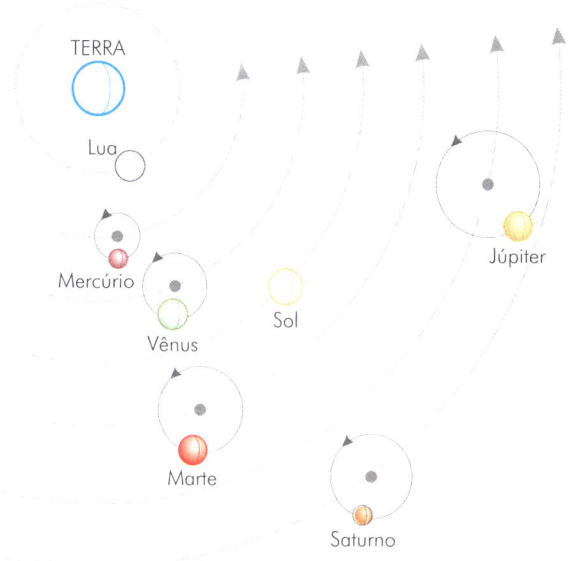

Figura 17-2. Sistema planetário de Ptolomeu.

17.2. As Leis de Kepler

Vamos discutir uma por uma as leis de Kepler. Embora essas leis tenham sido enunciadas para o movimento dos planetas em torno do Sol, afirmamos que elas são válidas para o movimento de satélites (naturais ou artificiais) em torno da Terra, bem como para o movimento de qualquer corpo de massa pequena em comparação com a massa do corpo central em torno do qual orbita.

Júpiter e uma de suas luas, Io, fotografados pelo telescópio Hubble. Observe a proporção entre os corpos e a sombra da lua projetada sobre o planeta. Outros satélites importantes de Júpiter são Europa, Calisto e Ganimedes.

17.2.1. Primeira Lei de Kepler (ou lei das órbitas)

> Os planetas descrevem órbitas elípticas em torno do Sol, que ocupa um dos focos da elipse descrita (Figura 17-3).

ATENÇÃO

- **Periélio** – é o ponto da órbita de um planeta em que ele está mais próximo do Sol.
- **Afélio** – é o ponto da órbita de um planeta em que ele está mais afastado do Sol.

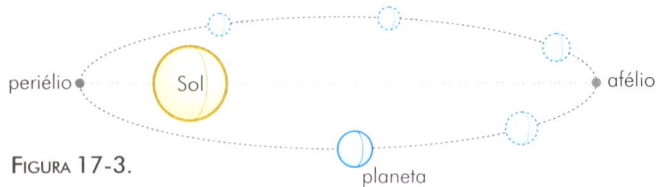

Figura 17-3.

O *Sistema Solar* é constituído de pelo menos oito planetas em órbitas elípticas em torno do Sol: Mercúrio, Vênus, Terra, Marte, Júpiter, Saturno, Urano e Netuno (há discussão acerca de outros corpos além de Plutão, quanto ao seu tamanho e origem).

Conta-se que, ao descobrir que as órbitas descritas pelos planetas não eram circulares, mas elípticas, Kepler sentiu-se profundamente decepcionado. Apesar de cientista, seu arraigado espírito religioso tinha dificuldade em aceitar que Deus tivesse criado algo que não fosse perfeito. A crença predominante em sua época era a de que o movimento dos astros, sendo uma criação divina, teria de ser circular, considerado perfeito.

17.2.2. Segunda Lei de Kepler (ou lei das áreas)

> Quando um planeta se move em sua órbita, sua velocidade linear, sua velocidade angular e o raio de sua órbita variam. No entanto, o vetor que liga o Sol ao planeta varre áreas iguais em tempos iguais.

ou

> O segmento imaginário que une o centro do Sol e o centro de um planeta varre áreas proporcionais aos intervalos de tempo do percurso.

$$A = k \cdot \Delta t$$

em que a constante k é a velocidade areolar do planeta $\left(k = \dfrac{A}{\Delta t}\right)$.

ATENÇÃO

- $\Delta t_1 = \Delta t_2 \Rightarrow$ área (A_1) = área $(A_2) \Rightarrow$ med $(\overparen{AB})$ < med $(\overparen{CD})$
- Essa lei nos informa que o planeta se move mais rapidamente quando se encontra próximo ao Sol e mais vagarosamente quando está longe dele. Sendo assim, do afélio para o periélio, o movimento descrito pelo planeta é acelerado; do periélio para o afélio, o movimento descrito por ele é retardado. O planeta tem velocidade escalar máxima no periélio e mínima no afélio (Figura 17-4).

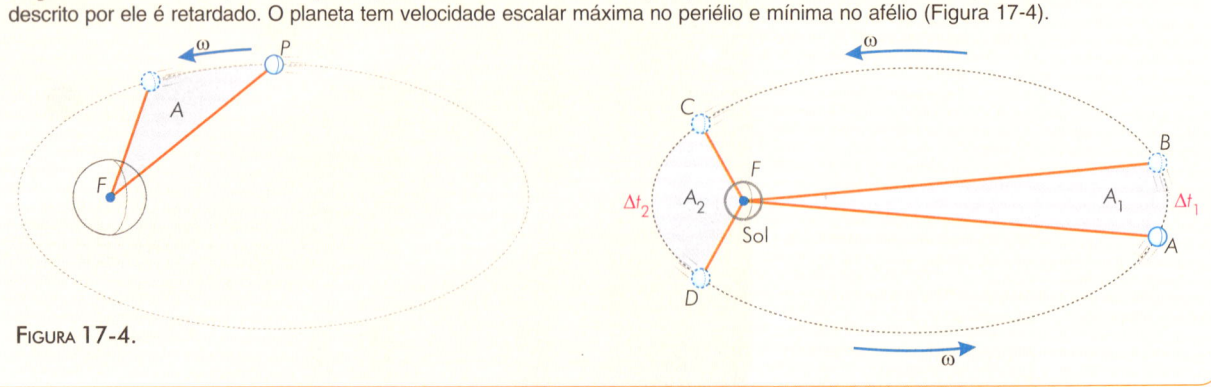

Figura 17-4.

17.2.3. Terceira Lei de Kepler (ou lei dos períodos)

> Os quadrados dos períodos de translação dos planetas em torno do Sol são proporcionais aos cubos dos raios médios de suas órbitas.

O raio médio da órbita é a média aritmética entre o raio orbital no afélio e o raio orbital no periélio e, portanto, equivale à metade do eixo maior da elipse (Figura 17-5).

$$\frac{T_1^2}{R_1^3} = \frac{T_2^2}{R_2^3}$$

Johannes Kepler (1571-1630).

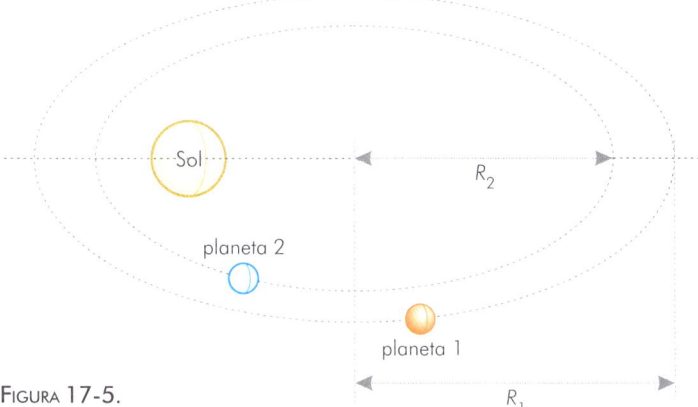

Figura 17-5.

Observação:
- As três leis de Kepler são válidas, a rigor, apenas para sistemas em que um corpo gravita em torno de uma massa central (as aplicações a sistemas planetários reais, com vários planetas e satélites, ou com estrelas duplas centrais, são aproximadas).

A Tabela 17-1 mostra as massas dos planetas, os raios médios das órbitas e o período de translação ao redor do Sol, em dias ou em anos terrestres.

Tabela 17-1. Principais dados dos planetas que integram o Sistema Solar.

Planeta	Massa (kg)	Raio orbital médio (km)	Período de translação	Velocidade média de translação
Mercúrio	$3,3 \cdot 10^{23}$	$5,8 \cdot 10^7$	88 dias	47,9 km/s
Vênus	$4,8 \cdot 10^{24}$	$1,1 \cdot 10^8$	225 dias	35,1 km/s
Terra	$6,0 \cdot 10^{24}$	$1,5 \cdot 10^8$	1 ano	29,8 km/s
Marte	$6,4 \cdot 10^{23}$	$2,3 \cdot 10^8$	1,88 ano	24,1 km/s
Júpiter	$1,9 \cdot 10^{27}$	$7,8 \cdot 10^8$	11,86 anos	13,1 km/s
Saturno	$5,6 \cdot 10^{26}$	$1,4 \cdot 10^9$	29,5 anos	9,7 km/s
Urano	$8,6 \cdot 10^{25}$	$2,9 \cdot 10^9$	84 anos	6,8 km/s
Netuno	$1,0 \cdot 10^{26}$	$4,5 \cdot 10^9$	164,8 anos	5,4 km/s

Exercícios Resolvidos

1. Um satélite X está em órbita circular em torno de um planeta P. O seu período de translação é de 32 dias e o seu raio é R. Um segundo satélite, S, também em órbita circular em torno do planeta P, tem seu período de translação T e raio de órbita igual a $4R$. Determine, em dias, o período de translação T do satélite S.

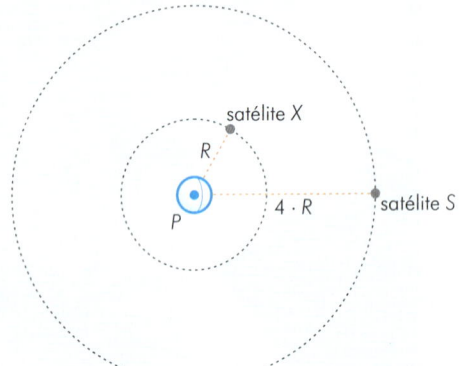

Resolução:
De acordo com a Terceira Lei de Kepler, podemos escrever:

$$\frac{T_X^2}{R_X^3} = \frac{T_S^2}{R_S^3} \Rightarrow \frac{(32)^2}{R^3} = \frac{T^2}{(4R)^3}$$

$$\frac{(2^5)^2}{R^3} = \frac{T^2}{(2^2 R)^3} \Rightarrow T^2 = \frac{2^{10} \cdot 2^6 R^3}{R^3}$$

$$T^2 = 2^{16} \Rightarrow T = \sqrt{2^{16}} = 2^8 = 256 \text{ dias}$$

Resposta: o período orbital do satélite S em torno do planeta Y é de 256 dias.

2. (UNESP) A Terra descreve uma trajetória elíptica em torno do Sol, cuja área é $A = 6{,}98 \cdot 10^{22}$ m².

a) Qual é a área varrida pelo raio que liga a Terra ao Sol entre 0 hora do dia 1.º de abril até 24 horas do dia 31 de maio do mesmo ano, em m²?

b) Qual foi o princípio ou lei que você usou para efetuar o cálculo acima?

Resolução:

a) A Terra descreve uma elipse, em torno do Sol, de área $A = 6{,}98 \cdot 10^{22}$ m², em um período de 12 meses. Então, qual a área descrita pela Terra, em torno do Sol, em apenas dois meses (1.º de abril até 31 maio do mesmo ano)? De acordo com a Segunda Lei de Kepler, o segmento imaginário que une o Sol ao planeta descreve áreas proporcionais aos tempos gastos para percorrê-las. Assim, temos:

$$\frac{6{,}98 \cdot 10^{22}}{12} = \frac{A}{2} \Rightarrow A = \frac{2 \cdot 6{,}98 \cdot 10^{22}}{12}$$

$$A \cong 1{,}16 \cdot 10^{22} \text{ m}^2$$

Resposta: a área varrida pelo raio que liga a Terra ao Sol entre 0 hora do dia 1.º de abril até 24 horas do dia 30 de maio do mesmo ano é igual a $1{,}16 \cdot 10^{22}$ m².

b) Segunda Lei de Kepler ou lei das áreas.

Exercícios Propostos

3. (UFSC) Durante aproximadamente 20 anos, o astrônomo dinamarquês Tycho Brahe realizou rigorosas observações dos movimentos planetários, reunindo dados que serviam de base para o trabalho desenvolvido, após sua morte, por seu discípulo, o astrônomo alemão Jonhannes Kepler (1571-1630). Kepler, possuidor de grande habilidade matemática, analisou cuidadosamente os dados coletados por Tycho Brahe, ao longo de vários anos, tendo descoberto três leis para o movimento dos planetas. Analise a(s) proposição(ões) que apresenta(m) conclusão(ões) CORRETA(S) das leis de Kepler.

(1) A velocidade média de translação de um planeta em torno do Sol é diretamente proporcional ao raio médio de sua órbita.
(2) O período de translação dos planetas em torno do Sol não depende da massa dos mesmos.
(3) Quanto maior o raio médio da órbita de um planeta em torno do Sol, maior será o período de translação de seu movimento.
(4) A Segunda Lei de Kepler assegura que o módulo da velocidade de translação de um planeta em torno do Sol é constante.
(5) A velocidade de translação da Terra em sua órbita aumenta à medida que ela se aproxima do Sol e diminui à medida que ela se afasta.
(6) Os planetas situados à mesma distância do Sol devem ter a mesma massa.
(7) A razão entre os quadrados dos períodos de translação dos planetas em torno do Sol e os cubos dos raios médios de suas órbitas apresenta um valor constante.

4. (UERJ) A Segunda Lei de Kepler (ou lei das áreas) estabelece que a linha traçada do Sol a qualquer planeta descreve áreas iguais em tempos iguais. A figura a seguir ilustra o movimento de um planeta em torno do Sol. Se os tempos gastos para o planeta se deslocar de A para B, de C para D e de E para F são iguais, então as áreas – A_1, A_2 e A_3 – apresentam a seguinte relação:

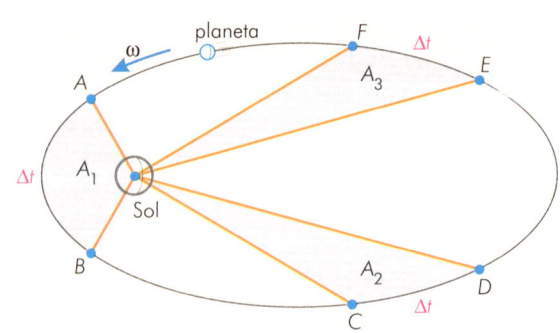

Exercícios Propostos

a) $A_1 = A_2 = A_3$
b) $A_1 > A_2 = A_3$
c) $A_1 < A_2 < A_3$
d) $A_1 > A_2 > A_3$
e) $A_1 = A_2 > A_3$

5. Um satélite, S_1, está em órbita circular ao redor da Terra. Seu período de translação é de 60 dias e o raio de sua órbita é R. Um segundo satélite, S_2, também em órbita circular ao redor da Terra, tem período de translação T e raio da órbita igual a $9R$. Determine, em dias, o período T de translação do satélite S_2.

6. O período de translação de Urano em torno do Sol equivale a 84 anos terrestres, aproximadamente. Supondo o raio da órbita de Urano cerca de quatro vezes maior que o da órbita de Júpiter, determine, aproximadamente, o período de translação de Júpiter, expresso em anos.

7. (MACK – SP) Dois satélites de um planeta têm períodos de revolução de 32 dias e 256 dias, respectivamente. Se o raio da órbita do primeiro satélite vale uma unidade, qual o raio da órbita do segundo satélite?

17.3. A Lei da Gravitação de Newton

Ao estudar o movimento da Lua em torno da Terra, Isaac Newton concluiu que o mesmo tipo de força que faz os corpos caírem sobre a Terra é exercido pela Terra sobre a Lua, mantendo-a em órbita. Essas forças foram denominadas **forças gravitacionais**. Newton ainda concluiu que eram também forças gravitacionais que mantinham os planetas em órbita em torno do Sol. A partir das leis de Kepler, ele descobriu que a força gravitacional entre o Sol e um planeta tem intensidade diretamente proporcional à massa do Sol e à massa do planeta e inversamente proporcional ao quadrado da distância entre eles.

Esse resultado tem validade geral, podendo ser aplicado a quaisquer corpos materiais, constituindo a **Lei da Gravitação Universal**, enunciada como segue (Figura 17-6).

A Terra vista da Lua. É a força de gravidade que a Terra exerce sobre seu satélite, a Lua, que a mantém em órbita ao redor de nosso planeta.

> Dois pontos materiais, de massas m_1 e m_2, atraem-se mutuamente com forças que têm a mesma direção da reta que os une e cujas intensidades são diretamente proporcionais ao produto das suas massas e inversamente proporcionais ao quadrado da distância d que os separa.

Portanto,

$$F = G \cdot \frac{m_1 \cdot m_2}{d^2}$$

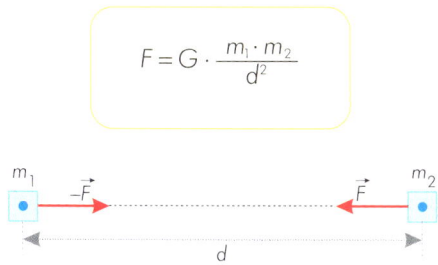

FIGURA 17-6.

ATENÇÃO

Se, em vez de pontos materiais, tivermos esferas homogêneas, a distância d a ser considerada será medida centro a centro.

A constante de proporcionalidade G é denominada **constante da gravitação universal**. Seu valor depende apenas do sistema de unidades utilizado. No Sistema Internacional, seu valor é $G = 6,67 \cdot 10^{-11}$ (N · m²)/kg². Esse valor não depende do meio: é o mesmo no ar, no vácuo ou em qualquer outro meio interposto entre os corpos.

Como o valor da constante G é muito pequeno, a intensidade da força $\vec{F}$ só é apreciável quando pelo menos uma das massas for elevada, como a de um planeta. Para corpos de pequenas massas (pessoas, objetos, veículos), a intensidade da força gravitacional $\vec{F}$ é muito pequena, podendo ser desprezada no estudo da maioria dos fenômenos do cotidiano.

Exercício Resolvido

8. A força gravitacional entre duas partículas de massas m_1 e m_2, separadas por uma distância d, tem intensidade F. Duplicando uma das massas, quadruplicando a outra e reduzindo a distância a $\frac{d}{2}$, determine, em função de F, a intensidade da força gravitacional na segunda situação.

Resolução:
Vamos esquematizar as duas situações descritas:

1.ª situação 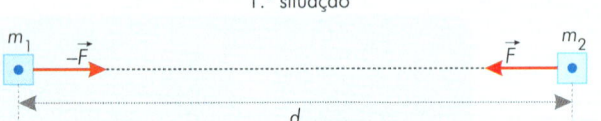   2.ª situação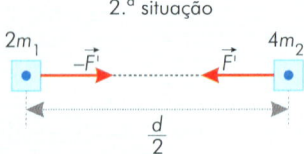

Aplicando a Lei de Newton da Gravitação Universal, temos:

$$F = G \cdot \frac{m_1 \cdot m_2}{d^2} \quad \text{(equação I)}$$

$$F' = G \cdot \frac{2m_1 \cdot 4m_2}{\left(\frac{d}{2}\right)^2} \Rightarrow F' = G \cdot \frac{8m_1 \cdot m_2}{\frac{d^2}{4}} \Rightarrow F' = 32 \cdot G \cdot \frac{m_1 \cdot m_2}{d^2} \quad \text{(equação II)}$$

Comparando as equações I e II, temos:

$$F' = 32F$$

Resposta: a intensidade da força gravitacional entre as partículas na segunda situação descrita no enunciado é igual a $32F$, em que F é a intensidade da força na primeira situação.

Exercícios Propostos

9. (UFBA) De acordo com a teoria newtoniana da gravitação universal, é correto afirmar:

(1) A Lei da Gravitação Universal é restrita à interação de estrelas com planetas.
(2) As forças gravitacionais entre dois corpos constituem um par ação e reação.
(3) No Sistema Internacional de Unidades, a constante da gravitação universal é medida em $N \cdot m^2 \cdot kg^{-2}$.
(4) A força gravitacional entre dois corpos independe da presença de outros corpos.
(5) Um satélite artificial, em órbita circular em torno da Terra, tem aceleração nula.

10. A força de atração gravitacional entre dois corpos celestes é proporcional ao inverso do quadrado da distância entre os dois corpos. Assim, quando a distância entre um cometa e o Sol diminui da metade, a força de atração exercida pelo Sol sobre o cometa:

a) diminui da metade.
b) é multiplicada por 2.
c) é dividida por 4.
d) é multiplicada por 4.
e) permanece constante.

11. Seja F o módulo da força de atração da Terra sobre a Lua e v o módulo da velocidade tangencial da Lua em sua órbita, considerada circular, em torno da Terra. Se a massa da Terra se tornasse três vezes maior, a da Lua quatro vezes menor e a distância entre os centros de massa dos dois astros se reduzisse à metade, a força de atração entre a Terra e a Lua passaria a ser:

a) $\frac{3F}{16}$
b) $1,5F$
c) $\frac{2F}{3}$
d) $12F$
e) $3F$

12. O planeta Marte está a uma distância média igual a $2,3 \cdot 10^8$ km do Sol. Sendo $6,4 \cdot 10^{23}$ kg a massa de Marte e $2,0 \cdot 10^{30}$ kg a massa do Sol, determine a intensidade da força com que o Sol atrai Marte. É dado o valor da constante de gravitação universal $G = 6,67 \cdot 10^{-11}$ $(N \cdot m^2)/kg^2$.

13. Uma nave interplanetária parte da Terra e dirige-se à Lua em uma trajetória retilínea determinada por um segmento de comprimento d, que une o centro de massa da Terra ao centro de massa da Lua. Sabendo-se que a massa da Terra, M_T, é aproximadamente igual a 81 vezes

Exercícios Propostos

a massa da Lua, M_L, determine, em função de d, a distância do centro de massa da Terra a um ponto do segmento de reta no qual é nula a intensidade da força gravitacional resultante que age na nave, devido às ações exclusivas da Lua e da Terra. Considere ainda a Terra e a Lua estacionárias no espaço, com distribuição homogênea de massa e, para efeitos de cálculo, com massa total localizada nos seus centros.

14. (UFRRJ – modificada) Em certo sistema planetário, alinham-se, num dado momento, um planeta (P), um asteroide (A) e um satélite (S). Sabe-se que:
a) a massa do planeta é 1.000 vezes a do satélite;
b) o raio do satélite é muito menor que o do planeta.

Determine a razão entre as intensidades das forças gravitacionais exercidas pelo planeta e pelo satélite sobre o asteroide.

15. (PAS – UnB – DF) Isaac Newton, sabendo que algo tinha de atrair a Lua para que ela permanecesse em órbita ao redor da Terra, usou a expressão força centrípeta para designar qualquer força que aponte para dentro de uma órbita, no sentido do centro do movimento. Partindo desse conceito, considere que um satélite de 6,7 toneladas esteja em órbita circular ao redor da Terra, a uma altura vertical de 300 km da superfície.

Admitindo a constante da gravitação universal $G = 6{,}7 \cdot 10^{-11}$ N·m²/kg², o raio da Terra igual a $6{,}4 \cdot 10^6$ m e a massa da Terra $M = 6{,}0 \cdot 10^{24}$ kg, calcule, em **quilonewtons**, o módulo da força centrípeta que atua sobre o satélite. Despreze a parte fracionária do resultado, caso exista.

17.3.1. Aceleração da gravidade

De acordo com a Lei da Gravitação Universal, a força de atração gravitacional exercida pela Terra sobre um corpo situado em sua superfície é dada por

$$F = G \cdot \frac{M \cdot m}{R^2}$$

em que M é a massa da Terra, R é o seu raio e m é a massa do corpo (nessa aproximação muito razoável, o corpo é tratado como ponto material e a Terra como uma esfera homogênea). Veja a Figura 17-7. Se desconsiderarmos a rotação da Terra, a força peso do corpo ($\vec{P}$) será a própria força de atração ($\vec{F}$), de onde:

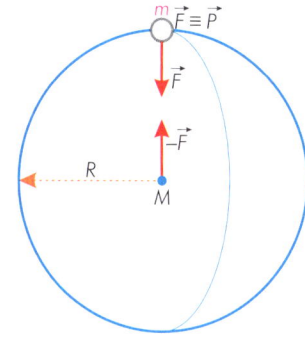

FIGURA 17-7.

$$F = P \therefore G \cdot \frac{M \cdot m}{R^2} = m \cdot g \therefore$$

1. $$g = G \cdot \frac{M}{R^2}$$ Aceleração da gravidade nos pontos da superfície terrestre.

A uma altitude h, a aceleração da gravidade é menor que na superfície (Figura 17-8):

2. $$g_h = G \cdot \frac{M}{(R+h)^2}$$

Obviamente, as expressões anteriores podem ser generalizadas para qualquer outro corpo (satélites, planetas etc.), nas mesmas condições.

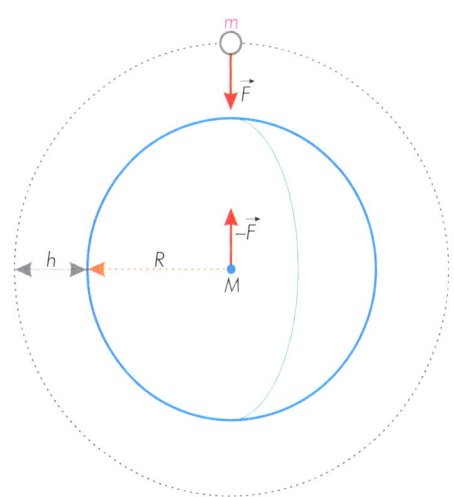

FIGURA 17-8.

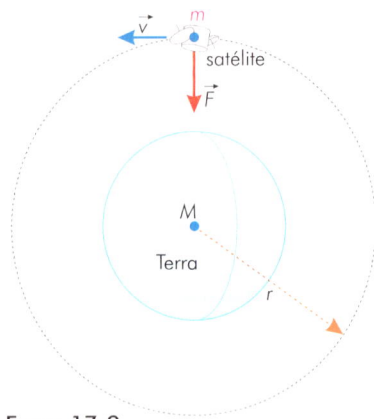

Figura 17-9.

17.4. Satélites em Órbitas Circulares

Suponhamos que um satélite de massa m descreva uma órbita circular de raio r, em torno de um planeta de massa M. Para determinar a velocidade de translação do satélite, basta observar que a força de atração gravitacional que o planeta exerce sobre o satélite é a resultante centrípeta necessária para manter o satélite em órbita (Figura 17-9). Temos, portanto:

$$F = G \cdot \frac{M \cdot m}{r^2} = m \cdot \frac{v^2}{r} \rightarrow v^2 = \frac{G \cdot M}{r}$$

$$\boxed{v = \sqrt{\frac{G \cdot M}{r}}}$$

Observe que a velocidade de translação do satélite depende da massa M do planeta, do raio r da órbita e *não depende da massa* m *do satélite*. Note, também, que a força de atração gravitacional que o planeta exerce sobre o satélite (considerado ponto material), usada como resultante centrípeta, tem como única função manter o corpo em órbita.

17.4.1. A Terceira Lei de Kepler e a órbita circular

Vamos, a seguir, deduzir a Terceira Lei de Kepler, considerando a aproximação de órbita circular, partindo do resultado anterior.

De $v = \dfrac{\Delta s}{\Delta t}$ e sendo $\Delta s = 2\pi \cdot r$ (uma volta completa) e $\Delta t = T$ (período), vem: $v = \dfrac{2\pi \cdot r}{T}$.

Elevando ao quadrado ambos os membros, temos:

Estação Espacial Internacional em órbita ao redor da Terra, durante reparos. Tecnicamente, no momento da foto, a estação e o astronauta são satélites da Terra.

$$v^2 = \frac{4\pi^2 \cdot r^2}{T^2} \Rightarrow \frac{G \cdot M}{r} = \frac{4\pi^2 \cdot r^2}{T^2} \therefore \boxed{\frac{T^2}{r^3} = \frac{4\pi^2}{G \cdot M}}$$

A exemplo da velocidade de translação, o período *não depende* da massa m do corpo em órbita. Note que a constante da Terceira Lei de Kepler é $\dfrac{4\pi^2}{G \cdot M}$, em que M é a massa do corpo central em torno do qual gravitam os satélites. No caso do sistema planetário do Sol, M é a massa do Sol. Por isso, $\dfrac{T^2}{r^3}$ é constante para todos os planetas orbitando em torno do Sol.

17.5. Imponderabilidade no Espaço

Consideremos uma nave espacial em órbita circular em torno da Terra. Seus tripulantes terão a sensação de ausência de peso (imponderabilidade). Os tripulantes em órbita, bem como os objetos no interior da nave, possuem a mesma velocidade vetorial e a mesma aceleração que a nave. Assim, todos os corpos em órbita estão, de certa maneira, "caindo" em direção à Terra, ao longo de suas órbitas. Os tripulantes e os objetos não trocam forças de contato com as paredes da nave, o que é interpretado pelos observadores como "flutuação".

Astronautas "flutuando" na Estação Espacial Internacional.

17.6. Influências do Movimento de Rotação da Terra sobre o Peso

Quando um corpo se encontra sobre a Terra e acompanha o seu movimento de rotação em torno de um eixo, ele tem uma aceleração centrípeta ($\vec{a}_c$) em relação a esse eixo (Figura 17-10).

O vetor campo gravitacional ($\vec{g}$), também conhecido como aceleração da gravidade, é dado pela diferença entre o campo gravitacional em sua superfície ($\vec{g}_0$) e a aceleração centrípeta ($\vec{a}_c$). Veja a Figura 17-11. Matematicamente, escrevemos:

$$\vec{g} = \vec{g}_0 - \vec{a}_c$$

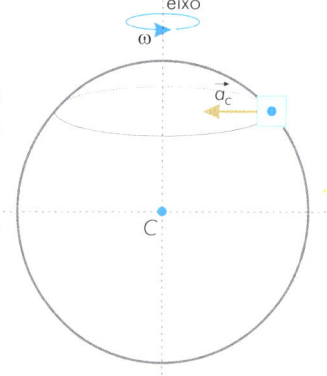

Figura 17-10.

Figura 17-11.

O produto do vetor campo gravitacional ($\vec{g}$) pela massa (m) do corpo denominamos **peso do corpo** ($\vec{P}$), isto é,

$$\vec{P} = m \cdot \vec{g}$$

A linha de ação do peso, $\vec{P}$, é a linha de ação de $\vec{g}$ (que, em geral, não passa pelo centro da Terra, como indicado na figura anterior).

Normalmente, despreza-se o efeito da rotação da Terra ao redor do seu eixo, isto é, despreza-se a aceleração centrípeta do corpo ($\vec{a}_c = \vec{0}$).

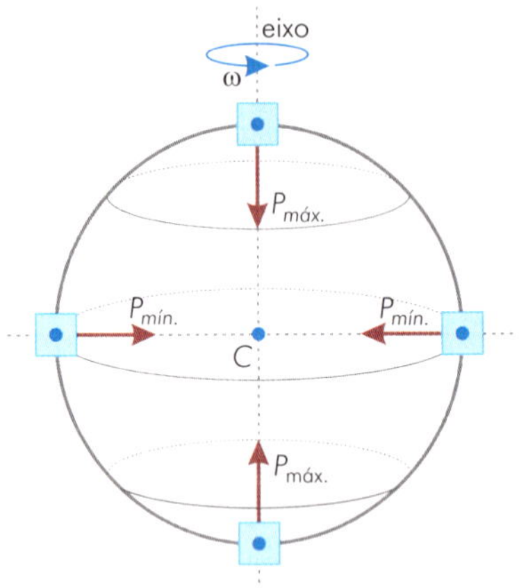

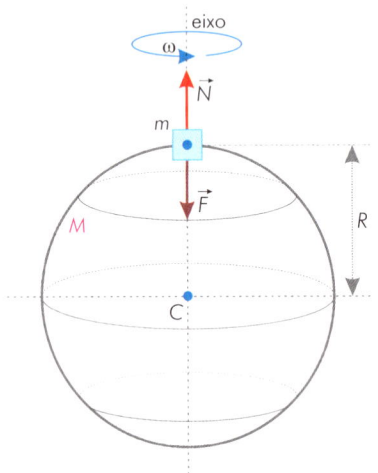

FIGURA 17-12. O peso de um corpo depende da rotação da Terra e, por isso, varia com a latitude.

Nos polos, isso é sempre verdade, pois, nessas regiões, estamos muito próximos do eixo de rotação da Terra. Quando $\vec{a}_c = \vec{0}$, teremos $\vec{g} = \vec{g}_0$, ou seja, o vetor campo gravitacional na superfície ($\vec{g}_0$) coincide com o vetor campo gravitacional $\vec{g}$.

Decorre, então, que $\vec{P} = \vec{F}_0 = m \cdot \vec{g}_0$ (quando desprezamos o efeito de rotação) e, nesse caso, a linha de ação do peso passa pelo centro da Terra.

Isso significa que o peso de um corpo é diferente nos diversos pontos da Terra. Nos polos, o peso do corpo tem intensidade máxima ($P_{máx.}$), pois lá não há rotação. No equador, o peso do corpo tem intensidade mínima ($P_{mín.}$), pois é o lugar onde o efeito da rotação se faz sentir mais (Figura 17-12).

Suponha um corpo de massa m pendurado em uma balança de mola (dinamômetro) e em repouso em relação à Terra. Como a Terra gira, concluímos que o tal corpo em "repouso" está descrevendo uma trajetória circular com movimento uniforme, supondo que a Terra descreva movimento de rotação com velocidade escalar constante.

- Nos polos, não há efeito da rotação; logo, ali, $a_c = 0$.

  Nesse caso,

$$N = P = F = G \cdot \frac{M \cdot m}{R^2}$$

ou seja, no polo, a força peso coincide com a força gravitacional (Figura 17-13).

- No equador, a aceleração centrípeta do corpo tem intensidade dada pela relação:

$$a_c = \frac{v^2}{R} \quad \Rightarrow \quad a_c = \frac{\omega^2 \cdot R^2}{R} \quad \therefore \quad a_c = \omega^2 \cdot R$$

Aplicando o princípio fundamental da Dinâmica em relação a um referencial fixo ao centro da Terra (Figura 17-14), temos:

$$R_c = m \cdot a_c$$
$$F - N = m \cdot a_c$$

FIGURA 17-13.

Logo, $N = F - m \cdot a_c$. Como $N = P$, decorre que:

$$P_{equador} = F - m \cdot a_c$$

$$P_{equador} = G \cdot \frac{M \cdot m}{R^2} - m \cdot \omega^2 \cdot R$$

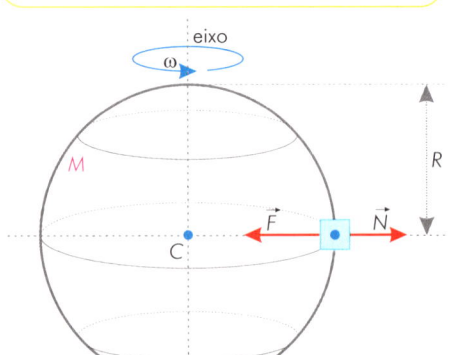

FIGURA 17-14.

Exercícios Resolvidos

16. (UNICAMP – SP – modificada) A Lua tem sido responsabilizada por vários fenômenos na Terra, tais como apressar o parto dos seres humanos e animais e aumentar o crescimento de cabelos e plantas. Sabe-se que a aceleração gravitacional da Lua em sua própria superfície é praticamente $\frac{1}{6}$ daquela na superfície da Terra ($g_T \cong 10$ m/s²) e que a distância entre a Terra e a Lua é da ordem de 200 raios lunares. Para estimar os efeitos gravitacionais da Lua na superfície da Terra, calcule, em unidades SI:

a) a aceleração gravitacional provocada pela Lua em um corpo na superfície da Terra;

b) o valor da alteração que a intensidade da força peso de um bebê de 3,0 kg de massa na superfície da Terra sofre, devido à ação da Lua.

RESOLUÇÃO:

a) ■ módulo da aceleração da gravidade na superfície da Terra, devido à massa da Terra:

$$g_T = \frac{G \cdot M_T}{R_T^2} \cong 10 \text{ m/s}^2$$

■ módulo da aceleração da gravidade na superfície da Lua, devido à massa da Lua:

$$g_L = \frac{G \cdot M_L}{R_L^2}$$

$$g_L = \frac{1}{6} \cdot 10 = \frac{G \cdot M_L}{R_L^2}$$

$$g_L = \frac{G \cdot M_L}{R_L^2} = \frac{5}{3} \text{ m/s}^2$$

■ módulo da aceleração da gravidade na superfície da Terra, devido à massa da Lua:

$$g_{L/T} = \frac{G \cdot M_L}{(d_{L/T})^2} \Rightarrow g_{L/T} = \frac{G \cdot M_L}{(200 \cdot R_L)^2}$$

$$g_{L/T} = \frac{G \cdot M_L}{4 \cdot 10^4 \cdot R_L^2} \Rightarrow g_{L/T} = \frac{1}{4 \cdot 10^4} \cdot \frac{G \cdot M_L}{R_L^2}$$

$$g_{L/T} = \frac{1}{4 \cdot 10^4} \cdot \frac{5}{3} \Rightarrow g_{L/T} = 0{,}416 \cdot 10^{-4}$$

$$g_{L/T} = 4{,}16 \cdot 10^{-5} \text{ m/s}^2$$

b) A alteração, ΔP, no peso da criança é dada por:

$$\Delta P = m \cdot g_{L/T} \Rightarrow \Delta P = 3 \cdot 4{,}16 \cdot 10^{-5}$$

$$\Delta P = 12{,}48 \cdot 10^{-5} \therefore \Delta P = 1{,}25 \cdot 10^{-4} \text{ N}$$

17. (UNIFOR – CE) Um satélite artificial move-se numa órbita circular 400 km acima da superfície da Terra. Considerando a constante universal da gravitação $G = 6{,}7 \cdot 10^{-11}$ (N · m²)/kg², a massa da Terra $M = 6{,}0 \cdot 10^{24}$ kg e o raio da Terra $R = 6{,}3 \cdot 10^6$ m, a velocidade do satélite na órbita vale, em m/s,

a) $1{,}8 \cdot 10^3$ c) $1{,}2 \cdot 10^3$ e) $1{,}2 \cdot 10^5$
b) $7{,}7 \cdot 10^3$ d) $6{,}0 \cdot 10^4$

RESOLUÇÃO:

A velocidade orbital (velocidade de translação) de um satélite em torno de uma massa M é dada por:

$$v = \sqrt{\frac{G \cdot M}{R + h}} \Rightarrow v = \sqrt{\frac{6{,}7 \cdot 10^{-11} \cdot 6{,}0 \cdot 10^{24}}{63 \cdot 10^5 + 4 \cdot 10^5}}$$

$$v = \sqrt{\frac{40{,}2 \cdot 10^{13}}{67 \cdot 10^5}} \Rightarrow v = \sqrt{0{,}6 \cdot 10^8}$$

$$v \cong 0{,}77 \cdot 10^4 \Rightarrow v = 7{,}7 \cdot 10^3 \text{ m/s}$$

Resposta: alternativa **b**.

Exercícios Propostos

18. Sendo g o módulo da aceleração da gravidade na superfície da Terra, cujo raio é R, calcule, em função de g, o módulo da aceleração da gravidade em um ponto situado a uma altitude R.

19. Suponha que exista um planeta fora de nosso Sistema Solar cuja densidade seja duas vezes maior que a densidade da Terra. Suponha que a aceleração da gravidade na superfície desse planeta seja igual àquela da superfície da Terra. Podemos afirmar que:

a) o raio do planeta é o dobro do raio da Terra.
b) o raio do planeta é igual ao raio da Terra.
c) o raio do planeta é metade do raio da Terra.
d) o volume do planeta é metade do volume da Terra.
e) o volume do planeta é o dobro do volume da Terra.

20. (PUC – RJ) Medidas astronômicas revelam que a massa de Marte é aproximadamente um décimo da massa da Terra e que o raio da Terra é cerca de duas vezes maior do que o raio de Marte. Pode-se, então, concluir que a razão entre as intensidades do campo gravitacional (isto é, as acelerações da gravidade) nas superfícies de Marte (g_M) e da Terra (g_T) vale:

a) $\dfrac{g_M}{g_T} = 0{,}05$

b) $\dfrac{g_M}{g_T} = 0{,}1$

c) $\dfrac{g_M}{g_T} = 0{,}2$

d) $\dfrac{g_M}{g_T} = 0{,}4$

e) $\dfrac{g_M}{g_T} = 0{,}8$

Exercícios Propostos

21. Determine a velocidade orbital de um satélite em órbita da Terra, a uma altitude de 300 km em relação à superfície terrestre. Considere a massa da Terra de $6,0 \cdot 10^{24}$ kg, o raio da Terra de 6.400 km e a constante de gravitação universal de $6,7 \cdot 10^{-11}$ (N · m²)/kg².

22. Um satélite artificial está descrevendo órbita circular de raio $R = 1,2 \cdot 10^7$ m ao redor da Terra. Sendo conhecida a massa da Terra, $M_T = 6,0 \cdot 10^{24}$ kg, e a constante de gravitação universal, $G = 6,67 \cdot 10^{-11}$ (N · m²)/kg², determine, em unidades SI, para esse satélite:

a) o módulo da velocidade orbital;
b) o período de translação.

23. (UnB – DF – modificada) Como a vida surgiu no planeta Terra? Essa pergunta, de grande relevância, continua a estimular inúmeras pesquisas científicas. Apesar do esforço já empreendido, o surgimento da vida na Terra não está cientificamente esclarecido, mas está intimamente relacionado com a evolução do Sistema Solar.

É possível que o Sistema Solar tenha surgido a partir de uma nuvem de poeira e gás. A matéria, sendo comprimida gravitacionalmente, aqueceu-se, iniciando-se o processo de fusão nuclear do hidrogênio em hélio. Desse modo, no centro dessa nuvem, ter-se-ia formado o Sol. A Terra e os demais planetas começaram a tomar forma quando os grãos de poeira dessa nuvem, que, então, girava em torno do Sol, começaram a agrupar-se. Calcula-se que a Terra surgiu há 5 bilhões de anos. As estruturas semelhantes a células teriam surgido há 4,0 bilhões de anos; as células procariontes, há 3,5 bilhões de anos; e as células eucariontes, há 1,5 bilhão de anos.

Com base nessas informações, julgue a veracidade das afirmações a seguir.

(1) Em uma nave espacial em órbita elíptica ao redor da Terra, uma condição necessária e suficiente para que os astronautas tenham peso nulo é que eles estejam em uma região onde a força da gravidade resultante tenha intensidade nula.

(2) O valor da constante de proporcionalidade presente na Terceira Lei de Kepler independe dos corpos envolvidos no movimento regido por essa lei. Dessa forma, o valor dessa constante é o mesmo tanto no caso do movimento da Terra em torno do Sol quanto no caso de Titã, um dos satélites de Júpiter, em seu movimento em torno deste planeta.

(3) Os valores da distância média entre Júpiter e uma de suas luas, do período do movimento dessa lua em torno do planeta e da constante de gravitação universal são dados suficientes para se determinar a massa de Júpiter.

24. (UnB – DF – modificada) O planeta Terra está constantemente sob risco de sofrer colisões com corpos celestes. Segundo a agência espacial norte-americana, NASA, um asteroide (denominado 2002NT7) que está vindo em direção à Terra representa a maior ameaça já registrada, envolvendo um objeto que se aproxima do planeta. Previsões indicam que o impacto ocorrerá em 1.° de fevereiro de 2019. Caso isso aconteça, o calor provocará incêndios em florestas e cidades, e, em seguida, uma densa poeira tomará conta da atmosfera. Entretanto, ainda há dúvidas sobre a órbita do asteroide e a probabilidade de que atinja a Terra. A grande questão é o que deverá ser feito caso se constate que o asteroide irá mesmo colidir com a Terra.

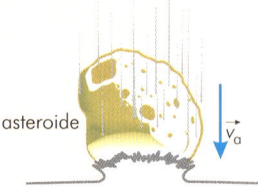

Esse asteroide, com 2,0 km de diâmetro e densidade de 5,0 g/cm³, dá uma volta completa em sua órbita solar a cada 837 dias. Pesquisas indicam que ele atingirá a Terra à velocidade de 28 km/s. Uma possibilidade para prevenir o impacto seria lançar um foguete enquanto o asteroide ainda estivesse a uma distância considerável da Terra. Com o choque, o asteroide teria a trajetória desviada ou seria partido em vários pedaços. Também seria possível usar uma bomba nuclear para desintegrá-lo.

Informações colhidas na imprensa (*Jornal do Brasil* e *O Globo*), em 25/7/2002 (com adaptações).

Considerando o contexto acima, suponha que o referido asteroide seja esférico e que a constante de gravitação universal G seja igual a $6,67 \cdot 10^{-11}$ (N · m²)/kg² e julgue as afirmações seguintes, tomando 3,14 como valor aproximado para π e que a velocidade de escape de um corpo qualquer tem seu módulo dado por:

$$v_{escape} = \sqrt{\frac{2G \cdot M}{R}}$$

(1) O valor da aceleração da gravidade na superfície do asteroide é superior a 1 m/s².

(2) A velocidade de escape de qualquer corpo na superfície do asteroide independe da massa do asteroide.

(3) Se o asteroide estiver girando a uma velocidade de módulo constante em uma órbita circular, ele tem aceleração centrípeta, decorrente da mudança de direção do vetor velocidade.

(4) A velocidade orbital de um objeto em órbita circular em torno do asteroide, à altura de 500 m acima da superfície do asteroide, é superior a $\sqrt{3}$ m/s.

(5) Considerando que o ano terrestre corresponda a 365 dias, é correto afirmar que o raio médio da órbita do asteroide em torno do Sol é superior ao raio médio da órbita da Terra em torno do Sol.

Exercícios Complementares

25. Com base nas leis da gravitação universal, julgue as afirmações a seguir.
(1) De acordo com a Terceira Lei de Kepler, o ano de Plutão deve ser maior que o ano terrestre.
(2) Os planetas, ao descreverem suas órbitas elípticas, não circulares, realizam movimentos uniformes.
(3) O período de revolução de um planeta em torno do Sol é diretamente proporcional à massa do planeta.
(4) Netuno leva mais tempo que Júpiter para completar uma volta em torno do Sol.
(5) A razão entre o quadrado do período orbital e o cubo do raio orbital médio é uma constante universal.

26. Com base nas leis que regem a dinâmica da gravitação universal, julgue as afirmações a seguir.
(1) O período de translação de Mercúrio (planeta mais próximo do Sol) é menor que o período de translação da Terra.
(2) A velocidade de translação de um planeta é constante ao longo de sua órbita.
(3) Segundo a Primeira Lei de Kepler, os planetas descrevem órbitas elípticas ao redor do Sol, estando este no centro da elipse.
(4) A intensidade da força gravitacional com que a Terra atrai a Lua é menor que a intensidade da força com que a Lua atrai a Terra.

27. Supondo que a distância entre o planeta Terra e o Sol seja de $169 \cdot 10^6$ km e que o planeta Mercúrio diste $64 \cdot 10^6$ km do Sol, quantos dias terrestres terá o ano de Mercúrio?

28. A razão entre as massas de um planeta e de um satélite é 64. Um foguete está a uma distância R do planeta e a uma distância r do satélite. Qual deve ser o valor da razão $\dfrac{R}{r}$ para que as duas forças de atração sobre o foguete se equilibrem?

29. Qual a intensidade da força peso de um corpo de 40 kg de massa a uma altitude igual a nove raios terrestres? Considere o módulo da aceleração da gravidade na superfície da Terra de 10 m/s².

30. (UFMG) Este quadro mostra dados astronômicos de Ganimedes e Io, dois satélites de Júpiter.

	Distância média ao Sol	Distância média ao centro de Júpiter	Período de translação em torno do Sol	Período de translação em torno de Júpiter
Júpiter	$7{,}8 \cdot 10^8$ km	—	11,8 anos	—
Ganimedes	—	$5{,}0 \cdot 10^5$ km	—	7 dias
Io	—	$2{,}0 \cdot 10^5$ km	—	T_1

a) Com base nos dados fornecidos, calcule o período de translação T_1 de Io em torno de Júpiter.
b) Io tem aproximadamente o mesmo diâmetro da Lua. Com base nessa informação, é possível afirmar que a aceleração da gravidade na superfície da Lua e na superfície do Io tem, aproximadamente, o mesmo valor? Explique sua resposta.

31. (FUVEST – SP – modificada) A massa da Lua é 81 vezes menor do que a da Terra e o seu volume é 49 vezes menor do que o da Terra. Considere o módulo da aceleração da gravidade de 10 m/s².
a) Qual a relação entre as densidades da Lua e da Terra?
b) Qual o módulo da aceleração da gravidade na superfície da Lua, em m/s²?

32. (PAS – UnB – DF) O estabelecimento das ideias a respeito da gravitação universal é considerado uma das conquistas mais importantes no desenvolvimento das ciências em geral e, particularmente, da Física. A sua compreensão é fundamental para o entendimento dos movimentos da Lua, dos planetas, dos satélites e mesmo dos corpos próximos à superfície da Terra. Em relação a esse assunto, julgue a veracidade das afirmações seguintes.
(1) Para que a Lua descreva o seu movimento orbital ao redor da Terra, é necessário que a resultante das forças que atuam sobre ela não seja nula.
(2) Um satélite em órbita circular ao redor da Terra move-se perpendicularmente ao campo gravitacional terrestre.
(3) A força gravitacional sobre um satélite sempre realiza trabalho, independentemente de sua órbita ser circular ou elíptica.
(4) Um corpo, quando solto próximo à superfície da Terra, cai em direção a ela pelo mesmo motivo que a Lua descreve sua órbita em torno da Terra.

Exercícios Complementares

33. (UnB – DF) Ao circular pela bela cidade praiana, Pedrinho encontra uma cartomante que lê o seu futuro. Pela posição dos astros, ela garante que os seus **efeitos** abrem os caminhos, de forma que tudo *conspiraria* a seu favor em quaisquer exames que viesse a realizar naqueles dias. Perturbado e feliz com a assertiva, começa a imaginar que a Lua, por ser o "astro" mais próximo, deve ser o principal responsável pela influência benéfica naqueles dias. Por outro lado, o Sol, apesar de estar bem mais distante, é muito maior e, quem sabe, poderia ser o mais influente. Pedrinho não estava bem certo acerca da real natureza da influência que os astros exercem sobre as pessoas e, na falta de uma hipótese melhor, supôs que ela obedeceria a uma lei semelhante à da força gravitacional. A influência gravitacional pode ser determinada facilmente, comparando-se a força que cada um dos astros exerce sobre uma pessoa na superfície da Terra, quando ela se localiza no lado mais próximo do astro (ponto A, na figura acima) com a força exercida quando ela está do lado mais distante (ponto B, na figura).

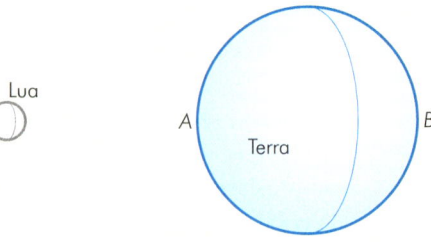

Astro	Massa (kg)	Distância média ao centro da Terra (em milhares de km)	Raio médio (em km)	Aceleração gravitacional na superfície (em m/s²)
Sol	$1{,}99 \cdot 10^{30}$	$1{,}5 \cdot 10^{5}$	$6{,}96 \cdot 10^{5}$	274
Lua	$7{,}36 \cdot 10^{22}$	382	$1{,}74 \cdot 10^{3}$	1,67
Terra	$5{,}98 \cdot 10^{24}$	0	$6{,}37 \cdot 10^{3}$	9,81

Considerando os dados fornecidos na tabela acima e sabendo que a força de atração gravitacional entre dois corpos é diretamente proporcional ao produto de suas massas e inversamente proporcional ao quadrado da distância entre eles, julgue a veracidade das afirmações seguintes.

(1) Em um mesmo dia, uma pessoa está mais próxima do Sol ao meio-dia que à meia-noite.
(2) A razão entre o módulo das forças que a Lua exerce sobre uma pessoa nos pontos A e B permite concluir que a força em A é maior que a força em B em mais de 10% desta.
(3) A influência gravitacional do Sol sobre a Terra é sempre maior que a influência gravitacional da Lua sobre a Terra.
(4) Devido à rotação da Terra em relação a seu eixo, o peso aparente de uma pessoa será menor quando ela estiver próxima de um dos polos do que quando ela estiver sobre a linha do equador.

34. Qual é o valor da aceleração da gravidade do Sol, em m/s², se o seu raio é 256 vezes maior que o da Terra e sua densidade média é 1/4 da densidade média da Terra? A aceleração da gravidade na superfície da Terra é 9,8 m/s². Considere as seguintes relações: densidade = massa/volume; o volume de uma esfera de raio R é dado por $V = \frac{4}{3}\pi \cdot R^{3}$.

35. (EEM – SP) Pretende-se lançar um satélite artificial que irá descrever uma órbita circular, a 1.070 km de altura. Sabendo que a constante de gravitação universal G tem valor $6{,}1 \cdot 10^{-11}$ (N · m²)/kg², e o raio e a massa da Terra são $R_T = 6.400$ km e $m_T = 6 \cdot 10^{24}$ kg, determine, em m/s, o módulo da velocidade tangencial que deve ser dada ao satélite, naquela altura, para obter-se a órbita desejada. O módulo da velocidade tangencial do satélite é dado por:

$$v = \sqrt{\frac{G \cdot M}{(R+h)}}$$

36. (UnB – DF – modificada) Denominamos *velocidade de escape* a menor velocidade com que devemos lançar um corpo da superfície terrestre, para que ele se livre do campo gravitacional e vá para o infinito. O módulo da velocidade de escape de um corpo é dado por:

$$v_{escape} = \sqrt{\frac{2G \cdot M}{R}}$$

em que G = constante da gravitação universal; M = massa da Terra e R = raio da Terra.

Determine, em m/s, o módulo da velocidade de escape para um satélite que é lançado tangencialmente à superfície terrestre. São dados: constante de gravitação universal $G = 6{,}67 \cdot 10^{-11}$ (N · m²)/kg², massa da Terra $M = 6{,}0 \cdot 10^{24}$ kg e o raio da Terra $R = 6{,}4 \cdot 10^{6}$ m.

37. (UnB – DF) Um satélite artificial é visto cruzando o céu, poucas horas após o pôr do sol, em órbita polar circular. Observando o tempo que o satélite gasta para ir do horizonte norte ao sul, um estudante estimou que o período orbital é de 2 h 20 min. Calcule a que altura acima da superfície da Terra está o satélite. Dê a sua resposta em milhares de quilômetros. Considere $2\pi \cdot 1.350$ s como o valor aproximado de 2 h 20 min e os dados: o produto $G \cdot M_T = 4 \cdot 10^{5}$ km³/s², em que G é a constante gravitacional da Terra e M_T refere-se à sua massa, e o raio da Terra $R_T = 6 \cdot 10^{3}$ km.

38. (UnB – DF) Um buraco negro é o caso extremo de um objeto de massa M ser tão compacto que nem mesmo a

Exercícios Complementares

luz emitida em seu interior consegue escapar. O raio do buraco negro pode ser definido, então, como sendo a distância entre seu centro e o ponto no qual uma partícula alcançaria a velocidade da luz, se fosse abandonada em repouso, no infinito.

Usando o potencial gravitacional do buraco negro de massa $M = 27 \cdot 10^{24}$ kg, encontre o raio do mesmo, expressando-o em milímetros. Tome como dados: a constante gravitacional $G = 6{,}67 \cdot 10^{-11}$ m³/(kg·s²); e a velocidade da luz $c = 3 \cdot 10^8$ m/s.

39. (UnB – DF) As antenas parabólicas são utilizadas para captar sinais de televisão, além de outros. É necessário que a antena transmissora e a antena receptora estejam uma apontando para a outra. Uma delas fica no solo e a outra no espaço, em um satélite de comunicação. Com base no texto, julgue os itens a seguir.

(1) Para que o satélite cumpra o seu papel é necessário que seja geoestacionário.
(2) O período de revolução do satélite deve ser o mesmo da Terra.
(3) A órbita do satélite deve conter o plano do equador terrestre.
(4) A altura da órbita de um satélite geoestacionário não obedece à Terceira Lei de Kepler.

40. Qual deveria ser a velocidade angular da Terra para que o peso de um corpo, no equador, se anulasse, em rad/s? Considere o módulo da aceleração da gravidade na superfície terrestre de 10 m/s² e o raio da Terra de $6{,}4 \cdot 10^6$ m.

41. (UnB – DF) Atualmente, o homem já tem um bom conhecimento a respeito do espaço sideral. Os lançamentos de satélites, as imagens obtidas dos confins do universo pelo telescópio Hubble e o envio de sondas a Marte, entre outros, são fatos que tendem a popularizar o assunto. Com respeito a essa área do conhecimento, julgue os itens seguintes.

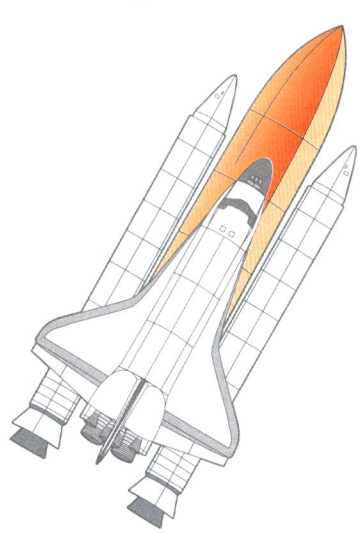

(1) A constante gravitacional seria diferente, se fosse medida em outro planeta.
(2) Se fosse possível colocar um objeto no centro da Terra, supostamente esférica, não haveria força gravitacional resultante sobre ele.
(3) Em um satélite geoestacionário (por exemplo, o IntelSat) atuam apenas duas forças: a força de atração gravitacional e a força centrípeta.
(4) Um newton de açúcar, tanto no polo Sul quanto no equador terrestre, contém a mesma quantidade de açúcar.

42. (UnB – DF) Julgue as afirmativas seguintes, quanto à veracidade.

(1) As massas em geral estabelecem em torno de si uma região de influência sobre outras massas, e a quantificação desta influência a distância é estabelecida pelo campo gravitacional.
(2) É nulo o campo gravitacional que atua em um satélite geoestacionário, isto é, um satélite que fica parado em relação a um ponto fixo da Terra.
(3) Não é possível ter-se um satélite artificial geoestacionário que permaneça numa posição diretamente acima de um ponto situado fora do equador terrestre.
(4) Considere um satélite artificial de período igual a 2 horas, cuja órbita circular é perpendicular ao equador terrestre. Se o satélite cruza o equador sobre uma determinada cidade, após percorrer uma órbita completa, o satélite cruzará o equador novamente em um ponto a leste dessa cidade.
(5) Se medirmos o campo gravitacional terrestre, a uma altura igual ao raio terrestre, acima da superfície, obteremos um valor quatro vezes menor que aquele medido sobre a superfície da Terra.

43. (UnB – DF – modificada) Os ônibus espaciais norte-americanos, quando em voo orbital, circundam a Terra em uma órbita circular a 300 km de altura acima da superfície terrestre. Durante esses voos, é comum a televisão mostrar os astronautas flutuando livremente no interior da espaçonave. Considerando o raio da Terra igual a 6.400 km, julgue a veracidade das afirmações seguintes.

(1) O campo gravitacional, $\vec{g}$, da Terra, a uma altura de 300 km acima da superfície terrestre, é nulo.
(2) Os astronautas flutuam durante o voo orbital porque a 300 km de altura não há atmosfera.
(3) A força que a Terra exerce sobre o ônibus espacial tem intensidade maior que a intensidade da força que o ônibus espacial exerce sobre a Terra.
(4) A uma altura de 400 km acima da Terra, o peso de uma pessoa é nulo.
(5) Um parafuso que se solte do ônibus espacial durante o voo orbital passará a girar também ao redor da Terra.

18 Termometria

18.1. Introdução à Termologia

Na *Termologia*, estudamos os fenômenos relacionados especificamente à energia térmica. Nesse ramo, são investigados os métodos de medição de temperatura, as diversas formas e processos de transferência de calor e os efeitos do calor sobre as propriedades mecânicas dos corpos.

As partículas que constituem a matéria (moléculas, como no caso da água; átomos, como no caso de corpos puramente metálicos; ou íons, como no caso dos cristais salinos) encontram-se em constante estado de vibração, que recebe o nome de **agitação térmica**. A energia cinética associada a esse estado de vibração é denominada **energia térmica**. A energia térmica de um corpo pode transferir-se para outro, e a essa **energia térmica, enquanto não está associada a nenhum corpo**, damos o nome de **calor**.

Como nossa sobrevivência depende da manutenção da temperatura corporal dentro de uma faixa muito estreita, sempre prestamos atenção às nossas sensações térmicas (a percepção da oposição relativa quente/frio). Ao mesmo tempo que experimentava essas sensações, o homem procurava uma explicação para elas. Ainda na Antiguidade, já se sabia que os corpos aumentam de volume quando aquecidos e que um corpo quente se resfria quando em contato com um corpo frio.

Mas, somente no século XVI, surgiu a possibilidade prática de quantificar as noções de quente e frio. Assim, a **termometria** passou a caracterizar-se como *ciência quantitativa*.

Os gases dos gêiseres são jatos de água quente e vapor-d´água que jorram de aberturas na superfície da Terra.

Em algumas fontes termais, as diferentes cores da água indicam a presença de bactérias termófilas, que vivem em condições extremas de temperatura. Algumas dessas bactérias suportam temperaturas maiores que 55 °C.

18.2. Noções Básicas

18.2.1. Sensação térmica

O *tato* é o sentido que melhor permite dizer se a superfície de um objeto é quente ou fria. A sensação táctil de "mais quente" ou "mais frio" está relacionada a uma propriedade física chamada **temperatura**. No entanto, a sensação táctil usada para estabelecer uma avaliação de temperatura de um corpo é um critério muito subjetivo e impreciso, pois pode variar de pessoa para pessoa e até para uma mesma pessoa, sob condições diferentes.

Por volta de 1760, John Locke sugeriu uma experiência simples para demonstrar esse fato. Suponha que você mergulhe uma de suas mãos em água quente e a outra em água fria. Suponha que, em seguida, você coloque ambas as mãos em um recipiente contendo água a uma temperatura intermediária. Essa água lhe parecerá mais fria, de acordo com as informações dadas ao cérebro pela primeira mão, e mais quente, para a segunda. Isso demonstra como, no dia a dia, a nossa avaliação de temperatura pode ser enganosa.

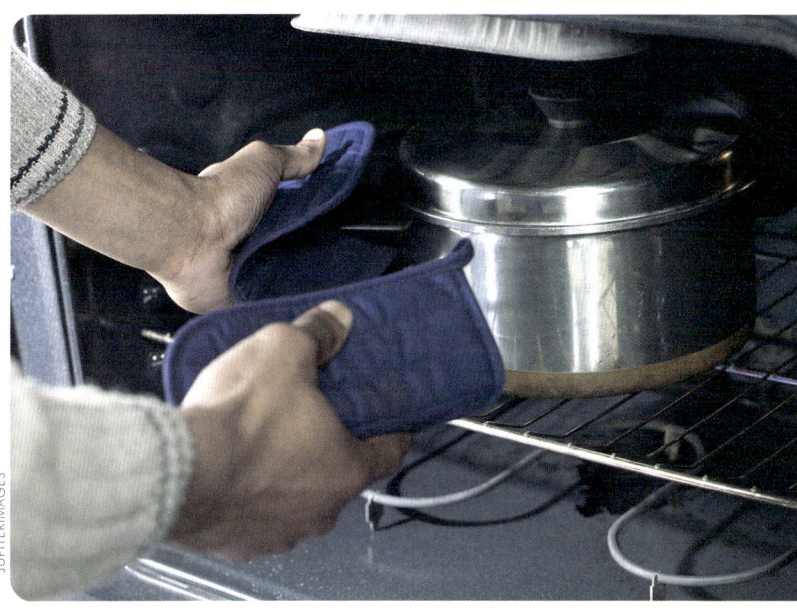

Para retirar uma panela quente do forno, é conveniente utilizar protetores para evitar queimaduras causadas pela alta temperatura.

18.2.2. Equilíbrio térmico

Vamos tentar, então, entender o significado de temperatura. Em um recipiente que troque calor com o ambiente de forma muito lenta (por exemplo, uma pequena caixa de isopor ou uma garrafa térmica), colocamos em contato dois corpos, a temperaturas diferentes. Observamos que, com o passar do tempo, o corpo "mais quente" se resfriará e o "mais frio" se aquecerá.

Usando o sentido do tato, após algum tempo, você observará que os dois corpos terão atingido a "mesma temperatura" – que ambos os corpos estarão "mornos", de acordo com a sua sensação táctil – e verificará que, a partir desse instante, caso continue não havendo troca significativa de calor com o meio, a temperatura de um corpo permanecerá igual à do outro, sem alteração. Dizemos então que os dois corpos terão atingido uma situação chamada **estado de equilíbrio térmico**, que se caracteriza por uma uniformidade de temperatura. Note que essa situação é válida para observações realizadas em curto intervalo de tempo, pois, salvo em situações de laboratório, dificilmente conseguiremos isolar os corpos em relação ao ambiente e ainda assim "sentirmos" a sua temperatura. O simples fato de estarmos tocando os corpos altera a sua condição térmica.

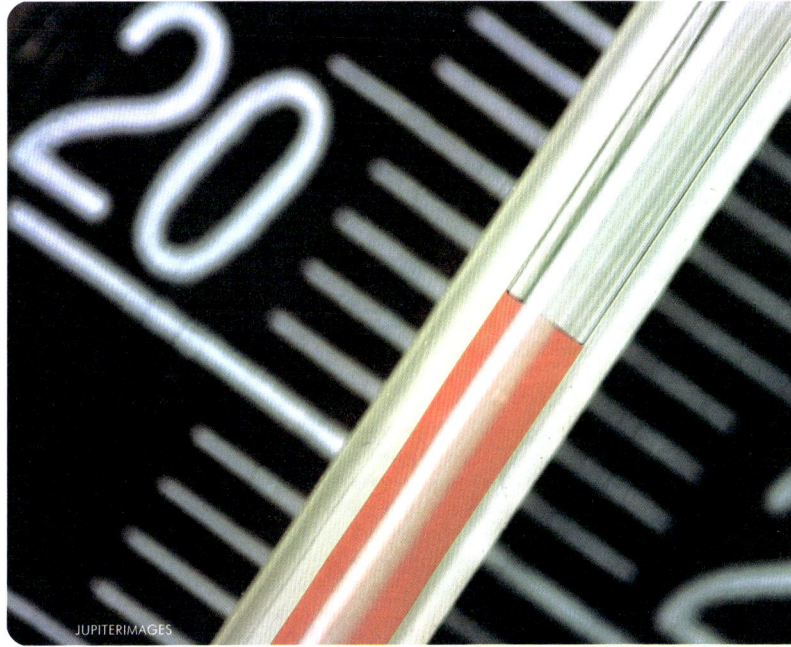

Somente quando um objeto entra em equilíbrio térmico com o termômetro é que podemos determinar sua temperatura.

Quando dois ou mais corpos são colocados em contato entre si, depois de certo tempo eles apresentam a mesma temperatura. Dizemos, então, que os corpos atingiram o **equilíbrio térmico**. É por isso que, para medir a temperatura de uma pessoa, precisamos deixar o termômetro alguns minutos em contato com alguma parte do corpo: só depois que ele entra em equilíbrio térmico com o corpo é que podemos ler a sua temperatura.

18.2.3. Temperatura

Com base nessa experiência, podemos conceituar **temperatura** como sendo uma grandeza (macroscópica) que permite avaliar o grau de agitação térmica das moléculas de um corpo (portanto, uma propriedade microscópica). Objetivamente, temperatura é o conjunto constituído pelo número e pela unidade que a escala graduada de um termômetro associa a cada estado térmico. Os estados térmicos diferenciam corpos "quentes" de corpos "frios". A cada estado térmico podemos associar uma dada temperatura.

18.2.4. Lei "Zero"

Consideremos três sistemas, A, B e C. Suponha que o sistema C seja um termômetro, instrumento destinado à medição de temperatura, que terá o seu estado térmico alterado, se for colocado em contato com um corpo a uma temperatura diferente da sua. Se A estiver em equilíbrio térmico com C, e se o sistema B também estiver em equilíbrio térmico com C, então os sistemas A e B estarão em equilíbrio térmico entre si. Essa sentença, logicamente evidente, é um postulado, conhecido como **lei zero da termodinâmica**, por seu caráter muito fundamental, até óbvio.

18.2.5. Substância termométrica e grandeza termométrica

Por meio do comportamento de grandezas como volume e pressão, podemos identificar a temperatura de um corpo. Tais grandezas são, por isso, denominadas **grandezas termométricas**.

As substâncias que apresentam sensível variação de volume e de pressão, quando submetidas a pequenas mudanças de temperatura, caracterizam-se como **substâncias termométricas**. Elas são as mais adequadas para a construção dos *termômetros*, sendo o *mercúrio* a mais comum dessas substâncias. Uma substância termométrica é tanto melhor quanto mais ampla for a faixa de temperaturas em que sua variação tenha comportamento linear.

18.2.6. Termômetros

A comparação das temperaturas dos corpos por meio de nosso tato nos fornece apenas uma ideia qualitativa dessas temperaturas. Para que a temperatura possa ser considerada uma grandeza física, é necessário que saibamos medi-la, de modo que tenhamos uma avaliação quantitativa dessa grandeza.

A medida de temperatura é feita com **termômetros** (Figura 18-1). Existem vários tipos de termômetro, cada um deles utilizando a variação de certa grandeza, provocada por uma variação de temperatura. Assim, temos termômetros que são construídos com base nas variações que a temperatura provoca no comprimento

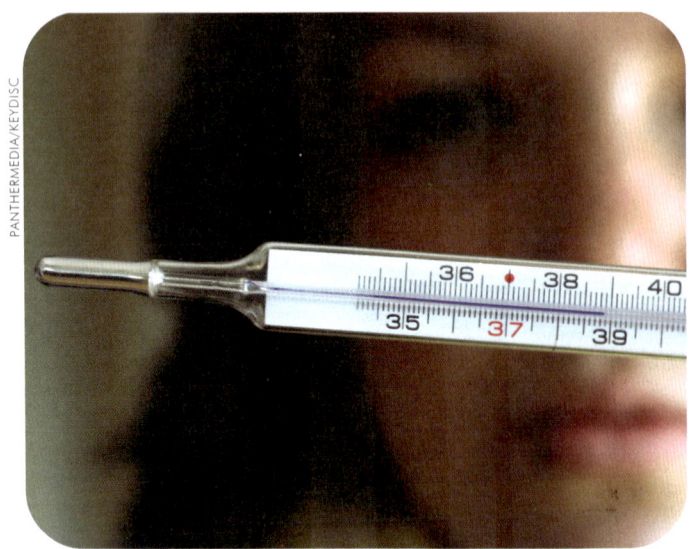

O termômetro é um instrumento utilizado para determinar a temperatura de um corpo.

de uma haste metálica, no volume de um gás, na resistência elétrica de um material, na cor de um sólido muito aquecido etc.

Ao usar um termômetro para medir a temperatura de um sistema, verificamos que, algum tempo após o contato entre o termômetro e o sistema, ambos entram em equilíbrio térmico, ou seja, passam a ter a mesma temperatura.

18.3. Escalas Termométricas

Os primeiros termômetros de tubo de vidro utilizavam álcool, em vez de mercúrio. O mercúrio, porém, é preferível, por apresentar as seguintes propriedades: é bom condutor de calor, é facilmente obtido em estado de pureza, não deixa gotas aderentes às paredes do tubo de vidro, é opaco e visível através do vidro e só se congela em temperaturas anormalmente baixas.

Nesse tipo de termômetro, a grandeza termométrica é a altura da coluna de mercúrio no interior do tubo, e, a cada valor de altura h da coluna de mercúrio, associamos uma correspondente temperatura θ. A correspondência entre h e θ constitui a **função termométrica** ou, como é mais comumente conhecida, a **equação termométrica**.

A função termométrica mais simples entre h e θ é do tipo:

$$\theta = a \cdot h + b$$

Nessa expressão, a e b são constantes e $a \neq 0$. Essa função termométrica é do primeiro grau, e sua representação gráfica é uma reta inclinada (Figura 18-2).

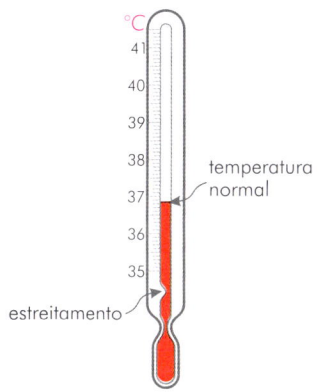

Figura 18-1. Termômetro clínico.

Você Sabia?

Esse aparelho funciona como um termoscópio: quanto maior a temperatura da mão da pessoa que o segura, maior a quantidade de líquido que se desloca para a câmara de cima.

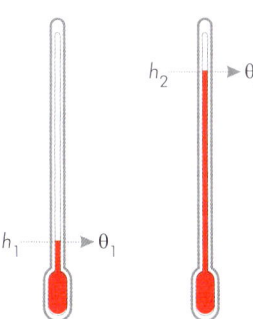

Figura 18-2.

GRASIELE F. CORTEZ

18.3.1. Graduação de um termômetro e pontos fixos

A partir da equação termométrica, podemos relacionar a cada valor da grandeza termométrica h a correspondente temperatura θ. Assim, podemos graduar um termômetro e, a partir daí, ler, diretamente no termômetro, o valor da temperatura θ e não mais o valor da grandeza termométrica h.

O conjunto dos possíveis valores numéricos das temperaturas θ, ordenadas do estado de menor para o de maior temperatura, constitui a chamada **escala termométrica**.

A graduação do termômetro consiste em determinar os valores das constantes a e b da função termométrica $\theta = a \cdot h + b$. Isso equivale à determinação gráfica da reta que representa a função termométrica.

Para a determinação de uma reta, basta conhecermos dois de seus pontos ou, o que seria equivalente no nosso caso, dois estados térmicos dos quais conheçamos os respectivos valores de h e θ. Isso pode ser feito como descrevemos a seguir.

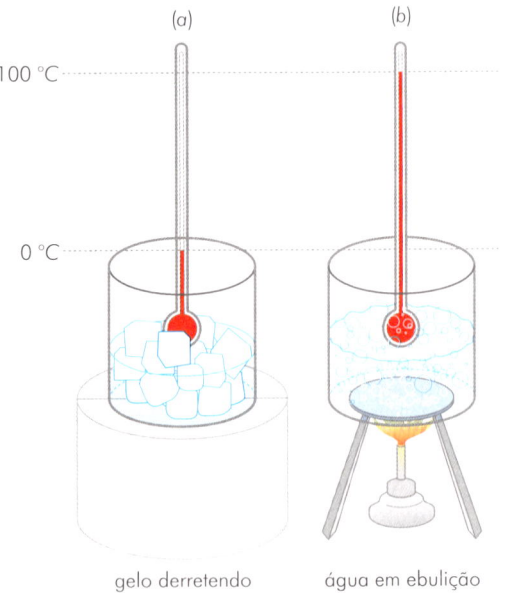

FIGURA 18-3.

Escolhemos dois estados térmicos cujas temperaturas sejam constantes com o passar do tempo e cuja reprodução seja fácil. Esses estados térmicos são denominados **pontos fixos**.

Os estados térmicos normalmente escolhidos correspondem a mudanças de fase da água pura, sob pressão normal, ou seja, 1 atm.

- O **primeiro ponto fixo (ponto de gelo)** corresponde ao estado térmico do equilíbrio entre gelo em fusão e água, sob pressão normal.
- O **segundo ponto fixo (ponto de vapor)** corresponde ao estado térmico do equilíbrio da água em ebulição e vapor-d'água, sob pressão normal (Figura 18-3).

Com esse procedimento, podemos calibrar termômetros em um número praticamente infinito de escalas termométricas diferentes. Em 1779, havia pelo menos 19 escalas termométricas diferentes em uso na Europa, adotando os mais diversos pontos de referência (muitos dos quais não eram estáveis e, portanto, eram inadequados).

Atualmente, as duas escalas termométricas mais comuns no nosso cotidiano são a **escala Celsius** e a **escala Fahrenheit**.

18.3.2. Escala Celsius

A escala termométrica Celsius, criada pelo astrônomo e físico sueco Anders Celsius (1701--1774), em 1742, é hoje a mais usada. É uma escala que tem divisão centesimal (escala centígrada), que facilita a leitura. É uma escala termométrica que adota para os pontos fixos de gelo e de vapor, respectivamente, as temperaturas 0 °C e 100 °C. Essa escala é largamente utilizada em quase todo o mundo.

18.3.3. Escala Fahrenheit

A escala termométrica Fahrenheit foi criada pelo físico alemão Gabriel Daniel Fahrenheit (1686-1736), o primeiro a utilizar o mercúrio como substância termométrica. Nessa escala, como ela se apresenta hoje, o ponto de gelo corresponde ao valor 32 e o ponto de vapor, ao valor 212. O intervalo fundamental é dividido em 180 partes iguais; cada parte é denominada grau Fahrenheit (Figura 18-4). Essa escala ainda é comumente usada em países de língua inglesa (com exceção da Inglaterra, que adotou, em 1964, a escala Celsius para uso comercial e civil).

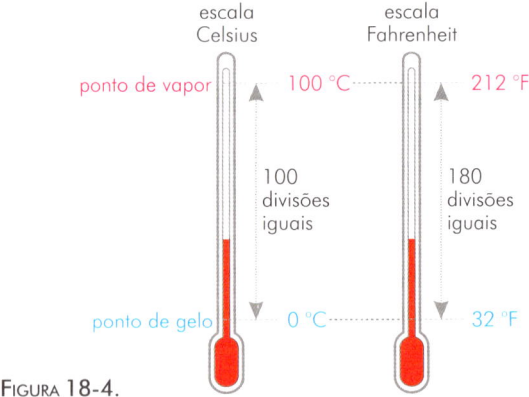

FIGURA 18-4.

18.3.4. Relação de conversão entre as escalas Celsius e Fahrenheit

Como atualmente podemos encontrar termômetros graduados na escala Celsius e na escala Fahrenheit, principalmente os utilizados para a medição da temperatura ambiente, pode ser necessário transformar determinada temperatura fornecida na escala Fahrenheit em sua correspondente na escala Celsius, ou vice-versa.

Consideremos um termômetro de mercúrio duplamente graduado, como mostra a Figura 18-5.

$$\frac{a}{b} = \frac{\theta_C - 0}{100 - 0} \quad e \quad \frac{a}{b} = \frac{\theta_F - 32}{212 - 32}$$

$$\frac{\theta_C - 0}{100 - 0} = \frac{\theta_F - 32}{212 - 32}$$

$$\frac{\theta_C}{100} = \frac{\theta_F - 32}{180}$$

$$\frac{\theta_C}{5} = \frac{\theta_F - 32}{9}$$

$$\boxed{\frac{\theta_C}{5} = \frac{\theta_F - 32}{9}}$$

Figura 18-5.

Para um estado térmico qualquer, a coluna líquida tem uma altura à qual correspondem as temperaturas θ_C e θ_F, nas escalas Celsius e Fahrenheit, respectivamente. Podemos escrever, então:

> A uma variação de temperatura de 1 °C na escala Celsius corresponde uma variação de 1,8 °F na escala Fahrenheit.

18.3.5. Escala Kelvin

As partículas constituintes de um gás estão permanentemente em movimento desordenado de *agitação térmica*. Assim, cada partícula constituinte do gás é dotada de energia cinética própria. A soma das energias cinéticas individuais de todas as partículas do gás constitui a sua *energia térmica*.

Quanto mais intensa a agitação térmica, maior a energia cinética por molécula e, em consequência, maior a temperatura do gás.

A energia cinética média por molécula não pode ser confundida com energia térmica total do corpo. O fato de haver maior ou menor número de moléculas define a energia térmica total do corpo, mas, se, independentemente da quantidade de moléculas presentes em uma amostra, cada uma das moléculas não tiver variação no valor de sua energia cinética, o grau de agitação das moléculas não apresentará variação e, consequentemente, a temperatura também não apresentará variação.

A temperatura pode ser entendida como correspondendo a um nível energético dos sistemas: dois corpos podem apresentar temperaturas iguais (mesmo nível energético), mas possuir energias térmicas totais diferentes.

Com base nesse modelo, parece evidente que o valor mínimo imaginável de temperatura, qualquer que seja a escala considerada, corresponde a um estado térmico em que cessa a agitação térmica, isto é, as moléculas se encontram em repouso.

Não há como obter um estado de agitação inferior a esse e torna-se muito prático, então, trabalharmos com uma escala cujo zero corresponda a esse estado, pois essa será uma escala absoluta, o que, nesse sentido, significa que não apresentará valores negativos.

Foi William Thomson (Lorde Kelvin) que, em 1848, estabeleceu a *escala absoluta*. Experimentalmente, Kelvin verificou que a pressão de um gás diminuía 1/273 do valor inicial quando resfriado, a volume constante, de 0 °C para –1 °C. Concluiu, então, que a pressão seria nula quando o gás estivesse a, aproximada-

William Thomson (Lorde Kelvin, 1824-1907).

mente, –273 °C (Figura 18-6). Como a temperatura está relacionada à agitação das moléculas, o corpo com zero absoluto de temperatura não possuiria agitação molecular. A escala absoluta construída com a mesma divisão centesimal da escala Celsius recebeu o nome de escala Kelvin, hoje oficialmente denominada **escala termodinâmica**.

Desse modo, podemos estabelecer a relação entre a escala Celsius e a escala Kelvin por meio da expressão aproximada:

$$T_K = \theta_C + 273$$

FIGURA 18-6.

OBSERVAÇÕES:

- Em oposição ao termo *absoluta*, as escalas Celsius e Fahrenheit são ditas escalas *relativas*, pois o zero dessas escalas não significa ausência de agitação molecular.
- A unidade de temperatura absoluta no SI é o **kelvin** (K), não mais se utilizando o "grau Kelvin" (°K). Portanto, a temperatura 200 K é lida como 200 kelvins e não "200 graus Kelvin".
- Qualquer escala absoluta adota para a temperatura do zero absoluto o valor zero. A distinção entre escalas absolutas é feita, portanto, pela unidade da escala, ou seja, pelo tamanho das divisões da escala.
- A escala absoluta cuja unidade coincide com o grau Fahrenheit foi chamada **escala Rankine**, cujo grau termométrico era representado por °R, e não está em uso há muito tempo.
- O limite inferior de temperatura em uma escala absoluta de temperaturas recebe o nome de **zero absoluto**, inatingível na prática, e que corresponde à temperatura de –273,15 °C. A temperatura mais baixa já registrada, em um laboratório de pesquisas, foi da ordem de 10^{-10} K, para porções muito pequenas de matéria e durante intervalos extremamente pequenos de tempo. A temperatura mais baixa já identificada na natureza é da ordem de 1,5 K, em uma região vazia da nebulosa Bumerangue.

Exercícios Resolvidos

1. Em um termômetro a álcool, a grandeza termométrica é a altura da coluna do álcool no capilar. Seus pontos fixos são:

- ponto de gelo: $\theta_G = 10$ °C e $h_G = 8$ cm;
- ponto de vapor: $\theta_V = 100$ °C e $h_V = 20$ cm.

a) Estabeleça a equação termométrica da temperatura θ em função da altura da coluna de álcool (h).

b) Qual o valor da temperatura θ, em °C, quando a altura da coluna de álcool for igual a 12 cm?

RESOLUÇÃO:
A figura a seguir ilustra os pontos fixos.

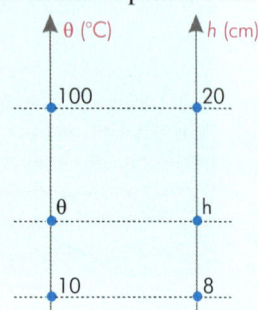

a) Aplicando o teorema de Tales (ou teorema das paralelas), temos:

$$\frac{\theta - 10}{100 - 10} = \frac{h - 8}{20 - 8}$$

$$\frac{\theta - 10}{90} = \frac{h - 8}{12}$$

Multiplicando ambos os membros da equação por 6, temos:

$$\frac{\theta - 10}{15} = \frac{h - 8}{2} \Rightarrow \theta - 10 = 15 \cdot \left(\frac{h-8}{2}\right)$$

$$\theta = 15 \cdot \left(\frac{h-8}{2}\right) + 10$$

Resposta: a equação termométrica da temperatura θ, em função da altura da coluna de álcool h, é:

$$\theta = 15 \cdot \left(\frac{h-8}{2}\right) + 10$$

Exercícios Resolvidos

b) Substituindo $h = 12$ cm na equação encontrada no item *a*, encontramos a respectiva temperatura θ. Portanto,

$$\theta = 15 \cdot \left(\frac{12-8}{2}\right) + 10$$

$$\theta = 15 \cdot 2 + 10$$

$$\theta = 40 \,°C$$

Resposta: a temperatura que corresponde à altura da coluna de álcool $h = 12$ cm é $\theta = 40\,°C$.

2. Um médico dispunha apenas de um termômetro graduado na escala Fahrenheit. Antes de medir a temperatura de um paciente, ele fez alguns cálculos e marcou no termômetro o valor correspondente a 40 °C. Qual o valor dessa temperatura no termômetro graduado na escala Fahrenheit?

Resolução:
A relação entre as escalas Celsius e Fahrenheit é dada pela equação termométrica $\dfrac{\theta_C}{5} = \dfrac{\theta_F - 32}{9}$. Assim, temos:

$$\frac{40}{5} = \frac{\theta_F - 32}{9} \Rightarrow \cdot 8 = \frac{\theta_F - 32}{9}$$

$$8 \cdot 9 = \theta_F - 32$$

$$\theta_F = 72 + 32 \therefore \theta_F = 104\,°F$$

Resposta: a temperatura indicada pelo termômetro do médico é de 104 °F.

3. Três termômetros, graduados nas escalas Celsius, Fahrenheit e Kelvin, estão em contato com certo sistema. Um observador verificou que, na escala Celsius, a temperatura sofreu variações de 20 °C. Determine as variações apresentadas pelas outras escalas.

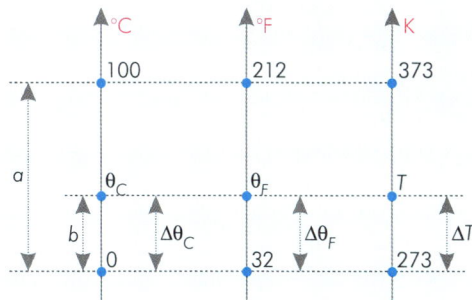

Resolução:
(I) Variação da temperatura na escala Fahrenheit que corresponde a uma variação de 20 °C.

$$\frac{a}{b} = \frac{100-0}{\Delta\theta_C} = \frac{212-32}{\Delta\theta_F}$$

$$\frac{100}{20} = \frac{180}{\Delta\theta_F} \Rightarrow 5 = \frac{180}{\Delta\theta_F}$$

$$\Delta\theta_F = \frac{180}{5} \therefore \Delta\theta_F = 36\,°F$$

(II) Variação da temperatura na escala Kelvin que corresponde a uma variação de 20 °C.

$$\frac{a}{b} = \frac{100-0}{\Delta\theta_C} = \frac{373-273}{\Delta T}$$

$$\frac{100}{20} = \frac{100}{\Delta T} \Rightarrow 5 = \frac{100}{\Delta T} \Rightarrow \Delta T = \frac{180}{5}$$

$$\Delta T = 20\,K$$

Resposta: As variações de temperatura nas escalas Fahrenheit e Kelvin que correspondem a uma variação de 20 °C são, respectivamente, 36 °F e 20 K.

Exercícios Propostos

4. Frequentemente, usamos os termos frio, quente, morno etc., para traduzir a sensação que temos ao entrarmos em contato com um sistema. Assim, do mesmo modo que a luz impressiona nossa visão e o som impressiona nossos ouvidos, é o sentido do tato que nos proporciona a sensação térmica, que constitui a primeira noção de temperatura de um sistema. Baseando-se no texto e em seus conhecimentos, julgue os itens a seguir.

(1) É impossível resfriar um corpo até –300 °C.
(2) Uma mosca tem dimensões tão pequenas que é impossível medir sua temperatura com um termômetro comum.
(3) Aquecendo-se um gás de 10 °C para 30 °C, sua temperatura absoluta aumenta 200%.
(4) Nos EUA, a temperatura normal do corpo humano vale 104 °F.

5. (UnB – DF) Julgue a veracidade das afirmações a seguir.

(1) Se dois corpos estão em equilíbrio térmico, então a energia cinética média das moléculas desses corpos deve ser igual.
(2) Um garoto, após bater palmas durante algum tempo, notou que suas mãos ficaram mais quentes. Esse fato é explicado porque a energia mecânica associada às mãos se transforma em energia térmica, provocando variação de temperatura.
(3) Estabelece a denominada *lei zero da termodinâmica* que, se um corpo *A* está em equilíbrio térmico com um corpo *B* e *B* está em equilíbrio térmico com um corpo *C*, então os corpos *A* e *C* estão em equilíbrio térmico entre si.
(4) Sistemas em equilíbrio térmico apresentam temperaturas iguais.

Exercícios Propostos

(5) A energia térmica pode transferir-se de um sistema para outro, mesmo quando estes se encontram a uma mesma temperatura.

6. (UnB – DF) Com relação às escalas termométricas, julgue a veracidade das afirmações seguintes.

(1) Para a graduação de um termômetro clínico de mercúrio, escolhemos, inicialmente, dois sistemas (pontos fixos) cujas temperaturas sejam invariáveis no decorrer do tempo e que possam ser reproduzidos facilmente, quando necessário. Celsius, ao graduar seu termômetro, escolheu como primeiro ponto fixo o sistema de gelo fundente e como segundo ponto fixo o sistema de ebulição da água, ambos em qualquer condição inicial.

(2) Num mesmo líquido, foram mergulhados dois termômetros e, após algum tempo, constatou-se que o primeiro, graduado na escala Celsius, apresentava uma indicação que era o dobro da correspondente ao segundo termômetro, graduado na escala Fahrenheit. Podemos concluir que a temperatura mencionada é de, aproximadamente, –12,5 °C.

(3) Um corpo, ao "receber" calor de uma chama, sofre um acréscimo de temperatura de 25 K. Se esse acréscimo fosse medido na escala Fahrenheit, certamente seria expresso por 45 °F.

(4) Uma revista científica publicou que a temperatura na superfície do planeta Mercúrio, planeta mais próximo do Sol, chega a 273 abaixo de zero, porque ele não possui atmosfera. Embora não tenha declarado qual a escala termométrica utilizada, podemos concluir que a temperatura mencionada refere-se à escala Kelvin.

(5) O sêmen bovino utilizado para inseminação artificial é conservado em nitrogênio líquido que, à pressão normal, tem temperatura de 78 K. A correspondente temperatura na escala Fahrenheit é –319 °F.

7. Um pesquisador verifica que certa temperatura obtida na escala Kelvin é igual ao correspondente valor na escala Fahrenheit acrescido de 145 unidades. Essa temperatura na escala Celsius é:

a) 55 °C   b) 60 °C   c) 100 °C   d) 120 °C   e) 248 °C

8. Considere o diagrama a seguir, que representa a relação entre duas escalas termométricas arbitrárias.

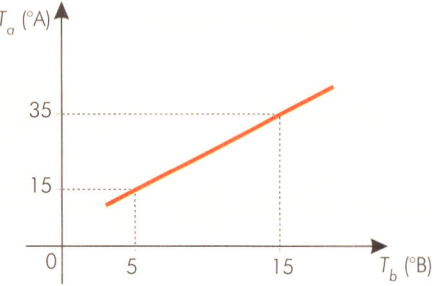

Sendo a escala T_b a escala Celsius, pedem-se:

a) a relação termométrica existente entre essas duas escalas;

b) o valor da temperatura do corpo humano, na escala T_a, sabendo que ela equivale a 36,5 °C;

c) a temperatura de ebulição da água, ao nível do mar, na escala T_a;

d) a temperatura que possui a mesma leitura nas duas escalas.

9. (FUVEST – SP) Numa escala termométrica, que chamaremos de Escala Médica, o grau é chamado grau médico e representado por °M. A escala médica é definida por dois procedimentos básicos: no primeiro, faz-se corresponder 0 °M a 36 °C e 100 °M a 44 °C; no segundo, obtém-se uma unidade de °M pela divisão do intervalo de 0 °M a 100 °M em 100 partes iguais.

a) Calcule a variação, em graus médicos, que corresponde à variação de 1 °C.

b) Calcule, em graus médicos, a temperatura de um paciente que apresenta uma febre de 40 °C.

10. Uma temperatura na escala Fahrenheit é expressa por um número que é o triplo do correspondente na escala Celsius. Qual o valor dessa temperatura na escala Fahrenheit e na escala Kelvin?

11. Para medirmos a temperatura de determinado sistema, é necessário estabelecermos uma escala de medição, isto é, um conjunto de regras que nos permitam fixar uma origem e uma unidade de medida. Existem, em uso, três escalas termométricas: a de Celsius, a de Fahrenheit e a de Kelvin. Além dessas, o escocês William John Mcquorum Rankine (1820-1852) idealizou uma escala absoluta de temperatura, na qual fixava, para os pontos de gelo e de vapor da água, os valores de 491,67 °R e 671,67 °R, respectivamente.

Com auxílio do texto, julgue os itens 1 e de 3 a 6. No **item 2**, calcule a grandeza física pedida, desprezando, caso exista, a parte fracionária do resultado obtido, após efetuar todos os cálculos solicitados.

(1) A equação que relaciona corretamente os valores de temperatura nas escalas Rankine (T_R) e Fahrenheit (T_F) é $T_R = T_F - 459,67$.

(2) Na idade fértil, a temperatura basal da mulher tem uma amplitude de variação de 0,80 °C. Calcule cem vezes essa variação na escala Rankine.

(3) As escalas Rankine e Kelvin nunca marcam um mesmo valor de temperatura.

(4) A escala Rankine, da mesma forma que a escala Kelvin, não admite valores negativos de temperatura.

(5) A temperatura em que as escalas Kelvin e Rankine marcariam o mesmo valor não corresponde a um sistema físico possível.

(6) Pode-se dizer que a escala Rankine está para a Fahrenheit assim como a Kelvin está para a Celsius.

18.4. Dilatação Térmica de Sólidos e Líquidos

18.4.1. Dilatação térmica dos sólidos

Introdução – Por que um sólido se dilata?

Investigando a estrutura interna de um sólido, entendemos por que ocorre a dilatação. Os átomos que constituem o sólido se distribuem ordenadamente, dando origem a uma estrutura que, devido à sua organização repetitiva, é denominada rede cristalina. A ligação entre esses átomos faz-se por meio de forças elétricas, que atuam como se existissem pequenas molas unindo um átomo a outro. Esses átomos estão em constante vibração em torno de uma posição média, de equilíbrio.

Quando a temperatura do sólido é aumentada, o aumento na agitação de seus átomos faz que eles, ao vibrarem, se afastem mais da posição de equilíbrio. Em consequência disso, a distância média entre os átomos torna-se maior, ocasionando a dilatação do sólido.

Dessa maneira, ao se variar a temperatura de um corpo, todas as suas dimensões se alteram. Agora vamos discutir essas variações de dimensões. Geralmente, a uma elevação de temperatura corresponde um aumento nas dimensões dos corpos, ou seja, os corpos sofrem **dilatação térmica**. Por outro lado, uma redução de temperatura acarreta, em geral, **contração térmica**. Veja a Figura 18-7.

> **IMPORTANTE**
> A temperatura de um corpo é uma grandeza macroscópica que representa o "grau de agitação" microscópico das partículas (átomos, moléculas e íons) que constituem o corpo.

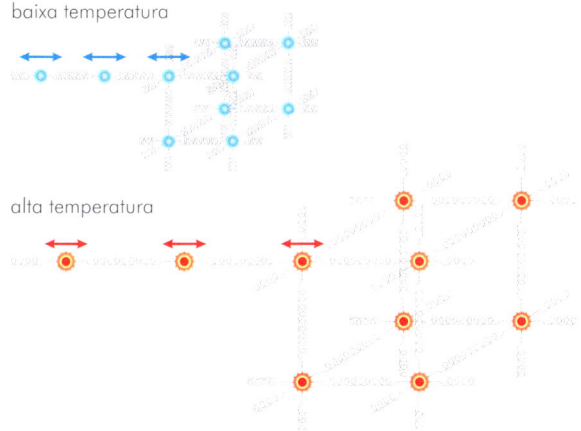

Figura 18-7.

Para mais ou para menos, todas as dimensões do corpo se alteram quando a temperatura varia. Por conveniência didática, vamos estudar a dilatação térmica dos corpos sob os três aspectos a seguir:

- a **dilatação linear**, que é o aumento do comprimento (por exemplo, de uma aresta de um cubo);
- a **dilatação superficial**, que é o aumento da área de uma superfície (por exemplo, de uma face de um cubo);
- a **dilatação volumétrica**, que é o aumento do volume de um corpo (por exemplo, de um cubo).

Dilatação térmica linear dos sólidos

Tomando uma barra a certa temperatura e aquecendo-a, haverá um aumento em todas as suas dimensões lineares, isto é, aumentarão o seu comprimento, a sua altura, a sua largura ou qualquer outra linha que imaginarmos traçada na barra. Em um laboratório, podemos descobrir experimentalmente o que influencia a dilatação da barra ao longo de qualquer uma dessas linhas.

Experiências com barras metálicas aquecidas mostram que qualquer variação ΔL no comprimento é diretamente proporcional, tanto ao comprimento original, L_0, da barra considerada quanto à variação $\Delta\theta$ da temperatura. Veja a Figura 18-8. Assim, podemos escrever as seguintes proporcionalidades:

$$\Delta L \propto L_0 \quad \text{e} \quad \Delta L \propto \Delta\theta$$

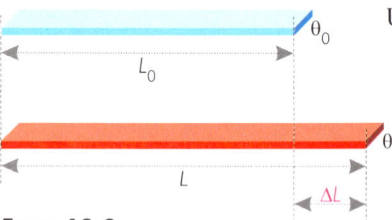

Figura 18-8.

Uma das propriedades das proporções permite-nos escrever que:

$$\Delta L \propto L_0 \Delta\theta$$

de onde obtemos a equação da dilatação linear:

$$\Delta L = L_0 \cdot \alpha \cdot \Delta\theta$$

A constante de proporcionalidade, α, é denominada **coeficiente de dilatação linear**. A equação $\Delta L = L_0 \cdot \alpha \cdot \Delta\theta$ permite-nos calcular a dilatação de qualquer dimensão linear, se conhecermos o seu valor inicial, L_0, a variação de temperatura, $\Delta\theta$, e o valor de α.

Realizando experiências com barras feitas de diferentes materiais, verificamos que o valor de α é diferente para cada um desses materiais. Isso poderá ser entendido se lembrarmos que as forças que ligam os átomos e as moléculas variam de uma substância para outra, fazendo-as dilatar de formas diferentes.

O coeficiente de dilatação tem como unidade de medida o inverso de uma unidade de temperatura: $\dfrac{1}{^\circ C} = {^\circ C}^{-1}$ ou $\dfrac{1}{K} = K^{-1}$.

Dilatação térmica superficial e volumétrica dos sólidos

No estudo da dilatação superficial, isto é, do aumento da área de uma superfície provocado por uma variação de temperatura, são observadas as mesmas leis da dilatação linear. Considerando uma placa de área inicial A_0 e elevando sua temperatura em $\Delta\theta$, a área passa a ser A, sofrendo uma dilatação superficial $\Delta A = A - A_0$ (Figura 18-9).

Pode-se verificar que:

$$\Delta A \propto A_0 \quad \text{e} \quad \Delta A \propto \Delta\theta$$

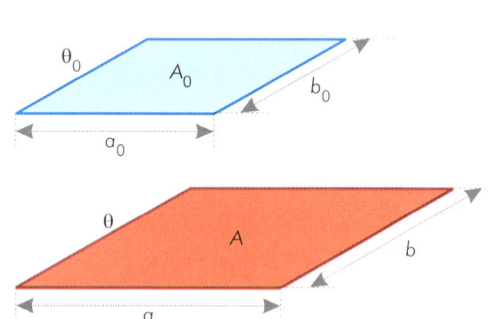

Figura 18-9.

Uma das propriedades das proporções permite-nos escrever que:

$$\Delta A \propto A_0 \cdot \Delta\theta$$

de onde obtemos a equação da dilatação superficial

$$\Delta A = A_0 \cdot \beta \cdot \Delta\theta$$

O coeficiente de proporcionalidade, β, é denominado **coeficiente de dilatação superficial**. Seu valor também depende do material do qual a placa é feita. Entretanto, não é necessário construir tabelas com valores de β, pois pode-se mostrar que, com aproximação muito boa, tem-se, praticamente, $\beta = 2\alpha$ para todo material.

De maneira idêntica, verificamos que a dilatação volumétrica, isto é, a variação do volume de um corpo com a temperatura, segue as mesmas leis. Assim, se um corpo de volume V_0 tem sua temperatura aumentada em $\Delta\theta$, seu volume aumenta em $\Delta V = V - V_0$. Logo,

$$\Delta V = V_0 \cdot \gamma \cdot \Delta\theta$$

O coeficiente γ é denominado **coeficiente de dilatação volumétrica**; pode-se mostrar que, para todos os efeitos práticos, $\gamma = 3\alpha$.

Observações:

- Em uma única expressão, os três coeficientes de dilatação térmica podem ser relacionados por

$$\frac{\alpha}{1} = \frac{\beta}{2} = \frac{\gamma}{3}$$

com boa aproximação, para materiais isotrópicos (que se dilatam da mesma forma nas três dimensões).

- Quando aquecemos um anel ou, de modo geral, uma placa que apresenta um orifício, verifica-se que, com a dilatação da placa, o orifício também tem suas dimensões aumentadas, dilatando-se como se a placa fosse inteiriça, isto é, como se o orifício fosse feito do mesmo material da placa. Esse fato é utilizado na adaptação de aros metálicos em rodas de madeira (rodas de carroça, por exemplo). O mesmo ocorre com a dilatação volumétrica. A capacidade de um recipiente qualquer aumenta quando sua temperatura se eleva, em virtude da dilatação da parte oca (volume interno) desse recipiente.

Junta de dilatação em uma ponte de concreto.

- A temperatura ambiente, em quase todos os lugares da Terra, sofre variações apreciáveis do dia para a noite, de uma estação do ano para outra etc. Assim, os objetos existentes nesses lugares, evidentemente, terão suas dimensões alteradas periodicamente. Para permitir que essas dilatações ocorram sem danos, nos trilhos de estrada de ferro ou nas grandes estruturas de concreto armado, por exemplo, são deixadas juntas de dilatação.

- Como você sabe, se uma vasilha de vidro comum for levada ao fogo, ela se quebra. Isso ocorre porque a parte em contato direto com o fogo se aquece mais e, consequentemente, sofre maior dilatação do que as outras partes. No entanto, uma panela de vidro pirex® pode ser levada ao fogo, sem trincar, por ser o pirex um tipo especial de vidro cujo coeficiente de dilatação é muito menor do que o do vidro comum.

- Se a temperatura de um corpo aumenta, sabemos que, em geral, seu volume também aumenta e, como sua massa não varia, sua densidade diminui. A formação dos ventos, por exemplo, é causada por essa variação de densidade. Às vezes, certa região da superfície da Terra se aquece mais do que outra região vizinha. Então, as camadas de ar próximas à região aquecida dilatam-se e sobem, porque sua densidade diminui, causando uma rarefação do ar naquela região.

Os ventos são provocados por mudanças na densidade do ar. Com o aquecimento da atmosfera, o ar aumenta de volume (se dilata) e fica menos denso, subindo. O ar mais frio desce, tomando o lugar do ar que foi aquecido.

Exercícios Resolvidos

12. O comprimento de uma barra metálica aumenta em 0,2% para um aumento de temperatura de 100 °C. Determine os coeficientes de dilatação linear, superficial e volumétrica do material que constitui a barra.

Resolução:
Dados:
- $\Delta L = \frac{0,2}{100} \cdot L_0 \Rightarrow \Delta L = 0,002 \cdot L_0$
- $\Delta\theta = 100\ °C$

- Cálculo do coeficiente de dilatação linear (α) da barra.
Como $\Delta L = L_0 \cdot \alpha \cdot \Delta\theta$, temos que:

$$0,002 \cdot L_0 = L_0 \cdot \alpha \cdot 100$$

$$\alpha = \frac{2 \cdot 10^{-3} \cdot L_0}{10^2 \cdot L_0} \therefore \alpha = 2 \cdot 10^{-5}\ °C^{-1}$$

- Cálculo do coeficiente de dilatação superficial (β) da barra.

Como $\beta = 2\alpha \Rightarrow \beta = 2 \cdot 2 \cdot 10^{-5}$, temos que:

$$\beta = 4 \cdot 10^{-5}\ °C^{-1}$$

- Cálculo do coeficiente de dilatação volumétrica (γ) da barra.

Como $\gamma = 3\alpha \Rightarrow \gamma = 3 \cdot 2 \cdot 10^{-5}$, temos que:

$$\gamma = 6 \cdot 10^{-5}\ °C^{-1}$$

13. (PUC – SP) Um paralelepípedo a 10 °C possui dimensões iguais a 10 cm × 20 cm × 30 cm, sendo constituído de um material cujo coeficiente de dilatação térmica linear é $8,0 \cdot 10^{-6}\ °C^{-1}$. Qual o acréscimo de volume que ele sofre quando sua temperatura é elevada para 110 °C, em cm³?

Exercícios Resolvidos

Resolução:
Dados:
- $V_0 = 6.000 \text{ cm}^3 = 6 \cdot 10^3 \text{ cm}^3$
- $\Delta\theta = 110 - 10 = 100 \,°C = 10^2 \,°C$
- $\alpha = 8,0 \cdot 10^{-6} \,°C^{-1}$ e $\gamma = 3\alpha \Rightarrow \gamma = 2,4 \cdot 10^{-5} \,°C^{-1}$

Aplicando a lei da dilatação volumétrica, temos:

$\Delta V = V_0 \cdot \gamma \cdot \Delta\theta$
$\Delta V = 6 \cdot 10^3 \cdot 2,4 \cdot 10^{-5} \cdot 10^2$
$\Delta V = 14,4 \text{ cm}^3$

Resposta: o volume do paralelepípedo aumenta 14,4 cm³ quando ele sofre um aumento de temperatura de 100 °C.

Exercícios Propostos

14. (PUC – SP) Uma barra homogênea, ao ser aquecida de 20 °C a 170 °C, tem seu comprimento variando de 3,00 m a 3,02 m. Determine os coeficientes de dilatação linear, superficial e volumétrica do material que constitui a barra.

15. O gráfico a seguir mostra como varia o comprimento de uma barra metálica em função de sua temperatura.

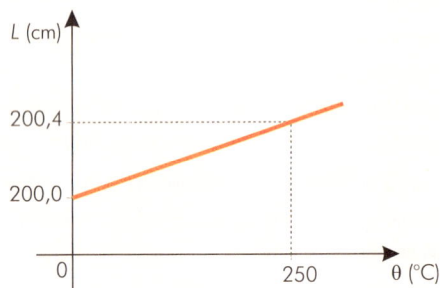

Determine:
a) o coeficiente de dilatação linear do material que constitui a barra;
b) o comprimento da barra a 100 °C.

16. (UnB – DF – modificada) Os engenheiros que projetam pontes metálicas devem levar em consideração a dilatação térmica dos materiais. Por exemplo, uma ponte metálica de 200 m de comprimento, construída num local em que a temperatura vai de –30 °C no inverno a +40 °C no verão, sofre, entre essas estações, um alongamento de 15 cm. Para evitar que as estruturas se deformem, muitas pontes metálicas não são rigidamente fixadas nas extremidades: elas são colocadas sobre roletes, de modo a poder deslizar enquanto seu comprimento se altera. Podemos explicar este fato por meio de uma análise molecular: quando um corpo é aquecido, suas moléculas passam a apresentar um movimento de agitação mais intenso, isto é, a energia térmica recebida pela molécula é traduzida num aumento da sua energia cinética. Mediante esse aumento na agitação, a distância média entre as moléculas aumenta, acarretando um aumento nas dimensões do corpo. Com base no fenômeno da dilatação térmica, julgue as afirmações seguintes.

(1) No piso de nossa sala de aula, as juntas de dilatação, entre as placas de concreto, servem para impedir que a dilatação térmica provoque a ruptura da estrutura.

(2) Um termômetro clínico tem por base a propriedade termométrica de dilatação do mercúrio. Essa dilatação indica a temperatura através do aumento do volume do líquido no interior do tubo capilar.

(3) O coeficiente de dilatação linear caracteriza um determinado material, mostrando se ele é mais ou menos susceptível a variações de temperaturas que impliquem dilatação; ele é usado quando se consideram apenas as variações de tamanho em uma dimensão.

(4) O coeficiente de dilatação é único para todo e qualquer material, não importando sua natureza; este coeficiente expressa, de forma clara, a capacidade de dilatação dos materiais.

(5) Considere uma tira retangular de dupla face, sendo uma das faces de alumínio e a outra de papel (aquelas encontradas nas embalagens de cigarro). Segurando esta tira horizontalmente, com a face de alumínio voltada para baixo, e aproximando-a da chama de uma vela, observamos que esta tira se curvará para cima. Se, inicialmente, a tira estivesse com a face de papel voltada para baixo, a chama faria a tira se encurvar para baixo. Podemos explicar este fenômeno pelo simples conhecimento dos coeficientes de dilatação do papel e do alumínio. Sendo o coeficiente de dilatação do alumínio muito maior que o do papel, o alumínio sofre maior dilatação, obrigando a tira a se encurvar para o lado do papel.

17. O coeficiente médio de dilatação térmica linear do aço é $1,2 \cdot 10^{-5} \,°C^{-1}$. Usando trilhos de aço de 5,0 m de comprimento, um engenheiro construiu uma ferrovia, deixando um espaço de 0,24 cm entre os trilhos, quando a temperatura era de 28 °C. Num dia de sol forte, por causa da dilatação térmica, os trilhos soltaram-se dos dormentes. Calcule a temperatura mínima que os trilhos devem ter atingido.

18. Duas barras metálicas finas, uma de zinco e outra de ferro, cujos comprimentos, a uma temperatura de 300 K,

Exercícios Propostos

valem 5,0 m e 12 m, respectivamente, são sobrepostas e aparafusadas uma à outra em uma de suas extremidades, conforme ilustra a figura.

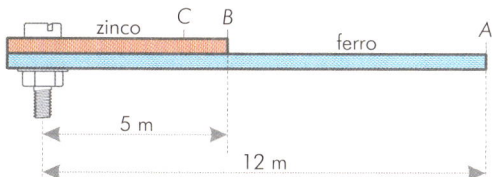

As outras extremidades, B e A, das barras de zinco e ferro, respectivamente, permanecem livres. Os coeficientes de dilatação linear do zinco e do ferro valem $3{,}0 \cdot 10^{-5}$ K^{-1} e $1{,}0 \cdot 10^{-5}$ K^{-1}, respectivamente. Desprezando as espessuras das barras, determine:

a) a diferença entre os comprimentos das barras quando elas estão a uma temperatura de 400 K.

b) a distância que separa o parafuso do ponto C da barra de zinco, cuja distância ao ponto A não varia com a temperatura

19. Uma placa quadrada e homogênea é feita de um material cujo coeficiente de dilatação linear é igual a $8 \cdot 10^{-5}$ °C^{-1}. Qual o acréscimo de temperatura, em graus Celsius, necessário para que a placa tenha um aumento de 10% em sua área?

20. (UNIRIO – RJ) Um aluno pegou uma fina placa metálica e nela recortou um disco de raio r. Em seguida, fez um anel, também de raio r, com um fio fino do mesmo material da placa. Inicialmente, todos os corpos encontravam-se à mesma temperatura e, nessa situação, tanto o disco quanto o anel encaixavam-se perfeitamente no orifício da placa. Em seguida, a placa, o disco e o anel foram colocados dentro de uma geladeira até alcançarem o equilíbrio térmico com ela. Depois de retirar o material da geladeira, o que o aluno pôde observar?

a) Tanto o disco quanto o anel continuavam encaixando-se no orifício na placa.
b) O anel encaixava-se no orifício, mas o disco não.
c) O disco encaixava-se no orifício, mas o anel não.
d) Nem o disco nem o anel se encaixavam mais no orifício, pois ambos aumentaram de tamanho.
e) Nem o disco nem o anel se encaixavam mais no orifício, pois ambos diminuíram de tamanho.

21. Considere uma chapa de ferro, circular, com um orifício circular concêntrico. À temperatura inicial de 30 °C, o orifício tem diâmetro de 1,0 cm. A chapa é então aquecida a 330 °C. Calcule, em milímetros, a variação do diâmetro do orifício da chapa, se o coeficiente de dilatação linear do ferro é de $1{,}2 \cdot 10^{-5}$ °C^{-1}.

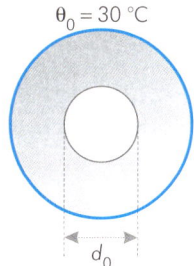

22. Um tubo de ensaio apresenta, a 0 °C, um volume interno (limitado pelas paredes) de 20 cm^3. Determine o volume interno desse tubo a 50 °C. O coeficiente de dilatação volumétrica média do vidro é $25 \cdot 10^{-6}$ °C^{-1}, para o intervalo de temperatura considerado.

23. (PUC – SP) Um sólido tem densidade igual a 10,1 g/cm^3, a 0 °C. Seu coeficiente de dilatação linear vale $\dfrac{10}{3} \cdot 10^{-5}$ °C^{-1}. Admitindo que os coeficientes de dilatação linear, superficial e volumétrica permaneçam constantes, a densidade do corpo a 100 °C valerá, em g/cm^3,

a) 9,5. b) 9,7. c) 9,75. d) 9,85. e) 10,00.

18.5. Dilatação Térmica dos Líquidos

Os líquidos dilatam-se obedecendo às mesmas leis que estudamos para os sólidos. Apenas devemos lembrar que, como os líquidos não têm forma própria, mas tomam a forma do recipiente, somente tem significado o estudo de sua dilatação volumétrica.

18.5.1. Dilatação aparente

Quando se observa a dilatação de um líquido, ele está obrigatoriamente contido em um frasco que é aquecido simultaneamente com ele. Assim, ambos se dilatarão e, como a capacidade do frasco aumenta, a dilatação que observaremos, para o líquido, será uma dilatação **aparente**. A dilatação **real** do líquido será maior do que a dilatação aparente, observada. Essa *dilatação real* é, evidentemente, igual à soma da dilatação aparente com a dilatação volumétrica do recipiente. Quando usamos um recipiente cujo coeficiente de dilatação é muito pequeno, a dilatação aparente do líquido torna-se praticamente igual à sua dilatação real.

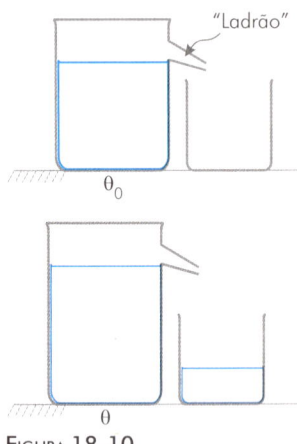

Figura 18-10.

Suponhamos que, em um experimento, o líquido em estudo preencha completamente o recipiente, na situação inicial (para evitar acidentes, é melhor usar um recipiente como o da Figura 18-10, estando a superfície livre do líquido no nível inferior de uma saída lateral, ou "ladrão"). Para efeitos práticos, consideraremos o volume inicial do líquido e a capacidade do frasco medidos até essa marca. Eventualmente, uma porção do líquido pode extravasar, em decorrência da dilatação.

A dilatação aparente do líquido também é proporcional ao volume inicial, V_0, e à variação de temperatura, $\Delta\theta$, de modo que:

$$\Delta V_{aparente} = V_0 \cdot \gamma_{aparente} \cdot \Delta\theta$$

Nessa expressão, $\gamma_{aparente}$ é o coeficiente de dilatação aparente do líquido. Sabemos também que a variação do volume do frasco é:

$$\Delta V_{frasco} = V_0 \cdot \gamma_{frasco} \cdot \Delta\theta$$

Naturalmente, o aumento real do volume do líquido deve corresponder ao volume extravasado somado ao aumento do volume do frasco. Em outras palavras, o aumento real do volume do líquido corresponde ao líquido que se derrama somado ao líquido que teria transbordado além deste, se o frasco não sofresse dilatação alguma. Então,

$$\Delta V_{real} = \Delta V_{aparente} + \Delta V_{frasco}$$

A partir dessa equação, podemos obter: $\gamma_{aparente} = \gamma_{líquido} - \gamma_{frasco}$.

Essa expressão permite concluir que a dilatação aparente de um líquido depende da natureza do líquido e do recipiente em que ele é colocado para ser aquecido.

18.5.2. Dilatação irregular da água

Como vimos, os corpos sólidos e líquidos, em geral, têm seu volume aumentado quando elevamos sua temperatura. Entretanto, algumas substâncias, **em determinados intervalos de temperatura**, apresentam um comportamento inverso, isto é, *diminuem* de volume quando sua temperatura aumenta. Assim, nesses intervalos essas substâncias têm um coeficiente de dilatação *negativo*.

A água, por exemplo, é uma substância que apresenta essa irregularidade na dilatação. *Quando a temperatura da água é aumentada, entre 0 °C e 4 °C, o seu volume diminui.* Elevando sua temperatura para valores superiores a 4 °C, ela se dilata normalmente. Portanto, certa massa de água tem seu volume mínimo a 4 °C, ou seja, sua densidade é máxima nessa temperatura. Dessa forma, podemos dizer que, de 0 °C a 4 °C, a densidade da água aumenta, pois o volume diminui nesse intervalo. Acima de 4 °C, o volume da água aumenta e, portanto, a densidade diminui. Sendo o volume da água mínimo a 4 °C, nessa temperatura ela apresenta sua densidade máxima. Veja a Figura 18-11.

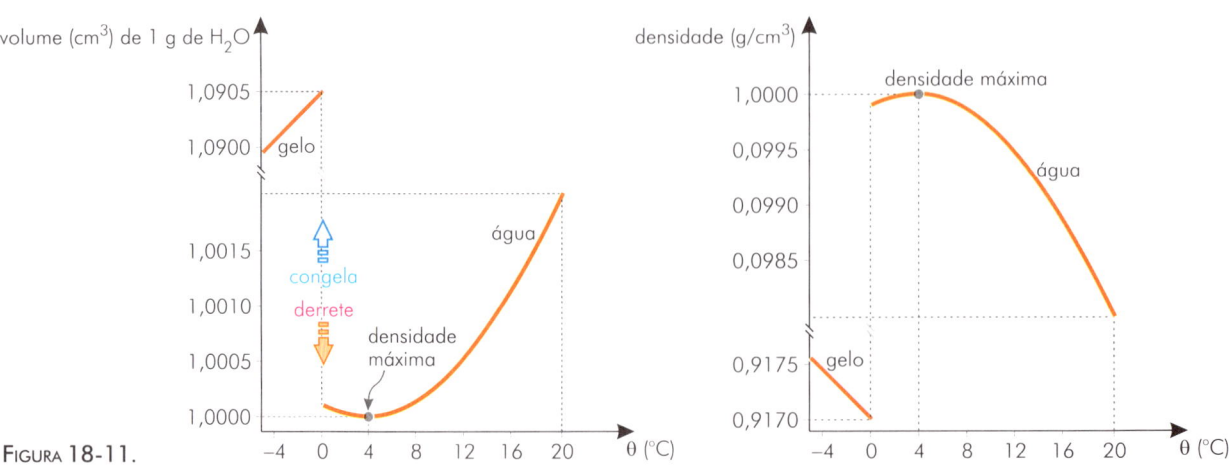

Figura 18-11.

O comportamento particular da água explica por que, em regiões muito frias, os lagos congelam na superfície, permanecendo líquida a água no fundo, a uma temperatura que permite a manutenção da vida animal e vegetal. Quando cai a temperatura ambiente, a água da superfície, mais fria e mais densa, desce, trocando de lugar com porções de água do fundo (esse processo, que será estudado no próximo capítulo, chama-se *convecção*).

No entanto, ao ser atingida a temperatura de 4 °C, a movimentação por diferença de densidade não é possível, pois, a essa temperatura, a água tem densidade máxima. Continuando o resfriamento do ambiente, a densidade da água superficial diminui, não podendo mais descer. Assim, chega a se formar gelo na superfície e a água no fundo permanece líquida. Contribui para esse fenômeno o fato de a água ser um mau condutor térmico, em qualquer fase.

Ao longo da costa do Peru, a água é uma das mais férteis do mundo, em virtude do fenômeno da "ressurgência". Banhando a costa oeste da América do Sul, temos uma corrente muito fria, chamada corrente de Humboldt, que vem da Antártida e passa pelo Chile, em direção ao norte. Chegando às costas do Peru, em virtude do aquecimento e do deslocamento das águas superficiais do oceano Pacífico, essa corrente se eleva, trazendo consigo uma grande quantidade de nutrientes, sulfatos e fosfatos. Essa grande disponibilidade de alimento propicia que organismos marinhos que são a base da cadeia alimentar – como as diatomáceas, os que constituem o zooplâncton e o fitoplâncton, por exemplo – se reproduzam em larga escala. Na foto, a coloração verde-amarelada é o resultado da intensa atividade biológica nessas águas.

Crédito da imagem: Jeff Schmaltz, MODIS Land Rapid Response Team at NASA GSFC.
Disponível em: <http://visibleearth.nasa.gov>. Acesso em: 3 set. 2007.

Exercício Resolvido

24. (UEL – PR) Um recipiente de vidro de capacidade $2,0 \cdot 10^2$ cm³ está completamente cheio de mercúrio, a 0 °C. Os coeficientes de dilatação volumétrica do vidro e do mercúrio são, respectivamente, $4,0 \cdot 10^{-5}$ °C⁻¹ e $1,8 \cdot 10^{-4}$ °C⁻¹. Aquecendo o conjunto a 100 °C, qual o volume de mercúrio que extravasa, em cm³?

Resolução:
O volume que transborda corresponde à variação de volume aparente, dada por:

$\Delta V_{aparente} = V_0 \cdot \gamma_{aparente} \cdot \Delta\theta$. Então,

$\Delta V_{aparente} = V_0 \cdot (\gamma_{Hg} - \gamma_V) \cdot \Delta\theta$

$\Delta V_{aparente} = 2,0 \cdot 10^2 \cdot (1,8 \cdot 10^{-4} - 0,4 \cdot 10^{-4}) \cdot 100$

$\Delta V_{aparente} = 2,0 \cdot 10^2 \cdot (1,4 \cdot 10^{-4}) \cdot 10^2$

$\Delta V_{aparente} = 2,8$ cm³

Resposta: o volume de mercúrio que extravasa do recipiente de vidro é igual a 2,8 cm³.

Exercícios Propostos

25. Ao abastecer o carro em um posto de gasolina, você compra o combustível por volume, e não por massa, isto é, você compra "tantos litros", e não "tantos quilogramas" de combustível. Assim, qual o melhor horário do dia para abastecer o carro, se você quer fazer economia?

26. Um posto recebeu 5.000 L de gasolina em um dia frio, em que a temperatura ambiente era 10 °C. No dia seguinte, a temperatura aumentou para 30 °C, situação que durou alguns dias, o suficiente para que a gasolina fosse totalmente vendida. Se o coeficiente de dilatação volumétrica da gasolina é igual a $1,1 \cdot 10^{-3}$ °C⁻¹, determine, *em litros*, o lucro do proprietário do posto, devido apenas à dilatação térmica.

27. Um frasco de vidro encontra-se totalmente cheio e em equilíbrio térmico, com 100,0 cm³ de mercúrio a 0 °C. Ao se aquecer o conjunto a 120 °C, o volume de 1,8 cm³ de mercúrio extravasou. Determine o coeficiente de dilatação volumétrica do vidro. Considere o coeficiente de dilatação volumétrica do mercúrio igual a $1,8 \cdot 10^{-4}$ °C⁻¹.

28. (UnB – DF) Uma grande rede de supermercados, pensando em baratear os custos e aumentar a confiabilidade de seu sistema anti-incêndio, concebeu o seguinte sis-

Exercícios Propostos

tema: uma caixa de água de 100.000 L foi instalada no ponto mais alto de cada loja, com um dispositivo capaz de manter a água a 22 °C. Instalou-se no fundo de cada caixa um sistema de válvula que funciona automaticamente quando há fogo. O sistema de válvula é composto de um orifício de 20 cm de diâmetro em uma chapa de aço, cujo coeficiente de dilatação linear é $1,1 \cdot 10^{-5}$ °C^{-1}. Uma esfera de 20,1 cm de diâmetro, feita de um material cujo coeficiente de dilatação é desprezível, atua como um "tampão" desse orifício.

Sobre o funcionamento desse sistema, julgue a veracidade dos itens seguintes.

(1) A válvula abrir-se-á quando a temperatura atingir 40 °C.

(2) A temperatura mínima à qual a válvula se abre está na faixa de 41 °C a 60 °C.
(3) A válvula não se abrirá, pois, em vez de se dilatar, o orifício diminuirá de diâmetro.
(4) A válvula somente passará a funcionar no instante em que a temperatura atingir 70 °C.
(5) A válvula somente funcionará se o fogo atingir efetivamente uma região muito próxima do orifício, fazendo que a temperatura local ultrapasse 450 °C.

29. Justifique, de modo sucinto, a afirmação: "Um corpo flutua em água a 20 °C. Quando a temperatura da água subir para 40 °C, o volume submerso do corpo aumentará".

Exercícios Complementares

30. Com respeito à temperatura, assinale a afirmação mais correta.
    a) A escala Celsius é utilizada em todos os países do mundo e é uma escala absoluta. A escala Kelvin só é usada em alguns países, por isso é relativa.
    b) A escala Kelvin é uma escala absoluta, pois trata do estado de agitação das moléculas, e é usada em quase todos os países do mundo.
    c) A escala Celsius é uma escala relativa e representa, realmente, a agitação das moléculas.
    d) As escalas Celsius e Kelvin referem-se ao mesmo tipo de medida e só diferem de um valor constante e igual a 273.
    e) A escala Celsius é relativa ao ponto de fusão do gelo e de vapor da água e o intervalo é dividido em 99 partes iguais.

31. Um pesquisador achou conveniente construir uma escala termométrica (*escala A*), baseada nas temperaturas de fusão do gelo e de ebulição da água. A sua escala assinala 40 °A e 100 °A quando a escala Celsius assinala, para essas temperaturas, os valores 10 °C e 30 °C, respectivamente. Determine as temperaturas correspondentes ao ponto de gelo e ao ponto de vapor na escala *A*.

32. Lendo um jornal brasileiro, um estudante encontrou a seguinte notícia: "Devido ao fenômeno *El Niño*, o verão no Brasil foi mais quente do que costuma ser, ocorrendo, em alguns locais, variações de até 20 °C em um mesmo dia". Se essa notícia fosse traduzida para o inglês, a variação de temperatura deveria ser dada na escala Fahrenheit. Que valor iria substituir a variação de 20 °C?

33. O verão de 2002 foi particularmente quente nos Estados Unidos da América. A diferença entre a máxima temperatura no verão e a mínima no inverno anterior foi de 60 °C. Qual o valor dessa diferença na escala Fahrenheit?
    a) 108 °F
    b) 60 °F
    c) 140 °F
    d) 33 °F
    e) 92 °F

34. Um estudante, no laboratório, deveria aquecer certa quantidade de água de 25 °C até 70 °C. Depois de iniciada a experiência, ele quebrou o termômetro de escala Celsius e teve de continuá-la com outro, de escala Fahrenheit. Em que posição do novo termômetro ele deve ter parado o aquecimento?
    a) 102 °F
    b) 38 °F
    c) 126 °F
    d) 158 °F
    e) 182 °F

35. (UnB – DF) Um turista brasileiro sente-se mal durante a viagem e é levado inconsciente a um hospital. Após recuperar os sentidos, sem saber em que local estava, é informado de que a temperatura de seu corpo atingira 104 graus, mas que já "caíra" de 5,4 graus. Passado o susto, percebeu que a escala termométrica utilizada era a Fahrenheit. Desta forma, na escala Celsius, a queda de temperatura de seu corpo foi de:
    a) 1,8 °C
    b) 3,0 °C
    c) 5,4 °C
    d) 6,0 °C
    e) 10,8 °C

36. Com o objetivo de recalibrar um velho termômetro com a escala totalmente apagada, um estudante o coloca em equilíbrio térmico, primeiro com gelo fundente e, depois, com água em ebulição, sob pressão atmosférica normal. Em cada caso, ele anota a altura atingida pela coluna de mercúrio: 10 cm e 30 cm, respectivamente, medida sempre a partir do centro do bulbo. A seguir, ele espera que o termômetro entre em equilíbrio térmico com o laboratório e verifica que, nessa situação, a altura da coluna

Exercícios Complementares

de mercúrio é de 18 cm. Qual a temperatura do laboratório na escala Celsius desse termômetro?

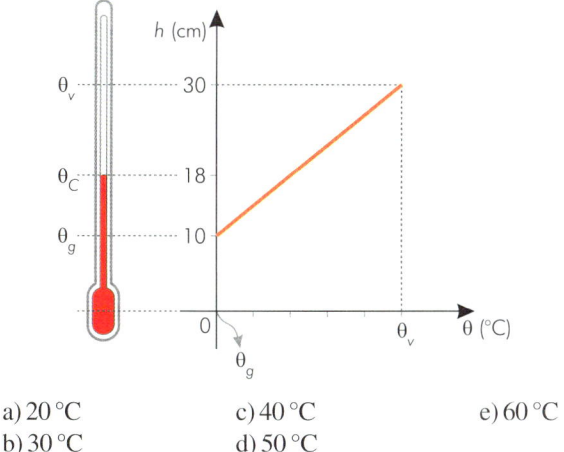

a) 20 °C
b) 30 °C
c) 40 °C
d) 50 °C
e) 60 °C

37. Sobre as escalas termométricas, julgue a veracidade das afirmações a seguir.

(1) Uma escala é denominada absoluta quando o seu zero coincide com o zero absoluto.

(2) Com o avanço da tecnologia atual, é possível obter a temperatura correspondente ao zero absoluto.

(3) Qualquer escala termométrica pode assumir valores negativos.

(4) Dado que a antiga escala Réaumur adotava 0 °Ré e 80 °Ré para os pontos de fusão do gelo e de ebulição da água, respectivamente, sob pressão normal, é correto afirmar que a temperatura em que as marcações nas escalas Réaumur e Fahrenheit têm valores numéricos iguais é 25,6 °F.

(5) As variações de temperatura marcadas por um termômetro graduado na escala Celsius sempre serão iguais, em valor numérico, às correspondentes variações de temperatura marcadas por um termômetro graduado na escala Kelvin.

38. Pode-se medir a temperatura com um termômetro de mercúrio. Neste, a grandeza termométrica é o comprimento L de uma coluna capilar, medida a partir de uma origem comum. Verifica-se que $L_1 = 2,34$ cm quando o termômetro está em equilíbrio térmico com o gelo em fusão, e $L_2 = 12,34$ cm quando o equilíbrio térmico é com a água em ebulição (em um ambiente em que a pressão atmosférica é 1 atm).

a) Calcule o comprimento da coluna de mercúrio quando a temperatura ambiente é igual a 25 °C.

b) Calcule a temperatura do ambiente quando $L = 8,84$ cm.

39. Uma ponte de aço apresenta comprimento de 1,0 km quando se encontra a 10 °C, e está localizada em uma cidade cujo clima provoca uma variação de temperatura da ponte entre 10 °C, na época mais fria, e 55 °C, na época mais quente. Qual será, em centímetros, a variação do comprimento da ponte para esses extremos de temperatura, sabendo que o coeficiente de dilatação linear médio do aço é de $1,1 \cdot 10^{-5}$ °C^{-1}?

40. (UNICAMP – SP) No dia 1.°, à 0 h de determinado mês, uma criança deu entrada no hospital com suspeita de meningite. Sua temperatura estava normal (36,5 °C). A partir do dia 1.°, a temperatura dessa criança foi plotada num gráfico através de um aparelho registrador contínuo. Esses dados caíram nas mãos de um estudante de Física, que verificou a relação existente entre a variação de temperatura ($\Delta\theta$), em graus Celsius, e o dia (t) do mês. O estudante encontrou a seguinte equação:

$$\Delta\theta = -0,20t^2 + 2,4t - 2,2$$

A partir dessa equação, julgue a veracidade das afirmações seguintes.

(1) A maior temperatura que essa criança atingiu foi 40,5 °C.

(2) A maior temperatura dessa criança foi atingida no dia 6.

(3) Sua temperatura voltou ao valor 36,5 °C no dia 12.

(4) Entre os dias 3 e 8, sua temperatura sempre aumentou.

(5) Se temperaturas acima de 43 °C causam transformações bioquímicas irreversíveis, então essa criança ficou com problemas cerebrais.

41. (UnB – DF) Duas barras cilíndricas, A e B, feitas do mesmo material homogêneo (aço), quando mantidas à mesma temperatura de 20 °C, têm secção transversal de mesma área e comprimento L e $2L$, respectivamente. A partir destas informações, julgue as afirmações seguintes.

(1) Se a temperatura das barras aumenta para 40 °C, e se observa que a variação do comprimento da barra A é ΔL, então a variação do comprimento da barra B deve ser $2\Delta L$.

(2) Em relação ao item anterior, como a variação de temperatura das duas barras é igual, então a energia térmica absorvida pela barra A é igual à energia térmica absorvida pela barra B.

(3) Com um aumento de 10 °C na temperatura da barra A, a dilatação é maior do que com um aumento de 10 °F na temperatura da mesma barra.

(4) Estando as duas barras à mesma temperatura, ao estabelecer contato térmico entre elas, não haverá transferência de energia térmica de uma barra para outra, já que estão em equilíbrio térmico.

42. (UnB – DF) Quando um corpo é aquecido, seus átomos agitam-se com maior intensidade e suas distâncias interatômicas médias se tornam maiores, acontecendo o fenômeno chamado dilatação térmica do corpo. As seguintes proposições dizem respeito a esse fenômeno físico. Julgue-as quanto a sua veracidade.

(1) A variação do comprimento de um corpo denomina-se dilatação linear.

Exercícios Complementares

(2) Um fio de cobre de 120 m de comprimento, submetido a um aumento de temperatura de 30 °C, terá seu comprimento variado em aproximadamente 61 mm. Considere o coeficiente de dilatação linear do cobre igual a $1{,}7 \cdot 10^{-5}$ °C^{-1}.

(3) Duas barras, A e B, que possuam o mesmo comprimento inicial, ao sofrerem a mesma elevação de temperatura, poderão ter dilatações diferentes.

(4) Trilhos de estrada de ferro são assentados com folgas que compensam suas dilatações em dias quentes, evitando assim a destruição do conjunto.

(5) Quando se aquece uma chapa perfurada, ela dilata como se fosse inteiriça, e, consequentemente, os furos diminuem com o aquecimento.

43. (UnB – DF) O coeficiente de dilatação linear médio de um fio metálico é definido por $\alpha = \dfrac{L - L_0}{L_0 \cdot \Delta\theta}$, onde θ é a variação de temperatura necessária para que o fio passe do comprimento L_0 ao comprimento L. Examine as proposições a seguir e julgue-as quanto a sua veracidade.

(1) O coeficiente de dilatação é o mesmo se o comprimento for medido em centímetros ou em polegadas.

(2) O coeficiente de dilatação é o mesmo se a temperatura for medida em graus Celsius ou em Fahrenheit.

(3) O coeficiente citado acima pode variar em função do intervalo $\Delta\theta$ preestabelecido.

(4) O coeficiente de dilatação linear médio depende do comprimento inicial, L_0.

44. As tampas metálicas dos recipientes de vidro são mais facilmente removidas quando o conjunto é imerso em água quente. Tal fato ocorre porque:

a) a água quente lubrifica as superfícies em contato, reduzindo o atrito entre elas.

b) a água quente amolece o vidro, permitindo que a tampa se solte.

c) a água quente amolece o metal, permitindo que a tampa se solte.

d) o metal dilata-se mais que o vidro, quando ambos são sujeitos à mesma variação de temperatura.

e) o vidro dilata-se mais que o metal, quando ambos são sujeitos à mesma variação de temperatura.

45. Nas estruturas de pontes, é muito comum notar-se um vão livre de pequenas dimensões deixado entre segmentos da construção. Esse vão é importante para permitir a livre dilatação do material, devido à variação de temperatura. Observa-se, em certa ponte, um vão de 5 cm a cada 10 m de segmento. Sabendo que a temperatura local varia, no máximo, em 50 °C, calcule o coeficiente de dilatação linear médio, em °C^{-1}, do material da ponte.

46. Considere uma chapa de ferro, circular, de raio 10 cm, a 10 °C. A chapa é aquecida até 210 °C. Se o coeficiente de dilatação linear médio do ferro é $1{,}2 \cdot 10^{-5}$ °C^{-1}, calcule a variação da área da chapa nesse intervalo de temperatura.

47. Uma chapa metálica sofre um aumento de área de 0,06% ao ser aquecida de 100 °C. Calcule, em °C^{-1}, o coeficiente de dilatação linear desse material.

48. Uma peça sólida tem uma cavidade, cujo volume, a 50 °C, é igual a 10 cm³. A peça é aquecida uniformemente até 550 °C. O coeficiente de dilatação linear do material de que é constituída a peça nesse intervalo de temperatura pode ser considerado constante e igual a 10^{-6} °C^{-1}. Calcule, em cm³, a variação do volume da cavidade.

49. Determinado posto de Brasília comprou 7.500 L de gasolina, em um dia em que a temperatura permaneceu constante e de valor igual a 35 °C. Devido a uma frente fria vinda do Sul, a temperatura de Brasília baixou e ficou constante, com valor igual a 15 °C, por alguns dias, tempo suficiente para o dono do posto vender todo o combustível adquirido.

Sabendo que o coeficiente de dilatação volumétrica da gasolina é $1{,}1 \cdot 10^{-3}$ °C^{-1}, determine, em litros, o prejuízo do dono do posto devido apenas à contração térmica.

50. O dono de um posto de gasolina consulta uma tabela de coeficientes de dilatação volumétrica, obtendo para o álcool o valor $1{,}0 \cdot 10^{-3}$ °C^{-1}. Assim, ele verifica que, se comprar 20.000 L de álcool em um dia em que a temperatura é de 27 °C e vendê-lo em um dia frio, em que a temperatura é de 15 °C, está tendo, devido apenas à contração térmica, um prejuízo de n litros. Qual o valor de n?

51. Um sistema de alarme que se baseia no fenômeno físico da dilatação térmica é esquematizado na figura a seguir. Ele apresenta um recipiente de vidro pirex®, que contém 1.000 cm³ de mercúrio a 20 °C. O alarme é acionado quando a temperatura do mercúrio atinge 70 °C, pois o nível do mercúrio dentro do recipiente atinge o ponto A, onde existe um terminal metálico, fechando o circuito elétrico. Considere que a área da secção transversal da parte superior do recipiente seja igual a 0,5 cm² e admita que a dilatação do recipiente de vidro pirex® possa ser desprezada.

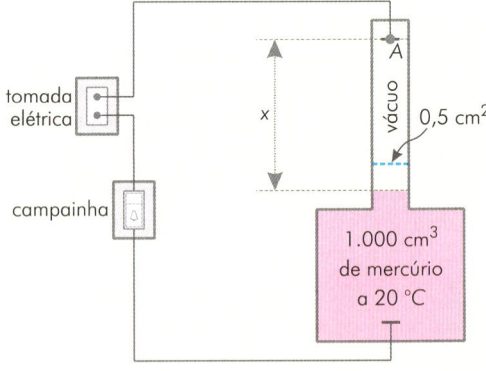

Com base nos dados do enunciado e no esquema mostrado na figura acima, julgue a veracidade das afirmações seguintes.

Exercícios Complementares

(1) Sendo $1{,}8 \cdot 10^{-4}\ °C^{-1}$ o coeficiente de dilatação volumétrica do mercúrio, é correto afirmar que o comprimento x (indicado na figura) mede 18 cm.

(2) Nesse caso, é correto afirmar que a dilatação volumétrica aparente do líquido é igual à dilatação volumétrica real do líquido.

(3) Caso o volume inicial do mercúrio (a 20 °C) fosse 10% maior, o novo valor para o comprimento x deveria ser 10% menor, para que o alarme continuasse sendo acionado a 70 °C.

(4) Suponha que o volume inicial de 1.000 cm³ de mercúrio estivesse à temperatura inicial de 25 °C, em vez de 20 °C. Nesse caso, o valor do comprimento x seria superior a 18 cm, para que o alarme continuasse sendo acionado a 70 °C.

(5) Ao montar o sistema, um técnico deseja fazer apenas uma modificação na configuração descrita no enunciado, para que o alarme seja acionado a uma temperatura inferior a 70 °C. Uma alteração possível seria o aumento da temperatura inicial do mercúrio ou a substituição do mercúrio por um líquido condutor cujo coeficiente de dilatação fosse inferior ao do mercúrio.

52. Quando um frasco completamente cheio de líquido é aquecido, ele transborda um pouco. O volume do líquido transbordado mede:

a) a dilatação absoluta do líquido.
b) a dilatação absoluta do frasco.
c) a dilatação aparente do frasco.
d) a dilatação aparente do líquido.
e) a dilatação do frasco mais a do líquido.

53. Um frasco, cuja capacidade a zero grau Celsius é 2.000 cm³, está completamente cheio com determinado líquido. O conjunto foi aquecido de 0 °C a 100 °C, transbordando 14 cm³ de líquido. O coeficiente de dilatação volumétrica aparente desse líquido, em relação ao material do frasco, é igual a:

a) $6{,}0 \cdot 10^{-6}\ °C^{-1}$
b) $7{,}0 \cdot 10^{-5}\ °C^{-1}$
c) $7{,}0 \cdot 10^{-4}\ °C^{-1}$
d) $5{,}0 \cdot 10^{-3}\ °C^{-1}$
e) $3{,}0 \cdot 10^{-6}\ °C^{-1}$

54. Julgue os itens a seguir.

(1) A elevação de temperatura acarreta um aumento na distância média entre os átomos de um sólido. Por isso, o sólido se dilata.

(2) Os ventos são causados pela variação da densidade de ar em camadas diferentemente aquecidas.

(3) Quando aquecemos um anel ou, de modo geral, uma placa que apresenta um orifício, verifica-se que, com a dilatação da placa, o orifício também tem as suas dimensões aumentadas, dilatando-se como se o orifício fosse feito do mesmo material da placa.

(4) Quando a temperatura da água é aumentada entre 0 °C e 4 °C, o seu volume permanece constante. Fazendo sua temperatura crescer acima de 4 °C, ela se dilata normalmente.

55. Nos países de inverno rigoroso, verifica-se o congelamento apenas da superfície dos lagos e rios. A água não congela completamente porque:

a) o máximo de densidade da água se verifica perto de 4 °C e o gelo, razoável isolante térmico, é menos denso que a água.

b) o ar esfria antes da água, congelando primeiro a superfície dos líquidos em contato com o referido ar e, daí, propagando o congelamento em profundidade.

c) a água em movimento dificilmente congela.

d) a água se comporta como a maioria dos líquidos em relação às variações de temperatura.

e) a água não se dilata.

56. Um líquido tem massa específica de 0,795 g/cm³ a 15 °C, e de 0,752 g/cm³ a 45 °C. Determine, em $°C^{-1}$, o coeficiente de dilatação volumétrica desse líquido.

19 Calorimetria

19.1. Introdução

Quando estudamos o conceito de equilíbrio térmico, vimos que, se dois corpos a temperaturas diferentes são colocados em contato, eles atingem, após certo tempo, a mesma temperatura. Durante algum tempo, buscou-se explicar esse fato com um modelo que supunha que todos os corpos continham, em seu interior, uma substância fluida, invisível, de peso desprezível, que era denominada *calórico*. Quanto maior fosse a temperatura de um corpo, maior seria a quantidade de calórico em seu interior. De acordo com esse modelo, quando dois corpos, a temperaturas diferentes, eram colocados em contato, havia passagem de calórico do corpo mais quente para o mais frio, acarretando uma diminuição na temperatura do primeiro e um aumento na temperatura do segundo corpo. Quando os corpos atingiam a mesma temperatura, o fluxo de calórico era interrompido e eles permaneciam, a partir daquele instante, em equilíbrio térmico.

A ideia do calórico não resistiu muito, acabando por ser substituída por outra, mais adequada, na qual o calor é considerado como uma forma de energia.

19.1.1. Calor é energia

A ideia de que calor é energia foi introduzida pelo engenheiro militar americano Benjamin Thompson (mais tarde, Conde de Rumford) que, em 1798, trabalhava na perfuração de canos de canhão. Observando o aquecimento das peças ao serem perfuradas, Rumford teve a ideia de atribuir esse aquecimento ao **trabalho** que era realizado pelo atrito, na perfuração. Em linguagem atual, a **energia** empregada na realização daquele trabalho era transferida para as peças, provocando uma elevação em suas temperaturas. A antiga ideia de que um corpo com temperatura elevada possuía grande quantidade de calórico começava a ser substituída por outra, que associava energia às partículas constituintes do corpo. Além de não depender da existência de um fluido quase fantasmagórico, a ideia de tratar o calor como uma modalidade de energia permite entender elevações de temperatura como resultado de transferências de outras modalidades de energia, notadamente as mecânicas, como Rumford percebeu.

O Sol é a estrela que fornece luz e calor para nosso planeta.

Modernamente, considera-se que, quando a temperatura de um corpo é aumentada, a energia total associada às suas partículas constituintes, denominada **energia interna**, também aumenta. Se esse corpo é colocado em contato térmico com outro, de temperatura mais baixa, tende a ocorrer transferência de energia do primeiro para o segundo, sendo essa modalidade de energia denominada **calor**. Portanto, o conceito moderno de calor é o seguinte:

> Calor é energia transferida espontaneamente de um corpo para outro, em virtude, unicamente, de uma diferença de temperatura entre eles.

19.1.2. Equilíbrio térmico

Se dois corpos com temperaturas diferentes são colocados em presença um do outro, isolados termicamente do meio ambiente, verifica-se que, após algum tempo, eles estão em equilíbrio térmico, isto é, apresentam a mesma temperatura. Concluímos que *houve transferência de energia do corpo mais "quente" para o corpo mais "frio"*, até que ambos apresentassem temperaturas iguais.

Considere dois corpos, A e B, em diferentes temperaturas, θ_A e θ_B, tais que $\theta_A > \theta_B$. Colocando-os em contato térmico (encostados, ou próximos, mas sem nada que interfira na transferência de calor), verifica-se que energia térmica é transferida de A para B, em busca da estabilidade do sistema constituído pelos dois corpos (Figura 19-1).

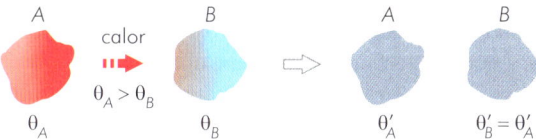

Figura 19-1. O corpo A cede calor ao corpo B, até as temperaturas se igualarem (no equilíbrio térmico, $\theta'_A = \theta'_B$).

Observações:

- O termo **calor** só deve ser usado para designar a energia enquanto ela está sendo transferida de um corpo para outro, em virtude de uma diferença de temperatura. A transferência de calor para um corpo acarreta um aumento na energia de agitação de suas partículas constituintes, ou seja, acarreta um aumento da *energia interna* do corpo, o que, em geral, provoca uma elevação de temperatura. Não se pode, portanto, dizer que "um corpo possui calor" ou que "a temperatura é uma medida do calor no corpo". O que um corpo possui é energia interna e, quanto maior é a sua temperatura, maior é essa energia interna.

- É importante observar, ainda, que a energia interna de um corpo pode aumentar sem que o corpo receba calor, desde que receba alguma outra modalidade de energia. Quando, por exemplo, agitamos uma garrafa contendo água, sua temperatura se eleva, apesar de a água não ter recebido calor. O aumento de energia interna, nesse caso, ocorreu em virtude da transferência de energia mecânica à água, ao realizarmos o trabalho de agitar a garrafa.

Quando fervemos um líquido, como a água, por exemplo, a transferência de energia aumenta a agitação de suas moléculas.

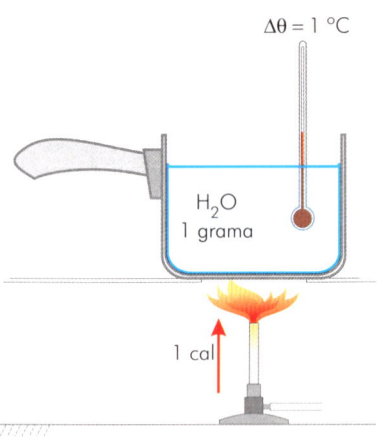

FIGURA 19-2.

19.1.3. Unidades de calor

Sabendo que calor é uma forma de energia, é evidente que certa quantidade de calor deve ser medida em unidades de energia. Então, no SI, medimos o calor em *joules*.

Entretanto, na prática, até hoje é usada outra unidade de calor, muito antiga (criada por Lavoisier, no final do século XVIII), denominada caloria e abreviada como "cal". Por definição, 1 cal é a quantidade de calor que deve ser transferida a 1 g de água para que sua temperatura se eleve de 1°C (o intervalo de temperatura em que foi definida essa unidade é de 14,5 °C a 15,5 °C). Veja a Figura 19-2.

Em uma série de importantes experimentos, Joule estabeleceu a relação entre essas duas unidades, encontrando, aproximadamente,

$$1 \text{ cal} = 4{,}18 \text{ J}$$

o que se convencionou chamar *equivalente mecânico do calor*.

19.2. Capacidade Térmica e Calor Específico

Você já reparou que corpos diferentes se aquecem de modos diferentes, mesmo quando aquecidos por uma mesma fonte de calor? Suponha que uma quantidade de calor igual a 500 cal fosse fornecida a um corpo *A* e que sua temperatura se elevasse de 15 °C; a mesma quantidade de calor (500 cal), fornecida a outro corpo, *B*, poderia provocar uma elevação de temperatura diferente, por exemplo, de 8 °C. De fato, fornecendo-se a mesma quantidade de calor a corpos diferentes, constata-se que eles, em geral, apresentam variações diferentes em suas temperaturas. Para caracterizar esse comportamento dos corpos, definiu-se a **capacidade térmica**, como segue.

Numericamente, a **capacidade térmica** (ou **capacidade calorífica**) de um corpo mede a quantidade de calor cujo ganho (ou perda) produz nele uma variação unitária de temperatura. Assim, se um corpo à temperatura inicial θ_1 recebe (ou perde) uma quantidade de calor Q, e sua temperatura passa a ser θ_2, de modo que ele sofre uma variação de temperatura correspondente a $\Delta\theta = \theta_2 - \theta_1$, sua capacidade térmica C é, por definição,

$$C = \frac{Q}{\Delta\theta}$$

em que Q é o valor absoluto da quantidade de calor recebida ou cedida pelo corpo e $\Delta\theta$ é o valor absoluto da variação de temperatura sofrida por ele. As unidades *usuais* da *capacidade térmica* são joules por grau Celsius (J/°C) e calorias por grau Celsius (cal/°C). A unidade SI é o joule por kelvin (J/K).

19.2.1. Calor específico dos materiais

De modo geral, o valor da capacidade térmica varia de um corpo para outro. Nota-se que corpos feitos de um mesmo material podem ter capacidades térmicas diferentes, desde que suas massas sejam diferentes.

Assim, se tomarmos blocos feitos de um mesmo material, de massas m_1, m_2, ..., m_n, suas capacidades térmicas C_1, C_2, ..., C_n serão diferentes (Figura 19-3). Entretanto, verificou-se que, dividindo-se a capacidade térmica de cada bloco pela sua massa, obtém-se o mesmo resultado para todos os blocos, isto é

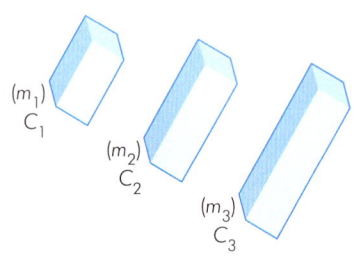

FIGURA 19-3. Blocos feitos de mesmo material.

$$\frac{C_1}{m_1} = \frac{C_2}{m_2} = \frac{C_3}{m_3} = \cdots = \frac{C_n}{m_n} \text{ (mesmo material)}$$

Vamos supor, por exemplo, que um corpo precise receber 50 calorias de energia térmica para que sua temperatura aumente em 2,0 °C. Dividindo esses dados, vamos encontrar para a *capacidade térmica* desse corpo 25 cal/°C. Isso significa que, para que a sua temperatura varie em 1 °C, esse corpo precisa receber (ou ceder) 25 cal.

A capacidade térmica por unidade de massa do corpo é denominada *calor específico* da substância que constitui o corpo, assim definido:

o *calor específico (c) de uma substância* é a quantidade de calor que uma unidade de massa dessa *substância* deve receber ou perder para que sua temperatura varie em um grau de temperatura.

Evidentemente, a capacidade térmica de um corpo (C), sua massa (m) e o calor específico do material de que ele é feito (c) relacionam-se por:

$$C = m \cdot c$$

O *calor específico* (c) indica a quantidade de calor que cada unidade de massa da substância precisa receber ou ceder para que sua temperatura varie em uma unidade. A unidade *usual* de calor específico é a caloria por grama por grau Celsius, cal/(g · °C). No SI, sua unidade é escrita J/(kg · K).

No chuveiro elétrico, a resistência fornece certa quantidade de calor para aquecer a água.

OBSERVAÇÕES:
- Note que o calor específico não depende da massa do corpo, pois é uma característica da substância e não do corpo.
- Observe atentamente: calor específico é propriedade de substância; capacidade térmica é característica de corpo.
- Verifica-se que o calor específico de um material pode apresentar variações, em determinadas circunstâncias, principalmente em função da temperatura. Por exemplo, quando uma substância sofre uma mudança de fase, seu calor específico é alterado.
- **TABELA 19-1.** Calor específico de algumas substâncias.

Substância	Calor específico em cal/(g · °C)	Substância	Calor específico em cal/(g · °C)
Alumínio	0,219	Gelo	0,550
Água (fase líquida)	1,000	Mercúrio	0,033
Bronze (liga metálica)	0,090	Ouro	0,031
Cobre	0,093	Platina	0,032
Chumbo	0,031	Prata	0,056
Estanho	0,055	Vapor-d'água	0,480
Ferro	0,119	Vidro	0,118
Álcool	0,590	Zinco	0,093

O conhecimento dos calores específicos das substâncias tem grande aplicação nos processos de aquecimento industrial, permitindo, por exemplo, calcular a quantidade de calor que uma substância deve absorver para atingir determinada temperatura e, consequentemente, a quantidade de combustível que deverá ser usada nesse processo.

19.3. O Calor Sensível e seu Cálculo

Expondo ao fogo uma barra de ferro, logo verificamos que ela se aquece, isto é, sofre uma elevação na sua temperatura. Quando um corpo recebe ou cede calor e este produz uma variação de temperatura, dizemos que o corpo recebeu ou cedeu *calor sensível* (a designação remonta ao século XVIII, e significa que os efeitos do calor podem ser *sentidos* pelo tato). Microscopicamente, calor **sensível** é a denominação dada à energia térmica que altera a energia cinética de translação das partículas, estando essa energia cinética diretamente ligada à temperatura do sistema.

A capacidade térmica de um corpo foi definida como sendo $C = \dfrac{Q}{\Delta \theta}$. Então, a quantidade de calor, Q, que um corpo absorve (ou libera) quando sua temperatura varia em $\Delta \theta$, é dada por:

$$Q = C \cdot \Delta \theta$$

Podemos, ainda, expressar Q em função do calor específico (c) e da massa (m) do corpo, lembrando que $c = \dfrac{C}{m}$, donde $C = m \cdot c$. Assim,

$$Q = m \cdot c \cdot \Delta \theta$$

Aquecer uma panela ao fogo é dar-lhe calor sensível, o que aumenta sua temperatura.

Chegamos, portanto, ao seguinte resultado: *a quantidade de calor, Q, absorvida ou liberada por um corpo de massa m e calor específico c, associada a uma variação $\Delta \theta$ na temperatura, pode ser calculada pela relação:*

$$\boxed{Q = m \cdot c \cdot \Delta \theta}$$ Equação fundamental da calorimetria.

Se não houver outras modalidades de energia envolvidas, quando a temperatura de um corpo se eleva, ele recebeu calor e, se a sua temperatura diminui, é porque ele cedeu calor. Nessas condições, a equação fundamental da calorimetria está, então, sujeita às seguintes convenções:

ELEVAÇÃO DE TEMPERATURA ⇔ CALOR RECEBIDO
Como $\Delta \theta = \theta_F - \theta_I$, se $\theta_F > \theta_I$ ⇒ $\Delta \theta > 0$ ⇒ $Q > 0$

DIMINUIÇÃO DE TEMPERATURA ⇔ CALOR CEDIDO
Como $\Delta \theta = \theta_F - \theta_I$, se $\theta_F < \theta_I$ ⇒ $\Delta \theta < 0$ ⇒ $Q < 0$

Exercícios Resolvidos

1. Um corpo de 300 g de massa é constituído por uma substância de calor específico igual a 0,6 cal/(g · °C). Considere que toda a quantidade de calor recebida ou cedida pelo corpo foi usada para variar sua temperatura.

Determine:
a) a quantidade de calor, em calorias, que o corpo deve receber, para que sua temperatura varie de 20 °C para 50 °C;
b) a quantidade de calor, em calorias, que o corpo deve ceder, para que sua temperatura diminua de 12 °C;
c) a capacidade térmica do corpo, em cal/°C.

Resolução:
a) Pela equação fundamental da calorimetria,
$$Q = m \cdot c \cdot \Delta \theta$$
$$Q = m \cdot c \cdot (\theta_F - \theta_I)$$

Substituindo os dados fornecidos pelo enunciado, temos:
$$Q = 300 \cdot 0,6 \cdot (50 - 20) \Rightarrow Q = 300 \cdot 0,6 \cdot 30$$
$$Q = 5.400 \text{ cal}$$

Como $Q > 0$, isso quer dizer que o corpo recebeu calor.

Exercícios Resolvidos

b) Pela equação fundamental da Calorimetria,
$$Q = m \cdot c \cdot \Delta\theta \Rightarrow Q = m \cdot c \cdot (\theta_F - \theta_I)$$
Substituindo os dados fornecidos pelo enunciado, temos:
$$Q = 300 \cdot 0,6 \cdot (-12)$$
$$Q = -2.160 \text{ cal}$$
Como $Q < 0$, isso quer dizer que o corpo perdeu calor.

c) Podemos calcular a capacidade térmica do corpo pela relação $C = m \cdot c$.

Substituindo os dados fornecidos pelo enunciado, temos:
$$C = 300 \cdot 0,6 \Rightarrow C = 180 \text{ cal/}°\text{C}$$
Alternativamente, poderíamos ter feito:
$$C = \frac{Q}{\Delta\theta}$$
No caso do item a,
$$C = \frac{5.400}{30} \Rightarrow C = 180 \text{ cal/}°\text{C}$$

---

2. O diagrama ao lado mostra como varia a temperatura de determinado corpo sólido, em função da quantidade de calor por ele absorvido.

Determine:
a) a capacidade térmica do corpo, em cal/°C.
b) o calor específico da substância que constitui esse corpo, sabendo que sua massa é de 400 g.

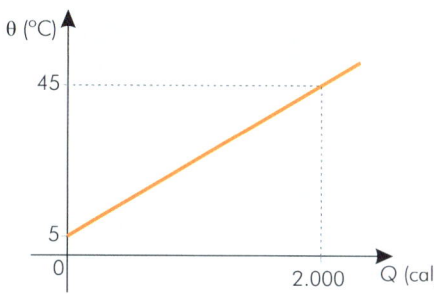

RESOLUÇÃO:

a) Podemos aplicar a relação $C = \frac{Q}{\Delta\theta}$. De acordo com o gráfico, para $\Delta\theta = (45 - 5) = 40\,°\text{C}$, temos:
$$Q = (2.000 - 0) \text{ cal} = 2.000 \text{ cal}.$$
Assim, $C = \frac{2.000}{40}$ ∴ $C = 50$ cal/°C

b) $C = m \cdot c \Rightarrow 50 = 400c \Rightarrow c = \frac{50}{400}$
$$c = 0,125 \text{ cal/}(g \cdot °\text{C})$$

---

3. Um corpo sólido absorve calor de uma fonte à razão constante de 2.000 cal/min. O gráfico da temperatura do corpo, em função do tempo, está indicado a seguir.

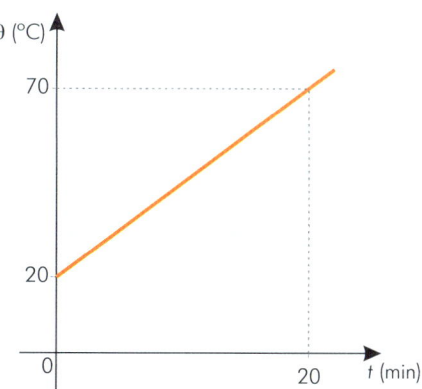

Nessas condições,
a) qual a capacidade térmica do corpo, em cal/°C?
b) qual o calor específico da substância que constitui o corpo, se a massa desse corpo é de 2.000 g?
c) se a massa do corpo é também de 2.000 g, porém o calor específico da substância que o constitui é de 0,8 cal/(g · °C), e se a fonte é a mesma considerada anteriormente, determine, em °C, a temperatura desse corpo ao final de 20 minutos, supondo que a sua temperatura no instante $t_0 = 0$ seja igual a 20 °C.

RESOLUÇÃO:

a) Pelo enunciado, o corpo recebe 2.000 cal a cada 1 minuto. Como a emissão de calor pela fonte é constante no intervalo de 20 min, a quantidade de calor absorvida pelo corpo será:
$$Q = 2.000 \frac{\text{cal}}{\text{min}} \cdot 20 \text{ min}$$
$$Q = 4 \cdot 10^4 \text{ cal}$$

Com base no gráfico, podemos concluir que, durante o intervalo de tempo de 20 minutos, a temperatura do corpo elevou-se de 20 °C até 70 °C. Assim,
$$\begin{cases} Q = 4 \cdot 10^4 \text{ cal} \\ \Delta\theta = 70 - 20 = 50\,°\text{C} \end{cases}$$
Aplicando a relação $C = \frac{Q}{\Delta\theta}$, temos:
$$C = \frac{4 \cdot 10^4}{50} \therefore C = 8 \cdot 10^2 \text{ cal/}°\text{C}$$

b) Sabemos que a capacidade térmica de um corpo (C) se relaciona com o calor específico da substância que o constitui (c), pela relação: $C = m \cdot c$. Assim,

Exercícios Resolvidos

$C = m \cdot c \Rightarrow 800 = 2.000 c$

$c = \dfrac{800}{2.000} \therefore c = 0,4 \text{ cal}/(g \cdot °C)$

c) A capacidade térmica do segundo corpo é:

$C' = m' \cdot c' \Rightarrow C' = 2.000 \cdot 0,8 \Rightarrow C' = 1.600 \text{ cal}/°C$

Como a fonte de aquecimento é a mesma, após 20 minutos a quantidade de calor absorvida será $Q = 4 \cdot 10^4$ cal (calculada no item *a*). Então,

$Q = m \cdot c' \cdot \Delta\theta$, mas $C' = m \cdot c'$

Assim,

$Q = C' \cdot (\theta_F - \theta_I)$

$4 \cdot 10^4 = 1.600 \cdot (\theta_F - 20)$

$\dfrac{40.000}{1.600} = \theta_F - 20$

$25 = \theta_F - 20$

$\theta_F = 25 + 20 \therefore \theta_F = 45 °C$

Exercícios Propostos

4. Com base nos seus conhecimentos sobre Calorimetria, julgue a veracidade das afirmações seguintes.

(1) Calor é a energia transferida de um sistema para outro, como resultado da diferença de temperatura entre o sistema e sua circunvizinhança.
(2) O calor específico de um corpo é a quantidade de calor que ele pode armazenar em dada temperatura.
(3) A capacidade calorífica de um corpo é a quantidade de calor que ele pode armazenar em dada temperatura.
(4) O calor específico sensível de determinada substância, em certa temperatura, é a quantidade de calor necessária para elevar sua temperatura desde o zero absoluto até a temperatura mencionada.
(5) Capacidade calorífica de um corpo é o seu calor específico por unidade de massa.

5. Por que o cabo das panelas é de madeira ou de plástico?

6. (MACK – SP) O diagrama a seguir representa a quantidade de calor absorvida por dois corpos, *A* e *B*, de massas iguais, em função da temperatura. A razão entre os calores específicos das substâncias que constituem os corpos *A* e *B* é:

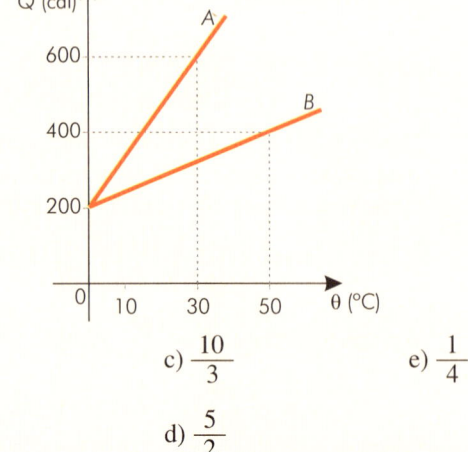

a) $\dfrac{2}{3}$ c) $\dfrac{10}{3}$ e) $\dfrac{1}{4}$

b) $\dfrac{3}{4}$ d) $\dfrac{5}{2}$

7. (UFMG) O gráfico a seguir mostra como variam as temperaturas de dois corpos, *A* e *B*, cada um de massa igual a 100 g, em função da quantidade de calor absorvida por eles.

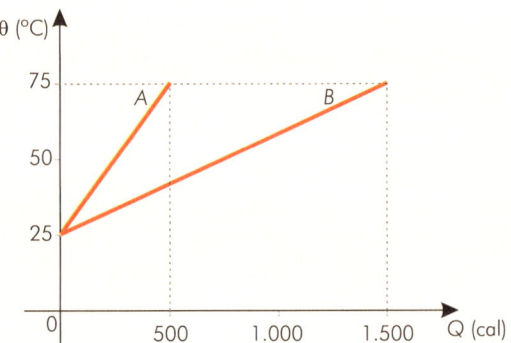

Os calores específicos dos corpos *A* (c_A) e *B* (c_B) são, respectivamente,

a) $c_A = 0,10 \text{ cal}/(g \cdot °C)$ e $c_B = 0,30 \text{ cal}/(g \cdot °C)$
b) $c_A = 0,067 \text{ cal}/(g \cdot °C)$ e $c_B = 0,20 \text{ cal}/(g \cdot °C)$
c) $c_A = 0,20 \text{ cal}/(g \cdot °C)$ e $c_B = 0,60 \text{ cal}/(g \cdot °C)$
d) $c_A = 0,10 \text{ cal}/(g \cdot °C)$ e $c_B = 30 \text{ cal}/(g \cdot °C)$
e) $c_A = 5,0 \text{ cal}/(g \cdot °C)$ e $c_B = 1,7 \text{ cal}/(g \cdot °C)$

8. (UFMG) Na figura, estão representados três corpos de materiais diferentes, cujas massas estão indicadas. Ao receberem quantidades iguais de calor, estes corpos sofrem a mesma variação de temperatura, isto é, possuem a mesma capacidade térmica. Massas iguais destes materiais, recebendo quantidades iguais de calor, sofrerão variações de temperatura Δt_1, Δt_2 e Δt_3, respectivamente, cuja relação é:

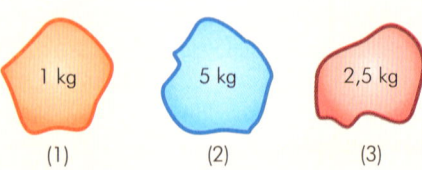

a) $\Delta t_2 > \Delta t_3 > \Delta t_1$ d) $\Delta t_1 > \Delta t_3 > \Delta t_2$
b) $\Delta t_2 > \Delta t_1 > \Delta t_3$ e) $\Delta t_1 = \Delta t_2 = \Delta t_3$
c) $\Delta t_3 > \Delta t_1 > \Delta t_2$

9. (UnB – DF – modificada) No interior de um forno elétrico, foram colocadas duas vasilhas de alumínio de mes-

Exercícios Propostos

mo formato, mas de dimensões diferentes. Sabendo que o coeficiente de dilatação superficial do alumínio é igual a $44 \cdot 10^{-6}\ °C^{-1}$, julgue as afirmações seguintes.

(1) Apesar de o ar dentro do forno aquecido estar à mesma temperatura das vasilhas, devido à diferença entre os calores específicos do ar e do alumínio, não se queima a mão ao introduzi-la no forno, mas pode-se queimá-la ao tocar em uma das vasilhas.

(2) Mesmo sendo de tamanhos diferentes, as duas vasilhas possuem a mesma capacidade térmica.

(3) Se a temperatura no interior do forno aumentar em 200 °C, a área do fundo de cada vasilha aumentará mais de 1,0%.

(4) O aquecimento das vasilhas dá-se apenas por condução.

(5) Colocando-se qualquer quantidade de água fria em uma das vasilhas recém-retiradas do forno quente, depois de atingido o equilíbrio térmico, as temperaturas da vasilha e da água terão sofrido variações iguais, já que o calor fornecido pela primeira é igual ao calor recebido pela segunda.

10. Um calorímetro sofre uma variação de temperatura de 40 °C, quando absorve uma quantidade de calor de 200 J.

   a) Qual a capacidade calorífica desse calorímetro, em J/K?

   b) Qual a quantidade de calor, em joules, necessária para elevar a temperatura desse calorímetro em 60 K?

11. Durante 20 minutos, 200 g de certo líquido são aquecidos por uma fonte de energia térmica que fornece 24 cal a cada minuto. Nesse intervalo de tempo, o líquido sofre uma variação de temperatura de 60 °C sem que se verifique mudança de fase da substância que constitui esse líquido. Determine, em cal/(g · °C), o calor específico sensível da substância que constitui o líquido.

12. Um chuveiro elétrico tem potência nominal de 4.000 W. A água entra no chuveiro a 20 °C, com vazão de 15 L/min. Determine, em °C, a temperatura da água ao deixar o chuveiro. Considere a densidade da água igual a 1,0 kg/L, o calor específico sensível da água igual a $4,0 \cdot 10^3\ J/(kg · °C)$ e que toda a energia fornecida pelo chuveiro foi usada para aquecer a água.

19.4. As Mudanças de Fase da Matéria

Em nosso dia a dia, a matéria ordinária apresenta-se de três maneiras diferentes, denominadas **fases**: *sólida*, *líquida* e *gasosa*. A pressão e a temperatura a que a substância for submetida determinarão a fase na qual ela se apresentará.

Do ponto de vista microscópico, na fase **sólida** as partículas constituintes do corpo (átomos ou moléculas) apresentam apenas movimento vibratório em torno de posições definidas, compondo uma rede organizada, chamada retículo cristalino. Existem fortes ligações entre as partículas, o que dificulta maior mobilidade. Assim, os sólidos possuem volume e forma bem definidos.

Na fase **líquida**, as interações entre as partículas ainda são suficientemente fortes para dificultar sua separação, mas insuficientes para manter uma organização regular. Assim, os líquidos possuem volume bem definido, porém forma variável.

A fase **gasosa** é caracterizada por uma interação entre as partículas suficientemente fraca para que elas possam se movimentar desordenadamente e com grande liberdade, o que permite que possam expandir-se por todo o volume disponível. Substâncias na fase gasosa (vapores e gases) não possuem volume nem forma definidos. A Figura 19-4 apresenta uma comparação das três fases térmicas da matéria.

Quando uma substância, em qualquer uma das fases, recebe ou cede energia térmica, pode sofrer uma mudança na intensidade da interação e na organização de suas partículas, passando de uma fase para outra.

Vejamos, na Figura 19-5, um esquema das possíveis mudanças de fase:

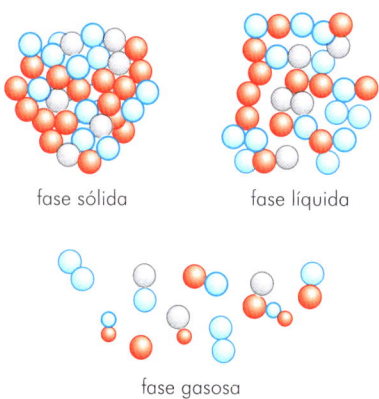

FIGURA 19-4.

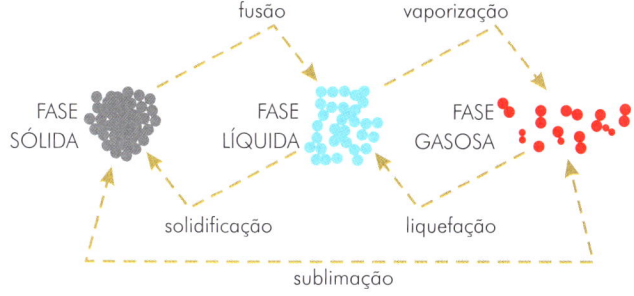

FIGURA 19-5. Fases térmicas da matéria e suas transformações.

Você Sabia?

As nuvens são formadas pela condensação do vapor-d'água presente na atmosfera.

A **fusão** é a passagem da fase sólida para a líquida. A transformação inversa dessa passagem é a **solidificação**.

A **vaporização** é a passagem da fase líquida para a gasosa. A transformação inversa dessa passagem é a **liquefação** (ou **condensação**).

A **sublimação** é a denominação dada à passagem da fase sólida para a gasosa, sem que a substância passe por uma fase líquida intermediária. A transformação inversa é denominada **sublimação inversa** ou **deposição**.

Entre essas transformações, as que ocorrem por recebimento de calor são denominadas **endotérmicas**. São elas: a fusão, a vaporização e a sublimação (sólido para gasoso).

Ao contrário, a solidificação, a liquefação e a sublimação (gasoso para sólido) são **exotérmicas**, já que se devem a perdas de energia térmica.

19.5. Quantidade de Calor Latente

Foi Joseph Black (1728-1799), um químico escocês, quem, pela primeira vez, observou que as mudanças de fase de substâncias puras ocorriam sem alteração na temperatura, contrariamente ao que pensavam os cientistas da época. Black utilizou um termômetro para fazer medidas e cunhou, em 1760, o termo *latente* para designar esse calor que não produzia alteração na sensação táctil.

A denominação **calor latente** é dada à energia térmica que é absorvida ou perdida na forma de energia potencial de agregação, interferindo no arranjo físico das partículas do sistema e provocando uma mudança de fase sem, no entanto, alterar a temperatura.

Por exemplo, constata-se que, sob pressão normal, para que o gelo se derreta, deve receber, por grama, 80 calorias, mantendo-se a temperatura constante a 0 °C. Essa quantidade (80 cal/g) é denominada calor específico latente do gelo, representada por $L_F = 80$ cal/g.

O **calor específico latente**, L, de um material informa a quantidade de calor que uma unidade de massa desse material precisa receber ou ceder exclusivamente para mudar de estado de agregação.

Durante o derretimento, o gelo se mantém a uma temperatura constante, próxima de 0 °C.

Então, a quantidade de calor, Q, que uma massa qualquer desse material deve perder ou receber, exclusivamente para mudar de estado de agregação, é o produto da massa, m, pelo calor específico latente, L:

$$Q = m \cdot L$$

Adotando convenção de sinais análoga e compatível com a adotada para a quantidade de calor sensível (a quantidade de calor é positiva, $Q > 0$, quando o corpo recebe calor e negativa, $Q < 0$, quando o cede), então o calor específico latente será positivo ou negativo, conforme a mudança de fase ocorra com ganho ou perda de calor. Por exemplo, sob pressão normal:

- fusão do gelo (a 0 °C) $\Rightarrow$ $L_F = 80$ cal/g
- solidificação da água (a 0 °C) $\Rightarrow$ $L_S = -80$ cal/g
- vaporização da água (a 100 °C) $\Rightarrow$ $L_V = 540$ cal/g
- condensação do vapor (a 100 °C) $\Rightarrow$ $L_C = -540$ cal/g

19.6. As Leis da Fusão

O processo de fusão de substâncias puras obedece a princípios básicos, empíricos, muitas vezes chamados leis da fusão, enunciadas a seguir.

- A uma dada pressão, a temperatura na qual ocorre a fusão é determinada para cada substância pura.
- Se um corpo sólido se encontra em seu ponto de fusão, é necessário fornecer calor a ele para que ocorra a mudança para a fase líquida. A quantidade de calor que deve ser fornecida, por unidade de massa, denominada *calor de fusão*, é característica de cada substância pura.
- Durante a fusão, a temperatura do sólido permanece constante, bem como a porção líquida imediatamente formada.

Evidentemente, as leis da fusão de uma substância pura são igualmente válidas para o processo inverso, bastando inverter o sentido da troca de calor (retirar calor, em vez de fornecer).

Para que o gelo do copo se derreta, certa quantidade de calor deve ser fornecida ao sistema.

19.7. Os Processos de Vaporização

A passagem do estado líquido para o estado gasoso pode ocorrer principalmente de duas maneiras: por evaporação e por ebulição.

1) **Evaporação**: processo espontâneo, no qual a passagem se faz lentamente, a qualquer temperatura. Uma roupa molhada, por exemplo, torna-se seca devido à evaporação da água.
2) **Ebulição**: a passagem se faz rapidamente, a uma temperatura determinada para cada líquido, a uma dada pressão. A água em uma panela só começa a ferver, isto é, só entra em ebulição, quando sua temperatura atinge determinado valor; o processo é forçado.

19.7.1. As leis da ebulição

- A uma dada pressão, a temperatura na qual ocorre a ebulição é determinada para cada substância pura.
- Se um líquido se encontra em seu ponto de ebulição, é necessário fornecer calor a ele para que ocorra a transição forçada para a fase gasosa. A quantidade de calor que deve ser fornecida, por unidade de massa, é denominada *calor latente de vaporização*, e é característica de cada substância pura.

- Durante a ebulição, apesar do calor continuamente fornecido ao líquido, sua temperatura permanece constante; o vapor imediatamente formado encontra-se à mesma temperatura do líquido.

As leis da ebulição de uma substância são válidas, com as mudanças naturais, para a condensação, que ocorre em sentido inverso.

19.7.2. Evaporação

Sabemos que as moléculas de um líquido, a qualquer temperatura, encontram-se em constante agitação, movendo-se em todas as direções, com velocidades variáveis. Havendo uma superfície do líquido livre (por exemplo, aberta para a atmosfera), algumas moléculas, ao alcançarem a superfície com velocidades suficientemente elevadas, conseguem escapar do seio do líquido. Após escaparem, essas moléculas passam a uma situação em que se encontram muito afastadas umas das outras, de modo que a força entre elas é praticamente nula, o que caracteriza a fase gasosa.

Esse é o processo de *evaporação* do líquido. Observe que, à medida que ocorre a evaporação, as moléculas de maior velocidade vão abandonando o líquido. Consequentemente, a temperatura do líquido tende a diminuir, pois a energia cinética média das moléculas que nele permanecem torna-se menor.

A velocidade com que um líquido se evapora é influenciada, principalmente, pelos seguintes fatores:

Durante a vaporização, as moléculas do líquido que atingem altas velocidades, conseguem se desprender, constituindo o vapor.

- natureza do líquido: há líquidos que normalmente apresentam velocidade de evaporação elevada; são os chamados líquidos voláteis, como éter, álcool, benzina. Outros evaporam lentamente; são os chamados líquidos fixos, como óleo e mercúrio;
- temperatura: quanto maior for a temperatura do líquido, maior será a rapidez com que ele evapora. Microscopicamente, a energia cinética média de suas moléculas aumenta e, portanto, haverá maior número de moléculas capazes de escapar através da superfície do líquido;
- superfície livre: a velocidade de evaporação de um líquido aumenta quando a área da superfície livre do líquido é aumentada. A razão é estatística: de fato, quanto maior for essa área, maior será o número de moléculas que poderão atingir a superfície por unidade de tempo, sendo que apenas uma fração das quais tem energia suficiente para escapar;
- pressão externa: quanto maior a pressão sobre o líquido, mais difícil se torna a formação de vapor, diminuindo a velocidade de evaporação;
- concentração de vapor: quando ocorre a evaporação, algumas moléculas da fase gasosa, que se localizam próximas à superfície do líquido, em seu constante movimento, incorporam-se novamente ao líquido. Assim, se a quantidade de moléculas na fase gasosa, próximas à superfície, for muito grande, a velocidade de evaporação será pequena, pois muitas moléculas voltam para a fase líquida. É por isso que movimentos de ar, como brisas, facilitam a evaporação, afastando as moléculas recém-egressas da superfície líquida.

19.8. Influência da Pressão

Verifica-se experimentalmente que, se variarmos a pressão exercida sobre uma substância, a temperatura na qual ela muda de fase sofrerá alterações. Devemos lembrar, ainda, que, quando dissemos que o gelo se funde a 0 °C e a água entra em ebulição a 100 °C, destacamos que isso ocorre se a pressão for de 1 atm.

19.8.1. Influência da pressão na temperatura de fusão

Quando um corpo se funde, de modo geral, ele aumenta de volume. Para uma substância que tenha esse comportamento, observa-se que *um aumento na pressão exercida sobre ela acarreta um aumento em sua temperatura de fusão* (e, consequentemente, em sua temperatura de solidificação).

Algumas poucas substâncias, entre as quais a água, fogem do comportamento geral, diminuindo de volume ao se fundirem. Portanto, o volume de uma dada massa de água aumenta quando ela se transforma em gelo. É por esse motivo que uma garrafa cheia de água, colocada em um congelador, quebra-se quando a água se solidifica. Para essas substâncias, ditas anômalas, *um aumento na pressão acarreta uma diminuição na temperatura de fusão*. Como sabemos, o gelo funde-se a 0 °C somente se a pressão sobre ele for de 1 atm. Se aumentarmos essa pressão, ele se fundirá a uma temperatura *inferior* a 0 °C e, reciprocamente, a uma pressão inferior a 1 atm sua temperatura de fusão será superior a 0 °C.

19.8.2. Influência da pressão na temperatura de ebulição

A vaporização ocorre graças à fuga de partículas através da fronteira líquido-gás; assim, *um aumento na pressão acarreta um aumento na temperatura de ebulição*, pois uma pressão mais elevada tende a dificultar a vaporização, literalmente empurrando as partículas de volta à superfície do líquido (Figura 19-6).

É por conta desse fenômeno que foram desenvolvidas as panelas de pressão. Como você sabe, qualquer substância, ao se vaporizar, aumenta de volume. Em uma panela aberta, com pressão de 1 atm, a água entra em ebulição a 100 °C e sua temperatura não ultrapassa esse valor. Na panela de pressão, os vapores formados e impedidos de escapar ajudam a pressionar a superfície da água, podendo a pressão total atingir cerca de 2 atm. Com isso, a água só entrará em ebulição por volta dos 120 °C, fazendo com que os alimentos sejam cozidos mais rapidamente.

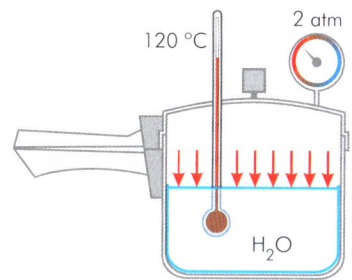

FIGURA 19-6.

Exercícios Resolvidos

13. O gráfico a seguir representa o comportamento da temperatura de um corpo, em função da quantidade de calor que ele recebe. O corpo tem 50 g de massa e está, inicialmente, na fase sólida.

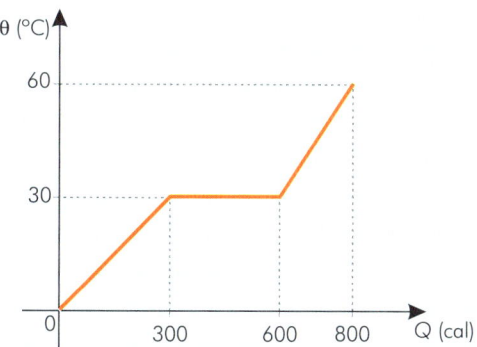

Determine:
a) a capacidade térmica do corpo na fase sólida, em cal/°C;
b) a temperatura de fusão, em °C, e a quantidade de calor absorvida pelo corpo durante a fusão, em cal;
c) o calor específico latente de fusão, em cal/g;
d) o calor específico sensível da substância que constitui o corpo, na fase líquida, em cal/(g · °C).

RESOLUÇÃO:

a) A capacidade calorífica ou térmica de um corpo pode ser obtida pela relação: $C = \dfrac{Q}{\Delta \theta}$. Assim,

$$C = \dfrac{300}{30} \quad \therefore \quad C = 10 \text{ cal/°C}$$

b) Pelo gráfico, podemos observar que, ao atingir a temperatura de 30 °C, a massa que constitui o corpo absorve calor sem variar de temperatura. Como inicialmente tínhamos a massa na fase sólida, então o patamar indica onde ocorreu a fusão dessa massa. Assim, a temperatura de fusão dessa massa é de 30 °C e a quantidade de calor necessária para que ocorra essa mudança de fase é igual a (600 − 300) = 300 cal.

c) Sendo $Q_{fusão} = m \cdot L_F$, temos:

$$300 = 50 \cdot L_F$$

$$L_F = \dfrac{300}{50} \quad \therefore \quad L_F = 6{,}0 \text{ cal/g}$$

Exercícios Resolvidos

d) Aplicando a equação fundamental da calorimetria, temos:

$$Q = m_L \cdot c_L \cdot \Delta\theta \Rightarrow Q = m_L \cdot c_L \cdot (\theta_F - \theta_I)$$
$$200 = 50c_L \cdot (60 - 30) \Rightarrow 200 = 50c_L \cdot 30$$
$$c_L = \frac{200}{1.500} \cong 0{,}13 \text{ cal/(g} \cdot {}°\text{C)}$$

14. A curva de aquecimento do gráfico a seguir refere-se à água. Inicialmente no estado sólido, uma massa de 100 g de gelo a –15 °C sofre aquecimento, funde-se totalmente e, a seguir, na fase líquida, é aquecida até atingir a temperatura de 50 °C. Considere os seguintes dados: calor específico sensível da água na fase sólida = 0,50 cal/(g · °C); na fase líquida = 1,00 cal/(g · °C); e calor específico latente de fusão do gelo = 80 cal/g.

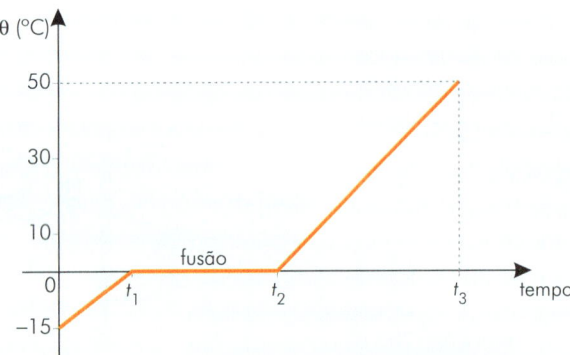

Calcule:

a) a quantidade de calor sensível que provocou a variação de temperatura no gelo, em cal;

b) a quantidade de calor latente usada na fusão do gelo, em cal;

c) a quantidade de calor sensível que provocou a variação de temperatura na água de 0 °C até 50 °C, em cal;

d) a quantidade total de calor usada na situação descrita, em kcal.

RESOLUÇÃO:

a) O gelo teve sua temperatura variando no intervalo de tempo $(0; t_1)$ e a quantidade de calor necessária para que ocorresse essa variação de temperatura foi:

$$Q_1 = m_g \cdot c_g \cdot \Delta\theta \Rightarrow Q_1 = m_g \cdot c_g \cdot (\theta_F - \theta_I)$$
$$Q_1 = 100 \cdot 0{,}50 \cdot [0 - (-15)] \Rightarrow Q_1 = 100 \cdot 0{,}50 \cdot 15$$
$$Q_1 = 750 \text{ cal}$$

b) A fusão do gelo ocorreu no intervalo $(t_1; t_2)$ e a quantidade de calor necessária para que ocorresse essa mudança de fase foi:

$$Q_2 = m_g \cdot L_{fusão} \Rightarrow Q_2 = 100 \cdot 80 \therefore Q_2 = 8.000 \text{ cal}$$

c) A água resultante da fusão do gelo teve sua temperatura variando de 0 °C até 50 °C, entre os instantes t_2 e t_3. A quantidade de calor necessária para que ocorresse essa variação de temperatura foi:

$$Q_3 = m_a \cdot c_a \cdot \Delta\theta$$
$$Q_3 = m_a \cdot c_a \cdot (\theta_F - \theta_I)$$
$$Q_3 = 100 \cdot 1{,}00 \cdot (50 - 0) \therefore Q_3 = 5.000 \text{ cal}$$

d) A quantidade total de calor usada foi:

$$Q_T = Q_1 + Q_2 + Q_3$$
$$Q_T = 750 + 8.000 + 5.000$$
$$Q_T = 13.750 \text{ cal} = 13{,}750 \text{ kcal}$$

Exercícios Propostos

15. Calcule, em kcal, a quantidade de calor necessária para que 400 g de gelo a –30 °C sejam totalmente transformados em água líquida a 40 °C, sob pressão normal. Considere os seguintes dados: calor específico latente da fusão do gelo = 80 cal/g; calor específico sensível do gelo = 0,50 cal/(g · °C) e calor específico sensível da água = 1,00 cal/(g · °C)

16. (UERJ – RJ) Em casa, é tarefa da filha encher os recipientes de fazer gelo. Ela pôs 100 g de água, inicialmente a 20 °C, em um dos recipientes e o colocou no *freezer*. Determine, em kcal, a quantidade de calor que a água do recipiente deve perder para que se converta totalmente em gelo a 0 °C. São dados: calor específico latente de fusão do gelo = 80 cal/g e calor específico sensível da água = 1,0 cal/(g · °C).

17. (UERJ) Um técnico, utilizando uma fonte térmica de potência eficaz igual a 100 W, realiza uma experiência para determinar a quantidade de energia necessária para fundir completamente 100 g de chumbo, a partir da temperatura de 27 °C. Ele anota os dados da variação de temperatura em função do tempo, ao longo da experiência, e constrói o gráfico lado.

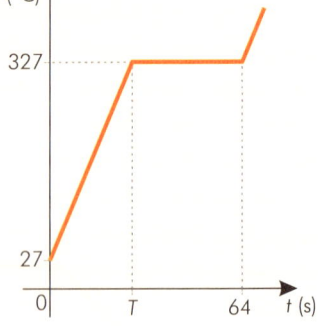

Se o chumbo tem calor específico sensível igual a 0,13 J/(g · °C) e calor específico latente de fusão igual a 25 J/g, então o instante *T*, do gráfico, em segundos, e a energia total consumida, em joules, correspondem, respectivamente, a:

a) 25 e 2.500
b) 39 e 3.900
c) 25 e 5.200
d) 39 e 6.400
e) 15 e 1.500

Exercícios Propostos

18. Uma pessoa coloca 500 g de água a 20 °C em um recipiente metálico, que é, em seguida, introduzido no congelador de uma geladeira. Nessas condições, a água passa a liberar calor à taxa constante de 50 cal/s, e sua temperatura começa a baixar, de maneira uniforme, em todos os pontos de sua massa. O calor sensível da água é igual a 1,0 cal/(g · °C) e o calor específico latente de fusão do gelo é igual a 80 cal/g. Se retirar o recipiente do congelador, após um intervalo de tempo de 200 s, a pessoa encontrará:
a) 500 g de gelo a 0 °C.
b) 250 g de gelo e 250 g de água, ambos a 0 °C.
c) 500 g de água a 0 °C.
d) 500 g de gelo a uma temperatura menor que 0 °C.
e) 500 g de água a uma temperatura maior que 0 °C.

19. (UnB – DF) Em relação às trocas de calor, julgue a veracidade das afirmações seguintes, considerando estes dados: calor específico latente de fusão do gelo = 80 cal/g; calor específico latente de vaporização da água = 540 cal/g; calor específico sensível da água = 1,0 cal/(g · °C); e calor específico sensível do gelo = 0,5 cal/(g · °C).

(1) São necessárias 725 cal para converter 1 g de gelo a -10 °C em vapor a 100 °C.
(2) Um quilograma de mercúrio tem menor capacidade térmica do que um quilograma de água, pois o calor específico do mercúrio é menor do que o da água.
(3) Se um corpo A tem o dobro da massa e o dobro do calor específico de um corpo B, então, quando A e B recebem a mesma quantidade de calor, as variações de temperatura de ambos são iguais.
(4) Para que 200 g de pedras de gelo a 0 °C sejam derretidas, esfregando-se umas contra as outras, é necessário que se realize um trabalho de 160 cal.

20. (PUCCAMP – SP) Dispõe-se de uma fonte térmica de potência constante. Ela aquece, em 5,0 minutos, 600 g de água de 20 °C a 80 °C. Colocando um sólido em fusão em contato com a fonte, verifica-se que 200 g do sólido fundem-se em 2,0 minutos. Sendo o calor específico sensível da água igual a 1,0 cal/(g · °C), o calor específico latente de fusão do material sólido, em cal/g, vale:
a) 144   b) 100   c) 84   d) 72   e) 36

21. Para refrescar uma bebida, costuma-se misturar a ela cubos de gelo a 0 °C.
A razão de preferir-se colocar gelo, a 0 °C, em vez da mesma massa de água a 0 °C é que
a) parte do calor necessário para fundir o gelo é aproveitada para resfriar a bebida.
b) tendo o gelo densidade menor que a água, ele flutua, e a água da fusão acumula-se na bebida.
c) a temperatura de fusão do gelo é igual à temperatura de congelamento da água.
d) o gelo condensa o vapor da água, esfriando assim a bebida.
e) o gelo retira o seu calor latente de fusão do ar ambiente, cedendo-o ao líquido da bebida.

22. (PUC – RJ) Um objeto sólido de 0,1 kg de massa, inicialmente à temperatura de 30 °C, é aquecido. O gráfico de sua temperatura em função da quantidade de calor que lhe é fornecida, em kJ, é dado a seguir.

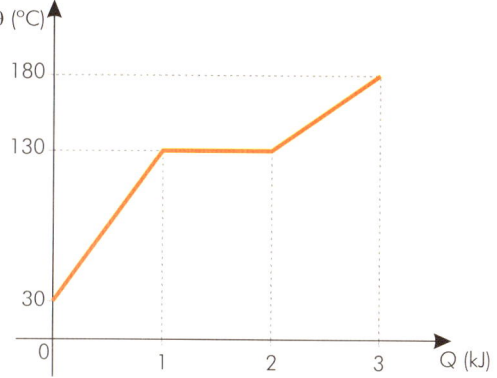

A partir dos dados apresentados no gráfico, obtenha, em unidades SI:
a) o calor específico latente de fusão (L_F) do material que constitui o bloco;
b) o calor específico sensível do material que constitui o bloco na fase sólida (c_S);
c) o calor específico sensível do material que constitui o bloco na fase líquida (c_L).

23. (UFJF – MG) Quando uma pessoa cozinha um ovo numa vasilha com água, pode diminuir a intensidade da chama do fogo que aquece a vasilha tão logo a água começa a ferver. Baseando-se na Física, assinale a opção que explica por que a pessoa pode diminuir a intensidade da chama e ainda assim a água continua a ferver.
a) Durante a mudança de estado, a quantidade de calor cedido à água diminui e sua temperatura aumenta.
b) Durante a mudança de estado, a quantidade de calor cedido para a água aumenta e sua temperatura diminui.
c) Apesar de o calor estar sendo cedido mais lentamente, na mudança de estado, enquanto houver água em estado líquido na vasilha, sua temperatura não variará.
d) O calor é cedido mais lentamente para a água, aumentando a temperatura de mudança de estado da água.
e) O calor é cedido mais lentamente para a água, diminuindo a temperatura de mudança de estado da água.

24. Um botijão de gás liquefeito de petróleo (gás de cozinha) apresenta um intenso vazamento na válvula. Podemos afirmar que
a) o botijão ficará com a temperatura inalterada.
b) o botijão ficará com a temperatura muito baixa, pois cederá energia ao gás, para que este se vaporize.
c) o botijão ficará muito quente, porque o gás cederá energia ao botijão, para se vaporizar.

Exercícios Propostos

d) o botijão ficará muito quente, porque o gás escapa com grande velocidade.

25. Um estudante, para confirmar as informações que tivera na escola a respeito do fenômeno da evaporação, colocou 200 gramas de éter em um pires e mediu o tempo que levou para o líquido desaparecer completamente. Obteve o intervalo de tempo de 20 minutos. Com esses dados, calculou a velocidade de evaporação do líquido. A seguir, repetiu a experiência mais quatro vezes, alterando uma só condição por vez.

   I. Colocou os 200 gramas de éter em um pires maior.
   II. Ligou um ventilador voltado para o pires.
   III. Colocou o pires sobre a chama de uma vela.
   IV. Substituiu os 200 gramas de éter por 200 gramas de óleo.

Calcule a velocidade média de evaporação que o estudante obteve inicialmente. A seguir, comente se esse valor aumentou, diminuiu ou permaneceu constante, em cada uma das experiências que ele realizou, justificando o acontecido.

26. A água entra em ebulição a 100 °C, quando submetida a uma pressão de 1 atm. Um antigo livro de Física diz que "é possível que a água entre em ebulição à temperatura ambiente". Sobre esse enunciado, podemos seguramente afirmar que

a) é verdadeiro somente se a pressão sobre a água for muito menor que 1 atm.
b) é falso, não havendo possibilidade de a água entrar em ebulição à temperatura ambiente.
c) é verdadeiro somente se a pressão sobre a água for muito maior que 1 atm.
d) é verdadeiro somente se a temperatura ambiente for muito elevada, como ocorre em clima de deserto.
e) é verdadeiro somente para a "água pesada", tipo de água em que cada átomo de hidrogênio é substituído por seu isótopo, conhecido como deutério.

27. (ENEM) O Sol participa do ciclo da água, pois, além de aquecer a superfície da Terra, dando origem aos ventos, provoca a evaporação da água dos rios, lagos e mares. O vapor da água, ao se resfriar, condensa-se em minúsculas gotinhas, que se agrupam formando as nuvens, neblinas ou névoas úmidas. As nuvens podem ser levadas pelos ventos de uma região para outra. Com a condensação e, em seguida, a chuva, a água volta à superfície da Terra, caindo sobre o solo, rios, lagos e mares. Parte dessa água evapora retornando à atmosfera, outra parte escoa superficialmente ou infiltra-se no solo, indo alimentar rios e lagos. Esse processo é chamado de ciclo da água.

Com base nas informações fornecidas pelo texto acima e nos seus conhecimentos, julgue a veracidade dos itens seguintes.

(1) A evaporação é maior nos continentes, uma vez que o aquecimento ali é maior do que nos oceanos.
(2) A vegetação participa do ciclo hidrológico por meio da transpiração.
(3) O ciclo hidrológico condiciona processos que ocorrem na litosfera, na atmosfera e na biosfera.
(4) A energia gravitacional movimenta a água dentro do seu ciclo.
(5) O ciclo hidrológico é passível de sofrer interferência humana, podendo apresentar desequilíbrios.

19.9. Princípio da Igualdade das Trocas de Calor

De acordo com o *princípio da conservação de energia*, dentro de um sistema termicamente isolado (sistema que não troca calor com o meio externo) *a soma da quantidade total de calor recebida por alguns de seus componentes com a quantidade total de calor cedida por outros componentes é nula*. Isto é, quando dois ou mais corpos trocam calor entre si, na busca do equilíbrio térmico, é nula a soma algébrica das quantidades de calor trocadas por eles.

$$|\Sigma Q_{cedido}| = |\Sigma Q_{recebido}|$$
$$\Sigma Q_{cedido} + \Sigma Q_{recebido} = 0$$
$$Q_1 + Q_2 + Q_3 + ... + Q_n = 0$$

IMPORTANTE
"Soma algébrica" quer dizer que temos de levar em consideração os sinais das medidas.

19.10. Calorímetro

Para estudar as trocas de calor entre dois ou mais corpos, principalmente quando um deles está no estado líquido, é conveniente ter um recipiente adequado, que permita obter, de forma direta ou indireta, o valor das quantidades de calor trocadas entre os corpos. A esse tipo de recipiente, que facilita o contato térmico entre os corpos e dificulta as trocas de energia térmica com o meio externo, chamamos **calorímetro**.

De modo geral, podemos dizer que é um **calorímetro** adequado todo recipiente isolado termicamente, que pode ser utilizado para a determinação do *calor específico* das substâncias. Em geral, despeja-se água no seu interior e, após um breve intervalo de tempo, estando o sistema em equilíbrio térmico, coloca-se um corpo que se quer estudar dentro da água, obviamente com temperatura inicial diferente do sistema água-calorímetro (Figura 19-7).

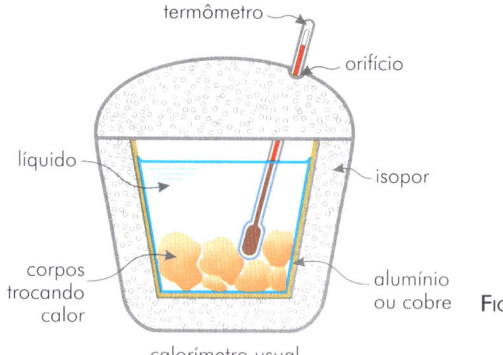

FIGURA 19-7.

19.11. Equivalente em Água

É a massa de água que, trocando a mesma quantidade de calor que um corpo, sofre a mesma variação de temperatura do corpo. Todo corpo, em termos de troca de calor, pode ser comparado a certa porção de água, que lhe será termicamente equivalente, isto é, por ter a mesma capacidade térmica que aquele corpo, pode substituí-lo, para efeitos de troca de calor.

Consideremos, por exemplo, um corpo de massa igual a 100 g, constituído de um material de calor específico sensível igual a 0,4 cal/(g · °C). Calculemos a capacidade térmica desse corpo:

$$C_{corpo} = (m \cdot c)_{corpo} = 100 \cdot 0{,}4 \Rightarrow C_{corpo} = 40 \text{ cal/°C}$$

Consideremos, também, uma porção de água de massa igual a 40 g e calculemos sua capacidade térmica:

$$C_{água} = (m \cdot c)_{água} = 40 \cdot 1 \Rightarrow C_{água} = 40 \text{ cal/°C}$$

Disso, concluímos que a capacidade térmica do corpo é igual à da porção de água, o que quer dizer que, nas trocas de calor, esse corpo comporta-se de modo equivalente a 40 gramas de água. Por isso, dizemos que o *equivalente em água* do corpo é igual a 40 gramas.

> **IMPORTANTE**
> O equivalente em água de um corpo tem o mesmo valor de sua capacidade térmica:
> $E_{H_2O} \stackrel{N}{=} C$

Exercícios Resolvidos

28. No interior de um calorímetro de capacidade térmica desprezível contendo 600 g de água a 25 °C, são colocados 100 g de chumbo a 180 °C. O calor específico sensível da água é igual a 1,00 cal/(g · °C) e o do chumbo é 0,310 cal/(g · °C). Qual a temperatura de equilíbrio térmico do sistema (calorímetro + chumbo + água)? Despreze qualquer perda de calor.

RESOLUÇÃO:
Como o sistema é adiabático (sistema que não troca calor com o meio externo) e o calorímetro tem capacidade térmica desprezível, a quantidade de calor recebida pela massa de água é, em módulo, igual à quantidade de calor cedida pela massa de chumbo. Então, pelo princípio geral das trocas de calor, $Q_{cedido} + Q_{recebido} = 0$:

$$m_a \cdot c_a \cdot \Delta\theta_a + m_{ch} \cdot c_{ch} \cdot \Delta\theta_{ch} = 0$$
$$m_a \cdot c_a \cdot (\theta_F - \theta_I)_a + m_{ch} \cdot c_{ch} \cdot (\theta_F - \theta_I)_{ch} = 0$$
$$600 \cdot 1{,}00 \cdot (\theta_F - 25) + 100 \cdot 0{,}30 \cdot (\theta_F - 180) = 0$$
$$600\theta_F - 15.000 + 30\theta_F - 5.400 = 0$$
$$630\theta_F - 20.400 = 0$$
$$\theta_F = \frac{20.400}{630} \therefore \theta_F \cong 32{,}4 \text{ °C}$$

Resposta: A temperatura de equilíbrio térmico do sistema (calorímetro + chumbo + água) é cerca de 32,4 °C.

Exercícios Resolvidos

29. Um calorímetro de ferro com massa igual a 500 g contém 350 g de água a 20 °C, na qual é imerso um bloco de chumbo de massa igual a 500 g e aquecido previamente a 98 °C. Se o calor específico sensível do ferro é igual a 0,116 cal/(g · °C), determine, em cal/(g · °C), o calor específico sensível do chumbo, sabendo que o equilíbrio térmico se estabelece à temperatura de 23 °C.

RESOLUÇÃO:
Os dados fornecidos estão na tabela ao lado.
   Aplicando o princípio das trocas de calor:
$$Q_{cedido} + Q_{recebido} = 0$$
Assim, temos:

	Calorímetro	Chumbo	Água
m (g)	500	500	350
c [cal/g · °C)]	0,116	?	1,00
θ_I (°C)	20	98	20
θ_F (°C)	23	23	23

$$Q_C + Q_{ch} + Q_a = 0$$
$$m_C \cdot c_{Fe} \cdot (\theta_F - \theta_I)_C + m_{ch} \cdot c_{ch} \cdot (\theta_F - \theta_I)_{ch} + m_a \cdot c_a \cdot (\theta_F - \theta_I)_a = 0$$
$$500 \cdot 0{,}116 \cdot (23 - 20) + 500 \cdot c_{ch} \cdot (23 - 98) + 350 \cdot 1{,}00 \cdot (23 - 20) = 0 \Rightarrow 174 - 37.500 \cdot c_{ch} + 1.050 = 0$$
$$-37.500 c_{ch} = -1.224 \Rightarrow c_{ch} = \frac{1.224}{37.500} \quad \therefore \quad c_{ch} \cong 0{,}033 \text{ cal/(g · °C)}$$

30. Em um calorímetro, de equivalente em água igual a 200 g, há 400 g de água a 0 °C. Um corpo sólido de chumbo, de 500 g de massa e calor específico sensível 0,40 cal/(g · °C), a 98 °C, é colocado no interior do calorímetro. Determine, em °C, a temperatura de equilíbrio térmico da mistura. Considere que o calor específico sensível da água seja igual a 1,00 cal/(g · °C) e despreze quaisquer perdas de calor.

RESOLUÇÃO:
A quantidade de calor absorvida pelo calorímetro deve ser calculada em função do seu equivalente em água. Isso significa que a capacidade térmica do calorímetro é a mesma que apresentariam 200 g de água.
   Aplicando o princípio das trocas de calor, temos:

	Calorímetro (equivalente em água)	Chumbo	Água
m (g)	200	500	400
c [cal/(g · °C)]	1,00	0,40	1,00
θ_I (°C)	0	98	0
θ_F (°C)	?	?	?

$$Q_{cedido} + Q_{recebido} = 0$$
$$Q_1 + Q_2 + Q_3 = 0$$
$$m_1 \cdot c_a \cdot (\theta_F - \theta_I)_C + m_2 \cdot c_a \cdot (\theta_F - \theta_I)_a + m_3 \cdot c_s \cdot (\theta_F - \theta_I)_s = 0$$
$$200 \cdot 1 \cdot (\theta_F - 0) + 500 \cdot 0{,}40 \cdot (\theta_F - 98) + 400 \cdot 1 \cdot (\theta_F - 0) = 0 \Rightarrow 200\theta_F + 200\theta_F - 19.600 + 400\theta_F = 0$$
$$800\theta_F = 19.600 \Rightarrow \theta_F = \frac{19.600}{800} \quad \therefore \quad \theta_F = 24{,}5 \text{ °C}$$

Exercícios Propostos

31. Um bloco de alumínio de massa 100 g é deixado no interior de um forno até entrar em equilíbrio térmico com ele. Logo ao ser retirado, é colocado em 4.400 g de água a 30 °C. A temperatura de equilíbrio térmico é 32 °C. Determine, em °C, a temperatura do forno. O calor específico sensível do alumínio é igual a 0,22 cal/(g · °C) e o calor específico sensível da água é igual a 1,00 cal/(g · °C). Considere desprezíveis as perdas de calor.

32. Na determinação do calor específico sensível de um metal, aqueceu-se uma amostra de 50 g desse metal a 98 °C e a amostra aquecida foi rapidamente transferida para um calorímetro de cobre isolado. O calor específico sensível do cobre é 0,093 cal/(g · °C) e a massa de cobre no calorímetro é de 150 g. No interior do calorímetro, há 200 g de água, cujo calor específico sensível é 1,0 cal/(g · °C). A temperatura do calorímetro e da água, antes de receber a amostra aquecida, era de 21 °C. Após receber a amostra, e restabelecido o equilíbrio térmico, a temperatura atingiu 24,6 °C. Determine, em cal/(g · °C), o calor específico sensível do metal em questão, considerando desprezíveis as perdas de calor.

33. Para determinar o calor específico sensível de um líquido usaram-se um béquer A, contendo 250 g desse líquido, a chama de um bico de Bunsen de potência constante e outro béquer, B, contendo 210 g de água pura. Usando o bico de Bunsen alternadamente, o líquido do béquer A teve sua temperatura elevada em 10 °C, em 20 s, enquanto a água do béquer B teve variação de 8,0 °C em 24 s. Qual é o calor específico sensível do líquido, em cal/(g · °C)? Despreze a capacidade térmica do béquer e as perdas de calor para o ambiente. Considere o calor específico sensível da água igual a 1,0 cal/(g · °C).

34. (UFPR) Um recipiente termicamente isolado contém 500 g de água, na qual se mergulha uma barra metálica homogênea de 250 g. A temperatura inicial da água é 25,0 °C e a da barra, 80,0 °C. Considere o calor especí-

Exercícios Propostos

fico sensível da água igual a 1,00 cal/(g · °C), o do metal igual a 0,200 cal/(g · °C) e despreze a capacidade térmica do recipiente. Com base nesses dados, é correto afirmar que:

01. A temperatura final de equilíbrio térmico é de 25 °C.
02. O comprimento da barra permanece constante durante o processo de troca de calor.
04. A temperatura inicial da barra, na escala kelvin, é de 353 K.
08. A quantidade de calor recebida pela água é, em módulo, igual à cedida pela barra.
16. A energia interna da água, no equilíbrio térmico, é menor que sua energia interna inicial.

Instrução: escreva no espaço apropriado a soma dos itens corretos: Soma = ( )

35. Um bloco de certa liga metálica, de massa igual a 250 g, é transferido de uma vasilha, que contém água fervendo em condições normais de pressão, para um calorímetro contendo 400 g de água à temperatura de 10 °C. Após certo tempo, a temperatura no calorímetro estabiliza-se em 20 °C. Supondo que todo o calor cedido pela liga metálica tenha sido absorvido pela água do calorímetro, qual a razão entre o calor específico sensível da água e o calor específico sensível da liga metálica?

36. (UnB – DF) Um vestibulando de 80 kg, ao final do último dia de provas, para relaxar as tensões inerentes ao processo seletivo, resolveu descansar, na banheira de sua casa, repousando em água aquecida a 35 °C. Para isso, inicialmente colocou água de 20 °C, até completar o volume correspondente a 6% da capacidade da banheira. Sabendo que a banheira tem a forma de paralelepípedo retangular, com dimensões internas de 2,0 m, 1,0 m e 0,5 m, e admitindo que a densidade do corpo humano é de 400 kg/m³, calcule, em graus Celsius, a temperatura do volume máximo de água quente a ser colocado na banheira, de forma que o vestibulando possa ficar totalmente submerso, sem que a água transborde. Despreze a capacidade térmica da banheira, as possíveis perdas de calor pela água e considere o calor específico sensível da água igual a 1,0 cal/(g · °C). Despreze a parte fracionária do resultado obtido, caso exista.

37. (UnB – DF – modificada) Uma dona de casa domiciliada na cidade de Brasília, precisando ferver água, resolveu utilizar um ebulidor – vulgarmente conhecido como mergulhão –, que é um equipamento elétrico capaz de fornecer energia calorífica ao líquido no qual se encontra imerso. Colocou, então, o ebulidor em um recipiente contendo 2,5 litros de água a 18 °C, ligando-o, em seguida. Por um descuido, após atingir a temperatura de ebulição de 96 °C, parte da água evaporou. Ao desligar o ebulidor, a dona de casa constatou que, naquele instante, restava apenas 1,5 litro de água. Sabendo que o calor específico sensível da água é igual a 1,0 cal/(g · °C), a densidade da água é igual a 1,0 g/cm³, o calor específico latente de vaporização da água = 540 cal/g, 1,0 cal = 4,2 J e a potência do ebulidor = 1.000 W, e considerando desprezíveis as trocas de calor com o ambiente e o tempo de aquecimento do ebulidor, calcule, *em minutos*, o tempo que o ebulidor permaneceu ligado. Despreze a parte fracionária do resultado obtido, caso exista.

19.12. Processos de Propagação de Calor

O Sol é o nosso provedor de energia. Praticamente toda a energia que usamos, com exceção da energia nuclear, é, de alguma forma, proveniente do Sol. É o Sol que cede a energia para a fotossíntese e foi do Sol que veio a energia que está armazenada nos combustíveis fósseis, como o petróleo. Como o Sol está a milhões de quilômetros de distância da Terra, a energia solar deve percorrer essa distância pelo espaço cósmico para chegar até nós.

A energia solar que chega à Terra é distribuída em toda a sua extensão por mecanismos de transmissão de energia entre os diversos componentes da atmosfera e do solo. As camadas da atmosfera trocam energia alterando a sua temperatura a todo instante; os ventos e as correntes marítimas são responsáveis pela distribuição da energia pela atmosfera e pela superfície da Terra, por meio do movimento de massas de ar e de água.

O Sol é a nossa fonte primária de energia.

Os seres vivos, por sua vez, também trocam energia com o meio ambiente: processos químicos internos queimam gorduras e açúcares, gerando calor para manter a temperatura do corpo em níveis compatíveis com a vida.

Os mecanismos fundamentais de transferência de calor são a **convecção**, a **condução** e a **irradiação**. Esses mecanismos só funcionam quando há uma diferença de temperatura entre dois corpos ou partes de um mesmo sistema: a troca de energia ocorre até que o equilíbrio térmico seja alcançado. Nos processos de transmissão de calor, a energia passa do corpo com temperatura mais alta para o corpo que está com temperatura mais baixa. Vejamos cada um desses processos.

19.12.1. Convecção térmica

É o processo de transferência de calor por meio do deslocamento de matéria de um local para outro.

A convecção ocorre principalmente quando diferentes regiões de um sistema fluido estão a temperaturas diferentes. Como existe um desequilíbrio térmico dentro do fluido, ocorre uma movimentação das porções mais quentes para as regiões mais frias e vice-versa, até que o equilíbrio seja atingido (Figura 19-8).

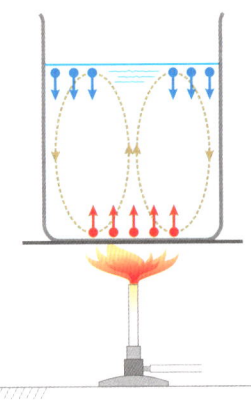

FIGURA 19-8.

Quando fazemos exercícios, utilizamos a energia contida nas ligações das moléculas de ATP.

Em geral, as partes mais quentes do fluido têm densidade menor do que as partes mais frias. Dessa forma, por ação da gravidade, o fluido mais frio desce, substituindo o fluido mais quente, que, então, tende a subir.

OBSERVAÇÃO: Encontramos, em nossa vida diária, várias situações em que as correntes de convecção desempenham um papel importante. A formação dos ventos, devido a variações da densidade do ar, nada mais é do que o resultado de correntes de convecção que ocorrem na atmosfera. Também em uma geladeira observa-se a formação de correntes de convecção. Na parte superior, as camadas de ar, em contato com o congelador, cedem calor a ele. Por causa disso, o ar dessa região torna-se mais denso e dirige-se para a parte inferior da geladeira, enquanto as camadas de ar dessa parte se deslocam para cima. Essa circulação de ar, causada pela convecção, tende a igualar a temperatura em todos os pontos do interior da geladeira.

Na retirada de gases pelas chaminés, os gases aquecidos, resultantes da combustão, têm densidade diminuída e sobem, sendo eliminados. Ao redor da chama, cria-se uma região de baixa pressão que aspira o ar externo, mantendo a combustão.

Nos radiadores de automóveis, a água quente aquecida pelo motor, sendo menos densa, sobe e a água mais fria da parte superior desce. Para melhor eficiência, a convecção pode ser forçada por uma bomba-d'água.

Os gases aquecidos, que sobem por apresentarem menor densidade, são eliminados pelas chaminés.

19.12.2. Condução térmica

É o processo de transferência de calor através do material, pela troca de energia entre partículas adjacentes.

O mecanismo de condução ocorre quando moléculas ou átomos que estão a uma temperatura mais elevada transferem parte de sua energia para as moléculas ou átomos vizinhos, que estão com energia mais baixa. Dessa forma, a energia é conduzida da região de temperatura mais alta para a região de temperatura mais baixa, em busca do equilíbrio térmico entre todas as porções do sistema. Enquanto o equilíbrio não ocorre, a temperatura vai mudando em cada ponto do material (Figura 19-9).

A condução ocorre principalmente em sólidos, mas pode ocorrer também em líquidos e gases. Dessa forma, se quisermos aumentar a temperatura em todo um corpo, poderemos fornecer calor a uma região do corpo e, após algum tempo, o processo de condução distribuirá essa energia uniformemente por todo o corpo.

As roupas de lã são bons isolantes térmicos, dificultando a troca de calor entre nosso corpo e o ambiente.

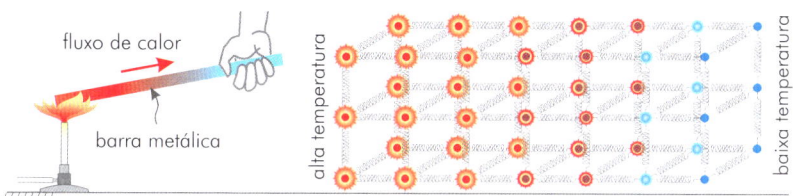

Figura 19-9.

Lei de Fourier, da condução térmica

Vamos apresentar agora a lei que rege a condução térmica em **regime estacionário**, conhecida como **Lei de Fourier, da condução térmica**. O regime estacionário é estabelecido quando as extremidades do meio através do qual ocorre a condução térmica são mantidas a temperaturas constantes, apesar da transmissão de energia.

A Figura 19-10 mostra uma barra metálica, isolada lateralmente, cujas extremidades são mantidas em contato com água em ebulição, sob pressão normal, e com uma mistura, em equilíbrio, de água e gelo, de modo que atenda às condições de validade da lei.

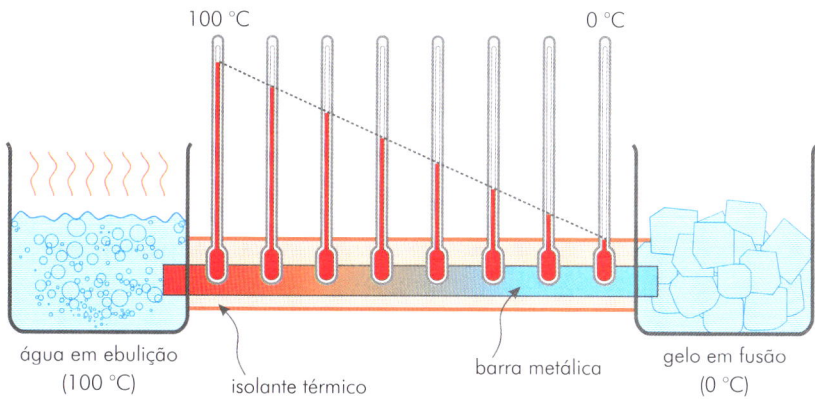

Figura 19-10.

Observa-se, experimentalmente, que a temperatura varia linearmente ao longo da barra, de uma extremidade à outra, e que o fluxo de calor, ϕ, através da barra é diretamente proporcional à área de secção (S) da barra e à diferença de temperatura, $\Delta\theta = \theta_2 - \theta_1$, entre as suas extremidades, e inversamente proporcional ao comprimento, L, da barra (Figura 19-11).

Analiticamente, a Lei de Fourier, da condução térmica, pode ser expressa por:

$$\phi = \frac{Q}{\Delta t} = \frac{k \cdot S \cdot \Delta\theta}{L}$$

Lei de Fourier, da condução térmica.

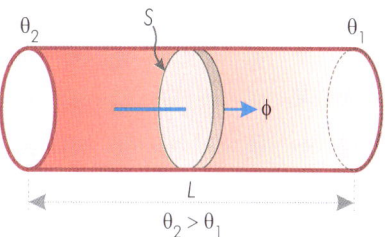

Figura 19-11.

A constante de proporcionalidade, *k*, é característica de cada substância e é denominada **coeficiente de condutibilidade térmica**. O valor desse coeficiente é elevado para os bons condutores de calor, como os metais, e baixo para os maus condutores, chamados isolantes térmicos. Sem recursos de cálculo avançado, essa lei só pode ser aplicada para corpos de materiais homogêneos, com secção reta constante e com temperaturas mantidas constantes nas duas extremidades.

A condução do calor no dia a dia

A água, em qualquer fase, é má condutora de calor; os gases, de modo geral, também não conduzem bem o calor. Entre as inúmeras aplicações na vida cotidiana, podemos citar o fato de que as casas dos esquimós, os iglus, são feitas com blocos de gelo, de modo que mantém o ambiente interno (onde ficam as pessoas e, frequentemente, um fogo aceso) mais quente que o externo; periodicamente, nas geladeiras comuns, o gelo que se forma nas paredes do congelador deve ser removido, para não prejudicar as trocas de calor com o interior da geladeira; no inverno, os pássaros costumam eriçar suas penas para, ao acumular ar entre elas, diminuir as perdas de calor do corpo para o ambiente.

Os blocos de gelo dos iglus funcionam como isolantes térmicos.

19.12.3. Irradiação térmica

Na transmissão de calor por condução, a energia é transmitida de partícula a partícula ao longo do material; na convecção, a energia é transmitida juntamente com porções de material aquecido. Assim, tanto a condução como a convecção são processos de transmissão de calor que requerem a presença de matéria.

A **irradiação térmica** é um processo de transmissão de calor que dispensa a presença de um suporte material para que possa se realizar, pois é um processo que ocorre por emissão de ondas eletromagnéticas (que, pela sua natureza, podem se propagar no vácuo).

A irradiação térmica é a emissão de ondas de infravermelho por um corpo. Essa emissão é tanto mais intensa quanto mais alta é a temperatura do corpo emissor.

A irradiação térmica no dia a dia

Os alimentos preparados em um forno são assados por ação de calor radiante; as lareiras aquecem o ambiente em que estão localizadas porque irradiam calor.

As estufas de plantas são recintos com paredes de vidro, transparentes às ondas de infravermelho de alta frequência provenientes do Sol, e com chão escuro, com alta capacidade de absorção. A energia radiante é reemitida pelo chão e pelos corpos colocados dentro da estufa sob a forma de radiação infravermelha de baixa frequência, à qual o vidro é opaco – ou seja, o vidro não deixa essas ondas de baixa frequência o atravessarem. Por esse motivo, a estufa mantém-se mais quente do que o exterior. Isso explica também, pelo menos em parte, a necessidade do uso de aparelhos de ar-condicionado nos grandes edifícios envidraçados. Pela mesma razão, um carro com os vidros fechados, mantido sob irradiação solar, tem seu interior muito mais aquecido do que o ambiente externo, pois passa a atuar como estufa. A queima de combustíveis fósseis vem acentuando o **efeito estufa**

As estufas dificultam a saída do calor, o que mantém as plantas em um ambiente com temperatura controlada.

na Terra. Nesse fenômeno, o vapor-d'água, o dióxido de carbono e outros gases presentes na atmosfera terrestre formam uma camada transparente às ondas eletromagnéticas irradiadas pelo Sol e absorvidas pela Terra; a Terra, aquecida, emite radiação infravermelha, para a qual a camada de vapor-d'água e dióxido de carbono é opaca. Isso dificulta a perda do calor irradiado pela Terra, principalmente à noite, e provoca um aumento na temperatura global da atmosfera.

Na maioria das aplicações, não é fácil identificar apenas um dos processos de transmissão de calor. Mesmo um deles sendo predominante, os outros dois, em geral, apresentam suas contribuições. Vejamos alguns exemplos.

Os coletores solares, usados para aquecimento de água, são constituídos por placas metálicas, em que são soldados tubos (serpentinas), pelos quais passa água. O conjunto todo é pintado de preto (o que aumenta a absorção de calor) e sobre ele é disposta uma placa de vidro, que proporciona um ambiente de estufa para a serpentina. Assim, a água circulante na serpentina aquece-se por irradiação térmica solar, que atravessa o vidro, por condução térmica através do metal da placa negra e das serpentinas, e ainda se beneficia do ambiente de estufa. A inclinação das placas é necessária para aproveitar a convecção, levando a água quente para um reservatório térmico elevado e sugando água fria de um reservatório inferior.

Sob túnicas claras (que refletem boa parte da irradiação térmica proveniente do Sol), habitantes de regiões desérticas, como os beduínos, usam roupas de lã (que é má condutora de calor), com o que evitam os efeitos da insolação e mantêm seus corpos à temperatura corporal normal, inferior à do ambiente.

As garrafas térmicas podem manter um líquido quente ou gelado, com variações pequenas de temperatura, por tempo relativamente longo. Elas são fabricadas com paredes duplas de vidro (que é mau condutor de calor), entre as quais se faz o vácuo, o que reduz a níveis mínimos as trocas de calor por condução e convecção. As paredes de vidro são, ainda, espelhadas interna e externamente para que se dificulte ao máximo a irradiação, tanto de dentro para fora como de fora para dentro.

Coletor solar linear, com refletor parabólico, para produção de vapor a alta temperatura.

Exercícios Resolvidos

38. Uma chapa de cobre de 3 cm de espessura e 2 m² de área tem suas faces mantidas a 100 °C e 10 °C.

Sabendo que a condutibilidade térmica do cobre é de 320 kcal/(h · m · °C), qual a quantidade de calor que atravessa a chapa em 2 horas, em kcal?

Resolução:
Admitindo que o fluxo de calor atravesse a chapa de cobre em regime estacionário, podemos escrever:

$$\phi = \frac{Q}{\Delta t} = k \cdot \frac{S \cdot \Delta \theta}{L} \Rightarrow Q = k \cdot \frac{S \cdot \Delta t \cdot \Delta \theta}{L}$$

Para
$$\begin{cases} k = 320 \text{ kcal} \cdot \text{h}^{-1} \cdot \text{m}^{-1} \cdot {}^\circ\text{C}^{-1} \\ S = 2 \text{ m}^2 \\ \Delta t = 2 \text{ h} \\ \Delta \theta = 100 - 10 = 90 \,{}^\circ\text{C} \\ L = 3 \text{ cm} = 0{,}03 \text{ m} \end{cases}$$

$$Q = \frac{320 \cdot 2 \cdot 2 \cdot 90}{3 \cdot 10^{-2}}$$

$$Q = 3{,}84 \cdot 10^6 \text{ kcal}$$

Exercícios Resolvidos

39. Qual é a função das roupas de lã usadas no inverno?

RESOLUÇÃO:
As roupas de lã são bons isolantes térmicos, não só pelo fato de a lã apresentar baixa condutibilidade térmica, mas, principalmente, por causa do ar (que é um mau condutor de calor) aprisionado em suas fibras. Assim, como no inverno a temperatura do corpo humano é maior do que a temperatura do meio ambiente, o calor transfere-se do corpo para o meio ambiente. As roupas de lã reduzem essa transferência de calor.

Exercícios Propostos

40. Nas geladeiras, retira-se periodicamente o gelo do congelador. Nos polos, as construções são feitas sob o gelo. Os viajantes do deserto do Saara usam roupas de lã durante o dia e à noite. Julgue a veracidade das afirmações seguintes, sobre isolantes térmicos.

(1) O gelo é mau condutor de calor.
(2) A lã evita o aquecimento do viajante do deserto durante o dia e o resfriamento durante a noite.
(3) A lã dificulta o fluxo de calor por condução e diminui as correntes de convecção.
(4) O gelo, sendo um corpo a 0 °C, não pode dificultar o fluxo de calor.
(5) O ar é um ótimo isolante para o calor transmitido por condução, porém favorece muito a transmissão de calor por convecção. Nas geladeiras, as correntes de convecção é que refrigeram os alimentos que estão na parte inferior.

41. O calor é uma forma de energia que pode passar de um corpo para outro, por contato direto (condução), ou indireto (convecção e irradiação). Com base nesse princípio, julgue a veracidade das afirmações seguintes.

(1) O calor propaga-se espontaneamente de um corpo para outro, que esteja à temperatura mais baixa.
(2) Os gases, em geral, são piores condutores de calor que sólidos e líquidos, devido ao maior espaçamento entre suas moléculas.
(3) A convecção caracteriza-se pelo deslocamento de matéria, de onde se conclui ser um processo característico de líquidos e gases.
(4) Quanto mais elevada a diferença de temperatura entre dois corpos, menor será a taxa de transmissão de energia, visto que esta é proporcional ao inverso da diferença de temperatura.
(5) Quanto melhor refletor for um corpo, pior absorvente e emissor ele será.

42. Sobre uma garrafa térmica (vaso de Dewar), julgue a veracidade das afirmações seguintes.

(1) O vácuo existente entre as paredes duplas do vidro tem por finalidade evitar as trocas de calor por condução.
(2) Para evitar trocas de calor por convecção, basta fechar a garrafa.
(3) O espelhamento existente nas faces internas e externas das paredes duplas de vidro minimiza as trocas de calor por irradiação.
(4) Entre as paredes duplas de vidro é feito vácuo, para evitar trocas de calor por condução e por irradiação.

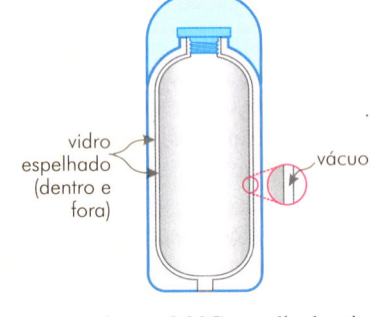

43. (UFPE – modificada) Uma das figuras mostra um telhado sendo molhado continuamente com água a 26 °C, em dia de céu aberto, isto é, sem nuvens, na cidade de Recife.

Qual das opções melhor explica o fenômeno físico que resfria o telhado, devido ao borrifamento d'água?

a) Resfriamento radioativo, devido à reflexão da radiação solar.
b) Condução térmica, pois a água é um mau condutor térmico.
c) Resfriamento evaporativo, pois as moléculas que se vaporizam absorvem calor.
d) Convecção térmica, pois a água, ao escorrer telhado abaixo, transporta parte do calor da telha.
e) Os dois fenômenos das alternativas c e d atuam, conjuntamente, no resfriamento do telhado.

Exercícios Propostos

44. Uma barra de cobre de comprimento 1,0 m tem uma de suas extremidades em contato com um recipiente contendo vapor-d'água a 100 °C e a outra em contato com um recipiente contendo gelo fundente, como mostra a figura abaixo. A barra é isolada lateralmente para se evitar perdas de calor para o ambiente. A secção transversal da barra é de 10 cm², e o cobre tem coeficiente de condutibilidade térmica igual a 390 J/(s · m · °C). Considere os seguintes dados: calor específico latente de fusão do gelo = 80 cal/g; calor específico latente de vaporização da água = 540 cal/g; 1 cal = 4 J. Considere o sistema em regime estacionário e determine:

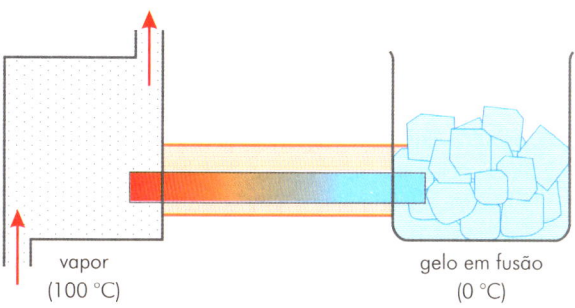

vapor (100 °C) — gelo em fusão (0 °C)

a) o fluxo de calor através da barra;
b) a massa de gelo que se funde em 1 min;
c) a massa de vapor que se condensa em 1 min.

45. Uma casa tem cinco janelas, tendo cada uma um vidro de área 1,5 m² e espessura 3,0 mm. A temperatura externa é de –5 °C e a interna é mantida a 20 °C, por meio da queima de carvão. Qual é a massa de carvão consumida no período de 12 h para repor a quantidade de calor perdido apenas pelas janelas?

Considere os seguintes dados: condutividade térmica do vidro = 0,72 kcal/(h · m · °C); calor de combustão do carvão = 6,0 · 10³ cal/g.

46. Um homem, trajando um macacão de lã, de espessura 5,0 mm e área 2,0 m², encontra-se em um local em que a temperatura ambiente vale –4,0 °C.

O coeficiente de condutibilidade térmica da lã é 1,0 · 10⁻⁴ cal/(s · cm · °C) e a temperatura corporal do homem é de 36 °C.

a) Determine o fluxo de calor, em cal/s, que se estabelece através do macacão.
b) Calcule, em kcal, a quantidade de calor que o homem perde em meia hora, mantidas todas as condições.

47. Um vidro plano, cujo coeficiente de condutibilidade térmica é igual a 0,00183 cal/(s · cm · °C), tem área de 1,0 m² e espessura de 3,6 mm.

Sendo o fluxo de calor por condução através do vidro igual a 2.000 calorias por segundo, calcule a diferença de temperatura entre suas faces.

Exercícios Complementares

48. Uma garrafa de vidro e uma lata de alumínio, cada uma contendo 330 mL de refrigerante, são mantidas em um refrigerador pelo mesmo período de tempo. Ao retirá-las do refrigerador com as mãos desprotegidas, tem-se a sensação de que a lata está mais fria que a garrafa. Com base nos seus conhecimentos sobre o assunto, julgue os itens a seguir.

(1) A lata está realmente mais fria, pois a capacidade calorífica da garrafa é maior que a da lata.
(2) A lata está menos fria que a garrafa, pois o vidro possui condutividade térmica menor que o alumínio.
(3) A garrafa e a lata estão à mesma temperatura, possuem a mesma condutividade térmica, e a sensação deve-se à diferença nos calores específicos.
(4) A garrafa e a lata estão à mesma temperatura, e a sensação é devida ao fato de a condutividade térmica do alumínio ser maior que a do vidro.
(5) A garrafa e a lata estão à mesma temperatura, e a sensação é devida ao fato de a condutividade térmica do vidro ser maior que a do alumínio.

49. (UnB – DF) Quando tocamos em um piso de azulejo e em um tapete sobre esse piso, sentimos o azulejo mais frio que o tapete. Desta forma, num dia de sol sentimos a areia da praia mais quente que a água do mar. As diferentes sensações térmicas que temos de corpos que se encontram num mesmo ambiente, recebendo a mesma quantidade de calor, num mesmo intervalo de tempo, são explicadas pela natureza de cada material. Ou seja, para elevar em 1,0 °C a temperatura de 1,0 g, cada material necessita de uma quantidade diferente de calor. Essa quantidade diferente de calor é definida como *calor específico* de cada material ou substância. Uma panela de alumínio tem massa igual a 300 g. Ao fazer uma experiência, observou-se que esta panela necessita de 1.320 cal de calor para que sua temperatura seja elevada em 20 °C. Calcule o calor específico sensível do alumínio.

50. (UnB – DF – modificada) Em um recipiente que não permite troca de calor com o meio exterior, colocam-se, à pressão de 1 atm, 100 g de água a 10 °C e 200 g de gelo a –5 °C e aguarda-se até que a mistura atinja o equilíbrio térmico. Julgue as afirmações seguintes, considerando que o calor específico sensível do gelo é 0,5 cal/(g · °C), que o calor específico sensível da água na fase líquida é 1,0 cal/(g · °C) e que o calor específico latente de fusão do gelo é igual a 80 cal/g.

Exercícios Complementares

(1) A temperatura final da mistura é igual a 5 °C.
(2) Todo o gelo é derretido.
(3) A temperatura final depende apenas das massas de água (líquida e gelo) e de suas temperaturas no momento em que foram misturadas, uma vez conhecidas as constantes do enunciado.

51. Uma panela de ferro de 2.500 g de massa está à temperatura de 28 °C. Derrama-se nela um litro de água a 80 °C. Admitindo-se que só haja trocas de calor entre a água e a panela, qual a temperatura final de equilíbrio térmico do sistema? São dados: calor específico sensível da água igual a 1,0 cal/(g · °C); calor específico sensível do ferro igual a 0,12 cal/(g · °C); densidade da água igual a 1,0 kg/L.

52. Dois recipientes de material termicamente isolante contêm cada um 10 g de água a 0 °C. Deseja-se aquecer até uma mesma temperatura os conteúdos dos dois recipientes, mas sem misturá-los. Para isso, é usado um bloco de 100 g de uma liga metálica inicialmente à temperatura de 90 °C. O bloco é imerso durante certo tempo em um dos recipientes e depois transferido para o outro, nele permanecendo até ser atingido o equilíbrio térmico. O calor específico sensível da água é dez vezes maior que o da liga metálica. Qual a temperatura do bloco metálico no instante da transferência de um recipiente para o outro?

53. Para avaliar a temperatura de 300 g de água, usou-se um termômetro de 100 g de massa e calor específico sensível igual a 0,15 cal/(g · °C). Inicialmente, esse termômetro indicava, à temperatura ambiente, 12 °C. Após algum tempo, colocado em contato térmico com a água, o termômetro passou a indicar 72 °C. Supondo não ter havido perdas de calor, determine a temperatura inicial da água. Dado: calor específico sensível da água = 1,0 cal/(g · °C).

54. Um recipiente termicamente isolado contém 500 g de água, na qual se mergulha uma barra metálica homogênea de 250 g. A temperatura inicial da água é 25,0 °C e a da barra, 80,0 °C. Considere o calor específico sensível da água igual a 1,00 cal/(g · °C), o do metal igual a 0,200 cal/(g · °C) e despreze a capacidade térmica do recipiente. Com base nesses dados, é correto afirmar que:

a) a temperatura final de equilíbrio térmico é de 52,5 °C.
b) o comprimento da barra permanece constante durante o processo de troca de calor.
c) a temperatura inicial da barra, na escala kelvin, é de 353 K.
d) a quantidade de calor recebida pela água é maior que a cedida pela barra.
e) a energia interna final da água, no equilíbrio térmico, é menor que sua energia interna inicial.

55. (UnB – DF) Uma senhora diz à sua filha de 10 anos para encher a banheira, de modo que possa tomar um banho. A criança abre apenas a torneira de água quente, deixando que 94,625 L de água a 80 °C sejam colocados na banheira. Calcule, em litros, a quantidade de água a 20 °C necessária para baixar a temperatura da água da banheira para 50 °C. Considere o calor específico sensível da água igual a 1,0 cal/(g · °C), desconsidere a capacidade térmica da banheira e a parte fracionária de seu resultado, caso exista.

56. Um rapaz deseja tomar banho de banheira com água à temperatura de 30 °C, misturando água quente e fria. Inicialmente, ele coloca na banheira 100 L de água fria a 20 °C. Considere o calor específico sensível da água igual a 1,0 cal/(g · °C), despreze a capacidade térmica da banheira e a perda de calor da água.

a) Quantos litros de água quente, a 50 °C, ele deve colocar na banheira?
b) Se a vazão da torneira da água quente é de 0,20 L/s, durante quanto tempo a torneira deverá ficar aberta?

57. (UNICAMP – SP – modificada) Um escritório tem dimensões iguais a 5 m × 5 m × 3 m e possui paredes bem isoladas. Inicialmente a temperatura no interior do escritório é de 25 °C. Chegam, então, as 4 pessoas que nele trabalham, e cada uma liga seu microcomputador. Tanto uma pessoa como um microcomputador dissipam, em média, 100 W cada, na forma de calor. O aparelho de ar-condicionado instalado tem a capacidade de diminuir em 5 °C a temperatura do escritório em meia hora, com as pessoas presentes e os micros ligados. A eficiência do aparelho é de 50%. Considere o calor específico sensível do ar igual a 1.000 J/(kg · °C) e sua densidade igual a 1,2 kg/m³.

a) Determine, em watts, a potência elétrica consumida pelo aparelho de ar-condicionado.
b) O aparelho de ar-condicionado é acionado automaticamente quando a temperatura do ambiente atinge 27 °C, abaixando-a para 25 °C. Quanto tempo depois da chegada das pessoas no escritório o aparelho é acionado, em segundos?

58. No interior de um calorímetro de capacidade térmica igual a 6 cal/°C, encontram-se 85 g de um líquido a 18 °C. Um bloco de cobre de massa 120 g e calor específico sensível 0,094 cal/(g · °C), aquecido a 100 °C, é colocado dentro do calorímetro. O equilíbrio térmico estabelece-se a 42 °C. Determine, em cal/(g · °C), o calor específico sensível do líquido.

59. Uma lâmpada incandescente de 100 W transforma 40% da energia elétrica em energia luminosa e o restante em energia térmica. Se toda a energia térmica produzida por essa lâmpada, durante uma hora, fosse utilizada para aquecer um litro de água pura a 0 °C, que temperatura seria atingida por essa água?

Considere os seguintes dados: calor específico sensível da água = 1,0 cal/(g · °C), massa específica da água = 1,0 kg/L e a aproximação 1 cal = 4 J.

a) 9,0 °C
b) 18 °C
c) 24 °C
d) 54 °C
e) 60 °C

Exercícios Complementares

60. (UCB – DF -- modificada) No processo de pasteurização do leite, são aquecidos aproximadamente 100 kg de leite, elevando-se sua temperatura de 20 °C para 140 °C, sem que o leite entre em ebulição. Essa temperatura é mantida por três segundos aproximadamente e, em seguida, o leite é resfriado rapidamente. Determine a capacidade térmica do leite, em kcal/°C, supondo que seu calor específico sensível seja de 0,97 cal/(g · °C).

61. (UnB – DF) Leia atentamente o texto a seguir.

Aquecedores solares planos são dispositivos que já fazem parte da paisagem urbana de cidades de climas amenos. Consiste de um painel em forma de uma caixa de pequena profundidade, hermeticamente fechada por uma tampa de vidro transparente, cujos fundo e paredes internas são pintados com tinta preta fosca. No seu interior, existe uma tubulação em forma de serpentina cujas extremidades são conectadas às saídas de um reservatório de água. A figura ilustra um desses dispositivos, em que ainda não foram feitas as conexões hidráulicas. Para estudar o funcionamento de um aquecedor solar desse tipo, um grupo de estudantes construiu um pequeno protótipo e anotou a variação da temperatura da água no reservatório em função do tempo de exposição à radiação solar. Os resultados obtidos encontram-se no gráfico ao lado.

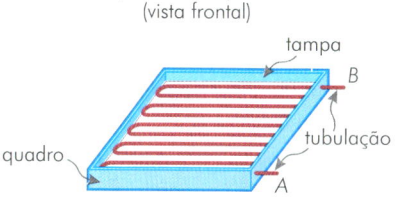

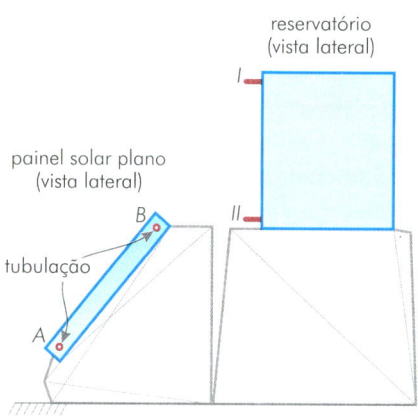

Um estabelecimento comercial necessita de água à temperatura de 90 °C e utiliza, para isso, um painel solar análogo ao que foi apresentado no texto acima, conectado a um reservatório com 500 L de água em cujo interior existe um aquecedor elétrico de 5,0 kW de potência. Considerando que o calor específico sensível da água é igual a 4,2 kJ/(kg · °C), que a massa de 1,0 L de água corresponde a 1,0 kg, que não haja perda de energia do sistema para o ambiente e que o painel solar, sozinho, é capaz de aquecer a água do reservatório a 50 °C, calcule, **em horas**, o tempo mínimo que o aquecedor elétrico deve permanecer ligado para que a água atinja a temperatura desejada. Despreze a parte fracionária de seu resultado, caso exista.

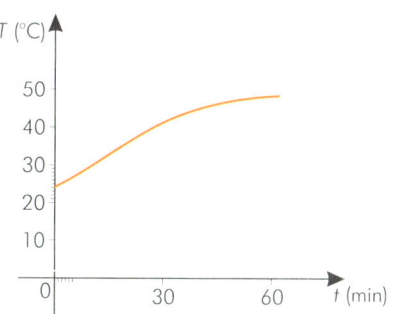

Caderno catarinense para o ensino de Física.
v. 4, n. 2, 8/87 (com adaptações).

62. (FUVEST– SP) Um reator nuclear opera com eficiência de 33% produzindo 10^3 MW (10^9 W) de eletricidade. Ele está instalado às margens de um rio, cuja água remove o calor produzido e não utilizado. Qual deve ser a vazão mínima de água do rio, através do reator, para que a temperatura da água não suba mais do que 10 °C? Considere o calor específico sensível da água igual a 1,0 cal/(g · °C), a densidade volumétrica da água de 10^3 kg/m^3 e 1,0 cal = 4,18 J.

63. (AEUDF – modificada) Os conceitos de calor e de temperatura são fundamentais no estudo da Termologia. No entanto, há ainda muita confusão sobre eles quando são usados na linguagem do dia a dia. Os itens que seguem procuram relacionar estes conceitos e suas aplicações. Analise-os e responda se são verdadeiros ou falsos.

(1) A queimadura causada por 10 gramas de vapor-d'água a 100 °C é muito mais grave do que a causada pela mesma quantidade de água, também a 100 °C, visto que na mudança de estado de vapor para líquido há liberação de grande quantidade de energia térmica.
(2) A recomendação das mães para que os filhos não fiquem com a porta da geladeira aberta enquanto tomam água tem sentido, pois, com a porta aberta, o ar frio tende a "sair" da geladeira, entrando em seu lugar ar quente, sendo necessário gasto de mais energia para esfriar o novo ar.
(3) A sensação de frio que temos ao pegar a maçaneta de metal de uma porta está relacionada ao fato de recebermos do metal uma substância chamada flogístico, que provoca a sensação de frio.

Exercícios Complementares

(4) O cozimento de carne ou de feijão, mais rápido e mais econômico, feito com uma panela de pressão, deve-se ao aumento da pressão de vapor no interior da mesma e ao consequente aumento da temperatura do líquido na panela (aumenta a temperatura do ponto de ebulição).

(5) No inverno usamos, de preferência, roupas de lã (de cores escuras!) porque, devido à composição química desta, há uma constante troca de calor entre a lã e o corpo da pessoa.

64. (UnB – DF) Um problema doméstico comum para os casais que têm filhos pequenos é o preparo da mamadeira. Frequentemente, o leite sofre aquecimento demasiado, atingindo temperatura acima da desejada. A mamadeira, após ser completada com o leite sobreaquecido, necessita ser submetida a algum processo de resfriamento. Considerando uma mamadeira comum de vidro nessas condições, julgue os itens abaixo, relativos aos fenômenos físicos envolvidos no processo.

(1) Quando a mamadeira está tampada, o processo de resfriamento é devido somente à condução de calor, pois o vidro impede que haja radiação.

(2) O contato da mamadeira com ar à temperatura ambiente provoca pequenas correntes de convecção do ar à sua volta, o que facilita o resfriamento.

(3) Colocar a mamadeira na água gelada aumenta a velocidade do resfriamento porque a quantidade de calor dissipada por condução também aumenta.

(4) A evaporação torna o processo de resfriamento mais rápido.

65. (UnB – DF – modificada) Leia atentamente o texto a seguir. No experimento ilustrado na figura ao lado, uma equipe de alunos usou duas latas fechadas, cada uma com 1 kg de água armazenada em seu interior e munida de termômetro que permitia medir a temperatura da água. Uma das latas foi pintada externamente com tinta de cor preta e a outra, de cor branca. Inicialmente, as duas latas foram expostas ao Sol, em um dia sem nebulosidade, e, em seguida, recolhidas à sombra de uma árvore. As variações da temperatura da água em função do tempo encontram-se registradas no gráfico ao lado.

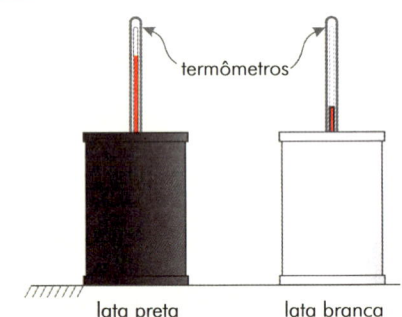

Com o auxílio das informações apresentadas e considerando o calor específico sensível da água igual a 1 kcal/(kg · °C), julgue os itens que seguem.

(1) Estando sob a sombra de uma árvore, as latas, independentemente de sua cor, absorverão as mesmas quantidades de energia luminosa.

(2) A máxima diferença de temperatura entre a água no interior da lata preta e a água no interior da lata branca foi maior que 20 °C.

(3) O valor da máxima energia térmica absorvida pela água no interior da lata preta durante a experimentação é maior que 19 kcal.

(4) Se uma terceira lata fosse acrescentada à experiência nas mesmas condições, exceto por ter sido polida externamente até que se tivesse uma superfície prateada espelhada, a curva de variação da temperatura da água no seu interior em função do tempo teria seus pontos entre as duas curvas apresentadas no gráfico ao lado.

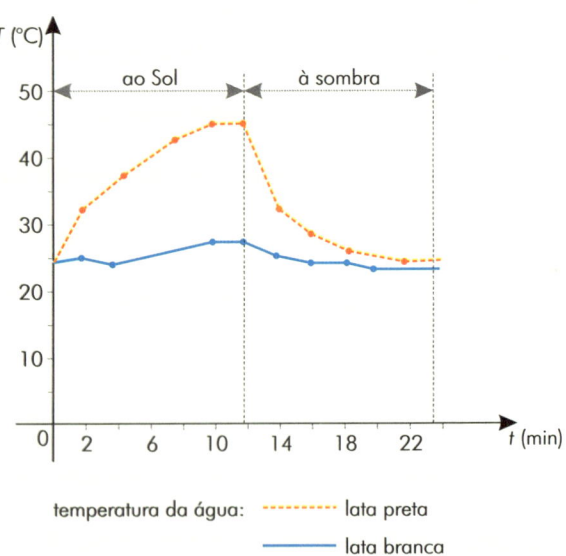

66. (UnB – DF) Como ilustra a figura ao lado, muitas casas possuem, sob o telhado, um forro que, além da função estética, também afeta as condições ambientais da residência. Para analisar alguns fenômenos físicos que ocorrem devido à presença do forro, a parte entre o piso e o forro será chamada de região I e a parte entre o forro e o telhado, de região II. Supondo que o ar que ocupa as regiões I e II seja um gás ideal, julgue os itens a seguir.

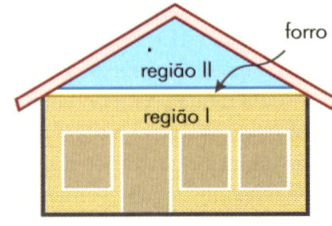

Exercícios Complementares

(1) Quando a luz solar incide sobre o telhado da casa, a quantidade de calor absorvida depende da cor do telhado.
(2) Se, em um dia ensolarado, a temperatura na região II é de 40 °C e na região I é de apenas 27 °C, conclui-se que a densidade do ar da região I é superior à densidade do ar da região II em mais de 4%, uma vez que as pressões nas duas regiões são iguais.
(3) Supondo que a casa se localiza no sul do Brasil e que, no verão, o forro da casa mantém-se a uma temperatura maior que a do piso, invertendo-se essa situação no inverno, conclui-se que somente no inverno haverá correntes de convecção na região I.
(4) O forro adequado para promover um isolamento térmico entre as regiões I e II deve possuir alta condutividade térmica e alta transparência às radiações infravermelhas.

67. (UnB – DF) Cada folha verde da Floresta Amazônica tem seu valor. Estima-se que, anualmente, em termos líquidos, cada um dos 256 milhões de hectares da Amazônia absorva de 1 a 6 toneladas de carbono. Imagina-se que, em uma bolsa mundial em que países poluidores pagassem para os despoluidores, isso poderia valer 19 bilhões de dólares por ano. O interesse do comércio em uma "bolsa" de carbono reside no agravamento do efeito estufa.

Considerando o texto acima, julgue os itens subsequentes.

(1) A causa do efeito estufa reside no fato de parte da radiação infravermelha emitida pela superfície da Terra não transpor sua atmosfera.
(2) As folhas das árvores da Floresta Amazônica, ao serem iluminadas com luz branca, refletem preferencialmente os comprimentos de onda correspondentes à cor vermelha.
(3) A principal consequência do agravamento do efeito estufa é o aumento das atividades sísmicas e vulcânicas da Terra.

68. (UnB – DF) Um objeto com uma superfície exterior preta usualmente se aquece mais que um com uma superfície branca quando ambos estão sob a luz do Sol. Isso é verdade para as roupas usadas pelos beduínos no deserto do Sinai: roupas pretas aquecem-se mais que roupas brancas, com uma diferença de temperatura entre as duas de até 6,0 °C. Por que então um beduíno usa roupa preta? Ele não estaria diminuindo sua chance de sobrevivência nas duras condições do ambiente do deserto?

Com relação ao assunto tratado no texto, julgue os itens a seguir.

(1) A roupa preta do beduíno produz maior corrente de convecção que a branca.
(2) Sabendo que a potência irradiada por unidade de área é proporcional à quarta potência da temperatura em kelvins, as informações do texto permitem concluir que a referida roupa preta irradia 30% de energia a mais que a roupa branca.
(3) A perda de calor por irradiação da roupa preta para o ambiente é menor que a da roupa branca.
(4) Uma maior circulação de ar embaixo da roupa do beduíno favorece uma maior evaporação do seu suor, o que ajuda o organismo a regular a sua temperatura.

D. Halliday, R. Resnick & J. Walker.
Fundamentals of Physics, 5.ª edição, 1997 (com adaptações).

69. Julgue a veracidade das afirmações seguintes.

(1) A sensação de frio que temos ao soprar nossa pele molhada deve-se ao aumento da velocidade de evaporação da água.
(2) As aves eriçam suas penas em dias frios porque, eriçadas, elas armazenam ar, que é um ótimo isolante térmico, dificultando a condução do calor do corpo para o ambiente.
(3) Todo corpo que é um bom absorvedor de calor é também um bom emissor de calor.
(4) A formação dos ventos é explicada com base nas correntes de irradiação.
(5) O Sol aquece a Terra tanto por irradiação como por convecção.
(6) Os fluidos são, em geral, bons condutores de calor.
(7) O processo pelo qual o calor se propaga nos sólidos é chamado de condução.

Exercícios Complementares

70. (UnB – DF) No Brasil, além das máquinas termelétricas e hidrelétricas, o Sol constitui outra fonte de obtenção de energia elétrica. Apesar de haver dúvidas quanto à viabilidade econômica da geração de eletricidade em larga escala a partir da energia solar, esta já vem sendo usada com sucesso no aquecimento de água, que é um dos itens de maior consumo de energia elétrica residenciais. A energia provinda do Sol também é responsável pelo movimento dos ventos, tanto na direção Norte-Sul como na direção Leste-Oeste, como ilustram, respectivamente, as Figuras I e II a seguir.

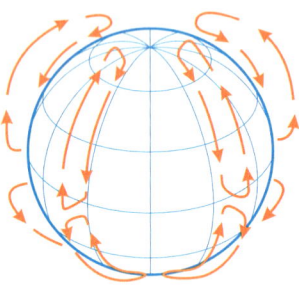

FIGURA I

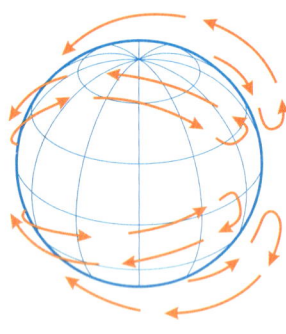

FIGURA II

Com relação a esse assunto, julgue os itens a seguir.

(1) A energia provinda do Sol chega à Terra por um processo de radiação.
(2) Os ventos na direção Norte-Sul têm como causa o fato de a região equatorial ter temperaturas mais altas que as regiões polares, e os ventos Leste-Oeste têm como origem o fato de sempre haver uma região exposta ao Sol, que é mais quente que a região escura.
(3) Se o calor específico da água fosse menor que o seu valor real, os processos de aquecimento da água utilizados atualmente consumiriam mais energia.
(4) Sabendo que os anfíbios e répteis são animais heterotérmicos, conclui-se que a energia solar exerce influência direta na manutenção da temperatura corpórea deles.

71. (UnB – DF) As máquinas térmicas trouxeram grandes benefícios à humanidade. Porém, elas são também produtoras de poluição atmosférica que resulta da queima dos combustíveis fósseis, como o carvão, a lenha, o gás, a gasolina etc., cujos resíduos são lançados na atmosfera. No caso de automóveis, ônibus e caminhões, como a combustão é muito rápida, não há a queima total do combustível; assim, são lançadas na atmosfera várias substâncias tóxicas. Para diminuir esse efeito, nos últimos anos os veículos têm sido equipados com dispositivos que reduzem essa emissão. Porém, mesmo que a combustão seja completa, existe a liberação de CO_2, que absorve parte da radiação infravermelha emitida pela Terra, causando o efeito estufa.

Com o auxílio do texto, julgue os itens que seguem.

(1) De acordo com o texto, a quantidade de CO_2 na atmosfera está aumentando e intensificando o efeito estufa, tendo como consequência a elevação de temperatura da Terra, afetando o clima e chegando até, numa situação extrema, a provocar o derretimento das calotas polares.
(2) Infere-se do texto que a luz do Sol se propaga no vácuo e na atmosfera terrestre, mas a radiação infravermelha só se propaga na atmosfera da Terra.
(3) A radiação infravermelha é de grande importância nas previsões de temperaturas e condições climáticas.
(4) A superfície da Terra absorve parte da energia solar incidente, aquecendo-se e emitindo energia na forma de radiação ultravioleta. Parte dessa radiação é reemitida de volta para a Terra pelas camadas atmosféricas compostas de CO_2, vapor-d'água e outros gases na forma de radiação infravermelha.
(5) O dióxido de carbono (CO_2) é uma substância atérmica, e não impede que a Terra perca quantidades apreciáveis de calor para o espaço.

72. (UnB – DF) Em determinadas condições de pressão e temperatura, uma substância pode passar de uma fase para outra da matéria, ocorrendo então uma *mudança de fase* ou mudança de estado de agregação da matéria. Quando um sólido cristalino recebe calor, suas moléculas passam a se agitar mais intensamente. À temperatura de fusão, a agitação térmica é suficientemente forte para destruir a estrutura cristalina desse sólido. As moléculas adquirem energia suficiente para se livrarem das adjacentes, passando a ter a liberdade de movimento, característica dos líquidos.

Terminada a fusão, aquecendo-se o líquido formado, a temperatura cresce, aumentando a agitação de suas moléculas. Alcançada a temperatura de ebulição, o calor recebido pelo líquido corresponde à quantidade de energia necessária para vencer as forças de coesão entre as moléculas.

O texto acima descreve o comportamento das moléculas de uma substância, ao receber determinadas quantidades de energia. Com base nessas informações, julgue a veracidade dos itens seguintes.

Exercícios Complementares

(1) Os processos descritos acima são exotérmicos.

(2) As forças que mantêm a estrutura cristalina de um sólido são forças fortes, de origem gravitacional.

(3) Ao nível do mar, a quantidade de calor necessária para fundir um grama de uma substância é menor que a quantidade de calor necessária para vaporizar um grama da mesma substância.

(4) Na fase gasosa atingida por uma substância, as forças de coesão entre as moléculas são extremamente fortes, permitindo-lhes pequena liberdade de movimentação.

(5) A temperatura do ponto de fusão e ebulição de uma substância independe da pressão em que a substância se encontra.

73. Quando uma planta nova permanece a uma temperatura abaixo de zero grau Celsius, ela morre porque

a) é queimada pelo frio.
b) com a reduzida temperatura, altera-se o processo de metabolismo.
c) a água existente nos vasos e nas células, ao solidificar-se, aumenta de volume e rompe as paredes dos vasos e das membranas.
d) a camada de gelo que se forma sobre as folhas impede a respiração.
e) não consegue retirar nutrientes do solo.

74. A temperatura de fusão de uma substância depende da pressão que é exercida sobre ela. O aumento de pressão sobre um corpo ocasiona, na sua temperatura de fusão,

a) um acréscimo, se o corpo, ao se fundir, se expande.
b) um acréscimo, se o corpo, ao se fundir, se contrai.
c) um decréscimo, se o corpo, ao se fundir, se expande.
d) um decréscimo, para qualquer substância.
e) um acréscimo, para qualquer substância.

75. As grandes geleiras que se formam no alto das montanhas deslizam porque:

a) o gelo é muito liso, provocando pequeno atrito entre o bloco de gelo e o chão.
b) a componente tangencial do peso é a única força atuante sobre a geleira.
c) o vento as desgruda do chão.
d) o aumento de pressão na parte inferior da geleira, devido ao seu peso, funde o gelo, desgrudando-a do chão.
e) a diminuição de pressão na parte superior da geleira funde o gelo mais rapidamente.

76. Uma das extremidades de uma barra de cobre, com 100 cm de comprimento e 5 cm² de secção transversal, está situada em um banho de vapor-d'água sob pressão normal, e sua outra extremidade, em uma mistura de gelo fundente e água. Despreze as perdas de calor pela superfície lateral da barra. Sendo 0,92 cal/(s · cm · °C) o coeficiente de condutibilidade térmica do cobre, determine:

a) o fluxo de calor através da barra, em cal/s;
b) a temperatura em uma secção da barra situada a 23,0 cm da extremidade fria, em °C.

77. (UnB – DF – modificada) A usina de Itaipu tem uma vazão de 10.651 m³/s e sua potência total é 12.600 MW. Considerando que a densidade da água seja igual a 1 kg/L e que seu calor específico sensível seja igual a 4,2 kJ/(kg · °C), calcule o aumento da temperatura, *em graus Celsius*, do volume de água que deixa a represa no tempo de 1 s, se toda a energia produzida pela usina nesse tempo fosse utilizada apenas para o aquecimento dessa água. Multiplique o valor obtido por 100 e despreze, caso exista, a parte fracionária do valor calculado.

20 Calorimetria – Os Diagramas de Fase da Matéria

20.1. Introdução

Já sabemos que, ordinariamente, uma substância pode apresentar-se em três fases: **sólida**, **líquida** e **gasosa**, dependendo das condições de pressão e temperatura em que se encontra. Estudamos as principais características de cada uma dessas fases e vimos que, ao trocar calor, a substância pode sofrer *mudanças de fase*. Vimos que a quantidade de calor envolvida em uma mudança de fase é denominada **calor latente**. Entretanto, em todas as considerações feitas, admitimos que a pressão não sofria variação durante a transição de fase. Em seguida, vamos estudar situações em que não só a temperatura, mas também a pressão a que a substância está submetida pode variar.

20.2. O Diagrama de Fases

A fase em que uma substância se apresenta depende de suas condições de pressão e temperatura. Então, para cada substância, há pares de valores dessas duas variáveis que correspondem à fase sólida, pares que correspondem à fase líquida e pares que correspondem à fase gasosa.

Quando aquecido, o chocolate passa da fase sólida para a fase líquida, devido à mudança espacial de suas moléculas.

Se os possíveis pares de valores forem lançados em um diagrama cartesiano, no qual se coloca em ordenadas a pressão p e em abscissas a temperatura θ, obteremos, para dado volume da amostra da substância, o **diagrama de fases** da substância (Figura 20-1).

As três curvas destacadas correspondem aos pontos que representam a coexistência de duas fases e que, portanto, dividem, no diagrama, as regiões que correspondem às três fases. Tradicionalmente, cada uma delas recebe o nome de uma das transições que podem ocorrer entre as fases que limitam. Assim,

(1) **curva de fusão**: limita as regiões das fases sólida e líquida;
(2) **curva de vaporização**: limita as regiões das fases líquida e gasosa;
(3) **curva de sublimação**: limita as regiões das fases sólida e gasosa.

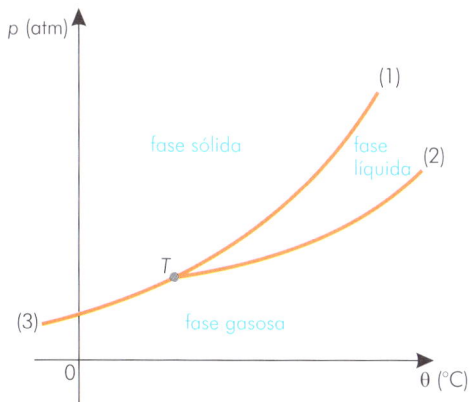

Figura 20-1. O diagrama de fases de uma substância.

Observe no gráfico acima que há um ponto comum às três curvas, indicado por T. Esse ponto é denominado **ponto triplo** ou **tríplice**, e corresponde a uma situação em que coexistem, em equilíbrio, os três estados de agregação da substância. Os valores de pressão e temperatura para o ponto triplo são característicos de cada substância. Veja a Tabela 20-1.

Tabela 20-1. Ponto triplo de algumas substâncias.

Substância	Pressão (mmHg)	Temperatura (°C)
Água	4,58	0,01
CO_2	3885	−56,6
N_2	94	−209

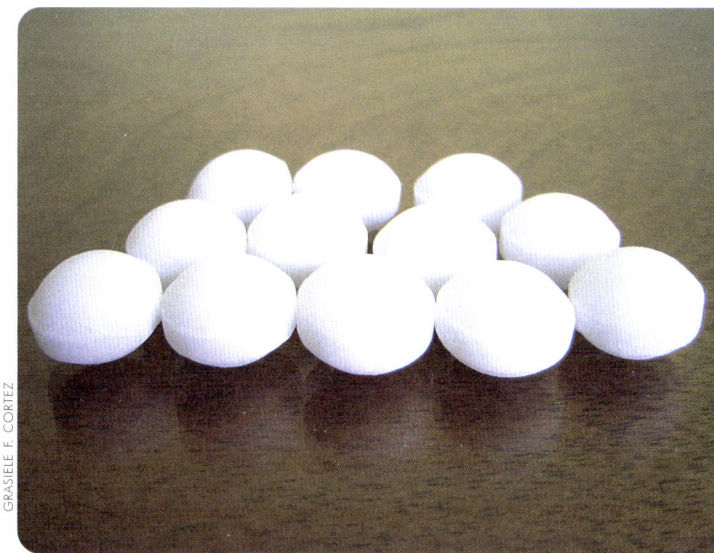

A naftalina é uma substância que sofre sublimação a temperaturas baixas.

20.3. Temperatura de Mudança de Fase e Pressão

A maioria das substâncias obedece a um diagrama de fases como o representado abaixo (Figura 20-2). Nele, notamos que, *quanto mais alta é a pressão exercida sobre uma substância, tanto mais elevada se torna a temperatura de mudança de fase*, seja ela fusão, vaporização ou sublimação. Observe que, quando a pressão atuante é p_1, a fusão ocorre à temperatura θ_1; sob a pressão mais elevada p_2, a fusão ocorre a uma temperatura mais elevada θ_2. Por exemplo, o enxofre funde-se a 107 °C quando a pressão é normal (1 atm), mas funde-se a 135,2 °C caso seja submetido à pressão de 519 atm.

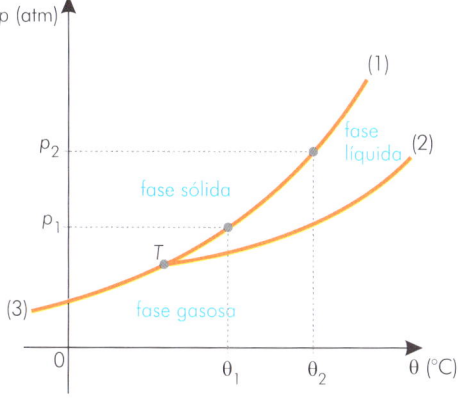

Figura 20-2. Pressão e temperatura de mudança de fase para a maioria das substâncias.

A exceção a essa regra ocorre na fusão de algumas substâncias, por isso ditas anômalas, como a *água*, o *ferro*, o *antimônio*, o *bismuto*. Para essas substâncias, *quanto mais alta é a pressão exercida, tanto mais baixa se torna a temperatura de fusão*. Na Figura 20-3, apresentamos o diagrama de fases da água. Observe que, sob pressão normal (1 atm), a fusão do gelo ocorre a 0 °C. Entretanto, se a pressão subir para 8 atm, o gelo sofre fusão a uma temperatura mais baixa, –0,06 °C.

A vaporização e a sublimação dessas substâncias anômalas obedecem à regra geral. Portanto, *para todas as substâncias*, sem exceção, a temperatura de vaporização, θ_V, e a temperatura de sublimação, θ_S, aumentam com o aumento da pressão, p, exercida.

FIGURA 20-3. Diagrama de fases da água.

Lago Rotorua, na Nova Zelândia, situado sobre uma zona de intensa atividade vulcânica. O calor proveniente do interior da Terra aquece as águas mais profundas e a alta pressão leva essa água aquecida para a superfície. A diferença de temperatura entre ela e a atmosfera propicia a formação de vapor (neste caso, em sua maior parte, sulfuroso).

ATENÇÃO

A diferença de comportamento, no que se refere à influência da pressão sobre a temperatura de fusão, explica-se da seguinte maneira: a fusão da maioria das substâncias ocorre com aumento de volume; então, na passagem da fase sólida para a fase líquida, as moléculas afastam-se umas das outras. O aumento de pressão tende a aproximar as moléculas, dificultando essa transição, e, como consequência, a fusão só vai ocorrer a uma temperatura mais elevada. Por outro lado, a fusão da água ocorre com diminuição de volume, isto é, as moléculas aproximam-se à medida que o sólido se transforma em líquido. Como o aumento de pressão tem exatamente o efeito de aproximar as moléculas, ele favorece a transição e, por isso, a fusão nesses casos anômalos acontece a uma temperatura mais baixa. O fato de a água assim comportar-se tem grande importância na manutenção da vida nos leitos de rios e lagos em regiões muito frias: o gelo é menos denso que a água líquida e, portanto, sempre flutua na sua superfície.

EM RESUMO:

- Fusão com aumento de volume (regra geral):

    maior pressão $\Rightarrow$ maior temperatura de fusão

- Fusão com diminuição de volume (comportamento anômalo):

    maior pressão $\Rightarrow$ menor temperatura de fusão

Exercícios Resolvidos

1. (UFMG) Na Figura I, está representado um diagrama de fase – pressão *versus* temperatura – da água e, na Figura II, a dependência do volume de uma determinada massa de água com a temperatura.

FIGURA I

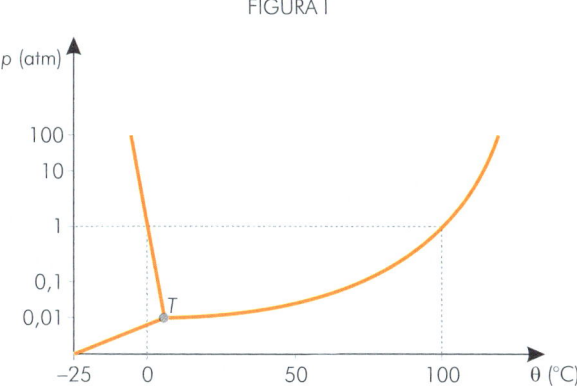

FIGURA II

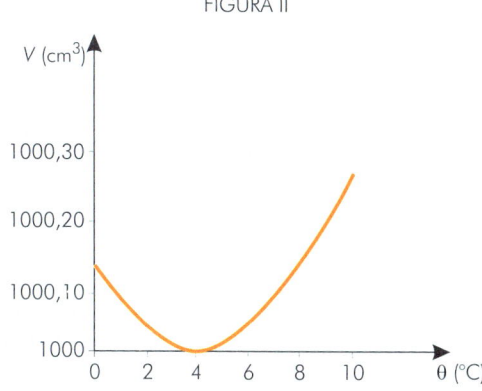

a) Em regiões muito frias, a temperatura da água é menor na superfície que no fundo dos lagos; por isso, a água congela primeiro na superfície. EXPLIQUE esse fenômeno com base nas informações contidas nos diagramas.

b) A cidade do Rio de Janeiro está ao nível do mar e Belo Horizonte, a uma altitude de, aproximadamente, 850 m. Considerando essas informações, RESPONDA:

  I) A temperatura de ebulição da água em Belo Horizonte é menor, igual ou maior que no Rio de Janeiro? JUSTIFIQUE sua resposta, usando informações contidas nos diagramas.

  II) A temperatura em que a água congela em Belo Horizonte é menor, igual ou maior que no Rio de Janeiro? JUSTIFIQUE sua resposta, usando informações contidas nos diagramas.

Resolução:

a) De 0 °C a 4 °C, a densidade da água aumenta. Assim, a água mais fria fica na superfície, e atinge a temperatura de solidificação antes da água mais profunda.

b) Respectivamente, menor (I) e maior (II), pois a curva de ebulição mostra que a temperatura do ponto de ebulição aumenta com o aumento da pressão, bem como a temperatura do ponto de fusão diminui com o aumento da pressão.

---

2. É dado o diagrama de fases de uma substância pura. Responda às questões.

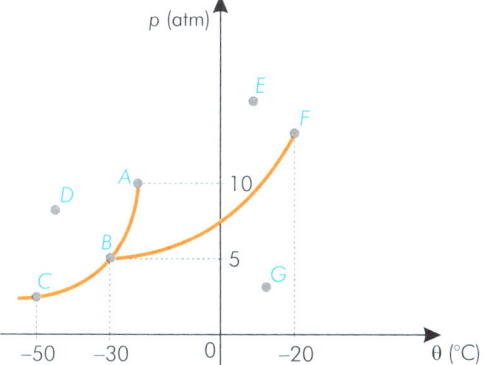

a) Que mudança de fase ocorre quando a substância passa do estado D para o estado E?

b) Que mudança de fase ocorre quando a substância passa do estado E para o estado G?

c) Qual o significado físico do ponto B no diagrama?

d) Sob pressão normal (1 atm) e à temperatura ambiente de 18 °C, em que fase se encontra a substância?

Resolução:

a) Fusão.

b) Vaporização.

c) O ponto B, comum às três curvas do diagrama, é o ponto triplo (ou tríplice), que indica a coexistência do equilíbrio das três fases (sólida, líquida e gasosa) da substância.

d) A pressão normal (1 atm) e a temperatura ambiente (18 °C) correspondem a um estado da substância situado, no diagrama de fases, à direita das curvas de vaporização e de sublimação, correspondendo, portanto, à fase de vapor.

Exercícios Propostos

3. (UERJ) Nas panelas de pressão atuais, a água ferve a aproximadamente 130 °C, e não a 100 °C, como ao nível do mar. Para duas panelas de pressão idênticas, A_1 e A_2, considere as seguintes condições:

- duas massas de água, m_1 e m_2, ambas a 30 °C ao nível do mar, são levadas à fervura, respectivamente, em A_1 e A_2;
- A_1 é mantida sem tampa e A_2, com tampa;

Exercícios Propostos

- a quantidade de calor necessária para dar início à fervura, nos dois casos, é a mesma.

Para satisfazer às condições descritas, a razão entre m_2 e m_1 deverá ser igual a:

a) 1,30   b) 1,00   c) 0,90   d) 0,70   e) 0,20

4. (UEFS) Experimentos simples mostram que as temperaturas de fusão e de ebulição dependem da pressão que atua sobre as substâncias. O aumento da pressão diminui a temperatura de fusão e aumenta a temperatura de ebulição. Sabe-se que a água tem ponto de ebulição 100 °C, quando está sob pressão de 1 atm.

A partir dessas informações e dos conhecimentos de hidrostática, pode-se inferir que, na cidade de Campos do Jordão, situada a 1.700 m acima do nível do mar,

a) a pressão atmosférica é superior a 1 atm.
b) o ponto de ebulição da água é inferior a 100 °C.
c) o ponto de liquefação do vapor-d'água é superior a 100 °C.
d) as moléculas de água precisam de maior energia para evaporar.
e) as moléculas de vapor-d'água absorvem maior quantidade de calor para se liquefazer.

5. (UFMT) Duas amostras metálicas sólidas de massas iguais, de formato cúbico, e diferentes calores específicos são colocadas em recipientes também cúbicos, preenchendo-os completamente. Os recipientes são constituídos por materiais condutores térmicos com alta temperatura de fusão.

Os conjuntos recipiente-amostra são colocados num forno, aguardando-se um tempo suficiente para que atinjam o equilíbrio térmico. A seguir, os conjuntos são retirados do forno, colocados em contato entre si e isolados termicamente do meio. Sobre tal situação, julgue os itens a seguir.

(1) A partir do momento em que são retirados do forno e isolados do meio, o conjunto cuja amostra tem maior calor específico transfere calor para o conjunto cuja amostra tem menor calor específico.

(2) A capacidade calorífica de cada amostra independe de sua massa.

(3) O calor específico latente de fusão de cada amostra depende da pressão atmosférica.

(4) Se a temperatura do forno for suficiente para fundir as amostras, ocorrerá o fenômeno da sublimação.

6. Na figura ao lado, temos o diagrama de fases de uma substância pura.

a) Em que estado de agregação estará essa substância quando estiver sob pressão de 8 atm e temperatura de 50 °C?
b) À temperatura de 20 °C e pressão de 10 atm, em que estado de agregação se encontra a substância?
c) Submetendo a substância à pressão de 8 atm e à temperatura de 60 °C, em que estado de agregação se encontra a substância?
d) Mantendo a pressão constante no valor de 2 atm, que mudança de fase ocorrerá se a temperatura da substância passar de –10 °C para 10 °C?
e) Mantendo a pressão constante no valor de 8 atm, que mudança de fase ocorrerá se a temperatura da substância passar de 40 °C para 20 °C?

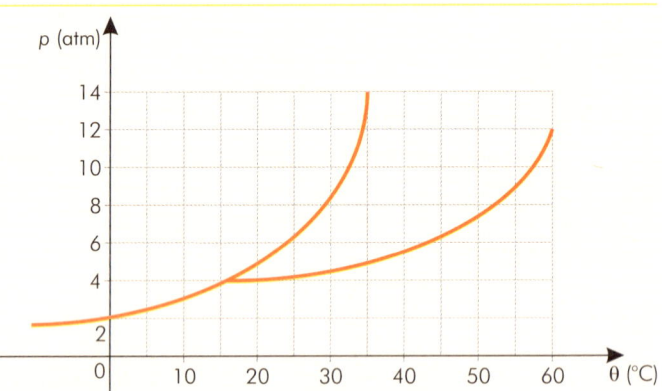

7. Uma substância está sob pressão menor que a pressão do ponto triplo. Em que estado de agregação essa substância não pode estar em equilíbrio?

8. Certo volume de um líquido ferve sob pressão p e à temperatura θ. O gráfico mostra a curva da pressão de vapor do líquido. Assinale a opção correta.

a) Se a pressão é mantida constante e a temperatura é aumentada, o líquido pode transformar-se em vapor.
b) Se a pressão é mantida constante e a temperatura é aumentada, nenhuma parte do líquido é transformada em vapor.
c) Se a temperatura é mantida constante e a pressão é aumentada, todo o líquido transforma-se em vapor.
d) Se a temperatura é mantida constante e a pressão é reduzida, todo o líquido transforma-se em gás.
e) Mantendo-se a temperatura e reduzindo-se a pressão, o calor deve ser cedido ao líquido.

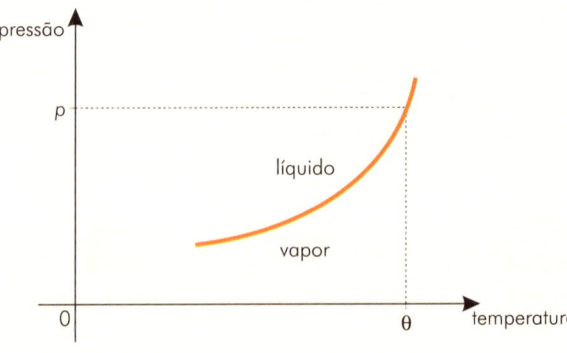

Exercícios Propostos

9. Experiência de Tyndall (regelo):

Por meio deste experimento, realizado com um bloco de gelo em temperatura pouco inferior a 0 °C, pode-se verificar que o aumento de pressão implica uma diminuição do ponto de fusão da água.

Na figura ao lado, vemos um fio metálico fino e, suspensos em suas extremidades, dois pesos de alguns quilogramas de massa. O bloco de gelo, apoiado nas extremidades, é envolvido pelo fio. Com o grande aumento de pressão, o gelo derrete-se, de forma que o fio desce através do bloco de gelo. A parte do bloco já atravessada pelo fio volta a ser submetida apenas à pressão atmosférica, congelando-se novamente. Dessa forma, o fio atravessa o bloco de gelo sem provocar o seu rompimento.

Com base nos seus conhecimentos, assinale a seguir a única afirmação correta.

a) Por ser suficientemente fino, o arame passa através do gelo sem deslocar suas moléculas.
b) O arame parte o gelo, mas este tem a propriedade de soldar-se.
c) Pela pressão do arame, o gelo derrete; deixando de existir a pressão, o gelo refaz-se.
d) O arame atua como catalisador à sua passagem.
e) Não há explicação plausível para o fenômeno.

20.4. O Ponto Crítico. Gás e Vapor

No diagrama de fases, as curvas de fusão, de vaporização e de sublimação convergem no ponto triplo. Entre essas três, a curva de vaporização é a única que tem um segundo ponto bem definido, o chamado **ponto crítico**, além do qual essa curva inexiste.

O estado definido pelo ponto crítico garante que a substância se apresenta em equilíbrio nas fases gasosa e líquida, com pressão, temperatura e densidades iguais. Esse ponto, característico de cada substância, é definido pela *pressão crítica* e pela *temperatura crítica*. Verifica-se que uma substância na fase gasosa com temperatura superior à temperatura crítica mantém-se na fase gasosa, qualquer que seja a pressão a que esteja submetida. Daí a distinção que se faz entre vapor e gás:

Para o cozimento de alguns alimentos, a água é fervida e uma parte se transforma em vapor.

- **Vapor** é a substância na fase gasosa a uma temperatura igual ou inferior à temperatura crítica. O vapor pode ser condensado (transformado em líquido) ou cristalizado (transformado em sólido) por aumento de pressão, mantida constante a temperatura (Figura 20-4);
- **Gás** é a substância na fase gasosa a uma temperatura superior à temperatura crítica. Mantida constante a temperatura, o gás não pode ser condensado por aumento de pressão.

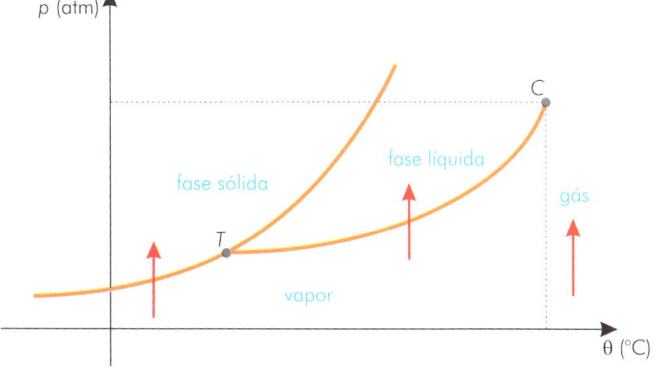

FIGURA 20-4.

Em resumo, sendo θ_C a temperatura crítica da substância, na fase gasosa, e θ a temperatura em que ela se encontra, teremos:

$$\theta \leq \theta_C = \text{vapor} \Rightarrow \text{condensa-se por compressão isotérmica}$$

$$\theta > \theta_C = \text{gás} \Rightarrow \text{não se condensa por compressão isotérmica}$$

20.5. Pressão Máxima de Vapor

Consideremos um recipiente cilíndrico provido de um êmbolo que pode movimentar-se livremente. No interior desse cilindro encontram-se, em equilíbrio, uma porção na fase líquida e uma porção na fase gasosa (vapor) de uma substância pura. Veja a Figura 20-5, em que θ é a temperatura do sistema.

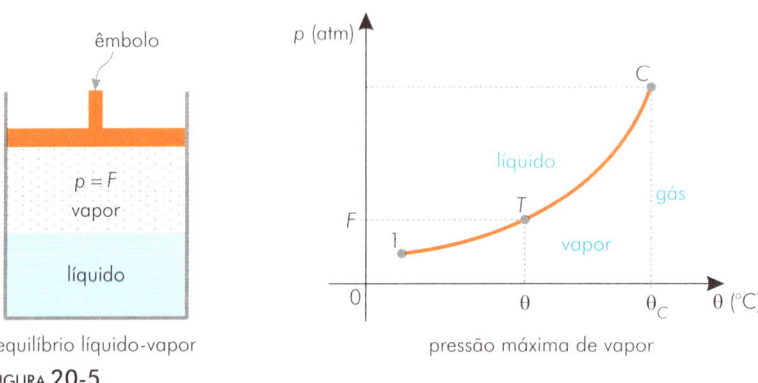

FIGURA 20-5.

Essa situação é necessariamente representada, no diagrama de fases da substância, por um ponto da curva de vaporização (lembre-se de que todos os pontos dessa curva representam condições de pressão e temperatura em que coexistem as fases líquida e gasosa).

A pressão, F, exercida pelo vapor na referida situação de equilíbrio é denominada **pressão máxima de vapor** da substância à temperatura θ.

Observe que, de fato, essa pressão F é a máxima que o vapor pode exercer a essa temperatura, pois em pressões maiores só existe a fase líquida. Enquanto o vapor exerce pressões menores que a pressão máxima à temperatura θ, isto é, $p < p_\theta$, ele não está em presença de líquido, e é chamado **vapor seco**. Quando o vapor exerce uma pressão máxima F, ele está em presença de líquido, e é chamado, por isso, **vapor saturante**.

Se o volume oferecido ao vapor saturante for diminuído isotermicamente (o que se consegue, na situação mostrada, empurrando o êmbolo para baixo), ele sofrerá condensação, isto é, parte dele se converterá em líquido, mas continuará exercendo a mesma pressão F; como ainda há coexistência das duas fases, as condições de pressão e temperatura $(F; \theta)$ não podem se alterar. A recíproca é verdadeira: se o volume oferecido ao vapor saturante for aumentado isotermicamente, o líquido sofrerá vaporização (parte dele se converterá em vapor), de modo que o vapor continuará a exercer a mesma pressão F (Figura 20-6).

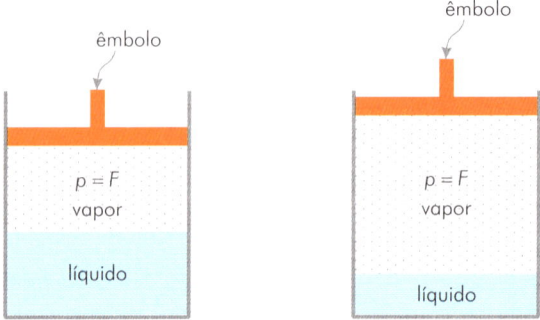

FIGURA 20-6. Enquanto houver líquido e vapor, a pressão se mantém em F.

Pode-se concluir que:

1) a pressão máxima de vapor não depende do volume oferecido ao vapor saturante.
2) para cada substância, a pressão máxima de vapor é função exclusiva da temperatura.

Observando o diagrama de fase de uma substância (Figura 20-7), percebe-se que para cada valor de temperatura corresponde um valor diferente para a pressão máxima de vapor. Quanto mais elevada a temperatura, tanto mais alto o valor da pressão máxima de vapor. Obviamente, o mais elevado valor da pressão máxima é o que corresponde à temperatura crítica, e também é igual à pressão crítica p_C.

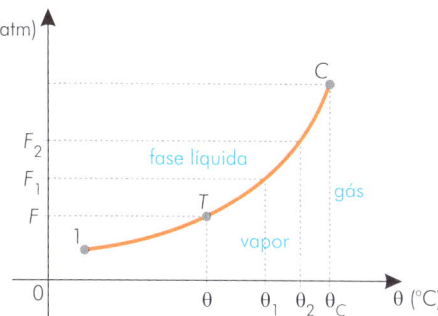

FIGURA 20-7. F depende da temperatura.

Exercícios Propostos

10. A temperatura crítica é aquela:
a) na qual um sólido sofre sublimação.
b) abaixo da qual um líquido não pode evaporar.
c) na qual a pressão saturante de vapor é igual à pressão atmosférica.
d) acima da qual um gás não pode ser liquefeito.
e) na qual coexistem as três fases: sólida, líquida e gasosa.

11. Pode-se conseguir a sublimação do gelo quando ele é submetido a:
a) pressão e temperatura inferiores às do ponto tríplice.
b) pressão e temperatura inferiores às do ponto crítico.
c) pressão e temperatura superiores às do ponto tríplice.
d) pressão e temperatura superiores às do ponto crítico.
e) não se consegue a sublimação do gelo; ele sempre se transforma em água para depois produzir a vaporização.

12. Marque a opção que apresenta a afirmativa falsa.
a) Uma substância não existe na fase líquida quando submetida a pressões abaixo daquela de seu ponto triplo.
b) A sublimação de uma substância é possível se esta estiver a pressões mais baixas que a do ponto triplo.
c) Uma substância só pode existir na fase líquida se a temperatura a que estiver submetida for mais elevada que sua temperatura crítica.
d) Uma substância não sofre condensação a temperaturas mais elevadas que sua temperatura crítica.
e) Na Lua, um bloco de gelo pode passar diretamente para a fase gasosa.

13. A temperatura crítica do oxigênio é –119 °C. Se o oxigênio estiver à temperatura de 20 °C, ele poderá estar no estado sólido?

14. Se a temperatura crítica da água é 647 K, pode-se considerar que a água está sob a forma de:
a) vapor, a 500 °C.
b) vapor, acima de 500 °C.
c) gás, a 300 °C.
d) gás, abaixo de 273 °C.
e) gás, acima de 374 °C

15. É possível liquefazer um gás:
a) comprimindo-o a qualquer temperatura.
b) aumentando sua temperatura a qualquer pressão.
c) resfriando-o até uma temperatura abaixo da crítica e comprimindo-o.
d) comprimindo-o a uma temperatura acima da crítica.
e) diminuindo sua pressão acima da temperatura crítica.

16. A pressão máxima de vapor de um líquido depende da estrutura de suas moléculas e:
a) do volume ocupado pelo líquido.
b) do volume ocupado pelo vapor.
c) da massa específica do vapor.
d) da massa do líquido.
e) da temperatura do líquido.

20.6. Umidade Relativa ou Grau Higrométrico do Ar

O vapor-d'água é um dos componentes do ar atmosférico. Nessa mistura gasosa, ele exerce uma pressão, dita **pressão parcial**, que indicaremos por f (ponto A, na Figura 20-8), que é a parcela da pressão atmosférica devida apenas à componente de vapor. Se a quantidade de vapor-d'água aumentar sem que a temperatura se modifique (θ constante), a pressão parcial do vapor-d'água aumentará gradativamente, chegando à pressão máxima de vapor F (ponto C, da Figura 20-8). Quando essa situação é

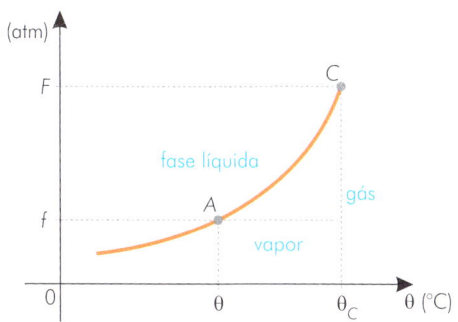

FIGURA 20-8. Pressão parcial e máxima.

alcançada, dizemos que o ar está *saturado* de vapor-d'água, o que significa que não é possível aumentar a quantidade de vapor-d'água no ambiente: qualquer porção de vapor nele introduzida provoca condensação (por exemplo, formação de orvalho).

Define-se **umidade relativa** ou **grau higrométrico** do ar pela relação entre a pressão parcial f e a pressão máxima F:

$$H = \frac{f}{F}$$

Normalmente, temos $f < F$ e portanto $H < 1$. Na situação de saturação, temos $f = F$ e $H = 1$. É comum exprimirmos a umidade relativa em termos percentuais. Assim, quando o ambiente estiver saturado de vapor-d'água, dizemos que a umidade relativa é de 100%.

> Note bem: umidade relativa do ar de 100% significa que a atmosfera local apresenta a maior quantidade possível de água em forma de vapor, nas condições presentes de temperatura e pressão.

20.7. Evaporação da Água e Umidade Relativa

Já vimos que a ebulição ocorre a uma temperatura bem definida, em relação à pressão que está sendo exercida (ponto A da Figura 20-9), ao passo que a *evaporação* é uma mudança de fase espontânea, que acontece a qualquer temperatura.

A velocidade com que a água evapora depende de vários fatores, como tratado no Capítulo 19. Em particular, a evaporação de água para a atmosfera, livre e espontânea, depende da concentração de vapor, que é determinada pela umidade relativa do ar atmosférico. Nesses termos, a umidade do ar pode também ser definida como sendo a razão entre a densidade do vapor-d'água presente no ar e a densidade do vapor-d'água saturado:

$$UR = \frac{\text{densidade de vapor-d'água presente no ar}}{\text{densidade de vapor-d'água saturado}}$$

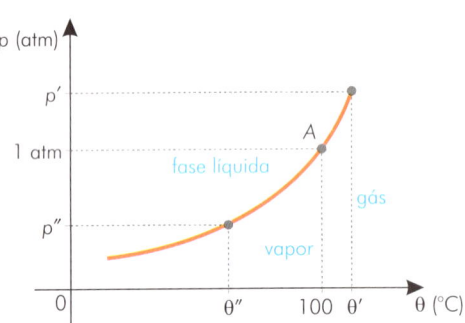

Figura 20-9. Temperatura de ebulição da água.

Exercícios Resolvidos

17. (PUC – RS) Umidade relativa do ar é a razão obtida dividindo-se a massa de vapor de água contida num dado volume de ar pela massa de vapor de água que este volume de ar comportaria, na mesma temperatura, se estivesse saturado.

Num determinado recinto onde a temperatura ambiente é de 20 °C, têm-se 8,5 g/m³ de vapor de água presente no ar. Sabe-se que ar saturado a 20 °C contém cerca de 17 g/m³ de vapor de água. A umidade relativa do ar no recinto considerado é de:

a) 8,5%   c) 25%   e) 50%
b) 10%   d) 40%

Resolução:

Por definição, temos:

$$UR = \frac{\text{densidade de vapor-d'água presente no ar}}{\text{densidade de vapor-d'água saturado}}$$

Assim, $UR = \dfrac{8,5}{17}$

$$UR = 0,5 \therefore UR = 50\%$$

Resposta: opção **e**.

18. É muito comum, ao tomarmos determinado líquido quente, assoprarmos a superfície livre do líquido com a intenção de resfriá-lo. Explique por que esse procedimento diminui a temperatura do líquido.

Exercícios Resolvidos

Resolução:
Ao assoprarmos a superfície do líquido, estamos provocando a saída do vapor, que foi formado pela evaporação do líquido, daquela região. A diminuição da quantidade de vapor sobre a superfície aumenta a velocidade de evaporação e o líquido esfria mais rápido.

Exercícios Propostos

19. (PUC – SP) Durante o processo de evaporação de um líquido contido numa bacia, ocorre a diminuição da temperatura porque:

a) escapam as moléculas com maior energia cinética.
b) escapam as moléculas de maior massa.
c) escapam as moléculas de menor massa.
d) a energia cinética das moléculas não se altera.
e) diminui a massa do líquido.

20. (UFG – GO) É comum, entre os estudantes do ensino médio, a ideia de que a Física é uma disciplina difícil, muito teórica e de pouca utilidade para a nossa vida. Alguns até dizem: "Pra que Física no vestibular, se nunca mais vou precisar dela?". Essa concepção é equivocada, pois os conceitos, leis e princípios da Física estão presentes na compreensão de muitas situações do cotidiano. Por exemplo,

a) os alimentos cozinham mais rapidamente numa panela de pressão do que numa panela comum, porque, com o aumento da pressão, a água entra em ebulição a uma temperatura maior que 100 °C.
b) ao esquecer aquela cervejinha dentro do congelador, você a encontra estourada. Isso acontece porque a temperatura muito baixa faz o vidro trincar.
c) costumam-se utilizar bolinhas de naftalina em armários para afastar insetos. Passado algum tempo, nota-se que as bolinhas desaparecem. Isso acontece não porque a barata comeu a naftalina, mas porque esta sublimou à temperatura ambiente.

Quais são as afirmações verdadeiras?

21. À temperatura ambiente, a acetona evapora mais rapidamente do que a água. Sendo assim, pode-se concluir que, em relação à água, a acetona apresenta

a) ponto de ebulição mais alto.
b) ligações intermoleculares mais fracas.
c) pressão de vapor menor.
d) pontes de hidrogênio em maior número.
e) configuração geométrica menos simétrica.

22. Julgue a veracidade das afirmações a seguir.

(1) A pressão máxima de vapor de uma substância cresce com a temperatura da substância.
(2) O ponto triplo de uma substância é caracterizado por um par de valores de pressão e temperatura.
(3) É possível que a água ferva à temperatura de 70 °C.

23. Quando um líquido está em equilíbrio dinâmico com o seu vapor, quais das seguintes condições podem existir?

I. Não há transferência de moléculas entre o líquido e o vapor.
II. A pressão do vapor tem um valor constante.
III. Os processos opostos (vaporização e condensação) realizam-se com igual velocidade.
IV. A concentração do vapor varia com o tempo.

São corretas as afirmações:

a) I   c) I, II e III   e) I e II
b) II e III   d) II e IV

24. (PUC – RS) Verifica-se que o ar de um ambiente a 20 °C contém 3,64 kg de vapor de água. Se estivesse saturado, também a 20 °C, conteria 5,20 kg de vapor de água. É correto afirmar, então, que a umidade relativa do ar do ambiente considerado é:

a) 70%   c) 50%   e) 30%
b) 60%   d) 40%

25. (UNICAMP – SP) O ar é capaz de reter uma certa concentração de vapor de água até atingir uma densidade de saturação. Quando a concentração de vapor de água atinge essa densidade de saturação, ocorre uma condensação, ou seja, a água muda do estado gasoso (vapor) para o estado líquido. Essa densidade de saturação depende da temperatura, como mostra a tabela a seguir. A umidade relativa (em porcentagem) é definida como a razão entre a densidade de vapor de água existente no ambiente e a densidade de saturação.

Temperatura (°C)	10	12	14	16	18	20	22	24	26	28	30	32	34	36
Densidade de saturação (g/cm³)	11	12	14	16	18	20	22	24	26	28	31	34	36	41

a) Em certo dia frio (12 °C) a umidade relativa é de 75%. Qual será a umidade relativa de um quarto aquecido a 24 °C? Admita que a densidade de vapor seja a mesma para ambas as temperaturas.
b) Em um certo dia quente (34 °C) a umidade relativa é de 50%. Abaixo de qual temperatura um copo de cerveja gelada passa a condensar vapor de água (fica "suado")?

Exercícios Propostos

26. Em uma cidade como Brasília, onde a umidade relativa do ar é baixa, muitas vezes, mesmo a temperaturas relativamente baixas, 20 °C, por exemplo, sentimos um desconforto térmico. Isso se dá porque

a) a umidade relativa do ar dificulta a evaporação do suor.
b) a pressão máxima de vapor independe da temperatura.
c) o vapor-d'água contido no ar fornece calor ao organismo.
d) o vapor-d'água contido no ar está pouco denso.
e) a afirmação não procede.

Exercícios Complementares

27. Quando uma substância se vaporiza, ocorre um aumento de volume. Como consequência desse fato, podemos dizer que uma diminuição da pressão sobre o líquido faz que sua temperatura de vaporização

a) se mantenha constante.
b) diminua.
c) aumente.
d) oscile em torno do valor da temperatura de vaporização normal.
e) se altere, não sendo possível precisar se aumenta ou diminui.

28. A fusão do antimônio ocorre com diminuição de volume, ao passo que a fusão do alumínio ocorre com aumento de volume. Um aumento na pressão faz que a temperatura de fusão

a) do antimônio e do alumínio aumente.
b) do antimônio e do alumínio diminua.
c) do antimônio aumente e do alumínio diminua.
d) do antimônio diminua e do alumínio aumente.
e) do antimônio e do alumínio não se altere.

29. Na figura, está representado o diagrama de estado de uma substância pura.

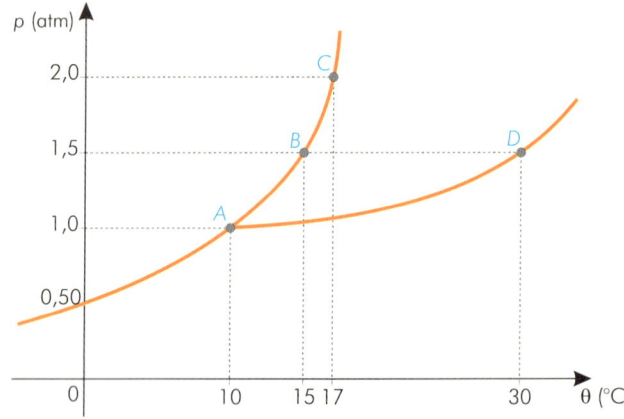

a) Assinale no diagrama pontos (com os respectivos valores de pressão e temperatura) que representem situações de coexistência de dois estados de agregação.
b) Para que valores de pressão e temperatura a substância pode se encontrar nos três estados de agregação?
c) Qual a temperatura de fusão e a temperatura de vaporização, quando a substância está submetida à pressão de 1,5 atm?
d) Mantendo a temperatura constante em 30 °C, em que pressão a substância sofre vaporização?

30. É mostrado, abaixo, o diagrama de fases de uma substância hipotética, apresentando pontos com numeração de 1 a 5. Assinale a opção correta, de acordo com a condição que cada número representa.

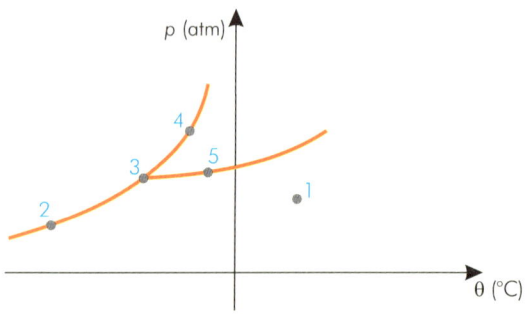

a) 1: fase de vapor; 2: fase sólida; 3: equilíbrio sólido-vapor; 4: equilíbrio sólido-líquido; 5: ponto triplo.
b) 1: fase de vapor; 2: equilíbrio líquido-vapor; 3: ponto triplo; 4: equilíbrio sólido-vapor; 5: fase sólida.
c) 1: fase líquida; 2: fase sólida; 3: equilíbrio sólido-vapor; 4: equilíbrio sólido-líquido; 5: fase de vapor.
d) 1: fase de vapor; 2: equilíbrio sólido-vapor; 3: equilíbrio líquido-vapor; 4: fase líquida; 5: ponto triplo.
e) 1: fase de vapor; 2: equilíbrio sólido-vapor; 3: ponto triplo; 4: equilíbrio sólido-líquido; 5: equilíbrio líquido-vapor.

31. Uma porção de certa substância está passando do estado líquido para o estado sólido. Verifica-se que o sólido que se forma flutua sobre a parte ainda líquida. Com essa observação, é *correto* concluir que

a) a densidade da substância aumenta com a solidificação.
b) a massa da substância aumenta com a solidificação.
c) a massa da substância aumenta com a fusão.
d) o volume da substância aumenta com a fusão.
e) o volume da substância aumenta com a solidificação.

32. Acerca das mudanças de fase das substâncias puras, considere as afirmações que seguem:

I. Se uma substância aumenta de volume ao sofrer fusão, um aumento de pressão sobre ela deverá diminuir o seu ponto de fusão.

Exercícios Complementares

II. Um líquido pode solidificar-se, à temperatura constante, apenas por elevação da pressão sobre ele.

III. Uma substância, mantida à temperatura constante e menor que a do ponto tríplice, pode passar do estado sólido ao gasoso apenas por redução da pressão.

Entre essas afirmações, somente:

a) I é correta.
b) II é correta.
c) III é correta.
d) I e II são corretas.
e) II e III são corretas.

33. Aquece-se certa quantidade de água. A temperatura em que irá ferver depende da

a) temperatura inicial da água.
b) massa da água.
c) pressão ambiente.
d) rapidez com que o calor é fornecido.
e) quantidade total do calor fornecido.

34. Enche-se uma seringa com pequena quantidade de água destilada a uma temperatura um pouco abaixo da temperatura de ebulição. Fechando o bico, como mostra a Figura A a seguir, e puxando rapidamente o êmbolo, verifica-se que a água entra em ebulição durante alguns instantes (veja Figura B). Podemos explicar esse fenômeno, considerando que:

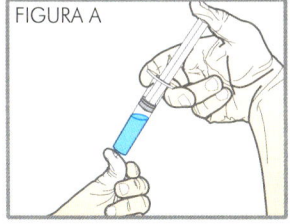

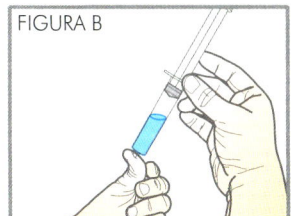

a) na água, há sempre ar dissolvido e a ebulição nada mais é do que a transformação do ar dissolvido em vapor.
b) com a diminuição da pressão, a temperatura de ebulição da água fica menor do que a temperatura da água na seringa.
c) com a diminuição da pressão, há um aumento da temperatura da água na seringa.
d) o trabalho realizado com o movimento rápido do êmbolo transforma-se em calor, que faz a água ferver.
e) o calor específico da água diminui com a diminuição da pressão.

35. (UNICAMP – SP) Uma dada panela de pressão é feita para cozinhar feijão à temperatura de 110 °C. A válvula da panela é constituída por um furo de área igual a 0,20 cm², tampado por um peso que mantém uma sobrepressão dentro da panela. A pressão de vapor da água (pressão em que a água ferve) como função da temperatura é dada pela curva a seguir.

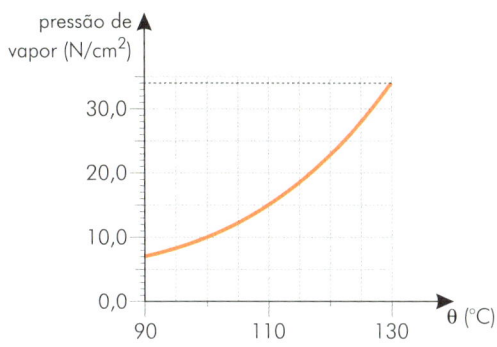

Considere o módulo da aceleração da gravidade igual a 10 m/s².

a) Tire do gráfico o valor da pressão atmosférica em N/cm², sabendo que nesta pressão a água ferve a 100 °C.
b) Tire do gráfico a pressão no interior da panela quando o feijão está cozinhando a 110 °C.
c) Calcule o peso da válvula necessário para equilibrar a diferença de pressão interna e externa à panela.

36. Considere as seguintes afirmações.

I. Um copo de água gelada apresenta gotículas de água em sua volta porque a temperatura da parede do copo é menor que a temperatura de orvalho do ar ambiente.

II. A névoa (chamada por alguns de "vapor") que sai do bico de uma chaleira com água quente é tanto mais perceptível quanto menor for a temperatura ambiente.

III. Ao se fechar um *freezer*, se sua vedação fosse perfeita, não permitindo a entrada e a saída de ar de seu interior, a pressão interna ficaria inferior à pressão do ar ambiente.

a) Todas são corretas.
b) Somente I e II são corretas.
c) Somente II e III são corretas.
d) Somente I e III são corretas.
e) Nenhuma delas é correta.

37. Ao retirarmos uma garrafa de cerveja do *freezer*, notamos que ela estava bem "gelada". Fizemos isso segurando-a pela tampinha. Ao servirmos, seguramos a garrafa pelo seu centro e notamos que ela "tinha congelado" ou ficado parcialmente solidificada. Assinale a opção que melhor explica essa passagem do estado líquido ao parcialmente sólido.

Exercícios Complementares

a) Ela já estava congelada, só que nós não víamos.
b) Ao servirmos segurando-a pelo centro, cedemos calor ao líquido, e este o usou para produzir uma mudança de estado (nova orientação molecular).
c) A garrafa de cerveja, por ser escura, absorve mais rapidamente o calor. Assim, a pressão interna diminui, modificando o seu estado molecular.
d) É o fenômeno chamado de regelo, em que o líquido solidificado volta a ser líquido devido à perda de calor para o meio ambiente.
e) Com a diminuição da temperatura, a pressão diminui. Com isso, a agitação molecular aumenta, já que não é anulada pela pressão. Sendo assim, tem-se um novo estado físico, o sólido.

38. (UNICAMP – SP) No Rio de Janeiro (ao nível do mar), uma certa quantidade de feijão demora 40 minutos em água fervente para ficar pronta. A tabela abaixo fornece o valor da temperatura da fervura da água em função da pressão atmosférica, enquanto o gráfico fornece o tempo de cozimento dessa quantidade de feijão em função da temperatura. A pressão atmosférica ao nível do mar vale 760 mm de mercúrio e ela diminui 10 mm de mercúrio para cada 100 m de altitude.

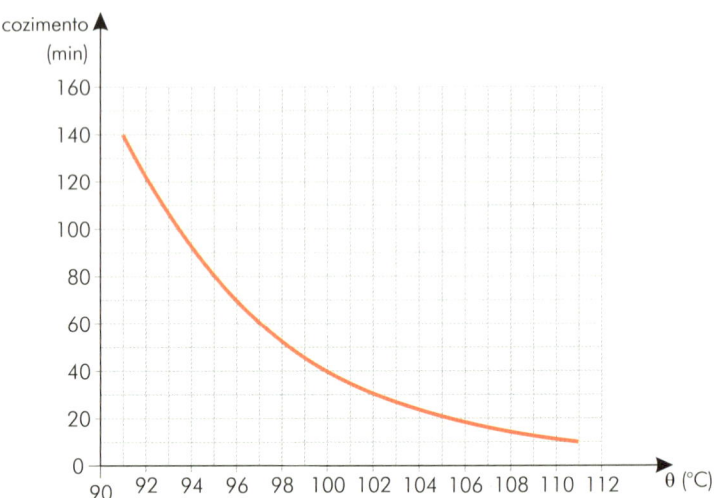

Temperatura (°C)	94	95	97	98	100	102	103	105	106	108	109	110
Pressão (mmHg)	600	640	680	720	760	800	840	880	920	960	100	1.040

a) Se o feijão fosse colocado em uma panela de pressão a 880 mm de mercúrio, em quanto tempo ele ficaria pronto?
b) Em uma panela aberta, em quanto tempo o feijão ficará pronto na cidade de Gramado (RS) na altitude de 800 m?
c) Em que altitude o tempo de cozimento do feijão (em panela aberta) será o dobro do tempo de cozimento ao nível do mar?

39. Analise fisicamente as afirmações seguintes:
   I. Para derreter um bloco de gelo rapidamente, uma pessoa embrulhou-o em um grosso cobertor.
   II. Para conservar o chope geladinho por mais tempo, deve-se colocá-lo em uma caneca de louça.
   III. Um aparelho de refrigeração de ar deve ser instalado em um local alto em um escritório.

Assinale a opção correta:
a) apenas I e II estão corretas.
b) apenas II e III estão corretas.
c) apenas I está correta.
d) apenas II está correta.
e) apenas III está correta.

40. (FUVEST – SP) O esquema da panela de pressão e um diagrama de fase da água são apresentados a seguir.

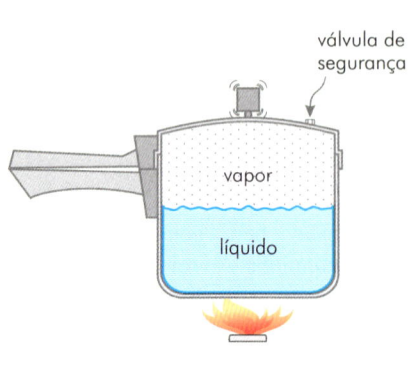

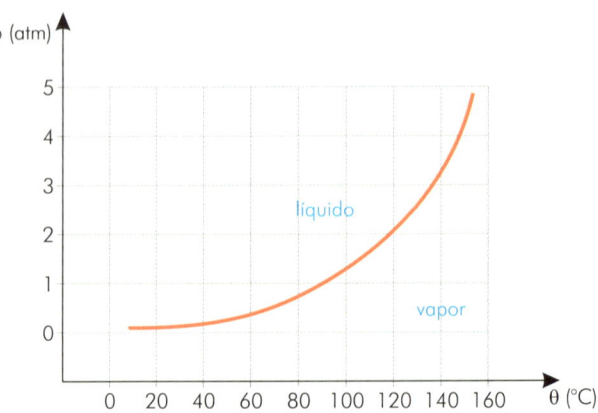

DIAGRAMA DE FASE DA ÁGUA

Exercícios Complementares

A vantagem do uso de panela de pressão é a rapidez para o cozimento de alimentos e isto se deve

a) à pressão no seu interior, que é igual à pressão externa.
b) à temperatura de seu interior, que está acima da temperatura de ebulição da água no local.
c) à quantidade de calor adicional que é transferida à panela.
d) à quantidade de vapor que está sendo liberada pela válvula.
e) à espessura da sua parede, que é maior que a das panelas comuns.

41. Uma panela de pressão com água até a metade é colocada no fogo. Depois que a água está fervendo, a panela é retirada do fogo e, assim que a água para de ferver, ela é colocada debaixo de uma torneira de onde sai água fria. É observado que a água dentro da panela volta a ferver. Isso se deve ao fato de

a) a água fria esquentar ao entrar em contato com a panela, aumentando a temperatura interna.
b) a temperatura da panela abaixar, contraindo o metal e aumentando a pressão interna.
c) a água fria fazer com que o vapor dentro da panela condense, aumentando a pressão interna.
d) a temperatura da panela abaixar, dilatando o metal e abaixando a pressão interna.
e) a água fria fazer com que o vapor dentro da panela condense, abaixando a pressão interna.

42. Analise as afirmações a seguir.

I. Temperatura é uma grandeza física que mede o estado de agitação das partículas de um corpo, caracterizando o seu estado térmico.

II. Condução é o processo de transmissão de calor por meio do qual a energia passa de partícula para partícula sem que elas sejam deslocadas.

III. Só é possível transformar calor em trabalho utilizando-se duas fontes de calor de mesma temperatura.

IV. Colocando-se um objeto pesado sobre um bloco de gelo, mesmo que o objeto esteja na mesma temperatura do gelo, observa-se a formação de uma cavidade no gelo sob o objeto. Podemos afirmar que isso ocorre devido ao aumento na temperatura de fusão do gelo, em virtude da diminuição na pressão.

São CORRETAS:
a) apenas I e II.
b) apenas III e IV.
c) apenas I, II e III.
d) apenas I, III e IV.
e) I, II, III e IV.

21. Comportamento Térmico dos Gases

21.1. Introdução

Gás é o fluido que possui as propriedades de compressibilidade e expansibilidade e que tende a ocupar todo o espaço que lhe é oferecido. É a situação física de uma substância que se encontra em uma temperatura maior que a sua temperatura crítica.

Os diferentes gases, devido às suas características moleculares, apresentam, em geral, comportamentos desiguais. Entretanto, quando são colocados sob baixas pressões e altas temperaturas, esses gases passam a se comportar, macroscopicamente, de maneira semelhante.

As moléculas do gás, devido às colisões entre si e com as paredes do recipiente, modificam constantemente a direção e o módulo da sua velocidade de translação, causando uma variação na energia cinética de cada uma delas. Entretanto, a energia cinética média por molécula do gás não sofre alteração.

As colisões das moléculas têm duração desprezível e pode-se dizer que não há perda de energia do sistema como decorrência dessas colisões.

21.2. Gás Perfeito ou Ideal

É um tipo de gás que apresenta as seguintes características:

- as moléculas constituintes do gás encontram-se em movimento contínuo e desordenado, regido pelos princípios da mecânica newtoniana;
- há choques constantes (entre as moléculas e as paredes do recipiente) que são perfeitamente elásticos, não havendo perda de energia pelo sistema;

Os balões utilizam ar quente para subir. O aquecimento dessa mistura de gases diminui sua densidade, o que provoca a ascensão.

- não existem forças de coesão entre as moléculas, que estão relativamente muito afastadas umas das outras, o que significa que é desprezível a energia potencial do gás;
- o volume da molécula é desprezível comparado ao do gás, o que significa que elas são tratadas como pontos materiais;
- suas moléculas (apesar de, na realidade, elas apresentarem velocidades diferentes umas das outras) movimentam-se com velocidade média equivalente à velocidade média de todas as partículas. A energia cinética de uma molécula depende apenas da temperatura absoluta do gás, independendo da sua natureza.

Um gás real pode ter um comportamento próximo ao de um gás ideal quando estiver sob as seguintes condições:

- baixa pressão;
- temperatura alta.

As altas temperaturas do gás elevam a velocidade média de suas moléculas, e assim tornam a energia potencial (relacionada às forças de campo) desprezível em relação à energia cinética (relacionada à translação).

As baixas pressões, resultado dos choques de suas moléculas contra as paredes do recipiente no qual estão contidas, indicam um gás mais rarefeito, ou seja, com volume total das moléculas pequeno em comparação com o volume do recipiente; o aumento da distância entre as moléculas do gás também reduz a intensidade média das forças de campo.

Você Sabia?

O neon é um dos gases utilizados na iluminação de letreiros. Os gases nobres, entre eles o neon, são os mais próximos de um gás ideal.

21.3. Estado de um Gás. A Equação de Clapeyron

A caracterização do estado de um gás pode ser feita por um conjunto de três variáveis: sua *temperatura termodinâmica* (T), sua *pressão* (p) e seu *volume* (V). Essas variáveis são denominadas **variáveis de estado**.

$$\text{CNTP} \begin{cases} T = 273 \text{ K } (0\,°C) \\ p = 1 \text{ atm} = 76 \text{ cmHg} \end{cases}$$

Por definição, um gás encontra-se em **estado normal**, ou em **condições normais de temperatura e pressão** (**CNTP**), ou, ainda, em **temperatura e pressão normais** (**TPN**), quando sua pressão é a atmosférica normal e a 0 °C:

Qualquer equação que apresente uma relação entre as variáveis de estado de um gás é denominada **equação de estado do gás**. A **equação de estado do gás perfeito** ou ideal é conhecida como **equação de Clapeyron**, em homenagem a Benoit Paul Émile Clapeyron (1799-1864) que, em 1834, em meio a muitos outros resultados importantes, a escreveu como uma combinação de outras equações obtidas por outros físicos.

A equação de Clapeyron estabelece que a relação $\dfrac{p \cdot V}{T}$ é diretamente proporcional à quantidade de gás,

$$p \cdot V = n \cdot R \cdot T$$

em que n representa o *número de mols* do gás, obtido pela relação entre a massa m de gás (expressa em gramas) e a molécula-grama M, ($n = \dfrac{m}{M}$); R é uma constante que não depende da natureza do gás, denominada **constante universal dos gases perfeitos**.

O valor de R depende das unidades adotadas para a medida da pressão e do volume do gás:

$$R = 0{,}082\,\dfrac{\text{atm} \cdot \text{L}}{\text{mol} \cdot \text{K}} = 8{,}314\,\dfrac{\text{J}}{\text{mol} \cdot \text{K}} = 1{,}986\,\dfrac{\text{cal}}{\text{mol} \cdot \text{K}}$$

A pressão do gás exercida nas paredes de um pneu depende da quantidade de gás, do seu volume e da sua temperatura.

> **OBSERVAÇÃO:** Define-se o **mol** como a quantidade de matéria que contém um número determinado de partículas, número esse denominado **número de Avogadro**. Essas partículas podem ser átomos, moléculas, íons, elétrons etc.
>
> $$1\ \text{mol} = 6{,}02 \cdot 10^{23} = \text{número de Avogadro } (N_A)$$
>
> Dessa maneira, 1 mol de átomos corresponde a $6{,}02 \cdot 10^{23}$ átomos, 1 mol de elétrons corresponde a $6{,}02 \cdot 10^{23}$ elétrons e 1 mol de moléculas de um gás corresponde a $6{,}02 \cdot 10^{23}$ moléculas do gás.
>
> A molécula-grama do gás (M) é, por definição, a massa, expressa em gramas, de 1 mol de moléculas do gás, ou seja, de $6{,}02 \cdot 10^{23}$ moléculas do gás. Então, por regra de três, simples e direta:
>
> $$n = \dfrac{m}{M}$$

Exercícios Resolvidos

1. Têm-se 8,0 mols de moléculas de um gás ideal a 27 °C e sob pressão de 6,0 atm. Determine, em litros, o volume ocupado por esse gás. É dada a constante universal dos gases perfeitos, igual a 0,082 (atm · L)/(mol · K).

RESOLUÇÃO:
Dados:
- número de mols: $n = 8{,}0$ mols
- pressão: $p = 6{,}0$ atm
- temperatura: $T = 27\ °C = (27 + 273)\ K = 300\ K$
- $R = 0{,}082\ (\text{atm} \cdot \text{L})/(\text{mol} \cdot \text{K})$
- volume = ?

Aplicando a equação de Clapeyron, temos:

$$p \cdot V = n \cdot R \cdot T \Rightarrow 6{,}0 V = 8{,}0 \cdot 0{,}082 \cdot 300$$

$$V = \dfrac{196{,}8}{6} \therefore V = 32{,}8\ \text{L}$$

2. Um recipiente de volume igual a 80 L contém 10 mols de moléculas de um gás ideal, sob pressão de 5,0 atm. Determine, em unidades SI, a temperatura do gás. Considere:

1 atm $\cong 10^5$ Pa e a constante universal dos gases perfeitos $R \cong 8{,}3$ J/(mol · K).

RESOLUÇÃO:
Dados:
- número de mols: $n = 10$ mols
- pressão: $p = 5{,}0$ atm $= 5{,}0 \cdot 10^5$ Pa
- $R \cong 8{,}3$ J/(mol · K)
- volume = 80 L = $80 \cdot 10^{-3}$ m³
- temperatura: $T = ?$ (em kelvin)

Aplicando a equação de Clapeyron, temos:

$$p \cdot V = n \cdot R \cdot T$$
$$5{,}0 \cdot 10^5 \cdot 80 \cdot 10^{-3} = 10 \cdot 8{,}3 T$$

$$T = \dfrac{400 \cdot 10^2}{83} \therefore T \cong 481{,}9\ \text{K}$$

3. Um recipiente contém 150 L de um gás ideal, cuja molécula-grama vale 3 g/mol, à temperatura de 127 °C e sob pressão de 15 atm. Sendo a constante universal dos gases

Exercícios Resolvidos

perfeitos igual a 0,082 (atm · L)/(mol · K) e adotando-se o número de Avogadro $N_A = 6 \cdot 10^{23}$, determine:

a) a massa de gás existente no recipiente;
b) o número de moléculas do gás, nas condições do enunciado;
c) a pressão que o gás passa a exercer se a sua temperatura for reduzida para 27 °C e o seu volume for reduzido para 100 L.

RESOLUÇÃO:

Dados:
- pressão: $p = 15$ atm
- $R = 0,082$ (atm · L)/(mol · K)
- volume: $V = 150$ L
- temperatura: $T = 127$ °C = (127 + 273) K = 400 K
- número de avogadro: $N_A = 6 \cdot 10^{23}$ moléculas/mol

a) Aplicando a equação de Clapeyron, temos:

$$p \cdot V = n \cdot R \cdot T$$

$$p \cdot V = \frac{m}{M} \cdot R \cdot T$$

$$15 \cdot 150 = \frac{m}{3} \cdot 0,082 \cdot 400$$

$$3 \cdot 15 \cdot 150 = m \cdot 0,082 \cdot 400$$

$$6.750 = m \cdot 32,8$$

$$m = \frac{6.750}{32,8} \quad \therefore \quad m \cong 205,8 \text{ g}$$

b) o número de mols de moléculas do gás é:

$$n = \frac{m}{M}$$

$$n = \frac{205,8}{3} \quad \Rightarrow \quad n = 68,6 \text{ mols}$$

Sendo N o número de moléculas e N_A o número de Avogadro, temos:

$$N = n \cdot N_A$$
$$N = 68,6 \cdot 6 \cdot 10^{23}$$
$$N = 411,6 \cdot 10^{23} \text{ moléculas.}$$

c) Aplicando a equação de Clapeyron, temos:

$$p_1 \cdot V_1 = n \cdot R \cdot T_1 \quad \Rightarrow \quad n \cdot R = \frac{p_1 \cdot V_1}{T_1}$$

$$p_2 \cdot V_2 = n \cdot R \cdot T_2 \quad \Rightarrow \quad n \cdot R = \frac{p_2 \cdot V_2}{T_2}$$

Igualando as equações:

$$\frac{p_1 \cdot V_1}{T_1} = \frac{p_2 \cdot V_2}{T_2}$$

$$\frac{15 \cdot 150}{400} = \frac{p_2 \cdot 100}{300}$$

$$p_2 = \frac{15 \cdot 150 \cdot 300}{400 \cdot 100}$$

$$p_2 \cong 16,88 \text{ atm}$$

Exercícios Propostos

4. Determine, em kelvin, a temperatura de um gás ideal, sabendo que quatro mols desse gás ocupam um volume de 100 L, à pressão de 0,82 atm. Considere o valor da constante universal dos gases perfeitos igual a 0,082 (atm · L)/(mol · K).

5. (PUC – SP) Um recipiente rígido contém 2 g de oxigênio à pressão de 20 atm e à temperatura de 47 °C. Sabendo que a massa molecular do oxigênio é de 32 g/mol, determine, em litros, o volume do recipiente. Considere o valor da constante universal dos gases perfeitos igual a 0,082 (atm · L)/(mol · K).

6. (UNEB – BA) Considere-se que, após uma inspiração profunda, o volume máximo de ar nos pulmões de uma pessoa sadia, à pressão de 1,0 atm e à temperatura de 27 °C, é de, aproximadamente, 2 L. Nessas condições, sabendo-se que a constante universal dos gases ideais é de, aproximadamente, $8,0 \cdot 10^{-2}$ (atm · L)/(mol · K) e admitindo-se o ar como um gás perfeito de massa molar média 30 g/mol, pode-se concluir que a massa de ar nos pulmões cheios, em g, é igual a:

a) 1,0   b) 1,5   c) 2,0   d) 2,5   e) 3,0

7. (UFF – RJ) Até meados do século XVII, a concepção de vácuo, como uma região desprovida de matéria, era inaceitável. Contudo, experiências relacionadas à medida de pressão atmosférica possibilitam uma nova concepção, considerando o vácuo como uma região onde a pressão é bem inferior à da sua vizinhança. Atualmente, pode-se obter vácuo, em laboratórios, com o recurso tecnológico das bombas de vácuo. Considere que se tenha obtido vácuo à pressão de, aproximadamente, $1,00 \cdot 10^{-10}$ atm à temperatura de 27 °C. Utilizando o modelo de gás perfeito, determine o número de moléculas por cm³ existente nesse vácuo.

Considere os seguintes dados:

- número de Avogadro = $6,02 \cdot 10^{23}$ moléculas/mol
- constante universal dos gases = 8,31 J/(mol · K)
- 1 atm = $1,01 \cdot 10^5$ N/m²

8. Um recipiente cilíndrico, fechado com tampa, contém 20 mols de ar, que pode ser considerado como um gás ideal, sob pressão de 5 atm. Abrindo-se a tampa do recipiente, parte do ar que se encontra no interior do cilindro escapa. Se a pressão externa é igual à pressão atmosférica de valor igual a 1 atm, qual será o número de mols de ar que restarão dentro do recipiente após ser atingido o equilíbrio?

21.4. Lei Geral dos Gases Perfeitos

Quando determinada amostra de gás perfeito sofre uma transformação em que as três variáveis de estado – pressão (p), volume (V) e temperatura absoluta (T) – se modificam, sem que haja perda ou ganho de massa, podemos usar a chamada **lei geral dos gases perfeitos (ou ideais)**, obtida com base na equação de Clapeyron. Para tanto, suponhamos que certa massa de gás perfeito se encontre inicialmente em um dado estado definido por p_1, V_1 e T_1. Sofrendo uma transformação, essa mesma massa de gás passa para o estado definido por p_2, V_2 e T_2 (Figura 21-1).

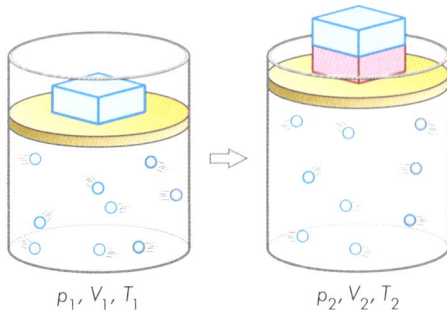

FIGURA 21-1.

Escrevamos a equação de Clapeyron separadamente para esses estados:

$$\text{Estado (1): } p_1 \cdot V_1 = n \cdot R \cdot T_1 \Rightarrow \frac{p_1 \cdot V_1}{T_1} = n \cdot R$$

$$\text{Estado (2): } p_2 \cdot V_2 = n \cdot R \cdot T_2 \Rightarrow \frac{p_2 \cdot V_2}{T_2} = n \cdot R$$

Igualando essas equações, obtemos a seguinte relação, que constitui a lei geral dos gases perfeitos:

$$\frac{p_1 \cdot V_1}{T_1} = \frac{p_2 \cdot V_2}{T_2}$$

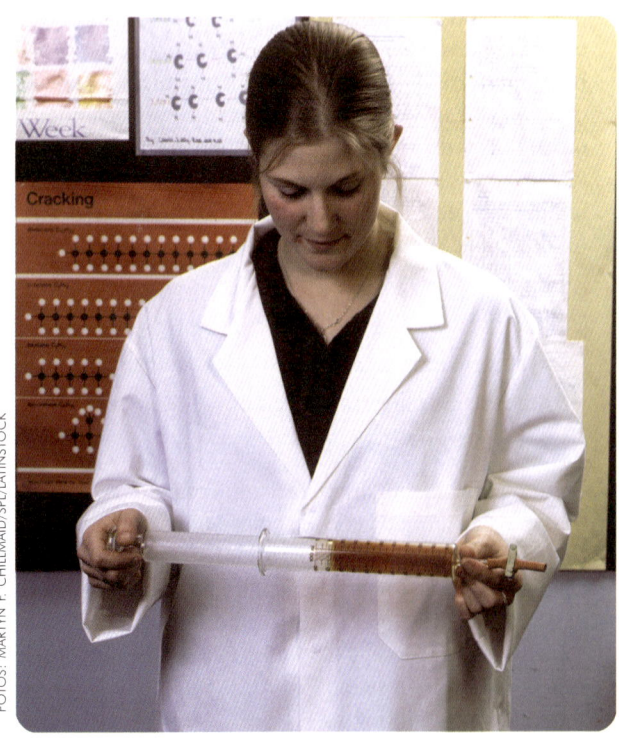

Para uma mesma quantidade de gás a uma mesma temperatura, quanto maior a pressão, menor o volume ocupado pelo gás.

21.5. Mistura Física de Gases Perfeitos

A mistura física de gases perfeitos é a reunião de amostras de dois ou mais gases ideais, sem que ocorram reações químicas entre suas partículas, isto é, as interações existentes são estritamente físicas (Figura 21-2). Da equação de Clapeyron,

$$p \cdot V = n \cdot R \cdot T \Rightarrow n = \frac{p \cdot V}{R \cdot T}$$

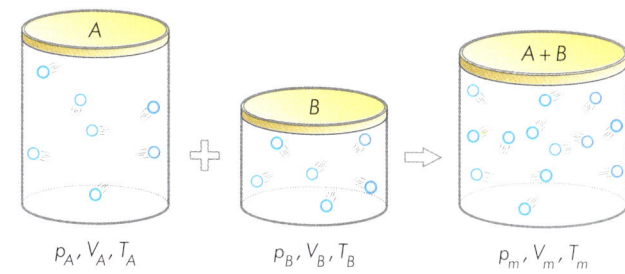

Calculando o número de mols de cada gás antes da mistura, temos:

$$n_A = \frac{p_A \cdot V_A}{T_A}; \quad n_B = \frac{p_B \cdot V_B}{T_B}; \quad n_C = \frac{p_C \cdot V_C}{T_C}; \quad n_m = \frac{p_m \cdot V_m}{T_m}$$

FIGURA 21-2.

Como o número de mols da associação é igual à soma do número de mols dos gases componentes,

$$n_{mistura} = n_A + n_B + n_C + \ldots + n_Z$$

$$\boxed{\frac{p_m \cdot V_m}{T_m} = \frac{p_A \cdot V_A}{T_A} + \frac{p_B \cdot V_B}{T_B} + \frac{p_C \cdot V_C}{T_C} + \ldots + \frac{p_Z \cdot V_Z}{T_Z}}$$

Assim, quando lidamos com gases perfeitos, o valor $\frac{p_m \cdot V_m}{T_m}$, da mistura, é a soma das razões $\frac{p \cdot V}{T}$ de cada uma das amostras dos gases, antes de fazerem parte da mistura.

Exercícios Resolvidos

9. (UNICAMP – SP) Uma bolha de ar com volume de 1,0 mm³ forma-se no fundo de um lago de 5,0 m de profundidade e sobe à superfície. A temperatura no fundo do lago é de 17 °C e na superfície é de 27 °C. Considere a densidade da água igual a 10³ kg/m³, o módulo da aceleração da gravidade igual a 10 m/s² e o valor da pressão atmosférica $p_0 = 1$ atm $= 10^5$ N/m².

a) Qual é a pressão no fundo do lago, em atm?
b) Admitindo que o ar seja um gás ideal, calcule, em mm³, o volume da bolha quando ela atinge a superfície do lago.

Resolução:

a) A pressão no fundo do lago é dada pela relação

$$p = p_{atm} + d_a \cdot g \cdot h$$

donde

$$p = 10^5 + 10^3 \cdot 10 \cdot 5$$
$$p = 10 \cdot 10^4 + 5 \cdot 10^4$$
$$p = 15 \cdot 10^4$$
$$p = 1,5 \cdot 10^5 \text{ N/m}^2 = 1,5 \text{ atm}$$

b) No fundo do lago,

$p_0 = 1,5$ atm; $T_0 = 17$ °C $= (17 + 273)$ K $= 290$ K;
$V_0 = 1,0$ mm³

Na superfície,

$p = 1,0$ atm; $T = 27$ °C $= (27 + 273)$ K $= 300$ K; $V = ?$

Aplicando a equação $\frac{p_0 \cdot V_0}{T_0} = \frac{p \cdot V}{T}$, temos:

$$\frac{1,5 \cdot 1,0}{290} = \frac{1,0 V}{300}$$

$$V = \frac{1,5 \cdot 300}{290} \therefore V \cong 1,6 \text{ mm}^3$$

10. (UNICAMP – SP) Um cilindro de 2,0 litros é dividido em duas partes por uma parede móvel e fina, conforme o esquema a seguir.

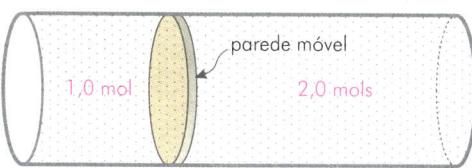

O lado esquerdo contém 1,0 mol de moléculas de um gás ideal. O outro lado contém 2,0 mols de moléculas do mesmo gás. O conjunto está à temperatura de 300 K. Adote $R = 0,080$ (atm · L)/(mol · K).

a) Qual será o volume ocupado pelo gás do lado esquerdo, quando a parede móvel estiver equilibrada, em litros?
b) Qual a pressão nos dois lados na posição de equilíbrio, em atm?

Exercícios Resolvidos

Resolução:

a) Do lado esquerdo da figura,

$V_1 = (x)$ L; $n_1 = 1{,}0$ mol; $T_1 = 300$ K; p_1

Do lado direito da figura,

$V_2 = (2 - x)$ L; $n_2 = 2{,}0$ mols; $T_1 = 300$ K; p_2

Na situação de equilíbrio, $p_1 = p_2$.

Como $p \cdot V = n \cdot R \cdot T \Rightarrow \dfrac{p}{R} = \dfrac{n \cdot T}{V}$, com $\dfrac{p}{R}$ constante,

$\dfrac{n_1 \cdot T_1}{V_1} = \dfrac{n_2 \cdot T_2}{V_2} \Rightarrow \dfrac{1 \cdot 300}{x} = \dfrac{2 \cdot 300}{2 - x}$

$2 - x = 2x \Rightarrow 2 = 3x \therefore x = \dfrac{2}{3}$ L

Resposta: O volume ocupado pelo gás do lado esquerdo do cilindro é igual a $\dfrac{2}{3}$ L.

b) Usando a equação geral dos gases perfeitos,

$p \cdot V = n \cdot R \cdot T$

Do lado esquerdo do cilindro, segue:

$p_1 \cdot \left(\dfrac{2}{3}\right) = 1 \cdot 0{,}080 \cdot 300$

$p_1 = \dfrac{3 \cdot 24}{2}$

$p_1 = 36$ atm

Resposta: Em equilíbrio, a pressão nos dois lados do cilindro é igual a 36 atm.

Exercícios Propostos

11. (PUCCAMP – SP) Um gás perfeito é mantido aprisionado no interior de um cilindro fechado por um pistão. Em um estado A, suas variáveis são: $p_A = 2{,}0$ atm; $V_A = 0{,}90$ L; $T_A = 27$ °C. Em outro estado B, a temperatura é $T_B = 127$ °C e a pressão é $p_B = 1{,}5$ atm. Nessas condições, o volume V_B, em litros, deve ser:

a) 0,90
b) 1,2
c) 1,6
d) 2,0
e) 2,4

12. (FUVEST – SP) O pneu de um veículo estacionado tem uma pressão de 2 atm, quando a temperatura é de 9 °C. Depois do veículo correr em alta velocidade, a temperatura do pneu sobe a 37 °C e seu volume aumenta de 10%. Qual a nova pressão do pneu, em atm? Considere que o gás aprisionado pelo pneu se comporta como um gás ideal.

13. (PUC – SP) Um recipiente fechado, de paredes rígidas e indeformáveis, contém certa massa de gás perfeito que, à temperatura de 47 °C, exerce pressão de 2,0 atm. Sendo o gás aquecido a 367 °C, determine, em atm, a pressão suportada pelas paredes do recipiente.

14. (FUVEST – SP) Um cilindro de eixo vertical, com base de área $A = 100$ cm², é vedado por um êmbolo de massa desprezível que pode deslizar livremente e contém ar à temperatura $T_0 = 300$ K. Colocando-se sobre o êmbolo uma massa $M = 50$ kg, o ar deve ser aquecido até uma temperatura T para que o êmbolo volte à posição inicial. Qual o valor da temperatura T, supondo que o ar se comporte como um gás ideal, em kelvin? Considere que o módulo da aceleração da gravidade é igual a 10 m/s² e a pressão atmosférica igual a $1{,}0 \cdot 10^5$ N/m².

15. (FUVEST – SP) Um cilindro metálico, fechado, contém 6,0 mols de ar à pressão de 4,0 atm e à temperatura ambiente. Abre-se a tampa do cilindro. Depois de seu conteúdo ter entrado em equilíbrio termodinâmico com o ambiente, qual o número de mols que permanecerá no cilindro? Considere a pressão atmosférica igual a 1,0 atm e o ar comportando-se como um gás ideal.

21.6. Transformações Gasosas Particulares

Certa quantidade de gás sofre uma transformação de estado quando se modificam ao menos duas das variáveis de estado (ou seja, é impossível a variação de apenas uma variável – quando variar uma das grandezas, necessariamente pelo menos outra variável deve alterar-se).

Vamos estudar as transformações em que uma das variáveis se mantém constante, variando, portanto, as outras duas. Esse estudo é eminentemente experimental e dele se concluem as leis que regem essas transformações.

21.6.1. Transformação isovolumétrica (Lei de Charles)

Uma transformação gasosa na qual a pressão p e a temperatura T variam e o volume V é mantido constante recebe a denominação de **transformação isovolumétrica** (ou isométrica ou, ainda, isocórica).

A lei geral dos gases permite descrever analiticamente essa transformação:

$$\frac{P_1}{T_1} = \frac{P_2}{T_2} = \frac{P_3}{T_3}$$

já que $V_1 = V_2 = V_3$ (Figura 21-3).

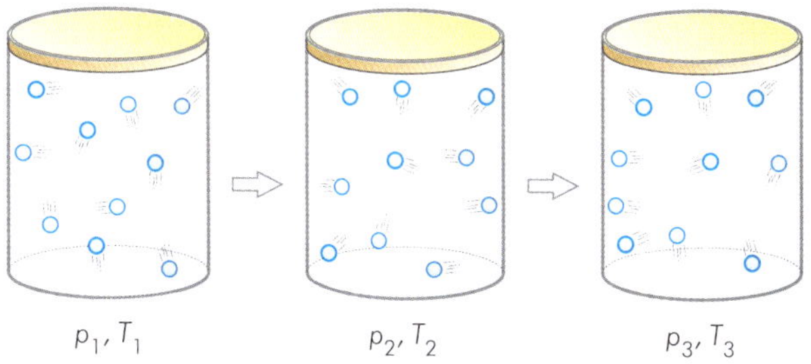

Como a razão entre a pressão e a temperatura termodinâmica é constante, podemos, alternativamente, escrever $p = K \cdot T$, em que p é a pressão do gás, T é a sua temperatura termodinâmica e K é uma constante que depende da massa, do volume e da natureza do gás (a pressão é proporcional à temperatura termodinâmica).

Esse tipo de transformação significa que, mantendo-se o volume constante, ao aumentarmos a temperatura absoluta de um gás perfeito, aumentaremos a violência de cada choque das partículas nas paredes do recipiente, elevando a pressão na mesma proporção da temperatura absoluta.

Em um diagrama pressão *versus* temperatura, essa lei é representada por um segmento de reta oblíquo. Veja a Figura 21-4.

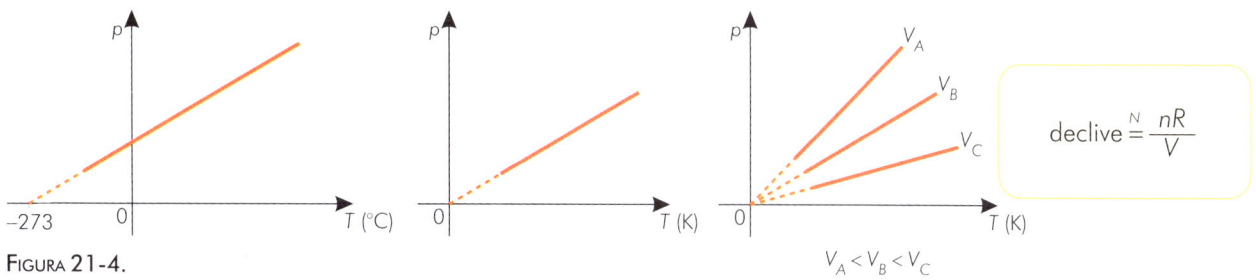

FIGURA 21-3.

FIGURA 21-4.

21.6.2. Transformação isotérmica (Lei de Boyle)

Uma transformação gasosa na qual a pressão p e o volume V variam e a temperatura T é mantida constante chama-se **transformação isotérmica**.

Como T se mantém constante, $T_1 = T_2 = T_3 = ...$, e, da lei geral dos gases,

$$p_1 \cdot V_1 = p_2 \cdot V_2 = p_3 \cdot V_3$$

Essa lei pode ser expressa matematicamente por

$$p \cdot V = K$$

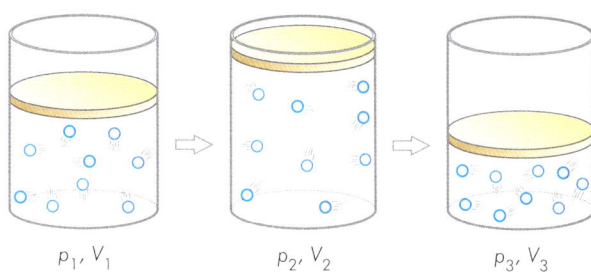

FIGURA 21-5.

em que p é a pressão do gás, V é o volume e K é uma constante que depende da massa, da temperatura e da natureza do gás.

Assim, se certa massa de gás ideal for mantida a uma temperatura constante T, verifica-se que, se o volume for reduzido de um valor inicial V_1 para um valor final V_2, a pressão aumenta do valor inicial p_1 para o valor final p_2, em uma proporção inversa. No diagrama pressão (p) *versus* volume (V), a representação gráfica da Lei de Boyle é um ramo de hipérbole. Veja a Figura 21-6.

Para cada valor de temperatura absoluta do gás obtemos uma hipérbole diferente. Quanto maior a temperatura, mais afastada da origem dos eixos encontra-se a hipérbole.

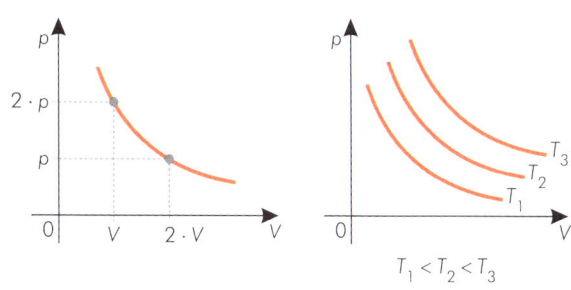

FIGURA 21-6.

21.6.3. Transformação isobárica (Lei de Charles e Gay-Lussac)

Uma transformação gasosa na qual o volume V e a temperatura T variam e a pressão p é mantida constante recebe a denominação de **transformação isobárica**.

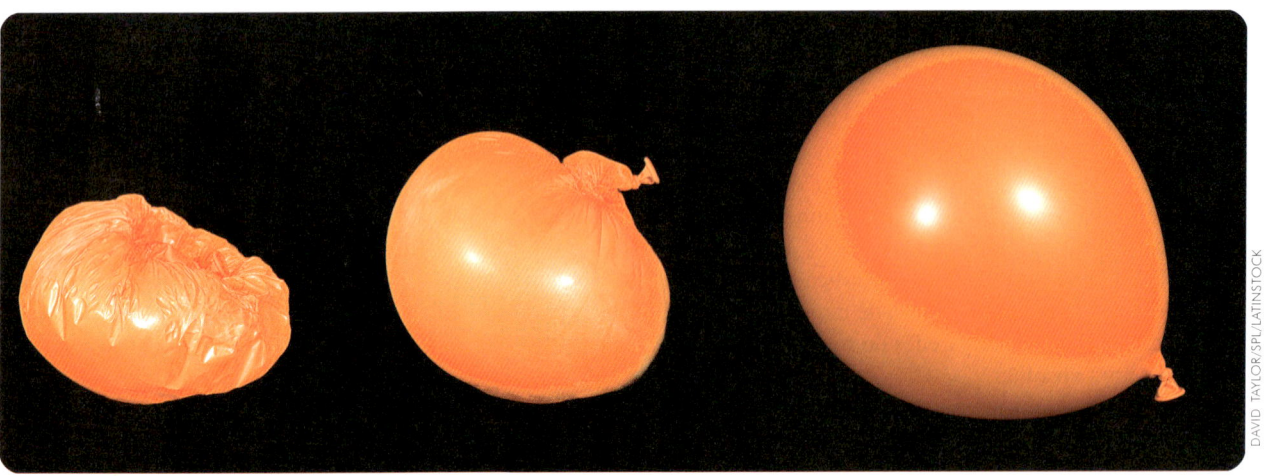

Transformação isobárica em balões. Quando a temperatura aumenta de −198 °C para a temperatura ambiente, o volume de gás no balão também aumenta, promovendo sua expansão.

Escrevendo a lei geral dos gases ideais com a condição de que $p_1 = p_2 = p_3$, obtemos que V e T são grandezas diretamente proporcionais; logo,

$$\frac{V_1}{T_1} = \frac{V_2}{T_2} = \frac{V_3}{T_3}$$

ou, alternativamente, $V = K \cdot T$, em que V é o volume ocupado pelo gás, T é a temperatura termodinâmica e K é uma constante que depende da massa, da pressão e da natureza do gás (Figura 21-7).

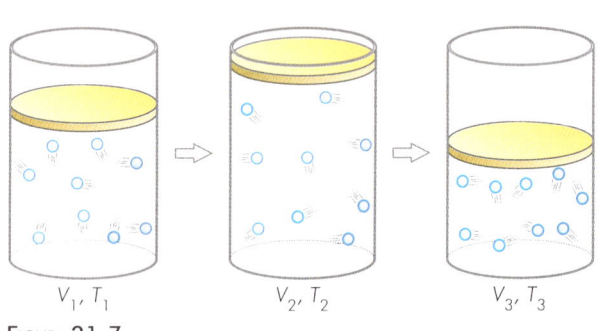

FIGURA 21-7.

Dessa forma, para mantermos constante a pressão de um gás perfeito, ao dobrarmos o valor de sua temperatura absoluta devemos dobrar a capacidade do recipiente que o contém (microscopicamente, isso significa que o aumento da velocidade com que as moléculas transladam tem de ser compensado com mais espaço, para que, na média, as colisões com as paredes do recipiente continuem produzindo a mesma pressão).

No diagrama volume (V) *versus* temperatura (T), a Lei de Charles e Gay-Lussac é representada por um segmento de reta oblíquo aos eixos (Figura 21-8).

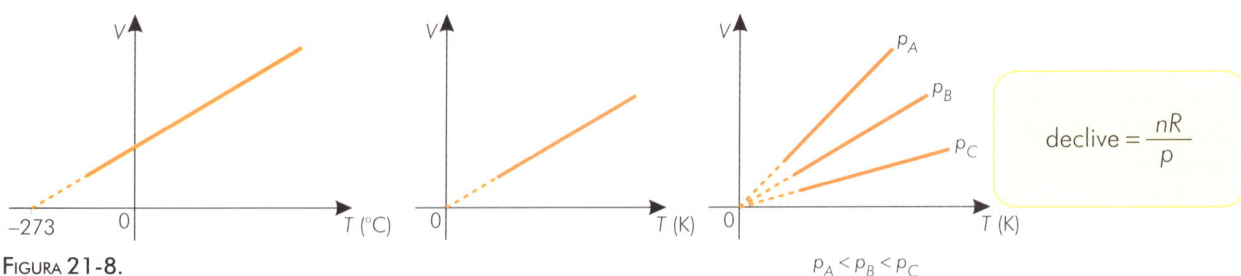

FIGURA 21-8.

$$\text{declive} = \frac{nR}{p}$$

$p_A < p_B < p_C$

É importante observar que, sendo o gás perfeito um modelo teórico constituído de partículas de volume desprezível, à temperatura correspondente ao zero absoluto, o volume desse gás praticamente se anula.

Exercícios Resolvidos

16. Certa massa de gás perfeito, quando à temperatura de 227 °C e sob pressão de 5,0 atm, ocupa um volume de 100 L. Determine, em litros, o volume ocupado pela massa gasosa se, partindo das condições iniciais, a temperatura for modificada para 327 °C, sendo mantida a pressão.

Resolução:
Dados:
- $V_1 = 100$ L
- $T_1 = 227$ °C $= (227 + 273)$ K $= 500$ K
- $V_2 = ?$
- $T_2 = 327$ °C $= (327 + 273)$ K $= 600$ K
- $p_1 = p_2 = 5,0$ atm

Mantendo-se constante a pressão (5,0 atm), o volume e a temperatura relacionam-se por:

$$\frac{V_1}{T_1} = \frac{V_2}{T_2}$$

$$\frac{100}{500} = \frac{V_2}{600}$$

$$V_2 = \frac{100 \cdot 600}{500} \therefore V_2 = 120 \text{ L}$$

17. (FUVEST – SP) Uma pequena bolha de ar, partindo da profundidade de 2,0 m abaixo da superfície de um lago, tem seu volume aumentado em 40% ao chegar à superfície. Suponha que a temperatura do lago seja constante e uniforme e que o valor da massa específica da água do lago seja igual a $1,0 \times 10^3$ kg/m³. Considere o módulo da aceleração da gravidade igual a 10 m/s² e despreze os efeitos de tensão superficial.

a) Qual a variação de pressão do ar dentro da bolha, em N/m², nessa subida?
b) Qual o valor da pressão atmosférica, em N/m², na superfície do lago?

Resolução:
a) Em uma profundidade de 2 m, a pressão do ar no interior da bolha é igual à pressão total exercida na sua superfície externa, que é dada por: $p = p_{atm} + d_a \cdot g \cdot h$.

Quando a bolha chegar à superfície, a pressão exercida pelo ar no seu interior será igual à pressão atmosférica (p_{atm}).

Como $p > p_{atm}$ e $\Delta p = p_{atm} - p$, então $\Delta p < 0$, logo:

$$\Delta p = -d_a \cdot g \cdot h$$
$$\Delta p = -1,0 \cdot 10^3 \cdot 10 \cdot 2,0$$
$$\Delta p = -2,0 \cdot 10^4 \text{ N/m}^2$$

O sinal negativo (–) indica que, durante o movimento de subida, a pressão do ar no interior da bolha diminui.

b) Aplicando a relação $\frac{p_0 \cdot V_0}{T_0} = \frac{p \cdot V}{T}$, temos:

$$\frac{(p_{atm} + d_a \cdot g \cdot h) \cdot V}{T} = \frac{p_{atm} \cdot 1,4 \cdot V}{T}$$

$$p_{atm} + 1,0 \cdot 10^3 \cdot 10 \cdot 2 = 1,4 \cdot p_{atm}$$

$$1,4 \cdot p_{atm} - p_{atm} = 2,0 \cdot 10^4$$

$$0,4 \cdot p_{atm} = 2,0 \cdot 10^4$$

$$p_{atm} \frac{2,0 \cdot 10^4}{0,4} \therefore p_{atm} = 5,0 \cdot 10^4 \text{ N/m}^2$$

Exercícios Propostos

18. Baseando-se nos seus conhecimentos sobre as transformações gasosas particulares, julgue a veracidade das afirmações seguintes.

(1) Em uma transformação isotérmica, variam a pressão e o volume do gás, permanecendo constantes a temperatura e a sua massa específica.

(2) Transformação isométrica é aquela em que a pressão é mantida constante, variando apenas o volume e a temperatura.

(3) O quociente entre a pressão e a temperatura absoluta de um gás perfeito é constante, em uma transformação adiabática.

(4) A pressão que um gás exerce é uma função dos choques de suas moléculas contra as paredes do recipiente que o contém.

19. Um pneu de bicicleta é calibrado a uma pressão de 4 atm em um dia frio, à temperatura de 7 °C. Supondo que o volume e a quantidade de gás injetada sejam os mesmos, qual será, aproximadamente, a pressão de calibração nos dias em que a temperatura atinge 37 °C? Considere o gás do interior do pneu como ideal.

a) 21,1 atm
b) 4,4 atm
c) 0,9 atm
d) 760 mmHg
e) 2,2 atm

20. (UFMG) Um balão de borracha, do tipo usado em festas de aniversário, foi enchido com um determinado volume de gás, à temperatura de 25 °C, sob pressão constante. Se esse balão for colocado por algumas horas numa geladeira, pode-se afirmar que:

a) se a temperatura cair pela metade, o volume diminui na mesma proporção.
b) ocorre uma transformação isocórica.
c) a densidade do gás diminui.
d) ocorre uma transformação isotérmica.
e) o volume do balão aumenta.

Exercícios Propostos

21. (UESC – BA) O gráfico representa as transformações de determinada massa de gás ideal. Com base na análise desse gráfico, é correto afirmar que a transformação em:

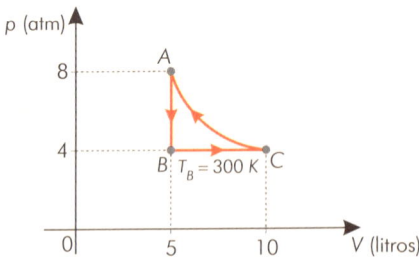

a) *AB* é isobárica e a temperatura em *A* é 400 K.
b) *AB* é isocórica e a temperatura em *A* é 600 K.
c) *BC* é isobárica e a temperatura em *C* é 300 K.
d) *BC* é isotérmica e a temperatura em *A* é 300 K.
e) *CA* é isotérmica e a temperatura em *C* é 500 K.

22. Determinado gás, que pode ser considerado ideal, ocupa um volume V_1 a uma dada temperatura T_1 e à pressão p_1. Essas condições iniciais são alteradas e esse mesmo gás fica submetido a uma pressão igual à metade da pressão inicial, enquanto sua temperatura foi quadruplicada. Com base nesses dados, pode-se afirmar que o volume final ocupado pelo gás será:

a) $2V_1$ b) $4V_1$ c) $5V_1$ d) $6V_1$ e) $8V_1$

23. Julgue a veracidade das afirmações seguintes.

(1) O estudo dos gases é de fundamental importância para a Termologia, pois se trata de uma fase em que as moléculas se movem desordenadamente, chocam-se elasticamente umas com as outras e com as paredes do recipiente, não exercem ação mútua e apresentam volume próprio desprezível. Dessa forma, pode-se dizer que a energia interna de um gás monoatômico é determinada, basicamente, pela energia cinética média de suas moléculas.

(2) O gás descrito no item anterior é dito ideal, ou perfeito, por constituir um modelo físico, ou seja, não existe na realidade. Os gases reais, os que existem na natureza, podem comportar-se como ideais desde que estejam a altas temperaturas e a baixas pressões.

(3) Um gás perfeito ocupa um volume *V* a 27 °C. Dobrando-se, isobaricamente, o seu volume, sua temperatura passa a ser de 620,6 °F.

(4) A temperatura de um gás ideal e monoatômico é sempre proporcional à energia cinética média dos seus átomos.

(5) Se a energia cinética média das moléculas de um gás aumentar e o volume do gás permanecer constante, sua pressão permanecerá constante e a sua temperatura aumentará.

24. Sob pressão e temperatura normais (1,0 atm e 0 °C), aprisiona-se um mol de um gás ideal em um recipiente metálico, que possui uma de suas paredes móvel (êmbolo). A partir dessa situação, julgue os itens a seguir. Considere a constante universal dos gases ideais igual a 0,082 (atm · L)/(mol · K).

(1) Comprimindo-se isobaricamente o gás de maneira que o seu volume seja reduzido a $\frac{1}{3}$ do volume inicial, a temperatura final do gás será de 91 K.

(2) Aquecendo-se o gás e mantendo-se o volume constante, quando a pressão do gás atingir 1,5 atm, sua temperatura será de 136,5 °C.

(3) Aumentando-se o volume do gás em 50% e diminuindo-se a pressão para 50% do valor da pressão inicial, a temperatura do gás se manterá constante.

(4) Por meio de uma válvula, reduz-se a massa gasosa do interior do recipiente para $\frac{1}{3}$ do valor inicial. Se o volume permanecer o mesmo e a temperatura cair pela metade, a nova pressão do gás se reduzirá a $\frac{2}{3}$ do valor da pressão inicial.

25. (UnB – DF) Um congelador doméstico ("freezer") está regulado para manter a temperatura de seu interior a −18 °C. Sendo a temperatura ambiente igual a 27 °C, o congelador é aberto e, pouco tempo depois, fechado novamente. Suponha que o "freezer" tenha boa vedação e que tenha ficado aberto o tempo necessário para que o ar (frio) do seu interior tenha sido totalmente trocado por ar ambiente. Quando a temperatura do ar no interior do "freezer" voltar a atingir −18 °C, a pressão no seu interior diminuirá. Este fato explica por que a porta do "freezer" fica tão difícil de ser aberta, após ser fechada. Qual a pressão, em atmosferas, no interior da geladeira, quando sua temperatura interna for de −18 °C? Admita o ar um gás ideal e a pressão atmosférica normal. Multiplique o resultado obtido por 10^2.

21.7. Teoria Cinética dos Gases. Interpretação Molecular da Temperatura

O relacionamento das variáveis termodinâmicas – volume, pressão e temperatura – de um gás com as leis da mecânica clássica de Isaac Newton recebe o nome de **teoria cinética dos gases**. É uma monumental construção teórica feita a muitas mãos, ao longo de mais de um século: começa com Daniel Bernoulli, em 1738, e culmina com James Maxwell, em 1860 (tendo importantes contribuições de Herapath, Waterston, Krönig e Clausius, entre outros).

De acordo com essa teoria, o *volume* de um gás reflete simplesmente a distribuição de suas moléculas constituintes pelo espaço; mais exatamente, representa a quantidade avaliável de espaço no qual a molécula pode mover-se. A *pressão* exercida pelo gás é consequência da variação da quantidade de movimento das moléculas ao se chocarem contra as paredes internas do recipiente que o contém ou contra as paredes externas de um corpo nele imerso, e a *temperatura* do gás é proporcional à energia cinética média de suas moléculas ou ao quadrado de sua velocidade média.

Para um gás ideal monoatômico, pode-se demonstrar que:

$$E_{C(m)} = \frac{3}{2} k \cdot T$$

De acordo com a teoria cinética dos gases, quando agitamos uma garrafa de espumante, a pressão exercida pelo gás aumenta, ajudando a expulsar a rolha.

A constante k é denominada **constante de Boltzmann** e corresponde à relação entre a constante universal dos gases perfeitos ($R = 8{,}31$ J/(mol · K)) e o número de Avogadro ($N_A = 6{,}023 \cdot 10^{23}$ moléculas/mol). Então, no Sistema Internacional, k tem valor:

$$k = \frac{R}{N_A} \;\Rightarrow\; k = \frac{8{,}31}{6{,}023 \cdot 10^{23}} \;\Rightarrow\; k \cong 1{,}38 \cdot 10^{-23} \text{ J (molécula · K)}$$

Note bem: a expressão acima permite-nos concluir que a energia cinética média das moléculas de um gás depende *apenas* de sua temperatura termodinâmica, *não* dependendo da natureza específica do gás. O fator 3 que aparece na equação é válido apenas para gases monoatômicos; para outros gases, é feita uma determinação experimental (por exemplo, para gases diatômicos, o valor é 5).

21.8. A Energia Interna de um Gás Perfeito

De acordo com as hipóteses do modelo teórico de gás perfeito, as suas moléculas são pontos materiais que não interagem entre si. Consequentemente, essas moléculas não possuem energia cinética de rotação nem energia potencial e, então, a energia interna (U) de uma amostra de gás perfeito é a energia cinética total de translação de suas moléculas. Obteve-se a expressão:

$$U = \frac{1}{2} m (\bar{v})^2$$

IMPORTANTE

$$\vec{V} = \sqrt{\frac{3RT}{M}}$$

é a definição de velocidade média quadrática, onde M é a massa molar do gás.

em que m é a massa total do gás e $\bar{v}$ é a velocidade média quadrática das partículas.

Usando a expressão acima, demonstra-se que a energia interna do gás ideal monoatômico é dada por:

$$U = \frac{3}{2} n \cdot R \cdot T$$

A **energia interna** de um gás perfeito é função exclusiva do número de mols (n) e da temperatura termodinâmica (T) do gás.

Exercícios Resolvidos

26. Um gás ideal monoatômico está à temperatura de 127 °C. Em média, qual é a energia cinética de cada molécula? Constante de Boltzmann: $k = 1{,}38 \cdot 10^{-23}$ J/K.

RESOLUÇÃO:

$$E_{C(m)} = \frac{3}{2} k \cdot T$$

$$E_{C(m)} = \frac{3}{2} \cdot 1{,}38 \cdot 10^{-23} \cdot 400$$

$$E_{C(m)} = 8{,}28 \cdot 10^{-21} \text{ J}$$

27. Certa quantidade de gás ideal ocupa volume de 0,40 m², sob pressão de $4 \cdot 10^5$ N/m². Sendo a constante universal dos gases ideais $R = 8{,}31$ J/(mol · K), determine:

a) a energia cinética total de suas moléculas;
b) a variação de energia cinética total das moléculas contidas em quatro mols de moléculas do referido gás, ao sofrer uma variação de temperatura igual a 100 °C.

RESOLUÇÃO:

a) Para os gases ideais e monoatômicos, podemos escrever:

$$E_{C(m)} = \frac{3}{2} n \cdot R \cdot T$$

$$E_{C(m)} = \frac{3}{2} p \cdot V$$

$$E_{C(m)} = \frac{3}{2} \cdot 4 \cdot 10^5 \cdot 4 \cdot 10^{-1}$$

$$E_{C(m)} = 2{,}4 \cdot 10^5 \text{ J}$$

b) A variação de energia cinética de um gás ideal e monoatômico é função exclusiva da variação de temperatura absoluta desse gás. Então,

$$\Delta E_C = \frac{3}{2} \cdot n \cdot R \cdot \Delta T$$

$$\Delta E_C = \frac{3}{2} \cdot 4 \cdot 8{,}31 \cdot 100$$

$$\Delta E_C = 49{,}86 \cdot 10^2$$

$$\Delta E_C \cong 5 \cdot 10^3 \text{ J}$$

28. Uma amostra de gás ideal ocupa um volume de 6,0 L e possui uma energia interna igual a 600 J. Calcule, em N/m², o valor da pressão desse gás.

RESOLUÇÃO:

A energia interna de um gás ideal monoatômico é dada pela relação:

$$U = \frac{3}{2} n \cdot R \cdot T$$

Como $p \cdot V = n \cdot R \cdot T \Rightarrow U = \frac{3}{2} p \cdot V$. Daí,

$$600 = \frac{3}{2} p \cdot 6 \cdot 10^{-3}$$

$$p = \frac{1.200}{18 \cdot 10^{-3}}$$

$$p = 66{,}6 \cdot 10^3$$

$$p \cong 6{,}7 \cdot 10^4 \text{ N/m}^2$$

Exercícios Propostos

29. A temperatura de uma amostra de gás ideal é consequência:

a) da radiação emitida por suas moléculas.
b) da energia potencial total de suas moléculas.
c) da energia potencial média de suas moléculas.
d) da energia cinética média de suas moléculas.
e) do calor de cada uma de suas moléculas.

30. A respeito da energia cinética média por molécula de um gás ideal, podemos afirmar que:

a) depende exclusivamente da temperatura e da natureza do gás.
b) depende exclusivamente da temperatura e da pressão do gás.
c) não depende da temperatura do gás, mas depende exclusivamente da pressão.
d) depende exclusivamente da temperatura, não dependendo da natureza do gás.
e) depende exclusivamente do volume do gás, qualquer que seja sua natureza.

31. (ITA – SP) Dois recipientes contêm massas diferentes de um mesmo gás ideal, à mesma temperatura inicial. Fornecendo-se a cada um dos recipientes quantidades iguais de calor, constata-se que suas temperaturas passam a ser T_1 e T_2, diferentes entre si. Nessas circunstâncias, pode-se dizer que:

a) as energias internas dos dois gases, que eram inicialmente iguais, após o fornecimento de calor, continuam iguais.
b) as energias internas dos dois gases, que eram inicialmente diferentes, ficam iguais.
c) as energias internas dos dois gases, que eram inicialmente iguais, agora são diferentes.
d) as energias internas dos dois gases variam.
e) faltam dados para responder algo a respeito da variação da energia interna.

32. Em um recipiente A, existe determinado gás perfeito que se encontra em um estado definido pelos valores p, V e T da pressão, do volume e da temperatura, respectivamente. Em um recipiente B, outro gás perfeito encontra-se no estado definido pelos valores p da pressão, $2V$ do volume e $2T$ da temperatura. Os dois gases têm o mesmo número de mols. Sejam, respectivamente, U_1 e

Exercícios Propostos

U_2 as energias internas dos gases nos recipientes A e B. A relação $\dfrac{U_1}{U_2}$ vale:

a) $\dfrac{1}{2}$ b) $\dfrac{3}{2}$ c) 6 d) $\dfrac{3}{4}$ e) 2

33. Sob pressão constante de $1,5 \cdot 10^5$ N/m², o volume de dois mols de um gás ideal monoatômico altera-se de $2,0 \cdot 10^{-2}$ m³ para $4,0 \cdot 10^{-2}$ m³. Sendo a constante universal dos gases igual a 8,31 J/(mol · K), determine:

a) a variação de temperatura sofrida pelo gás;

b) a variação que ocorre em sua energia interna no processo.

34. (FCMSC – SP) Aquece-se certa amostra de gás ideal monoatômico a volume constante, desde 27 °C até 127 °C. A razão entre a energia cinética média das moléculas desse gás, a 27 °C, e a energia cinética média das moléculas, a 127 °C, é melhor expressa por:

a) $\dfrac{27}{127}$ b) $\dfrac{3}{4}$ c) 1 d) $\dfrac{4}{3}$ e) $\dfrac{1}{2}$

Exercícios Complementares

35. Chamamos de gás qualquer fluido que possui as propriedades de compressibilidade e expansibilidade e que tende a ocupar todo o espaço vazio que lhe é oferecido. Um gás é dito perfeito ou ideal quando apresenta determinadas características. Julgue como verdadeira a afirmação que é característica do gás ideal.

(1) As moléculas constituintes do gás encontram-se em movimento contínuo e desordenado (movimento browniano).
(2) Não há choques entre as moléculas e as paredes do recipiente.
(3) O volume da molécula é desprezível, comparado ao do gás.
(4) O sistema perde constantemente energia, devido aos choques entre as moléculas.

36. Os gases perfeitos ou ideais são fictícios, mas os gases reais, em determinadas condições, comportam-se praticamente como ideais. Julgue como verdadeira a afirmação que é uma dessas condições.

(1) Baixa temperatura.
(2) Baixa pressão.
(3) Gás de fácil condensação.
(4) Gás de difícil liquefação.
(5) O gás que mais se aproxima de um gás ideal é o hélio.

37. Julgue as afirmações seguintes.

(1) Para determinada massa de gás perfeito, um aumento na pressão implica a diminuição do seu volume, sob quaisquer condições.
(2) A temperatura absoluta de um gás é inversamente proporcional à energia cinética média de suas moléculas.
(3) Em uma transformação isotérmica, a densidade de um gás é diretamente proporcional à pressão.
(4) Para determinada massa gasosa, é possível escolher arbitrariamente apenas duas das grandezas p, V e T, mantendo a outra constate.
(5) Se duplicarmos o valor de T em uma transformação isobárica, V também será duplicado.

38. Julgue as afirmações a seguir.

(1) Quanto maior a variação da temperatura de um sistema, contendo determinado gás ideal, maior a variação de energia interna desse sistema.
(2) Em uma transformação isotérmica, a pressão e o volume ocupado pelo gás ideal são grandezas diretamente proporcionais.
(3) Uma transformação isocórica é aquela que ocorre sem variação de pressão.
(4) Em uma transformação adiabática, o sistema não troca calor com o meio externo.
(5) Quando há uma transformação gasosa, pelo menos duas das variáveis de estado sofrem alterações.

39. Dez litros de um gás perfeito encontram-se sob pressão de 6,0 atm e à temperatura de 50 °C. Ao sofrer uma expansão isotérmica, seu volume passa a 15 litros. Calcule, em atm, a nova pressão.

40. Um recipiente hermeticamente fechado contém 20 litros de um gás perfeito a 50 °C, sob pressão de 2,0 atm. Mantendo-se o volume constante, o gás é aquecido até uma temperatura T e pressão de 5,0 atm. Calcule, em graus Celsius, o valor da temperatura T.

41. Sob pressão de 5,0 atm, certa massa de gás perfeito ocupa o volume de 50 litros, à temperatura de 100 K.

a) Sob que pressão o gás passa a ocupar o volume de 100 litros, quando sua temperatura for modificada para 400 K?
b) Em que temperatura o volume do gás será de 20 litros, se a pressão for modificada para 2,0 atm?
c) Que volume o gás passará a ocupar, se a temperatura for alterada para 200 K e a pressão para 4,0 atm?

42. Uma amostra de gás perfeito ocupa um recipiente de 10,0 litros à pressão de 1,50 atm. Essa amostra foi transferida para outro recipiente de 15,0 litros, mantendo a mesma temperatura. Qual a nova pressão dessa amostra de gás, em atm?

43. Um recipiente contém certa massa de gás ideal que, à temperatura de 27 °C, ocupa um volume de 15 litros. Ao

Exercícios Complementares

sofrer uma transformação isobárica, o volume ocupado pela massa gasosa passa a ser de 20 litros. Nessas condições, qual foi a variação de temperatura sofrida pelo gás, em kelvin?

44. Determinada massa de gás perfeito sofre uma transformação isométrica. A pressão inicial vale 4,0 atm e a temperatura inicial é de 47 °C. Se a temperatura final é de 127 °C, qual é o valor da pressão final, em atm?

45. Um cilindro metálico, de paredes indeformáveis, contém gás ideal a –23 °C. Ao aquecermos lentamente o sistema até 127 °C, uma válvula deixa escapar gás, a fim de manter a pressão interna constante, durante todo o processo. Determine a fração do gás inicial que escapa.

46. Certa massa de gás perfeito, a 27 °C, é colocada em um recipiente de capacidade igual a 5 L, exercendo em suas paredes uma pressão equivalente a 2 atm. Mantendo-se a massa e transferindo-se o gás para outro recipiente de capacidade igual a 3 L, quer-se ter esse gás sob pressão de 5 atm. Para tanto, a que temperatura se deve levar o gás, em °C?

47. Em um frasco de paredes indeformáveis e volume interno igual a 5 L, encontramos um gás perfeito a uma temperatura igual a –73 °C. Nessas condições, a pressão exercida equivale a 38 cmHg. Mudando-se esse gás para um reservatório de capacidade igual a 2 L, qual a variação de temperatura necessária para que a pressão do gás se torne igual a 2 atm?

48. (UNESP) Em 1992, comemoraram-se os oitenta anos da descoberta dos raios cósmicos, que atualmente são objetos de pesquisas de cientistas russos e da Unesp, por meio de balões estratosféricos. No lançamento desses balões, o invólucro impermeável, que contém o gás, é parcialmente cheio, de forma a se prever a grande expansão que o gás sofrerá a elevadas altitudes, onde a pressão é muito baixa. Suponha que um desses balões foi parcialmente preenchido com 300 m³ de gás hélio, medido ao nível do mar, num dia em que a temperatura era de 27 °C. Que volume o gás ocupará quando o balão estiver a 30 km de altura, onde a pressão do ar é 0,01 da pressão ao nível do mar e a temperatura é –50 °C?

49. (UnB – DF) Três recipientes idênticos, A, B e C, contendo gases ideais, inicialmente nas mesmas condições, sofrem variações de p, V e T conforme os gráficos abaixo. Julgue os itens seguintes:

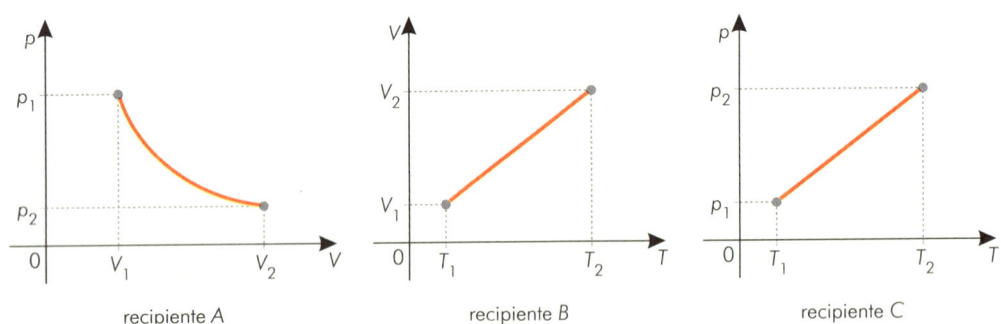

recipiente A — recipiente B — recipiente C

(1) Para o recipiente B, a pressão é encontrada pelo coeficiente angular da reta.
(2) Para o recipiente C, o volume aumenta à medida que T aumenta.
(3) Se, para A, temos uma isotérmica, então $p_1 \cdot V_1 = p_2 \cdot V_2$.
(4) Para o recipiente C, o volume é constante.
(5) Para o recipiente B, $\dfrac{p_1 \cdot V_1}{T_1} = \dfrac{p_2 \cdot V_2}{T_2}$.
(6) Para o recipiente C, $\dfrac{p_1}{T_1} = \dfrac{p_2}{T_2}$.

50. (PUC – SP) Um gás está contido em um cilindro, provido de um pistão de peso $P = 200$ N e área de secção reta $A = 100$ cm². Inicialmente, o sistema está em equilíbrio nas condições mostradas na figura deste problema. Invertendo-se o cilindro de modo que o pistão passe a comprimir o gás, qual será a nova altura, em cm, que este gás ocupará dentro do cilindro? Suponha que a temperatura foi mantida constante e que a pressão atmosférica local vale $1,0 \cdot 10^5$ N/m².

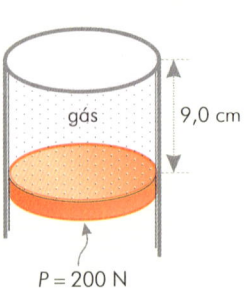

Exercícios Complementares

51. Um balão atmosférico esférico, contendo gás hélio, é solto ao nível do mar, em um local onde a temperatura é de 27 °C. O balão sobe, mantendo-se em equilíbrio térmico com o ar atmosférico, até atingir uma altitude em que a pressão atmosférica é 90% da pressão ao nível do mar e a temperatura do ar é de –3,0 °C. Qual a relação entre os raios do balão, ao nível do mar e na altitude considerada? Suponha que a pressão no interior do balão seja igual à pressão atmosférica externa.

52. Um gás ideal encontra-se no interior de um cilindro metálico, provido de um êmbolo e de uma torneira, a uma pressão inicial de 4,0 atm. Abre-se a torneira e desloca-se o êmbolo, de forma que metade da massa do gás escape lentamente. Sabendo-se que o resto do gás permanece no cilindro e passa a ocupar um volume igual a 2/3 do volume inicial, determine o valor de sua pressão.

53. (FUVEST – SP) Dois gases ideais, G_1 e G_2, estão contidos em recipientes rígidos ligados por um tubo longo, de secção reta igual a 3,0 cm², conforme figura a seguir. Os gases que, inicialmente, têm volumes iguais a 1.000 cm³ e temperaturas iguais a 27 °C, são separados por êmbolo que pode mover-se sem atrito. Suponha que a temperatura de G_1 aumente de 20 °C e a G_2 diminua, também de 20 °C. Sabendo-se que, durante essa transformação, o êmbolo permanece no tubo longo, determine, em cm, o deslocamento que ele sofre.

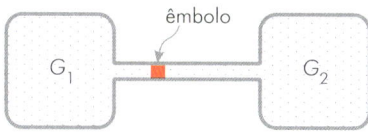

54. Um gás encontra-se em equilíbrio, no interior de um cilindro vertical, ocupando um volume de 5,0 litros. O cilindro é provido de um êmbolo móvel, sem atrito, de massa $m = 6,0$ kg e de área de secção transversal $A = 20$ cm². Coloca-se um novo êmbolo, idêntico ao primeiro, sobre o conjunto e, restabelecido o equilíbrio, o volume ocupado pelo gás passa a ser de 4,0 litros. Sabendo-se que a temperatura do gás permaneceu constante durante a experiência, determine, em atm, o valor local da pressão atmosférica. Considere o módulo da aceleração da gravidade igual a 10 m/s².

55. (UnB – DF) SÁBADO É DIA DE FEIJOADA!

Cozinheiros sabem que o feijão-preto costuma ser uma leguminosa difícil de ser cozida; logo, põem-no, juntamente com os demais ingredientes, em uma panela de pressão, porque sabem que a temperatura dentro da panela pode atingir valores bem mais elevados que o da ebulição da água, em condições normais. Para a preparação de quantidades maiores de feijoada, pode-se utilizar uma panela de 18 L ($1,8 \cdot 10^{-2}$ m³). Nessa panela, a pressão é controlada por uma pequena válvula de 0,82 N, que repousa sobre um tubinho de 30 mm² ($3 \cdot 10^{-5}$ m²) de secção reta, por onde escoa o excesso de vapores, impedindo, assim, que a pressão se acumule perigosamente além do necessário. No instante em que a válvula começa a liberar vapores, a panela apresenta temperatura de 127 °C e $\frac{2}{3}$ de seu volume estão ocupados pela feijoada. Supondo que a massa gasosa no interior da panela comporte-se como um gás ideal, calcule o número de mols de gás que estarão presentes na panela, no instante em que a válvula começar a liberar vapores. Considere a constante universal dos gases perfeitos igual a 8,2 (N × m)/(mol × K), a pressão atmosférica igual a $1,0 \times 10^5$ N/m², multiplique o valor calculado por 100 e despreze a parte fracionária de seu resultado, caso exista.

22. Termodinâmica

22.1. Introdução

O conceito de energia, difícil de ser precisado, é presente em todos os ramos da Física, isto é, em todas as categorias de processos da natureza. Por isso dizemos que ele é *unificador*. Associamos energia a relações entre corpos e referenciais, à realização de trabalho mecânico, às trocas de calor, ao transporte de informação e muitas outras situações.

No estudo da Mecânica, estabelecemos a energia como importante grandeza, sendo a realização de trabalho uma maneira de converter uma modalidade de energia em outra. A Mecânica interessa-se, principalmente, pelas conversões entre energia cinética e potenciais, envolvendo a realização de trabalho. Depois, vimos que o calor é uma maneira de promover trocas de energia entre sistemas, resultando de diferenças de temperatura.

A **Termodinâmica** estuda as relações entre as trocas de calor e as conversões de energia envolvendo realização de trabalho, preocupando-se, principalmente, com a energia ligada ao sistema, chamada *energia interna*. A palavra **Termodinâmica** foi usada pela primeira vez em 1849, por Thomson (lorde Kelvin).

22.2. Lei de Joule

Energia interna é a forma de energia inerente ao sistema, dependendo exclusivamente do estado (o uso do termo *interna* pretende distingui-la das energias trocadas pelos sistemas, que dependem do processo de transformação, ou seja, que não são intrínsecas ao sistema).

Nas usinas termelétricas, parte da energia obtida da queima de um combustível é transformada em energia elétrica.

Para os gases, a energia interna corresponde ao somatório de várias parcelas, tais como a energia cinética média de translação das moléculas, a energia potencial de configuração (relacionada com forças intramoleculares conservativas), energias cinéticas de rotação das moléculas, dos movimentos das partículas elementares nos átomos etc. A teoria cinética dos gases ideais, tratando uma amostra de gás perfeito monoatômico como o conjunto de um grande número de partículas, de dimensões desprezíveis, que se movem em todas as direções, de modo aleatório, propõe que a energia cinética média de translação de cada molécula se relaciona com a temperatura absoluta da amostra por meio da equação:

$$E_{C\,(m)} = \frac{3}{2} \cdot \frac{R}{N_A} \cdot T$$

Para esse modelo simples, desprezando as demais energias (de rotação, de vibração e potencial), a energia interna U da amostra com N partículas será o somatório de todas as energias das partículas, ou seja,

$$U = \Sigma E_C = N \cdot E_{C\,(m)} = \frac{3}{2} \cdot \frac{R}{N_A} \cdot T = \frac{3}{2} n \cdot R \cdot T$$

em que $n = \frac{N}{N_A}$ é o número de mols da amostra. Observe que a energia interna da amostra depende exclusivamente de sua temperatura termodinâmica.

Assim, para os gases ideais monoatômicos, a variação da energia interna (ΔU) é determinada pela variação da energia cinética total de suas moléculas.

$$\Delta U = \frac{3}{2} n \cdot R \cdot \Delta T$$

Essa conclusão a respeito da variação de energia interna do gás constitui a **Lei de Joule** para os gases perfeitos.

O estudo matemático da equação leva-nos às seguintes possibilidades:

- se $\Delta T > 0 \Rightarrow \Delta U > 0$ [a energia interna (U) do gás aumenta];
- se $\Delta T < 0 \Rightarrow \Delta U < 0$ [a energia interna (U) do gás diminui];
- se $\Delta T = 0 \Rightarrow \Delta U = 0$ [a energia interna (U) do gás permanece constante].

22.3. Trabalho nas Transformações Gasosas

Quando um gás sofre uma variação de volume ΔV, durante uma transformação termodinâmica, há realização de trabalho e, consequentemente, troca de energia mecânica com o meio externo. A realização de trabalho durante uma transformação gasosa pode, então, ser interpretada como uma medida de uma modalidade de energia trocada pelo sistema gasoso com o meio externo, ou com o gás "empurrando" o meio externo, ou "sendo empurrado" por ele.

Hoje em dia, o gás natural veicular (GNV) é usado como combustível para carros.

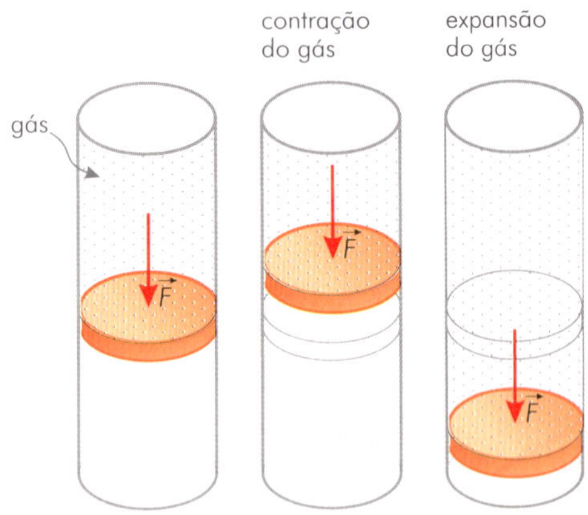

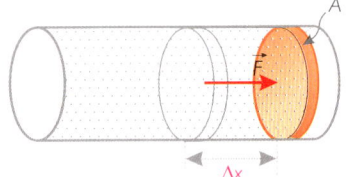

FIGURA 22-1.

Para melhor entender essa afirmação, consideremos um gás confinado em um cilindro provido de um êmbolo que pode deslizar sem atrito. Os choques das moléculas do gás contra o êmbolo resultam em uma força $\vec{F}$, cujo sentido é mostrado na Figura 22-1.

Se, durante a transformação, o gás sofre uma expansão, o êmbolo desloca-se na mesma direção e no mesmo sentido da força $\vec{F}$. Nesse caso, o trabalho τ das forças exercidas pelas moléculas do gás é positivo e dizemos que o **gás realiza trabalho**, ou seja, o gás perde energia mecânica para o ambiente.

Se, durante a transformação, o gás sofre uma contração, o êmbolo desloca-se em sentido oposto ao da força $\vec{F}$. Nesse caso, o trabalho τ das forças exercidas pelas moléculas do gás é negativo e dizemos que o **gás recebe trabalho**, ou seja, o gás recebe energia mecânica do ambiente.

Portanto,

- se o volume do gás aumenta: $\Delta V > 0 \Rightarrow \tau > 0$ (o gás *realiza* trabalho);
- se o volume do gás diminui: $\Delta V < 0 \Rightarrow \tau < 0$ (o gás *recebe* trabalho);
- se o volume do gás não varia: $\Delta V = 0 \Rightarrow \tau = 0$.

Vamos agora obter uma expressão que nos permita calcular o trabalho trocado pelo gás durante uma transformação gasosa. Para efeito de simplificação, consideremos uma expansão isobárica, como mostra a Figura 22-2. Como

$$p = \frac{F}{A} \Rightarrow F = p \cdot A$$

FIGURA 22-2.

Nessa expressão, $\vec{F}$ é a força resultante aplicada pelas moléculas do gás sobre o êmbolo; A é a área da secção transversal do êmbolo; p é a pressão, constante, por hipótese, exercida pelo gás.

O trabalho τ da força constante $\vec{F}$ no deslocamento Δx é dado por $\tau = F \cdot \Delta x$.

Temos, então, $\tau = p \cdot A \cdot \Delta x$; da geometria, $A \cdot \Delta x = \Delta V$ (variação de volume sofrida pelo gás).

Podemos, finalmente, obter o trabalho das forças de pressão do gás em uma transformação sob pressão constante:

$$\tau = p_m \cdot \Delta V$$

A representação de uma transformação gasosa no diagrama cartesiano pressão *versus* volume recebe o nome **diagrama de Clapeyron** ou **diagrama de trabalho**.

No caso da transformação isobárica, o diagrama de Clapeyron é um segmento de reta paralelo ao eixo dos volumes, e o trabalho na transformação, $\tau = p_m \cdot \Delta V$, corresponde, numericamente, à área do retângulo destacado (Figura 22-3A).

Essa propriedade pode ser generalizada e é válida mesmo que a pressão exercida pelo gás varie durante a transformação, bastando para isso considerar que o gás passa por uma série de pequenas transformações isobáricas. Se considerarmos um número infinitamente grande de transformações, e se a variação de volume em cada uma delas for muito pequena (infinitesimal), o trabalho τ em uma transformação qualquer corresponderá, numericamente, à área sob a curva da Figura 22-3B.

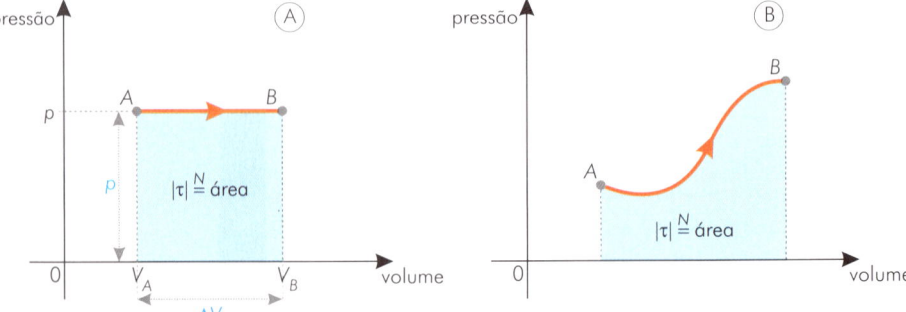

FIGURA 22-3. O trabalho realizado pelo gás ou sobre o gás é numericamente igual à área entre a curva e o eixo das abscissas, no diagrama pressão *versus* volume.

Exercícios Resolvidos

1. A temperatura de oito mols de moléculas de um gás ideal varia de 100 °C para 200 °C sob pressão constante. Sendo a constante universal dos gases ideais $R = 8{,}31$ J/(mol · K), determine, em joules, o trabalho realizado pelo gás no processo e caracterize se ele é realizado pelo gás ou sobre o gás.

Resolução:
Dados:
- número de mols: $n = 8$ mols
- variação de temperatura:
  $\Delta T = (200 - 100)\,°C = 100\,°C = 100$ K
- constante universal dos gases ideais:
  $R = 8{,}31$ J/(mol · K)

Como a pressão do gás é constante, podemos aplicar a relação: $\tau = p \cdot \Delta V$

Pela equação de Clapeyron, $p \cdot V = n \cdot R \cdot T$; e com p, n e R constantes, temos: $p \cdot \Delta V = n \cdot R \cdot \Delta T$

Logo,
$$\tau = p \cdot \Delta V = n \cdot R \cdot \Delta T$$
$$\tau = 8 \cdot 8{,}31 \cdot 100 \Rightarrow \tau = 6.648\,\text{J}$$

Como $\tau > 0$, concluímos que é realizado pelo gás, que está sofrendo uma expansão.

2. Certa amostra de gás ideal monoatômico sofre o processo termodinâmico AB indicado no diagrama a seguir. Considere a constante universal dos gases ideais $R = 8{,}31$ J/(mol · K) e a temperatura desse gás no estado A igual a 327 °C.

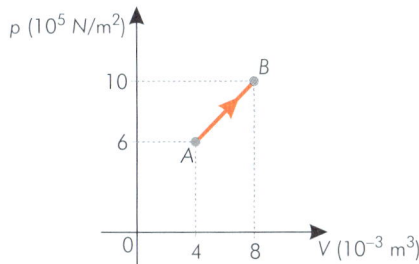

Determine:
a) o número de mols dessa amostra de gás;
b) a temperatura do gás no estado B, em °C;
c) a variação de energia interna que o gás sofre no processo, em joules;
d) o trabalho realizado pelo gás na expansão do estado A para o estado B, em joules.

Resolução:
Dados:
- a temperatura do gás no estado A:
  $T_A = 327\,°C = (327 + 273)\,K = 600$ K
- volume ocupado pelo gás no estado A:
  $V_A = 4 \cdot 10^{-3}\,\text{m}^3$
- pressão do gás no estado A: $p_A = 6 \cdot 10^5\,\text{N/m}^2$
- constante universal dos gases perfeitos:
  $R = 8{,}31$ J/(mol · K)

a) Aplicando a equação de Clapeyron, temos:
$$p_A \cdot V_A = n \cdot R \cdot T_A$$
$$6 \cdot 10^5 \cdot 4 \cdot 10^{-3} = n \cdot 8{,}31 \cdot 600$$
$$n = \frac{24 \cdot 10^2}{49{,}86 \cdot 10^2} \quad \therefore \quad n = 0{,}48\,\text{mol}$$

b) Aplicando a equação geral dos gases perfeitos, temos:
$$\frac{p_A \cdot V_A}{T_A} = \frac{p_B \cdot V_B}{T_B}$$
$$\frac{6 \cdot 10^5 \cdot 4 \cdot 10^{-3}}{6 \cdot 10^2} = \frac{10 \cdot 10^5 \cdot 8 \cdot 10^{-3}}{T_B}$$
$$T_B = \frac{8 \cdot 10^3}{4}$$
$$T_B = 2.000\,\text{K} \quad \therefore \quad T_B = 1.727\,°C$$

c) Como se trata de um gás ideal monoatômico, a variação de energia interna sofrida por esse gás pode ser calculada por:
$$\Delta U_{AB} = \frac{3}{2} n \cdot R \cdot \Delta T_{AB}$$
$$\Delta U_{AB} = \frac{3}{2} n \cdot R \cdot (T_B - T_A)$$
$$\Delta U_{AB} = \frac{3}{2} \cdot \frac{24}{49{,}86} \cdot 8{,}31 \cdot (2.000 - 600)$$
$$\Delta U_{AB} = 8.400\,\text{J}$$

d) O trabalho realizado pelo gás na expansão AB pode ser calculado pela área do trapézio destacado na figura a seguir.

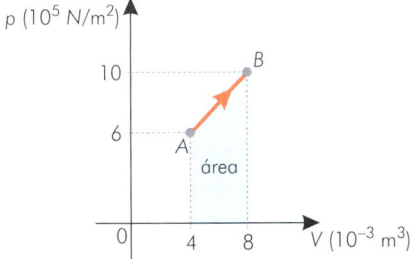

Assim, temos:
$$\tau \stackrel{N}{=} \text{área do trapézio} = \frac{(B+b) \cdot h}{2}$$
$$\tau = \frac{(10 \cdot 10^5 + 6 \cdot 10^5) \cdot (4 \cdot 10^{-3})}{2}$$
$$\tau = \frac{16 \cdot 10^5 \cdot 4 \cdot 10^{-3}}{2}$$
$$\tau = 3.200\,\text{J}$$

Resposta: o trabalho realizado pelo gás é igual a $3{,}2 \cdot 10^3$ J.

Exercícios Propostos

3. Dizer que duas amostras gasosas, supostamente ideais, estão à mesma temperatura significa dizer que, necessariamente,

a) elas ocupam o mesmo volume.
b) elas exercem a mesma pressão.
c) suas moléculas têm, em média, a mesma velocidade.
d) suas moléculas têm, em média, a mesma massa.
e) suas moléculas têm, em média, a mesma energia cinética.

4. O ar contém, entre outros gases, oxigênio e vapor-d'água. O que se pode dizer sobre a velocidade média das moléculas de oxigênio (maior, menor, igual) em comparação com a velocidade média das moléculas de vapor-d'água? Justifique sua resposta.

5. Dois recipientes, A e B, contêm o mesmo gás monoatômico e estão à mesma temperatura. O número de moléculas em A é o dobro do número de moléculas em B.

Sejam E_A e E_B as energias cinéticas médias das moléculas em A e em B, e U_A e U_B as energias internas dos gases nesses recipientes. Podemos então afirmar:

a) $E_A = E_B$ e $U_A = U_B$
b) $E_A = 2E_B$ e $U_A = U_B$
c) $E_A = E_B$ e $U_A = 2U_B$
d) $E_A = 2E_B$ e $U_A = 2U_B$
e) $E_B = 2E_A$ e $U_B = 2U_A$

6. Uma amostra gasosa passa por uma transformação *isotérmica*, evoluindo de um estado para outro, no qual sua pressão é maior que a inicial. Sua energia interna aumentou, diminuiu ou permaneceu constante? Justifique sua resposta.

7. Pelo circuito de refrigeração de uma geladeira passam 2 mols de um gás que, para efeitos de estudo, pode ser considerado monoatômico e ideal. Sabendo que o gás entra na tubulação com temperatura de –15 °C e sai dela com temperatura de –5 °C, calcule, em joules, a variação da sua energia interna. Considere a constante universal dos gases ideais $R = 8,31$ J/(mol · K).

8. O diagrama representa uma transformação termodinâmica sofrida por uma dada amostra de gás ideal. A temperatura inicial do gás é de 100 K. Dada a constante universal dos gases perfeitos, igual a 8,31 J/(mol · K), determine:

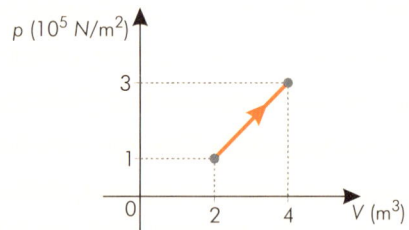

a) o número de mols do gás;
b) a temperatura final do gás, em °C;
c) a variação de sua energia interna, em joules;
d) o trabalho trocado pelo gás durante a transformação, em joules.

22.4. Primeira Lei da Termodinâmica

Em qualquer processo termodinâmico, a energia pode ser transferida de um sistema para outro sob duas formas: sob a forma de calor ou sob a forma de trabalho, o que faz variar a energia interna de ambos.

A variação dessa energia interna (ΔU) entre dois estados quaisquer de equilíbrio pode ser determinada pela diferença algébrica (levando-se em conta o sinal positivo ou negativo apresentado) do calor (Q) e do trabalho ($\tau_{gás}$) trocados com o meio externo, quando esse sistema sofre uma transformação termodinâmica. A variação de energia interna (ΔU) é o resultado de um balanço energético entre o calor trocado e o trabalho envolvido no processo.

Considere, por exemplo, um sistema gasoso que *recebe* do meio exterior uma quantidade de calor igual a *200 J* e evolui, em virtude desse recebimento de calor, para outro estado termodinâmico. Durante a transformação, o sistema gasoso realiza um trabalho de, por exemplo, *120 J* – isto é, o sistema *perde* para o meio exterior *120 J* de energia sob a forma de trabalho.

O princípio da conservação da energia garante que a diferença entre o calor recebido e o trabalho realizado pelo gás não desaparece. A *diferença*, igual a *80 J*, permanece dentro do sistema gasoso, o que provoca uma variação (acréscimo, nesse caso) da energia interna. Veja um resumo desse balanço energético no esquema:

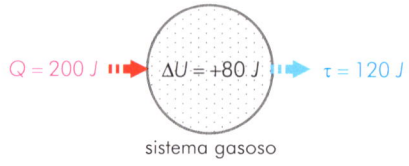

sistema gasoso

Esse resultado corresponde à **primeira lei da termodinâmica**, uma lei de conservação de energia, que pode ser assim enunciada:

A variação da energia interna (ΔU) de um sistema é igual à diferença entre o calor (Q) trocado pelo sistema e o trabalho ($\tau_{gás}$) realizado durante o processo.

$$\Delta U = Q - \tau_{gás}$$

Observe cuidadosamente a convenção de sinais adotada para os sinais do calor trocado, do trabalho realizado e da variação de energia interna do sistema gasoso:

Calor trocado
- $Q > 0$ ⇒ quantidade de calor *recebida* pelo sistema.
- $Q < 0$ ⇒ quantidade de calor *perdida* pelo sistema.

Trabalho realizado
- $\tau_{gás} > 0$ ⇒ trabalho realizado pelo sistema sobre o meio exterior (*expansão* do gás).
- $\tau_{gás} < 0$ ⇒ trabalho realizado pelo meio exterior sobre o sistema (*contração* do gás).

Variação da energia interna
- $\Delta U > 0$ ⇒ a temperatura do gás aumenta (*aquecimento*).
- $\Delta U < 0$ ⇒ a temperatura do gás diminui (*resfriamento*).

22.5. Transformações Termodinâmicas Particulares

No estudo da termodinâmica dos gases perfeitos, encontramos quatro transformações particulares, que vamos rever com mais detalhes: a isotérmica, a isovolumétrica, a isobárica e a adiabática.

22.5.1. Transformação isotérmica

Nas transformações isotérmicas, a temperatura do sistema gasoso mantém-se constante e, em consequência, a variação de sua energia interna é nula ($\Delta U = 0$).

$$\Delta U = Q - \tau_{gás} \Rightarrow 0 = Q - \tau_{gás} \therefore Q = \tau_{gás}$$

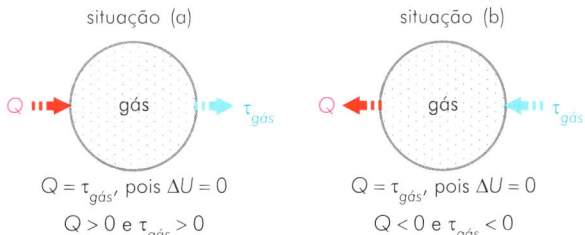

situação (a): $Q = \tau_{gás}$, pois $\Delta U = 0$; $Q > 0$ e $\tau_{gás} > 0$

situação (b): $Q = \tau_{gás}$, pois $\Delta U = 0$; $Q < 0$ e $\tau_{gás} < 0$

Isso significa que o calor e o trabalho trocados com o meio externo têm valores iguais.

É importante observar que a temperatura do gás não varia em uma transformação isotérmica, mas ele troca calor com o meio externo.

22.5.2. Transformação isovolumétrica

Nas transformações isovolumétricas, o volume do gás mantém-se constante e, em consequência, não há realização de trabalho (nem pelo gás nem pela vizinhança).

A equação da primeira lei da termodinâmica garante que:

$$\Delta U = Q - \tau_{gás} \Rightarrow \Delta U = Q$$

situação (a)   situação (b)

$Q = \Delta U$, pois $\tau_{gás} = 0$ $Q = \Delta U$, pois $\tau_{gás} = 0$
$Q > 0$ e $\Delta U > 0$ $Q < 0$ e $\Delta U < 0$

Isso significa que a variação de energia interna sofrida pelo sistema gasoso tem valor igual ao do calor trocado com o meio externo.

22.5.3. Transformação isobárica

Nas transformações isobáricas, a pressão do sistema gasoso mantém-se constante. De acordo com a equação de Clapeyron, o volume e a temperatura termodinâmica serão proporcionais, e há duas possibilidades:

- quando a temperatura termodinâmica do sistema aumenta, seu volume também aumenta. Isso significa que sua energia interna aumenta ($\Delta U > 0$) e que o sistema realiza trabalho ($\tau_{gás} > 0$). Assim, a energia que faz aumentar a energia interna é, certamente, calor recebido;
- quando a temperatura termodinâmica do sistema diminui, seu volume também diminui. Isso significa que sua energia interna diminui ($\Delta U < 0$) e que a vizinhança realiza trabalho contra o sistema ($\tau_{gás} < 0$). A energia sai do sistema, então, na forma de calor.

situação (a)   situação (b)

$\Delta U = Q - \tau_{gás}$ ou $\Delta U = Q - \tau_{gás}$ ou
$Q = \Delta U + \tau_{gás}$ $Q = \Delta U + \tau_{gás}$

22.5.4. Transformação adiabática

Nas transformações adiabáticas, não há troca de calor entre o sistema e o meio externo. Dessa forma, toda a energia recebida ou cedida pelo sistema ocorre por meio de trabalho.

Da equação da primeira lei da termodinâmica, sendo $Q = 0$, temos:

$$\Delta U = Q - \tau_{gás} \Rightarrow \Delta U = -\tau_{gás}$$

Isso significa que o módulo da variação de energia interna sofrida pelo sistema é igual ao módulo do trabalho que o sistema troca com o meio externo.

22.6. Ciclos

Uma sucessão de transformações tais que os estados inicial e final coincidem é chamada uma transformação cíclica (ou fechada). Em um diagrama pressão *versus* volume, essa transformação cíclica é representada por uma curva fechada; em módulo, o valor do trabalho total trocado com o meio externo é determinado pela "área interna" à curva fechada representativa do ciclo (Figura 22-4).

FIGURA 22-4.

Não é difícil perceber que, ao desenvolver uma transformação cíclica, o sistema sempre realiza e recebe trabalho, sendo o trabalho total a soma desses trabalhos parciais. Em um ciclo então, há trabalho realizado pelo gás (recebe sinal positivo) e contra o gás (negativo). Assim, dependendo de qual dos dois tem maior módulo, o trabalho total, ou líquido, do ciclo corresponderá à orientação do ciclo, no diagrama pressão *versus* volume:

- quando o ciclo está orientado no sentido horário, o trabalho realizado é maior que o recebido, o que indica que o sistema realiza trabalho: $\tau_{ciclo} > 0$.
- quando o ciclo está orientado no sentido anti-horário, o trabalho recebido é maior que o realizado, o que indica que o sistema recebe trabalho: $\tau_{ciclo} < 0$.

OBSERVAÇÃO: No diagrama pressão *versus* volume, o módulo do trabalho trocado entre o sistema e o meio externo é determinado numericamente pela área, recebendo a unidade joule, quando a pressão é dada em N/m² (pascal) e o volume em m³; caso contrário, deve-se fazer a conversão para essas unidades.

Para isso, é importante lembrar que:

- $1\,L = 1\,dm^3 = 10^{-3}\,m^3$
- $1\,atm \cong 760\,mmHg \cong 10^5\,N/m^2$

Exercícios Resolvidos

9. (UnB – DF) No diagrama a seguir a energia interna do sistema, em joules, é dada por $U = 10 + 2p \cdot V$, em que p é a pressão, em Pa, e V, o volume, em m³. Calcule, em joules, a quantidade de calor envolvida no processo AC, desprezando a parte fracionária de seu resultado, caso exista.

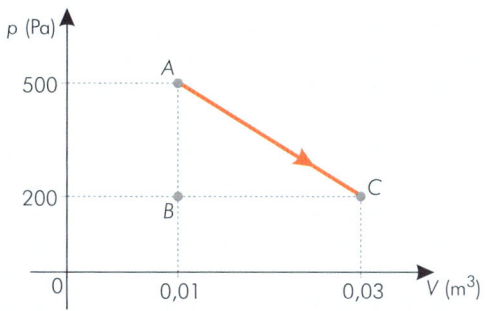

RESOLUÇÃO:
De acordo com o enunciado, a energia interna do gás em cada ponto é dada pela relação $U = 10 + 2p \cdot V$.

Assim,
(I) No ponto A: $U_A = 10 + 2 \cdot (500) \cdot (0,01)$
$U_A = 20\,J$

(II) No ponto C: $U_C = 10 + 2 \cdot (200) \cdot (0,03)$
$U_C = 22\,J$

(III) $\Delta U_{AC} = U_C - U_A \Rightarrow \Delta U_{AC} = 22 - 20$
$\Delta U_{AC} = 2\,J$

(IV) O trabalho realizado pelo gás na transformação AC é numericamente igual à área delimitada pela curva (segmento $\overline{AC}$) e o eixo das abscissas. A figura geométrica vista é um trapézio, portanto,

$\tau_{AC} \stackrel{N}{=}$ área do trapézio $= \dfrac{(B+b) \cdot h}{2}$

$\tau_{AC} = \dfrac{(500 + 200) \cdot 0,02}{2}$

$\tau_{AC} = 7\,J$

(V) Aplicando a primeira lei da termodinâmica, temos:
$\Delta U_{AC} = Q_{AC} - \tau_{AC} \Rightarrow 2 = Q_{AC} - 7 \therefore Q_{AC} = 9\,J$

Exercícios Resolvidos

10. Um gás ideal é aquecido durante duas horas por uma fonte de potência constante de valor igual a 80 W. Durante esse intervalo de tempo, o gás sofre uma expansão, realizando um trabalho de $5 \cdot 10^3$ J. Determine, em joules, a variação de energia interna sofrida pelo gás.

RESOLUÇÃO:

Por definição, $pot = \dfrac{\Delta E}{\Delta t}$

(I) Assim, temos que:

$$80 = \dfrac{Q}{2 \cdot 3.600} \Rightarrow Q = 80 \times 7.200$$

$$Q = 5{,}76 \cdot 10^5 \text{ J}$$

(II) Aplicando a primeira lei da termodinâmica:

$$\Delta U = Q - \tau$$
$$\Delta U = 576 \cdot 10^3 - 5 \times 10^3$$
$$\Delta U = 5{,}71 \cdot 10^5 \text{ J}$$

11. (UnB – DF) Julgue a veracidade das afirmações a seguir a partir da análise do diagrama pressão "versus" volume de um gás ideal.

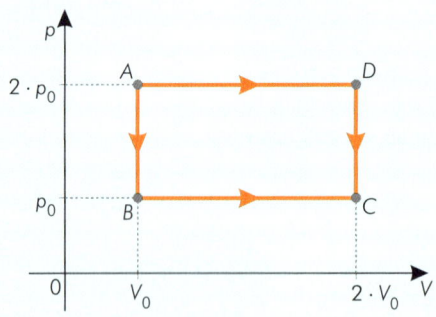

(1) Na transformação ABC, o gás ideal realiza um trabalho menor que na transformação ADC.
(2) As transformações AD e BC são transformações isocóricas.
(3) A temperatura do gás ideal no ponto A é a mesma que no ponto C.
(4) Nas transformações AB e DC, o gás ideal não realiza trabalho.
(5) Entre os pontos assinalados no diagrama, o que apresenta temperatura mais elevada é o ponto D.

RESOLUÇÃO:

(1) Afirmação correta.

$$\tau_{ABC} = \tau_{AB} + \tau_{BC}$$
$$\tau_{ABC} = 0 + p_0 \cdot \Delta V$$
$$\tau_{ABC} = p_0 \cdot (2V_0 - V_0) \therefore \tau_{ABC} = p_0 \cdot V_0$$
$$\tau_{ADC} = \tau_{AD} + \tau_{DC}$$
$$\tau_{ADC} = 2p_0 \cdot \Delta V + 0$$
$$\tau_{ADC} = 2p_0 \cdot (2V_0 - V_0) \therefore \tau_{ADC} = 2p_0 \cdot V_0$$

Das igualdades acima, concluímos que $2\tau_{ABC} = \tau_{ADC}$.

(2) Afirmação errada.
As transformações gasosas AD e BC ocorrem sob pressões constantes, portanto são transformações isobáricas.

(3) Afirmação correta.
Estado A:

$$p_A \cdot V_A = n \cdot R \cdot T_A \Rightarrow T_A = \dfrac{2p_0 \cdot V_0}{n \cdot R}$$

Estado C:

$$p_C \cdot V_C = n \cdot R \cdot T_C$$
$$T_C = \dfrac{p_0 \cdot 2V_0}{n \cdot R} \Rightarrow T_C = \dfrac{2p_0 \cdot V_0}{n \cdot R}$$

Das igualdades acima, concluímos que $T_A = T_C$.

(4) Afirmação correta.
Tanto na transformação AB como na transformação DC, o gás não sofre variação de volume, portanto não realiza trabalho nem sofre realização de trabalho.

(5) Afirmação correta.
Estado A:

$$p_A \cdot V_A = n \cdot R \cdot T_A \Rightarrow T_A = \dfrac{2p_0 \cdot V_0}{n \cdot R}$$

Estado B:

$$p_B \cdot V_B = n \cdot R \cdot T_B \Rightarrow T_B = \dfrac{p_0 \cdot V_0}{n \cdot R}$$

Estado C:

$$p_C \cdot V_C = n \cdot R \cdot T_C$$
$$T_C = \dfrac{p_0 \cdot 2V_0}{n \cdot R} \Rightarrow T_C = \dfrac{2p_0 \cdot V_0}{n \cdot R}$$

Estado D:

$$p_D \cdot V_D = n \cdot R \cdot T_D$$
$$T_D = \dfrac{2p_0 \cdot 2V_0}{n \cdot R} \Rightarrow T_D = \dfrac{4p_0 \cdot V_0}{n \cdot R}$$

Das igualdades acima, concluímos que:

$$T_B < (T_A = T_C) < T_D$$

Exercícios Propostos

12. Dois mols de um gás monoatômico estão sendo encerrados em um recipiente não dilatável de 3,0 litros. Colocado esse gás em contato com o ambiente mais frio, verifica-se que sua temperatura diminui de 35 °C para 15 °C.

Considere a constante universal dos gases ideais $R = 8{,}31$ J/(mol · K) e determine:

a) o trabalho realizado nessa transformação, em joules;
b) a variação de energia interna do gás, em joules;

Exercícios Propostos

c) a quantidade de calor cedida pelo gás ao ambiente, em joules.

13. Julgue a veracidade das afirmações a seguir.

(1) Em uma compressão isotérmica de um gás perfeito, o sistema não troca calor com o meio externo.

(2) Em uma compressão isotérmica de um gás perfeito, o sistema cede uma quantidade de calor menor que o trabalho mecânico que recebe.

(3) Em uma compressão isotérmica de um gás perfeito, sempre ocorre variação da energia interna do gás.

(4) Em uma compressão isotérmica de um gás perfeito, o sistema realiza trabalho; portanto, não recebe calor.

(5) Em uma compressão isotérmica de um gás perfeito, o sistema recebe trabalho, que é integralmente transformado em calor.

14. (UEMG) Um cilindro é fechado por um êmbolo que pode se mover livremente. Um gás, contido nesse cilindro, está sendo aquecido, como representado nesta figura:
Com base nessas informações, é correto afirmar que, nesse processo,

a) a pressão do gás aumenta e o aumento da sua energia interna é menor que o calor fornecido.
b) a pressão do gás permanece constante e o aumento da sua energia interna é igual ao calor fornecido.
c) a pressão do gás aumenta e o aumento da sua energia interna é igual ao calor fornecido.
d) a pressão do gás permanece constante e o aumento da sua energia interna é menor que o calor fornecido.
e) a pressão do gás diminui e sua temperatura permanece constante.

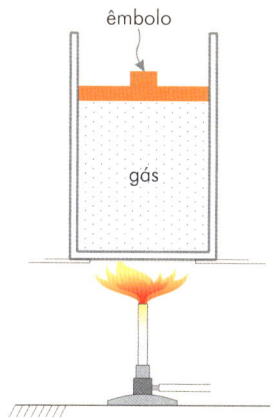

15. (UnB – DF) O gráfico abaixo indica a transformação sofrida por dois mols de um gás ideal. Sabendo-se que a energia interna do gás é dada por $U = \frac{3}{2} n \cdot R \cdot T$, onde $R = 8,3$ J/(mol · K), julgue a veracidade das afirmações a seguir.

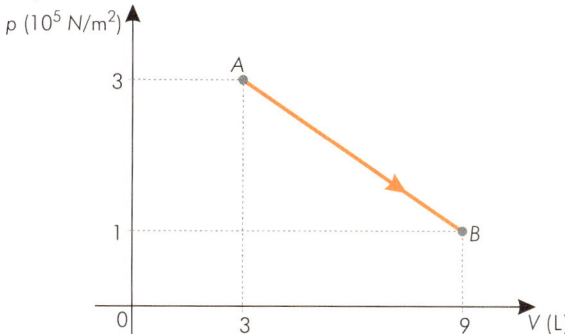

(1) As temperaturas absolutas nos pontos A e B são, respectivamente, 90,4 K e 54,2 K.
(2) A variação de energia interna na transformação é de 30 J.
(3) O trabalho realizado pelo gás na transformação é de 1.800 J.
(4) A quantidade de calor trocada com o meio externo é de 600 J.
(5) Quando o volume for de 6 litros, a pressão correspondente será de $3,0 \cdot 10^5$ N/m².

16. Determinada massa de gás perfeito é aquecida durante 30 min por uma fonte de calor de potência constante e igual a 100 W. Durante esse aquecimento, o gás expande-se e realiza um trabalho de $1,2 \cdot 10^5$ J. Determine, em joules, a variação de energia interna sofrida pelo gás durante esse aquecimento.

17. Três mols de um gás ideal monoatômico sofrem um processo termodinâmico, representado graficamente pela hipérbole equilátera AB indicada na figura. A área da região sombreada no gráfico vale, numericamente, $9,5 \cdot 10^4$. Considere a constante universal dos gases perfeitos igual a $R = 8,3$ J/(mol · K)

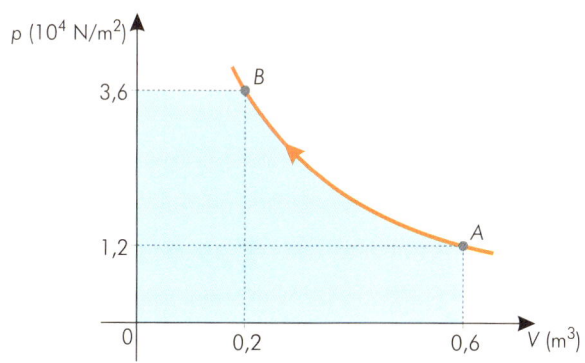

a) Qual o processo que o gás está sofrendo? Explique o porquê de sua conclusão.
b) Em que temperatura o processo se realiza?
c) Qual a variação de energia interna do gás no processo? Por quê?
d) Qual o trabalho realizado sobre o gás no processo AB?
e) Durante o processo AB, o gás recebe ou perde calor? Por quê? Qual a quantidade de calor trocada pelo gás?

Você Sabia?

Em uma subida, um carro usa a energia obtida da queima do combustível para ganhar energia potencial.

22.7. Segunda Lei da Termodinâmica

De acordo com o princípio da conservação da energia, as conversões de energia de uma forma em outra devem ocorrer de tal modo que a energia total permaneça constante.

A primeira lei da termodinâmica é uma reafirmação de tal princípio, e portanto deve ser obedecida. Contudo, a primeira lei da termodinâmica não discute a viabilidade de um dado processo nem estabelece condições de ocorrência. Verifica-se que nem todos os processos que obedecem à primeira lei da termodinâmica podem ser realizados na prática.

Tomemos como exemplo um automóvel que, com velocidade constante, sobe por uma ladeira. Esse aumento da energia potencial foi obtido à custa da energia química do combustível, queimado para vencer os atritos e subir a ladeira. Em outras palavras, para subir a ladeira, o automóvel consome combustível e, em consequência, o nível de combustível no tanque diminui. Isso está perfeitamente de acordo com a primeira lei da termodinâmica. Contudo, essa mesma lei não proíbe a realização do processo inverso, que não ocorre na prática, isto é, a descida da ladeira com velocidade constante não faz com que o combustível no tanque do automóvel retorne ao nível inicial, o que exigiu a formulação de uma segunda lei.

Por volta de 1850, Rudolf Clausius (1822-1888) e William Thomson, o Lorde Kelvin (1824-1907), estabeleceram formulações para a primeira e para a segunda lei da termodinâmica.

A **segunda lei da termodinâmica** tem um caráter estatístico e estabelece um sentido preferencial de ocorrência dos processos naturais, ao mesmo tempo que define o sentido de evolução do tempo. A segunda lei da termodinâmica estabelece, dentre duas transformações possíveis – as quais obedecem à primeira lei da termodinâmica –, qual delas tem a maior probabilidade de ocorrer.

Existem vários enunciados para a segunda lei da termodinâmica, todos equivalentes, dos quais citaremos dois, por terem importância fundamental no estudo das máquinas térmicas que faremos a seguir.

22.7.1. Enunciado de Clausius

O calor não pode fluir, espontaneamente, de um corpo a dada temperatura para outro que se encontra a uma temperatura mais elevada.

22.7.2. Enunciado de Kelvin-Planck

É impossível construir um dispositivo que, operando em um ciclo termodinâmico, converta totalmente o calor recebido em trabalho.

22.8. Máquinas Térmicas

Máquina térmica é todo dispositivo que converte continuamente calor em trabalho útil usando um fluido, dito fluido de trabalho, que sofre transformações cíclicas entre duas temperaturas que, idealmente, permanecem constantes.

A temperatura mais alta corresponde à temperatura do *reservatório quente* (ou *fonte quente*) e a temperatura mais baixa corresponde à temperatura do *reservatório frio* (ou *fonte fria*).

A Figura 22-5 representa a esquematização de uma máquina térmica que recebe uma quantidade de calor Q_1 da fonte quente à temperatura T_1, converte parte dessa energia em trabalho útil τ e rejeita uma quantidade de calor Q_2, para a fonte fria, que se mantém à temperatura T_2. Ocorre, portanto, conversão de parte do calor recebido em trabalho.

Os trens a vapor são um exemplo de máquinas térmicas.

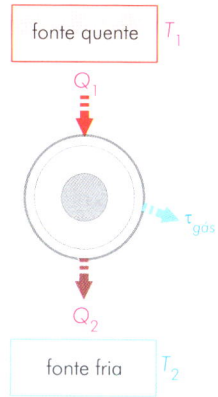

FIGURA 22-5.

IMPORTANTE

Para que haja transmissão de calor, são necessárias duas fontes térmicas, aqui chamadas quente e fria. Uma parte de Q_1 é convertida em trabalho τ e outra parte, Q_2, sai para a fonte fria.

A fonte quente e a fonte fria são sistemas que trocam calor sem que suas temperaturas variem, em pequenos intervalos de tempo.

A fonte fria mais comum é o ar atmosférico, enquanto as fontes quentes podem ser de vários tipos: a caldeira, em uma máquina a vapor, ou a câmara de combustão, por exemplo, de um motor a explosão usado em automóveis.

Considerando em módulo as quantidades de energia envolvidas no processo, teremos, de acordo com o princípio de conservação de energia e com a primeira lei da termodinâmica, as seguintes relações:

$$|Q_1| = |\tau| + |Q_2| \Rightarrow |\tau| = |Q_1| - |Q_2|$$

Ou seja, a energia útil obtida por ciclo (trabalho, τ) é igual à diferença entre a energia total recebida por ciclo (calor Q_1) e a energia não transformada (Q_2).

Chamamos **rendimento** (η) da máquina térmica à razão entre a energia útil produzida e a energia total recebida. Na máquina térmica, a energia útil é o trabalho realizado (τ), e a energia recebida é o calor Q_1 recebido da fonte quente. Então:

$$\eta = \frac{|\tau|}{|Q_1|}$$ Rendimento da máquina térmica.

OBSERVAÇÕES:
- O rendimento de uma máquina térmica é necessariamente menor do que 1: $0 < \eta < 1$.
- É usual apresentar o rendimento de uma máquina térmica na forma de porcentagem.

Lembrando que $\tau = Q_1 - Q_2$, podemos escrever:

$$\eta = \frac{|Q_1| - |Q_2|}{|Q_1|} \Rightarrow \eta = 1 - \frac{|Q_2|}{|Q_1|}$$

Exercícios Resolvidos

18. Uma máquina térmica recebe, por ciclo, 2.000 J de calor de uma fonte quente, enquanto rejeita 1.200 J para uma fonte fria. Sabe-se que essa máquina térmica realiza 20 ciclos completos em um segundo. Determine, em unidades SI:

a) o trabalho realizado por ciclo pela máquina;
b) a potência útil obtida pela máquina;
c) o rendimento dessa máquina.

RESOLUÇÃO:
Veja o esquema da máquina térmica descrita no enunciado.

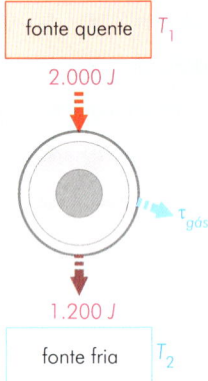

a) A quantidade de calor recebida pela fonte quente é $Q_1 = 2.000$ J, e a quantidade de calor rejeitada pela fonte fria é $Q_2 = 1.200$ J. Em cada ciclo, o trabalho útil pode ser obtido por $\tau = |Q_1| - |Q_2|$. Então,

$$\tau = 2.000 - 1.200$$
$$\tau = 800 \text{ J}$$

b) A potência útil obtida pela máquina é dada por $Pot = \dfrac{|\tau_{total}|}{\Delta t}$. Considerando um intervalo de tempo $\Delta t = 1$ s, temos $\tau_{total} = 20 \cdot 800 = 16.000$ J. Então,

$$Pot = \dfrac{16.000 \text{ J}}{1 \text{ s}}$$
$$Pot = 16.000 \text{ W}$$

c) O rendimento da máquina térmica é dado por $\eta = \dfrac{|\tau_{útil}|}{|Q_1|}$. Então,

$$\eta = \dfrac{800}{2.000} \Rightarrow \eta = 0,4 = 40\%$$

Poderíamos chegar ao mesmo resultado usando

$$\eta = 1 - \dfrac{|Q_2|}{|Q_1|}$$
$$\eta = 1 - \dfrac{1.200}{2.000}$$
$$\eta = 1 - 0,6$$
$$\eta = 0,4 \Rightarrow \eta = 40\%$$

19. (UEL – PR) A figura a seguir representa o ciclo $ABCDA$ realizado por certa massa de gás ideal.

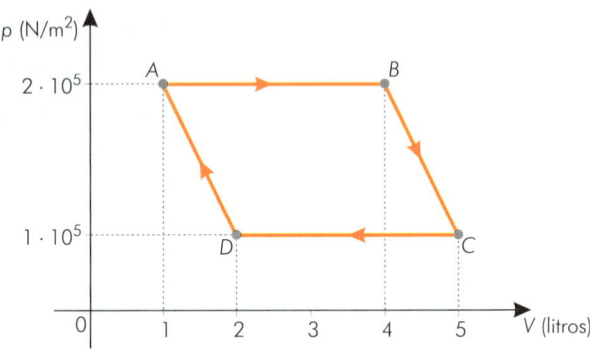

Com base nas informações fornecidas pelo gráfico, pede-se, em unidades SI:

a) calcule o trabalho realizado em cada ciclo pelo gás;
b) se em 8 s de funcionamento da máquina, que funciona com base nesse ciclo, são realizados 20 ciclos pelo gás, qual a potência térmica da máquina?

RESOLUÇÃO:
Dado:
- $1 \text{ L} = 10^{-3} \text{ m}^3$

a) A área do ciclo, que corresponde à área do paralelogramo na figura acima, mede numericamente o trabalho realizado na transformação. Assim,

$$\tau \stackrel{N}{=} \text{área do paralelogramo} = \text{base} \times \text{altura}$$
$$\tau = 3 \cdot 10^{-3} \cdot 1 \cdot 10^5$$
$$\tau = 300 \text{ J}$$

b) A potência útil obtida pela máquina é dada por $Pot = \dfrac{|\tau_{total}|}{\Delta t}$. Considerando um intervalo de tempo $\Delta t = 8$ s, temos $\tau_{total} = 20 \cdot 300 = 6.000$ J. Então,

$$Pot = \dfrac{6.000 \text{ J}}{8 \text{ s}}$$
$$Pot = 750 \text{ W}$$

22.9. Máquinas Frigoríficas

Em uma **máquina frigorífica**, ou **bomba de calor**, o fluido de trabalho é submetido a um ciclo de sentido anti-horário, retirando calor Q_2 de uma fonte fria e cedendo calor Q_1 a uma fonte quente. Obviamente, essa passagem de calor de uma fonte fria para uma fonte quente não é espontânea, visto que se realiza à custa de um trabalho externo; portanto, não viola o enunciado de Clausius da segunda lei da termodinâmica.

O diagrama apresentado na Figura 22-6 representa esquematicamente uma máquina frigorífica, na qual ocorre conversão de trabalho em calor.

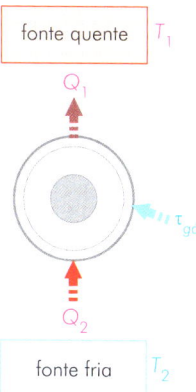

Figura 22-6.

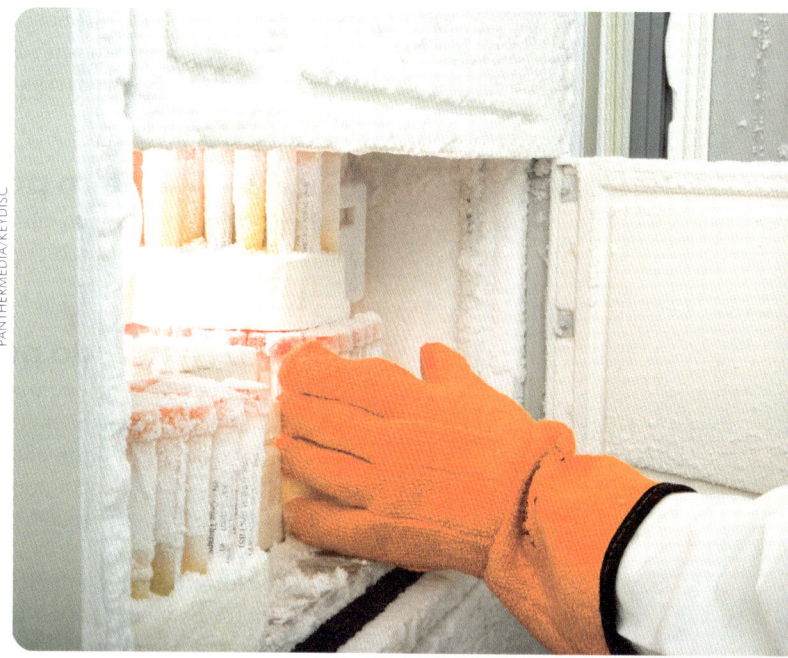

Refrigeradores, geladeiras e *freezers* são exemplos de máquinas frigoríficas utilizadas em nosso dia a dia.

Uma geladeira doméstica, por exemplo, é uma máquina frigorífica na qual a fonte fria é o congelador, a fonte quente é o meio ambiente e o trabalho é realizado pelo compressor.

A **eficiência** (e) de uma máquina frigorífica é a relação entre a quantidade de calor retirada da fonte fria (Q_2) e o trabalho externo (τ) necessário para essa transferência. Então,

$$e = \frac{|Q_2|}{|\tau|}$$ Eficiência da máquina frigorífica.

> **Observação:**
> Diferentemente da medida de rendimento, a eficiência de uma máquina frigorífica pode ser maior do que 1.

Exercício Resolvido

20. Em um refrigerador doméstico ocorre a retirada, por ciclo, de 300 J de calor do fluido de trabalho quando esse fluido passa pelo congelador; ao mesmo tempo, no radiador, ocorre a rejeição de 400 J de calor para a atmosfera. Determine:

a) o trabalho realizado pelo compressor em cada ciclo;
b) a eficiência do refrigerador.

Resolução:
a) A fonte quente (atmosfera) recebe, por ciclo, uma quantidade de calor $Q_1 = 400$ J, enquanto é retirada da fonte fria (fluido de trabalho) uma quantidade de calor $Q_2 = 300$ J. O trabalho realizado pelo compressor é dado por $\tau = |Q_1| - |Q_2|$. Assim, temos:

$$\tau = 400 - 300 \Rightarrow \tau = 100 \text{ J}$$

b) A eficiência do refrigerador é dada por $e = \frac{|Q_2|}{|\tau|}$. Assim:

$$e = \frac{300}{100} \Rightarrow e = 3$$

Esse resultado mostra que a quantidade de calor retirada da fonte fria é três vezes maior que o trabalho, realizado pelo compressor, necessário para que ocorra a transferência dessa quantidade de calor.

22.10. Máquinas de Carnot

Até 1824, acreditava-se que uma máquina térmica poderia atingir o rendimento total (100%) ou algo próximo desse valor, se fosse bem construída. Em outras palavras, acreditava-se na possibilidade de utilização de toda a energia térmica fornecida a uma máquina, que se transformaria integralmente, ou quase, em trabalho.

Coube ao engenheiro francês Nicolas Léonard Sadi Carnot (1796-1832) demonstrar a impossibilidade desse rendimento. Ele propôs que uma máquina térmica teórica, ideal, funcionaria percorrendo um ciclo particular, hoje denominado **ciclo de Carnot**. Esse dispositivo obedeceria a dois postulados estabelecidos pelo próprio Carnot, antes mesmo do enunciado da primeira lei da termodinâmica. Em linguagem atual, assim se enunciam:

22.10.1. Primeiro postulado de Carnot

Nenhuma máquina operando entre duas temperaturas fixadas pode ter rendimento maior que a máquina ideal de Carnot, operando entre essas mesmas temperaturas.

22.10.2. Segundo postulado de Carnot

Ao operar entre duas temperaturas, a máquina *ideal* de Carnot tem o mesmo rendimento, qualquer que seja o fluido operante, e é completamente *reversível*, sem adição de energia.

Observe que esses postulados garantem que o rendimento de uma máquina térmica é função exclusiva das temperaturas das fontes quente e fria. Entretanto, fixando-se as temperaturas dessas fontes, a máquina teórica de Carnot é aquela que consegue ter o maior rendimento.

O ciclo de Carnot é um ciclo ideal, reversível, em que o fluido operante é um gás perfeito, correspondendo a duas transformações isotérmicas e duas adiabáticas, intercaladas. Os processos descritos pelo gás nesse ciclo são (associe cada transformação particular ao diagrama pressão *versus* volume mostrado na Figura 22-7):

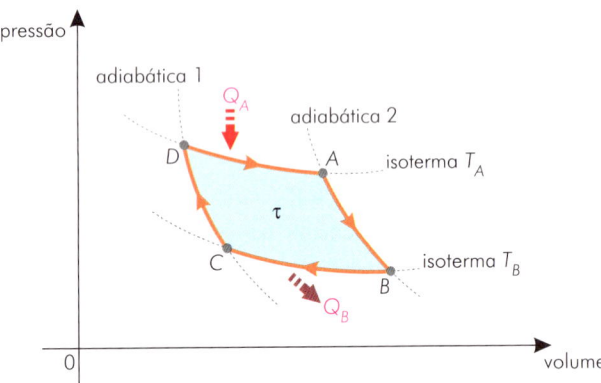

FIGURA 22-7.

1.°) *expansão isotérmica DA*, durante a qual o gás está em contato com o sistema de temperatura constante T_A (fonte quente), recebendo dele uma quantidade de calor Q_A;
2.°) *expansão adiabática AB*, durante a qual não ocorrem trocas de calor com o ambiente; o sistema realiza trabalho com diminuição de energia interna e, portanto, de temperatura;
3.°) *contração isotérmica BC*, durante a qual o gás está em contato com o sistema de temperatura constante T_B (fonte fria), cedendo a ele uma quantidade de calor Q_B;
4.°) *contração adiabática CD*, durante a qual o gás não troca calor com o ambiente; o sistema recebe trabalho, que serve para aumentar sua energia interna e, portanto, sua temperatura.

No ciclo de Carnot, os calores trocados (Q_A e Q_B) e as temperaturas termodinâmicas (T_A e T_B) das fontes quente e fria são proporcionais, valendo a relação:

$$\frac{|Q_A|}{|Q_B|} = \frac{T_A}{T_B}$$

Substituindo na equação do rendimento de uma máquina térmica, obtemos, para a máquina de Carnot:

$$\eta = 1 - \frac{T_B}{T_A}$$

Considerando a temperatura da fonte fria (T_B) igual a zero kelvin (zero absoluto), temos $\eta = 1$ ou $\eta = 100\%$. Entretanto, esse fato contraria a segunda lei da termodinâmica, que garante ser impossível um rendimento de 100% (pois sempre haverá energia sendo transferida para a fonte fria), o que nos leva a concluir que nenhum sistema físico pode apresentar-se com temperatura igual ao zero absoluto.

Exercícios Resolvidos

21. (UnB – DF) Uma máquina de Carnot retira, a cada ciclo, 2,0 kJ de energia térmica de uma fonte a 227 °C, converte 400 J em trabalho mecânico e rejeita a energia restante para uma segunda fonte térmica a uma temperatura menor. Qual deve ser a temperatura dessa segunda fonte? Dê sua resposta em °C. Considere, para efeito de cálculo, o ponto de fusão do gelo igual a 273 K.

RESOLUÇÃO:
Dados:
- $Q_{fonte\ quente} = 2.000$ J
- $T_{fonte\ quente} = 227\ °C = (227 + 273)$ K $= 500$ K
- $\tau = 400$ J
- $|Q_{fonte\ fria}| = |Q_{fonte\ quente}| - |\tau| = 2.000 - 400 = 1.600$ J

Para uma máquina que opera de acordo com o ciclo de Carnot, podemos escrever a seguinte relação:

$$\frac{|Q_{fonte\ quente}|}{|Q_{fonte\ fria}|} = \frac{T_{fonte\ quente}}{T_{fonte\ fria}}$$

Então,

$$\frac{200}{1.600} = \frac{500}{T_{fonte\ fria}}$$

$$T_{fonte\ fria} = \frac{500 \times 1.600}{2.000} \quad \therefore \quad T_{fonte\ fria} = 400\ K$$

A temperatura da fonte fria, em °C, é igual a 127 °C.

22. Um estudante de engenharia apresenta ao seu professor um projeto de máquina térmica que opera entre 27 °C e 327 °C e que obterá um trabalho útil de 1.000 J para a quantidade de calor recebida pela fonte quente de 1.400 J, por ciclo. Essa máquina é possível? Por quê?

RESOLUÇÃO:
Temperatura da fonte quente:
$$T_{fonte\ quente} = 327\ °C = (273 + 327)\ K = 600\ K$$
Temperatura da fonte fria:
$$T_{fonte\ fria} = 27\ °C = (273 + 27)\ K = 300\ K$$
Quantidade de calor da fonte quente: $Q_1 = 1.400$ J
Trabalho útil realizado pela máquina: $\tau = 1.000$ J

(I) Cálculo do rendimento da máquina se ela operar de acordo com o ciclo de Carnot:

$$\eta = 1 - \frac{T_{fonte\ fria}}{T_{fonte\ quente}} \Rightarrow \eta = 1 - \frac{300}{600}$$

$$\eta = 0,5 \quad \therefore \quad \eta = 50\%$$

O rendimento máximo que essa máquina pode atingir é de 50%.

(II) Cálculo do rendimento dessa máquina de acordo com a quantidade de calor recebida e o trabalho útil realizado pela máquina.

$$\eta = \frac{|\tau_{útil}|}{|Q_{fonte\ quente}|}$$

$$\eta = \frac{1.000}{1.400}$$

$$\eta \cong 0,71 \quad \therefore \quad \eta \cong 71\%$$

Concluímos que a máquina projetada pelo aluno não é possível. O rendimento da máquina projetada pelo aluno é superior ao rendimento de uma máquina de Carnot que opera entre as temperaturas citadas pelo aluno, o que é impossível. As máquinas térmicas que operam segundo o ciclo de Carnot são máquinas que atingem o limite máximo da conversão de calor em trabalho.

Exercícios Propostos

23. Uma máquina térmica recebe, por ciclo, 1.000 J de calor de uma fonte quente, enquanto rejeita 700 J para uma fonte fria. Sabe-se que a máquina realiza 10 ciclos por segundo. Determine:

a) o trabalho realizado pela máquina térmica, em joules;
b) a potência útil obtida da máquina, em watts;
c) o rendimento dessa máquina.

24. (UFF – RJ – modificada) O esquema ao lado representa o ciclo de operação de determinada máquina térmica cujo combustível é um gás. Quando em funcionamento, a cada ciclo o gás absorve calor (Q_1) de uma fonte quente, realiza trabalho mecânico (W) e libera calor (Q_2) para uma fonte fria, sendo o rendimento da máquina medido pelo quociente entre W e Q_1.
Uma dessas máquinas, que, a cada ciclo, realiza um trabalho de $3,0 \times 10^4$ J com um rendimento de 60%, foi adquirida por certa indústria. Em relação a essa máquina, conclui-se que os valores de Q_1, de Q_2 e da variação da energia interna do gás são, respectivamente,

a) $1,8 \cdot 10^4$ J; $5,0 \cdot 10^4$ J; $3,2 \cdot 10^4$ J
b) $3,0 \cdot 10^4$ J; zero; zero
c) $3,0 \cdot 10^4$ J; zero; $3,0 \cdot 10^4$ J
d) $5,0 \cdot 10^4$ J; $2,0 \cdot 10^4$ J; zero
e) $5,0 \cdot 10^4$ J; $2,0 \cdot 10^4$ J; $3,0 \cdot 10^4$ J

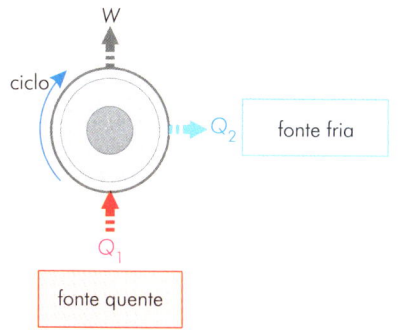

Exercícios Propostos

25. Em um refrigerador doméstico ocorre a retirada, por ciclo, de 100 J de calor do fluido de trabalho quando esse fluido passa pelo congelador; ao mesmo tempo, no radiador, ocorre a rejeição de 150 J de calor para a atmosfera. Determine:

a) o trabalho do compressor em cada ciclo, em joules;
b) a eficiência desse refrigerador.

26. Uma máquina térmica, operando em um ciclo de Carnot, trabalha entre as temperaturas −73 °C e 227 °C. Em cada ciclo, a máquina recebe da fonte quente uma quantidade de calor igual a 500 J. Determine:

a) o rendimento dessa máquina;
b) o trabalho realizado pelo fluido de trabalho em cada ciclo;
c) o calor rejeitado, por ciclo, para a fonte fria.

27. (UFSC) No século XIX, o jovem engenheiro francês Nicolas L. Sadi Carnot publicou um pequeno livro – *Reflexões sobre a potência motriz do fogo e sobre os meios adequados de desenvolvê-la* – no qual descrevia e analisava uma máquina ideal e imaginária, que realizaria uma transformação cíclica hoje conhecida como "ciclo de Carnot" e de fundamental importância para a Termodinâmica.

Assinale a(s) proposição(ões) correta(s) a respeito do ciclo de Carnot:

(1) Uma máquina térmica, operando segundo o Ciclo de Carnot entre uma fonte quente e uma fonte fria, apresenta um rendimento igual a 100%, isto é, todo calor a ela fornecido é transformado em trabalho.
(2) Nenhuma máquina térmica que opere entre duas determinadas fontes, às temperaturas T_1 e T_2, pode ter maior rendimento do que uma máquina de Carnot operando entre essas mesmas fontes.
(4) O ciclo de Carnot consiste em duas transformações adiabáticas, alternadas com duas transformações isotérmicas.
(8) O rendimento da máquina de Carnot depende apenas das temperaturas da fonte quente e da fonte fria.
(16) Por ser ideal e imaginária, a máquina proposta por Carnot contraria a segunda lei da termodinâmica.

Dê como resposta a soma das afirmações corretas.

28. (CEFET – PR) Uma máquina a vapor recebe vapor saturado de uma caldeira à temperatura de 200 °C e descarrega vapor expandido à temperatura de 100 °C (diretamente no ar atmosférico). Se a máquina operasse segundo o ciclo de Carnot (duas transformações adiabáticas e duas transformações isotérmicas), o rendimento máximo desta máquina seria, em porcentagem, igual a:

a) 50 b) 43 c) 32 d) 10 e) 21

29. Um inventor afirmou ter construído uma máquina térmica cujo desempenho atinge 90% daquele de uma máquina de Carnot. Sua máquina, que trabalha entre as temperaturas de 27 °C e 327 °C, recebe, durante certo período, $1,2 \cdot 10^4$ cal e fornece, simultaneamente, um trabalho útil de $1,0 \cdot 10^4$ J. Considere que 1 cal = 4,2 J.

a) A afirmação do inventor é verdadeira? Justifique.
b) Se o trabalho útil da máquina térmica do item anterior fosse exercido sobre o êmbolo móvel de uma ampola contendo gás ideal, à pressão de 200 Pa, qual seria a variação de volume sofrida pelo gás, caso a transformação fosse isobárica?

Exercícios Complementares

30. A respeito das transformações que um gás ideal sofre entre dois estados, julgue a veracidade das afirmações seguintes.

(1) Em um processo adiabático, não há transferência de calor para o meio exterior.
(2) Um processo adiabático é um processo lento, em que a variação de energia interna do gás é igual ao trabalho realizado.
(3) Um processo isotérmico é um processo lento, no qual há variação na energia interna do gás.
(4) Em um processo isotérmico, a energia cinética média das moléculas é a mesma no estado final e no inicial.
(5) Em um processo isotérmico de compressão de um gás, a pressão exercida sobre as paredes do recipiente que contém o gás aumentará.

31. (UFLA – MG) A Termodinâmica faz nítida distinção entre o objeto de seu estudo, chamado sistema, e tudo aquilo que o envolve e pode interagir com ele, chamado meio. Considere um sistema constituído por certa quantidade de um gás ideal contido em um recipiente de paredes móveis e não adiabáticas e marque a opção incorreta.

a) Para que o gás realize uma expansão isobárica, é necessário que o sistema receba certa quantidade de calor do meio.
b) Para que o gás sofra uma expansão isotérmica, é necessário que o sistema receba calor do meio, o qual é convertido em trabalho.
c) Em uma compressão adiabática do gás, o meio realiza trabalho sobre o sistema, com consequente aumento da energia interna do gás.
d) Para que o gás sofra um aumento de pressão a volume constante, é necessário que o sistema rejeite certa quantidade de calor para o meio.
e) Em uma compressão isobárica, o gás tem sua temperatura e sua energia interna diminuídas.

Exercícios Complementares

32. (UnB – DF) Julgue a veracidade das afirmações seguintes.

(1) Em uma transformação de um gás perfeito, em que não houve troca de calor com o meio externo, constatou-se que a energia interna final do sistema era menor que a inicial. Isso significa que foi realizado trabalho sobre o sistema.

(2) Em uma transformação isotérmica de um gás perfeito, não há trocas de calor com o meio externo.

(3) Suponha que as moléculas de um gás perfeito tenham sua energia cinética média diminuída, porém que a pressão se mantenha constante. Assim, o volume e a temperatura diminuem.

(4) Um gás perfeito realiza uma transformação $ABCDA$ conforme representação no diagrama pressão "versus" volume a seguir. O ponto do ciclo onde a energia interna do sistema é máxima é o ponto A.

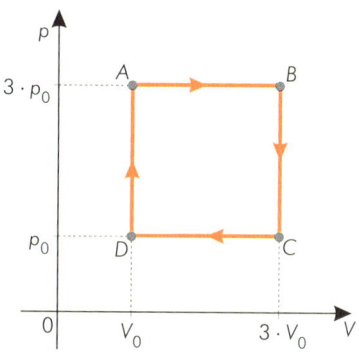

33. (UnB – DF) Julgue as afirmações seguintes a partir da análise do diagrama pressão "versus" volume de um gás ideal.

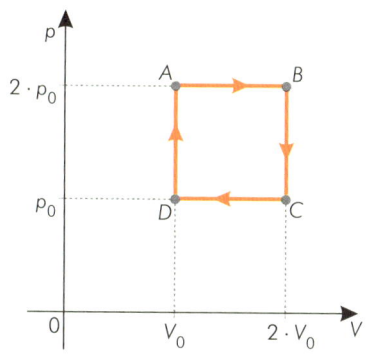

(1) Na transformação $A \to B \to C$, o gás ideal realiza um trabalho menor do que na transformação $C \to D \to A$.
(2) As transformações $D \to A$ e $B \to C$ são transformações isocóricas.
(3) A temperatura do gás ideal no ponto A é a mesma que no ponto C.
(4) Nas transformações $A \to B$ e $C \to D$, o gás ideal não realiza trabalho.

(5) Entre os pontos assinalados no diagrama, o que apresenta temperatura mais elevada é o ponto D.

34. (UnB – DF) Um mol de gás monoatômico ideal é usado como substância de trabalho para o ciclo térmico, mostrado no diagrama pressão "versus" volume abaixo. O trecho $A \to B$ representa uma isoterma de temperatura T_0.

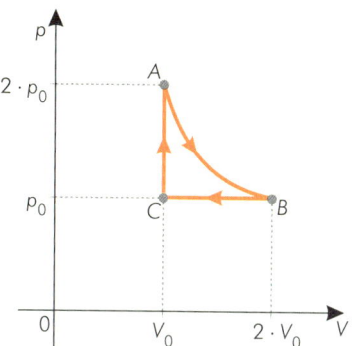

Julgue os itens a seguir.

(1) A pressão no ponto B é $\dfrac{p_0}{2}$.
(2) A temperatura no ponto C é $\dfrac{T_0}{4}$.
(3) O trabalho realizado no trecho $C \to A$ é nulo.
(4) O trabalho realizado no trecho $A \to B$ é nulo.
(5) O trabalho realizado no trecho $A \to B$ é igual ao calor trocado.

35. (UnB – DF) Uma máquina térmica é um dispositivo que transforma calor em trabalho mecânico, operando sempre em ciclos, isto é, retornando periodicamente às condições iniciais. A figura abaixo representa um desses ciclos.

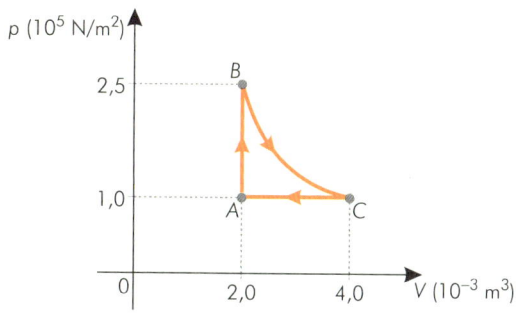

Julgue as afirmações seguintes, relativas ao ciclo representado.

(1) Esse gráfico pode representar o ciclo de um motor térmico cujo cilindro suporta uma pressão interna de, no máximo, 1,5 atm.
(2) A temperatura no ponto A é maior que aquela no ponto B.
(3) No trajeto de B para C, o sistema não absorve calor, pois a temperatura não varia.
(4) O calor transformado em trabalho mecânico é inferior a 150 J.

Exercícios Complementares

36. Julgue os itens a seguir.

(1) A variação de energia interna de um gás ideal e monoatômico só depende da variação de sua temperatura entre os pontos final e inicial, isto é, independe do "caminho" percorrido pelo gás entre o estado inicial e o final.

(2) Se um gás sofre uma compressão adiabática, realizando um trabalho de módulo 500 J, pode-se afirmar que sua variação de energia interna tem módulo igual a 500 J e que sua pressão aumenta durante a transformação.

(3) Em qualquer transformação cíclica, o trabalho total realizado é dado pela soma algébrica dos trabalhos em cada uma das etapas do ciclo e tem módulo igual a sua variação de energia interna.

(4) A *primeira lei da termodinâmica* é uma reafirmação do *princípio da conservação da energia*, mas não prevê o sentido preferencial da natureza. A *segunda lei da termodinâmica* vem para estabelecer as condições de transformação de calor em trabalho.

37. O gráfico abaixo representa o ciclo de transformações gasosas sofridas por um fluido de trabalho no interior de uma máquina térmica.

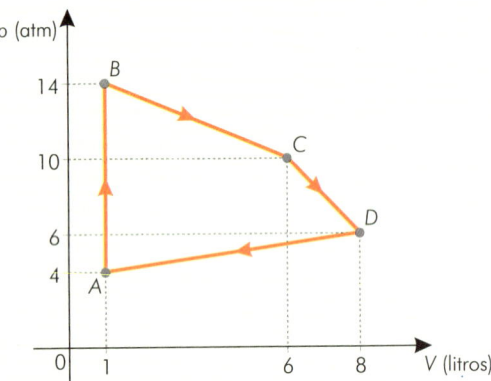

Considere que cada ciclo dessa máquina é percorrido em exatos $3{,}0 \cdot 10^{-3}$ s (três milésimos de segundo). Admitindo que 1,0 atm = $1{,}0 \cdot 10^5$ N/m² e que 1,0 L = $1{,}0 \cdot 10^{-3}$ m³, julgue a veracidade das afirmações seguintes.

(1) Se essa máquina térmica for ideal, a área da figura ABCDA será numericamente igual ao trabalho realizado pela máquina sobre o meio externo. Ou seja, todo calor recebido pela máquina é convertido em trabalho.

(2) Aplicando-se corretamente a primeira lei da termodinâmica, a variação da energia interna do gás, nesse ciclo, será nula.

(3) A potência desenvolvida pela máquina, a cada ciclo, é de $1{,}6 \cdot 10^3$ kW.

(4) O trabalho realizado pela máquina térmica nesse ciclo equivale a 4,1 kJ. Se o calor proveniente da fonte quente absorvido pela máquina a cada ciclo for igual a 8,0 kJ, o rendimento dessa máquina será inferior a 60%.

38. Um gás perfeito pode ser usado como veículo (fluido operante) da transformação de calor em trabalho. A transformação cíclica sofrida por um gás é o conjunto de transformações em que, após seu término (ciclo), a massa gasosa encontra-se exatamente no estado em que se encontrava inicialmente. Certa quantidade de gás, contida em uma máquina térmica, sofre o seguinte ciclo de transformações:

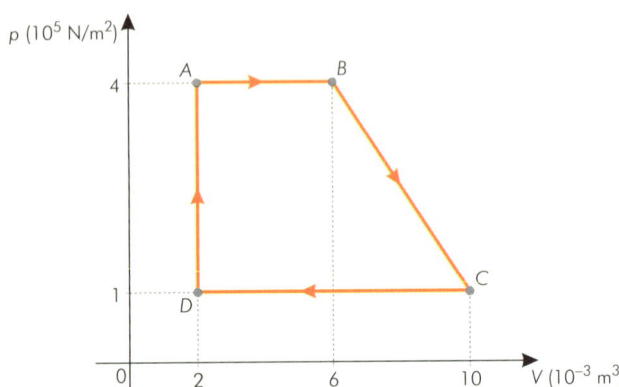

Admitindo a aproximação 1 cal = 4 J, determine a quantidade de calor, *em calorias*, trocada entre o gás e o meio ambiente a cada ciclo.

39. Sobre as leis da termodinâmica, julgue os itens a seguir.

(1) A primeira lei expressa a conservação da energia.

(2) A primeira lei garante que não há fluxo de calor entre dois corpos à mesma temperatura.

(3) A segunda lei implica que o calor não pode fluir espontaneamente de um corpo frio para um corpo quente.

(4) A segunda lei implica que é impossível a conversão total de qualquer quantidade de calor em energia mecânica, em qualquer máquina cíclica.

(5) A segunda lei implica que dois gases, uma vez misturados, têm grande probabilidade de voltar a se separar espontaneamente.

40. Máquinas térmicas servem ao homem, transportando-o das mais diferentes formas. Pode ser por via férrea (como locomotivas que queimam carvão), por estradas (em veículos que retiram energia da queima de combustíveis fósseis e álcool), em navios, alguns movidos a energia nuclear, em aviões, queimando querosene.

Julgue os itens a seguir.

(1) Na locomotiva movida a vapor (máquina de Watt), a liberação de energia não ocorre no mesmo local em que há realização de trabalho; em automóveis (motor de combustão interna), é a expansão dos gases resultantes da queima do combustível que realiza trabalho.

(2) A maior potência de um motor em relação a outro indica que ele realiza maior trabalho com a mesma quantidade de energia.

Exercícios Complementares

(3) Dois motores idênticos são alimentados de duas formas diferentes, sendo uma fonte de energia nuclear e outra de óleo diesel. Como a fonte de energia nuclear libera mais energia, este será o dispositivo de maior rendimento.

(4) Quanto maior a temperatura da queima do combustível (fonte quente), mais energia é liberada, aumentando o trabalho realizado, desde que o rendimento se mantenha constante.

41. (MACK – SP) Mantendo uma estreita abertura em sua boca, assopre com vigor sua mão agora! Viu? Você produziu uma transformação adiabática! Nela, o ar que você expeliu sofreu uma violenta expansão, durante a qual

a) o trabalho realizado correspondeu à diminuição da energia interna desse ar, por não ocorrer troca de calor com o meio externo.
b) o trabalho realizado correspondeu ao aumento da energia interna desse ar, por não ocorrer troca de calor com o meio externo.
c) o trabalho realizado correspondeu ao aumento da quantidade de calor trocado por esse ar com o meio, por não ocorrer variação da sua energia interna.
d) não houve realização de trabalho, uma vez que o ar não absorveu calor do meio e não sofreu variação de energia interna.
e) não houve realização de trabalho, uma vez que o ar não cedeu calor para o meio e não sofreu variação de energia interna.

42. (UFES) Certa quantidade de gás ideal é levada de um estado inicial a um estado final por três processos distintos, representados no diagrama $p \cdot V$ da figura abaixo. O calor e o trabalho associados a cada processo são, respectivamente, Q_1 e W_1, Q_2 e W_2, Q_3 e W_3. Está correto afirmar que:

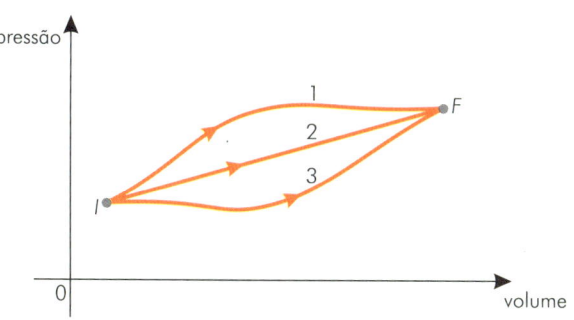

a) $W_1 = W_2 = W_3$ e $Q_1 = Q_2 = Q_3$
b) $W_1 > W_2 > W_3$ e $Q_1 > Q_2 > Q_3$
c) $W_1 < W_2 < W_3$ e $Q_1 < Q_2 < Q_3$
d) $W_1 = W_2 = W_3$ e $Q_1 < Q_2 < Q_3$
e) $W_1 > W_2 > W_3$ e $Q_1 = Q_2 = Q_3$

43. O segundo princípio da termodinâmica diz o seguinte:

a) É impossível transformar calor em trabalho, operando com duas fontes de calor em temperaturas diferentes.
b) Uma máquina térmica possui rendimento de 90%, no máximo.
c) O rendimento máximo de uma máquina térmica depende da substância com que ela funciona.
d) A máquina térmica não pode funcionar sem queda de temperatura e nunca restitui integralmente, sob forma de trabalho, a energia que lhe foi cedida sob forma de calor.
e) A energia total de um sistema isolado é constante.

44. A segunda lei da termodinâmica pode ser encarada como um princípio de degradação da energia porque:

a) o calor não pode passar espontaneamente de um corpo para outro de temperatura mais baixa que o primeiro.
b) para produzir trabalho continuamente, uma máquina térmica, operando em ciclos, deve necessariamente receber calor de uma fonte fria e ceder parte dele a uma fonte quente.
c) é possível construir uma máquina, operando em ciclos, cujo único efeito seja retirar calor de uma fonte e convertê-lo em uma quantidade equivalente de calor.
d) é impossível converter totalmente calor em outra forma de energia.
e) a termodinâmica independe de qualquer teoria atômico-molecular.

45. (UnB – DF) Uma máquina de Carnot retira, a cada ciclo, 1,0 kJ de energia térmica de uma fonte a 227 °C, converte 400 J em trabalho mecânico e rejeita a energia restante para uma segunda fonte térmica a uma temperatura menor. Qual deve ser a temperatura dessa segunda fonte? Dê sua resposta em °C. Considere, para efeito de cálculo, o ponto de fusão do gelo a 273 K.

46. (UEL – PR) Um motor a diesel opera da seguinte forma: o ar é introduzido no cilindro e comprimido adiabaticamente (sem trocas de calor) até atingir uma temperatura em que uma mistura do óleo diesel, injetado no final desse período, e o ar possam queimar sem necessitar de ignição. Essa combustão provoca uma lenta expansão adiabática, ao fim da qual se realiza a descarga dos gases resultantes da combustão, completando o ciclo. O ciclo idealizado ar-diesel é o seguinte: partindo do ponto A, o ar é comprimido adiabaticamente até atingir B, aquecido à pressão constante até C, expandido adiabaticamente até D e resfriado a volume constante até A.

Qual dos diagramas P-V (pressão-volume) representa o ciclo do motor diesel?

a)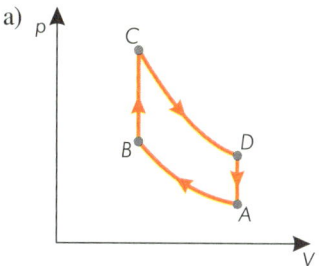

Exercícios Complementares

b)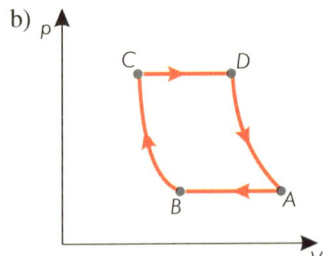

c)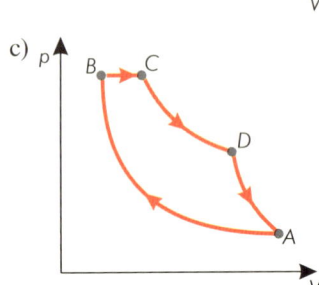

d)

e)

47. (UFSC) Um sistema constituído por certa massa gasosa sofre quatro transformações sucessivas, *AB*, *BC*, *CD* e *DA*, conforme mostra o diagrama $p \times V$ na figura. Assinale a(s) proposição(ões) **CORRETA(S)**.

(1) Na transformação *AB*, houve diminuição da energia interna do sistema.
(2) Na transformação *AB*, o sistema absorveu calor do meio ambiente.
(4) Não houve variação da energia interna do sistema na transformação *BC*.
(8) Na transformação *DA*, o sistema absorveu calor do meio externo.
(16) Na transformação *CD*, não houve realização de trabalho e a energia interna do sistema diminuiu.
(32) Na transformação *AB*, o calor que o sistema absorveu foi maior do que o trabalho que ele realizou.
(64) A energia interna do sistema no estado *C* é menor do que no estado *A*.

Dê como resposta a soma dos itens corretos.

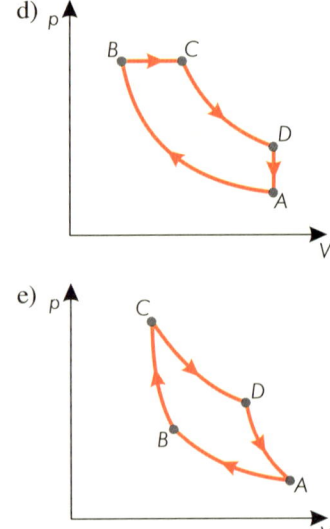

48. Uma máquina de Carnot opera retirando energia térmica de uma fonte a 227 °C e rejeitando parte dessa energia a um reservatório a 27 °C. Determine, em joules, o trabalho útil realizado pela máquina a cada 80 J de calor retirado da fonte a 227 °C.

49. (UnB – DF) Uma máquina térmica de Carnot operando em ciclos executa dez ciclos por segundo. Em cada ciclo retira 800 J de calor da fonte quente e cede 400 J de calor para a fonte fria. Sabe-se que essa máquina opera com a fonte fria a 27 °C. Determine, em graus Celsius, a temperatura em que opera a fonte quente dessa máquina.

50. Uma máquina térmica opera entre duas fontes térmicas de temperaturas –23 °C e 477 °C, rejeitando em cada ciclo 627 J de calor para a fonte fria. Para que essa máquina esteja operando no rendimento máximo teórico, quanto de calor, em calorias, deve estar recebendo da fonte? Considere 1,0 cal = 4,18 J.

Exercícios Complementares

51. (UEL – PR) O reator utilizado na Usina Nuclear de Angra dos Reis – Angra II – é do tipo PWR (*Pressurized Water Reactor*). O sistema PWR é constituído de três circuitos: o primário, o secundário e o de água de refrigeração. No primeiro, a água é forçada a passar pelo núcleo do reator a pressões elevadas, 135 atm, e à temperatura de 320 °C. Devido à alta pressão, a água não entra em ebulição e, ao sair do núcleo do reator, passa por um segundo estágio, constituído por um sistema de troca de calor, onde se produz vapor de água que vai acionar a turbina que transfere movimento ao gerador de eletricidade. Na figura estão indicados os vários circuitos do sistema PWR.

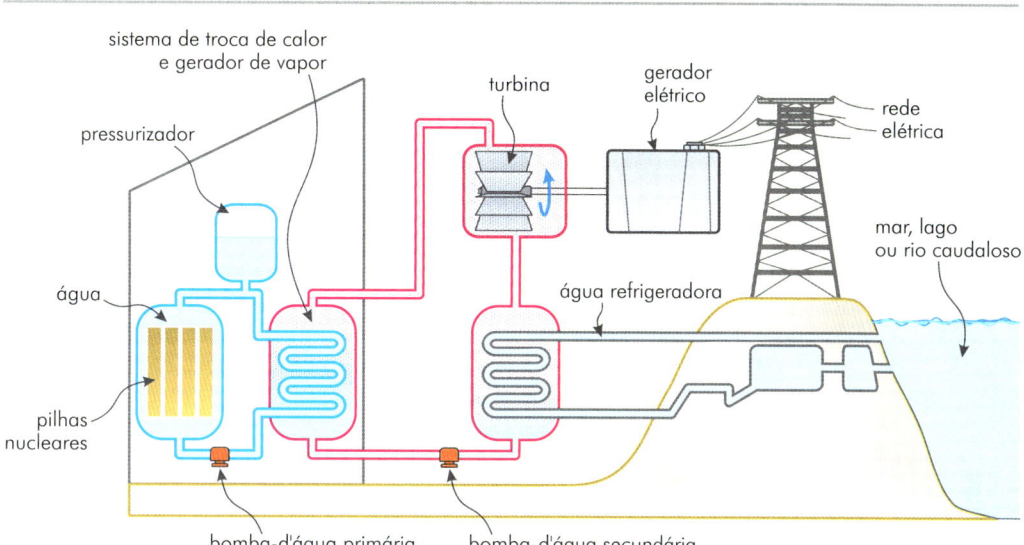

CENTRAL TERMONUCLEAR DE URÂNIO ENRIQUECIDO E ÁGUA LEVE PRESSURIZADA

Considerando as trocas de calor que ocorrem em uma usina nuclear como Angra II, é correto afirmar:

a) O calor removido do núcleo do reator é utilizado integralmente para produzir trabalho na turbina.
b) O calor do sistema de refrigeração é transferido ao núcleo do reator por meio do trabalho realizado pela turbina.
c) Todo o calor fornecido pelo núcleo do reator é transformado em trabalho na turbina e, por isso, o reator nuclear tem eficiência total.
d) O calor do sistema de refrigeração é transferido na forma de calor ao núcleo do reator e na forma de trabalho à turbina.
e) Uma parte do calor fornecido pelo núcleo do reator realiza trabalho na turbina, e outra parte é cedida ao sistema de refrigeração.

52. (FUVEST – SP) No Estado de São Paulo, cuja área é de $2{,}5 \cdot 10^5$ km², incidem sobre cada cm², em média, 250 cal/dia de energia solar. O consumo brasileiro de petróleo destinado à geração de calor é de 10^5 barris por dia, equivalente a $1{,}6 \cdot 10^{14}$ cal/dia. Seria, então, interessante tentar obter esse calor a partir da energia solar, captada por meio de coletores. Se a eficiência dos coletores fosse de 100%, aproximadamente, que fração percentual da área de São Paulo deveria ser recoberta por coletores solares, para fornecer aquela mesma quantidade de energia?

23 Introdução à Óptica Geométrica

23.1. Introdução

A **Óptica** tem como objetivo básico estudar a natureza da luz, bem como os fenômenos a ela relacionados. Para fins de estudo, nós a dividimos em Óptica Geométrica e Óptica Física.

A **Óptica Geométrica** descreve os fenômenos luminosos e suas aplicações – sem se preocupar com a natureza íntima da luz –, criando um modelo de propagação para a luz, com base na geometria plana.

A **Óptica Física** explica os fenômenos ópticos em que a natureza da luz exerce papel fundamental, usando um modelo em que a luz é descrita como uma onda.

No estudo da *Óptica Geométrica*, é suficiente entender a luz como um agente físico capaz de sensibilizar nossos órgãos visuais, provocando a sensação que conhecemos como visão.

23.2. Fontes e Meios

Todos os corpos que podem ser vistos, ou seja, todos os corpos dos quais podemos receber luz, são considerados fontes de luz. As fontes de luz podem ser classificadas em **primárias** (quando emitem luz própria) e **secundárias** (quando refletem a luz proveniente de outros corpos). O Sol, a chama de uma vela, um metal superaquecido são fontes primárias de luz; objetos como a Lua, uma mesa, uma lâmpada apagada, quando podem ser vistas, são fontes secundárias de luz.

As fontes de luz de dimensões pequenas, quando comparadas às outras dimensões envolvidas na situação em estudo, são consideradas **pontos luminosos** e chamadas **fontes de luz puntiformes**. Se as dimensões de uma fonte não puderem ser desprezadas, ela é chamada **fonte extensa**. Essa classificação é relativa: um farol aceso de um carro pode atuar como fonte extensa (para um observador muito próximo ao carro) ou puntiforme (para um observador distante).

A superfície da água reflete a imagem da paisagem.

A luz emitida por uma fonte, quando constituída de apenas uma cor, é chamada **monocromática**. No caso contrário, dizemos que é **policromática**. A luz emitida pelo Sol, que é *policromática*, é o resultado da composição de luzes de todas as cores e é denominada luz **branca**, por definição.

A propagação da luz depende do meio em que ela se encontra. Uma classificação dos meios de propagação da luz diz respeito à possibilidade de enxergarmos nitidamente objetos: um meio é **transparente** se permite a visualização nítida de objetos através dele; **translúcido** é o meio que permite a visualização de objetos, mas de forma não nítida; é **opaco** se não permite a visualização dos objetos. Essa classificação também é relativa: alguns centímetros de água pura são transparentes porque permitem a visualização nítida de objetos nela imersos, uma espessura maior de água pode ser translúcida e uma extensão de vários metros de água é opaca. Quando olhamos para um objeto usando uma folha de *papel vegetal*, ou *papel de seda*, entre o olho e o objeto, podemos percebê-lo nitidamente (se encostado ao papel) ou não nitidamente (se separado do objeto).

Um meio de propagação da luz é chamado **homogêneo**, se apresenta as mesmas propriedades em todos os seus pontos, ou **heterogêneo**, no caso contrário.

Quanto à propagação da luz, diz-se que um meio é **isotrópico** quando a luz se propaga com a mesma velocidade em qualquer direção; quando isso não ocorre, e a velocidade de propagação depende da direção, o meio é **anisotrópico**.

A Óptica Geométrica descreve fenômenos luminosos ocorrendo em meios homogêneos, transparentes e isotrópicos (quando essas três propriedades estão simultaneamente presentes, o meio é chamado **refringente**). Em nosso estudo, portanto, a menos que se escreva explicitamente o contrário, estamos tratando de meios refringentes.

Nos meios materiais homogêneos e transparentes, uma dada luz se propaga com velocidade menor do que aquela com que se propaga no vácuo. Distintamente do que ocorre no vácuo, a *velocidade da luz em um dado meio material depende da cor* da luz que se propaga: em um meio material, a luz monocromática vermelha apresenta a maior velocidade de propagação, a luz violeta, a menor. Temos, portanto, em ordem crescente de velocidade em um meio material: violeta, anil, azul, verde, amarela, alaranjada e vermelha.

A chama de uma vela é uma fonte de luz primária e pode ser considerada puntiforme.

Um aquário de vidro com água se comporta como um meio homogêneo e transparente, permitindo a visualização do peixe e de outros objetos em seu interior.

O pequeno filamento de uma lâmpada acesa é um exemplo de fonte de luz primária e puntiforme.

23.3. Princípios da Óptica Geométrica

O modelo geométrico para a descrição dos fenômenos que ocorrem com a luz é baseado em três afirmações sustentadas empiricamente, chamadas *princípios*, enunciados a seguir.

- **Princípio da propagação retilínea**: em um meio homogêneo, isotrópico e transparente, a luz propaga-se em linha reta.
- **Princípio da independência dos raios**: um raio de luz não é capaz de alterar propriedades de outro raio de luz.
- **Princípio da reversibilidade**: entre dois dados pontos, em idênticas condições, a trajetória seguida pela luz não depende do sentido de propagação.

23.4. Consequências do Princípio da Propagação Retilínea da Luz

O aparecimento de sombras e penumbras, a ocorrência de eclipses e a formação de imagens nas câmaras escuras de orifício são consequências da propagação retilínea da luz.

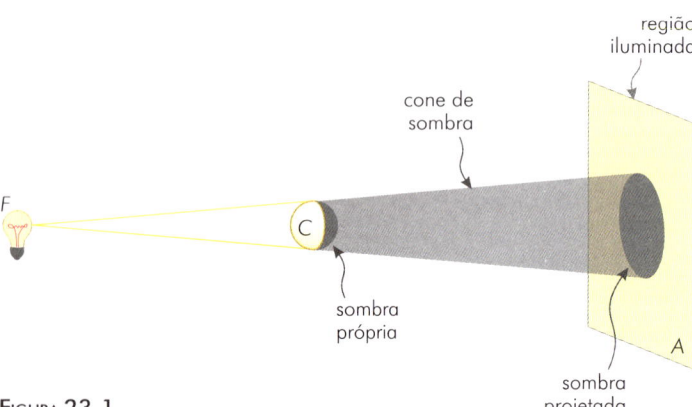

Figura 23-1.

23.4.1. Sombra e penumbra

Imagine a situação, muito comum, em que um objeto opaco é colocado entre uma fonte de luz puntiforme e um anteparo. Consideremos os raios de luz, emitidos pela fonte puntiforme, que tangenciam o objeto. No anteparo, distinguir-se-ão claramente duas regiões: uma à qual não chegam raios diretamente provenientes da fonte de luz, e outra, iluminada por raios da fonte. Nessas condições, denominamos **cone de sombra** à região do ambiente, entre o objeto e o anteparo, pela qual não passam raios de luz diretamente provenientes da fonte pontual, em virtude da propagação retilínea da luz, e **sombra** à região do anteparo não iluminada diretamente pela fonte (Figura 23-1).

Considere, agora, uma fonte de luz *extensa*. Nesse caso, além do cone de sombra e da sombra projetada no anteparo, constataremos uma região à qual não chegam raios de luz provenientes de todos os pontos da fonte extensa: o **cone de penumbra** e a **penumbra** projetada no anteparo (penumbra significa, em latim, "quase sombra"). Nas situações do cotidiano, como em geral há muitas fontes de luz no ambiente, deveríamos dizer, em rigor, *sombra* e *penumbra* **com respeito a esta ou àquela fonte de luz** (Figura 23-2).

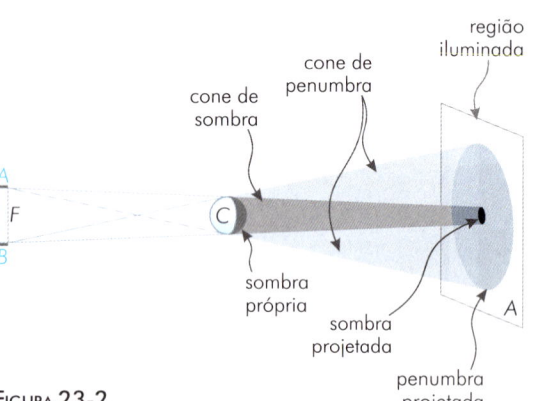

Figura 23-2.

23.4.2. Eclipses

A ocultação total ou parcial de um astro pela interposição de outro astro entre ele e um observador recebe o nome de **eclipse** (do grego, "deixar atrás, desaparecer").

Para observadores na superfície da Terra, um eclipse do Sol ocorre quando a Lua (situada entre o Sol e a Terra) projeta sobre a Terra uma região de sombra e outra de penumbra. Para os observadores situados na região de sombra, o eclipse é **total** e para aqueles situados na região de penumbra o eclipse é **parcial**.

O *eclipse total* da Lua ocorre quando ela está totalmente imersa no cone de sombra projetado no espaço pela Terra, colocada entre o Sol e a Lua. O eclipse lunar é *parcial* quando a Lua penetra parcialmente no cone de sombra da Terra.

Observe, na Figura 23-3, que só é possível testemunharmos um eclipse solar se a Lua está na fase *nova* e eclipses lunares só podem ocorrer durante a fase de lua *cheia*.

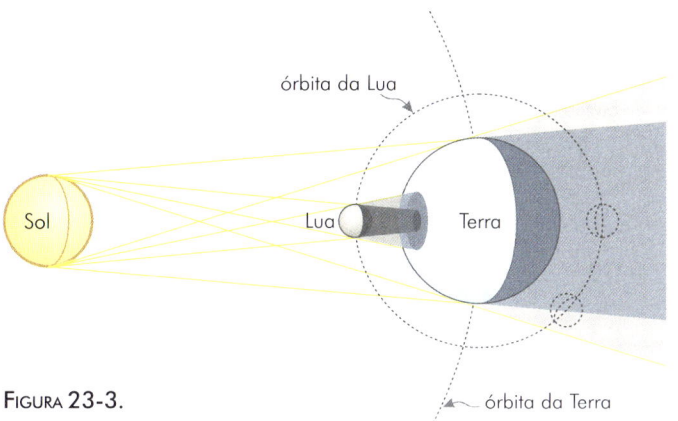

Figura 23-3.

Eclipse parcial do Sol.

23.4.3. Câmara escura de orifício

A câmara escura de orifício é constituída de uma caixa de paredes opacas e enegrecidas internamente, totalmente fechada, com exceção de um pequeno orifício feito em uma das paredes, por onde pode penetrar luz.

Guiemo-nos pelo esquema da Figura 23-4: um objeto AB, luminoso ou iluminado, é colocado diante da parede que possui orifício. Os raios de luz que partem do objeto e passam pelo orifício projetam, na parede oposta à do orifício, uma figura $A'B'$, semelhante ao objeto, mas invertida. Essa figura é chamada **imagem** do objeto AB. O fato de a imagem ter forma semelhante à do objeto e ser invertida evidencia a propagação retilínea da luz.

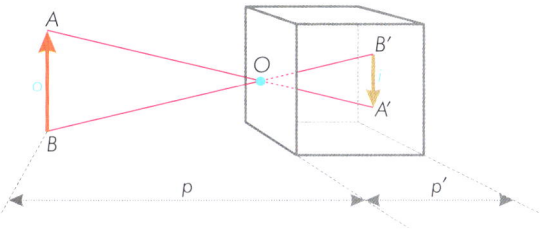

Figura 23-4.

A imagem projetada na parede da câmara pode ser vista por um observador externo se essa parede for, por exemplo, feita de papel vegetal. A imagem pode ser registrada internamente, com a colocação de um filme ou papel fotográfico na região em que ela se forma. Por isso, a câmara escura de orifício é, às vezes, chamada câmara fotográfica rudimentar.

Como os triângulos ABO e $A'B'O$ são semelhantes, podemos relacionar as alturas AB e $A'B'$ do objeto e da imagem às distâncias p (do objeto à câmara) e p' (da imagem até a parede com orifício):

$$\frac{A'B'}{AB} = \frac{p'}{p}$$

Exercícios Resolvidos

1. Em um dia ensolarado, um rapaz e um poste projetam no solo sombras de comprimentos iguais a 2,0 m e 4,8 m, respectivamente. Calcule, em metros, a altura do poste, sendo a altura do rapaz 1,6 m. Considere o poste e o rapaz eretos no solo, supostamente horizontal.

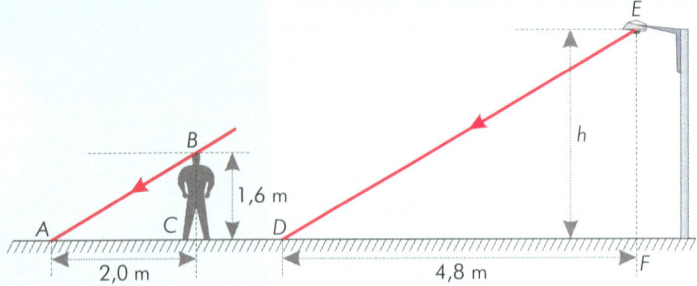

Resolução:
Os triângulos ABC e DEF são semelhantes, portanto:

$$\frac{1,6}{2,0} = \frac{h}{4,8} \Rightarrow h = \frac{1,6 \cdot 4,8}{2,0} \therefore h = 3,84 \text{ m}$$

2. Uma câmara escura de orifício tem comprimento igual a 80 cm. Essa câmara é utilizada para fotografar um objeto luminoso linear, situado a 1,90 m da parede da câmara que contém o orifício. A altura de sua imagem, obtida sobre o filme, é de 40 cm. Com base nesses dados, calcule, em cm, a altura do objeto.

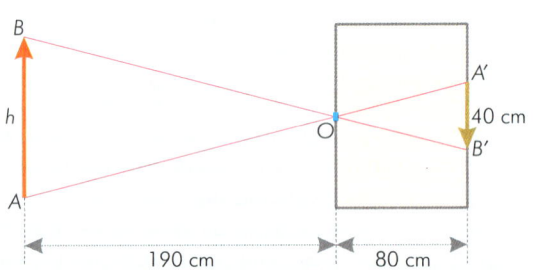

Resolução:
Os triângulos ABO e $A'B'O$ são semelhantes. Assim, temos:

$$\frac{h}{190} = \frac{40}{80} \Rightarrow h = \frac{190 \cdot 40}{80} \therefore h = 95 \text{ cm}$$

3. (UEL – PR) A figura a seguir representa uma fonte extensa de luz, L, e um anteparo opaco, A, disposto paralelamente ao solo, S.

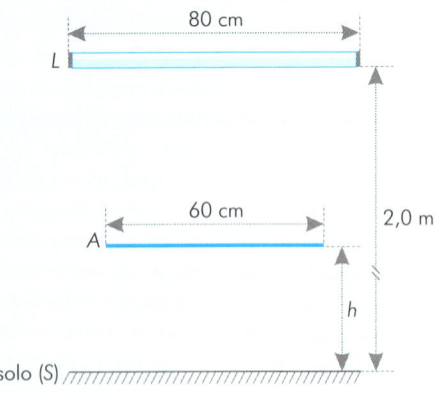

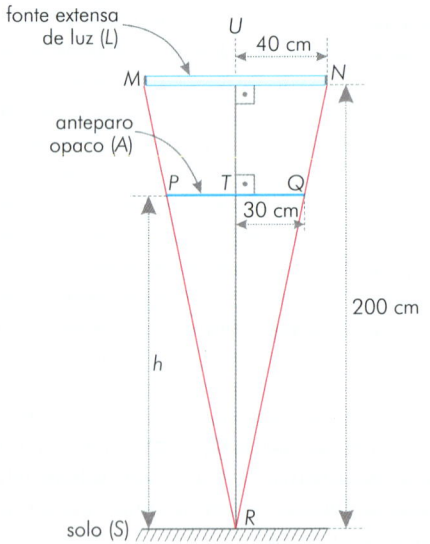

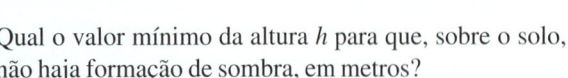

Qual o valor mínimo da altura h para que, sobre o solo, não haja formação de sombra, em metros?

Resolução:
Para que não haja formação de sombra, os raios que partem da fonte de luz devem atingir todos os pontos do solo.

Os triângulos UNR e TQR são semelhantes. Assim, temos:

$$\frac{UN}{TQ} = \frac{UR}{TR} = \frac{40}{30} = \frac{200}{h}$$

$$h = \frac{30 \cdot 200}{40} \Rightarrow h = 150 \text{ cm} \therefore h = 1,5 \text{ m}$$

Exercícios Propostos

4. Analise o texto seguinte.

"Luz é energia radiante capaz de impressionar a retina de nossos olhos. É representada graficamente, em sua propagação, por linhas orientadas, denominadas raios luminosos. Atravessa sem dificuldade os meios transparentes, não se propagando em meios opacos. É emitida por corpos denominados fontes luminosas, as quais podem ser pontuais ou extensas, conforme suas dimensões."

Qual das conclusões a seguir pode ser tirada do texto?

a) Nada se sabe a respeito da natureza da luz.
b) A luz é constituída por entes físicos denominados raios luminosos.
c) A luz propaga-se em meios transparentes e opacos.
d) A luz é uma forma de energia que nos permite enxergar os objetos que nos cercam.
e) Luz não é energia.

5. Define-se *um ano-luz* como a distância que a luz percorre no vácuo durante um ano terrestre. Determine, em quilômetros, o comprimento equivalente a *um ano-luz*. A velocidade de propagação da luz no vácuo é $3,0 \cdot 10^5$ km/s e considere o intervalo de tempo de um ano terrestre igual a 365,2 dias.

6. A *Óptica Geométrica* descreve de forma simples, usando geometria plana ao alcance de qualquer estudante secundário, o comportamento e o modo de operação de muitos fenômenos e sistemas ópticos simples do nosso cotidiano. A respeito dos conceitos básicos e princípios da Óptica, são feitas as afirmações seguintes. Avalie a veracidade de cada uma delas.

(1) O processo de formação das sombras evidencia que, para todos os efeitos práticos, nos limites dos fenômenos do nosso cotidiano, a luz se propaga em linha reta.
(2) Quando percebemos que uma sombra tem a forma do objeto que a projeta, mas é maior que o objeto original, o feixe de luz responsável pela projeção da sombra é proveniente de uma fonte extensa.
(3) As lâmpadas comuns, de bulbo em forma de pera, que usamos em casa, são chamadas lâmpadas incandescentes; isso quer dizer que são fontes de luz que emitem, simultaneamente com a luz, quantidades apreciáveis de calor.
(4) Quando a luz solar incide em uma superfície como a de uma parede comum, ela é refletida em todas as direções; tal fenômeno é chamado reflexão especular, ou difusa.

7. Admita que o Sol subitamente "morresse", ou seja, sua luz deixasse de ser emitida. Vinte e quatro horas após esse fato, um eventual sobrevivente, olhando para o céu, sem nuvens, veria:

a) a Lua e as estrelas.
b) somente a Lua.
c) somente as estrelas.
d) uma completa escuridão.
e) somente os planetas do Sistema Solar.

8. "O último eclipse total do Sol neste século (XX) para o hemisfério sul aconteceu na manhã de 3 de novembro de 1994. Faltavam 15 minutos para as 10h, na cidade de Foz do Iguaçu, no Paraná. Em qualquer dia normal, o Sol da primavera já estaria brilhando bem acima do horizonte, mas esse não foi um dia normal (...). Durante o eclipse, a gigantesca sombra, com 200 km de diâmetro, progrediu a 3.000 km por hora do Oceano Pacífico para a América do Sul. Entrou no Brasil por Foz do Iguaçu e saiu para o Oceano Atlântico, sobre a divisa dos estados de Santa Catarina e Rio Grande do Sul."

Superinteressante. Ano 8, n. 10, out. 1994, p. 46.

Em relação ao fenômeno físico descrito no texto, julgue as afirmações.

(1) A Lua coloca-se entre o Sol e a Terra, impedindo que a luz atinja uma parte da superfície terrestre.
(2) A Terra coloca-se entre a Lua e o Sol, projetando sua sombra na Lua.
(3) No trecho onde passa a sombra, os observadores podem ver o eclipse parcial do Sol.
(4) O tempo estimado de duração do eclipse é de quatro minutos.
(5) Os eclipses são explicados geometricamente pelo princípio de propagação retilínea da luz.

9. LUA TEM ÚLTIMO ECLIPSE TOTAL DO SÉCULO

Às 22h21min de hoje, começa o último eclipse total da Lua do século. Ele será visível de todo o Brasil. [...] Os eclipses totais da Lua ocorrem a cada 18 anos, mas só são visíveis de aproximadamente $\frac{1}{3}$ da superfície terrestre. Assim, para um mesmo ponto da Terra, eclipses totais acontecem a cada 54 anos.

Folha de S.Paulo, 16 ago. 1989.

Explique como o eclipse total da Lua acontece, esquematizando a situação. Que propriedade da luz possibilita que esse tipo de fenômeno ocorra?

10. (ENEM) A sombra de uma pessoa que tem 1,80 m de altura mede 60 cm. No mesmo instante, ao seu lado, a sombra projetada de um poste mede 2,0 m. Se, mais tarde, a sombra do poste diminui 50 cm, a sombra da pessoa passou a medir:

a) 30 cm
b) 45 cm
c) 50 cm
d) 80 cm
e) 90 cm

11. Entre uma fonte puntiforme e um anteparo, coloca-se uma placa quadrada de lado 50 cm, paralela ao anteparo. A fonte de luz e o centro da placa estão em uma mesma reta perpendicular ao anteparo. A placa encontra-se a 1,0 m da fonte e a 3,0 m do anteparo. Qual é a área da sombra projetada no anteparo, em cm²?

Exercícios Propostos

12. No teto de uma sala, cujo pé-direito (medida do teto ao piso) vale 3,0 m, está fixada uma lâmpada linear de 20 cm (fonte extensa). Uma barra opaca de 1,0 m de comprimento está horizontalmente suspensa a 1,20 m do teto. Sabendo que a lâmpada e a barra estão paralelas e que os pontos médios da lâmpada e da barra definem uma mesma vertical, determine:

a) o comprimento da sombra projetada no piso da sala, em metros;

b) o comprimento de cada uma das penumbras projetadas no solo, em centímetros.

13. Uma vela de 10 cm de altura está a 40 cm de distância de uma câmara escura de orifício. A imagem da vela, que se forma na parede oposta, tem 4,0 cm de altura. Qual é o comprimento da câmara, em centímetros?

14. Julgue as afirmações seguintes:

(1) A câmara escura de orifício inverte a imagem de um objeto. Esse fato se relaciona com o princípio de propagação retilínea da luz.

(2) Aumentando-se o comprimento de uma câmara escura de orifício, aumenta-se o tamanho da imagem de um objeto fixo, em relação à câmara.

(3) Podemos diminuir a altura da imagem de um objeto, fornecida por uma câmara escura de orifício, afastando o objeto da câmara.

(4) Aumentando o diâmetro do orifício da câmara escura, melhora-se a nitidez da imagem formada pela câmara escura de orifício.

23.5. Sistemas Ópticos

Denomina-se **sistema óptico** qualquer superfície ou conjunto de superfícies que interagem com a luz. Um espelho, um conjunto de espelhos, uma lente e o olho humano são exemplos de sistemas ópticos.

No cotidiano, as palavras "objeto" e "imagem" parecem-nos claras. Contudo, transformá-las em um modelo geométrico não é imediato. Por exemplo, quando tiramos uma fotografia de uma árvore em filme diapositivo (*slide*, em inglês), é claro que o que se registra no filme é uma imagem do objeto (árvore); quando projetamos o diapositivo em uma tela, o que está no filme passa a ser objeto, já que a imagem é o que vemos na tela.

Para evitar equívocos, é preciso estabelecer definições que não deixem margem para ambiguidades.

Define-se **ponto objeto**, em relação a um sistema óptico, como um ponto determinado pelo cruzamento dos raios **incidentes** nesse sistema óptico. Um **ponto imagem**, em relação a um dado sistema óptico, é, por definição, a intersecção dos raios de luz **emergentes** do sistema.

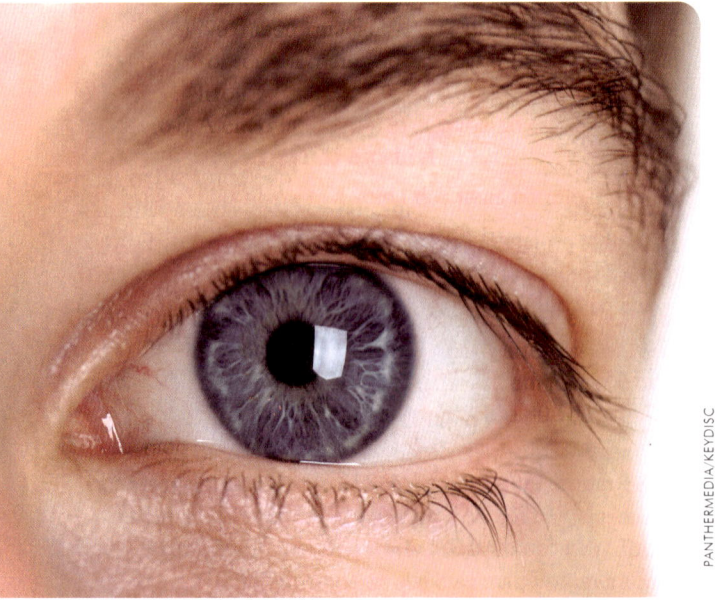 

O olho humano e a lente de aumento, também chamada de lupa, são exemplos de sistemas ópticos.

Nas figuras abaixo, o retângulo azul representa o sistema óptico (S) de referência (espelho, lente, lanterna, olho etc.).

Tanto o *ponto objeto* como o *ponto imagem* podem ser **reais** (determinados pelo cruzamento dos próprios raios) ou **virtuais** (determinados pelo cruzamento dos prolongamentos dos raios), em relação a cada sistema óptico em estudo. Quando os raios são paralelos, ou muito aproximadamente paralelos (o que significa que sua intersecção não existe ou está muito afastada, para todos os efeitos práticos), dizemos que o ponto é **impróprio** (Figura 23-5).

Objetos e imagens extensos são coleções de pontos objeto e pontos imagem, respectivamente.

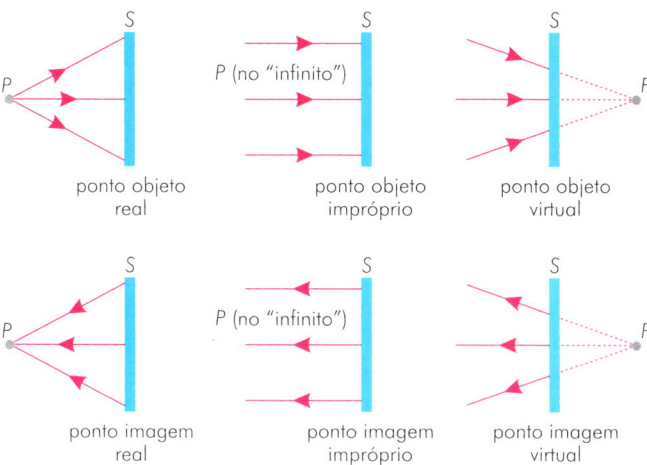

Figura 23-5.

23.6. Reflexão da Luz

A **reflexão da luz** é o fenômeno no qual a luz, ao propagar-se em um meio, incide em uma superfície S de separação com outro meio e retorna, total ou parcialmente, para o meio em que se propagava originalmente.

Empiricamente, verifica-se que um feixe de raios de luz paralelos que incide sobre uma superfície plana e polida dá origem a um feixe refletido de raios também paralelos. Nesse caso, diremos que ocorreu uma **reflexão regular** ou **especular**.

O mesmo feixe de raios paralelos, ao incidir em uma interface que apresenta rugosidades, origina um feixe refletido desorganizado, cujos raios se espalharão em variadas direções. Nesse caso, diremos que ocorreu uma **reflexão irregular** ou **difusa** (Figura 23-6).

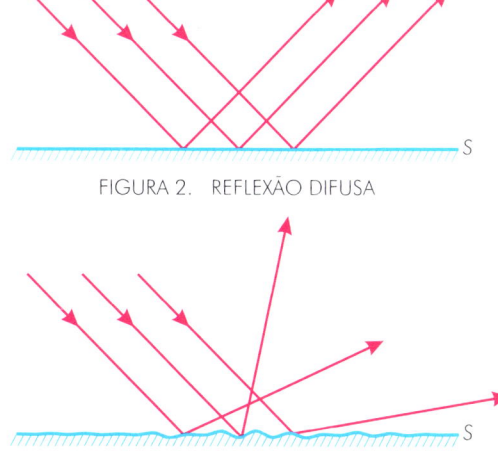

Figura 23-6.

A superfície praticamente lisa da água reflete de forma especular o edifício (*Victoria Memorial*, Calcutá, Índia).

A reflexão difusa é responsável pela visualização dos objetos, cujas superfícies, ao refletirem a luz difusamente, podem ser vistas pelos observadores situados nas mais diversas posições. As superfícies que refletem a luz regularmente são capazes de formar imagens. É o que acontece, por exemplo, com as superfícies metálicas polidas, que são denominadas *espelhos* (do latim *speculum*, espelho).

23.6.1. A cor de uma superfície por reflexão

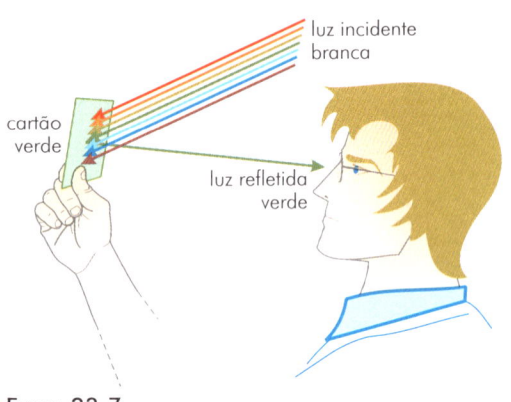

FIGURA 23-7.

A cor com que um corpo se apresenta ao observador é determinada pela constituição da luz que nele incide e pela parcela dessa luz que ele reflete difusamente. Por exemplo, um objeto tem sua superfície de cor **azul** se, ao ser iluminado pela luz solar, que é composta de todas as cores, **reflete apenas** a parcela da luz solar que corresponde ao **azul** e absorve as demais componentes. Quando ocorre absorção da luz, tem-se a transformação de energia luminosa em outra forma de energia, como a térmica.

Um corpo iluminado pela luz solar apresenta-se branco quando reflete difusamente todas as componentes da luz solar. Assim, um corpo idealmente negro absorveria todas as componentes da luz solar e não refletiria nenhuma.

Refletir difusamente uma só componente da luz solar, ou refletir todas, ou ainda absorver todas, constitui situações ideais, isto é, estamos admitindo os corpos cujas superfícies teriam *cores puras*. Na realidade, os corpos refletem e absorvem porcentagens variadas dos diversos componentes da luz incidente. Daí, as diversas tonalidades nas cores dos objetos.

23.6.2. As leis da reflexão

A descrição geométrica da reflexão da luz já estava praticamente pronta nas obras de Euclides (320 a.C-275 a.C.) e de Heron (nascimento e morte incertos), em que a apresentação da geometria plana se mistura a exemplos de fenômenos luminosos. Suas formulações são empíricas, sendo a linguagem a da geometria plana. Vamos considerar reflexão da luz em uma superfície S, a qual pode ser plana ou curva. Para situações que possam ser representadas por esboços como os da Figura 23-8, podem-se enunciar duas leis para a reflexão de um feixe muito estreito, ou raio, de luz.

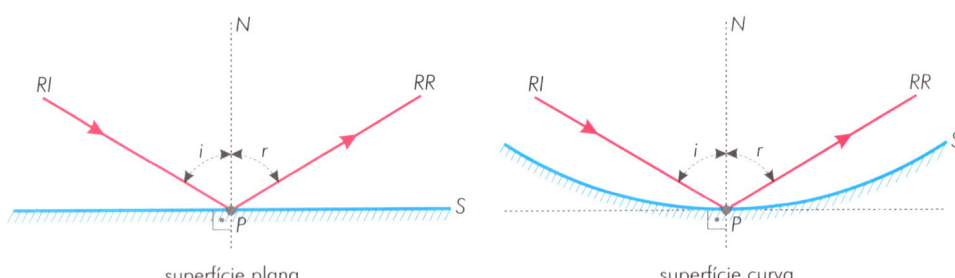

FIGURA 23-8.

Primeira lei

O raio incidente (RI), o raio refletido (RR) e a reta normal à superfície (N) no ponto de reflexão, P, são coplanares, ou seja, pertencem ao mesmo plano.

Segunda lei

O ângulo de incidência e o ângulo de reflexão são congruentes, isto é, têm medidas iguais ($r = i$).

23.6.3. Imagem de um ponto formada por um espelho plano

Denominamos **espelhos planos** a todos os sistemas ópticos refletores cujas superfícies são planas. Os espelhos comerciais são feitos com uma placa de vidro na qual é depositada uma camada bem fina de metal (prata ou alumínio).

Vamos considerar um ponto P, luminoso ou iluminado, que está em frente a um espelho plano E, como mostra a Figura 23-9. De todos os raios de luz que partem de P e incidem no espelho, necessitamos de apenas dois para a determinação da imagem de P (bastam dois, para determinar a intersecção que define a imagem). Escolheremos um raio normal à superfície, mais fácil de traçar, e outro raio qualquer:

- o raio PI_1, que incide perpendicularmente no espelho ($i = 0°$) e volta sobre si mesmo ($r = 0°$);
- o raio PI_2, que incide obliquamente no espelho ($i \neq 0°$) e cujo raio refletido I_2M é tal que $r = i$.

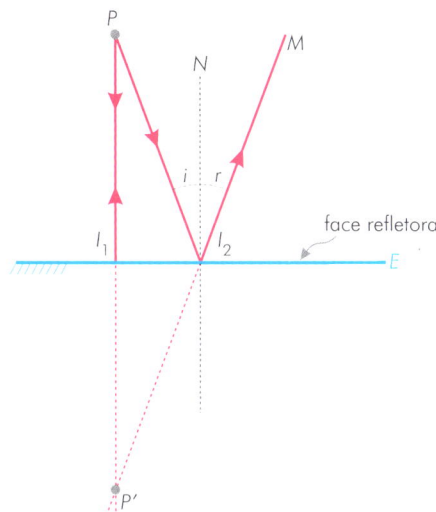

Figura 23-9.

A intersecção dos prolongamentos dos raios refletidos I_1P e I_2P determina o ponto P'.

O ponto definido por raios de luz que incidem no espelho é um **ponto objeto**, enquanto o ponto P', definido por raios de luz que emergem do espelho, é um **ponto imagem**. Dizemos que o espelho *conjuga* ao ponto objeto P um ponto imagem P'.

Imagens de objetos extensos, formadas por espelhos planos, são diretas.

Propriedades:

- Um espelho plano é um sistema **estigmático**, isto é, cada ponto objeto conjuga um único ponto imagem. Na prática, isso quer dizer que a imagem não é distorcida. Assim, um objeto extenso terá uma imagem conjugada de dimensões iguais às do objeto.
- Objeto e imagem são **simétricos** em relação à superfície do espelho plano; a distância que separa P do espelho é a mesma distância entre P' e o espelho (Figura 23-10).
- A orientação da imagem é a mesma do objeto; dizemos que, neste caso, a imagem é **direita** ou **direta**.
- Um espelho plano conjuga a um objeto qualquer uma imagem de **natureza oposta** (real/virtual, virtual/real, impróprio/imprópria).
- Embora a imagem seja idêntica ao objeto, ambos não podem ser superpostos, por apresentarem simetria lateral. Dizemos que o objeto e a imagem são **enantiomorfos**.

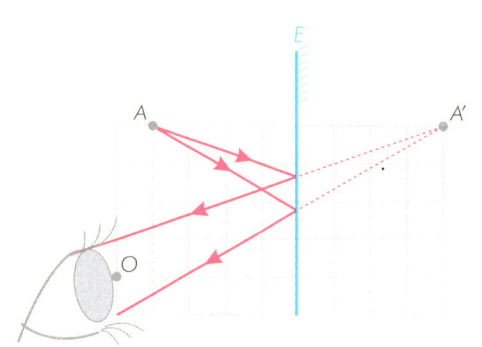

Figura 23-10.

23.6.4. Imagem de um objeto entre dois espelhos planos

Colocando um objeto entre dois espelhos planos, cujas superfícies refletoras formam determinado ângulo α, podemos observar a formação de múltiplas imagens, devido às múltiplas reflexões. Quanto menor o ângulo entre os espelhos, maior é o número de imagens que se podem observar. É fácil verificar experimentalmente que, para α = 90°, resultam três imagens, qualquer que seja a posição do objeto entre os espelhos.

A Figura 23-11 representa a formação das imagens, no caso em que o ângulo α entre os espelhos corresponde a 90°. Nela, podemos localizar as três imagens do ponto P.

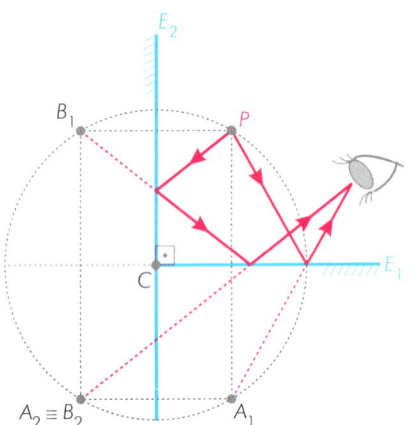

FIGURA 23-11.

Notamos que os espelhos dividiram o plano em que se localizam o objeto e as imagens em quatro regiões iguais, isto é, $\frac{360°}{90°} = 4$. Como o objeto ocupa uma região, o número de imagens será:

$$N = \frac{360°}{90°} - 1 = 4 - 1 = 3$$

Essa fórmula empírica é de boa ajuda para os casos mais simples. De modo geral, sendo α o ângulo entre os espelhos, podemos encontrar o número N de imagens, por meio da fórmula:

$$N = \frac{360°}{\alpha} - 1$$

válida se $\frac{360°}{\alpha}$ for par e se o ponto objeto P ocupar qualquer posição entre os espelhos. Se $\frac{360°}{\alpha}$ for ímpar, a fórmula será válida apenas se P estiver equidistante dos espelhos (isto é, no plano bissetor).

23.6.5. Translação de um espelho plano

Seja o referencial fixo no ponto objeto P, diante de um espelho plano E, e P' a sua imagem. Se o espelho transladar retilineamente, na direção da reta que passa por P e P', o espelho conjugará a P uma segunda imagem, P'', associada à segunda posição do espelho. Na Figura 23-12, o espelho E afasta-se uma distância d da posição 1 para a posição 2, e a imagem do ponto P passa a ser P''. Estudemos, do ponto de vista do objeto, o deslocamento sofrido pela imagem.

Da figura, resulta:

$$PP' = 2d$$
$$PP'' = 2(d + x) = 2d + 2x$$

O deslocamento sofrido pela imagem do ponto P é:

$$D = PP'' + PP'$$

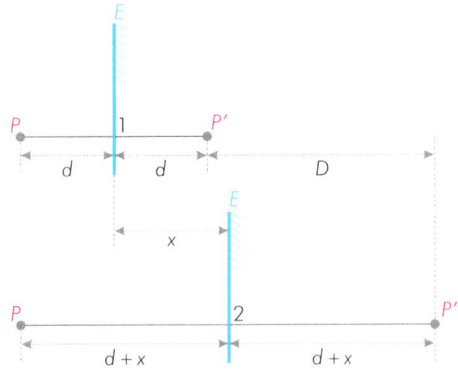

FIGURA 23-12.

de onde

$$D = 2d + 2x - 2d \Rightarrow D = 2x$$

Então, concluímos que, se um objeto estiver fixo diante de um espelho que translada retilineamente de uma distância d, a correspondente imagem translada, no mesmo sentido que o espelho, uma distância $2d$.

Exercícios Resolvidos

15. Observe a figura ao lado, em que estão representados dois pontos, *A* e *B*, colocados diante de um espelho plano, *E*. Determine, em centímetros, a distância do ponto *A* até a imagem de *B*, conjugada pelo espelho.

Resolução:
Determinando geometricamente a imagem de *B*, simétrica em relação ao espelho, podemos determinar a distância pedida.

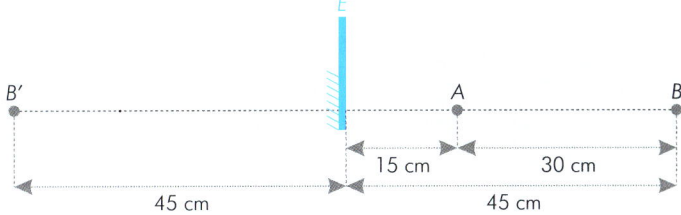

Assim, temos:

$$d_{\overline{AB'}} = d_{\overline{AE}} + d_{\overline{EB'}}$$

$$d_{\overline{AB'}} = 15 + 45 \therefore d_{\overline{AB'}} = 60 \text{ cm}$$

16. Um rapaz de 1,80 m de altura vê todo o seu corpo refletido em um espelho plano vertical situado a uma distância $\overline{CD} = 3$ m. Os olhos do rapaz encontram-se a 1,70 m do solo. Determine, em metros, o comprimento *AB* mínimo que tem esse espelho e a distância *BC*, do espelho ao solo.

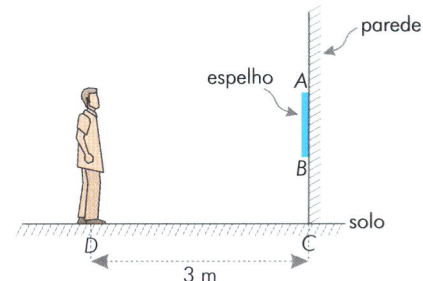

Resolução:
Inicialmente, determinamos geometricamente a imagem do rapaz formada pelo espelho plano.

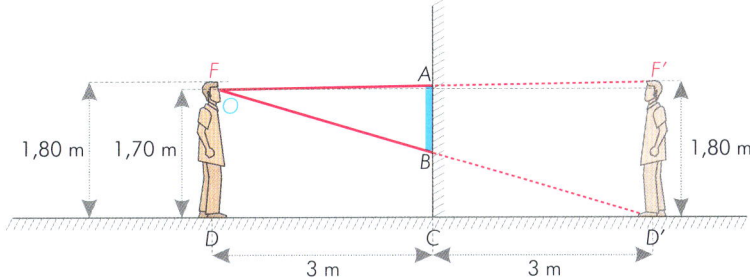

(I) Comprimento mínimo do espelho (*AB*)

Os triângulos *OAB* e *OF'D'* são semelhantes. Assim,

$$\frac{\overline{AB}}{\overline{F'D'}} = \frac{\overline{DC}}{\overline{DD'}}$$

$$\frac{\overline{AB}}{1,80} = \frac{3}{6} \Rightarrow \overline{AB} = \frac{1,80 \cdot 3}{6} \therefore \overline{AB} = 0,90 \text{ m}$$

(II) Distância espelho-solo (*BC*)

Os triângulos *ODD'* e *BC'D'* são semelhantes, portanto,

$$\frac{\overline{OD}}{\overline{BC}} = \frac{\overline{DD'}}{\overline{CD'}}$$

$$\frac{1,70}{\overline{BC}} = \frac{6}{3} \Rightarrow \overline{BC} = \frac{1,70 \cdot 3}{6} \therefore \overline{BC} = 0,85 \text{ m}$$

Exercícios Resolvidos

17. Dois espelhos planos têm uma de suas arestas coincidentes, de tal modo que eles são perpendiculares ao plano horizontal. De um objeto colocado entre os dois espelhos, formam-se 19 imagens. Qual a medida do ângulo formado entre esses dois espelhos?

Resolução:
Vamos calcular a medida do ângulo formado entre os espelhos usando a fórmula $N = \dfrac{360°}{\alpha} - 1$:

$$19 = \dfrac{360°}{\alpha} - 1 \Rightarrow 19 + 1 = \dfrac{360°}{\alpha} \Rightarrow 20 = \dfrac{360°}{\alpha}$$

$$20\alpha = 360° \Rightarrow \alpha = \dfrac{360°}{20} \therefore \alpha = 18°$$

Resposta: o ângulo formado entre os espelhos deve medir 18°. Como a razão $\dfrac{360°}{18°}$ é um número par, o objeto pode ser colocado em qualquer posição entre os espelhos.

Exercícios Propostos

18. A figura a seguir representa dois espelhos planos, E_1 e E_2, que formam entre si um ângulo de 100°. Um raio de luz incide em E_1 e, após se refletir, incide em E_2 com um ângulo de incidência de:

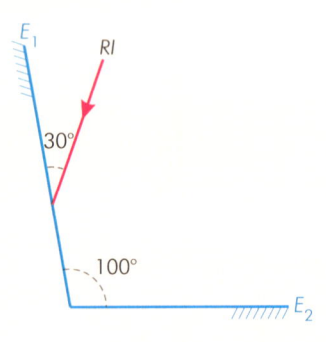

a) 30°   c) 50°   e) 70°
b) 40°   d) 60°

19. (Olimpíada Paulista de Física) Durante a aula, o professor tecia considerações sobre a reflexão, a absorção, a reemissão e a transmissão da luz que incidisse numa superfície. Patrícia, que ouvia atentamente a explanação, fez a seguinte pergunta ao professor: "O que ocorreria se o fenômeno de reflexão deixasse de existir?". O professor, aproveitando o ensejo, estendeu a pergunta para a classe e as respostas foram anotadas na lousa:

   I. Os espelhos não mais funcionam.
   II. Não poderíamos ver mais as flores nem a vegetação.
   III. A Lua nunca mais poderia ser vista.
   IV. Só os corpos luminosos poderiam ser vistos.

Com relação às respostas, podemos dizer que:
a) apenas I é correta.
b) todas são corretas.
c) todas são incorretas.
d) apenas II e III são corretas.
e) apenas IV é errada.

20. A figura a seguir mostra um objeto A, distante 6 m de um espelho plano, e um observador B, distante 8 m do espelho. O percurso aproximado de um raio de luz que, partindo de A, se reflete no espelho e atinge B é:

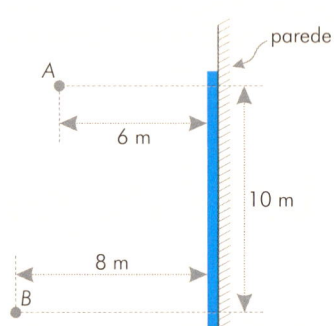

a) 9 m   c) 24 m   e) 17 m
b) 14 m   d) 19 m

21. A figura representa um espelho plano, E, horizontal, e dois segmentos de reta, $\overline{AB}$ e $\overline{CD}$, perpendiculares ao espelho. Suponha que um raio de luz parte de A e atinge C, após refletir-se em E.

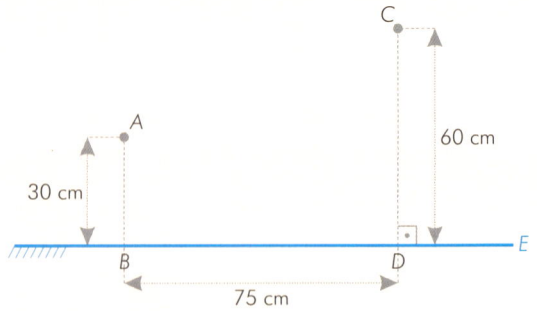

Pode-se afirmar que esse raio de luz incide em E a uma distância de B, em centímetros, de:

a) 30   c) 20   e) 10
b) 25   d) 15

22. Um espelho, E, está fixo em uma parede vertical, de modo que sua borda inferior dista 50 cm do piso, conforme mostra a figura a seguir. A que altura mínima sobre o

Exercícios Propostos

piso deve estar o olho do observador, para que ele possa ver a imagem dos seus pés?

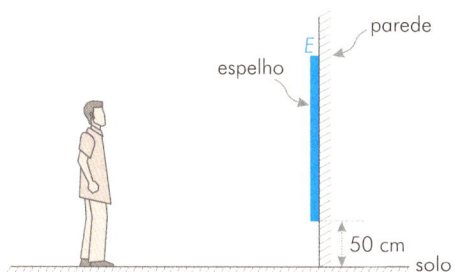

a) 50 cm
b) 100 cm
c) 150 cm
d) 160 cm
e) 200 cm

23. Sobre uma reta perpendicular a um espelho plano, existem os pontos A e B, situados 40 cm e 140 cm à sua frente, conforme ilustra a figura a seguir. Um objeto real é deslocado com velocidade constante de A para B, sobre essa reta, em um intervalo de tempo de 2,0 s. Nesse tempo, a respectiva imagem conjugada

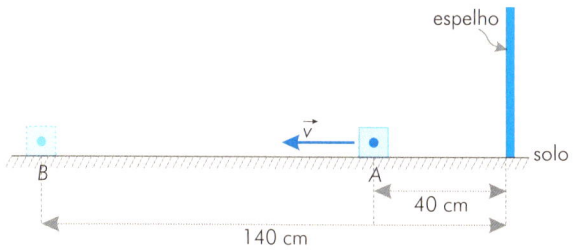

a) permanece sempre em um mesmo ponto.
b) aproxima-se do objeto com velocidade de 1,0 m/s.
c) aproxima-se do objeto com velocidade de 0,5 m/s.
d) afasta-se do objeto com velocidade de 1,0 m/s.
e) afasta-se do objeto com velocidade de 0,5 m/s.

24. Embora, para os povos primitivos, os espelhos tivessem propriedades mágicas, origem de lendas e crendices que perduram até hoje, para a Física são apenas superfícies polidas que produzem reflexão regular (especular) da luz. A forma geométrica da superfície determina as propriedades do espelho. Uma superfície lisa plana que reflete especularmente a luz é denominada *espelho plano*.

A figura ao lado mostra um cabeleireiro que está situado a 0,50 m de uma pessoa, que, por sua vez, está a 1,20 m do espelho plano à sua frente.

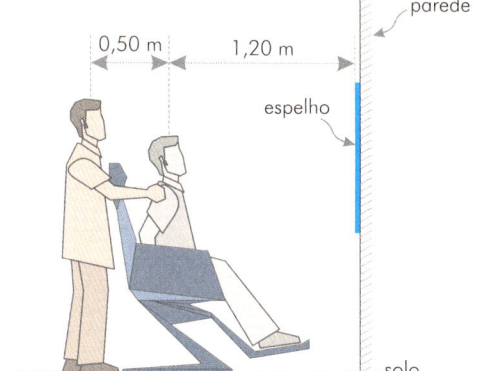

Com base na situação descrita acima e nos seus conhecimentos sobre as propriedades dos espelhos planos, julgue a veracidade das afirmações a seguir.

(1) A imagem da pessoa conjugada pelo espelho é real, direita e do mesmo tamanho do objeto.
(2) Essa imagem não pode ser fotografada, pois é formada pelo prolongamento dos raios de luz emergentes do espelho.
(3) A distância que separa o cabeleireiro da imagem da pessoa conjugada pelo espelho é superior a 2,80 m.
(4) A distância que separa a pessoa da imagem do cabeleireiro é inferior a 2,0 m.
(5) A imagem da pessoa é enantiomorfa em relação à pessoa.

25. (UCB – DF) Um cinegrafista precisa de uma cena onde sejam vistos 24 pássaros. Entretanto, conseguiu apenas três pássaros. Em um determinado momento, um de seus auxiliares lembra-se de que, com a ajuda de espelhos, eles podem conseguir aumentar o número de imagens, N, formadas por dois espelhos planos, que fazem entre si um ângulo α, que pode ser dado pela expressão $N = \dfrac{360°}{\alpha} - 1$; julgue as conclusões do cinegrafista e seus auxiliares.

(1) Para o cinegrafista conseguir as 24 imagens entre os dois espelhos, o ângulo deve ser de 45°.
(2) Cada pássaro, nestas circunstâncias, formará 7 imagens.
(3) Considerando que os pássaros estão equidistantes dos dois espelhos, a expressão $N = \dfrac{360°}{\alpha} - 1$ é válida quando $\dfrac{360°}{\alpha}$ é um número par.
(4) Quando o quociente entre $\dfrac{360°}{\alpha}$ for um número par, os pássaros podem estar em qualquer posição entre os espelhos.
(5) A cena vista por um telespectador mostra 24 pássaros, dos quais 21 são imagens.

26. Com duas velas, colocadas entre dois espelhos planos fixos, um fotógrafo consegue obter uma fotografia na qual são vistas, no máximo, 12 velas. Qual o possível ângulo entre esses espelhos?

27. Olhando para a imagem no espelho plano de um relógio sem números no mostrador, temos a impressão de que são 4 horas. Que horas devem ser, na realidade?

23.7. Espelhos Esféricos
23.7.1. Definições

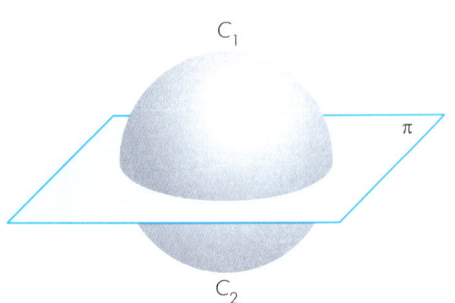

FIGURA 23-13.

Calota esférica é uma parte de uma superfície esférica limitada por um plano (Figura 23-13).

Espelho esférico é toda superfície refletora em forma de calota esférica, bem polida, capaz de refletir regularmente a luz, interna ou externamente. Dentre suas aplicações, podemos citar: espelhos retrovisores, espelhos utilizados para maquiagens, espelhos de telescópios, espelhos em lojas ou supermercados para vigilância etc. Se é a superfície externa a que funciona como refletora, estamos a utilizar um espelho **convexo** (Figura 23-14); sendo de interesse a interna, o espelho é dito **côncavo** (Figura 23-15).

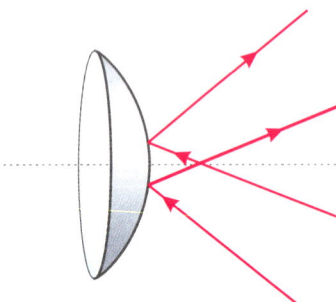 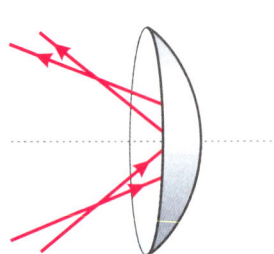

FIGURA 23-14. Espelho convexo: a superfície externa é refletora. FIGURA 23-15. Espelho côncavo: a superfície interna é refletora.

23.7.2. Elementos geométricos

Os elementos geométricos de um espelho esférico são (acompanhe pela Figura 23-16):

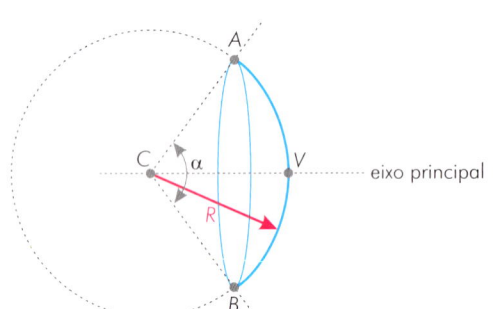

FIGURA 23-16. Elementos geométricos de um espelho esférico.

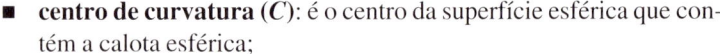

- **centro de curvatura (C)**: é o centro da superfície esférica que contém a calota esférica;
- **raio de curvatura (R)**: é o raio da superfície esférica que contém a calota esférica;
- **vértice (V)**: é o polo da calota esférica;
- **eixo principal**: é o eixo definido pelo centro de curvatura C e pelo vértice V;
- **eixo secundário**: é qualquer eixo que passa pelo centro de curvatura C e não passa pelo vértice V (naturalmente, como passam pelo centro, todos os eixos são normais à superfície do espelho);
- **ângulo de abertura do espelho (α)**: é o ângulo plano definido pelos eixos secundários que passam por pontos diametralmente opostos do contorno do espelho.

Verifica-se experimentalmente que os espelhos esféricos fornecem imagens nítidas (isto é, são muito aproximadamente estigmáticos) quando o ângulo de abertura α é muito pequeno, inferior a 10°. Nessas condições, os raios que definem as imagens devem incidir no espelho próximos ao vértice V e devem ser paralelos ou pouco inclinados em relação ao eixo principal. Essa condição é chamada **condição de Gauss** e os espelhos esféricos, nesses casos, são chamados **espelhos esféricos de Gauss**.

23.7.3. Focos de um espelho esférico de Gauss

Verificamos experimentalmente que, quando um feixe de raios paralelos ao eixo principal incide em um espelho esférico **côncavo** de Gauss, os raios do feixe refletido convergem para um ponto do eixo principal. Esse comportamento permite que os espelhos côncavos sejam também denominados espelhos **convergentes** (em vez de se originar da forma, essa denominação designa o comportamento óptico do espelho).

No caso de um espelho esférico **convexo** de Gauss, o feixe refletido diverge como se seus raios partissem de um ponto do eixo principal, o que lhe confere comportamento óptico **divergente** (Figura 23-17). Esse ponto, em ambos os casos, é chamado **foco principal**. Note que o foco principal, F, é um ponto real para os espelhos côncavos e virtual para os espelhos convexos.

Você Sabia?

Os espelhos esféricos convexos são muito utilizados para vigilância e segurança, estando presentes em lojas, supermercados e até mesmo em alguns cruzamentos de trânsito.

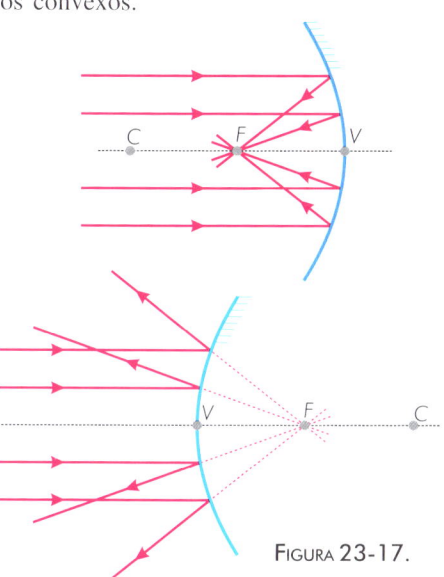

FIGURA 23-17.

A distância entre o foco F e o vértice V do espelho é denominada **distância focal** e é indicada por f. Para os espelhos esféricos gaussianos, o foco principal F encontra-se aproximadamente no ponto médio do segmento definido por C e V, e pode-se escrever

$$f = \frac{R}{2}$$

23.7.4. Raios notáveis

O traçado que permite localizar a imagem de cada ponto objeto pode ser feito a partir de qualquer par de raios de luz, bastando obedecer às leis da reflexão. Na maioria dos casos, esse processo pode ser trabalhoso, exigindo habilidade e o uso de réguas e compasso. Há muito tempo, percebemos que o trabalho poderia ser enormemente simplificado, até o ponto de poder reduzir-se a uma rotina, se usássemos um conjunto de raios particulares, de traçado simples, descritos a seguir.

■ Todo raio de luz que incide em um espelho esférico paralelamente ao eixo principal reflete-se em uma direção que passa pelo foco principal, F. De acordo com o princípio da reversibilidade da luz, então, todo raio de luz que incidir em um espelho esférico, em uma direção que passa pelo foco principal, F, reflete-se paralelamente ao eixo principal (Figura 23-18).

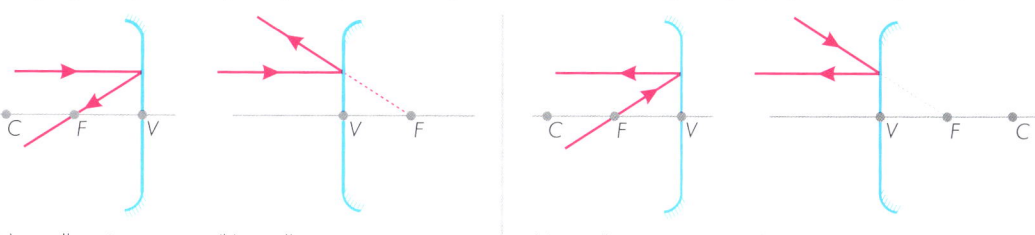

(a) espelho côncavo   (b) espelho convexo   (a) espelho côncavo   (b) espelho convexo

FIGURA 23-18.

- Todo raio de luz que incide em um espelho esférico, em uma direção que passa pelo centro de curvatura, reflete-se sobre si mesmo. Isso acontece porque, nesse caso, a incidência é normal (Figura 23-19).

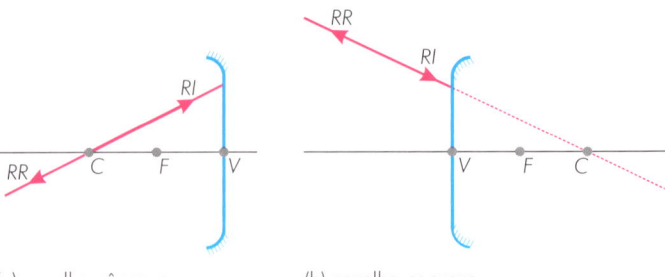

Figura 23-19.   (a) espelho côncavo   (b) espelho convexo

- Todo raio de luz que incide no vértice V de um espelho esférico reflete-se simetricamente em relação ao eixo principal. Nesse caso, o eixo principal representa a normal ao espelho no ponto de incidência (Figura 23-20).

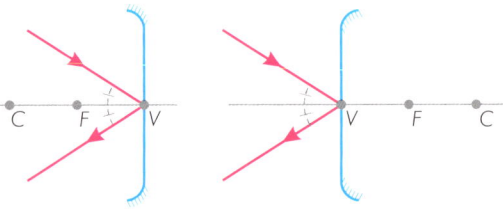

Figura 23-20.   (a) espelho côncavo   (b) espelho convexo

23.7.5. Construção gráfica de imagens

Consideremos um objeto linear real $\overline{AB}$, disposto em frente a um espelho esférico côncavo, perpendicularmente disposto em relação ao eixo, com B coincidindo com o eixo. Dependendo da posição do objeto, o espelho conjuga imagens com diferentes características. Para a obtenção da imagem $\overline{A'B'}$, traçaremos raios notáveis, partindo de A, incidentes no espelho; a intersecção dos raios refletidos localiza a extremidade A' da imagem. Uma perpendicular ao eixo principal, passando por A', determina, no eixo, o ponto B'.

Espelhos côncavos

Vamos analisar os diversos casos possíveis.

1.º) Objeto $\overline{AB}$ antes do centro de curvatura.

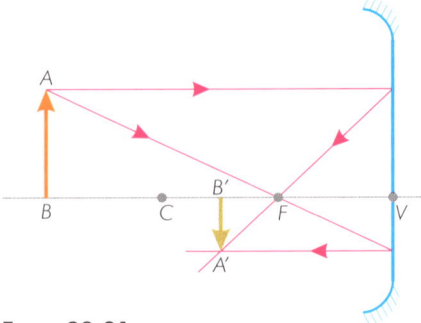

Figura 23-21.

A imagem $\overline{A'B'}$ situa-se entre F e C e é *real, invertida e menor que o objeto*.

> **Você Sabia?**
>
> Uma colher pode ser usada como espelho côncavo.
>
>

2.º) *Objeto $\overline{AB}$ situado sobre o centro de curvatura C.*

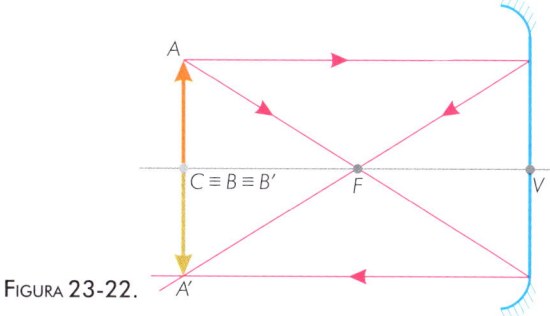

FIGURA 23-22.

A imagem $\overline{A'B'}$ forma-se sobre o centro de curvatura e é *real, invertida e do mesmo tamanho que o objeto.*

3.º) *Objeto $\overline{AB}$ situado entre o centro de curvatura C e o foco principal F.*

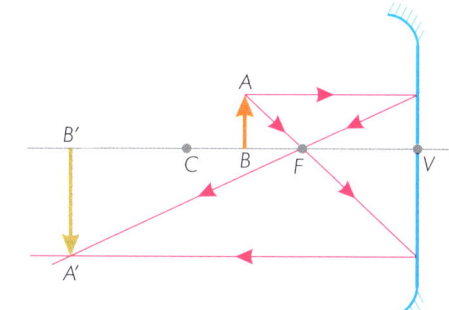

FIGURA 23-23.

A imagem $\overline{A'B'}$ forma-se antes do centro de curvatura e é *real, invertida e maior que o objeto.*

4.º) *Objeto $\overline{AB}$ situado sobre o foco principal F.*

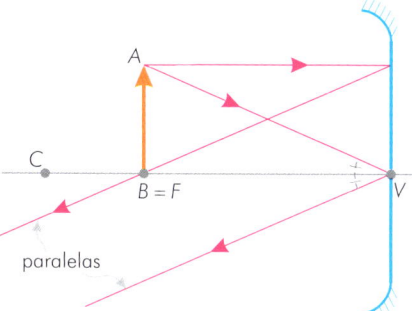

FIGURA 23-24.

Os raios refletidos são paralelos, e a imagem é *imprópria*, isto é, para todos os efeitos práticos, forma-se no infinito.

5.º) *Objeto $\overline{AB}$ situado entre o foco principal F e o vértice V.*

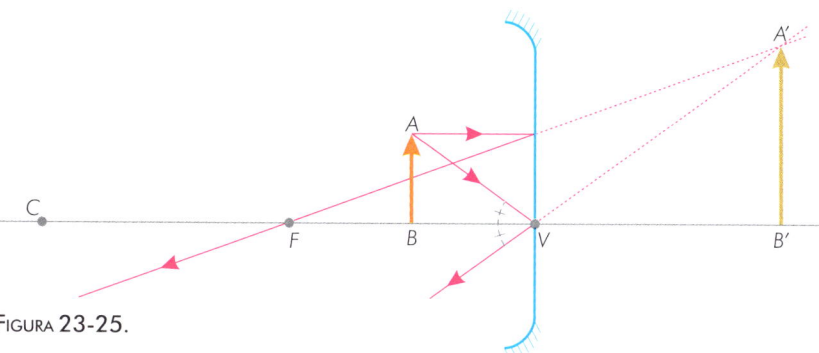

FIGURA 23-25.

A imagem $\overline{A'B'}$ é *virtual*, *direita* e *maior* que o objeto. É esse tipo de imagem que se obtém com os *espelhos de aumento*, usados em estojos de maquiagem, por exemplo (observe que o espelho só é "de aumento" se usado nessa situação, isto é, quando o objeto está entre o espelho e o foco do espelho).

Espelhos convexos

Um espelho esférico convexo conjuga sempre uma imagem *virtual*, *direita* e *menor* que um objeto real, qualquer que seja a posição deste. A determinação da imagem é feita segundo as mesmas orientações dadas para o espelho côncavo (Figura 23-26).

São convexos os espelhos retrovisores de motocicletas e os espelhos de segurança em lojas e residências, por exemplo.

FIGURA 23-26.

Alguns retrovisores utilizados em veículos automotores são espelhos convexos.

IMPORTANTE

Pelas construções feitas, considerando o **objeto real**, podemos concluir que:

a) toda imagem real é invertida.
b) toda imagem virtual é direita.
c) se a imagem formada pelo espelho esférico é real, ele é côncavo.
d) se a imagem formada pelo espelho esférico é virtual, ele pode ser côncavo – caso a imagem virtual seja maior que o objeto – ou convexo – caso a imagem virtual seja menor que o objeto.

Ressaltamos, ainda, que *somente as imagens reais podem ser projetadas em anteparos*, pois elas são formadas pelo encontro efetivo dos raios de luz emergentes do sistema.

Exercícios Propostos

28. (UFSC) Quanto às propriedades dos raios incidentes nos espelhos esféricos, NÃO podemos afirmar:
(01) Todo raio incidente, passando pelo centro de curvatura, volta sobre si mesmo.
(02) Todo e qualquer raio pode incidir tanto na frente quanto atrás do espelho, refletindo-se identicamente.
(04) Todo raio incidente, no vértice, reflete-se simetricamente ao eixo principal.
(08) Todo raio incidente, passando pelo foco, reflete-se perpendicularmente ao eixo.
(16) Todo raio incidente, passando pelo foco, reflete-se paralelo ao eixo.
(32) Todos os raios incidentes, paralelos a um eixo secundário, refletem-se passando pelo foco principal.
(64) Todo raio incidente, nos espelhos côncavos, paralelo ao eixo principal, reflete-se passando pelo foco principal.

Dê como resposta a soma dos itens que julgou corretos.

29. (PUC – PR) Num espelho esférico, o objeto e a imagem estão sempre:
a) do mesmo lado, em relação ao espelho;
b) simétricos, em relação ao espelho;
c) do mesmo lado, em relação ao foco;
d) simétricos, em relação ao foco;
e) simétricos, em relação ao centro de curvatura.

30. Coloca-se um espelho côncavo voltado para uma estrela. A imagem da estrela será formada:
a) no foco do espelho;
b) no vértice do espelho;

Exercícios Propostos

c) no centro do espelho;
d) no foco ou no centro, de acordo com a distância;
e) no infinito.

31. Quando aproximamos um objeto de um espelho côncavo,
  a) sua imagem real diminui e afasta-se do espelho.
  b) sua imagem real diminui e aproxima-se do espelho.
  c) sua imagem real aumenta e afasta-se do espelho.
  d) sua imagem real aumenta e aproxima-se do espelho.
  e) sua imagem real não se altera.

32. Nos espelhos esféricos côncavos, as imagens virtuais de objetos reais são sempre:
  a) direitas e menores que o objeto.
  b) direitas e maiores que o objeto.
  c) invertidas e menores que o objeto.
  d) invertidas e maiores que o objeto.
  e) direitas e do mesmo tamanho que o objeto.

33. (FATEC – SP) Desloca-se uma pequena lâmpada acesa ao longo do eixo principal de um espelho esférico côncavo até que a posição da imagem formada pelo espelho coincida com a posição do objeto. Nesse caso, a distância da lâmpada ao espelho é de 24 cm. O raio de curvatura do espelho é:
  a) 60 cm
  b) 48 cm
  c) 36 cm
  d) 24 cm
  e) 12 cm

23.7.6. Referencial de Gauss – equação dos pontos conjugados

Vimos que é possível determinar graficamente a imagem conjugada por um dado espelho esférico. Agora vamos determinar algebricamente a posição e a altura da imagem, sendo conhecidas a posição e a altura do objeto. Um sistema de coordenadas conveniente é o chamado **referencial de Gauss**, um referencial cartesiano que se faz coincidir com o esquema de espelho, de forma que:

- o eixo das abscissas coincide com o eixo principal do espelho;
- o eixo das ordenadas coincide com o espelho (ou tangencia o espelho);
- a origem coincide com o vértice do espelho.

O eixo das abscissas é orientado em sentido contrário ao da luz incidente, de modo que os elementos reais tenham *abscissas positivas*, e os elementos virtuais tenham *abscissas negativas*.

Na Figura 23-27, para um espelho côncavo de Gauss, indicando por p a abscissa do objeto e por p' a abscissa da imagem, temos:

objeto real: $p > 0$
objeto virtual: $p < 0$
imagem real: $p' > 0$
imagem virtual: $p' < 0$

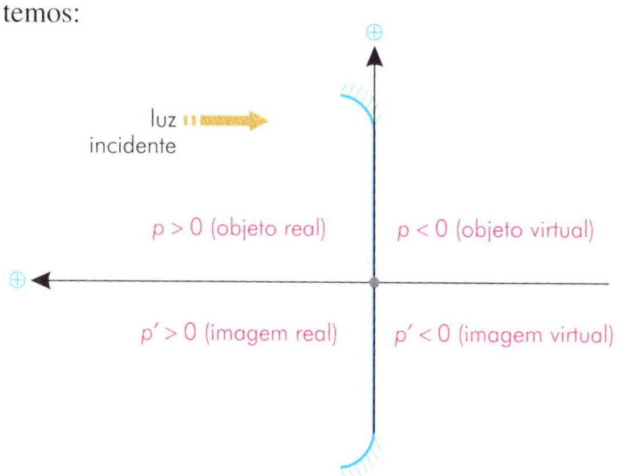

FIGURA 23-27.

Com as convenções adotadas, o foco principal tem abscissa positiva se o espelho é côncavo – foco real – e negativa para os espelhos convexos – foco virtual.

espelho côncavo: $f > 0$
espelho convexo: $f < 0$

A equação que relaciona as abscissas do objeto (p), da imagem (p') e do foco (f) é denominada **equação de Gauss** ou **equação dos pontos conjugados**:

$$\frac{1}{f} = \frac{1}{p} + \frac{1}{p'}$$

Para a demonstração da equação de Gauss, vamos considerar um objeto $\overline{AB}$ e sua correspondente imagem $\overline{A'B'}$, conjugada por um espelho esférico côncavo, conforme a Figura 23-28.

Os triângulos ABV e $A'B'V$ são semelhantes: $\dfrac{A'B'}{AB} = \dfrac{VB'}{VB}$, mas $VB' = p'$ e $VB = p$. Portanto,

$$\frac{A'B'}{AB} = \frac{p'}{p} \quad \text{(equação I)}$$

Os triângulos FDV e $FA'B'$ também são semelhantes. Mas $DV = AB$, $FB' = p' - f$ e $FV = f$. Logo,

$$\frac{A'B'}{AB} = \frac{p' - f}{f} \quad \text{(equação II)}$$

Das equações (I) e (II),

$$\frac{p'}{p} = \frac{p' - f}{f} \Rightarrow pp' - pf = p'f \quad \text{(equação III)}$$

Dividindo ambos os membros por $pp'f$,

$$\frac{pp'}{pp'f} = \frac{p'f}{pp'f} + \frac{pf}{pp'f} \quad \text{(equação IV)}$$

Portanto,

$$\frac{1}{f} = \frac{1}{p} + \frac{1}{p'} \qquad \text{Equação de Gauss.}$$

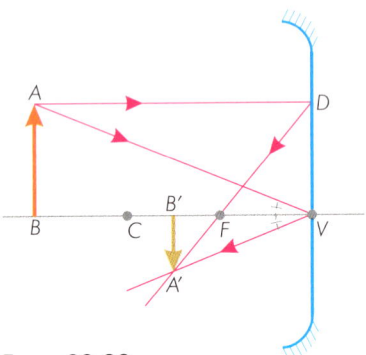

FIGURA 23-28.

23.7.7. Aumento linear transversal

Em relação ao referencial de Gauss, vamos estabelecer que o e i são as ordenadas dos extremos A e A' do objeto e da imagem, respectivamente.

Podemos observar pela Figura 23-29 que o e i correspondem às medidas algébricas das dimensões lineares do objeto e da imagem, e apresentam sinal, conferido pelo referencial de Gauss: na figura (a), o é positivo e i, negativo. Nesse caso, o quociente $\dfrac{i}{o}$ é negativo e a imagem é invertida, em relação ao objeto. Se as ordenadas o e i tiverem sinais iguais, como em (b), o quociente $\dfrac{i}{o}$ é positivo e a imagem é direita, em relação ao objeto.

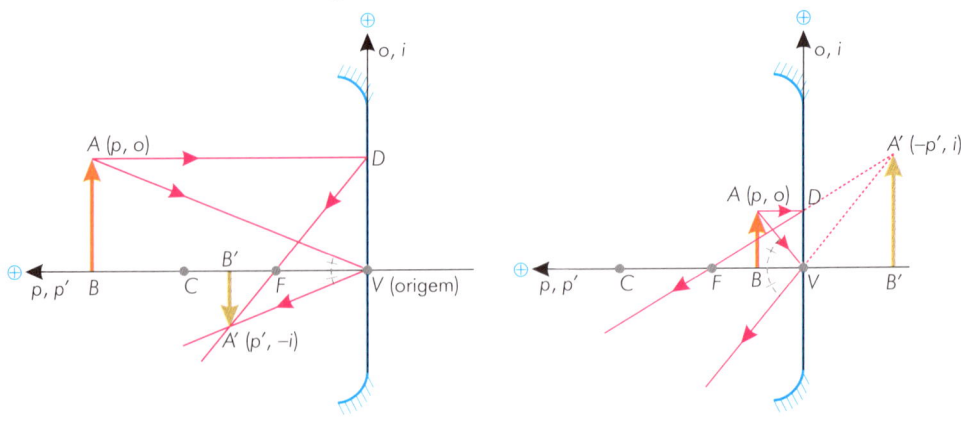

FIGURA 23-29. (a) Pela representação, o é positivo e i é negativo. (b) Pela representação, o é positivo e i é positivo.

O quociente $\frac{i}{o}$ é denominado **aumento linear transversal** ou **ampliação**.

Pela semelhança dos triângulos ABV e $A'B'V$, da Figura 23-29(a), $\frac{A'B'}{AB} = \frac{VB'}{VB}$.

Como $A'B' = i$, $AB = o$, $VB' = p'$ e $VB = p$, para manter todas as convenções de sinais escrevemos:

$$A = \frac{i}{o} = \frac{-p'}{p}$$

IMPORTANTE

As duas equações mostradas anteriormente são algébricas, isto é, cada um dos elementos possui sinal que, de acordo com o referencial de Gauss, significa:

- $f > 0 \Rightarrow$ espelho esférico côncavo
- $f < 0 \Rightarrow$ espelho esférico convexo
- $p > 0 \Rightarrow$ objeto real
- $p < 0 \Rightarrow$ objeto virtual
- $p' > 0 \Rightarrow$ imagem real (captável em um anteparo)
- $p' < 0 \Rightarrow$ imagem virtual
- $o > 0 \Rightarrow$ objeto acima do eixo principal
- $o < 0 \Rightarrow$ objeto abaixo do eixo principal
- $i > 0 \Rightarrow$ imagem acima do eixo principal
- $i < 0 \Rightarrow$ imagem abaixo do eixo principal
- $A > 0 \Rightarrow$ imagem direita (ou direta)
- $A < 0 \Rightarrow$ imagem invertida

Exercícios Resolvidos

34. (UFSC) Considere um espelho esférico côncavo gaussiano com um objeto à sua frente, situado a uma distância do foco igual a duas vezes a distância focal, conforme está representado na figura a seguir.

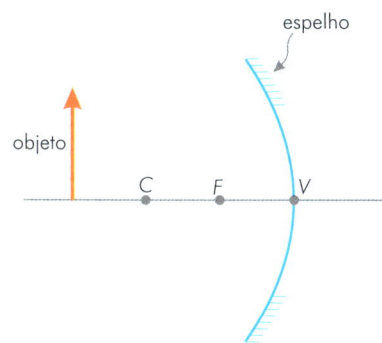

Em relação à imagem fornecida pelo espelho, dê como resposta a soma das proposições corretas.

(01) A distância da imagem ao foco é igual à metade da distância focal.
(02) Como não foi fornecida a distância focal, não podemos afirmar nada sobre a posição da imagem.
(04) A imagem é real, invertida e sua altura é igual à metade da altura do objeto.
(08) A distância da imagem ao espelho é igual a uma vez e meia a distância focal.
(16) A distância da imagem ao espelho é igual a duas vezes a distância focal.
(32) A imagem é real, direita e seu tamanho é igual a um terço do tamanho do objeto.
(64) A distância da imagem ao foco é igual à distância focal e a imagem é real e invertida.

Resolução:
Vamos determinar geometricamente a imagem do objeto conjugada pelo espelho.

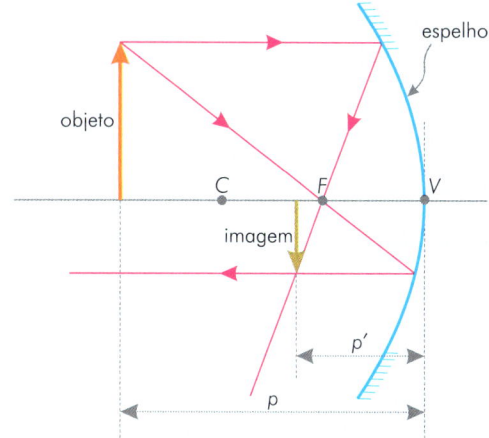

(01) Correto. Vamos calcular o valor $(p' - f)$, em função de f. Aplicando a equação de Gauss para os pontos conjugados, temos:

$$\frac{1}{f} = \frac{1}{p} + \frac{1}{p'}$$

$$\frac{1}{f} = \frac{1}{3f} + \frac{1}{p'}$$

$$\frac{1}{p'} = \frac{1}{f} - \frac{1}{3f} \Rightarrow \frac{1}{p'} = \frac{3-1}{3f} \therefore p' = \frac{3f}{2}$$

Logo,

$$(p' - f) = \frac{3f}{2} - f = \frac{f}{2}$$

Exercícios Resolvidos

(02) Errado. Podemos determinar a posição da imagem em função da distância focal, como mostrado no item (01).

(04) Correto. Calculando o aumento linear transversal:

$$A = -\frac{p'}{p}$$

$$A = -\frac{\frac{3f}{2}}{3f}$$

$$A = -\frac{3f}{2} \cdot \frac{1}{3f}$$

$$A = -\frac{1}{2}$$

Portanto, a imagem conjugada pelo espelho é real, invertida e reduzida, e sua altura é igual à metade da altura do objeto.

(08) Correto. Como calculamos no item (01), a distância da imagem conjugada pelo espelho ao vértice do espelho é $p' = \frac{3f}{2}$.

(16) Errado. Veja resolução do item (04).

(32) Errado. A imagem é real, invertida e sua altura é igual à metade da altura do objeto (ver item 04).

(64) Errado. A imagem conjugada pelo espelho é real, invertida e reduzida. A distância dessa imagem ao foco do espelho é igual a $\frac{f}{2}$ (ver item 01).

Resposta: A soma das proposições corretas é: 13.

35. Um pequeno objeto retilíneo é colocado perpendicularmente ao eixo principal de um espelho esférico côncavo que obedece às condições de nitidez de Gauss, de raio de curvatura igual a 16 cm.
A imagem conjugada por esse espelho é real e sua altura é quatro vezes maior que a altura do objeto. Determine, em cm, a distância entre a imagem e o objeto.

Resolução:

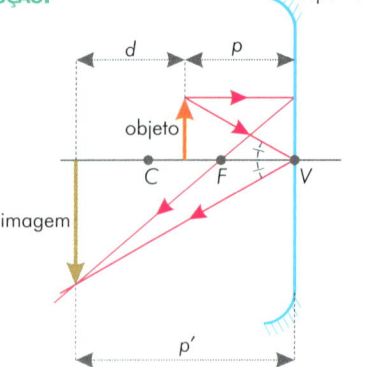

(I) Vamos calcular a abscissa focal do espelho:

$$f = \frac{R}{2} = \frac{16}{2} = 8 \text{ cm} \quad \text{(equação I)}$$

(II) Aplicando a equação do aumento linear transversal, temos:

$$A = \frac{i}{o} = -\frac{p'}{p} \quad \text{(equação II)}$$

$$-4 = -\frac{p'}{p} \therefore p' = 4p$$

(III) Aplicando a equação do aumento linear transversal, temos:

$$\frac{1}{f} = \frac{1}{p} + \frac{1}{p'} \quad \text{(equação III)}$$

$$\frac{1}{8} = \frac{1}{p} + \frac{1}{4p}$$

$$\frac{p}{8p} = \frac{8+2}{8p} \therefore p = 10 \text{ cm}$$

Então,

$$p' = 4 \cdot (10) \therefore p' = 40 \text{ cm}$$

Observando a figura acima,

$$d = p' - p \Rightarrow d = 40 - 10 \therefore d = 30 \text{ cm}$$

Resposta: a distância (d) entre o objeto e a imagem conjugada pelo espelho é igual a 30 cm.

Exercícios Propostos

36. No dia 24 de abril de 1990, foi colocado em órbita o telescópio Hubble. Entre os instrumentos de observação, monitoração e análise estão dois espelhos esféricos de 2,4 m e 0,3 m de diâmetro. A respeito de espelhos esféricos, julgue a veracidade dos itens a seguir.

(1) Todo raio de luz que incide no espelho passando pelo centro de curvatura reflete-se sobre si mesmo.
(2) Os espelhos esféricos, para fornecer imagem nítida e sem deformação apreciáveis de um objeto, devem ter ângulo de abertura maior que 10°.
(3) Os espelhos esféricos côncavos comportam-se como sistemas convergentes de luz.
(4) Os espelhos esféricos que obedecem às leis de Gauss (espelhos gaussianos) são aqueles em que os raios incidentes são paralelos ou pouco inclinados em relação ao eixo principal do espelho e têm pequeno ângulo de abertura.
(5) Todo raio de luz que incide no vértice do espelho reflete-se passando pelo seu foco principal.

Exercícios Propostos

37. Julgue os itens a seguir.

(1) Toda imagem real é sempre invertida em relação ao objeto.

(2) Os espelhos côncavos só podem produzir imagens virtuais.

(3) Se um espelho produziu, de um objeto real, uma imagem virtual e menor que esse objeto, este espelho é, certamente, um espelho convexo.

(4) Se um objeto real estiver sobre o centro de curvatura de um espeho côncavo, sua imagem, conjugada pelo espelho, será real, direita e de mesma altura que o objeto.

(5) Todo raio de luz que incide no vértice do espelho reflete-se passando pelo seu foco.

38. Julgue a veracidade das afirmações a seguir, a respeito de espelhos esféricos gaussianos.

(1) Um espelho esférico convexo forma imagens virtuais – um bom exemplo disso são os retrovisores de automóveis.

(2) Os espelhos de poderosos telescópios são de aumento, côncavos; as imagens de estrelas distantes são reais, e localizam-se aproximadamente em um foco do espelho.

(3) Um espelho esférico convexo pode ser usado para auxiliar um homem a se barbear, pois fornece imagens ampliadas de seu rosto.

(4) Quando um ponto objeto, situado sobre o eixo principal, se aproxima do espelho, a imagem a ele conjugada afasta-se do espelho.

(5) Um aumento linear transversal igual a –1 significa que a imagem é menor que o objeto a ela conjugado.

39. Julgue cada afirmação a seguir, a respeito de espelhos esféricos gaussianos.

(1) Quando um objeto tem abscissa negativa, diz-se que ele é um "objeto virtual", para o referencial de Gauss.

(2) Quando a ordenada de um objeto é negativa, significa que o objeto é invertido em relação à imagem.

(3) Certo espelho conjuga uma imagem real, direita e ampliada de um objeto. Então, o espelho é côncavo.

(4) Em certas lojas, os caixas são equipados com espelhos de segurança, que lhes permitem amplo controle do espaço em redor. Tais espelhos são convexos.

(5) Os dentistas – e seus pacientes – beneficiam-se do uso de pequenos espelhos côncavos, para acompanhar o trabalho no diminuto espaço da boca.

(6) Os espelhos esféricos convexos têm comportamento divergente.

40. (UnB – DF) Com base nas propriedades dos espelhos esféricos de Gauss, que permitem obter, de um objeto real, imagens com maior nitidez e sem deformações apreciáveis, julgue a veracidade das afirmações seguintes.

(1) Uma pequenina lâmpada emite luz que incide num espelho. Toda luz que nele incide reflete-se e volta para a própria lâmpada. Pode-se afirmar que o espelho côncavo e a lâmpada localizam-se no foco principal do espelho.

(2) Somente uma imagem real, por ser definida pelo cruzamento efetivo dos raios luminosos, pode ser projetada sobre uma tela. Então podemos projetar em uma tela a imagem de um objeto real colocado entre o foco principal e o vértice de um espelho côncavo.

(3) De um objeto real, um espelho esférico forma imagem virtual, direita e maior, quando o objeto está colocado entre o foco principal e o vértice do espelho côncavo.

(4) Um objeto é colocado a 60 cm de um espelho côncavo, de distância focal igual a 20 cm. A imagem conjugada pelo espelho é real, invertida e menor que o objeto.

41. Em um anteparo, a 30 cm de um espelho esférico, formou-se uma imagem nítida de um objeto real, situado a 10 cm do espelho. É correto dizer:

(1) A imagem obtida é virtual.
(2) A distância focal do espelho é de 15 cm.
(3) O espelho é côncavo.
(4) A imagem é três vezes maior que o objeto.
(5) A imagem é invertida.

42. Um estudante quer projetar, em um anteparo, a imagem de um objeto colocado diante de um espelho esférico. Sabe-se que o anteparo e o objeto estão separados 30 cm um do outro e que a imagem é duas vezes maior que o objeto. Qual o tipo de espelho e que distância focal ele deverá ter, em centímetros?

43. Preparando uma cavidade para proceder à restauração de um dente cariado, um dentista tem sua tarefa facilitada pela ajuda de um pequeno espelho esférico. O raio de curvatura de um desses espelhos mede 3 cm. Calcule a que distância, em centímetros, da cavidade do dente deve-se colocar esse espelho, para que se consiga ver sua imagem direita e ampliada de duas vezes. Dê como resposta o valor obtido multiplicado por 24.

44. Ao tentar comprar um espelho odontológico, um odontólogo obtém as seguintes informações técnicas, fornecidas por um vendedor: o espelho A é côncavo e possui raio de curvatura igual a 6,0 cm, enquanto o espelho B difere de A apenas pelo raio de curvatura, que é igual a 4,0 cm. A ampliação, no entanto, parâmetro de extrema importância para o profissional de Odontologia, depende da distância do espelho ao dente. Para fins de comparação, o odontólogo considera que os espelhos são colocados a 1,0 cm do dente a ser observado. Então, após alguns cálculos, ele decide comprar o de maior ampliação. Qual é o valor dessa ampliação? Multiplique o resultado obtido por 10 e despreze a parte fracionária.

45. Um ponto luminoso colocado a 100 cm de um espelho côncavo aproxima-se do vértice do espelho com velocidade escalar constante, sobre o eixo principal. A distância focal do espelho é de 20 cm. Após 5,0 s, o ponto objeto encontrava-se a 30 cm do espelho. Qual é a velocidade escalar média da imagem, no trecho considerado?

Exercícios Complementares

46. Em um dia sem nuvens, ao meio-dia, a sombra projetada no chão por uma esfera de 1,0 cm de diâmetro é bem nítida, se ela estiver a 10 cm do chão. Entretanto, se a esfera estiver a 200 cm do chão, sua sombra é muito pouco nítida. Pode-se afirmar que a principal causa do efeito observado é que:

a) o Sol é uma fonte extensa de luz.
b) o índice de refração do ar depende da temperatura.
c) a luz é um fenômeno ondulatório.
d) a luz do Sol contém diferentes cores.
e) a difusão da luz no ar "borra" a sombra.

47. Dois raios de luz, que se propagam em um meio homogêneo e transparente, interceptam-se em um certo ponto. A partir desse ponto, pode-se afirmar que os raios luminosos:

a) se cancelam.
b) mudam a direção de propagação.
c) continuam se propagando no mesmo sentido que antes.
d) se propagam em trajetórias curvas.
e) retornam em sentidos opostos.

48. Observando os corpos que nos rodeiam, verificamos que alguns deles emitem luz, isto é, são fontes de luz, tais como o Sol, uma lâmpada acesa, a chama de uma vela etc. Outros não emitem luz, mas podem ser vistos porque são iluminados pela luz proveniente de alguma fonte. Um dos fatos que podemos observar facilmente sobre o comportamento da luz é que, quando ela se propaga em um meio homogêneo, a sua propagação é retilínea. Isso pode ser constatado quando a luz do Sol passa através da fresta de uma janela, penetrando em um quarto escurecido.

Com base nos princípios da Óptica Geométrica, julgue os itens a seguir.

(1) A luz, independentemente do meio em que se propaga, descreve sempre uma trajetória retilínea.
(2) A formação de sombra e penumbra evidencia o princípio de propagação da independência dos raios de luz.
(3) O filamento de uma lâmpada, disposto paralelamente ao anteparo de uma câmara escura de orifício, projeta nesse anteparo uma imagem de 8,0 mm de comprimento. Sabendo que a câmara tem 5,0 cm de profundidade, e que o filamento está a 7,5 cm de distância do orifício, podemos afirmar que o comprimento do filamento é superior a 10 mm.
(4) A velocidade da luz, em qualquer meio material, é sempre a mesma, e seu valor é $3,00 \cdot 10^5$ km/s.
(5) As dimensões aparentes de um corpo dependem do ângulo visual do qual ele é visto. Uma árvore "cresce" à medida que o observador caminha em sua direção, porque o ângulo visual com o qual o observador vê a árvore aumenta.

49. (FUVEST – SP) A figura a seguir mostra uma vista superior de dois espelhos planos montados verticalmente, um perpendicular ao outro. Sobre o espelho OA incide um raio de luz horizontal, no plano do papel, mostrado na figura. Após reflexão nos dois espelhos, o raio emerge formando um ângulo θ com a normal ao espelho OB. O ângulo θ vale:

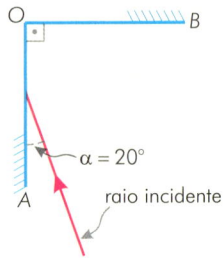

a) 0° b) 10° c) 20° d) 30° e) 40°

50. Uma câmara escura de orifício fornece a imagem de um prédio, o qual se apresenta com altura de 5 cm. Aumentando-se de 100 m a distância do prédio à câmara, a imagem se reduz para 4 cm de altura. Qual é a distância entre o prédio e a câmara, na primeira posição?

a) 100 m b) 200 m c) 300 m d) 400 m e) 500 m

51. A figura a seguir representa uma fonte puntiforme, F, enviando uma infinidade de raios luminosos na direção da esfera opaca.

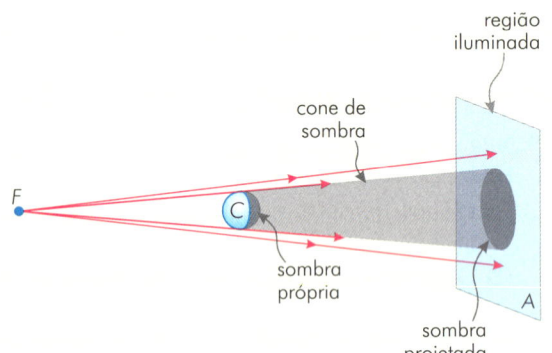

Julgue as afirmações a seguir.

(1) A esfera C ficará com metade de sua área iluminada, constituindo a outra metade a sua sombra própria.
(2) A sombra projetada será sempre um círculo, qualquer que seja a inclinação do anteparo em relação aos raios.
(3) A sombra projetada será um círculo, se o anteparo estiver perpendicular à direção que passa pela fonte e pelo centro da esfera.
(4) Nenhum raio penetrará na região do cone de sombra.
(5) Aproximando-se a fonte F da esfera C, a sombra projetada aumenta.

52. A altura do globo ocular de uma pessoa é de 1,80 m. Essa pessoa, caminhando retilineamente em solo horizontal, com velocidade constante de 2,00 m/s, vê à sua

Exercícios Complementares

frente, em determinado instante, um prédio sob ângulo de 30° com o horizonte. Vinte segundos depois, o mesmo prédio é visto sob ângulo de 60° com o horizonte. Determine:

a) a altura do prédio, supostamente em solo horizontal, em metros;
b) a distância entre a pessoa e o prédio, na primeira visada, em metros.

53. A figura a seguir mostra um objeto A, colocado a 5 m de um espelho plano, e um observador O, colocado a 7 m desse mesmo espelho. Um raio de luz que parte de A e atinge o observador O, por reflexão no espelho, percorrerá, nesse trajeto de A para O:

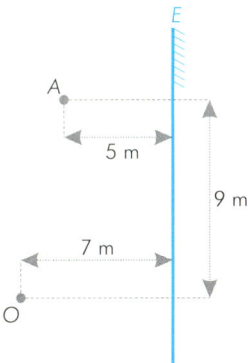

a) 9 m   b) 12 m   c) 15 m   d) 18 m   e) 21 m

54. Na figura a seguir, dois espelhos planos estão dispostos de modo que formem um ângulo de 30° entre eles. Um raio luminoso incide sobre um dos espelhos, formando um ângulo de 70° com a sua superfície. Esse raio, depois de se refletir nos dois espelhos, cruza o raio incidente formando um ângulo α de:

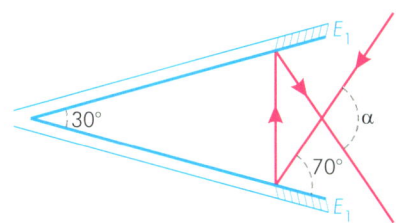

a) 90°   b) 100°   c) 110°   d) 120°   e) 140°

55. Julgue as afirmações seguintes.

(1) Quando nos afastamos de um espelho plano, a nossa imagem vai gradativamente diminuindo de tamanho.
(2) Uma pessoa em pé vê sua imagem frontalmente através de um espelho plano vertical. Ela se aproxima um metro do espelho e, logo após, afastamos o espelho da pessoa um metro. Os deslocamentos ocorrem em uma direção normal a ambos. Considerando isso, podemos afirmar que a posição da última imagem e a posição da primeira imagem distam, uma da outra, um metro (relativamente a um referencial na Terra).
(3) Espelhos planos fornecem imagens virtuais de objetos reais.
(4) A reflexão difusa permite-nos uma boa visibilidade da superfície refletora, enquanto a reflexão especular, não.

56. Um jogador de basquete com 2,10 m de altura olha-se no espelho plano vertical do vestiário e percebe que esse espelho tem o tamanho exato para permitir a ele visualizar inteiramente sua imagem, independentemente da distância que o separa do espelho. Determine, para essa situação:

a) o tamanho do espelho, em centímetros;
b) a distância, em centímetros, de sua borda inferior ao solo, sabendo que a distância do topo da cabeça aos olhos do jogador mede 12,0 cm.

57. (FUVEST – SP) Uma garota, para observar seu penteado, coloca-se em frente a um espelho plano de parede, situado a 40 cm de uma flor presa na parte de trás dos seus cabelos. Buscando uma visão melhor do arranjo da flor no cabelo, ela segura, com uma das mãos, um pequeno espelho plano atrás da cabeça, a 15 cm da flor.

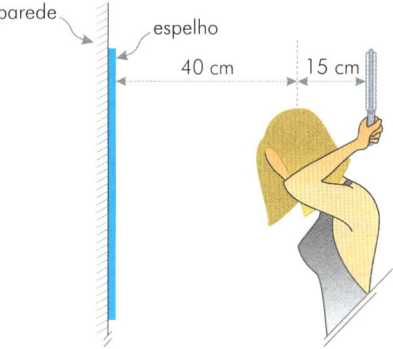

A menor distância entre a flor e sua imagem, vista pela garota no espelho de parede, está próxima de:

a) 55 cm   b) 70 cm   c) 95 cm   d) 100 cm   e) 110 cm

58. A vigilância de uma loja utiliza um espelho convexo de modo que possa ter um ampla visão do seu interior. A imagem do interior dessa loja, vista refletida por esse espelho, será:

a) real e situada entre o foco e o centro da curvatura do espelho.
b) real e situada entre o foco e o espelho.
c) real e situada entre o centro e o espelho.
d) virtual e situada entre o foco e o espelho.
e) virtual e situada entre o foco e o centro de curvatura do espelho.

59. (UFJF – MG) Um holofote é construído com um sistema óptico formado por dois espelhos esféricos, E_1 e E_2,

Exercícios Complementares

como mostrado na figura, com o objetivo de fazer que os raios luminosos saiam paralelos ao eixo óptico.

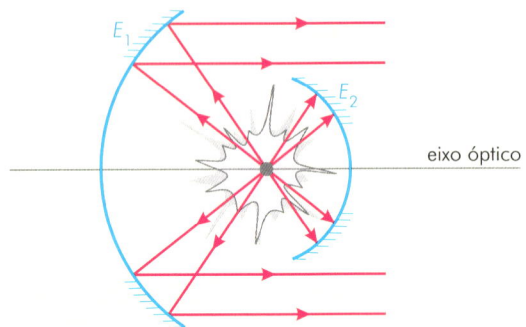

Com base na figura, a localização da lâmpada do farol deve ser:

a) nos focos de E_1 e de E_2;
b) no centro de curvatura de E_1 e no foco de E_2;
c) no foco de E_1 e no centro de curvatura de E_2;
d) nos centros de curvatura de E_1 e de E_2;
e) em qualquer lugar entre E_1 e E_2.

60. Vendido como acessório para carros e caminhões, um pequeno espelho esférico convexo autoadesivo, quando colado sobre o espelho retrovisor externo, permite ao motorista a obtenção de um maior campo visual.

Analise as afirmações com base na utilização desse pequeno espelho para a observação de objetos reais.

I. As imagens obtidas são menores que os objetos.
II. A imagem conjugada é sempre virtual.
III. Há uma distância em que não ocorre formação de imagem (há imagem imprópria).
IV. Para objetos muito próximos do espelho, as imagens obtidas são invertidas.

É verdadeiro o contido apenas em:

a) I e II
b) I e III
c) II e IV
d) III e IV
e) I, II e IV

61. O espelho retrovisor de uma motocicleta é convexo porque:

a) reduz o tamanho das imagens e aumenta o campo visual.
b) aumenta o tamanho das imagens e aumenta o campo visual.
c) reduz o tamanho das imagens e diminui o campo visual.
d) aumenta o tamanho das imagens e diminui o campo visual.
e) mantém o tamanho das imagens e aumenta o campo visual.

62. Quando aproximamos um objeto real de um espelho côncavo,

a) sua imagem real diminui e afasta-se do espelho.
b) sua imagem real diminui e aproxima-se do espelho.
c) sua imagem real aumenta e afasta-se do espelho.
d) sua imagem real aumenta e aproxima-se do espelho.
e) sua imagem real não se altera.

63. Um objeto real, colocado perpendicularmente ao eixo principal de um espelho esférico, tem imagem como mostra a figura a seguir. Pelas características da imagem, podemos afirmar que o espelho é:

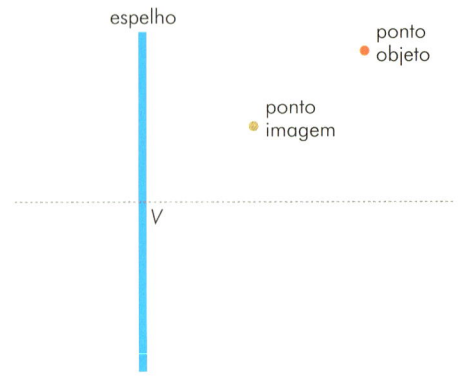

a) convexo e sua imagem é virtual.
b) convexo e sua imagem é real.
c) côncavo e a distância do objeto ao espelho é menor que o raio de curvatura do espelho, mas maior que sua distância focal.
d) côncavo e a distância do objeto ao espelho é maior que seu raio de curvatura.
e) côncavo e a distância do objeto ao espelho é menor que a distância focal do espelho.

64. (FUVEST – SP) Uma pessoa observa a imagem de seu rosto refletida numa concha de cozinha semiesférica perfeitamente polida em ambas as faces. Enquanto na face côncava a imagem do rosto dessa pessoa aparece

a) invertida e situada na superfície da concha, na face convexa ela aparecerá direita, também situada na superfície.
b) invertida e à frente da superfície da concha, na face convexa ela aparecerá direita e atrás da superfície.
c) direita e situada na superfície da concha, na face convexa ela aparecerá invertida e atrás da superfície.
d) direita e atrás da superfície da concha, na face convexa ela aparecerá também direita, mas à frente da superfície.
e) invertida e atrás da superfície da concha, na face convexa ela aparecerá direita e à frente da superfície.

65. (UFPel – RS – modificada) Em recente reportagem sobre a violência nas grandes cidades, uma emissora de televisão mostrou o sistema de segurança de uma residência, do qual faz parte um espelho esférico convexo. Este espelho permite visão de uma ampla área em torno da residência. Julgue as afirmações a seguir e dê como resposta a soma dos números dos itens corretos.

(1) As imagens fornecidas pelo espelho são direitas ou invertidas, em relação aos objetos.

Exercícios Complementares

(2) As imagens fornecidas pelo espelho podem ser maiores do que os correspondentes objetos.
(4) As imagens fornecidas pelo espelho podem ser projetadas em uma tela, no interior da residência.
(8) As imagens fornecidas pelo espelho são virtuais e menores que os objetos.
(16) O espelho em questão aumenta o campo visual do proprietário da residência.
(32) As imagens fornecidas pelo espelho são direitas.
(64) A emissora errou ao citar "espelho convexo". Deveria ser "côncavo".

66. (UnB – DF) Uma aluna visitou o estande de uma feira de ciências e ficou maravilhada com alguns experimentos envolvendo espelhos esféricos. Em casa, na hora do jantar, ela observou que a imagem de seu rosto aparecia invertida à frente de uma concha que tinha forma de uma calota esférica, ilustrada na figura ao lado. Considerando que a imagem formou-se a 4,0 cm do fundo da concha e a 26 cm do rosto da aluna, calcule, *em milímetros*, o raio da esfera que delimita a concha, como indicado na figura. Desconsidere a parte fracionária de seu resultado, caso exista.

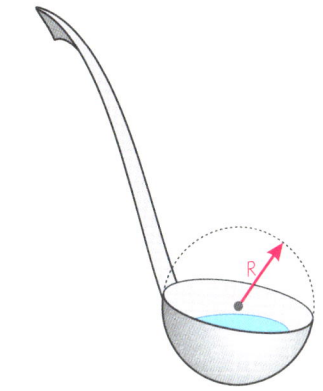

67. Em frente a um espelho esférico côncavo, de centro de curvatura C e foco principal F, são colocados dois objetos, A e B, conforme a ilustração ao lado. A distância entre as respectivas imagens conjugadas de A e B é:

a) 10 cm
b) 20 cm
c) 30 cm
d) 40 cm
e) 50 cm

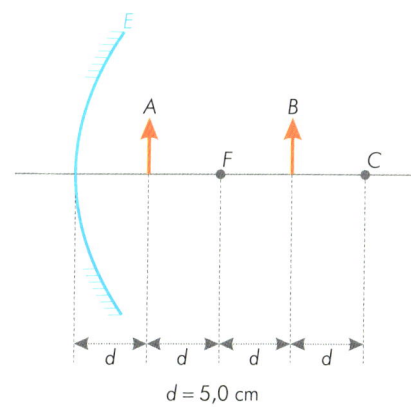

68. (PUC) O espelho esférico convexo de um retrovisor de automóvel tem raio de curvatura de 80 cm. Esse espelho conjuga, para certo objeto, sobre o seu eixo principal, imagem 20 vezes menor. Nessas condições, a distância do objeto ao espelho, em metros, é de:

a) 1,9   b) 3,8   c) 7,6   d) 9,5   e) 12

24 Refração da Luz

24.1. Introdução

Por que uma piscina parece mais rasa do que realmente é, quando vista por um observador em pé, junto à borda? Como se formam as miragens? O que é o arco-íris? Como funciona a fibra óptica? O fenômeno da refração tem papel fundamental nas respostas a todas essas perguntas.

Refração é o nome dado ao fenômeno que ocorre quando a luz, ao cruzar a fronteira entre dois meios, sofre uma variação abrupta em sua velocidade de propagação. Embora a refração quase sempre seja acompanhada por um desvio na direção de propagação da luz, o que a define é a variação da velocidade da luz (o nome do fenômeno origina-se do latim *refractio, refringere*, que significa quebrar, rasgar, em clara referência à mudança de direção da luz).

Sabemos, experimentalmente, que a velocidade com que uma luz se propaga em um meio material refringente (homogêneo, transparente e isotrópico) depende de sua cor. Entretanto, todas as cores de luz propagam-se com a mesma velocidade no vácuo; essa velocidade, para todos os efeitos práticos, vale 3×10^8 m/s e é simbolizada pela letra c. Por ser um valor absoluto, a velocidade de propagação da luz no vácuo é importante referência para muitos fenômenos. Além disso, representa o maior valor com que qualquer informação pode ser transmitida na natureza, ao que se sabe até hoje.

Ocasionalmente, pode-se ver um halo ao redor da Lua. Esse fenômeno se deve à refração da luz em cristais de gelo presentes na atmosfera. Apesar de não ser claramente visível, a refração forma anéis com todo o espectro de cores.

O arco-íris acontece devido à refração da luz do Sol nas gotículas de água presentes na atmosfera.
Ao mudar de meio, a luz branca se decompõe em sete faixas, com todas as cores.

24.2. Índice de Refração

Ao estudar a refração, com o intuito de levar em consideração a variação na velocidade de propagação da luz, define-se, para os meios homogêneos e transparentes, um número chamado **índice de refração**.

Define-se o **índice de refração absoluto (n)** de um meio, para uma dada luz monocromática, como o quociente entre a velocidade de propagação dessa luz no vácuo (c) e sua velocidade de propagação no meio considerado (v):

$$n = \frac{c}{v}$$

A partir dessa definição, podemos tirar algumas conclusões importantes:

- o índice de refração absoluto (n) é uma grandeza adimensional, um número puro, visto que é o quociente entre duas velocidades;
- qualquer meio material deve apresentar um índice de refração absoluto maior do que 1 ($n > 1$), pois a velocidade da luz é máxima no vácuo, $c > v$;
- o índice de refração absoluto de determinado meio indica quantas vezes a velocidade da luz no vácuo é maior do que naquele meio. Assim, se um meio A tem índice de refração absoluto igual a 2, isso significa que, no vácuo, a velocidade daquela luz é o dobro da apresentada no meio A;
- ao se comparar meios ópticos transparentes, é comum a utilização do termo **refringência**. Entre dois meios quaisquer, aquele que apresenta o maior índice de refração é o meio de maior refringência, ou o mais refringente. Então, se $n_A > n_B$, dizemos que o meio A é mais refringente que o meio B;
- o índice de refração do vácuo é, por hipótese, igual a 1, para qualquer luz monocromática, pois o vácuo é o meio de referência. O índice de refração do ar atmosférico limpo, próximo à superfície da Terra, vale aproximadamente 1,0003. Então, $n_{vácuo} = 1$ e, para todos os efeitos práticos, $n_{ar} \approx 1$;
- o índice de refração absoluto é inversamente proporcional à velocidade de propagação da luz no meio, isto é, quanto menor for a velocidade de propagação da luz, tanto maior será o índice de refração do meio;
- o índice de refração absoluto de um meio material depende da cor da luz monocromática. Verificamos que, para determinado meio material, o menor índice de refração corresponde à luz vermelha e o maior, à luz violeta. Para a água (a 20 °C), temos:

Luz	Índice de refração
Vermelha	1,331
Amarela	1,333
Violeta	1,340

A Tabela 24-1 fornece os índices de refração absolutos de alguns meios para a luz amarela emitida pelo vapor de sódio, com quatro algarismos significativos.

TABELA 24-1. Índice de refração para a luz amarela em alguns meios.

Meio	Índice de refração
Ar (0 °C e 1 atm)	1,000
Água (20 °C)	1,333
Álcool (20 °C)	1,354
Vidro (tipo *crown* leve)	1,517
Diamante	2,417

O canudo parece quebrado, quando colocado em um copo com água, devido à diferença entre os índices de refração do ar e da água.

As influências da pressão e da temperatura no índice de refração não são significativas para os sólidos; para os líquidos, considera-se apenas a influência da temperatura; e, para os meios gasosos, consideram-se as influências da pressão e da temperatura.

Suponha, agora, dois meios homogêneos e transparentes, meio *1* e meio *2*, nos quais uma dada luz monocromática se propaga com velocidades, respectivamente, iguais a v_1 e v_2. Sejam n_1 e n_2 os respectivos índices de refração absolutos desses meios.

Define-se o **índice de refração relativo** do meio *1* em relação ao meio *2*, denotado por $n_{1,2}$, como o quociente entre o índice de refração absoluto do meio *1* e o índice de refração absoluto do meio *2*:

$$n_{1,2} = \frac{n_1}{n_2}$$

Aplicando a definição do índice de refração absoluto, temos:

$$n_{1,2} = \frac{n_1}{n_2} \Rightarrow n_{1,2} = \frac{\frac{c}{v_1}}{\frac{c}{v_2}}$$

$$n_{1,2} = \frac{n_1}{n_2} = \frac{v_2}{v_1}$$

Exercícios Resolvidos

1. Para a luz amarela do sódio, a água tem índice de refração igual a 1,33 e o índice de refração do gelo é 1,30. Calcule, para essa luz:

a) o índice de refração da água em relação ao gelo ($n_{a,g}$);
b) o índice de refração do gelo em relação à água ($n_{g,a}$);
c) a velocidade com que a luz se propaga na água, sabendo que a sua velocidade de propagação no vácuo tem módulo igual a $3,0 \cdot 10^8$ m/s.

Resolução:

a) O índice de refração relativo da água, em relação ao gelo, é dado por:

$$n_{a,g} = \frac{n_a}{n_g} \Rightarrow n_{a,g} = \frac{1,33}{1,30} \Rightarrow n_{a,g} = 1,02$$

b) O índice de refração relativo do gelo, em relação à água, é dado por:

$$n_{a,g} = \frac{n_g}{n_a} \Rightarrow n_{a,g} = \frac{1,30}{1,33}$$

$$n_{a,g} = 0,98$$

c) Usando a definição de índice de refração absoluto, temos:

$$n_a = \frac{c}{v_a} \Rightarrow 1,33 = \frac{3,0 \cdot 10^8}{v_a}$$

$$v_a = \frac{3,0 \cdot 10^8}{1,33}$$

$$v_a \cong 2,3 \cdot 10^8 \text{ m/s}$$

Exercícios Propostos

2. Sabendo que o índice de refração da água, para uma dada luz monocromática, é $\frac{4}{3}$, determine a velocidade de propagação dessa luz nesse meio, considerando que a velocidade de propagação da luz no vácuo tem módulo igual a $3,0 \cdot 10^8$ m/s.

3. A velocidade com que a luz amarela se propaga no interior do vidro tem módulo igual a $2,0 \cdot 10^5$ km/s e, na água, igual a $2,3 \cdot 10^5$ km/s. Calcule o índice de refração do vidro em relação à água.

4. A velocidade de propagação de uma luz monocromática em certo líquido é 40% menor que a velocidade de propa-

Exercícios Propostos

gação dessa luz no vácuo. Determine o índice de refração absoluto desse líquido.

5. (FUVEST – SP) No esquema a seguir, temos uma fonte luminosa F no ar defronte a um bloco de vidro, após o qual se localiza um detector D. Observe as distâncias e dimensões indicadas no desenho.

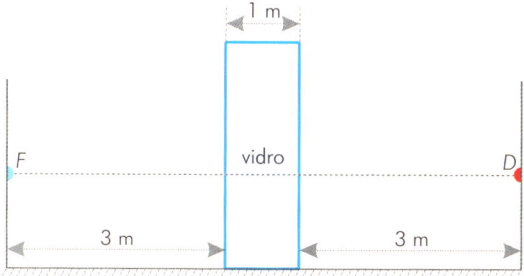

Dados:
- índice de refração do ar = 1,0;
- índice de refração do vidro em relação ao ar = 1,5;
- velocidade da luz no ar = $3,0 \cdot 10^5$ km/s.

a) Qual o intervalo de tempo para a luz se propagar de F para D?
b) Represente graficamente a velocidade da luz, em função da distância, a contar da fonte F.

6. (UEM – PR) A respeito do índice de refração absoluto, pode-se afirmar que:

(1) é adimensional.
(2) mede o grau de dificuldade enfrentado pela luz para propagar-se em um determinado meio.
(4) vale 1 (um) para o vácuo, sendo este o seu menor valor.
(8) indica quantas vezes a velocidade da luz no vácuo é maior que em um meio qualquer.
(16) é tanto maior quanto maior for a velocidade da luz.
(32) depende da natureza do meio considerado.
(64) é tanto maior quanto menor for a densidade do meio considerado.

Dê como resposta a soma dos números que antecedem as afirmações corretas.

24.3. Leis da Refração

Vamos considerar dois meios homogêneos e transparentes, 1 e 2, separados por uma interface, e n_1 e n_2, respectivamente, seus índices de refração absolutos para uma dada luz monocromática. Sejam RI um raio de luz incidente e RR, o raio de luz refratado respectivo. O ângulo entre o raio incidente e a reta N, normal à interface de separação no ponto de incidência, é chamado ângulo de incidência i. Ao penetrar o meio 2, o raio refratado forma, com a reta normal, um ângulo r, denominado ângulo de refração (Figura 24-1).

A refração desse raio de luz é regida por duas leis:

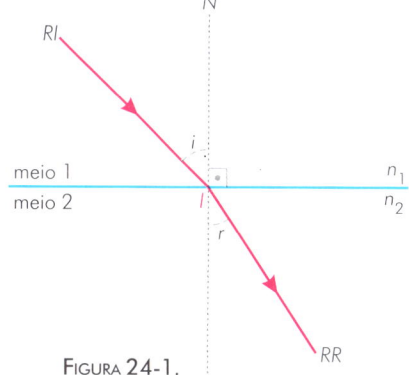

Figura 24-1.

24.3.1. Primeira lei da refração

O raio incidente, a reta N, normal à superfície de separação no ponto de incidência, e o raio refratado são coplanares (Figura 24-2).

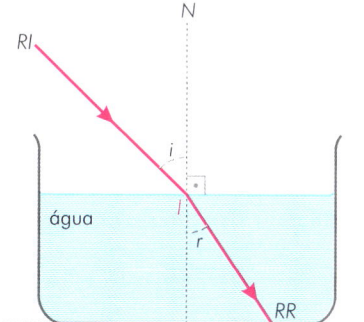

Figura 24-2.

Na foto, a luz que forma a imagem do vinhedo foi refratada pelo copo de vinho.

24.3.2. Segunda lei da refração (Lei de Snell-Descartes)

Na refração, o produto do índice de refração do meio, no qual se encontra o raio pelo seno do ângulo que esse raio forma com a reta normal à interface no ponto de incidência, é constante.

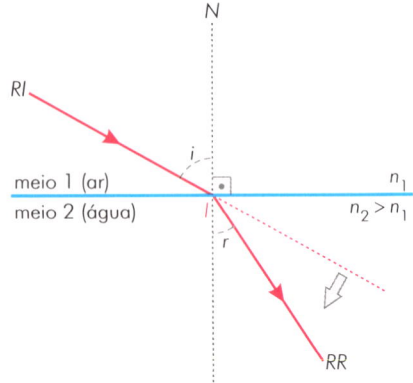

Analiticamente, escrevemos:

$$n_1 \cdot \text{sen } i = n_2 \cdot \text{sen } r$$

Na igualdade acima, se considerarmos que $n_2 > n_1$ (ou, o que é equivalente, $v_2 < v_1$), então sen $r <$ sen i e $r < i$ (os valores estão restritos a um quadrante).

Podemos, então, concluir que, quando a luz passa de um meio menos refringente para um meio mais refringente, a velocidade da luz diminui e o raio luminoso aproxima-se da reta normal, isto é, o ângulo que o raio luminoso forma com a reta normal diminui (Figura 24-3).

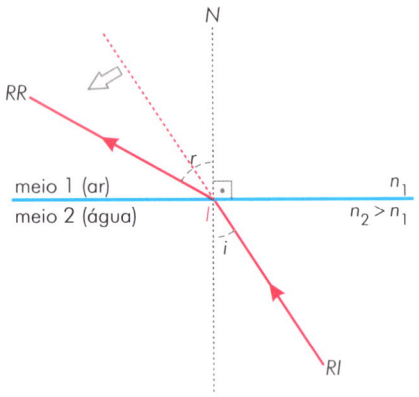

FIGURA 24-3.

OBSERVAÇÕES:

- No caso em que a **incidência** é **normal** à superfície de separação ($i = 0°$), a luz sofre refração, isto é, sua velocidade varia, mas **não ocorre desvio** ($r = 0°$).
- A Lei de Snell-Descartes também pode ser escrita na forma: $\dfrac{\text{sen } i}{\text{sen } r} = \dfrac{n_2}{n_1} = \dfrac{v_1}{v_2} = n_{2,1}$
- O fenômeno da refração é sempre acompanhado pelo fenômeno da reflexão, ou seja, ao sofrer refração, uma parcela da luz incidente na interface entre os meios é, inevitavelmente, refletida.
- A Lei de Snell-Descartes foi inicialmente obtida por volta do ano 984, pelo matemático árabe Ibn Sahl (c.940-c.1000), depois por Willebrord van R. Snel (1580-1626), em 1621. René Descartes (1596-1650) expressou-a como a apresentamos, em termos de senos, em 1637.

Exercícios Resolvidos

7. Um raio luminoso passa de um meio A para um meio B, sendo o ângulo de incidência 30° e o de refração 45°. Calcule o índice de refração do meio B em relação ao meio A.

RESOLUÇÃO:
Aplicando a Lei de Snell-Descartes, temos: $n_A \cdot \text{sen } 30° = n_B \cdot \text{sen } 45°$

$$\frac{\text{sen } 30°}{\text{sen } 45°} = \frac{n_B}{n_A} \Rightarrow \frac{n_B}{n_A} = \frac{\frac{1}{2}}{\frac{\sqrt{2}}{2}}$$

$$\frac{n_B}{n_A} = \frac{1}{2} \cdot \frac{2}{\sqrt{2}} \Rightarrow \frac{n_B}{n_A} = \frac{1}{\sqrt{2}}$$

$$n_{B,A} = \frac{n_B}{n_A} = \frac{\sqrt{2}}{2}$$

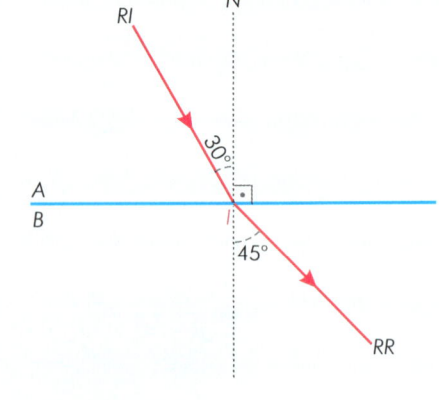

Exercícios Resolvidos

8. (UFMG) Nas figuras I, II e III estão representados fenômenos físicos que podem ocorrer quando um feixe de luz incide na superfície de separação entre dois meios de índices de refração diferentes. Em cada uma delas, estão mostradas as trajetórias desse feixe.

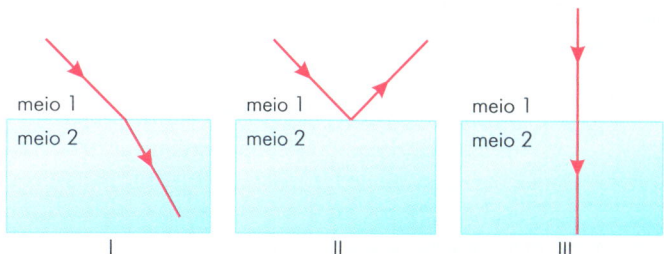

Considerando-se essas informações, é CORRETO afirmar que ocorre mudança no módulo da velocidade do feixe de luz apenas no(s) fenômeno(s) físico(s) representado(s) em:

a) III   b) II   c) I e II   d) I e III   e) I, II e III

Resolução:

Resposta: **d**

Sempre que um raio luminoso se propaga passando de um meio para outro, o módulo da sua velocidade de propagação é alterado. Assim, ocorreu alteração no módulo da velocidade de propagação da luz nas situações I e III.

Exercícios Propostos

9. (UFMT) Um líquido transparente está em contato com uma lâmina de vidro. Considere a situação da luz atravessando a interface entre os dois meios indo do líquido para o vidro. O índice de refração do líquido é 1,5. A partir dessas informações, julgue as afirmações seguintes.

(1) A velocidade da luz no líquido é $1{,}2 \times 10^8$ m/s.
(2) Se a velocidade da luz no vidro for $1{,}6 \times 10^8$ m/s, o índice de refração do líquido em relação ao vidro é 0,8.
(3) Se o índice de refração do vidro for 1,66, a figura abaixo apresenta uma representação qualitativa coerente da propagação da luz.

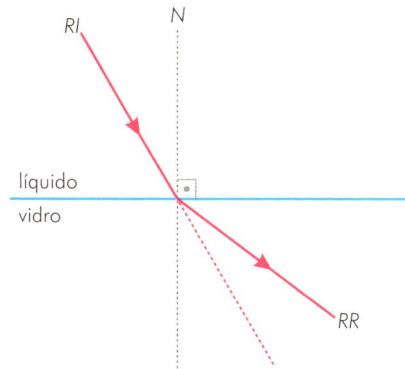

(4) Se os ângulos formados pelo raio incidente e refratado com a normal (N) forem nulos, a relação entre os índices de refração dos meios não pode ser determinada pela Lei de Snell-Descartes.

10. A refração é um importante fenômeno luminoso estudado na Óptica Geométrica. Esse fenômeno explica várias situações observáveis na natureza, tal como a formação de arco-íris, a posição aparente de um peixe em um aquário, a decomposição da luz branca ao atravessar um prisma etc. A respeito da *refração*, julgue as afirmações seguintes.

(1) Quando a luz passa de um meio menos refringente para um meio mais refringente, o raio de luz aproxima-se da reta normal e a velocidade de propagação da luz diminui.

(2) O índice de refração absoluto da luz em um meio é uma grandeza adimensional e possui um valor maior ou igual a 1,0, sendo calculado pela razão $\dfrac{c}{v}$, em que c é a velocidade da luz no vácuo e v, a velocidade da luz no meio.

(3) Um raio luminoso que se propaga no ar (índice de refração igual a 1,0) atinge a superfície da água, como mostra a figura. Pode-se afirmar que o índice de refração da água vale $\sqrt{3}$.

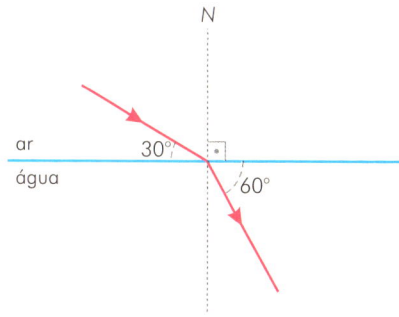

(4) Quando um feixe de luz refrata, sua velocidade escalar de propagação necessariamente se altera.

Exercícios Propostos

11. A respeito da refração da luz, julgue as afirmações seguintes.

(1) Passando do vácuo para o interior de determinado meio incolor e transparente, a velocidade de propagação de um feixe de luz monocromática diminui 20%. Então, para esta cor de luz, o índice de refração daquele meio é 1,25.

(2) Se medirmos os índices de refração para diversas luzes monocromáticas, para certo meio material, os resultados obtidos permitem sempre dizer que o índice de refração para o azul é maior do que o índice de refração para o amarelo.

(3) A refração em uma superfície plana não permite a formação de imagens.

(4) Dois materiais opticamente iguais (com índices de refração de mesmo valor) são visualmente indistinguíveis.

12. Em uma experiência, faz-se um feixe luminoso passar do ar (índice de refração igual a 1,0) para um líquido transparente. Por meio de um disco vertical (ver figura), foram medidas as distâncias $a = 30$ cm e $b = 20$ cm. Determine o índice de refração da luz para o líquido x.

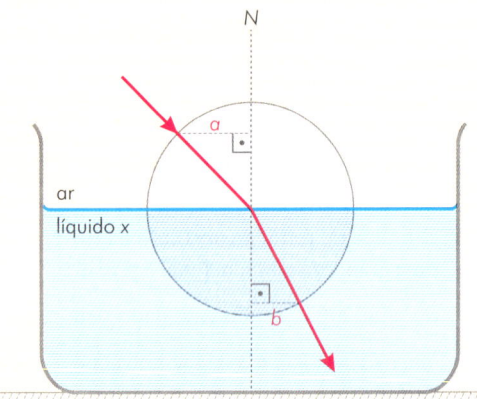

13. Um raio luminoso proveniente do ar atinge perpendicularmente uma esfera oca de vidro de 30 cm de diâmetro externo. As paredes da esfera têm 6,0 cm de espessura. Considere que o índice de refração do vidro em relação ao ar é 1,5 e que a velocidade de propagação da luz no ar é $3,0 \cdot 10^5$ km/s. Qual o tempo que o raio de luz leva para atravessar completamente a esfera?

14. (UNIFOR – CE) Um raio de luz monocromático propagando-se num meio A com velocidade $3,0 \cdot 10^8$ m/s incide na superfície de separação com outro meio transparente B, formando um ângulo de 53° com a normal à superfície.

O raio refratado forma ângulo de 37° com a normal no meio B, onde a velocidade v_B vale, em m/s:

Dados:
- sen 37° = cos 53° = 0,600;
- cos 37° = sen 53° = 0,800

a) $1,20 \cdot 10^8$
b) $1,60 \cdot 10^8$
c) $2,10 \cdot 10^8$
d) $2,25 \cdot 10^8$
e) $2,40 \cdot 10^8$

15. (UnB – DF – modificada) O fenômeno da refração ocorre com qualquer tipo de onda. Sua manifestação dá-se com a mudança de direção de propagação da onda, ao incidir obliquamente em um meio no qual a velocidade de propagação é diferente. Esse fenômeno é descrito pela Lei de Snell, que, em termos das velocidades de propagação v_1 e v_2, nos meios 1 e 2, estabelece que $\frac{1}{v_1} \text{sen}(\theta_1) = \frac{1}{v_2}\text{sen}(\theta_2)$, em que θ_1 e θ_2 são, respectivamente, os ângulos de incidência e de refração relativos à normal. A respeito desse assunto, julgue as afirmações seguintes.

(1) Um mergulhador, usando óculos ou máscara de mergulho, vê os objetos maiores do que realmente são porque a luz se propaga mais rapidamente no ar que na água.

(2) Um dos fatores que fazem que o olho humano consiga formar uma imagem na retina é a diferença de índice de refração entre o ar e o líquido que compõe o olho (essencialmente água). É por isso que uma pessoa, ao mergulhar na água sem proteção para os olhos, tem sua visão desfocalizada.

(3) De acordo com a Lei de Snell, o módulo da velocidade de propagação de um raio de luz, em determinado meio, é diretamente proporcional ao seno do ângulo formado entre esse raio de luz e a normal à superfície de separação dos meios envolvidos, no ponto de incidência.

(4) O Sol e a Lua parecem maiores quando estão próximos do horizonte devido ao fenômeno da reflexão da luz na atmosfera.

16. (FUVEST – SP) Um tanque de paredes opacas, base quadrada e altura $h = 7$ m, contém um líquido até a altura $y = 4$ m. O tanque é iluminado obliquamente, como mostra a figura abaixo. Observam-se uma sombra de comprimento $a = 4$ m na superfície do líquido e uma sombra de comprimento $b = 7$ m no fundo do tanque.

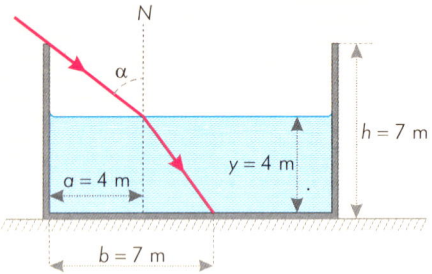

a) Calcule o seno do ângulo de incidência α (medido em relação à normal à superfície do líquido).

b) Supondo que o índice de refração do ar seja igual a 1, calcule o índice de refração do líquido.

24.4. Reflexão Interna Total

Ao passar de um meio para outro menos refringente, o raio de luz refrata-se, afastando-se da reta normal à superfície. Contudo, constata-se empiricamente que, a partir de determinado ângulo de incidência, não há refração. Esse ângulo é denominado **ângulo limite** ou **ângulo crítico**, e é característico para cada par de superfícies refringentes. Não havendo parcela da luz incidente na fronteira refratada, toda a luz é refletida, razão pela qual o fenômeno foi chamado de **reflexão interna total**. O primeiro registro do fenômeno deve-se a Johannes Kepler, em 1611, e, em linguagem atual, seria escrito:

Quando a luz se propagar no sentido do meio mais refringente para o meio menos refringente, haverá refração se o ângulo de incidência i for menor que L (L é denominado ângulo limite do par de meios para ocorrer reflexão total). Se i for superior a L, ocorrerá reflexão total.

> **OBSERVAÇÕES:** Para ocorrer reflexão total,
> - o raio de luz deve estar se propagando no meio mais refringente e incidir obliquamente na superfície que separa esse meio de outro, menos refringente;
> - o ângulo de incidência (i) deve ser superior ao ângulo limite característico do par de meios. Sendo inferior, ocorre a refração; na situação limite, $i = L$, ocorre a emergência rasante (a situação é hipotética, já que a interface não apresenta espessura).

Nos cabos de fibra óptica, as fibras internas têm índice de refração maior do que o índice do material que as envolve. A luz é transmitida de um ponto a outro da fibra por meio de reflexão interna total.

24.4.1. Cálculo do ângulo limite

A aplicação da Lei de Snell-Descartes à situação da Figura 24-4 ($i = L$ implica raio rasante) permite determinar o seno do ângulo limite L.

$$n_1 \cdot \text{sen } L = n_2 \cdot \text{sen } 90°$$

Sabendo que sen 90° = 1, vem:

$$n_1 \cdot \text{sen } L = n_2 \therefore \boxed{\text{sen } L = \frac{n_2}{n_1}}$$

ou, o que é o mesmo, $L = \arcsin \frac{n_2}{n_1}$.

O seno do ângulo limite é o quociente entre o índice de refração do meio menos refringente pelo índice de refração do meio mais refringente, isto é:

$$\boxed{\text{sen } L = \frac{n_{menor}}{n_{maior}}}$$

Quando $i > L$, não ocorre refração. Os raios são todos refletidos e o fenômeno recebe o nome de reflexão interna total (Figura 24-5).

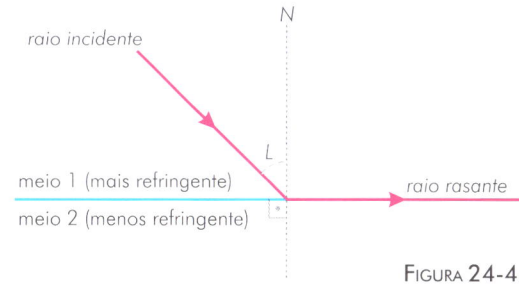

FIGURA 24-4.

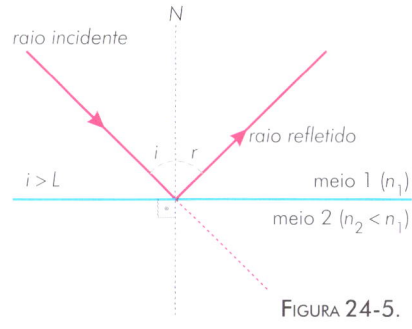

FIGURA 24-5.

Você Sabia?

A densidade e o índice de refração de um meio variam inversamente com a temperatura. Assim, em dias quentes, o ar próximo ao solo torna-se menos refringente que o de camadas mais superiores, e os raios de luz incidentes vão se afastando da normal, até ocorrer reflexão total. Isso ocorre, por exemplo, nas estradas, e um observador, nessas condições, vê, ao mesmo tempo, o objeto e a imagem, tendo a ilusão de que a pista está molhada. Esse fenômeno é chamado *espelhismo* ou *miragem*.

Exercício Resolvido

17. Um feixe de luz monocromática, propagando-se inicialmente em um meio B, de índice de refração $n_B = 1,80$, incide em um meio A, cujo índice de refração é $n_A = 1,20$, como mostra a figura ao lado. Quais são os valores de θ_B para os quais há reflexão total?

RESOLUÇÃO:

Vamos calcular, inicialmente, a medida do ângulo limite (L) para que ocorra a reflexão total:

$$\operatorname{sen} L = \frac{n_A}{n_B}$$

$$\operatorname{sen} L = \frac{1,20}{1,80} \Rightarrow \operatorname{sen} L = 0,66$$

Consultando uma tabela trigonométrica ou usando uma calculadora apropriada, obtemos $L \cong 41,8°$. Portanto, para haver reflexão total, o ângulo de incidência θ_B deverá ser maior que $41,8°$.

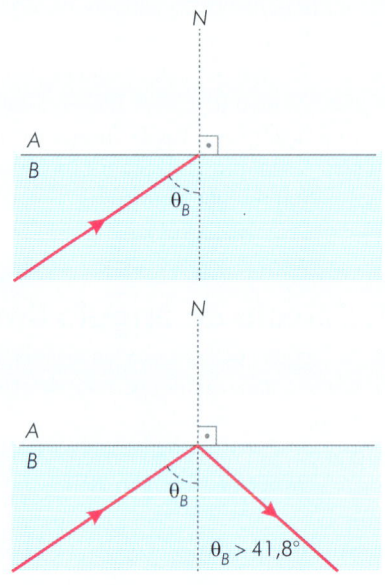

Exercícios Propostos

18. A figura a seguir representa um raio de luz monocromática que se propaga no ar e incide no ponto I da superfície de um bloco de cristal transparente.

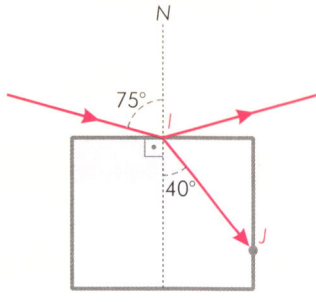

Consideremos os seguintes dados:
- índice de refração do ar = 1,0;
- velocidade da luz no vácuo = $3,0 \cdot 10^8$ m/s;
- sen 40° = 0,64; cos 40° = 0,77; sen 42° = 0,67; cos 42° = 0,74; sen 75° = 0,96; cos 75° = 0,25.

Nessa situação, julgue a veracidade das afirmações seguintes.

(1) Predominam os fenômenos de reflexão e refração.
(2) O ângulo de reflexão do raio de luz que incide no ponto I é igual a 45°.
(3) Ao passar do ar para o cristal, o raio de luz afasta-se da normal.

Exercícios Propostos

(4) A velocidade de propagação da luz no cristal é igual a $2{,}0 \cdot 10^8$ m/s.

(5) Ao incidir no ponto J, a luz sofre reflexão total.

19. Um feixe cilíndrico de raios de luz monocromática que se propaga no vidro, cujo índice de refração absoluto é igual a $\sqrt{2}$, atinge a superfície que separa esse meio do ar, formando um ângulo de incidência i. O índice de refração absoluto do ar é igual a 1.

Analise as proposições:

(I) haverá refração para qualquer valor de i.
(II) haverá reflexão total para $i > 45°$.
(III) haverá refração somente para $i \leq 45°$.
(IV) haverá reflexão total para qualquer valor de i.

Tem-se:

a) somente (I) é correta.
b) somente (IV) é correta.
c) somente (II) e (III) são corretas.
d) somente (I) e (II) são corretas.
e) somente (II) e (IV) são corretas.

20. O esquema abaixo mostra, de modo simplificado, a transmissão de luz através de uma fibra óptica. Para que as fibras ópticas possam funcionar como meio de transmissão, é necessário que sejam bem definidos dois parâmetros:

- o ângulo limite entre a fibra e o exterior;
- a velocidade da luz no seu interior.

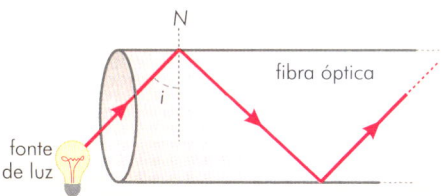

Para que uma fibra óptica de índice de refração $\sqrt{2}$ imersa no ar (índice de refração igual a 1) possa transmitir luz exclusivamente por reflexão, o ângulo de incidência (i) deve superar o valor mínimo de:

a) 0°   b) 30°   c) 45°   d) 60°   e) 90°

21. (PUC – SP) A figura mostra a trajetória de um feixe de luz branca que incide e penetra no interior de um diamante.

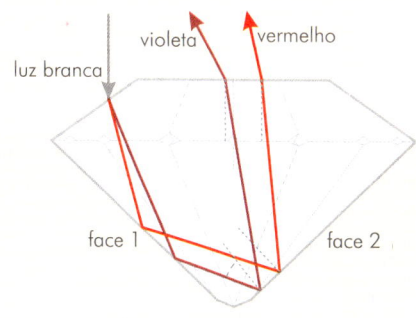

Sobre a situação fazem-se as seguintes afirmações:

I. A luz branca, ao penetrar no diamante, sofre refração e dispersa-se nas cores que a constituem.
II. Nas faces 1 e 2, a luz incide num ângulo superior ao ângulo limite (ou crítico) e por isso sofre reflexão total.
III. Se o índice de refração absoluto do diamante, para a luz vermelha, é 2,4 e o do ar é 1, certamente o ângulo limite nesse par de meios será menor que 30°, para a luz vermelha.

Em relação a essas afirmações, pode-se dizer que:

a) são corretas apenas I e II.
b) são corretas apenas II e III.
c) são corretas apenas I e III.
d) todas as afirmações são corretas.
e) nenhuma das afirmações é correta.

22. (UNIMONTES – MG) Uma fonte de luz está no fundo de um recipiente que contém um líquido transparente cujo índice de refração é $\dfrac{5}{4}$. A superfície do líquido está em contato com o ar (considere o índice de refração do ar igual a 1). Devido ao fenômeno da reflexão total, os raios que conseguem passar do líquido para o ar estão dentro de um cone, como mostra a figura ao lado (L é o ângulo limite). A razão entre os raios da base, R, desse cone e a distância H, do fundo do recipiente até a superfície do líquido, é igual a:

a) $\dfrac{3}{4}$ b) $\dfrac{4}{3}$ c) $\dfrac{4}{5}$ d) $\dfrac{5}{4}$ e) $\dfrac{1}{4}$

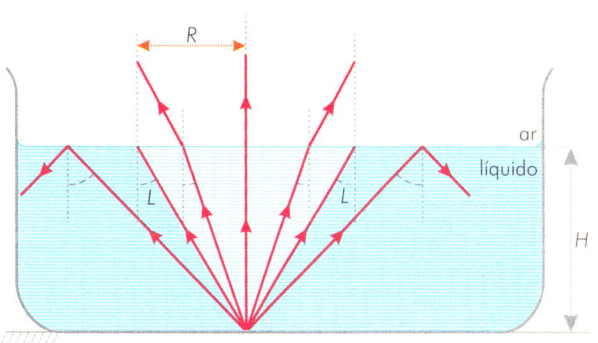

23. Uma fonte de luz puntiforme encontra-se no fundo de um tanque de profundidade igual a 50 cm, contendo um líquido de índice de refração absoluto igual a 2,0. Na superfície do líquido forma-se uma superfície circular luminosa, por onde os raios de luz provenientes da fonte passam para o ar (índice de refração igual a 1).

Determine, em centímetros, o raio dessa superfície circular.

24.5. Dioptro Plano

Você já reparou que um lápis parcialmente mergulhado em água parece quebrado para cima, quando o olhamos de fora da água?

O conjunto constituído por dois meios transparentes e a interface entre eles recebe o nome de **dioptro** (no exemplo acima, falávamos do dioptro ar-água). A forma da superfície de separação entre os meios, *superfície dióptrica*, caracteriza o tipo de dioptro: plano, esférico, cilíndrico etc.

Agora vamos estudar a formação de imagens formadas por um dioptro plano – constituído, por exemplo, pela superfície ar-água de um lago em repouso.

Vamos considerar, inicialmente, um objeto totalmente imerso no meio mais refringente (água) e um observador no meio menos refringente (ar).

Do objeto partem raios de luz que sofrem refração na superfície e atingem o globo ocular do observador. Dos infinitos raios que partem do objeto, consideremos os dois destacados na Figura 24-6. Os correspondentes raios refratados definem uma imagem virtual do objeto.

A imagem tem natureza virtual porque foi definida na intersecção dos prolongamentos dos raios refratados. Observe também que a imagem se forma no mesmo meio em que está o objeto. Além disso, a imagem e o objeto encontram-se em uma mesma perpendicular à superfície dióptrica e, nesse caso, a imagem forma-se mais próxima da superfície.

Agora você já pode responder à seguinte pergunta: e se o objeto estivesse no ar e o observador na água?

Veja, na Figura 24-7, um objeto colocado no ar (meio menos refringente) e um observador na água (meio mais refringente). Os raios de luz partem do objeto em direção à superfície dióptrica e penetram o olho do observador.

Também aqui o observador verá uma imagem virtual, formada no mesmo meio em que está o objeto, com a imagem sobre uma mesma perpendicular à superfície – mas, dessa vez, com a imagem mais afastada da superfície.

Lembra-se da pergunta que abriu o capítulo? Para um observador no ar, próximo à borda, um ponto no fundo da piscina é visto mais próximo da fronteira ar-água do que de fato está!

A superfície ar-água de uma piscina com as águas paradas forma um dioptro plano, permitindo que um observador, da borda da piscina, visualize as listras em seu fundo mais próximas da superfície do que realmente estão.

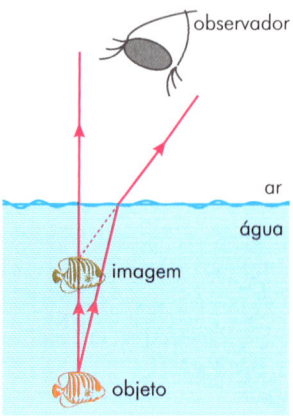

Figura 24-6.

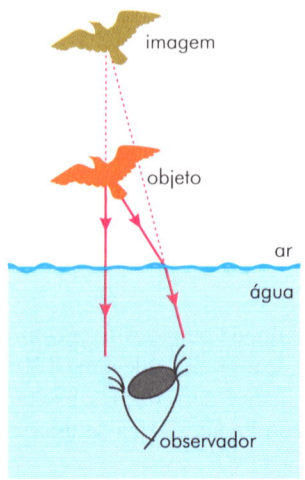

Figura 24-7.

24.5.1. Equação de Gauss para os dioptros planos

Seja p a distância do ponto objeto P à superfície S; p', a distância do ponto imagem P' à superfície S; n, o índice de refração absoluto do meio de incidência da luz, isto é, do meio em que se situa o objeto P, e n', o índice de refração absoluto do meio de emergência da luz, onde está o observador.

Na Figura 24-8, n é o índice de refração absoluto da água e n' é o índice de refração absoluto do ar. Na Figura 24-9, eles são trocados: n é o índice de refração absoluto do ar e n' é o índice de refração absoluto da água.

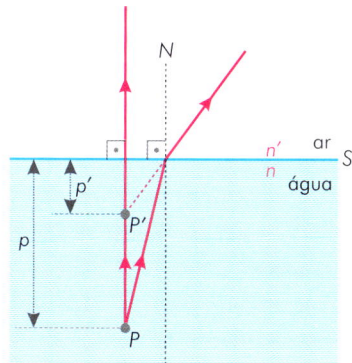

FIGURA 24-8.   FIGURA 24-9.

No caso particular em que os raios de luz incidentes são próximos da reta normal à superfície S que passa por P, é válida a seguinte relação, denominada *equação de Gauss para dioptros planos*.

$$\frac{n}{p} = \frac{n'}{p'}$$

Demonstramos essa relação a seguir, aplicando a Lei de Snell-Descartes à situação indicada na Figura 24-10.

Considerando que os ângulos i e r são muito pequenos (incidência próxima à normal a S passando por P), temos:

$$\operatorname{sen} i \cong \operatorname{tg} i \quad \text{e} \quad \operatorname{sen} r \cong \operatorname{tg} r$$

Portanto,

$$n \cdot \operatorname{tg} i = n' \cdot \operatorname{tg} r$$

Mas,

$$\operatorname{tg} i = \frac{IJ}{p} \quad \text{e} \quad \operatorname{tg} r = \frac{IJ}{p'}$$

logo,

$$n \cdot \frac{IJ}{p} = n' \cdot \frac{IJ}{p'} \quad \therefore \quad \frac{n}{p} = \frac{n'}{p'}$$

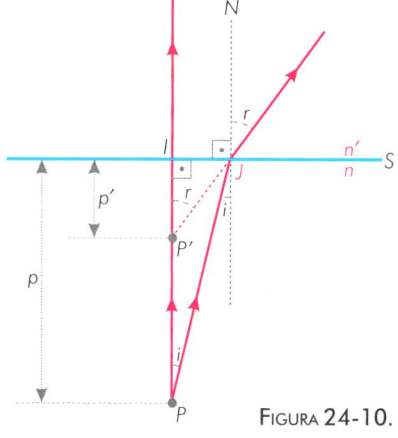

FIGURA 24-10.

Para maior facilidade, a equação demonstrada acima pode ser escrita na forma:

$$\frac{n_{objeto}}{n_{observador}} = \frac{p}{p'}$$

sendo que n_{objeto} é o índice de refração absoluto do meio em que se encontra o objeto e $n_{observador}$ é o índice de refração absoluto do meio em que se encontra o observador.

Exercícios Resolvidos

24. (ITA – SP) Um pescador deixa cair uma lanterna acesa em um lago a 10,0 m de profundidade. No fundo do lago, a lanterna emite um feixe luminoso formando um pequeno ângulo θ com a vertical, como esquematizado na figura a seguir.

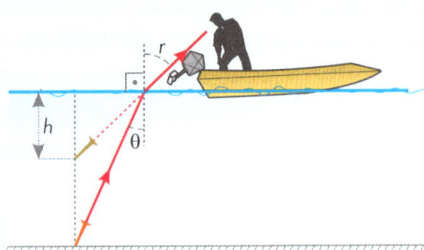

Considere: tg θ ≈ sen θ ≈ θ e o índice de refração da água $n = 1,33$ e o índice de refração do ar igual a 1. Então, a profundidade aparente h vista pelo pescador é aproximadamente de:

a) 2,5 m   b) 5,0 m   c) 7,5 m   d) 8,0 m   e) 9,0 m

Resolução:
De acordo com os dados fornecidos pelo enunciado, podemos aplicar a equação de Gauss para os dioptros planos. Assim:

$$\frac{n}{p} = \frac{n'}{p'}$$

$$\frac{1,33}{10} = \frac{1}{h}$$

$$h = \frac{10}{1,33} \therefore h \cong 7,5 \text{ m}$$

Resposta: **c**

25. (UNICAMP – SP) Uma moeda encontra-se exatamente no centro do fundo de uma caneca. Despreze a espessura da moeda. Considere a altura da caneca igual a quatro diâmetros da moeda, d_m, e o diâmetro da caneca igual a $3d_m$. Considere o índice de refração da água igual a 1,3 e o do ar igual a 1.

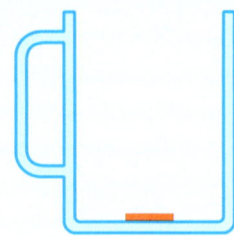

a) Um observador está a uma distância de $9d_m$ da borda da caneca. Em que altura mínima, acima do topo da caneca, o olho do observador deve estar para ver a moeda toda?
b) Com a caneca cheia de água, qual a nova altura mínima do olho do observador para continuar a enxergar a moeda toda?

Resolução:
a) Inicialmente, devemos esquematizar a situação descrita.

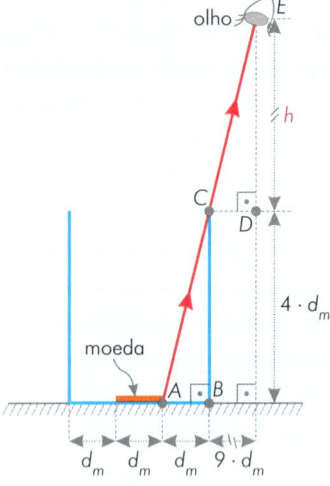

Observando a semelhança entre os triângulos ABC e CDE:

$$\frac{\overline{AB}}{\overline{BC}} = \frac{\overline{CD}}{\overline{DE}}$$

$$\frac{d_m}{4d_m} = \frac{9d_m}{h} \Rightarrow h = 36 d_m$$

b) Vamos novamente esquematizar a situação descrita.

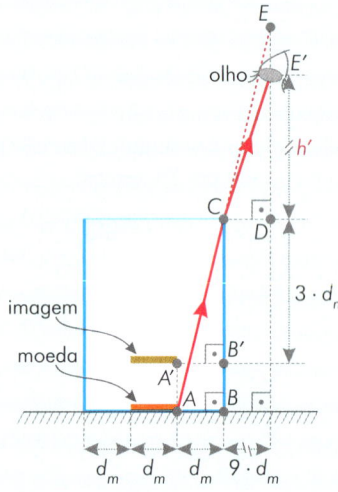

(I) Calculando a profundidade aparente (p') da moeda:

$$\frac{n_{água}}{p} = \frac{n_{ar}}{p'}$$

$$\frac{1,3}{4d_m} = \frac{1}{p'} \Rightarrow p' \cong 3 d_m$$

(II) Observando a semelhança entre os triângulos $A'B'C$ e CDE'

$$\frac{\overline{A'B'}}{\overline{B'C}} = \frac{\overline{CD}}{\overline{DE'}}$$

$$\frac{d_m}{3d_m} = \frac{9d_m}{h'} \Rightarrow h' \cong 27 d_m$$

Exercícios Propostos

26. (FATEC – SP) Um observador encontra-se à beira de um pequeno lago de águas bem limpas, no qual se encontra imerso um peixe.

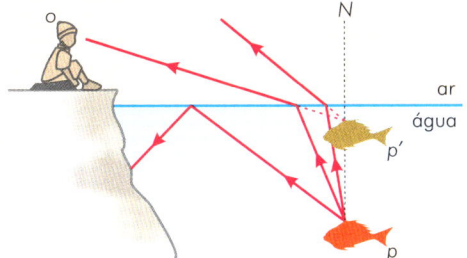

Podemos afirmar que esse observador:

a) não poderia ver esse peixe em hipótese alguma, uma vez que a água sempre é um meio opaco e, portanto, a luz proveniente do peixe não pode jamais atingir o olho do observador.
b) poderá não enxergar esse peixe, dependendo das posições do peixe e do observador, devido ao fenômeno da reflexão total da luz.
c) enxergará esse peixe acima da posição em que o peixe realmente está, qualquer que seja a posição do peixe, devido ao fenômeno da refração da luz.
d) enxergará esse peixe abaixo da posição em que o peixe realmente está, qualquer que seja a posição do peixe, devido ao fenômeno da refração da luz.
e) enxergará esse peixe na posição em que o peixe realmente está, qualquer que seja a posição do peixe.

27. (UFSC) A figura a seguir mostra um lápis de comprimento AB, parcialmente imerso na água e sendo observado por um estudante.

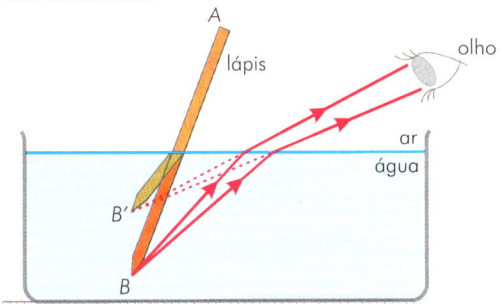

Dê a soma da(s) proposição(ões) CORRETA(S):

(01) O estudante vê o lápis "quebrado" na interface ar-água, sendo o fenômeno explicado pelas leis da reflexão.
(02) O estudante vê o lápis "quebrado" na interface ar-água, porque o índice de refração da água é maior do que o do ar.
(04) O feixe luminoso proveniente do ponto B, ao passar da água para o ar, afasta-se da normal, sofrendo desvio.
(08) O observador vê o lápis "quebrado" na interface ar-água, porque a luz sofre dispersão ao passar do ar para a água.
(16) O ponto B', visto pelo observador, é uma imagem virtual.

28. (PUC – SP) Em um experimento, um aluno colocou uma moeda de ferro no fundo de um copo de alumínio. A princípio, a moeda não pode ser vista pelo aluno, cujos olhos situam-se no ponto O da figura. A seguir, o copo foi preenchido com água e o aluno passou a ver a moeda, mantendo os olhos na mesma posição O.

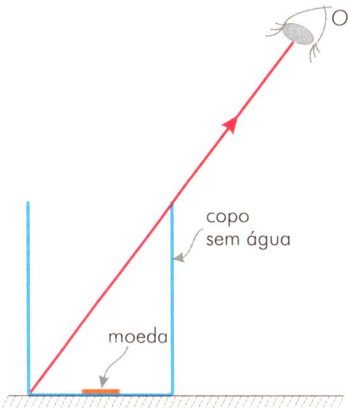

Podemos afirmar que:

a) a luz proveniente da moeda sofre refração ao passar da água para o ar, permitindo a sua visualização;
b) a luz proveniente da moeda sofre reflexão na água, propiciando a sua visualização;
c) os raios luminosos emitidos pelos olhos sofrem reflexão ao penetrar na água, permitindo a visualização da moeda;
d) os raios luminosos emitidos pelos olhos sofrem refração ao penetrar na água, permitindo a visualização da moeda;
e) é impossível que o aluno consiga ver a moeda, independentemente da quantidade de água colocada no copo.

29. Um cão está diante de uma mesa, observando um peixinho dentro do aquário, conforme representado na figura. Ao mesmo tempo, o peixinho também observa o cão. Em relação à parede P do aquário e às distâncias reais, podemos afirmar que as imagens observadas por cada um dos animais obedecem às seguintes relações:

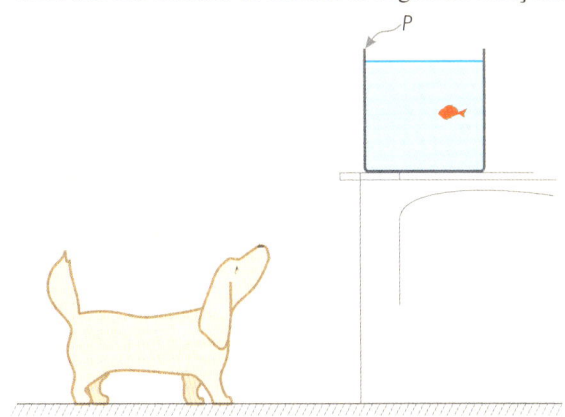

Exercícios Propostos

a) o cão observa o olho do peixinho mais próximo da parede P, enquanto o peixinho observa o olho do cão mais distante do aquário.
b) o cão observa o olho do peixinho mais distante da parede P, enquanto o peixinho observa o olho do cão mais próximo do aquário.
c) o cão observa o olho do peixinho mais próximo da parede P, enquanto o peixinho observa o olho do cão mais próximo do aquário.
d) o cão observa o olho do peixinho mais distante da parede P, enquanto o peixinho observa o olho do cão também mais distante do aquário.
e) o cão e o peixinho observam o olho um do outro, em relação à parede P, em distâncias iguais às distâncias reais que eles ocupam na figura.

30. Uma moeda, situada no fundo de um tanque vazio e de paredes opacas, é observada por uma pessoa, que se encontra acima do tanque. Considerando-se que o olho dessa pessoa se encontra na vertical que passa pela moeda, ao colocar-se água no tanque, ele terá a impressão de que a moeda:

a) se aproximou dela.
b) se afastou dela.
c) se deslocou para a direita.
d) se deslocou para a esquerda.
e) permaneceu na mesma posição.

31. Um praticante de asa-delta sobrevoa uma piscina em linha reta e próximo à superfície desta. No fundo da piscina há uma pedra. Podemos dizer que o praticante:

a) só poderá ver a pedra se passar sobre a superfície da água.
b) verá a pedra durante um intervalo de tempo maior se a piscina estiver cheia.
c) verá a pedra durante o mesmo intervalo de tempo, estando a piscina cheia ou vazia.
d) verá a pedra em uma posição mais profunda do que a posição em que ela realmente está.
e) estará impossibilitado de ver a pedra.

32. Um peixe encontra-se a uma profundidade de 1,6 m em um lago de águas límpidas. Na mesma reta vertical que passa pelo peixe, encontra-se um pássaro a uma distância de 1,5 m da superfície do lago. O índice de refração absoluto da água é igual a $\frac{4}{3}$ e o do ar é igual a 1.

a) A que profundidade, em relação à superfície da água (profundidade aparente), o pássaro vê o peixe?
b) A que altura, em relação à superfície da água (altura aparente), o peixe vê o pássaro?

33. O ponto objeto P está a 1,0 m da superfície da água, como indica a figura abaixo. O índice de refração da água é igual a $\frac{4}{3}$. A imagem P' conjugada a P pelo dioptro água-ar é:

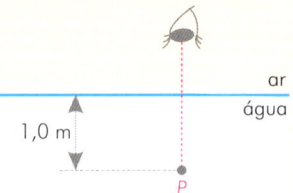

a) real e está na água à profundidade de 75 cm.
b) virtual e está no ar 20 cm acima da superfície da água.
c) virtual e está na água à profundidade de 75 cm.
d) real e está na água à profundidade de $\frac{4}{3}$ m.
e) virtual e está no ar 10 cm acima da superfície da água.

24.6. Lâmina de Faces Paralelas

Uma lâmina de faces paralelas é um corpo relativamente pouco espesso, de material transparente, que possui duas faces paralelas. Um exemplo simples é uma lâmina plana de vidro (índice de refração n_2) imersa no ar (índice de refração n_1).

Uma **lâmina de faces paralelas** é definida como um sistema constituído de dois dioptros planos cujas superfícies são paralelas.

O vidro de uma janela é exemplo de uma lâmina de faces paralelas.

Quando uma lâmina de faces paralelas está imersa em um meio homogêneo e transparente, o raio de luz incidente na lâmina e o respectivo raio de luz emergente da lâmina são paralelos entre si, pois sofrem duas refrações que provocam variações exatamente opostas (por exemplo, primeiro, do ar para o vidro, na face de incidência, depois, do vidro para o ar, na face de emergência). Veja a Figura 24-11.

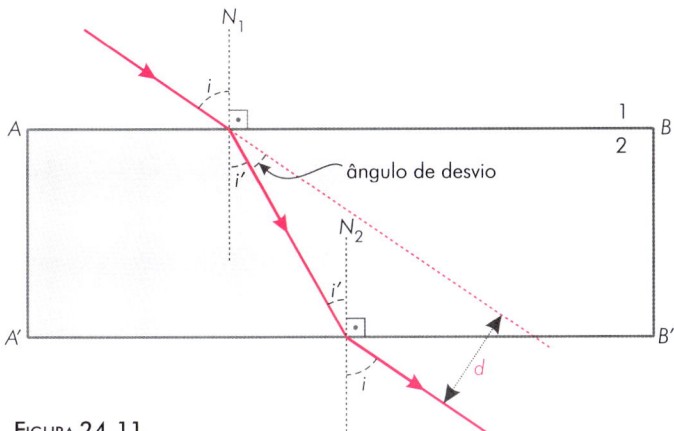

Figura 24-11.

24.6.1. Deslocamento lateral (d)

Seja uma tal lâmina de espessura (e); a distância entre a direção original de propagação da luz (direção de incidência) e a direção final de propagação (direção de emergência) é chamada deslocamento lateral (d, na Figura 24-12).

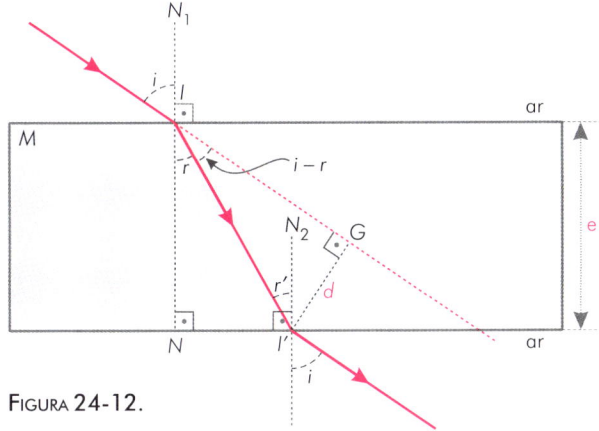

Figura 24-12.

Para o cálculo de d em função de (i), (r) e (e), consideramos os triângulos IGI' e INI':

$$\text{do triângulo } IGI': \operatorname{sen}(i-r) = \frac{d}{II'}$$

$$\text{do triângulo } INI': \cos r = \frac{e}{II'}$$

Dividindo membro a membro as igualdades anteriores, resulta:

$$\frac{\operatorname{sen}(i-r)}{\cos r} = \frac{d}{e}$$

Portanto:

$$d = e \cdot \frac{\operatorname{sen}(i-r)}{\cos r}$$

Exercícios Resolvidos

34. (UEM – PR) Um raio de luz monocromática, propagando-se no ar, incide numa lâmina de vidro, cujo índice de refração é igual a 1,5, como esquematizado na figura abaixo.

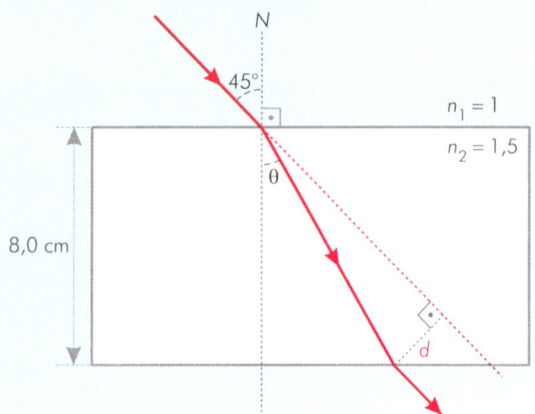

Calcule, em centímetros, o deslocamento lateral desse raio ao sair da lâmina. Use uma calculadora apropriada ou uma tabela trigonométrica.

(I) Aplicando a Lei de Snell-Descartes à face superior da lâmina, temos:

$$n_1 \cdot \text{sen } 45° = n_2 \cdot \text{sen } \theta$$

$$1 \cdot \frac{\sqrt{2}}{2} = 1{,}5 \cdot \text{sen } \theta$$

$$\text{sen } \theta = \frac{\sqrt{2}}{3} \therefore \theta \cong 28°$$

(II) Aplicando a equação para o cálculo do desvio lateral (d) sofrido por um raio de luz ao atravessar uma lâmina de faces paralelas, temos:

$$d = \frac{e \cdot \text{sen }(i - r)}{\cos r}$$

$$d = \frac{8{,}0 \cdot \text{sen }(45° - 28°)}{\cos (28°)}$$

$$d = \frac{8{,}0 \cdot \text{sen }(17°)}{\cos (28°)}$$

$$d = \frac{2{,}34}{0{,}88}$$

$$d \cong 2{,}66 \text{ cm}$$

Exercícios Propostos

35. Qualquer que seja a forma e a posição de um objeto que é visto por um observador através de uma lâmina de faces paralelas, sua imagem é:
a) virtual e mais próxima da lâmina.
b) virtual e mais afastada da lâmina.
c) real e mais próxima da lâmina.
d) real e mais afastada da lâmina.
e) virtual e coincidente com o objeto.

36. Uma lâmina de faces paralelas é feita de um material B, cujo índice de refração é $n_B = 3{,}0$. Essa lâmina está imersa em um meio A cujo índice de refração é $n_A = \sqrt{3}$. Um raio luminoso monocromático incide na lâmina formando com a normal um ângulo de 60°.
Determine:
a) a medida do ângulo de refração do raio de luz no interior da lâmina;
b) a medida do ângulo de emergência do raio de luz;
c) o desvio lateral que o raio de luz sofre, sabendo que a espessura da lâmina é de $3 \cdot \sqrt{3}$ cm.

37. A trajetória de um raio de luz que atravessa uma lâmina de faces paralelas está esquematizada na figura. Sendo $i = 60°$, $r' = 30°$, $e = 2 \cdot \sqrt{3}$ cm, e considerando a lâmina imersa no ar (índice de refração absoluto igual a 1), determine:
a) as medidas dos ângulos r e i';
b) o índice de refração absoluto do material que constitui a lâmina;
c) o desvio lateral d.

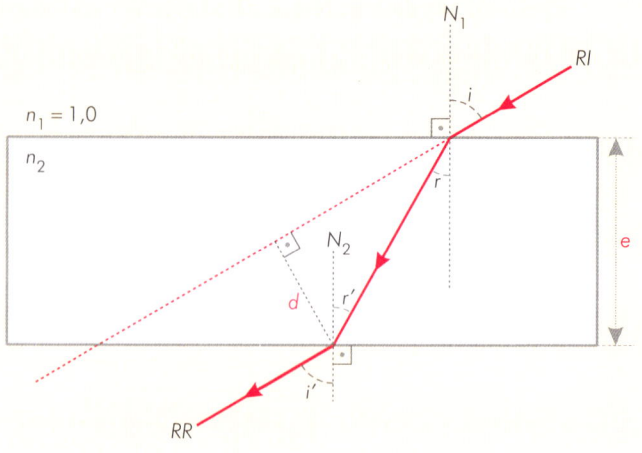

24.7. Prisma Óptico

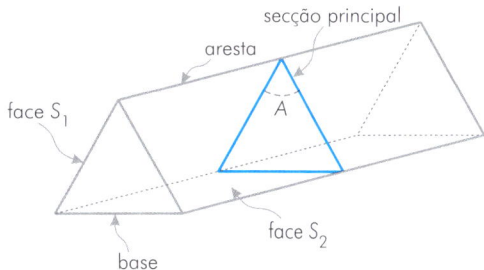

FIGURA 24-13.

Prisma óptico é qualquer sólido transparente, limitado por faces planas não paralelas, capaz de separar em feixes coloridos um feixe de luz branca nele incidente, ou capaz de desviar a luz. A designação mais comum refere-se a prismas cuja secção transversal é triangular, como a presente na Figura 24-13. Será esse o nosso caso de interesse.

No prisma óptico de secção triangular identificamos os seguintes elementos:

- *face de incidência*: face na qual incide o feixe de luz de interesse;
- *face de emergência*: face da qual emerge o feixe de luz de interesse;
- *aresta principal*: é a intersecção das faces de incidência e de emergência;
- *ângulo de abertura*: ângulo formado entre as faces de incidência e de emergência;
- *secção principal*: plano ao qual pertencem os raios incidente e emergente em estudo.

24.7.1. Trajetória do raio de luz no prisma

Consideremos um prisma imerso em um meio homogêneo e transparente. Vamos supor que o material do prisma seja mais refringente do que o meio onde está imerso (é o caso mais comum; por exemplo, um prisma de vidro imerso em ar).

Na Figura 24-14, esquematizamos a trajetória de um raio (R) de luz monocromática atravessando o prisma: o raio R de luz incide em um ponto I de uma das faces do prisma e sofre refração; i e r são os ângulos de incidência e de refração, respectivamente; o raio de luz propaga-se através do prisma e incide na outra face em um ponto I'; R' é o raio de luz emergente; r' e i' são os ângulos de incidência e de emergência, respectivamente, dessa outra face.

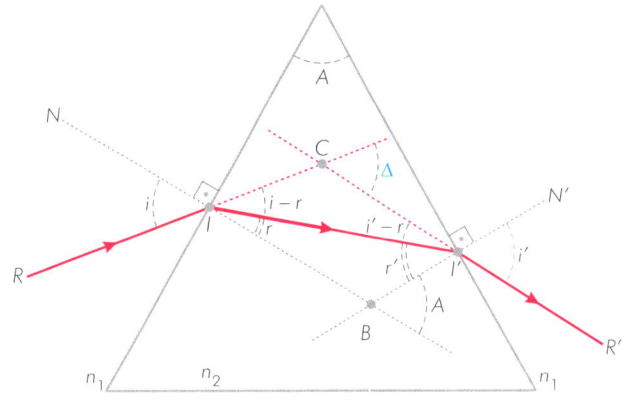

FIGURA 24-14.

Vamos escrever a Lei de Snell-Descartes para as duas faces:

- face de incidência: $n_1 \cdot \text{sen } i = n_2 \cdot \text{sen } r$
- face de emergência: $n_2 \cdot \text{sen } r' = n_1 \cdot \text{sen } i'$

24.7.2. Cálculo do desvio angular (Δ)

O raio emergente, R', não é paralelo ao raio incidente, R; o ângulo entre a direção de incidência e a direção de emergência da luz (Δ) é chamado **desvio angular**.

Com auxílio da geometria plana e da figura anterior, vamos calcular o ângulo de abertura A. No triângulo IBI', o ângulo externo A é a soma dos ângulos internos não adjacentes:

$$A = r + r'$$

No triângulo ICI', o ângulo externo Δ é a soma dos ângulos internos não adjacentes:

$$\Delta = i - r + i' - r'$$
$$\Delta = i + i' - (r + r')$$

$$\Delta = i + i' - A$$

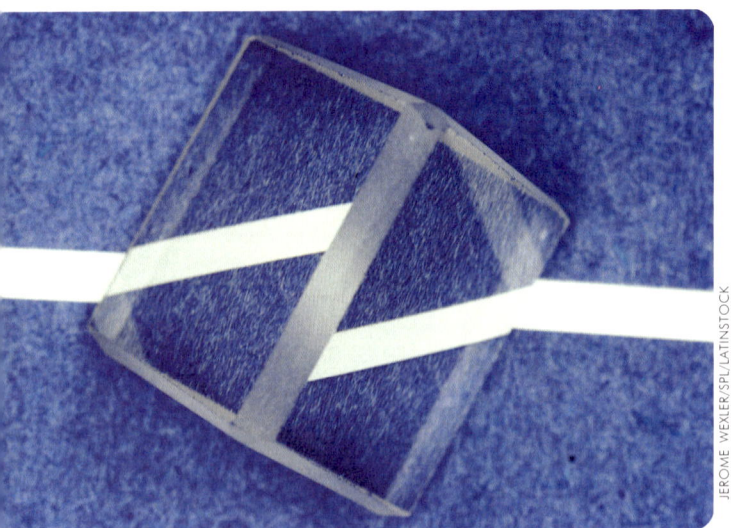

Distorção produzida por um prisma de secção triangular em uma linha, devido ao desvio da luz.

24.7.3. Desvio angular mínimo (Δ_m)

Suponha que, em uma situação experimental, um raio de luz monocromática incida em um prisma sob um ângulo i e emerja formando um ângulo i' (ambos em relação às normais às faces). Seja Δ o desvio angular. Variando-se o ângulo de incidência i, o desvio angular Δ também varia (Figura 24-15).

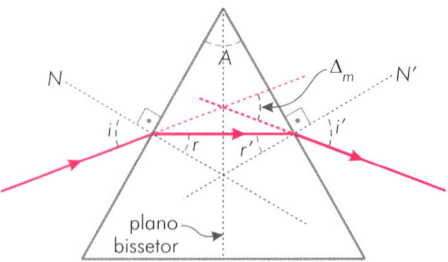

FIGURA 24-15.

Constatamos experimentalmente que, quando o desvio angular é mínimo, o ângulo de incidência i e o ângulo de emergência i' são congruentes.

$$\Delta_m \Rightarrow i = i'$$

Sendo $i = i'$, concluímos, pela aplicação da Lei de Snell-Descartes às faces do prisma, que: $r = r'$. Nessas condições, resulta:

$$A = 2r \quad \text{e} \quad \Delta_m = 2i - A$$

Em resumo, na condição em que se verifica desvio angular mínimo, temos:

$$\begin{array}{c} i = i' \\ r = r' \\ A = 2r \\ \Delta_m = 2i - A \end{array}$$

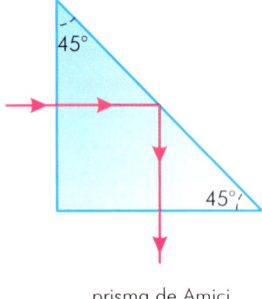

prisma de Amici

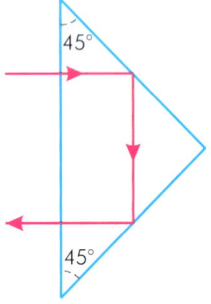

prisma de Porro   FIGURA 24-16.

24.7.4. Prisma de reflexão total

Observe que, na situação em que o raio de luz sofre o desvio angular mínimo, sua trajetória no interior do prisma é perpendicular ao plano bissetor do prisma, como sugere o esquema acima.

Na fabricação de instrumentos ópticos, muitas vezes os prismas ópticos substituem com vantagens espelhos planos, porque a película refletora dos espelhos, metálica, pode danificar-se com o passar do tempo. Nesses casos, os prismas são fabricados de tal maneira que a luz, após penetrá-los, sofra reflexão total e emerja sofrendo desvios convenientes. Além disso, como a reflexão interna total ocorre sem absorção, não há perda de luz.

Tais prismas, denominados **prismas de reflexão total**, são usados em binóculos, em periscópios e em máquinas fotográficas. Nos prismas de reflexão total mais comuns, a secção principal é um triângulo retângulo isósceles, e o vidro utilizado é tal que o ângulo-limite do dioptro ar-vidro é de aproximadamente 42°. Assim, a luz, ao incidir normalmente em uma face, sofre um desvio de 90°, na configuração denominada **prisma de Amici**, ou dois desvios de 90° sucessivos (resultando em um desvio final de 180°), no caso da utilização denominada **prisma de Porro**, conforme a face pela qual ela penetra o prisma. A Figura 24-16 ilustra essas duas situações.

As Figuras 24-17 e 24-18 mostram a disposição desses prismas de reflexão total em um binóculo e em um periscópio. Nessas figuras, foram simplificados os sistemas de lentes usados nos instrumentos.

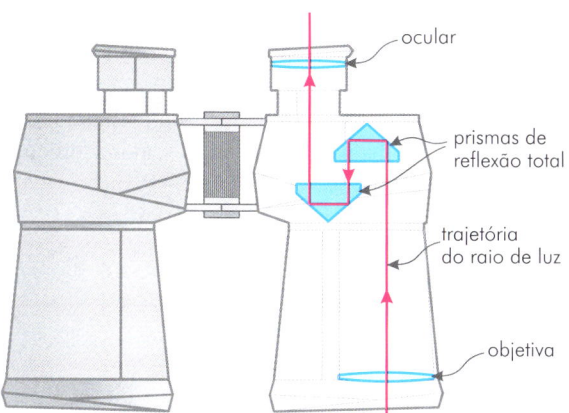

Figura 24-17. Binóculo.

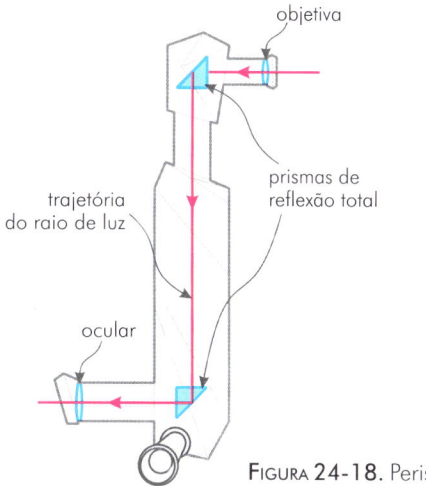

Figura 24-18. Periscópio.

Raio X de um binóculo. As oculares (em preto, na parte superior) e as objetivas são lentes biconvexas, responsáveis pelo poder de aproximação do aparelho. Os prismas (em verde) fornecem imagem direta. Variando a distância entre as objetivas e as oculares consegue-se focalizar os objetos.

24.8. Dispersão da Luz

Nas considerações feitas até aqui, restringimos a refração apenas a feixes de luz monocromática. Quando um feixe de luz solar, isto é, de luz policromática, se propaga no ar e incide obliquamente na superfície de um bloco de vidro, observamos que o feixe refratado comporta-se de modo a aproximar-se da normal à face de emergência. Entretanto, as cores não se desviam de maneira idêntica: a luz violeta é a que mais se aproxima da normal, seguida das cores anil, azul, verde, amarela, alaranjada e vermelha. O conjunto das cores que compõem uma luz policromática é chamado **espectro** da luz.

Observe o espectro que resulta da passagem da luz branca por um prisma: a luz vermelha é a que sofre menor desvio.

Esse interessante fenômeno da separação das cores que compõem a luz branca foi estudado por Isaac Newton, que, em 1666, mostrou ser possível a sua recomposição na luz policromática original. Newton experimentou a separação das cores com o uso de um prisma, e logrou recompor a luz branca original com a adição de um segundo prisma, em posição invertida em relação ao primeiro.

De acordo com o que vimos anteriormente, se a luz vermelha é a que menos se desvia da direção original de propagação, o índice de refração absoluto do vidro para essa cor deve ser menor. De fato, verificamos que os meios materiais naturais apresentam índices de refração que variam, aumentando da luz vermelha para a violeta, na seguinte ordem de cores: vermelha, alaranjada, amarela, verde, azul, anil e violeta (Figura 24-19).

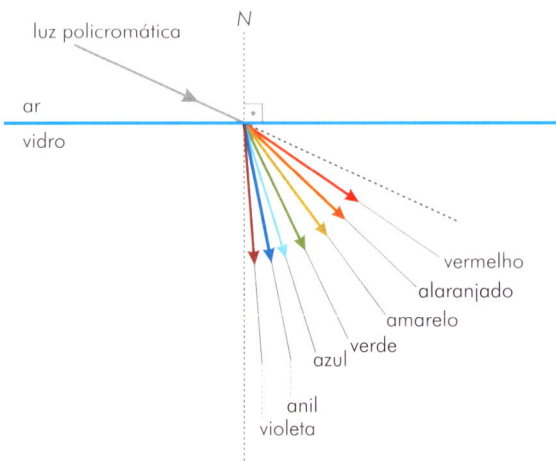

Figura 24-19.

Tabela 24-2. Índice de refração do vidro crown.

Cor	Índice
Violeta	1,532
Azul	1,528
Verde	1,519
Amarelo	1,516
Alaranjado	1,514
Vermelho	1,513

O fenômeno no qual a luz policromática, ao se refratar, sofre decomposição em suas cores componentes recebe o nome de **dispersão** da luz. Ele se deve ao fato de que o índice de refração de qualquer meio material depende da cor da luz incidente. A Tabela 24-2 mostra valores típicos para índices de refração de um vidro comum, para faixas do espectro da luz.

A dispersão da luz torna-se mais evidente quando a luz policromática, propagando-se no ar, incide obliquamente em um prisma de vidro. Na face onde a luz incide, ocorre sua decomposição, sendo a separação das componentes do espectro aumentada quando, após refratar-se novamente, a luz emerge pela outra face.

Exercícios Resolvidos

38. Sobre uma das faces de um prisma de índice de refração igual a 2 e imerso no ar (índice de refração igual a 1), incide um raio de luz monocromática, fazendo com a normal um ângulo de 45°. O ângulo de refringência do prisma é de 75°.

Determine:

a) a medida do ângulo de incidência (θ_2) do raio de luz na 2.ª face;
b) a medida do ângulo de emergência (θ_3) do raio de luz na 2.ª face;
c) o desvio angular (Δ) do raio que atravessa o prisma.

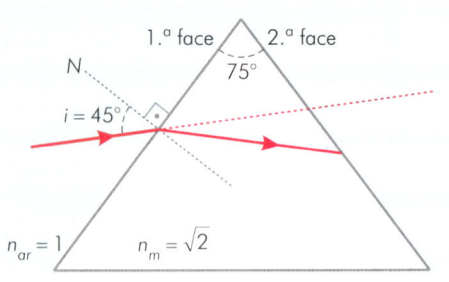

Exercícios Resolvidos

Resolução:

a) Calculando a medida do ângulo de emergência do raio de luz na 1.ª face. Aplicando a Lei de Snell-Descartes na 1.ª face, temos:

$$n_{ar} \cdot \text{sen } 45° = n_m \cdot \text{sen } \theta_1$$

$$1 \cdot \frac{\sqrt{2}}{2} = \sqrt{2} \cdot \text{sen } \theta_1$$

$$\text{sen } \theta_1 = \frac{1}{2} \quad \therefore \quad \theta_1 = 30°$$

Sabendo que $A = \theta_1 + \theta_2$, podemos calcular o valor de θ_2, pois $A = 75°$ e $\theta_1 = 30°$. Portanto:

$$75° = 30° + \theta_2 \Rightarrow \theta_2 = 45°.$$

Resposta: $\theta_2 = 45°$

b) Aplicando a Lei de Snell-Descartes na 2.ª face do prisma, temos:

$$n_m \cdot \text{sen } \theta_2 = n_{ar} \cdot \text{sen } \theta_3$$

$$\sqrt{2} \cdot \text{sen } 45° = 1 \cdot \text{sen } \theta_3$$

$$\sqrt{2} \cdot \frac{\sqrt{2}}{2} = \text{sen } \theta_3$$

$$\text{sen } \theta_3 = 1 \quad \therefore \quad \theta_3 = 90°$$

Resposta: $\theta_3 = 90°$ (emerge rasante na 2.ª face)

c) O desvio angular (Δ) sofrido pelo raio de luz ao atravessar o prisma pode ser calculado usando a equação $\Delta = i + \theta_3 - A$. Assim, temos:

$$\Delta = 45° + 90° - 75° \quad \therefore \quad \Delta = 60°$$

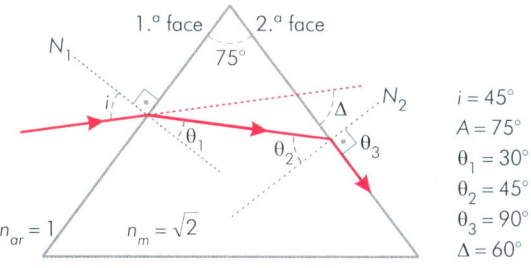

Resposta: $\Delta = 60°$

Exercícios Propostos

39. Considere um prisma de ângulo de abertura igual a 30°, imerso no ar. Qual o valor do índice de refração do material que constitui o prisma, para que um raio de luz monocromática, incidindo normalmente em uma das faces, saia tangenciando a face oposta?

40. (UnB – DF) Um prisma reto de vidro cuja base é um triângulo retângulo isósceles foi totalmente mergulhado na água. Calcule o menor índice de refração que tal prisma deverá ter, para que reflita por completo um raio de luz que incida normalmente em uma das faces menores.

Considere que o índice de refração da água seja igual a $0{,}95 \cdot \sqrt{2}$, multiplique por 10 o valor calculado, desconsiderando, depois, a parte fracionária de seu resultado, caso exista.

41. Para que haja desvio mínimo em um prisma, é necessário que:

a) o ângulo de refração, no interior do prisma, seja igual à metade do ângulo de refringência.
b) o ângulo de refração, no interior do prisma, seja igual ao ângulo de refringência.
c) o ângulo de incidência seja igual à metade do ângulo de emergência.
d) o ângulo de refringência seja igual ao dobro do ângulo limite.
e) o ângulo de incidência seja igual ao ângulo de refração.

Exercícios Propostos

42. Considere um prisma cuja secção principal seja um triângulo retângulo isósceles. Um feixe cilíndrico de luz branca incide perpendicularmente na face BC. O prisma está imerso no ar, cujo índice de refração é igual a 1,00. Os índices de refração do prisma para sete luzes monocromáticas são dados na tabela.

Luz monocromática	Índice de refração
Vermelha	1,36
Alaranjada	1,38
Amarela	1,40
Verde	1,43
Azul	1,46
Anil	1,48
Violeta	1,50

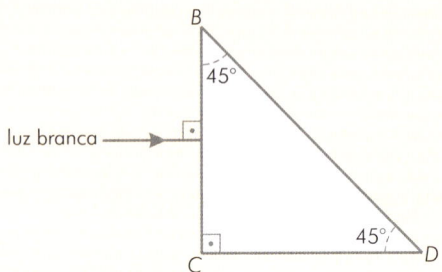

Quais dessas luzes monocromáticas sofrerão reflexão total na face BD?

43. Um feixe de luz policromática é decomposto ao atravessar um prisma, porque:
a) o comprimento de onda da radiação eletromagnética é muito pequeno.
b) o índice de refração do material que constitui o prisma depende da frequência da radiação incidente.
c) o prisma é feito de vidro especial.
d) o índice de refração depende do ângulo de incidência da luz.
e) o índice de refração do material que constitui o prisma depende da densidade do meio.

44. (UEM – PR) Um raio luminoso, composto das cores violeta, azul, amarela e vermelha, incidindo num prisma, é dispersado conforme o diagrama:

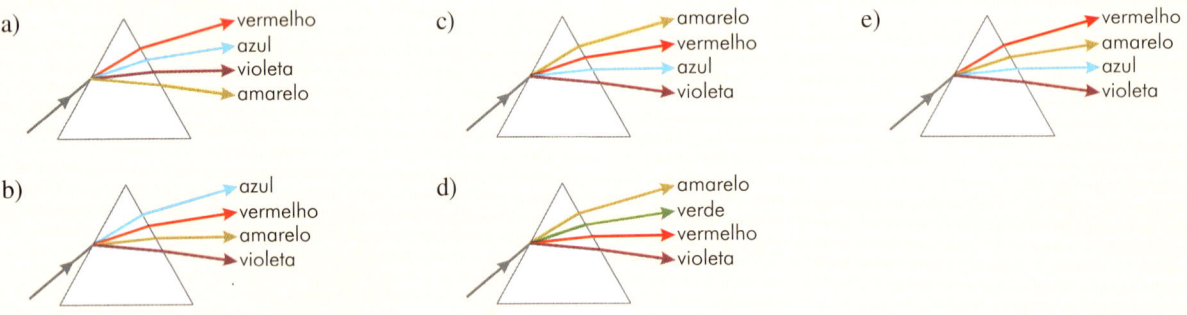

45. No século XVII, Isaac Newton obteve a decomposição da luz branca, policromática, em uma experiência semelhante à que está esquematizada a seguir:

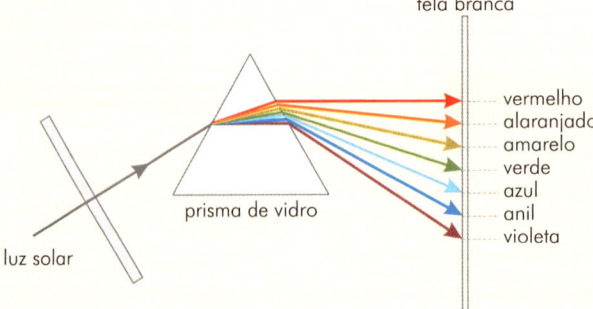

Com relação ao que foi descrito, marque a alternativa incorreta:
a) Trata-se da dispersão da luz.
b) Na tela, pode-se observar o espectro solar.
c) O maior desvio, ao atravessar o prisma, coube à radiação monocromática vermelha.
d) Trata-se do mesmo fenômeno responsável pela formação do arco-íris.
e) Reunindo-se novamente as sete radiações coloridas, em um processo adequado, pode-se sintetizar a luz branca.

Exercícios Complementares

46. (UFPE) A refração da luz é a mudança de direção de propagação na interface entre meios materiais diferentes. Os índices de refração podem ser calculados em função dos ângulos que os raios luminosos fazem com as normais nos dois meios. Os meios materiais de maior índice de refração são considerados opticamente mais densos.

Assinale a alternativa correta:

a) Os índices de refração, em qualquer substância e para qualquer cor, são sempre maiores ou iguais a 1.
b) As cores mais desviadas apresentam menor índice de refração.
c) Um raio de luz pode apresentar reflexão total, quando passa de um meio menos denso para um mais denso.
d) Quando um raio de luz passa de um meio mais denso para um menos denso, aproxima-se da normal.
e) Em meios opticamente mais densos, aumenta a velocidade de propagação da luz.

47. (UFSCar – SP) Dois recipientes de vidro transparente contêm, respectivamente, água e tetracloroetileno, ambos completamente transparentes. Duas barras de vidro transparente são mergulhadas nos recipientes:

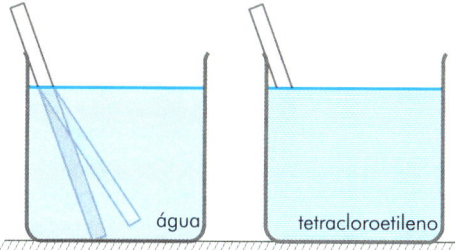

A parte imersa na água continua quase tão visível como fora. A parte imersa no tetracloroetileno fica completamente invisível. O vidro fica invisível, porque:

a) o índice de refração do vidro é maior que o do ar.
b) o índice de refração do vidro é maior que o da água.
c) o índice de refração do tetracloroetileno é muito menor que o do vidro.
d) o índice de refração do tetracloroetileno é igual ao do vidro.
e) o índice de refração do tetracloroetileno é muito maior que o do vidro.

48. (UNICAMP – SP) A figura a seguir mostra esquematicamente uma experiência para determinar o índice de refração de um material. Um semicilindro de uns poucos centímetros de espessura é centrado sobre um disco de raio igual a 20 cm. Medem-se as distâncias *a* e *b* em centímetros, como indicado, relativamente ao diâmetro mostrado, cujos valores constam na tabela, para várias posições incidentes do feixe de luz. Ache o índice de refração do material. Multiplique o resultado obtido por 10.

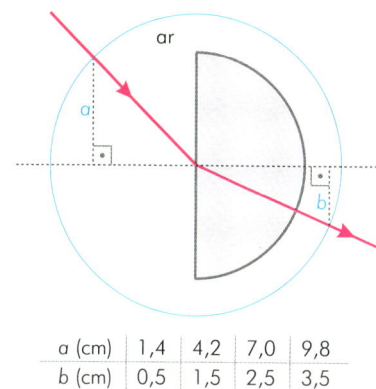

a (cm)	1,4	4,2	7,0	9,8
b (cm)	0,5	1,5	2,5	3,5

49. Um raio rasante, de luz monocromática, passa de um meio transparente para outro, através de uma interface plana, e refrata-se em um ângulo de 30° com a normal, como mostra a figura adiante. Se o ângulo de incidência for reduzido para 30° com a normal, o raio refratado fará com a normal um ângulo de, aproximadamente:

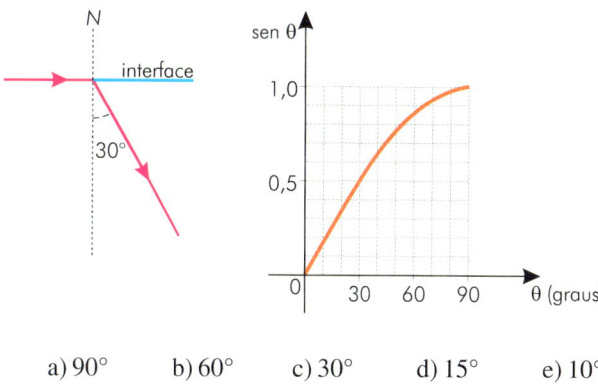

a) 90°   b) 60°   c) 30°   d) 15°   e) 10°

50. Um raio luminoso, propagando-se no ar, incide sobre a superfície lateral de um cilindro de vidro, no plano de uma secção reta do cilindro. Analise as ilustrações abaixo e julgue as afirmações seguintes.

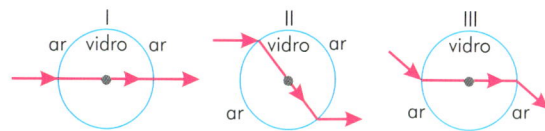

(1) No interior do vidro, a velocidade de propagação da luz é menor que no ar.
(2) Se o cilindro fosse feito de outro material menos refringente que o vidro, a única trajetória possível seria a segunda.

Exercícios Complementares

(3) Se o cilindro fosse feito de um material mais refringente que o vidro, o diamante, por exemplo, a trajetória III seria possível.

(4) Na situação I, ao passar do ar para o vidro, a luz não altera a sua velocidade de propagação.

51. (FUVEST – SP) Um feixe de luz monocromática, que se propaga no meio 1 com velocidade de $3 \cdot 10^8$ m/s, incide na superfície S de separação com o meio 2, formando com essa superfície um ângulo de 30°. A velocidade do feixe no meio 2 é $\sqrt{3} \cdot 10^8$ m/s.

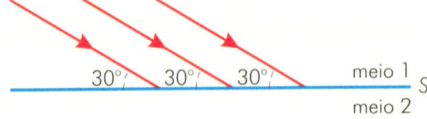

Dados:

- $\operatorname{sen} 30° = \cos 60° = \dfrac{1}{2}$
- $\operatorname{sen} 45° = \cos 45° = \dfrac{\sqrt{2}}{2}$
- $\operatorname{sen} 60° = \cos 30° = \dfrac{\sqrt{3}}{2}$

O ângulo que o feixe de luz forma com a superfície no meio 2 vale:

a) 60° b) 45° c) 30° d) 10° e) 0°

52. O princípio básico de funcionamento de uma fibra óptica consiste em colocar um material X, com índice de refração n_X, no interior de outro material Y, com índice de refração n_Y. Um feixe de luz que incide em uma extremidade de X atravessa para a outra extremidade, sem penetrar no material Y, devido a múltiplas reflexões totais. Essa situação está ilustrada na figura.

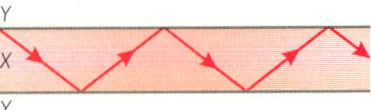

Para que isto aconteça, é necessário que:

a) $n_X < n_Y$
b) $n_X = 0$
c) $n_X = n_Y$
d) $n_X > n_Y$
e) $n_Y = 0$

53. Um raio luminoso, monocromático, propagando-se no ar, encontra a superfície de separação do ar com um bloco de diamante, sob um ângulo de incidência I, conforme mostra a figura, em que N é a normal à superfície. No experimento, variou-se o ângulo de incidência e mediu-se o ângulo de refração R quando o raio luminoso passou a se propagar no diamante. Com os dados obtidos, construiu-se o gráfico sen I versus sen R, mostrado a seguir.

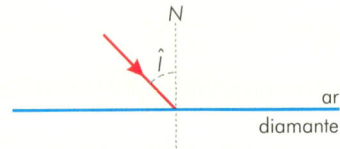

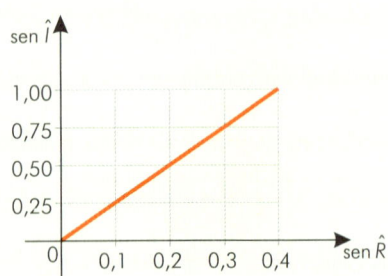

São feitas, a respeito do experimento, as seguintes proposições:

I – No bloco de diamante a luz propaga-se com maior velocidade e, portanto, sen $I >$ sen R.

II – O índice de refração do ar em relação ao diamante é 2,5, o que mostra que o diamante é mais refringente que o ar.

III – Se a luz se propaga no ar com velocidade de $3 \cdot 10^8$ m/s, no diamante a velocidade de propagação será $1,2 \cdot 10^8$ m/s.

IV – A velocidade de propagação e a frequência da radiação luminosa diminuem quando a luz passa a se propagar no diamante.

Das proposições apresentadas,

a) todas são corretas.
b) somente a I é falsa.
c) apenas I e IV são falsas.
d) apenas a III é correta.
e) todas são falsas.

54. (UNICAMP – SP) A figura a seguir representa uma certa fibra óptica que consiste de um núcleo cilíndrico de índice de refração $n > 1$, circundado por ar, cujo índice vale 1,0. Se o ângulo α representado na figura for suficientemente grande, toda a luz será refletida em ziguezague nas paredes do núcleo, sendo assim guiada e transmitida por longas distâncias. No final da fibra, a luz sai para o ar formando um cone de ângulo θ, conforme a figura.

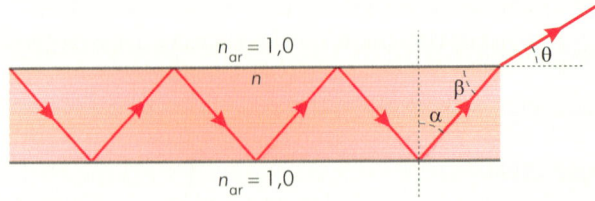

a) Qual o valor mínimo de sen α, em termos de n, para que a luz seja guiada?

b) Qual o valor de sen θ em termos de n?

Exercícios Complementares

55. A figura a seguir representa um raio de luz monocromática R, que incide na base de um recipiente de vidro que contém uma camada de água. Considerem-se: sen 19° = 0,33; sen 30° = 0,50; sen 60° = 0,86; e os índices de refração do vidro, da água e do ar respectivamente iguais a 1,5; 1,3 e 1,0.

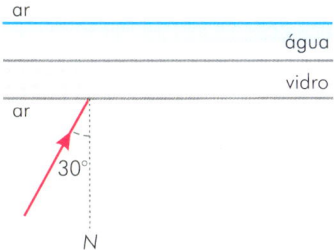

Nessas condições, julgue a veracidade das afirmações a seguir.

(1) Quando a luz passa do ar para o vidro, a sua velocidade de propagação é alterada.
(2) Uma parcela da luz incidente será refletida sob um ângulo de 30° em relação ao plano da lâmina de vidro.
(3) Uma parcela da luz incidente será absorvida pelo vidro.
(4) O raio de luz sofrerá reflexão total, ao passar do vidro para a água.
(5) Haverá um raio de luz refratado da água para o ar.

56. A transmissão de informações por um cabo de fibras ópticas utiliza o princípio da:

a) difração das ondas eletromagnéticas.
b) refração total das ondas eletromagnéticas.
c) reflexão difusa das radiações.
d) reflexão total das ondas eletromagnéticas.
e) polarização das ondas.

57. Considere que você vive em um mundo onde o índice de refração do vidro imerso em ar é igual a 3. Se o índice de refração do ar permanecer igual a 1, quando e por que os objetos serão vistos através de uma janela, sendo esta de vidro e fechada?

a) Sempre, porque sempre haverá algum ângulo de incidência relativo à normal e maior que 0° para o qual haverá refração.
b) Sempre, porque o vidro é um material transparente.
c) Apenas se os raios da luz emitida por eles chegarem à janela fazendo um ângulo de 90° com a superfície do vidro.
d) Nunca, porque sempre haverá reflexão total na passagem do ar para o vidro.
e) Nunca, porque sempre haverá reflexão total na passagem do vidro para o ar.

58. (PUC – SP) O empregado de um clube está varrendo o fundo da piscina com uma vassoura que tem um longo cabo de alumínio. Ele percebe que o cabo de alumínio parece entortar-se ao entrar na água, como mostra a figura a seguir.

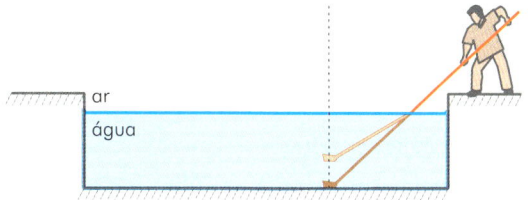

Isso ocorre porque:

a) a luz do Sol, refletida na superfície da água, interfere com a luz do Sol refletida pela parte da vassoura imersa na água.
b) a luz do Sol, refletida pela parte da vassoura imersa na água, sofre reflexão parcial na superfície de separação água-ar.
c) a luz do Sol, refletida pela parte da vassoura imersa na água, sofre reflexão total na superfície de separação água-ar.
d) a luz do Sol, refletida pela parte da vassoura imersa na água, sofre refração ao passar pela superfície de separação água-ar.
e) o cabo de alumínio sofre uma dilatação na água, devido à diferença de temperatura entre a água e o ar.

59. Com respeito ao fenômeno do arco-íris, pode-se afirmar que:

I – se uma pessoa observa um arco-íris à sua frente, então o Sol está necessariamente a Oeste.
II – o Sol sempre está à direita ou à esquerda do observador.
III – o arco-íris se forma devido ao fenômeno de dispersão da luz nas gotas de água.

Das afirmativas mencionadas, pode-se dizer que:

a) todas são corretas.
b) somente a I é falsa.
c) somente a III é falsa.
d) somente II e III são falsas.
e) somente I e II são falsas.

60. Ao olharmos para um peixe dentro d'água estamos, na realidade, enxergando a sua imagem, uma vez que o peixe está em outra posição. Esse fenômeno é explicado pela refração. Uma fibra óptica, muito utilizada nas telecomunicações, no lugar dos tradicionais cabos metálicos, consiste em múltiplas reflexões totais que ocorrem com a luz dentro da fibra. A figura abaixo mostra esse fato.

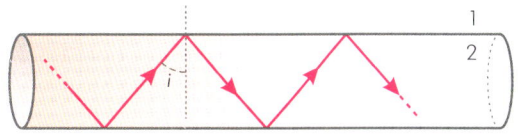

Exercícios Complementares

A respeito do *dioptro plano* e *reflexão total*, julgue os itens a seguir:

(1) Um lápis parcialmente imerso em um copo-d'água tem a aparência de estar "dobrado para cima" na superfície da água. Isso ocorre porque a luz, ao passar da água para o ar, afasta-se da reta normal à incidência da luz.

(2) O índice de refração da água em relação ao ar é $\frac{4}{3}$. Assim, uma moeda, no fundo de uma piscina de 1,80 m de profundidade, será vista do ar, segundo uma linha vertical, a uma profundidade aparente de 2,0 m.

(3) No caso da fibra óptica, para que ocorram múltiplas reflexões, é necessário que o índice de refração do meio onde a luz se propaga (meio 2) seja maior que o índice de refração do meio que a envolve (meio 1).

(4) Se o meio externo à fibra óptica for o ar, de índice de refração igual a 1,0, e o interno for um vidro, de índice de refração absoluto igual a 2,0, pode-se afirmar que o ângulo limite para esse sistema é igual a 30°.

61. Um avião sobrevoa a superfície do mar calmo a uma altitude de 200 m. Em determinado instante o piloto vê um submarino, aparentemente a 216 m de distância na vertical, passando pelo avião. Considerando o índice de refração entre a água e o ar igual a $\frac{4}{3}$, qual a profundidade real do submarino?

62. (UnB – DF) Uma importante aplicação do fenômeno da reflexão total da luz encontra-se no campo das fibras ópticas. Uma fibra óptica consiste, basicamente, de um fio longo, flexível (núcleo cilíndrico), de índice de refração igual a $2\sqrt{3}$. Toda luz que entra em uma das extremidades sofre múltiplas reflexões e emerge na outra extremidade da fibra. Considere uma fibra óptica de diâmetro d igual a $2,0 \cdot 10^{-2}$ cm, colocada no ar ($n = 1$). Para um raio de luz que incide em uma das extremidades da fibra óptica com um ângulo de incidência $\theta = 30°$, conforme representado na figura, determine, em centímetros, a distância x entre os planos transversais que contêm duas reflexões sucessivas. Multiplique o resultado obtido por 100 e despreze a parte fracionária caso exista.

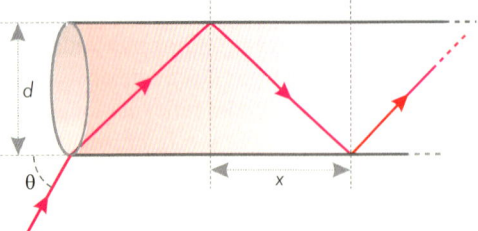

63. (UnB – DF) O conhecimento das leis de reflexão e refração permitiu o desenvolvimento de telescópios, microscópios, sistemas de lentes altamente sofisticados, câmaras etc. A óptica aplicada tornou disponíveis não apenas binóculos de bolso, mas, também, sofisticados instrumentos de pesquisa. Em relação aos princípios básicos da óptica, julgue as afirmações a seguir.

(1) Um raio luminoso atinge a face superior de um cubo de vidro com ângulo de incidência de 45°. O índice de refração do vidro é igual ao dobro do índice de refração do ar. Nessas condições, haverá reflexão total do raio luminoso na segunda face do cubo de vidro atingida por ele.

(2) Sabe-se que a luz vermelha, ao passar do ar para a água, sofre desvio menor que a luz azul. Conclui-se, então, que a velocidade de propagação da luz vermelha, na água, é superior à da luz azul.

(3) Uma lâmpada acesa em um poste de iluminação pública, vista por reflexão, em uma poça d'água agitada, parece mais alongada devido ao fenômeno da refração.

(4) Uma imagem virtual pode ser fotografada colocando-se um filme no local da imagem.

64. (UnB – DF) Um ladrão escondeu seu roubo numa caixa pendurada por uma corda de 2,4 m de comprimento e amarrada na base de uma boia de base circular. A boia estava em água de índice de refração $\frac{5}{4}$. De qualquer ponto da superfície era impossível ver a caixa. Determine, em metros, o raio mínimo da base da boia.

65. (UnB – DF) A figura a seguir mostra uma secção transversal de uma gota de chuva considerada esférica sendo atingida por um raio de luz monocromática. Ela incide e refrata-se na superfície da gota; em seguida, reflete-se na superfície interior; e, finalmente, refrata-se, produzindo o raio emergente. Esse é o princípio da formação do arco-íris, em dias chuvosos.

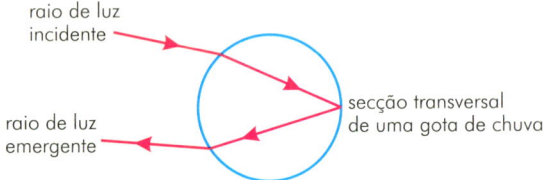

Com auxílio das informações apresentadas, julgue os itens a seguir.

(1) Considerando a luz solar como um feixe de raios paralelos, então os seus ângulos de incidência sobre a superfície da gota de chuva variam de 0° a 90°.

(2) Se o índice de refração da gota de chuva fosse independente da frequência da luz, não haveria dispersão da luz solar.

(3) Uma gota-d'água é capaz de refratar apenas sete das cores provenientes da luz solar.

(4) Na situação apresentada, a Lei de Snell não pode ser usada para explicar a formação do arco-íris, pois ela não se aplica a superfícies esféricas.

Exercícios Complementares

66. Considere um estreito feixe de luz branca incidindo sobre um bloco de vidro. A refração desse feixe no vidro dá origem a um espectro colorido, no qual se observam as seguintes cores, na ordem decrescente de suas velocidades de propagação: vermelho, laranja, amarelo, verde, azul, anil e violeta. O feixe violeta refratado é, então, direcionado a um prisma. Nesse fenômeno:

(1) A dispersão da luz branca ocorre porque o índice de refração do bloco de vidro é diferente para cada uma das cores.

(2) O desvio da luz violeta é menor que o desvio da luz vermelha, quando ambas emergem do bloco de vidro.

(3) O feixe violeta, ao passar pelo prisma, dará origem a um novo espectro colorido.

(4) Se a secção principal do prisma for um triângulo retângulo isósceles, e o feixe violeta incidir perpendicularmente sobre uma das faces, será observada a reflexão interna total. Nesse caso, considere que o ângulo limite é igual a 48°.

67. (UnB – DF) Atualmente, existem trenas eletrônicas capazes de medir distâncias que vão de, no mínimo, 20 cm até, no máximo, 20 m, as quais são normalmente utilizadas na construção civil para determinar as dimensões de espaços interiores. Seu princípio de funcionamento é semelhante ao do sonar dos morcegos. O som vai até a parede oposta e volta, propagando-se com velocidade de módulo igual a 340 m/s. Para grandes distâncias, desenvolveu-se a trena óptica, utilizada por topógrafos, que, em vez de ultrassom, utiliza pulsos de luz para medir a distância entre dois pontos. Nesse caso, a luz é refletida em uma estaca de marcação que contém um espelho retrorrefletor e retorna ao emissor. O retrorrefletor, cujo princípio básico está ilustrado na figura seguinte, é uma versão mais sofisticada do chamado *olho de gato*, frequentemente usado na sinalização noturna das estradas.

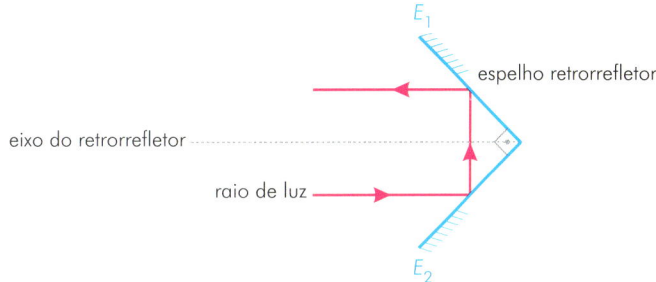

Com auxílio das informações acima, julgue os itens seguintes.

(1) Se a frequência de operação do ultrassom utilizado na trena for de 40 kHz, então a distância mínima de operação do aparelho (20 cm) será aproximadamente igual a um comprimento de onda do ultrassom.
(2) Para que uma trena óptica possa medir o comprimento de uma sala, ela deve ser capaz de medir intervalos de tempo cerca de dez mil vezes menores que os intervalos de tempo medidos por uma trena de ultrassom.
(3) Para grandes distâncias, utiliza-se um retrorrefletor porque, diferentemente de um espelho comum, a forma com que é constituído permite que a luz, após duas reflexões no espelho, tenha a mesma direção do feixe incidente, mesmo que ele não incida paralelamente ao eixo do retroprojetor.
(4) Na utilização da trena óptica, se a estaca refletora estiver a 1,5 km de distância do emissor, o intervalo entre a emissão do pulso de luz e o seu retorno será de 0,1 μs.

68. No final de uma tarde de céu límpido, quando o Sol está no horizonte, sua cor parece "avermelhada". A melhor explicação para esse belo fenômeno da natureza é que:

a) o Sol está mais distante da Terra.
b) a temperatura do Sol é menor no final da tarde.
c) a atmosfera da Terra espalha comprimentos de onda mais curtos, como o da luz azul.
d) a atmosfera da Terra absorve os comprimentos de onda azul e verde.
e) a atmosfera da Terra difrata a luz emitida pelo Sol.

25 Lentes Esféricas

25.1. Introdução

Há registros muito antigos de uso de pedaços de cristais naturais para concentrar a luz. O uso de porções trabalhadas de cristais ou vidros, para desviar a luz de maneira controlada e intencional, como as lentes que conhecemos hoje, remonta ao século XIII, provavelmente na Itália, embora seja difícil de se estabelecer quem fez a primeira lente. Hoje, dos óculos aos telescópios, lentes fazem parte do nosso cotidiano.

Denomina-se lente esférica uma associação de dois dioptros na qual um deles é necessariamente esférico, enquanto o outro pode ser esférico ou plano.

Para simplificar, chamaremos de lente esférica qualquer corpo transparente limitado pelas superfícies S_1 e S_2 dos dois dioptros. A menos que se diga o contrário, consideraremos sempre que a lente esteja imersa em um único meio homogêneo e transparente, isto é, admitiremos que o meio de incidência e o de emergência da luz sejam iguais.

Elementos geométricos da lente (acompanhe pela Figura 25-1):

- faces da lente: S_1 e S_2;
- centros de curvatura das faces: C_1 e C_2;
- raios de curvatura das faces: R_1 e R_2;
- eixo principal da lente: $\overline{C_1C_2}$
- vértices das faces: V_1 e V_2;
- espessura da lente: e ($e = V_1V_2$).

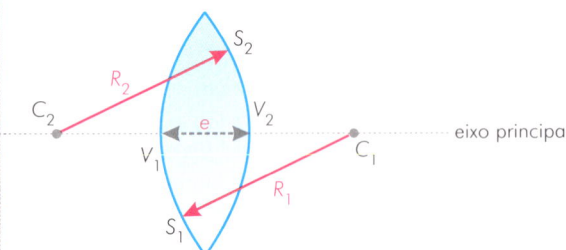

Figura 25-1. Secção transversal de uma lente esférica e seus elementos.

25.2. Nomenclatura

Quanto à forma, existem seis tipos de lentes esféricas, os quais podem ser facilmente identificados por meio das suas secções transversais, indicadas na Figura 25-2.

As lentes utilizadas nos óculos ajudam na correção dos problemas de visão.

A nomenclatura usual refere-se a um observador externo à lente, olhando cada uma de suas faces, que podem apresentar-se côncavas, convexas ou planas. A composição do nome da lente é feita citando a face de maior raio de curvatura e, em seguida, a de menor raio; quando as duas faces tiverem nomes iguais, usamos o prefixo *bi* (bicôncava ou biconvexa); quando uma das faces for plana, o seu nome virá em primeiro lugar (plano-côncava ou plano--convexa), pois seu raio é infinito.

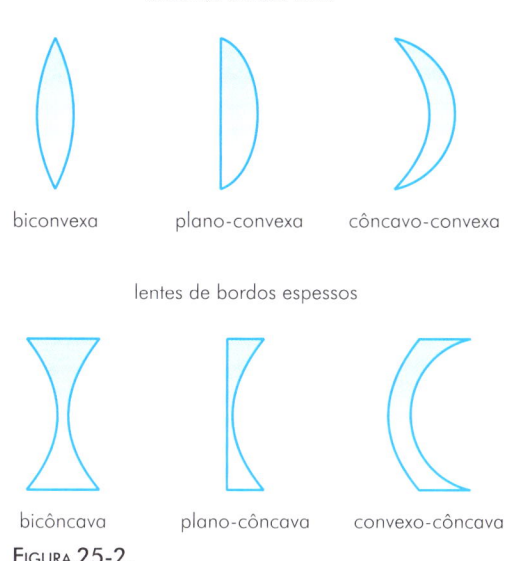

Figura 25-2.

Observações:

- As três primeiras lentes possuem *bordos finos*, ao passo que as três últimas, *bordos espessos* (em comparação com a região central).
- As lentes de bordos finos têm seu nome terminado pela palavra convexa, ao passo que as de bordos espessos, pela palavra *côncava*.
- Para melhor compreender a composição do nome das lentes côncavo-convexa e convexo-côncava, observemos, na Figura 25-3, qual das duas faces tem maior raio de curvatura.

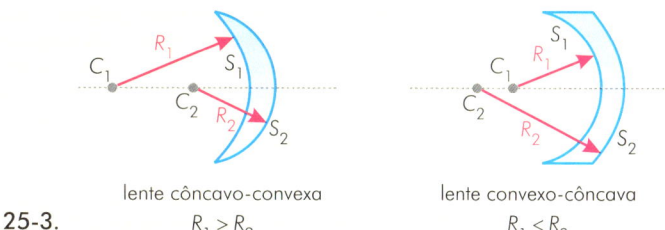

Figura 25-3.

lente côncavo-convexa $R_1 > R_2$

lente convexo-côncava $R_1 < R_2$

- Quando a espessura da lente for desprezível, em confronto com os raios de curvatura, a lente será chamada de *lente esférica delgada*. Daqui por diante, a menos que se diga o contrário, sempre consideraremos que a lente seja delgada (não devemos nos esquecer, porém, de que a lente delgada pode ter bordos finos ou espessos). As lentes esféricas delgadas têm comportamento similar ao dos espelhos gaussianos, isto é, são, para todos os efeitos práticos, estigmáticas.

25.3. Comportamento Óptico das Lentes Esféricas Delgadas

As lentes esféricas classificam-se, quanto ao comportamento óptico, em duas categorias: **lentes convergentes** e **lentes divergentes**.

Para diferenciá-las, basta fazer incidir na lente um estreito feixe de luz constituído de raios paralelos ao eixo principal. A lente será *convergente* quando os raios refratados convergirem para um só ponto F'. A lente será *divergente* quando os raios refratados divergirem, como se partissem de um mesmo ponto F'.

Qualquer lente pode comportar-se como convergente ou divergente, dependendo do material de que é constituída e do meio em que se encontra. Quando o material que constitui a lente é mais refringente que o meio em que ela se encontra, a lente de bordos finos comporta-se como convergente e a de bordos espessos, como divergente. Também vale o contrário: quando o meio externo é mais refringente que o material da lente, ocorre o inverso, as lentes de bordos finos comportam-se como divergentes e as de bordos espessos, como convergentes.

No caso mais comum, o das lentes de vidro imersas no ar (como é o caso dos óculos), as lentes de bordos finos têm comportamento convergente e as lentes de bordos espessos têm comportamento divergente. Veja as Figuras 25-4 e 25-5.

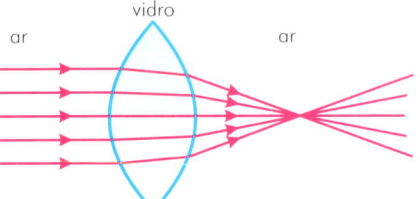

Figura 25-4. Lentes de bordos finos, no ar, comportam-se como convergentes.

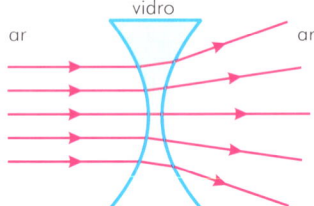

Figura 25-5. Lentes de bordos espessos, no ar, comportam-se como divergentes.

Ao passar por lentes de bordos finos, os raios de luz convergem para um mesmo ponto.

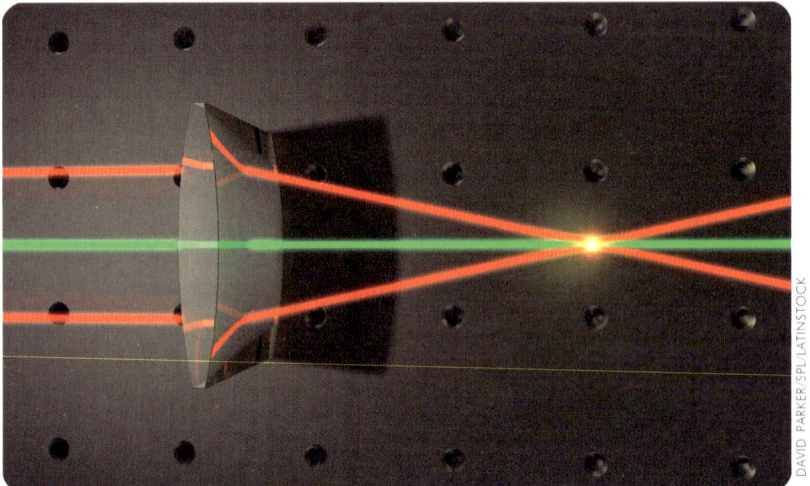

Lentes bicôncavas (com bordos espessos) causam a divergência dos raios de luz que as atravessam.

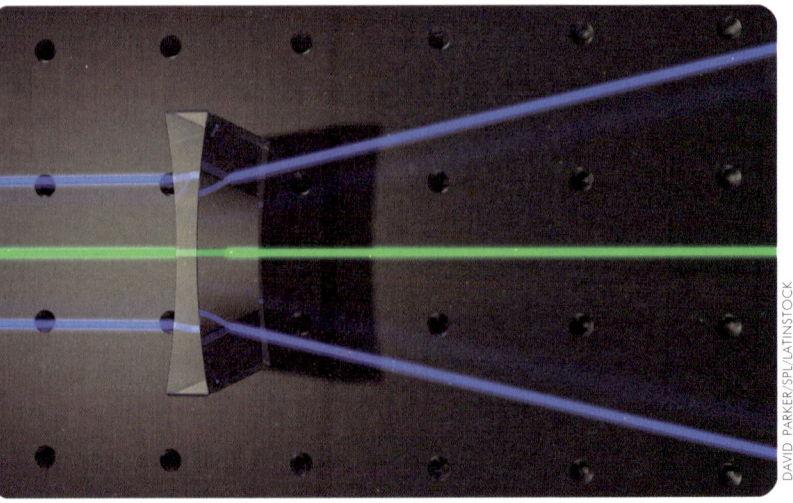

O comportamento óptico da lente – não a forma – é representado, para efeito de esquemas, por um segmento de reta com duas setas opostas nas pontas: se elas apontam "para fora", o símbolo representa uma lente convergente; se apontam para o centro do segmento, trata-se de lente de comportamento divergente. O centro O do segmento representa o **centro óptico** da lente, intersecção entre o eixo da lente e o eixo principal. Veja as Figuras 25-6 e 25-7.

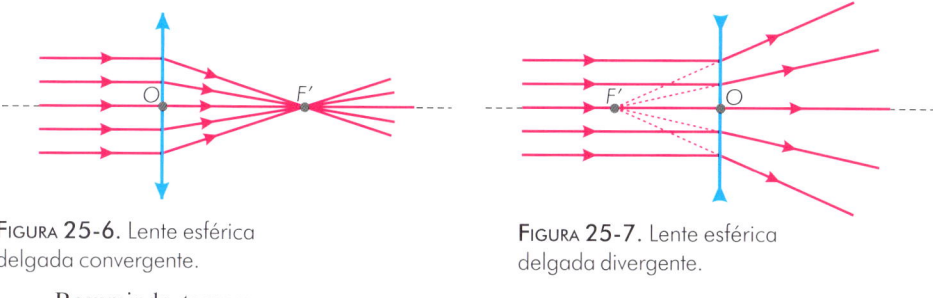

Figura 25-6. Lente esférica delgada convergente.

Figura 25-7. Lente esférica delgada divergente.

Resumindo, temos:

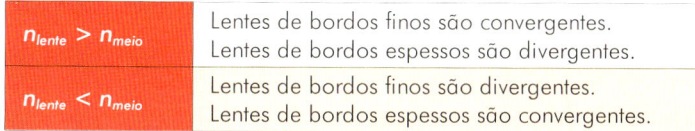

$n_{lente} > n_{meio}$	Lentes de bordos finos são convergentes. Lentes de bordos espessos são divergentes.
$n_{lente} < n_{meio}$	Lentes de bordos finos são divergentes. Lentes de bordos espessos são convergentes.

25.4. Focos de uma Lente Esférica Delgada

O **foco principal objeto** de uma lente esférica delgada é o ponto F do eixo principal ao qual é associada uma imagem imprópria; em outras palavras, qualquer raio incidente na lente cuja direção passe pelo foco principal objeto deve, sempre, emergir da lente paralelamente ao seu eixo principal. Veja a Figura 25-8.

> **IMPORTANTE**
> Imagem imprópria é aquela que se forma em um ponto muito distante.

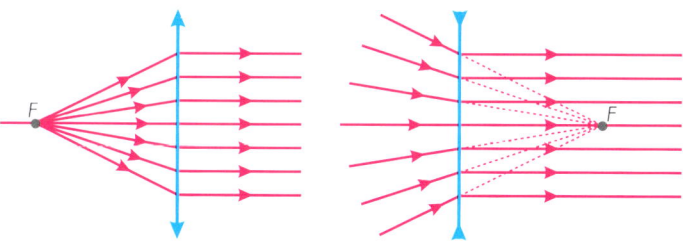

Figura 25-8. F é o foco principal objeto.

O **foco principal imagem** de uma lente esférica delgada é o ponto F' do eixo principal associado a um ponto objeto impróprio, ou seja, qualquer raio incidente na lente paralelamente ao seu eixo principal deve sempre emergir na direção do foco principal imagem (Figura 25-9). Observe que, de modo análogo ao que ocorre com os espelhos esféricos, no caso das lentes convergentes, esse foco tem natureza real, mas nas divergentes tem natureza virtual.

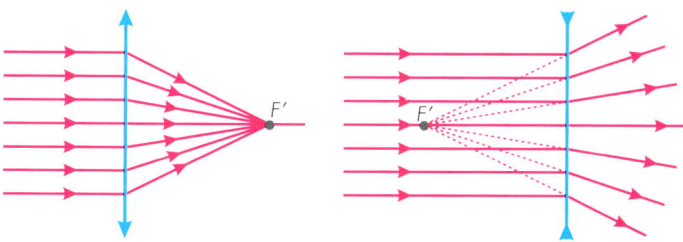

Figura 25-9. F' é o foco principal imagem.

Concluímos que uma lente possui dois focos e, sendo idênticos os meios externos em contato com as duas faces, esses focos são simétricos em relação ao centro óptico da lente, isto é, F e F' estão a uma mesma distância do centro óptico da lente.

25.4.1. Raios notáveis

Similarmente ao que vimos para os espelhos gaussianos, há raios de luz com comportamento conhecido que facilitam o processo gráfico de obtenção de imagens formadas por lentes delgadas. São, também aqui, chamados raios **notáveis** ou **principais**.

1.º) Todo raio luminoso que atravessa o centro óptico da lente delgada não sofre desvio.

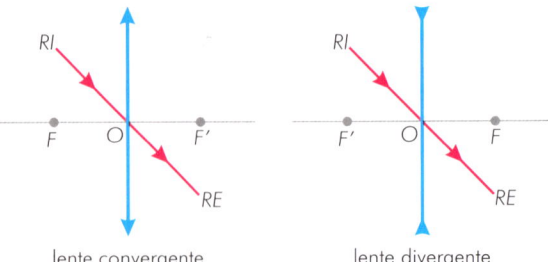

2.º) Todo raio luminoso que incide em uma lente, paralelamente ao seu eixo principal, emerge na direção do foco principal imagem.

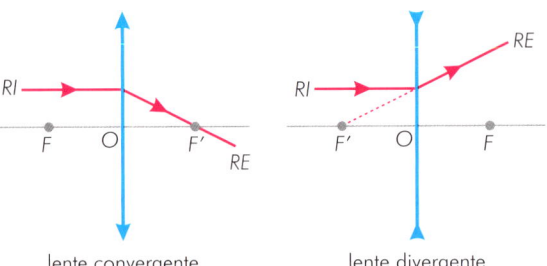

Todo raio luminoso que incide em uma lente, em uma direção que passa pelo foco principal objeto, emerge paralelamente ao eixo principal.

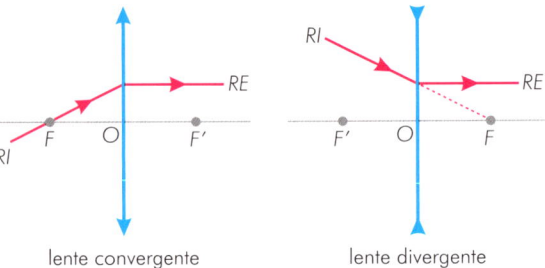

3.º) Todo raio luminoso que incide em uma lente, em uma direção que passa por um ponto a uma distância $2f$ da lente, emerge da lente em uma direção que passa por um ponto a uma distância $2f$ da lente. Esses pontos são, às vezes, chamados **pontos antiprincipais** e podem ser definidos como segue.

O *ponto objeto antiprincipal* A é tal que $AF = FO$, ou seja, $AO = 2 \cdot FO$ e para o qual a lente associa um *ponto imagem antiprincipal* A' tal que $A'F' = F'O$, ou seja, $A'O = 2 \cdot F'O$.

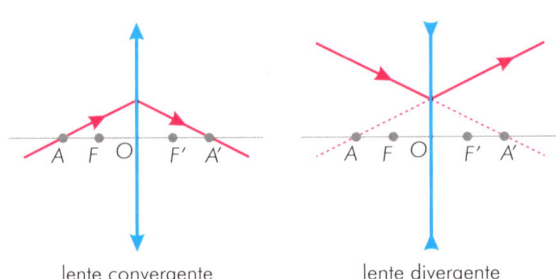

Exercício Resolvido

1. Uma lente biconvexa é imersa em dois líquidos, A e B, comportando-se ora como lente convergente, ora como lente divergente, conforme indicam as figuras abaixo.

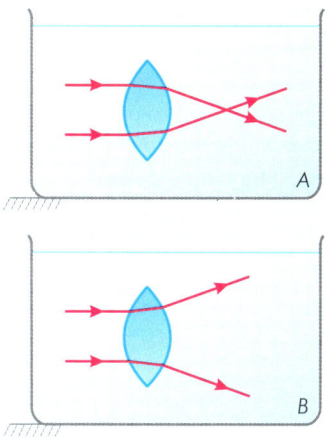

Sendo n_A, n_B e n_C os índices de refração do líquido A, do líquido B e da lente, respectivamente, então é correto afirmar que:

a) $n_A < n_B < n_C$
b) $n_A < n_C < n_B$
c) $n_B < n_A < n_C$
d) $n_B < n_C < n_A$
e) $n_C < n_B < n_A$

Resolução:

Resposta: **b**. De modo geral, quando o material que constitui a lente é mais refringente que o meio externo em que ela se encontra, a lente de bordos finos comporta-se como convergente, e a de bordos espessos, como divergente. Portanto, o índice de refração do líquido A é menor que o do material que constitui a lente, por isso o comportamento da lente é convergente. Já o índice de refração do líquido B é maior do que o do material que constitui a lente, por isso essa lente de bordos finos, quando imersa no líquido B, tem comportamento divergente.

Exercícios Propostos

2. Denomina-se *lente esférica* a todo sistema óptico constituído de três meios homogêneos e transparentes, separados dois a dois, por duas superfícies esféricas ou por uma superfície esférica e outra plana, chamadas de faces. Dos três meios, normalmente o segundo é a lente propriamente dita. Sobre as lentes esféricas, julgue a veracidade das afirmações seguintes.

(1) Uma lente convergente tem, sempre, os raios de curvaturas de suas faces iguais.
(2) As lentes de bordos espessos (ou grossos) são sempre divergentes, independentemente do meio em que estão imersos.
(3) Todo raio de luz que incide na direção do foco principal objeto emerge paralelamente ao eixo principal.
(4) Uma lente convergente não pode ter uma das faces plana.
(5) Uma lente divergente transforma um feixe incidente paralelo em um feixe emergente divergente.

3. Com relação às lentes esféricas, julgue a veracidade das afirmações seguintes.

(1) Os objetos reais sempre estarão situados do mesmo lado da luz incidente.
(2) As imagens reais sempre estarão do mesmo lado da luz incidente.
(3) Uma lente divergente fornece imagem real quando o objeto é virtual em qualquer posição.
(4) Os projetores de *slide* usam lentes convergentes para projetar imagens em uma tela. A imagem projetada é real.
(5) Só as lentes divergentes formam imagens virtuais.

4. (CESGRANRIO – RJ) A figura representa um sistema de duas lentes, que constitui uma luneta (chamada de Galileu). Dois raios luminosos que atravessam a luneta são também representados. Qual dos pontos indicados é foco comum das duas lentes?

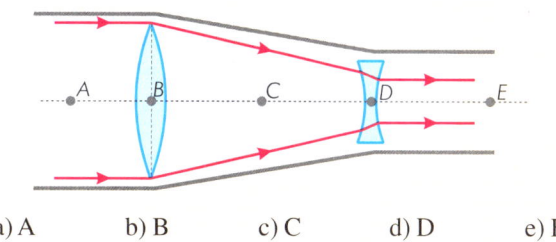

a) A b) B c) C d) D e) E

5. Observando-se uma lente de vidro de bordos espessos, pode-se afirmar que ela:

a) é necessariamente divergente.
b) é necessariamente convergente.
c) no ar, é sempre divergente.
d) no ar, é sempre convergente.
e) nunca poderá ser divergente.

6. (UFC – CE) O comportamento óptico de uma lente esférica depende:

(01) de sua geometria (formas e dimensões);
(02) do material que a constitui;
(04) do meio que a envolve;
(08) do objeto por ela focalizado;
(16) da perícia da pessoa que a utiliza;
(32) do tempo gasto em sua fabricação.

Dê como resposta a soma dos itens corretos.

7. Uma lente feita de um material cujo índice de refração é 1,5 é convergente no ar. Quando mergulhada em um líquido transparente cujo índice de refração é 1,7:

a) ela será convergente.
b) ela será divergente.

Exercícios Propostos

c) ela passa a comportar-se como um prisma.
d) ela passa a comportar-se como uma lâmina de faces paralelas.
e) ela não produzirá efeito sobre os raios luminosos.

8. Uma brincadeira comum é queimar uma folha de papel concentrando sobre ela os raios solares que atravessam uma lente de vidro. Pergunta-se:

   a) Que lentes podem ser usadas para essa brincadeira e como se classificam em vista de seu comportamento óptico?

   b) Como se chama o ponto no qual se concentram os raios luminosos após atravessarem a lente?

9. Em uma lente biconvexa de vidro em ar incide um feixe de raios paralelos. O feixe emergente:

   a) é de raios paralelos.
   b) diverge do centro óptico da lente.
   c) converge para o centro óptico da lente.
   d) diverge de um ponto do plano focal imagem.
   e) converge para o foco da lente.

25.5. Estudo Gráfico das Lentes Esféricas

A seguir, faremos a determinação gráfica (geométrica) da imagem de pequenos objetos reais, lineares, frontais às lentes esféricas delgadas, colocados sobre o eixo principal e perpendiculares a ele, de modo muito parecido com o processo utilizado no caso dos espelhos esféricos.

25.5.1. Lente convergente

1.º) *Objeto $\overline{PQ}$ situado antes do ponto antiprincipal objeto A.*

A imagem $\overline{P'Q'}$ é frontal à lente, está sobre o eixo principal, situa-se entre F' e A', é *real*, *invertida* e *menor* que o objeto (Figura 25-10).

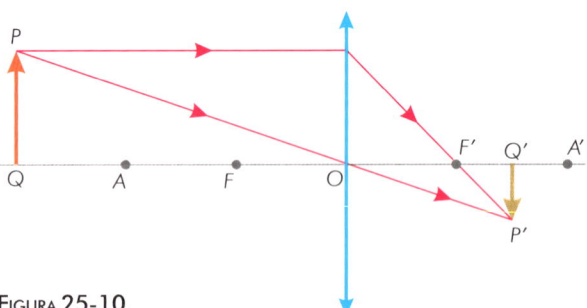

Figura 25-10.

2.º) *Objeto $\overline{PQ}$ situado sobre o ponto antiprincipal objeto A.*

A imagem $\overline{P'Q'}$ forma-se sobre o ponto antiprincipal A' e é *real*, *invertida* e de *mesmo tamanho* que o objeto (Figura 25-11).
A distância entre o objeto e a imagem é $4f$.

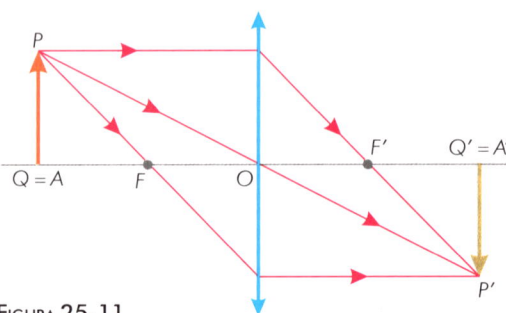

Figura 25-11.

3.º) *Objeto* $\overline{PQ}$ *situado entre o ponto antiprincipal objeto A e o foco principal objeto F.*
   A imagem $\overline{P'Q'}$ forma-se depois do ponto antiprincipal A' e é *real*, *invertida* e *maior* que o objeto (Figura 25-12).

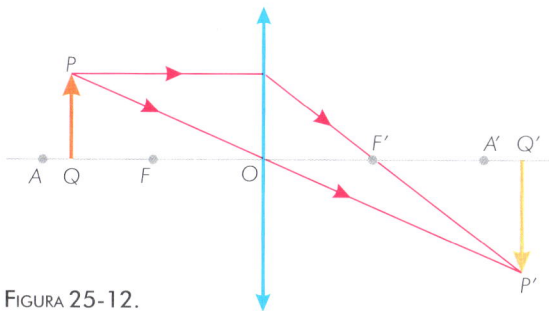

FIGURA 25-12.

4.º) *Objeto* $\overline{PQ}$ *sobre o foco principal objeto F.*
   Nesse caso, os raios emergentes são paralelos e, portanto, a *imagem é imprópria* (Figura 25-13).

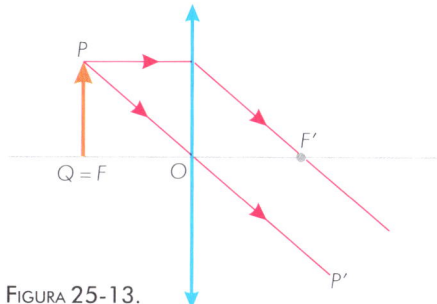

FIGURA 25-13.

5.º) *Objeto* $\overline{PQ}$ *situado entre o foco principal objeto F e o centro óptico O.*
   A imagem $\overline{P'Q'}$ formada é *virtual*, *direita* e *maior* que o objeto (Figura 25-14).

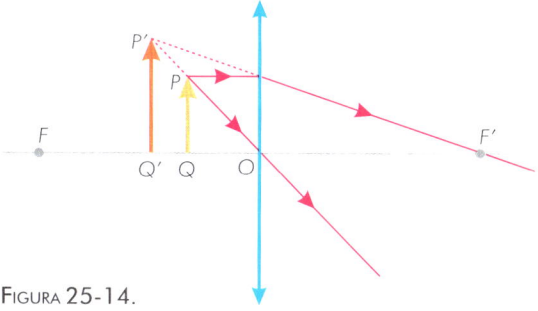

FIGURA 25-14.

OBSERVAÇÕES:

- Os casos expostos exibem clara analogia entre as lentes convergentes e os espelhos esféricos côncavos (que também têm comportamento convergente).
- O 1.º caso é um modelo de situação para uma câmara fotográfica simples, a lente delgada representando o sistema de lentes da objetiva; a imagem – real e reduzida – forma-se em um plano no qual se coloca o filme ou o CCD (câmaras *analógicas* e *digitais*, respectivamente).
- O 3.º caso é um modelo de situação para um projetor, como o de *slide* (diapositivo): o diapositivo, um filme transparente, é o objeto cuja imagem é projetada, invertida e ampliada, no plano da tela. Aplica-se, também, aos novos projetores de cristal líquido (LCD), nos quais três painéis LCD com as cores primárias são colocados como se fossem diapositivos.
- O 5.º caso corresponde à utilização da lente convergente que recebe o nome de **lupa**, ou **lente de aumento**.

25.5.2. Lente divergente

Uma lente divergente conjuga, a um objeto real, sempre uma *imagem virtual*, *direita* e *reduzida*, qualquer que seja a posição do objeto (Figura 25-15).

IMPORTANTE

Pelas construções feitas, considerando o objeto real, podemos concluir que:

a) toda imagem real é invertida;
b) toda imagem virtual é direita.

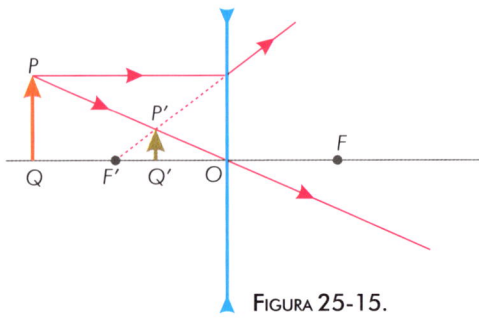

FIGURA 25-15.

Exercícios Propostos

10. (PUC – MG) Um objeto colocado entre o ponto antiprincipal e o foco de uma lente convergente produzirá uma imagem:

a) virtual, reduzida e direita.
b) real, ampliada e invertida.
c) real, reduzida e invertida.
d) virtual, ampliada e direita.
e) real, direita e ampliada.

11. Não pode ser projetada sobre um anteparo a imagem formada de um objeto real por uma

a) lente convergente, qualquer que seja a posição do objeto.
b) lente divergente, qualquer que seja a posição do objeto.
c) lente convergente, quando o objeto está entre o foco e o ponto antiprincipal objeto.
d) lente convergente, quando o objeto está sobre o ponto antiprincipal objeto da lente.
e) lente convergente, quando o objeto está antes do ponto antiprincipal objeto da lente.

12. Quanto à formação das imagens de objetos colocados em frente a lentes ou a espelhos, a afirmativa INCORRETA é:

a) lentes convergentes podem formar imagens reais e virtuais.
b) lentes divergentes só formam imagens virtuais menores que os objetos.
c) espelhos côncavos só formam imagens reais menores que os objetos.
d) espelhos convexos só formam imagens virtuais menores que os objetos.
e) as imagens virtuais formadas por lentes divergentes são sempre direitas em relação aos objetos.

13. Nas figuras a seguir, estão representados objetos reais e imagens reais conjugadas por lentes delgadas.

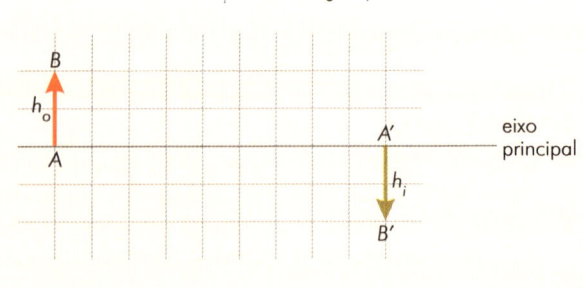

FIGURA A ($h_o < h_i$)

FIGURA B ($h_o = h_i$)

Em cada uma das situações acima, determine graficamente:

a) o centro óptico da lente;
b) os focos principais F e F';
c) o tipo de lente;
d) a natureza da imagem formada.

Exercícios Propostos

14. (UnB – DF) No diagrama ao lado, as setas verticais podem representar objetos ou imagens de objetos, dependendo do tipo de espelho – plano ou esférico – ou de lente esférica delgada – convergente ou divergente – utilizados. Os espelhos esféricos terão sempre o centro de curvatura no eixo x e vértice no ponto O. Os espelhos planos e as lentes serão colocados sempre no eixo y.

Com base no diagrama apresentado, julgue os seguintes itens.

(1) Se o espelho for plano, então II pode ser a imagem do objeto IV.
(2) Dependendo do tipo de espelho utilizado, IV pode ser a imagem do objeto III.
(3) Se I é a imagem do objeto IV, então o foco do espelho situa-se à direita de IV.
(4) Se III é a imagem virtual de algum objeto não representado na figura, um indivíduo de visão normal localizado à esquerda de O não será capaz de enxergá-la.
(5) Se for usada uma lente convergente, III pode ser a imagem do objeto II.
(6) É possível que I seja a imagem do objeto IV, projetada por um equipamento através de uma lente divergente.

25.6. Estudo Analítico

Podem-se determinar a posição e a altura da imagem conjugada por uma lente delgada conhecendo-se a posição e o tamanho do objeto. Para isso, adota-se o sistema de coordenadas chamado **referencial de Gauss**, como já foi feito para os espelhos esféricos, com o eixo das abscissas e o eixo de ordenadas indicados na Figura 25-16.

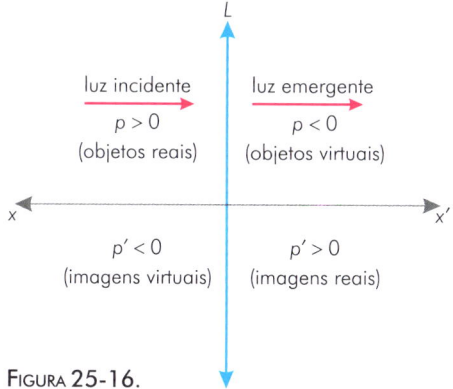

FIGURA 25-16.

As abscissas são orientadas de modo que valha a tabela de convenções a seguir:

- objeto real $\Rightarrow p > 0$
- objeto virtual $\Rightarrow p < 0$
- imagem real $\Rightarrow p' > 0$
- imagem virtual $\Rightarrow p' < 0$

Naturalmente, para as abscissas dos focos principais:

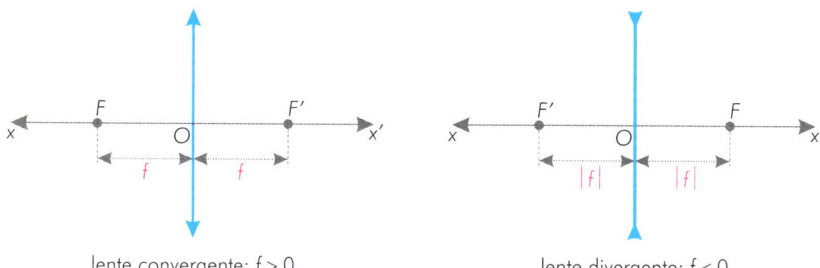

Quanto às ordenadas, por simplicidade, adotaremos: o e i são positivos, quando acima do eixo principal e negativos, quando abaixo. Então,

- imagem direita: o e i têm mesmo sinal;
- imagem invertida: o e i têm sinais opostos.

25.7. Aumento Linear Transversal

De modo inteiramente análogo ao procedimento adotado para os espelhos esféricos gaussianos, a equação do aumento linear transversal pode ser obtida com base em relações de semelhança de triângulos, no processo de formação de imagens pelas lentes.

A Figura 25-17 mostra um objeto linear MN e sua correspondente imagem $M'N'$, ambos transversais em relação ao eixo principal, para uma lente esférica delgada, obtida a partir do método gráfico.

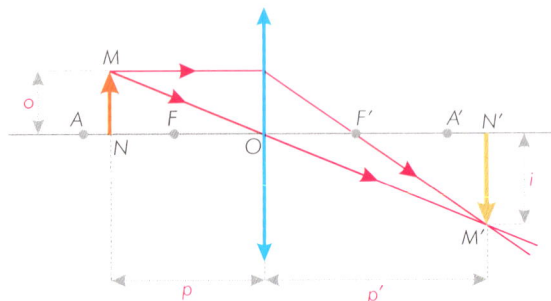

Figura 25-17.

Os triângulos MNO e $M'N'O$, destacados na figura, são semelhantes. Portanto, temos:

$$\frac{MN}{NO} = \frac{M'N'}{N'O} \Rightarrow \frac{o}{p} = \frac{-i}{p'} \quad \therefore \quad \frac{i}{o} = -\frac{p'}{p}$$

Por definição, a relação $\dfrac{i}{o} = A$ é o aumento linear transversal, ou ampliação, donde

$$\boxed{A = \frac{i}{o} = -\frac{p'}{p}}$$

25.8. Equação dos Pontos Conjugados

Novamente usaremos relações de semelhança de triângulos para relacionar as abscissas p e p', de objeto e imagem, com a distância focal f da lente.

Na figura 25-18, os triângulos MNF e SOF são semelhantes.

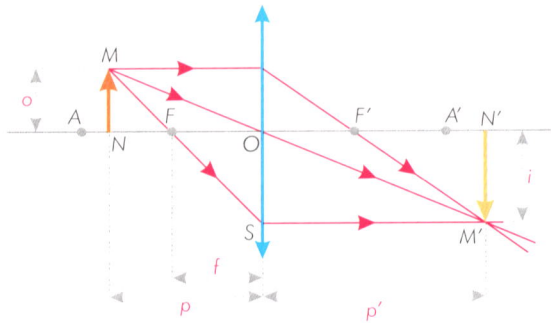

Figura 25-18.

Então,

$$\frac{MN}{NF} = \frac{SO}{OF} \Rightarrow \frac{o}{p-f} = \frac{-i}{f} \Rightarrow \frac{f}{p-f} = \frac{-i}{o}$$

Mas pela equação do aumento linear transversal, $\frac{-i}{o} = \frac{p'}{p}$. Portanto:

$$\frac{p'}{p} = \frac{f}{p-f} \Rightarrow p \cdot p' - p' \cdot f = p \cdot f \Rightarrow p \cdot p' = p' \cdot f + p \cdot f$$

Multiplicando os dois membros da última expressão por $\frac{1}{p \cdot p' \cdot f}$, obtemos:

$$\frac{p \cdot p'}{p \cdot p' \cdot f} = \frac{p' \cdot f}{p \cdot p' \cdot f} + \frac{p \cdot f}{p \cdot p' \cdot f}$$

$$\boxed{\frac{1}{f} = \frac{1}{p} + \frac{1}{p'}}$$

Observação:

As duas equações obtidas acima são algébricas, isto é, cada um dos elementos possui sinal que, de acordo com o referencial de Gauss, significa:

- $f > 0 \Rightarrow$ lente convergente
- $p > 0 \Rightarrow$ objeto real
- $p' > 0 \Rightarrow$ imagem real (projetável em um anteparo)
- $o > 0 \Rightarrow$ objeto acima do eixo principal
- $i > 0 \Rightarrow$ imagem acima do eixo principal
- $A > 0 \Rightarrow$ imagem direita (ou direta)

- $f < 0 \Rightarrow$ lente divergente
- $p < 0 \Rightarrow$ objeto virtual
- $p' < 0 \Rightarrow$ imagem virtual
- $o < 0 \Rightarrow$ objeto abaixo do eixo principal
- $i < 0 \Rightarrow$ imagem abaixo do eixo principal
- $A < 0 \Rightarrow$ imagem invertida

Exercícios Resolvidos

15. (PUC – SP) Um objeto é colocado a uma distância de 12 cm de uma lente delgada convergente, de 8 cm de distância focal. A distância, em centímetros, da imagem conjugada em relação à lente é:
a) 24   b) 20   c) 12   d) 8   e) 4

Resolução:
Dados:
- $p = +12$ cm (objeto real)
- $f = +8$ cm (lente convergente)
- $p' = ?$

Usando a equação de Gauss, dos pontos conjugados, temos:

$$\frac{1}{f} = \frac{1}{p} + \frac{1}{p'}$$

$$\frac{1}{8} = \frac{1}{12} + \frac{1}{p'} \Rightarrow \frac{3p'}{24p'} = \frac{2p' + 24}{24p'}$$

$$3p' = 2p' + 24 \therefore p' = 24$$

Resposta: **a**

Obs.: a imagem conjugada é real, invertida e reduzida, pois o objeto real encontra-se entre o ponto antiprincipal objeto e o foco principal.

Exercícios Resolvidos

16. Sabe-se que a imagem de um objeto real, conjugada por uma lente delgada, tem o triplo do tamanho do objeto e forma-se a 120 cm da lente. Nessas circunstâncias, qual é a distância focal da lente, em centímetros?

Resolução:

Dados:
- $p' = +120$ cm (imagem real)
- $A = -3$ (imagem invertida)

(I) Usando a equação do aumento linear transversal para as lentes, temos:

$$A = \frac{i}{o} = -\frac{p'}{p}$$

$$-3 = -\frac{120}{p} \Rightarrow p = \frac{-120}{-3}$$

$$p = 40 \text{ cm}$$

(II) Aplicando a equação de Gauss, dos pontos conjugados, temos:

$$\frac{1}{f} = \frac{1}{p} + \frac{1}{p'}$$

$$\frac{1}{f} = \frac{1}{40} + \frac{1}{120}$$

$$\frac{120}{120f} = \frac{3f + f}{120f}$$

$$4f = 120 \quad \therefore \quad f = 30 \text{ cm}$$

Exercícios Propostos

17. (UEM – PR) Dê a soma da(s) alternativa(s) correta(s).

(01) A imagem de um objeto real, situado no infinito, é formada no foco objeto de uma lente convergente.

(02) A imagem formada por uma lente convergente tem sempre um tamanho maior que o tamanho do objeto.

(04) Quando se aproxima o objeto de uma lente convergente, a imagem deste se afasta e seu tamanho diminui.

(08) Conhecendo-se a distância focal e o aumento linear transversal, é possível calcular a distância entre o objeto e a lente.

(16) A imagem de um objeto produzida por uma lente convergente nem sempre pode ser projetada numa tela.

(32) Uma lente convergente não pode ser utilizada como lupa.

(64) A imagem produzida por uma lente divergente nunca pode ser projetada numa tela.

18. Uma lente delgada convergente possui distância focal igual a 30 cm. Essa lente fornece, de um objeto real, uma imagem real, invertida e de mesmo tamanho que o objeto. Determine, em centímetros, a distância entre o objeto e a respectiva imagem.

19. Um objeto luminoso de altura igual a 5,0 cm está sobre o eixo principal de uma lente divergente, de 25,0 cm de distância focal, e a 75,0 cm dela. Determine, em centímetros, a abscissa da imagem e a sua ordenada.

20. O "olho mágico" é um dispositivo de segurança residencial constituído simplesmente de uma lente esférica. Colocado na porta de apartamentos, por exemplo, permite que se veja o visitante que está no *hall* de entrada. Quando um visitante está a 50 cm da porta, um desses dispositivos forma, para o observador dentro do apartamento, uma imagem direita do rosto do visitante, e com um terço do tamanho do rosto. Assinale a opção que se aplica a esse caso quanto às características da lente do "olho mágico" e a sua abscissa focal:

a) divergente, abscissa focal igual a -300 cm
b) divergente, abscissa focal igual a $-25{,}0$ cm
c) divergente, abscissa focal igual a $-20{,}0$ cm
d) convergente, abscissa focal igual a $+20{,}0$ cm
e) convergente, abscissa focal igual a $+300$ cm

21. (UnB – DF) Um objeto real está localizado no eixo principal de uma lente convergente, distante 20,0 cm do seu centro óptico. Sabendo que a distância focal da lente é de 10,0 cm, calcule, no sistema CGS, a distância da imagem conjugada ao objeto.

Exercícios Propostos

22. (PUC – SP) Leia com atenção a tira a seguir.

Suponha que Bidu, para resolver o problema da amiga, que só tem 6 mm de altura, tenha utilizado uma lente delgada convergente de distância focal 12 cm, colocada a 4 cm da formiguinha. Para o elefante, a altura da formiga, em cm, parecerá ser de:

a) 0,6   b) 0,9   c) 1,2   d) 1,5   e) 1,8

---

23. (UnB – DF) Um objeto é colocado a 60,0 cm de uma lente convergente. Aproximando-se de 15,0 cm o objeto da lente, a imagem obtida fica com três vezes o tamanho da anterior. Determine, em unidades do sistema CGS, a distância focal da lente. Multiplique o resultado por 2.

24. (UnB – DF) Uma lente delgada convergente, de distância focal igual a 30 cm, deve ser colocada entre uma fonte luminosa pontual e uma tela, de modo que sobre esta se forme a imagem da fonte. A distância entre a fonte luminosa e a tela é de 1,5 m. Determine, em centímetros, a soma das posições da lente em relação à fonte.

Divida o resultado obtido por 10 e despreze a parte fracionária, caso exista.

25. (UnB – DF) Um objeto luminoso é colocado a 60 cm de uma lente convergente, de 20 cm de distância focal. Uma segunda lente convergente, de 30 cm de distância focal, é colocada a 80 cm da primeira lente, tendo seus eixos principais coincidentes.

A que distância da segunda lente fica a imagem final formada pelo sistema? Dê sua resposta em unidades do sistema CGS.

25.9. Convergência da Lente Esférica Delgada

O poder de convergência de uma lente – isto é, a capacidade que ela tem de fazer convergir (ou divergir) raios de luz componentes de um feixe de luz nela incidente – é tanto maior quanto mais próximo o ponto para o qual convergem (ou do qual divergem) os raios. Então, define-se vergência (ou convergência) V de uma lente esférica delgada como o inverso da distância focal:

$$V = \frac{1}{f}$$

No SI, a distância focal f será medida em metros (m) e, nesse caso, a vergência V será medida em m^{-1}, unidade que se denomina **dioptria** (símbolo **di**), e conhecida popularmente como "grau" da lente.

De acordo com essa definição, a distância focal de uma lente e a sua vergência são grandezas inversamente proporcionais, ou seja, quanto maior é a distância focal de uma lente, tanto menor é a sua vergência.

Quando dizemos que as lentes dos óculos de uma pessoa têm 2 graus, isso significa que a vergência das lentes dos óculos é 2 di.

25.10. Equação dos Fabricantes de Lentes

René Descartes (1596-1650).

Os primeiros fabricantes de lentes seguiam receitas empíricas para fundir o vidro e dar-lhe forma e polimento. Mais tarde, com melhor entendimento dos princípios de funcionamento da refração, foi possível obter uma equação que relaciona características geométricas da lente (os raios de curvatura das faces de incidência e de emergência da luz), características físicas do material (índice de refração do material em relação ao meio externo) e o poder de convergência. Atribui-se a sua descoberta a René Descartes (1596-1650) e sua formulação algébrica final, publicada em 1692 por Molineux (1656-1698), no livro *Dioptrica Nova*, a Edmond Halley (1656-1742).

Essa equação, chamada equação dos fabricantes de lentes (ou equação de Halley), relaciona a distância focal f de uma lente delgada com os raios de curvatura R_1 e R_2 de suas faces, o índice de refração absoluto (n_{lente}) do material com que a lente é confeccionada e do índice de refração absoluto (n_{meio}) do meio no qual a lente está imersa:

$$\frac{1}{f} = \left(\frac{n_{lente}}{n_{meio}} - 1 \right) \cdot \left(\frac{1}{R_1} + \frac{1}{R_2} \right)$$

OBSERVAÇÕES: Para que a equação dos fabricantes de lentes seja coerente com a equação dos pontos conjugados, os raios de curvatura devem obedecer à seguinte convenção de sinais (acompanhe pela Figura 25-19):

- face côncava $\Rightarrow R < 0$
- face convexa $\Rightarrow R > 0$
- Uma face plana tem raio de curvatura que tende ao infinito ($R \to \infty$) e, portanto, seu inverso $\frac{1}{R}$ tende a zero $\left(\frac{1}{R} \to 0 \right)$.
- É interessante observar que essa equação não tem análogo para os espelhos esféricos; para estes, a luz incide e emerge sempre no mesmo meio. No caso das lentes, há sempre duas refrações, envolvendo dois meios opticamente diferentes, e, por isso, a distância focal das lentes depende do meio externo.

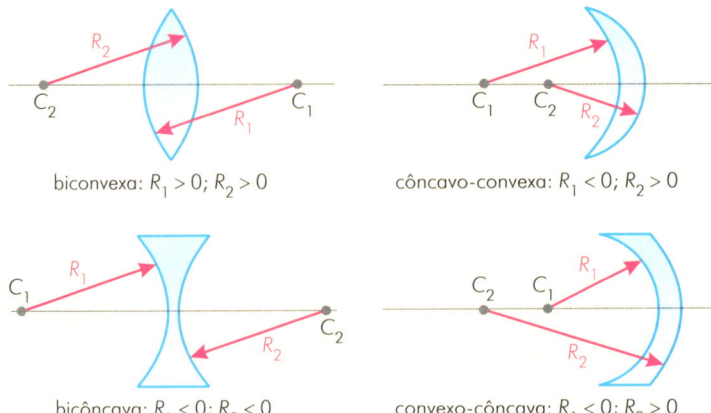

FIGURA 25-19.

Exercícios Resolvidos

26. Uma lente convergente de 2,00 dioptrias (popularmente 2,00 "graus") tem distância focal de:
a) 500 cm   b) 200 cm   c) 100 cm   d) 50 cm   e) 20 cm

RESOLUÇÃO:
Resposta: **d**

A vergência de uma lente é dada pela relação $V = \dfrac{1}{f}$.
Assim, conhecendo a vergência da lente, podemos calcular sua distância focal. Portanto:

$$2,00 = \dfrac{1}{f} \Rightarrow f = \dfrac{1}{2,00}$$

$$f = 0,5 \text{ m} = 50 \text{ cm}$$

27. (ITA – SP) Um indivíduo usa uma lente plano-convexa para concentrar raios solares sobre grama seca, visando acender uma fogueira. Para tanto, ele ajusta a lente para sua posição ótima. Sabendo-se que o índice de refração da lente, em relação ao ar, é 1,5, o raio de curvatura do lado convexo dessa lente é igual a 10 cm, qual a distância da grama à lente, em centímetros?

RESOLUÇÃO:
Aplicando a equação dos fabricantes de lentes, temos:

$$\dfrac{1}{f} = \left(\dfrac{n_{lente}}{n_{meio}} - 1\right) \cdot \left(\dfrac{1}{R_1} + \dfrac{1}{R_2}\right)$$

$$\dfrac{1}{f} = \left(\dfrac{1,5}{1} - 1\right) \cdot \left(\dfrac{1}{R \to \infty} + \dfrac{1}{10}\right)$$

$$\dfrac{1}{f} = (1,5 - 1) \cdot (0 + 0,1)$$

$$\dfrac{1}{f} = +0,05 \Rightarrow f = +\dfrac{1}{0,05} \therefore f = +20 \text{ cm}$$

Como os raios solares refratados através da lente devem se cruzar no foco principal dessa lente, para a grama pegar fogo, ele deve colocar a lente a 20 cm da grama.

Exercícios Propostos

28. Considerando uma lente biconvexa cujas faces possuem o mesmo raio de curvatura, podemos afirmar que:
a) o raio de curvatura das faces é sempre igual ao dobro da distância focal.
b) o raio de curvatura é sempre igual à metade do recíproco de sua vergência.
c) ela é sempre convergente, qualquer que seja o meio envolvente.
d) ela só é convergente se o índice de refração do meio envolvente for maior que o do material da lente.
e) ela só é convergente se o índice de refração do material da lente for maior que o do meio envolvente.

29. Uma lente esférica de vidro, delgada, convexo-côncava, imersa no ar, tem o raio da superfície côncava igual a 20,0 cm e o da superfície convexa igual a 40,0 cm. Sendo o índice de refração do vidro, em relação ao ar, igual a 1,5, determine, em unidades SI:
a) a vergência da lente, em dioptrias;
b) a distância focal da lente.

30. (UFPR) Uma lente plano-convexa possui distância focal de 50 cm, quando imersa no ar. O raio de curvatura da face convexa mede 20 cm, e o material de que a lente é feita tem índice de refração 1,4. Considere um objeto situado sobre o eixo principal da lente, a uma distância de 60 cm dela. Se o sistema lente-objeto descrito for transposto para um meio com índice de refração 1,5, dê a soma das alternativas corretas:

(01) A lente passa a ser do tipo divergente.
(02) A distância focal da lente não vai se alterar.
(04) A imagem nessa situação será virtual, direita e menor que o objeto.
(08) A imagem formar-se-á a 50 cm da lente.
(16) O aumento linear será de +1,0.

31. Uma vela acesa encontra-se a uma distância de 30 cm de uma lente plano-convexa que projeta uma imagem nítida de sua chama em uma parede a 1,20 m de distância da lente. Qual é o raio de curvatura da parte curva da lente, se o seu índice de refração é igual a 1,50, e o índice de refração do ar é igual a 1,0?

32. (UFC – CE) Uma lente esférica delgada, construída de um material de índice de refração n, está imersa no ar ($n_{ar} = 1,00$). A lente tem distância focal f e suas superfícies esféricas têm raios de curvatura R_1 e R_2.

Esses parâmetros obedecem a uma relação conhecida como equação dos fabricantes, expressa por

$$\dfrac{1}{f} = \left(\dfrac{n_{lente}}{n_{meio}} - 1\right) \cdot \left(\dfrac{1}{R_1} + \dfrac{1}{R_2}\right)$$

Suponha uma lente biconvexa de raios de curvatura iguais ($R_1 = R_2 = R$), distância focal f_0 e índice de refração $n = 1,8$ (Figura I). Essa lente é partida, dando origem a duas lentes plano-convexas iguais (Figura II). A distância focal de cada uma das novas lentes é:

FIGURA I   FIGURA II

a) $\dfrac{1}{2} f_0$ b) $\dfrac{4}{5} f_0$ c) f_0 d) $\dfrac{9}{5} f_0$ e) $2f_0$

Exercícios Propostos

33. (UFSC) Um livro de ciências ensina a fazer um microscópio simples com uma lente de glicerina. Para isso, com um furador de papel, faz-se um furo circular num pedaço de folha fina de plástico que, em seguida, é apoiada sobre uma lâmina de vidro. Depois, pingam-se uma ou mais gotas de glicerina, que preenchem a cavidade formada pelo furo, que se torna a base de uma lente líquida praticamente semiesférica. Sabendo que o índice de refração absoluto da glicerina é 1,5 e que o diâmetro do furo é 5,0 mm, pode-se afirmar que a vergência dessa lente é de, aproximadamente:

a) +10 di
b) –20 di
c) +50 di
d) –150 di
e) +200 di

Exercícios Complementares

34. As partes essenciais dos instrumentos ópticos são constituídas por *lentes esféricas*, ou seja, corpos refringentes delimitados por superfícies esféricas ou, pelo menos, uma das superfícies é esférica. Elas têm a propriedade de produzir imagens ampliadas ou reduzidas de objetos extensos, sem grandes deformações. Com base no estudo das lentes esféricas delgadas, julgue os itens a seguir.

(1) Uma lente de vidro cujos bordos são mais espessos que a parte central, quando imersa no meio ar, é sempre divergente.
(2) As imagens de objetos reais produzidas por lentes esféricas delgadas do tipo convergentes são reais.
(3) É possível acender um cigarro com uma lente voltada para o Sol. A lente deverá ser convergente e o cigarro localizar-se-á no seu foco.
(4) As lentes divergentes conjugam, de objetos reais, imagens virtuais, direitas e de tamanho menor que o objeto, qualquer que seja a posição do objeto em relação à lente.

35. (PUC-MG) A lente da historinha do Bidu pode ser representada por quais das lentes cujos perfis são mostrados a seguir?

Criação de Mauricio de Sousa

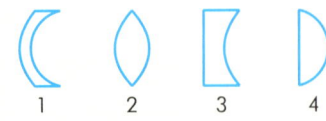

a) 1 ou 3
b) 2 ou 4
c) 1 ou 2
d) 3 ou 4
e) 2 ou 3

36. O diagrama mostra um objeto (O), sua imagem (I) e o trajeto de dois raios luminosos que saem do objeto. Que dispositivo óptico colocado sobre a linha PQ produzirá a imagem mostrada?

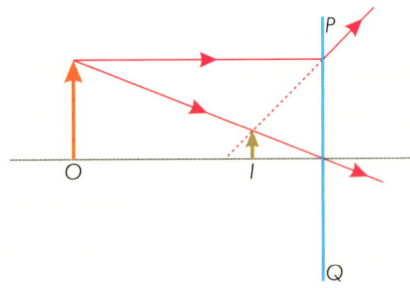

a) Espelho plano.
b) Espelho côncavo.
c) Espelho convexo.
d) Lente convergente.
e) Lente divergente.

37. Observe o diagrama abaixo. Nesse diagrama, estão representados um objeto AB e uma lente convergente L. F_1 e F_2 são focos dessa lente.

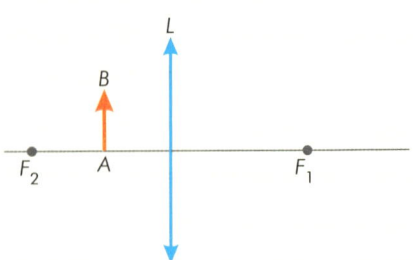

A imagem A'B' do objeto AB será:

a) direta, real e menor do que o objeto.
b) direta, virtual e maior do que o objeto.
c) direta, virtual e menor do que o objeto.
d) invertida, real e maior do que o objeto.
e) invertida, virtual e maior do que o objeto.

Exercícios Complementares

38. (PUC – SP) As figuras abaixo são fotografias de feixes de luz paralelos que incidem e atravessam duas lentes esféricas imersas no ar. Considere que as lentes são feitas de um material cujo índice de refração absoluto é maior do que o índice de refração do ar.

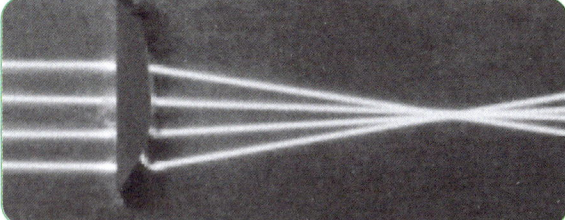

FIGURA A

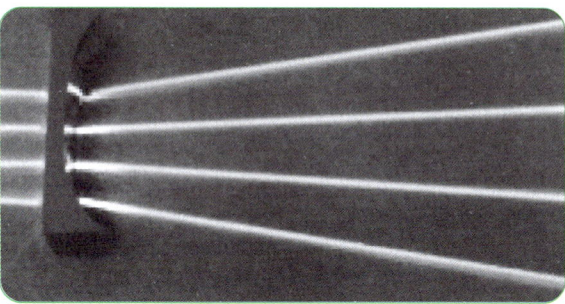

FIGURA B

Sobre essa situação fazem-se as seguintes afirmações:

I. A lente da Figura A comporta-se como lente convergente e a lente da Figura B comporta-se como lente divergente.

II. O comportamento óptico da lente da Figura A não mudaria se ela fosse imersa em um líquido de índice de refração absoluto maior que o índice de refração absoluto do material que constitui a lente.

III. Lentes com propriedades ópticas iguais às da lente da Figura B podem ser utilizadas por pessoas portadoras de miopia.

IV. Para queimar uma folha de papel, concentrando a luz solar com apenas uma lente, uma pessoa poderia utilizar a lente B.

Das afirmações, estão corretas apenas:

a) I e II
b) II e III
c) I e III
d) II e IV
e) I, III e IV

39. Suponha que um ponto luminoso P, sobre o eixo óptico e a 20 cm de uma lente convergente, tenha sua imagem na posição Q, simétrica de P em relação à lente, conforme ilustra a figura a seguir. Admita que você deseja acender um cigarro usando essa lente, em um dia ensolarado. A ponta do cigarro deverá ser colocada a uma distância da lente, sobre o eixo óptico, de:

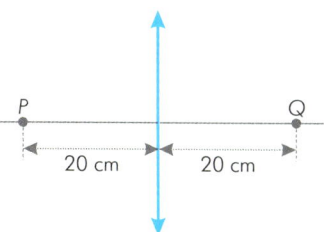

a) 20 cm
b) 10 cm
c) 30 cm
d) 40 cm
e) 50 cm

40. Um objeto de 3,0 cm de altura é colocado perpendicularmente ao eixo de uma lente convergente, de distância focal 18,0 cm. Sabendo que a distância do objeto à lente é de 12 cm, calcule, em centímetros, o tamanho da imagem fornecida pela lente.

41. Uma lente L é colocada sob uma lâmpada fluorescente AB cujo comprimento é igual a 120 cm. A imagem é focalizada na superfície de uma mesa, a 36 cm da lente. A lente situa-se a 180 cm da lâmpada e o seu eixo principal é perpendicular à face cilíndrica da lâmpada e à superfície plana da mesa. A figura a seguir ilustra a situação.

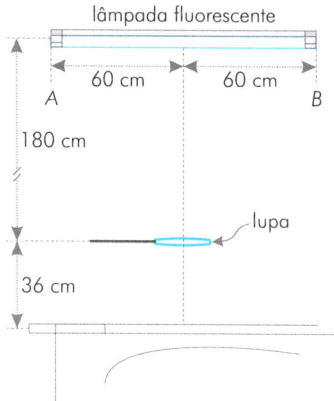

Pedem-se:

a) a distância focal da lente, em centímetros;
b) o comprimento da imagem da lâmpada e a sua representação geométrica. Utilize os símbolos A' e B' para indicar as extremidades da imagem da lâmpada, em centímetros.

42. A distância entre um objeto e uma tela é de 80 cm. Um objeto é iluminado e, por meio de uma lente delgada posicionada adequadamente entre o objeto e uma tela, sua imagem, nítida e ampliada 3 vezes, é obtida sobre a tela.

Para que isso seja possível, a lente deve ser:

Exercícios Complementares

a) convergente, com distância focal de 15 cm, colocada a 20 cm do objeto.
b) convergente, com distância focal de 20 cm, colocada a 20 cm do objeto.
c) convergente, com distância focal de 15 cm, colocada a 60 cm do objeto.
d) divergente, com distância focal de 15 cm, colocada a 60 cm do objeto.
e) divergente, com distância focal de 20 cm, colocada a 20 cm do objeto.

43. Em uma aula sobre óptica, um professor, usando uma das lentes de seus óculos (de grau +1,0 di), projeta, sobre uma folha de papel colada ao quadro de giz, a imagem da janela que fica no fundo da sala (na parede oposta à do quadro). Para isso, ele coloca a lente a 1,20 m da folha. Com base nesses dados, é correto afirmar que a distância entre a janela e o quadro de giz vale:

a) 2,4 m   c) 6,0 m   e) 8,0 m
b) 4,8 m   d) 7,2 m

44. Um objeto real é disposto perpendicularmente ao eixo principal de uma lente convergente, de distância focal 30 cm. A imagem obtida é direita e tem o dobro do tamanho do objeto. Nessas condições, a distância entre o objeto e a imagem, em cm, vale:

a) 75   c) 30   e) 5
b) 45   d) 15

45. Uma lente é utilizada para projetar em uma parede a imagem de um *slide*, ampliada quatro vezes em relação ao tamanho original do *slide*. A distância entre a lente e a parede é de 2,0 m.

O tipo de lente utilizado e sua distância focal são, respectivamente,

a) divergente, 2,0 cm.
b) convergente, 40 cm.
c) divergente, 40 cm.
d) divergente, 25 cm.
e) convergente, 25 cm.

46. Deseja-se projetar a imagem de um *slide* em uma parede com ampliação igual a 50, isto é, a imagem deverá ter altura 50 vezes a do objeto. Tendo o projetor de *slide* uma lente delgada biconvexa de distância focal igual a 12,50 cm, determine a distância entre ela, a tela e a lente.

47. Uma escultura de 2,18 m de altura foi fotografada com uma câmara abastecida com filme para *slide*. A imagem gravada no *slide* tem 2,00 cm de altura. Para ver essa imagem em uma tela, o fotógrafo dispõe de um projetor de *slides* de lente biconvexa, delgada, com distância focal de 10,0 cm. Se o fotógrafo deseja ver a imagem da escultura, na tela, em seu tamanho natural, a que distância da tela, em metros, deve ficar a lente do projetor?

48. Uma lente plano-côncava é constituída de vidro de índice de refração 1,50. O raio de curvatura da face côncava é 3,00 cm, e a lente está imersa no ar. Determine, em centímetros, a distância focal da lente.

49. Uma lente biconvexa de faces esféricas, com raios de curvaturas $R_1 = 10$ cm e $R_2 = 40$ cm, tem índice de refração $n = 1,4$ em relação ao ar. Qual a distância relativa à lente, em que deve aparecer a imagem de um objeto colocado a 40 cm dela, sobre o eixo óptico, em centímetros?

---

50. (UnB – DF) A busca por fontes de energia não-poluentes é de fundamental importância para a sociedade moderna. No Brasil, especialmente nas regiões de menor latitude, a energia solar mostra-se como uma alternativa energética viável. Um dos tipos de gerador de energia elétrica com base na conversão de energia solar envolve o aquecimento da água por intermédio da **focalização** da luz solar sobre um tubo, pelo qual a água flui. A água é aquecida até a vaporização e o vapor produzido impulsiona uma turbina acoplada a um gerador elétrico. Um módulo desse sistema é composto de um semicilindro, com a parte interna espelhada, e de um bulbo metálico, pelo qual flui a água, situado acima da superfície espelhada. A figura ao lado ilustra o semicilindro desse módulo, que tem 2 m de comprimento e raio interno de igual medida.

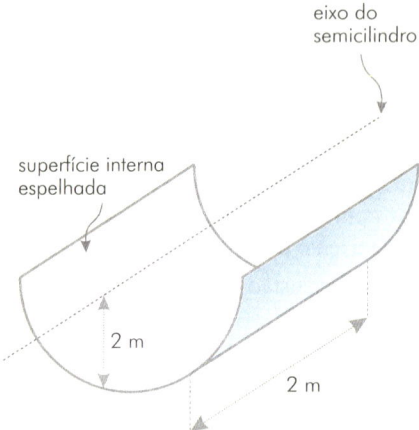

Exercícios Complementares

Coletores solares.

Considerando que o calor sensível da água é de 1 kcal/(°C · kg) = 4,18 kJ/(°C · kg) e que a sua densidade é igual a 1 kg/L, julgue os itens a seguir.

(1) A região de maior densidade volumétrica de energia localiza-se na linha focal do espelho e em suas proximidades.
(2) Para obter-se um aproveitamento maior de energia solar, o tubo pelo qual a água flui deverá ser posicionado no eixo do espelho semicilíndrico.
(3) Como a conversão da energia luminosa em energia térmica depende da capacidade de absorção de luz pelo tubo, para obter-se maior aproveitamento da energia solar, é recomendável que o tubo seja de cor preta.
(4) Supondo que em um dia ensolarado o espelho concentre uma energia luminosa de 5 kJ a cada segundo sobre o tubo e que o fator de conversão da energia luminosa em térmica do sistema seja de 60%, conclui-se que 1 litro de água, introduzido no tubo a 30 °C, atingirá 90 °C em menos de 1 minuto.

26 — A Óptica da Visão Humana

26.1. O Olho Humano

A principal finalidade do estudo da óptica é o entendimento da visão humana, que é muito complexa. Neste texto, abordaremos as principais características do olho humano e o comportamento óptico dos elementos que interagem com a luz, bem como os mais comuns defeitos de visão decorrentes de imperfeições físicas do olho. Não discutiremos detalhes da fisiologia nem os processos mentais envolvidos na visão humana.

A Figura 26-1 ilustra, em corte (segundo um plano vertical passando pelo centro do olho de uma pessoa em pé), as principais características anatômicas de um olho humano normal.

O globo ocular humano pode ser visto como uma superposição de duas calotas esféricas: uma calota esférica frontal, constituída de uma membrana transparente chamada **córnea**, e outra calota maior, opaca, que constitui quase todo o globo. Essa última apresenta três camadas: a **esclerótica**, que é a mais externa e dá sustentação ao olho; a **coroide**, intermediária, fortemente irrigada por vasos sangüíneos; e a **retina**, mais interna, que corresponde ao revestimento da câmara oftálmica.

O **cristalino** é constituído de fibras e substâncias gelatinosas transparentes, funcionando como lente biconvexa. A **íris** é um músculo circular pigmentado, cuja coloração varia de pessoa para pessoa; no seu centro fica a **pupila**, uma abertura circular, cujo diâmetro pode variar, para regular a quantidade de luz que entra no olho.

O **humor aquoso** é um líquido transparente existente entre a córnea e o cristalino. Entre o cristalino e a retina, existe uma substância gelatinosa chamada **humor vítreo**.

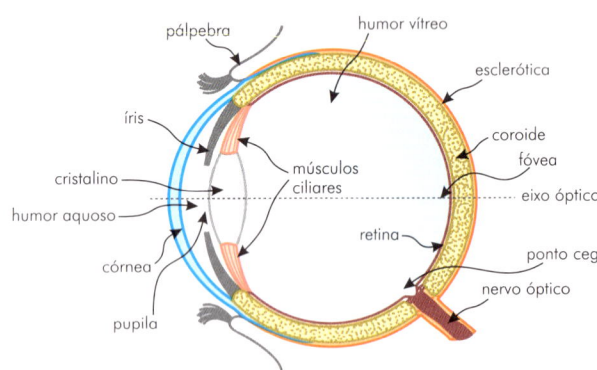

Figura 26-1. O olho humano e seus elementos básicos.

Um cuidadoso exame oftalmológico detecta não apenas a necessidade de lentes corretivas para os defeitos de visão, mas também pode observar doenças subjacentes, como pressão alta.

A córnea, o humor aquoso, o cristalino e o humor vítreo de um olho humano normal constituem um sistema óptico *convergente*. De um objeto visado, esse sistema forma uma imagem *real*, *invertida* e *reduzida* sobre a retina.

Na retina, células nervosas sensíveis à luz transmitem ao cérebro as sensações visuais, por meio do **nervo óptico**.

Na Figura 26-2, apresentamos um esquema simplificado do olho humano, destacando o sistema óptico convergente (constituído pela córnea, pelo cristalino e pelos humores) e a retina (que funciona como anteparo no qual são projetadas as imagens).

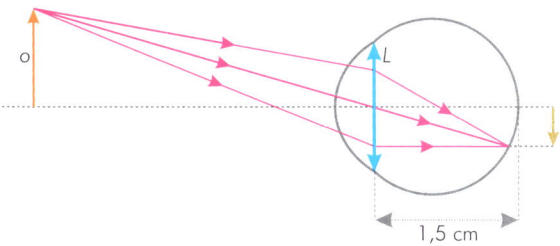

Figura 26-2. Esquema simplificado do olho, mostrando o caminho da luz que projeta a imagem na retina.

26.1.1. Acomodação visual

Imagine-se em uma praia, observando um navio distante, na linha do horizonte.

Quando o objeto visado está muito longe, dizemos que ele se encontra no **infinito** (observe que essa palavra não é tomada literalmente: quer dizer que a distância em questão é muito maior que as dimensões dos elementos do olho). O foco imagem fica situado na retina e os raios de luz que incidem no olho, provenientes do objeto, chegam praticamente paralelos (veja a Figura 26-3). Nessa situação, o olho não apresenta esforço muscular, razão pela qual sentimos nossos olhos descansados quando observamos uma paisagem ou quando fixamos nosso olhar em algum lugar muito distante (isto é, "no infinito"). O ponto mais distante em que pode estar um objeto para que o olho humano consiga vê-lo nitidamente é denominado **ponto remoto**. O ponto remoto do olho humano normal é o infinito.

Imagine agora que o navio se aproxima da praia, chegando bem próximo de onde você se encontra. A distância mínima a que pode estar um objeto para ser visto nitidamente, sem ficar **fora de foco**, é cerca de 25 cm, para um olho humano adulto normal. Essa distância mínima em que um objeto é visto nitidamente denomina-se **ponto próximo** (veja Figura 26-4).

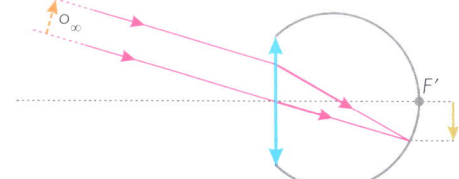

Figura 26-3. Formação da imagem de um objeto infinitamente afastado.

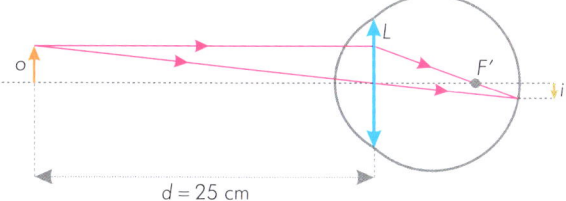

Figura 26-4. Objeto no ponto próximo e sua imagem.

Um corpo em um ponto muito distante, como o navio na linha do horizonte, é dito no **infinito**. No entanto, independentemente de sua localização com relação ao nosso olho, sua imagem será formada sempre em nossa retina.

Faça um experimento simples para localizar, aproximadamente, o *seu* ponto próximo: pegue um lápis e segure-o a uma certa distância de um de seus olhos; fixe o olhar na ponta do lápis e aproxime-o lentamente, procurando localizar a menor distância que permita uma visão nítida. Distâncias menores que esta devem proporcionar uma imagem borrada.

Nossos olhos precisam fazer um grande esforço muscular para manter nítidas as imagens de objetos muito próximos. Por isso, depois de uma leitura prolongada ou da realização de trabalhos muito próximos dos olhos, recomenda-se fixar um ponto remoto.

A nossa experiência cotidiana mostra, como nos exemplos do navio na linha do horizonte e próximo à praia, que, mesmo variando a distância do objeto em relação ao olho, sua imagem continua formando-se sobre a retina. Isso acontece graças ao fenômeno da **acomodação visual**, em que a ação da musculatura do olho altera a curvatura das faces do cristalino.

26.1.2. Defeitos da visão

A *miopia*, a *hipermetropia*, o *astigmatismo* e a *presbiopia* são os defeitos mais comuns do olho humano.

Miopia

A **miopia** é um defeito que não permite visão nítida de um objeto ao longe, porque, estando os músculos ciliares relaxados (ausência de esforço de acomodação), o foco imagem do olho está antes da retina.

Isso leva a imagem de um objeto distante a formar-se antes da retina. Veja a Figura 26-5.

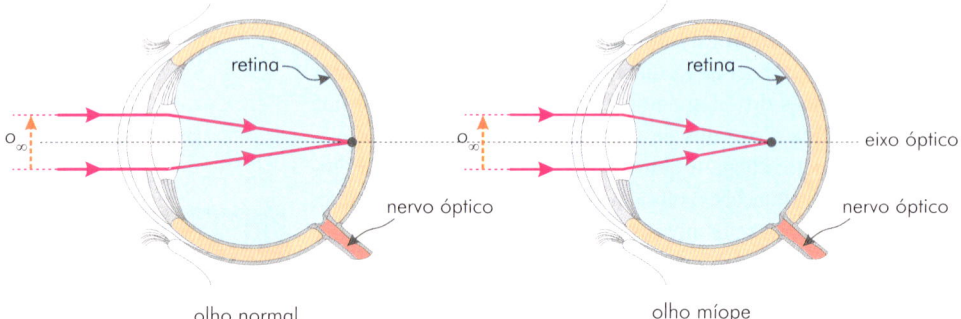

FIGURA 26-5.

O olho míope apresenta uma excessiva convergência ou um alongamento na direção do eixo anteroposterior, o que leva a um encurtamento da faixa de visão, com uma aproximação do ponto remoto e do ponto próximo, em relação ao olho normal. O míope tem muita dificuldade para enxergar ao longe, mas enxerga bem a curtas distâncias.

A *miopia* pode ser corrigida com cirurgia ou com o uso de **lentes divergentes**. Veja na Figura 26-6 o esquema de um olho míope corrigido pelo uso de uma lente divergente.

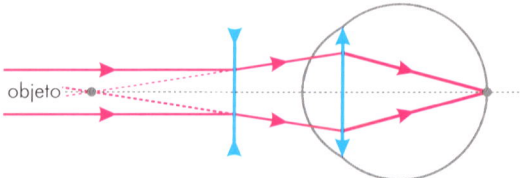

FIGURA 26-6. Esquema de uma lente divergente para correção da miopia.

Desprezando a distância da lente ao olho, pode-se concluir que a distância do ponto remoto ao olho é igual à distância focal da lente divergente. Ou seja, o ponto remoto do olho míope corrigido coincide com o foco imagem da lente divergente. Os procedimentos cirúrgicos, hoje muito facilitados graças ao uso do *laser*, corrigem a miopia tornando a córnea menos convergente, mediante alteração na sua curvatura.

Hipermetropia

A **hipermetropia** é um defeito oposto à miopia, caracterizando-se por um achatamento do olho na direção do eixo anteroposterior ou por uma convergência diminuída, em relação ao olho normal. Em consequência, se o olho não estiver realizando esforço de acomodação, o foco imagem estará depois da retina, o mesmo acontecendo com a imagem de um objeto infinitamente afastado. Veja a Figura 26-7.

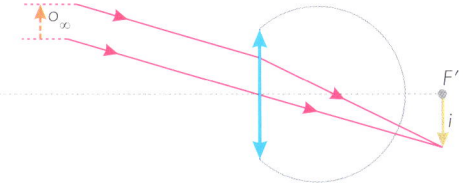

olho hipermetrope sem esforço;
objeto no infinito gera imagem após a retina

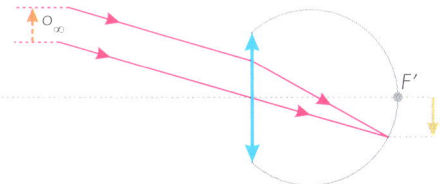

olho hipermetrope com esforço;
objeto no infinito gera imagem na retina

FIGURA 26-7.

Para que o hipermetrope possa enxergar nitidamente objetos próximos a ele, deve-se aumentar a convergência de seu olho, o que se consegue com o uso de **lentes convergentes** ou com cirurgias que modifiquem a curvatura da córnea, tornando-a mais convergente.

O uso de lentes adequadas permite que eventuais incorreções na formação da imagem sejam resolvidas.

Presbiopia, presbitia ou vista cansada

Com o passar dos anos, o cristalino perde a capacidade de acomodação, de modo que suas faces não adquirem a curvatura necessária que permita a visão de objetos próximos. Isso significa que o ponto próximo se afasta do olho e, portanto, a pessoa presbíope (ou presbita) não enxerga bem de perto. Da mesma forma que na hipermetropia, a correção é feita com o uso de óculos cujas lentes são **esféricas convergentes**. É frequente o uso de lentes bifocais (na verdade, duas lentes com distâncias focais diferentes, associadas em uma armação) ou multifocais (lente com muitas distâncias focais, diferenciadas por faixas horizontais) por pacientes com esse quadro.

Astigmatismo

O *astigmatismo* consiste em uma imperfeição do olho, particularmente da córnea, cujo raio de curvatura varia conforme a secção considerada. Por isso, a luz sofre refrações diferentes, nas diferentes secções. Consequentemente, a imagem que se forma na retina do olho astigmático não é nítida, isto é, apresenta deformações. A correção é feita com uso de lentes *cilíndricas*, que podem ser convergentes ou divergentes (Figura 26-8).

> **IMPORTANTE**
>
> A miopia, a hipermetropia e o astigmatismo são chamados *ametropias*, porque são defeitos de visão provocados por desvios nas medidas do olho, quando comparado a um olho normal (ou emetrope, isto é, olho que tem as medidas corretas).

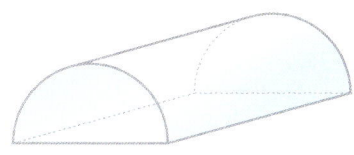
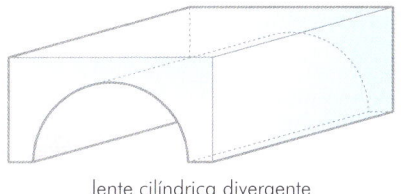

FIGURA 26-8.   lente cilíndrica convergente   lente cilíndrica divergente

Exercícios Resolvidos

1. Uma pessoa míope deve usar óculos para corrigir seu defeito de visão, devido ao qual seu ponto remoto está situado a 50 cm dos olhos. Determine, em unidades SI, a distância focal e a vergência das lentes desses óculos.

Resolução:

O ponto remoto e o foco imagem da lente devem coincidir, de modo que a distância focal da lente deve ser igual, em módulo, à distância máxima de visão distinta do olho, mas de sinal contrário, pois a lente é divergente.

No caso, o ponto remoto está a 50 cm, isto é,
$$D = 50 \text{ cm} = 0{,}5 \text{ m}.$$

Portanto:
$$f_L = -0{,}50 \text{ m}$$

A vergência (V_L) da lente vale:
$$V_L = \frac{1}{f_L} \Rightarrow V_L = \frac{1}{-0{,}5} \Rightarrow V_L = -2{,}0 \text{ di}$$

---

2. Uma pessoa hipermetrope só consegue ler um livro se este estiver a uma distância de 50 cm. Qual deve ser a convergência da lente que a pessoa precisa usar para conseguir ler o livro colocado a 25 cm de distância?

Resolução:

Para um objeto situado no ponto próximo emetrope (normal), a lente corretiva deve produzir uma imagem virtual, posicionada no ponto próximo hipermetrope. Essa imagem desempenha para o olho o papel de objeto real:

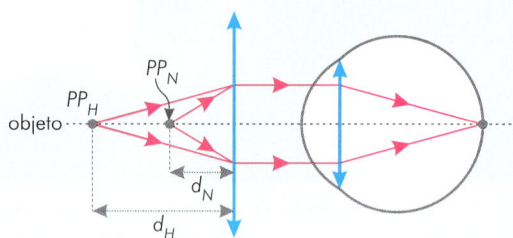

A lente corretiva deve ser convergente, e sua abscissa focal é calculada pela Lei de Gauss, dos pontos conjugados:

(I) $\dfrac{1}{f} = \dfrac{1}{p} + \dfrac{1}{p'}$

Temos: $|p| = d_N = 25 \text{ cm} = 0{,}25 \text{ m}$ e
$|p'| = d_H = 50 \text{ cm} = 0{,}50 \text{ m}$.

Lembrando que a imagem é virtual ($p' < 0$), temos:

$$\frac{1}{f} = \frac{1}{0{,}25} + \frac{1}{-0{,}50}$$

$$\frac{1}{f} = \frac{2-1}{0{,}50}$$

$$f = +0{,}50 \text{ m}$$

(II) A vergência da lente é dada por: $V = \dfrac{1}{f}$

Assim: $V = \dfrac{1}{0{,}50}$ ∴ $V = +2{,}0 \text{ di}$

Resposta: a lente corretiva deve ser convergente e sua vergência (V) deve ser igual a $+2{,}0$ di.

Exercícios Propostos

3. Se compararmos o olho humano a uma câmera fotográfica, podemos afirmar:

I – O cristalino comporta-se como uma lente convergente.
II – A retina corresponde ao filme da câmara.
III – A íris comporta-se como um diafragma.

Assim sendo, temos:

a) Somente a afirmação I é verdadeira.
b) Somente a afirmação II é verdadeira.
c) Somente a afirmação III é verdadeira.
d) Somente as afirmações II e III são verdadeiras.
e) Todas as afirmações são verdadeiras.

4. (UEPG – PR) Dê como resposta a soma da(s) alternativa(s) correta(s).

(01) A imagem formada na retina é menor, real e invertida.
(02) A percepção de profundidade advém da formação da imagem de um objeto a partir de dois olhos frontais.
(04) Na visão humana, a refração ocorre principalmente na córnea, cuja forma é a de uma lente convergente.
(08) Os olhos podem ser considerados, em seu conjunto, lentes divergentes.
(16) A distância focal da córnea e das lentes que constituem o olho humano é alterada através da ação de músculos, o que permite que imagens em diferentes distâncias sejam focadas sobre a retina.

5. O olho humano focaliza uma imagem, na retina, para objetos situados a distâncias diferentes, da seguinte forma:

a) Alterando a posição da retina, por meio de músculos apropriados.
b) Modificando a distância lente-objeto.
c) Umedecendo mais o cristalino.
d) Variando a distância focal do cristalino.
e) A situação descrita acima é impossível.

Exercícios Propostos

6. (UFMG) Após examinar os olhos de Sílvia e de Paula, o oftalmologista apresenta suas conclusões a respeito da formação de imagens nos olhos de cada uma delas, na forma de diagramas esquemáticos, como mostrado nessas figuras:

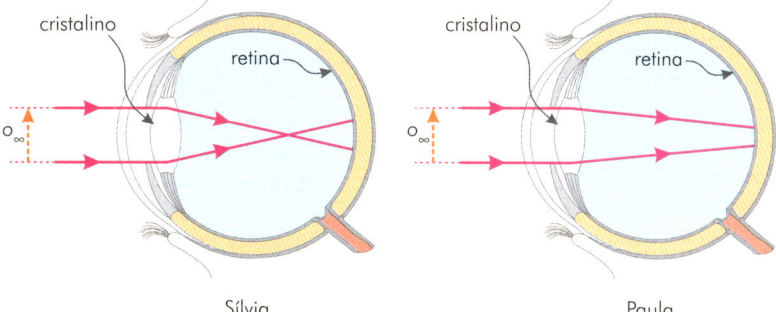

Com base nas informações contidas nessas figuras, é correto afirmar que:

a) apenas Sílvia precisa corrigir a visão e, para isso, deve usar lentes divergentes;
b) ambas precisam corrigir a visão e, para isso, Sílvia deve usar lentes convergentes e Paula, lentes divergentes;
c) apenas Paula precisa corrigir a visão e, para isso, deve usar lentes convergentes;
d) ambas precisam corrigir a visão e, para isso, Sílvia deve usar lentes divergentes e Paula, lentes convergentes.

7. Uma pessoa míope não pode ver distintamente objetos além de 80 cm de seus olhos. Assinale a(s) alternativa(s) que apresenta(m) a(s) característica(s) que deve(m) possuir as lentes dos óculos, para que essa pessoa possa ver claramente objetos distantes.

(1) As lentes dos óculos devem ser positivas.
(2) As lentes dos óculos devem ser convergentes.
(3) A distância focal das lentes dos óculos será de −80 cm.
(4) A vergência das lentes dos óculos deverá ser de −1,25 di.
(5) As lentes dos óculos devem ser divergentes.

8. Em um olho humano normal, a imagem forma-se sobre a retina. Um oftalmologista observa que um paciente precisa de lentes divergentes para enxergar com nitidez objetos distantes. Pode-se afirmar que o paciente é portador de:

a) hipermetropia
b) glaucoma
c) miopia
d) daltonismo
e) astigmatismo

9. (ACAFE – SC) O uso de óculos para corrigir defeitos da visão começou no final do século XIII e, como não se conheciam técnicas para o polimento do vidro, as lentes eram rústicas e forneciam imagens deformadas. No período da Renascença, as técnicas foram aperfeiçoadas e surgiu a profissão de fabricante de óculos. Para cada olho defeituoso existe um tipo conveniente de lente que, associado a ele, corrige a anomalia.

Considere a receita ao lado, fornecida por um médico oftalmologista a uma pessoa com dificuldades para enxergar nitidamente objetos afastados.

Em relação ao exposto, é incorreta a alternativa:

		Lente esférica	Lente cilíndrica	Eixo
Para longe	O.D.	−2,0 di		
	O.E.	−2,5 di		
Para perto	O.D.			
	O.E.			

O.D. – Olho direito
O.E. – Olho esquerdo

a) As lentes são divergentes.
b) A distância focal da lente direita é 50 cm.
c) Essas lentes podem funcionar como lentes de aumento.
d) A pessoa apresenta miopia.
e) As imagens fornecidas por essas lentes serão virtuais.

10. (EU – MARINGÁ – PR) De acordo com o censo realizado em 2000, 14,5% dos brasileiros são portadores de algum tipo de deficiência e, desses, $\frac{12}{15}$ são portadores de deficiência visual.

(01) Dessa forma, de acordo com esse censo, mais de 6,8% dos brasileiros são deficientes visuais.
(02) As lentes do olho humano devem ter como ponto focal a retina, de forma que as imagens se concentrem em um único ponto.
(04) A lente biconvexa que permite alternar o foco entre objetos distantes e próximos é o cristalino.
(08) No caso de lentes biconvexas, a imagem será sempre invertida e real.

Exercícios Propostos

(16) O índice de refração do humor vítreo é o mesmo do meio externo à córnea, o ar.

(32) Desconsiderando o tamanho do orifício ocular, se as velocidades de propagação da luz no humor vítreo e no meio externo à córnea – o ar – fossem iguais, não seria possível formar imagem na retina e, dessa forma, seria impossível enxergar.

(64) Um raio luminoso, ao passar do meio humor aquoso para o interior do cristalino, terá um ângulo de refração maior ou igual ao ângulo de incidência tomados em relação à normal à superfície do cristalino, no ponto de incidência do raio luminoso.

Dê como resposta a soma da(s) afirmação(ões) correta(s).

11. (UnB – DF) Pesquisas sugerem que a falta de detalhes, a vivacidade das cores e o reiterado uso de cores específicas, como o vermelho e o azul, em obras de pintores impressionistas, como Monet, Degas ou Renoir, poderiam ser explicados por problemas de miopia e não apenas por interpretações particulares desses artistas.

Problemas visuais como a miopia, o astigmatismo e a hipermetropia também podem comprometer o processo de aprendizagem e, desse modo, tornarem-se obstáculos para que um dos objetivos do milênio – universalizar a educação básica – seja alcançado. De fato, a frequência desses problemas na população justifica a necessidade de diagnóstico precoce em crianças de idade pré-escolar.

Suponha que a córnea e o cristalino do olho humano de um indivíduo sem distúrbios de visão formem uma lente delgada e que essa lente esteja a 2,1 cm de distância da retina. Por processos biológicos de adaptação, a distância focal dessa lente pode variar de modo a permitir que, no olho normal, sem correção, se forme sempre uma imagem nítida sobre a retina.

Folha de S.Paulo, 2004 (com adaptações).

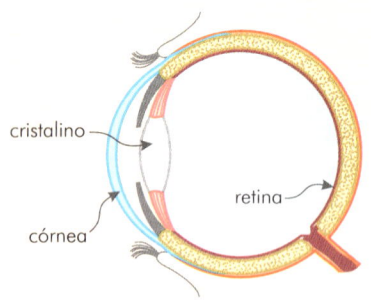

Considerando o texto e a figura, julgue os seguintes itens.

(1) As pesquisas mencionadas no texto sugerem que as imagens percebidas por Monet, Degas e Renoir formavam-se antes da retina.

(2) Em relação a um indivíduo sem distúrbios de visão, um indivíduo hipermetrope precisa afastar-se mais do objeto para enxergá-lo melhor.

(3) Em um indivíduo sem distúrbios de visão, a distância focal do cristalino, quando um objeto muito distante é observado, é próxima de 2,1 cm.

12. Uma pessoa míope não enxerga nitidamente objetos colocados a distâncias maiores do que 40 cm de seus olhos. O valor absoluto da vergência de suas lentes corretoras, em dioptrias, é igual a:

a) 1,5   b) 2,5   c) 3,5   d) 4,5   e) 5,0

13. Um hipermetrope não consegue ver com nitidez objetos situados a uma distância menor que 1,0 m. Para que ele possa ver com clareza a uma distância de 25 cm, seus óculos devem ter vergência, em dioptrias, igual a:

a) 1   b) 2   c) 3   d) 4   e) 5

14. As três doenças de visão mais comuns são miopia, hipermetropia e astigmatismo. É (são) correta(s) a(s) alternativa(s):

a) As três têm origem em anomalias na estrutura do globo ocular.
b) Podem ser corrigidas, respectivamente, por lentes bicôncavas, biconvexas e cilíndricas.
c) No míope, a imagem forma-se à frente da retina.
d) O hipermetrope enxerga mal de longe.
e) As duas primeiras podem ser corrigidas, respectivamente, por lentes convergentes e divergentes.

15. Sabe-se que o ponto remoto corresponde à maior distância que pode ser focalizada pelo olho humano. Na miopia, esse ponto fica muito próximo dos olhos, enquanto para um olho normal está no infinito. Determine a distância focal de uma lente que corrige a miopia de uma pessoa cujo ponto remoto se encontra a 20 cm do olho.

16. Um hipermetrope apresenta distância mínima da visão distinta igual a 80 cm. Determine a distância focal e a vergência das lentes corretoras. A distância mínima convencional da visão distinta é 25 cm.

26.2. Instrumentos Ópticos

Certamente você já conhece diversos instrumentos ópticos, com os quais podemos captar, ampliar e reduzir a imagem dos objetos – máquina fotográfica, lupa, óculos, binóculos, microscópio, telescópio, projetor etc. Esses instrumentos são aplicações do conhecimento sobre as lentes.

26.2.1. Máquina fotográfica

A **máquina fotográfica**, assim como a **filmadora**, é um instrumento óptico de projeção, pois fornece uma imagem final de natureza *real* que é projetada sobre uma película sensível à luz, o filme fotográfico, ou sobre um dispositivo semicondutor, o CCD (do inglês, *charge-coupled device*, dispositivo de carga acoplada), nas câmeras digitais. Esse instrumento é constituído basicamente por uma câmara escura, uma lente objetiva, um diafragma que permite a entrada de luz na câmara escura quando aberto e um filme disposto perpendicularmente ao eixo principal da objetiva. As objetivas das máquinas fotográficas modernas quase sempre utilizam associações de várias lentes com a finalidade de corrigir as diferentes aberrações cromáticas ou de curvatura.

A Figura 26-9 mostra um esquema simplificado de uma máquina fotográfica e a formação da imagem sobre o filme ou CCD.

Observe que a imagem final deve estar projetada exatamente sobre o filme (ou CCD) para que a fotografia esteja *focalizada*, isto é, esteja bem definida.

Quando o objeto se aproxima da objetiva, a imagem tende a afastar-se da lente e passa a formar-se "fora" do filme. Torna-se necessário, então, "focalizar a imagem" novamente. Essa focalização é obtida variando-se a distância da objetiva ao filme.

As filmadoras oferecem uma imagem final de natureza real.

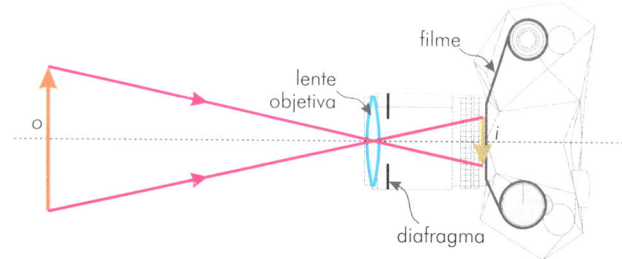

FIGURA 26-9. Elementos básicos da máquina fotográfica.

26.2.2. Projetores

Os **projetores** – como o projetor de cinema, o projetor de *slides* (diapositivos), o retroprojetor, o episcópio – são outros instrumentos de visão objetiva. Com esses aparelhos, uma imagem *real* e *ampliada* é projetada sobre uma tela.

O projetor oferece uma imagem ampliada das cenas que estão gravadas no filme.

Um projetor é constituído basicamente por uma lente convergente objetiva, uma potente fonte de luz e um espelho côncavo, cujo centro de curvatura coincide com a posição ocupada pela fonte de luz, visando obter melhor aproveitamento da luz emitida pela fonte.

A Figura 26-10 mostra, de forma simplificada, a imagem de um objeto (filme, diapositivo, transparência) projetada nitidamente sobre a tela.

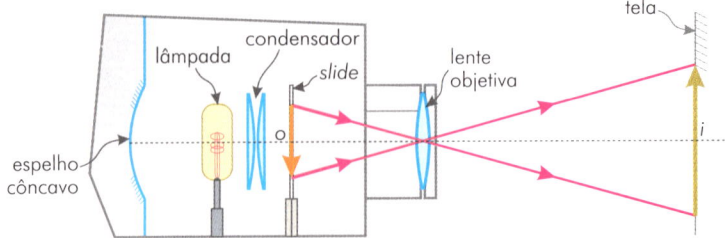

Figura 26-10. A imagem do *slide* é projetada sobre a tela.

Note que o objeto deve estar posicionado entre o ponto antiprincipal objeto e o foco principal objeto da lente. Desse modo, ao aproximarmos a lente do objeto fixo, sua imagem tende a se afastar da lente e aumentar de tamanho (e, é claro, perder luminosidade, já que a energia luminosa disponível se distribuirá por uma área maior, no anteparo).

26.2.3. Lupa ou microscópio simples

Chama-se **lupa** uma lente convergente que fornece, de um objeto real, uma imagem *virtual*, *direita* e *ampliada*, estando o objeto situado a uma distância da lente menor que a distância focal.

Se a lente e o objeto estiverem fixados a suportes visando facilitar sua utilização, o instrumento é chamado **microscópio simples** (atribui-se ao holandês Leeuwenhoek a invenção do primeiro microscópio simples, por volta de 1670).

A Figura 26-11 mostra a formação da imagem obtida com o auxílio de uma lupa. O objeto a ser observado deve estar entre o foco principal objeto e a lente.

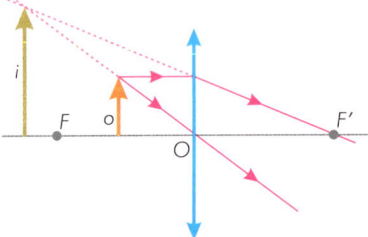

Figura 26-11. Uma lupa fornece uma imagem virtual, direita e maior que o objeto.

O aumento linear transversal varia de acordo com a distância p do objeto à lupa e com a distância focal f da lente utilizada. Esse aumento pode ser obtido com a equação do aumento e a dos pontos conjugados, e apresentado na forma

$$A = \frac{f}{f - p}$$

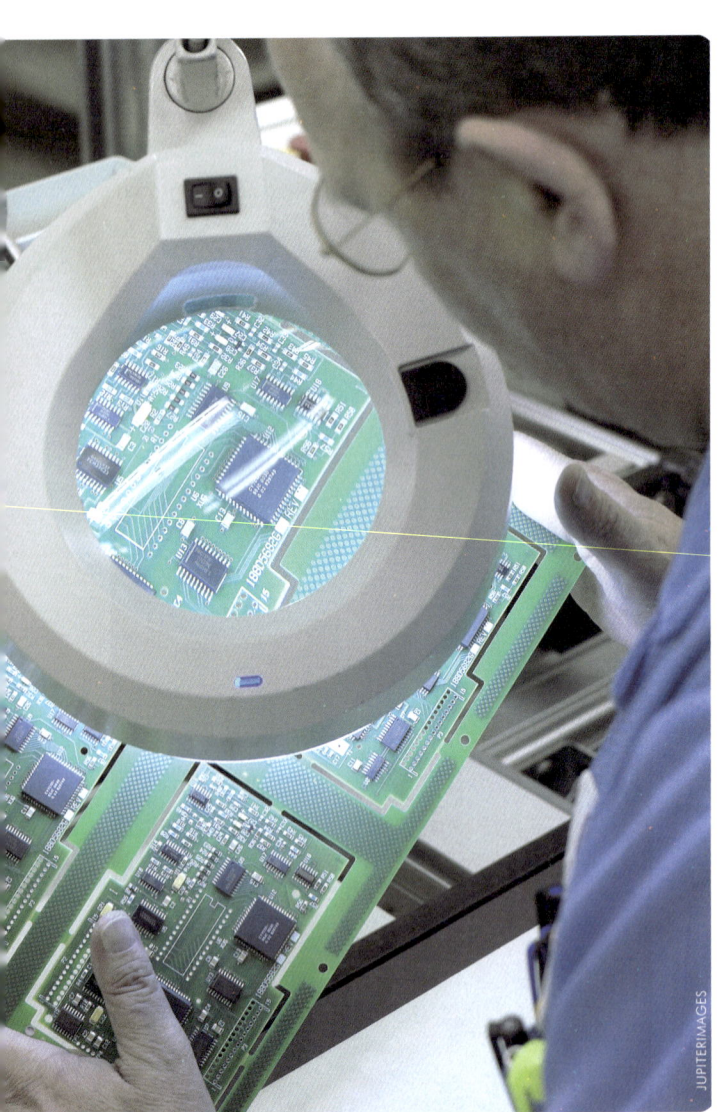

Com uma lupa, a imagem que se forma do objeto é ampliada e direita.

26.2.4. Microscópio composto

O **microscópio composto**, ou simplesmente **microscópio**, é um instrumento utilizado na observação de objetos de pequenas dimensões. Do ponto de vista óptico, o microscópio consta basicamente de duas lentes convergentes montadas coaxialmente (isto é, com seus eixos coincidentes) no interior de um tubo pintado internamente de preto.

A lente convergente que se situa próxima ao objeto a ser observado recebe o nome **objetiva**, tem distância focal da ordem de milímetros, e a lente próxima ao olho do observador, com distância focal da ordem de centímetros, é denominada **ocular**.

A Figura 26-12 mostra a formação da imagem final obtida com um microscópio composto.

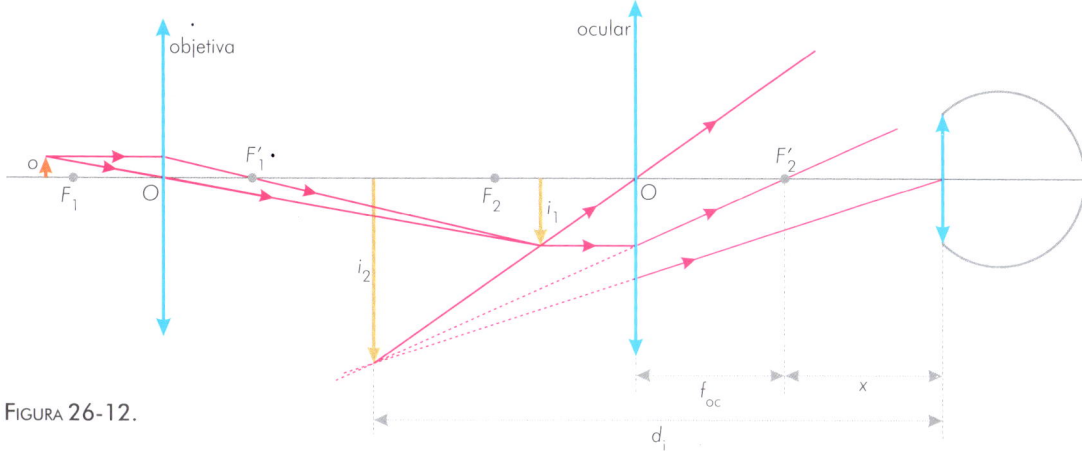

FIGURA 26-12.

A lente objetiva fornece do objeto o uma imagem i_1, *real*, *invertida* e *ampliada*. Essa imagem i_1 desempenha o papel de objeto, para a ocular. A ocular, por sua vez, funcionando como lupa, conjuga a imagem final i_2, *virtual*, *direita* em relação a i_1, *invertida* em relação a o, e *ampliada*.

O aumento linear transversal final A obtido com o microscópio esquematizado anteriormente é dado por:

$$A = \frac{i_2}{o}$$

Multiplicando-se o segundo membro dessa igualdade por $\frac{i_1}{i_1}$, obtemos:

$$A = \frac{i_2}{o} \cdot \frac{i_1}{i_1} \Rightarrow A = \frac{i_1}{o} \cdot \frac{i_2}{i_1}$$

Mas $\frac{i_1}{o} = A_{obj.}$ é o aumento linear transversal fornecido pela lente objetiva e $\frac{i_2}{i_1} = A_{oc.}$ é o aumento linear transversal obtido com a lente ocular. Então:

$$A = A_{obj.} \cdot A_{oc.}$$

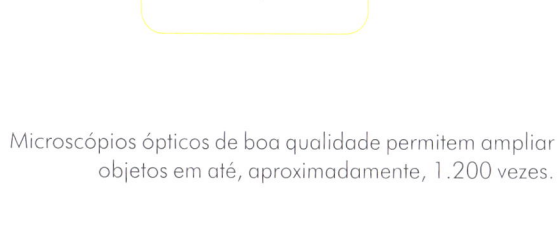

Microscópios ópticos de boa qualidade permitem ampliar objetos em até, aproximadamente, 1.200 vezes.

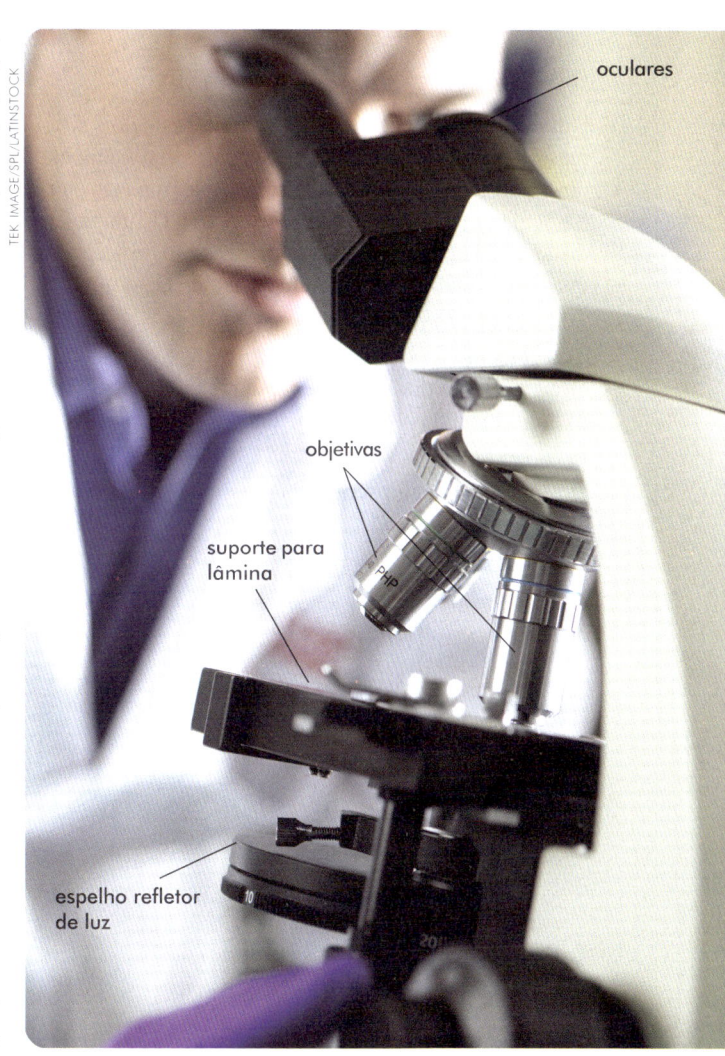

Observações:

- Normalmente, a objetiva do microscópio possui distância focal pequena, da ordem de alguns milímetros. A ocular possui distância focal maior, da ordem de alguns centímetros.
- Os microscópios comuns fornecem aumentos com valores entre 200 e 2.000 vezes. Aumentos maiores são difíceis de obter, em virtude dos defeitos das lentes constituintes e do fenômeno da difração da luz.

Exercícios Resolvidos

17. Uma lupa com 5,0 cm de distância focal amplia cinco vezes o tamanho de um pequeno objeto luminoso. Nessas condições, determine, em centímetros, a distância entre o objeto e sua imagem.

Resolução:

Usando a equação para o aumento linear de uma lupa, temos:

(I) $A = \dfrac{f}{f - p}$

$5 = \dfrac{5{,}0}{5{,}0 - p} \Rightarrow p = 4{,}0 \text{ cm}$

(II) $A = -\dfrac{p'}{p} \Rightarrow 5 = -\dfrac{p'}{4{,}0} \Rightarrow p' = -20 \text{ cm}$

(III) $d = |p'| - p \Rightarrow d = 20 - 4{,}0 \therefore d = 16 \text{ cm}$

18. Um microscópio composto é constituído de dois sistemas convergentes de lentes, associados coaxialmente: um é a objetiva, com distância focal de 4,0 mm, e o outro é a ocular, com distância focal de 6,0 cm. De um objeto distante 5,0 mm da objetiva, o microscópio fornece uma imagem virtual, afastada 80 cm da ocular. Determine:

a) o aumento produzido pela objetiva;
b) o aumento produzido pela ocular;
c) a ampliação produzida pelo microscópio;
d) a distância da objetiva à ocular.

Resolução:

O esquema a seguir representa a situação descrita no enunciado:

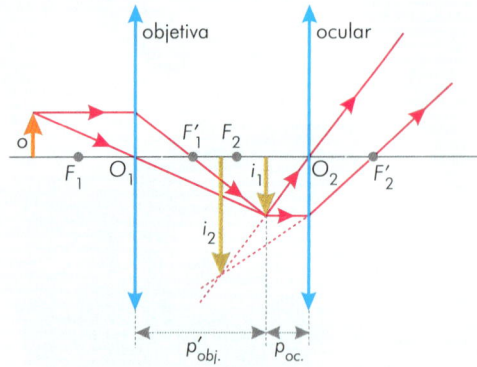

a) Para a objetiva, temos os seguintes dados:
$f_{obj.} = 4{,}0$ mm e $p_{obj.} = 5{,}0$ mm.

Assim, podemos calcular $p'_{obj.}$:

$\dfrac{1}{f_{obj.}} = \dfrac{1}{p_{obj.}} + \dfrac{1}{p'_{obj.}}$

$\dfrac{1}{4{,}0} = \dfrac{1}{5{,}0} + \dfrac{1}{p'_{obj.}}$

$\dfrac{5{,}0 p'_{obj.}}{20 p'_{obj.}} = \dfrac{4{,}0 p'_{obj.} + 20}{20 p'_{obj.}}$

$5{,}0 p'_{obj.} - 4{,}0 p'_{obj.} = 20 \therefore p'_{obj.} = 20 \text{ mm} = 2 \text{ cm}$

O aumento linear produzido pela objetiva é calculado por: $A_{obj.} = -\dfrac{p'_{obj.}}{p_{obj.}}$. Assim:

$A_{obj.} = -\dfrac{20}{5{,}0} \Rightarrow A_{obj.} = -4$

b) Para a ocular, temos os seguintes dados: $f_{oc.} = 6{,}0$ cm e $p'_{oc.} = 80$ cm. Assim, podemos calcular $p_{oc.}$:

$\dfrac{1}{f_{oc.}} = \dfrac{1}{p_{oc.}} + \dfrac{1}{p'_{oc.}}$

$\dfrac{1}{6{,}0} = \dfrac{1}{p_{oc.}} + \dfrac{1}{-80}$

$\dfrac{40 p_{oc.}}{240 p_{oc.}} = \dfrac{240 - 3 p_{oc.}}{240 p_{oc.}}$

$40 p_{oc.} = 240 - 3 p_{oc.} \therefore p_{oc.} \cong 5{,}58 \text{ cm}$

O aumento linear produzido pela ocular é calculado por: $A_{oc.} = -\dfrac{p'_{oc.}}{p_{oc.}}$. Assim:

$A_{oc.} = -\dfrac{(-80)}{5{,}58} \Rightarrow A_{oc.} = 14{,}33$

c) Para o microscópio, a ampliação fica determinada por:

$|A| = |A_{obj.}| \cdot |A_{oc.}|$

Assim, temos:

$|A| = 4 \cdot 14{,}33 \Rightarrow |A| = 57{,}32$

d) A distância da objetiva à ocular (d) é:

$d = p'_{obj.} + p_{oc.} \Rightarrow d = 2{,}0 \text{ cm} + 5{,}58 \text{ cm}$

$d = 7{,}58 \text{ cm}$

Exercícios Propostos

19. O Sol e a Lua parecem ter praticamente o mesmo tamanho, quando vistos no céu. Isso ocorre porque:

a) realmente apresentam as mesmas dimensões.
b) estão à mesma distância da Terra.
c) apesar de terem dimensões diferentes, são vistos pelo mesmo ângulo visual, em virtude de estarem a diferentes distâncias da Terra.
d) o Sol emite luz com intensidade muito forte e, como defesa, nosso olho diminui o tamanho de sua imagem na retina.
e) os ângulos visuais são diferentes, mas eles apresentam o mesmo diâmetro aparente.

20. Dentre os seguintes instrumentos de óptica, aquele que dá imagem final real é:

a) a lupa.
b) o microscópio composto.
c) o telescópio.
d) a luneta terrestre.
e) a máquina fotográfica.

21. Assinale a alternativa correspondente ao instrumento óptico que, nas condições normais de uso, fornece imagem virtual.

a) Projetor de *slides*.
b) Projetor de cinema.
c) Cristalino do olho humano.
d) Câmera fotográfica comum.
e) Lupa.

22. (UFF – RJ) O telescópio refletor Hubble foi colocado em órbita terrestre de modo que, livre das distorções provocadas pela atmosfera, tem obtido imagens espetaculares do universo.

NASA/ESA/HUBBLE HERITAGE TEAM

O Hubble é constituído por dois espelhos esféricos, conforme mostra a figura a seguir. O espelho primário é côncavo e coleta os raios luminosos oriundos de objetos muito distantes, refletindo-os em direção a um espelho secundário, convexo, bem menor que o primeiro. O espelho secundário, então, reflete a luz na direção do espelho principal, de modo que esta, passando por um orifício em seu centro, é focalizada em uma pequena região onde se encontram os detetores de imagens.

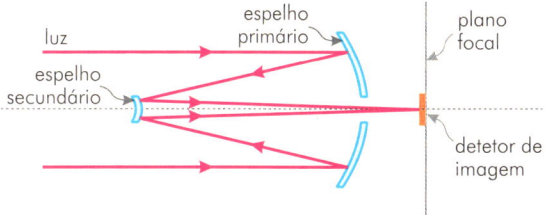

Com respeito a este sistema óptico, pode-se afirmar que a imagem que seria formada pelo espelho primário é:

a) virtual e funciona como objeto virtual para o espelho secundário, já que a imagem final tem que ser virtual;
b) real e funciona como objeto real para o espelho secundário, já que a imagem final tem que ser virtual;
c) virtual e funciona como objeto virtual para o espelho secundário, já que a imagem final tem que ser real;
d) real e funciona como objeto virtual para o espelho secundário, já que a imagem final tem que ser real;
e) real e funciona como objeto real para o espelho secundário, já que a imagem final tem que ser real.

23. (FMIT – MG) Ao fotografar um objeto, a fotografia obtida será nítida se a imagem deste objeto, formada pela lente objetiva da máquina, localizar-se:

a) na frente da lente objetiva;
b) sobre a lente objetiva;
c) entre a lente objetiva e o filme;
d) sobre o filme;
e) atrás do filme.

24. (FMU – SP) A lupa é um instrumento de óptica, formado por uma lente convergente, que fornece, de um objeto real, uma imagem com as seguintes características:

a) real, direita e igual.
b) real, invertida e ampliada.
c) virtual, direita e ampliada.
d) real, direita e ampliada.
e) virtual, invertida e ampliada.

25. (CESGRANRIO – RJ) O sistema óptico de um microscópio composto é constituído de duas lentes: a ocular e a objetiva. Podemos afirmar que:

a) ambas são divergentes;
b) a ocular é divergente e a objetiva, convergente;
c) a ocular é convergente e a objetiva, divergente;
d) ambas as lentes são convergentes;
e) as duas lentes têm convergências negativas.

26. Ao fotografar um objeto distante 2,0 m de uma máquina fotográfica, o fotógrafo focaliza a imagem e coloca a lente objetiva a uma distância de 20 cm do filme. Com base nesses dados, determine:

a) a distância focal da lente objetiva utilizada;

Exercícios Propostos

b) a nova distância da lente ao filme, se o objeto se deslocar para uma nova posição a 1,0 m da máquina fotográfica.

27. A imagem que se observa através de um microscópio composto é:
   a) real e invertida.
   b) real e ampliada.
   c) virtual e direita.
   d) virtual e invertida.
   e) real e direita.

28. Em um microscópio composto, as lentes objetiva e ocular têm distâncias focais, respectivamente, iguais a 10 mm e 200 mm. Um objeto localizado a 12 mm da objetiva tem sua imagem final formada a 300 mm da lente ocular. Determine:
   a) os aumentos lineares transversais obtidos pela objetiva, pela ocular e pelo microscópio, nessas condições;
   b) a distância da lente objetiva à lente ocular.

Exercícios Complementares

29. São prescritas, para um paciente, lentes bifocais com distâncias focais 40 cm e –200 cm.
   a) Qual o defeito de visão que cada uma das partes da lente bifocal corrige, respectivamente?
   b) Calcule a convergência de cada uma dessas partes.
   c) Determine os pontos próximo e remoto desse paciente, quando está sem os óculos.

30. (UNICAMP – SP) Nos olhos das pessoas míopes, um objeto localizado muito longe, isto é, no infinito, é focalizado antes da retina. À medida que o objeto se aproxima, o ponto de focalização afasta-se até cair sobre a retina. A partir deste ponto, o míope enxerga bem. A dioptria D, ou "grau", de uma lente é definida como $D = \dfrac{1}{f}$ e 1 grau = 1 m^{-1}. Considere uma pessoa míope que só enxerga bem objetos mais próximos do que 0,4 m de seus olhos.
   a) Faça um esquema mostrando como uma lente bem próxima dos olhos pode fazer com que um objeto no infinito pareça estar a 40 cm do olho.
   b) Qual a dioptria (em graus) dessa lente?
   c) A partir de que distância uma pessoa míope que usa óculos de "4 graus" pode enxergar bem sem os óculos?

31. Determinada pessoa não pode ver claramente objetos mais próximos do que 60 cm de seus olhos. Qual deve ser a maior distância focal, em centímetros, das lentes de seus óculos, que lhe possibilitará ver claramente objetos colocados a uma distância de 20 cm?

32. Um olho hipermetrope tem o ponto próximo a 50 cm. Esse olho deveria utilizar lente de contato de x dioptrias para observar objetos a 25 cm. Então, x vale:
   a) –2,0   b) –1,0   c) 1,0   d) 1,5   e) 2,0

33. Julgue a veracidade das seguintes afirmações:
   1 – no foco de uma lente de óculos de pessoa míope, não se consegue concentrar a luz do Sol que a atravessa;
   2 – lentes divergentes nunca formam imagens reais de objetos reais;
   3 – lentes convergentes nunca formam imagens virtuais de objetos reais;
   4 – lentes divergentes nunca formam imagens ampliadas, ao contrário das convergentes, que podem formá-las;
   5 – dependendo dos índices de refração da lente e do meio externo, uma lente que é divergente em um meio pode ser convergente em outro.

   Com relação a essas afirmações, pode-se afirmar que:
   a) somente a 5 é falsa.
   b) a 1 e a 2 são falsas.
   c) a 1 e a 4 são falsas.
   d) somente a 3 é falsa.
   e) a 3 e a 5 são falsas.

34. Assinale a alternativa correta.
   a) Quando alguém se vê diante de um espelho plano, a imagem que observa é real e direita.
   b) A imagem formada sobre o filme, nas máquinas fotográficas, é virtual e invertida.
   c) A imagem que se vê quando se usa uma lente convergente como "lente de aumento" (lupa) é virtual e direita.
   d) A imagem projetada sobre uma tela por um projetor de *slides* é virtual e direita.
   e) A imagem de uma vela formada na retina de um olho humano é virtual e invertida.

35. (UFPE) Os defeitos de refração da visão humana, conhecidos como hipermetropia e miopia, decorrem de uma inadequação entre o grau do cristalino e o tamanho do olho. As informações seguintes devem ser examinadas, tendo em vista as peculiaridades do funcionamento do olho humano e as técnicas ópticas usadas para corrigir as suas falhas. Escolha a alternativa correta:

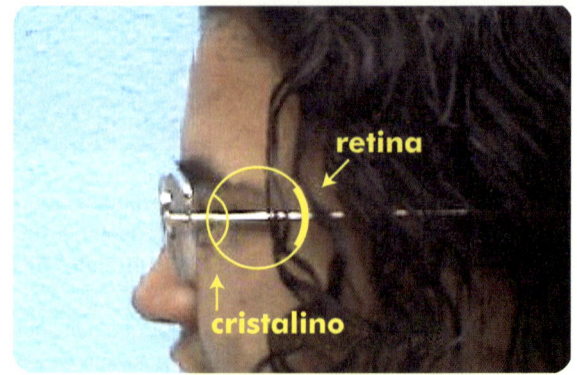

Exercícios Complementares

a) Na cirurgia corretiva da miopia, o grau do cristalino deve ser aumentado, tendo em vista que o míope não consegue enxergar bem os objetos distantes.

b) Se um míope decidir usar lentes de contato para enxergar bem os objetos afastados, deverá escolher lentes convergentes.

c) Na cirurgia corretiva da hipermetropia, o grau do cristalino deve ser diminuído, tendo em vista que o hipermetrope não consegue enxergar bem os objetos afastados.

d) Se um hipermetrope decidir usar lentes de contato para enxergar bem os objetos próximos, deverá escolher lentes convergentes.

e) Considerando que o grau do olho de um míope é negativo, a lente corretiva para essa falha de refração deverá ser também negativa.

36. O olho humano sem problemas de visão, emetrope, é um sistema óptico convergente que projeta sobre a retina a imagem de um ponto objeto real localizado no infinito. No entanto, o olho necessita ter a capacidade de aumentar a sua vergência, ou poder de convergência, para que continue sobre a retina a imagem de um ponto objeto que dele se aproxima. Tal capacidade, denominada **poder de acomodação**, é perdida com o envelhecimento.

O aumento necessário na vergência de um olho para que seja capaz de enxergar um objeto que dele se aproximou do infinito até a distância de 0,25 m é, em di, igual a:

a) 1   b) 2   c) 3   d) 4   e) 5

37. José fez exame de vista e o médico oftalmologista preencheu a receita a seguir. Pela receita, conclui-se que o olho

		Lente esférica	Lente cilíndrica	Eixo
Para longe	O.D.	–0,50	–2,00	140°
	O.E.	–0,75		
Para perto	O.D.	2,00	–2,00	140°
	O.E.	1,00		

a) direito apresenta miopia, astigmatismo e "vista cansada".
b) direito apresenta apenas miopia e astigmatismo.
c) direito apresenta apenas astigmatismo e "vista cansada".
d) esquerdo apresenta apenas hipermetropia.
e) esquerdo apresenta apenas "vista cansada".

38. Sabe-se que o olho humano normal focaliza a imagem dos objetos exatamente sobre a retina. Pessoas míopes possuem o globo ocular alongado. Assim:

a) a imagem forma-se antes da retina, sendo necessário o uso de lente convergente.

b) a imagem forma-se após a retina, sendo necessário o uso de lente divergente.

c) a imagem forma-se antes da retina, sendo necessário o uso de lente divergente.

d) a imagem forma-se após a retina, sendo necessário o uso de lente convergente.

e) a imagem forma-se após a retina, sendo necessário o uso de lentes acromáticas.

39. Ao analisar as lentes dos óculos de várias pessoas, um estudante anotou as seguintes conclusões:

I – Observando os óculos de uma pessoa, verificamos que eles produziam o efeito de aumentar os olhos e a face da pessoa; portanto, suas lentes são convergentes.

II – Sempre que olhávamos objetos através das lentes de determinados óculos, para qualquer distância entre os objetos e as lentes, os objetos nos pareciam diminuídos; portanto, suas lentes são usadas para corrigir o defeito da miopia.

III – Certos óculos podiam ser usados para concentrar os raios do Sol e queimar uma folha de papel; portanto, suas lentes são usadas para corrigir o defeito da hipermetropia.

a) Apenas as conclusões I e II são corretas.
b) Apenas as conclusões I e III são corretas.
c) Apenas as conclusões II e III são corretas.
d) Apenas uma das conclusões está correta.
e) Todas as conclusões estão corretas.

40. (UEG – GO) Antes das modernas cirurgias a *laser*, o recurso para a correção de problemas da visão era, quase exclusivamente, o uso de óculos. As superfícies das lentes dos óculos são curvas para:

a) dar uma resistência maior ao vidro, protegendo os olhos em caso de impactos sobre os óculos;

b) alterar o ângulo de incidência da luz para corrigir distorções anatômicas e/ou funcionais dos olhos;

c) filtrar, adequadamente, a luz que chega aos olhos, clareando a visão;

d) aumentar o espalhamento da luz que incidirá no fundo do olho, aumentando a imagem formada.

41. Assinale a alternativa FALSA.

a) O cristalino do olho de uma pessoa de visão normal age como uma lente convergente que produz uma imagem real, invertida e aumentada quando a pessoa observa um objeto distante.

b) Uma pessoa com visão normal, à medida que se aproxima de um objeto, tem o raio de curvatura de seu cristalino diminuído para que ela continue focalizando o objeto.

c) A variação do diâmetro da pupila tem como objetivo controlar a entrada de luz no olho.

d) Para a correção da hipermetropia é necessária a utilização de lentes convergentes.

Exercícios Complementares

42. (UnB – DF) As figuras abaixo representam, esquematicamente, um corte do olho de três indivíduos, I, II e III, observando objetos com acomodação visual normal.

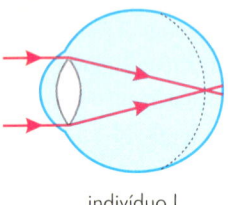
indivíduo I

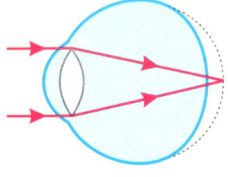
indivíduo II

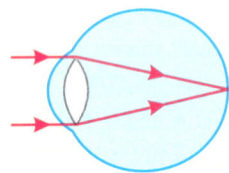
indivíduo III

Baseando-se nas figuras acima, julgue a veracidade das afirmações seguintes.

(1) I é presbita, II é míope, III é normal;
(2) I é normal, II é míope, III é presbita;
(3) I é míope, II é hipermetrope, III é normal;
(4) I é hipermetrope, II é míope, III é normal;
(5) I é presbita, II é hipermetrope, III é normal.

43. A figura a seguir representa um olho humano normal. Os raios paralelos que entram no olho, que está mirando um objeto no infinito, produzem uma imagem real e invertida na retina. Desse modo, o cristalino atua como uma lente convergente. Se o objeto estiver a 30 cm do olho, para que se forme uma boa imagem, os músculos que controlam a curvatura do cristalino se alteram. Podemos então afirmar que:

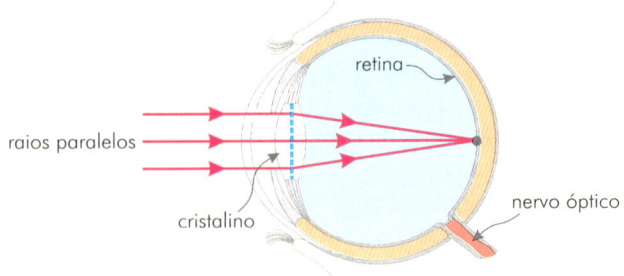

a) a distância focal do cristalino aumentará.
b) a distância focal do cristalino diminuirá.
c) o cristalino se ajustará para formar uma imagem atrás da retina.
d) os raios de curvatura do cristalino aumentarão.
e) a distância focal do cristalino não sofrerá modificação.

44. Uma câmera fotográfica, com lente de distância focal igual a 5,0 cm, é usada para fotografar um objeto de 1,8 m de altura.

a) Determine a distância do objeto à lente para que a imagem do objeto no filme tenha uma altura igual a 3,0 cm.
b) Quais as características da imagem formada no filme?
c) Faça um diagrama representando o objeto, a lente e a imagem.

45. Considere uma máquina fotográfica, equipada com uma objetiva de distância focal igual a 50 mm. Para que a imagem esteja em foco, a distância entre o centro óptico da objetiva e o plano do filme, para um objeto situado a 1 m da lente, deverá ser:

a) 50,0 mm
b) 52,6 mm
c) 47,6 mm
d) 100 mm
e) 150 mm

46. Uma câmera fotográfica usada para fotografar objetos distantes possui uma lente teleobjetiva convergente, com distância focal de 200 mm. Um objeto real está a 300 m da objetiva; a imagem que se forma, então, sobre o filme fotográfico no fundo da câmera é:

a) real, não invertida e menor do que o objeto.
b) virtual, invertida e menor do que o objeto.
c) real, invertida e maior do que o objeto.
d) virtual, não invertida e maior do que o objeto.
e) real, invertida e menor do que o objeto.

Exercícios Complementares

47. O esquema ao lado mostra a formação da imagem em uma luneta astronômica.

Em certa luneta, as distâncias focais da objetiva e da ocular são de 60 cm e 30 cm, respectivamente, e a distância entre elas é de 80 cm. Nessa luneta, a imagem final de um astro distante formar-se-á a:

a) 30 cm da objetiva.
b) 30 cm da ocular.
c) 40 cm da objetiva.
d) 60 cm da objetiva.
e) 60 cm da ocular.

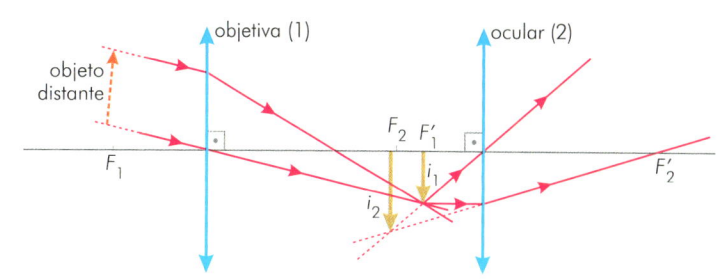

48. (FIC – CE) A figura representa o esquema do projetor de *slides* em funcionamento. Nessas condições, permite-se concluir que, entre a tela de projeção e o filme, tem-se uma lente:

a) divergente com filme sobre o foco;
b) convergente com o filme sobre o foco;
c) divergente com o filme pouco além da distância do foco;
d) convergente com o filme pouco além da distância focal;
e) convergente ou divergente com o filme sobre o centro de curvatura.

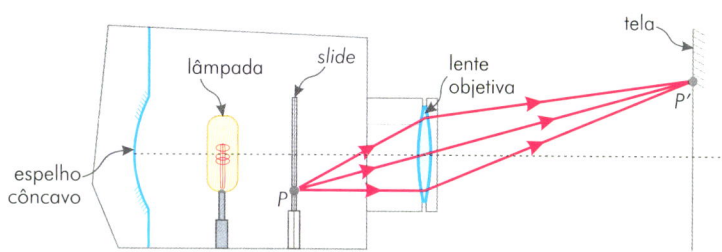

49. (UnB – DF) O estudo da cor pode ser feito em laboratório, por meio de um instrumento chamado espectrofotômetro, que é capaz de medir e quantificar a composição espectral da luz, ou seja, a intensidade da luz em função do comprimento de onda. A figura abaixo ilustra uma configuração simplificada desse instrumento. A luz a ser analisada passa por uma fenda de entrada (1), por uma lente (2), por um prisma (3), pela fenda de saída (4) e atinge o detector (5), que é o responsável por medir a intensidade luminosa. Girando-se o prisma, é possível escolher a cor cuja intensidade será medida.

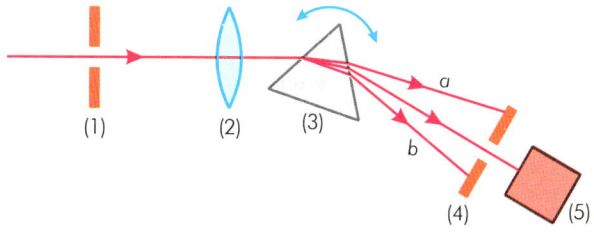

Com base nessas informações, julgue os itens a seguir.

(1) Na figura, considerando que as fendas tenham tamanhos iguais e que a lente produza uma imagem da fenda de entrada projetada exatamente sobre a de saída, é correto afirmar que, desconsiderando o prisma, a distância da lente à fenda de entrada será igual à distância da lente à fenda de saída.

(2) Para que o espectrofotômetro apresentado na figura funcione, é necessário que o índice de refração do prisma dependa do comprimento de onda da luz.

(3) Na configuração do instrumento mostrado, a luz é dispersada por difração no prisma.

(4) Se o índice de refração do prisma cresce com o aumento de frequência da radiação, então os feixes indicados pelas letras *a* e *b* na figura podem corresponder a feixes de cores azul e vermelha, respectivamente.

27 Movimentos Oscilatórios

27.1. Introdução

A partir deste capítulo, iniciaremos o estudo das oscilações e das ondas, fenômenos físicos muito frequentes em nosso dia a dia. Muitos objetos têm sua função associada à sua oscilação: a membrana de um tambor, o pêndulo de um relógio, as cordas de um piano ou de um violão. Os carros oscilam para cima e para baixo quando passam em um buraco, os edifícios e pontes vibram quando caminhões pesados trafegam em suas proximidades ou quando o vento sopra forte. Oscilações elétricas ocorrem nos equipamentos de rádio e TV. Em nível molecular, os átomos – ou as moléculas, conforme o caso – vibram, nos corpos sólidos, em torno de posições relativamente fixas, de acordo com a temperatura do corpo. Veja a Figura 27-1.

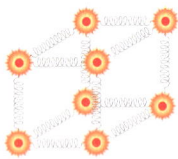
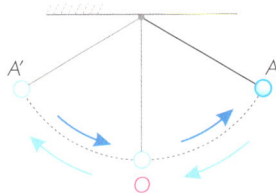
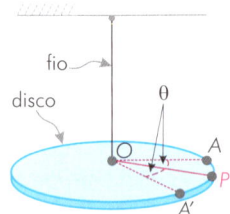

Grandes estruturas como pontes ou estádios de futebol oscilam da mesma forma que, acreditam os físicos, oscilam os átomos na estrutura cristalina dos sólidos.

A esfera do pêndulo oscila entre A e A'. O é a posição de equilíbrio.

Ao girar o disco de um ângulo θ, ocorrerá uma torção no fio. Este, tendendo a trazer o disco para a posição de equilíbrio P, faz o segmento OP oscilar entre AO e $A'O$.

Figura 27-1.

As aranhas detectam suas presas pelas vibrações que elas causam na teia.

Antes de iniciarmos o estudo das ondas, faremos um breve estudo do **movimento harmônico simples**, abreviadamente **MHS**, fundamental para o entendimento das características dos movimentos oscilatórios e das ondas em geral.

27.2. Movimento Harmônico Simples (MHS)

O movimento harmônico simples (MHS) é um movimento oscilatório comum e de grande relevância na Física. É um movimento periódico em que ocorrem deslocamentos simétricos em torno de um ponto. São bons exemplos o movimento realizado por um corpo de massa *m*, preso à extremidade de um fio que tem a outra extremidade fixa em um ponto de suspensão – chamado de pêndulo simples (Figura 27-2), em que o ângulo θ máximo formado entre o fio e a vertical é pequeno –, e o movimento vibratório de um corpo de massa *m*, preso na extremidade de uma mola helicoidal com a outra extremidade fixa – qualquer sistema massa-mola pode ser um exemplo (Figura 27-3).

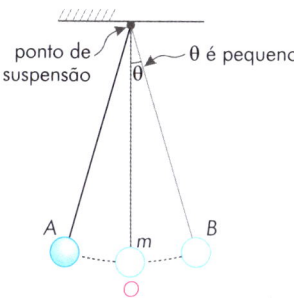

Figura 27-2. Ao deslocar-se do ponto A para o ponto B, o pêndulo passa sempre pela posição mais baixa (O). A posição mais baixa pertence à vertical que passa pelo ponto de suspensão do pêndulo.

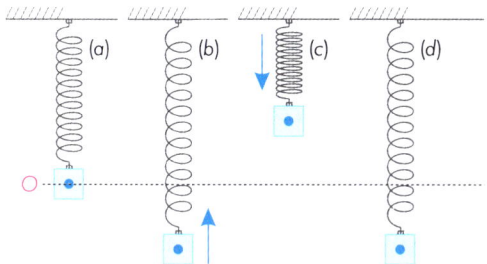

Figura 27-3. Para o sistema massa-mola, o ponto O representa a posição de equilíbrio (a). Em (b), a mola é esticada e, ao soltar-se, ela realiza um movimento de vaivém (c e d), passando sempre por O.

As oscilações repetitivas de um corpo caracterizam-se pelo *período* que apresentam e pela *amplitude* que alcançam.

O **período** (*T*) corresponde ao intervalo de tempo de uma oscilação completa (vaivém). Seu valor pode ser medido indiretamente pela **frequência** (*f*), isto é, o número de oscilações por unidade de tempo.

No SI, a *frequência* é medida em hertz (Hz), unidade que equivale a 1 ciclo por segundo. Mas também são usados múltiplos e submúltiplos do hertz:

- 1 quilociclo/s = 1 quilohertz (1kHz) = $1,0 \cdot 10^3$ ciclos/s.
- 1 megaciclo/s = 1 megahertz (1MHz) = $1,0 \cdot 10^6$ ciclos/s.

O *período* e a *frequência* são grandezas inversas: $f = T^{-1}$.

Você Sabia?

Em um sistema balanço-criança, o deslocamento na ida, a partir do equilíbrio, representa a amplitude do movimento e a duração da ida e volta, seu período.

27.2.1. Oscilador massa-mola – força elástica restauradora

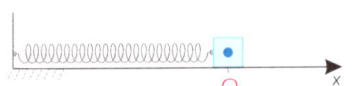

FIGURA 27-4.

Considere um pequeno bloco de massa *m*, em repouso, preso à extremidade de uma mola de constante elástica *k* sobre um plano horizontal idealmente liso. Quando o bloco é deslocado de sua posição de equilíbrio – esticando-se ou comprimindo-se a mola –, e abandonado em seguida, o bloco passa a oscilar em trajetória retilínea, em torno da posição de equilíbrio (ponto O). Esse sistema é conhecido como **oscilador massa-mola** (Figura 27-4).

Sendo um movimento em uma só dimensão, vamos adotar como referencial o eixo *x*, das abscissas, coincidente com a trajetória do bloco, e colocar a origem na posição do centro de massa do bloco quando o sistema está em repouso.

Em relação ao eixo O*x*, a abscissa *x* da posição do bloco, em determinado instante *t*, é chamada *elongação* nesse instante *t*.

O movimento harmônico do bloco preso à mola é denominado **movimento harmônico simples** (**MHS**), se a força resultante tiver valor algébrico diretamente proporcional à abscissa *x* e de sinal contrário.

Então, no movimento harmônico simples:

$$F = -k \cdot x$$

A expressão $F = -k \cdot x$ fornece-nos o módulo da força resultante que atua sobre o bloco e, além disso, seu sentido. Observe que, quando *x* é positivo, *F* é negativo. Ou seja, a força *F* tem sentido oposto ao do eixo O*x*. Para *x* negativo, resulta *F* positivo e *F* tem o mesmo sentido do eixo O*x*.

Voltemos ao oscilador harmônico ilustrado anteriormente.

Afastando o bloco da posição de equilíbrio, $x = 0$, para uma nova posição de abscissa $x = +A$, e abandonando-o, na ausência de atritos, ele passa a oscilar em torno de O, em uma trajetória retilínea, entre +A e –A, como mostra a Figura 25-7. A distância OA, que representa a máxima elongação, é chamada **amplitude** do movimento e corresponde ao máximo afastamento do bloco em relação à posição de equilíbrio.

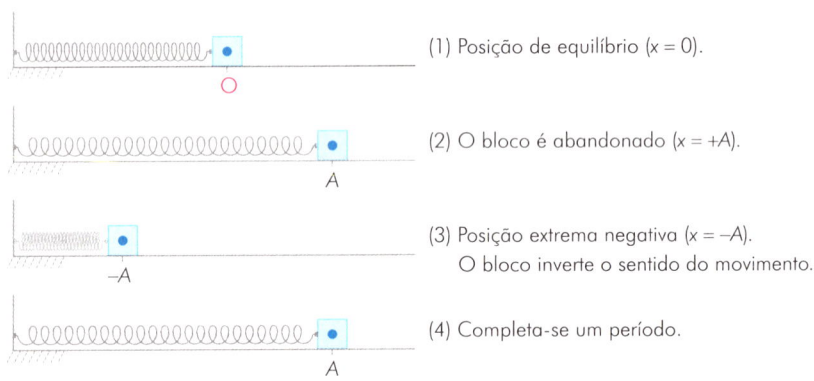

FIGURA 27-5.

A força resultante, $F = -k \cdot x$, a que o bloco fica sujeito, é denominada **força restauradora**, pois age sempre no sentido de restaurar a posição do bloco, a posição de equilíbrio $x = 0$. No oscilador massa-mola, a força restauradora é do tipo elástica, e a constante de proporcionalidade *k* é a constante elástica da mola.

Os pontos de inversão $x = +A$ e $x = -A$ são simétricos em relação ao ponto O (Figura 27-6).

Note que a força $\vec{F}$ tem módulo máximo nas posições de inversão:

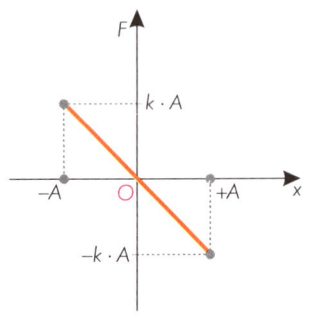

FIGURA 27-6.

- $x = +A \Rightarrow F = -k \cdot A \Rightarrow |\vec{F}|_{máx.} = k \cdot A$;
- $x = -A \Rightarrow F = k \cdot A \Rightarrow |\vec{F}|_{máx.} = k \cdot A$;
- $x = 0 \Rightarrow F = 0 \Rightarrow |\vec{F}|_{mín.} = 0$.

Nesse tipo de movimento, um **ciclo** corresponde ao movimento descrito pelo bloco passando por todas as posições na ida e na volta, retornando ao ponto inicial: por exemplo, de $x = +A$ para $x = -A$ e voltando para $x = +A$.

O período T do oscilador massa-mola depende da massa m do ponto material e da constante elástica k da mola ligada ao ponto material, de acordo com a fórmula:

$$T = 2\pi \cdot \sqrt{\frac{m}{k}}$$

Esse período é *próprio* da oscilação e *independe de sua amplitude*. A amplitude depende da energia cedida ao sistema.

Exercícios Resolvidos

1. Pendurando-se um pequeno corpo de 40 kg de massa na extremidade de uma mola ideal, obtém-se uma deformação de 80 cm na mola. Se substituirmos esse pequeno corpo por outro de 6,0 kg de massa, deslocado de sua posição de equilíbrio, ele oscilará em um MHS de amplitude 10 cm. Calcule, em segundos, o período de oscilação desse corpo. Use $\pi = 3,14$.

RESOLUÇÃO:
O esquema mostra a situação descrita pelo enunciado:

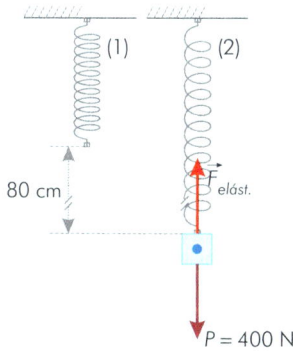

Na situação (2), temos o corpo em equilíbrio. Portanto, a intensidade da força peso do corpo é igual à da força elástica ($F_{elást.} = P \Rightarrow F_{elást.} = 400$ N) enquanto a mola se encontra deformada de 80 cm = 0,80 m.

Com os dados acima, podemos calcular a constante elástica da mola:

$F_{elást.} = k \cdot x$

$400 = k \cdot 0,80 \Rightarrow k = \dfrac{400}{0,80} \therefore k = 500$ N/m

Como o corpo de massa 6,0 kg oscila em MHS, podemos calcular seu período usando a relação $T = 2\pi \cdot \sqrt{\dfrac{m}{k}}$. Assim:

$T = 2\pi \cdot \sqrt{\dfrac{6,0}{500}} \Rightarrow T = 2\pi \cdot \sqrt{0,012} \Rightarrow T \cong 2\pi \cdot 0,11$

$T = 0,22\pi$ s $\cong 0,69$ s

2. O pêndulo simples é um dispositivo constituído por uma partícula de massa m, suspensa por um fio ideal de comprimento L.

Em determinado local, desprezadas as forças dissipativas (como a resistência do ar), a massa pendular, quando colocada em movimento, oscila simetricamente em torno da posição O de equilíbrio, tendo como extremos os pontos A e B, como esquematizado na figura abaixo.

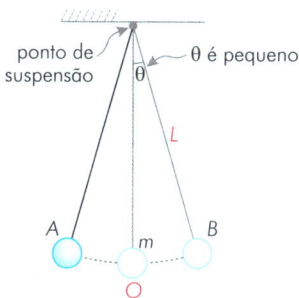

Para pequenas amplitudes ($\theta < 5°$), demonstra-se que o período de oscilação do pêndulo simples é expresso por $T = 2\pi \cdot \sqrt{\dfrac{L}{g}}$, em que g é o módulo da aceleração da gravidade local.

Considere um pêndulo simples, de comprimento 90 cm, que realiza pequenas oscilações em um local onde o módulo da aceleração da gravidade é igual a 10 m/s². Determine, em unidades SI, o período e a frequência das oscilações desse pêndulo. Use $\pi = 3,14$.

RESOLUÇÃO:
Dados:
- $L = 90$ cm $= 0,90$ m e $g = 10$ m/s²

Aplicando a fórmula apresentada acima para cálculo do período do pêndulo simples:

$T = 2\pi \cdot \sqrt{\dfrac{L}{g}}$

$T = 2\pi \cdot \sqrt{\dfrac{0,90}{10}} \Rightarrow T = 2\pi \cdot \sqrt{0,090}$

$T = 2\pi \cdot (0,3) \therefore T \cong 1,88$ s

Como $f = \dfrac{1}{T}$, temos: $f = \dfrac{1}{1,88} \Rightarrow f \cong 0,53$ Hz

Exercícios Propostos

3. Um corpo de massa igual a 160 g, preso a uma mola ideal de constante elástica igual a 100 N/m, realiza um MHS vertical entre os pontos A e B, que distam, verticalmente, 10 cm um do outro. Despreze as forças dissipativas e considere o ponto O como a posição de equilíbrio e o módulo da aceleração da gravidade igual a 10 m/s². Determine:

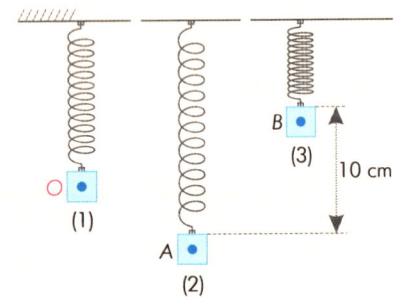

a) a amplitude (A) do movimento, em centímetros;
b) o período (T) das oscilações, em segundos;
c) a frequência (f) do movimento, em hertz.

4. (PUC – SP) Um corpo de 500 g de massa é preso a uma mola ideal vertical e vagarosamente baixado até o ponto em que fica em equilíbrio, distendendo a mola de um comprimento de 20 cm. Admitindo o módulo da aceleração da gravidade igual a 10 m/s², o período de oscilação do sistema corpo-mola, quando o corpo é afastado de sua posição de equilíbrio e, em seguida, abandonado, será, aproximadamente,

a) 281 s   b) 44,5 s   c) 8,0 s   d) 4,0 s   e) 0,9 s

5. (UnB – DF – modificada) Um corpo está pendurado na extremidade de uma mola vertical, presa no teto de uma sala. Em equilíbrio, o corpo estica a mola de 2,0 cm. Quando este corpo é puxado 5,0 cm para baixo, em relação à posição de equilíbrio, e depois é solto, qual será a frequência de oscilação? Considere o módulo da aceleração da gravidade igual a 10 m/s² e multiplique o valor obtido por 10, desprezando a parte fracionária caso exista.

6. Uma mola tem o comprimento de 6,0 cm quando pendurada (figura 1). Coloca-se em sua extremidade um corpo de massa igual a 0,1 kg e o comprimento da mola passa a ser 10 cm (figura 2). Por meio de uma ação externa, puxa-se o corpo até que o comprimento da mola atinja 12 cm (figura 3), abandonando-se em seguida o conjunto, que passa a efetuar um MHS. Despreze as forças dissipativas e considere o módulo da aceleração da gravidade igual a 10 m/s².

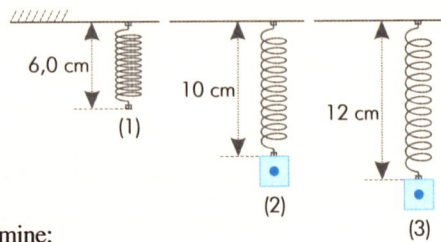

Determine:
a) a constante elástica da mola, em N/m;
b) o período, em segundos, e a frequência, em hertz, do MHS;
c) a amplitude do MHS, em centímetros.

7. Um bloco de massa 1,0 kg, preso a uma mola ideal, oscila em um plano horizontal sem atrito realizando um MHS. Para uma elongação de 20 cm, a força aplicada pela mola ao bloco tem intensidade 0,8 N. Se necessário, use π = 3,14.
Determine:

a) a constante elástica da mola;
b) o período das oscilações.

8. (UNICAMP – SP) Um antigo relógio de pêndulo é calibrado no frio inverno gaúcho.

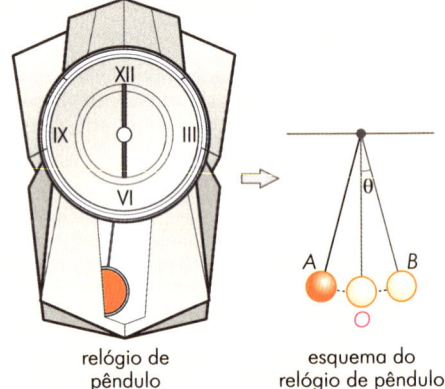

relógio de pêndulo   esquema do relógio de pêndulo

Considerando que o período desse relógio é dado por $T = 2\pi \cdot \sqrt{\dfrac{L}{g}}$, onde L é o comprimento do pêndulo e g é o módulo da aceleração da gravidade local, pergunta-se:

a) Esse relógio atrasará ou adiantará quando transportado para o quente verão nordestino?
b) Se o relógio for transportado do Nordeste para a superfície da Lua, nas mesmas condições de temperatura, ele atrasará ou adiantará? Justifique brevemente sua resposta.

9. Considere um pêndulo simples que realiza oscilações de pequenas amplitudes. É correto afirmar que seu período:

(01) depende da massa pendular.
(02) depende do seu comprimento.
(04) depende da intensidade do campo gravitacional local.
(08) depende da amplitude das oscilações.
(16) duplica quando seu comprimento é quadruplicado.
(32) se reduz à metade ao submeter-se a um campo gravitacional de intensidade quadruplicada.

Dê como resposta a soma dos números associados às afirmações corretas.

10. Calcule o período de oscilações de um pêndulo simples com 40 cm de comprimento, que executa pequenas oscilações em um local onde o módulo da aceleração da gravidade é igual a 10 m/s². Despreze influências do ar e considere π igual a 3.

27.2.2. Energia no movimento harmônico simples (MHS)

A energia mecânica do oscilador massa-mola pode ser dividida em duas partes: a *energia cinética* (E_c), associada à velocidade de translação do ponto material, dada por:

$$E_c = \frac{m \cdot v^2}{2}$$

e a *energia potencial elástica* (E_p), associada à posição do ponto material,

$$E_{p(elást.)} = \frac{k \cdot x^2}{2}$$

A soma dessas energias é a **energia mecânica** (E_m):

$$E_m = E_c + E_{p(elást.)}$$

No MHS, as energias cinética e potencial variam, pois variam a velocidade (v) e a posição (x) do ponto material. Contudo, *a energia mecânica permanece constante*, já que, por hipótese, inexistem forças dissipativas (princípio da conservação da energia). Assim, a energia mecânica pode ser calculada em qualquer ponto; nos pontos de elongação máxima, teremos $x = A$ (amplitude) e $v = 0$ (pontos de inversão), logo:

$$E_m = E_c + E_{p(elást.)} = 0 + \frac{k \cdot A^2}{2} = \frac{k \cdot A^2}{2}$$

Assim, em qualquer posição, temos:

$$E_m = \frac{k \cdot A^2}{2}$$

Observação:

A Figura 27-7 mostra como variam a energia potencial $E_{p(elást.)}$, a energia cinética E_c e a energia mecânica total E_m, em um MHS, em função da deformação x da mola. Note que a curva da energia potencial E_p é um arco de parábola com a concavidade voltada para cima, pois $E_{p(elást.)}$ é uma função do segundo grau na variável x.

A curva da energia mecânica total E_m é um segmento de reta paralelo ao eixo x, pois E_m é uma função constante $\left(E_m = \dfrac{k \cdot A^2}{2} = \text{constante}\right)$.

Resulta, então, que a curva da energia cinética E_c também é um arco de parábola, mas com a concavidade voltada para baixo.

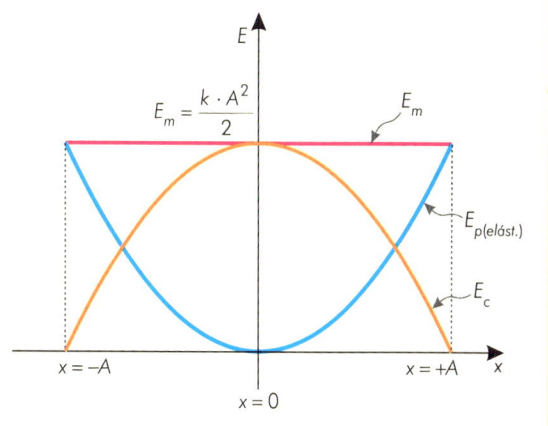

Figura 27-7.

Exercícios Resolvidos

11. (UFPR) Uma criança de massa 30,0 kg é colocada em um balanço cuja haste rígida tem comprimento de 2,50 m. Ela é solta de uma altura de 1,00 m acima do solo, conforme esquematizado na figura a seguir. Supondo que a criança não se autoimpulsione, podemos considerar o sistema "criança-balanço" como um pêndulo simples.

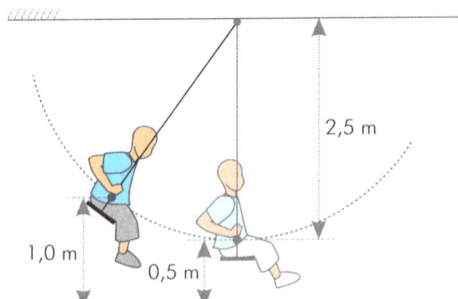

Desprezando a resistência do ar, julgue a veracidade das afirmações seguintes.

(01) O intervalo de tempo para que a criança complete uma oscilação é π s.
(02) A energia potencial da criança no ponto mais alto em relação ao solo é 150 J.
(04) A velocidade da criança no ponto mais próximo do solo é menor que 4,00 m/s.
(08) Se a massa da criança fosse maior, o tempo necessário para completar uma oscilação diminuiria.
(16) A frequência de oscilação da criança depende da altura da qual é solta.

Resolução:

(01) Correta. O período do pêndulo simples é dado por

$$T = 2\pi \cdot \sqrt{\frac{L}{g}}.$$ Assim, temos:

$$T = 2\pi \cdot \sqrt{\frac{2{,}50}{10}} \Rightarrow 2\pi \cdot \sqrt{0{,}250}$$

$$T = 2\pi \cdot 0{,}50 \therefore T = \pi \text{ s}$$

(02) Incorreta. A energia potencial da criança no ponto mais alto da trajetória é a energia potencial gravitacional dada por $E_{p(g)} = m \cdot g \cdot h$. Assim,

$$E_{p(g)} = m \cdot g \cdot h \Rightarrow E_{p(g)} = 30 \cdot 10 \cdot 1$$

$$E_{p(g)} = 300 \text{ J}$$

(04) Correta. Pelo princípio da conservação da energia mecânica,

$$E_{p(1)} + E_{c(1)} = E_{p(2)} + E_{c(2)}$$

$$300 + 0 = 30 \cdot 10 \cdot 0{,}5 + \frac{1}{2} \cdot 30 v^2$$

$$300 = 150 + 15 v^2$$

$$15 v^2 = 150$$

$$v^2 = 10 \therefore v = \sqrt{10} \text{ m/s} \cong 3{,}16 \text{ m/s}$$ e, portanto, menor que 4,00 m/s.

(08) Incorreta. O período do pêndulo não depende da massa do corpo oscilante.

(16) Incorreta. Nem o período nem a frequência dependem da amplitude da oscilação.

12. O esquema a seguir representa um oscilador harmônico, em que um pequeno corpo de 400 g de massa oscila preso ao terminal de uma mola ideal, de constante elástica k = 10 N/m. Os pontos A e B são os extremos do movimento, cujas posições são, respectivamente, –40 cm e +40 cm. Despreze qualquer ação de forças dissipativas.

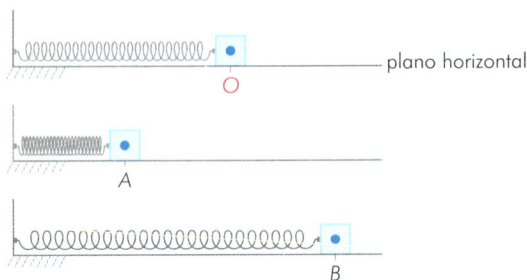

Determine:

a) a intensidade da força elástica quando o bloco se encontra nos extremos do movimento;
b) a energia mecânica do corpo;
c) o módulo da velocidade máxima atingida pelo corpo;
d) a posição do corpo na qual o módulo de sua velocidade é máxima.

Resolução:

a) A intensidade da força elástica é dada pela relação $F_{elást.} = k \cdot x$. Sendo k = 10 N/m e x = 40 cm = 0,40 m, temos:

$$F_{elást.} = 10 \cdot (0{,}40) \Rightarrow F_{elást.} = 4{,}0 \text{ N}.$$

b) A energia mecânica do corpo é a soma das energias cinética e potencial elástica ($E_m = E_c + E_{p(elást.)}$). Nos extremos do movimento, a velocidade escalar do corpo é nula e, portanto, a energia mecânica do corpo nesses pontos é igual à energia potencial elástica ($E_m = E_{p(elást.)}$).

Então, $E_m = \dfrac{k \cdot x^2}{2}$, para $x = A$, $E_m = \dfrac{k \cdot A^2}{2}$.

Para k = 10 N/m e A = x = 40 cm = 0,4 m, temos:

$$E_m = \frac{10 \cdot (0{,}40)^2}{2} \Rightarrow E_m = 0{,}80 \text{ J}$$

c) O corpo adquire máxima velocidade, em módulo, ao passar pelo ponto médio.
Nessa posição, a energia potencial elástica é nula ($E_{p(elást.)} = 0$) e, portanto, a energia mecânica do corpo é igual à energia cinética ($E_m = E_{c(máx.)}$).

Exercícios Resolvidos

$$E_m = \frac{mv_{máx.}^2}{2} \Rightarrow 0{,}80 = \frac{0{,}40 \cdot v_{máx.}^2}{2}$$

$$v_{máx.}^2 = \frac{1{,}60}{0{,}40} \Rightarrow v_{máx.}^2 = 4{,}0$$

$$v_{máx.} = \sqrt{4{,}0} \therefore v_{máx.} = 2{,}0 \text{ m/s}$$

d) O corpo adquire máxima velocidade, em módulo, ao passar pelo ponto médio. Portanto, a abscissa desse ponto é dada pela média aritmética das abscissas dos pontos nos quais o módulo da velocidade escalar do corpo é nulo.

$$x_m = \frac{x_A + x_B}{2} = x_m = \frac{-40 + 40}{2} \Rightarrow x_m = 0$$

Exercícios Propostos

13. (UnB – DF) Uma corda de violão vibra com um período de 10^{-2} s. Sabe-se que no seu movimento a corda assume todas as posições, desde uma reta (posição de equilíbrio) até suas máximas elongações. Se no instante de início do movimento, $t_0 = 0$, a corda estava na posição de equilíbrio, analise e julgue a veracidade das afirmativas a seguir.

(1) A frequência de vibração da corda é $\frac{100}{2\pi}$ s^{-1}.

(2) Toda vez que a corda passa pela posição de equilíbrio, ela completa um número inteiro de períodos.

(3) A máxima deformação da corda poderá ocorrer após um tempo igual a um número inteiro de períodos mais $\frac{1}{4}$ do período.

(4) A corda passa pela posição de equilíbrio 100 vezes por segundo.

(5) Quando um ponto da corda sai de uma máxima elongação e vai até a máxima elongação oposta, então o ponto terá percorrido uma amplitude do movimento oscilatório.

14. (UnB – DF – modificada) Um corpo de massa m, preso a uma mola de constante elástica k, oscila, horizontalmente, em torno de sua posição de equilíbrio, desenvolvendo um movimento harmônico simples. O ponto de equilíbrio é referencial para todas as grandezas. Julgue a veracidade das afirmações seguintes.

(1) Em um ponto que se encontra na metade do caminho entre as posições de equilíbrio e de deslocamento máximo, a velocidade do corpo é a metade da velocidade máxima atingida em sua trajetória.

(2) No ponto de deslocamento máximo, o corpo não possui energia cinética.

(3) Em qualquer ponto da trajetória, a força restauradora e a velocidade do corpo têm sempre sentidos contrários.

(4) A energia cinética máxima do corpo é sempre igual à sua energia potencial máxima.

(5) A energia potencial máxima do corpo é sempre igual à energia mecânica total.

15. (UFG – GO) Um sistema massa-mola consiste de uma partícula de massa m presa a uma mola de constante elástica k, conforme a figura a seguir. Esse sistema foi posto a oscilar sobre uma superfície plana sem atrito, executando um movimento de vaivém em torno de uma posição de equilíbrio. Considerando que o deslocamento x seja medido em relação à posição de equilíbrio, julgue as afirmativas a seguir.

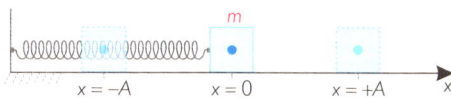

(1) O movimento executado é harmônico simples e o maior valor de x é chamado de amplitude.

(2) A mola aplica à massa uma força de intensidade dada por $k \cdot x$, dirigida sempre para a posição de equilíbrio.

(3) Nesse sistema, a energia mecânica total conserva-se, apesar de as energias cinética e potencial elástica variarem.

(4) No ponto de maior valor de x, a velocidade é máxima e no ponto de equilíbrio ($x = 0$) a energia potencial elástica é mínima.

(5) O gráfico da energia potencial elástica em função da posição é uma parábola com a concavidade voltada para cima.

(6) Quanto maior a amplitude do movimento de um sistema massa-mola, maior será o intervalo de tempo gasto para uma oscilação completa.

16. Um ponto material com massa de 2 kg, livre da ação de forças dissipativas e preso a uma mola de constante elástica 200 N/m, realiza oscilações harmônicas em torno do ponto O com amplitude A. A energia mecânica total do oscilador harmônico é 100 J.

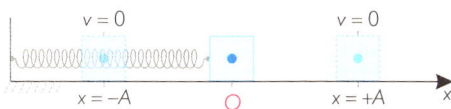

Determine:

a) a amplitude A do MHS;

b) o valor máximo, em módulo, da velocidade escalar do ponto material;

c) o período T das oscilações harmônicas.

17. Um ponto material, por meio de uma mola, realiza um MHS, oscilando entre os pontos de abscissas –40 cm e

Exercícios Propostos

+40 cm. Adotando-se como nível zero da energia potencial o ponto de abscissa zero, determine as abscissas x para as quais a energia cinética é o triplo da energia potencial.

18. Uma partícula executa um movimento harmônico simples ao longo do eixo x e em torno da origem O. Sua amplitude é A e seu período é 4,0 s. É correto afirmar:

(01) A velocidade da partícula é nula quando $x = \pm A$.

(02) A frequência do movimento é 0,25 Hz.

(04) A aceleração da partícula é nula quando $x = \pm A$.

(08) A energia cinética da partícula no ponto $x = 0$ é nula.

(16) A energia mecânica total da partícula é igual à sua energia potencial quando $x = \pm A$.

(32) O módulo da força que atua sobre a partícula é proporcional ao módulo de seu deslocamento em relação à origem.

Dê como resposta a soma dos números associados às afirmações corretas.

27.2.3. As funções horárias do MHS

Para obter as funções horárias de posição, velocidade e aceleração sem recursos de cálculo superior, utilizaremos um artifício que consiste em analisar a projeção de um movimento circular uniforme (MCU) sobre um dos seus diâmetros. O movimento dessa projeção é harmônico simples.

Função horária da elongação no MHS

Considere o móvel da Figura 27-8 descrevendo MCU de período T, na circunferência de centro O e raio A. No instante inicial, t_0, o móvel ocupa a posição P_0 e sua posição angular inicial é φ_0. Em um instante posterior, t, o móvel passa a ocupar a posição P, associada à posição angular φ.

Do estudo do MCU, sabemos que $\varphi = \varphi_0 + \omega \cdot t$.

Enquanto o móvel percorre a circunferência, sua projeção ortogonal Q, sobre o diâmetro orientado Ox, descreve um MHS de período T e amplitude A.

No triângulo OPQ, destacado na figura, temos:

$$\cos \varphi = \frac{OQ}{OP} \Rightarrow \cos \varphi = \frac{x}{R} \Rightarrow x = R \cdot \cos \varphi$$

Como $R = A$ e $\varphi = \varphi_0 + \omega \cdot t$, então,

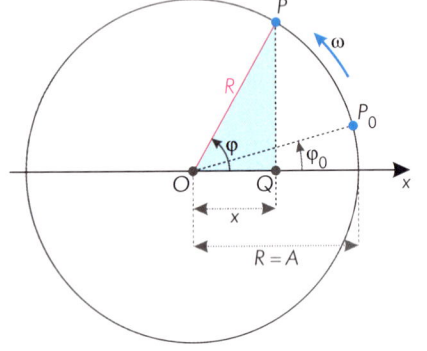

Figura 27-8.

$$\boxed{x(t) = A \cdot \cos(\varphi_0 + \omega \cdot t)}$$ Função horária da elongação no MHS

onde φ_0, medida em radianos, é denominada **fase inicial** do MHS ($\varphi_0 = \varphi(t = t_0)$).

A grandeza ω é chamada **pulsação** do MHS, ou **frequência angular** do MHS, e é expressa em radianos por segundo (rad/s).

Observe que a pulsação do MHS corresponde à velocidade angular do MCU e tem com o período a mesma relação já vista no estudo do MCU:

$$\boxed{\omega = \frac{2\pi}{T}}$$

Função horária da velocidade no MHS

A velocidade escalar do ponto Q, descrevendo o MHS, é obtida projetando-se a velocidade $\vec{v}_P$, do ponto P que descreve o MCU, sobre o eixo Ox.

Do triângulo retângulo destacado na Figura 27-9, vem $\operatorname{sen} \varphi = \dfrac{v}{v_P} \Rightarrow v = v_P \cdot \operatorname{sen} \varphi$.

Como
$$v_P = \omega \cdot R, R = A \text{ e } \varphi = \varphi_0 + \omega \cdot t$$
então,

$$v(t) = -\omega \cdot A \cdot \text{sen}(\varphi_0 + \omega \cdot t)$$ Função horária da velocidade no MHS

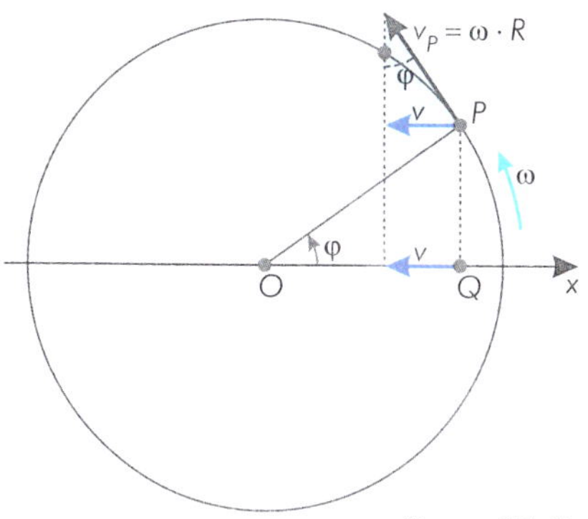

em que o sinal de negativo foi introduzido porque, no instante considerado, a velocidade v tem sentido contrário ao do eixo Ox.

Conclusões

1.ª – Nos pontos em que ocorre a inversão de movimento, a velocidade da partícula é nula.
2.ª – No ponto de equilíbrio, a velocidade da partícula tem módulo máximo.

FIGURA 27-9.

Função horária da aceleração no MHS

A aceleração α do ponto Q, descrevendo o MHS, é obtida projetando-se a aceleração centrípeta $\vec{a}_P$, do ponto P que descreve o MCU, sobre o eixo Ox.

Do triângulo retângulo destacado na Figura 27-10, vem:

$$\cos \varphi = \frac{\alpha}{a_P} \Rightarrow \alpha = a_P \cdot \cos \varphi$$

Como $a_P = \omega^2 \cdot R$, $R = A$, $\varphi = \varphi_0 + \omega \cdot t$, segue:

$$a(t) = -\omega^2 \cdot A \cdot \cos(\varphi_0 + \omega \cdot t)$$ Função horária da aceleração do MHS

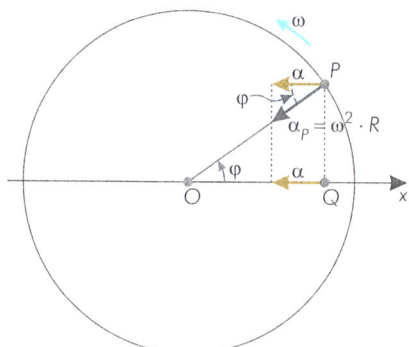

Mais uma vez, o sinal (–) torna-se necessário, pois, no instante considerado, a aceleração α tem sentido contrário ao do eixo Ox.

FIGURA 27-10.

Conclusões

1.ª – Os módulos da aceleração α e da elongação x são diretamente proporcionais. Veja a demonstração: vamos substituir a função horária da elongação na função horária da aceleração: $\alpha(t) = -\omega^2 \cdot A \cdot \cos(\omega \cdot t + \varphi_0)$ e $x(t) = A \cdot \cos(\omega \cdot t + \varphi_0)$. Chegamos a:

$$\alpha = -\omega^2 \cdot x$$

donde $F_R \propto -x$.

2.ª – Decorre de conclusão anterior que o ponto Q, projeção do ponto P, descreve um MHS.

3.ª – Como já foi dito, o período T do oscilador massa-mola que descreve um MHS depende apenas de sua massa m e da constante elástica k da mola, não dependendo da amplitude de oscilação do MHS. Agora, podemos demonstrar, partindo da expressão da Segunda Lei de Newton:

$$F_R = m \cdot a$$

Mas como $a = \alpha = -\omega^2 \cdot x$ e sendo m a massa do corpo oscilante, temos:

$$F_R = m \cdot (-\omega^2 \cdot x) \Rightarrow F_R = -(m \cdot \omega^2) \cdot x$$

Como $F_R = -k \cdot x$, logo $k = m \cdot \omega^2$, de onde:

$$k = m \cdot \left(\frac{2\pi}{T}\right)^2 \Rightarrow k = m \cdot \frac{(2\pi)^2}{T^2} \Rightarrow T^2 = (2\pi)^2 \cdot \frac{m}{k}$$

$$T = 2\pi \cdot \sqrt{\frac{m}{k}}$$

Exercícios Resolvidos

19. Uma partícula realiza movimento harmônico simples com abscissas obedecendo à seguinte função horária:

$x(t) = 20 \cdot \cos\left(\dfrac{\pi}{4} + \dfrac{\pi}{2} \cdot t\right)$ em que as grandezas envolvidas são medidas no sistema de unidades CGS. Determine:

a) a amplitude, a pulsação, o período, a frequência e a fase inicial do movimento;
b) as funções horárias da velocidade e da aceleração;
c) a elongação, a velocidade e a aceleração do movimento no instante $t = 1{,}0$ s.

Resolução:

a) Comparando com a função geral $x(t) = A \cdot \cos(\varphi_0 + \omega \cdot t)$, temos:

- amplitude: $A = 20$ cm
- pulsação: $\omega = \dfrac{\pi}{2}$ rad/s
- período: $\omega = \dfrac{2\pi}{T} \Rightarrow \dfrac{\pi}{2} = \dfrac{2\pi}{T} \therefore T = 4$ s
- frequência: $f = \dfrac{1}{T} \Rightarrow f = \dfrac{1}{4}$ Hz
- fase inicial: $\varphi_0 = \dfrac{\pi}{4}$ rad

b) Sendo $v(t) = -\omega \cdot A \cdot \text{sen}(\omega \cdot t + \varphi_0)$, temos:

$v(t) = -\dfrac{\pi}{2} \cdot 20 \cdot \text{sen}\left(\dfrac{\pi}{2} \cdot t + \dfrac{\pi}{4}\right)$

$v(t) = -10 \cdot \text{sen}\left(\dfrac{\pi}{2} \cdot t + \dfrac{\pi}{4}\right)$

Sendo $\alpha(t) = -\omega^2 \cdot A \cdot \cos(\omega \cdot t + \varphi_0)$

$\alpha(t) = -\left(\dfrac{\pi}{2}\right)^2 \cdot 20 \cdot \cos\left(\dfrac{\pi}{2} \cdot t + \dfrac{\pi}{4}\right)$

$\alpha(t) = -\dfrac{\pi^2}{4} \cdot 20 \cdot \cos\left(\dfrac{\pi}{2} \cdot t + \dfrac{\pi}{4}\right)$

$\alpha(t) = -5\pi^2 \cdot \cos\left(\dfrac{\pi}{2} \cdot t + \dfrac{\pi}{4}\right)$

c) Para $t = 1$ s, temos:

$x(1) = 20 \cdot \cos\left(\dfrac{\pi}{4} + \dfrac{\pi}{2} \cdot (1)\right)$

$x(1) = 20 \cdot \cos\left(\dfrac{\pi + 2\pi}{4}\right)$

$x(1) = 20 \cdot \cos\left(\dfrac{3\pi}{4}\right)$

$x(1) = 20 \cdot \left(-\dfrac{\sqrt{2}}{2}\right)$

$x(1) = -10\sqrt{2}$ cm $\cong 14{,}1$ cm

$v(1) = -10\pi \cdot \text{sen}\left(\dfrac{\pi}{4} + \dfrac{\pi}{2} \cdot (1)\right)$

$v(1) = -10\pi \cdot \text{sen}\left(\dfrac{\pi + 2\pi}{4}\right)$

$v(1) = -10\pi \cdot \text{sen}\left(\dfrac{3\pi}{4}\right)$

$v(1) = -10\pi \cdot \left(\dfrac{\sqrt{2}}{2}\right)$

$v(1) = -5\pi \cdot \sqrt{2}$ cm/s $\cong -22{,}2$ cm/s

$\alpha(1) = -5\pi^2 \cdot \cos\left(\dfrac{\pi}{4} + \dfrac{\pi}{2} \cdot (1)\right)$

$\alpha(1) = -5\pi^2 \cdot \cos\left(\dfrac{\pi + 2\pi}{4}\right)$

$\alpha(1) = -5\pi^2 \cdot \cos\left(\dfrac{3\pi}{4}\right)$

$\alpha(1) = -5\pi^2 \cdot \cos\left(-\dfrac{\sqrt{2}}{2}\right)$

$\alpha(1) = \dfrac{5 \cdot \sqrt{2} \, \pi^2}{2}$ cm/s²

20. Uma partícula realiza um MHS, tal que os módulos máximos de sua velocidade escalar e de sua aceleração escalar são, respectivamente, 4,0 m/s e 8,0 m/s².

Determine a amplitude e a pulsação do movimento.

Resolução:

a) Os módulos máximos da velocidade e da aceleração são dados por: $|v|_{máx.} = \omega \cdot A$ e $|\alpha|_{máx.} = \omega^2 \cdot A$

Portanto,

$4{,}0 = \omega \cdot A$ (equação I)
$8{,}0 = \omega^2 \cdot A$ (equação II)

Dividindo membro a membro a equação (II) pela equação (I), vem:

$\dfrac{8{,}0}{4{,}0} = \dfrac{\omega^2 \cdot A}{\omega \cdot A} \Rightarrow \omega = 2{,}0$ rad/s

Substituindo $\omega = 2{,}0$ rad/s na equação (I), temos:

$4{,}0 = 2{,}0 \cdot A \therefore A = 2{,}0$ m

Resposta: a amplitude do movimento é igual a 2,0 m e a pulsação é igual a 2,0 rad/s.

Exercícios Propostos

21. Um corpo realiza um movimento harmônico simples cuja função horária é $x(t) = 2 \cdot \cos\left(\dfrac{\pi}{4} \cdot t + \pi\right)$, sendo x expresso em metros e t, em segundos. Determine, para esse movimento:

a) a amplitude, a pulsação, a fase inicial, o período e a frequência;
b) as funções horárias da velocidade e da aceleração;
c) a elongação, a velocidade e a aceleração no instante $t = 2{,}0$ s.

22. Um ponto material descreve um MHS regido pela função horária da elongação: $x(t) = 0{,}4 \cdot \cos(3\pi \cdot t + \pi)$, em que x é medido em metros e t, em segundos.

Determine:
a) a amplitude, a pulsação, o período e a fase inicial do movimento;
b) a função horária da velocidade escalar;
c) a função horária da aceleração escalar.

23. Um bloco de 4,0 kg de massa, preso a uma mola, descreve um MHS em torno de uma posição de equilíbrio. Sabendo que os módulos máximos de sua velocidade escalar e de sua aceleração escalar são, respectivamente, 3π m/s e $3\pi^2$ m/s², determine:
a) a pulsação do MHS e sua amplitude;
b) o período das oscilações descritas pelo corpo;
c) a constante elástica da mola.

24. O bloco da figura, preso a uma mola, realiza um MHS entre os pontos A' e A. No instante $t = 0$, o bloco está passando pela posição de equilíbrio O, deslocando-se em sentido oposto ao do eixo Ox. A distância entre os pontos A' e A é de 60 cm e o intervalo de tempo despendido, ao se deslocar de O até A', é de 2,0 s. Escreva as funções horárias da elongação, da velocidade escalar e da aceleração escalar desse movimento.

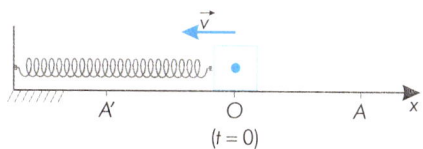

25. Uma partícula realiza um MHS, cujo gráfico da elongação x em função do tempo t está representado ao lado.

Determine, em unidades SI, para esse MHS:
a) o período e a frequência do movimento;
b) a pulsação e a fase inicial;
c) a função horária da elongação.

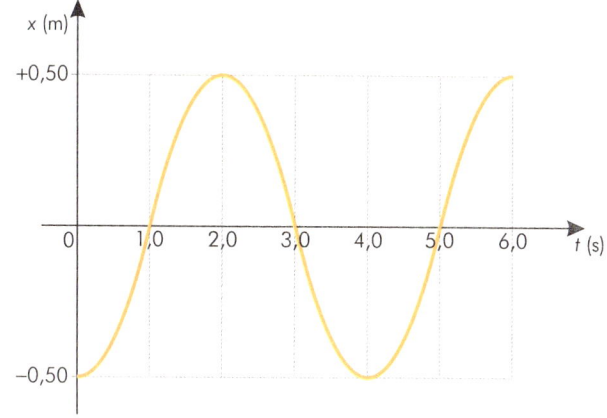

26. Um móvel executa um movimento harmônico simples de amplitude 2,0 m, pulsação $2 \cdot \pi$ rad/s e fase inicial π rad.
a) Determine o período e a frequência desse MHS.
b) Escreva as equações horárias da elongação, da velocidade e da aceleração.
c) Determine o valor máximo da velocidade e da aceleração do móvel.

27. (UFG – GO) Seja uma partícula em movimento harmônico simples regido pela função horária: $x(t) = 0{,}1 \cdot \cos(2\pi \cdot t)$, para x em metros e t em segundos. Responda:
a) O que representam as constantes 0,1 e 2π?
b) Qual a frequência, em hertz, do movimento?
c) Em que posição se encontra a partícula no instante $t = 0$ s? Qual a velocidade escalar da partícula neste instante?
d) Em que posição a energia cinética da partícula é máxima? Em que instante isto acontece?

Exercícios Complementares

28. (FUVEST – SP) Uma caneta move-se ao longo do eixo y descrevendo um movimento harmônico simples. Ela registra, sobre uma fita de papel que se move com velocidade de 10 cm/s da direita para a esquerda, o gráfico representado na figura a seguir.

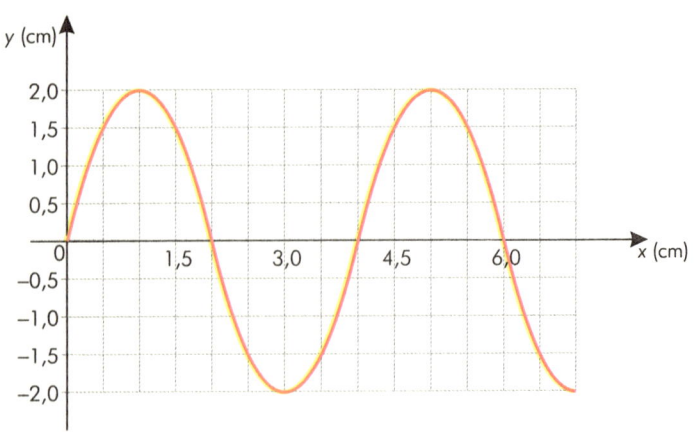

a) Determine a função y(x) que representa a curva mostrada no gráfico.
b) Supondo que o instante t = 0 corresponda à passagem da caneta pelo ponto x = 0 e y = 0, determine a função y(t) que representa seu movimento.
c) Qual a frequência, em hertz, do movimento da caneta?

29. Uma partícula oscila ao longo do eixo x, com movimento harmônico simples dado por $x(t) = 3{,}0 \cdot \cos\left(0{,}5\pi \cdot t + \dfrac{3\pi}{2}\right)$, em que x é dado em cm e t, em segundos. Nessas condições, pode-se afirmar que a amplitude, a frequência e a fase inicial valem, respectivamente:

a) 3,0 cm; 4,0 Hz; $\dfrac{3\pi}{2}$ rad

b) 1,5 cm; 4,0 Hz; $\dfrac{3\pi}{2}$ rad

c) 1,5 cm; 4,0 Hz; 270°

d) 3,0 cm; 0,50 Hz; $\dfrac{3\pi}{2}$ rad

e) 3,0 cm; 0,25 Hz; $\dfrac{3\pi}{2}$ rad

30. Indique a alternativa que preenche corretamente as lacunas do texto a seguir.

Um pêndulo simples está animado de um movimento harmônico simples. Nos pontos extremos da trajetória, a velocidade da bolinha do pêndulo é _____, a aceleração é _____ e a energia potencial é _____. À medida que a bolinha se aproxima do centro da trajetória, a velocidade _____, a aceleração _____ e a energia potencial _____.

a) nula, máxima, máxima, diminui, aumenta, diminui.
b) máxima, nula, máxima, diminui, aumenta, diminui.
c) máxima, máxima, nula, diminui, aumenta, diminui.
d) nula, máxima, máxima, aumenta, diminui, diminui.
e) nula, mínima, mínima, diminui, diminui, diminui.

31. (FUVEST – SP) Enquanto uma folha de papel é puxada com velocidade constante sobre uma mesa, uma caneta executa um movimento de vaivém, perpendicularmente à direção de deslocamento do papel, deixando registrado na folha um traço em forma de senoide.

A figura abaixo representa um trecho AB do traço, bem como as posições de alguns de seus pontos e os respectivos instantes.

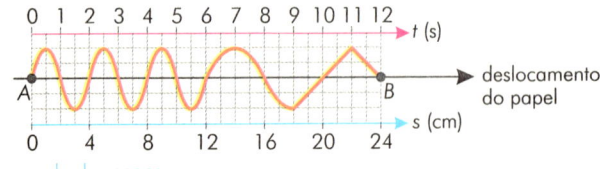

Pede-se:
a) a velocidade de deslocamento da folha.
b) a razão das frequências do movimento de vaivém da caneta entre os instantes 0 a 6 s e 6 s a 12 s.

32. Um corpo de 10 kg de massa está preso à extremidade de uma mola de constante elástica cujo valor é 40 N/m e em repouso no ponto O. O corpo é, então, puxado até a posição A e depois solto.

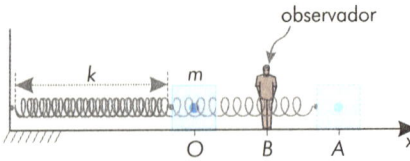

Despreze qualquer dissipação de energia durante todo o movimento do corpo e adote o valor π = 3,14.

a) Determine, em unidades SI, o período de oscilação do corpo.
b) Calcule o número de vezes que um observador estacionário, no ponto B, vê o corpo passar por ele, durante um intervalo de 15,7 segundos.

Exercícios Complementares

33. Enquanto o ponto P se move sobre uma circunferência de centro geométrico no ponto D, em movimento circular uniforme com velocidade angular ω = 2π rad/s, o ponto M (projeção de P sobre o eixo x) executa um movimento harmônico simples entre os pontos A e A'.

Nota: B e C são os pontos médios de $\overline{A'D}$ e $\overline{DA}$, respectivamente.

a) Qual é a frequência do MHS executado por M?
b) Determine o tempo necessário para o ponto M deslocar-se do ponto B ao ponto C.

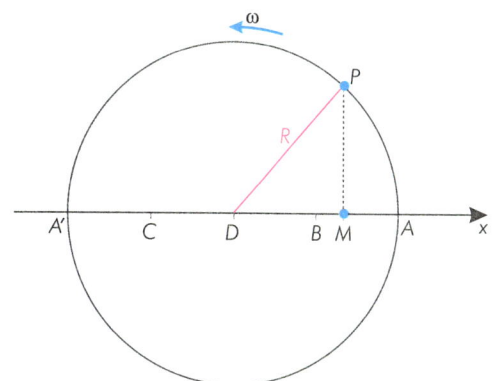

34. Período de um pêndulo é o intervalo de tempo gasto em uma oscilação completa. Um pêndulo executa 10 oscilações completas em 9,0 segundos. Seu período é:

a) 0,9 s.
b) 1,1 s.
c) 9,0 s.
d) 10,0 s.
e) 90,0 s.

35. Um trapezista abre as mãos e larga a barra de um trapézio, ao passar pelo ponto mais baixo da oscilação. Desprezando-se o atrito, é correto afirmar que o trapézio:

a) para de oscilar.
b) aumenta a amplitude de oscilação.
c) tem seu período de oscilação aumentado.
d) não sofre alteração na sua frequência.
e) aumenta sua energia mecânica.

36. Um corpo de massa m é preso à extremidade de uma mola helicoidal que possui a outra extremidade fixa. O corpo é afastado até o ponto A e, após abandonado, oscila entre os pontos A e B.

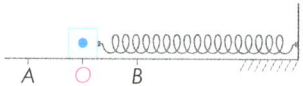

Pode-se afirmar, corretamente, que a:

a) aceleração é nula no ponto O.
b) aceleração é nula nos pontos A e B.
c) velocidade é nula no ponto O.
d) força é nula nos pontos A e B.
e) força é máxima no ponto O.

37. Uma partícula descreve um movimento harmônico simples segundo a equação $x(t) = 0,3 \cdot \cos\left(\frac{\pi}{3} + 2 \cdot t\right)$, em unidades SI. O módulo da máxima velocidade atingida por essa partícula é:

a) 0,3 m/s.
b) 0,1 m/s.
c) 0,6 m/s.
d) 0,2 m/s.
e) π/3 m/s.

38. Um ponto material executa um movimento harmônico simples, cuja função horária da elongação é $x(t) = 8 \cdot \cos\left(\frac{\pi}{8} \cdot t\right)$, em que t é dado em segundos e x, em metros. Após 2,0 s, a elongação do movimento é igual a:

a) zero.
b) 2,0 m.
c) 3,5 m.
d) 5,7 m.
e) 8,0 m.

39. Um movimento harmônico simples tem amplitude de 1,0 m, frequência de 5,0 Hz e fase inicial de 0,5 m. Sua função horária da elongação é:

a) $x(t) = \cos(10\pi \cdot t)$
b) $x(t) = \cos\left(10\pi \cdot t + \frac{\pi}{2}\right)$
c) $x(t) = \cos\left(10\pi \cdot t + \frac{\pi}{3}\right)$
d) $x(t) = \cos\left(10\pi \cdot t + \frac{\pi}{4}\right)$
e) $x(t) = \cos\left(10\pi \cdot t + \frac{\pi}{6}\right)$

40. Uma partícula realiza MHS e a velocidade em cada instante obedece à seguinte função horária, em unidades SI:

$$v(t) = -2\pi \cdot \text{sen}\left(\frac{\pi}{4} \cdot t + \frac{\pi}{2}\right)$$

Determine:

a) a pulsação, a amplitude e a fase inicial do movimento;
b) as funções horárias da elongação e da aceleração da partícula;
c) a aceleração da partícula no instante 1 s.

Exercícios Complementares

41. Um relógio de pêndulo extremamente preciso em uma dada cidade suíça é trazido para o Brasil, para a cidade de João Pessoa – PB. Verifica-se, apesar de todos os cuidados tomados no transporte do relógio, que, aqui no Brasil, ele não apresenta a mesma pontualidade. Por que isso acontece? O relógio, em terras brasileiras, atrasa-se ou adianta-se? Despreze as diferenças entre as latitudes onde a cidade da Suíça e a cidade de João Pessoa (PB) estão localizadas.

42. (ITA – SP) Um aluno do ITA levou um relógio de pêndulo simples, de Santos, no litoral paulista, para São José dos Campos, 600 m acima do nível do mar. O relógio marcava a hora correta em Santos, mas demonstra uma pequena diferença em São José. Considerando a Terra como uma esfera com seu raio correspondendo ao nível do mar, pode-se ESTIMAR que, em São José dos Campos, o relógio:

a) atrasa 8 min por dia.
b) atrasa 8 s por dia.
c) adianta 8 min por dia.
d) adianta 8 s por dia.
e) foi danificado, pois deveria fornecer o mesmo horário que em Santos.

43. O gráfico representa, em um dado instante, a velocidade transversal dos pontos de uma corda, na qual se propaga uma onda senoidal na direção do eixo das abscissas, x.

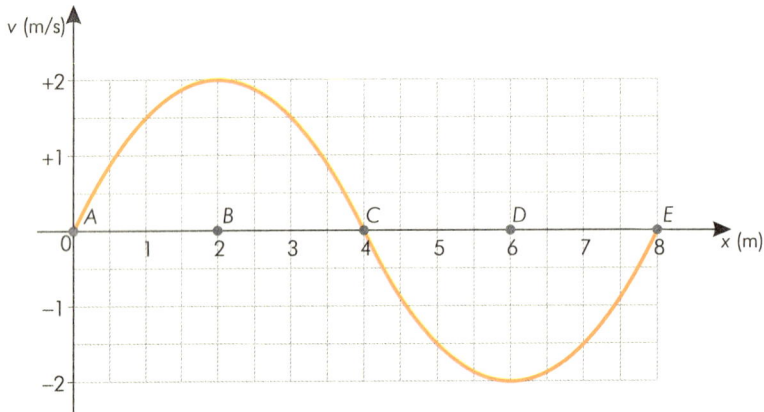

A velocidade de propagação da onda na corda é de 24 m/s. Sejam A, B, C, D e E pontos da corda. Considere, para o instante representado, as seguintes afirmações:

I. A frequência da onda é 0,25 Hz.
II. Os pontos A, C e E têm máxima aceleração transversal (em módulo).
III. Os pontos A, C e E têm máximo deslocamento transversal (em módulo).
IV. Todos os pontos da corda deslocam-se com velocidade de 24 m/s na direção do eixo x.

São corretas:
a) todas as afirmações.
b) somente IV.
c) somente II e III.
d) somente I e II.
e) somente II, III e IV.

44. O gráfico ao lado mostra como varia a elongação (x) em função do tempo (t) de uma partícula que realiza MHS. Julgue a veracidade das afirmações seguintes:

(1) O período e a frequência do MHS são, respectivamente, iguais a 2 s e 0,5 Hz.
(2) A pulsação do MHS vale 4 rad/s.
(3) A amplitude do MHS é igual a 4 m.
(4) A fase inicial do MHS vale $\frac{\pi}{2}$ rad.

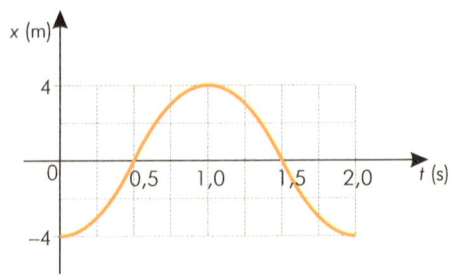

Exercícios Complementares

(5) A função horária da velocidade escalar instantânea da partícula que descreve o MHS é $v(t) = -4\pi \cdot \text{sen}(4t + \pi)$.
(6) O valor máximo da aceleração da partícula vale $4\pi^2$ m/s².

45. Um bloco de massa $m = 1{,}0$ kg, preso à extremidade de uma mola e apoiado sobre uma superfície horizontal sem atrito, oscila em torno da posição de equilíbrio, com uma amplitude de 0,1 m, conforme mostra a Figura A, a seguir. A Figura B mostra como a energia cinética do bloco varia de acordo com seu deslocamento.

FIGURA A

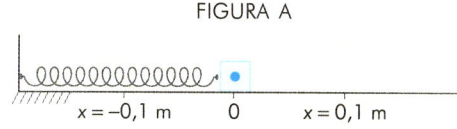

FIGURA B

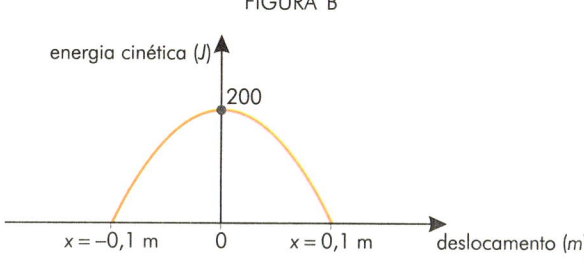

É CORRETO afirmar que:

a) quando o bloco passa pelos pontos extremos, isto é, em $x = \pm 0{,}1$ m, a aceleração do bloco é nula.
b) o módulo da força que a mola exerce sobre o bloco na posição 0,1 m é $2{,}0 \cdot 10^3$ N.
c) a constante elástica da mola vale $2{,}0 \cdot 10^4$ N/m.
d) a energia potencial do bloco na posição 0,05 m vale 100 J.
e) na posição de equilíbrio, o módulo da velocidade do bloco é 20 m/s.

28 Ondas e Óptica Física

28.1. Propagação de Energia – Ondas – Introdução

Imagine uma corda fixa a uma parede e esticada por uma pessoa, como ilustra a Figura 28-1. Movimentando a mão para cima e, em seguida, rapidamente para baixo, essa pessoa produz uma perturbação, que se propaga ao longo da corda até o outro extremo. A perturbação que se propaga no meio é chamada **pulso**.

Observe o ponto *P*, assinalado nos diversos flagrantes da sequência. Enquanto o pulso passa, ele se desloca para cima e para baixo, repetindo, com atraso, o movimento da mão da pessoa que agita a corda. *Há apenas transferência de energia ao longo da corda, cujos pontos oscilam durante a passagem do pulso*. Há transmissão de informação de um ponto a outro do meio, sem que as propriedades dos pontos sejam permanentemente alteradas.

Definimos **pulso** como qualquer variação de, pelo menos, uma das grandezas físicas associadas a um ponto de um meio, que se reproduz, em instantes posteriores, em pontos vizinhos, sem arrastar o meio. É lícito dizer que um pulso transporta energia, sem que haja translação dos pontos do meio, ou, ainda, que o pulso transmite quantidade de movimento sem arrastar o meio.

Figura 28-1. Onda propagando-se ao longo de uma corda.

Equipamentos de rádio e telefones celulares comunicam-se por meio de ondas.

PANTHERMEDIA/KEYDISC

Se a pessoa que segura a corda movimentar a mão continuamente para cima e para baixo, uma série de pulsos alternados, para cima e para baixo, propagar-se-ão ao longo da corda. Essa série de pulsos propagando energia ao longo da corda denomina-se **onda**.

> Denomina-se onda a propagação de energia de um ponto a outro, sem que haja transporte de matéria entre eles.

O som, a luz, a radiação térmica, as ondas de rádio e de televisão são importantes exemplos ligados à nossa vida diária que evidenciam a propagação de energia por meio de ondas.

28.1.1. Frente de onda e raio de onda

Para representar esquematicamente a propagação de ondas, usamos dois artifícios simples:

- **frente de onda** é a região do espaço que reúne todos os pontos do meio alcançados simultaneamente por um pulso (dizemos que todos os pontos de uma frente de onda têm a mesma *fase*). As frentes de onda podem ser chamadas de *superfícies de onda*;
- **raio de onda** é uma linha orientada que tem origem na fonte de ondas e é perpendicular às frentes de onda, traçada de modo a indicar a orientação da propagação da onda em cada ponto do meio (Figura 28-2).

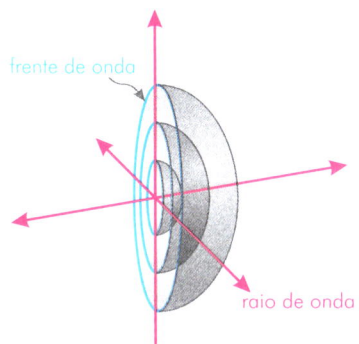

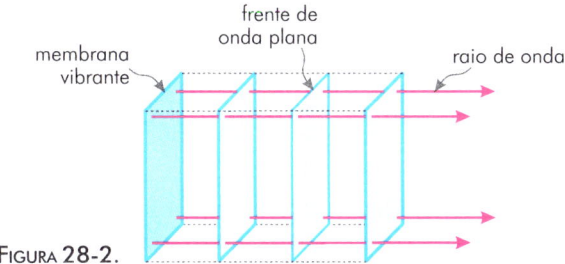

FIGURA 28-2.

28.2. Classificação dos Pulsos
28.2.1. Quanto à propagação

Quanto à direção relevante de propagação, há três tipos de onda:

a) **unidimensional** – onda que se propaga em uma única dimensão, como ondas em cordas tracionadas;
b) **bidimensional** – propaga-se em duas dimensões, isto é, em um plano. Por exemplo, ondas em superfície de líquidos;
c) **tridimensional** – propaga-se em três dimensões, isto é, no espaço, como ocorre com a maioria das ondas luminosas e das ondas sonoras no ar.

Ondas propagando-se na superfície do mar eventualmente "quebram", trazendo grande quantidade de energia.

28.2.2. Quanto à Natureza

Ondas mecânicas

São perturbações que se propagam em meios elásticos, entre partículas interligadas. Esse fenômeno ocorre apenas em meios materiais, pois as ondas mecânicas necessitam de um meio material para se propagar. Isso significa que elas nunca se propagam no vácuo.

A propagação de uma onda mecânica através de um meio material envolve o transporte de energia cinética e de energia potencial e depende de dois fatores fundamentais: a inércia e a elasticidade do meio.

São exemplos de ondas mecânicas as ondas que se propagam em cordas ou molas esticadas, as ondas que se propagam em superfícies de líquidos e os sons.

Ondas eletromagnéticas

Ondas eletromagnéticas não necessitam de meio material para se propagar. São formadas por dois campos oscilantes, um elétrico e outro magnético, que se propagam (Figura 28-3). Essa propagação pode ocorrer no vácuo e em determinados meios materiais. Como exemplos de ondas eletromagnéticas, podemos citar as ondas de rádio, as ondas luminosas (luz), as micro-ondas e os raios X.

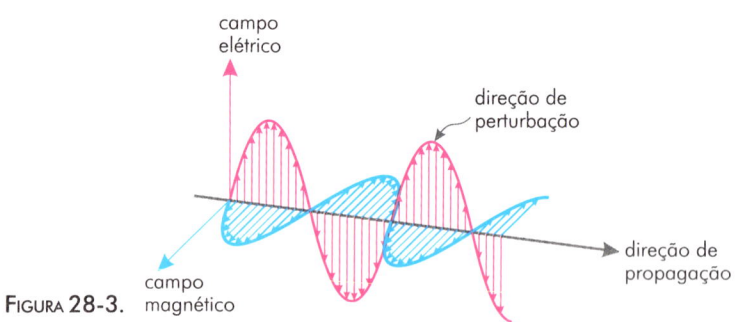

Figura 28-3.

Todas as ondas eletromagnéticas têm em comum a velocidade de propagação no vácuo: aproximadamente 300.000 km/s. A velocidade de propagação da onda depende do meio material em que ela se propaga e da frequência da fonte emissora dessas ondas.

Ondas eletromagnéticas constituem um conjunto de dois campos, um elétrico e outro magnético, que se propagam no vácuo com velocidade aproximada de 300.000 km/s. Em meios materiais, quando ocorre propagação, a velocidade é menor que 300.000 km/s.

28.2.3. Quanto à relação entre propagação e perturbação

Em uma propagação ondulatória, as vibrações podem ocorrer na mesma direção ou em direção perpendicular à da propagação. Em razão disso, as ondas são classificadas em **longitudinais** e **transversais**, respectivamente. Em alguns casos, as vibrações ocorrem simultaneamente nas duas direções e as ondas são ditas *mistas*. Nesse nível, não trataremos os casos mais complexos, envolvendo torção.

Ondas longitudinais

São ondas mecânicas que produzem perturbações nas partículas do meio material, na mesma direção em que as ondas se propagam.

Como exemplo, considere uma mola elástica disposta horizontalmente, fixa em um extremo (Figura 28-4). Se fizermos uma rápida compressão na extremidade livre da mola, a compressão propagar-se-á no sentido da outra extremidade. Note que as partículas da mola oscilam horizontalmente, na mesma direção em que a onda se propaga.

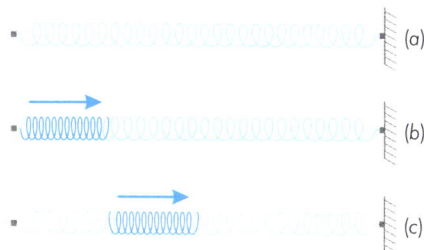

FIGURA 28-4.

Ondas transversais

São ondas em que a direção de oscilação das perturbações é perpendicular à direção de propagação da onda.

Como exemplo, considere uma corda esticada, disposta horizontalmente. Se sacudirmos a extremidade livre da corda, surgirá um pulso que se propagará ao longo dela, dirigindo-se para a extremidade fixa (Figura 28-5). Esse pulso provoca um movimento vertical de sobe e desce, perpendicular à direção de propagação do pulso, como vemos na Figura 28-6.

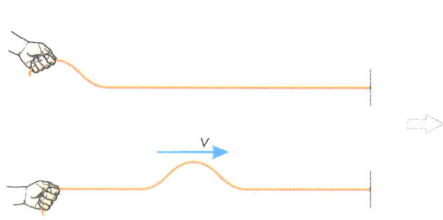

FIGURA 28-5. Criado no extremo da corda, o pulso propaga-se ao longo dela, dirigindo-se à extremidade fixa.

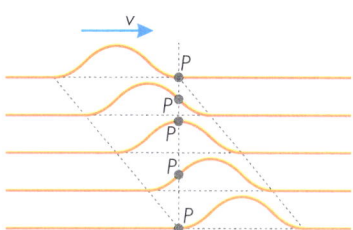

FIGURA 28-6. O pulso provoca um movimento vertical de sobe e desce, perpendicular à direção de propagação do pulso.

As ondas eletromagnéticas são constituídas de dois campos que oscilam perpendicularmente à sua direção de propagação e, dessa forma, são ondas **transversais**. As perturbações eletromagnéticas que atingem os pontos de um meio, seja ele o vácuo ou não, são sempre **perturbações transversais**.

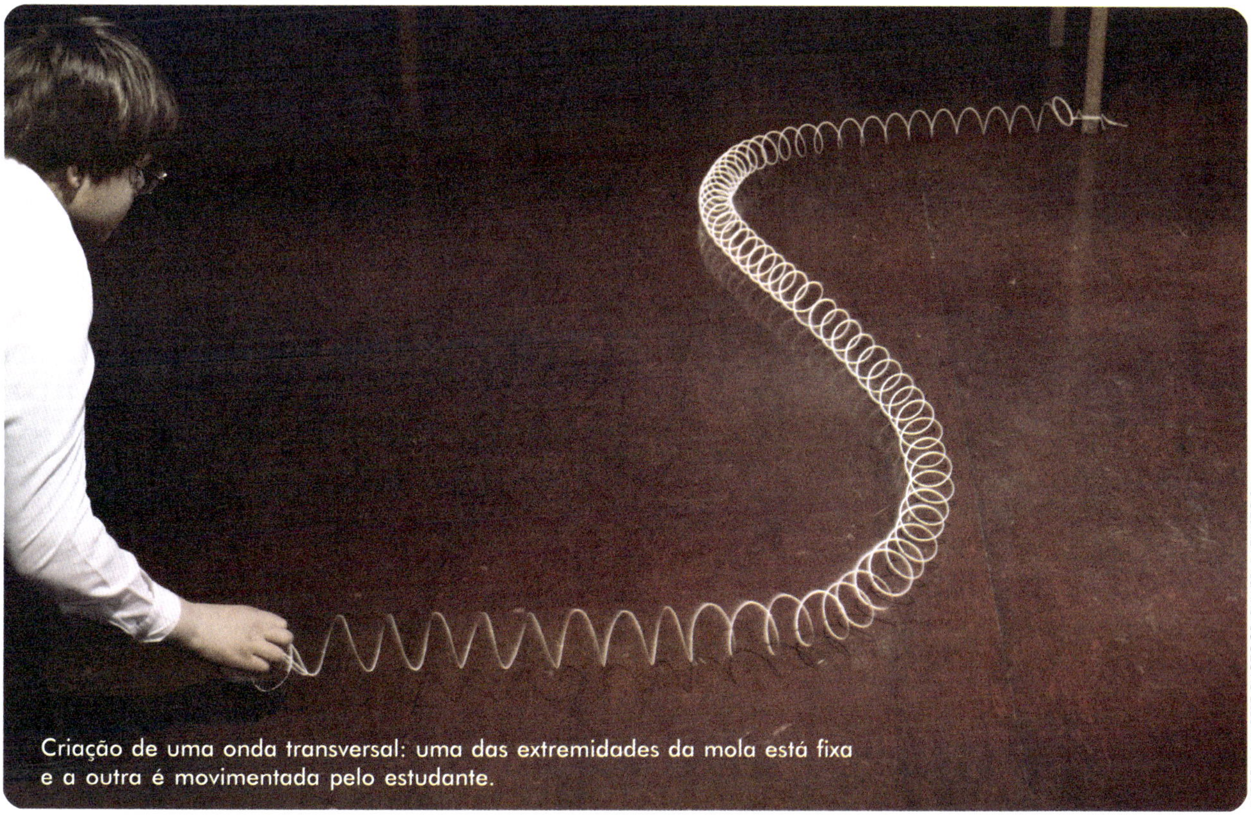

Criação de uma onda transversal: uma das extremidades da mola está fixa e a outra é movimentada pelo estudante.

ANDREW LAMBERT PHOTOGRAPHY/SPL/LATINSTOCK

Ondas mistas

São ondas mecânicas constituídas de vibrações transversais e longitudinais simultâneas. Quando uma partícula de um meio material é atingida por uma perturbação mista, ela oscila, simultaneamente, na direção de propagação e na direção perpendicular à de propagação.

Como exemplos, podemos citar as ondas em superfícies de líquidos, alguns sons, quando se propagam em meios sólidos, e ondas sísmicas.

Ondas em superfície de líquidos são ondas mistas.

28.3. Ondas Periódicas

Denominam-se **ondas periódicas** as ondas geradas por fontes que executam oscilações periódicas, ou seja, que se repetem a intervalos regulares de tempo. A Figura 28-7 representa um flagrante de uma onda periódica propagando-se em uma corda tensionada e, na sequência, estão relacionados alguns importantes elementos a ela associados.

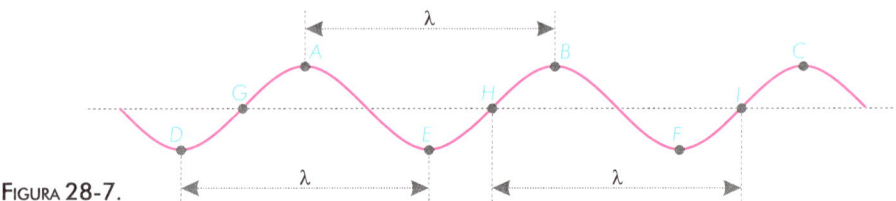

Figura 28-7.

Cristas: são os pontos mais altos dos pulsos (pontos A, B e C); esses pontos oscilam em concordância de fase, isto é, apresentam, em cada instante, elongações iguais.

Vales: são os pontos mais baixos dos pulsos (pontos D, E e F), e, analogamente às cristas, oscilam em concordância de fase.

Amplitude: é o máximo afastamento que cada ponto do meio apresenta em relação a sua posição de equilíbrio, seja para cima, seja para baixo. Tanto as cristas quanto os vales representam pontos de máximo afastamento da posição de equilíbrio e, portanto, essas denominações são relativas.

Período (T): é o intervalo de tempo para que cada ponto do meio por onde a onda se propaga execute uma oscilação completa.

Frequência (f): é o número de oscilações completas (ou ciclos completos) que cada ponto do meio no qual a onda se propaga executa, por unidade de tempo.

É fácil perceber que a frequência é inversamente proporcional ao período, ou seja:

$$f = \frac{1}{T}$$

Como já vimos, a unidade de frequência no SI é o **hertz** (**Hz**): $1\ Hz = 1\ s^{-1}$.

Comprimento de onda (λ): representa a distância percorrida pela onda em um intervalo de tempo de um período. O valor de λ corresponde exatamente à distância entre duas cristas ou dois vales consecutivos. Os pontos G, H e I oscilam em concordância de fase. A distância entre dois desses pontos consecutivos é um comprimento de onda.

28.4. Equação Fundamental da Ondulatória

A propagação de uma onda periódica em um meio homogêneo e isotrópico é um movimento uniforme. Sendo v a velocidade de propagação da onda, temos:

$$v = \frac{\Delta s}{\Delta t}$$

Como, em um período, a onda se desloca em um comprimento de onda, fazendo $\Delta s = \lambda$ e $\Delta t = T = \frac{1}{f}$, segue:

$$v = \lambda \cdot f$$

Observações:
- a frequência de uma onda é igual à frequência da fonte que a produz. Assim, qualquer que seja o meio em que a onda se propague, sua frequência não se modifica;
- a velocidade de propagação das ondas mecânicas em um dado meio só depende das propriedades elásticas do meio;
- o comprimento de onda depende da fonte e do meio;
- os pontos de frentes de onda separadas por múltiplos inteiros de comprimento de onda estão sempre vibrando em concordância de fase.

Exercícios Resolvidos

1. O esquema ao lado representa a forma de uma corda fina, em determinado instante, por onde se propaga uma onda transversal. Cada lado da quadrícula mede 2 cm.

a) Qual o comprimento de onda dessa onda?
b) Qual é a amplitude dessa onda?
c) Sabendo que a velocidade de propagação dessa onda tem módulo igual a 8 cm/s, determine, em hertz, a frequência da onda.

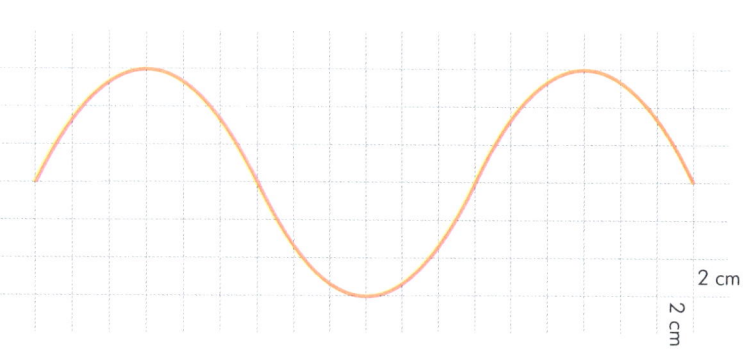

Resolução:
Observando o perfil da onda, como esquematizado na figura, podemos identificar o comprimento de onda (λ) e a amplitude (A) da onda.

a) Como o lado de cada quadrícula mede 2 cm e, no comprimento de onda dessa onda, existem 12 quadrículas, então o comprimento de onda (λ) mede 24 cm.

b) A medida da amplitude (A) dessa onda é igual a 6 cm.

c) Como $\lambda = 24$ cm e $v = 8$ cm/s, e sabendo que $v = \lambda \cdot f$, temos:

$$8 = 24 \cdot f \Rightarrow f = \frac{8}{24} \therefore f = \frac{1}{3} \text{ Hz}$$

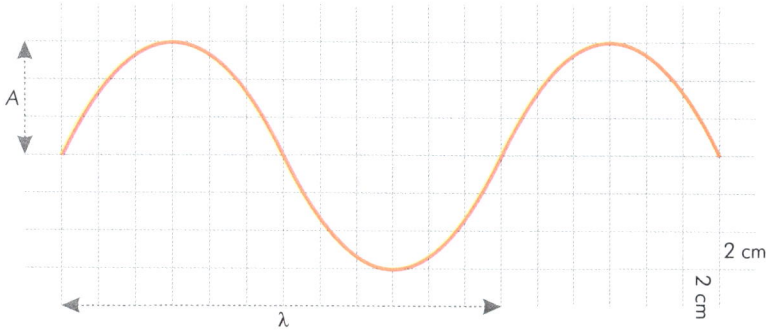

Exercício Resolvido

2. (PUC – RJ) As ondas, num certo lago, elevam uma canoa duas vezes por segundo. O comprimento de onda é de 4,0 m. Quanto vale a velocidade destas ondas, em m/s?

Resolução:

Dados:
- frequência de propagação das ondas no lago: $f = 2{,}0$ Hz;
- comprimento de onda da onda: $\lambda = 4{,}0$ m.

Aplicando a equação fundamental da ondulatória, temos:
$$v = \lambda \cdot f \Rightarrow v = 4{,}0 \cdot 2{,}0 \therefore v = 8{,}0 \text{ m/s}$$

28.5. A Fórmula de Taylor

As cordas tensionadas (esticadas) constituem ótimos meios para a observação da propagação de ondas transversais. Considerando uma corda homogênea e de secção constante, de massa m e comprimento L, sua densidade linear de massa (ρ) é:

$$\rho = \frac{m}{L}$$

O estudo da propagação de um pulso transversal ou de uma onda periódica transversal na corda mostra que a velocidade de propagação, v, depende da densidade linear (ρ) da corda e da intensidade da força tensora (F) a que ela está submetida (Figura 28-8). Esse estudo, feito experimentalmente por Marin Mersenne (1588-1648), com cordas vibrando com baixa frequência e cordas de instrumentos sonoros, foi sintetizado matematicamente por Brook Taylor (1685-1731).

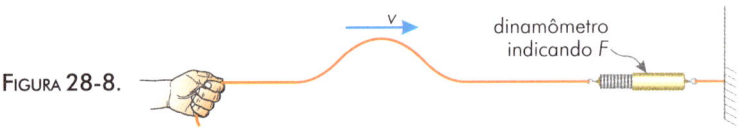

Figura 28-8.

Para o cálculo da velocidade (v) de propagação da onda, vale a **fórmula de Taylor**:

$$v = \sqrt{\frac{F}{\rho}}$$

em que $\rho = \dfrac{m}{L}$ e F é a intensidade da força de tração na corda.

Exercício Resolvido

3. Determine, em m/s, o módulo da velocidade de propagação dos pulsos de ondas produzidos em uma corda homogênea de densidade volumétrica igual a $6 \cdot 10^3$ kg/m³ e secção transversal de área igual a $3 \cdot 10^{-6}$ m², quando submetida a uma força de tração de intensidade igual a 540 N.

Resolução:

Dados:
- densidade volumétrica: $d = 6 \cdot 10^3$ kg/m³
- área: $S = 3 \cdot 10^{-6}$ m²
- intensidade da força de tração: $T = 540$ N

(I) Cálculo da densidade linear da corda:
$$d = \frac{m}{V} \Rightarrow d = \frac{m}{S \cdot L}$$

Exercício Resolvido

Como $\rho = \dfrac{m}{L}$, então:

$$d = \dfrac{\rho}{S} \therefore \rho = d \cdot S$$
$$\rho = 6 \cdot 10^3 \cdot 3 \cdot 10^{-6} \Rightarrow \rho = 18 \cdot 10^{-3}$$
$$\rho = 1{,}8 \cdot 10^{-2} \text{ kg/m}$$

(II) Cálculo do módulo da velocidade de propagação dos pulsos de onda na corda:

$$v = \sqrt{\dfrac{F}{\rho}} \Rightarrow v = \sqrt{\dfrac{540}{1{,}8 \cdot 10^{-2}}}$$

$$v = \sqrt{3 \cdot 10^4} \therefore v = 100 \cdot \sqrt{3} \text{ m/s} \cong 173{,}2 \text{ m/s}$$

Exercícios Propostos

4. A cada ponto de um meio é possível associar uma ou mais grandezas físicas. Quando pelo menos uma dessas grandezas se altera, dizemos que o meio está sofrendo uma perturbação.

Verifica-se que a perturbação não se restringe necessariamente apenas ao ponto em que foi produzida, podendo propagar-se através do meio. A perturbação em propagação constitui uma onda.

Com base nos seus conhecimentos sobre ondas, julgue a veracidade das afirmações a seguir.

(1) Uma onda exige, necessariamente, a presença de um meio material para propagar-se.
(2) A onda longitudinal caracteriza-se pelo fato de a direção de perturbação do meio coincidir com a direção da propagação dessa onda.
(3) Na propagação ondulatória, ocorre o transporte de energia com arraste de matéria.
(4) A velocidade de propagação da onda é sempre constante, independentemente do meio.

5. Julgue as afirmações a seguir.

(1) Os raios de onda são sempre perpendiculares à frente de onda da mesma onda.
(2) À medida que uma onda se propaga em um meio, os pontos atingidos pela perturbação repetem o movimento da fonte.
(3) Comprimento de onda é a distância percorrida pela onda no intervalo de tempo igual a um período.
(4) As radiações eletromagnéticas, tais como ondas de rádio, luz visível, raios X etc., têm em comum a velocidade de propagação no vácuo.

6. (UnB – DF) A respeito dos conceitos de Física Ondulatória, julgue a veracidade das afirmações a seguir.

(1) A velocidade com que uma dada onda se propaga num meio material é uma propriedade do meio.
(2) Ondas propagando em um meio material qualquer podem ser transversais ou longitudinais, dependendo se as propriedades do meio elástico tendem a restaurar deslocamentos longitudinais ou transversais.
(3) Todas as ondas de rádio FM (frequência modulada) são transversais.
(4) Os sons emitidos por um alto-falante e a luz emitida por uma estrela constituem-se de ondas tridimensionais.

7. (UnB – DF) Com base nos conceitos fundamentais de Ondulatória, julgue os itens a seguir.

(1) Uma corda de violão vibra devido a uma perturbação provocada. A onda que se propaga na corda é mecânica, transversal e bidimensional.
(2) As micro-ondas, usadas em telecomunicações para transportar sinais de TV e de telefonia, são ondas eletromagnéticas.
(3) O som, em geral, propaga-se com maior velocidade nos meios sólidos do que nos líquidos.
(4) Frente de onda de uma onda é a fronteira entre a região já atingida pela onda e a região ainda não atingida.

8. (UnB – DF – modificada) Com base nos conceitos fundamentais de Ondulatória, julgue a veracidade das afirmações seguintes.

(1) A frequência de uma onda é igual à frequência da fonte que a emitiu, independentemente do meio de propagação.
(2) As ondas de rádio são ondas transversais, porque a vibração do campo eletromagnético ocorre perpendicularmente à direção de propagação da onda.
(3) O comprimento de onda para uma onda de ultrassom no ar, com frequência de 23.000 Hz em condições normais de pressão e temperatura, é menor que 2,0 cm. Considere a velocidade do som no ar de 340 m/s.
(4) Uma estação de rádio é captada quando a indicação do dial é 10 MHz. O comprimento de onda da onda transmitida por essa estação é de 30 m. Considere a velocidade da luz no ar de $3{,}0 \cdot 10^5$ km/s.

9. Um fio de aço de densidade volumétrica $4{,}0 \cdot 10^3$ kg/m³ tem área de secção transversal de $4{,}0 \cdot 10^{-5}$ m² e é tracionado com uma força de intensidade igual a 81 N. Determine, em unidades SI, o módulo da velocidade de propagação da onda transversal nessa corda.

Exercícios Propostos

10. (UFF – RJ) Na extremidade de uma corda esticada na horizontal, produz-se uma sequência de ondas periódicas denominada "trem de ondas", que se propaga com velocidade v constante, como mostra a figura ao lado.

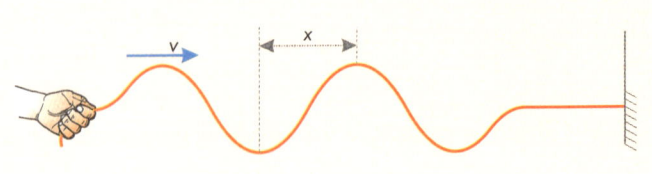

Considerando o módulo da velocidade de propagação dos pulsos de onda na corda igual a 10 m/s e a distância entre uma crista e um vale adjacentes, $x = 20$ cm, o período T de oscilação de um ponto da corda por onde passa o trem de ondas é, em segundos:

a) 0,02 b) 0,04 c) 2,0 d) 4,0

e) Impossível de se determinar, já que depende da amplitude do trem de ondas.

11. A figura representa uma onda periódica progressiva propagando-se em uma corda tensa. A velocidade de propagação dessa onda na corda é de 40 cm/s e cada lado do quadradinho vale 1 cm.

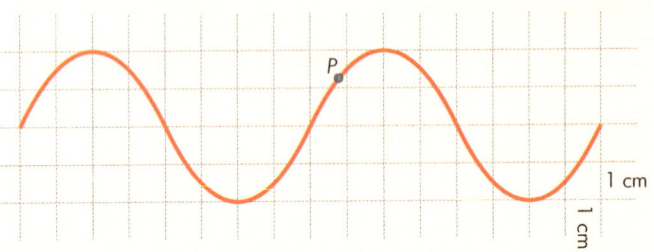

Determine, em unidades CGS:

a) o comprimento de onda da onda que se propaga pela corda e sua amplitude;
b) a frequência da onda;
c) o período de oscilação do ponto P da corda.

12. (UFRGS – RS) Na figura ao lado estão representadas as configurações especiais instantâneas de duas ondas transversais senoidais, M e N, que se propagam na direção x, ao longo de uma mesma corda musical.

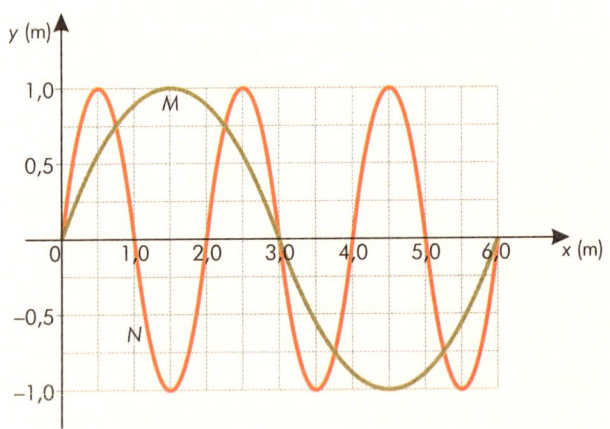

Sendo λ_M e f_M, respectivamente, o comprimento de onda e a frequência da onda M, é correto afirmar que o comprimento de onda λ_N e a frequência f_N da onda N são tais que:

a) $\lambda_N = 3\lambda_M$ e $f_N = \dfrac{f_M}{3}$

b) $\lambda_N = 3\lambda_M$ e $f_N = f_M$

c) $\lambda_N = \dfrac{\lambda_M}{3}$ e $f_N = 3f_M$

d) $\lambda_N = \dfrac{\lambda_M}{3}$ e $f_N = \dfrac{f_M}{3}$

e) $\lambda_N = \lambda_M$ e $f_N = 3f_M$

13. Utilizando uma régua, produz-se na superfície da água ondas retas, conforme mostra a figura abaixo.

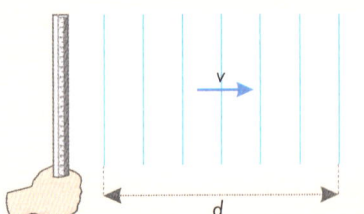

A frequência de oscilação da régua é de 5,0 Hz. A distância d entre as frentes de onda, indicada na figura, é de 12 cm. Determine:

a) o comprimento de onda da onda, em centímetros;
b) a velocidade de propagação das ondas, em cm/s.

14. (UEL – PR) Ao se bater na superfície de um lago, produz-se uma onda que nela se propaga com velocidade de 0,4 m/s. A distância entre duas cristas consecutivas da onda é de 8,0 cm. Com base nesses dados, é correto afirmar:

(01) A onda formada tem comprimento de onda igual a 8,0 cm.
(02) A amplitude da onda certamente vale 4,0 cm.
(04) A frequência da onda é 5,0 Hz.
(08) A onda, ao se propagar, transfere energia de um ponto a outro da superfície do lago.

Exercícios Propostos

(16) Supondo que, sob o efeito da onda, um ponto na superfície do lago oscile verticalmente, a onda é do tipo longitudinal.

Dê como resposta a soma dos números associados às afirmações corretas.

15. Um pescador encontra-se imóvel com o seu barco em uma lagoa cujas águas estão paradas. Em dado momento, ele começa a balançar o barco, produzindo ondas de 0,50 m de amplitude e que perfazem em 8,0 s os 16 m que separam o barco da margem da lagoa. O barco realiza 16 oscilações em 40 s. Some os valores numéricos associados às afirmações corretas e dê o resultado como resposta.

(01) Um ponto de uma crista da onda desloca-se com velocidade variável até a margem.
(02) O barco completa uma oscilação inteira a cada 2,5 s.
(04) A amplitude da onda mantém-se constante ao longo do tempo.
(08) Uma folha que flutua próxima ao barco desloca-se verticalmente 1,0 m, com o passar das ondas.
(16) Em qualquer ponto da lagoa, a distância entre as cristas de duas ondas sucessivas é de 5,0 m.

16. Determine, em m/s, o módulo da velocidade de propagação de um pulso de onda em uma corda de 6,0 m de comprimento, 600 g de massa e esticada por uma força de tração de intensidade igual a 1.000 N.

17. Tem-se uma corda fina homogênea de 800 g de massa e de 5,0 m de comprimento. Sabendo que essa corda está tracionada com uma força de intensidade igual a 576 N, determine, em unidades SI:
a) o módulo da velocidade de propagação de um pulso de onda nessas condições;
b) a intensidade da força de tração nessa corda, para que o pulso de onda se propague com velocidade de 25 m/s.

18. Uma corda de violão tem área de secção transversal 4,0 mm². Sabendo que a velocidade de propagação de um pulso transversal nessa corda é de 100 m/s e que a densidade volumétrica do material da corda vale 4,0 g/cm³, determine, em unidades SI, a intensidade da força de tração a que essa corda está submetida.

28.6. Equação de uma Onda Periódica

Considere uma corda elástica, esticada. O ponto F da corda é a fonte emissora de ondas periódicas transversais, o ponto O é a origem de um sistema cartesiano xOy e P é um ponto da corda escolhido arbitrariamente. Veja a Figura 28-9.

A partir dessa situação ($t = 0$), o ponto F executará um MHS de amplitude A e fase inicial φ_0, de modo que a ordenada y de F variará com o tempo, segundo a equação do MHS:

$$y = A \cdot \cos(\omega \cdot t + \varphi_0)$$

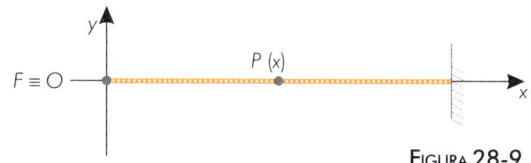

FIGURA 28-9.

Se não houver dissipação de energia na propagação, após um intervalo de tempo (Δt), o ponto genérico P da corda passará também a executar um MHS de mesma amplitude A, porém, atrasado Δt em relação a F. Como Δt é o intervalo de tempo que a onda levou para atingir P, temos $\Delta t = \dfrac{x}{v}$, onde x é a abscissa de P, e v é a velocidade de propagação da onda (Figura 28-10).

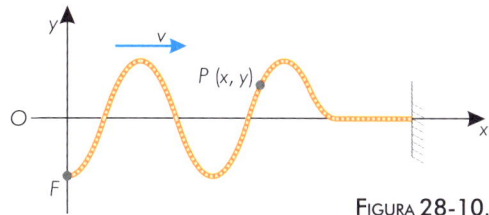

FIGURA 28-10.

Assim, o ponto genérico P tem sua ordenada, y, dada em função do tempo por:

$$y = A \cdot \cos[(\omega \cdot (t - \Delta t) + \varphi_0]$$

Lembrando que $\omega = 2\pi \cdot f$ e que $\Delta t = \dfrac{x}{v}$, temos: $y = A \cdot \cos\left[2\pi \cdot f \cdot \left(t - \dfrac{x}{v}\right) + \varphi_0\right]$

$$y = A \cdot \cos\left[2\pi \cdot \left(f \cdot t - \dfrac{f \cdot x}{v}\right) + \varphi_0\right]$$

Substituindo $v = \lambda \cdot f \Rightarrow \dfrac{f}{v} = \dfrac{1}{\lambda}$, segue:

$$y = A \cdot \cos\left[2\pi \cdot \left(\dfrac{t}{T} - \dfrac{x}{\lambda}\right) + \varphi_0\right]$$

Para cada ponto da corda, a abscissa x é fixa e a ordenada y varia em função do tempo, de acordo com essa função.

Exercício Resolvido

19. Uma onda transversal propaga-se em um meio material, obedecendo à seguinte função de onda:

$$y = 8 \cos\left[2\pi \cdot \left(4t - \frac{x}{5}\right) + \frac{\pi}{2}\right]$$

em que os parâmetros x e y são medidos em centímetros e t, em segundos. Com base nos dados fornecidos por essa função, determine:

a) a amplitude da onda, em centímetros;
b) a fase inicial da fonte, em radianos;
c) o período e a frequência da onda;
d) o comprimento de onda da onda;
e) o módulo da velocidade de propagação dessa onda através do meio.

Resolução:
Comparando-se a função numérica dada com a função genérica, tem-se:

$$\begin{cases} y = 8 \cos\left[2\pi \cdot \left(4t - \frac{x}{5}\right) + \frac{\pi}{2}\right] \\ y = A \cos\left[2\pi \cdot \left(\frac{t}{T} - \frac{x}{\lambda}\right) + \varphi_0\right] \end{cases}$$

Portanto,

a) $A = 8$ cm

b) $\varphi_0 = \frac{\pi}{2}$ rad

c) $\frac{t}{T} = 4t \Rightarrow T = \frac{t}{4t} \therefore T = \frac{1}{4}$ s

Como $f = \frac{1}{T}$, então $f = \frac{1}{\frac{1}{4}} \therefore f = 4$ Hz

d) $\frac{x}{\lambda} = \frac{x}{5} \therefore \lambda = 5$ cm

e) $v = \lambda \cdot f \Rightarrow v = 5 \cdot 4 \therefore v = 20$ cm/s

Exercícios Propostos

20. O esquema a seguir representa uma corda tensa que não absorve energia, na qual se propaga um trem de ondas transversais, no sentido dos valores crescentes de x.

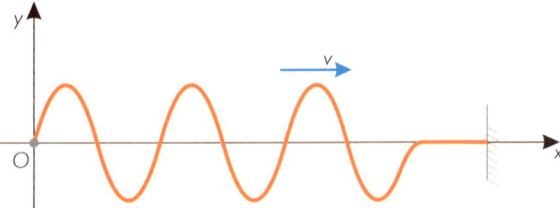

Em relação ao referencial xOy, a equação dessas ondas é: $y = 0,5 \cos[2\pi(20t - 4x)]$, em unidades SI. Determine, em unidades SI:

a) a amplitude da onda;
b) o período e a frequência;
c) o comprimento de onda da onda;
d) o módulo da velocidade de propagação das ondas.

21. A propagação de uma onda é descrita pela função de onda $y = 6 \cos[2\pi \cdot (8t - 2x) + \pi]$, com grandezas medidas no sistema CGS. Determine:

a) a amplitude da onda;
b) a fase inicial da fonte;
c) o comprimento de onda da onda;
d) a velocidade de propagação das ondas.

22. A perturbação y, em um ponto P situado a uma distância x de uma fonte de ondas, varia com o tempo de acordo com a função $y = 3 \cos[3\pi(10t - 2x)]$, com grandezas medidas no sistema CGS. Determine:

a) a amplitude do ponto P;
b) a frequência e o período da onda;
c) a velocidade de propagação da onda;
d) a pulsação da onda;
e) o comprimento de onda da onda.

23. (ITA – SP) Uma onda propaga-se obedecendo à função $y = A \cos(a \cdot x + b \cdot t)$, onde $a = 2,00$ m^{-1} e $b = 6,0 \cdot 10^3$ rad/s. Nesse caso, é correto dizer que:

a) o comprimento de onda da onda é igual a 2,00 m.
b) o período da onda é $2,00 \cdot 10^{-3}$ s.
c) a onda propaga-se com velocidade de $3,0 \cdot 10^3$ m/s.
d) a velocidade de propagação da onda tem módulo igual a $3,4 \cdot 10^2$ m/s.

28.7. Reflexão e Refração de Ondas em uma Corda

28.7.1. Reflexão

O conceito é o mesmo que já vimos para a luz: uma onda sofre reflexão quando, propagando-se em um dado meio, incide na interface de separação com outro meio, voltando a propagar-se no meio original.

Se uma onda, propagando-se ao longo de uma corda, incide sobre uma de suas extremidades, ela será refletida. Quando o pulso chega a um extremo fixo, impossibilitado de oscilar, observa-se que o pulso refletido tem orientação oposta à do pulso incidente: dizemos que o pulso refletiu com **inversão de fase** (Figura 28-11A). Isso ocorre porque a extremidade, sendo fixa, reage sobre a corda com uma força F de mesmo módulo da força exercida pela corda sobre ela (lei de ação e reação, de Newton).

Já no caso mostrado na Figura 28-11B, como a extremidade é livre, não há troca de forças entre ela e a corda, ocorrendo, assim, uma **reflexão sem inversão de fase**.

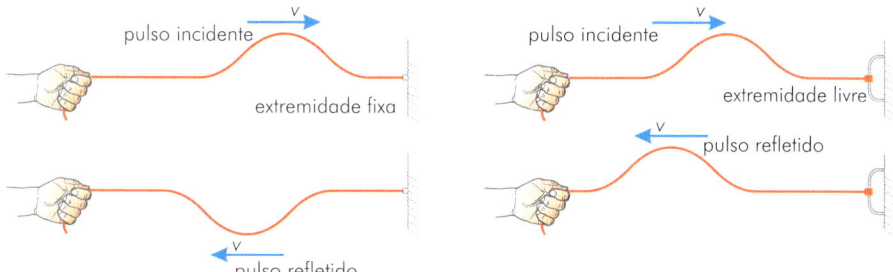

FIGURA 28-11A.

FIGURA 28-11B.

Observação: Como a velocidade de propagação dessa onda é uma função do meio material em que ela se propaga, os pulsos incidente e refletido têm velocidades de mesmo módulo. Portanto, a velocidade da onda é independente da fonte que a produz, de sua frequência ou do comprimento de onda, embora possa ser obtida, em qualquer situação, pela relação $v = \lambda \cdot f$.

28.7.2. Refração

Denomina-se **refração** de uma onda a modificação de sua velocidade de propagação provocada pela passagem dessa onda de um meio para outro, de características diferentes.

Duas cordas elásticas, de densidades lineares diferentes, constituem, para uma onda, diferentes meios de propagação, mesmo que sejam feitas de mesmo material.

Considere duas cordas de densidades lineares diferentes (uma grossa e outra fina) emendadas, como mostra a Figura 28-12. Quando um pulso, propagando-se na corda mais fina (corda 1), incide na junção com a corda mais grossa (corda 2), parte da energia do pulso incidente é refratada (transmite-se para a corda 2) e outra parte é refletida. O pulso refratado (ou *transmitido*) tem a mesma orientação do pulso incidente e o pulso refletido possui fase oposta (porque a junção O comporta-se, para o pulso, como extremo fixo).

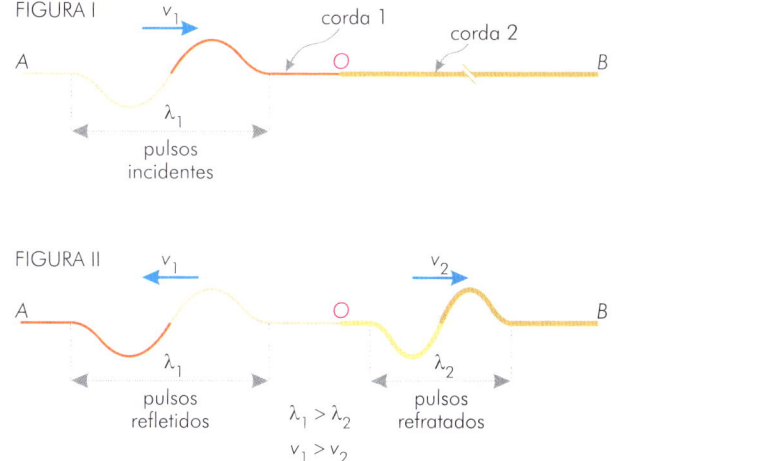

FIGURA 28-12.

Quando o fenômeno ocorre com a onda propagando-se da corda mais grossa para a mais fina (Figura 28-13), observa-se que tanto o pulso refratado quanto o refletido possuem a mesma fase do pulso incidente (na transmissão da corda de maior densidade linear de massa para a outra, menos densa, a emenda O comporta-se, para a onda, como extremo livre).

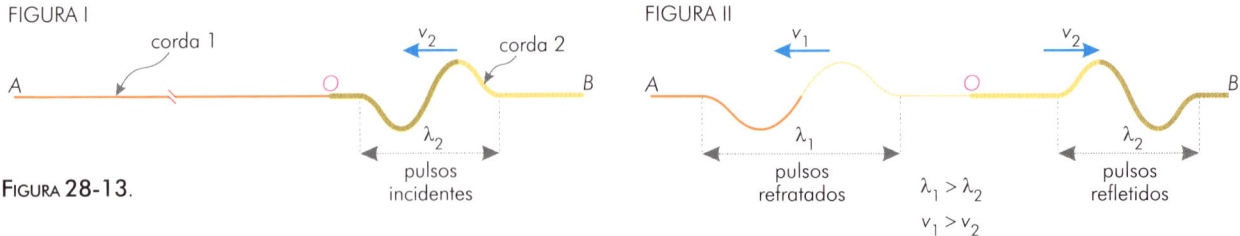

Figura 28-13.

Exercício Resolvido

24. A figura mostra, de forma esquemática, uma onda transversal periódica que se propaga com velocidade de módulo $v_1 = 10$ m/s em uma corda AB cuja densidade linear é ρ_1. Essa corda está ligada a outra, BC, cuja densidade linear é ρ_2, com $\rho_1 < \rho_2$. Sendo $v_2 = 8{,}0$ m/s o módulo da velocidade de propagação da onda na corda BC, calcule, em unidades SI:

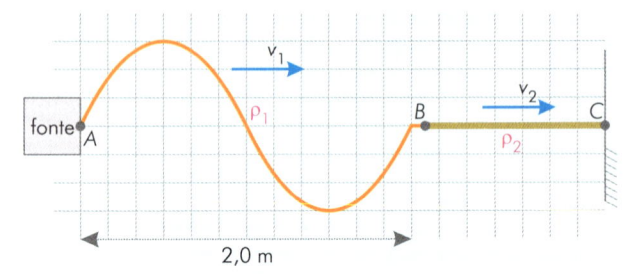

a) o comprimento de onda da onda que se propaga na corda BC;
b) a frequência dos pulsos de onda na corda AB e na corda BC.

Resolução:

a) A frequência de uma onda é sempre igual à frequência da fonte que a emitiu. Assim, a onda propaga-se com a mesma frequência na corda AB e na corda BC.

Aplicando a equação fundamental da ondulatória, $v = \lambda \cdot f$, com $f_{AB} = f_{BC}$, tem-se:

$$\frac{v_{AB}}{\lambda_{AB}} = \frac{v_{BC}}{\lambda_{BC}}$$

$$\frac{10}{2{,}0} = \frac{8{,}0}{\lambda_{BC}} \Rightarrow \lambda_{BC} = \frac{2{,}0 \cdot 8{,}0}{10} \therefore \lambda_{BC} = 1{,}6 \text{ m}$$

b) São dados: $v_{AB} = 10$ m/s e $\lambda_{AB} = 2{,}0$ m. Assim, temos:

$$v = \lambda \cdot f \Rightarrow 10 = 2{,}0 f_{AB} \therefore f_{AB} = 5{,}0 \text{ Hz}$$

Portanto, a frequência da fonte que emitiu esses pulsos de onda é igual a 5,0 Hz, que é a mesma frequência com que esses pulsos se propagam nas cordas AB e BC.

28.8. Ondas na Superfície de um Líquido

As ondas em superfícies de líquido, com pequena amplitude, podem ser consideradas ondas transversais. Imagine pequenas marolas criadas com a ponta de seu dedo ritmicamente tocando a superfície tranquila de um lago. Elas sofrem reflexão quando encontram superfícies fixas que afloram da água, e refração quando passam de regiões rasas para profundas, ou o contrário. Você notará que a descrição é muito parecida com aquela feita para a luz, no estudo de óptica: na verdade, um e outro são apenas exemplos de fenômenos completamente gerais, e esses fenômenos luminosos admitem descrição ondulatória.

Ondas em superfície de um líquido, causadas por uma perturbação.

28.8.1. Reflexão

As reflexões de ondas bidimensionais e tridimensionais podem ser representadas por seus raios de onda ou pelas frentes de onda.

Usando raios de onda como representação, como já foi feito para a Óptica, obtemos a Figura 28-14, que é útil para a apresentação das duas leis que regem a reflexão de qualquer tipo de onda.

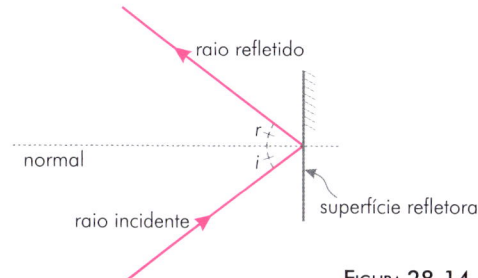

Figura 28-14.

a) *Primeira lei da reflexão*
O raio incidente, o raio refletido e a reta normal à superfície refletora no ponto de incidência estão contidos sempre em um mesmo plano (são coplanares).

b) *Segunda lei da reflexão*
O ângulo formado entre o raio incidente e a normal (ângulo de incidência i) e o ângulo formado entre o raio refletido e a mesma normal (ângulo de reflexão r) são sempre congruentes.

28.8.2. Refração

Já sabemos que a refração de uma onda acompanha a passagem dessa onda de um meio para outro, de características diferentes.

Qualquer que seja o tipo de onda, sua frequência não se altera na refração. No entanto, devido à mudança de meio, a velocidade modifica-se, o mesmo ocorrendo com o comprimento de onda (a equação fundamental da onda garante que $v \propto \lambda$). A onda refratada está sempre em fase com a onda incidente. Isso é válido para todos os tipos de onda.

É de verificação empírica que a velocidade de propagação das ondas na superfície de um líquido depende da profundidade do local: observa-se que o módulo da velocidade diminui quando as ondas passam de regiões mais profundas para regiões mais rasas (como de alto-mar para regiões próximas à praia). Para a onda, meios de diferentes profundidades são diferentes meios de propagação.

Na Figura 28-15, a linha AB representa a interface entre duas regiões com água a profundidades diferentes. Em vista superior, observa-se um raio de onda e várias frentes de onda, constituindo um flagrante da propagação de uma onda que se refrata na superfície da água. Observe a mudança de direção de propagação e a mudança do comprimento de onda.

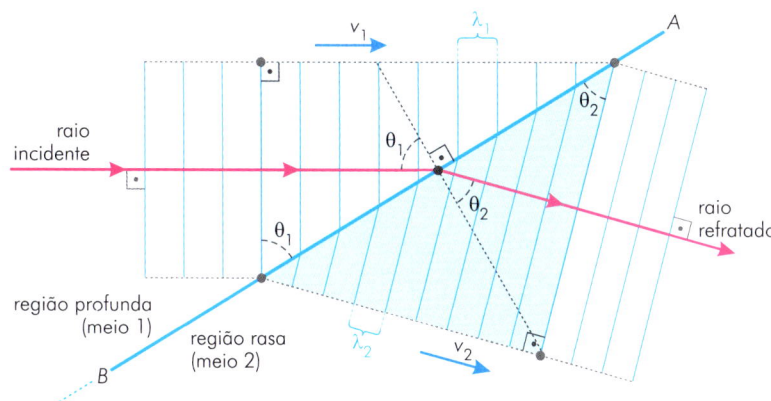

Figura 28-15. Representação esquemática da refração das ondas que se propagam na superfície da água. A mudança de direção ocorre porque os pontos de uma frente de onda não sofrem mudanças de velocidade simultaneamente.

- θ_1: ângulo formado pelo raio incidente e pela reta normal (ângulo de incidência). Observe que o ângulo formado pelas frentes de ondas incidentes e pela fronteira entre as duas regiões também vale θ_1;
- θ_2: ângulo formado pelo raio refratado e pela normal (ângulo de refração). Também vale θ_2 o ângulo formado pelas frentes de ondas refratadas e pela fronteira entre as duas regiões;
- v_1 e λ_1: velocidade de propagação e comprimento de onda na região de maior profundidade;
- v_2 e λ_2: velocidade de propagação e comprimento de onda na região de menor profundidade.

A refração de ondas obedece às duas leis apresentadas a seguir.

Primeira lei da refração

O raio incidente, a normal à fronteira no ponto de incidência e o raio refratado são coplanares.

Segunda lei da refração

Para um dado par de meios homogêneos e para uma dada onda, de frequência f, tem-se, para ângulos de incidência θ_1 e de refração θ_2 não nulos, que $\dfrac{\operatorname{sen} \theta_1}{\operatorname{sen} \theta_2} = \dfrac{v_1}{v_2} = k$, em que k é uma constante característica do par de meios denominada índice de refração relativo, que relaciona as velocidades de propagação da onda nos dois meios.

Também denominada Lei de Snell, a segunda lei da refração é expressa matematicamente pela relação:

$$\dfrac{\operatorname{sen} \theta_1}{\operatorname{sen} \theta_2} = \dfrac{v_1}{v_2} = \dfrac{\lambda_1}{\lambda_2}$$

Da mesma forma que vimos na Óptica, para incidência normal, os ângulos de incidência e de refração são nulos, isto é, não há desvio da direção de propagação – mas há alteração na velocidade de propagação da onda, isto é, há refração.

Exercício Resolvido

25. Em um tanque, as frentes de ondas planas na superfície da água, ao passarem de uma parte rasa a outra mais profunda, fazem-no sob ângulos de 30° e 45°, como esquematizado na figura ao lado.

Sabendo que as ondas se propagam na região (I) com velocidade escalar de módulo igual a 20 m/s e comprimento de onda de 2,0 m, calcule, em unidades SI:

a) o módulo da velocidade com que as ondas se propagam na região (II);
b) o comprimento de onda da onda ao se propagar na região (II);
c) a frequência da fonte que emite essas ondas.

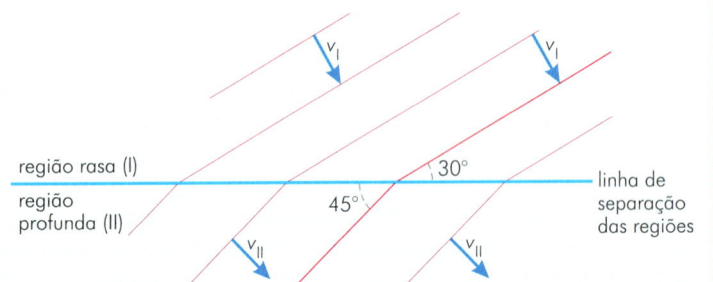

Resolução:

A figura ao lado representa a passagem da onda do meio (I) para o meio (II). As medidas dos ângulos de incidência e de refração valem, respectivamente, 30° e 45°.

a) Aplicando a Lei de Snell, temos:
$$\dfrac{\operatorname{sen} i}{\operatorname{sen} r} = \dfrac{v_I}{v_{II}} = \dfrac{\operatorname{sen} 30°}{\operatorname{sen} 45°} = \dfrac{20}{v_{II}}$$

$$\dfrac{\frac{1}{2}}{\frac{\sqrt{2}}{2}} = \dfrac{20}{v_{II}}$$

$$v_{II} = 20 \cdot \sqrt{2} \text{ m/s} \cong 28{,}3 \text{ m/s}$$

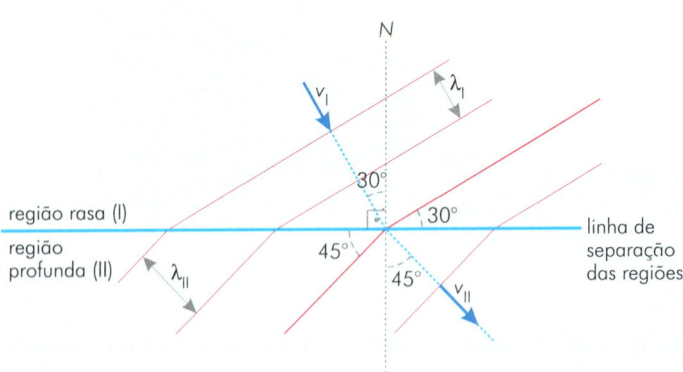

b) O comprimento de onda da onda na região II pode ser calculado pela relação:

$$\dfrac{v_I}{v_{II}} = \dfrac{\lambda_I}{\lambda_{II}} \Rightarrow \dfrac{20}{20\sqrt{2}} = \dfrac{2{,}0}{\lambda_2} = 2{,}0 \cdot \sqrt{2} \text{ m} \cong 2{,}83 \text{ m}$$

c) Usando a equação fundamental da ondulatória, temos:
$$v_I = \lambda_I \cdot f \Rightarrow 20 = 2{,}0 f \therefore f = 10 \text{ Hz}$$

Exercícios Propostos

26. Chama-se *refração de uma onda* a passagem dessa onda de um meio para outro, de características diferentes. Com base no conceito de refração, julgue a veracidade das afirmações a seguir.

(1) Na refração, a frequência da onda não se altera.
(2) Na refração, a velocidade da onda pode variar ou não.
(3) Na refração, a direção de propagação da onda pode variar ou não.
(4) O modelo ondulatório da luz explica o fenômeno da refração.

27. Considere a situação em que uma onda se propaga do meio I para o meio II, sendo a velocidade de propagação v_I, no meio I, maior que a velocidade de propagação v_{II}, no meio II. Representando por f_0 a frequência da fonte e por λ_I e λ_{II} os comprimentos de onda nos meios I e II, respectivamente, julgue os itens a seguir.

(1) Como $v_I > v_{II}$, então $\lambda_I > \lambda_{II}$.
(2) A frequência f_0 é a mesma para ambos os meios.
(3) Um pulso de onda, propagando-se do meio I para o meio II, é parcialmente refletido na junção dos meios.
(4) Ao se propagar do meio II para o meio I, a onda jamais sofrerá reflexão total.
(5) O fato de as ondas quebrarem na praia não está relacionado com a variação da profundidade do mar.

28. Analise as proposições:

I. A refração ocorre quando uma onda atravessa a superfície de separação de dois meios, passando a se propagar no segundo meio.
II. Na refração, a frequência da onda não se altera.
III. Na refração, a velocidade de propagação da onda pode ou não variar.
IV. Na refração, a direção de propagação da onda pode ou não variar.
V. Na refração, ocorre inversão de fase de onda.

Podemos afirmar que:
a) todas as afirmações são verdadeiras.
b) todas as afirmações são falsas.
c) apenas I, II e IV são verdadeiras.
d) apenas I e V são verdadeiras.
e) apenas IV e V são verdadeiras.

29. (UFSM – RS) Uma onda propaga-se em uma corda tensa de densidade linear ρ_1 e massa m_1 que está conectada a outra corda, de densidade ρ_2 e massa m_2 tal que $\rho_1 < \rho_2$. A relação entre o comprimento de onda (λ), a velocidade de propagação (v) e a frequência (f) da onda nas duas cordas é:

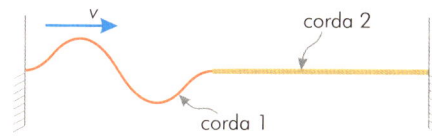

a) $\lambda_1 > \lambda_2$; $v_1 > v_2$; $f_1 = f_2$
b) $\lambda_1 < \lambda_2$; $v_1 < v_2$; $f_1 = f_2$
c) $\lambda_1 > \lambda_2$; $v_1 = v_2$; $f_1 < f_2$
d) $\lambda_1 < \lambda_2$; $v_1 > v_2$; $f_1 = f_2$
e) $\lambda_1 = \lambda_2$; $v_1 < v_2$; $f_1 = f_2$

30. Produz-se na corda 1 uma onda, conforme mostra a figura a seguir. Ao atingir o ponto de junção, a onda passa a se propagar na corda 2. As cordas estão sujeitas à mesma força de tração.

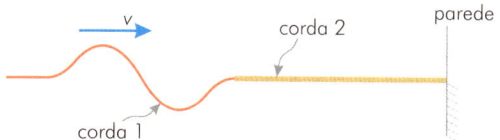

A densidade linear da corda 2 é quatro vezes a densidade linear da corda 1. Considerando que a onda tem frequência igual a 20 Hz e que o comprimento de onda na corda 1 é igual a 0,20 m, determine, em unidades SI:

a) a velocidade de propagação da onda na corda 1;
b) a velocidade de propagação da onda na corda 2;
c) o comprimento de onda na corda 2.

31. Uma onda mecânica, propagando-se inicialmente em um meio A, com velocidade 100 m/s e comprimento de onda 2,0 m, sofre refração e passa a se propagar em um meio B. Sabendo que o índice de refração do meio A, em relação ao meio B, vale 0,50, determine, em unidades SI:

a) a frequência da onda;
b) a velocidade de propagação da onda no meio B;
c) o comprimento de onda no meio B.

32. A figura a seguir mostra ondas retas que se propagam na água, refratando-se da região A para a região B. Sabe-se que a velocidade das ondas na região A vale 10 m/s.

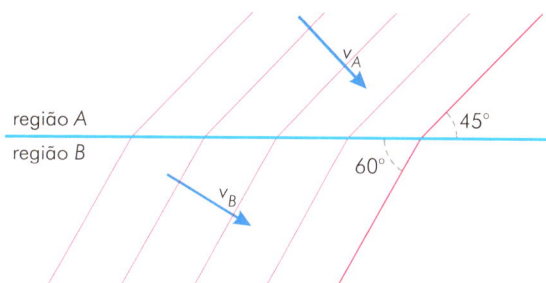

Determine:

a) a velocidade de propagação das ondas na região B;
b) a relação $\dfrac{\lambda_A}{\lambda_B}$ entre os comprimentos de onda nas regiões A e B.

33. (UnB – DF) Uma onda plana, de comprimento de onda λ, que se propaga em um meio A, incide sobre uma superfície plana que separa o meio A de um outro meio, B, no qual a onda passa a se propagar. Sabendo que a frente de onda no meio A forma um ângulo de 30° com a superfície de separação, e que, no meio B, a frente de onda faz um ângulo com essa superfície cujo seno vale 0,1, calcule a razão $\dfrac{v_A}{v_B}$, onde v_A e v_B são as velocidades das ondas nos meios A e B, respectivamente.

28.9. Difração e Interferência

28.9.1. Difração de ondas

A **difração** é o desvio ou espalhamento que uma onda apresenta, contornando ou transpondo obstáculos colocados em seu caminho. Esse fenômeno ocorre com todos os tipos de onda e é facilmente perceptível quando se trata de ondas sonoras (podemos ouvir uma música sendo tocada do outro lado de um muro).

A maior ou menor capacidade de uma onda sofrer difração está relacionada à relação entre o tamanho do obstáculo a ser contornado ou da largura da passagem a ser transposta e o seu comprimento de onda.

A difração será tanto mais intensa quanto maior for o comprimento de onda quando comparado ao tamanho do obstáculo (Figura 28-16). Em outras palavras, a onda contorna mais facilmente os obstáculos quando estes são pequenos, se comparados ao comprimento de onda das ondas.

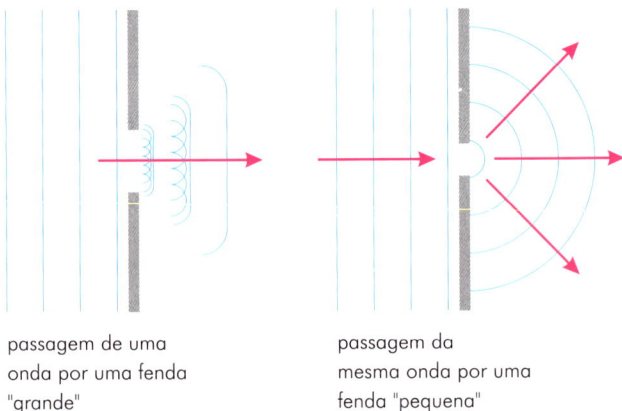

FIGURA 28-16. passagem de uma onda por uma fenda "grande" / passagem da mesma onda por uma fenda "pequena"

Esse fenômeno, assim como a reflexão e a refração de ondas, pode ser explicado com base no **princípio de Huygens**, publicado em 1678 pelo holandês Christian Huygens (1629--1695) e aplicado de forma correta pelo francês Augustin Fresnel (1788-1827), que o estendeu para a difração, quase um século depois. O princípio de Huygens pode ser aplicado a qualquer tipo de onda e é usado para determinar a posição de uma frente de onda em um determinado instante, desde que se conheça sua posição em um instante anterior:

Cada ponto de uma frente de onda comporta-se, em cada instante, como uma fonte pontual de ondas secundárias esféricas, que se propagam com mesma velocidade. Em um instante posterior, a nova frente de onda é a superfície que tangencia essas ondas secundárias.

> **IMPORTANTE**
> Cada ponto da frente de onda que atravessa a fenda comporta-se como uma fonte das ondas elementares de Huygens.

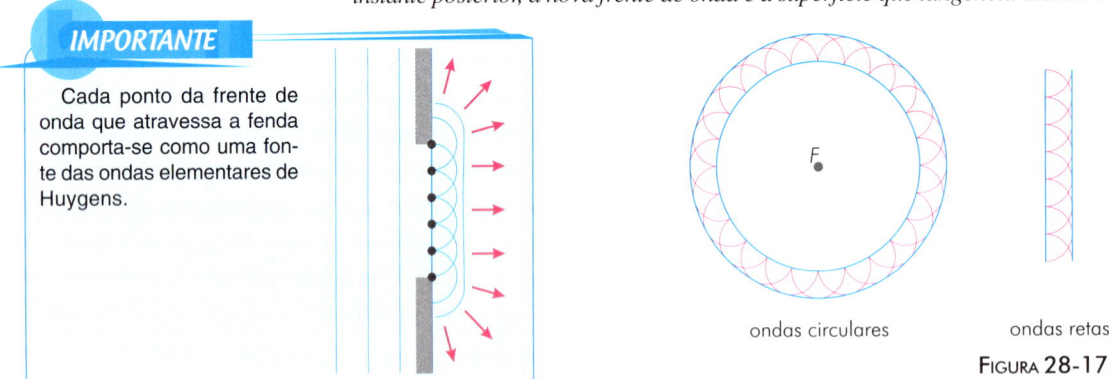

ondas circulares — ondas retas
FIGURA 28-17.

28.9.2. Interferência

Quando duas ou mais ondas alcançam simultaneamente o mesmo ponto de um meio, ocorre o fenômeno denominado **interferência**: as ondas superpõem-se naquele ponto, originando um efeito que é o resultado da soma algébrica das amplitudes de todas as perturbações no local de superposição. Seu entendimento só foi possível com a formulação do **Princípio**

da Superposição, por Thomas Young (1773-1829). Young, na transição do século XVIII para o século XIX, propôs e realizou o famoso experimento das duas fendas, no qual fez um feixe de luz interferir consigo mesmo, após ser difratado por um par de fendas, com o que abriu novos horizontes na teoria ondulatória para a luz.

O que ocorre quando dois pulsos se cruzam no meio do caminho?

1.º) Nos pontos onde ocorre superposição, o efeito resultante é a soma dos efeitos que seriam produzidos pelas ondas que se superpõem, caso atingissem isoladamente aquele ponto.
2.º) Após a superposição, cada onda continua sua propagação no meio, com suas propriedades inalteradas (Princípio da Independência das Ondas). Veja a Figura 28-18.

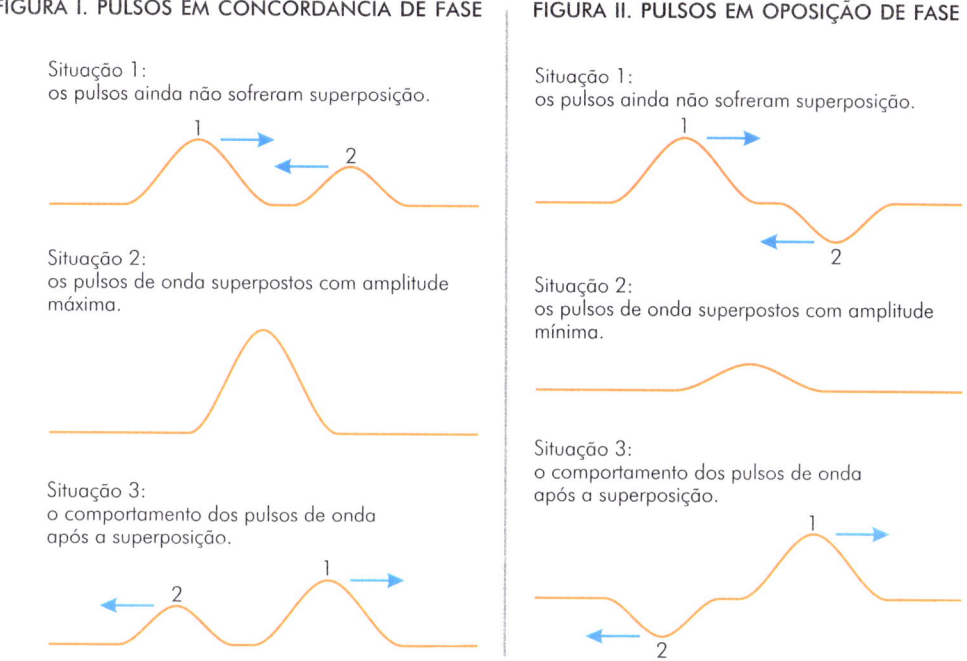

Figura 28-18.

O fenômeno da superposição dos efeitos das ondas que se cruzam é denominado **interferência**. Podemos ter dois tipos de interferência: a **construtiva** ou a **destrutiva** (Figura 28-19).

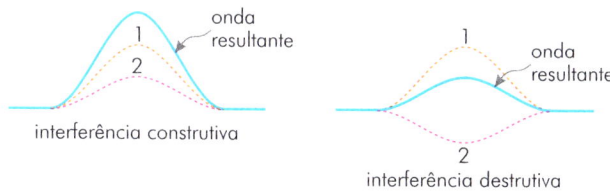

Figura 28-19.

Na **interferência construtiva**, ocorre um *reforço* da onda, e a amplitude da onda resultante (ou do pulso, nesse caso) é maior do que a amplitude de cada uma das ondas que se superpõem.

No caso da **interferência destrutiva**, ocorre um *cancelamento* (total ou parcial) da onda, e a amplitude da onda resultante (ou do pulso, nesse caso) é menor do que pelo menos uma das amplitudes das ondas que se superpõem. Quando ocorre interferência totalmente destrutiva em um ponto, o meio não apresenta efeito das perturbações, permanecendo o ponto em equilíbrio, enquanto perdurar a superposição.

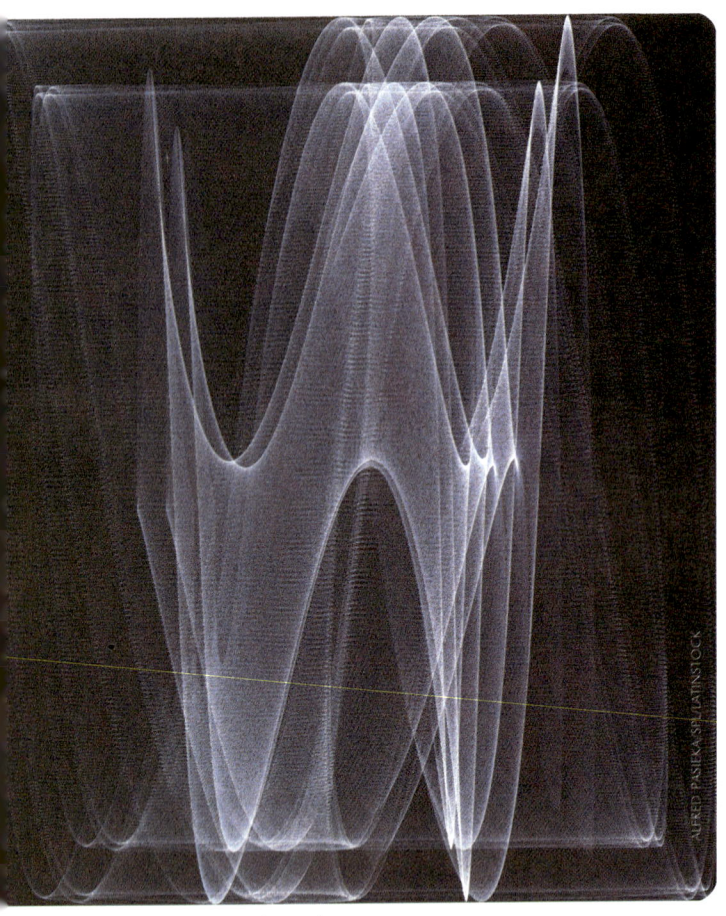

Sobreposição de ondas sonoras representada em um osciloscópio.

28.9.3. Interferência de ondas periódicas

A onda resultante da interferência de duas ou mais ondas periódicas é análoga à que ocorre com pulsos individuais. Veja, por exemplo, uma interferência construtiva, na Figura 28-20.

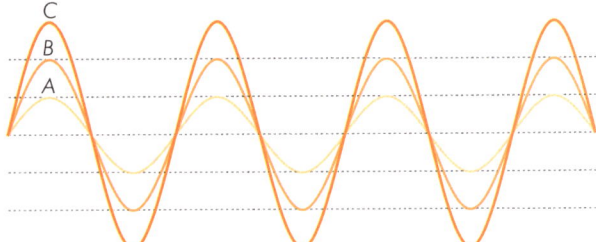

FIGURA 28-20.

Essa superposição de ondas periódicas pode apresentar dois efeitos de particular interesse, sobretudo em música: o **batimento** e as **ondas estacionárias**.

Batimento

O fenômeno ondulatório denominado **batimento** é obtido pela superposição de ondas periódicas de frequências ligeiramente diferentes e de mesma amplitude. Veja a Figura 28-21.

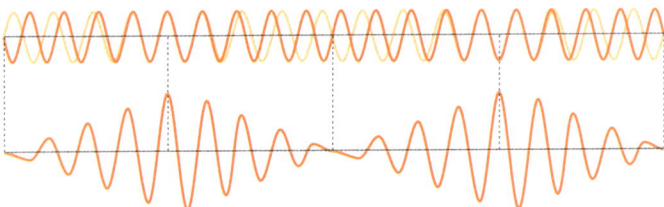

FIGURA 28-21. A frequência de ocorrência dos batimentos é igual à diferença das frequências das ondas superpostas: $f_{bat.} = |f_1 - f_2|$.

Note que a onda resultante da figura tem amplitude variável periodicamente, apresentando pontos de máxima intensidade (interferência construtiva) e pontos de mínima intensidade (interferência destrutiva). Dá-se a denominação de **batimento** a essa variação gradual e periódica de amplitude da onda resultante. Com ondas sonoras, ouvem-se periódicas flutuações na intensidade do som resultante, o que pode ser usado para afinar um instrumento, utilizando-se um diapasão: a nota obtida do instrumento tem a mesma frequência que a do diapasão apenas quando não se detectarem batimentos.

Ondas estacionárias

Quando duas ondas periódicas de frequências, comprimentos de onda e amplitudes iguais, propagando-se em sentidos contrários, superpõem-se em um dado meio, vemos formar-se uma figura de interferência denominada **onda estacionária**. Evidentemente, não se trata de uma onda, na acepção normal do termo, mas de um particular padrão de interferência. O caso mais simples desse tipo de interferência é o que ocorre em uma corda esticada, na qual as ondas produzidas em uma das extremidades superpõem-se às ondas refletidas na extremidade oposta.

Os pontos do meio no qual ela é estabelecida oscilam em MHS, com amplitudes que dependem da posição do ponto considerado.

Nos pontos de interferência construtiva (V), denominados *ventres* ou *pontos ventrais*, a amplitude de oscilação é máxima, correspondendo ao dobro da amplitude de cada onda constituinte.

Os pontos de interferência totalmente destrutiva (N), denominados *nós* ou *pontos nodais*, não oscilam, permanecendo, portanto, em equilíbrio (Figura 28-22).

A distância entre dois ventres consecutivos (ou entre dois nós consecutivos) é igual à metade do comprimento de onda da onda estacionária.

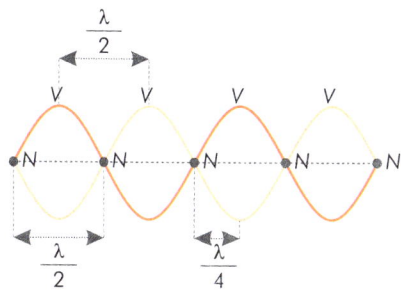

Figura 28-22. Onda estacionária em uma corda.

Onda estacionária. As duas extremidades da corda estão fixas, criando uma onda transversal com um único comprimento de onda entre as duas extremidades. Ao centro, o nó ou ponto nodal.

Exercício Resolvido

34. A figura ao lado apresenta ondas estacionárias ao longo de uma corda cujas extremidades são fixas. Seja $\overline{AB} = 2{,}5$ m e a velocidade de propagação da onda na corda igual a 200 cm/s.

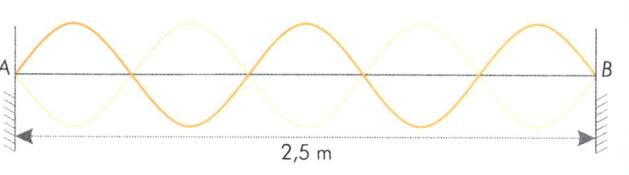

Para a situação esquematizada e com os dados fornecidos pelo enunciado, determine:

a) o comprimento de onda das ondas que se propagam nessa corda, em cm;
b) a frequência de vibração da corda, em Hz.

Resolução:
Observe a figura ao lado.

a) Da figura, podemos escrever:

$$5 \cdot \frac{\lambda}{2} = 2{,}5 \Rightarrow 5\lambda = 5$$

$$\lambda = 1{,}0 \text{ m} \therefore \lambda = 100 \text{ cm}$$

b) Sendo $v = 200$ cm/s, $\lambda = 1{,}0$ m $= 100$ cm e sabendo que $v = \lambda \cdot f$, temos:

$$200 = 100f \Rightarrow f = \frac{200}{100} \therefore f = 2{,}0 \text{ Hz}$$

28.9.4. Interferência em duas dimensões

Considere duas fontes pontuais de ondas, F_1 e F_2, produzindo ondas periódicas de mesma frequência que se propagam em uma mesma superfície de água. Como as ondas se propagam em um mesmo meio, elas têm a mesma velocidade e, consequentemente, o mesmo comprimento de onda.

Considere ainda que as **fontes são coerentes**, isto é, **oscilam em fase** (as duas geram cristas simultaneamente).

Na região em que se propagam simultaneamente ondas provenientes de F_1 e F_2, ocorre interferência. Uma vista instantânea superior da situação pode ser representada como o padrão de interferência da Figura 28-23 (as linhas cheias representam cristas, as linhas tracejadas representam vales).

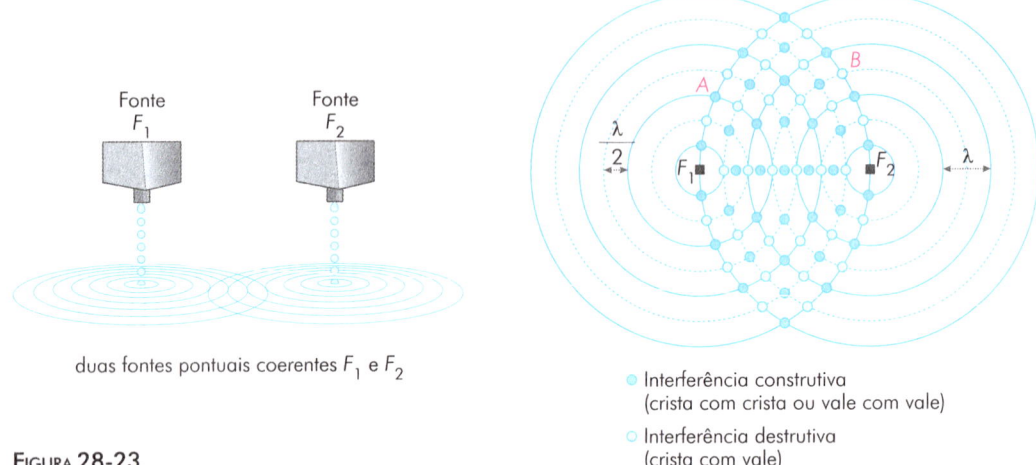

duas fontes pontuais coerentes F_1 e F_2

○ Interferência construtiva
(crista com crista ou vale com vale)

○ Interferência destrutiva
(crista com vale)

Figura 28-23.

No segmento de reta $\overline{F_1F_2}$, que une as fontes, estabelece-se uma **onda estacionária** com nós e ventres alternados.

Fora desse segmento, existem pontos nos quais ocorre, todo o tempo, **interferência construtiva**, pontos aos quais sempre chegam simultaneamente duas cristas ou dois vales produzidos pelas fontes e que, em consequência, vibram com amplitude máxima. Em outros, haverá sempre **interferência totalmente destrutiva**, pois, nesses pontos, sempre chegarão simultaneamente uma crista produzida por uma das fontes e um vale produzido pela outra fonte; nesses pontos, a amplitude de oscilação é nula.

Sejam x_1 e x_2 as distâncias percorridas pelas ondas criadas por F_1 e por F_2 para atingir um ponto qualquer onde esteja ocorrendo interferência construtiva ou totalmente destrutiva.

Para o ponto A, marcado na figura, onde ocorre superposição de duas cristas e, consequentemente, interferência construtiva, temos:

$$x_1 = 3 \cdot \frac{\lambda}{2} \quad \text{e} \quad x_2 = 7 \cdot \frac{\lambda}{2}$$

A *diferença de caminhos* percorridos, Δx, para o ponto A vale: $\Delta x = 4 \cdot \frac{\lambda}{2}$.

Para o ponto B, onde ocorre superposição de uma crista e um vale e, consequentemente, interferência totalmente destrutiva, temos:

$$x_1 = 7 \cdot \frac{\lambda}{2} \quad \text{e} \quad x_2 = 4 \cdot \frac{\lambda}{2}$$

A diferença de caminhos percorridos, Δx, para o ponto B vale: $\Delta x = 3 \cdot \frac{\lambda}{2}$.

Se você repetir os cálculos para outros pontos onde esteja ocorrendo interferência, construtiva ou destrutiva, perceberá que:

a) nos pontos do meio onde ocorre interferência **construtiva**, a diferença de caminhos percorridos é um número inteiro **par** de $\frac{\lambda}{2}$;
b) nos pontos do meio onde ocorre interferência **destrutiva**, a diferença de caminhos percorridos é um número inteiro **ímpar** de $\frac{\lambda}{2}$.

Generalizando, podemos estabelecer a condição para a ocorrência de interferência, construtiva ou destrutiva:

- quando as fontes idênticas oscilam em fase, um ponto do meio será sede de interferência, construtiva ou destrutiva, se:

$$\Delta x = N \cdot \frac{\lambda}{2}$$

Para $N = 0, 2, 4, 6, 8, \ldots$, a interferência é construtiva.
Para $N = 1, 3, 5, 7, 9, \ldots$, a interferência é destrutiva.

- quando as fontes idênticas oscilam em oposição de fase, um ponto do meio será sede de interferência, construtiva ou destrutiva, se:

$$\Delta x = N \cdot \frac{\lambda}{2}$$

Para $N = 0, 2, 4, 6, 8, \ldots$, a interferência é destrutiva.
Para $N = 1, 3, 5, 7, 9, \ldots$, a interferência é construtiva.

Exercício Resolvido

35. Duas fontes pontuais, F_1 e F_2, vibram em concordância de fase, com frequências iguais a 400 Hz, na superfície tranquila da água de um lago, de acordo com o esquema a seguir. Sabe-se que a velocidade de propagação das ondas na água é igual a 100 m/s. Que tipo de interferência (construtiva ou destrutiva) ocorre nos pontos A e B? O que se pode dizer a respeito das amplitudes de vibração desses pontos?

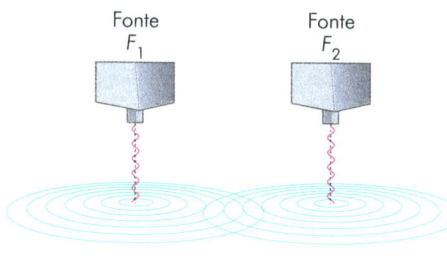

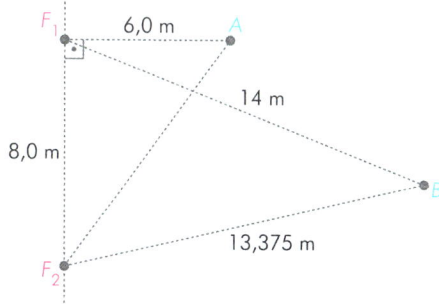

Resolução:
As duas fontes geram ondas circulares que se propagam na superfície da água, cujo comprimento de onda é:

$v = \lambda \cdot f \Rightarrow 100 = \lambda \cdot 400 \Rightarrow \lambda = \frac{100}{400} \therefore \lambda = 0{,}25$ m

Ponto A

$x_1 = 6{,}0$ m (distância do ponto A à fonte F_1)

Para obter x_2, temos de aplicar o teorema de Pitágoras no triângulo retângulo F_1AF_2.

$\left(\overline{AF_2}\right)^2 = \left(\overline{F_1A}\right)^2 + \left(\overline{F_1F_2}\right)^2 \Rightarrow x_2^2 = (6{,}0)^2 + (8{,}0)^2 \Rightarrow 10$ m

$x_2 = 10$ m (distância do ponto A à fonte F_2)
A diferença de caminhos é

$\Delta x = x_2 - x_1 \Rightarrow \Delta x = 10 - 6{,}0 \Rightarrow \Delta x = 4{,}0$ m

$\Delta x = N \cdot \frac{\lambda}{2} \Rightarrow 4{,}0 = \frac{N \cdot 0{,}25}{2}$

$N = 32$ (número par)

Portanto, no **ponto A** ocorre **interferência construtiva**, e esse ponto oscila com **amplitude máxima**, quando comparada com as amplitudes de oscilação dos pontos ao seu redor.

Ponto B

$x_1 = 14$ m (distância do ponto B à fonte F_1)
$x_2 = 13{,}375$ m (distância do ponto B à fonte F_2)

$\Delta x = x_1 - x_2 \Rightarrow \Delta x = 14 - 13{,}375$

$\Delta x = 0{,}625$ m

$\Delta x = N \cdot \frac{\lambda}{2} \Rightarrow 0{,}625 = N \cdot \frac{0{,}25}{2}$

$N = 5$ (número ímpar)

Portanto, no **ponto B** ocorre **interferência destrutiva**, e esse ponto oscila com **amplitude mínima**, quando comparada com as amplitudes de oscilação dos pontos ao seu redor.

28.10. Experimento das Duas Fendas

Thomas Young, em 1802, realizou um importante experimento para a teoria ondulatória, no qual foram usados três anteparos. No primeiro, havia um pequeno orifício em que ocorria a primeira difração da luz proveniente de uma fonte monocromática. O orifício único no primeiro anteparo fazia a luz atingir os orifícios do segundo anteparo em fase, transformando-os em "fontes" coerentes, já que pertenciam a uma mesma fonte original de onda. No segundo anteparo, havia dois orifícios, colocados lado a lado, em que novas difrações aconteciam com a luz já difratada no primeiro orifício. No último anteparo, eram projetadas as "manchas" de interferência e podiam ser observados **máximos** (regiões mais bem iluminadas) e **mínimos** (regiões mal iluminadas) de intensidade (Figura 28-24). Quando os orifícios eram substituídos por estreitas fendas, essas "manchas" tornavam-se "franjas" de interferência, que eram mais bem visualizadas. Esse experimento permitiu que Young entendesse melhor a difração e a interferência, interpretando a simetria das franjas e a variação da intensidade da luz nelas obtida (Figura 28-25).

- as franjas claras correspondem a regiões de interferência construtiva (ondas luminosas vindas de F_1 e F_2 reforçam-se).
- as franjas escuras correspondem a regiões de interferência destrutiva (ondas de luz vindas de F_1 e F_2 anulam-se).

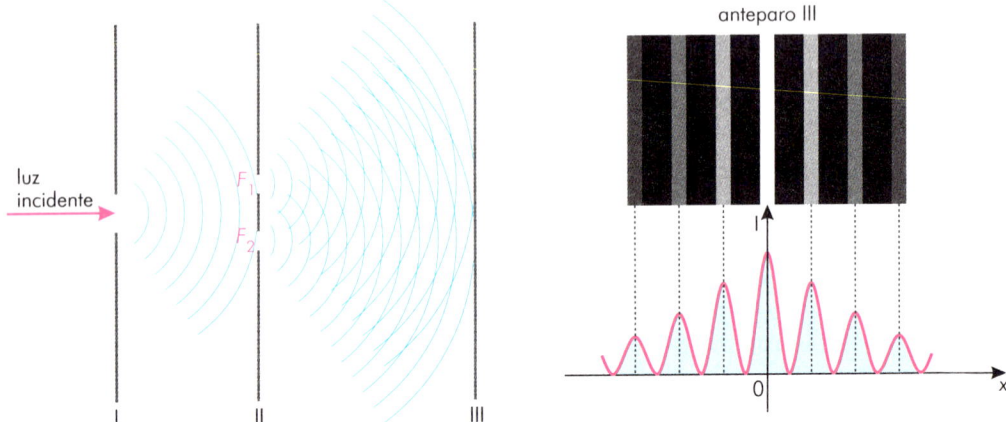

Figura 28-24. Esquema mostrando como Young obteve o espectro de interferência no anterapo III. A difração na fenda do anteparo I faz a luz que incide nas fendas do anteparo II produzir pulsos em fase, a partir das duas fendas.

Figura 28-25. Variação da intensidade da luz projetada no anteparo III. A "franja" central é o máximo de maior intensidade. Observe que, para a direita e para a esquerda do máximo central, temos, de forma intercalada, mínimos e máximos locais, sendo que os máximos apresentam intensidades decrescentes. Na parte inferior, um gráfico mostra as intensidades relativas das franjas.

Para a figura de interferência obtida com a luz de uma dada cor (acompanhe pela Figura 28-26), pode-se demonstrar que a separação Δy de duas linhas nodais (ou ventrais) adjacentes está relacionada ao comprimento de onda, λ, por meio da equação:

$$\Delta y = \frac{\lambda \cdot L}{d} \Rightarrow \lambda = \frac{\Delta y \cdot d}{L}$$

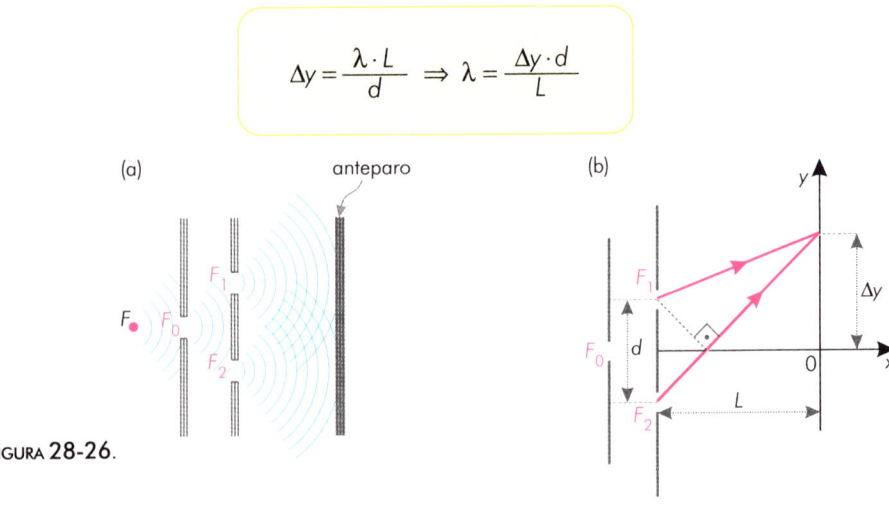

Figura 28-26.

Exercício Resolvido

36. Um feixe de luz de determinado comprimento de onda desconhecido ilumina perpendicularmente duas fendas paralelas separadas de 0,80 mm. Em um anteparo colocado a 1,80 m das fendas, dois máximos de interferência contíguos estão separados por uma distância de 0,50 mm. Determine, em centímetros, o comprimento de onda da luz.

Resolução:
Dados:
- $d = 0{,}80 \text{ mm} = 8{,}0 \cdot 10^{-4} \text{ m}$
- $\Delta y = 0{,}50 \text{ mm} = 5{,}0 \cdot 10^{-4} \text{ m}$
- $L = 1{,}80 \text{ m}$

Substituindo esses valores na relação $\lambda = \dfrac{\Delta y \cdot d}{L}$, temos:

$$\lambda = \frac{5{,}0 \times 10^{-4} \times 8{,}0 \times 10^{-4}}{1{,}80} \Rightarrow \lambda = 22{,}2 \times 10^{-8} \therefore \lambda \cong 2{,}2 \times 10^{-7} \text{ m} = 2{,}2 \times 10^{-5} \text{ cm}$$

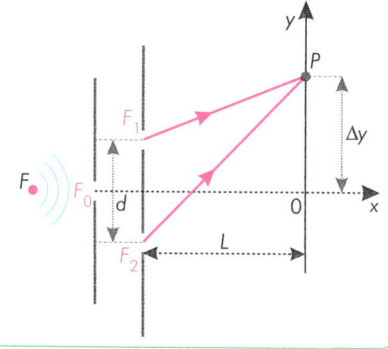

28.11. Polarização

É o fenômeno no qual uma onda transversal, vibrando em várias direções, tem, de alguma forma, selecionada uma de suas direções de vibração, enquanto as vibrações nas demais direções são impedidas de passar por um dispositivo – **polarizador** –, como indica a Figura 28-27, para um exemplo com uma onda em uma corda, sendo o polarizador uma simples fenda.

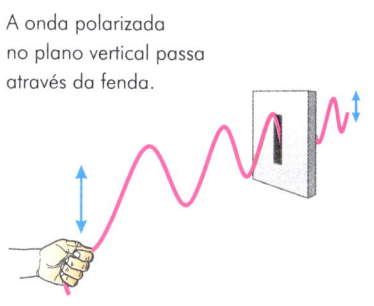
A onda polarizada no plano vertical passa através da fenda.

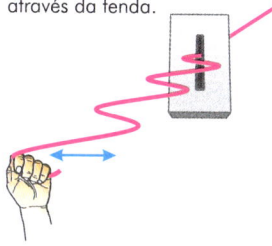
A onda polarizada no plano horizontal não passa através da fenda.

Figura 28-27

A polarização é um fenômeno exclusivo das ondas transversais, não podendo ocorrer com as ondas longitudinais. Assim, as ondas luminosas, que são transversais, podem ser polarizadas, ao contrário das ondas sonoras, que não se polarizam, por serem longitudinais.

Às vezes, um segundo polarizador é usado para confirmar a polarização do primeiro: ele é chamado *analisador*. Se um segundo polarizador é colocado de modo que polarize em uma direção perpendicular à do primeiro, a onda é impedida de propagar-se; diz-se, então, que eles estão *cruzados*.

28.12. Ressonância

Um sistema físico é capaz de vibrar, quando percutido ou perturbado, em uma frequência ou conjunto de frequências ditas **naturais**.

Um exemplo simples de ressonância é o balanço infantil, que nada mais é do que um pêndulo. Quando ele é liberado de certa altura, oscila com frequência que lhe é característica. Se, ao fim de cada oscilação completa, dermos um empurrão, forneceremos energia ao balanço na mesma frequência com que ele oscila naturalmente. Ocorre, então, uma *ressonância mecânica*, de modo que o balanço vai armazenando a energia fornecida e a amplitude do seu movimento vai crescendo gradativamente.

O fenômeno da ressonância ocorre quando um sistema físico recebe energia de agentes externos em frequência igual ou múltipla de uma de suas frequências naturais, e perde menos energia do que recebe, por unidade de tempo. Com esse acréscimo periódico de energia, o sistema físico passa a vibrar com amplitudes cada vez maiores.

Ocorre facilmente ressonância em um pêndulo, em uma mola oscilando, em uma onda em uma corda ou mola e nas moléculas de água no interior de um forno de micro-ondas.

Exercícios Propostos

37. Dois pulsos, A e B, são produzidos em uma corda esticada, que tem uma extremidade fixada em uma parede, conforme mostra a figura a seguir.

Quando os dois pulsos se superpuserem, após o pulso B ter sofrido reflexão na parede, ocorrerá interferência:

a) construtiva e, em seguida, os dois pulsos seguirão juntos no sentido do pulso de maior energia.
b) construtiva e, em seguida, cada pulso seguirá seu caminho, mantendo suas características originais.
c) destrutiva e, em seguida, os pulsos deixarão de existir, devido à absorção da energia durante a interação.
d) destrutiva e, em seguida, os dois pulsos seguirão juntos no sentido do impulso de maior energia.
e) destrutiva e, em seguida, cada pulso seguirá seu caminho, mantendo suas características originais.

38. Ao se formarem ondas estacionárias em uma corda tensa, há pontos da corda que não vibram e pontos que oscilam com amplitude máxima. Os fenômenos que ocorrem nesses pontos são, respectivamente:

a) interferência construtiva e interferência destrutiva.
b) interferência destrutiva e interferência construtiva.
c) reflexão e interferência.
d) interferência destrutiva e interferência destrutiva.
e) reflexão e superposição de ondas.

39. Julgue a veracidade das afirmações seguintes.

(1) O pulso em uma corda inverte-se ao se refletir na extremidade fixa.
(2) O princípio de Huygens estabelece que cada ponto de uma onda se comporta como se fosse uma fonte de ondas estacionárias.
(3) A ponte de Tacoma, nos Estados Unidos, ao receber impulsos periódicos do vento, entrou em vibração e foi totalmente destruída. O fenômeno que melhor explica esse fato é a ressonância.
(4) Quando uma onda incide sobre um obstáculo e ocorre reflexão, o comprimento de onda aumenta.

40. Julgue a veracidade das afirmações seguintes.

(1) A difração só ocorre em ondas transversais.
(2) O fenômeno da difração não é observado para ondas na superfície de um líquido.
(3) Quando uma onda, após passar por uma fenda estreita ou desviar ao encontrar um objeto opaco, incide sobre um anteparo, não sofre reflexão.
(4) A difração por uma única abertura, no tratamento de Huygens, é equivalente a uma interferência de muitas fontes puntiformes distribuídas sobre a abertura.

41. Com relação aos fenômenos ondulatórios e seus efeitos, julgue a veracidade dos itens a seguir.

(1) Polarização é um fenômeno que ocorre com os diversos tipos de onda.
(2) A amplitude de uma onda depende da energia do abalo produzido.
(3) Dois movimentos ondulatórios ficam, em dado instante, em oposição quando a diferença de fase entre eles corresponde a um número inteiro de meios comprimentos de onda.
(4) O efeito de difração de ondas é mais acentuado quando estas passam através de aberturas de tamanho menor ou comparável ao do comprimento de onda.

42. As ondas têm presença marcante na vida das pessoas. Elas ocorrem em conversas e músicas, na televisão e em ruídos diversos. Algumas ondas têm como característica a necessidade de um meio material para se propagarem e, por isso, são chamadas ondas materiais, a exemplo do som e de uma onda se propagando em uma corda. Por outro lado, há também ondas que não precisam de um meio material, como a radiação eletromagnética (luz). Contudo, em qualquer dos casos, a presença de um meio afeta bastante a propagação das ondas. Acerca da propagação ondulatória, julgue os itens a seguir.

(1) O efeito chamado difração somente ocorre com a luz.
(2) Se uma onda se propaga com velocidade v em uma corda, cada ponto dessa corda também se move com velocidade v.
(3) O movimento de cada ponto de uma corda homogênea, durante um movimento ondulatório, de frequência constante, é harmônico.
(4) A velocidade de propagação de uma onda independe do meio.
(5) O efeito chamado interferência somente ocorre com ondas transversais.

43. Os raios X e as radiações ultravioleta são ondas eletromagnéticas presentes com muita frequência no dia a dia da humanidade. Os raios X têm muita importância na vida

Exercícios Propostos

moderna. Em medicina, dentre outras áreas, são utilizados no tratamento do câncer, na detecção de fraturas ósseas, na análise dentária e dos órgãos internos etc. O comprimento de onda dos raios X está compreendido na faixa de 1,0 Å a 0,01 Å (1 Å = 1 angström = 10^{-10} m).

As radiações ultravioleta, encontradas na luz solar e parcialmente absorvidas pela camada de ozônio, produzem, nos casos de exposições frequentes ou de grande duração, ulcerações cancerosas na pele. As radiações ultravioleta possuem comprimentos de onda na faixa de $4{,}0 \cdot 10^{-7}$ m até $1{,}0 \cdot 10^{-10}$ m.

a) Qual dessas duas ondas eletromagnéticas possui o menor comprimento de onda?
b) Qual a faixa de frequência dos raios X?
c) É possível haver intensa difração de raios X em uma fenda de 1,5 Å? Explique.

44. Formam-se ondas estacionárias de amplitude 2,0 m ao longo de uma corda esticada de comprimento 8,0 m. É possível reconhecer, na figura de interferência formada, seis nós (incluindo as extremidades da corda) e cinco ventres. Considerando que a velocidade de propagação das ondas nessa corda é de 6,4 m/s, determine, para as ondas que se superpõem, a amplitude, o comprimento de onda e a frequência.

45. (UFSC) A figura a seguir representa dois pulsos de onda, inicialmente separados por 6,0 cm, propagando-se em um meio com velocidades de módulos iguais a 2,0 cm/s, em sentidos opostos.

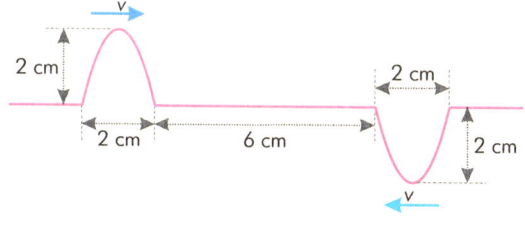

Considerando a situação descrita, assinale a(s) proposição(ões) CORRETA(S):

(01) Quando os pulsos se encontrarem, haverá interferência de um sobre o outro e não mais haverá propagação deles.
(02) Decorridos 2,0 segundos, haverá sobreposição dos pulsos e a amplitude será máxima nesse instante igual a 2,0 cm.
(04) Decorridos 2,0 segundos, haverá sobreposição dos pulsos e a amplitude será nula nesse instante.
(08) Decorridos 8,0 segundos, os pulsos continuarão com a mesma velocidade e forma de onda, independentemente um do outro.
(16) Inicialmente, as amplitudes dos pulsos são idênticas e iguais a 2,0 cm.

Dê como resposta a soma dos itens corretos.

46. (UnB – DF) A figura a seguir mostra esquematicamente um arranjo para se estudar o comportamento de ondas, chamado experiência de Young. Na figura, estão representados S_0, S_1 e S_2, que são pequenas fendas nos anteparos metálicos.

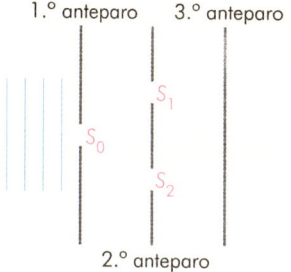

Julgue os itens a seguir.

(1) Ao atravessar S_0, a onda sofre uma difração.
(2) O comprimento de onda presente entre o 1.º e o 2.º anteparos é igual ao da onda incidente sobre o 1.º anteparo.
(3) Quando a onda alcança o 2.º anteparo, as fendas S_1 e S_2 comportam-se como duas fontes puntiformes.
(4) É condição para que se observe o fenômeno de interferência sobre o 3.º anteparo que as ondas incidentes sobre ele tenham uma diferença de fase que varie continuamente com o tempo.
(5) Para a experiência acima não se podem usar ondas eletromagnéticas.

47. (UnB – DF) Uma luz proveniente de um *laser* de hélio-neônio, cujo comprimento de onda, λ, é igual a $6{,}3 \cdot 10^{-7}$ m, incide perpendicularmente sobre um anteparo metálico contendo duas fendas estreitas, separadas entre si por uma distância D. Atrás do anteparo metálico e paralelamente a ele, a uma distância L, é colocada uma tela branca, onde é observada a formação de regiões claras e escuras, alternadamente. Com base no fenômeno descrito acima, julgue a veracidade dos itens a seguir.

(1) As regiões claras e escuras formadas sobre a tela branca resultam do fenômeno da refração da luz do *laser* através das fendas.
(2) A separação entre duas regiões claras, adjacentes, formadas sobre a tela branca, aumenta com a elevação do comprimento de onda da luz incidente.
(3) A separação entre duas regiões escuras, adjacentes, formadas sobre a tela branca, diminui com a redução da distância L.
(4) A separação entre duas regiões claras, adjacentes, aumenta com a elevação de D.

48. Duas fontes, F_1 e F_2, produzem ondas em fase com frequência de 50 Hz na superfície da água onde a velocidade de propagação dessas ondas é igual a 2,0 m/s. Determine se, em um ponto situado a 12 cm da fonte F_1 e a 2,0 cm da fonte F_2, a interferência é construtiva ou destrutiva. O que se pode dizer a respeito das amplitudes de vibração desses pontos?

Exercícios Propostos

49. Em um tanque de ondas, duas fontes, F_1 e F_2, oscilam com a mesma frequência e sem diferença de fase, produzindo ondas que se superpõem no ponto P, como mostra a figura ao lado.

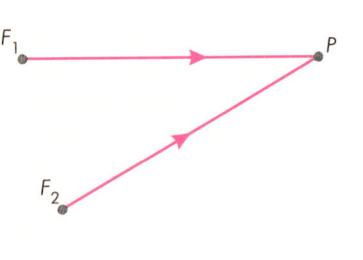

A distância entre F_1 e P é de 80 cm e entre F_2 e P é de 85 cm. Para qual dos valores de comprimento de onda das ondas produzidas por F_1 e F_2 ocorre um mínimo de intensidade (interferência destrutiva) no ponto P?

a) 1,0 m   b) 2,5 m   c) 5,0 m   d) 10 cm   e) 25 cm

Exercícios Complementares

50. (FUVEST – SP – modificada) Um satélite artificial, em órbita fora da atmosfera terrestre, retransmite para a Terra um sinal de frequência 100 MHz, de um programa de TV, com os preparativos para a entrevista de um ex-ministro. Dois receptores, um no continente e outro num submarino no fundo do mar, sintonizam a frequência de 100 MHz para tentar captar o sinal da TV. Considerando o índice de refração da água igual a 1,3, pergunta-se, respectivamente: os dois receptores poderão captar o sinal? Com que comprimento de onda (λ_A) o sinal chegará ao submarino?

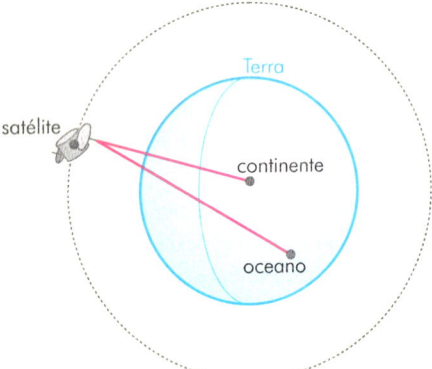

Considere a velocidade da luz no ar e no vácuo igual a $3,0 \cdot 10^8$ m/s.

a) Os dois receptores captarão o sinal, pois a sua frequência não é alterada quando a onda muda de meio de propagação, $\lambda_A = 2,3$ m.

b) Somente o receptor terrestre captará o sinal, porque a frequência da onda muda ao atravessar a água, $\lambda_A = 2,3$ m.

c) Nenhum dos dois receptores captará o sinal, porque a frequência da onda muda ao passar do vácuo para o ar e do ar para a água.

d) Somente o receptor submarino captará a transmissão, pois a frequência da onda muda ao atravessar a atmosfera, mas não muda ao passar do ar para a água, $\lambda_A = 5,0$ m.

e) Somente o receptor terrestre captará o sinal, porque o comprimento da onda muda ao atravessar a água, $\lambda_A = 3,0$ m.

51. Pesquisadores da UNESP, investigando os possíveis efeitos do som no desenvolvimento de mudas de feijão, verificaram que sons agudos podem prejudicar o crescimento dessas plantas, enquanto que os sons mais graves, aparentemente, não interferem no processo.

Ciência e cultura, v. 42, n. 7, jul. 1990, p. 180-181.

Nesse experimento, o interesse dos pesquisadores fixou-se principalmente na variável física:

a) velocidade.   c) temperatura.   e) intensidade.
b) umidade.   d) frequência.

52. Um turista, observando o mar de um navio ancorado, estimou em 12 metros a distância entre as cristas das ondas que se sucediam. Além disso, constatou que se escoaram 60 segundos até que passassem por ele 19 cristas, incluindo nessa contagem tanto a que passava no instante em que começou a marcar o tempo como a que passava quando ele terminou. Calcule a velocidade de propagação das ondas.

53. (UNICAMP – SP) Junto a uma praia, os vagalhões sucedem-se de 10 em 10 segundos e a distância entre dois vagalhões consecutivos é 30 m. Presenciando um banhista em dificuldades, um salva-vidas na praia atira-se ao mar, logo após a chegada de um vagalhão; nadando com velocidade escalar de módulo igual a 1,0 m/s em relação à praia, ele alcança o banhista após 3,0 minutos.

a) Para o salva-vidas nadando, qual é o intervalo de tempo entre dois vagalhões consecutivos?

b) Quantos vagalhões o salva-vidas transpôs, até alcançar o banhista?

54. (PUC – SP) Utilizando um pequeno bastão, um aluno produz, a cada 0,5 s, na superfície da água, ondas circulares, como mostra a figura. Sabendo-se que a distância entre duas cristas consecutivas das ondas produzidas é de 5 cm, a velocidade com que a onda se propaga na superfície do líquido é:

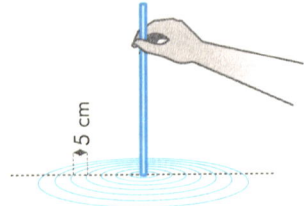

a) 2,0 cm/s   c) 5,0 cm/s   e) 20 cm/s
b) 2,5 cm/s   d) 10 cm/s

Exercícios Complementares

55. (UNICAMP – SP) Pesquisas atuais no campo das comunicações indicam que as "infovias" (sistemas de comunicações entre redes de computadores como a internet, por exemplo) serão capazes de enviar informação através de pulsos luminosos transmitidos por fibras ópticas com a frequência de 10^{11} pulsos/segundo. Na fibra óptica, a luz propaga-se com velocidade de $2,0 \cdot 10^8$ m/s.

a) Qual o intervalo de tempo entre dois pulsos de luz consecutivos?

b) Qual a distância (em metros) entre dois pulsos consecutivos?

56. Para se estudar as propriedades das ondas em um tanque de água, faz-se uma régua de madeira vibrar regularmente, tocando a superfície da água e produzindo uma série de cristas e vales que se propagam da esquerda para a direita.

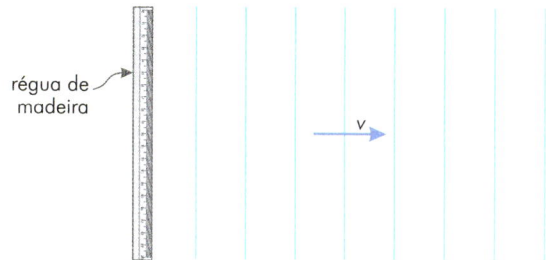

A régua toca a superfície da água 10 vezes em 5,0 segundos, e duas cristas consecutivas da onda ficam separadas de 2,0 centímetros.

A velocidade de propagação da onda é:

a) 0,5 cm/s
b) 1,0 cm/s
c) 2,0 cm/s
d) 4,0 cm/s
e) 8,0 cm/s

57. (UFMS – modificada) Um instantâneo de uma onda transversal propagando-se em um meio com velocidade de 10 m/s no sentido do eixo x é mostrado na figura a seguir.

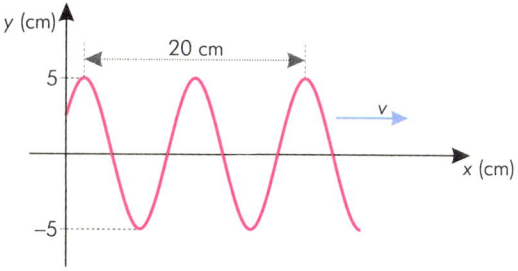

Sobre a situação descrita, é correto afirmar:

(01) O comprimento de onda é de 10 cm.
(02) A frequência da onda é de 100 Hz.
(04) O período da onda é de 10 s.
(08) Essa figura poderia representar uma onda eletromagnética propagando-se no vácuo.
(16) A amplitude da onda é de 20 cm.

Dê como resposta a soma dos itens corretos.

58. Entre as afirmações a seguir, a respeito de fenômenos ondulatórios, assinale a que é FALSA.

a) A velocidade de uma onda depende do meio de propagação.
b) A velocidade do som no ar independe da frequência.
c) No vácuo, todas as ondas eletromagnéticas possuem o mesmo período.
d) Ondas sonoras são longitudinais.
e) Ondas sonoras não podem ser polarizadas.

59. Duas pessoas esticam uma corda, puxando por suas extremidades, e cada uma envia um pulso na direção da outra. Os pulsos têm o mesmo formato, mas estão invertidos, como mostra a figura.

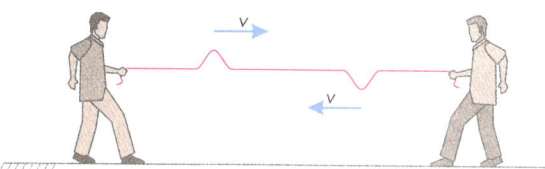

Pode-se afirmar que os pulsos:

a) passarão um pelo outro, cada qual chegando à outra extremidade.
b) se destruirão, de modo que nenhum deles chegará às extremidades.
c) serão refletidos, ao se encontrarem, cada um mantendo-se no mesmo lado em que estava com relação à horizontal.
d) serão refletidos, ao se encontrarem, porém invertendo seus lados com relação à horizontal.

60. Um observador parado vê uma pessoa dar uma pancada em um sino situado a 680 m. Após um intervalo de tempo Δt ele escuta um som de frequência 85,0 Hz. Supondo que o ar esteja em repouso e que a velocidade do som seja de 340 m/s, julgue a veracidade dos itens a seguir.

(1) O intervalo de tempo Δt é igual a 2,00 s.
(2) Para um som de frequência 850 Hz, Δt seria igual a 0,20 s.
(3) A distância do observador ao sino contém 170 comprimentos de onda.
(4) Se, no momento em que escutou o som, o observador estivesse aproximando-se do sino, ele ouviria um som mais agudo.
(5) Se o sino e o observador estivessem em margens opostas de um lago, e o observador tivesse a orelha esquerda dentro da água e a direita no ar, haveria um intervalo de tempo entre os sons recebidos em cada ouvido.

61. Uma corda AB, de densidade linear $\mu_1 = 0,50$ g/m, está ligada a uma corda BC de densidade linear $\mu_2 = 0,30$ g/m, e ambas estão tracionadas por uma força de intensidade igual a 5,0 N. Um pulso é produzido na extremidade A da corda AB, com comprimento de onda λ_1 e velocidade v_1. Ao chegar ao ponto B, uma parte desse pulso reflete para

Exercícios Complementares

a corda AB e a outra parte, com velocidade v_2 e comprimento de onda λ_2, transmite para a corda BC. Sobre o pulso transmitido para a corda BC, podemos afirmar que:

a) $v_2 > v_1$ e $\lambda_2 < \lambda_1$
b) $v_2 < v_1$ e $\lambda_2 > \lambda_1$
c) $v_2 > v_1$ e $\lambda_2 > \lambda_1$
d) $v_2 < v_1$ e $\lambda_2 < \lambda_1$
e) $v_2 > v_1$ e $\lambda_2 = \lambda_1$

62. (UnB – DF) Na prospecção de petróleo, o método mais utilizado para sondar o subsolo baseia-se na reflexão de ondas sísmicas. Tais ondas são normalmente geradas por explosões subterrâneas próximas à superfície. As figuras adiante ilustram o método no qual uma onda de compressão se propaga em uma frente de onda esférica a partir do ponto de detonação de uma carga explosiva. Nesse exemplo, o subsolo é formado por três camadas de rochas, caracterizadas por três diferentes velocidades de propagação das ondas v_1, v_2, e v_3, respectivamente, conforme ilustra a Figura 1. As informações relativas ao subsolo são inferidas por meio de uma análise das ondas refletidas, cujas intensidades são medidas com um conjunto de microfones especiais, denominados geofones. A Figura 2 mostra os sinais elétricos, em função do tempo, gerados em dois geofones pela passagem das ondas sísmicas produzidas por uma única explosão ocorrida no instante $t = 0$ s.

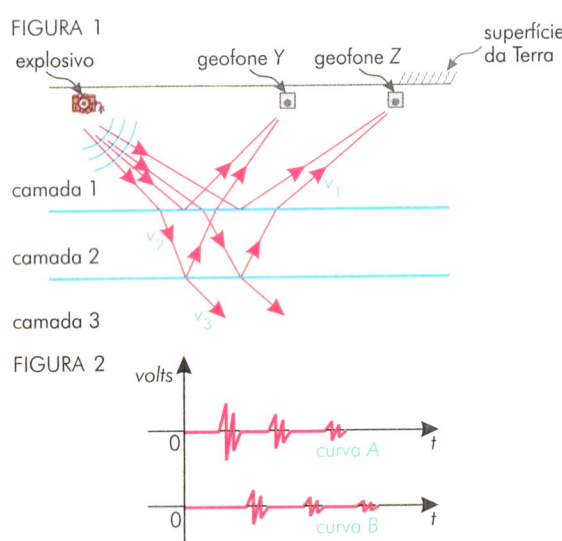

Com o auxílio das figuras 1 e 2, julgue os itens abaixo.

(1) Considerando a Figura 1, é correto deduzir que $v_1 < v_2 < v_3$.
(2) A curva A (Figura 2) refere-se ao sinal produzido pelo geofone Z (Figura 1).
(3) É correto supor que o terceiro sinal detectado em cada uma das curvas A e B da Figura 2 possa ter sido originado de uma reflexão em uma terceira interface mais profunda não mostrada na Figura 1 ou de uma reflexão múltipla dentro de uma das camadas.
(4) As figuras permitem concluir que a amplitude da onda sísmica decresce com a distância de propagação da onda e que, portanto, a onda sísmica perde intensidade ao se propagar.
(5) Admitindo que a distância entre o explosivo e o geofone Y seja de 600 m, que a velocidade de propagação da onda sísmica na camada 1 seja $v_1 = 5$ km/s e que o tempo transcorrido desde a explosão até a chegada do sinal ao geofone Y seja de 0,2 s, então, em relação à situação mostrada na Figura 1, é correto concluir que a interface entre as camadas 1 e 2 está localizada a 400 m de profundidade.

63. Considere as afirmações a seguir.
 I. A frequência de uma onda não se altera quando ela passa de um meio óptico para outro meio óptico diferente.
 II. A velocidade de propagação de uma onda depende do meio no qual ela se propaga.
 III. O som é uma onda que se propaga com maior velocidade no vácuo do que em um meio material.
 IV. A luz é uma onda que se propaga com maior velocidade em um meio transparente do que no vácuo.

Estão CORRETAS as seguintes afirmações:

a) I, II, e III   b) II e III   c) III e IV   d) I e II   e) I e IV

64. Duas cordas, de densidades lineares diferentes, são unidas conforme indica a figura.

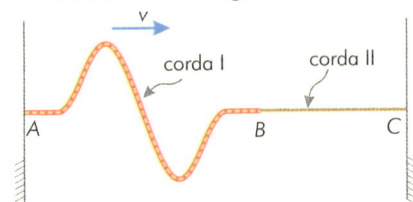

As extremidades A e C estão fixas e a corda I é mais densa que a corda II. Admitindo-se que as cordas não absorvam energia, em relação à onda que se propaga no sentido indicado, pode-se afirmar que:

a) o comprimento de onda é o mesmo nas duas cordas.
b) a velocidade é a mesma nas duas cordas.
c) a velocidade é maior na corda I.
d) a frequência é maior na corda II.
e) a frequência é a mesma nas duas cordas.

65. A figura a seguir mostra uma onda transversal periódica, que se propaga com velocidade $v_1 = 10{,}0$ m/s em uma corda, AB, cuja densidade linear é μ_1. Essa corda está ligada a outra, BC, cuja densidade é μ_2, sendo que a densidade de propagação da onda nessa segunda corda é $v_2 = 8$ m/s. O comprimento de onda da onda quando ela se propaga na corda BC é igual a:

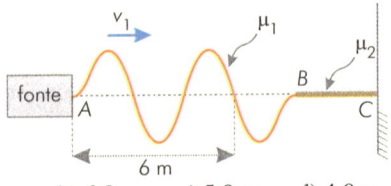

a) 7,0 m   b) 6,0 m   c) 5,0 m   d) 4,0 m   e) 3,2 m

Exercícios Complementares

66. Um vibrador produz ondas planas na superfície de um líquido com frequência igual a 10 Hz e comprimento de onda de 28 cm. Ao passarem do meio I para o meio II, como mostra a figura, foi verificada uma mudança na direção de propagação das ondas. Use a aproximação: $\sqrt{2} \cong 1,4$.

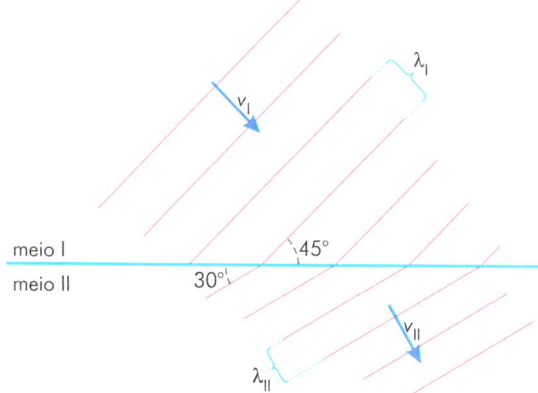

No meio II, os valores da frequência e do comprimento de onda serão, respectivamente, iguais a:

a) 10 Hz; 14 cm   c) 10 Hz; 25 cm   e) 15 Hz; 25 cm
b) 10 Hz; 20 cm   d) 15 Hz; 14 cm

67. (FUVEST – SP) Um trecho dos trilhos de aço de uma ferrovia tem a forma e as dimensões dadas a seguir.

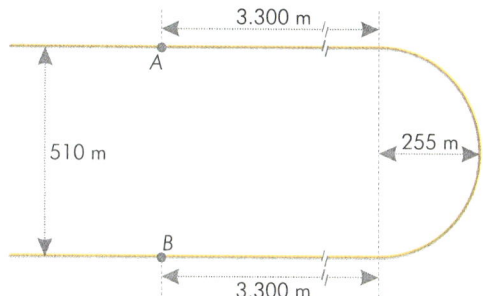

Um operário bate com uma marreta no ponto A dos trilhos. Um outro trabalhador, localizado no ponto B, pode ver o primeiro, ouvir o ruído e sentir com os pés as vibrações produzidas pelas marretadas no trilho.

Dado: a velocidade do som no ar é de 340 m/s. Para fazer as contas, use $\pi = 3$.

a) Supondo que a luz se propague instantaneamente, qual o intervalo de tempo Δt decorrido entre os instantes em que o trabalhador em B vê uma marretada e ouve o seu som?
b) Qual a velocidade de propagação do som no aço, sabendo-se que o trabalhador em B, ao ouvir uma marretada, sente simultaneamente as vibrações no trilho?

68. O caráter ondulatório do som pode ser utilizado para eliminação, total ou parcial, de ruídos indesejáveis. Para isso, microfones captam o ruído do ambiente e o enviam a um computador, programado para analisá-lo e para emitir um sinal ondulatório que anule o ruído original indesejável. O fenômeno ondulatório no qual se fundamenta essa nova tecnologia é a:

a) interferência.   c) polarização.   e) refração.
b) difração.   d) reflexão.

69. Uma corda feita de um material cuja densidade linear é 10 g/m está sob tensão provocada por uma força de 900 N. Os suportes fixos distam de 90 cm. Faz-se vibrar a corda transversalmente e esta produz ondas estacionárias, representadas na figura a seguir. A frequência das ondas componentes, cuja superposição causa essa vibração, é:

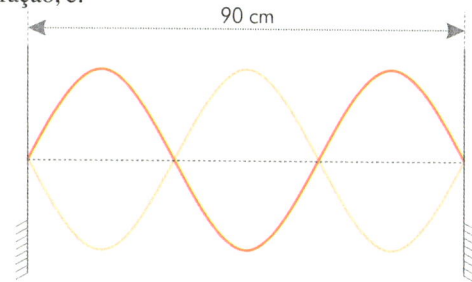

a) 100 Hz   b) 200 Hz   c) 300 Hz   d) 400 Hz   e) 500 Hz

70. (UNICAMP – SP) Em um forno de micro-ondas, as moléculas de água contidas nos alimentos interagem com as micro-ondas que as fazem oscilar com uma frequência de 2,40 GHz (2,40 · 10^9 Hz). Ao oscilar, as moléculas colidem inelasticamente entre si transformando energia radiante em calor. Considere um forno de micro-ondas de 1.000 W que transforma 50% da energia elétrica em calor. Considere a velocidade da luz de valor igual a 3,0 · 10^8 m/s.

a) Determine o comprimento de onda das micro-ondas.
b) Considere que o forno é uma cavidade ressonante, na qual a intensidade das micro-ondas é nula nas paredes. Determine a distância entre as paredes do forno, na faixa entre 25 cm e 40 cm, para que a intensidade da radiação seja máxima exatamente em seu centro.
c) Determine o tempo necessário para aquecer meio litro de água de 20 °C para 40 °C. O calor específico da água é 4.000 J/(kg · °C).

71. (UFMG) Duas fontes pontuais emitem ondas sonoras idênticas, de comprimento de onda λ em fase. As fontes são separadas por uma distância igual à metade do comprimento de onda λ.

Nessas condições, considere as afirmações.

I. Num ponto P, localizado na linha que passa pelas duas fontes, externamente a elas, ocorre interferência destrutiva.
II. Num ponto Q, localizado na mediatriz do segmento entre as fontes, ocorre interferência construtiva.
III. Em outro ponto, R, a meia distância entre as fontes, a interferência é destrutiva.

Dentre elas, SOMENTE

a) I é correta.   c) III é correta.   e) I e III são corretas.
b) II é correta.   d) I e II são corretas.

29 Acústica

29.1. As Ondas Sonoras

As ondas sonoras são **ondas mecânicas**, pois somente se propagam através de um meio material elástico e deformável. Logo, ao contrário da luz ou de qualquer onda eletromagnética, as **ondas sonoras não se propagam no vácuo**.

Como se formam as ondas sonoras?

As ondas sonoras são ondas de pressão, ou seja, ondas que se propagam a partir de variações da pressão do meio.

A vibração da membrana de um tambor produz alternadamente compressões e rarefações do ar, isto é, variações de pressão que se propagam através do meio.

As ondas sonoras assim produzidas são **ondas longitudinais**, visto que as moléculas do meio são, alternadamente, aproximadas e afastadas umas das outras. Cada secção do meio através do qual passa a onda longitudinal apenas oscila ligeiramente em torno de uma posição de equilíbrio, enquanto a onda propriamente dita pode se propagar por grandes distâncias.

Ao longo da direção de propagação, a menor distância entre duas regiões nas quais o ar está simultaneamente comprimido corresponde ao comprimento de onda λ da onda sonora. O mesmo se aplica à menor distância entre duas regiões nas quais o ar está rarefeito. Na Figura 29-1, compara-se a propagação de um pulso de pressão ao longo de um tubo contendo ar (b) à propagação de um pulso longitudinal em uma mola helicoidal (a) e apresenta-se o gráfico da intensidade da pressão ao longo do tubo (c).

IMPORTANTE
Para as ondas sonoras periódicas também vale a relação:
$v = \lambda \cdot f$

FIGURA 29-1.

Quando um baterista faz vibrar os tambores, essa vibração se propaga pelo ar na forma de ondas de pressão. Lembre-se de que o som é uma onda mecânica e, portanto, precisa de um meio material para se propagar.

29.2. Frequência e Velocidade das Ondas Sonoras

Dependendo da fonte, as ondas sonoras podem apresentar qualquer frequência, desde poucos hertz, como as produzidas por abalos sísmicos, até valores extremamente elevados, comparáveis às frequências da luz visível, como as determinadas por vibrações de um cristal de quartzo submetido ao efeito piezoelétrico. No entanto, só são audíveis para o homem as ondas sonoras cujas frequências estejam compreendidas entre 20 Hz e 20.000 Hz, sendo denominadas genericamente **sons**. As ondas sonoras de frequência inferior a 20 Hz são denominadas **infrassons** e as de frequência superior a 20.000 Hz constituem os **ultrassons**. Há animais, como o cão, o morcego e o gato, cujos ouvidos são sensíveis aos ultrassons, e outros que ouvem infrassons, como o elefante, o hipopótamo, as baleias.

A velocidade de propagação das ondas sonoras não depende da frequência, sendo função exclusiva das propriedades do meio. Assim, em determinado meio, todas as ondas sonoras se propagam com a mesma velocidade.

Dentro da dependência das propriedades do meio, uma influência acentuada sobre a velocidade das ondas está na densidade, razão pela qual o valor da velocidade depende das condições de pressão e temperatura do meio. De modo geral, nos sólidos as ondas sonoras apresentam as maiores velocidades e nos meios gasosos as menores velocidades.

Você Sabia?

Os modernos equipamentos de ultrassom permitem obter imagens em 3D, como a do bebê no útero da mãe, na foto.

GE MEDICAL SYSTEMS/SPL/LATINSTOCK

JOSE FUSTE RAGA/CORBIS/LATINSTOCK

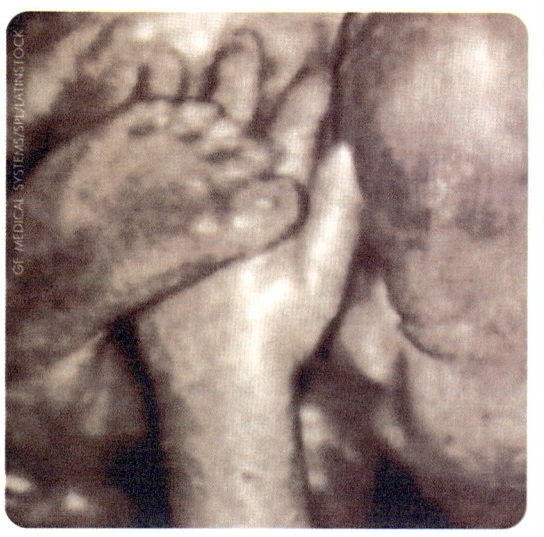

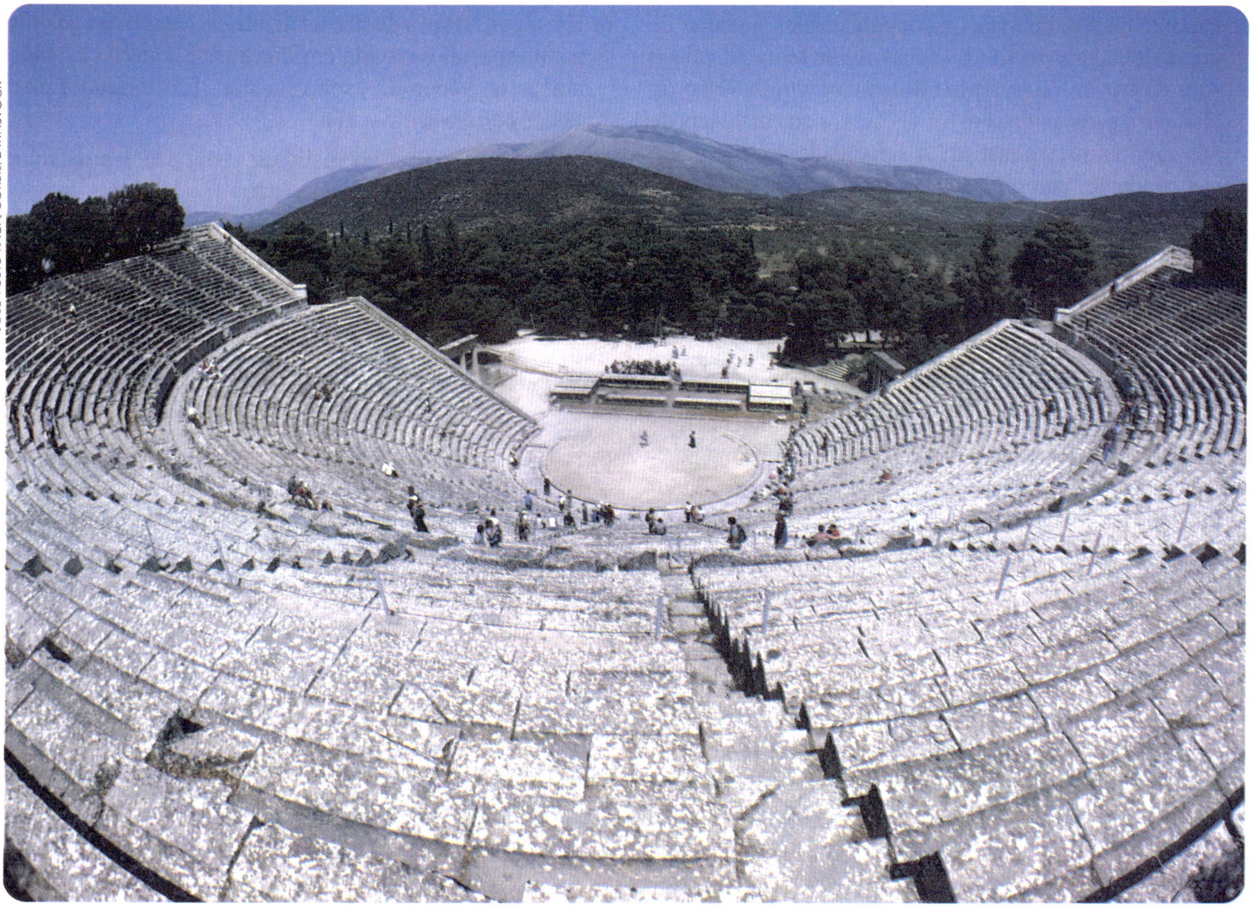

O teatro grego de Epidaurus (séc. IV a.C.) era conhecido por sua fantástica acústica. Estudos recentes demonstram que isso não se deve à forma do terreno, mas, sim, aos assentos de calcário, um excelente filtro acústico que permitia que as vozes dos atores chegassem às últimas fileiras com uma clareza impressionante.

Exercício Resolvido

1. (UMC – SP) O som é uma onda mecânica que se propaga no ar com uma velocidade variável, conforme a temperatura local. Suponha que num dado local essa velocidade seja 340 m/s. Um alto-falante, ao vibrar sua membrana nesse local, emite 1.250 pulsos por segundo.

a) Determine a frequência de vibração da membrana, em hertz.
b) Determine o período de vibração da membrana.
c) Determine o comprimento de onda da onda sonora.
d) Sabendo que a velocidade do som no ar varia com a temperatura segundo a relação: $v = 330 + 0{,}61 \cdot \theta$, sendo θ a temperatura em °C e v em m/s, calcule a temperatura no local onde foram obtidos os dados da questão.

Resolução:

a) A frequência de vibração da membrana é 1.250 pulsos/s, o que é o mesmo que $f = 1.250$ Hz.

b) O período e a frequência estão relacionados pela relação $f \cdot T = 1$. Assim, temos:

$$T = \frac{1}{f} \Rightarrow T = \frac{1}{1.250}$$

$$T = 0{,}0008 \text{ s} = 8 \cdot 10^{-4} \text{ s}$$

c) Podemos obter o comprimento de onda pela relação $v = \lambda \cdot f$. Portanto,

$$340 = \lambda \cdot 1.250$$

$$\lambda = \frac{340}{1.250}$$

$$\lambda = 0{,}272 \text{ m}$$

d) Para $v = 340$ m/s, temos:

$$340 = 330 + 0{,}61 \cdot \theta$$

$$\theta = \frac{340 - 330}{0{,}61}$$

$$\theta = \frac{10}{0{,}61} \quad \therefore \quad \theta \cong 16{,}4 \text{ °C}$$

Exercícios Propostos

2. Durante uma tempestade, é comum vermos o clarão de um relâmpago e ouvirmos apenas algum tempo depois o som do trovão. Se o tempo decorrido entre a visão do clarão e a audição do som for de 2,0 s, a que distância de nós caiu o raio, em metros? A velocidade do som no ar, nas condições apresentadas, pode ser considerada igual a 340 m/s.

3. Em uma competição de tiro, o atirador ouve o som do impacto do projétil no alvo 0,50 s após ter atirado. Sendo a velocidade do projétil 171 m/s e a velocidade do som no ar 342 m/s, determine, em metros, a distância que separa o alvo do atirador.

4. Uma onda sonora de frequência 400 Hz é emitida por uma fonte sonora no ar. Outra fonte, situada na mesma posição, emite simultaneamente outra onda de frequência 800 Hz. Qual das duas ondas atinge em primeiro lugar um ouvido situado a 1,0 km do local da emissão? Justifique sua resposta.

5. Percute-se a extremidade de um trilho retilíneo de 102 m de comprimento. Na extremidade oposta do trilho, uma pessoa escuta dois sons: um deles produzido pela onda que se propagou no trilho e o outro produzido pela onda que se propagou pelo ar. O intervalo de tempo que separa a chegada dos dois sons é de 0,28 s. Considerando a velocidade do som no ar igual a 340 m/s, qual é o valor aproximado da velocidade com que o som se propaga no trilho?

a) 5.100 m/s
b) 1.760 m/s
c) 364 m/s
d) 176 m/s
e) 51 m/s

6. Em alguns filmes de ficção científica, a explosão de uma nave espacial é ouvida em outra nave, mesmo estando ambas no vácuo do espaço sideral. Em relação a esse fato, é correto afirmar que:

a) isso não ocorre na realidade, pois não é possível a propagação do som no vácuo.
b) isso ocorre na realidade, pois, sendo a nave tripulada, possui seu interior preenchido por gases.
c) isso ocorre na realidade, uma vez que o som se propagará junto à imagem da nave.
d) isso ocorre na realidade, pois as condições de propagação do som no espaço sideral são diferentes daquelas da Terra.

7. (UEM – PR) Na Baía de São Francisco, nos Estados Unidos, existe um peixe, conhecido pelo nome vulgar de "peixe-sapo", que emite um som nas noites de verão, atormentando o sono da população que reside nas luxuosas embarcações fundeadas na baía. A partir disso, julgue a veracidade das afirmativas seguintes.

(1) As ondas sonoras emitidas pelo peixe-sapo, independentemente do meio material, propagam-se, por serem ondas mecânicas.
(2) As velocidades das ondas sonoras emitidas pelo peixe-sapo no ar são, essencialmente, independentes da pressão, da frequência e do comprimento de onda.
(3) A frequência das ondas sonoras emitidas pelo peixe-sapo no ar atmosférico deve estar, em média, entre 20 Hz e 20 kHz, para serem ouvidas pelos seres humanos.

Exercícios Propostos

(4) Sabendo que a velocidade do som a 0 °C é de 331 m/s, e que a velocidade aumenta com a temperatura em cerca de 0,6 m/s, para cada grau Celsius, pode-se garantir que a velocidade das ondas sonoras emitidas pelo peixe-sapo no ar a 30 °C será de 349 m/s.

(5) As ondas sonoras emitidas pelo peixe-sapo são ondas de compressão em um meio material, tal como o ar atmosférico e a água da Baía de São Francisco.

29.3. Sensação Auditiva e Intensidade Sonora

A intensidade energética de um som é definida pela relação entre a potência, *Pot*, transportada pela onda sonora e a área (*S*) da superfície perpendicular à direção da onda por ela atravessada:

$$I = \frac{Pot}{S}$$

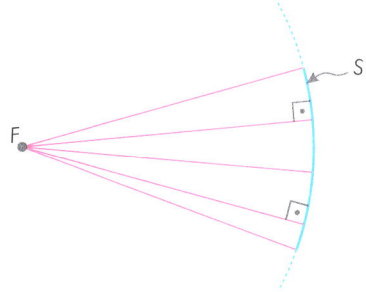

FIGURA 29-2.

No SI, a unidade da intensidade energética de um som é o watt por metro quadrado (W/m^2). Usa-se também, frequentemente, a unidade W/cm^2, que não pertence ao SI.

Já vimos que a orelha* humana de um adulto normal pode perceber sons desde a frequência de 20 Hz até a frequência de 20.000 Hz. No entanto, essa sensibilidade está relacionada com a intensidade energética do som. A intensidade sonora mínima audível é de 10^{-12} W/m^2 para as ondas de frequência 1.000 Hz e 10^{-8} W/m^2 para as ondas de frequência 100 Hz, por exemplo.

No gráfico da intensidade energética (*I*) em função da sua frequência (*f*), mostrado na Figura 29-3, podemos individualizar uma curva denominada **limiar de audibilidade**, que indica como varia a intensidade do som mínima audível em função da sua frequência, bem como outra curva que registra o limite superior de audição, além do qual a orelha sente dor.

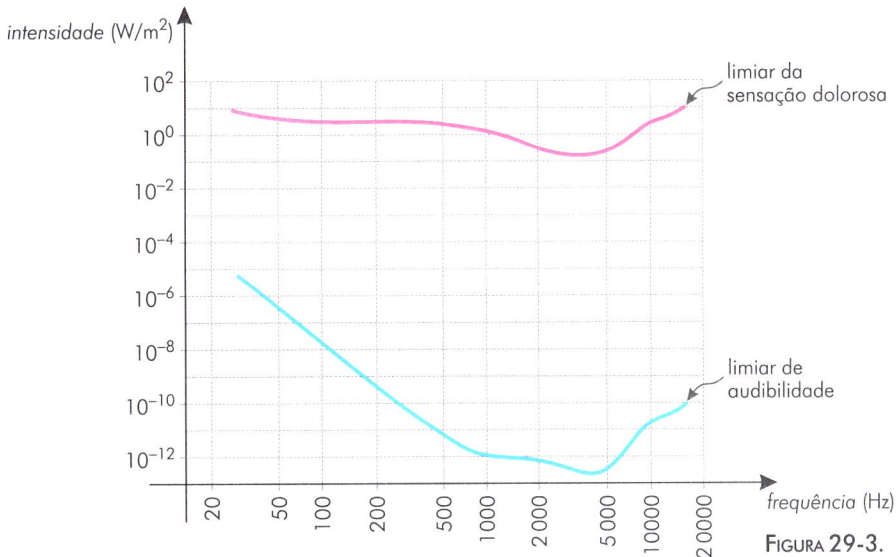

FIGURA 29-3.

A orelha humana é sensível para um intervalo de intensidades energéticas extremamente grande, sobretudo para as frequências entre 500 Hz e 5.000 Hz. Por exemplo, para sons de frequência 1.000 Hz, como se depreende do gráfico mostrado na Figura 29-3, a orelha é sensível a sons de intensidade desde 10^{-12} W/m^2 (limiar de audibilidade) até 1,0 W/m^2 (limiar de dor). Portanto, a intensidade máxima é 10^{12} vezes maior que a intensidade mínima.

---

* Desde 1997, a terminologia médica sugere o termo "orelha" em lugar de "ouvido".

Os engenheiros dos laboratórios da Bell Telephone definiram uma unidade de transmissão para medir a perda de nível ao longo dos cabos telefônicos. Essa unidade, baseada em escala logarítmica, foi adotada para os níveis de intensidade sonora e, em 1923, em homenagem ao laboratório e a seu fundador, denominada bel (B). Com a escala logarítmica, contornou-se o inconveniente da diferença numérica muito grande entre as intensidades energéticas audíveis, ao mesmo tempo que se conseguiu um relacionamento mais simples entre as grandezas físicas e a sensação auditiva.

Considerando nulo o nível de intensidade ($N_0 = 0$) que corresponde ao limiar de audibilidade para o som de frequência 1.000 Hz ($I_0 = 10^{-12}$ W/m²), o nível de intensidade N de um som, cuja intensidade energética é I, será expresso em bels (singular: bel), através da fórmula:

O limiar de dor da orelha humana é de, aproximadamente, 130 dB, que corresponde à intensidade sonora da decolagem de um jato. Contudo, algumas pessoas equipam seus veículos com aparelhos de som capazes de emitir sons de até 150 dB.

$$N = \log \frac{I}{I_0}$$

É mais comum, em virtude de a unidade bel ser muito grande para o uso cotidiano, utilizar-se o submúltiplo *decibel* (dB), tornando-se a fórmula anterior:

$$N = 10 \cdot \log \frac{I}{I_0}$$

para N medido em decibels (forma correta do plural, no SI, regulamentada no Brasil pelo Decreto n.º 81.621, anexo 3.2, de 3 de maio de 1978).

Exercícios Resolvidos

8. Para que uma pessoa normal consiga ouvir um som, este precisa ter uma intensidade de, no mínimo, 10^{-12} W/m². Sabendo que um instrumento musical gera cerca de 60 μW e supondo que o som, ao se propagar pela atmosfera, não sofra dissipação de energia, determine a máxima distância possível de um observador, para ainda ouvir os sons desse instrumento. Admita que esses sons propagam-se esfericamente pela atmosfera. Use o valor de π igual a 3,14.

Resolução:
Considerando a onda sonora esférica, sua intensidade varia com a distância d da fonte emissora de acordo com a relação:

$$I = \frac{Pot}{S} \Rightarrow I = \frac{Pot}{4\pi \cdot d^2}$$

Assim, sendo $I = 10^{-12}$ W/m², $Pot = 60$ μW $= 60 \cdot 10^{-6}$ W e $\pi = 3{,}14$, temos:

$$10^{-12} = \frac{60 \cdot 10^{-6}}{4 \cdot 3{,}14 \cdot d^2} \Rightarrow d^2 = \frac{60 \cdot 10^{-6}}{12{,}56 \cdot 10^{-12}}$$

$$d^2 = 4{,}8 \cdot 10^6$$

$$d = \sqrt{4{,}8 \cdot 10^6} \therefore d \cong 2{,}2 \cdot 10^3 \text{ m}$$

Exercícios Resolvidos

9. O nível de intensidade sonora, medido em uma janela de um edifício situado ao lado de uma via expressa de Brasília, atingiu valores próximos de 60 dB. Considerando $I_0 = 10^{-12}$ W/m² a intensidade para a qual o nível sonoro é nulo, determine:

a) a intensidade sonora local;
b) a potência sonora que entra pela janela do edifício, sabendo-se que sua área mede 1,8 m².

Resolução:

a) Calculamos o nível de intensidade sonora pela relação $N = 10 \cdot \log \dfrac{I}{I_0}$ (dB). Portanto, temos:

$$60 = 10 \cdot \log \dfrac{I}{10^{-12}}$$

$$\log \dfrac{I}{10^{-12}} = 6 \Rightarrow \dfrac{I}{10^{-12}} = 10^6$$

$$I = 10^{-6} \text{ W/m}^2$$

b) A intensidade da onda sonora através da janela é dada pela relação $I = \dfrac{Pot}{S}$. Assim, temos:

$$10^{-6} = \dfrac{Pot}{1,8} \quad \therefore \quad Pot = 1,8 \cdot 10^{-6} \text{ W}$$

Exercícios Propostos

10. Uma fonte sonora emite energia à razão de $1,2 \cdot 10^{-2}$ joules por minuto.
Determine, em unidades SI:

a) a potência emitida pela fonte;
b) a intensidade energética da onda, através de uma superfície de área 50 cm², perpendicular à direção de propagação.

11. O nível de intensidade sonora em uma janela de um edifício situado ao lado de uma via expressa elevada no centro de Recife atingiu valores próximos de 80 dB. Considerando $I_0 = 10^{-12}$ W/m², a intensidade para a qual o nível de intensidade sonora é nulo, determine:

a) a intensidade sonora no local;
b) a potência sonora que entra pela janela, sabendo-se que sua área mede 1,5 m².

12. No interior de uma igreja, o nível de intensidade sonora é 10 dB. Qual a intensidade energética no interior dessa igreja? Sabe-se que convencionalmente o nível de intensidade sonora nulo corresponde à intensidade energética 10^{-12} W/m².

13. (FUVEST – SP) Para a orelha humana, a mínima intensidade sonora perceptível é de 10^{-16} W/cm² e a máxima intensidade suportável sem dor é de 10^{-4} W/cm². Uma fonte sonora produz som que se propaga uniformemente em todas as direções do espaço e que começa a ser perceptível pela orelha humana a uma distância de 1 km. Determine:

a) a potência sonora da fonte;
b) a menor distância da fonte a que uma pessoa pode chegar sem sentir dor. Dado: área da superfície esférica de raio R é $S = 4\pi \cdot R^2$.

29.4. Altura de um Som

A qualidade que permite à pessoa classificar um som como mais *grave* (mais baixo) ou mais *agudo* (mais alto) que outro é denominada *altura* do som. Essa qualidade *fisiológica* (ligada à forma como percebemos o som) está intimamente ligada à propriedade *física* (intrínseca) da **frequência**. Assim, quanto maior for a frequência de um som, tanto mais agudo ele será. Reciprocamente, quanto menor for a frequência, tanto mais grave será o som.

Se tivermos dois sons de frequências f_1 e f_2, tais que $f_2 \geq f_1$, definimos *intervalo* entre esses dois sons pela razão:

$$i = \dfrac{f_2}{f_1}$$

Evidentemente, o intervalo é uma grandeza adimensional, maior ou igual à unidade. Quando $i = 1$, os dois sons apresentam frequências iguais ($f_2 = f_1$) e dizemos que o intervalo é de *uníssono*. Se uma frequência é igual ao dobro da outra ($f_2 = 2f_1$), o intervalo é $i = 2$, sendo denominado, em teoria musical, *uma oitava*. A razão desse nome (oitava) está em que, em uma escala musical natural, a frequência dupla corresponde à oitava nota da sequência. Por exemplo, na escala de dó maior (dó$_1$, ré, mi, fá, sol, lá, si, dó$_2$), a frequência do dó$_2$ é igual ao dobro da frequência do dó$_1$, e dizemos que ele está "uma oitava acima".

O diapasão é uma peça de metal projetada de forma que vibre em determinado tom. Ele é um bom exemplo para ilustrar a natureza vibratória do som: sua movimentação é capaz de gerar ondas na água.

Quando o intervalo entre dois sons, que não de uníssono, é um número inteiro, os sons de frequência maior são denominados **harmônicos** do de frequência mais baixa, que é dito fundamental. Assim, se a frequência do som fundamental é f_1, o som de frequência $f_2 = 2f_1$ ($i = 2$) é o 2.º harmônico, o de $f_3 = 3f_1$ ($i = 3$) é o 3.º harmônico, e assim sucessivamente.

29.5. Timbre de um Som

Quando um instrumento musical emite uma nota, o som emitido é, na verdade, uma onda sonora resultante da superposição de várias vibrações com diferentes frequências e intensidades. O som mais grave emitido (menor frequência) é dito fundamental e os demais sons que se superpõem são harmônicos do primeiro. Na Figura 29-4, apresentamos um exemplo no qual são representadas por linhas pontilhadas as ondas que se superpõem para dar origem à onda resultante, desenhada com linha contínua. Conforme o instrumento, variam em intensidade (amplitude) os harmônicos que acompanham o som fundamental, determinando o **timbre** do instrumento. Por isso, distinguimos perfeitamente uma mesma nota dó, emitida por um violino e por um piano. Esses instrumentos apresentam *timbres* diferentes.

O timbre de um instrumento musical é a particular superposição de harmônicos que o caracterizam. É a qualidade do som que permite que possamos distinguir sons originados por instrumentos diferentes e vozes de pessoas diferentes.

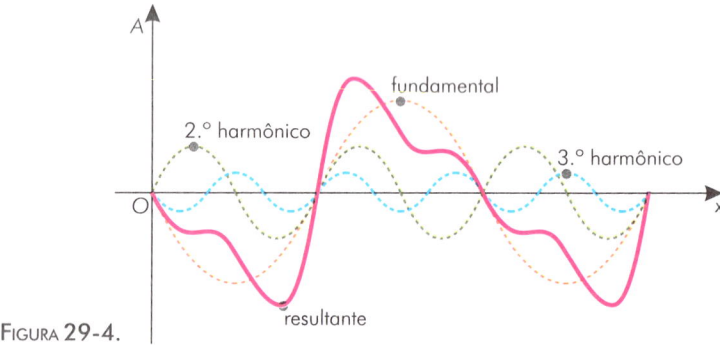

FIGURA 29-4.

29.6. Reflexão das Ondas Sonoras

Valem, para as ondas sonoras, todas as considerações apresentadas no estudo da reflexão das ondas, de modo geral. Vamos aqui salientar alguns fenômenos particulares, que se relacionam com a audição das ondas sonoras refletidas: o *reforço*, a *reverberação* e o *eco*.

De início, é necessário destacar que a sensação auditiva, determinada em nosso ouvido por uma onda sonora, permanece nele durante aproximadamente 0,1 s: é o tempo de **persistência auditiva**. Se uma segunda onda sonora atingir nosso ouvido dentro desse intervalo de tempo, não será possível distinguir o segundo som do primeiro.

Considere uma fonte sonora, um ouvinte e uma parede que reflete as ondas sonoras, como indica a Figura 29-5, na qual se representam poucos raios de onda, por simplicidade. Observe que o ouvinte recebe, em instantes diferentes, a onda direta I e a onda refletida II, emitidas pela mesma fonte. Sendo t_I e t_{II} os instantes em que as ondas atingem a orelha, admitindo $t_0 = 0$ no momento da emissão da particular frente de onda, há um intervalo de tempo $\Delta t = t_I - t_{II}$ entre as recepções.

Você Sabia?

Embora não sejam cegos, os morcegos utilizam o eco para capturar suas presas. Emitem um som de frequência alta, que é refletido nos objetos, e retorna ao animal como eco. Esse processo é chamado ecolocação.

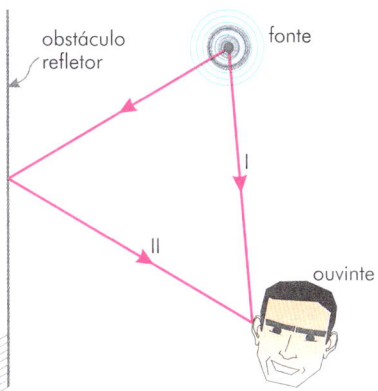

FIGURA 29-5.

O intervalo de tempo entre as recepções das duas ondas será, portanto, igual a $\Delta t = t_I - t_{II}$. Dependendo do valor desse intervalo de tempo, perceberemos um dos três fenômenos: **reforço**, **reverberação** ou **eco**.

- Quando $\Delta t = t_I - t_{II} \cong 0$, as duas ondas sonoras serão recebidas quase simultaneamente pelo ouvido, e este perceberá um som mais intenso, ocorrendo então o fenômeno denominado **reforço** do som. Isso ocorrerá, obviamente, quando o obstáculo refletor estiver muito próximo, de modo que a diferença de caminhos seja pequena.
- Se o obstáculo estiver mais afastado, de modo que o intervalo de tempo entre a chegada das ondas não seja desprezível, mas seja menor que o tempo de resolução de nossa orelha, 0,1 s ($\Delta t = t_I - t_{II} < 0,1$ s), então, quando da chegada da onda refletida, o som direto ainda estará persistindo na orelha do ouvinte, e este terá a sensação de um prolongamento da sensação auditiva. Tal fenômeno recebe o nome **reverberação** do som.
- Se o obstáculo estiver ainda mais afastado, então as duas ondas sonoras atingirão o ouvido com um intervalo de tempo maior ou igual a 0,1 s ($\Delta t = t_I - t_{II} \geq 0,1$ s), e o ouvinte perceberá distintamente os dois sons. Nesse caso, o fenômeno é denominado **eco**.

O **sonar**, equipamento utilizado em navios e submarinos, utiliza o eco de ondas ultrassônicas para determinar a profundidade das águas oceânicas e para detectar obstáculos ou outras embarcações. O *sonar* envia um pulso ultrassônico que se propaga através da água e, após algum tempo, recebe o pulso refletido em um obstáculo. Conhecendo-se a velocidade de propagação das ondas sonoras na água, é possível determinar a distância percorrida pelo pulso e, então, a distância entre o *sonar* e o obstáculo refletor. A ecografia é uma técnica de diagnóstico clínico que usa o mesmo princípio.

Alguns animais, como os morcegos e os golfinhos, são capazes de se orientar pela emissão de pulsos ultrassônicos e pela posterior recepção do pulso refletido (ecolocação ou ecolocalização). Dessa forma, conseguem localizar presas e, eventualmente, desviar-se de obstáculos.

Exercícios Resolvidos

14. A orelha humana é capaz de ouvir vibrações acústicas entre 20 Hz e 20.000 Hz, aproximadamente. Considerando a velocidade de propagação do som no ar igual a 340 m/s, determine, em metros, os comprimentos de onda do som mais grave e do som mais agudo que o ouvido humano consegue ouvir.

Resolução:

(I) O som mais grave é aquele de menor frequência, isto é, $f = 20$ Hz. Assim, temos:

$$v = \lambda \cdot f \Rightarrow 340 = \lambda \cdot 20 \Rightarrow \lambda = \frac{340}{20} \therefore \lambda = 17 \text{ m}$$

(II) O som mais agudo é aquele de maior frequência, isto é, $f = 20.000$ Hz. Assim, temos:

$$v = \lambda \cdot f \Rightarrow 340 = \lambda \cdot 20.000 \Rightarrow \lambda = \frac{340}{20.000} \therefore \lambda = 0,017 \text{ m}$$

15. Para receber o eco de um som no ar, em que a velocidade de propagação é de 340 m/s, é necessário que haja uma distância mínima de 17 m entre a fonte sonora e o anteparo no qual o som é refletido. Na água, em que a velocidade de propagação do som é de 1.600 m/s, qual o valor dessa distância, em metros?

Resolução:

(I) Ao sofrer reflexão, o som retorna com a mesma velocidade de 340 m/s, em módulo. Assim, o intervalo de tempo (Δt) que o som leva da fonte emissora até o obstáculo é igual ao que ele leva do obstáculo até a fonte.

Nessas condições, a velocidade escalar média coincide com a velocidade escalar instantânea. Então:

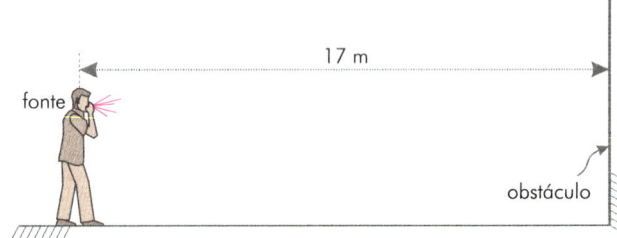

$$v = \frac{\Delta s}{\Delta t} \Rightarrow 340 = \frac{17}{\Delta t}$$

$$\Delta t = \frac{17}{340} \therefore \Delta t = 0,05 \text{ s}$$

Obs.: o intervalo de tempo mínimo gasto para que a onda sonora se propague da fonte até o obstáculo e retorne do obstáculo até a fonte corresponde à persistência auditiva, que vale 0,10 s.

(II) Na água temos: $v = 1.600$ m/s; $\Delta t = 0,05$ se $d' = ?$

$$v = \frac{\Delta s}{\Delta t}$$

$$1.600 = \frac{d'}{0,05} \Rightarrow d' = 1.600 \cdot 0,05 \therefore d' = 80 \text{ m}$$

Exercícios Propostos

16. Analise a frase a seguir: "A televisão estava funcionando com o *volume* máximo, e o que se ouvia era um apito *agudo* e *estridente*". As expressões em itálico referem-se, respectivamente, às seguintes características do som:

a) intensidade, altura, timbre;
b) altura, intensidade, timbre;
c) timbre, intensidade, altura;
d) intensidade, timbre, altura.

17. Quais as características das ondas sonoras que determinam, respectivamente, as sensações de altura e de intensidade (nível sonoro) do som?

a) Frequência e amplitude.
b) Frequência e comprimento de onda.
c) Comprimento de onda e frequência.
d) Amplitude e comprimento de onda.
e) Amplitude e frequência.

18. A possibilidade de se distinguirem dois sons de intensidades e frequências iguais deve-se à diferença entre

a) as alturas.
b) as velocidades de propagação.
c) os períodos.
d) os comprimentos de onda.
e) os timbres.

19. (UnB – DF) Dois músicos apresentam-se tocando seus instrumentos: uma flauta e um violino. A flauta e o violino estão emitindo sons de mesma altura, mas de intensidades diferentes – a intensidade do som do violino é maior do que a intensidade do som da flauta. Uma pessoa, cega, encontra-se a uma mesma distância dos dois instrumentos, estando a flauta à sua direita e o violino à sua esquerda. A pessoa é capaz de distinguir os sons de um violino e de uma flauta.

Exercícios Propostos

Considerando a situação descrita, julgue a veracidade das afirmações a seguir.

(1) É possível perceber que o violino está à sua esquerda e que a flauta está à sua direita, devido aos timbres diferentes dos sons emitidos pelos dois instrumentos.

(2) A pessoa é capaz de perceber que o violino está à sua esquerda e que a flauta está à sua direita, porque o som que está sendo emitido pelo violino é mais agudo e o som da flauta é mais grave.

(3) É possível a pessoa perceber que os dois instrumentos estão emitindo a mesma nota musical, porque uma nota musical é caracterizada pela sua frequência.

(4) O som que está sendo emitido pelo violino tem a mesma frequência do som que está sendo emitido pela flauta; por isso, a pessoa percebe que são de mesma altura.

(5) A forma da onda sonora do violino é diferente da forma da onda sonora da flauta; por isso, os sons desses instrumentos apresentam timbres diferentes.

(6) O som que está sendo emitido pelo violino é mais alto do que o som que está sendo emitido pela flauta.

(7) Na linguagem vulgar, dizemos que a pessoa percebe o som do violino "mais forte" do que o som da flauta.

20. As ondas sonoras são ondas elásticas que se propagam no ar com velocidade aproximada de 340 m/s, e cujo limite de audibilidade para a orelha humana está situado entre 20 Hz e 20.000 Hz.

Com base nessas informações, pode-se afirmar:

(1) A poluição sonora está relacionada à propagação de ondas de frequência acima de 20.000 Hz.

(2) Uma onda sonora que se propaga no ar tem comprimento de onda aumentado, quando penetra na água.

(3) A faixa de frequência da voz masculina é geralmente mais baixa do que a da voz feminina.

(4) A técnica de obtenção de imagens por meio do ultrassom é baseada na reflexão de ondas de frequência inferior a 20 Hz.

(5) Notas musicais idênticas, porém de timbres diferentes, são caracterizadas pela diferença de intensidade.

(6) Uma onda sonora de 20 Hz que se propaga no ar tem comprimento de onda de aproximadamente 17 m.

21. O som apresenta no ar velocidade de propagação igual a 340 m/s. Um obstáculo que reflete o som encontra-se a 15 m de um observador postado junto a uma fonte sonora. Sendo o tempo de persistência auditiva igual a 0,10 s, determine:

a) o tipo de fenômeno que ocorre com o som em vista de sua reflexão, eco ou reverberação;

b) a que distância mínima deveria estar o obstáculo da fonte e do observador, para que este percebesse o fenômeno do eco?

22. (UnB – DF) Um barco de pesca está ancorado no meio de um lago, conforme ilustra a figura abaixo. No momento da ancoragem, o capitão observou que a âncora desceu exatamente 14,5 m abaixo do nível do sonar até o fundo do lago e, querendo verificar sua aparelhagem de bordo, repetiu a medida com o uso do sonar, constatando que os pulsos gastavam 20,0 ms (milissegundos) no trajeto de ida e volta. Considerando que o sonar emite pulsos de onda de som com frequência igual a 100 kHz, julgue os itens a seguir.

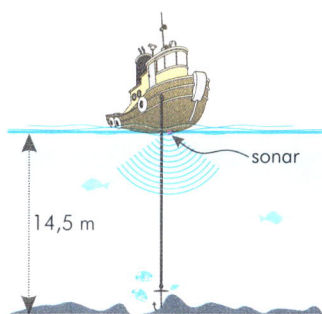

(1) Se a água do lago for razoavelmente homogênea, o módulo da velocidade da onda sonora será constante e superior a 1.200 m/s.

(2) Para percorrer 29 m no ar, a onda de som emitida pelo sonar levaria 20 ms.

(3) O comprimento de onda dos pulsos do sonar é igual a 14,5 mm.

(4) O som só transita na água por ser uma onda do tipo transversal.

(5) As ondas sonoras propagando-se na água têm velocidade de propagação menor que se propagando no ar.

23. (UnB – DF – modificada) A ultrassonografia é um método já bastante comum de diagnóstico médico, no qual *ecos* produzidos por reflexões de ondas sonoras são utilizados para construir uma imagem que descreve a posição e a forma dos obstáculos responsáveis pelas reflexões. Na indústria, esse método também pode ser utilizado para localizar fraturas em peças sólidas. O ultrassonógrafo registra o tempo entre a emissão e a recepção do ultrassom, que é produzido e captado por um mesmo dispositivo. Em aplicações médicas, coloca-se tal dispositivo em contato com a pele do paciente previamente untada com um gel à base de água; a imagem mostrada em um monitor é o resultado do processamento das informações originadas das inúmeras reflexões captadas. Usando o efeito Doppler, é possível, ainda, conhecer a velocidade de partes móveis internas do corpo, tais como as paredes do coração ou o fluxo sanguíneo. Esse tipo de exame é conhecido como ecografia Doppler.

Exercícios Propostos

O quadro I abaixo mostra como a velocidade do som varia em diversos meios. O quadro II corresponde a uma ampliação do trecho de velocidades entre 1.250 m/s e 1.750 m/s.

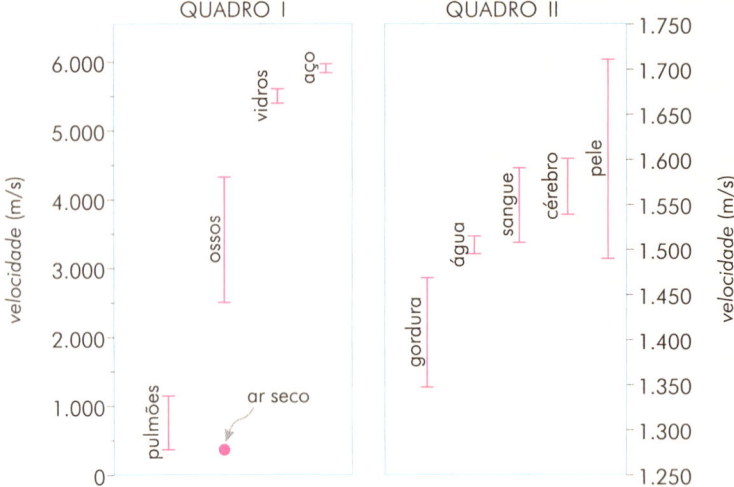

Em relação a esse assunto e com base nos dados fornecidos acima, julgue as afirmações seguintes.

(1) Para uma dada distância entre o emissor de ultrassom e um objeto, o tempo entre a emissão e a recepção do eco produzido pelo objeto, quando ele está inserido em uma matriz de vidro, é pouco mais de três vezes mais longo que aquele produzido pelo mesmo objeto quando ele está imerso em água.

(2) Se uma onda de ultrassom se propaga em uma direção paralela ao solo, então as moléculas do meio no qual ela se propaga movem-se perpendicularmente a essa direção com a passagem da onda.

(3) Se, em um exame cardiológico, uma parte do coração estiver afastando-se do emissor quando for atingida pela onda de ultrassom, então a onda refletida terá frequência menor que a onda incidente, e a diferença de frequência permitirá a determinação da velocidade de afastamento.

(4) Considerando que dois pontos possam ser distinguidos com um aparelho de ultrassom quando estiverem separados por uma distância maior ou igual a um comprimento de onda do ultrassom, então é correto dizer que, nessas condições, um corpo esférico estranho com 0,1 mm de diâmetro, imerso em um tecido gorduroso, poderá ser observado com distinção utilizando-se um aparelho com frequência de 5,0 MHz.

29.7. Cordas Vibrantes

Consideremos uma corda esticada entre dois suportes, como a corda de um violão ou de um violino. As ondas que se propagam ao longo dessa corda, que pode vibrar em uma grande variedade de frequências, sofrem reflexão nas extremidades – e muitas delas interferem de modo aleatório com cada uma das outras e rapidamente se extinguem. Entretanto, as ondas correspondentes às frequências ressonantes (próprias) da corda persistem e ondas estacionárias se estabelecem.

Em um instrumento musical de corda, por exemplo, a vibração da corda provoca o surgimento de uma onda sonora que se propaga pelo ar até atingir nossas orelhas. A frequência do som ouvido será igual à frequência de vibração dos pontos da corda.

O princípio da emissão de sons musicais nos instrumentos de corda é a formação de ondas estacionárias.

A onda estacionária de frequência mais baixa é chamada frequência fundamental e corresponde a uma onda estacionária com um único ventre, o harmônico fundamental ou primeiro harmônico. As demais frequências naturais são chamadas sobretons ou harmônicos superiores, visto que as frequências correspondentes são múltiplos inteiros da frequência fundamental.

Uma vez que as extremidades da corda são fixas, temos, nesses pontos, nós. A onda estacionária e os possíveis modos ressonantes de vibração da corda são mostrados na Figura 29-6, em ordem crescente de complexidade. Lembre-se de que, em uma onda estacionária, a distância entre dois nós consecutivos corresponde a $\frac{\lambda}{2}$.

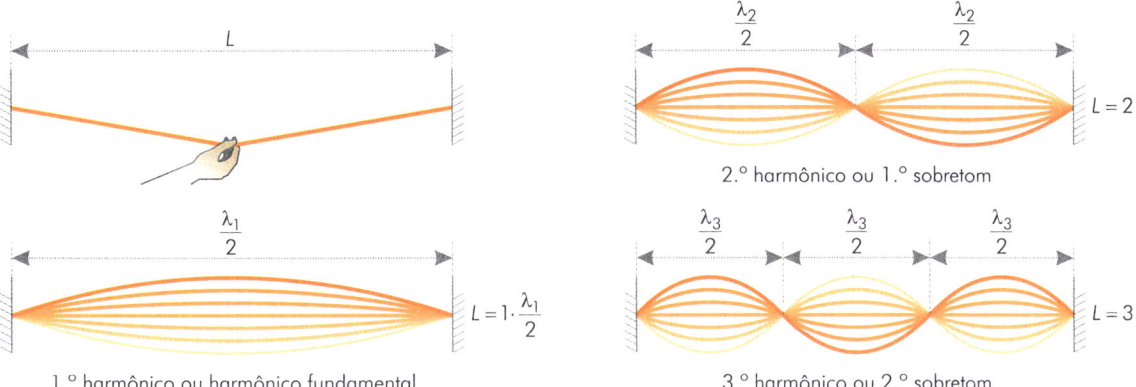

Figura 29-6.

Generalizando, podemos dizer que um fio sob tensão apresenta n modos de vibração, correspondendo esse número n ao número de ventres que ocorrem na onda estacionária estabelecida. Para a enésima vibração que se estabelece no fio, podemos escrever que o comprimento de onda λ_n e a frequência f_n são dados por:

$$\lambda_n = \frac{2L}{n} \quad \text{e} \quad f_n = n \cdot \frac{v}{2L}$$

Observação: As ondas transversais que se propagam ao longo de uma corda têm, conforme vimos anteriormente, velocidade de propagação dada pela fórmula de Taylor, $v = \sqrt{\frac{F}{\rho}}$, em que F é a intensidade da força tensora na corda, medida em N; $r = \frac{m}{L}$ é a densidade linear da corda, medida em kg/m; e v é a velocidade de propagação das ondas transversais na corda, medida em m/s.

Podemos, então, calcular as frequências ressonantes de uma corda pela expressão:

$$f_n = \frac{n}{2L} \cdot \sqrt{\frac{F}{\rho}} \qquad (n = 1, 2, 3, 4, ...)$$

Exercícios Resolvidos

24. Uma corda de 2,4 m de comprimento tem as duas extremidades fixas. Procura-se estabelecer um sistema de ondas estacionárias com frequência igual a 150 Hz, obtendo-se o terceiro harmônico. Determine:

a) o comprimento de onda das ondas que originaram o sistema de ondas estacionárias;
b) a velocidade de propagação das ondas na corda;
c) a distância entre um nó e um ventre consecutivos.

Exercícios Resolvidos

Resolução:
O esquema abaixo mostra o aspecto da corda vibrando no terceiro harmônico:

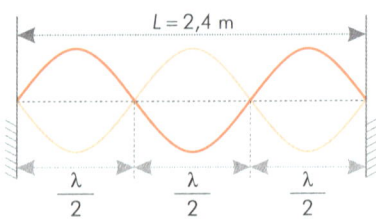

a) Sabe-se que $\lambda_n = \dfrac{2L}{n}$; logo:

$$\lambda_3 = \dfrac{2 \cdot 2,4}{3} \Rightarrow \lambda_3 = \dfrac{4,8}{3} \therefore \lambda_3 = 1,6 \text{ m}$$

b) Pela equação fundamental da ondulatória, temos:

$$v = \lambda \cdot f \Rightarrow v = \lambda_3 \cdot f_3$$
$$v = 1,6 \cdot 150 \therefore v = 240 \text{ m/s}$$

c) A distância (d) entre um nó e um ventre consecutivo vale $\dfrac{\lambda_3}{4}$. Assim:

$$d = \dfrac{\lambda_3}{4} \Rightarrow d = \dfrac{1,6}{4} \therefore d = 0,4 \text{ m}$$

25. Uma corda de comprimento 1,50 m e massa de 900 g é submetida a uma força de tração de intensidade igual a 1.620 N. Determine:

a) a velocidade com que as ondas transversais se propagam nessa corda;
b) a frequência do som que é ouvido quando essa corda é posta a vibrar.

Resolução:
a) Sendo a massa da corda $m = 900$ g $= 0,90$ kg, o seu comprimento $L = 1,50$ m e a intensidade da força de tração a que ela está submetida $F = 1.620$ N, obtemos a velocidade com que as ondas transversais se propagam nessa corda pela relação $v = \sqrt{\dfrac{F \cdot L}{m}}$. Assim, temos:

$$v = \sqrt{\dfrac{1.620 \cdot 1,50}{0,90}} \Rightarrow v = \sqrt{2.700}$$

$$v = 30\sqrt{3} \text{ m/s} \cong 52 \text{ m/s}$$

b) A frequência do som emitido corresponde à frequência do modo fundamental de vibração da corda, para o qual $n = 1$. Podemos obter essa frequência aplicando a relação $f = n \cdot \dfrac{v}{2L}$. Assim, temos:

$$f = 1 \cdot \dfrac{30\sqrt{3}}{2 \cdot 1,50} \Rightarrow f = 10\sqrt{3} \text{ Hz} \cong 17,3 \text{ Hz}$$

26. Determine os quatro maiores comprimentos de onda das ondas estacionárias que se podem estabelecer em uma corda tensa de comprimento 2,0 m.

Resolução:
Obtemos os comprimentos de onda que se estabelecem na corda por meio da relação $\lambda_n = \dfrac{2L}{2}$, em que n é o número do harmônico.

$n = 1$ (1.° harmônico ou fundamental):

$$\lambda_1 = \dfrac{2 \cdot 2,0}{1} \Rightarrow \lambda_1 = 4,0 \text{ m}$$

$n = 2$ (2.° harmônico):

$$\lambda_1 = \dfrac{2 \cdot 2,0}{2} \Rightarrow \lambda_1 = 2,0 \text{ m}$$

$n = 3$ (3.° harmônico):

$$\lambda_1 = \dfrac{2 \cdot 2,0}{3} \Rightarrow \lambda_1 = \dfrac{4,0}{3} \text{ m} \cong 1,33 \text{ m}$$

$n = 4$ (4.° harmônico):

$$\lambda_1 = \dfrac{2 \cdot 2,0}{4} \Rightarrow \lambda_1 = 1,0 \text{ m}$$

Exercícios Propostos

27. Determine os três maiores comprimentos de onda das ondas estacionárias que se podem estabelecer em uma corda tensa de comprimento 3,6 m. Quais as respectivas frequências, se a velocidade de propagação das ondas na corda é igual a 150 m/s?

28. Uma corda de comprimento 20 cm é posta a vibrar e nela estabelecem-se ondas estacionárias determinadas pela superposição de ondas que se propagam com velocidade de 50 m/s. Determine:

a) a frequência do som que se ouve a partir da vibração dessa corda;
b) o comprimento de onda das ondas sonoras que se propagam no ar com velocidade de 340 m/s.

29. Uma corda de comprimento 80 cm e massa 400 g é submetida à tração de uma força de intensidade igual a 270 N. Determine:

a) a densidade linear dessa corda;
b) a velocidade com que as ondas transversais se propagam nessa corda;
c) a frequência do som que é ouvido quando essa corda é posta a vibrar.

Exercícios Propostos

30. (UnB – DF) Uma corda esticada vibra em sua frequência fundamental de 440 Hz. Considerando que os dois pontos fixos da corda distam $L = 0,75$ m e que a velocidade do som no ar é de 340 m/s, podemos afirmar que:

(1) A onda estacionária na corda tem comprimento de onda $2L = 1,50$ m.
(2) A velocidade de propagação de qualquer onda na corda é igual a 340 m/s.
(3) O som, no ar, provocado pela vibração da corda tem comprimento de onda igual a 0,75 m.
(4) Qualquer onda que se propaga na corda, ao refletir nos pontos fixos nos extremos da corda, inverte de fase.
(5) Dobrando a tensão na corda, a frequência fundamental passa a ser de 880 Hz.

29.8. Colunas de Ar Vibrante

Nos instrumentos musicais de sopro, a coluna de ar no interior de um tubo é posta a oscilar pelas turbulências criadas por uma palheta na embocadura do instrumento. As ondas assim produzidas refletem-se nas extremidades do tubo e, do mesmo modo que uma corda, ondas estacionárias podem se estabelecer na coluna de ar que preenche esse tubo.

Nesse caso, como é a coluna de ar que vibra, temos na extremidade oposta à embocadura (esta é, obviamente, aberta):

a) um **ventre**, se a extremidade for **aberta** e o ar puder vibrar livremente;
b) um **nó**, se a extremidade for **fechada**, visto que o ar não estará livre para vibrar.

29.8.1. Tubo aberto

A figura a seguir mostra as três primeiras frequências ressonantes de um tubo aberto de comprimento L. Lembre-se de que a onda estacionária, nesse caso, é do tipo longitudinal, e que a representação mostrada na Figura 29-7 corresponde a um gráfico de intensidade de pressão e visa apenas facilitar a visualização da onda.

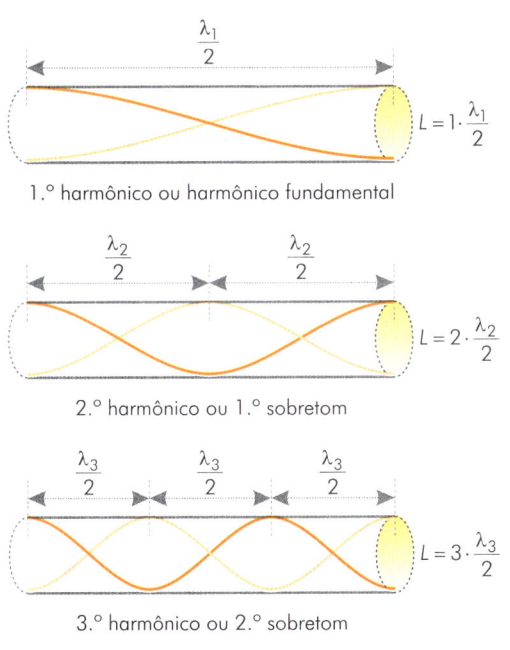

Figura 29-7.

Quando se fecham orifícios da flauta, modifica-se o comprimento da coluna de ar emitida pelo músico, obtendo-se as diferentes notas musicais.

Generalizando, podemos escrever:

$$L = n \cdot \frac{\lambda_n}{2} \Rightarrow \lambda_n = \frac{2L}{n}$$ (n = 1, 2, 3, 4, ...)

$$f_n = n \cdot \frac{v}{2L}$$ (n = 1, 2, 3, 4, ...)

Para $n = 1$, obtemos para o harmônico fundamental $f_1 = \frac{v}{2L}$, idêntica à obtida para as cordas.

Para os demais harmônicos:

$$f_n = n \cdot f_1$$ (n = 1, 2, 3, 4, ...)

29.8.2. Tubo fechado

A extremidade fechada do tubo apresentará sempre um nó da onda estacionária, visto que o ar não pode, nesse ponto, vibrar livremente. Isso se comprova quando sopramos o ar junto ao gargalo de uma garrafa: se soprarmos de qualquer maneira, talvez não consigamos obter som, a não ser que, por tentativas, sopremos de modo tal que o nó da onda estacionária formada fique posicionado no fundo da garrafa – quando, então, obteremos o som característico daquele tubo.

Os sons emitidos pelo órgão estão diretamente relacionados com os comprimentos de seus tubos.

A relação entre o comprimento L do tubo fechado e o comprimento de onda λ da onda estacionária é, no presente caso, dada por:

$$L = n \cdot \frac{\lambda_n}{4} \qquad (n = 1, 3, 5, ...)$$

como se pode ver na Figura 29-8.

A expressão anterior pode ser convenientemente reescrita como:

$$\lambda_n = \frac{4L}{n} \qquad (n = 1, 3, 5, ...)$$

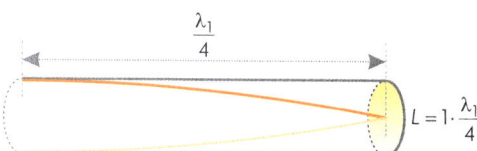
1.º harmônico ou tom fundamental

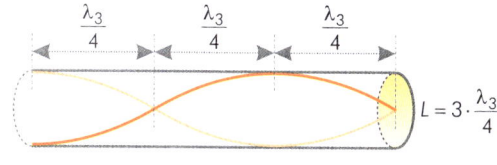
3.º harmônico

Para determinarmos as frequências correspondentes, podemos trabalhar com a seguinte relação:

$$f_n = n \cdot \frac{v}{4L} \qquad (n = 1, 3, 5, ...)$$

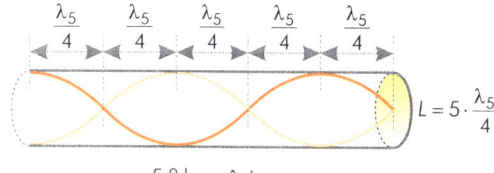
5.º harmônico

Figura 29-8.

Para os demais harmônicos:

$$f_n = n \cdot f_1 \qquad (n = 1, 3, 5, ...)$$

Os instrumentos de tubo aberto comportam-se como os instrumentos de corda, produzindo, em princípio, todos os harmônicos. Os instrumentos de sopro de tubo fechado, como se viu, são capazes de produzir apenas harmônicos de ordem ímpar, o que lhes confere timbres muito particulares.

> **OBSERVAÇÃO:** A velocidade de propagação da onda sonora na coluna de ar presente no interior dos tubos – abertos ou fechados – é função da temperatura absoluta do gás: $v = \sqrt{k \cdot T}$.
>
> Por esse motivo, uma variação de temperatura pode alterar a afinação de um instrumento musical de sopro: um aumento de temperatura, por exemplo, provoca um aumento na velocidade de propagação do som e, consequentemente, o tubo emitirá um harmônico fundamental de maior frequência, portanto mais agudo. A afinação, nesse caso, é obtida com um conveniente aumento no comprimento L do tubo.
>
> Um aumento de temperatura também pode provocar a desafinação dos instrumentos de corda, devido à dilatação das cordas tensas, pois isso acarreta uma diminuição da força tensora na corda.

Exercícios Resolvidos

31. Um tubo sonoro aberto apresenta 125 cm de comprimento e as ondas sonoras propagam-se no ar do seu interior com velocidade igual a 340 m/s. Determine:
   a) o comprimento de onda e a frequência do som fundamental emitido;
   b) o comprimento de onda do quinto harmônico emitido;
   c) a frequência do som resultante.

   RESOLUÇÃO:
   a) Para o som fundamental, $n = 1$. Sendo a velocidade de propagação do som no ar igual a 340 m/s e o comprimento do tubo $L = 125$ cm $= 1,25$ m, temos:

$$\lambda_n = \frac{2L}{n} \Rightarrow \lambda_1 = \frac{2 \cdot 1,25}{1}$$

$$\lambda_1 = 2,5 \text{ m}$$

$$f_n = n \cdot \frac{v}{2L}$$

$$f_1 = \frac{360}{2 \cdot 1,25} \Rightarrow f_1 = \frac{360}{2,5}$$

$$f_1 = 144 \text{ Hz}$$

Exercícios Resolvidos

b) Para o quinto harmônico, $n = 5$, temos:

$$\lambda_n = \frac{2L}{n} \Rightarrow \lambda_5 = \frac{2 \cdot 1{,}25}{5}$$

$$\lambda_5 = \frac{2{,}5}{5} \therefore \lambda_5 = 0{,}5 \text{ m} = 50 \text{ cm}$$

c) A frequência do som resultante corresponde sempre à menor frequência dos componentes, isto é, à frequência do tom fundamental. Assim, temos:

$$f_R = f_1 \Rightarrow f_R = 144 \text{ Hz}$$

32. (ITA – SP) Uma flauta doce, de 33 cm de comprimento, à temperatura ambiente de 0 °C, emite sua nota mais grave numa frequência de 251 Hz. Verifica-se experimentalmente que a velocidade do som no ar aumenta de 0,60 m/s para cada 1 °C de elevação da temperatura. Calcule qual deveria ser o comprimento da flauta a 30 °C para que ela emitisse a mesma frequência de 251 Hz.

Resolução:

A flauta opera como um tubo sonoro fechado, emitindo o som fundamental (mais grave).

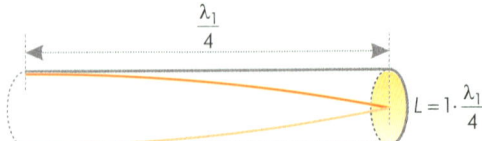

1.º harmônico ou tom fundamental

(I) Podemos relacionar o comprimento de onda (λ) com o comprimento (L) do tubo por meio da relação:

$$L = \frac{\lambda_1}{4} \Rightarrow \lambda_1 = 4L$$

(II) Para a temperatura de 0 °C:

$$v = \lambda \cdot f$$
$$v_0 = 4L \cdot f \Rightarrow v_0 = 4 \cdot 0{,}33 \cdot 251$$
$$v_0 = 331{,}32 \text{ m/s}$$

(III) Para a temperatura de 30 °C:

$$v_{30} = v_0 + 0{,}60 \cdot (30 - 0)$$
$$v_{30} = 331{,}32 + 0{,}6 \cdot 30$$
$$v_{30} = 331{,}32 + 18$$
$$v_{30} = 349{,}32 \text{ m/s}$$

(IV) Calculando o novo comprimento da flauta:

$$v = \lambda \cdot f$$
$$v_{30} = 4L \cdot f$$
$$349{,}32 = 4L \cdot 251$$
$$L = \frac{349{,}32}{1.004}$$
$$L = 0{,}348 \text{ m} = 34{,}8 \text{ cm}$$

Exercícios Propostos

33. Um tubo sonoro aberto tem 68 cm de comprimento, e no gás que o preenche as ondas sonoras propagam-se com velocidade igual a 340 m/s. Para esse tubo, determine:
a) o comprimento de onda e a frequência do som fundamental por ele emitido;
b) o comprimento de onda e a frequência do quarto harmônico;
c) a frequência resultante do som que será percebido por uma pessoa postada próximo ao tubo.

34. Um tubo sonoro contendo ar tem 1,0 m de comprimento, apresentando uma extremidade aberta e outra fechada. Considerando a velocidade do som no ar igual a 340 m/s, determine as três menores frequências que esse tubo pode emitir.

35. Um tubo sonoro de 3,0 m de comprimento emite um som de frequência 125 Hz. Sendo a velocidade do som no ar igual a 300 m/s, determine:
a) se o tubo é aberto ou fechado;
b) o harmônico correspondente a essa frequência.

36. Em um tubo de Kundt (tubo cilíndrico de vidro, horizontal), encontramos pó de cortiça depositado na parte interna inferior. Fazendo-se vibrar um diapasão em sua extremidade aberta e movimentando-se o êmbolo, atinge-se uma situação de ressonância cuja consequência é a formação de montículos de pó de cortiça distantes 10 cm um do outro. Sabendo-se que a velocidade do som no ar é igual a 320 m/s, qual é a frequência do som emitido pelo diapasão?

37. Uma corda, com densidade linear 0,040 kg/m e comprimento 0,50 m, esticada e fixada pelas extremidades, vibra em uníssono com um tubo fechado de comprimento 1,0 m. Se a velocidade de propagação das ondas sonoras no gás que preenche o tubo é 320 m/s, determine:
a) a frequência fundamental do som emitido pelo tubo;
b) a velocidade de propagação das ondas transversais na corda;
c) a intensidade da força tensora aplicada às extremidades da corda.

38. Um tubo de 80 cm de comprimento é aberto em ambas as extremidades. Calcule o comprimento de um segundo tubo, fechado em uma das extremidades, para que tenha a mesma frequência fundamental de ressonância do tubo aberto.

Exercícios Propostos

39. (FUVEST – SP – modificada) Uma proveta é enchida com água até a borda. A seguir, põe-se a vibrar um diapasão na boca da proveta, ao mesmo tempo em que se faz a água escoar lentamente, mediante a abertura da torneira T. Quando o nível da água na proveta atinge a distância $x = 20$ cm da borda, ouve-se pela primeira vez um aumento na intensidade do som. O meio acima da água é o ar, onde o som se propaga com velocidade 340 m/s.

a) Como explicar fisicamente o aumento na intensidade do som emitido pelo diapasão?
b) Qual o comprimento de onda no ar do som que o diapasão emite?
c) Qual a frequência do som emitido pelo diapasão?

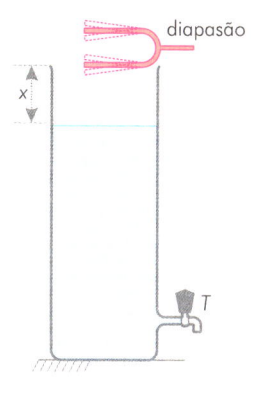

29.9. Efeito Doppler

Quando uma fonte sonora se movimenta relativamente a um observador, a frequência do som por ele percebida (frequência aparente) é diferente da frequência própria, emitida pela fonte. De fato, a experiência demonstra que, quando o observador e a fonte sonora se aproximam, o número de cristas de onda que irão chegar ao ouvido do observador, por segundo, será maior do que a frequência real do som emitido.

Na Figura 29-9, dois observadores, A e B, estão em repouso em relação ao chão, enquanto uma fonte de ondas sonoras periódicas desloca-se entre eles, emitindo um som de frequência própria constante f. O observador A, que se aproxima relativamente à fonte de som, percebe um som mais agudo ($f_{ap.} > f$). Por outro lado, quando o observador vê a fonte afastar-se, ele percebe um som de menor frequência, isto é, mais grave (o observador B percebe um som com $f_{ap.} < f$). A aparente variação da frequência de uma onda devida ao movimento relativo entre a fonte emissora (de ondas) e o observador foi proposta, em 1842, pelo físico austríaco Christian Doppler (1803-1853), para a luz, tendo sido experimentalmente medida, para o som, em 1845. Em 1848, independentemente, o francês Hippolyte Fizeau (1819-1896) demonstrou o efeito para ondas eletromagnéticas, razão pela qual o efeito é, às vezes, chamado **efeito Doppler-Fizeau**.

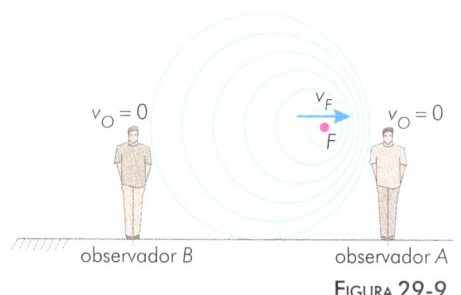

FIGURA 29-9.

Uma fonte de ondas em movimento, como a sirene ligada de uma ambulância, parecerá, para uma pessoa que se encontre à frente dela, emitir um som mais agudo do que é efetivamente emitido.

Pode-se demonstrar que:

$$\frac{f_O}{v_s \pm v_O} = \frac{f_F}{v_s \pm v_F}$$

em que:

- f_O: frequência aparente da onda sonora (é a frequência percebida pelo observador);
- f_F: frequência real da onda sonora (é a frequência própria, emitida pela fonte sonora, medida em seu referencial);
- v_s: velocidade própria do som;
- v_O: velocidade do observador, em relação à Terra;
- v_F: velocidade da fonte emissora de som, em relação à Terra.

A utilização de sinais na equação anterior deve obedecer à seguinte convenção: adota-se um eixo orientado sempre no sentido do observador para a fonte, independentemente dos sentidos dos movimentos deles, como ilustra a Figura 29-10.

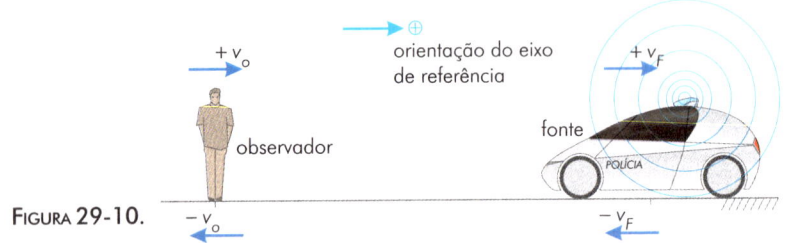

FIGURA 29-10.

Exercícios Resolvidos

40. Um observador afasta-se com velocidade de módulo igual a 40 m/s de uma fonte sonora que se encontra em repouso, em relação ao solo, que emite um som de frequência 1.200 Hz. Sendo de 320 m/s o módulo da velocidade do som no ar, nas condições da ocorrência descrita, determine a frequência do som ouvido pelo observador.

RESOLUÇÃO:

Orientemos um eixo do ouvinte para a fonte. As velocidades valem: $v_O = -40$ m/s e $v_F = 0$.

A velocidade do som no ar é $v_S = 320$ m/s e a frequência emitida $f_F = 1.200$ Hz. A frequência aparente percebida pelo ouvinte será dada por:

$$\frac{f_O}{v_s \pm v_O} = \frac{f_F}{v_s \pm v_F}$$

$$\frac{f_O}{320 - 40} = \frac{1.200}{320 + 0}$$

$$f_O = \frac{280 \cdot 1.200}{320} \Rightarrow f_O = \frac{336.000}{320}$$

$$f_O = 1.050 \text{ Hz}$$

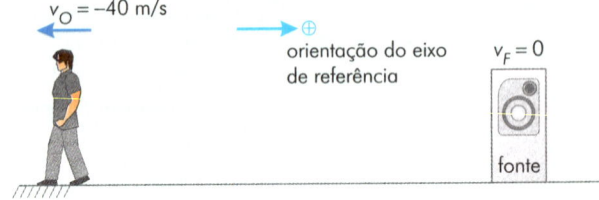

41. Um observador situado na margem de uma estrada de ferro ouve o apito de um trem que se aproxima. Sabendo que a frequência do som emitido pelo apito é de 330 Hz e a percebida pelo observador é de 360 Hz, e supondo a velocidade de propagação do som no ar igual a 340 m/s, determine a velocidade do trem.

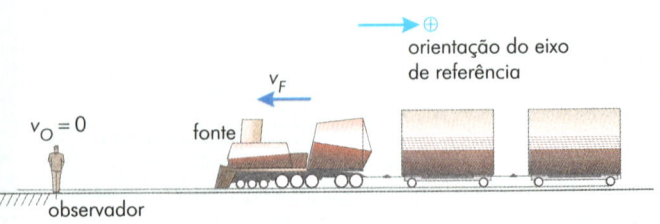

Exercícios Resolvidos

RESOLUÇÃO:

Dados:

- frequência do som emitido pela fonte: $f_F = 330$ Hz;
- frequência do som percebido pelo ouvinte: $f_O = 360$ Hz;
- velocidade de propagação do som no ar: $v_S = 340$ m/s;
- velocidade do observador: $v_O = 0$
- velocidade do trem (fonte): $v_F = ?$

$$\frac{f_O}{v_s \pm v_O} = \frac{f_F}{v_s \pm v_F}$$

$$\frac{360}{340 + 0} = \frac{330}{340 - v_F}$$

$$340 - v_F = \frac{330 \cdot 340}{360} \Rightarrow 340 - v_F = 311{,}67 \Rightarrow 340 - 311{,}67 = v_F$$

$$v_F = 28{,}3 \text{ m/s}$$

Exercícios Propostos

42. O efeito Doppler é observado somente quando:

a) a fonte emissora de onda e o observador mantêm uma distância constante.
b) existe um movimento relativo de aproximação ou de afastamento entre a fonte emissora de onda e o observador.
c) a onda emitida pela fonte é transversal e de grande amplitude.
d) a fonte e o observador movem-se com a mesma velocidade, em relação ao meio de propagação da onda.
e) a frequência observada independe da frequência emitida pela fonte.

43. Uma fonte sonora em repouso, situada no ar, emite uma nota com frequência de 440 Hz. Um observador, movendo-se sobre uma reta que passa pela fonte, escuta a nota com frequência de 880 Hz. Supondo a velocidade do som no ar de 340 m/s, podemos afirmar que o observador:

a) se aproxima da fonte com velocidade de 340 m/s.
b) se afasta da fonte com velocidade de 340 m/s.
c) se aproxima da fonte com velocidade de 640 m/s.
d) se afasta da fonte com velocidade de 640 m/s.
e) se aproxima da fonte com velocidade de 880 m/s.

44. (UnB – DF) Um indivíduo percebe que o som da buzina de um carro muda de tom à medida que o veículo se aproxima ou se afasta dele. Na aproximação, a sensação é de que o som é mais agudo; no afastamento, mais grave. Esse fenômeno é conhecido em Física como efeito Doppler. Considerando a situação descrita, julgue a veracidade dos itens a seguir.

(1) As variações na tonalidade do som da buzina percebidas pelo indivíduo devem-se a variações da frequência da fonte sonora.

(2) Quando o automóvel se afasta, o número de cristas de onda por segundo que chegam ao ouvido do indivíduo é maior.

(3) Se uma pessoa estiver se movendo com a mesma velocidade do automóvel, não mais terá a sensação de que o som muda de tonalidade.

(4) Observa-se o efeito Doppler apenas para ondas que se propagam em meios materiais.

45. Um avião emite um som de frequência 600 Hz e percorre uma trajetória retilínea com velocidade de módulo igual a 300 m/s. O ar apresenta-se imóvel.

A velocidade de propagação do som no ar é 330 m/s. Determine a frequência do som recebido por um observador estacionário junto à trajetória do avião nas seguintes condições:

a) enquanto o avião se aproxima do observador;
b) quando o avião se afasta do observador.

46. (UnB – DF) Um veículo com uma sirene ligada desloca-se numa estrada plana e reta com velocidade de 108 km/h. Um homem, parado na estrada, observa o veículo aproximar-se.

Sendo a velocidade do som igual a 330 m/s, ache a razão entre a frequência observada pelo homem e a frequência da fonte. Dê sua resposta multiplicada por 10.

47. (UnB – DF) Uma fonte sonora aproxima-se de um observador parado e, em seguida, afasta-se com a mesma velocidade. A razão entre as frequências dos sons percebidos nas duas situações é 2,4. Sabendo que a velocidade de propagação do som é 340 m/s, determine (em m/s) a velocidade da fonte sonora.

Divida a resposta por 10.

Exercícios Complementares

48. A orelha humana pode detectar intensidades sonoras que vão de 10^{-12} W/m² a $1{,}0$ W/m². Usando como intensidade de referência 10^{-12} W/m², determine os correspondentes níveis de intensidade sonora, em decibels (dB).

49. De acordo com a tabela de níveis de intensidade sonora, o nível de intensidade mínimo é igual a zero decibel; o nível de ruído devido a um cortador de grama é de 100 dB e o limiar de audição – nível sonoro que provoca dor e pode danificar a orelha interna – é 120 dB. Determine, em W/m², a intensidade sonora correspondente a cada um desses níveis de intensidade.

50. Além do dano que podem causar à audição, os sons fortes têm vários outros efeitos físicos. Sons de 140 decibels (dB) (som de um avião a jato pousando) podem produzir numerosas sensações desagradáveis; entre elas, perda de equilíbrio e náusea. A unidade bel (B), utilizada no texto, representa:

a) a frequência do som.
b) a intensidade física do som.
c) o nível sonoro do som.
d) a potência do som.
e) o timbre do som.

51. O aparelho auditivo humano distingue no som três qualidades, que são: altura, intensidade e timbre. A altura é a qualidade que permite a essa estrutura diferenciar sons graves de agudos, dependendo apenas da frequência do som. Assim sendo, podemos afirmar que:

a) o som será mais grave quanto menor for sua frequência.
b) o som será mais grave quanto maior for sua frequência.
c) o som será mais agudo quanto menor for sua frequência.
d) o som será mais alto quanto maior for sua intensidade.
e) o som será mais alto quanto menor for sua frequência.

52. (PAS – UnB – DF) O fenômeno sonoro apresenta quatro características básicas: altura, duração, timbre e intensidade. A altura relaciona-se diretamente com a frequência das ondas sonoras e permite a identificação e diferenciação de sons agudos e sons graves. A intensidade sonora relaciona-se com a quantidade de energia que provocou a vibração sonora, o que permite diferenciar entre sons fortes e sons fracos.

O timbre é uma característica sonora resultante da vibração dos corpos, sendo que cada objeto ou ser vivo, pelas suas peculiaridades físicas, tem seu próprio timbre, o que permite diferenciar vozes, instrumentos musicais e objetos sonoros. A duração é a propriedade que permite identificar e diferenciar sons longos e sons curtos.

Com relação aos conceitos apresentados, julgue as afirmativas seguintes.

(1) Em muitos conjuntos instrumentais, o baixo elétrico pode ser usado para fazer a base ou a linha melódica mais grave que o solo da guitarra, porque os dois instrumentos têm intensidades diferentes.
(2) Do mesmo modo que se pode diferenciar sons longos de curtos, também se pode diferenciar silêncios longos e curtos.
(3) Os fatores que possibilitam a identificação da voz de uma pessoa incluem o seu timbre característico e a sua articulação de fala.
(4) A voz da cantora de MPB Cássia Eller pode ser considerada um exemplo de voz aguda.

53. Considere as afirmações a seguir.

I. O eco é um fenômeno causado pela reflexão do som num anteparo.
II. O som grave é um som de baixa frequência.
III. Timbre é a qualidade que permite distinguir dois sons de mesma altura e intensidade emitidos por fontes diferentes.

É(são) correta(s) a(s) afirmação(ões):

a) I, apenas.
b) I e II, apenas.
c) I e III, apenas.
d) II e III, apenas.
e) I, II e III.

54. As vozes de dois cantores, emitidas nas mesmas condições ambientais, foram representadas em um osciloscópio e apresentaram os aspectos geométricos indicados a seguir.

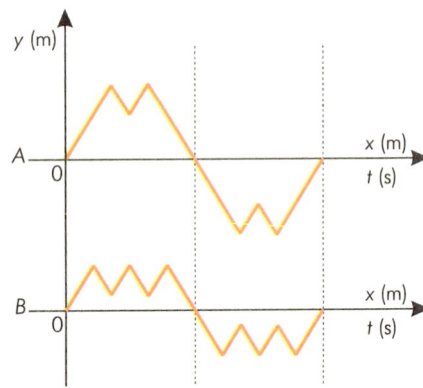

A respeito dessas ondas, julgue a veracidade das afirmativas a seguir.

(1) As vozes possuem timbres diferentes.
(2) As ondas possuem o mesmo comprimento de onda.
(3) Os sons emitidos possuem alturas iguais.
(4) As ondas emitidas possuem a mesma frequência.
(5) Os sons emitidos possuem a mesma intensidade.
(6) As ondas emitidas possuem amplitudes diferentes.
(7) O som indicado em A é mais agudo do que o indicado em B.
(8) Os períodos das ondas emitidas são iguais.

Exercícios Complementares

55. Ondas sonoras emitidas no ar por dois instrumentos musicais distintos, I e II, têm suas amplitudes representadas em função do tempo pelos gráficos abaixo.

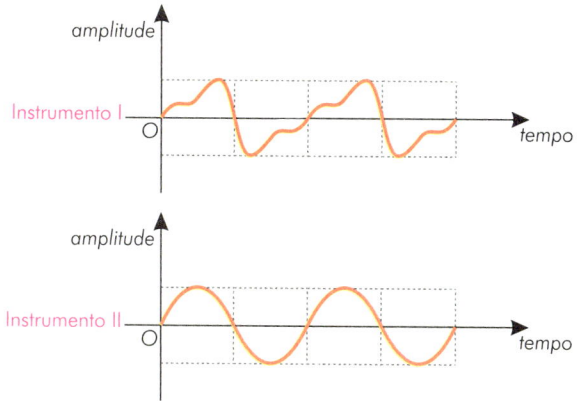

A propriedade que permite distinguir o som dos dois instrumentos é:

a) o comprimento de onda.
b) a amplitude.
c) o timbre.
d) a velocidade de propagação.
e) a frequência.

56. (PAS – UnB – DF) Quando uma onda ultrassônica atravessa um meio homogêneo, como um tecido muscular, sua intensidade – I – decresce com a espessura – x – do material, obedecendo à seguinte lei exponencial: $I = I_0 \cdot e^{-2\alpha \cdot x}$, em que I_0 é a intensidade inicial, o número $e = 2,71...$ é a base dos logaritmos neperianos e α é uma constante positiva, chamada coeficiente de atenuação. Nesse processo, parte da energia sonora é convertida em calor, o que possibilita sua utilização em fisioterapias. O ultrassom também é utilizado em diagnóstico, permitindo a visualização de tecidos internos em um organismo pela reflexão do ultrassom ao passar de um tecido a outro, sem a necessidade de exposição a radiações ionizantes, o que faz desse método a principal escolha para complementar o acompanhamento clínico da gestação.

Com base no texto acima, sabendo que a intensidade I é medida em W/cm² e que o coeficiente α é dado em cm⁻¹, julgue os itens que seguem.

(1) O produto αx é expresso em cm².
(2) Se uma onda ultrassônica incide sobre um tecido muscular para o qual $\alpha = 0,5$ cm⁻¹, então a sua intensidade, após atravessar uma espessura de 1 cm do músculo, será superior a 30% da intensidade inicial.
(3) Se uma onda ultrassônica sofrer uma redução de 90% em sua intensidade ao atravessar um músculo para o qual $\alpha = 0,6$ cm⁻¹, então ela terá atravessado uma espessura, em cm, igual a 1,2.
(4) Se duas ondas ultrassônicas com mesma intensidade inicial incidirem nos meios 1 e 2, com coeficientes de atenuação α_1 e α_2, respectivamente, e tais que $\alpha_2 = 2\alpha_1$, então, após atravessarem a mesma espessura, a intensidade da onda no meio 1 será maior que a intensidade no meio 2.

57. (PAS – UnB – DF)

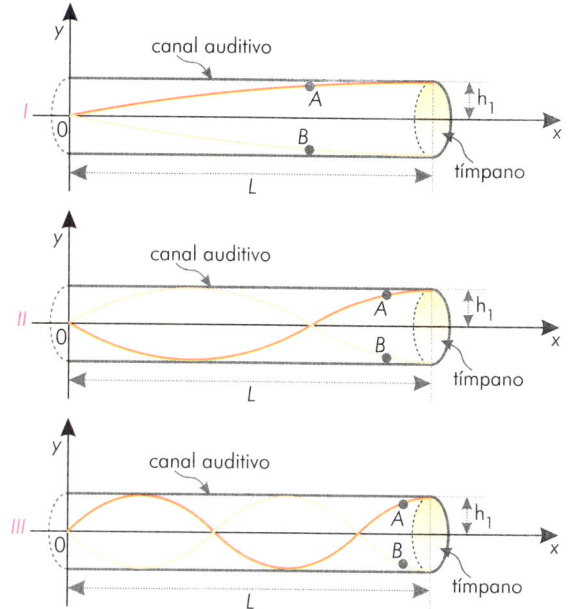

Sons externos produzem variação de pressão do ar no interior do canal auditivo do ouvido humano fazendo o tímpano vibrar. Esse sistema funciona de forma equivalente à propagação de ondas sonoras em tubos com uma das extremidades fechadas. Nesse caso, apenas alguns harmônicos são possíveis e alguns deles estão representados na figura acima, em que $h = h_1 = h_2 = h_3$ é a intensidade máxima de cada harmônico.

A deficiência auditiva é considerada, genericamente, como a diferença existente entre a *performance* auditiva do indivíduo e a habilidade normal para a detecção sonora, de acordo com padrões estabelecidos pela ANSI/1989 (*American National Standards Institute*).

Uma das causas de deficiência auditiva é a perda auditiva induzida por ruído (PAR). A capacidade nociva do som não está associada ao fato de esse som ser desagradável ou não, e sim à sua intensidade sonora e à sua duração. Pode-se considerar que, para frequências de até 15 kHz, a tabela a seguir mostra em quantas horas de audição um som com determinada intensidade passa a ser nocivo.

Nível sonoro (em dB)	Duração (em h)
85	8
88	4
91	2
94	1
97	0,5
100	0,25

Exercícios Complementares

O cálculo do nível sonoro N em bel é dado pela função $N = \log\left(\dfrac{I}{I_0}\right)$, em que I é a intensidade física do som que se quer medir e I_0 é a menor intensidade física do som audível. Na prática, em vez de se usar o bel como unidade de medida, usa-se o decibel (dB), que é a décima parte do bel. Em testes de audição, a intensidade sonora de referência é $I_0 = 10^{-12}$ W/m², que é também a menor intensidade física de som audível.

Considerando as informações do texto acima e ondas sonoras de frequência inferior a 15 kHz, julgue os itens a seguir.

(1) As ondas sonoras são convertidas em impulsos elétricos no tímpano, terminando nesse ponto a detecção dos sons, que, diferentemente da visão, não depende da condução de estímulos elétricos por neurônios ao cérebro.

(2) Apenas ondas sonoras de frequências definidas pela equação $f = \dfrac{n \cdot v}{4L}$ propagam-se no caso do canal auditivo representado no texto, em que n é um número ímpar positivo, v é a velocidade de propagação da onda no canal e L é o comprimento do canal.

(3) O som de um automóvel cuja intensidade seja de 10^{-12} W/m² passa a ser nocivo quando ouvido durante meia hora. Nesse caso, ocorrem lesões no tímpano.

(4) Para que uma caixa de som atinja o nível sonoro entre 100 dB e 120 dB, a intensidade do som que ela emite deve estar entre 1 mW/m² e 10 mW/m².

58. (UNESP) O gráfico da figura indica, no eixo das ordenadas, a intensidade de uma fonte sonora, I, em watts por metro quadrado (W/m²), ao lado do correspondente nível de intensidade sonora, β em decibels (dB), percebido, em média, pelo ser humano. No eixo das abscissas, em escala logarítmica, estão representadas as freqüências do som emitido. A linha superior indica o limiar da dor – e pode provocar danos ao sistema auditivo das pessoas. A linha inferior mostra o limiar da audição – abaixo dessa linha, a maioria das pessoas não consegue ouvir o som emitido.

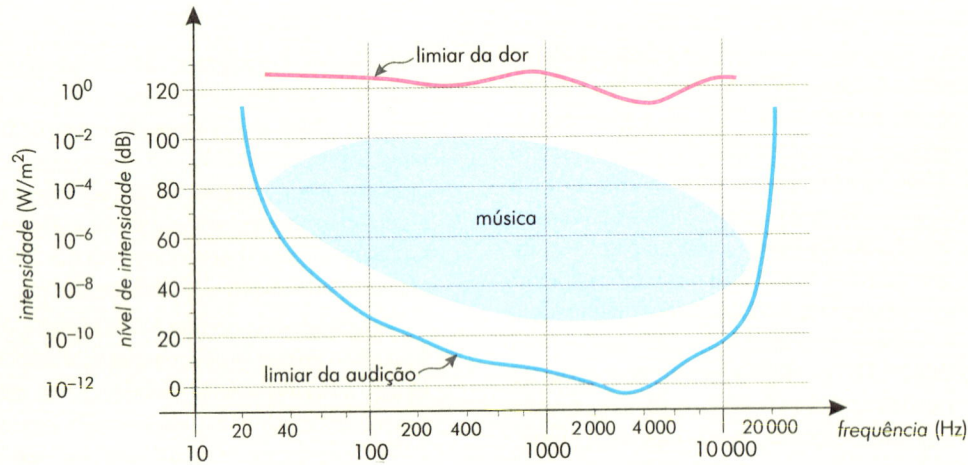

Suponha que você assessore o prefeito de sua cidade para questões ambientais.

a) Qual o nível de intensidade máximo que pode ser tolerado pela municipalidade? Que faixa de frequências você recomenda que ele utilize para dar avisos sonoros que sejam ouvidos pela maior parte da população?

b) A relação entre a intensidade sonora, I, em W/m², e o nível de intensidade, β, em dB, é $\beta = 10 \cdot \log\left(\dfrac{I}{I_0}\right)$, em que $I_0 = 10^{-12}$ W/m². Qual a intensidade de um som, em W/m², num lugar onde o seu nível de intensidade é 50 dB? Consultando o gráfico, você confirma o resultado que obteve?

59. (UFRN) A intensidade de uma onda sonora, em W/m², é uma grandeza objetiva que pode ser medida com instrumentos acústicos sem fazer uso da audição humana. O ouvido humano, entretanto, recebe a informação sonora de forma subjetiva, dependendo das condições auditivas de cada pessoa. Fato já estabelecido é que, fora de certo intervalo de frequência, o ouvido não é capaz de registrar a sensação sonora. E, mesmo dentro desse intervalo, é necessário um valor mínimo de intensidade da onda para acionar os processos fisiológicos responsáveis pela audição. Em face da natureza do processo auditivo humano, usa-se uma grandeza mais apropriada para descrever a sensação auditiva. Essa grandeza é conhecida como nível de intensidade do som (medida em decibel). A figura a seguir mostra a faixa de audibilidade média do ouvido humano, relacionando a intensidade e o nível de intensidade com a frequência do som.

Exercícios Complementares

Faixa de audibilidade média do ouvido humano.

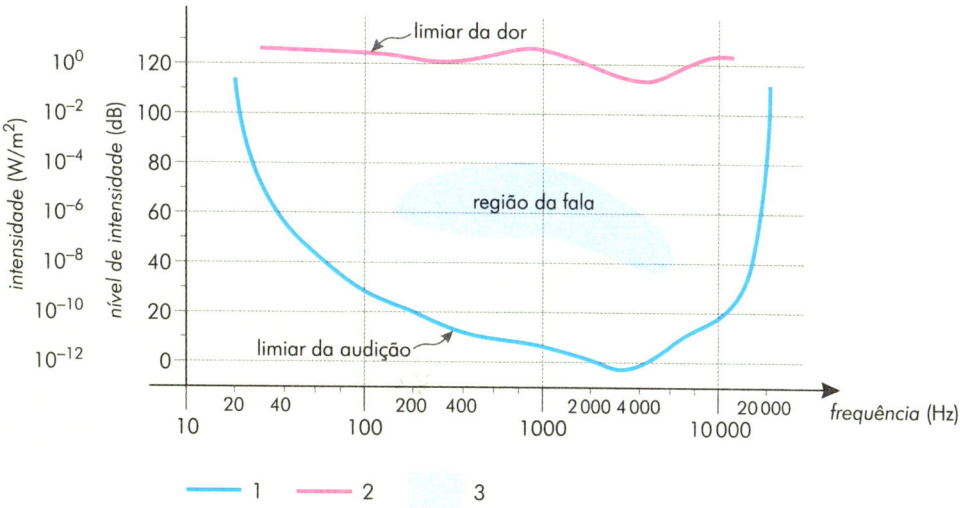

1 – Limiar de audição (intensidade mais baixa do som onde começamos a ouvir);
2 – Limiar da dor (intensidade sonora máxima que nosso ouvido pode tolerar);
3 – Região da fala.

Considerando as informações e o gráfico acima, é correto afirmar que

a) na faixa de 2.000 Hz a 5.000 Hz, o ouvido humano é capaz de perceber sons com menor intensidade.
b) a frequência máxima de audição do ouvido humano é 10.000 Hz.
c) acima da intensidade 10^{-12} W/m² podemos ouvir qualquer frequência.
d) ao falarmos, geramos sons no intervalo aproximado de frequência de 200 Hz a 20.000 Hz.

60. Submete-se à força de tração de intensidade 5.000 N uma corda de massa 500 g e comprimento 25 cm. Determine:
a) a densidade linear dessa corda;
b) a velocidade com que se propagam ondas transversais ao longo dessa corda;
c) a frequência do som ouvido a partir da vibração dessa corda;
d) o comprimento de onda no ar das ondas sonoras emitidas pela corda vibrante, considerando 300 m/s a velocidade dessas ondas no ar.

61. Considere o arranjo mostrado na figura a seguir, em que vemos um tubo sonoro T, ao qual está ajustado o êmbolo E, que pode ser movido convenientemente, e uma fonte F, que emite som com frequência constante f. Utilizando esse arranjo, um estudante verificou que deslocando o êmbolo para a direita, desde a posição em que L é igual a zero, a primeira ressonância ocorreu na posição em que $L = L_1 = 18$ cm. Supondo que o estudante continue a deslocar o êmbolo para a direita, em qual valor subsequente L_2, em centímetros, ocorrerá uma nova ressonância?

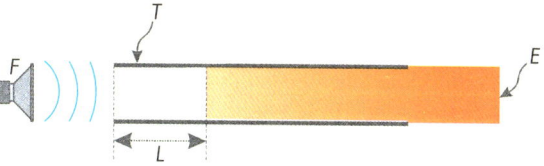

62. Um diapasão de 440 Hz soa acima de um tubo de ressonância contendo um êmbolo móvel como mostrado na figura a seguir.

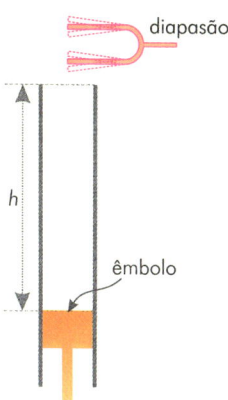

A uma temperatura ambiente de 0 °C, a primeira ressonância ocorre quando o êmbolo está a uma distância h abaixo do tubo. Dado que a velocidade do som no ar (em m/s) a uma temperatura T (em °C) é $v = 331,5 + 0,607T$, conclui-se que a 20 °C a posição do êmbolo para a primeira ressonância, relativa à sua posição a 0 °C, é:

a) 2,8 cm acima.
b) 1,2 cm acima.
c) 0,7 cm abaixo.
d) 1,4 cm abaixo.
e) 4,8 cm abaixo.

Exercícios Complementares

63. O som de frequência mais baixa, dita fundamental, emitido por um tubo sonoro fechado em uma extremidade, corresponde a um comprimento de onda igual a quatro vezes o comprimento L do tubo. Sabe-se que o valor v da velocidade do som no ar pode ser obtido pela expressão $v = 20\sqrt{T}$, em que v é medido em m/s e T é a temperatura absoluta do ar em kelvin (K). Quando o tubo contém ar e, estando ambos a 16 °C (temperatura ambiente), a frequência fundamental emitida é $f_0 = 500$ Hz.

a) Determine o comprimento L do tubo.
b) Desprezando a dilatação do tubo, determine a temperatura T, comum ao tubo e ao ar nele contido, na qual a frequência fundamental emitida é $2f_0$.
c) Considerando agora a dilatação do tubo, o valor da frequência fundamental emitida à temperatura T, calculada no item anterior, será maior, igual ou menor do que $2f_0$? Justifique.

64. Um tubo sonoro, como o da figura a seguir, emite um som com velocidade de 340 m/s. Pode-se afirmar que o comprimento de onda e a frequência da onda sonora emitida são, respectivamente:

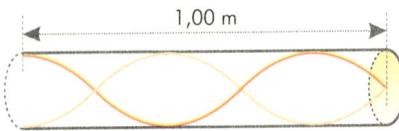

a) 0,75 m e 340 Hz.
b) 0,80 m e 425 Hz.
c) 1,00 m e 230 Hz.
d) 1,50 m e 455 Hz.
e) 2,02 m e 230 Hz.

65. Um músico sopra a extremidade aberta de um tubo de 25 cm de comprimento, fechado na outra extremidade, emitindo um som na frequência de 1.700 Hz. A velocidade do som no ar, nas condições do experimento, é igual a 340 m/s. Dos diagramas a seguir, aquele que melhor representa a amplitude de deslocamento da onda sonora estacionária, excitada no tubo pelo sopro do músico, é:

a)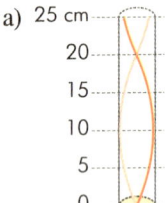

b)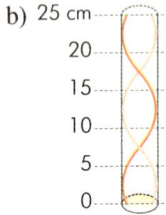

c)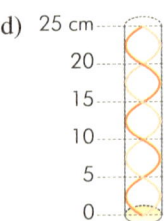

d)
```
25 cm
20
15
10
 5
 0
```

e)
```
25 cm
20
15
10
 5
 0
```

66. (UnB – DF) Sabe-se que a função do ouvido é converter uma fraca onda mecânica que se propaga no ar em estímulos nervosos; sabe-se, ainda, que os métodos de diagnose médica que usam ondas ultrassônicas baseiam-se na reflexão do ultrassom ou no efeito Doppler, produzido pelos movimentos dentro do corpo. Com base em conhecimentos a respeito de ondas, julgue os itens adiante.

(1) No processo de interferência entre duas ondas, necessariamente, uma delas retarda o progresso da outra.
(2) O efeito Doppler não é determinado apenas pelo movimento da fonte em relação ao observador, mas também por sua velocidade absoluta em relação ao meio no qual a onda se propaga.
(3) Nos instrumentos musicais de corda, os sons estão relacionados com a frequência de vibração de cada corda; quanto maior a frequência de vibração, mais grave será o som produzido.
(4) Um concerto ao ar livre está sendo transmitido, ao vivo, para todo o mundo, em som estéreo, por um satélite geoestacionário localizado a uma distância vertical de 37.000 km da superfície da Terra. Quem estiver presente ao concerto, sentado a 350 m do sistema de alto-falantes, escutará a música antes de um ouvinte que resida a 5.000 km do lugar da realização do concerto.

67. (UNICAMP – SP) Considere uma fonte sonora em repouso, emitindo som de frequência f e velocidade v_s. Um observador, movimentando-se em um dado sentido, com

velocidade constante v em relação à fonte, percebe o som com frequência de 160 Hz. Quando ele se movimenta no sentido oposto, com velocidade $2v$, ouve o som com frequência de 448 Hz. A frequência percebida pelo observador pode ser obtida pela expressão $f_O = f \cdot \left(1 \pm \dfrac{v}{v_s}\right)$, onde v_s é a velocidade do som e os sinais $\pm$ dependem do sentido de movimento do observador em relação à fonte. Com base nessas informações,
a) calcule a frequência real do som emitido pela fonte;
b) considere a situação hipotética em que o observador possa mover-se à velocidade do som, afastando-se da fonte. Determine a frequência percebida por ele e interprete o resultado.

68. Um automóvel com velocidade constante de 72 km/h aproxima-se de um pedestre parado. A frequência do som emitido pela buzina é de 720 Hz.

Sabendo-se que a velocidade do som no ar é de 340 m/s, a frequência do som que o pedestre irá ouvir será de:
a) 500 Hz
b) 680 Hz
c) 720 Hz
d) 765 Hz
e) 789 Hz

69. Uma ambulância dotada de uma sirene percorre, em uma estrada plana, a trajetória $ABCDE$, com velocidade de módulo constante de 50 km/h. Os trechos AB e DE são retilíneos e BCD, um arco de circunferência de raio 20 m, com centro no ponto O, onde se posiciona um observador que pode ouvir o som emitido pela sirene:

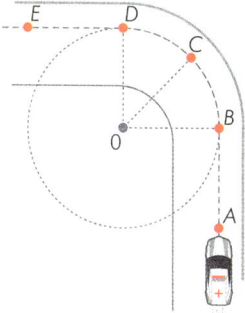

Ao passar pelo ponto A, o motorista aciona a sirene cujo som é emitido na frequência de 350 Hz. Analise as proposições a seguir.

I – Quando a ambulância percorre o trecho AB, o observador ouve um som mais grave que o som de 350 Hz.
II – Enquanto a ambulância percorre o trecho BCD, o observador ouve um som de frequência igual a 350 Hz.
III – À medida que a ambulância percorre o trecho DE, o som percebido pelo observador é mais agudo que o emitido pela ambulância, de 350 Hz.
IV – Durante todo o percurso, a frequência ouvida pelo observador será igual a 350 Hz.

Está correta ou estão corretas:
a) IV   b) II e III   c) apenas II   d) I e III   e) I e II

70. (UnB – DF) Durante a aproximação de um avião em voo rasante, um observador parado em relação à Terra percebe o ruído provocado pelas turbinas do avião a uma frequência f'. Após o avião passar sobre o observador, ele escuta o ruído das turbinas do mesmo avião a uma frequência f''. Sabendo-se que a velocidade do avião em relação ao observador é 330 m/s e que a velocidade do som no ar é 340 m/s, calcule a razão $\dfrac{f'}{f''}$.

71. (PAS – UnB – DF) A mortalidade infantil pode ser reduzida por meio do acompanhamento da saúde da mulher e do feto durante o período pré-natal. Para isso, realizam-se exames clínicos, bioquímicos e outros, entre os quais a ultrassonografia. Essa técnica baseia-se na reflexão do ultrassom e, por vezes, no efeito Doppler.

Com relação a esse assunto, julgue os itens abaixo.
(1) O fenômeno de reflexão de ondas sonoras de alta frequência tem aplicações diversas como, por exemplo, o diagnóstico por ultrassom.
(2) Os princípios físicos que regem o fenômeno da propagação de ondas de ultrassom são diferentes daqueles que regem a propagação de ondas sonoras audíveis.
(3) Reflexão, refração, difração e interferência são fenômenos que podem ser apresentados por ondas de ultrassom.
(4) Sabendo que existem métodos de diagnose médica que utilizam o efeito Doppler com ondas ultrassônicas, é correto concluir que esses métodos devem basear-se em movimentos que ocorrem dentro do corpo.
(5) Na utilização do efeito Doppler para a medida da velocidade de veículos, o automóvel atua como um receptor e, quando as ondas forem refletidas de volta para o radar, atua como uma fonte móvel.

30 Introdução à Eletricidade

30.1. Introdução

No mundo atual, é praticamente impossível imaginar como seria nossa vida sem a eletricidade. Motores, geradores, telefones, rádio, televisão, equipamentos de raios X, computadores e um sem-número de outros sistemas, dispositivos e equipamentos tornaram-se possíveis com a compreensão da eletricidade. Ela é uma necessidade da civilização moderna.

Eletricidade é uma designação genérica, ligada a todos os fenômenos resultantes da existência da propriedade chamada **carga elétrica**. Sua descrição teórica é uma das mais bem-sucedidas da história da Ciência.

Atribui-se a Tales de Mileto (ca. 625 a.C.-ca. 546 a.C.), em 600 a.C., o primeiro registro de que o âmbar-amarelo (resina fóssil vegetal de cor amarelo-acastanhada), quando esfregado sobre a pele de animais, passava a atrair pedaços de palha, sementes de grama, penas e outros corpos pequenos e leves. Cerca de três séculos mais tarde, os chineses registraram a utilização da magnetita, originária da Magnésia (região da Ásia menor), que tinha a capacidade de atrair o ferro, como bússola.

O médico inglês William Gilbert (1544-1603) pode ser considerado o pai da eletricidade como objeto de investigação científica. Foi ele quem, no monumental trabalho *De Magnete* (*Sobre os ímãs*), publicado em 1600, apresentou os primeiros resultados experimentais e as primeiras tentativas de explicação das manifestações elétricas e magnéticas.

Foi também Gilbert quem, pela primeira vez, registrou a observação de que não só o âmbar, mas muitas substâncias, tais como vidro, enxofre e algumas pedras preciosas, apresentavam a propriedade de atrair coisas, quando devidamente atritadas com outras. Também devemos a ele a designação de "eletrizados" para os corpos que, depois de atritados, passam a atrair outros.

Um complexo e eficiente sistema de transformação e de transmissão de energia faz a eletricidade chegar às nossas casas.

30.2. Carga Elétrica e suas Propriedades

Ao longo da história, muitas hipóteses foram levantadas, muitas teorias desenvolvidas para explicar os fenômenos elétricos. Sabe-se atualmente que eles estão ligados à estrutura da matéria.

Todos os corpos são formados de átomos, que podem ser descritos como constituídos de partículas elementares, das quais as principais são os **elétrons**, os **prótons** e os **nêutrons** (Figura 30-1).

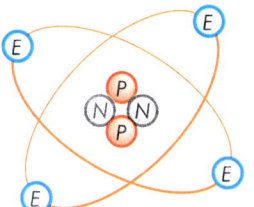

FIGURA 30-1.

A *carga elétrica* é uma propriedade associada intrinsecamente a certas partículas elementares que constituem o átomo – *prótons* e *elétrons*, para citar apenas as de maior interesse no estudo da Eletrostática. Hoje, descrevem-se, dentre outras, partículas mais elementares, como os *quarks*, dotadas de carga elétrica, que constituem os prótons e os nêutrons (entre outros hádrons, partículas caracterizadas pela interação forte).

Embora existam modelos mais complexos para explicar como essas partículas se distribuem no átomo, adotaremos, por simplicidade, um modelo planetário. Segundo esse modelo, os *prótons* e os *nêutrons* localizam-se em uma região central do átomo denominada **núcleo**, enquanto os *elétrons* movimentam-se ao redor do núcleo, em uma região chamada **eletrosfera**. Verifica-se que a carga elétrica do próton e a do elétron têm o mesmo valor absoluto. Trata-se do menor valor de carga elétrica que pode ser encontrado isolado na natureza, sendo, por isso, denominado **carga elétrica elementar**.

Experiências mostram que prótons e elétrons têm comportamentos elétricos opostos. Por isso convencionou-se que há duas *espécies* de cargas elétricas, as quais chamamos *positiva* (que tem comportamento igual ao do próton) e *negativa* (que se comporta como a carga elétrica do elétron). Os *nêutrons* não apresentam a citada propriedade física, isto é, os nêutrons não têm carga elétrica (veja a Tabela 30-1).

TABELA 30-1. Símbolo e carga elétrica das principais partículas que compõem os átomos.

Partícula	Carga elétrica	Símbolo
Próton	+e	p^+
Elétron	–e	e^-
Nêutron		n^0

Normalmente, um corpo qualquer apresenta o número de prótons igual ao de elétrons. Dizemos, então, que o corpo está eletricamente neutro, isto é, ele tem carga elétrica total nula. Por outro lado, se o corpo apresenta número de prótons diferente do número de elétrons, dizemos que ele se encontra eletrizado, isto é, o corpo tem carga elétrica total diferente de zero. Observa-se que, para apresentar quantidades diferentes de prótons e de elétrons, o corpo cede ou recebe elétrons. Veja a Figura 30-2.

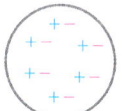  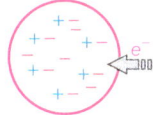

Corpo eletricamente neutro: número de *prótons* (p^+) igual ao número de *elétrons* (e^-).

Corpo eletricamente positivo: número de *prótons* (p^+) maior que o número de *elétrons* (e^-).

Corpo eletricamente negativo: número de *prótons* (p^+) menor que o número de *elétrons* (e^-).

FIGURA 30-2.

Em resumo:

Corpo eletricamente neutro	$n_p = n_e$	
Corpo eletrizado positivamente	$n_p > n_e$	Cedeu elétrons
Corpo eletrizado negativamente	$n_p < n_e$	Recebeu elétrons

A pergunta básica que nos interessa neste momento é: o que é a carga elétrica?

No contexto do eletromagnetismo, não sabemos o que é a carga elétrica. A teoria do eletromagnetismo sabe dizer muito sobre a carga elétrica, mas não o que ela é. Embora não saibamos o que seja carga elétrica, conhecemos suas características e propriedades, das quais as mais importantes são enumeradas a seguir.

30.2.1. Propriedades da carga elétrica

■ 1.ª – A carga elétrica total de um sistema eletricamente isolado é constante (*Princípio de Conservação da Carga Elétrica*).

Para melhor entendermos esse princípio, consideremos dois corpos, A e B, isolados eletricamente, com cargas, respectivamente, Q_A e Q_B. Admitamos também que elétrons sejam trocados, por um processo qualquer, entre esses corpos, que, então, passam a apresentar cargas elétricas Q'_A e Q'_B (Figura 30-3).

FIGURA 30-3.

Constata-se, empiricamente, que:

$$Q_A + Q_B = Q'_A + Q'_B$$ Princípio de Conservação da Carga Elétrica

ATENÇÃO

Para se obter 1 coulomb de carga é necessário retirar ou fornecer a um corpo $6{,}25 \cdot 10^{18}$ e^-. Alguns submúltiplos do coulomb são:

1 mC = 1 milicoulomb = 10^{-3} C
1 μC = 1 microcoulomb = 10^{-6} C
1 nC = 1 nanocoulomb = 10^{-9} C
1 pC = 1 picocoulomb = 10^{-12} C

■ 2.ª – A carga elétrica é *quantizada*. A palavra *quantizada* é derivada do latim *quantum*, cujo plural é *quanta*, e significa "quantidade mínima que pode separar dois valores de uma mesma grandeza", isto é, a carga elétrica apresenta-se sempre em quantidades discretas, que são múltiplos inteiros da carga elétrica elementar. A esse fato fundamental da natureza chamamos *Princípio de Quantização da Carga Elétrica*.

Assim, a *quantidade de carga elétrica*, ou, simplesmente, a *carga elétrica Q* de um corpo qualquer, sendo n o número (inteiro) de elétrons em excesso ou em falta no corpo, é obtida por:

$$Q = n \cdot (\pm e)$$ Princípio de Quantização da Carga Elétrica

O sinal (+) é usado quando o corpo apresenta falta de elétrons e o sinal (–), quando apresenta excesso de elétrons. Observe que a eletrização de um corpo é obtida pelo acréscimo ou pela retirada de elétrons, enquanto o número total de prótons no corpo permanece constante.

Como já comentamos, a carga do elétron (ou do próton) é a menor quantidade de carga que se pode encontrar isolada, constituindo-se uma verdadeira unidade natural de carga. Ela é, entretanto, muito pequena e, por esse motivo, a unidade de carga elétrica no Sistema Internacional não é a carga do elétron. Por razões que escapam ao nível desse texto, o SI adotou o valor absoluto da carga de um "pacote" de $6{,}25 \cdot 10^{18}$ elétrons como unidade de carga. Essa unidade é denominada **coulomb** (C). Uma operação simples permite obter o valor da carga dessas partículas elementares, no SI:

$e = |\text{carga do próton}| = |\text{carga do elétron}| = 1{,}6 \cdot 10^{-19}\,\text{C}$ (*um quantum de carga elétrica*).

- 3.ª – Existem dois tipos de carga elétrica, com comportamentos opostos, uma definida como **negativa** e outra como **positiva**.
- 4.ª – Cargas elétricas de mesmo tipo (mesmo sinal) repelem-se; de tipos diferentes (sinais contrários), atraem-se.
- 5.ª – Em todo átomo, o número de elétrons é igual ao número de prótons, ou seja, todo átomo é eletricamente neutro.

IMPORTANTE

Em rigor, carga elétrica é uma *propriedade* associada a partículas e a conjuntos de partículas. Entretanto, o uso consagrou o termo como representativo da própria partícula eletrizada. Assim, desde que não incorramos em risco de ambiguidade, não há problema em escrever "as cargas atraem-se...", "duas cargas foram colocadas..." e expressões semelhantes.

Exercícios Resolvidos

1. Uma partícula encontra-se eletricamente carregada com uma quantidade de carga de –6,0 nC. Qual o número de elétrons fornecido a essa partícula para que ela adquira essa quantidade de carga? O valor da carga elétrica elementar é $1,6 \cdot 10^{-19}$ C.

Resolução:
A quantidade de carga elétrica que a partícula adquiriu pode ser calculada pela relação $Q = -n \cdot e$, em que n é o número de elétrons que a partícula tem em excesso. Assim,

$$-6,0 \cdot 10^{-9} = n \cdot (-1,6 \cdot 10^{-19}) \Rightarrow n = \frac{-6,0 \cdot 10^{-9}}{-1,6 \cdot 10^{-19}}$$

$n = 3,75 \cdot 10^{-9-(-19)} \therefore n = 3,75 \cdot 10^{10}$ elétrons

2. Os corpos ficam eletrizados quando perdem ou ganham elétrons. Imagine um corpo que tivesse um mol de átomos e que cada átomo perdesse um elétron. Qual a quantidade de carga que esse corpo adquiriria, em coulomb?
Dados:
- valor da carga elementar = $1,6 \cdot 10^{-19}$ C
- 1 mol = $6,0 \cdot 10^{23}$ átomos

Resolução:
Aplicando a relação $Q = +n \cdot e$, temos:

$$Q = 6,0 \cdot 10^{23} \cdot (1,6 \cdot 10^{-19})$$
$$Q = 9,6 \cdot 10^{23+(-19)}$$
$$Q = 9,6 \cdot 10^{4} \text{ C}$$

Exercícios Propostos

3. As principais partículas elementares constituintes do átomo são o próton, o elétron e o nêutron. Compare essas partículas quanto à massa e às cargas elétricas. Sugestão: use os conhecimentos obtidos nas aulas de Química.

4. (UFU – MG) Um corpo eletricamente neutro:
a) não existe, pois todos os corpos têm cargas elétricas.
b) não existe, pois somente um conjunto de corpos pode ser neutro.
c) é um corpo que não tem cargas elétricas positivas nem negativas.
d) é um corpo desprovido de cargas elétricas positivas.
e) é um corpo com o mesmo número de cargas elétricas positivas e negativas.

5. (UnB – DF) Núcleos de átomos de lítio são acelerados e postos a se chocar com núcleos de átomos de magnésio. Como produto da reação nuclear, temos núcleos de átomos de boro e de um outro elemento, conforme a seguinte equação:

$$^{24}_{12}\text{Mg} + ^{7}_{3}\text{Li} \rightarrow ^{8}_{5}\text{B} + X$$

Aqui, os índices superiores indicam os respectivos números de massa (A) e os inferiores, os números atômicos (Z). Determine o número atômico do elemento X.

6. A carga de um elétron é da ordem de 10^{-19} coulomb. Se um corpo recebe a carga de 10 microcoulombs, qual a quantidade de elétrons que deve ter sido adicionada a ele?

7. Sabemos que os nêutrons são constituídos de três *quarks*, *up* e *down*. O *quark up* tem carga elétrica igual a $\frac{2}{3}$ e e o *quark down* tem carga elétrica igual a $-\frac{1}{3}e$, sendo e a carga elementar. Qual deve ser a constituição de um nêutron? Explique brevemente.

8. A carga elétrica é uma propriedade intrínseca da matéria, sendo classicamente associada às partículas elementares próton e elétron. O ramo da eletricidade que estuda as cargas, suas trocas, seu armazenamento e suas interações é a Eletrostática. À luz dos conhecimentos da Eletrostática, julgue a veracidade dos itens a seguir.

(1) A menor quantidade de carga elétrica que um corpo pode apresentar, em valor absoluto, é igual à quantidade de carga elétrica presente em um núcleo de hidrogênio.

(2) A sentença "a carga elétrica total presente em um dado sistema físico em estudo sempre se conserva", isto é, a soma algébrica de cargas positivas e negativas, em qualquer tempo, constitui-se um dos mais importantes princípios da Física.

(3) A razão carga-massa ($\frac{q}{m}$) apresenta o mesmo valor, em módulo, para elétrons e prótons.

(4) Quando somente duas partículas carregadas são produzidas em um fenômeno físico em que inicialmente a carga total é nula, a força elétrica entre elas é sempre atrativa.

(5) A carga elétrica elementar tem valor de $1,6 \cdot 10^{-19}$ C; é possível encontrar um corpo com uma carga de $1,6 \cdot 10^{-20}$ C.

30.3. Condutores e Isolantes

De acordo com a facilidade relativa de movimentação das partículas portadoras de carga elétrica em sua estrutura, os diversos materiais – naturais ou sintéticos – são classificados como **condutores** ou **isolantes**. Os isolantes são também denominados *dielétricos*. Não é nenhuma novidade se lhe dissermos que o cobre e a borracha apresentam comportamentos elétricos bem distintos. Você provavelmente já utilizou um e outro, quando precisou, respectivamente, de um bom condutor e de um bom isolante elétrico. Certamente é capaz de citar outros materiais que, como o cobre, são bons condutores e outros que, como a borracha, são bons isolantes.

Um material comporta-se como *condutor* elétrico quando permite a movimentação de portadores de carga elétrica em sua estrutura; caso contrário, ele é denominado **isolante** ou **dielétrico**.

Nos materiais bons *condutores* de eletricidade, como é o caso dos metais, observa-se que *as cargas elétricas em excesso distribuem-se imediatamente pela superfície externa do corpo*. Esse fato pode ser explicado pela presença de um grande número de *elétrons livres* que, para manter a região interna do corpo neutra, terminam por se estabelecer na superfície externa do corpo.

Repare nos equipamentos de proteção utilizados por esse técnico para mexer em dispositivos de alta voltagem (aproximadamente 5.000 V).

Você Sabia?

Um material não pode ser definitivamente classificado como condutor ou isolante, independentemente das condições a que está submetido. Um material ordinariamente isolante pode passar a se comportar como condutor, se submetido a condições especiais. O ar atmosférico, por exemplo, pode tornar-se condutor em condições de tempestade, permitindo que haja descargas através dele (relâmpagos). Há, também, os semicondutores, que conduzem a eletricidade de forma peculiar. Finalmente, há, ainda, os supercondutores, que se tornam condutores perfeitos quando resfriados a temperaturas baixíssimas.

IMPORTANTE

É bom ressaltar que muitos organismos vivos (como o corpo humano) e o solo (terra, em condições comuns, com boa umidade) são bons condutores elétricos. Eles podem ser utilizados nos processos de eletrização ou de descarga de outros corpos.

Os condutores elétricos podem ser classificados em:

1. **eletrônicos** – condutores cujos portadores de carga são os *elétrons livres* (elétrons que se movem pelos espaços interatômicos). Exemplos: metais e grafite;
2. **iônicos** – condutores cujos portadores de carga são *íons* (um íon resulta da perda ou do ganho de elétrons por parte de um átomo). Exemplos: gases ionizados e soluções eletrolíticas (ácidos, bases e sais em soluções).

30.3.1. O que é um dielétrico?

Existem materiais em que os elétrons estão firmemente ligados aos respectivos átomos, isto é, estas substâncias não possuem elétrons livres (ou nas quais o número de elétrons livres é relativamente pequeno). Portanto, não é fácil o deslocamento de carga elétrica através desses materiais, que são denominados **isolantes elétricos** ou **dielétricos**. A porcelana, a borracha, o vidro, o plástico, o papel e a madeira são exemplos típicos de substâncias que se comportam como bons isolantes, em condições normais.

IMPORTANTE

Há uma classe de materiais que têm propriedades intermediárias entre os condutores e os isolantes: a dos *semicondutores*. O silício e o germânio, por exemplo, muito importantes na fabricação de transistores e de circuitos integrados e fundamentais para a montagem de aparelhos eletrônicos, alternam entre o comportamento de isolante e de condutor ao sofrerem pequenas variações das condições físicas a que estão submetidos.

30.4. Processos de Eletrização

Sendo a matéria ordinária constituída de átomos e sendo os átomos eletricamente neutros, todo corpo tende a apresentar-se eletricamente neutro. No nível da estrutura da matéria, eletrizar um corpo é fazer que, no conjunto, seus átomos tenham um número de elétrons diferente do número de prótons. Isto é, eletrizar um corpo nada mais é do que desequilibrá-lo eletricamente. Para que isso ocorra, devemos alterar a quantidade de elétrons. Existem três processos pelos quais podemos eletrizar um corpo: por atrito, por contato e por indução. Vamos analisar cada um.

30.4.1. Eletrização por atrito

A eletrização por atrito foi o primeiro fenômeno não natural envolvendo eletricidade a ser registrado pelo homem. Como vimos, o próprio termo *eletricidade* deriva da palavra grega para âmbar-amarelo, que apresentava a propriedade de atrair objetos pequenos e leves, após ter sido atritado.

Ao atritar corpos feitos de materiais com diferentes eletroafinidades, possibilitamos que um deles transfira elétrons para o outro. Em consequência, os corpos atritados adquirem cargas de sinais opostos. Se, no processo, não se perdem cargas para o ambiente ou para outros corpos, podemos concluir que, após o atrito, os corpos atritados ficam eletrizados com as cargas elétricas de mesmo módulo (nessa circunstância, dizemos que o sistema constituído pelos dois corpos é eletricamente isolado).

Em um experimento fácil de ser feito em casa, pode-se atritar um bastão de vidro e um pedaço de algodão, ambos eletricamente neutros, de início (Figura 30-4). Quando friccionados entre si, estes corpos tornam-se eletrizados; é possível constatar, com procedimentos adicionais, que o algodão fica eletrizado negativamente (por receber elétrons do vidro) e o vidro, positivamente (por ter cedido elétrons para o algodão).

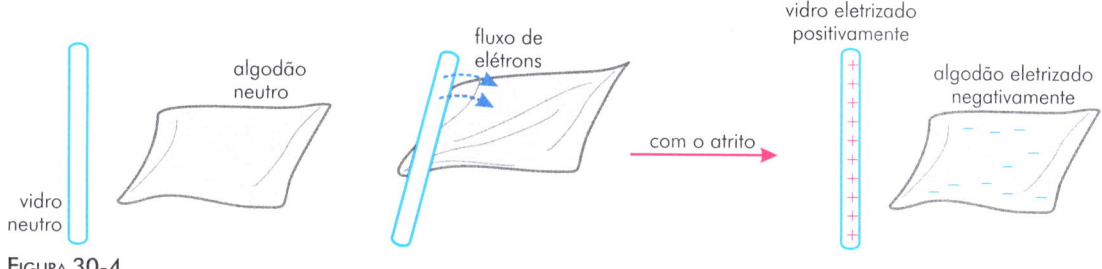

FIGURA 30-4.

30.4.2. Eletrização por contato

Datam do início do século XVII os primeiros registros de Niccolò Cabeo (1585-1650) sobre a eletrização de um corpo ligado, por meio de um fio condutor, a um corpo já eletricamente carregado. O processo só viria a ser mais bem entendido um século depois, com os trabalhos de Stephen Gray (1670-1736) e Charles du Fay (1698-1739), que identificaram condutores e a polaridade das cargas. Trata-se da eletrização por *contato*, exemplificada na Figura 30-5 para a situação em que um condutor neutro é eletrizado a partir de outro, carregado positivamente.

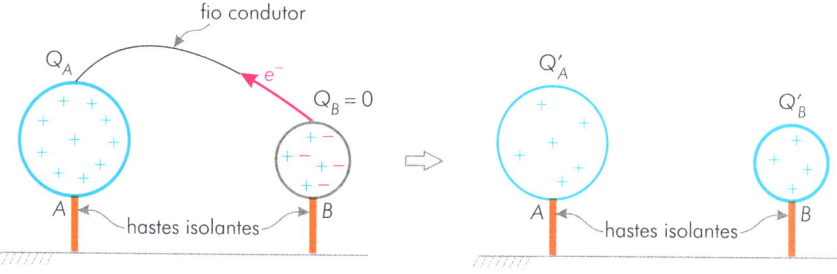

FIGURA 30-5.

Veja como ela funciona, nesse exemplo: colocando-se em contato dois condutores (ligando-os por um fio ou simplesmente encostando-os) – o condutor A, carregado positivamente, e o condutor B, inicialmente neutro –, parte dos elétrons do corpo B transfere-se para o corpo A, ficando ambos eletrizados com cargas de mesmo sinal. Isso ocorre porque o corpo A, carregado positivamente, ao entrar em contato com o corpo B, atrai parte dos elétrons livres de B. Assim, A continua eletrizado positivamente, mas com uma carga menor, e B, que estava neutro, fica eletrizado positivamente.

A quantidade de carga que o corpo B transfere para o corpo A depende da forma e do tamanho dos condutores, assunto que será abordado posteriormente.

No caso particular em que dois condutores apresentam as *mesmas dimensões e o mesmo formato*, ambos ficam com a mesma quantidade de carga elétrica, após o contato. Veja a Figura 30-6:

Figura 30-6.

De acordo com o Princípio de Conservação da Carga, $Q_A + Q_B = Q'_A + Q'_B$; mas, como $Q'_A = Q'_B$, podemos escrever:

$$Q'_A = Q'_B = \frac{Q_A + Q_B}{2}$$

Então, no caso de *n condutores idênticos* em contato, no equilíbrio eletrostático temos que os condutores ficam eletrizados com quantidades de cargas dadas por:

$$Q'_A = Q'_B = \ldots = Q'_n = \frac{\Sigma Q}{n}$$

30.4.3. Aterramento

Quando um condutor eletrizado é posto em contato com outro condutor neutro, cuja capacidade de receber carga elétrica seja muito maior que a do corpo inicialmente eletrizado, a maior parte da carga deste último é cedida. Um importante exemplo é o próprio planeta: a capacidade da Terra de receber carga é obviamente muito maior que a de qualquer corpo sobre sua superfície. Assim, quando um corpo eletrizado é colocado em contato com o planeta, praticamente toda a sua carga o deixa e, para todos os efeitos práticos, ele fica neutro.

Deriva daí a designação **aterramento**, ou simplesmente *terra* para qualquer conexão que permite retirar praticamente toda a carga de um corpo. Do ponto de vista microscópico, *terra* é um corpo que atua como reservatório praticamente infinito de elétrons.

Muitas vezes, um fio condutor é usado como intermediário entre o corpo eletrizado – cuja carga se deseja neutralizar – e o corpo que funcionará como *terra*; nesse caso, é comum usarmos a expressão *fio terra*. A Figura 30-7 mostra os símbolos comumente usados em circuitos elétricos para representar uma ligação à terra.

A ligação à terra é importante para descarregar a eletricidade estática nos chuveiros, nas geladeiras, nas máquinas de lavar, nos computadores etc. A utilização de correntes metálicas na traseira dos caminhões-tanque para descarregar a eletricidade estática (que pode ser gerada por atritos do tanque com o ar e com o próprio combustível que transporta, evitando, assim, o risco de explosão) é um exemplo de fio terra.

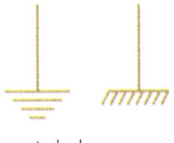

símbolos para fio terra

Figura 30-7.

Exercício Resolvido

9. (FUVEST – SP) Têm-se três esferas condutoras, A, B e C. A esfera A (positiva) e a esfera B (negativa) são eletrizadas com cargas de mesmo módulo, Q, e a esfera C está inicialmente neutra. São realizadas as seguintes operações:

1.ª) toca-se C em B, com A mantida a distância, e em seguida separa-se C de B.
2.ª) toca-se C em A, com B mantida a distância, e em seguida separa-se C de A.
3.ª) toca-se A em B, com C mantida a distância, e em seguida separa-se A de B.

Qual a carga final da esfera A? Dê sua resposta em função de Q.

Resolução:

Esfera A	Esfera B	Esfera C
$Q_A = Q$	$Q_B = -Q$	$Q_C = 0$

1.º contato: C com B:

$$Q'_B = Q'_C = \frac{Q_B + Q_C}{2}$$

$$Q'_B = Q'_C = \frac{-Q + 0}{2} \therefore Q'_B = -\frac{Q}{2} \text{ e } Q'_C = -\frac{Q}{2}$$

2.º contato: C com A:

$$Q'_A = Q''_C = \frac{Q_A + Q'_C}{2}$$

$$Q'_A = Q''_C = \frac{Q + \frac{-Q}{2}}{2} \Rightarrow Q'_A = Q''_C = \frac{\frac{2Q-Q}{2}}{2}$$

$$Q'_A = \frac{Q}{4} \text{ e } Q''_C = \frac{Q}{4}$$

3.º contato: A com B:

$$Q''_A = Q''_B = \frac{Q'_A + Q'_B}{2}$$

$$Q''_A = Q''_B = \frac{\frac{Q}{4} + \frac{-Q}{2}}{2} \Rightarrow Q''_A = Q''_B = \frac{\frac{Q-2Q}{4}}{2}$$

$$Q''_A = -\frac{Q}{8} \text{ e } Q''_B = -\frac{Q}{8}$$

Resposta: a esfera A, após os sucessivos contatos com as esferas B e C, como descrito no enunciado, tem carga elétrica final igual a $-\frac{Q}{8}$.

30.4.4. Eletrização por indução

Atribui-se a Francis Aepinus (1724-1802) a primeira discussão desse processo, por volta de 1760. Esse processo baseia-se no fato de que, em um condutor metálico (mesmo quando descarregado), os elétrons livres podem mover-se sob a influência de forças elétricas externas.

Nesse processo, o corpo inicialmente neutro a ser eletrizado deve ser um condutor e será denominado **induzido**.

Os passos para a efetivação desse processo estão descritos no exemplo a seguir (acompanhe pela Figura 30-8):

- 1.º – Aproxima-se do corpo a ser induzido um corpo já eletrizado (chamado de *indutor*); se o indutor está carregado positivamente, atrai elétrons livres do induzido, de forma que a região mais próxima do indutor fica negativa e a região oposta, positiva (mas ele continua neutro; devido à distribuição de cargas, dizemos que ele está polarizado). Esse é o fenômeno da **indução eletrostática**.
- 2.º – Liga-se o induzido à terra, ainda em presença do indutor positivo; pelo fio terra, sobem elétrons atraídos pelas cargas positivas, carregando o induzido negativamente.
- 3.º – Desliga-se o contato com a terra, ainda com o indutor presente nas proximidades.
- 4.º – Afasta-se o indutor do induzido; os elétrons em excesso espalham-se pela superfície do induzido, completando a eletrização por indução.

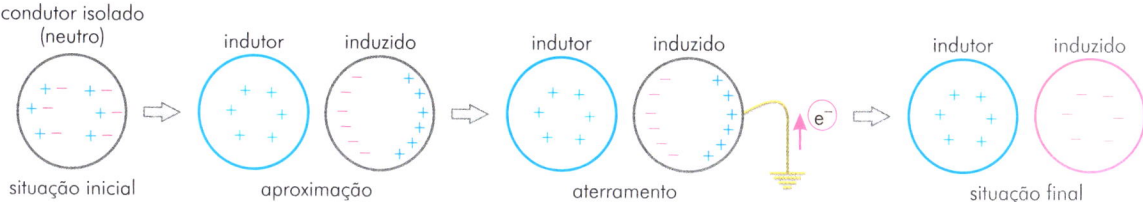

Figura 30-8.

Caso o indutor esteja carregado negativamente, o induzido ficará eletrizado positivamente, ao final do processo. Como exercício, siga o diagrama anterior e descreva os passos da eletrização por indução com o indutor negativo.

> **IMPORTANTE**
>
> - Qualquer que seja o sinal das cargas do indutor, na região do induzido próxima ao indutor acumulam-se cargas elétricas de sinal contrário ao das cargas do indutor.
> - Quando ligado à terra, o induzido eletriza-se com carga de sinal contrário à do indutor.
> - O desligamento do fio terra deve ser feito ainda na presença do indutor, caso contrário o induzido descarrega-se.
> - Caso o induzido seja constituído de um material isolante, suas moléculas, na presença do indutor, arranjar-se-ão de modo que apresentem uma carga superficial de sinal oposto ao do indutor na região próxima a este.

> **Você Sabia?**
>
> Preste atenção ao segundo desenho do diagrama da página anterior. O indutor é um corpo eletrizado e o induzido, embora polarizado, está neutro. Devido à polarização, a região do induzido mais próxima do indutor é atraída: temos um corpo eletrizado atraindo um corpo neutro!
>
> Pode-se concluir que a atração entre dois corpos ocorre quando:
>
> a) ambos estão eletrizados com cargas de sinais opostos ou
> b) um deles está eletrizado e o outro neutro, polarizado devido ao fenômeno da indução eletrostática.

30.5. Eletroscópios

Como nossos sentidos não são sensíveis às cargas elétricas, temos de utilizar dispositivos que nos permitam verificar se um corpo está eletrizado. Instrumentos desse tipo são chamados **eletroscópios** (do grego, *eletro* = carga, *skopein* = ver) e não servem para medir a carga (um tal aparelho seria denominado *eletrômetro*). Os dois tipos de eletroscópio mais comuns, o pêndulo eletrostático e o eletroscópio de folhas, baseiam-se no fenômeno da indução eletrostática, ou seja, da separação de cargas elétricas em um corpo neutro, quando na presença de outro corpo, eletrizado.

30.5.1. Pêndulo eletrostático

Um eletroscópio muito simples é constituído por um pequeno corpo leve (uma bolinha de isopor, por exemplo) suspenso na extremidade de um fio. Esse eletroscópio costuma ser denominado **pêndulo eletrostático**.

Aproximando-se do eletroscópio um corpo eletrizado (quer esse corpo seja positivo, quer seja negativo), ele atrairá a bolinha suspensa, como acabamos de ver no item anterior. Portanto, o fato de a bolinha ser atraída pelo corpo informa-nos que esse corpo está eletrizado, embora não possamos determinar qual é o sinal de sua carga elétrica (Figura 30-9).

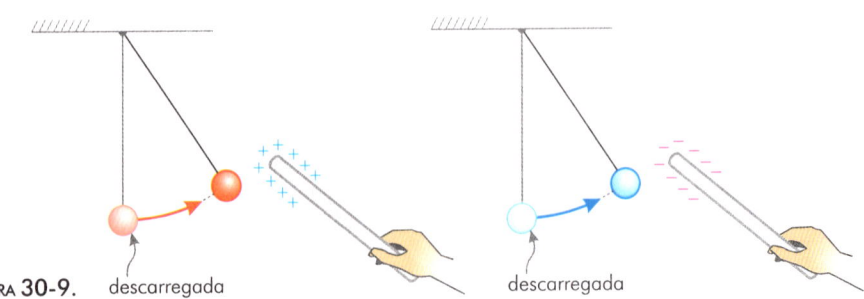

Figura 30-9. descarregada   descarregada

30.5.2. Eletroscópio de folhas

Outro tipo é o **eletroscópio de folhas**: uma demonstração simples pode ser conseguida com um frasco (Figura 30-10), uma esfera metálica, uma haste condutora, uma rolha isolante e duas lâminas (folhas) metálicas delgadas (por exemplo, papel-alumínio). Aproximando-se um corpo da esfera, ele está descarregado se as folhas não se separarem; caso esteja eletrizado, ocorrerá uma polarização, devido à indução eletrostática, deixando as folhas com cargas de mesmo sinal, o que provoca a sua separação, devido à repulsão. Aqui também não é possível a identificação do sinal da carga elétrica do corpo eletrizado.

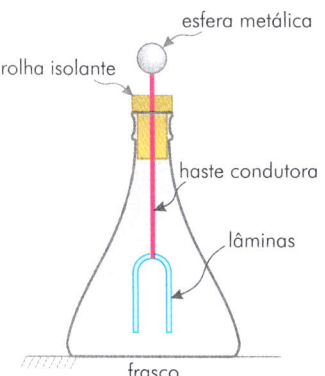

FIGURA 30-10.

Exercício Resolvido

10. Duas esferas condutoras, A e B, descarregadas, estão em contato e suspensas por hastes rígidas e isolantes. Aproximando-se da esfera B um bastão eletrizado positivamente, conforme esquematizado na figura ao lado, que sinal de carga elétrica adquire cada uma das esferas?

RESOLUÇÃO:
Devido à polarização, elétrons livres acumulam-se na esfera B, enquanto a esfera A fica com falta de elétrons.

Portanto, em presença do bastão eletrizado positivamente, a esfera B adquire carga elétrica negativa e a esfera A, carga elétrica positiva.

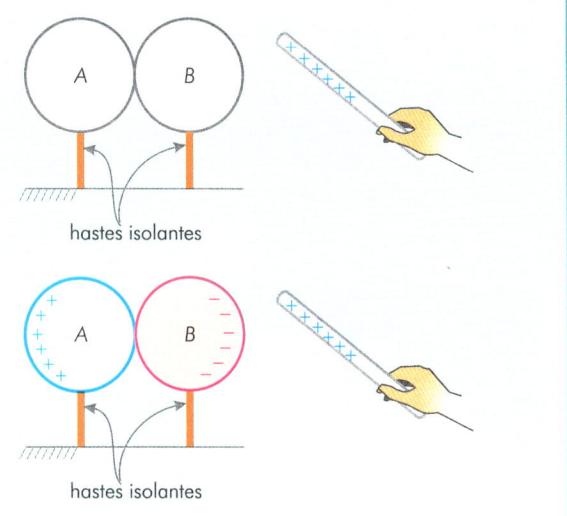

Exercícios Propostos

11. Uma pequena bola positivamente carregada, pendurada por um fio isolante, é aproximada de um pequeno objeto não condutor. A bola é atraída pelo objeto. A partir desse experimento, não é possível determinar se o corpo está carregado negativamente ou neutro. Por que não? Que experimento o(a) ajudaria a decidir-se entre essas duas possibilidades?

12. Considere os materiais a seguir:

1) madeira seca   5) ouro
2) vidro comum   6) náilon
3) algodão   7) papel comum
4) corpo humano   8) alumínio

Quais são bons condutores de eletricidade?

13. Dois pedaços de um mesmo tipo de material são atritados entre si. Eles ficarão eletrizados? Por quê?

14. Um bastão isolante é atritado com tecido e ambos ficam eletrizados. É correto afirmar que o bastão pode ter:

a) ganhado prótons e o tecido ganhado elétrons.
b) perdido elétrons e o tecido ganhado prótons.
c) perdido prótons e o tecido ganhado elétrons.
d) perdido elétrons e o tecido ganhado elétrons.
e) perdido prótons e o tecido ganhado prótons.

15. No momento em que se desligam certos aparelhos de televisão, ao se suspender uma tira de plástico na frente da tela, esta sofre atração. Considerando essa situação, afirma-se que a tira de plástico:

I. pode estar eletricamente neutra.
II. deve estar carregada, necessariamente, com carga positiva.
III. deve estar carregada, necessariamente, com carga negativa.
IV. sofre polarização.

Qual(is) afirmação(ões) anterior(es) está(ão) correta(s)? Justifique brevemente.

16. Três esferas metálicas, A, B e C, têm dimensões idênticas. Inicialmente, a esfera A está eletrizada com uma carga positiva igual a $4Q$, a esfera B está eletrizada com uma carga positiva igual a $6Q$ e a esfera C está neutra. Colocam-se em contato as esferas A e C, B e A, B e C, sucessivamente, nessa ordem. Determine a carga final da esfera C.

Exercícios Propostos

17. Duas esferas condutoras, A e B, estão em contato, inicialmente descarregadas. Elas estão suspensas por hastes isolantes e rígidas. Aproximando-se da esfera B um corpo eletrizado negativamente, conforme a figura a seguir, que sinal de cargas elétricas adquire cada uma das esferas?

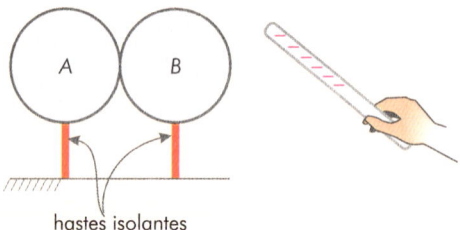

18. Têm-se três esferas metálicas idênticas, A, B e C. Inicialmente, a esfera A estava eletrizada com uma quantidade de carga desconhecida, enquanto B e C estavam eletricamente neutras. Feitos os contatos sucessivos de A com B e de A com C, verificou-se que C adquiriu carga elétrica positiva e de valor $+Q$. Pede-se:

a) o sinal e o valor da carga inicial da esfera A, em função de Q;
b) o sinal e o valor da carga final da esfera B, em função de Q.

19. Julgue as afirmações seguintes.

(1) Os isolantes não podem ser carregados por indução.
(2) Os veículos podem carregar-se pelo atrito com o ar. Alguns deles, como aqueles que transportam combustível, têm uma corrente em contato com o chão para garantir descarga constante (os pneus são isolantes), evitando a emissão de faíscas.
(3) Ao aproximar seu braço da tela de uma TV ligada, você sentirá os pelos de seu braço sendo atraídos. Isso ocorre devido à eletrização por atrito.
(4) Dois pequenos corpos, A e B, eletricamente carregados, separados por uma pequena distância, repelem-se mutuamente. Se o corpo A atrai um terceiro corpo eletrizado, C, então podemos afirmar que o corpo B e o corpo C têm cargas de mesmo sinal.

30.6. Força Elétrica e a Lei de Coulomb

No rastro da obra de Newton, os cientistas do século XVIII tentavam estabelecer conexões entre as interações elétricas e as forças mecânicas. Por volta de 1775, Benjamin Franklin (1706-1790) notou que um pedaço de cortiça era fortemente atraído por um recipiente metálico eletrizado, se colocado fora dele, mas não era atraído quando colocado do lado de dentro. Tendo ido à Inglaterra, sugeriu ao amigo Joseph Priestley (1733-1804), religioso e professor secundário, que repetisse o experimento. Priestley (que havia descoberto o gás oxigênio, em 1774) conjeturou que a interação elétrica deveria ser descrita por uma lei semelhante à da interação gravitacional. Em 1788, coube ao engenheiro francês Charles Augustin de Coulomb (1736-1806) comprovar experimentalmente a suposição de Priestley, usando uma balança de torção que ele havia inventado. Coulomb verificou a analogia com a gravitação: a intensidade da força elétrica é diretamente proporcional ao produto das cargas interagentes e inversamente proporcional ao quadrado da distância entre elas. As verificações experimentais de Coulomb foram sintetizadas em um resultado que ficou conhecido como **Lei de Coulomb**:

Charles Augustin de Coulomb (1736-1806).

> A intensidade das forças de interação entre dois pontos materiais dotados de cargas elétricas é diretamente proporcional ao produto dos valores absolutos dessas cargas e inversamente proporcional ao quadrado da distância entre esses pontos.

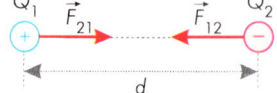

FIGURA 30-11.

Consideremos dois pontos materiais eletrizados com cargas de valores absolutos, Q_1 e Q_2, separados de uma distância d, como é mostrado na Figura 30-11.

Seja $F \equiv F_{12} = F_{21}$ a intensidade da força elétrica trocada entre as cargas. Matematicamente, a Lei de Coulomb é expressa na forma:

$$F = k \cdot \frac{|Q_1| \cdot |Q_2|}{d^2}$$

A constante k, matematicamente o valor capaz de tornar verdadeira a igualdade na expressão acima, está relacionada ao meio em que as partículas carregadas estão imersas. O valor da constante k para o vácuo é $k_0 = 9{,}0 \cdot 10^9$ N $\cdot$ m²/C². Se as cargas Q_1 e Q_2 forem mergulhadas em um meio material qualquer (por exemplo, Q_1 e Q_2 poderiam estar mergulhadas em água, em óleo etc.), verifica-se, neste caso, que a força de interação entre elas sofre uma redução, maior ou menor, dependendo do meio. Este fator de redução denomina-se **constante dielétrica do meio**.

A direção das forças de interação entre os pontos materiais de cargas Q_1 e Q_2, $\vec{F}_{12}$ e $\vec{F}_{21}$, cujos módulos são iguais a F, é a da reta que contém esses pontos; o sentido é de *atração* quando as cargas forem de sinais diferentes ou de *repulsão* quando forem de mesmo sinal.

30.6.1. A experiência de Coulomb

A Figura 30-12 representa as principais características da balança de torção, inventada por Coulomb, com a qual ele obteve a lei que leva o seu nome. Uma barra isolante terminada em duas pequenas esferas metálicas é suspensa por um delgado fio de prata. Outra barra isolante, com uma pequena esfera metálica eletrizada em uma extremidade, é introduzida pelo orifício superior. As esferas A e B, colocadas em contato, dividem a carga total e B eletriza-se com carga de mesmo sinal que A. As esferas repelem-se, o que provoca a torção do fio de suspensão. A intensidade da força elétrica é proporcional ao ângulo de torção para diferentes distâncias entre A e B. Fazendo variar a distância e as cargas convenientemente, ele estabeleceu que a intensidade da força elétrica é diretamente proporcional ao produto das cargas e comprovou a suspeita de Priestley, de que a intensidade da força variava com o inverso do quadrado da distância entre as cargas pontuais.

Observe que, de acordo com a expressão da Lei de Coulomb, fixando-se os valores de Q_1 e Q_2 e variando-se a distância d, a intensidade F da força elétrica varia. Dobrando a distância, a intensidade da força fica quatro vezes menor; triplicando a distância, a intensidade da força fica nove vezes menor e assim por diante, como mostra a Figura 30-13.

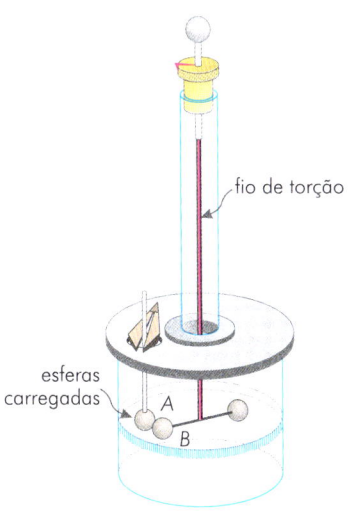

FIGURA 30-12.

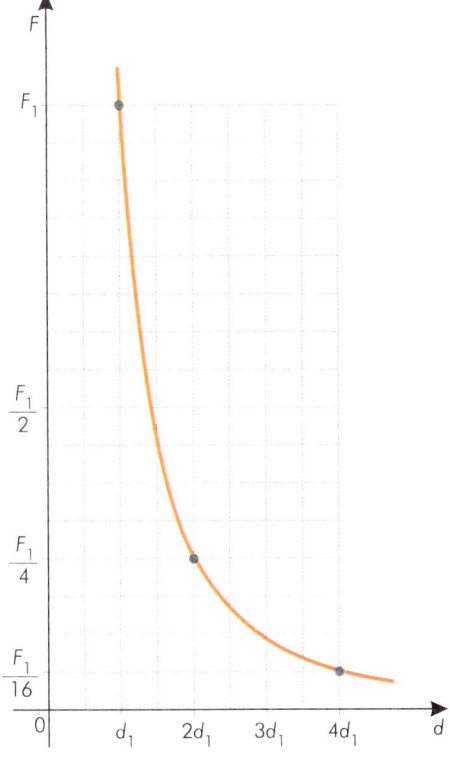

FIGURA 30-13.

Exercícios Resolvidos

20. Duas partículas, A e B, eletricamente carregadas com quantidades de cargas elétricas, respectivamente iguais a $Q_A = 6,0~\mu C$ e $Q_B = -4,0~\mu C$, estão no vácuo, separadas pela distância de 3,0 mm. Sendo dada a constante eletrostática do vácuo igual a $k_0 = 9 \cdot 10^9~N \cdot m^2 \cdot C^{-2}$, determine a intensidade da força elétrica de atração entre essas duas partículas nas condições acima.

RESOLUÇÃO:

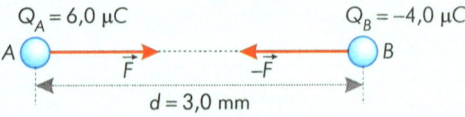

Sendo:

$Q_A = 6,0~\mu C = 6,0 \cdot 10^{-6}~C$

$Q_B = -4,0~\mu C = -4,0 \cdot 10^{-6}~C$

$d = 3,0~mm = 3,0 \cdot 10^{-3}~m$

$k_0 = 9 \cdot 10^9~N \cdot m^2 \cdot C^{-2}$

Substituindo os valores acima na equação da Lei de Coulomb $\left(F = k_0 \cdot \dfrac{|Q_1| \cdot |Q_2|}{d^2} \right)$, temos:

$F = 9 \cdot 10^9 \cdot \dfrac{|6,0 \cdot 10^{-6}| \cdot |-4,0 \cdot 10^{-6}|}{(3,0 \cdot 10^{-3})^2}$

$F = \dfrac{9 \cdot 6,0 \cdot 4,0 \cdot 10^{9 + (-6) + (-6)}}{9,0 \cdot 10^{-6}}$

$F = 24 \cdot 10^{-3 - (-6)}$

$F = 2,4 \cdot 10^4~N$

21. Duas partículas, A e B, eletrizadas com cargas $Q_A = 6$ mC e $Q_B = 8$ mC, estão fixas, no vácuo, como esquematizado na figura a seguir. Calcule, em newtons, a intensidade da resultante das forças elétricas que essas partículas exercem em uma partícula C, eletrizada com carga $Q_C = 2$ mC, quando abandonada no ponto C. É dada a constante eletrostática do vácuo, $k_0 = 9 \cdot 10^9~(N \cdot m^2)/C^2$.

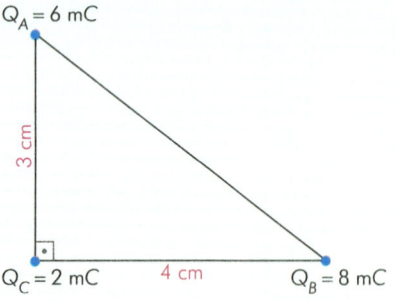

RESOLUÇÃO:
Considere a figura a seguir, na qual foram desenhadas as forças de repulsão entre Q_A e Q_C ($F_{A,C}$) e entre Q_B e Q_C ($F_{B,C}$).

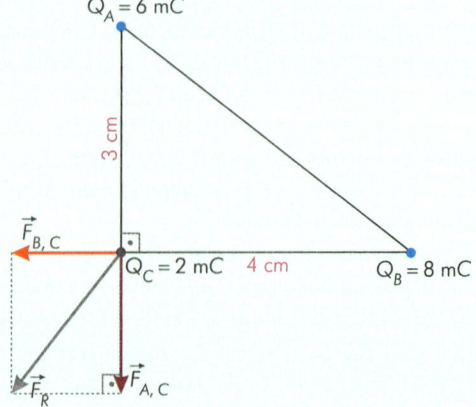

- $F_{A,C} = k_0 \cdot \dfrac{|Q_A| \cdot |Q_C|}{(d_{AC})^2}$

$F_{A,C} = 9 \cdot 10^9 \cdot \dfrac{6 \cdot 10^{-3} \cdot 2 \cdot 10^{-3}}{(3 \cdot 10^{-2})^2}$

$F_{A,C} = \dfrac{9 \cdot 6 \cdot 2 \cdot 10^{9 + (-3) + (-3)}}{9 \cdot 10^{-4}}$

$F_{A,C} = 12 \cdot 10^{3 - (-4)}$

$F_{A,C} = 1,2 \cdot 10^8~N$

- $F_{B,C} = k_0 \cdot \dfrac{|Q_B| \cdot |Q_C|}{(d_{BC})^2}$

$F_{B,C} = 9 \cdot 10^9 \cdot \dfrac{8 \cdot 10^{-3} \cdot 2 \cdot 10^{-3}}{(4 \cdot 10^{-2})^2}$

$F_{B,C} = \dfrac{9 \cdot 8 \cdot 2 \cdot 10^{9 + (-3) + (-3)}}{16 \cdot 10^{-4}}$

$F_{B,C} = 9 \cdot 10^{3 - (-4)}$

$F_{B,C} = 9 \cdot 10^7~N$

- O módulo da força resultante na partícula de carga Q_C será:

$F_R = \sqrt{(1,2 \cdot 10^8)^2 + (0,9 \cdot 10^8)^2}$

$F_R = \sqrt{1,44 \cdot 10^{16} + 0,81 \cdot 10^{16}}$

$F_R = \sqrt{2,25 \cdot 10^{16}}$

$F_R = 1,5 \cdot 10^8~N$

30.7. Curiosidades

30.7.1. A eletrização no dia a dia

As gotículas de água que formam as nuvens costumam eletrizar-se pelo atrito com as moléculas que constituem o ar e outras partículas. Quando as nuvens se descarregam, surgem os raios, com sua luminosidade (relâmpago) e seu som (trovão).

Automóveis e outros veículos eletrizam-se quando se movem, por atrito com o ar. Em dias secos, o fato pode ser mais bem percebido, pois o ar seco é isolante e dificulta a descarga. Então, é comum o usuário do carro, ao descer, levar um pequeno choque, pois ao tocar o carro ele estabelece um contato com a terra, escoando as cargas que se formaram.

Alguns aviões são providos de filamentos metálicos nas asas e em outros pontos da fuselagem, pois as cargas escoam mais facilmente através das pontas, como veremos adiante. Em postos de abastecimento, é procedimento comum estabelecer um contato do caminhão-tanque com a terra, enquanto está ocorrendo o reabastecimento do posto. Evita-se, assim, que uma eventual faísca elétrica incendeie os vapores inflamáveis.

As próprias pessoas podem ficar eletrizadas por atrito. Quando nos penteamos, em um dia seco, os cabelos acompanham o pente, mesmo depois de desfeito o contato. É que o atrito os eletrizou (pente e cabelo) com cargas de sinais opostos.

Ao vestir ou tirar uma malha de lã, sentimos que os pelos do braço se eriçam. Eles o fazem por terem se eletrizado com carga de sinal contrário ao do tecido da malha.

Você Sabia?

As nuvens possuem vários centros de cargas elétricas, que criam campos elétricos. O acúmulo de cargas aumenta a intensidade desses campos até um valor suficientemente alto para que o ar atmosférico se torne um condutor de eletricidade. Quando isso acontece, uma descarga elétrica, sob a forma de relâmpago, é emitida, provocando também o aquecimento do ar, que, então, se dilata. É essa movimentação do ar que conhecemos com o nome de trovão.

30.7.2. Xerografia

O processo de copiagem conhecido como **xerografia** (do grego: *xeros* = seca; *grafia* = escrita) foi inventado pelo advogado norte-americano Chester Carlson, que obteve sua patente em 1938. Modernamente, a imagem do original é projetada, por meio de lentes e espelhos, sobre um cilindro metálico previamente eletrizado e recoberto por selênio, substância que conduz eletricidade apenas quando exposta à luz. Assim, ao se produzir a iluminação, o cilindro só se descarrega na parte não escrita. A parte escrita (escura) mantém a eletrização e atrai o pó tonalizador (*toner*), que é então fixado por pressão e aquecimento: está pronta a cópia desejada.

O processo da xerografia, uma aplicação dos conhecimentos sobre lentes e eletrostática, revolucionou os trabalhos de cópias. É, também, a base das impressoras a *laser*.

30.7.3. As forças que mantêm ligadas as partículas de um corpo

Sabemos que é necessário exercer forças para quebrar um objeto sólido qualquer, como, por exemplo, um lápis. Portanto, devem existir forças de atração que apenas unem as partes que estão de um lado ou do outro. Essas forças são de origem elétrica.

Já sabemos, do nosso estudo de gravitação universal, que a força gravitacional entre dois objetos de "tamanho comum" (duas pedras, duas pessoas etc.) é extremamente pequena. Então, essa força não poderia ser responsável pela ligação tão forte existente entre as duas partes do lápis que tentamos quebrar. Na realidade, os cientistas, ao estudar essas ligações, chegaram à conclusão de que elas são devidas às forças elétricas que se manifestam entre as partículas do corpo.

De maneira semelhante, as forças que mantêm unidas as diversas partes do nosso corpo são, também, de origem elétrica. Essa ideia é ainda válida para as forças de ligação entre as partículas constituintes de todos os objetos que nos rodeiam (de "tamanho comum"), como as paredes de uma casa, um cabo de aço, os diversos tipos de cola etc.

Para quebrar um lápis, devemos vencer as forças elétricas que mantêm juntas suas partículas.

Exercícios Propostos

22. (UnB – PAS –Adaptada) Leia o texto a seguir – relativo à Lei de Coulomb e à situação em que duas esferas extremamente pequenas estão carregadas positivamente e separadas por uma certa distância –, no qual foram introduzidas propositadamente algumas informações incorretas.

Uma vez que as duas esferas têm cargas elétricas de sinais iguais, vão aparecer em cada esfera forças que tendem a afastá-las uma da outra. Essas forças têm características muito peculiares. Em primeiro lugar, elas têm sempre intensidades diferentes – dadas em coulomb, no Sistema Internacional de unidades –, sempre que uma esfera tenha uma carga elétrica diferente da outra. Se a carga elétrica em apenas uma delas for aumentada ou diminuída, essas forças aumentarão ou diminuirão, na mesma proporção, nas duas esferas. Em segundo lugar, se a distância entre as esferas aumentar, as forças entre elas diminuirão. Mas não diminuirão na mesma proporção: se a distância se tornar duas vezes maior, cada força vai-se tornar quatro vezes menor; se for três vezes maior, cada força se tornará seis vezes menor.

Em Matemática, essas forças e a distância são chamadas grandezas inversamente proporcionais; pela equação $F = k_0 \cdot \dfrac{|Q_1| \cdot |Q_2|}{d^2}$, vê-se facilmente que a força F é uma função quadrática da distância d. É interessante notar que as forças entre duas esferas quaisquer, mesmo que carregadas com sinais iguais, além de terem a mesma intensidade, sempre apresentam valores positivos e atuam em direções opostas.

Alberto Gaspar. A eletricidade e suas aplicações.
São Paulo: Ática, 1996. (com adaptações)

Rescreva quatro trechos do texto acima que contêm informações incorretas, corrigindo-as.

23. A eletricidade está muito mais presente em nossa vida do que podemos pensar. As propriedades da matéria, na escala de tamanho dos seres humanos, são devidas a interações elétricas. Essas forças estão presentes nas transformações dos alimentos que você come, na transmissão de sinais nervosos, no funcionamento de cada célula de seu corpo etc.

Todas as forças percebidas e sentidas por nós têm origem elétrica, com exceção da força de origem gravitacional, que é a força de mais fácil reconhecimento, pois se manifesta na atração mútua entre toda a matéria, responsável pela organização dos sistemas planetários, das galáxias e, em geral, por todas as macroestruturas do universo; está relacionada à propriedade da matéria

Exercícios Propostos

designada massa. Usando-se bolinhas pequenas e leves eletricamente carregadas, pode-se verificar que cargas de mesmo tipo ou de tipos opostos interagem trocando forças respectivamente repulsivas ou atrativas, cuja intensidade é proporcional ao produto do valor dessas cargas e ao inverso do quadrado da distância entre elas. Essa formulação se denomina Lei de Coulomb, e é semelhante à Lei de Newton da gravitação universal, em que o produto envolvido é o das massas.

Considere a seguinte situação: dois objetos, A e B, de dimensões desprezíveis, de massas respectivamente iguais a $m_A = m_B = 1$ kg e eletricamente carregados com quantidades de cargas de módulos iguais a $Q_A = Q_B = 1,0$ C, atraem-se gravitacionalmente e repelem-se eletricamente com forças de intensidades F e F', respectivamente. Sabendo que esses objetos se encontram fixos em posições que distam 1 m um do outro e que a constante elétrica do meio que envolve os objetos e a constante gravitacional são, respectivamente, iguais a $k_0 = 9 \cdot 10^9$ N $\cdot$ m² $\cdot$ C⁻² e $G = 6,67 \cdot 10^{-11}$ N $\cdot$ m² $\cdot$ kg⁻², responda com clareza ao que se pede.

a) Quando dizemos que um corpo possui uma quantidade de carga elétrica de +1,0 C, isso significa que esse corpo perdeu certa quantidade de elétrons. Calcule o número de elétrons perdidos por esse corpo para que ele fique positivamente carregado com a quantidade de carga de 1,0 C. A carga do elétron tem módulo igual a $1,6 \cdot 10^{-19}$ C.

b) Cite duas diferenças entre a força elétrica (descrita pela Lei de Coulomb) e a força gravitacional (descrita pela Lei de Newton).

c) Calcule a razão entre F' e F.

24. Na segunda metade do século XVIII, os físicos buscavam descobrir como seria a dependência quantitativa entre a força elétrica, as cargas que troca e a distância que as separa. Parece ter sido Daniel Bernoulli o primeiro a sugerir, em 1760, a aplicação da lei quadrática inversa à força elétrica, baseado puramente em analogias (a ação a distância justifica que se procurassem analogias com a lei da gravitação newtoniana). Mas era necessária uma experiência, para saber se era ou não possível a aplicação dessa lei à força elétrica. A questão foi respondida pela primeira vez por Charles Augustin de Coulomb, de uma forma bastante precisa. Ele utilizou uma *balança de torção*, que construiu especialmente com o intuito de medir forças de intensidades muito pequenas. Julgue as afirmações a seguir.

(1) A Lei de Coulomb foi deduzida a partir da lei da gravitação universal, de Newton.

(2) Quando dois corpos puntiformes eletrizados têm cargas de mesmo sinal, eles se repelem, na razão inversa do quadrado da distância que os separa. Isso quer dizer que, se a distância que separa as duas partículas for multiplicada por quatro, a intensidade da força de repulsão trocada entre elas será multiplicada por dezesseis.

(3) As forças de contato trocadas entre os corpos e a força elétrica têm comportamentos semelhantes, mas a segunda somente se manifesta como atrativa.

(4) As forças de contato trocadas entre os corpos são de origem elétrica.

(5) A constante de proporcionalidade presente na expressão matemática da Lei de Coulomb é universal, isto é, é válida em todos os pontos do espaço.

25. São muitas as aplicações industriais das forças elétricas trocadas entre objetos eletricamente carregados. Uma dessas aplicações encontra-se em máquinas copiadoras fotostáticas do tipo Xerox®, em que o processo de cópia se baseia na interação elétrica entre partículas de um pó (o *toner*) e o papel, ambos eletrizados. Outra aplicação é o processo antipoluição, usado em instalações que produzem grandes volumes de fumaça, que permite depositar as partículas constituintes da fumaça nas paredes da chaminé, por atração eletrostática. Com relação à eletrostática, julgue as afirmações a seguir.

(1) Em um experimento feito em sala de aula, o professor esfregou uma régua escolar acrílica em um pedaço de flanela, vigorosamente, e, imediatamente, mostrou que a régua era capaz de atrair pequenos pedaços de papel picado. Para que essa atração elétrica ocorresse, os pedaços de papel picado não podiam ser eletricamente neutros.

(2) A pintura eletrostática é usada na proteção contra corrosão e na pintura de latarias de automóveis, para melhorar a distribuição das partículas de tinta sobre a lataria. Nesse processo, a carcaça e a tinta, previamente eletrizadas, atraem-se eletricamente, o que permite camadas mais finas e homogêneas de tinta.

(3) Já são comuns as coifas eletrostáticas, usadas para reduzir a quantidade de fumaça e partículas de óleo no ambiente da cozinha. Elas são ambientalmente importantes, por não lançarem à atmosfera os detritos sugados. Consegue-se esse efeito graças à atração eletrostática.

(4) É muito comum observar-se, em caminhões que transportam combustíveis, uma corrente pendurada na carroceria, que, de vez em quando, toca o chão. Isso é necessário para garantir a descarga elétrica constante da carroceria que, sem isso, devido ao atrito com o ar durante o movimento, apresenta carga elétrica suficientemente alta para colocar em risco a carga inflamável.

(5) Por meio de uma conexão com a Terra, um corpo condutor eletrizado perde praticamente todas as suas cargas elétricas, passando a ser neutro.

26. (UnB – DF) Em dias secos, muito comuns em Brasília, pessoas que trabalham em ambientes acarpetados tomam várias pequenas descargas elétricas, ao tocarem em maçanetas, em outros objetos metálicos ou em ou-

Exercícios Propostos

tras pessoas. A respeito dessa situação, julgue as afirmações.

(1) A ocorrência de descargas, na situação descrita, deve-se ao fato de o corpo da pessoa estar eletrizado pelo atrito com o carpete (enquanto anda pelo ambiente) e trocar carga, por contato, com o outro corpo.

(2) Objetos metálicos são bons condutores de eletricidade e, por isso, absorvem energia elétrica do corpo da pessoa, ao contato.

(3) Devido à ligação metálica, os corpos metálicos carregam-se negativamente, absorvendo elétrons; o corpo da pessoa, ao contrário, perde elétrons, e o contato gera uma corrente elétrica, ao se fechar o circuito.

(4) Em ambientes secos e quentes, os carpetes emitem elétrons livres, carregando-se positivamente; eles podem descarregar-se para os objetos metálicos, através dos corpos das pessoas.

(5) Após o contato com uma maçaneta, a pessoa perde parte de sua carga elétrica, ficando os dois corpos (pessoa e maçaneta) com cargas de mesmo sinal.

27. Todos nós estamos familiarizados com os efeitos elétricos produzidos pelo atrito entre dois corpos. Você pode esfregar o pelo de um gato e escutar os estalidos das faíscas produzidas, ou pentear seu cabelo em frente a um espelho em um quarto escuro, para ouvir os estalidos e ver as faíscas. Podemos esfregar nossos sapatos em um capacho e sentir formigamento quando pegamos a maçaneta da porta. Em todos esses casos, elétrons são transferidos pelo atrito quando um objeto é esfregado em outro. Elétrons podem, também, ser transferidos de um corpo para outro por simples contato.

Responda com clareza ao que se pede.

a) Em alguns pedágios rodoviários existe um fino arame metálico fixado verticalmente no piso da rodovia, que entra em contato com os carros antes que eles alcancem a guarita do funcionário do pedágio. Qual é a finalidade do arame?

b) Duas pequenas esferas idênticas, A e B, eletricamente carregadas com quantidades de cargas elétricas respectivamente iguais a $-3Q$ e $6Q$, quando estão fixas a uma distância d uma da outra interagem com uma força elétrica de intensidade F. As esferas são, então, colocadas em contato até que elas atinjam o equilíbrio eletrostático e, em seguida, são separadas por uma distância igual a $2d$. Nessa nova situação, as esferas passam a interagir com uma força elétrica de intensidade igual a F'. Considere eletricamente isolado o sistema formado pelas duas partículas. Calcule, em função de F, a intensidade da força de interação elétrica entre as partículas na segunda situação (após o contato, quando elas são fixadas a uma distância igual a $2d$).

(UnB – DF) Baseando-se no texto a seguir, responda às questões **28** e **29**.

Em 1908, Rutherford realizou uma famosa experiência, na qual bombardeou com partículas alfa (uma partícula alfa é o núcleo de um átomo de hélio, $Z = 2$) uma folha de ouro delgadíssima. Verificou que a grande maioria das partículas atravessava a folha sem se desviar. Concluiu, com base nessas observações e em cálculos, que os átomos de ouro – e, por extensão, quaisquer átomos – eram estruturas praticamente vazias, e não esferas maciças. Numa minúscula região de seu interior estaria concentrada toda a carga positiva, responsável pelo desvio de um pequeno número de partículas alfa. Distante dessa região, chamada núcleo, circulariam os elétrons. Esse resultado levou Rutherford a modificar o modelo atômico de Thomson, propondo a existência de um núcleo de carga positiva, de tamanho reduzido e com, praticamente, toda a massa do átomo.

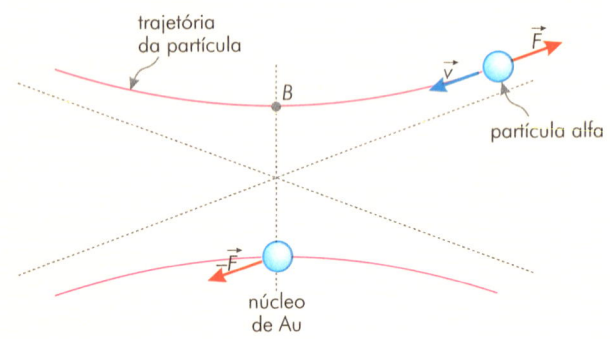

28. A partir do experimento descrito, julgue os seguintes itens:

(1) Por terem carga positiva, as partículas alfa sofrem desvios de trajetória devido à presença dos núcleos atômicos.

(2) No ponto B da figura, a força entre a partícula e o núcleo é a menor possível, porque ela é proporcional à distância que os separa.

(3) Rutherford teria obtido os mesmos resultados se, em vez de partículas alfa, tivesse usado nêutrons.

(4) O experimento de Rutherford usando o estanho, em vez de ouro, seria inconclusivo, em virtude da enorme variação de cargas entre os diversos isótopos do elemento estanho.

(5) O momento linear da partícula alfa incidente não varia.

Exercícios Propostos

29. No experimento de Rutherford, considere que a menor distância entre uma partícula alfa e o núcleo do átomo de ouro (Au) é igual a 0,1 Å. Sabe-se, ainda, que o número atômico do ouro é 79, que a carga do elétron tem módulo igual a $1,6 \cdot 10^{-19}$ C e que a constante eletrostática do meio é $9 \cdot 10^9$ N · m² · C⁻². Calcule, em newtons, a intensidade da força elétrica existente entre a partícula alfa e o núcleo do átomo de ouro, quando essa partícula estiver no ponto da sua trajetória mais próximo do núcleo.

30. (UnB – DF) No sistema de cargas abaixo representado, as cargas $+Q$ estão fixas, equidistantes da origem O, mas a carga $-q$ pode mover-se livremente sobre o eixo y. Supondo que a carga $-q$ seja abandonada no ponto das coordenadas $(0, a)$, a partir do repouso, julgue os itens abaixo.

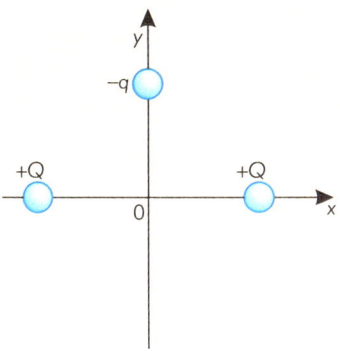

(1) A velocidade de $-q$ será máxima na origem e, nesse ponto, a aceleração será nula.
(2) Depois de passar pela origem, a carga será freada pela força resultante que atuará sobre ela.
(3) Sendo o sistema conservativo, a velocidade da carga será nula, no ponto de coordenadas $(0, -a)$.
(4) Se as duas cargas fixas fossem substituídas por cargas negativas, o comportamento da carga $-q$ não seria alterado.

31. Duas cargas, q_1 e q_2, de mesmo sinal, estão fixas sobre o eixo Ox com q_1 na origem e q_2 em $x_2 = +D$. Uma terceira carga, de sinal e valor desconhecidos, quando colocada no ponto de abscissa $x_3 = \dfrac{D}{4}$, permanece em equilíbrio. Calcule a razão $\dfrac{q_2}{q_1}$.

32. Duas partículas, A e B, ambas eletrizadas positivamente, com quantidades de cargas elétricas respectivamente iguais a $Q_A = 25$ nC e $Q_B = 16$ nC, estão fixas e separadas por uma distância $d = 9,0$ cm. Calcule, em centímetros, a que distância da partícula B deve ser colocada uma terceira partícula, C, eletricamente carregada, com quantidade de carga de valor e sinal desconhecidos, para que ela fique em equilíbrio. Suponha que, na partícula C, atuem apenas as forças elétricas devidas às partículas A e B. Descreva com clareza o seu raciocínio algébrico.

33. Um cilindro de vidro transparente possui internamente, na sua base inferior, uma esfera eletrizada, fixa, com carga $Q = 8,0$ μC. Uma segunda esfera, de carga modular igual a $q = 2,0 \cdot 10^{-6}$ C e peso de intensidade $P = 9,0 \cdot 10^{-1}$ N, é introduzida na abertura superior do cilindro e mantém-se em equilíbrio nessa posição. Determine a distância que separa os centros das esferas. Considere a constante eletrostática do meio igual a $k_0 = 9,0 \cdot 10^9$ N · m² · C⁻².

34. Um pêndulo elétrico, de comprimento L e massa $m = 0,12$ kg eletrizado com carga Q, é repelido por outra carga igual, fixa no ponto A. A figura mostra a posição de equilíbrio do pêndulo. Considere o módulo da aceleração da gravidade igual a 10 m/s², o meio como o vácuo, cuja constante eletrostática é igual a $9,0 \cdot 10^9$ N · m² · C⁻² e calcule o módulo da quantidade de carga Q.

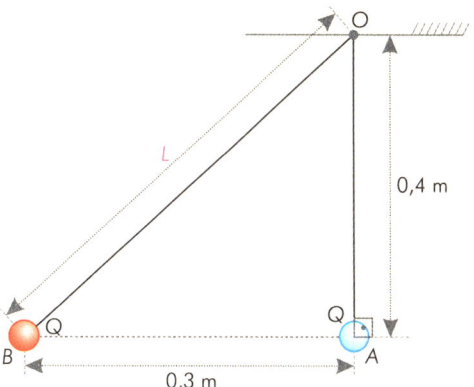

Exercícios Complementares

35. (UFG – GO) Um corpo possui carga elétrica de 1,6 μC. Sabendo-se que a carga elétrica fundamental é $1,6 \cdot 10^{-19}$ C, pode-se afirmar que no corpo há uma falta de, aproximadamente:
a) 10^{18} elétrons.
b) 10^{13} elétrons.
c) 10^{13} prótons.
d) 10^{18} prótons.
e) 10^{19} elétrons.

36. (CESGRANRIO – RJ) Um pedaço de cobre eletricamente isolado contém $2,0 \cdot 10^{22}$ elétrons livres, sendo a carga de cada um igual a $1,6 \cdot 10^{-19}$ C. Para que o metal adquira

Exercícios Complementares

uma carga de $3{,}2 \cdot 10^{-9}$ C, será preciso remover um em cada quantos elétrons livres?

37. Julgue os itens a seguir.

(1) Um corpo eletricamente neutro é um corpo que não possui cargas elétricas, portanto não pode ser atraído nem repelido por outros corpos.

(2) Corpos eletrizados com cargas elétricas de mesmo sinal, quando são aproximados entre si, atraem-se mutuamente.

(3) A carga elementar tem valor de $1{,}6 \cdot 10^{-19}$ C. Podemos ter um corpo eletricamente carregado com uma quantidade de carga de $1{,}6 \cdot 10^{5}$ C.

(4) A carga elétrica é quantizada.

(5) A carga elétrica do elétron é o menor valor de carga que um corpo pode acomodar.

38. (VUNESP – SP) De acordo com o modelo atômico atual, os prótons e nêutrons não são mais considerados partículas elementares. Eles seriam formados de três partículas ainda menores, os *quarks*. Admite-se a existência de 12 *quarks* na natureza, mas só dois tipos formam os prótons e nêutrons, o *quark up* (*u*), de carga elétrica positiva, igual a $\frac{2}{3}$ do valor da carga do elétron, e o *quark down* (*d*), de carga elétrica negativa, igual a $\frac{1}{3}$ do valor da carga do elétron. A partir dessas informações, assinale a alternativa que apresenta corretamente a composição do próton e do nêutron.

	próton	nêutron
a)	d, d, d	u, u, u
b)	d, d, u	u, u, d
c)	d, u, u	u, d, d
d)	u, u, u	d, d, d
e)	d, d, d	d, d, d

39. (VUNESP – SP) Em 1990 transcorreu o cinquentenário da descoberta dos "chuveiros penetrantes" nos raios cósmicos, uma contribuição da Física brasileira que alcançou repercussão internacional (*O Estado de S.Paulo* – 21/10/90, p. 30). No estudo dos raios cósmicos, são observadas as partículas chamadas *píons*. Considere um *píon* com carga elétrica +*e* desintegrando-se (isto é, dividindo-se) em duas outras partículas: um *múon* com carga elétrica +*e* e um *neutrino*. De acordo com o Princípio de Conservação da Carga, o *neutrino* deverá ter carga elétrica:

a) +*e*
b) –*e*
c) +2*e*
d) –2*e*
e) nula

40. Três corpos, *x*, *y* e *z*, estão inicialmente neutros. Eletrizam-se *x* e *y* por atrito e *z* por contato com *y*. Assinale, na tabela a seguir, a opção que indica corretamente a carga elétrica que cada corpo poderia ter adquirido:

	x	y	z
a)	positiva	positiva	positiva
b)	negativa	negativa	positiva
c)	negativa	positiva	negativa
d)	positiva	positiva	negativa
e)	positiva	negativa	negativa

41. Têm-se três esferas metálicas, *A*, *B* e *C*, eletrizadas. Aproximando-se uma da outra, constata-se que *A* atrai *B* e *B* repele *C*.

Então, podemos afirmar que:

a) *A* e *B* possuem cargas positivas e *C* possui carga negativa;
b) *A* e *B* possuem cargas negativas e *C* possui carga positiva;
c) *A* e *C* possuem cargas positivas e *B* possui carga negativa;
d) *A* e *C* possuem carga de mesmo sinal e *B* possui carga de sinal contrário ao sinal de *A*;
e) *A* e *C* possuem cargas de sinais contrários e *B* possui carga de sinal contrário ao sinal de *A*.

42. Três pequenas esferas condutoras, *M*, *N* e *P*, idênticas, estão eletrizadas com cargas +6*q*, +*q* e –4*q*, respectivamente. Uma quarta esfera, *Z*, igual às anteriores, encontra-se neutra. Determine a carga elétrica adquirida pela esfera *Z*, após contatos sucessivos com *M*, *N* e *P*, nessa ordem.

43. (UNICAMP – SP) Cada uma das figuras a seguir representa duas bolas metálicas de massas iguais, em repouso, suspensas por fios isolantes. As bolas podem estar carregadas eletricamente. O sinal da carga está indicado em cada uma delas. A ausência de sinal indica que a bola está descarregada. O ângulo que o fio faz com a vertical depende do peso da bola e da força elétrica devido à bola vizinha. Indique em que caso a figura está certa.

Exercícios Complementares

a)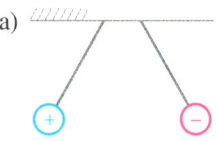

b)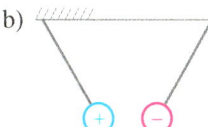

c)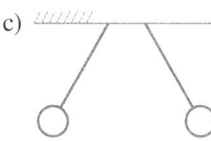

d)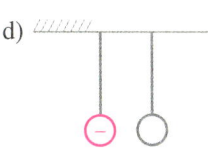

e)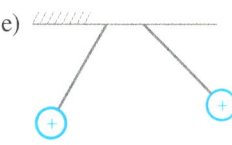

44. (ITA – SP – modificada) Um objeto metálico, carregado positivamente, com carga $+Q$, é aproximado de um eletroscópio de folhas, que foi previamente carregado negativamente com carga igual a $-Q$.

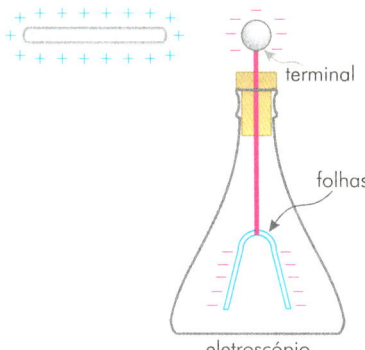

I. À medida que o objeto for se aproximando do eletroscópio, as folhas vão se abrindo além do que já estavam.
II. À medida que o objeto for se aproximando, as folhas permanecem como estavam.
III. Se o objeto tocar o terminal externo do eletroscópio, as folhas devem necessariamente fechar-se.

Dentre as proposições acima,

a) somente a afirmação I é correta.
b) somente as afirmações II e III são corretas.
c) somente as afirmações I e III são corretas.
d) somente a afirmação III é correta.
e) nenhuma das afirmações é correta.

45. Duas cargas positivas, $+q$ e $+2q$, estão separadas por uma distância d. Deseja-se adicionar uma terceira carga às duas anteriores, de modo que o sistema constituído pelas três cargas fique em equilíbrio. Para que isto seja possível, a localização e o sinal da terceira carga devem ser, respectivamente,

a) em qualquer ponto fora da reta que une as cargas; positivo.
b) sobre a reta que une as cargas, externamente a elas; negativo.
c) em qualquer ponto fora da reta que une as cargas; negativo.
d) sobre a reta que une as cargas e entre elas; positivo.
e) sobre a reta que une as cargas e entre elas; negativo.

46. (FEI – SP) Duas cargas, q_1 e q_2, de mesmo sinal, estão fixas sobre uma reta e distantes de 4,0 m. Entre q_1 e q_2 é colocada outra carga, q_3, distante de 1,0 m de q_1. Sabendo que $q_1 = 5,0$ μC e que q_3 permanece em equilíbrio, determine o valor de q_2.

47. (UnB – DF) Duas partículas de mesma massa e eletrizadas com carga Q estão penduradas por fios de seda de comprimento L. Determine o ângulo θ, em graus, supondo que a força elétrica possua módulo igual ao peso de uma das bolas.

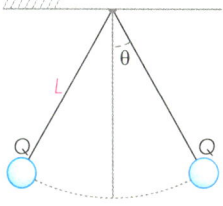

48. (ITA – SP) Duas esferas condutoras idênticas muito pequenas, de mesma massa $m = 0,30$ g, encontram-se no vácuo, suspensas por meio de dois fios leves, isolantes, de comprimentos iguais $L = 1,0$ m e presos a um mesmo ponto de suspensão O. Estando as esferas separadas, eletriza-se uma delas com carga Q, mantendo-se a outra neutra. Em seguida, elas são colocadas em contato e depois abandonadas, verificando-se que, na posição de equilíbrio, a distância que as separa é $d = 1,2$ m. Determine a carga Q. Considere os seguintes dados: $Q > 0$; a constante eletrostática do meio tem valor igual a $9,0 \cdot 10^9$ N $\cdot$ m² $\cdot$ C^{-2} e o módulo da aceleração da gravidade é 10 m $\cdot$ s^{-2}.

49. (UNICAMP – SP) Considere o sistema de cargas na figura a seguir. As cargas $+Q$ estão fixas e a carga $-q$ pode mover-se somente sobre o eixo x:

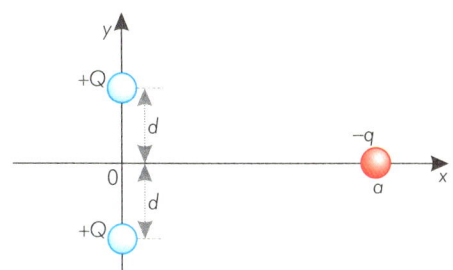

Exercícios Complementares

Solta-se a carga $-q$, inicialmente em repouso, em $x = a$.

a) Em que ponto do eixo x a velocidade de $-q$ é máxima?
b) Em que ponto(s) do eixo x a velocidade de $-q$ é nula?

50. Uma esfera de 10 g de massa está pendurada em um fio isolante e possui uma carga (q) positiva de 0,5 μC. O fio suporta uma tração máxima de 1,0 N. A 10 cm abaixo de q, na vertical, posiciona-se outra carga (Q), variável. Supondo $k = 9,0 \cdot 10^9 \, N \cdot m^2 \cdot C^{-2}$ e considerando o módulo da aceleração da gravidade igual a 10,0 m/s², a única opção correta é:

a) a menor carga Q, capaz de arrebentar o fio, será negativa e de 5,0 μC.
b) se a carga Q for negativa e de módulo igual a 2,0 μC, a esfera ficará em equilíbrio, mas o fio não arrebentará.
c) se a carga Q for positiva e de 2,0 μC, a tração no fio será nula e q ficará em equilíbrio.
d) a força elétrica não influencia a força de tração que atua no fio.
e) para que a intensidade da força de tração no fio seja nula, com q em equilíbrio, é necessária uma carga Q negativa de 2,0 μC.

51. Uma carga $q = 1,0$ μC está fixa em um ponto O do espaço. Uma segunda carga, $Q = 4,0 \cdot 10^{-7}$ C, de peso $P = 4,0 \cdot 10^{-2}$ N, só pode deslocar-se na vertical que passa por O. O meio é o vácuo, cuja constante eletrostática é igual a $9,0 \cdot 10^9 \, N \cdot m^2 \cdot C^{-2}$.

a) Q estará em equilíbrio acima ou abaixo de O?
b) No equilíbrio, qual a distância entre Q e q?

52. (FUVEST – SP – modificada) Um dos pratos de uma balança em equilíbrio é uma esfera eletrizada A. Aproxima-se de A uma esfera B com carga igual em módulo, mas de sinal contrário. O equilíbrio é restabelecido colocando-se uma massa de 2,5 g no prato da balança. A figura ilustra a situação. Considere o módulo da aceleração da gravidade igual a 10 m · s⁻² e a constante dielétrica do meio igual a $9,0 \cdot 10^9 \, N \cdot m^2 \cdot C^{-2}$.

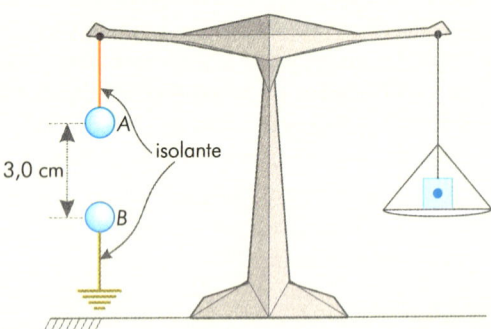

a) Qual a intensidade da força elétrica?
b) Qual o valor da carga de A?

53. (FUVEST – SP) Uma bolinha A, carregada positivamente, está suspensa de um ponto O, por meio de um fio de seda. Com um bastão isolante, aproxima-se de A outra bolinha, B, também positivamente carregada. Quando elas estão na posição indicada na figura, permanecem em equilíbrio, sendo AB a direção horizontal e BO a vertical. Seja F a intensidade da força elétrica que B exerce sobre A, P a intensidade do peso da bolinha A e T a intensidade da força que o fio exerce sobre A.

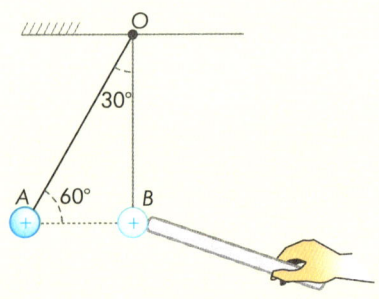

a) Reproduza a figura dada e indique, na bolinha A, as forças de intensidades F, P e T.
b) Sendo de 2,0 N a intensidade da força P, qual a intensidade da força F?

54. Duas cargas elétricas, de mesma massa ($m = 10^{-3}$ kg) e de mesmo sinal, estão suspensas nas extremidades de dois fios de massa desprezível, conforme a figura. Sendo $q_1 = 5,0 \cdot 10^{-7}$ C e supondo que o sistema fique em equilíbrio quando as cargas se mantêm separadas a 3,0 m, qual o valor da carga q_2? Considere o módulo da aceleração da gravidade igual a 10,0 m · s⁻² e a constante eletrostática do meio igual a $9,0 \cdot 10^9 \, N \cdot m^2 \cdot C^{-2}$.

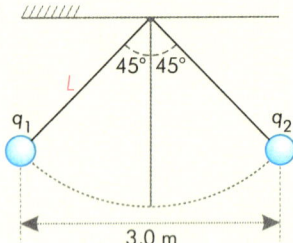

55. Duas pequenas esferas idênticas, cada uma com 10 g de massa, estão em equilíbrio na vertical, conforme mostra a figura. As esferas têm cargas elétricas iguais a 1,0 μC e estão separadas por uma distância de 0,3 m. Calcule a razão entre as intensidades das trações nos fios 1 e 2. Considere o módulo da aceleração da gravidade igual a 10 m · s⁻² e a constante eletrostática do meio igual a $9,0 \cdot 10^9 \, N \cdot m^2 \cdot C^{-2}$.

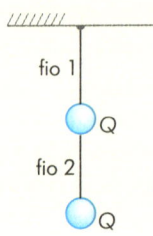

Exercícios Complementares

56. Duas pequenas esferas iguais, eletrizadas com cargas positivas Q_1 e Q_2, repelem-se com força de intensidade $2,0 \cdot 10^{-3}$ N, quando a distância entre elas é d. A seguir, as pequenas esferas são colocadas em contato e afastadas a $\frac{d}{2}$. Nestas novas condições, a força de repulsão passa a ter intensidade $9,0 \cdot 10^{-3}$ N. Sendo $Q_1 > Q_2$, determine a razão $\frac{Q_1}{Q_2}$.

57. (UFU – MG) A figura mostra uma barra isolante, sem massa, de comprimento $L = 2,0$ m, presa por um pino no centro. Nas suas extremidades estão presas cargas positivas q e $2q$, sendo $q = 1,0 \cdot 10^{-6}$ C. A uma distância $r = 0,3$ m, diretamente abaixo de cada uma dessas cargas, encontra-se afixada uma carga positiva $Q = 4,0 \cdot 10^{-6}$ C. Considere somente as interações entre as cargas situadas diretamente abaixo uma da outra e $k = 9 \cdot 10^9$ (N · m²)/C². Sabe-se que a reação no pino é nula.

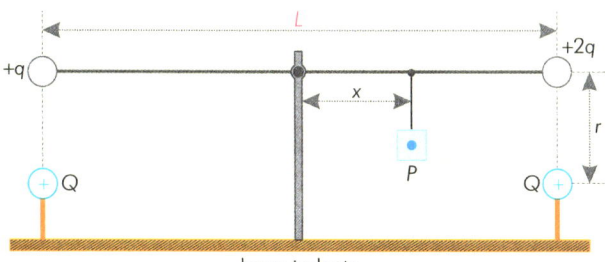

barra isolante

Determine:

a) o valor do peso P necessário para manter a barra em equilíbrio na horizontal;
b) a distância x, a partir do pino, onde o peso P deve ser suspenso quando a barra está balanceada, e de que lado do suporte (esquerdo ou direito).

58. Nos pontos $A(2,2)$, $B(2,-1)$, $C(-2,-1)$ do plano cartesiano, são colocadas, respectivamente, as cargas elétricas puntiformes $Q_A = 1,2$ μC, $Q_B = -1,0$ μC e $Q_C = 1,6$ μC. Considerando que a experiência foi realizada no vácuo ($k_0 = 9 \cdot 10^9$ (N · m²)/C²) e que as distâncias são medidas em metro, calcule, *em newton*, a intensidade da força elétrica resultante sobre a carga Q_B, situada no ponto B.

59. Quatro pequenas esferas de massa m estão carregadas com cargas de mesmo valor absoluto, q, sendo duas positivas e duas negativas, como mostra a figura abaixo. As esferas estão dispostas formando um quadrado de lado a e giram em uma trajetória circular de centro O, no plano do quadrado, com velocidade de módulo constante. Suponha que as únicas forças atuantes sobre as esferas são devidas à interação eletrostática. A constante eletrostática do meio é k_0 e todas as grandezas estão em unidades SI.

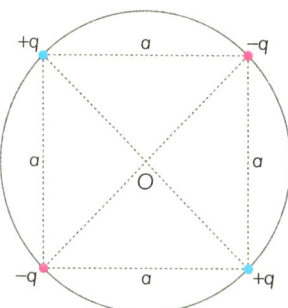

Com base nas informações fornecidas pelo enunciado, julgue a veracidade dos itens a seguir.

(1) No ponto O, a intensidade da força elétrica que atua em uma partícula eletrizada com carga elétrica $-Q$ é nula.

(2) A intensidade da força elétrica resultante que atua em cada esfera tem direção da reta que une as cargas, sentido para o centro O e intensidade dada por
$$\frac{k_0 \cdot q^2}{2a^2}\left(2\sqrt{2} + 1\right).$$

(3) O módulo da velocidade tangencial de cada esfera, em sua trajetória circular de centro O, é inversamente proporcional à massa m de cada esfera.

(4) Se o módulo da carga representada acima for igual a 2,0 μC e o lado do quadrado medir 2,0 mm, então a força coulombiana trocada por duas cargas diagonalmente opostas terá intensidade igual a 9,0 kN. Use o valor da constante eletrostática do meio igual a $9,0 \cdot 10^9$ (N · m²)/C².

31 Campo Elétrico

Michael Faraday (1791-1867).

31.1. Introdução

A força gravitacional e a força eletrostática são forças que atuam a distância, isto é, a força se manifesta mesmo que os corpos não estejam em contato. Tais forças são denominadas *forças de campo*. A ideia de uma força atuando a distância trouxe grandes dificuldades para os pensadores antigos. Nem mesmo Isaac Newton se sentia confortável com essa ideia quando publicou sua lei de gravitação universal.

As dificuldades foram superadas com a introdução do conceito de *campo*, ideia inicialmente desenvolvida por Michael Faraday (1791--1867), por volta de 1821, quando ele tentou dar materialidade à ideia de uma grandeza invisível, inspirado na maneira como um ímã organiza limalha de ferro. Suas ideias não foram bem compreendidas, tendo sido rejeitadas pelos colegas. Uma formulação adequada da noção de campo só tomou forma entre 1855 e 1861, com James Clerk Maxwell (1831--1879), que desenvolveu matematicamente as ideias de Faraday, dando origem à moderna teoria de campos. No caso das forças eletrostáticas, de acordo com Faraday, um campo elétrico estende-se por todo o espaço que envolve uma carga elétrica.

Mas, afinal, o que é o campo elétrico?

Os tubarões têm a capacidade de detectar campos elétricos de baixa intensidade, pois possuem sensores, chamados ampolas de Lorenzini, próximos à boca. Na foto, a seta aponta para a abertura de uma dessas ampolas.

Prótons, nêutrons e elétrons apresentam a propriedade física da massa e duas delas (prótons e elétrons) apresentam, ainda, a propriedade física da carga elétrica. Como todos os corpos são formados dessas partículas, teremos sempre massa e carga elétrica na natureza.

Uma partícula colocada na região do espaço ao redor da Terra fica sujeita à ação de uma força – gravitacional – e o sistema apresenta energia armazenada (energia potencial gravitacional). Dizemos que a Terra, assim como todo corpo que tem massa, altera as propriedades físicas da região ao seu redor, criando um campo gravitacional.

Seguindo raciocínio similar, uma carga elétrica colocada na região em torno de outra carga elétrica fica sujeita à ação de uma força – dita *elétrica* – e o sistema apresenta energia armazenada (energia potencial elétrica). Dizemos que a carga elétrica também altera as propriedades físicas da região ao seu redor, criando um campo elétrico. Portanto, *o* **campo elétrico** *é uma alteração da região do espaço que envolve uma carga elétrica. Qualquer corpo dotado de carga elétrica, colocado nessa região, fica sujeito a uma força elétrica.* Uma importante propriedade de uma carga elétrica é a sua capacidade de interagir com outras cargas elétricas. Essa capacidade, que toda carga possui, está relacionada à existência do campo elétrico.

Imaginemos, então, o seguinte experimento: uma pequena esfera A, eletrizada com carga Q, é fixada sobre uma base isolante em certa região do espaço. Usando uma partícula B, dotada de carga elétrica q, que denominamos **carga de prova** ou **carga teste**, vamos testar a existência de interação elétrica na região do espaço que envolve a esfera A. Notamos que, nas proximidades da esfera A, haverá uma força elétrica agindo sobre a carga de prova, tanto mais intensa quanto menor a distância entre A e B (Figura 31-1).

Evidentemente, o espaço que envolve a esfera eletrizada foi, de alguma forma, modificado. Dizemos, então, que nessa região estabeleceu-se um campo elétrico.

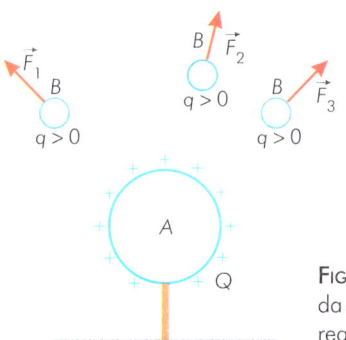

Figura 31-1. O campo elétrico da esfera A modifica a região que a envolve.

> **Observações:**
> - É importante ressaltar que a existência do campo elétrico em um ponto não depende da carga de prova naquele ponto. Assim, existe um campo elétrico em cada um dos pontos da região que envolve a esfera A da Figura 31-1, embora não haja carga de prova em nenhum deles. Quando colocamos uma carga de prova em um ponto, queremos apenas verificar se atua, ou não, uma força elétrica sobre ela, o que nos permite concluir se existe, ou não, um campo elétrico (resultante) naquele ponto.
> - Podemos dizer que a carga elétrica Q cria um campo elétrico nos pontos do espaço em torno dela e que este campo elétrico é o responsável pelo aparecimento da força elétrica sobre a carga de prova q colocada naqueles pontos.
> - O conceito de *campo* não é restrito apenas ao estudo dos fenômenos elétricos. Assim, dizemos que em torno da Terra (ou em torno de qualquer corpo material) existe um *campo gravitacional*, pois uma massa m, colocada em qualquer ponto do espaço em torno da Terra, fica submetida à ação de uma força exercida por ela. De forma similar, em um ambiente qualquer (em uma sala de aula, por exemplo), podemos dizer que existe um *campo de temperaturas*, pois a cada ponto do ambiente associamos uma temperatura bem determinada, própria daquele ponto em determinado instante.

> ■ De modo geral, sempre que a cada ponto de certa região corresponder um valor de uma dada grandeza, dizemos que, naquela região, existe um campo associado àquela grandeza. Esse campo poderá ser um campo escalar (como o campo de temperaturas) ou um campo vetorial (como o campo elétrico, o campo gravitacional e o campo magnético).

31.2. Vetor Campo Elétrico

Seja P um ponto de uma região onde há um campo elétrico. Nesse ponto, inicialmente, não há nenhuma carga elétrica (Figura 31-2A). Coloquemos uma partícula eletrizada com carga q_1 (carga de prova) em P. Sobre a partícula, passa a atuar uma força elétrica $\vec{F}_1$ (Figura 31-2B). Se trocarmos a carga de prova por outra q_2, nova força elétrica na carga de prova passa a ser $\vec{F}_2$ (Figura 31-2C). Repetindo n vezes a experiência, teremos, na carga de prova q_n, a força elétrica $\vec{F}_n$ (Figura 31-2D).

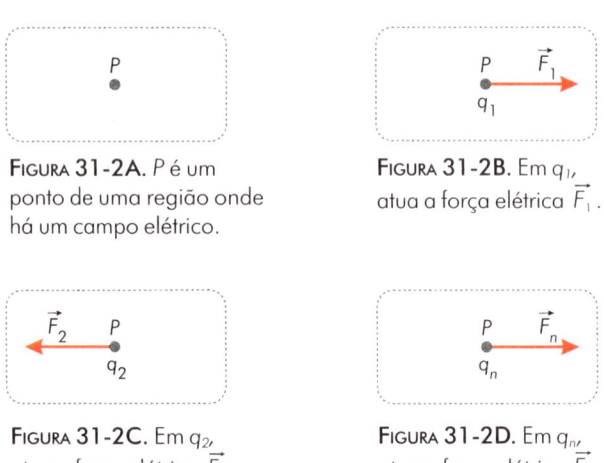

Figura 31-2A. P é um ponto de uma região onde há um campo elétrico.

Figura 31-2B. Em q_1, atua a força elétrica $\vec{F}_1$.

Figura 31-2C. Em q_2, atua a força elétrica $\vec{F}_2$.

Figura 31-2D. Em q_n, atua a força elétrica $\vec{F}_n$.

Verifica-se experimentalmente que todas essas forças têm a mesma direção; as que agem sobre as cargas positivas têm um dado sentido e aquelas que agem sobre as negativas têm o sentido contrário. Verifica-se, ainda, tanto experimental como teoricamente, que, efetuando a razão entre a força atuante em cada partícula e o valor algébrico da carga onde ela atua, o resultado é sempre o mesmo, ou seja,

$$\frac{\vec{F}_1}{q_1} = \frac{\vec{F}_2}{q_2} = \ldots = \frac{\vec{F}_n}{q_n} \text{ (constante)}$$

Se essa razão permanece constante, isso significa que ela não depende dos valores de $\vec{F}$ ou de q, constituindo um vetor característico daquele ponto do campo elétrico.

Dessa forma, *define-se o* **vetor campo elétrico** $\vec{E}$ *em um ponto do espaço como a força elétrica por unidade de carga de prova ali colocada.*

$$\vec{E} = \frac{\vec{F}}{q} \quad \text{ou, ainda,} \quad \vec{F} = q \cdot \vec{E}$$

O vetor campo elétrico (acompanhe nas figuras 31-3) apresenta as seguintes características:

- *Módulo:* da definição, podemos concluir que o módulo do campo elétrico no ponto P é dado por:

$$|\vec{E}| = \frac{|\vec{F}|}{|q|} \quad \text{ou, ainda,} \quad E = \frac{F}{|q|}$$

- No SI, a unidade do campo elétrico é N/C (newton/coulomb).
- *Direção:* é a mesma da força elétrica $\vec{F}$.
- *Sentido:* da definição, conclui-se que o vetor campo elétrico $\vec{E}$ terá o sentido de $\vec{F}$, se $q > 0$ (Figura 31-3B), e o sentido contrário de $\vec{F}$, se $q < 0$ (Figura 31-3C).

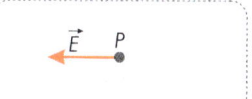
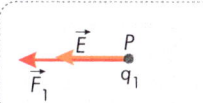
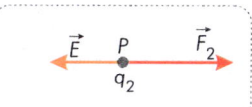

Figura 31-3A. Campo elétrico $\vec{E}$ associado ao ponto P; não há carga de prova no ponto.

Figura 31-3B. Efeito do campo elétrico $\vec{E}$ sobre uma carga de prova $q_1 > 0$.

Figura 31-3C. Efeito do campo elétrico $\vec{E}$ sobre carga de prova $q_2 < 0$.

Observações: Repare, nas figuras ao lado, que:

- quando a carga de prova q é *positiva*, os vetores força elétrica ($\vec{F}$) e campo elétrico ($\vec{E}$) têm a mesma direção e o mesmo sentido. Quando a carga de prova q é *negativa*, os vetores $\vec{F}$ e $\vec{E}$ têm a mesma direção, mas sentidos opostos;
- o vetor campo elétrico em um ponto P, devido a uma carga geradora Q positiva, sempre tem sentido de *afastamento* em relação a ela, enquanto o vetor campo elétrico, devido a uma carga geradora Q negativa, sempre tem sentido de *aproximação* em relação a ela, independentemente do sinal de prova q.

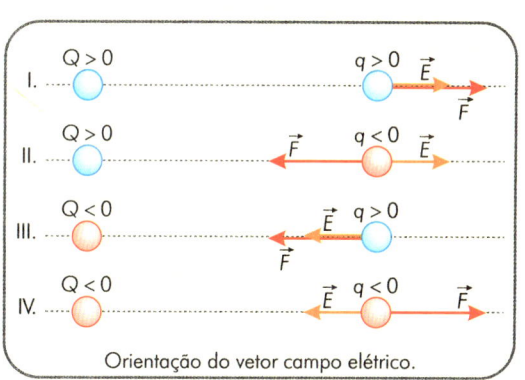

Orientação do vetor campo elétrico.

Exercício Resolvido

1. Uma partícula eletricamente carregada com carga $-2\ \mu C$ é colocada em um ponto A de uma região onde existe um campo elétrico. Ao ser colocada no ponto A, a partícula ficou sob a ação de uma força elétrica horizontal de intensidade igual a $6 \cdot 10^{-3}$ N. Determine o módulo, a direção e o sentido do campo elétrico no ponto A.

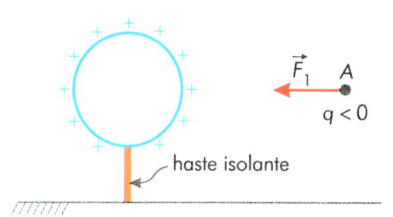

Resolução:

Calculamos a intensidade do campo elétrico no ponto A aplicando a definição $E = \frac{F}{|q|}$. Assim, temos:

$$E = \frac{6 \cdot 10^{-3}}{|-2 \cdot 10^{-6}|} \Rightarrow E = 3 \cdot 10^3 \text{ N/C}$$

Direção: é a mesma da força elétrica $\vec{F}$. No caso, é horizontal.

Sentido: como $q < 0$, o sentido do vetor campo elétrico no ponto A é oposto ao sentido da força elétrica que atua na carga de prova q colocada no ponto A.

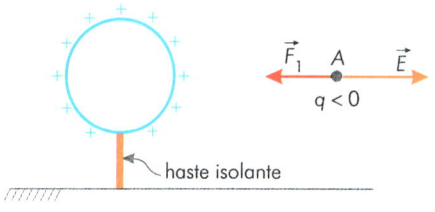

Exercícios Propostos

2. (UnB – DF) Julgue a veracidade das afirmações seguintes.
   (1) O campo elétrico num ponto situado a meia distância de cargas iguais e sinais opostos é igual a zero.
   (2) A direção do vetor campo elétrico, em um determinado ponto do espaço, coincide sempre com a direção da força elétrica que atua sobre uma carga de prova colocada no mesmo ponto.
   (3) Cargas elétricas negativas, colocadas em um campo elétrico, tenderão a se mover em sentido contrário ao do campo elétrico.
   (4) É possível manter uma partícula de poeira, de massa 10^{-8} kg e carga 10^{-17} C, suspensa no ar, se sobre ela atuar um campo eletrostático vertical, direcionado para cima, de intensidade 10^{10} N/C. Considere o módulo da aceleração da gravidade igual a 10,0 m/s².

3. A carga elétrica não aparece em qualquer quantidade, mas apenas como múltiplo de uma unidade fundamental ou *quantum* elétrico. Das muitas experiências levadas a cabo para determinar essa característica, uma é a de Robert A. Millikan, que, no começo do século XX, realizou o que se conhece como *experiência da gota de óleo*. Entre duas placas paralelas e horizontais, A e B, como mostra a figura abaixo, Millikan estabeleceu um campo elétrico vertical que podia ser ligado e desligado. A placa superior tinha no centro pequenas perfurações, através das quais podiam passar as gotas de óleo produzidas por um atomizador. A maior parte das gotas de óleo estava carregada graças à fricção com o bocal do atomizador. Quando não se aplica nenhum campo elétrico, as gotas caem por ação da gravidade. O movimento é essencialmente uniforme porque a viscosidade do ar rapidamente imprime às gotas a velocidade terminal, que depende do tamanho das gotas.

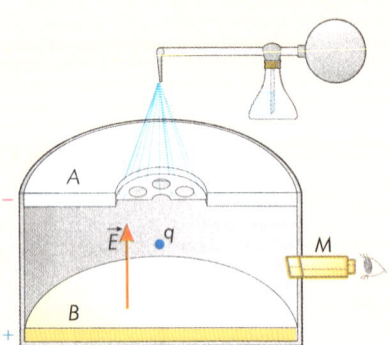

Com base no experimento de Millikan e sabendo que a carga elétrica elementar tem valor absoluto igual a $1,6 \cdot 10^{-19}$ C, julgue a veracidade das afirmações seguintes.
   (1) De acordo com a experiência realizada por Millikan, podemos eletrizar uma gotícula de óleo com quantidade de carga de valor igual a $8,0 \cdot 10^{-22}$ C.
   (2) Em uma situação de equilíbrio de uma gotícula de óleo entre as placas, a quantidade de carga dessa partícula tem valor dado por $q = \dfrac{m \cdot g}{E}$, onde q é o módulo da quantidade de carga adquirida pela gotícula, m é a sua massa, g é a intensidade do campo gravitacional e E é a intensidade do campo elétrico existente entre as placas.
   (3) Para que Millikan conseguisse uma condição de equilíbrio para uma gotícula de óleo, seria necessário que o campo elétrico entre as placas tivesse direção vertical e sentido para baixo, contrariando o esquema da figura.
   (4) Qualquer partícula eletrizada lançada no interior das placas eletricamente carregadas fica sujeita apenas à força elétrica, por isso não pode ocorrer o equilíbrio dessa partícula e ela será acelerada em sentido oposto ao das linhas de força.
   (5) Se Millikan usou uma pequena gota de óleo, eletrizada negativamente e de valor igual ao da carga elementar, cuja massa era de $2,4 \cdot 10^{-15}$ kg, verifica-se que essa gota de óleo só ficará em equilíbrio se estiver sob um campo elétrico vertical, ascendente, de intensidade igual a $5,0 \cdot 10^4$ N/C. Considere o módulo da aceleração da gravidade igual a 10 m/s².

4. Em dado ponto de um campo elétrico, a carga de prova $q_1 = 6,0$ μC fica sujeita a uma força de intensidade $F_1 = 10,0$ N. Qual o valor da carga q_2 que deveria ser colocada nesse ponto para que a força atuante tivesse intensidade $F_2 = 4,0$ N?

5. A levitação elétrica de um corpo eletrizado pode ocorrer quando a intensidade da força elétrica que atua sobre o corpo for igual à intensidade do peso do corpo. Nas vizinhanças da superfície terrestre, existe um campo gravitacional constante e de intensidade igual a 10 N/kg e um campo elétrico uniforme de intensidade igual a 150 N/C. O campo elétrico tem direção vertical e sentido descendente (na mesma direção e no mesmo sentido do campo gravitacional da Terra).

   a) Qual deve ser a direção e o sentido da força elétrica e o sinal da carga para que possa ocorrer levitação elétrica?
   b) Calcule a razão $\left(\dfrac{m}{|q|}\right)$ para que o corpo possa levitar.

31.3. Campo Elétrico Criado por uma Carga Puntiforme

A expressão $E = \dfrac{F}{|q|}$ permite-nos calcular a intensidade do campo elétrico, quaisquer que sejam as cargas que criam esse campo. Vamos aplicá-la a um caso particular, no qual a carga que cria o campo é uma carga pontual.

Suponha que uma partícula eletrizada com carga Q seja a fonte de um campo elétrico (Figura 31-4). Colocando-se uma carga de prova q em um ponto desse campo, a uma distância d da carga-fonte, ela ficará sujeita a uma força $\vec{F}$, cujo módulo poderá ser calculado pela Lei de Coulomb, isto é,

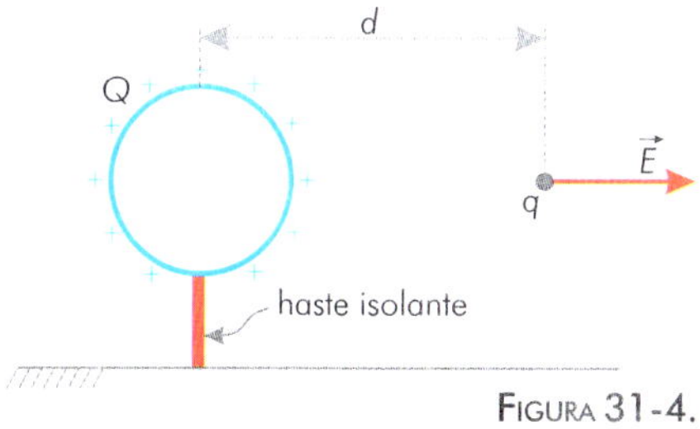

$$F = k \cdot \frac{|Q| \cdot |q|}{d^2}$$

Como $E = \dfrac{F}{|q|}$, obtemos facilmente

$$E = k \cdot \frac{|Q|}{d^2}$$

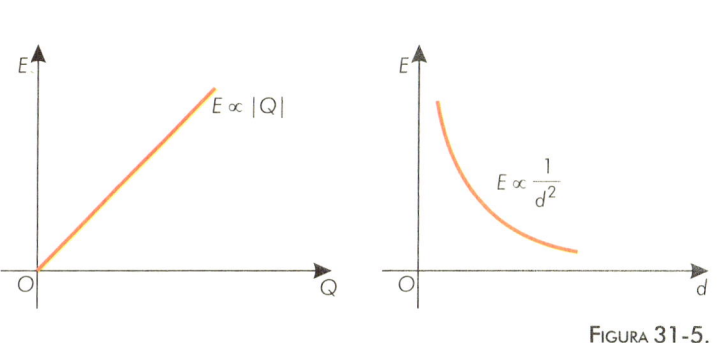

FIGURA 31-4.

Essa expressão nos permite calcular a intensidade do campo elétrico em certo ponto, quando conhecemos o valor da carga pontual Q que o criou e a distância do ponto considerado à carga. Observe, entretanto, que essa expressão só pode ser usada para um campo criado por uma carga que pode ser considerada pontual.

OBSERVAÇÕES:

- Verificamos que o módulo do vetor campo elétrico $\vec{E}$ não depende da carga de prova q, mas da carga geradora Q, do meio onde a carga está e da distância até o ponto considerado.
- Da mesma forma que o módulo da força coulombiana, o módulo do campo elétrico de uma carga puntiforme é diretamente proporcional ao módulo da carga-fonte e inversamente proporcional ao quadrado da distância até o ponto considerado, como mostram os gráficos da Figura 31-5.

FIGURA 31-5.

31.4. Campo Elétrico Criado por Várias Cargas Puntiformes

Consideremos diversas cargas puntiformes fixas, $Q_1, Q_2, Q_3, ..., Q_n$, como mostra a Figura 31-6. Queremos determinar o campo elétrico que o conjunto dessas cargas cria em um ponto P qualquer do espaço. Para isso, devemos calcular, inicialmente, o campo elétrico $\vec{E}_1$ criado em P apenas pela carga Q_1.

Como Q_1 é uma carga pontual, a intensidade do vetor $\vec{E}_1$ poderá ser calculada usando-se a expressão $E_1 = k \cdot \dfrac{|Q_1|}{d^2}$. A direção e o sentido de $\vec{E}_1$ foram determinados de acordo com o que estudamos no item anterior. A seguir, de maneira análoga, determinamos o campo $\vec{E}_2$, criado por Q_2, o campo $\vec{E}_3$, criado por Q_3 etc. O campo elétrico $\vec{E}_R$, existente no ponto P, devido a várias cargas, $Q_1, Q_2, Q_3, ..., Q_n$, é a soma vetorial dos vetores $\vec{E}_1, \vec{E}_2, \vec{E}_3, ..., \vec{E}_n$, onde cada vetor parcial é determinado como se a carga respectiva estivesse sozinha.

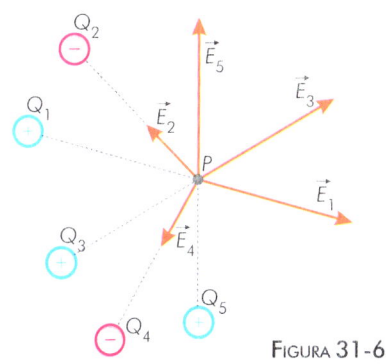

FIGURA 31-6.

$$\vec{E}_R = \vec{E}_1 + \vec{E}_2 + \vec{E}_3 + ... + \vec{E}_n$$

IMPORTANTE

O campo elétrico criado por uma carga geradora (ou carga-fonte) é independente dos demais, ou seja, a determinação de cada um dos campos é feita individualmente, sem considerar as outras cargas. O campo resultante representa a superposição de todos os campos atuantes simultaneamente.

Exercícios Resolvidos

6. Uma partícula eletricamente carregada com carga $Q = -8,0\ \mu C$ encontra-se no vácuo, conforme esquematizado na figura a seguir. A constante eletrostática do vácuo é $k_0 = 9 \cdot 10^9\ N \cdot m^2 \cdot C^{-2}$.

a) Determine a intensidade, a direção e o sentido do campo elétrico no ponto P, situado a 2 mm da carga geradora Q.
b) Determine a intensidade, a direção e o sentido da força elétrica que atua em uma carga de prova $q = -3\ \mu C$, colocada no ponto P.

Resolução:
a) Como a carga geradora Q é negativa, temos que o sentido do campo elétrico no ponto P é de aproximação da carga Q. Assim,

- Intensidade:

$$E = k \cdot \frac{|Q|}{(d_{Q,P})^2}$$

$$E = 9 \cdot 10^9 \cdot \frac{|-8 \cdot 10^{-6}|}{(2 \cdot 10^{-3})^2} \Rightarrow E = \frac{9 \cdot 8 \cdot 10^{9 + (-6)}}{4 \cdot 10^{-6}}$$

$$E = 18 \cdot 10^{3 - (-6)} \therefore E = 1,8 \cdot 10^{10}\ N/C$$

- Direção: da reta que passa por Q e P.
- Sentido: de aproximação da carga Q.

b) No esquema a seguir, representamos a força $\vec{F}$ que atua na carga de prova q, colocada no ponto P.

- Intensidade:

$$E = \frac{F}{|q|}$$

$$1,8 \cdot 10^{10} = \frac{F}{|-3 \cdot 10^{-6}|}$$

$$F = 1,8 \cdot 10^{10} \cdot 3 \cdot 10^{-6}$$

$$F = 5,4 \cdot 10^{10 + (-6)} \therefore F = 5,4 \cdot 10^4\ N = 54\ kN$$

- Direção: a mesma da reta que passa por Q e P.
- Sentido: oposto ao do vetor $\vec{E}$, isto é, da esquerda para a direita da folha.

7. Sejam duas cargas puntiformes, Q_1 e Q_2, dispostas conforme esquematizado na figura a seguir.

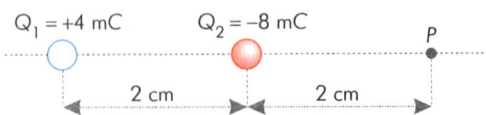

Determine a intensidade do campo elétrico resultante no ponto P devido às cargas Q_1 e Q_2. Considere o meio que envolve as cargas como o vácuo, cuja constante eletrostática é $k_0 = 9 \cdot 10^9\ N \cdot m^2 \cdot C^{-2}$.

Resolução:
A figura a seguir mostra a direção e o sentido dos vetores campo elétrico, gerados pelas cargas Q_1 e Q_2 no ponto P.

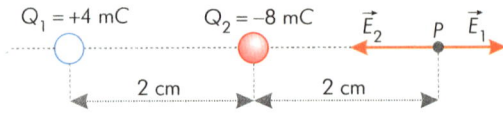

- A intensidade do vetor $\vec{E}_1$ é dada por:

$$E_1 = k \cdot \frac{|Q_1|}{(d_{Q_1,P})^2}$$

$$E_1 = 9 \cdot 10^9 \cdot \frac{|4 \cdot 10^{-3}|}{(4 \cdot 10^{-2})^2}$$

$$E_1 = \frac{9 \cdot 4 \cdot 10^{9 + (-3)}}{16 \cdot 10^{-4}}$$

$$E_1 = \frac{9}{4} \cdot 10^{6 - (-4)} \therefore E_1 = 2,25 \cdot 10^{10}\ N/C$$

- A intensidade do vetor $\vec{E}_2$ é dada por:

$$E_2 = k \cdot \frac{|Q_2|}{(d_{Q_2,P})^2}$$

$$E_2 = 9 \cdot 10^9 \cdot \frac{|-8 \cdot 10^{-3}|}{(2 \cdot 10^{-2})^2}$$

$$E_2 = \frac{9 \cdot 8 \cdot 10^{9 + (-3)}}{4 \cdot 10^{-4}}$$

$$E_2 = 9 \cdot 2 \cdot 10^{6 - (-4)} \therefore E_2 = 18 \cdot 10^{10}\ N/C$$

- A intensidade do campo elétrico resultante no ponto P é dada por $E_R = E_2 - E_1$, pois os vetores $\vec{E}_1$ e $\vec{E}_2$ têm mesma direção e sentidos opostos. Então:

$$E_R = 18 \cdot 10^{10} - 2,25 \cdot 10^{10}$$

$$E_R = 15,75 \cdot 10^{10}\ N/C$$

Exercícios Propostos

8. O gráfico da figura ao lado indica como varia a intensidade do campo elétrico gerado por uma carga elétrica puntiforme Q positiva, em função da distância d, entre a carga Q e o ponto em estudo. O meio é o vácuo, cuja constante eletrostática é $k_0 = 9 \cdot 10^9$ N $\cdot$ m^2 $\cdot$ C^{-2}.

Determine:

a) o valor da carga Q;
b) a intensidade do campo elétrico E_1;
c) a intensidade da força elétrica que atua sobre uma carga de prova $q = -2{,}0$ µC, situada a 9,0 m da carga Q.

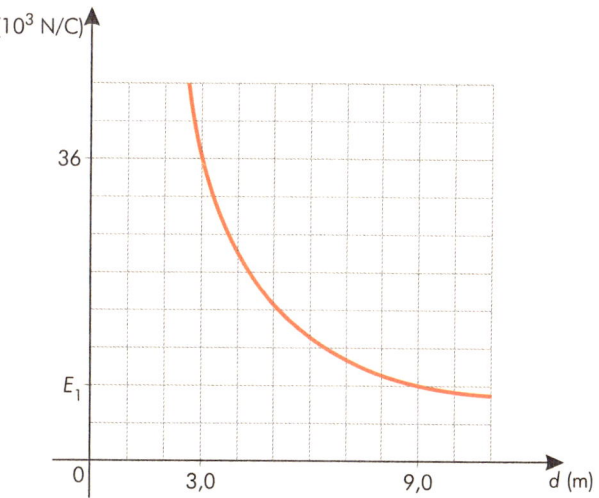

9. Considere o eixo de abscissa (Ox), horizontal e orientado da esquerda para a direita. Sobre ele são colocadas duas partículas eletricamente carregadas com cargas $Q_1 = -4$ µC na origem e $Q_2 = 8$ µC no ponto de abscissa 6 cm. Considere o meio que envolve as partículas como o vácuo, cuja constante eletrostática tem valor igual a $9 \cdot 10^9$ N $\cdot$ m^2 $\cdot$ C^{-2}.

a) Determine o módulo, a direção e o sentido do vetor campo elétrico resultante em um ponto de abscissa -2 cm.
b) Determine o módulo, a direção e o sentido do vetor campo elétrico resultante em um ponto de abscissa 3 cm.
c) Calcule a intensidade da força elétrica que atua em uma carga de prova $q = -2$ nC, quando abandonada no ponto de abscissa 3 cm.
d) Determine a abscissa do ponto no qual o campo elétrico resultante é nulo.

10. (UnB – DF) Sobre o eixo de abscissas x fixamos dois corpúsculos eletrizados, A e B, com cargas $Q_A = 9{,}0$ µC e $Q_B = -16$ µC. Determine a abscissa de um ponto P no qual o campo elétrico resultante é nulo.

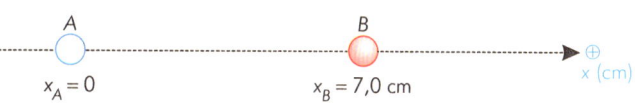

11. Considere um retângulo de lados 3,0 cm e 4,0 cm. Uma carga elétrica puntiforme Q, colocada em um dos vértices do retângulo, gera no vértice mais distante um campo elétrico de módulo E. Nos outros dois vértices, o módulo do campo elétrico é:

a) $\dfrac{E}{9}$ e $\dfrac{E}{16}$ b) $\dfrac{4E}{25}$ e $\dfrac{3E}{16}$ c) $\dfrac{4E}{3}$ e $\dfrac{5E}{3}$ d) $\dfrac{5E}{4}$ e $\dfrac{5E}{3}$ e) $\dfrac{25E}{9}$ e $\dfrac{25E}{16}$

12. A figura abaixo mostra três cargas elétricas puntiformes, Q_1, Q_2 e Q_3, localizadas nos vértices de um quadrado. Sendo $Q_1 = Q_3 = 4{,}0$ µC, calcule Q_2 para que o vetor campo elétrico resultante no ponto P seja nulo.

Considere a carga do elétron de módulo igual a $1{,}6 \cdot 10^{-19}$ C e a constante eletrostática do meio igual a $9{,}0 \cdot 10^9$ N $\cdot$ m^2/C^2.

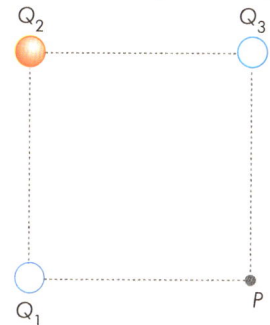

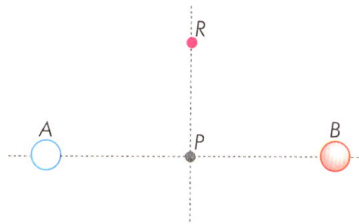

a) Qual o valor do campo elétrico em P, ponto médio do segmento de reta que une as partículas A e B?
b) Qual a direção do campo elétrico num ponto R sobre a mediatriz do segmento AB?

13. (FUVEST – SP) Há duas pequenas esferas, A e B, condutoras, descarregadas e isoladas uma da outra. Seus centros estão distantes entre si 20 cm. Cerca de $5{,}0 \cdot 10^6$ elétrons são retirados da esfera A e transferidos para a esfera B.

14. O conhecimento dos fenômenos elétricos é importante para a melhor compreensão dos complexos processos físicos e químicos que caracterizam a vida. Um dos mais impressionantes entre eles é o relacionado ao excesso de

Exercícios Propostos

íons nos lados externo e interno da superfície celular, e às diferenças entre as concentrações iônicas no interior da célula e no meio extracelular. Nos seres humanos e nos animais, uma grande quantidade de energia metabólica é constantemente despendida para manter esse processo, o que indica sua importância. O interior da célula está separado do meio externo por uma membrana celular. Graças a ela, são mantidas as diferenças de composição entre as soluções no interior e no exterior da célula.

Considerando que $k = 3,0 \cdot 10^9 \, N \cdot m^2/C^2$ é a constante eletrostática apropriada ao sistema celular descrito, que $q = 1,6 \cdot 10^{-19} \, C$ é a carga elétrica elementar e que $d = 3,0 \, nm$ ($1 \, nm = 10^{-9} \, m$) é a distância linear entre os dois extremos da célula, julgue os itens a seguir.

(1) Cada átomo ionizado cria, em uma região limitada em torno de si, um campo elétrico cuja intensidade é proporcional à intensidade da quantidade de carga elétrica desse átomo.

(2) Sabendo que existem íons de hidrogênio no meio aquoso que envolve as células, então o campo elétrico resultante do processo de transferência de carga faz esses íons se movimentarem nesse meio aquoso, produzindo uma diferença de pH entre as regiões.

(3) Sabendo que, após a transferência de um elétron de um extremo ao outro da célula, os complexos proteicos não permitem o seu retorno ao ponto de partida, é correto concluir que a intensidade da força trocada entre um íon positivo e outro negativo, que surgiram devido à transferência de um elétron, é superior a $1,0 \cdot 10^{-12} \, N$.

(4) A força elétrica criada pelo surgimento de íons, devido à transferência de elétrons, independe do meio que envolve esses íons.

(5) As forças que mantêm unidas as diversas partes do nosso corpo e entre partículas constituintes de todos os objetos que nos rodeiam são de origem gravitacional. As forças elétricas descritas no enunciado são forças fracas insuficientes para manter a estrutura molecular da matéria.

15. (UNICAMP-SP) Duas pequenas esferas metálicas idênticas, inicialmente carregadas com cargas $Q_1 = 1,0 \, \mu C$ e $Q_2 = -3,0 \, \mu C$, são colocadas em contato e depois afastadas uma da outra até uma distância de 60 cm.

É dado: $\dfrac{1}{4\pi \cdot \varepsilon_0} = 9,0 \cdot 10^9 \, N \cdot m^2/C^2$

a) Qual é a força eletrostática (em intensidade, direção e sentido) que atua sobre cada uma das cargas?

b) Calcule o campo elétrico (em intensidade, direção e sentido) no ponto P, situado sobre a mediatriz do segmento de reta que une as duas cargas, a 50 cm de distância de uma delas.

31.5. Linhas de Força do Campo Elétrico

A ideia das linhas de força ou linhas de campo foi a maneira desenvolvida por Faraday para atribuir materialidade à ação a distância produzida pelas cargas. Para que possamos compreender esta concepção de Faraday, suponhamos uma carga pontual positiva Q criando um campo elétrico no espaço em torno dela. Como sabemos, em cada ponto desse espaço temos um vetor campo elétrico $\vec{E}$, cujo módulo diminui à medida que nos afastamos da carga. Imagine uma carga de prova pontual positiva colocada em cada ponto dessa região, em torno da carga geradora do campo em estudo. Se desenharmos, em escala, setas representando a orientação e a intensidade relativa do campo elétrico em cada ponto, teremos um diagrama como o da Figura 31-7.

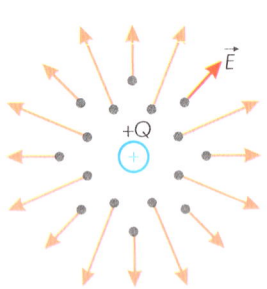

FIGURA 31-7.

As Figuras de 31-8 a 31-11 mostram diagramas esquemáticos de campos elétricos gerados por configurações particulares de carga. Cada desenho representa um corte da situação completa, que é tridimensional.

■ Linhas de força do campo elétrico criado por uma carga pontual:

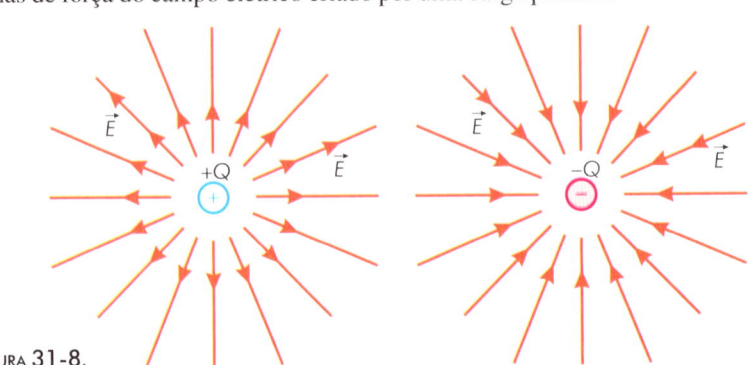

FIGURA 31-8.

- Linhas de força para duas cargas de mesmo sinal e de mesmo módulo, portanto idênticas:

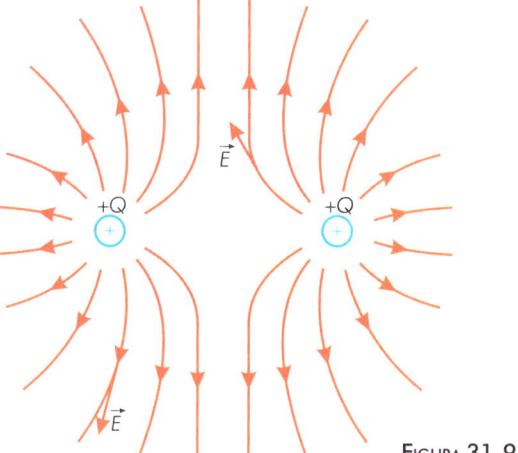

FIGURA 31-9.

- Dipolo: linhas de força para duas cargas de sinais contrários e de mesmo módulo:

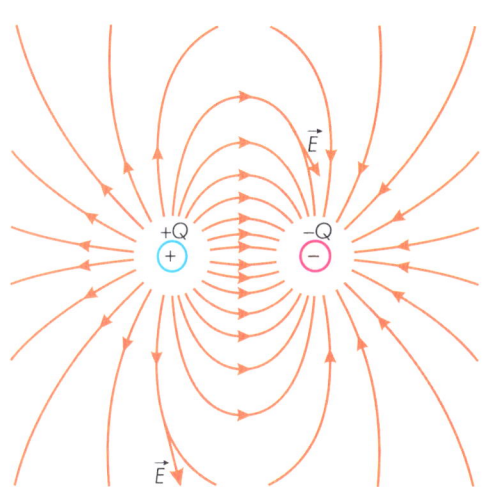

FIGURA 31-10.

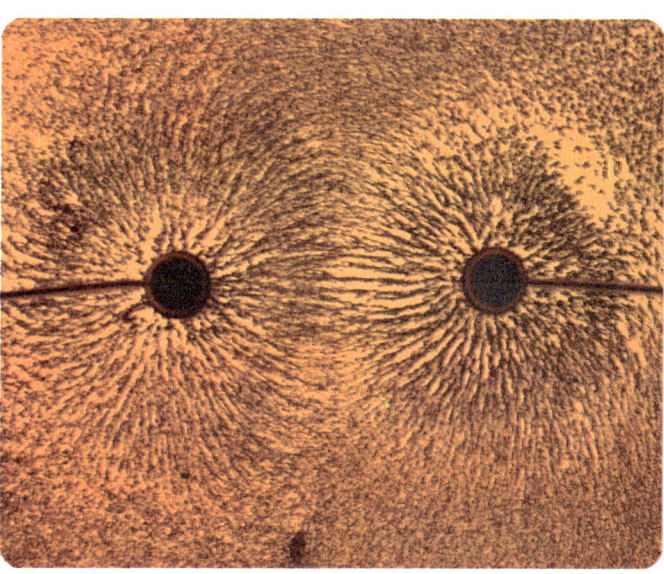

Visualização do campo elétrico criado por duas cargas opostas de iguais valores absolutos.

- Campo elétrico uniforme (apresenta o mesmo módulo, a mesma direção e o mesmo sentido em todos os pontos da região): no caso de um campo elétrico uniforme, criado, por exemplo, na região entre duas placas planas e paralelas (longe das bordas) carregadas com cargas de mesmo módulo, mas de sinais contrários, as linhas de força são segmentos de retas orientados, "nascendo" sempre nas cargas positivas e "morrendo" nas cargas negativas, como mostra a figura abaixo.

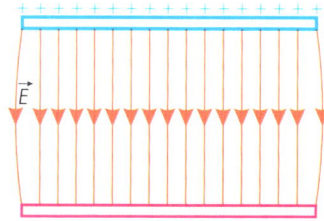

FIGURA 31-11.

Visualização do campo elétrico criado por placas paralelas carregadas com cargas opostas.

Observações:

- As linhas de força podem ser traçadas de modo que nos deem informações não só sobre a direção e o sentido do vetor $\vec{E}$, mas também sobre o módulo desse vetor. Para isso, convenciona-se traçar as linhas de força mais próximas umas das outras nas regiões onde a intensidade do campo elétrico for maior e, portanto, as linhas deverão estar mais separadas nos pontos onde a intensidade do campo elétrico for menor.
- As linhas de força fornecem um diagrama capaz de representar o campo elétrico, como desejava Faraday. De fato,
  - sendo uma linha de força traçada de tal modo que, em cada ponto, o vetor $\vec{E}$ seja tangente a ela, é possível determinar a direção e o sentido do campo em um ponto, quando conhecemos a linha de força que passa por esse ponto;
  - como as linhas de força são traçadas mais próximas umas das outras nas regiões onde o campo elétrico é mais intenso, observando a separação entre essas linhas é possível obter informações sobre o módulo relativo do vetor campo elétrico.

Resumidamente, podemos escrever:

As linhas de força do campo elétrico

- são orientadas sempre da carga positiva para a negativa;
- são linhas abertas;
- nunca se cruzam;
- apresentam concentração relativa em uma dada região, proporcional ao módulo do vetor campo elétrico.

Exercícios Propostos

16. Um professor mostra a figura adiante aos seus alunos e pede que eles digam o que ela representa.

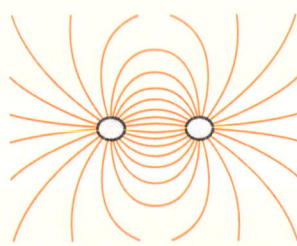

- Andréa diz que a figura pode representar as linhas de um campo elétrico de duas cargas elétricas puntiformes de módulos diferentes;
- Beatriz diz que a figura pode representar as linhas de um campo elétrico de duas cargas elétricas puntiformes de sinais contrários;
- Carlos diz que a figura pode representar as linhas de um campo elétrico de duas cargas elétricas puntiformes de mesmo sinal;
- Daniel diz que a figura pode representar as linhas de um campo elétrico de uma carga elétrica puntiforme positiva.

Os alunos que responderam corretamente são:

a) Andréa e Carlos.
b) Andréa e Daniel.
c) Apenas a Beatriz.
d) Beatriz e Daniel.
e) Andréa, Beatriz e Carlos.

17. Na figura a seguir aparece a representação, por linhas de força, do campo elétrico em certa região do espaço.

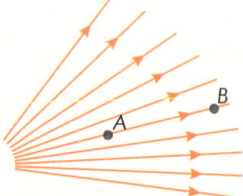

a) Onde a intensidade do campo elétrico é maior: nas proximidades do ponto A ou nas proximidades do ponto B? Justifique sua resposta.
b) Suponha que uma partícula carregada positivamente seja largada em repouso no ponto A. A tendência da partícula será a de deslocar-se para a direita, para a esquerda ou a de permanecer em repouso? Justifique sua resposta.
c) Responda à pergunta anterior, considerando agora uma partícula carregada negativamente. Novamente, justifique sua resposta.

18. Quando duas partículas eletrizadas com cargas simétricas são fixadas em dois pontos de uma mesma região do espaço, verifica-se, nessa região, um campo elétrico resultante que pode ser representado por linhas de força. Sobre essas linhas de força, é correto afirmar que se originam na carga:

Exercícios Propostos

a) positiva e podem cruzar-se.
b) positiva e não podem se cruzar.
c) positiva e são paralelas entre si.
d) negativa e podem cruzar-se.
e) negativa e não podem se cruzar.

19. Estão representadas, a seguir, as linhas de força do campo elétrico criado por um dipolo. Considerando-se o dipolo, são feitas as afirmações a seguir.

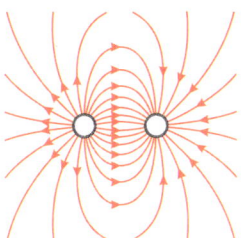

I. A representação das linhas do campo elétrico resulta da superposição dos campos criados pelas cargas puntiformes.
II. O dipolo é composto de duas cargas de mesma intensidade e sinais contrários.
III. O campo elétrico criado por uma das cargas modifica o campo elétrico criado pela outra.

Dessas afirmações,
a) apenas a I é correta.
b) apenas a II é correta.
c) apenas a III é correta.
d) apenas a I e a II são corretas.
e) apenas a II e a III são corretas.

20. A figura representa a configuração de linhas de um campo elétrico produzida por três cargas puntiformes, todas com o mesmo módulo Q. Os sinais das cargas A, B e C são, respectivamente:

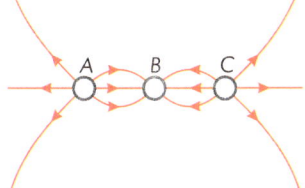

a) negativo, positivo e negativo.
b) negativo, negativo e positivo.
c) positivo, positivo e positivo.
d) negativo, negativo e negativo.
e) positivo, negativo e positivo.

21. Considere o módulo da aceleração da gravidade igual a 10,0 m/s² e um campo elétrico uniforme na direção vertical e sentido ascendente de intensidade igual a $5{,}0 \cdot 10^5$ N/C. Nessa região, uma partícula de carga igual a 2,0 nC e massa de 0,5 grama é lançada verticalmente para cima com velocidade de 16 m/s. Calcule, em metros, a altura máxima atingida pela partícula, em relação ao ponto de lançamento.

22. Uma pequena esfera cujo peso tem intensidade igual a $1{,}0 \cdot 10^{-4}$ N com carga negativa está em equilíbrio no interior de um campo elétrico uniforme de intensidade igual a 10^5 N/C. Estando sujeita somente às forças dos campos elétrico e gravitacional, supostos também uniformes, determine:
a) a direção e o sentido das linhas de força do campo elétrico;
b) o valor da carga elétrica da esfera.

Exercícios Complementares

23. A presença de um corpo eletrizado ou de uma distribuição de cargas modifica o espaço, produzindo o que chamamos de *campo elétrico*. A concepção dessa ideia deve-se ao inglês Michael Faraday, remontando ao século XIX, mas só foi entendida com alguma clareza no século XX. Lembrando as noções de carga elétrica, força elétrica e campo elétrico, avalie as afirmações a seguir, quanto à veracidade.

(1) Uma carga elétrica não sofre a ação de força elétrica se o campo elétrico (resultante) no local onde ela está for nulo.
(2) Se uma carga, dita *de prova*, experimenta a ação de uma força elétrica ao ser colocada em um ponto de uma dada região do espaço, dizemos que há campo elétrico naquele ponto.
(3) O sentido do campo elétrico em um ponto do espaço não depende da carga de prova ali colocada.
(4) Campo elétrico é a força que uma partícula eletrizada exerce em outra partícula eletrizada.
(5) O campo elétrico é uma grandeza que assume valores infinitos.

24. Em relação aos processos de eletrização, ao conceito de campo elétrico e às linhas de força, avalie as afirmações seguintes e julgue-as quanto à veracidade.

(1) O campo elétrico em um ponto P, gerado por uma carga Q, duplica de intensidade se a distância entre essa carga e o ponto P se reduzir à metade.
(2) Se uma partícula eletricamente carregada for inserida em um campo elétrico não nulo, gerado por várias cargas, não poderá permanecer em repouso nessa região.
(3) Quando o campo elétrico é gerado por uma única carga elétrica, o sentido do campo elétrico coincide com o sentido da força elétrica que age na carga de prova, qualquer que seja o ponto do campo onde ela for colocada.
(4) As linhas de força do campo elétrico divergem da carga positiva geradora de campo e convergem para a carga negativa geradora de campo.

25. Uma das aplicações tecnológicas modernas da eletrostática foi a invenção da impressora a jato de tinta. Um tipo dessas impressoras utiliza pequenas gotas de tinta, que

Exercícios Complementares

podem ser eletricamente neutras ou eletrizadas positiva ou negativamente. Essas gotas são jogadas entre as placas defletoras da impressora, região onde existe um campo elétrico uniforme $\vec{E}$, atingindo, então, o papel, para formar as letras. A figura ao lado mostra as trajetórias de três gotas de tinta, que são lançadas para baixo, a partir do emissor. Após atravessar a região entre as placas, essas gotas vão impregnar o papel.

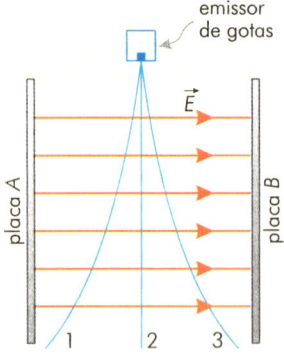

Com base nos seus conhecimentos sobre campo elétrico, julgue a veracidade dos itens a seguir.

(1) Pelos desvios sofridos, pode-se dizer que a gota 1 está carregada negativamente, a gota 2 é eletricamente neutra e a gota 3 está carregada positivamente.
(2) Enquanto a gota 3 se desloca no interior do campo elétrico, as forças elétricas não realizam trabalho sobre ela.
(3) A gota 2 não sofrerá desvio ao ser deslocada no interior do campo elétrico, porque a resultante das forças de origem elétrica que atuam sobre ela é nula.
(4) Todas as partículas, a partir do instante de lançamento, estão aceleradas; ou seja, a resultante das forças de origem elétrica que atuam sobre todas elas é não nula.

26. A figura abaixo representa uma carga elétrica pontual positiva no ponto P e o vetor campo elétrico no ponto 1, devido a essa carga.

No ponto 2, a melhor representação para o vetor campo elétrico, devido à mesma carga em P, será:

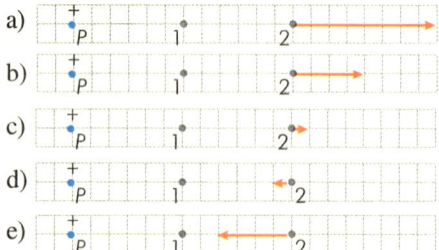

27. O campo elétrico de uma carga puntiforme em repouso tem, nos pontos A e B, as direções e os sentidos indicados pelas flechas na figura ao lado. O módulo do campo elétrico no ponto B vale 24 N/C. O módulo do campo elétrico no ponto P da figura vale, em N/C:

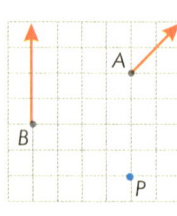

a) 3 b) 4 c) $3\sqrt{2}$ d) 6 e) 12

28. Duas cargas elétricas, $+Q$ e $-9Q$, estão localizadas, respectivamente, nos pontos M e N, indicados no esquema ao lado. Considerando os pontos 1, 2, 3 e 4 marcados no esquema, o campo elétrico resultante da ação dessas cargas elétricas é nulo

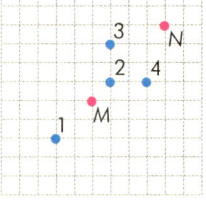

a) somente no ponto 1.
b) somente no ponto 2.
c) somente nos pontos 1 e 2.
d) somente nos pontos 3 e 4.
e) nos pontos 1, 2, 3 e 4.

29. (UFPR) Uma pequena esfera eletrizada, com carga -2 μC e peso de intensidade igual a $\sqrt{3} \cdot 10^{-5}$ N, está fixada na extremidade de um fio de seda supostamente ideal e em equilíbrio, conforme esquematizado na figura. Na região existe um campo elétrico uniforme horizontal $\vec{E}$. Determine a intensidade desse campo.

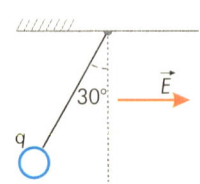

30. Um pêndulo elétrico tem comprimento $L = 1,0$ m e a esfera suspensa em sua extremidade tem massa $m = 10$ g e carga q incógnita. No sistema, agem a gravidade e um campo elétrico uniforme, horizontal, de intensidade $E = 7,5 \cdot 10^3$ N/C. O pêndulo estaciona com a esfera à distância $d = 0,60$ m da vertical que passa pelo ponto de suspensão. Sabendo que a intensidade do campo gravitacional é igual a 10 N/kg, determine o módulo da carga q.

31. (FEI – SP – modificada) Uma pequena esfera de massa 0,04 kg, eletrizada com carga 2,0 μC, está apoiada numa placa plana isolante, inclinada, com um ângulo de 30° com o horizonte. Calcule a intensidade do campo elétrico uniforme de direção horizontal que mantém a esfera em equilíbrio. Considere o módulo da aceleração da gravidade igual a 10 m/s².

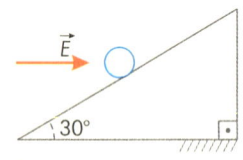

32. Um notável experimento científico realizado por Robert Millikan consistiu em pulverizar gotas de óleo entre duas placas planas, paralelas e horizontais, que estavam eletricamente carregadas com cargas de mesmo módulo e de sinais contrários. Na região entre as placas, o campo elétrico era uniforme. Durante a pulverização, o atrito entre as gotas de óleo e o tubo provocava a eletrização das gotas.

Na figura ao lado, é mostrada uma gota de óleo, negativamente carregada e em equilíbrio em um ponto P. A interação elétrica entre a gota de óleo e as demais é desprezível, uma vez que é extremamente pequena, em comparação

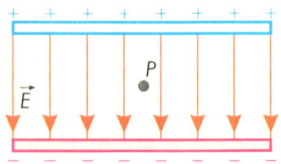

Exercícios Complementares

com a interação elétrica dessa gota com as duas placas planas. Antes da pulverização, a região entre as placas havia sido evacuada; assim, pode-se desprezar a resistência do ar no caso de ocorrer movimento de alguma partícula nessa região.

A respeito da situação descrita acima, relativa ao experimento de Millikan, julgue os itens que seguem.

(1) É correto afirmar que a intensidade da força elétrica resultante agindo na gota G (exercida pelas placas) é igual à intensidade da força gravitacional que atua nessa gota.

(2) A força elétrica que atua na gota G tem a mesma direção e o mesmo sentido do campo elétrico resultante no ponto P.

(3) Caso as dimensões da gota G fossem extremamente pequenas, um valor possível para a sua carga seria $-2{,}43 \cdot 10^{-19}$ C.

(4) A intensidade da força elétrica que atua na gota G é diretamente proporcional ao valor absoluto de sua carga e inversamente proporcional ao valor absoluto da carga de uma das placas.

(5) No ponto P, a intensidade do campo elétrico gerado pelas placas eletricamente carregadas independe do valor da carga da gota G.

33. (UNICAMP – SP) Duas cargas puntiformes $Q_1 = 4{,}0 \cdot 10^{-6}$ C e $Q_2 = -2{,}0 \cdot 10^{-6}$ C estão localizadas sobre o eixo x e distam $3\sqrt{2}$ m entre si, no vácuo ($k_0 = 9 \cdot 10^9$ N · m²/C²).

a) A que distância de Q_2, medida sobre o eixo x, o campo eletrostático resultante é nulo?

b) Que força atuará sobre uma carga de prova $q_3 = 2{,}0 \cdot 10^{-6}$ C, colocada à meia distância entre Q_1 e Q_2?

34. (FUVEST – SP) Um dipolo elétrico define-se como duas cargas iguais e opostas separadas por uma distância L. Se Q é o valor da carga, o campo elétrico, conforme a figura ao lado, no ponto P, tem intensidade igual a:

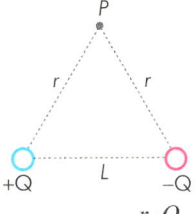

a) $k \cdot \dfrac{Q}{r^2}$ c) $k \cdot \dfrac{L \cdot Q}{r^3}$ e) $k \cdot \dfrac{r \cdot Q}{L}$

b) $k \cdot \dfrac{Q}{r}$ d) $k \cdot \dfrac{L \cdot Q}{r^2}$

35. Michael Faraday (1791-1867), um dos fundadores da moderna teoria da eletricidade, introduziu o conceito de campo elétrico na Filosofia Natural. A noção de campo elétrico como uma alteração produzida no espaço que envolve uma carga elétrica tem sua origem com ele, no século XVIII. Hoje, são inúmeros os fenômenos em que podemos descrever a presença de forças elétricas entre corpos eletricamente carregados, desde uma simples máquina copiadora, uma coifa eletrostática, até as grandes descargas elétricas que ocorrem no espaço.

Com base nos seus conhecimentos sobre campo de forças elétricas, julgue as afirmações a seguir.

(1) As linhas de força de um campo elétrico são representações das trajetórias de cargas elétricas, quando lançadas em movimento no interior do campo.

(2) As forças de interações entre átomos, moléculas e íons, que mantêm a estrutura íntima da matéria, são forças fracas de origem elétrica, enquanto as forças de contato entre corpos macroscópicos usuais são forças fortes de origem gravitacional.

(3) A carga elétrica é uma propriedade intrínseca das partículas elementares constituintes do átomo; portanto, todas as partículas constituintes da matéria possuem essa propriedade.

(4) Partículas carregadas com cargas elétricas positivas, quando abandonadas no interior de um campo elétrico, movem-se espontaneamente no sentido desse campo.

(5) As linhas de força do campo elétrico são traçadas de modo que permitam que, em uma rápida observação, se possam conhecer a direção e o sentido, mas não a intensidade do campo elétrico em cada ponto da região.

36. Em algumas impressoras a jato de tinta, os caracteres são feitos de minúsculas gotas de tinta arremessadas contra a folha de papel. O ponto no qual as gotas atingem o papel é determinado eletrostaticamente. As gotas são inicialmente formadas, e depois carregadas eletricamente. Em seguida, elas são lançadas com velocidade constante $\vec{v}$ em uma região onde existe um campo elétrico uniforme entre as duas pequenas placas metálicas. O campo elétrico deflete as gotas, conforme a figura a seguir.

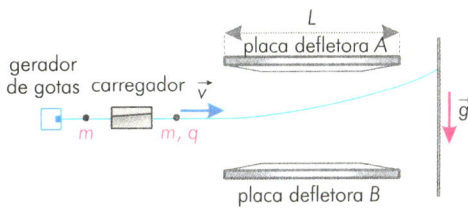

O controle da trajetória é feito escolhendo-se convencionalmente a carga de cada gota. Considere uma gota típica com massa $m = 1{,}0 \cdot 10^{-10}$ kg, carga elétrica $q = -2{,}0 \cdot 10^{-13}$ C, velocidade horizontal de módulo $v = 6{,}0$ m/s, aceleração da gravidade local de módulo $g = 10$ m/s², atravessando uma região de comprimento $L = 8{,}0 \cdot 10^{-3}$ m onde há um campo elétrico de intensidade $E = 1{,}5 \cdot 10^6$ N/C. Com base nessas informações, julgue os itens seguintes.

(1) A razão entre as intensidades da força elétrica e da força peso que atuam sobre a gota de tinta é inferior a $2{,}8 \cdot 10^2$.

(2) A placa A está carregada com carga elétrica negativa.

(3) O campo elétrico no interior das placas tem direção vertical e aponta da placa A para a placa B.

(4) O módulo da componente vertical da velocidade da gota, após atravessar a região com campo elétrico, é superior a $5{,}0$ m/s.

(5) A gota de tinta em movimento no interior do campo elétrico tem aceleração de módulo superior ao da aceleração da gravidade local.

32 Potencial Elétrico e Energia Potencial Elétrica

32.1. Potencial Elétrico

O conceito de potencial elétrico expressa o efeito de um campo elétrico em termos da posição dentro desse campo.

Q
P
$\vec{F}$
$(q; V; E_{P_e})$

Figura 32-1.

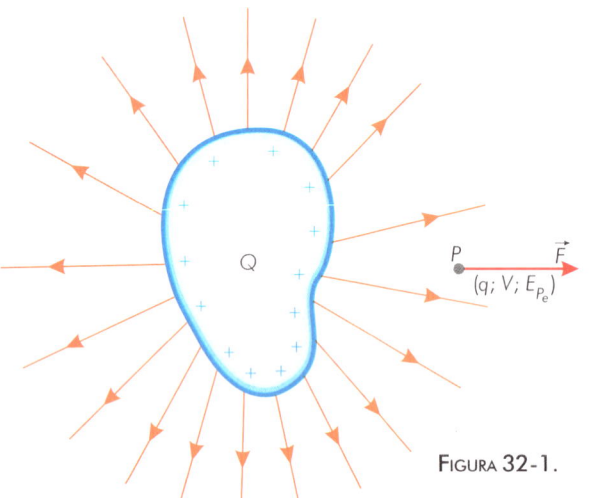

Uma partícula de carga q, colocada no campo elétrico gerado por um corpo de carga Q, sofre a ação de uma força $\vec{F}$. Essa força tende a realizar trabalho sobre a partícula, graças ao qual a partícula pode adquirir energia. Esse *trabalho* é determinado pela *força* que atua na partícula e pelo *deslocamento* da partícula; a força depende da posição da partícula no campo elétrico, e o deslocamento corresponde a uma diferença entre duas posições, no campo elétrico. Logo, a energia adquirida pela partícula vai depender da posição do ponto P onde ela for colocada. É, portanto, uma *energia potencial elétrica*: energia associada a cargas e dependente da posição (Figura 32-1).

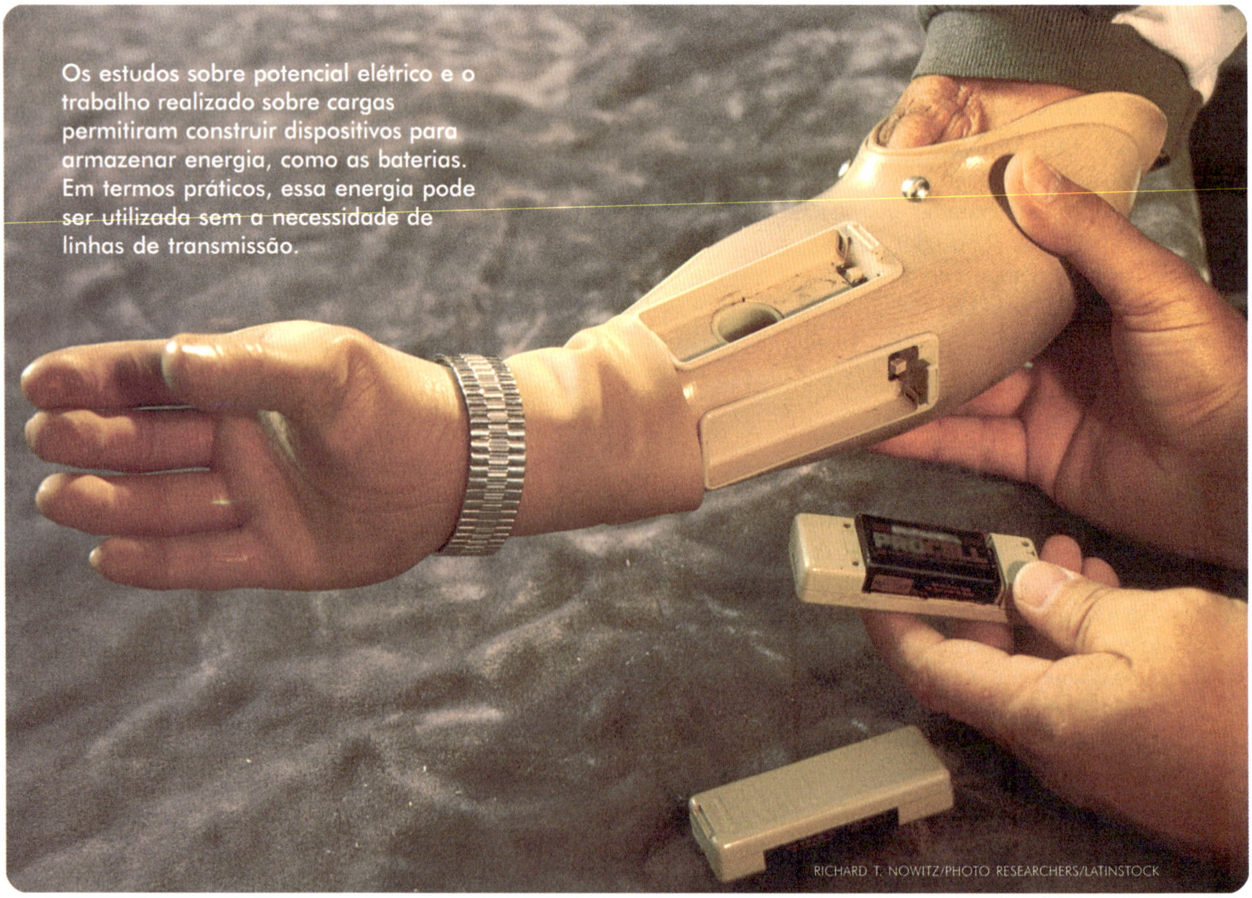

Os estudos sobre potencial elétrico e o trabalho realizado sobre cargas permitiram construir dispositivos para armazenar energia, como as baterias. Em termos práticos, essa energia pode ser utilizada sem a necessidade de linhas de transmissão.
RICHARD T. NOWITZ/PHOTO RESEARCHERS/LATINSTOCK

Para cada ponto P de um campo elétrico, a força que atua sobre a partícula é diretamente proporcional à carga q da partícula ($\vec{F} = q \cdot \vec{E}$). Logo, o trabalho realizado sobre a partícula e, por consequência, a energia potencial elétrica associada a essa partícula (E_P) também são diretamente proporcionais à carga q. Se E_P e q são diretamente proporcionais, a razão $\dfrac{E_P}{q}$ é constante. Admitindo-se que a carga q seja suficientemente pequena e positiva (carga de prova), essa razão, $\dfrac{E_P}{q}$, é, por definição, o *potencial elétrico* (V) desse ponto P.

$$V = \frac{E_P}{q}$$

Potencial elétrico de um ponto de um campo elétrico é a **energia potencial elétrica por unidade de carga elétrica** colocada naquele ponto.

Na equação acima,

- E_P é a energia potencial elétrica associada à carga elétrica, medida, no SI, em joules (J);
- q é a carga elétrica de prova, medida, no SI, em coulomb (C);
- V é o potencial elétrico, medido, no SI, em joule por coulomb (J/C).

A unidade de potencial elétrico, J/C, recebe, no Sistema Internacional, o nome **volt**, de símbolo V, em homenagem ao físico italiano Alessandro Volta (1745-1827), inventor da pilha. Então, 1 volt = 1 V = 1 J/C.

Alessandro Volta (1745-1827).

32.2. Trabalho da Força Elétrica em um Campo Elétrico Uniforme

Considere um campo elétrico uniforme de intensidade E. Sobre uma mesma linha de força, tomemos dois pontos quaisquer, A e B, separados pela distância d (Figura 32-2). Desloquemos uma carga puntiforme q de A para B.

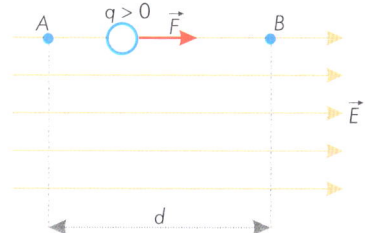

FIGURA 32-2.

O trabalho realizado pela força elétrica $\vec{F}$ nesse deslocamento será $\tau_{\vec{F}}^{A \to B} = F \cdot d$. Como $F = q \cdot E$, então,

$$\tau_{\vec{F}}^{A \to B} = q \cdot E \cdot d$$

Note que se trata de um *trabalho motor* (positivo), pois a força elétrica favorece o deslocamento da carga. Naturalmente, se a carga elétrica fosse levada de B para A, teríamos *trabalho resistente* (negativo), pois a força elétrica seria contrária ao deslocamento.

Já sabemos que a força elétrica é conservativa; portanto, o trabalho realizado pela força elétrica resultante no deslocamento de uma carga puntiforme, q, entre dois pontos, A e B, de um campo elétrico qualquer *não* depende da trajetória seguida pela carga, dependendo *apenas* do ponto de partida A e do ponto de chegada B.

Cuidado: a expressão $\tau_{\vec{F}}^{A \to B} = q \cdot E \cdot d$, para o cálculo do trabalho da força elétrica, é válida apenas no caso do campo elétrico uniforme.

32.3. Diferença de Potencial Elétrico

Consideremos a carga de prova q sujeita à ação de uma força elétrica resultante; nesse caso, podemos calcular o trabalho da força elétrica no deslocamento entre os pontos A e B usando o teorema da energia cinética. Assim, teríamos:

$$\tau_{\vec{F}}^{A \to B} = \tau_{\vec{F}_R}^{A \to B} = \Delta E_{cin.} = E_{c(B)} - E_{c(A)}$$

mas, de acordo com o Princípio da Conservação da Energia,

$$E_{p(A)} + E_{c(A)} = E_{p(B)} + E_{c(B)} \Rightarrow E_{p(A)} - E_{p(B)} = E_{c(B)} - E_{c(A)}$$

Comparando as equações acima, obtemos:

$$\tau_{\vec{F}}^{A \to B} = E_{p(A)} - E_{p(B)}$$

Da definição de potencial elétrico, segue que:

$$E_{p(A)} = q \cdot V_A \quad \text{e} \quad E_{p(B)} = q \cdot V_B$$

Então,

$$\tau_{\vec{F}}^{A \to B} = E_{p(A)} - E_{p(B)} \Rightarrow \tau_{\vec{F}}^{A \to B} = q \cdot V_A - q \cdot V_B \Rightarrow \boxed{\tau_{\vec{F}}^{A \to B} = q \cdot (V_A - V_B)}$$

O termo entre parênteses na última expressão, $(V_A - V_B)$, é denominado **diferença de potencial elétrico entre os pontos A e B**, abreviadamente **ddp**, ou, ainda, **tensão elétrica**. Usando a notação U_{AB}, escrevemos

$$\boxed{U_{AB} = V_A - V_B = \frac{\tau_{\vec{F}}^{A \to B}}{q}}$$

em que:

- $\tau_{\vec{F}}^{A \to B}$ é o trabalho da força elétrica no deslocamento da carga entre os pontos A e B, medido, no SI, em joule (J);
- q é a carga elétrica de prova, medida, no SI, em coulomb (C);
- $U_{AB} = (V_A - V_B)$ é a ddp entre os pontos A e B, medida, no SI, em joules por coulomb (J/C), que denominamos volt (V);
- o trabalho da força elétrica no deslocamento de uma carga elétrica q entre dois pontos, A e B, de um campo elétrico qualquer, é dado por: $\tau_{\vec{F}}^{A \to B} = q \cdot U_{AB}$ ou $\tau_{\vec{F}}^{A \to B} = q \cdot (V_A - V_B)$.

32.3.1. O elétron-volt

O joule é uma unidade grande demais para o estudo das partículas elementares, como se faz nos grandes aceleradores de partículas. Por isso, os cientistas dessa área usam a unidade **elétron-volt** (eV) para expressar as energias associadas a essas partículas no campo elétrico.

O *elétron-volt* (eV) é a energia adquirida por um elétron acelerado, a partir do repouso, em um trecho de campo elétrico em que a ddp é de um volt. Então, $1{,}0\,\text{eV} = 1{,}6 \cdot 10^{-19}$ J.

Exercícios Resolvidos

1. Uma partícula eletricamente carregada com carga $q = 4\,\mu\text{C}$ é abandonada, a partir do repouso, em um ponto A de um campo elétrico cujo potencial elétrico é $V_A = 60$ V. Essa partícula se desloca espontaneamente nessa região, passando pelo ponto B, cujo potencial elétrico é $V_B = 20$ V. Considerando a situação acima descrita, calcule:

a) a energia potencial elétrica armazenada pela partícula quando esta se encontra no ponto A e, depois, no ponto B.
b) o trabalho realizado pela força elétrica no deslocamento da partícula do ponto A até o ponto B.
c) a energia cinética da partícula quando esta passa pelo ponto B, admitindo que a força elétrica é a única força que atua na partícula no seu deslocamento de A para B.

RESOLUÇÃO:

a) Por definição, a energia potencial elétrica armazenada pela partícula de carga q em qualquer ponto do campo elétrico é dada pela relação $E_p = q \cdot V$. Assim, temos:

- energia potencial que a partícula de carga q armazena quando se encontra no ponto A:

$$E_{p(A)} = 4 \cdot 10^{-6} \cdot 60 \Rightarrow E_{p(A)} = 2{,}4 \cdot 10^{-4}\,\text{J}$$

- energia potencial que a partícula de carga q armazena quando se encontra no ponto B:

$$E_{p(B)} = 4 \cdot 10^{-6} \cdot 20 \Rightarrow E_{p(B)} = 8{,}0 \cdot 10^{-5}\,\text{J}$$

b) O trabalho realizado pela força elétrica no deslocamento da partícula de A para B pode ser calculado pela relação $\tau_F^{A \to B} = q \cdot (V_A - V_B)$. Assim,

$$\tau_F^{A \to B} = 4 \cdot 10^{-6} \cdot (60 - 20)$$
$$\tau_F^{A \to B} = 4 \cdot 10^{-6} \cdot 40 \therefore \tau_F^{A \to B} = 1{,}6 \cdot 10^{-4}\,\text{J}$$

c) Pelo teorema da energia cinética, sabemos que $\tau_{F_R}^{A \to B} = \Delta E_c$. Como a única força que atua na partícula durante o seu deslocamento de A para B é a força elétrica e a energia cinética dessa partícula no ponto A é nula, temos:

$$\tau_{F_R}^{A \to B} = \Delta E_c$$
$$\tau_{F_R}^{A \to B} = E_{c(B)} - \varepsilon_{c(A)}$$
$$1{,}6 \cdot 10^{-4} = E_{c(B)} - 0 \therefore E_{c(B)} = 1{,}6 \cdot 10^{-4}\,\text{J}$$

2. Uma partícula de massa $0{,}4$ g e carga elétrica $q = 2{,}0\,\mu\text{C}$ é abandonada, a partir do repouso, em um ponto A de um campo elétrico uniforme. Após percorrer a distância $d = 20$ cm, a partícula passa pelo ponto B com velocidade escalar de módulo igual a 20 m/s. Despreze qualquer ação gravitacional.

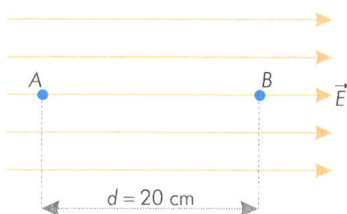

Determine, em unidades SI:

a) o trabalho realizado pela força elétrica no deslocamento da partícula de A para B;
b) a diferença de potencial entre os pontos A e B;
c) a intensidade do campo elétrico.

RESOLUÇÃO:

a) Pelo teorema da energia cinética, sabemos que $\tau_{F_R}^{A \to B} = \Delta E_c$.

Como a única força que atua na partícula durante o seu deslocamento de A para B é a força elétrica, e a energia cinética dessa partícula no ponto A é nula, temos:

$$\tau_{F_R}^{A \to B} = \Delta E_c$$
$$\tau_{F_R}^{A \to B} = E_{c(B)} - E_{c(A)}$$
$$\tau_{F_R}^{A \to B} = \frac{m \cdot v_B^2}{2}$$
$$\tau_{F_R}^{A \to B} = \frac{0{,}4 \cdot 10^{-3} \cdot 20^2}{2}$$
$$\tau_{F_R}^{A \to B} = 0{,}2 \cdot 400 \cdot 10^{-3} \therefore \tau_{F_R}^{A \to B} = 8{,}0 \cdot 10^{-2}\,\text{J}$$

b) O trabalho realizado pela força elétrica no deslocamento da partícula de A para B é dado por $\tau_F^{A \to B} = q \cdot U_{AB}$. Assim,

$$8{,}0 \cdot 10^{-2} = 2{,}0 \cdot 10^{-6}\,U_{AB}$$
$$U_{AB} = \frac{8{,}0 \cdot 10^{-2}}{2{,}0 \cdot 10^{-6}} \therefore U_{AB} = 4{,}0 \cdot 10^4\,\text{V}$$

c) Como o campo elétrico na região é uniforme, podemos obter a sua intensidade pela relação $U_{AB} = E \cdot d$. Assim,

$$4{,}0 \cdot 10^4 = E \cdot 0{,}20$$
$$E = \frac{4{,}0 \cdot 10^4}{2{,}0 \cdot 10^{-1}} \therefore E = 2{,}0 \cdot 10^5\,\text{V/m}$$

Exercícios Propostos

3. O potencial elétrico de um ponto P de um campo elétrico é $V_P = 2{,}0 \cdot 10^4$ V. Calcule a energia potencial elétrica que uma carga de prova $q = -6{,}0$ μC adquire ao ser colocada nesse ponto.

4. (UFSM – RS) Uma partícula com carga $q = 2{,}0 \cdot 10^{-7}$ C desloca-se do ponto A ao ponto B, que estão numa região em que existe um campo elétrico.

Durante esse deslocamento, a força elétrica realiza um trabalho igual a $4{,}0 \cdot 10^{-3}$ J sobre a partícula. A diferença de potencial $V_A - V_B$ entre os pontos considerados vale, em volt,

a) $-8{,}0 \cdot 10^{-10}$ c) $-2{,}0 \cdot 10^4$ e) $0{,}50 \cdot 10^{-4}$
b) $8{,}0 \cdot 10^{-10}$ d) $2{,}0 \cdot 10^4$

5. Uma partícula, de massa $6{,}0 \cdot 10^{-11}$ kg e eletricamente carregada com carga $q = 2{,}0$ μC, é abandonada, a partir do repouso, em um ponto A de um campo elétrico, cujo potencial elétrico é $V_A = 100$ V. Essa partícula desloca-se, espontaneamente, nessa região, passando pelo ponto B cujo potencial elétrico é $V_B = 40$ V. Considerando a situação acima descrita, calcule:

a) a energia potencial elétrica armazenada pela partícula quando esta se encontra no ponto A e depois no ponto B;

b) o trabalho realizado pela força no deslocamento da partícula do ponto A até o ponto B;

c) o módulo da velocidade escalar da partícula quando esta passa pelo ponto B, admitindo que a força elétrica é a única força que atua na partícula no seu deslocamento de A para B.

6. (FUVEST – SP) Um elétron penetra numa região de campo elétrico uniforme de intensidade 90 N/C, com velocidade inicial de $3{,}0 \cdot 10^6$ m/s na mesma direção e sentido do campo elétrico. Sabendo que a massa do elétron é igual a $9{,}0 \cdot 10^{-31}$ kg, que a carga do elétron é igual a $-1{,}6 \cdot 10^{-19}$ C e que a energia potencial elétrica inicial do elétron é nula, determine.

a) a energia potencial elétrica no instante em que a sua velocidade, no interior do campo, é nula.

b) o módulo da aceleração do elétron. Despreze qualquer ação gravitacional.

7. O campo elétrico em uma dada região é constante, uniforme e tem intensidade $E = 1{,}0 \cdot 10^5$ V/m, conforme esquematizado na figura ao lado.

Determine:

a) o valor da distância d;
b) a ddp entre os pontos A e F;
c) o trabalho da força elétrica que atua em $q = 1{,}0$ μC, ao ser levada de A até C seguindo o caminho
$A \to D \to G \to F \to C$;
d) a energia potencial elétrica que $q = 1{,}0$ μC adquire, ao ser colocada em B.

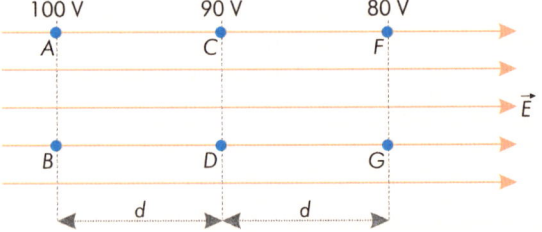

8. O campo elétrico em dada região do espaço é constante e uniforme, como esquematizado na figura ao lado. Uma partícula de massa igual a $4{,}0 \cdot 10^{-7}$ kg e carga q igual a $-2{,}0$ μC é abandonada, a partir do repouso, no ponto A, de abscissa $x = -1{,}0$ m. Considere que a única força que atua na partícula é a força elétrica.

Determine:

a) a intensidade, a direção e o sentido do vetor campo elétrico na região;
b) o módulo da velocidade da partícula, após um deslocamento de 2,0 m.

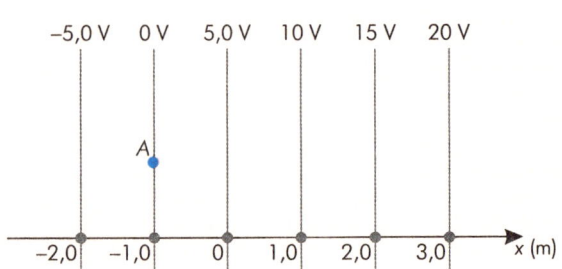

9. Uma carga elétrica $q = 5{,}0$ μC é deslocada em um campo elétrico desde um ponto A até um ponto B. O trabalho realizado pela força elétrica que atua em q é igual a $2{,}0 \cdot 10^{-3}$ J. Determine:

a) a diferença de potencial elétrico entre os pontos A e B;
b) o potencial elétrico do ponto A, considerando que o potencial elétrico de B vale $+100$ V.

10. Um próton é acelerado, exclusivamente, por uma força elétrica constante entre dois pontos de um campo elétrico sob uma diferença de potencial elétrico de 2,0 MV. Qual a variação de energia cinética do próton? A carga elétrica do próton é igual a $1{,}6 \cdot 10^{-19}$ C.

32.4. Energia Potencial Elétrica de um Par de Cargas Puntiformes

Consideremos uma carga elétrica Q fixa, no vácuo, e uma carga de prova q, abandonada a partir do repouso em um ponto A, nas vizinhanças de Q e livre para se movimentar. Já sabemos que essa carga de prova fica sujeita a uma força elétrica e, à custa dessa força elétrica, movimenta-se e adquire energia cinética (Figura 32-3). Em outras palavras, com a carga elétrica q no ponto A, o sistema possui energia potencial (que se converterá, gradualmente, em energia cinética).

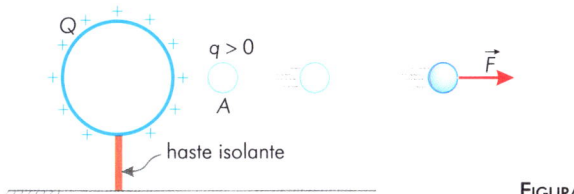

FIGURA 32-3.

Para o cálculo da energia potencial associada a essa distribuição com a carga q no ponto A, devemos considerar um segundo ponto de sua trajetória como *referência*, digamos, o ponto B, e calcular o trabalho da força elétrica no deslocamento da carga q entre o ponto A e o ponto de *referência* B (Figura 32-4).

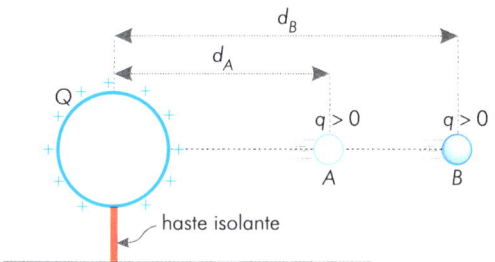

FIGURA 32-4.

A energia potencial da carga elétrica q no ponto A, em relação ao ponto B, é igual ao trabalho realizado pela força elétrica no deslocamento de A para B, isto é, adotando B como referencial, $E_{p(B)} = 0$ e $E_{p(A)} = \tau_F^{A \to B}$.

Usando cálculo avançado, pode-se demonstrar que:

$$E_{p(A)} = \tau_F^{A \to B} = k \cdot \frac{Q \cdot q}{d_A} - k \cdot \frac{Q \cdot q}{d_B}$$

Do ponto de vista matemático, é útil adotar-se o ponto de referência B infinitamente afastado de A, de modo que $d_B \to \infty$ e $k \cdot \frac{Q \cdot q}{d_B} \to 0$ e, imediatamente,

$$\boxed{E_{p(A)} = k \cdot \frac{Q \cdot q}{d_A}}$$

OBSERVAÇÃO: Como a energia potencial elétrica é atributo da distribuição de cargas no espaço, ela é, de fato, associada ao sistema de cargas, de modo que são equivalentes as seguintes expressões:

- a energia potencial elétrica de q, quando colocada no campo elétrico gerado pela carga Q;
- a energia potencial elétrica de Q, quando colocada no campo elétrico gerado pela carga q;
- a energia potencial elétrica do par constituído por Q e q.

32.5. Potencial Elétrico no Campo Criado por uma Carga Puntiforme

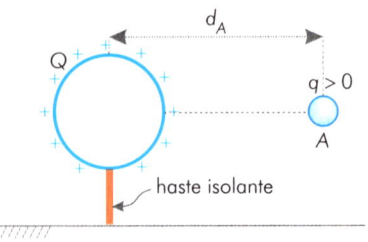

Figura 32-5.

Suponhamos que uma carga de prova seja transportada de um ponto a outro de um campo elétrico, pela ação de uma força elétrica. Esse transporte exige a realização de trabalho externo que, realizado sobre a carga, é armazenado no sistema na forma de energia potencial elétrica. Em um campo elétrico criado por uma carga puntiforme positiva, Q, se uma carga de prova também positiva, q, for trazida do infinito (adotado como referencial) até um ponto A, nas vizinhanças de Q (Figura 32-5), haverá realização de processo forçado, isto é, trabalho realizado contra as forças do campo elétrico.

Nessa situação, o trabalho realizado corresponde à energia potencial elétrica armazenada no sistema de partículas de cargas Q e q, isto é,

$$E_{P(A)} = k \cdot \frac{Q \cdot q}{d_A}$$

Evidentemente, o transporte de uma carga $2q$ armazenaria no sistema o dobro da energia, e assim sucessivamente, o que significa que é constante a energia potencial elétrica associada ao sistema *por unidade de carga de prova*. Por isso, define-se, convenientemente, uma nova grandeza escalar, chamada **potencial elétrico**, representada por V, que é uma propriedade dos pontos de um campo elétrico, como a energia potencial elétrica associada ao sistema de cargas por unidade de carga de prova.

Na situação de um campo elétrico gerado por uma carga de prova pontual, escreveremos:

$$V_A = \frac{E_{P(A)}}{q}$$

de onde, imediatamente, segue que:

$$V_A = k \cdot \frac{Q}{d_A}$$

é o *potencial elétrico do ponto A*, localizado à distância d_A da carga de prova Q que gera o campo elétrico em estudo.

Observações:

- O potencial elétrico associado a um ponto do campo elétrico é uma grandeza escalar, definido como uma relação entre duas outras grandezas escalares: a energia potencial elétrica e a carga elétrica.
- O potencial elétrico associado a um ponto do campo elétrico *não depende da carga de prova* colocada naquele ponto.
- O potencial elétrico associado a um ponto do espaço *depende da carga geradora* do campo elétrico.
- O valor algébrico do potencial elétrico de um ponto P tem o mesmo sinal da carga elétrica que o gerou:

$$Q > 0 \Rightarrow V_P > 0 \quad \text{e} \quad Q < 0 \Rightarrow V_P < 0$$

- Para uma dada carga geradora puntiforme Q, o potencial elétrico de um ponto A é inversamente proporcional à distância do ponto A à carga Q. Em diagramas cartesianos (potencial elétrico *versus* distância), a função seria representada por um ramo de hipérbole equilátera, simétrica à bissetriz do quadrante, como mostra a Figura 32-6.

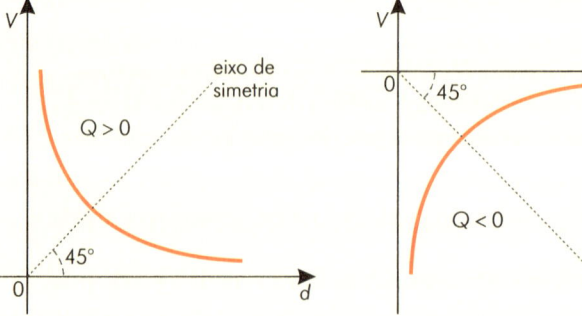

Figura 32-6.

32.6. Potencial Elétrico no Campo de um Sistema de Cargas

Consideremos um campo elétrico gerado por n cargas elétricas puntiformes: $Q_1, Q_2, ..., Q_n$. Tomemos um ponto P pertencente à região do campo elétrico (Figura 32-7).

Cada uma das cargas elétricas, $Q_1, Q_2, ..., Q_n$, gera, em P, potenciais parciais, respectivamente indicados por $V_1, V_2, ..., V_n$, tais que:

$$V_1 = k \cdot \frac{Q_1}{d_1},\ V_2 = k \cdot \frac{Q_2}{d_2},\ ...,\ V_n = k \cdot \frac{Q_n}{d_n}$$

O potencial elétrico efetivo (ou potencial elétrico resultante) no ponto P é dado pela *soma algébrica* dos potenciais elétricos parciais (lembre-se de que o potencial elétrico é uma grandeza escalar, portanto, não é orientada):

$$V_{Res.} = V_1 + V_2 + ... + V_n$$

Se substituirmos nessa equação as expressões dos potenciais parciais, teremos:

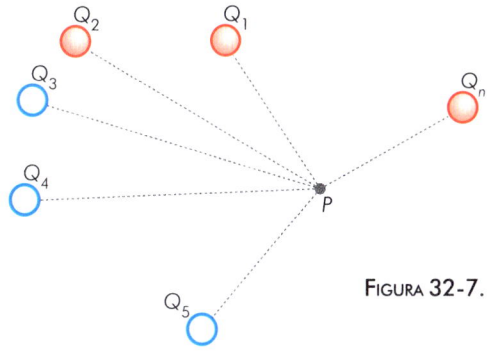

Figura 32-7.

$$V_{Res.} = k \cdot \frac{Q_1}{d_1} + k \cdot \frac{Q_2}{d_2} + k \cdot \frac{Q_3}{d_3} + ... + k \cdot \frac{Q_n}{d_n}$$

$$V_{Res.} = k \cdot \left(\frac{Q_1}{d_1} + \frac{Q_2}{d_2} + \cdots + \frac{Q_n}{d_n}\right)$$

Exercício Resolvido

11. Duas partículas eletricamente carregadas com cargas elétricas $Q_1 = 8{,}0\ \mu C$ e $Q_2 = -8{,}0\ \mu C$ estão fixas no vácuo, como esquematizado na figura a seguir. Considere a constante eletrostática do vácuo igual a $9{,}0 \cdot 10^9\ N \cdot m^2 \cdot C^{-2}$.

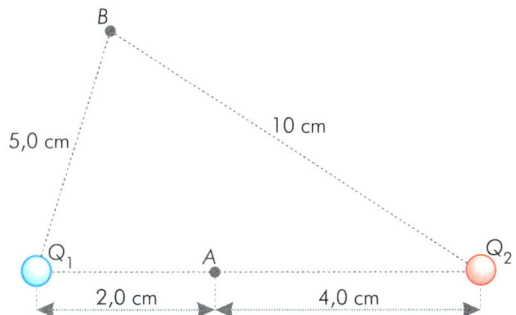

Determine, em unidades SI:
a) o potencial elétrico do ponto A;
b) o potencial elétrico do ponto B;
c) o trabalho realizado pela resultante das forças elétricas, no deslocamento de uma carga de prova $q = 2{,}0\ mC$ do ponto A até o ponto B.

RESOLUÇÃO:

a) O potencial elétrico total no ponto A é igual à soma algébrica dos potenciais elétricos devidos às cargas Q_1 e Q_2. Assim,

$$V_A = V_{Q_1} + V_{Q_2}$$

$$V_A = k \cdot \frac{Q_1}{d_{Q_1, A}} + k \cdot \frac{Q_2}{d_{Q_2, A}}$$

$$V_A = 9{,}0 \cdot 10^9 \cdot \frac{(8{,}0 \cdot 10^{-6})}{2{,}0 \cdot 10^{-2}} + 9{,}0 \cdot 10^9 \cdot \frac{(-8{,}0 \cdot 10^{-6})}{4{,}0 \cdot 10^{-2}}$$

$$V_A = 9{,}0 \cdot 10^9 \cdot 4{,}0 \cdot 10^{-4} - 9{,}0 \cdot 10^9 \cdot 2{,}0 \cdot 10^{-4}$$

$$V_A = 36 \cdot 10^5 - 18 \cdot 10^5 \quad \therefore \quad V_A = 1{,}8 \cdot 10^6\ V$$

b) O potencial elétrico total no ponto B é igual à soma algébrica dos potenciais elétricos devidos às cargas Q_1 e Q_2. Assim,

$$V_B = V_{Q_1} + V_{Q_2}$$

$$V_B = k \cdot \frac{Q_1}{d_{Q_1, B}} + k \cdot \frac{Q_2}{d_{Q_2, B}}$$

$$V_B = 9{,}0 \cdot 10^9 \cdot \frac{(8{,}0 \cdot 10^{-6})}{5{,}0 \cdot 10^{-2}} + 9{,}0 \cdot 10^9 \cdot \frac{(-8{,}0 \cdot 10^{-6})}{10 \cdot 10^{-2}}$$

$$V_B = 9{,}0 \cdot 10^9 \cdot 1{,}6 \cdot 10^{-4} - 9{,}0 \cdot 10^9 \cdot 0{,}8 \cdot 10^{-4}$$

$$V_B = 14{,}4 \cdot 10^5 - 7{,}2 \cdot 10^5 \quad \therefore \quad V_B = 7{,}2 \cdot 10^5\ V$$

c) O trabalho realizado pela força elétrica, no deslocamento da carga de prova $q = 2{,}0\ mC$ do ponto A ao ponto B, é dado por $\tau_F^{A \to B} = q \cdot (V_A - V_B)$

$$\tau_F^{A \to B} = 2{,}0 \cdot 10^{-3} \cdot (1{,}8 \cdot 10^6 - 0{,}72 \cdot 10^6)$$

$$\tau_F^{A \to B} = 2{,}0 \cdot 10^{-3} \cdot (1{,}08 \cdot 10^6)$$

$$\tau_F^{A \to B} = 2{,}16 \cdot 10^3\ J$$

Exercícios Propostos

12. O gráfico a seguir representa o potencial elétrico gerado por uma carga elétrica puntiforme, fixa no vácuo, em função da distância aos pontos do campo elétrico. Considere a constante eletrostática do vácuo igual a $9{,}0 \cdot 10^9 \, N \cdot m^2 \cdot C^{-2}$.

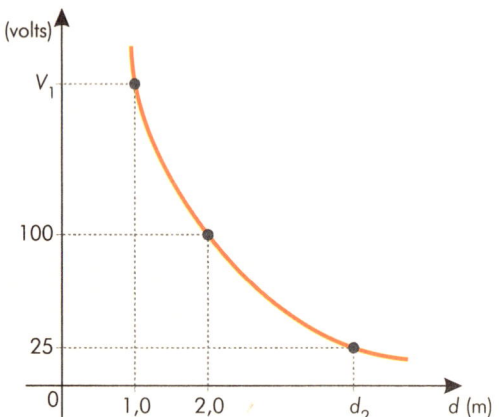

Usando os dados fornecidos pelo diagrama, determine, em unidades SI:

a) o valor da carga geradora;
b) o potencial elétrico V_1;
c) a distância d_2.

13. Uma partícula fixa, eletrizada com carga 10,0 μC, é responsável pelo campo elétrico existente em determinada região do espaço. Uma partícula com carga de 4,0 μC e 0,25 g de massa é abandonada, a partir do repouso, a 20 cm da carga-fonte, recebendo desta uma força de repulsão. Considere que, na partícula, atua apenas a força elétrica e que a constante eletrostática do meio é igual a $1{,}0 \cdot 10^{10} \, N \cdot m^2 \cdot C^{-2}$. Determine:

a) o potencial elétrico do ponto situado a 20 cm da carga-fonte, em relação ao infinito;
b) o potencial elétrico do ponto situado a 80 cm da carga-fonte, em relação ao infinito;
c) o trabalho que o campo elétrico realiza, para levar a partícula de carga 4,0 μC a 80 cm da carga-fonte;
d) o módulo da velocidade escalar da partícula de carga 4,0 μC, quando estiver a 80 cm da carga-fonte.

14. Consideremos o campo elétrico criado por duas cargas puntiformes de 6,0 nC e –6,0 nC fixas a 20 cm uma da outra, no vácuo, como mostra a figura a seguir.

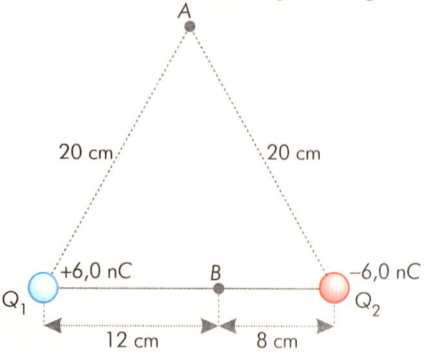

Qual a energia potencial elétrica que $q = 2{,}0$ nC adquire ao ser colocada, sucessivamente, nos pontos A e B dessa figura? Considere a constante eletrostática do vácuo igual a $9{,}0 \cdot 10^9 \, N \cdot m^2 \cdot C^{-2}$.

15. Usando os dados do exercício 14, calcule o trabalho realizado pela força elétrica no deslocamento de uma carga de prova $q = 2{,}0$ nC, do ponto A até o ponto B.

16. A diferença de potencial entre as duas placas condutoras paralelas indicadas no esquema seguinte é 500 V. Considere a carga do elétron igual a $-1{,}6 \cdot 10^{-19}$ C.

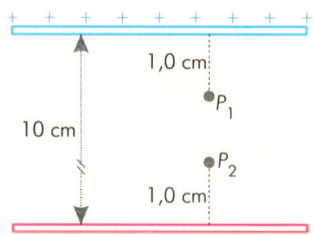

Quando um elétron é transportado de P_1 a P_2, o módulo do trabalho realizado pelo campo elétrico é, em joules, igual a:

a) $1{,}3 \cdot 10^{-20}$ J
b) $6{,}4 \cdot 10^{-20}$ J
c) $6{,}4 \cdot 10^{-17}$ J
d) $8{,}0 \cdot 10^{-16}$ J
e) $8{,}0 \cdot 10^{-15}$ J

17. Um corpúsculo de 0,2 g, eletrizado com carga de $8{,}0 \cdot 10^{-5}$ C, varia sua velocidade de 20 m/s para 80 m/s, quando se desloca do ponto A para o ponto B de um campo elétrico. A ddp entre os pontos A e B desse campo elétrico é de:

a) 1.500 V
b) 3.000 V
c) 7.500 V
d) 8.500 V
e) 9.000 V

18. Sobre o eixo x são colocadas duas cargas elétricas puntiformes, $Q_A = 1{,}0$ μC e $Q_B = -3{,}0$ μC, nos pontos de abscissas $x_A = 0$ e $x_B = 4{,}0$ m, respectivamente. Determine as abscissas dos pontos desse eixo nos quais o potencial elétrico devido às cargas Q_A e Q_B é nulo.

19. A figura a seguir mostra duas cargas elétricas puntiformes, $Q_1 = 10^{-5}$ C e $Q_2 = -10^{-5}$ C, localizadas nos vértices de um triângulo equilátero de lado igual a 30 cm. O meio é o vácuo, cuja constante eletrostática é $k = 9 \cdot 10^9 \, N \cdot m^2/C^2$. Determine o potencial elétrico no ponto P devido às cargas Q_1 e Q_2.

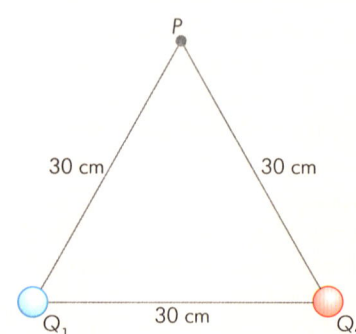

Exercícios Propostos

20. Um sistema formado por três cargas puntiformes iguais, colocadas em repouso nos vértices de um triângulo equilátero, tem energia potencial eletrostática igual a U. Substitui-se uma das cargas por outra, na mesma posição, mas com o dobro do valor. A energia potencial eletrostática do novo sistema será igual a:

a) $\dfrac{4U}{3}$ b) $\dfrac{3U}{2}$ c) $\dfrac{5U}{3}$ d) $2U$ e) $3U$

32.7. Propriedades do Potencial Elétrico

Consideremos uma linha de força retilínea de um campo elétrico gerado por cargas elétricas em repouso, como mostra a Figura 32-8. Como a carga elétrica positiva gera potenciais positivos e a carga negativa gera potenciais negativos, o potencial elétrico diminui da carga positiva para a negativa, isto é, no sentido da linha de força.

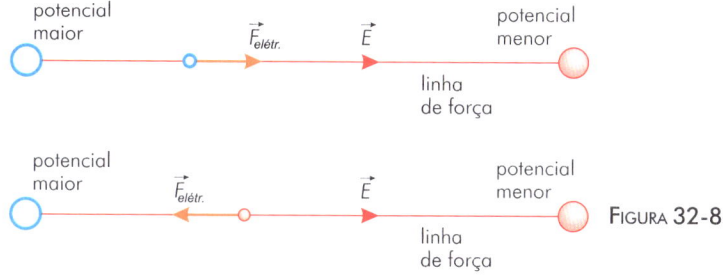

Figura 32-8.

Uma carga de prova q, abandonada a partir do repouso, passa a se deslocar sobre essa linha de força. Independentemente do sinal da carga q, o trabalho realizado pela força elétrica é *trabalho motor*, pois o movimento é espontâneo, isto é, a força elétrica favorece o deslocamento.

Temos dois casos a considerar:

- *cargas elétricas positivas*, abandonadas em um campo elétrico e sujeitas apenas à força elétrica, *deslocam-se espontaneamente* para pontos de *menor potencial elétrico*;
- *cargas elétricas negativas*, abandonadas em um campo elétrico e sujeitas apenas à força elétrica, *deslocam-se espontaneamente* para pontos de *maior potencial elétrico*.

Observações:
- Em qualquer uma das situações citadas acima,

  $\tau_F^{A \to B} = E_{p(A)} - E_{p(B)} > 0 \implies E_{p(A)} > E_{p(B)},$

  ou seja, no movimento espontâneo de cargas elétricas em um campo elétrico, a *energia potencial elétrica da carga diminui*.
- O potencial elétrico é decrescente no sentido da orientação de uma linha de força.
- Em decorrência da observação anterior, podemos concluir também que as linhas de força de um campo elétrico não podem ser linhas fechadas (isto é, não podem voltar ao ponto de partida).

Você Sabia?

Nos antigos aparelhos de TV, havia um tubo de raios que emitia cargas elétricas (elétrons), aceleradas e dirigidas para atingir a tela (que se encontrava na extremidade oposta ao tubo). Ao ser atingida pelos elétrons, a tela, revestida com fósforo, brilhava, formando a imagem.

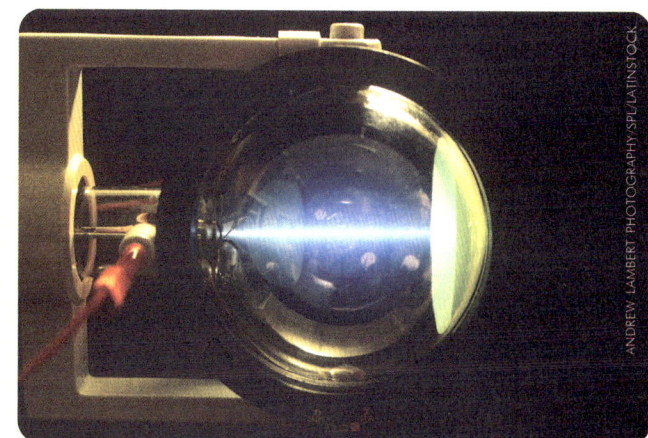

32.8. Superfícies Equipotenciais

Denomina-se **superfície equipotencial** o lugar geométrico dos pontos que apresentam o mesmo potencial elétrico. Como são em número infinito e contínuas, costumamos representar apenas algumas superfícies equipotenciais, correspondendo cada uma a determinado valor de potencial elétrico, o que permite uma noção do conjunto (Figura 32-9). Os desenhos são, obviamente, cortes nas situações tridimensionais; assim, as superfícies aparecem em nossos diagramas como linhas.

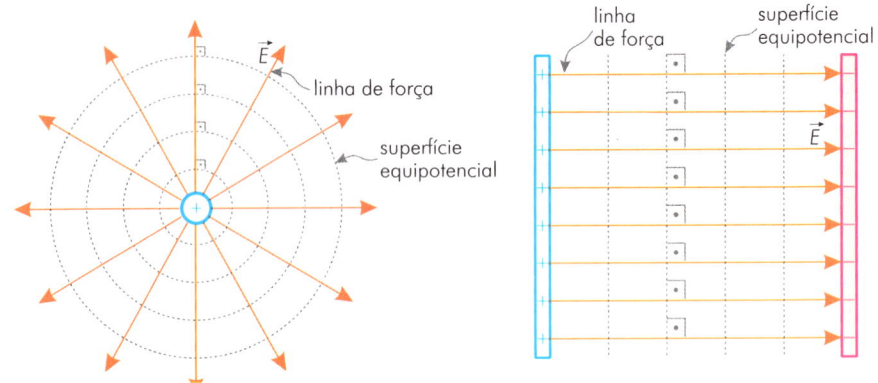

Figura 32-9.

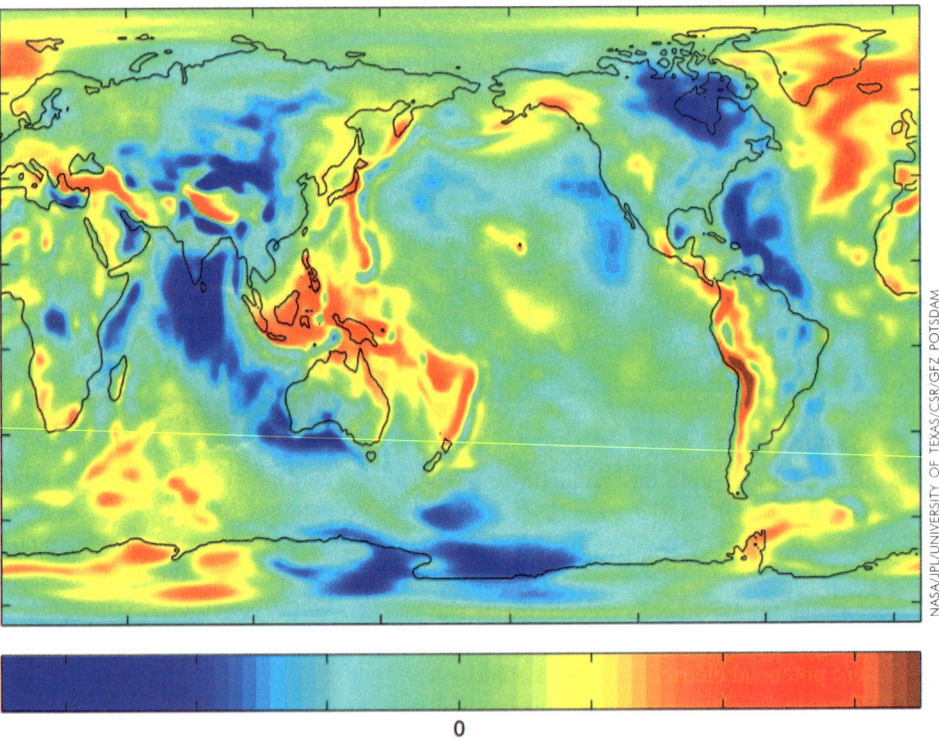

Análogo gravitacional: na imagem, planisfério terrestre mostrando a variação do campo gravitacional na superfície do planeta. Áreas vermelhas apresentam valores de gravidade mais altos, enquanto em azul estão os mais baixos valores. Uma superfície com uma cor homogênea é equipotencial.

32.8.1. Propriedades das superfícies equipotenciais

- O trabalho da força elétrica durante o deslocamento de uma carga elétrica puntiforme sobre uma superfície equipotencial é nulo.
- As superfícies equipotenciais são, em cada ponto, ortogonais à linha de força que representa o campo elétrico e, consequentemente, ortogonais ao vetor campo elétrico $\vec{E}$.

Exercício Resolvido

21. Considere as superfícies equipotenciais a seguir, S_1, S_2 e S_3, com seus respectivos potenciais elétricos indicados, e determine o trabalho realizado pela força elétrica que atua em uma partícula de carga elétrica 2,0 mC, quando essa partícula se desloca do ponto A ao ponto D, percorrendo a trajetória indicada.

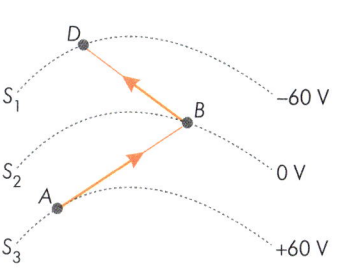

Resolução:
O trabalho realizado pela força elétrica não depende da trajetória percorrida pela partícula. Depende apenas do valor da carga da partícula e da diferença de potencial (ddp) entre os pontos A e D.

$$\tau_F^{A \to D} = q \cdot (V_A - V_D)$$

$$\tau_F^{A \to D} = 2{,}0 \cdot 10^{-3} \cdot [60 - (-60)]$$

$$\tau_F^{A \to D} = 2{,}0 \cdot 10^{-3} \cdot 120 \therefore \tau_F^{A \to D} = 2{,}40 \cdot 10^{-1} \text{ J}$$

Exercícios Propostos

22. (UFPR) A Eletrostática é a parte da Física que trata das propriedades e do comportamento de cargas elétricas em repouso. Com base nos conceitos da Eletrostática, julgue a veracidade das afirmações a seguir.

(1) As linhas de força do campo eletrostático, por convenção, iniciam nas cargas positivas e terminam nas cargas negativas.
(2) O trabalho realizado pela força elétrica no deslocamento de uma carga elétrica sobre uma superfície equipotencial é diferente de zero.
(3) Partículas carregadas positivamente, abandonadas, a partir do repouso, numa região onde existe um campo elétrico, irão se movimentar espontaneamente para pontos de maior potencial elétrico.
(4) As superfícies equipotenciais de um campo elétrico são sempre perpendiculares às linhas de forças desse campo.
(5) As superfícies equipotenciais de um campo elétrico são sempre planos paralelos entre si.

23. A figura a seguir representa, com linhas tracejadas, um conjunto de superfícies equipotenciais de um campo elétrico uniforme. Sabe-se que o potencial elétrico em A é de 500 V e que a ddp entre duas superfícies equipotenciais adjacentes é de 100 V.

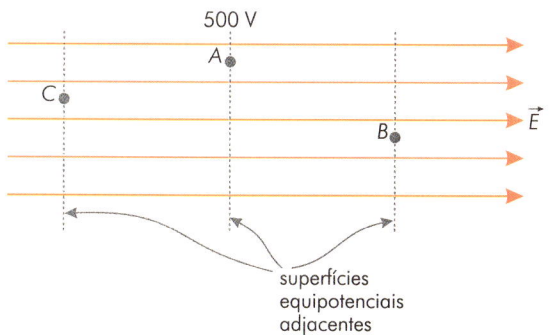

Calcule o trabalho realizado pela força elétrica que age em uma partícula de carga $q = -2{,}0$ μC, ao ser deslocada:

a) do ponto A para o ponto B;
b) do ponto B para o ponto C;
c) do ponto C para o ponto A.

24. (UnB – DF – modificada) A membrana que envolve cada uma de nossas células musculares tem espessura d cujo valor é igual a $5{,}0 \cdot 10^{-9}$ m. Quando o músculo está relaxado, há uma diferença de potencial de $9{,}0 \cdot 10^{-2}$ volt ao longo da espessura da membrana; tal diferença deve-se ao acúmulo de cargas positivas na parede externa da membrana e de cargas negativas em sua parede interna.

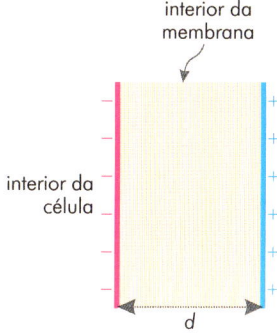

Nessas condições, calcule o módulo do campo elétrico médio $\vec{E}$ no interior da membrana e indique se $\vec{E}$ aponta para dentro ou para fora da célula.

25. Assinale a afirmação falsa.

a) Uma carga elétrica negativa, abandonada em repouso em um campo eletrostático, fica sujeita a uma força elétrica que realiza sobre ela um trabalho negativo.
b) Uma carga elétrica positiva, abandonada em repouso em um campo eletrostático, fica sujeita a uma força elétrica que realiza sobre ela um trabalho positivo.
c) Cargas elétricas negativas, abandonadas em repouso em um campo eletrostático, dirigem-se para pontos de potencial mais elevado.
d) Cargas elétricas positivas, abandonadas em repouso em um campo eletrostático, dirigem-se para pontos de menor potencial.

Exercícios Propostos

e) O trabalho realizado pelas forças eletrostáticas ao longo de uma curva fechada é nulo.

26. Na figura a seguir estão representadas algumas linhas de força do campo criado pela carga Q. Os pontos A, B, C e D estão sobre circunferências centradas na carga.

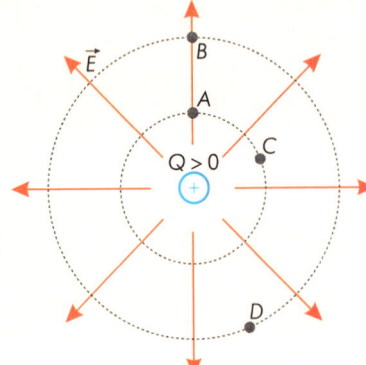

Assinale a afirmação FALSA.

a) Os potenciais elétricos em A e C são iguais.
b) O potencial elétrico em A é maior do que em D.
c) Uma carga elétrica positiva colocada em A tende a se afastar da carga Q.
d) O trabalho realizado pelo campo elétrico para deslocar uma carga de A para C é nulo.
e) O campo elétrico em B é mais intenso do que em A.

27. Na figura a seguir, uma carga de prova +q é deslocada ao longo das trajetórias I, II e III, no campo elétrico criado por uma carga puntiforme +Q.

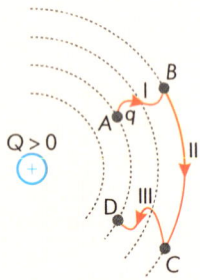

Julgue a veracidade das afirmações seguintes.

(1) O trabalho realizado pela força elétrica para levar a carga elétrica de A para D depende dos caminhos I, II e III.

(2) O trabalho realizado pela força elétrica no caminho II é nulo.

(3) O trabalho total realizado pela força elétrica para levar a carga elétrica de A para D é nulo.

(4) O módulo do trabalho realizado pela força elétrica sobre uma carga elétrica no deslocamento ao longo do caminho III é maior do que ao longo do caminho I.

28. (EN – RJ) Na configuração a seguir, estão representadas as linhas de força e as superfícies equipotenciais de um campo elétrico uniforme de intensidade igual a $2,0 \times 10^2$ V/m:

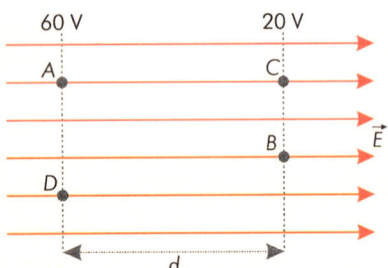

Considere as afirmações a seguir.

I. A separação d entre as superfícies equipotenciais vale 0,2 m.

II. O trabalho realizado pela força elétrica para deslocar uma carga $q = 6,0\ \mu C$ de A para C vale $2,4 \cdot 10^{-4}$ J.

III. O trabalho realizado pela força elétrica para deslocar uma carga $q = 6,0\ \mu C$ de A para B é maior que o trabalho realizado para deslocá-la de A para C.

IV. O trabalho realizado pela força elétrica para deslocar qualquer carga elétrica de D para A é nulo.

V. A energia potencial elétrica de uma carga elétrica localizada no ponto C é maior que a da mesma carga elétrica localizada no ponto D.

São corretas apenas:

a) I, II, III e IV.
b) I, II e IV.
c) II, IV e V.
d) I, II, III e V.
e) III e V.

Exercícios Complementares

29. Uma carga elétrica puntiforme $Q = 2,0\ \mu C$ gera, no vácuo, um campo elétrico. Sejam A e B pontos desse campo elétrico.

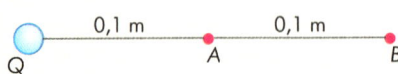

Desprezando as ações gravitacionais e considerando a constante eletrostática do vácuo igual a $9,0 \cdot 10^9\ N \cdot m^2 \cdot C^{-2}$, determine, em unidades SI:

a) os potenciais elétricos dos pontos A e B;
b) o trabalho realizado pela força elétrica que atua em uma carga de prova $q = 1,0 \cdot 10^{-4}$ C, quando é levada de A para B;

Exercícios Complementares

c) o trabalho realizado pela força elétrica que atua em $q = 1{,}0 \cdot 10^{-4}$ C, quando esta é levada do ponto A até o infinito;
d) o módulo da velocidade com que a partícula de carga $q = 1{,}0 \cdot 10^{-4}$ C e massa $m = 2{,}0 \cdot 10^{-2}$ kg deve ser lançada de B para que ela atinja o ponto A com velocidade escalar nula.

30. Um dos primeiros resultados que corroboraram o sucesso da *Teoria Quântica* foi a concordância entre os valores calculados teoricamente e os valores determinados experimentalmente para os diversos níveis de energia permitidos para o elétron do átomo de hidrogênio. O nível de energia mínimo (nível fundamental) corresponde a uma situação física em que a distância entre o elétron e o núcleo é igual a 0,53 Å (1 Å = 10^{-10} m).

A seguir, considere apenas um átomo do isótopo mais comum do hidrogênio. Suponha que as partículas que o constituem sejam cargas puntiformes. Admita que o núcleo esteja em repouso e que o elétron descreva uma trajetória ao seu redor, de acordo com a visão clássica. Com o auxílio do texto, julgue as afirmações seguintes.

(1) O núcleo do hidrogênio gera um campo elétrico apenas no local onde está o elétron.
(2) O módulo da força elétrica exercida pelo elétron no núcleo é inferior ao módulo da força exercida por este último no elétron, uma vez que a massa do elétron é muito menor que a massa do próton que constitui o núcleo.
(3) Se o elétron for excitado para uma camada mais distante do núcleo, a energia de interação eletrostática (energia potencial elétrica) entre ele e o núcleo aumentará.
(4) Para o nível fundamental, tem-se que o valor absoluto da energia de interação eletrostática entre o núcleo do átomo de hidrogênio e o elétron é inferior a $4{,}3 \cdot 10^{-18}$ J. Use a constante eletrostática do meio igual a $9{,}0 \cdot 10^9$ N · m² · C⁻².
(5) Após a ionização deste átomo de hidrogênio (isto é, a retirada de seu elétron), é correto afirmar que as superfícies equipotenciais elétricas do átomo ionizado são concêntricas, cujo centro é a posição do núcleo.

31. A variação de energia cinética de um elétron, em uma região de campo elétrico uniforme, é de $5{,}28 \cdot m \cdot 10^{13}$ J, em que m é a massa do elétron, medida em kg. Sabendo que a relação carga/massa do elétron $\left(\dfrac{q}{m}\right)$ é $1{,}76 \cdot 10^{11}$ C/kg, indique a opção que apresenta a diferença de potencial, em volts, entre os pontos por meio dos quais se detecta a variação da energia cinética.

a) 100   b) 228   c) 300   d) 333   e) 352

32. Uma carga elétrica puntiforme $q = 1{,}0 \cdot 10^{-6}$ C é abandonada, a partir do repouso, em um ponto A de um campo elétrico uniforme de intensidade $E = 1{,}0 \cdot 10^5$ N/C e cujas linhas de força são horizontais, conforme esquematizado na figura a seguir. Suponha que a única força que age na partícula seja a elétrica.

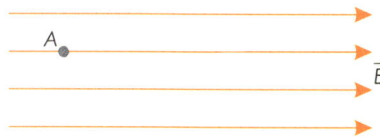

a) Determine a intensidade, a direção e o sentido da força elétrica que atua em q.
b) Ao passar por um ponto B, situado a 10 cm do ponto A, a energia potencial elétrica adquirida pela carga q vale $1{,}0 \cdot 10^{-3}$ J. Qual o potencial elétrico de B?
c) Qual a d.d.p. entre os pontos A e B?
d) Qual a energia potencial elétrica adquirida pela carga elétrica q quando ela se encontra no ponto A?

33. (FUVEST – SP) Considere o campo elétrico gerado por uma carga elétrica puntiforme q_1 (positiva), localizada no centro de um círculo de raio R. Uma outra carga elétrica puntiforme q é levada da posição A para B, de B para C, de C para D e finalmente de D para A, conforme mostra a figura a seguir. Sobre isso, considere as afirmações:

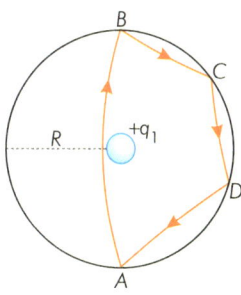

I. O trabalho é menor na trajetória BC que na trajetória DA.
II. O trabalho na trajetória AB é positivo se a carga q for positiva.
III. O trabalho na trajetória AB é igual ao trabalho no trajeto BC + CD + DA.
IV. O trabalho na trajetória AB + BC + CD + DA é nulo.

Sobre as afirmações acima, assinale a opção correta.
a) Apenas as afirmações I e IV são verdadeiras.
b) Apenas as afirmações I, II e IV são verdadeiras.
c) Apenas as afirmações II e III são verdadeiras.
d) Apenas as afirmações II, III e IV são verdadeiras.
e) Apenas as afirmações III e IV são verdadeiras.

34. (UnB – DF) Na região entre duas placas planas e paralelas, carregadas com cargas iguais e de sinais opostos, há um campo elétrico uniforme, de módulo igual a 4 N/C. Um elétron, de carga igual a $-1{,}6 \cdot 10^{-19}$ C, é abandonado, a partir do repouso, junto à superfície da placa carregada negativamente e atinge a superfície da placa oposta, a

Exercícios Complementares

2 cm de distância da primeira, em um determinado intervalo de tempo. Considerando a massa do elétron igual a $9,1 \cdot 10^{-31}$ kg, determine, em km/s, o módulo da velocidade do elétron no momento em que ele atinge a segunda placa, tomando somente a parte inteira de seu resultado.

35. (UnB – DF) Centros de relação (CRs) são complexos proteicos situados em uma membrana celular que podem ser considerados as unidades centrais do sistema fotossintético. São responsáveis pela primeira separação de cargas, após a absorção de luz, que eventualmente leva à síntese de moléculas de ATP. Ao receber a energia de um fóton, ou seja, de uma quantidade elementar de luz, um elétron é promovido a um nível de energia suficientemente alto para iniciar uma cadeia de reações que o leva de um extremo ao outro do complexo – o que origina um íon positivo em uma extremidade do CR e um íon negativo na outra –, como ilustra a figura abaixo. A separação de cargas através do CR cria uma diferença de potencial $U = \dfrac{k \cdot q}{d}$ entre os seus extremos.

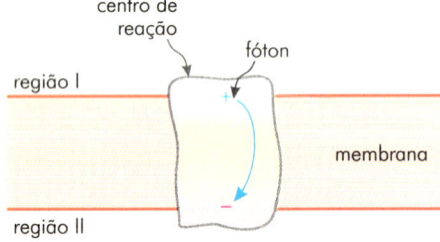

Considerando que $k = 3 \cdot 10^9$ Nm²/C² é a constante apropriada ao sistema, $q = 1,6 \cdot 10^{-19}$ C é a carga elétrica elementar, $d = 3$ nm é a distância linear percorrida pelo elétron para ir de um lado ao outro do CR e que a energia necessária para converter 1 ADP em ATP é de $5 \cdot 10^{-20}$ J, julgue os itens a seguir.

(1) Sabendo que, após a transferência de um elétron de um extremo ao outro, a estrutura CR impede o seu retorno ao ponto de partida, é correto concluir que a força exercida sobre CR pelo par de cargas é superior a $1,0 \cdot 10^{-12}$ N.

(2) Sabendo que a energia potencial elétrica armazenada pelo sistema é dada pelo produto do potencial elétrico pela carga elétrica elementar, e que a associação em série de CRs é similar à associação em série de baterias, é correto concluir que dois CRs trabalhando em série podem armazenar energia suficiente para transformação de 1 ADP em 1 ATP.

(3) Sabendo que existem íons de hidrogênio no meio aquoso representado na figura pelas regiões I e II, então o campo elétrico resultante do processo de transferência de carga faz com que esses íons se movimentem no meio aquoso, produzindo uma diferença de pH entre as regiões I e II nas proximidades da membrana.

(4) Sabendo que a associação em paralelo de centros de reação é similar à de baterias, é correto afirmar que 10 CRs associados em paralelo podem produzir uma tensão elétrica superior à de uma bateria de 1,5 V.

36. Com relação ao trabalho realizado pelo campo elétrico, quando abandonamos uma carga elétrica em repouso nesse campo, ele:

a) será sempre positivo.
b) será sempre negativo.
c) será sempre nulo.
d) será negativo, se a carga abandonada for negativa.
e) será nulo, se a carga for abandonada sobre uma superfície equipotencial.

37. Em um tubo de TV, os elétrons são acelerados em direção à tela, recebendo, cada elétron, uma energia de $4,0 \cdot 10^{-15}$ J. Sendo a carga do elétron igual a $-1,6 \cdot 10^{-19}$ C, a diferença de potencial responsável pela aceleração dos elétrons vale, em volts:

a) $6,4 \cdot 10^{-34}$ c) $2,4 \cdot 10^2$ e) $4,0 \cdot 10^5$
b) $4,0 \cdot 10^{-5}$ d) $2,5 \cdot 10^4$

38. Duas partículas, localizadas nos pontos A e B, no vácuo, estão separadas pela distância de 10 cm, conforme a figura abaixo. No ponto A está a carga de 40 nC e no ponto B a carga de –30 nC. Qual o trabalho realizado pelas forças elétricas para levar uma terceira carga de 25 nC do ponto C para o ponto D? Use a constante eletrostática do meio igual a $9,0 \cdot 10^9$ N · m² · C⁻².

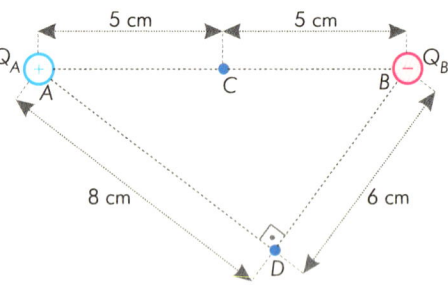

39. (UnB – DF) Duas cargas puntiformes, q (positiva) e $2q$ (positiva), estão fixas no espaço e separadas por uma distância $3d$ conforme o diagrama a seguir.

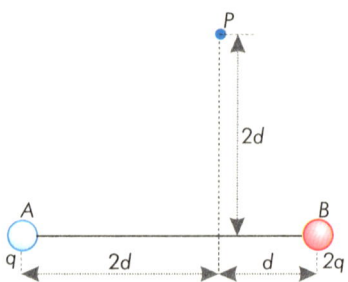

Julgue os itens a seguir.

(1) A lei de Coulomb afirma que a força elétrica entre essas duas cargas é atrativa e de módulo igual a $\dfrac{k \cdot 2q^2}{9d^2}$, onde k é a constante eletrostática do meio.

Exercícios Complementares

(2) O potencial elétrico no ponto P é

$$V = \frac{k \cdot q}{d} \cdot \left(\frac{1}{2 \cdot \sqrt{2}} + \frac{2}{\sqrt{5}} \right)$$

adotando nulo o potencial no infinito.

(3) O trabalho necessário para trazer uma carga q' do infinito até o ponto P é

$$W = \frac{k \cdot q \cdot q'}{d} \cdot \left(\frac{1}{2 \cdot \sqrt{2}} + \frac{2}{\sqrt{5}} \right)$$

(4) A energia armazenada no sistema q (positiva), $2q$ (positiva) e q' em P é

$$U = \frac{k \cdot q \cdot q'}{d} \cdot \left(\frac{1}{2 \cdot \sqrt{2}} + \frac{2}{\sqrt{5}} \right) + \frac{2k \cdot q^2}{3d}$$

(5) Quando o campo elétrico é nulo numa região do espaço, o potencial também deve ser nulo nessa região.

40. (CEUB – DF) Uma partícula de $5{,}0 \cdot 10^{-6}$ kg de massa, eletrizada com carga de $2{,}0$ µC, é abandonada, em repouso, num ponto de um campo elétrico uniforme com intensidade de 10^4 N/C, cujas linhas de força são horizontais. Após deslocar-se 20 cm sobre uma das linhas de força desse campo elétrico, no sentido dele, a velocidade da partícula é de

a) 400 m/s   c) 200 m/s   c) 0,04 m/s
b) 0,02 m/s   d) 40 m/s

41. (UnB – DF) Considere quatro cargas pontuais, $q_1 = 3$ C, $q_2 = 3$ C, $q_3 = 3$ C e $q_4 = -3$ C, dispostas nos vértices de um retângulo imaginário de lados $L_1 = 3$ m e $L_2 = 4$ m, como representado na figura. Calcule o trabalho, em *joules*, necessário para afastar as cargas, até que a distância entre elas seja duplicada. Dê sua resposta dividindo o valor encontrado por $9 \cdot 10^9$.

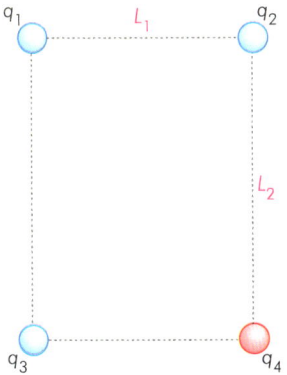

42. (UnB – DF) Nos períodos de estiagem em Brasília, é comum ocorrer o choque elétrico ao se tocar a carroceria de um carro ou a maçaneta de uma porta em um local onde o piso seja recoberto por carpete. Centelhas ou faíscas elétricas de cerca de um centímetro de comprimento saltam entre os dedos das pessoas e esses objetos. Uma faísca elétrica ocorre entre dois corpos isolados no ar, separados por uma distância de um centímetro, quando a diferença de potencial elétrico entre eles atinge, em média, 10.000 V.

Com auxílio do texto acima, julgue os itens que se seguem.

(1) O choque elétrico é sentido por uma pessoa devido à passagem de corrente elétrica pelo seu corpo, ocasionada por uma diferença de potencial.

(2) Os choques elétricos referidos no texto são perigosos porque são provenientes de cargas elétricas estáticas que acumulam grande quantidade de energia.

(3) O processo de eletrização por indução é o principal responsável pelo surgimento do fenômeno descrito no texto.

(4) O ar em uma região onde existe um campo elétrico uniforme de intensidade superior a 10.000 V/cm é um péssimo condutor de eletricidade.

(5) O valor absoluto do potencial elétrico da carroceria de um carro aumenta devido ao armazenamento de cargas eletrostáticas.

43. (UnB – DF) Não têm faltado sugestões de que se busque uma correlação direta entre a vida, ou o livre-arbítrio, e aspectos dos fenômenos atômicos, para cuja compreensão o arcabouço da física clássica é, obviamente, estreito demais. De fato, é possível apontar muitos traços característicos das reações dos organismos vivos, como a sensibilidade da percepção visual ou da indução da mutação genética pela penetração da radiação, que sem dúvida podem ser vistos como uma ampliação de efeitos dos processos atômicos individuais, semelhantes àquela em que se baseia essencialmente a técnica experimental da física atômica. Contudo, a simples constatação de que o refinamento dos mecanismos de organização e regulação dos seres vivos supera qualquer expectativa prévia não nos permite, de maneira alguma, explicar as características peculiares da vida. Com efeito, os chamados aspectos holísticos e finalistas dos fenômenos biológicos decerto não podem ser imediatamente explicados pela característica de individualidade dos processos atômicos.

N. Bohr, *Física atômica e conhecimento humano.* Contraponto, 1996, p. 26 (com adaptações).

Com base no texto, julgue os itens a seguir.

(1) A individualidade dos processos atômicos pode oferecer a explicação imediata para os aspectos holísticos dos fenômenos biológicos.

(2) O conhecimento a respeito da física clássica é suficiente para que se estabeleça uma correlação direta entre a vida e os fenômenos atômicos.

(3) A sensibilidade da percepção visual pode ser vista como uma ampliação de efeitos dos processos atômicos individuais.

(4) No texto, está explícita a ideia de que a lei da ação e reação é essencial para a compreensão da vida.

33 Condutor Isolado e em Equilíbrio Eletrostático

33.1. Introdução

Nos capítulos anteriores, fizemos o estudo do campo elétrico e do potencial elétrico gerados por uma carga elétrica puntiforme. Faremos, agora, o estudo das propriedades de um condutor, cujas dimensões não são desprezíveis, isolado e em equilíbrio eletrostático.

Diz-se que um condutor isolado – eletrizado ou neutro – está em **equilíbrio eletrostático** *quando não existe movimento ordenado de cargas elétricas em seu interior ou em sua superfície*. Nesse caso, seus elétrons livres encontram-se em repouso ou, o que é mais provável, em um estado de movimento caótico e desordenado, totalmente aleatório, de modo que não há movimento líquido, e as cargas podem ser tratadas como se estivessem em repouso.

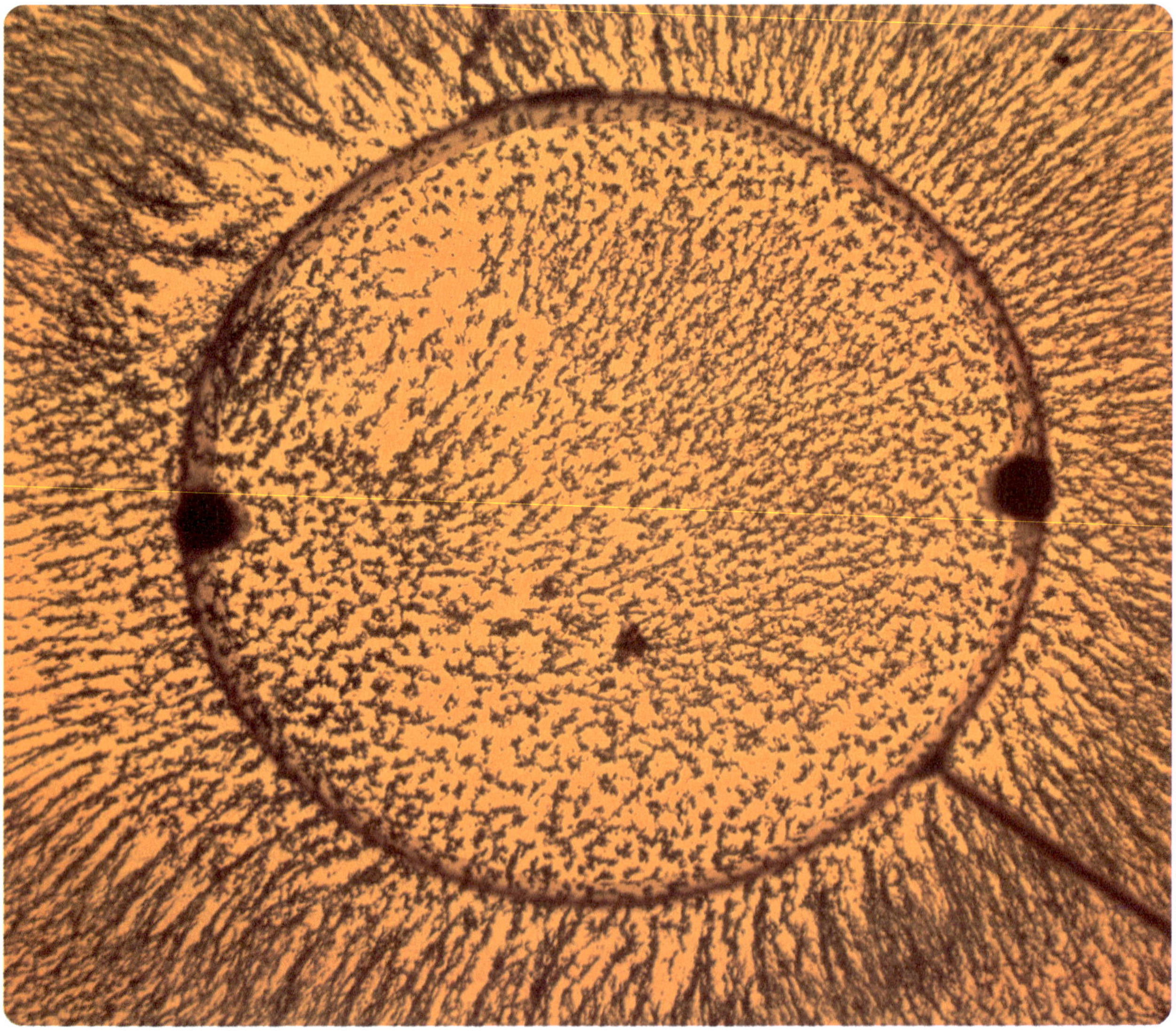

YOAV LEVY/PHOTOTAKE/LATINSTOCK

A fotografia exibe uma manifestação das linhas do campo elétrico em torno de um condutor eletrizado, em forma de anel.
A orientação das partículas em suspensão em um líquido mostra um campo radial, fora do condutor.
No interior, a desorganização das partículas mostra que não há efeito elétrico resultante.

33.2. Distribuição das Cargas Elétricas em Excesso em um Condutor Isolado e em Equilíbrio Eletrostático

Consideremos um condutor eletrizado e em equilíbrio eletrostático. Os elétrons livres, em excesso ou em falta, são cargas de mesmo sinal e repelem-se de forma que busque a maior distância entre si. A maior distância possível entre essas cargas elétricas, sem que elas abandonem o condutor, é conseguida quando se distribuem na superfície externa do condutor (Figura 33-1).

Em um condutor isolado e em equilíbrio eletrostático, as cargas elétricas em excesso distribuem-se pela sua superfície externa.

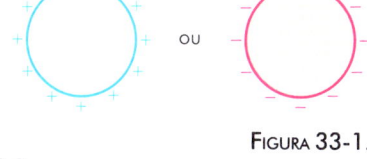

FIGURA 33-1.

Michael Faraday realizou, por volta de 1843, experimentos que comprovaram a distribuição de cargas elétricas em excesso na superfície externa dos condutores. Em uma delas, Faraday construiu uma tela cônica de linho, material relativamente bom condutor de eletricidade, e a eletrizou. Depois, com auxílio de um pêndulo de cortiça, observou que não havia cargas elétricas em excesso na superfície interna do cone, apenas em sua superfície externa. Virando a tela pelo avesso, com auxílio de um fio de seda preso ao vértice do cone, Faraday observou que as cargas elétricas migravam para a nova superfície externa (Figura 33-2).

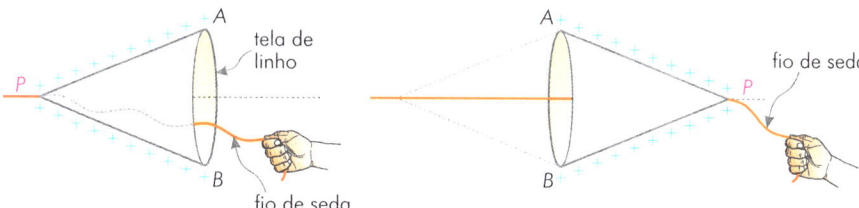

FIGURA 33-2. Tela cônica de Faraday.

33.3. Propriedades do Condutor Isolado e em Equilíbrio Eletrostático

- Tendo em vista a distribuição das cargas elétricas em excesso em um condutor em equilíbrio, na sua superfície externa, podemos concluir que:

    O campo elétrico resultante nos pontos internos do condutor em equilíbrio eletrostático é nulo, isto é, $\vec{E} = \vec{0}$.

    Se houvesse um campo elétrico não nulo no interior do condutor, seus elétrons livres ficariam sujeitos a uma força elétrica que ocasionaria um movimento ordenado dessas cargas elétricas. Assim, o condutor deixaria de estar em equilíbrio eletrostático (Figura 33-3).

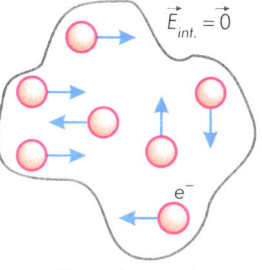

O condutor está em equilíbrio eletrostático.

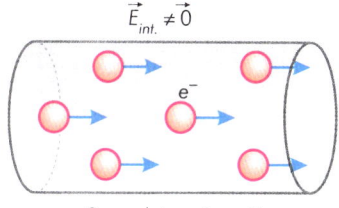

O condutor não está em equilíbrio eletrostático.

FIGURA 33-3.

- O potencial elétrico em todos os *pontos, internos* e *superficiais*, de um condutor isolado e em equilíbrio eletrostático é *constante*, ou seja, V = constante (Figura 33-4).
- Nos *pontos da superfície* de um condutor em equilíbrio eletrostático, o *vetor campo elétrico* tem direção *perpendicular* à superfície (se houvesse uma componente em qualquer outra direção da superfície do corpo, haveria movimento de cargas elétricas).

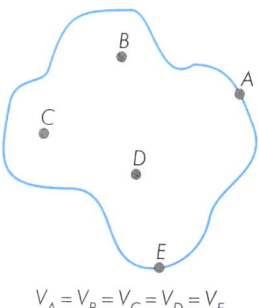

$V_A = V_B = V_C = V_D = V_E$

FIGURA 33-4.

33.4. Condutor Esférico em Equilíbrio Eletrostático

Consideremos uma esfera condutora de raio R, eletrizada com carga elétrica Q, em equilíbrio eletrostático e afastada de outros corpos. Vamos calcular o campo elétrico e o potencial elétrico criados por essa esfera condutora eletrizada, desde pontos infinitamente afastados até pontos internos a ela.

33.4.1. Campo e potencial elétricos para pontos externos de um condutor esférico

Neste caso, por simetria, o campo elétrico e o potencial elétrico podem ser calculados como se toda a carga elétrica Q, distribuída pela superfície da esfera, fosse puntiforme e localizada no centro da esfera.

Sendo d a distância do ponto considerado até o centro da esfera e supondo-a imersa em um meio cuja constante eletrostática é k, temos, para os pontos externos à esfera (Figura 33-5):

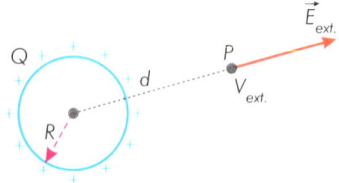

Figura 33-5.

$$E_{ext.} = k \cdot \frac{|Q|}{d^2}$$

$$V_{ext.} = k \cdot \frac{Q}{d}$$

33.4.2. Campo e potencial elétricos para pontos infinitamente próximos da superfície esférica do condutor

Para pontos externos, mas infinitamente próximos da superfície externa do condutor esférico isolado e em equilíbrio eletrostático, as expressões anteriores ainda se aplicam, mas a distância d, agora, tende para um valor igual ao raio R da esfera (Figura 33-6). Como $d \to R$, podemos escrever:

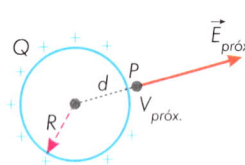

Figura 33-6.

$$E_{próx.} = k \cdot \frac{|Q|}{R^2}$$

$$V_{próx.} = k \cdot \frac{Q}{R}$$

33.4.3. Campo e potencial elétricos para pontos da superfície esférica do condutor

A superfície da esfera é equipotencial e o valor do potencial em pontos de sua superfície é obtido com a expressão do item 33.4.1, fazendo $d = R$; portanto, para todos os efeitos práticos, o potencial na superfície é igual àquele em um ponto externo infinitamente próximo da esfera.

O entendimento do que ocorre com o campo elétrico é mais complicado, porque as cargas estão *na* superfície, e uma carga não cria campo no ponto em que está; a rigor, "a superfície" é uma fronteira matemática, já que, do ponto de vista atômico, encontramos cargas distribuídas ao acaso "dentro" e "fora" dessa superfície idealizada. Para todos os efeitos práticos, não faz sentido falar em campo elétrico *na superfície*, e devemos optar por um ponto interno ou externo, com d tendendo a R, de dentro para fora ou de fora para dentro. Superfícies reais têm espessura e, conseguinte, o valor varia, desde zero até um valor máximo; por isso, às vezes, tomamos um valor médio, isto é, metade do valor máximo, como estimativa para o valor do campo no "meio" da camada superficial.

33.4.4. Campo e potencial elétricos para pontos internos à esfera

As primeiras observações experimentais foram feitas por Benjamin Franklin, em 1775, e resultaram na descrição da força elétrica, por Coulomb. Verifica-se que, para uma esfera em equilíbrio eletrostático, o potencial elétrico é constante em todos os seus pontos internos, isto é, $V_{int.} = V_{sup.}$ (como não há ddp entre pontos vizinhos, as cargas não tendem a sofrer deslocamentos). Quanto ao campo elétrico, no interior da esfera em equilíbrio eletrostático ele é nulo (Figura 33-7), isto é, $\vec{E} = \vec{0}$ (se houvesse campo, haveria força sobre cargas, que se deslocariam até atingir o equilíbrio). Então,

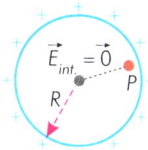

FIGURA 33-7.

$$E_{int.} = 0$$

$$V_{int.} = k \cdot \frac{Q}{R}$$

33.4.5. Intensidade do campo elétrico e potencial elétrico em função da distância, contada a partir do centro da esfera

Esses resultados podem ser facilmente visualizados com auxílio de diagramas cartesianos, um mostrando a intensidade do campo elétrico E, em função da distância d do centro O da esfera ao ponto considerado, e outro, o potencial elétrico V, em função dessa mesma distância d. A Figura 33-8 mostra esses diagramas.

Assim, podemos resumir:

- A intensidade do campo elétrico no interior da esfera ($d < R$) é constante e nula.
- Para pontos externos ($d > R$), a intensidade do campo elétrico é inversamente proporcional ao quadrado da distância d, apresentando intensidade máxima em pontos externos infinitamente próximos da superfície.
- O potencial elétrico em todos os pontos da esfera ($d \leq R$) é constante, diferente de zero e de mesmo sinal que a carga da esfera. Nos pontos externos à esfera ($d > R$), o potencial é inversamente proporcional à distância.

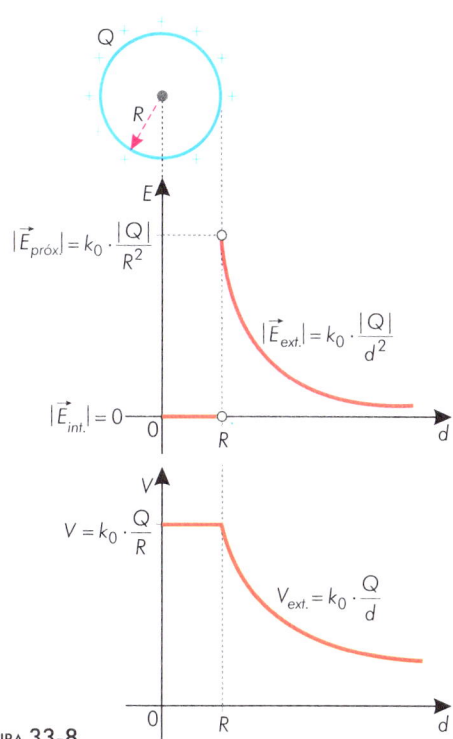

FIGURA 33-8.

Exercícios Resolvidos

1. Uma esfera condutora oca tem diâmetro de 6,0 cm e está eletricamente carregada com carga elétrica positiva de 9,0 µC. O meio que a envolve é o vácuo, cuja constante eletrostática é igual a $9,0 \cdot 10^9$ N · m² · C⁻², e não existem outras cargas elétricas provocando influências nessa região. Considerando a esfera em equilíbrio eletrostático, determine o potencial elétrico:

a) da esfera;
b) em um ponto distante 6,0 cm do centro da esfera;
c) em um ponto situado a 2,0 cm do centro da esfera.

RESOLUÇÃO:

a) O potencial da esfera é calculado pela relação

$$V_e = k \cdot \frac{Q}{R}$$

Assim,

$$V_e = 9,0 \cdot 10^9 \cdot \frac{9,0 \cdot 10^{-6}}{3,0 \cdot 10^{-2}}$$

$$V_e = 9,0 \cdot 3,0 \cdot 10^{9 + (-6) - (-2)} \therefore V_e = 2,7 \cdot 10^6 \text{ V}$$

b) Para pontos externos à esfera, a expressão do potencial passa a ser $V_e = k \cdot \frac{Q}{d}$, em que d é a distância do ponto em estudo ao centro da esfera. Assim,

$$V_{ext.} = 9,0 \cdot 10^9 \cdot \frac{9,0 \cdot 10^{-6}}{6,0 \cdot 10^{-2}}$$

$$V_{ext.} = 9,0 \cdot 1,5 \cdot 10^{9 + (-6) - (-2)} \therefore V_{ext.} = 1,35 \cdot 10^6 \text{ V}$$

c) Nos pontos internos à esfera, o potencial elétrico tem o mesmo valor do potencial da superfície da esfera. Portanto, em um ponto que se encontra a 2,0 cm do centro da esfera, o potencial elétrico vale $2,7 \cdot 10^6$ V.

2. O raio de uma esfera condutora é igual a 20 cm e ela está imersa no vácuo, cuja constante eletrostática é igual a $9,0 \cdot 10^9$ N · m² · C⁻². Ela está uniformemente eletrizada com quantidade de carga igual a 2 µC. Determine, em unidades SI, a intensidade do campo elétrico:

a) no seu interior;
b) em um ponto externo, mas infinitamente próximo da superfície;
c) em um ponto externo situado a 10 cm da superfície da esfera.

RESOLUÇÃO:

a) No interior da esfera, o campo é nulo, pois ela está em equilíbrio eletrostático.

b) Em um ponto externo, mas infinitamente próximo da superfície, a intensidade do campo elétrico é dada pela relação $E_{próx.} = k \cdot \frac{|Q|}{R^2}$, em que R é o raio da esfera. Assim,

$$E_{próx.} = 9,0 \cdot 10^9 \cdot \frac{|2 \cdot 10^{-6}|}{(20 \cdot 10^{-2})^2}$$

$$E_{próx.} = \frac{9,0 \cdot 2 \cdot 10^9 \cdot 10^{-6}}{4 \cdot 10^{-2}}$$

$$E_{próx.} = 4,5 \cdot 10^{9 + (-6) - (-2)} \therefore E_{próx.} = 4,5 \cdot 10^5 \text{ N/C}$$

c) Para pontos externos e afastados da superfície da esfera, a intensidade do campo elétrico pode ser calculada pela relação $E = k \cdot \frac{|Q|}{d^2}$, em que d é a distância do ponto considerado ao centro da esfera. Portanto,

$$E = 9,0 \cdot 10^9 \cdot \frac{|2 \cdot 10^{-6}|}{(30 \cdot 10^{-2})^2}$$

$$E = \frac{9,0 \cdot 10^9 \cdot 2 \cdot 10^{-6}}{9 \cdot 10^{-2}}$$

$$E = 2 \cdot 10^{9 + (-6) - (-2)} \therefore E = 2 \cdot 10^5 \text{ N/C}$$

Exercícios Propostos

3. Uma esfera metálica é eletrizada negativamente. Se ela se encontra isolada e em equilíbrio eletrostático, sua carga:

a) acumula-se no seu centro.
b) distribui-se uniformemente por todo o volume.
c) distribui-se por todo o volume, sua densidade aumentando com a distância ao seu centro.
d) distribui-se por todo o volume, sua densidade diminuindo com a distância ao seu centro.
e) distribui-se uniformemente por sua superfície externa.

4. Consideremos uma esfera metálica oca provida de um orifício e eletrizada com carga Q. Uma pequena esfera metálica neutra é posta em contato com a primeira.

   I. Se o contato for interno, a pequena esfera não se eletriza.
   II. Se o contato for externo, a pequena esfera eletriza-se.
   III. Se a pequena esfera estivesse eletrizada após um contato interno, ficaria neutra.

Assinale a opção correta.

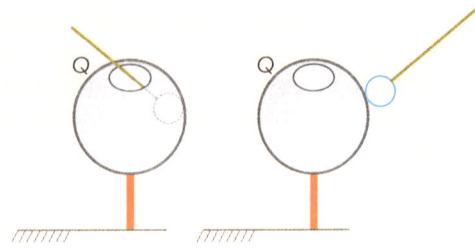

a) Só I é correta.
b) Só II é correta.
c) Só III é correta.
d) Apenas as afirmações I e III são corretas.
e) Todas as afirmações são corretas.

Exercícios Propostos

5. Considere um condutor eletrizado e em equilíbrio eletrostático. Das afirmações seguintes, qual não é verdadeira?
a) Apesar de o condutor estar eletrizado, o campo elétrico é nulo em seu interior.
b) Se o condutor estiver eletrizado positivamente, a carga estará distribuída em sua superfície externa.
c) Todos os pontos internos do condutor estão no mesmo potencial elétrico.
d) Considerando dois pontos externos, muito próximos do condutor e equidistantes da superfície desse condutor, o campo elétrico tem a mesma intensidade.
e) Se o condutor estiver negativamente eletrizado, a carga estará distribuída em sua superfície externa.

6. Para um condutor em equilíbrio eletrostático,
a) o campo elétrico interno resultante é não nulo.
b) o potencial elétrico é constante apenas nos pontos internos.
c) o potencial elétrico é constante apenas nos pontos superficiais.
d) nos pontos superficiais, o vetor campo elétrico tem direção perpendicular à superfície.
e) nos pontos superficiais, o vetor campo elétrico tem direção paralela à superfície.

7. O raio de uma esfera condutora é igual a 40 cm. Ela está uniformemente eletrizada e encontra-se imersa no vácuo, cuja constante eletrostática é igual a $9,0 \cdot 10^9 \, N \cdot m^2 \cdot C^{-2}$. Sua carga é positiva e de valor igual a 8,0 μC. Determine a intensidade do campo elétrico e do potencial elétrico:
a) de um ponto interno da esfera;
b) de um ponto externo, mas infinitamente próximo da superfície.

8. É dada uma esfera condutora de raio 1,0 m. Ela está imersa no vácuo, cuja constante eletrostática é igual a $9,0 \cdot 10^9 \, N \cdot m^2 \cdot C^{-2}$ e uniformemente eletrizada com cargas positivas.

Em um ponto P, à distância de 3,0 m de seu centro, o campo elétrico, devido às suas cargas, tem intensidade de $9,0 \cdot 10^{-2}$ N/C. Determine o excesso de carga elétrica distribuída em sua superfície.

9. (UFG – GO – modificada) Em relação a uma esfera condutora maciça de raio R, carregada positivamente, pode-se afirmar:
01. o potencial elétrico é constante no interior da esfera e igual ao potencial elétrico na superfície dela;
02. o trabalho realizado pela força elétrica para deslocar uma carga de prova entre dois pontos sobre a superfície da esfera é nulo;
04. o campo elétrico é maior que zero em um ponto no interior da esfera;
08. o campo elétrico é nulo na superfície da esfera;
16. o campo elétrico em um ponto fora da esfera é diretamente proporcional ao quadrado da distância que o separa do centro da esfera e inversamente proporcional à carga da esfera;
32. as linhas de campo são esferas concêntricas com a esfera carregada.

Dê como resposta a soma dos números que antecedem as afirmações corretas.

10. O gráfico a seguir representa o potencial elétrico criado por uma esfera condutora eletrizada, em função da distância do seu centro.

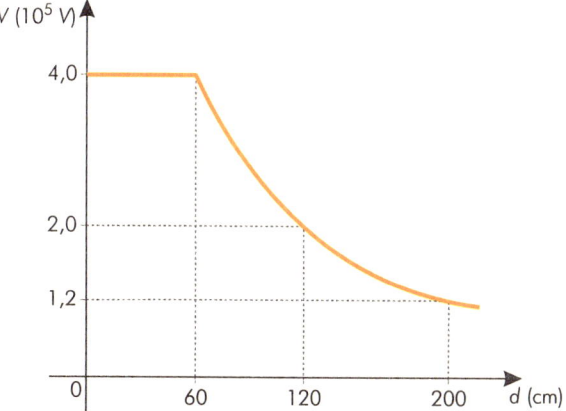

Considerando que a constante eletrostática do meio seja igual a $2,0 \cdot 10^9 \, N \cdot m^2 \cdot C^{-2}$, determine:
a) o raio da esfera, em centímetros;
b) a quantidade de carga da esfera, em μC;
c) a intensidade do campo elétrico e do potencial elétrico de um ponto situado a 30 cm do centro da esfera.

33.5. Densidade Superficial de Carga

Consideremos, em um corpo condutor, um elemento de superfície de área S e portador de carga elétrica Q, como mostra a Figura 33-9. Definimos **densidade superficial de carga** (σ) como o quociente:

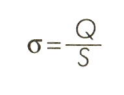

$$\sigma = \frac{Q}{S}$$

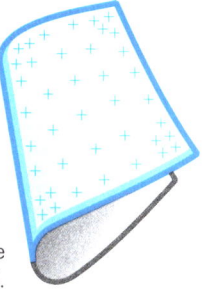

Figura 33-9. Elemento de superfície de área igual a S.

No caso particular e ideal de um condutor esférico e isolado, as cargas em excesso distribuem-se uniformemente pela superfície e, assim, a densidade superficial de carga é a mesma para qualquer elemento escolhido da superfície; no entanto, no caso geral, a densidade superficial de carga depende do elemento considerado da superfície.

33.6. Poder das Pontas

Em um condutor qualquer, eletrizado e em equilíbrio eletrostático, como todos os pontos do condutor estão a um mesmo potencial, constata-se que as concentrações de carga elétrica são maiores nas regiões de menores raios de curvatura (Figura 33-10).

Figura 33-10.

De fato, para um condutor esférico de raio R e carga Q, havíamos escrito que:

$$V = \frac{k \cdot Q}{R}, \text{ em que } Q = \frac{V \cdot R}{k}$$

A densidade superficial de carga é, então,

$$\sigma = \frac{Q}{S} = \frac{V \cdot R}{k \cdot S} = \frac{V \cdot R}{k \cdot 4\pi \cdot R^2} \Rightarrow \sigma = \frac{V}{k \cdot 4\pi \cdot R}$$

Assim, concluímos que, para um potencial elétrico constante, a densidade superficial de carga elétrica é inversamente proporcional ao raio de curvatura da região. Como regiões pontiagudas são regiões de pequeno raio de curvatura, elas apresentarão maior densidade superficial de carga, para manter o potencial constante em uma dada superfície em equilíbrio eletrostático.

Por ser mais intenso o campo elétrico em torno de uma região pontiaguda de um condutor eletrizado, as cargas podem, com maior facilidade, escoar-se por ele para outro ambiente, ou *vice-versa*, ionizando mais facilmente o ar vizinho ou atraindo íons previamente existentes na atmosfera. Essa propriedade, utilizada, por exemplo, na construção de para-raios convencionais, recebe o nome de *poder das pontas*.

As Torres Petronas, na cidade de Kuala Lumpur, na Malásia, encontram-se entre as mais altas do mundo (451,9 m). Observe, no topo delas, os para-raios, que protegem o edifício das descargas elétricas da atmosfera.

33.7. Capacidade Eletrostática de um Condutor Isolado

Considere um condutor isolado, inicialmente neutro. Eletrizando-o com carga elétrica Q, ele adquire potencial elétrico V; com carga $2Q$, seu potencial elétrico passa a ser $2V$, e assim sucessivamente. Isso significa que a carga Q de um condutor e o seu potencial elétrico V são grandezas diretamente proporcionais (Figura 33-11).

O declive da curva em cada ponto no diagrama potencial elétrico *versus* carga elétrica é numericamente igual à capacidade elétrica do condutor:

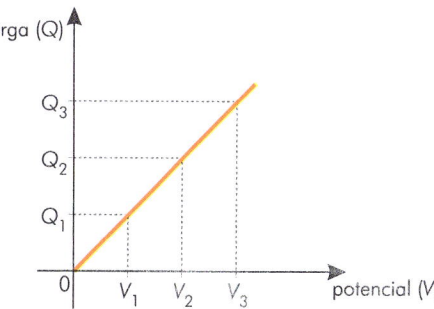

$$\frac{Q_1}{V_1} = \frac{Q_2}{V_2} = \frac{Q_3}{V_3} = \ldots = \frac{Q_n}{V_n} = C$$

FIGURA 33-11. O declive da curva em cada ponto é numericamente igual à capacidade elétrica do condutor.

em que C é uma constante de proporcionalidade que exprime quanta carga (Q) é necessária para o condutor apresentar-se, todo, com potencial elétrico V. Dizemos que a grandeza C mede a capacidade que um condutor possui de armazenar carga elétrica; ela recebe o nome de **capacidade eletrostática** do condutor isolado, e é característica do condutor e do meio no qual ele se encontra.

Como aplicação, calculemos a capacidade eletrostática de um condutor esférico, de raio R, isolado e em um meio de constante eletrostática k.

Como Q e V têm sempre o mesmo sinal, a capacidade eletrostática é sempre positiva, não depende da carga ou do potencial do condutor nem do material que o constitui. Depende das dimensões do condutor e do meio no qual se encontra (Figura 33-12).

FIGURA 33-12. A capacidade eletrostática de um condutor esférico é diretamente proporcional ao seu raio.

$$C = \frac{Q}{V} = \frac{Q}{\frac{kQ}{R}} = \frac{R}{k}$$

No Sistema Internacional de unidades, a unidade de capacidade eletrostática é coulomb/volt, chamada farad (F):

$$[C] = \frac{C}{V} = F$$

Exercício Resolvido

11. Uma esfera condutora neutra de 2,7 cm de raio encontra-se no vácuo, cuja constante eletrostática é igual a $9{,}0 \cdot 10^9 \, N \cdot m^2 \cdot C^{-2}$. Determine:
a) a capacidade eletrostática da esfera;
b) o potencial elétrico atingido pela esfera, quando recebe uma quantidade de carga elétrica igual a 3,0 μC;
c) a densidade elétrica superficial da esfera, quando esta receber uma quantidade de carga de 3,0 μC. Use o valor aproximado $\pi = 3$.

RESOLUÇÃO:
a) Calculamos a capacidade eletrostática de um condutor esférico pela fórmula $C = \frac{R}{k}$. Portanto,

$$C = \frac{2{,}7 \cdot 10^{-2}}{9{,}0 \cdot 10^9} \Rightarrow C = 0{,}3 \cdot 10^{-2-(+9)}$$

$$C = 0{,}3 \cdot 10^{-11}$$

$$C = 3 \cdot 10^{-12} \, F = 3 \, pF$$

b) Usando a definição de capacidade elétrica, $C = \frac{Q}{V}$, temos:

$$3 \cdot 10^{-12} = \frac{3{,}0 \cdot 10^{-6}}{V}$$

$$V = \frac{3{,}0 \cdot 10^{-6}}{3 \cdot 10^{-12}}$$

$$V = 1 \cdot 10^6 \text{ volts}$$

c) A densidade elétrica superficial da esfera é dada por $\sigma = \frac{Q}{S}$, em que S é a área da superfície da esfera que é calculada pela relação $S = 4\pi \cdot R^2$. Assim, temos:

$$\sigma = \frac{3{,}0 \cdot 10^{-6}}{4 \cdot 3 \cdot (2{,}7 \cdot 10^{-2})^2}$$

$$\sigma = \frac{3{,}0 \cdot 10^{-6}}{4 \cdot 3 \cdot 7{,}29 \cdot 10^{-4}}$$

$$\sigma = 0{,}034 \cdot 10^{-2}$$

$$\sigma = 3{,}4 \cdot 10^{-4} \, C/m^2$$

33.8. Equilíbrio Elétrico de Condutores

Considere três condutores, de capacidades elétricas C_1, C_2 e C_3, eletrizados com cargas Q_1, Q_2 e Q_3 e potenciais V_1, V_2 e V_3, respectivamente, como mostra a Figura 33-13. Supondo-os bem afastados uns dos outros, vamos ligá-los por meio de fios condutores de capacidades eletrostáticas desprezíveis. A diferença de potencial entre os condutores determina a movimentação de cargas elétricas. Esse fenômeno é transitório e rápido, cessando quando os condutores atingem o equilíbrio eletrostático. Nessas condições, podemos calcular o potencial comum V.

Considerando o sistema formado pelos condutores isolados, temos, de acordo com o princípio de conservação da carga elétrica, que:

$$Q_1 + Q_2 + Q_3 + ... + Q_n = Q'_1 + Q'_2 + Q'_3 + ... + Q'_n$$

Sabendo que $Q = C \cdot V$,

$$Q_1 + Q_2 + Q_3 + ... + Q_n = C_1 \cdot V + C_2 \cdot V + C_3 \cdot V + ... + C_n \cdot V$$

$$Q_1 + Q_2 + Q_3 + ... + Q_n = V(C_1 + C_2 + C_3 + ... + C_n)$$

$$\boxed{V = \frac{Q_1 + Q_2 + Q_3 + ... + Q_n}{C_1 + C_2 + C_3 + ... + C_n}}$$

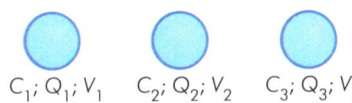

Situação inicial: os condutores estão afastados.

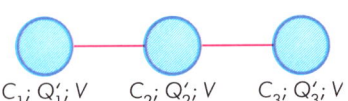

Situação final: os condutores foram colocados em contato.

Figura 33-13.

Determinado o potencial elétrico V, obtemos as novas cargas elétricas dos condutores, após o estabelecimento do equilíbrio eletrostático:

$$\boxed{\begin{aligned} Q'_1 &= C_1 \cdot V \\ Q'_2 &= C_2 \cdot V \\ Q'_3 &= C_3 \cdot V \\ &\vdots \\ Q'_n &= C_n \cdot V \end{aligned}}$$

Exercício Resolvido

12. Dois condutores, A e B, de capacidades elétricas $C_A = 2,0$ nF e $C_B = 8,0$ nF, estão eletrizados com cargas $Q_A = 6,0$ μC e $Q_B = 4,0$ μC. Colocam-se dois condutores em contato, isolando-os após a separação. Determine:

a) o potencial elétrico de cada condutor, antes do contato;
b) o potencial elétrico dos condutores, após o contato;
c) as cargas elétricas em cada condutor, após o contato.

Resolução:

a) Encontramos o potencial elétrico de cada condutor após o contato usando a definição de capacidade elétrica, $C = \dfrac{Q}{V}$. Assim,

$$C_A = \frac{Q_A}{V_A} \Rightarrow 2,0 \cdot 10^{-9} = \frac{6,0 \cdot 10^{-6}}{V_A}$$

$$V_A = \frac{6,0 \cdot 10^{-6}}{2,0 \cdot 10^{-9}} \therefore V_A = 3,0 \cdot 10^3 \text{ V}$$

$$C_B = \frac{Q_B}{V_B} \Rightarrow 8,0 \cdot 10^{-9} = \frac{4,0 \cdot 10^{-6}}{V_B}$$

$$V_B = \frac{4,0 \cdot 10^{-6}}{8,0 \cdot 10^{-9}} \therefore V_B = 5,0 \cdot 10^2 \text{ V}$$

b) O potencial elétrico dos condutores, no equilíbrio eletrostático, é dado por $V = \dfrac{Q_A + Q_B}{C_A + C_B}$; portanto,

$$V = \frac{6,0 \cdot 10^{-6} + 4,0 \cdot 10^{-6}}{2,0 \cdot 10^{-9} + 8,0 \cdot 10^{-9}}$$

$$V = \frac{10 \cdot 10^{-6}}{10 \cdot 10^{-9}} \therefore V = 1,0 \cdot 10^3 \text{ volts}$$

c) A carga existente nos condutores A e B, após o contato, é calculada pela relação $C = \dfrac{Q'}{V}$, em que V é o potencial de equilíbrio eletrostático.

$$C_A = \frac{Q'_A}{V} \Rightarrow 2,0 \cdot 10^{-9} = \frac{Q'_A}{1,0 \cdot 10^3}$$

$$Q'_A = 2,0 \cdot 10^{-9} \cdot 1,0 \cdot 10^3 \therefore Q'_A = 2,0 \text{ μC}$$

$$C_B = \frac{Q'_B}{V} \Rightarrow 8,0 \cdot 10^{-9} = \frac{Q'_B}{1,0 \cdot 10^3}$$

$$Q'_B = 8,0 \cdot 10^{-9} \cdot 1,0 \cdot 10^3 \therefore Q'_B = 8,0 \text{ μC}$$

33.9. Energia Elétrica Armazenada em um Condutor

A energia potencial elétrica armazenada em um condutor eletrizado com carga Q e potencial elétrico V equivale ao trabalho elétrico necessário para eletrizá-lo, que pode ser determinado pela área entre a curva do gráfico e o eixo das abscissas, no diagrama potencial (V) versus carga (Q). Veja a Figura 33-14.

Assim, a energia armazenada é dada por:

$$E_p = \frac{Q \cdot V}{2}$$

Sabendo que $C = \frac{Q}{V}$ e $Q = C \cdot V$, temos $E_p = \frac{C \cdot V \cdot V}{2} = \frac{C \cdot V^2}{2}$,

ou, ainda, sendo $V = \frac{Q}{C}$, temos: $E_p = \frac{Q \cdot \frac{Q}{C}}{2} = \frac{Q^2}{2C}$. Portanto,

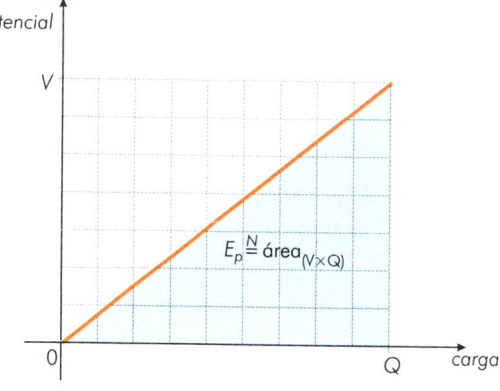

Figura 33-14.

$$\boxed{E_p = \frac{Q \cdot V}{2} = \frac{C \cdot V^2}{2} = \frac{Q^2}{2C}}$$

Exercício Resolvido

13. Dois condutores, A e B, isolados e muito afastados entre si, de capacidades elétricas $C_A = 8{,}0$ nF e $C_B = 12$ nF, eletrizados, cujos potenciais são, respectivamente, $V_A = 2{,}0$ kV e $V_B = 8{,}0$ kV, são interligados por um fio condutor de capacidade elétrica desprezível.

Determine a variação de energia potencial elétrica armazenada pelos condutores em razão da interligação.

Resolução:

(I) Calculamos, primeiramente, a energia potencial elétrica que cada condutor armazena antes da ligação, usando a relação $E_p = \frac{C \cdot V^2}{2}$. Assim,

$E_{p(A)} = \frac{8{,}0 \cdot 10^{-9} \cdot (2{,}0 \cdot 10^3)^2}{2}$ ∴ $E_{p(A)} = 1{,}6 \cdot 10^{-2}$ J

$E_{p(B)} = \frac{12 \cdot 10^{-9} \cdot (8{,}0 \cdot 10^3)^2}{2}$ ∴ $E_{p(B)} = 3{,}84 \cdot 10^{-1}$ J

(II) A energia potencial elétrica do sistema, formado pelos dois condutores, antes do contato, é:

$E_{p(inicial)} = 1{,}6 \cdot 10^{-2} + 38{,}4 \cdot 10^{-2}$

$E_{p(inicial)} = 4{,}0 \cdot 10^{-1}$ J

(III) Para calcular a energia potencial elétrica que cada condutor armazena após o contato, temos de, antes, calcular o potencial elétrico de equilíbrio eletrostático, aplicando a relação:

$V = \frac{Q_A + Q_B}{C_A + C_B} \Rightarrow V = \frac{C_A \cdot V_A + C_B \cdot V_B}{C_A + C_B}$.

Portanto,

$V = \frac{8{,}0 \cdot 10^{-9} \cdot 2{,}0 \cdot 10^3 + 12 \cdot 10^{-9} + 8{,}0 \cdot 10^3}{8{,}0 \cdot 10^{-9} + 12 \cdot 10^{-9}}$

$V = \frac{16 \cdot 10^{-6} + 96 \cdot 10^{-6}}{20 \cdot 10^{-9}}$

$V = \frac{112 \cdot 10^{-6}}{20 \cdot 10^{-9}}$ ∴ $V = 5{,}6 \cdot 10^3$ volts

(IV) A energia potencial elétrica armazenada por cada um dos condutores após a ligação é calculada pela relação $E_p = \frac{C \cdot V^2}{2}$, em que V é o potencial elétrico de equilíbrio eletrostático.

$E_{p(A)} = \frac{8{,}0 \cdot 10^{-9} \cdot (5{,}6 \cdot 10^3)^2}{2}$

$E_{p(A)} \cong 1{,}25 \cdot 10^{-1}$ J

$E_{p(B)} = \frac{12 \cdot 10^{-9} \cdot (5{,}6 \cdot 10^3)^2}{2}$

$E_{p(B)} \cong 1{,}88 \cdot 10^{-1}$ J

(V) A energia potencial elétrica do sistema, formado pelos dois condutores, após o contato, é:

$E_{p(final)} = 1{,}25 \cdot 10^{-1} + 1{,}88 \cdot 10^{-1}$

$E_{p(final)} = 3{,}13 \cdot 10^{-1}$ J

(VI) A variação de energia potencial elétrica que ocorreu no sistema, devido ao contato, é:

$\Delta E_p = E_{p(final)} - E_{p(inicial)}$

$\Delta E_p = 3{,}13 \cdot 10^{-1} - 4 \cdot 10^{-1}$ ∴ $\Delta E_p = -8{,}7 \cdot 10^{-2}$ J

Resposta: em razão do contato entre os condutores, houve uma perda de 0,087 J de energia potencial elétrica.

33.10. Blindagem Eletrostática – Gaiola de Faraday

Qual é o melhor lugar para se esconder e se proteger de raios durante uma tempestade? Na sua opinião, o interior de um carro seria um lugar adequado? E o interior de um avião?

Consideremos um condutor oco A em equilíbrio eletrostático e, em seu interior, o corpo C (Figura 33-15). Como o campo elétrico no interior de qualquer condutor em equilíbrio eletrostático é nulo, decorre que A protege o corpo C, no seu interior, de qualquer ação externa. Desse modo, o condutor A constitui uma **blindagem eletrostática**. Michael Faraday construiu uma "gaiola" metálica, em 1836, e permaneceu em seu interior com um eletroscópio, enquanto ela sofria descargas elétricas, para mostrar que ele nada sofria e que o eletroscópio atestava que o campo no interior da gaiola era nulo (Figura 33-16). Por isso, blindagens eletrostáticas em geral são referidas como gaiolas de Faraday.

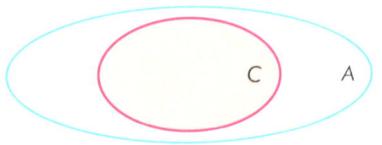

FIGURA 33-15.

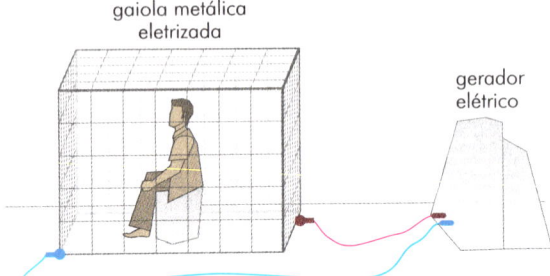

FIGURA 33-16. Experiência de Faraday. Faraday comprovou o efeito da blindagem eletrostática colocando-se no interior de uma gaiola metálica altamente eletrizada.

A blindagem eletrostática é muito utilizada para a proteção de aparelhos elétricos e eletrônicos contra efeitos perturbadores externos. Os aparelhos de medidas sensíveis estão acondicionados em caixas metálicas, para que as medidas não sofram influências externas. As estruturas metálicas de um avião, de um automóvel e de um prédio constituem blindagens eletrostáticas, que diminuem os efeitos elétricos provocados por causas externas. Como no experimento original, de Faraday, a blindagem não tem de ser contínua, como se vê na foto ao lado. Por exemplo, em garagens subterrâneas, em túneis e sob viadutos, frequentemente percebemos que a recepção da transmissão de rádio e a da telefonia celular são comprometidas. Para diminuir as interferências de campos elétricos externos na recepção de sinal de TV por cabo, usamos fios com blindagens elétricas, chamados cabos coaxiais (o sinal a ser transmitido passa por um fio protegido por uma malha elétrica externa; o fio e a malha têm um eixo comum, daí o nome do cabo).

Um potente gerador de Van de Graaff (as duas colunas com esferas na parte superior) cria descargas elétricas da ordem de 2,5 milhões de volts. Abaixo dele, a gaiola de Faraday oferece completa proteção à pessoa que se encontra em seu interior. Esse equipamento encontra-se disponível ao público no *Boston Museum of Science*.

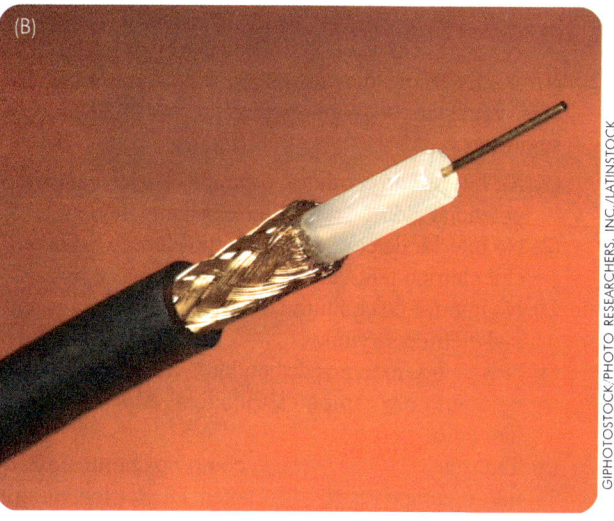

(A) Cabo coaxial. (B) O fio interno de um cabo coaxial é isolado de sua bainha externa por camadas de substância isolante (geralmente, de polietileno) e fios metálicos. Com isso, procura-se blindar o fio interno contra efeitos elétricos externos. Cabos coaxiais são usados para transmissão de sinais elétricos de alta frequência, como, por exemplo, sinais de TV para nossas casas.

Exercícios Propostos

14. O funcionamento de um para-raios é baseado:
a) na indução eletrostática e no poder das pontas.
b) na indução e na blindagem eletrostática.
c) no efeito Joule e na indução.
d) na blindagem eletrostática e no poder das pontas.
e) no efeito Joule e no poder das pontas.

15. Um dielétrico perde sua capacidade isolante quando submetido a um campo elétrico de intensidade mínima, tornando-se, assim, um condutor. Esse fenômeno é denominado:
a) blindagem eletrostática.
b) poder das pontas.
c) campo elétrico uniforme.
d) rigidez dielétrica.
e) pressão eletrostática.

16. No dia seguinte ao de uma intensa chuva de verão no Rio de Janeiro, foi publicada em um jornal uma reportagem que tinha como destaque a frase: "Durante o temporal, no Morro do Corcovado, raios cortam o céu e um deles cai exatamente sobre a mão esquerda do Cristo Redentor".

A opção que explica corretamente o fenômeno é:
a) há um excesso de elétrons na Terra.
b) o ar é sempre um bom condutor de eletricidade.
c) há transferência de prótons entre a estátua e a nuvem.
d) há uma suficiente diferença de potencial entre a estátua e a nuvem.
e) o material de que é feita a estátua é um bom condutor de eletricidade.

17. Um condutor de superfície regular possui uma área de $8,0 \text{ cm}^2$ e está eletrizado com carga de 200 μC. Determine sua densidade elétrica superficial, em unidades SI.

18. Um condutor isolado, em equilíbrio eletrostático, possui uma quantidade de carga de $4,0 \text{ μC}$ e uma energia potencial elétrica de $4,0 \cdot 10^{-10}$ J. Determine a capacidade elétrica do condutor.

19. Um condutor esférico isolado no vácuo, cuja constante eletrostática é igual a $9,0 \cdot 10^9$ N · m² · C⁻², possui capacidade elétrica igual a 0,1 nF. Sabendo que o potencial do condutor é 10^4 V, determine:
a) a carga elétrica do condutor;
b) o raio da esfera;
c) a energia potencial elétrica que esse condutor armazena.

20. Duas esferas condutoras, de raios $R_1 = 10$ cm e $R_2 = 15$ cm, estão eletrizadas, no vácuo, e os seus potenciais são, respectivamente, $V_1 = 1,0$ kV e $V_2 = 2,0$ kV. As esferas são colocadas em contato e depois afastadas uma da outra. Considere a constante eletrostática do vácuo igual a $9 \cdot 10^9$ N · m² · C⁻².
a) Qual o novo potencial de cada esfera?
b) Qual a quantidade de energia potencial elétrica armazenada pelo conjunto formado pelas duas esferas, após o contato?

21. São dados três condutores, carregados com cargas de $Q_1 = 2,0$ μC, $Q_2 = 6,0$ μC e $Q_3 = 10,0$ μC e com potenciais $V_1 = 3,0$ kV, $V_2 = 6,0$ kV e $V_3 = 8,0$ kV, respectivamente. Esses condutores, supostos bem afastados, são interligados por fios metálicos de capacidades elétricas desprezíveis. Considere a constante eletrostática do meio que envolve os condutores igual a $9 \cdot 10^9$ N · m² · C⁻².

Uma vez estabelecido o equilíbrio eletrostático entre os condutores, determine:
a) o potencial elétrico dos três condutores;
b) as quantidades de cargas elétricas dos condutores.

Exercícios Complementares

22. (UnB – DF) Considere um condutor esférico em equilíbrio eletrostático. Julgue a veracidade das afirmações seguintes.

(1) No interior do condutor, o campo elétrico é nulo e o potencial elétrico tem valor constante, não nulo.
(2) No interior do condutor, o campo elétrico e o potencial elétrico têm valores constantes, não nulos.
(3) No interior do condutor, o campo elétrico e o potencial elétrico são nulos.
(4) Nos pontos externos do condutor, o potencial elétrico é nulo e o campo elétrico tem valor constante, não nulo.
(5) Tanto nos pontos internos como nos pontos externos, o campo elétrico e o potencial elétrico variam linearmente com a distância ao centro do condutor.

23. Considere pontos fora e dentro de um condutor carregado e em equilíbrio eletrostático. Quando se tratar de pontos externos, considere-os bem próximos de sua superfície. Admita, ainda, um condutor de forma irregular, contendo regiões pontiagudas. O campo elétrico nos pontos considerados será:

a) constante em módulo para qualquer ponto externo.
b) constante, não nulo, para pontos internos.
c) mais forte onde o condutor apresentar pontas, para pontos externos.
d) tangente à superfície para pontos externos.
e) perpendicular à superfície para pontos internos.

24. Aviões com revestimento metálico, voando em atmosfera seca, podem atingir elevado grau de eletrização, muitas vezes evidenciado por um centelhamento para a atmosfera, conhecido como *fogo de santelmo*. Nessas circunstâncias, julgue os itens a seguir.

(1) A eletrização do revestimento dá-se por indução.
(2) O campo elétrico no interior do avião, causado pela eletrização do revestimento, é nulo.
(3) A eletrização poderia ser evitada revestindo-se o avião com material isolante.
(4) O centelhamento ocorre preferencialmente nas partes pontiagudas do avião.
(5) O revestimento metálico não é uma superfície equipotencial, pois, se o fosse, não haveria centelhamento.
(6) Dois pontos quaisquer no interior do avião estarão a um mesmo potencial, desde que não haja outras fontes de campo elétrico.

25. (UnB – DF – modificada) Julgue a veracidade das afirmações seguintes.

(1) O campo elétrico dentro de um condutor eletricamente carregado e em equilíbrio eletrostático é nulo.
(2) O potencial elétrico no interior de uma esfera eletricamente carregada e em equilíbrio eletrostático é nulo.
(3) As linhas de força do campo elétrico são sempre perpendiculares às superfícies equipotenciais.
(4) Para medir o potencial eletrostático de um ponto, precisamos conhecer o valor do potencial de um ponto de referência.
(5) Uma superfície, para ser equipotencial, terá de ser esférica ou plana.

26. (UnB – DF) Julgue os itens a seguir.

(1) Colocando-se em contato dois condutores, um eletrizado, A, e outro neutro, B, o condutor B eletriza-se com carga de sinal contrário ao do condutor A.
(2) Num campo elétrico uniforme, as superfícies equipotenciais, por serem perpendiculares às linhas de força, são planos paralelos entre si.
(3) Qualquer excesso de carga, existente num condutor isolado em equilíbrio eletrostático, está localizado na sua superfície externa.
(4) Percorrendo-se uma linha de força no seu sentido, o potencial elétrico, ao longo de seus pontos, aumenta.

27. (UnB – DF) Julgue os itens a seguir.

(1) Se o campo elétrico no interior de um condutor em equilíbrio eletrostático é nulo, então o potencial no mesmo ponto também é nulo.
(2) As cargas elétricas em excesso num condutor em equilíbrio eletrostático distribuem-se uniformemente em sua superfície externa.
(3) O trabalho realizado pela força elétrica no deslocamento de uma carga elétrica de um ponto a outro sobre uma mesma superfície equipotencial é nulo.
(4) Se o potencial elétrico é constante numa dada região do espaço, então o vetor campo elétrico nesta região é também constante e diferente de zero.

28. A respeito de um condutor eletrizado e em equilíbrio eletrostático, qual das afirmações *não é verdadeira*?

a) O campo elétrico em seu interior é nulo, apesar de estar eletrizado.
b) A carga do condutor está distribuída em sua superfície, quer esteja eletrizado positiva, quer negativamente.
c) Todos os pontos do condutor estão com o mesmo potencial.
d) A carga do condutor está concentrada no seu centro.
e) A intensidade do campo elétrico criado pelo condutor decresce à medida que se afasta de sua superfície externa.

29. Uma esfera condutora metálica, isolada e em equilíbrio eletrostático está eletrizada com carga elétrica 4,0 μC. Tal esfera tem raio igual a 10 cm e está imersa no vácuo, cuja constante eletrostática é igual a $9,0 \cdot 10^9 \, N \cdot m^2 \cdot C^{-2}$. Determine o potencial elétrico em um ponto:

a) na superfície;
b) a 5,0 cm de seu centro;
c) externo à esfera e a 10 cm de sua superfície.

30. Uma esfera condutora de 2,0 m de raio, no vácuo, é suposta isolada de outros corpos. Em um ponto P à

Exercícios Complementares

distância de 8,0 m do centro da esfera, o campo por ela estabelecido tem intensidade de 8,0 · 10⁻² V/m. Determine o potencial elétrico V_0 e a intensidade do campo elétrico E_0 no centro da esfera. Considere positiva a carga elétrica da superfície esférica e o valor da constante eletrostática do vácuo igual a $9,0 \cdot 10^9$ N · m² · C⁻².

31. Uma bolha de sabão de raio 10,0 cm e espessura $\frac{10}{3} \cdot 10^{-6}$ cm está eletrizada a um potencial de 100 V. Calcule o potencial da gota que se forma quando a bolha arrebenta. Sugestão: o volume de uma película esférica de raio R e espessura e é dado por $4\pi R^2 \cdot e$.

32. Os relâmpagos e os trovões são consequências de descargas elétricas entre nuvens ou entre nuvens e o solo. A respeito desses fenômenos, julgue as afirmações que seguem.

(1) Nuvens eletrizadas com cargas positivas podem induzir cargas negativas no solo.
(2) O trovão é uma consequência da expansão do ar aquecido.
(3) Em uma descarga elétrica, a corrente é invisível, sendo o relâmpago consequência da ionização do ar.
(4) Durante uma descarga elétrica você está mais protegido no interior de um automóvel do que em campo aberto.

33. Uma esfera condutora de 2,0 m de raio está positivamente eletrizada e situada no vácuo. À distância de 6,0 m de seu centro, o vetor campo elétrico tem intensidade de $2,5 \cdot 10^{-2}$ V/m. Sendo a constante eletrostática do vácuo igual a $9,0 \cdot 10^9$ N · m² · C⁻², determine:

a) o valor da carga elétrica que se distribui na superfície da esfera;
b) o potencial elétrico no ponto referido;
c) o potencial elétrico na superfície da esfera e nos pontos internos dela;
d) a intensidade do vetor campo elétrico em um ponto externo infinitamente próximo da superfície.

34. Uma esfera condutora de raio 0,5 cm é elevada a um potencial de 10 V. Uma segunda esfera, bem afastada da primeira, tem raio 1,0 cm e está ao potencial 15 V. Elas são ligadas por um fio de capacitância desprezível. Sabendo que o meio no qual a experiência é realizada é homogêneo e isotrópico, podemos afirmar que os potenciais finais das esferas serão:

a) 12,5 V e 12,5 V.
b) 8,33 V para a primeira e 16,7 V para a segunda.
c) 16,7 V para a primeira e 8,33 V para a segunda.
d) 13,3 V e 13,3 V.
e) zero para a primeira e 25,0 V para a segunda.

35. A figura representa duas esferas condutoras, A e B, de raios $2R$ e R, respectivamente, no vácuo, ligadas por um fio condutor ideal. Antes da ligação, a esfera A encontrava-se eletricamente neutra e B possuía carga Q. Con-

sidere k_0 a constante eletrostática do vácuo. Após o equilíbrio eletrostático do sistema, pode-se afirmar que:

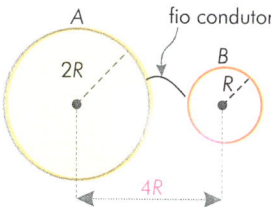

(1) a carga elétrica de B tem módulo igual a $\frac{2Q}{3}$.
(2) na superfície de A, o potencial elétrico é igual a $\frac{k_0 \cdot Q}{3R}$.
(3) em um ponto externo infinitamente próximo da superfície das esferas A e B, o campo elétrico tem a mesma intensidade.
(4) o campo elétrico, no centro de A, é mais intenso do que no centro de B.
(5) a intensidade da força elétrica, entre as esferas, é igual a $\frac{k_0 \cdot Q^2}{4R^2}$.

36. Uma esfera condutora isolada, de raio 2,0 cm, está carregada eletricamente com carga Q. Ela é então colocada em contato com outra esfera condutora, também isolada, de raio 3,0 cm, inicialmente neutra. Após separarmos essas duas esferas, podemos afirmar que:

a) a carga elétrica se dividirá igualmente entre elas;
b) o campo elétrico no interior das esferas é $\left(\frac{Q}{6}\right)$;
c) a ddp entre as duas esferas é diferente de zero;
d) a carga elétrica da esfera de raio maior é $\frac{2}{3}$ da carga elétrica da esfera de raio menor;
e) a carga elétrica da esfera de raio maior é $\frac{3}{2}$ da carga elétrica da esfera de raio menor.

37. (UFG – GO) Duas esferas condutoras idênticas, 1 e 2, de cargas positivas $3Q$ e Q, estão separadas por uma distância d, como esquematizado na figura ao lado. Os diâmetros das esferas são pequenos se comparados com a distância d. Suponha que as esferas sejam conectadas por um fio condutor. Depois que o fio for desconectado, pode-se afirmar que:

(1) a carga sobre qualquer uma das esferas é $+2Q$.
(2) o módulo da força elétrica entre as esferas é $\frac{3k \cdot Q^2}{d^2}$, onde k é a constante eletrostática do meio.
(3) a energia potencial elétrica do sistema formado pelas esferas 1 e 2 é $\frac{k \cdot Q^2}{d}$.
(4) ligando-se a esfera 2 à Terra, há transferência de uma carga $-Q$ da Terra para a esfera.

34 Corrente Elétrica

34.1. Introdução

A expressão *corrente elétrica* está relacionada à antiga concepção de que a eletricidade seria um fluido e, como tal, poderia ser canalizada por condutores, encanamentos hipotéticos desse fluido elétrico.

Na verdade, embora a analogia entre corrente elétrica e o fluxo de água em encanamentos seja ainda hoje muito utilizada, esses fenômenos têm características muito diferentes. A corrente elétrica é constituída pelo movimento organizado de portadores de carga elétrica – elétrons nos sólidos e elétrons ou íons positivos ou negativos nos líquidos e gases. (Figura 34-1).

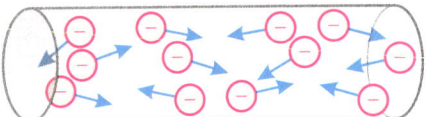
elétrons em movimento caótico

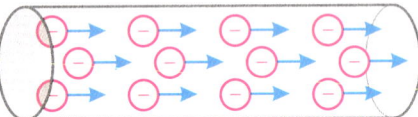
elétrons em movimento ordenado

FIGURA 34-1.

Uma boa parte de nossa vida está ligada à eletricidade. Lâmpadas, aparelhos de som e vídeo, eletrodomésticos, computadores etc. dependem de elétrons em movimento para funcionar.

Esses portadores de carga constituem uma parcela ínfima da estrutura do condutor e, normalmente, o movimento deles é caótico e imprevisível. No entanto, em certas condições, esse movimento pode tornar-se ordenado, constituindo assim uma corrente elétrica.

> Corrente elétrica é o movimento ordenado de partículas portadoras de carga elétrica.

Para que se possa falar em corrente, devemos ter um movimento direcionado. Para se estabelecer esse movimento direcionado, as extremidades do condutor devem ser ligadas aos terminais de um dispositivo capaz de ordenar o fluxo das partículas carregadas. Por razões históricas, esses dispositivos são denominados **geradores elétricos** ou **geradores de ddp** (ddp é sigla de diferença de potencial). Um gerador elétrico apresenta duas regiões distintas quanto ao potencial elétrico. São exemplos de geradores as pilhas (baterias) e as usinas de eletricidade (Figura 34-2).

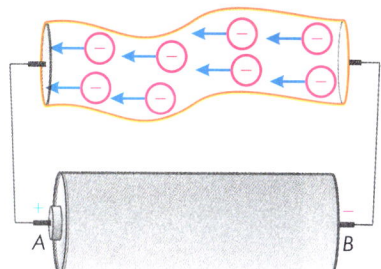

Figura 34-2.

34.2. Sentido da Corrente Elétrica

Quando a convenção de carga positiva e negativa foi criada por Benjamin Franklin, em 1747, estabeleceu-se, arbitrariamente, que a corrente elétrica através de um fio metálico era constituída pela movimentação de cargas positivas.

Hoje, para evitar confusão e ambiguidades, ainda utilizamos a convenção histórica de associar o sentido da corrente elétrica ao sentido (aparente) do movimento de portadores de carga positiva. Portanto, sempre que nos referirmos ao sentido da corrente elétrica em um condutor, estaremos nos referindo ao sentido de movimentação das cargas positivas – a chamada **corrente elétrica convencional** (ou sentido convencional da corrente elétrica). Para todos os propósitos, admite-se que cargas negativas fluindo em um sentido constituem uma situação exatamente equivalente a cargas positivas (às vezes chamadas "buracos") fluindo em sentido contrário. Observe que, obviamente, o sentido adotado para a corrente elétrica é contrário ao sentido em que se movem os elétrons, em um metal.

Observações:
- Nos condutores eletrolíticos (uma solução de NaCl em água, por exemplo, como na Figura 34-3) ocorrem movimentos ordenados de íons positivos e de íons negativos, que terão velocidades em geral diferentes (a mobilidade do íon é função, por exemplo, de sua massa). Nesse caso, a corrente elétrica é constituída pela movimentação dos íons positivos (cátions) e dos íons negativos (ânions).

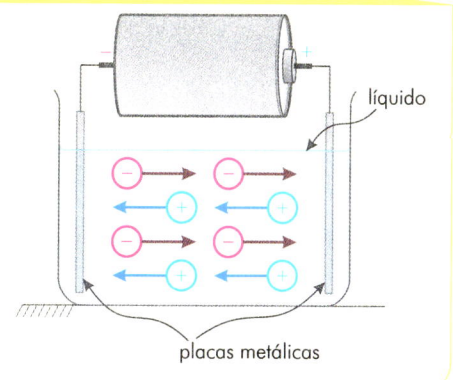

Figura 34-3.

- Podemos ainda estabelecer uma corrente elétrica em um meio gasoso, como a que surge em uma lâmpada fluorescente ou em uma lâmpada de vapor de mercúrio. No caso dos condutores gasosos e em plasmas, além da movimentação de íons positivos e negativos, há também movimentação de elétrons livres. A corrente elétrica que se estabelece nos condutores eletrolíticos e nos condutores gasosos é denominada **corrente iônica**, quando se deseja diferenciá-la da corrente *eletrônica*, preferencial nos metais.
- Sempre que falarmos em sentido da corrente elétrica em um condutor, estaremos nos referindo ao sentido da corrente convencional, a menos que se diga algo em contrário.
- Quando uma corrente elétrica é tal que seu sentido se mantém constante ao longo do tempo, ela é chamada **corrente contínua**, e simbolizada DC (são contínuas todas as correntes originadas por pilhas); a corrente elétrica proveniente das usinas, que alimenta nossas casas, é chamada **corrente alternada** (AC), porque tem o seu sentido invertido periodicamente (no Brasil, a frequência da rede elétrica é de 60 Hz).

Em nosso curso, salvo observação explícita em contrário, trataremos apenas de correntes elétricas contínuas.

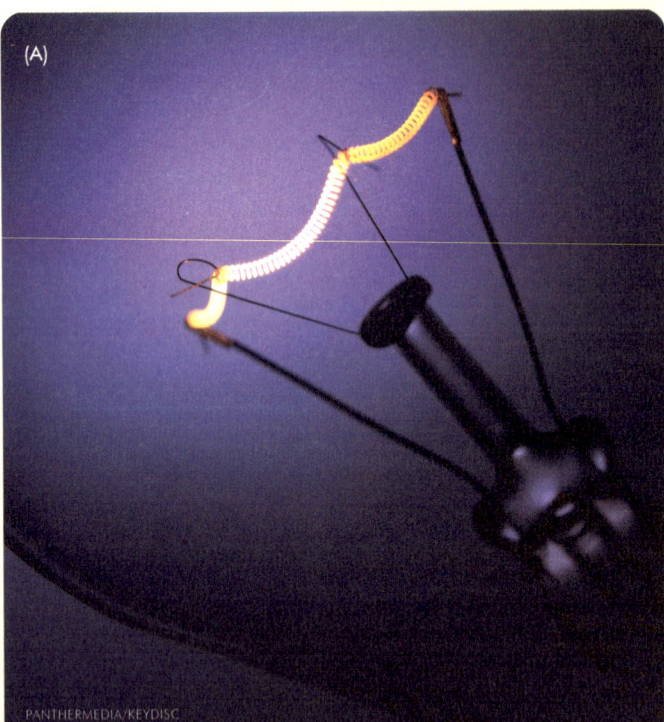

(A) As lâmpadas incandescentes possuem um fio, em espiral, de alta resistência elétrica, dentro de um vidro com vácuo ou gás inerte. A passagem de corrente elétrica pelo fio o aquece e ele emite luz. Já nas lâmpadas fluorescentes (B), o tubo de vidro, revestido internamente por uma substância fluorescente, contém gás argônio, vapor de mercúrio e um filamento por onde passa a corrente elétrica. Essa corrente faz os elétrons de argônio e mercúrio colidirem, emitindo radiação ultravioleta, que excita a substância fluorescente, provocando a emissão de luz.

34.3. Intensidade da Corrente Elétrica

Vamos agora quantificar a corrente elétrica, isto é, determinaremos a sua *intensidade*, que será representada por i.

Admitamos uma corrente elétrica contínua que se estabelece em um condutor metálico (Figura 34-4). Através de uma secção transversal S desse condutor passa certo número n de cargas elementares, correspondendo a uma carga elétrica total de valor absoluto Q, durante um intervalo de tempo Δt.

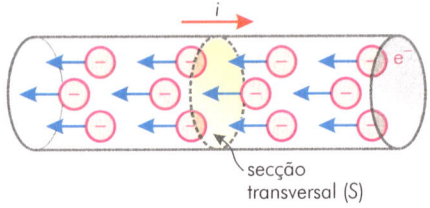

Figura 34-4. Pela secção transversal S do condutor passam cargas elementares, em um intervalo de tempo Δt.

Define-se a **intensidade média da corrente elétrica** (i_m) através da secção S do condutor pela relação

$$i_m = \frac{|Q|}{\Delta t} \quad \text{ou} \quad i_m = \frac{|n \cdot e|}{\Delta t}$$

OBSERVAÇÕES:

- Quando a intensidade da corrente elétrica varia com o tempo, define-se como intensidade de corrente elétrica em certo instante t o limite para o qual tende a intensidade média, quando o intervalo de tempo Δt tende a zero.
- Quando a corrente elétrica contínua apresenta a intensidade de corrente invariável no decorrer do tempo, ela é dita corrente contínua **constante** (Figura 34-5). Nesse caso, a intensidade instantânea da corrente elétrica sempre coincide com a intensidade média da corrente ($i_m = i$).
- A Figura 34-6 mostra como varia a intensidade de uma corrente elétrica alternada *senoidal*, em função do tempo. Os geradores das usinas elétricas (hidrelétricas, termelétricas, nucleares, eólicas) geram correntes alternadas senoidais.
- A unidade de medida da intensidade da corrente elétrica é uma unidade fundamental do Sistema Internacional de unidades, sendo denominada *ampère*, de símbolo A, em homenagem ao físico francês André-Marie Ampère. O ampère será definido mais adiante, de maneira rigorosa (oficial), quando do estudo do eletromagnetismo.

$$[i] = \frac{C}{s} = A$$

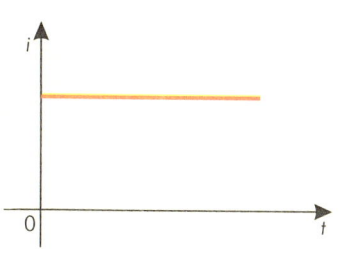

FIGURA 34-5. Corrente contínua constante

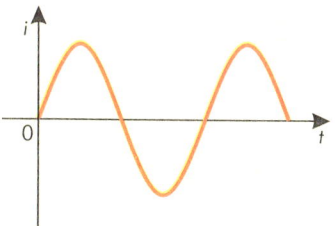

FIGURA 34-6. Corrente alternada senoidal

Por definição, 1 coulomb é a carga elétrica que atravessa, em 1 segundo, uma secção transversal de um condutor percorrido por uma corrente contínua constante de intensidade 1 ampère.

34.3.1. O diagrama $i \times t$

A Figura 34-7 mostra a intensidade de uma corrente contínua constante, em função do tempo. A área delimitada entre a curva e o eixo das abscissas (área sombreada) é a medida numérica da carga elétrica Q, que atravessa a secção S do condutor, no intervalo de tempo Δt. De fato:

$$\text{Área} = \text{base} \cdot \text{altura}$$
$$\text{Área} \stackrel{N}{=} \Delta t \cdot i$$
$$\text{Área} \stackrel{N}{=} \Delta t \cdot \frac{Q}{\Delta t}$$

$$\text{Área} \stackrel{N}{=} Q$$

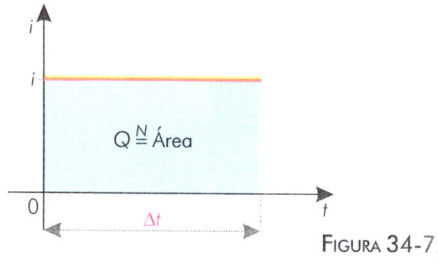

FIGURA 34-7.

A propriedade enunciada anteriormente é válida mesmo no caso de uma corrente elétrica variável, como no diagrama da Figura 34-8. Também nesse caso, a área sombreada corresponde à carga total (Q) que atravessa a secção S do condutor no intervalo de tempo Δt.

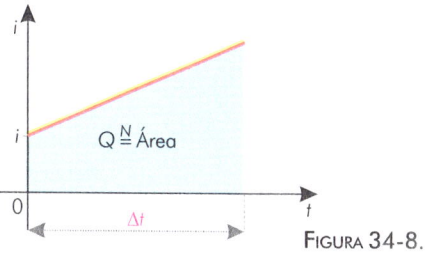

FIGURA 34-8.

34.4. Os Efeitos da Corrente Elétrica

A corrente elétrica não pode ser observada diretamente, tal como você vê um fluxo de água em uma mangueira, ou uma fila de pessoas em uma entrada de cinema. No entanto, ela pode ser percebida pelos efeitos que produz: acender uma lâmpada, fazer girar as pás de um ventilador, fazer funcionar a sua televisão etc. A grande utilização prática da eletricidade deve-se, certamente, à variedade de efeitos produzidos pela corrente. Destaquemos os mais importantes, mostrando algumas de suas aplicações.

34.4.1. Efeito térmico

Esse efeito, também conhecido por **efeito Joule**, é o mais simples de ser compreendido. Os elétrons, acelerados pelas forças elétricas, colidem com os átomos da rede atômica, transferindo-lhes energia. Como consequência, aumenta a energia de vibração desses átomos, o que implica, macroscopicamente, um aumento da temperatura.

Esse efeito tem grande aplicação em aparelhos destinados a produzir calor ou luz, tais como ferros elétricos de passar roupas, lâmpadas incandescentes (cujos filamentos chegam a 3.000 °C), secadores de cabelo, chuveiros elétricos, torradeiras elétricas, torneiras elétricas, ferros de solda etc.

O efeito Joule é uma característica dos condutores elétricos metálicos e suas consequências serão estudadas com maior profundidade no próximo capítulo.

Você Sabia?

"Chapinhas" para alisar cabelo e ferro de passar roupas são exemplos de aparelhos que utilizam efeito Joule para funcionar.

34.4.2. Efeito químico

Esse efeito ocorre quando se faz a corrente elétrica atravessar soluções eletrolíticas, provocando transformações químicas. É usado industrialmente nos processos de eletrodeposição, para revestir uma superfície de um metal com uma camada de outro, a fim de protegê-lo da corrosão e conferir-lhe um bom acabamento. Os metais utilizados como revestimento são, principalmente, a prata, o ouro, o cromo, o níquel, o zinco, o cobre, o estanho e o cádmio.

34.4.3. Efeito luminoso

Esse efeito baseia-se no fato de gases ionizados emitirem luz quando atravessados por uma corrente elétrica. Como exemplo, temos as lâmpadas fluorescentes, as lâmpadas de vapor de mercúrio, as lâmpadas de vapor de sódio etc.

34.4.4. Efeito fisiológico

Quando uma corrente elétrica atravessa um organismo vivo, além dos efeitos térmico e químico, ocorrem também efeitos sobre nervos e músculos (Figura 34-9). Correntes de 10 mA a 15 mA podem provocar câimbra muscular. Correntes de até 50 mA podem paralisar a musculatura do aparelho respiratório. Correntes de 50 mA a 100 mA, se agirem em uma pessoa por mais de 0,2 s, levam à morte.

34.4.5. Efeito magnético

Esse efeito se manifesta pela criação de um *campo magnético* na região em torno da corrente. A existência de um campo magnético em determinada região pode ser constatada com o uso de uma bússola: ocorrerá desvio de direção da agulha magnética (ímã). Esse é o efeito mais importante da corrente elétrica e será estudado, detalhadamente, em capítulos posteriores.

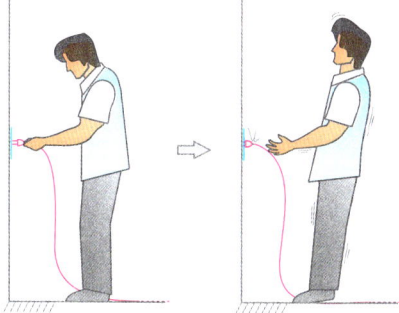

Figura 34-9. Fios desencapados podem provocar choques elétricos acidentais.

PANTHERMEDIA/KEYDISC

Bússola magnética. A agulha desse aparelho (na verdade, um pequeno ímã) alinha-se segundo o campo magnético da Terra. O N da bússola indica o Polo Norte terrestre.

> **Curiosidade:** Em várias espécies de peixe, podemos encontrar os chamados órgãos elétricos, estruturas de aspecto gelatinoso, semitransparentes, que produzem corrente elétrica. Entre os "peixes-elétricos" mais conhecidos estão a raia-elétrica e o bagre-elétrico. Esses animais convertem a energia química em energia elétrica, capaz de atordoar ou mesmo imobilizar uma presa. As descargas elétricas podem variar de bem fraca – apenas com a finalidade de demarcar território – a bem fortes: a raia-elétrica, por exemplo, origina descargas elétricas máximas de 220 V, enquanto o poraquê apresenta descargas máximas de 550 V!

Você Sabia?

As raias-elétricas não são boas nadadoras, vivendo próximas ao fundo ou parcialmente enterradas. Utilizam a descarga elétrica para captura de presas ou mesmo para defesa. (Na foto, *Narcine brasiliensis*.)

ANDREW J. MARTINEZ/PHOTO RESEARCHERS/LATINSTOCK

Exercícios Resolvidos

1. A intensidade da corrente elétrica em um condutor metálico varia com o tempo de acordo com o gráfico da figura ao lado.

Sendo a carga elétrica elementar igual a $1{,}6 \cdot 10^{-19}$ C, determine:

a) a carga elétrica que atravessa uma secção transversal do condutor em 10 s;
b) o número de elétrons que atravessa uma secção transversal do condutor durante 10 s;
c) a intensidade média de corrente elétrica entre os instantes 0 e 10 s.

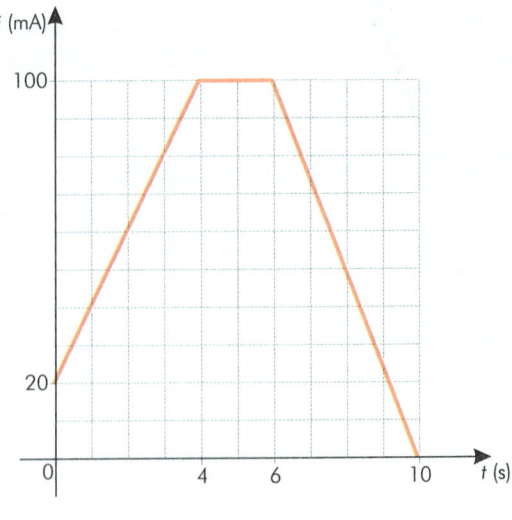

Resolução:

a) A área sombreada do gráfico a seguir mede, numericamente, a quantidade de cargas elétricas que passa por uma secção transversal do condutor no intervalo de tempo $\Delta t = 10$ s:

$$Q \stackrel{N}{=} A_1 + A_2 + A_3$$

$$Q = \frac{(100 \cdot 10^{-3} + 20 \cdot 10^{-3}) \cdot 4}{2} + 2 \cdot 100 \cdot 10^{-3} + \frac{4 \cdot 100 \cdot 10^{-3}}{2}$$

$$Q = 240 \cdot 10^{-3} + 200 \cdot 10^{-3} + 200 \cdot 10^{-3}$$

$$Q = 640 \cdot 10^{-3} \therefore Q = 640 \text{ mA}$$

b) A carga elétrica pode ser expressa por $Q = n \cdot e$. Assim:

$$n = \frac{Q}{e} \Rightarrow n = \frac{640 \cdot 10^{-3}}{1{,}6 \cdot 10^{-19}}$$

$$n = 400 \cdot 10^{16} \therefore n = 4{,}00 \cdot 10^{18} \text{ elétrons}$$

c) A intensidade média de corrente, por definição, é dada por:

$$i_m = \frac{|Q|}{\Delta t} \Rightarrow i_m = \frac{640 \cdot 10^{-3}}{10}$$

$$i_m = 64 \cdot 10^{-3} \therefore i_m = 64 \text{ mA}$$

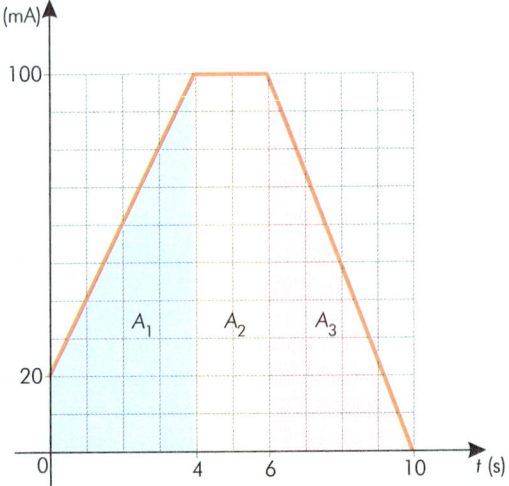

2. Uma corrente elétrica de intensidade 3,0 A é mantida em um circuito externo por uma bateria de 12 V durante um intervalo de tempo de 6 minutos. Determine, em joules, a quantidade de energia que a bateria tem de fornecer às partículas que formam essa corrente elétrica nesse intervalo de tempo.

Resolução:

(I) Sabemos que a intensidade média de corrente elétrica pode ser calculada pela relação $i_m = \frac{|Q|}{\Delta t}$. Assim:

$$3{,}0 = \frac{|Q|}{360} \Rightarrow |Q| = 3{,}0 \cdot 360 \Rightarrow |Q| = 1.080 \text{ C}$$

(II) A energia que a bateria fornece às partículas que formam a corrente elétrica corresponde ao trabalho realizado pelas forças elétricas no deslocamento dessas partículas. Assim:

$$\Delta E_{bat.} = \tau_{\vec{F}} = Q \cdot U$$

$$\Delta E_{bat.} = 1.080 \cdot 12$$

$$E_{bat.} = 12.960 \text{ J}$$

Exercícios Propostos

3. A corrente elétrica através de um fio metálico é constituída pelo movimento de:
a) cargas positivas no sentido da corrente.
b) cargas positivas no sentido oposto ao da corrente.
c) elétrons livres no sentido oposto ao da corrente.
d) íons positivos e negativos.
e) elétrons livres e íons positivos e negativos.

4. Com relação à condução da corrente elétrica pelos gases, é correta a afirmação:
a) Alguns gases são naturalmente isolantes e outros, condutores, conforme sua natureza química.
b) O mecanismo da condução elétrica nos gases é semelhante ao dos metais.

Exercícios Propostos

c) Não se conhece nenhum fenômeno que possa ser atribuído à passagem da corrente através dos gases.
d) Os gases são normalmente isolantes; mas, em certas circunstâncias, podem tornar-se condutores.
e) Os gases são normalmente ótimos condutores.

5. Considere um condutor metálico percorrido por uma corrente de intensidade 1,0 A. Considere o módulo da carga elementar igual a $1,6 \cdot 10^{-19}$ C e julgue a veracidade das afirmações seguintes.

(1) A intensidade de corrente de 1 A corresponde a 1 coulomb por segundo.
(2) Em 10 s, a quantidade de carga que atravessará uma região do condutor será de 10 C.
(3) Essa corrente elétrica corresponde a um fluxo de $6,25 \cdot 10^{18}$ elétrons por segundo.
(4) A velocidade média dos elétrons que constituem a corrente é igual à velocidade da luz no vácuo.

(5) O sentido convencional da corrente é oposto ao sentido de movimento dos elétrons livres dentro do condutor.

6. Um feixe de elétrons constitui uma corrente elétrica de 5,0 µA, em um intervalo de tempo Δt. Considere o módulo da carga elementar igual a $1,6 \cdot 10^{-19}$ C e julgue a veracidade das afirmações seguintes.

(1) Se o intervalo de tempo Δt é igual a uma hora, o valor da carga transportada por esse feixe é de $1,8 \cdot 10^{-2}$ C.
(2) Se a carga transportada por esse feixe for de $-9,0 \cdot 10^{-2}$ C, o intervalo de tempo Δt necessário para transportar essa carga é de 5 horas.
(3) Se a carga de um elétron é $-1,6 \cdot 10^{-19}$ C, em um intervalo de tempo Δt igual a uma hora o feixe transportou $1,125 \cdot 10^7$ elétrons.
(4) Se a massa de um elétron é de $9,1 \cdot 10^{-31}$ kg, então a massa total transportada em uma hora é de $1,02 \cdot 10^{-13}$ kg.

7. O gráfico ao lado mostra a intensidade da corrente elétrica contínua que percorre um condutor em função do tempo.

Considerando que o módulo da carga elementar é igual a $1,6 \cdot 10^{-19}$ C, determine:

a) a carga elétrica que atravessa uma secção transversal desse condutor no intervalo de tempo de 0 a 5 s;
b) o número de elétrons que atravessa a referida secção, nas condições do item anterior;
c) a intensidade média da corrente elétrica no intervalo de tempo de 0 a 5 s.

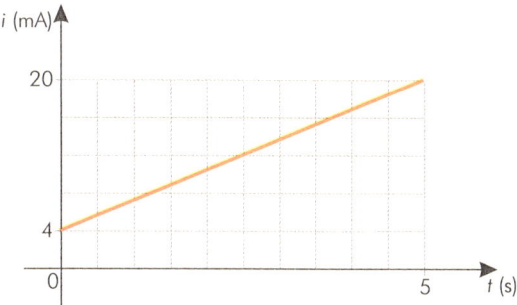

8. No interior de um condutor homogêneo, a intensidade da corrente elétrica varia com o tempo, como mostra o diagrama abaixo:

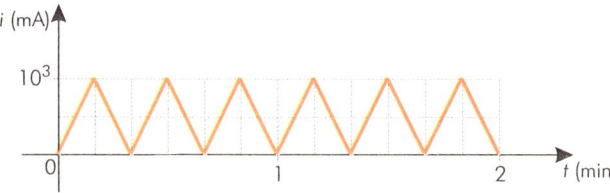

Pode-se afirmar que o valor médio da intensidade de corrente, entre os instantes 1 min e 2 min, é de:

a) $\dfrac{1}{6}$ A
b) $\dfrac{10^3}{6}$ A
c) 500 A
d) 0,5 A
e) 0,05 A

9. (UNICAMP – SP) A figura a seguir mostra como se pode dar um banho de prata em objetos, por exemplo, em talheres. O dispositivo consiste de uma barra de prata e do objeto que se quer banhar imersos em uma solução condutora de eletricidade. Considere que uma corrente de 6,0 A passa pelo circuito e que cada coulomb de carga transporta aproximadamente 1,1 mg de prata.

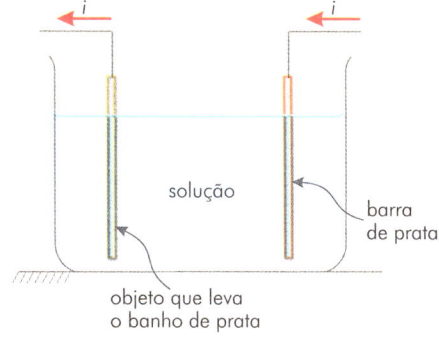

a) Calcule a carga que passa nos eletrodos em uma hora.
b) Determine quantos gramas de prata são depositados sobre o objeto da figura em um banho de 20 minutos.

34.5. Potencial Elétrico, Tensão Elétrica ou Diferença de Potencial (ddp)

Vimos que, normalmente, as cargas elétricas livres de um condutor metálico isolado estão em movimento desordenado, caótico. Vimos também que, para se estabelecer uma corrente elétrica nesse condutor, isto é, para que o movimento dessas cargas elétricas se torne ordenado, as extremidades do condutor devem ser ligadas aos terminais de um gerador elétrico. A função do gerador é fornecer às cargas elétricas energia elétrica, evidentemente à custa de outra forma de energia.

Em nosso curso de Física, já associamos uma energia potencial gravitacional a um sistema de massas, em virtude de suas posições relativas. De modo análogo, uma partícula eletricamente carregada possui uma *energia potencial elétrica* em virtude de sua localização no interior do campo elétrico gerado por outro corpo ou sistema dotado de carga elétrica (nesse ponto, é oportuno rever os conceitos e as relações apresentados nos capítulos 30 e 31).

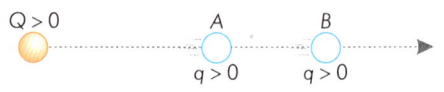

FIGURA 34-10.

Por exemplo, uma partícula eletrizada, abandonada na vizinhança de outra partícula de carga de mesmo sinal, acelera, afastando-se, enquanto a energia potencial elétrica vai sendo convertida em energia cinética (Figura 34-10).

A relação entre a *energia potencial elétrica* (E_p) que a partícula possui em determinado ponto do campo elétrico e a sua *carga elétrica* (q) define uma grandeza característica do ponto do campo elétrico, denominada *potencial elétrico* (V) do ponto.

Para os pontos A e B do campo elétrico gerado pela carga elétrica Q, esquematizado na Figura 34-10, teremos:

$$V_A = \frac{E_{p(A)}}{q} \quad \text{e} \quad V_B = \frac{E_{p(B)}}{q}$$

em que:

- q é a carga de prova que, ao passar pelos pontos A e B, apresenta, em relação à carga geradora puntiforme Q, quantidades de energia potencial elétrica, que denominamos de $E_{p(A)}$ e $E_{p(B)}$, respectivamente;
- V_A e V_B são os potenciais elétricos dos pontos A e B, respectivamente.

A unidade empregada para medir o potencial elétrico é o volt, de modo que o potencial elétrico frequentemente é chamado de **voltagem**. Um potencial de 1 volt (V) é igual a 1 joule (J) de energia por 1 coulomb (C) de carga.

Se $E_{p(A)} > E_{p(B)}$, então $V_A > V_B$, portanto, os pontos A e B apresentam potenciais elétricos diferentes. A **diferença de potencial elétrico** entre os pontos A e B (abreviadamente, ddp) representa-se pela letra U e é dada por:

$$U_{AB} = V_A - V_B$$

A diferença de potencial é também chamada **tensão elétrica** entre os pontos A e B.

A unidade de tensão elétrica no Sistema Internacional de unidades (SI), já vista, é o volt (V):

$$\text{unidade de potencial elétrico} = \frac{\text{unidade de energia elétrica}}{\text{unidade de carga elétrica}}$$

$$1 \text{ volt} = \frac{\text{joule}}{\text{coulomb}} \implies 1 \text{ V} = \frac{1 \text{ J}}{1 \text{ C}}$$

Podemos então dizer que o *gerador elétrico* mantém entre as extremidades do condutor uma diferença de potencial U que cria as condições para que se estabeleça uma *corrente elétrica* de intensidade i, através do condutor.

Por convenção, a extremidade do gerador que apresenta um potencial mais elevado é denominada **polo positivo do gerador** (extremidade A, na figura ao lado) e a extremidade que apresenta um potencial mais baixo é denominada **polo negativo do gerador** (extremidade B).

A Figura 34-11 representa um gerador de corrente contínua com seu símbolo usual. Podemos verificar que, no condutor AB, o sentido da corrente elétrica é da extremidade de maior potencial (ligada ao polo positivo do gerador) para a extremidade de menor potencial (ligada ao polo negativo do gerador).

No interior do gerador, embora os processos sejam bem mais complexos, em uma simplificação, podemos dizer que tudo se passa como se as cargas elementares que constituem a corrente, por convenção, supostamente positivas, se deslocassem do polo negativo para o positivo (do menor para o maior potencial), ganhando energia nessa passagem e garantindo assim a continuidade da circulação da corrente elétrica.

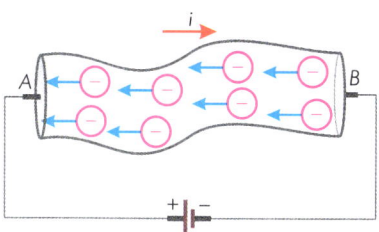

Figura 34-11. No condutor, a corrente elétrica tem sentido da extremidade A, ligada ao polo positivo do gerador, para a extremidade B, ligada ao polo negativo.

Exercício Resolvido

10. Uma partícula eletricamente carregada com carga positiva $q = 3{,}0\ \mu C$ é transportada de um ponto A para um ponto B de uma região onde existe um campo elétrico uniforme. Se o trabalho realizado pela força elétrica no deslocamento da partícula de A para B é igual a $1{,}5 \cdot 10^{-4}$ J, calcule, em unidades SI, a diferença de potencial elétrico entre os pontos A e B.

Resolução:
O trabalho realizado pela força elétrica no deslocamento de uma carga de prova de A para B é dado pela relação:

$$\tau_F^{A \to B} = q \cdot (V_A - V_B) \Rightarrow \tau_F^{A \to B} = q \cdot U_{AB}$$

Assim:

$$\tau_F^{A \to B} = q \cdot U_{AB} \Rightarrow 1{,}5 \cdot 10^{-4} = 3{,}0 \cdot 10^{-6} \cdot U_{AB}$$

$$U_{AB} = \frac{1{,}5 \cdot 10^{-4}}{3{,}0 \cdot 10^{-6}} \Rightarrow U_{AB} = 0{,}5 \cdot 10^{-4-(-6)}$$

$$U_{AB} = 50\ V$$

Exercícios Propostos

11. Ao se deslocar entre os pontos A e B de um condutor, uma partícula eletrizada com três cargas elementares perde $9{,}6 \cdot 10^{-16}$ joules de energia elétrica. Determine a tensão elétrica (ddp) entre os dois pontos considerados. Considere o módulo da carga elétrica elementar igual a $1{,}6 \cdot 10^{-19}$ C.

12. Uma partícula eletrizada com carga elétrica positiva igual a $6{,}0\ \mu C$ é transportada de um ponto A para um ponto B de uma região eletrizada. Se o trabalho realizado pela força elétrica é igual a $3{,}0 \cdot 10^{-4}$ J, calcule, em volts, a diferença de potencial entre os pontos A e B.

13. Qual o trabalho necessário para um operador transportar, com velocidade escalar constante, uma partícula eletrizada com carga elétrica de $2{,}0 \cdot 10^{-8}$ C de um local onde o potencial elétrico é de $3{,}0 \cdot 10^3$ V para outro de $6{,}0 \cdot 10^3$ V? Considere que as forças que atuam na partícula são a força elétrica e a força exercida pelo operador.

14. Um próton é acelerado a partir do repouso por uma diferença de potencial de $2{,}0 \cdot 10^7$ V. Sua massa e carga elétrica são, respectivamente, $1{,}6 \cdot 10^{-28}$ kg e $1{,}6 \cdot 10^{-19}$ C. Determine, em joules, a energia cinética adquirida pelo próton.

34.6. Potência Elétrica

Considere dois pontos, A e B, de um trecho de circuito pelo qual passa uma corrente elétrica de intensidade i, como mostra a Figura 34-12. Sejam V_A e V_B os respectivos potenciais elétricos desses pontos e chamemos de $U_{AB} = V_A - V_B$ a ddp entre esses pontos. O movimento das cargas elétricas somente será possível se for mantida a ddp entre os pontos A e B. Podemos, então, considerar a ddp como a causa da corrente elétrica.

Chamemos q a carga elétrica positiva de uma partícula que, no intervalo de tempo Δt, atravessa esse trecho. No ponto A, à carga associamos a energia potencial elétrica $E_{p(A)} = q \cdot V_A$ e, ao chegar a B, ela

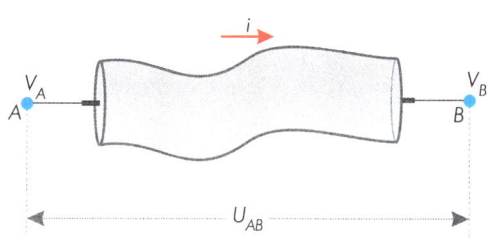

Figura 34-12.

apresenta energia potencial elétrica $E_{p(B)} = q \cdot V_B$. Quando a carga elétrica atravessa o trecho AB, o trabalho realizado pelas forças elétricas é dado por:

$$\tau_{\vec{F}}^{A \to B} = E_{p(A)} - E_{p(B)} \qquad \text{Teorema da energia potencial}$$

Se $E_{p(A)} > E_{p(B)}$, a energia potencial elétrica da carga diminui e, assim, o movimento é espontâneo e o trabalho realizado pelas forças elétricas é dito **motor**. Essa energia potencial elétrica convertida ao longo do trecho AB pode ter sido transformada em energia térmica, energia mecânica, energia química etc.

A **potência elétrica**, que corresponde à energia consumida ou convertida durante determinado intervalo de tempo, pode ser obtida facilmente:

$$Pot = \frac{\tau_{\vec{F}}^{A \to B}}{\Delta t}$$

$$Pot = \frac{E_{p(A)} - E_{p(B)}}{\Delta t} \Rightarrow Pot = \frac{q \cdot V_A - q \cdot V_B}{\Delta t}$$

$$Pot = \frac{q \cdot (V_A - V_B)}{\Delta t} \Rightarrow Pot = \frac{q \cdot U_{AB}}{\Delta t}$$

Como $\dfrac{q}{\Delta t} = i$, temos:

$$Pot = U \cdot i$$

A potência elétrica consumida é dada por:

$$Pot = U \cdot i$$

Na expressão acima, temos:

- a tensão elétrica ou ddp (U) no trecho do circuito considerado, medida, no SI, em volt (V);
- a intensidade da corrente elétrica (i), medida, no SI, em ampère (A);
- a potência elétrica (Pot) no correspondente trecho de circuito, medida, no SI, em watt (W).

Na "conta de luz", não pagamos à companhia fornecedora de eletricidade pela potência elétrica transformada, mas sim pela energia elétrica consumida. Como a energia elétrica consumida ($E_{elétr.}$) pelo aparelho existente entre os pontos A e B, em um intervalo de tempo Δt, é dada pelo trabalho das forças elétricas, podemos escrever:

$$E_{elétr.} = Pot \cdot \Delta t$$

No Sistema Internacional de unidades, a potência elétrica é medida em watts (W), o intervalo de tempo de utilização do equipamento é medido em segundos (s) e a energia elétrica consumida é medida em joules (J). Ou seja: 1 J = 1 W · 1 s.

As companhias elétricas, entretanto, especificam a energia elétrica consumida utilizando uma unidade muito maior que o joule: o quilowatt-hora (kWh). O medidor de consumo de energia elétrica de sua residência fornece o consumo de energia em kWh, resultado da diferença entre duas leituras realizadas no início e no fim de dado intervalo de tempo (normalmente, um mês).

Um quilowatt-hora (1 kWh) corresponde à energia elétrica consumida por um equipamento de potência 1 kW (1.000 W) utilizado durante 1 hora (3.600 s). Portanto:

$$1 \text{ kWh} = 1 \text{ kW} \cdot 1 \text{ h} = (1.000 \text{ W}) \cdot (3.600 \text{ s}) \Rightarrow \boxed{1 \text{ kWh} = 3{,}6 \cdot 10^6 \text{ J}}$$

Exercícios Resolvidos

15. (UEL – PR) Um forno elétrico, ligado a uma tensão elétrica de 120 V, é percorrido por uma corrente elétrica de intensidade igual a 15 A, num intervalo de tempo de 6,0 minutos. Determine, em horas, o intervalo de tempo que uma lâmpada comum, de 60 W, ligada na mesma tensão de 120 V, consumiria a mesma energia que o forno.

RESOLUÇÃO:

I. Para o forno elétrico, a energia elétrica consumida é dada por $E_{elétr.} = Pot \cdot \Delta t$ e $Pot = i \cdot U$. Assim, temos:

$$E_{elétr.} = Pot \cdot \Delta t \Rightarrow E_{elétr.} = U \cdot i \cdot \Delta t$$
$$E_{elétr.} = 120 \cdot 15 \cdot 360 \therefore E_{elétr.} = 6,48 \cdot 10^5 \text{ J}$$

II. De acordo com o enunciado, a lâmpada, ligada à mesma tensão elétrica que o forno elétrico, tem de consumir a mesma quantidade de energia elétrica. Portanto:

$$E_{elétr.} = Pot \cdot \Delta t \Rightarrow 6,48 \cdot 10^5 = 60\Delta t$$
$$\Delta t = \frac{6,48 \cdot 10^5}{60} \therefore \Delta t = 1,08 \cdot 10^4 \text{ s}$$

Sabendo que 1 h = 3.600 s, temos:

$$\Delta t = \frac{1,08 \cdot 10^4}{3,6 \cdot 10^3} \text{ h} \therefore \Delta t = 3 \text{ h}$$

Resposta: o intervalo de tempo necessário é $\Delta t = 3$ h.

16. Um chuveiro elétrico de uma residência tem seus terminais ligados a uma tensão nominal de 220 V e é percorrido por uma corrente de valor eficaz igual a 20 A. Nessa residência moram seis pessoas e cada uma delas usa, diariamente, o chuveiro em um intervalo de tempo médio de 10 minutos. Sabendo que 1 kWh de energia custa R$ 0,20, calcule, em reais, o custo mensal da energia consumida pelo chuveiro.

RESOLUÇÃO:

I. A potência elétrica do chuveiro é dada pela relação: $Pot = U \cdot i$. Assim:

$$Pot = 220 \cdot 20$$
$$Pot = 4.400 \text{ W} = 4,400 \text{ kW}$$

II. A energia, em kWh, consumida pelo chuveiro mensalmente é:

$$E_{elétr.} = Pot \cdot \Delta t \Rightarrow E_{elétr.} = 6 \cdot \left(4.400 \cdot \frac{1}{6} \cdot 30\right)$$
$$E_{elétr.} = 6 \cdot 22 \therefore E_{elétr.} = 132 \text{ kWh}$$

III. Se cada 1 kWh custa R$ 0,20, então 132 kWh custam R$ 26,40.

Resposta: o custo mensal, em reais, da energia consumida pelo chuveiro, nas condições acima, é de R$ 26,40.

Exercícios Propostos

17. Entre dois pontos, A e B, de um condutor metálico, deslocam-se $1,0 \cdot 10^{18}$ elétrons em um segundo. Sabendo que a potência elétrica dissipada pelo condutor metálico é de 48 W e que a carga elétrica elementar tem módulo igual a $1,6 \cdot 10^{-19}$ C, calcule a ddp entre os pontos A e B.

18. Quando ligado a uma tensão eficaz de 200 V, um aquecedor elétrico recebe uma potência elétrica de 1.800 W. Calcule:
a) a intensidade de corrente elétrica eficaz no aquecedor;
b) a energia recebida pelo aquecedor em um intervalo de tempo de 4 h de funcionamento, em kWh.

19. Sabendo-se que 20 lâmpadas de potência nominal igual a 100 watts e 10 lâmpadas de potência nominal igual a 200 watts permanecem acesas cinco horas por dia, pergunta-se qual o consumo mensal (30 dias) de energia elétrica, em kWh?

20. O gráfico a seguir mostra a potência elétrica consumida por um chuveiro, em função do tempo de utilização, durante um banho de 30 min. Determine:

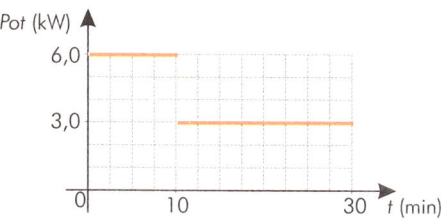

a) a energia elétrica consumida durante o banho;
b) o custo desse banho, sabendo que a companhia elétrica cobra R$ 0,25 por kWh utilizado.

21. Podemos ter uma ideia do consumo de um aparelho, isto é, da quantidade de energia elétrica que ele transforma em outras formas de energia, se conhecermos sua potência elétrica e o tempo que ele fica ligado. Os fabricantes dos aparelhos geralmente informam a potência na própria carcaça do aparelho. A potência elétrica de um aparelho indica a quantidade de energia elétrica em um certo intervalo de tempo. Pode-se dizer que a potência é a rapidez com que se realiza um trabalho. Por exemplo: uma lâmpada de 150 W transforma 150 J de energia elétrica em luz e energia térmica em cada segundo de funcionamento; uma de 25 W transforma, nesse mesmo intervalo de tempo, seis vezes menos energia.

As afirmações abaixo referem-se a situações estudadas que são encontradas em ligações residenciais. Julgue-as quanto à veracidade.

(1) Considere um *videogame* de potência elétrica 10,0 W. Supondo que o preço de 1,0 kWh de energia elétrica seja R$ 0,16, o custo mensal para manter o *videogame* ligado durante 5,0 h todos os dias será de R$ 0,24.

(2) Um eletricista modifica a instalação elétrica de uma casa e substitui um chuveiro elétrico ligado em 110 V

Exercícios Propostos

por outro, de mesma potência, mas ligado em 220 V. Observa-se que esse chuveiro passará, então, a consumir mais energia elétrica.

(3) Uma conta da Companhia Energética de Brasília (CEB) indica um consumo de energia elétrica de 1.500 kWh durante um mês. Esse valor de energia, escrito em unidade do Sistema Internacional, é $5{,}4 \cdot 10^9$ J.

(4) Na sua residência, o aparelho que mais consome energia na unidade de tempo é o televisor.

22. (FUVEST – SP) As lâmpadas fluorescentes iluminam muito mais do que as lâmpadas incandescentes de mesma potência. Nas lâmpadas fluorescentes compactas, a eficiência luminosa, medida em lúmens por watt (lm/W), é da ordem de 60 lm/W e, nas lâmpadas incandescentes, da ordem de 15 lm/W. Em uma residência, 10 lâmpadas incandescentes de 100 W são substituídas por fluorescentes compactas que fornecem iluminação equivalente (mesma quantidade de lúmens). Admitindo que as lâmpadas ficam acesas, em média, 6 horas por dia e que o preço da energia elétrica é de R$ 0,20 por kWh, a **economia mensal** na conta de energia elétrica dessa residência será de, aproximadamente:

a) R$ 12,00   c) R$ 27,00   e) R$ 144,00
b) R$ 20,00   d) R$ 36,00

23. (FUVEST – SP) Os gráficos apresentados caracterizam a potência P, em watt, e a luminosidade L, em lúmen, em função da tensão, para uma lâmpada incandescente. Para iluminar um salão, um especialista programou utilizar 80 dessas lâmpadas, supondo que a tensão disponível no local seria de 127 V. Entretanto, ao iniciar-se a instalação, verificou-se que a tensão no local era de 110 V. Foi necessário, portanto, um novo projeto, de forma a manter a mesma luminosidade no salão, com lâmpadas desse mesmo tipo.

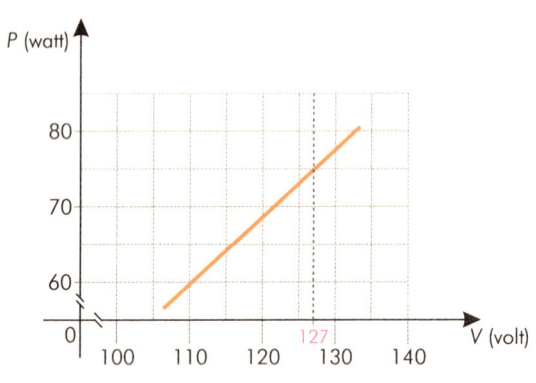
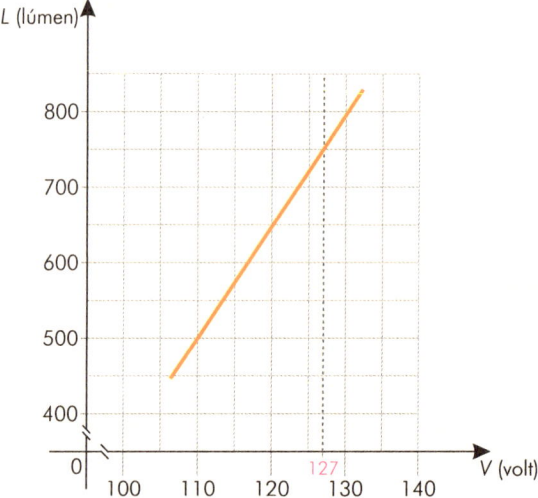

Para esse novo projeto, determine:

a) O número n de lâmpadas a serem utilizadas.
b) A potência adicional P_A, em watts, a ser consumida pelo novo conjunto de lâmpadas, em relação à que seria consumida no projeto inicial.

24. Um aquecedor elétrico de imersão, ligado em uma tomada de 110 V, eleva de 20 °C a 80 °C a temperatura de 500 g de água, em 2,0 minutos. Supondo que a água aproveite toda a energia térmica produzida, sendo 1,0 cal/(g · °C) o seu calor específico e a sua densidade igual a 1,0 g/mL:

a) calcule a potência do aquecedor (use 1,0 cal = 4,2 J);
b) calcule a intensidade da corrente elétrica que percorre o aquecedor.

Exercícios Complementares

25. Uma corrente elétrica de intensidade de 11,2 µA percorre um condutor metálico. Considere a carga elementar de módulo igual a $1{,}6 \cdot 10^{-19}$ C. Determine o tipo e o número de partículas carregadas que atravessam uma secção transversal desse condutor por segundo.

a) prótons; $7{,}10 \cdot 10^{13}$ partículas.
b) íons do metal; $14{,}0 \cdot 10^{16}$ partículas.
c) prótons; $7{,}0 \cdot 10^{19}$ partículas.
d) elétrons; $14{,}0 \cdot 10^{16}$ partículas.
e) elétrons; $7{,}0 \cdot 10^{13}$ partículas.

26. Um meteorito penetra na atmosfera terrestre com uma velocidade média de $5{,}0 \cdot 10^3$ m/s. A cada quilômetro que percorre, o meteorito acumula uma carga elétrica de $2{,}0 \cdot 10^{-3}$ coulomb. Pode-se associar, ao acúmulo de car-

Exercícios Complementares

gas no meteorito, uma corrente elétrica média, em ampères, da ordem de:
a) 10^{-12} b) 10^{-5} c) 10^{-8} d) 10^{-2} e) 10^{-10}

27. (UNICAMP – SP) Para os itens a seguir, responda ao que se pede:

a) Determine o número de elétrons livres existentes em 4 cm de um fio metálico de área de secção transversal igual a $6 \cdot 10^{-2}$ cm², sabendo que há $2,0 \cdot 10^{22}$ elétrons livres por centímetro cúbico de fio.

b) A intensidade da corrente elétrica que atravessa esse fio é igual a 8,0 A. Determine, em cm/s, o módulo da velocidade escalar média dos elétrons nesse condutor. A carga elétrica elementar tem módulo igual a $1,6 \cdot 10^{-19}$ C.

28. No modelo de Bohr do átomo de hidrogênio, o elétron, em dado estado, executa $6,0 \cdot 10^{15}$ revoluções por segundo ao redor do próton, em uma trajetória circular. Sendo a carga do elétron $1,6 \cdot 10^{-19}$ C, calcule a intensidade de corrente elétrica em um dado ponto da trajetória descrita pelo elétron.

29. Uma carga $+q$ move-se em uma circunferência de raio R com uma velocidade escalar v. A intensidade de corrente elétrica média em um ponto da circunferência é:

a) $\dfrac{q \cdot R}{v}$ c) $\dfrac{q \cdot v}{2\pi \cdot R}$ e) $2\pi \cdot q \cdot R \cdot v$

b) $\dfrac{q \cdot v}{R}$ d) $\dfrac{2\pi \cdot q \cdot R}{v}$

30. (UFC – CE) Um aro circular isolante contém oito cargas elétricas iguais, conforme mostra a figura a seguir. Quando o disco gira em torno de O, com velocidade angular constante ω, a intensidade de corrente elétrica i, em virtude do movimento das cargas, é:

a) $\dfrac{\omega \cdot q}{2\pi}$

b) $\dfrac{4q \cdot \omega}{2\pi}$

c) $\dfrac{\omega \cdot q}{16\pi}$

d) $\dfrac{\omega \cdot q}{\pi}$

e) $\dfrac{4q \cdot \omega}{\pi}$

31. A intensidade da corrente elétrica em um condutor metálico varia com o tempo de acordo com o gráfico abaixo:

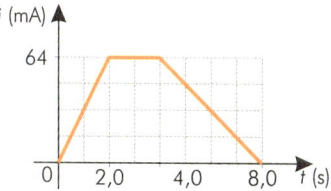

Sendo o módulo da carga elementar igual a $1,6 \cdot 10^{-19}$ C, determine:

a) a quantidade de cargas elétricas que atravessam uma secção transversal do condutor em 8,0 segundos.

b) o número de elétrons que atravessa uma secção transversal do condutor durante esse mesmo intervalo de tempo.

32. O gráfico a seguir representa a intensidade de corrente elétrica i em função do tempo t em dois condutores, A e B. Sendo q_A e q_B os módulos das cargas elétricas que, durante os quatro primeiros segundos, passam respectivamente por uma secção transversal dos condutores A e B, qual a diferença $q_A - q_B$?

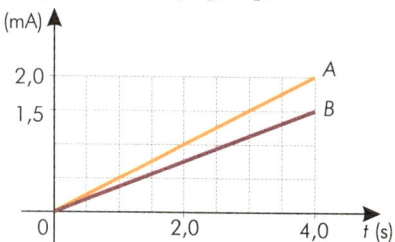

33. Através de um fio metálico passa uma corrente contínua cuja intensidade varia com o tempo segundo $i = 1,0 + 2,0t$, para i em ampères e t em segundos. Calcule a carga elétrica que atravessa uma secção transversal do condutor no intervalo de 0 a 3,0 s.

34. Em nosso corpo, os impulsos nervosos que transmitem informações, mensagens e comandos são de natureza elétrica. Cada vez que uma ordem deixa o cérebro, inúmeras células nervosas e musculares constituem um impressionante circuito elétrico, em que as informações fluem nos dois sentidos, levando a ordem e trazendo sinais do monitoramento da ação e demais condições. Em um único impulso nervoso, cerca de 10^6 íons de sódio, Na⁺, penetram em uma célula nervosa, excitada durante um intervalo de tempo de um milissegundo, atravessando sua membrana. A área da membrana celular é de, aproximadamente, $6,0 \cdot 10^{-10}$ m². Considere o valor da carga elétrica elementar $1,6 \cdot 10^{-19}$ C e calcule, **em ampère**, a intensidade média de corrente elétrica no impulso nervoso descrito.

35. (UFG – GO) O transporte ativo de Na⁺ e K⁺ através da membrana celular é realizado por uma proteína complexa, existente na membrana, denominada "sódio-potássio-adenosina-trifosfatase" ou, simplesmente, bomba de sódio. Cada bomba de sódio dos neurônios do cérebro humano pode transportar, por segundo, até 200 Na⁺ para fora da célula e 130 K⁺ para dentro da célula. Considere o valor da carga elétrica elementar igual a $1,6 \cdot 10^{-19}$ C.

a) Sabendo-se que um pequeno neurônio possui cerca de um milhão de bombas de sódio, calcule a carga líquida que atravessa a membrana desse neurônio.

b) Calcule também a corrente elétrica média através da membrana de um neurônio.

36. Define-se 1 elétron-volt (eV) como "a energia que um elétron adquire quando submetido a uma ddp de 1 V". Sendo o módulo da carga elementar igual a $1,6 \cdot 10^{-19}$ C, qual a relação entre o elétron-volt (eV) e o joule (J)? Calcule, em joules, a energia correspondente a 5 eV.

Exercícios Complementares

37. Entre os pontos A e B existe uma diferença de potencial elétrico de 45 V. Uma partícula eletrizada com uma quantidade de carga de $1,5 \cdot 10^{-8}$ C é deslocada do ponto A para o ponto B, sobre a reta determinada pelos pontos A e B.

a) Calcule o trabalho realizado pelas forças elétricas nesse deslocamento e explique o significado físico do seu sinal algébrico.

b) Seria possível calcular o trabalho realizado pelas forças elétricas se a partícula se deslocasse de A até B, porém não sobre a reta AB? Por quê?

38. Uma pilha, ligada a uma lâmpada, mantém entre seus terminais uma ddp de 1,5 V. Qual a energia elétrica, em joules, perdida por uma carga elétrica de valor igual a 6,0 µC ao atravessar o filamento da lâmpada?

39. A distribuição de lâmpadas e tomadas de uma pequena casa rural é a seguinte: 6 lâmpadas de 60 W, 6 tomadas de 100 W, tensão elétrica de 120 V. Com essas informações, calcule:

a) a intensidade da corrente elétrica total que a casa recebe com a utilização plena da potência das lâmpadas e das tomadas.

b) o consumo de energia elétrica, em kWh, para 50 horas de utilização plena dos elementos da casa.

40. (FUVEST – SP) Uma loja teve sua fachada decorada com 3.000 lâmpadas, de 0,5 W cada, para o natal. Essas lâmpadas são do tipo pisca-pisca e ficam apagadas 75% do tempo.

a) Qual a potência total dissipada se 30% das lâmpadas estiverem acesas simultaneamente?

b) Qual a energia gasta, em kWh, com essa decoração ligada das 20 até as 24 horas?

c) Considerando que o kWh custa R$ 0,08, qual seria o gasto da loja durante 30 dias, mantendo-as ligadas durante o intervalo de tempo do item b?

41. Um forno de micro-ondas opera na voltagem eficaz de 120 V e corrente elétrica eficaz de intensidade igual a 5,0 A. Colocam-se nesse forno 200 mL de água à temperatura de 25 °C. Admita que toda a energia do forno é utilizada para aquecer a água, que a densidade da água é de 1 kg/L, o calor específico sensível da água é 1,0 cal/(g · °C) e, para simplificar, adote 1,0 cal = 4,0 J.

a) Qual a energia necessária para elevar a temperatura da água a 100 °C?

b) Em quanto tempo essa temperatura será atingida?

42. O relâmpago é de tal modo familiar que a sua beleza corre risco de passar despercebida. Assim, antes de nos debruçarmos sobre as características mais paradoxais do relâmpago, vamos colocar uma questão bastante simples relativa às suas propriedades mais comuns.

Segundo dados modernos, a potência da descarga elétrica do relâmpago é de aproximadamente $5,0 \cdot 10^{11}$ W, que atua em um intervalo de tempo de $1,0 \cdot 10^{-3}$ s. Considerando o valor da tarifa elétrica cobrada para uso residencial de aproximadamente 36 centavos de real por quilowatt-hora, determine o preço de uma descarga elétrica do relâmpago, considerando os dados fornecidos.

43. (UnB – DF) De janeiro a março de 1999, observou-se, no Distrito Federal, uma precipitação média diária de chuvas equivalente a 4,5 mm. Isso significa que, para cada área de 1 m², acumulou-se uma lâmina de água com altura de 4,5 mm, a cada dia. Considerando que toda a água da chuva foi resultante da condensação de nuvens que estavam a uma altura de 1,0 km do solo, que a área do Distrito Federal seja de 5.800 km² ($5,8 \cdot 10^9$ m²) e que toda a energia potencial gravitacional dessas nuvens fosse transformada em energia elétrica para fazer funcionar diversas lâmpadas, calcule, *em milhões*, a quantidade de lâmpadas de 100 W que poderiam funcionar, durante 24 h, no mesmo período em que ocorreu a precipitação pluviométrica observada. Para isso, considere o módulo da aceleração da gravidade igual a 10 m/s², a densidade da água igual a 10^3 kg/m³ e despreze a parte fracionária de seu resultado, caso exista.

44. (UnB – DF) Tudo começa quando o ar quente e úmido próximo do solo se eleva na atmosfera. À medida que vai subindo, esfria, até chegar ao topo da nuvem, onde a temperatura é muito baixa: −30°C. Resultado: o vapor de água que estava misturado ao ar quente transforma-se em granizo e começa a despencar para a base da nuvem. Na queda, vai-se chocando com outras partículas menores, cristais de gelo, principalmente. Os choques fazem o granizo e os cristais ficarem eletricamente carregados. As cargas negativas presas ao granizo vão para a base da nuvem. Já as positivas ficam nos cristais de gelo leves, que tendem a subir com o ar quente que vem de baixo para o topo da nuvem. Ou seja, as cargas se separam: positivas na parte superior e negativas na parte inferior.

Superinteressante (com adaptações).

O texto descreve, de forma simplificada, o processo de separação de cargas que dá origem às descargas atmosféricas, chamadas de raios. Com o auxílio dessas informações, julgue a veracidade das afirmações a seguir.

(1) Considerando que, no Brasil, em média, 100 pessoas são atingidas diretamente por descargas atmosféricas em um ano, é correto afirmar que, no Brasil, a probabilidade de uma pessoa ser atingida por um raio nesse período é maior que 0,01%.

(2) Considerando que a área do território do DF seja de 5.800 km², que a área total do território brasileiro seja de 8 milhões de km² e supondo que os 100 milhões de raios que ocorrem por ano sejam uniformemente distribuídos pelo Brasil, é correto afirmar que, em média, ocorrem menos de 50 mil raios no DF em um ano.

(3) O objetivo principal de um para-raios é proteger certa região, edifício ou residência, ou assemelhado, da ação danosa de um raio. Estabelece-se com ele um percurso seguro para a descarga principal, entre a Terra e a nuvem.

Exercícios Complementares

(4) A energia responsável pela separação de cargas elétricas em uma nuvem provém da radiação solar que, ao ser absorvida pela atmosfera, produz, por aquecimento, movimento dos seus gases.

(5) Devido à existência de radiações de materiais radiativos, radiações ultravioleta e raios cósmicos, a atmosfera terrestre apresenta apenas íons negativos.

45. (UNICAMP – SP – modificada) O gráfico abaixo mostra a potência elétrica (em kW) consumida em uma certa residência ao longo do dia. A residência é alimentada com a voltagem de 120 V. Essa residência tem um fusível que queima se a corrente ultrapassar um certo valor, para evitar danos na instalação elétrica. Por outro lado, esse fusível deve suportar a corrente elétrica utilizada na operação normal dos aparelhos da residência.

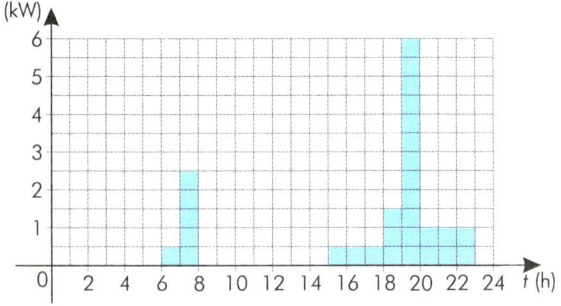

a) Qual o valor mínimo da intensidade da corrente elétrica que o fusível deve suportar?
b) Qual a energia elétrica, em kWh, consumida em um dia, nessa residência?
c) Qual será o preço a pagar por 30 dias de consumo, se 1,0 kWh custa R$ 0,12?

46. (UnB – DF – modificada) Existem, pelo menos, dois problemas básicos na construção de automóveis movidos a energia solar. O primeiro é que, atualmente, o rendimento da maioria das células solares é de 25%, isto é, elas convertem em energia elétrica apenas 25% da energia solar que absorvem. O segundo problema é que a quantidade de energia solar disponível na superfície da Terra depende da latitude e das condições climáticas. Considere um automóvel movido a energia solar, com massa de 1.000 kg e com um painel de 2,0 m^2 de células solares com rendimento de 25% localizado em seu teto. Desconsiderando as perdas por atrito de qualquer espécie, admitindo que 1,0 cal = 4,18 J e que o módulo da aceleração da gravidade é igual a 10 m/s^2, julgue a veracidade das afirmações seguintes.

(1) Se a quantidade de energia solar absorvida por esse painel em 30 dias for 20 kcal/cm^2, a potência gerada por ele será inferior a 200 W.
(2) A energia necessária para que o automóvel, partindo do repouso, atinja a velocidade de 72 km/h é superior a $3,0 \cdot 10^5$ J.
(3) Supondo que o painel de células solares fornecesse 200 W, para que o carro fosse acelerado a partir do repouso, em uma pista horizontal, até adquirir a velocidade de 72 km/h, seriam necessários mais de 15 min.
(4) Suponha que o automóvel, partindo com velocidade inicial nula do topo de uma colina de 20 m de altura, e sendo acelerado com auxílio da energia fornecida pelas células solares, chegue ao nível do solo em 60 s, com velocidade de 21 m/s. Então, durante a descida, a potência fornecida pelas células solares foi inferior a 350 W.

47. ENERGIA – FONTES ALTERNATIVAS
"O projeto de hidrelétrica de Cachoeira Porteira, no Rio Trombetas, coloca de novo em pauta a polêmica sobre o impacto ambiental que as grandes usinas provocam na Amazônia. Segundo o secretário de Ciência, Tecnologia e Meio Ambiente do Pará, Nelson Ribeiro, as obras só começam após amplo debate com a sociedade civil."

Jornal do Brasil, 9/5/1992.

Em função do esgotamento das reservas naturais de energia e do custo ecológico decorrente da implantação e/ou funcionamento das usinas tradicionais, têm-se buscado fontes alternativas para conversão em energia elétrica.

Alguns (poucos) países já constroem usinas nas quais utilizam a energia térmica proveniente do Sol, assim como a energia dos ventos e das marés, em substituição às fontes convencionais. Apesar do alto custo financeiro da implantação dessas usinas, deve-se destacar duas importantes vantagens dessas fontes alternativas: a ausência de poluição e a "inesgotabilidade" do Sol como reservatório de energia. Para você ter uma ideia, saiba que a quantidade de energia solar que atinge a Terra em uma hora é equivalente ao consumo anual de toda a humanidade.

Há ainda a possibilidade de conversão direta de energia solar em elétrica, através de baterias solares. Essas baterias, denominadas fotocélulas ou células fotovoltaicas, têm seu uso ainda restrito a máquinas de baixíssimo consumo (como calculadoras) e naves espaciais, em função do baixo rendimento e alto custo conseguidos até o momento, e constituem um campo aberto para as pesquisas.

Com base nos seus conhecimentos sobre energia e suas fontes, julgue a veracidade dos itens seguintes.

(1) Uma pilha de rádio, de ddp útil igual a 1,5 V, é atravessada por uma quantidade de carga elétrica de 3,0 C. A quantidade de energia que essa pilha transfere para essa carga é de 4,5 J.
(2) Se determinada ddp for aplicada a duas lâmpadas incandescentes de mesma ddp nominal e de potências elétricas diferentes, a luminosidade das lâmpadas será diferente.
(3) Infere-se do texto que o Sol é uma fonte de energia alternativa às reservas naturais que estão se esgotando.
(4) Considerando que um raio descarregue uma carga elétrica de 20 C e que a descarga demore 0,1 ms, é correto concluir que a intensidade da corrente elétrica média desse raio é superior a 50 kA.

35 Circuitos de Corrente Contínua

35.1. Circuito Elétrico Simples

Para que disponhamos de energia elétrica no dia a dia, é necessário um **gerador elétrico**, cuja função é fornecer energia potencial elétrica às partículas portadoras de cargas. Essa energia fornecida é proveniente de outras formas de energia.

> **Gerador elétrico** é um dispositivo em que ocorre a conversão de outras modalidades de energia em energia elétrica.

Um tipo muito conhecido de gerador elétrico é a pilha seca comum, na qual a energia elétrica é obtida da energia química liberada nas reações que ocorrem em seu interior. Também no acumulador (bateria automotiva, por exemplo), a energia elétrica é ainda obtida a partir da energia química de reações. Em dínamos, ocorre conversão de energia mecânica em energia elétrica (há dínamos nos grandes geradores das usinas hidrelétricas, em que a energia mecânica de uma queda-d'água é convertida em energia elétrica e nos geradores eólicos, que convertem a energia mecânica dos ventos em energia elétrica, por exemplo). Na célula fotovoltaica, comum em calculadoras "solares", ocorre a conversão de energia luminosa em energia elétrica.

Tipos de bateria mais comuns em nosso dia a dia.

Em locais com grande incidência de luz solar, baterias solares são usadas como geradores de energia para diversas atividades.

Como existe uma diferença de potencial entre os polos de uma bateria nova, essa voltagem será estabelecida nas extremidades de um condutor a ela ligado. Nessas condições, as cargas livres nesse condutor entrarão em movimento, isto é, haverá uma corrente elétrica passando no fio. O sentido dessa corrente no fio será, como já visto, o sentido que corresponderia ao movimento das cargas se elas forem positivas, de onde o potencial é maior para onde o potencial é menor. Portanto, sempre que ligamos os polos de uma pilha ou bateria por meio de um condutor, será estabelecida nesse condutor uma corrente elétrica, cujo sentido no circuito externo (convencional) é do polo positivo para o polo negativo.

Quando a corrente chega ao polo negativo, as cargas são forçadas, devido a reações químicas, a se deslocarem no interior da bateria, passando para o polo positivo, o que completa o circuito. Prosseguindo em seu movimento, as cargas continuam a se deslocar no fio, indo novamente do polo positivo para o polo negativo. Enquanto as reações químicas mantiverem a diferença de potencial entre os polos da bateria, teremos uma corrente circulando continuamente da maneira que acabamos de descrever (Figura 35-1).

Você Sabia?

As fotocélulas são usadas para o fornecimento de energia elétrica a pequenas calculadoras.

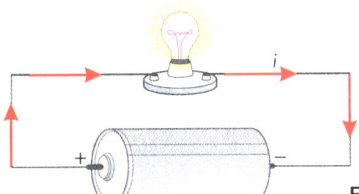

Figura 35-1.

Assim, para se manter uma corrente elétrica, é necessário que haja algo capaz de manter uma ddp e um percurso fechado, ou circuito.

Os equipamentos que utilizam energia elétrica fornecida pelo gerador são chamados de *consumidores*. Como exemplos de equipamentos consumidores de energia elétrica, podemos citar: lâmpadas, chuveiros elétricos, batedeiras elétricas etc.

Televisores, *home theater* e aparelhos de DVD são exemplos de equipamentos consumidores de energia elétrica.

ATENÇÃO

O traço vertical menor representa o polo negativo do gerador e o traço maior representa seu polo positivo. O polo positivo corresponde ao terminal de maior potencial elétrico, enquanto o polo negativo corresponde ao terminal de menor potencial.

Um gerador elétrico é representado pelo símbolo da Figura 35-2, para fins de representação esquemática.

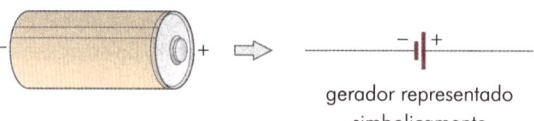

gerador representado simbolicamente

Figura 35-2.

Os equipamentos são ligados por fios condutores ao gerador, constituindo circuitos que, ao serem percorridos pela corrente elétrica, permitem que a energia elétrica seja convertida em outras modalidades, úteis ao homem. Qualquer caminho por onde as partículas portadoras de cargas elétricas possam fluir é chamado de **circuito elétrico**. Para um fluxo contínuo de partículas, deve haver um circuito elétrico sem interrupções. Os circuitos elétricos reais em geral apresentam *chaves*, que permitem que se ligue ou desligue o circuito. Na Figura 35-3, observe o símbolo para uma *chave liga/desliga*, em diagramas esquemáticos.

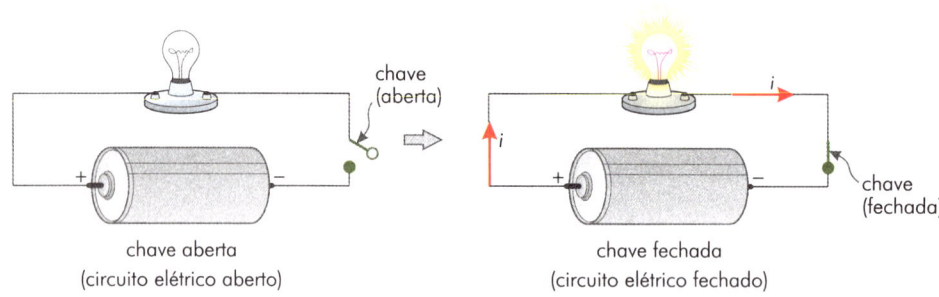

chave aberta
(circuito elétrico aberto)

chave fechada
(circuito elétrico fechado)

Figura 35-3.

Ao conjunto de geradores, consumidores e chaves interligados por fios condutores dá-se o nome de **circuito elétrico**. A Figura 35-4 mostra um circuito constituído por uma lâmpada ligada a uma pilha e a chave para ligar ou desligar, chamada *interruptor*, e o correspondente diagrama elétrico esquemático.

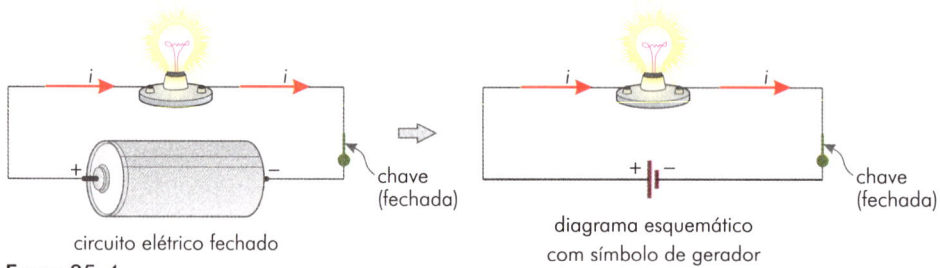

circuito elétrico fechado

diagrama esquemático com símbolo de gerador

Figura 35-4.

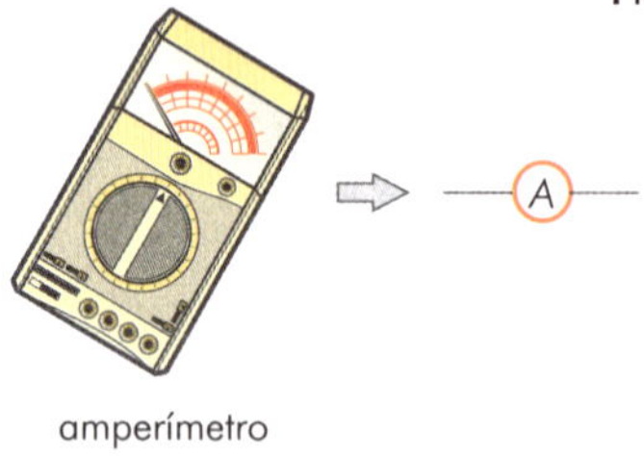

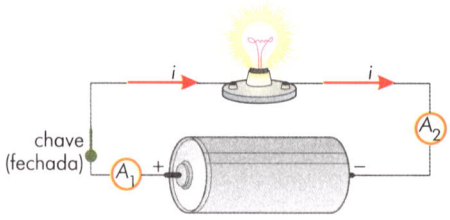

amperímetro

Figura 35-5. Símbolo usado para representar um amperímetro no circuito.

Para medir a intensidade de corrente elétrica são construídos aparelhos denominados amperímetros (Figura 35-5). Esses aparelhos devem ter seus terminais ligados ao circuito de tal forma que a corrente elétrica a ser medida possa atravessá-los.

No circuito elétrico simples mostrado na Figura 35-6, existe apenas um caminho para a corrente. Se um amperímetro for colocado em qualquer ponto desse circuito, indicará sempre o mesmo valor, isto é, a intensidade de corrente elétrica é a mesma em todos os pontos do circuito.

Figura 35-6. Esse circuito oferece apenas um caminho para a corrente elétrica.

No circuito elétrico esquematizado na Figura 35-7, entre os pontos X e Y há três condutores denominados *ramos* do circuito. Os pontos X e Y, em que a corrente elétrica se divide (ou se reagrupa), são denominados *nós* do circuito (um *nó* é uma intersecção de três ou mais condutores). Os amperímetros A_1, A_2 e A_3 estão colocados nos ramos e o amperímetro A_4, no circuito principal. Com o interruptor Ch fechado, as intensidades são, respectivamente, i_1, i_2, i_3 e i. As indicações dos amperímetros mostram que:

$$i_1 + i_2 + i_3 = i$$

Medidas como essas são uma consequência do princípio da conservação da carga elétrica e refletem um fato básico, chamado lei dos nós ou Primeira Lei de Kirchhoff, enunciada em 1845 pelo físico russo Gustav R. Kirchhoff (1824-1887):

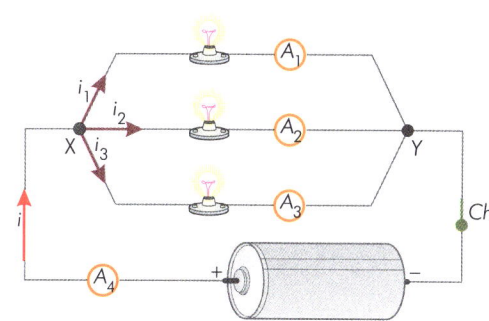

Figura 35-7. Esse circuito oferece três caminhos diferentes para a corrente elétrica.

> O somatório das intensidades de corrente elétrica que chegam a um nó deve ser igual ao somatório das intensidades de corrente elétrica que saem desse nó em qualquer instante; não se acumulam cargas em um nó.

Exercício Resolvido

1. Três fios condutores de cobre, F_1, F_2 e F_3, estão interligados por solda, como mostra a figura a seguir, e são percorridos por correntes elétricas de intensidades constantes i_1, i_2 e i_3, respectivamente, sendo $i_1 = 4$ A e $i_2 = 6$ A nos sentidos indicados.

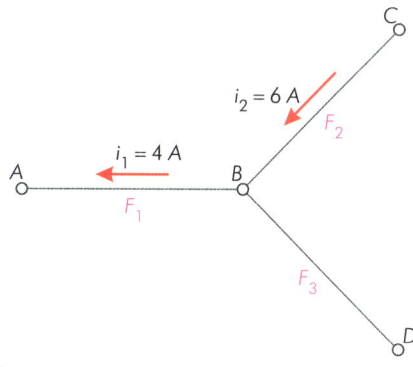

Determine:
a) o sentido da corrente elétrica no condutor F_3;
b) a intensidade de corrente elétrica que percorre o fio condutor F_3;
c) a quantidade de elétrons livres que passa por uma secção transversal do fio condutor F_3 em cada segundo, sendo o módulo da carga elementar igual a $1,6 \cdot 10^{-19}$ C.

Resolução:

a) Aplicando a Primeira Lei de Kirchhoff em relação ao ponto B, temos que o sentido da corrente elétrica no condutor F_3 é de B para D, pois, de acordo com essa lei, a soma algébrica das intensidades de corrente elétrica que chegam a um nó é igual à soma das intensidades de corrente elétrica que saem desse nó.

b) Aplicando a Primeira Lei de Kirchhoff, temos:

$$i_3 = i_2 - i_1$$
$$i_3 = 6 - 4 \Rightarrow i_3 = 2 \text{ A}$$

c) Aplicando a relação $i_m = \dfrac{|Q|}{\Delta t}$, com $|Q| = n \cdot |e|$, temos:

$$2 = \dfrac{n \cdot 1,6 \cdot 10^{-19}}{1}$$

$$n = \dfrac{2}{1,6 \cdot 10^{-19}} \therefore n = 1,25 \cdot 10^{19} \text{ elétrons livres}$$

Exercícios Propostos

2. Algumas pessoas costumam dizer que um aparelho elétrico em funcionamento "consome corrente elétrica". Você considera que essa afirmação está correta? Justifique brevemente.

3. Ao acionar o interruptor de uma lâmpada elétrica, ela se acende quase instantaneamente, embora possa estar a centenas de metros de distância. Isso ocorre porque:

a) a velocidade dos elétrons na corrente elétrica é igual à velocidade da luz.
b) os elétrons se põem em movimento quase imediatamente em todo o percurso, embora sua velocidade média seja relativamente baixa.
c) a velocidade dos elétrons na corrente elétrica é muito elevada.

Exercícios Propostos

d) não é necessário que os elétrons se movimentem para que a lâmpada se acenda.

4. No trecho de circuito esquematizado na figura há dois nós, X e Y. Qual o valor das intensidades de correntes i_1 e i_2?

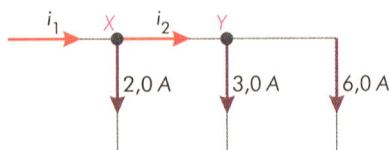

5. No trecho de circuito esquematizado na figura a seguir há um nó ao qual chegam as correntes de intensidades i_1 e i_2 e do qual saem i_3 e i_4. Sabe-se que a intensidade da corrente i_4 é o dobro da intensidade da corrente i_2. Pede-se o valor dessas intensidades.

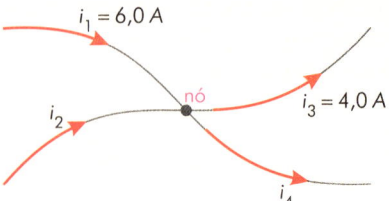

6. Faça o diagrama elétrico de um circuito simples do ferro de passar roupa de sua casa. Indique a fonte, os fios condutores, o aparelho e a chave liga/desliga.

35.2. Resistência Elétrica

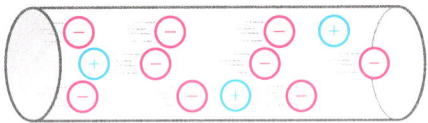

FIGURA 35-8. Modelo de movimento dos elétrons no interior do condutor.

Sabemos que uma bateria ou uma pilha é um *gerador*, causa principal da existência de corrente elétrica em um circuito. A intensidade do fluxo de carga elétrica depende não apenas da voltagem (tensão elétrica) nos terminais do gerador, mas também da *resistência elétrica* que o condutor oferece a esse fluxo de carga (Figura 35-8).

35.2.1. O que é resistência elétrica?

Nos metais, os elétrons livres da camada de valência estão fracamente ligados aos núcleos atômicos e possuem grande mobilidade. Assim, ao estabelecermos uma tensão elétrica (ddp) entre os terminais de um condutor metálico, esses elétrons livres adquirem movimento ordenado que denominamos corrente elétrica.

Denominamos, genericamente, **resistência elétrica** à dificuldade que os portadores de carga elétrica encontram para se mover no interior de um condutor.

Veja o exemplo: suponha um condutor AB ligado a uma bateria, como mostra a Figura 35-9. Sabemos que a bateria estabelece uma ddp (U) nas extremidades do condutor e, consequentemente, uma corrente elétrica circulará por esse condutor. As cargas elétricas que constituem a corrente elétrica, em movimento devido à ddp, sofrerão, ao longo do percurso, colisões contra partículas constituintes do condutor, havendo, então, uma oposição oferecida pelo fio à passagem da corrente elétrica através dele. É a essa oposição que damos o nome de **resistência elétrica**.

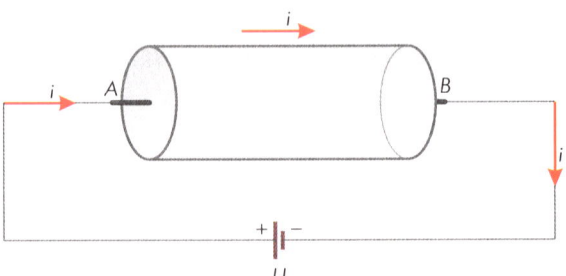

FIGURA 35-9.

Como podemos definir a *resistência elétrica* de um condutor?

Se determinado condutor é submetido a uma ddp (U) de forma que por ele circula uma corrente elétrica de intensidade (i), define-se resistência elétrica (R) do condutor como sendo a razão entre a ddp (U) e a intensidade de corrente elétrica (i). Dessa forma, queremos expressar que, para uma mesma ddp estabelecida como causadora da corrente elétrica, quanto maior a resistência elétrica do condutor, menor a intensidade da corrente:

$$R = \frac{U}{i}$$

Podemos dizer que, para uma mesma ddp, quanto maior o valor da resistência elétrica (R), maior será a oposição que o condutor oferecerá à passagem de corrente elétrica.

Da definição de resistência elétrica que acabamos de apresentar, podemos concluir que, no Sistema Internacional de unidades, a resistência elétrica (R) será medida em **volt/ampère** (V/A), que recebe o nome **ohm**, em homenagem ao físico alemão Georg Simon Ohm (1789-1854).

Como símbolo desta unidade, adotou-se a letra grega ômega maiúscula (Ω). Assim, $1\frac{V}{A} = 1$ ohm $= 1\ \Omega$.

Usando as unidades vistas anteriormente, podemos dizer que, se a ddp entre os terminais de um elemento condutor for constante e de valor 40 V e ele for atravessado por uma corrente elétrica de intensidade igual a 5 A, é porque esse elemento apresenta uma resistência elétrica de 8 Ω.

Georg Simon Ohm (1789-1854).

35.3. Resistor

Denomina-se **resistor** o elemento do circuito elétrico cuja função exclusiva é converter energia elétrica em energia térmica. Como exemplos de resistores podemos citar: o filamento de tungstênio de uma lâmpada incandescente, os fios condutores enrolados encontrados nos chuveiros elétricos, o elemento aquecedor de um ferro de passar roupas, de um ferro de soldar etc.

Os filamentos condutores de eletricidade presentes em um secador de cabelos transformam a energia elétrica em energia térmica. O mesmo ocorre com os filamentos de uma torradeira.

Figura 35-10.

Os condutores utilizados em circuitos, pelo fato de apresentarem resistência elétrica e, por isso, dissiparem energia térmica por efeito Joule, são denominados **resistores**. É comum usar o termo "resistência" como sinônimo de resistor (o nome da propriedade substitui o do objeto). Nos diagramas de circuitos elétricos, os resistores são representados esquematicamente pelos símbolos mostrados na figura ao lado.

Quando representamos um condutor sem o ziguezague do símbolo desenhado na Figura 35-10, queremos indicar um condutor cuja resistência, para todos os efeitos práticos, é irrelevante.

> **ATENÇÃO**
>
> Embora todo fio tenha sua resistência natural, ela é praticamente desprezível se comparada à resistência elétrica dos resistores.

35.4. A Primeira Lei de Ohm

Entre 1825 e 1827, Georg Simon Ohm, com base em medidas experimentais, estabeleceu a proposição que discutiremos a seguir.

Considere o resistor da Figura 35-11, mantido a uma temperatura constante, percorrido por uma corrente elétrica de intensidade i, quando entre seus terminais for aplicada uma ddp U.

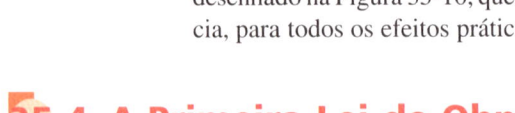

Figura 35-11.

Mudando-se a ddp sucessivamente para U_1, U_2, U_3 ..., o resistor passa a ser percorrido por corrente elétrica de intensidades i_1, i_2, i_3 ..., respectivamente.

Ohm verificou, experimentalmente, que, mantida a temperatura constante, o quociente da ddp aplicada pela respectiva intensidade de corrente elétrica era uma constante característica do condutor. Isto é, a diferença de potencial U entre os terminais de um resistor, mantida a temperatura constante e percorrido por uma corrente elétrica de intensidade i, é diretamente proporcional a essa intensidade de corrente.

Matematicamente, podemos escrever:

$$\frac{U_1}{i_1} = \frac{U_2}{i_2} = \frac{U_3}{i_3} = \ldots = \text{constante} = R$$

A constante de proporcionalidade R, assim obtida, é a característica do resistor a qual já denominamos **resistência elétrica**.

Esse fato só tem validade, rigorosamente, para condutores metálicos dentro de certa faixa de voltagens, incapazes de alterar-lhes significativamente a temperatura; esses condutores são ditos ôhmicos (ou lineares), dentro daquela faixa de voltagens.

Veja na Figura 35-12 a representação gráfica da Primeira Lei de Ohm:

$$U = R \cdot i$$

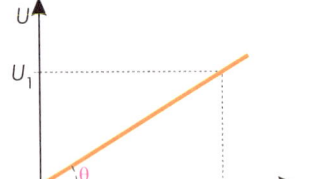

Figura 35-12. Curva característica de um condutor que segue a Primeira Lei de Ohm.

Para R constante, a expressão acima corresponde à equação reduzida da reta com coeficiente linear nulo. Portanto, se construirmos o gráfico da ddp (U) versus intensidade de corrente elétrica (i), obteremos uma semirreta que parte da origem do sistema de eixos cartesianos, com declividade positiva. Observe que o declive dessa curva é numericamente igual à resistência elétrica do condutor em estudo.

Como já foi dito, a resistência elétrica dos fios condutores (como os fios de cobre) de ligação dos elementos do circuito pode ser considerada desprezível quando comparada à resistência elétrica dos resistores, de forma que, nas representações esquemáticas dos circuitos, eles são representados por uma linha contínua, sem ziguezague. Nessas condições, os fios são denominados fios de ligação e sua finalidade é conectar os elementos do circuito. Na lâmpada de filamento representada na Figura 35-13 ocorre o efeito Joule, o que atesta a presença de uma resistência elétrica relevante.

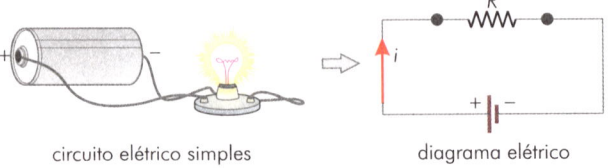

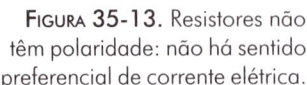

Figura 35-13. Resistores não têm polaridade: não há sentido preferencial de corrente elétrica.

circuito elétrico simples   diagrama elétrico

Em geral, ao variarmos a ddp U aplicada aos terminais do resistor, a intensidade de corrente i também varia, mas não de maneira proporcional. Nesse caso, o resistor não obedece à Primeira Lei de Ohm, pois sua resistência elétrica não permanece constante, sendo denominado resistor não ôhmico e, portanto, seu gráfico no diagrama $U \times i$ não é linear.

A Figura 35-14 mostra exemplos de curvas características de condutores que não obedecem à Primeira Lei de Ohm.

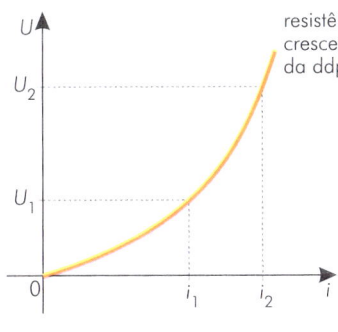
$\dfrac{U_1}{i_1} = R_1$ e $\dfrac{U_2}{i_2} = R_2$, com $R_1 < R_2$

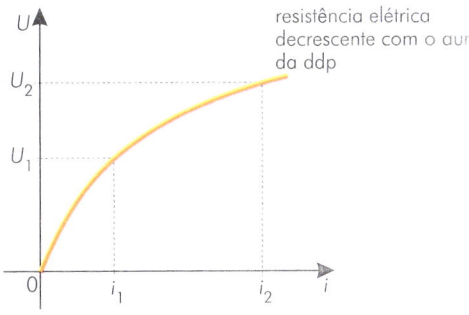
$\dfrac{U_1}{i_1} = R_1$ e $\dfrac{U_2}{i_2} = R_2$, com $R_1 > R_2$

Figura 35-14.

Exercícios Resolvidos

7. Um resistor ôhmico é percorrido por uma corrente elétrica de intensidade igual a 8,0 A, quando submetido a uma tensão elétrica de 120 V.

a) Calcule a resistência elétrica do resistor.
b) Calcule a intensidade de corrente elétrica que o resistor percorre quando submetido a uma tensão elétrica de 200 V.
c) Calcule a tensão elétrica a que deve ser submetido para que a corrente elétrica que o percorre tenha intensidade de 10 A.
d) Fazer o esboço do gráfico no diagrama tensão elétrica U *versus* intensidade de corrente elétrica i.

Resolução:

A figura ao lado mostra o esquema que contém o resistor de resistência R que tem seus terminais ligados a uma tensão elétrica U e é percorrido por uma corrente elétrica de intensidade i.

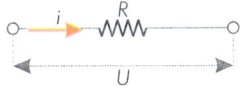

a) Como se trata de um resistor ôhmico, podemos calcular sua resistência elétrica aplicando a Lei de Ohm:

$$U = R \cdot i \implies 120 = R \cdot 8{,}0 \implies \dfrac{120}{8{,}0} \therefore R = 15 \, \Omega$$

b) A resistência elétrica de um resistor ôhmico é sempre constante, admitindo desprezível a variação de temperatura. Assim, a tensão elétrica e a intensidade de corrente elétrica são diretamente proporcionais.

$$U = R \cdot i \implies 200 = 15i \implies i = \dfrac{200}{15} \therefore i = \dfrac{40}{3} \, A$$

c) Aplicando novamente a Lei de Ohm, temos:

$$U = R \cdot i \implies U = 15 \cdot 10 \implies U = 150 \, V$$

d) Colocando os valores da tensão elétrica no eixo das ordenadas e os da intensidade de corrente elétrica no eixo das abscissas, no diagrama $U \times i$, obtemos o gráfico a seguir.

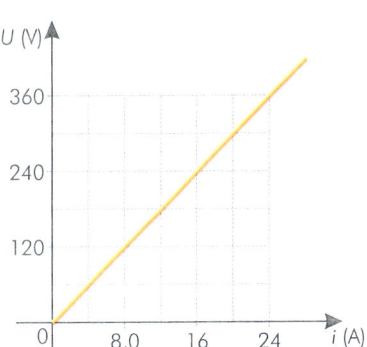

8. O gráfico a seguir mostra como varia a tensão elétrica U nos terminais de um resistor não ôhmico em função da intensidade de corrente elétrica que o atravessa.

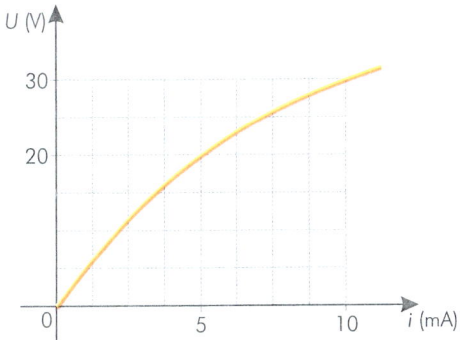

Exercícios Resolvidos

Determine:

a) a resistência elétrica desse resistor quando a corrente elétrica que o percorre tem intensidade igual a 5 mA;

b) a resistência elétrica desse resistor quando a tensão elétrica nos seus terminais for igual a 30 V.

Resolução:

a) A resistência elétrica de um resistor não ôhmico não é constante. Para cada valor de tensão elétrica existe uma resistência dada pela relação $R = \dfrac{U}{i}$. Assim, para $U = 20$ V e $i = 5$ mA, temos:

$$R = \dfrac{20}{5 \cdot 10^{-3}} \Rightarrow R = 4 \cdot 10^3 \, \Omega$$

$$R = 4 \, k\Omega$$

b) Para $U = 30$ V e $i = 10$ mA, temos:

$$R = \dfrac{30}{10 \cdot 10^{-3}} \Rightarrow R = 3 \cdot 10^3 \, \Omega$$

$$R = 3 \, k\Omega$$

Exercícios Propostos

9. Um resistor ôhmico, quando submetido a uma tensão elétrica de 100 V, é atravessado por uma corrente elétrica de intensidade igual a 20 A. Qual a ddp nos terminais do resistor quando percorrido por uma corrente elétrica de intensidade igual a 12 A?

10. Um aluno, ao realizar um trabalho no laboratório, aplica uma tensão elétrica nos terminais do resistor e mede a intensidade de corrente elétrica que o atravessa. Ele repetiu a operação para tensões diferentes e traçou o gráfico a seguir, obtendo a curva característica do resistor. Determine o valor da resistência elétrica desse resistor.

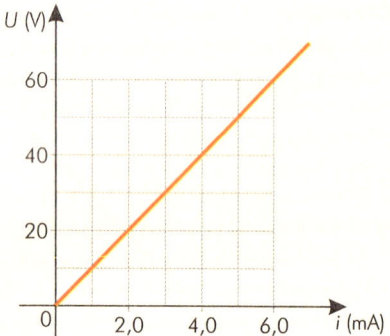

11. Um resistor ôhmico submetido a uma tensão elétrica de 220 V é percorrido por uma corrente elétrica de intensidade igual a 20 A. Determine:

a) a resistência elétrica desse resistor;

b) a tensão elétrica a que esse resistor estará submetido quando for percorrido por corrente elétrica de intensidade 5,0 A;

c) a intensidade da corrente elétrica que o percorrerá quando submetido a uma tensão elétrica de 110 V.

12. Um condutor metálico com resistência elétrica de 8,0 Ω é submetido a uma tensão elétrica de 40 V. Considerando a carga elétrica elementar de módulo igual a $1,6 \cdot 10^{-19}$ C, determine:

a) o número de elétrons que atravessam uma secção transversal desse condutor em um intervalo de tempo de 2,0 s;

b) a tensão elétrica nos terminais desse condutor quando ele é atravessado por 20 C de carga elétrica em um intervalo de tempo de 10 s.

13. Determinado condutor tem a curva característica mostrada no diagrama $U \times i$ da figura a seguir.

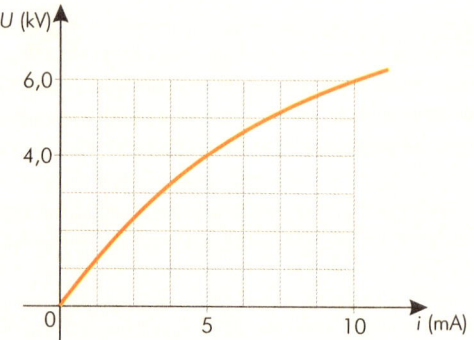

a) A resistência elétrica do condutor cresce ou decresce com o aumento da ddp?

b) Calcule a resistência do condutor quando percorrido pela corrente elétrica de intensidade igual a 10 mA.

14. (UFRGS – RS) A intensidade de corrente elétrica (i), em função da ddp (U), aplicada às extremidades de dois condutores R_1 e R_2, está representada no diagrama $i \times U$ a seguir. Os comportamentos dos resistores R_1 e R_2 não se alteram para valores de diferenças de potenciais até 100 V. Ao analisar estes gráficos, um aluno concluiu que, para valores abaixo de 100 V:

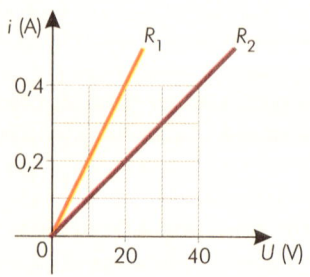

Exercícios Propostos

(1) A resistência de cada um dos condutores é constante, isto é, eles são ôhmicos.
(2) O condutor R_1 tem resistência elétrica maior que o condutor R_2.
(3) Ao ser aplicada uma ddp de 80 V aos extremos de R_2, nele passará uma corrente de intensidade 0,8 A.
(4) Para uma mesma ddp a potência dissipada pelo resistor R_1 é menor que a dissipada pelo resistor R_2.

35.5. A Segunda Lei de Ohm

Experimentalmente, Ohm verificou que a resistência elétrica de um condutor homogêneo, de secção transversal constante, depende, basicamente, de quatro variáveis: da área de sua secção transversal, do seu comprimento, do material que o constitui e da sua temperatura (Figura 35-15).

Os ensaios experimentais de Ohm, feitos de forma que a temperatura se mantenha sem mudança significativa, conduziram às seguintes conclusões:

- *comprimento*: em condutores feitos de um mesmo material e com idênticas forma e espessura, a resistência elétrica é diretamente proporcional ao comprimento.
- *secção transversal*: em condutores feitos de um mesmo material e com idênticos comprimento e forma, a resistência elétrica é inversamente proporcional à área da secção transversal.
- *material*: dois condutores idênticos em forma, comprimento e espessura, submetidos a uma idêntica ddp, apresentavam resistências elétricas diferentes.

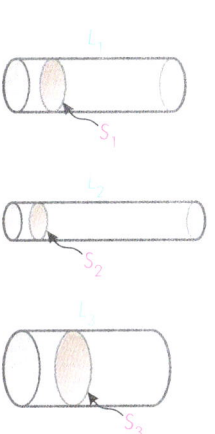

FIGURA 35-15.

Levando em consideração todos esses aspectos, escrevemos o resultado conhecido como Segunda Lei de Ohm:

$$R = \rho \cdot \frac{L}{S}$$

em que R é a resistência elétrica do condutor, L é o comprimento desse condutor, S é a área de secção transversal do condutor e ρ é uma constante de proporcionalidade, característica do material de que é feito o condutor e que se denomina resistência específica ou resistividade elétrica.

No Sistema Internacional de unidades (SI), a unidade da resistividade é ohm · metro ($\Omega \cdot m$), como se pode obter da igualdade anterior: $\rho = \dfrac{R \cdot S}{L} \Rightarrow [\rho] = \dfrac{\Omega \cdot m^2}{m} = \Omega \cdot m$

Quanto melhor condutor for o material do fio, tanto menor será sua resistividade. Por isso, os metais são, de modo geral, as substâncias com menores resistividades.

De maneira geral, a resistividade de um material aumenta com o aumento da temperatura. Em consequência, também a resistência elétrica de um condutor aumenta com o aumento de temperatura. Podemos explicar esse aumento da resistência elétrica com o aumento de temperatura devido ao aumento da agitação molecular das partículas que constituem a substância, o que aumenta o número de colisões entre os elétrons livres e outras partículas do condutor, aumentando sua resistência elétrica. Veja a Tabela 35-1.

TABELA 35-1. Alguns valores típicos da resistividade elétrica de materiais à temperatura de 20 °C.

Material	Resistividade ($\Omega \cdot m$)
Prata	$1,6 \cdot 10^{-8}$
Cobre	$1,7 \cdot 10^{-8}$
Alumínio	$2,7 \cdot 10^{-8}$
Ferro	$10 \cdot 10^{-8}$
Níquel-cromo	$150 \cdot 10^{-8}$
Semicondutores	10^{-1} a 10^{-4}
Isolantes	10^{11} a 10^{18}

Observações:

- A resistividade do cobre é menor que a do ferro; isso significa que o cobre conduz melhor que o ferro, e que entre dois condutores de mesmas dimensões, o cobre terá menor resistência.
- Os metais (bons condutores) têm pequena resistividade; já os materiais isolantes possuem alta resistividade.
- Os valores da tabela correspondem à temperatura de 20 °C. Uma mudança na temperatura pode alterar a resistividade de uma substância, pois modifica suas características microscópicas.
- Na prática, costuma-se também definir:
  - **condutância** como o inverso da resistência elétrica (sua unidade é o siemens, S, tal que $1\ S = 1\ \Omega^{-1}$);
  - **condutividade** como o inverso da resistividade.
- A resistividade pode diminuir quando a substância sofre aumento da temperatura. Veja os seguintes importantes exemplos. Na grafite, o aumento de temperatura acarreta um aumento de elétrons livres, o que provoca diminuição de resistividade. Nos condutores iônicos, o grau de dissociação aumenta com a temperatura e, consequentemente, a resistividade diminui.

35.6. Resistor Variável

Diversos aparelhos encontrados em nossas residências e que usamos no dia a dia funcionam graças à variação de intensidade de corrente elétrica. Isso é possível se associamos ao circuito um resistor de resistência elétrica variável, denominado **reostato** ou **potenciômetro**.

De acordo com a Primeira Lei de Ohm, aumentando-se a resistência elétrica do resistor, sob ddp constante, ocorre diminuição da intensidade de corrente elétrica e vice-versa.

Basicamente, o reostato é um resistor de fio sobre o qual corre um cursor metálico que isola parte desse resistor, desviando a corrente elétrica para um terminal preso a ele. Assim, ao girar o botão de um rádio para aumentar ou diminuir a intensidade sonora, está ocorrendo a diminuição ou o aumento da resistência elétrica daquela parte do circuito. Alguns *dimmers* utilizados para controlar a intensidade da luminosidade de lâmpadas incandescentes também são reostatos. A Figura 35-16 mostra como representar um reostato.

Resistor variável usado para controlar, por exemplo, o volume da caixa de som do computador.

FIGURA 35-16. Representações esquemáticas de um reostato (resistor de resistência variável).

Um tipo comum de reostato é o denominado **reostato de cursor**, no qual a variação de resistência elétrica ocorre continuamente pela variação do comprimento de um fio condutor, baseando-se no fato de que a resistência elétrica de um fio condutor de secção constante é diretamente proporcional ao seu comprimento (Figura 35-17).

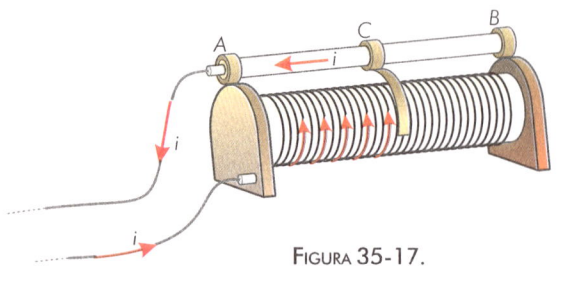

FIGURA 35-17.

Exercícios Resolvidos

15. Um fio metálico é feito de um material cuja resistividade é de $1{,}7 \cdot 10^{-8}\ \Omega \cdot m$ e tem secção transversal de área $0{,}20\ mm^2$. Determine a resistência elétrica de 20 m de comprimento desse fio.

Resolução:
São dados: resistividade $\rho = 1{,}7 \cdot 10^{-8}\ \Omega \cdot m$, área $S = 0{,}20\ mm^2 = 0{,}20 \cdot 10^{-6}\ m^2$ e comprimento $L = 20\ m$. A resistência elétrica desse condutor é dada pela equação $R = \rho \cdot \dfrac{L}{S}$. Assim:

$$R = 1{,}7 \cdot 10^{-8} \cdot \dfrac{20}{2{,}0 \cdot 10^{-7}}$$

$$R = \dfrac{1{,}7 \cdot 2{,}0}{2{,}0} \therefore R = 1{,}7\ \Omega$$

16. Um fio de comprimento L e resistência R é esticado de modo que quadruplique o seu comprimento original. Considerando que a resistividade e a densidade absoluta do material não tenham mudado, qual a resistência elétrica do fio alongado, em função de R?

Resolução:
Lembrando da definição de densidade absoluta de uma substância, temos:

$$\mu = \dfrac{m}{V} \Rightarrow V = \dfrac{m}{\mu}$$

Ao esticarmos o condutor, não alteramos nem sua massa m nem sua densidade μ. Assim, observando a expressão da densidade, concluímos que o volume V permanece constante, ou seja:

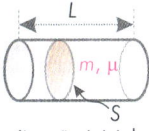
situação inicial

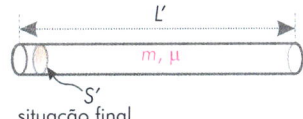
situação final

$V_{inicial} = V_{final} \Rightarrow S \cdot L = S' \cdot L'$

Como $L' = 4L$, temos:

$$S \cdot L = S' \cdot 4L \Rightarrow S' = \dfrac{S}{4}$$

A resistência elétrica de um condutor é dada pela relação $R = \rho \cdot \dfrac{L}{S}$. Assim, podemos escrever:

- na situação inicial: $R = \rho \cdot \dfrac{L}{S}$ (equação I)

- na situação final:

$$R' = \rho \cdot \dfrac{L'}{S'}$$

$$R' = \rho \cdot \dfrac{4L}{\dfrac{S}{4}}$$

$$R' = \rho \cdot \dfrac{16L}{S} \quad \text{(equação II)}$$

Dividindo a equação II pela equação I, temos:

$$\dfrac{R'}{R} = \dfrac{\rho \cdot \dfrac{16L}{S}}{\rho \cdot \dfrac{L}{S}}$$

$$\dfrac{R'}{R} = 16$$

$$R' = 16R$$

Resposta: $R' = 16R$.

Exercícios Propostos

17. Um aluno pergunta ao professor qual é a resistência elétrica do cobre. Essa pergunta faz sentido?

18. Um condutor cilíndrico é fabricado com material cuja resistividade é $5{,}0\ \Omega \cdot mm^2/m$. Determine a resistência elétrica de tal condutor sabendo que sua área de secção transversal é igual a $2{,}0\ mm^2$ e seu comprimento é igual a 10 m.

19. Aplica-se a ddp de 220 V nas extremidades de um fio de 20 m de comprimento e secção transversal de área $2{,}2\ mm^2$. Sabendo-se que a intensidade de corrente elétrica no fio vale 10 A, calcule a resistividade do material que constitui o fio.

20. Sabe-se que a resistência elétrica de um fio cilíndrico é diretamente proporcional ao seu comprimento e inversamente proporcional à sua área de secção reta. Pergunta-se:

a) O que acontece com a resistência elétrica do fio quando triplicamos o seu comprimento?

b) O que acontece com a resistência elétrica do fio quando duplicamos o seu raio?

21. Um fio cilíndrico de cobre, de comprimento L e área de secção transversal S, tem resistência elétrica R. Outro fio de cobre, de mesmo volume que o anterior e de comprimento 50% maior, terá uma resistência elétrica R'. Expresse R' em função de R.

22. (UNICAMP – SP) Uma cidade é alimentada por uma linha de transmissão de 1.000 km de extensão, cuja voltagem, na entrada da cidade, é 100.000 volts. Essa linha é constituída de cabos de alumínio cuja área de secção reta total vale $5{,}26 \cdot 10^{-3}\ m^2$. A resistividade do alumínio é igual a $2{,}63 \cdot 10^{-8}\ \Omega \cdot m$.

Exercícios Propostos

a) Qual a resistência elétrica dessa linha de transmissão?
b) Qual a corrente elétrica total que passa pela linha de transmissão?

23. A resistência elétrica de um fio metálico é 60 Ω. Retirando-se um pedaço de 3,0 m de fio, verifica-se que sua resistência, à mesma temperatura, passa a ser 15 Ω. Qual era o comprimento inicial do fio?

24. Um reostato de cursor tem resistência elétrica igual a 15 Ω, quando o fio que o constitui tem comprimento igual a 30 cm. Qual a resistência elétrica do reostato para um comprimento de 3,0 m desse fio condutor?

Resistores em placa de circuito impresso. Note as faixas coloridas, indicativas do valor da resistência elétrica.

35.7. Identificação de Resistores – Código de Cores

Os resistores de carvão e de outros materiais, comumente encontrados nos circuitos elétricos, como os circuitos de rádios e televisores, são constituídos de um bastão de grafite comprimida, revestido por uma camada isolante de cerâmica, tendo dois terminais presos em seus extremos.

Para sua identificação, o resistor traz gravado em seu invólucro o valor de sua resistência elétrica por meio de um conjunto de faixas coloridas. Veja a Tabela 35-2.

TABELA 35-2. Código de cores indicativo da resistência elétrica do resistor.

Faixa colorida	Dígito	Multiplicador	Tolerância
Preta	0	1	
Marrom	1	10^1	
Vermelha	2	10^2	
Laranja	3	10^3	
Amarela	4	10^4	
Verde	5	10^5	
Azul	6	10^6	
Violeta	7	10^7	
Cinza	8	10^8	
Branca	9	10^9	
Dourada			5%
Prateada			10%
Sem cor			20%

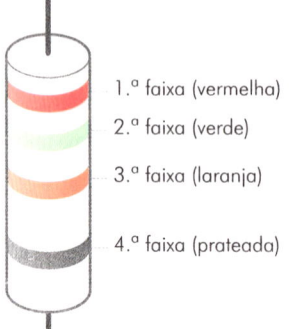

1.ª faixa (vermelha)
2.ª faixa (verde)
3.ª faixa (laranja)
4.ª faixa (prateada)

FIGURA 35-18.

As faixas coloridas devem ser lidas da extremidade para o centro do resistor. A primeira e a segunda faixas correspondem a um número de dois algarismos e a terceira, ao expoente da potência de 10, pela qual se deve multiplicar esse número. A quarta faixa representa a tolerância no valor da resistência.

1.º exemplo

Na Figura 35-18, o resistor traz quatro faixas, cuja numeração é obtida de acordo com a tabela acima, que é, respectivamente: vermelha (2), verde (5), laranja (3) e prateada (10%). Assim, o valor da resistência elétrica desse resistor é: $R = (25 \cdot 10^3 \pm 10\%$ de $25 \cdot 10^3)$ Ω, ou seja, sua resistência tem um valor entre 22.500 Ω (25.000 – 10% de 25.000) e 27.500 Ω (25.000 + 10% de 25.000).

2.º exemplo

Qual o valor da resistência elétrica R do resistor mostrado na Figura 35-19?

1.ª faixa – azul (6); 2.ª faixa – amarela (4); 3.ª faixa – vermelha (2); 4.ª faixa – inexistente (sem cor). Então, o valor dessa resistência tem 20% de tolerância. Assim, o valor dessa resistência é $R = (64 \cdot 10^2 \pm 20\%$ de $64 \cdot 10^2)$ Ω, ou seja, sua resistência tem um valor entre 5.120 Ω (6.400 – 20% de 6.400) e 7.680 Ω (6.400 + 20% de 6.400).

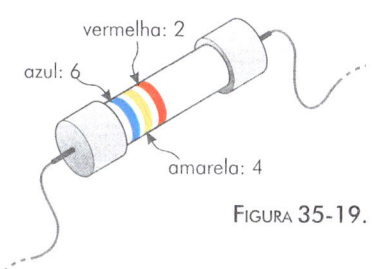

FIGURA 35-19.

3.º exemplo

Qual o valor da resistência elétrica R do resistor mostrado na Figura 35-20?

1.ª faixa – marrom (1); 2.ª faixa – vermelha (2); 3.ª faixa – laranja (3); 4.ª faixa – prateada (10%). Então, o valor dessa resistência tem 10% de tolerância. Assim, o valor dessa resistência é $R = (12 \cdot 10^3 \pm 10\%$ de $12 \cdot 10^3)$ Ω, ou seja, sua resistência tem um valor entre 10.800 Ω (12.000 – 10% de 12.000) e 13.200 Ω (12.000 + 10% de 12.000).

- Faça uma tarefa: procure uma placa de rádio, identifique alguns resistores e determine os valores de suas resistências usando o código de cores mostrado na tabela da página anterior.

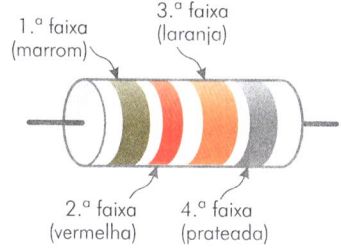

FIGURA 35-20.

35.8. Supercondutores

Denominam-se **supercondutores** os materiais que transportam energia elétrica praticamente sem dispersão. Como foi mostrado no decorrer deste capítulo, a resistividade de um material condutor aumenta com a temperatura e, por conseguinte, há um aumento de sua resistência elétrica, acarretando uma diminuição na intensidade da corrente elétrica que circula através desse material. Assim, abaixando-se a temperatura de alguns materiais condutores para próximo do zero absoluto, conseguem-se obter resistividades praticamente nulas e, consequentemente, resistências elétricas também praticamente nulas. Em outras palavras, os elétrons livres dessas substâncias, nesta situação, podem deslocar-se livremente através de sua rede cristalina. Esse fenômeno foi inicialmente observado em alguns metais, dentre eles o mercúrio, o cádmio, o estanho e o chumbo.

A temperatura na qual uma substância se torna supercondutora é denominada temperatura de transição. Essa temperatura varia de um material para outro. Para o mercúrio, por exemplo, ela é igual a 4 K, enquanto para o chumbo, ela vale cerca de 7 K. Já sintetizamos cerâmicas supercondutoras a temperaturas consideradas relativamente elevadas, acima de 100 K.

As cerâmicas supercondutoras foram descobertas em 1986 e são objeto de muita pesquisa para sua aplicação. Na foto, um pequeno ímã levita sobre um bloco de cerâmica supercondutora. Os vapores nos tons de violeta e azul são do nitrogênio líquido, usado para manter fixo um valor ideal da temperatura da cerâmica.

APLICAÇÕES:

Os supercondutores possuem quatro vantagens sobre os condutores normais:

- conduzem eletricidade sem perda de energia (na atualidade, é impossível construir uma linha de transmissão usando esse material, pois seria necessário manter os cabos transmissores abaixo de sua temperatura de transição, o que é inviável);
- não produzem calor, o que implica redução expressiva dos circuitos elétricos (quando o desenvolvimento tecnológico encontrar uma solução para que ocorra transmissão de eletricidade sem dissipação, a energia que é atualmente dissipada nos cabos transmissores poderá ser totalmente aproveitada, o que reduzirá significativamente os custos nas construções de circuitos elétricos);
- grande habilidade em gerar campos magnéticos poderosos;
- podem ser usados para criar as junções de Josephson (são chaves supercondutoras, semelhantes a transistores, que comutam 100 vezes mais rápido que os últimos).

35.9. Potência Dissipada em um Resistor – Efeito Joule

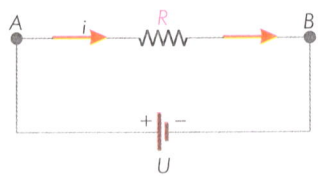

FIGURA 35-21.

Como foi visto, a transformação de energia elétrica em calor em um condutor percorrido por corrente elétrica denomina-se **efeito Joule** e é usado em várias aplicações, como em lâmpadas de filamento, chuveiros e outros dispositivos elétricos.

Consideremos um trecho AB de um circuito elétrico sujeito a uma ddp U e percorrido por uma corrente elétrica de intensidade i, como ilustrado na Figura 35-21.

Um resistor transforma exclusivamente em térmica a energia elétrica recebida de um circuito, daí ser usual dizer que um resistor dissipa a energia elétrica que recebe do circuito. Assim, a potência elétrica consumida por um resistor é dissipada.

A Lei de Ohm, aplicada a esse resistor, estabelece que $U = R \cdot i$. Substituindo na relação geral $Pot = U \cdot i$, obtemos:

$$Pot = R \cdot i^2 \quad \text{ou} \quad Pot = \frac{U^2}{R}$$

Observe que a potência dissipada em um resistor pode ser calculada por qualquer uma das três equações, dependendo apenas da conveniência (desde que U seja a ddp entre os terminais do resistor em questão, i a intensidade de corrente elétrica que o atravessa e R sua resistência).

Já que potência é definida como energia por unidade de tempo, a energia elétrica ($E_{elétr.}$) transformada em energia térmica ao fim de um intervalo de tempo Δt é dada por:

$$E_{elétr.} = R \cdot i^2 \cdot \Delta t$$

resultado chamado de Lei de Joule ou Lei de Joule-Lenz.

De acordo com o que mostramos acima, podemos concluir que:

- Em circuitos com a mesma corrente elétrica, aquele que contém um aparelho resistivo com maior resistência elétrica dissipa uma potência maior.
- Em circuitos submetidos à mesma tensão, aquele que contém um aparelho resistivo com maior resistência elétrica dissipa uma potência menor.

Exercícios Resolvidos

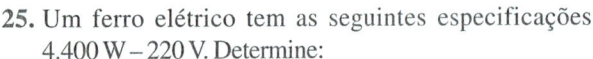

25. Um ferro elétrico tem as seguintes especificações: 4.400 W – 220 V. Determine:

a) a intensidade de corrente elétrica que deve percorrer a resistência elétrica desse ferro, quando corretamente utilizado;

b) o valor da resistência elétrica desse ferro.

RESOLUÇÃO:

a) Usando-se a expressão $P = U \cdot i$, obtemos a intensidade da corrente elétrica que percorre o ferro. Assim,

$$4.400 = 220i$$

$$i = \frac{4.400}{220} \quad \therefore \quad i = 20 \text{ A}$$

b) Usando-se a expressão $Pot = \frac{U^2}{R}$, obtemos o valor da resistência elétrica do ferro. Assim,

$$4.400 = \frac{220^2}{R}$$

$$R = \frac{220 \cdot 220}{4.400} \quad \therefore \quad R = 11 \, \Omega$$

26. Um chuveiro elétrico ligado em 220 V opera com potência igual a 4.400 W. A temperatura ambiente é igual a 20 °C e considere o calor específico da água igual a $4{,}0 \cdot 10^3$ J/(kg · °C). Suponha que 80% da energia dissipada na resistência do chuveiro seja usada para aquecer a água. Calcule a temperatura da água ao sair do chuveiro, sabendo que a vazão desse chuveiro é constante e igual a 80 mL/s. Considere a densidade da água igual a 1 g/mL.

RESOLUÇÃO:

I. Calculando a quantidade de calor (Q_{calor}) que a resistência elétrica do chuveiro fornece à água que flui por esse chuveiro no intervalo de tempo $\Delta t = 1$ s:

$$Pot = \frac{E_{elétr.}}{\Delta t}$$

$$E_{elétr.} = Pot \cdot \Delta t$$

$$Q_{calor} = \frac{80}{100} \cdot E_{elétr.} \Rightarrow Q_{calor} = 0{,}80 \cdot Pot \cdot \Delta t$$

$$Q_{calor} = 0{,}80 \cdot 4.400 \cdot 1 \quad \therefore \quad Q_{calor} = 3.520 \text{ J}$$

Exercícios Resolvidos

II. Usando a equação fundamental da calorimetria $Q_{calor} = m \cdot c \cdot \Delta\theta$, em que a massa de água que flui pelo chuveiro no intervalo de tempo igual a 1s é $m = 80$ g $= 80 \cdot 10^{-3}$ kg, o calor específico da água $c = 4{,}0 \cdot 10^3$ J/(kg · °C), temperatura inicial $\theta_I = 20$ °C, vamos calcular a temperatura final (θ_F):

$Q_{calor} = m \cdot c \cdot (\theta_F - \theta_I)$
$3.520 = 80 \cdot 10^{-3} \cdot 4{,}0 \cdot 10^3 \cdot (\theta_F - 20)$
$3.520 = 320 \cdot (\theta_F - 20)$
$\dfrac{3.520}{320} = \theta_F - 20 \Rightarrow \theta_F - 20 = 11$
$\theta_F = 11 + 20 \therefore \theta_F = 31$ °C

Exercícios Propostos

27. Descreva o **efeito Joule**.

28. Durante um banho, é comum mudarmos o cursor do chuveiro da posição **verão** para a posição **inverno** para conseguirmos água a uma temperatura mais elevada. O que aconteceu com o comprimento da resistência elétrica do chuveiro se a ddp nos seus terminais não foi alterada?

29. No bulbo de uma lâmpada incandescente está indicado: 100 W – 220 V. Considere que a lâmpada está funcionando corretamente de acordo com as especificações citadas e determine:
 a) a intensidade de corrente elétrica que percorre o filamento dessa lâmpada;
 b) o consumo de energia elétrica dessa lâmpada se ela permanece ligada durante 20 horas. Dê sua resposta em joules e em kWh.

30. Um chuveiro tem resistência elétrica 10 Ω e, quando ligado, é percorrido por uma corrente elétrica de intensidade de 22 A. Em um dia de inverno, a água na entrada do chuveiro encontra-se a 10 °C. Sabendo que toda a energia elétrica convertida em energia térmica, por efeito Joule, foi absorvida pela água, determine qual deve ser a vazão de água, em L/min, através desse chuveiro para que ela esteja à temperatura de 40 °C. Adote 1,0 cal = 4,0 J, considere o calor específico da água igual a 1,0 cal/(g · °C) e a densidade da água de 1.000 g/L.

31. (UFMG) Em um ebulidor elétrico, encontra-se indicado: 1.000 W, 120 V. Esse ebulidor é mergulhado em um recipiente contendo 2,0 litros de água a 20 °C e ligado a uma tomada com tensão elétrica especificada para o seu funcionamento. Suponha que 80% do calor gerado por efeito Joule seja absorvido pelo líquido e considere 1 cal = 4 J. Calcule o tempo necessário para que metade da água do recipiente evapore, considerando que o calor específico da água é igual a 1,0 cal/(g · °C), a densidade da água é igual a 1 g/mL e o calor específico latente de vaporização da água é igual a 540 cal/g.

32. (UnB – DF) Em dias de inverno, nem sempre o ato de acordar é interessante. Pior ainda quando o chuveiro elétrico não funciona corretamente. Sabendo que a potência dissipada no resistor do chuveiro é função exclusiva de sua resistência, pode-se afirmar que:

(1) ao mudarmos a chave da posição verão para a posição inverno, estamos apenas mudando o valor da resistência do resistor do chuveiro, que é um simples **reostato** (resistor de resistência variável);
(2) na posição inverno a potência dissipada no resistor deverá ser maior que na posição verão. Por isso, a resistência na posição inverno é maior que a resistência na posição verão;
(3) a temperatura da água tanto na posição verão quanto na posição inverno independe da potência dissipada;
(4) quanto maior a resistência do resistor do chuveiro, maior oposição à passagem de cargas ocorrerá, diminuindo a intensidade de corrente e, consequentemente, menor a potência dissipada. Isso acontece com a chave na posição verão;
(5) quanto menor a resistência do resistor do chuveiro, menor oposição à passagem de cargas ocorrerá, aumentando a intensidade de corrente e, consequentemente, maior a potência dissipada. Isso acontece com a chave na posição inverno;
(6) quanto menor a resistência do resistor do chuveiro, maior a temperatura da água (mantida a vazão constante).

33. Um aquecedor elétrico de imersão é constituído por um resistor de 15 Ω e funciona sob tensão elétrica de 120 V. Esse aparelho é utilizado para aquecer 900 g de água inicialmente a 20 °C. Considerando que todo o calor gerado é absorvido pela água e que o calor específico da água seja $4{,}0 \cdot 10^3$ J/(kg · °C), então, em quantos minutos a água começará a ferver ao nível do mar?

Exercícios Complementares

34. Por um resistor faz-se passar uma corrente elétrica i e mede-se a diferença de potencial U. Sua representação gráfica está esquematizada ao lado. Determine a resistência elétrica do resistor e o valor da tensão indicada, U_1.

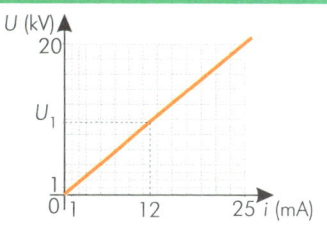

Exercícios Complementares

35. O gráfico ao lado mostra como varia a ddp (U) aplicada aos extremos de dois resistores, R_1 e R_2, em função da intensidade de corrente (i) que os percorre. Calcule a razão $\dfrac{R_1}{R_2}$.

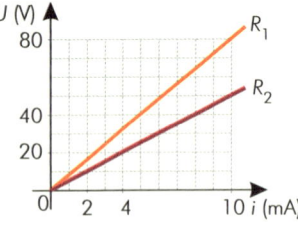

36. (UNICAMP – SP) O gráfico ao lado representa o comportamento da resistência (R) de um fio condutor em função da temperatura em T. O fato de

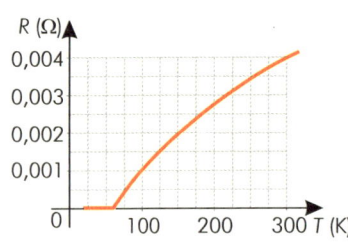

o valor da resistência ficar desprezível abaixo de uma certa temperatura caracteriza o fenômeno da supercondutividade. Pretende-se usar o fio na construção de uma linha de transmissão de energia elétrica em corrente contínua. À temperatura ambiente de 300 K a linha seria percorrida por uma corrente de 1.000 A, com uma certa perda de energia na linha. Qual seria o valor da corrente na linha, com a mesma perda de energia, se a temperatura do fio fosse baixada para 100 K?

a) 500 A b) 1.000 A c) 2.000 A d) 3.000 A e) 4.000 A

37. Certo resistor é percorrido por uma corrente elétrica. Cada elétron que compõe essa corrente transfere ao resistor, na forma de energia térmica, $8{,}0 \cdot 10^{-19}$ joules. Considere a carga elétrica elementar igual a $1{,}6 \cdot 10^{-19}$ C. Qual a diferença de potencial a que está submetido esse resistor?

38. Um condutor cilíndrico é fabricado com material cuja resistividade é $5{,}0\ \Omega \cdot mm^2/m$. Determine a resistência elétrica de tal condutor sabendo que sua área de secção transversal é igual a $2{,}0\ mm^2$ e seu comprimento é igual a 10 m.

39. A resistência elétrica de um fio de 300 m de comprimento e 0,3 cm de diâmetro é $12\ \Omega$. A resistência elétrica de um fio de mesmo material, mas com diâmetro de 0,6 cm e comprimento igual a 150 m, é:

a) $1{,}5\ \Omega$ b) $6{,}0\ \Omega$ c) $12\ \Omega$ d) $24\ \Omega$ e) $30\ \Omega$

40. (UnB – DF) Um vestibulando, depois de tomar banho frio por alguns dias, resolveu construir um resistor para substituir a resistência queimada do chuveiro de sua casa. Depois de fazer uma pesquisa, optou pela utilização de constantã (liga metálica), com secção transversal (bitola) de $8{,}0 \cdot 10^{-2}\ mm^2$. Sabendo que o chuveiro tem potência de 4.400 W quando alimentado com uma tensão elétrica de 220 V, julgue os itens a seguir.

(1) A corrente elétrica que passará pelo resistor será superior à corrente que circula pelo motor de uma geladeira que tem as especificações de 500 W e 220 V.

(2) Se o fio tivesse bitola de $16{,}0 \cdot 10^{-2}\ mm^2$, o vestibulando poderia ter usado um fio com metade do comprimento.

(3) Se o material utilizado na confecção do resistor tivesse sido o cobre, o valor da resistência do chuveiro seria diferente.

(4) A necessidade de se construir a resistência do chuveiro com um fio enrolado pode ser explicada pelo fato de o fio ter comprimento bem superior às dimensões do próprio chuveiro.

41. Um aluno necessita de um resistor que, ligado a uma tomada de 220 V, gere 2.200 W de potência térmica. Ele constrói o resistor usando fio de constantã n.° 30 com área de secção transversal de $5{,}0 \cdot 10^{-2}\ mm^2$ e condutividade elétrica de $2{,}0 \cdot 10^6 (\Omega \cdot m)^{-1}$.

a) Qual a intensidade da corrente elétrica que atravessará o resistor?
b) Qual será a resistência elétrica desse resistor?
c) Quantos metros de fio deverão ser utilizados?

42. Considere as seguintes afirmações sobre a condução elétrica em um condutor homogêneo e isotrópico:

I. Energia potencial elétrica é transformada em calor ao conectar-se o condutor aos terminais de uma bateria.

II. Energia potencial elétrica é transformada em energia radiante ao conectar-se o condutor aos terminais de uma bateria.

III. A resistividade elétrica é uma propriedade intensiva da substância que compõe o condutor, isto é, não depende da geometria do condutor.

IV. A resistência elétrica de um condutor depende da sua geometria.

Das afirmações mencionadas,

a) apenas a I é falsa.   d) apenas a IV é falsa.
b) apenas a II é falsa.   e) todas são corretas.
c) apenas a III é falsa.

43. Um chuveiro de 3.300 W de potência encontra-se ligado a uma tensão de 220 V e teve sua resistência danificada. Para realizar o conserto do chuveiro, o técnico cortou sua resistência ao meio, aproveitando apenas a metade. Qual é a nova potência do chuveiro?

a) 2.000 W   c) 3.000 W   e) 6.600 W
b) 4.000 W   d) 6.000 W

44. (UnB – DF) O chuveiro elétrico é um dos principais inimigos da economia doméstica. O uso indiscriminado desse equipamento pode gerar altas contas de energia elétrica no final de cada mês. Para tentar minimizar esse problema, um pai de família, depois de instalar um chuveiro de 6.250 W em 220 V, resolveu explicar a seu filho adolescente como o chuveiro funciona:

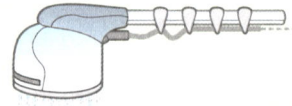

"Este chuveiro possui três posições de operação: **desligado**, **verão** e **inverno**. Quando a chave está na primeira posição, a resistência elétrica do chuveiro é infinita, ou seja,

Exercícios Complementares

não há corrente elétrica e, por isso, a água não é aquecida. Quando a chave está na posição **inverno**, a resistência é mínima, o que garante máxima corrente elétrica e máximo aquecimento da água. Se a chave está na posição **verão**, a resistência é igual ao triplo da resistência mínima. Atualmente, um banho de uma hora de duração, com a chave na posição inverno, custa R$ 1,00. Portanto, se em nossa casa moram sete pessoas, temos de ter cuidado com a duração de cada banho e, sempre que possível, usar o chuveiro com a chave na posição **verão**. Além do mais, o preço do kWh aqui em Brasília depende da faixa de consumo; quanto mais se consome, mais caro fica o kWh."

Considerando que o preço do kWh independa da energia consumida e que cada um dos sete moradores tome um banho de vinte minutos de duração por dia, usando o chuveiro com a chave na posição VERÃO, calcule, em reais, o valor a ser pago pelo uso do chuveiro em um período de trinta dias. Despreze a parte fracionária de seu resultado, caso exista.

45. Um chuveiro elétrico de resistência elétrica R está ligado a uma tomada de 110 V. Desejando-se diminuir a corrente elétrica que passa no resistor, sem alterar a potência elétrica do chuveiro, deve-se ligá-lo em tomada de:
a) 220 V e trocar o resistor R por outro de resistência R/2.
b) 220 V e trocar o resistor R por outro de resistência 4R.
c) 220 V e manter o resistor R.
d) 110 V e trocar o resistor R por outro de resistência R/2.
e) 110 V e trocar o resistor por outro de resistência 4R.

46. Fabricam-se dois resistores usando-se fios de mesmo material e de mesmo comprimento, mas de diâmetros que estão na razão de 1 : 2. Determine a razão das potências que esses resistores podem dissipar, quando percorridos por correntes de intensidades iguais.

(UnB – DF) Leia a seguinte descrição de um experimento para responder às questões **47** e **48**.

Um estudante, ao saber que em uma lâmpada incandescente boa parte do consumo de energia elétrica dá-se sob a forma indesejável de geração de calor, resolveu avaliar qual porcentagem da energia elétrica consumida pela lâmpada transforma-se efetivamente em energia luminosa. Para isso, fixou uma lâmpada de 220 V e 60 W em um furo feito na tampa de uma pequena caixa de isopor com janelas de vidro nas laterais, conforme mostra o esquema abaixo.

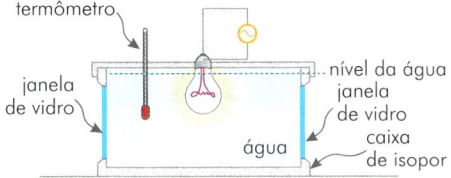

Encheu a caixa com um litro de água, quantidade suficiente para mergulhar completamente o bulbo de vidro da lâmpada, e pôs a tampa na caixa. Utilizou um termômetro clínico, com escala de 35 °C a 42 °C, para medir a temperatura da água. Ligou a lâmpada durante 100 s e observou que a temperatura da água estabilizou-se em 35,5 °C. Ao registrar os dados do experimento, ressaltou que não foi possível medir a temperatura inicial da água, já que esta estava abaixo da menor medida da escala do termômetro.

47. Com base nessa situação, julgue os itens que se seguem.
(1) Se o estudante tivesse convertido a escala de seu termômetro clínico na escala Fahrenheit, ele poderia ter medido a temperatura inicial da água.
(2) As paredes internas da caixa deveriam ser pintadas de preto para evitar que a luz visível se transforme em calor.
(3) A energia elétrica consumida pela lâmpada durante 100 s vale 6.000 J.
(4) Nesse experimento, o vidro mais adequado para as janelas deve possuir máxima transparência para a luz visível, mínima condução térmica e máxima capacidade de reflexão para a luz infravermelha.

48. No experimento descrito, considere o equivalente mecânico do calor como 1,0 cal = 4,0 J, o calor específico da água igual a 1,0 cal/(g · °C) e a densidade da água igual a 1,0 g/mL. Além disso, considere que a energia elétrica seja transformada pela lâmpada apenas em energia térmica e em energia luminosa na faixa do espectro de luz visível. Sabendo que a eficiência luminosa da lâmpada é o quociente da energia luminosa na faixa do espectro de luz visível pela energia total e que a temperatura inicial da água era de 34,5 °C, calcule, em porcentagem, a eficiência luminosa da lâmpada. Despreze a parte fracionária de seu resultado, caso exista, e considere desprezíveis quaisquer outras possíveis transformações de energia.

49. Congelou-se um grande volume de água em torno de um resistor de resistência elétrica 4,0 kΩ e fez-se passar por este uma corrente de 2,0 A, até que 1,0 kg de gelo se fundiu. Sabendo que o gelo se encontra a 0 °C e que o calor de fusão deste é 80 cal/g, calcule durante quanto tempo o circuito esteve ligado. Considere que a densidade da água é igual a 1 kg/L e que 1 cal = 4,2 J.

50. Um estudante deseja aquecer 1,2 L de água, contido em um recipiente termicamente isolado e de capacidade térmica desprezível, com o auxílio de um resistor imerso na água e conectado diretamente a uma bateria de 12 V e de resistência interna praticamente nula. Quanto deve valer a resistência R desse resistor para que a temperatura da água seja elevada de 20 °C para 32 °C em 42 min? Considere o calor específico da água = 1,0 cal/(g · °C), a densidade da água de 1,0 kg/L e adote 1,0 cal = 4,0 J.

51. Uma lâmpada incandescente (100 W – 120 V) tem filamento de tungstênio de comprimento igual a 3,14 cm e diâmetro $4,0 \cdot 10^{-2}$ mm. A resistividade do tungstênio à temperatura ambiente é de $5,6 \cdot 10^{-8}$ Ω · m. Qual a resistência elétrica do filamento quando ele está à temperatura ambiente? Qual a resistência do filamento com a lâmpada acesa? Use π = 3,14.

36 Associação de Resistores

36.1. Introdução

Em muitos casos práticos tem-se a necessidade de uma resistência maior ou menor do que a fornecida por um único resistor. Em outros casos, um resistor não suporta a intensidade de corrente elétrica que deve atravessá-lo. Nessas situações, costuma-se ligar simultaneamente nesse trecho de circuito vários resistores, de modo que se obtenha a resistência elétrica desejada. A um conjunto de resistores assim interligados dá-se o nome de **associação de resistores**.

Existem, basicamente, duas maneiras possíveis de conectar mais de um dispositivo a um circuito, ou em **série** ou em **paralelo**. Quando conectados em *série*, eles formam um único caminho para o fluxo de elétrons entre os terminais da bateria ou da tomada da parede. Quando conectados em *paralelo*, eles formam ramos, cada um dos quais é um caminho separado para o fluxo de elétrons. Vamos fazer, separadamente, o estudo de associações que usam esses dois tipos de conexão.

36.2. Associação de Resistores em Série

Quando ligamos dois ou mais resistores de forma que a corrente elétrica tenha um único caminho a seguir, como na Figura 36-1, esses resistores estão associados em *série*. Observe que, para um circuito de corrente contínua, cada elétron terá de percorrer todo o trecho de circuito. Uma interrupção em qualquer lugar do circuito resultará em um circuito aberto e na interrupção da corrente.

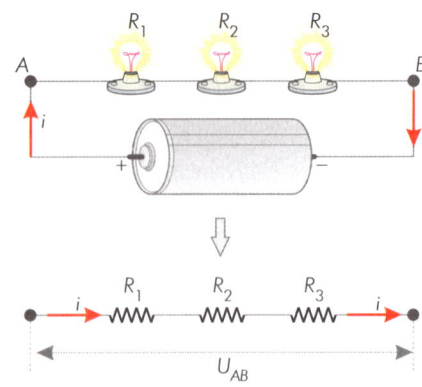

Figura 36-1. Resistores em série.

> **ATENÇÃO**
>
> Em um circuito com lâmpadas associadas em série, elas são percorridas por uma mesma corrente elétrica. Se uma lâmpada queimar, o circuito se interrompe e todas se apagam.

De poderosos canhões de luz, como, por exemplo, em Nova York, USA, a uma simples lâmpada doméstica acesa, são necessários circuitos com resistência devidamente projetada para suportar a carga elétrica.

36.2.1. Propriedades da associação de resistores em série

Consideremos uma associação em série de n resistores – com resistências elétricas R_1, R_2, R_3, ..., R_n – cujos terminais A e B estão submetidos à ddp U_{AB}, conforme mostra a Figura 36-2. Seja i a intensidade de corrente elétrica que atravessa cada resistor da associação.

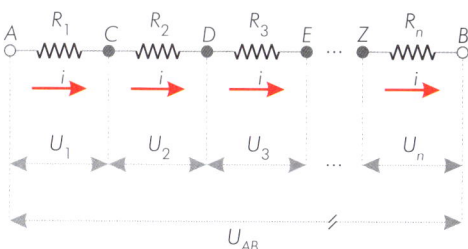

Figura 36-2.

Valem as seguintes propriedades:

1.ª) Todos os resistores serão percorridos por uma corrente elétrica de mesmo sentido e de mesma intensidade i, já que a corrente elétrica dispõe de um único caminho através do circuito.

$$i_1 = i_2 = i_3 = ... = i_n = i$$

2.ª) A ddp U_{AB}, nos terminais de uma associação de resistores em série, é igual à soma das diferenças de potencial medidas entre os terminais de cada um dos resistores associados, isto é, a ddp total aplicada através de um circuito em série divide-se entre os dispositivos elétricos individuais, de modo que a soma das quedas de voltagem nos resistores individuais é igual à ddp total mantida pela fonte.

$$U_{AB} = U_1 + U_2 + U_3 + ... + U_n$$

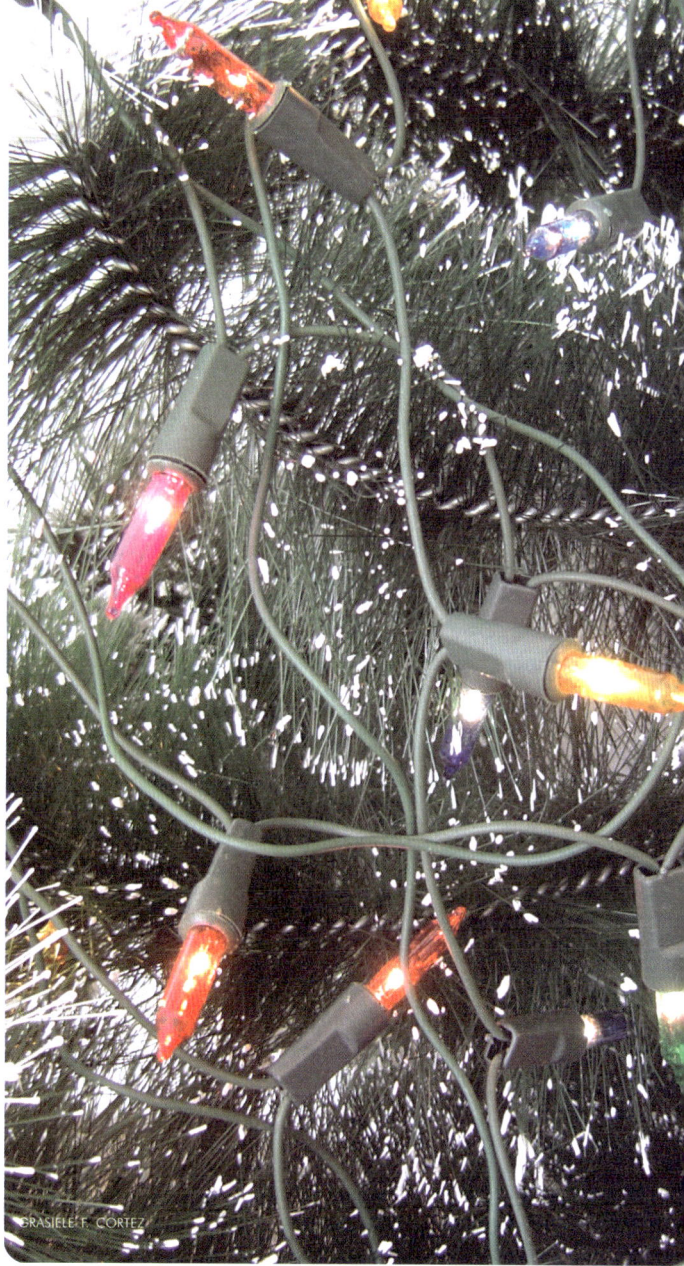

Alguns enfeites de Natal trazem lâmpadas associadas em série. Quando uma queima, todas se apagam!

3.ª) A corrente elétrica que atravessa o circuito enfrenta a resistência do primeiro dispositivo resistivo, a resistência do segundo, a do terceiro, e assim por diante, de modo que a resistência total do circuito à corrente é a soma das resistências individuais que existem ao longo do circuito. Assim, podemos dizer que a **resistência equivalente** ($R_{equiv.}$) a uma associação em série de resistores é igual à soma das resistências elétricas dos resistores associados, ou à resistência elétrica total:

$$R_{equiv.} = R_1 + R_2 + R_3 + ... + R_n$$

Qual o significado dessa resistência equivalente?

4.ª) A potência elétrica dissipada em cada resistor da associação em série é diretamente proporcional à sua resistência elétrica. Portanto, o resistor de maior resistência elétrica em uma associação em série dissipa a maior potência.

5.ª) A tensão à qual está submetido cada resistor da associação em série é diretamente proporcional à sua resistência elétrica. Portanto, o resistor de maior resistência elétrica fica submetido à maior queda de tensão elétrica.

É fácil perceber a desvantagem de um circuito em série. Um exemplo de circuito em que ainda usamos dispositivos associados em série é o de alguns modelos dos enfeites de pisca-pisca de árvores de Natal. Mas, se uma das lâmpadas falhar, a corrente deixará de existir no circuito inteiro.

> Denomina-se **resistor equivalente** à associação o resistor único que, submetido à mesma tensão elétrica da associação, é percorrido por uma corrente elétrica de intensidade igual à que a atravessa.

Exercício Resolvido

1. A figura a seguir representa a associação de três resistores em série, em que a ddp nos seus terminais é de 12 V.

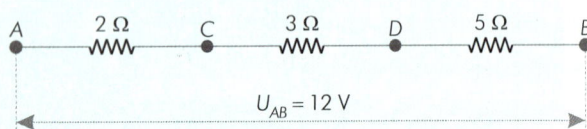

Determine:

a) a intensidade de corrente elétrica que percorre o trecho de circuito;
b) a ddp entre os pontos A e C, C e D, D e B;
c) a potência elétrica dissipada em cada resistor.

RESOLUÇÃO:

a) Calculando a resistência equivalente da associação entre os pontos A e B:

$R_{AB} = R_{AC} + R_{CD} + R_{DB} \Rightarrow R_{AB} = 2 + 3 + 5$
$R_{AB} = 10\,\Omega$

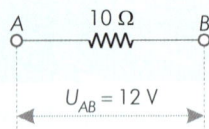

Aplicando a Primeira Lei de Ohm nos terminais da resistência equivalente, obtemos a intensidade de corrente elétrica que percorre o trecho AB do circuito, que é a mesma que percorre qualquer resistência desse trecho, já que elas estão associadas em série. Assim,

$U_{AB} = R_{AB} \cdot i \Rightarrow 12 = 10i \Rightarrow i = \dfrac{12}{10} \therefore i = 1{,}2\,A$

Resposta: o trecho AB do circuito é percorrido por uma corrente elétrica de intensidade igual a 1,2 A.

b) Aplicando a Primeira Lei de Ohm nos terminais das resistências acima, temos:

$U_{AC} = R_{AC} \cdot i \Rightarrow U_{AC} = 2 \cdot 1{,}2 \therefore U_{AC} = 2{,}4\,V$
$U_{CD} = R_{CD} \cdot i \Rightarrow U_{CD} = 3 \cdot 1{,}2 \therefore U_{CD} = 3{,}6\,V$
$U_{DB} = R_{DB} \cdot i \Rightarrow U_{DB} = 5 \cdot 1{,}2 \therefore U_{DB} = 6\,V$

c) Usando a relação $Pot = U \cdot i$, em que U é a ddp nos terminais de cada resistência e i é a intensidade de corrente elétrica que o percorre, obtemos a potência elétrica dissipada por resistência. Portanto,

$Pot_{AC} = U_{AC} \cdot i \Rightarrow Pot_{AC} = 2{,}4 \cdot 1{,}2 \therefore Pot_{AC} = 2{,}88\,W$
$Pot_{CD} = U_{CD} \cdot i \Rightarrow Pot_{CD} = 3{,}6 \cdot 1{,}2 \therefore Pot_{CD} = 4{,}32\,W$
$Pot_{CB} = U_{CB} \cdot i \Rightarrow Pot_{CB} = 6 \cdot 1{,}2 \therefore Pot_{CB} = 7{,}2\,W$

Observe que, em uma associação em série, a potência dissipada é maior no resistor de maior resistência.

Exercícios Propostos

2. Três resistores têm resistências elétricas $R_1 = 10\,\Omega$, $R_2 = 30\,\Omega$ e $R_3 = 20\,\Omega$, e estão associados em série. Aplica-se uma ddp de 120 V nos terminais dessa associação, conforme ilustra a figura ao lado. Determine:

a) a resistência equivalente da associação;
b) a intensidade de corrente elétrica que atravessa cada resistor;
c) a tensão elétrica nos terminais de cada um dos resistores;
d) a potência elétrica total consumida pela associação.

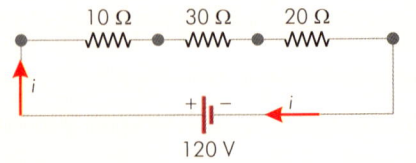

Exercícios Propostos

3. Duas lâmpadas, uma de 4,0 Ω e outra de 6,0 Ω, estão ligadas em série com uma bateria de 5,0 V, como ilustra a figura abaixo.

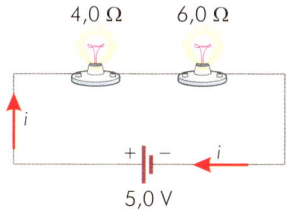

Determine:

a) a resistência equivalente do circuito;
b) a intensidade de corrente elétrica que passa em cada uma das lâmpadas;
c) a queda de tensão em cada lâmpada.

4. Um resistor, quando sujeito a uma tensão elétrica de 6,0 V, é percorrido por uma corrente elétrica de 1,5 A. Outro resistor, sujeito a 7,0 V de tensão elétrica, é percorrido por uma corrente elétrica de 2,0 A. Calcule a intensidade de corrente elétrica que percorrerá o circuito quando os dois resistores forem ligados em série e os terminais da associação estiverem sujeitos a uma tensão elétrica de 15 V.

5. Podemos ligar uma lâmpada incandescente (lâmpada comum) de 6,0 V e 18 W à rede elétrica de 120 V, se associarmos em série um resistor conveniente. Para que a lâmpada funcione com as características indicadas, determine:

a) o valor da resistência desse resistor;
b) a potência que dissipará esse resistor.

6. O que acontece à intensidade da luz de cada lâmpada de um circuito em série quando mais lâmpadas forem adicionadas ao circuito?

7. Os gráficos abaixo representam a intensidade de corrente elétrica em função da ddp aplicada aos extremos dos resistores 1 e 2. Se os dois resistores forem ligados, em série, a uma ddp de 20 V, qual será a potência dissipada pela associação?

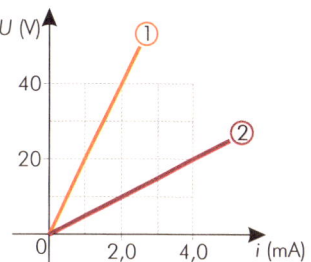

8. (UFPE) O circuito a seguir ilustra as resistências elétricas de um chuveiro elétrico residencial, onde a chave Ch permite ligar nas posições **inverno** e **verão**. Quando a chave está na posição A, a potência dissipada pelo chuveiro é 4 kW. Qual deve ser o valor da resistência R_2, em ohms, para que o chuveiro dissipe 2 kW quando a chave estiver na posição B?

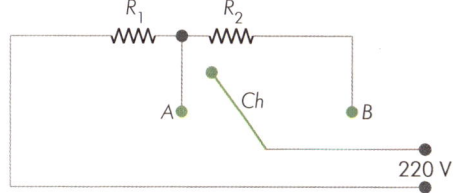

36.3. Associação de Resistores em Paralelo

Muitos circuitos são ligados de modo que seja possível operar vários dispositivos elétricos, cada qual independentemente dos demais. Em nossa casa, por exemplo, pode-se ligar ou desligar determinada lâmpada sem afetar o funcionamento das demais lâmpadas ou dispositivos elétricos. Isso ocorre porque esses dispositivos estão conectados em *paralelo* uns com os outros.

Um interruptor, para acender uma luz em nossa casa, atua como uma chave que fecha ou abre o circuito, respectivamente permitindo ou não que a corrente circule por ele.

36.3.1. Propriedades da associação de resistores em paralelo

Em uma associação de resistores em paralelo, como na Figura 36-3, os terminais de todos os dispositivos devem ser ligados aos mesmos dois pontos A e B do circuito. Dessa forma, ao submetermos a associação a uma ddp U, a corrente elétrica terá tantos caminhos a seguir quantos forem os dispositivos associados.

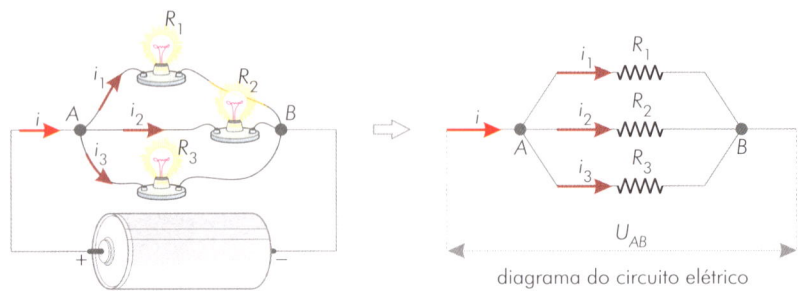

FIGURA 36-3. Resistores em paralelo.

ATENÇÃO

Circuito com lâmpadas associadas em paralelo é submetido à mesma ddp. Se uma lâmpada queimar, as outras permanecem acesas.

1.ª) Ao submetermos uma associação de resistores em paralelo a uma ddp U_{AB}, todos os resistores ficarão submetidos à mesma ddp U_{AB}, igual à da associação, pois cada dispositivo está conectado aos mesmos dois pontos, A e B, do circuito.

$$U_1 = U_2 = U_3 = \ldots = U_n = U_{AB}$$

2.ª) Em uma associação de resistores em paralelo, a corrente total no circuito divide-se entre os vários ramos em paralelo. Como a voltagem entre os extremos de todos os ramos é a mesma, a intensidade de corrente elétrica é inversamente proporcional à resistência do ramo por que passa. A intensidade de corrente elétrica da associação é igual à soma das intensidades das correntes elétricas que circulam nos resistores associados:

$$i = i_1 + i_2 + i_3 + \ldots + i_n$$

3.ª) O inverso da resistência elétrica $R_{equiv.}$ do resistor equivalente a uma associação em paralelo é igual à soma dos inversos das resistências elétricas dos resistores associados.

$$\frac{1}{R_{equiv.}} = \frac{1}{R_1} + \frac{1}{R_2} + \frac{1}{R_3} + \ldots + \frac{1}{R_n}$$

Procure demonstrar essa propriedade usando a 1.ª e a 2.ª propriedades.

As lâmpadas de uma via são ligadas em paralelo. Assim, quando uma delas se queima, as outras continuam acesas.

OBSERVAÇÕES: Como decorrência da propriedade anterior, podemos assim dizer:

- A resistência elétrica do resistor equivalente a *dois* resistores em paralelo, R_1 e R_2, pode ser calculada diretamente fazendo-se o seu produto pela sua soma:

$$R_{equiv.} = \frac{R_1 \cdot R_2}{R_1 + R_2}$$

Procure demonstrar essa propriedade usando a 3.ª propriedade.

- A resistência do resistor equivalente de *n* resistores iguais pode ser calculada fazendo-se:

$$R_{equiv.} = \frac{R}{n}$$

Procure demonstrar essa propriedade usando a 3.ª propriedade.

- A potência elétrica dissipada em cada resistor da associação em paralelo é inversamente proporcional à sua resistência elétrica. Portanto, o resistor de maior resistência elétrica de uma associação em paralelo dissipa a menor potência.

- A intensidade de corrente elétrica que circula em cada resistor da associação em paralelo é inversamente proporcional à sua resistência elétrica. Portanto, o resistor de maior resistência elétrica será percorrido pela corrente elétrica de menor intensidade.

Exercício Resolvido

9. Três resistores de resistências elétricas $R_1 = 3\,\Omega$, $R_2 = 6\,\Omega$ e $R_3 = 8\,\Omega$ são associados em paralelo e submete-se a associação à ddp $U_{AB} = 120\,V$.

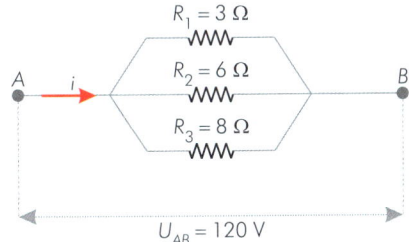

Determine:

a) a resistência elétrica do resistor equivalente à associação;
b) a intensidade da corrente elétrica que percorre o resistor equivalente;
c) a intensidade da corrente que percorre cada um dos resistores associados.

Resolução:

a) A resistência elétrica do resistor equivalente pode ser calculada pela relação:

$$\frac{1}{R_{AB}} = \frac{1}{R_1} + \frac{1}{R_2} + \frac{1}{R_3}$$

$$\frac{1}{R_{AB}} = \frac{1}{3} + \frac{1}{6} + \frac{1}{8} \Rightarrow \frac{1}{R_{AB}} = \frac{8+4+3}{24}$$

$$\frac{1}{R_{AB}} = \frac{15}{24} \Rightarrow R_{AB} = \frac{24}{15} \therefore R_{AB} = 1,6\,\Omega$$

Esquema do resistor equivalente à associação:

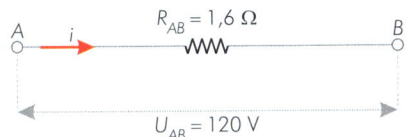

b) Aplicando a Primeira Lei de Ohm nos terminais do resistor equivalente (pontos A e B), temos:

$$U_{AB} = R_{AB} \cdot i \Rightarrow 120 = 1,6i \Rightarrow i = \frac{120}{1,6} \therefore i = 75\,A$$

c) Aplicando a Primeira Lei de Ohm nos terminais de cada uma das resistências da associação, temos:

$$U_{AB} = R_1 \cdot i_1 \Rightarrow 120 = 3\,i_1 \Rightarrow i_1 = \frac{120}{3} \therefore i_1 = 40\,A$$

$$U_{AB} = R_2 \cdot i_2 \Rightarrow 120 = 6\,i_2 \Rightarrow i_2 = \frac{120}{6} \therefore i_2 = 20\,A$$

$$U_{AB} = R_3 \cdot i_3 \Rightarrow 120 = 8\,i_3 \Rightarrow i_3 = \frac{120}{8} \therefore i_3 = 15\,A$$

Exercícios Propostos

10. Duas lâmpadas, uma de $4,0\,\Omega$ e outra de $6,0\,\Omega$, estão ligadas em paralelo com uma bateria de $6,0\,V$, como ilustra a figura abaixo.

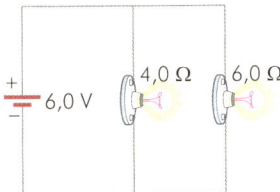

Determine:

a) a resistência equivalente do circuito;
b) a intensidade de corrente elétrica que atravessa o circuito;
c) a intensidade de corrente que atravessa cada uma das lâmpadas;
d) a potência elétrica dissipada por cada uma das lâmpadas.

11. Se uma das lâmpadas do circuito da questão 10 queimar, o que ocorrerá com a intensidade de corrente que atravessará a outra lâmpada?

12. O que acontece à intensidade da luz de cada lâmpada de um circuito em paralelo quando mais lâmpadas são ligadas em paralelo ao circuito?

Exercícios Propostos

13. Três resistores estão associados em paralelo, conforme ilustra a figura a seguir. A intensidade de corrente elétrica através do resistor de 6,0 Ω é de 3,0 A.

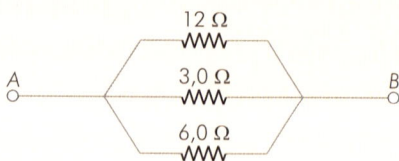

Determine:
a) a ddp entre os pontos A e B;
b) a intensidade de corrente elétrica total da associação;
c) a resistência elétrica equivalente da associação;
d) a potência elétrica dissipada pelo resistor de 12 Ω.

14. Quando dois resistores elétricos idênticos são ligados em paralelo, quais das seguintes grandezas são iguais em ambos os resistores: a voltagem em cada um deles, a potência que cada um dissipa, a corrente elétrica que atravessa cada um? Alguma de suas respostas mudará se os resistores forem de valores diferentes?

15. Um fio condutor cilíndrico com 8,0 m de comprimento é atravessado por uma corrente elétrica de intensidade igual a 0,50 A quando suas extremidades são submetidas a uma ddp de 12 V. Esse fio é cortado em quatro pedaços de mesmo comprimento que, ligados em paralelo, passam a constituir um cabo. Determine a intensidade da corrente elétrica que atravessa esse cabo, quando suas extremidades forem submetidas à mesma tensão de 12V.

16. Com relação à associação de resistores em paralelo, assinale a afirmativa **incorreta**.

a) A resistência equivalente à associação é sempre menor que a de qualquer um dos resistores componentes.
b) As intensidades de corrente elétrica nos resistores componentes são inversamente proporcionais às resistências desses resistores.
c) A tensão elétrica é necessariamente igual em todos os resistores componentes.
d) A resistência equivalente à associação é sempre dada pelo quociente do produto de todas as resistências componentes pela soma delas.
e) A potência elétrica dissipada é maior no resistor de menor resistência.

36.4. Associação Mista de Resistores

Em muitas situações, o circuito elétrico é composto de resistores conectados em série e em paralelo. Dá-se o nome de **associação mista de resistores** à associação que contém, simultaneamente, *associação de resistores em série* e *em paralelo*. O cálculo da resistência elétrica do resistor equivalente deve ser feito a partir das associações, em série ou em paralelo, tendo em mente que devemos ir, pouco a pouco, simplificando o esquema da associação.

Regras práticas

1.ª) Identifique com letras todos os nós da associação (lembre-se de que nó é o ponto de encontro de três ou mais ramos do circuito); use a mesma letra para pontos de iguais potenciais elétricos;
2.ª) Substitua por um resistor equivalente aqueles resistores que estiverem associados em série ou em paralelo, desde que estejam entre dois nós consecutivos. Faça um novo diagrama com os resistores equivalentes substituindo os trechos originais;
3.ª) Repita a operação anterior, tantas vezes quantas forem necessárias, sempre fazendo novos diagramas. O resistor equivalente é aquele que fica, ao final da simplificação, entre os terminais da associação. Veja, a seguir, o exercício resolvido.

Exercício Resolvido

17. No esquema ao lado, determine o valor da resistência equivalente entre os terminais A e B do trecho de circuito.

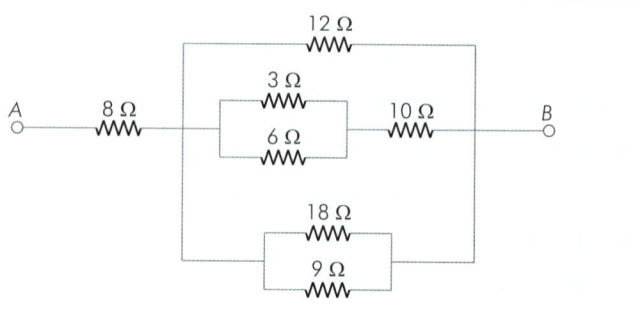

Exercício Resolvido

Resolução:
Aplicando a 2.ª e a 3.ª regras práticas da página anterior, temos:

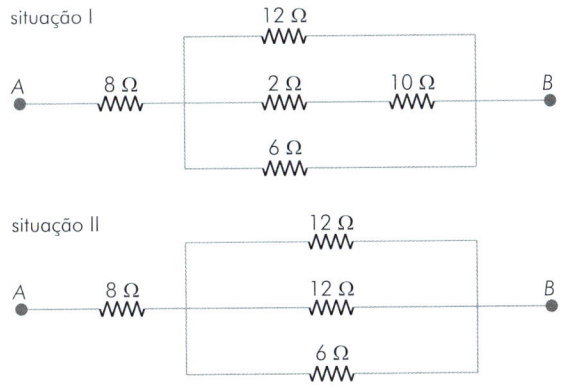

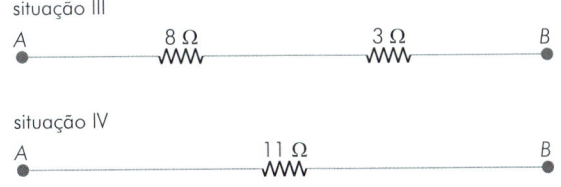

Exercícios Propostos

18. Determine a resistência equivalente entre os pontos A e B da associação de resistores esquematizada na figura a seguir.

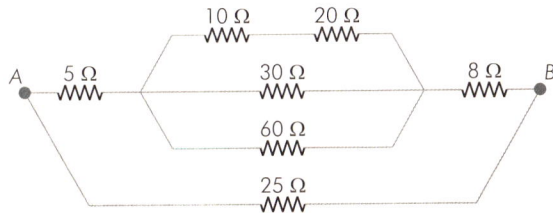

19. Qual é a intensidade de corrente elétrica que circula pelo circuito ilustrado na figura a seguir? Calcule em seguida a potência dissipada nesse circuito. Considere que a bateria fornece ao circuito uma tensão elétrica eficaz de 25 V e que todos os resistores têm resistências iguais e de valor igual a 50 Ω.

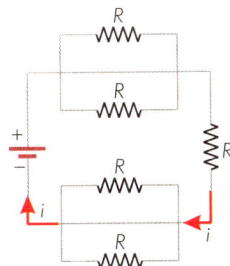

20. A figura a seguir mostra o esquema de um trecho de circuito em que aparecem resistores associados de forma mista (em série e em paralelo).

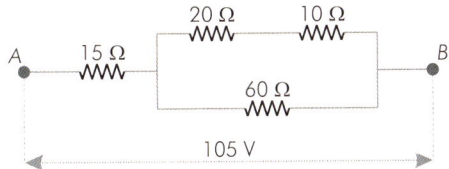

Determine para essa associação:
a) a intensidade de corrente elétrica que atravessa cada resistor;
b) a tensão (ddp) elétrica nos terminais de cada resistor;
c) a potência elétrica dissipada pelo circuito.

21. Considere o trecho de circuito esquematizado na figura a seguir.

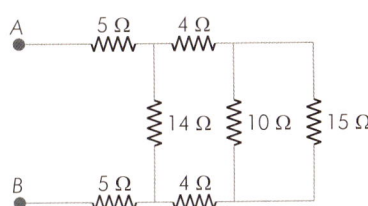

a) Qual é o valor da resistência equivalente desse circuito entre os pontos A e B?
b) Se uma tensão elétrica eficaz de 60 V for aplicada aos pontos A e B, qual será a intensidade de corrente elétrica que atravessa o resistor de 10 Ω?

22. Determine a intensidade de corrente elétrica que atravessa cada uma das resistências, quando:

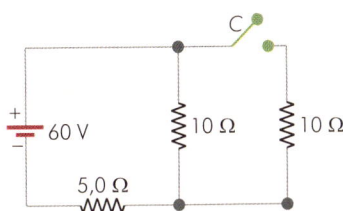

a) a chave C estiver aberta;
b) a chave C estiver fechada.

Exercícios Propostos

23. No circuito esquematizado na figura ao lado, determine, em ohms, o valor da resistência R, que deve ser colocada entre os pontos A e B, para que circule no resistor de 10 Ω uma corrente elétrica de intensidade igual a 0,6 A.

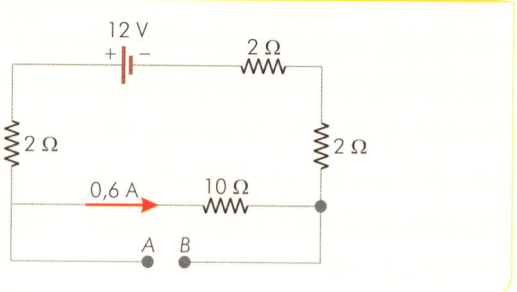

36.5. Fusíveis de Segurança

Fusível é um dispositivo associado em série a um trecho de circuito elétrico com a finalidade de protegê-lo. Os fusíveis são dispositivos usados para limitar a corrente elétrica que passa em um circuito elétrico, como em um automóvel, em uma residência, em um aparelho elétrico etc. O fusível é constituído basicamente por um condutor feito de material com baixo ponto de fusão (chumbo ou estanho); quando ele é atravessado por uma corrente elétrica cuja intensidade é maior que certo valor, seu condutor funde-se (daí o nome: *fusível* é o que é passível de sofrer fusão), interrompendo a passagem de corrente elétrica.

Em residências, fusíveis protegem a rede elétrica de correntes muito intensas, que poderiam provocar aquecimento indesejável e até mesmo perigoso dos fios de ligação. A Figura 36-4 mostra dois tipos de fusível e sua representação em diagramas esquemáticos.

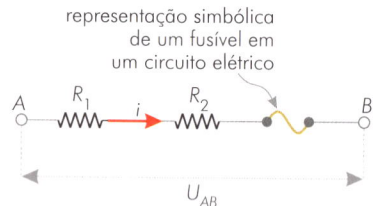

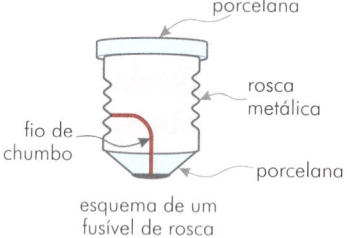
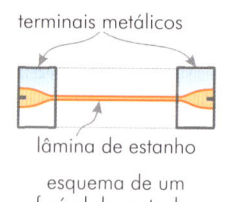

Figura 36-4. Tipos de fusível e suas representações.

- O tipo mais comum de fusível é o de cartucho, muito usado no circuito elétrico dos automóveis e em aparelhos eletrônicos.
- A intensidade de corrente máxima suportada pelo fusível, sem que se danifique, deve vir registrada em sua superfície.

Modernamente, no quadro de distribuição interna da rede elétrica das residências e outros edifícios, em vez de fusíveis usam-se chaves especiais denominadas **disjuntores**, que interrompem automaticamente a passagem da corrente elétrica quando sua intensidade supera certo valor. Esses dispositivos são baseados no efeito magnético da corrente elétrica e têm a vantagem da reutilização imediata após ser sanado o defeito que deu origem à sobrecarga de corrente.

Exercício Resolvido

24. Duas lâmpadas têm as seguintes especificações:

60 W – 120 V. Essas lâmpadas são ligadas a uma rede de tensão eficaz de 120 V. Observe que a rede é protegida por um fusível F de 2,0 A, como esquematizado na figura a seguir.

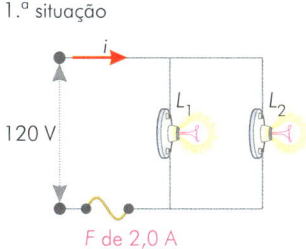

1.ª situação

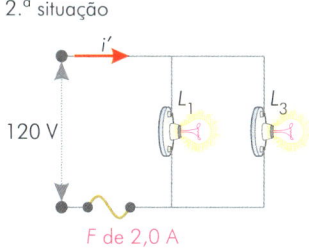

2.ª situação

Verifique se é possível substituir uma das lâmpadas por outra de 120 W – 120 V, sem queimar o fusível.

Resolução:

- 1.ª situação

$$Pot_1 = U \cdot i_1 \Rightarrow 60 = 120 i_1 \Rightarrow i_1 = \frac{60}{120}$$
$$i_1 = 0,50 \text{ A}$$
$$Pot_2 = U \cdot i_2 \Rightarrow 60 = 120 i_2 \Rightarrow i_2 = \frac{60}{120}$$
$$i_2 = 0,50 \text{ A}$$
$$i = i_1 + i_2 \Rightarrow i = 0,5 + 0,5 \Rightarrow i = 1,0 \text{ A}$$

Na 1.ª situação, cada lâmpada será percorrida por uma corrente elétrica de intensidade igual a **0,5 A**. Portanto, a intensidade de corrente elétrica que percorre o fusível é igual a **1,0 A**. Como o fusível é percorrido por uma corrente cuja intensidade é menor que a máxima suportada por ele, ele não queima.

- 2.ª situação

$$Pot_1 = U \cdot i_1 \Rightarrow 60 = 120 i_1 \Rightarrow i_1 = \frac{60}{120}$$
$$i_1 = 0,50 \text{ A}$$
$$Pot_3 = U \cdot i_3 \Rightarrow 120 = 120 i_3 \Rightarrow i_3 = \frac{120}{120}$$
$$i_3 = 1,0 \text{ A}$$
$$i' = i_1 + i_3 \Rightarrow i' = 0,5 + 1,0 \Rightarrow i' = 1,5 \text{ A}$$

É possível fazer a substituição de uma das lâmpadas de 60 W por outra de potência igual a 120 W, pois a corrente que passa pelo fusível (i') tem intensidade igual **1,5 A**, portanto inferior à intensidade máxima de corrente suportada pelo fusível, que é de **2,0 A**. Assim, ele não queima.

Exercícios Propostos

25. Você dispõe de várias lâmpadas idênticas, de 60 W – 120 V, e de uma fonte de tensão capaz de manter em seus terminais, sob quaisquer condições, uma diferença de potencial constante e igual a 120 V. Considere as lâmpadas funcionando normalmente, isto é, com seu brilho máximo. Calcule quantas lâmpadas, no máximo, podem ser ligadas a essa fonte, sem queimar um fusível de 15 A que protege a rede.

26. Os fusíveis representados no circuito esquematizado na figura a seguir têm resistência elétrica desprezível e suportam correntes de intensidades até 5,0 A. Considerando os valores de resistência elétrica e de tensão assinalados, verifique se os fusíveis se danificam.

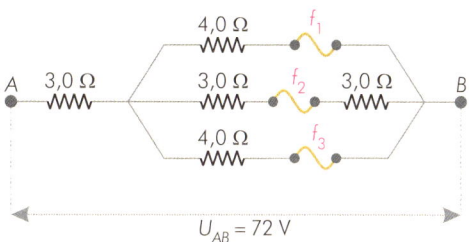

27. No circuito esquematizado na figura a seguir, os resistores apresentam as resistências elétricas assinaladas, e os fusíveis introduzidos apresentam resistências elétricas desprezíveis.

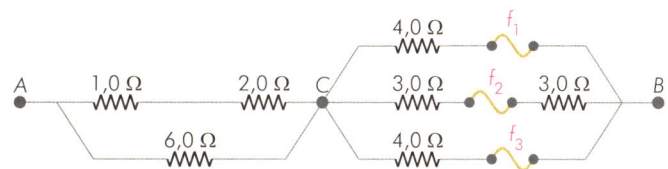

Exercícios Propostos

Aplicando-se entre os terminais A e B uma diferença de potencial elétrico igual a 140 V, determine:

a) a resistência elétrica do resistor equivalente ao circuito;
b) a intensidade de corrente elétrica que atravessa o resistor equivalente;
c) a ddp entre os pontos C e B do circuito;
d) se cada fusível suporta corrente elétrica de intensidade máxima igual a 10 A, quais deles se danificam?

36.6. Curto-Circuito de um Resistor

Os fios de ligação da lâmpada mostrada na Figura 36-5 estão em contato em um certo ponto e fecham um circuito elétrico sem dependerem do resistor da lâmpada. Nesses casos, dizemos que ocorre um **curto-circuito**. Como a resistência desses fios é muito baixa, a corrente nesse trecho do circuito assume valores muito elevados, provocando, rapidamente, um grande aquecimento, o que pode provocar acidentes – desde derreter partes do circuito até queimar aparelhos. Esse caminho fechado anula a corrente que passa pelo resistor da lâmpada. A corrente elevada, nos fios, é denominada *corrente de curto-circuito*.

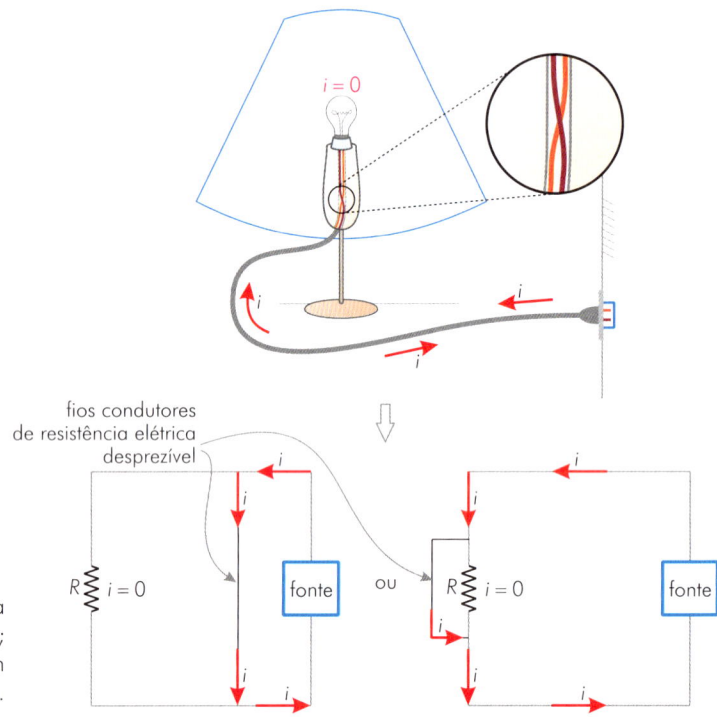

Figura 36-5. A corrente elétrica desvia-se pelo curto-circuito; o resistor (lâmpada) fica em curto-circuito e não funciona.

Então, diz-se que um resistor está *em curto-circuito* quando a ele é associado, em paralelo, um condutor de resistência elétrica desprezível, quando comparada à sua.

Nessas condições, a corrente elétrica, que inicialmente atravessava o resistor R, é totalmente desviada para o resistor de resistência desprezível (Figura 36-6).

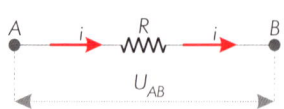
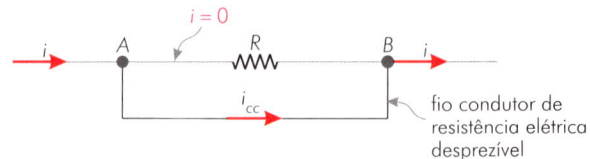

O resistor R faz parte do trecho de circuito e é percorrido por uma corrente elétrica de intensidade i.

Resistor R em curto-circuito: a corrente elétrica não o atravessa, pois é desviada para o fio de resistência elétrica desprezível.

Figura 36-6.

Assim, podemos afirmar que, se em um circuito elétrico os terminais de um resistor forem ligados por um fio condutor de resistência elétrica desprezível, a ddp entre os terminais desse resistor torna-se praticamente nula.

OBSERVAÇÕES:
- Na figura anterior, o resistor é colocado em curto-circuito e, por isso, deixa de ser percorrido por corrente elétrica.
- Havendo curto-circuito, toda a corrente elétrica do circuito se desvia pelo condutor de resistência nula. Para efeitos de resolução do circuito, é como se o resistor não estivesse associado no circuito. Pode-se adotar como regra prática fazer um novo esquema do circuito, no qual podemos considerar os pontos ligados pelo condutor, A e B, como coincidentes, deixando de representar o resistor.
- Se um resistor estiver em curto-circuito, os seus terminais estarão a um mesmo potencial elétrico e o resistor deixará de funcionar e poderá ser retirado do circuito.

ATENÇÃO

Para resolver uma associação de resistores em que há curto-circuito, siga a regra prática, tomando o cuidado de modificar e fazer um novo diagrama, fazendo-se coincidir os pontos em curto-circuito: atribua a eles a mesma letra.

Exercício Resolvido

28. Considere o trecho de circuito esquematizado na figura a seguir.

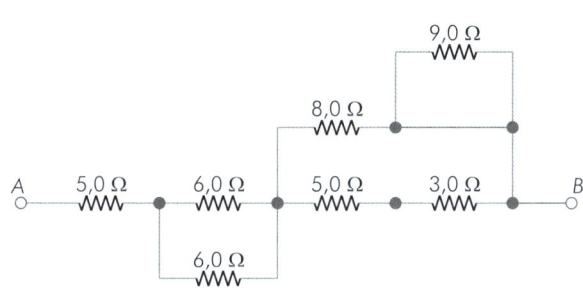

a) Determine a resistência do resistor equivalente entre os pontos A e B.

b) Se for estabelecida uma ddp eficaz de 120 V nos terminais A e B, qual será a intensidade da corrente elétrica entre os pontos A e B?

RESOLUÇÃO:

a) Como o resistor de 9,0 Ω está em curto-circuito, ele pode ser eliminado do circuito, como mostra a figura a seguir.

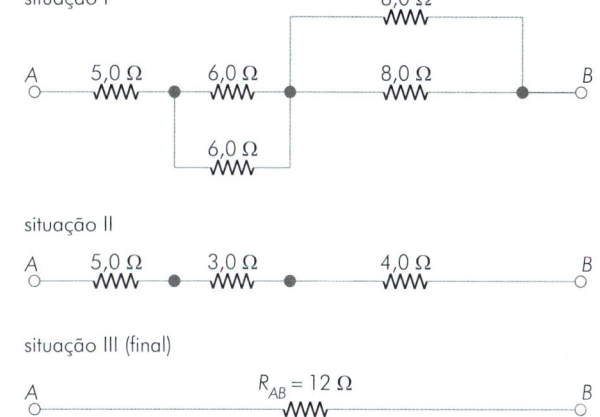

b) Aplicando a Primeira Lei de Ohm ao resistor equivalente, determinamos a intensidade de corrente elétrica total do trecho de circuito. Assim:

$$U_{AB} = R_{AB} \cdot i \Rightarrow 120 = 12i \Rightarrow i = \frac{120}{12}$$

$$i = 10 \text{ A}$$

Exercícios Propostos

29. Determine a resistência equivalente, entre os pontos A e B, de cada um dos trechos de circuitos a seguir.

a)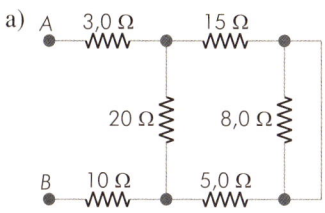

b)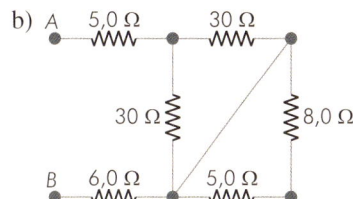

Exercícios Propostos

30. Entre os terminais da associação de resistores esquematizada ao lado, estabelece-se uma ddp igual a 200 V.

Determine:

a) a resistência elétrica do resistor equivalente;
b) a intensidade de corrente elétrica que percorre o resistor de resistência elétrica igual a 5,0 Ω.

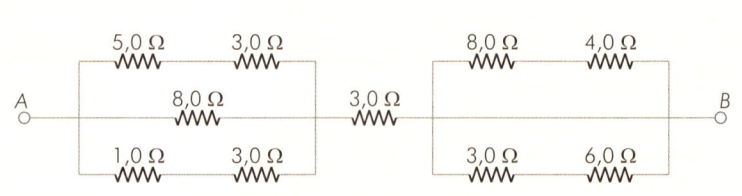

31. A resistência equivalente entre os pontos A e B do circuito ao lado vale:

a) 5,0 Ω
b) 10,0 Ω
c) 20,0 Ω
d) 30,0 Ω
e) 40,0 Ω

32. Nos esquemas a seguir são representados trechos de circuito elétrico. Para cada um deles, determine a resistência equivalente entre os terminais A e B de cada associação.

a)

b)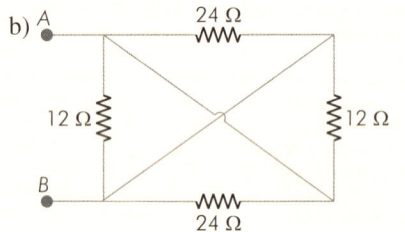

c)

d)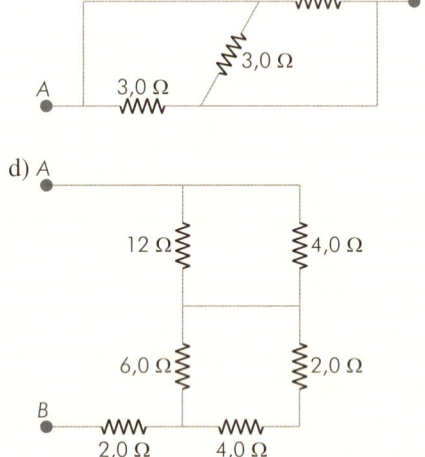

Exercícios Complementares

33. Duas lâmpadas incandescentes, cuja tensão nominal é de 110 V, sendo uma de 20 W e a outra de 100 W, são ligadas em série em uma fonte de 220 V. Conclui-se que:

a) as duas lâmpadas acenderão com brilho normal.
b) a lâmpada de 20 W apresentará um brilho acima do normal e queimará.
c) a lâmpada de 100 W fornecerá um brilho mais intenso que a de 20 W.
d) a lâmpada de 100 W apresentará um brilho acima do normal e queimará.
e) nenhuma das lâmpadas acenderá.

34. Dois resistores idênticos são associados em série. Se, ao serem percorridos por uma corrente de 2,0 A, produzem, no total, uma queda de potencial de 252 V, qual o valor, em ohms, da resistência elétrica de cada resistor associado?

35. Julgue os itens a seguir.

(1) Duas lâmpadas iguais, ligadas em série a uma bateria, brilham igualmente. Se colocarmos um resistor entre as duas lâmpadas, então a primeira, a contar partindo do polo positivo da bateria, brilhará mais que a outra, pelo efeito do bloqueio que o resistor oferecerá à parte da corrente que passará para a segunda lâmpada.
(2) Ao passar por um resistor em um circuito, algumas cargas elétricas são destruídas.
(3) Uma bicicleta está equipada com um dínamo que faz acender um pequeno farol. Observa-se que há um único fio, ligando o farol ao dínamo. Isso ocorre por-

Exercícios Complementares

que, para pequenas correntes, um único fio é suficiente, já que todas as cargas são consumidas no farol, nada restando para retornar ao dínamo.

(4) Dados uma lâmpada incandescente de 20 W e um ferro elétrico de passar roupa convencional, podemos afirmar que a resistência do ferro de passar é muito menor que a da lâmpada.

36. Em uma sala há duas lâmpadas acesas, ligadas a um mesmo interruptor. Em certo instante uma das lâmpadas se apaga, enquanto a outra permanece acesa. Em relação a esse fato foram formuladas as seguintes hipóteses:

I – Se apenas uma das lâmpadas se apagou, elas estão ligadas em paralelo.

II – Se o defeito fosse no interruptor, as duas lâmpadas se apagariam.

III – Se as lâmpadas estivessem ligadas em série, o rompimento do filamento de uma delas interromperia a corrente também na outra.

A alternativa que apresenta a hipótese ou as hipóteses certas é a:

a) somente I e II.   d) somente I.
b) I, II e III.   e) somente II.
c) somente II e III.

37. Julgue os itens a seguir.

(1) Em uma associação de resistores em paralelo, a resistência equivalente é menor que a menor das resistências da associação.

(2) Em uma associação de resistores em série, a resistência equivalente é maior que a maior das resistências da associação.

(3) Para aumentar a potência de um ferro elétrico, deve-se aumentar sua resistência.

(4) A Lei de Ohm diz que "a corrente elétrica através de um condutor é diretamente proporcional à resistência elétrica desse condutor e inversamente proporcional à diferença de potencial elétrico entre os seus extremos".

(5) A resistência equivalente de dois resistores iguais, associados em paralelo, é igual à metade da resistência elétrica de cada resistor.

38. Dispõem-se de três resistores, um de 24 Ω, um de 40 Ω e um de 60 Ω. Ligando esses resistores em paralelo e aplicando uma diferença de potencial de 120 V aos extremos dessa associação, determine:

a) a resistência equivalente dos três;
b) a intensidade de corrente elétrica total do circuito;
c) a intensidade de corrente elétrica que atravessa cada um dos resistores.

39. Você dispõe de dois resistores de 100 Ω e de dois de 200 Ω. Qual a associação de resistores que você faria para obter uma resistência elétrica de 150 Ω?

a) Um resistor de 100 Ω em série com o outro de 100 Ω.

b) Um resistor de 100 Ω em paralelo com outro de 200 Ω.

c) Os dois resistores de 200 Ω em paralelo ligados em série com um de 100 Ω.

d) Os dois resistores de 200 Ω em paralelo.

e) Os dois resistores de 100 Ω em paralelo ligados em série com dois resistores de 200 Ω em paralelo.

40. Um estudante do ITA foi a uma loja comprar uma lâmpada para o seu apartamento. A tensão da rede elétrica do alojamento dos estudantes do ITA é 127 V, mas a tensão da cidade de São José dos Campos é de 220 V. Ele queria uma lâmpada de 25 W de potência que funcionasse em 127 V, mas a loja tinha somente lâmpadas de 220 V. Comprou, então, uma lâmpada de 100 W fabricada para 220 V, e ligou-a em 127 V. Se ignorarmos a variação da resistência do filamento da lâmpada com a temperatura, poderemos afirmar que:

a) o estudante passou a ter uma dissipação de calor no filamento da lâmpada acima da qual ele pretendia (mais de 25 W).

b) a potência dissipada na lâmpada passou a ser menor que 25 W.

c) a lâmpada não acendeu em 127 V.

d) a lâmpada tão logo foi ligada "queimou".

e) a lâmpada funcionou em 127 V perfeitamente, dando a potência nominal de 100 W.

41. Observe a associação de resistores representada na figura abaixo e julgue a veracidade dos itens seguintes.

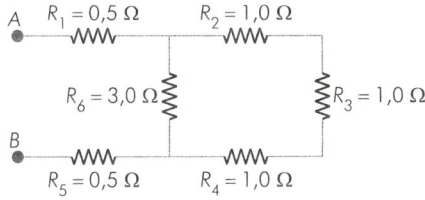

(1) A resistência equivalente entre os pontos A e B será de 1 Ω.

(2) A resistência equivalente à parte do circuito que contém R_2, R_3 e R_4 será de 3 Ω.

(3) Se for aplicada uma diferença de potencial de 100 V entre os pontos A e B, poderemos afirmar que a corrente elétrica que passa por R_5 será 40 A.

(4) A corrente que passa por R_6 é de 40 A.

(5) A potência dissipada pelo resistor R_3 é de 800 W.

42. Considere o circuito abaixo e determine a potência dissipada pelo resistor de 4,0 Ω quando os terminais A e B estiverem submetidos a uma ddp de 120 V.

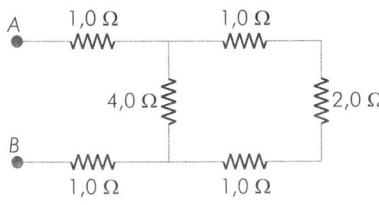

a) 1.000 W   b) 500 W   c) 60 W   d) 3.600 W   e) 900 W

Exercícios Complementares

43. Nas figuras abaixo, temos circuitos elétricos constituídos de resistências elétricas ligadas aos pontos A e B. Qual o valor da resistência elétrica do resistor equivalente de cada uma das associações?

a)
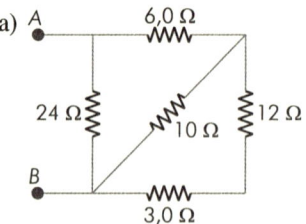

b)
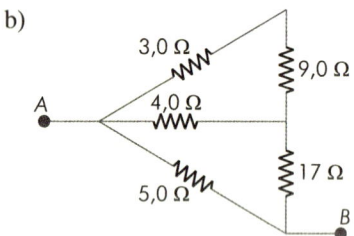

c)
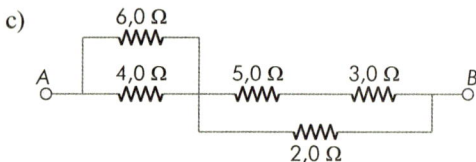

d)
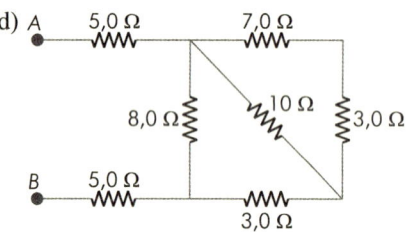

44. Um fusível é um interruptor elétrico de proteção que queima, desligando o circuito, quando a corrente ultrapassa certo valor. A rede elétrica de 110 V de uma casa é protegida por um fusível de 15 A. Dispõe-se dos seguintes equipamentos: um aquecedor de água de 2.200 W, um ferro de passar de 770 W e lâmpadas de 100 W.

a) Quais desses equipamentos podem ser ligados na rede elétrica, um de cada vez, sem queimar o fusível?

b) Se apenas lâmpadas de 100 W são ligadas na rede elétrica, qual o número máximo dessas lâmpadas pode ser ligado simultaneamente sem queimar o fusível de 15 A?

45. Uma lâmpada incandescente traz a seguinte inscrição: 40 W – 220 V. A partir dessas informações, é **correto** afirmar:

a) tanto faz submeter a lâmpada a uma voltagem de 220 V ou 110 V, porque será percorrida por uma corrente elétrica de mesma intensidade, produzindo o mesmo efeito.

b) a resistência elétrica da lâmpada é igual a 12 Ω.

c) permanecendo ligada durante 10 horas por dia, durante um mês (30 dias), a lâmpada deverá consumir 12 kWh.

d) a lâmpada dissipa 220 J de energia por segundo, quando submetida a uma voltagem de 220 V.

e) a lâmpada deve ser percorrida por uma corrente elétrica maior do que 1 A, quando submetida a uma voltagem de 220 V.

46. Considere o circuito abaixo em que o valor de cada resistor é de 10 Ω. A resistência equivalente entre os terminais X e Y é igual a:

a) 10 Ω
b) 15 Ω
c) 30 Ω
d) 40 Ω
e) 90 Ω

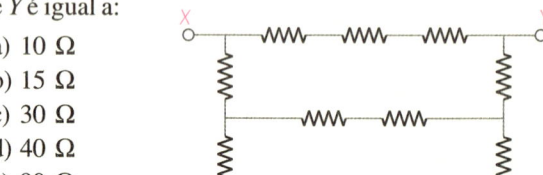

47. (UnB – DF) O choque elétrico, perturbação de natureza e efeitos diversos, que se manifesta no organismo humano quando este é percorrido por uma corrente elétrica, é causa de grande quantidade de acidentes com vítimas fatais. Dos diversos efeitos provocados pelo choque elétrico, talvez o mais grave seja a *fibrilação cardíaca*, que provoca a paralisia das funções do coração. A ocorrência da *fibrilação* depende da intensidade da corrente elétrica que passa pelo coração da vítima do choque. Considere que o coração do indivíduo que se encontra descalço submetido a um choque elétrico, na situação ilustrada na figura a seguir, suporte uma corrente máxima de 4 mA, sem que ocorra a *fibrilação* cardíaca, e que a terra seja um condutor de resistência elétrica nula. Sabendo que a corrente percorre seu braço direito, seu tórax e suas duas pernas, cujas resistências são iguais a, respectivamente, 700 Ω, 300 Ω, 1.000 Ω e 1.000 Ω, e que, nessa situação, apenas 8% da corrente total passa pelo coração, calcule, *em volts*, a máxima diferença de potencial entre a mão esquerda e os pés do indivíduo para que não ocorra a *fibrilação* cardíaca. Despreze a parte fracionária de seu resultado, caso exista.

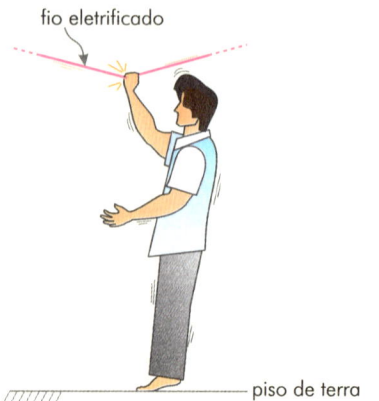

Exercícios Complementares

48. (UNICAMP – SP – modificada) Alguns automóveis modernos são equipados com um vidro térmico traseiro para eliminar o embaçamento em dias úmidos. Para isso, tiras resistivas de larguras iguais instaladas na face interna do vidro são conectadas ao sistema elétrico do veículo, de modo que se possa transformar energia elétrica em energia térmica (efeito Joule). Num dos veículos fabricados no país, por exemplo, essas tiras (resistores) são arranjadas de forma semelhante à representada na figura ao lado. As tiras 1, 2 e 3 apresentam resistência elétrica igual a R, enquanto as tiras 4, 5 e 6 apresentam resistência igual a $r \left(\dfrac{R}{2} < r < R \right)$.

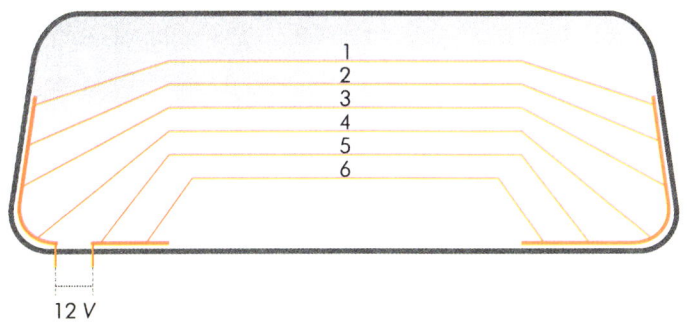

Julgue os itens a seguir.

(1) As tiras 1 a 6 não estão associadas em paralelo.
(2) A resistência elétrica equivalente à associação das tiras 1, 2 e 3 apresenta valor inferior a $R/3$.
(3) A intensidade da corrente elétrica que flui pela tira 1 é inferior à intensidade de corrente elétrica que flui pela tira 4.
(4) Considere que as tiras são feitas de um material cuja resistividade elétrica é invariável na faixa de operação do sistema antiembaçamento. Como as tiras 3 e 1 apresentam valores iguais para a resistência elétrica, é correto afirmar que elas necessariamente apresentam comprimentos iguais.
(5) Se a tira 5 sofrer oxidação em um trecho, de modo que sua condutividade elétrica torne-se nula, a potência total dissipada pelo conjunto de tiras aumentará.

49. (UnB – DF) Suponha que uma pessoa em Brasília, na época da seca, aproxime sua mão de um carro cuja carroceria apresenta uma diferença de potencial de 10.000 V com relação ao solo. No instante em que a mão estiver suficientemente próxima ao carro, fluirá uma corrente que passará pelo ar, pelo corpo da pessoa e, através do seu pé, atingirá o solo. Sabendo que a resistência elétrica do corpo da pessoa, no percurso da corrente elétrica, é de 2.000 Ω e que uma corrente elétrica de 300 mA causará a sua morte, calcule, em kΩ, a resistência mínima que o ar deve ter para que a descarga não mate essa pessoa. Despreze a parte fracionária de seu resultado, caso exista.

50. (UnB – DF) Um dos brinquedos mais tradicionais nos parques de diversão é o *bate-bate*, no qual cada pessoa participa dirigindo um carrinho movido por um motor elétrico e projetado para suportar colisões com os demais carrinhos.

A corrente elétrica que faz funcionar o motor do carrinho flui pelo circuito elétrico, que contém os seguintes elementos conectados em série, conforme ilustrado na figura abaixo: uma fonte de tensão com terminais A e B; uma tela metálica esticada junto ao teto do galpão que abriga o *bate-bate*; uma haste metálica cuja extremidade superior desliza em contato com a tela e cuja extremidade inferior, fixada ao carrinho, conecta eletricamente o terminal do motor ao piso metálico. Este último elemento fecha o circuito elétrico com a fonte. Assim, observa-se que a resistência equivalente do circuito depende da distância do carrinho até a fonte de tensão.

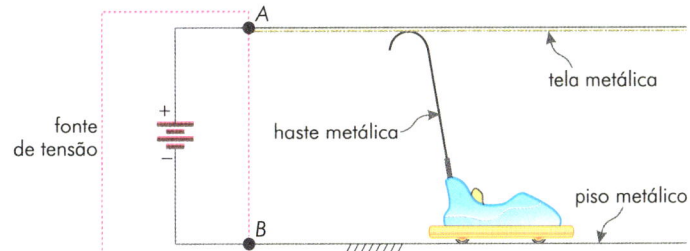

Considere um *bate-bate*, com um único carrinho em operação, com as seguintes características elétricas: a resistência entre dois pontos quaisquer da tela, distantes 1 m um do outro, é igual a 160 mΩ; a resistência equivalente entre o ponto de contato da haste com a tela e o ponto de contato elétrico da roda com o piso é igual a 0,3 Ω; a resistência interna da fonte e a resistência do piso são desprezíveis.

Exercícios Complementares

Calcule, *em ohms*, a resistência equivalente do circuito percorrido pela corrente elétrica, depois de transcorridos 10 s do instante em que a haste do carrinho, em movimento retilíneo, com velocidade constante e igual a 1,0 m/s, passa pelo ponto A, indicado na figura. Multiplique o valor calculado por 10 e despreze a parte fracionária de seu resultado, caso exista.

51. Julgue os itens a seguir.
(1) Os fusíveis são elementos de proteção de circuitos contra correntes elétricas superiores a valores pré-especificados.
(2) Caso o fusível seja atravessado por uma corrente superior à sua corrente nominal, ele provoca a interrupção de corrente que o atravessa, retornando ao normal caso a corrente volte a valores inferiores ao valor nominal.
(3) A interrupção da corrente pelo fusível, quando esta ultrapassa certo valor nominal, dá-se devido à fusão do elemento condutor, no fusível, em face da elevação de temperatura deste, por efeito Joule.
(4) Um bipolo é dito em curto-circuito quando seus terminais são ligados por um fio de resistência nula.
(5) Um bipolo em curto-circuito não apresenta função alguma no circuito no qual está inserido.

52. (UFC – CE) Um consultório médico utiliza um aparelho de raios infravermelhos que fornece 4.840 W, um esterilizador com resistência interna de 22 Ω e uma lâmpada de iluminação de 220 W. Admita que esses equipamentos estejam ligados, simultaneamente, a uma rede de 220 V. Quatro fusíveis, de 25 A, 30 A, 35 A e 40 A, estão disponíveis. Escolha o fusível mais adequado para proteger a instalação do consultório. Justifique sua resposta.

53. (UNICAMP – SP) Numa instalação domiciliar, sob ddp de 120 V, estão associados em paralelo os seguintes dispositivos: um ferro elétrico de resistência 60 Ω, um aquecedor de ambiente de resistência 24 Ω e cinco lâmpadas incandescentes de resistência 120 Ω cada uma. O circuito é protegido por um fusível de resistência desprezível que suporta no máximo uma corrente elétrica de intensidade igual a 15 A.

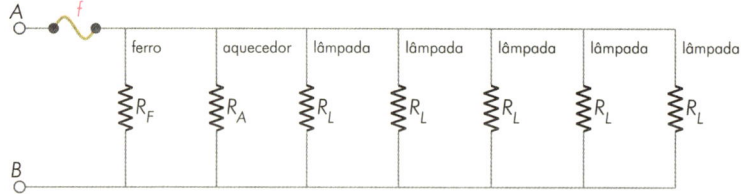

a) Determine a resistência da associação constituída por todos esses dispositivos;
b) Verifique se todos os dispositivos podem ser ligados simultaneamente sem que o fusível se danifique.

36.7. Medidas Elétricas

Quando trabalhamos com circuitos elétricos, temos frequentemente necessidade de conhecer valores de várias grandezas envolvidas nesses circuitos. A seguir, discutiremos como podemos medir, usando aparelhos apropriados, três grandezas importantes em um circuito elétrico qualquer: a intensidade da corrente elétrica, a diferença de potencial e a resistência elétrica.

36.7.1. Medida de corrente elétrica

O **galvanômetro** é o dispositivo básico utilizado nos instrumentos de medidas elétricas, capaz de detectar e medir pequenas intensidades de corrente que passam por ele, bem como indicar o seu sentido. Se a escala desse aparelho for graduada de tal maneira que seja possível medir a intensidade da corrente elétrica, o aparelho receberá o nome de **amperímetro**.

Quando desejamos medir a corrente elétrica que passa por certo ramo de circuito, devemos ligar o amperímetro em série com o ramo do circuito, de modo que toda a corrente que passa nesse ramo passará através do aparelho. Como qualquer condutor, ele apresenta resistência elétrica e, assim, quando adicionado ao circuito, modifica a intensidade da corrente elétrica que se deseja medir. Para que essa alteração seja desprezível, o amperímetro deve ser construído de tal modo que sua resistência interna seja a menor possível, e assim possamos desprezar sua resistência. O amperímetro que se comporta dessa maneira é dito *ideal* (Figura 36-7).

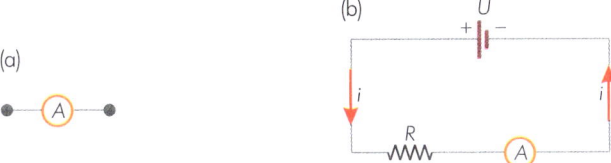

Figura 36-7. (a) Símbolo de um amperímetro ideal que será usado nos circuitos elétricos. (b) Diagrama de um circuito que contém um amperímetro ideal.

IMPORTANTE

Quando, por engano, um **amperímetro ideal** é instalado em paralelo com um trecho de circuito, como na Figura 36-8, ele provoca, nesse trecho, um curto-circuito, pois toda a corrente elétrica é desviada pelo amperímetro.

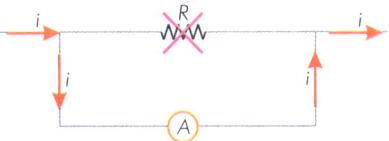

Figura 36-8. O resistor de resistência R está em curto-circuito devido ao **amperímetro ideal** que foi associado em paralelo com ele.

36.7.2. Medida de voltagem

A medida da diferença de potencial entre dois pontos é feita por aparelhos denominados **voltímetros**. Se desejarmos medir a diferença de potencial que existe entre as extremidades de uma resistência, devemos ligar um voltímetro em paralelo com a resistência, de modo que ele indique a ddp entre os pontos a que o resistor está ligado (Figura 36-9).

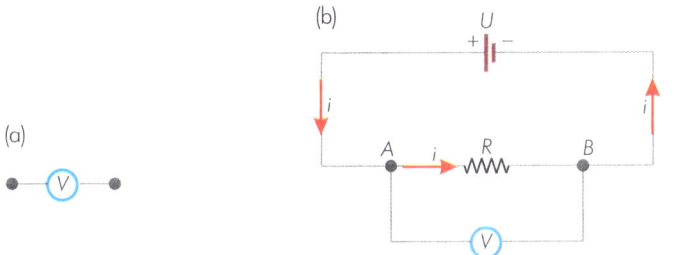

Figura 36-9. (a) Símbolo de um voltímetro ideal que será usado nos circuitos elétricos. (b) Diagrama de um circuito que contém um voltímetro ideal.

Do mesmo modo que o amperímetro, o voltímetro também possui resistência interna. É importante que o voltímetro não permita a passagem de corrente para não modificar a corrente elétrica que atravessa o resistor. Como sabemos, essa corrente elétrica será tanto menor quanto maior for a resistência interna do voltímetro. Por esse motivo, esse aparelho deve ser fabricado de tal modo que sua resistência interna seja a maior possível. Assim, o **voltímetro ideal** é aquele que possui resistência interna muito grande, que pode, para todos os efeitos práticos, ser considerada infinita.

IMPORTANTE

Quando, por engano, um **voltímetro ideal** é instalado em série com um trecho de circuito, como na Figura 36-10, a correspondente corrente elétrica é praticamente bloqueada. Assim, nesse trecho, os dispositivos associados em série com o voltímetro não funcionam, pois ele não permite a passagem de corrente elétrica.

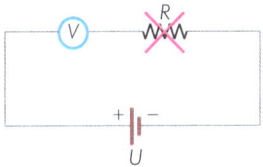

Figura 36-10. O resistor de resistência R não é percorrido por corrente elétrica, pois o **voltímetro ideal** não permite a sua passagem. A indicação desse voltímetro é a ddp (U) entre os terminais do gerador.

36.7.3. Medida de resistência

A medida direta do valor de uma resistência elétrica R pode ser feita por meio de aparelhos denominados **ohmímetros**. A figura ao lado mostra um aparelho que pode funcionar como amperímetro, voltímetro e ohmímetro. Por esse motivo, esse aparelho é denominado **multímetro** ou **multiteste**. Quando o multímetro está adaptado para ser usado como ohmímetro, basta ligar a resistência R desconhecida aos terminais do aparelho para obter o seu valor. Uma chave giratória é usada para escolher o tipo de medida que desejamos fazer (volts, ampères ou ohms) e ajustar a escala de medida.

Multímetro.

36.7.4. Ponte de Wheatstone

Assim como se mede a corrente com um amperímetro e a ddp com um voltímetro, constroem-se circuitos para a medida da resistência elétrica. Um circuito muito usado é o denominado **ponte de Wheatstone**, apresentado por Charles Wheatstone (1802-1875), em 1843, cujo esquema convencional está indicado na Figura 36-11, no qual quatro resistores estão dispostos segundo os lados de um losango. Sejam R_1 a resistência a ser medida, R_2 um reostato e R_3 e R_4 resistores de resistências conhecidas (ou, pelo menos, a razão entre elas é conhecida). Dois nós do losango (A e C) são ligados ao circuito que contém o gerador. Entre os outros dois nós (B e D), está um galvanômetro (G) ou um amperímetro, nas montagens usuais.

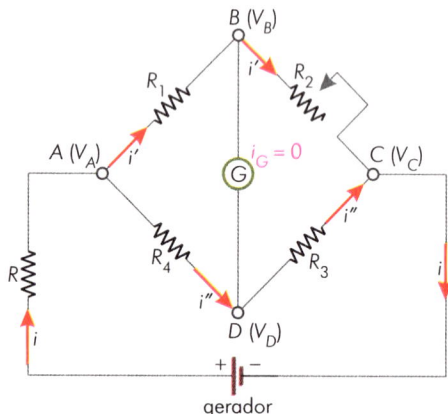

Figura 36-11.

O esquema acima é chamado *ponte* porque o galvanômetro estabelece uma ponte de ligação entre os ramos ABC e ADC.

Ajusta-se o valor de R_2 de modo que o galvanômetro (ou amperímetro, ou mesmo uma lâmpada) não acuse passagem de corrente ($I_G = 0$). Nessa situação, a *ponte* é dita em *equilíbrio* e os pontos B e D têm o mesmo potencial ($V_B = V_D$). Então:

$$U_{AB} = U_{AD} \Leftrightarrow R_1 \cdot i' = R_4 \cdot i'' \quad (1)$$
$$U_{BC} = U_{DC} \Leftrightarrow R_2 \cdot i' = R_3 \cdot i'' \quad (2)$$

Dividindo membro a membro as igualdades (1) e (2), vem:

$$\frac{R_1 \cdot i'}{R_2 \cdot i'} = \frac{R_4 \cdot i''}{R_3 \cdot i''} \Rightarrow \frac{R_1}{R_2} = \frac{R_4}{R_3}$$

$$\boxed{R_1 \cdot R_3 = R_2 \cdot R_4}$$

Em uma ponte *em equilíbrio*, os "produtos cruzados" das resistências são iguais.

Uma versão simplificada da ponte de Wheatstone é a denominada **ponte de fio**, desenvolvida por Samuel H. Christie (1784-1865), em 1833, com o nome de "método do diamante" devido ao arranjo geométrico, na qual o reostato é substituído por um resistor de resistência elétrica conhecida R e os resistores de resistência R_1 e R_2 são substituídos por um fio de secção transversal constante montado sobre uma régua graduada (Figura 36-12). Esse fio é dividido em duas partes de comprimentos L_1 e L_2, graças a um cursor D, que está ligado ao galvanômetro.

Quando a situação de equilíbrio é estabelecida, a intensidade de corrente elétrica através do galvanômetro será nula e o fio estará dividido em duas partes de comprimentos L_1 e L_2 e resistências elétricas, respectivamente, iguais a $R_1 = \rho \cdot \frac{L_1}{S}$ e $R_2 = \rho \cdot \frac{L_2}{S}$, isto é, proporcionais aos comprimentos.

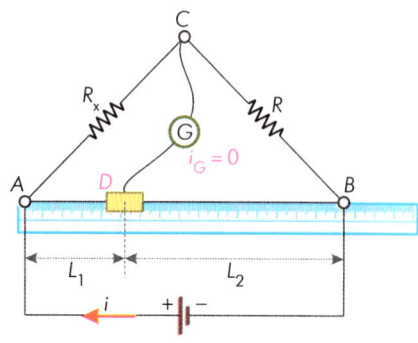

Figura 36-12.

Nessa situação, $R_x \cdot R_2 = R \cdot R_1$ e, portanto, $R_x = R \cdot \dfrac{R_1}{R_2}$.

Como $\dfrac{R_1}{R_2} = \dfrac{L_1}{L_2}$, então,

$$R_x = R \cdot \dfrac{L_1}{L_2}$$

Os comprimentos L_1 e L_2 são lidos diretamente na régua graduada sobre a qual o fio que dá nome à ponte é montado.

Exercícios Resolvidos

54. Nos trechos de circuitos a seguir, determine as indicações fornecidas pelos medidores elétricos supostos ideais:

a)
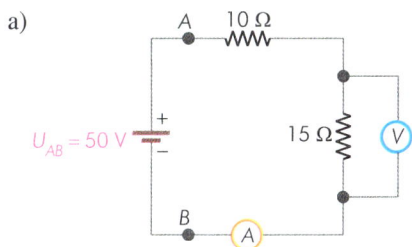

b)
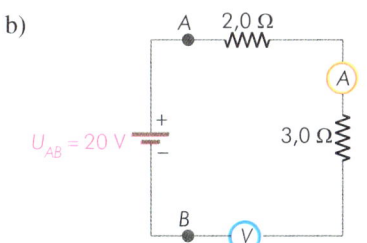

Resolução:

a) I. Sendo o amperímetro ideal, sua resistência interna é nula. Na posição em que o amperímetro foi colocado, ele indica a intensidade de corrente elétrica que passa pelo circuito. Sendo $U_{AB} = 50$ V e $R_{AB} = 25\ \Omega$ e aplicando a Primeira Lei de Ohm no circuito equivalente, temos:

$$U_{AB} = R_{AB} \cdot i \Rightarrow 50 = 25\,i \Rightarrow i = \dfrac{50}{25} \therefore i = 2{,}0\ \text{A}$$

O amperímetro indica a intensidade de corrente elétrica que o atravessa, ou seja, 2,0 A.

II. O voltímetro, sendo ideal, tem resistência infinita, portanto, não permite a passagem de corrente através dele. Na posição em que foi colocado, ele indica a ddp nos terminais do resistor de resistência elétrica 15 Ω, que é percorrido por uma corrente elétrica de intensidade igual a 2,0 A. Assim:

$$U_{15} = R_{15} \cdot i \Rightarrow U_{15} = 15 \cdot 2{,}0 \therefore U_{15} = 30\ \text{V}$$

O voltímetro indica 30 V.

b) I. Neste caso, o voltímetro foi ligado em série com o circuito. Então, por ser infinita a resistência do voltímetro ideal, não há passagem de corrente elétrica no circuito, portanto a indicação do amperímetro é zero.

II. Sendo nula a passagem de corrente elétrica no circuito, temos que a indicação do voltímetro, na posição que ele foi ligado, é a mesma da ddp entre os pontos A e B, ou seja, de 20 V. Portanto, a indicação do voltímetro é 20 V.

55. Os resistores do circuito esquematizado a seguir têm resistências tais que o galvanômetro não indica passagem de corrente entre os pontos C e D.

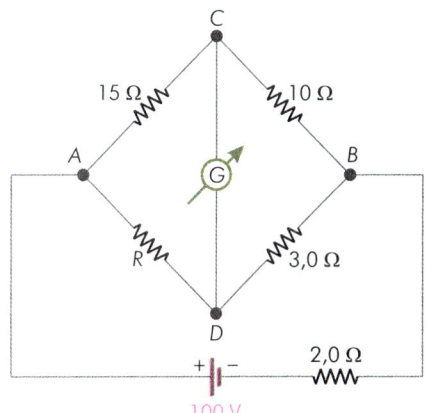

Determine:

a) o valor da resistência elétrica do resistor R;
b) a resistência elétrica do resistor equivalente da associação entre os pontos A e B;
c) a intensidade da corrente elétrica que circula na associação.

Resolução:

a) O circuito esquematizado é uma ponte de Wheatstone em equilíbrio. Aplicando a propriedade da ponte em equilíbrio, temos:

$$15 \cdot 3{,}0 = 10\,R$$

$$R = \dfrac{45}{10} \therefore R = 4{,}5\ \Omega$$

Exercícios Resolvidos

b) Vamos esquematizar um circuito equivalente ao circuito original.

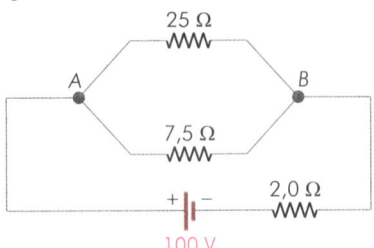

$$R_{AB} = \frac{25 \cdot 7,5}{25 + 7,5}$$

$$R_{AB} = \frac{187,5}{32,5} \Rightarrow R_{AB} \cong \frac{75}{13}\,\Omega \cong 5,77\,\Omega$$

c) A resistência equivalente à associação será dada por:

$$R_{equiv.} = 5,77 + 2,0 \Rightarrow R_{equiv.} = 7,77\,\Omega$$

Aplicando a Lei de Ohm, temos:

$$U_{AB} = R_{equiv.(AB)} \cdot i \Rightarrow 100 = 7,77 i$$

$$i = \frac{100}{7,77} \quad \therefore \quad i \cong 12,9\,A$$

Exercícios Propostos

56. Sobre o funcionamento de voltímetros e amperímetros, assinale a alternativa correta:

a) A resistência elétrica interna de um voltímetro deve ser muito pequena para que, quando ligado em paralelo às resistências elétricas de um circuito, não altere a tensão elétrica que se deseja medir.

b) A resistência elétrica interna de um voltímetro deve ser muito alta para que, quando ligado em série às resistências elétricas de um circuito, não altere a tensão elétrica que se deseja medir.

c) A resistência elétrica interna de um amperímetro deve ser muito pequena para que, quando ligado em paralelo às resistências elétricas de um circuito, não altere a intensidade de corrente elétrica que se deseja medir.

d) A resistência elétrica interna de um amperímetro deve ser muito pequena para que, quando ligado em série às resistências elétricas de um circuito, não altere a intensidade de corrente elétrica que se deseja medir.

e) A resistência elétrica interna de um amperímetro deve ser muito alta para que, quando ligado em série às resistências elétricas de um circuito, não altere a intensidade de corrente elétrica que se deseja medir.

57. Qual das opções a seguir mostra a ligação adequada de um amperímetro A e de um voltímetro V, ambos ideais, de modo que permita uma correta medida da corrente e da queda de tensão no resistor?

a)

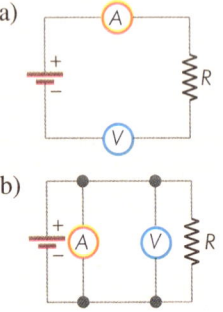

b)

c)

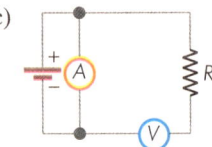

d)

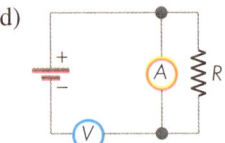

e)

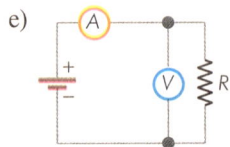

58. (UNESP – SP – modificada) O diagrama a seguir representa as características tensão × corrente elétrica de dois resistores, R_1 e R_2.

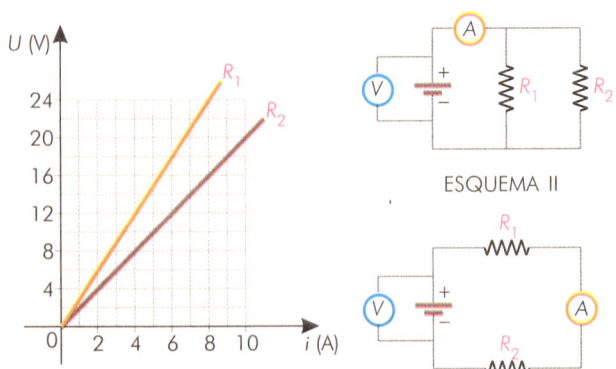

a) Inicialmente, os resistores R_1 e R_2 são ligados a um gerador, como ilustra o esquema I, no qual o voltímetro e o amperímetro são ideais. O voltímetro indica 12 V. Calcule a indicação do amperímetro.

Exercícios Propostos

b) A seguir, os resistores R_1 e R_2 são ligados a outro gerador, como ilustra o esquema II, no qual o voltímetro e o amperímetro são ideais. O voltímetro indica 20 V. Calcule a indicação do amperímetro.

59. (UnB – DF) No circuito ao lado, quando a chave S está desligada, o voltímetro ideal indica 10 volts. Ligando-se a chave, a nova leitura é de 2,5 volts e o amperímetro indica 1,5 A. Determine a resistência interna (r) da bateria.

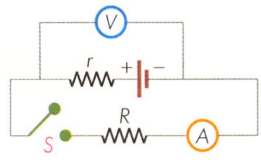

60. Considere o circuito abaixo. Determine as leituras do amperímetro e do voltímetro supostos ideais.

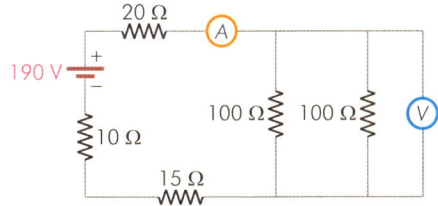

61. (UnB – DF) Quatro resistores iguais são ligados, formando um quadrilátero, cujos vértices são identificados pelas letras A, B, C e D. Entre os vértices A e C, diagonalmente opostos, é ligada uma fonte de 6,0 V. Se o potencial do vértice D vale 6,0 V, calcule o potencial do vértice B, diametralmente oposto a D.

62. No trecho de circuito esquematizado a seguir temos cinco resistências elétricas R de valor igual a 10 Ω. Determine a resistência equivalente entre os extremos A e B desse trecho de circuito.

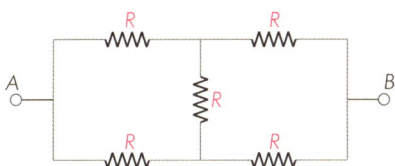

63. (UnB – DF) Uma maneira de se determinar indiretamente a velocidade do vento é medir o seu efeito em algum processo físico. Por exemplo, a taxa com que um objeto aquecido resfria-se depende da velocidade do vento ao qual ele é exposto. No intuito de idealizar um anemômetro – instrumento capaz de medir a velocidade do vento – sem partes móveis, considere que um condutor de níquel-cromo aquecido pela passagem de corrente elétrica, como mostrado no circuito da figura abaixo, seja exposto ao vento.

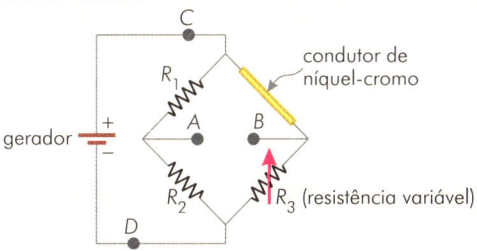

Para cada valor de velocidade do vento, existe um valor da resistência R_3 que torna nula a diferença de potencial entre os pontos A e B. Dessa forma, pode-se associar o valor de R_3 à velocidade do vento a ser medida, permitindo a determinação desta.

Para que esse instrumento possa ser utilizado, ele é submetido a uma regulagem prévia, chamada de **calibração**, em que o valor R_3 é ajustado de forma que se obtenha diferença de potencial nula entre os pontos A e B na condição de temperatura ambiente, conhecida a ausência de vento.

Considerando que, na situação acima descrita, $R_1 = 10$ Ω, $R_2 = 20$ Ω e a calibração do anemômetro tenha sido feita em um dia quente e sabendo que a resistência de um condutor aumenta com a elevação da sua temperatura, julgue os itens que seguem.

(1) Se, em determinada situação, a resistência do condutor de níquel-cromo for igual a 3,0 Ω, então, para que não haja diferença de potencial entre os pontos A e B, a resistência R_3 deverá ser ajustada para o valor de 6,0 Ω.
(2) Em um dia frio, o anemômetro proposto medirá uma velocidade do vento acima do seu valor real.
(3) Para que o anemômetro funcione corretamente, R_3 deve ser uma função crescente da velocidade do vento.
(4) Se a resistência do condutor níquel-cromo em uma determinada situação for de 2,0 Ω, e a diferença de potencial entre os pontos A e B for nula, então a resistência equivalente do circuito medida a partir dos pontos C e D será maior que 6,0 Ω.

64. O circuito ao lado representa uma "ponte de fio" e serve para a determinação de uma resistência desconhecida R_x.
Sabendo que a ponte da figura está equilibrada, isto é, o galvanômetro G não acusa nenhuma passagem de corrente elétrica, determine o valor numérico de R_x (em ohms), na situação de equilíbrio, considerando que $L_1 = 20$ cm e $L_2 = 50$ cm.

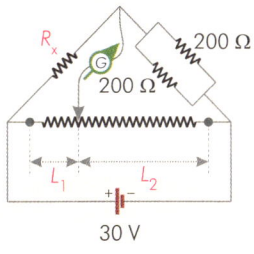

65. No circuito esquematizado na figura ao lado, $R_1 = 210$ Ω, $R_2 = 30,0$ Ω, AB representa um fio homogêneo de secção transversal constante e resistência 50,0 Ω e comprimento 50 cm. Obteve-se o equilíbrio da ponte para o comprimento $L = 15,0$ cm. Qual o valor da resistência X?

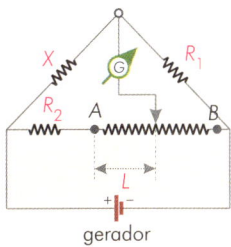

a) 120 Ω
b) 257 Ω
c) 393 Ω
d) 180 Ω
e) 270 Ω

37 Geradores Elétricos

37.1. Introdução

Já vimos que um componente essencial em um circuito elétrico é o gerador.

Neste capítulo, vamos estudar processos pelos quais outras modalidades de energia podem ser transformadas em energia elétrica. Fisicamente, existem duas maneiras de efetuar esse processo de conversão. Uma delas é por meio do emprego do eletromagnetismo e a outra é mediante processos nos quais há separação de cargas.

Então, vamos classificar os geradores elétricos em dois grupos: no primeiro, estão os dínamos, os alternadores e os geradores de usinas elétricas, que serão estudados posteriormente; no segundo, estão as baterias, as pilhas e as células fotoelétricas, que são os geradores de correntes contínuas que estudaremos a partir de agora.

37.2. Geradores de Corrente Contínua

Como vimos anteriormente, o *gerador elétrico* é um dispositivo que fornece energia às partículas portadoras de carga elétrica, para que elas se mantenham circulando. Assim, podemos dizer que o gerador elétrico é o dispositivo capaz de manter a ddp entre dois pontos quaisquer de um circuito, para que nesse circuito exista a passagem de corrente elétrica.

Tendo em vista que energia não pode ser criada, torna-se óbvio que a energia elétrica fornecida às cargas elétricas é obtida à custa de outras formas de energia.

Nas *pilhas secas* e nos *acumuladores* (bateria automotiva, por exemplo), a energia elétrica é obtida a partir de reações químicas. Em *células fotovoltaicas*, há conversão de energia luminosa em energia elétrica.

Independentemente do tamanho e da forma, baterias e pilhas são dispositivos projetados para acumular energia elétrica e, quando necessário, liberá-la gradativamente.

As pilhas e pequenas baterias mais comuns são secas, utilizando em sua composição uma ampla gama de elementos químicos, como cádmio, níquel, zinco e lítio.

As pilhas recarregáveis recuperam sua carga por meio de outros geradores. Algumas baterias, como as dos automóveis, não são secas: funcionam com soluções líquidas.

A Figura 37-1, além de representar, simbolicamente, o gerador, possibilita uma boa compreensão de como ocorre a passagem de corrente elétrica através desse circuito.

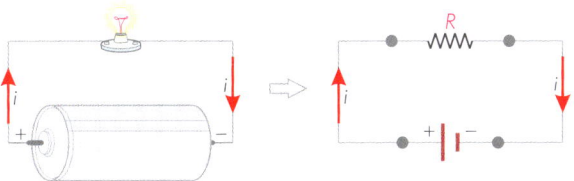

Figura 37-1. Esquema de circuito gerador-resistor.

Convencionamos que as cargas elétricas positivas constituem a corrente elétrica em um circuito elétrico montado com um *gerador*, um *resistor* e fios de ligação, como mostrado na Figura 37-1.

No circuito externo ao gerador, as cargas que constituem a corrente deslocam-se naturalmente do polo positivo (maior potencial elétrico) para o polo negativo (menor potencial elétrico), ou seja, no sentido da corrente ocorre uma queda de potencial no circuito externo ao gerador, o que leva a uma diminuição na energia potencial elétrica das cargas.

Por outro lado, no interior do gerador, essas cargas se deslocarão do polo negativo (menor potencial elétrico) para o polo positivo (maior potencial elétrico), isto é, ocorre uma elevação de potencial no interior do gerador; as cargas elétricas terão sua energia potencial elétrica aumentada. Esse deslocamento não se faz naturalmente, pois, na natureza, as partículas se movimentam espontaneamente no sentido de perder energia potencial. O deslocamento dos portadores de cargas elétricas no interior do gerador químico acontece devido às reações químicas que, ao ocorrerem, fornecem energia a esses portadores. Em outras palavras, os geradores químicos são dispositivos que, consumindo energia química, realizam trabalho sobre as cargas elétricas, transferindo para elas certa quantidade de energia (energia elétrica) ao elevar o potencial elétrico dessas cargas no deslocamento do polo negativo para o polo positivo.

A Figura 37-2 apresenta um exemplo que pode mostrar como ocorrem as reações químicas no interior dos geradores químicos: uma placa de cobre (Cu) e outra de zinco (Zn) são colocadas no interior de um recipiente que contém uma solução diluída de ácido sulfúrico. Cada molécula de ácido sulfúrico (H_2SO_4) em água decompõe-se em dois íons H^+ e um íon SO_4^{-2}. Por sua vez, essa solução ácida desloca Cu^{+2} e Zn^{+2} das placas de cobre e de zinco. Como o zinco é mais solúvel do que o cobre, passa para a solução uma quantidade muito maior de íons Zn^{+2} do que de íons Cu^{+2}. Então a placa de zinco se torna "mais negativa" do que a de cobre, ou seja, ela terá uma quantidade muito maior de elétrons livres em excesso do que a de cobre. Se ambas forem ligadas por um fio condutor, os elétrons livres da placa de zinco fluem para a placa de cobre, estabelecendo-se uma corrente elétrica entre elas. Esse processo é lento, o que permite a utilização da corrente elétrica durante um tempo razoavelmente longo, até que os reagentes, como a própria placa de zinco, se extingam.

Você Sabia?

As células solares são usadas para o fornecimento de energia elétrica a pequenas calculadoras.

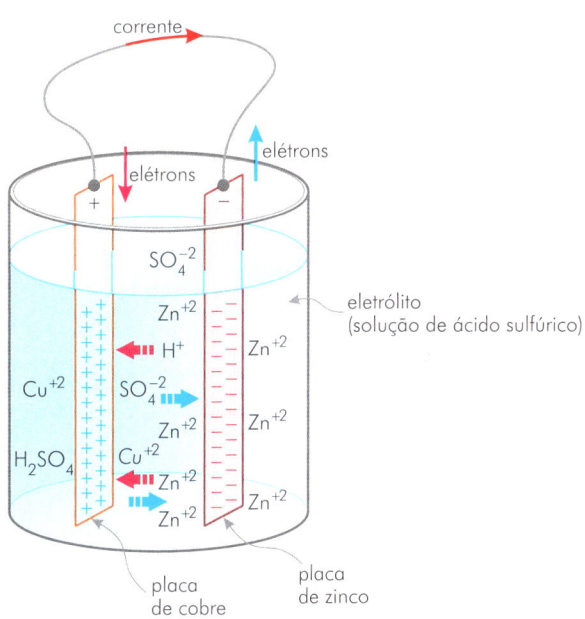

Figura 37-2.

37.3. Equação do Gerador

Em um gerador elétrico de corrente contínua, a energia química é convertida em energia elétrica. Contudo, pelo fato de os geradores serem fabricados com condutores, eles apresentam resistência elétrica interna e, consequentemente, parte dessa energia elétrica é dissipada por *efeito Joule* em seu interior, quando atravessado pelos portadores de cargas elétricas. A *resistência elétrica interna* é uma característica do gerador e, nas pilhas e baterias, geralmente aumenta à medida que elas são utilizadas.

Se fosse possível construir um *gerador elétrico ideal*, ele não apresentaria resistência elétrica interna ($r = 0$). Nesse caso, não haveria dissipação de energia em seu interior e toda a energia elétrica, convertida a partir de energia química, seria integralmente fornecida às cargas. Então, no sentido da corrente elétrica (i), haveria uma elevação de potencial (ε) no interior do gerador, de módulo igual à queda de potencial ocorrida no circuito externo. Assim, a ddp ou tensão elétrica nos terminais, do gerador seria igual a ε. Essa ddp (ε), mantida pelo gerador ideal entre seus terminais, é outra característica do gerador e foi denominada, por Alessandro Volta, em torno de 1800, **força eletromotriz** do gerador (abreviadamente, **fem**), isto é, a "força" que movia as cargas. Como é uma ddp, é medida em **volts**. Então, uma pilha (ou uma bateria) é um gerador de fem, pois utiliza energia química, que é transferida para as cargas sob a forma de energia elétrica, sendo, portanto, capaz de gerar corrente elétrica.

37.3.1. Expressão matemática da força eletromotriz

Suponha que um gerador seja atravessado por portadores de cargas elétricas que entram pelo polo negativo e saem pelo polo positivo. Ao atravessar o gerador, o potencial elétrico desses portadores aumenta, pois eles ganham energia potencial elétrica nessa passagem, em consequência do trabalho realizado pelo gerador sobre eles. Já vimos que o gerador, como qualquer condutor, oferece resistência à passagem dos portadores de carga e isso faz que parte do trabalho realizado sobre eles seja dissipada dentro do próprio gerador.

Podemos relacionar a diferença de potencial elétrico nos terminais do gerador (U_{AB}) com a sua fem (ε) e com a ddp (U_{BC}) associada à sua resistência interna. Veja a Figura 37-3.

> **ATENÇÃO**
>
> Entre os terminais do gerador real, teremos uma ddp (U_{AC}) dada por:
>
> $U_{AC} = \varepsilon - r \cdot i$
>
> Essa expressão constitui a **equação característica** do gerador elétrico.

ESQUEMA I
Um gerador ideal e um resistor (R)

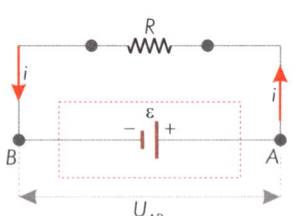

ESQUEMA II
Um gerador real e um resistor (R)

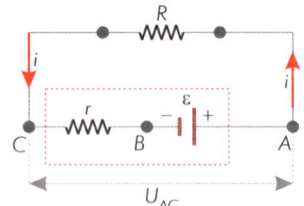

Figura 37-3. Para um gerador ideal ($r = 0$), a ddp nos seus terminais é igual à sua força eletromotriz: $U_{AB} = \varepsilon$ (esquema I).

Para um gerador real, como o do esquema II, podemos relacionar as quedas de potencial:

$$U_{AC} = U_{AB} - U_{BC}$$

em que $U_{BC} = r \cdot i$. Então, escrevemos a equação do gerador:

$$U_{AC} = \varepsilon - r \cdot i$$

Os diagramas da Figura 37-4 mostram como varia o potencial elétrico entre os terminais de um *gerador real* e de um *gerador ideal*.

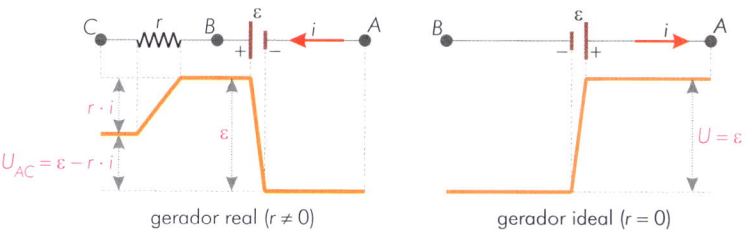

Figura 37-4.

Observe que, ao atravessar o gerador real, as partículas portadoras de carga *ganham* energia potencial (devido ao aumento de potencial elétrico representado por ε) e, no trecho seguinte, há perda de energia potencial devido à resistência interna do gerador (a queda de potencial é $r \cdot i$). Em um gerador ideal, os portadores de carga sofreriam apenas o aumento de potencial elétrico, ao atravessarem o gerador.

37.4. Gerador em Aberto e Gerador em Curto-Circuito

Um gerador está em circuito aberto quando não há percurso fechado para as cargas elétricas. Nesse caso, não se estabelece corrente ($i = 0$) e, segundo a equação do gerador, concluímos que a ddp nos seus terminais é igual a sua força eletromotriz.

Se ligarmos um voltímetro aos terminais de um gerador em circuito aberto, *sua indicação será o valor da fem do gerador* (Figura 37-5).

$$U_{AB} = \varepsilon$$

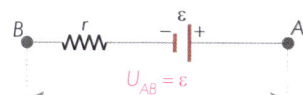

Figura 37-5. Esquema de um gerador em circuito aberto.

Em um gerador, o contato direto de seus terminais constitui um curto-circuito. Esse contato pode ser obtido por um condutor de resistência desprezível. A tensão elétrica entre os terminais de um gerador em curto-circuito é nula (Figura 37-6). Isso acontece porque os terminais *A* e *B* estão em contato direto. A intensidade da corrente elétrica de curto-circuito, i_{cc}, no gerador é obtida fazendo $U_{AB} = 0$, na equação do gerador:

$$U_{AB} = \varepsilon - r \cdot i \implies 0 = \varepsilon - r \cdot i_{cc} \quad \therefore \quad i_{cc} = \frac{\varepsilon}{r}$$

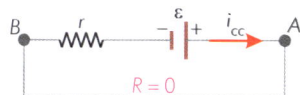

Figura 37-6. Esquema de um gerador em curto-circuito (i é máxima).

(a intensidade de corrente de curto-circuito é a máxima intensidade de corrente que pode atravessar um gerador).

37.5. Curva Característica do Gerador

A curva característica de um componente de circuito elétrico é a representação, em um sistema de eixos ortogonais, da ddp (U) entre os terminais do componente, em função da intensidade de corrente elétrica (i) que o atravessa.

A equação de um gerador de constantes (ε, r) é dada por:

$$U = \varepsilon - r \cdot i$$

É uma função do 1.º grau na variável i, e, portanto, é representada graficamente por uma reta inclinada e descendente, pois seu coeficiente angular é negativo (Figura 37-7).

A partir da curva característica do gerador, podemos observar que:

- para $i = 0$, temos uma ddp $U = \varepsilon$ (tensão em aberto);
- para $U = 0$, temos uma corrente elétrica $i = i_{cc}$ (corrente de curto-circuito);
- o declive do gráfico, em valor absoluto, é numericamente igual à resistência interna do gerador.

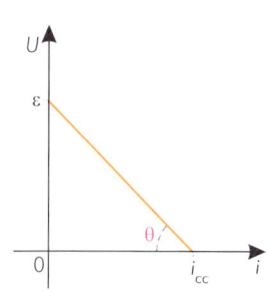

Figura 37-7.

Exercícios Resolvidos

1. (UFF – RJ) Para determinar a resistência interna r de uma pilha, de força eletromotriz $\varepsilon = 1{,}50$ V, um estudante monta o circuito a seguir. Ele utiliza um resistor de resistência R, um voltímetro V e um amperímetro A.

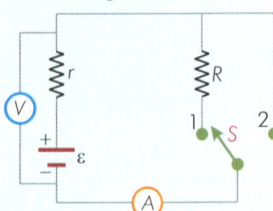

Com a chave S fechada na posição 1, o voltímetro e o amperímetro fornecem, respectivamente, as seguintes leituras: 1,45 V e 0,50 A. Considerando o voltímetro e o amperímetro como ideais e a resistência dos fios conectores desprezíveis,

a) calcule a resistência interna r da pilha;
b) calcule a resistência R;
c) faça uma previsão de qual será a leitura no voltímetro quando a chave S estiver aberta, justificando sua resposta;
d) determine as leituras no amperímetro e no voltímetro quando a chave S estiver fechada na posição 2.

Resolução:

a) Aplicando a equação do gerador $U = \varepsilon - r \cdot i$, temos:
$$1{,}45 = 1{,}50 - r \cdot 0{,}50$$
$$1{,}45 - 1{,}50 = (-r) \cdot 0{,}50$$
$$r = \frac{0{,}050}{0{,}50} \quad \therefore \quad r = 0{,}10 \, \Omega$$

b) Aplicando a Lei de Ohm, $U = R \cdot i$, encontramos o valor da resistência R. Assim,
$$1{,}45 = R \cdot 0{,}50 \Rightarrow R = \frac{1{,}45}{0{,}50} \quad \therefore \quad R = 2{,}9 \, \Omega$$

c) Quando a chave S está aberta, $i = 0$. Assim sendo,
$$U = \varepsilon - r \cdot i \Rightarrow U = \varepsilon - r \cdot 0 \Rightarrow U = \varepsilon = 1{,}50 \text{ V}$$
Portanto, a leitura do voltímetro é 1,50 V.

d) Na posição 2, a resistência externa do circuito é nula, portanto a indicação do voltímetro é zero. Assim sendo,

$$\varepsilon = r \cdot i \Rightarrow 1{,}50 = 0{,}10 i$$
$$i = \frac{1{,}50}{0{,}10} \quad \therefore \quad i = 15 \text{ A}$$

Portanto, a leitura do amperímetro é 15 A e a leitura do voltímetro é zero.

2. O diagrama abaixo apresenta a curva característica de um gerador.

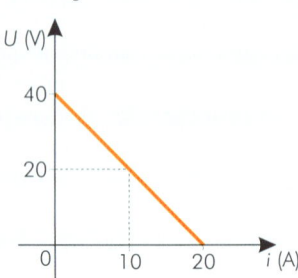

Determine:
a) a força eletromotriz do gerador;
b) a intensidade da corrente elétrica de curto-circuito;
c) o valor da resistência interna do gerador;
d) a equação do gerador.

Resolução:

a) Analisando a equação do gerador, $U = \varepsilon - r \cdot i$, vemos que, quando $i = 0$, $U = \varepsilon$. Portanto, do gráfico, temos que ε é representada pelo ponto (0; 40). Então, $\varepsilon = 40$ V.

b) A intensidade de corrente elétrica de curto-circuito está representada no gráfico e corresponde à abscissa do ponto (20; 0). Então, $i_{cc} = 20$ A.

c) Conhecendo-se a intensidade da corrente elétrica de curto-circuito e a força eletromotriz do gerador, pode-se calcular a resistência interna do gerador pela relação $i_{cc} = \frac{\varepsilon}{r}$. Assim,
$$20 = \frac{40}{r} \Rightarrow r = \frac{40}{20} \quad \therefore \quad r = 2{,}0 \, \Omega$$

d) Na equação do gerador, $U = \varepsilon - r \cdot i$, substituindo os parâmetros $\varepsilon = 40$ V e $r = 2{,}0 \, \Omega$, temos:
$$U = 40 - 2{,}0i$$

Exercícios Propostos

3. Dê exemplos de geradores elétricos com que você tem contato no seu dia a dia.

4. A força eletromotriz de uma bateria é mais bem definida como sendo:
a) a diferença de potencial elétrico entre os extremos de uma resistência elétrica qualquer.
b) a energia liberada no circuito.
c) a força motriz capaz de liberar um elétron.
d) a diferença de potencial elétrico entre os extremos de seus polos, não interligados.
e) a energia liberada na resistência elétrica interna da bateria.

5. Diferencie um gerador real de um gerador ideal.

6. Um gerador elétrico tem força eletromotriz de 12 V e resistência interna de $0{,}50 \, \Omega$.

Determine:
a) a tensão elétrica U mantida entre os terminais desse gerador, quando a corrente elétrica através dele tiver intensidade de 5,0 A;

Exercícios Propostos

b) a intensidade de corrente elétrica (i) através desse gerador, quando a tensão elétrica mantida entre seus terminais for de 6,0 V.

7. Com o objetivo de se determinar a força eletromotriz (ε) e a resistência interna (r) de um dado gerador elétrico, realizam-se em um laboratório duas experiências. Na primeira, faz-se uma corrente elétrica de intensidade $i_1 = 5,0$ A atravessar tal gerador e obtém-se, entre seus terminais, uma ddp $U_1 = 4,5$ V. Em seguida, na segunda experiência, obtém-se uma tensão $U_2 = 4,2$ V entre os terminais do gerador, quando este é percorrido por corrente elétrica de intensidade $i_2 = 8,0$ A. Com base nesses resultados, determine a força eletromotriz (ε) e a resistência elétrica interna (r) do gerador.

8. No circuito da figura, há um gerador de fem $\varepsilon = 6,0$ V e resistência interna $r = 1,0$ Ω. As demais resistências elétricas do circuito são: $R_1 = 3,0$ Ω, $R_2 = 2,0$ Ω e $R_3 = 4,0$ Ω. Determine a intensidade da corrente elétrica que atravessa o gerador.

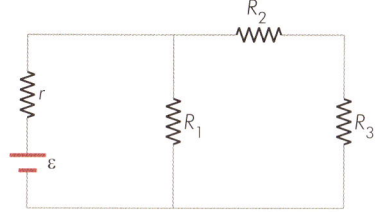

9. Calcule o valor da resistência elétrica do resistor que deve ser colocado entre x e y no circuito abaixo para que a corrente através de R_1 seja igual a 0,3 A.

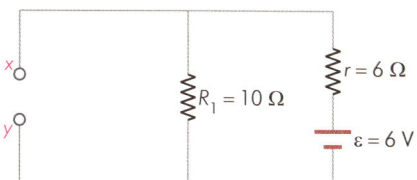

10. Quando o circuito, esquematizado na figura abaixo, está aberto, o voltímetro V indica 20 volts. Fechada a chave Ch, a leitura do amperímetro A é 1,0 ampère. Calcule, em ohms, as resistências internas da bateria, admitindo que os instrumentos de medida sejam ideais.

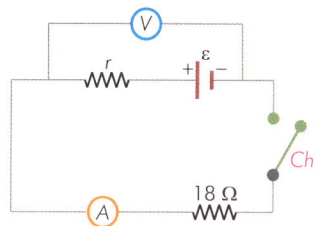

11. Os gráficos a seguir representam as curvas características de geradores. Calcule a força eletromotriz (ε), a resistência interna (r) e a intensidade de corrente elétrica de curto-circuito (i_{cc}) de cada gerador.

I)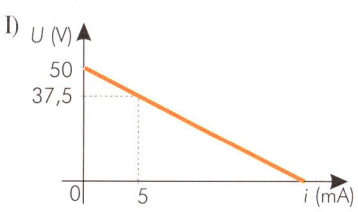

II)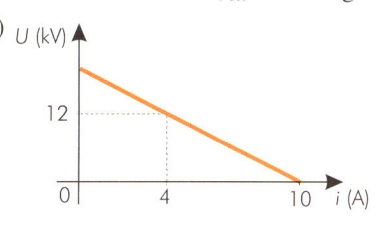

III)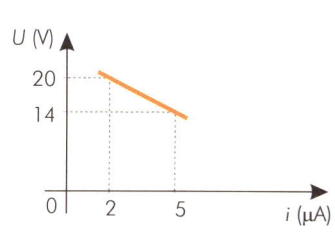

37.6. Circuito Gerador-Resistor – Lei de Pouillet

Consideremos um gerador, de fem (ε) e resistência interna (r), ligado a um único resistor de resistência elétrica (R), como nos mostra a Figura 37-8. A ddp (U_{AB}) nos terminais do resistor é dada pela Lei de Ohm:

$$U_{AB} = R \cdot i \quad \text{(equação I)}$$

No entanto, nos polos do gerador, a ddp também é U_{AB}, e dada por:

$$U_{AB} = \varepsilon - r \cdot i \quad \text{(equação II)}$$

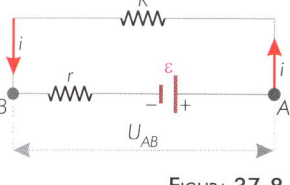

Figura 37-8.

Igualando as duas equações, obtemos:

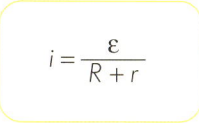

Lei de Pouillet no circuito gerador-resistor

Essa equação, que nos dá a intensidade da corrente elétrica que percorre um circuito simples do tipo gerador-resistor, traduz matematicamente a Lei de Pouillet.

37.7. As Potências e o Rendimento de um Gerador Elétrico

Um gerador elétrico, como qualquer sistema físico que converte energia de uma forma em outra, sempre apresentará perdas de energia. Então, no interior do gerador, podemos descrever três potências elétricas. Para encontrar a relação entre essas potências, vamos multiplicar os membros da equação do gerador ($U = \varepsilon - r \cdot i$) pelo valor da intensidade de corrente elétrica (i) e, assim, podemos interpretar fisicamente o significado de cada termo:

$$U = \varepsilon - r \cdot i$$
$$U \cdot i = (\varepsilon - r \cdot i) \cdot i$$
$$U \cdot i = \varepsilon \cdot i - r \cdot i^2$$

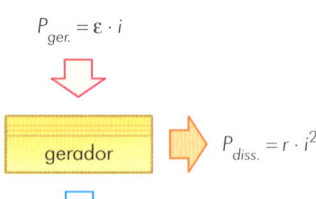

Figura 37-9. Esquema de potências em um gerador.

Os termos $U \cdot i$ e $r \cdot i^2$ expressam a potência elétrica útil e a potência elétrica dissipada no gerador, respectivamente. O termo $\varepsilon \cdot i$ representa a potência total do gerador, pois a força eletromotriz é o trabalho realizado pelo gerador sobre os portadores de cargas elétricas (Figura 37-9). Assim,

- **a potência elétrica total** gerada pelo gerador é $P_{ger.} = \varepsilon \cdot i$;
- **a potência elétrica útil** no circuito externo, isto é, a potência elétrica fornecida pelo gerador ao circuito externo, é $P_u = U \cdot i$;
- **a potência elétrica dissipada** internamente é $P_{diss.} = r \cdot i^2$.

Observe que, como seria de esperar:

$$P_{ger.} = P_u + P_{diss.}$$

> **ATENÇÃO**
> No gerador, o rendimento elétrico é expresso pela relação entre a ddp (U) que mantém entre seus terminais e sua força eletromotriz (ε).

Rendimento elétrico (η) do gerador é o quociente da potência elétrica lançada no circuito pela potência total gerada.

$$\eta = \frac{P_u}{P_{ger.}} = \frac{U \cdot i}{\varepsilon \cdot i} = \frac{U}{\varepsilon} \quad \therefore \quad \boxed{\eta = \frac{U}{\varepsilon}}$$

A potência máxima fornecida pelo gerador ao circuito externo no qual está ligado é dada por:

$$P_u = P_{ger.} - P_{diss.}$$

Mas a potência gerada é dada por $P_{ger.} = \varepsilon \cdot i$ e a dissipada internamente no gerador por $P_{diss.} = r \cdot i^2$. Substituindo, obtemos:

$$P_u = \varepsilon \cdot i - r \cdot i^2$$

Essa potência varia, portanto, com a intensidade da corrente, segundo uma equação do 2.º grau. Lembrando que $P_u = U \cdot i$, ela é nula quando a ddp nos terminais do gerador é nula ($U = 0$; curto-circuito) ou quando a intensidade de corrente é nula ($i = 0$; tensão em aberto).

Na relação acima, fazendo $P_u = 0$, obtemos, como raízes da equação, $i_1 = 0$ (tensão em aberto) e $i_2 = i_{cc} = \dfrac{\varepsilon}{r}$ (curto-circuito).

Representando graficamente a potência elétrica fornecida ao circuito externo, em função da intensidade de corrente, obtém-se o gráfico da Figura 37-10, uma parábola de concavidade voltada para baixo, que intercepta o eixo das abscissas (potência fornecida nula) na origem ($i = 0$; tensão em aberto) e na corrente de curto-circuito.

Observemos que a potência fornecida máxima corresponde ao vértice da parábola e, por simetria, corresponde a uma corrente de intensidade igual à metade da intensidade da corrente de curto-circuito. Portanto, a potência útil é máxima quando $i = \dfrac{\varepsilon}{2r}$.

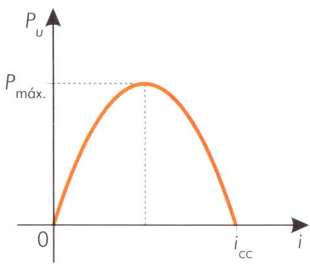

Figura 37-10.

Substituindo na equação característica do gerador, em condições de potência máxima fornecida, temos:

$$U = \varepsilon - r \cdot i \Rightarrow U = \varepsilon - r \cdot \frac{\varepsilon}{2r} \Rightarrow U = \varepsilon - \frac{\varepsilon}{2} \therefore U = \frac{\varepsilon}{2}$$

Portanto, nessas condições, a ddp (U) nos terminais do gerador é igual à metade de sua força eletromotriz (ε).

O rendimento elétrico do gerador, quando está fornecendo a potência elétrica máxima, vale:

$$\eta = \frac{U}{\varepsilon} \Rightarrow \eta = \frac{\frac{\varepsilon}{2}}{\varepsilon} \Rightarrow \eta = 0{,}50 = 50\%$$

Tendo em vista que em condições de potência máxima a ddp é $U = \frac{\varepsilon}{2}$ e a intensidade de corrente elétrica é $i = \frac{\varepsilon}{2r}$, temos:

$$P_u = U \cdot i \Rightarrow P_{u\,máx.} = \frac{\varepsilon}{2} \cdot \frac{\varepsilon}{2r} \therefore \boxed{P_{u\,máx.} = \frac{\varepsilon^2}{4r}}$$

Exercício Resolvido

12. Considere o circuito esquematizado na figura a seguir. Entre os pontos A e B existe um gerador, de força eletromotriz $\varepsilon = 20$ V.

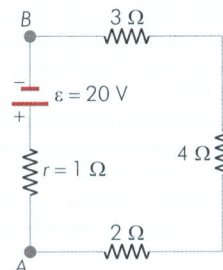

Determine:
a) a intensidade da corrente elétrica no circuito;
b) a potência elétrica dissipada no resistor de 4 Ω;
c) para o gerador, as potências elétricas gerada, fornecida e dissipada;
d) o rendimento elétrico do gerador.

Resolução:
a) Usando a equação de Pouillet $\left(i = \frac{\varepsilon}{r + R}\right)$, temos:

$$i = \frac{20}{1+9} \Rightarrow i = \frac{20}{10} \therefore i = 2 \text{ A}$$

b) A potência elétrica, dissipada pelo resistor $R = 4$ Ω que é percorrido pela corrente elétrica de intensidade $i = 2$ A, pode ser dada pela relação $P_{diss.} = R \cdot i^2$. Assim:

$$P_{diss.} = 4 \cdot 2^2 \Rightarrow P_{diss.} = 4 \cdot 4$$
$$P_{diss.} = 16 \text{ W}$$

c) Para o gerador,
- Potência elétrica gerada ($P_{ger.}$):
$$P_{ger.} = \varepsilon \cdot i \Rightarrow P_{ger.} = 20 \cdot 2 \Rightarrow P_{ger.} = 40 \text{ W}$$
- Potência elétrica dissipada ($P_{diss.}$):
$$P_{diss.} = r \cdot i^2 \Rightarrow P_{diss.} = 1 \cdot 2^2 \Rightarrow P_{ger.} = 4 \text{ W}$$
- Potência elétrica útil (P_u):
$$P_u = P_{ger.} - P_{diss.}$$
$$P_u = 40 - 4$$
$$P_u = 36 \text{ W}$$

d) O rendimento elétrico do gerador é dado pela relação $\eta = \frac{P_u}{P_{ger.}}$. Assim:

$$\eta = \frac{36}{40} \Rightarrow \eta = 0{,}9 = 90\%$$

Exercícios Propostos

13. Considere o circuito esquematizado na figura a seguir:

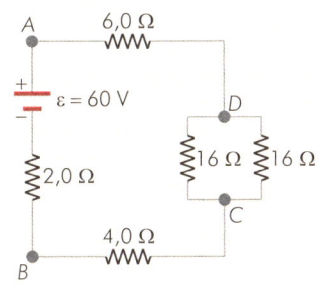

Determine, em unidades SI:
a) a intensidade da corrente elétrica que atravessa o gerador no trecho AB do circuito;
b) a tensão elétrica entre os pontos D e C.

14. Considere o circuito esquematizado na figura ao lado:

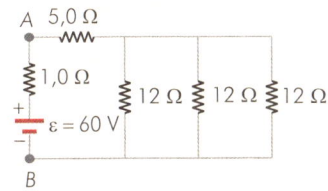

Exercícios Propostos

Determine, em unidades SI:

a) a intensidade da corrente elétrica através do gerador;
b) a potência fornecida pelo gerador ao circuito externo;
c) o rendimento do gerador nesse circuito.

15. O motor de partida de um automóvel, alimentado por uma bateria de 12 V, opera com uma corrente elétrica de 200 A. Sabendo-se que uma bateria descarrega completamente em 4,0 h, se ficar alimentando dois faróis de 60 W cada, em quanto tempo ela descarrega, se o motor de partida ficar ligado ininterruptamente?

16. Dado o circuito da figura a seguir, determine a máxima força eletromotriz (ε) da pilha, para que a potência dissipada em qualquer das resistências não ultrapasse 4,0 W.

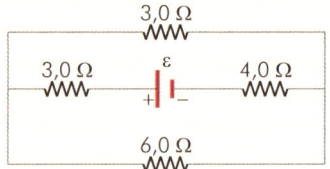

17. Um gerador de força eletromotriz ε e resistência interna r fornece energia a uma lâmpada L. A diferença de potencial (ddp) nos terminais do gerador é de 80 volts e a intensidade de corrente elétrica que o atravessa é de 1,0 A. Sendo o rendimento do gerador de 80% e considerando desprezível a resistência dos fios, determine:

a) a força eletromotriz (ε);
b) a resistência interna do gerador (r);
c) a resistência R_L da lâmpada.

37.8. Associação de Geradores

Em aplicações práticas, é muito comum encontrarmos equipamentos que funcionam com mais de um gerador fornecendo energia elétrica às cargas da corrente elétrica. Em uma grande lanterna ou em um rádio, ou até mesmo em um brinquedo movido a pilha, geralmente utilizamos uma associação em série.

37.8.1. Associação de geradores em série

Na associação de geradores em série, o polo positivo do primeiro gerador deve ser ligado ao polo negativo do segundo, o polo positivo do segundo deve ser ligado ao polo negativo do terceiro, e assim sucessivamente (Figura 37-11).

Em uma lanterna, geralmente todas as pilhas são idênticas e associadas em série.

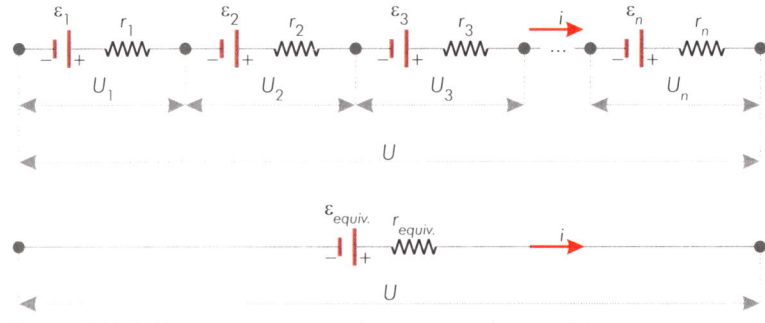

Figura 37-11. Em um circuito, geradores associados em série são percorridos pela mesma corrente elétrica.

A ddp nos terminais da associação é igual à soma das diferenças de potencial nos terminais de cada gerador associado, isto é:

$$U = U_1 + U_2 + U_3 + ... + U_n$$

A partir da equação característica de cada gerador e do gerador equivalente da associação, temos:

$$\varepsilon_{equiv.} - r_{equiv.} \cdot i = (\varepsilon_1 - r_1 \cdot i) + (\varepsilon_2 - r_2 \cdot i) + (\varepsilon_3 - r_3 \cdot i) + ... + (\varepsilon_n - r_n \cdot i)$$

$$\varepsilon_{equiv.} - r_{equiv.} \cdot i = (\varepsilon_1 + \varepsilon_2 + \varepsilon_3 + ... + \varepsilon_n) - (r_1 + r_2 + r_3 + ... + r_n) \cdot i$$

ATENÇÃO

Gerador equivalente à associação de geradores é o gerador que, percorrido pela corrente elétrica da associação, mantém, entre seus terminais, uma ddp igual àquela mantida pela associação.

Comparando os termos nos dois membros da igualdade anterior, obtemos:

$$\varepsilon_{equiv.} = \varepsilon_1 + \varepsilon_2 + \varepsilon_3 + ... + \varepsilon_n \qquad \text{e} \qquad r_{equiv.} = r_1 + r_2 + r_3 + ... + r_n$$

Portanto, a associação em série de geradores produz um aumento na fem e na resistência interna.

No caso de n geradores iguais, com força eletromotriz ε e resistência interna r, teremos:

$$\varepsilon_{equiv.} = n \cdot \varepsilon \qquad \text{e} \qquad r_{equiv.} = n \cdot r$$

37.8.2. Associação de geradores elétricos em paralelo

Embora seja tecnicamente possível e teoricamente descritível, não existe, na prática, nenhum aparelho que funcione com associação de pilhas em paralelo, pois não há vantagens nessa associação. Nesse caso, todos os polos negativos dos geradores devem ser ligados entre si e todos os polos positivos também.

Consideremos que n geradores associados sejam iguais, tendo a mesma fem e a mesma resistência interna r, como na Figura 37-12.

Sendo i a intensidade da corrente que atravessa a associação, em cada um dos geradores associados a intensidade de corrente é $\dfrac{i}{n}$. Os geradores associados mantêm, em conjunto, uma ddp U entre os terminais da associação.

Para o gerador equivalente,

$$U = \varepsilon_{equiv.} - r_{equiv.} \cdot i$$

Para cada gerador associado,

$$U = \varepsilon - r \cdot \frac{i}{n}$$

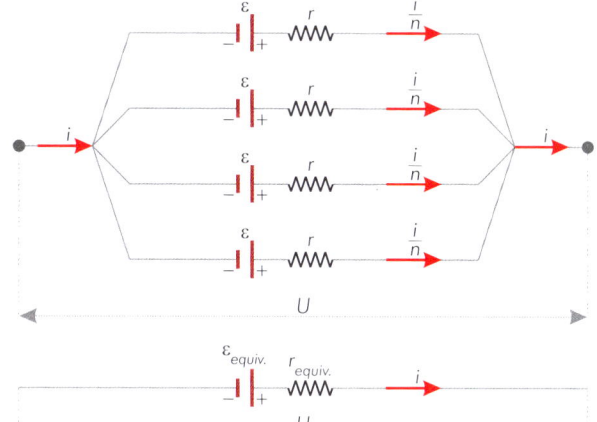

FIGURA 37-12. Se geradores idênticos fossem associados em paralelo, manteriam, em conjunto, a ddp U, característica de cada um deles.

Igualando, obtemos:

$$\varepsilon_{equiv.} - r_{equiv.} \cdot i = \varepsilon - \frac{r}{n} \cdot i$$

Fazendo a identidade entre os termos do primeiro e do segundo membros, vem:

$$\varepsilon_{equiv.} = \varepsilon \quad \Rightarrow \quad r_{equiv.} = \frac{r}{n}$$

Concluímos que, na associação de geradores iguais em paralelo, a fem se mantém, havendo diminuição na resistência interna.

Exercícios Resolvidos

18. Na associação de geradores indicada na figura abaixo, determine a potência dissipada pela associação dos resistores, de resistências $3\,\Omega$ e $6\,\Omega$, que têm seus terminais ligados aos pontos A e B.

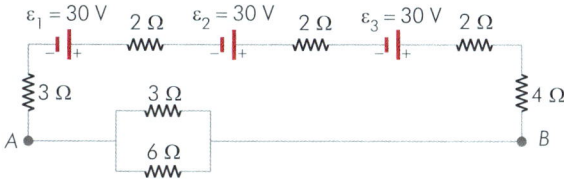

RESOLUÇÃO:

I. Inicialmente, determinemos a resistência elétrica do resistor equivalente da associação. Para os resistores de resistências elétricas iguais a $3\,\Omega$ e $6\,\Omega$, temos:

$$\frac{1}{R_{AB}} = \frac{1}{3} + \frac{1}{6} \Rightarrow \frac{2+1}{6}$$

$$R_{AB} = \frac{6}{3} \therefore R_{AB} = 2\,\Omega$$

Exercícios Resolvidos

II. A resistência elétrica equivalente às resistências $R_{AB} = 2\,\Omega$, $3\,\Omega$ e $4\,\Omega$, que são as resistências dos resistores externos, vale:

$$R_{equiv.(externo)} = 2 + 3 + 4 \Rightarrow R_{equiv.(externo)} = 9\,\Omega$$

III. Usando a equação de Pouillet, calculamos a intensidade de corrente elétrica que percorre o circuito:

$$i = \frac{\varepsilon_{equiv.}}{r_{equiv.} + R_{equiv.}} \Rightarrow i = \frac{n \cdot \varepsilon}{n \cdot r + R_{equiv.}}$$

$$i = \frac{3 \cdot 30}{3 \cdot 2 + 9} \Rightarrow i = \frac{90}{15} \therefore i = 6\,A$$

IV. A corrente de intensidade igual a 6 A percorre o trecho AB, de resistência elétrica $R_{AB} = 2\,\Omega$. Com esses dados e usando a relação $P_{diss.} = R_{AB} \cdot i^2$, encontramos a potência dissipada pela associação de resistores de resistências $3\,\Omega$ e $6\,\Omega$:

$$P_{diss.} = 2 \cdot 6^2 \Rightarrow P_{diss.} = 72\,W$$

Resposta: a potência elétrica dissipada pela associação de resistores que se encontram ligados entre os pontos A e B é de 72 W.

19. Na figura a seguir, temos duas baterias, de mesma fem, igual a ε, e resistências internas r_1 e r_2, associadas em paralelo.

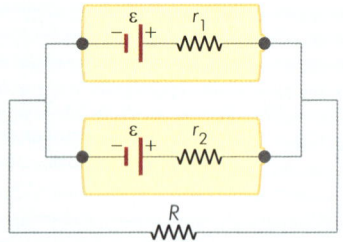

A fem da associação é igual à fem de uma das baterias, isto é, seu valor é igual a ε. Portanto, essa associação não é feita com o objetivo de obter uma fem maior, como no caso da associação em série de geradores.

a) Qual a vantagem de usarmos a associação de baterias de mesma fem, em paralelo?
b) Na figura, considere $\varepsilon = 12\,V$, $r_1 = 4\,\Omega$, $r_2 = 6\,\Omega$ e $R = 7,6\,\Omega$. Determine a intensidade de corrente elétrica que atravessa a resistência R.

Resolução:

a) Redução no valor da resistência interna da associação e aumento da potência útil fornecida.

b) I. Inicialmente, calculamos o valor da resistência interna equivalente às resistências das baterias. Assim,

$$r_{equiv.} = \frac{r_1 \cdot r_2}{r_1 + r_2}$$

$$r_{equiv.} = \frac{4 \cdot 6}{4 + 6}$$

$$r_{equiv.} = \frac{24}{10} \therefore r_{equiv.} = 2,4\,\Omega$$

II. Aplicando a equação de Pouillet, calculamos a intensidade da corrente elétrica que percorre o circuito.

$$i = \frac{\varepsilon_{equiv.}}{r_{equiv.} + R}$$

$$i = \frac{12}{2,4 + 7,6}$$

$$i = \frac{12}{10} \therefore i = 1,2\,A$$

Exercícios Propostos

20. Duas baterias têm mesma força eletromotriz ($\varepsilon_1 = \varepsilon_2$) e resistências internas, respectivamente, iguais a r_1 e r_2. Elas são ligadas em série a um resistor externo de resistência R. O valor de R que tornará nula a diferença de potencial entre os terminais da primeira bateria será igual a:

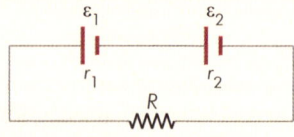

a) $r_1 + r_2$
b) $r_1 - r_2$
c) $r_2 - r_1$
d) $r_1 + \dfrac{r_2}{2}$
e) $r_1 - \dfrac{r_2}{2}$

21. Pilhas de lanterna estão associadas por fios metálicos, segundo os arranjos:

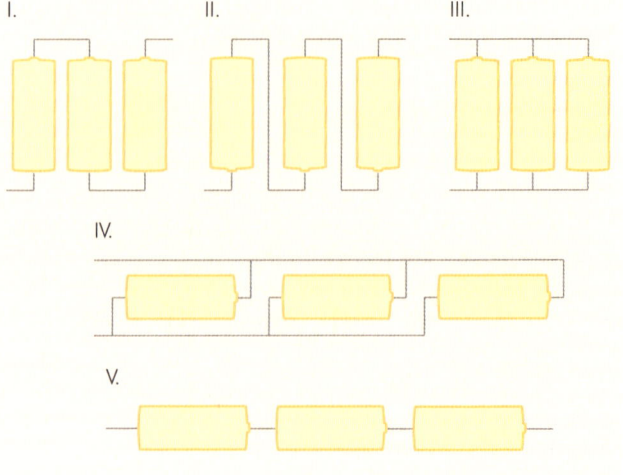

Exercícios Propostos

Ligando-se resistores entre os pontos terminais livres, pode-se afirmar que as pilhas estão, eletricamente, em:
a) paralelo, em I, II e III.
b) paralelo, em III e IV.
c) série, em I, II e III.
d) série, em IV e V.
e) série, em III e V.

22. Sobre o circuito esquematizado abaixo, de uma lanterna comum, de uso geral, considerando que ela tem três pilhas iguais, de força eletromotriz 1,5 volt, cada uma, julgue a veracidade das afirmações seguintes.

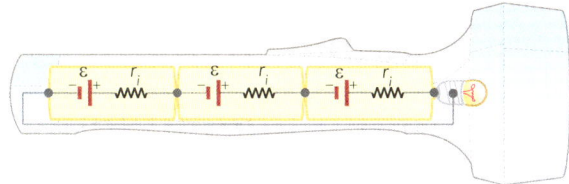

(1) A resistência interna dessa associação de três geradores (pilhas) é igual à do gerador de maior resistência interna.
(2) A força eletromotriz dessa associação de três geradores (pilhas) é igual à soma das forças eletromotrizes dos geradores (pilhas) individuais.
(3) As pilhas dessa lanterna são geradores cuja energia é retirada da reação química dos elementos que os compõem.
(4) O esgotamento das pilhas de uma lanterna como essa significa que a resistência delas aumentou a ponto de reduzir a valores desprezíveis a corrente que passa pelos circuitos externos a elas.
(5) A explicação para o fato de que, quando mantida ligada, depois de determinado tempo, a lanterna deixa de iluminar está em que a força eletromotriz de seus geradores (pilhas) diminui até o esgotamento da energia.

23. (FUVEST – SP) As características de uma pilha, do tipo PX, estão apresentadas a seguir, tal como fornecidas pelo fabricante. Três dessas pilhas foram colocadas para operar, em série, em uma lanterna que possui uma lâmpada L, com resistência constante $R = 3{,}0\ \Omega$.

Uma pilha, do tipo PX, pode ser representada, em qualquer situação, por um circuito equivalente, formado por um gerador ideal de força eletromotriz $\varepsilon = 1{,}5$ V e uma resistência interna $\frac{2}{3}\ \Omega$, como representado no esquema a seguir.

Por engano, uma das pilhas foi colocada invertida, como representado na lanterna.

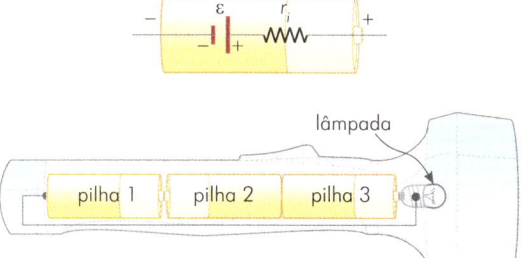

Determine:
a) a corrente I, em ampères, que passa pela lâmpada, com a pilha 2 "invertida", como na figura;
b) a potência P, em watts, dissipada pela lâmpada, com a pilha 2 "invertida", como na figura;
c) a razão $F = \dfrac{P}{P_0}$, entre a potência P dissipada pela lâmpada, com a pilha 2 "invertida", e a potência P_0, que seria dissipada, se todas as pilhas estivessem posicionadas corretamente.

Exercícios Complementares

24. (UFG – GO) Bidu e sua amiga bateria:

Imagine que a amiga bateria tenha força eletromotriz de 12 V e resistência interna de 2 Ω. Admita que no grupo de *rock* no qual ela deseja tocar há uma guitarra elétrica cuja resistência seja de 12 Ω e um órgão eletrônico, de tensão nominal 8 V, ao qual podemos atribuir uma resistência de 4 Ω. Julgue os itens a seguir.

(1) Quando a guitarra é conectada à bateria, a intensidade de corrente no instrumento é superior a 1 A.
(2) Quando conectamos apenas o órgão à bateria, ele funciona normalmente.
(3) Quando conectamos ambos (guitarra e órgão) em paralelo, a bateria é percorrida por uma corrente de intensidade 2,4 A.
(4) A potência nominal do órgão vale 16 W.
(5) A corrente máxima que a amiga bateria pode fornecer é 6 A.

Exercícios Complementares

25. Um amperímetro ideal A, um resistor de resistência R e uma bateria de fem (ε) e resistência interna desprezível estão ligados em série. Se uma segunda bateria, idêntica à primeira, for ligada ao circuito, como mostra a linha tracejada da figura a seguir,

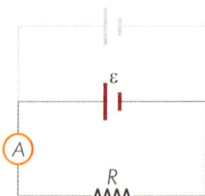

a) a diferença de potencial no amperímetro aumentará.
b) a diferença do potencial no amperímetro diminuirá.
c) a corrente pelo resistor aumentará.
d) a corrente pelo resistor não se alterará.
e) a corrente pelo resistor diminuirá.

26. Considere uma pilha elétrica de força eletromotriz $\varepsilon = 6{,}0$ V e resistência interna $r = 0{,}3\ \Omega$ e julgue a veracidade dos itens a seguir.

(1) Quando colocada em curto-circuito, será percorrida por uma corrente de intensidade igual a 20 A.
(2) Em circuito aberto, a tensão elétrica em seus terminais vale 6,0 V.
(3) Quando ligada a uma lâmpada de resistência $1{,}8\ \Omega$, será percorrida por uma corrente de intensidade 3,0 A.
(4) Quando for colocada em curto-circuito, a tensão elétrica em seus terminais será igual a zero.
(5) Quando ligada a uma lâmpada, a tensão elétrica em seus terminais será menor que a fem.

27. A figura ilustra o dispositivo usado para medir a força eletromotriz de um gerador.

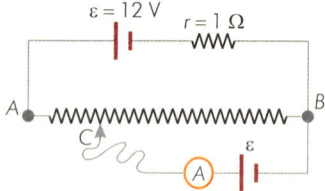

Nele, um gerador de força eletromotriz igual a 12 V e resistência interna igual a $1{,}0\ \Omega$ é ligado a um fio condutor ôhmico AB, de comprimento L, secção transversal uniforme e resistência total $R_{AB} = 5{,}0\ \Omega$. O polo negativo do gerador, de força eletromotriz ε desconhecida, é ligado à extremidade B do condutor. Em série com esse gerador, há um amperímetro ideal. A extremidade C pode ser ligada a qualquer ponto do condutor entre as extremidades A e B.

Por tentativas, verifica-se que, quando a extremidade C é colocada a uma distância $\dfrac{L}{4}$ de A, a intensidade da corrente que passa pelo amperímetro torna-se nula. Calcule a força eletromotriz ε.

28. (UnB – DF) Considere o circuito abaixo, onde $\varepsilon = 5$ V (bateria com resistência interna desprezível), $R_1 = 3\ \Omega$, $R_2 = 6\ \Omega$ e $R_3 = 3\ \Omega$. Julgue as afirmações seguintes.

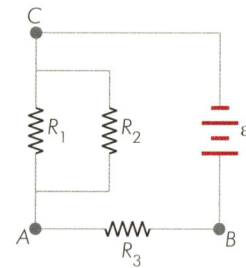

(1) A corrente que passa pela resistência R_1 vale 3 A.
(2) A diferença de potencial $(V_A - V_B)$ vale -3 V.
(3) A potência dissipada em R_2 é de 2 W.
(4) A relação entre ε e $(V_B - V_C)$ é $\varepsilon = V_B - V_C$.
(5) Pela lei dos nós, a corrente que passa por R_3 é igual à soma das correntes que passam por R_1 e R_2.

29. (UnB – DF) Dado o circuito abaixo, em que $\varepsilon = 62$ V, $R_1 = 3\ \Omega$, $R_2 = 2\ \Omega$, $R_3 = 2\ \Omega$ e $R_4 = 5\ \Omega$, calcule a intensidade da corrente (em ampères) que passa pela resistência R_2.

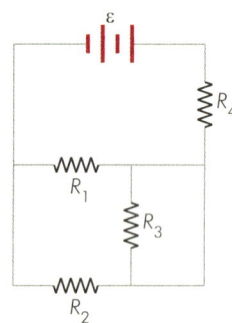

30. Três resistores, de 40 ohms cada, são ligados a uma bateria de fem (ε) e resistência interna desprezível, como mostra a figura.

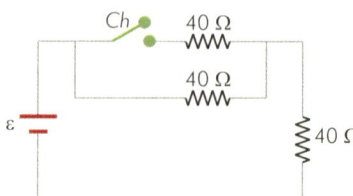

Quando a chave Ch está aberta, a corrente que passa pela bateria é 0,15 A.
a) Qual é o valor da fem (ε)?
b) Que corrente passará pela bateria, quando a chave Ch for fechada?

Exercícios Complementares

31. (FUVEST – SP) O circuito da figura é formado por 4 pilhas ideais de tensão V e dois resistores idênticos, de resistência R. Podemos afirmar que as correntes i_1 e i_2, indicadas na figura, valem:

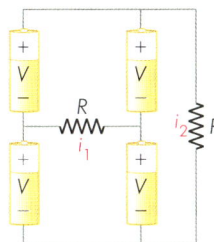

a) $i_1 = 2V/R$ e $i_2 = 4V/R$
b) $i_1 =$ zero e $i_2 = 2V/R$
c) $i_1 = 2V/R$ e $i_2 = 2V/R$
d) $i_1 =$ zero e $i_2 = 4V/R$
e) $i_1 = 2V/R$ e $i_2 =$ zero

32. Quantas pilhas, de 1,5 V cada uma e de resistência interna desprezível, devem ser agrupadas em série para se obter uma corrente elétrica de intensidade igual a 0,012 A, através de uma resistência externa de 4.000 Ω?

33. Duas baterias, de fem 6 V e 12 V, com resistências internas de 0,4 Ω e 0,8 Ω, respectivamente, são ligadas em série em um circuito com um resistor de 7,8 Ω. Qual a ddp nos terminais da bateria de 12 V?

34. (UnB – DF) Considere a figura, que representa, por sua curva característica, um gerador.

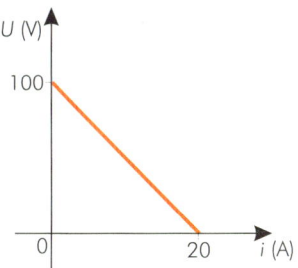

Julgue a veracidade das afirmações seguintes.

(1) Certamente não se trata de um gerador ideal.
(2) A máxima corrente elétrica que este aparelho pode fornecer é de 20 A.
(3) Quando desligado, a tensão elétrica entre seus terminais é zero.
(4) Quando em curto-circuito, dissipa internamente uma potência de 2,0 kW.
(5) Se ligado a um resistor de 15 Ω, fornece ao circuito uma potência útil de 300 W.
(6) Fornecerá sua máxima potência útil quando seu rendimento for de 50%.
(7) Seu rendimento, quando fornece uma corrente de 2,0 A, é de 90%.

35. Um gerador possui uma força eletromotriz de 10 V. Quando os terminais do gerador estão conectados por um condutor com resistência desprezível, a intensidade da corrente elétrica no resistor é 2 A. Com base nessas informações, julgue as seguintes afirmações.

I. Quando uma lâmpada for ligada aos terminais do gerador, a intensidade da corrente elétrica será 2 A.
II. A resistência interna do gerador é 5 Ω.
III. Se os terminais do gerador forem ligados por uma resistência elétrica de 2 Ω, a diferença de potencial elétrico entre eles será menor do que 10 V.

Qual(is) afirmação(ões) está(ão) correta(s)?

a) Apenas I.
b) Apenas II.
c) Apenas I e II.
d) Apenas II e III.
e) I, II e III.

38. Receptores Elétricos

38.1. Introdução

Existem aparelhos capazes de receber energia elétrica e transformá-la em outros tipos de energia que não sejam exclusivamente energia térmica. Esses aparelhos denominam-se **receptores** e funcionam quando estão ligados a um circuito em que existem geradores.

Assim, a maior parte dos aparelhos elétricos e eletrônicos que conhecemos são receptores. **Motores elétricos**, como liquidificador, batedeira e furadeira, transformam energia elétrica em energia mecânica (Figura 38-1).

FIGURA 38-1.

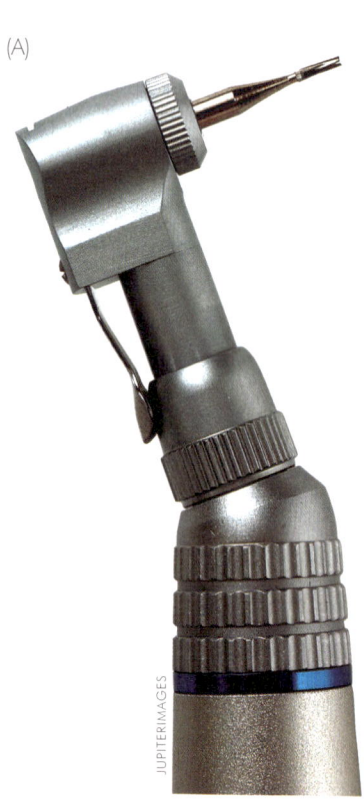

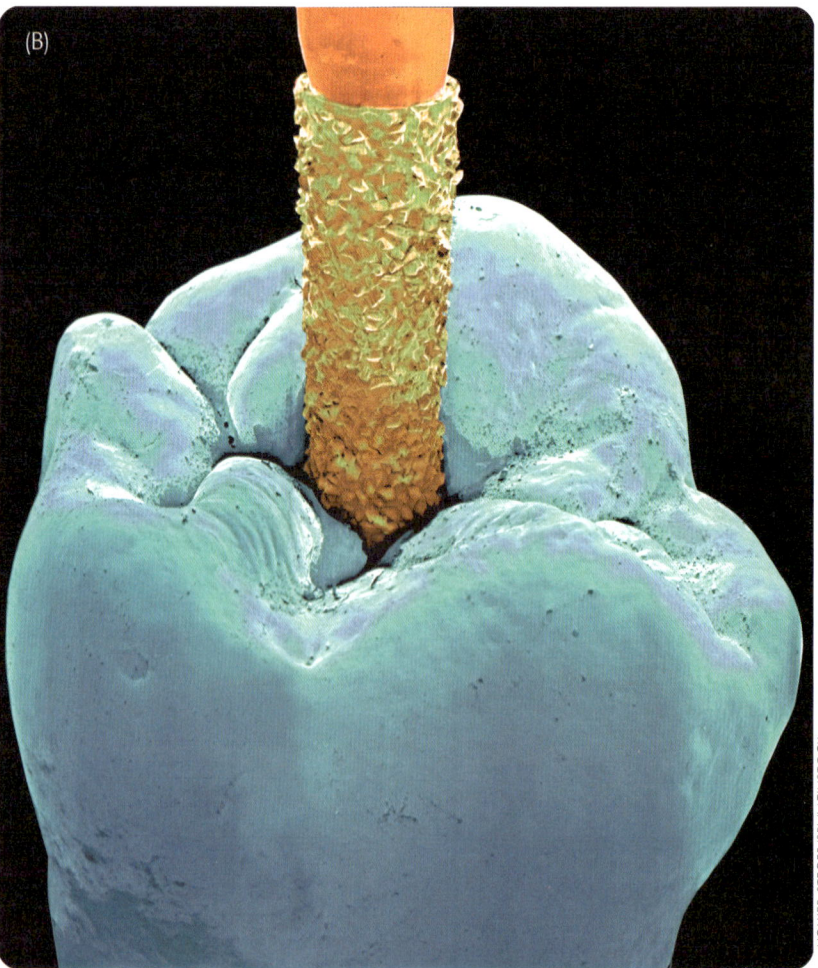

(A) As "canetas" odontológicas de alta e baixa rotação (motores) utilizam a energia elétrica para sua movimentação, parte da qual é perdida sob a forma de calor. (B) Detalhe da ponta da broca (amarelo) sobre o dente (azul). As brocas são utilizadas para remover estrutura ou tecido dental.

A forma de energia não elétrica não pode ser apenas calor, pois, nesse caso, teríamos um resistor (Figura 38-2).

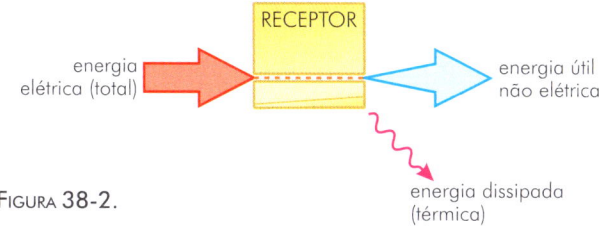

Figura 38-2.

Da Figura 38-2, de acordo com o Princípio da Conservação de Energia, temos:

$$P_t = P_u + P_{diss.}$$

em que:

- P_t (potência total): energia elétrica recebida pelo receptor por unidade de tempo.
- P_u (potência útil): energia elétrica (útil) fornecida pelo receptor por unidade de tempo.
- $P_{diss.}$ (potência dissipada): energia elétrica perdida durante a transformação, pelo receptor, por unidade de tempo.

Como o receptor recebe energia de um circuito, a orientação da corrente elétrica aponta do maior potencial (polo positivo) para o potencial menor (polo negativo). Todavia, o receptor não poderá transformar toda energia elétrica recebida em útil, não elétrica. Uma parte dessa energia dissipa-se na sua resistência interna (r'), de maneira análoga ao que ocorre dentro do gerador.

Nos receptores usuais, a potência útil (P_u) obtida é diretamente proporcional à corrente elétrica que os atravessa.

$$P_u \propto i \quad \therefore \quad \frac{P_u}{i} = \text{constante} = \varepsilon'$$

Assim,

$$P_u = \varepsilon' \cdot i$$

A constante ε' recebe o nome de força contraeletromotriz (fcem) do receptor. Sua unidade é o **volt**.

38.2. Resistência Interna de um Receptor

O receptor é um elemento que consome energia elétrica, isto é, as cargas elétricas chegam com alta energia e, durante a passagem pelo receptor, perdem-na, saindo com baixa energia. Durante essa movimentação, ocorrem choques sucessivos das cargas elétricas, que perdem energia sob a forma de calor.

Assim, imaginemos o receptor como um aparelho que possui em seu interior uma resistência (resistência interna) responsável por todas as perdas, como se representa esquematicamente na Figura 38-3.

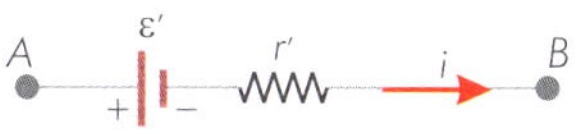

Figura 38-3.

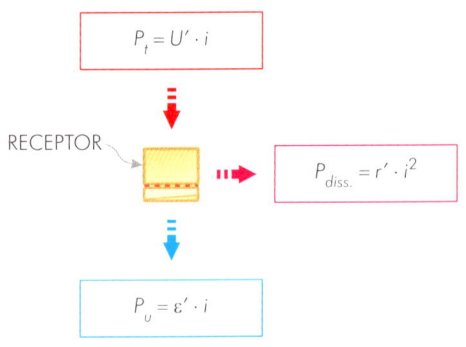

Figura 38-4. Esquema das potências envolvidas em um receptor.

O traço maior representa o polo positivo (maior potencial) e o traço menor, o polo negativo (menor potencial). Assim, a potência dissipada internamente ($P_{diss.}$) pode ser calculada por:

$$P_{diss.} = r' \cdot i^2$$

Lembrando que a potência total é dada por:

$$P_t = U' \cdot i$$

Da conservação da energia, temos (Figura 38-4):

$$P_t = P_u + P_{diss.}$$

ou

$U' \cdot i = \varepsilon' \cdot i + r' \cdot i^2 \Rightarrow U' = \varepsilon' + r' \cdot i$; assim, podemos escrever:

$$U' = \varepsilon' + r' \cdot i \qquad \text{Equação característica do receptor}$$

38.3. Rendimento de um Receptor

O **rendimento** (η) do receptor é o quociente da potência elétrica útil (P_u) pela potência elétrica fornecida (P_t) ao receptor, de acordo com:

$$\eta = \frac{P_u}{P_t} \Rightarrow \eta = \frac{\varepsilon'}{U'}$$

38.4. Curva Característica de um Receptor

Graficamente, colocando em ordenadas os valores da ddp (U') e em abscissas a intensidade de corrente elétrica (i), obtemos a representação gráfica para a equação característica do receptor (Figura 38-5). Observemos que a ddp (U') nos terminais do receptor é tanto maior quanto maior for a intensidade da corrente elétrica, o que se explica tendo em vista o aumento da queda de potencial ($r' \cdot i$) na resistência interna do receptor.

> **IMPORTANTE**
> - O coeficiente angular da reta mede numericamente a resistência interna do receptor.
> - O coeficiente linear da reta corresponde à força contraeletromotriz do receptor ($U' = \varepsilon'$).

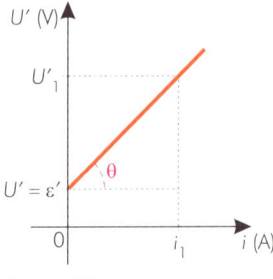

Figura 38-5.

38.5. Circuito Elétrico Gerador-Resistor-Receptor

Consideremos um circuito elétrico constituído por um gerador de força eletromotriz ε e de resistência interna r ligado a um resistor de resistência elétrica R e um receptor de força contraeletromotriz ε' e resistência interna r', conforme mostra a Figura 38-6.

A intensidade de corrente elétrica que percorre o circuito simples do tipo gerador-resistor-receptor traduz matematicamente a Lei de Pouillet.

$$i = \frac{\varepsilon - \varepsilon'}{R + r + r'}$$

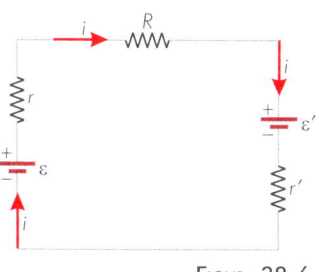

FIGURA 38-6.

Exercícios Resolvidos

1. Um motor elétrico sob tensão elétrica de 220 V é percorrido por uma corrente elétrica de intensidade igual a 20 A. A potência elétrica útil do motor é de 2.000 W.

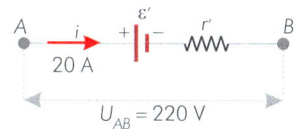

Calcule:
a) a força contraeletromotriz (ε') do motor;
b) a resistência interna (r') do motor;
c) o rendimento do motor.

RESOLUÇÃO:

a) A potência útil do motor é dada pela relação $P_u = \varepsilon' \cdot i$. Sendo $P_u = 2.000$ W e $i = 20$ A, temos:

$$2.000 = \varepsilon' \cdot 20 \Rightarrow \varepsilon' = \frac{2.000}{20}$$

$$\varepsilon' = 100 \text{ V}$$

b) A equação característica do motor é $U_{AB} = \varepsilon' + r' \cdot i$. Sendo $U_{AB} = 220$ V, ε' = 100 V e $i = 20$ A, temos:

$$220 = 100 + r' \cdot 20$$
$$220 - 100 = r' \cdot 20 \Rightarrow 120 = r' \cdot 20$$
$$\frac{120}{20} = r' \therefore r' = 6{,}0 \text{ }\Omega$$

c) O rendimento do receptor é dado por:

$$\eta = \frac{\varepsilon'}{U_{AB}} \Rightarrow \eta = \frac{100}{220} \therefore \eta \cong 0{,}45 = 45\%$$

2. Calcule a intensidade de corrente elétrica que se estabelece no circuito esquematizado na figura a seguir.

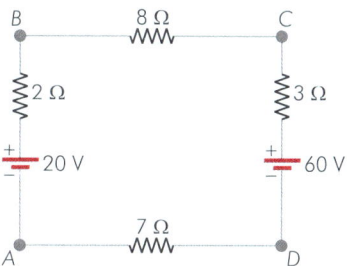

RESOLUÇÃO:

No circuito esquematizado, temos dois geradores. No entanto, da forma como estão ligados, apenas um deles funcionará como gerador, ficando o outro como receptor. O gerador será aquele que apresentar maior ddp como força eletromotriz (fem). Então, a corrente elétrica circula no sentido anti-horário, pois 60 V é maior que 20 V. Como se trata de um circuito gerador-receptor-resistor, podemos aplicar a relação $i = \frac{\varepsilon - \varepsilon'}{R + r + r'}$. Assim, temos:

$$i = \frac{60 - 20}{15 + 3 + 2} \Rightarrow i = \frac{40}{20} \therefore i = 2{,}0 \text{ A}$$

Exercícios Propostos

3. Um motor elétrico transforma 0,60 kW em potência elétrica útil, quando percorrido por uma corrente elétrica de intensidade igual a 50 A. Qual a sua força contraeletromotriz?

a) 300 V b) 100 V c) 120 V d) 12 V e) 30 V

4. A resistência interna da bateria de 6,0 V de um automóvel é igual a 0,01 ohm. O motor de arranque tem resistência igual a 0,01 ohm. Quando se dá a partida, a corrente atinge o valor de 50 A. Das afirmações seguintes, assinale a correta.

a) A força contraeletromotriz do motor de arranque é 5,0 V.
b) A resistência total do circuito é igual a 0,12 ohm.
c) A potência dissipada nas resistências foi de 1,0 J/s.
d) A potência total fornecida ao motor foi de 25 J/s.
e) O motor de arranque deve ter consumido 6,0 V.

5. Uma bateria de 10 V e 0,1 Ω de resistência interna é carregada por um gerador de 50 V, com 0,2 Ω de resistência interna. Liga-se, em série, à bateria que está sendo carregada uma resistência de 4,7 Ω. Durante a carga, a bateria atua como um receptor. A intensidade da corrente elétrica que percorre a bateria durante a carga é igual a:

a) 12 A b) 10 A c) 6 A d) 8 A e) 4 A

Exercícios Propostos

6. No exercício anterior, durante a operação de carga, a ddp nos terminais do gerador é igual a:

a) 48,4 V   b) 40,4 V   c) 30,4 V   d) 25,6 V   e) 14,4 V

7. A ddp nos terminais de um receptor varia com a corrente elétrica conforme mostra o gráfico a seguir. A força contraeletromotriz e a resistência interna desse receptor são, respectivamente:

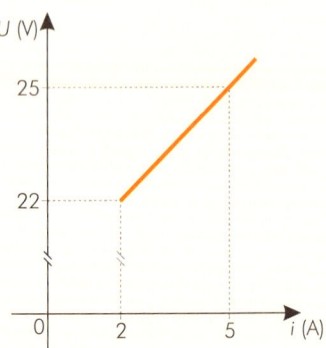

a) 25 V e 5,0 Ω
b) 22 V e 2,0 Ω
c) 20 V e 1,0 Ω
d) 12,5 V e 2,5 Ω
e) 11 V e 1,0 Ω

8. No circuito da figura seguinte, determine a intensidade de corrente elétrica que atravessa cada resistor.

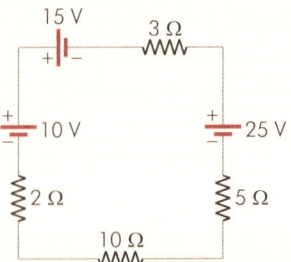

9. A figura a seguir representa um circuito contendo um gerador ligado a um receptor.

a) Qual deles representa o gerador: ε_1 ou ε_2?
b) Determine a corrente elétrica no circuito.
c) Qual é a ddp nos extremos do gerador? E do receptor?

38.6. Nó, Ramo e Malha de um Circuito Elétrico

38.6.1. Introdução

Vimos que circuitos simples, com um único percurso para a corrente elétrica, do tipo gerador-resistor ou gerador-resistor-receptor, são facilmente resolvidos pela aplicação da Lei de Pouillet. Porém, se o circuito for mais complexo, incluindo vários percursos fechados, a resolução se tornará mais complicada, sendo útil, nesses casos, a aplicação de regras especiais conhecidas como **Leis de Kirchhoff**.

Antes de apresentar essas regras, veremos como se justificam algumas convenções para a determinação dos sinais atribuídos às ddp ao longo de um percurso em um circuito.

38.6.2. Sinais, percursos e ddp

- **Gerador e receptor ideais**: independentemente do sentido da corrente elétrica, o tamanho do traço indica o potencial relativo: o traço menor e o traço maior representam, respectivamente, o menor e o maior potencial elétrico. Veja a Figura 38-7.

A: potencial menor; B: potencial maior

$(V_B - V_A) = +\varepsilon$
$(V_A - V_B) = -\varepsilon$

FIGURA 38-7.

Assim, se percorrermos o trecho de circuito de A para B, experimentaremos uma elevação de potencial e escreveremos $+\varepsilon$. De B para A, como passaremos de um potencial maior para um menor, haverá queda de potencial, indicada por $-\varepsilon$.

- **Resistores**: para os resistores, a polaridade é definida pelo sentido da corrente elétrica.

FIGURA 38-8.

Sabemos que a corrente elétrica percorre o resistor no sentido do maior para o menor potencial. Assim, se passarmos pelo resistor no sentido da corrente elétrica (de A para B, na Figura 38-8), experimentaremos uma queda de potencial e, por isso, escreveremos $-R \cdot i$; se o percurso escolhido for invertido, ao percorrermos o resistor no sentido contrário ao da corrente elétrica, sofreremos uma elevação de potencial, o que representaremos como $+R \cdot i$.

- **Cálculo da ddp em um trecho de circuito**: considere o trecho de circuito esquematizado na Figura 38-9, no qual é presumido um sentido para a corrente elétrica.

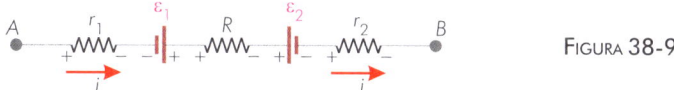

FIGURA 38-9.

Para o cálculo da ddp entre os extremos desse trecho de circuito, devemos proceder da seguinte maneira:

1.º) escolher um sentido (arbitrário) de percurso (α, na Figura 38-10);

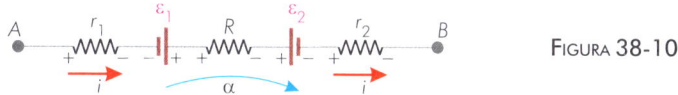

FIGURA 38-10.

2.º) partindo de A, usando as convenções de sinais justificadas anteriormente, até chegar a B, escrever:

$$V_A - r_1 \cdot i + \varepsilon_1 - R \cdot i - \varepsilon_2 - r_2 \cdot i = V_B$$

38.6.3. Leis de Kirchhoff
Primeira Lei de Kirchhoff ou Lei dos Nós

Nós já a mencionamos, no início da discussão de circuitos. Em um circuito elétrico, chama-se **nó** um ponto comum a três ou mais condutores. Assim, na Figura 38-11, os pontos B e E são nós.

Em um circuito elétrico, chama-se **ramo** todo trecho de circuito que vai de um nó a outro nó. Assim, na Figura 38-11, temos três ramos: BE, BCDE e BAFE. A cada ramo corresponde uma particular intensidade de corrente elétrica.

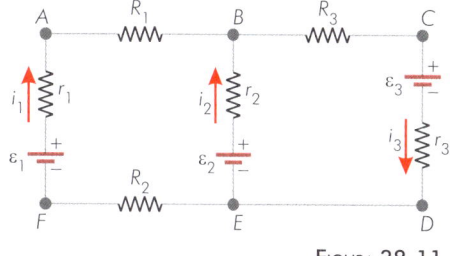

FIGURA 38-11.

A Primeira Lei de Kirchhoff (ou Lei dos Nós) estabelece que:

Em um nó, a soma das intensidades das correntes elétricas que chegam é igual à soma das intensidades das correntes elétricas que saem.

A Lei dos Nós aplicada ao nó B, da Figura 38-7, fornece:

$$i_1 + i_2 = i_3$$

Na resolução de um circuito elétrico complexo com n nós, escrevemos a Lei dos Nós para $n - 1$ deles (a equação para o último nó seria redundante).

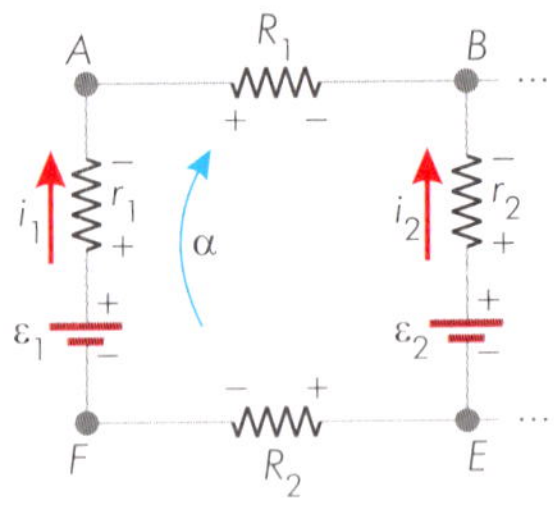

Segunda Lei de Kirchhoff ou Lei das Malhas

Chama-se **malha** qualquer conjunto de elementos de circuito formando um percurso fechado. Na figura anterior, há três malhas: *ABEFA*, *BCDEB* e *ABCDEFA*. A malha *ABEFA* está destacada na Figura 38-12.

A Segunda Lei de Kirchhoff (ou Lei das Malhas) estabelece que:

Percorrendo-se uma malha em certo sentido, partindo-se e chegando-se ao mesmo ponto, a soma algébrica das ddp é nula.

Assim, na malha *ABEFA*, a partir de *A* e no sentido horário, de acordo com as convenções justificadas anteriormente, temos:

$$-R_1 \cdot i_1 + r_2 \cdot i_2 - \varepsilon_2 - R_2 \cdot i_1 + \varepsilon_1 - r_1 \cdot i_1 = 0$$

FIGURA 38-12.

A aplicação das leis de Kirchhoff aos nós e às malhas de um circuito complexo gera um sistema de equações que permite encontrar as intensidades de correntes elétricas que percorrem seus ramos.

> **OBSERVAÇÃO:** Se, ao final da resolução, encontrarmos qualquer intensidade de corrente elétrica com valor negativo, isso significa que presumimos o sentido dela invertido; entretanto, a intensidade (em valor absoluto) está correta.

Exercícios Resolvidos

10. A figura ao lado representa um ramo de um circuito elétrico percorrido por uma corrente elétrica de intensidade $i = 4$ A.

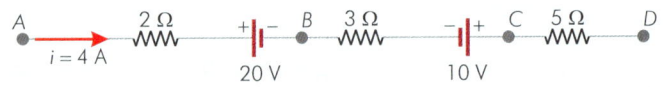

Com base nos dados indicados na figura, calcule:

a) a ddp entre os pontos *A* e *B*;
b) a ddp entre os pontos *A* e *D*.

RESOLUÇÃO:
Partindo de *A*, percorrendo o trecho de *A* para *B*, conforme as regras estabelecidas, escrevemos:

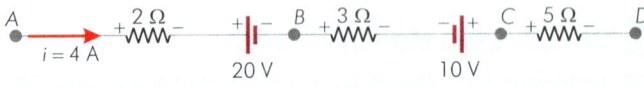

a) $V_A - 2 \cdot 4 - 20 = V_B \Rightarrow V_A - V_B = 8 + 20$
$U_{AB} = 28$ V

b) $V_A - 2 \cdot 4 - 20 - 3 \cdot 4 + 10 - 5 \cdot 4 = V_D$
$V_A - V_D = 8 + 20 + 12 + 20 - 10$
$U_{AD} = 50$ V

11. Considere o circuito esquematizado na figura a seguir.

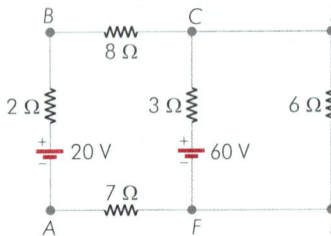

Calcule a intensidade da corrente elétrica que se estabelece em cada ramo do circuito.

RESOLUÇÃO:
Para cada ramo, adotamos, arbitrariamente, um sentido para a corrente elétrica.

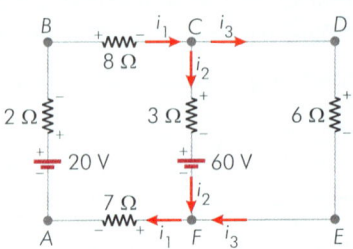

Exercícios Resolvidos

As três intensidades de corrente elétrica são desconhecidas, logo, precisaremos de três equações. Uma delas virá da aplicação da Lei dos Nós; como há dois nós, devemos escrever a Primeira Lei de Kirchhoff apenas uma vez. Assim, para o nó C, escrevemos:

$$i_1 = i_2 + i_3 \quad \text{(equação I)}$$

Percorrendo a malha ABCFA no sentido horário, partindo de A e retornando, a ddp total do percurso será nula:

$$20 - 2i_1 - 8i_1 - 3i_2 - 60 - 7i_1 = 0$$
$$-3i_2 - 17i_1 = 40 \quad \text{(equação II)}$$

Percorrendo a malha FCDEF no sentido horário, partindo de F e retornando, a ddp total do percurso será nula:

$$60 + 3i_2 - 6i_3 = 0$$
$$-3i_2 + 6i_3 = 60 \quad \text{(equação III)}$$

Da resolução do sistema de equações (I), (II) e (III) resulta os valores aproximados:

$$i_1 \cong -1,05 \quad i_2 \cong -7,36 \quad i_3 \cong 6,31$$

O sinal negativo encontrado para i_1 e para i_2 indica que escolhemos os sentidos dessas correntes ao contrário dos corretos; as intensidades, porém, estão corretas. Assim, as intensidades aproximadas de i_1, i_2 e i_3 são, respectivamente, 1,05 A; 7,36 A e 6,31 A.

Exercícios Propostos

12. Para o trecho de circuito da figura, calcule a ddp:
a) entre os pontos A e B ($V_A - V_B$);
b) entre os pontos C e B ($V_C - V_B$).

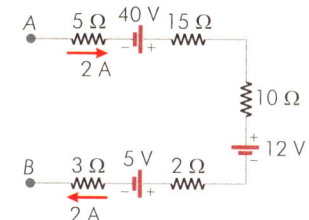

13. No trecho de circuito elétrico representado abaixo, determine a ddp $V_A - V_B$ entre os pontos A e B.

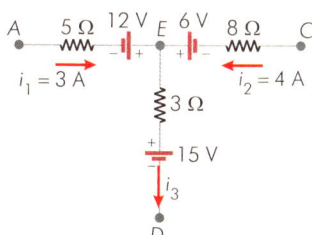

14. Considere o trecho de circuito representado abaixo.

b) a ddp entre os pontos A e C ($V_A - V_C$);
c) a ddp entre os pontos D e C ($V_D - V_C$).

15. O esquema representa uma rede de distribuição de energia elétrica que consta de:

- geradores G_1 e G_2 de forças eletromotrizes $\varepsilon_1 = \varepsilon_2 = 20$ V e resistências internas $r_1 = r_2 = 0,5\ \Omega$;
- motor M, de força contraeletromotriz $\varepsilon_3 = 6,0$ V e resistência interna $r_3 = 1,0\ \Omega$;
- resistores, de resistências $R_1 = R_2 = 0,5\ \Omega$, $R_3 = 3,0\ \Omega$ e $R_4 = 1,0\ \Omega$.

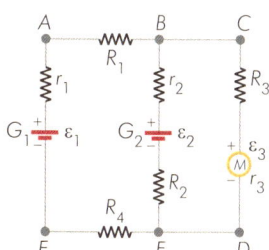

Determine:
a) a intensidade de corrente elétrica i_3;

Determine as intensidades das correntes elétricas em cada ramo do circuito.

Exercícios Propostos

16. (FUVEST – SP) O amperímetro A indicado no circuito é ideal, isto é, tem resistência elétrica praticamente nula. Os fios de ligação têm resistência desprezível. A intensidade da corrente elétrica indicada no amperímetro A é de:

a) 1,0 A   b) 2,0 A   c) 3,0 A   d) 4,0 A   e) 5,0 A

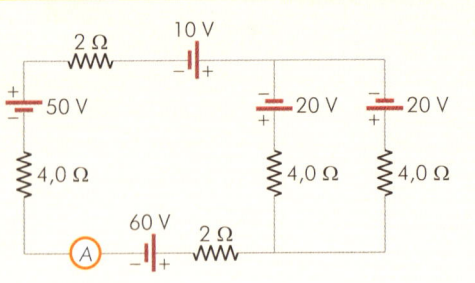

Exercícios Complementares

17. Um motor elétrico está ligado sob ddp de 110 V. Verifica-se que ele é percorrido por corrente elétrica de intensidade 55 A com o eixo bloqueado e de intensidade 20 A em plena rotação. Determine a força contraeletromotriz e a resistência interna do motor.

18. Uma bateria é atravessada pela corrente de 10 A e recebe do circuito externo a potência elétrica de 110 W. Invertendo os terminais da bateria, a corrente passa a ser de 5,0 A, passando a entregar ao circuito externo a potência elétrica de 27,5 W. Determine, em volts, a força contraeletromotriz e a resistência interna da bateria.

19. A diferença de potencial entre os terminais de uma bateria, funcionando como gerador, é de 15 V e a intensidade de corrente elétrica que a percorre é de 3,0 A. Funcionando como receptor, essa bateria, quando sob ddp de 20 V, é percorrida por uma corrente elétrica de intensidade 2,0 A. Determine a força contraeletromotriz da bateria.

20. Um motor sob tensão de $1,1 \cdot 10^3$ V é atravessado por uma corrente elétrica de intensidade 10 A. A potência elétrica útil desse motor é de $4,0 \cdot 10^3$ W. Calcule, em unidades SI:

a) a força contraeletromotriz;
b) o rendimento elétrico do motor.

21. Julgue a veracidade das afirmações seguintes.

(1) A função de um fusível em um circuito elétrico é interromper a corrente elétrica quando esta for excessiva.
(2) Uma pessoa de São Paulo (tensão elétrica de 110 V) mudou-se para Brasília (tensão elétrica de 220 V), levando consigo um aquecedor elétrico. Para manter a mesma potência de seu aquecedor, ele deverá substituir a resistência por outra, quatro vezes maior.
(3) Um chuveiro elétrico, com registro todo aberto, eleva a temperatura da água de 10 °C para 20 °C. Desejando-se água à temperatura de 40 °C, mantendo-se o registro todo aberto, deve-se aumentar o comprimento da resistência.
(4) Ao fazer a instalação elétrica de uma residência, para efeitos de segurança e economia, devem ser usados fios com diâmetros maiores, pois, neste caso, diminui-se o efeito Joule.
(5) Uma batedeira de bolo, ao funcionar, transforma parte da energia elétrica que recebe do gerador em energia mecânica e dissipa a restante.

22. (FUVEST – SP) No circuito esquematizado abaixo, tem-se um gerador G, que fornece 60 V sob corrente de 8,0 A, uma bateria com fem de 12 V e resistência interna de 1,0 Ω, e um resistor variável R. Para que a bateria seja carregada com uma corrente de 8,0 A, deve-se ajustar o valor de R para:

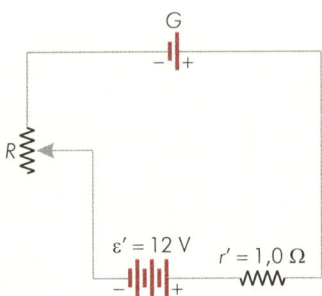

a) 1,0 Ω   b) 2,0 Ω   c) 3,0 Ω   d) 4,0 Ω   e) 5,0 Ω

23. Considere o circuito esquematizado a seguir, constituído por três baterias, um resistor ôhmico, um amperímetro ideal e uma chave comutadora. Os valores característicos de cada elemento estão indicados no esquema.

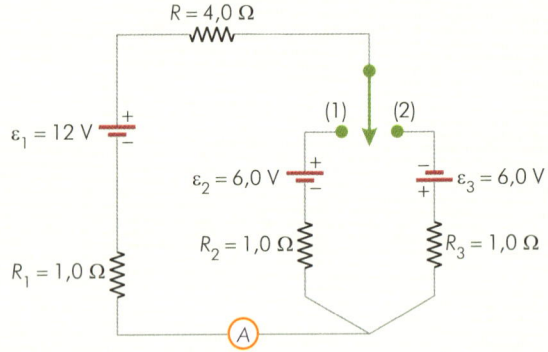

As indicações do amperímetro conforme a chave estiver ligada em (1) ou em (2) serão, em ampères, respectivamente,

a) 1,0 e 1,0   c) 2,0 e 2,0   e) 3,0 e 3,0
b) 1,0 e 3,0   d) 3,0 e 1,0

Exercícios Complementares

24. No circuito esquematizado a seguir, o amperímetro acusa uma corrente de 30 mA.

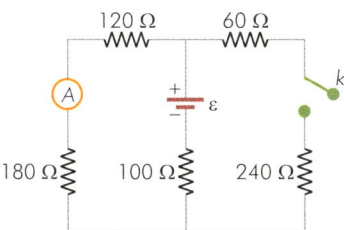

a) Qual o valor da força eletromotriz fornecida pela fonte ε?
b) Qual o valor da corrente que o amperímetro passa a registrar quando a chave k é fechada?

25. No circuito a seguir, os geradores são ideais. O módulo da ddp entre os pontos A e B é:

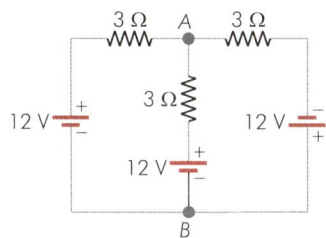

a) zero   b) 6,0 V   c) 4,0 V   d) 8,0 V   e) 12 V

26. (UnB – DF) Determine a diferença de potencial entre os pontos A e B do circuito da figura.

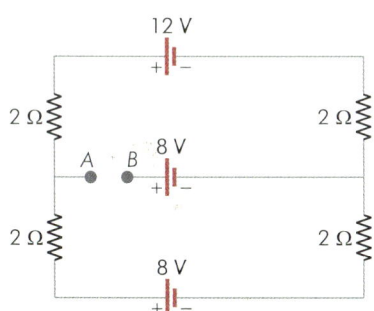

27. Considere o circuito esquematizado na figura. Determine as intensidades de corrente nos ramos do circuito.

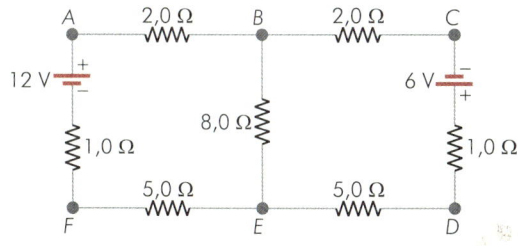

28. Na figura a seguir, observa-se um circuito elétrico com dois geradores (ε_1 e ε_2) e alguns resistores.

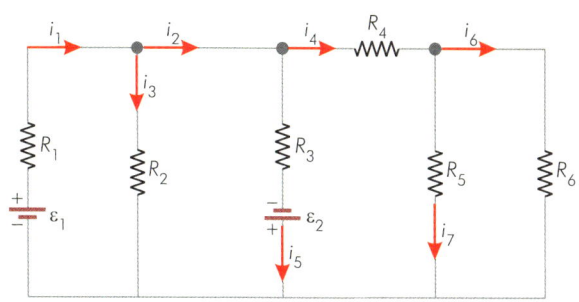

Utilizando a Primeira Lei de Kirchhoff ou Lei dos Nós, pode-se afirmar que:

a) $i_1 = i_2 - i_3$ c) $i_4 + i_7 = i_6$ e) $i_1 + i_4 + i_6 = 0$
b) $i_2 + i_4 = i_5$ d) $i_2 + i_3 = i_1$

29. (UEM – PR) Relativamente ao circuito elétrico representado na figura a seguir, assuma que $R_1 = 10,0\ \Omega$, $R_2 = 15,0\ \Omega$, $R_3 = 20,0\ \Omega$, $\varepsilon_1 = 240,0$ mV e $\varepsilon_2 = 100,0$ mV.

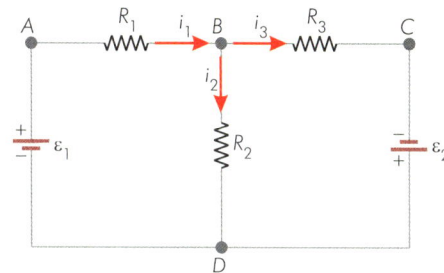

(01) No nó B, $i_2 = i_1 - i_3$.
(02) A corrente elétrica i_2 que atravessa o resistor R_2 é menor do que a corrente elétrica i_3 que atravessa o resistor R_3.
(04) O valor da potência elétrica fornecida ao circuito pelo dispositivo de força eletromotriz ε_1 é 2,88 mW.
(08) Aplicando a Lei das Malhas (de Kirchhoff) à malha externa $ABCDA$ do circuito, obtém-se a equação $\varepsilon_1 + \varepsilon_2 = R_1 \cdot i_1 + R_3 \cdot i_3$.
(16) A diferença de potencial elétrico $V_B - V_D$ entre os pontos B e D do circuito vale 150,0 mV.
(32) A potência dissipada no resistor R_2 vale 1,50 mW.
(64) O valor da potência elétrica dissipada pelo dispositivo de força contraeletromotriz ε_2 é 0,40 mW.

Dê como resposta a soma dos números que antecedem as afirmações corretas.

39 Capacitores

39.1. Armazenamento de Cargas

Em muitos circuitos elétricos há, às vezes, necessidade de armazenar cargas elétricas (e, portanto, armazenar energia elétrica), que poderão ser utilizadas em outro momento. Um bom exemplo é o do **flash eletrônico** usado em máquinas fotográficas. A Figura 39-1 apresenta um esquema simplificado do *flash*.

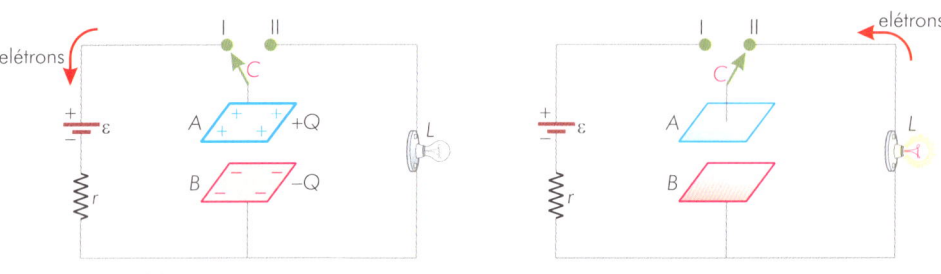

Figura 39-1.

Temos um gerador de força eletromotriz (ε) e resistência interna (r), uma lâmpada (L) e duas placas planas, condutoras e paralelas (A e B), separadas por pequena distância e isoladas uma da outra.

Com a chave C na *posição* I, as placas A e B eletrizam-se com cargas $+Q$ e $-Q$. Passando a chave para a *posição* II, os elétrons acumulados em B escoam através da lâmpada e vão neutralizar a carga positiva de A. Essa descarga é muito rápida, produzindo a luz necessária para iluminar o objeto a ser fotografado.

Nos flashes eletrônicos, um capacitor armazena carga elétrica, que é, posteriormente, descarregada sob a forma de luz.

Nesse exemplo do *flash*, para armazenar as cargas elétricas, usamos um conjunto de duas placas condutoras planas e paralelas; esse conjunto é um caso particular de um dispositivo denominado **capacitor** (ou **condensador**), cuja função é armazenar cargas elétricas e, consequentemente, armazenar energia elétrica.

39.2. Capacitor

Um **capacitor** ou **condensador** é um conjunto de dois condutores próximos e isolados um do outro, de modo que haja indução total (ou quase total) entre eles e que, ao serem eletrizados, adquiram cargas de mesmo módulo, mas de sinais contrários (Figura 39-2). Cada um dos condutores recebe o nome de *armadura* do capacitor.

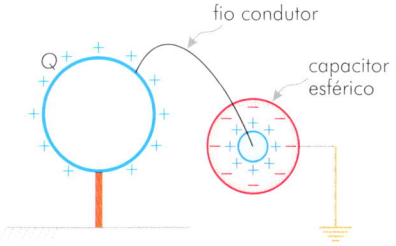
No capacitor esférico, a indução é total.

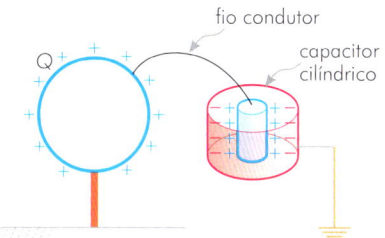
No capacitor cilíndrico, a indução é parcial.

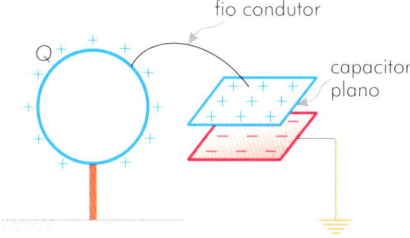
No capacitor plano, ocorre indução praticamente total.

FIGURA 39-2

39.2.1. Símbolo

Qualquer que seja o formato geométrico do capacitor, ele é representado esquematicamente por meio de dois traços paralelos entre si e de mesmo comprimento, como ilustrado na Figura 39-3.

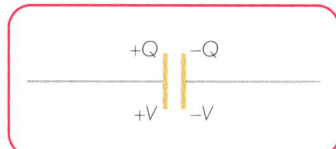

FIGURA 39-3.

> **OBSERVAÇÕES:**
> - Chama-se carga elétrica do capacitor o valor absoluto Q da carga elétrica armazenada em uma das armaduras.
> - Chamamos tensão U do capacitor a ddp entre suas armaduras A e B.

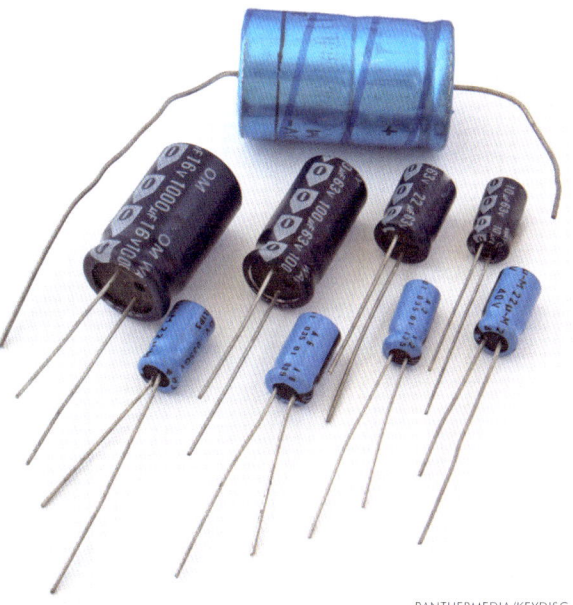

PANTHERMEDIA/KEYDISC

Alguns tipos de capacitores, encontrados facilmente em lojas especializadas.

39.3. Capacitância de um Capacitor (C)

Consideremos um capacitor carregado com carga Q. A armadura A estará com potencial elétrico V_A e a armadura B, com potencial V_B. Representemos por U o módulo da diferença de potencial (ou tensão elétrica) entre as armaduras.

A **capacidade** ou **capacitância** do capacitor será:

$$C = \frac{Q}{U}$$

A capacitância depende:

- do isolante entre as armaduras;
- da forma e do tamanho de cada armadura, bem como da posição relativa entre elas.

> **ATENÇÃO**
>
> À medida que aumenta a carga Q de um capacitor, aumenta a tensão U entre as armaduras e, portanto, aumenta a intensidade do campo elétrico entre elas. Quando o isolante não é o vácuo (em geral não é), se o campo elétrico ficar muito intenso, pode provocar a ionização do isolante, descarregando e danificando o capacitor.

39.4. Energia Potencial Elétrica Armazenada por um Capacitor

Para carregar um capacitor, é necessário realizar um **trabalho** que se transforma em energia potencial elétrica, a qual fica armazenada no capacitor.

Considere o circuito da Figura 39-4. Fechando-se a chave Ch, o capacitor carrega-se. Sendo sua capacitância dada por $C = \frac{Q}{U}$, resulta que a carga do capacitor é, em cada instante, diretamente proporcional à sua ddp. No diagrama Q versus U, na página seguinte, representamos graficamente esse resultado.

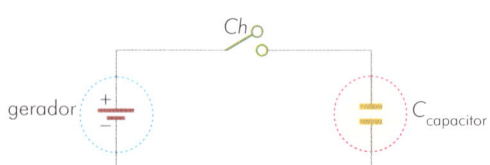

FIGURA 39-4.

> **Você Sabia?**
>
> O desfibrilador é um equipamento de emergência, utilizado para restaurar o batimento cardíaco em casos de infarto ou fibrilação ventricular. O desfibrilador é, essencialmente, um capacitor, cujos eletrodos são colocados sobre o peito do paciente. A passagem de corrente elétrica entre os eletrodos provoca um choque no coração, que pode, com isso, voltar a bater normalmente.

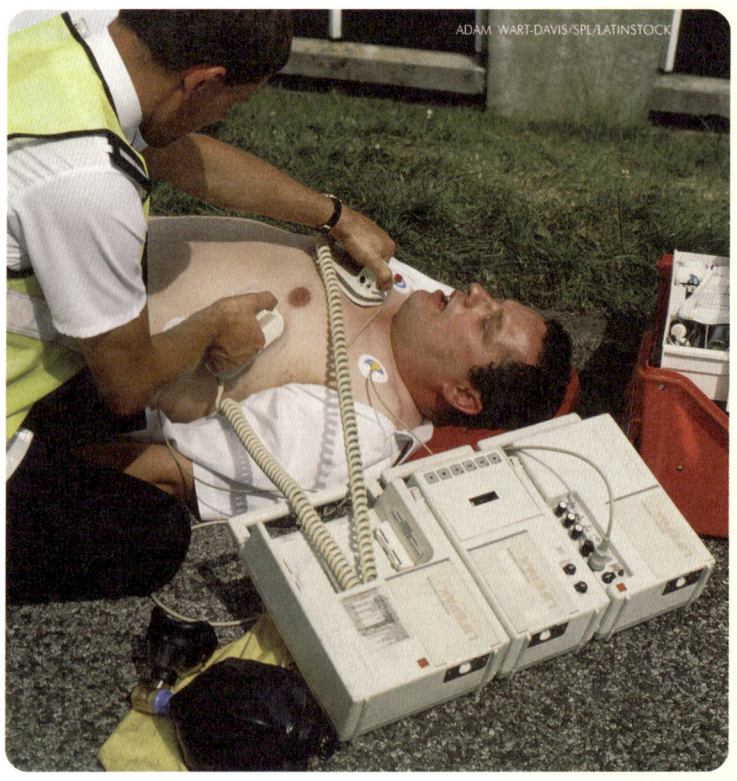

O gerador, ao carregar o capacitor, forneceu-lhe energia potencial elétrica (E_p). Essa energia armazenada pelo capacitor é dada, numericamente, pela área A representada na Figura 39-5.

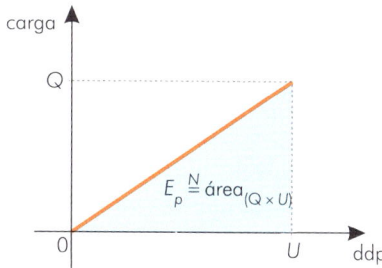

FIGURA 39-5.

ATENÇÃO

Para carregar o capacitor, podem-se ligar as suas armaduras aos terminais de um gerador elétrico, mas não deve haver fluxo ordenado de elétrons de uma armadura para a outra; se houver, diz-se que o "capacitor está queimado".

Para evitar o fluxo ordenado de cargas, deve-se interpor entre as armaduras um material isolante (dielétrico), que pode ser papel, mica, ar etc.

$E_p \stackrel{N}{=}$ área sombreada $(S) = \dfrac{Q \cdot U}{2} \Rightarrow E_p = \dfrac{U \cdot Q}{2}$.

Sendo $Q = C \cdot U$, temos:

$$E_p = \dfrac{C \cdot U^2}{2}$$

Em resumo,

$$E_p = \dfrac{Q \cdot U}{2} = \dfrac{C \cdot U^2}{2} = \dfrac{Q^2}{2C}$$

Exercício Resolvido

1. Um capacitor, cuja capacitância é 40 µF, é carregado pela aplicação de uma ddp de 2.000 V entre suas armaduras.

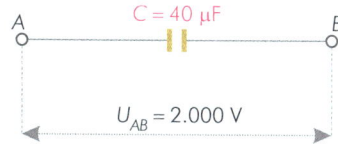

Determine:

a) a carga elétrica total adquirida por cada uma das armaduras;

b) a energia armazenada no capacitor.

RESOLUÇÃO:

a) A capacitância do capacitor é dada pela relação $C = \dfrac{Q}{U}$. Sendo $C = 40$ µF $= 40 \cdot 10^{-6}$ F e $U_{AB} = 2 \cdot 10^3$ V, calculamos o valor da carga Q:

$$40 \cdot 10^{-6} = \dfrac{Q}{2 \cdot 10^3} \Rightarrow Q = 40 \cdot 10^{-6} \cdot 2 \cdot 10^3$$
$$Q = 80 \cdot 10^{-3} = 80 \text{ mC}$$

b) A energia potencial elétrica armazenada pelo capacitor é dada pela relação $E_p = \dfrac{C \cdot U^2}{2}$. Portanto,

$$E_p = \dfrac{40 \cdot 10^{-6} \cdot (2 \cdot 10^3)^2}{2}$$
$$E_p = 20 \cdot 10^{-6} \cdot 4 \cdot 10^6 \therefore E_p = 80 \text{ J}$$

Exercícios Propostos

2. O capacitor é um dispositivo elétrico utilizado em aparelhos conhecidos popularmente como rádio, televisão etc. Esse dispositivo serve para:

a) armazenar carga e energia elétrica.
b) evitar passagem de corrente elétrica no circuito.
c) produzir energia elétrica por processos eletroquímicos.
d) diminuir a resistência elétrica do circuito.
e) estabelecer curto-circuito.

3. Um condensador de 9,0 µF está submetido a uma diferença de potencial de 200 mV. A energia liberada em sua descarga é igual a

a) 36 J
b) $3,6 \cdot 10^{-1}$ J
c) $-1,8$ J
d) $9,0 \cdot 10^{-7}$ J
e) $1,8 \cdot 10^{-7}$ J

4. (UFPE) Carrega-se um capacitor, cuja capacitância é $C = 4,0$ µF, ligando-o aos polos de uma bateria de 6,0 V. A seguir, desliga-se a bateria, e o capacitor é ligado aos

Exercícios Propostos

terminais de um resistor de 100 Ω. Calcule a quantidade de calor, em μJ, que será dissipada no resistor até a descarga completa do capacitor.

5. Um capacitor de sintonização de um rádio tem capacitância máxima de $2,0 \cdot 10^{-7}$ F. Pela rotação das placas móveis, sua capacitância pode ser reduzida a $2,0 \cdot 10^{-8}$ F. Uma voltagem de 300 V é aplicada ao capacitor quando ele está com o máximo de capacitância. A fonte de tensão é, em seguida, desligada do capacitor e o botão de sintonia é girado até atingir o mínimo de capacitância. Calcule o trabalho realizado para girar o botão de sintonia.

39.5. Capacitor Plano

O capacitor plano é um aparelho constituído por duas placas planas metálicas, em paralelo e separadas por um meio isolante, o qual pode ser o vácuo ou um meio material dielétrico.

Cada uma dessas placas tem a mesma área S, e a distância que as separa é igual a d. Ligando-se o capacitor a uma bateria, suas placas eletrizam-se de uma maneira praticamente uniforme e o campo elétrico entre elas pode ser considerado uniforme (Figura 39-6).

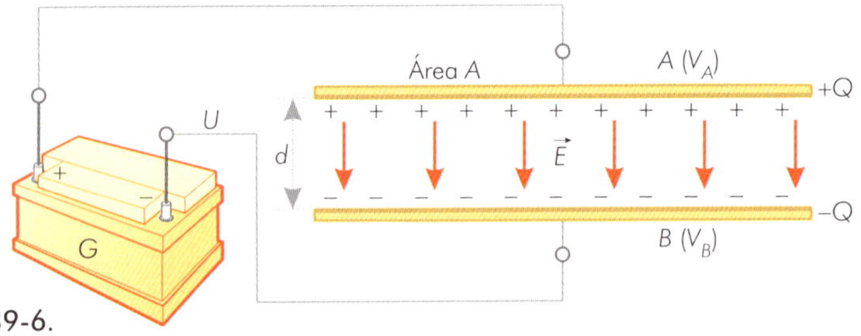

FIGURA 39-6.

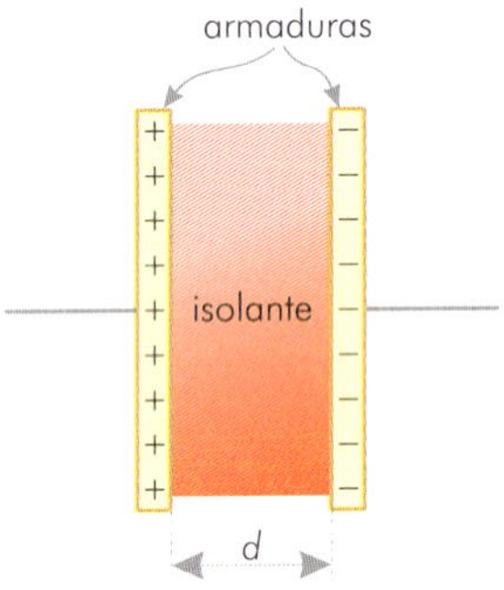

Seja um capacitor plano com armaduras de área S cada uma, distanciadas de d. Entre as armaduras existe um dielétrico (material isolante) para impedir o fluxo ordenado de elétrons, como mostra a Figura 39-7.

A capacitância eletrostática C de um capacitor plano tem as seguintes características:

- é diretamente proporcional à área S das armaduras;
- é inversamente proporcional à distância d entre elas;
- varia com a natureza do isolante.

Podemos, então, escrever:

$$C = \varepsilon \cdot \frac{S}{d}$$

FIGURA 39-7.

em que ε é a permissividade elétrica do dielétrico e é uma característica sua.

No Sistema Internacional de unidades (SI), a permissividade absoluta do vácuo vale: $\varepsilon_0 = 8,8 \cdot 10^{-12}$ F/m (veja a Tabela 39-1).

Entre as placas paralelas e eletrizadas de um capacitor plano, existe um campo elétrico uniforme constante. Veja a demonstração:

$$E \cdot d = U$$

em que $U = \frac{Q}{C}$ e $C = \varepsilon \cdot \frac{S}{d}$. Assim, temos:

$$E = \frac{Q}{\varepsilon \cdot S}$$

Sabendo que $\frac{Q}{S} = \sigma$, em que σ é a densidade superficial de carga no condutor, então:

$$E = \frac{|\sigma|}{\varepsilon}$$

TABELA 39-1. Constante dielétrica de alguns materiais isolantes.

Material	Permissividade elétrica (ε)
Vácuo	$\varepsilon_0 = 8,8 \cdot 10^{-12}$ F/m
Ar	$1,0006 \cdot \varepsilon_0$
Papel	$3,5 \cdot \varepsilon_0$
Quartzo	$4,3 \cdot \varepsilon_0$
Mica	$7 \cdot \varepsilon_0$

Relação entre k_0 e ε_0:

> A permissividade absoluta ε_0 do vácuo e a constante eletrostática k_0 do vácuo relacionam-se pela fórmula:
>
> $$k_0 = \frac{1}{4\pi \cdot \varepsilon_0}$$

Exercício Resolvido

6. Um capacitor plano, a vácuo, tem placas de área 0,2 m², distanciadas entre si 4,0 cm. O capacitor é submetido a uma ddp de 200 V. Considere a permissividade elétrica do vácuo igual a $8{,}8 \cdot 10^{-12}$ F/m.

Determine:

a) a capacitância desse capacitor;
b) a quantidade de carga elétrica desse capacitor;
c) a intensidade do campo elétrico entre as armaduras;
d) o que ocorre ao se introduzir, entre as armaduras, um dielétrico de permissividade elétrica maior.

RESOLUÇÃO:

a) A capacitância de um capacitor plano é dada pela relação $C = \varepsilon \cdot \frac{S}{d}$. Sendo $S = 0{,}2$ m², $d = 4{,}0$ cm $= 4{,}0 \cdot 10^{-2}$ m e $\varepsilon = 8{,}8 \cdot 10^{-12}$ F/m, temos:

$$C = 8{,}8 \cdot 10^{-12} \cdot \frac{2 \cdot 10^{-1}}{4{,}0 \cdot 10^{-2}}$$

$$C = 8{,}8 \cdot 10^{-12} \cdot 0{,}5 \cdot 10^1$$

$$C = 4{,}4 \cdot 10^{-11} \text{ F} = 44 \text{ pF}$$

b) A quantidade da carga do capacitor é dada pela relação $C = \frac{Q}{U}$. Sendo $C = 4{,}4 \cdot 10^{-11}$ F e $U = 200$ V, temos:

$$4{,}4 \cdot 10^{-11} = \frac{Q}{2 \cdot 10^2}$$

$$Q = 4{,}4 \cdot 10^{-11} \cdot 2 \cdot 10^2$$

$$Q = 8{,}8 \cdot 10^{-9} \text{ C} = 8{,}8 \text{ nC}$$

c) A intensidade do campo elétrico entre as placas do capacitor é dada pela relação $U = E \cdot d$. Sendo $U = 200$ V e $d = 4{,}0 \cdot 10^{-2}$ m, temos:

$$2 \cdot 10^2 = E \cdot 4{,}0 \cdot 10^{-2}$$

$$E = \frac{2 \cdot 10^2}{4{,}0 \cdot 10^{-2}}$$

$$E = 0{,}5 \cdot 10^4 \therefore E = 5 \cdot 10^3 \text{ V/m}$$

d)
- Mantendo-se a área S das placas, a ddp U e a distância d entre elas e aumentando-se a permissividade elétrica ε, a capacitância do capacitor (C) aumenta, pois $C = \varepsilon \cdot \frac{S}{d}$.
- Se a capacitância aumentar, a ddp U entre as placas diminuirá, pois $U = \frac{Q}{C}$. A quantidade de carga elétrica Q não varia, segundo o Princípio da Conservação das Cargas Elétricas.
- Se a ddp U diminuir, a intensidade do campo elétrico diminuirá, pois $E = \frac{U}{d}$.

Exercícios Propostos

7. Um capacitor plano é constituído de duas placas quadradas, de lado igual a 20 cm e separadas 2,0 mm uma da outra. O dielétrico que as separa tem constante dielétrica $4{,}4 \cdot 10^{-11}$ F/m.

a) Qual a sua capacitância?
b) Qual a carga elétrica armazenada sob uma ddp de 2.000 V?

8. Dispomos de um capacitor plano, a vácuo, cujas armaduras têm área S e estão distanciadas umas das outras $d = 2{,}0$ cm. Carregado, como ilustra a figura ao lado, por um gerador de tensão constante e igual a 1.000 V, ele armazena uma carga elétrica $Q = 8{,}8 \cdot 10^{-8}$ C. Considere a permissividade elétrica do vácuo igual a $8{,}8 \cdot 10^{-12}$ F/m.

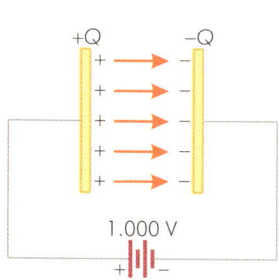

Determine:

a) sua capacitância;
b) a área A de cada armadura;
c) a intensidade do campo elétrico no seu interior.

9. Um capacitor plano a ar, cuja capacitância é de 20 nF, é carregado por uma bateria de 12 V.

A seguir, ele é desligado da bateria e a distância entre suas armaduras é reduzida à metade.

Determine:

a) a carga elétrica do capacitor e a energia elétrica armazenada quando ele foi desligado da bateria, estando encerrado o processo da carga;
b) a diferença de potencial entre as armaduras, depois que elas foram aproximadas;
c) a energia elétrica armazenada pelo capacitor, depois que suas armaduras foram aproximadas.

Exercícios Propostos

10. (FUVEST – SP) Um capacitor é feito de duas placas condutoras, planas e paralelas, separadas pela distância de 0,5 mm e com ar entre elas. A ddp entre as placas é 200 V. Considere a permissividade do ar igual a $8,85 \cdot 10^{-12}$ F/m.

a) Substituindo-se o ar contido entre as placas por uma placa de vidro, de constante elétrica cinco vezes a do ar, e permanecendo constante a carga das placas, qual será a ddp, nessa nova situação?

b) Sabendo que o máximo campo elétrico que pode existir no ar seco sem produzir descarga é de $0,8 \cdot 10^6$ V/m, determine a ddp máxima que o capacitor pode suportar, quando há ar seco entre as placas.

11. No circuito ao lado, o capacitor, de capacitância 100 mF, está totalmente carregado.

Julgue a veracidade das afirmações seguintes.

(1) A diferença de potencial entre X e Y é nula.
(2) A intensidade de corrente pelo resistor de 7 Ω é nula.
(3) A intensidade de corrente pelo resistor de 5 Ω é 1 A.
(4) A intensidade de corrente pelo resistor 1 Ω é 2 A.
(5) A carga elétrica armazenada no capacitor de 100 mF é 100 mC.

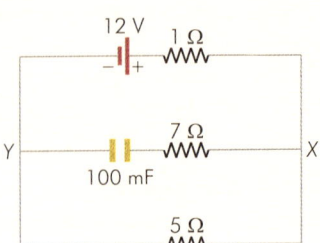

39.6. Associação de Capacitores

Os capacitores, analogamente aos resistores e geradores, podem ser associados em **série** e em **paralelo**. Denomina-se **capacitor equivalente** da associação àquele que, eletrizado com a mesma carga que a associação, suporta entre seus terminais a mesma ddp.

39.6.1. Associação de capacitores em série

Na associação em série, a armadura negativa de um capacitor está ligada à armadura positiva do seguinte (Figura 39-8). A carga +Q, que é comunicada à associação, é recebida pela armadura positiva do primeiro capacitor. Esta induz –Q na armadura negativa do primeiro capacitor, e a carga induzida +Q escoa para a armadura positiva do segundo capacitor.

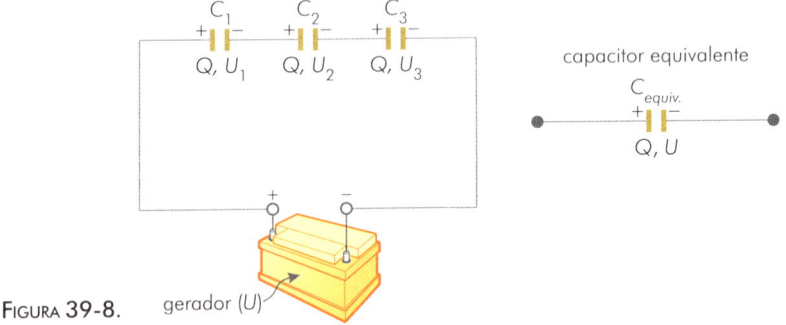

Figura 39-8.

Propriedades:

- Essa associação visa a dividir a ddp entre vários capacitores, sem que se queimem.
- Capacitores inicialmente descarregados, associados em série, após eletrizados apresentam a mesma carga.
- A carga do capacitor equivalente e, portanto, da associação é igual à carga de cada um dos capacitores associados.
- A tensão total da associação é igual ao somatório das tensões parciais.

$$U = U_1 + U_2 + U_3 + \ldots + U_n$$

- As tensões em cada capacitor são inversamente proporcionais às respectivas capacitâncias.

$$C_1 = \frac{Q}{U_1} \therefore U_1 = \frac{Q}{C_1}$$

$$C_2 = \frac{Q}{U_2} \therefore U_2 = \frac{Q}{C_2}$$

$$C_3 = \frac{Q}{U_3} \therefore U_3 = \frac{Q}{C_3}$$

Como $U = U_1 + U_2 + U_3 + ... + U_n$, resulta:

$$\frac{Q}{C_{equiv.}} = \frac{Q}{C_1} + \frac{Q}{C_2} + \frac{Q}{C_3} + ... + \frac{Q}{C_n}$$

$$\frac{1}{C_{equiv.}} = \frac{1}{C_1} + \frac{1}{C_2} + \frac{1}{C_3} + ... + \frac{Q}{C_n}$$

Fórmula que permite determinar a capacitância equivalente de n capacitores associados em série.

> **ATENÇÃO**
>
> Em uma associação em série de n capacitores iguais, sendo C a capacitância de cada um, a capacitância equivalente é:
>
> $$C_{equiv.} = \frac{C}{n}$$
>
> Para o caso particular de dois capacitores associados em série, a capacitância equivalente é dada por:
>
> $$C_{equiv.} = \frac{C_1 \cdot C_2}{C_1 + C_2}$$

Exercício Resolvido

12. Dois capacitores, um de 6 μF e outro de 3 μF, são associados em série e lhes é aplicada nos terminais uma tensão eficaz de 20 V. Determine:

a) a capacitância do capacitor equivalente à associação;
b) a carga elétrica de cada capacitor;
c) a ddp à qual cada capacitor está submetido.

RESOLUÇÃO:

a) A capacitância do capacitor equivalente de dois capacitores associados em série é dada por:

$$\frac{1}{C_{equiv.}} = \frac{1}{C_1} + \frac{1}{C_2}$$

$$\frac{1}{C_{equiv.}} = \frac{1}{3 \cdot 10^{-6}} + \frac{1}{6 \cdot 10^{-6}}$$

$$\frac{1}{C_{equiv.}} = \frac{3}{6 \cdot 10^{-6}} \Rightarrow \frac{1}{C_{equiv.}} = \frac{(2+1)}{6 \cdot 10^{-6}}$$

$$\frac{1}{C_{equiv.}} = \frac{3}{6 \cdot 10^{-6}} \Rightarrow C_{equiv.} = 2 \text{ μF}$$

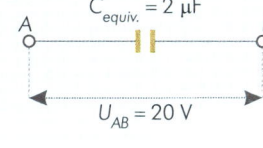

b) A carga de cada capacitor é a mesma do capacitor equivalente, que é dada pela relação $C_{equiv.} = \frac{Q}{U}$. Então,

$$Q_1 = Q_2 = Q = C_{equiv.} \cdot U_{AB}$$

$$Q_1 = Q_2 = 2 \cdot 10^{-6} \cdot 20 \Rightarrow Q_1 = Q_2 = 4 \cdot 10^{-5} \text{ C}$$

c) A ddp nos terminais de cada capacitor será:

$$C_1 = \frac{Q_1}{U_1} \Rightarrow U_1 = \frac{Q_1}{C_1}$$

$$U_1 = \frac{4 \cdot 10^{-5}}{3 \cdot 10^{-6}} \therefore U_1 = \frac{40}{3} \text{ V}$$

$$C_2 = \frac{Q_2}{U_2} \Rightarrow U_2 = \frac{Q_2}{C_2}$$

$$U_2 = \frac{4 \cdot 10^{-5}}{6 \cdot 10^{-6}} \therefore U_2 = \frac{20}{3} \text{ V}$$

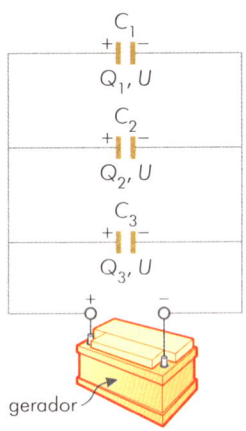

39.6.2. Associação de capacitores em paralelo

Na associação em paralelo, as armaduras positivas estão ligadas entre si, apresentando o mesmo potencial V_A, e todas as armaduras negativas estão interligadas, tendo o mesmo potencial V_B (Figura 39-9).

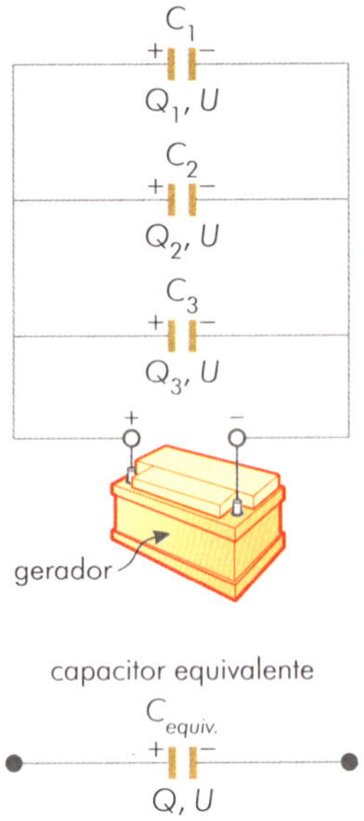

PROPRIEDADES:

- Essa associação visa a aumentar a quantidade de cargas armazenadas, mas mantendo a ddp.
- A carga total acumulada pela associação é igual à soma das cargas de cada capacitor.

$$Q = Q_1 + Q_2 + Q_3 + \ldots + Q_n$$

- A capacitância equivalente é igual ao somatório das capacitâncias individuais.

$$Q_1 = C_1 \cdot U; \quad Q_2 = C_2 \cdot U; \quad Q_3 = C_3 \cdot U \quad \text{e} \quad Q_n = C_n \cdot U$$

Então,

$$Q = Q_1 + Q_2 + Q_3 + \ldots + Q_n$$
$$C_{equiv.} \cdot U = C_1 \cdot U_1 + C_2 \cdot U_2 + C_3 \cdot U_1 + \ldots + C_n \cdot U_n$$

$$C_{equiv.} = C_1 + C_2 + C_3 + \ldots + C_n$$

Fórmula que permite determinar a capacitância equivalente de n capacitores associados em paralelo.

Em uma associação em paralelo de n capacitores iguais, sendo C a capacitância de cada um, a capacitância equivalente é:

$$C_{equiv.} = n \cdot C$$

FIGURA 39-9.

Exercícios Resolvidos

13. Considere a associação de capacitores esquematizada na figura a seguir.

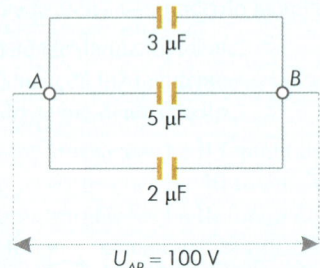

Determine:
a) a capacitância do capacitor equivalente à associação;
b) a ddp à qual cada capacitor está submetido;
c) a carga elétrica de cada capacitor.

RESOLUÇÃO:

a) A capacitância do capacitor equivalente de três capacitores associados em paralelo é dada por:

$$C_{equiv.} = C_1 + C_2 + C_3$$
$$C_{equiv.} = (3 + 5 + 2) \, \mu F$$
$$C_{equiv.} = 10 \, \mu F$$

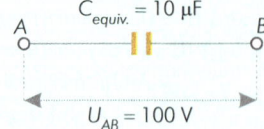

b) Os três capacitores estão associados em paralelo e, por isso, estão submetidos à mesma ddp. Portanto,

$$U_1 = U_2 = U_3 = U_{AB} = 100 \text{ V}$$

c) Da relação $C = \dfrac{Q}{U}$, temos $Q = C \cdot U$, que nos permite calcular Q_1, Q_2 e Q_3. Assim,

$$Q_1 = C_1 \cdot U_1 \Rightarrow Q_1 = 3 \cdot 10^{-6} \cdot 100$$
$$Q_1 = 3 \cdot 10^{-4} C = 0,3 \text{ mC}$$

$$Q_2 = C_2 \cdot U_2 \Rightarrow Q_2 = 5 \cdot 10^{-6} \cdot 100$$
$$Q_2 = 5 \cdot 10^{-4} C = 0,5 \text{ mC}$$

$$Q_3 = C_3 \cdot U_3 \Rightarrow Q_3 = 2 \cdot 10^{-6} \cdot 100$$
$$Q_3 = 2 \cdot 10^{-4} C = 0,2 \text{ mC}$$

14. Determine a capacitância do capacitor equivalente entre os terminais A e B, na associação de capacitores esquematizada na figura a seguir.

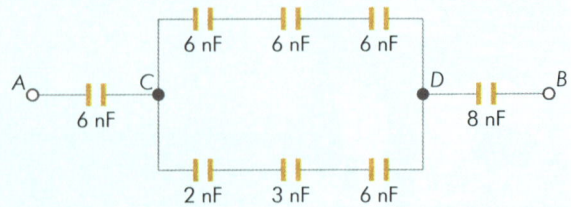

RESOLUÇÃO:

Entre os pontos C e D, temos duas associações de capacitores em série: uma no ramo superior, de capaci-

Exercícios Resolvidos

tância equivalente C_1, e outra no ramo inferior, de capacitância equivalente C_2:

$$\frac{1}{C_1} = \frac{1}{6 \cdot 10^{-9}} + \frac{1}{6 \cdot 10^{-9}} + \frac{1}{6 \cdot 10^{-9}} \Rightarrow C = 2 \text{ nF}$$

$$\frac{1}{C_2} = \frac{1}{2 \cdot 10^{-9}} + \frac{1}{3 \cdot 10^{-9}} + \frac{1}{6 \cdot 10^{-9}} \Rightarrow C = 1 \text{ nF}$$

Redesenhando a associação, temos:

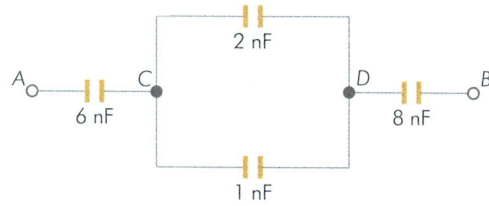

Com isso, temos C_1 em paralelo com C_2. Então, a capacitância equivalente entre os pontos C e D é dada por:

$C_{CD} = C_1 + C_2 \Rightarrow C_{CD} = 2 \cdot 10^{-9} + 1 \cdot 10^{-9} \therefore C_{CD} = 3 \text{ nF}$

Redesenhando abaixo novamente o trecho do circuito, temos:

A capacitância equivalente entre os pontos A e B é dada por:

$$\frac{1}{C_{AB}} = \frac{1}{6 \cdot 10^{-9}} + \frac{1}{3 \cdot 10^{-9}} + \frac{1}{8 \cdot 10^{-9}} \Rightarrow C_{AB} = 1,6 \text{ nF}$$

Resposta: a capacitância do capacitor equivalente ao trecho AB do circuito é igual a 1,6 nF.

Exercícios Propostos

15. Nas associações de capacitores a seguir, calcule a capacitância equivalente entre os pontos A e B.

a)

b)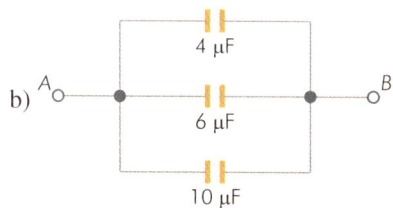

c)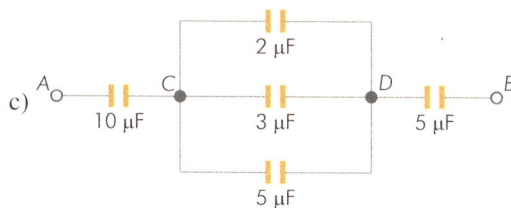

16. (UFMT) Na figura a seguir, é representada uma associação de capacitores.

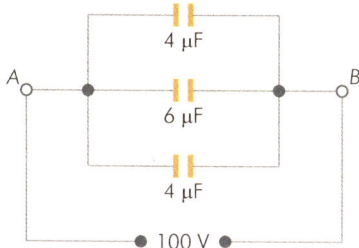

Sendo Q a carga total armazenada, em coulomb, calcule $Q \cdot 10^4$.

17. (UFPI) Três capacitores, $C_1 = C_2 = 1 \text{ μF}$ e $C_3 = 2 \text{ μF}$, estão associados como esquematizado na figura a seguir.

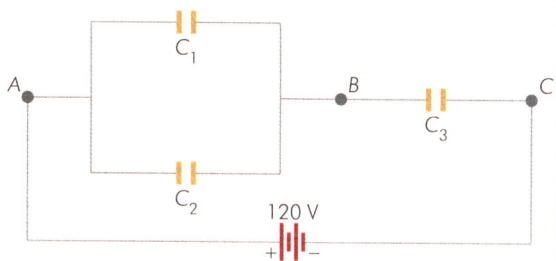

A associação de capacitores está submetida a uma diferença de potencial de 120 V fornecida por uma bateria. Calcule o módulo da diferença de potencial entre os pontos B e C, em volts.

18. No circuito esquematizado a seguir, calcule as cargas Q_A e Q_B dos capacitores A e B, supondo encerrados os processos de carga.

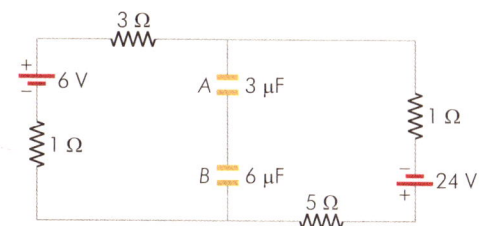

Exercícios Complementares

19. Um capacitor de capacitância $C = 60$ pF teve suas armaduras ligadas aos terminais de um gerador ideal de força eletromotriz $\varepsilon = 30$ V. Supondo terminado o processo, calcule:

a) a carga do capacitor;
b) a energia potencial elétrica armazenada no capacitor.

20. (UEFS – BA) Para salvar uma vítima de um tipo bastante comum de ataque cardíaco, pode-se usar um aparelho denominado desfibrilador, que contém um capacitor de 70 μF, carregado a 5 kV.

Sob essa tensão, a carga elétrica e a energia armazenada nesse capacitor são, respectivamente,

a) $7{,}0 \cdot 10^{-5}$ C e $5{,}0 \cdot 10^{3}$ J
b) $5{,}0 \cdot 10^{3}$ C e $8{,}75 \cdot 10^{2}$ J
c) $8{,}75 \cdot 10^{2}$ C e $7{,}0 \cdot 10^{-5}$ J
d) $5{,}0 \cdot 10^{3}$ C e $3{,}5 \cdot 10^{-1}$ J
e) $3{,}5 \cdot 10^{-1}$ C e $8{,}75 \cdot 10^{2}$ J

21. (UERJ) Os axônios, prolongamentos dos neurônios que conduzem impulsos elétricos, podem, de forma simplificada, ser considerados capacitores. Para um axônio de 0,5 m, submetido a uma diferença de potencial de 100 mV, cuja densidade linear de permissividade elétrica é igual a $3{,}0 \cdot 10^{-7}$ F/m, calcule:

a) a carga elétrica armazenada;
b) a energia elétrica armazenada quando ele está totalmente carregado.

22. (UFPR) A invenção dos capacitores ocorreu há mais de dois séculos, conforme registrado na literatura especializada. Embora os princípios básicos de projeto e funcionamento dos capacitores tenham permanecido os mesmos, a utilização de novos materiais e tecnologias de fabricação permitiram melhorar a eficiência e reduzir as dimensões desses componentes. A miniaturização foi necessária para que eles pudessem se adequar à evolução de outros dispositivos da eletrônica, como os circuitos integrados. Com relação aos princípios básicos dos capacitores, assinale a alternativa correta:

a) Cargas elétricas de mesmo sinal são armazenadas nas duas placas do capacitor.
b) Os capacitores podem armazenar corrente elétrica.
c) Em um capacitor de placas paralelas, quanto maior a área das placas, menor será a capacitância.
d) A capacitância pode ser expressa no SI em V/C.
e) A capacitância de um capacitor aumenta quando é inserido um material dielétrico entre suas placas.

23. (UCS – RS) Geralmente, aparelhos eletrônicos contêm alertas sobre o perigo de alta tensão. Um usuário leigo, imaginando que o perigo só ocorra quando o aparelho esteja conectado à rede elétrica, desliga um eletrodoméstico da tomada e o abre, a fim de tentar um conserto por conta própria. Ao tocar em duas partes distintas do circuito, ele recebe uma corrente de 0,005 A, o que ocasiona um forte choque elétrico. Essa corrente ocorreu devido à descarga de uma combinação de capacitores em paralelo. Considerando que essa combinação possa ser representada por um único capacitor equivalente de $50 \cdot 10^{-9}$ F, que o corpo do usuário apresente uma resistência de 50.000 Ω e que a relação entre a ddp no capacitor e a corrente que passa pelo usuário seja estabelecida pela lei de Ohm, qual a carga total, em microcoulombs (10^{-6} C), existente na combinação de capacitores?

a) 15,5   b) 10,5   c) 12,5   d) 5,5   e) 20,5

24. (UnB – DF) Quando uma pessoa fica submetida a um choque elétrico, a corrente elétrica que passa pelo coração da vítima superpõe-se a pulsos elétricos normais, o que cria um estado caótico de polarização das fibras musculares do coração. Assim, essas fibras respondem com vibrações descoordenadas, insuficientes para que o coração funcione adequadamente, caracterizando o que se conhece por **fibrilação cardíaca**.

Sendo a fibrilação irreversível espontaneamente, faz-se necessário o emprego de técnicas que tornem possível revertê-la, de modo a fazer o coração retomar o seu ritmo normal. Uma solução muito utilizada nesses casos é o desfibrilador elétrico, ilustrado a seguir.

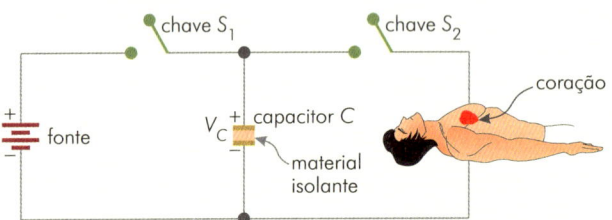

No desfibrilador, o capacitor C, que nada mais é do que um acumulador de cargas elétricas em placas metálicas separadas por um material isolante, carrega-se a partir de uma fonte de energia (chave S_1 fechada e chave S_2 aberta) e descarrega-se por meio de uma corrente elétrica que percorre o corpo da vítima da fibrilação (chave S_1 aberta e chave S_2 fechada). A energia elétrica E_c armazenada no capacitor, medida em joules (J), é calculada pela equação $E_c = \dfrac{1}{2} \cdot C \cdot V_C^2$ em que C é a capacitância, em faraday (F), e V_C é a tensão nos terminais do capacitor, em volts (V). Na descarga do capacitor a corrente que passa pelo coração da vítima produz adequada polarização das fibras musculares, provocando a normalização das contrações e eliminando a fibrilação.

Considerando que, para o desfibrilador, $C = 50 \cdot 10^{-6}$ F, e, no início da descarga, $V_C = 7{,}0 \cdot 10^{3}$ V, julgue as afirmações seguintes.

(1) Durante o carregamento do capacitor, a tensão elétrica nas duas chaves é a mesma, pois trata-se de dois elementos conectados em série.
(2) É provável que o material utilizado entre as placas do capacitor do desfibrilador seja constituído de um elemento metálico da coluna 1 da tabela periódica.

Exercícios Complementares

(3) Considerando que a tensão de $7,0 \cdot 10^3$ V é suficiente para eletrocutar facilmente qualquer pessoa, é correto afirmar que a descarga do desfibrilador deve ocorrer em um curto intervalo de tempo.

(4) A energia fornecida por uma descarga do desfibrilador é equivalente à consumida por um chuveiro elétrico de 2.500 W em meia hora de uso.

25. (UNICAMP – SP) Um raio entre uma nuvem e o solo ocorre devido ao acúmulo de carga elétrica na base da nuvem, induzindo uma carga de sinal contrário na região do solo abaixo da nuvem. A base da nuvem está a uma altura de 2 km e sua área é de 200 km². Considere uma área idêntica no solo abaixo da nuvem. A descarga elétrica de um único raio ocorre em 10^{-3} s e apresenta uma corrente elétrica de intensidade igual a 50 kA. Considere a permissividade do ar igual a $9 \cdot 10^{-12}$ F/m e responda:

a) Qual é a carga armazenada na base da nuvem no instante anterior ao raio?
b) Qual é a capacitância do sistema nuvem-solo nesse instante?
c) Qual é a diferença de potencial entre a nuvem e o solo imediatamente antes do raio?

26. Considere o circuito elétrico esquematizado na figura a seguir.

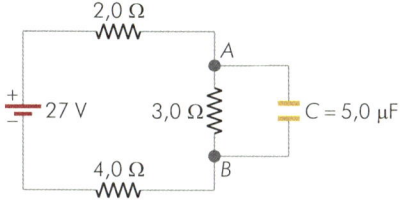

Determine, em unidades SI:
a) a intensidade de corrente elétrica que percorre o gerador;
b) a ddp entre os pontos A e B;
c) a carga adquirida pelo capacitor, supondo que ele se encontre completamente carregado.

27. (UEM – PR) Considere o circuito esquematizado na figura a seguir, constituído de capacitores planos.

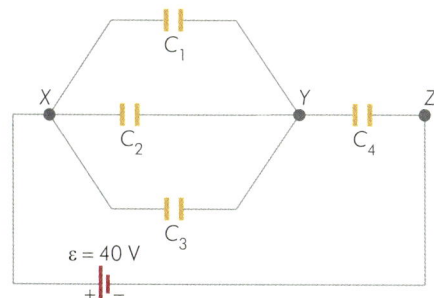

A partir disso, julgue a veracidade das afirmações seguintes.

(1) Entre os pontos X e Y, os capacitores ficam sujeitos à mesma ddp. Neste caso, a capacitância equivalente ao trecho considerado aumenta, quando comparada com a de C_3.

(2) A carga de C_4 será igual à carga da associação de C_1, C_2 e C_3.

(3) Se $C_1 = C_2 = C_3 = 2 \cdot 10^{-12}$ F e $C_4 = 6 \cdot 10^{-12}$ F, então, a capacidade equivalente C será igual a $3 \cdot 10^{-12}$ F.

(4) Sabendo-se que a capacidade do capacitor equivalente é dada por $C = \varepsilon_0 \cdot \dfrac{S}{d}$, onde ε_0 é a permissividade elétrica do ar, S é a área de uma das placas do capacitor e d é a distância entre as placas, conclui-se que ε_0 tem dimensões $\dfrac{F}{m}$.

(5) A energia armazenada no capacitor equivalente $\left(E_p = \dfrac{Q^2}{2C}\right)$ será de $24 \cdot 10^{-10}$ joules, se $C_1 = C_2 = C_3 = 2 \cdot 10^{-12}$ F e $C_4 = 6 \cdot 10^{-12}$ F.

28. Considere o circuito abaixo, no qual K representa uma chave elétrica que pode estar aberta ou fechada. Com a chave fechada, a carga adquirida pelo capacitor é de 9,0 μC. Determine a força eletromotriz do gerador e a quantidade de carga armazenada pelo capacitor quando abrimos a chave.

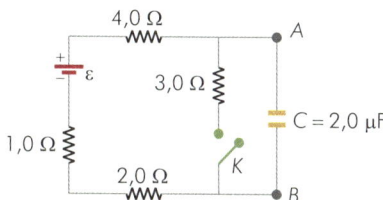

29. No circuito representado, o gerador ideal está ligado há muito tempo.

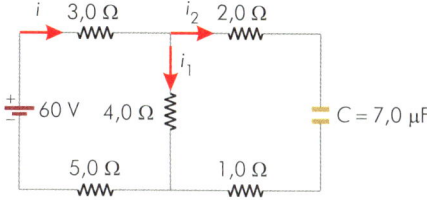

Calcule:
a) a intensidade de corrente i;
b) a intensidade de corrente i_1;
c) a intensidade de corrente i_2;
d) a diferença de potencial entre as armaduras do capacitor;
e) a carga do capacitor.

30. No circuito representado na figura a seguir, o capacitor está inicialmente descarregado. Quando a chave K é ligada, uma corrente flui pelo circuito até carregar totalmente o capacitor. Podemos afirmar que:

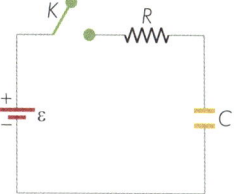

Exercícios Complementares

a) a energia que foi despendida pela fonte de força eletromotriz ε é $\dfrac{C \cdot \varepsilon^2}{2}$;

b) a energia que foi dissipada no resistor independe do valor de R;

c) a energia que foi dissipada no resistor é proporcional a R^2;

d) a energia que foi armazenada no capacitor seria maior se R fosse menor;

e) nenhuma energia foi dissipada no resistor.

31. Dispomos de um capacitor plano, a vácuo, cujas armaduras têm área (S) e estão distanciadas umas das outras 2,0 cm. Carregado, como ilustra a figura a seguir, por um gerador de corrente contínua e de tensão elétrica constante de valor igual a 1.000 V, ele armazena uma carga elétrica igual a $8{,}8 \cdot 10^{-2}$ μC. Considere a permissividade absoluta do vácuo igual a $\varepsilon_0 = 8{,}8 \cdot 10^{-12}$ F/m.

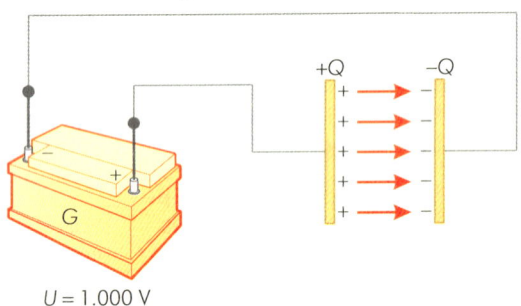

U = 1.000 V

a) Determine a capacitância do capacitor, em picofarad (pF).

b) Calcule a área (S) de cada armadura do capacitor, em centímetros quadrados (cm²).

c) Determine a intensidade do campo elétrico no interior desse capacitor, em volt por metro (V/m).

32. Considere o circuito a seguir, no qual K representa uma chave elétrica que pode estar aberta ou fechada. Com a chave K aberta, a carga adquirida pelo capacitor é de $8{,}0 \cdot 10^{-5}$ C.

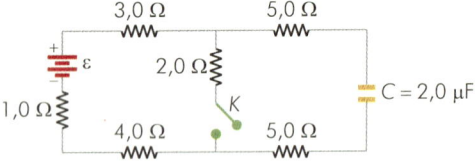

Calcule, em microcoulombs (μC), a nova carga armazenada pelo capacitor se fecharmos a chave K.

33. (UNICAMP – SP) Num laboratório, realizou-se a experiência ilustrada na figura a seguir. O resistor está imerso em 50 g de água a 30 °C num recipiente adiabático. Inicialmente, o capacitor C estava descarregado. Comutou-se a chave Ch para a posição 1, até que o capacitor se carregou. Em seguida, comutou-se a chave Ch para a posição 2, até que o capacitor se descarregou. Este procedimento foi repetido 175 vezes consecutivas, até que a água começou a ferver e, para isso, teve de absorver uma quantidade de energia de $1{,}4 \cdot 10^4$ J. Considerando total a transferência de calor entre o resistor e a água, determine a capacitância do capacitor C, em microfarad (μF). Considere desprezível qualquer dissipação de energia pelos fios condutores. Use apenas os dados fornecidos pelo enunciado.

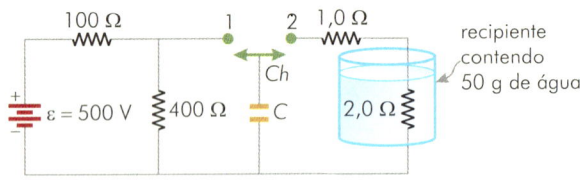

34. São dados um capacitor de capacitância (ou capacidade) C, uma bateria de fem ε e dois resistores, cujas resistências são, respectivamente, R_1 e R_2. Se esses elementos forem arranjados como na figura ao lado, a carga armazenada no capacitor será nula. Justifique essa afirmação.

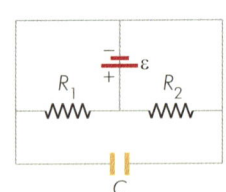

35. (UNICAMP – SP) Duas placas metálicas paralelas, Q e P, isoladas, são eletrizadas com uma carga de $1{,}0 \cdot 10^{-7}$ C, uma negativamente, e a outra, positivamente. A diferença de potencial entre elas vale 100 V.

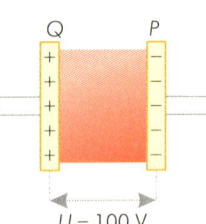

a) Determine, em unidade SI, a energia elétrica armazenada nas placas.

b) Considere que um resistor de 50 Ω é usado para ligar uma placa à outra. À medida que as placas se descarregam, a intensidade da corrente elétrica no resistor aumenta, diminui, ou não se altera? Justifique sua resposta.

c) Determine, em unidade SI, a quantidade total de calor liberado no resistor durante o processo de descarga das placas.

36. (PUC – SP) Você tem três capacitores iguais, inicialmente carregados com a mesma carga, e um resistor. O objetivo é aquecer o resistor através da descarga dos três capacitores. Considere então as seguintes possibilidades:

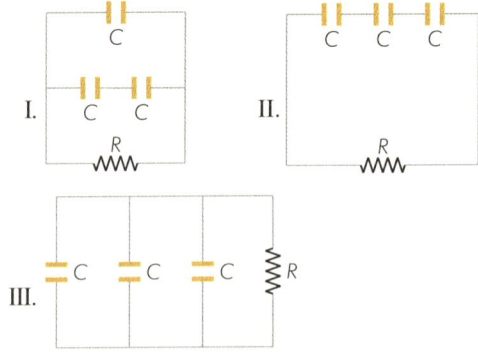

IV. Descarregando cada capacitor individualmente, um após o outro, através do resistor.

Exercícios Complementares

Assim, se toda energia dissipada for transformada em calor, ignorando as perdas para o ambiente, pode-se afirmar que:

a) o circuito I é o que corresponde à maior geração de calor no resistor.
b) o circuito II é o que gera menos calor no resistor.
c) o circuito III é o que gera mais calor no resistor.
d) a experiência IV é a que gera menos calor no resistor.
e) todas elas geram a mesma quantidade de calor no resistor.

37. (PUC – PR) Dois capacitores, de capacitâncias $C_1 = 5\ \mu F$ e $C_2 = 10\ \mu F$, estão carregados com cargas de 100 μC e 50 μC, respectivamente. Associando-os em paralelo, a perda de energia do sistema será de:

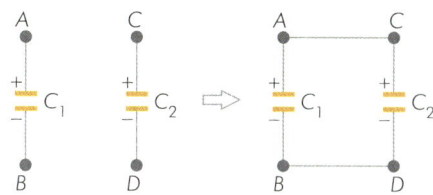

a) 375 μJ b) 475 μJ c) 275 μJ d) 0 μJ e) 175 μJ

38. Na associação de capacitores mostrada na figura abaixo, na qual temos $C_1 = C_2 = C_3 = C_4 = 5{,}0\ \mu F$ e a bateria de 12,0 V, a capacitância equivalente dessa associação e a carga armazenada no capacitor equivalente à associação são, respectivamente,

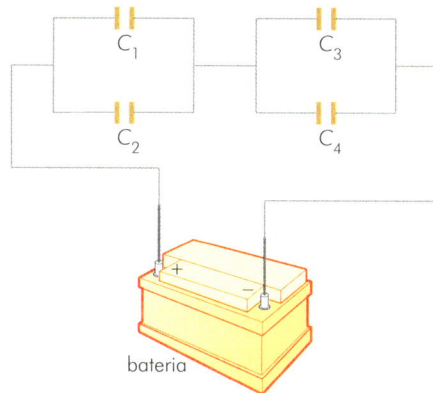

a) 20,0 μF e 12,0 · 10⁻⁵ C
b) 12,0 μF e 32,0 · 10⁻⁴ C
c) 15,0 μF e 17,0 · 10⁻⁶ C
d) 10,0 μF e 9,0 · 10⁻⁵ C
e) 5,0 μF e 6,0 · 10⁻⁵ C

39. (UEL – PR – modificada) São dados três capacitores de capacitâncias C_1, C_2 e C_3, tais que $C_1 > C_2 > C_3$ e cargas Q_1, Q_2 e Q_3, com ddp nos seus terminais U_1, U_2 e U_3, ligados conforme o esquema abaixo. Indique as alternativas corretas e dê a soma ao final.

(01) $Q_1 > Q_2 > Q_3$;
(02) $U_1 = U_2 = U_3$;
(04) $Q_1 = Q_2 = Q_3$;
(08) $U_1 < U_2 < U_3$;
(16) $U_1 > U_2 > U_3$;
(32) $Q_1 < Q_2 < Q_3$.

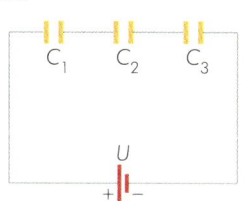

40. (MACK – SP) Um capacitor plano é ligado aos pontos A e B do circuito abaixo, e o amperímetro ideal A acusa a passagem da corrente de intensidade 0,10 A. O campo elétrico entre as placas do capacitor é paralelo ao campo gravitacional da Terra. Um corpúsculo C de massa m e carga elétrica q permanece em equilíbrio entre as placas. Levando em consideração o módulo da aceleração da gravidade igual a 10 m/s² e o sinal da carga, a razão $\frac{q}{m}$ vale:

a) 1,0 C/kg
b) –1,0 C/kg
c) $1{,}0 \cdot 10^{-2}$ C/kg
d) $1{,}0 \cdot 10^{-3}$ C/kg
e) $-1{,}0 \cdot 10^{-3}$ C/kg

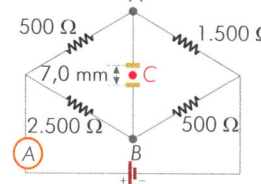

41. (PUC – PR) No circuito esquematizado a seguir, a carga do capacitor, ao ser fechada a chave X, aumenta, aproximadamente, de:

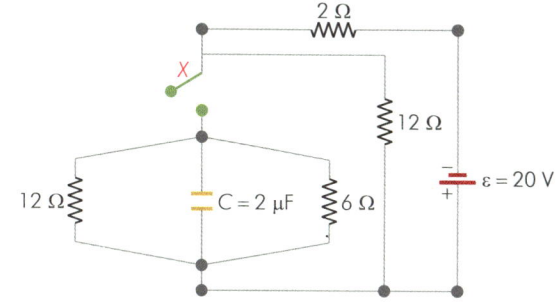

a) 20 μC b) 24 μC c) 30 μC d) 40 μC e) 50 μC

42. (UEPG – PR) O circuito abaixo foi montado num laboratório, sobre uma placa própria para conexões. A fonte de tensão tem resistência interna desprezível e o valor de ε é 16 V. O capacitor ($C = 3\ \mu F$) encontra-se carregado com 36 μC. O valor da resistência R_1, para que o circuito seja atravessado por uma corrente de 2 A, deve ser:

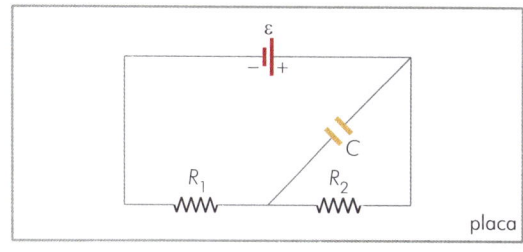

a) 1 Ω b) 2 Ω c) 4 Ω d) 6 Ω e) 0 Ω

43. (CEFET – PR) A diferença de potencial entre as armaduras do capacitor representado vale, no instante em que a chave Ch é ligada,

a) 10 V
b) 7,5 V
c) 5,0 V
d) 2,5 V
e) 0 V

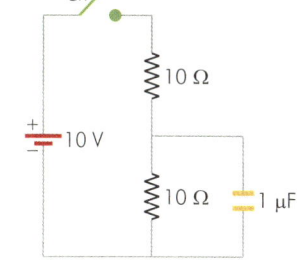

40 Magnetismo e Fonte de Campo Magnético

40.1. Histórico

Há séculos, o homem observou que determinadas pedras têm a propriedade de atrair pedaços de ferro ou de interagir entre si. Essas pedras foram chamadas de **ímãs** e os fenômenos, que de modo espontâneo se manifestavam na Natureza, foram denominados **fenômenos magnéticos**.

O termo *magnetismo* provém da região da Magnésia, uma província da Grécia onde certas rochas, chamadas de magnetitas, possuem a propriedade de atrair pedaços de ferro.

Os **ímãs** foram primeiro empregados em bússolas e usados para a navegação pelos chineses no século XII.

Hoje, sabemos que essas pedras correspondem a um óxido de ferro (Fe_3O_4), denominado **magnetita**, que constitui um ímã natural. Atualmente, são mais utilizados os **ímãs artificiais**, formados de determinados metais como ferro, cobalto, níquel e ligas metálicas especiais, depois de submetidos a processos denominados processos de imantação, e se transformarem em ímãs artificiais.

Nos dias atuais, sabemos que a eletricidade e o magnetismo estão relacionados e dão origem ao **eletromagnetismo**. Uma característica importante os distingue: no magnetismo não existe o conceito equivalente à carga elétrica, embora exista o conceito de polo magnético com propriedades parecidas com as da carga elétrica, enquanto na eletricidade existem cargas elétricas opostas, positivas e negativas, e partículas elementares portadoras dessas cargas; no magnetismo há polos magnéticos.

40.2. Os Ímãs e suas Propriedades

I – Os primeiros experimentos feitos com materiais magnéticos, realizados por Petrus Maricourt em 1269, mostraram que um objeto magnetizado pode atrair limalhas de ferro e que essas limalhas são atraídas para duas regiões bem definidas nesse objeto (Figura 40-1). Essas regiões foram denominadas **polos magnéticos**, mais tarde chamados polos magnéticos **norte** e **sul**.

A magnetita (um óxido de ferro) é um mineral magnético, que tem a propriedade de atrair objetos de ferro, como os clipes e alfinetes da foto.

ATENÇÃO

O par de polos norte-sul de um mesmo ímã é denominado dipolo magnético.

FIGURA 40-1. Uma barra de aço que esteve em contato ou nas proximidades de um pedaço de magnetita adquire propriedades magnéticas e passa a atrair limalhas de ferro.

II – Suspendendo-se um ímã de modo que ele possa girar livremente, ele toma, aproximadamente, a direção norte-sul geográfica do lugar (Figura 40-2). Denomina-se **polo norte (N)** do ímã a região que se volta para o norte geográfico e **polo sul (S)** a outra.

III – Os ímãs exercem, entre si, forças de ação mútua de atração e repulsão, conforme a posição em que são postos em presença um do outro (Figura 40-3).

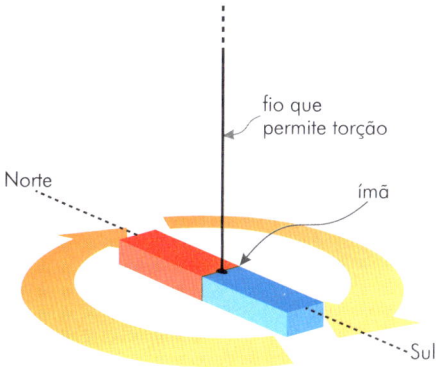

Figura 40-2. O ímã gira livremente na direção norte-sul geográfica da Terra.

Figura 40-3. Interações entre os polos de dois ímãs.

ATENÇÃO
Polos de mesmo nome repelem-se e de nomes diferentes atraem-se.

O fato de o ímã orientar-se espontaneamente levou os chineses à invenção da bússola. Esta é constituída essencialmente de um ímã em forma de losango, denominado *agulha magnética*, que pode girar livremente em torno de um eixo (Figura 40-4).

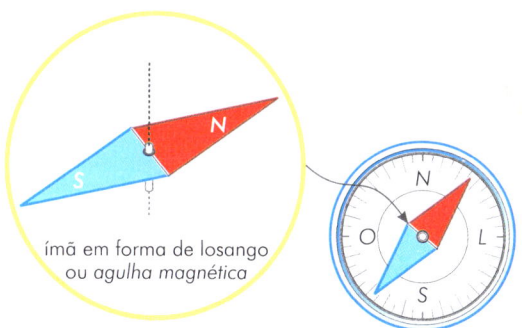

Figura 40-4. Na bússola, a agulha magnética livre orienta-se, aproximadamente, na direção norte-sul geográfica da Terra.

Bússola.

IV – Cortemos um ímã em duas partes iguais, que, por sua vez, podem ser redivididas em outras tantas. Observa-se, então, que cada uma dessas partes constitui um novo ímã que, embora menor, tem sempre dois polos (**inseparabilidade dos polos de um ímã**). Dito de outro modo: as evidências indicam que não existem monopolos magnéticos. Veja a Figura 40-5.

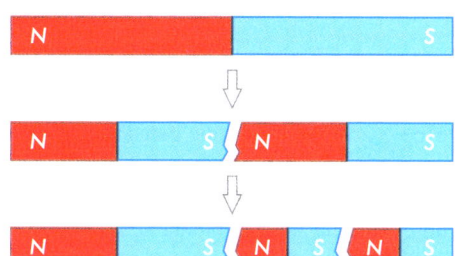

Figura 40-5. É impossível obter-se um ímã com apenas um polo.

V – Em 1820, o físico dinamarquês Hans Christian Oersted (1777-1851) descobriu uma relação inesperada entre fenômenos elétricos e magnéticos. Oersted construiu um circuito ligando uma bateria a um fio condutor bem esticado, disposto na direção norte-sul magnética. Sob o fio, instalou uma agulha magnética, que, por ação do campo magnético terrestre, ficava orientada nessa mesma direção. Demonstrou que um fio percorrido por uma corrente elétrica podia mudar a posição da agulha de uma bússola colocada em suas proximidades (Figura 40-6). Essa foi a primeira demonstração registrada de que uma corrente elétrica gera um campo magnético.

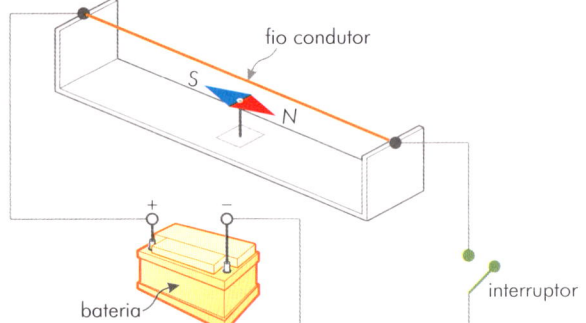

Hans Christian Oersted (1777-1851).

Figura 40-6. Uma agulha magnética é colocada sob um fio condutor disposto na direção norte-sul. Não há corrente circulando no fio, porque o interruptor está aberto.

Ao fechar o circuito, ele observou que a agulha magnética sofria um desvio. Quando a corrente era muito intensa, a agulha chegava a ficar ortogonal ao fio (Figura 40-7). Abrindo o circuito, a agulha tornava a se orientar ao longo do campo magnético terrestre, após efetuar algumas oscilações.

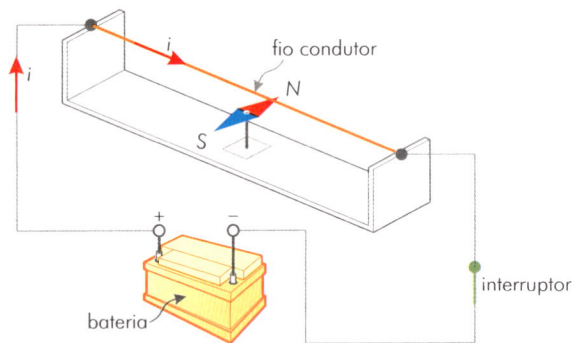

Figura 40-7. Quando ligamos o interruptor, o circuito fecha-se e a corrente percorre o fio, indo, externamente, do polo positivo ao polo negativo do gerador. A agulha magnética gira, ficando praticamente ortogonal ao fio. Isso significa que a corrente elétrica gera um campo magnético perpendicular à direção do fio.

Com essa experiência, Oersted concluiu que uma *corrente elétrica gera um campo magnético* no espaço circundante. A origem do campo magnético está relacionada com a passagem da corrente elétrica pelo condutor e, portanto, com o movimento das partículas que transportam cargas elétricas.

40.3. Campo Magnético

Analogamente aos campos elétrico e gravitacional, que determinam as modificações no espaço devido à presença de cargas elétricas ou de massas, podemos definir o campo magnético a partir da força magnética exercida sobre um corpo magnetizado.

Na região do espaço na qual um ímã manifesta sua ação, dizemos que existe um **campo magnético**.

O campo magnético em um ponto do espaço é representado por um vetor, chamado **vetor indução magnética** ou, simplesmente, **vetor campo magnético**, representado por $\vec{B}$.

Para determinar a direção e o sentido do vetor indução magnética $\vec{B}$ em um ponto P do campo magnético, colocamos em P uma pequena agulha magnética. A *direção* de $\vec{B}$ é aquela em que se dispõe a pequena agulha e o *sentido* de $\vec{B}$ é aquele para onde o polo norte da agulha aponta (Figura 40-8). A intensidade de $\vec{B}$ depende, em geral, da posição do ponto considerado.

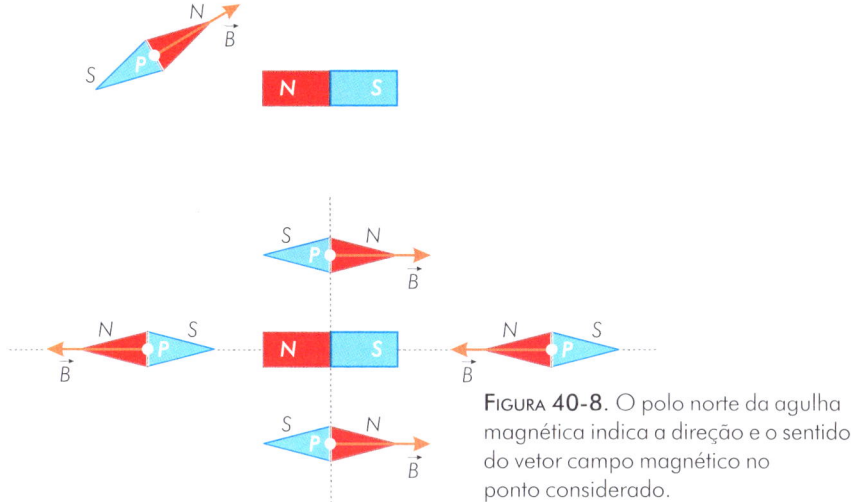

Figura 40-8. O polo norte da agulha magnética indica a direção e o sentido do vetor campo magnético no ponto considerado.

> **ATENÇÃO**
>
> O campo magnético modifica o espaço em torno de um condutor percorrido por corrente elétrica ou em torno de um ímã, nesse caso devido a particulares movimentos que os elétrons executam no interior de seus átomos.
>
> A agulha magnética, colocada em um ponto dessa região, orienta-se na direção do vetor $\vec{B}$.

No Sistema Internacional de unidades (SI), a unidade de intensidade do vetor $\vec{B}$ denomina-se **tesla** (símbolo T).

Em um campo magnético, chama-se **linha de indução** toda linha que, em cada ponto, é tangente ao vetor $\vec{B}$ e orientada no seu sentido. As linhas de indução são uma simples representação gráfica da orientação de $\vec{B}$ em certa região do espaço. Veja a Figura 40-9.

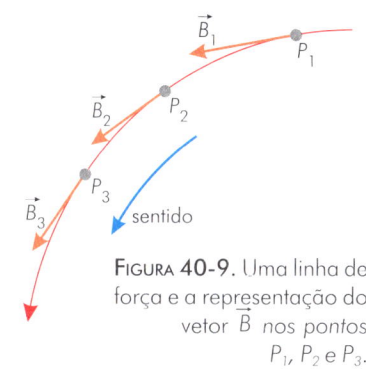

Figura 40-9. Uma linha de força e a representação do vetor $\vec{B}$ nos pontos P_1, P_2 e P_3.

40.4. Campo Magnético dos Ímãs

A Figura 40-10 exibe o aspecto do campo de um ímã em forma de barra. Ao colocarmos limalha de ferro em torno de um ímã, notaremos que elas se transformam em pequenas bússolas e se orientam formando certas linhas, que recebem o nome de **linhas de indução** ou de linhas do campo de indução magnética.

Ao desenharmos as linhas de campo observadas na parte externa de um ímã, as linhas aparentam "sair" do polo norte e "chegar" ao polo sul. Não existem linhas que só saem ou só chegam ao ímã, como ocorre no caso das linhas de força do campo elétrico para uma só carga. Isso quer dizer que, diferentemente do que ocorre com o campo elétrico, as linhas do campo magnético são *fechadas*.

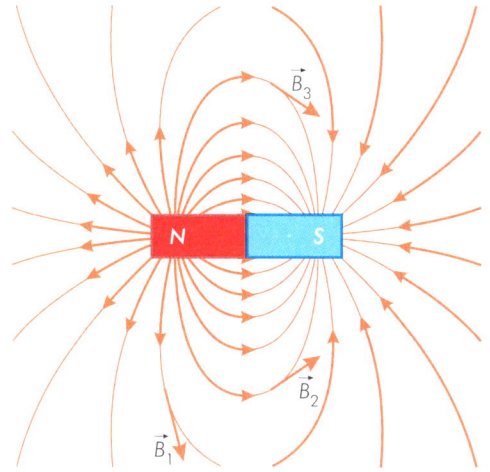

Figura 40-10. Linhas de indução de um ímã em forma de barra. Em cada ponto, a tangente à linha indica a direção do campo magnético.

> **IMPORTANTE**
>
> Convenciona-se que as linhas de indução saem do polo norte e chegam ao polo sul, externamente ao ímã.

40.4.1. Campo magnético uniforme

Um campo magnético tal que, em todos os pontos, o vetor indução magnética tem a mesma intensidade, a mesma direção e o mesmo sentido é chamado **campo magnético uniforme**. As linhas de indução de um campo magnético uniforme são retas, paralelas, igualmente orientadas e regularmente espaçadas. Obtém-se, aproximadamente, um campo magnético uniforme entre duas faces polares norte e sul, planas e paralelas (Figura 40-11).

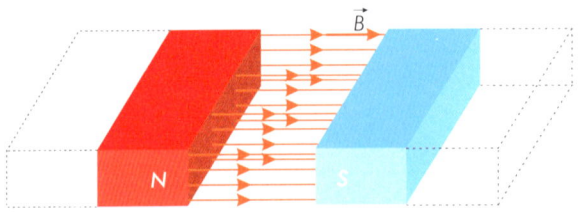
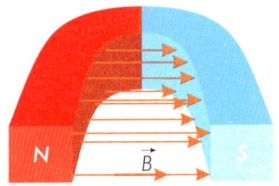

Figura 40-11.

O campo magnético praticamente uniforme entre duas faces polares norte e sul.

O campo magnético praticamente uniforme entre os polos de um ímã em forma de ferradura.

40.4.2. O campo magnético terrestre

A primeira descrição científica do campo magnético da Terra foi a de William Gilbert, em 1600, demonstrando, com auxílio da *Terrella*, um ímã em forma de esfera, que a Terra se comporta como um imenso ímã. Essa é, ainda hoje, a forma mais simples de descrever o magnetismo terrestre.

O fato de um ímã orientar-se, quando suspenso pelo seu centro de gravidade, na direção do vetor indução magnética revela que existe um campo magnético produzido pela Terra: é o **campo magnético terrestre** (Figura 40-12). A cada ponto do campo magnético terrestre associa-se um vetor indução magnética $\vec{B}_T$.

O ímã suspenso orienta-se na direção do vetor indução magnética $\vec{B}_T$ do lugar.

Como o polo norte do ímã volta-se, aproximadamente, para o norte geográfico, e o polo sul, para o sul geográfico, podemos considerar a Terra um grande ímã, que possui polo sul magnético próximo do norte geográfico e polo norte magnético próximo do sul geográfico (Figura 40-13).

Na Figura 40-14, mostramos as linhas de indução do campo magnético observado nas proximidades da Terra.

Figura 40-12. Podemos usar uma agulha magnética para constatar a existência do campo magnético da Terra.

norte geográfico (sul magnético)

sul geográfico (norte magnético)

Figura 40-13. O polo norte magnético da Terra corresponde a uma região próxima do polo sul geográfico da Terra.

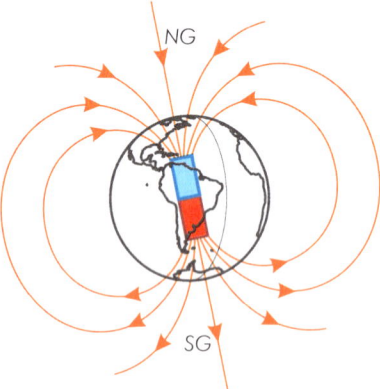
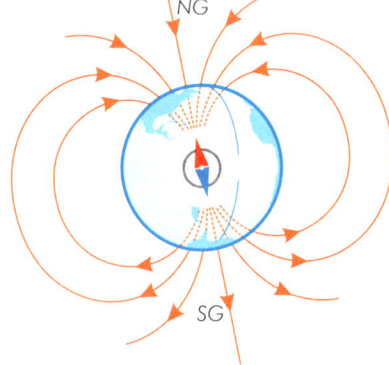

As linhas de indução do campo magnético da Terra.

Figura 40-14.

Como se alinha espontaneamente um ímã livre, quando colocado no interior desse campo.

40.4.3. Força magnética sobre Ímãs

Uma agulha magnética em uma região com campo magnético sofre a ação de forças magnéticas. A *força magnética sobre o polo norte da agulha tem sentido do vetor indução* $\vec{B}$ e a *força magnética sobre o polo sul dessa agulha tem sentido oposto ao do vetor indução* $\vec{B}$. Essas forças têm a mesma intensidade.

Observe que o ímã fica sujeito a um binário de forças cuja tendência é dispô-lo paralelamente às linhas de indução, com o polo norte apontando no sentido do vetor indução magnética $\vec{B}$ (Figura 40-15).

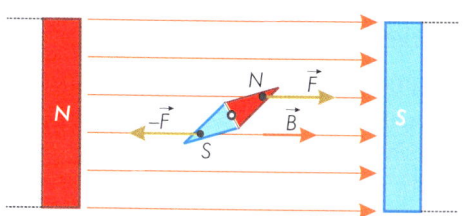

Figura 40-15. Forças magnéticas atuando nos polos de um ímã.

Exercícios Resolvidos

1. Na figura a seguir estão representados dois ímãs, A e B, em forma de barra, situados em um mesmo plano. Represente, usando setas, a força magnética resultante que os polos norte (N) e sul (S) do ímã A exercem sobre os polos norte (N) e sul (S) do ímã B.

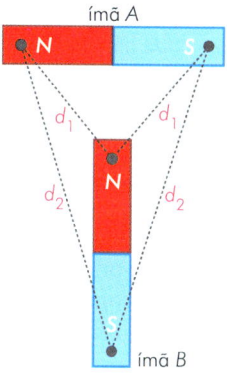

Resolução:
O polo norte (N) do ímã A repele o polo norte (N) do ímã B, assim como o polo sul (S) do ímã A atrai o polo norte (N) do ímã B. Essas forças têm a mesma intensidade, pois o polo norte (N) do ímã B equidista dos polos do ímã A.

Na outra situação, o polo norte (N) do ímã A atrai o polo sul (S) do ímã B, assim como o polo sul (S) do ímã A repele o polo sul (S) do ímã B. Essas forças têm a mesma intensidade, pois o polo norte (N) do ímã B equidista dos polos do ímã A.

A força resultante é obtida pela regra do paralelogramo.

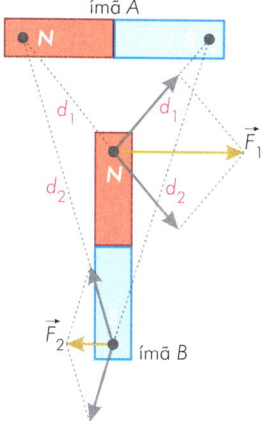

2. Na figura a seguir, representamos linhas de indução do campo magnético de um ímã em forma de barra.

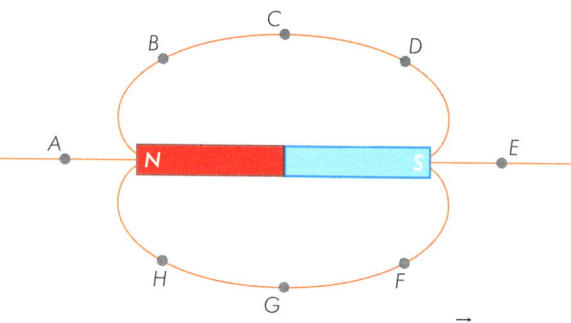

a) Represente o vetor indução magnética $\vec{B}$ nos pontos A, B, C, D, E, F, G e H.

b) Indique a orientação seguida por pequenas agulhas magnéticas colocadas nos pontos A, B, C, D, E, F, G e H.

Resolução:
a) Em cada ponto, o vetor indução magnética é tangente à linha de indução que passa pelo ponto e tem sentido da linha.

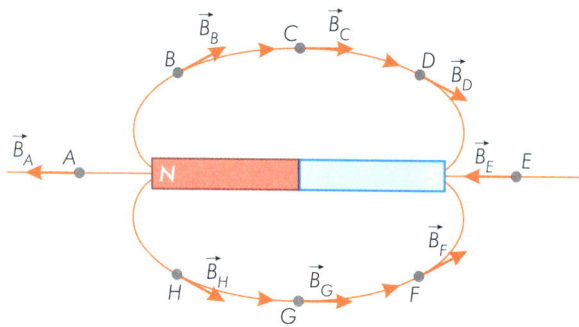

b) Pequenas agulhas magnéticas colocadas nos pontos A, B, C, D, E, F, G e H orientam-se nas direções dos vetores $\vec{B}$, desses pontos, com o polo norte apontado no sentido de $\vec{B}$.

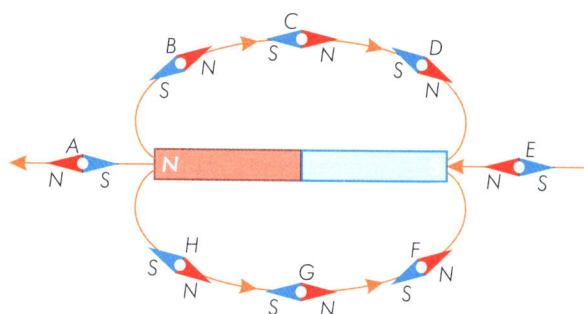

Exercícios Propostos

3. (FUVEST – SP) A Figura I representa um ímã permanente em forma de barra. **N** e **S** indicam, respectivamente, polos norte e sul. Suponha que a barra seja dividida em três pedaços, como mostra a Figura II. Colocando lado a lado os dois pedaços extremos, como indicado na figura III, é correto afirmar que eles:

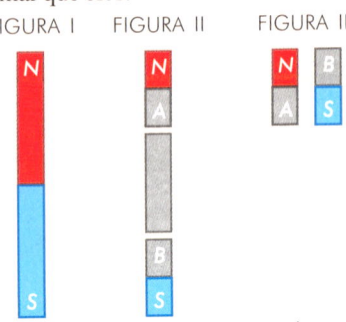

a) se atrairão, pois A é o polo norte e B é o polo sul.
b) se atrairão, pois A é o polo sul e B é o polo norte.
c) não serão atraídos nem repelidos.
d) se repelirão, pois A é o polo norte e B é o polo sul.
e) se repelirão, pois A é o polo sul e B é o polo norte.

4. Explique por que, ao suspender-se um ímã pelo seu centro de gravidade, ele se orienta aproximadamente na direção norte-sul geográfica do lugar.

5. (FUVEST – SP) A figura esquematiza um ímã permanente, em forma de cruz, de pequena espessura, e oito pequenas bússolas, colocadas sobre uma mesa. As letras N e S representam, respectivamente, os polos norte e sul do ímã e os círculos representam as bússolas nas quais você irá representar as agulhas magnéticas. O ímã é simétrico em relação às retas NN e SS. Despreze os efeitos do campo magnético terrestre.

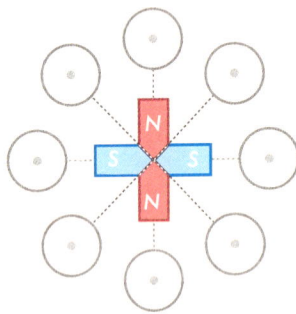

a) Desenhe, na própria figura, algumas linhas de força que permitam caracterizar a forma do campo magnético criado pelo ímã, no plano da figura.
b) Desenhe, nos oito círculos da figura, a orientação da agulha da bússola em sua posição de equilíbrio. A agulha deve ser representada por uma flecha (→) cuja ponta indica o seu polo norte.

6. (UEL – PR) A agulha de uma bússola assume a posição indicada na figura a seguir, quando colocada numa região onde existe, além do campo magnético terrestre, um campo magnético uniforme e horizontal. Considerando a posição das linhas de campo uniforme, desenhadas na figura, o vetor campo magnético terrestre na região pode ser indicado pelo vetor:

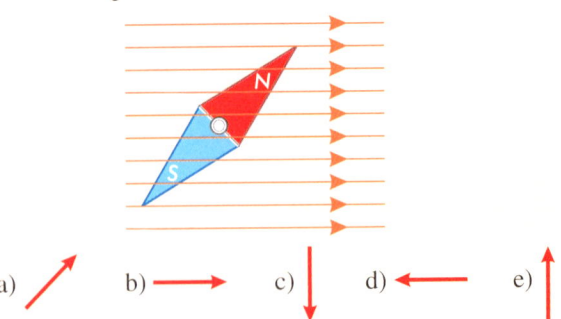

7. (UNICAMP – SP) Num laboratório de biofísica, um pesquisador realiza uma experiência com "bactérias magnéticas", que têm pequenos ímãs no seu interior. Com auxílio desses ímãs, essas bactérias se orientam para atingir o fundo dos lagos, onde há maior quantidade de alimento. Dessa forma, devido ao campo magnético terrestre e à localização desses lagos, há regiões em que um tipo de bactéria se alimenta melhor e, por isso, pode predominar sobre outro. Suponha que esse pesquisador obtenha três amostras das águas de lagos, de diferentes regiões da Terra, contendo essas bactérias. Na amostra A predominam as bactérias que se orientam para o polo norte magnético, na amostra B predominam as bactérias que se orientam para o polo sul magnético e na amostra C há quantidades iguais de ambos os grupos.

a) A partir dessas informações, copie e preencha o quadro a seguir, assinalando a origem de cada amostra em relação à localização dos lagos de onde vieram.

Lagos próximos ao polo norte geográfico (polo sul magnético)	Amostra: _____
Lagos próximos ao polo sul geográfico (polo norte magnético)	Amostra: _____
Lagos próximos ao Equador	Amostra: _____

b) Baseando-se na configuração do campo magnético terrestre, justifique as associações que você fez.

8. (FUVEST – SP) Três ímãs iguais, em forma de barra, de pequena espessura, estão sobre um plano. Três pequenas agulhas magnéticas podem girar nesse plano e seus eixos de rotação estão localizados nos pontos A, B e C. Despreze o campo magnético da Terra. A direção assumida pelas agulhas, representadas pela Figura I, é melhor descrita pelo esquema:

FIGURA I

Exercícios Propostos

a)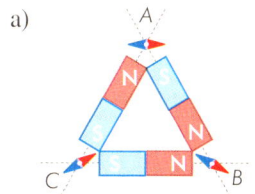

b)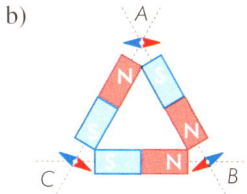

c)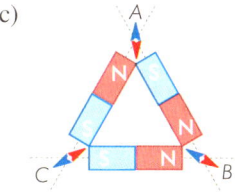

d)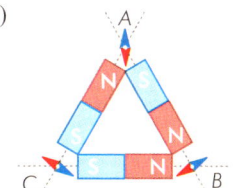

e)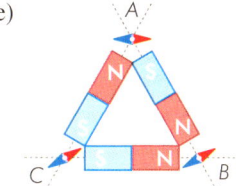

9. (FUVEST – SP) Um ímã, em forma de barra, de polaridade N (norte) e S (sul), é fixado numa mesa horizontal. Um outro ímã semelhante, de polaridade desconhecida, indicada por A e T, quando colocado na posição mostrada na Figura I, é repelido para a direita. Quebra-se esse ímã ao meio e, utilizando-se as duas metades, fazem-se quatro experiências, representadas em 1, 2, 3 e 4, em que as metades são colocadas, uma de cada vez, nas proximidades do ímã fixo, como esquematizado na Figura II.

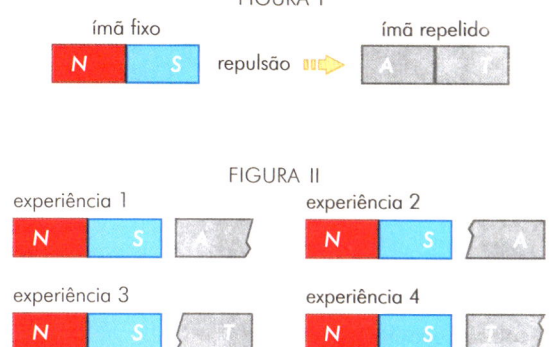

Indicando por "nada" a ausência de atração ou repulsão da parte testada, os resultados das quatro experiências são, respectivamente,

a) 1 – repulsão; 2 – atração; 3 – repulsão; 4 – atração.
b) 1 – repulsão; 2 – repulsão; 3 – repulsão; 4 – repulsão.
c) 1 – repulsão; 2 – repulsão; 3 – atração; 4 – atração.
d) 1 – repulsão; 2 – nada; 3 – nada; 4 – atração.
e) 1 – atração; 2 – nada; 3 – nada; 4 – repulsão.

40.5. Fontes de Campo Magnético

Já vimos que, ao aproximarmos um ímã de uma agulha magnética, esta sofre uma deflexão. Dizemos que o ímã gera um campo magnético que age sobre a agulha magnética.

Vimos também que Oersted observou que, ao aproximarmos uma agulha magnética de um fio condutor e estabelecendo-se neste uma corrente elétrica, a agulha magnética também sofre deflexão. Interrompendo-se a corrente elétrica, a agulha volta à situação inicial (Figura 40-16).

Como já observamos, o fato de a agulha sofrer desvio significa que, em torno do condutor percorrido por corrente elétrica, há um campo magnético.

ATENÇÃO
Toda corrente elétrica cria, no espaço que a envolve, um campo magnético.

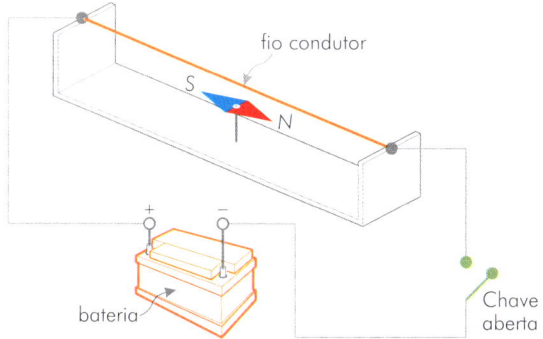

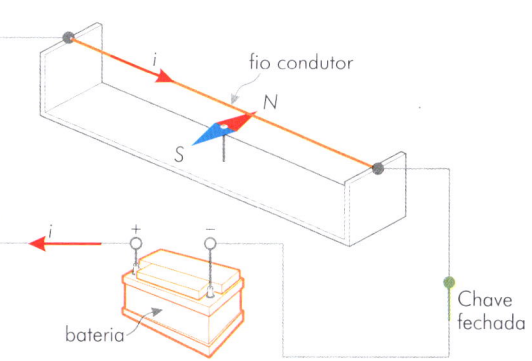

Com a chave aberta, a corrente não passa pelo condutor e a agulha não sofre desvio.

Com a chave fechada, a agulha magnética sofre desvio, tendendo a se dispor ortogonalmente ao condutor.

FIGURA 40-16.

40.5.1. Campo magnético gerado por um condutor retilíneo percorrido por corrente elétrica

As experiências de Oersted mostraram que um condutor percorrido por uma corrente elétrica gera um campo magnético ao seu redor, cuja configuração pode ser obtida colocando pequenas agulhas magnéticas em pontos dessa região.

As agulhas magnéticas mostram que as linhas do campo magnético gerado por um condutor retilíneo percorrido por uma corrente elétrica são circunferências concêntricas, contidas em planos perpendiculares ao condutor e com centro no condutor.

Considere um condutor reto, extenso e vertical, percorrido pela corrente elétrica i, atravessando uma cartolina colocada em um plano horizontal, como mostra a Figura 40-17. Espalhando-se limalha de ferro sobre a cartolina, notamos que a limalha se dispõe segundo circunferências concêntricas com o condutor.

> **IMPORTANTE**
>
> Pode-se concluir que as linhas de indução do campo magnético de um condutor reto, percorrido por corrente elétrica, são circunferências concêntricas com o condutor, situadas em planos perpendiculares a ele.

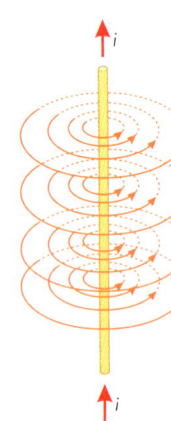

Figura 40-17. Configuração das linhas de indução do campo magnético gerado por um condutor retilíneo.

Em um ponto P, à distância r do fio condutor percorrido por uma corrente elétrica de intensidade i, o vetor indução magnética $\vec{B}$ tem as características a seguir:

- *Direção*: tangente à linha de indução que passa pelo ponto P;
- *Sentido*: determinado pela "regra da mão direita". Basta "segurar" o fio condutor com a mão direita, de modo que o polegar aponte no sentido da corrente elétrica i; os demais dedos, ao se fecharem sobre o condutor, indicarão o sentido das linhas de indução do campo magnético, como mostrado na Figura 40-18.

Podemos representar essas linhas de indução magnética como se indica na Figura 40-19.

FIGURA A   FIGURA B

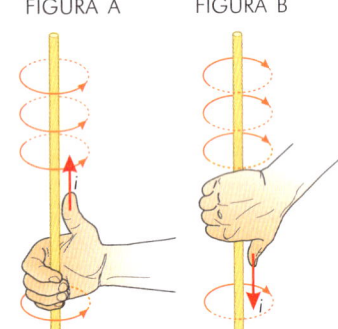

Figura 40-18. Aplicando a regra da mão direita ao condutor representado na Figura A, o sentido das linhas de indução magnética é anti-horário. Aplicando a regra da mão direita no condutor representado na Figura B, o sentido das linhas de indução magnética é horário.

VISTA I

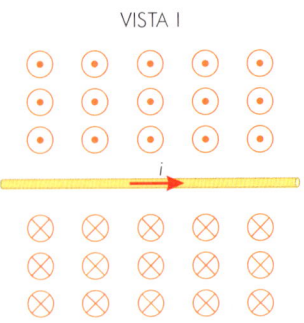

As linhas de indução magnética vistas de frente:
- ⊙ indica que as linhas se dirigem para o leitor, atravessando perpendicularmente o plano da figura;
- ⊗ indica a mesma direção, com sentido oposto.

Figura 40-19.

VISTA II

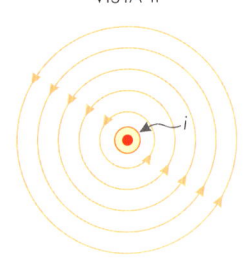

Linhas de indução magnética vistas axialmente, isto é, com a linha de visada na direção do eixo do fio.

- *Intensidade*: à distância r do fio, a intensidade de $\vec{B}$ será a mesma em todos os pontos. Pode-se chegar a essa conclusão por simetria, pois, ao girar o fio em torno de seu eixo,

um ponto irá colocar-se sobre outro qualquer, sem alterar a situação física do problema.
A intensidade do campo de indução $\vec{B}$ é dada por:

$$B = \frac{\mu}{2\pi} \cdot \frac{i}{r}$$

ATENÇÃO

A intensidade do campo de indução magnética é diretamente proporcional à intensidade de corrente elétrica i e inversamente proporcional à distância r.

e, portanto, depende da intensidade de corrente elétrica i, da distância r do ponto considerado ao condutor e da natureza do meio no qual o condutor está imerso. A grandeza física que caracteriza o meio, do ponto de vista magnético, é denominada **permeabilidade magnética do meio**, e representada por μ.

A unidade de μ, no SI, é $\dfrac{(tesla \times metro)}{ampère} = \dfrac{(T \cdot m)}{A}$.

Para o vácuo, a permeabilidade magnética (μ_0) vale, por definição,

$$\mu_0 = 4\pi \cdot 10^{-7} \frac{T \cdot m}{A}$$

Exercícios Resolvidos

10. Um fio metálico, retilíneo e muito longo é percorrido por uma corrente elétrica de intensidade 5,0 A.
Sendo a permeabilidade magnética do meio igual a $\mu = 4\pi \cdot 10^{-7} \dfrac{T \cdot m}{A}$, determine a intensidade do vetor indução magnética $\vec{B}$ em um ponto situado a uma distância de 2,0 cm do fio.

RESOLUÇÃO:
Sabemos que a intensidade do vetor indução magnética no ponto P, devido à corrente elétrica i, é dada por:
$B = \dfrac{\mu}{2\pi} \cdot \dfrac{i}{r}$. Substituindo-se os valores das grandezas envolvidas, $\mu = 4\pi \cdot 10^{-7} \dfrac{T \cdot m}{A}$, $i = 5,0$ A, $r = 2,0$ cm $= 2,0 \cdot 10^{-2}$ m, temos:

$B = \dfrac{4\pi \cdot 10^{-7}}{2\pi} \cdot \dfrac{5,0}{2,0 \cdot 10^{-2}} \Rightarrow B = 5,0 \cdot 10^{-5}$ T

11. A figura a seguir representa as secções transversais de dois condutores, A e B, paralelos e extensos, percorridos por correntes elétricas de intensidades i e $3i$, respectivamente. O vetor indução magnética originado em P pela corrente elétrica i tem intensidade $5,0 \cdot 10^{-5}$ T.

a) Determine a intensidade do vetor indução magnética resultante que i e $3i$ originam em P.
b) Como se orienta uma pequena agulha magnética colocada em P?

RESOLUÇÃO:

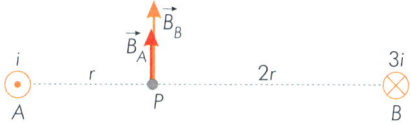

a) $B_A = \dfrac{\mu}{2\pi} \cdot \dfrac{i}{r}$ ① e $B_B = \dfrac{\mu}{2\pi} \cdot \dfrac{3i}{2r} = \dfrac{3}{2} \cdot \dfrac{\mu}{2\pi} \cdot \dfrac{i}{r}$ ②

De ① e ②, temos:

$B_B = \dfrac{3}{2} B_A \Rightarrow B_B = \dfrac{3}{2} \cdot 5,0 \cdot 10^{-5}$

$B_B = 7,5 \cdot 10^{-5}$ T

$B_R = B_A + B_B \Rightarrow B_R = 5,0 \cdot 10^{-5} + 7,5 \cdot 10^{-5}$

$B_R = 12,5 \cdot 10^{-5} = 1,25 \cdot 10^{-4}$ T

b) A agulha magnética colocada em P orienta-se na direção do vetor indução magnética resultante ($\vec{B}_R$), com o polo norte apontando de baixo para cima, ou seja, paralela ao plano da folha.

Exercícios Propostos

12. Represente o vetor indução magnética $\vec{B}$ no ponto P, gerado pela corrente elétrica que atravessa o conduto retilíneo, nos casos a seguir:

a) 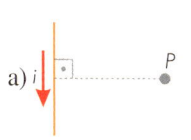 b) 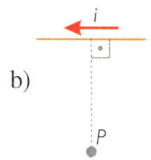 c)  d) 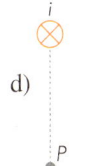 e)  f)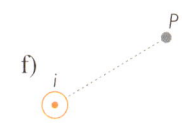

Exercícios Propostos

13. Caracterize o vetor indução magnética $\vec{B}$ no ponto P da figura a seguir. Considere a intensidade da corrente elétrica i igual a 20 A, a distância r igual a 5,0 cm e a permeabilidade magnética do meio $4\pi \cdot 10^{-7} \dfrac{T \cdot m}{A}$.

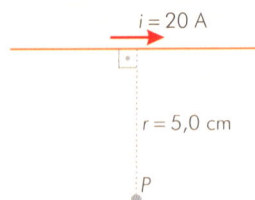

14. Dois fios condutores longos e paralelos (1) e (2) são percorridos por correntes elétricas de intensidades $i_1 = 6,0$ A e $i_2 = 9,0$ A, conforme mostra a figura a seguir. Determine a intensidade do vetor indução magnética resultante no ponto P, que dista $d_1 = 2,0$ cm do fio (1) e $d_2 = 5,0$ cm do fio (2). Considere a permeabilidade magnética do meio igual a $4\pi \cdot 10^{-7} \dfrac{T \cdot m}{A}$.

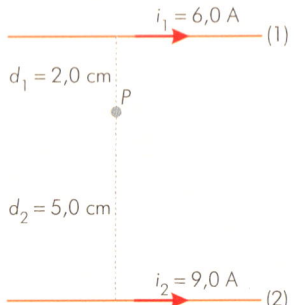

15. A figura a seguir indica dois condutores muito longos, perpendiculares ao plano do papel e percorridos por correntes elétricas de intensidades $i_1 = 3,0$ A e $i_2 = 4,0$ A. Determine a intensidade do vetor indução magnética resultante no ponto P indicado na figura. Considere a permeabilidade magnética do meio igual a $4\pi \cdot 10^{-7} \dfrac{T \cdot m}{A}$.

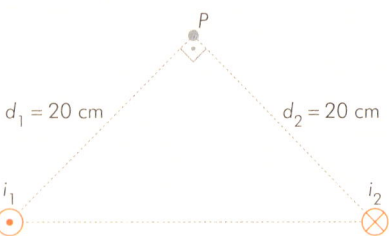

16. Dois fios metálicos retos, paralelos e longos são percorridos por correntes elétricas de intensidades i e $3i$ de sentidos iguais (entrando no plano do papel), como mostra a figura a seguir.

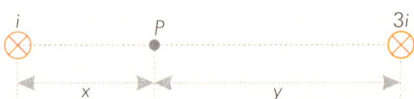

Determine a razão $\dfrac{x}{y}$ para que o campo magnético resultante no ponto P produzido pelas correntes elétricas seja nulo.

40.5.2. Campo magnético gerado por uma espira circular percorrida por corrente elétrica

Considere que um condutor retilíneo percorrido por uma corrente elétrica contínua seja encurvado para formar uma espira plana circular de raio R, percorrida por uma corrente elétrica de intensidade i, conforme mostra a Figura 40-20.

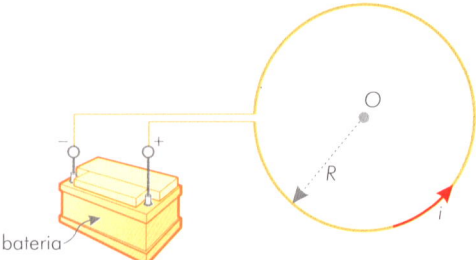

Figura 40-20. Espira circular percorrida por uma corrente elétrica.

As linhas de indução do campo magnético são circunferências perpendiculares ao plano da espira, concêntricas com o condutor.

O vetor indução magnética $\vec{B}$ no centro O dessa espira tem as seguintes características:
Intensidade: a intensidade do vetor $\vec{B}$ no centro da espira é dada pela expressão:

$$B = \frac{\mu}{2} \cdot \frac{i}{R}$$

Direção: normal ao plano da espira.
Sentido: dado pela regra da mão direita, conforme mostrado na Figura 40-21.

ATENÇÃO
A intensidade do campo de indução magnética no centro da espira é diretamente proporcional à intensidade de corrente elétrica (i) e inversamente proporcional ao raio (R) dessa espira.

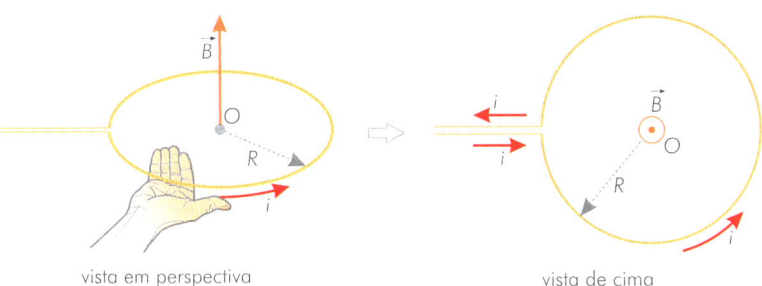

Figura 40-21.

As linhas de indução de um ímã saem do polo norte e chegam ao polo sul. Uma espira percorrida por uma corrente elétrica origina um campo magnético análogo ao do ímã e, então, atribui-se a ela um polo norte, do qual as linhas saem, e um polo sul, ao qual elas chegam (Figura 40-22).

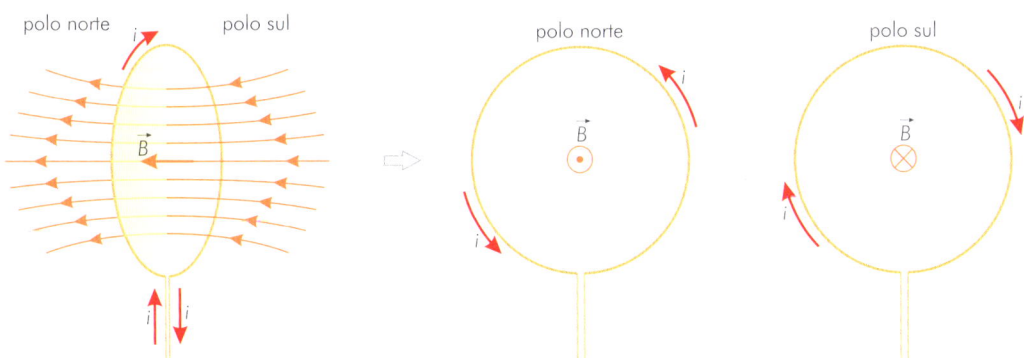

Figura 40-22. Em uma espira circular, temos um polo norte e um polo sul.

A face da espira voltada para o observador é o polo norte dessa espira.

A face da espira voltada para o observador é o polo sul dessa espira.

Se considerarmos n espiras iguais justapostas, de modo que a espessura do enrolamento seja muito menor que o diâmetro de cada espira, teremos a chamada **bobina chata**. A intensidade do vetor indução magnética $\vec{B}_b$ no centro O da bobina é dada por:

$$B_b = n \cdot \frac{\mu}{2} \cdot \frac{i}{R}$$

IMPORTANTE
Aproximando-se um ímã de uma bobina, verifica-se que o polo norte do ímã atrai o polo sul e repele o polo norte da bobina.

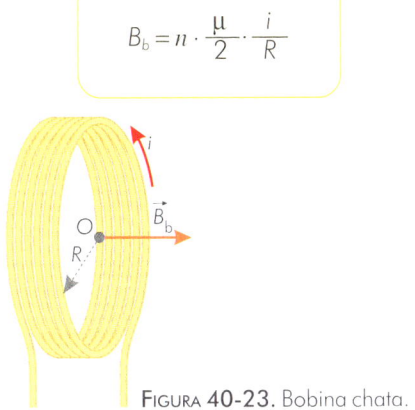

Figura 40-23. Bobina chata.

Exercício Resolvido

17. Na figura ao lado, duas espiras são concêntricas, coplanares e estão sendo percorridas por correntes elétricas de intensidades iguais a $i_1 = 2{,}0$ A e $i_2 = 3{,}0$ A, nos sentidos indicados. O raio da espira menor é 10 cm e o da maior, 20 cm. Caracterize o vetor indução magnética resultante no centro O das espiras. Considere a permeabilidade magnética do meio igual a $4\pi \cdot 10^{-7} \, \dfrac{\text{T} \cdot \text{m}}{\text{A}}$.

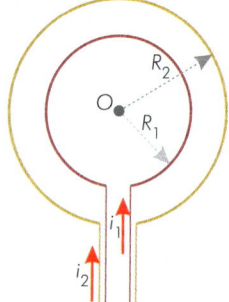

Resolução:
Calculando a intensidade de cada vetor indução magnética no centro da espira:

(1) $B_1 = \dfrac{\mu}{2} \cdot \dfrac{i_1}{R_1} \Rightarrow B_1 = \dfrac{4\pi \cdot 10^{-7}}{2} \cdot \dfrac{2{,}0}{10 \cdot 10^{-2}} \Rightarrow B_1 = 4{,}0\pi \cdot 10^{-6}$ T

(2) $B_2 = \dfrac{\mu}{2} \cdot \dfrac{i_2}{R_2} \Rightarrow B_2 = \dfrac{4\pi \cdot 10^{-7}}{2} \cdot \dfrac{3{,}0}{2{,}0 \cdot 10^{-2}} \Rightarrow B_2 = 3{,}0\pi \cdot 10^{-6}$ T

(3) $\vec{B}_R = \vec{B}_1 + \vec{B}_2$

Como no centro O das espiras os vetores indução magnética têm sentidos opostos, a intensidade do vetor indução magnética resultante ($\vec{B}_R$) no centro O dessas espiras é dada por:
$B_R = B_1 - B_2$ (pois $B_1 > B_2$)

$$B_R = 4{,}0\pi \cdot 10^{-6} - 3{,}0\pi \cdot 10^{-6} = 1{,}0\pi \cdot 10^{-6} \text{ T}$$

Resposta: o vetor indução magnética resultante $\vec{B}_R$ no centro das espiras apresenta as seguintes características:

Intensidade: $1{,}0\pi \cdot 10^{-6}$ T
Direção: perpendicular ao plano da folha (plano que contém as espiras).
Sentido: o mesmo do vetor indução magnética $\vec{B}_1$, isto é, saindo do plano da folha.

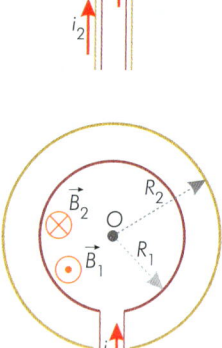

Exercícios Propostos

18. Uma espira circular é percorrida por uma corrente elétrica contínua, de intensidade constante. O sentido da corrente elétrica está indicado na figura ao lado.

a) Qual a direção e o sentido do vetor indução magnética $\vec{B}$ no centro O da espira?
b) A face que está voltada para você é o polo norte ou o polo sul da espira?

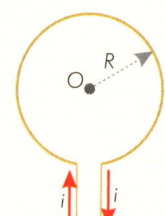

19. Uma espira circular de $6{,}0\pi$ cm de diâmetro é percorrida por uma corrente elétrica de intensidade igual a 9,0 A. O sentido da corrente elétrica está indicado na figura ao lado. Caracterize o vetor indução magnética resultante no centro O da espira. Considere a permeabilidade magnética do meio igual a $4\pi \cdot 10^{-7} \, \dfrac{\text{T} \cdot \text{m}}{\text{A}}$.

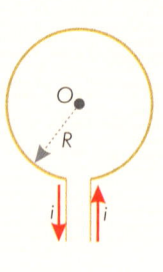

20. A figura ao lado mostra duas espiras circulares concêntricas e coplanares percorridas por correntes elétricas de mesma intensidade $i = 25$ A, nos sentidos indicados. A espira menor tem raio $r = 5{,}0$ cm e a maior tem raio $R = 20$ cm. Caracterize o vetor indução magnética resultante ($\vec{B}_R$) no centro O das espiras. Considere a permeabilidade magnética do meio igual a $4\pi \cdot 10^{-7} \, \dfrac{\text{T} \cdot \text{m}}{\text{A}}$.

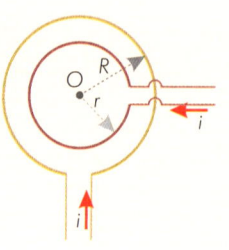

21. Uma espira circular de raio R é percorrida por uma corrente elétrica de intensidade i_1. No mesmo plano da espira e a uma distância $3R$ do centro O da espira, tem-se um fio retilíneo muito longo, percorrido por uma corrente elétrica de intensidade i_2. Determine a relação $\dfrac{i_2}{i_1}$ para que o campo magnético resultante no centro O da espira seja nulo.

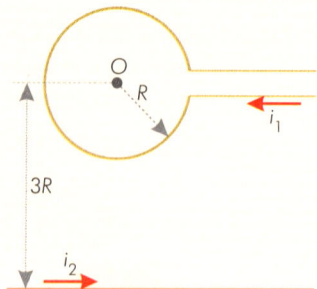

22. Uma bobina chata é formada de 100 espiras circulares de raio 20 cm. Sabendo que as espiras são percorridas por uma corrente elétrica de intensidade igual a 8,0 A, determine a intensidade do vetor indução magnética no seu centro. Considere a permeabilidade magnética do meio igual a $4\pi \cdot 10^{-7} \, \dfrac{\text{T} \cdot \text{m}}{\text{A}}$.

40.5.3. Campo magnético de um solenoide

Denominamos **solenoide** um condutor longo e enrolado de modo que forme um tubo constituído de espiras igualmente espaçadas. Esse conjunto também é chamado **bobina longa**. Podemos obter um solenoide enrolando em hélice um fio condutor em um cilindro (Figura 40-24).

Consideremos um solenoide de comprimento L, constituído de N espiras. Quando o condutor que constitui o solenoide é percorrido por corrente elétrica de intensidade i, é criado um campo magnético com as seguintes características:

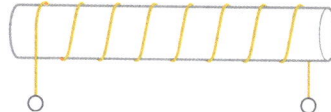

Figura 40-24. Fio enrolado em hélice dando origem a um solenoide.

1) na parte interna do solenoide, o campo magnético pode ser considerado uniforme, com linhas de indução paralelas entre si;
2) quanto mais longo for o solenoide, mais uniforme será o campo magnético no seu interior e mais fraco o campo magnético externo;
3) daqui por diante consideraremos o campo magnético no interior do solenoide sempre uniforme e externamente nulo (solenoide ideal).

Desse modo, o vetor indução magnética $\vec{B}$ em qualquer ponto do interior do solenoide é o mesmo e tem as seguintes características:

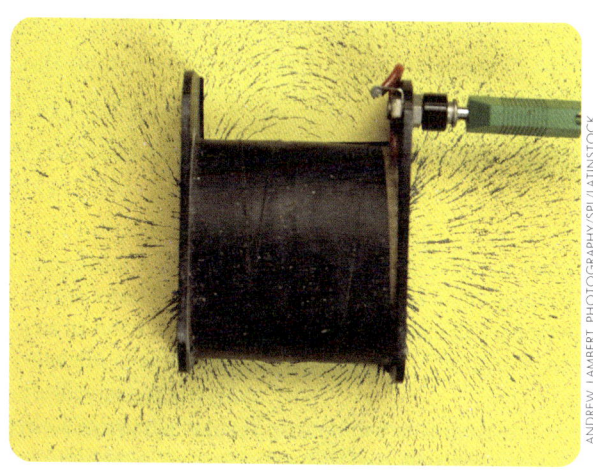

Limalha de ferro alinhada segundo linhas de indução magnética de um solenoide.

- *direção*: os vetores indução magnética $\vec{B}$ no interior do solenoide têm a direção do eixo do solenoide (isto é, as linhas de indução magnética no interior do solenoide são retilíneas e paralelas ao eixo do solenoide);
- *sentido*: dado pela regra da mão direita. Observe a Figura 40-25.

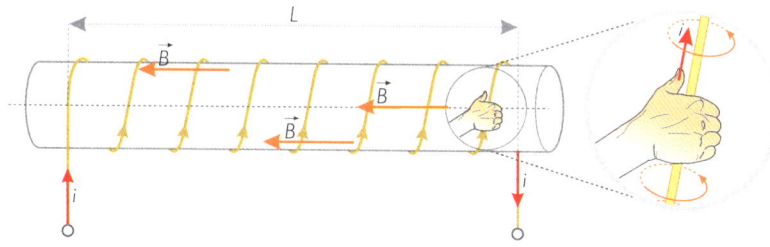

Figura 40-25. Usando a regra da mão direita, podemos determinar o sentido das linhas de indução magnética no interior do solenoide.

- *intensidade*: demonstra-se que a intensidade do vetor indução magnética $\vec{B}$ é dada pela equação:

$$B = \mu \cdot \frac{N}{L} \cdot i$$

em que μ é a permeabilidade magnética do meio no interior do solenoide e o termo $\frac{N}{L}$ representa o número de espiras por unidade de comprimento do solenoide.

As extremidades do solenoide constituem polos magnéticos:

- *polo norte*: face por onde saem as linhas de indução magnética;
- *polo sul*: face por onde entram as linhas de indução magnética (Figura 40-26).

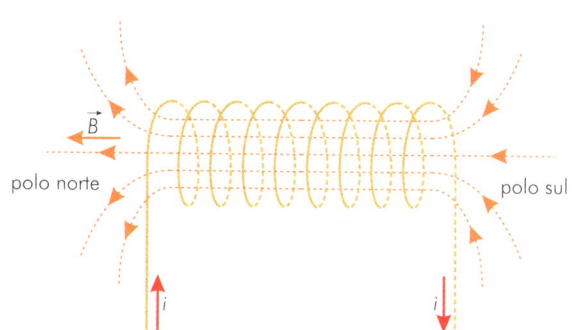

Figura 40-26. Polos de um solenoide identificados pela regra da mão direita.

Exercício Resolvido

23. Um solenoide apresenta 500 espiras em 50 cm de comprimento. Sua resistência elétrica vale 5,0 Ω e ele está ligado a um gerador de força eletromotriz igual a 12 V e resistência interna 1,0 Ω, como esquematizado na figura ao lado. Caracterize o vetor indução magnética no interior desse solenoide. Considere a permeabilidade magnética do meio no interior do solenoide igual a $4\pi \cdot 10^{-7} \dfrac{T \cdot m}{A}$.

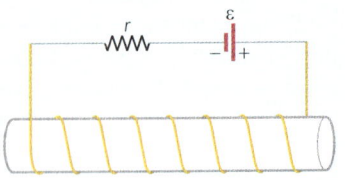

Resolução:

(1) Inicialmente, vamos calcular a intensidade da corrente elétrica que percorre o gerador. Para isso, aplicamos a Primeira Lei de Ohm para o circuito equivalente na situação do enunciado.

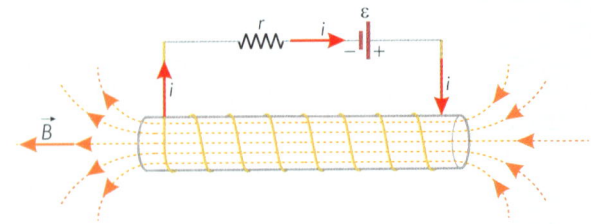

$$R_{equiv.} = \dfrac{\varepsilon}{i} \Rightarrow 6{,}0 = \dfrac{12}{i} \Rightarrow i = \dfrac{12}{6{,}0} \therefore i = 2{,}0\ A$$

(2) Sendo $\mu = 4\pi \cdot 10^{-7} \dfrac{T \cdot m}{A}$, $N = 500$ espiras, $L = 50$ cm $= 0{,}50$ m e utilizando a equação $B = \mu \cdot \dfrac{N}{L} \cdot i$, determinamos o módulo do vetor indução magnética no interior do solenoide:

$$B = 4\pi \cdot 10^{-7} \cdot \dfrac{500}{0{,}50} \cdot 2{,}0 \therefore B = 8{,}0\pi \cdot 10^{-4}\ T$$

Resposta: o vetor indução magnética tem a direção do eixo do solenoide e sentido (usando a regra da mão direita) da direita para esquerda.

Exercícios Propostos

24. Uma bobina longa (ou solenoide) é obtida enrolando-se um fio condutor na forma helicoidal, como ilustrado na figura ao lado. Qual a direção e qual o sentido do vetor indução magnética no interior desse solenoide, se ele é percorrido por uma corrente elétrica contínua no sentido indicado?

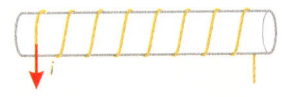

25. Os eletroímãs têm larga aplicação prática; são usados tanto para atrair objetos de ferro quanto em componentes elétricos e eletrônicos. Para se conseguir um eletroímã, basta enrolar um fio condutor em volta de um prego de ferro doce, fazendo-se passar uma corrente elétrica por esse fio. Assim, o prego imanta-se. Cessando a passagem de corrente, o prego desmagnetiza-se.

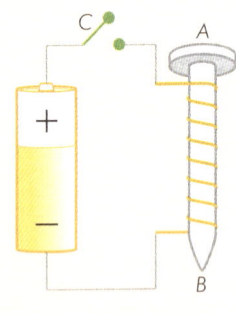

A figura acima representa um eletroímã. Após fecharmos a chave C, o prego de ferro magnetiza-se. Identifique qual das extremidades do prego é o polo norte e qual é o polo sul.

26. (FUVEST – SP) Um solenoide de comprimento 4,0 cm compreende 1.000 espiras por metro. Considere o meio como sendo o vácuo ($\mu_0 = 4\pi \cdot 10^{-7}\ T \cdot m \cdot A^{-1}$) e calcule a intensidade do vetor indução magnética originado na região central do solenoide pela passagem de uma corrente elétrica contínua de intensidade constante e igual a 10 A.

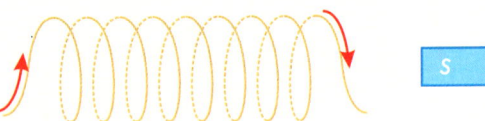

Se aproximarmos de uma das extremidades do solenoide um ímã em forma de barra, conforme mostra a figura, ocorrerá atração ou repulsão?

27. (UFV – MG) A figura abaixo representa uma campainha de corrente contínua e seu respectivo circuito.

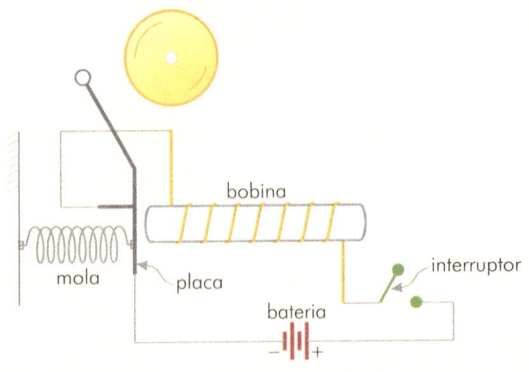

As afirmativas a seguir referem-se ao que ocorre quando o interruptor é acionado.

Exercícios Propostos

I. Uma extremidade da bobina fica carregada positivamente, atraindo a placa.
II. A corrente elétrica gera um campo magnético na bobina, que atrai a placa.
III. A corrente elétrica gera um campo magnético na bobina e outro na placa, que se atraem mutuamente.

Em relação às afirmações, assinale a opção correta:

a) Todas as afirmações são verdadeiras.
b) Apenas a afirmação I é verdadeira.
c) Apenas a afirmação III é verdadeira.
d) Apenas a afirmação II é verdadeira.
e) Todas as afirmações são falsas.

Exercícios Complementares

28. Assinale a opção que apresenta a afirmação correta, a respeito de fenômenos eletromagnéticos.

a) É possível isolar os polos de um ímã.
b) Imantar um corpo é fornecer elétrons a um de seus polos e prótons ao outro.
c) Ao redor de qualquer carga elétrica, existem um campo elétrico e um campo magnético.
d) Cargas elétricas em movimento geram um campo magnético.
e) As propriedades magnéticas de um ímã de aço aumentam com a temperatura.

29. (UFMG) A figura ao lado mostra uma pequena chapa metálica imantada, que flutua sobre a água de um recipiente. Um fio elétrico está colocado sobre esse recipiente. O fio passa, então, a conduzir uma intensa corrente elétrica contínua, no sentido da esquerda para a direita.

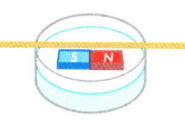

A alternativa que melhor representa a posição da chapa metálica imantada, após um certo tempo, é:

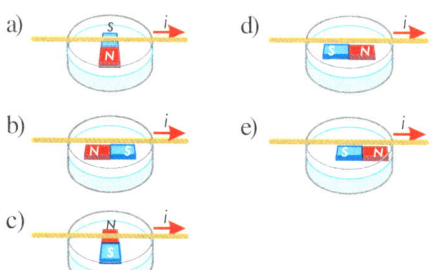

30. (UFSC – modificada) Considere um fio retilíneo infinito, no qual passa uma corrente elétrica de intensidade i. Qual é a soma dos valores associados às proposições VERDADEIRAS?

01. Se dobrarmos a intensidade i da corrente elétrica, o campo magnético gerado pelo fio dobra.
02. Se invertermos o sentido da corrente elétrica, inverte-se o sentido do campo magnético gerado pelo fio.
04. A intensidade do campo magnético gerado pelo fio em um ponto do espaço cai com $1/r^2$, onde r é a distância do ponto considerado ao fio.
08. O condutor gera, em toda região do espaço onde se encontra, um campo magnético cuja direção é perpendicular ao plano que contém esse condutor.
16. A intensidade do campo magnético gerado por esse condutor independe do meio em que ele se encontra.
32. A presença de um segundo condutor, também percorrido por corrente elétrica, nessa região, não interfere no campo magnético gerado pelo primeiro condutor.
64. Caso exista uma partícula carregada próxima ao fio, será sempre diferente de zero a força que o campo magnético gerado pelo fio fará sobre a partícula.

31. Dois longos condutores elétricos paralelos a uma agulha magnética estão no mesmo plano horizontal da agulha, que equidista dos condutores. A agulha é livre para girar em torno de seu centro de massa e tem seu extremo norte apontado para o norte geográfico da Terra. Ela se encontra no equador terrestre. Quando nos condutores se manifesta corrente do sul para o norte geográfico e de mesma intensidade, o polo norte da agulha tende a:

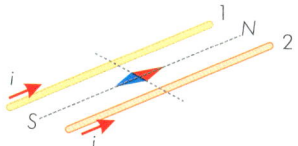

a) deslocar-se para baixo.
b) permanecer em repouso.
c) deslocar-se para cima.
d) deslocar-se para leste.
e) deslocar-se para oeste.

32. (FUVEST – SP) A figura ao lado indica quatro bússolas que se encontram próximas a um fio condutor, percorrido por uma intensa corrente elétrica.

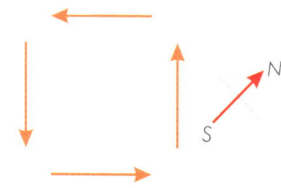

a) Represente, na figura, a posição do condutor e o sentido da corrente.
b) Caso a corrente cesse de fluir, qual será a configuração das bússolas? Faça a figura correspondente.

33. (FUVEST – SP) A figura representa 4 bússolas apontando, inicialmente, para o polo norte terrestre. Pelo ponto O, perpendicularmente ao plano do papel, coloca-se um fio condutor retilíneo e longo. Ao se fazer passar pelo condutor uma corrente elétrica contínua e intensa no sentido do plano do papel para a vista do leitor, permanece praticamente inalterada somente a posição:

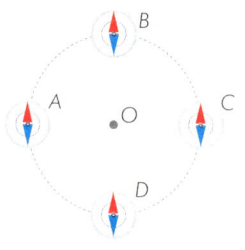

a) das bússolas A e C.
b) das bússolas B e D.
c) das bússolas A, C e D.
d) da bússola C.
e) da bússola D.

34. (FUVEST – SP) Um fio metálico, retilíneo, vertical e muito longo atravessa a superfície de uma mesa, sobre a qual há uma bússola, próxima ao fio, conforme a figura a seguir.

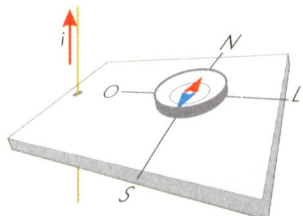

Fazendo passar uma corrente elétrica contínua i no sentido indicado, a posição de equilíbrio estável da agulha imantada, desprezando o campo magnético terrestre, é:

35. (PUCCAMP – SP) Pode-se obter o aspecto das linhas de indução de uma região de campo magnético salpicando limalha de ferro sobre uma folha de papel colocada horizontalmente. As partículas de ferro, na região do campo magnético, imantam-se e comportam-se como pequenos ímãs, alinhando-se com o vetor indução magnética. Analise as afirmações e as figuras a seguir.

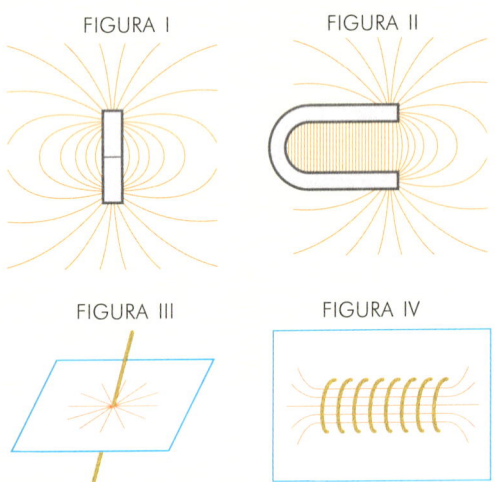

Figura I. Representa a distribuição da limalha de ferro na folha de papel, colocada sobre um ímã em forma de barra.

Figura II. Representa a distribuição da limalha de ferro na folha de papel, colocada sobre um ímã em forma de ferradura.

Figura III. Um fio, percorrido por corrente contínua, atravessa um pedaço de papel e a limalha de ferro arruma-se conforme a figura.

Figura IV. Fazendo as espiras de um solenoide, percorrido por corrente contínua, atravessarem o papel, vê-se que a limalha de ferro forma linhas paralelas e equidistantes dentro do solenoide.

Pode-se afirmar que são corretas, APENAS,

a) I e II. b) III e IV. c) I, II e III. d) I, II e IV. e) II, III e IV.

36. Dois fios longos e retilíneos são dispostos perpendicularmente entre si e percorridos por correntes elétricas de intensidades i_1 e i_2, como mostra a figura a seguir.

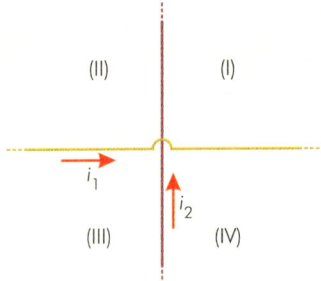

O módulo do campo magnético resultante, gerado pelas correntes nos dois fios, pode ser nulo SOMENTE em pontos dos quadrantes

a) I e II. b) I e III. c) I e IV. d) II e III. e) II e IV.

37. (PUCCAMP – SP) Dois fios, longos e retilíneos, são dispostos verticalmente e distantes um do outro. Cada fio é percorrido por uma corrente elétrica i, de sentidos opostos. Uma bússola é colocada próxima a cada fio. O esquema que indica a orientação correta da agulha da bússola próxima a cada fio é:

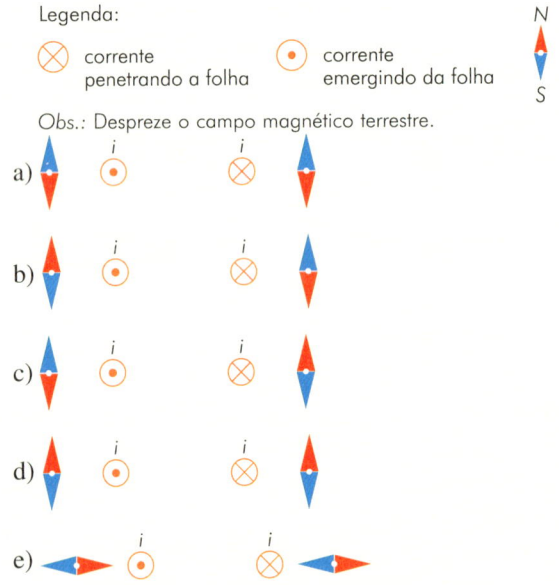

38. (FEI – SP) Um fio condutor retilíneo muito longo, imerso em um meio cuja permeabilidade magnética é $\mu = 6{,}0\pi \cdot 10^{-7}$ (T · m)/A, é percorrido por uma corrente elétrica de intensidade I. A uma distância de 1,0 m do fio sabe-se que o módulo do campo magnético é $1{,}0 \cdot 10^{-6}$ T. Qual é a intensidade I da corrente elétrica que percorre o fio?

a) 3,333 A   b) 6π A   c) 10 A   d) 1 A   e) 6 A

Exercícios Complementares

39. Três fios condutores verticais e muito longos atravessam uma superfície plana e horizontal, nos vértices de um triângulo isósceles, como esquematizado na figura ao lado, desenhada no plano da folha. Por dois deles (D' e B') passa uma corrente de mesma intensidade que sai do plano do papel e pelo terceiro (C), uma corrente que entra nesse plano. Desprezando-se os efeitos do campo magnético terrestre, a direção da agulha de uma bússola, colocada equidistante deles, seria mais bem representada pela reta:

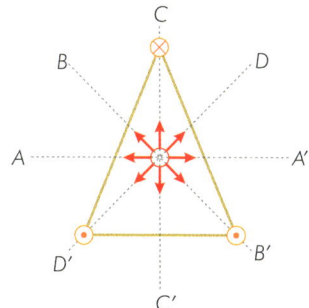

a) AA'   b) BB'   c) CC'   d) DD'
e) perpendicular ao plano do papel

40. (UNESP) Uma corrente elétrica i constante atravessa um fio comprido e retilíneo, no sentido indicado na Figura I, criando, ao seu redor, um campo magnético. O módulo do vetor indução magnética, em cada um dos pontos A e B de uma reta perpendicular ao fio e distantes 2,0 cm dele, é igual a $4,0 \cdot 10^{-4}$ T.

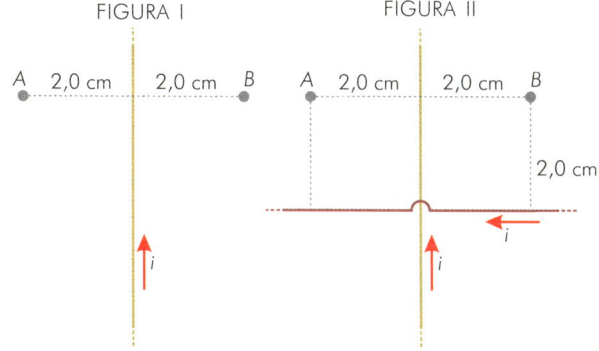

Considere, agora, outro fio, também comprido e retilíneo, distante 2,0 cm tanto de A como de B, cruzando com o primeiro, mas sem tocá-lo. Os dois fios e os pontos A e B estão praticamente no mesmo plano, como mostra a Figura II. Se a corrente que atravessa o segundo fio, no sentido indicado na Figura II, também é i, qual será o módulo do vetor indução magnética resultante:

a) no ponto A?   b) no ponto B?

41. (UEL – PR) Numa sala de aula foram montados dois condutores verticais, C_1 e C_2, que suportam as correntes elétricas ascendentes de 3,0 e 4,0 ampères, respectivamente. Essas correntes elétricas geram campo magnético na região e, em particular, num ponto P situado no centro da sala. O esquema ao lado indica a posição relativa dos condutores e do ponto P na sala

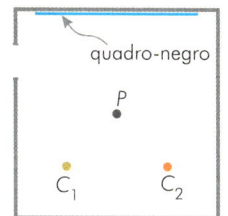

de aula. Nessas condições, o vetor indução magnética no ponto P é:

a) horizontal dirigido para o fundo da sala.
b) horizontal dirigido para o quadro-negro.
c) horizontal e paralelo ao quadro-negro.
d) vertical dirigido para baixo.
e) vertical dirigido para cima.

42. (UFPE) Um segmento de fio reto, de densidade linear $7 \cdot 10^{-2}$ kg/m, encontra-se em repouso sobre uma mesa, na presença de um campo magnético horizontal, uniforme, perpendicular ao fio e de intensidade 20 T, e de um campo gravitacional, vertical, orientado de cima para baixo e de intensidade igual a 10 N/kg, conforme esquematizado na figura a seguir.

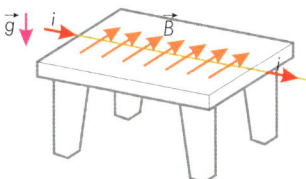

Determine, em newtons, a intensidade da força magnética de direção vertical e orientada de baixo para cima que atua em cada metro desse condutor para que ele não perca contato com a mesa.

43. (ITA – SP) Uma espira circular de raio R é percorrida por uma corrente elétrica i. A uma distância $2R$ de seu centro encontra-se um condutor retilíneo muito longo que é percorrido por uma corrente elétrica i_1, conforme está esquematizado na figura ao lado. As condições que permitem que se anule o campo de indução magnética no centro da espira são, respectivamente,

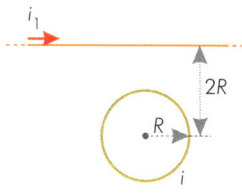

a) $\dfrac{i_1}{i} = 2\pi$ e a corrente elétrica na espira no sentido horário.

b) $\dfrac{i_1}{i} = 2\pi$ e a corrente elétrica na espira no sentido anti-horário.

c) $\dfrac{i_1}{i} = \pi$ e a corrente elétrica na espira no sentido horário.

d) $\dfrac{i_1}{i} = \pi$ e a corrente elétrica na espira no sentido anti-horário.

e) $\dfrac{i_1}{i} = 2$ e a corrente elétrica na espira no sentido horário.

44. (UNICAMP – SP) Um solenoide ideal, de comprimento 50 cm e raio 1,5 cm, contém 2.000 espiras e é percorrido por uma corrente de intensidade igual a 3,0 A. O campo de indução magnética é paralelo ao eixo do solenoide e sua intensidade B é dada por: $B = \mu_0 \cdot n \cdot I$, onde n é o número de espiras por unidade de comprimento e I é a intensidade da corrente elétrica. Sendo $\mu_0 = 4\pi \cdot 10^{-7}$ N/A², qual é o valor de B ao longo do eixo do solenoide?

41 Força Magnética

41.1. Força Magnética sobre uma Carga Móvel em Campo Magnético Uniforme

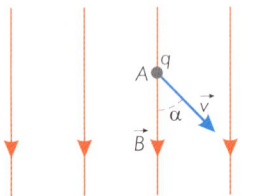

FIGURA 41-1. Carga elétrica lançada obliquamente no campo magnético.

Considere uma carga elétrica puntiforme q, lançada de um ponto A de um campo magnético com velocidade $\vec{v}$. Seja $\vec{B}$ o vetor indução magnética em A e α o ângulo que o vetor velocidade $\vec{v}$ faz com o vetor indução magnética $\vec{B}$ (Figura 41-1). Nesse caso, verifica-se que essa carga elétrica q fica sujeita a uma *força magnética* (força de Lorentz). A sua origem pode ser explicada sabendo que uma carga elétrica em movimento gera campo magnético e este interage com o campo magnético da região onde a partícula se move.

MAURO FERMARIELLO/SPL/LATINSTOCK

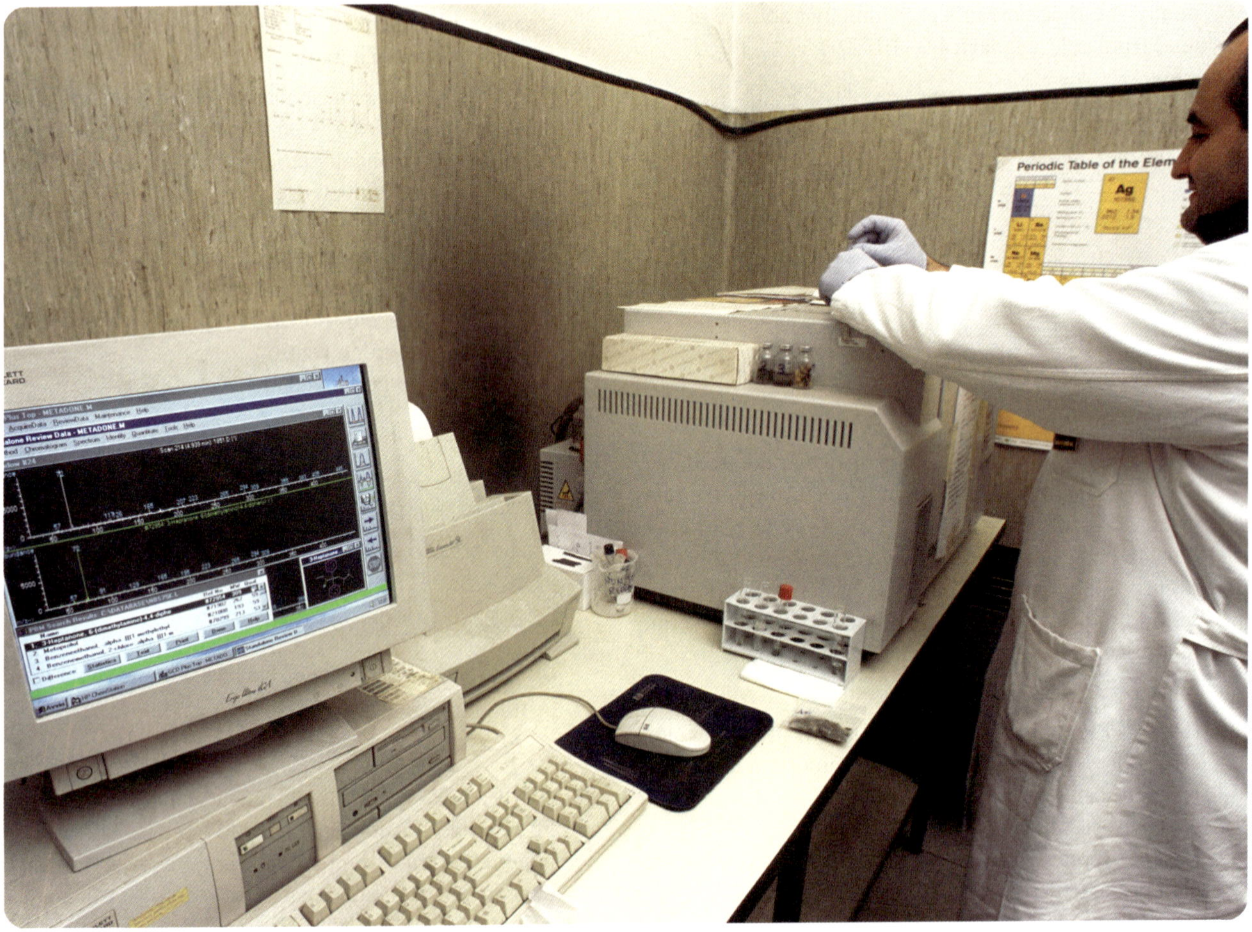

São inúmeros os episódios em que é necessário saber quais os elementos que compõem determinada amostra, como no caso, por exemplo, das amostras forenses recolhidas na cena de um crime. Para esses casos, uma das possibilidades é introduzir a amostra em um aparelho chamado espectrômetro de massa. As moléculas da amostra são ionizadas e são forçadas a atravessar um campo magnético que as deflete. O computador acoplado analisa as trajetórias, identificando os componentes pela sua relação carga-massa.

A experiência mostra que, em geral, a carga elétrica sofre um desvio. Isso significa que, sobre a carga elétrica, age uma força de origem magnética, $\vec{F}_{mag.}$, que tem as seguintes características:

- *Intensidade*: a intensidade da força magnética que atua na carga q é dada por:

$$F_{mag.} = |q| \cdot v \cdot B \cdot \text{sen } \alpha$$

- *Direção*: a direção da força magnética é perpendicular ao plano formado pelos vetores $\vec{v}$ e $\vec{B}$ (Figura 41-2).

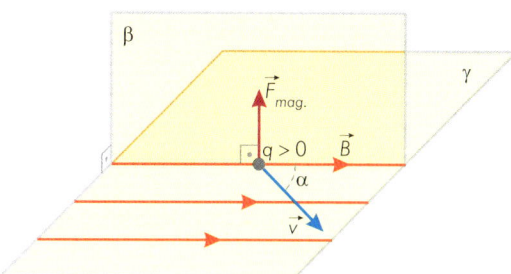

FIGURA 41-2.

IMPORTANTE

A intensidade da força magnética depende do valor da carga elétrica, do módulo da velocidade de lançamento, da intensidade do vetor indução magnética no ponto em que a carga elétrica foi lançada e do ângulo α.

- *Sentido*: o sentido da força magnética é dado pela regra prática denominada **regra do tapa**. De acordo com essa regra, para obtermos o sentido da força magnética que atua em uma *carga positiva* em movimento, deveremos proceder da seguinte forma: dispomos a mão direita aberta da maneira como é mostrada na Figura 41-3, com o dedo polegar dirigido ao longo do vetor $\vec{v}$ e os demais dedos orientados ao longo do campo magnético $\vec{B}$; o sentido da força magnética $\vec{F}_{mag.}$ será aquele para o qual fica voltada a palma da mão, isto é, o sentido do movimento que deveria ser feito para dar um tapa com a palma dessa mão.

Se a carga q lançada no campo magnético for *negativa*, inverte-se o sentido da força magnética obtido pela regra do tapa para uma carga positiva.

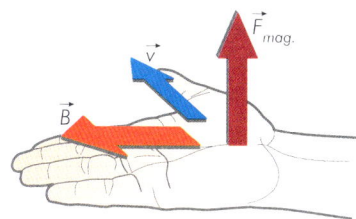

FIGURA 41-3. Disposição da mão direita para a aplicação da regra do tapa.

OBSERVAÇÕES:

- Se a direção do deslocamento da carga elétrica for paralela à direção do vetor indução magnética $\vec{B}$, o ângulo α será tal que sen $\alpha = 0$, pois $\alpha = 0°$ (se a partícula for lançada no sentido das linhas de campo magnético) ou $\alpha = 180°$ (se a partícula for lançada em sentido contrário ao das linhas de campo magnético). Veja a Figura 41-4.

Aplicando a equação
$F_{mag.} = |q| \cdot v \cdot B \cdot \text{sen } \alpha$,
com sen $\alpha = 0$, teremos: $F_{mag.} = 0$

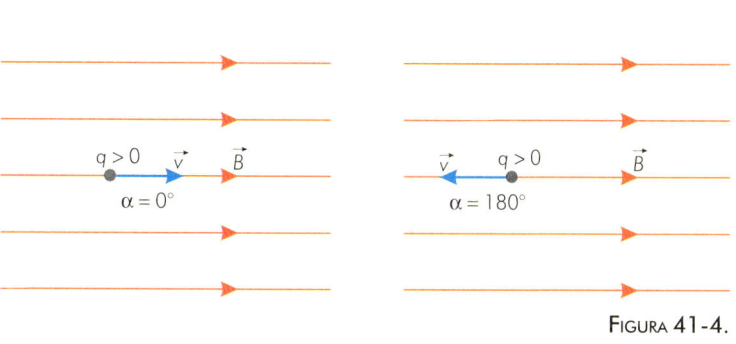

FIGURA 41-4.

- Se a direção do deslocamento da carga elétrica for perpendicular à direção do vetor indução magnética $\vec{B}$, o ângulo α será tal que sen α = 1, pois α = 90°. Veja a Figura 41-5.
  A intensidade da força magnética é, então, dada por:

  $$F_{mag.} = |q| \cdot v \cdot B$$

- Para facilidade didática, convencionou-se representar um "vetor entrando" e um "vetor saindo" do plano do papel com os símbolos a seguir:

  ⊗ vetor entrando perpendicularmente no plano do papel;
  ⊙ vetor saindo perpendicularmente do plano do papel.

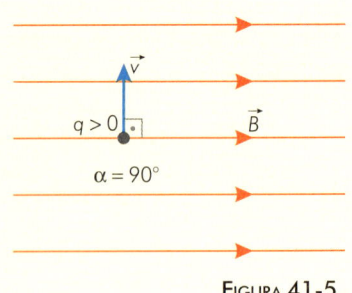

FIGURA 41-5.

Exercícios Resolvidos

1. Uma partícula eletrizada com carga elétrica de módulo igual a 4,0 μC é lançada com velocidade de módulo igual a $5,0 \cdot 10^3$ m/s em um campo magnético uniforme de indução $\vec{B}$ cuja intensidade é igual a 8,0 T.

Sendo de 60° o ângulo formado entre os vetores $\vec{v}$ e $\vec{B}$, determine a intensidade da força magnética que age na partícula ao ser lançada.

RESOLUÇÃO:
A intensidade da força magnética que atua na partícula é dada pela relação $F_{mag.} = |q| \cdot v \cdot B \cdot \text{sen } \alpha$. Assim,

$$F_{mag.} = 4,0 \cdot 10^{-6} \cdot 5,0 \cdot 10^3 \cdot 8,0 \cdot \text{sen } 60°$$

$$F_{mag.} = 160 \cdot 10^{-3} \cdot \frac{\sqrt{3}}{2}$$

$$F_{mag.} = 8,0 \cdot \sqrt{3} \cdot 10^{-2} \text{ N} \cong 1,4 \cdot 10^{-1} \text{ N}$$

2. A figura mostra um dispositivo que emite íons positivos que se deslocam com velocidade $\vec{v}$ no interior de dois campos uniformes, um elétrico $\vec{E}$ e outro magnético de indução $\vec{B}$. Considerando a intensidade do campo elétrico na região constante e igual a $1,0 \cdot 10^3$ N/C, a intensidade do vetor indução magnética $\vec{B}$ igual a $5,0 \cdot 10^{-2}$ T e sabendo que os íons atravessam os campos de forças em linha reta, determine o módulo da velocidade da partícula.

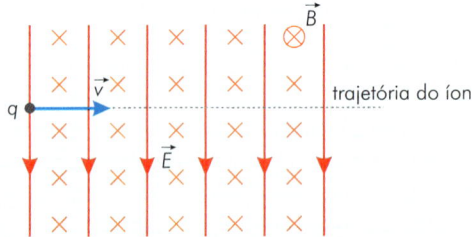

RESOLUÇÃO:
Sobre a partícula, agem duas forças: a força elétrica $\vec{F}_{elétr.}$ e a força magnética $\vec{F}_{mag.}$, cuja orientação espacial de cada uma está representada na figura ao lado.

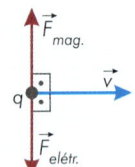

Se o íon está descrevendo MRU, a força resultante que atua sobre a partícula é nula, ou seja: $F_{mag.} = F_{elétr.}$. Assim,

$$F_{mag.} = F_{elétr.}$$

$$|q| \cdot v \cdot B = |q| \cdot E \Rightarrow v \cdot B = E \Rightarrow v = \frac{E}{B}$$

$$v = \frac{1,0 \cdot 10^3}{5,0 \cdot 10^{-2}} \Rightarrow v = 0,20 \cdot 10^5 \therefore v = 2,0 \cdot 10^4 \text{ m/s}$$

Exercícios Propostos

3. Julgue a veracidade das afirmações seguintes.
(1) Uma partícula eletrizada imersa em um campo magnético fica submetida a uma força devido a esse campo.
(2) Uma partícula eletrizada imersa em um campo elétrico fica submetida à ação de uma força devido a esse campo.
(3) A intensidade da força magnética que atua em uma partícula eletrizada lançada em um campo magnético é máxima quando essa partícula for lançada perpendicularmente às linhas de campo de indução magnética.
(4) A força magnética atuante em uma partícula eletrizada não modifica o módulo de sua velocidade, porque as forças magnéticas sobre essa partícula e a sua velocidade são perpendiculares. Assim, nesse caso, a força magnética não realiza trabalho.

Exercícios Propostos

4. Represente a força magnética que age sobre a carga elétrica q lançada no campo magnético de indução $\vec{B}$ nos seguintes casos:

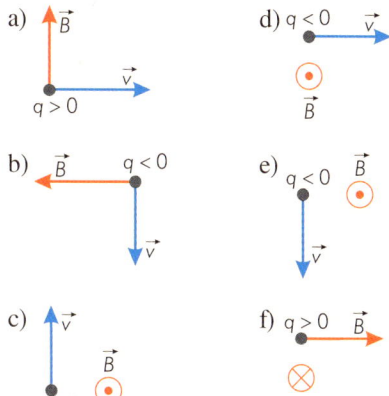

5. Uma partícula eletrizada é lançada com velocidade $\vec{v}$ que forma um ângulo α com o vetor indução magnética $\vec{B}$. Sendo a carga elétrica dessa partícula igual a 3,0 μC, o módulo da sua velocidade de lançamento igual a $8,0 \cdot 10^5$ m/s e a intensidade do vetor indução magnética de 3,0 T, calcule a intensidade da força magnética que atua nessa partícula nos seguintes casos:

a) para $\alpha = 30°$;
b) para $\alpha = 60°$;
c) para $\alpha = 90°$;
d) para $\alpha = 180°$.

6. Três partículas eletrizadas, A, B e C, são lançadas no campo magnético existente entre duas faces polares norte e sul de dois ímãs.

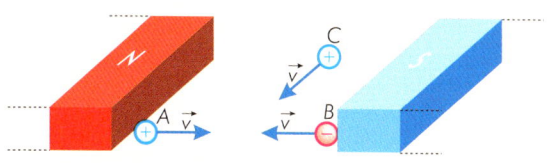

a) Represente a força magnética que age na partícula C.
b) O que se pode dizer a respeito das forças magnéticas que agem nas partículas A e B?

7. (PUC – SP) Um elétron em um tubo de raios catódicos está se movimentando paralelamente ao eixo do tubo com velocidade escalar de módulo igual a 10^7 m/s. Aplica-se um campo magnético de indução $\vec{B}$ cuja intensidade é igual a 4 T, formando um ângulo de 30° com o eixo do tubo. Sendo a carga do elétron $-1,6 \cdot 10^{-19}$ C, a intensidade da força magnética que sobre ele atua tem valor:

a) $3,2 \cdot 10^{-12}$ N
b) $4,5 \cdot 10^{-12}$ N
c) $5,4 \cdot 10^{-12}$ N
d) $6,4 \cdot 10^{-12}$ N
e) $2,3 \cdot 10^{-12}$ N

41.2. Movimento de uma Carga em um Campo Magnético Uniforme

Quando uma partícula eletrizada é lançada em um campo magnético uniforme, ela poderá descrever no interior desse campo diversos tipos de movimento, conforme a direção de sua velocidade em relação ao campo magnético.

Considere que uma partícula eletrizada com uma carga elétrica q foi lançada com velocidade $\vec{v}$ no interior de um campo magnético uniforme de indução $\vec{B}$. A partícula realizará movimento uniforme no interior desse campo. Os diferentes tipos de trajetória que essa partícula pode descrever dependem dos diferentes ângulos de lançamento α entre os vetores $\vec{v}$ e $\vec{B}$.

1.° Caso: a partícula eletrizada com carga elétrica q é lançada paralelamente às linhas de indução, isto é, $\vec{v}$ é paralelo ou antiparalelo a $\vec{B}$. Nesse caso, $\alpha = 0°$ ou $\alpha = 180°$. Veja a Figura 41-6.

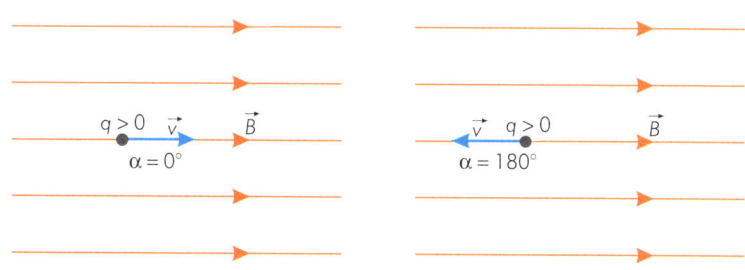

FIGURA 41-6.

Como sen 0° = 0 e sen 180° = 0, concluímos, de $F_{mag.} = |q| \cdot v \cdot B \cdot \text{sen } \alpha$, que a força magnética que age na partícula é nula. Isso significa que a partícula realiza, no interior do campo magnético, **movimento retilíneo e uniforme**.

2.° Caso: a partícula eletrizada com carga elétrica q é lançada perpendicularmente às linhas de indução, isto é, $\vec{v}$ é perpendicular a $\vec{B}$. Nesse caso, $\alpha = 90°$. Veja a Figura 41-7.

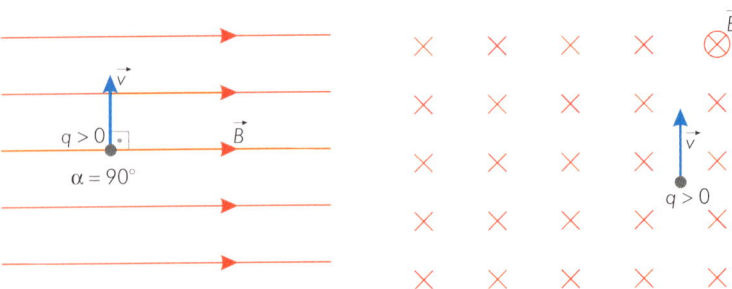

FIGURA 41-7.

Nessa situação, como $\alpha = 90°$, a força magnética $\vec{F}_{mag.}$ age como uma força centrípeta, modificando apenas a direção da velocidade $\vec{v}$ da partícula de carga elétrica q, sem provocar variações em seu módulo. Desse modo, essa partícula passa a descrever no interior do campo magnético um **movimento circular uniforme**. (Figura 41-8)

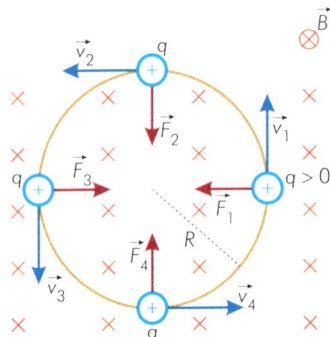

FIGURA 41-8. Para $\alpha = 90°$, a partícula de carga elétrica q realiza movimento circular uniforme em um plano perpendicular às linhas de indução.

41.2.1. Cálculo do raio da trajetória

Sendo R o raio da trajetória descrita e m a massa da partícula, a intensidade da resultante centrípeta é dada por:

$$F_c = m \cdot \frac{v^2}{R}$$

Como a resultante centrípeta é a força magnética, temos $F_{mag.} \equiv F_c$. Substituindo as equações nessa igualdade, temos:

$$|q| \cdot v \cdot B = m \cdot \frac{v^2}{R}$$

$$R = \frac{m \cdot v}{|q| \cdot B}$$

Conclusão:

Desse modo, o raio R da trajetória circular descrita pela partícula é tanto maior quanto maiores forem sua massa m e o módulo v da velocidade de lançamento. Por outro lado, R é tanto menor quanto maior for o módulo da carga q.

41.2.2. Cálculo do período

Para determinar o período T do movimento circular uniforme descrito pela partícula, temos:

$$R = \frac{m \cdot v}{|q| \cdot B} \Rightarrow v = \frac{|q| \cdot R \cdot B}{m} \qquad \text{(equação I)}$$

Sabemos, também, que:

$$v = \frac{\Delta s}{\Delta t} \Rightarrow v = \frac{2\pi \cdot R}{T} \quad \text{(equação II)}$$

Igualando as equações (I) e (II), obtemos:

$$\frac{2\pi \cdot R}{T} = \frac{|q| \cdot R \cdot B}{m} \Rightarrow T = \frac{2\pi \cdot m}{|q| \cdot B}$$

$$\boxed{T = \frac{2\pi \cdot m}{|q| \cdot B}}$$

Conclusão:

O período e, é claro, a frequência do movimento da partícula não dependem da velocidade com que a partícula é lançada. Então, para uma partícula de massa m e carga elétrica q, o período e a frequência são sempre os mesmos, não importando a velocidade com que ela seja lançada no campo magnético de indução $\vec{B}$.

3.º Caso: a partícula eletrizada com carga elétrica q é lançada obliquamente em relação às linhas de indução.

Nesse caso, devemos decompor o vetor velocidade $\vec{v}$ segundo duas componentes: $\vec{v_1}$: componente de $\vec{v}$ na direção normal à direção de $\vec{B}$ (essa componente determina um movimento circular e uniforme) e $\vec{v_2}$: componente de $\vec{v}$ na direção de $\vec{B}$. Essa componente determina um movimento retilíneo e uniforme.

Teremos, então, uma combinação das trajetórias dos casos 1 e 2 (circunferência e reta) e, como resultado, obteremos uma **hélice cilíndrica**, conforme mostrado na Figura 41-9.

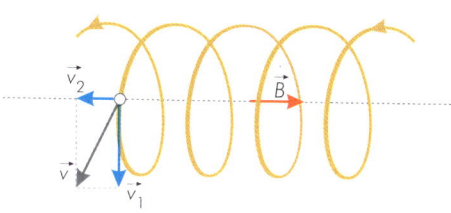

FIGURA 41-9.

Exercício Resolvido

8. Uma partícula de massa m e carga elétrica q é lançada, como mostra o esquema a seguir, com velocidade $v = 2{,}0 \cdot 10^6$ m/s, perpendicularmente às linhas de indução de um campo magnético uniforme cujo vetor indução magnética tem intensidade $B = 4{,}0 \cdot 10^{-3}$ T. É dada a relação $\frac{m}{q} = 10^{-8}$ kg/C e sabe-se que a partícula descreve uma semicircunferência no interior do campo magnético. Represente a trajetória da partícula e determine o raio da semicircunferência.

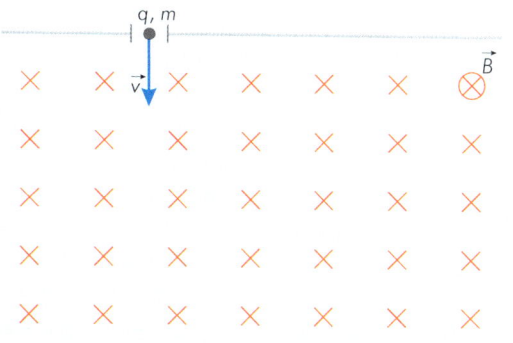

RESOLUÇÃO:
Aplicando a regra do tapa, verificamos que a força magnética $\vec{F}_{mag.}$ tem, no instante em que penetra no campo, sentido da esquerda para a direita e, portanto, a partícula descreve um movimento circular uniforme no sentido anti-horário, como indicado na figura a seguir.

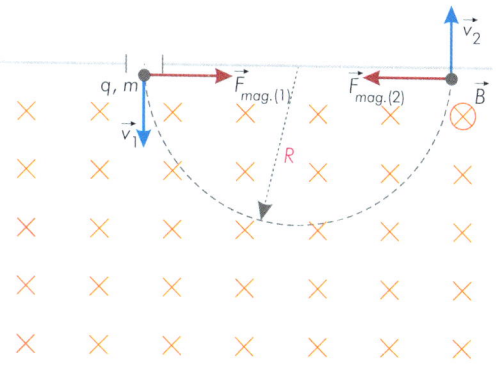

Aplicando a equação para o cálculo do raio R da trajetória descrita pela partícula, temos:

$$R = \frac{m \cdot v}{|q| \cdot B} \Rightarrow R = \frac{m}{|q|} \cdot \frac{2{,}0 \cdot 10^6}{4{,}0 \cdot 10^{-3}}$$

$$R = 10^{-8} \cdot 0{,}50 \cdot 10^9 \therefore R = 5{,}0 \text{ m}$$

Exercícios Propostos

9. Uma partícula com massa $3,0 \cdot 10^{-9}$ kg, eletrizada com carga elétrica de 5,0 μC, penetra pelo ponto A do anteparo em uma região na qual existe um campo magnético de indução $\vec{B}$, cuja intensidade é igual a 0,5 T, orientado conforme a figura. Ao entrar na região, a partícula tem velocidade escalar de módulo igual a $4,0 \times 10^2$ m/s.

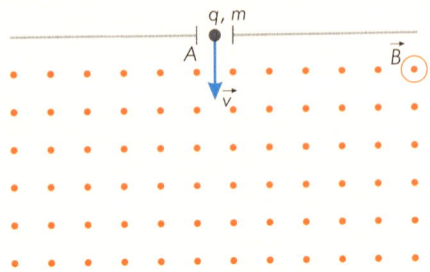

Determine:
a) para que lado da figura a partícula vai ser desviada;
b) a intensidade da força magnética que age na partícula durante seu movimento no interior do campo magnético;
c) a distância do ponto A ao ponto B do anteparo contra o qual a partícula se choca;
d) o intervalo de tempo decorrido entre a entrada da partícula pelo ponto A e o choque contra o anteparo no ponto B.

10. (FUVEST – SP) A figura representa as trajetórias de duas partículas eletrizadas que penetram numa câmara de bolhas onde há um campo magnético uniforme, orientado perpendicularmente para dentro do plano do papel. A partícula P_1 penetra na câmara no ponto A e sai em C. A partícula P_2 penetra em B e sai em A.

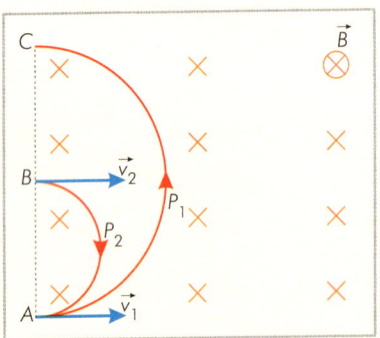

a) Quais os sinais das cargas q_1 e q_2 das partículas?
b) Sendo $|q_1| = |q_2|$, $v_1 = v_2$ e $\overline{AB} = \overline{BC}$, qual a relação entre as massas m_1 e m_2 das partículas?

11. (FUVEST – SP) Na região da figura, tem-se um campo magnético uniforme de indução $\vec{B}$. Cinco partículas são lançadas nesse campo no ponto O, todas com velocidade inicial $\vec{v}_0$. As partículas são: próton, átomo neutro de sódio, elétron, dêuteron e íon negativo de flúor. Relacione a trajetória descrita com a partícula que a descreve. (Dados: o dêuteron é uma partícula constituída de um próton e um nêutron; a massa do íon negativo de flúor é maior que a do elétron e tem mesma carga.)

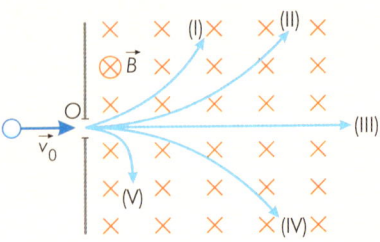

12. (UnB – DF) Cargas elétricas em movimento no interior de campos magnéticos podem estar sujeitas à atuação de forças. Um exemplo disso é a deflexão de feixes de elétrons em tubos de TV. Considere um elétron de carga e e massa m penetrando em uma região de campo magnético uniforme e constante, $\vec{B}$, perpendicular à folha e saindo do papel, conforme representa a figura abaixo. A velocidade $\vec{v}$ da partícula é perpendicular às linhas de indução magnética.

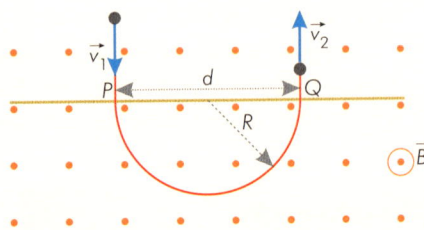

Com relação à situação descrita, julgue os itens a seguir.
(1) O trabalho realizado pela força magnética sobre o elétron, quando este se desloca do ponto P para o ponto Q, é igual, em módulo, a $e \cdot v \cdot B \cdot d$.
(2) O raio R da trajetória descrita pelo elétron é igual a $\dfrac{m \cdot v}{|e| \cdot B}$.
(3) A força magnética atuando sobre a partícula é um vetor normal a esta folha e está apontando no sentido contrário ao do campo $\vec{B}$.
(4) Se o elétron penetrasse na região de campo magnético com velocidade $\vec{v}$, paralela a $\vec{B}$, a trajetória da partícula seria retilínea.

13. (UNICAMP – SP) Um elétron é acelerado, a partir do repouso, ao longo de 8,8 mm, por um campo elétrico constante e uniforme de módulo igual a $1,0 \cdot 10^5$ V/m. Sabe-se que a razão carga-massa do elétron vale $e/m = 1,76 \cdot 10^{11}$ C/kg. Despreze as ações gravitacionais.
a) Calcule, em unidade SI, o módulo da aceleração do elétron.
b) Calcule, em unidade SI, o módulo da velocidade final adquirida pelo elétron.

Exercícios Propostos

c) Ao abandonar o campo elétrico, o elétron penetra perpendicularmente a um campo magnético constante e uniforme de módulo igual a $1,0 \cdot 10^{-7}$ T. Determine o raio R da trajetória descrita pelo elétron no interior do campo magnético.

14. (UFPB) Um íon positivo de massa m move-se num campo magnético uniforme, de indução $\vec{B}$, cuja intensidade é igual a 0,6 T. Ele executa movimento circular uniforme, numa circunferência de raio $R = 1,5$ cm, com frequência $f = 5,0 \cdot 10^6$ Hz.

Considerando $\pi = 3$, determine:

a) a velocidade escalar do íon;

b) a razão $\dfrac{q}{m}$ do íon.

41.3. Força Magnética sobre um Condutor Retilíneo Imerso em um Campo Magnético Uniforme

Considere um pedaço de um fio condutor retilíneo, de comprimento L, imerso em um campo uniforme de indução magnética $\vec{B}$ e percorrido por uma corrente elétrica contínua de intensidade i.

Seja α o ângulo entre $\vec{B}$ e a direção do condutor. Designando por q a carga transportada pela corrente elétrica de intensidade i, no intervalo de tempo Δt, ao longo do comprimento L do condutor, temos $q = i \cdot \Delta t$. Como cada carga elementar e que constitui a corrente elétrica é submetida à ação de uma força magnética elementar $\vec{f}_m$ tal que $f_m = |e| \cdot v \cdot B \cdot \operatorname{sen} \alpha$, a força magnética $\vec{F}_{mag.}$ que atua na carga q e, portanto, no condutor terá intensidade $F_{mag.} = n \cdot f_m$, em que n é o número de cargas móveis existentes no comprimento L do condutor (Figura 41-10).

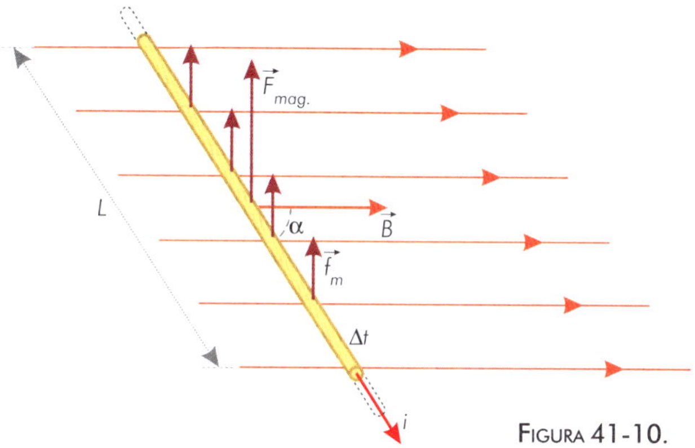

Comparando as duas relações matemáticas acima, teremos:

$$F_{mag.} = n \cdot f_m \Rightarrow F_{mag.} = n \cdot |e| \cdot v \cdot B \cdot \operatorname{sen} \alpha$$

Sendo Δt o intervalo de tempo para as n cargas elementares atravessarem o condutor, temos:

$$v = \frac{\Delta s}{\Delta t} \Rightarrow v = \frac{L}{\Delta t}$$

Portanto,

$$F_{mag.} = n \cdot |e| \cdot \frac{L}{\Delta t} \cdot B \cdot \operatorname{sen} \alpha$$

Mas $\dfrac{n \cdot |e|}{\Delta t}$ é a intensidade de corrente elétrica que atravessa o condutor. Nessas condições, fazendo $i = \dfrac{n \cdot |e|}{\Delta t}$, teremos:

$$\boxed{F_{mag.} = B \cdot i \cdot L \cdot \operatorname{sen} \alpha}$$

Essa expressão é conhecida como **Lei Elementar de Laplace**.

Figura 41-10.

A direção da força magnética $\vec{F}_{mag.}$ é perpendicular ao plano definido por $\vec{v}$ e $\vec{B}$. O sentido de $\vec{F}_{mag.}$, por sua vez, pode ser dado pela prática "regra do tapa", fazendo o polegar apontar no sentido da corrente, que é o mesmo da velocidade $\vec{v}$ das partículas portadoras de cargas elétricas positivas, e os demais dedos no sentido de $\vec{B}$. A força magnética $\vec{F}_{mag.}$ tem direção perpendicular à palma da mão e sentido "saindo" dela (Figura 41-11).

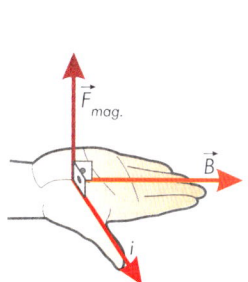

mão direita espalmada

Figura 41-11.

41.3.1. Aplicações práticas da força magnética sobre um condutor

A força magnética que atua em um condutor percorrido por uma corrente elétrica, quando colocado em um campo magnético, é utilizada em uma grande variedade de aparelhos, como motores, amperímetros, voltímetros e galvanômetros.

Motor elétrico

Grande parte dos motores elétricos que são usados atualmente funciona tendo por base o efeito de rotação das forças que atuam em espiras colocadas em um campo magnético. O motor esquematizado na Figura 41-12 é um motor de corrente contínua, como os motores de arranque dos automóveis ou os motores a pilha em carrinho de brinquedo.

O princípio de funcionamento desses motores consiste em um condutor com formato retangular, podendo girar em torno de um eixo e, percorrido por uma corrente elétrica i e mergulhado em um campo magnético de indução $\vec{B}$.

As forças magnéticas que agem em dois ramos criam um binário de forças que tendem a girar o condutor em torno do eixo e.

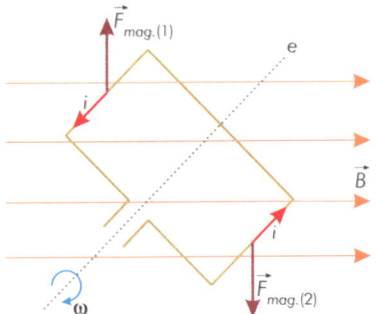

Figura 41-12.

Galvanômetro

Para entender o funcionamento desse aparelho, vamos analisar a Figura 41-13.

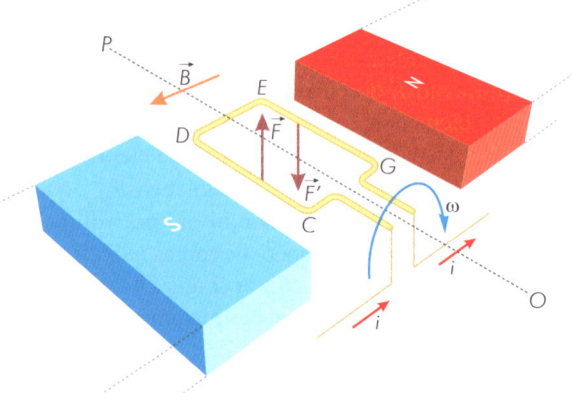

Figura 41-13. Uma espira percorrida por corrente elétrica, colocada em um campo magnético, fica sob ação de torque.

Nessa figura, temos uma espira retangular CDEG que está colocada no interior de um campo magnético uniforme de indução $\vec{B}$. Fazendo-se passar por essa espira uma corrente elétrica i, com o sentido indicado, percebe-se que os lados EG e DC ficarão sob a ação de forças magnéticas de módulos iguais, que provocarão torques na espira fazendo-a girar em torno do eixo OP, no sentido indicado. Para aumentar o efeito de rotação (aumentar a sensibilidade do aparelho), são usadas várias espiras, em geral enroladas em um cilindro, como mostra a Figura 41-14.

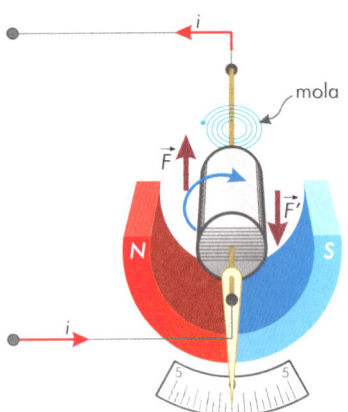

Figura 41-14. O funcionamento dos galvanômetros baseia-se no efeito de rotação que os campos magnéticos provocam nas espiras conduzindo corrente elétrica.

Serras elétricas, furadeiras, máquinas de fatiar frios, entre tantos outros equipamentos que conhecemos, utilizam motores elétricos para seu funcionamento.

Adaptados ao cilindro existem uma mola em espiral e um ponteiro que se desloca ao longo da escala. Quando uma corrente passa através do aparelho, as espiras giram (juntamente com o cilindro) e provocam uma deformação na mola. A mola deformada opõe-se ao efeito de rotação das forças que atuam na espira, fazendo o ponteiro ficar em equilíbrio em determinada posição na escala.

Exercício Resolvido

15. Um condutor reto e horizontal de comprimento $L = 40$ cm e massa $m = 2{,}0$ g, percorrido por corrente elétrica de intensidade $i = 10$ A, encontra-se em equilíbrio sob ação exclusiva do campo de gravidade e de um campo magnético uniforme de indução $\vec{B}$, conforme esquematizado na figura abaixo.

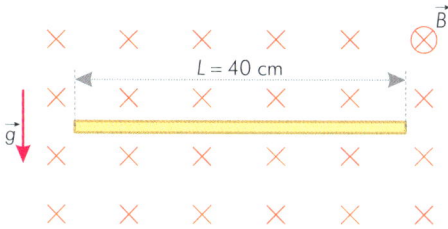

Sendo o módulo do campo de gravidade igual a 10 N/kg, determine:

a) a intensidade do vetor $\vec{B}$;
b) o sentido da corrente elétrica i que atravessa o condutor.

Resolução:

a) As forças que agem sobre o condutor são: o peso ($\vec{P}$) e a força magnética ($\vec{F}_{mag.}$). Sendo o peso uma força que possui direção vertical e sentido para baixo, a força magnética deve ter direção vertical e sentido ascendente e de mesma intensidade que a força peso, para que haja o equilíbrio.

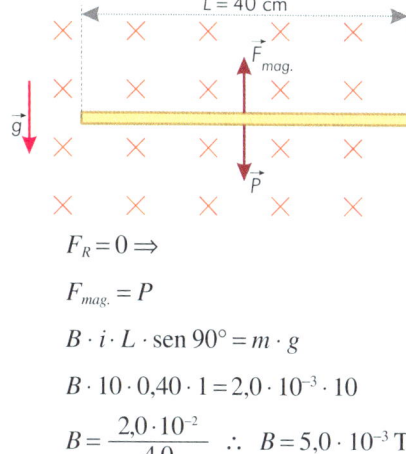

$F_R = 0 \Rightarrow$

$F_{mag.} = P$

$B \cdot i \cdot L \cdot \text{sen } 90° = m \cdot g$

$B \cdot 10 \cdot 0{,}40 \cdot 1 = 2{,}0 \cdot 10^{-3} \cdot 10$

$B = \dfrac{2{,}0 \cdot 10^{-2}}{4{,}0} \quad \therefore \quad B = 5{,}0 \cdot 10^{-3}$ T

b) Conhecidos os sentidos da força magnética $\vec{F}_{mag.}$ e $\vec{B}$, com a regra do tapa tiramos o sentido de i: da esquerda para a direita do condutor.

Exercícios Propostos

16. Um condutor retilíneo é percorrido por uma corrente elétrica de intensidade igual a 100 A. Medindo 50 m de comprimento, esse condutor está totalmente imerso em um campo magnético uniforme, cuja intensidade é $B = 5{,}0 \cdot 10^{-5}$ T. Determine a direção, o sentido e a intensidade da força magnética sobre o condutor, sabendo que ele forma um ângulo de 30° com a direção do campo magnético de indução $\vec{B}$.

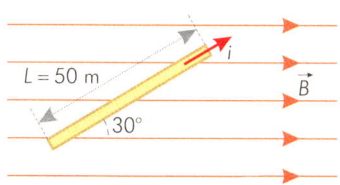

17. Um condutor cilíndrico de comprimento $L = 40$ cm e secção transversal de área $A = 2{,}0$ cm² é feito de um material de densidade $d = 7{,}5$ g/cm³. Colocado horizontalmente em um campo magnético de indução $\vec{B}$ e de intensidade igual a 2,0 T, como indica a figura, ele se mantém em equilíbrio ao ser percorrido por uma corrente elétrica de intensidade i. Determine o sentido da corrente elétrica e sua intensidade para que esse equilíbrio seja possível. Considere o módulo do campo gravitacional constante e igual a 10 N/kg.

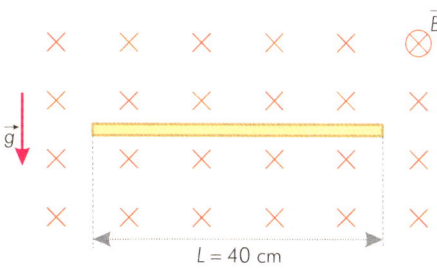

18. (UNICAMP – SP) Um fio condutor rígido de 200 g de massa e 20 cm de comprimento é ligado ao restante do circuito através de contatos deslizantes sem atrito, como mostra a figura a seguir. O plano da figura é vertical. Inicialmente a chave está aberta. O fio condutor é preso a um dinamômetro e se encontra em uma região com

Exercícios Propostos

campo magnético uniforme de intensidade 1,0 T, entrando perpendicularmente no plano da figura. Considere o módulo do campo gravitacional igual a 10 N/kg.

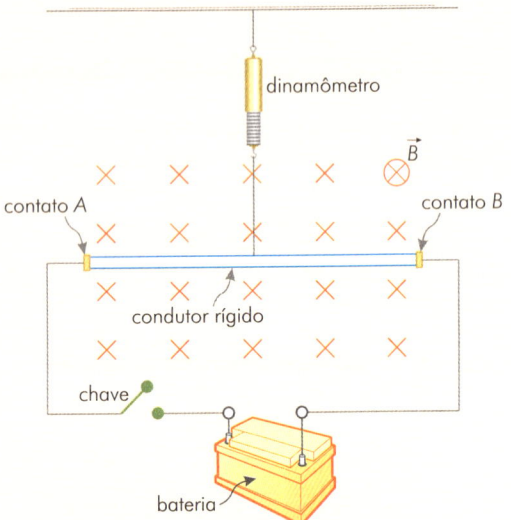

a) Calcule a intensidade da força medida pelo dinamômetro com a chave aberta, estando o fio em equilíbrio.
b) Determine o sentido e a intensidade da corrente elétrica no circuito após o fechamento da chave, sabendo que o dinamômetro passa a indicar leitura nula.
c) Baseando-se nas condições do item b, calcule a tensão elétrica da bateria, sabendo que a resistência total do circuito é de 6,0 Ω.

19. (UNICAMP – SP) Uma barra de material condutor, de massa igual a 30 g e comprimento 10 cm, suspensa por dois fios rígidos também de material condutor e de massas desprezíveis, é colocada no interior de um campo magnético, formando o chamado balanço magnético, representado na figura a seguir.

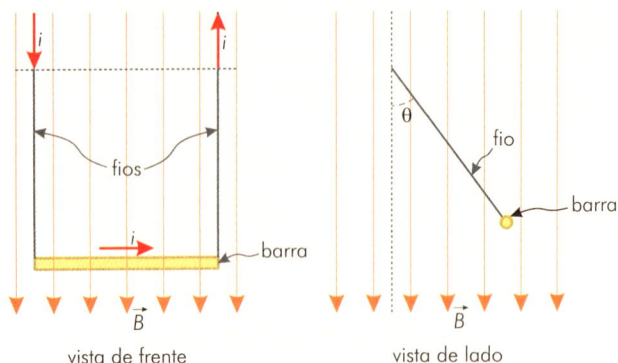

Ao circular uma corrente elétrica i pelo balanço, este se inclina, formando um ângulo θ com a vertical (como indicado na vista de lado). O ângulo θ depende da intensidade da corrente i. Para $i = 2$ A, temos $\theta = 45°$.
Dados: o módulo do campo gravitacional $g = 10$ N/kg, sen $45° = \cos 45° = 0,7$.

a) Faça o digrama das forças que agem sobre a barra.
b) Calcule a intensidade da força magnética que atua sobre a barra.
c) Calcule a intensidade do vetor indução magnética $\vec{B}$.

20. (UFPE) Um fio de 10 cm de comprimento no qual circula uma corrente elétrica de intensidade igual a 50 A é colocado entre os polos de um ímã, como indicado na figura ao lado. Supondo que a intensidade do campo magnético gerado pelo ímã seja de $1,0 \cdot 10^{-3}$ T, calcule a intensidade da força magnética que age sobre o fio, em unidades de 10^{-3} N.

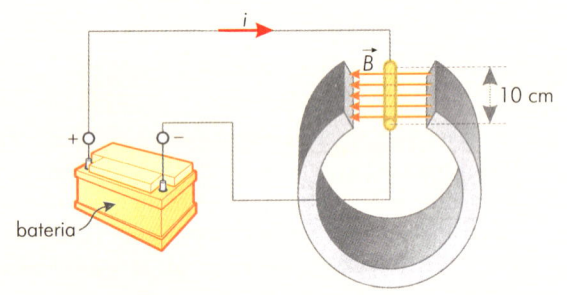

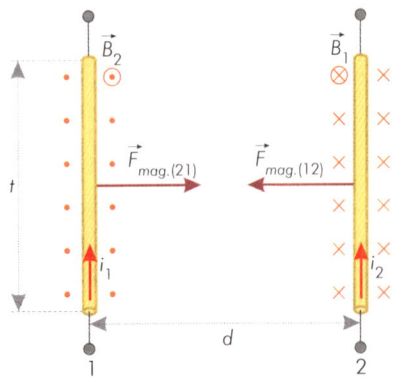

FIGURA 41-15. Força magnética entre condutores paralelos percorridos por corrente elétrica em um campo magnético.

41.4. Força entre Condutores Paralelos

De dois fios condutores retilíneos muito longos, consideremos dois trechos de mesmo comprimento L, dispostos paralelamente um ao outro em um meio de permeabilidade magnética absoluta μ, como mostra a Figura 41-15. Se houver corrente elétrica em ambos, surgirá uma força magnética em cada um deles, pois um se submeterá ao campo magnético criado pelo outro.

Em situações como essas, verifica-se:

- um condutor está imerso no campo magnético criado pelo outro;
- em cada condutor aparece uma força magnética $\vec{F}_{mag.}$ respectivamente perpendicular a eles;

- essa força pode ser de **atração**, quando as correntes elétricas paralelas têm o **mesmo sentido**, e de **repulsão**, quando as correntes elétricas paralelas têm **sentidos opostos**;
- as forças magnéticas $\vec{F}_{mag.(12)}$ e $\vec{F}_{mag.(21)}$ obedecem à Terceira Lei de Newton, isto é, elas têm sempre a mesma intensidade, a mesma direção e sentidos opostos.

Como esses campos estão perpendiculares aos fios, $\alpha = 90°$ e sen $\alpha = 1$, então, a força magnética com que o condutor (1) age em um comprimento L do condutor (2) pode ser calculada pela equação:

$$F_{mag.(12)} = B_1 \cdot i_2 \cdot L$$

Substituindo B_1 por $\dfrac{\mu}{2\pi} \cdot \dfrac{i_1}{d}$, obtemos:

$$F_{mag.(12)} = \dfrac{\mu}{2\pi} \cdot \dfrac{i_1}{d} \cdot i_2 \cdot L \qquad \text{(equação I)}$$

Analogamente, a força magnética com que o condutor (2) age em um comprimento L do condutor (1) pode ser calculada pela equação:

$$F_{mag.(21)} = B_2 \cdot i_1 \cdot L$$

Substituindo B_2 por $\dfrac{\mu}{2\pi} \cdot \dfrac{i_2}{d}$, obtemos:

$$F_{mag.(12)} = \dfrac{\mu}{2\pi} \cdot \dfrac{i_2}{d} \cdot i_1 \cdot L \qquad \text{(equação II)}$$

Comparando as equações (I) e (II), percebemos que as forças magnéticas $F_{mag.(12)}$ e $F_{mag.(21)}$ têm intensidades iguais. Assim, indicando a intensidade de ambas por $F_{mag.}$, temos:

$$\boxed{F_{mag.} = \dfrac{\mu}{2\pi} \cdot \dfrac{i_1 \cdot i_2}{d} \cdot L}$$

41.4.1. Definição da Unidade Ampère

O ampère é a unidade fundamental de corrente elétrica do Sistema Internacional de unidades. Sua definição baseia-se nas ações entre correntes elétricas paralelas.

Se dois condutores retilíneos, muito longos, dispostos paralelamente à distância de 1 m, no vácuo, estiverem sendo percorridos por corrente elétrica de mesma intensidade, e a força que cada condutor exerce sobre um comprimento de 1 m do outro tiver intensidade de $2,0 \cdot 10^{-7}$ N, então, por definição, cada corrente elétrica tem *intensidade de um ampère (1 A)*.

André-Marie Ampère (1775-1836). A unidade fundamental de medida da corrente elétrica foi denominada "ampère", em homenagem a seus trabalhos sobre eletromagnetismo.

Exercícios Resolvidos

21. Dois fios condutores retos e muito longos estão situados a 40 cm um do outro e são percorridos por correntes elétricas de intensidades 8,0 A e 10 A, respectivamente, no mesmo sentido. Considere a permeabilidade magnética do meio igual a $4\pi \cdot 10^{-7} \text{ T} \cdot \text{m} \cdot \text{A}^{-1}$.

a) Entre os condutores há atração ou repulsão?
b) Qual a intensidade da força magnética que um condutor exerce sobre um comprimento igual a 2,0 m do outro?

Resolução:

a) Como os condutores são percorridos por correntes elétricas de mesmo sentido, entre eles há **atração**. Veja o esquema a seguir.

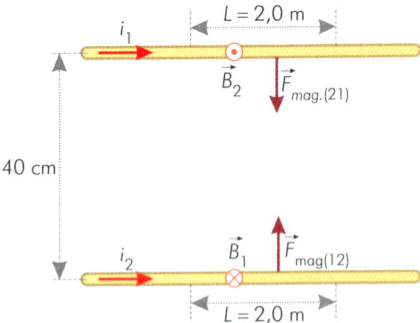

b) A intensidade da força de interação magnética entre os condutores é dada pela relação:

$$F_{mag.} = \frac{\mu}{2\pi} \cdot \frac{i_1 \cdot i_2}{d} \cdot L$$

Assim:

$$F_{mag.} = \frac{4\pi \cdot 10^{-7}}{2\pi} \cdot \frac{8,0 \cdot 10}{0,40} \cdot 2,0$$

$$F_{mag.} = 2 \cdot 10^{-7} \cdot 200 \cdot 2,0$$

$$F_{mag.} = 8 \cdot 10^{-5} \text{ N}$$

22. Três condutores, A, B e C, representados na figura a seguir, são percorridos por correntes elétricas de intensidade 2,0 A.

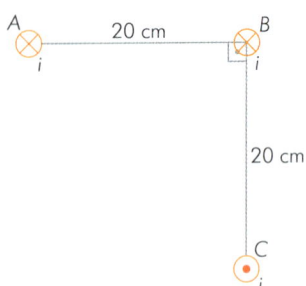

O meio que envolve os condutores é o vácuo, cuja permeabilidade magnética é $\mu_0 = 4\pi \cdot 10^{-7} \text{ T} \cdot \text{m} \cdot \text{A}^{-1}$. A distância entre os condutores A e B e entre os condutores B e C é $d = 20$ cm. Represente a força magnética resultante que os condutores A e C exercem por metro de comprimento do condutor B e calcule sua intensidade.

Resolução:

Como condutores paralelos percorridos por correntes elétricas de mesmo sentido se atraem e de sentidos opostos se repelem, o condutor B fica submetido à ação de duas forças, F_{AB} e F_{CB}, como esquematizado na figura a seguir.

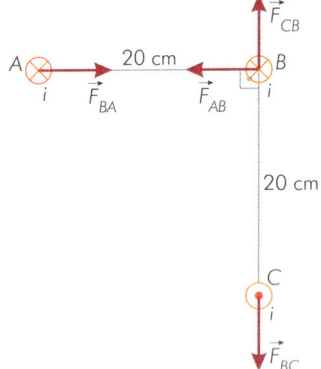

Calculando a intensidade das forças que atuam em cada metro de comprimento do condutor B, temos:

I. $F_{AB} = \dfrac{\mu_0}{2\pi} \cdot \dfrac{i_A \cdot i_B}{d} \cdot L$

$F_{AB} = \dfrac{4\pi \cdot 10^{-7}}{2\pi} \cdot \dfrac{2,0 \cdot 2,0}{0,20} \cdot L$

$\dfrac{F_{AB}}{L} = 4,0 \cdot 10^{-6}$ N/m

II. $\dfrac{F_{CB}}{L} = \dfrac{F_{AB}}{L} = 4,0 \cdot 10^{-6}$ N/m

III. Representando graficamente as forças magnéticas que atuam em cada metro de comprimento do condutor B, temos a figura abaixo:

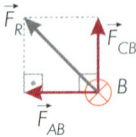

Aplicando o teorema de Pitágoras em um dos triângulos retângulo da figura acima, temos:

$$\left(\frac{F_R}{L}\right)^2 = \left(\frac{F_{AB}}{L}\right)^2 + \left(\frac{F_{CB}}{L}\right)^2$$

$$\left(\frac{F_R}{L}\right)^2 = (4,0 \cdot 10^{-6})^2 + (4,0 \cdot 10^{-6})^2$$

$$\left(\frac{F_R}{L}\right)^2 = 2 \cdot (4,0 \cdot 10^{-6})^2$$

$$\frac{F_R}{L} = \sqrt{2 \cdot (4,0 \cdot 10^{-6})^2}$$

$$\frac{F_R}{L} = 4,0 \cdot 10^{-6} \cdot \sqrt{2} \text{ N/m} \cong 5,7 \cdot 10^{-6} \text{ N/m}$$

Exercícios Propostos

23. (PUC – SP) Dois fios condutores longos, paralelos, imersos no ar, separados por uma pequena distância, são percorridos por correntes elétricas de intensidades i_1 e i_2. Pode-se afirmar que:

a) irão se atrair, se as correntes tiverem o mesmo sentido.
b) irão se repelir, se as correntes tiverem o mesmo sentido.
c) não aparece força alguma entre eles, desde que as correntes tenham mesma intensidade e sejam de mesmo sentido.
d) não aparece força alguma entre eles, desde que as correntes tenham sentidos opostos e sejam de mesma intensidade.
e) irão sempre se repelir, independentemente do sentido das correntes elétricas.

24. (UFPE) Três longos fios paralelos, de tamanhos iguais e espessuras desprezíveis, estão dispostos como mostra a figura a seguir e transportam correntes iguais e de mesmo sentido. Se as forças exercidas pelo fio 1 sobre o fio 2 e o fio 3 forem representadas por F_{12} e F_{13}, respectivamente, qual o valor da razão $\dfrac{F_{12}}{F_{13}}$?

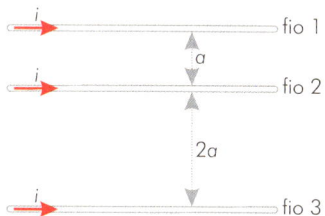

25. (PUCCAMP – SP) Dois condutores retos, extensos e paralelos estão separados por uma distância de 2,0 cm e são percorridos por correntes elétricas de intensidades $i_1 = 1,0$ A e $i_2 = 2,0$ A de mesmo sentido. Se os condutores estão no vácuo, cuja permeabilidade magnética é $\mu_0 = 4\pi \cdot 10^{-7}$ T · m · A^{-1}, qual a intensidade da força magnética entre eles, por unidade de comprimento, no Sistema Internacional? Essa força é de atração ou de repulsão?

26. (PUC – MG) Um fio condutor retilíneo de 50 cm de comprimento é colocado numa região onde há um campo magnético uniforme de 0,2 T de intensidade, perpendicular ao fio. Uma corrente elétrica de 2,0 A de intensidade atravessa esse fio. Considere o módulo da aceleração da gravidade igual a 10 m/s² e determine, em gramas, a massa de um corpo cujo peso tem intensidade igual à da força magnética que atua em cada metro desse fio.

27. A figura a seguir indica três condutores, A, B e C, perpendiculares ao papel e percorridos por correntes elétricas de intensidades iguais a 10 A. Determine a intensidade da força magnética resultante que os condutores A e B exercem sobre um comprimento igual a 2,0 m do condutor C. Considere a permeabilidade magnética do meio igual a $4\pi \cdot 10^{-7}$ T · m · A^{-1}.

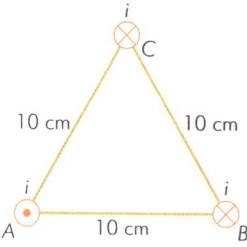

Exercícios Complementares

28. Uma partícula eletricamente carregada é lançada com velocidade $\vec{v}$ em uma região em que existe um campo magnético uniforme de indução $\vec{B}$. Nessas condições, é correto afirmar:

a) O módulo de $\vec{v}$ será alterado devido à ação do campo magnético.
b) A partícula descreverá necessariamente uma trajetória circular.
c) A partícula descreverá uma trajetória retilínea, se $\vec{v}$ for perpendicular a $\vec{B}$.
d) A partícula terá o módulo de sua velocidade $\vec{v}$ alterado pela ação do campo magnético uniforme de indução $\vec{B}$.
e) A partícula sofrerá ação de uma força magnética de intensidade máxima, se a velocidade $\vec{v}$ for perpendicular ao vetor indução $\vec{B}$.

29. (UFMG) Um feixe de elétrons entra em uma região onde existe um campo magnético, cuja direção coincide com a direção da velocidade dos elétrons.
Com base nessas informações, é correto afirmar que, ao entrar no campo magnético, os elétrons desse feixe:

a) são desviados e sua energia cinética não se altera.
b) não são desviados e sua energia cinética aumenta.
c) são desviados e sua energia cinética aumenta.
d) não são desviados e sua energia cinética não se altera.
e) descreverá movimento circular uniforme com velocidade de módulo máximo.

30. (UFPR) O movimento de partículas carregadas em campos magnéticos é explicado a partir do conceito de força magnética, desenvolvido por Lorentz e outros físicos. Considerando esse conceito, é correto afirmar:

a) A direção da força magnética que atua sobre uma carga elétrica, quando esta se move em uma região onde há um campo magnético, é sempre paralela à direção desse campo.
b) Se uma carga elétrica penetrar num campo magnético uniforme, de tal forma que sua velocidade inicial seja perpendicular à direção desse campo, sua trajetória será um circuito cujo raio é diretamente proporcional ao módulo da carga da partícula.
c) Se dois fios retilíneos paralelos conduzirem correntes elétricas no mesmo sentido, aparecerá uma força

Exercícios Complementares

magnética repulsiva entre esses dois fios, cujo módulo variará na razão inversa à distância que os separa.
d) Uma carga puntiforme em movimento gera somente campo magnético.
e) Se um condutor retilíneo conduzindo uma corrente elétrica for colocado numa região onde existe um campo magnético uniforme, a força magnética sobre o condutor será máxima quando ele estiver numa direção perpendicular à direção do campo magnético.

31. Quando uma barra metálica se desloca num campo magnético, sabe-se que seus elétrons se movem para uma das extremidades, provocando entre elas uma polarização elétrica. Desse modo, é criado um campo elétrico constante no interior do metal, gerando uma diferença de potencial entre as extremidades da barra. Considere uma barra metálica descarregada, de 2,0 m de comprimento, que se desloca com velocidade constante de módulo igual a 216 km/h num plano horizontal (veja figura), próximo à superfície da Terra. Sendo criada uma diferença de potencial de $3,0 \cdot 10^{-3}$ V entre as extremidades da barra, o valor da componente vertical do campo de indução magnética terrestre nesse local é de:

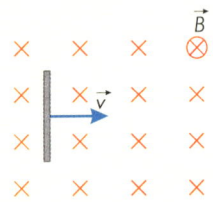

a) $6,9 \cdot 10^{-6}$ T
b) $1,4 \cdot 10^{-5}$ T
c) $2,5 \cdot 10^{-5}$ T
d) $4,2 \cdot 10^{-5}$ T
e) $5,0 \cdot 10^{-5}$ T

32. (UFMT – modificada) Duas partículas, (1) e (2), eletricamente carregadas com cargas de mesmo módulo (q), penetram com a mesma velocidade inicial $\vec{v}_0$, paralelamente ao plano desta folha de papel, numa região onde há um campo magnético uniforme de indução $\vec{B}$, perpendicular à folha de papel. A partícula (1), com massa m_1, parte do ponto O e atinge o ponto A, enquanto a partícula (2), com massa m_2, parte do ponto O e atinge o ponto C, conforme mostra a figura a seguir.

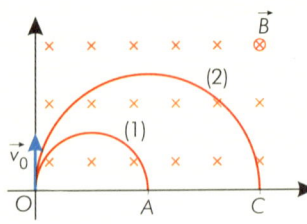

É correto afirmar que:
a) se $AO = AC$, então $m_1 = m_2$.
b) as duas partículas possuem cargas de sinal positivo.
c) o trabalho realizado pela força magnética sobre a partícula (1) é menor do que o trabalho realizado sobre a partícula (2).
d) o trabalho realizado pela força magnética sobre a partícula (1) é maior do que o trabalho realizado sobre a partícula (2).
e) aumentando-se o módulo de $\vec{B}$, mantendo-se constante a relação carga/massa das duas partículas, os raios das trajetórias diminuirão.

33. A figura representa um espectômetro de massa, dispositivo usado para a determinação da massa de íons. Na fonte F, são produzidos íons, praticamente em repouso. Os íons são acelerados por uma diferença de potencial U_{AB}, adquirindo uma velocidade de módulo v, sendo lançados em uma região na qual existe um campo magnético uniforme de intensidade B. Cada íon descreve uma trajetória semicircular, atingindo uma chapa fotográfica em um ponto que fica registrado, podendo ser determinado o raio R da trajetória.

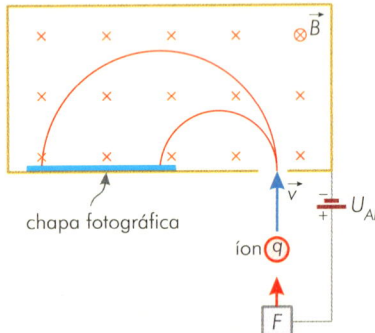

Considerando a situação descrita, julgue a veracidade das afirmações seguintes:

(1) As cargas dos íons, cujas trajetórias são representadas na figura, são positivas.
(2) Mesmo que o íon não apresente carga elétrica, sofrerá a ação do campo magnético que atuará com uma força de direção perpendicular à sua velocidade.
(3) O raio da trajetória depende da massa do íon, e é exatamente por isso que é possível distinguir íons de mesma carga elétrica e massas diferentes.
(4) As cargas dos íons, cujas trajetórias são representadas na figura, tanto podem ser positivas como negativas.
(5) A energia cinética E_c que o íon adquire, ao ser acelerado pela diferença de potencial elétrico U_{AB}, é igual ao trabalho realizado sobre ele e pode ser expressa por $E_c = q \cdot U_{AB}$, em que q é a carga do íon.

34. (UnB – DF) O funcionamento de alguns instrumentos de medidas elétricas, como, por exemplo, o galvanômetro, baseia-se no efeito mecânico que os campos magnéticos provocam em espiras que conduzem correntes elétricas, produzindo o movimento de um ponteiro que se desloca sobre uma escala. O modelo a seguir mostra, de maneira simples, como campos e correntes provocam efeitos mecânicos. Ele é constituído por um fio condutor, de comprimento igual a 50 cm, suspenso por uma mola de constante elástica igual a 80 N/m e imerso a 0,25 T, com

Exercícios Complementares

direção perpendicular ao plano desta folha e sentido de baixo para cima, saindo do plano da folha.

Calcule, *em ampères*, a intensidade de corrente elétrica *i* que deverá percorrer o condutor, da esquerda para a direita, para que a mola seja alongada em 2,0 cm, a partir da posição de equilíbrio estabelecida com corrente nula. Desconsidere a parte fracionária do seu resultado, caso exista.

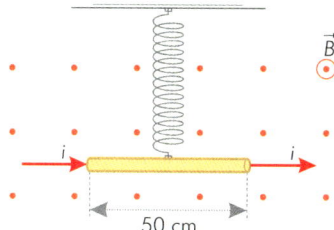

35. (MACK – SP) A figura ilustra duas molas flexíveis, condutoras, que sustentam uma haste *AB* também condutora, de massa 2 g e comprimento 1,0 m, imersa num campo magnético uniforme perpendicular a ela, de intensidade 1,0 T, num local onde a aceleração da gravidade tem módulo igual a 10 m/s².

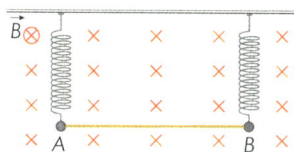

Para que se anulem as trações nos condutores helicoidais (molas), o sentido da corrente na haste e a sua intensidade são, respectivamente:

a) de *A* para *B* e 0,02 A.   d) de *B* para *A* e 0,02 A.
b) de *B* para *A* e 0,01 A.   e) de *B* para *A* e 0,05 A.
c) de *A* para *B* e 0,01 A.

36. Um fio condutor retilíneo de 20 cm de comprimento é colocado em uma região do espaço onde se encontra um campo magnético uniforme ($3 \cdot 10^{-1}$ T) e orientado como indicado na figura abaixo. Quando esse fio é percorrido por uma corrente elétrica de intensidade 20 A, fica em equilíbrio. Considere o módulo do campo gravitacional igual a 10 N/kg.

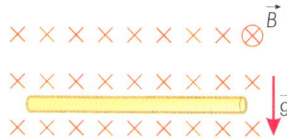

a) A corrente elétrica tem sentido da direita para a esquerda e a massa do fio é de 0,12 kg.
b) A corrente elétrica tem sentido da direita para a esquerda e a massa do fio é de 0,06 kg.
c) A corrente elétrica tem sentido da esquerda para a direita e a massa do fio é de 0,12 kg.
d) A corrente elétrica tem sentido da direita para a esquerda e a massa do fio é de 1,20 kg.

e) A corrente elétrica tem sentido da esquerda para a direita e a massa do fio é de 0,06 kg.

37. (UFG – GO) Uma partícula de massa igual a 20 mg (miligramas) com carga de 100 μC, deslocando-se com velocidade de 1,0 cm/s ao longo da direção *x*, entra em uma região com campo magnético uniforme, de intensidade igual a 10 T, apontando na direção perpendicular ao plano do papel e sentido indicado na figura a seguir:

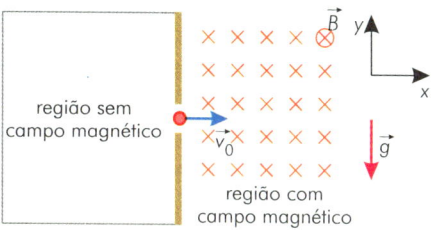

a) Qual seria a trajetória descrita pela partícula, se, na região de campo magnético, os efeitos da aceleração da gravidade fossem desprezados?
b) Determine o módulo, a direção e o sentido da força magnética exercida sobre a partícula, no instante em que ela penetra na região de campo magnético.
c) Considerando, agora, que a partícula esteja também sujeita a uma aceleração gravitacional de intensidade igual a 10 m/s², no sentido indicado na figura, calcule o módulo da aceleração resultante sobre a partícula, no exato instante em que ela penetra na região com campo magnético.

38. (UFG – GO – modificada) Seja uma região onde existe um campo magnético de indução $\vec{B}$ entrando no plano do papel, conforme esquematizado na figura a seguir (desprezando-se o campo gravitacional).

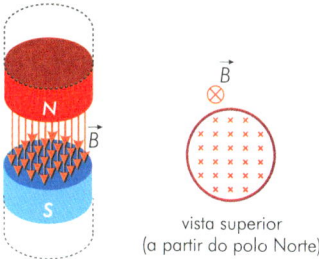

Assinale a(s) proposição(ões) CORRETA(S):

(01) Se uma partícula eletricamente carregada for lançada paralelamente às linhas de indução, realizará um movimento uniformemente acelerado na direção N-S.
(02) Se uma partícula eletricamente carregada for lançada perpendicularmente às linhas de indução, executará movimento circular uniforme.
(04) A trajetória do movimento descrita pela partícula dependerá do sinal da carga elétrica da partícula lançada no interior do campo magnético.
(08) A energia cinética da partícula lançada no interior do campo magnético variará, pois em qualquer dos casos haverá a presença de acelerações.

Exercícios Complementares

(16) Quando uma partícula eletricamente carregada for lançada obliquamente às linhas de indução, o movimento descrito por ela será helicoidal uniforme.

(32) O trabalho realizado pela força magnética sobre uma partícula eletricamente carregada lançada no interior do campo magnético será $\tau_{\vec{F}} = |q| \cdot v \cdot B \cdot (2\pi \cdot R)$, onde R é o raio da trajetória descrita pela partícula.

Dê como resposta a soma das proposições corretas.

39. (UFCE) Em uma região do espaço, existe um campo magnético uniforme de 10 T. Uma partícula de massa m_1 e carga q_1 descreve, no interior da região, uma órbita circular de raio R_1 com velocidade cujo módulo é constante e igual a v_1. A partícula é retirada e, então, substituída por outra de massa m_2 e carga q_2, a qual descreve, também, uma órbita circular de raio R_2, com velocidade cujo módulo é constante e igual a v_2. Determine a razão $\frac{v_2}{v_1}$, sabendo que $\frac{q_2}{q_1} = 18$, $\frac{R_2}{R_1} = 4$, $\frac{m_2}{m_1} = 9$.

40. (UFPR) A figura a seguir mostra esquematicamente um motor elétrico. Uma bobina retangular, transportando uma corrente i e podendo girar livremente em torno de um eixo fixo, é colocada em um campo magnético uniforme $\vec{B}$, cujas linhas de força na região da espira saem do polo Norte e entram no polo Sul. (Não são mostradas as conexões da espira com o gerador de força eletromotriz.)

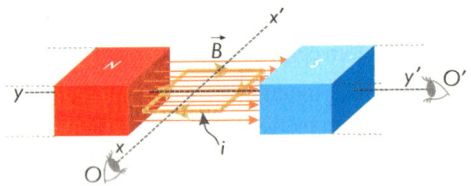

Para a situação da figura, assinale a alternativa correta:

a) a espira irá girar em torno do eixo xx', no sentido horário para o observador em O.
b) a espira irá girar em torno do eixo yy', no sentido anti-horário para o observador em O'.
c) a espira irá girar em torno do eixo yy', no sentido horário para o observador em O'.
d) a espira irá girar em torno do eixo xx', no sentido anti-horário para o observador em O.
e) se a corrente i tiver o seu sentido invertido, a espira irá girar no mesmo sentido.

41. Um condutor na forma retangular, de dimensões 10 cm e 20 cm, como esquematizado na figura ao lado, está totalmente imerso em um campo magnético uniforme de intensidade 0,5 T. Calcule a intensidade da força que atua em cada ramo do condutor e o momento de rotação a que ele fica submetido quando a intensidade da corrente elétrica que atravessa este condutor é de 2 A.

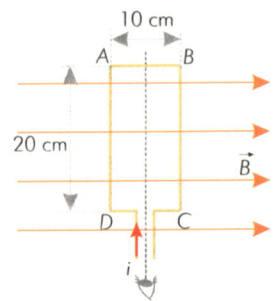

42. (UEM – PR – modificada) Considere uma partícula de massa m e carga elétrica q, que se move em uma região do espaço onde existam apenas linhas de força de um campo magnético uniforme de indução $\vec{B}$, perpendicularmente às linhas.

Sobre essa situação podemos afirmar:

(01) a trajetória descrita pela partícula será retilínea, se r for muito pequeno.
(02) a trajetória descrita pela partícula é circular.
(04) sendo v a velocidade da partícula e ω a sua velocidade angular, $v = \omega \cdot r$ ou $\omega = \frac{|q| \cdot B}{2\pi \cdot m}$.
(08) se a partícula for um elétron, o raio de sua trajetória será $r = \frac{m \cdot v^2}{|e| \cdot B^2}$, onde e é a carga elétrica do elétron.
(16) se a frequência f das oscilações da partícula é dada por
$$f = \frac{\omega}{2\pi}$$
em rotações por segundo, então $f = \frac{|q| \cdot B}{2\pi \cdot m}$.
(32) a frequência f das oscilações da partícula depende do módulo (v) de sua velocidade.

Dê como resposta a soma dos números correspondentes às afirmações corretas.

43. Um condutor retilíneo AB é alimentado por uma bateria de força eletromotriz ε, conforme mostra a figura abaixo.

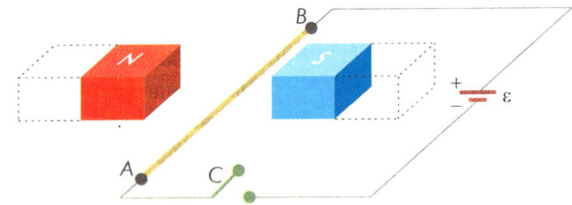

Colocando-se esse condutor entre os polos norte e sul de um ímã e fechando-se a chave C, o condutor AB:

a) será atraído pelo polo norte.
b) será atraído pelo polo sul.
c) irá se deslocar para cima.
d) irá se deslocar para baixo.
e) será atraído e repelido de forma alternada.

44. Dois fios condutores paralelos, separados por uma pequena distância d, transportam correntes elétricas de mesmo sentido e de intensidades i e $2i$, respectivamente. Pode-se afirmar que:

a) forças magnéticas de módulos iguais e de sentido contrário atuam sobre ambos os condutores.
b) forças magnéticas de módulos iguais e de mesmo sentido atuam sobre ambos os condutores.
c) nenhuma força magnética está atuante.
d) forças magnéticas de módulos diferentes e de sentido contrário atuam sobre os condutores, sendo a

Exercícios Complementares

intensidade da força sobre o condutor percorrido pela corrente i maior que a intensidade da força sobre o condutor percorrido pela corrente $2i$.

e) forças magnéticas de módulos diferentes e de sentido contrário atuam sobre os condutores, sendo a intensidade da força sobre o condutor percorrido pela corrente $2i$ maior que a intensidade da força sobre o condutor percorrido pela corrente i.

45. Dois fios condutores, retilíneos e extensos, estão no vácuo ($\mu_0 = 4\pi \cdot 10^{-7}$ T · m/A), dispostos paralelamente um ao outro, distanciados de 10 cm. Quando em cada um deles passa uma corrente elétrica de intensidade 10 A, ambas no mesmo sentido, a cada metro de comprimento, os fios:

a) se atraem com uma força de intensidade $2,0 \cdot 10^{-6}$ N.
b) se atraem com uma força de intensidade $2,0 \cdot 10^{-4}$ N.
c) se repelem com uma força de intensidade $2,0 \cdot 10^{-6}$ N.
d) se repelem com uma força de intensidade $2,0 \cdot 10^{-4}$ N.
e) se atraem ou se repelem, dependendo do material que os constitui, com uma força de intensidade $2,0 \cdot 10^{-4}$ N.

46. Dois fios longos, retos e paralelos, situados no vácuo ($\mu_0 = 4\pi \cdot 10^{-7}$ T · m/A), são percorridos por correntes elétricas de intensidade $i_1 = 4,0$ A e $i_2 = 6,0$ A de sentidos contrários. A distância que separa os fios é de 2,0 cm.

a) Os fios se atraem ou se repelem?
b) Calcule a intensidade da força que atua em cada metro de comprimento do fio.
c) O que ocorrerá se inverter o sentido da corrente i_2?

47. (UEM – PR) Dois condutores retilíneos longos, de comprimentos L e paralelos, são interligados num extremo por um resistor e, no outro, a uma fonte de ddp. Quando a distância entre os dois condutores era d ($d \ll L$) e a corrente valia i, a interação por metro de condutores que se contrapunha era de 1,0 N. Passando a distância a valer $\dfrac{d}{2}$ e a corrente a ser $\dfrac{i}{2}$, a interação por metro de condutores passará a ser, em newtons, igual a:

a) 4,0 b) 2,0 c) 1,0 d) 0,5 e) 0,25

48. Julgue a veracidade das afirmações seguintes.

(1) Qualquer fio, portando uma corrente elétrica I, gera um campo magnético em torno de si.
(2) Dois fios, portando correntes elétricas I_1 e I_2, atraem-se e repelem-se mutuamente quando as correntes têm sentidos opostos e mesmo sentido, respectivamente.
(3) Se uma espira circular, portando uma corrente I, é colocada em um campo magnético uniforme, tal que o plano da espira seja paralelo a este campo, a espira tenderá a girar.
(4) A força magnética que atua sobre uma carga elementar em movimento, quando na presença de um campo elétrico $\vec{E}$ e de um campo magnético de indução $\vec{B}$, depende apenas das intensidades desses vetores e do módulo, v, da velocidade dessa carga elementar.
(5) Uma carga elementar, movendo-se com uma velocidade $\vec{v}$, paralelamente a um fio portando uma corrente I, sofre a ação de uma força paralela a $\vec{v}$.
(6) Dois fios retos e paralelos repelem-se quando percorridos por correntes elétricas de intensidade iguais e com mesmo sentido.
(7) Se um fio, percorrido por uma corrente elétrica, é colocado num campo magnético, tal que o sentido da corrente é perpendicular às linhas de indução desse campo, haverá uma força sobre o fio perpendicular à corrente elétrica e ao campo magnético.

49. Dois longos fios condutores retilíneos e paralelos, A e C, que atravessam perpendicularmente o plano da página, são percorridos por correntes elétricas de mesma intensidade e de sentidos contrários, conforme representa, em corte transversal, a figura a seguir. Considere que na região existem apenas os campos magnéticos gerados por esses condutores.

Baseando-se nessas informações, podemos afirmar que:
a) o campo magnético resultante, no ponto P da figura, é nulo.
b) no ponto P da figura, o vetor campo magnético resultante aponta para o alto da folha.
c) os condutores, A e C, se atraem mutuamente.
d) na região onde se encontra o condutor C, o campo magnético gerado pelo condutor A tem direção perpendicular ao plano da folha e sentido entrando nesse plano.
e) qualquer outro condutor, percorrido por uma corrente elétrica, ao ser colocado no ponto P da figura, fica submetido a forças de intensidades iguais, exercidas pelos condutores A e C.

50. Dois fios metálicos retos, paralelos e longos, são percorridos por correntes de intensidades i e $3i$, de sentidos iguais, entrando no plano da folha, como esquematizado na figura a seguir.

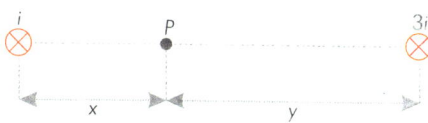

Um terceiro condutor, também retilíneo e muito longo, percorrido por uma corrente elétrica de intensidade desconhecida, passa pelo ponto P da figura, paralelamente aos outros condutores, ficando submetido a duas forças magnéticas. Sabendo que a resultante dessas forças é nula, a razão $\dfrac{x}{y}$, entre as medidas dos segmentos x e y indicados na figura, é igual a:

a) 3 b) $\dfrac{1}{3}$ c) 9 d) $\dfrac{1}{9}$ e) 4

42 Indução Eletromagnética

42.1. Introdução

Vimos, nos capítulos anteriores, que, por meio de experimentos, Oersted descobriu que corrente elétrica produz campo magnético e que campo magnético exerce força em um condutor percorrido por corrente elétrica ou em uma carga elétrica em movimento. Foi com base nessas observações que surgiu o Eletromagnetismo.

Alguns cientistas da época fizeram a seguinte pergunta: "Se correntes elétricas produzem campos magnéticos, não seria possível que campos magnéticos produzissem correntes elétricas?"

Em 1831, Michael Faraday descobriu que sim, realizando um experimento bem simples. Construiu uma bobina e, a partir dela, montou um circuito e colocou uma bússola próxima a esse circuito. Mantendo-se a chave fechada e movimentando-se um ímã para o interior da bobina, ele observou uma deflexão na agulha da bússola (Figura 42-1). Se o ímã permanecer parado no interior da bobina ou a chave do circuito estiver aberta, a agulha da bobina volta à posição normal (indicando o polo norte geográfico), ou seja, não sofre deflexão. Quando o ímã é retirado de dentro da bobina, a deflexão da agulha da bússola ocorre em sentido oposto.

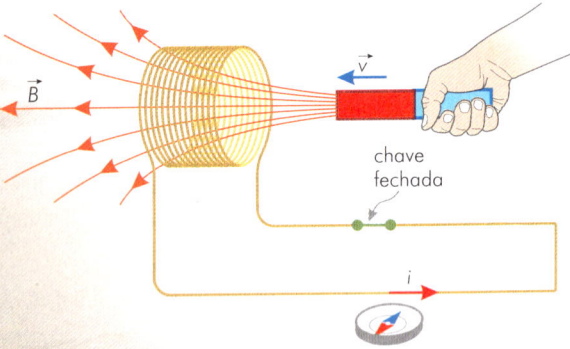

FIGURA 42-1. Esquema do circuito de Faraday que deu origem a suas teorias sobre força eletromotriz induzida e corrente elétrica induzida.

Como uma simples movimentação de um ímã nas proximidades de um circuito elétrico fechado pode produzir corrente elétrica? Vamos procurar responder a essa pergunta e a muitas outras que surgirão no decorrer deste capítulo.

Foi essa produção de corrente elétrica (ou força eletromotriz, como veremos a seguir) por campos magnéticos que recebeu a denominação de **indução eletromagnética**; a corrente gerada por meio desse processo é chamada **corrente induzida**.

Para melhor entendermos a Lei de Faraday, da indução eletromagnética, é necessário apresentar o conceito de fluxo de indução magnética.

Detectores, como o da foto, baseiam-se na condutividade do solo para localizar metais ou mesmo água. Por indução eletromagnética, eles geram uma corrente elétrica no solo que, em geral, não é um bom condutor de eletricidade, a menos que nele se encontrem alguns elementos específicos, como grafite, minerais metálicos ou água.
CHRIS MARTIN-BAHR/SPL/LATINSTOCK

42.2. Fluxo de Indução Magnética

Michael Faraday realizou diversos estudos e experimentos quantitativos para determinar que fatores influenciam no valor da força eletromotriz induzida. Ele descobriu que, quanto mais rapidamente o campo magnético varia, tanto maior será a intensidade da força eletromotriz induzida e, consequentemente, da intensidade da corrente elétrica induzida.

Consideremos uma superfície plana de área S, em uma região em que há um campo de indução magnética $\vec{B}$, uniforme, como mostra a Figura 42-2. Seja α o ângulo formado entre a normal $\vec{n}$ à superfície, em cada ponto, e o campo $\vec{B}$. O fluxo do vetor $\vec{B}$ através da superfície é representado por ϕ e é definido como a grandeza escalar dada por:

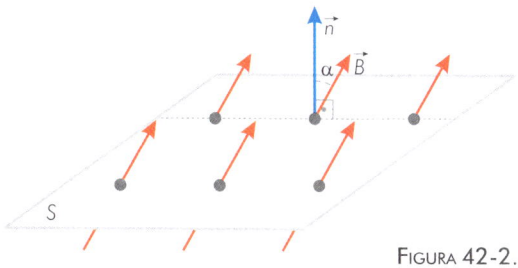

Figura 42-2.

$$\phi = B \cdot S \cdot \cos \alpha$$

- No SI, o fluxo de indução magnética ϕ é medido em *weber*, cujo símbolo é Wb.
- $1 \text{ Wb} = 1 \text{ T} \cdot \text{m}^2$ ou $1 \text{ T} = \dfrac{\text{Wb}}{\text{m}^2}$
- O fluxo de indução magnética pode ser chamado simplesmente de *fluxo magnético*.
- Na definição de fluxo, o sentido do vetor $\vec{n}$ é arbitrário, bastando que sua direção seja perpendicular à superfície.
- Para ocorrer o fenômeno indução eletromagnética, o que importa é que haja *variação* do fluxo magnético $\Delta\phi$ através de uma determinada área (S).

IMPORTANTE

O fluxo magnético ϕ pode ser entendido como uma grandeza escalar que indica o número total de linhas de indução que passam através da área de uma espira.

Exercício Resolvido

1. A figura ao lado mostra uma espira retangular com dimensões $a = 40$ cm e $b = 70$ cm, parcialmente imersa em uma região delimitada pelas linhas tracejadas, onde existe um campo de indução magnética $\vec{B}$ uniforme, com intensidade $B = 3{,}0 \cdot 10^{-2}$ T, perpendicular ao plano da espira. Calcule o módulo do fluxo magnético através da espira.

RESOLUÇÃO:
Dados:
- área $S = (0{,}70 - 0{,}10) \cdot 0{,}40 = 0{,}24 \text{ m}^2 = 2{,}4 \cdot 10^{-1} \text{ m}^2$
- $\alpha = 0°$ (o sentido do vetor indução $\vec{B}$ coincide com o sentido do vetor $\vec{n}$ normal à área da espira).
- $B = 3{,}0 \cdot 10^{-2}$ T

O fluxo magnético de $\vec{B}$ através da área S é:

$\phi = B \cdot S \cdot \cos \alpha$
$\phi = 3{,}0 \cdot 10^{-2} \cdot 2{,}4 \cdot 10^{-1} \cdot \cos 0° \Rightarrow \phi = 7{,}2 \cdot 10^{-3}$ Wb

Exercícios Propostos

2. Considere uma superfície plana de área S imersa em um campo magnético uniforme de indução $\vec{B}$, esquematizado na figura ao lado.

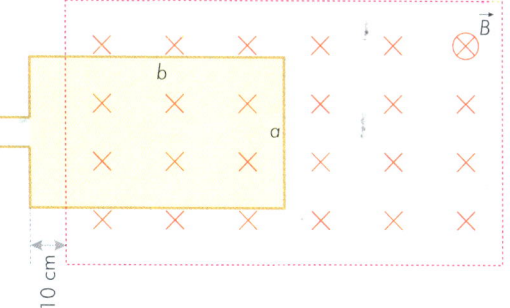

a) Como se define o fluxo magnético ϕ, através dessa superfície?
b) Qual a unidade de fluxo magnético, no Sistema Internacional?
c) Como podemos conceituar fluxo magnético, em termos do número de linhas de indução magnética?

3. Na questão anterior, considere que o campo magnético tenha intensidade igual a 0,80 T e que a superfície mostrada seja um retângulo com medidas de 4,0 cm e 25 cm. Calcule o valor do fluxo magnético através dessa superfície nos seguintes casos:
a) $\alpha = 60°$ b) $\alpha = 45°$ c) $\alpha = 90°$

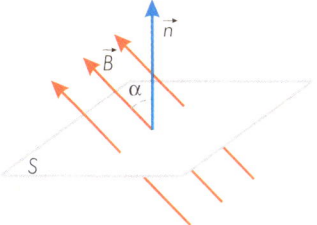

Exercícios Propostos

4. As figuras a seguir mostram uma espira circular de raio r imersa em um campo magnético uniforme de indução $\vec{B}$, cuja intensidade é igual a B. Determine, algebricamente, em função de B, r e θ, o valor do fluxo magnético em cada um dos casos.

a) 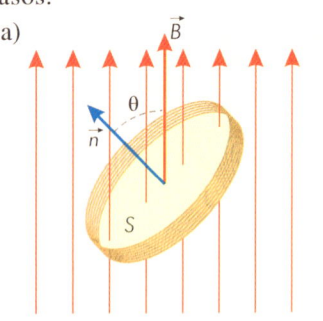   b) 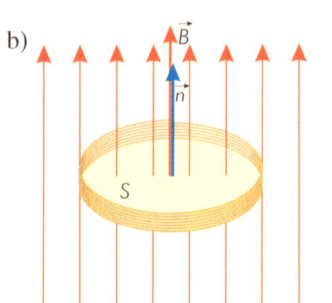   c)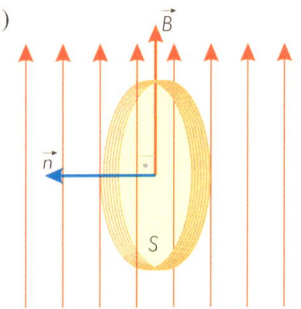

42.3. Corrente Elétrica Induzida e Força Eletromotriz Induzida

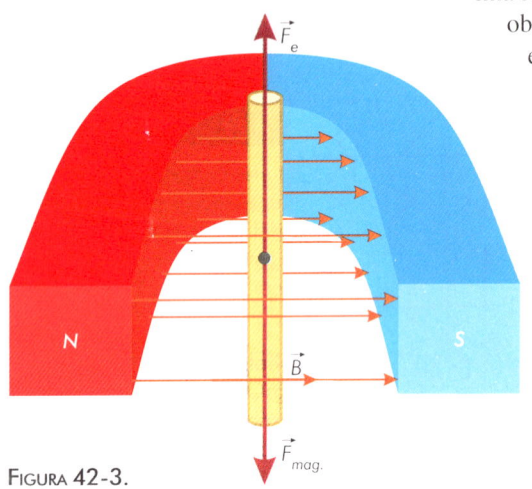

FIGURA 42-3.

Consideremos um condutor reto de comprimento L, movendo-se com velocidade $\vec{v}$ no interior de um campo magnético uniforme de indução $\vec{B}$, originado, por exemplo, por um ímã em forma de U, como mostra a Figura 42-3 (o condutor move-se para o observador). Como os elétrons acompanham o movimento do condutor, eles ficam sujeitos à força magnética $\vec{F}_{mag.}$ cujo sentido é determinado pela regra do tapa. Elétrons livres deslocam-se para a extremidade inferior do condutor da figura, ficando a outra extremidade positiva. As cargas dos extremos originam o campo elétrico $\vec{E}$ e os elétrons ficam sujeitos, também, a uma força elétrica $\vec{F}_e$ de sentido contrário ao sentido da força magnética. Quando essas duas forças se equilibram, estabelece-se determinada ddp entre os extremos do condutor. Essa ddp estabelecida corresponde à força eletromotriz que, nesse caso, é chamada de **força eletromotriz induzida** (fem$_i$).

Fechando-se um circuito, como mostra a Figura 42-4, surge uma corrente elétrica em consequência da ddp entre os extremos do condutor móvel, que atravessa o campo magnético uniforme de indução $\vec{B}$ – é a chamada **corrente elétrica induzida**.

ATENÇÃO
Devido à realização de trabalho por uma força externa, gera-se energia elétrica.

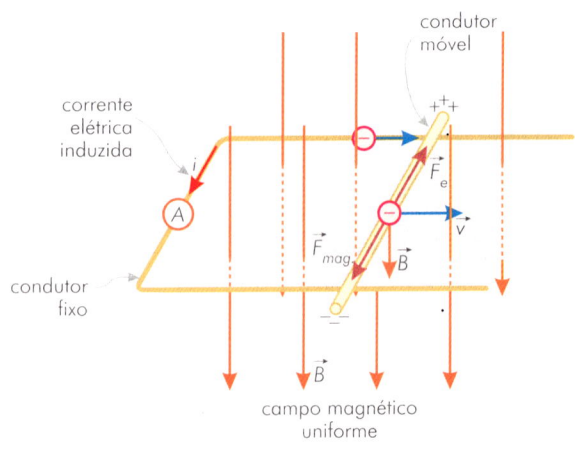

FIGURA 42-4.

Veja como podemos obter o valor dessa força eletromotriz induzida.

1) A ddp (U) é dada por: $U = E \cdot d$ e, assim, $E = \dfrac{U}{d}$. Como $U = \varepsilon$ (fem$_i$) e $d = L$, então podemos escrever $E = \dfrac{\varepsilon}{L}$.

2) Na situação de equilíbrio, temos: $F_{mag.} = F_e$, em que $F_{mag.} = B \cdot |q| \cdot v$ e $F_e = |q| \cdot E$

3) Comparando as equações acima, temos:

$$B \cdot |q| \cdot v = |q| \cdot E \Rightarrow B \cdot v = E \Rightarrow B \cdot v = \dfrac{\varepsilon}{L}\text{, de onde,}$$

$$\boxed{\varepsilon = B \cdot L \cdot v}$$

Portanto, quando um condutor AB se movimenta ao longo de fios condutores paralelos, formando um circuito fechado, a ddp entre os extremos A e B, que constitui a *força eletromotriz induzida*, determina a passagem da *corrente elétrica induzida* (Figura 42-5).

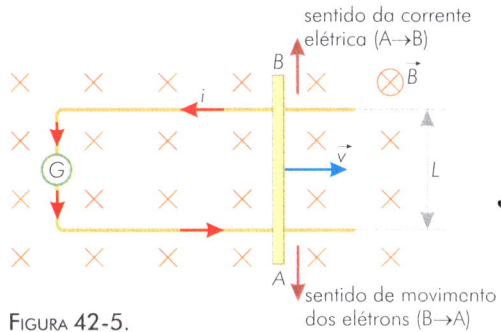

Figura 42-5.

É bom ressaltar que, para a obtenção da corrente elétrica induzida, é imprescindível que haja movimento relativo entre o condutor (em circuito fechado) e o campo magnético.

A força eletromotriz induzida (ε) e a corrente elétrica induzida no circuito (i) estão relacionadas pela Lei de Ohm, escrita:

$$\boxed{\varepsilon = R_{equiv.} \cdot i}$$

em que $R_{equiv.}$ é a resistência equivalente do circuito.

Exercícios Resolvidos

5. Um condutor retilíneo de 60 cm de comprimento desloca-se perpendicularmente às linhas de indução de um campo magnético uniforme de intensidade igual a 12 T, com velocidade constante de módulo igual a 40 m/s. Determine o valor da tensão elétrica induzida entre os extremos desse condutor.

Resolução:
Sabemos que a tensão elétrica induzida nos terminais de um condutor é dada por:
$$\varepsilon = B \cdot L \cdot v$$
Então:
$$\varepsilon = 12 \cdot 0{,}60 \cdot 40 \Rightarrow \varepsilon = 288\text{ V}$$

Exercícios Resolvidos

6. (UESC – BA) Um condutor XY, retilíneo e horizontal, com resistência elétrica de 0,01 Ω, pode mover-se sem atrito sobre outros dois condutores, C_1 e C_2, horizontais, de resistências desprezíveis, paralelos e distantes 50 cm um do outro. Esse conjunto será imerso num campo magnético uniforme de intensidade $B = 2,0 \cdot 10^{-2}$ T, como mostra a figura a seguir.

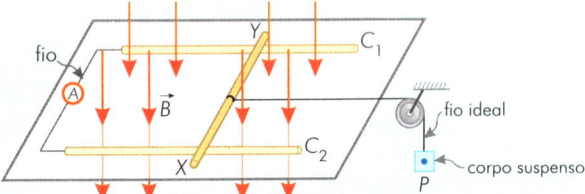

Sabendo que o peso $\vec{P}$, do corpo suspenso que está ligado à barra XY por meio de um fio de massa desprezível e inextensível, mantém a barra com velocidade constante de 10 m/s, determine:

a) o sentido da corrente elétrica na barra XY;
b) a intensidade da corrente elétrica medida pelo amperímetro ideal (A);
c) a intensidade do peso ($\vec{P}$).

Resolução:

a) Aplicando a regra do tapa, descobriremos que os elétrons livres da barra sofrerão a ação de uma força magnética no sentido de Y para X; então, o sentido convencional da corrente elétrica no condutor é de X para Y.

b) Vamos inicialmente calcular a ddp induzida entre os terminais X e Y do condutor, que é dada por:

$$\varepsilon = B \cdot L \cdot v$$
$$\varepsilon = 2,0 \cdot 10^{-2} \cdot 0,50 \cdot 10 \Rightarrow \varepsilon = 0,10 \text{ V}$$

Aplicando a relação:

$$\varepsilon = R_{equiv.} \cdot i \Rightarrow 0,10 = 0,01 i$$
$$i = \frac{0,1}{0,01} \Rightarrow i = 10 \text{ A}$$

c) Para que a velocidade do condutor seja constante, a resultante das forças ($\vec{F}_R$) que atuam nele deve ter intensidade nula. Assim,

$$F_{mag.} = T \Rightarrow B \cdot i \cdot L = T$$
$$2,0 \cdot 10^{-2} \cdot 10 \cdot 0,50 = T \Rightarrow T = 0,10 \text{ N}$$

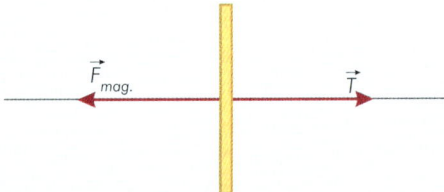

Para que o corpo suspenso desça com velocidade constante, a resultante das forças ($\vec{F}_R$) que atuam nele deve ser nula. Assim, $P = T$; então, $P = 0,10$ N.

Exercícios Propostos

7. Um condutor retilíneo XY, de 40 cm de comprimento, desloca-se perpendicularmente às linhas de indução de um campo magnético uniforme, de intensidade igual a $8,0 \cdot 10^{-2}$ T, conforme mostra a figura ao lado. Calcule a força eletromotriz induzida entre as extremidades do condutor, sabendo que ele se movimenta no interior do campo magnético com velocidade constante de módulo igual a 20 m/s.

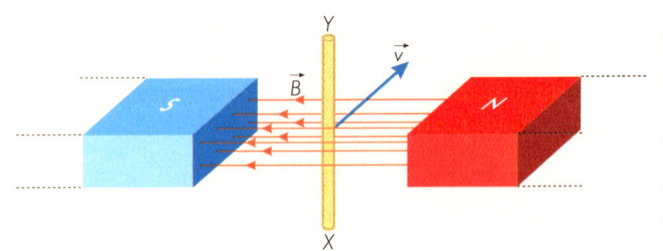

8. Uma barra condutora, AB, de resistência elétrica desprezível e comprimento de 2,5 m, move-se sobre trilhos condutores, podendo deslocar-se livremente com velocidade constante de 20 m/s. Perpendicularmente ao plano dos trilhos, existe um campo de indução magnética uniforme de intensidade igual a $8,4 \cdot 10^{-2}$ T. A resistência elétrica do trilho, indicada na figura por R, tem valor de 3,0 Ω.

Com base nos dados fornecidos pelo enunciado, determine:

a) a força eletromotriz induzida entre os terminais AB da barra;
b) o sentido da corrente elétrica induzida no circuito e a sua intensidade;
c) a intensidade da força externa que deve ser aplicada à barra para que ela se movimente com velocidade constante.

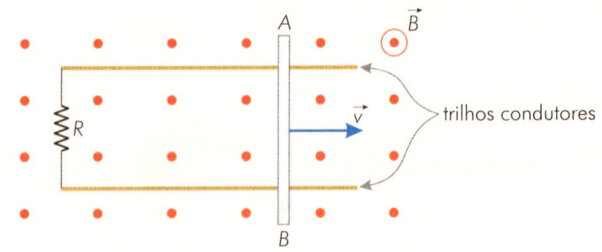

Exercícios Propostos

9. Um campo magnético uniforme tem intensidade igual a $3{,}0 \cdot 10^{-2}$ T. Nesse campo magnético está imerso um sistema constituído por um condutor AB retilíneo e horizontal, de resistência elétrica igual a $2{,}0\,\Omega$ e comprimento igual a 60 cm, que se move livremente sobre dois condutores horizontais, C e D, com velocidade constante e de módulo igual a 25 m/s, conforme esquematizado na figura a seguir.

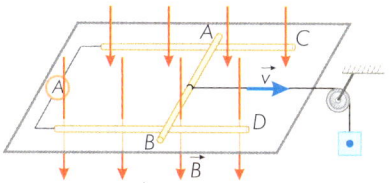

Considere o amperímetro que liga os condutores C e D ideal e despreze a resistência elétrica desses condutores.

Determine:

a) a força eletromotriz induzida entre os terminais A e B do condutor;
b) o sentido da corrente elétrica que atravessa o condutor;
c) a intensidade de corrente elétrica indicada pelo amperímetro;
d) a intensidade da força magnética que atua no condutor AB;
e) a massa do corpo que se encontra ligado ao condutor, que mantém a velocidade desse condutor constante. Considere o módulo da aceleração da gravidade igual a 10 m/s².

42.4. A Lei de Faraday

Naturalmente, as correntes induzidas não se restringem à situação em que há apenas uma espira; podemos ter circuitos mais complexos, como bobinas ou solenoides. De modo geral, então, Faraday observou:

> Se o fluxo magnético através de um circuito sofrer variação, aparecerá nesse circuito uma força eletromotriz induzida.

Esse enunciado constitui a parte qualitativa da Lei de Faraday.

Esse fenômeno é chamado **indução eletromagnética**, e o circuito onde ele ocorre é chamado **circuito induzido**.

42.4.1. Como podemos variar o fluxo magnético para obter a força eletromotriz induzida em um circuito?

Lembrando que o fluxo de $\vec{B}$ é dado pela expressão

$$\phi = B \cdot S \cdot \cos\alpha$$

podemos obter uma variação do fluxo de $\vec{B}$ ($\Delta\phi$) variando a intensidade de $\vec{B}$, a resistência R, a área (S) e o ângulo (α). A seguir, vamos analisar cada uma dessas situações.

Variação do fluxo magnético de $\vec{B}$ pela variação em sua intensidade

À medida que aproximamos um ímã de uma espira que se encontra fixa, ocorre o aumento no fluxo de $\vec{B}$ através da espira e, portanto, aparece uma corrente elétrica induzida na espira (Figura 42-6). Se afastamos o ímã, o fluxo de $\vec{B}$ através da espira diminui, também ocasionando uma variação. Assim, neste caso, apareceria uma corrente elétrica induzida na espira.

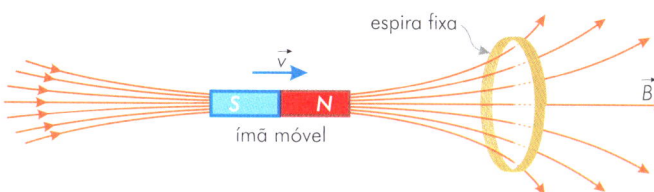

Figura 42-6. O ímã está se aproximando de uma espira fixa e, assim, ocorrerá variação no fluxo de $\vec{B}$.

Reciprocamente, a variação do fluxo magnético também pode ser obtida se a espira se aproximar (ou se afastar) do mesmo ímã, agora fixo (Figura 42-7). Note que uma aproximação relativa entre o ímã e a espira provoca aumento no fluxo de $\vec{B}$, enquanto um afastamento provoca uma diminuição do fluxo de $\vec{B}$.

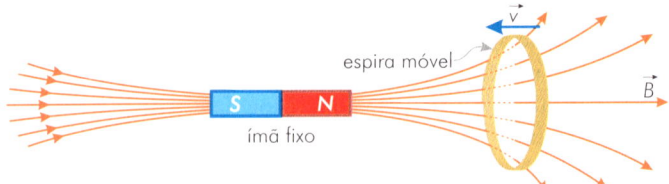

Figura 42-7. Com o ímã fixo e a espira aproximando-se dele, ocorrerá variação no fluxo de $\vec{B}$.

Observação: Se cessar o movimento relativo entre o ímã e a espira, o fluxo deixará de variar e não haverá mais corrente elétrica induzida através da espira.

Variação do valor da resistência R fazendo variar a intensidade da corrente *i*

Na situação da Figura 42-8, M e N são espiras paralelas, coaxiais. M é percorrida por uma corrente i. Ao variar o valor da resistência R, fazemos variar a intensidade da corrente i que circula na espira M e assim estaremos variando o campo $\vec{B}$ produzido por M. Contudo, se o campo $\vec{B}$ variar, variará também o fluxo de $\vec{B}$ através da espira N e assim teremos uma corrente induzida em N.

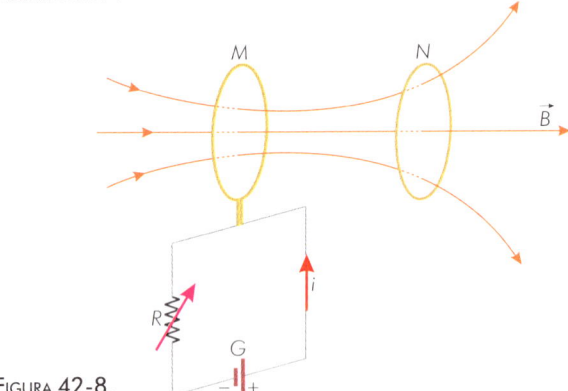

Figura 42-8.

Variação do fluxo por meio da variação da área

Quando uma espira retangular penetra em uma região onde há um campo de indução magnética $\vec{B}$, uniforme e perpendicular ao plano da espira, provoca um aumento na área onde ocorre o fluxo de indução e, portanto, aumenta também o fluxo. Assim, deve haver uma corrente induzida na espira, durante a penetração da espira na região (Figura 42-9). Quando a espira estiver totalmente dentro da região, o fluxo através da espira permanecerá constante e não haverá corrente induzida. Enquanto a espira estiver saindo da região, o fluxo diminuirá e haverá novamente corrente induzida na espira.

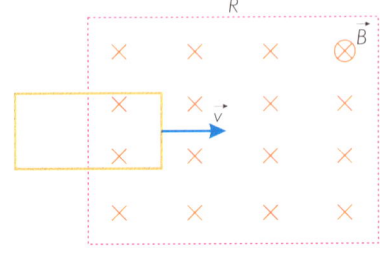 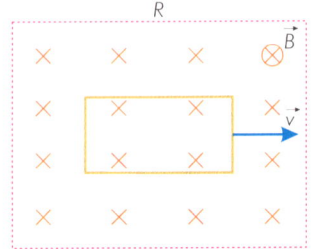 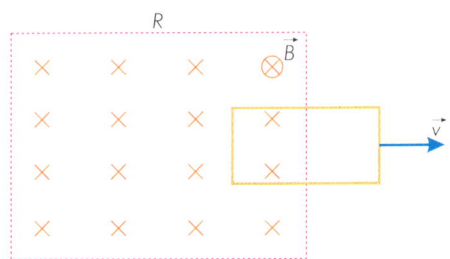

Figura 42-9.

Outra situação pode ser obtida quando um condutor retilíneo se desloca sobre outro condutor, de modo que forme uma espira. Com o conjunto imerso em um campo de indução magnética, observamos que, à medida que o condutor retilíneo se desloca para a direita, diminui a área da espira submetida a esse campo (Figura 42-10). Consequentemente, diminui também o fluxo de $\vec{B}$.

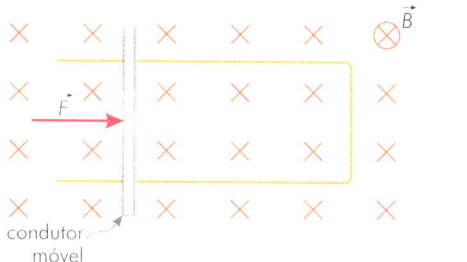 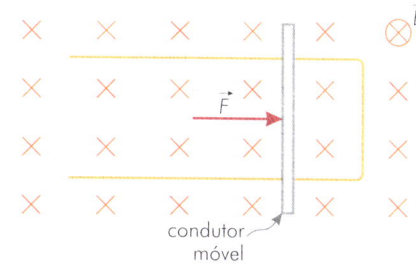

Figura 42-10.

Variação do ângulo formado entre o vetor $\vec{n}$ (normal à superfície) e as linhas de campo de indução magnética

A Figura 42-11 mostra uma espira circular girando uniformemente em torno de um eixo contido no plano da figura e passando pelo seu centro, no interior de um campo de indução magnética uniforme. Neste caso, o ângulo α formado entre os vetores $\vec{n}$ e $\vec{B}$ varia constantemente, o que causa a variação do cos α e, consequentemente, variação no fluxo de $\vec{B}$.

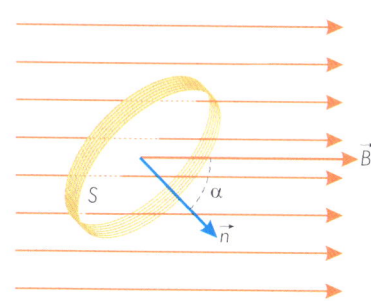

Figura 42-11.

42.5. A Lei de Lenz

O sentido da corrente elétrica induzida originada pela variação do fluxo magnético, em um circuito fechado, é determinado pela lei enunciada pelo físico russo Heinrich Lenz (1804-1865):

> *O sentido da corrente elétrica induzida pelo fenômeno da indução eletromagnética é de tal forma que se opõe (mediante seus efeitos eletromagnéticos) à causa que lhe deu origem.*
>
> *O sentido da corrente elétrica induzida é tal que ela origina um fluxo magnético induzido, que se opõe à variação do fluxo magnético denominado indutor.*

Exemplos

Considere a situação esquematizada na Figura 42-12, em que a aproximação de um ímã em relação a uma espira circular causa a variação de fluxo magnético através da espira, originando uma força eletromotriz induzida e a consequente corrente elétrica induzida. Essa corrente elétrica induzida produz um fluxo magnético induzido que se opõe à variação do fluxo magnético indutor.

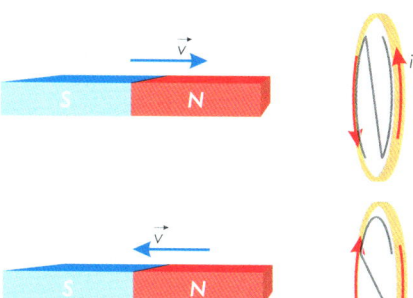

A aproximação do polo norte magnético do ímã provoca o surgimento de um polo norte na face da espira voltada para o ímã, de forma que repila o objeto em aproximação.

Caso o ímã passe a se afastar, a corrente elétrica induzida mudará de sentido, o que faz surgir um polo sul na face voltada para o ímã, de modo que atraia o objeto em afastamento.

Figura 42-12.

Exemplos

A variação do fluxo de $\vec{B}$ pode ocorrer quando variamos a área de um circuito fechado, graças à movimentação, por meio de uma força externa, de uma espira no interior de um campo de indução magnética uniforme.

Considere uma espira retangular atravessando, com velocidade constante $\vec{v}$, uma região em que existe um campo magnético de indução $\vec{B}$ uniforme, perpendicular ao plano da folha e orientado para o leitor (saindo da folha). Usando a Lei de Lenz, vamos determinar o sentido da corrente elétrica induzida, caso exista, na espira.

Na situação da Figura 42-13, o fluxo magnético através da área da espira está aumentando, pois a espira está entrando na região do campo magnético. Assim, pela Lei de Lenz, a corrente elétrica induzida terá por efeito criar um campo magnético induzido que se oporá a esse aumento. Portanto, tal campo induzido será orientado para dentro da folha. A regra do "tapa" fornece o sentido da corrente induzida nesse instante: i_1 **tem sentido horário**.

Na situação da Figura 42-14, a espira está totalmente imersa no campo magnético e o fluxo magnético não varia. Portanto, nessa situação, não existe corrente elétrica induzida. Então: i_2 **é nula**.

Na situação da Figura 42-15, com a espira saindo da região do campo magnético, o fluxo através de sua área está diminuindo. Pela Lei de Lenz, o campo magnético induzido é orientado para fora do plano da figura de modo que se oponha a essa diminuição do fluxo magnético. Então, pela regra do "tapa", nesse instante, i_3 **tem sentido anti-horário**.

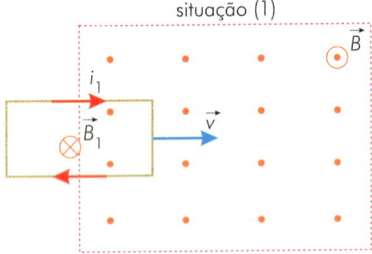
FIGURA 42-13.

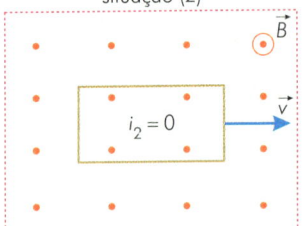
FIGURA 42-14.

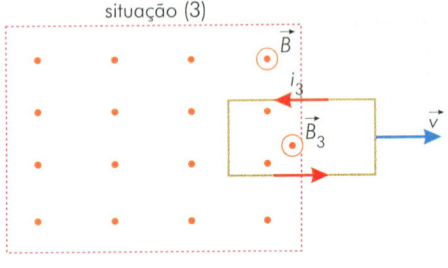
FIGURA 42-15.

Exercícios Propostos

10. Um condutor retilíneo, AB, apoia-se em um fio condutor com forma de U, como mostra a figura a seguir. O conjunto está imerso em um campo magnético de indução $\vec{B}$, uniforme, de modo que as linhas de indução de $\vec{B}$ são perpendiculares ao plano dos condutores. Um agente externo puxa o condutor AB de modo que este se mova no sentido indicado na figura. Determine o sentido da corrente elétrica induzida no circuito $ABCD$.

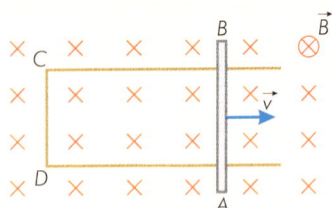

11. Em cada uma das situações mostradas a seguir, há um ímã em forma de barra, que se move sobre uma reta r perpendicular ao plano de uma espira circular fixa. Determine, em cada caso, o sentido da corrente elétrica induzida, para o observador O.

a)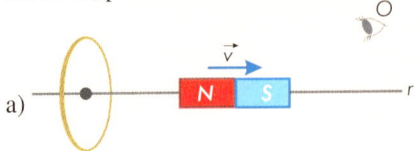

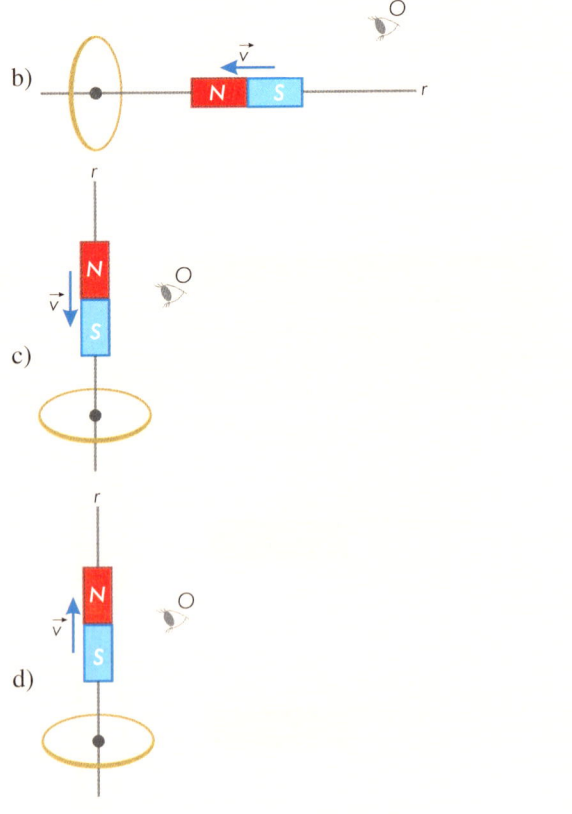

Exercícios Propostos

12. (UNICAMP – SP) Uma espira quadrada de lado a atravessa, com velocidade constante, uma região quadrada de lado b, $b > a$, onde existe um campo magnético constante no tempo e no espaço. A espira move-se da esquerda para a direita e o campo magnético aponta para cima, conforme esquematizado na figura ao lado.

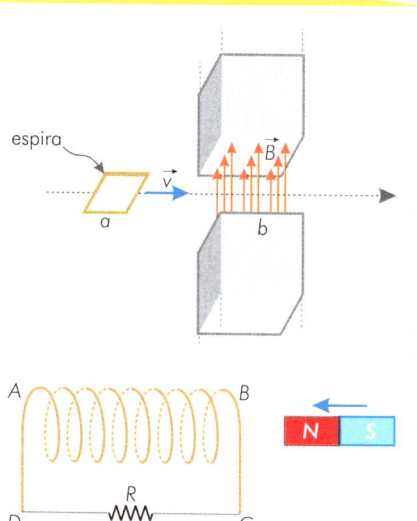

Segundo um observador que olha de cima para baixo, qual será o sentido da corrente elétrica na espira (horário ou anti-horário), quando:
a) ela está entrando na região do campo magnético?
b) ela está no meio da região?
c) ela está saindo da região?

13. Aproxima-se um ímã em forma de barra da extremidade B de um solenoide, conforme mostrado no esquema ao lado. O solenoide está ligado a um resistor de resistência R. Qual o sentido da corrente elétrica induzida que atravessa o resistor?

42.6. A Lei de Faraday-Neumann

As conclusões experimentais de Michael Faraday sobre força eletromotriz induzida foram matematicamente formuladas pelo físico alemão Ernest Neumann (1798-1851).

Sejam ϕ_1 e ϕ_2 os fluxos de $\vec{B}$ através de um circuito fechado nos instantes t_1 e t_2, respectivamente, com $t_1 < t_2$. De acordo com Neumann, a força eletromotriz média induzida (ε_m) nas extremidades do condutor elétrico é igual ao quociente entre a variação de fluxo magnético ($\Delta\phi$) pelo intervalo de tempo (Δt) correspondente a essa variação, com sinal trocado.

Assim, podemos escrever:

$$\varepsilon_m = -\frac{\Delta\phi}{\Delta t} \Rightarrow \varepsilon_m = -\frac{\phi_f - \phi_i}{\Delta t}$$

O sinal negativo que aparece na Lei de Faraday indica que o sentido da força eletromotriz induzida é tal que ela se opõe à variação que a produz, como já tínhamos visto na Lei de Lenz.

> **Observação:** Na resolução de exercícios, o sinal negativo que aparece na Lei de Faraday-Neumann não é necessário, pois o que nos interessa é o módulo da força eletromotriz induzida.
>
> Enunciado da Lei de Faraday-Neumann:
>
> *No fenômeno da indução eletromagnética, a força eletromotriz induzida média em um circuito fechado é igual ao quociente da variação de fluxo magnético pelo intervalo de tempo em que ocorre, com o sinal trocado.*

Exercícios Resolvidos

14. O fluxo magnético em uma espira imersa em um campo magnético de indução $\vec{B}$ varia de tal modo que no instante $t_0 = 0$ ele vale $\phi_0 = 2{,}0$ Wb e no instante $t_1 = 8{,}0$ s vale $\phi_1 = 18$ Wb. Determine o valor absoluto da força eletromotriz induzida média nessa espira durante esse intervalo de tempo.

Resolução:
Dados:
- $\Delta\phi = \phi_1 - \phi_0 = 18 - 2{,}0 = 16$ Wb
- $\Delta t = t_1 - t_0 = 8{,}0 - 0 = 8{,}0$ s
- Aplicando a Lei de Faraday-Neumann $\left(\varepsilon_m = -\dfrac{\Delta\phi}{\Delta t}\right)$, calculamos o valor absoluto da força eletromotriz média induzida.

$$|\varepsilon_m| = \left|-\frac{\Delta\phi}{\Delta t}\right| \Rightarrow |\varepsilon_m| = \left|-\frac{16}{8{,}0}\right| \therefore |\varepsilon_m| = 2{,}0 \text{ V}$$

Exercícios Resolvidos

15. Um condutor retilíneo de comprimento $L = 60$ cm e resistência elétrica $R = 2,0\ \Omega$ encontra-se em contato com um fio metálico dobrado em forma de U, cuja resistência elétrica é desprezível. O conjunto encontra-se em uma região em que existe um campo de indução magnética $\vec{B}$, com intensidade $B = 8,0$ T, perpendicular ao plano dos condutores. O condutor é arrastado por um agente externo e desloca-se com velocidade constante $\vec{v}$, de módulo igual a 15 m/s.

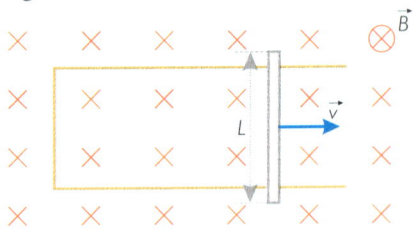

Usando os dados fornecidos pelo enunciado, determine para esse circuito:

a) o módulo da força eletromotriz induzida;
b) o sentido da corrente elétrica induzida no circuito;
c) a intensidade da corrente elétrica induzida no circuito;
d) a potência elétrica dissipada por efeito Joule no circuito.

Resolução:

a) $\varepsilon = B \cdot L \cdot v \Rightarrow \varepsilon = 8,0 \cdot 0,60 \cdot 15 \therefore \varepsilon = 72$ V

b) De acordo com a Lei de Lenz, o sentido da corrente elétrica induzida é anti-horário.

c) $\varepsilon = R \cdot i \Rightarrow 72 = 2,0 i \Rightarrow i = \dfrac{72}{2,0} \therefore i = 36$ A

d) $Pot = \varepsilon \cdot i \Rightarrow Pot = 72 \cdot 36 \therefore Pot = 2.592$ W

Exercícios Propostos

16. Uma espira retangular, de dimensões 6 cm e 10 cm, é colocada perpendicularmente às linhas de indução de um campo magnético uniforme de intensidade 4,0 T. A intensidade do campo magnético é reduzida a zero em um intervalo de tempo de 3,2 s. Determine a fem induzida média nesse intervalo de tempo.

17. Uma bobina chata, formada de 200 espiras circulares idênticas, de raio 2,0 cm cada uma, está em posição perpendicular às linhas de indução de um campo magnético uniforme de intensidade 6,0 T, conforme a situação ① da figura. Em 0,20 s, a bobina é levada para a posição ②. Calcule a fem induzida média nesse intervalo de tempo e determine o sentido da corrente induzida na espira. Use a aproximação $\pi = 3,14$.

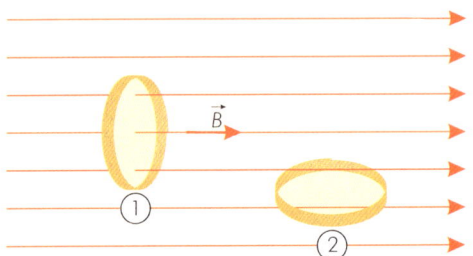

18. Uma espira de área $S = 3,0 \cdot 10^{-2}$ m² e resistência $R = 6,0\ \Omega$ está disposta perpendicularmente às linhas de indução de um campo magnético uniforme de indução $B = 8,0$ T. Sabendo que em certo intervalo de tempo o campo é reduzido a zero, determine a quantidade de carga elétrica induzida que circula pela espira nesse intervalo de tempo.

19. (UEM – PR) Uma espira condutora, esquematizada na figura abaixo, está penetrando em uma região onde existe um campo magnético uniforme de intensidade igual a 0,50 T, perpendicular, entrando no plano, com velocidade constante de módulo 10 m/s, passando sucessivamente pelas posições (1), (2) e (3). Nessas condições, assinale o que for correto e dê como resposta o somatório dos itens corretos.

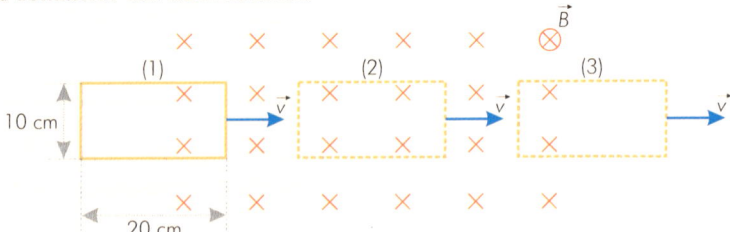

(01) Quando a espira está passando pela posição (1), o fluxo magnético através dela está aumentando.
(02) Quando a espira está passando pela posição (2), o fluxo magnético através dela é de $1,0 \cdot 10^{-2}$ (T · m²).
(04) A fem induzida na espira, na posição (2), é de 0,5 V.
(08) O sentido da corrente elétrica induzida na espira é o mesmo, tanto na posição (1) como na posição (3).
(16) Se a espira tem resistência de $2,0\ \Omega$, a corrente induzida na espira é de 0,25 A, na posição (1).
(32) Na posição (3), a corrente induzida possui sentido anti-horário.

Exercícios Propostos

20. (UNESP) O gráfico a seguir mostra como varia com o tempo o fluxo magnético através de cada espira de uma bobina de 400 espiras, que foram enroladas próximas umas das outras, para se ter a garantia de que todas seriam atravessadas pelo mesmo fluxo.

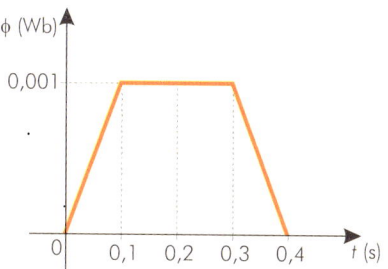

a) Explique por que a força eletromotriz induzida na bobina é zero entre 0,1 s e 0,3 s.
b) Determine a máxima força eletromotriz induzida na bobina.

21. (UFPE) Uma espira quadrada de lado 0,10 m é formada de um fio condutor cuja resistência elétrica total é 1,0 Ω. Essa espira está submetida a um campo magnético espacialmente uniforme e variável no tempo, de acordo com o gráfico a seguir.

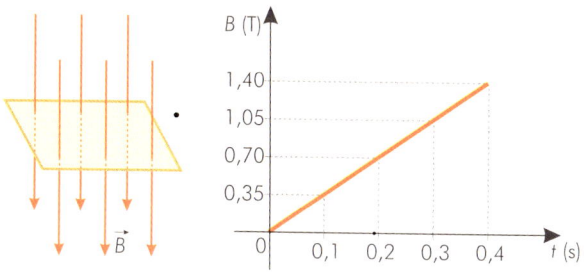

Calcule o módulo da corrente elétrica induzida que circula na espira, em unidades de 10^{-3} A.

42.7. A Corrente Alternada

A corrente elétrica que alimenta nossas casas, chamada **corrente alternada**, é gerada por meio da indução eletromagnética. A seguir, vamos ver como ela é gerada, por exemplo, nas usinas hidrelétricas.

Consideremos uma espira retangular, esquematizada na Figura 42-16, que pode girar com velocidade angular (ω) constante, em torno de um eixo y, no interior de um campo magnético uniforme de indução $\vec{B}$, devido ao trabalho realizado por um agente externo.

Você Sabia?

A usina hidrelétrica de Itaipu é a maior em produção de energia no mundo. Em 2006, foram produzidos 92.689,9 GWh de energia elétrica.

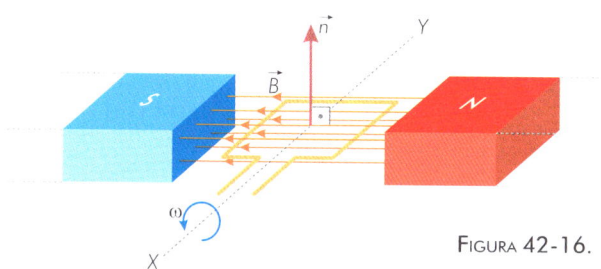

Figura 42-16.

Sejam α o ângulo formado entre a normal $\vec{n}$ ao plano da espira e o vetor $\vec{B}$, e S a área dessa espira. Já sabemos que o fluxo de $\vec{B}$ na espira é dado por:

$$\phi = B \cdot S \cdot \cos \alpha$$

Admita que, no instante $t_0 = 0$, a espira esteja perpendicular às linhas de indução de $\vec{B}$. Nesse instante, $\alpha = 0°$ e, consequentemente, $\cos \alpha = 1$, sendo o fluxo de $\vec{B}$ máximo e dado pela relação:

$$\phi_{máx.} = B \cdot S$$

No instante $t_0 = 0$, a posição angular inicial é nula ($\alpha_0 = 0$); então, aplicando a função horária dos espaços angulares do movimento realizado pela espira, com velocidade angular (ω) constante, temos:

$$\alpha = \alpha_0 + \omega \cdot t \Rightarrow \boxed{\alpha = \omega \cdot t}$$

Portanto, em um instante t qualquer, o fluxo de $\vec{B}$ será dado por:

$$\boxed{\phi = B \cdot S \cdot \cos(\omega \cdot t)}$$

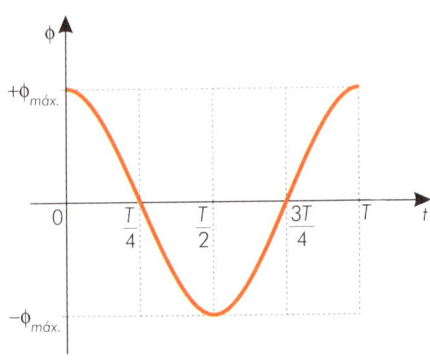

FIGURA 42-17.

A Figura 42-17 mostra como varia o fluxo de $\vec{B}$ através da área (S) da espira em função do tempo. Nesse gráfico, representamos apenas um intervalo de tempo igual a um período, o que equivale a uma volta completa da espira.

Como o fluxo de $\vec{B}$ varia com o tempo, existe, entre os terminais da espira, uma força eletromotriz induzida (ε), que, em um instante t qualquer, é dada pela relação:

$$\boxed{\varepsilon = B \cdot S \cdot \omega \cdot \text{sen}(\omega \cdot t)}$$

Pela expressão acima, podemos concluir que a força eletromotriz induzida (ε) na espira girante é alternada, senoidal, com período e frequência iguais aos da espira girante. Nas nossas usinas hidrelétricas, o fluxo de água liberado pela represa é responsável por girar o sistema, produzindo a variação de fluxo magnético necessária para a geração de corrente elétrica alternada. A nossa corrente alternada tem frequência de 60 Hz.

OBSERVAÇÕES:

- A força eletromotriz induzida (ε), devido ao movimento giratório da espira, é uma função senoidal com o tempo.
- O valor máximo da força eletromotriz induzida ocorre quando sen ($\omega \cdot t$) = 1. Então, o valor máximo da força eletromotriz induzida é dado pela relação:

$$\varepsilon_{máx.} = B \cdot S \cdot \omega$$

- Para um instante t qualquer, a força eletromotriz induzida é dada pela relação:

$$\varepsilon = \varepsilon_{máx.} \cdot \text{sen}(\omega \cdot t)$$

- A Figura 42-18 mostra como varia a força eletromotriz induzida (ε) na espira em função do tempo (t). Nesse gráfico, representamos apenas um intervalo de tempo igual a um período, o que equivale a uma volta completa da espira.
- A força eletromotriz induzida assume periodicamente valores positivos e negativos. Essa força eletromotriz induzida lança, em um circuito, uma corrente denominada corrente alternada, que varia, periodicamente, em intensidade e sentido.

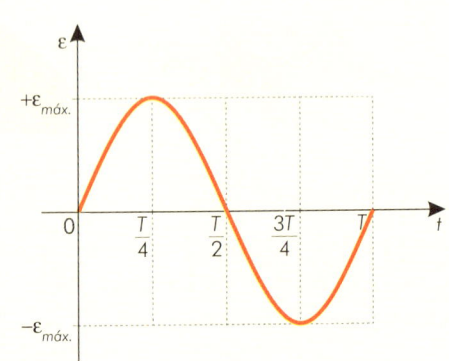

FIGURA 42-18.

Considerando que a espira esteja ligada a um resistor de resistência elétrica R, os valores da força eletromotriz induzida podem ser expressos em função da intensidade de corrente elétrica (i) e da intensidade de corrente elétrica máxima ($i_{máx.}$). Essas intensidades são dadas por:

$$\boxed{\varepsilon = R \cdot i} \quad \text{e} \quad \boxed{\varepsilon_{máx.} = R \cdot i_{máx.}}$$

Usando a relação $\varepsilon = \varepsilon_{máx.} \cdot sen(\omega \cdot t)$, obtemos a relação:

$$i = i_{máx.} \cdot sen(\omega \cdot t)$$

A Figura 42-19 mostra a variação da corrente alternada senoidal i em função do tempo t.

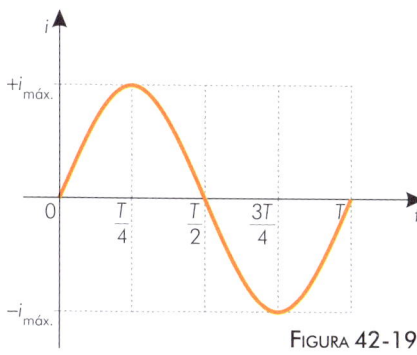

Figura 42-19.

Observações:
- Quando se mantém uma corrente alternada em um circuito, os elétrons livres oscilam nos condutores com amplitudes muito pequenas.
- A frequência da corrente alternada no Brasil é de 60 Hz.

42.8. Valor Eficaz e Potência Média da Corrente Alternada

Normalmente, em vez de trabalhar com os valores máximos da força eletromotriz e de intensidade de corrente elétrica ($\varepsilon_{máx.}$ e $i_{máx.}$), utilizamos os denominados valores *eficazes da força eletromotriz* e da *corrente alternada*.

Denomina-se **valor eficaz** de uma corrente alternada a intensidade $i_{ef.}$ de uma corrente contínua e constante que, percorrendo um resistor, em um intervalo de tempo igual ao período T, dissipa a mesma quantidade de energia que a corrente alternada dissiparia em um mesmo resistor.

Demonstra-se que a *força eletromotriz eficaz* ou *tensão elétrica eficaz* e a *intensidade de corrente eficaz* relacionam-se com os valores máximos por meio das relações:

$$\varepsilon_{ef.} = \frac{\varepsilon_{máx.}}{\sqrt{2}} \quad \text{e} \quad i_{ef.} = \frac{i_{máx.}}{\sqrt{2}}$$

Quando se diz que a tensão elétrica entre os terminais de uma tomada, em Brasília, é de 220 V, isso significa que o valor eficaz dessa tensão elétrica é de 220 V. Portanto, o valor máximo da tensão elétrica nessa tomada é:

$$U_{ef.} = \frac{U_{máx.}}{\sqrt{2}} \Rightarrow 220 = \frac{U_{máx.}}{\sqrt{2}} \Rightarrow U_{máx.} = 220 \cdot \sqrt{2} \cong 311,1 \text{ V}$$

Quando uma corrente alternada percorre um resistor, a potência média (Pot_m) dissipada nesse resistor é definida como a energia dissipada em um período, dividida pelo valor desse período. Matematicamente, podemos escrever:

$$Pot_{(m)} = \frac{\Delta E}{\Delta t} \Rightarrow Pot_{(m)} = \frac{\Delta E}{T}$$

Sendo $\Delta E = \tau = q \cdot U_{ef.}$ e $i_{ef.} = \frac{q}{\Delta t}$, com $\Delta t = T$, temos:

$$Pot_{(m)} = \frac{q \cdot U_{ef.}}{T} \Rightarrow \boxed{Pot_{(m)} = U_{ef.} \cdot i_{ef.}}$$

em que $i_{ef.}$ é a corrente eficaz que percorre o resistor R e $U_{ef.}$ é a tensão eficaz entre os extremos do resistor.

Exercícios Resolvidos

22. Uma espira quadrada, de lado igual a 8,0 cm, gira no interior de um campo magnético uniforme, como esquematizado na figura a seguir. A intensidade do vetor indução magnética é igual a 4,0 T, e a espira gira em torno do eixo XY realizando 7.200 rotações por minuto.

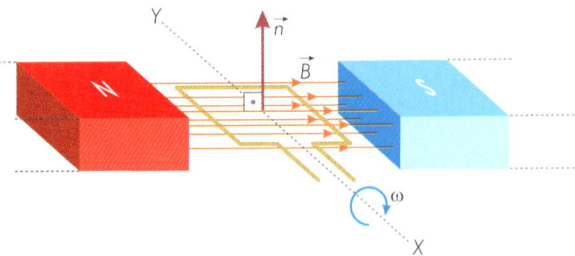

Determine:
a) a frequência, em hertz, de giro da espira;
b) a velocidade angular da espira;
c) o valor da força eletromotriz induzida máxima nos terminais da espira.

RESOLUÇÃO:

a) Como a espira efetua 7.200 rotações por minuto, a frequência do movimento dessa espira, em Hz, vale:
$$f = \frac{7.200}{60} \text{ Hz} = 120 \text{ Hz}$$

b) Sendo:
$$\omega = 2\pi \cdot f \Rightarrow \omega = 2\pi \cdot 120$$
$$\omega = 240\pi \text{ rad/s} \cong 753,6 \text{ rad/s}$$

c) A área da espira é: $S = (8,0)^2 = 64 \text{ cm}^2 = 6,4 \cdot 10^{-3} \text{ m}^2$
O fluxo magnético máximo através da espira é:
$$\phi_{máx.} = B \cdot S \Rightarrow \phi_{máx.} = 4,0 \cdot 6,4 \cdot 10^{-3} = 2,56 \cdot 10^{-2} \text{ Wb}$$

A força eletromotriz induzida máxima é dada por:
$$\varepsilon_{máx.} = \phi_{máx.} \cdot \omega$$
$$\varepsilon_{máx.} = 2,56 \cdot 10^{-2} \cdot 753,6 = 1.929,2 \cdot 10^{-2} \cong 19,29 \text{ V}$$

23. Uma corrente alternada senoidal tem valor eficaz igual a 12 A. Determine o valor máximo dessa corrente.

RESOLUÇÃO:

$$i_{ef.} = \frac{i_{máx.}}{\sqrt{2}} \Rightarrow 12 = \frac{i_{máx.}}{\sqrt{2}}$$
$$i_{máx.} = 12 \cdot \sqrt{2} \cong 16,97 \text{ A}$$

24. Um alternador é constituído por uma bobina chata que possui 800 espiras, cada uma com área $S = 8,0 \text{ cm}^2$. A bobina gira em um campo magnético uniforme de indução $B = 0,60$ T. A variação no fluxo magnético de $\vec{B}$ faz surgir na bobina uma corrente alternada com frequência de 60 Hz. A figura a seguir mostra o esquema de um alternador.

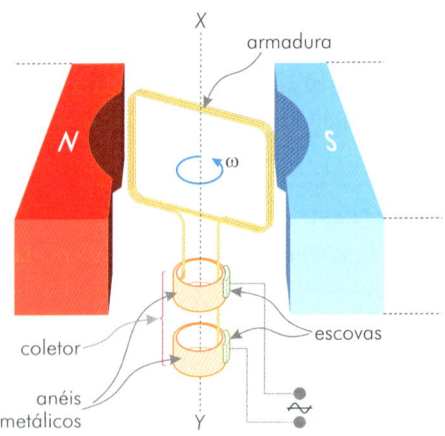

esquema de um alternador

Use o valor aproximado $\pi = 3,14$ e determine:
a) a pulsação da corrente elétrica induzida na bobina;
b) a fem máxima induzida na bobina;
c) a fem eficaz da corrente alternada induzida;
d) as intensidades de correntes elétricas máxima e eficaz, supondo-se que o alternador seja ligado a um resistor de resistência elétrica $R = 4,0 \text{ } \Omega$.

RESOLUÇÃO:

a) A pulsação da corrente, que corresponde à velocidade angular da bobina, é:
$$\omega = 2\pi \cdot f \Rightarrow \omega = 2\pi \cdot 60$$
$$\omega = 120\pi \cdot \text{ rad/s} \cong 376,8 \text{ rad/s}$$

b) Em cada espira da bobina, cuja área é
$$S = 8,0 \text{ cm}^2 = 8,0 \cdot 10^{-4} \text{ m}^2,$$
a fem máxima induzida é:
$$\varepsilon_{máx.} = B \cdot S \cdot \omega$$
$$\varepsilon_{máx.} = 0,60 \cdot 8 \cdot 10^{-4} \cdot 376,8 \cong 1,82 \cdot 10^{-1} \text{ V}$$

Então, para uma bobina com 800 espiras, a fem máxima é:
$$\varepsilon_{máx.} = 800 \cdot 1,82 \cdot 10^{-1} = 145,6 \text{ V}$$

c) A força eletromotriz eficaz é:
$$\varepsilon_{ef.} = \frac{\varepsilon_{máx.}}{\sqrt{2}} \Rightarrow \varepsilon_{ef.} = \frac{145,6}{\sqrt{2}} \cong 103 \text{ V}$$

d) A intensidade de corrente elétrica máxima é:
$$i_{máx.} = \frac{\varepsilon_{máx.}}{R} \Rightarrow i_{máx.} = \frac{145,6}{4,0} = 36,4 \text{ A}$$

A intensidade de corrente eficaz é:
$$i_{ef.} = \frac{i_{máx.}}{\sqrt{2}} \Rightarrow i_{ef.} = \frac{36,4}{\sqrt{2}} \cong 25,7 \text{ A}$$

Exercícios Propostos

25. Uma corrente alternada senoidal tem valor eficaz igual a 20 A. Determine o valor máximo dessa corrente.

26. A tensão elétrica nos terminais de uma tomada, na região de São Paulo, é de 110 V. Qual o valor máximo dessa tensão elétrica?

27. Um resistor de resistência igual a 2,5 Ω é submetido a uma tensão alternada senoidal, cujo valor eficaz é igual a 220 V. Calcule a intensidade da corrente elétrica eficaz que passa por esse resistor. Determine, em watts, o valor da potência média dissipada por esse resistor.

28. Um resistor de resistência $R = 200\ \Omega$, percorrido por uma corrente elétrica alternada senoidal, de frequência $f = 20$ Hz, dissipa a potência média de 450 W. Use o valor aproximado $\pi = 3,14$ e determine:
a) a pulsação da corrente alternada nesse resistor;
b) a força eletromotriz eficaz nos terminais desse resistor;
c) a força eletromotriz máxima induzida nos terminais desse resistor.

29. Com base nos dados do exercício 28, determine, em função do tempo, a força eletromotriz alternada aplicada ao resistor.

30. Uma bobina chata é constituída de 2.000 espiras retangulares de área $S = 20\ cm^2$ cada uma. Essa bobina gira imersa no interior de um campo magnético de indução $\vec{B}$ de intensidade $B = 0,80$ T. Sabendo que a bobina gira executando 2.400 rotações por minuto, use o valor aproximado $\pi = 3,14$ e determine:
a) a frequência, em hertz, e o período, em segundos, da força eletromotriz alternada senoidal induzida;
b) a velocidade angular de rotação da bobina;
c) o valor máximo da força eletromotriz induzida na bobina;
d) a potência dissipada pela bobina, sabendo que sua resistência elétrica tem valor igual a 20 Ω.

42.9. Transformador de Voltagem

Normalmente, as usinas produtoras de energia elétrica estão localizadas a grandes distâncias das cidades onde essa energia será consumida, havendo, então, a necessidade de longas linhas de transmissão. Assim, devemos procurar soluções para diminuir as perdas de energia por efeito Joule, nessas linhas de transmissão. É importante que essa transmissão de energia se faça com o mínimo de perda.

Por isso, em diversas instalações elétricas e até mesmo nas residências há, muitas vezes, necessidade de aumentar ou de diminuir a voltagem que é fornecida pelas companhias de eletricidade, mantendo a mesma potência elétrica.

Sabendo que a potência dissipada, por efeito Joule, por um condutor de resistência R, percorrido por uma corrente de intensidade i, é dada por $Pot = R \cdot i^2$, podemos diminuir a potência dissipada nas linhas de transmissão de duas maneiras: diminuindo a resistência elétrica da linha de transmissão ou diminuindo a intensidade da corrente elétrica através dessa linha.

De acordo com a Segunda Lei de Ohm, a resistência elétrica de um condutor é dada por $R = \rho \cdot \dfrac{L}{S}$; podemos observar que, para diminuir a resistência elétrica do condutor, devemos usar fios condutores de baixa resistividade elétrica – o que aumenta os custos da instalação – ou fios mais pesados, com maior área da secção transversal, o que causa danos à rede de transmissão.

Então, com base no que foi dito, devemos escolher a segunda opção: diminuir a intensidade de corrente elétrica na linha, sem alterar a potência elétrica transmitida. Por essa razão, devemos elevar a tensão elétrica (pois sabemos que essa potência elétrica é dada por $Pot = U \cdot i$), mas, por razões de segurança, a energia elétrica a ser consumida nas indústrias e residências deve chegar com baixa tensão.

Vemos, então, que há necessidade de aparelhos que possam aumentar ou diminuir a tensão elétrica. Tais aparelhos são denominados **transformadores**.

Basicamente, um transformador é constituído por duas bobinas eletricamente isoladas uma da outra, enroladas sobre um mesmo núcleo de ferro. Em um dos enrolamentos, denominado primário, aplicamos uma tensão alternada de valor eficaz U_1, de modo que há uma corrente alternada de valor eficaz i_1 nesse enrolamento (Figura 42-20). Essa corrente variável produz um fluxo variável cuja maior parte fica confinada ao ferro.

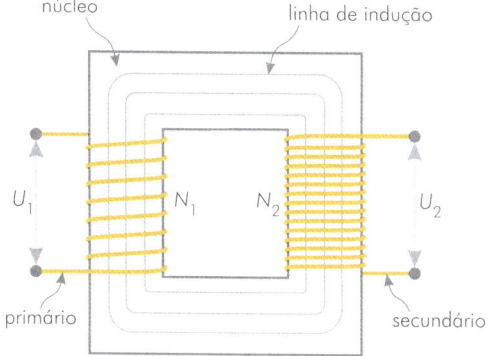

Figura 42-20.

(A) Linhas de transmissão levam a energia das usinas produtoras para as subestações, onde, por meio de (B) transformadores, a tensão é adaptada para consumo residencial ou industrial.

De acordo com a Lei de Faraday, esse fluxo variável induzirá, no outro enrolamento, denominado secundário, uma tensão alternada de valor eficaz U_2.

Então, o transformador é constituído por um par de bobinas ou solenoides: o enrolamento **primário** (ligado à ddp que se quer modificar), o enrolamento **secundário** (que fornece entre seus terminais a ddp desejada) e uma peça de ferro doce (cuja magnetização é facilmente revertida).

Sendo N_1 e N_2 as quantidades de espiras, U_1 e U_2 as tensões elétricas eficazes no enrolamento primário e secundário, respectivamente, para um transformador ideal valem as igualdades:

$$\frac{U_1}{U_2} = \frac{N_1}{N_2} = \frac{i_2}{i_1}$$

OBSERVAÇÃO: É importante observar que o transformador não pode criar energia. Portanto, quando um aparelho é ligado ao enrolamento secundário durante certo tempo, a energia fornecida ao aparelho não pode ser maior do que aquela fornecida ao primário. Em outras palavras, a potência obtida no enrolamento secundário não pode ser superior à potência fornecida ao primário do transformador.

Exercício Resolvido

31. Um transformador de uso doméstico abaixa a tensão elétrica alternada de 220 V eficazes para 8,0 V eficazes e é conectado a um *walkman*. O enrolamento secundário contém 60 espiras e o rádio é percorrido por uma corrente elétrica eficaz de 200 mA.

Com base nos dados fornecidos no enunciado, determine:
a) o número de espiras do enrolamento primário;
b) a intensidade de corrente elétrica eficaz no enrolamento primário;
c) a potência média transmitida pelo primário.

Exercício Resolvido

Resolução:

a) Podemos observar que o pequeno transformador em questão é um abaixador de tensão elétrica. Para um transformador, que pode ser considerado ideal, temos:

$$\frac{U_1}{U_2} = \frac{N_1}{N_2} \Rightarrow \frac{220}{8{,}0} = \frac{N_1}{60}$$

$$27{,}5 \cdot 60 = N_1 \therefore N_1 = 1.650 \text{ espiras}$$

b) Conhecendo a relação $\frac{U_1}{U_2} = \frac{i_2}{i_1}$, podemos calcular a intensidade de corrente elétrica no enrolamento primário.

Assim:

$$\frac{220}{8{,}0} = \frac{0{,}2}{i_1}$$

$$i_1 \cong 7{,}3 \text{ mA}$$

c) A potência média transmitida do enrolamento primário para o enrolamento secundário é calculada por:

$$Pot = U_1 \cdot i_1 = U_2 \cdot i_2$$

Portanto:

$$Pot = 8{,}0 \cdot 0{,}2 = 1{,}6 \text{ W}$$

Exercícios Propostos

32. Considere um transformador cuja bobina primária tem 300 espiras e a secundária, 600 espiras. Considerando-o ideal e fornecendo-se à bobina primária uma tensão elétrica de 220V, calcule, em unidades do Sistema Internacional, o que se pede em cada item.

a) Qual será a tensão elétrica obtida na bobina secundária?
b) Considerando que a resistência do aparelho que se encontra ligado aos terminais desse transformador tem resistência elétrica igual a 44 Ω, qual a intensidade da corrente elétrica que atravessa esse aparelho?
c) Com o aparelho em pleno funcionamento, qual a intensidade da corrente elétrica nos terminais da bobina primária e a potência elétrica fornecida pela bobina primária?

33. Consideremos um transformador ideal, com 800 espiras no enrolamento primário e 200 espiras no secundário. Aplica-se ao primário uma tensão alternante de valor eficaz de 150 V, de modo que nele circule uma corrente de valor eficaz 0,20 A. Calcule:

a) a tensão eficaz no secundário;
b) a intensidade eficaz da corrente no secundário.

34. (UnB – DF) Temos 1.440 cm de fio de cobre especial para a fabricação de transformadores. Queremos construir um transformador de espiras quadradas, cujos lados têm 3,0 cm, com entrada de 110 V e saída de 220 V, usando todo o fio, que, obviamente, deve ser cortado apenas uma vez. Calcule o produto do número de espiras do primário pelo número do secundário. Divida esse resultado por 100.

35. (UnB – DF) Após ser eleito, um deputado federal mudou-se da cidade do Rio de Janeiro para Brasília. Aqui chegando, constatou a necessidade de adquirir transformadores para poder utilizar os seus eletrodomésticos na nova residência, já que a diferença de potencial, também chamada de **tensão elétrica**, é de 220 V, nas residências de Brasília.

Um transformador é um equipamento que permite a modificação da tensão aplicada aos seus terminais de entrada, podendo produzir, nos terminais de saída, uma tensão maior ou menor do que a de entrada. Do ponto de vista construtivo, o transformador de uso doméstico, geralmente, é constituído por duas bobinas independentes, enroladas sobre um núcleo de ferro. A bobina ligada à fonte de tensão (tomada residencial) é chamada de **primária** e a bobina ligada aos eletrodomésticos, de **secundária**.

Com o auxílio das informações contidas no texto e focalizando o transformador ligado a uma tomada para fornecer energia à geladeira da família do deputado, julgue os itens seguintes.

(1) Ao alimentar a geladeira, o transformador converte energia elétrica em energia mecânica.
(2) A potência que a bobina secundária do transformador fornece à geladeira é maior do que a potência que a bobina primária recebe.
(3) Mesmo nos períodos em que a geladeira estiver desligada, haverá corrente elétrica circulando na bobina primária do transformador.
(4) Suponha que o transformador seja desconectado da tomada e que sua bobina de 220 V seja conectada a um conjunto de 20 baterias de automóvel, de 12 V, ligadas em série. Nessa situação, a geladeira será alimentada com uma tensão igual a 120 V e funcionará normalmente.

Exercícios Complementares

36. Uma superfície plana de 6,0 m² de área está em uma região onde há um campo de indução magnética $\vec{B}$ uniforme, de módulo igual a 3,0 T, tal que o ângulo entre $\vec{B}$ e a superfície é igual a 60°. Calcule o módulo do fluxo de $\vec{B}$ através da superfície.

Exercícios Complementares

37. Consideremos um fio em forma de espira quadrada de 3,0 m de lado, em uma região onde há um campo magnético de indução de módulo igual a 4,0 T, de modo que o plano da espira é perpendicular a $\vec{B}$. Calcule o módulo do fluxo de indução magnética $\vec{B}$ através da espira.

38. (FUVEST – SP) Um ímã, preso a um carrinho, desloca-se com velocidade constante ao longo de um trilho horizontal. Envolvendo o trilho há uma espira metálica, como mostra a figura ao lado. Pode-se afirmar que, na espira, a corrente elétrica:

a) é sempre nula.
b) existe somente quando o ímã se aproxima da espira.
c) existe somente quando o ímã está dentro da espira.
d) existe somente quando o ímã se afasta da espira.
e) existe quando o ímã se aproxima ou se afasta da espira.

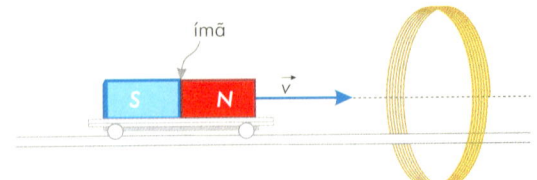

39. (UNICAMP – SP) Uma espira quadrada de lado $a = 0{,}20$ m e resistência $R = 2{,}0\ \Omega$ atravessa com velocidade constante de módulo $v = 10$ m/s uma região quadrada de lado $b = 0{,}50$ m, onde existe um campo magnético constante de intensidade $B = 0{,}30$ T. O campo magnético penetra perpendicularmente no plano do papel e a espira move-se no sentido de x positivo, conforme indicado na figura a seguir.

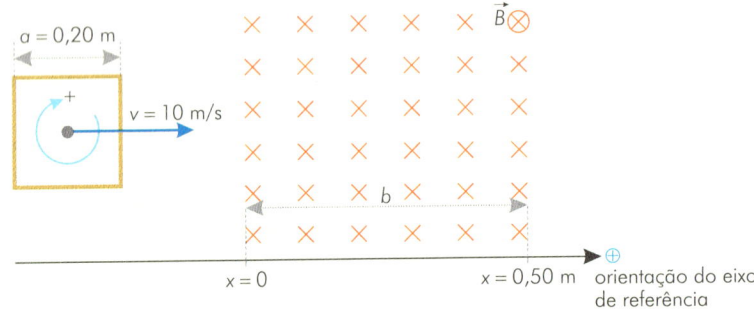

Considerando o sentido horário da corrente elétrica como positivo, faça um gráfico da corrente na espira em função da posição de seu centro. Inclua valores numéricos e escala no seu gráfico.

40. A espira retangular de dimensões $x = 2$ m e $y = 4$ m encontra-se imersa em um campo de indução magnética $\vec{B}$ uniforme, de intensidade $B = 0{,}5$ T, perpendicular ao plano da espira. A espira é, então, deslocada de modo que tenha seu plano paralelo às linhas de indução do campo magnético, conforme indicado na figura.

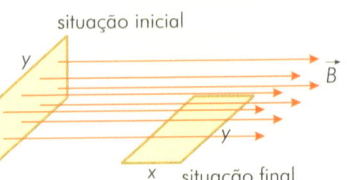

Determine:
a) o fluxo de $\vec{B}$ através da espira na situação inicial;
b) o fluxo de $\vec{B}$ através da espira na situação final;
c) o módulo da variação do fluxo de $\vec{B}$ entre as situações descritas acima.

41. Na região R, assinalada na figura a seguir, há um campo magnético uniforme de indução de intensidade igual a 5,0 T. Fora da região R não há campo magnético. Uma espira retangular, de lados $a = 4{,}0$ m e $b = 10$ m, está parcialmente dentro da região R, de modo que o plano da espira é perpendicular a $\vec{B}$. Calcule o módulo do fluxo $\vec{B}$ através da espira.

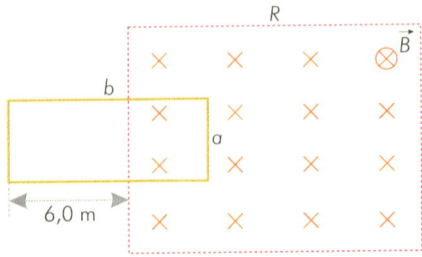

42. (UFMG) A figura a seguir mostra uma espira retangular, de lados $a = 20$ cm e $b = 50$ cm, sendo empurrada, com

Exercícios Complementares

velocidade constante de módulo igual a v = 0,50 m/s, para uma região onde existe um campo magnético uniforme B = 0,10 T, entrando no plano do papel.

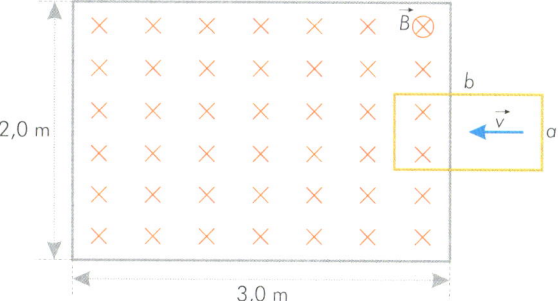

1. Considerando-se o instante mostrado na figura,
a) indique o sentido da corrente induzida na espira. Justifique sua resposta,
b) determine o valor da força eletromotriz induzida na espira.

2. Sabendo-se que a espira atravessa completamente a região onde existe o campo magnético, determine o tempo durante o qual será percorrida por corrente induzida a partir do instante em que começa a entrar no campo magnético.

43. Uma espira retangular, de 0,20 m² de área, está imersa em um campo de indução magnética $\vec{B}$, uniforme, de modo que o plano da espira é perpendicular a $\vec{B}$. Em um intervalo de tempo de 4,0 s, a intensidade de $\vec{B}$ aumenta de 5,0 T para 13 T. A resistência da espira é de 2,0 Ω. Para esse intervalo de tempo, calcule:

a) o módulo da força eletromotriz média induzida na espira;
b) a intensidade da corrente média induzida na espira;
c) a quantidade de carga elétrica que passou por uma secção reta qualquer do fio que forma a espira.

44. (UnB – DF) No último dia 23 de fevereiro, um famoso jornal noticiou:

"O ônibus espacial Colúmbia foi lançado ontem de Cabo Kennedy, às 17:18 h (hora de Brasília) para uma missão de 14 dias. Um dos objetivos da missão é buscar fontes alternativas de energia. A nave vai lançar um cabo de 22 km de extensão, que será sustentado por um satélite italiano que deve produzir eletricidade."

Esse cabo de 22 km de extensão, movimentando-se em alta velocidade no campo magnético da Terra, terá uma força eletromotriz induzida que, combinada com a presença do satélite italiano imerso na ionosfera baixa, poderá carregar as baterias da nave.

Essa é uma aplicação de um efeito do eletromagnetismo muito conhecido e importante. Quando um condutor elétrico é movimentado em um campo de indução magnética, as cargas elétricas nele existentes ficam sujeitas a uma força magnética que pode movê-las. Como em cargas de sinais opostos aparecem forças de sentidos opostos, as cargas positivas são afastadas das negativas, pois movimentam-se em sentidos opostos. Essa separação de cargas origina, no interior do condutor, um campo elétrico não nulo e, associada a este, existe uma diferença de potencial chamada de ddp induzida. Foi a descoberta desse fenômeno que possibilitou o desenvolvimento dos geradores elétricos.

Esse efeito pode ser verificado experimentalmente, permitindo, inclusive, a determinação do sinal dos portadores de carga elétrica.

Em uma aplicação prática similar à sugerida pela notícia de jornal, considere que uma tira de metal de largura igual a 0,80 cm é movimentada com velocidade $\vec{v}$ em um campo de indução magnética $\vec{B}$ perpendicular à tira, cujo valor é de 2,0 · 10⁻³ T, conforme representado na figura adiante.

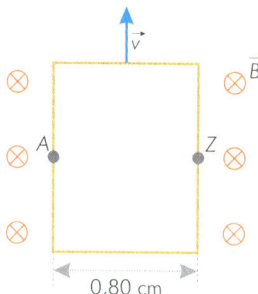

Determine, em cm/s, o módulo de $\vec{v}$, necessário para induzir, entre os pontos A e Z, uma ddp igual a 4,8 · 10⁻⁶ V. Desconsidere a parte fracionária de seu resultado, caso exista.

45. (UFES) Uma espira gira, com velocidade angular constante, em torno do eixo AB, numa região onde há um campo magnético uniforme, como indicado na figura.

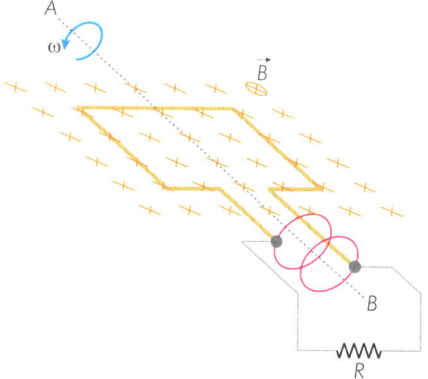

Pode-se dizer que:

a) surge na espira uma corrente elétrica alternada.
b) surge na espira uma corrente elétrica contínua.
c) surge na espira uma força eletromotriz induzida constante.
d) surge na espira uma força eletromotriz, sem que corrente elétrica circule na espira.
e) a força eletromotriz na espira é nula.

Exercícios Complementares

46. Um condutor retilíneo MN, de comprimento L = 30 cm e resistência elétrica R = 15 Ω, está em contato com um condutor dobrado em forma de U, cuja resistência elétrica é desprezível, e o conjunto está imerso em um campo de indução magnética uniforme $\vec{B}$, de intensidade B = 5 T, como indicado na figura.

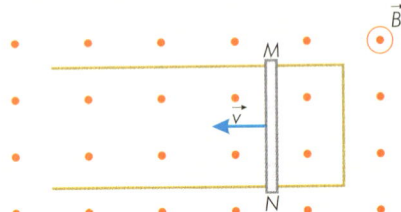

Um operador externo desloca o condutor MN com velocidade constante $\vec{v}$, cujo módulo é v = 5 m/s.

a) Calcule a força eletromotriz induzida no circuito.
b) Determine a intensidade e o sentido da corrente elétrica induzida no circuito.
c) Calcule a potência elétrica dissipada no condutor MN.

47. Um condutor retilíneo, de comprimento L = 50 cm, desloca-se com velocidade constante $\vec{v}$, de módulo igual a 10 m/s, perpendicularmente às linhas de um campo magnético uniforme $\vec{B}$, de intensidade B = 2 T, conforme mostra a figura abaixo.

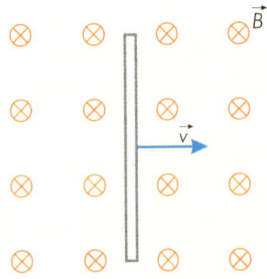

Nessas condições, determine a diferença de potencial U induzida entre os extremos do condutor. Mostre que a ddp pedida é dada pela equação $U = B \cdot L \cdot v$.

48. (MACK – SP) Um fio metálico retilíneo de massa 50 g e comprimento MN = 50 cm é suspenso por um dinamômetro D de massa desprezível e mantido em equilíbrio na direção horizontal numa região onde existe um campo de indução magnética uniforme $\vec{B}$ de intensidade igual a $4,0 \cdot 10^{-2}$ T. Sabe-se que o fio se encontra perpendicularmente às linhas de indução, quando a intensidade da corrente elétrica indicada na figura tem intensidade igual a 20 A.

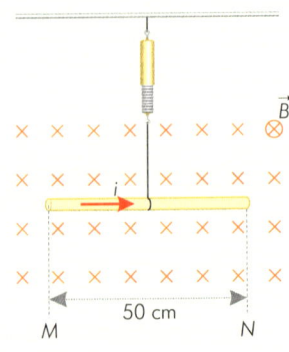

Considerando o módulo da aceleração da gravidade igual a 10 m/s², a indicação do dinamômetro D é:

a) $1,0 \cdot 10^{-1}$ N.
b) $2,0 \cdot 10^{-1}$ N.
c) $4,0 \cdot 10^{-1}$ N.
d) $5,0 \cdot 10^{-1}$ N.
e) $9,0 \cdot 10^{-1}$ N.

49. Consideremos uma espira quadrada, de 40 cm de lado, imersa em um campo magnético uniforme de indução $\vec{B}$, de modo que o plano da espira forme um ângulo de 30° com $\vec{B}$. Entre os instantes 1 s e 2 s, a intensidade de $\vec{B}$ aumenta de 2 T para 4 T. Calcule, em unidade SI, o módulo da força eletromotriz média induzida na espira nesse intervalo de tempo.

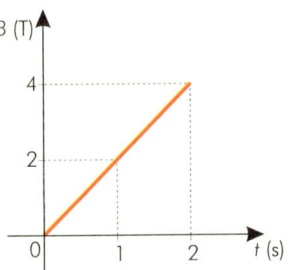

50. (VUNESP – SP – modificada) O gráfico a seguir mostra como varia com o tempo o fluxo magnético através de cada espira de uma bobina constituída de 500 espiras, que foram enroladas próximas umas das outras para se ter garantia de que todas seriam atravessadas pelo mesmo fluxo.

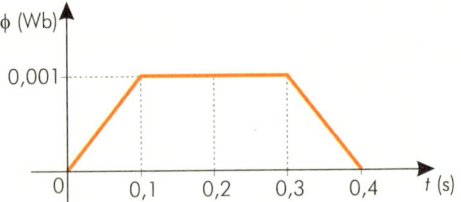

Sabendo que a resistência elétrica da bobina é 6,0 Ω e que a bobina encontra-se ligada aos terminais de um resistor de resistência elétrica igual a 4,0 Ω, calcule, em unidade SI, a intensidade máxima da corrente elétrica que atravessa esse resistor.

51. (UnB – DF) O gráfico a seguir mostra o módulo do campo magnético que atravessa perpendicularmente uma bobina com 100 espiras em função do tempo. Sabendo-se que as espiras são quadradas e que têm 20 cm de lado, calcule, em unidade SI, o módulo da força eletromotriz média induzida na bobina entre os instantes 2 s e 4 s.

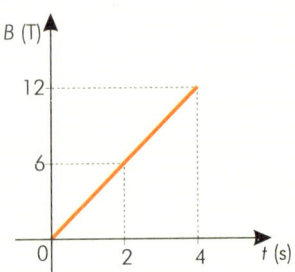

Exercícios Complementares

52. Uma bobina chata, de 20 espiras e área de 0,30 m², está imersa em um campo de indução magnética $\vec{B}$, uniforme, cuja intensidade aumenta uniformemente à razão de 4,0 T/s, de modo que o eixo da bobina é paralelo a $\vec{B}$. Calcule a força eletromotriz induzida na bobina.

53. (UnB – DF) O autodidata Michael Faraday (1791-1867), notável cientista inglês, dedicou seus estudos a diversos ramos da Física, entre eles o eletromagnetismo. Nesse ramo, a sua grande contribuição foi, sem dúvida, a descoberta do fenômeno da **indução eletromagnética**, que possibilitou o surgimento e o desenvolvimento dos grandes geradores elétricos e dos transformadores, imprescindíveis nos atuais sistemas elétricos de energia, utilizados em todo o mundo.

Antes de Faraday anunciar a sua descoberta, o que se sabia era que uma corrente elétrica, ao percorrer um condutor, produzia um campo magnético. Tal fenômeno foi estudado por vários cientistas, entre eles André-Marie Ampère (1775-1836), físico e matemático francês, que construiu o primeiro eletroímã.

Com relação ao eletromagnetismo, julgue os itens que seguem.

(1) Faraday descobriu que, em determinadas condições, um campo magnético pode originar uma corrente elétrica.
(2) Nos enrolamentos de um transformador, há indução de força eletromotriz devido ao movimento relativo entre eles e o campo magnético existente no núcleo de ferro do transformador.
(3) O funcionamento do gerador elétrico de um automóvel pode ser explicado com a utilização da Lei de Faraday.
(4) A Lei de Faraday, apesar de sua inquestionável importância para o eletromagnetismo, tem uma grande limitação: só é aplicável a equipamentos em corrente contínua, isto é, não alternada.

54. (UNESP) Na figura, f_1 e f_2 representam fios condutores paralelos que conduzem a mesma corrente de intensidade i_0 constante. ABCD é uma espira de cobre, quadrada, no mesmo plano dos fios.

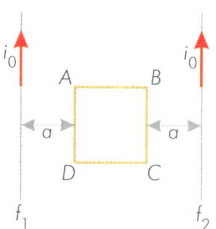

Nas condições do problema, podemos afirmar que:

a) aparece na espira uma corrente de intensidade i, constante, no sentido $A \to B$.
b) aparece na espira uma corrente de intensidade i, crescente com o tempo, no sentido $A \to B$.
c) na espira a corrente é nula.
d) aparece na espira uma corrente de intensidade i, constante, no sentido $B \to A$.
e) aparece na espira uma corrente de intensidade i, crescente com o tempo, no sentido $B \to A$.

55. (UFRN) Numa feira de ciências, Renata apresentou um dispositivo simples capaz de gerar energia elétrica. O dispositivo apresentado, conhecido como gerador homopolar, era constituído por um disco metálico girando com velocidade constante em um campo magnético constante e uniforme, cuja ação é extensiva a toda a área do disco, como mostrado na figura a seguir. Para ilustrar o aparecimento da energia elétrica no gerador, Renata conectou uma lâmpada entre a borda do disco e o eixo metálico de rotação.

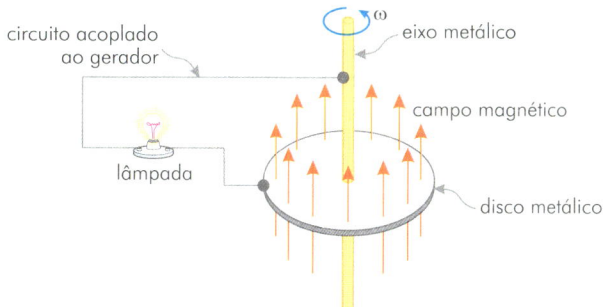

Considerando o dispositivo acima apresentado, é correto afirmar que:

a) a força eletromotriz é originada devido à força de Lorentz.
b) a força eletromotriz é originada pela variação de fluxo magnético no disco.
c) a corrente que aparece no circuito acoplado ao gerador homopolar é alternada.
d) a intensidade da diferença de potencial no gerador depende do sentido de rotação do disco.

Exercícios Complementares

56. (UFRN) Ao término da sua jornada de trabalho, Pedro Pedreiro enfrenta com serenidade a escuridão das estradas em sua bicicleta. A fim de transitar à noite com maior segurança, ele colocou em sua bicicleta um dínamo que alimenta uma lâmpada de 12 V.

Num dínamo de bicicleta, a parte fixa (estator) é constituída de bobinas (espiras), onde é gerada a corrente elétrica, e de uma parte móvel (rotor), onde existe um ímã permanente, que gira devido ao contato do eixo do rotor com o pneu da bicicleta.

FIGURA I
Parte dianteira da bicicleta

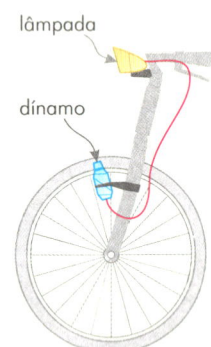

FIGURA II
Representação esquemática, em um dado instante, do dínamo visto por dentro

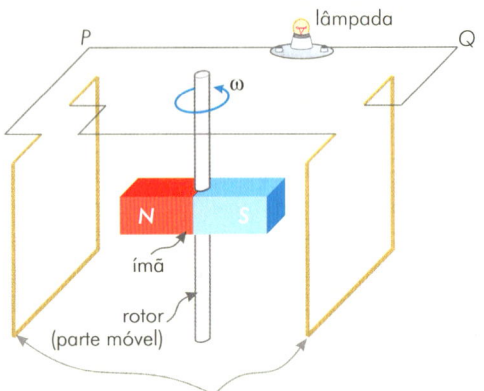

Em face da descrição acima e com o auxílio de conhecimentos de Física, pode-se afirmar:

a) A energia por unidade de tempo emitida pela lâmpada mostrada na Figura I não depende da velocidade da bicicleta.
b) No instante representado na Figura II, o sentido correto da corrente elétrica induzida é do ponto Q para o ponto P.
c) A conversão de energia mecânica em energia elétrica ocorre devido à variação temporal do fluxo magnético nas espiras (Figura II).
d) A velocidade angular do rotor (Figura II) tem que ser igual à velocidade angular do pneu da bicicleta (Figura I) para a lâmpada funcionar.

57. (UFSCar – SP) No final do século XIX, uma disputa tecnológica sobre qual a corrente elétrica mais adequada para transmissão e distribuição da energia elétrica, gerada em usinas elétricas, tornou clara a vantagem do uso da corrente alternada, em detrimento da corrente contínua. Um dos fatores decisivos para essa escolha foi a possibilidade da utilização de transformadores na rede de distribuição de eletricidade.

Os transformadores podem aumentar ou diminuir a tensão a eles fornecida, permitindo a adequação dos valores da intensidade da corrente transmitida e reduzindo perdas por efeito Joule, **mas só funcionam em corrente alternada**.

O princípio físico em que se baseia o funcionamento dos transformadores e a característica da corrente alternada que satisfaz a esse princípio são, respectivamente,

a) a conservação da carga e o movimento oscilante dos portadores de carga elétrica.
b) a indução eletrostática e o movimento contínuo dos portadores de carga elétrica.
c) a indução eletrostática e o movimento oscilante dos portadores de carga elétrica.
d) a indução eletromagnética e o movimento contínuo de portadores de carga elétrica.
e) a indução eletromagnética e o movimento oscilante dos portadores de carga elétrica.

58. (UFPR) Sabe-se que em um transformador não há, necessariamente, ligação elétrica entre o condutor do enrolamento primário e o do secundário. Entretanto, a energia elétrica é transmitida do primário para o secundário. A partir destes fatos e dos conhecimentos sobre eletromagnetismo, é correto afirmar:

(1) A corrente elétrica do enrolamento secundário não influi significativamente no funcionamento do primário.
(2) O transformador só funciona com corrente elétrica variável.
(3) É a variação do fluxo do campo magnético nos enrolamentos que permite a transmissão da energia elétrica.
(4) A diferença de potencial nos terminais do enrolamento secundário é sempre menor que a diferença de potencial nos terminais do primário.
(5) A corrente elétrica é sempre a mesma nos enrolamentos primários e secundário.

Exercícios Complementares

59. (UNESP) A figura representa uma das experiências de Faraday que ilustram a indução eletromagnética, em que ε é uma bateria de tensão constante, K é uma chave, B_1 e B_2 são duas bobinas enroladas num núcleo de ferro doce e G é um galvanômetro ligado aos terminais de B_2, que, com o ponteiro na posição central, indica corrente elétrica de intensidade nula.

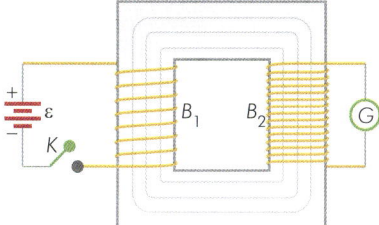

Quando a chave K é ligada, o ponteiro do galvanômetro se desloca para a direita e

a) assim se mantém até a chave ser desligada, quando o ponteiro se desloca para a esquerda por alguns instantes e volta à posição central.
b) logo em seguida volta à posição central e assim se mantém até a chave ser desligada, quando o ponteiro se desloca para a esquerda por alguns instantes e volta à posição central.
c) logo em seguida volta à posição central e assim se mantém até a chave ser desligada, quando o ponteiro volta a se deslocar para a direita por alguns instantes e volta à posição central.
d) para a esquerda com uma oscilação de frequência e amplitude constantes e assim se mantém até a chave ser desligada, quando o ponteiro volta à posição central.
e) para a esquerda com uma oscilação cuja frequência e amplitude se reduzem continuamente até a chave ser desligada, quando o ponteiro volta à posição central.

60. (UEPG – PR) Sobre um transformador ideal em que o número de espiras do enrolamento secundário é menor que o do enrolamento primário, assinale o que for correto.

(01) A potência elétrica na entrada do enrolamento primário desse transformador é igual à potência elétrica na saída do enrolamento secundário.
(02) Se ligarmos os terminais do enrolamento primário a uma bateria de 12 V, teremos uma tensão elétrica nula no enrolamento secundário.
(04) A energia no enrolamento primário é igual à energia no enrolamento secundário, caracterizando o princípio da conservação de energia.
(08) As correntes nos enrolamentos primário e secundário desse transformador são iguais.
(16) A transferência de potência do enrolamento primário para o enrolamento secundário não ocorre por indução.

Dê como resposta a soma dos itens corretos.

43 Ondas Eletromagnéticas

43.1. Introdução

De acordo com a Lei de Faraday, a variação do fluxo do campo magnético faz aparecer, em um circuito, uma força eletromotriz e uma corrente induzida. Sabemos, ainda, que uma corrente elétrica aparece em um condutor quando, nesse condutor, surge um campo magnético.

Desse modo, quando a Lei de Faraday nos diz que um campo magnético variável produz em uma bobina condutora uma corrente elétrica, de fato o que ele produz é um campo elétrico no interior da bobina, que coloca elétrons livres em movimento.

O fenômeno da indução eletromagnética indica a possibilidade de transmitir um sinal de um lugar para outro, através de um campo eletromagnético dependente do tempo. No século XIX, Heinrich Hertz (1857-1894) demonstrou, de forma contundente, que um campo eletromagnético variável se propaga no vácuo com uma velocidade igual à da luz. Antes de Hertz ter efetuado as suas experimentações, Maxwell (1831-1879) já tinha previsto a existência das ondas eletromagnéticas.

Nosso Sol é uma densa massa de gás e estima-se que a temperatura em sua camada mais externa seja de 6.000 °C e em seu núcleo central de 15.000.000 °C. Um dos fenômenos mais espetaculares é a eliminação de massas de gás mais frias, que se mantêm próximas ao Sol em virtude de seu campo magnético. A imagem foi obtida pelo Observatório Solar (SOHO) em 30 de março de 2004. As áreas em branco indicam locais de extrema atividade solar.

43.1.1. Hipóteses de Maxwell

■ *Ao se variar um campo magnético, produz-se um campo elétrico variável.*

As linhas de força do campo elétrico criado por variação do campo magnético são circulares e estão dispostas em planos perpendiculares à direção do campo magnético (Figura 43-1).

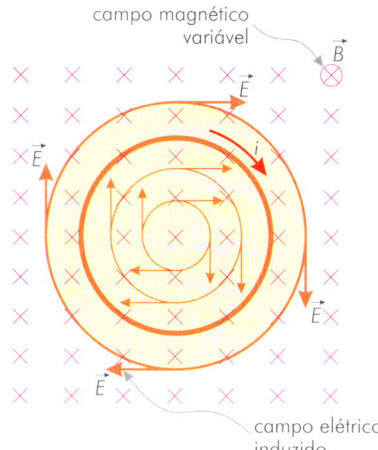

FIGURA 43-1.

■ *Ao se variar um campo elétrico, produz-se um campo magnético variável.*

As linhas do campo magnético produzido seriam circulares e estariam dispostas em planos perpendiculares à direção do campo magnético.

Esses dois campos, em constantes e recíprocas induções, propagam-se pelo espaço.

Maxwell concluiu que, se a variação de fluxo do campo magnético dá origem a um campo elétrico, uma variação do fluxo do campo elétrico deve originar um campo magnético, completando a simetria que estava presente em todos os fenômenos eletromagnéticos descobertos até aquela época.

Com essas hipóteses, Maxwell generalizou, matematicamente, os princípios da eletricidade. A verificação experimental de sua teoria só foi possível com um novo tipo de onda, as chamadas **ondas eletromagnéticas**.

43.1.2. As equações de Maxwell

Maxwell sintetizou todas as relações conhecidas do eletromagnetismo até aquela época em um conjunto de quatro leis. Esse potente e elegante conjunto representa todo o eletromagnetismo, exibindo claramente suas simetrias. Como as equações de Maxwell que representam as quatro leis utilizam conceitos matemáticos avançados, vamos apenas descrevê-las.

Lei de Gauss para o campo elétrico

O fluxo do campo elétrico através de uma superfície fechada no vácuo é dado pela soma das cargas internas à superfície dividida pela permissividade elétrica do vácuo.

Lei de Gauss para o campo magnético

O fluxo do campo magnético através de uma superfície fechada é nulo.

Lei de Ampère generalizada

Uma corrente elétrica de intensidade *i* e/ou a variação do fluxo do campo elétrico através de uma linha fechada é igual ao fluxo do campo magnético através de uma superfície limitada por essa linha. Em outras palavras, um campo magnético pode ser criado tanto por uma corrente elétrica como pela variação do fluxo de um campo elétrico.

James Clerk Maxwell (1831-1879).

Lei de Faraday

A variação do fluxo do campo magnético gera um campo elétrico ou uma força eletromotriz induzida. É a Lei de Faraday, com o sinal negativo da Lei de Lenz.

43.1.3. Propriedades das ondas eletromagnéticas

- As ondas eletromagnéticas são originadas por cargas elétricas aceleradas.
- As ondas eletromagnéticas são transversais, pois os campos elétricos e magnéticos que as formam variam perpendicularmente à direção de propagação da onda (Figura 43-2).
- As ondas eletromagnéticas não necessitam de meio material para se propagar.
- Os diversos tipos de ondas eletromagnéticas diferem entre si unicamente pelo seu comprimento de onda λ e pela sua frequência f, valendo para elas a equação fundamental das ondas $v = \lambda \cdot f$, em que v é o módulo da sua velocidade de propagação.
- As ondas eletromagnéticas apresentam o mesmo comportamento das outras ondas, podendo sofrer reflexão, refração, difração, polarização e interferência.
- Das equações de Maxwell, demonstra-se a velocidade de propagação de uma onda eletromagnética no vácuo:

$$c = \sqrt{\frac{1}{\varepsilon_0 \cdot \mu_0}} \Rightarrow c = 3 \cdot 10^8 \text{ m/s}$$

ε_0 (permissividade elétrica no vácuo) $= 8,85 \cdot 10^{-12}$ $C^2 \cdot N^{-1} \cdot m^{-2}$
μ_0 (permissividade magnética no vácuo) $= 4\pi \cdot 10^{-7}$ $T \cdot m \cdot A^{-1}$

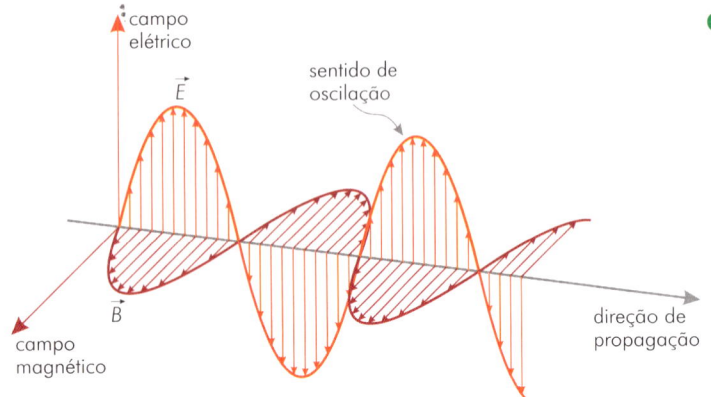

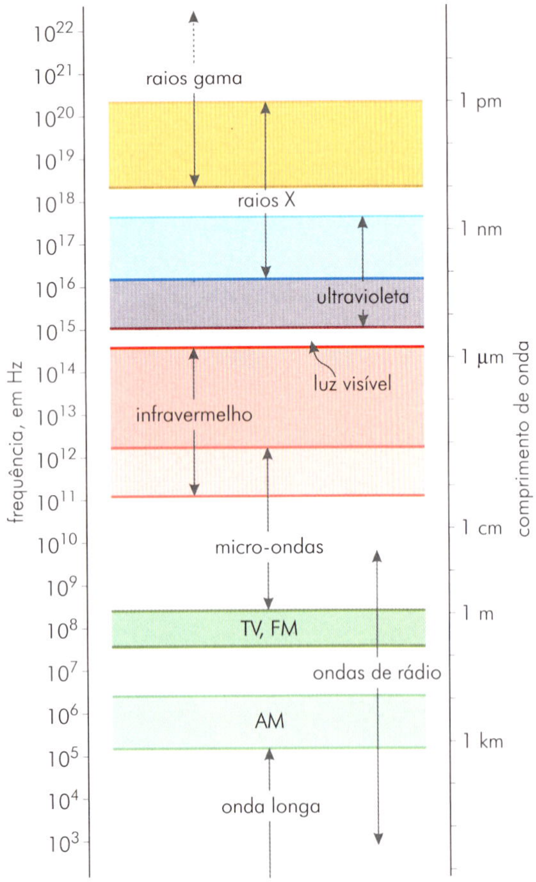

FIGURA 43-2. Onda eletromagnética plana, linearmente polarizada.

43.2. O Espectro das Ondas Eletromagnéticas

Já vimos que todas as ondas eletromagnéticas propagam-se no vácuo com a velocidade da luz (c). Essas ondas transportam energia e momento para longe de uma fonte. Em 1888, Hertz obteve sucesso na geração e detecção das ondas eletromagnéticas de frequência de rádio, prevista por Maxwell. O próprio Maxwell havia reconhecido como onda eletromagnética tanto a luz visível como a radiação próxima do infravermelho, descoberta em 1800 por William Herschel. Sabemos agora que existem outras formas de ondas eletromagnéticas; elas são diferenciadas por suas frequências e comprimentos de onda.

Ondas eletromagnéticas propagam-se no vácuo com a mesma velocidade, c, sendo suas frequências e comprimento de onda característicos. Os vários tipos de ondas eletromagnéticas, todos produzidos por cargas elétricas aceleradas, são mostrados na Figura 43-3; os limites das diversas regiões do espectro eletromagnético não são muito bem determinados.

A interação de uma onda eletromagnética com a matéria depende da frequência da onda e da estrutura atômico-molecular da matéria. Vamos descrever brevemente os tipos de ondas mostrados na Figura 43-3.

FIGURA 43-3.

43.2.1. Ondas de rádio

As ondas de rádio são resultantes de cargas elétricas aceleradas, por exemplo, através de fios condutores em antena de rádio. Elas são geradas por equipamentos eletrônicos, tais como osciladores *LC*, e são usadas em sistemas de comunicação de rádio e televisão. Utilizam-se também em técnicas como a criação de imagens por meio da ressonância eletromagnética nuclear (NMRI, *Nuclear Magnetic Resonance Imaging*).

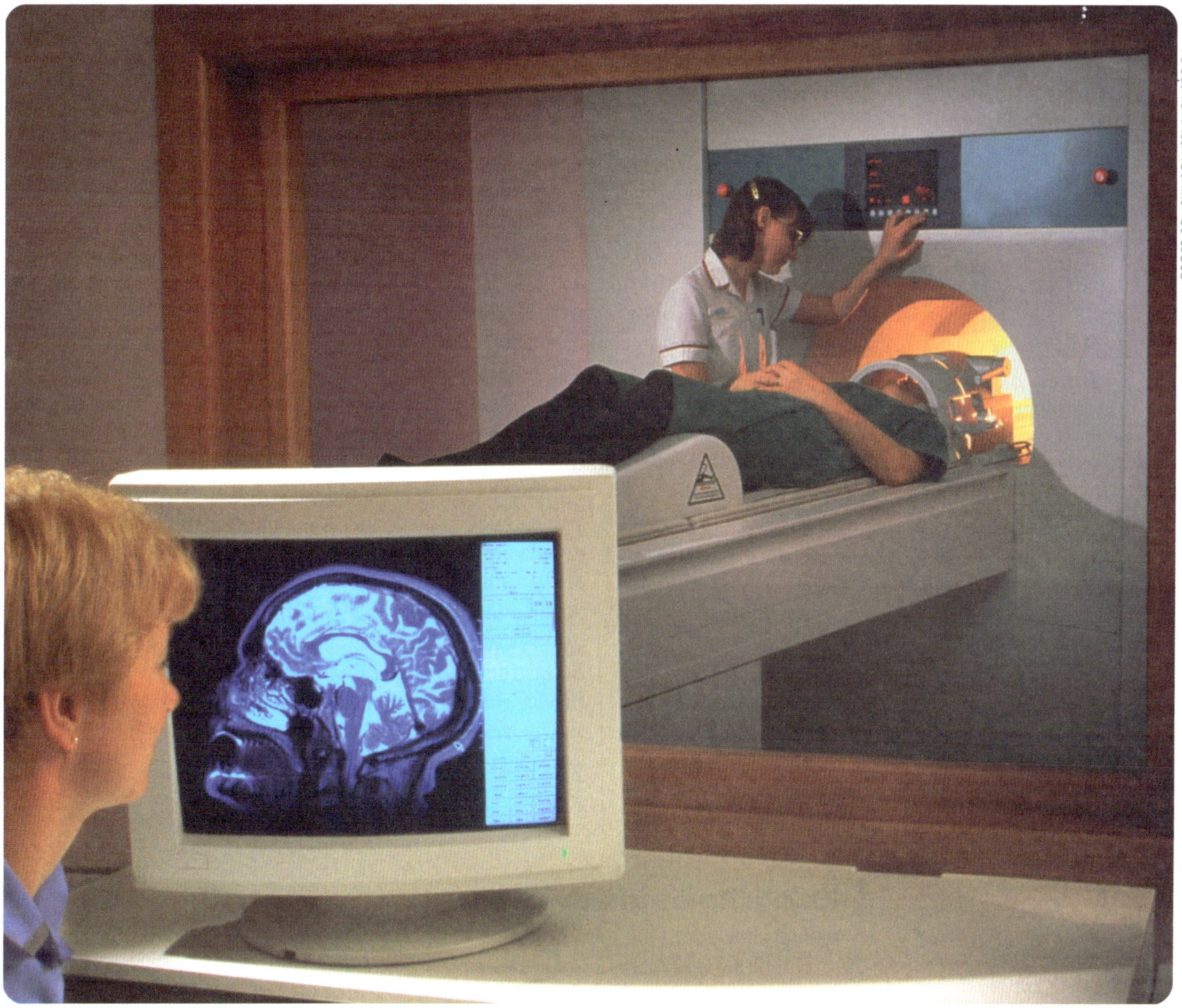

Os aparelhos de ressonância magnética são dotados de bobinas cilíndricas que induzem potentes campos magnéticos que excitam átomos dos tecidos do paciente em exame. Ondas de rádio, emitidas sob a forma de pulsos, interagem com esses átomos e são defletidas para um detector, formando imagens de alta resolução.

GEOFF TOMPKINSON/SPL/LATINSTOCK

43.2.2. Micro-ondas

As micro-ondas são ondas de rádio com comprimento de onda curto, variando entre cerca de 1 mm e 30 cm, e também são geradas por equipamentos eletrônicos. Por causa de seus comprimentos de onda curtos, elas são adequadas para a utilização em sistemas de radar usados na navegação aérea e para o estudo das propriedades atômicas e moleculares da matéria.

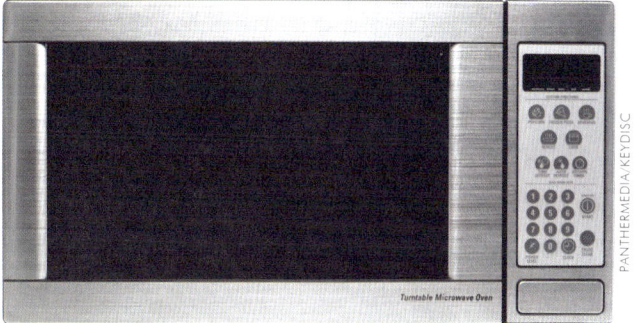

Os fornos de micro-ondas são aplicações domésticas dessas ondas.

PANTHERMEDIA/KEYDISC

43.2.3. Ondas infravermelhas

As ondas infravermelhas possuem comprimentos de onda variando de aproximadamente 1 mm até o maior comprimento de onda da luz visível, $7 \cdot 10^{-7}$ m. Essas ondas, produzidas por corpos à temperatura ambiente e por moléculas, são prontamente absorvidas pela maioria dos materiais. A radiação infravermelha tem muitas aplicações práticas e científicas, incluindo fisioterapia, fotografia infravermelha e espectroscopia vibracional.

43.2.4. Luz visível

A forma mais familiar das ondas eletromagnéticas é aquela que corresponde à parte do espectro eletromagnético que o olho humano pode detectar. A luz é produzida por corpos quentes, como filamentos de lâmpadas, e pela reordenação dos elétrons em átomos e moléculas.

Os comprimentos de onda da luz visível são classificados segundo a cor, do violeta ($\lambda \approx 4 \cdot 10^{-7}$ m) ao vermelho ($\lambda \approx 7 \cdot 10^{-7}$ m). A sensibilidade dos olhos é uma função do comprimento de onda e é máxima para um comprimento de onda de aproximadamente $5,5 \times 10^{-7}$ m (amarelo-verde). A visão é o resultado dos sinais transmitidos ao cérebro por dois elementos presentes na **retina**: os **cones** e os **bastonetes**. Os cones, elementos ativados pela presença de luz intensa, como a do dia, são sensíveis ao comprimento de onda, isto é, à cor. Os bastonetes são elementos capazes de atuar com iluminação muito fraca, como em uma sala escurecida, e são menos sensíveis à cor. A visão devida aos cones é designada **fotópica** e a devida aos bastonetes, **escotópica**.

A luz é tão importante que originou o desenvolvimento de um ramo especial da Física aplicada, a **Óptica**. Esta ciência estuda os fenômenos luminosos e a visão, e inclui o desenho de instrumentos ópticos. As sensações diferentes que a luz produz no olho, chamadas cores, correspondem, para uma pessoa normal, aos intervalos de comprimento de onda e frequência mostrados na Tabela 43-1.

O controle remoto do seu aparelho de televisão, do videocassete ou do DVD usa, provavelmente, um feixe infravermelho para comunicar-se com o equipamento de vídeo.

TABELA 43-1. Comprimento de onda e frequência da luz visível.

Cor	λ (m)	f (Hz)
Violeta	$3,90\text{-}4,55 \cdot 10^{-7}$	$7,69\text{-}6,59 \cdot 10^{14}$
Azul	$4,55\text{-}4,92 \cdot 10^{-7}$	$6,59\text{-}6,10 \cdot 10^{14}$
Verde	$4,92\text{-}5,77 \cdot 10^{-7}$	$6,10\text{-}5,20 \cdot 10^{14}$
Amarelo	$5,77\text{-}5,97 \cdot 10^{-7}$	$5,20\text{-}5,03 \cdot 10^{14}$
Alaranjado	$5,97\text{-}6,22 \cdot 10^{-7}$	$5,03\text{-}4,82 \cdot 10^{14}$
Vermelho	$6,22\text{-}7,80 \cdot 10^{-7}$	$4,82\text{-}3,84 \cdot 10^{14}$

43.2.5. Raios ultravioleta

A região conhecida como ultravioleta abrange os comprimentos de onda que vão de cerca de $4 \cdot 10^{-7}$ m a $6 \cdot 10^{-10}$ m. O Sol é uma importante fonte de ondas ultravioleta, que são a

As cores do arco-íris (vermelho, laranja, amarelo, verde, azul, anil e violeta) correspondem ao intervalo de comprimentos de onda da luz visível pelos nossos olhos.

principal causa do bronzeamento e das queimaduras. Átomos na eletrosfera absorvem a maior parte das ondas ultravioleta do Sol. Isso é muito importante, já que as ondas ultravioleta, em grande quantidade, têm efeitos danosos sobre os seres humanos. Um importante constituinte da eletrosfera é o ozônio (O_3), que resulta de reações do oxigênio com a radiação ultravioleta. Esse escudo de ozônio converte a letal radiação ultravioleta de alta energia em radiação infravermelha inofensiva.

Se algum microrganismo absorve radiação ultravioleta em excesso, pode ser destruído devido às reações químicas produzidas pela ionização e dissociação das suas moléculas. Por essa razão, os raios ultravioleta são utilizados em algumas aplicações médicas e em processos de esterilização.

43.2.6. Raios X

Os raios X são ondas eletromagnéticas com comprimentos de onda na faixa de aproximadamente 10^{-8} m até 10^{-13} m. A fonte mais comum de raios X é a aceleração de elétrons de alta energia bombardeando um alvo de metal. Os raios X são usados como ferramenta de diagnóstico na medicina e como tratamento para determinadas formas de câncer. Como os raios X danificam ou destroem tecidos vivos e organismos, deve-se tomar cuidado para evitar exposição desnecessária e superexposição. Os raios X também são usados no estudo de estruturas cristalinas; os comprimentos de onda desses raios são compatíveis com as distâncias de separação atômicas ($\approx 10^{-10}$ m) nos sólidos.

O uso de produtos químicos chamados clorofluorcarbonetos (como, por exemplo, o freon), presentes em *sprays* aerossóis e em refrigerantes, causa grande preocupação nas comunidades científicas, pois esses produtos estão relacionados com a destruição da camada de ozônio, que nos protege da radiação ultravioleta.

Você Sabia?

Um bom aparelho de raios X tem seus feixes colimados para que nenhuma outra estrutura, além da que precisa ser analisada, seja atingida pela radiação, que, nesse caso, é cumulativa. As imagens são formadas em virtude da diferença de densidade entre os materiais irradiados. Nessa foto, colorida artificialmente para facilitar a visualização, observam-se as raízes (em roxo) imersas em tecido ósseo (estrutura mais compacta, em verde). Corada em azul intenso, ao centro de cada dente, pode-se ver a cavidade da polpa, por onde passam nervos e vasos sanguíneos. As restaurações, feitas em material mais rádio-opaco, podem ser vistas nitidamente coradas em azul.

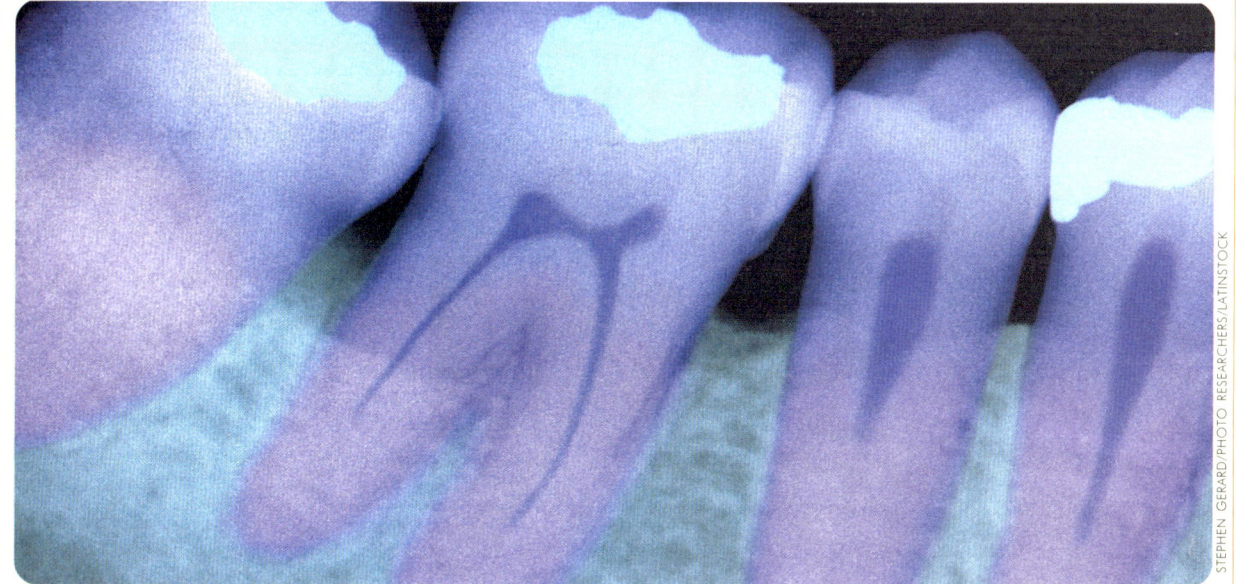

43.2.7. Raios gama

As ondas eletromagnéticas correspondentes aos raios gama são de origem nuclear. Os seus comprimentos de onda sobrepõem-se ao limite superior do espectro de raios X; vão desde 10^{-10} m, aproximadamente, até muito abaixo de 10^{-14} m, com um intervalo de frequências correspondentes situado entre $3 \cdot 10^{18}$ Hz e mais de $3 \cdot 10^{22}$ Hz. A energia dessas ondas eletromagnéticas é da mesma ordem de grandeza das energias implicadas nos processos nucleares e, por conseguinte, a absorção de raios gama pode produzir algumas alterações nucleares. A radiação gama é produzida por muitas substâncias radioativas e está presente, em grandes quantidades, nos reatores nucleares e na radiação cósmica. Não é absorvida facilmente pela maioria das substâncias, mas, quando é absorvida por um organismo vivo, produz nele graves efeitos. Ainda assim, os raios gama são utilizados para tratar algumas formas de câncer.

43.2.8. Transmissão de rádio e televisão

Ondas eletromagnéticas na faixa de frequência de 10^{14} Hz a 10^{11} Hz são usadas em comunicação sem fio. Devido à difração, as ondas com comprimentos de onda mais longos seguem o solo durante seu trajeto e, portanto, podem ser recebidas em locais distantes milhares de quilômetros da fonte emissora. Mas as ondas com comprimentos de onda mais curtos, ou seja, com maior frequência, tendem a caminhar em linha reta, à medida que os efeitos da difração diminuem. Nesse caso, o receptor só captará o sinal se estiver na linha de onda emitida.

O rádio AM (*amplitude modulation*) leva uma vantagem: suas ondas são refletidas pelas camadas da atmosfera superior – e podem, portanto, ser recebidas a longa distância (Figura 43-4).

A ionosfera, camada refletora das ondas de rádio AM, é mais estável e densa ao fim da tarde e à noite; por isso, reflete melhor nesse período. Dessa forma, conseguimos sintonizar estações de rádio de outras cidades nesse horário com mais facilidade.

O rádio FM (*frequency modulation*) e a televisão usam ondas de maior frequência que o rádio AM; por essa razão, a reflexão ionosférica não ocorre e as ondas passam direto através da ionosfera (Figura 43-5). Esse fato justifica a necessidade de haver várias estações retransmissoras de televisão, para espalhar os sinais.

Alternativamente, podemos usar a reflexão de um satélite de comunicação ou um cabo transmissor, como mostra a Figura 43-6.

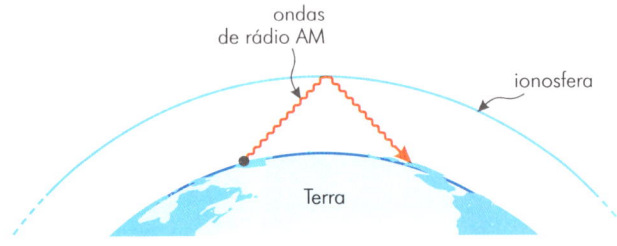
FIGURA 43-4.

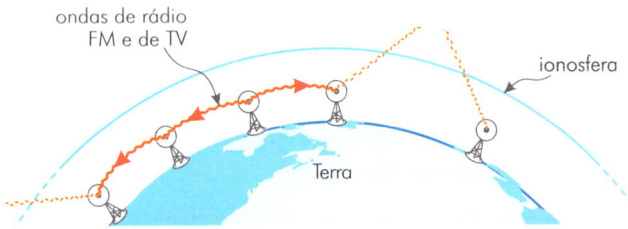
FIGURA 43-5.

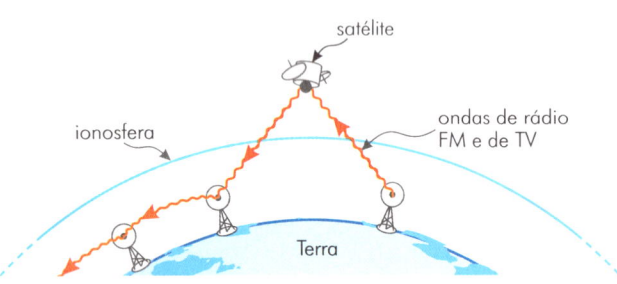
FIGURA 43-6.

Em uma estação de rádio, a mesa de som equaliza os sons, elimina os ruídos e adapta os graves e agudos para uma transmissão sonora mais agradável.

43.2.9. Efeito Doppler

As alterações de frequência percebidas por um observador, ocasionadas pelo movimento relativo fonte-observador, já foram estudadas no caso das ondas sonoras. Vimos que, durante a aproximação, a frequência percebida é maior que a frequência real da fonte, e que, durante o afastamento, ocorre o contrário.

A luz, sendo também uma onda, é sujeita ao efeito Doppler e, nesse caso, as alterações de frequência estão associadas à mudança de cor da luz recebida pela fonte.

O efeito Doppler, no caso da luz, tem importantes aplicações em Astronomia. Por exemplo, a luz recebida na Terra, proveniente de estrelas e galáxias distantes, apresenta um fenômeno bastante interessante: o desvio para o vermelho. Isso indica que, durante o afastamento desses astros, a luz recebida é percebida na Terra com frequência menor; como a menor frequência da luz visível corresponde à luz vermelha, dizemos que ocorre um **desvio para o vermelho**.

Exercícios Resolvidos

1. Uma rádio de Brasília transmite em frequência modulada de 93,7 MHz. Sabendo que a velocidade de propagação das ondas eletromagnéticas no ar é de $3{,}0 \cdot 10^8$ m/s, calcule, em metros, o comprimento de onda da onda transmitida pela rádio.

Resolução:
Aplicando a equação fundamental da ondulatória, temos:

$$v = \lambda \cdot f \Rightarrow \lambda = \frac{v}{f} \Rightarrow \lambda = \frac{3{,}0 \cdot 10^8}{93{,}7 \cdot 10^6} \Rightarrow \lambda \cong 3{,}2 \text{ m/s}$$

2. Faça, em unidade SI, uma estimativa da ordem de grandeza para a frequência de uma onda eletromagnética com comprimento de onda igual:
a) a sua altura;
b) à espessura desta folha de papel.
c) Como cada onda é classificada no espectro eletromagnético?

Resolução:
a) A ordem de grandeza da minha altura é 10^0 m e a ordem de grandeza da velocidade de propagação das ondas eletromagnéticas no ar é 10^8 m/s. Assim, aplicando a equação fundamental da ondulatória, temos:

$$v = \lambda \cdot f \Rightarrow f = \frac{v}{\lambda}$$

$$OG[f] = \frac{OG[v]}{OG[\lambda]}$$

$$OG[f] = \frac{10^8}{10^0} \therefore OG[f] = 10^8 \text{ Hz}$$

b) Novamente, estimando como 10^{-5} m a ordem de grandeza da espessura desta folha. Sabendo-se que a ordem de grandeza da velocidade de propagação das ondas eletromagnéticas no ar é 10^8 m/s e aplicando a equação fundamental da ondulatória, temos:

$$v = \lambda \cdot f \Rightarrow f = \frac{v}{\lambda}$$

$$OG[f] = \frac{OG[v]}{OG[\lambda]}$$

$$OG[f] = \frac{10^8}{10^{-5}} \therefore OG[f] = 10^{13} \text{ Hz}$$

c) De acordo com o espectro de ondas eletromagnéticas, temos: onda de rádio de $\approx 10^8$ Hz e luz infravermelha de $\approx 10^{13}$ Hz.

Exercícios Propostos

3. (UFG – GO) As ondas eletromagnéticas foram previstas por Maxwell e comprovadas experimentalmente por Hertz. Essa descoberta revolucionou o mundo moderno. Sobre as ondas eletromagnéticas são feitas as afirmações:
  I. Ondas eletromagnéticas são ondas longitudinais que se propagam no vácuo com velocidade constante $c = 3{,}0 \cdot 10^8$ m/s.
  II. Variações no campo magnético produzem campos elétricos variáveis que, por sua vez, produzem campos magnéticos também dependentes do tempo e assim por diante, permitindo que energia e informações sejam transmitidas a grandes distâncias.
  III. São exemplos de ondas eletromagnéticas muito frequentes no cotidiano: ondas de rádio, sonoras, micro-ondas e raios X.

Está correto o que se afirma em:

a) I, apenas;
b) II, apenas;
c) I e II, apenas;
d) I e III, apenas;
e) II e III, apenas.

4. (FCC – SP) Em uma região do espaço existem campos elétricos e magnéticos variando com o tempo. Nestas condições, pode-se dizer que, nesta região:
a) existem necessariamente cargas elétricas.
b) quando o campo elétrico varia, cargas elétricas induzidas de mesmo valor absoluto, mas de sinais contrários, são criadas.
c) à variação do campo elétrico corresponde o aparecimento de um campo magnético.
d) a variação do campo magnético só pode ser possível pela presença de ímãs móveis.
e) o campo magnético variável pode atuar sobre uma carga em repouso de modo a movimentá-la independentemente da ação do campo elétrico.

Exercícios Propostos

5. (PUC – RJ) Os celulares, assim como o forno de micro-ondas e as emissoras de rádio, emitem radiação eletromagnética. As frequências em que operam, no entanto, são diferentes, sendo a faixa de frequências do celular de 800 MHz a 1.800 MHz. De acordo com a frequência da radiação, as reações do meio ambiente são diferentes, assim como os efeitos biológicos, havendo, por exemplo, a possibilidade de ionização de átomos. Comparando-se com o espectro eletromagnético mostrado ao lado, podemos afirmar que os sinais emitidos pelos celulares (considere a velocidade das ondas eletromagnéticas no ar igual a $3,0 \cdot 10^8$ m/s):

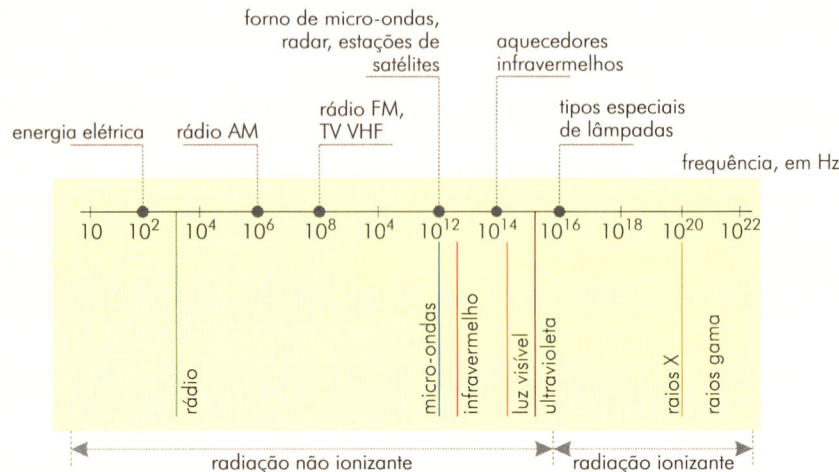

I. estão na faixa do espectro eletromagnético das radiações não ionizantes, ao contrário dos raios X e dos raios gama, que estão na faixa das radiações ionizantes.
II. têm comprimento de onda contido na faixa de 15 cm a 40 cm.
III. estão em faixa de frequência acima da faixa da luz visível.

Dentre as afirmações acima, está(ão) correta(s):

a) I e II. b) I, II e III. c) II. d) II e III. e) I.

6. (PUC – RS) Em 1895, o físico alemão Wilhelm Conrad Röentgen descobriu os raios X, que são usados principalmente na área médica e industrial. Esses raios são:

a) radiações formadas por partículas alfa com grande poder de penetração.
b) radiações formadas por elétrons dotados de grandes velocidades.
c) ondas eletromagnéticas de frequências maiores do que as das ondas violeta.
d) ondas eletromagnéticas de frequências menores do que as das ondas luminosas.
e) ondas eletromagnéticas de frequências iguais às das ondas infravermelhas.

7. (PUC – RJ) As ondas de um forno de micro-ondas são:

a) ondas mecânicas que produzem vibrações das moléculas dos alimentos;
b) ondas de calor; portanto, não são eletromagnéticas;
c) ondas eletromagnéticas cujo comprimento de onda é menor do que o da luz visível e por isso são denominadas micro-ondas;
d) ondas eletromagnéticas tal como a luz visível;
e) ondas sonoras de frequências superiores às do ultrassom.

8. Os fornos de micro-ondas cozinham os alimentos pela agitação que as ondas eletromagnéticas de comprimento de onda na faixa das micro-ondas exercem sobre moléculas dipolares como as da água. Esses fornos têm pratos giratórios para que o cozimento dos alimentos ocorra da forma mais homogênea possível, devido ao fato de que em algumas regiões do aparelho as micro-ondas:

a) sofrem dispersão;
b) sofrem um desvio para o vermelho;
c) encontram uma blindagem eletromagnética;
d) sofrem modulação;
e) interferem destrutivamente.

9. Uma onda eletromagnética propaga-se no ar com velocidade praticamente igual à da luz no vácuo, cujo valor é igual a $3,0 \cdot 10^8$ m/s, enquanto o som propaga-se no ar com velocidade aproximada de 330 m/s. Deseja-se produzir uma onda audível que se propague no ar com o mesmo comprimento de onda daquelas utilizadas para transmissões de rádio em frequência modulada (FM) de 100 MHz. A frequência da onda audível deverá ser aproximadamente de:

a) 110 Hz   c) $1,1 \cdot 10^4$ Hz   e) $9 \cdot 10^{13}$ Hz
b) 1.033 Hz   d) 10^8 Hz

10. (UFMG) Em um tipo de tubo de raios X, elétrons acelerados por uma diferença de potencial de $2,0 \cdot 10^4$ V atingem um alvo de metal, onde são violentamente desacelerados. Ao atingir o metal, toda a energia cinética dos elétrons é transformada em raios X. Considere a carga do elétron de módulo igual a $1,6 \cdot 10^{-19}$ C e que a constante de Planck é $h = 6,62 \cdot 10^{-34}$ J · s.

a) Calcule a energia cinética que um elétron adquire ao ser acelerado pela diferença de potencial.
b) Calcule o menor comprimento de onda possível para os raios X produzidos por esse tubo.

11. (UEL – PR) O radar (*Radio Detection and Ranging*) é empregado de várias formas. Ora está presente, por exemplo, em complexas redes de defesa aérea, principalmente em guerras como a que ocorre entre Israel e Iraque, destinado ao controle de disparo de armas, ora é usado como

Exercícios Propostos

altímetro. Seu princípio de funcionamento baseia-se na emissão de ondas eletromagnéticas, na reflexão pelo objeto a ser detectado e na posterior recepção da onda emitida. Sobre as ondas emitidas e recebidas por um radar instalado no solo israelense, é correto afirmar:

a) a frequência da onda refletida pelos aviões que voam do Iraque para Israel é maior que a frequência da onda emitida pelo radar, por isso não são detectados.

b) a frequência da onda refletida pelos aviões que voam de Israel para o Iraque é menor que a frequência da onda emitida pelo radar, pois esses aviões, ao refletirem as ondas, são fontes que se afastam do radar.

c) o radar identifica os aviões que saem do Iraque para atacar Israel porque a frequência da onda refletida por eles é igual à emitida pelo radar que os detectou.

d) o radar não detecta o míssil Scud, pois este é lançado com velocidade maior que a faixa de frequência em que aquele opera.

e) a frequência de operação do radar tem que estar ajustada à velocidade de lançamento do míssil; por isso o radar opera.

12. Um aparelho de radar é usado para localizar um objeto distante (um avião, por exemplo) por meio de ondas eletromagnéticas que são emitidas pelo aparelho, refletidas pelo objeto e captadas, na volta, pelo próprio aparelho de radar. As radiações eletromagnéticas usadas neste dispositivo têm, no ar, um comprimento de onda de, aproximadamente, 1 cm. Qual é, então, o tipo de onda eletromagnética utilizada nos aparelhos?

13. Uma notícia importante é transmitida por ondas de rádio para pessoas sentadas próximas de seus rádios, a 100 km de distância da estação, e por ondas sonoras para pessoas sentadas na sala de notícias, a 3,00 m do transmissor de notícias. Quem recebe as notícias primeiro? Explique brevemente. Considere que a velocidade de propagação do som no ar é igual a 340 m/s e das ondas eletromagnéticas é igual a $3{,}0 \cdot 10^8$ m/s.

14. (PUC) As estações de rádio têm, cada uma delas, uma frequência fixa e própria na qual a transmissão é feita. A radiação eletromagnética transmitida por suas antenas é uma onda de rádio. Quando escutamos uma música, nossos ouvidos são sensibilizados por ondas sonoras. Sobre ondas sonoras e ondas de rádio, são feitas as seguintes afirmações:

I. Qualquer onda de rádio tem velocidade de propagação maior do que qualquer onda sonora.

II. Ondas de rádio e ondas sonoras propagam-se em qualquer meio, tanto material quanto no vácuo.

III. Independentemente de a estação de rádio transmissora ser AM ou FM, a velocidade de propagação das ondas de rádio no ar é a mesma e vale aproximadamente $3{,}0 \cdot 10^8$ m/s.

Está correto o que se afirma apenas em:

a) I   b) III   c) I e II   d) I e III   e) II e III

15. (UNIFESP) Cientistas descobriram que a exposição das células humanas endoteliais à radiação dos telefones celulares pode afetar a rede de proteção do cérebro. As micro-ondas emitidas pelos celulares deflagram mudanças na estrutura da proteína dessas células, permitindo a entrada de toxinas no cérebro (*Folha de S.Paulo*, 25.7.2002). As micro-ondas geradas pelos telefones celulares são ondas de mesma natureza que:

a) o som, mas de menor frequência;
b) a luz, mas de menor frequência;
c) o som e de mesma frequência;
d) a luz, mas de maior frequência;
e) o som, mas de maior frequência.

16. (UFPR) Verificam-se fenômenos ondulatórios em diversos acontecimentos do dia a dia: na propagação da luz, do som e das ondas de rádio, por exemplo. Com base nos conceitos dos fenômenos ondulatórios, assinale a alternativa correta.

a) Tanto para o som quanto para a luz é possível ocorrer o efeito Doppler.
b) Para uma onda longitudinal, os pontos do meio onde ela se propaga oscilam perpendicularmente à direção de propagação da onda.
c) Micro-ondas e raios X são ondas eletromagnéticas que se propagam no vácuo com velocidades diferentes.
d) Ondas sonoras podem ser polarizadas.
e) Quando uma onda eletromagnética é transmitida de um meio para outro de material diferente, sua frequência muda.

17. (UnB – DF) O desenvolvimento de novas tecnologias aplicadas à Medicina tem contribuído para que se tenha uma vida melhor e mais longa. Várias técnicas utilizadas atualmente para diagnóstico empregam radiações ionizantes, como os raios X. A medicina nuclear utiliza radiotraçadores, que, para o diagnóstico de problemas do coração, mimetizam o potássio. Os radiotraçadores circulam pelo sangue e alcançam, sem restrições, todos os tecidos e órgãos, inclusive a placenta, e, por fim, são excretados. O Brasil produz o radiotraçador tecnécio-99 metaestável (Tc^{99m}), cujo processo emprega, como radioisótopo-pai, o molibdênio-99 e pode ser representado pela equação $_{42}Mo^{99} + {_1}H^2 \rightarrow {_{43}}Tc^{99m} + {_0}n^1$.

O Tc^{99m} tem meia-vida de 6 horas e seu decaimento gera o isótopo estável Tc^{99}. Além do Tc^{99}, os radionuclídeos com aplicações na medicina nuclear incluem o gálio-67, o tálio-201 e o estrôncio-89. No futuro, as técnicas para diagnóstico deverão ser cada vez menos invasivas, a exemplo das técnicas de ressonância magnética nuclear e de ecografias tridimensionais. A ecografia faz uso do efeito Doppler, gerado pela reflexão das ondas de ultrassom nos diferentes tipos de tecidos e estruturas, o que permite, inclusive, observar o sangue que circula em artérias e veias, fornecendo informações sobre o seu movimento relativo ao aparelho detector.

Exercícios Propostos

Tendo o texto como referência inicial, julgue as afirmações seguintes.

(1) Os raios X são emitidos quando núcleos atômicos instáveis se desintegram.
(2) Os raios X são um tipo de radiação eletromagnética que não necessita de meio material para se propagar.
(3) Considerando a velocidade da luz no vácuo igual a $3,0 \cdot 10^8$ m/s e o comprimento de onda dos raios X nesse mesmo meio igual a $3,0 \cdot 10^{-10}$ m, então a frequência dessa radiação eletromagnética é igual a $9,0 \cdot 10^{-2}$ Hz.
(4) Infere-se da equação apresentada no texto que a obtenção de Tc^{99m} é o resultado de um processo de fissão nuclear.
(5) A onda ultrassônica é uma onda transversal que, como tal, pode ser polarizada.
(6) As ondas de ultrassom refletidas pela corrente sanguínea, em movimento relativo ao aparelho detector utilizado na ecografia, têm suas frequências modificadas.
(7) Os raios X podem ser utilizados para bronzeamento artificial, pois atravessam a camada superficial da pele e alcançam os melanócitos, estimulando-os.

18. (UnB – DF) A manutenção da temperatura na Terra pela atmosfera é um fator importante para a garantia de vida no planeta. Por isso, o aquecimento global que se tem verificado nos últimos anos, como consequência do efeito estufa, deve ser controlado. Estudos recentes demonstram que a temperatura média do planeta vem subindo. Se for mantida a tendência, nos próximos 50 anos, haverá um aquecimento de 4 °C a 5 °C, o que pode provocar o degelo de parte das calotas polares e, como consequência, a elevação do nível dos mares e a inundação de cidades litorâneas. Comparando o nível dos oceanos em 2000 com o registrado em 1900, verifica-se uma elevação de 30 cm, e esse processo tem-se acelerado em consequência da atuação do homem.

A energia luminosa solar incidente sobre o planeta é parcialmente refletida pela atmosfera de maneira difusa. Como ilustrado na figura ao lado, parte da energia luminosa absorvida pela Terra é irradiada sob a forma de radiação infravermelha, contribuindo para o efeito estufa. O aumento da emissão de gases na atmosfera, como o dióxido de carbono, o metano, o ozônio e o óxido de nitrogênio, entre outros, eleva a temperatura da Terra.

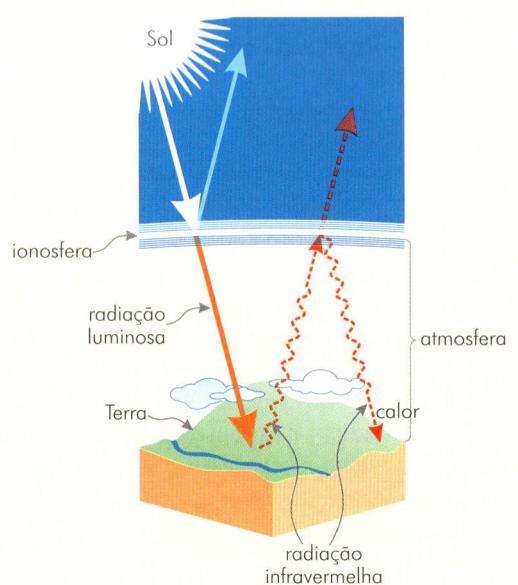

Considerando as informações do texto, julgue as afirmações seguintes.

(1) Para a manutenção da temperatura propícia à vida na Terra, o ideal seria eliminar todo o efeito estufa.
(2) O fenômeno de irradiação térmica ocorre por meio de ondas sonoras.
(3) Da radiação luminosa incidente na Terra, parte é absorvida e parte é irradiada. O comprimento de onda associado à energia irradiada é maior que o comprimento de onda associado à radiação luminosa incidente.
(4) Os raios solares que incidem na superfície terrestre são polarizados. Esse fenômeno é explicado pela Lei de Snell.
(5) De modo geral, raios solares paralelos, ao incidirem na superfície difusa da atmosfera, perdem o seu paralelismo ao serem refletidos.
(6) A cor esverdeada da vegetação deve-se ao fato de a clorofila absorver menos radiação luminosa da cor verde que das demais cores do espectro visível.
(7) Em grandes concentrações, os gases responsáveis pelo efeito estufa impedem a entrada de radiações na troposfera.

19. A superfície terrestre absorve parte da energia da luz solar incidente, aquecendo-se e emitindo energia na forma de radiação infravermelha. Parte dessa radiação é reemitida de volta para a Terra pelas camadas atmosféricas compostas de CO_2, vapor-d'água e outros gases.

Esse fenômeno, denominado efeito estufa, faz que a atmosfera terrestre se mantenha aquecida a uma temperatura média de aproximadamente 15 °C.

Algumas atividades humanas têm tornado o efeito estufa mais acentuado, podendo acarretar, no futuro, grandes mudanças no ambiente terrestre, como o descongelamento de parte das calotas polares, a ocorrência de tempestades e a desertificação de certas regiões do globo.

Com o auxílio do texto, julgue os itens que seguem.

(1) A "luz solar" é, na verdade, um conjunto de radiações eletromagnéticas de várias frequências.
(2) Infere-se do texto que a luz do Sol propaga-se no vácuo e na atmosfera terrestre, mas a radiação infravermelha só se propaga na atmosfera da Terra.

Exercícios Propostos

(3) De acordo com o texto, o efeito estufa poderá apresentar consequências desastrosas para a vida na Terra. Sendo assim, é imprescindível o desenvolvimento de tecnologias capazes de eliminar os gases da atmosfera responsáveis por esse efeito.

(4) A queima de carvão vegetal em uma usina termoelétrica é um exemplo de atividade humana que pode contribuir para aumentar o efeito estufa.

20. A radiação ultravioleta corresponde à faixa do espectro eletromagnético de comprimentos de onda entre 4 nanômetros e 400 nanômetros. Essa faixa, por sua vez, é dividida em três zonas: UV-A, UV-B e UV-C, conforme a figura a seguir.

raios X	UV-C	UV-B	UV-A	visível
4	200	300	400	λ (nm)

Os efeitos da radiação ultravioleta podem ser muito perigosos para a vida. A radiação na faixa UV-C, mais energética, é capaz de destruir alguns microrganismos, mas felizmente, nas altas camadas da atmosfera, ela interage com o oxigênio (O_2), convertendo-o em ozônio (O_3) e não chega a atingir a superfície do planeta. As faixas UV-A e UV-B estão associadas ao bronzeamento e à vermelhidão da pele nos seres humanos.

Com relação ao tema abordado no texto, julgue a veracidade das afirmações seguintes.

(1) A vermelhidão observada na pele das pessoas após exposição prolongada ao sol é causada por vasodilatação em resposta ao aquecimento.

(2) A radiação na faixa UV-C é mais energética que as das faixas UV-B e UV-A porque tem maior frequência.

(3) A radiação ultravioleta pode sofrer reflexão, refração e polarização.

(4) Uma molécula, ao absorver um fóton de radiação na faixa UV-A, pode emitir radiação na faixa UV-C.

21. (UnB – DF) Uma das principais preocupações ambientais é o aumento da emissão de determinados gases e o aquecimento global. A Terra e sua atmosfera, formada por diversos gases, conforme mostrado na tabela a seguir, aquecem-se, absorvendo radiações – ondas curtas – provenientes do Sol, e irradiam energia na faixa do infravermelho do espectro eletromagnético – ondas longas. O comprimento de onda das radiações depende da temperatura do corpo que as emite. Essas radiações se perderiam no espaço se não fosse pela presença dos gases responsáveis pelo efeito estufa: vapor-d'água, dióxido de carbono, metano, óxido nitroso e ozônio. Entretanto, o aumento da concentração desses gases pode trazer sérios problemas ao ambiente. Além dos aumentos relativos das concentrações, vale ressaltar que, em relação ao dióxido de carbono, os clorofluorcarbonetos (CFC) são cerca de mil vezes mais efetivos na variação da temperatura global.

PRINCIPAIS GASES E SUAS PROPORÇÕES NA ATMOSFERA TERRESTRE SECA

Gases	Fração em volume
Nitrogênio	78%
Oxigênio	20%
Argônio	0,93%
Dióxido de carbono	0,03%
Neônio	0,0018%
Hélio	0,0005%
Metano	0,0001%

Considerando o texto acima, julgue as afirmações seguintes.

(1) Para que um corpo possa emitir energia na forma de radiação, ele deve estar muito quente.

(2) É correto inferir do texto que, quanto mais quente estiver um corpo, maiores serão os comprimentos de onda da radiação que ele emite.

(3) O efeito estufa é determinado principalmente pelo fato de a camada de gases que o origina ser transparente para a energia das radiações de "ondas curtas" e opaca para a energia das radiações de "ondas longas", como referidas no texto.

(4) Por evitar a dissipação excessiva de calor para o espaço, o efeito estufa é crucial para a vida na Terra.

22. Considerando as informações do quadro, e supondo que a velocidade da luz no vácuo seja igual a $3 \cdot 10^8$ m/s, julgue os itens subsequentes.

O ESPECTRO ELETROMAGNÉTICO

Tipo de radiação	Comprimento de onda no vácuo (nm)
Raios cósmicos e gama	0,01 a 0,1
Raios X	0,1 a 200
Raios ultravioleta (UVC)	200 a 290
Raios ultravioleta (UVB)	290 a 320
Raios ultravioleta (UVA)	320 a 400
Luz visível	400 a 700
Infravermelho (IV)	700 a $5 \cdot 10^4$
Micro-ondas	$5 \cdot 10^4$ a $1 \cdot 10^7$
Ondas de rádio	$1 \cdot 10^7$ a $4 \cdot 10^{13}$

(1) Os comprimentos de onda das radiações infravermelhas, da luz visível e dos raios ultravioleta UV-A são maiores que $3 \cdot 10^{-9}$ m.

(2) As baixas pressões nas camadas altas da atmosfera são fatores que impedem a penetração de radiação solar com menores comprimentos de onda.

(3) Ondas de rádio que se propaguem na termosfera têm frequências entre 30 kHz e 30 GHz.

(4) A luz solar atravessa o espaço e atinge as camadas altas da atmosfera terrestre graças aos processos de convecção.

44 Noções de Física Moderna

44.1. Problemas e Contradições

No final do século XIX, a Ciência parecia uma bela construção. A Física, em particular, acumulara uma grande quantidade de bons resultados, organizados em teorias estanques, a maioria das quais estabelecida havia um bom tempo. Mecânica, Termodinâmica, Óptica, Eletromagnetismo pareciam explicar quase tudo. A postura de um bom número de cientistas da época pode ser sintetizada na posição de William Thomson, o lorde Kelvin, em discurso proferido em abril de 1900, aos colegas da Royal Institution, em Londres. Na ocasião, ele contrapôs a "beleza e clareza da teoria do calor e da luz" a "duas nuvens no horizonte". Referia-se, de um lado, à bem-sucedida aplicação da mecânica newtoniana na criação dos modelos da Termodinâmica; de outro, a dificuldades da teoria em explicar a radiação de corpo negro e à experiência de Michelson e Morley, da tentativa de detecção do meio sutil, no qual as ondas eletromagnéticas deveriam propagar-se.

Embora esses não fossem os dois únicos problemas que a Física então enfrentava, foram eles as raízes das duas novas teorias, desenvolvidas nos primeiros anos do século XX, que mudariam radicalmente o panorama científico: a Teoria Quântica e a Teoria da Relatividade. O conjunto dessas duas teorias é chamado **Física Moderna**, em oposição à **Física Clássica**.

> O termo *clássica* refere-se à mecânica – e, por extensão, a toda a Física – anterior a 1900.

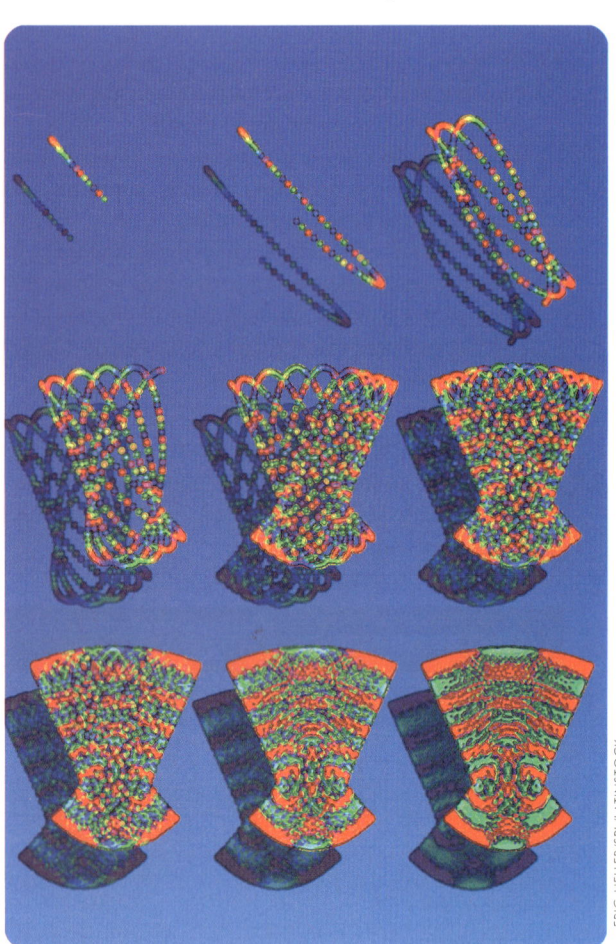

Esta sequência de imagens sintetiza a mudança de conceitos da Física Clássica (newtoniana) para a Física Moderna. A imagem superior esquerda mostra o movimento clássico de uma partícula, como um elétron, por exemplo. Na Física Clássica, a posição e a trajetória de uma partícula eram descritas com precisão, bem como sua energia. Já na Física Moderna, a posição e a energia são interligadas e não podem ser determinadas ao mesmo tempo. As partículas "espalham-se" ocupando um volume (acompanhe as imagens em direção ao canto inferior direito), com sua localização descrita não em termos de posição, mas em termos de probabilidades. As partículas também têm propriedades associadas a ondas: nas imagens, a variação de cores indica as diferentes fases da onda.

44.2. Planck e o *Quantum* de Energia

Nos últimos anos do século XIX, a indústria alemã passava por um fervilhante progresso científico e tecnológico, sobretudo na siderurgia. Um importante problema era a mensuração de temperaturas muito elevadas, como as encontradas nos fornos, para a obtenção de aços de qualidade melhor e mais controlada. Como não havia termômetros capazes de realizar essas mensurações, os físicos trabalhavam no sentido de entender melhor como associar a cor da luz (isto é, o comprimento de onda da radiação) emitida por um metal incandescente. Muitos trabalharam nesse sentido: Lorde Rayleigh (1842-1919), James Jeans (1877-1946), Heinrich Rubens (1865-1922), Ferdinand Kurlbaum (1857-1927), Wilhelm Wien (1864-1928), Josef Stefan (1835-1893), Ludwig Boltzmann (1844-1906), Max Planck (1858-1947), entre outros.

A energia térmica emitida por um corpo qualquer apresenta três propriedades experimentalmente comprovadas (acompanhe pela Figura 44-1):

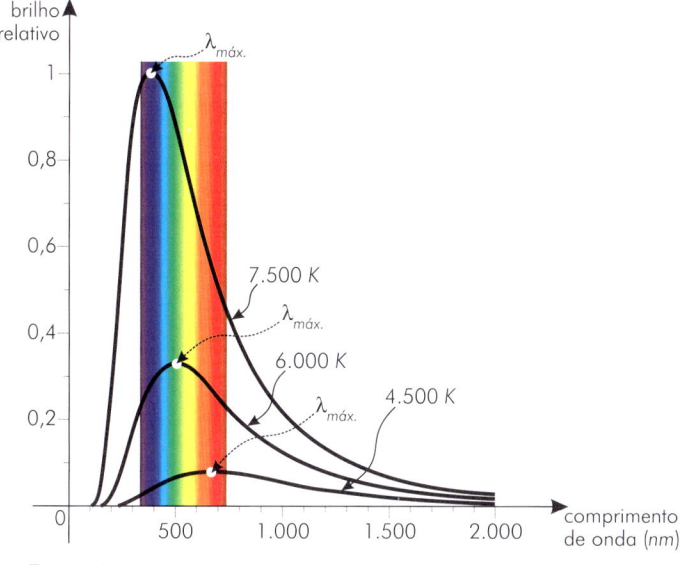

FIGURA 44-1.

I) o espectro da energia emitida é contínuo e depende da temperatura do corpo e do comprimento de onda da radiação;
II) o comprimento de onda que corresponde à intensidade máxima da radiação emitida é inversamente proporcional à temperatura termodinâmica do corpo (esse fato é conhecido como Lei de Wien);
III) a potência irradiada é proporcional à quarta potência da temperatura termodinâmica do corpo (Lei de Stefan-Boltzmann, formulada empiricamente em 1879, por Stefan, foi derivada teoricamente de Boltzmann, em 1884).

Um radiador ideal, chamado *corpo negro*, seria capaz de absorver toda a radiação nele incidente. É possível fazer-se uma razoável realização de um *corpo negro* com uma *cavidade*, isto é, um corpo oco, cujo interior é revestido por uma substância absorvedora – fuligem, por exemplo – e dotado de apenas um pequeno orifício para o exterior. Dessa forma, praticamente nenhuma radiação que incide no orifício consegue escapar por ele, sendo absorvida pela *cavidade* (Figura 44-2). Um *corpo negro* é, também, um emissor ideal. Essa ideia foi proposta, em 1862, por Gustav Kirchhoff (1824-1887), que constatou, experimentalmente, em 1859, que a radiação térmica emitida por um corpo dependia exclusivamente de sua temperatura termodinâmica.

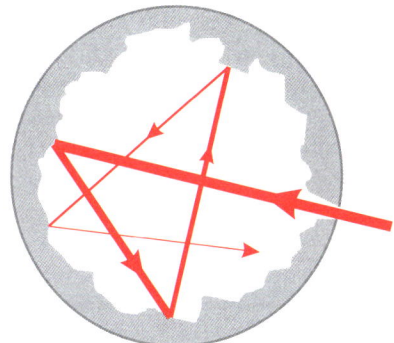

Figura 44-2. Entrada de radiação na esfera através de um pequeno orifício.

No final do século XIX, a Termodinâmica e o Eletromagnetismo permitiram obter uma descrição teórica para a radiação de corpo negro, chamada Lei de Rayleigh-Jeans. Infelizmente, porém, essa lei, obtida com o melhor da teoria disponível, não apresentava completa concordância com a experimentação: ela funcionava bem para elevados comprimentos de onda, mas falhava flagrantemente para pequenos comprimentos de onda (para altas frequências). Essa incapacidade da teoria clássica de descrever o fenômeno da radiação térmica quando o comprimento de onda fica muito pequeno (isto é, tende para o ultravioleta) indicava que a teoria não era boa. O austríaco Paul Ehrenfest (1880-1933) referiu-se, anos mais tarde, a essa previsão impossível e negada pela experimentação, metaforicamente, como "catástrofe do ultravioleta". Essa discrepância, mostrada na Figura 44-3, era a primeira das duas "pequenas nuvens no horizonte", dificuldades a que Kelvin se referira.

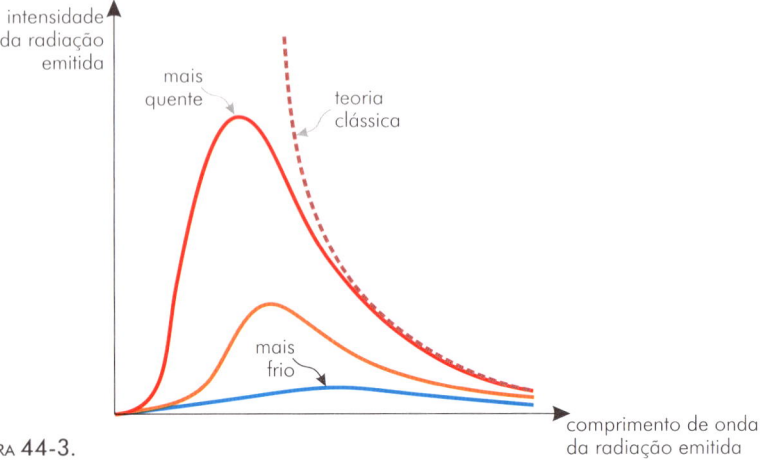

FIGURA 44-3.

Planck, em uma tentativa qualificada de "desesperada" por ele próprio, inicialmente obteve, em outubro de 1900, uma equação que interpolava os resultados experimentais de Wien e o modelo teórico clássico e, dois meses depois, deduziu que a quantidade de energia emitida (ou absorvida) pelo corpo negro dependia discretamente da frequência da radiação emitida. Matematicamente, um *quantum* de energia de uma radiação de frequência f é escrito:

$$\Delta E = h \cdot f$$

IMPORTANTE

Discreto: descontínuo; constituído por unidades distintas.

A constante de proporcionalidade h, hoje chamada **constante de Planck**, veio a se mostrar uma importante constante da natureza. Seu valor é, atualmente, considerado:

$$h = 6{,}63 \cdot 10^{-34} \text{ J} \cdot \text{s} = 4{,}14 \cdot 10^{-15} \text{ eV} \cdot \text{s}$$

Planck acabava de *quantizar* a energia: sua equação mostra que a energia emitida por um átomo, para uma dada frequência da radiação emitida, varia aos saltos, isto é, em múltiplos de um dado valor mínimo, chamado *quantum* (como o termo é latino, o plural é *quanta*).

Por que não se percebera isso antes? Por que, em nossa vida cotidiana, macroscópica, não percebemos a quantização da energia? A ordem de grandeza da constante de Planck é 10^{-33}, um valor extraordinariamente pequeno para ser percebido pelos nossos sentidos. Além disso, como a nossa percepção é macroscópica, o que nos chega é uma distribuição de um número muito grande de emissões de átomos individuais, cujo conjunto é praticamente contínuo.

Exemplo 1

A frequência da onda da luz verde é de $6 \cdot 10^{14}$ Hz. Qual é, no SI, o valor de um *quantum* de energia dessa radiação?

RESOLUÇÃO:

De acordo com a equação de Planck, temos:

$$\Delta E = h \cdot f = 6{,}63 \cdot 10^{-34} \cdot 6 \cdot 10^{14} \Rightarrow E = 3{,}978 \cdot 10^{-19} \text{ J}$$

44.3. Einstein e o *Quantum* de Luz

Os registros históricos disponíveis atribuem ao russo Alexander Stoletov (1839-1896), considerado um dos fundadores da Engenharia Elétrica, as primeiras observações do que viria a ser chamado **efeito fotoelétrico**, em 1872. Quinze anos mais tarde, o alemão Heinrich Hertz (1857-1894) redescobriria o fenômeno, vindo a explorá-lo experimentalmente, juntamente com Nikola Tesla, Wilhelm Hallwachs, Philipp von Lenard e outros. O que Hertz constatou?

Em 1887, Hertz experimentava a detecção e a produção de ondas eletromagnéticas, quando observou que um bloco metálico (zinco, na ocasião) eletrizava-se quando iluminado por radiação ultravioleta. No ano seguinte, Hallwachs investigou o que ocorria com superfícies metálicas previamente eletrizadas, quando submetidas a iluminação (utilizou arco voltaico e queima de magnésio), tendo determinado que apenas a carga elétrica negativa era retirada do metal, por esse processo. O nome "elétron" seria atribuído à partícula negativa elementar que se imaginava constituir a matéria, três anos depois, em 1891, pelo químico irlandês Johnstone Stoney (1826-1911), que estudava a eletrólise. O físico alemão Philipp von Lenard (1862-1947) mostrou, em 1899, que o fenômeno apresentado por Hertz (até então referido como efeito Hertz, ou efeito Hallwachs) envolvia a emissão de partículas negativas da superfície metálica, devido à iluminação, o que justifica a denominação efeito fotoelétrico. Em 1890, Joseph John Thomson postulou que o efeito fotoelétrico consistia na emissão de elétrons, baseando-se no indício experimental de que o valor da razão entre a carga e a massa (e/m) das partículas emitidas no efeito fotoelétrico era o mesmo obtido nos experimentos com raios catódicos, já então associados aos elétrons.

Até então, o que temos? Uma superfície metálica, iluminada com luz adequada, tem elétrons arrancados de sua superfície. O fenômeno não parece muito complicado, mas ainda não havia uma explicação teórica consistente. A energia trazida pela onda luminosa de algum modo *arrancava* elétrons do metal. Mas como?

Experimento de Hallwachs pode ser descrito em linguagem atual: uma superfície metálica previamente eletrizada com carga negativa, iluminada com radiação ultravioleta, perde rapidamente sua carga, ejetando elétrons. Veja a Figura 44-4 e observe o eletroscópio, na parte inferior. Esse efeito não ocorre se o metal está inicialmente positivo.

O eletroscópio original de Hallwachs. A luz que passa pelo quadrado na placa preta atinge o círculo de cobre. Abaixo dele, há um eletroscópio negativamente carregado, como pode ser visto pelas folhas deslocadas para um lado. Se a energia luminosa for suficiente, provocará emissão de elétrons pelo cobre, que serão repostos pelos elétrons do eletroscópio, que, eventualmente, perderá sua carga e apresentará suas folhas na vertical.

FIGURA 44-4.

Em 1902, Von Lenard anuncia duas importantes e surpreendentes descobertas. Experimentando o efeito fotoelétrico com fontes de luz cujas intensidades e cores poderiam ser variadas, ele descobre que, para uma placa de zinco, luzes vermelhas, azuis, amarelas, mesmo muito intensas, não conseguiam provocar a ocorrência do efeito. Entretanto, uma luz ultravioleta, mesmo de baixa intensidade, o conseguia. Em síntese:

- o efeito observado *não dependia da intensidade* da luz incidente;
- o efeito observado *dependia da frequência* – isto é, da cor – da luz incidente.

Ora, a teoria até então estabelecida, sintetizada nas equações de Maxwell, esperava justamente o contrário. De acordo com a Teoria Eletromagnética, a energia da onda luminosa estava associada a sua amplitude, não à frequência!

Albert Einstein (1879-1955).

Albert Einstein (1879-1955), então um obscuro funcionário do departamento de patentes em Berna, indica, em 1905, uma solução desconcertantemente simples para explicar o efeito fotoelétrico. Ele lança mão da proposta da quantização de Max Planck, estendendo-a à luz. Em sua proposta, ele afirma que a luz, durante sua propagação, consiste em um número finito de *quanta*, localizados em pontos do espaço, e que só poderiam ser absorvidos pelo metal ou emitidos como entidades únicas, indivisíveis, discretas – pacotes de energia. Tais pacotes de energia viriam a ser denominados **fótons**, por Gilbert Lewis, em 1926. Einstein reacendera a velha controvérsia sobre a natureza da luz: é ondulatória ou é corpuscular? Sua posição é que, admitir a propagação da luz como contínua, segundo as leis de Maxwell, leva a contradições no que tange à produção e à transformação da luz.

Adotando a denominação de Lewis, dizemos que, ao explicar o efeito fotoelétrico, Einstein generaliza a ideia de Planck, estabelecendo nova interpretação para a energia e para a intensidade da luz:

- a luz é constituída por fótons; cada fóton de um feixe de luz de frequência f transporta uma energia proporcional à sua frequência, de acordo com a equação de Planck, $E = h \cdot f$;
- a intensidade de um feixe luminoso é determinada pelo número de fótons que o constituem.

A abordagem de Einstein, além de ampliar a proposta de Planck, resolvia, de maneira extremamente simples, ambas as dificuldades apontadas por Von Lenard e outros, concordando inteiramente com a experiência. Porém, como ela desafiava o modelo ondulatório para as radiações eletromagnéticas, foi desde então ignorada e até combatida. Teve pouca atenção, nos primeiros anos. Robert Millikan trabalhou incessantemente por onze anos tentando provar que a teoria de Einstein estava errada, e só o que conseguiu foi prová-la com grande precisão, estabelecendo excelentes medidas para a constante de Planck; Niels Bohr recusava-a ainda em 1922, um ano depois de Einstein ser agraciado com o prêmio Nobel.

Admitindo a ideia de Einstein, quando um fluxo de fótons, viajando à velocidade da luz, incide na superfície metálica, há interação entre a luz e a matéria. Na colisão entre um fóton e um elétron, devido à quantização, é tudo ou nada: o elétron absorve toda a energia do fóton (e este, então, deixa de existir) ou nada absorve. No caso de ele absorver a energia do fóton, pode ser que consiga vencer a energia que o liga ao metal e que ainda haja energia suficiente para que escape (elétrons que escapam do metal graças ao efeito fotoelétrico são chamados **fotoelétrons**). Lembrando da Mecânica, da noção de *trabalho*, Einstein denomina **função trabalho** à energia necessária para romper a ligação entre um dado elétron e o metal de origem. Nesses termos, escrevemos que a energia cinética com que o elétron deixa a superfície metálica (como nada está acelerando o elétron, essa energia é a máxima que ele apresenta) é dada por:

$$E_{c(máx.)} = E_{fóton} - E_{ligação} \quad \therefore \quad \boxed{E_{c(máx.)} = h \cdot f - W}$$

em que W é a **função trabalho**, como definida por Einstein, que é a energia mínima para libertar cada elétron, e é característica de cada metal. De fato, as medidas experimentais exibem gráficos retilíneos, (Figura 44-5), de acordo com a equação de Einstein para o efeito fotoelétrico, em que f_0 é o limiar da frequência da luz que começa a possibilitar o efeito fotoelétrico, comumente chamada **frequência de corte**.

A interpretação matemática do gráfico mostra que:

1. a intersecção da linha com o eixo das ordenadas corresponde à função trabalho do metal em estudo;

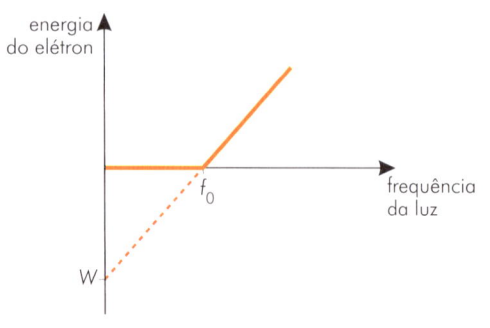

FIGURA 44-5.

2. somente ocorre o efeito fotoelétrico – o elétron só tem energia para saltar – se a frequência da luz incidente for superior à frequência de corte, f_0;
3. o declive do gráfico, que corresponde ao coeficiente angular da equação, é numericamente igual à constante de Planck (isso significa que os gráficos de todos os metais, em um mesmo par de eixos, serão paralelos).

A equação obtida por Einstein mostra por que, para um dado metal, a energia cinética com que um elétron é arrancado da superfície graças ao efeito fotoelétrico é tanto maior quanto maior for a frequência da luz incidente (desde que, é claro, ela seja maior que a frequência de corte característica do metal).

Da equação de Planck, pode-se, ainda, escrever que:

$$W = h \cdot f_0$$

sendo f_0 a **frequência de corte**. Daí, também se pode escrever a equação de Einstein como:

$$E_{c(máx.)} = h \cdot f - h \cdot f_0$$

$$\boxed{E_{c(máx.)} = h \cdot (f - f_0)}$$

Exemplo 2

Determine a energia cinética máxima dos fotoelétrons, se a função trabalho do metal é igual a 2,3 eV e a frequência da radiação incidente é igual a $3,0 \cdot 10^{15}$ Hz (lembre-se de usar a constante de Planck em eV · s).

Resolução:

$$E_{c(máx.)} = h \cdot f - W_0 \Rightarrow E_{c(máx.)} = 4{,}14 \cdot 10^{-15} \cdot 3{,}0 \cdot 10^{15} - 2{,}3$$

$$E_{c(máx.)} = 12{,}42 - 2{,}3 \therefore E_{c(máx.)} = 10{,}12 \text{ eV}$$

44.4. Bohr e os Níveis de Energia

Atribui-se a Leucipo (460 a.C.-370 a.C.) e a Demócrito (mestre de Leucipo, datas incertas), na Grécia clássica, a ideia de que dividir as coisas do mundo em partes cada vez menores não pode constituir-se em procedimento infinito. Assim, deveria haver uma "parte menor que todas" – partícula –, constituindo tudo no Universo. A essa partícula, que de certo modo perseguimos até hoje, chamou-se *átomo* (literalmente, em grego, não divisível). Ao longo da história, houve vários modelos atômicos. Foram avanços importantes os modelos propostos por Dalton (1803), Thomson (1889), Nagaoka (1904), Rutherford (1911) e Bohr (1913), normalmente tratados nos textos de Química.

Em 1911, o panorama da Física fervilhava. Entre os diversos problemas em discussão, dois pareciam estar, de alguma forma, em conexão. De um lado, o modelo planetário proposto por Ernest Rutherford (1871-1937) para o átomo; de outro, os resultados da espectroscopia, um ramo da química que, após os trabalhos do americano David Alter (1807-1881), do sueco Anders Ångström (1814--1874) e vários outros, já reconhecia elementos químicos e os identificava na composição de estrelas. O modelo de Rutherford não convivia com a Teoria Eletromagnética, de Maxwell: se cargas negativas giravam em torno de um centro, elas estavam aceleradas e, portanto, deveriam emitir energia continuamente, na forma de radiação eletromagnética, o que faria o átomo rapidamente entrar em colapso. Os espectros obtidos de gases aquecidos ou de luz que atravessava

Niels Henrik David Bohr (1885-1962).

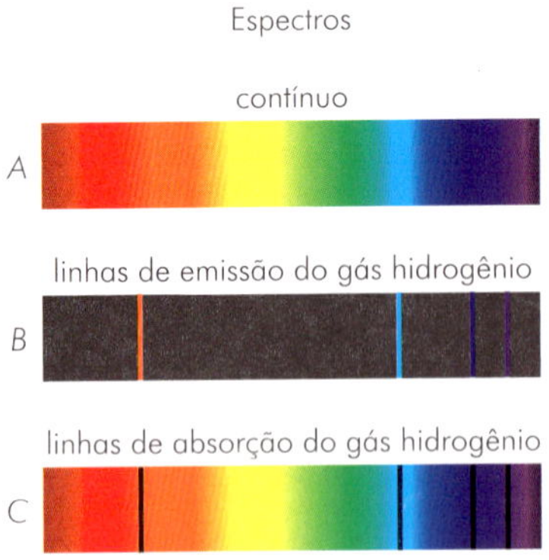

FIGURA 44-6. Exemplos dos três tipos de espectro. Em A, o espectro contínuo da luz solar; em B, as raias emitidas pelo hidrogênio aquecido; C mostra as raias negras correspondentes à absorção de determinados comprimentos de onda da luz branca por uma amostra de hidrogênio não aquecido.
Repare que as raias coloridas no espectro de raias correspondem exatamente às raias negras no espectro de absorção do mesmo elemento.

gases não eram contínuos (Figura 44-6), como ocorria com sólidos aquecidos, e não se explicava. Havia séries matemáticas empíricas, como as obtidas em 1885 pelo suíço Jakob Balmer (1825-1898), capazes de obter as posições das raias do espectro do hidrogênio na faixa do visível; havia uma fórmula empírica, obtida em 1888 pelo sueco Johannes Rydberg (1854-1919), mas não havia explicação para a descontinuidade observada.

Foi o dinamarquês Niels Bohr (1885-1962) que propôs a solução simultânea dessas duas dificuldades. Em 1913, Bohr propôs algumas correções no modelo planetário de Rutherford, com quem trabalhava. Acabara de tomar conhecimento da fórmula de Rydberg e associou a presença de números inteiros na fórmula ao fato de que a emissão de raias do espectro era, de alguma forma, quantizada. Em seu trabalho, inspirado pelas quantizações da radiação térmica, por Planck, e da luz, por Einstein, Bohr enuncia dois postulados:

- os elétrons giram em torno do núcleo atômico em órbitas circulares bem determinadas, chamadas *estados estacionários*, nas quais eles não emitem radiação eletromagnética;
- qualquer emissão ou absorção de radiação eletromagnética corresponde a uma transição súbita entre dois desses *estados estacionários*, sendo a energia emitida ou absorvida regida pela equação de Planck e igual à diferença de energia dos dois estados estacionários envolvidos. Matematicamente, podemos escrever:

$$E = E_{(i)} - E_{(f)} \quad \therefore \quad h \cdot f = E_{(i)} - E_{(f)}$$

Repare que não há justificativa para os postulados de Bohr: ele utiliza a proposta de Planck, que já havia sido testada e expandida por Einstein, expandindo-a ainda mais, ao estabelecer a quantização da energia nas órbitas permitidas como um fato básico da natureza, presente na estrutura atômica.

Com o segundo postulado, Bohr explicou com exatidão as linhas do espectro do hidrogênio, justificando a série de Balmer. Partindo desses postulados, Bohr consegue calcular os raios das órbitas permitidas para o hidrogênio e a energia total do elétron em cada uma dessas órbitas. Assim, sendo r_n o raio de uma órbita genérica ($n = 1, 2, 3, ...$, que corresponde ao número de ordem das órbitas permitidas e é chamado *número quântico principal*), ele mostrou que, para o hidrogênio,

$$r_n = n^2 \cdot r_1$$

(r_1, o raio correspondente ao primeiro estado estacionário, foi calculado como $5{,}3 \cdot 10^{-11}$ m). A cada órbita permitida associa-se uma energia, de modo que:

$$E_n = \frac{1}{n^2} \cdot E_1$$

em que E_1, naturalmente, corresponde à menor energia total permitida ao elétron, sendo esse estado estacionário chamado *fundamental*. Para o hidrogênio, $E_1 = -13{,}6$ eV (o valor da energia de ligação é negativo porque, para facilitar os cálculos, é conveniente adotar $E = 0$ quando o elétron se desligar do átomo, isto é, $E = 0$ determina a ocorrência de ionização). Os estados com $n > 1$ são ditos *excitados*. São comuns os termos: promoção (implica absorção de energia pelo elétron, de modo que passa de uma órbita interna para uma mais externa); demoção (o processo oposto, em que o elétron emite radiação ao sofrer uma transição para órbita mais interna); salto quântico (transições permitidas, isto é, promoções ou demoções).

Os *saltos quânticos* não são propriamente saltos, no sentido convencional do termo; o que se observa é que o elétron *desaparece* de uma órbita e *aparece* na outra (de fato, como os estados intermediários não são permitidos, ele não poderia passar pelo meio do caminho, de acordo com a teoria).

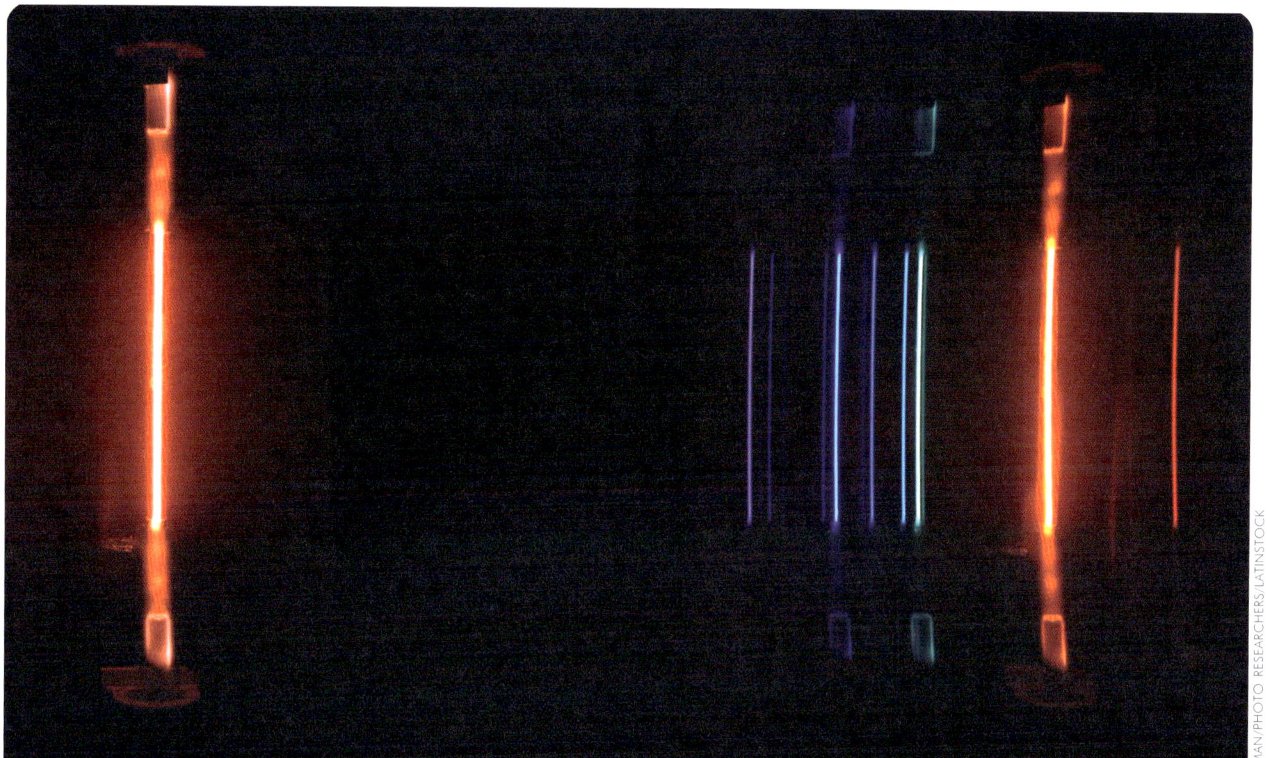

Espectro de emissão do gás hidrogênio. Cada faixa colorida corresponde à emissão de energia, sob a forma de um fóton de luz, liberada quando um elétron do átomo de hidrogênio salta de um nível quântico para outro.

TED KINSMAN/PHOTO RESEARCHERS/LATINSTOCK

De acordo com o esquema de Bohr, órbitas permitidas (isto é, estados estacionários) mais afastadas do núcleo representam n crescente e energia crescente; porém, como se pode ver da equação anterior, a diferença entre as energias de dois níveis consecutivos é cada vez menor, à medida que nos afastamos do núcleo. Matematicamente, quando o número quântico principal tende ao infinito, a energia tende a zero. Veja as Figuras 44-7 e 44-8.

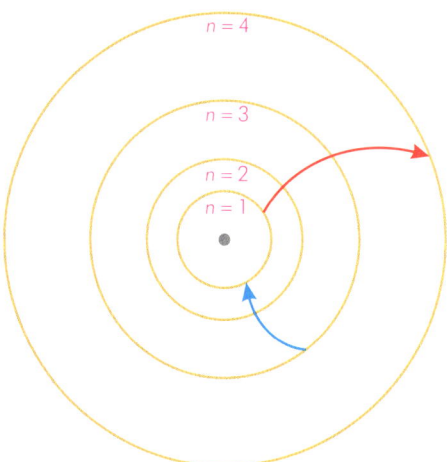

Figura 44-7. Representação esquemática, fora de escala, do modelo atômico de Bohr, com os quatro primeiros estados estacionários (ou órbitas) permitidos, com os respectivos números quânticos principais. A seta tracejada indica uma promoção eletrônica, e exige absorção de energia (nesse caso, de $n = 1$ para $n = 4$, exatamente 12,75 eV). A seta contínua indica uma transição com emissão de um fóton de 12,1 eV de energia.

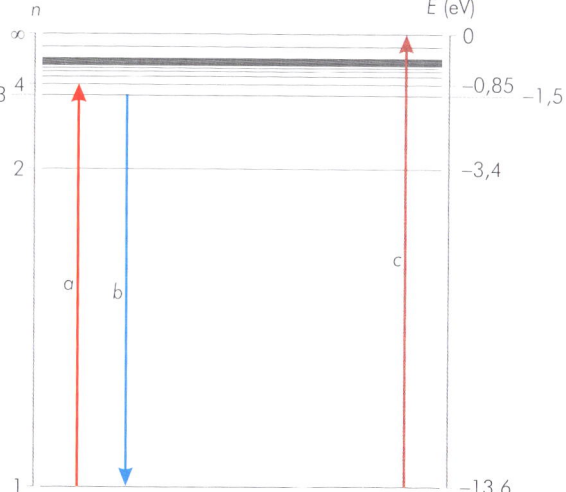

Figura 44-8. Representação esquemática dos níveis de energia para o átomo de hidrogênio, de acordo com Bohr. As setas a e b representam os mesmos saltos quânticos da figura anterior. O número quântico principal (n) está associado à energia de cada nível (E). A seta c indica a extração do elétron, retirando-o do nível fundamental até desligá-lo do átomo (energia de ligação nula), isto é, produzindo um íon.

Exemplo 3

Qual é o comprimento de onda da radiação emitida por um elétron que salta da segunda para a primeira órbita permitida, no átomo de hidrogênio? Dado: $E_{fundamental} = -13,6$ eV.

Resolução:

O primeiro estado excitado corresponde a $n = 2$, logo:

$$E_n = \frac{1}{n^2} \cdot E_1$$

$$E_2 = \frac{1}{2^2} \cdot (-13,6) \Rightarrow E_2 = \frac{1}{4} \cdot (-13,6) \therefore E_2 = -3,4 \text{ eV}$$

Da equação de Planck,

$$h \cdot f = E_2 - E_1$$
$$4,14 \cdot 10^{-15} \cdot f = -3,4 - (-13,6)$$
$$4,14 \cdot 10^{-15} \cdot f = 10,2$$
$$f = \frac{10,2}{4,14 \cdot 10^{-15}} \therefore f = 2,46 \cdot 10^{15} \text{ Hz}$$

Para uma onda eletromagnética,

$$c = \lambda \cdot f \Rightarrow \lambda = \frac{c}{f}$$

Portanto,

$$\lambda = \frac{c}{f} \Rightarrow \lambda = \frac{3 \cdot 10^8}{2,46 \cdot 10^{15}}$$

$$\lambda = 1,22 \cdot 10^{-7} \text{ m ou } \lambda = 1.220 \text{ Å}$$

Essa transição corresponde a uma emissão ultravioleta.

Observação: É notável que Bohr, sem a introdução de nenhuma nova constante – os seus postulados, na verdade, apenas adaptavam a teoria de Planck à situação atômica –, tenha conseguido explicar perfeitamente o espectro de emissão do átomo de hidrogênio e a série de Balmer, obtida empiricamente. Foi ainda mais adiante: descobriu que a série matemática obtida por Balmer envolvia apenas as transições entre o primeiro nível excitado e os seguintes (outras séries, como a obtida por Lyman e por Paschen, envolviam as transições a partir do estado fundamental, na faixa do ultravioleta, e a partir de $n = 3$, na faixa do infravermelho) e permitiu o cálculo da constante obtida empiricamente por Rydberg. Já se calculava a energia total do elétron, para cada órbita estável (permitida), fazendo: $E = \frac{R}{n^2}$ com a constante de Rydberg, $R = 2,18 \cdot 10^{-18}$ J = $= 13,6$ eV e $n = 1, 2, 3, ...$, representando o número de ordem das órbitas. Daí, a energia da radiação emitida na transição de n_i para n_f seria:

$$h \cdot f = \Delta E = -R \cdot \left(\frac{1}{n_f^2} - \frac{1}{n_i^2} \right)$$

Exemplo 4

Qual é a energia, em joules, da radiação emitida por um elétron que salta da terceira órbita para a segunda órbita permitida, no átomo do sódio?

Resolução:

$$\Delta E = -R \cdot \left(\frac{1}{n_f^2} - \frac{1}{n_i^2} \right) \Rightarrow \Delta E = -2,18 \cdot 10^{-18} \cdot \left(\frac{1}{3^2} - \frac{1}{2^2} \right) \Rightarrow \Delta E = -2,18 \cdot 10^{-18} \cdot \left(\frac{1}{9} - \frac{1}{4} \right)$$

$$\Delta E = -2,18 \cdot 10^{-18} \cdot \left(\frac{4-9}{36} \right) \Rightarrow \Delta E = -2,18 \cdot 10^{-18} \cdot \left(\frac{-5}{36} \right) \therefore \Delta E = 3,03 \cdot 10^{-19} \text{ J}$$

O modelo de Bohr, embora tenha desempenhado um papel-chave, só funcionava corretamente para o átomo de hidrogênio. Os trabalhos do alemão Arnold Sommerfeld (1868-1951) permitiram uma generalização do modelo, com a inclusão de novas regras de quantização e a admissão de órbitas elípticas, no que viria a chamar-se modelo de Bohr-Sommerfeld, a partir de 1919. Os avanços das técnicas de espectroscopia permitiram ver que algumas raias tinham uma estrutura fina, sendo de fato constituídas de raias mais estreitas, próximas demais para a resolução dos primeiros aparelhos. Foi apenas com o estabelecimento de uma nova Mecânica, a Mecânica Quântica, a partir de 1926, com o trabalho de Erwin Schrödinger (1887-1961), que a ideia de órbitas seria completamente abandonada, dando lugar a uma nova interpretação probabilística para os níveis de energia do átomo.

44.5. Compton: Luz como Partículas

Em 1922, estudando a interação radiação-matéria, o americano Arthur Holly Compton (1892--1942) constatou que um feixe de raios X, após incidir em um alvo de carbono, sofria um espalhamento, ou difusão. Em princípio, nada havia de errado; entretanto, suas medidas indicavam que o feixe espalhado, isto é, após atravessar o alvo, tinha frequência diferente daquela do feixe incidente. Isso era incompatível com a teoria ondulatória, já que a frequência de uma onda não é alterada por nenhum fenômeno que ocorra com ela, sendo característica da fonte que a produz.

Mais experimentação levou-o a constatar que a frequência dos raios X espalhados era sempre menor que a frequência dos raios X incidentes, mas dependia do ângulo de desvio. Veja a Figura 44-9, que ilustra a ocorrência desse fenômeno, hoje chamado de efeito Compton ou difusão de Compton.

$f > f'$
θ é o ângulo de espalhamento

FIGURA 44-9.

Para explicar o sucedido, Compton inspirou-se na abordagem de Einstein: interpretou os raios X como feixes de partículas e a interação como uma colisão de partículas. A energia do fóton incidente, de acordo com Einstein e Planck, seria $h \cdot f$, e o fóton espalhado teria energia $h \cdot f'$, menor que $h \cdot f$, já que parte da energia do fóton incidente seria transmitida ao elétron, em respeito à lei da conservação da energia. A abordagem funcionou perfeitamente. Mas Compton foi ainda mais longe: investigou também a interação do ponto de vista da lei da conservação do momento linear. Experimentalmente, verificou que essa lei valia, para diversos ângulos de espalhamento, desde que o momento linear do fóton fosse definido como $Q_{fóton} = \dfrac{h \cdot f}{c} = \dfrac{h}{\lambda}$, em que c é a velocidade da luz no vácuo, h é a constante de Planck e λ é o comprimento de onda da radiação (no caso, dos raios X). O inventor da Câmara de Nuvens, o escocês Charles Wilson (1869--1959), obteve experimentalmente as trajetórias do fóton e do elétron espalhados, em colaboração com Compton. Duas características são notáveis na expressão acima: uma é a própria redefinição do momento linear, que não pode ser escrito como $m \cdot v$, porque o fóton não tem massa; outra é o estabelecimento de uma clara associação entre uma grandeza típica de corpúsculos, isto é, matéria, e uma grandeza caracteristicamente ondulatória (Q é mostrada como uma função de λ). Compton ainda desenvolveu um método (juntamente com Alfred Simon) que provava que o fóton e o elétron eram espalhados simultaneamente, o que impedia explicações envolvendo absorção e posterior emissão de radiação (outro método, desenvolvido na Alemanha por Walter Bothe e Hans Geiger, chegou independentemente à mesma conclusão). Mais uma vez, reacendia-se o debate sobre a natureza da luz.

Arthur Compton (1892-1962).

44.6. De Broglie: Elétrons como Ondas

O debate sobre a natureza da luz nunca estivera tão acalorado. A explicação de Einstein para o efeito fotoelétrico fora aceita pela comunidade científica, após o seu prêmio Nobel de 1921; o efeito Compton trazia apoio experimental incontestável. O conjunto dos trabalhos matemáticos a partir da hipótese quântica, de Planck, produzia resultados palpáveis, como cálculo preciso de constantes que antes só podiam ser determinadas experimentalmente, como o número de Avogadro, e a crescente melhora dos equipamentos confirmava a precisão dos valores calculados. Em 1924, um príncipe francês surpreenderia a todos. Louis-Victor Pierre Raymond, então príncipe do condado de Broglie, apresentava à comunidade sua tese de doutorado. Louis de Broglie, nome que viria a adotar, sugeria que o dualismo que valia para a radiação deveria valer também para partículas. Imaginando que, de alguma forma, o dualismo onda-partícula fosse inerente aos fenômenos quânticos (isto é, subatômicos), ele propôs que houvesse uma simetria entre o comportamento de elétrons e o de fótons. Assim, de maneira análoga ao comportamento corpuscular manifestado pela luz (sem o qual não se explicavam os efeitos fotoelétrico e Compton), de Broglie sugeriu que os elétrons deveriam manifestar comportamento ondulatório.

Louis de Broglie (1892-1987).

Do ponto de vista matemático, a solução pode ser mostrada de forma relativamente simples: já se estabelecera, para o fóton, que o momento linear era: $Q = \dfrac{h}{\lambda}$.

Como, para partículas (dotadas de massa), o momento linear é dado pelo produto $Q = m \cdot v$, a combinação das duas sugere que, de acordo com de Broglie, um elétron, de massa m e dotado de velocidade v, deve comportar-se, sob certas circunstâncias, como uma onda cujo comprimento de onda seria: $\lambda = \dfrac{h}{m \cdot v}$ chamado *comprimento de onda de de Broglie* (repare que um ponto material de 100 kg, movendo-se a 1 m/s, teria um comprimento de onda de de Broglie da ordem de 10^{-35} m, o que é extremamente pequeno para ser medido ou percebido).

Para verificar experimentalmente a validade da proposta de de Broglie, dever-se-ia encontrar alguma situação que evidenciasse o comportamento ondulatório de um elétron. Tal teste não era fácil, devido às dimensões envolvidas: um elétron acelerado por uma ddp de apenas 100 V deveria ter, de acordo com a expressão da página anterior, um comprimento de onda da ordem de 1 Å. Em 1927, dois físicos experimentais americanos, Clinton J. Davisson (1881-1958) e Lester H. Germer (1896-1971), conseguiram uma prova irrefutável. Em um experimento cujos detalhes escapam ao nível de nosso tratamento, Davisson e Germer conseguiram padrões de interferência inequívocos a partir de feixes de elétrons incidentes em uma rede de níquel. Um ano depois, George P. Thomson (1892-1975) confirma a hipótese das "ondas de matéria" de de Broglie, obtendo padrões de difração com feixes de elétrons atravessando folhas de ouro, alumínio, celuloide e outros materiais. Em 1930, experimentos similares já demonstravam comportamento ondulatório de átomos de hélio e de moléculas de hidrogênio.

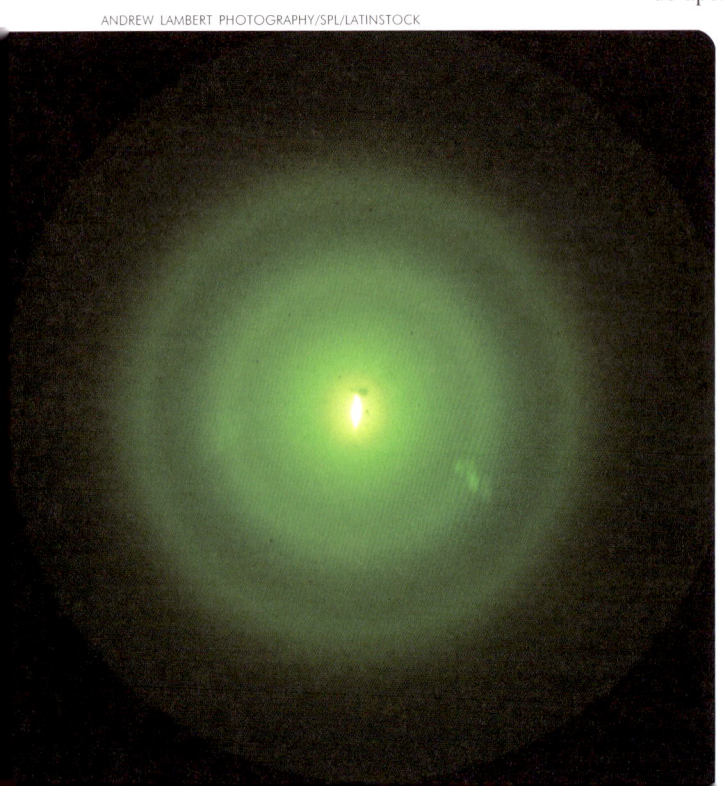

Após atravessar uma fina folha de grafite, um feixe de elétrons incide em uma tela fluorescente, produzindo o padrão de anéis visto na foto, característico do fenômeno de difração. Esse comportamento não era esperado de elétrons, que são partículas; de Broglie concluiu, corretamente, que os elétrons também podiam apresentar um comportamento ondulatório.

Uma reinterpretação do modelo de Bohr-Sommerfeld à luz da hipótese de de Broglie permite justificar por que somente algumas órbitas são permitidas. Comportando-se o elétron como onda, seriam possíveis apenas os estados de energia que correspondessem a superposições dessa onda com ela mesma, com todos os pontos em fase (isto é, órbitas cujos comprimentos fossem múltiplos inteiros do comprimento de onda do elétron, não permitindo pontos em que houvesse interferência destrutiva).

> O sucesso da hipótese de de Broglie marca, historicamente, o limite entre o que se convencionou chamar de "velha" e "nova" teorias quânticas. O caráter dual das radiações e das partículas veio a ter descrições mais completas após muitos trabalhos, de cientistas notáveis como Schrödinger, Heisenberg, Dirac, Swinger, Tomonaga, Feynman e outros. Imaginar quadros que ultrapassem caricaturas ou analogias úteis é, porém, extremamente difícil.

44.7. Princípio de Indeterminação

Após o trabalho de de Broglie, a aceitação dos trabalhos de Planck, Einstein, Compton, Bohr e outros era irreversível. O austríaco Erwin Schrödinger (1887-1961) consegue, em 1926, uma engenhosa combinação de relações clássicas corpusculares com descrições ondulatórias, capaz de descrever de forma precisa a evolução de sistemas quânticos no espaço, ao longo do tempo. A **Equação de Schrödinger**, como ficou conhecida, marca o nascimento da Mecânica Quântica. Quase simultaneamente, o alemão Werner Heisenberg (1901-1976) apresentou uma abordagem diferente, que mostraria, em seguida, ser perfeitamente análoga à de Schrödinger.

A Mecânica Quântica introduziu nas descrições da natureza várias ideias que desafiam o senso comum, mas parecem constituir a essência do mundo subatômico. Uma dessas ideias envolve o uso de probabilidades e incertezas, e foi inicialmente aceita como uma imperfeição da teoria, ou um aspecto puramente matemático. Coube a Heisenberg a formulação de um princípio, hoje conhecido como princípio de indeterminação (ou, mais comumente, de incerteza), que mostrou ser essa uma característica própria da natureza e quantificou-a.

Heisenberg mostrou que não se pode determinar simultaneamente a localização e o momento linear de uma partícula subatômica. Quanto maior for a precisão na determinação da posição, tanto menor será a precisão na determinação do momento linear. Isso significa que, em termos práticos, ou sabemos precisamente onde a partícula se encontra, em determinado instante, ou conseguimos determinar precisamente sua velocidade, naquele instante.

Erwin Schrödinger (1887-1961).

Imagine, para exemplificar o significado desse princípio, que pudéssemos tomar uma fotografia (isto é, uma imagem instantânea) de uma partícula, que nos exibisse o seu comportamento corpuscular; nesse caso, apareceria na fotografia uma partícula, e, portanto, saberíamos exatamente onde ela estava, no momento da fotografia (Figura 44-10). Se, porém, a fotografia nos evidenciasse o comportamento ondulatório, a onda tomaria todo o espaço (logo, não poderíamos dizer onde a partícula estava), mas seria possível medir o seu comprimento de onda (e, então, usando a relação de de Broglie, saberíamos o valor de seu momento linear). Veja a Figura 44-11.

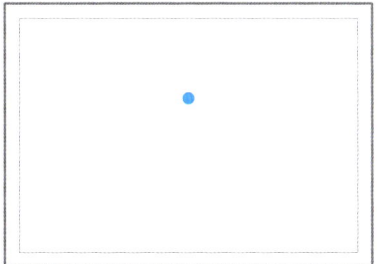

Figura 44-10. Instantâneo da partícula, exibindo seu comportamento corpuscular. Sabemos a localização da partícula, mas não há informação sobre seu momento linear.

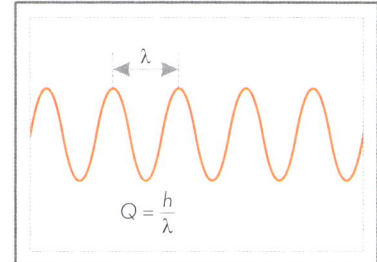

Figura 44-11. Instantâneo da partícula, exibindo seu comportamento ondulatório. Sabemos o momento linear da partícula, mas não há informação sobre sua posição.

Para Bohr, a indeterminação é uma característica intrínseca desse mundo (e não, como queriam alguns, fruto de nossa percepção incompleta ou de nossa teoria imperfeita), de modo que a dualidade onda-corpúsculo é uma manifestação de que essas propriedades são aspectos complementares do comportamento das partículas do mundo subatômico; essa formulação é, às vezes, chamada **princípio de complementaridade**. Uma importante interpretação do significado da equação de Schrödinger feita por Max Born (1882-1970) associava a função de onda à *probabilidade* de se encontrar a partícula em determinada posição. Esse e outros trabalhos, cuja essência filosófica e epistemológica estão além desse texto, levaram a uma versão da Mecânica Quântica (hoje hegemônica) chamada **interpretação de Copenhague**, de natureza essencialmente probabilística.

Heisenberg chegou a uma expressão relativamente simples para quantificar o seu princípio de indeterminação. Sendo Δx a incerteza na determinação da posição da partícula e ΔQ a incerteza na determinação de seu momento linear, então:

$$\Delta x \cdot \Delta Q \geq \frac{h}{2\pi}$$

em que h é a constante de Planck. Observe que, como a ordem de grandeza da constante de Planck é muito pequena, a relação de Heisenberg mostra-nos que não há indeterminação significativa no mundo macroscópico.

Exemplo 5

Suponha um veículo com uma tonelada de massa e que, na situação, o erro possível cometido na medida da velocidade seja da ordem de 10%. Então, se o velocímetro indica 1 m/s – isto é, $v = (1,0 \pm 0,1)$ m/s –, qual seria a incerteza mínima cometida na determinação da posição do veículo?

Resolução:

São dados: a massa do veículo ($m = 10^3$ kg) e a indeterminação, ou erro, cometido na medida da velocidade ($\Delta v = 0,1$ m/s). Então, de acordo com a relação de Heisenberg,

$$\Delta x \cdot \Delta Q \geq \frac{h}{2\pi} \Rightarrow \Delta x \cdot m \cdot \Delta v \geq \frac{h}{2\pi} \Rightarrow \Delta x \geq \frac{h}{2\pi \cdot m \cdot \Delta v}$$

$$\Delta x \geq \frac{6{,}63 \cdot 10^{-34}}{6{,}28 \cdot 10^3 \cdot 10^{-1}} \Rightarrow \Delta x \geq \frac{6{,}63 \cdot 10^{-34}}{6{,}28 \cdot 10^2} \therefore \Delta x \geq 1{,}05 \cdot 10^{-36} \text{ m}$$

Esse resultado mostra que a incerteza na determinação da posição do carro seria muitas ordens de grandeza menor que um diâmetro atômico (assim, o erro que se comete é muito menor que a precisão de qualquer aparelho que tenhamos).

Uma importante consequência da indeterminação é a imposição de limites para as precisões experimentais que, de acordo com a teoria, não podem ser superados por equipamentos melhores, porque essa característica é intrínseca à natureza. Mostrou-se, mais tarde, que a relação de Heisenberg não se aplica apenas às grandezas posição e momento linear, mas também a outros pares de grandezas, ditas, por essa razão, **conjugadas**. Outro exemplo importante é, no caso de partículas, a energia e o tempo de duração ("vida").

44.8. A Relatividade de Einstein

Em 1905, além do trabalho em que propôs a explicação para o efeito fotoelétrico, Albert Einstein publicou *Sobre a Eletrodinâmica dos Corpos em Movimento*, no qual estabeleceu as bases para uma nova e revolucionária Mecânica, que se mostraria mais abrangente que a newtoniana.

Na época, muito se discutia e se investigava sobre a natureza da luz e a sua propagação, bem como sobre a possibilidade de existência de um meio sutil, no qual se propagasse a luz (e, é claro, as demais ondas eletromagnéticas), ao qual se denominou "éter luminífero". O éter permearia todo o Universo, abrindo a possibilidade para a existência de um referencial privilegiado, absoluto, em função do qual se pudessem estudar e descrever, em princípio, todos os movimentos. Em 1881, Albert Michelson (1852-1931) não encontrou nenhuma evidência experimental para apoiar a hipótese da existência do éter (é importante notar que seu experimento foi projetado para detectar aquele suposto meio, em cuja existência Michelson acreditava). Várias repetições do experimento viriam a ser feitas entre 1881 e 1930, todas com resultado negativo; a mais importante, do ponto de vista histórico, foi feita em 1887, com a ajuda do químico Edward Morley (1838-1923). Essa realização é referida quase sempre como "experimento de Michelson e Morley".

Em 1898, Jules Henri Poincaré (1854-1912) expunha suas insatisfações e dúvidas, em um artigo sobre a medida do tempo, no qual escreveu que "a simultaneidade de dois eventos ou a ordem de sua sucessão, assim como a igualdade de dois intervalos de tempo, deve ser definida de tal modo que as afirmações das leis naturais sejam tão simples quanto possível". Em 1904, Poincaré apontava que relógios em diferentes sistemas de referência devem marcar o que podemos chamar de tempo local, mas nenhum observador pode saber se está em repouso ou em movimento absoluto. Finalmente, em 1905, dias antes da entrega do trabalho de Einstein, Poincaré atacava a possibilidade de se demonstrar um movimento absoluto, bem como a possibilidade de existência de um referencial absoluto. Em uma abordagem completamente diferente da de Poincaré, Einstein, a um tempo, descarta a necessidade do éter, estabelece que o tempo e o espaço não são absolutos e indica, como constante fundamental da natureza, a velocidade de propagação da luz no vácuo.

44.8.1. Os postulados

A nova mecânica einsteiniana – que viria a ser conhecida como **Teoria da Relatividade Especial** (ou Teoria da Relatividade Restrita) – baseou-se em apenas dois postulados, que, em linguagem atual, podem ser enunciados como segue:

1. as leis da natureza (ou da Física) são as mesmas para todos os referenciais inerciais (*princípio da relatividade*);
2. a velocidade de propagação da luz no vácuo é constante, independe do movimento da fonte e tem o mesmo valor para quaisquer referenciais inerciais (*princípio da constância da velocidade da luz*).

O primeiro postulado, que é perfeitamente comprovado experimentalmente, estabelece claramente uma equivalência entre sistemas de referência inerciais: todos os fenômenos naturais têm de apresentar descrições equivalentes para quaisquer sistemas de referência nos quais tenham validade as leis de Newton. O segundo postulado já havia sido, involuntariamente, confirmado pelo experimento de Michelson e Morley.

> **IMPORTANTE**
>
> Postulado: o que se considera, sem necessidade de demonstração, como ponto de partida de uma argumentação.
>
> Referencial inercial: aquele no qual vale a lei da inércia; referencial não acelerado.

44.8.2. A simultaneidade

Uma consequência imediata do segundo postulado é uma revisão da noção usual de tempo. Conforme Einstein observou, no início de seu trabalho, "todas as nossas considerações em que o tempo tem um papel importante são, sempre, considerações de eventos simultâneos". Na mecânica *clássica*, que descreve com precisão os movimentos de nosso cotidiano, tratamos as medidas de espaço e as medidas de tempo como se fossem absolutas (isto é, independentes do referencial). Na teoria desenvolvida por Einstein, a expressão "ao mesmo tempo" (ou "no mesmo instante") passa a ser relativa, ou seja, depende do referencial.

Quando dois eventos ocorrem em uma mesma posição, é fácil determinar se eles são simultâneos (ou se um deles ocorre antes do outro), porque a luz demora o mesmo tempo para percorrer a distância que separa o observador dos dois eventos. Entretanto, se dois eventos em estudo *não* ocorrem no mesmo local, e o observador *não* está em posição equidistante deles, a luz (ou qualquer outra maneira de transmitir a informação) demorará intervalos de tempo diferentes para chegar ao observador, apresentando retardos que o observador não tem como considerar.

Imagine o seguinte experimento: dois pêndulos simples idênticos, 1 e 2, são colocados lado a lado, a certa distância um do outro, ligados inicialmente por uma corda, como se

> **ATENÇÃO**
>
> Evento: algo que ocorre em determinado ponto do espaço, em determinado instante de tempo.
>
> Sistema de referência: sistema composto de três coordenadas de posição e de uma escala temporal (por exemplo, um conjunto de eixos cartesianos e um relógio).
>
> Observador: sistema de detecção, humano ou não, capaz de descrever a ocorrência de eventos em seu particular sistema de referência.

vê na Figura 44-12. Três observadores distintos, A, B e C, são posicionados no mesmo plano que contém os fios dos pêndulos, alinhados, em uma direção paralela à que passa pelos dois centros de massa dos pêndulos. O observador B está em posição equidistante de 1 e 2; A está mais próximo de 1 e C mais próximo de 2.

Em determinado instante, a corda que une os fios dos pêndulos é cortada exatamente no meio. As massas pendulares oscilarão; quando elas retornam pela primeira vez à posição original, o sistema de referência do observador B registra os dois eventos como simultâneos, já que recebe luz refletida pelas duas massas ao mesmo tempo. O observador A não concorda com B: como ele está mais afastado da massa 2, a luz demora certo tempo a mais para chegar a ele vindo de 2, quando comparada àquela que vem de 1 (lembre-se: isso é consequência do fato de a luz propagar-se com a mesma velocidade para todos os sistemas de referência). Simetricamente, o sistema de referência do observador C registra que o pêndulo 2 retornou à posição inicial antes do pêndulo 1.

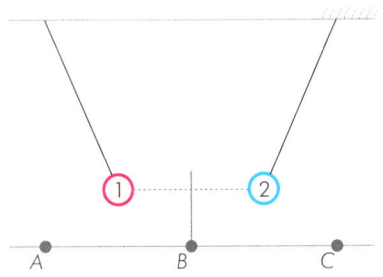
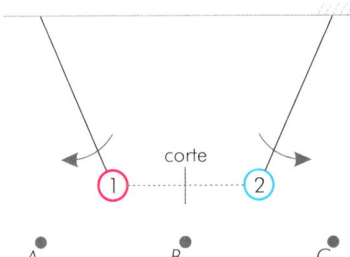
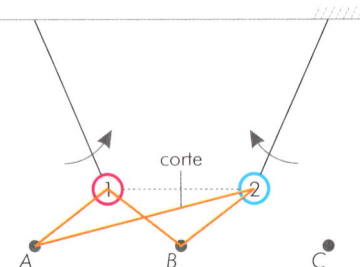

B vê os eventos simultaneamente; A afirma que o pêndulo 1 chegou primeiro ao ponto de partida.

Figura 44-12.

IMPORTANTE

1. Nenhum dos três observadores é melhor do que os outros nem seus sistemas de referência são intrinsecamente mais ou menos precisos. *Referenciais distintos podem descrever um mesmo evento como ocorrendo em instantes distintos.*
2. A simultaneidade de dois eventos é relativa, isto é, depende do referencial.
3. Dois dados eventos simultâneos que ocorrem em um mesmo local são simultâneos para quaisquer referenciais.
4. Se dois eventos têm conexão causal (um é causa da ocorrência do outro), eles assim serão percebidos por quaisquer referenciais, isto é, o evento-causa tem de ser sempre percebido antes do evento-consequência.

44.8.3. A dilatação das medidas de tempo

Imaginemos um experimento que envolve determinações de duração de um dado fenômeno (isto é, a diferença entre as medidas associadas a dois eventos) feitas por dois referenciais distintos, um em movimento retilíneo e uniforme com respeito a outro. Seja um móvel que se move com velocidade escalar v, com relação à Terra, aqui adotada como referencial em repouso; dentro do móvel, uma lanterna a *laser* está apontando para cima, na direção do teto (Figura 44-13). Fixemos um sistema de referência $S(x, y)$ na Terra, que vê o móvel passar à sua frente com velocidade v, e um sistema de referência $S'(x', y')$ no móvel, que julga o móvel como estando em repouso.

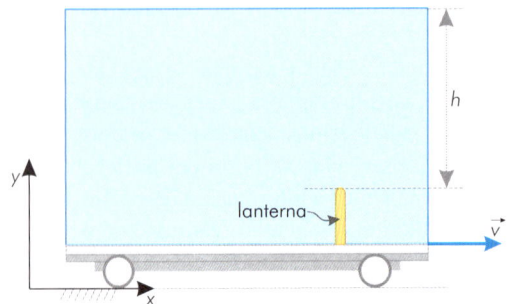
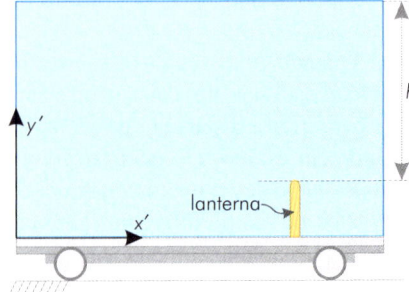

Figura 44-13.

A lanterna a *laser* é, então, acionada de modo que produza um breve pulso de luz, que viaja até o teto – por hipótese, à velocidade c, idêntica para ambos os referenciais, de acordo com o segundo postulado de Einstein (Figura 44-14).

O referencial S', solidário com o móvel, mede o intervalo de tempo $\Delta t'$ que o pulso de luz demora para ir até o teto e relaciona-o à distância percorrida h por meio de $h = c \cdot \Delta t'$.

O referencial S, preso à Terra, vê o pulso de luz demorar um tempo Δt para chegar ao teto, mas, para ele, como o pulso saiu da lanterna quando o vagão estava na posição inicial e chegou ao teto quando o vagão ocupava a posição final, o pulso descreveu trajetória inclinada, percorrendo uma distância L, de modo que, para ele, $L = c \cdot \Delta t$. Veja a Figura 44-15.

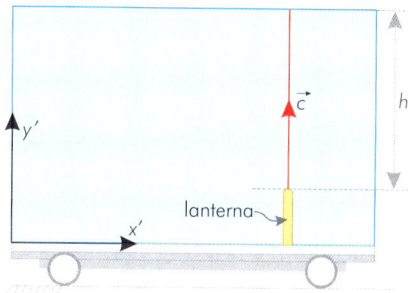

Figura 44-14.

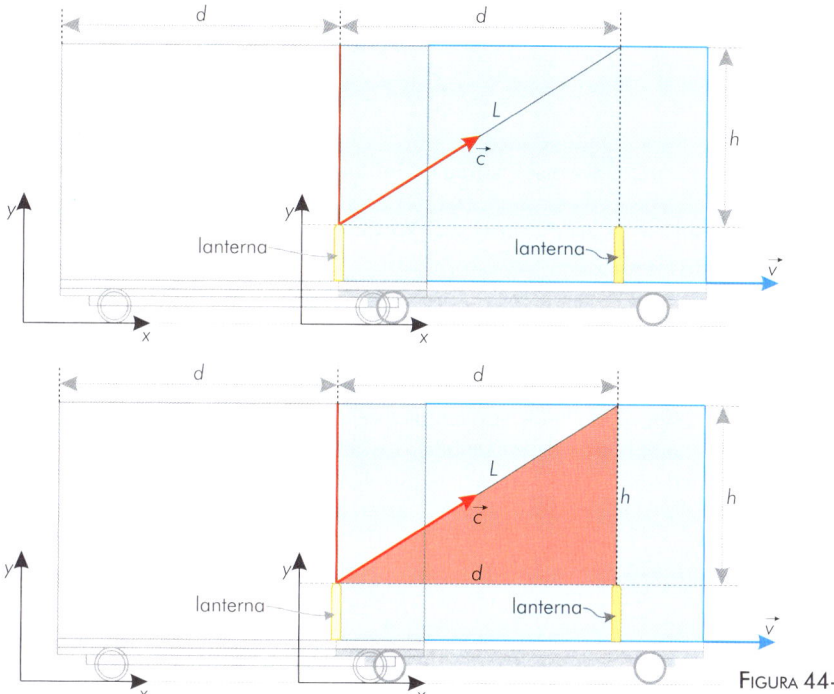

Figura 44-15.

Como S observa o móvel deslocar-se uma distância d durante esse intervalo de tempo, ele também escreve $d = v \cdot \Delta t$.

A superposição dos esquemas das duas situações revela um triângulo retângulo com as distâncias envolvidas.

Daí, o teorema de Pitágoras leva a:

$$L^2 = h^2 + d^2$$
$$c^2 \cdot \Delta t^2 = c^2 \cdot (\Delta t')^2 + v^2 \cdot \Delta t^2$$
$$c^2 \cdot \Delta t^2 - v^2 \cdot \Delta t^2 = c^2 \cdot (\Delta t')^2$$
$$(c^2 - v^2) \cdot \Delta t^2 = c^2 \cdot (\Delta t')^2$$

Dividindo ambos os membros por c^2, obtemos:

$$\left[1 - \left(\frac{v}{c}\right)^2\right] \cdot (\Delta t)^2 = (\Delta t')^2$$

em que:

$$\Delta t^2 = \frac{(\Delta t')^2}{1 - \left(\frac{v}{c}\right)^2}$$

e, finalmente,

$$\Delta t = \frac{1}{\sqrt{1 - \left(\frac{v}{c}\right)^2}} \cdot \Delta t'$$

A expressão obtida mostra que os dois sistemas de referência, em movimento relativo, medem tempos diferentes. O sistema de referência S, que se vê em repouso, mede um intervalo de tempo maior; isso quer dizer que, de seu ponto de vista, o tempo do sistema de referência S' transcorre mais lentamente. Como esse fato equivale a dizer que a unidade de tempo de S' é maior, o resultado ficou conhecido como **dilatação do tempo**. O fator que permite passar de um sistema de referência para o outro é chamado **fator de correção de Lorentz** ou **fator gama** e é escrito por:

$$\gamma = \frac{1}{\sqrt{1 - \left(\dfrac{v}{c}\right)^2}}$$

com o que a dilatação do tempo é representada por:

$$\Delta t = \gamma \cdot \Delta t'$$

> O fator de Lorentz deve seu nome ao holandês Hendrik Lorentz (1853-1928), que o obteve antes de Einstein, em 1892, em uma tentativa de manter a validade do eletromagnetismo de Maxwell para todos os referenciais inerciais em movimento relativo recíproco.

Estudando essa função, notamos que, para velocidades muito baixas, quando comparadas às da luz no vácuo, o fator de Lorentz tende a um ($v \ll c$ implica v/c tendendo a zero); no outro extremo, quando consideramos velocidades muito próximas às da propagação da luz no vácuo, o fator de Lorentz tende ao infinito (v tendendo a c implica v/c tendendo a um, e o numerador tende a zero). Veja a Figura 44-16.

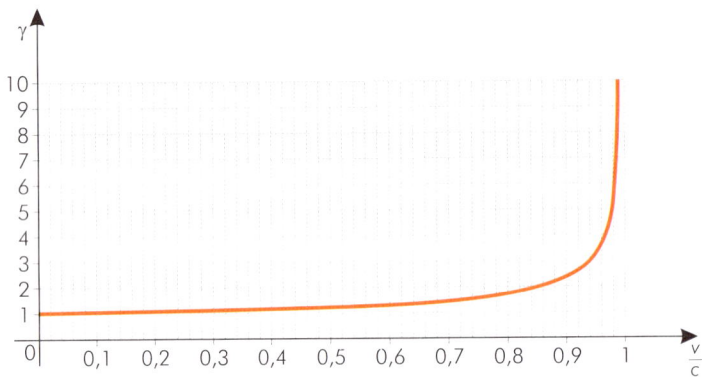

Figura 44-16. Dependência do fator de Lorentz com o parâmetro de velocidade.

A razão $\dfrac{v}{c}$ é muito conveniente (já que c é uma constante) e expressa a velocidade do sistema de referência S' como uma fração da velocidade de propagação da luz no vácuo; essa razão recebe o nome de **parâmetro de velocidade** e é representada por:

$$\beta = \frac{v}{c}$$

A dependência entre o fator de Lorentz e a velocidade do corpo pode ser mostrada graficamente.

Do gráfico acima, nota-se imediatamente que valores baixos de velocidade ($v \ll c$), característicos do cotidiano, correspondem a um valor unitário do fator de Lorentz. Para todos os efeitos práticos, até cerca de 10% da velocidade da luz no vácuo ($\beta = 0,1$), o fator de Lorentz (γ) vale praticamente um. Assim, a região mais à esquerda do gráfico corresponde ao **limite clássico**, isto é, a situações cuja descrição feita com o uso da teoria da relatividade não tem diferenças significativas da descrição newtoniana. A formulação einsteiniana, então, substitui com vantagens a formulação newtoniana, mostrando-se mais geral – e, elegantemente, mostrando que a mecânica clássica, dentro de certos limites (velocidades da ordem das velocidades cotidianas muito abaixo de c), é aceitável, com precisão muito boa.

No outro extremo, o comportamento assintótico do gráfico para $\beta = 1$ indica que a velocidade da luz no vácuo não pode ser superada (ou mesmo igualada, o que corresponderia à situação de o gráfico tocar a assíntota).

O tempo $\Delta t'$, medido pelo observador que está em repouso com respeito ao aparelho de medida de tempo (ou, de outro modo, o tempo medido pelo sistema de referência que está no mesmo local em que os eventos ocorrem), é chamado **tempo próprio** e é o menor possível; todos os outros sistemas de referência medem tempos "impróprios", que são maiores do que o tempo próprio (como $\gamma \geq 1$, $\Delta t > \Delta t'$), o que justifica o nome **dilatação do tempo**, dado comumente ao fenômeno. Observe-se, porém, que esse efeito relativístico é simétrico: cada um dos sistemas de referência inerciais em movimento relativo recíproco mede o tempo como passando mais devagar para o outro, desde que a velocidade relativa seja muito grande.

Por exemplo, considere dois observadores, cada um deles em um laboratório de uma espaçonave distinta. Em cada laboratório existem relógios para a medição de tempo. Cada uma das espaçonaves está se movendo, em relação à outra, a uma velocidade bem próxima à velocidade da luz. A teoria da relatividade especial nos diz que cada observador verá o relógio situado no laboratório da outra espaçonave contando o tempo de modo mais lento do que o seu próprio relógio por um fator *gama* (a isso se dá o nome de "dilatação do tempo").

Exemplo 6

Consideremos que uma pessoa esteja viajando em uma nave com velocidade constante de 60% da velocidade da luz, em relação à Terra, e verifica que a duração de determinado fenômeno que ocorre dentro da nave, medida dentro da nave, é de 1 minuto (lembre-se: esse intervalo é o chamado tempo próprio). Um observador que ficou em um referencial inercial em repouso em relação à Terra, se puder medir a duração do mesmo fenômeno, encontrará um valor superior a 1 min.

As informações do problema são:

$$v = 0{,}6c$$
$$\Delta t' = 1 \text{ min} = 60 \text{ s}$$

Para o valor de velocidade fornecido, o fator de Lorentz vale:

$$\gamma = \frac{1}{\sqrt{1-\left(\frac{v}{c}\right)^2}} = \frac{1}{\sqrt{1-\left(\frac{0{,}6c}{c}\right)^2}} = 1{,}25$$

Então,

$$\Delta t = \gamma \cdot \Delta t' = 1{,}25 \cdot 60$$
$$\Delta t = 75 \text{ s}$$

44.8.4. A contração das medidas de espaço

Para que a velocidade de propagação da luz se mantenha constante, com o mesmo valor em todos os sistemas de referência inerciais, é necessário que o efeito que afeta as medidas de tempo também afete as medidas de espaço. Considere dois observadores, cada um deles em um laboratório de uma espaçonave distinta. Nesses laboratórios, eles possuem barras de medição, ou réguas. Se as espaçonaves se movem, umas em relação às outras, a uma velocidade bem próxima à velocidade da luz, cada observador verá a barra de medição do outro observador *mais curta* do que a sua por um fator *gama*. A isso se dá o nome de "contração do espaço". Usando a mesma notação anterior – S' designando o sistema de referência que se move com a régua, em relação a S, solidário com a superfície da Terra e considerado, por definição, como em repouso –, a Teoria da Relatividade Restrita mostra que as medidas dos comprimentos das réguas, *na direção do movimento relativo*, respectivamente L' e L, relacionam-se por meio da expressão

$$L = \frac{L'}{\gamma}$$

O comprimento L', medido pelo referencial que está em repouso com relação ao objeto cujo comprimento está sendo medido, é chamado **comprimento próprio** e é o maior possível (como $\gamma \geq 1, L' > L$), o que justifica o uso da expressão **contração do comprimento**, dada a esse fenômeno.

A contração do espaço foi proposta, antes de Einstein (em 1889), pelo irlandês George FitzGerald (1851-1901), como hipótese para justificar o resultado do experimento de Michelson e Morley. Seu resultado, confirmado, demonstrado e estendido por Lorentz, em 1892, justifica o nome *contração de FitzGerald* ou, às vezes, *contração de Lorentz-FitzGerald*, dado ao fenômeno.

> Diferentemente de Einstein, que descreve a contração do espaço como um efeito recíproco do movimento relativo dos sistemas de referência, FitzGerald (e outros, como Lorentz, por exemplo) achava que o efeito é real, absoluto, e produz uma modificação real na estrutura dos corpos.

Exemplo 7

Suponha que uma nave se afaste da Terra com velocidade de 85% da velocidade da luz e um astronauta em seu interior mede seu comprimento (lembre-se: esse é o comprimento próprio), encontrando 12 m. Um observador que se encontre na Terra, se pudesse medir desse ponto de vista o tamanho da nave, encontraria um valor menor, calculado como segue:

A velocidade da Terra em relação à nave é $c = 0,85 \cdot c$, e o comprimento próprio é $L' = 12$ m. Então:

$$L = \frac{L'}{\gamma} = 12 \cdot \sqrt{1 - \left(\frac{0,85c}{c}\right)^2} = 12 \cdot \sqrt{1 - 0,7225} = 0,53 \cdot 12 = 6,32 \text{ m}$$

Se vivêssemos em um mundo relativístico, isto é, com velocidades cotidianas superiores a $0,1 \cdot c$, os efeitos da contração de Lorentz-FitzGerald provocariam distorções aparentes na maneira como vemos todos os objetos. Embora esse efeito seja aplicado na direção do movimento, a luz proveniente de pontos mais distantes chega ao observador depois daquela que vem de pontos mais próximos, produzindo efeitos de distorção também nas demais dimensões. A Figura 44-17 apresenta um exemplo de como seriam vistos prismas de base retangular por um referencial em cujo sistema de referência a velocidade relativa seja 80% da velocidade da luz no vácuo.

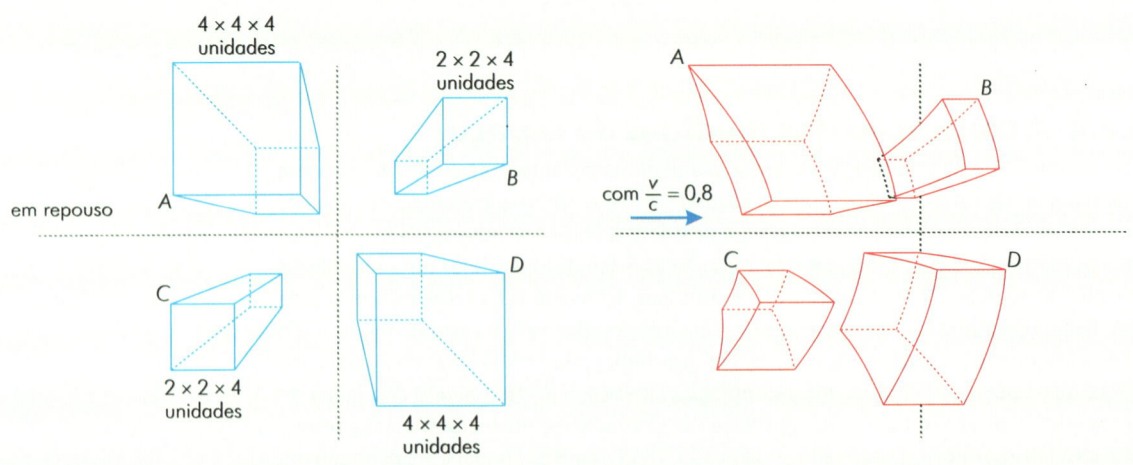

OSTERMANN, Fernanda; RICCI, Trieste F. *Relatividade Restrita no Ensino Médio: Contração de Lorentz-FitzGerald e Aparência Visual de Objetos Relativísticos em Livros didáticos de Física*. Cad. Bras. Ens. Fís., v. 19, n. 2, p. 185.

Figura 44-17.

44.8.5. O momento linear relativístico

O momento linear (ou quantidade de movimento linear) *clássico* de um ponto material em movimento translacional é dado pelo produto entre sua massa e sua velocidade. A Teoria da Relatividade modificou também essa definição, mostrando que a expressão correta, para partículas materiais, é:

$$Q = \gamma \cdot m \cdot v$$

o que significa que, outra vez, o fator de Lorentz descreve a correção, sendo o momento linear *relativístico* maior que o momento linear *clássico* por um fator γ.

Essa redefinição tem uma implicação muito importante para a Física. Lembra-se do Teorema do Impulso? De acordo com ele, um impulso dado a um corpo (a ação de uma força durante certo intervalo de tempo) tende a produzir uma variação no seu momento linear; lido ao contrário, isso quer dizer que grandes variações no momento linear exigem grandes impulsos. Lembremo-nos do comportamento do fator gama com a velocidade:

- para valores pequenos de velocidade, ele é praticamente igual a um, o que recai na expressão clássica, mantendo a validade, com boa aproximação, da mecânica newtoniana;
- quando a velocidade do corpo aumenta muito, o fator de Lorentz também o faz; conforme já vimos, se a velocidade tende a c, o fator gama – e, portanto, o momento linear – tende ao infinito. À luz do Teorema do Impulso, isso significa que *seria necessário um impulso infinito para conseguir acelerar uma partícula material até a velocidade da luz.*

É por isso que dizemos que nenhum corpo pode atingir a velocidade da luz.

44.8.6. A equivalência entre massa e energia

Em um trabalho de pouco mais de uma página, em setembro de 1905, Einstein completava sua teoria da Relatividade Restrita com a dedução da equação que relaciona diretamente massa e energia. Ele mostrou que uma partícula de massa m, em repouso, sem sofrer qualquer ação de campos (isto é, uma partícula livre), apresenta um conteúdo energético E_0, chamado *energia de repouso*, dado por:

$$E_0 = m \cdot c^2$$

De acordo com suas próprias palavras:

"Se um corpo perder a energia E em forma de radiação, sua massa sofrerá uma diminuição $\frac{E}{c^2}$. É claro que nada importa se a transformação da energia perdida pelo corpo em energia da radiação é direta ou não, de modo que somos levados às seguintes conclusões gerais:
- a massa de um corpo é uma medida do seu conteúdo energético;
- se a energia sofrer uma variação igual a ΔE, sua massa sofrerá, ao mesmo tempo, uma variação igual a $\frac{\Delta E}{c^2}$."

Essa equação é conhecida como princípio da equivalência massa-energia, por mostrar que a massa de um corpo pode ser considerada uma forma de energia, ou seja, que é, em princípio, possível a interconversão de massa em energia. Observe-se que o termo E_0, chamado energia de repouso, é a energia que a partícula material livre possui apenas devido à sua massa, *desconsiderando quaisquer outras formas de energia*, como a energia cinética. A energia total do corpo fora do repouso é, novamente, obtida do produto entre o fator de Lorentz e a energia de repouso, $E_t = \gamma \cdot E_0$ (naturalmente, para corpos em repouso, $E_t = E_0$, pois o fator de Lorentz é unitário).

A energia de repouso não inclui a energia cinética translacional do corpo, mas inclui a energia interna do corpo (as energias cinéticas de seus constituintes e as energias potenciais de ligação entre todas as combinações de pares desses constituintes). Isso justifica por que a massa dos núcleons (prótons e nêutrons) ligados uns aos outros em um núcleo atômico estável é menor do que suas massas quando livres: em sistemas estáveis, em geral, a energia total de ligação (que é negativa) tem valor maior que o da energia cinética microscópica total (que é positiva) e, assim, a energia interna é negativa. Dessa maneira, a energia de repouso do conjunto de partículas, quando ligadas, tem valor menor que o da soma das energias de repouso dos constituintes, se eles não estão ligados.

Quando um corpo está em movimento, *além* da energia de repouso, devida à sua massa, terá *também* energia cinética, e a energia *total* será a soma da energia cinética com a energia de repouso. Nesse caso, temos a seguinte relação:

$$E_t = E_C + E_0$$
$$E_C = E_t - E_0$$
$$E_C = \gamma \cdot E_0 - E_0$$
$$E_C = (\gamma - 1) \cdot m \cdot c^2$$

Nas reações nucleares, por exemplo, a equação de equivalência massa-energia de Einstein é facilmente verificada, pois os núcleos e as partículas subnucleares interagem, ocorrendo conversão de massa em energia e vice-versa.

Exemplo 8

Em dada reação nuclear, a massa final (após a reação) é menor do que a massa inicial em um grama. Determinemos a equivalência em energia para essa variação de massa.

Resolução:

$m = 1 \text{ g} = 1 \cdot 10^{-3} \text{ kg}$
$c = 3 \cdot 10^8 \text{ m/s}$
$E = m \cdot c^2 \Rightarrow E = 1 \cdot 10^{-3} \cdot (3 \cdot 10^8)^2 \text{ J} \Rightarrow E = 1 \cdot 10^{-3} \cdot 9 \cdot 10^{16} \therefore E = 9 \cdot 10^{13} \text{ J}$

(Tamanha quantidade de energia elétrica pode abastecer, durante um mês, 100.000 casas médias.)

Einstein mostrou, ainda, que a expressão relativística para a energia associada a uma partícula de massa m e momento linear Q pode ser escrita como:

$$E^2 = Q^2 \cdot c^2 + (E_0)^2 \Rightarrow E^2 = Q^2 \cdot c^2 + (m \cdot c^2)^2$$

uma das mais importantes e interessantes equações da física relativística. Novamente, vemos que, se a partícula estiver em repouso, como $Q = mv = 0$, o primeiro termo da equação será nulo e ela se reduz à relação $E = m \cdot c^2$. A expressão aplica-se, também, a partículas sem massa, como o fóton: anulando-se o segundo termo da equação, resta:

$$E = Q \cdot c$$

Como já vimos, para partículas de massa nula, o momento é dado por $h \cdot f$, em que h é a constante de Planck e f é a frequência associada à propagação da partícula sob a forma de onda.

Expressões para a energia
Partículas com massa e momento linear: $E^2 = Q^2 \cdot c^2 + m^2 \cdot c^4$
Partículas com massa em repouso: $E = m \cdot c^2$
Partículas sem massa, mas com momento linear: $E = Q \cdot c$

44.8.7. A combinação de velocidades

Na Física clássica, a velocidade de um corpo em relação a outro correspondia a uma simples adição vetorial. No exemplo mais simples, se os dois corpos têm trajetórias colineares, em MRU, basta somar ou subtrair os valores de suas velocidades escalares, conforme se desloquem em sentidos opostos ou no mesmo sentido, em relação a um referencial inercial externo. O segundo postulado da teoria einsteiniana não permite que se use o resultado clássico, se as velocidades forem relativísticas. Além disso, como vimos, um corpo não pode ser acelerado a velocidades superiores à da luz no vácuo.

No contexto da teoria da relatividade restrita, a adição relativística de velocidades é descrita por uma relação mais complexa. Por exemplo, consideremos dois sistemas de referência, A e B, ambos tomando medidas referentes ao movimento de um corpo C, de forma que **u** seja a velocidade de B medida por A, v seja a velocidade de C medida por A, e queiramos v', a velocidade de C medida por B. Einstein mostrou que:

$$v' = \frac{v - u}{1 - \dfrac{v \cdot u}{c^2}} \qquad \begin{aligned} u &= v_{BA} \\ v &= v_{CA} \\ v' &= v_{CB} \end{aligned}$$

Exemplo 9

Considere duas naves, A e B, que viajam com velocidades respectivas de $0,6c$ e $0,8c$, em relação à Terra, em sentidos opostos. Determine a velocidade relativa de uma nave em relação à outra.

Resolução:
Seja S o referencial Terra, S' o referencial preso à nave A, e considere a nave B como o objeto observado. Então, $v = 0,6c$ e $u = -0,8c$, já que as naves viajam, em relação à Terra, em sentidos opostos. Usando a equação acima, segue:

$$v' = \frac{v - u}{1 - \dfrac{v \cdot u}{c^2}} = \frac{0,6c + 0,8c}{1 + \dfrac{0,6c \cdot 0,8c}{c^2}} = \frac{1,4c}{1 + \dfrac{0,48c^2}{c^2}} = \frac{1,4c}{1,48} = 0,95c$$

Observe que a relatividade galileana (isto é, a da Física clássica) teria obtido uma velocidade relativa de $1,4c$, 40% superior à velocidade da luz no vácuo.

44.8.8. A teoria da relatividade geral

A Teoria da Relatividade Especial restringe-se à descrição de fenômenos do ponto de vista de referenciais inerciais. Em 1907, Einstein propôs que acelerar uniformemente em linha reta um referencial equivale a gerar os efeitos de um campo gravitacional uniforme. Esse novo postulado, denominado Princípio da Equivalência, viria a originar uma nova teoria, publicada em 1916, chamada *Teoria da Relatividade Geral* (ou generalizada), que passou a considerar sistemas acelerados. O princípio da equivalência é fortemente confirmado pela experiência; por exemplo, uma nave acelerada com $a = g$ reproduz os efeitos do campo gravitacional na superfície terrestre. Assim, no interior de um recinto isolado, nenhum experimento físico permite que um observador distinga se o local está sob a ação de um campo gravitacional uniforme ou se é um referencial acelerado.

Outro ponto importante nos fundamentos da Relatividade Geral é a distorção do espaço-tempo provocada pela presença de corpos com massa. Nas vizinhanças de uma massa, segundo essa teoria, o espaço-tempo curva-se e o tempo passa mais lentamente (esse é outro efeito, diferente da dilatação temporal descrita pela Relatividade Especial), afetando a trajetória de corpos e de ondas eletromagnéticas. Nessa reinterpretação das relações entre massa, espaço, tempo e gravidade, Einstein atribui ao conjunto desses dois efeitos – curvatura do espaço-tempo e alteração do tempo – a noção de campo gravitacional. A posição revolucionária de Einstein propõe que a presença da massa curve o espaço exatamente o tanto necessário para que a velocidade da luz se mantenha constante em todos os referenciais. Em uma das mais espetaculares experiências de todos os tempos, essa proposta de Einstein foi comprovada durante um eclipse solar total, em 1919, quando se mediu a curvatura da trajetória seguida pela luz, em bom acordo com a teoria.

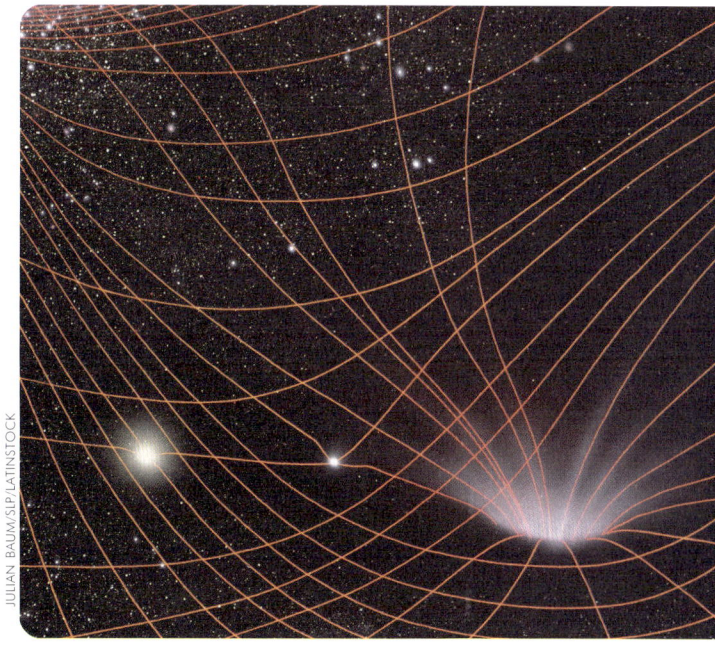

Representação artística do conceito de espaço-tempo. O espaço está representado pela malha bidimensional que se deforma, mais ou menos, em função da massa dos corpos. Uma estrela como o nosso Sol, à esquerda, não causa deformação, mas uma estrela mais densa, como a que se vê ao centro, acarreta alguma deformidade. Já um *buraco negro*, local de intenso campo gravitacional, causa uma grande deformação na malha, atraindo para ela até a luz que se encontra a sua volta.

44.9. Partículas Fundamentais

O desenvolvimento teórico da Física Moderna impulsionou também o desenvolvimento teórico e experimental da Física de Partículas. Uma vez que se descobriu uma estrutura interna para o que se chamava *átomo*, investigações teóricas e experimentais não cessaram. A primeira abordagem parecia boa: havia apenas três partículas, com as quais se constituiria todo o universo: prótons, elétrons e nêutrons. Essa visão era simples, completa, elegante, equilibrada e permitia identificar as partículas *elementares* – palavra em geral utilizada para referir-se aos constituintes mais simples, que não podem ser subdivididos.

Em 1910, já se sabia que o nível de radiação aumenta com a altitude, devido a partículas vindas do espaço exterior, a que Millikan chamou "raios cósmicos". O avanço experimental da Câmara de Nuvens, inventada por Charles Wilson, permitiu que, em 1932 (mesmo ano da detecção do nêutron, por James Chadwick), dois grupos experimentais, um na Califórnia, outro em Londres, descobrissem uma partícula com massa igual à do elétron, mas carga igual à do próton, que foi chamada, por isso, *pósitron* (do inglês, **posi**tive elec**tron**). Em 1936, novamente a Câmara de Nuvens permitiu, estudando raios cósmicos a 4.300 m de altitude, a detecção de uma partícula com massa maior que a do elétron, mas menor do que a do próton, batizada de *méson* (do latim, meio, médio), prevista por Hideki Yukawa (1907-1981), em 1935. Em 1947, a substituição da Câmara de Nuvens por um processo fotográfico descobriu outro méson – o brasileiro César Lattes (1924-2005) foi o responsável pela manipulação do material e pela identificação da partícula, na trajetória deixada na emulsão fotográfica, então exposta a 5.500 m de altitude, nos Andes bolivianos. Para distinguir os dois mésons, o primeiro, descoberto em 1936, mais leve, foi chamado *méson*-μ (ou múon), e o segundo, mais pesado, *méson*-π (ou píon).

Concepção artística da estrutura do átomo, baseada no modelo de Bohr. Nesse esquema, os elétrons giram em torno de um núcleo central. Na Física Quântica, admite-se que os elétrons não seguem órbitas determinadas, mas fala-se em estados energéticos estacionários.

O círculo maior, assinalado na foto, marca o caminho do grande acelerador de partículas que se encontra no CERN (Organização Europeia para a Pesquisa Nuclear, situada na fronteira da França com a Suíça), construído a 100 m de profundidade e com um diâmetro de 27 km. O círculo menor assinala a localização do túnel em que prótons e antiprótons colidem – nesse acelerador, as partículas podem atingir uma energia de 50 GeV, ou seja, $5 \cdot 10^{10}$ eV.

O desenvolvimento dos aceleradores de partículas, notadamente entre 1931 e 1950, permitiu que os físicos não dependessem mais da espera casual pelos raios cósmicos, planejando colisões entre partículas. Um grande número de partículas instáveis (isto é, que se desintegram espontaneamente em um tempo muito curto) veio à tona, chegando a "fauna" das partículas subatômicas a trinta, em 1957, e pulando para mais de 80, por volta de 1964. Mas, perguntavam-se os físicos, quais delas são *fundamentais*?

Uma primeira tentativa de classificação separou grupos de partículas pela massa: seguindo a ideia que nomeou os *mésons*, partículas de pequena massa, como o elétron e o pósitron, foram chamadas *léptons* (do grego *leptós*, fino, estreito) e partículas de massas grandes como os prótons e os nêutrons, foram chamadas *bárions* (do grego *barús*, pesado). Os bárions e os mésons foram agrupados sob o nome *hádrons* (do grego *hadrós*, espesso, forte). Outros desenvolvimentos investigaram as ligações entre essas partículas, chegando a quatro *forças fundamentais* na natureza: a força gravitacional (trocada entre massas) e a força elétrica (entre cargas), nossas velhas conhecidas, de alcance infinito, e as interações *forte* e *fraca*, que só afetam partículas subatômicas e são de curto alcance. A interação *forte* é trocada entre hádrons e é responsável por manter o núcleo íntegro; partículas que não trocam interações fortes são os léptons. Tudo indica que o total de bárions no universo se mantém constante, e os mésons podem ser criados e destruídos em grandes quantidades, nas interações subatômicas.

A partir dos anos 1960 a situação mudou completamente. Entre 1953 e 1964, o norte-americano Murray Gell-Mann (1929 -), o japonês Kazuhiko Nishijima (1926-), o israelense Yuval Ne'eman (1925-2006) e o russo George Zweig (1937-), em esforços conjuntos e sucessivos, propuseram os *quarks*, partículas subatômicas fundamentais, que seriam as constituintes dos hádrons. Essas estranhas partículas ganhariam nomes igualmente estranhos para suas propriedades: sabor, cor, estranheza, charme. Três delas constituiriam um próton; duas de *sabor* "up" e uma de *sabor* "down", todas com cargas elétricas fracionárias, em relação à carga elementar. O quark *up*, ou *u*, teria carga elétrica igual a $\frac{2}{3}$ da carga do próton e o quark *down*, ou *d*, $\frac{1}{3}$ da carga do elétron (Figura 44-18). Nesse esquema, a estrutura interna de um próton seria descrita como **u,u,d** e um nêutron como **u,d,d**. Nesse quadro, um méson seria constituído por dois quarks (por exemplo, um píon seria **u,d**) e os quarks seriam sempre mantidos juntos por partículas mediadoras da força forte, batizadas *glúons* (do inglês *glue*, cola).

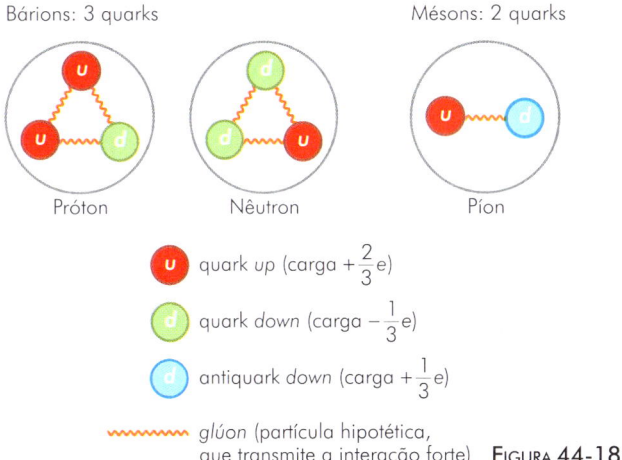

FIGURA 44-18.

Ao contrário do que Gell-Mann supunha, os quarks mostraram-se reais, sendo detectados experimentalmente a partir de 1968 no acelerador de partículas da Universidade de Stanford (o último a ser detectado foi o quark *bottom*, em 1977). Seguiram-se propostas de novos experimentos, novos quarks, novas propriedades, que foram sendo, aos poucos, agrupados em um grande modelo para a constituição da matéria, chamado *Modelo Padrão*, apresentado pela primeira vez em uma conferência, em 1974, pelo grego John Iliopoulos (1940-), como uma grande síntese da Física de Partículas.

O Modelo Padrão é hoje o mais completo modelo da Física para a constituição da matéria, mas o número muito grande de partículas novamente incomoda alguns físicos. De acordo com as ideias atuais, há três gerações de partículas, cada uma contendo dois quarks e dois léptons, um dos quais é um *neutrino* (partícula sem massa, ou de massa muito pequena, e sem carga elétrica; a primeira delas foi prevista em 1931 e em 2000 detectou-se a última delas, experimentalmente). O Modelo Padrão consiste, então, em seis *sabores* de quarks e seis tipos de léptons. Mas cada um dos seis sabores pode manifestar-se em três *cores* diferentes, o que eleva o número para 18 quarks. Mas, como cada partícula – sempre de acordo com o Modelo Padrão – tem uma antipartícula (uma antipartícula é uma partícula que tem a mesma massa e algumas outras propriedades, mas carga oposta à da partícula), então são 36 quarks e antiquarks, mais doze léptons e antiléptons e as quatro interações fundamentais.

O Modelo Padrão responde a muitas perguntas e faz previsões satisfatórias, em particular quanto à descrição da estabilidade da matéria. Mas há ainda muitas perguntas não respondidas e, como já comentamos, alguns físicos consideram que o número de partículas fundamentais nesse modelo é grande demais. Uma teoria que tem sido desenvolvida nos últimos anos, como alternativa ao Modelo Padrão, é a *Teoria de Cordas*. Essa Teoria, primeiramente proposta por John Schwarz (1941-) e já com muitas variantes ou versões e desenvolvimentos, pretende retomar a ideia original de átomo, responsabilizando uma única estrutura, a que se chamou *corda*, por formar toda a matéria. A Teoria de Cordas não é uma continuação nem uma ramificação de nenhuma teoria atual; ela ataca a ideia de partículas dentro de partículas do Modelo Padrão (molécula – átomo – núcleo – quark – subquark – ...), estabelecendo um único elemento básico, a *corda*. Nela, todas as partículas e todas as forças seriam excitações dessa corda elementar, aparecendo para nós, em grande escala, como modos de vibração particulares desse objeto fundamental. Os desenvolvimentos dessa teoria são lentos e difíceis, parecendo-se um pouco com o que presenciamos no início do século XX com a Física Moderna. Afinal, ela trata de objetos da ordem de 10^{-35} m (o chamado *comprimento de Planck*), oscilando em um espaço-tempo com 10 ou 11 dimensões, e é atraente porque seus desenvolvimentos permitem voltar a sonhar com uma *Teoria de Tudo*.

Exercícios Propostos

1. (UFRGS – RS – modificada) Selecione a opção que apresenta as palavras que completam corretamente as lacunas, pela ordem, no seguinte texto, relacionado ao Efeito Fotoelétrico.

O Efeito Fotoelétrico, isto é, a emissão de .... por metais sob a ação de luz, é um experimento dentro de um contexto físico extremamente rico, incluindo a oportunidade de pensar sobre o funcionamento do equipamento que leva à evidência experimental relacionada com a emissão e a energia dessas partículas, bem como a oportunidade de entender a inadequação da visão clássica do fenômeno. Em 1905, ao estudar esse efeito, Einstein fez a suposição revolucionária de que a luz, até então considerada como um fenômeno ondulatório, poderia também ser concebida como constituída por conteúdos energéticos que obedecem a uma distribuição ...., os quanta de luz, mais tarde denominados ....

a) fótons – contínua – fótons
b) fótons – contínua – elétrons
c) elétrons – contínua – fótons
d) elétrons – discreta – elétrons
e) elétrons – discreta – fótons

2. (UFRGS – RS – modificada) De acordo com a teoria formulada em 1900 pelo físico alemão Max Planck, a matéria emite ou absorve energia eletromagnética de maneira .... emitindo ou absorvendo ...., cuja energia é proporcional à .... da radiação eletromagnética envolvida nessa troca de energia.

Assinale a opção que, pela ordem, preenche corretamente as lacunas do trecho acima:

a) contínua – quanta – amplitude
b) descontínua – prótons – frequência
c) descontínua – fótons – frequência
d) contínua – elétrons – intensidade
e) contínua – nêutrons – amplitude

3. (UFRGS – RS – modificada) Quando a luz incide em uma fotocélula, ocorre o Efeito Fotoelétrico. Nesse fenômeno,

a) é necessária uma energia mínima dos fótons da luz incidente para arrancar os elétrons do metal.
b) os elétrons arrancados do metal saem todos com a mesma energia cinética.
c) a quantidade de elétrons emitidos por unidade de tempo depende do quantum de energia de um fóton da luz incidente.
d) a quantidade de elétrons emitidos por unidade de tempo depende da frequência da luz incidente.
e) o quantum de energia de um fóton da luz incidente é diretamente proporcional a sua intensidade.

Exercícios Propostos

4. (UFRGS – RS – modificada) No Efeito Fotoelétrico ocorre a variação da quantidade de elétrons emitidos por unidade de tempo e da sua energia, quando há variação de certas grandezas características da luz incidente no metal.

Associe as variações descritas na coluna da direita às grandezas características da luz incidente, mencionadas na coluna da esquerda.

1. Frequência   ( ) variação da energia dos elétrons emitidos.
2. Velocidade
3. Intensidade   ( ) variação do número de elétrons emitidos por unidade de tempo.

A relação numérica, de cima para baixo, da coluna da direita, que estabelece a sequência de associações corretas, é:

a) 1 – 2   b) 1 – 3   c) 2 – 1   d) 2 – 3   e) 3 – 1

5. (PUC – RS – modificada) Julgue cada uma das afirmações a seguir e escolha a opção correta.

I. Robert Andrews Millikan determinou, com boa precisão, a carga do elétron.
II. O efeito Compton demonstra que a radiação tem comportamento corpuscular.
III. Uma descarga elétrica em um gás pode ionizá-lo, tornando-o condutor de eletricidade.

a) somente a afirmação I é correta.
b) somente as afirmações I e II são corretas.
c) somente as afirmações II e III são corretas.
d) somente as afirmações I e III são corretas.
e) todas as afirmações são corretas.

6. (UFRGS – RS) Considere as duas colunas abaixo, colocando no espaço entre parênteses o número do enunciado da primeira coluna que mais relação tem com o da segunda coluna.

1. Existência do núcleo atômico   ( ) Hipótese de de Broglie
2. Determinação da carga do elétron   ( ) Efeito Fotoelétrico
3. Caráter corpuscular da luz   ( ) Experimento de Millikan
4. Caráter ondulatório das partículas   ( ) Experimento de Rutherford

A relação numérica correta, de cima para baixo, na coluna da direita, que estabelece a associação proposta, é:

a) 4 – 3 – 2 – 1
b) 1 – 3 – 2 – 4
c) 4 – 2 – 3 – 1
d) 4 – 3 – 1 – 2
e) 4 – 1 – 2 – 3

7. (UFRGS – RS) Dentre as afirmações apresentadas, qual é correta?

a) A energia de um elétron ligado ao átomo não pode assumir um valor qualquer.
b) A carga do elétron depende da órbita em que ele se encontra.
c) As órbitas ocupadas pelos elétrons são as mesmas em todos os átomos.
d) O núcleo de um átomo é composto de prótons, nêutrons e elétrons.
e) Em todos os átomos o número de elétrons é igual à soma dos prótons e dos nêutrons.

8. (UFRGS – RS – modificada) Considere as seguintes afirmações sobre a estrutura do átomo:

I. A energia de um elétron ligado a um átomo não pode assumir qualquer valor.
II. Para separar um elétron de um átomo é necessária uma energia bem maior do que para arrancar um próton do núcleo.
III. O volume do núcleo de um átomo é aproximadamente igual à metade do volume do átomo todo.

Qual(is) está(ão) correta(s)?

a) Apenas I.
b) Apenas II.
c) Apenas I e III.
d) Apenas II e III.
e) I, II e III.

9. (UFRGS – RS – modificada) Considere as seguintes afirmações sobre a estrutura nuclear do átomo:

I. o núcleo de um átomo qualquer tem sempre carga elétrica positiva.
II. a massa do núcleo de um átomo é aproximadamente igual à metade da massa de todo o átomo.
III. na desintegração de um núcleo radioativo, ele altera sua estrutura para alcançar uma configuração mais estável.

Qual(is) está(ão) correta(s)?

a) Apenas I.
b) Apenas II.
c) Apenas I e III.
d) Apenas II e III.
e) I, II e III.

10. (PUC – RS) Um átomo excitado emite energia, muitas vezes em forma de luz visível, porque:

a) um de seus elétrons foi arrancado do átomo.
b) um dos elétrons desloca-se para níveis de energia mais baixos, aproximando-se do núcleo.
c) um dos elétrons desloca-se para níveis de energia mais altos, afastando-se do núcleo.
d) os elétrons permanecem estacionários em seus níveis de energia.
e) os elétrons se transformam em luz, segundo Einstein.

11. (UFRGS – RS) Em 1989, os noticiários destacaram por um certo período a realização de pesquisas sobre maneiras alternativas de obter a fusão nuclear. Tais alternativas, contudo, não se confirmaram. O que se sabe comprovadamente hoje é o que já se sabia até aquela época: a fusão nuclear é obtida a temperaturas tão altas quanto às existentes .... e, ao contrário da fissão nuclear utilizada nas centrais nucleares, ... dejetos nucleares.

Assinale a alternativa que preenche de forma correta as duas lacunas, respectivamente.

a) na superfície da Terra – produz
b) na superfície da Lua – produz
c) na superfície da Lua – não produz
d) no centro do Sol – não produz
e) no centro do Sol – produz

12. (UFMG) No modelo de Bohr para o átomo de hidrogênio, a energia do átomo:

a) pode ter qualquer valor.
b) tem um único valor fixo.
c) independe da órbita do elétron.
d) tem alguns valores possíveis.

13. (PUC – MG) O efeito fotoelétrico é um fenômeno pelo qual:

a) elétrons são arrancados de certas superfícies quando há incidência de luz sobre elas.
b) as lâmpadas incandescentes comuns emitem um brilho forte.
c) as correntes elétricas podem emitir luz.
d) as correntes elétricas podem ser fotografadas.
e) a fissão nuclear pode ser explicada.

14. (PUC – MG) Analise as afirmações a seguir e escolha a opção correta:

Sobre o efeito fotoelétrico, pode-se dizer que a energia cinética de cada elétron extraído do metal depende:

   I. da intensidade da luz incidente.
  II. da frequência da luz incidente.
 III. do ângulo de incidência da luz.

a) se apenas as afirmações I e II forem falsas.
b) se apenas as afirmações II e III forem falsas.
c) se apenas as afirmações I e III forem falsas.
d) se todas forem verdadeiras.
e) se todas forem falsas.

15. (PUC – MG) Analise as afirmações a seguir e escolha a opção correta:

O modelo planetário de Rutherford foi aceito apenas parcialmente porque:

   I. os elétrons deveriam perder energia orbitando em torno dos prótons.
  II. os elétrons não têm massa suficiente para orbitarem em torno dos prótons.
 III. os elétrons colidiriam entre si ao orbitarem em torno dos prótons.

a) se apenas as afirmações I e II forem falsas.
b) se apenas as afirmações II e III forem falsas.
c) se apenas as afirmações I e III forem falsas.
d) se todas forem verdadeiras.
e) se todas forem falsas.

16. (UFJF – MG) Assinale, dentre os itens abaixo, CORRETO:

a) a teoria da relatividade de Einstein diz ser possível acelerar partículas massivas, a partir do repouso, até velocidades superiores à velocidade da luz;
b) a energia de um fóton aumenta conforme aumenta seu comprimento de onda;
c) um elétron, ao ser freado bruscamente, pode emitir raios X;
d) um corpo negro, por ser negro, nunca emite radiação eletromagnética;
e) segundo de Broglie, a luz sempre se comporta como uma onda, e o elétron sempre se comporta como uma partícula.

17. (UFJF – MG) A figura a seguir mostra os níveis de energia do átomo de hidrogênio. Se inicialmente o elétron está no estado quântico fundamental (de menor energia), qual a sua energia cinética após o átomo ter sido ionizado por um fóton de energia 20 eV?

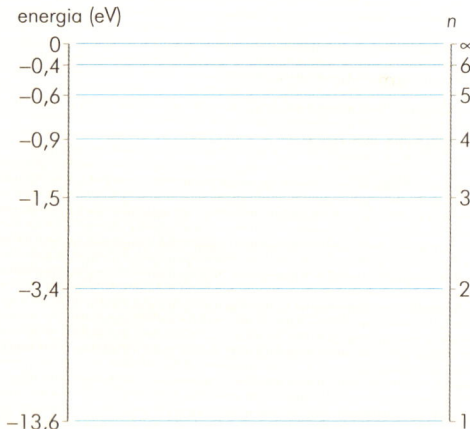

a) 33,6 eV   b) 13,6 eV   c) 6,4 eV   d) 10,2 eV

18. (UFMG) Dois feixes de raios X, *I* e *II*, incidem sobre uma placa de chumbo e são totalmente absorvidos por ela. O comprimento de onda do feixe *II* é três vezes maior que o comprimento de onda do feixe *I*.

Ao serem absorvidos, um fóton do feixe *I* transfere à placa de chumbo uma energia E_1 e um fóton do feixe *II*, uma energia E_2.

Considerando-se essas informações, é CORRETO afirmar que:

a) $E_2 = \dfrac{E_1}{3}$
b) $E_2 = E_1$
c) $E_2 = 3E_1$
d) $E_2 = 9E_1$
e) $E_1 = \dfrac{E_2}{3}$

19. (UFJF – MG) A presença de um elemento atômico em um gás pode ser determinada verificando-se as energias dos fótons que são emitidos pelo gás, quando este é aquecido.

Exercícios Propostos

No modelo de Bohr para o átomo de hidrogênio, as energias dos dois níveis de menor energia são:

$$E_1 = -13,6 \text{ eV}$$
$$E_2 = -3,40 \text{ eV}$$

Considerando-se essas informações, um valor possível para a energia dos fótons emitidos pelo hidrogênio aquecido é:

a) $-17,0$ eV
b) $-3,40$ eV
c) $8,50$ eV
d) $10,2$ eV

20. (UFRGS – RS) Assinale a alternativa que preenche corretamente a lacuna do parágrafo abaixo.

O ano de 1900 pode ser considerado o marco inicial de uma revolução ocorrida na Física do século XX. Naquele ano, Max Planck apresentou um artigo à Sociedade Alemã de Física, introduzindo a ideia da .... da energia, da qual Einstein se valeu para, em 1905, desenvolver sua teoria sobre o efeito fotoelétrico.

a) conservação.
b) quantização.
c) transformação.
d) conversão.
e) propagação.

21. (UFRGS – RS) Os raios X são produzidos em tubos de vácuo, nos quais elétrons são submetidos a uma rápida desaceleração ao colidir contra um alvo metálico. Os raios X consistem em um feixe de:

a) elétrons.
b) fótons.
c) prótons.
d) nêutrons.
e) pósitrons.

22. (UnB – DF) Uma luz laranja ($\lambda = 6.600$ Å), que cede $1,5 \cdot 10^{-18}$ W à retina, é apenas percebida pelo olho humano. Calcule, aproximadamente, o número de fótons que a retina recebe por segundo.

Dados:
- $1 \text{ Å} = 10^{-10}$ m;
- constante de Planck = $6,6 \cdot 10^{-34}$ J · s;
- velocidade da luz = $3 \cdot 10^8$ m/s.

23. A luz amarela de uma lâmpada de sódio, usada na iluminação de estradas, tem o comprimento de onda de 589 nm. Qual a energia, em joules e em eV, de um fóton emitido por uma dessas lâmpadas?

24. Certo fóton de raios X tem o comprimento de onda 35,0 pm. Se necessário, use os dados: constante de Planck = $6,6 \cdot 10^{-34}$ J · s; velocidade da luz = $3 \cdot 10^8$ m/s. Calcular:

a) a energia do fóton, em keV;
b) a sua frequência, em Hz;
c) o seu momento linear, em keV/c, sendo c a velocidade da luz.

25. Em condições ideais, o olho humano normal registra uma sensação visual a 550 nm, quando os fótons incidentes são absorvidos em uma taxa tão baixa quanto 100 fótons por segundo. A que potência, em unidades SI, corresponde essa taxa? Se necessário, use os dados: constante de Planck = $6,6 \cdot 10^{-34}$ J · s; velocidade da luz = $3 \cdot 10^8$ m/s.

26. (ITA –SP) Um átomo de hidrogênio tem níveis de energia discretos dados pela equação $E_n = -\dfrac{13,6}{n^2}$ (eV), em que $\begin{cases} n \in \mathbb{Z} \\ n \geq 1 \end{cases}$. Sabendo que um fóton de energia 10,19 eV excitou o átomo do estado fundamental ($n = 1$) até o estado p, qual deve ser o valor de p?

27. Para o átomo de hélio parcialmente ionizado temos as energias dadas por $E_n = \dfrac{54,4}{n^2}$ eV, para cada nível $n = 1, 2, 3$. Se necessário, use os dados: constante de Planck = $6,6 \cdot 10^{-34}$ J · s; velocidade da luz = $3 \cdot 10^8$ m/s.

a) Que quantidade de energia, em eV, é necessária para remover o segundo elétron?
b) Qual o máximo comprimento de onda, em *nm*, de um fóton capaz de arrancar esse segundo elétron?

28. (UNICAMP – SP) Os átomos que constituem os sólidos estão ligados entre si por forças interatômicas. O trabalho necessário para arancar um átomo de uma barra de ouro é de aproximadamente 3,75 eV. Atualmente é possível arrancar do metal um único átomo. Esse átomo se desliza dos outros, quando puxado a $4,0 \cdot 10^{-10}$ m acima da superfície da barra. Considere 1 eV = $1,6 \cdot 10^{-19}$ J.

a) Calcule, em unidade SI, a intensidade da força necessária para arrancar um único átomo de ouro da barra.
b) Uma secção transversal da barra de ouro tem aproximadamente $1,6 \cdot 10^{15}$ átomos/cm^2. Calcule, em unidade de SI, a intensidade da força necessária para romper uma barra de ouro com área de secção transversal de 2 cm^2.

29. Você deseja escolher uma substância para uma fotocélula, que irá operar, pelo efeito fotoelétrico, com luz visível. Quais, dentre as seguintes: tântalo (4,2 eV), tungstênio (4,5 eV), alumínio (4,08 eV), bário (2,5 eV) e lítio (2,3 eV), seriam escolhidas? A função trabalho de cada uma está entre parênteses, use a constante de Planck, igual a $4,14 \cdot 10^{-15}$ eV · s e, se necessário, use a Tabela 43-1 que fornece as faixas para comprimento de onda e a frequência das cores percebidas pelos nossos olhos.

30. Um satélite artificial, ou uma astronave, em órbita terrestre, pode ficar eletricamente carregado, em virtude da perda de elétrons por efeito fotoelétrico, provocado pelos raios solares na sua superfície externa. Suponha que um satélite esteja revestido por platina, metal que tem uma das maiores funções trabalho: 5,32 eV. Determine o maior comprimento de onda do fóton capaz de ejetar elétrons

Exercícios Propostos

da platina. (Os satélites têm de ser projetados de modo que minimize esse efeito.) Use os seguintes dados: constante de Planck = $4{,}14 \cdot 10^{-15}$ eV · s.

31. a) A energia necessária para remover um elétron do sódio metálico é 2,28 eV. Uma luz vermelha, com comprimento de onda de 680 nm, provocará efeito fotoelétrico no sódio? Use os seguintes dados: constante de Planck = $4{,}14 \cdot 10^{-15}$ eV · s; velocidade da luz = $3 \cdot 10^8$ m/s. Se necessário, use a Tabela 43-1 que fornece as faixas para comprimento de onda e a frequência das cores percebidas pelos nossos olhos.
    b) Qual o comprimento de onda do limiar fotoelétrico do sódio e a que cor corresponde esse limiar?

32. a) Se a função trabalho de um metal for 1,8 eV, qual o potencial de corte para a luz de comprimento de onda 400 nm? Use os seguintes dados: constante de Planck = $4{,}14 \cdot 10^{-15}$ eV · s; velocidade da luz = $= 3 \cdot 10^8$ m/s; massa do elétron = $9{,}1 \cdot 10^{-31}$ kg.
    b) Qual a velocidade máxima dos fotoelétrons emitidos da superfície do metal?

33. Os fotoelétrons emitidos por uma superfície metálica iluminada por luz, cujo comprimento de onda é de 491 nm, têm potencial de corte igual a 0,710 V. Quando o comprimento de onda da radiação incidente assume outro valor, o potencial de corte passa a ser 1,43 V. Use os seguintes dados: constante de Planck = $4{,}14 \cdot 10^{-15}$ eV · s; velocidade da luz = $3 \cdot 10^8$ m/s.
    a) Calcule, em eV, a função trabalho da superfície.
    b) Calcule, em nm, o novo comprimento de onda assumido pela radiação incidente.

34. Quando um fóton incide sobre um átomo ou molécula no estado fundamental ou em estados próximos ao estado fundamental modestamente excitados, vários fenômenos físicos de emissão ocorrem. As alternativas abaixo apresentam figuras de níveis quânticos de energia de alguns desses fenômenos. Assinale a alternativa que representa, corretamente, a emissão estimulada.

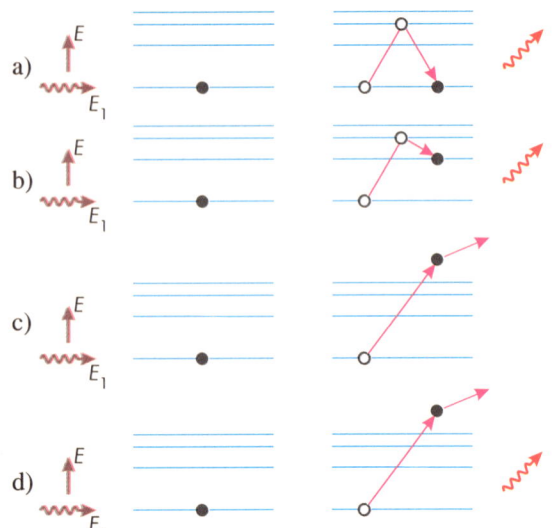

35. (UFC – CE) Se a luz incide sobre hidrogênio gasoso, é possível que o átomo, no seu estado fundamental ($E = 13{,}6$ eV), absorva certa quantidade de energia, passando ao estado seguinte permitido (estado excitado). A energia necessária para esta transição é de:
    a) 9,97 eV.
    b) 10,06 eV.
    c) 10,20 eV.
    d) 10,59 eV.
    e) 10,75 eV.

36. (UFC – CE) Quanto ao número de fótons existentes em 1 joule de luz verde, 1 joule de luz vermelha e 1 joule de luz azul, podemos afirmar, corretamente, que:
    a) existem mais fótons em 1 joule de luz verde que em 1 joule de luz vermelha e existem mais fótons em 1 joule de luz verde que em 1 joule de luz azul.
    b) existem mais fótons em 1 joule de luz vermelha que em 1 joule de luz verde e existem mais fótons em 1 joule de luz verde que em 1 joule de luz azul.
    c) existem mais fótons em 1 joule de luz azul que em 1 joule de luz verde e existem mais fótons em 1 joule de luz vermelha que em 1 joule de luz azul.
    d) existem mais fótons em 1 joule de luz verde que em 1 joule de luz azul e existem mais fótons em 1 joule de luz verde que em 1 joule de luz vermelha.
    e) existem mais fótons em 1 joule de luz vermelha que em 1 joule de luz azul e existem mais fótons em 1 joule de luz azul que em 1 joule de luz verde.

37. (UFSC – modificada) O ano de 2005 foi declarado o ANO INTERNACIONAL DA FÍSICA, pois completaram-se 100 anos de importantes publicações realizadas por Albert Einstein. O texto abaixo representa um possível diálogo entre dois cientistas, em algum momento, nas primeiras décadas do século XX:

    "Z – Não posso concordar que a velocidade da luz seja a mesma para qualquer referencial. Se estivermos caminhando a *5 km/h* em um trem que se desloca com velocidade de *100 km/h* em relação ao solo, nossa velocidade em relação ao solo será de *105 km/h*. Se acendermos uma lanterna no trem, a velocidade da luz desta lanterna em relação ao solo será de *c + 100 km/h*.

    B – O nobre colega está supondo que a equação para comparar velocidades em referenciais diferentes seja $v' = v_0 + v$. Eu defendo que a velocidade da luz no vácuo é a mesma em qualquer referencial com velocidade constante e que a forma para comparar velocidades é que deve ser modificada.

    Z – Não diga também que as medidas de intervalos de tempo serão diferentes em cada sistema. Isto é um absurdo!

Exercícios Propostos

B – Mas é claro que as medidas de intervalos de tempo podem ser diferentes em diferentes sistemas de referência.

Z – Com isto você está querendo dizer que tudo é relativo!

B – Não! Não estou afirmando que tudo é relativo! A velocidade da luz no vácuo será a mesma para qualquer observador inercial. As grandezas observadas poderão ser diferentes, mas as leis da Física deverão ser as mesmas para qualquer observador inercial."

Considerando o diálogo acima apresentado, assinale a(s) proposição(ões) CORRETA(S) e dê sua soma ao final.

01. O cientista B defende ideias teoricamente corretas sobre a teoria da relatividade restrita, mas que não têm nenhuma comprovação experimental.
02. O cientista Z aceita que objetos podem se mover com velocidades acima da velocidade da luz no vácuo, pois a mecânica newtoniana não coloca um limite superior para a velocidade de qualquer objeto.
04. O cientista Z está defendendo as ideias da mecânica newtoniana, que não podem ser aplicadas a objetos que se movem com velocidades próximas à velocidade da luz.
08. De acordo com a teoria da relatividade, o cientista B está correto ao dizer que as medidas de intervalos de tempo dependem do referencial.
16. De acordo com a teoria da relatividade, o cientista B está correto ao afirmar que as leis da Física são as mesmas para cada observador.

38. Um acelerador de partículas Síncrotron é usado para fazer uma partícula atingir uma velocidade v, próxima de c. Em um experimento, foram medidas a energia relativística total E e a energia de repouso E_0. Determine o valor da razão $\dfrac{v}{c}$ em função de E e E_0.

39. (UFS – SE) Julgue as afirmações abaixo, sobre física relativística.

a) De acordo com a relatividade galileana-newtoniana, qualquer experiência mecânica realizada num referencial inercial conserva os mesmos princípios e leis físicas que conservaria se fosse realizada em qualquer outro referencial inercial.
b) A experiência de Michelson-Morley mostrou que a luz se propaga no espaço sem necessidade de um meio material.
c) Um corpo em repouso tem massa m em relação a certo referencial. Com velocidade $v = 0,6 \cdot c$, onde c é a velocidade da luz no vácuo, sua massa, medida em relação ao mesmo referencial, será maior que m.
d) A possibilidade de conversão de massa em energia, prevista pela Teoria da Relatividade de Einstein, também foi prevista na mecânica clássica de Newton para a conversão de massa em energia cinética.
e) Se duas massas movem-se no espaço com velocidades $0,6 \cdot c$, onde c é a velocidade da luz no vácuo, em sentidos opostos, então a velocidade de uma em relação a outra é $1,2 \cdot c$, tanto na Lei de Galileu como na Lei relativística.

40. O gráfico a seguir mostra como varia a energia cinética máxima dos elétrons emitidos por um metal em função da frequência da radiação incidente.

Dados:

- constante de Planck = $6,6 \cdot 10^{-34}$ J · s;
- velocidade da luz = $3 \cdot 10^8$ m/s.

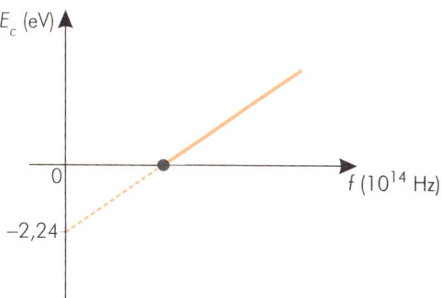

Determine:

a) a função trabalho do metal;
b) a frequência mínima e o correspondente comprimento de onda da radiação incidente capaz de extrair elétrons do metal.

Gabarito dos Exercícios Propostos e Complementares

Capítulo 1

4. a) $2{,}0 \cdot 10^{-3}$ m
b) $1{,}24 \cdot 10^2$ cm
c) $3{,}32 \cdot 10^{-4}$ km
d) $3{,}0 \cdot 10^2$ dm²
e) $5{,}0 \cdot 10^{-6}$ m²
f) $5{,}21 \cdot 10^{10}$ cm²
g) $3{,}8 \cdot 10^{-4}$ m²
h) $2{,}0 \cdot 10^4$ dm²
i) $3{,}0 \cdot 10^{-6}$ dm³
j) $4{,}3 \cdot 10^{-6}$ m³
k) $4{,}3 \cdot 10^{-3}$ dm³
l) $3{,}4 \cdot 10^6$ mm³
m) $2{,}0 \cdot 10^{-9}$ m³
n) $4{,}31 \cdot 10^9$ m³
o) $2{,}74 \cdot 10^{-3}$ m³

5. 10^{-3} km²
6. $4{,}0 \cdot 10^{-2}$ m
7. $2{,}0 \cdot 10^{-2}$ m³
8. $1{,}92 \cdot 10^{-1}$ L
9. 27 mL
10. 2.512 L
14. a) $2{,}0 \cdot 10^3$ g
b) $3{,}7 \cdot 10^2$ mg
c) $4{,}8 \cdot 10^3$ mg
d) $2{,}46 \cdot 10^{-3}$ kg
e) $7{,}86 \cdot 10^{-6}$ kg
f) $8{,}000 \cdot 10^{-3}$ kg
g) $7{,}800$ kg

15. $6 \cdot 10^{-3}$ kg e $6 \cdot 10^3$ mg
16. 50 tomates
17. $2{,}68 \cdot 10^5$ g
18. 10^9 L
19. $4{,}2 \cdot 10^5$ mL
20. $1{,}0 \cdot 10^3$ kg
24. a) 14h 30min
b) 12h 25min 12s
c) 14h 16min 12s
25. 180,35 min
26. 2h 4min 47s
27. 1,0min 8s
28. 20 m/s
29. 108 km/h
30. $7{,}2 \cdot 10^{-2}$ m/s e $2{,}6 \cdot 10^{-1}$ km/h
31. Algo suscetível de ser comparado e medido. São exemplos: massa, comprimento, tempo, força, velocidade etc.
32. Metro (m). Sim. Alguns múltiplos do metro (m) são: quilômetro (km), hectômetro (hm) e decâmetro (dam). Alguns submúltiplos do metro (m) são: decímetro (dm), centímetro (cm) e milímetro (mm).
33. Alguns múltiplos:
1 dam = 10^1 m
1 km = 10^3 m
1 Gm = 10^9 m
1 hm = 10^2 m
1 Mm = 10^6 m
1 Tm = 10^{12} m
Alguns submúltiplos:
1 dm = 10^{-1} m
1 mm = 10^{-3} m
1 nm = 10^{-9} m
1 cm = 10^{-2} m
1 μm = 10^{-6} m
1 pm = 10^{-12} m
34. 1 m tem 100 cm
1 cm = 10^{-2} m
35. Sim. Exemplos de alguns múltiplos: quilograma (kg), hectograma (hg), decagrama (dag). Exemplos de alguns submúltiplos: decigrama (dg), centigrama (cg), miligrama (mg).
36. 1 kg tem 1.000 g   1 g = 10^{-3} kg
37. Sim. Exemplos: ano, mês, dia, hora, minuto.
38. 1 h = 3.600 s
1 dia = 86.400 s
1 ano = 31.536.000 s
39. A resposta desse exercício depende da idade de cada aluno no momento da resolução do exercício.
40. polegada = 0,0254 m
milha terrestre = 1.609,34 m
milha náutica = 1.852 m
pé = 0,3048 m
jarda = 0,9144 m
44. 10^{10} batimentos
45. 10^6 L
46. 10^8 pessoas
47. 10^7 gotas
48. Ordem de grandeza do número total de alunos = 10^7
Ordem de grandeza do número de alunos no Distrito Federal = 10^5
49. 10^4 km
50. 10^5 voltas
51. 10^3 gols. (Em 2007 tivemos 20 equipes se enfrentando em dois turnos, totalizando 380 jogos. Considerando uma média de 3 gols por partida, temos 1.140 gols, em média, durante todo o campeonato.)
52. A resposta desse exercício depende do número de alunos da escola onde você estuda.
53. a) quatro
b) cinco
c) dois
d) cinco
e) três
54. a) dois
b) três
c) três
d) três
e) um
55. a) três
b) A segunda medida. O erro (que está associado ao algarismo duvidoso) na 2.ª medida é da ordem dos centésimos de grau, enquanto na primeira medida o erro é da ordem de décimo de grau.
56. a) 4,24
b) 8,54
c) 5,33
d) 7,36
e) 2,99
57. a) 590,83
b) 89,81
c) 17,1
d) 27,6
e) 0,90
58. $6{,}237 \cdot 10^4$ mm²
59. $1{,}0 \cdot 10^3$ m²
60. a) $2{,}11 \cdot 10^2$ cm²   b) $5{,}15 \cdot 10^2$ mm
61. a) 37
b) 1,57
c) 4,41
d) 8,87
e) 3,1
62. $4{,}2 \cdot 10^3$ cm³
63. A resposta desse exercício depende de cada medida efetuada pelos alunos e dos instrumentos de medida utilizados por eles.
64. Digitais. Esses instrumentos não incluem o erro associado à pessoa que está efetuando a medida.
65. A medida escrita como 20.000 g.
A medida escrita como 20 kg tem dois algarismos significativos e a indicação seguinte (20.000 g) foi escrita com cinco algarismos significativos. A maneira correta de escrever é $20 \cdot 10^3$ g = $2{,}0 \cdot 10^4$ g.
66. Para analisarmos a precisão da medida.
67. Sim. A indicação 10 m/s² é uma aproximação de 9,81 m/s² (valor mais preciso), porém com diminuição de precisão, o que não ocorre em 10,0 m/s², em que há simplesmente uma mudança de valor. O correto é escrever 10 m/s² para essa aproximação.
68. dois; 2,0 km = $2{,}0 \cdot 10^3$ m
69. c
70. E; E; C; C; C
71. C; C; E; E; C
72. c
73. C; C; C; E; C
74. d
75. b
76. e
77. a
78. E; C; E; C; C
79. E; C; C; E; E

Capítulo 2

1. As árvores. As posições ocupadas pelas árvores estão variando, em relação ao carro, no decorrer do tempo; nesse intervalo de tempo, a posição do ocupante do carro não está variando em relação ao próprio carro.
2. Não, pois os conceitos de repouso e movimento são relativos, isto é, dependem do referencial adotado.
3. a) Não.
b) Em repouso. As posições ocupadas pelo carro B não variam, em relação ao carro A, no decorrer do tempo, pois ambos deslocam-se ao longo da mesma trajetória, no mesmo sentido e com velocidades de mesmo módulo.
4. Não. O ponto material encontra-se apenas a 50 m da origem da trajetória.
5. a) retilínea
b) arco de parábola
6. a) 500 m
b) 1.000 m
c) 350 s
d) 200 m
9. 80 km/h
10. 160 km/h
11. C; C; C; C
12. C; C; C; E
13. 60 km/h
17. 5,0 m/s²
18. −2,5 m/s²
19. a) 2,0 m/s
b) movimento progressivo e retardado
20. c
21. zero; 400 m
22. 80 km/h
23. ≅ 128,6 km/h
24. $-3{,}0\ \dfrac{\text{km/h}}{\text{s}}$
25. $-\dfrac{2}{3}$ m/s²
26. a) Pálio 1.6: 2,48 m/s²
Corsa GLS 1.6: 2,14 m/s²
b) Pálio 1.6: 0,842 m/s²
Corsa GLS 1.6: 0,570 m/s²
27. (I) a   (II) b
28. C; E; C; E; E
29. C; E; C; C; C
30. E; C; C; C
31. 79,2 km/h
32. 170 m

Capítulo 3

3. a) −20 m e 5 m/s
b) 4 s

c)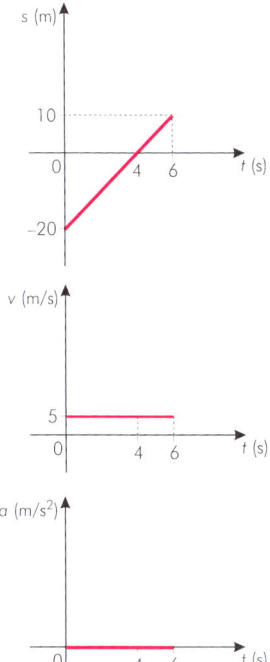

4. a) 6,0 m/s c) 130 m
b) $s = 40 + 6,0t$ d) 35 s

5. a) O móvel A descreve um movimento progressivo, enquanto o móvel B descreve um movimento retrógrado.
b) móvel A: $s_A = 4,0 + 2,0t$
móvel B: $s_B = 12 - 2,0t$

7. 2,5 s **8.** 4,5 h e 180 km
9. a) 10 s e 200 m b) 30 s e 600 m
10. 8,0 m/s
12. a) 6,0 m/s e −3,0 m/s²
b) −18 m/s
c) 6,0 s
d) 2,0 s
e)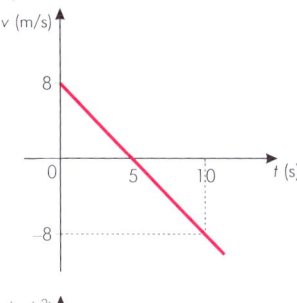

13. a) 4,0 s. No instante $t = 4,0$ s o móvel inverte o seu sentido de movimento.
b) No intervalo $0 < t < 4,0$ s, o movimento é progressivo e para $t > 4,0$ s o movimento é retrógrado.
c) No intervalo $0 < t < 4,0$ s, o movimento é retardado e para $t > 4,0$ s o movimento é acelerado.
d) 3,0 m/s

14. a) 10 m/s² d) 70 m/s
b) $v = -10 + 10t$ e) 400 m
c) 1,0 s

15. a) 140 m
b) 14 m/s
c) O movimento é retardado no intervalo 5,0 s $< t <$ 10 s; o movimento é uniforme no intervalo 2,0 s $< t <$ 5,0 s.
d) 4,0 m/s²
e) $v = 40 - 4,0t$

18. a) $s = 20 + 12t + 2,0t^2$
b) $v = 12 + 4,0t$
c) 164 m
d) 28 m/s

19. a) 10 s
b) 150 m

20. a) $s_0 = 0$; $v_0 = 8,0$ m/s; $a = -1,6$ m/s²
b) 5,0 s
c) zero e 10 s
d) $s = 8,0t - 0,80t^2$
e) 16,8 m
f) $v = 8,0 - 1,6t$
g) 4,8 m/s
h)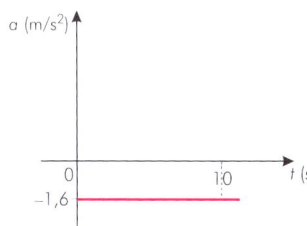

i) −8,0 m/s

21. 1,5 s **22.** 1.562,5 m
23. d
24. C; C; 414; E; E; C; C
25. a) 20 m/s
b) $s = 50 + 20t$
c) 90 m; 250 m; 650 m
d)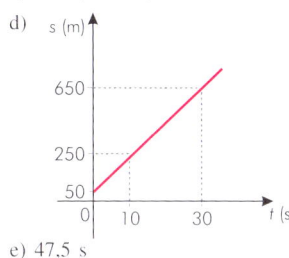

e) 47,5 s
f)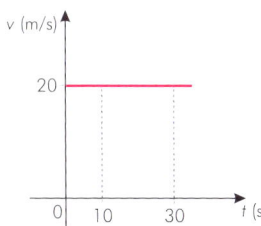

26. E; C; E; C; E **27.** b
28. d **29.** 1.250 m
30. 125 s **31.** c
32. c **33.** e
34. E; C; C; C; E **35.** d
36. a
37. E; C; E; C; C; C; E
38. a) movimento acelerado
b) 2,0 m/s²
c) $v = 5,0 + 2,0t$

d) $s = 5,0t + 1,0t^2$
e) 17 m/s
f) 36 m

39. 120 m/s
40. 2,0 s e 20 m/s
41. a) $s = 30t - 5,0t^2$ c) 45 m
b) 1,0 s
42. a) 2,7 s c) 5,4 m/s
b) 11,4 m
43. 30 m/s **44.** 2,0 m/s
45. E; C; E; C **46.** 22,5 m/s
47. os carros 2 e 3
48. a) 40 m d) −2,25 m
b) 4,0 s e 7,0 s e) 5,5 s $< t <$ 11 s
c) 5,5 s
49. E; E; C; E; C **50.** 60°
51. C; E; C; C

Capítulo 4

2. a) $H = 5,0t^2$ c) $t = 6,0$ s
b) $v = 10t$ d) $v = 60$ m/s

3. a) 45 m b) 30 m/s
c) Adotando como origem dos espaços o ponto onde o objeto foi abandonado e o sentido do eixo de referência desse ponto para o solo, temos:

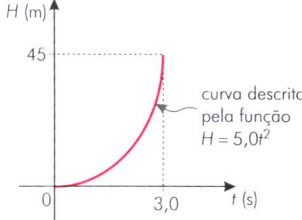

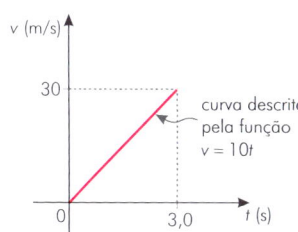

4. $\sqrt{0,6}$ s ≅ 0,78 s **5.** 1,25 m

7. a) 4,0 s
b) 80 m
c) 8,0 s
d)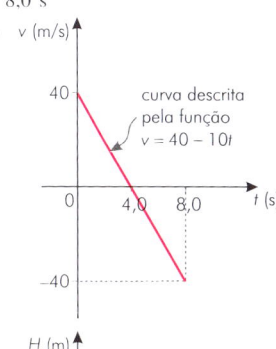

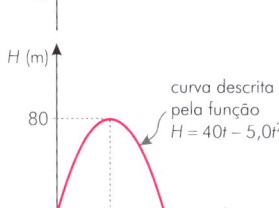

8. 625 m
9. 15 m/s
10. ≅ 10,56 m/s
11. 180 m
12. a) 1,00 s
    b) 8,0 s
    c) 80 m/s
13. 2,1 m/s
14. $\frac{A}{B} = 4$
15. 0,25 m
16. a) 1,2 s
    b) 6,0 m/s
    c) 1,8 m
17. a) 1,5 s
    b) 31,25 m
    c) 25 m/s
18. 2,0 m/s
19. 225 m
20. 3,0 m/s
21. 4,0 s
22. 5,0 m/s
23. a) 6,5 s
    b) 178,75 m
    c) O módulo da velocidade das pedras no instante do encontro é 5,0 m/s.
24. E; E; E; E; C
25. E; E; E; C; E
26. E; C; C; C; E; C

Capítulo 5

6. d
7. seis
8. a) Podemos usar a regra do polígono para obtermos o vetor-soma dos vetores da questão.
   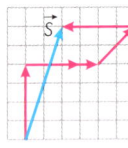
   b) $2\sqrt{10}$ cm ≅ 6,3 cm
9. 10 u
   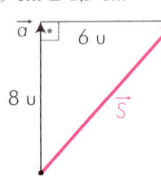
10. a) 9 u
    b) 1 u
    c) $\sqrt{61}$ u ≅ 7,8 u
11. $\sqrt{26,4}$ u ≅ 5,14 u
12. Sendo $|\vec{a}| = |\vec{b}| = x$, temos:
    $|\vec{s}|^2 = |\vec{a}|^2 + |\vec{b}|^2 - 2|\vec{a}| \cdot |\vec{b}| \cdot \cos 60°$
    $|\vec{s}|^2 = x^2 + x^2 - 2x \cdot x \cdot \frac{1}{2}$
    $|\vec{s}|^2 = x^2 + x^2 - x^2 \therefore |\vec{s}| = x$ (cqd)
13. 10
14. 10 cm
15. a) 4
    b) 16
    c) $2 \cdot \sqrt{13} \cong 7,2$
16. 10
17. $\sqrt{59,2} \cong 7,7$
18. 90°
20. $|\vec{a}_x| = 40 \cdot \sqrt{3}$ u ≅ 69,3 u
    $|\vec{a}_y| = 40$ u
21. $\vec{a}$ (−1; 2), $\vec{b}$ (3; 4), $\vec{c}$ (−2; −2), $\vec{d}$ (0; 2), $\vec{e}$ (2; 0)
22. ≅ 50,4 km
24. $\vec{A} = 4\vec{i}$
    $\vec{B} = -1\vec{i}$
    $\vec{C} = -3\vec{i} - 3\vec{j}$
    $\vec{D} = 2\vec{i} + 4\vec{j}$
    $\vec{E} = -5\vec{j}$
    $\vec{F} = -2\vec{i} + 4\vec{j}$
    $\vec{R} = 0\vec{i} + 0\vec{j}$
25. a) $|\vec{A}| = \sqrt{13}$ e $|\vec{B}| = \sqrt{5}$
    b) $\vec{S} = \frac{9}{2}\vec{i} + 5\vec{j}$
    c) $\vec{D} = 1\vec{i} + 5\vec{j}$
26. a) $\vec{S} = -4\vec{i} + 3\vec{j}$
    b) $\vec{S} = -3\vec{i} + 4\vec{j}$
    c) $\vec{S} = -15\vec{i} + 9\vec{j}$
    d) $\vec{S} = -\frac{8}{3}\vec{j}$
27. 30°
28. Para se caracterizar uma grandeza vetorial é necessário que se conheçam o módulo, a direção e o sentido dessa grandeza, enquanto para se caracterizar uma grandeza escalar é necessário que se conheça apenas o módulo dessa grandeza (valor e unidade).
29. Exemplos de grandezas escalares: massa, pressão, comprimento, tempo. Exemplos de grandezas vetoriais: velocidade, força, deslocamento, posição.
30. Uma única direção e dois sentidos.
31. Sim. Devemos arranjar dois vetores com ângulo tal que sua resultante tenha a mesma intensidade, mesma direção e sentido oposto ao do terceiro.
32. 15 u
33. 80 newtons; quando os dois vetores têm mesma direção e sentidos opostos; sim, dependendo do ângulo formado entre os dois vetores, o vetor soma pode assumir qualquer valor maior ou igual a 80 newtons e menor ou igual a 160 newtons.
34. nulo
35. Certo. Se multiplicarmos qualquer vetor por um escalar nulo (zero), obteremos o vetor nulo.
36. Os dois vetores devem ter mesma intensidade, mesma direção e sentidos opostos.
37. b
38. C; C; E; E
39. e
40. d
41. c
42. d
43. c
44. a
45. C; E; C; C
46. b
47. E; C; C; C; C
48. b
49. 30 cm
50. C; E; E; C; C; E; E
51. b
52. d
53. b
54. E; C; C; E; E; C
55. $\vec{X} = -\frac{10}{3}\vec{i} + 2\vec{j}$
56. $\vec{R} = -\frac{9}{10}\vec{i} + \frac{66}{5}\vec{j}$
    $\vec{R} = -0,9\vec{i} + 13,2\vec{j}$

Capítulo 6

3. 5 km
4. $100 \cdot \sqrt{5,56}$ m ≅ 235,8 m
5. a) 25 m
   b) $5\sqrt{13}$ m ≅ 18 m
   c) 5 m/s
   d) $\sqrt{13}$ m/s ≅ 3,6 m/s
6. a) $1,5\pi \cdot 10^{-1}$ m ≅ $4,71 \cdot 10^{-1}$ m
   b) $1,5\pi \cdot 10^{-2}$ m/s ≅ $4,71 \cdot 10^{-2}$ m/s
   c) $3,0 \cdot \sqrt{2} \cdot 10^{-1}$ m ≅ $4,24 \cdot 10^{-1}$ m
7. a) $1,25\pi$ m/s ≅ 3,93 m/s
   b) $2,5\sqrt{2}$ m/s ≅ 3,54 m/s
8. $\frac{3,0\pi}{5,0}$ s ≅ 1,9 s
9. a) 30 m
   b) 30 m
   c) 10 m/s
   d) 10 m/s
12. E; C; C; C
13. C; E; E; C
14. E; C; E; E
15. a) 16 m/s
    b) 10 m/s²
    c) 64 m/s²
    d) $2 \cdot \sqrt{1.049}$ ≅ 64,8 m/s²
16. $\sqrt{151,6}$ m/s² ≅ 12,31 m/s²
17. a) 12 m/s
    b) 6,0 m/s²
    c) 8,0 m/s²
    d) 10 m/s²
18. 18 m/s²
19. Sim, basta que a trajetória descrita pela partícula seja curvilínea.
20. Sim. No movimento circular uniforme.
21. Sim. No movimento circular uniforme, pois neste caso apenas a direção e o sentido do vetor velocidade variam no decorrer do tempo.
22. Não. Nos movimentos retilíneos, o vetor velocidade e o vetor aceleração têm sempre a mesma direção, ou seja, estão sempre sobre a mesma reta suporte.
23. Porque a aceleração tangencial mede a variação do módulo da velocidade do móvel com o decorrer do tempo, e no caso de o movimento ser uniforme o módulo da velocidade não varia.
24. a) curvilínea
    b) $|\vec{a}_t| = |\vec{a}| \cdot \cos \theta$
    c) $|\vec{a}_c| = |\vec{a}| \cdot \sen \theta$
25. II; III; IV
26. C; C; E; C
27. E; C; C; C; E
28. C; E; C; C
29. C; E; E
30. 10 m/s²
31. 5,0 m/s²
32. 180 km/h
33. B; A; C; E; D; F
34. C; E; C; C
35. a
38. 20 km/h
39. 50 km/h
40. 19 km/h
41. a) 16 m/s
    b) 4,0 m/s
    c) $2,0 \cdot \sqrt{34}$ m/s ≅ 11,7 m/s
    d) 8,0 m/s
42. C; E; C; C
43. C; E; C; E
44. zero ou $2v$
45. $\frac{v}{5} \cdot \sqrt{26} \cong 1,02v$, para o sudeste, em uma direção que forma um ângulo com a direção leste–oeste tal que a tangente deste ângulo é igual a $\frac{1}{5}$.
46. a)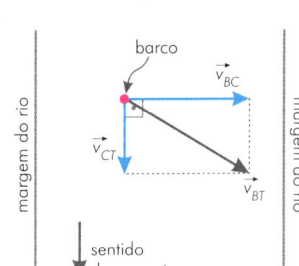
    b) 5,0 m/min
    c) 120 m
47. a) 10 m/s
    b) 1,0 m/s
48. 5,0 km/h
49. 30 km/h e 6,0 km/h
50. 17 m/s
51. 10 km/h
52. 400 km

53. a) 15 km/h
b) 145 km/h
54. a) 162 km/h
b) $54 \cdot \sqrt{5}$ km/h ≅ 120,7 km/h
55. 30 km/h

Capítulo 7

2. a) 20 s   b) 3.000 m
3. a) 60 s   b) 33.000 m
c) $50 \cdot \sqrt{265}$ m/s ≅ 814 m/s
4. a) 4,0 s e 200 m   b) 40 m/s
c) $10 \cdot \sqrt{41}$ m/s ≅ 64 m/s
5. a) $2 \cdot \sqrt{30}$ s ≅ 11 s e
$80 \cdot \sqrt{30}$ m ≅ 438,2 m
b) $20 \cdot \sqrt{30}$ m/s ≅ 109,5 m/s
c) $y = \dfrac{x^2}{320}$, para $0 \leq y \leq 600$ m e
$0 \leq x \leq 438,2$ m
d)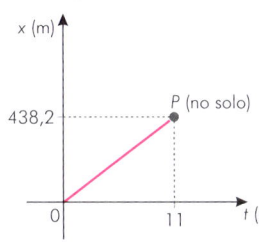

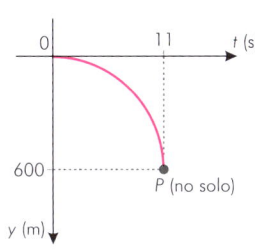

e)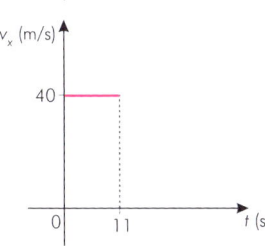

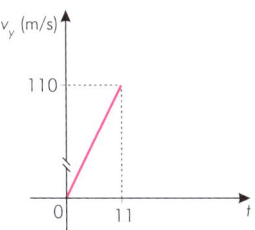

6. $2,4 \cdot \sqrt{3}$ m ≅ 4,2 m
8. a) 5,14 s   c) −35,4 m/s
b) ≅ 61,7 m   d) 12 m/s
e) ≅ 37,4 m/s
9. a) 69,6 s   c) 13.920 m
b) 6.055,2 m
10. a) $x = 80t$ e $y = 60t - 5,0t^2$
b) $v_y = 60 - 10t$

c) (240 m; 135 m)
d) $10 \cdot \sqrt{73}$ m/s ≅ 85,4 m/s
11. a) 16 s   d) 1.280 m
b) 32 s   e) 120 m/s
c) 3.840 m
12. 2,0 s e 8,0 s
13. a) 45°   b) 20 m/s
14. I. A rede encontra-se a 9,0 m dos extremos da quadra. Assim:
$x = x_0 + v_{0(x)} \cdot t$
$9,0 = 0 + 15 \cdot \cos 15° \cdot t$
$t = 0,62$ s
$y = y_0 + v_{0(y)} \cdot t + \dfrac{1}{2} g \cdot t^2$
$y = 2 + 15 \cdot \text{sen } 15° \cdot 0,62 - \dfrac{1}{2} \cdot 10 \cdot (0,62)^2$
$y = 2,24$ m
Portanto, a bola passa pela rede que se encontra situada a 2,0 m de altura.
II. Cálculo do tempo gasto pela bola para percorrer horizontalmente a distância de 18 m (comprimento da quadra):
$x = x_0 + v_0(x)$
$18 = 0 + 15 \cdot \cos 15° \cdot t$
$t = 1,24$ s
III. No intervalo de tempo de 1,24 s, a ordenada do ponto que a bola ocupa é:
$y = y_0 + v_{0(y)} \cdot t + \dfrac{1}{2} g \cdot t^2$
$y = 2 + 15 \cdot \text{sen } 15° \cdot 1,24 - \dfrac{1}{2} \cdot 10 \cdot (1,24)^2$
$y = -1,257$ m
A bola cai dentro da quadra. Para a bola cair fora da linha de demarcação da quadra devia ter sido lançada de uma altura superior a 3,257 m.
15. E; E; E; E; C
16. a) 0,80 m   b) 0,80 m
17. $80 \cdot \sqrt{5}$ m ≅ 178,9 m
18. a) 20 s   c) 2.000 m
b) 13.889 m
19. 40 m/s
20. a) 6,0 m/s
b) $6,0 \cdot \sqrt{26}$ m/s ≅ 30,6 m/s
21. E; E; E; C; E   **22.** E; E; E; C; E
23. E; E; E; C; C   **24.** E; E; E; E; C
25. d   **26.** 5,57 m
27. c   **28.** 1,26 m
29. 60 m/s   **30.** $\dfrac{\sqrt{3}}{3}$
31. b   **32.** E; E; C; C; E
33. 1,25 m   **34.** b

Capítulo 8

3. 0,50 rad que corresponde a, aproximadamente, 28,66°.
4. 2π rad = 6,28 rad   **5.** 57,3°
6. 4,0 rad que corresponde a, aproximadamente, 229,3°.
7. 104,7 m
8. 0,40 rad que corresponde a, aproximadamente, 22,9°.
9. 314 m
12. 3,0 rad e 0,60 rad/s
13. 4,0π rad/s ≅ 12,56 rad/s

14. a) $\dfrac{\pi}{12}$ rad
b) $\dfrac{\pi}{72}$ rad/s
c) $\dfrac{5\pi}{72}$ m/s ≅ 0,218 m/s
15. a) $\dfrac{\pi}{6}$ rad/s   c) 12 s
b) π m/s = 3,14 m/s
16. a) 5,0 cm/s
b) $\dfrac{5,0}{2,0}$ rad/s = 2,5 rad/s
17. a) 2,0 rad/s²   b) 40 cm/s²
18. 124 rad/s
21. a) $5 \cdot 10^{-2}$ Hz;   c) $3,8 \cdot 10^{-2}$ m/s;
b) 0,314 rad/s;   d) $1,2 \cdot 10^{-2}$ m/s²
22. a) 24 h
b) $\dfrac{\pi}{12}$ rad/h ≅ 0,26 rad/h
c) $1,66 \cdot 10^3$ km/h
23. a) 0,50 Hz
b) 1,0π rad/s = 3,14 rad/s
c) φ = 1,0π · t ⇒ φ = 3,14t
d) 5,0π² m/s² ≅ 49,3 m/s²
24. a) 0,500 s
b) 4,00π rad/s ≅ 12,56 rad/s
c) 16π m/s ≅ 50,24 m/s
d) 64π² m/s² ≅ 631 m/s²
25. a) φ = 6,0 + 2,0t
b) 1,0π s = 3,14 s e $\dfrac{1}{\pi}$ Hz = 0,318 Hz
c) 2,0 rad/s
d) 19 voltas completas
26. 1,256 s   **29.** 0,25 Hz
30. 50 cm
31. a) f_B = 8,00 Hz
b) $\dfrac{1}{8,00}$ s = 0,125 s
c) 16,0π rad/s = 50,24 rad/s
d) 2,512 m/s
32. a) ω_2 = 4π rad/s ≅ 12,56 rad/s e
ω_3 = 2π rad/s ≅ 6,28 rad/s
b) v_2 = 160π cm/s ≅ 502,4 cm/s e
v_3 = 80π cm/s ≅ 251,2 cm/s
33. a) $1,675 \cdot 10^3$ km/h
b) $8,37 \cdot 10^2$ km/h
34. a) 30π rad/s = 94,2 rad/s
b) 2,0π rad/s² = 6,28 rad/s²
c) 1,6π m/s² = 5,024 m/s²
35. a) 4,0 rad e 2,5 rad/s
b) φ = 4,0 + 2,5t
c) 2,512 s e 0,398 Hz
d) 19,9 voltas
36. a) $\dfrac{\pi}{3}$ rad   c) 8 s
b) 2,0 s e 0,50 Hz
37. 3 s
38. a) $\omega_A = \dfrac{4\pi}{15}$ rad/s = 0,84 rad/s e
$\omega_B = \dfrac{2\pi}{15}$ rad/s = 0,42 rad/s
b) T_A = 7,5 s e T_B = 15 s
c) v_A = 0,252 m/s e v_B = 0,063 m/s
39. 1.000 m/s
40. a) 2,5 Hz e 0,40 s
b) 5,0π rad/s = 15,7 rad/s
c) 0,20π m/s = 0,628 m/s
41. a) 4,0 s
b) $\dfrac{\pi}{2}$ rad/s = 1,57 rad/s
c) 2,0π m/s = 6,28 m/s
d) π² m/s² = 9,86 m/s²

42. $\frac{1}{8,0}$ Hz = 0,125 Hz e 8,0 s

43. E; C; E; E

44. C; E; C; C

45. $\frac{\pi}{4}$ rad = 45°

46. a) sentido horário
b) $f_C = f_B = 1{,}25$ Hz e
$\omega_B = \omega_C = 2{,}5\pi$ rad/s
c) $v_B = 25\pi$ cm/s ≅ 78,5 cm/s
$v_C = 10\pi$ cm/s ≅ 31,4 cm/s

47. Os dois pontos citados têm a mesma velocidade angular e o ponto da superfície apresenta maior velocidade linear.

48. a) 20 rad/s
b) $v_A = 2 \cdot 10^2$ cm/s e $v_B = 1 \cdot 10^3$ cm/s
c) $a_{cp(A)} = 4 \cdot 10^3$ cm/s² e
$a_{cp(B)} = 2 \cdot 10^4$ cm/s²

49. 5,0 Hz   **50.** d

51. a) sentido horário
b) $5{,}0 \cdot 10^3$ dentes/min
c) 50 rpm

52. a   **53.** b

Capítulo 9

2. a) A resultante das forças tem intensidade igual a 14 N, direção horizontal e sentido da esquerda para a direita.
b) A resultante das forças tem intensidade igual a 2 N, direção horizontal e sentido da esquerda para a direita.
c) A resultante das forças tem intensidade igual a 10 N, direção horizontal e sentido da esquerda para a direita.
d) A resultante das forças tem intensidade igual a 10 N e forma com a horizontal um ângulo de 53,1°.
e) A resultante das forças tem intensidade igual a $2 \cdot \sqrt{29}$ N e forma com a horizontal um ângulo de 68,2°.
f) A resultante das forças tem intensidade igual a $6 \cdot \sqrt{10}$ N e forma com a horizontal um ângulo de −18,4° ou de 341,6°.
g) A resultante das forças tem intensidade igual a $2\sqrt{65}$ N e forma com a horizontal um ângulo de −60,3° ou de 299,8°.

3. Valor mínimo de 10 N quando as duas forças atuarem na mesma direção e em sentidos opostos e valor máximo de 50 N quando as duas forças atuarem na mesma direção e no mesmo sentido.

4. 15 N

5. $3 \cdot \sqrt{17}$ N ≅ 12,37 N

6. III   **7.** C; C; E; E; E

8. C; C; E; E   **9.** C; C; E; C

10. c

13. E; E; C; E; E

14. a) A aceleração do corpo tem módulo igual a 2,0 m/s², na direção horizontal e sentido da esquerda para a direita.
b) 8,0 m/s   c) 4,0 m

15. a) 16 m   b) 5,0 s

16. 0,25 m/s²   **17.** b

18. a) $1{,}5 \cdot 10^4$ m/s²
b) $9{,}0 \cdot 10^3$ N

19. a

20. a) 50 N   b) 25 m/s

21. 5,0 m/s²

22. a) 50 N   c) 50 m/s
b) 10 m/s²   d) 125 m

23. 500 N na Figura I e 300 N na Figura II.

24. a) 32 N   c) 16 m/s
b) 8,0 m/s²

26. a) 20 N   c) 32 N
b) 4,0 m/s²

27. a) 2,0 m/s²
b) $F_{AB} = F_{BA} = 10$ N e $F_{BC} = F_{CB} = 6{,}0$ N
c) 4,0 N

28. a) 4,0 m/s²   c) 16 m/s
b) 32 N   d) 32 m

30. a) 50 N   c) 100 N
b) 150 N

31. 84 N

32. a) 4,00 m/s²
b) 360 N
c) $360 \cdot \sqrt{2}$ N ≅ 509,1 N

33. a) 3,0 m/s²   c) 9,0 N
b) 26 N

35. C; C; C; E; E

37. a) 1,16 m/s²   b) 22,32 N

38. a) 270 N   b) 318 N

39. 16

40. ERRADO. Conclui-se que a resultante das forças que atuam sobre o corpo é nula, baseado na Lei da Inércia.

41. ERRADO, pois, durante o movimento descrito pelo corpo, a direção da sua velocidade varia; portanto, existe uma resultante das forças que atuam sobre ele responsável por esta variação.

42. A afirmação do passageiro está ERRADA. Durante a freada, os objetos no interior do ônibus tendem a continuar em movimento retilíneo e uniforme por inércia, por isso a afirmação do passageiro não procede.

43. Na cidade de Teresópolis.
Não, pois a massa do corpo independe do lugar em que foi medida.

44. Ele deverá empurrá-lo com suavidade, para que a força de reação da rocha sobre ele tenha pequena intensidade.

45. Ação: na terra. Reação: no pé do homem.
Ação: no garoto. Reação: na bola.
Ação: na mão do goleiro. Reação: na bola.
Ação: na janela. Reação: nas camadas de ar.

46. O par de forças ação-reação atua em corpos distintos, por isso não podemos determinar uma resultante entre elas.

47. Força peso.

48. (...), não existe força agindo sobre ele. "Visto que o carro se encontra em repouso, a resultante das forças que agem sobre ele é nula."

49. E; E; E   **50.** C; C; E; C

51. E; E; C; C   **52.** C; E; E

53. C; C; E; C; E   **54.** d

55. 6,0 m/s²   **56.** a

57. a) $a = \left(\dfrac{M-m}{M+m}\right) \cdot g$

b) $T = \left(\dfrac{2m \cdot M}{m+M}\right) \cdot g$

58. C; E; E; E

59. $3F - m \cdot g$

60. a) 5,0 m/s²   c) 10 N
b) 25 N

61. $P_x = F_R = m \cdot a$
$P \cdot \operatorname{sen} \theta = m \cdot a$
$m \cdot g \cdot \operatorname{sen} \theta = m \cdot a$
$a = g \cdot \operatorname{sen} \theta$ (cqd)

62. a) 3,6 m/s²
b) 38,4 N
c) $\dfrac{768 \cdot \sqrt{5}}{25}$ N ≅ 68,7 N

63. 40 N

Capítulo 10

4. 0,50   **5.** 0,40

6. a) 6,0 N e 4,0 N   c) 40 N
b) 18 m/s²

7. C; C; C; E; E   **8.** C; C; E; C

9. a) 4,0 m/s²   b) 90 N

10. C; E; C; E

11. a) haverá movimento
b) 6,4 m/s²
c) 25,2 N

12. 15 kg   **13.** 90 km/h

14. a) 5 m/s²   c) 70 m
b) 0,5

15. E; C; C; E; C; E   **17.** 40 cm

18. a) 120 kg   b) 600 N

19. 1,6 cm

20. A indicação do dinamômetro é 200 N na 1.ª situação e 200 N na 2.ª situação.

21. 600 N/m   **22.** 546 N/m

23. a   **24.** a

25. c

26. a) $9{,}0 \cdot 10^3$ N   b) 4,0 m/s²

27. a   **28.** 96 N

29. 6,5 m/s²

30. a) 6,8 m/s²   b) 9,2 m/s²

31. 0,196

32. a)

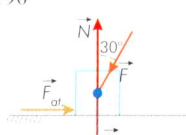

b) 100 N
c) 0,45

33. c

34. a) 15 N
b) 8 cm

35. 12 cm   **36.** C; E; E; C

37. 0,40 m = 40 cm   **38.** 50 N/m

39. 25 cm   **40.** e

Capítulo 11

3. C; E; E; C   **4.** E; C; C; E

5. 72 N   **7.** $3{,}25 \cdot 10^5$ N

8. Zero (o carro encontra-se na iminência de perder o contato com o solo).

9. 6,0 m/s   **10.** C; E; E; C

11. d   **12.** b

13. 0,625   **15.** 5,0 m/s

16. a) 44 N   c) 95 N
b) 6 m/s²

18. a) 2,0 N
b) $\sqrt{\dfrac{2{,}0}{1{,}7}}$ m/s ≅ 1,08 m/s
c) 5,4 rad/s   d) 0,86 Hz

19. a) 5,26 N   c) 5,13 rad/s
b) 1,64 m/s

20. e   **21.** 5 rad/s

23. 25,0 N

24. a) $|\vec{a}_A| = 5{,}0$ m/s² e $|\vec{a}_B| = 2{,}5$ m/s²
b) $T_1 = 150$ N e $T_2 = 300$ N

25. C; E; C   **27.** 315 N

28. a) 600 N d) 480 N
b) 600 N e) 480 N
c) 720 N f) 720 N
29. a) 10 m/s² b) 10 m/s²
30. 4,0 m/s² **31.** 23,3 N
32. 5,8 m/s²
34. a) 640 N b) 0,256 kg/m
35. $2,5 \cdot 10^{-5}$ kg/m
36. 5,0 m/s **37.** E; C; E; E
38. a) FIGURA I

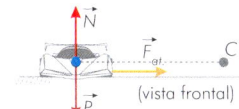

Legenda:
$\vec{N}$ = força normal
$\vec{P}$ = força peso
$\vec{F}_{at.}$ = força de atrito

FIGURA II

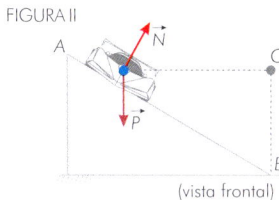

b) 15 m/s = 54 km/h
c) Para que o carro possa fazer a curva com velocidade de módulo maior, sem derrapar, a parte externa da curva (ponto A) deve ser mais alta que a parte interna (ponto B), pois tal fato aumentaria a intensidade da resultante centrípeta.
39. b **40.** e
41. a **42.** E; C; E; C
43. d **44.** e
45. c
46. a)

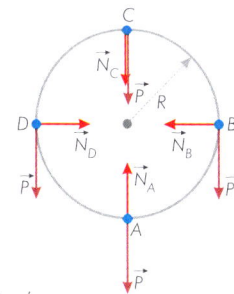

b) 6,0 m/s
47. e **48.** c
49. b **50.** d
51. $a_B = 10 - 4,0 a_A$
52. a) 960 N b) 640 N
53. 900 N
54. 2,0 m/s² e 10 m/s²
55. a) 25 N b) 7,5 m/s²
56. $10 \cdot \sqrt{10}$ m/s ≅ 31,6 m/s
57. 80 m/s

Capítulo 12

3. $T_1 = 200$ N; $T_2 = 120$ N e $T_3 = 160$ N
4. 100 N
5. a) 20 N b) 20 N
6. 2,87 N
7. $T = 833,3$ N e $N = 216,6$ N
8. C; C; C

10. $\left(\dfrac{-1,0}{3,0} \text{ m; } \dfrac{4,0}{3,0} \text{ m} \right)$

11. $\left(\dfrac{6,0}{5,0} \text{ m; } \dfrac{3,0}{5,0} \text{ m} \right)$

13. $\left(4 \text{ cm; } \dfrac{26}{7} \text{ cm} \right)$

14. 40 cm **15.** 77 cm
16. (2,8 cm; 3,4 cm)
19. a) $M_{F_1} = +550$ N · m;
$M_{F_2} = +75$ N · m;
$M_{F_3} = +90$ N · m;
$M_{F_4} = -1.300$ N · m;
$M_{F_5} = 0$
b) -585 N · m
c) Como o momento resultante é negativo, temos uma rotação no sentido horário.
20. $M_{F_1} = 0$; $M_{F_2} = -0,40$ N · m; $M_{F_3} = 0$;
$M_{F_4} = +0,40$ N · m
21. Não tem rotação, pois o momento resultante das forças em relação ao ponto O é nulo.
22. $M_{F_1} = 0$; $M_{F_2} = +10$ N · m;
$M_{F_3} = -5,0$ N · m; $M_{F_4} = 0$;
$M_{F_5} = -10$ N · m e $M_R = -5,0$ N · m
23. 100 N · m. Os pares de binário geram uma rotação no sentido anti-horário em torno do ponto C.
26. $N_D = 520$ N; $N_A = 80$ N
27. $N_P = 375$ N; $N_E = 375$ N
28. 54 dm
29. E; E; C; C
30. 60 N
31. C; C; E
32. $T = 20$ N e $N = 10$ N
33. 32 N
34. a) 60 kgf b) 4 crianças
35. d
36. a) $\dfrac{M \cdot g \cdot \sqrt{3}}{3}$ c) $\dfrac{M \cdot g \cdot \sqrt{3}}{6}$
b) $\dfrac{3M \cdot g}{2}$
37. a
38. a
39. 800 N
40. (100 cm; 50 cm)
41. a) 240 kg b) 3.200 N
42. C; E; C; C
43. E; E; C; E
44. $M_H = 0$;
$M_P = -250 \cdot \sqrt{2}$ N · m ≅ -354 N · m;
$M_N = 500 \cdot \sqrt{2}$ N · m ≅ 707 N · m;
$M_{F_{at.}} = -250 \cdot \sqrt{2}$ N · m ≅ -354 N · m
45. 8,0 kg
46. a) 2,0 N · m
b) Como o torque resultante é positivo, temos uma rotação no sentido anti-horário.
47. c
48. 990 N
49. a) 150 N b) 130 N

Capítulo 13

3. 140 J (trabalho motor) e -140 J (trabalho resistente)
4. a) $\tau_{\vec{F}} = 1.600$ J; $\tau_{\vec{P}} = 0$; $\tau_{\vec{N}} = 0$;
$\tau_{\vec{F}_{at.}} = -200$ J

b) 1.400 J
5. nulo
6. -200 J
7. 160 J
8. a) $0 < t < 4$ s – movimento retilíneo acelerado com aceleração crescente;
$4 < t < 10$ s – movimento acelerado com aceleração constante (movimento retilíneo uniformemente variado);
10 s $< t < 14$ s – movimento retilíneo acelerado com aceleração decrescente.
b) 1,0 m/s² c) 100 J
9. a) 4,5 m c) 270 J
b) -270 J d) nulo
10. $1,0 \cdot 10^3$ J
11. a) $-2,00$ J b) 2,00 J
12. a) $-4,0 \cdot 10^{-2}$ J c) nulo
b) $4,0 \cdot 10^{-2}$ J
16. $6,00 \cdot 10^4$ J
17. a) 900 J b) 180 W
18. a) $2,0 \cdot 10^3$ J b) 200 W
19. a) 900 J c) 300 W
b) 450 W
20. E; C; E; C; C
21. a) 4.883 W
b) 9.765,6 W ≅ 9,8 kW
22. $2,5 \cdot 10^4$ W = 25 kW
23. a) 200 J b) 8,0 N
24. a) -20 m/s b) -45 J
25. e
26. a) 200 J e 150 J b) 20,0 W e 75 W
27. c
28. a) $3,0 \cdot 10^4$ W = 30 kW
b) 40%
29. a) $1,20 \cdot 10^5$ J b) 125 W
30. zero **31.** C; C; E; C
32. C; C; C; C **33.** c
34. b
35. a) $5,0 \cdot 10^5$ m³/s b) $2,0 \cdot 10^3$ mm
36. a) 160 J
b) 4,00 W
c) π rad/s ≅ 3,14 rad/s
d) 6,4 N

Capítulo 14

3. a) 40 J c) 50 J
b) 50 J
4. a) 1.250 J
b) 1.250 J
c) $10\sqrt{5}$ m/s ≅ 22,4 m/s
5. $4 \cdot \sqrt{2}$ m/s ≅ 5,7 m/s
6. a) -400 J c) 1,0
b) 80 N
7. a) -30 J b) -120 J
11. a) 4.800 J e 1.800 J b) 3.000 J
12. 12.000 J = $1,2 \cdot 10^4$ J cada um
13. a) 500 N/m c) $-162,5$ J
b) 202,5 J
14. a) 600 N/m c) -3 J
b) 3 J
18. a) 100 J c) -100 J
b) 10 m/s
19. -375 J **20.** 3,75 m
21. a) $6,0 \cdot 10^4$ J b) $3,0 \cdot 10^4$ J
22. $\sqrt{29}$ m/s ≅ 5,4 m/s
23. 7,0 m/s **24.** 1 m
25. 185 cm
26. C; C; E; E; C; E
27. E; E; C **28.** 007
29. 3.000 N = $3,0 \cdot 10^3$ N

30. a) 6,0 m e 30 m/s   b) 50 m/s²
31. 0,80 J   **32.** 64 N
33. −40,625 J   **34.** 6,0 m/s
35. C; C; C; E   **36.** 023
37. 10 m/s   **38.** C; E; E
39. E; C; C; C
40. a) 0,64 m = 64 cm
b) $\sqrt{12{,}8}$ m/s ≅ 3,6 m/s
41. a) 40 m   b) 600 N/m

Capítulo 15

3. A quantidade de movimento da partícula tem, no instante em estudo, módulo igual a 40 kg · m/s na direção horizontal (a mesma de $\vec{v}$) e sentido da direita para a esquerda (o mesmo de $\vec{v}$).
4. b   **5.** 57 kg · m/s
6. a) 1,25 m   b) 120 kg · m/s
7. a) 92 kg · m/s   c) 68 kg · m/s
b) 28 kg · m/s
10. C; E; E; C   **11.** E; E; C
12. E; E; C   **13.** 40 m/s
14. a) 70 N · s   b) 20 m/s
15. v_{10} = 92,5 m/s; v_{15} = 117,5 m/s; v_{20} = 105 m/s
16. 400 N · s
17. a) 0,35 kg · m/s   b) 35 N
18. 2,5 N · s
21. a) 112 kg · m/s   c) 14 m/s
b) 112 kg · m/s
22. 4,0 m/s   **23.** 198 J
24. Após o abraço, os dois permanecem em repouso, ou seja, a velocidade final do sistema tem módulo igual a zero.
25. 78 km/h
26. a) 6 kg · m/s   b) 7,5 kg · m/s
29. a) 0,60
b) 0,6 (choque parcialmente elástico)
30. a) choque perfeitamente inelástico
b) ≅ 0,2 m/s
c) 199,98 J
31. $|\vec{v}_A|$ = 2,0 m/s; $|\vec{v}_B|$ = 1,0 m/s
32. $|\vec{v}_A| = \dfrac{10}{7{,}0}$ m/s ≅ 1,43 m/s e
$|\vec{v}_B| = \dfrac{60}{7{,}0}$ m/s ≅ 8,57 m/s
33. 400 m/s
34. a) 20 m/s   c) 9,8 m
b) 6,0 m/s e 14 m/s
35. 1,2 kg · m/s   **36.** 56 kg · m/s
37. d
38. a) 10 N · s   c) −10 m/s
b) −30 kg · m/s
39. 20 N · s   **40.** 700 N
41. 2.500 N   **42.** 2.400 N
43. C; E; C; C   **44.** 3,4 m/s
45. 400 J   **46.** E; C; C
47. C; E; E
48. 5,0 · 10⁻³ m = 0,50 cm
49. a) $m_1 \cdot \vec{v}_1 + m_2 \cdot \vec{v}_2 = m_1 \cdot \vec{v}_1' + m_2 \cdot \vec{v}_2'$
$m \cdot 120 = (m + m) \cdot v \Rightarrow v = 60$ km/h
b) $v = \dfrac{v_0}{2}$
$\dfrac{d}{4}$
50. E; C; E; E   **51.** E; E; E
52. E; C; E   **53.** C; E; C; E; C

Capítulo 16

4. 7,8 kg
5. a) 1,09 g/cm³   b) 1,27 g/cm³

6. 5,25 · 10⁵ N/m²   **7.** 2 · 10⁵ Pa
8. 2,069 · 10⁵ N/m²   **11.** 1,8 · 10⁵ Pa
12. 1,01 · 10⁵ Pa   **13.** a
14. 1,0 · 10⁵ Pa
15. a) $p_A = p_B = p_C$ b) $F_A = F_B = F_C$
18. a) 9,32 · 10⁴ N/m² ou ≅ 0,932 atm
b) Não. Ao nível do mar a altura da coluna de mercúrio é de 76 cm.
19. = 1,066 · 10⁵ Pa
20. 2,36 atm ou 2,36 · 10⁵ N/m²
21. 16 cm   **22.** 1,0 cm
23. b
27. a) 70 N   b) 6,0 cm
28. E; E; E; E   **29.** 10 N
30. c   **31.** e
32. d   **33.** C; E; C; E
34. $\dfrac{2}{3}$ g/cm³
35. a) 1,0 · 10³ kg/m³   c) 9,0 m/s²
b) 90 N
36. 15
37. a) 153 L   b) 1,53 · 10⁸ grãos
38. a) 20 m²   c) 9,13 m/s
b) 50 N/m²
39. c   **40.** c
41. b   **42.** b
43. a) 1,5 · 10⁵ N/m²   b) zero
44. a) 70,5 mmHg
b) O sangue fluirá para dentro da bolsa.
45. a) 2,0 m   b) 40 m/s²
46. e   **47.** 15 m/s
48. d   **49.** c
50. 50 N
51. a) 2,0 N   b) 0,80 N
52. E; C; E; C

Capítulo 17

3. E; C; C; E; C; E; C   **4.** a
5. 1.620 dias
6. 10,5 anos terrestres   **7.** 4 unidades
9. E; C; C; C; E   **10.** d
11. e   **12.** 1,6 · 10²¹ N
13. $\dfrac{9d}{10}$ **14.** 90
15. 60 kN   **18.** $\dfrac{g}{4}$
19. c   **20.** d
21) 7,74 · 10³ m/s
22. a) 5,77 · 10³ m/s   b) 1,30 · 10⁴ s
23. E; E; C   **24.** E; E; C; C
25. C; E; C; E   **26.** C; E; E; E
27. 85,06 dias   **28.** 8
29. 4,0 N
30. a) 1,77 dia
b) Não, pois o módulo da aceleração da gravidade depende do raio e da massa dos satélites.
31. a) $d_L = 0{,}605 d_T$ b) 1,65 m/s²
32. C; C; E; C   **33.** C; E; C; E
34. 627,2 m/s²
35. 6,99 · 10³ m/s = 6,99 km/s
36. 1,1 · 10⁴ m/s   **37.** 3
38. 40,03   **39.** C; C; C; E
40. 1,23 · 10⁻³ rad/s   **41.** E; E; E
42. C; E; C; C   **43.** E; E; E; C

Capítulo 18

4. C; C; E; E   **5.** C; C; C; C
6. E; E; C; E; C   **7.** d
8. a) $\theta_a = 2\theta_b + 5$ c) 205 °A
b) 78 °A   d) $\theta_a = \theta_b = -5°$

9. a) 12,5 °M   b) 50 °M
10. 80 °F e 299,67 K
11. E; 144; C; C; C; C
14. α = 4,4 · 10⁻⁵ °C⁻¹; β = 8,8 · 10⁻⁵ °C⁻¹;
γ = 1,32 · 10⁻⁴ °C⁻¹
15. a) 8 · 10⁻⁶ °C⁻¹   b) 200,16 cm
16. C; C; C; E; C   **17.** 68 °C
18. a) 6,997 m   b) 4,0 m
19. 625 °C   **20.** a
21. 3,6 · 10⁻² mm   **22.** 20,025 cm³
23. e
25. No período da manhã, quando a temperatura ambiente está mais baixa.
26. 110 L   **27.** 3,0 · 10⁻⁵ °C⁻¹
28. E; E; E; E
29. A densidade da água diminui com o aumento de temperatura, nesse intervalo. Dessa forma, o corpo fica mais denso que a água e o volume submerso do corpo aumenta.
30. d
31. temperatura do ponto de gelo = 10 °A; temperatura do ponto de vapor = 310 °A.
32. 36 °F   **33.** a
34. d   **35.** b
36. c   **37.** C; E; E; C; C
38. a) 4,84 cm   b) 65 °C
39. 49,5 cm   **40.** E; C; E; E; E
41. C; E; C; E   **42.** C; C; C; C; E
43. C; E; C; E   **44.** d
45. 1,0 · 10⁻⁴ °C⁻¹
46. 0,48π cm² ≅ 1,51 cm²
47. 3 · 10⁻⁶ °C⁻¹   **48.** 1,5 · 10⁻² cm³
49. 165 L   **50.** 240
51. C; C; E; E; E   **52.** d
53. b   **54.** C; C; C; E
55. a   **56.** ≅ 1,91 · 10⁻³ °C⁻¹

Capítulo 19

4. C; E; E; E; E
5. Porque as condutividades térmicas da madeira e do plástico são pequenas, minimizando a transferência de calor.
6. c   **7.** a
8. a   **9.** E; E; E; E; E
10. a) 5 J/K   b) 300 J
11. 0,04 cal/(g · °C)   **12.** 24 °C
15. 54 kcal   **16.** 10 kcal
17. d   **18.** c
19. C; C; E; E   **20.** d
21. a
22) a) 10⁴ J/kg   c) 2 · 10² J/(kg · K)
b) 10² J/(kg · K)
23. c   **24.** b
25. v_m = 10 g/min
I. Aumenta devido ao aumento da área de contato.
II. Aumenta devido à circulação do ar.
III. Aumenta devido ao aumento da temperatura.
IV. Diminuiu, pois o óleo é menos volátil que o éter.
26. a   **27.** E; C; C; C; C
31. 432 °C   **32.** 0,21 cal/(g · °C)
33. 0,56 cal/(g · °C)   **34.** 12
35. 5   **36.** 036
37. 051
41. C; C; E; C   **40.** C; C; E; C
42. C; C; C; E
43. c
44. a) 39 J/s   c) 1,08 g
b) 7,3 g
45. 90 kg

46. a) 160 cal/s;
b) $2{,}88 \cdot 10^5$ cal = 288 kcal
47. 39,3 °C
48. E; E; E; C; E
49. 0,22 cal/(g · °C)
50. E; E; C
51. 68 °C
52. 60 °C
53. 75 °C
54. c
55. 94
56. a) 50 L   b) 250 s
57. a) 2.100 W   b) 3 min 45 s
58. 0,25 cal/(g · °C)
59. d
60. 97 kcal/°C
61. 4
62. 72,5 m³/s
63. C; C; E; E
64. E; C; C; C
65. E; E; C; E
66. C; C; C; E
67. C; E; E
68. C; E; E; C
69. C; C; C; E; E; C
70. C; C; E; C
71. C; E; C; E; E
72. E; E; C; E; E
73. c
74. a
75. d
76. a) 4,6 cal/s   b) 23 °C
77. 28

Capítulo 20

3. d
4. b
5. E; E; C; E
6. a) líquido   d) sublimação
b) sólido   e) solidificação
c) vapor
7. líquido
8. a
9. c
10. d
11. a
12. c
13. sim
14. e
15. c
16. e
19. a
20. a; c
21. b
22. C; C; C
23. b
24. a
25. a) 37,5%   b) 18 °C
26. d
27. b
28. d
29. a) (0 °C, 0,50 atm); (15 °C, 1,5 atm); (17 °C, 2,0 atm); (30 °C, 1,5 atm)
b) O ponto triplo T (10 °C, 1,0 atm) é representativo da coexistência em equilíbrio das três fases de agregação da substância: sólida, líquida e gasosa.
c) 15 °C (temperatura de fusão) e 30 °C (temperatura de ebulição).
d) Se diminuirmos a pressão sobre o líquido na temperatura de 30 °C, ocorrerá vaporização na pressão de 1,5 atm.
30. e
31. e
32. e
33. c
34. b
35. a) 10 N/cm²   c) 1,0 N
b) 15 N/cm²
36. a
37. b
38. a) 20 min   c) $1{,}20 \cdot 10^3$ m
b) 60 min
39. b
40. b
41. e
42. a

Capítulo 21

4. 250 K
5. 0,082 L
6. d
7. $2{,}44 \cdot 10^9$ moléculas/cm³
8. 4 mols
11. c
12. ≅ 2 atm
13. 4 atm
14. 450 K
15. 1,5 mols
18. E; E; E; C
19. b
20. a
21. b
22. e
23. C; C; C; C; E
24. C; C; E; E
25. 085
29. d
30. d
31. d
32. a
33. a) 180,5 K
b) 4.500 J = $4{,}5 \cdot 10^3$ J
34. b
35. C; E; C; E
36. E; C; E; C; C
37. E; E; C; C; C
38. C; E; E; C; C
39. 4 atm
40. 534,5 °C
41. a) 10 atm   c) 125 L
b) 16 K
42. 1,0 atm
43. 100 K
44. 5,0 atm
45. 37,5%
46. 177 °C
47. 120 K
48. $2{,}23 \cdot 10^4$ m³
49. E; E; C; C; C
50. 6,0 cm
51. 1
52. 3 atm
53. 22,2 cm
54. $9{,}0 \cdot 10^4$ Pa
55. 023

Capítulo 22

3. e
4. Menor, pois a massa das moléculas de O_2 é maior que a das moléculas de H_2O.
5. c
6. Permaneceu constante, pois a energia interna da amostra gasosa depende apenas de sua temperatura e do número de mols dessa amostra, e esses permaneceram os mesmos.
7. 249,3 J
8. a) 240,67 mols   c) $1{,}5 \cdot 10^6$ J
b) 600 K   d) $4{,}0 \cdot 10^5$ J
12. a) zero   c) −498,6 J
b) −498,6 J
13. E; E; E; E; C
14. d
15. E; E; E; E; E
16. $6{,}0 \cdot 10^4$ J
17. a) compressão isotérmica ($p_A \cdot V_A = p_B \cdot V_B$)
b) 289,2 K   c) zero
d) $-8{,}78 \cdot 10^4$ J
e) Perde calor para o meio externo, para compensar a energia que recebe na forma de trabalho; $Q = -8{,}78 \cdot 10^4$ J.
23. a) 300 J
b) $3 \cdot 10^3$ W
c) 30%
24. d
25. a) 50 J   b) 2
26. a) 60%   c) 200 J
b) 300 J
27. 14
28. e
29. a) É falsa, pois, tendo um rendimento de 45% (90% de 50%), o trabalho útil deveria ser igual a $2{,}25 \cdot 10^4$ J.
b) 50 m³
30. C; E; E; C; C
31. b
32. E; E; C; E
33. E; C; C; E; E
34. E; E; C; E; C
35. E; E; E; C
36. C; C; E; C
37. C; C; E; C
38. 450 cal
39. C; E; C; E
40. C; C; E; C
41. a
42. b
43. d
44. a
45. 27 °C
46. d
47. 54
48. 32 J
49. 327 °C
50. 450 cal
51. e
52. 0,0256%

Capítulo 23

4. d
5. 1 ano-luz ≈ $9{,}5 \cdot 10^{12}$ km
6. C; E; C; E
7. c
8. C; E; E; C; C
9. Sol → Terra → Lua e é explicado pelo Princípio da propagação retilínea da luz.
10. b
11. $4 \cdot 10^4$ cm²
12. a) 2,2 m   b) 30 cm
13. 16 cm
14. C; C; C; E
18. b
19. b
20. e
21. b
22. b
23. d
24. E; E; C; E; C
25. C; C; C; C; C
26. 60°
27. 8 horas
28. 42
29. c
30. a
31. c
32. b
33. d
36. C; E; C; E
37. C; E; E; E
38. C; C; E; E
39. C; E; E; C; C
40. E; E; C; C
41. E; E; C; C
42. espelho côncavo; 20 cm
43. 18
44. 20
45. 7,0 cm/s
46. a
47. c
48. E; E; E; C
49. c
50. d
51. E; E; C; C; C
52. a) 36,44 m   b) 20 m
53. c
54. d
55. E; C; C; C
56. a) 105 cm   b) 99 cm
57. e
58. d
59. c
60. a
61. a
62. c
63. d
64. d
65. 56
66. 070
67. d
68. c

Capítulo 24

2. $2{,}25 \cdot 10^8$ m/s
3. 1,15
4. $\dfrac{5}{3} \cong 1{,}67$
5. a) $25 \cdot 10^{-9}$ = 25 ns
b)

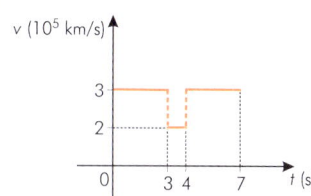

6. 47
9. E; C; E; C
10. C; C; C; C
11. C; C; E; C
12. 1,5
13. $12 \cdot 10^{-10}$ s = 1,2 ns
14. d
15. C; C; C; E
16. a) 0,8   b) $\dfrac{4}{3}$
18. C; E; E; C; C
19. c
20. c
21. d
22. b
23. 29 cm
26. b
27. 22
28. a
29. a
30. a
31. b
32. a) 1,2 m   b) 2,0 m
33. c
35. a
36. a) 30°   c) 3 cm
b) 60°
37. a) $r' = r = 30°$ e $i' = i = 60°$
b) $\sqrt{3} = 1{,}74$ c) 2 cm
39. 2
40. 019
41. a

42. Verde, azul, anil e violeta.
43. b
44. e
45. c
46. a
47. d
48. 028
49. d
50. C; E; E; E
51. a
52. d
53. d
54. a) $\operatorname{sen} \alpha = \dfrac{1}{n}$ b) $\operatorname{sen} \theta = \sqrt{n^2 - 1}$
55. C; E; C; E; C
56. d
57. a
58. d
59. e
60. C; E; C; C
61. 21,33 m
62. 013
63. C; C; C; E
64. 3,2 m
65. C; C; E; E
66. E; E; E
67. E; E; C; E
68. c

Capítulo 25

2. E; E; C; E; C
3. C; E; E; C; E
4. e
5. c
6. 7
7. b
8. a) As lentes que podem ser usadas são as de bordos finos (biconvexa, plano-convexa e côncavo-convexa). São ditas lentes convergentes, por tornarem convergente o feixe luminoso paralelo incidente.
b) O ponto onde ocorre a convergência dos raios, após atravessarem a lente, constitui o foco principal imagem F' da lente.
9. e
10. b
11. b
12. c
13. a)

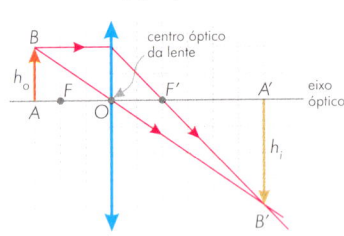

b)

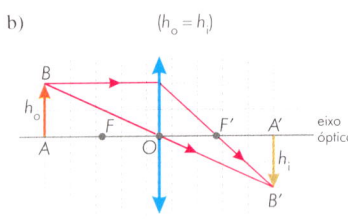

c) As lentes são convergentes.
d) As imagens são reais.
14. E; C; C; E; E; E   **17)** 88
18. 120 cm
19. $-\dfrac{75}{4\text{ cm}} = -18,75$ cm (imagem virtual) e 1,25 cm (imagem direita)
20. b
21. 40 cm
22. b
23. 75 cm
24. 15 cm
25. 75 cm
28. e
29. a) $-1,25$ di
b) 0,80 m
30. 13
31. 12 cm
32. e
33. e
34. C; E; C; C
35. b
36. e
37. b
38. c
39. b
40. 9,0 cm
41. a) 30 cm
b) 24 cm

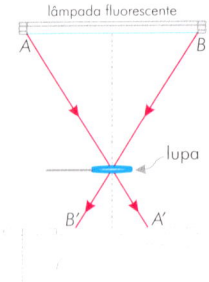

42. a
43. d
44. d
45. b
46. 637,5 cm
47. 11 m
48. 6 cm
49. 40 cm
50. C; C; C; E

Capítulo 26

3. e
4. 03
5. d
6. d
7. E; E; C; C; C
8. c
9. c
10. 38
11. C; C; C
12. b
13. c
14. a, b, c
15. −20 cm
16. $\dfrac{400}{11}$ cm $\cong$ 36,36 cm; $\dfrac{11}{4}$ di = 2,75 di
19. c
20. e
21. e
22. d
23. d
24. c
25. d
26. a) $\dfrac{2}{11}$ m $\cong$ 18,2 cm
b) $\dfrac{2}{9}$ m $\cong$ 22,2 cm
27. d
28. a) $A_{obj} = -5,0$; $A_{oc} = 2,5$; $A_{mic} = -12,5$
b) 180 mm
29. a) hipermetropia e miopia.
b) 2,5 di; $-0,50$ di
c) $-\dfrac{200}{3}$ cm $= -\dfrac{2}{3}$ m; 200 cm = 2,0 m
30. a)

b) $-2,5$ graus   c) 25 cm
31. 30 cm
32. e
33. d
34. c
35. d
36. d
37. a
38. c
39. e
40. b
41. a
42. E; E; C; E; E
43. b
44. a) 3,05 m
b) Real, invertida e reduzida.
c)

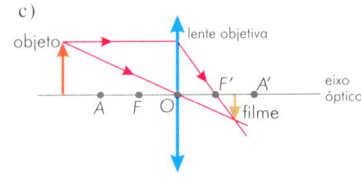

45. b
46. e
47. e
48. b
49. C; C; E; E

Capítulo 27

3. a) 5 cm
b) $0,08\pi$ s
c) $\dfrac{1,25}{\pi}$ Hz $\cong$ 3,98 Hz
4. e
5. 35 Hz
6. a) 25 N/m   c) 2 cm
b) 0,4 s e 2,5 Hz
7. a) 4,0 N/m   b) 3,14 s
8. a) Atrasará.
b) Atrasará. O período ficará maior, pois o módulo da aceleração da gravidade na superfície da Lua é menor que na superfície da Terra e, assim, a massa pendular demorará mais tempo para efetuar uma oscilação completa.
9. 54
10. 1,2 s
13. E; E; C; E; E
14. E; C; E; C; C
15. C; C; C; E; C; E
16. a) 1 m   c) $\dfrac{\pi}{5}$ s $\cong$ 0,63 s
b) 10 m/s
17. $x = -20$ cm ou $x = +20$ cm
18. 51
21. a) 2 m; $\dfrac{\pi}{4}$ rad/s; π rad; 8 s e 0,125 Hz
b) $v(t) = -\dfrac{\pi}{2} \cdot \operatorname{sen}\left(\dfrac{\pi}{4} \cdot t + \pi\right)$ e
$\alpha(t) = -\dfrac{\pi^2}{8} \cdot \cos\left(\dfrac{\pi}{4} \cdot t + \pi\right)$
c) $x = 0$; $v = \dfrac{\pi}{2}$ m/s; $\alpha = 0$
22. a) 0,4 m; 3π rad/s; $\dfrac{2}{3}$ s; π rad
b) $v(t) = -1,2\pi \cdot \operatorname{sen}(3\pi \cdot t + \pi)$, em que v é medido em m/s e t em s.
c) $a(t) = -3,6 \cdot \pi^2 \cdot \cos(3\pi \cdot t + \pi)$, em que a é medido em m/s^2 e t em s.
23. a) π rad/s e 3 m   b) 2 s
c) $4\pi^2$ N/m $\cong$ 39,4 N/m
24. $x(t) = 0,30 \cdot \cos\left(\dfrac{\pi}{4} \cdot t + \dfrac{\pi}{2}\right)$, em que x é medido em m e t em s;
$v(t) = -\dfrac{3\pi}{40} \cdot \operatorname{sen}\left(\dfrac{\pi}{4} \cdot t + \dfrac{\pi}{2}\right)$, em que v é medido em m/s e t em s;
$a(t) = -\dfrac{3\pi^2}{160} \cdot \cos\left(\dfrac{\pi}{4} \cdot t + \dfrac{\pi}{2}\right)$, em que a é medido em m/s^2 e t em s.
25. a) 4,0 s e 0,25 Hz
b) $0,50\pi$ rad/s e π rad
c) $x(t) = 0,50 \cdot \cos(0,5\pi \cdot t + \pi)$, em que x é medido em m e t em s.
26. a) 1,0 s e 1,0 Hz;
b) $x(t) = 2,0 \cdot \cos(2\pi \cdot t + \pi)$, em que x é medido em m e t em s;
$v(t) = -4,0\pi \cdot \operatorname{sen}(2\pi \cdot t + \pi)$, em que v é medido em m/s e t em s;
$a(t) = -8,0\pi^2 \cdot \cos(2\pi \cdot t + \pi)$, em que a é medido em m/s^2 e t em s.
c) $v_{máx.} = 4,0\pi$ m/s; $a_{máx.} = 8,0\pi^2$ m/s^2

27. a) 0,1 m é a amplitude e 2π rad/s é a pulsação do MHS.
b) 1,0 Hz
c) $x(0) = 0,1$ m e $v(0) = 0$
d) $x = 0$ e $t = 0,25$ s

28. a) $y(x) = 2,0 \cdot \cos\left[2\pi \cdot \left(\dfrac{1}{4} - \dfrac{x}{4}\right)\right]$
b) $y(t) = 2,0 \cdot \cos(5,0\pi \cdot t)$
c) 2,5 Hz

29. e **30.** d
31. a) 2,0 cm/s b) 2
32. a) 3,14 s b) 10 vezes
33. a) 1,0 Hz b) $\dfrac{1}{6}$ s $\cong 0,17$ s
34. a **35.** d
36. a **37.** c
38. d **39.** c

40. a) $\dfrac{\pi}{4}$ rad/s; 8,0 m; $\dfrac{\pi}{2}$ rad

b) $x(t) = 8,0 \cdot \cos\left(\dfrac{\pi}{4} \cdot t + \dfrac{\pi}{2}\right)$, em que x é medido em m e t em s;

$a(t) = -\dfrac{\pi^2}{2} \cdot \cos\left(\dfrac{\pi}{4} \cdot t + \dfrac{\pi}{2}\right)$, em que a é medido em m/s² e t em s.
c) $\cong 3,5$ m/s²

41. Como a temperatura média em João Pessoa é maior do que na Suíça, a haste do relógio de pêndulo dilatou-se e desse modo não é mais pontual.
Com o aumento da haste do relógio, o pêndulo demora mais para completar um ciclo (ida e volta), e dessa forma demora mais para marcar os segundos, atrasando-se.

42. b **43.** c
44. C; E; C; E; E; C **45.** e

Capítulo 28

4. E; C; E; E **5.** C; C; C; C
6. C; C; C; C **7.** E; C; C; C
8. C; C; C; C **9.** 22,5 m/s
10. b
11. a) 8,0 cm e 2,0 cm c) 0,20 s
b) 5,0 Hz
12. c
13. a) 2,0 cm b) 10 cm/s
14. 13
15. 26
16. 100 m/s
17. a) 60 m/s b) 100 N
18. 160 N
20. a) 0,50 m c) 0,25 m
b) 0,05 s e 20 Hz d) 5,0 m/s
21. a) 6,0 cm c) 0,50 cm
b) π rad d) 4,0 cm/s
22. a) 3,0 cm d) 30π rad/s
b) 15 Hz e $\dfrac{1}{15}$ s e) $\dfrac{1}{3}$ cm
c) 5,0 cm/s
23. c **26.** C; E; C; C
27. C; C; C; E **28.** c
29. a
30. a) 4,0 m/s c) 0,10 m
b) 2,0 m/s
31. a) 50 Hz c) 1,0 m
b) 50 m/s

32. a) $5\sqrt{6}$ m/s $\cong 12,25$ m/s

b) $\dfrac{\sqrt{6}}{3} \cong 0,82$

33. 5 **37.** e
38. b **39.** C; E; C; E
40. E; E; E; C **41.** E; C; C; C
42. E; E; C; E; E
43. a) raios X
b) $3,0 \cdot 10^{18}$ Hz $\leq f \leq 3,0 \cdot 10^{20}$ Hz
c) Não, já que a fenda é bem maior que o comprimento de onda do raio X.
44. 1,0 m; 3,2 m; 2,0 Hz
45. 28
46. C; C; C; E; E
47. E; C; C; E
48. $N = 5$, portanto, a interferência é destrutiva e o ponto considerado é nodal, pois o número N é ímpar.
49. d **50.** a
51. d **52.** 3,6 m/s
53. a) 7,50 s b) 24 vagalhões
54. d
55. a) 10^{-11} s b) $2,0 \cdot 10^{-3}$ m
56. d **57.** 3
58. c **59.** a
60. C; E; C; E; C **61.** c
62. E; E; E; C; C **63.** d
64. e **65.** e
66. b
67. a) 1,5 s
b) 4.910 m/s $\cong 4,9$ km/s
68. a
69. e
70. a) 0,125 m = 12,5 cm
b) 0,3125 m = 31,25 cm
c) 80 s = 1 min e 20 s
71. d

Capítulo 29

2. 680 m **3.** 57 m
4. As duas chegam simultaneamente, porque a velocidade do som no ar não depende da frequência.
5. a **6.** a
7. C; E; C; C; C
10. a) $2,0 \cdot 10^{-4}$ W b) $4,0 \cdot 10^{-2}$ W/m²
11. a) 10^{-4} W/m² b) $1,5 \cdot 10^{-4}$ W
12. 10^{-11} W/m²
13. a) $4\pi \cdot 10^{-6}$ W b) 10^{-3} m
16. a
17. a
18. e
19. C; E; C; C; C; E; C
20. E; C; C; E; E; C
21. a) reverberação b) 17 m
22. C; E; C; E; E
23. E; E; C; E
27. 1.º harmônico: 7,2 m e 20,83 Hz
2.º harmônico: 3,6 m e 41,6 Hz
3.º harmônico: 2,4 m e 62,5 Hz
28. a) 125 Hz b) 2,72 m
29. a) 0,50 kg/m
b) $6\sqrt{15}$ m/s $\cong 23,23$ m/s
c) 14,52 Hz
30. C; E; E; C; E
33. a) 1,36 m e 250 Hz
b) 0,34 m e 1000 Hz
c) 250 Hz
34. 85 Hz; 255 Hz; 425 Hz

35. a) fechado b) 5.º harmônico
36. 1.600 Hz
37. a) 80 Hz c) 256 N
b) 80 m/s
38. 0,40 m
39. a) A explicação física para o aumento na intensidade do som é que a coluna de ar acima da água entrou em ressonância com o som emitido pelo diapasão.
b) 0,8 m c) 425 Hz
42. b **43.** a
44. E; E; C; E
45. a) $6,60 \cdot 10^3$ Hz = 6,60 kHz
b) 314,3 Hz
46. 11 **47.** 14
48. zero e 120 dB
49. 10^{-12} W/m²; 10^{-2} W/m²; 1 W/m²
50. c **51.** a
52. E; C; C; E **53.** e
54. C; C; C; C; E; E; C
55. c **56.** E; C; E; C
57. E; C; E; E
58. a) 100 dB; 100 Hz $< f <$ 6.000 Hz
b) 10^{-7} W/m²; sim.
59. a
60. a) 2,0 kg/m c) 100 Hz
b) 50 m/s d) 3,0 m
61. 54 cm **62.** c
63. a) 0,17 m
b) 1.156 K = 883 °C
c) Se $\lambda = 4L$, a dilatação do tubo vai corresponder a um aumento de λ. Como a velocidade de propagação da onda é constante e $f = \dfrac{v}{\lambda}$, conclui-se que a frequência se reduz.
64. b **65.** e
66. E; C; E; E
67. a) 256 Hz
b) $f_o = 0$. Não percebe o som.
68. d **69.** c
70. 67 **71.** C; E; C; C

Capítulo 30

3. $m_P \cong m_N \cong 1.840 \cdot m_E$ e $|q_P| = |q_E| = 1,6 \cdot 10^{-19}$ C; $q_N = 0$
4. e **5.** 010
6. 10^{14} elétrons
7. A quantidade de carga de um nêutron é nula. Portanto, o nêutron é formado por 1 quark up e 2 quarks down.
8. C; E; E; C; E
11. A bola carregada positivamente será atraída pelo objeto se ele estiver carregado negativamente ou eletricamente neutro. Aproximando-se outra bola carregada negativamente do objeto, caso este seja repelido pela bola ele estará carregado negativamente, mas se for atraído ele estará eletricamente neutro.
12. Corpo humano; ouro; alumínio.
13. Não. Dois corpos, para ficar eletrizados por atrito, devem ter afinidades eletrônicas diferentes. Portanto, os dois corpos não devem ser feitos do mesmo material.
14. d **15.** I e IV
16. $3Q$
17. A esfera A adquire cargas elétricas de sinal negativo e a esfera B, de sinal positivo.
18. a) $4Q$ b) $2Q$
19. C; C; E; E

22. Os trechos que contêm erro(s) são:
(...), elas têm sempre intensidades <u>diferentes</u> – dadas em <u>coulomb</u> (...)
(...), cada força se tornará <u>seis</u> vezes menor (...).
(...) são chamadas grandezas <u>inversamente</u> proporcionais; (...)
(...) vê-se facilmente que a força F é uma função <u>quadrática</u> da distância d.
(...) apresentam valores <u>positivos</u> e atuam em <u>direções</u> opostas.

23. a) $6,25 \cdot 10^{18}$ elétrons.
b) A força elétrica de Coulomb pode ser de atração ou de repulsão, enquanto a força gravitacional de Newton é apenas de atração. A força elétrica de Coulomb depende do meio no qual se encontram as partículas que interagem, enquanto a força gravitacional de Newton independe do meio no qual se encontram as massas que interagem.
c) $1,35 \cdot 10^{20}$

24. E; E; E; C; E **25.** E; C; C; C; C
26. C; E; E; E; C
27. a) Descarregar eletricamente os carros (fazer o aterramento entre o carro e a Terra).
b) $F' = \dfrac{F}{32}$

28. C; E; E; E; E **29.** $3,64 \cdot 10^{-4}$ N
30. C; C; C; E **31.** 9
32. 4,0 cm
33. 0,40 m = 40 cm
34. $3,0 \cdot 10^{-6}$ C = 3,0 μC
35. b **36.** 10^{12}
37. E; E; C; C; C **38.** c
39. e **40.** b
41. e **42.** $-q$
43. b **44.** d
45. e **46.** ±45 μC
47. 45° **48.** 1,2 μC
49. a) Na origem do eixo x, ou seja, no ponto (0; 0).
b) Nos pontos $(a; 0)$ e $(-a; 0)$.
50. b
51. a) Acima do ponto O.
b) 30 cm
52. a) $2,5 \cdot 10^{-2}$ N b) $5,0 \cdot 10^{-8}$ C
53. a)

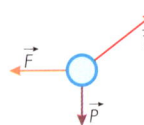

b) $\dfrac{2,0 \cdot \sqrt{3}}{3}$ N ≅ 1,15 N

54. 20 μC **55.** 1
56. 2,0
57. a) 1,2 N
b) $x = \dfrac{1}{3}$ m do lado direto do suporte
58. $1,5 \cdot 10^{-3}$ N **59.** C; E; E; E

Capítulo 31

2. E; C; C; C **3.** E; C; E; E; E
4. $2,4 \cdot 10^{-6}$ C = 2,4 μC.
5. a) Na direção vertical e sentido de baixo para cima; negativa.
b) 15 kg/C
8. a) $3,6 \cdot 10^{-5}$ C = 36 μC
b) $4,0 \cdot 10^{3}$ N/C
c) $8,0 \cdot 10^{-3}$ N

9. a) Módulo igual a $7,875 \cdot 10^{7}$ N/C, na direção horizontal e sentido da esquerda para a direita.
b) Módulo igual a $1,2 \cdot 10^{8}$ N/C, na direção horizontal e sentido da direita para a esquerda.
c) $2,4 \cdot 10^{-1}$ N
d) $x = -6\left(1+\sqrt{2}\right)$ cm ≅ −14,5 cm

10. −21 cm **11.** e
12. $-8,0 \cdot \sqrt{2}$ μC ≅ −11,3 μC
13. a) 1,44 N/C
b) Paralela à reta determinada pelos pontos onde se encontram as partículas A e B, da esquerda para a direita.

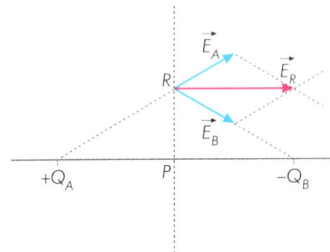

14. E; C; C; E; E
15. a) Intensidade igual a $2,5 \cdot 10^{-2}$ N; paralela à reta determinada pelos pontos onde se encontram as partículas e de repulsão.
b) Intensidade igual a $5,76 \cdot 10^{4}$ N/C, perpendicular à reta determinada pelos pontos onde se encontram as partículas; de P para a reta que une essas partículas.

16. c
17. a) No ponto A. Essa região apresenta maior densidade de linhas de campo.
b) Da esquerda para a direita. As grandezas força elétrica ($\vec{F}$) e campo elétrico ($\vec{E}$) possuem a mesma direção e o mesmo sentido.
c) Da direita para a esquerda. As grandezas força elétrica ($\vec{F}$) e campo elétrico ($\vec{E}$) possuem a mesma direção e sentidos opostos.

18. b **19.** d
20. e **21.** 16 m
22. a) Na direção vertical e sentido de cima para baixo.
b) $-1,0 \cdot 10^{-9}$ C = −1,0 nC
23. C; C; C; E; E **24.** E; E; E; C
25. C; E; C; E **26.** c
27. d **28.** a
29. 5,0 N/C
30. $10 \cdot 10^{-6}$ C = 10 μC
31. $\dfrac{2 \cdot \sqrt{3}}{3} \cdot 10^{5}$ N/C ≅ $1,2 \cdot 10^{5}$ N/C
32. C; E; E; E; C
33. a) $3 \cdot (2+\sqrt{2})$ m = 10,24 m
b) $2,4 \cdot 10^{-2}$ N
34. c
35. E; E; E; C; C
36. E; E; C; E; C

Capítulo 32

3. $-1,2 \cdot 10^{-2}$ J **4.** d
5. a) $2,0 \cdot 10^{-4}$ J e $8,0 \cdot 10^{-5}$ J
b) $1,2 \cdot 10^{-4}$ J
c) $2 \cdot 10^{3}$ m/s
6. a) $4,05 \cdot 10^{-18}$ J b) $1,6 \cdot 10^{13}$ m/s²
7. a) 0,10 mm c) $1,0 \cdot 10^{-5}$ J
b) 20 V d) $1,0 \cdot 10^{-4}$ J
8. a) 5,0 V/m; paralela ao eixo x e da direita para a esquerda.
b) 10 m/s
9. a) 400 V
b) 500 V
10. $3,2 \cdot 10^{-13}$ J
12. a) $2,2 \cdot 10^{-8}$ C
b) 200 V
c) 8,0 m
13. a) $5,0 \cdot 10^{5}$ = 500 kV
b) $1,25 \cdot 10^{5}$ V = 125 kV
c) 1,5 J
d) $20 \cdot \sqrt{30}$ m/s ≅ 109,5 m/s
14. $E_A = 0$ e $E_B = -4,5 \cdot 10^{-7}$ J
15. $4,5 \cdot 10^{-7}$ J **16.** c
17. c **18.** −2,0 m e 1,0 m
19. zero **20.** c
22. C; E; E; C; E
23. a) $-2,0 \cdot 10^{-4}$ J = −0,20 mJ
b) $4,0 \cdot 10^{-4}$ J = 0,40 mJ
c) $-2,0 \cdot 10^{-4}$ J = −0,2 mJ
24. $1,8 \cdot 10^{7}$ V/m; para dentro da célula.
25. a **26.** e
27. E; C; C; E **28.** b
29. a) $V_A = 1,8 \cdot 10^{5}$ V = $1,8 \cdot 10^{2}$ kV;
$V_B = 9,0 \cdot 10^{4}$ V = $9,0 \cdot 10^{1}$ kV
b) 9,0 J
c) 18 J d) 30 m/s
30. E; E; C; E; C **31.** c
32. a) 0,1 N, na direção horizontal e no sentido da esquerda para a direita.
b) $1,0 \cdot 10^{3}$ V = 1,0 kV
c) $1,0 \cdot 10^{4}$ V = 10 kV
d) $1,1 \cdot 10^{-2}$ J = 11 mJ
33. e **34.** 167
35. C; C; C; E **36.** a
37. d **38.** $4,5 \cdot 10^{-5}$ J
39. E; C; E; C; E **40.** d
41. zero **42.** C; E; E; E; C
43. E; E; C; E

Capítulo 33

3. e **4.** e
5. d **6.** d
7. a) $V_{interno} = 1,8 \cdot 10^{5}$ V = $1,8 \cdot 10^{2}$ kV;
$E_{interno} = 0$
b) $V_{próximo} = 1,8 \cdot 10^{5}$ V = $1,8 \cdot 10^{2}$ kV;
$E_{próximo} = 4,5 \cdot 10^{5}$ N/C
8. $9,0 \cdot 10^{-11}$ C = $9,0 \cdot 10^{-2}$ nC
9. 3
10. a) 0,60 m = 60 cm
b) $1,2 \cdot 10^{-4}$ C = $1,2 \cdot 10^{2}$ μC
c) $E_{interno} = 0$;
$V_{interno} = 4,0 \cdot 10^{5}$ V = $4,0 \cdot 10^{2}$ kV
14. a
15. d
16. d
17. 0,25 C/m²
18. $2,0 \cdot 10^{-2}$ F = 20 mF
19. a) 1,0 μC
b) 0,9 m = 90 cm
c) $5,0 \cdot 10^{-3}$ J = 5,0 mJ
20. a) $\dfrac{8}{5} \cdot 10^{3}$ V = $1,6 \cdot 10^{3}$ V = 1,6 kV
b) $\dfrac{32 \cdot 10^{-5}}{9}$ J ≅ $3,6 \cdot 10^{-2}$ mJ

GABARITO DOS EXERCÍCIOS PROPOSTOS E COMPLEMENTARES • **811**

21. a) $6,2 \cdot 10^3$ V
b) $Q_1' = 4,1$ μC; $Q_2' \cong 6,2$ μC;
$Q_3' = 7,8$ μC
22. C; E; E; E; E **23.** c
24. E; C; E; C; E; C **25.** C; E; C; C; E
26. E; C; C; E **27.** E; E; C; E
28. d
29. a) $3,6 \cdot 10^5$ V = $3,6 \cdot 10^2$ kV
b) $3,6 \cdot 10^5$ V = $3,6 \cdot 10^2$ kV
c) $1,8 \cdot 10^5$ V = $1,8 \cdot 10^2$ kV
30. $V_0 = 2,56$ V; $E_0 = 0$
31. 10.000 V = 10 kV **32.** C; C; E; C
33. a) $1,0 \cdot 10^{-10}$ C = 0,1 nC
b) 0,15 V
c) 0,45 V
d) 0,225 V/m
34. d **35.** E; C; E; E; E
36. e **37.** C; E; E; E

Capítulo 34

3. c **4.** d
5. C; C; C; E; C **6.** C; C; E; C
7. a) $6,0 \cdot 10^{-2}$ C c) $1,2 \cdot 10^{-2}$ A
b) $3,75 \cdot 10^{17}$ elétrons
8. d
9. a) $2,16 \cdot 10^4$ C b) 7,92 g
11. $2,0 \cdot 10^3$ V = 2,0 kV
12. 50 V **13.** $6,0 \cdot 10^{-5}$ J
14. $3,2 \cdot 10^{-12}$ J **17.** 300 V
18. a) 9,0 A b) 7,2 kWh
19. 600 kWh
20. a) 2,0 kWh = $7,2 \cdot 10^6$ J
b) R$ 0,50
21. C; E; C; E **22.** c
23. a) 120 lâmpadas b) 1.200 W
24. a) 1.050 W = 1,050 kW
b) 9,5 A
25. e **26)** d
27. a) $4,8 \cdot 10^{21}$ elétrons
b) $4,2 \cdot 10^{-2}$ cm/s
28. $9,6 \cdot 10^{-4}$ C = 960 μA
29. c **30.** e
31. a) $3,2 \cdot 10^{-1}$ C = 320 mC
b) $2,0 \cdot 10^{18}$ elétrons
32. $1,0 \cdot 10^{-3}$ C = 1,0 mC
33. 12 C **34.** $1,6 \cdot 10^{-10}$ A
35. a) $1,12 \cdot 10^{-11}$ C b) $1,12 \cdot 10^{-11}$ A
36. 1 eV = $1,6 \cdot 10^{-19}$ J; 5 eV = $8 \cdot 10^{-19}$ J
37. a) $6,75 \cdot 10^{-7}$ J e o movimento descrito pela partícula é espontâneo.
b) Sim. O trabalho realizado pela força elétrica independe da trajetória descrita pela partícula.
38. $9,0 \cdot 10^{-6}$ J
39. a) 8,0 A b) 48 kWh
40. a) 450 W c) R$36,00
b) 1,5 kWh
41. a) $6,0 \cdot 10^4$ J
b) 100 s = 1 min 40 s
42. R$ 50,00 **43.** 030
44. E; E; C; C; E
45. a) 50 A c) R$ 54,00
b) 15 kWh
46. C; E; C; C **47.** C; C; C; C

Capítulo 35

2. Afirmação errada, pois a lâmpada converte energia elétrica em outras modalidades de energia.
3. b
4. $i_1 = 11$ A e $i_2 = 9,0$ A

5. $i_2 = 2,0$ A e $i_4 = 4,0$ A
6.

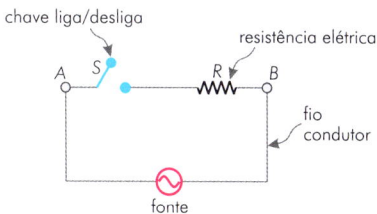

9. 60 V
10. $1,0 \cdot 10^4$ Ω = 10 kΩ
11. a) 11 Ω c) 10 A
b) 55 V
12. a) $6,25 \cdot 10^{19}$ elétrons
b) 16 V
13. a) decresce
b) $6,0 \cdot 10^5$ Ω = 600 kΩ
14. C; E; C; E
17. Não. A pergunta deveria ser: Qual é a resistividade elétrica do cobre?
18. 25 Ω
19. $2,42 \cdot 10^{-6}$ Ω · m
20. a) Triplicamos a resistência.
b) A resistência fica reduzida à quarta parte.
21. $\dfrac{9R}{4}$
22. a) 5,0 Ω
b) $2,0 \cdot 10^4$ A = 20 kA
23. 4 m **24.** 150 Ω
27. É a conversão de energia elétrica em energia térmica em um condutor devido à resistividade do material que constitui esse condutor.
28. Diminui a resistência.
29. a) $\dfrac{5,00}{11}$ A
b) $7,2 \cdot 10^6$ J = 2,0 kWh
30. 2,42 L/min
31. $3,5 \cdot 10^3$ s = 58 min e 20 s
32. E; E; E; C; C; C **33.** 5,0 min
34. $8,0 \cdot 10^5$ Ω = 800 kΩ
$9,6 \cdot 10^3$ V = 9,6 kV
35. 1,6 **36.** c
37. 5,0 V **38.** 25 Ω
39. a **40.** C; E; C; C
41. a) 10 A
b) 22 Ω
c) 2,2 m
42. b **43.** e
44. 023 **45.** b
46. 4 : 1 **47.** E; E; C; C
48. 033 **49.** 21 s
50. 6,3 Ω **51.** 1,4 Ω; 144 Ω

Capítulo 36

2. a) 60 Ω
b) 2,0 A
c) 20 V; 60 V e 40 V
d) 240 W
3. a) 10 Ω c) 2,0 V e 3,0 V
b) 0,50 A
4. 2,0 A
5. a) 38 Ω b) 342 W
6. Diminui. **7.** $1,6 \cdot 10^{-2}$ W
8. 12,1 Ω
10. a) 2,4 Ω c) 1,5 A e 1,0 A
b) 2,5 A d) 9,0 W e 6,0 W
11. Permanece inalterada.

12. Permanece inalterada.
13. a) 18 V c) $\dfrac{12}{7}$ Ω = 1,7 Ω
b) 10,6 A d) 27 W
14. 1.ª resposta: voltagem; potência dissipada e corrente elétrica.
2.ª resposta: potência dissipada e corrente elétrica.
15. 8,0 A
16. d
18. 12,5 Ω
19. 0,50 A e 12,5 W
20. a) 3,0 A; 2,0 A e 1,0 A
b) 45 V; 40 V; 20 V e 60 V
c) 315 W
21. a) 17 Ω b) 1,05 A
22. a) 4,0 A; 4,0 A; zero
b) 3,0 A; 3,0 A e 6,0 A
23. 15 Ω
25. 30 lâmpadas
26. Primeiramente queimam f_1 e f_3 e devido à nova configuração f_2 também queima.
27. a) 3,5 Ω
b) 40 A
c) 60 V
d) Os fusíveis danificados são f_1 e f_3.
29. a) 23 Ω b) 26 Ω
30. a) 5,0 Ω b) 10 A
31. c
32. a) 3,0 Ω c) $\dfrac{6}{7}$ Ω ≅ 0,86 Ω
b) 4,0 Ω d) 8,0 Ω
33. b **34.** 63 Ω
35. E; E; E; C **36.** b
37. C; C; E; E; C
38. a) 12 Ω c) 5,0 A; 3,0 A; 2,0 A
b) 10 A
39. e **40.** a
41. E; C; C; E; E **42.** e
43. a) 8,0 Ω b) 4,0 Ω
c) 4,0 Ω d) 14 Ω
44. a) Ferro elétrico e a lâmpada.
b) 16 lâmpadas.
45. c **46.** b
47. 75 V **48.** C; E; C; C; E
49. 31 kΩ **50.** 19 Ω
51. C; E; C; C; C
52. O fusível mais adequado é o de 35 A. A intensidade da corrente elétrica é 33 A.
53. a) 10 Ω
b) Sim. A intensidade de corrente elétrica do circuito é 15 A.
56. d **57.** e
58. a) 10 A b) 4,0 A
59. 5,0 Ω **60.** 2,0 A e 100 V
61. 6,0 V **62.** 10 Ω
63. C; C; E; E **64.** 40 Ω
65. e

Capítulo 37

3. Pilhas; bateria de automóveis; roda-d'água; catavento; dínamos; placas fotovoltaicas etc.
4. d
5. *Gerador ideal* é aquele em que a ddp nos seus terminais é igual à sua fem.
Gerador real é aquele em que a ddp nos seus terminais é menor que a sua fem devido à queda de potencial causada pela sua resistência interna.
6. a) 9,5 V b) 12 A
7. ε = 5,0 V; r = 0,1 Ω

8. 2,0 A
9. 15 Ω
10. 2,0 Ω
11. I. ε = 50 V; r = 2,5 kΩ; i_{cc} = 20 mA
    II. ε = 20 kV; r = 2 kΩ; i_{cc} = 10 A
    III. ε = 24 V; r = 2 MΩ; i_{cc} = 12 μA
13. a) 3,0 A   b) 24 V
14. a) 6,0 A   c) 90%
    b) 324 W
15. 720 s = 12 min   16. 9,0 V
17. a) 100 V   c) 80 Ω
    b) 20 Ω
20. b   21. b
22. E; C; C; C; C
23. a) 0,3 A
    b) 0,27 W
    c) $\frac{1}{9}$
24. E; C; E; C; C   25. d
26. C; C; E; C; C   27. 7,5 V
28. E; C; E; C; C   29. 6 A
30. a) 12 V
    b) 0,2 A
31. b   32. 32
33. 10,4 V
34. C; C; E; C; E; C; C   35. d

Capítulo 38

3. d   4. a
5. d   6. a
7. c   8. 1,5 A
9. a) $ε_2$ c) 21 V
   b) 2 A
12. a) 1 V   b) –17 V
13. 47
14. a) 7 A   c) –62 V
    b) –23 V
15. i_1 = 1 A; i_2 = 2 A; i_3 = 3 A
16. b
17. ε' = 70 V; r' = 2,0 Ω
18. ε' = $\frac{22}{3}$ V ≅ 7,3 V
    r' = $\frac{11}{30}$ Ω ≅ 0,37 Ω
19. ε' = 18 V; r' = 1,0 Ω
20. a) 400 V   b) 36,4 %
21. C; C; E; E; C
22. e
23. b
24. a) 12 V   b) 24 mA
25. c   26. 002
27. no ramo EFAB: 1,25 A
    no ramo BE: 0,25 A
    no ramo EDCB: 1,0 A
28. d
29. 11

Capítulo 39

2. a
3. e
4. $7,2 \cdot 10^{-5}$ J = 72 μJ
5. $8,1 \cdot 10^{-2}$ J = 81 mJ
7. a) $8,8 \cdot 10^{-10}$ F = 880 pF
   b) $1,76 \cdot 10^{-6}$ C = 1,76 μC
8. a) $8,8 \cdot 10^{-11}$ F = 88 pF
   b) 0,2 m² = 20 cm
   c) $5,0 \cdot 10^4$ V/m
9. a) ($2,4 \cdot 10^{-7}$ C = 240 nC);
      ($1,44 \cdot 10^{-6}$ J = 1,44 μJ)
   b) 6 V
   c) $7,2 \cdot 10^{-7}$ C = 0,72 μJ

10. a) 40 V   b) 400 V
11. E; C; E; C; E
15. a) 2 μF
    b) 20 μF
    c) 2,5 μF
16. 14
17. 60 V
18. $Q_A = Q_B = 1,2 \cdot 10^{-5}$ C = 12 μC
19. a) $1,8 \cdot 10^{-9}$ C = 1,8 nC
    b) $2,7 \cdot 10^{-8}$ J = 27 nJ
20. e
21. a) $1,5 \cdot 10^{-8}$ C = 15 nC
    b) $0,75 \cdot 10^{-9}$ J = 0,75 nJ
22. e
23. c
24. E; E; C; E
25. a) 50 C
    b) $9 \cdot 10^{-7}$ F = 900 nF
    c) $\frac{5 \cdot 10^8}{9}$ V ≅ 55,6 MV
26. a) 3,0 A
    b) 9,0 V
    c) $45 \cdot 10^{-6}$ C = 45 μC
27. C; C; C; C; C
28. ε = 15 V; Q = $3,0 \cdot 10^{-5}$ C = 30 μC
29. a) 5,0 A
    b) 5,0 A
    c) zero
    d) 20 V
    e) $1,40 \cdot 10^{-4}$ C = 140 μC
30. d
31. a) $8,8 \cdot 10^{-11}$ F = 88 pF
    b) $2,0 \cdot 10^3$ cm²
    c) $5,0 \cdot 10^4$ V/m
32. $1,6 \cdot 10^{-5}$ C = 16 μC
33. $1,5 \cdot 10^{-3}$ F = 1.500 μF
34. O capacitor tem seus terminais ligados a pontos de mesmo potencial elétrico; portanto, ele não será carregado.
35. a) $0,5 \cdot 10^{-5}$ J = 5 μJ
    b) Diminui. Como a capacitância do capacitor é constante, a quantidade de carga Q armazenada pelo capacitor é diretamente proporcional à ddp (U) nos terminais desse capacitor. Assim, se Q diminui, U também diminui.
    c) 5 μJ
36. d   37. a
38. e   39. 12
40. e   41. b
42. b   43. c

Capítulo 40

3. e
4. Próximo ao polo norte geográfico está situado o polo sul magnético da Terra, que atrai o polo norte magnético do ímã. Próximo ao polo sul geográfico está situado o polo norte magnético da Terra, que atrai o polo sul magnético do ímã.
5. a)

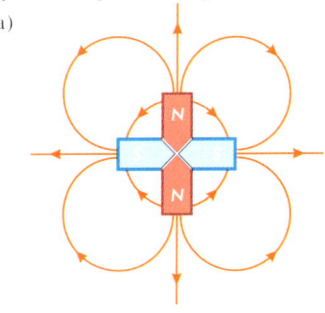

b)

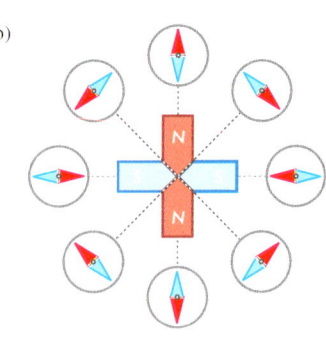

6. e
7. a) B; A e C
   b) Nos polos, o campo magnético terrestre é mais intenso que no equador. Esse campo orienta as bactérias para o fundo do lago em busca de alimentos (amostras A e B).
   As bactérias da amostra C não sofrem ação do campo magnético e se distribuem aleatoriamente.
8. a
9. a
12. a)   d)
    b)   e)
    c)   f)
13. direção: perpendicular ao plano da folha;
    sentido: entrando no plano da folha;
    intensidade: $8,0 \cdot 10^{-5}$ T = 80 μT.
14. $2,4 \cdot 10^{-5}$ T = 24 μT
15. $5,0 \cdot 10^{-6}$ T = 5,0 μT
16. $\frac{1}{3}$
18. a) direção: perpendicular ao plano da espira;
    sentido: entrando no plano da espira.
    b) polo sul da espira.
19. intensidade: $6,0 \cdot 10^{-5}$ T = 60 μT;
    direção: perpendicular ao plano da espira;
    sentido: saindo do plano da espira.
20. intensidade: $7,5π \cdot 10^{-5}$ T = 75π μT;
    direção: perpendicular ao plano da espira;
    sentido: entrando no plano da espira.
21. 3π
22. $8,0π \cdot 10^{-4}$ T
24. direção: paralelo ao eixo central do solenoide;
    sentido: da esquerda para a direita da figura.
25. extremidade A → polo norte
    extremidade B → polo sul
26. $4π \cdot 10^{-3}$ T; atração
27. d
28. d
29. c
30. 35
31. b

32. a)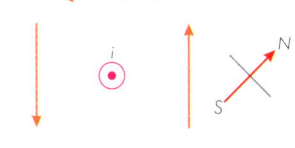

b) É a mesma do campo magnético da Terra, ou seja, aproximadamente na direção sul-norte geográfico.

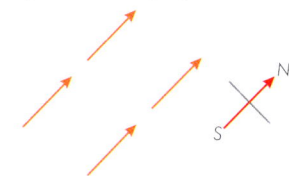

33. d	**34.** b
35. d	**36.** b
37. a	**38.** a
39. a	
40. a) zero	b) $8,0 \cdot 10^{-4}$ T
41. c	**42.** 0,7 N
43. b	**44.** $4,8\pi \cdot 10^{-3}$ T

Capítulo 41

3. E; C; C; C

4. a) $\vec{F}_m$ (saindo) d) $\vec{F}_m$ (para cima)
b) $\vec{F}_m$ (saindo) e) $\vec{F}_m$ (para direita)
c) $\vec{F}_m$ (para direita) f) $\vec{F}_m$ (para baixo)

5. a) 3,6 N
b) $3,6 \cdot \sqrt{3}$ N ≅ 6,2 N
c) 7,2 N
d) zero

6. a) $\vec{F}_m$ (saindo)
b) Nulas. As partículas A e B não sofrem a ação do campo magnético, pois o vetor velocidade ($\vec{v}$) tem mesma direção do vetor indução magnética ($\vec{B}$).

7. a

9. a) Da direita para a esquerda da figura.
b) $1,00 \cdot 10^{-3}$ N
c) 0,96 m = 96 cm
d) $1,2\pi \cdot 10^{-3}$ s ≅ $3,8 \cdot 10^{-3}$ s

10. a) P_1 é uma partícula carregada positivamente e P_2 é uma partícula carregada negativamente.
b) $\dfrac{m_1}{m_2} = 2$

11. I. próton
II. dêuteron
III. átomo neutro de sódio
IV. íon negativo de flúor
V. elétron

12. E; C; E; C

13. a) $1,76 \cdot 10^{16}$ m/s²
b) $1,76 \cdot 10^7$ m/s
c) $1,0 \cdot 10^3$ m

14. a) $4,5 \cdot 10^5$ m/s
b) $5,0 \cdot 10^7$ C/kg

16. Direção: perpendicular ao plano da folha; sentido: entrando no plano da folha; intensidade: $1,25 \cdot 10^{-1}$ N.

17. 7,5 A

18. a) 2,00 N   c) 60 V
b) no sentido horário; 10 A

19. a)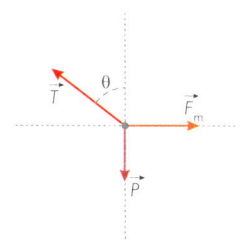

b) $3,0 \cdot 10^{-1}$ N
c) 1,5 T

20. 5,0
23. a
24. 3
25. $2,0 \cdot 10^{-5}$ N; atração
26. 40 g   **27.** $4,0 \cdot 10^{-4}$ N
28. e   **29.** d
30. e   **31.** c
32. e   **33.** C; E; C; E; C
34. 12,8 A   **35.** a
36. c
37. a) Uma semicircunferência no sentido positivo do eixo y.
b) $1,0 \cdot 10^{-5}$ N, na mesma direção do eixo y e no sentido desse eixo.
c) 9,5 m/s²

38. 22
39. 8
40. d
41. 1.ª resposta:
ramo $AB \to F_{m(1)} = 0$
ramo $BC \to F_{m(2)} = 0,20$ N
ramo $CD \to F_{m(3)} = 0$
ramo $DA \to F_{m(4)} = 0,20$ N
2.ª resposta: 0,02 N · m

42. 18   **43.** c
44. b   **45.** b
46. a) se repelem
b) $2,4 \cdot 10^{-4}$ N
c) Os dois fios passam a se atrair com forças de mesma intensidade, encontrada no item (b).

47. d
48. C; E; C; E; E; E; C
49. b
50. b

Capítulo 42

2. a) Como sendo o produto entre o valor da área (S) dessa superfície, a intensidade do vetor indução magnética $\vec{B}$ e o ângulo α formado entre a direção do vetor $\vec{B}$ e o vetor $\vec{n}$ normal ao plano da superfície.
b) weber (Wb)
c) O fluxo magnético ϕ pode ser conceituado como uma grandeza escalar que indica o número total de linhas de indução que passam através da área da superfície.

3. a) $4,0 \cdot 10^{-3}$ Wb
b) $4,0 \cdot \sqrt{2} \cdot 10^{-3}$ Wb ≅ $5,7 \cdot 10^{-3}$ Wb
c) zero

4. a) $\phi = B \cdot \pi \cdot r^2 \cdot \cos \theta$
b) $\phi = B \cdot \pi \cdot r^2$
c) $\phi = 0$

7. $6,4 \cdot 10^{-1}$ V

8. a) 4,2 V
b) horário; 1,4 A
c) $2,94 \cdot 10^{-1}$ N

9. a) $4,5 \cdot 10^{-1}$ V   d) $4,05 \cdot 10^{-3}$ N
b) de B para A e) 0,405 g
c) $2,25 \cdot 10^{-1}$ A

10. anti-horário

11. a) horário   c) horário
b) anti-horário   d) anti-horário

12. a) horário
b) Não existe corrente elétrica induzida na espira.
c) anti-horário

13. Do extremo C para o extremo D.
16. $7,5 \cdot 10^{-3}$ V
17. 7,5 V; anti-horário
18. $4,0 \cdot 10^{-2}$ C = 40 mC
19. 19
20. a) Nesse intervalo de tempo, não há variação de fluxo magnético através da espira.
b) 4 V

21. 35
25. $20 \cdot \sqrt{2}$ A ≅ 28,3 A
26. $110 \cdot \sqrt{2}$ A ≅ 155,6 A
27. 88 A; $1,9360 \cdot 10^4$ W = 19,360 kW
28. a) 40π rad/s ≅ 125,6 rad/s
b) 300 V
c) $300 \cdot \sqrt{2}$ V ≅ 424,3 V
29. $\varepsilon = 424,3 \cdot \text{sen}(40\pi \cdot t)$
30. a) 40 Hz; $2,5 \cdot 10^{-2}$ s
b) 80π rad/s ≅ 251,2 rad/s
c) 256π V ≅ 803,8 V
d) 16.154 W
32. a) 440 V
b) 10 A
c) 20 A; 4.400 W = 4,400 kW
33. a) 37,5 V
b) 0,80 A
34. 32   **35.** E; E; C; E
36. $9\sqrt{3}$ Wb ≅ 15,6 Wb
37. 36 Wb   **38.** e
39)

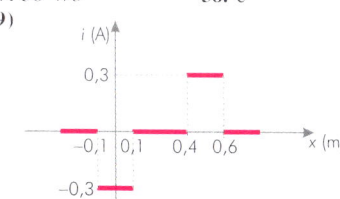

40) a) 4 Wb
b) zero
c) 4 Wb
41. 80 Wb
42. 1) a) anti-horário   b) $1 \cdot 10^{-2}$ V
2) 2,0 s
43. a) 0,40 V   c) 0,80 C
b) 0,20 A
44. 30 cm/s
45. a
46. a) 7,5 V
b) 0,50 A e no sentido horário
c) 3,75 W
47. 10 V   **48.** a
49. 0,16 V   **50.** 0,5 A
51. 12 V   **52.** 24 V
53. C; E; C; E   **54.** c
55. a   **56.** c
57. e   **58.** C; C; C; E; E
59. b   **60.** 7

Capítulo 43

3. b
4. c
5. a
6. c
7. d
8. e
9. a
10. a) $3,2 \cdot 10^{-15}$ J
    b) $\cong 6,25 \cdot 10^{-11}$ m
11. b
12. São as micro-ondas com frequência de 30 GHz.
13. As pessoas sentadas próximas de seus rádios, a 100 km de distância da estação.
14. d
15. b
16. a
17. E; C; E; E; E; E; E
18. E; E; C; E; C; C; E
19. C; E; E; C
20. C; C; C; E
21. E; E; C; C
22. C; E; E; E

Capítulo 44

1. e
2. c
3. a
4. b
5. e
6. a
7. a
8. a
9. c
10. b
11. d
12. d
13. a
14. c
15. b
16. c
17. c
18. a
19. d
20. b
21. b
22. O olho humano recebe 5 fótons de luz por segundo.
23. $3,4 \cdot 10^{-19}$ J ou 2,12 eV
24. a) 35 keV
    b) $8,6 \cdot 10^{18}$ Hz
    c) $35\ \dfrac{\text{keV}}{c}$
25. $3,6 \cdot 10^{-17}$ W
26. 2
27. a) $-13,6$ eV   b) 30 nm
28. a) $1,5 \cdot 10^{-9}$ N   b) $4,8 \cdot 10^{6}$ N
29. bário e lítio
30. $2,33 \cdot 10^{-7}$ m = 233 nm
31. a) não
    b) 545 nm; cor verde
32. a) 1,31 V
    b) $6,8 \cdot 10^{5}$ m/s = 680 km/s
33. a) 1,82 eV   b) 382 nm
34. e
35. c
36. b
37. 30
38. $\dfrac{v}{c} = \left[1 - \left(\dfrac{E_0}{E}\right)^2\right]^{\frac{1}{2}}$
39. São corretas a, b e c.
40. a) 2,24 eV = $3,58 \cdot 10^{-19}$ J
    b) $5,43 \cdot 10^{14}$ Hz e $5,52 \cdot 10^{-7}$ m

Referências Bibliográficas

BASSALO, J. M. F. *Nascimentos da Física*. Belém: Editora da UFPA, 2000.

DIAS DE DEUS, J. et al. *Introdução à Física*. Lisboa: McGraw-Hill, 1992.

EISBERG, R. M.; LERNER, L. S. *Física*: fundamentos e aplicações. São Paulo: McGraw-Hill do Brasil, 1982-3, 4 v.

FIOLHAIS, C. *Física divertida*. Lisboa: Gradiva, 1992.

HABER-SCHAIM, U. et al. *PSSC Physics*. 5. ed. Lexington: D.C. Heath and Company, 1981.

HEWITT, P. G. *Conceptual Physics*. 9. ed. Boston: Addison-Wesley, 2002.

OKUNO, E. et al. *Física para ciências biológicas e biomédicas*. São Paulo: HARBRA, 1986.

OLENICK, R. P. et al. *Beyond the Mechanical Universe*. Cambridge: Cambridge University Press, 1986.

_____. *The Mechanical Universe*. Cambridge: Cambridge University Press, 1985.

PURCELL, E. M. *Curso de Física de Berkeley*: Eletricidade e Magnetismo. São Paulo: Edgard Blucher, 1970.

ROCHA, J. F. M. (Org.) *Origens e evolução das ideias da Física*. Salvador: Editora da UFBA, 2002.

RODITI, I. *Dicionário Houaiss de Física*. Rio de Janeiro: Objetiva, 2005.

RONCHI, V. *Optics, the science of vision*. Mineola: Dover, 1991.

ROSMORDUC, J. *Uma história da Física e da Química*: de Tales a Einstein. Rio de Janeiro: Jorge Zahar, 1988.

RUTHERFORD, F. J. et al. *Harvard Project Physics*. Austin: Holt, Rinehart and Winston, 1981.

TARASOV, L. V. *Basic concepts of quantum mechanics*. Moscou: MIR, 1980.

TOUGER, J. *Introductory Physics*: Building Understanding. New York: John Wiley & Sons, 2006.

VUOLO, J. H. *Fundamentos da teoria de erros*. 2. ed. São Paulo: Edgard Blucher, 1992.

VF — Valores das Funções Trigonométricas

Ângulos		Seno	Cosseno	Tangente	Ângulos		Seno	Cosseno	Tangente
Graus	Radianos				Graus	Radianos			
0	0	0,00	1,00	0,00					
1	0,0175	0,02	1,00	0,02	46	0,8029	0,72	0,69	1,04
2	0,0349	0,03	1,00	0,03	47	0,8203	0,73	0,68	1,07
3	0,0524	0,05	1,00	0,05	48	0,8378	0,74	0,67	1,11
4	0,0698	0,07	1,00	0,07	49	0,8552	0,75	0,66	1,15
5	0,0873	0,09	1,00	0,09	50	0,8727	0,77	0,64	1,19
6	0,1047	0,10	0,99	0,11	51	0,8901	0,78	0,63	1,23
7	0,1222	0,12	0,99	0,12	52	0,9076	0,79	0,62	1,28
8	0,1396	0,14	0,99	0,14	53	0,9250	0,80	0,60	1,33
9	0,1571	0,16	0,99	0,16	54	0,9425	0,81	0,59	1,38
10	0,1745	0,17	0,98	0,18	55	0,9599	0,82	0,57	1,43
11	0,1920	0,19	0,98	0,19	56	0,9774	0,83	0,56	1,48
12	0,2094	0,21	0,98	0,21	57	0,9948	0,84	0,54	1,54
13	0,2269	0,22	0,97	0,23	58	1,0123	0,85	0,53	1,60
14	0,2443	0,24	0,97	0,25	59	1,0297	0,86	0,52	1,66
15	0,2618	0,26	0,97	0,27	60	1,0472	0,87	0,50	1,73
16	0,2793	0,28	0,96	0,29	61	1,0647	0,87	0,48	1,80
17	0,2967	0,29	0,96	0,31	62	1,0821	0,88	0,47	1,88
18	0,3142	0,31	0,95	0,32	63	1,0996	0,89	0,45	1,96
19	0,3316	0,33	0,95	0,34	64	1,1170	0,90	0,44	2,05
20	0,3491	0,34	0,94	0,36	65	1,1345	0,91	0,42	2,14
21	0,3665	0,36	0,93	0,38	66	1,1519	0,91	0,41	2,25
22	0,3840	0,37	0,93	0,40	67	1,1694	0,92	0,39	2,36
23	0,4014	0,39	0,92	0,42	68	1,1868	0,93	0,37	2,48
24	0,4189	0,41	0,91	0,45	69	1,2043	0,93	0,36	2,61
25	0,4363	0,42	0,91	0,47	70	1,2217	0,94	0,34	2,75
26	0,4538	0,44	0,90	0,49	71	1,2392	0,95	0,33	2,90
27	0,4712	0,45	0,89	0,51	72	1,2566	0,95	0,31	3,08
28	0,4887	0,47	0,88	0,53	73	1,2741	0,96	0,29	3,27
29	0,5061	0,48	0,87	0,55	74	1,2915	0,96	0,28	3,49
30	0,5236	0,50	0,87	0,58	75	1,3090	0,97	0,26	3,73
31	0,5411	0,52	0,86	0,60	76	1,3265	0,97	0,24	4,01
32	0,5585	0,53	0,85	0,62	77	1,3439	0,97	0,22	4,33
33	0,5760	0,54	0,84	0,65	78	1,3614	0,98	0,21	4,70
34	0,5934	0,56	0,83	0,67	79	1,3788	0,98	0,19	5,14
35	0,6109	0,57	0,82	0,70	80	1,3963	0,98	0,17	5,67
36	0,6283	0,59	0,81	0,73	81	1,4137	0,99	0,16	6,31
37	0,6458	0,60	0,80	0,75	82	1,4312	0,99	0,14	7,12
38	0,6632	0,62	0,79	0,78	83	1,4486	0,99	0,12	8,14
39	0,6807	0,63	0,78	0,81	84	1,4661	0,99	0,10	9,51
40	0,6981	0,64	0,77	0,84	85	1,4835	1,00	0,09	11,43
41	0,7156	0,66	0,75	0,87	86	1,5010	1,00	0,07	14,30
42	0,7330	0,67	0,74	0,90	87	1,5184	1,00	0,05	19,08
43	0,7505	0,68	0,73	0,93	88	1,5359	1,00	0,03	28,64
44	0,7679	0,69	0,72	0,97	89	1,5533	1,00	0,02	57,29
45	0,7854	0,71	0,71	1,00	90	1,5708	1,00	0,00	∞